2020 K리그 연감

1983~2019

이 도서의 국립중앙도서관 출판예정도서목록(CIP)은 서지정보유통지원시스템 홈페이지(http://seoji.nl.go.kr)와 국가자료공동목록시스템(http://www.nl.go.kr/kolisnet)에서 이용하실 수 있습니다. (CIP제어번호 : CIP2020007071)

2020 K리그 연감 1983-2019

K LEAGUE *Annual Report* 2020

(사) 한국프로축구연맹

한울

차 례 •

Section 5 • K리그 승강 플레이오프 기록

Section 6 • 프로축구 역대 통산 기록

Section 7 • 2019년 경기기록부

Section 8 • 시즌별 기타 기록

연감을 보기 전에 알아두어야 할 축구 기록 용어

축구장 규격 규정

형태	직사각형
길이	최소 90m(100야드) ~ 최대 120m(130야드)
너비	최소 45m(50야드) ~ 최대 90m(100야드)
길이(국제경기 기준)	최소 100m(110야드) ~ 최대 110m(120야드)
너비(국제경기 기준)	최소 64m(70야드) ~ 최대 75m(80야드)
골대 높이	2.44m(8피트)

축구장 약어 표시

E.L	엔드라인(End Line)
C.KL	코너킥 왼쪽 지점
PAL EL	페널티 에어리어 왼쪽 엔드라인 부근
GAL EL	골 에어리어 왼쪽 엔드라인 부근
GAL 내 EL	골 에어리어 왼쪽 안 엔드라인 부근
GAR 내 EL	골 에어리어 오른쪽 안 엔드라인 부근
GAR EL	골 에이리어 오른쪽 엔드라인 부근
PAR EL	페널티 에이리어 오른쪽 엔드라인 부근
C.KR	코너킥 오른쪽 지점
PAL CK	페널티 에어리어 왼쪽 코너킥 지점 부근
PAR CK	페널티 에어리어 오른쪽 코너킥 지점 부근
GAL 내	골 에어리어 왼쪽 안
GA 정면 내	골 에어리어 정면 안
GAR 내	골 에어리어 오른쪽 안
PAL	페널티 에어리어 왼쪽
PAR	페널티 에어리어 오른쪽
PAL TL	페널티 에어리어 왼쪽 터치라인 부근
GAL	골 에어리어 왼쪽
GA 정면	골 에어리어 정면
GAR	골 에어리어 오른쪽
PAR TR	페널티 에어리어 오른쪽 터치라인 부근
TL	터치라인(Touch Line)
PAL 내	페널티 에어리어 왼쪽 안
PA 정면 내	페널티 에어리어 정면 안
PAR 내	페널티 에어리어 오른쪽 안
PAL	페널티 에어리어 왼쪽
PA 정면	페널티 에어리어 정면
PAR	페널티 에어리어 오른쪽
AKL	아크서클 왼쪽
AK 정면	아크서클 정면
AKR	아크서클 오른쪽
MFL TL	미드필드 왼쪽 터치라인 부근
MFR TL	미드필드 오른쪽 터치라인 부근
MFL	미드필드 왼쪽
MF 정면	미드필드 정면
MFR	미드필드 오른쪽
HLL	하프라인(Half Live) 왼쪽
HL 정면	하프라인 정면
HLR	하프라인 오른쪽
자기 측 MFL	자기 측 미드필드 왼쪽
자기 측 MF 정면	자기 측 미드필드 정면
자기 측 MFR	자기 측 미드필드 오른쪽

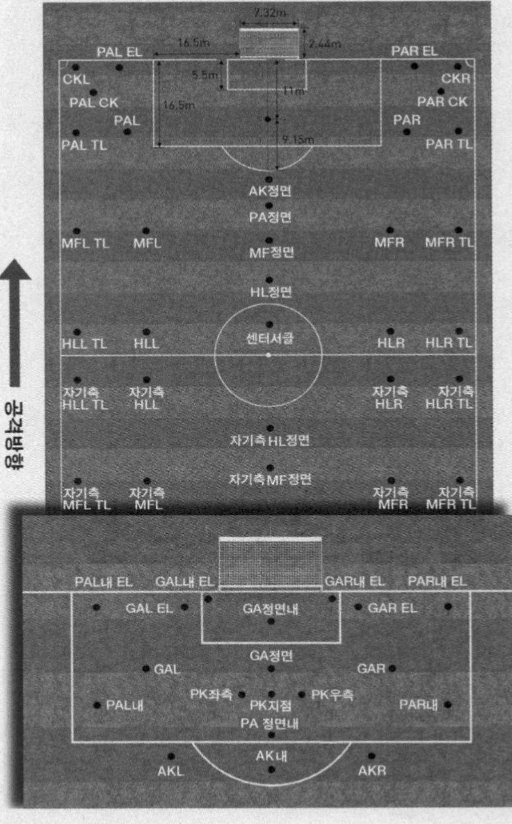

경기 기록 용어

구분	기호	의미
1. 패스 종류	⌒	머리 높이 이상의 패스
	→	무릎에서 가슴 높이 정도의 패스
	~	땅볼 패스
2. 기타 약어	B	공이 골대의 가로축(Cross Bar)에 맞을 때
	H	헤딩 패스나 슈팅 / Half time
	L	좌측(Left)
	P	공이 골대의 세로축(Post)에 맞을 때
	R	우측(Right)
	AK	아크서클(Arc Circle)
	CK	코너킥(Corner Kicks)
	FO	모든 종류의 파울
	GA	골 에어리어(Goal Area)
	GK	골키퍼 / 골킥(Goal Kick)
	MF	미드필더 / 미드필드(Midfield)
	OS	오프사이드(Offside)
	PA	페널티 에어리어(Penalty Area)
	PK	페널티킥(Penalty Kick)
	PSO	승부차기(Penalty Shoot-Out)
	GL	득점(Goal)
	AS	도움(Assist)
	ST	슈팅(Shoot)
	FK	프리킥(Free Kick)

감독상(K리그1)

모라이스 전북 현대 모터스

감독상(K리그2)

박진섭 광주FC

MVP(K리그1)

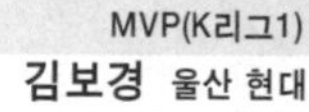

김보경 울산 현대

MVP(K리그2)

이동준 부산 아이파크

영플레이어상

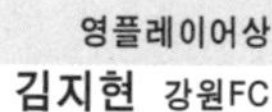

김지현 강원FC

2019년 K리그 일지

월	일	내용
1	2	한국프로축구연맹, 2019년 시무식 개최
	3	2019 제1차 선수위원회 및 주장간담회 실시
	14	2019 K리그 테크니컬 리포트 발간
	14	2019 제1차 이사회 및 정기총회 개최
	15	K리그, 2018년 수입 - 지출 결산 경영공시
2	1	한국프로축구연맹, 조직개편 및 인사이동 실시
	6	2019 제2차 이사회 개최
	12	K리그, IFFHS 선정 세계프로축구리그 순위 8년 연속 아시아 1위
	14	한국프로축구연맹, 신임 상벌위원(윤영길, 홍은아, 김가람) 위촉
	18	K리그 아카데미 — 제1차 지자체 과정 개최(~2.19)
	21	K리그, EA코리아 후원으로 '이달의 선수상' 신설
	22	K리그, 신라스테이 후원으로 '이달의 감독상' 제정
	25	K리그 아카데미 — 신인선수 과정 개최
	25	K리그 아카데미 — 외국인선수 과정 개최
	26	2019 제3차 이사회 개최
	26	2019 K리그1, 2 개막 미디어데이 개최
	26	2019 K리그 생명나눔캠페인, 김병지 생명나눔대사 위촉
	27	K리그2 중계 자체제작 실시
3	1	하나원큐 K리그1 2019 개막
	2	하나원큐 K리그2 2019 개막
	2	축구산업아카데미 11기 개원
	9	2019 아디다스 K리그 주니어 개막
	18	2019 제2차 선수위원회 및 주장간담회 실시
	22	2019 제1차 발전위원회 개최
	25	K리그 아카데미 — 제1차 마케팅 과정 개최(~3.26)
	27	K리그 웹드라마 '투하츠' 방영
	27	2019 제4차 이사회 개최
	27	K리그1 첫 '프라이데이 나이트 풋볼' 실시(울산 : 제주)
4	1	K리그 아카데미 — 제1차 PR 과정 개최(~4.2)
	5	GS챔피언스파크, 'K리그 그라운드 공인' 1호 경기장으로 선정
	6	생명나눔캠페인, K리그1 경기장 현장 홍보활동 시작
	11	K리그 임직원 및 심판, 강원도 산불 피해 복구 기부 동참
	16	세징야(대구), K리그 최초 '이달의 선수상' 수상
	17	2019 K리그 스카우팅리포트 출판
	18	2019 제5차 이사회 개최
	22	K리그 × 미니언즈 콜라보 MD 출시
5	10	2019 제6차 이사회 개최
	13	K리그 아카데미 — 제1차 Accounting(회계) 과정 개최(~5.14)
	13	2019 제2차 K리그 유소년 지도자 워크숍 개최(~5.15)
	22	전북, 울산 AFC 챔피언스리그 16강 진출
	28	수원 U18(매탄고), 포항 U18(포항제철고) K리그 주니어 전기리그 우승
6	5	생명나눔캠페인, 선수단 대상 교육 시작
	10	2019 제3차 선수위원회 및 주장간담회 실시
	11	2019 K리그 감독 - 심판 간담회 개최
	17	축구산업아카데미 11기 수료
	21	2019 제7차 이사회 개최
	27	K리그 아카데미 — 제2차 지자체 과정 개최(~6.28)
7	17	VAR 안내 영상 'VAR의 모든 것' 배포
	17	K리그 '사회공헌 워크숍' 개최
	23	K리그 U15 & U14(중등부) 챔피언십 개최(~8.3)
	26	하나원큐 팀 K리그 : 유벤투스 친선전 개최
	26	2019 제8차 이사회 개최
8	6	K리그 아카데미 — 제2차 PR 과정 개최(~8.7)
	7	K리그 U12 & U11(초등부) 챔피언십 개최(~8.12)
	8	K리그 U18 & U17(고등부) 챔피언십 개최(~8.20)
	19	윤빛가람(상주), K리그 역대 19번째로 40(득점) - 40(도움) 가입
9	2	축구산업아카데미 12기 개원
	10	한국프로축구연맹, '생명나눔문화 확산 공로' 보건복지부장관 표창 수상
	17	유소년 부상방지 프로그램, 'K리그 케어 캠페인' 실시
	26	벽화 그리기 봉사활동 진행
	30	K리그1 최종 5라운드 명칭, '파이널 라운드'로 변경
10	5	2019 K리그 퀸(K-WIN)컵 개최(~10.6)
	10	K리그 아카데미 — 제2차 GM 과정 개최(~10.11)
	14	K리그 각 클럽별 2020시즌 우선지명 선수 명단 발표
	16	K리그1 파이널라운드 미디어데이 개최
	20	광주, 하나원큐 K리그2 2019 우승 확정
	26	이동국(전북), K리그 최초 300 공격포인트 달성
	29	K리그, 전 세계 프로축구리그 중 사회공헌활동 랭킹 6위로 선정
	30	K리그 아카데미 — 제2차 Accounting(회계) 과정 개최
	31	K리그 - 동아방송예술대학교 MOU 체결
11	22	K리그 봉사활동 '어르신들을 위한 반찬 만들기' 진행
	29	K리그 YOUTH TRUST 발표회 개최
12	1	전북, 하나원큐 K리그1 2019 우승 확정
	2	2019 K리그 지도자 해외연수(~12.18)
	2	2019 제9차 이사회 개최
	7	어린이 축구교실 K리그 '리틀킥오프' 개최
	8	승강 PO 1,2차전 합계 부산 2 : 0 경남, 부산 승격
	9	K리그 아카데미 — 은퇴선수 과정 개최(~12.10)
	12	2020시즌 K리그 공인구 발표
	14	2019 K리그 의무세미나 개최
	16	축구산업아카데미 12기 수료
	18	'크리스마스 리스' 제작 정성나눔 봉사활동
	23	2020년도 FA 자격 취득 선수 공시
	30	2019 K리그 구단별 연봉 현황 발표
	31	2019 K리그 입장수입 및 객단가 발표

Section 1

구단별 2019 기록포인트

전북 현대 모터스
울산 현대
FC서울
포항 스틸러스
대구FC
강원FC
상주 상무
수원 삼성 블루윙즈
성남FC
인천 유나이티드
경남FC
제주 유나이티드

광주FC
부산 아이파크
FC안양
부천FC 1995
안산 그리너스
전남 드래곤즈
아산 무궁화
수원FC
대전 시티즌
서울 이랜드 FC

전 북 현 대 모 터 스

창단년도_ 1994년
전화_ 063-273-1763~5
팩스_ 063-273-1762
홈페이지_ www.hyundai-motorsfc.com
주소_ 우 54809 전라북도 전주시 기린대로 1055
1055, Girin-daero, Deokjin-gu, Jeonju-si, Jeollabuk-do, KOREA 54809

연혁

1994 전북 다이노스 축구단 창단
1995 95 아디다스컵 4위 95 하이트배 코리안리그 7위
1996 96 아디다스컵 7위 96 라피도컵 프로축구대회 5위
96 프로축구 페어플레이상 수상
1997 구단명칭(전북 현대 다이노스 축구단) 및 심볼마크 변경
97 아디다스컵 9위 97 라피도컵 프로축구대회 6위
97 프로스펙스컵 9위 97 프로축구 공격상 수상
1998 98 아디다스코리아컵 B조 4위(B조 최다득점)
98 필립모리스코리아컵 7위
98 현대컵 K-리그 6위
1999 구단 CI 변경(엠블럼 제작 및 마스코트 변경)
제47회 대통령배 축구대회 준우승(2군)
현대자동차 직영 체제로 전환
새 경영진 체제 출범: 정몽구 구단주, 이용훈 단장(4대) 취임
99 대한화재컵 B조 3위(최다득점)
99 바이코리아컵 K-리그 7위 99 아디다스컵 5위
제4회 삼보컴퓨터 FA컵 준우승
2000 구단 명칭(전북 현대 다이노스 → 전북 현대 모터스) 및 엠블럼 변경
2000 대한화재컵 A조 3위 2000 삼성 디지털 K-리그 4위
제5회 서울은행 FA컵 우승
2001 제3회 2001 포스데이타 수퍼컵 준우승
2001 아디다스컵 B조 2위
중국 친선경기 독일 브레멘 친선경기
2001 포스코 K-리그 9위
제6회 서울은행 FA컵 3위
2002 제12회 아시안컵 위너스컵 준우승
아디다스컵 2002 A조 4위 2002 삼성 파브 K-리그 7위
제7회 서울 - 하나은행 FA컵 4위
2003 삼성 하우젠 K-리그 2003 5위
제8회 하나은행 FA컵 우승
2004 AFC 챔피언스리그 4강(총 10전 6승 1무 3패)
제5회 2004 K-리그 수퍼컵 우승
삼성 하우젠 K-리그 2004 전기 2위
삼성 하우젠컵 2004 3위
삼성 하우젠 K-리그 후기 12위(정규리그 통합 5위)
제9회 하나은행 FA컵 8강
2005 통영컵 국제프로축구대회(총 3전 1승 2패)
삼성 하우젠컵 2005 12위
삼성 하우젠 K-리그 2005 전기 11위
중국 노능태산 친선경기(총 1전 1패)
삼성 하우젠 K-리그 후기 12위(정규리그 통합 12위)
제10회 하나은행 FA컵 우승
2006 구단 엠블럼 변경
AFC 챔피언스리그 우승(총 12전 7승 1무 4패)
삼성 하우젠컵 2006 6위
삼성 하우젠 K-리그 2006 전기 7위
삼성 하우젠 K-리그 2006 후기 13위(정규리그 통합 11위)
제11회 하나은행 FA컵 8강(총 2전 1.1 1패)
FIFA 클럽월드컵: 클럽 아메리카전(멕시코)
2007 삼성 하우젠컵 2007 6위
제12회 하나은행 FA컵 16강(0 : 1 패)
AFC 챔피언스리그 8강
삼성 하우젠 K-리그 8위
2008 삼성 하우젠컵 2008 B조 1위
제13회 하나은행 FA컵 8강 삼성 하우젠 K-리그 2008 4위
2009 피스컵 코리아 2009 B조 3위
2009 K-리그 정규리그 1위 / K-리그 챔피언십 우승
2010 쏘나타 K리그 정규 3위(총 28전 15승 6무 7패), 플레이오프 3위
포스코컵 2010(A조 1위) 준우승(7전 5승 2무 1패)
AFC 챔피언스리그 2010(F조 2위) 8강(총 9전 6승 3패)
2011 현대오일뱅크 K리그 정규 1위 / 챔피언십 우승
AFC 챔피언스리그 2011 준우승
2012 현대오일뱅크 K리그 2012 준우승
제17회 하나은행 FA컵 8강 AFC 챔피언스리그 2012 H조 3위
2013 구단 CI 변경(엠블럼 및 캐릭터 변경)
현대오일뱅크 K리그 클래식 2013 3위
제18회 하나은행 FA컵 준우승
AFC 챔피언스리그 2013 16강
2014 현대오일뱅크 K리그 클래식 2014 우승
제19회 하나은행 FA컵 4강 AFC 챔피언스리그 2014 16강
2015 현대오일뱅크 K리그 클래식 2015 우승
제20회 KEB하나은행 FA컵 16강
AFC 챔피언스리그 2015 8강
2016 현대오일뱅크 K리그 클래식 2016 준우승
제21회 KEB하나은행 FA컵 8강
AFC 챔피언스리그 2016 우승
2016 FIFA 클럽월드컵 5위
2017 KEB하나은행 K리그 클래식 2017 우승
2018 KEB 하나은행 K리그1 2018 우승
2019 하나원큐 K리그1 2019 우승

2019년 선수명단

대표이사_ 허병길　단장_백승권　부단장_김동탁
감독_ 조세 모라이스　코치_ 김상식　코치_ 안재석　코치_ 페드로　GK코치_ 이광석　피지컬코치_ 주앙 쿤햐　스카우트_ 김상록
주치의_ 송하헌　물리치료사_ 지우반　의무_ 김재오 · 김병선 · 의무_ 송상현　통역_김민수　장비_ 이민호　분석관_ 김규범　팀 매니저_ 최용원

포지션	선수명		생년월일	출신교	키(cm) / 몸무게(kg)
GK	이 범 영	李 範 永	1989.04.02	신갈고	197 / 93
	송 범 근	宋 範 根	1997.10.15	고려대	195 / 84
	이 재 형	李 在 形	1998.04.05	영생고	190 / 85
	김 정 훈	金 楨 勳	2001.04.20	영생고	188 / 82
	홍 정 남	洪 正 男	1988.05.21	제주상업고	186 / 79
DF	이 용	李 鎔	1986.12.24	중앙대	180 / 74
	최 보 경	崔 普 慶	1988.04.12	동국대	184 / 79
	이 주 용	李 周 勇	1992.09.26	동아대	180 / 78
	박 원 재	朴 源 載	1984.05.28	위덕대	175 / 69
	김 진 수	金 珍 洙	1992.06.13	경희대	177 / 68
	최 철 순	崔 喆 淳	1987.02.08	충북대	175 / 68
	홍 정 호	洪 正 好	1989.08.12	조선대	187 / 84
	이 은 식	李 殷 植	1999.08.12	영생고	175 / 62
	김 민 혁	金 敏 爀	1992.02.27	숭실대	187 / 73
MF	신 형 민	辛 炯 旼	1986.07.18	홍익대	182 / 76
	임 선 영	林 善 永	1988.03.21	수원대	185 / 78
	한 교 원	韓 敎 元	1990.06.15	조선이공대	182 / 73
	정 혁	鄭 赫	1986.05.21	전주대	175 / 70
	로 페 즈	Ricardo Lopes Pereira	1990.10.28	*브라질	184 / 78
	이 승 기	李 承 琪	1988.06.02	울산대	177 / 67
	이 비 니	Bernie Ibini-Isei	1992.09.12	*오스트레일리아	190 / 85
	나 성 은	羅 聖 恩	1996.04.06	수원대	174 / 69
	김 재 석	金 載 錫	2001.02.01	수원공고	175 / 70
	문 선 민	文 善 民	1992.06.09	장훈고	172 / 68
	손 준 호	孫 準 浩	1992.05.12	영남대	177 / 72
	한 승 규	韓 昇 奎	1996.09.28	연세대	173 / 68
	유 승 민	柳 昇 旻	1998.09.24	영생고	175 / 58
FW	김 승 대	金 承 大	1991.04.01	영남대	175 / 64
	고 무 열	高 武 烈	1990.09.05	숭실대	186 / 80
	이 동 국	李 同 國	1979.04.29	위덕대	185 / 80
	이 성 윤	李 誠 尹	2000.10.31	영생고	184 / 73
	호 사	Samuel Rosa Goncalves	1991.02.05	*브라질	187 / 88

2019년 개인기록_ K리그1

위치	배번	경기번호	01	09	16	20	25	33	37	44	53	58
		날 짜	03.01	03.09	03.17	03.30	04.02	04.06	04.13	04.20	04.28	05.04
		홈/원정	홈	원정	홈	홈	원정	홈	원정	원정	홈	원정
		장 소	전주W	수원W	전주W	전주W	창원C	전주W	제주	상주	전주W	성남
		상 대	대구	수원	강원	포항	경남	인천	제주	상주	서울	성남
		결 과	무	승	패	승	무	승	승	승	승	무
		점 수	1 : 1	4 : 0	0 : 1	2 : 0	3 : 3	2 : 0	1 : 0	3 : 0	2 : 1	0 : 0
		승 점	1	4	4	7	8	11	14	17	20	21
		슈팅수	14 : 8	13 : 9	11 : 14	25 : 6	9 : 10	10 : 11	9 : 10	8 : 7	14 : 6	13 : 7
GK	31	송범근	○ 0/0	○ 0/0	○ 0/0	○ 0/0	○ 0/0	○ 0/0 C	○ 0/0	○ 0/0	○ 0/0	○ 0/0
DF	2	이 용									○ 0/0 C	○ 0/0 C
	13	이주용				○ 0/1		○ 0/0 C	○ 0/0			○ 0/0
	19	박원재										
	21	권경원										
	22	김진수	○ 0/0	○ 0/0	○ 0/0 CC		○ 0/0			○ 0/0	○ 0/0	
	25	최철순	○ 0/0		○ 0/0	○ 0/0 C	○ 0/0 C			△ 0/0		
	26	홍정호	○ 0/0	○ 0/0	○ 0/0	○ 0/0 C	○ 0/0	○ 0/0	○ 0/0	○ 0/0	○ 0/0	○ 0/0
	92	김민혁	○ 0/0	○ 0/0				○ 0/0 C	○ 0/0	○ 0/0	○ 0/0 C	○ 0/0 C
MF	4	신형민	○ 0/0	△ 0/0		○ 0/0	○ 0/0 C	○ 0/0	○ 0/0 C	○ 0/0	○ 0/0	
	5	임선영	▽ 1/0		○ 0/0	△ 1/0	▽ 0/1		△ 0/0	○ 1/1	▽ 0/0	
	6	최보경			○ 0/0	○ 0/0	○ 0/0					
	7	한교원	▽ 0/0	▽ 0/2		▽ 0/0	▽ 0/0		○ 0/0	▽ 0/0		
	8	정 혁						△ 0/0 C	△ 0/0			
	14	최영준		○ 0/0	▽ 0/0		△ 0/0					
	14	이승기		▽ 0/0		▽ 0/0		○ 0/1	▽ 0/0	△ 0/0	○ 1/0	○ 0/0
	23	명준재		○ 0/0				○ 0/0	○ 0/0	▽ 0/0 C		
	27	문선민	△ 0/0	△ 1/0	△ 0/0		△ 0/0	▽ 1/0	▽ 0/0		▽ 0/1	▽ 0/0
	28	손준호	○ 0/0	▽ 0/0 C	△ 0/0	○ 0/0 C	○ 1/0		▽ 0/1	○ 0/1 CC		○ 0/0
	34	장윤호									△ 0/0	▽ 0/0
	42	한승규	△ 0/0	△ 0/0	▽ 0/0 C			○ 0/0			△ 1/0 C	△ 0/0
FW	9	김신욱	▽ 0/0	○ 1/1	○ 0/0	▽ 1/0		○ 1/0 C	○ 1/0	△ 0/0	△ 0/1	○ 0/0
	9	김승대										
	10	로페즈	○ 0/0 C	○ 2/1	○ 0/0	○ 0/0	○ 0/0	◆ 0/0	△ 0/0	○ 1/1	○ 0/0	▽ 0/0
	11	고무열										
	11	티아고			▽ 0/0							
	17	이비니						▽ 0/0				△ 0/0
	20	이동국	△ 0/0		△ 0/0	△ 0/0	▽ 1/0			▽ 1/0	▽ 0/0	△ 0/0
	32	아드리아노						△ 0/0				
	38	이근호				△ 0/0	△ 0/0					
	91	호 사										

1. 선수자료 : 득점/도움 ○ = 선발출전 △ = 교체 IN ▽ = 교체 OUT ◆ = 교체 IN/OUT C = 경고 S = 퇴장

위치	배번	경기번호	66	68	78	81	87	92	101	106	113	119
		날 짜	05.12	05.18	05.26	05.29	06.02	06.15	06.23	06.30	07.07	07.10
		홈/원정	원정	홈	홈	원정	홈	원정	홈	원정	홈	원정
		장 소	문수	전주W	전주W	춘천	전주W	인천	전주W	포항	전주W	대구전
		상 대	울산	제주	경남	강원	상주	인천	수원	포항	성남	대구
		결 과	패	승	승	승	승	승	무	무	승	승
		점 수	1 : 2	3 : 1	4 : 1	3 : 2	2 : 0	1 : 0	1 : 1	1 : 1	3 : 1	4 : 1
		승 점	21	24	27	30	33	36	37	38	41	44
		슈팅수	13 : 9	17 : 10	17 : 7	18 : 9	13 : 11	21 : 7	12 : 10	8 : 7	8 : 4	14 : 8
GK	31	송범근	○ 0/0	○ 0/0	○ 0/0 C	○ 0/0	○ 0/0	○ 0/0	○ 0/0	○ 0/0	○ 0/0	○ 0/0
DF	2	이 용	○ 0/0	○ 0/1	○ 0/1 C		○ 0/0			△ 0/0	○ 0/0	
	13	이주용	○ 0/0		△ 0/0	○ 0/1 C		○ 0/0	○ 0/0 C		○ 0/1 C	
	19	박원재										
	21	권경원										○ 0/0 C
	22	김진수	○ 0/1 C	○ 0/1	▽ 1/0		○ 0/0 S			○ 0/1		○ 0/0 C
	25	최철순		○ 0/0		○ 0/0	△ 0/0	○ 0/0	○ 0/0	○ 0/0 C		○ 0/0
	26	홍정호	○ 0/0		○ 0/0	○ 0/0 C	○ 0/0	○ 0/0	△ 0/0	○ 0/0	○ 0/0	
	92	김민혁		○ 1/0	○ 0/0	○ 0/0	○ 0/0	○ 0/0	▽ 0/0	○ 0/0	○ 0/0	○ 0/0 C
MF	4	신형민	○ 0/0	○ 0/0	○ 0/0 C		○ 0/0	○ 0/0 C		○ 0/0	○ 0/0	▽ 0/0 C
	5	임선영	▽ 0/0		▽ 0/0	○ 0/0	▽ 0/0	▽ 0/0		○ 1/0	▽ 0/0	▽ 0/0
	6	최보경										
	7	한교원										
	8	정 혁		▽ 0/0		▽ 0/0 C			○ 0/0	▽ 0/0	△ 0/0	○ 1/0 C
	14	최영준		△ 0/0				△ 0/0	○ 0/0			△ 0/0
	14	이승기	△ 1/0	▽ 1/0 C	○ 0/1	△ 0/1	○ 0/0					
	23	명준재							○ 0/0			
	27	문선민	▽ 0/0			▽ 2/0	○ 1/1	○ 0/0		△ 0/0	○ 0/1 C	▽ 3/0
	28	손준호	○ 0/0	○ 0/0	○ 0/0	○ 1/0 C		○ 0/0		△ 0/0	○ 1/0	△ 0/0
	34	장윤호										
	42	한승규				△ 0/0		▽ 0/0	▽ 0/0 C			△ 0/0
FW	9	김신욱	△ 0/0	▽ 1/0	▽ 2/0	△ 0/0	▽ 0/1	▽ 1/0	△ 0/0		▽ 1/0	
	9	김승대										
	10	로페즈	○ 0/0 C	○ 0/1	○ 0/0 C		○ 0/0		△ 0/0	▽ 0/0 C	▽ 0/1 C	○ 0/1
	11	고무열										
	11	티아고							▽ 0/0 C			
	17	이비니	△ 0/0	△ 0/0	△ 1/0	▽ 0/0		△ 0/1	○ 0/0	○ 0/0	△ 0/0	
	20	이동국	▽ 0/0 C	△ 0/0	△ 0/1	○ 0/0	△ 1/0	△ 0/0	○ 1/0	▽ 0/0	△ 1/0	○ 0/1
	32	아드리아노										
	38	이근호										
	91	호 사										

위치	배번	경기번호	124	130	137	143	149	151	158	168	170	182
		날 짜	07.14	07.20	07.31	08.04	08.11	08.16	08.24	09.01	09.14	09.25
		홈/원정	홈	원정	홈	원정	원정	홈	홈	원정	홈	홈
		장 소	전주W	서울W	전주W	춘천	포항	전주W	전주W	서울W	전주W	전주W
		상 대	울산	서울	제주	강원	포항	울산	성남	서울	상주	대구
		결 과	무	승	무	무	승	승	무	승	승	패
		점 수	1 : 1	4 : 2	2 : 2	3 : 3	2 : 1	3 : 0	1 : 1	2 : 0	2 : 1	0 : 2
		승 점	45	48	49	50	53	56	57	60	63	63
		슈팅수	17 : 10	15 : 8	20 : 11	10 : 10	12 : 10	20 : 9	20 : 7	16 : 6	11 : 7	21 : 10
GK	31	송범근	○ 0/0	○ 0/0	○ 0/0	○ 0/0	○ 0/0	○ 0/0	○ 0/0	○ 0/0	○ 0/0	○ 0/0
DF	2	이 용	○ 0/0	○ 0/0	○ 0/0		○ 0/0 C	○ 0/1	○ 0/0	○ 0/0		○ 0/0
	13	이주용	○ 0/0			○ 0/0					▽ 0/0	
	19	박원재										
	21	권경원	○ 0/0 C	△ 0/0	○ 0/0		○ 0/0			▽ 0/1		○ 0/0
	22	김진수	△ 0/0	○ 0/1	○ 0/0		○ 0/0	○ 0/0	○ 0/0	○ 0/0		▽ 0/0
	25	최철순				○ 0/0 C				△ 0/0	○ 0/0	
	26	홍정호	▽ 0/0	○ 2/0	○ 0/0	○ 0/0 C		○ 0/0	▽ 0/0		○ 0/0	○ 0/0
	92	김민혁	△ 0/0	○ 0/0		○ 0/0				○ 0/0	○ 0/0 C	
MF	4	신형민	○ 0/0 C		▽ 0/0	▽ 0/0	○ 0/0 C	○ 0/0 C	▽ 0/0			
	5	임선영		▽ 0/0	▽ 0/0	○ 1/0	○ 0/1					
	6	최보경				△ 0/0	○ 0/0	○ 0/0	○ 0/0	○ 0/0	▽ 0/0	▽ 0/0
	7	한교원			△ 0/0		△ 0/0			△ 0/0	△ 0/0	△ 0/0
	8	정 혁		▽ 0/1								
	14	최영준										
	14	이승기						△ 0/0	△ 0/0	○ 0/0	○ 0/1	○ 0/0
	23	명준재										
	27	문선민	○ 0/0 C	○ 0/1	○ 0/1	▽ 0/1	▽ 0/0	○ 0/1	○ 0/1	▽ 0/1	▽ 0/0	▽ 0/0
	28	손준호	○ 0/0	○ 0/0 C	○ 1/0 C	○ 0/0 C		▽ 0/0	○ 0/0	○ 0/0 C	○ 0/0	○ 0/0
	34	장윤호										
	42	한승규	▽ 0/0	△ 0/0		△ 0/0	○ 1/0	▽ 0/0	○ 0/0		△ 0/0	
FW	9	김신욱										
	9	김승대		△ 1/0	△ 0/0	○ 0/0	▽ 0/0	△ 0/0	▽ 0/0			△ 0/0
	10	로페즈	○ 0/0	○ 1/1	○ 0/0	▽ 0/0	△ 1/0	○ 2/0	○ 0/0	○ 1/0	○ 1/0	○ 0/0
	11	고무열										
	11	티아고										
	17	이비니	△ 0/0									
	20	이동국	▽ 1/0	▽ 0/0	▽ 0/0		△ 0/0 C	△ 0/0	△ 0/0	△ 0/0	△ 1/0	△ 0/0
	32	아드리아노										
	38	이근호										
	91	호 사			△ 0/0	△ 2/0	▽ 0/0	▽ 0/0	△ 1/0	▽ 1/0	○ 0/0	○ 0/0

선수자료 : 득점/도움 ○ = 선발출전 △ = 교체 IN ▽ = 교체 OUT ◈ = 교체 IN/OUT C = 경고 S = 퇴장

위치	배번	경기번호	189	180	196	203	206	216	219	227		
		날 짜	09.28	10.03	10.06	10.20	10.26	11.03	11.23	12.01		
		홈/원정	홈	원정	원정	홈	홈	원정	원정	홈		
		장 소	전주W	창원C	인천	전주W	전주W	대구전	울산	전주W		
		상 대	수원	경남	인천	포항	서울	대구	울산	강원		
		결 과	승	무	무	승	무	승	무	승		
		점 수	2 : 0	1 : 1	0 : 0	3 : 0	1 : 1	2 : 0	1 : 1	1 : 0		
		승 점	66	67	68	71	72	75	76	79		
		슈팅수	8 : 7	14 : 6	16 : 11	15 : 11	15 : 6	9 : 9	11 : 7	8 : 6		
GK	31	송범근	○ 0/0	○ 0/0	○ 0/0	○ 0/0	○ 0/0	○ 0/0	○ 0/0	○ 0/0		
DF	2	이 용		○ 0/0				○ 0/0	○ 0/0	○ 0/0 C		
	13	이주용				△ 0/0	▽ 0/0					
	19	박원재	○ 0/0 C									
	21	권경원		○ 1/0 C		○ 1/0	○ 0/0 C	○ 0/0	○ 0/0 C	○ 0/0 C		
	22	김진수		○ 0/0	○ 0/0	○ 0/0	○ 0/0	○ 0/0	○ 1/0	○ 0/0 C		
	25	최철순	○ 0/0 CC		○ 0/0	▽ 0/0						
	26	홍정호		○ 0/0		○ 0/0	○ 0/0	▽ 0/0				
	92	김민혁	○ 0/0		○ 0/0			△ 0/0	○ 0/0	○ 0/0		
MF	4	신형민	▽ 0/0		○ 0/0	○ 0/0	○ 0/0	○ 0/0	▽ 0/0 C			
	5	임선영			▽ 0/0		▽ 0/0		△ 0/0			
	6	최보경	○ 0/0		○ 0/0 C					△ 0/0		
	7	한교원	○ 0/0	△ 0/0						△ 0/0		
	8	정 혁			○ 0/0			○ 0/1	▽ 0/0	○ 0/0 C		
	14	최영준										
	14	이승기	○ 1/0	○ 0/0	△ 0/0	○ 0/0	○ 0/0	△ 0/0	▽ 0/0	▽ 0/1		
	23	명준재										
	27	문선민	△ 1/0	▽ 0/0	▽ 0/0	▽ 1/1	○ 0/0	▽ 0/0 C		▽ 0/0		
	28	손준호	○ 0/0 C	○ 0/0		○ 0/0 C		○ 0/1	○ 0/0	○ 1/0		
	34	장윤호										
	42	한승규		▽ 0/0			△ 0/0					
FW	9	김신욱										
	9	김승대	▽ 0/1	△ 0/0		○ 0/0	▽ 0/0					
	10	로페즈	△ 0/0	○ 0/0	△ 0/0	▽ 1/0	○ 0/0	○ 1/0	○ 0/1	○ 0/0		
	11	고무열	▽ 0/0		○ 0/0	△ 0/0	△ 0/0		△ 0/0	△ 0/0		
	11	티아고										
	17	이비니						△ 0/0	△ 0/0			
	20	이동국		△ 0/0	▽ 0/0	△ 0/0	△ 1/0	▽ 1/0	○ 0/0	▽ 0/0		
	32	아드리아노										
	38	이근호										
	91	호 사	△ 0/1	▽ 0/0	△ 0/0							

울 산 현 대

창단년도_ 1983년
전화_ 052-209-7000
숙소전화_ 052-209-7114
팩스_ 052-202-6145
홈페이지_ www.uhfc.tv
인스타그램_ ulsanhyundaifootballclub
페이스북_ www.facebook.com/ulsanfc
유튜브_ www.youtube.com/ulsanhyundai
주소_ 우 44018 울산광역시 동구 봉수로 507(서부동) 현대스포츠클럽
Hyundai Sports Club, 507, Bongsuro(Seobu-dong), Dong-gu, Ulsan, KOREA 44018

연혁

1983 12월 6일 현대 호랑이 축구단 창단(인천/경기 연고)
1984 84 축구대제전 수퍼리그 종합 3위
1985 85 축구대제전 수퍼리그 종합 4위
1986 86 프로축구선수권대회 우승, 86 축구대제전 종합 3위
1987 강원도로 연고지 이전 87 한국프로축구대회 4위
1988 88 한국프로축구대회 2위
1989 89 한국프로축구대회 6위
1990 울산광역시로 연고지 이전 90 한국프로축구대회 5위
1991 91 한국프로축구대회 2위
1992 92 한국프로축구대회 3위 92 아디다스컵 5위
1993 93 한국프로축구대회 3위 93 아디다스컵 2위
1994 94 하이트배 코리안리그 4위 94 아디다스컵 5위
1995 95 하이트배 코리안리그 3위(전기 2위, 후기 3위)
95 아디다스컵 우승
1996 96 라피도컵 프로축구대회 통합우승(전기 우승, 후기 9위)
96 아디다스컵 4위, 아시안컵 위너스컵 3위
1997 97 라피도컵 프로축구대회 전기리그 우승
97 아디다스컵 3위, 97 프로스펙스컵 A조 4위
1998 모기업 현대자동차에서 현대중공업으로 이전
98 아디다스코리아컵 우승 98 필립모리스코리아컵 8위
98 현대컵 K-리그 준우승 제3회 삼보체인지업 FA컵 준우승
1999 99 바이코리아컵 K-리그 6위 99 대한화재컵 3위
99 아디다스컵 8강 제4회 삼보컴퓨터 FA컵 3위
2000 2000 삼성 디지털 K-리그 10위
2000 대한화재컵 B조 3위 2000 아디다스컵 8강 6위
2001 2001 포스코 K-리그 6위 아디다스컵 2001 B조 4위
2002 2002 삼성 파브 K-리그 준우승
아디다스컵 2002 준우승
2003 삼성 하우젠 K-리그 2003 준우승
제8회 하나은행 FA컵 3위
2004 삼성 하우젠 K-리그 2004 통합순위 1위(전기 3위, 후기 3위)
삼성 하우젠컵 2004 5위
2005 삼성 하우젠 K-리그 2005 우승(전기 3위, 후기 3위)
삼성 하우젠컵 2005 준우승
2006 제7회 삼성 하우젠 수퍼컵 2006 우승(3월 4일)
A3 챔피언스컵 2006 우승 AFC 챔피언스리그 공동 3위
2007 삼성 하우젠컵 2007 우승
삼성 하우젠 K-리그 2007 정규리그 4위
2008 법인설립 (주)울산 현대 축구단
'울산 현대 호랑이 축구단'에서 '울산 현대 축구단'으로 구단명칭 변경
삼성 하우젠컵 2008 B조 3위
삼성 하우젠 K-리그 2008 플레이오프 최종 3위(정규리그 4위)
2009 '(주)울산 현대 축구단'에서 '(주)현대중공업 스포츠'로 법인 변경
아시아축구연맹 챔피언스리그 E조 3위
피스컵 코리아 2009 4강 2009 K-리그 8위
2010 포스코컵 2010 8강
쏘나타 K리그 2010 플레이오프 최종 5위(정규리그 4위)
2011 제16회 하나은행 FA컵 4강
러시앤캐시컵 2011 우승, 득점왕(김신욱), 도움왕(최재수) 배출
현대오일뱅크 K리그 2011 6위
현대오일뱅크 K리그 2011 챔피언십 준우승
K리그 통산 최초 400승 달성(7월 16일 강원전, 강릉종합운동장)
곽태휘·김영광 2011 K리그 대상 베스트 11 선정
2012 제17회 하나은행 FA컵 4강
현대오일뱅크 K리그 2012 5위
2012 K리그 대상 페어플레이상 수상, 이근호·곽태휘 베스트 11 선정
김호곤 감독 통산 100승 달성(8월 8일 성남일화전, 탄천종합운동장)
AFC 챔피언스리그 2012 우승(10승 2무) / 페어플레이상 / MVP(이근호)
AFC 올해의 클럽상 / 올해의 감독상(김호곤) / 올해의 선수상(이근호)
FIFA 클럽 월드컵 6위
2013 현대오일뱅크 K리그 클래식 2013 준우승
김신욱·김치곤·김승규·이용, 2013 K리그 대상 베스트 11 선정
김신욱, 2013 K리그 대상 MVP, 아디다스 올인 팬타스틱 플레이어 선정
2014 현대오일뱅크 K리그 클래식 2014 6위
2015 제20회 KEB하나은행 FA컵 4강
2015 K리그 대상 김신욱(득점상) / 유소년 클럽상
2016 현대오일뱅크 K리그 클래식 2016 4위
제21회 KEB하나은행 FA컵 4강
2017 KEB하나은행 FA컵 우승 KEB하나은행 K리그 2017 4위
K리그 통산 최초 500승 달성 (7월 19일 vs 강원)
대한민국 스포츠산업대상 우수프로스포츠단상 (장관상)
2018 제23회 KEB하나은행 FA컵 준우승
K리그 유소년 클럽상
주니오(FW), 리차드(DF), K리그 베스트 11 선정
한승규 영플레이어상 수상
2019 하나원큐 K리그1 2019 준우승
주니오(FW), 김보경(MF), 김태환(DF), K리그 베스트 11 선정
김보경, K리그 MVP 선정

2019년 선수명단

대표이사_ 김광국 사무국장_ 김현희 감독_ 김도훈
수석코치_ 명재용 코치_ 김인수 코치_ 변재섭 GK코치_ 김범수 피지컬코치_ 토모 츠코시
스카우트_ 김영기·김영삼 트레이너_ 이인철·정성덕·이원빈 주치의_ 박기봉 통역_ 천명재 전력분석관_ 김영광 매니저_ 장민기 장비_ 박성훈

포지션	선수명		생년월일	출신교	키(cm) / 몸무게(kg)
GK	조수혁	趙秀赫	1987.03.18	건국대	188 / 83
	문정인	文正仁	1998.03.16	현대고	193 / 80
	박석민	朴碩旻	1997.09.27	울산대	191 / 83
	김승규	金承奎	1990.09.30	현대고	187 / 76
DF	김민덕	金民悳	1996.07.08	성균관대	183 / 78
	강민수	姜敏壽	1986.02.14	고양고	186 / 76
	이명재	李明載	1993.11.04	홍익대	182 / 68
	윤영선	尹榮善	1988.10.04	단국대	185 / 78
	정동호	鄭東浩	1990.03.07	부경고	174 / 68
	김태환	金太煥	1989.07.24	울산대	177 / 72
	김창수	金昌洙	1985.09.12	동명정보고	179 / 72
	김수안	金秀岸	1993.06.10	건국대	192 / 80
	박주호	朴柱昊	1987.01.16	숭실대	175 / 71
	불투이스	Dave Bulthuis	1990.06.28	*네덜란드	192 / 78
	박재민	朴宰民	1996.05.10	광운대	178 / 72
	데이비슨	Jason Alan Davidson	1991.06.29	*오스트레일리아	180 / 72
MF	김인성	金仁成	1989.09.09	성균관대	180 / 74
	황일수	黃一琇	1987.08.08	동아대	173 / 72
	신진호	申嗔浩	1988.09.07	영남대	177 / 72
	김보경	金甫炅	1989.10.06	홍익대	176 / 72
	이동경	李東炅	1997.09.20	홍익대	175 / 68
	이현승	李現昇	2000.06.15	삼일공고	179 / 71
	김성준	金聖埈	1998.04.08	홍익대	174 / 68
	박용우	朴鎔宇	1993.09.10	건국대	186 / 80
	박하빈	朴昰斌	1997.04.23	울산대	182 / 70
	이지승	李志承	1999.01.11	호남대	181 / 74
	믹스	Mikkel Morgenstar Palssonn Diskerud	1990.10.02	*노르웨이	182 / 73
	이상헌	李尙憲	1998.02.26	현대고	178 / 67
FW	주니오	Gleidionor Figueiredo Pinto Junior	1986.12.30	*브라질	187 / 85
	이근호	李根鎬	1985.04.11	부평고	176 / 74
	주민규	周敏圭	1990.04.13	한양대	183 / 79
	이동원	李東垣	1996.03.05	명지대	196 / 92
	손호준	孫護準	2000.02.08	청주대성고	187 / 81
	박정인	朴正仁	2000.10.07	현대고	178 / 70

2019년 개인기록_ K리그1

위치	배번	경기번호	03	11	17	19	26	34	42	46	54	56
		날 짜	03.01	03.10	03.17	03.29	04.02	04.06	04.14	04.20	04.28	05.04
		홈/원정	홈	원정	원정	홈	홈	원정	원정	홈	홈	원정
		장 소	문수	춘천	대구전	문수	문수	상주	인천	문수	문수	포항
		상 대	수원	강원	대구	제주	서울	상주	인천	성남	경남	포항
		결 과	승	무	무	승	승	승	승	패	승	패
		점 수	2 : 1	0 : 0	1 : 1	2 : 1	2 : 1	1 : 0	3 : 0	0 : 1	2 : 0	1 : 2
		승 점	3	4	5	8	11	14	17	17	20	20
		슈팅수	13 : 9	13 : 15	6 : 12	7 : 11	10 : 11	4 : 4	12 : 13	19 : 8	7 : 11	7 : 8
GK	1	조수혁					○ 0/0	○ 0/0				
	32	오승훈	○ 0/0	○ 0/0	○ 0/0	○ 0/0			○ 0/0	○ 0/0	○ 0/0 C	○ 0/0
	81	김승규										
DF	3	김민덕										
	4	강민수						○ 0/0 C				
	13	이명재			○ 0/0		○ 0/0			○ 0/0	○ 0/0	○ 0/0
	20	윤영선	○ 0/0	○ 0/0 C	○ 0/0 C	○ 0/0	○ 0/0 C		○ 0/0 C	○ 0/0	○ 0/0 C	○ 0/0 C
	22	정동호	△ 0/0	▽ 0/0				▽ 0/0	○ 0/0 C	△ 0/0	○ 0/0	○ 0/0
	27	김창수			△ 0/0	○ 0/0	○ 0/0		○ 0/0	▽ 0/0		
	29	김수안									○ 0/0 C	○ 0/0
	33	박주호	○ 0/0 C	○ 0/0		○ 0/1		○ 0/0	○ 0/0	○ 0/0 C	△ 0/0	
	38	불투이스	○ 0/0	○ 0/0	○ 0/0	○ 0/0	○ 0/0	○ 0/0	○ 0/0	○ 0/0		
	91	데이비슨										
MF	6	정재용	△ 0/0	○ 0/0 C								
	10	신진호	○ 0/0 C	▽ 0/0	○ 0/0	○ 0/0	○ 0/1	△ 0/0	○ 0/0 S			▽ 1/0
	14	김보경	○ 0/0 C	○ 0/0	○ 1/0	○ 1/1 C	○ 0/0	○ 0/1		○ 0/0	○ 0/0	○ 0/1
	15	이동경	▽ 0/0 C	▽ 0/0	▽ 0/0				▽ 0/0	▽ 0/0		▽ 0/0
	17	김성준						△ 0/0				△ 0/0
	19	박용우	▽ 0/0	△ 0/0	○ 0/0	△ 0/0	△ 0/0	○ 0/0	△ 0/0		○ 0/0	
	23	김태환	○ 0/0 C	○ 0/0	○ 0/0	○ 0/0	△ 0/0	○ 0/0	△ 0/2	△ 0/0	○ 0/2	○ 0/0
	42	믹 스	▽ 0/0		▽ 0/0	▽ 0/0	▽ 1/0	▽ 0/0	▽ 0/1	▽ 0/0	▽ 0/0	▽ 0/0
	98	이상헌										
FW	7	김인성	△ 1/0	△ 0/0	△ 0/0	△ 0/0	○ 0/1	○ 0/0	○ 2/0	○ 0/0	△ 1/0	△ 0/0
	8	황일수										
	9	주니오	○ 1/1	○ 0/0	○ 0/0	▽ 1/0	▽ 1/0	△ 0/0	▽ 1/0	○ 0/0 C	▽ 1/0	○ 0/0
	11	이근호									△ 0/0	
	18	주민규				△ 0/0	△ 0/0	▽ 1/0	△ 0/0	△ 0/0		△ 0/0
	24	박하빈		△ 0/0								
	99	박정인				▽ 0/0	▽ 0/0				▽ 0/0	

선수자료 : 득점/도움 ○ = 선발출전 △ = 교체 IN ▽ = 교체 OUT ◈ = 교체 IN/OUT C = 경고 S = 퇴장

위치	배번	경기번호	66	67	76	83	85	91	108	109	116	124
		날 짜	05.12	05.18	05.25	05.29	06.01	06.15	06.30	07.06	07.09	07.14
		홈/원정	홈	원정	원정	홈	원정	홈	원정	홈	원정	원정
		장 소	문수	수원W	성남	문수	제주W	문수	서울W	울산	창원C	전주W
		상 대	전북	수원	성남	대구	제주	포항	서울	인천	경남	전북
		결 과	승	승	승	무	승	승	무	승	승	무
		점 수	2 : 1	3 : 1	4 : 1	0 : 0	3 : 1	1 : 0	2 : 2	1 : 0	3 : 1	1 : 1
		승 점	23	26	29	30	33	36	37	40	43	44
		슈팅수	9 : 13	10 : 12	13 : 15	12 : 18	12 : 13	13 : 11	17 : 13	18 : 12	15 : 11	10 : 17
GK	1	조 수 혁										
	32	오 승 훈	○ 0/0	○ 0/0 C	○ 0/0	○ 0/0	○ 0/0	○ 0/0	○ 0/0	○ 0/0	○ 0/0	○ 0/0
	81	김 승 규										
DF	3	김 민 덕					○ 0/0					
	4	강 민 수	○ 0/0 C	○ 0/0	○ 0/0	○ 0/0 C		○ 1/0		○ 0/0	○ 0/0	○ 0/0
	13	이 명 재		△ 0/1		○ 0/0	○ 0/0	○ 0/0	○ 0/0		○ 0/0	
	20	윤 영 선							○ 0/0		△ 0/0	○ 0/0
	22	정 동 호			○ 0/0		○ 0/0	▽ 0/0 C		○ 0/0	○ 0/0	
	27	김 창 수										
	29	김 수 안	○ 0/0	○ 1/0	○ 0/0	○ 0/0 CC						
	33	박 주 호	○ 0/0	○ 0/0	○ 0/0					○ 0/0		○ 0/0 C
	38	불투이스						△ 0/0	○ 0/1	○ 0/0 C	▽ 0/0	
	91	데이비슨										
MF	6	정 재 용										
	10	신 진 호	△ 0/0	○ 0/0 C	△ 0/0		▽ 0/0		▽ 0/0	○ 0/0		
	14	김 보 경	○ 1/1 C		○ 1/0 C	○ 0/0	△ 1/0 C	○ 0/0	○ 1/0	○ 0/0	○ 0/1	○ 0/1
	15	이 동 경	▽ 0/0	▽ 1/0 C	▽ 0/0	▽ 0/0	▽ 1/1	▽ 0/1	▽ 0/0	▽ 0/0		
	17	김 성 준	△ 0/0						△ 0/0			
	19	박 용 우	○ 0/0 C	○ 0/0	○ 0/0	○ 0/0	○ 0/0	○ 0/0	△ 0/0	△ 0/0	○ 0/0	○ 0/0
	23	김 태 환	○ 0/0 C	○ 0/0 C		○ 0/0 C	○ 0/1	○ 0/0	○ 1/0 C			○ 0/0 C
	42	믹 스	▽ 0/0	▽ 0/0	▽ 1/0	▽ 0/0	○ 1/0	○ 0/0	▽ 0/0 C	▽ 0/0	▽ 0/0	▽ 0/0
	98	이 상 헌									▽ 1/0	▽ 0/0
FW	7	김 인 성	○ 1/0	○ 0/0	▽ 0/0	△ 0/0	○ 0/0	▽ 0/0		△ 0/0	○ 0/0	○ 0/0
	8	황 일 수		△ 0/0	△ 0/0	▽ 0/0	△ 0/0	△ 0/0	○ 0/0	○ 0/0	△ 0/0	△ 0/0
	9	주 니 오	▽ 0/0	▽ 0/1	○ 1/1	○ 0/0		○ 0/0	△ 0/0	△ 1/0	○ 1/0	△ 0/0 C
	11	이 근 호	△ 0/0	△ 0/0	△ 1/0	△ 0/0	△ 0/0	△ 0/0				△ 0/0
	18	주 민 규				△ 0/0	▽ 0/1		○ 0/0	▽ 0/0	△ 1/1	▽ 1/0
	24	박 하 빈										
	99	박 정 인										

위치	배번	경기번호	128	99	133	140	148	151	159	166	169	184
		날 짜	07.21	07.24	07.30	08.03	08.11	08.16	08.24	09.01	09.14	09.25
		홈/원정	홈	홈	홈	원정	홈	원정	홈	원정	원정	원정
		장 소	울산	울산	울산	제주W	울산	전주W	울산	인천	창원C	수원W
		상 대	강원	상주	서울	제주	대구	전북	상주	인천	경남	수원
		결 과	승	무	승	승	무	패	승	무	무	승
		점 수	2 : 1	2 : 2	3 : 1	5 : 0	1 : 1	0 : 3	5 : 1	3 : 3	3 : 3	2 : 0
		승 점	47	48	51	54	55	55	58	59	60	63
		슈팅수	9 : 15	14 : 11	11 : 10	14 : 19	18 : 12	9 : 20	17 : 11	16 : 12	16 : 14	7 : 14
GK	1	조 수 혁										
	32	오 승 훈	○ 0/0	○ 0/0								
	81	김 승 규			○ 0/1	○ 0/0	○ 0/0	○ 0/0	○ 0/0	○ 0/0	○ 0/0 C	○ 0/0
DF	3	김 민 덕										
	4	강 민 수	○ 0/0	○ 0/0 C	○ 0/0	○ 1/0	○ 0/0	○ 0/0 C	○ 1/0 C		○ 0/0	○ 0/0
	13	이 명 재	○ 0/0	○ 0/0	○ 0/0		○ 0/0			△ 0/0	○ 0/1	○ 0/0
	20	윤 영 선	○ 0/0	△ 0/0	○ 0/0	○ 0/0 C	○ 0/0	○ 0/0	○ 0/0	○ 0/0	○ 0/0	○ 0/0
	22	정 동 호		○ 0/0							○ 0/0	
	27	김 창 수	○ 0/0		○ 0/0	○ 0/0						
	29	김 수 안				△ 0/0				○ 0/0	△ 0/0	
	33	박 주 호		○ 0/0		○ 0/0		○ 0/0	○ 0/0 C	▽ 0/0		
	38	불투이스										
	91	데이비슨										
MF	6	정 재 용										
	10	신 진 호	▽ 0/0 C		○ 0/0	○ 0/1	▽ 0/0 C	△ 0/0	○ 0/1	○ 0/1		○ 0/0 C
	14	김 보 경	△ 1/0	○ 0/0	○ 2/0	▽ 1/0	○ 0/0	○ 0/0	▽ 1/0	○ 0/0	△ 0/0	○ 0/0
	15	이 동 경			▽ 0/0	▽ 0/0	▽ 0/0 C		△ 0/0	▽ 0/0 C	▽ 1/0	▽ 0/0
	17	김 성 준										
	19	박 용 우	○ 0/0	△ 0/0	△ 0/0	▽ 0/0	○ 0/0	○ 0/0	○ 0/0	○ 0/0	○ 0/0	△ 0/0
	23	김 태 환		○ 0/0 C			○ 0/0	○ 0/0 C	○ 0/0	○ 0/0		○ 0/1
	42	믹 스	▽ 1/1	▽ 1/0	▽ 0/0			▽ 0/0			▽ 0/0	▽ 0/0
	98	이 상 헌	▽ 0/0									
FW	7	김 인 성	△ 0/0 C	▽ 0/0		○ 1/1	▽ 0/0	△ 0/0	▽ 1/0	○ 0/1	○ 0/0 C	▽ 1/0
	8	황 일 수	○ 0/1	△ 0/0	▽ 1/1		△ 0/0	▽ 0/0	△ 2/0			△ 0/0
	9	주 니 오		○ 1/0	○ 0/1	△ 1/0	△ 0/0	△ 0/0	○ 0/0	▽ 2/0	○ 2/0	○ 1/0
	11	이 근 호	△ 0/0		△ 0/0	△ 0/1	△ 0/0		▽ 0/2	△ 1/0	▽ 0/1	△ 0/1
	18	주 민 규	○ 0/0	▽ 0/0	△ 0/0	○ 1/1	○ 0/0	○ 0/0	△ 0/0	△ 0/0	△ 0/0	
	24	박 하 빈										
	99	박 정 인						▽ 0/0				

선수자료 : 득점/도움 ○ = 선발출전 △ = 교체 IN ▽ = 교체 OUT ◈ = 교체 IN/OUT C = 경고 S = 퇴장

위치	배번	경기번호	187	178	193	204	207	215	219	226		
		날 짜	09.28	10.02	10.06	10.20	10.26	11.03	11.23	12.01		
		홈/원정	홈	홈	원정	원정	홈	원정	홈	홈		
		장 소	울산	울산	포항	대구전	울산	서울W	울산	울산		
		상 대	성남	강원	포항	대구	강원	서울	전북	포항		
		결 과	승	승	패	승	승	승	무	패		
		점 수	1 : 0	2 : 0	1 : 2	2 : 1	2 : 1	1 : 0	1 : 1	1 : 4		
		승 점	66	69	69	72	75	78	79	79		
		슈팅수	6 : 19	9 : 14	10 : 15	6 : 18	7 : 9	7 : 15	7 : 11	13 : 16		
GK	1	조 수 혁										
	32	오 승 훈										
	81	김 승 규	○ 0/0	○ 0/0	○ 0/0	○ 0/0	○ 0/0	○ 0/0 C	○ 0/0	○ 0/0		
DF	3	김 민 덕										
	4	강 민 수	○ 0/0	○ 0/0		○ 0/0	○ 0/0 C	△ 0/0				
	13	이 명 재		○ 0/0		○ 0/0	○ 0/0	○ 0/0	○ 0/1	○ 0/0		
	20	윤 영 선	○ 0/0		○ 0/0 C			○ 0/0	○ 0/0	○ 0/0 C		
	22	정 동 호								○ 0/0		
	27	김 창 수			○ 0/0 C							
	29	김 수 안										
	33	박 주 호	○ 0/0		▽ 0/0	△ 0/0 C	△ 0/0	△ 0/0		▽ 0/0		
	38	불투이스		△ 0/0	○ 0/0	○ 0/0	○ 0/0	○ 0/0	○ 1/0	○ 0/0		
	91	데이비슨		○ 0/0 C	△ 0/0		△ 0/0					
MF	6	정 재 용										
	10	신 진 호	△ 0/0	▽ 0/0								
	14	김 보 경	○ 1/0	△ 0/1	○ 0/0	○ 0/1 C		○ 1/0	○ 0/0	○ 0/1		
	15	이 동 경	▽ 0/0	▽ 0/0		▽ 0/0	▽ 0/0					
	17	김 성 준								△ 0/0		
	19	박 용 우	○ 0/0	○ 0/0	○ 0/0	○ 0/0	○ 0/0	○ 0/0	○ 0/0 C	○ 0/0		
	23	김 태 환	○ 0/0	○ 0/0	○ 1/0	○ 0/0	○ 0/1	○ 0/0	○ 0/0 C			
	42	믹 스	▽ 0/0 C		▽ 0/0	▽ 1/0	▽ 0/0	▽ 0/0	▽ 0/0 C			
	98	이 상 헌						▽ 0/0	▽ 0/0			
FW	7	김 인 성		△ 1/0 C		○ 0/0	○ 0/0	○ 0/0	○ 0/0	▽ 0/0		
	8	황 일 수	△ 0/0	○ 0/0	△ 0/0	△ 0/0	△ 0/0	△ 0/0	△ 0/0	△ 0/0		
	9	주 니 오	△ 0/0	○ 1/1	○ 0/0	▽ 0/0	○ 2/0 C		○ 0/0	○ 1/0		
	11	이 근 호	▽ 0/0 C	▽ 0/0								
	18	주 민 규	○ 0/1		△ 0/0	△ 1/0	▽ 0/1	▽ 0/0	△ 0/0	△ 0/0		
	24	박 하 빈										
	99	박 정 인			▽ 0/0					▽ 0/0		

FC 서울

창단년도_ 1983년

전화_ 02-306-5050

팩스_ 02-306-1620

홈페이지_ www.fcseoul.com

주소_ 우 03932 서울특별시 마포구 월드컵로 240
서울월드컵경기장 내
Seoul World Cup Stadium, 240, World Cup-ro, Mapo-gu, Seoul, KOREA 03932

연혁

1983 럭키금성황소축구단 창단
제1대 구자경 구단주 취임
1985 85 축구대제전 수퍼리그 우승
1986 86 축구대제전 준우승
1987 제1회 윈풀라이컵 준우승
1988 제6회 홍콩 구정컵 3위
제43회 전국축구선수권대회 우승
1989 89 한국프로축구대회 준우승
1990 90 한국프로축구대회 우승
서울 연고지 이전
1991 구단명칭 'LG치타스'로 변경(마스코트: 황소 → 치타)
제2대 구본무 구단주 취임
1992 92 아디다스컵 준우승
1993 93 한국프로축구대회 준우승
1994 94 아디다스컵 준우승
1996 안양 연고지 이전(구단명칭 '안양LG치타스'로 변경)
1997 제2회 FA컵 3위
1998 제3대 허창수 구단주 취임
제3회 삼보체인지업 FA컵 우승
1999 99 아디다스컵 준우승
99 티켓링크 수퍼컵 준우승
2000 2000 삼성 디지털 K-리그 우승
2001 2001 포스데이타 수퍼컵 우승
2001 포스코 K-리그 준우승
2002 2001-02 아시안 클럽 챔피언십 준우승
2004 서울 연고지 복귀(구단명칭 'FC서울'로 변경)
2005 보카 주니어스 친선경기
K리그 단일 시즌 최다 관중 신기록 수립(45만 8,605명)
문화관광부 제정 제1회 스포츠산업대상 수상
2006 삼성 하우젠컵 2006 우승
FC 도쿄 친선경기
2007 삼성 하우젠컵 2007 준우승
프로스포츠 단일 경기 최다 관중 기록 수립(5만 5,397명)
맨체스터 유나이티드 친선경기, FC 도쿄 친선경기
2008 삼성 하우젠 K-리그 2008 준우승
LA 갤럭시 친선경기
2009 AFC 챔피언스리그 2009 8강
맨체스터 유나이티드 친선경기
2010 쏘나타 K리그 2010 우승
포스코컵 2010 우승
프로스포츠 단일 경기 최다 관중 신기록 수립(6만 747명)
K리그 단일 시즌 최다 총관중 신기록(54만 6,397명)
K리그 최다 홈 18연승 타이기록 수립
2011 AFC 챔피언스리그 2011 8강
구단 최다 7연승 신기록 수립
K리그 최초 2시즌 연속 50만 총관중 달성
2012 현대오일뱅크 K리그 2012 우승
K리그 단일 정규리그 최다 승점 신기록 수립(96점)
K리그 단일 정규리그 최다 승수 신기록 수립(29승)
K리그 3시즌 연속 최다 총관중 달성
2013 AFC 챔피언스리그 2013 준우승
K리그 통산 400승 달성
2014 제19회 하나은행 FA컵 준우승
AFC 챔피언스리그 2014 4강
K리그 최초 2년 연속 AFC 챔피언스리그 4강 진출
AFC 클럽랭킹 K리그 1위(아시아 2위)
K리그 역대 최다 관중 1~10위 석권
(7/12 對수원 46,549명 입장/K리그 역대 최다 관중 9위 기록)
바이엘 04 레버쿠젠 친선경기
2015 제20회 KEB하나은행 FA컵 우승
AFC 클럽랭킹 K리그 1위(아시아 4위)
K리그 최초 6년 연속 30만 관중 돌파
구단 통산 1,500호 골 달성(K리그 기준)
2016 현대오일뱅크 K리그 클래식 2016 우승
제21회 KEB하나은행 FA컵 준우승
2016 AFC 챔피언스리그 4강
K리그 단일 경기 최다 관중 기록 9위 달성(6월 18일 47,899명)
K리그 최초 7년 연속 30만 관중 돌파
2017 K리그 최초 8년 연속 30만 관중 돌파(310,061명)
2019 K리그 30만 관중 돌파 (관중수 1위 324,162명)
K리그 관중 입장수익 1위, 관중 1인당 입장수익 1위

2019년 선수명단

대표이사_ 엄태진 단장_ 강명원 감독_ 최용수
수석코치_ 김성재 GK코치_ 백민철 피지컬코치_ 이재홍 코치_ 정광민 · 박혁순 · 윤희준
피지컬_ 이재홍 닥터_ 조윤상 트레이너_ 박성율 · 서성태 · 최창훈 통역_ 이찬호 매니저_ 김도현

포지션	선수명		생년월일	출신학교	키(cm) / 몸무게(kg)
GK	유 상 훈	柳 相 勳	1989.05.25	홍익대	194 / 84
	양 한 빈	梁 韓 彬	1991.08.30	백암고	195 / 90
	정 진 욱	鄭 鎭 旭	1997.05.28	중앙대	189 / 80
	백 종 범	白 種 範	2001.01.21	오산고	190 / 85
DF	황 현 수	黃 賢 秀	1995.07.22	오산고	183 / 80
	이 웅 희	李 雄 熙	1988.07.18	배재대	183 / 80
	김 남 춘	金 南 春	1989.04.19	광운대	184 / 78
	김 주 성	金 朱 晟	2000.12.12	오산고	186 / 76
	박 준 영	朴 俊 泳	1995.03.15	광운대	185 / 78
	윤 종 규	尹 鍾 奎	1998.03.20	신갈고	173 / 65
	전 우 람	田 宇 濫	2000.05.16	오산고	181 / 70
	장 희 웅	張 喜 雄	1996.10.15	동의대	186 / 80
	김 원 균	金 遠 均	1992.05.01	고려대	186 / 77
	박 동 진	朴 東 眞	1994.12.10	한남대	182 / 72
MF	오스마르	Osmar Ibanez Barba	1988.06.05	*스페인	192 / 86
	신 재 원	申 在 源	1998.09.16	고려대	183 / 73
	정 원 진	政 原 進	1994.02.05	영남대	176 / 65
	알리바예프	Ikromjon Alibaev	1994.01.09	*우즈베키스탄	173 / 65
	김 원 식	金 元 植	1991.11.05	동북고	184 / 75
	하 대 성	河 大 成	1985.03.02	부평고	182 / 75
	고 요 한	高 요 한	1988.03.10	토월중	170 / 65
	윤 승 원	尹 承 圓	1995.02.11	오산고	186 / 74
	정 현 철	鄭 鉉 哲	1993.04.26	동국대	187 / 72
	이 승 재	李 承 在	1998.02.06	홍익대	180 / 74
	고 광 민	高 光 民	1988.09.21	아주대	172 / 63
	황 기 욱	黃 基 旭	1996.06.10	연세대	185 / 77
	신 성 재	申 成 在	1997.01.27	오산고	179 / 68
	이 학 선	李 學 宣	2000.01.07	오산고	180 / 70
FW	송 진 형	宋 珍 炯	1987.08.13	당산서중	176 / 69
	구 창 모	具 昌 模	1999.08.18	학성고	179 / 68
	주 세 종	朱 世 鐘	1990.10.30	건국대	176 / 72
	이 명 주	李 明 周	1990.04.24	영남대	176 / 74
	박 주 영	朴 主 永	1985.07.10	고려대	182 / 75
	김 한 길	金 한 길	1995.06.21	아주대	178 / 65
	박 희 성	朴 喜 成	1990.04.07	고려대	188 / 80
	조 영 욱	曺 永 旭	1999.02.05	고려대	181 / 73
	윤 주 태	尹 柱 泰	1990.06.22	연세대	181 / 78
	이 인 규	李 仁 揆	2000.01.16	오산고	180 / 70
	박 성 민	朴 聖 玟	1998.12.02	부평고	181 / 77
	이 건 철	李 建 澈	1996.02.21	경희대	186 / 80
	김 우 홍	金 祐 泓	1995.01.14	레알 마드리드 유소년 팀	174 / 73
	페 시 치	Aleksandar Pesic	1992.05.21	*세르비아	190 / 87

2019년 개인기록_ K리그1

위치	배번	경기번호	06	12	14	21	26	32	41	48	53	59
		날 짜	03.03	03.10	03.16	03.30	04.02	04.06	04.14	04.21	04.28	05.05
		홈/원정	홈	원정	홈	홈	원정	홈	원정	홈	원정	원정
		장 소	서울 W	성남	서울 W	서울 W	문수	서울 W	춘천	서울 W	전주 W	수원 W
		상 대	포항	성남	제주	상주	울산	경남	강원	인천	전북	수원
		결 과	승	승	무	승	패	승	승	무	패	무
		점 수	2 : 0	1 : 0	0 : 0	2 : 0	1 : 2	2 : 1	2 : 1	0 : 0	1 : 2	1 : 1
		승 점	3	6	7	10	10	13	16	17	17	18
		슈팅수	22 : 2	5 : 13	12 : 10	9 : 17	11 : 10	9 : 12	4 : 13	12 : 12	6 : 14	17 : 13
GK	1	유 상 훈	○ 0/0	○ 0/0	○ 0/0	○ 0/0	○ 0/0	○ 0/0	○ 0/0			○ 0/0
	21	양 한 빈								○ 0/0	○ 0/0	
DF	2	황 현 수	○ 2/0 C	○ 0/0	○ 0/0	○ 0/0	○ 0/0	○ 0/0	○ 0/0	○ 0/0	○ 0/0	○ 0/0
	3	이 웅 희	○ 0/0	○ 0/0	○ 0/0	○ 0/0	▽ 0/0	○ 0/0	○ 0/0		▽ 0/0 C	▽ 0/0
	4	김 남 춘										
	6	김 주 성										
	20	박 준 영										
	23	윤 종 규	○ 0/0	○ 0/0	○ 0/0	○ 0/0	○ 0/0		○ 0/0		▽ 0/0	○ 0/0
	40	김 원 균	○ 0/0	○ 0/0	○ 0/0	○ 0/0 C	○ 0/0	○ 0/0	○ 0/0		○ 0/0	○ 0/0
MF	5	오스마르							△ 0/0	○ 0/0	○ 0/0	○ 0/0
	7	신 재 원						▽ 0/0 C				
	8	정 원 진	△ 0/0			△ 1/0		△ 0/0	▽ 0/0 C	△ 0/0		
	9	알리바예프	○ 0/1	▽ 0/0	○ 0/0	▽ 0/0	○ 0/0	▽ 0/0 C		○ 0/0	○ 0/0 CC	
	13	고 요 한	▽ 0/0	○ 1/0	○ 0/0	○ 0/0 C	○ 0/0 C	○ 0/0	○ 0/0	○ 0/0	○ 0/0	○ 0/0 C
	15	김 원 식						△ 0/0		○ 0/0		
	16	하 대 성		△ 0/0		◆ 0/0						
	24	정 현 철	○ 0/0	○ 0/0	○ 0/0	○ 0/0	○ 0/0	○ 0/0	○ 0/0	▽ 0/0	△ 0/0	△ 0/0
	27	고 광 민	○ 0/0	○ 0/0	○ 0/0	▽ 0/0	△ 0/1	○ 0/0 C	○ 0/0 C	○ 0/0	○ 0/0	○ 0/0
	28	황 기 욱										
	66	주 세 종										
	79	이 명 주										
FW	10	박 주 영	▽ 0/0	▽ 0/0 C	▽ 0/0	○ 0/0	△ 1/0	▽ 0/1	△ 0/0	▽ 0/0	○ 0/0	○ 1/0
	14	김 한 길				△ 0/0	▽ 0/0					
	18	조 영 욱	△ 0/0 C	△ 0/0	△ 0/0			△ 1/0	▽ 0/1	▽ 0/0	△ 0/0	○ 0/0
	19	윤 주 태					○ 0/0					△ 0/0
	33	이 인 규	△ 0/0							△ 0/0		
	50	박 동 진	▽ 0/0	▽ 0/1 C	▽ 0/0		▽ 0/0		△ 0/0	△ 0/0	△ 0/1	▽ 0/0
	72	페 시 치		△ 0/0	△ 0/0	○ 0/0	△ 0/0 C	○ 1/0	▽ 2/0	○ 0/0	▽ 1/0	

선수자료 : 득점 / 도움 ○ = 선발출전 △ = 교체 IN ▽ = 교체 OUT ◆ = 교체 IN / OUT C = 경고 S = 퇴장

위치	배번	경기번호	63	72	74	80	88	96	100	108	111	118
		날 짜	05.11	05.19	05.25	05.28	06.02	06.16	06.22	06.30	07.06	07.10
		홈/원정	홈	원정	원정	홈	원정	홈	원정	홈	홈	원정
		장 소	서울W	상주	포항	서울W	창원C	서울W	대구전	서울W	서울W	제주W
		상 대	대구	상주	포항	성남	경남	수원	대구	울산	강원	제주
		결 과	승	승	무	승	승	승	승	무	무	패
		점 수	2 : 1	3 : 1	0 : 0	3 : 1	2 : 1	4 : 2	2 : 1	2 : 2	2 : 2	2 : 4
		승 점	21	24	25	28	31	34	37	38	39	39
		슈팅수	12 : 18	10 : 10	10 : 8	11 : 16	10 : 11	11 : 14	7 : 24	13 : 17	6 : 13	19 : 16
GK	1	유 상 훈	○ 0/0	○ 0/0	○ 0/0	○ 0/0	○ 0/0	○ 0/0	○ 0/0	○ 0/0	○ 0/0	○ 0/0
	21	양 한 빈										
DF	2	황 현 수	○ 1/0	○ 0/1	○ 0/0	○ 0/1	○ 0/0	○ 0/0	○ 0/0	○ 0/0	○ 0/0	○ 0/0
	3	이 웅 희	○ 0/0	▽ 0/0					△ 0/0		○ 0/0	△ 0/0
	4	김 남 춘										
	6	김 주 성										
	20	박 준 영										
	23	윤 종 규	○ 0/0	○ 0/0	○ 0/0	○ 0/0	○ 0/0	○ 0/0	○ 0/0	○ 0/1	○ 0/0	
	40	김 원 균	▽ 0/0		▽ 0/0							
MF	5	오스마르	○ 0/0	○ 0/0 C	○ 0/0	○ 1/0	○ 1/0	○ 2/0	○ 0/1	○ 0/0	○ 0/0	○ 0/0
	7	신 재 원										
	8	정 원 진										
	9	알리바예프	○ 0/0	▽ 1/0	○ 0/0	○ 0/1	▽ 0/0	○ 0/1	○ 1/0	▽ 1/0	○ 0/1	○ 0/0
	13	고 요 한		○ 0/0	○ 0/0	▽ 0/1	○ 0/0	○ 0/1	○ 0/1 C	○ 0/0	▽ 0/0	○ 2/0
	15	김 원 식	△ 0/0	○ 0/0	○ 0/0	○ 0/0	○ 0/0	○ 0/0	○ 0/0	○ 0/0	▽ 0/0 C	▽ 0/0 C
	16	하 대 성										
	24	정 현 철	○ 0/0	△ 0/0	△ 0/0	○ 0/0 C	▽ 0/0	○ 0/0	▽ 1/0 C	○ 0/0	△ 0/0	○ 0/0 CC
	27	고 광 민	○ 0/0	○ 0/1	○ 0/0	▽ 0/0	○ 0/0	▽ 0/0	○ 0/0	▽ 0/0	○ 0/0	○ 0/0
	28	황 기 욱										
	66	주 세 종										
	79	이 명 주										
FW	10	박 주 영	▽ 1/1	▽ 0/0	▽ 0/0	△ 0/0	○ 1/1	○ 0/1 C	○ 0/0	○ 0/1	○ 0/0	△ 0/0
	14	김 한 길				△ 0/0	△ 0/1	△ 0/0		△ 0/0	△ 0/0	○ 0/1
	18	조 영 욱							△ 0/0 C	△ 0/0	△ 1/0	▽ 0/0
	19	윤 주 태	△ 0/0		△ 0/0		◈ 0/0 C					△ 0/1
	33	이 인 규		△ 0/0		△ 0/0						
	50	박 동 진	△ 0/0	△ 0/0		▽ 1/0	△ 0/0	△ 0/0	▽ 0/0	▽ 1/0	▽ 1/0	▽ 0/0
	72	페 시 치	▽ 0/0	○ 2/0	○ 0/0	○ 1/0	○ 0/0	▽ 2/0		△ 0/0		

위치	배번	경기번호	123	130	133	139	150	153	162	168	173	175
		날 짜	07.13	07.20	07.30	08.02	08.11	08.17	08.25	09.01	09.15	09.21
		홈/원정	원정	홈	원정	홈	홈	원정	원정	홈	홈	원정
		장 소	인천	서울W	울산	서울W	서울W	탄천	제주W	서울W	서울W	포항
		상 대	인천	전북	울산	대구	강원	성남	제주	전북	인천	포항
		결 과	승	패	패	승	무	패	무	패	승	패
		점 수	2 : 0	2 : 4	1 : 3	2 : 1	0 : 0	0 : 1	1 : 1	0 : 2	3 : 1	1 : 2
		승 점	42	42	42	45	46	46	47	47	50	50
		슈팅수	7 : 10	8 : 15	10 : 11	11 : 18	8 : 6	11 : 13	11 : 12	6 : 16	14 : 8	5 : 12
GK	1	유상훈		△ 0/0		○ 0/0	○ 0/0	○ 0/0	○ 0/0	○ 0/0	○ 0/0 C	○ 0/0
	21	양한빈	○ 0/0	▽ 0/0	○ 0/0							
DF	2	황현수	△ 0/0	○ 0/0		○ 0/0	○ 0/0	○ 0/0	○ 0/0	○ 0/0 C	○ 0/0	○ 0/1
	3	이웅희	▽ 0/0 C	○ 0/0	○ 0/0				▽ 0/0			○ 0/0
	4	김남춘										
	6	김주성	▽ 0/0		○ 0/0	○ 0/0 C	○ 0/0	○ 0/0		○ 0/0	△ 0/0	
	20	박준영							△ 0/0			
	23	윤종규	○ 0/0	○ 0/1	○ 0/0	△ 0/0	○ 0/0	△ 0/0	○ 0/0 C	▽ 0/0		
	40	김원균										
MF	5	오스마르	○ 0/1	○ 0/0 C	○ 0/0	○ 0/0	○ 0/0	○ 0/0	○ 0/0	○ 0/0	○ 0/0 C	
	7	신재원										
	8	정원진			△ 1/0	▽ 0/1	▽ 0/0	▽ 0/0	▽ 0/1	△ 0/0 C	△ 1/0	△ 0/0
	9	알리바예프	○ 0/0	○ 0/1	▽ 0/0	○ 0/0	○ 0/0	○ 0/0	○ 0/0 C	○ 0/0	▽ 0/0	▽ 0/0
	13	고요한	○ 0/0	○ 0/0	○ 0/1	○ 0/1	○ 0/0 C	○ 0/0 C		○ 0/0	○ 0/0	○ 0/0
	15	김원식	○ 0/0	▽ 0/0	▽ 0/0				△ 0/0		○ 0/0	
	16	하대성										
	24	정현철			△ 0/0	○ 0/0	○ 0/0	○ 0/0	○ 0/0	○ 0/0 C		○ 0/0
	27	고광민	○ 1/0	○ 0/0	○ 0/0	○ 0/0 S			○ 0/0	○ 0/0	○ 0/0	○ 0/0 C
	28	황기욱	△ 0/0									
	66	주세종									○ 1/0 C	○ 0/0
	79	이명주									▽ 0/0	○ 0/0
FW	10	박주영	○ 1/0	○ 0/0	○ 0/0	▽ 1/0	○ 0/0				○ 1/2	○ 1/0
	14	김한길				△ 0/0	△ 0/0	○ 0/0 C				
	18	조영욱	△ 0/0	△ 0/0		▽ 0/0				△ 0/0 C		
	19	윤주태		△ 0/0	△ 0/0			△ 0/0	▽ 1/0	△ 0/0		
	33	이인규										
	50	박동진	▽ 0/1	▽ 2/0	▽ 0/0 C	△ 1/0	▽ 0/0	▽ 0/0	△ 0/0	▽ 0/0		△ 0/0
	72	페시치					△ 0/0	○ 0/0	○ 0/0	▽ 0/0	○ 0/0	▽ 0/0

선수자료 : 득점/도움 ○ = 선발출전 △ = 교체 IN ▽ = 교체 OUT ◈ = 교체 IN/OUT C = 경고 S = 퇴장

위치	배번	경기번호	185	192	195	202	206	215	217	228		
		날 짜	09.25	09.29	10.06	10.20	10.26	11.03	11.23	12.01		
		홈/원정	홈	홈	원정	원정	원정	홈	홈	원정		
		장 소	서울W	서울W	수원W	춘천	전주W	서울W	서울W	대구전		
		상 대	경남	상주	수원	강원	전북	울산	포항	대구		
		결 과	무	패	승	패	무	패	패	무		
		점 수	1 : 1	1 : 2	2 : 1	2 : 3	1 : 1	0 : 1	0 : 3	0 : 0		
		승 점	51	51	54	54	55	55	55	56		
		슈팅수	18 : 6	12 : 7	6 : 8	8 : 14	6 : 15	15 : 7	9 : 9	8 : 4		
GK	1	유상훈			○ 0/0	○ 0/0	○ 0/0	○ 0/0	○ 0/0	○ 0/0		
	21	양한빈	○ 0/0	○ 0/0								
DF	2	황현수	○ 1/0	○ 0/0		○ 0/0	○ 1/0	○ 0/0	○ 0/0	○ 0/0		
	3	이웅희			○ 0/0 C							
	4	김남춘					○ 0/0	○ 0/0	▽ 0/0	○ 0/0		
	6	김주성					○ 0/0	△ 0/0		○ 0/0		
	20	박준영										
	23	윤종규			△ 0/0		○ 0/0	○ 0/0		▽ 0/0		
	40	김원균										
MF	5	오스마르	○ 0/0	○ 0/1	○ 0/0	○ 0/1	○ 0/1	○ 0/0	○ 0/0	○ 0/0		
	7	신재원		△ 0/0								
	8	정원진	△ 0/0	△ 0/0				△ 0/0				
	9	알리바예프	○ 0/0	○ 0/0	○ 0/0	○ 0/0 C		○ 0/0	○ 0/0	○ 0/0		
	13	고요한	○ 0/0	○ 0/0 C	▽ 0/1 C	○ 0/0	▽ 0/0 C		○ 0/0	△ 0/0		
	15	김원식			○ 0/0	○ 0/0						
	16	하대성										
	24	정현철	○ 0/0	○ 0/0 C			△ 0/0					
	27	고광민		▽ 0/0	○ 0/0	○ 0/0	○ 0/0 C	○ 0/0	○ 0/0	○ 0/0		
	28	황기욱										
	66	주세종	○ 0/0	○ 0/0	○ 0/0	○ 0/0 CC		▽ 0/0	○ 0/0	△ 0/0		
	79	이명주	▽ 0/0	▽ 0/0	○ 1/0	○ 0/1	○ 0/0	▽ 0/0 C	○ 0/0 C	○ 0/0 C		
FW	10	박주영	○ 0/0	▽ 0/0	○ 1/0	○ 1/0	▽ 0/0	○ 0/0	○ 0/0	▽ 0/0		
	14	김한길	○ 0/0									
	18	조영욱					△ 0/0	▽ 0/0				
	19	윤주태		△ 0/0	△ 0/0	△ 0/0						
	33	이인규				▽ 1/0	△ 0/0					
	50	박동진	△ 0/0		▽ 0/0 C		▽ 0/0	△ 0/0	△ 0/0 C	▽ 0/0		
	72	페시치	▽ 0/1	○ 1/0					○ 0/0	△ 0/0		

포 항 스 틸 러 스

창단년도_ 1973년

전화_ 054-282-2002

팩스_ 054-282-9500

홈페이지_ www.steelers.kr

주소_ 우 37751 경상북도 포항시 북구 중흥로 231 동양빌딩 7층
7F Dongyang Bld., 231 Jungheung-ro, Buk-gu,
Pohang-si, Gyeongbuk, KOREA 37751

연혁

1973 실업축구단 창단
한홍기 1대 감독 취임
1974 제22회 대통령배 전국축구대회 우승
1975 제12회 전국실업축구연맹전 춘계 우승
1977 제14회 전국실업축구연맹전 준우승
제32회 전국축구선수권대회 준우승
1978 제2회 실업축구회장배 준우승
1979 제3회 실업축구회장배 우승
1981 제18회 전국실업축구연맹전 추계 우승
1982 코리언리그(제19회 전국실업축구연맹전) 우승
1983 수퍼리그 참가
1984 프로축구단 전환
1985 최은택 2대 감독 취임
팀명 변경(돌핀스 → 아톰즈)
85 축구대제전 수퍼리그 준우승
신인선수상 수상자(이흥실) 배출
1986 86 축구대제전 우승
1987 이회택 3대 감독 취임
87 한국프로축구대회 준우승
1988 88 한국프로축구대회 우승
1990 국내최초 축구전용구장 준공(11월 1일)
1992 국내 최초 프로팀 통산 200승 달성(8월 26일 vs 천안일화)
92 한국프로축구대회 우승
1993 허정무 4대 감독 취임
93 아디다스컵 우승
1995 ㈜포항프로축구 법인 출범(5월 29일)
95 하이트배 코리안리그 준우승
1996 박성화 5대 감독 취임
제1회 FA컵 우승
96 아디다스컵 준우승
1997 팀명 변경(아톰즈 → 스틸러스)
96-97 Asian Club Championship 우승
97 Asian Super Cup 준우승
97 프로스펙스컵 준우승
1998 97-98 Asian Club Championship 우승(2연패)
98 Asian Super Cup 준우승
신인선수상 수상자(이동국) 배출
2001 최순호 6대 감독 취임
클럽하우스 준공
제6회 서울은행 FA컵 준우승
2002 제7회 하나-서울은행 FA컵 준우승
2003 사명 변경 ㈜포항프로축구 → ㈜포항스틸러스
산하 유소년 육성시스템 구축
2004 삼성하우젠 K-리그 2004 준우승
신인선수상 배출(문민귀)
2005 파리아스 7대 감독 취임
국내 최초 팀 통산 1,000호골 달성(이정호)
팀 통산 300승 달성(10월 23일 vs 광주상무)
A3 Nissan Champions Cup 2005 준우승
2007 삼성하우젠 K-리그 2007 우승
제12회 하나은행 FA컵 준우승
2008 제13회 하나은행 FA컵 우승
2009 AFC Champions League 2009 우승
피스컵 코리아 2009 우승
FIFA Club Worldcup 3위
AFC 선정 2009 올해의 아시아 최고 클럽
2010 레모스 8대 감독 취임
홍콩구정컵 국제축구대회 우승
2011 황선홍 9대 감독 취임
2012 팀 통산 400승 달성(3월 25일 vs 상주상무)
제17회 하나은행 FA컵 우승
신인선수상(現 영플레이어상) 수상자(이명주) 배출
2013 제18회 하나은행 FA컵 우승(2연패)
현대오일뱅크 K리그 클래식 2013 우승
영플레이어상 수상자(고무열) 배출(2년 연속)
2014 영플레이어상 수상자(김승대) 배출(3년 연속)
그린스타디움상 수상
2015 그린스타디움상 수상(2년 연속)
2016 최진철 10대 감독 취임
최순호 11대 감독 취임
그린스타디움상 수상(3년 연속)
2017 팀 통산 500승 달성(9월 20일 vs 강원FC)
도움상 수상자 배출(손준호) 그린스타디움상 수상(4년 연속)
2018 전 경기 전 시간 출전상 수상자(강현무, 김승대) 배출
2019 김기동 12대 감독 취임
국내 최초 풋볼퍼포먼스센터 오픈(4월 29일)

2019년 선수명단

대표이사_ 양흥열　단장_ 장영복　감독_ 김기동
필드코치_ 이상욱　코치_ 황지수　피지컬코치_ 주닝요·박효준　GK코치_ 이대희
주무_ 차주성　재활트레이너_ 이종규·변종근·김원식　장비_ 이상열　통역_ 이상민　분석관_ 박철호

포지션	선수명		생년월일	출신교	키(cm) / 몸무게(kg)
GK	강 현 무	姜賢茂	1995.03.13	포철고	185 / 78
	류 원 우	流垣宇	1990.08.05	광양제철고	185 / 78
	이 준	李 準	1997.07.14	연세대	188 / 79
	조 성 훈	趙晟訓	1998.04.21	숭실대	189 / 85
	하 명 래	河明來	1999.05.05	경희고	194 / 93
DF	심 상 민	沈相旼	1993.05.21	중앙대	172 / 70
	김 광 석	金光碩	1983.02.12	청평공고	183 / 73
	전 민 광	全珉洸	1993.01.17	중원대	187 / 73
	하 창 래	河昌來	1994.10.16	중앙대	188 / 82
	김 용 환	金容奐	1993.05.25	숭실대	175 / 67
	민 경 현	閔景鉉	1998.05.04	한양공고	189 / 77
	이 상 기	李相基	1996.05.07	영남대	179 / 78
	이 광 준	李侊俊	1996.01.08	포철고	191 / 82
	배 슬 기	裵슬기	1985.06.09	광양제철고	183 / 79
	유 지 하	柳知荷	1999.06.01	일본(J리그 요코하마 마리노스 유스)	187 / 78
	박 선 용	朴宣勇	1989.03.12	호남대	173 / 66
	박 재 우	朴宰佑	1998.03.06	성균관대	174 / 69
	이 상 수	李上水	1999.03.08	포철고	185 / 85
	이 도 현	李途炫	1996.02.17	경희대	187 / 79
	성 현 준	成鉉準	1999.08.31	천안제일고	176 / 68
MF	정 재 용	鄭宰溶	1990.09.14	고려대	188 / 83
	심 동 운	沈東雲	1990.03.03	홍익대	169 / 67
	이 진 현	李鎭賢	1997.08.26	성균관대	173 / 65
	최 영 준	崔榮峻	1991.12.15	건국대	181 / 76
	팔로세비치	Aleksandar Palocević	1993.08.22	*세르비아	180 / 70
	이 승 모	李鎭賢	1998.03.30	포철고	185 / 70
	최 재 영	崔載瑩	1998.03.18	중앙대	181 / 73
	이 수 빈	李秀彬	2000.05.07	포철고	180 / 70
	김 규 표	金規漂	1999.02.08	성균관대	176 / 72
FW	일 류 첸 코	Iljutcenko Stanislav	1990.08.13	*독일	187 / 82
	이 광 혁	李侊赫	1995.09.11	포철고	169 / 60
	허 용 준	許榕埈	1993.01.08	고려대	184 / 75
	하 승 운	河勝云	1998.05.04	연세대	177 / 74
	김 도 형	金度亨	1990.10.06	동아대	182 / 75
	장 결 희	張潔熙	1998.04.04	포항제철중	170 / 62
	송 민 규	松旻揆	1999.09.12	충주상고	179 / 72
	문 경 민	文京敏	2000.04.02	청주대성고	188 / 82
	김 동 범	金東範	2000.08.20	포철고	180 / 78
	완 델 손	Wanderson Carvalho Oliveira	1989.03.31	*브라질	172 / 60

2019년 개인기록_ K리그1

위치	배번	경기번호	06	10	18	20	27	35	39	43	49	56
		날 짜	03.03	03.10	03.17	03.30	04.03	04.07	04.13	04.20	04.26	05.04
		홈/원정	원정	홈	홈	원정	홈	홈	원정	원정	홈	홈
		장 소	서울W	포항	포항	전주W	포항	포항	성남	대구전	포항	포항
		상 대	서울	상주	경남	전북	강원	제주	성남	대구	수원	울산
		결 과	패	패	승	패	승	무	패	패	승	승
		점 수	0 : 2	1 : 2	4 : 1	0 : 2	1 : 0	1 : 1	0 : 2	0 : 3	1 : 0	2 : 1
		승 점	0	0	3	3	6	7	7	7	10	13
		슈팅수	2 : 22	5 : 9	12 : 8	6 : 25	12 : 7	7 : 13	7 : 11	8 : 14	11 : 8	8 : 7
GK	1	류 원 우				○ 0/0	○ 0/0	○ 0/0	○ 0/0		○ 0/0	○ 0/0
	31	강 현 무	○ 0/0	○ 0/0	○ 0/0					○ 0/0		
DF	2	심 상 민	○ 0/0	▽ 0/0								
	3	김 광 석										
	4	전 민 광	○ 0/0		○ 0/0	○ 0/0	○ 0/0		○ 0/0		○ 0/0	○ 0/0
	5	하 창 래		○ 0/0 C	○ 0/0 C	○ 0/0 C		○ 0/0	○ 0/0	○ 0/0	○ 0/0 C	○ 0/0
	13	김 용 환	○ 0/0	○ 0/0			○ 0/0	▽ 0/0	○ 0/0 C	○ 0/0	○ 0/0	○ 0/0
	19	이 상 기			○ 0/0	○ 0/0	○ 0/0	○ 0/0 C	○ 0/0		○ 0/0	○ 0/0
	24	배 슬 기	○ 0/0	○ 0/0	△ 0/0		△ 0/0				△ 0/0	
	35	박 재 우										
	55	블 라 단					○ 0/0 C	○ 0/0 C		○ 0/0 C		
MF	6	정 재 용				△ 0/0	○ 0/1	○ 0/0	○ 0/0	○ 0/0	○ 0/0	▽ 0/0
	7	이 석 현	▽ 0/0	△ 0/0	○ 0/0	▽ 0/0		△ 1/0	△ 0/0	△ 0/0	▽ 0/0	▽ 0/0
	8	이 진 현	▽ 0/0	▽ 0/0		△ 0/0			○ 0/0	△ 0/0	▽ 0/0	○ 1/0
	14	최 영 준										
	16	유 준 수	○ 0/0	○ 0/0	▽ 0/0	○ 0/0 C		△ 0/0				△ 0/0
	26	팔로세비치										
	27	이 승 모										
	57	이 수 빈			△ 0/0 C					▽ 0/0	○ 0/0	○ 0/0
FW	7	심 동 운										
	9	최 용 우								△ 0/0		△ 0/0
	9	김 승 대	○ 0/0	○ 0/0	○ 1/1	○ 0/0 C	○ 0/0	○ 0/1	○ 0/0	○ 0/0	○ 1/0	○ 1/1
	10	데이비드	▽ 0/0	▽ 1/0	○ 1/1	○ 0/0	▽ 0/0	▽ 0/0	▽ 0/0 C	○ 0/0 S		
	10	일류첸코										
	11	이 광 혁		△ 0/0	▽ 1/0	▽ 0/0	△ 0/0	○ 0/0	▽ 0/0	▽ 0/0 C		
	16	김 지 민	△ 0/0		△ 1/0				△ 0/0		△ 0/0	
	16	허 용 준										
	17	하 승 운	△ 0/0	△ 0/0	▽ 0/0	▽ 0/0	△ 0/0				△ 0/1	△ 0/0
	22	김 도 형	△ 0/0	○ 0/0		△ 0/0	▽ 0/0	△ 0/0		▽ 0/0		
	29	송 민 규					▽ 1/0	▽ 0/0 C				
	77	완 델 손	○ 0/0	○ 0/0	○ 0/1	○ 0/0	○ 0/0	○ 0/0	○ 0/0	○ 0/0	▽ 0/0	▽ 0/0

선수자료 : 득점/도움 ○ = 선발출전 △ = 교체 IN ▽ = 교체 OUT ◈ = 교체 IN/OUT C = 경고 S = 퇴장

위치	배번	경기번호	62	69	74	84	89	91	102	106	110	117
		날 짜	05.11	05.19	05.25	05.29	06.02	06.15	06.23	06.30	07.06	07.10
		홈/원정	원정	원정	홈	원정	홈	원정	원정	홈	원정	홈
		장 소	인천	양산	포항	수원W	포항	문수	춘천	포항	상주	포항
		상 대	인천	경남	서울	수원	대구	울산	강원	전북	상주	성남
		결 과	승	승	무	패	패	패	패	무	무	승
		점 수	1 : 0	2 : 1	0 : 0	0 : 3	0 : 2	0 : 1	4 : 5	1 : 1	1 : 1	1 : 0
		승 점	16	19	20	20	20	20	20	21	22	25
		슈팅수	14 : 13	8 : 8	8 : 10	7 : 12	10 : 10	11 : 13	13 : 20	7 : 8	7 : 4	10 : 5
GK	1	류 원 우	○ 0/0	○ 0/0	○ 0/0	○ 0/0		○ 0/0	○ 0/0			
	31	강 현 무					○ 0/0			○ 0/0 C	○ 0/0	○ 0/0
DF	2	심 상 민		○ 0/0		△ 0/0	○ 0/0	○ 0/0		○ 0/0	○ 0/0	○ 0/0
	3	김 광 석								△ 0/0	○ 0/0 C	○ 0/0
	4	전 민 광	○ 0/0	○ 0/0	○ 0/0	○ 0/0	○ 0/0	○ 0/0	○ 0/0			
	5	하 창 래	○ 0/0 C	○ 0/0	○ 0/0	○ 0/0	○ 0/0	○ 0/0	○ 0/0	○ 0/0 CC		○ 0/0
	13	김 용 환	○ 1/0	○ 0/0	○ 0/0	○ 0/0	○ 0/0	○ 0/0	○ 0/0	○ 0/0	○ 0/0	○ 0/1
	19	이 상 기	○ 0/0 CC		○ 0/0	▽ 0/0			○ 0/0	△ 0/0		
	24	배 슬 기	△ 0/0	△ 0/0					△ 0/0	▽ 0/0	○ 1/0	
	35	박 재 우										
	55	블 라 단										
MF	6	정 재 용	○ 0/0	○ 0/0	○ 0/0	○ 0/0	○ 0/0	○ 0/0	○ 0/1	▽ 0/0	○ 0/0	○ 0/0
	7	이 석 현					▽ 0/0	▽ 0/0	▽ 1/0	▽ 0/0	▽ 0/0	△ 0/0
	8	이 진 현	▽ 0/0	▽ 0/1	▽ 0/0	△ 0/0	▽ 0/0	▽ 0/0	△ 0/0			
	14	최 영 준										
	16	유 준 수										
	26	팔로세비치									△ 0/1	△ 0/0
	27	이 승 모							△ 0/0	△ 0/0		
	57	이 수 빈	▽ 0/0	○ 0/0	○ 0/0	○ 0/0	○ 0/0	○ 0/0	▽ 0/0 C	○ 0/0	○ 0/0	○ 0/0
FW	7	심 동 운										
	9	최 용 우	▽ 0/0	▽ 0/0	◆ 0/0	▽ 0/0	△ 0/0	△ 0/0				
	9	김 승 대	○ 0/0	○ 0/1	○ 0/0	○ 0/0 C	○ 0/0	○ 0/0	○ 0/1	○ 0/1	○ 0/0	
	10	데이비드		◆ 0/0								
	10	일류첸코									△ 0/0	▽ 1/0
	11	이 광 혁									△ 0/0	△ 0/0
	16	김 지 민										
	16	허 용 준										
	17	하 승 운	△ 0/0	△ 0/0	▽ 0/0	▽ 0/0						▽ 0/0 C
	22	김 도 형	△ 0/0		△ 0/0			△ 0/0				
	29	송 민 규			△ 0/0	△ 0/0	△ 0/0	△ 0/0	▽ 0/1	○ 0/0	▽ 0/0	▽ 0/0
	77	완 델 손	○ 0/0 C	○ 2/0	○ 0/0	○ 0/0	○ 0/0	▽ 0/0	○ 3/0	○ 1/0	▽ 0/0	○ 0/0

위치	배번	경기번호	122	129	138	142	149	156	161	164	171	175
		날 짜	07.13	07.20	07.31	08.04	08.11	08.18	08.25	08.31	09.14	09.21
		홈/원정	원정	홈	원정	원정	홈	원정	홈	홈	원정	홈
		장 소	제주W	포항	춘천	수원W	포항	상주	포항	포항	대구전	포항
		상 대	제주	인천	강원	수원	전북	상주	인천	성남	대구	서울
		결 과	무	패	패	승	패	패	승	승	무	승
		점 수	1 : 1	1 : 2	1 : 2	2 : 0	1 : 2	1 : 2	5 : 3	1 : 0	0 : 0	2 : 1
		승 점	26	26	26	29	29	29	32	35	36	39
		슈팅수	11 : 11	10 : 9	17 : 10	13 : 10	10 : 12	15 : 8	13 : 8	9 : 6	7 : 9	12 : 5
GK	1	류원우				○ 0/0	○ 0/0	○ 0/0				
	31	강현무	○ 0/0	○ 0/0	○ 0/0				○ 0/0	○ 0/0	○ 0/0	○ 0/0
DF	2	심상민		○ 0/0	○ 0/0	○ 0/0	○ 0/0	○ 0/0	○ 0/1	○ 0/0	○ 0/0	○ 0/0
	3	김광석	○ 0/0	○ 0/0	○ 0/0	○ 0/0 C	○ 0/0		○ 0/0	○ 0/0	○ 0/0	○ 0/0
	4	전민광				○ 0/0	○ 0/0	○ 0/0 C				
	5	하창래	○ 0/0 C		○ 0/0			○ 0/0	○ 1/0	○ 0/0	○ 0/0	○ 0/0 C
	13	김용환	○ 0/0	○ 0/0	○ 0/0	▽ 0/0 C	△ 0/0	○ 1/0	○ 0/0	○ 0/0	○ 0/0	○ 0/0
	19	이상기	▽ 0/0			△ 0/0	▽ 0/0					
	24	배슬기		○ 0/0								
	35	박재우										
	55	블라단										
MF	6	정재용		○ 0/0	▽ 0/0		○ 0/0		○ 0/0	○ 0/0	○ 0/0 C	○ 0/0
	7	이석현	▽ 0/0									
	8	이진현			▽ 0/0	○ 0/0	▽ 0/0	▽ 0/0	▽ 0/0	▽ 0/1		
	14	최영준			△ 0/0	○ 0/0		○ 0/0	○ 0/1 C	○ 0/0	○ 0/0	▽ 0/0
	16	유준수										
	26	팔로세비치	△ 0/0					△ 0/0	△ 0/1	△ 0/0	▽ 0/0	○ 1/0
	27	이승모										
	57	이수빈	○ 0/0	○ 0/0	○ 0/0	○ 1/1	○ 0/0	▽ 0/0 C			△ 0/0	△ 0/0
FW	7	심동운										
	9	최용우										
	9	김승대	○ 0/1									
	10	데이비드										
	10	일류첸코	○ 1/0 C	○ 1/0	○ 0/0	▽ 0/0	○ 0/1	○ 0/1	○ 1/0 CC		▽ 0/0 C	▽ 0/0
	11	이광혁	▽ 0/0	△ 0/0	▽ 0/0	△ 0/0 C	△ 0/0	△ 0/0	△ 0/0	△ 0/0 C		△ 0/1
	16	김지민										
	16	허용준	△ 0/0	▽ 0/0	△ 0/0	△ 0/0 C	△ 0/0	△ 0/0		▽ 0/0	△ 0/0	△ 0/0
	17	하승운	△ 0/0	▽ 0/0						△ 0/0		
	22	김도형										
	29	송민규		△ 0/0	△ 0/0	▽ 0/0	▽ 0/0	▽ 0/0	▽ 0/0	▽ 1/0	○ 0/0	▽ 0/0
	77	완델손	○ 0/0	○ 0/1	○ 1/0	○ 1/1	○ 1/0	○ 0/0	○ 3/2	○ 0/0	○ 0/0	○ 1/0

선수자료 : 득점/도움 ○ = 선발출전 △ = 교체 IN ▽ = 교체 OUT ◈ = 교체 IN/OUT C = 경고 S = 퇴장

위치	배번	경기번호	181	191	193	203	205	214	217	226		
		날 짜	09.24	09.29	10.06	10.20	10.26	11.03	11.23	12.01		
		홈/원정	홈	원정	홈	원정	홈	홈	원정	원정		
		장 소	포항	창원C	포항	전주W	포항	포항	서울W	울산		
		상 대	제주	경남	울산	전북	대구	강원	서울	울산		
		결 과	승	승	승	패	무	무	승	승		
		점 수	2 : 1	1 : 0	2 : 1	0 : 3	0 : 0	2 : 2	3 : 0	4 : 1		
		승 점	42	45	48	48	49	50	53	56		
		슈팅수	11 : 10	12 : 6	15 : 10	11 : 15	7 : 6	12 : 8	9 : 9	16 : 13		
GK	1	류원우										
	31	강현무	○ 0/0 C	○ 0/0	○ 0/0	○ 0/0	○ 0/0	○ 0/0	○ 0/0	○ 0/0 C		
DF	2	심상민	○ 0/0	○ 0/0	○ 0/0	○ 0/0	○ 0/0 C	○ 0/0	○ 0/0	○ 0/0 C		
	3	김광석	○ 0/0	○ 0/0	○ 0/0 C		○ 0/0	○ 0/0	○ 0/0	○ 0/0		
	4	전민광								○ 0/0		
	5	하창래	○ 0/0	○ 0/0	○ 0/0	○ 0/0 C	○ 0/0	○ 0/0	○ 0/0 C			
	13	김용환	○ 0/0	○ 0/0	○ 0/0	○ 0/0	△ 0/0		△ 0/0	○ 0/0		
	19	이상기					○ 0/0 S					
	24	배슬기				○ 0/0						
	35	박재우						○ 0/0	▽ 0/0			
	55	블라단										
MF	6	정재용		○ 0/0	○ 0/0	○ 0/0	○ 0/0		○ 0/0	▽ 0/0		
	7	이석현										
	8	이진현										
	14	최영준	○ 0/0 C	○ 0/0	▽ 0/0		○ 0/0	○ 0/0	○ 0/0	○ 0/0		
	16	유준수										
	26	팔로세비치	△ 0/1	▽ 0/0	△ 1/1	▽ 0/0	▽ 0/0	△ 0/0	▽ 2/0	○ 1/0		
	27	이승모										
	57	이수빈	○ 0/0 C	△ 0/0	▽ 0/0	○ 0/0		○ 0/0 C		△ 0/0		
FW	7	심동운	○ 0/0	△ 0/0	○ 0/0	▽ 0/0	△ 0/0	○ 1/0	△ 0/0	△ 0/0		
	9	최용우										
	9	김승대										
	10	데이비드										
	10	일류첸코	△ 2/0	○ 1/0 C		○ 0/0	▽ 0/0	△ 1/0	○ 0/0	▽ 1/0		
	11	이광혁	△ 0/0	△ 0/0	△ 1/0	△ 0/0	△ 0/0					
	16	김지민										
	16	허용준	▽ 0/0		△ 0/0	△ 0/0		▽ 0/0	△ 0/0	△ 1/0		
	17	하승운										
	22	김도형										
	29	송민규	▽ 0/0	▽ 0/0	▽ 0/0	△ 0/0	▽ 0/0	▽ 0/0	▽ 0/2	▽ 0/0		
	77	완델손	▽ 0/1	▽ 0/1	○ 0/0	▽ 0/0	○ 0/0	○ 0/2	○ 1/0 C	○ 1/0		

대구 FC

창단년도_ 2002년

전화_ 053-222-3600

팩스_ 053-222-3601

홈페이지_ www.daegufc.co.kr

주소_ 우 41594 대구광역시 북구 고성로 191 DGB대구은행파크 2층 대구FC 사무실

DGB Daegubank Park, 191, Goseong-ro, Buk-gu, Daegu, KOREA 41594

연혁

2002 발기인 총회
(주)대구시민프로축구단 창립총회
대표이사 노희찬 선임 초대 감독 박종환 선임
1차 시민주 공모 대구FC로 구단명칭 결정
한국프로축구연맹 창단 인가 승인

2003 초대단장 이대섭 선임 2차 시민주 공모
엠블럼 및 유니폼 선정 대구FC 창단식
삼성 하우젠 K-리그 2003 11위

2004 주주동산 건립
삼성 하우젠 K-리그 2004 통합 10위
삼성 하우젠컵 2004 9위

2005 대구스포츠기념관 개관
삼성 하우젠 K-리그 2005 전기 12위, 후기 3위

2006 대구FC 통영컵 우승
제2기 이인중 대표이사 취임 제2기 최종준 단장 취임
김범일(대구광역시 시장) 구단주 취임
제3기 최종준 대표이사 취임
삼성 하우젠 K-리그 2006 통합 7위
삼성 하우젠컵 2006 13위 제2대 변병주 감독 취임

2007 삼성 하우젠 K-리그 2007 12위 삼성 하우젠컵 2007 A조 3위
유소년 클럽 창단
'삼성 하우젠 K-리그 대상' 페어플레이팀상 수상

2008 삼성 하우젠 K-리그 2008 11위 삼성 하우젠컵 2008 B조 5위
대구FC U-18클럽 창단(현풍고)
대구FC U-15 청소년 축구대회 개최

2009 제3기 박종선 단장 취임 제4기 박종선 대표이사 취임
2009 K-리그 15위 피스컵 코리아 2009 A조 3위
대구FC 유소년축구센터 개관 제3대 이영진 감독 취임

2010 쏘나타 K리그 2010 15위
포스코컵 2010 C조 2위(8강 진출)

2011 제4기 김재하 단장 취임 제5기 김재하 대표이사 취임
현대오일뱅크 K리그 2011 12위 러시앤캐시컵 2011 B조 5위
U-18 제52회 청룡기 전국고교축구대회 우승(현풍고등학교)
대구FC U-15클럽 창단(율원중학교)
제4대 모아시르 페레이라(브라질) 감독 취임

2012 2012년 제1차(1R~15R) 플러스 스타디움상 수상
U-18 대구시 축구협회장기 우승(현풍고)
현대오일뱅크 K리그 2012 10위(역대 최다승 기록)

2013 교육기부 인증기관 선정(교육과학기술부)
2013년 제2차 팬 프렌들리 클럽 수상 (프로축구연맹)
공로상: 사랑나눔상 수상(프로축구연맹)
현대오일뱅크 K리그 클래식 2013 13위

2014 제7대 최덕주 감독 취임 U-18 문체부장관기 준우승(현풍고)
제5기 조광래 단장 취임 제6기 조광래 대표이사 취임
현대오일뱅크 K리그 챌린지 2014 7위

2015 제8대 감독 이영진 선임
K리그 챌린지 한 경기 최다관중 기록(3.29 對강원FC / 20,157명)
제1차 풀스타디움상, 플러스스타디움상, 그린스타디움상 수상
U-10(신흥초) 화랑대기 전국 유소년 축구대회 우승
U-15(율원중) 무학기 전국 중학교 축구대회 우승
조나탄 팀 내 최다득점 기록 경신(40득점)
이영진 감독 10월 K리그 'danill 테일러 이달의 감독' 선정
제3차 풀스타디움상, 플러스스타디움상
K리그 대상 2015 '득점왕, MVP, 베스트일레븐 FW' 수상(조나탄),
조현우 K리그 대상 2015 '베스트일레븐 GK' 수상

2016 K리그 챌린지 한 경기 최다 관중 기록 경신
(4.10 대구FC VS 경남FC / 23,015명)
제1차 K리그 챌린지 풀스타디움 · 플러스스타디움 · 그린스타디움상 수상
대구FC 유소년 축구센터 개관 K리그 클래식 승격
제3차 K리그 챌린지 풀스타디움 · 플러스스타디움상 수상
손현준 감독대행 2016 K리그 대상 챌린지 '감독상' 수상
조현우 · 정우재 · 황재원 · 세징야 2016 K리그 대상 챌린지 '베스트11' 수상
U-12(신흥초), U-15(율원중), U-18(현풍고) 제35회 대구광역시 협회장기 우승
제9대 감독 손현준 선임

2017 제1차 플러스 스타디움상 수상
안드레 감독대행 10월 K리그 이달의 감독 선정
제10대 감독 안드레 취임(역대 최초 K리그 선수 출신 감독)
조현우 '2017 K리그 대상' 클래식 베스트11 GK 수상

2018 제23회 KEB하나은행 FA컵 우승 창단 첫 ACL 진출권 획득
KEB하나은행 K리그1 2018 7위
조현우 러시아 월드컵 출전, 자카르타-팔렘방 아시안게임 금메달,
KEB하나은행 K리그 대상 K리그1 베스트11 수상
세징야 KEB하나은행 K리그 대상 K리그1 부문 도움왕 수상
창단 이후 최다 점수 차(8점) 승리[2018.08.08 VS 양평FC]

2019 마스코트 고슴도치 리카 탄생(2019.01.30)
DGB대구은행파크 개장(2019.03.09)
AFC 챔피언스리즈 조별예선 3위
제15회 대한민국 스포츠산업대상 우수프로스포츠단 부문 장관상
2019 하나원큐 K리그 대상 시상식 플러스 스타디움 상 수상
2019 하나원큐 K리그 대상 시상식 팬 프렌들리 클럽 상 수상
하나원큐 K리그 2019 1, 2, 3차 팬 프렌들리 클럽상
하나원큐 K리그 2019 1차 플러스 스타디움상
하나원큐 K리그 2019 2차 그린스타디움상
하나원큐 K리그1 2019 5위 2019시즌 총 매진 9회 기록

2019년 선수명단

대표이사_ 조광래 단장_ 조광래 감독_ 안드레

코치_ 이병근 · 최원권 GK코치_ 이용발 피지컬코치_ 베네디토 주무_ 김태철 트레이너_ 노현욱 · 박해승 · 이대균 통역 및 전력분석_ 이종현 장비_ 고강훈

포지션	선수명		생년월일	출신교	신장(cm)/체중(kg)
GK	최 영 은	崔永恩	1995.09.26	성균관대	189 / 78
	조 현 우	趙賢祐	1991.09.25	선문대	189 / 75
	이 준 희	李俊喜	1993.12.10	인천대	192 / 89
	이 현 우	李炫雨	1994.03.20	용인대	184 / 74
	이 학 윤	李學玧	2000.03.09	포항제철고	189 / 75
DF	고 태 규	高態規	1996.08.02	용인대	190 / 83
	김 우 석	金佑錫	1996.08.04	신갈고	187 / 74
	정 태 욱	鄭泰昱	1997.05.18	아주대	194 / 92
	홍 정 운	洪定会	1994.11.29	명지대	187 / 76
	한 희 훈	韓熙訓	1990.08.10	상지대	183 / 78
	송 기 웅	宋基熊	1995.10.28	아주대	173 / 72
	강 윤 구	姜潤求	1993.02.08	동아대	170 / 70
	김 준 엽	金俊熚	1988.05.10	홍익대	178 / 74
	이 동 건	李同鍵	1999.02.07	신갈고	183 / 69
	김 태 한	金台翰	1996.02.24	한양대	183 / 77
	송 준 호	宋俊護	1997.12.16	중앙대	184 / 72
	황 유 승	黃裕勝	1996.05.10	고려대	172 / 72
	장 성 원	張成源	1997.06.17	한남대	175 / 70
	박 재 경	朴在慶	2000.04.28	학성고	190 / 80
	박 병 현	朴炳玹	1993.03.28	상지대	184 / 83
	김 동 진	金東珍	1992.12.28	아주대	177 / 73
MF	정 선 호	鄭先晧	1989.03.25	동의대	182 / 78
	정 영 웅	鄭英雄	1997.04.23	중앙대	174 / 69
	황 순 민	黃順旻	1990.09.14	일본 카미무라고	178 / 69
	예 병 원	芮柄瑗	1998.03.25	대륜고	174 / 65
	고 재 현	高在賢	1999.03.05	대륜고	180 / 67
	박 민 서	博民西	2000.09.15	현풍고	175 / 68
	류 재 문	柳在文	1993.11.08	영남대	184 / 72
	윤 종 태	尹鐘太	1998.02.12	일본	178 / 76
	박 한 빈	朴閑彬	1997.09.21	신갈고	183 / 80
	오 후 성	吳厚盛	1999.08.25	현풍고	173 / 64
	조 용 재	趙庸材	1998.01.06	현풍고	173 / 68
	조 우 현	曺佑鉉	2000.05.01	청구고	181 / 76
	츠 바 사	Tsubasa Nishi	1990.04.08	*일본	173 / 66
	김 선 민	金善民	1991.12.12	예원예대	167 / 65
FW	히 우 두	Felicissimo Rildo de Andrade	1989.03.20	*브라질	180 / 68
	에 드 가	Edgar Burno da Silva	1987.01.03	*브라질	191 / 87
	세 징 야	Cesar Fernando Silva Melo	1989.11.29	*브라질	177 / 74
	김 대 원	金大元	1997.02.10	보인고	171 / 65
	임 재 혁	任宰赫	1999.02.06	신갈고	180 / 66
	정 승 원	鄭承源	1997.02.27	안동고	170 / 68
	박 기 동	朴己東	1988.11.01	숭실대	191 / 83
	정 치 인	正治仁	1997.08.21	대구공고	182 / 71
	손 석 용	孫碩庸	1998.09.04	현풍고	179 / 75
	전 현 철	全玄哲	1990.07.03	아주대	175 / 72
	신 창 무	申昶武	1992.09.17	우석대	170 / 67

2019년 개인기록 _ K리그1

위치	배번	경기번호	01	07	17	22	29	31	40	43	51	55
		날 짜	03.01	03.09	03.17	03.30	04.03	04.06	04.14	04.20	04.27	05.03
		홈/원정	원정	홈	홈	원정	원정	홈	원정	홈	원정	홈
		장 소	전주W	대구전	대구전	창원C	인천	대구전	수원W	대구전	춘천	대구전
		상 대	전북	제주	울산	경남	인천	성남	수원	포항	강원	상주
		결 과	무	승	무	패	승	무	무	승	승	승
		점 수	1 : 1	2 : 0	1 : 1	1 : 2	3 : 0	1 : 1	0 : 0	3 : 0	2 : 0	1 : 0
		승 점	1	4	5	5	8	9	10	13	16	19
		슈팅수	8 : 14	19 : 10	12 : 6	6 : 8	17 : 6	11 : 6	27 : 9	14 : 8	19 : 12	6 : 9
GK	1	최영은										
	21	조현우	○ 0/0	○ 0/0 C	○ 0/0	○ 0/0	○ 0/0	○ 0/0	○ 0/0	○ 0/0	○ 0/0	○ 0/0
DF	3	김우석	○ 0/0	○ 0/0	○ 0/0	○ 0/0 C	○ 0/0	○ 0/0 C	○ 0/0	○ 0/0	○ 0/0 C	
	4	정태욱					△ 0/0			○ 0/0	○ 0/0	○ 0/0
	5	홍정운	○ 0/0	○ 0/0	○ 0/0	○ 0/0	○ 0/0 C	○ 0/0 C	○ 0/0	▽ 0/0	○ 0/0	○ 0/0
	6	한희훈	△ 0/0	△ 0/0			△ 0/0		▽ 0/0	△ 0/0	△ 0/0 C	△ 0/0
	16	강윤구							○ 0/0	△ 0/0	○ 0/0	▽ 0/0
	17	김준엽	○ 0/0	○ 0/0	○ 0/0	○ 0/0 C	○ 0/0	○ 0/0	○ 0/0		△ 0/0	△ 0/0
	33	김태한										
	38	장성원		△ 0/0	◆ 0/0	△ 0/0				○ 0/0	○ 0/0	○ 0/0
	44	김진혁			▽ 0/0	▽ 0/0	○ 2/1	○ 1/0 C	△ 0/0	○ 1/0		
	66	박병현	○ 0/0 C	○ 0/0	○ 0/0	○ 0/0	○ 0/0	○ 0/0	△ 0/0			○ 0/0
	92	김동진										
MF	8	정선호									△ 0/0	
	20	황순민	▽ 0/0	▽ 0/0	▽ 0/0	▽ 0/0	○ 0/1	○ 0/0	△ 0/0	○ 1/0	▽ 0/0	○ 0/0
	26	고재현								△ 0/0		
	29	류재문	○ 0/0 C	△ 0/0		△ 0/0				○ 0/0		
	36	박한빈			△ 0/0		△ 0/0	△ 0/0				
	37	오후성										
	44	츠바사	▽ 0/0	▽ 0/0	○ 0/1 C	▽ 0/0	▽ 0/0	○ 0/0	○ 0/0	▽ 1/0	○ 0/0	▽ 0/0
	88	김선민										
	94	신창무										
FW	7	다리오	△ 0/0		△ 0/0			△ 0/0				
	7	히우두										
	9	에드가	○ 1/0	○ 1/0					○ 0/0		▽ 1/0	○ 0/1 C
	11	세징야	○ 0/1	○ 0/1 C	○ 1/0	○ 1/0 C	▽ 1/1	○ 0/1	○ 0/0	○ 0/0		
	14	김대원	▽ 0/0	○ 1/0	○ 0/0	○ 0/0	▽ 0/0	▽ 0/0	▽ 0/0	▽ 0/1	○ 0/0	▽ 0/0
	18	정승원	△ 0/0	▽ 0/0	○ 0/0	○ 0/0	○ 0/0	▽ 0/0	▽ 0/0		▽ 1/0	○ 1/0
	22	박기동										
	32	정치인										△ 0/0
	77	전현철				△ 0/0						

선수자료 : 득점/도움 ○ = 선발출전 △ = 교체 IN ▽ = 교체 OUT ◆ = 교체 IN/OUT C = 경고 S = 퇴장

위치	배번	경기번호	63	71	77	83	89	94	100	104	112	119
		날 짜	05.11	05.19	05.26	05.29	06.02	06.15	06.22	06.29	07.06	07.10
		홈/원정	원정	홈	홈	원정	원정	홈	홈	원정	홈	홈
		장 소	서울W	대구전	대구전	문수	포항	대구전	대구전	제주W	대구전	대구전
		상 대	서울	인천	수원	울산	포항	강원	서울	제주	경남	전북
		결 과	패	승	무	무	승	무	패	무	무	패
		점 수	1 : 2	2 : 1	0 : 0	0 : 0	2 : 0	2 : 2	1 : 2	1 : 1	1 : 1	1 : 4
		승 점	19	22	23	24	27	28	28	29	30	30
		슈팅수	18 : 12	14 : 13	9 : 10	18 : 12	10 : 10	19 : 4	24 : 7	11 : 14	15 : 10	8 : 14
GK	1	최영은										○ 0/0 CC
	21	조현우	○ 0/0	○ 0/0	○ 0/0	○ 0/0	○ 0/0	○ 0/0	○ 0/0	○ 0/0	○ 0/0	△ 0/0
DF	3	김우석	○ 1/0	▽ 0/0	○ 0/0	○ 0/0	▽ 0/0	○ 0/0	○ 0/0 C	○ 0/0	○ 0/0	○ 0/0
	4	정태욱	○ 0/0 C	○ 0/0	○ 0/0	○ 0/0	○ 0/0	○ 0/0	○ 0/0			
	5	홍정운	○ 0/0	○ 0/0	○ 0/0 C		○ 0/0	○ 0/0	▽ 0/0			
	6	한희훈	△ 0/0		▽ 0/0	▽ 0/0	▽ 0/0 C		▽ 0/0	▽ 0/0 C		▽ 0/0
	16	강윤구	▽ 0/0		○ 0/0	○ 0/0	○ 0/0	▽ 0/0		▽ 0/0	▽ 0/0	▽ 0/0
	17	김준엽	△ 0/0					△ 0/1	▽ 0/0	○ 0/0	○ 0/0	○ 0/0
	33	김태한									○ 0/0	
	38	장성원	▽ 0/0	△ 0/0	△ 0/0	○ 0/0	○ 0/1 C	▽ 0/0	△ 0/0 C		△ 0/0	
	44	김진혁										
	66	박병현		○ 0/0		○ 0/0	△ 0/0 C		△ 0/0	○ 0/0	○ 0/1	○ 0/0
	92	김동진										
MF	8	정선호		▽ 0/0	△ 0/0	△ 0/0						
	20	황순민	○ 0/0	○ 0/1		▽ 0/0	△ 0/0	○ 0/0	○ 1/0	○ 0/0	▽ 0/0	○ 0/0
	26	고재현								△ 0/0		
	29	류재문						△ 1/0 C	○ 0/0	▽ 0/0 C		○ 0/0 C
	36	박한빈			△ 0/0	△ 0/0	△ 0/0	△ 0/0	△ 0/0	△ 0/0	○ 0/0	○ 0/0
	37	오후성								△ 0/1	△ 0/0	△ 0/0
	44	츠바사	○ 0/0 C	△ 0/0	▽ 0/0							
	88	김선민										
	94	신창무										
FW	7	다리오										
	7	히우두										△ 0/0
	9	에드가	○ 0/0 C	△ 1/0	○ 0/0 C		○ 2/0	▽ 0/0				
	11	세징야	△ 0/0	○ 1/0	○ 0/0	○ 0/0	○ 0/0	○ 0/1	○ 0/1	○ 1/0	○ 1/0	○ 1/0
	14	김대원	○ 0/0 C	○ 0/0	▽ 0/0	○ 0/0	▽ 0/0	○ 1/0	○ 0/0	○ 0/0	△ 0/0 S	
	18	정승원	▽ 0/0	○ 0/0	○ 0/0	▽ 0/0	○ 0/0	○ 0/0	○ 0/0	○ 0/0	○ 0/0	
	22	박기동										
	32	정치인		▽ 0/1							▽ 0/0	▽ 0/0
	77	전현철				△ 0/0						

위치	배번	경기번호	126	132	134	139	148	154	160	167	171	179
		날 짜	07.14	07.21	07.30	08.02	08.11	08.17	08.24	09.01	09.14	09.22
		홈/원정	원정	원정	홈	원정	원정	홈	홈	원정	홈	원정
		장 소	탄천	상주	대구전	서울W	울산	대구전	대구전	상주	대구전	인천
		상 대	성남	상주	수원	서울	울산	경남	강원	상주	포항	인천
		결 과	승	패	패	패	무	승	승	무	무	무
		점 수	1 : 0	0 : 2	0 : 2	1 : 2	1 : 1	1 : 0	3 : 1	1 : 1	0 : 0	1 : 1
		승 점	33	33	33	33	34	37	40	41	42	43
		슈팅수	7 : 13	12 : 18	24 : 8	18 : 11	12 : 18	12 : 7	7 : 23	12 : 7	9 : 7	13 : 6
GK	1	최 영 은										
	21	조 현 우	○ 0/0	○ 0/0	○ 0/0	○ 0/0	○ 0/0	○ 0/0	○ 0/0 C	○ 0/0	○ 0/0	○ 0/0
DF	3	김 우 석	○ 0/0	○ 0/0	○ 0/0 C	○ 0/0 CC		○ 0/0	▽ 0/0	▽ 0/0 C		○ 0/0
	4	정 태 욱		△ 0/0	▽ 0/0	○ 0/0	○ 0/0	○ 1/0	○ 0/0	○ 0/0	○ 0/0	○ 0/0 C
	5	홍 정 운										
	6	한 희 훈	▽ 0/0 C	▽ 0/0 C		▽ 0/0	▽ 0/0	△ 0/0	△ 0/0			
	16	강 윤 구		△ 0/0			○ 0/0				△ 0/0	
	17	김 준 엽	△ 0/0	○ 0/0		▽ 0/0	△ 0/0					
	33	김 태 한	○ 0/0	○ 0/0 C								
	38	장 성 원	○ 0/0	▽ 0/0		△ 0/0	▽ 0/0 C					
	44	김 진 혁										
	66	박 병 현	○ 0/0 C		○ 0/0	○ 0/0 C	○ 0/0	○ 0/0	○ 0/0	○ 0/0	○ 0/0	○ 0/0
	92	김 동 진						○ 0/0 C	○ 0/0 S	▽ 0/0	▽ 0/0	○ 0/0
MF	8	정 선 호	▽ 0/0									
	20	황 순 민	○ 0/1	○ 0/0	○ 0/0	○ 0/0	○ 0/0	▽ 0/0 C	○ 0/0	○ 0/0	○ 0/0	▽ 0/0
	26	고 재 현			○ 0/0 C							
	29	류 재 문	△ 0/0	△ 0/0	△ 0/0		△ 0/0	△ 0/0	△ 0/0			
	36	박 한 빈	○ 0/0	▽ 0/0		△ 0/0	▽ 0/0					
	37	오 후 성			△ 0/0					△ 0/0	△ 0/0	
	44	츠 바 사										
	88	김 선 민						○ 0/0	○ 0/0 C	○ 0/0	○ 0/0	○ 0/0
	94	신 창 무										△ 0/0
FW	7	다 리 오										
	7	히 우 두	▽ 0/0	○ 0/0 C	▽ 0/0	△ 0/0	△ 0/0	△ 0/0	△ 0/0	△ 0/0	▽ 0/0	◆ 0/0 C
	9	에 드 가					○ 1/0	○ 0/0	▽ 0/2	○ 1/0	○ 0/0	○ 1/0
	11	세 징 야	○ 1/0	○ 0/0	○ 0/0	○ 1/0	○ 0/1	○ 0/1	▽ 2/1	○ 0/0	○ 0/0	○ 0/0
	14	김 대 원		○ 0/0	○ 0/0	○ 0/0	○ 0/0	▽ 0/0	○ 1/0	○ 0/0	▽ 0/0	▽ 0/0 C
	18	정 승 원			○ 0/0	▽ 0/0		▽ 0/0	○ 0/0	○ 0/0	○ 0/0	○ 0/0
	22	박 기 동			▽ 0/0	○ 0/1					△ 0/0 C	△ 0/0
	32	정 치 인	△ 0/0		△ 0/0							
	77	전 현 철										

선수자료 : 득점/도움 ○ = 선발출전 △ = 교체 IN ▽ = 교체 OUT ◆ = 교체 IN/OUT C = 경고 S = 퇴장

위치	배번	경기번호	182	188	198	204	205	216	218	228		
		날 짜	09.25	09.28	10.06	10.20	10.26	11.03	11.23	12.01		
		홈/원정	원정	홈	원정	홈	원정	홈	원정	홈		
		장 소	전주W	대구전	탄천	대구전	포항	대구전	춘천	대구전		
		상 대	전북	제주	성남	울산	포항	전북	강원	서울		
		결 과	승	무	승	패	무	패	승	무		
		점 수	2 : 0	2 : 2	2 : 1	1 : 2	0 : 0	0 : 2	4 : 2	0 : 0		
		승 점	46	47	50	50	51	51	54	55		
		슈팅수	10 : 21	19 : 3	15 : 7	18 : 6	6 : 7	9 : 9	16 : 16	4 : 8		
GK	1	최영은										
	21	조현우	○ 0/0	○ 0/0	○ 0/0	○ 0/0	○ 0/0	○ 0/0	○ 0/0	○ 0/0		
DF	3	김우석	○ 0/0	○ 0/1	○ 0/0	○ 0/0 C	○ 0/0	○ 0/0	○ 0/1	○ 0/0		
	4	정태욱	○ 0/0	○ 0/0	○ 0/0	▽ 0/0	○ 0/0	○ 0/0	▽ 0/0 C			
	5	홍정운										
	6	한희훈	△ 0/0						△ 0/0			
	16	강윤구										
	17	김준엽						○ 0/0	○ 0/0	▽ 0/0		
	33	김태한										
	38	장성원										
	44	김진혁										
	66	박병현	○ 0/0	○ 0/0	▽ 0/0 C	○ 0/0	○ 0/0	▽ 0/0 C		○ 0/0 C		
	92	김동진	○ 0/0	○ 0/0	○ 0/0	○ 0/0 C	○ 0/0	○ 0/0	○ 0/0	○ 0/0		
MF	8	정선호										
	20	황순민		▽ 0/0	△ 0/0	△ 0/0	△ 0/0	△ 0/0	○ 1/0	○ 0/0		
	26	고재현										
	29	류재문	○ 0/0	△ 0/0	▽ 0/0	▽ 0/1	▽ 0/0		○ 0/0	▽ 0/0		
	36	박한빈										
	37	오후성					△ 0/0	△ 0/0				
	44	츠바사										
	88	김선민	○ 0/0	▽ 0/0	○ 0/0	○ 0/0	○ 0/0 C	○ 0/0 C		△ 0/0		
	94	신창무	▽ 0/0 C	△ 0/0	△ 1/0	△ 0/0	▽ 0/0 C		△ 0/0	△ 0/0		
FW	7	다리오										
	7	히우두										
	9	에드가	△ 1/1	○ 0/0 C	○ 1/0	○ 0/0	○ 0/0	△ 0/0	▽ 0/0	○ 0/0		
	11	세징야	△ 1/0	○ 0/0	○ 0/0	○ 1/0 C		○ 0/0	○ 2/1 C	○ 0/0		
	14	김대원	▽ 0/0	▽ 0/0	△ 0/0	▽ 0/0	△ 0/0	▽ 0/0	▽ 1/1	▽ 0/0		
	18	정승원	○ 0/0	○ 1/0	○ 0/1	○ 0/0	○ 0/0	○ 0/0	○ 0/1	○ 0/0		
	22	박기동	▽ 0/0	△ 1/0	▽ 0/0	△ 0/0	▽ 0/0	▽ 0/0	△ 0/0	△ 0/0		
	32	정치인										
	77	전현철										

강 원 FC

창단년도_ 2008년

전화_ 033-655-0500

팩스_ 033-655-6660

홈페이지_ www.gangwon-fc.com

주소_ 우 25611 강원도 강릉시 남부로 222 강남축구공원 강원FC 사무국
GangwonFC in Gangnam Football Park, 222, Nambu-ro, Gangneung-si, Gangwon-do, KOREA 25611

연혁

2008 강원도민프로축구단 창단추진 발표
강원도민프로축구단 창단준비팀 구성
강원도민프로축구단 창단준비위원회 발족
강원도민프로축구단 발기인 총회, 김병두 초대 대표이사 취임
(주)강원도민프로축구단 법인 설립
도민주 공모
한국프로축구연맹 창단승인
제4차 이사회 - 신임 김원동 대표이사 취임
초대 최순호 감독 선임
창단식 및 엠블럼 공개

2009 김영후 조모컵 2009 한일올스타전 선발
2009 K-리그 홈경기 20만 관중(관중동원 3위) 돌파
2009 K-리그 13위
제5회 대한민국 스포츠산업대상 프로스포츠 부문 최우수마케팅상 대상 수상
2009 K-리그 대상 김영후 신인선수상, 페어플레이상, 서포터스 나르샤 공로상 수상
김원동 대표이사 2009 대한축구협회 특별공헌상 수상

2010 캐치프레이즈 '무한비상' 확정
선수단 숙소 '오렌지하우스' 개관
유소년클럽 창단
소나타 K리그 2010 12위
2010 K리그 대상 페어플레이상 수상

2011 캐치프레이즈 '강원천하' 확정
김상호 감독 선임
마스코트 '강웅이' 탄생
남종현 대표이사 취임
U-15 및 U-18 유스팀 창단
R리그 정성민 득점왕 수상
현대오일뱅크 K리그 2011 16위

2012 캐치프레이즈 'stand up! 2012!!' 확정
오재석 2012 런던올림픽 최종멤버 선발
김학범 감독 선임
김은중 K리그 통산 8번째 400경기 출전
현대오일뱅크 K리그 2012 14위

2013 캐치프레이즈'투혼 2013'확정
임은주 대표이사 취임
김용갑 감독 선임
현대오일뱅크 K리그 클래식 2013 12위

2014 캐치프레이즈 'Power of Belief 2014 Born again GWFC' 확정
알툴 감독 선임
현대오일뱅크 K리그 챌린지 2014 4위

2015 캐치프레이즈 'Power of GangwonFC 2015' 확정
최윤겸 감독 선임
현대오일뱅크 K리그 챌린지 2015 7위

2016 조태룡 대표이사 취임
K리그 클래식(1부리그) 승격
(현대오일뱅크 K리그 챌린지 2016 3위)
제2차 플러스 스타디움상 수상
세계 최초 스키점프장의 축구장 활용

2017 2017년 팀 창단 후 최초 상위 스플릿 진출
도·시민구단 최초 K리그 클래식(1부리그) 승격 첫해 상위스플릿 진출
세계 최초 프로축구단 스키점프대 홈 경기장 사용
(평창 동계올림픽 알펜시아 스타디움)
국내 프로스포츠 최초 암호화폐 거래소 '코인원' 서브스폰서 계약
K리그 구단 역대 한 시즌 최다 '소규모 스폰서' 173개 업체 계약

2018 조태룡 대표이사 사임
한원석 대표이사(직무대행) 선임
KEB하나은행 K리그1 2018 8위
강원FC - 코인원, 2년 연속 스폰서 계약 체결
강원FC - 파마누코 스폰서 계약 체결
강원FC - 광동제약 스폰서 계약 체결
강원FC - 강원혈액원 MOU 체결
강원FC - 2군사령부 MOU 체결

2019 박종완 대표이사 취임
원주 의료기기 메디컬 스폰서 MOU 체결
김지현 영플레이어상 수상

2019년 선수명단

감독_ 김병수 수석코치_ 박효진 코치_ 김현준 코치_ 이슬기 GK코치_ 김승안 피지컬코치_ 장석민
팀매니저_ 박준기·강현규 의무트레이너_ 이규성·김찬종·전주현 분석관_ 홍동희

포지션	선수명		생년월일	출신교	키(cm) / 몸무게(kg)
GK	김 호 준	金鎬浚	1984.06.21	고려대	190 / 90
	함 석 민	咸錫敏	1994.02.14	숭실대	190 / 90
	이 승 규	李承圭	1992.07.27	선문대	192 / 85
	이 광 연	李光淵	1999.09.11	인천대	184 / 85
DF	이 호 인	李浩因	1995.12.29	상지대	184 / 68
	발렌티노스	Valentinos Sielis	1990.03.01	*키프로스	188 / 85
	신 광 훈	申光勳	1987.03.18	포철공고	178 / 73
	한 용 수	韓龍洙	1990.05.05	한양대	184 / 80
	정 승 용	鄭昇勇	1991.03.25	동북고	182 / 83
	윤 석 영	尹錫榮	1990.02.13	광양제철고	183 / 77
	김 오 규	金吾奎	1989.06.20	관동대	182 / 75
MF	조 지 훈	趙志焄	1990.05.29	연세대	191 / 80
	정 석 화	鄭錫華	1991.05.17	고려대	168 / 58
	이 재 권	李在權	1987.07.30	고려대	176 / 72
	김 현 욱	金賢旭	1995.06.22	한양대	160 / 61
	김 재 헌	金載憲	1996.07.26	포항제철고	174 / 68
	한 국 영	韓國榮	1990.04.19	숭실대	183 / 76
	오 범 석	吳範錫	1984.07.29	포철공고	181 / 79
	조 재 완	趙在玩	1995.08.29	상지대	174 / 70
	박 창 준	朴彰俊	1996.12.23	아주대	176 / 66
	강 지 훈	姜志勳	1997.01.06	용인대	177 / 64
	이 민 수	李泯洙	1992.01.11	한남대	179 / 73
	이 재 관	李載冠	1991.03.12	고려대	171 / 70
	이 현 식	李炫植	1996.03.21	용인대	175 / 64
	지 의 수	地宜水	2000.03.25	중경고	178 / 72
	이 영 재	李英才	1994.09.13	용인대	174 / 60
	나카자토	Nakazato Takahiro	1990.03.29	*일본	175 / 70
FW	정 조 국	鄭조국	1984.04.23	대신고	186 / 77
	빌 비 야	Bilbija Nemanja	1990.11.02	*보스니아	181 / 74
	최 치 원	崔致遠	1993.06.11	연세대	178 / 71
	서 명 원	徐明原	1995.04.19	신평고	180 / 77
	정 민 우	鄭旼優	2000.09.27	중동고	179 / 71
	정 지 용	鄭智鏞	1998.12.15	동국대	179 / 69
	김 지 현	金址泫	1996.07.22	한라대	184 / 80

2019년 개인기록 _ K리그1

위치	배번	경기번호	05	11	16	23	27	36	41	47	51	60
		날 짜	03.02	03.10	03.17	03.31	04.03	04.07	04.14	04.21	04.27	05.05
		홈/원정	원정	홈	원정	홈	원정	홈	홈	원정	홈	홈
		장 소	상주	춘천	전주W	춘천	포항	춘천	춘천	제주	춘천	춘천
		상 대	상주	울산	전북	성남	포항	수원	서울	제주	대구	인천
		결 과	패	무	승	승	패	패	패	승	패	승
		점 수	0 : 2	0 : 0	1 : 0	2 : 1	0 : 1	0 : 2	1 : 2	4 : 2	0 : 2	1 : 0
		승 점	0	1	4	7	7	7	7	10	10	13
		슈팅수	5 : 14	15 : 13	14 : 11	10 : 9	7 : 12	13 : 11	13 : 4	10 : 23	12 : 19	12 : 16
GK	1	김 호 준	○ 0/0	▽ 0/0	○ 0/0	○ 0/0	○ 0/0	○ 0/0	○ 0/0	○ 0/0	○ 0/0	○ 0/0
	16	함 석 민		△ 0/0								
	31	이 광 연										
DF	3	이 호 인			○ 0/0	○ 0/0	○ 0/0	○ 0/0	○ 0/0	○ 0/1	○ 0/0	○ 0/0
	4	발렌티노스	△ 0/0		○ 0/0	○ 0/0	○ 0/0	○ 0/0			○ 0/0	
	5	이 재 익							○ 0/0	○ 0/0		○ 0/0
	17	신 광 훈	○ 0/0	○ 0/0	○ 0/0 C	○ 1/0	○ 0/0	▽ 0/0	○ 0/1	○ 0/0	○ 0/0	○ 1/0
	20	한 용 수	▽ 0/0	○ 0/0								
	22	정 승 용	○ 0/0			△ 0/0			○ 0/0	▽ 0/0 C	△ 0/0	○ 0/0 C
	99	김 오 규	○ 0/0 C	○ 0/0								○ 0/0 C
MF	6	조 지 훈		○ 0/0	○ 0/0	▽ 0/0		○ 0/0	▽ 0/0		▽ 0/0	△ 0/0
	7	정 석 화	○ 0/0	○ 0/0	○ 0/0	○ 0/2	○ 0/0	○ 0/0	▽ 0/0			
	8	이 재 권				△ 0/0	○ 0/0			○ 0/0 S		
	11	김 현 욱		○ 0/0	○ 0/0	▽ 1/0	▽ 0/0	▽ 0/0	○ 0/0	○ 1/0	○ 0/0	△ 0/0
	13	한 국 영	○ 0/0	○ 0/0	○ 0/1	○ 0/0	○ 0/0	○ 0/0	○ 0/0	○ 0/0 C	○ 0/0	○ 0/0
	14	오 범 석	○ 0/0	○ 0/0 C	○ 0/0	○ 0/0	○ 0/0	○ 0/0	○ 0/0	▽ 0/0		
	15	최 치 원										
	18	조 재 완										
	19	박 창 준		△ 0/0	△ 0/0 C							
	23	강 지 훈		▽ 0/0	▽ 0/0	○ 0/0	▽ 0/0	▽ 0/0		△ 1/0	▽ 0/0 C	△ 0/0
	29	이 현 식	▽ 0/0					△ 0/0	△ 0/0 C	○ 1/0	○ 0/0	▽ 0/0
	34	이 영 재										
	37	윤 석 영					△ 0/0	△ 0/0		△ 0/0	▽ 0/0	
	44	나카자토										
FW	9	정 조 국	▽ 0/0	△ 0/0			△ 0/0	△ 0/0	△ 0/0			▽ 0/0
	10	빌 비 야	△ 0/0		▽ 0/0							
	24	서 명 원									△ 0/0	▽ 0/0 C
	55	제 리 치	○ 0/0			▽ 0/0	▽ 0/0		△ 0/0	▽ 0/0	○ 0/0	
	77	김 지 현	△ 0/0	▽ 0/0	△ 1/0	△ 0/0	△ 0/0	○ 0/0 C	▽ 1/0	△ 1/0	△ 0/0	○ 0/1

선수자료 : 득점/도움 ○ = 선발출전 △ = 교체 IN ▽ = 교체 OUT ◈ = 교체 IN/OUT C = 경고 S = 퇴장

위치	배번	경기번호	64	70	75	81	90	94	102	107	111	115
		날 짜	05.12	05.19	05.25	05.29	06.02	06.15	06.23	06.30	07.06	07.09
		홈/원정	원정	원정	홈	홈	원정	원정	홈	원정	원정	홈
		장 소	창원C	성남	춘천	춘천	수원W	대구전	춘천	인천	서울W	춘천
		상 대	경남	성남	제주	전북	수원	대구	포항	인천	서울	상주
		결 과	승	승	패	패	무	무	승	승	무	승
		점 수	2 : 0	2 : 1	0 : 1	2 : 3	1 : 1	2 : 2	5 : 4	2 : 1	2 : 2	4 : 0
		승 점	16	19	19	19	20	21	24	27	28	31
		슈팅수	14 : 6	15 : 7	14 : 14	9 : 18	15 : 13	4 : 19	20 : 13	13 : 7	13 : 6	9 : 17
GK	1	김 호 준	○ 0/0	○ 0/0	○ 0/0			○ 0/0		○ 0/0	○ 0/0	○ 0/0 C
	16	함 석 민				○ 0/0	○ 0/0					
	31	이 광 연							○ 0/0			
DF	3	이 호 인	▽ 0/0 C		○ 0/0	○ 0/0			▽ 0/0			
	4	발렌티노스	○ 0/0	○ 0/0	○ 0/0	○ 1/0	○ 0/0	○ 0/0	○ 1/1 C	○ 0/0	○ 0/0	
	5	이 재 익										
	17	신 광 훈	○ 0/0	○ 0/2 C	○ 0/0 C		○ 0/0	○ 0/0	○ 0/0	○ 0/0	○ 0/1 C	○ 0/0
	20	한 용 수										
	22	정 승 용	○ 0/0	○ 0/0	○ 0/0	○ 0/1	▽ 0/0	○ 0/0 C		○ 0/0	▽ 0/0	○ 0/3
	99	김 오 규	○ 0/0	○ 0/0 C		○ 1/0	○ 0/0	○ 0/1 C	○ 0/0	○ 0/0 C	○ 0/0	○ 0/0
MF	6	조 지 훈			▽ 0/0		▽ 0/0					
	7	정 석 화										
	8	이 재 권	○ 0/0	▽ 0/0								
	11	김 현 욱	○ 0/0	△ 0/0	△ 0/0	○ 0/0	○ 0/0	▽ 0/0	○ 0/1	▽ 0/0	△ 0/0	△ 0/0
	13	한 국 영	○ 0/0	○ 0/0	○ 0/0	○ 0/0	○ 0/0	○ 0/0	○ 0/0	○ 0/1	○ 0/0	○ 0/0
	14	오 범 석						△ 0/0		△ 0/0		▽ 0/0
	15	최 치 원										
	18	조 재 완				▽ 0/0	○ 0/0	▽ 1/0	○ 3/1	○ 0/0	▽ 0/0	▽ 1/0 C
	19	박 창 준							△ 0/0			△ 0/0
	23	강 지 훈		▽ 0/0			△ 0/0	△ 0/0		▽ 0/0	○ 0/0	△ 0/0
	29	이 현 식	△ 0/1	○ 0/0	○ 0/0 C	○ 0/0 C		○ 0/0 C	▽ 0/0	○ 0/0 C	○ 0/0	○ 1/0
	34	이 영 재										
	37	윤 석 영	△ 0/1	△ 0/0	○ 0/0	○ 0/0	○ 0/0	○ 0/0	○ 0/0	△ 0/0 C	△ 0/0	○ 0/0
	44	나카자토										
FW	9	정 조 국	▽ 0/0	▽ 0/0	△ 0/0		△ 0/0		△ 1/1	▽ 2/0	▽ 0/0	▽ 1/0
	10	빌 비 야										
	24	서 명 원				△ 0/0						
	55	제 리 치	△ 2/0	○ 1/0	○ 0/0	△ 0/0	▽ 1/0	▽ 0/0	▽ 0/0		△ 0/0	
	77	김 지 현	▽ 0/0	△ 1/0	▽ 0/0	▽ 0/0 C	△ 0/0	△ 0/0	△ 0/0	△ 0/0	○ 2/0	○ 1/0 C

위치	배번	경기번호	121	128	138	143	150	152	160	165	172	186
		날 짜	07.12	07.21	07.31	08.04	08.11	08.17	08.24	09.01	09.15	09.25
		홈/원정	홈	원정	홈	홈	원정	홈	원정	홈	홈	원정
		장 소	춘천	울산	춘천	춘천	서울W	춘천	대구전	춘천	춘천	탄천
		상 대	경남	울산	포항	전북	서울	수원	대구	경남	제주	성남
		결 과	승	패	승	무	무	패	패	승	승	패
		점 수	2 : 1	1 : 2	2 : 1	3 : 3	0 : 0	1 : 3	1 : 3	2 : 0	2 : 0	0 : 1
		승 점	34	34	37	38	39	39	39	42	45	45
		슈팅수	11 : 6	15 : 9	10 : 17	10 : 10	6 : 8	15 : 10	23 : 7	15 : 5	11 : 13	6 : 9
GK	1	김호준	○ 0/0		○ 0/0 C	○ 0/0	○ 0/0	○ 0/0	○ 0/0	○ 0/0	○ 0/0	○ 0/0
	16	함석민										
	31	이광연		○ 0/0								
DF	3	이호인										
	4	발렌티노스	△ 0/0							○ 0/0	○ 0/0	○ 0/0
	5	이재익										
	17	신광훈	○ 0/0	○ 0/0	○ 0/0	○ 0/0 C	○ 0/0	○ 0/0	○ 0/0	○ 0/0	○ 0/0	○ 0/0 C
	20	한용수										
	22	정승용	○ 0/1				△ 0/0	△ 0/0	○ 0/0	△ 0/0	▽ 0/0	△ 0/0 C
	99	김오규	○ 0/0	○ 0/0	○ 0/0	○ 0/0	○ 0/0	○ 0/0 C		○ 0/0 C	○ 0/0	○ 0/0
MF	6	조지훈							▽ 0/0			
	7	정석화										
	8	이재권								△ 0/0		
	11	김현욱	△ 0/0		△ 0/0		△ 0/0	▽ 0/0				△ 0/0
	13	한국영	○ 0/0	○ 0/0	○ 0/1	○ 0/0	○ 0/0	○ 0/0	○ 0/0	○ 1/0	○ 0/0	○ 0/0 C
	14	오범석	▽ 0/0	▽ 0/0	△ 0/0	△ 0/0			○ 0/0 C		△ 0/0	
	15	최치원		△ 0/0 C	△ 0/0							○ 0/0 C
	18	조재완	○ 1/0	○ 0/0	○ 1/0	○ 1/0	○ 0/0	○ 0/0	○ 0/0	○ 0/1	○ 0/0	▽ 0/0
	19	박창준	△ 1/1	▽ 0/0		△ 0/0	△ 0/0	△ 0/0	△ 0/0			△ 0/0 C
	23	강지훈	▽ 0/0	△ 0/0	▽ 0/0	▽ 0/0 C	▽ 0/0	▽ 0/0	▽ 0/0	▽ 0/0 C		○ 0/0
	29	이현식	○ 0/0	○ 0/1	○ 0/0	○ 0/0	○ 0/0	○ 0/0	△ 1/0	○ 0/0	▽ 0/0 C	
	34	이영재		△ 0/0	○ 1/0	○ 1/1			▽ 0/0	▽ 1/0	○ 0/2	○ 0/0
	37	윤석영	○ 0/0	○ 0/0	○ 0/0	○ 0/0 C	○ 0/0	○ 0/0	○ 0/0 C		△ 0/0	
	44	나카자토			▽ 0/0 C	▽ 0/0	▽ 0/0 C	▽ 0/0		○ 0/0	○ 0/0	▽ 0/0
FW	9	정조국	▽ 0/0	▽ 0/0	▽ 0/0	▽ 1/0	○ 0/0	○ 0/0	○ 0/0	▽ 0/0		▽ 0/0
	10	빌비야										
	24	서명원										
	55	제리치										
	77	김지현		○ 1/0		△ 0/0	▽ 0/0	△ 0/0	△ 0/0	△ 0/0	○ 2/0	

선수자료 : 득점/도움 ○ = 선발출전 △ = 교체 IN ▽ = 교체 OUT ◈ = 교체 IN/OUT C = 경고 S = 퇴장

위치	배번	경기번호	190	178	197	202	207	214	218	227		
		날 짜	09.29	10.02	10.06	10.20	10.26	11.03	11.23	12.01		
		홈/원정	홈	원정	원정	홈	원정	원정	홈	원정		
		장 소	춘천	울산	상주	춘천	울산	포항	춘천	전주W		
		상 대	인천	울산	상주	서울	울산	포항	대구	전북		
		결 과	무	패	패	승	패	무	패	패		
		점 수	2 : 2	0 : 2	1 : 2	3 : 2	1 : 2	2 : 2	2 : 4	0 : 1		
		승 점	46	46	46	49	49	50	50	50		
		슈팅수	10 : 14	14 : 9	10 : 13	14 : 8	9 : 7	8 : 12	16 : 16	6 : 8		
GK	1	김 호 준	○ 0/0		○ 0/0							
	16	함 석 민										
	31	이 광 연		○ 0/0		○ 0/0	○ 0/0	○ 0/0 C	○ 0/0	○ 0/0		
DF	3	이 호 인				▽ 0/0	○ 0/0		△ 1/0	▽ 0/0		
	4	발렌티노스	○ 0/0		○ 0/0	○ 0/0	○ 0/0	○ 0/0				
	5	이 재 익										
	17	신 광 훈		▽ 0/0	○ 0/0	△ 0/0	○ 0/0	○ 0/0	▽ 0/0	○ 0/0 C		
	20	한 용 수										
	22	정 승 용	△ 0/0	○ 0/0	△ 0/0	○ 0/1 C	○ 0/0 C		○ 0/0	△ 0/0		
	99	김 오 규	○ 0/0	○ 0/0	○ 0/0	○ 0/0		○ 0/0	○ 0/0 C	○ 0/0		
MF	6	조 지 훈	△ 0/0	○ 0/0	▽ 0/0		△ 0/0	▽ 0/0				
	7	정 석 화										
	8	이 재 권										
	11	김 현 욱	△ 0/0	▽ 0/0		○ 0/0	▽ 0/0	▽ 0/1	▽ 0/0	△ 0/0		
	13	한 국 영	○ 0/0	○ 0/0	○ 0/1	○ 0/0	○ 0/0	○ 0/0	○ 0/0	○ 0/0 C		
	14	오 범 석	○ 0/0	○ 0/0	▽ 0/0 C							
	15	최 치 원	▽ 0/0	○ 0/0	▽ 0/0				△ 1/0	▽ 0/0 C		
	18	조 재 완										
	19	박 창 준		△ 0/0				△ 0/0				
	23	강 지 훈	○ 1/0			▽ 0/0	○ 0/0	○ 0/0 C	○ 0/0	△ 0/0		
	29	이 현 식	○ 0/0	○ 0/0	○ 0/0	○ 2/0	▽ 0/0	○ 1/0	○ 0/0 C	○ 0/0		
	34	이 영 재	▽ 1/0		○ 1/0	○ 1/1	▽ 0/0		○ 0/1	○ 0/0		
	37	윤 석 영		○ 0/0	△ 0/0	△ 0/0		○ 0/0	▽ 0/0	○ 0/0		
	44	나카자토	○ 0/0		○ 0/0 C			△ 0/0		▽ 0/0		
FW	9	정 조 국	▽ 0/1	△ 0/0	△ 0/0	△ 0/0	△ 0/0	△ 0/0	△ 0/1	○ 0/0		
	10	빌 비 야				▽ 0/0 C	○ 1/0	▽ 1/1	○ 0/0			
	24	서 명 원					△ 0/0					
	55	제 리 치										
	77	김 지 현										

상 주 상 무

창단년도_ 2011년
전화_ 054-537-7220
팩스_ 054-534-8170
홈페이지_ www.sangjufc.co.kr
주소_ 우 37159 경상북도 상주시 북상주로 24-7(계산동 474-1)
24-7, Buksangju-ro(474-1, Gyesan-dong), Sangju-si,
Gyeongsangbuk-do, KOREA 37159

연혁

2010 상주 연고 프로축구단 유치 신청(12월)
한국프로축구연맹 상무축구팀 상주시 연고 확정

2011 상주시와 국군체육부대 연고 협약
한국프로축구연맹 대의원총회 인가 신청
상무축구단 운영주체를 상주시로 결정
성백영 구단주 취임, 이재철 단장 취임
상주상무피닉스프로축구단 K리그 참가
현대오일뱅크 K리그 2011 14위

2012 사단법인 상주시민프로축구단 법인 설립(11.26)
이재철 대표이사 취임
현대오일뱅크 K리그 2012 16위

2013 '상주상무피닉스프로축구단'에서 '상주상무프로축구단'
으로 구단명칭 변경
현대오일뱅크 K리그 챌린지 우승
K리그 최초 11연승 (13.09.01 vs안양 ~13.11.10 vs고양)
현대오일뱅크 K리그 챌린지 초대 감독상 박항서,
득점왕 이근호
K리그 최초 클래식 승격
U15 함창중, 제14회 탐라기 전국중학교축구대회 준우승

2014 슬로건 '상(주)상(무)하라! 2014' 확정
현대오일뱅크 K리그 클래식 2014 참가
제2대 이정백 구단주 취임
제19회 하나은행 FA컵 4강
현대오일뱅크 K리그 클래식 2014 12위

2015 슬로건 'Begin Again' 확정
현대오일뱅크 K리그 챌린지 2015 참가
백만흠 대표이사 취임
현대오일뱅크 K리그 챌린지 2015 우승(K리그 클래식 승격)
U18 용운고, 금석배 전국 고등학생 축구대회 우승
U15 함창중, 제16회 탐라기 전국 중학교 축구대회 준우승

2016 조진호 감독 선임
슬로건 'Together, 상주상무!' 확정
현대오일뱅크 K리그 클래식 2016 참가
현대오일뱅크 K리그 클래식 2016 6위
(창단 최초 상위스플릿 진출)
U18 용운고, 2016 베이징 Great Wall Cup 국제축구대회' 우승

2017 김태완 감독 선임
KEB 하나은행 K리그 클래식 2017 참가
KEB 하나은행 K리그 클래식 2017 11위
2017 K리그 승강 플레이오프 (잔류 확정)
11.22 부산 0-1 상주 / 11.26 상주 0-1 부산
[최종 : 상주 1 (5) - (4) 1 부산]
U15 함창중, 제38회 대한축구협회장배 전국 중학교 축구대회 준우승

2018 KEB하나은행 K리그1 2018 참가
KEB하나은행 K리그1 2018 10위
U12, 2018 대교눈높이 전국초등축구리그 경북권역 우승
2018 KEB하나은행 K리그 대상' 페어플레이상 수상
제3대 황천모 구단주 취임

2019 신봉철 대표이사 취임
하나원큐 K리그1 2019 참가
제24회 하나은행 FA컵 4강 진출
하나원큐 K리그1 2019 7위
구단 역대 최다승점 달성 (K리그1 기준, 55점)
2019 KEB 하나은행 K리그 대상 페어플레이상 수상

2019년 선수명단

대표이사_ 신봉철 감독_ 김태완 수석코치_ 정경호 코치_ 이태우 GK코치_ 곽상득
의무트레이너_ 김진욱 전력분석관_ 이승민 주무_ 오세진

포지션	선수명		생년월일	출신교	키(cm) / 몸무게(kg)	전 소속팀
GK	윤 보 상	尹 普 相	1993.09.09	울산대	184 / 84	광주
	황 병 근	黃 秉 根	1994.06.14	국제사이버대	193 / 93	전북
DF	고 태 원	高 兌 沅	1993.05.10	호남대	187 / 80	전남
	권 완 규	權 完 規	1991.11.20	성균관대	183 / 76	포항
	김 경 재	金 徑 栽	1993.07.24	아주대	183 / 73	전남
	마 상 훈	馬 相 訓	1991.07.25	순천고	183 / 79	수원FC
	박 대 한	朴 大 韓	1991.05.01	성균관대	173 / 70	전남
	안 세 희	安 世 熙	1991.02.08	원주한라대	186 / 79	안양
	이 민 기	李 旼 氣	1993.05.19	전주대	175 / 61	광주
	강 상 우	姜 祥 佑	1993.10.07	경희대	176 / 62	포항
	김 대 중	金 大 中	1992.10.13	홍익대	188 / 83	인천
	김 진 혁	金 鎭 爀	1993.06.03	숭실대	187 / 78	대구
	박 세 진	朴 世 秦	1995.12.15	영남대	176 / 67	수원FC
	배 재 우	裵 栽 釪	1993.05.17	용인대	175 / 71	울산
MF	배 신 영	裵 信 泳	1992.06.11	단국대	180 / 69	수원FC
	안 진 범	安 進 範	1992.03.10	고려대	175 / 68	안양
	이 규 성	李 奎 成	1994.05.10	홍익대	174 / 68	부산
	이 호 석	李 鎬 碩	1991.05.21	동국대	173 / 65	경남
	장 은 규	張 殷 圭	1992.08.15	건국대	173 / 70	제주
	김 민 혁	金 珉 赫	1992.08.16	광운대	183 / 71	성남
	김 선 우	金 善 佑	1993.04.19	울산대	174 / 72	전남
	류 승 우	柳 承 祐	1993.12.17	중앙대	174 / 68	제주
	이 찬 동	李 燦 東	1993.01.10	인천대	183 / 80	제주
	한 석 종	韓 石 種	1992.07.19	숭실대	186 / 80	인천
FW	김 건 희	金 健 熙	1995.02.22	고려대	186 / 79	수원
	김 경 중	金 京 中	1991.04.16	고려대	179 / 69	강원
	박 용 지	朴 勇 智	1992.10.09	중앙대	183 / 74	인천
	송 시 우	宋 治 雨	1993.08.28	단국대	174 / 72	인천
	송 승 민	宋 承 珉	1992.01.11	인천대	186 / 77	포항
	진 성 욱	陳 成 昱	1993.12.16	대건고	183 / 82	제주

2019년 개인기록_ K리그1

위치	배번	경기번호	05	10	13	21	28	34	38	44	50	55
		날 짜	03.02	03.10	03.16	03.30	04.03	04.06	04.13	04.20	04.27	05.03
		홈/원정	홈	원정	홈	원정	원정	홈	원정	홈	원정	원정
		장 소	상주	포항	상주	서울W	수원W	상주	창원C	상주	제주	대구전
		상 대	강원	포항	인천	서울	수원	울산	경남	전북	제주	대구
		결 과	승	승	승	패	무	패	무	패	승	패
		점 수	2 : 0	2 : 1	2 : 0	0 : 2	0 : 0	0 : 1	1 : 1	0 : 3	3 : 2	0 : 1
		승 점	3	6	9	9	10	10	11	11	14	14
		슈팅수	14 : 5	9 : 5	11 : 16	17 : 9	3 : 8	4 : 4	13 : 10	7 : 8	6 : 12	9 : 6
GK	1	권태안							○ 0/0 C			
	21	윤보상	○ 0/0	○ 0/0	○ 0/0	○ 0/0	○ 0/0	○ 0/0		○ 0/0	○ 0/0	○ 0/0
	31	황병근										
DF	3	안세희										
	5	마상훈					△ 0/0	○ 0/0				○ 0/0
	5	차영환										
	12	권완규	○ 0/0	○ 0/0	○ 0/0 C	○ 0/0			○ 0/0	○ 0/0	○ 0/0	○ 0/0 C
	15	고태원										
	23	김경재	▽ 0/0 C	○ 0/0 C	○ 0/0	○ 0/0	○ 0/0	○ 0/0	○ 0/0 C		○ 0/0 C	○ 0/0
	25	박대한										
	25	김영빈	○ 0/0 C	○ 0/0 C	○ 0/1	○ 0/0	○ 0/0 S			○ 0/0	○ 0/0 C	
	28	김대중										
	30	이민기							○ 0/0			△ 0/0
	31	백동규	△ 0/0	△ 0/0	△ 0/0		○ 0/0 C	○ 0/0 C	△ 0/0			▽ 0/0
	39	이태희	○ 0/0	○ 0/0	○ 0/0	○ 0/0	○ 0/0 C	○ 0/0	○ 0/0 C	○ 0/0	○ 0/0 C	
	43	배재우										
	44	김진혁										
MF	11	김민우	○ 0/0	○ 0/0	○ 1/1	○ 0/0	○ 0/0	○ 0/0		○ 0/0	○ 0/0	○ 0/0
	13	안진범	○ 0/0	○ 0/1	▽ 0/0	○ 0/0	▽ 0/0 C	△ 0/0	○ 0/0	▽ 0/0	○ 0/0	▽ 0/0
	17	이상협						▽ 0/0				
	22	배신영										
	24	이규성	○ 0/0	○ 0/0	○ 0/0	○ 0/0	○ 0/0	○ 0/0	○ 0/0	○ 0/0	○ 0/0	○ 0/0
	26	한석종								○ 0/0		△ 0/0
	27	김민혁										
	35	윤빛가람	○ 1/0	○ 0/1	○ 0/0	○ 0/0	○ 0/0	○ 0/0	○ 0/0	○ 0/0 C	○ 1/0	○ 0/0
	36	류승우										
	37	강상우								△ 0/0		
	38	이찬동										
	40	김선우										
	42	박세진										
	90	조수철										
	94	신창무	▽ 0/0	▽ 0/0	▽ 0/0	▽ 0/0	△ 0/0	▽ 0/0	▽ 1/0	▽ 0/0	△ 0/0	△ 0/0
FW	7	심동운							△ 0/0	△ 0/0		
	9	송시우	▽ 0/1	▽ 2/0	▽ 0/0 C	▽ 0/0	▽ 0/0	▽ 0/0	▽ 0/0	△ 0/0	▽ 0/1	○ 0/0
	11	김경중										
	19	박용지	△ 1/0	◈ 0/0	△ 1/0	△ 0/0	○ 0/0	△ 0/0	▽ 0/0	▽ 0/0	○ 1/0	▽ 0/0
	22	송수영	△ 0/0	△ 0/0	△ 0/0	△ 0/0		△ 0/0	△ 0/0			
	29	진성욱										
	34	김건희										
	39	송승민										

선수자료 : 득점/도움 ○ = 선발출전 △ = 교체 IN ▽ = 교체 OUT ◈ = 교체 IN/OUT C = 경고 S = 퇴장

위치	배번	경기번호	61	72	73	82	87	95	103	110	115	125
		날 짜	05.10	05.19	05.24	05.29	06.02	06.16	06.28	07.06	07.09	07.14
		홈/원정	홈	홈	원정	홈	원정	홈	원정	홈	원정	홈
		장 소	상주	상주	인천	상주	전주W	상주	성남	상주	춘천	상주
		상 대	성남	서울	인천	경남	전북	제주	성남	포항	강원	수원
		결 과	승	패	승	무	패	승	패	무	패	패
		점 수	1 : 0	1 : 3	2 : 1	1 : 1	0 : 2	4 : 2	0 : 1	1 : 1	0 : 4	0 : 2
		승 점	17	17	20	21	21	24	24	25	25	25
		슈팅수	7 : 8	10 : 10	12 : 7	8 : 7	11 : 13	8 : 13	8 : 6	4 : 7	17 : 9	14 : 9
GK	1	권태안				△ 0/0	○ 0/0	○ 0/0	○ 0/0	○ 0/0	○ 0/0	
	21	윤보상	○ 0/0 C	○ 0/0	○ 0/0	▽ 0/0						○ 0/0
	31	황병근										
DF	3	안세희										
	5	마상훈	△ 0/0		△ 0/0		▽ 0/0		△ 0/0			○ 0/0
	5	차영환										○ 0/0
	12	권완규	○ 0/0	○ 0/0	○ 0/0	○ 0/0	○ 0/0	○ 0/0	○ 0/0	○ 1/0	○ 0/0 C	
	15	고태원										
	23	김경재	○ 0/0	○ 0/0	○ 0/0	○ 0/0 C	○ 0/0	○ 0/0	▽ 0/0	○ 0/0	▽ 0/0	○ 0/0
	25	박대한										
	25	김영빈	▽ 0/0	○ 0/0 C	○ 0/0	○ 0/0	○ 0/0	○ 1/0	○ 0/0	▽ 0/0		
	28	김대중										
	30	이민기								○ 0/0	○ 0/0	○ 0/0
	31	백동규										
	39	이태희	○ 0/1	○ 0/1	○ 1/1	○ 0/0	○ 0/0	○ 0/1	○ 0/0	○ 0/0	○ 0/0	○ 0/0
	43	배재우										
	44	김진혁								△ 0/0	○ 0/0	
MF	11	김민우	○ 0/0	○ 0/0	▽ 0/0 C	○ 0/0	△ 0/0	○ 1/1 C	▽ 0/0			
	13	안진범	▽ 0/0	▽ 0/0			▽ 0/0					
	17	이상협										
	22	배신영										
	24	이규성	○ 0/0	○ 0/0	○ 0/0 C	○ 0/0	○ 0/0	○ 0/0 C	○ 0/0	▽ 0/0	○ 0/0	○ 0/0
	26	한석종	△ 0/0 C	△ 0/0	○ 0/0	▽ 0/0	▽ 0/0	○ 0/0	○ 0/0	○ 0/0	○ 0/0	
	27	김민혁								△ 0/0	○ 0/0	
	35	윤빛가람	○ 0/0	○ 0/0	○ 0/0	○ 1/0	○ 0/0 C	○ 1/0	○ 0/0	○ 0/1	△ 0/0	○ 0/0
	36	류승우					△ 0/0					
	37	강상우							△ 0/0			
	38	이찬동										
	40	김선우										
	42	박세진										
	90	조수철										▽ 0/0
	94	신창무			△ 0/0	△ 0/0		△ 0/0		△ 0/0	△ 0/0	▽ 0/0 C
FW	7	심동운	△ 0/0	△ 0/0	△ 0/0	△ 0/0		△ 0/0	△ 0/0			△ 0/0
	9	송시우	▽ 0/0	▽ 0/0	▽ 0/0	▽ 0/0		▽ 0/1	▽ 0/0	▽ 0/0		
	11	김경중									△ 0/0 C	△ 0/0
	19	박용지	○ 1/0	▽ 1/0	▽ 1/1 C	○ 0/0	△ 0/0	▽ 1/0	○ 0/0	○ 0/0	▽ 0/0	▽ 0/0
	22	송수영										△ 0/0
	29	진성욱		△ 0/0			○ 0/0				▽ 0/0	
	34	김건희										
	39	송승민										

위치	배번	경기번호	132	99	136	141	146	156	159	167	170	177
		날 짜	07.21	07.24	07.30	08.03	08.10	08.18	08.24	09.01	09.14	09.21
		홈/원정	홈	원정	원정	홈	원정	홈	원정	홈	원정	원정
		장 소	상주	울산	탄천	상주	제주W	상주	울산	상주	전주W	수원W
		상 대	대구	울산	성남	경남	제주	포항	울산	대구	전북	수원
		결 과	승	무	패	승	승	승	패	무	패	무
		점 수	2 : 0	2 : 2	0 : 1	2 : 1	4 : 1	2 : 1	1 : 5	1 : 1	1 : 2	1 : 1
		승 점	28	29	29	32	35	38	38	39	39	40
		슈팅수	18 : 12	11 : 14	3 : 5	12 : 9	10 : 16	8 : 15	11 : 17	7 : 12	7 : 11	5 : 18
GK	1	권태안								○ 0/0		
	21	윤보상	○ 0/0	○ 0/0	○ 0/0	○ 0/0	○ 0/0	○ 0/0	○ 0/0		○ 0/0	○ 0/0
	31	황병근										
DF	3	안세희									○ 0/0	
	5	마상훈		△ 0/0	△ 0/0			△ 0/0		○ 0/0 C		
	5	차영환										
	12	권완규	○ 0/0	○ 0/0 C	○ 0/0	○ 0/0 C	○ 0/0	○ 0/0	○ 0/0 C			○ 0/0
	15	고태원									○ 0/0	
	23	김경재	○ 0/0	▽ 0/0	▽ 0/0					○ 0/0		○ 0/0
	25	박대한										
	25	김영빈	○ 0/0	○ 0/0	○ 0/0	○ 0/0	○ 0/0	○ 0/0	○ 0/0	▽ 0/0		
	28	김대중									△ 0/0	
	30	이민기										
	31	백동규	△ 0/0	△ 0/0	△ 0/0	○ 0/0	○ 0/0	○ 0/0	○ 0/0	△ 0/0 C		
	39	이태희	○ 1/0	○ 0/1	○ 0/0	○ 0/0	○ 0/0	○ 0/0	○ 0/0	○ 0/0		
	43	배재우									○ 0/0	○ 0/0
	44	김진혁									○ 0/0	
MF	11	김민우					△ 0/0	▽ 0/0	▽ 0/0	○ 0/0		
	13	안진범								▽ 0/0		
	17	이상협				▽ 0/0	▽ 0/0					
	22	배신영									△ 0/0	
	24	이규성	○ 0/0	○ 0/0	○ 0/0	○ 0/0	▽ 0/1 C		○ 0/0	○ 0/1		○ 0/0
	26	한석종	○ 0/0	○ 0/0	○ 0/0							
	27	김민혁				△ 0/0	△ 0/0 C		○ 1/0			○ 0/0
	35	윤빛가람	○ 1/0	○ 1/0	○ 0/0	○ 1/1	○ 0/0	○ 1/1 C		○ 0/0		
	36	류승우						▽ 0/0	△ 0/0	△ 0/0	▽ 0/0	△ 0/0
	37	강상우				△ 1/0	○ 2/0	▽ 0/0	▽ 0/0 C			△ 0/0
	38	이찬동									▽ 0/0	○ 0/0
	40	김선우									○ 0/1	▽ 0/0
	42	박세진									▽ 0/0	△ 0/0
	90	조수철										
	94	신창무										
FW	7	심동운	△ 0/0	△ 0/0	△ 0/0	△ 0/0 C	○ 2/0	○ 0/0	▽ 0/1	○ 0/0		
	9	송시우	▽ 0/0	▽ 0/0	▽ 0/0	▽ 0/0						
	11	김경중	▽ 0/0 C	▽ 0/0	▽ 0/0	▽ 0/0		△ 0/0	△ 0/0		○ 0/0	▽ 0/0
	19	박용지	▽ 0/1	○ 1/0	○ 0/0	○ 0/0	▽ 0/1	○ 1/0 C	○ 0/0	○ 1/0		▽ 0/0
	22	송수영	△ 0/0				△ 0/0	△ 0/0	△ 0/0			
	29	진성욱									△ 0/0	
	34	김건희									○ 1/0	○ 1/0
	39	송승민										

선수자료 : 득점/도움 ○ = 선발출전 △ = 교체 IN ▽ = 교체 OUT ◈ = 교체 IN/OUT C = 경고 S = 퇴장

위치	배번	경기번호	183	192	197	201	208	213	221	223		
		날 짜	09.25	09.29	10.06	10.19	10.27	11.02	11.24	11.30		
		홈/원정	홈	원정	홈	홈	홈	원정	원정	홈		
		장 소	상주	서울 W	상주	상주	상주	창원 C	인천	상주		
		상 대	인천	서울	강원	제주	성남	경남	인천	수원		
		결 과	패	승	승	승	패	승	패	승		
		점 수	2 : 3	2 : 1	2 : 1	2 : 1	0 : 1	1 : 0	0 : 2	4 : 1		
		승 점	40	43	46	49	49	52	52	55		
		슈팅수	8 : 7	7 : 12	13 : 10	15 : 14	7 : 10	9 : 11	9 : 14	19 : 15		
GK	1	권태안										
	21	윤보상	○ 0/0		○ 0/0	○ 0/0	○ 0/0	○ 0/0		○ 0/0		
	31	황병근		○ 0/0					○ 0/0			
DF	3	안세희	▽ 0/0						○ 0/0 C			
	5	마상훈					△ 0/0	○ 0/0		○ 0/0		
	5	차영환										
	12	권완규	○ 0/0	○ 0/0 C	○ 0/0	○ 0/0	○ 0/0 S			○ 0/0		
	15	고태원	△ 0/0						○ 0/0			
	23	김경재		○ 0/0	○ 0/0	○ 0/0	○ 0/0	○ 0/0		○ 0/0		
	25	박대한								▽ 0/0		
	25	김영빈										
	28	김대중						△ 0/0				
	30	이민기		▽ 0/0	○ 0/0	○ 0/1	○ 0/0	▽ 0/0		△ 0/0		
	31	백동규										
	39	이태희										
	43	배재우	▽ 0/1						○ 0/0			
	44	김진혁		○ 0/0 C	○ 1/0	○ 0/0	○ 0/0	○ 0/0	○ 0/0			
MF	11	김민우										
	13	안진범			△ 0/0	▽ 0/0 C	▽ 0/0			○ 0/1		
	17	이상협										
	22	배신영				△ 0/0				▽ 0/1		
	24	이규성	○ 0/0	○ 0/0	○ 0/0	○ 0/0	▽ 0/0	▽ 0/0		○ 0/1		
	26	한석종										
	27	김민혁	○ 0/0	○ 0/0	○ 0/0	▽ 0/0	○ 0/0	○ 0/1	△ 0/0	△ 0/0 C		
	35	윤빛가람										
	36	류승우	○ 0/0	○ 1/1	▽ 0/0		△ 0/0	○ 0/0	○ 0/0			
	37	강상우	○ 0/0	△ 0/0	○ 0/0	○ 0/0	○ 0/0	○ 0/0	△ 0/0	○ 0/0		
	38	이찬동	○ 0/0 C						○ 0/0			
	40	김선우							▽ 0/0			
	42	박세진	△ 0/0	△ 0/0	▽ 0/0			◆ 0/0	▽ 0/0 C			
	90	조수철										
	94	신창무										
FW	7	심동운										
	9	송시우		△ 1/0	△ 0/1							
	11	김경중		▽ 0/0				△ 0/0		▽ 2/0		
	19	박용지	△ 0/0	▽ 0/0	◆ 1/0	○ 1/0	○ 0/0	○ 0/0		△ 0/0		
	22	송수영										
	29	진성욱	▽ 0/0						○ 0/0			
	34	김건희	○ 2/0	○ 0/1	○ 0/0	○ 1/0	○ 0/0	○ 1/0	△ 0/0	○ 2/0		
	39	송승민				△ 0/0			▽ 0/0			

수원 삼성 블루윙즈

창단년도_ 1995년

전화_ 031-247-2002

팩스_ 031-257-0766

홈페이지_ www.bluewings.kr

주소_ 우 16230 경기도 수원시 팔달구 월드컵로 310(우만동)
수원월드컵경기장 4층
4F, Suwon World Cup Stadium, 310, World cup-ro(Uman-dong), Paldal-gu, Suwon-si, Gyeonggi-do, KOREA 16230

연혁

1995 수원 삼성 블루윙즈 축구단 창단식
제1대 윤성규 단장 취임

1996 라피도컵 프로축구대회 후기리그 우승

1998 제2대 허영호 단장 취임
98 현대컵 K-리그 우승

1999 시즌 전관왕 달성
제1회 99 티켓링크 수퍼컵 우승
대한화재컵 우승
아디다스컵 우승
99 K-리그 우승

2000 제2회 2000 티켓링크 수퍼컵 우승
2000 아디다스컵 우승

2001 아디다스컵 2001 우승
제20회 아시안 클럽 챔피언십 우승
제7회 아시안 슈퍼컵 우승
K리그 사상 최단기간 100승 달성(3.31)

2002 제21회 아시안 클럽 챔피언십 우승
제8회 아시안 슈퍼컵 우승
제7회 서울 - 하나은행 FA컵 우승

2004 제3대 안기헌 단장 취임, 차범근 감독 취임
삼성 하우젠 K-리그 2004 후기 우승
삼성 하우젠 K-리그 2004 우승

2005 A3 챔피언스컵 우승
제6회 K-리그 수퍼컵 2005 우승
삼성 하우젠컵 2005 우승

2006 삼성 하우젠 K-리그 2006 후기 우승
제11회 하나은행 FA컵 준우승

2007 K리그 사상 최단기간 200승 달성(3.17)
K리그 사상 최단기간 총관중 400만 기록(234경기)

2008 삼성 하우젠컵 2008 우승
삼성 하우젠 K리그 2008 우승

2009 제14회 하나은행 FA컵 우승

2010 윤성효 감독 취임
제15회 하나은행 FA컵 우승

2011 제4대 오근영 단장 취임
수원월드컵경기장 첫 만석(10.3 서울전, 44,537명)

2012 제5대 이석명 단장 취임(6.1)
수원월드컵경기장 최다 관중 경신(4.1 서울전 45,192명)
K리그 최초 30경기 홈 연속득점(6.27 전남전, 3 : 2 승)
K리그 최단기간 300승 달성(10.3 서울전, 1 : 0 승)
K리그 연고도시 최초 600만 관중 달성(11.25 부산전, 2 : 1 승)

2013 서정원 감독 취임
풀 스타디움상 수상

2014 박찬형 대표이사 취임
구단 통산 1000호골 기록(4.1 포항전 고차원)
풀 스타디움상, 팬프렌들리 클럽상 수상

2015 현대오일뱅크 K리그 클래식 2015 준우승
K리그 페어플레이상 수상

2016 김준식 대표이사, 제6대 박창수 단장 취임
제21회 KEB하나은행 FA컵 우승

2018 박찬형 대표이사 취임

2019 제7대 오동석 단장 취임
제24회 KEB하나은행 FA컵 우승

2019년 선수명단

대표이사_ 박찬형 단장_오동석
감독_ 이임생 코치_ 박성배·주승진 GK코치_ 김봉수 피지컬코치_ 박지현
주무_ 김태욱 트레이너_ 유환모·김광태·윤청구 비디오분석관_ 전택수 통역_ 박태인 장비_ 엽현수 스카우터_ 조재민·남궁웅

포지션	선수명		생년월일	출신교	키(cm) / 몸무게(kg)
GK	김 다 솔	金다솔	1989.01.04	연세대	188 / 80
	노 동 건	盧東件	1991.10.04	고려대	190 / 88
	박 지 민	朴志旼	2000.05.25	매탄고	188 / 85
	양 형 모	梁馨模	1991.07.16	충북대	185 / 84
DF	고 명 석	高明錫	1995.09.27	홍익대	189 / 80
	구 대 영	具大榮	1992.05.09	홍익대	177 / 72
	구 자 룡	具滋龍	1992.04.06	매탄고	182 / 77
	김 민 호	金珉浩	1997.06.11	연세대	188 / 88
	김 상 준	金相俊	2001.10.01	매탄고	183 / 74
	김 태 환	金泰煥	2000.03.25	매탄고	179 / 73
	민 상 기	閔尙基	1991.08.27	매탄고	184 / 77
	박 대 원	朴大元	1998.02.25	고려대	178 / 76
	박 준 형	朴俊炯	1993.01.25	동의대	191 / 80
	박 형 진	朴亨鎭	1990.06.24	고려대	182 / 75
	송 준 평	宋俊平	1996.07.29	연세대	177 / 75
	양 상 민	梁相珉	1984.02.24	숭실대	182 / 78
	윤 서 호	尹惰鎬	1998.02.02	경희대	176 / 73
	장 호 익	張鎬翼	1993.12.04	호남대	173 / 62
	조 성 진	趙成鎭	1990.12.14	유성생명과학고	188 / 77
	홍 철	洪 喆	1990.09.17	단국대	176 / 70
MF	고 승 범	高丞範	1994.04.24	경희대	173 / 70
	김 민 우	金民友	1990.02.25	연세대	174 / 66
	김 종 우	金鍾佑	1993.10.01	선문대	181 / 70
	송 진 규	宋珍圭	1997.07.12	중앙대	176 / 72
	신 상 휘	申相輝	2000.07.14	매탄고	176 / 73
	신 세 계	申世界	1990.09.16	성균관대	178 / 75
	안 토 니 스	Terry Antonis	1993.11.26	*오스트레일리아	180 / 73
	염 기 훈	廉基勳	1983.03.30	호남대	182 / 80
	이 상 민	李尙旻	1995.05.02	고려대	175 / 71
	이 종 성	李宗成	1992.08.05	매탄고	187 / 72
	최 성 근	崔成根	1991.07.28	고려대	183 / 73
	최 정 훈	崔晶勛	1999.03.09	매탄고	176 / 69
FW	데 얀	Dejan Damjanovic	1981.07.27	*몬테네그로	187 / 81
	바 그 닝 요	Wagner da Silva Souza	1990.01.30	*브라질	178 / 71
	박 상 혁	朴相赫	1998.04.20	고려대	165 / 60
	오 현 규	吳賢揆	2001.04.12	매탄고	185 / 83
	유 주 안	柳宙岸	1998.10.01	매탄고	177 / 70
	전 세 진	全世進	1999.09.09	매탄고	181 / 69
	주 현 호	朱玹澔	1996.03.01	동국대	184 / 77
	타 가 트	Adam Taggart	1993.06.02	*오스트레일리아	180 / 73
	한 석 희	韓碩熙	1996.05.16	호남대	170 / 66
	한 의 권	韓義權	1994.06.30	관동대	180 / 72

2019년 개인기록 _ K리그1

위치	배번	경기번호	03	09	15	24	28	36	40	45	49	59
		날 짜	03.01	03.09	03.16	03.31	04.03	04.07	04.14	04.20	04.26	05.05
		홈/원정	원정	홈	원정	홈	홈	원정	홈	원정	원정	홈
		장 소	문수	수원W	성남	수원W	수원W	춘천	수원W	창원C	포항	수원W
		상 대	울산	전북	성남	인천	상주	강원	대구	경남	포항	서울
		결 과	패	패	패	승	무	승	무	무	패	무
		점 수	1 : 2	0 : 4	1 : 2	3 : 1	0 : 0	2 : 0	0 : 0	3 : 3	0 : 1	1 : 1
		승 점	0	0	0	3	4	7	8	9	9	10
		슈팅수	9 : 13	9 : 13	8 : 12	18 : 12	8 : 3	11 : 13	9 : 27	13 : 9	8 : 11	13 : 17
GK	1	김 다 솔	○ 0/0	○ 0/0	○ 0/0					○ 0/0		
	19	노 동 건				○ 0/0	○ 0/0	○ 0/0	○ 0/0		○ 0/0	○ 0/0
	21	양 형 모										
	29	박 지 민										
DF	3	양 상 민	○ 0/0						○ 0/0	○ 0/0 C	△ 0/0	○ 0/0 C
	4	고 명 석		○ 0/0								
	5	조 성 진			○ 0/0	○ 0/0	○ 0/0	○ 0/0	○ 0/0		▽ 0/0	
	12	박 대 원	△ 0/0									
	13	박 형 진	○ 0/0		○ 0/0 C	△ 0/0				○ 0/0		○ 0/0
	15	구 자 룡			○ 0/0	○ 0/0	○ 0/0	○ 0/0	○ 0/0	○ 0/0	○ 0/0 C	○ 0/0
	20	김 민 호		▽ 0/0								
	23	박 준 형										
	33	홍 철	○ 0/0	○ 0/0	○ 0/0	▽ 0/0	○ 0/0	○ 0/0	○ 0/0	○ 1/0	○ 0/0	○ 0/0 C
	39	민 상 기			○ 0/0 C		▽ 0/0 C	△ 0/0 C				
	66	김 태 환	○ 0/0 C	○ 0/0								
	90	구 대 영	▽ 0/0 C		○ 0/0 C							△ 0/0
MF	6	송 진 규	▽ 0/0			△ 0/0						
	8	사 리 치							△ 0/0	○ 0/2	○ 0/0 C	○ 0/1
	8	안토니스										
	11	김 민 우										
	16	이 종 성										
	17	김 종 우			▽ 0/0	▽ 0/0 C	○ 0/0	▽ 0/0		▽ 0/0		△ 0/0
	24	이 상 민										
	25	최 성 근				○ 0/0	○ 0/0	○ 0/0	○ 0/0 C	△ 0/0	○ 0/0	▽ 0/0
	26	염 기 훈	○ 0/0	○ 0/0	▽ 1/0	○ 1/1	△ 0/0	○ 1/0	▽ 0/0	○ 0/0	○ 0/0	○ 0/0
	30	신 세 계				○ 0/1	○ 0/0	○ 0/0	○ 0/0	○ 1/0	○ 0/0	○ 0/0
	47	신 상 휘										
	77	고 승 범		○ 0/0								
	88	최 정 훈										
FW	7	바그닝요	○ 0/0 C	△ 0/0	△ 0/0		▽ 0/0				△ 0/0	
	9	한 의 권		△ 0/0	△ 0/0 C	▽ 0/0	▽ 0/0	▽ 0/0 C	△ 0/0	△ 0/0		
	10	데 얀	○ 0/1	○ 0/0	▽ 0/0	△ 0/0	△ 0/0	△ 1/0	▽ 0/0	△ 0/0	○ 0/0	△ 1/0
	14	전 세 진	△ 0/0	○ 0/0 C	○ 0/0	○ 0/0	△ 0/0	○ 0/0	▽ 0/0	▽ 0/0 C	▽ 0/0	
	18	타 가 트	△ 1/0	△ 0/0	△ 0/0	○ 2/0	○ 0/0	▽ 0/1	○ 0/0	▽ 1/0	▽ 0/0	▽ 0/0
	22	임 상 협	▽ 0/0	▽ 0/0 C								
	27	한 석 희						△ 0/0	△ 0/0			
	28	유 주 안		▽ 0/0								
	37	오 현 규									△ 0/0	▽ 0/0
	98	박 상 혁										

선수자료 : 득점/도움 ○ = 선발출전 △ = 교체 IN ▽ = 교체 OUT ◈ = 교체 IN/OUT C = 경고 S = 퇴장

위치	배번	경기번호	65	67	77	84	90	96	101	105	114	120
		날 짜	05.12	05.18	05.26	05.29	06.02	06.16	06.23	06.29	07.07	07.10
		홈/원정	원정	홈	원정	홈	홈	원정	원정	홈	홈	원정
		장 소	제주	수원W	대구전	수원W	수원W	서울W	전주W	수원W	수원W	인천
		상 대	제주	울산	대구	포항	강원	서울	전북	경남	제주	인천
		결 과	승	패	무	승	무	패	무	무	승	승
		점 수	3 : 1	1 : 3	0 : 0	3 : 0	1 : 1	2 : 4	1 : 1	0 : 0	2 : 0	3 : 2
		승 점	13	13	14	17	18	18	19	20	23	26
		슈팅수	10 : 17	12 : 10	10 : 9	12 : 7	13 : 15	14 : 11	10 : 12	10 : 7	12 : 11	11 : 13
GK	1	김다솔	○ 0/0	○ 0/0								
	19	노동건			○ 0/0	○ 0/0	○ 0/0	○ 0/0	○ 0/0 C	○ 0/0	○ 0/0	○ 0/0 C
	21	양형모										
	29	박지민										
DF	3	양상민	○ 0/0	○ 0/0	○ 0/0	▽ 0/0	○ 0/0	○ 0/0	▽ 0/0 C			△ 0/0
	4	고명석			○ 0/0	○ 0/0	○ 0/0	○ 0/0	○ 0/0 C	○ 0/0	○ 0/0 C	
	5	조성진							△ 0/0 C			
	12	박대원	△ 0/0			▽ 0/0						
	13	박형진	○ 0/0	▽ 0/0		△ 0/0		△ 0/0	○ 0/0	○ 0/0	○ 0/0	○ 0/0
	15	구자룡	○ 1/0	○ 0/0	○ 0/0	○ 0/0	▽ 0/0	○ 0/0	○ 0/0 C	○ 0/0	○ 0/0	○ 0/0 CC
	20	김민호										
	23	박준형										
	33	홍 철		○ 0/0	○ 0/0	○ 0/2	○ 0/1	○ 0/0	○ 0/0	○ 0/0	▽ 0/1	△ 0/0
	39	민상기								▽ 0/0	○ 0/0	○ 0/0
	66	김태환										
	90	구대영	▽ 0/0								○ 0/0	▽ 1/1
MF	6	송진규									▽ 0/0	▽ 0/0
	8	사리치	○ 0/1 C	○ 0/0	○ 0/0	○ 1/0 C		○ 0/2	○ 0/0	▽ 0/0		▽ 0/1
	8	안토니스										
	11	김민우										
	16	이종성										
	17	김종우	△ 0/0						△ 0/0	△ 0/0	△ 0/0	
	24	이상민										
	25	최성근	○ 0/0	▽ 0/0	○ 0/0 C	○ 1/0	○ 0/0	▽ 0/0 C		○ 0/0	○ 1/0	○ 0/0
	26	염기훈	▽ 0/1	○ 1/0	○ 0/0	○ 0/0	○ 0/0	○ 0/0		△ 0/0 C		△ 0/0
	30	신세계	○ 0/0 C	○ 0/0 C	○ 0/0 C		○ 0/0	○ 0/0 C	○ 0/0		△ 0/0	○ 0/0
	47	신상휘										
	77	고승범										
	88	최정훈										
FW	7	바그닝요		△ 0/0	▽ 0/0				△ 0/1	○ 0/0	△ 0/0	
	9	한의권	△ 0/0	▽ 0/0	△ 0/0	▽ 1/0	○ 1/0	○ 1/0	▽ 0/0		○ 0/0	○ 0/0
	10	데 얀	▽ 1/0	○ 0/0	▽ 0/0	○ 0/0 C	○ 0/0	▽ 0/0				
	14	전세진										
	18	타가트	○ 1/0				▽ 0/0	△ 1/0	○ 1/0	○ 0/0	▽ 1/0	○ 2/0 C
	22	임상협										
	27	한석희		△ 0/0 C		△ 0/0				△ 0/0		
	28	유주안					△ 0/0		▽ 0/0	▽ 0/0		
	37	오현규		△ 0/0	△ 0/0 C	△ 0/0	△ 0/0					
	98	박상혁										

위치	배번	경기번호	125	131	134	142	147	152	157	163	174	177
		날 짜	07.14	07.21	07.30	08.04	08.10	08.17	08.23	08.30	09.15	09.21
		홈/원정	원정	홈	원정	홈	홈	원정	원정	홈	원정	홈
		장 소	상주	수원W	대구전	수원W	수원W	춘천	창원C	수원W	탄천	수원W
		상 대	상주	성남	대구	포항	인천	강원	경남	제주	성남	상주
		결 과	승	패	승	패	패	승	패	승	무	무
		점 수	2 : 0	1 : 2	2 : 0	0 : 2	0 : 1	3 : 1	0 : 2	1 : 0	0 : 0	1 : 1
		승 점	29	29	32	32	32	35	35	38	39	40
		슈팅수	9 : 14	16 : 10	8 : 24	10 : 13	14 : 11	10 : 15	20 : 12	10 : 11	9 : 13	18 : 5
GK	1	김다솔							○ 0/0			
	19	노동건	○ 0/0	○ 0/0	○ 0/0	○ 0/0	○ 0/0	○ 0/0 C		○ 0/0	○ 0/0	○ 0/0
	21	양형모										
	29	박지민										
DF	3	양상민			○ 0/0	▽ 0/0	○ 0/0 CC					○ 0/0 C
	4	고명석	○ 0/0	○ 0/0	○ 0/0	○ 0/0		△ 0/0				○ 0/0
	5	조성진						▽ 0/0	▽ 0/0	△ 0/0		
	12	박대원										
	13	박형진	○ 0/0 C	▽ 0/0			▽ 0/0	○ 0/0		○ 0/0	○ 0/0	▽ 0/0
	15	구자룡		○ 0/0	○ 0/0	○ 0/0	○ 0/0	○ 0/0	○ 0/0	○ 0/0	○ 0/0	
	20	김민호										
	23	박준형	△ 0/0									
	33	홍 철	○ 0/0	○ 0/0	○ 0/0	○ 0/0			○ 0/0	○ 0/0 C	○ 0/0 C	
	39	민상기	○ 0/0	○ 0/0 S			○ 0/0	○ 0/0	○ 0/0	▽ 0/0	○ 0/0	○ 0/0
	66	김태환										
	90	구대영	▽ 0/0 C		▽ 0/0 C	○ 0/0	○ 0/0	○ 0/0	○ 0/0	○ 1/0		
MF	6	송진규		▽ 0/0 C		▽ 0/0	△ 0/0					
	8	사리치										
	8	안토니스			△ 0/1					△ 0/0	△ 0/0	△ 0/0
	11	김민우										○ 1/0
	16	이종성										
	17	김종우	▽ 0/0 C				▽ 0/0	○ 0/1	○ 0/0	○ 0/0	○ 0/0	▽ 0/0
	24	이상민										
	25	최성근	○ 0/0 C	○ 0/0	○ 0/0 C	○ 0/0	○ 0/0	▽ 0/0	○ 0/0	○ 0/0	○ 0/0	○ 0/0
	26	염기훈									△ 0/0	△ 0/0
	30	신세계	○ 0/0	○ 0/0	○ 0/1	▽ 0/0				△ 0/0	○ 0/0	○ 0/0
	47	신상휘										
	77	고승범			△ 0/0	△ 0/0		△ 0/0				
	88	최정훈										
FW	7	바그닝요	△ 0/0	△ 0/0 C	▽ 1/0	△ 0/0	△ 0/0		△ 0/0	▽ 0/0		
	9	한의권		▽ 0/1	△ 0/0	○ 0/0	○ 0/0	○ 0/0	○ 0/0	○ 0/0	▽ 0/0	○ 0/0 C
	10	데 얀	△ 0/0	△ 0/0		△ 0/0 C	△ 0/0				△ 0/0	
	14	전세진						△ 0/1	△ 0/0 C		▽ 0/0	△ 0/0
	18	타가트	○ 1/0	○ 1/0	○ 1/0 C	○ 0/0	○ 0/0	○ 3/0	▽ 0/0		▽ 0/0	▽ 0/0
	22	임상협										
	27	한석희	▽ 1/0	△ 0/0					△ 0/0			
	28	유주안					▽ 0/0	▽ 0/1	▽ 0/0	▽ 0/0		
	37	오현규			▽ 0/0 C							
	98	박상혁										

선수자료 : 득점/도움 ○ = 선발출전 △ = 교체 IN ▽ = 교체 OUT ◈ = 교체 IN/OUT C = 경고 S = 퇴장

위치	배번	경기번호	184	189	195	199	210	211	222	223		
		날 짜	09.25	09.28	10.06	10.19	10.27	11.02	11.24	11.30		
		홈/원정	홈	원정	홈	홈	원정	홈	원정	원정		
		장 소	수원W	전주W	수원W	수원W	인천	수원W	제주W	상주		
		상 대	울산	전북	서울	경남	인천	성남	제주	상주		
		결 과	패	패	패	승	무	무	승	패		
		점 수	0 : 2	0 : 2	1 : 2	2 : 1	1 : 1	0 : 0	4 : 2	1 : 4		
		승 점	40	40	40	43	44	45	48	48		
		슈팅수	14 : 7	7 : 8	8 : 6	15 : 6	11 : 13	19 : 8	22 : 8	15 : 19		
GK	1	김다솔										
	19	노동건	○ 0/0		○ 0/0	○ 0/0	○ 0/0	○ 0/0	○ 0/0			
	21	양형모		○ 0/0								
	29	박지민								○ 0/0		
DF	3	양상민	○ 0/0		▽ 0/0	○ 0/0	▽ 0/0					
	4	고명석	○ 0/0	○ 0/0	○ 0/0			○ 0/0	▽ 0/0			
	5	조성진										
	12	박대원								○ 0/0		
	13	박형진		○ 0/0		▽ 0/0		○ 0/0				
	15	구자룡		○ 0/0		○ 0/0	○ 0/0 C		○ 0/0			
	20	김민호										
	23	박준형								○ 0/0 C		
	33	홍 철	○ 0/0		○ 0/0		○ 0/0	▽ 0/0				
	39	민상기	○ 0/0	○ 0/0	○ 0/0	○ 0/0	○ 0/0		○ 0/0			
	66	김태환								○ 0/0		
	90	구대영		△ 0/0	○ 0/0	○ 0/0	○ 0/0		○ 0/0			
MF	6	송진규										
	8	사리치										
	8	안토니스	○ 0/0		▽ 0/0	△ 0/0	○ 0/0	○ 0/0	○ 0/1 C	○ 0/1		
	11	김민우	○ 0/0	△ 0/0	○ 0/0	○ 0/0	○ 0/0					
	16	이종성			△ 0/0	○ 0/0 C	△ 0/0	○ 0/0	○ 0/0 C			
	17	김종우	△ 0/0	▽ 0/0				○ 0/0	▽ 0/0 C			
	24	이상민								○ 0/0 CC		
	25	최성근	○ 0/0		○ 0/0 C		▽ 0/0 C	△ 0/0				
	26	염기훈	▽ 0/0		△ 1/0	△ 1/0	△ 0/0	▽ 0/0	△ 0/1			
	30	신세계	▽ 0/0 C									
	47	신상휘								△ 0/0		
	77	고승범		○ 0/0		○ 0/0	△ 0/0	○ 0/0	○ 0/0 C	○ 0/0 C		
	88	최정훈								▽ 0/0		
FW	7	바그닝요		○ 0/0 S				▽ 0/0				
	9	한의권		▽ 0/0	△ 0/0	△ 0/0		△ 0/0				
	10	데 얀										
	14	전세진	△ 0/0	○ 0/0	▽ 0/0	▽ 0/0	▽ 0/1	○ 0/0		△ 0/0		
	18	타가트	△ 0/0		○ 0/0	▽ 1/0	○ 1/0	△ 0/0	○ 2/0	○ 0/0		
	22	임상협										
	27	한석희		△ 0/0					△ 2/0	▽ 1/0		
	28	유주안										
	37	오현규	▽ 0/0	▽ 0/0					▽ 0/0	△ 0/0		
	98	박상혁							△ 0/0	▽ 0/0		

성 남 FC

창단년도_ 1989년

전화_ 031-709-4133

팩스_ 031-709-4443

홈페이지_ www.seongnamfc.com

주소_ 우 13495 경기도 성남시 분당구 탄천로 215(야탑동)
탄천종합운동장
Tancheon Sports Complex, 215, Tancheon-ro(Yatap-dong)
Bundang-gu, Seongnam-si, Gyeonggi-do, KOREA 13495

연혁

1988 일화프로축구단 창단 인가(9월 20일)
㈜통일스포츠 설립(10월 28일)

1989 창단식(3월 18일)
89 한국프로축구대회 5위

1992 92 아디다스컵 우승
92 한국프로축구대회 준우승

1993 92 한국프로축구대회 우승

1994 94 하이트배 코리안리그 우승

1995 95 하이트배 코리안리그 챔피언결정전 우승
제15회 아시안 클럽 챔피언십 우승
95 하이트배 코리안리그 전기 우승

1996 제11회 아프로-아시안 클럽 챔피언십 우승, 그랜드슬램 달성
제2회 아시안 슈퍼컵 우승
연고지 이전(3월 27일, 서울 강북 → 충남 천안)
96 AFC 선정 최우수클럽상 수상

1997 제16회 아시안 클럽 챔피언십 준우승
제2회 FA컵 준우승

1999 제4회 삼보컴퓨터 FA컵 우승
제47회 대통령배 전국축구대회 우승(2군)
연고지 이전(12월 27일, 충남 천안 → 경기 성남)

2000 제2회 2000 티켓링크 수퍼컵 준우승
대한화재컵 3위 아디다스컵 축구대회 준우승
삼성 디지털 K-리그 3위 제5회 서울은행 FA컵 3위

2001 2001 포스코 K-리그 우승
2군리그 우승
아디다스컵 축구대회 3위
제6회 서울은행 FA컵 8강

2002 삼성 파브 K-리그 우승 아디다스컵 우승
제3회 2001 포스데이타 수퍼컵 우승
제7회 서울 - 하나은행 FA컵 3위

2003 삼성 하우젠 K-리그 우승 2군리그 우승(중부)

2004 삼성 하우젠컵 2004 우승
A3 챔피언스컵 우승 AFC 챔피언스리그 준우승
제5회 2004 K-리그 수퍼컵 준우승
2군리그 준우승

2005 삼성 하우젠 K-리그 2005 후기리그 우승

2006 삼성 하우젠 K-리그 2006 우승(전기 1위 / 후기 9위)
삼성 하우젠컵 2006 준우승

2007 삼성 하우젠 K-리그 2007 준우승(정규리그 1위)

2008 삼성 하우젠 K-리그 2008 5위(정규리그 3위)

2009 2009 K-리그 준우승(정규리그 4위)
제14회 하나은행 FA컵 준우승
2군리그 준우승

2010 AFC 챔피언스리그 2010 우승
FIFA클럽월드컵 4강
쏘나타 K리그 2010 4위(정규리그 5위)
AFC '올해의 클럽' 수상

2011 제16회 하나은행 FA컵 우승
R리그 A조 1위

2012 홍콩 아시안챌린지컵 우승
2012 피스컵수원 준우승

2013 현대오일뱅크 K리그 클래식 2013 8위
성남시민프로축구단 창단발표
성남시와 통일그룹 간 양해각서 체결
시민구단 지원조례 제정
성남일화천마프로축구단 인수계약서 체결
초대 박종환 감독 취임, 초대 신문선 대표이사 취임

2014 구단명칭 법원 등기 이전 완료, 엠블럼 및 마스코트 확정
창단식 개최
제2대 김학범 감독 취임
제19회 하나은행 FA컵 우승
현대오일뱅크 K리그 클래식 2014 9위

2015 제2대 곽선우 대표이사 취임
시민구단 최초 AFC 챔피언스리그 16강 진출
김학범 감독 K리그 통산 100승 달성
현대오일뱅크 K리그 클래식 2015 5위

2016 제3대 이석훈 대표이사 취임
2016 K리그 '팬 프렌들리 클럽상' 수상

2017 제3대 박경훈 감독 취임
KEB하나은행 K리그 챌린지 2017 4위
K리그 챌린지 풀스타디움상, 팬프렌들리클럽상 수상

2018 제4대 남기일 감독 취임
제4대 윤기천 대표이사 취임
K리그2 풀스타디움상 수상
2019 K리그1 승격(2018 K리그2 2위)
제4회 스포츠마케팅어워드 프로스포츠 구단 부문 본상

2019 제5대 이재하 대표이사 취임
하나원큐 K리그1 2019 9위
2019 K리그 사랑나눔상 수상
제5회 스포츠마케팅어워드 프로스포츠 구단 부문 대상

2019년 선수명단

대표이사_ 이재하
감독_ 남기일 수석코치_ 이정효 코치_ 마철준 코치_ 조광수 GK코치_ 기우성 피지컬코치_ 혼돈
트레이너_ 김범수 트레이너_ 신용섭 트레이너_ 채윤석 통역_ 안영재 주무_ 곽재승

포지션	선수명		생년월일	출신교	키(cm) / 몸무게(kg)
GK	김 동 준	金東俊	1994.12.19	연세대	189 / 85
	김 근 배	金根培	1986.08.07	고려대	187 / 80
	전 종 혁	全鐘赫	1996.03.21	연세대	186 / 80
	문 광 석	文光錫	1996.03.02	보인고	187 / 80
DF	박 원 재	朴元在	1994.05.07	중앙대	176 / 66
	이 창 용	李昌勇	1990.08.27	용인대	180 / 76
	안 영 규	安泳奎	1989.12.04	울산대	185 / 79
	문 지 환	文智煥	1994.07.26	단국대	185 / 77
	연 제 운	延濟運	1994.08.28	선문대	185 / 78
	임 채 민	林採民	1990.11.18	영남대	188 / 82
	이 건	李 健	1996.01.08	서귀포고	180 / 77
	박 태 민	朴太民	1986.01.21	연세대	180 / 74
	이 태 희	李台熙	1992.06.16	숭실대	181 / 66
	임 승 겸	林昇謙	1995.04.26	현대고	185 / 78
MF	김 정 현	金楨鉉	1993.06.01	중동고	185 / 74
	에 델	Eder Luiz Lima de Sousa	1987.01.09	*브라질	179 / 71
	주 현 우	朱眩宇	1990.09.12	동신대	173 / 67
	문 상 윤	文相閏	1991.01.09	아주대	179 / 70
	서 보 민	徐保閔	1990.06.22	관동대	175 / 64
	이 은 범	李殷汎	1996.01.30	서남대	182 / 72
	김 동 현	金東現	1997.06.11	중앙대	182 / 72
	최 오 백	崔午百	1992.03.10	조선대	177 / 69
	조 성 준	趙聖俊	1990.11.27	청주대	176 / 72
	김 기 열	金氣烈	1998.11.14	풍생고	176 / 65
	김 연 왕	金淵王	1993.10.19	정명고	178 / 68
FW	공 민 현	孔敏懸	1990.01.19	청주대	182 / 70
	이 현 일	李炫一	1994.09.13	용인대	182 / 79
	마 티 아 스	Coureur Mathias	1988.03.22	*프랑스	188 / 78
	김 현 성	金賢聖	1989.09.27	동북고	186 / 77
	박 관 우	朴寬優	1996.06.04	오상고	178 / 68
	김 세 현	金世現	1999.05.19	보인고	177 / 62
	전 성 수	田成秀	2000.07.13	계명고	181 / 70
	이 재 원	利材元	1997.02.21	경희대	173 / 66
	최 병 찬	崔炳贊	1996.04.04	홍익대	175 / 65
	박 채 화	朴彩和	1996.04.22	서해고	184 / 74
	전 현 근	全炫懃	1997.02.25	건국대	175 / 65
	김 소 웅	金邵雄	1999.06.17	풍생고	180 / 65

2019년 개인기록 _ K리그1

위치	배번	경기번호	02	12	15	23	30	31	39	46	52	58
		날 짜	03.01	03.10	03.16	03.31	04.03	04.06	04.13	04.20	04.27	05.04
		홈/원정	원정	홈	홈	원정	홈	원정	홈	원정	원정	홈
		장 소	창원C	성남	성남	춘천	성남	대구전	성남	문수	인천	성남
		상 대	경남	서울	수원	강원	제주	대구	포항	울산	인천	전북
		결 과	패	패	승	패	무	무	승	승	무	무
		점 수	1 : 2	0 : 1	2 : 1	1 : 2	1 : 1	1 : 1	2 : 0	1 : 0	0 : 0	0 : 0
		승 점	0	0	3	3	4	5	8	11	12	13
		슈팅수	9 : 14	13 : 5	12 : 8	9 : 10	14 : 14	6 : 11	11 : 7	8 : 19	8 : 8	7 : 13
GK	1	김동준	○ 0/0	○ 0/0	○ 0/0	○ 0/0	○ 0/0		○ 0/0	○ 0/0 C	○ 0/0	○ 0/0
	21	김근배										
	31	전종혁						○ 0/0				
DF	2	박원재										
	4	이창용							△ 0/0	△ 0/0	○ 0/0	○ 0/0
	5	안영규	○ 0/0	○ 0/0	○ 0/0	○ 0/0	○ 0/0	○ 0/0 C	▽ 0/0	○ 0/0	○ 0/0	
	15	문지환	○ 0/0						△ 0/0			
	20	연제운	○ 0/0	○ 0/0	○ 0/0	○ 0/0	○ 0/0	○ 0/0	○ 0/0	▽ 0/0	○ 0/0	○ 0/0
	26	임채민		△ 0/0 C	○ 0/0	○ 0/0	○ 0/0 C	○ 0/0 C		○ 0/0	○ 0/0	○ 0/0
	39	이태희										
	40	최준기		▽ 0/0								
	40	임승겸							○ 0/0	△ 0/0		○ 0/0 C
MF	6	김정현	○ 0/0 C	○ 0/0	○ 0/0	△ 0/0	○ 0/0	○ 0/0	○ 1/0	○ 0/1 C	▽ 0/0	△ 0/0
	7	에델	△ 0/0	○ 0/0 C	○ 1/0	○ 0/0	△ 0/0	▽ 1/0				
	8	주현우			▽ 0/0	○ 0/0	○ 0/0	○ 0/0	○ 0/0	○ 0/0	○ 0/0	○ 0/0
	10	문상윤	○ 0/0								△ 0/0	
	11	서보민	○ 0/0	○ 0/0	△ 0/1				○ 0/0	○ 0/0	○ 0/0	○ 0/0
	14	김동현	▽ 0/0	▽ 0/0				▽ 0/0				
	16	최오백	○ 0/0	▽ 0/0	○ 0/0	▽ 0/0 C	△ 0/0	○ 0/0				▽ 0/0
	17	조성준		△ 0/0	△ 1/0	○ 0/0	△ 0/0	△ 0/0	○ 0/0	○ 0/0	○ 0/0	○ 0/0
	24	박태준					▽ 0/0					
	25	김기열				▽ 0/0						
	27	김민혁	△ 1/0	○ 0/0	○ 0/0	○ 0/1 C	○ 0/1 C	○ 0/0	○ 1/0	○ 0/0		
	33	최병찬				△ 0/0	▽ 0/0					
FW	9	공민현	△ 0/1	○ 0/0	▽ 0/0 C		○ 0/0	△ 0/0	△ 0/0	▽ 1/0 C	△ 0/0	▽ 0/0
	13	이은범										
	18	이현일	▽ 0/0								△ 0/0 C	
	19	마티아스	▽ 0/0	△ 0/0			▽ 1/0	△ 0/0	▽ 0/0 C	△ 0/0		△ 0/0
	22	김현성				△ 1/0		▽ 0/1 C			▽ 0/0	
	23	박관우			△ 0/0 C	▽ 0/0						△ 0/0
	27	김연왕										
	32	이재원			▽ 0/0					▽ 0/0	▽ 0/0 C	▽ 0/0
	36	김소웅							▽ 0/1			

선수자료 : 득점/도움 ○ = 선발출전 △ = 교체 IN ▽ = 교체 OUT ◈ = 교체 IN/OUT C = 경고 S = 퇴장

위치	배번	경기번호	61	70	76	80	86	93	97	103	113	117
		날 짜	05.10	05.19	05.25	05.28	06.01	06.15	06.21	06.28	07.07	07.10
		홈/원정	원정	홈	홈	원정	홈	홈	원정	홈	원정	원정
		장 소	상주	성남	성남	서울W	성남	성남	제주W	성남	전주W	포항
		상 대	상주	강원	울산	서울	인천	경남	제주	상주	전북	포항
		결 과	패	패	패	패	무	무	승	승	패	패
		점 수	0 : 1	1 : 2	1 : 4	1 : 3	0 : 0	1 : 1	2 : 1	1 : 0	1 : 3	0 : 1
		승 점	13	13	13	13	14	15	18	21	21	21
		슈팅수	8 : 7	7 : 15	15 : 13	16 : 11	12 : 5	17 : 11	13 : 7	6 : 8	4 : 8	5 : 10
GK	1	김동준	○ 0/0	○ 0/0	○ 0/0		○ 0/0	○ 0/0 S			○ 0/0	
	21	김근배				○ 0/0						
	31	전종혁						△ 0/0	○ 0/0	○ 0/0		○ 0/0
DF	2	박원재										
	4	이창용	○ 0/0 C	△ 0/0	○ 0/0		△ 0/0		○ 0/0	○ 0/0	○ 0/0	○ 0/0
	5	안영규		○ 0/0		○ 0/0	▽ 0/0	○ 0/0		○ 0/0 C	○ 0/0	○ 0/0
	15	문지환						○ 0/0	○ 0/0 C	○ 0/0 C	○ 0/0	○ 0/0
	20	연제운	○ 0/0	○ 0/0	○ 0/0	○ 0/0	○ 0/0	○ 0/0	○ 0/0	○ 0/0	○ 0/0	○ 0/0
	26	임채민	○ 0/0	○ 0/0 C	○ 0/0	○ 0/0	○ 0/0	○ 0/0	○ 0/0			
	39	이태희										
	40	최준기										
	40	임승겸	○ 0/0		▽ 0/0	▽ 0/0						△ 0/0 C
MF	6	김정현	▽ 0/0	○ 0/0 C		○ 0/0	○ 0/0		△ 0/0	△ 0/0		
	7	에델	△ 0/0	▽ 0/0	○ 0/0	○ 0/0	▽ 0/0	○ 1/0	▽ 1/0		○ 1/0	○ 0/0
	8	주현우	○ 0/0	▽ 0/0	▽ 1/0	○ 0/1	○ 0/0	○ 0/0	○ 0/0	○ 0/1	▽ 0/0	○ 0/0
	10	문상윤	▽ 0/0						△ 0/0	△ 0/0	△ 0/0	
	11	서보민	○ 0/0	○ 0/1	○ 0/0	▽ 0/0	○ 0/0	○ 0/0	○ 0/1	○ 0/0	○ 0/0 C	▽ 0/0
	14	김동현			△ 0/0							
	16	최오백		○ 0/0	△ 0/0	△ 0/0						
	17	조성준	○ 0/0 CC		○ 0/0		○ 0/0	△ 0/0	△ 0/1			
	24	박태준									▽ 0/0	
	25	김기열										
	27	김민혁										
	33	최병찬		○ 1/0 C	○ 0/0	○ 0/0 C	○ 0/0	▽ 0/0 C		▽ 0/0	○ 0/0	△ 0/0
FW	9	공민현	△ 0/0	△ 0/0	▽ 0/0	△ 0/0	△ 0/0	▽ 0/0	▽ 0/0	○ 0/0	△ 0/0	○ 0/0 C
	13	이은범										
	18	이현일								△ 0/0 C	▽ 0/0 C	
	19	마티아스	△ 0/0	▽ 0/0	△ 0/0	△ 1/0	▽ 0/0				△ 0/0	△ 0/0
	22	김현성	▽ 0/0	△ 0/0 C			△ 0/0	○ 0/0	○ 1/0	▽ 1/0		
	23	박관우				▽ 0/0						▽ 0/0
	27	김연왕										
	32	이재원							▽ 0/0			
	36	김소웅								▽ 0/0		▽ 0/0

위치	배번	경기번호	126	131	136	144	145	153	158	164	174	176
		날 짜	07.14	07.21	07.30	08.04	08.10	08.17	08.24	08.31	09.15	09.21
		홈/원정	홈	원정	홈	원정	원정	홈	원정	원정	홈	원정
		장 소	탄천	수원W	탄천	인천	창원C	탄천	전주W	포항	탄천	제주W
		상 대	대구	수원	상주	인천	경남	서울	전북	포항	수원	제주
		결 과	패	승	승	승	패	승	무	패	무	패
		점 수	0 : 1	2 : 1	1 : 0	1 : 0	0 : 2	1 : 0	1 : 1	0 : 1	0 : 0	0 : 3
		승 점	21	24	27	30	30	33	34	34	35	35
		슈팅수	13 : 7	10 : 16	5 : 3	13 : 20	5 : 7	13 : 11	7 : 20	6 : 9	13 : 9	10 : 11
GK	1	김동준		○ 0/0	○ 0/0	○ 0/0	▽ 0/0	○ 0/0	○ 0/0	○ 0/0	○ 0/0	○ 0/0
	21	김근배										
	31	전종혁	○ 0/0				△ 0/0					
DF	2	박원재		▽ 0/0	○ 1/0	○ 0/0	▽ 0/0	△ 0/0		○ 0/0	△ 0/0	
	4	이창용	○ 0/0 C		▽ 0/0			△ 0/0	△ 0/0	○ 0/0	○ 0/0	○ 0/0
	5	안영규	○ 0/0 C			△ 0/0	○ 0/0	△ 0/0	△ 0/0	△ 0/0	▽ 0/0	
	15	문지환	△ 0/0	○ 0/0	○ 0/0	○ 0/0	○ 0/0 C		○ 0/0		○ 0/0 C	○ 0/0
	20	연제운	○ 0/0	○ 0/0	○ 0/0	○ 0/0	○ 0/0	○ 0/0	○ 0/0	○ 0/0	○ 0/0	○ 0/0
	26	임채민		○ 1/0	○ 0/0	○ 0/0 C	○ 0/0	○ 0/0	○ 1/0	▽ 0/0		
	39	이태희										○ 0/0
	40	최준기										
	40	임승겸	○ 0/0	○ 0/0	△ 0/0	○ 0/0		○ 0/0	○ 0/0 C		△ 0/0	○ 0/0 C
MF	6	김정현	▽ 0/0	△ 0/0								
	7	에델	○ 0/0	○ 0/0	▽ 0/0	△ 0/1						
	8	주현우	○ 0/0					▽ 0/0	▽ 0/0		▽ 0/0	
	10	문상윤	○ 0/0					○ 1/0		▽ 0/0		△ 0/0
	11	서보민		○ 0/1	○ 0/0	○ 1/0	○ 0/0	○ 0/0	△ 0/0	△ 0/0	○ 0/0	○ 0/0
	14	김동현						▽ 0/0		○ 0/0 C		
	16	최오백		△ 0/0	△ 0/0	△ 0/0	△ 0/0					
	17	조성준										
	24	박태준						○ 0/0	○ 0/0 C	○ 0/0	○ 0/0 C	○ 0/0
	25	김기열										
	27	김민혁										
	33	최병찬	△ 0/0	△ 0/1 C	△ 0/1	▽ 0/0	△ 0/0		▽ 0/0	△ 0/0	○ 0/0 C	▽ 0/0
FW	9	공민현		○ 1/0 C	○ 0/0	○ 0/0	○ 0/0	○ 0/0	○ 0/0	○ 0/0	○ 0/0	▽ 0/0
	13	이은범					○ 0/0		▽ 0/0	▽ 0/0 C		
	18	이현일	▽ 0/0									△ 0/0
	19	마티아스									▽ 0/0	△ 0/0
	22	김현성	△ 0/0	▽ 0/0	○ 0/0	▽ 0/0	○ 0/0	▽ 0/0	○ 0/0	○ 0/0	△ 0/0	▽ 0/0
	23	박관우										
	27	김연왕										
	32	이재원	▽ 0/0	▽ 0/0	▽ 0/0 C		▽ 0/0 C					
	36	김소웅				▽ 0/0						

선수자료 : 득점/도움 ○ = 선발출전 △ = 교체 IN ▽ = 교체 OUT ◈ = 교체 IN/OUT C = 경고 S = 퇴장

위치	배번	경기번호	186	187	198	200	208	211	220	224		
		날 짜	09.25	09.28	10.06	10.19	10.27	11.02	11.24	11.30		
		홈/원정	홈	원정	홈	홈	원정	원정	홈	홈		
		장 소	탄천	울산	탄천	탄천	상주	수원W	탄천	탄천		
		상 대	강원	울산	대구	인천	상주	수원	경남	제주		
		결 과	승	패	패	패	승	무	패	승		
		점 수	1 : 0	0 : 1	1 : 2	0 : 1	1 : 0	0 : 0	1 : 2	3 : 1		
		승 점	38	38	38	38	41	42	42	45		
		슈팅수	9 : 6	19 : 6	7 : 15	21 : 3	10 : 7	8 : 19	10 : 9	12 : 8		
GK	1	김 동 준	○ 0/0	○ 0/0	○ 0/0	○ 0/0						
	21	김 근 배								○ 0/0		
	31	전 종 혁					○ 0/0	○ 0/0	○ 0/0			
DF	2	박 원 재	△ 0/0				△ 0/0	▽ 0/0		▽ 0/0		
	4	이 창 용	○ 1/0	○ 0/0	○ 0/0	▽ 0/0			○ 0/0	○ 1/0		
	5	안 영 규	○ 0/0	○ 0/0	○ 0/0	△ 0/0	○ 0/0			○ 0/1		
	15	문 지 환	○ 0/0	○ 0/0	○ 0/0	○ 0/0 C		▽ 0/0		○ 0/0		
	20	연 제 운	○ 0/0	○ 0/0	○ 0/0	○ 0/0	○ 0/0	○ 0/0	○ 0/0	○ 0/0		
	26	임 채 민			△ 0/0	○ 0/0 C		○ 0/0				
	39	이 태 희	○ 0/0	○ 0/0	○ 0/0	○ 0/0 C	○ 0/0	○ 0/0	○ 0/0	○ 0/0		
	40	최 준 기										
	40	임 승 겸					○ 0/0 C	△ 0/0				
MF	6	김 정 현										
	7	에 델			△ 0/0	▽ 0/0						
	8	주 현 우	▽ 0/0	○ 0/0	○ 0/0	○ 0/0	▽ 0/1	○ 0/0	▽ 0/1	△ 0/0		
	10	문 상 윤					▽ 0/0	▽ 0/0	△ 0/0	▽ 0/0		
	11	서 보 민	▽ 0/0		○ 1/0	○ 0/0	○ 1/0		○ 1/0	△ 0/0		
	14	김 동 현					○ 0/0					
	16	최 오 백										
	17	조 성 준										
	24	박 태 준		◈ 0/0	▽ 0/0							
	25	김 기 열						△ 0/0	○ 0/0 C			
	27	김 민 혁										
	33	최 병 찬	△ 0/0	△ 0/0	▽ 0/0				▽ 0/0	△ 0/0		
FW	9	공 민 현	▽ 0/0 C	▽ 0/0	△ 0/0	△ 0/0				▽ 0/1 C		
	13	이 은 범	△ 0/0	○ 0/0 C				○ 0/0 C	○ 0/0 CC			
	18	이 현 일								○ 0/0		
	19	마티아스	○ 0/0	○ 0/0	▽ 0/0	▽ 0/0			▽ 0/0			
	22	김 현 성				△ 0/0	▽ 0/0	○ 0/0	△ 0/0			
	23	박 관 우		△ 0/0			△ 0/0		△ 0/0			
	27	김 연 왕						△ 0/0				
	32	이 재 원	○ 0/0 C	▽ 0/0		○ 0/0	○ 0/0	○ 0/0	○ 0/0	○ 2/0 C		
	36	김 소 웅					△ 0/0					

인천 유나이티드

창단년도_ 2003년

전화_ 032-880-5500

팩스_ 032-423-1509

홈페이지_ www.incheonutd.com

주소_ 우 22328 인천광역시 중구 참외전로 246
(도원동 7-1) 인천축구전용경기장 내
Incheon Football Stadium, 246, Chamoejeon-ro(7-1,
Dowon-dong), Jung-gu, Incheon, KOREA 22328

연혁

2003 인천시민프로축구단 창단발표(안상수 인천광역시장)
안종복 단장 임용
한국프로축구연맹 창단 승인
베르너 로란트 초대감독 선임

2004 캐치프레이즈 'Blue Hearts 2004', 캐릭터 '유티' 확정
창단식 및 일본 감바 오사카 초청경기(문학경기장)

2005 캐치프레이즈 '푸른물결 2005' 확정
장외룡 감독 취임
삼성 하우젠 K-리그 2005 정규리그 통합 1위(전기 2위, 후기 4위)로 플레이오프 진출, 삼성 하우젠 K-리그 2005 준우승
삼성 하우젠 K-리그 2005 정규리그 관중 1위
(총 관중 31만 6,591명, 평균관중 2만 4,353명)
장외룡 감독 삼성 하우젠 K-리그 대상, 올해의 감독상 수상
삼성 하우젠 K-리그 2005 베스트11 DF 부문 수상(임중용)
인천유나이티드 서포터즈 삼성 하우젠 K-리그 대상 공로상 수상

2006 프로축구 최초의 23억여 원 경영흑자 달성
캐치프레이즈 '시민속으로(into the community)' 확정
인천유나이티드 소재 다큐멘터리 영화 〈비상〉 개봉
인천유나이티드 U-12팀 창단
2군리그 구단 최초 우승
삼성 하우젠 K-리그 2006 통합 13위(전기 10위, 후기 6위)
제11회 하나은행 FA컵 3위

2007 안종복 사장 취임, 7억여 원 경영흑자 달성
캐치프레이즈 'My Pride My United' 확정
장외룡 감독 잉글랜드 프리미어리그 유학, 박이천 감독대행 취임
제12회 하나은행 FA컵 3위

2008 3년 연속 경영흑자 달성 '인천축구전용경기장' 착공
U-18 대건고 창단

2009 일리야 페트코비치 감독 선임
2009 K-리그 5위(플레이오프 진출)
피스컵 코리아 A조 2위(플레이오프 진출)
U-15팀 광성중 창단

2010 2010 남아공 월드컵 대표 감독 출신 허정무 감독 선임
U-12 제8회 MBC꿈나무리그 전국 결선 우승
U-15 광성중 11회 오룡기 전국 중등 축구대회 우승
2010 K리그 득점왕 수상(유병수)

2011 조건도 대표이사 취임
U-12 제9회 MBC 꿈나무리그 전국 결승 우승

2012` 인천축구전용경기장 준공 및 개막전(2012년 3월 11일 VS 수원)
조동암 대표이사 취임, 김봉길 감독 취임
현대오일뱅크 K리그 2012 B그룹 1위(통합 9위)
현대오일뱅크 K리그 2012 베스트11 DF 부문 수상(정인환)
19경기 연속 무패 팀최다 기록 수립

2013 현대 오일뱅크 K-리그 클래식 상위스플릿 진출 및 최종 7위
인천유나이티드 주주명판 및 주주동산 건립
창단 10주년 기념 경기 개최 (2013년 10월 6일, 인천 vs 서울)
캐치프레이즈 '인천축구지대본' 확정
U-15 광성중 2013 금강대기 전국중학생축구대회 우승
U-18 대건고 제94회 전국체육대회 준우승

2014 캐치프레이즈 '승리, 그 이상의 감동' 확정
김광석 대표이사 취임
2014년도 2차(13~25R) 그린스타디움상 수상

2015 김도훈 감독 선임, 정의석 단장 취임
캐치프레이즈 'Play, Together!' 확정
현대오일뱅크 K리그 클래식 2015 B그룹 2위(통합 8위)
2015 제20회 KEB하나은행 FA컵 준우승
U-18 대건고 2015 아디다스 K리그 주니어 A조 전, 후기 통합 우승
U-18 대건고 2015 대교눈높이 전국고등축구리그 왕중왕전 준우승
U-15 광성중 2015 대교눈높이 전국중등축구리그 왕중왕전 우승
현대오일뱅크 K리그 클래식 2015 베스트11 DF 부문 수상(요니치)

2016 박영복 대표이사 취임, 김석현 단장 취임
캐치프레이즈 '우리는 인천' 확정
U-15 광성중 '제45회 전국소년체육대회' 우승
U-18 대건고 '2016 K리그 U17, U18 챔피언십' 동반 준우승
U-18 대건고 '2016 아디다스 K리그 주니어 A조 후기리그' 준우승
2016년도 1차(1~12R) 그린스타디움상 수상
현대오일뱅크 K리그 클래식 2016 베스트11 DF 부문 수상(요니치)

2017 이기형 감독 선임
정병일 대표이사 취임
U-10 화랑대기 대회 C그룹 우승
U-12 화랑대기 대회 C그룹 준우승
강인덕 대표이사 취임

2018 욘 안데르센 감독 선임
U-12, U-15 광성중 주말리그 우승
U-18 대건고 대한축구협회장배 및 전반기 왕중왕전 준우승
자카르타-팔렘방 아시안게임 금메달 획득(김진야)
구단 최초 월드컵 국가대표 배출(문선민)
KEB하나은행 K리그 1 2018 베스트11 MF부문 수상(아길라르)
전달수 대표이사 취임

2019 캐치프레이즈 '인천축구시대' 사용
유상철 제9대 감독 취임
U-15 광성중 소년체전 우승
U-15 광성중 K리그 주니어 A조 준우승
U-18 대건고 문체부장관배 및 전국체전 우승

2019년 선수명단

대표이사_ 전달수　사무국장_ 윤종민　전력강화실장_ 이천수
감독_ 유상철　수석코치_ 임중용　코치_ 박용호　코치_ 정영환　GK코치_ 김이섭　피지컬코치_ 바우지니
팀매니저_ 이상민　분석관_ 고병현　장비관_ 조용희　의무트레이너_ 이승재 · 이동원 · 김현진

포지션	선수명		생년월일	출신교	키(cm) / 몸무게(kg)
GK	정 산	鄭 山	1989.02.10	경희대	190 / 83
	이 태 희	李太熙	1995.04.26	대건고	187 / 78
	김 동 헌	金東憲	1997.03.03	용인대	185 / 78
	손 무 빈	孫戊彬	1998.05.23	동북고	190 / 77
DF	황 정 욱	黃晸昱	2000.03.17	대건고	188 / 80
	이 지 훈	李知勳	1994.03.24	울산대	176 / 69
	김 태 호	金台鎬	1989.09.22	아주대	182 / 77
	김 진 야	金鎭冶	1998.06.30	대건고	174 / 66
	이 재 성	李宰誠	1988.07.05	고려대	187 / 75
	이 윤 표	李允杓	1984.09.04	한남대	185 / 82
	부 노 자	Gordan Bunoza	1988.02.05	*크로아티아	197 / 95
	곽 해 성	郭海盛	1991.12.06	광운대	180 / 70
	정 동 윤	鄭東潤	1994.04.03	성균관대	175 / 70
	주 동 대	朱悰大	1996.04.23	인천대	178 / 71
	여 성 해	呂成海	1987.08.06	한양대	186 / 77
	김 채 운	金埰韻	2000.03.20	대건고	176 / 64
	김 정 호	金政浩	1995.05.31	인천대	186 / 83
	김 동 민	金東玟	1994.08.16	인천대	179 / 71
MF	김 근 환	金根煥	1986.08.12	경희대	193 / 86
	마 하 지	Mahazi Rashid Abdulhakim	1992.04.20	*오스트레일리아	182 / 75
	김 도 혁	金鍍爀	1992.02.08	연세대	173 / 71
	문 창 진	文昶眞	1993.07.12	위덕대	170 / 63
	양 준 아	梁準我	1989.06.13	고려대	188 / 81
	이 상 협	李相協	1990.01.01	고려대	176 / 67
	서 재 민	徐在民	1997.12.04	현풍고	169 / 60
	김 강 국	金康國	1997.01.07	인천대	180 / 70
	이 우 혁	李愚赫	1993.02.24	강릉문성고	184 / 69
	이 제 호	李濟豪	1997.07.10	호남대	184 / 71
	장 윤 호	張潤鎬	1996.08.25	영생고	178 / 68
	임 은 수	林恩水	1996.04.01	동국대	183 / 70
	최 범 경	崔凡境	1997.06.24	광운대	177 / 68
FW	무 고 사	Stefan Mugosa	1992.02.26	*몬테네그로	189 / 80
	케 힌 데	Kehinde Olanrewaju Muhammed	1994.05.07	*나이지리아	195 / 97
	김 승 용	金承龍	1985.03.14	부평고	181 / 75
	명 준 재	明俊在	1994.07.02	고려대	178 / 68
	지 언 학	池彦學	1994.03.22	경희대	177 / 72
	정 훈 성	鄭薰聖	1994.02.22	신갈고	172 / 70
	김 보 섭	金甫燮	1998.01.10	대건고	183 / 74
	김 호 남	金浩男	1989.06.14	광주대	178 / 72
	이 준 석	李俊石	2000.04.07	대건고	179 / 71

2019년 개인기록 _ K리그1

위치	배번	경기번호	04	08	13	24	29	33	42	48	52	60
		날 짜	03.02	03.09	03.16	03.31	04.03	04.06	04.14	04.21	04.27	05.05
		홈/원정	홈	홈	원정	원정	홈	원정	홈	원정	홈	원정
		장 소	인천	인천	상주	수원W	인천	전주W	인천	서울W	인천	춘천
		상 대	제주	경남	상주	수원	대구	전북	울산	서울	성남	강원
		결 과	무	승	패	패	패	패	패	무	무	패
		점 수	1 : 1	2 : 1	0 : 2	1 : 3	0 : 3	0 : 2	0 : 3	0 : 0	0 : 0	0 : 1
		승 점	1	4	4	4	4	4	4	5	6	6
		슈팅수	8 : 15	11 : 10	16 : 11	12 : 18	6 : 17	11 : 10	13 : 12	12 : 12	8 : 8	16 : 12
GK	1	정 산	○ 0/0	○ 0/0	○ 0/0	○ 0/0			○ 0/0	○ 0/0	○ 0/0	○ 0/0
	21	이 태 희					○ 0/0	○ 0/0				
DF	13	김 진 야	○ 0/0	○ 0/0 C	○ 0/0	○ 0/0		○ 0/0	○ 0/0		▽ 0/0	○ 0/0
	15	이 재 성										
	20	부 노 자	○ 0/0	○ 0/0	○ 0/0	○ 0/0	○ 0/0 C	○ 0/0	○ 0/0	○ 0/0	○ 0/0	○ 0/0
	26	곽 해 성						○ 0/0	▽ 0/0	○ 0/0		
	32	정 동 윤								△ 0/0	○ 0/0	○ 0/0
	35	주 종 대										
	36	김 대 경					▽ 0/0					
	36	여 성 해										
	38	김 채 운										
	44	김 정 호	▽ 0/0	○ 0/0 C	○ 0/0	○ 1/0	○ 0/0	○ 0/0	○ 0/0	○ 0/0	○ 0/0	○ 0/0
	47	김 동 민	○ 0/0 C	○ 0/0	○ 0/0	○ 0/0 C	○ 0/0 C			○ 0/0	○ 0/0	○ 0/0
MF	3	이 지 훈										
	4	김 근 환					△ 0/0					
	5	마 하 지										
	7	김 도 혁										
	10	하 마 드	○ 0/0	○ 0/1	▽ 0/0	▽ 0/1	△ 0/0	▽ 0/0	○ 0/0 C	▽ 0/0		
	11	문 창 진	△ 0/0							△ 0/0	△ 0/0	▽ 0/0
	14	양 준 아	△ 0/0	△ 0/0		▽ 0/0	○ 0/0		▽ 0/0			
	19	서 재 민										
	22	김 강 국										
	23	명 준 재										
	24	이 우 혁										
	25	이 제 호										
	27	지 언 학										
	28	정 훈 성						△ 0/0		○ 0/0	▽ 0/0	▽ 0/0
	34	장 윤 호										
	39	임 은 수	○ 0/0	○ 0/0 C	○ 0/0 C			○ 0/0		○ 0/0	○ 0/0	○ 0/0
	40	최 범 경						△ 0/0		△ 0/0		△ 0/0
	88	이 정 빈			△ 0/0	△ 0/0		○ 0/0	▽ 0/0		▽ 0/0 C	
	89	박 세 직	○ 0/0	▽ 0/0	▽ 0/0	○ 0/0	○ 0/0	△ 0/0	△ 0/0	○ 0/0	○ 0/0	○ 0/0
FW	9	무 고 사	○ 1/0	○ 1/1	○ 0/0	○ 0/0	▽ 0/0					△ 0/0
	10	케 힌 데										
	11	남 준 재	▽ 0/0	▽ 1/0	▽ 0/0	△ 0/0			○ 0/0 CC			△ 0/0
	16	허 용 준	▽ 0/0	▽ 0/0	○ 0/0	○ 0/0	○ 0/0	▽ 0/0	○ 0/0			
	18	김 승 용							△ 0/0		△ 0/0	
	23	콩 푸 엉		△ 0/0	△ 0/0	△ 0/0 C	○ 0/0	▽ 0/0	△ 0/0			
	29	김 보 섭	△ 0/0	△ 0/0	△ 0/0	▽ 0/0	▽ 0/0	○ 0/0	○ 0/0	▽ 0/0	○ 0/0	▽ 0/0
	33	이 준 석					△ 0/0			▽ 0/0	△ 0/0	
	37	김 호 남										

선수자료 : 득점/도움 ○ = 선발출전 △ = 교체 IN ▽ = 교체 OUT ◈ = 교체 IN/OUT C = 경고 S = 퇴장

위치	배번	경기번호	62	71	73	79	86	92	98	107	109	120
		날 짜	05.11	05.19	05.24	05.28	06.01	06.15	06.22	06.30	07.06	07.10
		홈/원정	홈	원정	홈	원정	원정	홈	원정	홈	원정	홈
		장 소	인천	대구전	인천	제주W	성남	인천	진주J	인천	울산	인천
		상 대	포항	대구	상주	제주	성남	전북	경남	강원	울산	수원
		결 과	패	패	패	승	무	패	무	패	패	패
		점 수	0 : 1	1 : 2	1 : 2	2 : 1	0 : 0	0 : 1	1 : 1	1 : 2	0 : 1	2 : 3
		승 점	6	6	6	9	10	10	11	11	11	11
		슈팅수	13 : 14	13 : 14	7 : 12	10 : 13	5 : 12	7 : 21	6 : 6	7 : 13	12 : 18	13 : 11
GK	1	정 산	○ 0/0	○ 0/0	▽ 0/0	○ 0/0 C	○ 0/0		○ 0/0	○ 0/0		○ 0/0
	21	이 태 희			△ 0/0			○ 0/0			○ 0/0	
DF	13	김 진 야	○ 0/0	○ 0/1	○ 0/0	○ 0/0	○ 0/0	○ 0/0		○ 0/0		○ 0/0
	15	이 재 성								○ 0/0	○ 0/0 C	○ 1/0
	20	부 노 자	○ 0/0 S			▽ 0/0						
	26	곽 해 성									○ 0/0	
	32	정 동 윤	○ 0/0	○ 0/0	○ 0/0	△ 0/0	○ 0/0 CC		○ 0/0	△ 0/0	○ 0/0	△ 0/0
	35	주 종 대								△ 0/0	▽ 0/0 C	
	36	김 대 경										
	36	여 성 해										
	38	김 채 운									△ 0/0	
	44	김 정 호	○ 0/0	○ 0/0	○ 0/0 C	○ 0/0	○ 0/0	○ 0/0	○ 0/0	○ 0/0		
	47	김 동 민				○ 0/0	○ 0/0	▽ 0/0 C	○ 0/0	▽ 0/0		▽ 0/0
MF	3	이 지 훈										
	4	김 근 환										
	5	마 하 지										
	7	김 도 혁										
	10	하 마 드		△ 0/0	○ 0/0				▽ 1/0			
	11	문 창 진	▽ 0/0	▽ 1/0	○ 0/0	▽ 0/0					△ 0/0	▽ 0/1
	14	양 준 아		○ 0/0	○ 0/0		△ 0/0	○ 0/0	○ 0/0		○ 0/0	○ 0/0
	19	서 재 민										
	22	김 강 국									○ 0/0	
	23	명 준 재									▽ 0/0 C	○ 0/0 C
	24	이 우 혁				○ 1/0 C	○ 0/0	○ 0/0	▽ 0/0			
	25	이 제 호									▽ 0/0	
	27	지 언 학				○ 1/0	▽ 0/0	○ 0/0	△ 0/0	○ 0/1	△ 0/0	△ 0/0
	28	정 훈 성				▽ 0/0	▽ 0/0	○ 0/0		▽ 0/0	○ 0/0	○ 1/0
	34	장 윤 호										
	39	임 은 수	○ 0/0	○ 0/0	○ 0/0	○ 0/0	○ 0/0	○ 0/0 C				
	40	최 범 경	△ 0/0	△ 0/0		△ 0/0		▽ 0/0 C	○ 0/0	▽ 0/0		○ 0/0
	88	이 정 빈	△ 0/0		△ 0/0				△ 0/0			
	89	박 세 직	▽ 0/0	▽ 0/0	▽ 0/0					○ 0/0		▽ 0/0
FW	9	무 고 사	○ 0/0	○ 0/0	▽ 1/0		▽ 0/0	△ 0/0	▽ 0/1	○ 1/0		○ 0/0
	10	케 힌 데										
	11	남 준 재	▽ 0/0	○ 0/0	○ 0/0	△ 0/0	△ 0/0	△ 0/0	○ 0/0 C			
	16	허 용 준					△ 0/0	△ 0/0	△ 0/0			
	18	김 승 용										
	23	콩 푸 엉	○ 0/0	△ 0/0								
	29	김 보 섭								△ 0/0	○ 0/0	
	33	이 준 석	△ 0/0	▽ 0/0	△ 0/0	○ 0/0	○ 0/0	▽ 0/0	○ 0/0	○ 0/0		△ 0/0
	37	김 호 남										

위치	배번	경기번호	123	129	135	144	147	155	161	166	173	179
		날 짜	07.13	07.20	07.30	08.04	08.10	08.18	08.25	09.01	09.15	09.22
		홈/원정	홈	원정	홈	홈	원정	홈	원정	홈	원정	홈
		장 소	인천	포항	인천	인천	수원W	인천	포항	인천	서울W	인천
		상 대	서울	포항	경남	성남	수원	제주	포항	울산	서울	대구
		결 과	패	승	무	패	승	무	패	무	패	무
		점 수	0 : 2	2 : 1	1 : 1	0 : 1	1 : 0	0 : 0	3 : 5	3 : 3	1 : 3	1 : 1
		승 점	11	14	15	15	18	19	19	20	20	21
		슈팅수	10 : 7	9 : 10	13 : 14	20 : 13	11 : 14	17 : 15	8 : 13	12 : 16	8 : 14	6 : 13
GK	1	정 산	○ 0/0	○ 0/0	○ 0/0	○ 0/0	○ 0/0 C	○ 0/0	○ 0/0	○ 0/0	○ 0/0	○ 0/0
	21	이 태 희										
DF	13	김 진 야	△ 0/0	○ 0/0	○ 0/0	○ 0/0	▽ 0/0	○ 0/0	○ 0/0	▽ 0/0	○ 0/0	△ 0/0
	15	이 재 성	○ 0/0	○ 0/0 C	○ 0/0	○ 0/0	○ 0/0	○ 0/0	○ 0/0	○ 0/0 C		○ 0/0
	20	부 노 자										
	26	곽 해 성		○ 0/2	▽ 0/1	▽ 0/0	○ 0/0	○ 0/0	○ 0/0	○ 0/0		
	32	정 동 윤	○ 0/0									○ 0/0
	35	주 종 대										
	36	김 대 경										
	36	여 성 해				○ 0/0	○ 0/0 C		○ 0/0	○ 0/1	○ 0/0	○ 0/0
	38	김 채 운										
	44	김 정 호	○ 0/0	○ 0/0	○ 0/0			○ 0/0		△ 0/0	○ 0/0	
	47	김 동 민	▽ 0/0							△ 0/0	○ 0/0	○ 0/0
MF	3	이 지 훈			△ 0/0	△ 0/0	△ 0/0 C		△ 0/0		△ 0/0	
	4	김 근 환										
	5	마 하 지			○ 0/0	○ 0/0	○ 0/0	○ 0/0			▽ 0/0	○ 0/0 C
	7	김 도 혁						△ 0/0	○ 0/0 C	○ 0/1	▽ 0/0	
	10	하 마 드										
	11	문 창 진	▽ 0/0	▽ 0/0	△ 0/0	▽ 0/0	△ 0/0	△ 0/0	△ 0/0			
	14	양 준 아										
	19	서 재 민						△ 0/0				▽ 0/0
	22	김 강 국	○ 0/0	○ 0/0								
	23	명 준 재		▽ 0/0	▽ 0/0	△ 0/0	▽ 0/0	▽ 0/0	△ 0/1 C	▽ 0/0		△ 1/0 C
	24	이 우 혁									△ 0/0	
	25	이 제 호	▽ 0/0	○ 1/0 C								
	27	지 언 학	△ 0/0	△ 0/0						▽ 0/1	○ 0/0	▽ 0/0
	28	정 훈 성	○ 0/0	△ 0/0	△ 0/0 C	△ 0/0	△ 0/0		▽ 0/0			
	34	장 윤 호			○ 0/0 C	○ 0/0	○ 0/0	○ 0/0	○ 0/0	○ 0/0	○ 0/0 C	○ 0/0
	39	임 은 수										
	40	최 범 경	△ 0/0									
	88	이 정 빈										
	89	박 세 직										
FW	9	무 고 사	○ 0/0	○ 1/0	○ 0/0	○ 0/0	○ 0/0	○ 0/0 C	○ 2/0	○ 3/0 C	○ 0/1	○ 0/0
	10	케 힌 데			○ 0/0	○ 0/0	○ 0/0	▽ 0/0	▽ 0/0	△ 0/0	△ 0/0	△ 0/0
	11	남 준 재										
	16	허 용 준										
	18	김 승 용										
	23	콩 푸 엉										
	29	김 보 섭		△ 0/0								
	33	이 준 석										
	37	김 호 남	○ 0/0	▽ 0/0	▽ 1/0	▽ 0/0	▽ 1/0	▽ 0/0	▽ 1/0	○ 0/0	▽ 1/0	▽ 0/0

선수자료 : 득점/도움 ○ = 선발출전 △ = 교체 IN ▽ = 교체 OUT ◈ = 교체 IN/OUT C = 경고 S = 퇴장

위치	배번	경기번호	183	190	196	200	210	212	221	225		
		날 짜	09.25	09.29	10.06	10.19	10.27	11.02	11.24	11.30		
		홈/원정	원정	원정	홈	원정	홈	원정	홈	원정		
		장 소	상주	춘천	인천	탄천	인천	제주W	인천	창원C		
		상 대	상주	강원	전북	성남	수원	제주	상주	경남		
		결 과	승	무	무	승	무	패	승	무		
		점 수	3 : 2	2 : 2	0 : 0	1 : 0	1 : 1	0 : 2	2 : 0	0 : 0		
		승 점	24	25	26	29	30	30	33	34		
		슈팅수	7 : 8	14 : 10	11 : 16	3 : 21	13 : 11	11 : 19	14 : 9	5 : 15		
GK	1	정 산		○ 0/0								
	21	이 태 희	○ 0/0		○ 0/0	○ 0/0	○ 0/0	○ 0/0	○ 0/0	○ 0/0 C		
DF	13	김 진 야		▽ 0/0	▽ 0/0	▽ 0/0	▽ 0/0	▽ 0/0		▽ 0/0		
	15	이 재 성	○ 0/0	○ 0/0	○ 0/0	○ 0/0	○ 0/0	○ 0/0 C	○ 0/0	○ 0/0		
	20	부 노 자				△ 0/0			○ 0/0	○ 0/0		
	26	곽 해 성				○ 0/0			○ 0/1	○ 0/0		
	32	정 동 윤	○ 0/1 C	○ 0/1	○ 0/0	○ 0/0	○ 0/0 C	○ 0/0	○ 0/0	○ 0/0 C		
	35	주 종 대										
	36	김 대 경										
	36	여 성 해	○ 0/0	○ 0/0	○ 0/0	○ 0/0	○ 0/0	○ 0/0				
	38	김 채 운										
	44	김 정 호	△ 0/0									
	47	김 동 민	○ 0/0 C	○ 0/0	○ 0/0 C		○ 0/0	○ 0/0 C				
MF	3	이 지 훈		△ 0/0	△ 0/0							
	4	김 근 환										
	5	마 하 지	△ 0/0	▽ 1/0 C	○ 0/0	○ 0/0 C		▽ 0/0	▽ 0/0	○ 0/0 C		
	7	김 도 혁	▽ 0/0	△ 0/0	△ 0/0		△ 0/0	△ 0/0	○ 0/0	▽ 0/0		
	10	하 마 드										
	11	문 창 진				△ 0/0	△ 0/0		△ 1/0			
	14	양 준 아										
	19	서 재 민										
	22	김 강 국										
	23	명 준 재	○ 0/0 C			△ 0/0	△ 1/0	△ 0/0 C	▽ 0/0	△ 0/0		
	24	이 우 혁	○ 1/0		▽ 0/0		○ 0/0					
	25	이 제 호										
	27	지 언 학	▽ 0/0	○ 0/0	○ 0/0	○ 0/0	▽ 0/0 C	○ 0/0	○ 0/0	○ 0/0		
	28	정 훈 성										
	34	장 윤 호		○ 0/0 C		○ 0/0 C	▽ 0/0	○ 0/0	△ 0/0	△ 0/0		
	39	임 은 수										
	40	최 범 경										
	88	이 정 빈										
	89	박 세 직										
FW	9	무 고 사	▽ 2/0	○ 1/0	○ 0/0	▽ 1/0	○ 0/0	○ 0/0	○ 0/1	○ 0/0		
	10	케 힌 데	△ 0/0	△ 0/0	△ 0/0 C			△ 0/0	△ 1/0	△ 0/0		
	11	남 준 재										
	16	허 용 준										
	18	김 승 용										
	23	콩 푸 엉										
	29	김 보 섭										
	33	이 준 석										
	37	김 호 남	○ 0/0	▽ 0/0	▽ 0/0	▽ 0/0	○ 0/0	▽ 0/0	▽ 0/0	▽ 0/0 C		

경 남 FC

창단년도_ 2006년

전화_ 055-283-2020

팩스_ 055-283-2992

홈페이지_ www.gyeongnamfc.com

주소_ 우 51460 경상남도 창원시 성산구 비음로 97
창원축구센터
1F Changwon Football Center, 97, Bieum-ro (Sapajeong-dong), Seongsan-gu, Changwon-si, Gyeongsangnam-do, KOREA 51460

연혁

2005 발기인 총회 및 이사회 개최(대표이사 박창식 취임)
법인설립 등기
법인설립 신고 및 사업자 등록
제1차 공개 선수선발 테스트 실시
구단 홈페이지 및 주주관리 시스템 운영
(주)STX와 메인스폰서 계약
구단CI 공모작 발표(명칭, 엠블럼, 캐릭터)
도민주 공모 실시
제2차 공개 선수선발 테스트 실시
경남FC 창단 만장일치 승인(한국프로축구연맹 이사회)

2006 창단식(창원경륜경기장)
K-리그 데뷔

2007 제2대 대표이사 전형두 취임
삼성 하우젠 K-리그 2006 6강 플레이오프 진출, 종합 4위
제3대 김영조 대표이사 취임
제4대 김영만 대표이사 취임

2008 제13회 하나은행 FA컵 준우승

2010 새 엠블럼 및 유니폼 발표
제2대 김두관 구단주 취임
제5대 전형두 대표이사 취임

2011 사무국 이전 및 메가스토어 오픈

2012 제6대 권영민 대표이사 취임
제17회 하나은행 FA컵 준우승
제3대 홍준표 구단주 취임

2013 제7대 안종복 대표이사 취임
대우조선해양과 메인스폰서 계약
플러스 스타디움 상, 팬 프랜들리 상 수상
현대오일뱅크 K리그 2013 대상 플러스 스타디움상 수상
현대오일뱅크 K리그 대상 팬 프렌들리 클럽상 수상

2014 경남FC vs 아인트호벤(박지성 선수 은퇴) 경기 개최

2015 제8대 김형동 대표이사 취임
제9대 박치근 대표이사 취임

2016 제10대 조기호 대표이사 선임

2017 KEB하나은행 K리그 챌린지 2017 우승
2018 시즌 K리그1(클래식) 승격

2018 KEB하나은행 K리그1 2018 준우승
플러스 스타디움상

2019 구단 최초 아시아 챔피언스 리그 본선 진출
2020 시즌 K리그2 강등

2019년 선수명단

대표이사_ 조기호 감독_ 김종부
수석코치_ 이영익 코치_ 이정열·진경선 GK코치_ 박종문 피지컬코치_ 호성원·하파엘 트레이너_ 김도완·김성일·김용훈
통역_ 김봉기 전력분석관_ 박수빈 주무_ 최규민

포지션	선수명		생년월일	출신교	키(cm)/ 몸무게(kg)
GK	이 찬 우	李燦玗	1997.06.27	아주대	187 / 78
	이 범 수	李範守	1990.12.10	경희대	190 / 84
	손 정 현	孫政玄	1991.11.25	광주대	191 / 88
	강 신 우	姜信友	1999.04.21	진주고	186 / 75
DF	최 재 수	崔在洙	1983.05.02	연세대	175 / 68
	유 지 훈	柳志訓	1988.06.09	한양대	173 / 66
	이 재 명	李在明	1991.07.05	진주고	182 / 74
	우 주 성	禹周成	1993.06.08	중앙대	183 / 75
	오 민 석	吳珉錫	1999.04.24	부평고	187 / 76
	박 광 일	朴光一	1999.02.10	연세대	175 / 68
	곽 태 휘	郭泰輝	1981.07.08	중앙대	188 / 85
	김 현 중	金鉉重	1996.05.03	한양대	184 / 75
	박 태 홍	朴台洪	1991.03.25	연세대	185 / 80
	이 형 석	李炯錫	2000.07.25	진주고	181 / 70
	조 성 욱	趙成昱	1995.03.22	단국대	188 / 79
	김 종 필	金鐘必	1992.03.09	장훈고	183 / 72
	배 승 진	裵乘振	1987.11.03	울산대	182 / 75
MF	배 기 종	裵起鐘	1983.05.26	광운대	180 / 75
	안 성 남	安成男	1984.04.17	중앙대	176 / 68
	조 재 철	趙載喆	1986.05.18	아주대	176 / 63
	하 성 민	河成敏	1987.06.13	부평고	184 / 84
	이 광 진	李廣鎭	1991.07.23	동북고	177 / 69
	좌 준 협	左峻協	1991.05.07	전주대	178 / 77
	김 준 범	金俊範	1998.01.04	연세대	177 / 66
	쿠 니 모 토	Kunimoto Takahiro	1997.10.08	*일본	174 / 76
	김 종 진	金鐘振	1999.04.12	영문고	177 / 63
FW	김 효 기	金孝基	1986.07.03	조선대	179 / 75
	김 승 준	金承俊	1994.09.11	숭실대	180 / 70
	도 동 현	都東顯	1993.11.19	경희대	173 / 68
	고 경 민	高敬旻	1987.04.11	한양대	177 / 73
	이 광 선	李光善	1989.09.06	경희대	192 / 89
	정 성 준	鄭星準	2000.03.01	보인고	182 / 72
	이 승 엽		2000.07.20	진주고	178 / 66
	전 승 완	全承完	1996.09.05	조선대	186 / 77
	김 태 훈	金台勳	1998.07.15	충남기공	175 / 66
	룩	Castaignos Luc	1992.09.27	*네덜란드	188 / 85
	제 리 치	Uros Deric	1992.05.28	*보스니아 헤르체고비나	195 / 95

2019년 개인기록_ K리그1

위치	배번	경기번호	02	08	18	22	25	32	38	45	54	57
		날 짜	03.01	03.09	03.17	03.30	04.02	04.06	04.13	04.20	04.28	05.04
		홈/원정	홈	원정	원정	홈	홈	원정	홈	홈	원정	원정
		장 소	창원C	인천	포항	창원C	창원C	서울W	창원C	창원C	문수	제주
		상 대	성남	인천	포항	대구	전북	서울	상주	수원	울산	제주
		결 과	승	패	패	승	무	패	무	무	패	패
		점 수	2 : 1	1 : 2	1 : 4	2 : 1	3 : 3	1 : 2	1 : 1	3 : 3	0 : 2	0 : 2
		승 점	3	3	3	6	7	7	8	9	9	9
		슈팅수	14 : 9	10 : 11	8 : 12	8 : 6	10 : 9	12 : 9	10 : 13	9 : 13	11 : 7	16 : 12
GK	25	이범수	○ 0/0	○ 0/0	○ 0/0			○ 0/0	○ 0/0		○ 0/0	○ 0/0
	31	손정현				○ 0/0	○ 0/0 C			○ 0/0		
DF	2	박광일	○ 0/0	○ 0/0								
	5	곽태휘			○ 0/0	○ 0/0	○ 0/0				△ 0/0	
	6	최재수	○ 0/1			○ 0/0 C	△ 0/0	△ 0/0	○ 0/0	○ 0/0 C		△ 0/0
	12	이재명						▽ 0/0				
	15	우주성		○ 0/0	○ 0/0			○ 0/0	○ 0/0	○ 0/0	○ 0/0	
	28	박태홍										
	36	여성해						○ 0/0				△ 0/0
	53	배승진									○ 0/0	○ 0/0
	90	송주훈	○ 0/0 C	○ 0/0	○ 0/0	○ 0/0	○ 0/0					△ 0/0
MF	4	하성민						○ 0/0	▽ 0/0	○ 0/0	○ 0/0	
	8	안성남					▽ 0/0	○ 0/0				○ 0/0
	13	김준범	▽ 0/0	▽ 0/0		▽ 0/0	▽ 0/0			▽ 0/0	○ 0/0	▽ 0/0
	14	조재철					▽ 0/0	○ 0/0				○ 0/0
	16	이광진		○ 0/0	○ 0/0	○ 0/0	○ 0/0		○ 0/0 C	○ 0/0		
	18	오스만										
	19	고경민				○ 0/0	○ 0/1		▽ 0/0	▽ 0/0 C	▽ 0/0 C	▽ 0/0
	34	이영재						○ 0/1			◆ 0/0	
	50	김종필			▽ 0/0 C			○ 1/0	○ 0/0	○ 1/0	○ 0/0	○ 0/0
	80	머치	△ 0/0	△ 0/0 C	○ 0/0	△ 0/0	△ 1/0	△ 0/0	○ 0/0 C			
FW	7	배기종	▽ 0/0	○ 0/0		△ 2/0 C	△ 1/1			△ 1/0	△ 0/0	
	9	룩	△ 0/0	○ 0/0	○ 0/0	▽ 0/0						
	10	김승준	○ 1/1	△ 0/0	○ 0/0	○ 0/0	○ 1/0		○ 1/0	○ 0/0	○ 0/0	○ 0/0 C
	11	도동현										
	20	김효기	▽ 0/0 C	▽ 0/0	◆ 0/0 C	△ 0/1	○ 0/0		▽ 0/0	▽ 0/0	○ 0/0	○ 0/0
	22	박기동	△ 0/0	△ 1/0	△ 0/0			▽ 0/0	△ 0/0			
	22	쿠니모토	○ 1/0	○ 0/0 C	○ 0/0	○ 0/1	○ 0/0	△ 0/0 C	○ 0/0	○ 1/1	▽ 0/0	
	23	이광선	○ 0/0						△ 0/0	△ 0/0 C	○ 0/0 C	○ 0/0
	39	이승엽						▽ 0/0				
	55	제리치										
	77	네게바	○ 0/0	▽ 0/0	○ 0/0	▽ 0/0			△ 0/0	△ 0/0		▽ 0/0
	88	김종진										

선수자료 : 득점/도움 ○ = 선발출전 △ = 교체 IN ▽ = 교체 OUT ◆ = 교체 IN/OUT C = 경고 S = 퇴장

위치	배번	경기번호	64	69	78	82	88	93	98	105	112	116
		날 짜	05.12	05.19	05.26	05.29	06.02	06.15	06.22	06.29	07.06	07.09
		홈/원정	홈	홈	원정	원정	홈	원정	홈	원정	원정	홈
		장 소	창원C	양산	전주W	상주	창원C	성남	진주J	수원W	대구전	창원C
		상 대	강원	포항	전북	상주	서울	성남	인천	수원	대구	울산
		결 과	패	패	패	무	패	무	무	무	무	패
		점 수	0 : 2	1 : 2	1 : 4	1 : 1	1 : 2	1 : 1	1 : 1	0 : 0	1 : 1	1 : 3
		승 점	9	9	9	10	10	11	12	13	14	14
		슈팅수	6 : 14	8 : 8	7 : 17	7 : 8	11 : 10	11 : 17	6 : 6	7 : 10	10 : 15	11 : 15
GK	25	이범수					○ 0/0	○ 0/0	○ 0/0	○ 0/0	○ 0/0	○ 0/0
	31	손정현	○ 0/0	○ 0/0	○ 0/0	○ 0/0						
DF	2	박광일	△ 0/0	▽ 0/0								
	5	곽태휘			○ 0/0						○ 0/0	○ 0/0
	6	최재수							▽ 0/0	△ 0/0	○ 1/0 C	
	12	이재명										
	15	우주성	○ 0/0 S			▽ 0/0				○ 0/0	○ 0/0	○ 0/0
	28	박태홍										
	36	여성해			○ 0/0	○ 0/0	○ 0/0 C	○ 0/0	○ 0/0	○ 0/0 C	○ 0/0	○ 0/0
	53	배승진	○ 0/0					○ 0/1	△ 0/0			▽ 0/0
	90	송주훈		○ 0/0	○ 0/0			△ 0/0				
MF	4	하성민	○ 0/0	△ 0/0	◆ 0/0 C	○ 0/0 C	○ 0/0	▽ 0/0				○ 0/0
	8	안성남	▽ 0/0	○ 0/0	○ 0/0	○ 0/0 C	○ 0/0	○ 0/0	○ 0/0	○ 0/0	△ 0/0	○ 0/0
	13	김준범		▽ 0/0	○ 0/0			▽ 0/0		○ 0/0	▽ 0/0	
	14	조재철							○ 0/1	○ 0/0	○ 0/0	○ 0/0
	16	이광진		△ 0/0	▽ 0/0	△ 0/0	○ 0/0					
	18	오스만										
	19	고경민		○ 0/0		▽ 0/0	▽ 0/0	▽ 0/0	△ 0/0	▽ 0/0	○ 0/1 C	
	34	이영재	△ 0/0	△ 0/0	○ 0/0	○ 1/0 C	○ 1/0	○ 0/0	▽ 0/0	▽ 0/0	▽ 0/0	
	50	김종필	○ 0/0			△ 0/0	○ 0/0	△ 0/0 C	○ 0/0			
	80	머치								△ 0/0		
FW	7	배기종			△ 0/0	△ 0/0	△ 0/0	△ 0/0 C	△ 0/0	△ 0/0	△ 0/0	△ 0/0
	9	룩			○ 0/1	▽ 0/0		○ 1/0	○ 1/0	○ 0/0		△ 0/1
	10	김승준	○ 0/0	○ 1/0	△ 1/0	○ 0/1 C	○ 0/1	○ 0/0	○ 0/0 C		▽ 0/0	▽ 0/0
	11	도동현										
	20	김효기	▽ 0/0	○ 0/0						▽ 0/0	○ 0/0	○ 1/0
	22	박기동	△ 0/0				△ 0/0					
	22	쿠니모토		▽ 0/0	▽ 0/0							
	23	이광선	○ 0/0	○ 0/0 C		○ 0/0	○ 0/0 C	○ 0/0	○ 0/0	○ 0/0	△ 0/0	△ 0/0
	39	이승엽										
	55	제리치										
	77	네게바	○ 0/0 C	○ 0/0	○ 0/0	○ 0/0						
	88	김종진	▽ 0/0				▽ 0/0		▽ 0/0			▽ 0/0

위치	배번	경기번호	121	127	135	141	145	154	157	165	169	185
		날 짜	07.12	07.20	07.30	08.03	08.10	08.17	08.23	09.01	09.14	09.25
		홈/원정	원정	홈	원정	원정	홈	원정	홈	원정	홈	원정
		장 소	춘천	창원C	인천	상주	창원C	대구전	창원C	춘천	창원C	서울W
		상 대	강원	제주	인천	상주	성남	대구	수원	강원	울산	서울
		결 과	패	무	무	패	승	패	승	패	무	무
		점 수	1 : 2	2 : 2	1 : 1	1 : 2	2 : 0	0 : 1	2 : 0	0 : 2	3 : 3	1 : 1
		승 점	14	15	16	16	19	19	22	22	23	24
		슈팅수	6 : 11	9 : 13	14 : 13	9 : 12	7 : 5	7 : 12	12 : 20	5 : 15	14 : 16	6 : 18
GK	25	이범수	○ 0/0 C	○ 0/0	○ 0/0	○ 0/0	○ 0/0					○ 0/0
	31	손정현						○ 0/0	○ 0/0	○ 0/0	○ 0/0	
DF	2	박광일				△ 0/1	○ 0/0	△ 0/0				○ 0/0
	5	곽태휘	○ 0/0		○ 0/0	○ 0/0	○ 0/0	○ 0/0			○ 0/0	△ 0/0
	6	최재수	○ 0/0	○ 0/0	△ 0/0	▽ 0/0						
	12	이재명										
	15	우주성	○ 0/0 C	○ 0/0	○ 0/0	○ 0/0	○ 0/0	▽ 0/0 C	○ 0/0	○ 0/0 C		○ 0/0
	28	박태홍								△ 0/0 C		
	36	여성해		▽ 0/0								
	53	배승진									▽ 0/0 C	
	90	송주훈										
MF	4	하성민	○ 0/0	△ 0/0	△ 0/0				▽ 0/0 C		○ 0/0	▽ 0/0
	8	안성남	○ 0/0	○ 0/0	○ 0/0	○ 0/0						
	13	김준범		○ 0/2	▽ 0/0	○ 0/0	○ 0/1	○ 0/0	○ 0/0	○ 0/0	○ 0/0 C	○ 0/0
	14	조재철	○ 0/0	○ 0/0	○ 0/0	▽ 0/0						
	16	이광진					△ 0/0 C		○ 0/1	○ 0/0	○ 0/1 C	
	18	오스만				△ 0/0	▽ 0/0	○ 0/0	○ 0/0 C	○ 0/0	○ 1/0	▽ 0/0
	19	고경민	△ 0/0	▽ 0/0	▽ 0/0							▽ 0/0
	34	이영재										
	50	김종필		△ 0/0 S			○ 0/0	○ 0/0	○ 0/0	▽ 0/0 C		
	80	머치										
FW	7	배기종	△ 0/0	△ 0/0	△ 0/0	▽ 0/0	△ 0/0	△ 0/0	△ 0/0	△ 0/0	△ 0/0	△ 1/0
	9	룩	▽ 0/0	▽ 1/0			△ 0/0	▽ 0/0	▽ 0/0	△ 0/0	▽ 0/1	○ 0/0
	10	김승준	△ 0/0		▽ 0/0	○ 1/0	▽ 0/0	△ 0/0	○ 0/1	○ 0/0	△ 0/0	△ 0/0
	11	도동현									△ 0/0	
	20	김효기	▽ 0/1	○ 0/0	○ 0/1		▽ 2/0	▽ 0/0	△ 0/0	▽ 0/0	▽ 0/0	
	22	박기동										
	22	쿠니모토				△ 0/0	○ 0/0	○ 0/0	△ 0/0	▽ 0/0	○ 0/0	○ 0/0
	23	이광선	○ 0/0		○ 0/0 C	○ 0/0 C		○ 0/0	○ 0/0	○ 0/0 CC		○ 0/0
	39	이승엽										
	55	제리치		○ 1/0	○ 1/0	○ 0/0	○ 0/0	○ 0/0 C	▽ 2/0 C	○ 0/0	○ 2/0	○ 0/1
	77	네게바										
	88	김종진	▽ 1/0									

선수자료 : 득점/도움 ○ = 선발출전 △ = 교체 IN ▽ = 교체 OUT ◆ = 교체 IN/OUT C = 경고 S = 퇴장

위치	배번	경기번호	191	180	194	199	209	213	220	225	승강PO 1	승강PO 2
		날짜	09.29	10.03	10.06	10.19	10.27	11.02	11.24	11.30	12.05	12.08
		홈/원정	홈	홈	원정	원정	홈	홈	원정	홈	원정	홈
		장소	창원C	창원C	제주W	수원W	창원C	창원C	탄천	창원C	구덕	창원C
		상대	포항	전북	제주	수원	제주	상주	성남	인천	부산	부산
		결과	패	무	승	패	무	패	승	무	3.1	패
		점수	0 : 1	1 : 1	2 : 1	1 : 2	2 : 2	0 : 1	2 : 1	0 : 0	0 : 0	0 : 2
		승점	24	25	28	28	29	29	32	33	1	1
		슈팅수	6 : 12	6 : 14	12 : 25	6 : 15	7 : 9	11 : 9	9 : 10	15 : 5	4 : 11	4 : 14
GK	25	이범수	○ 0/0	○ 0/0	○ 0/0 C			○ 0/0	○ 0/0	○ 0/0	○ 0/0	○ 0/0
	31	손정현				○ 0/0	○ 0/0					
DF	2	박광일										
	5	곽태휘	△ 0/0		△ 0/0							△ 0/0
	6	최재수	△ 0/0									
	12	이재명		○ 0/0	○ 0/0	○ 0/0	○ 0/0 C	○ 0/0 C	▽ 0/0	○ 0/0	○ 0/0	▽ 0/0 C
	15	우주성	○ 0/0	○ 0/1	○ 1/0	○ 0/0	○ 0/0 C	▽ 0/0				
	28	박태홍										
	36	여성해										
	53	배승진										
	90	송주훈										
MF	4	하성민	▽ 0/0	△ 0/0				○ 0/0		△ 0/0 C		
	8	안성남							△ 0/0	○ 0/0		△ 0/0
	13	김준범	○ 0/0	○ 1/0	○ 0/0	○ 0/0	○ 0/0	○ 0/0	○ 0/0		○ 0/0 C	○ 0/0
	14	조재철		▽ 0/0	▽ 1/0	▽ 0/0 C	△ 0/0	△ 0/0	○ 0/0	○ 0/0 C	○ 0/0	○ 0/0 C
	16	이광진	○ 0/0 C	○ 0/0	○ 0/0	○ 0/0	○ 0/0	○ 0/0	▽ 0/0		○ 0/0	○ 0/0
	18	오스만										
	19	고경민			△ 0/0		▽ 0/1 C	▽ 0/0	○ 0/1	▽ 0/0	▽ 0/0	▽ 0/0
	34	이영재										
	50	김종필		○ 0/0	○ 0/0	○ 0/0	▽ 0/0	△ 0/0	○ 0/0	○ 0/0	○ 0/0 C	○ 0/0
	80	머치										
FW	7	배기종	△ 0/0	▽ 0/0 C		▽ 0/0	△ 0/0	△ 0/0 C	△ 0/0	△ 0/0	△ 0/0	△ 0/0
	9	룩	▽ 0/0			△ 0/0	▽ 0/0	▽ 0/0				
	10	김승준							△ 0/0	▽ 0/0	▽ 0/0	
	11	도동현		▽ 0/0 C	▽ 0/0						△ 0/0	
	20	김효기	○ 0/0	○ 0/0	△ 0/0	△ 0/0	△ 0/0		○ 1/0	○ 0/0		▽ 0/0
	22	박기동										
	22	쿠니모토	○ 0/0	△ 0/0	○ 0/0	○ 0/0	○ 0/0	○ 0/0	○ 0/0	○ 0/0	○ 0/0 C	○ 0/0
	23	이광선	○ 0/0	○ 0/0	○ 0/0	○ 0/0	○ 0/0	○ 0/0	○ 0/0	○ 0/0	○ 0/0	○ 0/0
	39	이승엽										
	55	제리치	○ 0/0	△ 0/0	▽ 0/0	○ 1/0	○ 1/0	○ 0/0	▽ 1/0	△ 0/0	○ 0/0	○ 0/0
	77	네게바										
	88	김종진	▽ 0/0							▽ 0/0		

제 주 유 나 이 티 드

창단년도_ 1982년

전화_ 064-738-0934~6

팩스_ 064-738-0600

홈페이지_ www.jeju-utd.com

주소_ 우 63558 제주특별자치도 서귀포시 일주서로 166-31 (강정동)
166-31, Iljuseo-ro(Gangjeong-dong), Seogwipo-si, Jeju-do, KOREA 63558

연혁

1982 유공 코끼리 축구단 창단(프로축구단 제2호)
초대 최종현 구단주, 조규향 단장 취임
초대 이종환 감독 취임
1983 프로축구 원년 구단으로 리그 참가(연고지: 서울, 인천, 경기)
83 수퍼리그 3위
1984 84 축구대제전 수퍼리그 전반기 우승
84 축구대제전 수퍼리그 챔피언결정전 준우승
1985 제2대 김정남 감독 취임
제1회 일본 국제평화기원 축구대회 우승
1989 89 한국프로축구대회 우승
1990 2군 창설(함흥철 감독, 조윤환 코치 취임)
제21회 태국 킹스컵 축구대회 3위
90 한국프로축구 2군리그 준우승
인천, 경기 → 서울 연고지 이전 (12월)
1992 제2대 이계원 단장 취임
제3대 박성화 감독 취임
1993 제2대 김항덕 구단주 취임
1994 94 아디다스컵 우승
94 하이트배 코리안리그 준우승
제4대 니폼니시 감독(러시아) 취임
1996 서울 → 부천 연고지 이전 (1월)
유공 코끼리 → 부천 유공 구단명칭 변경
96 아디다스컵 우승
1997 부천 유공 → 부천 SK 구단명칭 변경(10월)
1998 98 아디다스컵 코리아컵 준우승
98 필립모리스코리아컵 준우승
제5대 조윤환 감독 취임
1999 제3대 강성길 단장 취임
99 바이코리아컵 K-리그 3위
2000 2000 대한화재컵 우승
2000 삼성 디지털 K-리그 준우승
2001 제6대 최윤겸 감독 취임
2002 제7대 트나즈 트르판 감독(터키) 취임
2003 제8대 하재훈 감독 취임
2004 제9대 정해성 감독 취임
제9회 하나은행 FA컵 준우승
2005 제4대 정순기 단장 취임
제3대 신헌철 SK(주) 대표이사 구단주 취임
2006 부천 → 제주 연고지 이전
부천 SK → 제주 유나이티드 FC 구단명칭 변경
2007 제주 유나이티드 FC 클럽하우스 준공
2008 제10대 알툴 감독 취임
제주유나이티드에프씨 주식회사로 독립법인 전환
2009 제1대 변명기 대표이사 취임
제11대 박경훈 감독 취임
코리안 풋볼 드림매치 2009 연변FC 초청경기
2010 제4대 구자영 구단주 취임
쏘나타 K리그 2010 준우승
제15회 하나은행 FA컵 공동 3위 및 페어플레이상 수상
K리그 개인상 수상(감독상, MVP, 'FAN'tastic Player)
2011 AFC 챔피언스리그 2011 조별예선 3위
2012 축구단 창단 30주년
제17회 하나은행 FA컵 페어플레이상 수상
2013 팬 프렌들리 클럽 수상
2014 제2대 장석수 대표이사 취임
대한민국 스포츠산업대상 대통령표창 수상(프로구단 최초)
2015 제5대 정철길 구단주 취임
제12대 조성환 감독 취임
제6대 김준 구단주 취임
송진형, K리그 대상 '베스트 11' 선정
2016 현대오일뱅크 K리그 클래식 2016 3위
K리그 대상 '페어플레이상' 수상
정운, K리그 대상 '베스트11' 선정
안현범, K리그 대상 '영플레이어상' 수상
이근호, K리그 대상 '사랑나눔상' 수상
2017 KEB하나은행 K리그 클래식 2018 2위
K리그 어워즈 '팬프랜들리 클럽상' 수상
이창민, 오반석 K리그 어워즈 '베스트 11' 선정
2018 안승희 대표이사 취임
오반석, 2018 러시아 월드컵 대표팀 발탁
정태욱, 2018 자카르타-팔렘방 아시안게임 대표팀 발탁
2019 제15대 최윤겸 감독 취임
제24회 KEB하나은행 FA컵 16강

2019년 선수명단

대표이사_ 안승희 사무국장_ 이동남 감독_ 최윤겸
1군코치_ 이을용 2군코치_ 민영기 GK코치_ 이승준 피지컬코치_ 강민규
주무_ 김민석 장비주임_ 문성준 강화부_ 박동우 · 한정국 · 심영성 분석관_ 심기웅 의무트레이너_ 김장열 · 황근우 · 윤길현 · 김한울

포지션	성명	한자명	생년월일	출신교	키(cm) / 몸무게(kg)
GK	황성민	黃聖珉	1991.06.23	한남대	188 / 83
	이창근	李昌根	1993.08.30	동래고	186 / 75
	오승훈	吳承訓	1988.06.30	호남대	192 / 75
	박한근	朴韓槿	1996.05.07	전주대	185 / 70
DF	김대호	金大虎	1988.05.15	숭실대	180 / 78
	정우재	鄭宇宰	1992.06.28	예원예술대	179 / 70
	김승우	金承優	1998.03.25	연세대	184 / 70
	권한진	權韓眞	1988.05.19	경희대	187 / 77
	박진포	朴珍鋪	1987.08.13	대구대	173 / 72
	이규혁	李揆奕	1999.05.04	동국대	175 / 72
	알렉스	Aleksandar Jovanovic	1989.08.04	*오스트레일리아	196 / 83
	조용형	趙容亨	1983.11.03	고려대	183 / 72
	김성주	金成柱	1990.11.15	숭실대	179 / 72
	임덕근	林德近	2000.02.25	천안제일고	183 / 77
	김영욱	金瑛昱	2000.03.02	천안제일고	175 / 63
	김지운	金只澐	1990.07.02	명지대	176 / 62
	백동규	白棟圭	1991.05.30	동아대	184 / 71
	강윤성	姜允盛	1997.07.01	대구공고	172 / 65
	김동우	金東佑	1988.02.05	조선대	189 / 87
	김원일	金源一	1986.10.18	숭실대	185 / 77
	최규백	崔圭伯	1994.01.23	대구대	188 / 77
MF	권순형	權純亨	1986.06.16	고려대	176 / 73
	최현태	崔玹態	1987.09.15	동아대	179 / 75
	이창민	李昌珉	1994.01.20	중앙대	178 / 74
	이동수	李東洙	1994.06.03	관동대	185 / 72
	안현범	安鉉範	1994.12.21	동국대	179 / 74
	아길라르	Elias Aguilar Vargas Elias	1991.11.07	*코스타리카	174 / 65
	윤일록	尹日錄	1992.03.07	진주고	178 / 65
	김경학	金庚學	1995.03.15	동국대	182 / 72
	윤빛가람	尹빛가람	1990.05.07	중앙대	178 / 75
	이동희	李東熙	1996.07.03	한양대	181 / 70
FW	오사구오나	Ighodaro Christian Osaguona	1990.10.10	*나이지리아	192 / 90
	마그노	Damasceno Santos da Cruz Magno	1988.05.20	*브라질	178 / 77
	남준재	南濬在	1988.04.07	연세대	183 / 75
	임찬울	任찬울	1994.07.14	한양대	176 / 71
	임상협	林相協	1988.07.08	일본 류츠케이자이대	180 / 73
	서진수	西進水	2000.10.18	학성중	183 / 71
	이동률	이동률	2000.06.09	세일중	174 / 66
	이근호	李根好	1996.05.21	연세대	185 / 85

2019년 개인기록 _ K리그1

위치	배번	경기번호	04	07	14	19	30	35	37	47	50	57
		날 짜	03.02	03.09	03.16	03.29	04.03	04.07	04.13	04.21	04.27	05.04
		홈/원정	원정	원정	원정	원정	원정	원정	홈	홈	홈	홈
		장 소	인천	대구전	서울W	문수	성남	포항	제주	제주	제주	제주
		상 대	인천	대구	서울	울산	성남	포항	전북	강원	상주	경남
		결 과	무	패	무	패	무	무	패	패	패	승
		점 수	1 : 1	0 : 2	0 : 0	1 : 2	1 : 1	1 : 1	0 : 1	2 : 4	2 : 3	2 : 0
		승 점	1	1	2	2	3	4	4	4	4	7
		슈팅수	15 : 8	10 : 19	10 : 12	11 : 7	14 : 14	13 : 7	10 : 9	23 : 10	12 : 6	12 : 16
GK	1	황성민										
	18	이창근	○ 0/0	○ 0/0	○ 0/0	○ 0/0	○ 0/0	○ 0/0	○ 0/0	○ 0/0	○ 0/0	○ 0/0
	32	오승훈										
DF	2	김대호										
	3	정우재										
	4	김승우			○ 0/0 C	▽ 0/0	▽ 0/0					△ 0/0
	5	권한진	○ 0/0	○ 0/0			○ 0/0	○ 0/0	○ 0/0	○ 0/0 C		
	6	박진포	○ 0/0 C	▽ 0/0				○ 0/0	○ 0/0 C	○ 0/1		
	15	알렉스	○ 0/0	○ 0/0	○ 0/0 C	○ 0/0	△ 0/0	○ 0/0	○ 0/0	○ 0/0	○ 0/0	▽ 0/0
	20	조용형										
	30	김지운										
	31	백동규										
	33	강윤성	○ 0/0 C	○ 0/0	△ 0/0	▽ 0/0		○ 0/0	▽ 0/0	▽ 0/0		○ 0/1
	36	김동우			○ 0/0	○ 0/0 C	▽ 0/0				○ 0/0	○ 0/0
	37	김원일										
	40	최규백										
MF	7	권순형	▽ 0/0	○ 0/0	○ 0/0	▽ 0/0	○ 0/0	▽ 0/0	○ 0/0	▽ 0/0	▽ 0/0	
	8	최현태										
	14	이창민	○ 1/0	○ 0/0	▽ 0/0	○ 1/0	○ 0/0	○ 0/0	○ 0/0	○ 0/0 C	▽ 0/0	△ 0/0
	16	이동수	△ 0/0		△ 0/0	○ 0/0		△ 0/0		△ 0/0	○ 0/0	○ 0/0
	17	안현범										
	21	김성주		▽ 0/0	▽ 0/0	△ 0/0	○ 0/0		△ 0/0	△ 0/0	○ 0/0	
	23	아길라르	▽ 0/1	○ 0/0 C	○ 0/0		○ 0/1	▽ 1/0	○ 0/0	○ 0/0	△ 0/1	○ 0/0
	35	윤빛가람										
	42	이동희									○ 0/0 C	○ 0/0
FW	9	찌아구	○ 0/0	▽ 0/0	▽ 0/0	△ 0/0	▽ 1/0	△ 0/0	△ 0/0	△ 0/0	△ 0/0	△ 1/0
	9	오사구오나										
	10	마그노	△ 0/0	○ 0/0	○ 0/0	○ 0/0	△ 0/0	▽ 0/0	○ 0/0	○ 2/0	○ 1/0	▽ 1/0
	11	남준재										
	13	이은범	▽ 0/0	△ 0/0								▽ 0/0
	19	임찬울	△ 0/0 C	△ 0/0	△ 0/0		△ 0/0		△ 0/0			
	22	임상협										
	24	윤일록				○ 0/0	○ 0/0	○ 0/0	▽ 0/0	○ 0/0	○ 1/0	○ 0/1
	28	서진수										
	29	이동률										
	30	김 현				△ 0/0		△ 0/0 C				
	37	김호남	○ 0/0	△ 0/0	○ 0/0	○ 0/1	○ 0/0	○ 0/0 C	▽ 0/0	▽ 0/0	○ 0/0	○ 0/0 C
	38	이근호										

선수자료 : 득점/도움 ○ = 선발출전 △ = 교체 IN ▽ = 교체 OUT ◈ = 교체 IN/OUT C = 경고 S = 퇴장

위치	배번	경기번호	65	68	75	79	85	95	97	104	114	118
		날 짜	05.12	05.18	05.25	05.28	06.01	06.16	06.21	06.29	07.07	07.10
		홈/원정	홈	원정	원정	홈	홈	원정	홈	홈	원정	홈
		장 소	제주	전주W	춘천	제주W	제주W	상주	제주W	제주W	수원W	제주W
		상 대	수원	전북	강원	인천	울산	상주	성남	대구	수원	서울
		결 과	패	패	승	패	패	패	패	무	패	승
		점 수	1 : 3	1 : 3	1 : 0	1 : 2	1 : 3	2 : 4	1 : 2	1 : 1	0 : 2	4 : 2
		승 점	7	7	10	10	10	10	10	11	11	14
		슈팅수	17 : 10	10 : 17	14 : 14	13 : 10	13 : 12	13 : 8	7 : 13	14 : 11	11 : 12	16 : 19
GK	1	황성민								○ 0/0		○ 0/0
	18	이창근	○ 0/0	○ 0/0	○ 0/0	○ 0/0	○ 0/0	○ 0/0	○ 0/0		○ 0/0	
	32	오승훈										
DF	2	김대호										
	3	정우재			○ 0/0	▽ 0/0					△ 0/0	○ 0/0
	4	김승우	▽ 0/0					△ 0/0	▽ 0/0		○ 0/0	
	5	권한진										
	6	박진포		○ 0/0	○ 0/0 C		○ 0/0		○ 0/0	○ 0/0	○ 0/0	○ 0/0 C
	15	알렉스	○ 0/0 C	○ 0/0	▽ 0/0 C		△ 0/0	○ 0/0	○ 0/0	○ 0/0	○ 0/0	○ 0/0
	20	조용형										
	30	김지운										
	31	백동규										
	33	강윤성			△ 0/0	△ 0/0	▽ 0/0		△ 0/0			
	36	김동우	○ 0/0	○ 0/0	○ 0/0	○ 0/0	▽ 0/0	○ 0/0	○ 0/0	○ 0/0		○ 0/0
	37	김원일		▽ 0/0	△ 0/0	○ 1/0	○ 0/0	▽ 0/0				
	40	최규백										
MF	7	권순형	○ 1/0	○ 0/0	○ 0/0	○ 0/0	○ 0/0	○ 0/0				▽ 0/0
	8	최현태				▽ 0/0 C	○ 0/0	△ 0/0	▽ 0/0			
	14	이창민	△ 0/0	○ 0/1	▽ 0/0			○ 1/0	○ 1/0	○ 0/0	○ 0/0	○ 0/0
	16	이동수	○ 0/0	▽ 0/0						△ 0/0		△ 0/0
	17	안현범										
	21	김성주	△ 0/0	▽ 0/0				△ 0/0	▽ 0/1 C	○ 0/0	▽ 0/0	
	23	아길라르	▽ 0/0	△ 0/0		▽ 0/0	△ 1/0				○ 0/0	
	35	윤빛가람										
	42	이동희			△ 0/0	△ 0/0			○ 0/0	○ 0/0 C	○ 0/0	
FW	9	찌아구	△ 0/0	○ 1/0	○ 1/0	○ 0/0		▽ 0/0				
	9	오사구오나										
	10	마그노	○ 0/1	△ 0/0	○ 0/0	○ 0/0	○ 0/0	○ 1/0	○ 0/0	▽ 0/0	▽ 0/0	△ 0/0
	11	남준재										▽ 1/0 C
	13	이은범	▽ 0/0				○ 0/1	▽ 0/0 C				△ 0/0
	19	임찬울			▽ 0/1	△ 0/0	▽ 0/0			○ 0/0	▽ 0/0	
	22	임상협										
	24	윤일록	○ 0/0	△ 0/0	○ 0/0	○ 0/0	△ 0/0	○ 0/0	○ 0/0	▽ 1/0	○ 0/0	○ 3/0
	28	서진수							△ 0/0	▽ 0/0		▽ 0/3
	29	이동률									△ 0/0	
	30	김현										
	37	김호남	○ 0/0	○ 0/0 C		○ 0/0	○ 0/0	○ 0/0	△ 0/0	△ 0/0		
	38	이근호								△ 0/0	△ 0/0	○ 0/0

위치	배번	경기번호	122	127	137	140	146	155	162	163	172	176
		날 짜	07.13	07.20	07.31	08.03	08.10	08.18	08.25	08.30	09.15	09.21
		홈/원정	홈	원정	원정	홈	홈	원정	홈	원정	원정	홈
		장 소	제주W	창원C	전주W	제주W	제주W	인천	제주W	수원W	춘천	제주W
		상 대	포항	경남	전북	울산	상주	인천	서울	수원	강원	성남
		결 과	무	무	무	패	패	무	무	패	패	승
		점 수	1 : 1	2 : 2	2 : 2	0 : 5	1 : 4	0 : 0	1 : 1	0 : 1	0 : 2	3 : 0
		승 점	15	16	17	17	17	18	19	19	19	22
		슈팅수	11 : 11	13 : 9	11 : 20	19 : 14	16 : 10	15 : 17	12 : 11	11 : 10	13 : 11	11 : 10
GK	1	황성민	○ 0/0									
	18	이창근		○ 0/0 C								
	32	오승훈			○ 0/0	○ 0/0	○ 0/0	○ 0/0	○ 0/0	○ 0/0	○ 0/0	○ 0/0
DF	2	김대호				○ 0/0 C						
	3	정우재	○ 0/0	○ 0/0	○ 0/0 C	○ 0/0	○ 0/0	○ 0/0	○ 0/0			
	4	김승우										
	5	권한진										
	6	박진포	○ 0/1	○ 0/0	▽ 0/0		○ 0/0 C	○ 0/0	○ 0/0	○ 0/0	○ 0/0	
	15	알렉스	○ 0/0	○ 0/0	▽ 0/0							
	20	조용형								○ 0/0	○ 0/0	
	30	김지운										○ 0/0 C
	31	백동규										▽ 0/0 C
	33	강윤성			△ 0/0	○ 0/0		○ 0/0	○ 0/0	▽ 0/0	○ 0/0 C	
	36	김동우	○ 0/0 C	○ 0/0			○ 0/0	○ 0/0	○ 0/0		○ 0/0	○ 0/0
	37	김원일			△ 0/0 C					▽ 0/0		
	40	최규백			○ 0/0 C	○ 0/0	○ 0/0	○ 0/0	○ 0/0	○ 0/0	▽ 0/0	△ 0/0
MF	7	권순형	○ 0/0	○ 0/0	○ 0/0		▽ 0/0	▽ 0/0		△ 0/0	○ 0/0	△ 0/0
	8	최현태				▽ 0/0						
	14	이창민	○ 0/0	○ 0/0	○ 0/0	○ 0/0		○ 0/0	○ 0/0	○ 0/0		○ 0/0
	16	이동수		△ 0/0		△ 0/0						
	17	안현범						△ 0/0	△ 0/0	○ 0/0	○ 0/0	○ 0/0
	21	김성주									△ 0/0	○ 0/0
	23	아길라르	△ 0/0	△ 0/0		▽ 0/0	△ 0/0		△ 1/0	△ 0/0	△ 0/0	
	35	윤빛가람										○ 0/0
	42	이동희					○ 0/0	△ 0/0				
FW	9	찌아구										
	9	오사구오나			△ 0/0	○ 0/0 C	○ 1/0	△ 0/0 C	△ 0/0	○ 0/0 C		
	10	마그노	△ 0/0	▽ 1/0	○ 0/1 C	△ 0/0	△ 0/0		▽ 0/0	▽ 0/0	▽ 0/0	△ 1/0
	11	남준재	▽ 0/0	▽ 0/1	○ 1/0	△ 0/0	▽ 0/0	▽ 0/0	▽ 0/0		▽ 0/0	
	13	이은범										
	19	임찬울										
	22	임상협				▽ 0/0	△ 0/0					
	24	윤일록	○ 1/0	○ 1/0	○ 1/0	○ 0/0	○ 0/0 C	○ 0/0	○ 0/0	○ 0/0	○ 0/0	○ 0/0
	28	서진수	▽ 0/0	▽ 0/0	▽ 0/0		▽ 0/0					▽ 0/0
	29	이동률	△ 0/0	△ 0/0								
	30	김 현										
	37	김호남										
	38	이근호	▽ 0/0					▽ 0/0	▽ 0/0	△ 0/0	△ 0/0	▽ 1/0

선수자료 : 득점/도움 ○ = 선발출전 △ = 교체 IN ▽ = 교체 OUT ◈ = 교체 IN/OUT C = 경고 S = 퇴장

위치	배번	경기번호	181	188	194	201	209	212	222	224		
		날짜	09.24	09.28	10.06	10.19	10.27	11.02	11.24	11.30		
		홈/원정	원정	원정	홈	원정	원정	홈	홈	원정		
		장소	포항	대구전	제주W	상주	창원C	제주W	제주W	탄천		
		상대	포항	대구	경남	상주	경남	인천	수원	성남		
		결과	패	무	패	패	무	승	패	패		
		점수	1 : 2	2 : 2	1 : 2	1 : 2	2 : 2	2 : 0	2 : 4	1 : 3		
		승점	22	23	23	23	24	27	27	27		
		슈팅수	10 : 11	3 : 19	25 : 12	14 : 15	9 : 7	19 : 11	8 : 22	8 : 12		
GK	1	황성민					○ 0/0					
	18	이창근				○ 0/0		○ 0/0	○ 0/0	○ 0/0		
	32	오승훈	○ 0/0	○ 0/0	○ 0/0							
DF	2	김대호										
	3	정우재										
	4	김승우										
	5	권한진						△ 0/0	△ 0/0			
	6	박진포							○ 0/0	▽ 0/0		
	15	알렉스				△ 0/0						
	20	조용형						○ 0/1 C	○ 0/0 C	○ 0/0 C		
	30	김지운	○ 0/0	○ 0/0 CC		○ 0/0 C	○ 0/0	○ 0/0 C				
	31	백동규	○ 0/0	○ 0/0	○ 0/0	○ 0/0 C	○ 0/0 C		▽ 0/0	○ 0/0		
	33	강윤성		○ 0/0 C			○ 0/0	○ 0/0	○ 0/0	△ 0/0		
	36	김동우	○ 0/0	○ 0/0	○ 0/0	○ 0/0	△ 0/0					
	37	김원일					○ 0/0	○ 0/0				
	40	최규백										
MF	7	권순형	△ 0/0	△ 0/0						△ 0/0 C		
	8	최현태										
	14	이창민	○ 0/0	○ 0/0	○ 0/0	○ 0/0		▽ 1/0	○ 0/0 C			
	16	이동수								○ 0/0		
	17	안현범	○ 0/0	○ 1/0	○ 0/0	○ 1/0	○ 0/0 C	○ 0/0	○ 1/0	○ 1/0		
	21	김성주	▽ 0/0		○ 0/0	○ 0/0				▽ 0/0		
	23	아길라르			△ 0/0	▽ 0/0	▽ 1/0	○ 0/1	▽ 0/1			
	35	윤빛가람	○ 0/0	○ 0/1	○ 0/0	○ 0/0	○ 1/0	▽ 0/0	○ 0/0	▽ 0/0		
	42	이동희								○ 0/0 S		
FW	9	찌아구										
	9	오사구오나	△ 0/0	▽ 0/0	△ 0/0	△ 0/0	△ 0/0					
	10	마그노	△ 0/0	△ 0/0	△ 0/0	△ 0/0		△ 1/0	△ 0/0	△ 0/0		
	11	남준재		▽ 0/0	○ 1/0 C		▽ 0/0	▽ 0/0	▽ 0/0			
	13	이은범										
	19	임찬울		△ 0/0								
	22	임상협					▽ 0/0			○ 0/0		
	24	윤일록	○ 1/0	▽ 1/0	▽ 0/0	▽ 0/0 C	○ 0/1	○ 0/0	○ 1/1 C			
	28	서진수	▽ 0/0		▽ 0/0					○ 0/1		
	29	이동률					△ 0/0	△ 0/0				
	30	김현										
	37	김호남										
	38	이근호	▽ 0/0		▽ 0/0	▽ 0/1			△ 0/0 C			

광 주 FC

창단년도_ 2010년

전화_ 062-373-7733

팩스_ 062-371-7734

홈페이지_ www.gwangjufc.com

주소_ 우 62048 광주광역시 서구 금화로 240(풍암동) 월드컵경기장 2층
2F, Gwangju World Cup Stadium, 240, Geumhwa-ro, Seo-gu, Gwangju, KOREA 62048

연혁

2010 광주시민프로축구단 창단발표
범시민 창단준비위원회 발족
(주)광주시민프로축구단 법인 설립
시민주 공모 2,146백만 원, 430,376주(40,432명)
축구단 명칭 공모(881명, 10월 말 선정)
→ 구단 명칭 선정: 광주FC
축구단 창단신청 및 승인(프로축구연맹)
단장 및 감독 선임
창단식

2011 현대오일뱅크 K리그 2011 시즌 11위
시·도민구단 창단 최다승 달성

2012 현대오일뱅크 K리그 2012 15위
제17회 하나은행 FA컵 16강
U-18 제14회 백운기 전국고등학교 축구대회 우승
U-18 2012 챌린지리그 2위(금호고)
U-18 2012 챌린지리그 페어플레이상(금호고)
U-15 금석배 전국학생 축구대회 저학년부 우승(광덕중)
U-15 금석배 전국학생 축구대회 고학년부 준우승(광덕중)
U-15 2012 권역별 초중고 주말리그 3위(광덕중)

2013 현대오일뱅크 K리그 챌린지 2013 3위
광주시민프로축구단 창단 첫 3연승 달성
광주시민프로축구단 창단 첫 100호골 기록
제18회 하나은행 FA컵 16강
U-18 금호고 아디다스 올인 챌린지리그 5위(왕중왕전)
U-15 광덕중 추계중등축구연맹회장배 준우승(청룡)
U-15 광덕중 제42회 전국소년체육대회 동메달

2014 현대오일뱅크 K리그 챌린지 2014 정규리그 4위
현대오일뱅크 K리그 승강 플레이오프 우승(2015년 승격)
제19회 하나은행 FA컵 16강
U-18 2014 아디다스 올인 K리그 주니어 우승(금호고)
U-18 제22회 백록기 전국고등학교축구대회 우승(금호고)
U-15 2014 금석배 전국 중학생 축구대회 3위(광덕중)
U-15 제15회 오룡기 전국 중학교 축구대회 3위(광덕중)

2015 현대오일뱅크 K리그 클래식 2015 10위
현대오일뱅크 K리그 클래식 승격팀 최초 잔류
광주FC 팀 창단 최다승 달성 (10승)
제20회 KEB하나은행 FA컵 32강
U-18 제17회 백운기 전국고교축구대회 3위(금호고)
U-18 제96회 전국체육대회 고등부 3위 동메달(금호고)
U-15 제51회 추계중등축구연맹전 프로산하 3위(광덕중)

2016 현대오일뱅크 K리그 클래식 2016 8위(역대 최고 순위)
현대오일뱅크 K리그 클래식 승격팀 최초 2년 연속 잔류
광주FC 팀 창단 최다승 신기록(11승)
제21회 KEB하나은행 FA컵 16강
U-18 제18회 백운기 전국고교축구대회 우승(금호고)
U-15 2016 예산사과기 전국중등축구대회 우승
(광덕중_ 저학년부)
U-12 2016 화랑대기 전국 유소년 축구대회 우승
U-12 2016 금석배 전국학생축구대회 준우승
U-12 2016 대교눈높이 전국초등축구리그 왕중왕대회 3위

2017 KEB하나은행 K리그 클래식 2017 12위
제22회 KEB하나은행 FA컵 8강
U-18 제19회 백운기 전국고교축구대회 우승(금호고)
U-18 2017 대교눈높이 전국고등축구리그 후반기 왕중왕 대회 준우승

2018 KEB하나은행 K리그2 정규리그 5위(준PO 진출)
제23회 KEB하나은행 FA컵 64강
나상호 K리그 대상 3관왕(MVP, 최다득점상, 베스트11)
제73회 전국고교축구선수권대회 우승(금호고)
K리그 U-18 챔피언십 3위(금호고)

2019 하나원큐 K리그2 2019 우승
박진섭 감독, 2019 K리그2 감독상 수상
펠리페, 2019 K리그2 최다득점상 수상
K리그2 최다무패 신기록 경신(19경기)
구단 통산 100승 달성
구단 첫 6연승 기록
구단 400호골 달성(29R, 윌리안)
팀 최다승 - 최다승점 기록(21승 - 73점)
풀 플러스 스타디움 상 수상_13R~24R

2019년 선수명단

대표이사_ 정원주　단장_기영옥　감독_ 박진섭
수석코치_ 유경렬　필드코치_ 조성용　피지컬코치_ 셀지오　GK코치_ 주용국
주치의_ 이준영　주무_ 조웅비　트레이너_ 강훈　트레이너_ 최재혁　통역_ 최혁순　분석관_ 전곤재

포지션	선수명		생년월일	출신교	키(cm) / 몸무게(kg)
GK	이 진 형	李 鎭 亨	1988.02.22	단국대	189 / 85
	윤 평 국	尹 平 國	1992.02.08	인천대	189 / 88
	최 봉 진	崔 鳳 珍	1992.04.06	중앙대	193 / 90
	김 태 곤	金 太 崑	1998.12.29	전주기전대	186 / 78
DF	정 준 연	鄭 俊 硯	1989.04.30	광양제철고	178 / 70
	아슐마토프	Rustamjon Ashurmatov	1996.07.07	*우즈베키스탄	185 / 83
	김 태 윤	金 台 潤	1986.07.25	풍생고	183 / 79
	이 으 뜸	李 으 뜸	1989.09.02	용인대	177 / 73
	이 시 영	李 時 榮	1997.04.21	전주대	173 / 65
	홍 준 호	洪 俊 豪	1993.10.11	전주대	190 / 77
	이 한 도	李 韓 道	1994.03.16	용인대	185 / 80
	김 영 빈	金 榮 彬	1991.09.20	광주대	184 / 79
	박 선 주	朴 宣 柱	1992.03.26	연세대	175 / 60
	임 진 우	林 珍 佑	1993.06.15	영남대	188 / 77
	김 진 환	金 眞 奐	1989.03.01	경희대	186 / 78
MF	최 준 혁	崔 峻 赫	1994.09.05	단국대	187 / 88
	박 정 수	朴 庭 秀	1987.01.13	상지대	182 / 74
	여 름	呂 름	1989.06.22	광주대	175 / 62
	임 민 혁	林 珉 赫	1997.03.05	수원공고	168 / 64
	두 현 석	杜 玹 碩	1995.12.21	연세대	169 / 65
	여 봉 훈	余 奉 訓	1994.03.12	경북안동고	178 / 70
	정 현 우	鄭 賢 佑	2000.07.12	금호고	174 / 65
	손 민 우	孫 旼 佑	1997.04.25	동국대	176 / 70
	김 대 웅	金 大 雄	1995.09.11	원광대	176 / 68
	하 칭 요	Francisco Ferreira Jurani	1996.10.01	*브라질	170 / 65
	김 준 형	金 俊 炯	1996.04.05	송호대	177 / 73
FW	펠 리 페	Felipe de Sousa Silva	1992.04.03	*브라질	193 / 90
	김 정 환	金 正 桓	1997.01.04	신갈고	173 / 65
	이 희 균	李 熙 均	1998.04.29	단국대	168 / 63
	엄 원 상	嚴 原 上	1999.01.06	아주대	171 / 63
	조 주 영	曺 主 煐	1994.02.04	아주대	186 / 76
	김 주 공	金 周 孔	1996.04.23	전주대	180 / 66
	최 호 주	崔 浩 周	1992.03.10	단국대	186 / 78
	정 영 총	鄭 永 寵	1992.06.24	한양대	180 / 70
	윌 리 안	Willyan da silva barbosa	1994.02.17	*브라질	170 / 69

2019년 개인기록_ K리그2

위치	배번	경기번호	05	08	15	17	25	30	32	38	43	46
		날 짜	03.03	03.10	03.17	03.30	04.07	04.14	04.20	04.27	05.01	05.04
		홈/원정	원정	홈	홈	원정	홈	홈	홈	원정	원정	홈
		장 소	잠실	광주W	광주W	광양	광주W	광주W	광주W	안산	부천	광주W
		상 대	서울E	아산	부산	전남	안양	대전	수원FC	안산	부천	전남
		결 과	승	승	무	승	무	무	승	무	승	승
		점 수	2 : 0	4 : 0	1 : 1	2 : 1	2 : 2	0 : 0	2 : 1	0 : 0	1 : 0	2 : 0
		승 점	3	6	7	10	11	12	15	16	19	22
		슈팅수	15 : 6	10 : 12	8 : 11	13 : 14	8 : 5	11 : 4	9 : 8	10 : 9	21 : 10	6 : 17
GK	1	윤 평 국					△ 0/0	○ 0/0	○ 0/0	○ 0/0	○ 0/0	○ 0/0
	21	이 진 형	○ 0/0	○ 0/0	○ 0/0	○ 0/0	▽ 0/0					
	41	최 봉 진										
DF	2	정 준 연									○ 0/0	○ 0/0
	3	아슐마토프						○ 0/0	○ 1/0	○ 0/0 C	○ 0/0	○ 0/0
	4	김 태 윤										
	8	이 으 뜸	○ 0/0	○ 0/0	○ 0/0	○ 0/0 C	○ 0/1	○ 0/0	○ 0/0	○ 0/0	○ 0/0	○ 1/0
	12	이 시 영	○ 0/0	○ 0/0	○ 0/1	○ 0/0	○ 0/1					
	15	홍 준 호										
	20	이 한 도	○ 0/0 C	○ 0/0	○ 0/0	○ 0/0	○ 0/0	○ 0/0	○ 0/0	○ 0/0	○ 0/0	○ 0/0 S
	25	김 영 빈										
	27	박 선 주										
	55	김 진 환	○ 0/0	○ 1/0	○ 0/0	○ 0/0	○ 0/0		△ 0/0			
MF	5	최 준 혁	▽ 0/0	○ 0/0 C	▽ 0/0 C	○ 0/0		○ 0/0 C		○ 0/0	△ 0/0	△ 0/0
	6	박 정 수	○ 0/0	○ 0/0	○ 0/0	○ 0/0	○ 1/0	▽ 0/0	○ 0/0 C	▽ 0/0	○ 0/0	○ 0/0
	7	여 름	○ 1/0	○ 0/1	○ 0/0	▽ 0/1	○ 0/0	▽ 0/0	▽ 0/1	○ 0/0	○ 1/0 C	○ 0/0
	10	임 민 혁					○ 0/0					
	14	여 봉 훈	△ 0/0	△ 0/0	△ 0/0	△ 0/0	△ 0/0	○ 0/0	○ 0/0 C	○ 0/0		△ 0/0
	19	정 현 우										
	23	손 민 우										
	32	하 칭 요										
	33	김 준 형	△ 0/0	△ 0/0	△ 0/0		▽ 0/0	△ 0/0	○ 0/0	△ 0/0	○ 0/0 C	▽ 0/0
	94	윌 리 안				△ 0/0		○ 0/0	▽ 0/0	▽ 0/0 C	▽ 0/0	
FW	9	펠 리 페	○ 1/1	▽ 3/0	○ 1/0	○ 2/0	○ 1/0	○ 0/0 C	○ 1/0	○ 0/0 S		
	11	김 정 환	▽ 0/0			▽ 0/0 C	△ 0/0	▽ 0/0	▽ 0/0	△ 0/0		▽ 0/0
	13	두 현 석					▽ 0/0	△ 0/0			◆ 0/0	
	16	이 희 균	▽ 0/0	▽ 0/1	▽ 0/0	▽ 0/0 C			△ 0/0	▽ 0/0	▽ 0/0 C	▽ 0/0
	17	엄 원 상	△ 0/0	▽ 0/0	▽ 0/0	△ 0/0						
	18	조 주 영		△ 0/0	△ 0/0			△ 0/0		△ 0/0	○ 0/0	
	22	김 주 공							△ 0/0		△ 0/0	○ 0/0
	72	최 호 주										
	77	정 영 총										△ 1/0

선수자료 : 득점/도움 ○ = 선발출전 △ = 교체 IN ▽ = 교체 OUT ◆ = 교체 IN/OUT C = 경고 S = 퇴장

위치	배번	경기번호	53	59	63	70	73	79	81	86	95	96
		날 짜	05.12	05.20	05.26	06.02	06.16	06.24	06.29	07.06	07.14	07.20
		홈/원정	원정	홈	원정	원정	홈	원정	원정	홈	원정	원정
		장 소	구덕	광주W	아산	안양	광주W	수원	대전W	광주W	천안	안양
		상 대	부산	서울E	아산	안양	부천	수원FC	대전	안산	서울E	안양
		결 과	무	승	무	승	승	승	승	승	승	패
		점 수	1 : 1	3 : 1	0 : 0	1 : 0	4 : 1	2 : 0	1 : 0	1 : 0	2 : 0	1 : 7
		승 점	23	26	27	30	33	36	39	42	45	45
		슈팅수	9 : 12	11 : 11	11 : 9	8 : 16	14 : 11	11 : 15	8 : 11	6 : 7	22 : 12	6 : 21
GK	1	윤평국	○ 0/0	○ 0/0	○ 0/0	○ 0/0	○ 0/0	○ 0/0	○ 0/0	○ 0/0	○ 0/0	○ 0/0
	21	이진형										
	41	최봉진										
DF	2	정준연	○ 0/0	○ 0/0 C	○ 0/0	○ 0/0				△ 0/0		
	3	아슐마토프	○ 0/0	○ 0/0	○ 0/0 C	○ 0/0	○ 0/0	▽ 0/0	○ 0/0 C		○ 0/0	○ 0/0 C
	4	김태윤							○ 0/0			
	8	이으뜸	○ 0/0	○ 0/2 C	○ 0/0	○ 1/0	○ 1/0	○ 0/0	○ 0/0	▽ 0/0		○ 0/0
	12	이시영										
	15	홍준호	△ 0/0		△ 0/0			△ 0/0	△ 0/0	○ 0/0		△ 0/0
	20	이한도				○ 0/0	○ 0/0	○ 0/0		○ 0/0	○ 0/0 C	○ 0/0
	25	김영빈										
	27	박선주					○ 0/0	○ 0/0	○ 0/0	○ 0/0 C	○ 0/0	△ 0/0
	55	김진환	○ 0/0	○ 0/0	○ 0/0							
MF	5	최준혁	○ 0/0	○ 0/0	○ 0/0	○ 0/0	○ 0/0	○ 0/0	○ 0/0	○ 0/0	○ 0/0	▽ 0/0
	6	박정수	○ 0/0	○ 0/0	○ 0/0	○ 0/0 C	○ 0/0	○ 0/0	○ 0/0			○ 0/0
	7	여름	▽ 0/0 C	○ 1/0	○ 0/0	▽ 0/0	○ 0/0	○ 0/0	○ 0/0	○ 0/0	○ 0/0	○ 0/0
	10	임민혁				△ 0/0	△ 0/0			△ 0/0	▽ 0/0	
	14	여봉훈								▽ 1/0	○ 0/0	○ 0/1
	19	정현우										
	23	손민우										
	32	하칭요									△ 0/0	
	33	김준형										
	94	윌리안	△ 0/0	▽ 1/0 C	○ 0/0	▽ 0/0	△ 1/0	△ 0/0		○ 0/0	○ 1/1 C	
FW	9	펠리페	○ 1/0			▽ 0/0	▽ 2/0	○ 1/0	▽ 1/0	○ 0/1	▽ 0/0	○ 0/0 C
	11	김정환	▽ 0/0	▽ 1/0	▽ 0/0	○ 0/0	▽ 0/0	▽ 0/0	▽ 0/1	▽ 0/0 C	△ 1/0	▽ 0/0
	13	두현석		△ 0/0		△ 0/0	▽ 0/0	▽ 0/0	▽ 0/0	△ 0/0	▽ 0/0	▽ 1/0
	16	이희균	▽ 0/0 C									
	17	엄원상						△ 0/0	△ 0/0			△ 0/0
	18	조주영		△ 0/0		△ 0/0	△ 0/0		△ 0/0			
	22	김주공	△ 0/0	▽ 0/0	▽ 0/0						△ 0/0	
	72	최호주										
	77	정영총		△ 0/0	△ 0/0							

위치	배번	경기번호	102	106	112	116	124	130	134	138	145	146
		날 짜	07.27	08.03	08.10	08.17	08.26	09.01	09.15	09.18	09.23	09.28
		홈/원정	홈	원정	원정	홈	홈	원정	홈	홈	원정	홈
		장 소	광주W	광양	부천	광주W	광주W	안산	광주W	광주W	구덕	광주W
		상 대	수원FC	전남	부천	부산	대전	안산	아산	부천	부산	서울E
		결 과	승	무	무	무	무	패	승	승	패	승
		점 수	2 : 0	1 : 1	1 : 1	1 : 1	0 : 0	1 : 2	3 : 1	1 : 0	2 : 3	3 : 1
		승 점	48	49	50	51	52	52	55	58	58	61
		슈팅수	6 : 6	7 : 9	12 : 12	4 : 8	6 : 7	5 : 13	10 : 3	9 : 6	8 : 11	18 : 10
GK	1	윤 평 국	○ 0/0	○ 0/0	○ 0/0	○ 0/0	○ 0/0	○ 0/0	○ 0/0	○ 0/0	○ 0/0	
	21	이 진 형										○ 0/0
	41	최 봉 진										
DF	2	정 준 연										
	3	아슐마토프	○ 0/1	○ 0/0	○ 0/0 C	○ 0/0	○ 0/0	○ 0/0	○ 0/0 C		○ 0/0	○ 0/0
	4	김 태 윤										
	8	이 으 뜸	○ 0/0	○ 0/0		○ 1/0	○ 0/0	○ 0/0 C		△ 0/0	△ 0/0	○ 1/0
	12	이 시 영							○ 0/0	○ 0/0	○ 0/0	○ 0/0
	15	홍 준 호				△ 0/0	○ 0/0 C	○ 0/0	○ 0/0	○ 0/0 C	○ 0/0	○ 0/0
	20	이 한 도	○ 0/0	○ 1/0	○ 0/0	○ 0/0 C			○ 0/0	○ 0/0	▽ 0/0 C	
	25	김 영 빈										
	27	박 선 주	○ 0/0	○ 0/0	○ 0/0 C	○ 0/0	○ 0/0	○ 0/0				
	55	김 진 환										
MF	5	최 준 혁	○ 0/0	○ 0/0 C	○ 0/0	○ 0/0	○ 0/0	△ 0/0 C	○ 0/0	○ 0/0	○ 0/1	○ 0/0
	6	박 정 수	○ 0/0	▽ 0/0 C			▽ 0/0	▽ 0/0		○ 0/0 C		△ 0/0
	7	여 름	△ 0/0	△ 0/0	○ 0/0	△ 0/0			△ 0/0			
	10	임 민 혁	▽ 0/0	▽ 0/0		▽ 0/0 C	○ 0/0	△ 0/0	△ 1/0	△ 0/0	▽ 0/0	▽ 0/0 C
	14	여 봉 훈			○ 0/0 C	○ 0/0 C		○ 0/0	○ 0/0	○ 0/0 C	○ 0/0 C	○ 0/0
	19	정 현 우										
	23	손 민 우										
	32	하 칭 요			△ 0/0				▽ 1/0	▽ 1/0	▽ 0/0	
	33	김 준 형					△ 0/0	▽ 0/0	▽ 0/0	△ 0/0	△ 0/0	△ 0/0
	94	윌 리 안	▽ 1/0	○ 0/0 C	▽ 0/0 C			▽ 0/0	○ 1/1	▽ 0/0	○ 1/0 C	
FW	9	펠 리 페	○ 1/0	○ 0/0	○ 1/0	○ 0/0	○ 0/0	○ 0/0 C				▽ 1/0 C
	11	김 정 환										
	13	두 현 석			▽ 0/1	▽ 0/0	▽ 0/0	△ 0/0	△ 0/0	▽ 0/0		▽ 1/1
	16	이 희 균	▽ 0/0	▽ 0/0	△ 0/0	▽ 0/0	▽ 0/0					
	17	엄 원 상	△ 0/0	△ 0/0	▽ 0/0		△ 0/0	○ 1/0			△ 0/0	△ 0/0
	18	조 주 영										
	22	김 주 공				△ 0/0	△ 0/0		▽ 0/0	○ 0/0	○ 1/1	○ 0/0
	72	최 호 주	△ 0/0	△ 0/0	△ 0/0							
	77	정 영 총										

선수자료 : 득점/도움 ○ = 선발출전 △ = 교체 IN ▽ = 교체 OUT ◈ = 교체 IN/OUT C = 경고 S = 퇴장

위치	배번	경기번호	151	158	161	169	174	178					
		날 짜	10.01	10.06	10.19	10.27	11.03	11.09					
		홈/원정	홈	원정	홈	원정	홈	원정					
		장 소	광주W	아산	광주W	수원	광주W	대전W					
		상 대	안산	아산	안양	수원FC	전남	대전					
		결 과	승	승	승	승	패	패					
		점 수	2 : 1	1 : 0	4 : 0	3 : 0	1 : 2	1 : 3					
		승 점	64	67	70	73	73	73					
		슈팅수	10 : 9	12 : 14	11 : 6	16 : 7	10 : 10	15 : 11					
GK	1	윤 평 국					○ 0/0						
	21	이 진 형	○ 0/0	○ 0/0	○ 0/0								
	41	최 봉 진				○ 0/0 C		○ 0/0					
DF	2	정 준 연			○ 0/0 C	○ 0/0 C		○ 0/0					
	3	아슐마토프	▽ 0/0		○ 0/0		○ 0/0 C						
	4	김 태 윤					○ 0/0						
	8	이 으 뜸	○ 0/0		△ 0/0		○ 0/0						
	12	이 시 영	○ 0/0 C	○ 0/0 C	▽ 0/0		○ 0/1						
	15	홍 준 호	△ 0/0	○ 0/0 C				○ 0/0					
	20	이 한 도	○ 0/0	○ 0/0	▽ 0/0								
	25	김 영 빈		○ 0/0	△ 0/0	○ 0/0							
	27	박 선 주				○ 0/1		○ 0/0					
	55	김 진 환		△ 0/0		○ 0/0		○ 0/0					
MF	5	최 준 혁	▽ 0/0 C		○ 0/0		○ 0/0						
	6	박 정 수	△ 0/0	○ 0/0			△ 0/0						
	7	여 름		△ 0/0		○ 0/0	△ 0/0	△ 0/0					
	10	임 민 혁	○ 1/0		△ 0/0	○ 0/0	○ 0/0						
	14	여 봉 훈	○ 0/0 C		○ 0/0 C		▽ 0/0	○ 0/0					
	19	정 현 우				△ 0/0		△ 0/0					
	23	손 민 우						▽ 0/0					
	32	하 칭 요		▽ 0/0		○ 0/0		○ 0/0					
	33	김 준 형		▽ 0/0									
	94	윌 리 안	○ 1/0	▽ 1/0	○ 0/0	▽ 0/0	▽ 0/0						
FW	9	펠 리 페	○ 0/0	○ 0/0	○ 2/1	▽ 0/0							
	11	김 정 환				◈ 2/0	△ 0/0						
	13	두 현 석	△ 0/0	△ 0/0	▽ 0/2		▽ 1/0	△ 0/0					
	16	이 희 균				△ 0/1 C		▽ 0/0					
	17	엄 원 상				○ 1/0		○ 0/0					
	18	조 주 영						▽ 1/0					
	22	김 주 공	▽ 0/1	○ 0/0 C	○ 2/0		○ 0/0						
	72	최 호 주											
	77	정 영 총											

부산 아이파크

창단년도_ 1983년

전화_ 051-941-1100

팩스_ 051-941-6715

홈페이지_ www.busanipark.com

주소_ 우 46703 부산광역시 강서구 체육공원로 43(대저1동, 강서체육공원)
43, Cheyukgongwon-ro, Gangseo-gu, Busan, KOREA 46703

연혁

1983 대우 로얄즈 프로축구단 창단(전신)
1984 84 축구대제전 수퍼리그 종합우승
1986 제5회 아시안 클럽 챔피언십 우승
프로선수권대회 준우승
1987 제1회 아프로 - 아시안 클럽 챔피언십 우승
87 한국프로축구대회 종합우승
1989 전국축구선수권대회(왕중왕전) 우승
1990 전국축구선수권대회(왕중왕전) 우승
1991 91 한국프로축구대회 종합우승
1997 97 아디다스컵 우승
97 라피도컵 프로축구대회 우승
97 프로스펙스컵 우승
1998 98 필립모리스코리아컵 우승
1999 99 바이코리아컵 K-리그 준우승
2000 구단 인수(현대산업개발)
부산 아이콘스 프로축구단 재창단
제5회 서울은행 FA컵 3위
2001 아디다스컵 2001 준우승
2003 부산 아이콘스 클럽하우스 완공
주식회사 부산 아이콘스 독립 법인 출범
2004 삼성 하우젠 K-리그 2004 통합 7위
제9회 하나은행 FA컵 우승
2005 구단명 부산 아이파크, 사명 아이파크스포츠㈜ 변경
삼성 하우젠 K-리그 2005 전기리그 우승
AFC 챔피언스리그 4강 진출
삼성 하우젠 K-리그 2005 공동 3위
2006 삼성 하우젠 K-리그 2006 전기 6위 / 후기 8위
2007 삼성 하우젠 K-리그 2007 13위
2008 삼성 하우젠컵 2008 6강 진출
삼성 하우젠 K리그 2008 12위
2009 2009 K리그 12위
피스컵 코리아 2009 2위
2010 쏘나타 K-리그 2010 8위
제15회 하나은행 FA컵 준우승
2011 러시앤캐시컵 2011 준우승
현대오일뱅크 K리그 2011 정규 5위 / 챔피언십 6위
2012 현대오일뱅크 K리그 2012 그룹A(상위 스플릿), 7위
2013 현대오일뱅크 K리그 클래식 2013 그룹A(상위 스플릿), 6위
2014 현대오일뱅크 K리그 클래식 2014 그룹B 8위
2015 현대오일뱅크 K리그 클래식 2015 11위
2016 현대오일뱅크 K리그 챌린지 2016 5위
2017 KEB하나은행 K리그 챌린지 2017 2위
제22회 KEB하나은행 FA컵 준우승
2018 KEB하나은행 K리그2 2018 3위
2019 하나원큐 K리그2 2019 2위, K리그1으로 승격 확정

2019년 선수명단

대표이사_ 안기헌 사무국장_ 전길우 감독_ 조덕제
코치_ 이기형·노상래·안승인 GK코치_ 김지운 피지컬트레이너_ 이거성 팀닥터_ 김명준·김호준 의무트레이너_ 박해일·임경민 통역_ 황재혁·이승헌·박창현 매니저_ 김현호 스카우터_ 이진행·안승인 전력분석관_ 안세형 장비사_ 이도빈

포지션	선수명		생년월일	출신교	키(cm) / 몸무게(kg)
GK	최 필 수	崔 弼 守	1991.06.20	광운전공고	190 / 80
	김 정 호	金 楨 浩	1998.04.07	개성고	184 / 75
	김 형 근	金 亨 根	1994.01.06	진주고	188 / 78
DF	정 호 정	鄭 好 正	1988.09.01	오현고	180 / 76
	박 준 강	朴 埈 江	1991.06.06	광양제철고	170 / 63
	차 영 환	車 永 煥	1990.07.16	경기신갈고	183 / 78
	김 치 우	金 致 佑	1983.11.11	풍생고	175 / 68
	권 진 영	權 鎭 永	1991.10.23	동래고	180 / 72
	김 명 준	金 明 俊	1994.05.13	대륜고	184 / 75
	이 종 민	李 宗 珉	1983.09.01	서귀포고	175 / 68
	이 상 준	李 常 俊	1999.10.14	개성고	170 / 61
	구 현 준	具 賢 俊	1993.12.13	동래고	182 / 70
	유 수 철	柳 手 喆	1992.08.08	동래고	188 / 84
	김 문 환	金 紋 奐	1995.08.01	수원고	173 / 64
	박 호 영	朴 祜 永	1999.04.07	개성고	194 / 84
	수신야르	Aleksandar Šušnjar	1995.08.19	*오스트레일리아	191 / 81
	박 경 민	朴 耿 敏	1999.08.02	개성고	173 / 60
	황 준 호	黃 浚 鎬	1998.05.04	개성고	190 / 84
MF	이 청 웅	李 淸 熊	1993.03.15	동래고	185 / 76
	서 용 덕	徐 庸 德	1989.09.10	언남고	175 / 65
	박 종 우	朴 鍾 佑	1989.03.10	장훈고	180 / 74
	호 물 로	Romulo Jose Pacheco da Silva	1995.10.27	*브라질	169 / 70
	한 준 규	韓 俊 奎	1996.02.10	개성고	181 / 72
	한 상 운	韓 相 云	1986.05.03	강릉제일고	181 / 79
	김 진 규	金 鎭 圭	1997.02.24	개성고	177 / 68
	김 종 철	金 鍾 喆	1997.02.24	보인고	187 / 75
	권 혁 규	權 赫 奎	2001.03.13	개성고	189 / 75
FW	이 동 준	李 東 俊	1997.02.01	개성고	173 / 64
	이 정 협	李 廷 記	1991.06.24	동래고	186 / 76
	정 성 민	鄭 成 民	1989.05.02	강릉농공고	184 / 85
	한 지 호	韓 志 皓	1988.12.15	안동고	180 / 74
	디 에 고	Diego Mauricio Mchado de Brito	1991.06.25	*브라질	178 / 85
	권 용 현	權 容 賢	1991.10.23	용호고	170 / 65
	신 창 렬	申 昌 烈	1996.07.22	개성고	179 / 74
	노보트니	Soma Zsombor Novothny	1996.06.16	*헝가리	`185 / 78

2019년 개인기록 _ K리그2

위치	배번	경기번호	02	06	15	16	24	26	33	36	45	48
		날 짜	03.02	03.09	03.17	03.30	04.07	04.13	04.21	04.27	05.01	05.05
		홈/원정	홈	원정	원정	홈	홈	원정	홈	원정	홈	원정
		장 소	구덕	수원	광주W	구덕	구덕	아산	구덕	광양	구덕	대전W
		상 대	안양	수원FC	광주	부천	대전	아산	안산	전남	서울E	대전
		결 과	패	승	무	무	승	승	승	패	승	승
		점 수	1 : 4	2 : 1	1 : 1	3 : 3	2 : 1	5 : 2	3 : 0	0 : 1	4 : 1	5 : 0
		승 점	0	3	4	5	8	11	14	14	17	20
		슈팅수	30 : 9	12 : 11	11 : 8	15 : 11	15 : 8	17 : 11	4 : 7	10 : 7	13 : 5	16 : 12
GK	1	최필수										
	1	구상민	○ 0/0				○ 0/0					
	25	김정호										
	31	김형근		○ 0/0	○ 0/0	○ 0/0		○ 0/0	○ 0/0	○ 0/0	○ 0/0	○ 0/0 C
DF	2	정호정										
	3	박준강										
	5	노행석	○ 0/0 C									
	5	차영환										
	7	김치우				△ 0/0			○ 0/1	○ 0/0 C	○ 0/0	○ 0/1 C
	14	권진영										
	15	김명준	○ 0/0	○ 0/0	○ 0/0		○ 0/0	○ 0/0	○ 0/0	○ 0/0	○ 1/1	▽ 0/0 C
	17	이종민										
	26	이상준					○ 0/0					
	27	구현준	○ 0/0	○ 0/0 C	○ 0/0	▽ 0/0	○ 0/0	○ 0/0				
	28	유수철										
	33	김문환	○ 0/0	○ 0/0	○ 0/0	▽ 0/0		○ 0/1	○ 0/0	○ 0/0 C	○ 0/0 C	○ 0/1
	35	박호영										
	38	수신야르		○ 0/0 C	○ 0/0 C	○ 0/0	○ 0/0	○ 0/0	○ 0/0	○ 0/0	○ 0/0	○ 0/0 C
	44	박경민										
	45	황준호		△ 0/0		○ 0/0			△ 0/0		△ 0/0	△ 0/0
MF	6	이후권				△ 0/0	▽ 0/0		△ 0/0 C			
	6	서용덕										
	8	박종우	▽ 0/0 C	▽ 0/0	○ 0/0	○ 0/0	○ 0/0	○ 0/1	▽ 0/0	○ 0/0	○ 0/1	○ 0/1
	10	호물로	○ 0/0 C	○ 0/0	○ 1/0	○ 3/0	○ 0/0	○ 1/0	○ 1/0	○ 0/0	○ 0/0	○ 0/0
	20	한상운										
	23	김진규	○ 0/1	○ 0/0	○ 0/0	○ 0/0	△ 0/0	○ 0/0	▽ 0/0	▽ 0/0	△ 0/0	
	42	권혁규										
FW	9	최승인	△ 0/0	▽ 0/0	▽ 0/0							
	11	이동준	△ 0/0	▽ 1/1	○ 0/0	▽ 0/0	▽ 1/0	▽ 0/0	○ 1/0	▽ 0/0	▽ 0/1	○ 1/0
	18	이정협	▽ 0/0				△ 0/0	▽ 2/0	○ 1/0	○ 0/0	▽ 0/0	▽ 2/0
	19	정성민										
	22	한지호	○ 1/0	○ 0/0 C	▽ 0/0	○ 0/0		▽ 0/0		▽ 0/0	▽ 2/0	▽ 0/1
	30	디에고	△ 0/0	△ 0/0	△ 0/0		△ 1/1	△ 1/0	▽ 0/0	△ 0/0	△ 0/0	△ 0/0
	32	권용현	▽ 0/0 C	△ 1/0	△ 0/0	△ 0/0	○ 0/1	△ 1/0	△ 0/1	△ 0/0		△ 0/1
	86	노보트니				○ 0/0	▽ 0/0	△ 0/0 C		△ 0/0	○ 1/0	○ 2/0

선수자료 : 득점/도움 ○ = 선발출전 △ = 교체 IN ▽ = 교체 OUT ◈ = 교체 IN/OUT C = 경고 S = 퇴장

위치	배번	경기번호	53	60	65	67	75	77	85	87	92	97
		날 짜	05.12	05.20	05.27	06.01	06.17	06.22	06.30	07.06	07.13	07.20
		홈/원정	홈	원정	홈	홈	원정	원정	홈	홈	원정	홈
		장 소	구덕	부천	구덕	구덕	안양	안산	구덕	구덕	수원	구덕
		상 대	광주	부천	전남	수원FC	안양	안산	아산	서울E	수원FC	부천
		결 과	무	승	승	무	승	무	패	승	승	무
		점 수	1 : 1	3 : 1	1 : 0	2 : 2	3 : 1	0 : 0	2 : 4	3 : 1	1 : 0	2 : 2
		승 점	21	24	27	28	31	32	32	35	38	39
		슈팅수	12 : 9	16 : 12	14 : 12	13 : 11	14 : 17	8 : 12	14 : 17	13 : 6	16 : 9	22 : 10
GK	1	최필수								○ 0/0	○ 0/0	○ 0/0
	1	구상민										
	25	김정호										
	31	김형근	○ 0/0	○ 0/0	○ 0/0	○ 0/0	○ 0/0	○ 0/0	○ 0/0			
DF	2	정호정								△ 0/0		
	3	박준강		▽ 0/2 C					▽ 0/0	○ 0/0		△ 0/0
	5	노행석										
	5	차영환										
	7	김치우	○ 0/0	○ 0/1	○ 0/0	○ 0/1	○ 0/0	○ 0/0	○ 0/0 C		○ 0/0	▽ 0/0
	14	권진영							△ 0/0	△ 0/0		
	15	김명준	○ 0/0	○ 0/0	○ 0/0	○ 0/0 C	○ 0/0	○ 0/0 C		○ 1/0	○ 0/0 C	○ 0/0
	17	이종민		△ 0/0								
	26	이상준										
	27	구현준										
	28	유수철										
	33	김문환	○ 0/0 C		○ 0/0	○ 0/0	○ 0/0	○ 0/0 C		○ 0/0	○ 0/0	○ 0/0
	35	박호영	△ 0/0									
	38	수신야르		○ 0/0 C	○ 0/0 C	○ 0/0	○ 0/0 C		○ 0/0 C	○ 0/0 C	○ 0/0	○ 0/0
	44	박경민										
	45	황준호	○ 0/0		△ 0/0			○ 0/0	○ 0/0		△ 0/0	
MF	6	이후권					▽ 0/0 C	▽ 0/0				
	6	서용덕							△ 0/0	○ 0/0	▽ 0/0	▽ 0/0
	8	박종우	○ 0/0	○ 0/0	○ 0/0	○ 0/0 C	○ 0/0 C		○ 0/0 C	○ 0/1	○ 0/0	○ 0/0
	10	호물로	○ 0/1 C	○ 0/0	○ 0/0	○ 1/0		○ 0/0	▽ 0/0	▽ 0/1	○ 1/0	○ 1/0
	20	한상운					▽ 0/0	△ 0/0				
	23	김진규	△ 0/0	△ 1/0	▽ 1/0	△ 0/0	△ 0/0	▽ 0/0			△ 0/0	
	42	권혁규										
FW	9	최승인										
	11	이동준	▽ 1/0	○ 0/0	▽ 0/1	○ 0/0	○ 0/1	○ 0/0	○ 0/1	○ 1/0	○ 0/0	○ 0/0
	18	이정협	○ 0/0 C	○ 2/0	○ 0/0	○ 0/0	○ 2/1	▽ 0/0 C	○ 1/0	▽ 1/0 C		○ 0/1
	19	정성민										
	22	한지호	▽ 0/0 C	△ 0/0	▽ 0/0	▽ 0/1	△ 0/0	○ 0/0	▽ 0/0 C		△ 0/0	▽ 0/0
	30	디에고		▽ 0/0	△ 0/0	◈ 0/0						△ 0/0 C
	32	권용현	△ 0/0	▽ 0/0	△ 0/0	△ 0/0	▽ 0/0	△ 0/0	△ 0/0	▽ 0/0	▽ 0/0	
	86	노보트니	▽ 0/0			▽ 1/0	△ 1/0	△ 0/0 C	○ 1/0	△ 0/0	▽ 0/0	△ 1/1

위치	배번	경기번호	103	108	111	116	123	127	131	136	145	149
		날 짜	07.27	08.04	08.11	08.17	08.25	08.31	09.14	09.17	09.23	09.29
		홈/원정	원정	원정	홈	원정	홈	원정	원정	원정	홈	원정
		장 소	안산	아산	구덕	광주W	구덕	잠실	광양	대전W	구덕	부천
		상 대	안산	아산	대전	광주	안양	서울E	전남	대전	광주	부천
		결 과	패	승	승	무	무	무	무	무	승	승
		점 수	0 : 2	1 : 0	2 : 0	1 : 1	1 : 1	3 : 3	3 : 3	0 : 0	3 : 2	2 : 0
		승 점	39	42	45	46	47	48	49	50	53	56
		슈팅수	7 : 13	10 : 13	13 : 4	8 : 4	19 : 17	20 : 12	8 : 11	11 : 7	11 : 8	13 : 11
GK	1	최필수	○ 0/0	○ 0/0	○ 0/0	○ 0/0	○ 0/0	○ 0/0		○ 0/0	○ 0/0	○ 0/0
	1	구상민										
	25	김정호										
	31	김형근							○ 0/0			
DF	2	정호정		○ 0/0	▽ 0/0	▽ 0/0						
	3	박준강	△ 0/0		▽ 0/0	○ 0/0 C	○ 0/0	○ 0/0		○ 0/0	○ 0/0	
	5	노행석										
	5	차영환										
	7	김치우	○ 0/0				○ 0/0	○ 0/0	○ 0/0		○ 0/0 C	○ 0/0
	14	권진영		▽ 0/0								
	15	김명준		○ 0/0	○ 0/0	○ 0/0	○ 0/0 C	○ 0/0 C		○ 0/0	○ 0/0	○ 0/0 C
	17	이종민		▽ 0/0	△ 0/0				○ 0/0			
	26	이상준										
	27	구현준										
	28	유수철					▽ 0/0 C					
	33	김문환	○ 0/0 CC		○ 0/0	○ 0/0				○ 0/0 C	△ 0/0	○ 0/0
	35	박호영		△ 0/0	△ 0/0	△ 0/0						△ 0/0
	38	수신야르	○ 0/0	○ 0/0	○ 0/0	○ 0/0 C			○ 0/0	○ 0/0	○ 0/0	○ 0/0
	44	박경민		△ 0/0								
	45	황준호	○ 0/0 CC				△ 0/0	○ 0/0	○ 0/0			
MF	6	이후권										
	6	서용덕						△ 0/0		▽ 0/0		
	8	박종우	○ 0/0	▽ 0/0 C	○ 1/0	○ 0/0	○ 0/1	○ 0/0	○ 0/0 C		○ 0/1	○ 1/0
	10	호물로	○ 0/0	○ 0/0	○ 0/0	○ 1/0				△ 0/0	○ 1/0	▽ 0/0
	20	한상운					▽ 0/0			○ 0/0		
	23	김진규	▽ 0/0	△ 0/0	△ 0/0		○ 0/0	▽ 0/0	○ 2/0	○ 0/0	○ 0/0 C	○ 0/1
	42	권혁규							▽ 0/0			
FW	9	최승인										
	11	이동준	○ 0/0	○ 0/0	○ 1/0	○ 0/0	○ 0/0	○ 0/1	▽ 0/1	△ 0/0 C	▽ 2/0	○ 0/0
	18	이정협	▽ 0/0		○ 0/1	○ 0/0	○ 0/0 C	△ 0/0	△ 0/0	△ 0/0	▽ 0/0 C	▽ 1/0
	19	정성민										
	22	한지호	△ 0/0	○ 0/1	▽ 0/0	▽ 0/0	▽ 0/0	△ 0/0	△ 0/0	▽ 0/0	△ 0/0	△ 0/0
	30	디에고						▽ 0/0	▽ 1/0			
	32	권용현	▽ 0/0			△ 0/1	△ 0/0	▽ 0/0	△ 0/0	▽ 0/0	▽ 0/0	▽ 0/0
	86	노보트니	△ 0/0	○ 1/0 C			△ 1/0	○ 3/0	○ 0/0	○ 0/0	△ 0/0	△ 0/0

선수자료 : 득점/도움 ○ = 선발출전 △ = 교체 IN ▽ = 교체 OUT ◈ = 교체 IN/OUT C = 경고 S = 퇴장

위치	배번	경기번호	154	156	164	167	173	180	182	승강PO 1	승강PO 1	
		날 짜	10.02	10.05	10.20	10.27	11.03	11.09	11.30	12.05	12.08	
		홈/원정	원정	홈	홈	홈	홈	원정	홈	홈	원정	
		장 소	안양	구덕	구덕	구덕	구덕	잠실	구덕	구덕	창원C	
		상 대	안양	수원FC	안산	전남	아산	서울E	안양	경남	경남	
		결 과	무	승	패	무	승	승	승	3.1	승	
		점 수	2 : 2	2 : 0	0 : 2	0 : 0	3 : 2	5 : 3	1 : 0	0 : 0	2 : 0	
		승 점	57	60	60	61	64	67	67	1	4	
		슈팅수	15 : 9	13 : 12	15 : 4	13 : 8	18 : 6	15 : 17	11 : 10	11 : 4	14 : 4	
GK	1	최필수	○ 0/0	○ 0/0 C	○ 0/0	○ 0/0			○ 0/0	○ 0/0	○ 0/0 C	
	1	구상민										
	25	김정호					○ 0/0 C	○ 0/0				
	31	김형근										
DF	2	정호정				○ 0/0	○ 0/0 C	▽ 0/0				
	3	박준강	▽ 0/0		▽ 0/0 C				△ 0/0		△ 0/0	
	5	노행석										
	5	차영환			○ 0/0		△ 0/0					
	7	김치우	△ 0/0	○ 0/0					○ 0/0 C	○ 0/0 C	▽ 0/0	
	14	권진영										
	15	김명준	○ 0/0	○ 0/0	○ 0/0 C	○ 0/0 C		○ 0/0	○ 0/0	○ 0/0	○ 0/0	
	17	이종민										
	26	이상준				○ 0/0	○ 1/1	○ 0/0				
	27	구현준										
	28	유수철										
	33	김문환	○ 0/0	○ 0/0	○ 0/0				▽ 0/0	○ 0/0	○ 0/0	
	35	박호영				○ 0/0	▽ 0/0 C				△ 0/0	
	38	수신야르	○ 0/0	○ 0/0 S			○ 0/0		○ 0/0 C	○ 0/0	○ 0/0	
	44	박경민				▽ 0/0	○ 0/0	○ 0/0				
	45	황준호		△ 0/0								
MF	6	이후권										
	6	서용덕				△ 0/0		○ 0/1	△ 0/0	△ 0/0		
	8	박종우	○ 0/0	○ 0/0	○ 0/0 S			○ 0/1	○ 0/0			
	10	호물로	○ 0/0	○ 1/0	○ 0/0	○ 0/0	○ 1/0 C		○ 1/0	○ 0/0	○ 1/0	
	20	한상운						▽ 0/0				
	23	김진규	▽ 0/0	○ 0/1	○ 0/0	○ 0/0	○ 0/0	△ 0/0	▽ 0/0	▽ 0/0	○ 0/0	
	42	권혁규			△ 0/0 C							
FW	9	최승인										
	11	이동준	○ 1/0	▽ 0/0	○ 0/0	○ 0/0	△ 1/0	△ 2/0	○ 0/0	○ 0/0	▽ 0/0	
	18	이정협	△ 0/1	▽ 1/0 C		▽ 0/0	△ 0/0	○ 0/0	○ 0/0	○ 0/0	○ 0/0	
	19	정성민						△ 0/0		△ 0/0		
	22	한지호		▽ 0/0	▽ 0/0		▽ 0/0	○ 1/0	△ 0/0		▽ 0/0	
	30	디에고	△ 1/0		△ 0/0	▽ 0/0	▽ 0/0	▽ 2/0	▽ 0/0 C	▽ 0/0	△ 0/1	
	32	권용현	▽ 0/0	△ 0/0	△ 0/0	△ 0/0				△ 0/0		
	86	노보트니	○ 0/0 C	△ 0/0 C	▽ 0/0	△ 0/0	○ 0/0			▽ 0/0	○ 1/0 C	

FC 안양

창단년도_ 2013년
전화_ 031-476-3377
팩스_ 031-476-2020
홈페이지_ www.fc-anyang.com
주소_ 우 13918 경기도 안양시 동안구 평촌대로 389
389, Pyeongchon-daero, Dongan-gu, Anyang-si, Gyeonggi-do, KOREA 13918

연혁

2012 창단 및 지원 조례안 가결
프로축구연맹 리그 참가 승인
재단법인 설립 승인
초대 이우형 감독 취임
구단명 확정

2013 초대 오근영 단장 취임
프로축구단 창단식
현대오일뱅크 K리그 챌린지 2013 5위(12승 9무 14패)
K리그 대상 챌린지 베스트 11(최진수, MF)

2014 현대오일뱅크 K리그 챌린지 2014 5위(15승 6무 15패)
K리그대상 사랑나눔상
챌린지 베스트 11(최진수, MF)
제2대 이필운 구단주, 박영조 단장 취임

2015 현대오일뱅크 K리그 챌린지 2015 6위(13승 15무 12패)
K리그대상 챌린지 베스트 11(고경민, MF) 수상
제3대 이강호 단장 취임 / 제4대 김기용 단장 취임

2016 현대오일뱅크 K리그 챌린지 2016 9위(11승 13무 16패)
제5대 송기찬 단장 취임

2017 제6대 임은주 단장 취임(2월 20일)
제4대 고정운 감독 취임(11월 9일)
K리그 챌린지 7위(10승 9무 17패)
3차 풀스타디움 클럽 선정(한국프로축구연맹)
3차 플러스스타디움 클럽 선정(한국프로축구연맹)

2018 KEB하나은행 K리그2 2018 6위(12승 8무 16패)
제5대 김형열 감독 취임(11월 29일)
제7대 장철혁 단장 취임(12월 14일)

2019 하나원큐 K리그2 2019 3위(15승 10무 11패)
1차 풀스타디움 클럽 선정(한국프로축구연맹)
1차 플러스스타디움 클럽 선정(한국프로축구연맹)
K리그2 베스트11(FW 조규성, DF 김상원, MF 알렉스)

2019년 선수명단

대표이사_ 최대호 단장_ 장철혁 감독_ 김형열
수석코치_ 김동민 코치_ 권우경 GK코치_ 최익형 의무팀장_ 서준석 재활트레이너_ 황희석 전력분석관_ 김성주 키트매니저_ 주종환
주무/통역_ 한승수 전력강화부장_ 이우형 스카우터_ 송상일 실장_ 조해원

포지션	선수명		생년월일	출신교	키(cm) / 몸무게(kg)
GK	양 동 원	梁 棟 原	1987.02.05	백암고	188 / 82
	최 필 수	崔 弼 守	1991.06.20	성균관대	190 / 80
	정 민 기	鄭 民 基	1996.02.09	중앙대	190 / 78
	김 태 훈	金 兌 勳	1997.04.24	영남대	187 / 77
DF	이 선 걸	李 善 傑	1997.08.06	가톨릭관동대	170 / 63
	최 호 정	崔 晧 程	1989.12.08	가톨릭관동대	180 / 75
	유 종 현	劉 宗 賢	1988.03.14	건국대	195 / 90
	류 언 재	柳 彥 在	1994.11.05	인천대	184 / 80
	김 상 원	金 相 沅	1992.02.20	울산대	176 / 69
	김 형 진	金 炯 進	1993.12.20	배재대	185 / 72
	김 명 진	金 明 珍	1995.01.31	단국대	181 / 75
	채 광 훈	蔡 光 勳	1993.08.17	상지대	175 / 70
	이 상 용	李 相 龍	1994.03.19	전주대	180 / 71
	고 병 근	高 秉 根	1994.09.04	고려대	177 / 74
	유 연 승	兪 嚥 昇	1991.12.21	연세대	175 / 73
	홍 길 동	洪 吉 東	1997.05.29	청주대	185 / 76
	최 우 재	崔 佑 在	1990.03.27	중앙대	185 / 77
	안 성 빈	安 聖 彬	1988.10.03	수원대	180 / 75
MF	최 승 호	崔 勝 湖	1992.03.31	예원예술대	182 / 73
	은 성 수	殷 成 洙	1993.06.22	숭실대	182 / 75
	최 재 훈	崔 宰 熏	1995.11.20	중앙대	176 / 71
	김 신 철	金 伸 哲	1990.11.29	연세대	178 / 72
	주 현 재	周 鉉 宰	1989.05.26	홍익대	180 / 75
	김 영 도	金 榮 道	1994.04.04	안동과학대	180 / 70
	고 강 준	高 穅 儁	1991.11.10	전주대	176 / 67
	구 본 상	具 本 祥	1989.10.04	홍익대	180 / 74
	맹 성 웅	孟 成 雄	1998.04.24	영남대	183 / 70
	김 원 민	金 元 敏	1987.08.12	건국대	173 / 66
	이 정 빈	李 正 斌	1995.01.11	인천대	174 / 65
FW	조 규 성	曺 圭 成	1998.01.25	광주대	188 / 77
	알 렉 스	Alexandre Monteiro de Lima	1988.12.15	*브라질	175 / 74
	팔라시오스	Manuel Emilio Palacios Murillo	1993.02.13	*콜롬비아	180 / 73
	김 덕 중	金 悳 中	1996.03.02	아주대	176 / 68
	한 의 혁	韓 義 赫	1995.01.25	열린사이버대	174 / 63
	미 콜 라	Kovtaliuk Mykola	1995.04.26	*우크라이나	190 / 75
	모 재 현	牟 在 現	1996.09.24	광주대	184 / 76

2019년 개인기록_ K리그2

위치	배번	경기번호	02	10	14	20	25	29	31	40	42	49
		날 짜	03.02	03.10	03.17	03.31	04.07	04.14	04.20	04.28	05.01	05.05
		홈/원정	원정	원정	원정	원정	원정	원정	원정	원정	원정	원정
		장 소	구덕	부천	광양	안산	광주W	천안	아산	대전W	수원	부천
		상 대	부산	부천	전남	안산	광주	서울E	아산	대전	수원FC	부천
		결 과	승	패	패	무	무	패	승	승	승	무
		점 수	4 : 1	0 : 1	0 : 1	1 : 1	2 : 2	1 : 4	2 : 0	2 : 0	2 : 1	2 : 2
		승 점	3	3	3	4	5	5	8	11	14	15
		슈팅수	9 : 30	8 : 17	9 : 9	15 : 12	5 : 8	19 : 10	10 : 10	14 : 17	10 : 14	15 : 13
GK	1	양동원	○ 0/0	○ 0/0	○ 0/0	○ 0/0			○ 0/0	○ 0/0	○ 0/0	○ 0/0
	1	최필수					○ 0/0	○ 0/0				
	29	정민기										
DF	2	이선걸	▽ 0/0	▽ 0/0							○ 0/1	
	3	최호정	○ 0/0	○ 0/0	○ 0/0	○ 0/0	○ 0/0	○ 0/0	○ 0/0	○ 0/0	○ 0/0	○ 0/0
	5	유종현		△ 0/0					△ 0/0	△ 0/0	△ 0/0	△ 0/0 C
	6	류언재	○ 0/1	○ 0/0	○ 0/0	△ 0/0	○ 0/0	○ 0/0	○ 0/0	○ 0/0	○ 0/0 C	○ 0/0
	13	김상원	△ 0/0	▽ 0/0 C	▽ 0/0	○ 0/1 C	○ 0/1	○ 1/0	○ 0/2	○ 0/0		○ 0/0
	15	김형진				▽ 0/0 C		△ 0/0 C	○ 0/0	○ 0/0	○ 0/0	○ 0/0
	19	채광훈	○ 0/0	○ 0/0	○ 0/0	○ 0/0	○ 0/0	○ 0/0	○ 0/0	○ 0/0	○ 0/0	○ 0/0
	20	이상용	○ 0/0	○ 0/0	○ 0/0	○ 0/0 C	○ 0/0 C	▽ 0/0 C				
	24	유연승										
	30	안성빈										
	52	최우재										
MF	7	은성수		△ 0/0	△ 0/0						▽ 0/0	
	8	최재훈	▽ 0/0									
	10	알렉스	○ 2/0	○ 0/0 C	○ 0/0	○ 0/0	○ 0/0	○ 0/0	○ 1/0 C	○ 1/0	○ 0/1	△ 0/1
	16	주현재	△ 0/0		△ 0/0		▽ 0/0	▽ 0/0				
	26	구본상	▽ 0/0	▽ 0/0	▽ 0/0 C	▽ 0/0	△ 0/0	△ 0/0	▽ 0/0	▽ 0/0	△ 0/0	▽ 0/0
	28	맹성웅				△ 0/0	▽ 0/0	▽ 0/0 C	▽ 0/0	▽ 0/0	▽ 0/0	▽ 0/0
	88	이정빈										
FW	9	조규성	○ 0/1	○ 0/0 C	○ 0/0	○ 0/0			△ 1/0	○ 0/1	△ 2/0	○ 1/0
	11	팔라시오스	○ 1/0	○ 0/0	○ 0/0	○ 0/0	○ 1/0 C	○ 0/0	○ 0/0	△ 0/0	○ 0/0 C	△ 0/0
	14	김신철					△ 0/0					
	40	미콜라				△ 1/0	▽ 0/0	○ 0/0	▽ 0/0	▽ 1/0	▽ 0/0	▽ 1/0 C
	50	모재현										
	77	김원민	△ 0/0	△ 0/0	○ 0/0	▽ 0/0	△ 0/0	△ 0/0	△ 0/0	△ 0/0 C		○ 0/0

선수자료 : 득점/도움 ○ = 선발출전 △ = 교체 IN ▽ = 교체 OUT ◈ = 교체 IN/OUT C = 경고 S = 퇴장

위치	배번	경기번호	54	58	62	70	75	78	84	90	91	96
		날 짜	05.12	05.19	05.25	06.02	06.17	06.23	06.30	07.08	07.13	07.20
		홈/원정	홈	홈	홈	홈	홈	홈	홈	홈	홈	홈
		장 소	안양	안양	안양	안양	안양	안양	안양	안양	안양	안양
		상 대	안산	아산	서울E	광주	부산	전남	수원FC	대전	아산	광주
		결 과	무	패	승	패	패	승	승	승	승	승
		점 수	0 : 0	0 : 1	2 : 1	0 : 1	1 : 3	2 : 1	2 : 0	2 : 1	4 : 1	7 : 1
		승 점	16	16	19	19	19	22	25	28	31	34
		슈팅수	10 : 11	10 : 12	12 : 9	16 : 8	17 : 14	12 : 19	24 : 17	7 : 8	18 : 19	21 : 6
GK	1	양동원	○ 0/0	○ 0/0	○ 0/0		○ 0/0	○ 0/0	○ 0/0	○ 0/0		
	1	최필수				○ 0/0						
	29	정민기									○ 0/0 C	○ 0/0
DF	2	이선걸		△ 0/0	▽ 0/0 C		○ 0/0	○ 0/0 C				△ 0/0
	3	최호정	○ 0/0	○ 0/0	○ 0/0	○ 0/0	○ 0/0	○ 0/0 C	○ 0/0	○ 0/1	○ 0/0	○ 0/0
	5	유종현		△ 0/0 C	△ 0/0	○ 0/0 C		△ 0/0 C	△ 0/0	○ 0/0 C	○ 0/0	○ 0/0
	6	류언재	○ 0/0	○ 0/0	○ 0/0	○ 0/0	○ 0/0	○ 0/0 C	▽ 0/0			
	13	김상원	○ 0/0	○ 0/0	○ 0/0	○ 0/0	○ 0/0 C		○ 0/0 C	○ 0/1	○ 2/0	▽ 1/1
	15	김형진	○ 0/0	○ 0/0 C			▽ 0/0	○ 0/0	○ 0/0	○ 0/0	○ 0/0	○ 0/0
	19	채광훈	○ 0/0	○ 0/0 C								
	20	이상용					○ 0/0					
	24	유연승				△ 0/0		▽ 0/0	▽ 0/0	▽ 0/0	△ 0/0	
	30	안성빈							△ 0/0	△ 0/0 C	▽ 0/0	○ 0/1
	52	최우재										
MF	7	은성수										
	8	최재훈	△ 0/0		○ 0/0	○ 0/0	▽ 0/0	△ 0/0			△ 0/1	△ 0/0
	10	알렉스	○ 0/0				△ 0/0	○ 1/0	▽ 1/0	▽ 0/0	○ 0/1	○ 1/0
	16	주현재			○ 0/0	▽ 0/0	○ 0/0					
	26	구본상	▽ 0/0	○ 0/0	○ 0/0 C	○ 0/0 C		▽ 0/0 C	○ 0/0	○ 0/0	▽ 0/0	▽ 1/0 C
	28	맹성웅	▽ 0/0	▽ 0/0 C	▽ 0/0	○ 0/0 C		▽ 0/0	○ 0/0	▽ 0/0		
	88	이정빈							△ 0/1	△ 0/0	△ 0/0	▽ 1/0
FW	9	조규성	○ 0/0	○ 0/0	△ 1/0	○ 0/0	△ 0/1	○ 0/0	○ 1/0	○ 2/0	○ 1/0	○ 1/0
	11	팔라시오스	○ 0/0	▽ 0/0	○ 0/0 C		○ 1/0	○ 1/0	○ 0/0	○ 0/0	○ 1/2 C	○ 2/1
	14	김신철										
	40	미콜라		▽ 0/0	▽ 0/0	▽ 0/0	▽ 0/0					
	50	모재현										
	77	김원민	△ 0/0	△ 0/0	△ 0/0	△ 0/0	△ 0/0	△ 0/0		△ 0/0	▽ 0/0 C	△ 0/0

위치	배번	경기번호	105	109	113	118	123	126	135	139	142	150
		날 짜	07.28	08.04	08.11	08.18	08.25	08.31	09.15	09.18	09.22	09.29
		홈/원정	홈	원정	홈	원정	원정	홈	원정	홈	홈	원정
		장 소	안양	수원	안양	잠실	구덕	안양	안산	안양	안양	광양
		상 대	부천	수원FC	전남	서울E	부산	대전	안산	수원FC	서울E	전남
		결 과	무	무	승	패	무	무	승	패	승	패
		점 수	2 : 2	1 : 1	4 : 2	0 : 2	1 : 1	0 : 0	3 : 1	0 : 2	5 : 2	0 : 2
		승 점	35	36	39	39	40	41	44	44	47	47
		슈팅수	12 : 11	13 : 13	12 : 15	5 : 12	17 : 19	11 : 9	13 : 12	12 : 15	19 : 19	15 : 9
GK	1	양 동 원	○ 0/0	○ 0/0	○ 0/0	○ 0/0	○ 0/0 C	○ 0/0	○ 0/0	○ 0/0	○ 0/0	
	1	최 필 수										
	29	정 민 기										○ 0/0
DF	2	이 선 걸				▽ 0/0						
	3	최 호 정	○ 0/0	○ 0/0	○ 0/0	○ 0/0 S			○ 0/0	○ 0/0 C	○ 0/0 C	
	5	유 종 현	○ 0/1	○ 0/0	○ 0/0 C		○ 0/0	○ 0/0	○ 0/0	○ 0/0	○ 0/0	○ 0/0
	6	류 언 재						△ 0/0			○ 0/0	○ 0/0
	13	김 상 원	○ 0/0	○ 0/0 C	○ 1/0	△ 0/0	○ 0/0	○ 0/0	○ 0/1 C		▽ 0/0	▽ 0/0
	15	김 형 진	○ 0/0	○ 0/0	○ 0/0	○ 0/0 C	○ 0/0	○ 0/0	○ 0/0 C	○ 0/0		○ 0/0
	19	채 광 훈			△ 1/0	△ 0/0	○ 0/0	○ 0/0	▽ 0/0	○ 0/0	○ 0/0	○ 0/0
	20	이 상 용				△ 0/0	○ 0/0	▽ 0/0				
	24	유 연 승	△ 0/0	△ 0/0								
	30	안 성 빈	▽ 0/0	▽ 0/0	▽ 0/0	▽ 0/0	△ 0/0	△ 0/0		○ 0/0 C		△ 0/0
	52	최 우 재				○ 0/0						
MF	7	은 성 수										
	8	최 재 훈	△ 0/0	▽ 0/0	△ 0/0		△ 0/0			△ 0/0	△ 0/0	
	10	알 렉 스	○ 1/0	○ 0/1	○ 1/1	○ 0/0	○ 1/0	○ 0/0	○ 1/0	△ 0/0		▽ 0/0
	16	주 현 재							△ 0/0		△ 0/0	
	26	구 본 상	▽ 0/0 C		▽ 0/0	▽ 0/0	○ 0/0 C	○ 0/0	▽ 0/0 C	▽ 0/0	▽ 0/0	○ 0/0
	28	맹 성 웅					▽ 0/0	△ 0/0	△ 0/0	▽ 0/0		△ 0/0
	88	이 정 빈	▽ 0/0	○ 0/0	▽ 0/1	○ 0/0	○ 0/0	▽ 0/0 C	○ 0/0	○ 0/0 C	○ 1/0	▽ 0/0
FW	9	조 규 성	○ 0/0	○ 0/0	○ 0/0 C			○ 0/0	○ 2/0	○ 0/0	▽ 1/1	○ 0/0
	11	팔라시오스	○ 0/0	▽ 0/0	○ 1/0	○ 0/0			△ 0/0	○ 0/0	○ 1/2	○ 0/0
	14	김 신 철		△ 0/0							△ 0/0 C	
	40	미 콜 라										
	50	모 재 현				○ 0/0 C	▽ 0/0	▽ 0/0	▽ 0/1		○ 2/0	△ 0/0
	77	김 원 민	△ 1/0	△ 1/0	△ 0/0 C		◆ 0/0					

선수자료 : 득점/도움 ○ = 선발출전 △ = 교체 IN ▽ = 교체 OUT ◆ = 교체 IN/OUT C = 경고 S = 퇴장

위치	배번	경기번호	154	160	161	166	172	177	181	182		
		날 짜	10.02	10.05	10.19	10.26	11.02	11.09	11.23	11.30		
		홈/원정	홈	홈	원정	홈	원정	원정	홈	원정		
		장 소	안양	안양	광주W	안양	대전W	아산	안양	구덕		
		상 대	부산	부천	광주	안산	대전	아산	부천	부산		
		결 과	무	패	패	승	무	승	무	패		
		점 수	2 : 2	1 : 2	0 : 4	3 : 2	1 : 1	4 : 1	1 : 1	0 : 1		
		승 점	48	48	48	51	52	55	55	55		
		슈팅수	9 : 15	12 : 13	6 : 11	20 : 6	7 : 7	14 : 11	17 : 15	10 : 11		
GK	1	양 동 원	○ 0/0	○ 0/0	○ 0/0	○ 0/0	○ 0/0	○ 0/0	○ 0/0	○ 0/0		
	1	최 필 수										
	29	정 민 기										
DF	2	이 선 걸				△ 1/0			△ 0/0			
	3	최 호 정	○ 0/0	○ 0/0	○ 0/0	○ 0/0	○ 0/0 S	○ 0/0 C	○ 0/0	○ 0/0		
	5	유 종 현	○ 0/0	○ 0/0	○ 0/0 C		▽ 0/0 C	▽ 0/0	○ 0/0 C			
	6	류 언 재		△ 0/0		○ 0/0 C		△ 0/0				
	13	김 상 원	○ 0/0		△ 0/0	▽ 0/0	○ 0/1	○ 1/0	▽ 0/0	○ 0/0 CC		
	15	김 형 진	○ 0/0	▽ 0/0	○ 0/0	○ 0/0	○ 0/0	○ 0/0	○ 0/0	○ 0/0		
	19	채 광 훈	○ 1/0	○ 0/1	○ 0/0 C	○ 0/0	○ 0/0	○ 0/2	○ 0/0	○ 0/0 C		
	20	이 상 용					△ 0/0 C			○ 0/0		
	24	유 연 승			▽ 0/0							
	30	안 성 빈		○ 0/0								
	52	최 우 재					△ 0/0					
MF	7	은 성 수										
	8	최 재 훈	△ 0/0	△ 0/0		△ 0/0						
	10	알 렉 스	○ 0/0	○ 0/0	○ 0/0	○ 1/0		○ 1/0	○ 0/0	▽ 0/0		
	16	주 현 재										
	26	구 본 상	▽ 0/0 C		▽ 0/0	▽ 0/1	▽ 0/0	△ 0/0	▽ 0/0 C	▽ 0/0		
	28	맹 성 웅	△ 0/0	▽ 0/0	△ 0/0		○ 0/0	○ 0/0	△ 0/0	△ 0/0		
	88	이 정 빈	▽ 0/0	○ 0/0	○ 0/0	▽ 1/0	○ 0/0	▽ 1/0	○ 0/0	○ 0/0		
FW	9	조 규 성	▽ 0/0 C		○ 0/0	○ 0/0	○ 0/0	○ 1/0	▽ 0/0	○ 0/0		
	11	팔라시오스	○ 1/0	○ 0/0	△ 0/0	○ 0/0		▽ 0/1	○ 1/0 C	▽ 0/0		
	14	김 신 철										
	40	미 콜 라										
	50	모 재 현	△ 0/0	▽ 0/0	▽ 0/0		▽ 1/0		△ 0/0	△ 0/0		
	77	김 원 민		△ 1/0		△ 0/0	△ 0/0	△ 0/0		△ 0/0		

부 천 FC 1995

창단년도_ 2007년
전화_ 032-655-1995
팩스_ 032-655-1996
홈페이지_ www.bfc1995.com
주소_ 우 14655 경기도 부천시 원미구 소사로 482(춘의동 8)
482, Sosa-ro, Wonmi-gu, Bucheon-si, Gyounggi-do, KOREA 14655

연혁

2006 새로운 부천축구클럽 창단 시민모임 발족
2007 부천시와 연고지 협약
부천FC1995 창단
2008 2008 DAUM K3리그 13위(7승 7무 15패)
부천FC vs 부천OB 사랑의 자선경기
2009 AFC Wimbledon과 협약
2009 DAUM K3리그 4위(17승 9무 6패)
FC United of Manchester와 월드풋볼드림매치 개최
2010 (주)부천에프씨1995 법인설립(대표이사 정해춘)
2010 제15회 하나은행 FA컵 참가
2010 DAUM K3리그 7위(14승 4무 7패)
2011 전국체전 도대표 선발전(결승)
2011 챌린저스리그 컵대회 3위
DAUM 챌린저스리그 2011 A조 3위(8승 5무 9패)
2012 2012 DAUM 챌린저스리그 B조 5위(12승 5무 8패)
부천시민프로축구단으로서 시의회 지원 조례안 가결
한국프로축구연맹 가입 승인
2013 프로축구단으로 데뷔
현대오일뱅크 K리그 챌린지 2013 7위(8승 9무 18패)
유소년팀(U-18, U-15, U-12) 창단
2014 현대오일뱅크 K리그 챌린지 2014 10위(6승 9무 21패)
2015 K리그 최초 CGV 브랜드관 오픈(CGV부천역점 부천FC관)
뒤셀도르프 U-23과 아프리카 어린이를 위한 솔라등 기부 자선경기
현대오일뱅크 K리그 챌린지 2015 5위(15승 10무 15패)
2016 부천FC 사회적 협동조합 설립
복합 팬서비스 공간 레드바코드 오픈
K리그 챌린지 최초 FA컵 4강 진출
현대오일뱅크 K리그 챌린지 2016 3위
(19승 10무 11패) 플레이오프 진출
2016시즌 K리그 챌린지 3차 팬프랜들리 클럽 수상
2017 2017시즌 챌린지 1차 팬프랜들리 클럽상 수상
KEB하나은행 K리그 챌린지 2017 5위(15승 7무 14패)
2018 K리그2 최초 개막 5연승 기록
K리그2 1차 그린스타디움 수상(부천도시공사)
K리그2 2차 그린스타디움 수상(부천도시공사)
KEB하나은행 K리그2 2018 8위(11승 6무 19패)
2019 구단 창단 200번째 홈경기 달성
2019 아디다스 K리그 주니어 U-15 A조 우승
2019 K리그 사랑나눔상 수상
K리그2 리그 마지막 5경기 5연승 기록
하나원큐 K리그2 2019 4위(14승 10무 13패), 플레이오프 진출

2019년 선수명단

대표이사_ 정해춘 단장_ 김성남
감독_ 송선호 수석코치_ 김현재 코치_ 권오규 GK코치_ 유대순 피지컬코치_ 셀소 실바 의무트레이너_ 심명보 · 임승현
통역_ 안현진 전력분석원_ 박성동 매니저_ 권영진

포지션	선수명		생년월일	출신교	키(cm) / 몸무게(kg)
GK	이 영 창	李伶昶	1993.01.10	홍익대	189 / 84
	최 철 원	崔哲原	1994.07.23	광주대	193 / 89
	이 주 현	李周賢	1998.12.06	중앙대	188 / 78
DF	최 현 빈	崔玹孫	1996.02.28	광운대	184 / 80
	김 재 우	金載雨	1998.02.06	영등포공고	190 / 84
	박 건	朴 建	1990.07.11	수원대	184 / 77
	임 동 혁	林東奕	1993.06.08	숭실대	190 / 85
	윤 지 혁	尹志赫	1998.02.07	숭실대	190 / 85
	권 승 리	權勝利	1997.04.21	우석대	186 / 79
	국 태 정	國太正	1995.09.13	단국대	180 / 70
	김 현 철	金鉉哲	1995.02.15	울산대	181 / 70
	신 승 민	辛承珉	1997.06.11	숭실대	173 / 68
	명 성 준	明成峻	1998.03.18	대건고	177 / 68
	김 현 철	金鉉哲	1995.02.15	울산대	181 / 70
	감 한 솔	甘한솔	1993.11.19	경희대	174 / 65
	박 요 한	朴耀韓	1994.12.17	단국대	183 / 78
	김 한 빈	金漢彬	1991.03.31	선문대	173 / 65
MF	닐손주니어	Nilson Ricardo da Silva Junior	1989.03.31	*브라질	185 / 85
	문 기 한	文起韓	1989.03.17	동북고	177 / 72
	김 영 남	金榮男	1991.03.24	중앙대	178 / 75
	조 범 석	曺帆奭	1990.01.09	신갈고	182 / 77
	장 백 규	張伯圭	1991.10.09	선문대	175 / 61
	이 정 찬	李正燦	1995.06.28	홍익대	180 / 67
	추 민 열	秋旻悅	1999.01.10	부천FC1995 U-18	175 / 63
	장 현 수	張鉉洙	1993.01.01	용인대	179 / 73
	안 태 현	安部鉉	1993.03.01	홍익대	175 / 70
	김 지 호	金芝鎬	1997.08.03	수원대	174 / 69
	남 송	Nan Song	1997.06.21	*중국	173 / 61
	송 홍 민	宋洪民	1996.02.07	남부대	183 / 80
	이 시 헌	李始憲	1998.05.04	중앙대	177 / 67
	조 수 철	趙秀哲	1990.10.30	우석대	180 / 71
FW	말 론	Marlón Jonathan de Jesús Pabón	1991.09.04	*에콰도르	187 / 81
	김 륜 도	金侖度	1991.07.09	광운대	187 / 74
	정 택 훈	鄭澤勳	1995.05.26	고려대	190 / 80
	김 찬 희	金燦喜	1990.06.25	한양대	184 / 72
	조 건 규	趙建規	1998.10.15	호남대	185 / 78
	이 광 재	李曠載	1998.06.10	배재대	170 / 67

2019년 개인기록_ K리그2

위치	배번	경기번호	03	10	11	16	23	28	35	37	43	49
		날 짜	03.02	03.10	03.16	03.30	04.07	04.13	04.22	04.27	05.01	05.05
		홈/원정	홈	홈	원정	원정	홈	홈	원정	원정	홈	홈
		장 소	부천	부천	아산	구덕	부천	부천	대전W	천안	부천	부천
		상 대	수원FC	안양	아산	부산	전남	안산	대전	서울E	광주	안양
		결 과	승	승	패	무	무	패	패	승	패	무
		점 수	1 : 0	1 : 0	2 : 3	3 : 3	1 : 1	1 : 2	0 : 1	2 : 1	0 : 1	2 : 2
		승 점	3	6	6	7	8	8	8	11	11	12
		슈팅수	18 : 20	17 : 8	14 : 15	11 : 15	10 : 6	8 : 12	12 : 12	19 : 5	10 : 21	13 : 15
GK	1	이영창										
	21	최철원	○ 0/0	○ 0/0	○ 0/0	○ 0/0	○ 0/0	○ 0/0	○ 0/0	○ 0/0	○ 0/0	○ 0/0
DF	3	김재우				△ 0/0	▽ 0/0	▽ 1/0				
	4	박 건					△ 0/0					○ 0/0
	5	임동혁	○ 0/0	○ 1/0	○ 0/1	○ 0/0	○ 0/0	○ 0/0	○ 0/0	○ 0/0	○ 0/0	○ 0/0
	14	윤지혁										
	16	권승리										
	23	국태정	○ 0/0	○ 0/1 C	○ 0/0	○ 0/0	○ 0/0	○ 0/0	○ 0/0	○ 0/0	○ 0/0 S	
	30	이인규	○ 0/0	○ 0/0	○ 0/0	○ 0/0	○ 0/0	○ 0/0	○ 0/0	○ 0/0	○ 0/0	○ 0/0
	32	감한솔	○ 0/0	△ 0/0	○ 0/0	△ 0/0	▽ 0/0			○ 0/0	○ 0/0	○ 0/0
	33	박요한	△ 0/0	▽ 0/0	△ 1/0	○ 0/0		○ 0/0				
	42	김한빈										
MF	6	닐손주니어	○ 0/0	○ 0/0	○ 0/0	○ 1/0	○ 0/0	○ 0/0	○ 0/0	○ 0/0	○ 0/0	○ 0/0
	7	문기한	▽ 0/0	○ 0/0	○ 0/1 C	○ 0/0 C	○ 0/0	○ 0/1		○ 0/1 C		○ 1/0
	8	김영남	○ 0/0	○ 0/0	▽ 0/0			○ 0/0	○ 0/0	▽ 0/0		
	10	조범석										
	11	장백규							△ 0/0			
	13	이정찬									▽ 0/0	
	17	장현수		△ 0/0							△ 0/0 C	△ 0/0
	22	안태현	△ 0/0	▽ 0/0	△ 1/0	○ 1/0	○ 0/0	○ 0/0	○ 0/0	○ 0/1	○ 0/0 C	▽ 0/0
	24	김지호										
	30	송홍민				○ 1/0	○ 1/0		○ 0/0	△ 0/0	○ 0/0	▽ 0/0 C
	77	이시헌										
	90	조수철										
FW	9	말 론	▽ 0/0		○ 0/0		◆ 0/0		△ 0/0	▽ 0/0	▽ 0/0 C	△ 0/0
	10	마라냥	△ 0/0	△ 0/0	△ 0/0	▽ 0/1	○ 0/0	▽ 0/0	△ 0/0			
	18	김륜도	○ 1/0	○ 0/0 C	▽ 0/0	▽ 0/1 C	△ 0/0	△ 0/0	▽ 0/0	○ 2/0	○ 0/0	○ 1/0
	19	정택훈							▽ 0/0			△ 0/0
	20	김찬희						△ 0/0		△ 0/0	△ 0/0	
	29	조건규	▽ 0/0	▽ 0/0					▽ 0/0 C			
	44	이광재			▽ 0/0							▽ 0/0

선수자료 : 득점/도움 ○ = 선발출전 △ = 교체 IN ▽ = 교체 OUT ◆ = 교체 IN/OUT C = 경고 S = 퇴장

위치	배번	경기번호	55	60	64	68	73	80	83	89	94	97
		날 짜	05.12	05.20	05.27	06.01	06.16	06.24	06.30	07.08	07.14	07.20
		홈/원정	홈	홈	원정	홈	원정	홈	원정	원정	홈	원정
		장 소	부천	부천	안산	부천	광주W	부천	광양	수원	부천	구덕
		상 대	아산	부산	안산	대전	광주	서울E	전남	수원FC	안산	부산
		결 과	무	패	승	무	패	승	패	승	패	무
		점 수	0 : 0	1 : 3	1 : 0	1 : 1	1 : 4	3 : 2	0 : 1	3 : 0	1 : 2	2 : 2
		승 점	13	13	16	17	17	20	20	23	23	24
		슈팅수	9 : 12	12 : 16	12 : 13	20 : 10	11 : 14	5 : 19	10 : 7	14 : 9	9 : 10	10 : 22
GK	1	이영창	○ 0/0	○ 0/0								
	21	최철원			○ 0/0	○ 0/0	○ 0/0	○ 0/0	○ 0/0	○ 0/0	○ 0/0	○ 0/0
DF	3	김재우			△ 0/0				○ 0/0	○ 0/1	○ 0/0	○ 0/0
	4	박 건	○ 0/0	○ 0/0	○ 0/0	○ 0/0	○ 0/0	○ 0/1	○ 0/0	○ 0/0	○ 0/0	○ 0/0
	5	임동혁	○ 0/0	○ 0/0	○ 0/0	○ 0/0	○ 0/0	▽ 1/0		○ 1/0 C	○ 0/0	○ 0/0
	14	윤지혁										
	16	권승리						△ 0/0				
	23	국태정		○ 0/1			▽ 0/0					
	30	이인규	○ 0/0	○ 0/0	▽ 0/0	○ 0/0	▽ 0/0	▽ 0/0				
	32	감한솔	○ 0/0	○ 0/0 C	○ 0/0	○ 0/0	○ 0/0	○ 1/0	○ 0/0 C	○ 0/0	○ 0/1	○ 0/0 CC
	33	박요한										
	42	김한빈							○ 0/0 C	○ 0/1	○ 0/0	○ 0/0
MF	6	닐손주니어	○ 0/0 CC	○ 0/0	○ 0/0	○ 0/0	○ 0/0	○ 0/0	○ 0/0	○ 1/0	○ 0/0	○ 1/0
	7	문기한	▽ 0/0	▽ 0/0								△ 0/0
	8	김영남										
	10	조범석										
	11	장백규			○ 0/0 C	▽ 0/1						
	13	이정찬							△ 0/0	○ 0/0	▽ 0/0	▽ 0/0
	17	장현수			△ 0/0	△ 0/0	△ 0/0	△ 0/0				△ 0/0
	22	안태현	○ 0/0	○ 0/0	○ 0/0	○ 0/0	○ 0/0 C	○ 0/0	○ 0/0	▽ 0/0	▽ 0/0	▽ 0/0
	24	김지호					▽ 0/0	○ 0/0	▽ 0/0			
	30	송홍민	△ 0/0	△ 0/0 C	○ 0/0	○ 0/0	○ 0/0	○ 0/0	○ 0/0		△ 0/0	
	77	이시헌								△ 0/0	△ 0/0	
	90	조수철										
FW	9	말 론	▽ 0/0	▽ 0/0		△ 0/0	△ 1/0	▽ 1/0	▽ 0/0	▽ 0/1	○ 1/0	○ 0/0 C
	10	마라냥			△ 0/0	△ 0/0						
	18	김륜도	○ 0/0	○ 0/0	▽ 0/0	▽ 1/0	○ 0/0	○ 0/1	▽ 0/0	▽ 1/0	▽ 0/0	△ 0/0
	19	정택훈	△ 0/0				△ 0/0		△ 0/0			
	20	김찬희	△ 0/0	△ 1/0				△ 0/0	△ 0/0	△ 0/0	△ 0/0	▽ 0/0
	29	조건규								△ 0/0		
	44	이광재	▽ 0/0		▽ 0/0 C	▽ 0/0						

위치	배번	경기번호	105	110	112	120	121	128	133	138	143	149
		날 짜	07.28	08.04	08.10	08.19	08.24	09.01	09.15	09.18	09.22	09.29
		홈/원정	원정	원정	홈	원정	홈	원정	홈	원정	원정	홈
		장 소	안양	잠실	부천	대전W	부천	아산	부천	광주W	안산	부천
		상 대	안양	서울E	광주	대전	전남	아산	수원FC	광주	안산	부산
		결 과	무	패	무	승	패	승	무	패	승	패
		점 수	2 : 2	0 : 1	1 : 1	2 : 1	0 : 3	3 : 2	1 : 1	0 : 1	2 : 1	0 : 2
		승 점	25	25	26	29	29	32	33	33	36	36
		슈팅수	11 : 12	12 : 11	12 : 12	13 : 14	19 : 13	18 : 10	12 : 11	6 : 9	15 : 4	11 : 13
GK	1	이영창										
	21	최철원	○ 0/0	○ 0/0	○ 0/0	○ 0/0	○ 0/0	○ 0/0	○ 0/0	○ 0/0	○ 0/0	○ 0/0
DF	3	김재우	○ 0/0	○ 0/0	○ 0/0 C	○ 0/1	○ 0/0	○ 0/1	○ 0/0	○ 0/0	○ 0/0	○ 0/0
	4	박 건	○ 0/0	○ 0/0 C	○ 0/0	▽ 0/0	○ 0/0	○ 0/0 C	○ 0/0	▽ 0/0		
	5	임동혁	○ 0/0	○ 0/0	○ 0/0	○ 0/0	○ 0/0	○ 0/0	○ 0/0	○ 0/0	○ 0/0	○ 0/0
	14	윤지혁						△ 0/0				
	16	권승리										
	23	국태정										
	30	이인규										
	32	감한솔		○ 0/0	△ 0/0	△ 0/0 C		○ 0/0 C	○ 0/0	○ 0/0	○ 0/1	○ 0/0
	33	박요한										
	42	김한빈	○ 0/0	○ 0/0	○ 0/0	▽ 0/0					○ 1/0	○ 0/0
MF	6	닐손주니어	○ 1/0	○ 0/0	○ 0/0	○ 0/0	○ 0/0 C	○ 1/0	○ 0/0	○ 0/0	○ 1/0	○ 0/0
	7	문기한	▽ 0/0 C	▽ 0/0	▽ 0/1	▽ 0/0	▽ 0/0		△ 0/0	△ 0/0	△ 0/0	△ 0/0
	8	김영남										
	10	조범석				○ 0/0	○ 0/0	▽ 0/0	▽ 0/0	○ 0/0	○ 0/0	○ 0/0
	11	장백규										
	13	이정찬										
	17	장현수	△ 0/0	▽ 0/0	▽ 0/0	○ 0/0 C	○ 0/0	▽ 1/0	▽ 0/0	△ 0/0	▽ 0/0	▽ 0/0
	22	안태현	○ 0/0 C		○ 0/0	○ 0/0	○ 0/0	○ 0/0	○ 0/0	○ 0/0	○ 0/0	▽ 0/0
	24	김지호										
	30	송홍민	△ 0/0	○ 0/0	▽ 0/0	△ 0/0						
	77	이시헌	▽ 0/0	△ 0/0			△ 0/0	▽ 0/0	▽ 0/0	▽ 0/0		△ 0/0
	90	조수철									○ 0/0	▽ 0/0
FW	9	말 론	▽ 0/0 C		○ 1/0 C	○ 2/0	▽ 0/0	△ 1/1	△ 1/0	○ 0/0 C	▽ 0/0 C	
	10	마라냥										
	18	김륜도	○ 0/0	△ 0/0		△ 0/0	○ 0/0	○ 0/1	○ 0/0	△ 0/0	△ 0/0	○ 0/0
	19	정택훈	△ 1/0	△ 0/0	△ 0/0		△ 0/0		△ 0/0 C	▽ 0/0		△ 0/0
	20	김찬희		▽ 0/0	△ 0/0							
	29	조건규										
	44	이광재						△ 0/0 C				

선수자료 : 득점/도움 ○ = 선발출전 △ = 교체 IN ▽ = 교체 OUT ◈ = 교체 IN/OUT C = 경고 S = 퇴장

위치	배번	경기번호	155	160	162	170	171	179	181			
		날 짜	10.02	10.05	10.19	10.27	11.02	11.09	11.23			
		홈/원정	홈	원정	원정	홈	홈	원정	원정			
		장 소	부천	안양	광양	부천	부천	수원	안양			
		상 대	대전	안양	전남	아산	서울E	수원FC	안양			
		결 과	패	승	승	승	승	승	무			
		점 수	1 : 3	2 : 1	1 : 0	3 : 0	3 : 2	2 : 1	1 : 1			
		승 점	36	39	42	45	48	51	51			
		슈팅수	10 : 11	13 : 12	12 : 7	9 : 12	19 : 8	13 : 19	15 : 17			
GK	1	이영창										
	21	최철원	○ 0/0	○ 0/0	○ 0/0	○ 0/0 C	○ 0/0	○ 0/0	○ 0/0			
DF	3	김재우	△ 0/0	○ 0/0 C	○ 0/0	○ 0/0	○ 0/0	○ 0/0	○ 0/0			
	4	박 건	○ 0/0	▽ 0/0 C		▽ 0/0	○ 0/0	○ 1/0	○ 0/0			
	5	임동혁	○ 0/0	△ 0/0	○ 0/0							
	14	윤지혁										
	16	권승리										
	23	국태정		▽ 0/0	○ 0/0	○ 1/0 C	○ 0/0	○ 0/1	○ 0/0			
	30	이인규										
	32	감한솔	○ 0/0	○ 0/0	○ 0/0	○ 1/0	○ 0/1	○ 0/0	○ 0/1			
	33	박요한		△ 0/0	○ 0/0 CC			▽ 0/0	▽ 0/0			
	42	김한빈	▽ 0/0	△ 0/0								
MF	6	닐손주니어	○ 1/0	○ 1/0	○ 1/0	○ 0/0	○ 0/0	○ 1/0	○ 0/0			
	7	문기한				△ 0/0						
	8	김영남										
	10	조범석	○ 0/0 C	○ 0/0		○ 0/0	○ 0/0	○ 0/0	○ 0/0			
	11	장백규										
	13	이정찬				△ 0/0	△ 0/0	△ 0/0	△ 0/0			
	17	장현수	△ 0/0	○ 0/0	▽ 0/0	△ 0/0	▽ 0/0	△ 0/0	○ 0/0			
	22	안태현	○ 0/0	○ 1/0	▽ 0/0	○ 0/0	▽ 0/1	○ 0/0	○ 1/0			
	24	김지호										
	30	송홍민			△ 0/0			△ 0/0				
	77	이시헌	△ 0/0		△ 0/0							
	90	조수철	○ 0/0 C	▽ 0/0 C	○ 0/0	○ 1/0	○ 1/0 C					
FW	9	말 론			▽ 0/0	▽ 0/1	○ 2/0	▽ 0/0	△ 0/0			
	10	마라냥										
	18	김륜도	▽ 0/0	○ 0/2 C		▽ 0/0	△ 0/0	▽ 0/0	▽ 0/0			
	19	정택훈										
	20	김찬희										
	29	조건규			△ 0/0							
	44	이광재	▽ 0/0									

안 산 그 리 너 스

창단년도_ 2017년

전화_ 031-480-2002

팩스_ 031-480-2055

홈페이지_ greenersfc.com

주소_ 우 15396 경기도 안산시 단원구 화랑로 260 와스타디움 3층
3F, Wa stadium, 260, Hwarang-ro, Danwon-gu, Ansan-si, Gyeonggi-do, KOREA 15396

연혁

2016 안산시 시민프로축구단 창단 발표
창단추진준비위원회 발족
팀명칭 공모
초대 이흥실 감독 선임
'안산 그리너스 FC' 팀명칭 확정

2017 구단 엠블럼 공개
테이블석 시즌권 완판
창단식 개최
창단 첫 홈경기 승리(vs 대전 2:1승)
2017시즌 1차 '플러스 스타디움 상' 수상
2017시즌 2차 '풀 스타디움 상' 수상
사회공헌활동 230회 달성
KEB하나은행 K리그 챌린지 2017 9위(7승 12무 17패)
K리그 대상 시상식 '플러스 스타디움 상', '사랑나눔상' 수상
KEB하나은행 K리그 챌린지 최다도움상 MF 장혁진 수상

2018 샘 오취리, 안산 그리너스 FC 다문화 홍보대사 위촉
2018시즌 1차 '풀 스타디움 상' 수상
제2대 이종걸 단장 취임
2018시즌 2차 '팬 프렌들리 상' 수상
제2대 임완섭 감독 취임
사회공헌활동 341회 달성
KEB하나은행 K리그2 2018 9위(10승 9무 17패)
K리그 대상 시상식 '사랑나눔상', '그린 스타디움 상' 수상
스포츠마케팅어워드 프로스포츠 구단 부문 본상 수상

2019 제2대 김호석 대표이사 취임
이태성, 안산 그리너스 FC 홍보대사 위촉
2019시즌 1차 '그린 스타디움 상' 수상
2019시즌 2차 '그린 스타디움 상' 수상
K리그 대상 시상식 '그린 스타디움 상' 수상
K리그 대상 시상식 'K리그2 전 경기/ 전 시간 출전상'
DF 이인재 수상
'스포츠마케팅어워드' 프로스포츠 구단 부문 본상 수상
사회공헌활동 381회 달성
하나원큐 K리그2 2019 5위 (14승 8무 14패)
2019시즌 3차 '그린 스타디움 상', '풀 스타디움 상',
'플러스 스타디움 상' 수상

2019년 선수명단

대표이사_ 김호석　단장_ 이종걸　감독_ 임완섭
수석코치_ 김종영　코치_ 이재형 · 기현서　GK코치_ 양지원　의사_ 문형태　의무트레이너_ 윤찬희 · 배광한　통역_ 박원익　주무_ 정세현

포지션	선수명		생년월일	출신교	키(cm) / 몸무게(kg)
GK	황 인 재	黃仁具	1994.04.22	남부대	187 / 73
	이 희 성	李熹性	1990.05.27	숭실대	184 / 80
	하 준 호	河晙鎬	1998.07.18	충북대	191 / 78
DF	황 태 현	黃泰顯	1999.01.29	중앙대	180 / 66
	홍 영 기	洪泳基	1996.01.17	수원대	178 / 72
	이 인 재	李仁在	1992.05.13	단국대	187 / 78
	박 준 희	朴畯熙	1991.03.01	건국대	184 / 78
	이 민 규	李敏圭	1992.04.24	고려대	174 / 69
	신 일 수	申一守	1994.09.04	고려대	188 / 83
	김 진 래	金進來	1997.05.01	매탄고	180 / 68
	이 준 희	李準熙	1988.06.01	경희대	182 / 75
	김 연 수	金延洙	1993.12.29	한라대	187 / 75
	장 준 수	張準洙	1996.06.24	명지대	185 / 78
	김 경 호	金敬鎬	1996.10.05	선문대	180 / 74
	김 정 민	金晶珉	1995.09.06	영남대	172 / 65
	김 민 성	金旻聖	1995.02.21	광운대	184 / 77
	이 승 환	李承桓	1997.05.16	경일고	175 / 65
	서 현 우	徐賢瑀	2000.09.04	안산U18	178 / 65
	최 성 민	崔晟旼	1991.08.20	동국대	185 / 80
	윤 선 호	尹銑皓	1995.11.08	숭실대	190 / 85
MF	곽 성 욱	郭成煜	1993.07.12	아주대	168 / 64
	장 혁 진	張爀鎭	1989.12.06	대경대	178 / 71
	박 진 섭	朴鎭燮	1995.10.23	서울문화예대	184 / 80
	홍 재 훈	弘載勳	1996.09.11	상지대	176 / 65
	최 명 희	崔明姬	1990.09.04	동국대	176 / 75
	유 청 인	柳靑忍	1996.08.06	숭실대	183 / 77
	김 대 열	金大烈	1987.04.12	단국대	176 / 70
	곽 호 승	郭護承	1999.01.06	포틀랜드U19	177 / 70
	김 진 욱	金鎭旭	1997.03.06	홍익대	177 / 72
	마 사	Ishida Masatoshi	1995.05.04	*일본	180 / 68
FW	빈치씽코	Gustavo Vintecinco	1995.08.02	*브라질	193 / 92
	파 우 벨	Fauver Frank Mendes Braga	1994.09.14	*브라질	172 / 67
	진 창 수	秦昌守	1985.10.26	도쿄조선고	175 / 67
	이 창 훈	李昌勳	1995.11.16	수원대	184 / 73
	방 찬 준	方讚晙	1994.04.15	한남대	184 / 78
	정 철	鄭哲	1997.01.19	국제사이버대	178 / 74

2019년 개인기록_ K리그2

위치	배번	경기번호	04	07	12	20	22	28	33	38	44	47
		날 짜	03.03	03.09	03.16	03.31	04.06	04.13	04.21	04.27	05.01	05.04
		홈/원정	홈	원정	원정	홈	홈	원정	원정	홈	홈	원정
		장 소	안산	잠실	수원	안산	안산	부천	구덕	안산	안산	아산
		상 대	대전	서울E	수원FC	안양	아산	부천	부산	광주	전남	아산
		결 과	패	무	패	무	승	승	패	무	승	무
		점 수	1 : 2	1 : 1	1 : 2	1 : 1	1 : 0	2 : 1	0 : 3	0 : 0	3 : 0	1 : 1
		승 점	0	1	1	2	5	8	8	9	12	13
		슈팅수	12 : 10	16 : 3	22 : 13	12 : 15	12 : 10	12 : 8	7 : 4	9 : 10	15 : 4	10 : 9
GK	1	황인재								○ 0/0	○ 0/0	○ 0/0
	21	이희성	○ 0/0	○ 0/0	○ 0/0	○ 0/0	○ 0/0	○ 0/0	○ 0/0			
DF	2	황태현						▽ 0/0				
	4	이인재	○ 0/0	○ 0/0	○ 0/0	○ 0/0	○ 0/0	○ 1/0	○ 0/0	○ 0/0	○ 0/0	○ 0/0
	5	박준희	○ 0/0	○ 0/0	○ 0/1	○ 0/0	○ 0/0 C		○ 0/0			▽ 0/0
	16	최명희		△ 0/0			△ 0/0	○ 0/0		○ 0/0	○ 0/0	△ 0/0
	17	김진래	○ 0/0 C		○ 0/0 C	○ 0/0	○ 0/0	△ 0/0	○ 0/0	○ 0/0	△ 0/0	○ 0/0
	22	이준희		○ 0/0	▽ 0/0			▽ 0/0			▽ 0/0 C	
	23	김연수	○ 0/0	○ 0/0	○ 0/0	○ 1/0	○ 0/0	○ 0/0	○ 0/0	○ 0/0 C	○ 0/0	○ 0/0
	42	최성민										
	55	윤선호										
MF	6	곽성욱	▽ 0/0	○ 0/0	△ 0/0	○ 0/0	○ 0/1		○ 0/0	▽ 0/0		
	7	장혁진	○ 0/0 C	○ 0/0	○ 1/0 C	○ 0/1 C		○ 0/1	○ 0/0	▽ 0/0	○ 1/0	○ 0/0
	8	박진섭	△ 0/0	▽ 0/0	○ 0/0	○ 0/0	○ 0/0	○ 0/0	○ 0/0	○ 0/0	○ 0/0	○ 0/0
	12	유지민							△ 0/0			
	26	김종석										
	27	김대열	○ 0/0		▽ 0/0		○ 0/0 C		▽ 0/0	○ 0/0	△ 0/0	▽ 0/0 C
	36	김진욱									▽ 0/0	
	51	마사	▽ 0/0	△ 0/1	○ 0/0	△ 0/0	▽ 0/0		▽ 0/0	△ 0/0		▽ 0/0
	88	펠리삐				△ 0/0					▽ 0/0	
FW	9	빈치씽코	○ 1/0 S			▽ 0/0	▽ 1/0 C	○ 0/0 S			○ 2/0 C	○ 0/1 C
	10	파우벨	○ 0/0	○ 0/0	▽ 0/0			▽ 0/0	▽ 0/0	△ 0/0		△ 1/0
	11	진창수										
	18	이창훈		▽ 0/0		○ 0/0	△ 0/0	○ 0/0		△ 0/0	○ 0/0	○ 0/0 C
	19	방찬준					△ 0/0	△ 1/0	△ 0/0	▽ 0/0 C		△ 0/0
	40	심재민		▽ 0/0	△ 0/0							
	72	최호주	△ 0/0	△ 1/0	△ 0/0	▽ 0/0	▽ 0/0	△ 0/0	△ 0/0	○ 0/0	△ 0/1	

선수자료 : 득점/도움 ○ = 선발출전 △ = 교체 IN ▽ = 교체 OUT ◈ = 교체 IN/OUT C = 경고 S = 퇴장

위치	배번	경기번호	54	57	64	66	71	77	82	86	94	100
		날 짜	05.12	05.18	05.27	06.01	06.15	06.22	06.29	07.06	07.14	07.21
		홈/원정	원정	홈	홈	원정	원정	홈	홈	원정	원정	홈
		장 소	안양	안산	안산	광양	대전 W	안산	안산	광주 W	부천	안산
		상 대	안양	수원FC	부천	전남	대전	부산	서울E	광주	부천	전남
		결 과	무	패	패	승	승	무	승	패	승	승
		점 수	0 : 0	2 : 3	0 : 1	3 : 1	3 : 1	0 : 0	1 : 0	0 : 1	2 : 1	1 : 0
		승 점	14	14	14	17	20	21	24	24	27	30
		슈팅수	11 : 10	12 : 12	13 : 12	10 : 20	14 : 7	12 : 8	12 : 5	7 : 6	10 : 9	9 : 6
GK	1	황인재				○ 0/0	○ 0/0	○ 0/0	○ 0/0	○ 0/0		
	21	이희성	○ 0/0	○ 0/0	○ 0/0						○ 0/0	○ 0/0
DF	2	황태현							○ 0/0			○ 0/0
	4	이인재	○ 0/0	○ 1/0	○ 0/0	○ 0/0	○ 0/0	○ 0/0	○ 0/0	○ 0/0	○ 0/0	○ 0/0 C
	5	박준희	○ 0/0	○ 0/0	○ 0/0	○ 0/1	○ 0/0	○ 0/0	○ 0/0	○ 0/0	▽ 0/0	▽ 0/0
	16	최명희	△ 0/0	○ 0/0	△ 0/0	○ 0/0 C	○ 0/0	○ 0/0	○ 0/0	○ 0/0	○ 0/0	○ 0/0
	17	김진래	○ 0/0		○ 0/0 C			○ 0/0		○ 0/0 C		
	22	이준희		○ 0/0 C			○ 0/0 C				○ 0/0 C	
	23	김연수	○ 0/0	○ 0/0	○ 0/0	○ 0/0	○ 0/0	○ 0/0	○ 0/0	○ 0/0	○ 0/1	○ 0/0
	42	최성민									○ 0/0	○ 0/0
	55	윤선호				○ 0/0						
MF	6	곽성욱								▽ 0/0	△ 0/0	
	7	장혁진	○ 0/0	○ 0/1	○ 0/0	▽ 0/0	○ 1/1 C	○ 0/0	○ 0/0	▽ 0/0	○ 0/0 C	▽ 0/0
	8	박진섭	▽ 0/0	○ 0/0	○ 0/0	○ 1/0	○ 0/0	○ 0/0	○ 0/0 C	○ 0/0	○ 2/0	○ 0/0
	12	유지민				△ 0/0				△ 0/0	▽ 0/0	
	26	김종석				△ 0/0						
	27	김대열	○ 0/0 C		○ 0/0 S			△ 0/0				△ 0/0
	36	김진욱				▽ 1/0	▽ 0/0	▽ 0/0	▽ 0/0		▽ 0/0	△ 0/1
	51	마사			▽ 0/0		▽ 0/0		▽ 0/0			
	88	펠리삐	▽ 0/0	▽ 0/0	△ 0/0							
FW	9	빈치씽코		▽ 0/0	○ 0/0	○ 0/0	○ 1/0	○ 0/0 C	○ 0/0 C	○ 0/0	△ 0/0	○ 0/0
	10	파우벨	▽ 0/0	△ 0/0	◈ 0/0	▽ 0/0	△ 0/0	▽ 0/0	△ 0/0	▽ 0/0		▽ 0/0
	11	진창수										
	18	이창훈	○ 0/0	▽ 1/0	▽ 0/0							
	19	방찬준	△ 0/0	△ 0/0			△ 1/1	△ 0/0	△ 0/0	△ 0/0	△ 0/0	△ 1/0
	40	심재민										
	72	최호주	△ 0/0	△ 0/0		△ 0/0				△ 0/0		

위치	배번	경기번호	103	107	114	117	122	130	135	140	143	148
		날 짜	07.27	08.03	08.12	08.17	08.24	09.01	09.15	09.18	09.22	09.28
		홈/원정	홈	홈	홈	원정	원정	홈	홈	원정	홈	원정
		장 소	안산	안산	안산	수원	잠실	안산	안산	아산	안산	대전W
		상 대	부산	대전	아산	수원FC	서울E	광주	안양	아산	부천	대전
		결 과	승	패	패	승	승	승	패	무	패	무
		점 수	2 : 0	0 : 2	1 : 2	3 : 2	3 : 1	2 : 1	1 : 3	1 : 1	1 : 2	0 : 0
		승 점	33	33	33	36	39	42	42	43	43	44
		슈팅수	13 : 7	13 : 8	14 : 7	13 : 15	16 : 10	13 : 5	12 : 13	11 : 10	4 : 15	11 : 10
GK	1	황인재	○ 0/0		○ 0/0	○ 0/0	○ 0/0	○ 0/0	○ 0/0			○ 0/0
	21	이희성		○ 0/0						○ 0/0	○ 0/0	
DF	2	황태현	○ 0/1	○ 0/0	▽ 0/0	△ 0/0	○ 0/1	○ 0/0		○ 0/0	○ 0/1	○ 0/0
	4	이인재	○ 0/0	○ 0/0 C	○ 0/0	○ 0/0	○ 0/0	○ 0/0	○ 0/0	○ 0/0	○ 0/0	○ 0/0
	5	박준희	○ 0/0	▽ 0/0	▽ 0/0	○ 0/0	○ 0/0	▽ 0/0		○ 0/1	○ 1/0 C	○ 0/0
	16	최명희	○ 0/0 C	○ 0/0	○ 0/0	○ 0/0	○ 0/0	○ 0/0	○ 0/0	○ 0/0	▽ 0/0	
	17	김진래				▽ 0/0 C			▽ 0/0		△ 0/0	○ 0/0
	22	이준희										
	23	김연수	○ 0/0	○ 0/0 C	○ 0/0 C		○ 0/0	○ 0/0	○ 0/0	○ 0/0	○ 0/0 C	○ 0/0
	42	최성민	○ 0/0	○ 0/0 C	○ 0/0 C	○ 0/0	○ 0/0 C		○ 0/0	○ 0/0		○ 0/0
	55	윤선호										
MF	6	곽성욱	△ 0/0	△ 0/0	○ 0/0		△ 1/0	△ 0/0	▽ 0/0	△ 0/0	▽ 0/0	△ 0/0
	7	장혁진	▽ 0/0 C		○ 0/0	○ 0/3	▽ 1/0	▽ 0/0	○ 0/0	▽ 0/0	○ 0/0	▽ 0/0
	8	박진섭	○ 0/0	○ 0/0	○ 1/0	○ 1/0	○ 0/0	○ 0/0	○ 0/0	○ 0/0	▽ 0/0	○ 0/0
	12	유지민										
	26	김종석										
	27	김대열	▽ 0/0						○ 0/0			
	36	김진욱		▽ 0/0				▽ 0/0	△ 0/0			
	51	마사				▽ 1/0	▽ 0/0	△ 2/0	▽ 0/0	△ 1/0	△ 0/0	▽ 0/0
	88	펠리삐										
FW	9	빈치씽코	○ 1/0	○ 0/0	△ 0/0	▽ 1/0	▽ 1/0	○ 0/0 C		○ 0/0	○ 0/0	▽ 0/0 C
	10	파우벨		△ 0/0	△ 0/0	△ 0/0				▽ 0/0		
	11	진창수	△ 1/0 C	△ 0/0	▽ 0/0	△ 0/0						
	18	이창훈			△ 0/0	○ 0/0	△ 0/0	○ 0/0	△ 0/0		○ 0/0 C	△ 0/0
	19	방찬준		▽ 0/0			△ 0/1	△ 0/0	△ 1/0		△ 0/0	△ 0/0
	40	심재민										
	72	최호주										

선수자료 : 득점/도움 ○ = 선발출전 △ = 교체 IN ▽ = 교체 OUT ◈ = 교체 IN/OUT C = 경고 S = 퇴장

위치	배번	경기번호	151	157	164	166	175	176				
		날 짜	10.01	10.05	10.20	10.26	11.03	11.09				
		홈/원정	원정	홈	원정	원정	홈	원정				
		장 소	광주W	안산	구덕	안양	안산	광양				
		상 대	광주	서울E	부산	안양	수원FC	전남				
		결 과	패	승	승	패	패	패				
		점 수	1 : 2	2 : 0	2 : 0	2 : 3	1 : 2	1 : 2				
		승 점	44	47	50	50	50	50				
		슈팅수	9 : 10	10 : 7	4 : 15	6 : 20	8 : 14	10 : 16				
GK	1	황 인 재	○ 0/0		○ 0/0		○ 0/0					
	21	이 희 성		○ 0/0		○ 0/0		○ 0/0				
DF	2	황 태 현	○ 0/0	○ 0/0	○ 0/0	○ 0/0	▽ 0/0 C	▽ 0/0				
	4	이 인 재	○ 0/0	○ 0/0	○ 0/0	○ 0/0	○ 0/0	○ 0/0				
	5	박 준 희	▽ 0/0	○ 0/0	△ 0/0	△ 0/0	○ 0/0	○ 0/0				
	16	최 명 희		△ 0/0	○ 0/1	○ 0/0	○ 0/0	○ 0/0				
	17	김 진 래	○ 0/0				△ 0/0					
	22	이 준 희		○ 0/1	○ 0/0	○ 0/0		○ 0/0				
	23	김 연 수	○ 0/0	○ 0/0	○ 0/0							
	42	최 성 민	○ 0/0	○ 0/0 C	○ 0/0	▽ 0/0 C	▽ 0/0					
	55	윤 선 호										
MF	6	곽 성 욱	△ 0/0		△ 0/0	△ 0/0		△ 0/0				
	7	장 혁 진	○ 0/0	○ 0/1	▽ 1/0	▽ 0/0	▽ 0/0	○ 0/1				
	8	박 진 섭	○ 0/0	△ 0/0	○ 0/0 C	○ 0/1	○ 0/0	△ 0/0 C				
	12	유 지 민										
	26	김 종 석										
	27	김 대 열		▽ 1/0				▽ 0/0				
	36	김 진 욱										
	51	마 사	▽ 1/0	△ 0/0 C	▽ 1/0	▽ 2/0	○ 1/0	○ 0/0				
	88	펠 리 삐										
FW	9	빈치씽코	▽ 0/1 C	▽ 1/0 C		○ 0/1	○ 0/0 CC					
	10	파 우 벨		▽ 0/0								
	11	진 창 수			▽ 0/0	△ 0/0	△ 0/0	▽ 0/0				
	18	이 창 훈	△ 0/0		△ 0/0	○ 0/0	○ 0/0	○ 1/0				
	19	방 찬 준	△ 0/0				△ 0/0	△ 0/0				
	40	심 재 민										
	72	최 호 주										

전남 드래곤즈

창단년도_ 1994년

전화_ 061-815-0114

팩스_ 061-815-0119

홈페이지_ www.dragons.co.kr

주소_ 우 57801 전라남도 광양시 희망길 12-14 제철협력회관 1층
1F, 12-14, Huimang-gil, Gwangyang-si, Jeonnam, KOREA 57801

연혁

1994 (주)전남 프로축구 설립(11월 1일)
전남 드래곤즈 프로축구단 창단(12월 16일)
(사장: 한경식, 단장: 서정복, 감독: 정병탁)
1995 95 하이트배 코리안리그 전기 6위, 후기 5위
1996 제2대 단장 및 감독 이취임식(단장: 조병옥 감독: 허정무)
96 라피도컵 프로축구대회 전기 6위, 후기 6위
1997 제2대 사장 및 3대 단장 이취임식(사장: 박종태, 단장: 김영석)
97 아디다스컵 준우승, 페어플레이상
97 라피도컵 프로축구대회 준우승
제2회 FA컵 우승, 페어플레이상
1998 제3회 삼보체인지 FA컵 3위 제3대 감독 취임(감독: 이회택)
1999 제9회 아시안컵 위너스컵 준우승
바이코리아컵 K-리그 3위
제3대 사장 취임(사장: 한경식)
프로축구 올해의 페어플레이팀
2000 대한화재컵 준우승 아디다스컵 공동 3위
2001 2001 포스코 K-리그 8위
제4대 사장, 단장 취임(사장: 김문순, 단장: 서정복)
2002 삼성 파브 K-리그 5위
2003 삼성 하우젠 K-리그 4위
제8회 하나은행 FA컵 준우승, 페어플레이상
대한민국 최초 클럽시스템 도입
U-15 광양제철중학교 전국대회 2관왕
U-12 광양제철남초등학교 동원컵 왕중왕전 우승
2004 제4대 감독 취임(감독: 이장수)
제1회 통영컵 대회 우승
제5대 사장, 단장 취임(사장: 박성주, 단장: 김종대)
삼성 하우젠 K-리그 3위
2005 제5대 감독 취임(감독: 허정무)
J리그 오이타 트리니타와 자매결연(8월 4일)
삼성 하우젠 K-리그 11위
11월 6일 창단멤버 김태영 통산 250경기 출전 뒤 은퇴
제10회 하나은행 FA컵 3위
2006 제6대 사장 취임(사장: 공윤찬)
삼성 하우젠 K-리그 6위 제11회 하나은행 FA컵 우승
올해의 프로축구대상 특별상 팀 통산 500득점 달성
2007 제7대 사장 취임(사장: 이건수)
제12회 하나은행 FA컵 우승(사상 최초 2연패)
삼성 하우젠 K-리그 10위 AFC 챔피언스리그 출전
팀 통산 홈 구장 100승 달성
2008 제6대 감독 취임(감독: 박항서)
제6대 단장 취임(단장: 김영훈)
AFC 챔피언스리그 출전
삼성 하우젠 K-리그 9위 삼성 하우젠컵 준우승
2009 2009 K-리그 4위
2010 쏘나타 K리그 10위 2010 하나은행 FA컵 3위
제7대 감독 취임(감독: 정해성)
2011 제8대 사장 취임(사장: 유종호)
현대오일뱅크 K리그 2011 7위
팀 통산 200승 달성 팀 통산 700골 달성(지동원)
유스 출신 지동원 잉글랜드 프리미어리그 선더랜드 이적
2012 제8대 감독 취임(감독: 하석주/ 08.16)
감사나눔운동 시작 현대오일뱅크 K리그 2012 11위
2013 유스 출신 윤석영 잉글랜드 프리미어리그 QPR 이적
제9대 사장 취임(사장: 박세연 / 8월)
현대오일뱅크 K리그 클래식 2013 10위
팀 통산 800호골 달성(임경현)
2014 현대오일뱅크 K리그 클래식 2014 7위
제9대 감독 취임(감독: 노상래 / 11.29)
2015 현대오일뱅크 K리그 클래식 2015 9위
제20회 KEB하나은행 FA컵 4강
2015 광양제철고 전국대회 2연패
(K리그 U-18 챔피언십 우승, 백운기 전구고교축구대회 우승)
광양제철중 제51회 춘계중등연맹전 우승
광양제철남초 제주칠십리배 우승
2016 현대오일뱅크 K리그 클래식 2016 5위
K리그 대상 사회공헌상 수상
화랑대기 전국 유소년 축구대회 우승(광양제철남초)
제52회 추계중등 축구연맹전 우승(광양제철중)
2017 제22회 KEB하나은행 K리그 클래식 2017 10위
2017 U-20 월드컵 16강(한찬희, 이유현)
제10대 사장 취임(사장: 신승재)
제12대 감독 선임(감독: 유상철)
U-15 대한축구협회장배 우승 U-15 무학기 우승
2018 KEB하나은행 K리그 어워즈 2018 사랑나눔상 수상
팀 통산 1000호골 달성(유고비치)
KEB하나은행 K리그1 2018 12위
2019 제11대 사장 취임(사장: 조청명)
제13대 감독 선임(감독: 파비아노 수아레즈)
하나원큐 K리그2 2019 6위
제14대 감독 선임(감독: 전경준)

2019년 선수명단

대표이사_ 조청명　사무국장_ 이정민
감독_ 전경준(대행)　코치_ 김남일 · 안재곤 · 한동훈　GK코치_ 신범철　피지컬코치_ 세르히오　의무트레이너_ 고영재 · 이길우 · 박세안
장비_ 김현중　비디오분석관_ 백송화　통역_ 박은규　매니저_ 송창권

포지션	성명		생년월일	출신교	키(cm) / 몸무게(kg)
GK	박준혁	朴俊赫	1987.04.11	전주대	183 / 79
	이호승	李昊乘	1989.12.21	동국대	188 / 80
	임민혁	林民奕	1994.03.05	고려대	186 / 79
	박대한	朴大翰	1996.04.19	인천대	183 / 77
DF	최효진	崔孝鎭	1983.08.18	아주대	172 / 70
	이지남	李指南	1984.11.21	안양공고	186 / 72
	곽광선	郭珖善	1986.03.28	숭실대	186 / 76
	안병건	安眪乾	1988.12.08	한라대	190 / 80
	가솔현	賈率賢	1991.02.12	고려대	192 / 88
	김주원	金走員	1991.07.29	영남대	185 / 83
	이슬찬	李슬찬	1993.08.15	광양제철고	172 / 65
	안셀	Nicolas Clive Ansell	1994.02.02	*오스트레일리아	186 / 82
	김민준	金大浩	1994.03.22	울산대	179 / 73
	최준기	崔俊基	1994.04.13	보인고	180 / 77
	최재현	崔在現	1994.04.20	광운대	184 / 77
	신진하	申昊津	1996.09.03	한양대	177 / 71
	신찬우	申讚優	1997.02.08	연세대	174 / 72
	이유현	李裕賢	1997.02.08	단국대	179 / 74
	김진성	金秦星	1997.06.16	한남대	187 / 76
	김민혁	金旼奕	2000.03.24	광양제철고	180 / 70
MF	윤동민	尹東民	1988.07.24	경희대	176 / 72
	이후권	李厚權	1990.10.30	광운대	180 / 75
	김영욱	金泳旭	1991.04.29	광양제철고	177 / 70
	윤용호	尹龍鎬	1996.03.06	한양대	173 / 68
	한찬희	韓賛熙	1997.03.17	광양제철고	181 / 75
	최익진	崔益震	1997.05.03	아주대	175 / 66
	김건웅	金健雄	1997.08.29	울산현대고	185 / 81
	하태균	河太均	1987.11.02	단국대	187 / 80
FW	브루노 누네즈	Bruno Fernandes Nunes	1990.07.08	*브라질	186 / 82
	마쎄도	Wanderson de Macedo Costa	1992.05.31	*브라질	185 / 78
	정재희	鄭在熙	1994.04.28	상지대	174 / 70
	정희웅	鄭喜熊	1995.05.18	청주대	175 / 60
	바이오	Henrique Baio da Cunha Bruno	1995.10.03	*브라질	197 / 103
	조윤형	趙允亨	1996.06.02	안동과학대	176 / 69
	한창우	韓昌佑	1996.07.28	중앙대	180 / 77
	김경민	金烱珉	1997.01.22	전주대	185 / 78
	추정호	秋正昊	1997.12.09	중앙대	182 / 72

2019년 개인기록 _ K리그2

위치	배번	경기번호	01	09	14	17	23	27	34	36	44	46
		날 짜	03.02	03.10	03.17	03.30	04.07	04.13	04.22	04.27	05.01	05.04
		홈/원정	홈	홈	홈	홈	원정	원정	홈	홈	원정	원정
		장 소	광 양	광 양	광 양	광 양	부 천	수 원	광 양	광 양	안 산	광 주 W
		상 대	아 산	대 전	안 양	광 주	부 천	수 원 FC	서 울 E	부 산	안 산	광 주
		결 과	패	패	승	패	무	무	무	승	패	패
		점 수	0 : 3	1 : 3	1 : 0	1 : 2	1 : 1	1 : 1	1 : 1	1 : 0	0 : 3	0 : 2
		승 점	0	0	3	3	4	5	6	9	9	9
		슈팅수	11 : 7	8 : 11	9 : 9	14 : 13	6 : 10	5 : 12	10 : 6	7 : 10	4 : 15	17 : 6
GK	1	박 준 혁					○ 0/0	○ 0/0	○ 0/0 C	○ 0/0	○ 0/0	○ 0/0
	21	이 호 승	○ 0/0	○ 0/0	○ 0/0	○ 0/0						
DF	2	최 효 진		○ 0/0	○ 0/0	○ 0/0 C	○ 0/0	○ 1/0	○ 0/1	○ 0/0	○ 0/0	○ 0/0
	3	가 솔 현			○ 0/0	○ 0/0	○ 0/0	○ 0/0	○ 0/0	○ 0/0	○ 0/0 C	
	5	안 셀		▽ 0/0				○ 0/0	○ 0/0			○ 0/0
	7	이 슬 찬			○ 0/0	○ 0/0	○ 0/0					
	11	이 유 현		○ 0/0 C				△ 0/0		△ 0/0	▽ 0/0	○ 0/0
	13	김 민 준	○ 0/0						△ 0/0	○ 0/0	▽ 0/0	△ 0/0
	15	김 진 성	○ 0/0 CC				▽ 0/0					
	17	이 지 남	△ 0/0	△ 0/0						○ 0/0	○ 0/0	○ 0/0
	20	곽 광 선	▽ 0/0						○ 0/0	○ 0/0	○ 0/0	
	22	최 재 현	○ 0/0	○ 0/0	▽ 1/0	○ 1/0	▽ 0/0	○ 0/0	▽ 0/0		▽ 0/0	▽ 0/0
	24	김 민 혁			△ 0/0	△ 0/0	△ 0/0 CC		△ 0/0	▽ 0/0		
	26	안 병 건		○ 0/0 C	○ 0/0 C	○ 0/0 C						
	37	신 진 하	○ 0/0					◆ 0/0				
	40	최 준 기										
	66	김 주 원										
MF	4	김 건 웅		△ 0/0	○ 0/0 C	○ 0/0	○ 0/0	○ 0/0	○ 0/0	○ 1/0	○ 0/0 C	▽ 0/0
	6	이 후 권										
	8	유고비치	○ 0/0	○ 0/0	○ 0/0 C	▽ 0/0 C				△ 0/0	△ 0/0	△ 0/0 C
	8	윤 용 호										
	14	김 영 욱	○ 0/0	▽ 0/0			○ 1/0 C	○ 0/0	▽ 1/0			▽ 0/0
	16	한 찬 희		▽ 0/0		△ 0/0	○ 0/0	▽ 0/0 C	△ 0/0 C	○ 0/1	○ 0/0	○ 0/0
	25	한 승 욱	△ 0/0		△ 0/0 C		△ 0/0	△ 0/0				
	27	정 재 희	▽ 0/0		▽ 0/0	○ 0/1	○ 0/0	○ 0/0 C	○ 0/0		△ 0/0	○ 0/0
FW	9	브루노 누네스	○ 0/0	○ 1/0	▽ 0/0	▽ 0/0		▽ 0/1	○ 0/0	▽ 0/0	○ 0/0 C	○ 0/0
	10	마 쎄 도										
	18	김 경 민	△ 0/0	△ 0/0 C	△ 0/0		△ 0/0			△ 0/0	△ 0/0	
	19	최 익 진			○ 0/0 C	▽ 0/0 C	▽ 0/0	○ 0/0	▽ 0/0	▽ 0/0		
	23	추 정 호										
	28	조 윤 형										
	29	한 창 우				△ 0/0 C						△ 0/0
	33	정 희 웅	▽ 0/0	○ 0/1								
	95	바 이 오										

선수자료 : 득점/도움 ○ = 선발출전 △ = 교체 IN ▽ = 교체 OUT ◆ = 교체 IN/OUT C = 경고 S = 퇴장

위치	배번	경기번호	52	56	65	66	74	78	83	88	93	100
		날 짜	05.11	05.18	05.27	06.01	06.17	06.23	06.30	07.07	07.14	07.21
		홈/원정	홈	원정	원정	홈	원정	원정	홈	원정	홈	원정
		장 소	광양	대전W	구덕	광양	천안	안양	광양	아산	광양	안산
		상 대	수원FC	대전	부산	안산	서울E	안양	부천	아산	대전	안산
		결 과	패	승	패	패	승	패	승	무	승	패
		점 수	1 : 2	2 : 1	0 : 1	1 : 3	1 : 0	1 : 2	1 : 0	1 : 1	2 : 0	0 : 1
		승 점	9	12	12	12	15	15	18	19	22	22
		슈팅수	16 : 11	16 : 14	12 : 14	20 : 10	10 : 13	19 : 12	7 : 10	5 : 20	9 : 10	6 : 9
GK	1	박준혁	○ 0/0	○ 0/0	○ 0/0	○ 0/0	○ 0/0	○ 0/0	○ 0/0	○ 0/0	○ 0/0	○ 0/0
	21	이호승										
DF	2	최효진	○ 0/0	○ 0/0	○ 0/0 C	○ 0/0	○ 0/1	○ 0/0	○ 0/0	○ 0/0	○ 0/0	○ 0/0
	3	가솔현					△ 0/0	○ 0/0 C	○ 0/1	○ 0/0	○ 0/0	○ 0/0 C
	5	안셀	○ 0/0						▽ 0/0	○ 0/0 S		
	7	이슬찬					○ 0/0	○ 0/0 C	○ 0/0	○ 0/0	○ 0/0	○ 0/0
	11	이유현	○ 0/0	○ 0/0 C	○ 0/0	○ 0/0	○ 0/0	△ 1/0 C		○ 0/0 CC		▽ 0/0
	13	김민준	△ 0/0 C	○ 0/0 C	○ 0/0	▽ 0/0	△ 0/0	▽ 0/0	△ 0/0			
	15	김진성										
	17	이지남	○ 0/0	○ 0/0	○ 0/0 C	○ 1/0	○ 0/0	○ 0/0	△ 0/0	△ 0/0	○ 0/0	○ 0/0
	20	곽광선	▽ 0/0	○ 0/0	○ 0/0 C	○ 0/0	○ 0/0	○ 0/0	○ 0/0	○ 0/0	○ 0/0	○ 0/0
	22	최재현						△ 0/0	△ 0/0	△ 0/0	▽ 1/0	○ 0/0
	24	김민혁										
	26	안병건										
	37	신진하										
	40	최준기										
	66	김주원										
MF	4	김건웅	○ 0/0	▽ 0/0	△ 0/0	○ 0/0	▽ 0/0	○ 0/0	○ 0/0	▽ 0/0	○ 0/1	▽ 0/0
	6	이후권								△ 0/0		
	8	유고비치										
	8	윤용호									△ 0/0	
	14	김영욱		△ 1/0 C	▽ 0/0		○ 0/0 C		○ 1/0 C	▽ 0/0	△ 0/0	△ 0/0
	16	한찬희	○ 0/0	○ 1/0	○ 0/0	○ 0/0	○ 0/0 C		▽ 0/0		▽ 1/0	○ 0/0
	25	한승욱	▽ 1/0	▽ 0/0	▽ 0/0	▽ 0/0						
	27	정재희	○ 0/1	○ 0/1	▽ 0/0	○ 0/1	△ 0/0					
FW	9	브루노 누네스	▽ 0/0		△ 0/0 C	△ 0/0	▽ 1/0	▽ 0/0	▽ 0/0	○ 1/0	○ 0/1	
	10	마쎄도	△ 0/0 C	△ 0/0								
	18	김경민		▽ 0/0	○ 0/0	▽ 0/0	▽ 0/0	▽ 0/0				△ 0/0
	19	최익진										
	23	추정호										
	28	조윤형				△ 0/0						
	29	한창우						△ 0/0				
	33	정희웅	△ 0/0	△ 0/0	△ 0/0	△ 0/0		○ 0/0 C	○ 0/0	▽ 0/0 C	▽ 0/0	▽ 0/0
	95	바이오									△ 0/0	△ 0/0 C

위치	배번	경기번호	104	106	113	119	121	129	131	137	144	150
		날 짜	07.28	08.03	08.11	08.19	08.24	09.01	09.14	09.17	09.23	09.29
		홈/원정	홈	홈	원정	홈	원정	원정	홈	원정	원정	홈
		장 소	광양	광양	안양	광양	부천	수원	광양	천안	아산	광양
		상 대	서울E	광주	안양	아산	부천	수원FC	부산	서울E	아산	안양
		결 과	패	무	패	승	승	무	무	무	패	승
		점 수	0 : 1	1 : 1	2 : 4	2 : 0	3 : 0	2 : 2	3 : 3	2 : 2	0 : 1	2 : 0
		승 점	22	23	23	26	29	30	31	32	32	35
		슈팅수	11 : 5	9 : 7	15 : 12	6 : 7	13 : 19	9 : 16	11 : 8	7 : 11	8 : 8	9 : 15
GK	1	박 준 혁	○ 0/0	○ 0/0	○ 0/0	○ 0/0	○ 0/0 C	○ 0/0	○ 0/0	○ 0/0	○ 0/0	○ 0/0
	21	이 호 승										
DF	2	최 효 진	▽ 0/0		○ 0/0	○ 0/0	○ 0/0	○ 0/0	○ 0/0	○ 0/0		
	3	가 솔 현		○ 0/0 C	▽ 0/0	△ 0/0	△ 0/0				△ 0/0	
	5	안 셀							△ 0/0		○ 0/0 C	○ 0/0
	7	이 슬 찬	▽ 0/0	▽ 0/0	○ 0/0		○ 0/1 C	○ 0/0			▽ 0/0	○ 0/0
	11	이 유 현							△ 0/0 C	○ 0/1	○ 0/0	○ 0/0
	13	김 민 준		○ 0/0		○ 0/0 C						
	15	김 진 성					△ 0/0					
	17	이 지 남	▽ 0/0									
	20	곽 광 선	○ 0/0	○ 0/0	○ 0/0	○ 0/0	○ 0/0	○ 0/0	○ 0/0 C	○ 0/0		○ 0/0
	22	최 재 현	○ 0/0 C	▽ 0/0	▽ 0/0	△ 0/0			▽ 0/0 C			
	24	김 민 혁										
	26	안 병 건										
	37	신 진 하										
	40	최 준 기		○ 0/0	○ 0/0	▽ 0/0	○ 0/0					
	66	김 주 원				○ 0/0 C	▽ 0/0	○ 0/0	○ 0/0	○ 0/0	○ 0/0	○ 0/0
MF	4	김 건 웅	○ 0/0	△ 0/0	△ 1/0	○ 0/0	○ 0/0	○ 0/0		△ 0/0 C		△ 0/0
	6	이 후 권						△ 0/0	▽ 0/0	○ 0/0	○ 0/0	△ 0/0 C
	8	유고비치										
	8	윤 용 호	△ 0/0	△ 0/0	▽ 0/0 C		△ 1/0					
	14	김 영 욱	○ 0/0 C	▽ 0/1	○ 1/0 C		▽ 0/0	○ 0/0	○ 0/1	▽ 0/0	▽ 0/0	○ 0/0
	16	한 찬 희	○ 0/0 C	○ 0/0	○ 0/1 C	○ 0/0 C		▽ 0/0	○ 1/0	○ 0/0	○ 0/0 C	▽ 0/0 C
	25	한 승 욱										
	27	정 재 희	△ 0/0	○ 1/0	○ 0/0	▽ 1/0	○ 1/1	▽ 0/1	○ 0/1	△ 1/0	▽ 0/0	▽ 0/1
FW	9	브루노 누네스						△ 1/0		△ 1/0	○ 0/0	▽ 0/0
	10	마 쎄 도										
	18	김 경 민		△ 0/0	△ 0/0	▽ 0/1	▽ 0/0	▽ 0/0	▽ 1/0	▽ 0/0		△ 1/0
	19	최 익 진										
	23	추 정 호	△ 0/0			△ 0/0		△ 0/1	△ 0/0	▽ 0/0	△ 0/0	
	28	조 윤 형									△ 0/0 C	
	29	한 창 우										
	33	정 희 웅	○ 0/0		△ 0/0							
	95	바 이 오	○ 0/0 C	○ 0/0 C		○ 1/0	○ 1/0 C	○ 1/0	○ 1/0	○ 0/0	○ 0/0	○ 1/0 C

선수자료 : 득점/도움 ○ = 선발출전 △ = 교체 IN ▽ = 교체 OUT ◈ = 교체 IN/OUT C = 경고 S = 퇴장

위치	배번	경기번호	153	159	162	167	174	176				
		날 짜	10.02	10.05	10.19	10.27	11.03	11.09				
		홈/원정	홈	원정	홈	원정	원정	홈				
		장 소	광양	대전W	광양	구덕	광주W	광양				
		상 대	수원FC	대전	부천	부산	광주	안산				
		결 과	승	승	패	무	승	승				
		점 수	3 : 2	2 : 1	0 : 1	0 : 0	2 : 1	2 : 1				
		승 점	38	41	41	42	45	48				
		슈팅수	10 : 15	9 : 7	7 : 12	8 : 13	10 : 10	16 : 10				
GK	1	박준혁	o 0/0	o 0/0	o 0/0	o 0/0	o 0/0 C					
	21	이호승						o 0/0				
DF	2	최효진		o 0/0				△ 0/1				
	3	가솔현		△ 0/0								
	5	안셀	o 0/0		o 0/0	o 0/0	o 0/0	o 0/0				
	7	이슬찬	o 0/0		o 0/0	o 0/0 C		o 0/0				
	11	이유현	o 0/0	o 0/0	▽ 0/0	o 0/0		▽ 0/0				
	13	김민준					△ 0/0					
	15	김진성										
	17	이지남										
	20	곽광선	o 0/0	o 0/0		o 0/0	▽ 0/0					
	22	최재현										
	24	김민혁										
	26	안병건										
	37	신진하										
	40	최준기										
	66	김주원	o 0/0	o 0/0	o 0/0 C		o 0/0	o 0/0 C				
MF	4	김건웅	△ 0/0	△ 0/0	o 0/0	o 0/0	△ 1/0	o 0/0 C				
	6	이후권		▽ 0/0	▽ 0/0	▽ 0/0	o 0/0					
	8	유고비치										
	8	윤용호										
	14	김영욱	o 0/0 C	o 1/0	▽ 0/0	△ 0/0	o 0/1	o 0/0				
	16	한찬희	▽ 0/0	o 0/0 C		o 0/0	o 0/0 C	▽ 0/0				
	25	한승욱										
	27	정재희	▽ 0/0 C	o 1/0	o 0/0	o 0/0	o 0/1	o 0/1				
FW	9	브루노 누네스	o 1/1 C		o 0/0	▽ 0/0		△ 0/0 C				
	10	마쎄도										
	18	김경민	△ 0/0	▽ 0/0	△ 0/0	▽ 0/0	△ 0/0	△ 0/0				
	19	최익진										
	23	추정호		▽ 0/0	△ 0/0		▽ 0/0	▽ 0/0				
	28	조윤형	△ 0/0	△ 0/0	△ 0/0	△ 0/0	▽ 0/0					
	29	한창우										
	33	정희웅										
	95	바이오	▽ 2/0 C		o 0/0	△ 0/0 C	o 1/0	o 2/0				

아 산 무 궁 화

창단년도_ 2017년
전화_ 041-533-2017
팩스_ 041-544-2017
홈페이지_ www.asanfc.com
주소_ 우 31580 충청남도 아산시 남부로 370-24 이순신종합운동장 내
Yi Sun-Sin Sports Complex, 370-24, Nambu-ro, Asan-si, Chungcheongnam-do, KOREA 31580

연혁

2016 아산무궁화프로축구단 창단추진 발표
한국프로축구연맹 창단승인
아산무궁화프로축구단 박성관 초대 대표이사 취임
아산무궁화프로축구단 사무국 출범
초대 송선호 감독 선임
아산무궁화프로축구단 엠블럼 및 슬로건(함께해U) 발표

2017 아산무궁화프로축구단 운영협약 진행(아산시 - 경찰대학교 - 한국프로축구연맹)
아산무궁화프로축구단 마스코트 발표(붱붱이, 수리)
유소년클럽 창단(U-12 / U-15 / U-18)
제22회 KEB하나은행 FA컵 16강 진출
KEB하나은행 K리그 챌린지 정규시즌 3위
KEB하나은행 K리그 챌린지 준플레이오프 진출
KEB하나은행 K리그 챌린지 플레이오프 진출
KEB하나은행 K리그 챌린지 유료관중비율(68%) 1위 달성
박동혁 감독 선임

2018 아산무궁화프로축구단 캐치프레이즈 '노랑 파란(波瀾)' 발표
아산무궁화프로축구단 U18 K리그 주니어리그 참가
2018 KEB하나은행 FA컵 8강 진출
KEB하나은행 K리그2 2018, 2차 '플러스 스타디움상' 수상
KEB하나은행 K리그2 2018 정규시즌 우승
'비타민 프로젝트' 지역공헌활동 연 100회 달성
아산무궁화프로축구단 공식 응원가 '질풍가도' 공개

2019 2019 시즌 캐치프레이즈 '아산의 축구는 계속된다' 발표
아산무궁화프로축구단 홍보대사 'BJ 홍구' 임명
2019 시즌 유료관중 전년도 대비 85% 증가

2019년 선수명단

구단주_ 오세현 대표이사_ 박성관 사무국장(代)_ 박명화 감독_ 박동혁
코치_ 이정규 코치_ 이완 GK코치_ 권순형 의무트레이너_ 엄성현·정성령 팀매니저_ 이선우

포지션	선수명		생년월일	출신교	키(cm) / 몸무게(kg)	전 소속팀
GK	김 영 익	金永翊	1996.01.21	충북대	190 / 80	양평FC
	이 기 현	李起現	1993.12.16	동국대	192 / 82	부천FC
	제 종 현	諸鐘炫	1991.12.06	숭실대	191 / 93	청주FC
DF	이 완	李 宛	1984.05.03	연세대	181 / 76	강원FC
	김 기 영	金基永	1996.08.14	울산대	176 / 70	울산
	정 다 훤	鄭多烜	1987.12.22	충북대	181 / 78	광주
	민 준 영	閔竣渶	1996.07.27	동국대	170 / 66	경남
	박 성 우	朴晟佑	1995.10.11	광운대	179 / 72	포항
	전 효 석	全效奭	1997.05.28	제주국제대	187 / 73	제주국제대
	장 순 혁	張淳赫	1993.04.16	중원대	188 / 78	부천
	정 성 현	鄭成賢	1996.03.25	동국대	186 / 86	강원
	박 재 우	朴宰佑	1995.10.11	건국대	177 / 70	대전
	정 원 영	鄭元寧	1992.05.26	선문대	185 / 78	인천
MF	김 민 석	金珉錫	1997.09.20	숭실대	175 / 60	숭실대
	양 태 렬	梁兌列	1995.05.25	광운대	179 / 73	포항
	주 원 석	朱源錫	1996.01.19	청주대	177 / 75	부산교통공사
	최 영 훈	崔榮熏	1993.05.29	연세대	187 / 80	강릉시청
	최 요 셉	崔요셉	1989.09.22	관동대	173 / 70	강원
	박 세 직	朴世直	1989.05.25	한양대	178 / 76	인천
	김 경 우	金敬祐	1996.09.20	울산대	176 / 65	강원
FW	김 민 우	金玟佑	1997.06.03	홍익대	181 / 68	홍익대
	송 환 영	宋奐永	1997.10.11	한양대	183 / 72	한양대
	김 레 오	金레오	1996.10.02	울산대	180 / 74	울산
	오 세 훈	吳世勳	1999.01.15	현대고	193 / 85	울산
	남 희 철	南希撤	1995.05.02	동국대	184 / 80	천안시청
	박 민 서	朴民西	1998.06.30	호남대	182 / 65	호남대
	변 재 호	邊在灝	1998.04.24	안동과학대	176 / 74	서울중랑축구단
	남 윤 재	南潤宰	1996.05.31	충남기계공고	181 / 68	대전
	김 도 엽	金仁漢	1988.11.26	선문대	180 / 72	성남
	이 재 건	理在健	1997.02.22	송호대	181 / 72	AFC투비즈

2019년 개인기록_ K리그2

위치	배번	경기번호	01	08	11	18	22	26	31	39	41	47
		날짜	03.02	03.10	03.16	03.30	04.06	04.13	04.20	04.28	05.01	05.04
		홈/원정	원정	원정	홈	홈	원정	홈	홈	홈	원정	홈
		장소	광양	광주W	아산	아산	안산	아산	아산	아산	대전W	아산
		상대	전남	광주	부천	서울E	안산	부산	안양	수원FC	대전	안산
		결과	승	패	무	승	패	패	패	패	승	무
		점수	3 : 0	0 : 4	3 : 2	3 : 1	0 : 1	2 : 5	0 : 2	1 : 2	1 : 0	1 : 1
		승점	3	3	6	9	9	9	9	9	12	13
		슈팅수	7 : 11	12 : 10	15 : 14	13 : 7	10 : 12	11 : 17	10 : 10	15 : 10	6 : 11	9 : 10
GK	21	양형모	○ 0/0	○ 0/0	○ 0/0	○ 0/0	○ 0/0	○ 0/0		○ 0/0		
	24	이기현										
	41	최봉진							○ 0/0		○ 0/0	○ 0/0
	90	제종현										
DF	2	정다훤										
	3	김기영										
	5	장순혁		△ 0/0					△ 0/0			
	16	전효석										
	19	민준영										
	26	이한샘	○ 0/0	○ 0/0	○ 0/0 C	○ 0/0	○ 0/0 C	○ 0/0 CC		○ 0/0	○ 0/0	○ 0/0
	26	박성우										
	28	박재우						△ 0/0	○ 0/0	○ 0/0	▽ 0/0	○ 0/0
	30	김지운		▽ 0/0							△ 0/0	
	32	정원영										
	66	김주원	○ 0/0	○ 0/0	○ 0/0 C	○ 0/0	○ 0/0	○ 0/0 S				△ 0/0
	92	김동진	○ 0/0	○ 0/0	○ 0/0	○ 0/0 C	○ 0/0	○ 0/0	▽ 0/0 C	○ 0/0	○ 0/0	▽ 0/0
MF	7	김도혁	○ 0/0	▽ 0/0	▽ 0/0	▽ 0/0	○ 0/0		○ 0/0	○ 0/1	○ 0/0 C	○ 0/0
	10	조범석	△ 0/0	△ 0/0		△ 0/0		△ 0/0	○ 0/0	▽ 0/0	○ 0/0	○ 0/0
	12	주원석										
	14	양태렬										
	17	안현범	○ 0/0		○ 0/0	○ 0/1	○ 0/0	○ 0/0	○ 0/0	▽ 0/0		
	23	김민석				△ 0/0				△ 0/0		
	30	송환영										
	66	주세종	○ 0/1	○ 0/0 S			▽ 0/0	○ 0/1	○ 0/0	○ 0/0	○ 0/0 C	○ 0/0 C
	70	최요셉	△ 0/0								△ 0/0	
	79	이명주	▽ 0/0 C	○ 0/0	○ 0/0	○ 0/0	○ 0/0	○ 1/0 C	○ 0/0	○ 0/0	○ 0/0	▽ 0/0
	88	김선민			△ 0/0							
	88	김경우										
	89	박세직										
	94	임창균			▽ 0/0	▽ 0/0	△ 0/0	▽ 0/0	▽ 0/0	△ 0/0	▽ 0/0	▽ 0/0
FW	9	오세훈	○ 1/1	○ 0/0	○ 0/0	▽ 1/0	▽ 0/0		○ 0/0	△ 1/0	▽ 0/1	○ 0/0
	11	고무열	▽ 1/0	○ 0/0	○ 3/0	○ 1/0	○ 0/0	▽ 1/0	▽ 0/0	○ 0/0 C	○ 1/0	○ 0/0
	18	남희철			△ 0/0	△ 0/0	△ 0/0	▽ 0/0 C			△ 0/0	
	20	김도엽										
	25	김민우		▽ 0/0	△ 0/0							
	37	김레오	▽ 0/0				△ 0/0	△ 0/0	△ 0/0			△ 0/0
	77	박민서	△ 1/0	△ 0/0	▽ 0/1	○ 1/0	▽ 0/0	○ 0/1	△ 0/0	▽ 0/0		△ 0/0
	97	이재건										

선수자료 : 득점/도움 ○ = 선발출전 △ = 교체 IN ▽ = 교체 OUT ◈ = 교체 IN/OUT C = 경고 S = 퇴장

위치	배번	경기번호	55	58	63	69	72	76	85	88	91	98
		날 짜	05.12	05.19	05.26	06.02	06.15	06.22	06.30	07.07	07.13	07.21
		홈/원정	원정	원정	홈	원정	원정	홈	원정	홈	원정	홈
		장 소	부천	안양	아산	천안	수원	아산	구덕	아산	안양	아산
		상 대	부천	안양	광주	서울E	수원FC	대전	부산	전남	안양	서울E
		결 과	무	승	무	무	패	승	승	무	패	승
		점 수	0 : 0	1 : 0	0 : 0	2 : 0	0 : 2	1 : 0	4 : 2	1 : 1	1 : 4	3 : 2
		승 점	14	17	18	21	21	24	27	28	28	31
		슈팅수	12 : 9	12 : 10	9 : 11	8 : 12	13 : 14	10 : 8	17 : 14	20 : 5	19 : 18	14 : 15
GK	21	양 형 모										
	24	이 기 현										
	41	최 봉 진	○ 0/0	○ 0/0 C	○ 0/0	○ 0/0	○ 0/0	○ 0/0	○ 0/0	○ 0/0	○ 0/0	○ 0/0
	90	제 종 현										
DF	2	정 다 훤										
	3	김 기 영										
	5	장 순 혁	▽ 0/0	○ 0/0	○ 0/0	○ 0/0	○ 0/0	○ 0/0	○ 0/0	○ 0/0	▽ 0/0	○ 0/0
	16	전 효 석								△ 0/0	△ 0/0	
	19	민 준 영	▽ 0/0									
	26	이 한 샘	○ 0/0	○ 1/0	○ 0/0	○ 0/0	○ 0/0					
	26	박 성 우						△ 0/0				
	28	박 재 우	△ 0/0	▽ 0/0								
	30	김 지 운		△ 0/0	○ 0/0	○ 0/0	○ 0/0	○ 0/0 C	△ 0/0	△ 0/0	△ 0/0	○ 0/0
	32	정 원 영										
	66	김 주 원										○ 0/0
	92	김 동 진	△ 0/0	○ 0/0	○ 0/0	○ 0/0	○ 0/0	○ 0/0	▽ 0/0	▽ 0/0	▽ 0/0 C	
MF	7	김 도 혁	○ 0/0	○ 0/0	○ 0/0	○ 0/0	▽ 0/0	○ 0/0	○ 0/0	○ 0/0	○ 0/0	○ 0/0
	10	조 범 석	○ 0/0	○ 0/0	○ 0/0	○ 0/0	○ 0/0	○ 0/0	○ 0/0	○ 0/0	○ 0/0	○ 0/0
	12	주 원 석										
	14	양 태 렬							▽ 2/0 C			△ 0/0
	17	안 현 범	▽ 0/0						○ 0/0 C	○ 0/1	○ 0/0	
	23	김 민 석	○ 0/0 C			△ 0/0		▽ 0/0				
	30	송 환 영				△ 1/0		△ 0/0	△ 0/0			
	66	주 세 종	○ 0/0	○ 0/1	○ 0/0	○ 0/0	○ 0/0	○ 0/1	○ 1/0	○ 0/0	○ 1/0	○ 0/0
	70	최 요 셉					▽ 0/0					
	79	이 명 주				▽ 1/0	○ 0/0	○ 0/0 C		○ 0/0	○ 0/0 CC	
	88	김 선 민										▽ 0/0
	88	김 경 우										
	89	박 세 직										
	94	임 창 균		△ 0/0	△ 0/0				△ 0/0			▽ 0/0
FW	9	오 세 훈						△ 0/0	○ 0/0	▽ 0/0	▽ 0/0	▽ 0/1
	11	고 무 열	○ 0/0	○ 0/0	○ 0/0	○ 0/2	○ 0/0 C	▽ 0/0	○ 0/1	○ 1/0	○ 0/0	○ 3/0
	18	남 희 철								△ 0/0 C		
	20	김 도 엽										△ 0/0
	25	김 민 우	○ 0/0	▽ 0/0	▽ 0/0	▽ 0/0	△ 0/0					
	37	김 레 오	△ 0/0	△ 0/0	△ 0/0 CC		△ 0/0	▽ 1/0	▽ 1/0	▽ 0/0	○ 0/0	△ 0/0
	77	박 민 서		▽ 0/0	▽ 0/0	◈ 0/0						
	97	이 재 건									△ 0/0	

위치	배번	경기번호	101	108	114	119	125	128	134	140	144	147
		날 짜	07.27	08.04	08.12	08.19	08.26	09.01	09.15	09.18	09.23	09.28
		홈/원정	원정	홈	원정	원정	홈	홈	원정	홈	홈	원정
		장 소	대전W	아산	안산	광양	아산	아산	광주W	아산	아산	수원
		상 대	대전	부산	안산	전남	수원FC	부천	광주	안산	전남	수원FC
		결 과	승	패	승	패	무	패	패	무	승	무
		점 수	1 : 0	0 : 1	2 : 1	0 : 2	1 : 1	2 : 3	1 : 3	1 : 1	1 : 0	2 : 2
		승 점	34	34	37	37	38	38	38	39	42	43
		슈팅수	9 : 13	13 : 10	7 : 14	7 : 6	14 : 21	10 : 18	3 : 10	10 : 11	8 : 8	14 : 11
GK	21	양형모										
	24	이기현			○ 0/0	○ 0/0	○ 0/0	○ 0/0	○ 0/0	○ 0/0	○ 0/0	○ 0/1
	41	최봉진	○ 0/0 C	○ 0/0								
	90	제종현										
DF	2	정다훤					○ 0/0	○ 0/0		○ 0/0	○ 0/0 C	○ 0/0 C
	3	김기영			▽ 0/0		○ 0/0					
	5	장순혁	○ 0/0	▽ 0/0 C	○ 0/0 C	○ 0/0	▽ 0/0	○ 0/0	○ 0/0	○ 0/0	○ 0/0	○ 0/0
	16	전효석			○ 0/0	▽ 0/0		△ 0/0	○ 0/0	○ 0/0	○ 0/0	○ 0/0
	19	민준영				○ 0/0			▽ 0/0 C	○ 0/0	○ 0/0	○ 0/0
	26	이한샘										
	26	박성우					△ 0/0	○ 0/0	○ 0/1 C		△ 0/0	
	28	박재우										
	30	김지운										
	32	정원영			○ 0/0	○ 0/0	○ 0/0	○ 0/0	○ 0/0			
	66	김주원	▽ 0/0	○ 0/0								
	92	김동진		△ 0/0								
MF	7	김도혁	○ 0/0	○ 0/0								
	10	조범석	○ 0/0	○ 0/0								
	12	주원석										
	14	양태렬			○ 0/0	△ 0/0	○ 1/0	○ 0/0	○ 0/0	○ 0/0	○ 0/0	▽ 0/0
	17	안현범	○ 0/0	○ 0/0								
	23	김민석					△ 0/0	△ 0/0	▽ 0/0 C	△ 0/0	△ 0/0	△ 0/0
	30	송환영			○ 0/0	▽ 0/0						
	66	주세종	○ 0/0 C		△ 0/1	○ 0/0						
	70	최요셉				△ 0/0				▽ 0/0	△ 1/0	△ 0/1
	79	이명주	▽ 0/1	○ 0/0	△ 0/0	○ 0/0						
	88	김선민	○ 0/0	○ 0/0								
	88	김경우							△ 0/0			
	89	박세직	△ 0/0	▽ 0/0	○ 0/0	○ 0/0	○ 0/0	○ 0/0	○ 0/0	○ 0/0	○ 0/0	○ 0/0
	94	임창균										
FW	9	오세훈	○ 0/0	△ 0/0	○ 1/0	○ 0/0	○ 0/0	○ 1/0	○ 1/0	○ 0/0	○ 0/0	▽ 0/0
	11	고무열	○ 1/0	○ 0/0 C								
	18	남희철			△ 0/0					△ 1/0 C		△ 0/0
	20	김도엽	△ 0/0			▽ 0/0	○ 0/0	▽ 0/1	△ 0/0	▽ 0/0	▽ 0/0	○ 0/0
	25	김민우										
	37	김레오		△ 0/0	▽ 0/0		△ 0/0	△ 0/0	▽ 0/0			
	77	박민서					▽ 0/0	▽ 1/0		▽ 0/0	▽ 0/1	○ 2/0
	97	이재건		▽ 0/0	▽ 0/0	△ 0/0	▽ 0/0	▽ 0/0	△ 0/0	△ 0/0	▽ 0/0 C	▽ 0/0

선수자료 : 득점/도움 ○ = 선발출전 △ = 교체 IN ▽ = 교체 OUT ◈ = 교체 IN/OUT C = 경고 S = 퇴장

위치	배번	경기번호	152	158	163	170	173	177				
		날 짜	10.01	10.06	10.19	10.27	11.03	11.09				
		홈/원정	원정	홈	홈	원정	원정	홈				
		장 소	천안	아산	아산	부천	구덕	아산				
		상 대	서울E	광주	대전	부천	부산	안양				
		결 과	무	패	패	패	패	패				
		점 수	1 : 1	0 : 1	0 : 1	0 : 3	2 : 3	1 : 4				
		승 점	44	44	44	44	44	44				
		슈팅수	12 : 12	14 : 12	12 : 9	12 : 9	6 : 18	11 : 14				
GK	21	양 형 모										
	24	이 기 현	○ 0/0				○ 0/0	○ 0/0				
	41	최 봉 진										
	90	제 종 현		○ 0/0	○ 0/0	○ 0/0						
DF	2	정 다 훤	○ 0/0		○ 0/0	○ 0/0 C		○ 0/0				
	3	김 기 영					○ 0/0 C					
	5	장 순 혁	○ 0/0	○ 0/0	○ 0/0	○ 0/0	○ 0/0	○ 0/0 C				
	16	전 효 석	○ 0/0	○ 0/0	○ 0/0	○ 0/0	○ 0/0	○ 0/0				
	19	민 준 영	○ 1/0	○ 0/0 C								
	26	이 한 샘										
	26	박 성 우		○ 0/0			○ 0/0	▽ 0/0				
	28	박 재 우						△ 0/0				
	30	김 지 운										
	32	정 원 영			△ 0/0		○ 0/0	△ 0/0				
	66	김 주 원										
	92	김 동 진										
MF	7	김 도 혁										
	10	조 범 석										
	12	주 원 석						△ 0/0				
	14	양 태 렬	○ 0/0 C	○ 0/0	○ 0/0	▽ 0/0	▽ 0/0					
	17	안 현 범										
	23	김 민 석	△ 0/0	△ 0/0	△ 0/0	△ 0/0		○ 1/0				
	30	송 환 영			○ 0/0	○ 0/0						
	66	주 세 종										
	70	최 요 셉		△ 0/0								
	79	이 명 주										
	88	김 선 민										
	88	김 경 우	△ 0/0 C				△ 0/0	▽ 0/0				
	89	박 세 직	○ 0/0	○ 0/0	○ 0/0	○ 0/0	○ 1/0	○ 0/0				
	94	임 창 균										
FW	9	오 세 훈	△ 0/0	○ 0/0	○ 0/0 C	○ 0/0	○ 1/0	○ 0/0				
	11	고 무 열										
	18	남 희 철	▽ 0/0	△ 0/0	△ 0/0 C	△ 0/0						
	20	김 도 엽	▽ 0/0	▽ 0/0		▽ 0/0	△ 0/0 C					
	25	김 민 우										
	37	김 레 오			▽ 0/0	▽ 0/0	△ 0/0					
	77	박 민 서	○ 0/0	▽ 0/0	▽ 0/0	○ 0/0	▽ 0/0	▽ 0/0				
	97	이 재 건	▽ 0/1	▽ 0/0	▽ 0/0	△ 0/0	▽ 0/1	○ 0/0 C				

수 원 F C

창단년도_ 2003년
전화_ 031-228-4521~3
팩스_ 031-228-4458
홈페이지_ www.suwonfc.com
주소_ 우 16308 경기도 수원시 장안구 경수대로 893 수원종합운동장 내
Suwon Sports Complex, 893, Gyeongsu-daero, Jangan-gu, Suwon-si, Gyeonggi-do, KOREA 16308

연혁

2003 수원시청축구단 창단
제49회 경기도체육대회 우승
인터막스 K2 전기리그 6위
인터막스 K2 후기리그 3위
제8회 하나은행 FA컵 16강

2004 제52회 대통령배 전국축구대회 16강
제50회 경기도체육대회 우승
현대자동차 K2 전기리그 5위
2004 K2 선수권대회 준우승
제9회 하나은행 FA컵 16강
현대자동차 K2 후기리그 3위

2005 제53회 대통령배 전국축구대회 16강
제51회 경기도체육대회 우승
국민은행 K2 전기리그 우승
생명과학기업 STC 2005 K2 선수권대회 우승
국민은행 K2 챔피언결정전 준우승 / 후기리그 5위

2006 제54회 대통령배 전국축구대회 8강
제52회 경기도체육대회 우승
STC내셔널리그 전기리그 6위
제87회 전국체육대회 축구 준우승
STC내셔널리그 후기리그 3위

2007 제55회 대통령배 전국축구대회 우승
제53회 경기도체육대회 우승
KB국민은행 내셔널리그 전기리그 4위
한국수력원자력 2007내셔널축구 선수권대회 우승
제88회 전국체육대회 축구 준우승
KB국민은행 내셔널리그 챔피언결정전 준우승
KB국민은행 내셔널리그 후기리그 우승

2008 제56회 대통령배 전국축구대회 16강
제54회 경기도 체육대회 우승
KB국민은행 내셔널리그 전기리그 3위
KB국민은행 내셔널리그 챔피언결정전 준우승
KB국민은행 내셔널리그 후기리그 우승

2009 교보생명 내셔널리그 통합1위 / 후기리그 준우승

2010 제56회 경기도 체육대회 축구 준우승
대한생명 내셔널리그 통합우승 / 후기리그 준우승

2011 제57회 경기도 체육대회 축구 우승
제92회 전국체육대회 일반부 우승

2012 우리은행 2012 내셔널축구선수권대회 우승
프로축구 2부 리그 참가 확정

2013 현대오일뱅크 K리그 챌린지 참가
제18회 하나은행 FA컵 8강 진출(챌린지팀 중 유일)
현대오일뱅크 K리그 챌린지 4위

2014 제19회 하나은행 FA컵 16강 진출
현대오일뱅크 K리그 챌린지 정규리그 6위

2015 제4대 김춘호 이사장 취임
현대오일뱅크 K리그 챌린지 2위(K리그 클래식 승격)

2016 현대오일뱅크 K리그 클래식 12위

2017 캐치프레이즈 'RISE AGAIN' 선정
김대의 감독 선임
KEB하나은행 K리그 챌린지 2017 6위

2018 KEB하나은행 K리그2 2018 7위

2019 하나원큐 K리그2 2019 8위

2019년 선수명단

단장_ 김호곤 사무국장_ 최동욱 감독_ 김도균
수석코치_ 이관우 코치_ 김성근 GK코치_ 조종희
피지컬트레이너_ 데니스 팀닥터_ 염경성 의무트레이너_ 고병혁 · 조정호 통역_ 류기태 전력분석관_ 조성로

포지션	선수명		생년월일	출신교	키(cm) / 몸무게(kg)
GK	박 형 순	朴 炯 淳	1989.10.23	보인고	185 / 78
	최 문 수	崔 門 水	2000.09.23	대건고	185 / 80
	전 수 현	全 首 泫	1986.08.18	현대고	195 / 88
	임 지 훈	林 知 訓	2000.04.22	통진고	190 / 84
DF	박 요 한	朴 요 한	1989.01.16	금호고	177 / 73
	김 영 찬	金 榮 讚	1993.09.04	신갈고	189 / 84
	윤 준 성	尹 准 聖	1989.09.28	대신고	187 / 81
	이 학 민	李 學 玟	1991.03.11	학성고	175 / 68
	우 찬 양	禹 贊 梁	1997.04.27	포철고	185 / 78
	조 유 민	曺 侑 珉	1996.11.17	청주대성고	182 / 76
	이 원 규	李 原 圭	1996.05.10	학성고	194 / 85
	이 용	李 龍	1989.01.21	태성고	187 / 83
	김 주 엽	金 柱 燁	2000.04.05	보인고	180 / 75
	채 선 일	蔡 善 一	1994.08.03	매탄고	173 / 70
	장 준 영	張 竣 營	1993.02.04	서울대신고	184 / 78
MF	김 종 국	金 鐘 局	1989.01.08	서귀포고	180 / 74
	이 종 원	李 鐘 元	1989.03.14	경신고	177 / 73
	백 성 동	白 星 東	1991.08.13	금호고	171 / 66
	장 성 재	張 成 載	1995.09.12	언남고	180 / 72
	안 은 산	安 恩 山	1996.10.04	울산현대고	181 / 73
	황 병 권	黃 柄 權	2000.05.22	보인고	174 / 68
	우 예 찬	禹 藝 燦	1996.03.30	SOL U18	185 / 80
	이 승 현	李 昇 鉉	1985.07.25	청구고	175 / 71
	정 명 원	鄭 明 元	1999.01.18	수원FC U18	175 / 73
	조 블 론	Jovlon Ibrokhimov	1990.12.10	*우즈베키스탄	175 / 64
	조 상 범	趙 尙 範	1994.01.01	영생고	175 / 67
FW	김 병 오	金 炳 旿	1989.06.26	안동고	183 / 86
	안 병 준	安 炳 俊	1990.05.22	일본 주오대	183 / 75
	치 솜	Chisom Charles Egbuchunam	1992.02.22	*나이지리아	175 / 70
	아 니 에 르	Henri Anier	1990.12.17	*에스토니아	182 / 80
	김 지 민	金 智 珉	1993.06.05	동래고	181 / 70
	강 민 재	姜 玟 在	1999.12.25	언남고	184 / 77
	김 동 찬	金 東 燦	1986.04.19	서귀포고	169 / 70
	김 창 헌	金 昶 憲	1999.07.06	신평고	175 / 66
	엄 승 민	嚴 勝 民	2000.06.07	인천남고	188 / 85
	이 재 안	李 宰 安	1988.06.21	경남공고	180 / 81

2019년 개인기록_ K리그2

위치	배번	경기번호	03	06	12	19	21	27	32	39	42	50
		날 짜	03.02	03.09	03.16	03.31	04.06	04.13	04.20	04.28	05.01	05.05
		홈/원정	원정	홈	홈	원정	원정	홈	원정	원정	홈	홈
		장 소	부천	수원	수원	대전W	천안	수원	광주W	아산	수원	수원
		상 대	부천	부산	안산	대전	서울E	전남	광주	아산	안양	서울E
		결 과	패	패	승	승	무	무	패	승	패	승
		점 수	0 : 1	1 : 2	2 : 1	2 : 0	1 : 1	1 : 1	1 : 2	2 : 1	1 : 2	3 : 1
		승 점	0	0	3	6	7	8	8	11	11	14
		슈팅수	20 : 18	11 : 12	13 : 22	10 : 15	18 : 13	12 : 5	8 : 9	10 : 15	14 : 10	14 : 9
GK	1	박형순	○ 0/0	○ 0/0	○ 0/0	○ 0/0	○ 0/0	○ 0/0	○ 0/0	○ 0/0	○ 0/0	○ 0/0
	37	전수현										
DF	2	김대호			△ 0/0	▽ 0/0 C						
	2	박요한	○ 0/0							○ 0/0 C		○ 0/1
	3	김영찬	○ 0/0	○ 0/0 CC						○ 0/0	○ 0/0	
	4	윤준성	○ 0/0	○ 0/0	○ 0/0 C	○ 0/0	○ 0/0	○ 0/0	○ 0/0 C	○ 0/0 C		○ 0/0
	14	이학민	○ 0/0	○ 0/0	○ 0/0 C	○ 0/0	○ 0/0	○ 0/0	○ 0/0	○ 0/0	○ 0/0 CC	
	19	우찬양										
	20	조유민		△ 0/0	▽ 0/0	○ 0/0	○ 0/0	○ 0/0	○ 0/0 C	○ 0/0	○ 0/0	○ 0/0
	26	이한샘										
	27	이용			△ 1/0							
	30	김주엽			▽ 0/0		▽ 0/0					
	33	채선일				△ 0/0	△ 0/0	○ 0/0				
	55	장준영	△ 0/0	○ 0/0	○ 1/0	○ 0/0	○ 0/0	○ 0/0 C	▽ 0/0		○ 0/0	○ 0/1
MF	6	김종국		○ 0/0	○ 0/0							
	8	이종원	○ 0/0 C	▽ 0/0	▽ 0/0							
	10	백성동	○ 0/0	○ 1/0	○ 0/0	○ 0/0	○ 1/0	○ 0/0	○ 0/0	○ 0/0 C	△ 0/0	○ 0/0
	13	장성재	△ 0/0					○ 0/0	○ 0/0	○ 1/0	○ 0/0	○ 0/0
	17	안은산							△ 0/0		○ 0/0	
	21	황병권	▽ 0/0	▽ 0/0		▽ 0/0		▽ 0/0				
	25	우예찬										
	26	벨라스케즈	▽ 0/0				▽ 0/0	△ 0/0		▽ 0/0		▽ 0/0
	32	이승현							○ 0/0			
	40	김창헌							▽ 0/0			
	70	조블론		△ 0/0	△ 0/0	○ 0/1	○ 0/0 C					
	94	임창균										
FW	7	김병오				△ 0/0	△ 0/0	△ 0/0	△ 0/0	△ 1/0	△ 0/0 C	△ 0/0
	9	안병준				○ 1/0	▽ 0/0	○ 1/0	▽ 0/0 C		○ 1/0	○ 0/0
	11	치솜	▽ 0/0	○ 0/0	○ 0/0	△ 1/0	△ 0/0	▽ 0/0	△ 1/0	△ 0/0	△ 0/1	○ 2/0
	15	아니에르	○ 0/0	▽ 0/0	○ 0/1					▽ 0/1 C		▽ 1/1
	16	김지민										
	18	강민재								▽ 0/0	▽ 0/0	
	22	송수영										
	23	김동찬	△ 0/0	△ 0/0								
	50	모재현									▽ 0/0	
	67	엄승민										
	79	이재안				▽ 0/0	○ 0/1		○ 0/0	△ 0/0	▽ 0/0	△ 0/0

선수자료 : 득점/도움 ○ = 선발출전 △ = 교체 IN ▽ = 교체 OUT ◆ = 교체 IN/OUT C = 경고 S = 퇴장

위치	배번	경기번호	52	57	61	67	72	79	84	89	92	99
		날 짜	05.11	05.18	05.25	06.01	06.15	06.24	06.30	07.08	07.13	07.21
		홈/원정	원정	원정	홈	원정	홈	홈	원정	홈	홈	원정
		장 소	광양	안산	수원	구덕	수원	수원	안양	수원	수원	대전 W
		상 대	전남	안산	대전	부산	아산	광주	안양	부천	부산	대전
		결 과	승	승	승	무	승	패	패	패	패	승
		점 수	2 : 1	3 : 2	2 : 0	2 : 2	2 : 0	0 : 2	0 : 2	0 : 3	0 : 1	4 : 2
		승 점	17	20	23	24	27	27	27	27	27	30
		슈팅수	11 : 16	12 : 12	13 : 12	11 : 13	14 : 13	15 : 11	17 : 24	9 : 14	9 : 16	17 : 12
GK	1	박 형 순	○ 0/0	○ 0/0	○ 0/0	○ 0/0	○ 0/0	○ 0/0	○ 0/0	○ 0/0	○ 0/0	○ 0/0
	37	전 수 현										
DF	2	김 대 호										
	2	박 요 한	○ 0/0	○ 0/0	○ 0/0 C	○ 0/0	○ 0/0	○ 0/0	○ 0/0	○ 0/0		
	3	김 영 찬	△ 0/0	○ 0/0	○ 0/0	○ 0/0		○ 0/0 C	○ 0/0 CC		○ 0/0 C	○ 0/0
	4	윤 준 성	▽ 0/0			○ 0/0 C	○ 0/0	△ 0/0	○ 0/0 C			
	14	이 학 민		△ 0/0								
	19	우 찬 양								○ 0/0	○ 0/0	○ 0/0
	20	조 유 민	○ 0/0	○ 1/0	○ 0/0		○ 0/0	○ 0/0		○ 0/0 C	○ 0/0	○ 1/0 C
	26	이 한 샘										
	27	이 용		△ 0/0			○ 0/0 C		△ 0/0	▽ 0/0		
	30	김 주 엽										
	33	채 선 일										
	55	장 준 영	○ 0/0	○ 0/1 C	○ 0/0	○ 0/0 C		○ 0/0	○ 0/0	△ 0/0	○ 0/0	○ 0/0
MF	6	김 종 국							▽ 0/0	▽ 0/0		△ 0/0
	8	이 종 원									△ 0/0	▽ 0/0
	10	백 성 동	○ 0/1	○ 0/1	○ 0/1	○ 0/0	○ 0/0	○ 0/0	○ 0/0	○ 0/0	○ 0/0	○ 2/2
	13	장 성 재	○ 0/0	○ 0/0	○ 0/0	○ 0/0	○ 0/0	○ 0/0 C	△ 0/0	△ 0/0	○ 0/0 C	○ 0/0
	17	안 은 산								○ 0/0		
	21	황 병 권		▽ 1/0	▽ 0/0	▽ 0/0	▽ 0/0	▽ 0/0	▽ 0/0		△ 0/0	
	25	우 예 찬										
	26	벨라스케즈	▽ 0/0	▽ 0/0	△ 0/0							
	32	이 승 현				△ 0/0			△ 0/0			
	40	김 창 헌										
	70	조 블 론					△ 0/1 C			○ 0/0		
	94	임 창 균										
FW	7	김 병 오	△ 0/1		△ 0/0	○ 0/0	○ 0/1	○ 0/0	○ 0/0	△ 0/0	○ 0/0	△ 0/0
	9	안 병 준	○ 0/0	○ 1/0 C	▽ 1/0	▽ 0/0	▽ 2/0 C		▽ 0/0	○ 0/0	○ 0/0	○ 1/0
	11	치 솜	○ 1/0	▽ 0/0	○ 1/0	▽ 2/0	▽ 0/0	▽ 0/0	○ 0/0			△ 0/0
	15	아니에르	○ 1/0				△ 0/0	△ 0/0			▽ 0/0	
	16	김 지 민										
	18	강 민 재										
	22	송 수 영										
	23	김 동 찬		△ 0/0 C		△ 0/0		△ 0/0			▽ 0/0	▽ 0/0
	50	모 재 현										
	67	엄 승 민			△ 0/0							
	79	이 재 안			▽ 0/0	△ 0/0	△ 0/0	▽ 0/0		▽ 0/0		▽ 0/0

위치	배번	경기번호	102	109	115	117	125	129	133	139	141	147
		날 짜	07.27	08.04	08.12	08.17	08.26	09.01	09.15	09.18	09.21	09.28
		홈/원정	원정	홈	원정	홈	원정	홈	원정	원정	홈	홈
		장 소	광주W	수원	잠실	수원	아산	수원	부천	안양	수원	수원
		상 대	광주	안양	서울E	안산	아산	전남	부천	안양	대전	아산
		결 과	패	무	패	패	무	무	무	승	무	무
		점 수	0 : 2	1 : 1	1 : 2	2 : 3	1 : 1	2 : 2	1 : 1	2 : 0	2 : 2	2 : 2
		승 점	30	31	31	31	32	33	34	37	38	39
		슈팅수	6 : 6	13 : 13	16 : 13	15 : 13	21 : 14	16 : 9	11 : 12	15 : 12	17 : 19	11 : 14
GK	1	박형순	○ 0/0	○ 0/0	○ 0/0							
	37	전수현				○ 0/0	○ 0/0	○ 0/0	○ 0/0	○ 0/0	○ 0/0	○ 0/0
DF	2	김대호										
	2	박요한		○ 0/0	○ 0/0	○ 0/0	○ 0/0	○ 0/0	▽ 0/0	○ 0/0		
	3	김영찬	○ 0/0	○ 0/0	○ 0/0 C							
	4	윤준성		○ 0/0 C		○ 0/0	○ 0/0	○ 0/0		△ 0/0		
	14	이학민			△ 0/0		○ 0/0	▽ 0/0	○ 0/1	○ 0/0	○ 0/1	○ 0/0 C
	19	우찬양	○ 0/0	○ 0/0	○ 0/0	○ 0/0						
	20	조유민		○ 0/0	○ 0/0	○ 0/0	○ 0/0	○ 0/0	○ 0/0	○ 0/0	○ 0/0	○ 0/0
	26	이한샘							○ 0/0	▽ 0/0	○ 0/0	○ 0/0
	27	이용										△ 0/0
	30	김주엽						▽ 0/0	▽ 0/0 C	○ 0/0	▽ 0/0	▽ 0/0
	33	채선일									▽ 0/0	▽ 0/0
	55	장준영	○ 0/0					△ 0/0	△ 0/0			
MF	6	김종국	○ 0/0	▽ 0/0	○ 0/0	○ 0/0		△ 0/0				
	8	이종원	▽ 0/0	▽ 0/0	▽ 0/0				▽ 0/0			
	10	백성동	○ 0/0	○ 1/0	○ 0/0	○ 0/0	○ 0/0	○ 0/0	○ 1/0	○ 1/0	○ 0/0	○ 0/1 C
	13	장성재	○ 0/0	△ 0/0		△ 0/0	○ 0/0	○ 0/0	○ 0/0	○ 0/0	○ 0/0	○ 0/0
	17	안은산										
	21	황병권			▽ 0/0		▽ 0/0			△ 0/0 C	△ 0/0	△ 0/0
	25	우예찬	▽ 0/0			▽ 0/0						
	26	벨라스케즈										
	32	이승현										
	40	김창헌										
	70	조블론					△ 0/0		△ 0/0			
	94	임창균				▽ 0/1	▽ 0/1 C	▽ 0/0		▽ 0/0	▽ 0/0	▽ 0/0
FW	7	김병오	△ 0/0						○ 0/0	○ 0/0	○ 1/0 CC	
	9	안병준	○ 0/0									
	11	치솜	▽ 0/0	▽ 0/0	○ 1/0	○ 2/0	○ 1/0 C	○ 0/0 C	○ 0/0	▽ 1/0	○ 1/0	○ 2/0
	15	아니에르	△ 0/0	○ 0/0 CC		△ 0/0	○ 0/0	○ 0/0			△ 0/1	○ 0/0
	16	김지민	△ 0/0	△ 0/0	▽ 0/0	△ 0/0 C	△ 0/0	△ 1/0	△ 0/0 C	△ 0/0	△ 0/0	△ 0/0 C
	18	강민재										
	22	송수영										
	23	김동찬		△ 0/0	△ 0/0							
	50	모재현										
	67	엄승민										
	79	이재안			△ 0/0	▽ 0/1						

선수자료 : 득점/도움 ○ = 선발출전 △ = 교체 IN ▽ = 교체 OUT ◈ = 교체 IN/OUT C = 경고 S = 퇴장

위치	배번	경기번호	153	156	165	169	175	179				
		날 짜	10.02	10.05	10.20	10.27	11.03	11.09				
		홈/원정	원정	원정	홈	홈	원정	홈				
		장 소	광양	구덕	수원	수원	안산	수원				
		상 대	전남	부산	서울E	광주	안산	부천				
		결 과	패	패	무	패	승	패				
		점 수	2 : 3	0 : 2	1 : 1	0 : 3	2 : 1	1 : 2				
		승 점	39	39	40	40	43	43				
		슈팅수	15 : 10	12 : 13	15 : 13	7 : 16	14 : 8	19 : 13				
GK	1	박형순		○ 0/0	○ 0/0	○ 0/0	○ 0/0	○ 0/0				
	37	전수현	○ 0/0									
DF	2	김대호										
	2	박요한	○ 0/0	○ 0/0 C		▽ 0/0	○ 0/0	○ 0/0				
	3	김영찬	△ 0/0	○ 0/0		○ 0/0	○ 0/0	○ 0/1				
	4	윤준성	△ 0/0	▽ 0/0								
	14	이학민	○ 0/0	○ 0/0 C		○ 0/0 C	▽ 0/0	○ 0/0				
	19	우찬양										
	20	조유민	○ 0/0 C	○ 0/0 C	○ 0/0 C		○ 0/0 C	○ 0/0				
	26	이한샘	○ 0/0 C		○ 0/0	○ 0/0						
	27	이 용	△ 0/0									
	30	김주엽	▽ 0/0									
	33	채선일										
	55	장준영			○ 0/1	○ 0/0 C	○ 1/0	○ 1/0 C				
MF	6	김종국			○ 0/0			▽ 0/0				
	8	이종원				○ 0/0						
	10	백성동	○ 0/0	○ 0/0	○ 0/0	○ 0/0	○ 0/1 C					
	13	장성재	▽ 0/0	○ 0/0	○ 0/0	▽ 0/0	▽ 0/0	○ 0/0				
	17	안은산			△ 0/0							
	21	황병권		▽ 0/0	▽ 0/0	▽ 0/0	▽ 0/0 C	▽ 0/0				
	25	우예찬										
	26	벨라스케즈										
	32	이승현										
	40	김창현										
	70	조블론										
	94	임창균	▽ 0/0	△ 0/0		△ 0/0	△ 0/0 C	△ 0/0				
FW	7	김병오		▽ 0/0	▽ 0/0	○ 0/0	○ 0/0	▽ 0/0				
	9	안병준				△ 0/0						
	11	치 솜	○ 2/0	○ 0/0	○ 0/0 C		○ 0/0	○ 0/0				
	15	아니에르	○ 0/0	△ 0/0	▽ 1/0		△ 1/0	△ 0/0				
	16	김지민		△ 0/0	△ 0/0							
	18	강민재										
	22	송수영			△ 0/0	△ 0/0	△ 0/0	△ 0/0				
	23	김동찬										
	50	모재현										
	67	엄승민										
	79	이재안										

대 전 시 티 즌

창단년도_ 1997년
전화_ 042-824-2002
팩스_ 042-824-7048
홈페이지_ www.DCFC.co.kr
페이스북_ http://www.facebook.com/dcfc1997
유튜브_ http://www.youtube.com/user/1997dcfc
주소_ 우 34148 대전광역시 유성구 월드컵대로 32(노은동) 대전 월드컵경기장 서관 3층
3F, West Gate, Daejeon World Cup Stadium, 32, World Cup-daero(Noeun-dong), Yuseong-gu, Daejeon, KOREA 34148

연혁

1996 (주)대전프로축구 창설
1997 대전 시티즌 프로축구단 창설
97 라피도컵 프로축구대회 7위
97 아디다스컵 페어플레이팀 수상
97 라피도컵 '올해의 페어플레이'팀 수상
1998 98 현대컵 K-리그 9위
1999 99 바이코리아컵 K-리그 8위
2000 2000 삼성 디지털 K-리그 8위
2001 2001 포스코 K-리그 10위
제6회 서울은행 FA컵 우승
2002 2002 삼성 파브 K-리그 10위
제7회 하나-서울은행 FA컵 4강
2003 AFC 챔피언스리그 본선진출
삼성 하우젠 K-리그 6위
제8회 하나은행 FA컵 8강
2004 삼성 하우젠 K-리그 2004 통합 11위(전기 11위, 후기 11위)
삼성 하우젠컵 2004 준우승
제9회 하나은행 FA컵 4강
2005 삼성 하우젠컵 2005 10위
삼성 하우젠 K-리그 2005 10위
삼성 하우젠 K-리그 2005 전기 8위, 후기 7위
1차 시민주 공모
2006 2차 시민주 공모
삼성 하우젠 K-리그 2006 전기 3위, 후기 12위
삼성 하우젠컵 2006 4위 (B조 5위)
2007 삼성 하우젠컵 2007 10위 (B조 5위)
삼성 하우젠 K-리그 6위 (6강 진출)
2008 삼성 하우젠컵 2008년 B조 4위
삼성 하우젠 K-리그 13위
2009 2009 K-리그 9위
피스컵 A조 5위
제14회 하나은행 FA컵 4강
제14회 하나은행 FA컵 페어플레이팀 수상
2010 쏘나타 K리그 2010 13위
포스코컵 2010 C조 5위
2011 현대오일뱅크 K리그 2011 15위
러시앤캐시컵 2011 A조 6위
2012 현대오일뱅크 K리그 2012 13위
2013 현대오일뱅크 K리그 클래식 2013 14위
2014 현대오일뱅크 K리그 챌린지 2014 우승
2015 현대오일뱅크 K리그 클래식 2015 12위
2016 현대오일뱅크 K리그 챌린지 2016 7위
2017 KEB하나은행 K리그 챌린지 2017 10위
2018 KEB하나은행 K리그2 2018 4위
2019 하나원큐 K리그2 2019 9위

2019년 선수명단

대표이사_ 최용규 전략기획실장_ 신재민 감독_ 이흥실
코치_ 백승우 코치_ 이창원 GK코치_ 권찬수 피지컬코치_ 김형록
주무_ 윤창열 트레이너_ 김대덕 물리치료사_ 황영호 통역_ 어성규 장비_ 이대길 비디오분석_ 최정탁

포지션	선수명		생년월일	출신교	키(cm) / 몸무게(kg)
GK	박 주 원	朴株元	1990.10.19	홍익대	192 / 81
	김 진 영	金珍英	1992.03.02	건국대	195 / 87
	문 용 휘	文容輝	1995.06.07	용인대	186 / 78
	김 태 양	金太陽	2000.03.02	청주대성고	187 / 75
DF	김 예 성	金譽聲	1996.10.21	광주대	170 / 69
	황 재 훈	黃在焄	1990.11.25	진주고	178 / 73
	김 태 현	金太炫	2000.09.17	현대고	187 / 72
	윤 경 보	尹鏡寶	1995.08.16	호남대	183 / 78
	박 민 규	朴玟奎	1995.08.10	호남대	187 / 67
	고 준 희	高俊熙	2000.02.28	보인고	186 / 78
	장 주 영	張柱泳	1992.09.02	청주대	177 / 75
	윤 신 영	尹信榮	1987.05.22	경기대	184 / 80
	김 지 훈	金志勳	2000.06.26	충남기계공고	177 / 68
	황 재 정	黃在正	1998.07.06	충남기계공고	180 / 70
	이 인 규	李寅圭	1992.09.16	남부대	184 / 80
	황 도 연	黃渡然	1991.02.27	광양제철고	183 / 74
	이 지 솔	李志率	1999.07.09	언남고	185 / 78
	박 수 일	朴秀日	1996.02.22	광주대	175 / 70
MF	신 학 영	申學榮	1994.03.04	동북고	175 / 64
	윤 성 한	尹聖漢	1998.01.17	경희대	179 / 77
	김 세 윤	金勢潤	1999.04.29	충남기계공고	173 / 66
	안 상 현	安相炫	1986.03.05	능곡중	181 / 78
	유 진 석	劉進碩	1996.02.17	경희대	173 / 70
	강 한 빛	姜한빛	1993.07.20	호남대	175 / 72
	이 호 빈	李鎬彬	1999.11.25	신갈고	173 / 63
	안 동 민	安東珉	1999.05.11	신평고	177 / 67
	이 정 문	李庭門	1998.03.18	연세대	195 / 88
FW	안토니오	Matheus Antonio de Souza Santos	1995.06.08	*브라질	185 / 72
	박 수 창	朴壽昶	1989.06.20	경희대	174 / 71
	박 인 혁	朴仁赫	1995.12.29	경희대	187 / 77
	하마조치	Rafael Ramazotti de Quadros	1988.08.09	*브라질	193 / 82
	김 승 섭	金昇燮	1996.11.01	경희대	178 / 72
	키 쭈	Aurelian Ionut Chitu	1991.03.25	*루마니아	181 / 71
	김 찬	金 燦	2000.04.25	포항제철고	189 / 82
	안 주 형	晏周炯	1999.01.02	신갈고	175 / 70

2019년 개인기록 _ K리그2

위치	배번	경기번호	04	09	13	19	24	30	35	40	41	48
		날 짜	03.03	03.10	03.17	03.31	04.07	04.14	04.22	04.28	05.01	05.05
		홈/원정	원정	원정	홈	홈	원정	원정	홈	홈	홈	홈
		장 소	안산	광양	대전W	대전W	구덕	광주W	대전W	대전W	대전W	대전W
		상 대	안산	전남	서울E	수원FC	부산	광주	부천	안양	아산	부산
		결 과	승	승	무	패	패	무	승	패	패	패
		점 수	2 : 1	3 : 1	0 : 0	0 : 2	1 : 2	0 : 0	1 : 0	0 : 2	0 : 1	0 : 5
		승 점	3	6	7	7	7	8	11	11	11	11
		슈팅수	10 : 12	11 : 8	15 : 11	15 : 10	8 : 15	4 : 11	12 : 12	17 : 14	11 : 6	12 : 16
GK	1	박주원	○ 0/0	○ 0/0	○ 0/0	○ 0/0	○ 0/0	○ 0/0	○ 0/0			
	23	김진영								○ 0/0	○ 0/0	○ 0/0
DF	3	황재훈	▽ 0/0	○ 0/0	○ 0/0	▽ 0/0	○ 0/0	○ 0/0	○ 0/0 C	○ 0/0		
	4	김태현										
	5	윤경보									○ 0/0	○ 0/0
	12	전상훈										
	12	박민규										
	15	조귀범										
	22	윤신영	○ 0/0 C	○ 0/0	○ 0/0	○ 0/0	○ 0/0	○ 0/0	○ 0/0	○ 0/0	○ 0/0	
	26	김지훈										
	30	이인규										
	34	황도연					△ 0/0					
	42	이정문	△ 0/0					△ 0/0 C	△ 0/0	△ 0/0	▽ 0/0	▽ 0/0
	44	이지솔	○ 0/0	○ 1/0	○ 0/0	○ 0/0	○ 0/0	○ 0/0 C	○ 0/0	○ 0/0 C		○ 0/0 S
MF	2	김예성	△ 0/0			△ 0/0					○ 0/0	○ 0/0
	7	산자르	▽ 0/0	○ 0/0	○ 0/0	▽ 0/0	▽ 0/0		▽ 0/0	▽ 0/0	△ 0/0	△ 0/0
	8	박수창		△ 0/0	△ 0/0			△ 0/0	△ 0/0 C	△ 0/0		○ 0/0
	8	윤용호	○ 1/0	▽ 0/0	▽ 0/0	○ 0/0 C	△ 0/0	▽ 0/0	▽ 0/0	▽ 0/0	△ 0/0	▽ 0/0
	9	박인혁	○ 0/0	○ 2/0	▽ 0/0	○ 0/0 C	○ 0/0	○ 0/0	○ 0/0	○ 0/0	△ 0/0	○ 0/0
	13	신학영	▽ 0/0	▽ 0/1	○ 0/0	○ 0/0 C	▽ 0/0 C	▽ 0/0	▽ 0/0	▽ 0/0	○ 0/0 C	
	14	윤성한					△ 0/0					△ 0/0 C
	17	장주영										
	20	안상현	○ 0/0	○ 0/0	○ 0/0	○ 0/0 C	○ 0/0	○ 0/0	○ 0/0	○ 0/0	○ 0/0	
	29	김민성										
	30	가도에프			△ 0/0	△ 0/0			△ 0/1	△ 0/0	▽ 0/0	▽ 0/0
	39	이호빈										
	40	안동민										
	66	박수일	○ 0/1	○ 0/0	○ 0/0	○ 0/0	○ 0/1	○ 0/0	○ 0/0	○ 0/0	○ 0/0 C	○ 0/0
	99	안주형										
FW	7	안토니오										
	10	하마조치										
	11	김승섭	△ 0/0	▽ 0/0	▽ 0/0 C	▽ 0/0	▽ 0/0	▽ 0/0			▽ 0/0	
	19	김세윤		△ 0/0				△ 0/0				
	27	키쭈	○ 1/0 C			△ 0/0	○ 1/0	○ 0/0	○ 1/0	○ 0/0	○ 0/0	○ 0/0
	33	유해성			△ 0/0							△ 0/0
	38	강한빛										
	45	김찬										
	77	서우민		△ 0/0								

선수자료 : 득점/도움 ○ = 선발출전 △ = 교체 IN ▽ = 교체 OUT ◈ = 교체 IN/OUT C = 경고 S = 퇴장

위치	배번	경기번호	51	56	61	68	71	76	81	90	93	99
		날 짜	05.11	05.18	05.25	06.01	06.15	06.22	06.29	07.08	07.14	07.21
		홈/원정	원정	홈	원정	원정	홈	원정	홈	원정	원정	홈
		장 소	천안	대전W	수원	부천	대전W	아산	대전W	안양	광양	대전W
		상 대	서울E	전남	수원FC	부천	안산	아산	광주	안양	전남	수원FC
		결 과	무	패	패	무	패	패	패	패	패	패
		점 수	1 : 1	1 : 2	0 : 2	1 : 1	1 : 3	0 : 1	0 : 1	1 : 2	0 : 2	2 : 4
		승 점	12	12	12	13	13	13	13	13	13	13
		슈팅수	11 : 11	14 : 16	12 : 13	10 : 20	7 : 14	8 : 10	11 : 8	8 : 7	10 : 9	12 : 17
GK	1	박주원	○ 0/0	○ 0/0	○ 0/0	○ 0/0	○ 0/0	○ 0/0	○ 0/0	○ 0/0		○ 0/0
	23	김진영									○ 0/0	
DF	3	황재훈	○ 0/1	○ 0/0	○ 0/0	○ 0/0	○ 0/0	△ 0/0	○ 0/0	○ 0/0	△ 0/0	
	4	김태현										
	5	윤경보	○ 0/0 C	○ 0/0	○ 0/0	○ 0/0	○ 0/0 C	▽ 0/0				△ 0/0
	12	전상훈			○ 0/0 C							
	12	박민규										○ 0/0
	15	조귀범			△ 0/0		○ 0/0 C					
	22	윤신영	○ 0/0	○ 0/0	○ 0/0	○ 0/0			▽ 0/0 C	▽ 0/0	○ 0/0	▽ 0/0
	26	김지훈										
	30	이인규										○ 0/0
	34	황도연								○ 0/0	○ 0/0	
	42	이정문					△ 0/0 C	○ 0/0	△ 0/0	▽ 0/0	△ 0/0	
	44	이지솔							○ 0/0	○ 0/0	○ 0/0	○ 0/0 C
MF	2	김예성	○ 0/0 C	○ 0/0	△ 0/0	○ 0/0	△ 0/0	▽ 0/0				
	7	산자르	○ 0/0 C	△ 0/0								
	8	박수창	△ 0/0 C	▽ 0/0	▽ 0/0	△ 0/0 C		△ 0/0	△ 0/0			○ 0/0
	8	윤용호	○ 0/0	△ 0/0								
	9	박인혁	△ 0/0	○ 0/0 C	○ 0/0	○ 1/0 C		○ 0/0	○ 0/0 C	○ 0/0	○ 0/0 C	▽ 0/0
	13	신학영	▽ 0/0 C									▽ 0/0
	14	윤성한				▽ 0/0	△ 0/0					
	17	장주영						○ 0/0	○ 0/0	△ 0/0	○ 0/0	
	20	안상현	△ 0/0	○ 0/0 C	○ 0/0 C		○ 0/0	▽ 0/0 C	○ 0/0	○ 1/0	▽ 0/0	
	29	김민성					▽ 0/0	○ 0/0	▽ 0/0			
	30	가도에프		△ 0/0	▽ 0/0							
	39	이호빈			△ 0/0	○ 0/0	▽ 1/0					
	40	안동민										
	66	박수일	○ 0/0	○ 0/0	○ 0/0	○ 0/0	○ 0/0	○ 0/0	○ 0/0	○ 0/0	○ 0/0	○ 1/0
	99	안주형				△ 0/0 C						
FW	7	안토니오										
	10	하마조치										
	11	김승섭	▽ 0/0	▽ 0/1		▽ 0/1	○ 0/1	○ 0/0	▽ 0/0	○ 0/0	○ 0/0	○ 0/0
	19	김세윤							△ 0/0 C		▽ 0/0	△ 0/0
	27	키쭈	▽ 1/0				○ 0/0	○ 0/0	○ 0/0 C	▽ 0/0 C		○ 1/0
	33	유해성		▽ 1/0		△ 0/0		△ 0/0		△ 0/0	△ 0/0	
	38	강한빛			▽ 0/0	▽ 0/0 C	▽ 0/0			△ 0/0	▽ 0/0	
	45	김찬										△ 0/0
	77	서우민										

위치	배번	경기번호	101	107	111	120	124	126	132	136	141	148
		날 짜	07.27	08.03	08.11	08.19	08.26	08.31	09.14	09.17	09.21	09.28
		홈/원정	홈	원정	원정	홈	원정	원정	홈	홈	원정	홈
		장 소	대전W	안산	구덕	대전W	광주W	안양	대전W	대전W	수원	대전W
		상 대	아산	안산	부산	부천	광주	안양	서울E	부산	수원FC	안산
		결 과	패	승	패	패	무	무	승	무	무	무
		점 수	0 : 1	2 : 0	0 : 2	1 : 2	0 : 0	0 : 0	1 : 0	0 : 0	2 : 2	0 : 0
		승 점	13	16	16	16	17	18	21	22	23	24
		슈팅수	13 : 9	8 : 13	4 : 13	14 : 13	7 : 6	9 : 11	19 : 5	7 : 11	19 : 17	10 : 11
GK	1	박주원	○ 0/0	○ 0/0	○ 0/0	○ 0/0	○ 0/0	○ 0/0	○ 0/0	○ 0/0	○ 0/0	○ 0/0
	23	김진영										
DF	3	황재훈					○ 0/0	○ 0/0	○ 0/0 C	▽ 0/0	○ 0/0	○ 0/0
	4	김태현				△ 0/0	○ 0/0	○ 0/0 C	○ 0/0	○ 0/0	○ 0/0	○ 0/0
	5	윤경보	○ 0/0				△ 0/0				△ 0/0	
	12	전상훈										
	12	박민규	○ 0/0	○ 0/0	○ 0/0 C	○ 0/0	○ 0/0	○ 0/0	○ 0/0	○ 0/0 C	○ 0/0	○ 0/0
	15	조귀범										
	22	윤신영		△ 0/0		▽ 0/0						
	26	김지훈										
	30	이인규	○ 0/0	○ 0/0	○ 0/0	○ 0/0	▽ 0/0 C	○ 0/0	○ 0/0	○ 0/0	○ 0/0	▽ 0/0
	34	황도연										
	42	이정문	▽ 0/0	○ 0/0	○ 0/0 C		○ 0/0	○ 0/0 C	▽ 0/0	▽ 0/0	▽ 1/0	○ 0/0
	44	이지솔		○ 0/0 C	○ 0/0	▽ 0/0	○ 0/0	○ 0/0 C	○ 0/0	○ 0/0 C		○ 0/0
MF	2	김예성										
	7	산자르										
	8	박수창		▽ 0/0	▽ 0/0	○ 0/0	▽ 0/0	▽ 0/0	▽ 0/0	○ 0/0	○ 0/1	○ 0/0
	8	윤용호										
	9	박인혁	○ 0/0	▽ 0/0	▽ 0/0		▽ 0/0	△ 0/0	○ 0/0	▽ 0/0	▽ 0/0	▽ 0/0
	13	신학영	○ 0/0 C									
	14	윤성한										
	17	장주영	▽ 0/0									
	20	안상현	△ 0/0	○ 0/0 C	○ 0/0	○ 0/1 C		△ 0/0		△ 0/0 C	○ 1/0 C	▽ 0/0 C
	29	김민성										
	30	가도에프										
	39	이호빈										
	40	안동민										
	66	박수일	○ 0/0	○ 0/0	○ 0/0	▽ 0/0			▽ 0/0	○ 0/0	○ 0/0	△ 0/0
	99	안주형										
FW	7	안토니오	△ 0/0	▽ 1/1	▽ 0/0 C	○ 0/0	△ 0/0	▽ 0/0	△ 0/0	△ 0/0	△ 0/0	
	10	하마조치			△ 0/0	○ 1/0 C			△ 0/0	△ 0/0		△ 0/0
	11	김승섭	▽ 0/0	△ 0/0	△ 0/0	△ 0/0	○ 0/0 C	▽ 0/0	○ 1/0	○ 0/0	○ 0/0	○ 0/0
	19	김세윤					△ 0/0		△ 0/0			
	27	키쭈	△ 0/0	○ 1/0 C	○ 0/0	○ 0/0	○ 0/0	○ 0/0				△ 0/0
	33	유해성										
	38	강한빛						△ 0/0				
	45	김찬	○ 0/0 C	△ 0/0	△ 0/0	△ 0/0						
	77	서우민										

선수자료 : 득점/도움 ○ = 선발출전 △ = 교체 IN ▽ = 교체 OUT ◈ = 교체 IN/OUT C = 경고 S = 퇴장

위치	배번	경기번호	155	159	163	168	172	178				
		날 짜	10.02	10.05	10.19	10.26	11.02	11.09				
		홈/원정	원정	홈	원정	원정	홈	홈				
		장 소	부천	대전W	아산	천안	대전W	대전W				
		상 대	부천	전남	아산	서울E	안양	광주				
		결 과	승	패	승	무	무	승				
		점 수	3 : 1	1 : 2	1 : 0	2 : 2	1 : 1	3 : 1				
		승 점	27	27	30	31	32	35				
		슈팅수	11 : 10	7 : 9	9 : 12	7 : 10	7 : 7	11 : 15				
GK	1	박주원	○ 0/0	○ 0/0				○ 0/0				
	23	김진영			○ 0/0	○ 0/0	○ 0/0					
DF	3	황재훈	▽ 0/0	○ 0/0	○ 0/0	○ 0/0	○ 0/0	○ 0/0				
	4	김태현	○ 0/0 C		○ 0/0	○ 0/0	○ 0/0 C					
	5	윤경보				○ 0/0	○ 0/0	○ 0/0				
	12	전상훈										
	12	박민규	○ 0/0	○ 0/0	○ 0/0 C		○ 0/0					
	15	조귀범										
	22	윤신영			△ 0/0 C		○ 0/0	▽ 0/0				
	26	김지훈						▽ 0/0				
	30	이인규		◆ 0/0								
	34	황도연				○ 0/0		○ 0/0				
	42	이정문	○ 0/0	○ 0/0	▽ 0/0							
	44	이지솔	○ 0/0	▽ 0/0								
MF	2	김예성										
	7	산자르										
	8	박수창	△ 0/0	○ 0/0		△ 0/0	▽ 0/0					
	8	윤용호										
	9	박인혁	△ 0/0	△ 0/0	▽ 0/0	▽ 0/0	▽ 0/0 C					
	13	신학영										
	14	윤성한				△ 0/0		△ 1/0				
	17	장주영				▽ 0/0						
	20	안상현		○ 0/0	○ 0/0	○ 0/0 CC		▽ 0/0				
	29	김민성										
	30	가도에프										
	39	이호빈										
	40	안동민			△ 0/0	△ 0/0	△ 0/0	△ 0/1				
	66	박수일	○ 0/1	○ 0/0	○ 0/0			○ 0/0				
	99	안주형										
FW	7	안토니오	○ 2/0	▽ 0/1	○ 1/0	○ 2/0	○ 0/1	○ 0/0				
	10	하마조치	▽ 1/0 C	○ 1/0	○ 0/0 C		○ 0/0	○ 0/1				
	11	김승섭	▽ 0/0	△ 0/0		○ 0/1	▽ 1/0	○ 1/0				
	19	김세윤	○ 0/0				△ 0/0 C					
	27	키쭈	△ 0/0	○ 0/0	○ 0/0	▽ 0/0						
	33	유해성										
	38	강한빛										
	45	김찬					△ 0/0	△ 1/0				
	77	서우민										

서울 이랜드 FC

창단년도_ 2014년

전화_ 02-3431-5470

팩스_ 02-3431-5480

홈페이지_ www.seoulelandfc.com

주소_ 우 05500 서울 송파구 올림픽로25 잠실종합운동장 내 주경기장 B-03
B-03 Main Staium, Sports Complex, 25 Olympic-ro, Songpa-gu, Seoul, KOREA 05500

연혁

2014 창단 의향서 제출(4월)
제1대 박상균 대표이사 취임
제1대 김태완 단장 취임(4월)
서울시와 프로축구연고협약 체결
초대감독 '마틴 레니' 선임(7월)
프로축구연맹 이사회 축구단 가입 승인(8월)
팀명칭 '서울 이랜드 FC' 확정(8월)

2015 공식 엠블럼 발표(2월)
창단 유니폼 발표(2월)
K리그 챌린지 참가
K리그2 1차 팬 프렌들리 클럽상 수상(6월)
K리그2 2차 팬 프렌들리 클럽상 수상(9월)
K리그2 2차 풀 스타디움 클럽상 수상(9월)
유소년 팀 창단(11월)
K리그2 3차 팬 프렌들리 클럽상 수상(12월)
현대오일뱅크 K리그 챌린지 2015 4위

2016 제2대 박건하 감독 취임(6월)
K리그2 1차 팬 프렌들리 클럽상 수상(6월)
제2대 한만진 대표이사 취임(12월)

2017 제3대 김병수 감독 취임(1월)
창단 100경기(VS 부산아이파크)
U15팀 금강대기 준우승
제4대 인창수 감독 취임(12월)
제3대 김현수 대표이사 취임(12월)

2018 제5대 김현수 감독 취임(12월)
서울특별시장 '나눔의 가치' 표창 수상(12월)
제2대 박공원 단장 취임(12월)

2019 제4대 장동우 대표이사 취임(2월)
K리그2 2차 팬 프렌들리 클럽상 수상(8월)
U18팀 제40회 대한축구협회장배 전국대회 4강(6월)
송파구청장 '나눔의 가치' 표창 수상(10월)
제6대 정정용 감독 취임(11월)

2019년 선수명단

대표이사_ 장동우 감독_ 우성용(대행)
코치_ 유병훈 GK코치_ 황희훈 피지컬코치_ 정현규 팀닥터_ 김진수 의무트레이너_ 오선복·권일경
장비_ 김동율 스카우트_ 구대령 통역_ 나영훈 매니저_ 김도언

포지션	선수명		생년월일	출신교	키(cm) / 몸무게(kg)
GK	김 영 광	金 永 光	1983.06.28	한려대	184 / 86
	강 정 묵	姜 定 默	1996.03.21	단국대	188 / 82
	김 영 호	金 永 乎	1996.10.30	상지대	192 / 86
	서 동 현	徐 東 賢	1998.09.05	송호대	188 / 79
DF	서 경 주	徐 炅 主	1997.08.11	전주대	175 / 70
	변 준 범	邊 俊 範	1991.02.05	건국대	185 / 82
	안 지 호	安 顯 植	1987.04.24	연세대	184 / 78
	이 경 렬	李 京 烈	1988.01.16	고려대	186 / 81
	이 병 욱	李 秉 昱	1996.11.14	영남대	185 / 85
	김 도 윤	金 度 潤	1996.08.17	군산제일고	177 / 74
	김 동 철	金 東 徹	1990.10.01	고려대	181 / 76
	김 호 준	金 鎬 俊	1996.03.18	인천대	185 / 77
	김 태 현	金 太 玄	1996.12.19	용인대	175 / 71
	최 종 환	崔 鍾 桓	1987.08.12	부경대	177 / 72
	이 재 훈	李 在 勳	1990.01.10	연세대	177 / 70
	이 태 호	李 周 泳	1991.03.16	영등포공고	186 / 82
MF	박 성 우	朴 成 祐	1996.05.14	전주대	180 / 78
	마 스 다	Masuda Chikashi	1985.06.19	*일본	179 / 75
	허 범 산	許 範 山	1989.09.14	우석대	177 / 70
	두 아 르 테	Robson Carlos Duarte	1993.06.20	*브라질	174 / 68
	유 정 완	柳 政 完	1996.04.05	연세대	177 / 70
	김 민 균	金 民 均	1988.11.30	명지대	173 / 68
	한 지 륜	韓 地 侖	1996.08.22	한남대	180 / 70
	최 한 솔	崔 한 솔	1997.03.16	영남대	187 / 81
	윤 성 열	尹 誠 悅	1987.12.22	배재대	180 / 72
	윤 상 호	尹 相 皓	1992.06.04	호남대	178 / 70
	권 기 표	權 奇 杓	1997.06.26	건국대	175 / 72
	이 상 헌	李 祥 憲	1999.08.19	개포고	178 / 70
FW	이 현 성	李 現 星	1993.05.20	용인대	172 / 66
	김 동 섭	金 東 燮	1989.03.29	장훈고	187 / 83
	전 석 훈	全 錫 訓	1997.12.03	영남대	170 / 63
	김 경 준	金 京 俊	1996.10.01	영남대	178 / 73
	원 기 종	元 基 鐘	1996.01.06	건국대	178 / 75
	이 민 규	李 敏 圭	1996.02.09	용인대	177 / 74
	김 민 서	金 旻 舒	2000.06.05	부평고	178 / 69
	알 렉 스	Wesley Alex Maiolino	1988.02.10	*브라질	177 / 78
	고 준 영	高 俊 榮	2000.10.27	천안제일고	175 / 70
	쿠 티 뉴	Douglas Coutinho Gomes De Souza	1994.02.08	*브라질	184 / 72

2019년 개인기록_ K리그2

위치	배번	경기번호	05	07	13	18	21	29	34	37	45	50
		날 짜	03.03	03.09	03.17	03.30	04.06	04.14	04.22	04.27	05.01	05.05
		홈/원정	홈	홈	원정	원정	홈	홈	원정	홈	원정	원정
		장 소	잠실	잠실	대전W	아산	천안	천안	광양	천안	구덕	수원
		상 대	광주	안산	대전	아산	수원FC	안양	전남	부천	부산	수원FC
		결 과	패	무	무	패	무	승	무	패	패	패
		점 수	0 : 2	1 : 1	0 : 0	1 : 3	1 : 1	4 : 1	1 : 1	1 : 2	1 : 4	1 : 3
		승 점	0	1	2	2	3	6	7	7	7	7
		슈팅수	6 : 15	3 : 16	11 : 15	7 : 13	13 : 18	10 : 19	6 : 10	5 : 19	5 : 13	9 : 14
GK	1	김 영 광	○ 0/0	○ 0/0 C	○ 0/0	○ 0/0	○ 0/0	○ 0/0	○ 0/0	○ 0/0	○ 0/1	○ 0/0
	25	강 정 묵										
DF	2	서 경 주	△ 0/0 C				○ 0/0	○ 1/0	○ 0/0	○ 0/0	○ 0/0	
	3	박 성 우	○ 0/0 C	△ 0/0							○ 0/0	△ 0/0
	4	변 준 범	○ 0/0				○ 0/0	○ 0/0	○ 0/0 C	▽ 0/0		
	5	안 지 호		○ 0/0	○ 0/0	▽ 0/0						
	15	이 경 렬		○ 0/1	○ 0/0 C	○ 0/0	○ 0/0	○ 0/0	○ 0/0 C	○ 0/0 C		○ 0/0
	20	이 병 욱	○ 0/0				○ 0/0	○ 0/0	▽ 0/0	△ 0/0	○ 0/0	▽ 0/0
	21	윤 성 열										
	24	이 태 호										
	33	이 재 훈										
	55	김 동 철				△ 0/0 C					○ 0/0	○ 0/0
	61	최 종 환										
	77	김 태 현										○ 0/0 C
MF	6	마 스 다	▽ 0/0	○ 0/0	○ 0/0 C	○ 0/0			△ 0/0	○ 0/0	▽ 0/0 C	
	7	이 현 성	○ 0/0	▽ 0/0 C	○ 0/0	▽ 0/0 C	△ 0/0	△ 0/0		○ 0/0	○ 0/0	△ 0/0
	8	허 범 산	○ 0/0	○ 0/0	○ 0/0	○ 0/0	○ 0/0	○ 0/1	○ 0/0	▽ 0/0		▽ 0/0 C
	14	김 민 균		△ 0/0	▽ 0/0	○ 0/0	△ 0/0	▽ 1/1	○ 0/0 C	○ 0/1		
	16	한 지 륜					○ 0/0	▽ 0/0	▽ 0/0			▽ 0/0
	19	최 한 솔	△ 0/0									
	22	윤 상 호		○ 0/0	○ 0/0	○ 0/0 C				▽ 0/0	▽ 0/0	
	23	권 기 표	▽ 0/0	▽ 0/0	○ 0/0	○ 0/0	▽ 0/0	○ 0/0	○ 0/0	○ 0/0		○ 0/0
FW	9	김 동 섭										
	10	두아르테	○ 0/0 S			△ 0/0	▽ 0/0				△ 0/0	○ 0/1
	11	전 석 훈		△ 0/0					△ 0/0		▽ 0/0	
	13	유 정 완		▽ 0/0						△ 1/0	△ 0/0	
	17	김 경 준	○ 0/0	○ 0/0	▽ 0/0	▽ 0/0		▽ 0/1	▽ 0/0		△ 0/0	
	18	원 기 종	▽ 0/0		△ 0/0			△ 0/0				△ 0/0
	28	이 민 규			△ 0/0						○ 0/0	
	30	알 렉 스	△ 0/0	○ 1/0	▽ 0/0	○ 1/0	▽ 0/0		△ 1/0	△ 0/0		○ 1/0
	32	고 준 영			△ 0/0		△ 0/0	△ 0/0				
	50	쿠 티 뉴				△ 0/0 C	○ 1/0	○ 2/0	○ 0/1	○ 0/0	○ 1/0	○ 0/0

선수자료 : 득점/도움　○ = 선발출전　△ = 교체 IN　▽ = 교체 OUT　◈ = 교체 IN/OUT　C = 경고　S = 퇴장

위치	배번	경기번호	51	59	62	69	74	80	82	87	95	98
		날 짜	05.11	05.20	05.25	06.02	06.17	06.24	06.29	07.06	07.14	07.21
		홈/원정	홈	원정	원정	홈	홈	원정	원정	원정	홈	원정
		장 소	천안	광주W	안양	천안	천안	부천	안산	구덕	천안	아산
		상 대	대전	광주	안양	아산	전남	부천	안산	부산	광주	아산
		결 과	무	패	패	패	패	패	패	패	패	패
		점 수	1 : 1	1 : 3	1 : 2	0 : 2	0 : 1	2 : 3	0 : 1	1 : 3	0 : 2	2 : 3
		승 점	8	8	8	8	8	8	8	8	8	8
		슈팅수	11 : 11	11 : 11	9 : 12	12 : 8	13 : 10	19 : 5	5 : 12	6 : 13	12 : 22	15 : 14
GK	1	김영광	○ 0/0	○ 0/0	○ 0/0	○ 0/0	○ 0/0	○ 0/0	○ 0/0	○ 0/0	○ 0/0	
	25	강정묵										○ 0/0
DF	2	서경주	○ 0/0	○ 0/0		○ 0/0 C	○ 0/0	○ 0/0	△ 0/0			
	3	박성우	▽ 0/0	▽ 0/0 C				○ 1/0 C				
	4	변준범		○ 0/0			○ 0/0	△ 0/0	○ 0/0	○ 0/0	○ 0/0	
	5	안지호										
	15	이경렬	○ 0/0		○ 0/0	○ 0/0		○ 0/0 C		○ 0/0 C	○ 0/0	○ 0/0 C
	20	이병욱			△ 0/0				○ 0/0			
	21	윤성열			○ 0/0	○ 0/0						○ 0/0
	24	이태호										○ 0/0
	33	이재훈							○ 0/0 C	○ 0/0	○ 0/0	
	55	김동철	○ 0/0 C	○ 0/0	○ 0/0	○ 0/0	○ 0/0	○ 0/0		▽ 0/0		
	61	최종환							○ 0/0	○ 0/0	○ 0/0	○ 0/0 C
	77	김태현	○ 0/0	○ 0/0	○ 0/0		▽ 0/0					
MF	6	마스다			▽ 0/0	▽ 0/0	○ 0/0		○ 0/0 C			
	7	이현성	○ 0/0 C			△ 0/0	▽ 0/0	○ 0/1		○ 0/0 C	△ 0/0 C	▽ 0/0 C
	8	허범산		○ 0/0	○ 0/0	○ 0/0 C	○ 0/0	○ 0/1 C		○ 0/0	○ 0/0	△ 0/0
	14	김민균	▽ 0/0	○ 0/0 C	○ 0/1	○ 0/0	○ 0/0	○ 0/0	○ 0/0	△ 0/0	○ 0/0	○ 1/1
	16	한지륜										
	19	최한솔									▽ 0/0	○ 0/0
	22	윤상호	△ 0/0		▽ 0/0	△ 0/0						
	23	권기표	△ 0/0	△ 0/0	▽ 1/0	▽ 0/0 C	△ 0/0	▽ 0/0	▽ 0/0	▽ 0/0		
FW	9	김동섭										
	10	두아르테	▽ 0/0	▽ 0/0	△ 0/0	○ 0/0	○ 0/0	▽ 0/0			▽ 0/0	○ 0/0
	11	전석훈										
	13	유정완							▽ 0/0 C			
	17	김경준		△ 0/1	△ 0/0				△ 0/0	▽ 0/0	△ 0/0	△ 0/0
	18	원기종	△ 0/0			△ 0/0	▽ 0/0	▽ 0/0 C	△ 0/0		△ 0/0	▽ 0/0
	28	이민규										
	30	알렉스	○ 0/0	▽ 0/0	○ 0/0	▽ 0/0	△ 0/0	△ 1/0	▽ 0/0	△ 0/0 C	▽ 0/0	△ 1/0
	32	고준영		△ 0/0				△ 0/0		△ 0/0		
	50	쿠티뉴	○ 1/0	○ 1/0			△ 0/0		○ 0/0	○ 1/0	○ 0/0	▽ 0/0

위치	배번	경기번호	104	110	115	118	122	127	132	137	142	146
		날 짜	07.28	08.04	08.12	08.18	08.24	08.31	09.14	09.17	09.22	09.28
		홈/원정	원정	홈	홈	홈	홈	홈	원정	홈	원정	원정
		장 소	광양	잠실	잠실	잠실	잠실	잠실	대전W	천안	안양	광주W
		상 대	전남	부천	수원FC	안양	안산	부산	대전	전남	안양	광주
		결 과	승	승	승	승	패	무	패	무	패	패
		점 수	1 : 0	1 : 0	2 : 1	2 : 0	1 : 3	3 : 3	0 : 1	2 : 2	2 : 5	1 : 3
		승 점	11	14	17	20	20	21	21	22	22	22
		슈팅수	5 : 11	11 : 12	13 : 16	12 : 5	10 : 16	12 : 20	5 : 19	11 : 7	19 : 19	10 : 18
GK	1	김 영 광	○ 0/0	○ 0/0	○ 0/0	○ 0/0	○ 0/0	▽ 0/0	○ 0/0	○ 0/0	○ 0/0	○ 0/0
	25	강 정 묵						△ 0/0				
DF	2	서 경 주										
	3	박 성 우	△ 0/0							▽ 0/0	○ 0/0	
	4	변 준 범	▽ 0/0	○ 0/0	○ 0/0	○ 0/0	○ 0/0		△ 0/0	○ 0/0	○ 0/0 C	
	5	안 지 호				△ 0/0	△ 0/0	○ 0/0	○ 0/0 S			○ 0/0
	15	이 경 렬										
	20	이 병 욱									△ 0/0 S	
	21	윤 성 열	△ 0/0		○ 0/0	○ 0/0	○ 0/0					○ 0/0
	24	이 태 호	○ 0/0	○ 0/0 C	○ 1/0	▽ 0/0 C	○ 0/0	○ 0/0	○ 0/0	○ 0/0	○ 0/0	○ 0/0
	33	이 재 훈	○ 0/0	○ 0/0								
	55	김 동 철								▽ 0/0 C		
	61	최 종 환	▽ 0/0	○ 0/0	○ 0/0	○ 0/0	○ 0/0	○ 0/0	○ 0/0	○ 1/0	○ 0/0	○ 0/1
	77	김 태 현						○ 0/1	○ 0/0	△ 0/0		
MF	6	마 스 다										
	7	이 현 성		△ 0/0	△ 0/0	△ 0/0 C	△ 0/0 C					
	8	허 범 산	○ 0/0 C	▽ 0/0	○ 0/0	○ 0/0	▽ 0/0				○ 0/1 C	○ 0/0
	14	김 민 균	○ 0/0	▽ 0/0	○ 1/1	○ 0/0	○ 0/0	○ 1/1	○ 0/0 C		▽ 0/0	○ 0/0
	16	한 지 륜						▽ 0/0	○ 0/0 C	△ 0/0		
	19	최 한 솔	○ 0/0	○ 0/0	○ 0/0	▽ 0/0 C	○ 0/0 C	○ 1/0 C				○ 0/0
	22	윤 상 호								○ 0/1	○ 0/0	△ 0/0
	23	권 기 표										
FW	9	김 동 섭										
	10	두아르테	○ 0/0	○ 1/0	▽ 0/0	○ 1/0 C	○ 1/0	○ 0/1	○ 0/0	○ 1/0	○ 1/0	▽ 0/0
	11	전 석 훈			△ 0/0			△ 0/0	▽ 0/0		△ 0/1	△ 0/0
	13	유 정 완		△ 0/0				△ 0/0	▽ 0/0	○ 0/0 C		△ 0/0
	17	김 경 준	○ 0/0 C	○ 0/0	▽ 0/0	▽ 1/0	▽ 0/0		△ 0/0		△ 1/0	▽ 0/0
	18	원 기 종	▽ 1/0	▽ 0/0	▽ 0/1	○ 0/0	▽ 0/0		△ 0/0	○ 0/1	▽ 0/0	▽ 1/0
	28	이 민 규										
	30	알 렉 스	△ 0/0	△ 0/0	△ 0/0		△ 0/0	▽ 0/0				
	32	고 준 영								▽ 0/0	▽ 0/0	
	50	쿠 티 뉴				△ 0/0		○ 1/0	▽ 0/0 C	△ 0/0		

선수자료 : 득점/도움 ○ = 선발출전 △ = 교체 IN ▽ = 교체 OUT ◈ = 교체 IN/OUT C = 경고 S = 퇴장

위치	배번	경기번호	152	157	165	168	171	180				
		날 짜	10.01	10.05	10.20	10.26	11.02	11.09				
		홈/원정	홈	원정	원정	홈	원정	홈				
		장 소	천안	안산	수원	천안	부천	잠실				
		상 대	아산	안산	수원FC	대전	부천	부산				
		결 과	무	패	무	무	패	패				
		점 수	1 : 1	0 : 2	1 : 1	2 : 2	2 : 3	3 : 5				
		승 점	23	23	24	25	25	25				
		슈팅수	12 : 12	7 : 10	13 : 15	10 : 7	8 : 19	17 : 15				
GK	1	김영광	○ 0/0		○ 0/0	○ 0/0	○ 0/0	○ 0/0				
	25	강정묵		○ 0/0								
DF	2	서경주			△ 0/0	○ 0/0	○ 0/0 C					
	3	박성우										
	4	변준범	○ 0/0	○ 0/0	○ 0/0 C			○ 0/0				
	5	안지호	○ 0/0	○ 0/0	○ 0/0	○ 0/0	○ 0/0	○ 0/0				
	15	이경렬										
	20	이병욱		△ 0/0								
	21	윤성열				○ 0/1		○ 0/0				
	24	이태호	△ 0/0 C		○ 0/0	○ 0/0 C	○ 0/0					
	33	이재훈										
	55	김동철		○ 0/0								
	61	최종환	○ 0/0	○ 0/0 C	○ 0/0 C		○ 0/0	○ 0/0				
	77	김태현	○ 0/0	○ 0/0	▽ 0/1							
MF	6	마스다						▽ 0/0				
	7	이현성										
	8	허범산	○ 0/0 C		○ 0/0	○ 0/0 C	○ 0/0	△ 0/0				
	14	김민균	○ 0/0	△ 0/0	○ 0/0	▽ 0/0	○ 0/0	○ 1/0				
	16	한지륜										
	19	최한솔	▽ 0/0				○ 0/0	○ 0/0 C				
	22	윤상호	▽ 0/0	▽ 0/0 C		▽ 0/0	△ 0/0					
	23	권기표			△ 0/0	▽ 1/0 C	▽ 1/0	▽ 0/1				
FW	9	김동섭						△ 0/0				
	10	두아르테	○ 0/1	△ 0/0	▽ 1/0 C	○ 0/1	△ 0/1					
	11	전석훈	▽ 1/0	▽ 0/0	▽ 0/0		▽ 0/0	△ 0/0 C				
	13	유정완		○ 0/0		△ 0/0						
	17	김경준	△ 0/0	▽ 0/0		△ 0/0	△ 1/0	▽ 1/0				
	18	원기종	△ 0/0	○ 0/0	○ 0/0	○ 1/0	▽ 0/1	○ 1/0				
	28	이민규										
	30	알렉스			△ 0/0	△ 0/0						
	32	고준영										
	50	쿠티뉴										

Section 2

2019 시즌 기록

2019년 구단별 관중 및 입장수입 현황

K리그1 I K리그2

2019년 전 경기 전 시간 출전자

2019년 심판배정 기록

2019년 구단별 관중 및 입장수입 현황 _ K리그1

구단	경기수	유료관중수		입장수입		전년대비	
		합계	평균관중수	총 입장수입 (당일+복수경기권+기타)	객단가	'18 객단가	증감액
서 울	19	324,162	17,061	3,884,300,900	11,899	11,981	-82
대 구	19	203,942	10,734	2,223,259,550	10,412	7,133	3,279
수 원	19	167,974	8,841	2,176,847,500	9,833	10,433	-601
전 북	20	278,738	13,937	1,989,997,093	5,813	6,566	-752
포 항	19	161,134	8,481	1,278,819,900	5,526	4,975	551
인 천	19	161,593	8,505	1,220,836,062	6,237	6,944	-706
울 산	19	184,148	9,692	1,143,240,000	5,743	4,106	1,636
경 남	20	79,043	3,952	691,219,000	7,891	5,734	2,157
성 남	19	105,950	5,576	616,490,000	5,679	6,616	-937
강 원	19	54,331	2,860	432,586,770	6,784	7,569	-785
제 주	18	66,741	3,708	403,380,666	4,648	4,849	-201
상 주	19	44,702	2,353	172,751,115	4,035	4,893	-859
합 계	229	1,832,458	8,002	16,233,728,556	7,800	7,326	475
	'18년도	1,249,874	5,458	11,638,598,469		증감률	6.5%

* 승강플레이오프 1경기 포함

2019년 구단별 관중 및 입장수입 현황 _ K리그2

구단	경기수	유료관중수		입장수입		전년대비	
		합계	평균관중수	총 입장수입 (당일+복수경기권+기타)	객단가	'18 객단가	증감액
전 남	18	41,249	2,292	736,864,100	4,408	4,885	-476
안 양	19	71,574	3,767	712,541,000	4,863	5,429	-566
부 산	20	87,818	4,391	320,177,300	2,489	2,712	-223
광 주	18	56,669	3,148	255,684,200	4,272	3,588	683
수원FC	18	45,674	2,537	252,080,400	2,791	3,077	-286
부 천	18	39,946	2,219	195,300,000	3,500	5,661	-2,161
대 전	18	35,589	1,977	176,297,300	4,512	4,794	-282
안 산	18	53,438	2,969	160,134,203	2,094	2,893	-799
아 산	18	56,494	3,139	150,963,700	2,257	3,338	-1,081
서울E	18	56,014	3,112	139,755,300	2,240	6,007	-3,767
합 계	183	544,465	2,975	3,099,797,503	3,275	4,162	-886
	'18년도	320,754	1,753	2,668,968,150		증감률	-21%

* 승강플레이오프 1경기 포함

2019년 전 경기 전 시간 출전자

구분	출전 내용	선수명	소속	출전수	교체수
K리그1	전 경기·전 시간 출전	송 범 근	전 북	38	0
		한 국 영	강 원	38	0
K리그2		이 인 재	안 산	36	0

2019년 심판배정 기록

성명	리그	심판구분	횟수
강도준	K리그2	부 심	35
강동호	K리그1	부 심	13
	K리그2	부 심	22
고형진	K리그1	대기심	2
		주 심	24
		V A R	11
	K리그2	V A R	7
	승강PO	주 심	1
곽승순	K리그1	부 심	36
	승강PO	부 심	1
구은석	K리그1	부 심	38
	K리그2	부 심	2
	승강PO	부 심	1
김계용	K리그1	부 심	36
김대용	K리그1	대기심	4
		주 심	18
		AVAR	2
		V A R	2
	K리그2	대기심	3
		주 심	2
		AVAR	4
		V A R	3
	승강PO	주 심	1
김덕철	K리그1	대기심	14
	K리그2	대기심	18
		주 심	9
김도연	K리그1	대기심	5
		AVAR	23
	K리그2	대기심	9
		주 심	6
		AVAR	28
김동인	K리그1	대기심	3
		AVAR	5
		V A R	1
	K리그2	주 심	3
		AVAR	1
김동진	K리그1	대기심	10
		주 심	12
		AVAR	1
		V A R	9
	K리그2	대기심	3
		주 심	4
		AVAR	2
		V A R	7
김성일	K리그1	부 심	33
김성호	K리그1	주 심	3
		V A R	70
	K리그2	V A R	15
	승강PO	V A R	1
김영수	K리그1	대기심	15
		AVAR	3
		V A R	14
	K리그2	대기심	1
		주 심	15
		AVAR	2
		V A R	11
	승강PO	대기심	1
김용우	K리그1	대기심	3
		주 심	25
		AVAR	2
		V A R	9
	K리그2	주 심	3
		AVAR	8
		V A R	16
김우성	K리그1	대기심	1
		주 심	26
		V A R	13
	K리그2	AVAR	2
		V A R	14
김정호	K리그1	대기심	1
	K리그2	대기심	26
김종혁	K리그1	대기심	5
		주 심	1
	K리그2	주 심	4
		V A R	1
김지욱	K리그1	부 심	38
	승강PO	부 심	1
김홍규	K리그1	부 심	1
	K리그2	부 심	32
김희곤	K리그1	대기심	1
		주 심	18
		AVAR	3
		V A R	10
	K리그2	주 심	1
		AVAR	3
		V A R	9
노수용	K리그1	부 심	40
	K리그2	부 심	1
매호영	K리그1	AVAR	4
		V A R	27
	K리그2	AVAR	5
		V A R	28
	승강PO	V A R	1
박균용	K리그1	부 심	22
	K리그2	부 심	4
박병진	K리그1	대기심	1
		주 심	24
		AVAR	2
		V A R	23
	K리그2	주 심	1
		AVAR	1
		V A R	13
박상준	K리그1	부 심	37
박진호	K리그1	AVAR	34
		V A R	1
	K리그2	AVAR	9

		V A R	3
방기열	K리그1	부 심	35
서동진	K리그1	대기심	17
		AVAR	6
		V A R	2
	K리그2	대기심	3
		주 심	17
		AVAR	4
		V A R	6
설귀선	K리그2	부 심	35
설태환	K리그2	주 심	1
성덕효	K리그1	대기심	23
	K리그2	대기심	3
		주 심	9
성주경	K리그2	부 심	37
송민석	K리그1	대기심	10
		주 심	4
		AVAR	11
		V A R	2
	K리그2	대기심	7
		주 심	11
		AVAR	15
		V A R	6
	승강PO	AVAR	1
송봉근	K리그1	부 심	6
	K리그2	부 심	24
신용준	K리그1	대기심	15
		AVAR	20
	K리그2	대기심	1
		주 심	9
		AVAR	16
안광진	K리그2	부 심	35
안재훈	K리그1	대기심	4
	K리그2	대기심	28
양재용	K리그1	부 심	37
오현진	K리그1	대기심	6
		AVAR	14
	K리그2	대기심	12
		주 심	6
		AVAR	28
윤광열	K리그1	부 심	35
	K리그2	부 심	1
	승강PO	부 심	1
이동준	K리그1	대기심	2
		주 심	25
		AVAR	3
		V A R	12
	K리그2	대기심	2
		주 심	1
		AVAR	4
		V A R	17
이병주	K리그2	부 심	17
이상민	K리그2	부 심	23
이양우	K리그2	부 심	16
이영운	K리그2	부 심	24
이정민	K리그1	부 심	37
	K리그2	부 심	2
장순택	K리그1	대기심	2
	K리그2	대기심	30
장종필	K리그1	부 심	5
	K리그2	부 심	24
정동식	K리그1	대기심	7
		주 심	21
		AVAR	12
		V A R	12
	K리그2	AVAR	5
		V A R	9
정회수	K리그1	대기심	10
	K리그2	대기심	16
		주 심	13
조지음	K리그1	대기심	9
		주 심	15
		AVAR	14
	K리그2	주 심	8
		AVAR	14
		V A R	2
	승강PO	AVAR	1
지승민	K리그1	부 심	7
	K리그2	부 심	30
채상협	K리그1	대기심	4
		AVAR	14
		V A R	2
	K리그2	대기심	1
		주 심	13
		AVAR	7
		V A R	6
최광호	K리그1	대기심	12
		AVAR	14
		V A R	4
	K리그2	대기심	3
		주 심	15
		AVAR	8
		V A R	5
	승강PO	대기심	1
최규현	K리그2	AVAR	1
최대우	K리그1	대기심	3
		AVAR	41
		V A R	4
	K리그2	대기심	1
		주 심	5
		AVAR	15
		V A R	4
최일우	K리그1	대기심	15
		주 심	1
	K리그2	대기심	11
		주 심	18
최현재	K리그1	대기심	24
		주 심	11
	K리그2	대기심	4
		주 심	8

Section 3

K리그1 기록

하나원큐 K리그1 2019 경기일정표

라운드	경기번호	대회구분	경기일자	경기시간	홈팀	결과	원정팀	경기장소	관중수
1	1	일반	03.01	14:00	전북	1:1	대구	전주W	20,637
1	2	일반	03.01	16:00	경남	2:1	성남	창원C	6,018
1	3	일반	03.01	16:00	울산	2:1	수원	문수	13,262
1	4	일반	03.02	14:00	인천	1:1	제주	인천	18,541
1	5	일반	03.02	16:00	상주	2:0	강원	상주	5,372
1	6	일반	03.03	14:00	서울	2:0	포항	서울W	15,525
2	7	일반	03.09	14:00	대구	2:0	제주	대구전	12,172
2	8	일반	03.09	14:00	인천	2:1	경남	인천	8,108
2	9	일반	03.09	16:00	수원	0:4	전북	수원W	19,164
2	10	일반	03.10	14:00	포항	1:2	상주	포항	13,464
2	11	일반	03.10	14:00	강원	0:0	울산	춘천	2,834
2	12	일반	03.10	16:00	성남	0:1	서울	성남	11,238
3	13	일반	03.16	14:00	상주	2:0	인천	상주	3,428
3	14	일반	03.16	16:00	서울	0:0	제주	서울W	13,789
3	15	일반	03.16	16:00	성남	2:1	수원	성남	9,336
3	16	일반	03.17	14:00	전북	0:1	강원	전주W	12,995
3	17	일반	03.17	14:00	대구	1:1	울산	대구전	11,289
3	18	일반	03.17	16:00	포항	4:1	경남	포항	11,450
4	19	일반	03.29	19:30	울산	2:1	제주	문수	6,052
4	20	일반	03.30	14:00	전북	2:0	포항	전주W	10,442
4	21	일반	03.30	14:00	서울	2:0	상주	서울W	11,667
4	22	일반	03.30	16:00	경남	2:1	대구	창원C	6,173
4	23	일반	03.31	14:00	강원	2:1	성남	춘천	2,674
4	24	일반	03.31	16:00	수원	3:1	인천	수원W	12,250
5	25	일반	04.02	19:30	경남	3:3	전북	창원C	2,507
5	26	일반	04.02	19:30	울산	2:1	서울	문수	3,843
5	27	일반	04.03	19:30	포항	1:0	강원	포항	5,355
5	28	일반	04.03	19:30	수원	0:0	상주	수원W	3,489
5	29	일반	04.03	19:30	인천	0:3	대구	인천	5,367
5	30	일반	04.03	19:30	성남	1:1	제주	성남	5,118
6	31	일반	04.06	14:00	대구	1:1	성남	대구전	11,600
6	32	일반	04.06	14:00	서울	2:1	경남	서울W	12,392
6	33	일반	04.06	16:00	전북	2:0	인천	전주W	12,795
6	34	일반	04.06	16:00	상주	0:1	울산	상주	6,278
6	35	일반	04.07	14:00	포항	1:1	제주	포항	7,370
6	36	일반	04.07	14:00	강원	0:2	수원	춘천	3,154
7	37	일반	04.13	14:00	제주	0:1	전북	제주	6,034
7	38	일반	04.13	16:00	경남	1:1	상주	창원C	2,128
7	39	일반	04.13	16:00	성남	2:0	포항	성남	5,142
7	40	일반	04.14	14:00	수원	0:0	대구	수원W	7,405
7	41	일반	04.14	16:00	강원	1:2	서울	춘천	1,732
7	42	일반	04.14	16:00	인천	0:3	울산	인천	6,145
8	43	일반	04.20	14:00	대구	3:0	포항	대구전	9,882
8	44	일반	04.20	16:00	상주	0:3	전북	상주	1,838
8	45	일반	04.20	16:00	경남	3:3	수원	창원C	3,011
8	46	일반	04.20	18:00	울산	0:1	성남	문수	12,215
8	47	일반	04.21	14:00	제주	2:4	강원	제주	3,862
8	48	일반	04.21	16:00	서울	0:0	인천	서울W	17,336
9	49	일반	04.26	19:30	포항	1:0	수원	포항	3,212
9	50	일반	04.27	14:00	제주	2:3	상주	제주	2,380
9	51	일반	04.27	16:00	강원	0:2	대구	춘천	3,068
9	52	일반	04.27	18:00	인천	0:0	성남	인천	5,012
9	53	일반	04.28	14:00	전북	2:1	서울	전주W	15,127
9	54	일반	04.28	16:00	울산	2:0	경남	문수	18,434
10	55	일반	05.03	19:30	대구	1:0	상주	대구전	9,120
10	56	일반	05.04	14:00	포항	2:1	울산	포항	12,939
10	57	일반	05.04	14:00	제주	2:0	경남	제주	2,467
10	58	일반	05.04	16:00	성남	0:0	전북	성남	9,365
10	59	일반	05.05	16:00	수원	1:1	서울	수원W	24,019
10	60	일반	05.05	16:00	강원	1:0	인천	춘천	2,613
11	61	일반	05.10	19:00	상주	1:0	성남	상주	1,217
11	62	일반	05.11	17:00	인천	0:1	포항	인천	7,050
11	63	일반	05.11	19:00	서울	2:1	대구	서울W	23,394
11	65	일반	05.12	14:00	제주	1:3	수원	제주	3,668
11	64	일반	05.12	17:00	경남	0:2	강원	창원C	3,421
11	66	일반	05.12	19:00	울산	2:1	전북	문수	11,021
12	67	일반	05.18	17:00	수원	1:3	울산	수원W	12,084
12	68	일반	05.18	19:00	전북	3:1	제주	전주W	13,526
12	71	일반	05.19	14:00	대구	2:1	인천	대구전	9,156
12	69	일반	05.19	15:00	경남	1:2	포항	양산	3,355
12	70	일반	05.19	17:00	성남	1:2	강원	성남	2,526
12	72	일반	05.19	19:00	상주	1:3	서울	상주	1,638
13	73	일반	05.24	20:00	인천	1:2	상주	인천	5,144
13	74	일반	05.25	17:00	포항	0:0	서울	포항	14,376
13	75	일반	05.25	19:00	강원	0:1	제주	춘천	1,857
13	76	일반	05.25	19:00	성남	1:4	울산	성남	5,723

라운드	경기번호	대회구분	경기일자	경기시간	홈팀	결과	원정팀	경기장소	관중수
13	77	일반	05.26	17:00	대구	0:0	수원	대구전	11,709
13	78	일반	05.26	19:00	전북	4:1	경남	전주W	13,990
14	79	일반	05.28	19:30	제주	1:2	인천	제주W	2,653
14	80	일반	05.28	19:30	서울	3:1	성남	서울W	11,291
14	81	일반	05.29	19:00	강원	2:3	전북	춘천	1,816
14	82	일반	05.29	19:00	상주	1:1	경남	상주	1,207
14	83	일반	05.29	19:30	울산	0:0	대구	문수	8,921
14	84	일반	05.29	19:30	수원	3:0	포항	수원W	5,047
15	85	일반	06.01	16:00	제주	1:3	울산	제주W	3,513
15	86	일반	06.01	19:00	성남	0:0	인천	성남	4,829
15	87	일반	06.02	17:00	전북	2:0	상주	전주W	13,109
15	88	일반	06.02	17:00	경남	1:2	서울	창원C	3,030
15	89	일반	06.02	19:00	포항	0:2	대구	포항	9,070
15	90	일반	06.02	19:00	수원	1:1	강원	수원W	6,885
16	91	일반	06.15	19:00	울산	1:0	포항	문수	13,121
16	92	일반	06.15	19:00	인천	0:1	전북	인천	12,017
16	93	일반	06.15	19:00	성남	1:1	경남	성남	2,619
16	94	일반	06.15	19:30	대구	2:2	강원	대구전	8,247
16	95	일반	06.16	19:00	상주	4:2	제주	상주	1,272
16	96	일반	06.16	19:00	서울	4:2	수원	서울W	32,057
17	97	일반	06.21	19:30	제주	1:2	성남	제주W	3,639
17	98	일반	06.22	19:00	경남	1:1	인천	진주J	7,182
17	100	일반	06.22	19:30	대구	1:2	서울	대구전	12,068
17	101	일반	06.23	19:00	전북	1:1	수원	전주W	15,595
17	102	일반	06.23	19:00	강원	5:4	포항	춘천	2,571
18	103	일반	06.28	19:30	성남	1:0	상주	성남	2,708
18	104	일반	06.29	19:00	제주	1:1	대구	제주W	2,437
18	105	일반	06.29	19:00	수원	0:0	경남	수원W	7,118
18	106	일반	06.30	19:00	포항	1:1	전북	포항	8,544
18	107	일반	06.30	19:00	인천	1:2	강원	인천	9,061
18	108	일반	06.30	19:00	서울	2:2	울산	서울W	17,814
19	109	일반	07.06	19:00	울산	1:0	인천	울산	8,027
19	110	일반	07.06	19:00	상주	1:1	포항	상주	1,580
19	111	일반	07.06	19:00	서울	2:2	강원	서울W	16,669
19	112	일반	07.06	19:30	대구	1:1	경남	대구전	9,820
19	113	일반	07.07	19:00	전북	3:1	성남	전주W	12,952
19	114	일반	07.07	19:00	수원	2:0	제주	수원W	6,568
20	115	일반	07.09	19:00	강원	4:0	상주	춘천	2,198
20	116	일반	07.09	19:30	경남	1:3	울산	창원C	3,056

라운드	경기번호	대회구분	경기일자	경기시간	홈팀	결과	원정팀	경기장소	관중수
20	117	일반	07.10	19:30	포항	1:0	성남	포항	2,724
20	118	일반	07.10	19:30	제주	4:2	서울	제주W	1,858
20	119	일반	07.10	19:30	대구	1:4	전북	대구전	9,947
20	120	일반	07.10	19:30	인천	2:3	수원	인천	5,985
21	121	일반	07.12	19:00	강원	2:1	경남	춘천	2,067
21	122	일반	07.13	19:00	제주	1:1	포항	제주W	3,400
21	123	일반	07.13	19:00	인천	0:2	서울	인천	12,109
21	124	일반	07.14	19:00	전북	1:1	울산	전주W	17,728
21	125	일반	07.14	19:00	상주	0:2	수원	상주	1,216
21	126	일반	07.14	19:00	성남	0:1	대구	탄천	8,198
22	127	일반	07.20	19:00	경남	2:2	제주	창원C	1,034
22	129	일반	07.20	19:00	포항	1:2	인천	포항	2,486
22	130	일반	07.20	19:00	서울	2:4	전북	서울W	28,518
22	131	일반	07.21	19:00	수원	1:2	성남	수원W	7,032
22	132	일반	07.21	19:00	상주	2:0	대구	상주	3,323
22	128	일반	07.21	19:00	울산	2:1	강원	울산	6,879
17	99	일반	07.24	19:30	울산	2:2	상주	울산	4,031
23	133	일반	07.30	19:30	울산	3:1	서울	울산	7,215
23	134	일반	07.30	19:30	대구	0:2	수원	대구전	10,307
23	135	일반	07.30	19:30	인천	1:1	경남	인천	4,879
23	136	일반	07.30	19:30	성남	1:0	상주	탄천	3,638
23	137	일반	07.31	19:00	전북	2:2	제주	전주W	10,044
23	138	일반	07.31	20:00	강원	2:1	포항	춘천	2,012
24	139	일반	08.02	20:00	서울	2:1	대구	서울W	16,777
24	140	일반	08.03	19:30	제주	0:5	울산	제주W	6,078
24	141	일반	08.03	20:00	상주	2:1	경남	상주	1,921
24	142	일반	08.04	20:00	수원	0:2	포항	수원W	7,475
24	143	일반	08.04	20:00	강원	3:3	전북	춘천	4,471
24	144	일반	08.04	20:00	인천	0:1	성남	인천	5,294
25	145	일반	08.10	19:30	경남	2:0	성남	창원C	3,683
25	146	일반	08.10	19:30	제주	1:4	상주	제주W	3,577
25	147	일반	08.10	20:00	수원	0:1	인천	수원W	8,804
25	148	일반	08.11	19:30	울산	1:1	대구	울산	12,039
25	149	일반	08.11	20:00	포항	1:2	전북	포항	10,190
25	150	일반	08.11	20:00	서울	0:0	강원	서울W	13,858
26	151	일반	08.16	19:00	전북	3:0	울산	전주W	18,101
26	152	일반	08.17	19:00	강원	1:3	수원	춘천	5,823
26	153	일반	08.17	19:00	성남	1:0	서울	탄천	9,464
26	154	일반	08.17	19:30	대구	1:0	경남	대구전	9,590

라운드	경기번호	대회구분	경기일자	경기시간	홈팀	결과	원정팀	경기장소	관중수
26	155	일반	08.18	19:00	인천	0:0	제주	인천	7,609
26	156	일반	08.18	20:00	상주	2:1	포항	상주	1,822
27	157	일반	08.23	19:30	경남	2:0	수원	창원C	4,111
27	158	일반	08.24	19:00	전북	1:1	성남	전주W	16,576
27	159	일반	08.24	19:00	울산	5:1	상주	울산	7,507
27	160	일반	08.24	19:30	대구	3:1	강원	대구전	10,534
27	161	일반	08.25	19:00	포항	5:3	인천	포항	6,833
27	162	일반	08.25	19:00	제주	1:1	서울	제주W	4,762
28	163	일반	08.30	20:00	수원	1:0	제주	수원W	6,515
28	164	일반	08.31	19:00	포항	1:0	성남	포항	7,241
28	165	일반	09.01	19:00	강원	2:0	경남	춘천	3,010
28	166	일반	09.01	19:00	인천	3:3	울산	인천	7,370
28	167	일반	09.01	19:00	상주	1:1	대구	상주	2,968
28	168	일반	09.01	19:00	서울	0:2	전북	서울W	25,333
29	169	일반	09.14	17:00	경남	3:3	울산	창원C	3,660
29	170	일반	09.14	19:00	전북	2:1	상주	전주W	15,745
29	171	일반	09.14	19:00	대구	0:0	포항	대구전	12,030
29	172	일반	09.15	17:00	강원	2:0	제주	춘천	2,905
29	173	일반	09.15	17:00	서울	3:1	인천	서울W	13,904
29	174	일반	09.15	19:00	성남	0:0	수원	탄천	6,297
30	175	일반	09.21	17:00	포항	2:1	서울	포항	6,036
30	176	일반	09.21	17:00	제주	3:0	성남	제주W	955
30	177	일반	09.21	19:00	수원	1:1	상주	수원W	5,066
30	179	일반	09.22	17:00	인천	1:1	대구	인천	6,623
31	181	일반	09.24	19:30	포항	2:1	제주	포항	5,058
31	182	일반	09.25	19:00	전북	0:2	대구	전주W	11,238
31	183	일반	09.25	19:00	상주	2:3	인천	상주	3,128
31	184	일반	09.25	19:30	수원	0:2	울산	수원W	4,583
31	185	일반	09.25	19:30	서울	1:1	경남	서울W	7,719
31	186	일반	09.25	19:30	성남	1:0	강원	탄천	2,421
32	187	일반	09.28	14:00	울산	1:0	성남	울산	5,082
32	188	일반	09.28	14:00	대구	2:2	제주	대구전	11,295
32	189	일반	09.28	16:00	전북	2:0	수원	전주W	15,838
32	190	일반	09.29	14:00	강원	2:2	인천	춘천	3,326
32	192	일반	09.29	15:00	서울	1:2	상주	서울W	12,759
32	191	일반	09.29	16:00	경남	0:1	포항	창원C	3,831
30	178	일반	10.02	19:30	울산	2:0	강원	울산	1,568
30	180	일반	10.03	16:00	경남	1:1	전북	창원C	3,042
33	193	일반	10.06	14:00	포항	2:1	울산	포항	14,769
33	194	일반	10.06	14:00	제주	1:2	경남	제주W	5,046
33	195	일반	10.06	14:00	수원	1:2	서울	수원W	16,241
33	196	일반	10.06	14:00	인천	0:0	전북	인천	12,684
33	197	일반	10.06	14:00	상주	2:1	강원	상주	1,857
33	198	일반	10.06	14:00	성남	1:2	대구	탄천	6,906
34	199	파이널B	10.19	14:00	수원	2:1	경남	수원W	3,353
34	200	파이널B	10.19	16:00	성남	0:1	인천	탄천	4,301
34	201	파이널B	10.19	18:00	상주	2:1	제주	상주	1,161
34	202	파이널A	10.20	14:00	강원	3:2	서울	춘천	2,745
34	203	파이널A	10.20	16:00	전북	3:0	포항	전주W	10,078
34	204	파이널A	10.20	18:00	대구	1:2	울산	대구전	11,022
35	205	파이널A	10.26	14:00	포항	0:0	대구	포항	8,365
35	206	파이널A	10.26	16:00	전북	1:1	서울	전주W	12,142
35	207	파이널A	10.26	18:00	울산	2:1	강원	울산	10,519
35	208	파이널B	10.27	14:00	상주	0:1	성남	상주	1,263
35	209	파이널B	10.27	15:00	경남	2:2	제주	창원C	4,041
35	210	파이널B	10.27	16:00	인천	1:1	수원	인천	11,132
36	211	파이널B	11.02	14:00	수원	0:0	성남	수원W	4,876
36	212	파이널B	11.02	16:00	제주	2:0	인천	제주W	4,392
36	213	파이널B	11.02	18:00	경남	0:1	상주	창원C	3,111
36	214	파이널A	11.03	14:00	포항	2:2	강원	포항	11,652
36	215	파이널A	11.03	15:00	서울	0:1	울산	서울W	17,812
36	216	파이널A	11.03	18:00	대구	0:2	전북	대구전	12,117
37	217	파이널A	11.23	14:00	서울	0:3	포항	서울W	15,548
37	218	파이널A	11.23	14:00	강원	2:4	대구	춘천	3,455
37	219	파이널A	11.23	15:00	울산	1:1	전북	울산	19,011
37	220	파이널B	11.24	14:00	성남	1:2	경남	탄천	2,484
37	221	파이널B	11.24	14:00	인천	2:0	상주	인천	11,463
37	222	파이널B	11.24	16:00	제주	2:4	수원	제주W	6,020
38	223	파이널B	11.30	15:00	상주	4:1	수원	상주	2,213
38	224	파이널B	11.30	15:00	성남	3:1	제주	탄천	3,637
38	225	파이널B	11.30	15:00	경남	0:0	인천	창원C	7,252
38	226	파이널A	12.01	15:00	울산	1:4	포항	울산	15,401
38	227	파이널A	12.01	15:00	전북	1:0	강원	전주W	10,080
38	`228	파이널A	12.01	15:00	대구	`0:0	서울	대구전	12,037

Section 3 K리그1 기록

2019년 K리그1 팀별 연속 승패 · 득실점 기록 | 전북

일자	상대	홈/원정	승	무	패	득점	실점	연속기록 승	연속기록 무	연속기록 패	연속기록 득점	연속기록 실점	연속기록 무득점	연속기록 무실점
03.01	대구	홈		■		1	1							
03.09	수원	원정	▲			4	0							
03.17	강원	홈			▼	0	1							
03.30	포항	홈	▲			2	0							
04.02	경남	원정		■		3	3							
04.06	인천	홈	▲			2	0							
04.13	제주	원정	▲			1	0							
04.20	상주	원정	▲			3	0							
04.28	서울	홈	▲			2	1							
05.04	성남	원정		■		0	0							
05.12	울산	원정			▼	1	2							
05.18	제주	홈	▲			3	1							
05.26	경남	홈	▲			4	1							
05.29	강원	원정	▲			3	2							
06.02	상주	홈	▲			2	0							
06.15	인천	원정	▲			1	0							
06.23	수원	홈		■		1	1							
06.30	포항	원정		■		1	1							
07.07	성남	홈	▲			3	1							
07.10	대구	원정	▲			4	1							
07.14	울산	홈		■		1	1							
07.20	서울	원정	▲			4	2							
07.31	제주	홈		■		2	2							
08.04	강원	원정		■		3	3							
08.11	포항	원정	▲			2	1							
08.16	울산	홈	▲			3	0							
08.24	성남	홈		■		1	1							
09.01	서울	원정	▲			2	0							
09.14	상주	홈	▲			2	1							
09.25	대구	홈			▼	0	2							
09.28	수원	홈	▲			2	0							
10.03	경남	원정		■		1	1							
10.06	인천	원정		■		0	0							
10.20	포항	홈	▲			3	0							
10.26	서울	홈		■		1	1							
11.03	대구	원정	▲			2	0							
11.23	울산	원정		■		1	1							
12.01	강원	홈	▲			1	0							

2019년 K리그1 팀별 연속 승패 · 득실점 기록 | 울산

일자	상대	홈/원정	승	무	패	득점	실점	연속기록 승	연속기록 무	연속기록 패	연속기록 득점	연속기록 실점	연속기록 무득점	연속기록 무실점
03.01	수원	홈	▲			2	1							
03.10	강원	원정		■		0	0							
03.17	대구	원정		■		1	1							
03.29	제주	홈	▲			2	1							
04.02	서울	홈	▲			2	1							
04.06	상주	원정	▲			1	0							
04.14	인천	원정	▲			3	0							
04.20	성남	홈			▼	0	1							
04.28	경남	홈	▲			2	0							
05.04	포항	원정			▼	1	2							
05.12	전북	홈	▲			2	1							
05.18	수원	원정	▲			3	1							
05.25	성남	원정	▲			4	1							
05.29	대구	홈		■		0	0							
06.01	제주	원정	▲			3	1							
06.15	포항	홈	▲			1	0							
06.30	서울	원정		■		2	2							
07.06	인천	홈	▲			1	0							
07.09	경남	원정	▲			3	1							
07.14	전북	원정		■		1	1							
07.21	강원	홈	▲			2	1							
07.24	상주	홈		■		2	2							
07.30	서울	홈	▲			3	1							
08.03	제주	원정	▲			5	0							
08.11	대구	홈		■		1	1							
08.16	전북	원정			▼	0	3							
08.24	상주	홈	▲			5	1							
09.01	인천	원정		■		3	3							
09.14	경남	원정		■		3	3							
09.25	수원	원정	▲			2	0							
09.28	성남	홈	▲			1	0							
10.02	강원	홈	▲			2	0							
10.06	포항	원정			▼	1	2							
10.20	대구	원정	▲			2	1							
10.26	강원	홈	▲			2	1							
11.03	서울	원정	▲			1	0							
11.23	전북	홈		■		1	1							
12.01	포항	홈			▼	1	4							

2019년 K리그1 팀별 연속 승패 · 득실점 기록 | 서울

일자	상대	홈/원정	승	무	패	득점	실점	연속기록 승	무	패	득점	실점	무득점	무실점
03.03	포항	홈	▲			2	0							
03.10	성남	원정	▲			1	0							
03.16	제주	홈		■		0	0							
03.30	상주	홈	▲			2	0							
04.02	울산	원정			▼	1	2							
04.06	경남	홈	▲			2	1							
04.14	강원	원정	▲			2	1							
04.21	인천	홈		■		0	0							
04.28	전북	원정			▼	1	2							
05.05	수원	원정		■		1	1							
05.11	대구	홈	▲			2	1							
05.19	상주	원정	▲			3	1							
05.25	포항	원정		■		0	0							
05.28	성남	홈	▲			3	1							
06.02	경남	원정	▲			2	1							
06.16	수원	홈	▲			4	2							
06.22	대구	원정	▲			2	1							
06.30	울산	홈		■		2	2							
07.06	강원	홈		■		2	2							
07.10	제주	원정			▼	2	4							
07.13	인천	원정	▲			2	0							
07.20	전북	홈			▼	2	4							
07.30	울산	원정			▼	1	3							
08.02	대구	홈	▲			2	1							
08.11	강원	홈		■		0	0							
08.17	성남	원정			▼	0	1							
08.25	제주	원정		■		1	1							
09.01	전북	홈			▼	0	2							
09.15	인천	홈	▲			3	1							
09.21	포항	원정			▼	1	2							
09.25	경남	홈		■		1	1							
09.29	상주	홈			▼	1	2							
10.06	수원	원정	▲			2	1							
10.20	강원	원정			▼	2	3							
10.26	전북	원정		■		1	1							
11.03	울산	홈			▼	0	1							
11.23	포항	홈			▼	0	3							
12.01	대구	원정		■		0	0							

2019년 K리그1 팀별 연속 승패 · 득실점 기록 | 포항

일자	상대	홈/원정	승	무	패	득점	실점	연속기록 승	무	패	득점	실점	무득점	무실점
03.03	서울	원정			▼	0	2							
03.10	상주	홈			▼	1	2							
03.17	경남	홈	▲			4	1							
03.30	전북	원정			▼	0	2							
04.03	강원	홈	▲			1	0							
04.07	제주	홈		■		1	1							
04.13	성남	원정			▼	0	2							
04.20	대구	원정			▼	0	3							
04.26	수원	홈	▲			1	0							
05.04	울산	홈	▲			2	1							
05.11	인천	원정	▲			1	0							
05.19	경남	원정	▲			2	1							
05.25	서울	홈		■		0	0							
05.29	수원	원정			▼	0	3							
06.02	대구	홈			▼	0	2							
06.15	울산	원정			▼	0	1							
06.23	강원	원정			▼	4	5							
06.30	전북	홈		■		1	1							
07.06	상주	원정		■		1	1							
07.10	성남	홈	▲			1	0							
07.13	제주	원정		■		1	1							
07.20	인천	홈			▼	1	2							
07.31	강원	원정			▼	1	2							
08.04	수원	원정	▲			2	0							
08.11	전북	홈			▼	1	2							
08.18	상주	원정			▼	1	2							
08.25	인천	홈	▲			5	3							
08.31	성남	홈	▲			1	0							
09.14	대구	원정		■		0	0							
09.21	서울	홈	▲			2	1							
09.24	제주	홈	▲			2	1							
09.29	경남	원정	▲			1	0							
10.06	울산	홈	▲			2	1							
10.20	전북	원정			▼	0	3							
10.26	대구	홈		■		0	0							
11.03	강원	홈		■		2	2							
11.23	서울	원정	▲			3	0							
12.01	울산	원정	▲			4	1							

2019년 K리그1 팀별 연속 승패 · 득실점 기록 I 대구

일자	상대	홈/원정	승	무	패	득점	실점	연속기록						
								승	무	패	득점	실점	무득점	무실점
03.01	전북	원정		■		1	1							
03.09	제주	홈	▲			2	0							
03.17	울산	홈		■		1	1							
03.30	경남	원정			▼	1	2							
04.03	인천	원정	▲			3	0							
04.06	성남	홈		■		1	1							
04.14	수원	원정		■		0	0							
04.20	포항	홈	▲			3	0							
04.27	강원	원정	▲			2	0							
05.03	상주	홈	▲			1	0							
05.11	서울	원정			▼	1	2							
05.19	인천	홈	▲			2	1							
05.26	수원	홈		■		0	0							
05.29	울산	원정		■		0	0							
06.02	포항	원정	▲			2	0							
06.15	강원	홈		■		2	2							
06.22	서울	홈			▼	1	2							
06.29	제주	원정		■		1	1							
07.06	경남	홈		■		1	1							
07.10	전북	홈			▼	1	4							
07.14	성남	원정	▲			1	0							
07.21	상주	원정			▼	0	2							
07.30	수원	홈			▼	0	2							
08.02	서울	원정			▼	1	2							
08.11	울산	원정		■		1	1							
08.17	경남	홈	▲			1	0							
08.24	강원	홈	▲			3	1							
09.01	상주	원정		■		1	1							
09.14	포항	홈		■		0	0							
09.22	인천	원정		■		1	1							
09.25	전북	원정	▲			2	0							
09.28	제주	홈		■		2	2							
10.06	성남	원정	▲			2	1							
10.20	울산	홈			▼	1	2							
10.26	포항	원정		■		0	0							
11.03	전북	홈			▼	0	2							
11.23	강원	원정	▲			4	2							
12.01	서울	홈		■		0	0							

2019년 K리그1 팀별 연속 승패 · 득실점 기록 I 강원

일자	상대	홈/원정	승	무	패	득점	실점	연속기록						
								승	무	패	득점	실점	무득점	무실점
03.02	상주	원정			▼	0	2							
03.10	울산	홈		■		0	0							
03.17	전북	원정	▲			1	0							
03.31	성남	홈	▲			2	1							
04.03	포항	원정			▼	0	1							
04.07	수원	홈			▼	0	2							
04.14	서울	홈			▼	1	2							
04.21	제주	원정	▲			4	2							
04.27	대구	홈			▼	0	2							
05.05	인천	홈	▲			1	0							
05.12	경남	원정	▲			2	0							
05.19	성남	원정	▲			2	1							
05.25	제주	홈			▼	0	1							
05.29	전북	홈			▼	2	3							
06.02	수원	원정		■		1	1							
06.15	대구	원정		■		2	2							
06.23	포항	홈	▲			5	4							
06.30	인천	원정	▲			2	1							
07.06	서울	원정		■		2	2							
07.09	상주	홈	▲			4	0							
07.12	경남	홈	▲			2	1							
07.21	울산	원정			▼	1	2							
07.31	포항	홈	▲			2	1							
08.04	전북	홈		■		3	3							
08.11	서울	원정		■		0	0							
08.17	수원	홈			▼	1	3							
08.24	대구	원정			▼	1	3							
09.01	경남	홈	▲			2	0							
09.15	제주	홈	▲			2	0							
09.25	성남	원정			▼	0	1							
09.29	인천	홈		■		2	2							
10.02	울산	원정			▼	0	2							
10.06	상주	원정			▼	1	2							
10.20	서울	홈	▲			3	2							
10.26	울산	원정			▼	1	2							
11.03	포항	원정		■		2	2							
11.23	대구	홈			▼	2	4							
12.01	전북	원정			▼	0	1							

2019년 K리그1 팀별 연속 승패 · 득실점 기록 | 상주

일자	상대	홈/원정	승	무	패	득점	실점	연속기록						
								승	무	패	득점	실점	무득점	무실점
03.02	강원	홈	▲			2	0							
03.10	포항	원정	▲			2	1							
03.16	인천	홈	▲			2	0							
03.30	서울	원정			▼	0	2							
04.03	수원	원정		■		0	0							
04.06	울산	홈			▼	0	1							
04.13	경남	원정		■		1	1							
04.20	전북	홈			▼	0	3							
04.27	제주	원정	▲			3	2							
05.03	대구	원정			▼	0	1							
05.10	성남	홈	▲			1	0							
05.19	서울	홈			▼	1	3							
05.24	인천	원정	▲			2	1							
05.29	경남	홈		■		1	1							
06.02	전북	원정			▼	0	2							
06.16	제주	홈	▲			4	2							
06.28	성남	원정			▼	0	1							
07.06	포항	홈		■		1	1							
07.09	강원	원정			▼	0	4							
07.14	수원	홈			▼	0	2							
07.21	대구	홈	▲			2	0							
07.24	울산	원정		■		2	2							
07.30	성남	원정			▼	0	1							
08.03	경남	홈	▲			2	1							
08.10	제주	원정	▲			4	1							
08.18	포항	홈	▲			2	1							
08.24	울산	원정			▼	1	5							
09.01	대구	홈		■		1	1							
09.14	전북	원정			▼	1	2							
09.21	수원	원정		■		1	1							
09.25	인천	홈			▼	2	3							
09.29	서울	원정	▲			2	1							
10.06	강원	홈	▲			2	1							
10.19	제주	홈	▲			2	1							
10.27	성남	홈			▼	0	1							
11.02	경남	원정	▲			1	0							
11.24	인천	원정			▼	0	2							
11.30	수원	홈	▲			4	1							

2019년 K리그1 팀별 연속 승패 · 득실점 기록 | 수원

일자	상대	홈/원정	승	무	패	득점	실점	연속기록						
								승	무	패	득점	실점	무득점	무실점
03.01	울산	원정			▼	1	2							
03.09	전북	홈			▼	0	4							
03.16	성남	원정			▼	1	2							
03.31	인천	홈	▲			3	1							
04.03	상주	홈		■		0	0							
04.07	강원	원정	▲			2	0							
04.14	대구	홈		■		0	0							
04.20	경남	원정		■		3	3							
04.26	포항	원정			▼	0	1							
05.05	서울	홈		■		1	1							
05.12	제주	원정	▲			3	1							
05.18	울산	홈			▼	1	3							
05.26	대구	원정		■		0	0							
05.29	포항	홈	▲			3	0							
06.02	강원	홈		■		1	1							
06.16	서울	원정			▼	2	4							
06.23	전북	원정		■		1	1							
06.29	경남	홈		■		0	0							
07.07	제주	홈	▲			2	0							
07.10	인천	원정	▲			3	2							
07.14	상주	원정	▲			2	0							
07.21	성남	홈			▼	1	2							
07.30	대구	원정	▲			2	0							
08.04	포항	홈			▼	0	2							
08.10	인천	홈			▼	0	1							
08.17	강원	원정	▲			3	1							
08.23	경남	원정			▼	0	2							
08.30	제주	홈	▲			1	0							
09.15	성남	원정		■		0	0							
09.21	상주	홈		■		1	1							
09.25	울산	홈			▼	0	2							
09.28	전북	원정			▼	0	2							
10.06	서울	홈			▼	1	2							
10.19	경남	홈	▲			2	1							
10.27	인천	원정		■		1	1							
11.02	성남	홈		■		0	0							
11.24	제주	원정	▲			4	2							
11.30	상주	원정			▼	1	4							

2019년 K리그1 팀별 연속 승패 · 득실점 기록 | 성남

일자	상대	홈/원정	승	무	패	득점	실점	연속기록						
								승	무	패	득점	실점	무득점	무실점
03.01	경남	원정			▼	1	2							
03.10	서울	홈			▼	0	1							
03.16	수원	홈	▲			2	1							
03.31	강원	원정			▼	1	2							
04.03	제주	홈		■		1	1							
04.06	대구	원정		■		1	1							
04.13	포항	홈	▲			2	0							
04.20	울산	원정	▲			1	0							
04.27	인천	원정		■		0	0							
05.04	전북	홈		■		0	0							
05.10	상주	원정			▼	0	1							
05.19	강원	홈			▼	1	2							
05.25	울산	홈			▼	1	4							
05.28	서울	원정			▼	1	3							
06.01	인천	홈		■		0	0							
06.15	경남	홈		■		1	1							
06.21	제주	원정	▲			2	1							
06.28	상주	홈	▲			1	0							
07.07	전북	원정			▼	1	3							
07.10	포항	원정			▼	0	1							
07.14	대구	홈			▼	0	1							
07.21	수원	원정	▲			2	1							
07.30	상주	홈	▲			1	0							
08.04	인천	원정	▲			1	0							
08.10	경남	원정			▼	0	2							
08.17	서울	홈	▲			1	0							
08.24	전북	원정		■		1	1							
08.31	포항	원정			▼	0	1							
09.15	수원	홈		■		0	0							
09.21	제주	원정			▼	0	3							
09.25	강원	홈	▲			1	0							
09.28	울산	원정			▼	0	1							
10.06	대구	홈			▼	1	2							
10.19	인천	홈			▼	0	1							
10.27	상주	원정	▲			1	0							
11.02	수원	원정		■		0	0							
11.24	경남	홈			▼	1	2							
11.30	제주	홈	▲			3	1							

2019년 K리그1 팀별 연속 승패 · 득실점 기록 | 인천

일자	상대	홈/원정	승	무	패	득점	실점	연속기록						
								승	무	패	득점	실점	무득점	무실점
03.02	제주	홈		■		1	1							
03.09	경남	홈	▲			2	1							
03.16	상주	원정			▼	0	2							
03.31	수원	원정			▼	1	3							
04.03	대구	홈			▼	0	3							
04.06	전북	원정			▼	0	2							
04.14	울산	홈			▼	0	3							
04.21	서울	원정		■		0	0							
04.27	성남	홈		■		0	0							
05.05	강원	원정			▼	0	1							
05.11	포항	홈			▼	0	1							
05.19	대구	원정			▼	1	2							
05.24	상주	홈			▼	1	2							
05.28	제주	원정	▲			2	1							
06.01	성남	원정		■		0	0							
06.15	전북	홈			▼	0	1							
06.22	경남	원정		■		1	1							
06.30	강원	홈			▼	1	2							
07.06	울산	원정			▼	0	1							
07.10	수원	홈			▼	2	3							
07.13	서울	홈			▼	0	2							
07.20	포항	원정	▲			2	1							
07.30	경남	홈		■		1	1							
08.04	성남	홈			▼	0	1							
08.10	수원	원정	▲			1	0							
08.18	제주	홈		■		0	0							
08.25	포항	원정			▼	3	5							
09.01	울산	홈		■		3	3							
09.15	서울	원정			▼	1	3							
09.22	대구	홈		■		1	1							
09.25	상주	원정	▲			3	2							
09.29	강원	원정		■		2	2							
10.06	전북	홈		■		0	0							
10.19	성남	원정	▲			1	0							
10.27	수원	홈		■		1	1							
11.02	제주	원정			▼	0	2							
11.24	상주	홈	▲			2	0							
11.30	경남	원정		■		0	0							

2019년 K리그1 팀별 연속 승패 · 득실점 기록 | 경남

일자	상대	홈/원정	승	무	패	득점	실점	연속기록 승	무	패	득점	실점	무득점	무실점
03.01	성남	홈	▲			2	1							
03.09	인천	원정			▼	1	2							
03.17	포항	원정			▼	1	4							
03.30	대구	홈	▲			2	1							
04.02	전북	홈		■		3	3							
04.06	서울	원정			▼	1	2							
04.13	상주	홈		■		1	1							
04.20	수원	홈		■		3	3							
04.28	울산	원정			▼	0	2							
05.04	제주	원정			▼	0	2							
05.12	강원	홈			▼	0	2							
05.19	포항	홈			▼	1	2							
05.26	전북	원정			▼	1	4							
05.29	상주	원정		■		1	1							
06.02	서울	홈			▼	1	2							
06.15	성남	원정		■		1	1							
06.22	인천	홈		■		1	1							
06.29	수원	원정		■		0	0							
07.06	대구	원정		■		1	1							
07.09	울산	홈			▼	1	3							
07.12	강원	원정			▼	1	2							
07.20	제주	홈		■		2	2							
07.30	인천	원정		■		1	1							
08.03	상주	원정			▼	1	2							
08.10	성남	홈	▲			2	0							
08.17	대구	원정			▼	0	1							
08.23	수원	홈	▲			2	0							
09.01	강원	원정			▼	0	2							
09.14	울산	홈		■		3	3							
09.25	서울	원정		■		1	1							
09.29	포항	홈			▼	0	1							
10.03	전북	홈		■		1	1							
10.06	제주	원정	▲			2	1							
10.19	수원	원정			▼	1	2							
10.27	제주	홈		■		2	2							
11.02	상주	홈			▼	0	1							
11.24	성남	원정	▲			2	1							
11.30	인천	홈		■		0	0							
12.05	부산	원정		■		0	0							
12.08	부산	홈			▼	0	2							

: 승강 플레이오프

2019년 K리그1 팀별 연속 승패 · 득실점 기록 | 제주

일자	상대	홈/원정	승	무	패	득점	실점	연속기록 승	무	패	득점	실점	무득점	무실점
03.02	인천	원정		■		1	1							
03.09	대구	원정			▼	0	2							
03.16	서울	원정		■		0	0							
03.29	울산	원정			▼	1	2							
04.03	성남	원정		■		1	1							
04.07	포항	원정		■		1	1							
04.13	전북	홈			▼	0	1							
04.21	강원	홈			▼	2	4							
04.27	상주	홈			▼	2	3							
05.04	경남	홈	▲			2	0							
05.12	수원	홈			▼	1	3							
05.18	전북	원정			▼	1	3							
05.25	강원	원정	▲			1	0							
05.28	인천	홈			▼	1	2							
06.01	울산	홈			▼	1	3							
06.16	상주	원정			▼	2	4							
06.21	성남	홈			▼	1	2							
06.29	대구	홈		■		1	1							
07.07	수원	원정			▼	0	2							
07.10	서울	홈	▲			4	2							
07.13	포항	홈		■		1	1							
07.20	경남	원정		■		2	2							
07.31	전북	원정		■		2	2							
08.03	울산	홈			▼	0	5							
08.10	상주	홈			▼	1	4							
08.18	인천	원정		■		0	0							
08.25	서울	홈		■		1	1							
08.30	수원	원정			▼	0	1							
09.15	강원	원정			▼	0	2							
09.21	성남	홈	▲			3	0							
09.24	포항	원정			▼	1	2							
09.28	대구	원정		■		2	2							
10.06	경남	홈			▼	1	2							
10.19	상주	원정			▼	1	2							
10.27	경남	원정		■		2	2							
11.02	인천	홈	▲			2	0							
11.24	수원	홈			▼	2	4							
11.30	성남	원정			▼	1	3							

2019년 K리그1 팀 간 경기 기록

팀명	승점	상대팀	승	무	패	득점	실점	득실	도움	경고	퇴장
전북	79	합계	22	13	3	72	32	40	51	79	1
	7	강원	2	1	1	7	6	1	4	14	0
	5	경남	1	2	0	8	5	3	4	7	0
	7	대구	2	1	1	7	4	3	4	7	0
	9	상주	3	0	0	7	1	6	6	4	1
	10	서울	3	1	0	9	4	5	8	6	0
	5	성남	1	2	0	4	2	2	4	5	0
	7	수원	2	1	0	7	1	6	6	8	0
	5	울산	1	2	1	6	4	2	4	9	0
	7	인천	2	1	0	3	0	3	2	7	0
	7	제주	2	1	0	6	3	3	5	3	0
	10	포항	3	1	0	8	2	6	4	9	0

팀명	승점	상대팀	승	무	패	득점	실점	득실	도움	경고	퇴장
대구	55	합계	13	16	9	46	37	9	32	65	2
	10	강원	3	1	0	11	5	6	9	7	1
	4	경남	1	1	1	3	3	0	2	5	1
	4	상주	1	1	1	2	3	-1	1	5	0
	1	서울	0	1	3	3	6	-3	2	10	0
	7	성남	2	1	0	4	2	2	3	6	0
	2	수원	0	2	1	0	2	-2	0	4	0
	3	울산	0	3	1	3	4	-1	3	5	0
	7	인천	2	1	0	6	2	4	5	4	0
	4	전북	1	1	2	4	7	-3	2	8	0
	5	제주	1	2	0	5	3	2	3	5	0
	8	포항	2	2	0	5	0	5	2	6	0

팀명	승점	상대팀	승	무	패	득점	실점	득실	도움	경고	퇴장
울산	79	합계	23	10	5	71	39	32	50	70	1
	10	강원	3	1	0	6	2	4	6	8	0
	7	경남	2	1	0	8	4	4	6	5	0
	6	대구	1	3	0	4	3	1	1	9	0
	7	상주	2	1	0	8	3	5	4	5	0
	10	서울	3	1	0	8	4	4	6	4	0
	6	성남	2	0	1	5	2	3	2	5	0
	9	수원	3	0	0	7	2	5	5	10	0
	7	인천	2	1	0	7	3	4	5	4	1
	5	전북	1	2	1	4	6	-2	3	12	0
	9	제주	3	0	0	10	2	8	9	3	0
	3	포항	1	0	3	4	8	-4	3	5	0

팀명	승점	상대팀	승	무	패	득점	실점	득실	도움	경고	퇴장
강원	50	합계	14	8	16	56	58	-2	37	60	1
	9	경남	3	0	0	6	1	5	5	3	0
	1	대구	0	1	3	5	11	-6	3	8	0
	3	상주	1	0	2	5	4	1	4	6	0
	5	서울	1	2	1	6	6	0	4	5	0
	6	성남	2	0	1	4	3	1	4	7	0
	1	수원	0	1	2	2	6	-4	0	2	0
	1	울산	0	1	3	2	6	-4	1	3	0
	7	인천	2	1	0	5	3	2	3	6	0
	4	전북	1	1	2	6	7	-1	3	10	0
	6	제주	2	0	1	6	3	3	3	5	1
	7	포항	2	1	1	9	8	1	7	5	0

팀명	승점	상대팀	승	무	패	득점	실점	득실	도움	경고	퇴장
서울	56	합계	15	11	12	53	49	4	41	59	1
	5	강원	1	2	1	6	6	0	4	7	0
	7	경남	2	1	0	5	3	2	4	4	0
	10	대구	3	1	0	6	3	3	5	5	1
	6	상주	2	0	1	6	3	3	3	5	0
	6	성남	2	0	1	4	2	2	4	5	0
	7	수원	2	1	0	7	4	3	4	5	0
	1	울산	0	1	3	4	8	-4	4	4	0
	7	인천	2	1	0	5	1	4	4	4	0
	1	전북	0	1	3	4	9	-5	4	10	0
	2	제주	0	2	1	3	5	-2	3	5	0
	4	포항	1	1	2	3	5	-2	2	5	0

팀명	승점	상대팀	승	무	패	득점	실점	득실	도움	경고	퇴장
상주	55	합계	ㅍ	7	15	49	53	-4	32	50	2
	6	강원	2	0	1	4	5	-1	2	4	0
	8	경남	2	2	0	5	3	2	2	6	0
	4	대구	1	1	1	3	2	1	2	4	0
	3	서울	1	0	2	3	6	-3	3	3	0
	3	성남	1	0	3	1	3	-2	1	2	1
	5	수원	1	2	1	5	4	1	3	5	1
	1	울산	0	1	2	3	8	-5	2	4	0
	6	인천	2	0	2	6	6	0	5	8	0
	0	전북	0	0	3	1	7	-6	1	2	0
	12	제주	4	0	0	13	6	7	7	8	0
	7	포항	2	1	0	5	3	2	4	4	0

팀명	승점	상대팀	승	무	패	득점	실점	득실	도움	경고	퇴장
포항	56	합계	16	8	14	49	49	0	36	53	2
	4	강원	1	1	2	8	9	-1	6	3	0
	9	경남	3	0	0	7	2	5	6	3	0
	2	대구	0	2	2	0	5	-5	0	5	2
	1	상주	0	1	2	3	5	-2	2	4	0
	7	서울	2	1	1	5	3	2	3	3	0
	6	성남	2	0	1	2	2	0	2	4	0
	6	수원	2	0	1	3	3	0	3	6	0
	9	울산	3	0	1	8	4	4	2	3	0
	6	인천	2	0	1	7	5	2	6	7	0
	1	전북	0	1	3	2	8	-6	2	7	0
	5	제주	1	2	0	4	3	1	4	8	0

팀명	승점	상대팀	승	무	패	득점	실점	득실	도움	경고	퇴장
수원	48	합계	12	12	14	46	49	-3	28	74	2
	7	강원	2	1	0	6	2	4	5	3	0
	5	경남	1	2	1	5	6	-1	2	5	0
	5	대구	1	2	0	2	0	2	2	8	0
	5	상주	1	2	1	4	5	-1	1	11	0
	1	서울	0	1	2	4	7	-3	3	5	0
	2	성남	0	2	2	2	4	-2	1	7	1
	0	울산	0	0	3	2	7	-5	1	6	0
	7	인천	2	1	1	7	5	2	5	9	0
	1	전북	0	1	2	1	7	-6	1	7	1
	12	제주	4	0	0	10	3	7	5	8	0
	3	포항	1	0	2	3	3	0	2	5	0

팀명	승점	상대팀	승	무	패	득점	실점	득실	도움	경고	퇴장
성 남	45	합 계	12	9	17	30	40	-10	20	65	1
	3	강 원	1	0	2	3	4	-1	2	8	0
	1	경 남	0	1	3	3	7	-4	2	7	1
	1	대 구	0	1	2	2	4	-2	1	5	0
	9	상 주	3	0	1	3	1	2	3	8	0
	3	서 울	1	0	2	2	4	-2	1	3	0
	8	수 원	2	2	0	4	2	2	3	8	0
	3	울 산	1	0	2	2	5	-3	1	4	0
	5	인 천	1	2	1	1	1	0	1	6	0
	2	전 북	0	2	1	2	4	-2	0	5	0
	7	제 주	2	1	1	6	6	0	5	6	0
	3	포 항	1	0	2	2	2	0	1	5	0

팀명	승점	상대팀	승	무	패	득점	실점	득실	도움	경고	퇴장
경 남	33	합 계	6	15	17	43	61	-18	29	63	3
	0	강 원	0	0	3	1	6	-5	1	8	1
	4	대 구	1	1	1	3	3	0	3	6	0
	2	상 주	0	2	2	3	5	-2	2	9	1
	1	서 울	0	1	2	3	5	-2	3	3	0
	10	성 남	3	1	0	7	3	4	5	5	0
	5	수 원	1	2	1	6	5	1	3	8	0
	1	울 산	0	1	2	4	8	-4	3	5	0
	3	인 천	0	3	1	3	4	-1	2	6	0
	2	전 북	0	2	1	5	8	-3	4	4	0
	5	제 주	1	2	1	6	7	-1	3	5	1
	0	포 항	0	0	3	2	7	-5	0	4	0

팀명	승점	상대팀	승	무	패	득점	실점	득실	도움	경고	퇴장
인 천	34	합 계	7	13	18	33	54	-21	19	59	1
	1	강 원	0	1	2	3	5	-2	2	2	0
	6	경 남	1	3	0	4	3	1	4	10	0
	1	대 구	0	1	2	2	6	-4	1	4	0
	6	상 주	2	0	2	6	6	0	3	5	0
	1	서 울	0	1	2	1	5	-4	1	1	0
	5	성 남	1	2	1	1	1	0	0	5	0
	4	수 원	1	1	2	5	7	-2	2	8	0
	1	울 산	0	1	2	3	7	-4	3	8	0
	1	전 북	0	1	2	0	3	-3	0	5	0
	5	제 주	1	2	1	3	4	-1	0	7	0
	3	포 항	1	0	2	5	7	-2	3	4	1

팀명	승점	상대팀	승	무	패	득점	실점	득실	도움	경고	퇴장
제 주	27	합 계	5	12	21	45	72	-27	26	56	2
	3	강 원	1	0	2	3	6	-3	2	5	0
	5	경 남	1	2	1	7	6	1	4	5	0
	2	대 구	0	2	1	3	5	-2	1	5	0
	0	상 주	0	0	4	6	13	-7	2	7	0
	5	서 울	1	2	0	5	3	2	3	4	0
	4	성 남	1	1	2	6	6	0	3	5	1
	0	수 원	0	0	4	3	10	-7	3	6	1
	0	울 산	0	0	3	2	10	-8	2	3	0
	5	인 천	1	2	1	4	3	1	3	7	0
	1	전 북	0	1	2	3	6	-3	2	6	0
	2	포 항	0	2	1	3	4	-1	1	3	0

2019년 K리그1 최종 순위 및 팀별 경기기록, 승률

구분	파이널A						파이널B					
순위	1	2	3	4	5	6	7	8	9	10	11	12
구단	전북	울산	서울	포항	대구	상주	강원	수원	성남	인천	경남	제주
경기	38	38	38	38	38	38	38	38	38	38	38	38
승점	79	79	56	56	55	55	50	48	45	34	33	27
승	22	23	15	16	13	16	14	12	12	7	6	5
무	13	10	11	8	16	7	8	12	9	13	15	12
패	3	5	12	14	9	15	16	14	17	18	17	21
득	72	71	53	49	46	49	56	46	30	33	43	45
실	32	39	49	49	37	53	58	49	40	54	61	72
차	40	32	4	0	9	-4	-2	-3	-10	-21	-18	-27
승률	75.0	73.7	53.9	52.6	55.3	51.3	47.4	47.4	43.4	35.5	35.5	28.9

구분	홈	원정	홈	원정	홈	원정	홈	원정	홈	원정	홈	원정	홈	원정	홈	원정	홈	원정	홈	원정	홈	원정	홈	원정
승	12	10	13	10	8	7	10	6	6	7	10	6	9	5	5	7	7	5	2	5	4	2	4	1
무	6	7	4	6	6	5	5	3	8	8	3	4	3	5	7	5	5	4	8	5	9	6	3	9
패	2	1	2	3	5	7	4	10	5	4	6	9	7	9	7	7	7	10	9	9	6	11	11	10
득	36	36	32	39	28	25	28	21	22	24	29	20	34	22	17	29	17	13	15	18	27	16	26	19
실	15	17	17	22	24	25	20	29	21	16	23	30	31	27	21	28	17	23	26	28	29	32	38	34
차	21	19	15	17	4	0	8	-8	1	8	6	-10	3	-5	-4	1	0	-10	-11	-10	-2	-16	-12	-15
승률	75.0	75.0	78.9	68.4	57.9	50.0	65.8	39.5	52.6	57.9	60.5	42.1	55.3	39.5	44.7	50.0	50.0	36.8	31.6	39.5	44.7	26.3	30.6	27.5

2019년 K리그1 팀별 개인 기록 | 전북

선수명	대회	출전	교체	득점	도움	코너킥	파울	파울득	오프사이드	슈팅	유효슈팅	경고	퇴장	실점	자책
고무열	K1	6	5	0	0	0	4	5	0	7	1	0	0	0	0
	K2	22	4	12	3	0	26	29	1	56	33	3	0	0	0
	계	28	9	12	3	0	30	34	1	63	34	3	0	0	0
권경원	K1	13	2	2	1	0	21	7	0	4	2	6	0	0	0
김민혁	K1	26	3	1	0	0	24	14	0	5	2	5	0	0	0
김승대	K1	31	9	4	8	11	16	34	9	24	19	2	0	0	0
김신욱	K1	17	12	9	3	0	15	7	4	43	29	1	0	0	0
김진수	K1	27	3	2	4	69	35	38	5	29	13	5	1	0	0
로페즈	K1	36	12	11	7	3	64	66	11	102	57	5	0	0	0
문선민	K1	32	23	10	10	0	38	40	4	64	40	3	0	0	0
박원재	K1	1	0	0	0	0	2	0	0	0	0	1	0	0	0
손준호	K1	31	6	5	3	55	82	76	1	55	27	11	0	0	0
송범근	K1	38	0	0	0	0	1	5	0	0	0	2	0	32	0
신형민	K1	28	7	0	0	0	45	31	0	10	4	9	0	0	0
아드리아노	K1	1	1	0	0	0	0	0	0	0	0	0	0	0	0
이동국	K1	33	29	9	2	0	22	17	7	67	35	2	0	0	0
이비니	K1	13	11	1	1	0	7	11	2	4	2	0	0	0	0
이승기	K1	25	13	4	5	13	15	21	2	22	13	1	0	0	0
이 용	K1	20	1	0	3	18	23	7	0	4	3	5	0	0	0
이주용	K1	15	4	0	3	9	25	11	0	6	1	4	0	0	0
임선영	K1	22	16	5	3	0	25	14	3	25	10	0	0	0	0
정 혁	K1	13	8	1	2	5	24	11	0	6	3	4	0	0	0
최보경	K1	13	4	0	0	0	6	2	0	0	0	1	0	0	0
최철순	K1	18	4	0	0	0	22	16	0	2	1	6	0	0	0
티아고	K1	2	2	0	0	0	0	0	1	3	0	1	0	0	0
한교원	K1	14	12	0	2	0	2	12	1	14	6	0	0	0	0
한승규	K1	19	16	2	0	4	13	13	0	15	7	3	0	0	0
호 사	K1	11	9	4	1	0	16	14	4	17	13	0	0	0	0
홍정호	K1	30	4	2	0	0	32	17	0	12	6	3	0	0	0

2019년 K리그1 팀별 개인 기록 | 울산

선수명	대회	출전	교체	득점	도움	코너킥	파울	파울득	오프사이드	슈팅	유효슈팅	경고	퇴장	실점	자책
강민수	K1	23	1	3	0	0	20	12	1	7	4	7	0	0	0
김민덕	K1	1	0	0	0	0	0	0	0	0	0	0	0	0	0
김보경	K1	35	6	13	9	57	40	52	4	42	29	6	0	0	0
김성준	K1	5	5	0	0	4	0	1	0	0	0	0	0	0	0
김수안	K1	9	2	1	0	0	13	3	0	5	4	3	0	0	0
김승규	K1	16	0	0	1	0	0	3	0	0	0	2	0	21	0
김인성	K1	34	18	9	3	0	40	38	18	46	30	3	0	0	0
김창수	K1	9	2	0	0	0	5	6	0	1	1	1	0	0	0
김태환	K1	30	3	2	7	1	51	26	2	6	5	9	0	0	0
데이비슨	K1	3	2	0	0	0	1	0	0	0	0	1	0	0	0
믹 스	K1	31	29	6	2	21	22	17	1	24	15	3	0	0	0
박용우	K1	36	11	0	0	0	39	33	0	13	4	2	0	0	0
박정인	K1	6	6	0	0	1	7	1	1	6	3	0	0	0	0
박주호	K1	23	7	0	1	1	22	29	0	7	3	5	0	0	0
박하빈	K1	1	1	0	0	0	0	0	0	0	0	0	0	0	0
불투이스	K1	19	3	1	1	0	19	7	0	10	7	1	0	0	0
신진호	K1	24	12	1	4	49	39	23	1	9	2	5	1	0	0
윤영선	K1	27	2	0	0	0	24	12	3	4	3	9	0	0	1
이근호	K1	18	18	2	5	0	13	10	2	7	3	1	0	0	0
이동경	K1	25	25	3	2	6	25	7	0	45	28	4	0	0	0
이명재	K1	24	2	0	3	24	19	16	0	11	6	0	0	0	0
이상헌	K1	5	5	1	0	3	6	1	0	4	2	0	0	0	0
정동호	K1	15	5	0	0	3	14	16	0	10	6	2	0	0	0
조수혁	K1	2	0	0	0	0	0	0	0	0	0	0	0	1	0
주니오	K1	35	16	19	5	0	48	26	26	107	74	3	0	0	0
주민규	K1	28	22	5	5	0	23	22	7	30	22	0	0	0	0
황일수	K1	24	20	3	2	6	11	3	1	28	21	0	0	0	0

2019년 K리그1 팀별 개인 기록 l 서울

선수명	대회	출전	교체	득점	도움	코너킥	파울	파울득	오프사이드	슈팅	유효슈팅	경고	퇴장	실점	자책
고광민	K1	35	6	1	2	0	26	25	1	17	5	4	1	0	0
고요한	K1	35	6	3	6	0	58	69	7	31	15	9	0	0	0
김남춘	K1	4	1	0	0	0	7	0	0	0	0	0	0	0	0
김원균	K1	11	2	0	0	0	16	4	1	1	0	1	0	0	0
김원식	K1	19	7	0	0	0	19	10	1	4	2	2	0	0	0
김주성	K1	10	3	0	0	0	4	4	0	1	1	1	0	0	0
김한길	K1	12	9	0	2	0	9	8	0	1	0	1	0	0	0
박동진	K1	32	32	6	3	0	25	27	7	27	13	4	0	0	0
박주영	K1	35	16	10	7	112	34	43	18	62	28	2	0	0	0
박준영	K1	1	1	0	0	0	0	0	0	0	0	0	0	0	0
신재원	K1	2	2	0	0	0	1	0	1	0	0	1	0	0	0
알리바예프	K1	35	9	3	5	19	49	31	2	58	22	5	0	0	0
양한빈	K1	7	1	0	0	0	0	0	0	0	0	0	0	11	0
오스마르	K1	31	1	4	5	0	32	18	0	27	10	3	0	0	0
유상훈	K1	32	1	0	0	0	0	6	0	0	0	1	0	38	0
윤종규	K1	29	6	0	2	0	20	8	1	16	8	1	0	0	0
윤주태	K1	14	14	1	1	0	9	9	5	16	6	1	0	0	0
이명주	K1	10	4	1	1	0	19	14	1	15	10	3	0	0	0
	K2	19	5	2	1	10	26	24	1	11	7	5	0	0	0
	계	29	9	3	2	10	45	38	2	26	17	8	0	0	0
이웅희	K1	20	8	0	0	0	24	29	0	6	3	3	0	0	0
이인규	K1	6	6	1	0	0	3	0	0	2	1	0	0	0	0
정원진	K1	16	16	3	2	7	9	12	0	11	7	2	0	0	0
정현철	K1	30	10	1	0	0	26	11	2	15	8	6	0	0	0
조영욱	K1	18	17	2	1	0	5	17	4	9	6	3	0	0	0
주세종	K1	9	2	1	0	8	15	12	0	6	2	3	0	0	0
	K2	21	2	2	5	52	19	34	0	31	17	3	1	0	0
	계	30	4	3	5	60	34	46	0	37	19	6	1	0	0
페시치	K1	25	13	10	1	0	27	33	18	45	27	1	0	0	0
하대성	K1	2	3	0	0	1	1	0	0	0	0	0	0	0	0
황기욱	K1	1	1	0	0	0	0	0	0	0	0	0	0	0	0
황현수	K1	36	1	5	3	0	29	13	0	19	10	2	0	0	0

2019년 K리그1 팀별 개인 기록 l 포항

선수명	대회	출전	교체	득점	도움	코너킥	파울	파울득	오프사이드	슈팅	유효슈팅	경고	퇴장	실점	자책
강현무	K1	23	0	0	0	0	0	4	0	0	0	3	0	29	0
김광석	K1	19	1	0	0	1	11	17	1	1	0	3	0	0	0
김도형	K1	9	8	0	0	1	1	9	2	6	4	0	0	0	0
김용환	K1	35	5	2	1	0	39	45	1	9	4	2	0	0	0
데이비드	K1	9	7	2	1	0	15	11	3	7	4	1	1	0	0
류원우	K1	15	0	0	0	0	0	1	0	0	0	0	0	20	0
박재우	K1	2	1	0	0	0	2	1	0	0	0	0	0	0	0
배슬기	K1	12	7	1	0	0	1	1	0	4	2	0	0	0	0
블라단	K1	3	0	0	0	0	4	3	0	2	0	3	0	0	0
송민규	K1	27	25	2	3	1	20	30	6	33	20	1	0	0	0
심동운	K1	25	19	3	1	3	14	14	3	30	19	1	0	0	0
심상민	K1	26	2	0	1	0	14	36	0	5	0	2	0	0	0
완델손	K1	38	7	15	9	89	49	81	8	87	44	2	0	0	0
유준수	K1	6	3	0	0	0	4	3	0	1	1	1	0	0	0
이광혁	K1	23	22	2	1	7	18	17	0	25	16	3	0	0	0
이상기	K1	16	5	0	0	0	22	10	0	2	0	3	1	0	0
이석현	K1	16	15	2	0	11	9	19	3	9	3	0	0	0	0
이수빈	K1	28	10	1	1	0	54	13	1	21	12	5	0	0	0
이승모	K1	2	2	0	0	0	4	0	0	2	2	0	0	0	0
이진현	K1	20	17	1	2	14	21	22	0	15	6	0	0	0	0
일류첸코	K1	18	9	9	2	0	30	26	7	38	21	5	0	0	0
전민광	K1	18	0	0	0	0	9	13	0	4	2	1	0	0	1
정재용	K1	32	6	0	2	0	28	20	0	23	10	2	0	0	0
최영준	K1	21	8	0	1	1	27	25	1	4	1	2	0	0	0
최용우	K1	8	9	0	0	0	7	1	2	9	1	0	0	0	0
팔로세비치	K1	16	14	5	4	20	9	18	1	18	9	0	0	0	0
하승운	K1	15	15	0	1	1	12	7	5	2	0	1	0	0	0
하창래	K1	31	0	1	0	0	40	17	0	8	3	11	0	0	0
허용준	K1	25	21	1	0	0	15	10	8	29	14	1	0	0	0

2019년 K리그1 팀별 개인 기록 I 대구

선수명	대회	출전	교체	득점	도움	코너킥	파울	파울득	오프사이드	슈팅	유효슈팅	경고	퇴장	실점	자책
강윤구	K1	15	9	0	0	9	15	11	1	3	0	0	0	0	0
고재현	K1	3	2	0	0	0	6	1	0	0	0	1	0	0	0
김대원	K1	36	20	4	2	30	19	28	2	78	37	2	1	0	0
김동진	K1	13	2	0	0	0	22	10	0	9	4	2	1	0	0
	K2	20	7	0	0	0	30	21	5	6	0	3	0	0	0
	계	33	9	0	0	0	52	31	5	15	4	5	1	0	0
김선민	K1	12	2	0	0	0	28	5	0	0	0	3	0	0	0
	K2	4	2	0	0	0	12	2	0	0	0	0	0	0	0
	계	16	4	0	0	0	40	7	0	0	0	3	0	0	0
김우석	K1	35	4	1	2	0	35	34	1	5	3	9	0	0	1
김준엽	K1	22	9	0	1	0	19	12	2	2	1	1	0	0	0
김태한	K1	3	0	0	0	0	4	5	0	0	0	1	0	0	0
다리오	K1	3	3	0	0	0	2	0	0	3	1	0	0	0	0
류재문	K1	21	15	1	1	0	15	7	0	9	5	4	0	0	0
박기동	K1	19	18	2	1	0	8	10	7	7	4	1	0	0	0
박병현	K1	31	5	0	1	0	48	21	3	4	2	7	0	0	0
박한빈	K1	15	12	0	0	0	17	0	0	6	3	0	0	0	0
세징야	K1	35	4	15	10	112	36	129	4	170	82	4	0	0	0
신창무	K1	24	24	2	0	14	16	18	6	13	9	3	0	0	0
에드가	K1	24	7	11	4	0	52	34	10	75	33	4	0	0	0
오후성	K1	8	8	0	1	0	0	3	0	2	0	0	0	0	0
장성원	K1	18	13	0	1	0	11	7	0	1	0	3	0	0	0
전현철	K1	2	2	0	0	0	0	0	0	0	0	0	0	0	0
정선호	K1	5	5	0	0	0	4	1	0	0	0	0	0	0	0
정승원	K1	33	9	3	2	0	41	47	4	23	8	0	0	0	0
정치인	K1	6	6	0	1	0	6	2	1	6	5	0	0	0	0
정태욱	K1	27	5	1	0	0	33	14	0	18	9	3	0	0	0
조현우	K1	38	1	0	0	0	0	13	0	0	0	2	0	34	1
최영은	K1	1	0	0	0	0	2	0	0	0	0	2	0	3	0
츠바사	K1	13	8	1	1	0	17	11	0	8	5	2	0	0	0
한희훈	K1	22	22	0	0	0	14	8	2	9	3	5	0	0	0
홍정운	K1	16	2	0	0	0	11	14	1	7	1	3	0	0	0
황순민	K1	36	16	3	3	2	20	29	2	42	18	1	0	0	0
히우두	K1	11	11	0	0	0	6	20	0	9	4	2	0	0	0

2019년 K리그1 팀별 개인 기록 I 강원

선수명	대회	출전	교체	득점	도움	코너킥	파울	파울득	오프사이드	슈팅	유효슈팅	경고	퇴장	실점	자책
강지훈	K1	29	22	2	0	2	28	18	7	18	7	4	0	0	0
김오규	K1	28	0	1	1	0	25	23	1	11	4	8	0	0	0
김지현	K1	27	21	10	1	0	21	33	3	51	26	3	0	0	0
김현욱	K1	31	21	2	2	60	13	36	0	32	14	0	0	0	0
김호준	K1	28	1	0	0	0	0	4	0	0	0	2	0	35	0
나카자토	K1	11	7	0	0	7	11	9	0	1	0	3	0	0	0
박창준	K1	13	13	1	1	1	9	2	0	4	1	2	0	0	0
발렌티노스	K1	24	2	2	1	0	16	9	3	11	5	1	0	0	0
빌비야	K1	6	4	2	1	3	6	5	1	10	6	1	0	0	0
서명원	K1	4	4	0	0	0	3	1	1	1	0	1	0	0	0
신광훈	K1	36	4	2	4	0	46	43	1	12	5	7	0	0	0
오범석	K1	20	10	0	0	0	25	25	1	4	4	3	0	0	0
윤석영	K1	28	12	0	1	14	16	16	2	5	2	3	0	0	0
이광연	K1	8	0	0	0	0	0	4	0	0	0	1	0	19	0
이영재	K1	24	12	8	6	59	13	37	2	48	23	1	0	0	0
이재권	K1	6	3	0	0	0	6	5	0	0	0	0	1	0	0
이재익	K1	3	0	0	0	0	1	4	0	3	2	0	0	0	0
이현식	K1	32	9	6	2	1	51	109	1	34	18	7	0	0	0
이호인	K1	16	5	1	1	0	13	7	0	2	2	1	0	0	0
정석화	K1	7	1	0	2	3	5	10	1	10	6	0	0	0	0
정승용	K1	29	13	0	6	33	29	31	0	20	9	6	0	0	0
정조국	K1	31	27	5	3	0	8	17	7	51	30	0	0	0	0
조재완	K1	17	5	8	2	16	19	28	4	37	19	1	0	0	0
조지훈	K1	15	11	0	0	2	14	10	0	22	10	0	0	0	0
최치원	K1	8	6	1	0	2	7	3	1	10	6	3	0	0	0
한국영	K1	38	0	1	4	0	45	50	0	45	20	3	0	0	0
한용수	K1	2	1	0	0	0	4	2	0	1	0	0	0	0	0
함석민	K1	3	1	0	0	0	0	0	0	0	0	0	0	4	0

2019년 K리그1 팀별 개인 기록 I 상주

선수명	대회	출전	교체	득점	도움	코너킥	파울	파울득	오프사이드	슈팅	유효슈팅	경고	퇴장	실점	자책
강상우	K1	15	8	3	0	12	7	22	7	10	6	1	0	0	0
고태원	K1	3	1	0	0	0	5	1	0	0	0	0	0	0	0
권완규	K1	31	0	1	0	0	35	23	2	11	5	7	1	0	0
권태안	K1	8	1	0	0	0	0	0	0	0	0	1	0	13	0
김건희	K1	10	1	8	1	0	10	14	4	26	16	0	0	0	0
김경재	K1	30	5	0	0	0	18	22	0	0	0	5	0	0	1
김경중	K1	13	12	2	0	0	5	14	0	7	3	2	0	0	0
김대중	K1	2	2	0	0	0	1	0	0	0	0	0	0	0	0
김민혁	K1	22	7	3	3	2	25	35	1	17	6	4	0	0	0
김선우	K1	3	2	0	1	1	1	1	0	0	0	0	0	0	0
	K2	0	0	0	0	0	0	0	0	0	0	0	0	0	0
	계	3	2	0	1	1	1	1	0	0	0	0	0	0	0
김진혁	K1	15	4	5	1	0	23	21	2	20	11	2	0	0	0
류승우	K1	12	8	1	1	1	18	4	1	19	5	0	0	0	0
마상훈	K1	15	9	0	0	0	9	13	3	2	0	1	0	0	0
박대한	K1	1	1	0	0	0	0	0	0	0	0	0	0	0	0
박세진	K1	7	8	0	0	2	4	6	1	1	0	1	0	0	0
박용지	K1	36	23	12	3	0	35	66	8	55	32	2	0	0	0
배신영	K1	3	3	0	1	1	2	2	0	2	0	0	0	0	0
배재우	K1	4	1	0	1	0	4	3	0	2	0	0	0	0	0
송승민	K1	2	2	0	0	0	2	0	1	2	0	0	0	0	0
송시우	K1	23	22	3	4	0	31	33	5	27	9	1	0	0	0
안세희	K1	3	1	0	0	0	4	1	0	0	0	1	0	0	0
안진범	K1	18	12	0	2	1	22	14	4	8	4	2	0	0	0
윤보상	K1	29	1	0	0	0	0	2	0	0	0	1	0	37	0
이규성	K1	35	4	0	3	17	24	38	0	19	3	3	0	0	0
이민기	K1	11	4	0	1	0	11	5	1	5	0	0	0	0	0
이찬동	K1	4	1	0	0	0	4	8	0	2	1	1	0	0	0
진성욱	K1	6	4	0	0	0	8	3	6	8	5	0	0	0	0
한석종	K1	14	5	0	0	0	19	15	3	7	1	1	0	0	0
황병근	K1	2	0	0	0	0	0	0	0	0	0	0	0	3	0

2019년 K리그1 팀별 개인 기록 I 수원

선수명	대회	출전	교체	득점	도움	코너킥	파울	파울득	오프사이드	슈팅	유효슈팅	경고	퇴장	실점	자책
고명석	K1	19	2	0	0	0	13	22	1	3	2	2	0	0	0
고승범	K1	10	4	0	0	0	14	8	0	9	5	2	0	0	0
구대영	K1	18	7	2	1	0	26	24	1	5	3	4	0	0	0
구자룡	K1	30	1	1	0	0	31	23	0	5	2	5	0	0	0
김다솔	K1	7	0	0	0	0	0	4	0	0	0	0	0	17	0
김민우	K1	26	7	3	2	42	30	30	13	33	15	2	0	0	0
김민호	K1	1	1	0	0	0	0	0	0	0	0	0	0	0	0
김종우	K1	21	15	0	1	31	33	35	0	23	10	3	0	0	0
김태환	K1	3	0	0	0	0	6	2	0	0	0	1	0	0	0
노동건	K1	29	0	0	0	0	1	5	0	0	0	3	0	26	0
데 안	K1	21	15	3	1	0	20	17	3	33	19	2	0	0	0
민상기	K1	20	4	0	0	0	16	16	0	6	1	3	1	0	1
바그닝요	K1	19	16	1	1	3	18	31	2	28	14	2	1	0	1
박대원	K1	4	3	0	0	0	4	1	0	0	0	0	0	0	0
박상혁	K1	2	2	0	0	3	0	0	0	4	2	0	0	0	0
박준형	K1	2	1	0	0	0	2	1	0	0	0	1	0	0	0
박지민	K1	1	0	0	0	0	0	0	0	0	0	0	0	4	0
박형진	K1	23	8	0	0	8	29	19	0	10	3	2	0	0	0
사리치	K1	12	3	1	7	7	23	14	0	12	5	3	0	0	0
송진규	K1	7	7	0	0	3	9	4	0	3	1	1	0	0	0
신상휘	K1	1	1	0	0	0	1	0	0	0	0	0	0	0	0
신세계	K1	23	4	1	2	0	28	14	1	13	4	5	0	0	0
안토니스	K1	11	6	0	3	0	8	0	0	21	9	1	0	0	0
양상민	K1	21	7	0	0	0	21	5	0	5	2	6	0	0	0
양형모	K1	1	0	0	0	0	0	0	0	0	0	0	0	2	0
	K2	7	0	0	0	0	1	2	0	0	0	0	0	15	0
	계	8	0	0	0	0	1	2	0	0	0	0	0	17	0
염기훈	K1	26	14	6	3	32	10	43	0	37	21	1	0	0	0
오현규	K1	11	11	0	0	0	6	10	0	10	6	2	0	0	0
유주안	K1	8	8	0	1	0	6	7	0	3	1	0	0	0	0
이상민	K1	1	0	0	0	0	5	0	0	0	0	2	0	0	0
이종성	K1	5	2	0	0	0	6	7	0	3	1	2	0	0	0
전세진	K1	20	14	0	2	3	10	25	1	20	14	3	0	0	0
조성진	K1	10	5	0	0	0	8	1	0	3	1	1	0	0	0
최성근	K1	30	7	2	0	0	80	52	0	11	6	7	0	0	0
최정훈	K1	1	1	0	0	0	0	1	0	0	0	0	0	0	0
타가트	K1	33	16	20	1	0	62	37	15	99	52	2	0	0	0
한석희	K1	11	11	4	0	0	9	9	2	14	8	1	0	0	0
한의권	K1	29	19	3	1	0	40	20	5	45	17	3	0	0	0
홍 철	K1	30	4	1	4	97	29	39	0	16	6	3	0	0	0

2019년 K리그1 팀별 개인 기록 I 성남

선수명	대회	출전	교체	득점	도움	코너킥	파울	파울득	오프사이드	슈팅	유효슈팅	경고	퇴장	실점	자책
공민현	K1	33	21	2	2	0	54	24	4	31	17	6	0	0	0
김근배	K1	2	0	0	0	0	0	0	0	0	0	0	0	4	0
김기열	K1	3	2	0	0	2	3	0	0	2	1	1	0	0	0
김동준	K1	28	1	0	0	0	1	5	0	0	0	1	1	27	1
김동현	K1	7	5	0	0	2	6	2	0	2	0	1	0	0	0
김소웅	K1	5	5	0	1	0	3	3	0	3	1	0	0	0	0
김연왕	K1	1	1	0	0	1	0	0	0	0	0	0	0	0	0
김정현	K1	18	8	1	1	0	28	14	0	13	4	3	0	0	0
김현성	K1	23	16	3	1	0	37	30	4	24	11	2	0	0	0
마티아스	K1	21	19	2	0	6	20	14	13	30	15	1	0	0	0
문상윤	K1	14	11	1	0	15	13	6	2	15	8	0	0	0	0
문지환	K1	21	3	0	0	0	31	32	0	10	3	5	0	0	0
박관우	K1	8	8	0	0	0	3	2	1	4	2	1	0	0	0
박원재	K1	11	8	1	0	2	7	2	1	4	4	0	0	0	0
박태준	K1	9	5	0	0	4	13	5	0	14	6	2	0	0	0
서보민	K1	32	7	4	4	50	13	12	1	43	17	1	0	0	0
안영규	K1	29	8	0	1	0	31	12	1	5	1	3	0	0	0
에 델	K1	21	11	5	1	0	29	37	2	41	24	1	0	0	0
연제운	K1	38	1	0	0	0	24	23	0	11	3	0	0	0	0
이은범	K1	14	9	0	1	4	11	10	2	5	1	6	0	0	0
이재원	K1	16	10	2	0	3	26	16	2	16	9	5	0	0	0
이창용	K1	25	8	2	0	0	29	22	1	6	3	2	0	0	0
이태희	K1	36	0	2	5	0	43	49	0	15	7	4	0	0	0
이현일	K1	7	6	0	0	0	10	3	3	9	4	3	0	0	0
임승겸	K1	17	7	0	0	0	15	8	0	4	1	5	0	0	0
임채민	K1	25	3	2	0	0	24	34	0	19	5	6	0	0	0
전종혁	K1	10	2	0	0	0	0	2	0	0	0	0	0	9	0
조성준	K1	14	6	1	1	9	11	7	0	13	5	2	0	0	0
주현우	K1	30	11	1	4	37	20	40	6	29	15	0	0	0	0
최병찬	K1	24	18	1	2	2	22	26	3	19	11	5	0	0	0
최오백	K1	14	10	0	0	17	9	5	0	8	0	1	0	0	0

2019년 K리그1 팀별 개인 기록 I 인천

선수명	대회	출전	교체	득점	도움	코너킥	파울	파울득	오프사이드	슈팅	유효슈팅	경고	퇴장	실점	자책
곽해성	K1	14	3	0	4	2	9	9	0	4	0	0	0	0	0
김강국	K1	3	0	0	0	8	5	6	0	1	0	0	0	0	0
김근환	K1	1	1	0	0	0	0	0	0	1	0	0	0	0	0
김대경	K1	1	1	0	0	0	0	0	0	0	0	0	0	0	0
김도혁	K1	11	8	0	1	16	11	15	0	10	1	1	0	0	0
	K2	21	4	0	1	41	20	27	3	27	11	1	0	0	0
	계	32	12	0	2	57	31	42	3	37	12	2	0	0	0
김동민	K1	23	5	0	0	0	34	17	1	12	8	7	0	0	0
김보섭	K1	13	9	0	0	0	13	19	1	22	7	0	0	0	0
김승용	K1	2	2	0	0	1	0	0	0	1	1	0	0	0	0
김정호	K1	25	3	1	0	0	23	20	0	8	1	2	0	0	0
김진야	K1	32	11	0	1	0	27	32	3	14	8	1	0	0	0
김채운	K1	1	1	0	0	0	0	0	0	0	0	0	0	0	0
김호남	K1	35	19	4	1	29	40	26	12	32	12	4	0	0	0
마하지	K1	13	5	1	0	0	18	13	0	5	2	4	0	0	0
명준재	K1	21	15	2	1	1	29	23	2	17	12	7	0	0	0
무고사	K1	32	8	14	4	0	28	60	9	104	51	2	0	0	0
문창진	K1	20	19	2	1	7	5	24	1	19	10	0	0	0	0
부노자	K1	15	2	0	0	0	16	8	0	7	3	1	1	0	0
서재민	K1	2	2	0	0	1	1	3	0	0	0	0	0	0	0
양준아	K1	12	5	0	0	0	9	5	0	3	2	0	0	0	0
여성해	K1	23	2	0	1	0	18	5	0	8	3	3	0	0	0
이상협	K1	3	3	0	0	0	1	2	0	0	0	0	0	0	0
이우혁	K1	8	3	2	0	1	5	4	0	4	2	1	0	0	0
이재성	K1	20	0	1	0	0	19	19	1	8	5	4	0	0	0
이제호	K1	3	2	1	0	0	4	3	0	1	1	1	0	0	0
이준석	K1	12	8	0	0	1	13	10	3	5	1	0	0	0	0
이지훈	K1	7	7	0	0	0	3	2	0	0	0	1	0	0	0
이태희	K1	12	1	0	0	0	0	4	0	0	0	1	0	14	0
임은수	K1	13	0	0	0	0	18	24	0	13	4	3	0	0	0
장윤호	K1	16	5	0	0	19	19	17	1	8	4	4	0	0	0
정동윤	K1	22	4	0	2	0	29	25	0	5	2	5	0	0	0
정 산	K1	27	1	0	0	0	1	4	0	1	0	2	0	40	0
정훈성	K1	16	11	1	0	13	17	12	1	15	9	1	0	0	0
주종대	K1	2	2	0	0	0	2	0	1	1	0	1	0	0	0
지언학	K1	20	10	1	2	0	21	25	3	10	6	1	0	0	0
최범경	K1	11	9	0	0	10	5	5	1	6	2	1	0	0	0
케힌데	K1	14	11	1	0	0	8	17	4	24	9	1	0	0	0
콩푸엉	K1	8	6	0	0	3	7	2	0	3	3	1	0	0	0
하마드	K1	11	7	1	2	18	8	11	1	18	8	1	0	0	0

2019년 K리그1 팀별 개인 기록 | 경남

선수명	대회	출전	교체	득점	도움	코너킥	파울	파울득	오프사이드	슈팅	유효슈팅	경고	퇴장	실점	자책
고경민	K1	22	17	0	4	0	21	28	6	13	3	4	0	0	0
곽태휘	K1	16	4	0	0	0	14	8	0	5	3	0	0	0	1
김승준	K1	29	12	6	4	4	17	26	6	38	19	3	0	0	0
김종진	K1	7	7	1	0	0	6	3	0	3	2	0	0	0	0
김종필	K1	23	7	2	0	0	32	6	0	11	5	3	1	0	0
김준범	K1	28	10	1	3	0	26	35	1	13	8	1	0	0	0
김효기	K1	29	18	4	3	0	41	29	7	27	13	2	0	0	0
네게바	K1	11	5	0	0	5	9	21	0	16	5	1	0	0	0
도동현	K1	3	3	0	0	3	3	4	0	0	0	1	0	0	0
룩	K1	22	15	3	3	0	27	21	7	22	11	0	0	0	0
머치	K1	8	6	1	0	1	11	8	0	12	3	2	1	0	0
박광일	K1	8	4	0	1	1	0	2	0	2	1	0	0	0	0
박태홍	K1	1	1	0	0	0	1	1	0	0	0	1	0	0	0
배기종	K1	31	30	5	1	2	13	23	2	23	13	4	0	0	0
배승진	K1	7	3	0	1	0	9	3	0	4	0	1	0	0	0
손정현	K1	13	0	0	0	0	1	0	0	0	0	1	0	26	0
송주훈	K1	9	2	0	0	0	4	8	0	5	1	1	0	0	0
안성남	K1	19	4	0	0	21	8	28	0	2	0	1	0	0	0
오스만	K1	7	3	1	0	0	8	6	0	4	1	1	0	0	0
우주성	K1	26	3	1	1	0	18	29	1	11	3	4	1	0	0
이광선	K1	29	4	0	0	0	38	14	0	8	3	8	0	0	0
이광진	K1	21	5	0	2	2	18	16	1	6	1	4	0	0	0
이범수	K1	25	0	0	0	0	0	3	0	0	0	2	0	35	0
이승엽	K1	1	1	0	0	0	1	0	0	1	0	0	0	0	0
이재명	K1	8	2	0	0	0	9	3	0	1	0	2	0	0	0
제리치	K1	31	15	13	1	0	40	28	5	65	34	2	0	0	0
조재철	K1	18	7	1	1	2	21	20	0	13	3	2	0	0	0
최재수	K1	15	8	1	1	18	6	23	0	4	2	3	0	0	0
쿠니모토	K1	26	8	2	2	75	28	32	5	38	20	2	0	0	0
하성민	K1	21	12	0	0	0	36	15	0	4	0	4	0	0	0

2019년 K리그1 팀별 개인 기록 | 제주

선수명	대회	출전	교체	득점	도움	코너킥	파울	파울득	오프사이드	슈팅	유효슈팅	경고	퇴장	실점	자책
강윤성	K1	23	11	0	1	0	26	23	0	8	2	3	0	0	0
권순형	K1	27	13	1	0	37	25	37	0	23	6	1	0	0	0
권한진	K1	8	2	0	0	0	8	6	0	2	2	1	0	0	0
김대호	K1	1	0	0	0	0	1	2	0	0	0	1	0	0	0
	K2	2	2	0	0	0	3	2	0	0	0	1	0	0	0
	계	3	2	0	0	0	4	4	0	0	0	2	0	0	0
김동우	K1	26	3	0	0	0	17	8	0	9	3	2	0	0	0
김성주	K1	19	13	0	1	10	10	15	3	20	7	1	0	0	0
김승우	K1	8	6	0	0	0	0	9	1	0	0	1	0	0	0
김원일	K1	9	5	1	0	0	15	5	0	1	1	1	0	0	1
김지운	K1	6	0	0	0	0	8	8	0	1	1	5	0	0	0
	K2	11	6	0	0	0	9	8	0	2	0	1	0	0	0
	계	17	6	0	0	0	17	16	0	3	1	6	0	0	0
김현	K1	2	2	0	0	0	4	0	0	0	0	1	0	0	0
남준재	K1	27	21	4	1	0	39	42	7	14	10	5	0	0	0
마그노	K1	36	23	8	2	1	31	31	17	46	21	1	0	0	1
박진포	K1	22	3	0	2	0	46	39	2	4	1	5	0	0	0
백동규	K1	23	11	0	0	0	27	13	2	5	2	6	0	0	0
서진수	K1	11	10	0	4	0	7	10	3	13	3	0	0	0	0
아길라르	K1	26	18	4	5	40	39	48	2	43	20	1	0	0	0
안현범	K1	13	2	4	0	0	8	26	0	15	7	1	0	0	0
	K2	13	2	0	2	0	16	20	0	18	6	1	0	0	0
	계	26	4	4	2	0	24	46	0	33	13	2	0	0	0
알렉스	K1	23	6	0	0	0	16	9	0	2	1	3	0	0	0
오사구오나	K1	11	8	1	0	0	18	11	2	26	5	3	0	0	0
오승훈	K1	31	0	0	0	0	0	5	0	0	0	2	0	38	0
윤빛가람	K1	36	3	9	5	92	25	43	2	75	36	3	0	0	0
윤일록	K1	34	7	11	3	4	58	45	9	77	47	3	0	0	0
이근호	K1	15	14	1	1	0	9	13	2	10	6	1	0	0	0
이동률	K1	5	5	0	0	0	2	0	1	0	0	0	0	0	0
이동수	K1	14	9	0	0	0	18	6	0	6	1	0	0	0	0
이동희	K1	10	3	0	0	0	11	9	0	5	1	2	1	0	1
이창근	K1	23	0	0	0	0	0	5	0	0	0	1	0	45	0
이창민	K1	32	6	5	1	36	21	25	5	85	34	2	1	0	0
임상협	K1	6	5	0	0	0	4	12	1	3	1	1	0	0	0
임찬울	K1	11	10	0	1	1	5	11	0	5	2	1	0	0	0
정우재	K1	11	2	0	0	0	8	10	1	5	1	1	0	0	0
조용형	K1	5	0	0	1	0	11	3	0	0	0	3	0	0	0
찌아구	K1	15	11	4	0	0	11	13	10	29	13	0	0	0	0
최규백	K1	8	2	0	0	0	6	9	0	2	0	1	0	0	0
최현태	K1	5	4	0	0	0	10	5	0	2	0	1	0	0	0
황성민	K1	4	0	0	0	0	0	1	0	0	0	0	0	6	0

2019년 K리그1 득점 순위

순위	선수명	소속	경기수	득점수	경기당 득점률	교체 IN/OUT	출전 시간
1	타가트	수원	33	20	60.6	16	2,641
2	주니오	울산	35	19	54.3	16	2,784
3	세징야	대구	35	15	42.9	4	3,271
4	완델손	포항	38	15	39.5	7	3,503
5	무고사	인천	32	14	43.8	8	2,814
6	제리치	경남	31	13	41.9	15	2,349
7	김보경	울산	35	13	37.1	6	3,130
8	박용지	상주	36	12	33.3	23	2,632
9	에드가	대구	24	11	45.8	7	2,148
10	윤일록	제주	34	11	32.4	7	3,024
11	로페즈	전북	36	11	30.6	12	3,033
12	페시치	서울	25	10	40.0	13	1,920
13	김지현	강원	27	10	37.0	21	1,597
14	문선민	전북	32	10	31.3	23	2,344
15	박주영	서울	35	10	28.6	16	2,969
16	김신욱	전북	17	9	52.9	12	1,191
17	일류첸코	포항	18	9	50.0	9	1,408
18	이동국	전북	33	9	27.3	29	1,628
19	김인성	울산	34	9	26.5	18	2,644
20	윤빛가람	제주	36	9	25.0	3	3,361
21	김건희	상주	10	8	80.0	1	871
22	조재완	강원	17	8	47.1	5	1,514
23	이영재	강원	24	8	33.3	12	1,830
24	마그노	제주	36	8	22.2	23	2,435
25	염기훈	수원	26	6	23.1	14	1,898
26	김승준	경남	29	6	20.7	12	2,232
27	믹스	울산	31	6	19.4	29	2,384
28	박동진	서울	32	6	18.8	32	1,534
29	이현식	강원	32	6	18.8	9	2,732
30	김진혁	상주	15	5	33.3	4	1,224
31	팔로세비치	포항	16	5	31.3	14	794
32	에델	성남	21	5	23.8	11	1,629
33	임선영	전북	22	5	22.7	16	1,539
34	주민규	울산	28	5	17.9	22	1,413
35	배기종	경남	31	5	16.1	30	1,284
36	정조국	강원	31	5	16.1	27	1,748
37	손준호	전북	31	5	16.1	6	2,718
38	이창민	제주	32	5	15.6	6	2,839
39	황현수	서울	36	5	13.9	1	3,398
40	한석희	수원	11	4	36.4	11	334
41	호사	전북	11	4	36.4	9	696
42	안현범	제주	13	4	30.8	2	1,137
43	찌아구	제주	15	4	26.7	11	883
44	이승기	전북	25	4	16.0	13	1,780
45	아길라르	제주	26	4	15.4	18	1,679
46	남준재	제주	27	4	14.8	21	1,637
47	김효기	경남	29	4	13.8	18	2,057
48	김승대	전북	31	4	12.9	9	2,585
49	오스마르	서울	31	4	12.9	1	2,900
50	서보민	성남	32	4	12.5	7	2,664
51	김호남	인천	35	4	11.4	19	2,843
52	김대원	대구	36	4	11.1	20	2,969
53	강상우	상주	15	3	20.0	8	942
54	정원진	서울	16	3	18.8	16	577
55	데얀	수원	21	3	14.3	15	1,255
56	룩	경남	22	3	13.6	15	1,574
57	김민혁	상주	22	3	13.6	7	1,762
58	송시우	상주	23	3	13.0	22	1,441
59	김현성	성남	23	3	13.0	16	1,531
60	강민수	울산	23	3	13.0	1	2,122
61	황일수	울산	24	3	12.5	20	1,143
62	이동경	울산	25	3	12.0	25	1,188
63	심동운	포항	25	3	12.0	19	1,261
64	김민우	수원	26	3	11.5	7	2,282
65	한의권	수원	29	3	10.3	19	1,885
66	정승원	대구	33	3	9.1	9	2,967
67	알리바예프	서울	35	3	8.6	9	3,122
68	고요한	서울	35	3	8.6	6	3,269
69	황순민	대구	36	3	8.3	16	2,954
70	빌비야	강원	6	2	33.3	4	414
71	이우혁	인천	8	2	25.0	3	590
72	데이비드	포항	9	2	22.2	7	521
73	김경중	상주	13	2	15.4	12	741
74	권경원	전북	13	2	15.4	2	1,180
75	이석현	포항	16	2	12.5	15	905
76	이재원	성남	16	2	12.5	10	1,061
77	이근호	울산	18	2	11.1	18	757
78	조영욱	서울	18	2	11.1	17	799
79	구대영	수원	18	2	11.1	7	1,465
80	박기동	대구	19	2	10.5	18	702
81	한승규	전북	19	2	10.5	16	909
82	문창진	인천	20	2	10.0	19	875
83	마티아스	성남	21	2	9.5	19	1,055
84	명준재	인천	21	2	9.5	15	1,445
85	이광혁	포항	23	2	8.7	22	1,135
86	김종필	경남	23	2	8.7	7	1,928
87	신창무	대구	24	2	8.3	24	918
88	발렌티노스	강원	24	2	8.3	2	2,172
89	이창용	성남	25	2	8.0	8	1,934
90	임채민	성남	25	2	8.0	3	2,196

순위	선수명	소속	경기수	득점수	경기당 득점률	교체 IN/OUT	출전 시간
91	쿠니모토	경남	26	2	7.7	8	2,101
92	송 민 규	포항	27	2	7.4	25	1,652
93	김 진 수	전북	27	2	7.4	3	2,412
94	강 지 훈	강원	29	2	6.9	22	1,978
95	최 성 근	수원	30	2	6.7	7	2,648
96	김 태 환	울산	30	2	6.7	3	2,717
97	홍 정 호	전북	30	2	6.7	4	2,778
98	김 현 욱	강원	31	2	6.5	21	2,118
99	공 민 현	성남	33	2	6.1	21	2,222
100	김 용 환	포항	35	2	5.7	5	3,131
101	신 광 훈	강원	36	2	5.6	4	3,379
102	이 태 희	성남	36	2	5.6	0	3,446
103	이 제 호	인천	3	1	33.3	2	231
104	김 지 민	포항	4	1	25.0	4	77
105	이 상 헌	울산	5	1	20.0	5	256
106	이 인 규	서울	6	1	16.7	6	87
107	김 종 진	경남	7	1	14.3	7	351
108	오 스 만	경남	7	1	14.3	3	521
109	머 치	경남	8	1	12.5	6	435
110	최 치 원	강원	8	1	12.5	6	494
111	김 원 일	제주	9	1	11.1	5	665
112	김 수 안	울산	9	1	11.1	2	669
113	주 세 종	서울	9	1	11.1	2	760
114	이 명 주	서울	10	1	10.0	4	908
115	오사구오나	제주	11	1	9.1	8	596
116	박 원 재	성남	11	1	9.1	8	745
117	하 마 드	인천	11	1	9.1	7	795
118	배 슬 기	포항	12	1	8.3	7	589
119	류 승 우	상주	12	1	8.3	8	790
120	사 리 치	수원	12	1	8.3	3	1051
121	박 창 준	강원	13	1	7.7	13	311
122	이 비 니	전북	13	1	7.7	11	479
123	정 혁	전북	13	1	7.7	8	833
124	츠 바 사	대구	13	1	7.7	8	1,049
125	마 하 지	인천	13	1	7.7	5	1,106
126	윤 주 태	서울	14	1	7.1	14	438
127	케 힌 데	인천	14	1	7.1	11	627
128	문 상 윤	성남	14	1	7.1	11	767
129	조 성 준	성남	14	1	7.1	6	1,060
130	이 근 호	제주	15	1	6.7	14	703
131	최 재 수	경남	15	1	6.7	8	1,024
132	정 훈 성	인천	16	1	6.3	11	1,038
133	이 호 인	강원	16	1	6.3	5	1,311
134	김 정 현	성남	18	1	5.6	8	1,249
135	조 재 철	경남	18	1	5.6	7	1,485
136	바그닝요	수원	19	1	5.3	16	999
137	불투이스	울산	19	1	5.3	3	1,626
138	이 진 현	포항	20	1	5.0	17	1,321
139	지 언 학	인천	20	1	5.0	10	1,485
140	이 재 성	인천	20	1	5.0	0	1,913
141	류 재 문	대구	21	1	4.8	15	1,153
142	신 세 계	수원	23	1	4.4	4	2,024
143	김 영 빈	상주	23	1	4.4	3	2,115
144	최 병 찬	성남	24	1	4.2	18	1,383
145	신 진 호	울산	24	1	4.2	12	1,630
146	허 용 준	포항	25	1	4.0	21	1,149
147	김 정 호	인천	25	1	4.0	3	2,208
148	우 주 성	경남	26	1	3.9	3	2,284
149	김 민 혁	전북	26	1	3.9	3	2,337
150	권 순 형	제주	27	1	3.7	13	1,996
151	정 태 욱	대구	27	1	3.7	5	2,380
152	이 수 빈	포항	28	1	3.6	10	2,204
153	김 준 범	경남	28	1	3.6	10	2,316
154	김 오 규	강원	28	1	3.6	0	2,714
155	정 현 철	서울	30	1	3.3	10	2,268
156	주 현 우	성남	30	1	3.3	11	2,550
157	홍 철	수원	30	1	3.3	4	2,791
158	구 자 룡	수원	30	1	3.3	1	2,853
159	하 창 래	포항	31	1	3.2	0	2,901
160	권 완 규	상주	31	1	3.2	0	2,952
161	김 우 석	대구	35	1	2.9	4	3,269
162	고 광 민	서울	35	1	2.9	6	3,274
163	한 국 영	강원	38	1	2.6	0	3,675

2019년 K리그1 도움 순위

순위	선수명	소속	경기수	도움수	경기당 도움률	교체 IN/OUT	출전 시간
1	문 선 민	전북	32	10	31.3	23	2,344
2	세 징 야	대구	35	10	28.6	4	3,271
3	김 보 경	울산	35	9	25.7	6	3,130
4	완 델 손	포항	38	9	23.7	7	3,503
5	김 승 대	전북	31	8	25.8	9	2,585
6	사 리 치	수원	12	7	58.3	3	1,051
7	김 태 환	울산	30	7	23.3	3	2,717
8	박 주 영	서울	35	7	20.0	16	2,969
9	로 페 즈	전북	36	7	19.4	12	3,033
10	이 영 재	강원	24	6	25.0	12	1,830
11	정 승 용	강원	29	6	20.7	13	2,118
12	고 요 한	서울	35	6	17.1	6	3,269
13	이 근 호	울산	18	5	27.8	18	757
14	이 승 기	전북	25	5	20.0	13	1,780
15	아길라르	제주	26	5	19.2	18	1,679
16	주 민 규	울산	28	5	17.9	22	1,413

순위	선수명	소속	경기수	도움수	경기당 도움률	교체 IN/OUT	출전 시간
17	오스마르	서울	31	5	16.1	1	2,900
18	주 니 오	울산	35	5	14.3	16	2,784
19	알리바예프	서울	35	5	14.3	9	3,122
20	윤빛가람	제주	36	5	13.9	3	3,361
21	이 태 희	성남	36	5	13.9	0	3,446
22	서 진 수	제주	11	4	36.4	10	660
23	곽 해 성	인천	14	4	28.6	3	1,268
24	팔로세비치	포항	16	4	25.0	14	794
25	고 경 민	경남	22	4	18.2	17	1,395
26	송 시 우	상주	23	4	17.4	22	1,441
27	신 진 호	울산	24	4	16.7	12	1,630
28	에 드 가	대구	24	4	16.7	7	2,148
29	김 진 수	전북	27	4	14.8	3	2,412
30	김 승 준	경남	29	4	13.8	12	2,232
31	주 현 우	성남	30	4	13.3	11	2,550
32	홍 철	수원	30	4	13.3	4	2,791
33	서 보 민	성남	32	4	12.5	7	2,664
34	무 고 사	인천	32	4	12.5	8	2,814
35	신 광 훈	강원	36	4	11.1	4	3,379
36	한 국 영	강원	38	4	10.5	0	3,675
37	안토니스	수원	11	3	27.3	6	752
38	이 주 용	전북	15	3	20.0	4	1,284
39	김 신 욱	전북	17	3	17.7	12	1,191
40	이 용	전북	20	3	15.0	1	1,863
41	임 선 영	전북	22	3	13.6	16	1,539
42	룩	경남	22	3	13.6	15	1,574
43	김 민 혁	상주	22	3	13.6	7	1,762
44	이 명 재	울산	24	3	12.5	2	2,140
45	염 기 훈	수원	26	3	11.5	14	1,898
46	송 민 규	포항	27	3	11.1	25	1,652
47	김 준 범	경남	28	3	10.7	10	2,316
48	김 효 기	경남	29	3	10.3	18	2,057
49	정 조 국	강원	31	3	9.7	27	1,748
50	손 준 호	전북	31	3	9.7	6	2,718
51	박 동 진	서울	32	3	9.4	32	1,534
52	김 인 성	울산	34	3	8.8	18	2,644
53	윤 일 록	제주	34	3	8.8	7	3,024
54	이 규 성	상주	35	3	8.6	4	3,265
55	박 용 지	상주	36	3	8.3	23	2,632
56	황 순 민	대구	36	3	8.3	16	2,954
57	황 현 수	서울	36	3	8.3	1	3,398
58	정 석 화	강원	7	2	28.6	1	658
59	하 마 드	인천	11	2	18.2	7	795
60	김 한 길	서울	12	2	16.7	9	426
61	정 혁	전북	13	2	15.4	8	833
62	한 교 원	전북	14	2	14.3	12	686

순위	선수명	소속	경기수	도움수	경기당 도움률	교체 IN/OUT	출전 시간
63	정 원 진	서울	16	2	12.5	16	577
64	조 재 완	강원	17	2	11.8	5	1,514
65	안 진 범	상주	18	2	11.1	12	1,278
66	일류첸코	포항	18	2	11.1	9	1,408
67	전 세 진	수원	20	2	10.0	14	1,127
68	이 진 현	포항	20	2	10.0	17	1,321
69	지 언 학	인천	20	2	10.0	10	1,485
70	이 광 진	경남	21	2	9.5	5	1,772
71	정 동 윤	인천	22	2	9.1	4	1,751
72	박 진 포	제주	22	2	9.1	3	1,959
73	신 세 계	수원	23	2	8.7	4	2,024
74	황 일 수	울산	24	2	8.3	20	1,143
75	최 병 찬	성남	24	2	8.3	18	1,383
76	이 동 경	울산	25	2	8.0	25	1,188
77	쿠니모토	경남	26	2	7.7	8	2,101
78	김 민 우	수원	26	2	7.7	7	2,282
79	윤 종 규	서울	29	2	6.9	6	2,443
80	김 현 욱	강원	31	2	6.5	21	2,118
81	믹 스	울산	31	2	6.5	29	2,384
82	이 현 식	강원	32	2	6.3	9	2,732
83	정 재 용	포항	32	2	6.3	6	2,779
84	이 동 국	전북	33	2	6.1	29	1,628
85	공 민 현	성남	33	2	6.1	21	2,222
86	정 승 원	대구	33	2	6.1	9	2,967
87	김 우 석	대구	35	2	5.7	4	3,269
88	고 광 민	서울	35	2	5.7	6	3,274
89	마 그 노	제주	36	2	5.6	23	2,435
90	김 대 원	대구	36	2	5.6	20	2,969
91	배 신 영	상주	3	1	33.3	3	62
92	김 선 우	상주	3	1	33.3	2	214
93	배 재 우	상주	4	1	25.0	1	340
94	김 소 웅	성남	5	1	20.0	5	271
95	조 용 형	제주	5	1	20.0	0	479
96	정 치 인	대구	6	1	16.7	6	247
97	빌 비 야	강원	6	1	16.7	4	414
98	배 승 진	경남	7	1	14.3	3	549
99	오 후 성	대구	8	1	12.5	8	159
100	유 주 안	수원	8	1	12.5	8	412
101	박 광 일	경남	8	1	12.5	4	509
102	데이비드	포항	9	1	11.1	7	521
103	김 건 희	상주	10	1	10.0	1	871
104	이 명 주	서울	10	1	10.0	4	908
105	임 찬 울	제주	11	1	9.1	10	452
106	김 도 혁	인천	11	1	9.1	8	664
107	호 사	전북	11	1	9.1	9	696
108	이 민 기	상주	11	1	9.1	4	872

순위	선수명	소속	경기수	도움수	경기당 도움률	교체 IN/OUT	출전 시간
109	류 승 우	상주	12	1	8.3	8	790
110	박 창 준	강원	13	1	7.7	13	311
111	이 비 니	전북	13	1	7.7	11	479
112	츠 바 사	대구	13	1	7.7	8	1,049
113	권 경 원	전북	13	1	7.7	2	1,180
114	윤 주 태	서울	14	1	7.1	14	438
115	이 은 범	성남	14	1	7.1	9	862
116	조 성 준	성남	14	1	7.1	6	1,060
117	하 승 운	포항	15	1	6.7	15	614
118	이 근 호	제주	15	1	6.7	14	703
119	최 재 수	경남	15	1	6.7	8	1,024
120	김 진 혁	상주	15	1	6.7	4	1,224
121	이 호 인	강원	16	1	6.3	5	1,311
122	김 승 규	울산	16	1	6.3	0	1,539
123	조 영 욱	서울	18	1	5.6	17	799
124	장 성 원	대구	18	1	5.6	13	971
125	김 정 현	성남	18	1	5.6	8	1,249
126	구 대 영	수원	18	1	5.6	7	1,465
127	조 재 철	경남	18	1	5.6	7	1,485
128	박 기 동	대구	19	1	5.3	18	702
129	바그닝요	수원	19	1	5.3	16	999
130	김 성 주	제주	19	1	5.3	13	1,206
131	불투이스	울산	19	1	5.3	3	1,626
132	문 창 진	인천	20	1	5.0	19	875
133	류 재 문	대구	21	1	4.8	15	1,153
134	데 얀	수원	21	1	4.8	15	1,255
135	김 종 우	수원	21	1	4.8	15	1,374
136	명 준 재	인천	21	1	4.8	15	1,445
137	최 영 준	포항	21	1	4.8	8	1,555
138	에 델	성남	21	1	4.8	11	1,629
139	김 준 엽	대구	22	1	4.6	9	1,659
140	이 광 혁	포항	23	1	4.4	22	1,135
141	김 현 성	성남	23	1	4.4	16	1,531
142	강 윤 성	제주	23	1	4.4	11	1,689
143	박 주 호	울산	23	1	4.4	7	1,821
144	여 성 해	인천	23	1	4.4	2	2,108
145	김 영 빈	상주	23	1	4.4	3	2,115
146	발렌티노스	강원	24	1	4.2	2	2,172
147	심 동 운	포항	25	1	4.0	19	1,261
148	페 시 치	서울	25	1	4.0	13	1,920
149	우 주 성	경남	26	1	3.9	3	2,284
150	심 상 민	포항	26	1	3.9	2	2,386
151	김 지 현	강원	27	1	3.7	21	1,597
152	남 준 재	제주	27	1	3.7	21	1,637
153	윤 석 영	강원	28	1	3.6	12	1,849
154	이 수 빈	포항	28	1	3.6	10	2,204
155	김 오 규	강원	28	1	3.6	0	2,714
156	한 의 권	수원	29	1	3.5	19	1,885
157	안 영 규	성남	29	1	3.5	8	2,352
158	배 기 종	경남	31	1	3.2	30	1,284
159	제 리 치	경남	31	1	3.2	15	2,349
160	박 병 현	대구	31	1	3.2	5	2,721
161	김 진 야	인천	32	1	3.1	11	2,594
162	이 창 민	제주	32	1	3.1	6	2,839
163	타 가 트	수원	33	1	3.0	16	2,641
164	김 호 남	인천	35	1	2.9	19	2,843
165	김 용 환	포항	35	1	2.9	5	3,131

2019년 K리그1 골키퍼 실점 기록

선수명	소속	팀당 총경기수	출전 경기수	실점	1경기당 실점
조 수 혁	울산	38	2	1	0.50
전 종 혁	성남	38	10	9	0.90
오 승 훈	울산	38	20	17	0.85
김 동 준	성남	38	28	27	0.96
노 동 건	수원	38	29	26	0.90
송 범 근	전북	38	38	32	0.84
조 현 우	대구	38	38	34	0.89
황 병 근	상주	38	2	3	1.50
함 석 민	강원	38	3	4	1.33
황 성 민	제주	38	4	6	1.50
양 한 빈	서울	38	7	11	1.57
권 태 안	상주	38	8	13	1.63
오 승 훈	제주	38	11	21	1.91
이 태 희	인천	38	12	14	1.17
류 원 우	포항	38	15	20	1.33
김 승 규	울산	38	16	21	1.31
강 현 무	포항	38	23	29	1.26
이 창 근	제주	38	23	45	1.96
이 범 수	경남	38	25	35	1.40
정 산	인천	38	27	40	1.48
김 호 준	강원	38	28	35	1.25
윤 보 상	상주	38	29	37	1.28
유 상 훈	서울	38	32	38	1.19
양 형 모	수원	38	1	2	2.00
김 근 배	성남	38	2	4	2.00
김 다 솔	수원	38	7	17	2.43
이 광 연	강원	38	8	19	2.38
손 정 현	경남	38	13	26	2.00
최 영 은	대구	38	1	3	3.00
박 지 민	수원	38	1	4	4.00

K리그1 통산 팀 간 경기기록

팀명	상대팀	승	무	패	득점	실점	도움	경고	퇴장
전북	강원	10	2	1	35	16	28	26	0
	경남	7	4	1	30	10	18	21	0
	광주	5	3	1	17	9	12	23	1
	대구	8	3	1	22	10	14	27	0
	대전	4	1	0	13	7	10	7	0
	부산	8	1	1	19	10	11	14	0
	상주	11	4	1	38	13	31	29	2
	서울	15	7	5	41	24	31	65	0
	성남	8	4	3	23	14	12	33	1
	수원	14	6	6	45	26	25	58	2
	수원FC	2	1	0	7	4	3	10	0
	울산	13	10	4	36	21	25	44	0
	인천	10	9	3	30	18	20	48	1
	전남	11	5	2	34	15	23	34	1
	제주	16	4	5	43	23	33	43	1
	포항	12	7	7	37	28	26	67	3
	계	154	71	41	470	248	322	549	12

팀명	상대팀	승	무	패	득점	실점	도움	경고	퇴장
울산	강원	10	3	0	25	10	18	24	0
	경남	8	4	0	26	11	18	16	1
	광주	6	3	1	14	7	8	17	0
	대구	8	3	1	22	12	13	23	1
	대전	4	2	0	12	3	12	12	0
	부산	4	4	3	13	9	8	19	1
	상주	9	3	4	30	19	18	18	0
	서울	11	10	5	34	27	23	47	2
	성남	5	2	7	14	17	7	20	0
	수원	11	8	6	36	34	28	40	1
	수원FC	2	1	0	4	2	1	4	0
	인천	9	9	5	37	31	26	32	2
	전남	9	4	6	24	24	15	31	3
	전북	4	10	13	21	36	17	52	0
	제주	8	5	11	30	27	22	45	4
	포항	11	6	8	34	33	22	56	0
	계	119	77	70	376	302	256	456	15

팀명	상대팀	승	무	패	득점	실점	도움	경고	퇴장
포항	강원	4	5	3	24	16	19	11	1
	경남	6	3	3	16	12	11	22	0
	광주	7	4	0	19	8	11	13	1
	대구	6	2	5	15	16	9	19	3
	대전	5	0	0	9	1	8	10	0
	부산	4	3	3	14	11	10	17	0
	상주	7	2	7	24	23	17	28	0
	서울	12	6	7	30	25	21	52	0
	성남	10	3	3	22	13	15	36	1
	수원	8	9	9	31	34	20	41	0
	수원FC	0	0	4	2	6	1	7	0
	울산	8	6	11	33	34	26	42	1
	인천	12	5	7	40	24	25	44	0
	전남	9	6	3	32	20	20	32	2
	전북	7	7	12	28	37	22	55	0
	제주	8	6	9	27	33	19	43	0
	계	113	67	86	366	313	254	472	9

팀명	상대팀	승	무	패	득점	실점	도움	경고	퇴장
서울	강원	5	5	4	19	20	15	20	1
	경남	2	7	2	12	12	10	15	0
	광주	6	2	1	20	12	11	13	0
	대구	6	5	2	20	12	13	18	1
	대전	5	0	0	10	4	9	3	0
	부산	5	3	2	12	7	7	9	0
	상주	7	4	6	26	20	19	25	0
	성남	8	3	4	21	15	15	20	1
	수원	14	8	3	37	26	25	51	0
	수원FC	3	0	0	7	0	6	3	0
	울산	5	10	11	27	34	21	42	0
	인천	11	6	6	40	22	26	32	0
	전남	12	3	4	34	21	18	32	1
	전북	5	7	15	24	41	14	50	2
	제주	9	10	5	35	27	22	23	1
	포항	7	6	12	25	30	15	40	0
	계	110	79	77	369	303	246	396	7

팀명	상대팀	승	무	패	득점	실점	도움	경고	퇴장
수원	강원	7	2	3	22	15	16	21	0
	경남	5	6	2	18	13	10	10	0
	광주	4	4	2	13	8	10	13	0
	대구	6	4	1	17	6	11	22	0
	대전	4	0	1	12	6	7	7	0
	부산	5	3	2	13	8	6	16	0
	상주	8	7	1	23	14	11	25	0
	서울	3	8	14	26	37	16	54	1
	성남	4	7	6	18	20	11	19	1
	수원FC	3	0	1	10	8	5	7	0
	울산	6	8	11	34	36	17	37	0
	인천	11	10	3	45	31	31	40	0
	전남	8	4	5	28	22	16	23	1
	전북	6	6	14	26	45	17	57	3
	제주	16	4	5	41	26	30	35	1
	포항	9	9	8	34	31	24	46	0
	계	105	82	79	380	326	238	432	7

팀명	상대팀	승	무	패	득점	실점	도움	경고	퇴장
제주	강원	5	2	7	23	24	18	27	0
	경남	5	5	5	18	17	10	17	1
	광주	4	2	3	10	9	7	16	1
	대구	5	4	4	22	18	13	22	0
	대전	4	2	1	16	8	12	14	0
	부산	5	2	1	12	6	9	13	0
	상주	7	4	6	33	28	21	17	0
	서울	5	10	9	27	35	19	39	1
	성남	6	8	4	25	22	15	28	3
	수원	5	4	16	26	41	18	40	1
	수원FC	1	1	1	8	7	3	6	0
	울산	11	5	8	27	30	19	30	0
	인천	7	9	5	19	15	12	35	0
	전남	15	3	2	41	17	29	25	2
	전북	5	4	16	23	43	15	64	1
	포항	9	6	8	33	27	22	36	1
	계	99	71	96	363	347	242	429	11

팀명	상대팀	승	무	패	득점	실점	도움	경고	퇴장
인천	강원	3	3	6	15	25	8	17	0
	경남	2	7	4	11	14	8	28	0
	광주	3	7	2	9	7	5	25	1
	대구	3	6	4	13	15	7	21	1
	대전	5	0	1	10	4	3	16	0
	부산	5	4	3	16	9	11	22	0
	상주	8	5	6	24	22	19	22	0
	서울	6	6	11	22	40	18	38	1
	성남	3	7	7	11	17	6	28	0
	수원	3	10	11	31	45	19	49	0
	수원FC	2	1	1	3	2	1	10	0
	울산	5	9	9	31	37	20	39	1
	전남	5	9	7	26	25	16	42	0
	전북	3	9	10	18	30	12	47	0
	제주	5	9	7	15	19	5	41	0
	포항	7	5	12	24	40	15	42	4
	계	68	97	101	279	351	173	487	8

팀명	상대팀	승	무	패	득점	실점	도움	경고	퇴장
인천	강원	3	3	6	15	25	8	17	0
	경남	2	7	4	11	14	8	28	0
	광주	3	7	2	9	7	5	25	1
	대구	3	6	4	13	15	7	21	1
	대전	5	0	1	10	4	3	16	0
	부산	5	4	3	16	9	11	22	0
	상주	8	5	6	24	22	19	22	0
	서울	6	6	11	22	40	18	38	1
	성남	3	7	7	11	17	6	28	0
	수원	3	10	11	31	45	19	49	0
	수원FC	2	1	1	3	2	1	10	0
	울산	5	9	9	31	37	20	39	1
	전남	5	9	7	26	25	16	42	0
	전북	3	9	10	18	30	12	47	0
	제주	5	9	7	15	19	5	41	0
	포항	7	5	12	24	40	15	42	4
	계	68	97	101	279	351	173	487	8

팀명	상대팀	승	무	패	득점	실점	도움	경고	퇴장
성남	강원	3	0	4	9	8	6	18	1
	경남	6	2	4	14	11	6	20	1
	대구	0	4	3	4	7	2	18	0
	부산	5	0	4	7	8	3	17	1
	상주	4	5	2	13	11	8	20	0
	서울	4	3	8	15	21	11	25	1
	수원	6	7	4	20	18	14	30	0
	수원FC	1	1	2	5	6	2	2	1
	울산	7	2	5	17	14	12	30	0
	인천	7	7	3	17	11	12	32	0
	전남	4	5	5	9	10	6	27	0
	전북	3	4	8	14	23	6	28	2
	제주	4	8	6	22	25	17	28	0
	포항	3	3	10	13	22	7	28	1
	계	64	56	70	201	205	129	356	8

팀명	상대팀	승	무	패	득점	실점	도움	경고	퇴장
전남	강원	2	5	4	12	16	8	26	0
	경남	4	3	4	16	20	13	21	0
	광주	4	2	5	18	15	10	21	1
	대구	2	4	6	14	20	9	12	2
	대전	3	3	2	11	10	7	15	0
	부산	5	4	1	16	10	9	19	0
	상주	8	3	5	25	20	16	18	1
	서울	4	3	12	21	34	13	39	1
	성남	5	5	4	10	9	4	21	0
	수원	5	4	8	22	28	18	28	2
	수원FC	1	2	0	2	1	2	6	0
	울산	6	4	9	24	24	14	33	0
	인천	7	9	5	25	26	15	48	1
	전북	2	5	11	15	34	12	27	1
	제주	2	3	15	17	41	10	29	1
	포항	3	6	9	20	32	13	35	0
	계	63	65	100	268	340	173	398	10

팀명	상대팀	승	무	패	득점	실점	도움	경고	퇴장
상주	강원	4	0	6	13	16	7	18	1
	경남	3	3	5	11	14	8	16	1
	광주	3	0	4	6	10	4	11	0
	대구	2	5	4	12	16	8	21	0
	부산	1	2	1	6	5	5	8	1
	서울	6	4	7	20	26	14	29	2
	성남	2	5	4	11	13	7	13	1
	수원	1	7	8	14	23	10	25	2
	수원FC	2	1	0	6	1	3	5	0
	울산	4	3	9	19	30	12	26	0
	인천	6	5	8	22	24	14	35	1
	전남	5	3	8	20	25	11	24	0
	전북	1	4	11	13	38	11	29	1
	제주	6	4	7	28	33	15	30	0
	포항	7	2	7	23	24	16	26	1
	계	53	48	89	224	298	145	316	11

팀명	상대팀	승	무	패	득점	실점	도움	경고	퇴장
강원	경남	6	2	2	15	10	13	14	0
	광주	0	3	0	4	4	2	6	0
	대구	2	5	8	14	25	11	24	0
	대전	1	1	2	5	7	4	10	0
	부산	0	2	0	4	4	3	4	1
	상주	6	0	4	16	13	11	16	0
	서울	4	5	5	20	19	13	21	0
	성남	4	0	3	8	9	6	17	0
	수원	3	2	7	15	22	5	23	1
	울산	0	3	10	10	25	7	13	1
	인천	6	3	3	25	15	14	20	1
	전남	4	5	2	16	12	7	23	1
	전북	1	2	10	16	35	9	30	0
	제주	7	2	5	24	23	15	24	2
	포항	3	5	4	16	24	11	22	1
	계	47	40	65	208	247	131	267	8

팀명	상대팀	승	무	패	득점	실점	도움	경고	퇴장
대구	강원	8	5	2	25	14	18	23	2
	경남	2	4	4	10	16	7	22	1
	광주	2	1	1	5	3	2	7	0
	대전	1	2	1	7	6	3	3	0

팀명	상대팀	승	무	패	득점	실점	도움	경고	퇴장
	부산	0	0	2	0	2	0	3	0
	상주	4	5	2	16	12	12	20	1
	서울	2	5	6	12	20	9	34	1
	성남	3	4	0	7	4	6	13	0
	수원	1	4	6	6	17	3	24	3
	울산	1	3	8	12	22	9	18	1
	인천	4	6	3	15	13	10	20	0
	전남	6	4	2	20	14	16	26	0
	전북	1	3	8	10	22	6	20	0
	제주	4	4	5	18	22	10	28	1
	포항	5	2	6	16	15	11	24	1
	계	44	52	56	179	202	122	285	11

팀명	상대팀	승	무	패	득점	실점	도움	경고	퇴장
경남	강원	2	2	6	10	15	7	17	2
	대구	4	4	2	16	10	8	26	0
	대전	2	2	0	9	2	6	12	0
	부산	1	2	3	5	13	4	10	0
	상주	5	3	3	14	11	6	19	1
	서울	2	7	2	12	12	9	19	1
	성남	4	2	6	11	14	6	15	0
	수원	2	6	5	13	18	6	21	0
	울산	0	4	8	11	26	9	17	0
	인천	4	7	2	14	11	3	21	1
	전남	4	3	4	20	16	9	18	0
	전북	1	4	7	10	30	8	24	0
	제주	5	5	5	17	18	9	33	1
	포항	3	3	6	12	16	7	20	0
	계	39	54	59	174	212	97	272	6

팀명	상대팀	승	무	패	득점	실점	도움	경고	퇴장
부산	강원	0	2	0	4	4	3	3	0
	경남	3	2	1	13	5	9	12	0
	광주	1	1	2	3	4	1	8	0
	대구	2	0	0	2	0	2	3	0
	대전	2	3	1	5	4	4	13	1
	상주	1	2	1	5	6	4	4	2
	서울	2	3	5	7	12	3	26	0
	성남	4	0	5	8	7	2	25	0
	수원	2	3	5	8	13	4	18	0
	울산	3	4	4	9	13	5	28	0
	인천	3	4	5	9	16	5	21	0
	전남	1	4	5	10	16	6	22	1
	전북	1	1	8	10	19	8	19	0
	제주	1	2	5	6	12	4	8	0
	포항	3	3	4	11	14	7	17	0
	계	29	34	51	110	145	67	227	4

팀명	상대팀	승	무	패	득점	실점	도움	경고	퇴장
광주	강원	0	3	0	4	4	2	10	0
	대구	1	1	2	3	5	1	12	0
	대전	2	1	1	5	3	5	7	0
	부산	2	1	1	4	3	3	7	0
	상주	4	0	3	10	6	6	10	1
	서울	1	2	6	12	20	6	20	0
	성남	1	4	2	4	6	1	17	0
	수원	2	4	4	8	13	5	21	1
	수원FC	2	1	1	4	3	2	10	0
	울산	1	3	6	7	14	2	14	0
	인천	2	7	3	7	9	4	21	0
	전남	5	2	4	15	18	12	23	0
	전북	1	3	5	9	17	6	15	1
	제주	3	2	4	9	10	7	17	0
	포항	0	4	7	8	19	5	22	0
	계	27	38	49	109	150	67	226	3

팀명	상대팀	승	무	패	득점	실점	도움	경고	퇴장
대전	강원	2	1	1	7	5	2	5	0
	경남	0	2	2	2	9	2	6	0
	광주	1	1	2	3	5	2	8	0
	대구	1	2	1	6	7	2	11	1
	부산	1	3	2	4	5	4	9	0
	서울	0	0	5	4	10	4	6	0
	성남	1	1	5	6	16	5	15	0
	수원	1	0	4	6	12	4	16	0
	울산	0	2	4	3	12	0	7	0
	인천	1	0	5	4	10	2	7	1
	전남	2	3	3	10	11	7	21	0
	전북	0	1	4	7	13	5	10	0
	제주	1	2	4	8	16	5	9	0
	포항	0	0	5	1	9	1	10	0
	계	11	18	47	71	140	45	140	2

팀명	상대팀	승	무	패	득점	실점	도움	경고	퇴장
수원FC	광주	1	1	2	3	4	1	10	1
	상주	0	1	2	1	6	1	8	0
	서울	0	0	3	0	7	0	7	0
	성남	2	1	1	6	5	3	9	0
	수원	1	0	3	8	10	2	9	0
	울산	0	1	2	2	4	1	8	0
	인천	1	1	2	2	3	0	10	0
	전남	0	2	1	1	2	1	7	0
	전북	0	1	2	4	7	3	6	0
	제주	1	1	1	7	8	4	7	0
	포항	4	0	0	6	2	3	12	1
	계	10	9	19	40	58	19	93	2

K리그1 통산 팀 최다 기록

기록구분	기록	구단명
승 리	154	전북
패 전	101	인천
무승부	97	인천
득 점	470	전북
실 점	351	인천
도 움	322	전북
코너킥	1325	전북
파 울	4075	인천
오프사이드	548	울산
슈 팅	3745	전북
페널티킥 획득	43	전북
페널티킥 성공	34	서울, 전북
페널티킥 실패	17	포항
경 고	549	전북
퇴 장	15	울산

K리그1 통산 팀 최소 기록

기록구분	기록	구단명
승 리	10	수원FC
패 전	19	수원FC
무승부	9	수원FC
득 점	40	수원FC
실 점	58	수원FC
도 움	19	수원FC
코너킥	202	수원FC
파 울	515	수원FC
오프사이드	71	수원FC
슈 팅	496	수원FC
페널티킥 획득	7	대전, 수원FC
페널티킥 성공	4	대전
페널티킥 실패	1	수원
경 고	93	수원FC
퇴 장	2	대전, 수원FC

K리그1 통산 팀 최다 연속 기록

기록구분	기록	구단명(기간)
연속 승	9	전북(2014/10/01~2014/11/22) 전북(2018/03/18~2018/05/02)
연속 무승부	5	경남(2013/03/16~2013/04/21) 성남(2015/04/15~2015/05/10) 수원(2016/04/10~2016/04/30) 인천(2013/09/11~2013/10/27)
연속 패	8	강원(2013/07/16~2013/09/01) 대전(2015/06/28~2015/08/15)
연속 득점	26	전북(2013/03/03~2013/09/01)
연속 무득점	9	인천(2014/03/15~2014/04/27)
연속 무승	20	경남(2019/04/02~2019/08/03)
연속 무패	33	전북(2016/03/12~2016/10/02)
연속 실점	20	강원(2013/07/13~2013/11/27) 경남(2018/11/10~2019/06/22)
연속 무실점	8	전북(2014/10/01~2014/11/15)

K리그1 통산 선수 득점 순위

순위	선수명	소속팀	득점	경기수	교체수	경기당득점
1	김신욱	전북	83	212	109	0.39
2	이동국	전북	83	219	147	0.38
3	데 얀	수원	67	156	85	0.43
4	산토스	수원	55	145	98	0.38
5	주니오	울산	53	83	38	0.64

K리그1 통산 선수 출전 순위

순위	선수명	최종 소속팀	출전
1	김태환	울 산	232
2	고요한	서 울	224
3	이동국	전 북	219
4	김신욱	전 북	212
5	염기훈	수 원	211
6	심동운	포 항	206
7	김광석	포 항	201
8	홍 철	수 원	192
	김인성	울 산	192
10	윤빛가람	제 주	190

K리그1 통산 선수 도움 순위

순위	선수명	소속팀	도움	경기수	교체수	경기당도움
1	염기훈	수원	59	211	70	0.28
2	김태환	울산	38	232	33	0.16
3	로페즈	전북	33	157	60	0.21
4	홍 철	수원	33	192	39	0.17
5	이재성	전북	32	137	27	0.23

K리그1 통산 선수 공격포인트 순위

순위	선수명	소속팀	공격포인트	경기수	경기당공격P
1	이동국	전북	107	219	0.49
2	김신욱	전북	104	212	0.49
3	염기훈	수원	94	211	0.45
4	로페즈	전북	85	157	0.54
5	데 얀	수원	81	156	0.52

K리그1 통산 골키퍼 무실점 순위

순위	선수명	소속팀	무실점 경기수
1	신 화 용	수 원	68
2	김 호 준	강 원	41
3	권 순 태	전 북	40
4	김 용 대	울 산	39
5	이 범 영	전 북	38

K리그1 통산 선수 연속 득점 순위

순위	선수명	당시 소속팀	연속경기수	비고
1	이 동 국	전 북	7	2013.05.11 ~ 2013.07.13
	조 나 탄	수 원	7	2016.09.10 ~ 2016.10.30
	주 민 규	상 주	7	2017.08.12 ~ 2017.09.30
4	주 니 오	울 산	6	2018.08.15 ~ 2018.09.15

K리그1 통산 선수 연속 도움 순위

순위	선수명	당시 소속팀	연속경기수	비고
1	레오나르도	전 북	4	2013.08.04 ~ 2013.08.24
	에스쿠데로	서 울	4	2013.11.02 ~ 2013.11.24
	유 지 훈	상 주	4	2014.04.27 ~ 2014.07.06
	염 기 훈	수 원	4	2015.04.04 ~ 2015.04.18
	코 바	울 산	4	2015.08.29 ~ 2015.09.19
	권 창 훈	수 원	4	2016.10.02 ~ 2016.10.30

K리그1 통산 선수 연속 공격포인트 순위

순위	선수명	당시 소속팀	연속경기수	비고
1	이 명 주	포 항	11	2014.03.15 ~ 2014.05.10
2	조 나 탄	수 원	8	2016.08.28 ~ 2016.10.30
3	이 동 국	전 북	7	2013.05.11 ~ 2013.07.13
	김 동 섭	성 남	7	2013.07.31 ~ 2013.09.07
	염 기 훈	수 원	7	2015.03.14 ~ 2015.04.26
	아드리아노	서 울	7	2016.03.20 ~ 2016.04.30
	주 민 규	상 주	7	2017.08.12 ~ 2017.09.30
	에 드 가	대 구	7	2018.09.02 ~ 2018.10.20
	세 징 야	대 구	7	2018.11.24 ~ 2019.04.06

K리그1 통산 골키퍼 연속 무실점 경기 순위

순위	선수명	당시 소속팀	연속경기수	비고
1	송 범 근	전 북	7	2018.03.31 ~ 2018.04.29
2	신 화 용	포 항	6	2014.07.05 ~ 2014.08.09
	권 순 태	전 북	6	2014.10.01 ~ 2014.11.15
3	신 화 용	포 항	5	2013.07.16 ~ 2013.08.18

Section 4

K리그2 기록

하나원큐 K리그2 2019 경기일정표

라운드	경기번호	대회구분	경기일자	경기시간	홈팀	결과	원정팀	경기장소	관중수
1	1	일반	03.02	13:00	전남	0:3	아산	광양	48
1	2	일반	03.02	15:00	부산	1:4	안양	구덕	6,072
1	3	일반	03.02	15:00	부천	1:0	수원FC	부천	2,256
1	4	일반	03.03	13:00	안산	1:2	대전	안산	5,176
1	5	일반	03.03	15:00	서울E	0:2	광주	잠실	3,644
2	6	일반	03.09	13:00	수원FC	1:2	부산	수원	4,383
2	7	일반	03.09	15:00	서울E	1:1	안산	잠실	2,710
2	8	일반	03.10	13:00	광주	4:0	아산	광주W	5,294
2	9	일반	03.10	15:00	전남	1:3	대전	광양	1,006
2	10	일반	03.10	15:00	부천	1:0	안양	부천	1,541
3	11	일반	03.16	13:00	아산	3:2	부천	아산	4,504
3	12	일반	03.16	15:00	수원FC	2:1	안산	수원	2,249
3	13	일반	03.17	13:00	대전	0:0	서울E	대전W	4,370
3	14	일반	03.17	15:00	전남	1:0	안양	광양	1,632
3	15	일반	03.17	15:00	광주	1:1	부산	광주W	2,610
4	16	일반	03.30	13:00	부산	3:3	부천	구덕	3,012
4	17	일반	03.30	15:00	전남	1:2	광주	광양	2,813
4	18	일반	03.30	17:00	아산	3:1	서울E	아산	1,361
4	19	일반	03.31	13:00	대전	0:2	수원FC	대전W	2,121
4	20	일반	03.31	15:00	안산	1:1	안양	안산	2,862
5	21	일반	04.06	13:00	서울E	1:1	수원FC	천안	2,887
5	22	일반	04.06	15:00	안산	1:0	아산	안산	1,248
5	23	일반	04.07	13:00	부천	1:1	전남	부천	2,407
5	24	일반	04.07	15:00	부산	2:1	대전	구덕	2,396
5	25	일반	04.07	15:00	광주	2:2	안양	광주W	903
6	26	일반	04.13	13:00	아산	2:5	부산	아산	1,403
6	27	일반	04.13	15:00	수원FC	1:1	전남	수원	3,515
6	28	일반	04.13	15:00	부천	1:2	안산	부천	1,731
6	29	일반	04.14	13:00	서울E	4:1	안양	천안	1,316
6	30	일반	04.14	15:00	광주	0:0	대전	광주W	932
7	31	일반	04.20	15:00	아산	0:2	안양	아산	1,548
7	32	일반	04.20	17:00	광주	2:1	수원FC	광주W	2,689
7	33	일반	04.21	15:00	부산	3:0	안산	구덕	4,064
7	34	일반	04.22	19:00	전남	1:1	서울E	광양	1,359
7	35	일반	04.22	19:00	대전	1:0	부천	대전W	655
8	36	일반	04.27	15:00	전남	1:0	부산	광양	2,286
8	37	일반	04.27	15:00	서울E	1:2	부천	천안	3,215
8	38	일반	04.27	17:00	안산	0:0	광주	안산	1,018
8	39	일반	04.28	15:00	아산	1:2	수원FC	아산	1,587
8	40	일반	04.28	17:00	대전	0:2	안양	대전W	1,024
9	41	일반	05.01	19:00	대전	0:1	아산	대전W	909
9	42	일반	05.01	19:00	수원FC	1:2	안양	수원	1,477
9	43	일반	05.01	19:30	부천	0:1	광주	부천	947
9	44	일반	05.01	19:30	안산	3:0	전남	안산	1,232
9	45	일반	05.01	20:00	부산	4:1	서울E	구덕	2,275
10	46	일반	05.04	15:00	광주	2:0	전남	광주W	5,096
10	47	일반	05.04	15:00	아산	1:1	안산	아산	2,644
10	48	일반	05.05	15:00	대전	0:5	부산	대전W	3,908
10	49	일반	05.05	15:00	부천	2:2	안양	부천	2,077
10	50	일반	05.05	17:00	수원FC	3:1	서울E	수원	3,205
11	51	일반	05.11	17:00	서울E	1:1	대전	천안	2,298
11	52	일반	05.11	19:00	전남	1:2	수원FC	광양	3,070
11	53	일반	05.12	17:00	부산	1:1	광주	구덕	6,127
11	54	일반	05.12	17:00	안양	0:0	안산	안양	11,098
11	55	일반	05.12	19:00	부천	0:0	아산	부천	1,773
12	56	일반	05.18	17:00	대전	1:2	전남	대전W	1,357
12	57	일반	05.18	19:00	안산	2:3	수원FC	안산	1,550
12	58	일반	05.19	17:00	안양	0:1	아산	안양	835
12	59	일반	05.20	19:30	광주	3:1	서울E	광주W	2,028
12	60	일반	05.20	19:30	부천	1:3	부산	부천	1,563
13	61	일반	05.25	17:00	수원FC	2:0	대전	수원	3,065
13	62	일반	05.25	19:00	안양	2:1	서울E	안양	3,013
13	63	일반	05.26	15:00	아산	0:0	광주	아산	2,006
13	64	일반	05.27	19:30	안산	0:1	부천	안산	619
13	65	일반	05.27	20:00	부산	1:0	전남	구덕	2,124
14	66	일반	06.01	17:00	전남	1:3	안산	광양	2,489
14	67	일반	06.01	19:00	부산	2:2	수원FC	구덕	5,186
14	68	일반	06.01	19:00	부천	1:1	대전	부천	2,185
14	69	일반	06.02	17:00	서울E	0:2	아산	천안	4,752
14	70	일반	06.02	19:00	안양	0:1	광주	안양	2,854
15	71	일반	06.15	19:00	대전	1:3	안산	대전W	1,376
15	72	일반	06.15	19:00	수원FC	2:0	아산	수원	2,185
15	73	일반	06.16	19:00	광주	4:1	부천	광주W	4,697
15	74	일반	06.17	19:00	서울E	0:1	전남	천안	3,057
15	75	일반	06.17	19:30	안양	1:3	부산	안양	2,073
16	76	일반	06.22	19:00	아산	1:0	대전	아산	5,016
16	77	일반	06.22	19:00	안산	0:0	부산	안산	3,760
16	78	일반	06.23	19:00	안양	2:1	전남	안양	2,018
16	79	일반	06.24	19:00	수원FC	0:2	광주	수원	1,622
16	80	일반	06.24	19:30	부천	3:2	서울E	부천	1,372
17	81	일반	06.29	19:00	대전	0:1	광주	대전W	894
17	82	일반	06.29	19:00	안산	1:0	서울E	안산	1,454
17	83	일반	06.30	19:00	전남	1:0	부천	광양	2,775
17	84	일반	06.30	19:00	안양	2:0	수원FC	안양	2,308
17	85	일반	06.30	20:00	부산	2:4	아산	구덕	3,519
18	86	일반	07.06	19:00	광주	1:0	안산	광주W	4,357
18	87	일반	07.06	19:00	부산	3:1	서울E	구덕	3,682
18	88	일반	07.07	19:00	아산	1:1	전남	아산	5,080
18	89	일반	07.08	19:00	수원FC	0:3	부천	수원	1,594
18	90	일반	07.08	19:30	안양	2:1	대전	안양	2,217

라운드	경기번호	대회구분	경기일자	경기시간	홈팀	결과	원정팀	경기장소	관중수
19	91	일반	07.13	19:00	안양	4 : 1	아산	안양	3,008
19	92	일반	07.13	19:00	수원FC	0 : 1	부산	수원	3,424
19	93	일반	07.14	19:00	전남	2 : 0	대전	광양	2,013
19	94	일반	07.14	19:00	부천	1 : 2	안산	부천	2,107
19	95	일반	07.14	19:00	서울E	0 : 2	광주	천안	3,630
20	96	일반	07.20	19:00	안양	7 : 1	광주	안양	4,057
20	97	일반	07.20	20:00	부산	2 : 2	부천	구덕	1,386
20	98	일반	07.21	19:00	아산	3 : 2	서울E	아산	3,185
20	99	일반	07.21	19:00	대전	2 : 4	수원FC	대전W	1,477
20	100	일반	07.21	19:00	안산	1 : 0	전남	안산	3,006
21	101	일반	07.27	20:00	대전	0 : 1	아산	대전W	1,054
21	102	일반	07.27	20:00	광주	2 : 0	수원FC	광주W	3,292
21	103	일반	07.27	20:00	안산	2 : 0	부산	안산	2,454
21	104	일반	07.28	20:00	전남	0 : 1	서울E	광양	2,486
21	105	일반	07.28	20:00	안양	2 : 2	부천	안양	4,147
22	106	일반	08.03	20:00	전남	1 : 1	광주	광양	1,679
22	107	일반	08.03	20:00	안산	0 : 2	대전	안산	4,050
22	108	일반	08.04	20:00	아산	0 : 1	부산	아산	3,180
22	109	일반	08.04	20:00	수원FC	1 : 1	안양	수원	2,619
22	110	일반	08.04	20:00	서울E	1 : 0	부천	잠실	2,332
23	112	일반	08.10	20:00	부천	1 : 1	광주	부천	2,256
23	113	일반	08.11	20:00	안양	4 : 2	전남	안양	3,727
23	111	일반	08.11	20:00	부산	2 : 0	대전	구덕	4,067
23	115	일반	08.12	19:00	서울E	2 : 1	수원FC	잠실	1,609
23	114	일반	08.12	20:00	안산	1 : 2	아산	안산	2,043
24	116	일반	08.17	19:00	광주	1 : 1	부산	광주W	5,192
24	117	일반	08.17	19:00	수원FC	2 : 3	안산	수원	2,343
24	118	일반	08.18	19:00	서울E	2 : 0	안양	잠실	2,846
24	119	일반	08.19	19:00	전남	2 : 0	아산	광양	2,867
24	120	일반	08.19	19:00	대전	1 : 2	부천	대전W	911
25	121	일반	08.24	19:00	부천	0 : 3	전남	부천	3,987
25	122	일반	08.24	19:00	서울E	1 : 3	안산	잠실	3,169
25	123	일반	08.25	20:00	부산	1 : 1	안양	구덕	4,269
25	124	일반	08.26	19:30	광주	0 : 0	대전	광주W	2,792
25	125	일반	08.26	20:00	아산	1 : 1	수원FC	아산	4,077
26	126	일반	08.31	19:00	안양	0 : 0	대전	안양	5,005
26	127	일반	08.31	19:00	서울E	3 : 3	부산	잠실	4,407
26	128	일반	09.01	19:00	아산	2 : 3	부천	아산	5,131
26	129	일반	09.01	19:00	수원FC	2 : 2	전남	수원	2,117
26	130	일반	09.01	19:00	안산	2 : 1	광주	안산	7,143
27	131	일반	09.14	17:00	전남	3 : 3	부산	광양	2,789
27	132	일반	09.14	19:00	대전	1 : 0	서울E	대전W	1,213
27	133	일반	09.15	17:00	부천	1 : 1	수원FC	부천	2,879
27	134	일반	09.15	19:00	광주	3 : 1	아산	광주W	1,812
27	135	일반	09.15	19:00	안산	1 : 3	안양	안산	2,437
28	136	일반	09.17	19:00	대전	0 : 0	부산	대전W	2,718
28	137	일반	09.17	19:00	서울E	2 : 2	전남	천안	2,693
28	138	일반	09.18	19:30	광주	1 : 0	부천	광주W	1,145
28	139	일반	09.18	19:30	안양	0 : 2	수원FC	안양	2,717
28	140	일반	09.18	20:00	아산	1 : 1	안산	아산	1,772
29	141	일반	09.21	19:00	수원FC	2 : 2	대전	수원	1,512
29	142	일반	09.22	17:00	안양	5 : 2	서울E	안양	1,951
29	143	일반	09.22	19:00	안산	1 : 2	부천	안산	1,596
29	144	일반	09.23	20:00	아산	1 : 0	전남	아산	2,014
29	145	일반	09.23	20:00	부산	3 : 2	광주	구덕	4,209
30	146	일반	09.28	17:00	광주	3 : 1	서울E	광주W	1,338
30	147	일반	09.28	17:00	수원FC	2 : 2	아산	수원	2,064
30	148	일반	09.28	19:00	대전	0 : 0	안산	대전W	3,830
30	149	일반	09.29	17:00	부천	0 : 2	부산	부천	3,882
30	150	일반	09.29	19:00	전남	2 : 0	안양	광양	3,591
31	152	일반	10.01	19:00	서울E	1 : 1	아산	천안	4,033
31	151	일반	10.01	19:30	광주	2 : 1	안산	광주W	5,011
31	153	일반	10.02	19:00	전남	3 : 2	수원FC	광양	242
31	154	일반	10.02	19:30	안양	2 : 2	부산	안양	1,223
31	155	일반	10.02	19:30	부천	1 : 3	대전	부천	771
32	156	일반	10.05	15:00	부산	2 : 0	수원FC	구덕	7,724
32	157	일반	10.05	15:00	안산	2 : 0	서울E	안산	4,076
32	159	일반	10.05	17:00	대전	1 : 2	전남	대전W	2,035
32	160	일반	10.05	17:00	안양	1 : 2	부천	안양	4,616
32	158	일반	10.06	17:00	아산	0 : 1	광주	아산	2,820
33	161	일반	10.19	13:00	광주	4 : 0	안양	광주W	2,073
33	162	일반	10.19	15:00	전남	0 : 1	부천	광양	3,222
33	163	일반	10.19	17:00	아산	0 : 1	대전	아산	6,040
33	164	일반	10.20	13:00	부산	0 : 2	안산	구덕	3,865
33	165	일반	10.20	15:00	수원FC	1 : 1	서울E	수원	2,919
34	166	일반	10.26	13:00	안양	3 : 2	안산	안양	8,690
34	168	일반	10.26	15:00	서울E	2 : 2	대전	천안	3,542
34	169	일반	10.27	13:00	수원FC	0 : 3	광주	수원	2,883
34	170	일반	10.27	15:00	부천	3 : 0	아산	부천	3,358
34	167	일반	10.27	15:00	부산	0 : 0	전남	구덕	3,568
35	171	일반	11.02	13:00	부천	3 : 2	서울E	부천	2,854
35	172	일반	11.02	15:00	대전	1 : 1	안양	대전W	4,026
35	173	일반	11.03	13:00	부산	3 : 2	아산	구덕	3,455
35	174	일반	11.03	15:00	광주	1 : 2	전남	광주W	5,408
35	175	일반	11.03	15:00	안산	1 : 2	수원FC	안산	7,714
36	176	일반	11.09	15:00	전남	2 : 1	안산	광양	4,882
36	177	일반	11.09	15:00	아산	1 : 4	안양	아산	3,126
36	178	일반	11.09	15:00	대전	3 : 1	광주	대전W	1,711
36	179	일반	11.09	15:00	수원FC	1 : 2	부천	수원	2,498
36	180	일반	11.09	15:00	서울E	3 : 5	부산	잠실	3,874
37	181	플레이오프	11.23	15:00	안양	1 : 1	부천	안양	6,017
38	182	플레이오프	11.30	14:00	부산	1 : 0	안양	구덕	8,570

2019년 K리그2 팀별 연속 승패 · 득실점 기록 | 광주

일자	상대	홈/원정	승	무	패	득점	실점	연속기록 승	연속기록 무	연속기록 패	연속기록 득점	연속기록 실점	연속기록 무득점	연속기록 무실점
03.03	서울E	원정	▲			2	0							
03.10	아산	홈	▲			4	0							
03.17	부산	홈		■		1	1							
03.30	전남	원정	▲			2	1							
04.07	안양	홈		■		2	2							
04.14	대전	홈		■		0	0							
04.20	수원FC	홈	▲			2	1							
04.27	안산	원정		■		0	0							
05.01	부천	원정	▲			1	0							
05.04	전남	홈	▲			2	0							
05.12	부산	원정		■		1	1							
05.20	서울E	홈	▲			3	1							
05.26	아산	원정		■		0	0							
06.02	안양	원정	▲			1	0							
06.16	부천	홈	▲			4	1							
06.24	수원FC	원정	▲			2	0							
06.29	대전	원정	▲			1	0							
07.06	안산	홈	▲			1	0							
07.14	서울E	원정	▲			2	0							
07.20	안양	원정			▼	1	7							
07.27	수원FC	홈	▲			2	0							
08.03	전남	원정		■		1	1							
08.10	부천	원정		■		1	1							
08.17	부산	홈		■		1	1							
08.26	대전	홈		■		0	0							
09.01	안산	원정			▼	1	2							
09.15	아산	홈	▲			3	1							
09.18	부천	홈	▲			1	0							
09.23	부산	원정			▼	2	3							
09.28	서울E	홈	▲			3	1							
10.01	안산	홈	▲			2	1							
10.06	아산	원정	▲			1	0							
10.19	안양	홈	▲			4	0							
10.27	수원FC	원정	▲			3	0							
11.03	전남	홈			▼	1	2							
11.09	대전	원정			▼	1	3							

2019년 K리그2 팀별 연속 승패 · 득실점 기록 | 부산

일자	상대	홈/원정	승	무	패	득점	실점	연속기록 승	연속기록 무	연속기록 패	연속기록 득점	연속기록 실점	연속기록 무득점	연속기록 무실점
03.02	안양	홈			▼	1	4							
03.09	수원FC	원정	▲			2	1							
03.17	광주	원정		■		1	1							
03.30	부천	홈		■		3	3							
04.07	대전	홈	▲			2	1							
04.13	아산	원정	▲			5	2							
04.21	안산	홈	▲			3	0							
04.27	전남	원정			▼	0	1							
05.01	서울E	홈	▲			4	1							
05.05	대전	원정	▲			5	0							
05.12	광주	홈		■		1	1							
05.20	부천	원정	▲			3	1							
05.27	전남	홈	▲			1	0							
06.01	수원FC	홈		■		2	2							
06.17	안양	원정	▲			3	1							
06.22	안산	원정		■		0	0							
06.30	아산	홈			▼	2	4							
07.06	서울E	홈	▲			3	1							
07.13	수원FC	원정	▲			1	0							
07.20	부천	홈		■		2	2							
07.27	안산	원정			▼	0	2							
08.04	아산	원정	▲			1	0							
08.11	대전	홈	▲			2	0							
08.17	광주	원정		■		1	1							
08.25	안양	홈		■		1	1							
08.31	서울E	원정		■		3	3							
09.14	전남	원정		■		3	3							
09.17	대전	원정		■		0	0							
09.23	광주	홈	▲			3	2							
09.29	부천	원정	▲			2	0							
10.02	안양	원정		■		2	2							
10.05	수원FC	홈	▲			2	0							
10.20	안산	홈			▼	0	2							
10.27	전남	홈		■		0	0							
11.03	아산	홈	▲			3	2							
11.09	서울E	원정	▲			5	3							
11.30	안양	홈	▲			1	0							
12.05	경남	홈		■		0	0							
12.08	경남	원정	▲			2	0							

(음영) : 승강 플레이오프

2019년 K리그2 팀별 연속 승패 · 득실점 기록 | 안양

일자	상대	홈/원정	승	무	패	득점	실점	연속기록						
								승	무	패	득점	실점	무득점	무실점
03.02	부산	원정	▲			4	1							
03.10	부천	원정			▼	0	1							
03.17	전남	원정			▼	0	1							
03.31	안산	원정		■		1	1							
04.07	광주	원정		■		2	2							
04.14	서울E	원정			▼	1	4							
04.20	아산	원정	▲			2	0							
04.28	대전	원정	▲			2	0							
05.01	수원FC	원정	▲			2	1							
05.05	부천	원정		■		2	2							
05.12	안산	홈		■		0	0							
05.19	아산	홈			▼	0	1							
05.25	서울E	홈	▲			2	1							
06.02	광주	홈			▼	0	1							
06.17	부산	홈			▼	1	3							
06.23	전남	홈	▲			2	1							
06.30	수원FC	홈	▲			2	0							
07.08	대전	홈	▲			2	1							
07.13	아산	홈	▲			4	1							
07.20	광주	홈	▲			7	1							
07.28	부천	홈		■		2	2							
08.04	수원FC	원정		■		1	1							
08.11	전남	홈	▲			4	2							
08.18	서울E	원정			▼	0	2							
08.25	부산	원정		■		1	1							
08.31	대전	홈		■		0	0							
09.15	안산	원정	▲			3	1							
09.18	수원FC	홈			▼	0	2							
09.22	서울E	홈	▲			5	2							
09.29	전남	원정			▼	0	2							
10.02	부산	홈		■		2	2							
10.05	부천	홈			▼	1	2							
10.19	광주	원정			▼	0	4							
10.26	안산	홈	▲			3	2							
11.02	대전	원정		■		1	1							
11.09	아산	원정	▲			4	1							
11.23	부천	홈		■		1	1							
11.30	부산	원정			▼	0	1							

2019년 K리그2 팀별 연속 승패 · 득실점 기록 | 부천

일자	상대	홈/원정	승	무	패	득점	실점	연속기록						
								승	무	패	득점	실점	무득점	무실점
03.02	수원FC	홈	▲			1	0							
03.10	안양	홈	▲			1	0							
03.16	아산	원정			▼	2	3							
03.30	부산	원정		■		3	3							
04.07	전남	홈		■		1	1							
04.13	안산	홈			▼	1	2							
04.22	대전	원정			▼	0	1							
04.27	서울E	원정	▲			2	1							
05.01	광주	홈			▼	0	1							
05.05	안양	홈		■		2	2							
05.12	아산	홈		■		0	0							
05.20	부산	홈			▼	1	3							
05.27	안산	원정	▲			1	0							
06.01	대전	홈		■		1	1							
06.16	광주	원정			▼	1	4							
06.24	서울E	홈	▲			3	2							
06.30	전남	원정			▼	0	1							
07.08	수원FC	원정	▲			3	0							
07.14	안산	홈			▼	1	2							
07.20	부산	원정		■		2	2							
07.28	안양	원정		■		2	2							
08.04	서울E	원정			▼	0	1							
08.10	광주	홈		■		1	1							
08.19	대전	원정	▲			2	1							
08.24	전남	홈			▼	0	3							
09.01	아산	원정	▲			3	2							
09.15	수원FC	홈		■		1	1							
09.18	광주	원정			▼	0	1							
09.22	안산	원정	▲			2	1							
09.29	부산	홈			▼	0	2							
10.02	대전	홈			▼	1	3							
10.05	안양	원정	▲			2	1							
10.19	전남	원정	▲			1	0							
10.27	아산	홈	▲			3	0							
11.02	서울E	홈	▲			3	2							
11.09	수원FC	원정	▲			2	1							
11.23	안양	원정		■		1	1							

2019년 K리그2 팀별 연속 승패 · 득실점 기록 | 안산

일자	상대	홈/원정	승	무	패	득점	실점	연속기록						
								승	무	패	득점	실점	무득점	무실점
03.03	대전	홈			▼	1	2							
03.09	서울E	원정		■		1	1							
03.16	수원FC	원정			▼	1	2							
03.31	안양	홈		■		1	1							
04.06	아산	홈	▲			1	0							
04.13	부천	원정	▲			2	1							
04.21	부산	원정			▼	0	3							
04.27	광주	홈		■		0	0							
05.01	전남	홈	▲			3	0							
05.04	아산	원정		■		1	1							
05.12	안양	원정		■		0	0							
05.18	수원FC	홈			▼	2	3							
05.27	부천	홈			▼	0	1							
06.01	전남	원정	▲			3	1							
06.15	대전	원정	▲			3	1							
06.22	부산	홈		■		0	0							
06.29	서울E	홈	▲			1	0							
07.06	광주	원정			▼	0	1							
07.14	부천	원정	▲			2	1							
07.21	전남	홈	▲			1	0							
07.27	부산	홈	▲			2	0							
08.03	대전	홈			▼	0	2							
08.12	아산	홈			▼	1	2							
08.17	수원FC	원정	▲			3	2							
08.24	서울E	원정	▲			3	1							
09.01	광주	홈	▲			2	1							
09.15	안양	홈			▼	1	3							
09.18	아산	원정		■		1	1							
09.22	부천	홈			▼	1	2							
09.28	대전	원정		■		0	0							
10.01	광주	원정			▼	1	2							
10.05	서울E	홈	▲			2	0							
10.20	부산	원정	▲			2	0							
10.26	안양	원정			▼	2	3							
11.03	수원FC	홈			▼	1	2							
11.09	전남	원정			▼	1	2							

2019년 K리그2 팀별 연속 승패 · 득실점 기록 | 전남

일자	상대	홈/원정	승	무	패	득점	실점	연속기록						
								승	무	패	득점	실점	무득점	무실점
03.02	아산	홈			▼	0	3							
03.10	대전	홈			▼	1	3							
03.17	안양	홈	▲			1	0							
03.30	광주	홈			▼	1	2							
04.07	부천	원정		■		1	1							
04.13	수원FC	원정		■		1	1							
04.22	서울E	홈		■		1	1							
04.27	부산	홈	▲			1	0							
05.01	안산	원정			▼	0	3							
05.04	광주	원정			▼	0	2							
05.11	수원FC	홈			▼	1	2							
05.18	대전	원정	▲			2	1							
05.27	부산	원정			▼	0	1							
06.01	안산	홈			▼	1	3							
06.17	서울E	원정	▲			1	0							
06.23	안양	원정			▼	1	2							
06.30	부천	홈	▲			1	0							
07.07	아산	원정		■		1	1							
07.14	대전	홈	▲			2	0							
07.21	안산	원정			▼	0	1							
07.28	서울E	홈			▼	0	1							
08.03	광주	홈		■		1	1							
08.11	안양	원정			▼	2	4							
08.19	아산	홈	▲			2	0							
08.24	부천	원정	▲			3	0							
09.01	수원FC	원정		■		2	2							
09.14	부산	홈		■		3	3							
09.17	서울E	원정		■		2	2							
09.23	아산	원정			▼	0	1							
09.29	안양	홈	▲			2	0							
10.02	수원FC	홈	▲			3	2							
10.05	대전	원정	▲			2	1							
10.19	부천	홈			▼	0	1							
10.27	부산	원정		■		0	0							
11.03	광주	원정	▲			2	1							
11.09	안산	홈	▲			2	1							

2019년 K리그2 팀별 연속 승패 · 득실점 기록 | 아산

일자	상대	홈/원정	승	무	패	득점	실점	연속기록						
								승	무	패	득점	실점	무득점	무실점
03.02	전남	원정	▲			3	0							
03.10	광주	원정			▼	0	4							
03.16	부천	홈	▲			3	2							
03.30	서울E	홈	▲			3	1							
04.06	안산	원정			▼	0	1							
04.13	부산	홈			▼	2	5							
04.20	안양	홈			▼	0	2							
04.28	수원FC	홈			▼	1	2							
05.01	대전	원정	▲			1	0							
05.04	안산	홈		■		1	1							
05.12	부천	원정		■		0	0							
05.19	안양	원정	▲			1	0							
05.26	광주	홈		■		0	0							
06.02	서울E	원정	▲			2	0							
06.15	수원FC	원정			▼	0	2							
06.22	대전	홈	▲			1	0							
06.30	부산	원정	▲			4	2							
07.07	전남	홈		■		1	1							
07.13	안양	원정			▼	1	4							
07.21	서울E	홈	▲			3	2							
07.27	대전	원정	▲			1	0							
08.04	부산	홈			▼	0	1							
08.12	안산	원정	▲			2	1							
08.19	전남	원정			▼	0	2							
08.26	수원FC	홈		■		1	1							
09.01	부천	홈			▼	2	3							
09.15	광주	원정			▼	1	3							
09.18	안산	홈		■		1	1							
09.23	전남	홈	▲			1	0							
09.28	수원FC	원정		■		2	2							
10.01	서울E	원정		■		1	1							
10.06	광주	홈			▼	0	1							
10.19	대전	홈			▼	0	1							
10.27	부천	원정			▼	0	3							
11.03	부산	원정			▼	2	3							
11.09	안양	홈			▼	1	4							

2019년 K리그2 팀별 연속 승패 · 득실점 기록 | 수원FC

일자	상대	홈/원정	승	무	패	득점	실점	연속기록						
								승	무	패	득점	실점	무득점	무실점
03.02	부천	원정			▼	0	1							
03.09	부산	홈			▼	1	2							
03.16	안산	홈	▲			2	1							
03.31	대전	원정	▲			2	0							
04.06	서울E	원정		■		1	1							
04.13	전남	홈		■		1	1							
04.20	광주	원정			▼	1	2							
04.28	아산	원정	▲			2	1							
05.01	안양	홈			▼	1	2							
05.05	서울E	홈	▲			3	1							
05.11	전남	원정	▲			2	1							
05.18	안산	원정	▲			3	2							
05.25	대전	홈	▲			2	0							
06.01	부산	원정		■		2	2							
06.15	아산	홈	▲			2	0							
06.24	광주	홈			▼	0	2							
06.30	안양	원정			▼	0	2							
07.08	부천	홈			▼	0	3							
07.13	부산	홈			▼	0	1							
07.21	대전	원정	▲			4	2							
07.27	광주	원정			▼	0	2							
08.04	안양	홈		■		1	1							
08.12	서울E	원정			▼	1	2							
08.17	안산	홈			▼	2	3							
08.26	아산	원정		■		1	1							
09.01	전남	홈		■		2	2							
09.15	부천	원정		■		1	1							
09.18	안양	원정	▲			2	0							
09.21	대전	홈		■		2	2							
09.28	아산	홈		■		2	2							
10.02	전남	원정			▼	2	3							
10.05	부산	원정			▼	0	2							
10.20	서울E	홈		■		1	1							
10.27	광주	홈			▼	0	3							
11.03	안산	원정	▲			2	1							
11.09	부천	홈			▼	1	2							

2019년 K리그2 팀별 연속 승패 · 득실점 기록 | 대전

일자	상대	홈/원정	승	무	패	득점	실점	연속기록 승	연속기록 무	연속기록 패	연속기록 득점	연속기록 실점	연속기록 무득점	연속기록 무실점
03.03	안산	원정	▲			2	1							
03.10	전남	원정	▲			3	1							
03.17	서울E	홈		■		0	0							
03.31	수원FC	홈			▼	0	2							
04.07	부산	원정			▼	1	2							
04.14	광주	원정		■		0	0							
04.22	부천	홈	▲			1	0							
04.28	안양	홈			▼	0	2							
05.01	아산	홈			▼	0	1							
05.05	부산	홈			▼	0	5							
05.11	서울E	원정		■		1	1							
05.18	전남	홈			▼	1	2							
05.25	수원FC	원정			▼	0	2							
06.01	부천	원정		■		1	1							
06.15	안산	홈			▼	1	3							
06.22	아산	원정			▼	0	1							
06.29	광주	홈			▼	0	1							
07.08	안양	원정			▼	1	2							
07.14	전남	원정			▼	0	2							
07.21	수원FC	홈			▼	2	4							
07.27	아산	홈			▼	0	1							
08.03	안산	원정	▲			2	0							
08.11	부산	원정			▼	0	2							
08.19	부천	홈			▼	1	2							
08.26	광주	원정		■		0	0							
08.31	안양	원정		■		0	0							
09.14	서울E	홈	▲			1	0							
09.17	부산	홈		■		0	0							
09.21	수원FC	원정		■		2	2							
09.28	안산	홈		■		0	0							
10.02	부천	원정	▲			3	1							
10.05	전남	홈			▼	1	2							
10.19	아산	원정	▲			1	0							
10.26	서울E	원정		■		2	2							
11.02	안양	홈		■		1	1							
11.09	광주	홈	▲			3	1							

2019년 K리그2 팀별 연속 승패 · 득실점 기록 | 서울E

일자	상대	홈/원정	승	무	패	득점	실점	연속기록 승	연속기록 무	연속기록 패	연속기록 득점	연속기록 실점	연속기록 무득점	연속기록 무실점
03.03	광주	홈			▼	0	2							
03.09	안산	홈		■		1	1							
03.17	대전	원정		■		0	0							
03.30	아산	원정			▼	1	3							
04.06	수원FC	홈		■		1	1							
04.14	안양	홈	▲			4	1							
04.22	전남	원정		■		1	1							
04.27	부천	홈			▼	1	2							
05.01	부산	원정			▼	1	4							
05.05	수원FC	원정			▼	1	3							
05.11	대전	홈		■		1	1							
05.20	광주	원정			▼	1	3							
05.25	안양	원정			▼	1	2							
06.02	아산	홈			▼	0	2							
06.17	전남	홈			▼	0	1							
06.24	부천	원정			▼	2	3							
06.29	안산	원정			▼	0	1							
07.06	부산	원정			▼	1	3							
07.14	광주	홈			▼	0	2							
07.21	아산	원정			▼	2	3							
07.28	전남	원정	▲			1	0							
08.04	부천	홈	▲			1	0							
08.12	수원FC	홈	▲			2	1							
08.18	안양	홈	▲			2	0							
08.24	안산	홈			▼	1	3							
08.31	부산	홈		■		3	3							
09.14	대전	원정			▼	0	1							
09.17	전남	홈		■		2	2							
09.22	안양	원정			▼	2	5							
09.28	광주	원정			▼	1	3							
10.01	아산	홈		■		1	1							
10.05	안산	원정			▼	0	2							
10.20	수원FC	원정		■		1	1							
10.26	대전	홈		■		2	2							
11.02	부천	원정			▼	2	3							
11.09	부산	홈			▼	3	5							

2019년 K리그2 팀 간 경기 기록

팀명	승점	상대팀	승	무	패	득점	실점	득실	도움	경고	퇴장
광주	73	합계	21	10	5	59	31	28	27	64	3
	5	대전	1	2	1	2	3	-1	1	4	0
	3	부산	0	3	1	5	6	-1	3	9	0
	10	부천	3	1	0	7	2	5	1	10	0
	12	서울E	4	0	0	10	2	8	5	8	0
	12	수원FC	4	0	0	9	1	8	4	5	0
	10	아산	3	1	0	8	1	7	3	6	0
	7	안산	2	1	1	4	3	1	2	10	2
	7	안양	2	1	1	8	9	-1	6	5	0
	7	전남	2	1	1	6	4	2	2	7	1

팀명	승점	상대팀	승	무	패	득점	실점	득실	도움	경고	퇴장
부산	67	합계	19	13	5	73	47	26	43	75	2
	6	광주	1	3	0	6	5	1	3	10	0
	10	대전	3	1	0	9	1	8	8	6	0
	8	부천	2	2	0	10	6	4	6	4	0
	10	서울E	3	1	0	15	8	7	8	4	0
	10	수원FC	3	1	0	7	3	4	4	9	1
	9	아산	3	0	1	11	8	3	5	11	0
	4	안산	1	1	2	3	4	-1	2	12	1
	5	안양	2	2	1	8	8	0	5	14	0
	5	전남	1	2	1	4	4	0	2	5	0

팀명	승점	상대팀	승	무	패	득점	실점	득실	도움	경고	퇴장
안양	55	합계	15	11	12	64	52	12	36	73	3
	4	광주	1	1	2	9	8	1	4	8	0
	8	대전	2	2	0	5	2	3	4	6	1
	5	부산	1	2	2	8	8	0	3	8	0
	2	부천	0	3	2	6	8	-2	3	9	0
	6	서울E	2	0	2	8	9	-1	3	10	1
	7	수원FC	2	1	1	5	4	1	4	7	0
	9	아산	3	0	1	10	3	7	9	9	0
	8	안산	2	2	0	7	4	3	4	7	0
	6	전남	2	0	2	6	6	0	2	9	1

팀명	승점	상대팀	승	무	패	득점	실점	득실	도움	경고	퇴장
부천	51	합계	14	10	13	50	52	-2	29	50	1
	1	광주	0	1	3	2	7	-5	1	7	1
	4	대전	1	1	2	4	6	-2	2	5	0
	2	부산	0	2	2	6	10	-4	3	7	0
	9	서울E	3	0	1	8	6	2	6	3	0
	10	수원FC	3	1	0	7	2	5	4	2	0
	7	아산	2	1	1	8	5	3	6	8	0
	6	안산	2	0	2	5	5	0	3	3	0
	8	안양	2	3	0	8	6	2	4	10	0
	4	전남	1	1	2	2	5	-3	0	5	0

팀명	승점	상대팀	승	무	패	득점	실점	득실	도움	경고	퇴장
안산	50	합계	14	8	14	46	42	4	28	53	3
	4	광주	1	1	2	3	4	-1	1	5	0
	4	대전	1	1	2	4	5	-1	2	8	1
	7	부산	2	1	1	4	3	1	2	5	0
	6	부천	2	0	2	5	5	0	3	6	2
	10	서울E	3	1	0	7	2	5	5	6	0
	3	수원FC	1	0	3	7	9	-2	5	7	0
	5	아산	1	2	1	4	4	0	3	8	0
	2	안양	0	2	2	4	7	-3	3	3	0
	9	전남	3	0	1	8	3	5	4	5	0

팀명	승점	상대팀	승	무	패	득점	실점	득실	도움	경고	퇴장
전남	48	합계	13	9	14	43	47	-4	28	85	1
	4	광주	1	1	2	4	6	-2	4	10	0
	9	대전	3	0	1	7	5	2	4	7	0
	5	부산	1	2	1	4	4	0	3	9	0
	7	부천	2	1	1	5	2	3	3	8	0
	5	서울E	1	2	1	4	4	0	3	9	0
	5	수원FC	1	2	1	7	7	0	5	8	0
	4	아산	1	1	2	3	5	-2	1	11	1
	3	안산	1	0	3	3	8	-5	3	8	0
	6	안양	2	0	2	6	6	0	2	15	0

팀명	승점	상대팀	승	무	패	득점	실점	득실	도움	경고	퇴장
아산	44	합계	12	8	16	42	56	-14	24	49	2
	1	광주	0	1	3	1	8	-7	1	6	1
	9	대전	3	0	1	3	1	2	3	8	0
	3	부산	1	0	3	8	11	-3	4	10	1
	4	부천	1	1	2	5	8	-3	2	4	0
	10	서울E	3	1	0	9	4	5	5	3	0
	2	수원FC	0	2	2	4	7	-3	3	3	0
	5	안산	1	2	1	4	4	0	1	4	0
	3	안양	1	0	3	3	10	-7	1	7	0
	7	전남	2	1	1	5	3	2	4	4	0

팀명	승점	상대팀	승	무	패	득점	실점	득실	도움	경고	퇴장
수원FC	43	합계	11	10	15	49	55	-6	27	66	0
	0	광주	0	0	4	1	9	-8	0	7	0
	10	대전	3	1	0	10	4	6	6	5	0
	1	부산	0	1	3	3	7	-4	0	9	0
	1	부천	0	1	3	2	7	-5	2	5	0
	5	서울E	1	2	1	6	5	1	5	4	0
	8	아산	2	2	0	7	4	3	5	12	0
	9	안산	3	0	1	9	7	2	6	10	0
	4	안양	1	1	2	4	5	-1	1	10	0
	5	전남	1	2	1	7	7	0	2	4	0

팀명	승점	상대팀	승	무	패	득점	실점	득실	도움	경고	퇴장
대전	35	합계	8	11	17	31	47	-16	17	71	1
	5	광주	1	2	1	3	2	1	2	8	0
	1	부산	0	1	3	1	9	-8	1	8	1
	7	부천	2	1	1	6	4	2	4	10	0
	6	서울E	1	3	0	4	3	1	2	9	0
	1	수원FC	0	1	3	4	10	-6	1	8	0
	3	아산	1	0	3	1	3	-2	0	8	0
	7	안산	2	1	1	5	4	1	3	9	0
	2	안양	0	2	2	2	5	-3	1	8	0
	3	전남	1	0	3	5	7	-2	3	3	0

팀명	승점	상대팀	승	무	패	득점	실점	득실	도움	경고	퇴장
서울E	25	합계	5	10	21	43	71	-28	30	68	3
	0	광주	0	0	4	2	10	-8	2	5	1
	3	대전	0	3	1	3	4	-1	2	10	1
	1	부산	0	1	3	8	15	-7	5	7	0
	3	부천	1	0	3	6	8	-2	5	7	0
	5	수원FC	1	2	1	5	6	-1	4	5	0
	1	아산	0	1	3	4	9	-5	2	12	0
	1	안산	0	1	3	2	7	-5	1	9	0
	6	안양	2	0	2	9	8	1	6	6	1
	5	전남	1	2	1	4	4	0	3	7	0

2019년 K리그2 최종 순위 및 팀별 경기기록, 승률

구분			승격		플레이오프															
순위	1		2		3		4		5		6		7		8		9		10	
구단	광주		부산		안양		부천		안산		전남		아산		수원FC		대전		서울E	
경기	36		37		38		37		36		36		36		36		36		36	
승점	73		67		55		51		50		48		44		43		35		25	
승	21		19		15		14		14		13		12		11		8		5	
무	10		13		11		10		8		9		8		10		11		10	
패	5		5		12		13		14		14		16		15		17		21	
득	59		73		64		50		46		43		42		49		31		43	
실	31		47		52		52		42		47		56		55		47		71	
차	28		26		12		-2		4		-4		-14		-6		-16		-28	
승률	72.2		68.9		53.9		51.4		50.0		48.6		44.4		44.4		37.5		27.8	
구분	홈	원정	홈	원정	홈	원정	홈	원정	홈	원정	홈	원정	홈	원정	홈	원정	홈	원정	홈	원정
승	12	9	10	9	9	6	5	9	7	7	8	5	5	7	4	7	3	5	4	1
무	5	5	6	7	5	6	6	4	3	5	3	6	5	3	6	4	4	7	7	3
패	1	4	3	2	5	7	7	6	8	6	7	7	8	8	8	7	11	6	7	14
득	36	23	36	37	38	26	21	29	20	26	23	20	21	21	23	26	12	19	25	18
실	12	19	26	21	25	27	26	26	19	23	23	24	28	28	29	26	27	20	30	41
차	24	4	10	16	13	-1	-5	3	1	3	0	-4	-7	-7	-6	0	-15	-1	-5	-23
승률	80.6	63.9	68.4	69.4	60.5	47.4	44.4	57.9	47.2	52.8	52.8	44.4	41.7	47.2	38.9	50	27.8	47.2	41.7	13.9

* 플레이오프 경기결과는 승점 미합산.

2019년 K리그2 팀별 개인 기록 | 광주

선수명	대회	출전	교체	득점	도움	코너킥	파울	파울득	오프사이드	슈팅	유효슈팅	경고	퇴장	실점	자책
김영빈	K1	23	3	1	1	0	23	10	1	12	4	4	1	0	0
	K2	3	1	0	0	0	0	1	0	0	0	0	0	0	0
	계	26	4	1	1	0	23	11	1	12	4	4	1	0	0
김정환	K2	19	19	4	1	0	17	21	1	20	10	2	0	0	0
김주공	K2	17	10	3	2	0	12	25	3	23	14	1	0	0	0
김준형	K2	16	14	0	0	9	17	13	0	11	2	1	0	0	0
김진환	K2	12	2	1	0	0	8	2	1	4	1	0	0	0	1
김태윤	K2	2	0	0	0	0	1	2	0	1	0	0	0	0	0
두현석	K2	23	24	3	4	44	10	26	4	22	13	0	0	0	0
박선주	K2	14	1	0	1	0	18	12	0	5	1	2	0	0	0
박정수	K2	27	8	1	0	0	48	35	1	16	6	4	0	0	0
손민우	K2	1	1	0	0	2	1	0	0	3	2	0	0	0	0
아슐마토프	K2	26	2	1	1	0	20	14	0	17	4	7	0	0	0
엄원상	K2	16	13	2	0	0	5	8	4	10	3	0	0	0	0
여름	K2	29	12	3	3	3	22	35	12	17	7	2	0	0	0
여봉훈	K2	23	8	1	1	0	43	33	0	13	6	7	0	0	0
윌리안	K2	25	16	8	2	1	52	30	7	40	24	6	0	0	0
윤평국	K2	26	1	0	0	0	0	5	0	0	0	0	0	24	0
이시영	K2	13	1	0	3	0	17	12	0	3	3	2	0	0	0
이으뜸	K2	30	4	5	3	91	21	43	0	22	14	3	0	0	0
이진형	K2	9	1	0	0	0	0	2	0	0	0	0	0	4	0
이한도	K2	26	2	1	0	0	24	41	0	5	3	4	1	0	0
이희균	K2	16	16	0	2	0	16	13	3	21	8	4	0	0	0
임민혁	K2	18	13	2	0	23	26	16	5	11	5	2	0	0	0
정영총	K2	3	3	1	0	0	0	2	0	2	1	0	0	0	0
정준연	K2	10	1	0	0	0	13	14	0	0	0	3	0	0	0
정현우	K2	2	2	0	0	3	0	0	1	5	5	0	0	0	0
조주영	K2	10	9	1	0	0	4	5	1	6	2	0	0	0	0
최봉진	K2	17	0	0	0	0	0	4	0	0	0	3	0	18	0
최준혁	K2	31	7	0	1	0	41	49	1	19	7	6	0	0	0
최호주	K2	16	15	1	1	0	7	8	2	10	9	0	0	0	0
펠리페	K2	27	7	19	3	0	77	63	9	65	38	4	2	0	0
하칭요	K2	8	6	2	0	2	11	8	1	10	3	0	0	0	0
홍준호	K2	16	7	0	0	0	8	6	1	5	2	3	0	0	0

2019년 K리그2 팀별 개인 기록 | 부산

선수명	대회	출전	교체	득점	도움	코너킥	파울	파울득	오프사이드	슈팅	유효슈팅	경고	퇴장	실점	자책
구상민	K2	2	0	0	0	0	0	0	0	0	0	0	0	5	0
구현준	K2	6	1	0	0	0	6	6	0	2	0	1	0	0	0
권용현	K2	30	29	2	4	0	31	45	2	23	12	1	0	0	0
권진영	K2	3	3	0	0	0	2	2	0	0	0	0	0	0	0
권혁규	K2	2	2	0	0	0	2	0	0	2	1	1	0	0	0
김명준	K2	32	1	2	1	0	35	16	1	12	5	9	0	0	1
김문환	K2	27	3	0	2	0	29	25	1	15	2	7	0	0	1
김정호	K2	2	0	0	0	0	1	1	0	0	0	1	0	5	0
김진규	K2	32	18	4	3	4	19	10	2	32	14	1	0	0	0
김치우	K2	23	3	0	4	0	12	13	0	12	2	5	0	0	0
김형근	K2	16	0	0	0	0	0	4	0	0	0	1	0	21	0
노보트니	K2	27	17	12	1	0	31	22	8	37	19	5	0	0	0
노행석	K2	1	0	0	0	0	4	0	0	2	0	1	0	0	0
디에고	K2	21	22	6	1	5	11	22	1	44	24	2	0	0	0
박경민	K2	4	2	0	0	0	8	3	0	0	0	0	0	0	0
박종우	K2	33	4	2	7	93	55	50	0	27	13	6	1	0	0
박준강	K2	14	8	0	2	0	21	16	0	3	2	3	0	0	0
박호영	K2	7	6	0	0	0	4	1	0	2	0	1	0	0	0
서용덕	K2	9	7	0	1	0	13	8	0	4	3	0	0	0	0
수신야르	K2	29	0	0	0	0	46	18	6	14	6	10	1	0	0
유수철	K2	1	1	0	0	0	2	1	0	2	1	1	0	0	0
이동준	K2	37	15	13	7	0	40	104	9	65	34	1	0	0	0
이상준	K2	4	0	1	1	0	3	2	0	2	1	0	0	0	0
이정협	K2	31	17	13	4	0	31	34	14	49	30	6	0	0	0
이종민	K2	4	3	0	0	1	0	1	0	0	0	0	0	0	0
정성민	K2	1	1	0	0	0	0	1	0	0	0	0	0	0	0
정호정	K2	7	4	0	0	0	1	3	0	3	0	1	0	0	0
차영환	K1	1	0	0	0	0	1	1	0	0	0	0	0	0	0
	K2	2	1	0	0	0	0	1	0	0	0	0	0	0	0
	계	3	1	0	0	0	1	2	0	0	0	0	0	0	0
최승인	K2	3	3	0	0	0	1	1	0	4	1	0	0	0	0
최필수	K2	20	0	0	0	0	0	2	0	0	0	1	0	23	0
한상운	K2	5	4	0	0	7	5	3	0	1	0	0	0	0	0
한지호	K2	32	26	4	3	0	28	53	2	49	20	3	0	0	0
호물로	K2	32	4	14	2	143	34	66	1	95	46	3	0	0	0
황준호	K2	15	8	0	0	0	5	10	0	4	0	2	0	0	0

2019년 K리그2 팀별 개인 기록 | 안양

선수명	대회	출전	교체	득점	도움	코너킥	파울	파울득	오프사이드	슈팅	유효슈팅	경고	퇴장	실점	자책
구본상	K2	35	27	1	1	4	71	27	0	22	7	10	0	0	0
김상원	K2	34	10	6	8	57	32	23	6	34	20	8	0	0	0
김신철	K2	3	3	0	0	0	1	1	1	0	0	1	0	0	0
김원민	K2	27	26	3	0	10	17	12	2	20	9	3	0	0	0
김형진	K2	31	4	0	0	0	28	16	0	9	3	5	0	0	0
류언재	K2	23	5	0	1	0	19	9	0	12	4	3	0	0	0
맹성웅	K2	26	22	0	0	6	28	33	2	9	1	3	0	0	0
모재현	K2	13	11	3	1	1	14	21	0	16	10	1	0	0	0
미콜라	K2	11	10	3	0	1	10	6	5	17	8	1	0	0	0
안성빈	K2	13	10	0	1	0	12	9	1	5	3	2	0	0	0
알렉스	K2	33	7	13	5	16	29	48	11	69	37	2	0	0	0
양동원	K2	32	0	0	0	0	1	4	0	0	0	1	0	41	0
유연승	K2	8	8	0	0	0	2	2	0	4	0	0	0	0	0
유종현	K2	28	11	0	1	0	33	13	1	6	4	9	0	0	0
은성수	K2	3	3	0	0	3	0	3	0	1	0	0	0	0	0
이상용	K2	12	4	0	0	0	11	11	0	1	1	4	0	0	0
이선걸	K2	11	8	1	1	5	7	11	0	4	2	2	0	0	0
이정빈	K1	8	7	0	0	4	7	7	0	7	3	1	0	0	0
	K2	22	11	4	2	31	33	64	4	50	24	2	0	0	0
	계	30	18	4	2	35	40	71	4	57	27	3	0	0	0
정민기	K2	3	0	0	0	0	0	0	0	0	0	1	0	4	0
조규성	K2	33	7	14	4	0	62	80	18	86	38	3	1	0	0
주현재	K2	9	7	0	0	4	7	5	1	4	1	0	0	0	0
채광훈	K2	28	3	2	3	45	19	28	3	27	13	3	0	0	0
최우재	K2	2	1	0	0	0	2	2	0	0	0	0	0	0	0
최재훈	K2	17	15	0	1	0	8	12	1	1	0	0	0	0	0
최호정	K2	35	0	0	1	0	22	35	0	2	1	4	2	0	0
팔라시오스	K2	34	8	11	6	1	43	28	14	88	58	5	0	0	0

2019년 K리그2 팀별 개인 기록 | 부천

선수명	대회	출전	교체	득점	도움	코너킥	파울	파울득	오프사이드	슈팅	유효슈팅	경고	퇴장	실점	자책
감한솔	K2	33	5	2	4	0	30	26	2	13	8	6	0	0	0
국태정	K2	17	2	1	3	26	17	9	1	13	6	2	1	0	0
권승리	K2	1	1	0	0	0	0	0	0	0	0	0	0	0	0
김륜도	K2	35	20	6	5	0	34	27	23	37	19	3	0	0	0
김영남	K2	6	2	0	0	0	4	6	1	6	2	0	0	0	0
김재우	K2	25	5	1	3	0	29	11	2	7	2	2	0	0	0
김지호	K2	3	2	0	0	0	3	1	0	2	0	0	0	0	0
김찬희	K2	12	12	1	0	0	7	11	3	12	7	0	0	0	0
김한빈	K2	12	3	1	1	20	10	12	0	7	4	1	0	0	0
닐손주니어	K2	37	0	10	0	0	22	27	1	36	23	3	0	0	0
마라냥	K2	9	8	0	1	0	13	5	1	13	9	0	0	0	0
말론	K2	29	23	10	3	0	47	46	11	84	47	6	0	0	0
문기한	K2	21	14	1	4	36	24	13	0	26	16	4	0	0	0
박건	K2	26	5	1	1	0	29	18	2	8	4	3	0	0	0
박요한	K2	9	6	1	0	15	7	8	0	6	2	2	0	0	0
송홍민	K2	20	10	2	0	16	22	10	0	15	5	2	0	0	0
안태현	K2	36	10	4	2	1	43	56	3	48	20	3	0	0	0
윤지혁	K1	0	0	0	0	0	0	0	0	0	0	0	0	0	0
	K2	1	1	0	0	0	0	0	0	0	0	0	0	0	0
	계	1	1	0	0	0	0	0	0	0	0	0	0	0	0
이광재	K2	7	7	0	0	0	11	10	1	7	0	2	0	0	0
이시헌	K1	0	0	0	0	0	0	0	0	0	0	0	0	0	0
	K2	11	11	0	0	6	7	3	0	11	5	0	0	0	0
	계	11	11	0	0	6	7	3	0	11	5	0	0	0	0
이영창	K2	2	0	0	0	0	0	0	0	0	0	0	0	3	0
이정찬	K2	9	8	0	0	0	13	11	0	8	5	0	0	0	0
임동혁	K2	32	2	3	1	0	31	14	1	22	11	1	0	0	0
장백규	K2	3	2	0	1	3	4	1	0	6	3	1	0	0	0
장현수	K2	25	21	1	0	4	22	25	9	36	19	2	0	0	0
정택훈	K2	12	12	1	0	0	6	8	1	8	1	1	0	0	0
조건규	K2	5	5	0	0	0	4	2	0	4	2	1	0	0	0
조범석	K2	33	7	0	0	21	12	20	0	10	4	1	0	0	0
조수철	K1	1	1	0	0	0	2	1	0	0	0	0	0	0	0
	K2	7	2	2	0	0	12	8	0	13	7	3	0	0	0
	계	8	3	2	0	0	14	9	0	13	7	3	0	0	0
최철원	K2	35	0	0	0	0	0	7	0	0	0	1	0	49	0

2019년 K리그2 팀별 개인 기록 | 안산

선수명	대회	출전	교체	득점	도움	코너킥	파울	파울득	오프사이드	슈팅	유효슈팅	경고	퇴장	실점	자책
곽성욱	K2	22	17	1	1	6	26	23	0	13	6	0	0	0	0
김대열	K2	15	9	1	0	0	16	23	0	5	2	3	1	0	0
김연수	K2	32	0	1	1	0	33	30	2	11	8	4	0	0	0
김종석	K2	1	1	0	0	0	0	0	0	0	0	0	0	0	0
김진래	K2	19	6	0	0	0	21	25	1	8	0	5	0	0	0
김진욱	K2	10	10	1	1	0	6	12	3	7	6	0	0	0	0
마 사	K2	24	21	9	1	0	24	30	3	45	26	1	0	0	0
박준희	K2	32	9	1	3	6	35	44	1	19	4	2	0	0	0
박진섭	K2	36	6	5	1	0	59	59	0	57	25	3	0	0	0
방찬준	K2	22	22	4	2	0	8	10	0	14	10	1	0	0	0
빈치씽코	K2	28	10	9	3	0	64	40	20	75	48	11	2	0	0
심재민	K2	2	2	0	0	0	1	0	0	1	0	0	0	0	0
유지민	K2	4	4	0	0	0	4	2	1	2	1	0	0	0	0
윤선호	K2	1	0	0	0	0	2	0	0	0	0	0	0	0	0
이인재	K2	36	0	2	0	0	25	20	1	16	8	2	0	0	1
이준희	K2	11	3	0	1	0	12	6	4	5	3	4	0	0	0
이창훈	K2	22	11	2	0	0	4	10	5	6	5	2	0	0	0
이희성	K2	18	0	0	0	0	0	1	0	0	0	0	0	25	0
장혁진	K2	34	12	5	9	138	31	91	3	39	22	6	0	0	0
진창수	K2	8	8	1	0	3	10	11	1	6	4	1	0	0	0
최명희	K2	30	7	0	1	0	14	22	2	11	5	2	0	0	0
최성민	K2	15	2	0	0	0	30	7	1	4	0	5	0	0	0
파우벨	K2	21	20	1	0	0	14	24	1	30	17	0	0	0	0
펠리삐	K2	5	5	0	0	6	2	7	0	8	4	0	0	0	0
황인재	K2	18	0	0	0	0	1	3	0	0	0	0	0	17	2
황태현	K2	18	5	0	3	0	14	5	0	12	6	1	0	0	0

2019년 K리그2 팀별 개인 기록 | 전남

선수명	대회	출전	교체	득점	도움	코너킥	파울	파울득	오프사이드	슈팅	유효슈팅	경고	퇴장	실점	자책
가솔현	K2	19	6	0	1	0	27	10	0	2	0	4	0	0	0
곽광선	K2	27	3	0	0	0	28	21	1	5	3	2	0	0	1
김건웅	K2	33	14	3	1	0	33	22	0	28	12	4	0	0	0
김경민	K2	26	25	2	1	0	16	7	7	22	14	1	0	0	1
김민준	K2	15	9	0	0	0	23	6	0	16	3	3	0	0	0
김민혁	K2	5	5	0	0	0	4	0	1	0	0	2	0	0	0
김영욱	K2	28	14	6	3	71	43	32	1	23	12	7	0	0	0
김주원	K2	22	3	0	0	0	26	18	0	2	1	4	1	0	0
김진성	K2	3	2	0	0	0	2	1	0	0	0	2	0	0	0
마쎄도	K2	2	2	0	0	0	3	2	1	3	2	1	0	0	0
바이오	K2	16	4	10	0	0	37	43	4	41	22	7	0	0	0
박준혁	K2	31	0	0	0	0	0	7	0	0	0	3	0	38	0
브루노 누네즈	K2	25	15	6	3	0	42	39	8	36	20	4	0	0	0
신진하	K2	2	2	0	0	0	2	3	0	0	0	0	0	0	0
안병건	K2	3	0	0	0	0	5	5	0	1	0	3	0	0	0
안 셀	K2	15	3	0	0	0	11	8	0	2	1	1	1	0	0
유고비치	K2	7	4	0	0	0	4	8	0	3	1	3	0	0	0
윤용호	K2	17	14	2	0	35	14	13	1	19	7	2	0	0	0
이슬찬	K2	20	3	0	1	0	17	25	1	7	0	3	0	0	0
이유현	K2	22	8	1	1	0	32	11	0	12	5	6	0	0	0
이지남	K2	16	5	1	0	0	25	9	0	6	4	1	0	0	0
이호승	K2	5	0	0	0	0	0	1	0	0	0	0	0	9	0
이후권	K2	15	12	0	0	0	22	24	0	4	0	3	0	0	0
정재희	K2	29	12	5	10	40	21	16	5	40	15	2	0	0	0
정희웅	K2	13	9	0	1	5	16	12	1	12	2	2	0	0	0
조윤형	K2	7	7	0	0	5	3	3	0	2	0	1	0	0	0
최익진	K2	6	4	0	0	4	13	21	1	5	0	2	0	0	0
최재현	K2	19	13	3	0	0	22	11	5	17	5	2	0	0	0
최준기	K1	1	1	0	0	0	1	2	0	0	0	0	0	0	0
	K2	4	1	0	0	0	1	3	0	1	0	0	0	0	0
	계	5	2	0	0	0	2	5	0	1	0	0	0	0	0
최효진	K2	28	2	1	3	0	32	49	1	14	3	2	0	0	0
추정호	K2	10	10	0	1	0	4	3	1	5	1	0	0	0	0
한승욱	K2	8	8	1	0	4	4	3	0	5	3	1	0	0	0
한찬희	K2	30	10	3	2	21	44	20	1	50	15	10	0	0	0
한창우	K2	3	3	0	0	1	1	0	0	2	1	1	0	0	0

2019년 K리그2 팀별 개인 기록 I 아산

선수명	대회	출전	교체	득점	도움	코너킥	파울	파울득	오프사이드	슈팅	유효슈팅	경고	퇴장	실점	자책
김경우	K2	4	4	0	0	2	4	2	0	1	0	1	0	0	0
김기영	K2	3	1	0	0	1	4	0	0	0	0	1	0	0	0
김도엽	K2	13	11	0	1	0	6	13	2	15	5	1	0	0	0
김레오	K2	22	21	2	0	0	20	11	5	23	12	2	0	0	0
김민석	K2	16	14	1	0	5	15	19	3	14	10	2	0	0	0
김민우	K2	7	6	0	0	0	6	6	2	6	3	0	0	0	0
남희철	K2	13	13	1	0	0	6	6	1	13	4	4	0	0	0
민준영	K2	8	2	1	0	9	9	13	1	2	1	2	0	0	0
박민서	K2	23	19	5	3	0	20	44	9	39	23	0	0	0	0
박성우	K2	8	4	0	1	0	9	7	0	0	0	1	0	0	0
박세직	K1	15	8	0	0	21	12	11	0	8	5	0	0	0	0
	K2	16	2	1	0	8	20	13	0	17	8	0	0	0	0
	계	31	10	1	0	29	32	24	0	25	13	0	0	0	0
박재우	K2	8	5	0	0	0	10	6	0	1	0	0	0	0	0
송환영	K2	7	4	1	0	0	6	12	1	2	1	0	0	0	0
양태렬	K2	15	6	3	0	16	20	11	1	13	8	2	0	0	0
오세훈	K2	30	11	7	3	0	56	49	8	50	29	1	0	0	0
이기현	K2	11	0	0	1	0	1	2	0	0	0	0	0	21	0
이재건	K2	16	15	0	2	1	11	22	2	21	7	2	0	0	0
장순혁	K2	28	6	0	0	0	24	23	0	7	4	3	0	0	0
전효석	K2	15	4	0	0	0	9	8	0	2	1	0	0	0	0
정다훤	K2	9	0	0	0	0	14	16	0	3	1	3	0	0	0
정원영	K2	8	2	0	0	0	5	6	0	3	1	0	0	0	0
제종현	K2	3	0	0	0	0	0	1	0	0	0	0	0	5	0
주원석	K2	1	1	0	0	0	1	1	0	0	0	0	0	0	0
최요셉	K2	8	8	1	1	0	1	3	0	4	2	0	0	0	0

2019년 K리그2 팀별 개인 기록 I 수원FC

선수명	대회	출전	교체	득점	도움	코너킥	파울	파울득	오프사이드	슈팅	유효슈팅	경고	퇴장	실점	자책
강민재	K2	2	2	0	0	0	0	0	0	2	0	0	0	0	0
김동찬	K2	9	9	0	0	0	2	8	1	4	0	1	0	0	0
김병오	K2	25	15	2	2	0	34	30	10	40	21	3	0	0	0
김영찬	K2	20	2	0	1	0	21	15	1	4	2	7	0	0	0
김종국	K2	12	6	0	0	0	10	3	0	6	3	0	0	0	0
김주엽	K2	8	7	0	0	0	4	1	0	2	0	1	0	0	0
김지민	K1	4	4	1	0	0	3	2	0	1	1	0	0	0	0
	K2	12	12	1	0	0	10	9	1	6	2	3	0	0	0
	계	16	16	2	0	0	13	11	1	7	3	3	0	0	0
김창헌	K2	1	1	0	0	0	0	0	0	0	0	0	0	0	0
박요한	K2	23	2	0	1	0	18	20	0	10	3	3	0	0	0
박형순	K2	28	0	0	0	0	0	6	0	0	0	0	0	4	1
백성동	K2	35	1	7	7	97	36	37	7	60	29	3	0	0	0
벨라스케즈	K2	8	8	0	0	10	8	8	0	10	6	0	0	0	0
송수영	K1	11	11	0	0	1	3	2	0	7	6	0	0	0	0
	K2	4	4	0	0	1	3	2	1	2	2	0	0	0	0
	계	15	15	0	0	2	6	4	1	9	8	0	0	0	0
아니에르	K2	21	13	4	4	0	46	10	10	32	18	3	0	0	0
안병준	K2	17	7	8	0	0	25	37	4	47	26	3	0	0	0
안은산	K2	4	2	0	0	6	5	1	0	2	1	0	0	0	0
엄승민	K2	1	1	0	0	0	0	0	0	0	0	0	0	0	0
우예찬	K2	2	2	0	0	0	1	2	0	0	0	0	0	0	0
우찬양	K1	0	0	0	0	0	0	0	0	0	0	0	0	0	0
	K2	7	0	0	0	0	7	10	0	3	1	0	0	0	0
	계	7	0	0	0	0	7	10	0	3	1	0	0	0	0
윤준성	K2	21	5	0	0	0	27	8	2	4	3	6	0	0	0
이승현	K2	3	2	0	0	0	1	1	0	2	0	0	0	0	0
이 용	K2	7	6	1	0	0	5	2	0	1	1	1	0	0	0
이재안	K2	14	12	0	2	1	5	8	0	12	7	0	0	0	0
이종원	K2	10	8	0	0	5	16	8	0	12	3	1	0	0	0
이학민	K2	22	4	0	2	1	51	16	1	11	4	6	0	0	0
이한샘	K2	21	1	1	0	0	26	18	1	8	4	5	0	0	0
임창균	K2	23	23	0	2	27	20	31	1	27	8	2	0	0	0
장성재	K2	31	8	1	0	12	38	32	0	33	14	2	0	0	0
장준영	K2	25	5	3	3	0	29	27	0	7	5	5	0	0	0
전수현	K2	8	0	0	0	0	0	0	0	0	0	0	0	14	0
조블론	K2	8	5	0	2	0	9	2	0	2	1	2	0	0	0
조유민	K2	31	2	2	0	0	55	23	1	18	8	7	0	0	0
채선일	K2	5	4	0	0	1	3	5	0	2	0	0	0	0	0
치 솜	K2	33	15	18	1	0	52	14	23	116	57	3	0	0	0
황병권	K2	21	21	1	0	13	16	19	0	8	3	2	0	0	0

2019년 K리그2 팀별 개인 기록 I 대전

선수명	대회	출전	교체	득점	도움	코너킥	파울	파울득	오프사이드	슈팅	유효슈팅	경고	퇴장	실점	자책
가도에프	K2	8	8	0	1	1	7	5	0	11	2	0	0	0	0
강한빛	K2	6	6	0	0	1	5	3	1	4	2	1	0	0	0
김민성	K2	3	2	0	0	0	3	4	0	1	0	0	0	0	0
김세윤	K2	9	8	0	0	0	6	10	0	5	2	2	0	0	0
김승섭	K2	31	19	3	4	1	15	25	4	34	13	2	0	0	0
김예성	K2	10	5	0	0	1	4	4	0	2	1	1	0	0	0
김지훈	K2	1	1	0	0	0	0	1	0	0	0	0	0	0	0
김진영	K2	7	0	0	0	0	0	1	0	0	0	0	0	13	0
김 찬	K2	7	6	1	0	0	7	5	0	12	4	1	0	0	0
김태현	K1	0	0	0	0	0	0	0	0	0	0	0	0	0	0
	K2	11	1	0	0	0	13	10	0	2	1	3	0	0	0
	계	11	1	0	0	0	13	10	0	2	1	3	0	0	0
박민규	K2	15	0	0	0	11	16	22	0	11	3	3	0	0	0
박수일	K2	32	3	1	3	50	27	26	1	38	15	1	0	0	0
박수창	K2	26	19	0	1	17	38	18	0	25	10	3	0	0	0
박인혁	K2	33	16	3	0	1	64	76	16	60	25	6	0	0	0
박주원	K2	29	0	0	0	0	0	11	0	0	0	0	0	34	0
산자르	K2	11	8	0	0	10	7	11	3	13	8	1	0	0	0
서우민	K2	1	1	0	0	0	1	1	0	0	0	0	0	0	0
신학영	K2	12	8	0	1	0	21	28	0	11	3	5	0	0	0
안동민	K2	4	4	0	1	0	3	1	0	0	0	0	0	0	0
안상현	K2	29	8	2	1	0	59	40	0	14	6	11	0	0	0
안주형	K2	1	1	0	0	0	0	0	0	0	0	1	0	0	0
안토니오	K2	15	9	6	3	4	15	15	2	20	14	1	0	0	0
유해성	K2	7	7	1	0	1	3	4	1	6	4	0	0	0	0
윤경보	K2	15	4	0	0	0	16	7	0	2	0	2	0	0	0
윤성한	K2	6	6	1	0	0	3	2	0	4	1	1	0	0	0
윤신영	K2	22	7	0	0	0	14	14	0	2	0	3	0	0	0
이인규	K2	28	7	0	0	0	20	18	1	12	2	1	0	0	0
이정문	K2	23	15	1	0	0	19	20	3	16	7	4	0	0	0
이지솔	K2	23	2	1	0	0	38	33	0	11	5	6	1	0	0
이호빈	K2	3	2	1	0	0	1	2	0	3	3	0	0	0	0
장주영	K2	6	3	0	0	0	5	6	0	2	0	0	0	0	0
전상훈	K2	1	0	0	0	0	1	1	0	0	0	1	0	0	0
조귀범	K2	2	1	0	0	0	2	0	1	2	1	1	0	0	0
키 쭈	K2	25	7	6	0	17	41	31	9	26	18	4	0	0	0
하마조치	K2	10	5	3	1	0	15	20	1	12	5	3	0	0	0
황도연	K2	5	1	0	0	0	2	4	0	0	0	0	0	0	0
황재훈	K2	29	6	0	1	0	22	32	0	12	3	2	0	0	0

2019년 K리그2 팀별 개인 기록 I 서울E

선수명	대회	출전	교체	득점	도움	코너킥	파울	파울득	오프사이드	슈팅	유효슈팅	경고	퇴장	실점	자책
강정묵	K2	3	1	0	0	0	0	0	0	0	0	0	0	7	0
고준영	K2	8	8	0	0	0	5	5	0	4	2	0	0	0	0
권기표	K2	21	15	3	1	1	19	32	4	16	12	2	0	0	0
김경준	K2	26	22	4	2	0	17	28	1	31	18	1	0	0	0
김동섭	K2	1	1	0	0	0	0	0	0	2	0	0	0	0	0
김동철	K2	12	3	0	0	0	21	14	0	5	2	3	0	0	0
김민균	K2	32	10	5	6	55	27	47	1	61	29	3	0	0	0
김영광	K2	34	1	0	1	0	1	6	0	0	0	1	0	64	1
김태현	K2	11	3	0	2	1	15	17	0	5	1	1	0	0	0
두아르테	K2	28	13	6	5	41	27	41	3	44	30	2	1	0	0
마스다	K2	12	6	0	0	0	15	8	0	2	1	3	0	0	0
박성우	K2	10	6	1	0	0	15	15	0	1	1	3	0	0	0
변준범	K2	23	4	0	0	0	18	14	0	2	0	3	0	0	0
서경주	K2	15	3	1	0	1	26	19	2	12	5	3	0	0	0
안지호	K2	14	3	0	0	0	9	5	1	2	0	0	1	0	0
알렉스	K2	25	20	6	0	0	24	4	14	35	19	1	0	0	0
원기종	K2	26	20	4	3	0	16	24	10	33	13	1	0	0	0
유정완	K2	11	9	1	0	0	7	13	0	4	1	2	0	0	0
윤상호	K2	15	10	0	1	3	12	15	0	6	4	2	0	0	0
윤성열	K2	10	1	0	1	0	4	2	1	2	1	0	0	0	0
이경렬	K2	15	0	0	1	0	13	5	1	3	0	6	0	0	0
이민규	K2	2	1	0	0	2	3	1	0	0	0	0	0	0	0
이병욱	K2	11	6	0	0	0	7	4	0	0	0	0	1	0	1
이재훈	K2	5	0	0	0	0	11	3	0	0	0	1	0	0	0
이태호	K2	15	2	1	0	0	22	5	0	3	1	4	0	0	0
이현성	K2	20	13	0	1	4	23	14	0	11	9	8	0	0	0
전석훈	K2	13	13	1	1	0	7	13	1	5	4	1	0	0	0
최종환	K2	19	1	1	1	16	32	17	2	7	3	3	0	0	0
최한솔	K2	13	4	1	0	0	17	21	0	6	2	4	0	0	0
쿠티뉴	K2	18	6	8	1	0	7	14	7	35	19	2	0	0	0
한지륜	K2	7	5	0	0	0	12	8	0	1	0	1	0	0	0
허범산	K2	29	6	0	3	30	46	30	0	25	10	7	0	0	0

2019년 K리그2 득점 순위

순위	선수명	소속	경기수	득점수	경기당 득점률	교체 IN/OUT	출전 시간
1	펠 리 페	광주	27	19	70.4	7	2,415
2	치 솜	수원FC	33	18	54.6	15	2,707
3	호 물 로	부산	32	14	43.8	4	2,985
4	조 규 성	안양	33	14	42.4	7	2,902
5	이 정 협	부산	31	13	41.9	17	2,244
6	알 렉 스	안양	33	13	39.4	7	2,950
7	이 동 준	부산	37	13	35.1	15	3,181
8	고 무 열	아산	22	12	54.6	4	2,077
9	노보트니	부산	27	12	44.4	17	1,583
10	팔라시오스	안양	34	11	32.4	8	2,992
11	바 이 오	전남	16	10	62.5	4	1,326
12	말 론	부천	29	10	34.5	23	2,080
13	닐손주니어	부천	37	10	27.0	0	3,510
14	마 사	안산	24	9	37.5	21	1,372
15	빈치씽코	안산	28	9	32.1	10	2,482
16	안 병 준	수원FC	17	8	47.1	7	1,489
17	쿠 티 뉴	서울E	18	8	44.4	6	1,438
18	윌 리 안	광주	25	8	32.0	16	1,866
19	오 세 훈	아산	30	7	23.3	11	2,489
20	백 성 동	수원FC	35	7	20.0	1	3,303
21	안토니오	대전	15	6	40.0	9	1,025
22	디 에 고	부산	21	6	28.6	22	962
23	알 렉 스	서울E	25	6	24.0	20	1,382
24	브루노 누네즈	전남	25	6	24.0	15	1,811
25	키 쭈	대전	25	6	24.0	7	2,021
26	두아르테	서울E	28	6	21.4	13	2,127
27	김 영 욱	전남	28	6	21.4	14	2,201
28	김 상 원	안양	34	6	17.7	10	2,978
29	김 륜 도	부천	35	6	17.1	20	2,560
30	박 민 서	아산	23	5	21.7	19	1,620
31	정 재 희	전남	29	5	17.2	12	2,403
32	이 으 뜸	광주	30	5	16.7	4	2,653
33	김 민 균	서울E	32	5	15.6	10	2,754
34	장 혁 진	안산	34	5	14.7	12	3,149
35	박 진 섭	안산	36	5	13.9	6	3,224
36	김 정 환	광주	19	4	21.1	19	1,193
37	아니에르	수원FC	21	4	19.1	13	1,277
38	방 찬 준	안산	22	4	18.2	22	619
39	이 정 빈	안양	22	4	18.2	11	1,752
40	김 경 준	서울E	26	4	15.4	22	1,409
41	원 기 종	서울E	26	4	15.4	20	1,571
42	한 지 호	부산	32	4	12.5	26	1,939
43	김 진 규	부산	32	4	12.5	18	2,208
44	안 태 현	부천	36	4	11.1	10	3,257
45	하마조치	대전	10	3	30.0	5	614
46	미 콜 라	안양	11	3	27.3	10	666
47	모 재 현	안양	13	3	23.1	11	765
48	양 태 렬	아산	15	3	20.0	6	1,207
49	김 주 공	광주	17	3	17.7	10	1,114
50	최 재 현	전남	19	3	15.8	13	1,278
51	권 기 표	서울E	21	3	14.3	15	1,407
52	두 현 석	광주	23	3	13.0	24	1,136
53	장 준 영	수원FC	25	3	12.0	5	2,123
54	김 원 민	안양	27	3	11.1	26	936
55	여 름	광주	29	3	10.3	12	2,247
56	한 찬 희	전남	30	3	10.0	10	2,525
57	김 승 섭	대전	31	3	9.7	19	2,301
58	임 동 혁	부천	32	3	9.4	2	3,001
59	박 인 혁	대전	33	3	9.1	16	2,486
60	김 건 웅	전남	33	3	9.1	14	2,489
61	조 수 철	부천	7	2	28.6	2	624
62	하 칭 요	광주	8	2	25.0	6	514
63	엄 원 상	광주	16	2	12.5	13	765
64	윤 용 호	전남	17	2	11.8	14	995
65	임 민 혁	광주	18	2	11.1	13	1,063
66	이 명 주	아산	19	2	10.5	5	1,604
67	송 홍 민	부천	20	2	10.0	10	1,328
68	주 세 종	아산	21	2	9.5	2	1,894
69	김 레 오	아산	22	2	9.1	21	1,009
70	이 창 훈	안산	22	2	9.1	11	1,337
71	김 병 오	수원FC	25	2	8.0	15	1,635
72	김 경 민	전남	26	2	7.7	25	1,131
73	채 광 훈	안양	28	2	7.1	3	2,547
74	안 상 현	대전	29	2	6.9	8	2,226
75	권 용 현	부산	30	2	6.7	29	1,556
76	조 유 민	수원FC	31	2	6.5	2	2,926
77	김 명 준	부산	32	2	6.3	1	3,022
78	감 한 솔	부천	33	2	6.1	5	2,837
79	박 종 우	부산	33	2	6.1	4	3,062
80	이 인 재	안산	36	2	5.6	0	3,475
81	정 영 총	광주	3	1	33.3	3	101
82	이 호 빈	대전	3	1	33.3	2	185
83	이 상 준	부산	4	1	25.0	0	383
84	윤 성 한	대전	6	1	16.7	6	145
85	유 해 성	대전	7	1	14.3	7	224
86	이 용	수원FC	7	1	14.3	6	255
87	김 찬	대전	7	1	14.3	6	268
88	송 환 영	아산	7	1	14.3	4	410
89	최 요 셉	아산	8	1	12.5	8	251
90	진 창 수	안산	8	1	12.5	8	307
91	한 승 욱	전남	8	1	12.5	8	310
92	민 준 영	아산	8	1	12.5	2	710
93	박 요 한	부천	9	1	11.1	6	576
94	조 주 영	광주	10	1	10.0	9	251
95	김 진 욱	안산	10	1	10.0	10	504
96	박 성 우	서울E	10	1	10.0	6	709

순위	선수명	소속	경기수	득점수	경기당 득점률	교체 IN/OUT	출전 시간
97	유정완	서울E	11	1	9.1	9	532
98	이선걸	안양	11	1	9.1	8	536
99	김찬희	부천	12	1	8.3	12	368
100	정택훈	부천	12	1	8.3	12	400
101	김지민	수원FC	12	1	8.3	12	458
102	김진환	광주	12	1	8.3	2	959
103	김한빈	부천	12	1	8.3	3	969
104	남희철	아산	13	1	7.7	13	307
105	전석훈	서울E	13	1	7.7	13	569
106	최한솔	서울E	13	1	7.7	4	1,120
107	김대열	안산	15	1	6.7	9	996
108	서경주	서울E	15	1	6.7	3	1,244
109	이태호	서울E	15	1	6.7	2	1,357
110	최호주	광주	16	1	6.3	15	621
111	김민석	아산	16	1	6.3	14	723
112	이지남	전남	16	1	6.3	5	1,357
113	박세직	아산	16	1	6.3	2	1,434
114	국태정	부천	17	1	5.9	2	1,528
115	최종환	서울E	19	1	5.3	1	1,776
116	황병권	수원FC	21	1	4.8	21	929
117	파우벨	안산	21	1	4.8	20	1,150
118	문기한	부천	21	1	4.8	14	1,382
119	이한샘	수원FC	21	1	4.8	1	1,933
120	곽성욱	안산	22	1	4.6	17	1,222
121	이유현	전남	22	1	4.6	8	1,686
122	이정문	대전	23	1	4.4	15	1,440
123	여봉훈	광주	23	1	4.4	8	1,749
124	이지솔	대전	23	1	4.4	2	2,105
125	장현수	부천	25	1	4.0	21	1,273
126	김재우	부천	25	1	4.0	5	2,061
127	이한도	광주	26	1	3.9	2	2,360
128	박건	부천	26	1	3.9	5	2,368
129	아슐마토프	광주	26	1	3.9	2	2,452
130	박정수	광주	27	1	3.7	8	2,256
131	최효진	전남	28	1	3.6	2	2,632
132	장성재	수원FC	31	1	3.2	8	2,593
133	박준희	안산	32	1	3.1	9	2,746
134	박수일	대전	32	1	3.1	3	2,986
135	김연수	안산	32	1	3.1	0	3,085
136	구본상	안양	35	1	2.9	27	2,482

2019년 K리그2 도움 순위

순위	선수명	소속	경기수	도움수	경기당 도움률	교체 IN/OUT	출전 시간
1	정재희	전남	29	10	34.5	12	2,403
2	장혁진	안산	34	9	26.5	12	3,149
3	김상원	안양	34	8	23.5	10	2,978
4	박종우	부산	33	7	21.2	4	3,062
5	백성동	수원FC	35	7	20.0	1	3,303
6	이동준	부산	37	7	18.9	15	3,181
7	김민균	서울E	32	6	18.8	10	2,754
8	팔라시오스	안양	34	6	17.7	8	2,992
9	주세종	아산	21	5	23.8	2	1,894
10	두아르테	서울E	28	5	17.9	13	2,127
11	알렉스	안양	33	5	15.2	7	2,950
12	김륜도	부천	35	5	14.3	20	2,560
13	아니에르	수원FC	21	4	19.1	13	1,277
14	문기한	부천	21	4	19.1	14	1,382
15	두현석	광주	23	4	17.4	24	1,136
16	김치우	부산	23	4	17.4	3	2,050
17	권용현	부산	30	4	13.3	29	1,556
18	이정협	부산	31	4	12.9	17	2,244
19	김승섭	대전	31	4	12.9	19	2,301
20	감한솔	부천	33	4	12.1	5	2,837
21	조규성	안양	33	4	12.1	7	2,902
22	이시영	광주	13	3	23.1	1	1,233
23	안토니오	대전	15	3	20.0	9	1,025
24	국태정	부천	17	3	17.7	2	1,528
25	황태현	안산	18	3	16.7	5	1,558
26	고무열	아산	22	3	13.6	4	2,077
27	박민서	아산	23	3	13.0	19	1,620
28	브루노 누네즈	전남	25	3	12.0	15	1,811
29	김재우	부천	25	3	12.0	5	2,061
30	장준영	수원FC	25	3	12.0	5	2,123
31	원기종	서울E	26	3	11.5	20	1,571
32	펠리페	광주	27	3	11.1	7	2,415
33	김영욱	전남	28	3	10.7	14	2,201
34	빈치씽코	안산	28	3	10.7	10	2,482
35	채광훈	안양	28	3	10.7	3	2,547
36	최효진	전남	28	3	10.7	2	2,632
37	말론	부천	29	3	10.3	23	2,080
38	여름	광주	29	3	10.3	12	2,247
39	허범산	서울E	29	3	10.3	6	2,540
40	오세훈	아산	30	3	10.0	11	2,489
41	이으뜸	광주	30	3	10.0	4	2,653
42	한지호	부산	32	3	9.4	26	1,939
43	김진규	부산	32	3	9.4	18	2,208
44	박준희	안산	32	3	9.4	9	2,746
45	박수일	대전	32	3	9.4	3	2,986
46	조블론	수원FC	8	2	25.0	5	390
47	김태현	서울E	11	2	18.2	3	906
48	안현범	아산	13	2	15.4	2	1,156
49	이재안	수원FC	14	2	14.3	12	680
50	박준강	부산	14	2	14.3	8	1,052
51	이재건	아산	16	2	12.5	15	901
52	이희균	광주	16	2	12.5	16	1,035
53	김주공	광주	17	2	11.8	10	1,114
54	방찬준	안산	22	2	9.1	22	619
55	이정빈	안양	22	2	9.1	11	1,752

순위	선수명	소속	경기수	도움수	경기당 도움률	교체 IN/OUT	출전 시간
56	이 학 민	수원FC	22	2	9.1	4	1,928
57	임 창 균	수원FC	23	2	8.7	23	1,239
58	김 병 오	수원FC	25	2	8.0	15	1,635
59	윌 리 안	광주	25	2	8.0	16	1,866
60	김 경 준	서울E	26	2	7.7	22	1,409
61	김 문 환	부산	27	2	7.4	3	2,369
62	한 찬 희	전남	30	2	6.7	10	2,525
63	호 물 로	부산	32	2	6.3	4	2,985
64	안 태 현	부천	36	2	5.6	10	3,257
65	장 백 규	부천	3	1	33.3	2	178
66	안 동 민	대전	4	1	25.0	4	82
67	이 상 준	부산	4	1	25.0	0	383
68	최 요 셉	아산	8	1	12.5	8	251
69	가도에프	대전	8	1	12.5	8	332
70	박 성 우	아산	8	1	12.5	4	476
71	마 라 냥	부천	9	1	11.1	8	468
72	서 용 덕	부산	9	1	11.1	7	468
73	추 정 호	전남	10	1	10.0	10	386
74	김 진 욱	안산	10	1	10.0	10	504
75	하마조치	대전	10	1	10.0	5	614
76	윤 성 열	서울E	10	1	10.0	1	918
77	이 선 걸	안양	11	1	9.1	8	536
78	이 준 희	안산	11	1	9.1	3	1,005
79	이 기 현	아산	11	1	9.1	0	1,056
80	김 한 빈	부천	12	1	8.3	3	969
81	신 학 영	대전	12	1	8.3	8	988
82	전 석 훈	서울E	13	1	7.7	13	569
83	모 재 현	안양	13	1	7.7	11	765
84	안 성 빈	안양	13	1	7.7	10	772
85	정 희 웅	전남	13	1	7.7	9	795
86	김 도 엽	아산	13	1	7.7	11	803
87	박 선 주	광주	14	1	7.1	1	1,291
88	윤 상 호	서울E	15	1	6.7	10	998
89	이 경 렬	서울E	15	1	6.7	0	1,443
90	최 호 주	광주	16	1	6.3	15	621
91	최 재 훈	안양	17	1	5.9	15	731
92	쿠 티 뉴	서울E	18	1	5.6	6	1,438
93	김 정 환	광주	19	1	5.3	19	1,193
94	가 솔 현	전남	19	1	5.3	6	1,379
95	이 명 주	아산	19	1	5.3	5	1,604
96	최 종 환	서울E	19	1	5.3	1	1,776
97	이 현 성	서울E	20	1	5.0	13	1,201
98	김 영 찬	수원FC	20	1	5.0	2	1,755
99	이 슬 찬	전남	20	1	5.0	3	1,851
100	디 에 고	부산	21	1	4.8	22	962
101	권 기 표	서울E	21	1	4.8	15	1,407
102	김 도 혁	아산	21	1	4.8	4	1,977
103	곽 성 욱	안산	22	1	4.6	17	1,222
104	이 유 현	전남	22	1	4.6	8	1,686
105	여 봉 훈	광주	23	1	4.4	8	1,749
106	류 언 재	안양	23	1	4.4	5	1,963
107	박 요 한	수원FC	23	1	4.4	2	2,161
108	마 사	안산	24	1	4.2	21	1,372
109	김 경 민	전남	26	1	3.9	25	1,131
110	박 수 창	대전	26	1	3.9	19	1,660
111	박 건	부천	26	1	3.9	5	2,368
112	아슐마토프	광주	26	1	3.9	2	2,452
113	노보트니	부산	27	1	3.7	17	1,583
114	유 종 현	안양	28	1	3.6	11	2,024
115	안 상 현	대전	29	1	3.5	8	2,226
116	황 재 훈	대전	29	1	3.5	6	2,586
117	최 명 희	안산	30	1	3.3	7	2,400
118	최 준 혁	광주	31	1	3.2	7	2,647
119	임 동 혁	부천	32	1	3.1	2	3,001
120	김 명 준	부산	32	1	3.1	1	3,022
121	김 연 수	안산	32	1	3.1	0	3,085
122	김 건 웅	전남	33	1	3.0	14	2,489
123	치 솜	수원FC	33	1	3.0	15	2,707
124	김 영 광	서울E	34	1	2.9	1	3,189
125	구 본 상	안양	35	1	2.9	27	2,482
126	최 호 정	안양	35	1	2.9	0	3,280
127	박 진 섭	안산	36	1	2.8	6	3,224

2019년 K리그2 골키퍼 실점 기록

선수명	소속	팀당 총경기수	출전 경기수	실점	1경기당 실점
이 진 형	광주	36	9	4	0.44
최 필 수	부산	37	17	16	0.94
황 인 재	안산	36	18	17	0.94
윤 평 국	광주	36	26	24	0.92
이 영 창	부천	37	2	3	1.50
최 봉 진	광주	36	2	3	1.50
정 민 기	안양	38	3	4	1.33
제 종 현	아산	36	3	5	1.67
이 호 승	전남	36	5	9	1.80
김 진 영	대전	36	7	13	1.86
전 수 현	수원FC	36	8	14	1.75
이 기 현	아산	36	11	21	1.91
최 봉 진	아산	36	15	15	1.00
김 형 근	부산	37	16	21	1.31
이 희 성	안산	36	18	25	1.39
박 형 순	수원FC	36	28	41	1.46
박 주 원	대전	36	29	34	1.17
박 준 혁	전남	36	31	38	1.23
양 동 원	안양	38	32	41	1.28
김 영 광	서울E	36	34	64	1.88
최 철 원	부천	37	35	49	1.40
구 상 민	부산	37	2	5	2.50
김 정 호	부산	37	2	5	2.50

강 정 묵	서울E	36	3	7	2.33
최 필 수	안양	38	3	7	2.33
양 형 모	아산	36	7	15	2.14

K리그2 통산 팀 간 경기기록

팀명	상대팀	승	무	패	득점	실점	도움	경고	퇴장
부천	강원	6	2	5	19	18	10	21	3
	경남	5	1	6	15	16	8	19	0
	고양	9	4	4	27	17	17	34	0
	광주	3	5	9	15	23	9	29	1
	대구	2	4	6	7	13	2	19	1
	대전	7	5	8	18	22	11	28	1
	부산	5	5	6	16	19	11	29	0
	상주	2	2	5	10	14	6	17	0
	서울E	8	3	9	24	31	19	29	1
	성남	2	1	5	9	13	3	12	0
	수원FC	9	6	10	38	35	17	44	2
	아산	3	3	6	16	16	12	21	0
	안산	5	2	5	18	17	12	16	0
	안산무	4	4	9	19	28	14	30	0
	안양	10	10	10	40	36	27	55	1
	전남	1	1	2	2	5	0	5	0
	충주	7	3	7	15	18	12	38	0
	계	88	61	112	308	341	190	446	10

팀명	상대팀	승	무	패	득점	실점	도움	경고	퇴장
안양	강원	2	4	6	8	20	3	37	1
	경남	3	3	6	11	17	8	22	2
	고양	8	4	5	21	15	16	30	0
	광주	5	5	7	25	29	13	31	0
	대구	4	6	2	19	16	13	25	0
	대전	6	8	6	27	28	16	32	1
	부산	2	5	10	18	29	11	35	1
	부천	10	10	10	36	40	26	61	1
	상주	3	1	5	13	21	7	16	0
	서울E	10	4	6	32	25	15	39	1
	성남	1	3	4	7	10	6	10	0
	수원FC	7	6	12	29	40	16	48	1
	아산	4	1	7	16	20	13	31	0
	안산	7	3	2	20	12	9	21	1
	안산무	6	3	8	24	20	14	35	0
	전남	2	0	2	6	6	2	9	1
	충주	8	5	4	28	20	19	27	0
	계	88	71	102	340	368	207	509	10

팀명	상대팀	승	무	패	득점	실점	도움	경고	퇴장
수원FC	강원	2	2	4	10	13	9	19	0
	경남	3	3	2	10	9	7	12	0
	고양	4	6	3	15	12	7	31	2
	광주	4	3	10	15	28	10	30	1
	대구	4	3	2	15	13	13	19	0
	대전	8	2	6	33	28	20	24	0
	부산	3	4	5	11	16	4	25	0
	부천	10	6	9	35	38	28	57	1
	상주	2	4	3	10	11	6	20	0
	서울E	6	6	5	24	23	13	31	0
	성남	1	2	5	3	11	0	18	0
	아산	2	2	8	9	17	6	36	0
	안산	5	2	5	15	19	10	25	2
	안산무	5	1	7	20	21	13	28	0
	안양	12	6	7	40	29	18	53	1
	전남	1	2	1	7	7	2	4	0
	충주	7	3	3	22	12	14	16	0
	계	79	57	85	294	307	180	448	7

팀명	상대팀	승	무	패	득점	실점	도움	경고	퇴장
부산	강원	3	1	1	5	3	4	13	0
	경남	1	2	5	10	14	9	18	1
	고양	4	0	0	6	0	6	7	0
	광주	1	6	1	12	12	7	18	1
	대구	1	0	3	2	7	2	8	0
	대전	10	4	3	32	15	21	30	1
	부천	6	5	5	19	16	13	19	0
	서울E	9	4	3	39	22	25	19	1
	성남	3	3	2	7	5	5	15	1
	수원FC	5	4	3	16	11	10	20	1
	아산	7	4	2	22	13	12	28	0
	안산	7	3	2	18	7	11	25	1
	안산무	2	1	1	8	4	6	12	0
	안양	10	5	2	29	18	20	38	1
	전남	1	2	1	4	4	2	5	0
	충주	3	1	0	7	1	3	9	0
	계	73	45	34	236	152	156	284	8

팀명	상대팀	승	무	패	득점	실점	도움	경고	퇴장
대전	강원	5	1	2	13	7	10	15	0
	경남	3	1	4	18	19	12	20	0
	고양	5	3	0	13	4	8	11	0
	광주	6	3	4	15	8	11	24	1
	대구	2	2	4	6	9	5	14	0
	부산	3	4	10	15	32	12	38	2
	부천	8	5	7	22	18	14	43	1
	서울E	6	6	4	18	16	12	33	0
	성남	0	2	6	6	16	6	17	0
	수원FC	6	2	8	28	33	17	36	0
	아산	4	3	5	12	14	9	23	1
	안산	3	5	4	14	15	9	21	0
	안산무	2	2	4	10	11	7	5	0
	안양	6	8	6	28	27	15	34	1
	전남	1	0	3	5	7	3	3	0
	충주	5	3	0	17	6	12	8	0
	계	65	50	71	240	242	162	345	6

팀명	상대팀	승	무	패	득점	실점	도움	경고	퇴장
광주	강원	3	1	1	9	5	7	6	1
	고양	3	3	3	11	13	6	14	0
	대구	2	1	1	5	4	5	9	0
	대전	4	3	6	8	15	6	16	1
	부산	1	6	1	12	12	9	17	0
	부천	9	5	3	23	15	12	30	0
	상주	1	0	4	5	10	4	8	0
	서울E	6	2	0	19	5	10	13	0
	성남	1	2	1	6	6	4	4	0
	수원FC	10	3	4	28	15	18	31	1

팀명	상대팀	승	무	패	득점	실점	도움	경고	퇴장
	아산	4	3	1	13	6	6	13	0
	안산	3	2	3	10	8	5	17	2
	안산무	4	1	5	14	13	10	21	1
	안양	7	5	5	29	25	19	25	0
	전남	2	1	1	6	4	2	7	1
	충주	3	4	2	11	6	6	14	0
	계	63	42	41	209	162	129	245	7

팀명	상대팀	승	무	패	득점	실점	도움	경고	퇴장
서울E	강원	0	3	5	10	17	6	21	0
	경남	5	3	4	12	12	9	24	1
	고양	4	3	1	15	7	11	13	0
	광주	0	2	6	5	19	4	13	1
	대구	1	4	3	6	10	6	14	0
	대전	4	6	6	16	18	14	27	3
	부산	3	4	9	22	39	14	27	1
	부천	9	3	8	31	24	19	37	0
	상주	1	1	2	6	7	5	8	0
	성남	2	5	1	10	8	7	14	0
	수원FC	5	6	6	23	24	18	23	2
	아산	1	3	8	9	25	6	32	0
	안산	5	4	3	15	13	10	20	1
	안산무	2	4	2	8	8	7	16	0
	안양	6	4	10	25	32	12	32	1
	전남	1	2	1	4	4	3	7	0
	충주	6	1	1	17	7	13	11	0
	계	55	58	76	234	274	164	339	10

팀명	상대팀	승	무	패	득점	실점	도움	경고	퇴장
경남	강원	3	5	0	6	2	6	11	0
	고양	5	1	2	16	7	12	17	0
	대구	2	1	5	6	12	6	15	2
	대전	4	1	3	19	18	13	12	0
	부산	5	2	1	14	10	11	15	0
	부천	6	1	5	16	15	9	26	2
	상주	1	0	3	4	8	1	10	0
	서울E	4	3	5	12	12	6	17	0
	성남	3	1	0	7	3	6	13	0
	수원FC	2	3	3	9	10	5	19	0
	아산	3	1	0	8	4	7	9	0
	안산	2	1	1	9	5	6	3	1
	안산무	1	2	5	4	13	3	12	0
	안양	6	3	3	17	11	10	19	0
	충주	5	1	2	13	7	12	12	0
	계	52	26	38	160	137	113	210	5

팀명	상대팀	승	무	패	득점	실점	도움	경고	퇴장
대구	강원	6	2	4	20	16	11	24	0
	경남	5	1	2	12	6	9	10	0
	고양	6	2	4	21	16	11	19	0
	광주	1	1	2	4	5	0	6	0
	대전	4	2	2	9	6	6	16	0
	부산	3	0	1	7	2	4	11	0
	부천	6	4	2	13	7	10	26	1
	상주	2	1	1	10	5	6	10	0
	서울E	3	4	1	10	6	8	6	0
	수원FC	2	3	4	13	15	6	28	0
	안산무	3	4	5	17	18	10	25	0

팀명	상대팀	승	무	패	득점	실점	도움	경고	퇴장
	안양	2	6	4	16	19	14	33	0
	충주	7	4	1	19	11	11	18	0
	계	50	34	33	171	132	106	232	1

팀명	상대팀	승	무	패	득점	실점	도움	경고	퇴장
강원	경남	0	5	3	2	6	1	11	0
	고양	6	3	3	16	9	11	23	1
	광주	1	1	3	5	9	4	4	1
	대구	4	2	6	16	20	10	23	0
	대전	2	1	5	7	13	5	15	1
	부산	1	1	3	3	5	2	12	0
	부천	5	2	6	18	19	11	39	1
	상주	1	0	3	5	7	1	9	0
	서울E	5	3	0	17	10	10	16	0
	수원FC	4	2	2	13	10	10	24	0
	안산무	7	1	4	19	11	8	24	1
	안양	6	4	2	20	8	10	27	2
	충주	8	2	2	24	14	15	18	0
	계	50	27	42	165	141	98	245	7

팀명	상대팀	승	무	패	득점	실점	도움	경고	퇴장
아산	경남	0	1	3	4	8	1	5	0
	광주	1	3	4	6	13	5	17	1
	대전	5	3	4	14	12	12	27	1
	부산	2	4	7	13	22	7	34	2
	부천	6	3	3	16	16	7	22	0
	서울E	8	3	1	25	9	15	19	0
	성남	3	2	4	8	9	7	26	0
	수원FC	8	2	2	17	9	12	24	1
	안산	7	3	2	13	6	8	19	0
	안양	7	1	4	20	16	13	24	0
	전남	2	1	1	5	3	4	4	0
	계	49	26	35	141	123	91	221	5

팀명	상대팀	승	무	패	득점	실점	도움	경고	퇴장
상주	강원	3	0	1	7	5	5	6	0
	경남	3	0	1	8	4	6	0	0
	고양	6	2	1	20	6	16	17	0
	광주	4	0	1	10	5	6	12	1
	대구	1	1	2	5	10	1	12	0
	부천	5	2	2	14	10	6	17	1
	서울E	2	1	1	7	6	6	6	0
	수원FC	3	4	2	11	10	6	18	0
	안산무	6	2	1	20	7	15	12	0
	안양	5	1	3	21	13	12	17	1
	충주	5	2	2	19	12	13	10	0
	계	43	15	17	142	88	92	127	3

팀명	상대팀	승	무	패	득점	실점	도움	경고	퇴장
성남	경남	0	1	3	3	7	2	6	0
	광주	1	2	1	6	6	5	6	0
	대전	6	2	0	16	6	9	9	0
	부산	2	3	3	5	7	2	12	1
	부천	5	1	2	13	9	4	13	0
	서울E	1	5	2	8	10	4	14	0
	수원FC	5	2	1	11	3	7	10	0
	아산	4	2	3	9	8	3	19	0
	안산	3	4	1	6	4	0	11	0
	안양	4	3	1	10	7	4	18	0

팀명	상대팀	승	무	패	득점	실점	도움	경고	퇴장
	계	31	25	17	87	67	40	118	1

팀명	상대팀	승	무	패	득점	실점	도움	경고	퇴장
안산	경남	1	1	2	5	9	3	9	0
	광주	3	2	3	8	10	3	13	1
	대전	4	5	3	15	14	13	17	3
	부산	2	3	7	7	18	3	15	0
	부천	5	2	5	17	18	14	21	3
	서울E	3	4	5	13	15	8	14	0
	성남	1	4	3	4	6	3	22	0
	수원FC	5	2	5	19	15	12	19	0
	아산	2	3	7	6	13	4	23	0
	안양	2	3	7	12	20	8	17	0
	전남	3	0	1	8	3	4	5	0
	계	31	29	48	114	141	75	175	7

팀명	상대팀	승	무	패	득점	실점	도움	경고	퇴장
전남	광주	1	1	2	4	6	4	10	0
	대전	3	0	1	7	5	4	7	0
	부산	1	2	1	4	4	3	9	0
	부천	2	1	1	5	2	3	8	0
	서울E	1	2	1	4	4	3	9	0
	수원FC	1	2	1	7	7	5	8	0
	아산	1	1	2	3	5	1	11	1
	안산	1	0	3	3	8	3	8	0
	안양	2	0	2	6	6	2	15	0
	계	13	9	14	43	47	28	85	1

팀명	상대팀	승	무	패	득점	실점	도움	경고	퇴장
안산무	강원	4	1	7	11	19	5	35	0
	경남	5	2	1	13	4	9	14	0
	고양	8	6	3	28	13	21	40	1
	광주	5	1	4	13	14	9	29	2
	대구	5	4	3	18	17	12	20	1
	대전	4	2	2	11	10	8	14	1
	부산	1	1	2	4	8	1	8	0
	부천	9	4	4	28	19	17	53	1
	상주	1	2	6	7	20	5	30	0
	서울E	2	4	2	8	8	3	11	1
	수원FC	7	1	5	21	20	11	32	1
	안양	8	3	6	20	24	11	48	0
	충주	7	6	4	24	25	14	32	0
	계	66	37	49	206	201	126	366	8

팀명	상대팀	승	무	패	득점	실점	도움	경고	퇴장
고양	강원	3	3	6	9	16	4	29	0
	경남	2	1	5	7	16	5	17	1
	광주	3	3	3	13	11	6	19	0
	대구	4	2	6	16	21	4	28	1
	대전	0	3	5	4	13	2	15	1
	부산	0	0	4	0	6	0	11	1
	부천	4	4	9	17	27	8	39	0
	상주	1	2	6	6	20	1	8	1
	서울E	1	3	4	7	15	4	19	0
	수원FC	3	6	4	12	15	6	27	0
	안산무	3	6	8	13	28	9	22	0
	안양	5	4	8	15	21	7	42	0
	충주	7	8	2	27	22	21	32	2
	계	36	45	70	146	231	77	308	7

팀명	상대팀	승	무	패	득점	실점	도움	경고	퇴장
충주	강원	2	2	8	14	24	7	21	0
	경남	2	1	5	7	13	2	11	0
	고양	2	8	7	22	27	15	30	0
	광주	2	4	3	6	11	3	19	1
	대구	1	4	7	11	19	9	18	0
	대전	0	3	5	6	17	4	11	0
	부산	0	1	3	1	7	1	7	0
	부천	7	3	7	18	15	15	44	0
	상주	2	2	5	12	19	8	19	0
	서울E	1	1	6	7	17	3	14	0
	수원FC	3	3	7	12	22	7	23	0
	안산무	4	6	7	25	24	16	24	0
	안양	4	5	8	20	28	13	32	0
	계	30	43	78	161	243	103	273	1

K리그2 통산 팀 최다 기록

기록구분	기록	구단명
승 리	88	부천, 안양
패 전	112	부천
무승부	71	안양
득 점	340	안양
실 점	368	안양
도 움	207	안양
코너킥	1194	안양
파 울	4014	부천
오프사이드	471	부천
슈 팅	3063	부천
페널티킥 획득	48	안양
페널티킥 성공	36	안양
페널티킥 실패	12	안양
경 고	509	안양
퇴 장	10	부천, 서울E, 안양

K리그2 통산 팀 최소 기록

기록구분	기록	구단명
승 리	13	전남
패 전	14	전남
무승부	9	전남
득 점	43	전남
실 점	47	전남
도 움	28	전남
코너킥	152	전남
파 울	547	전남
오프사이드	40	전남
슈 팅	369	전남
페널티킥 획득	5	전남
페널티킥 성공	4	전남
페널티킥 실패	0	경남
경 고	85	전남
퇴 장	1	대구, 성남, 전남, 충주

K리그2 통산 팀 최다 연속 기록

기록구분	기록	구단명(기간)
연속 승	11	상주 (2013.09.01 ~ 2013.11.10)
연속 무승부	5	고양(2013/04/20~2013/05/19) 광주(2018/08/04~2018/09/01) 부산(2019/08/17~2019/09/17) 안양(2015/04/15~2015/05/13)
연속 패	9	서울E(2019/05/20~2019/07/21) 안산(2018/06/30~2018/08/26)
연속 득점	31	대구(2014/09/14~2015/07/11)
연속 무득점	6	고양(2016/07/09~2016/08/13)
연속 무승	25	고양(2016/05/08~2016/09/25)
연속 무패	19	경남(2016/10/30~2017/06/24) 광주(2019/03/03~2019/07/14)
연속 실점	20	대전 (2016.10.15.~ 2017.06.26)
연속 무실점	6	상주 (2013.09.01~ 2013.10.05.) 성남 (2017.05.07.~ 2017.06.12)

K리그2 통산 선수 출전 순위

순위	선수명	최종 소속팀	출전
1	문 기 한	부천	213
2	장 혁 진	안산	186
3	진 창 수	안산	184
4	김 영 광	서울E	183
5	공 민 현	성남	173
6	고 경 민	경남	170
7	김 륜 도	부천	157
8	알 렉 스	서울E	153
9	안 성 빈	안양	148
10	권 용 현	부산	144

K리그2 통산 선수 득점 순위

순위	선수명	소속팀	득점	경기수	교체수	경기당득점
1	알렉스	서울E	64	153	65	0.42
2	고경민	경남	60	170	85	0.35
3	주민규	울산	44	128	51	0.34
4	조나탄	수원	40	68	21	0.59
5	진창수	안산	36	184	135	0.20

K리그2 통산 선수 도움 순위

순위	선수명	소속팀	득점	경기수	교체수	경기당도움
1	문기한	부천	43	213	112	0.20
2	장혁진	안산	39	186	70	0.21
3	최진수	아산	24	111	49	0.22
4	권용현	부산	24	144	93	0.17
5	임창균	수원FC	23	139	91	0.17

K리그2 통산 선수 공격포인트 순위

순위	선수명	소속팀	공격포인트	경기수	경기당공격P
1	알렉스	서울E	77	153	0.50
2	고경민	경남	76	170	0.45
3	문기한	부천	57	213	0.27
4	주민규	울산	56	128	0.44
	진창수	안산	56	184	0.30

K리그2 통산 골키퍼 무실점 순위

순위	선수명	소속팀	무실점 경기수
1	김 영 광	서울E	52
2	박 형 순	수원FC	42
3	류 원 우	포항	37
4	조 현 우	대구	34
5	이 진 형	광주	33

K리그2 통산 선수 연속 득점 순위

순위	선수명	당시 소속팀	연속경기수	비고
1	주민규	서울E	7	2015.05.10 ~ 2015.06.10
	김동찬	대전	7	2016.04.17 ~ 2016.05.25
	이정협	부산	7	2017.03.04 ~ 2017.04.22
4	아드리아노	대전	6	2014.03.22 ~ 2014.04.27
5	알렉스	고양	5	2013.08.10 ~ 2013.09.08
	김한원	수원FC	5	2014.09.01 ~ 2014.09.28
	조나탄	대구	5	2015.09.20 ~ 2015.10.18
	말 컹	경남	5	2017.05.07 ~ 2017.06.04
	알렉스	서울E	5	2017.07.30 ~ 2017.09.02
	포 프	부산	5	2018.03.03 ~ 2018.03.31
	펠리페	광주	5	2019.03.03 ~ 2019.04.07

K리그2 통산 선수 연속 공격포인트 순위

순위	선수명	당시 소속팀	연속경기수	비고
1	이 근 호	상주	9	2013.04.13 ~ 2013.08.04
2	주 민 규	서울E	8	2015.05.02 ~ 2015.06.10
3	김 동 찬	성남	7	2016.04.17 ~ 2016.05.25
	파 울 로	대구	7	2016.05.29 ~ 2016.07.02
	이 정 협	부산	7	2017.03.04 ~ 2017.04.22
6	아드리아노	대전	6	2014.03.22 ~ 2014.04.27

K리그2 통산 골키퍼 연속 무실점 경기 순위

순위	선수명	당시 소속팀	연속경기수	비고
1	김호준	상주	6	2013.09.01 ~ 2013.10.05
	김동준	성남	6	2017.05.07 ~ 2017.06.12
3	김선규	대전	5	2014.05.18 ~ 2014.06.16
	김영광	서울E	5	2016.10.08 ~ 2016.10.30
	김다솔	수원FC	5	2018.07.30 ~ 2018.08.25

Section 5

K리그 승강 플레이오프 기록

하나원큐 K리그 2019 승강 플레이오프 경기일정표

날짜	시간	홈팀	결과	원정팀	장소	관중수
12.05	19:00	부 산	0:0	경 남	부산구덕	8,249
12.08	14:00	경 남	0:2	부 산	창원축구센터	5,397

2019년 승강 플레이오프 팀별 개인 기록 | 경남

선수명	출전	교체	득점	도움	코너킥	파울	파울득	오프사이드	슈팅	유효슈팅	경고	퇴장	실점	자책
고경민	2	2	0	0	0	1	4	0	1	0	0	0	0	0
곽태휘	1	1	0	0	0	0	0	0	0	0	0	0	0	0
김승준	1	1	0	0	0	1	2	0	0	0	0	0	0	0
김종진	0	0	0	0	0	0	0	0	0	0	0	0	0	0
김종필	2	0	0	0	0	4	0	0	1	1	1	0	0	0
김준범	2	0	0	0	0	6	2	1	1	0	1	0	0	0
김효기	1	1	0	0	0	2	2	0	1	0	0	0	0	0
도동현	1	1	0	0	0	1	0	0	0	0	0	0	0	0
박광일	0	0	0	0	0	0	0	0	0	0	0	0	0	0
배기종	2	2	0	0	0	1	1	3	1	0	0	0	0	0
손정현	0	0	0	0	0	0	0	0	0	0	0	0	0	0
안성남	1	1	0	0	0	0	0	0	0	0	0	0	0	0
이광선	2	0	0	0	0	3	1	0	1	1	0	0	0	0
이광진	2	0	0	0	3	3	2	0	0	0	0	0	0	0
이범수	2	0	0	0	0	0	1	0	0	0	0	0	2	0
이재명	2	1	0	0	0	5	1	0	0	0	1	0	0	0
제리치	2	0	0	0	0	4	3	1	1	0	0	0	0	0
조재철	2	0	0	0	0	3	0	0	0	0	1	0	0	0
쿠니모토	2	0	0	0	4	4	2	2	1	0	1	0	0	0
하성민	0	0	0	0	0	0	0	0	0	0	0	0	0	0

2019년 승강 플레이오프 팀별 개인 기록 | 부산

선수명	출전	교체	득점	도움	코너킥	파울	파울득	오프사이드	슈팅	유효슈팅	경고	퇴장	실점	자책
권용현	1	1	0	0	0	0	1	0	1	0	0	0	0	0
김명준	2	0	0	0	0	4	2	0	1	0	0	0	0	0
김문환	2	0	0	0	0	0	2	0	1	0	0	0	0	0
김정호	0	0	0	0	0	0	0	0	0	0	0	0	0	0
김진규	2	1	0	0	0	4	0	0	2	0	0	0	0	0
김치우	2	1	0	0	0	5	1	0	0	0	1	0	0	0
노보트니	2	1	1	0	0	1	8	2	4	2	1	0	0	0
디에고	2	2	0	1	0	1	2	0	0	0	0	0	0	0
박준강	1	1	0	0	0	0	0	0	0	0	0	0	0	0
박호영	1	1	0	0	0	0	1	0	0	0	0	0	0	0
서용덕	1	1	0	0	1	0	0	0	0	0	0	0	0	0
수신야르	2	0	0	0	0	2	0	0	1	1	0	0	0	0
이동준	2	1	0	0	0	3	7	0	2	1	0	0	0	0
이정협	2	0	0	0	0	0	3	0	6	3	0	0	0	0
정성민	1	1	0	0	0	0	0	0	0	0	0	0	0	0
최필수	2	0	0	0	0	0	1	0	0	0	1	0	0	0
한지호	1	1	0	0	0	0	3	0	1	0	0	0	0	0
호물로	2	0	1	0	7	2	4	0	6	2	0	0	0	0

2019년 승강 플레이오프 팀 간 경기 기록

팀명	상대팀	승	무	패	득점	실점	득실	도움	경고	퇴장
경남	부산	0	1	1	0	2	-2	0	5	0
부산	경남	1	1	0	2	0	2	1	3	0

2019년 승강 플레이오프 선수 득점 기록

선수명	소속	경기수	득점수	경기당 득점률	교체 IN/OUT
노보트니	부산	2	1	50	1
호물로	부산	2	1	50	0

2019년 승강 플레이오프 선수 도움 기록

선수명	소속	경기수	득점수	경기당 득점률	교체 IN/OUT
디에고	부산	2	1	50	2

2019년 승강 플레이오프 골키퍼 실점 기록

선수명	소속	총경기수	출전경기수	실점	1경기당 실점
최필수	부산	2	2	0	0
이범수	경남	2	2	2	1

승강 플레이오프 통산 팀 간 경기기록

팀명	상대팀	승	무	패	득점	실점	도움	경고	퇴장
부산	경남	1	1	0	2	0	1	3	0
	상주	1	0	1	1	1	0	4	0
	서울	0	1	1	2	4	2	5	0
	수원FC	0	0	2	0	3	0	10	0
	계	2	2	4	5	8	3	22	0

팀명	상대팀	승	무	패	득점	실점	도움	경고	퇴장
상주	강원	1	0	1	4	2	2	1	0
	부산	1	1	0	1	1	0	4	0
	계	2	1	1	5	3	2	5	0

팀명	상대팀	승	무	패	득점	실점	도움	경고	퇴장
수원FC	부산	2	0	0	3	0	2	3	1
	계	2	0	0	3	0	2	3	1

팀명	상대팀	승	무	패	득점	실점	도움	경고	퇴장
서울	부산	1	1	0	4	2	4	3	0
	계	1	1	0	4	2	4	3	0

팀명	상대팀	승	무	패	득점	실점	도움	경고	퇴장
강원	상주	1	0	1	2	4	2	5	0
	성남	0	2	0	1	1	1	6	0
	계	1	2	1	3	5	3	11	0

팀명	상대팀	승	무	패	득점	실점	도움	경고	퇴장
광주	경남	1	1	0	4	2	2	2	0
	계	1	1	0	4	2	2	2	0

팀명	상대팀	승	무	패	득점	실점	도움	경고	퇴장
성남	강원	0	2	0	1	1	0	8	0
	계	0	2	0	1	1	0	8	0

팀명	상대팀	승	무	패	득점	실점	도움	경고	퇴장
경남	광주	0	1	1	2	4	2	5	0
	부산	0	1	1	0	2	0	5	0
	계	0	2	2	2	6	2	10	0

Section 6

프로축구 역대 통산 기록

*BC(Before Classic): 1983~2012년

프로축구 통산 팀별 경기 기록

팀명	상대팀	승	무	패	득점	실점	도움	경고	퇴장
울산	강원	16	4	2	41	22	30	43	1
	경남	19	7	4	52	25	40	49	2
	광주	10	4	1	21	10	13	22	0
	광주상무	15	6	3	35	13	26	40	0
	국민은행	4	0	0	14	3	11	0	0
	대구	24	11	6	66	36	43	85	1
	대전	32	17	11	98	52	74	97	2
	버팔로	3	2	1	10	5	7	10	0
	부산	53	45	53	169	167	117	207	13
	상무	2	1	0	4	1	2	0	0
	상주	13	4	4	43	27	27	23	0
	서울	60	54	51	205	191	139	227	11
	성남	44	35	43	144	142	95	171	4
	수원	33	23	26	105	102	84	143	3
	수원FC	2	1	0	4	2	1	4	0
	인천	22	13	13	72	53	49	90	3
	전남	35	23	23	101	86	65	154	5
	전북	36	26	35	129	130	83	171	4
	제주	60	52	49	191	170	133	215	8
	포항	53	50	61	195	198	140	236	4
	한일은행	5	5	1	16	8	14	9	0
	할렐루야	4	2	1	13	7	10	1	0
	계	545	385	388	1728	1450	1203	1997	61

팀명	상대팀	승	무	패	득점	실점	도움	경고	퇴장
포항	강원	9	6	5	36	22	28	28	1
	경남	19	6	6	53	32	36	58	0
	광주	10	5	0	27	10	17	21	1
	광주상무	16	4	1	37	17	22	40	0
	국민은행	4	1	3	14	9	11	5	0
	대구	19	12	11	61	47	44	78	4
	대전	27	17	8	76	39	54	79	1
	버팔로	4	2	0	13	5	10	4	1
	부산	49	47	54	174	179	120	194	3
	상무	2	1	0	4	2	3	3	0
	상주	10	2	8	33	29	25	36	0
	서울	60	49	51	230	204	159	237	7
	성남	57	33	33	164	128	115	173	1
	수원	33	29	32	112	107	72	161	3
	수원FC	0	0	4	2	6	1	7	0
	울산	61	50	53	198	195	145	237	7
	인천	21	14	14	78	60	52	92	2
	전남	31	25	23	100	87	68	153	4
	전북	32	24	35	120	119	80	159	3
	제주	61	46	57	213	210	150	206	5
	한일은행	5	4	2	12	8	7	3	0
	할렐루야	5	3	3	15	11	8	6	0
	계	535	380	403	1772	1526	1227	1980	43

팀명	상대팀	승	무	패	득점	실점	도움	경고	퇴장
서울	강원	12	5	5	41	30	28	35	2
	경남	14	11	8	41	31	33	68	0
	광주	9	2	2	29	17	18	19	0
	광주상무	15	5	4	38	14	19	33	0
	국민은행	2	2	0	6	2	4	0	0
	대구	17	12	10	62	39	41	59	3
	대전	25	18	12	77	54	49	85	1
	버팔로	6	0	0	17	5	12	4	0
	부산	55	48	44	188	164	123	182	9
	상무	1	2	0	3	2	3	1	0
	상주	11	4	6	36	25	27	35	0
	성남	38	40	42	147	156	104	203	7
	수원	34	23	32	108	116	70	203	0
	수원FC	3	0	0	7	0	6	3	0
	울산	51	54	60	191	205	135	244	10
	인천	21	17	11	78	48	55	88	2
	전남	37	25	20	119	88	71	157	3
	전북	33	25	32	126	126	76	169	3
	제주	61	54	46	214	184	141	202	6
	포항	51	49	60	204	230	143	234	10
	한일은행	8	1	2	26	9	20	7	0
	할렐루야	3	1	3	9	7	8	4	0
	계	507	398	399	1767	1552	1186	2035	56

팀명	상대팀	승	무	패	득점	실점	도움	경고	퇴장
부산	강원	8	6	2	20	11	12	38	0
	경남	12	7	19	43	46	33	89	4
	고양	4	0	0	6	0	6	7	0
	광주	4	9	4	22	21	13	36	2
	광주상무	8	7	9	25	24	21	29	1
	국민은행	6	2	0	18	6	11	3	0
	대구	11	7	14	44	55	28	62	2
	대전	47	15	19	134	84	88	142	2
	버팔로	3	0	3	13	12	9	10	0
	부천	6	5	5	19	16	13	19	0
	상무	1	0	2	5	6	4	0	0
	상주	5	4	2	15	13	11	16	2
	서울	44	48	55	164	188	89	231	12
	서울E	9	4	3	39	22	25	19	1
	성남	38	39	43	130	143	82	214	5
	수원	17	21	41	82	120	51	166	5
	수원FC	5	4	5	16	14	10	30	1
	아산	7	4	2	22	13	12	28	0
	안산	7	3	2	18	7	11	25	1
	안산무	2	1	1	8	4	6	12	0
	안양	10	5	2	29	18	20	38	1
	울산	53	45	53	167	169	111	249	15
	인천	8	17	12	31	41	16	71	0
	전남	26	18	32	97	113	64	155	7
	전북	21	17	31	79	102	48	142	2
	제주	50	50	50	152	162	79	224	3
	충주	3	1	0	7	1	3	9	0
	포항	54	47	49	179	174	107	225	7
	한일은행	8	1	2	22	11	17	5	0
	할렐루야	3	5	3	13	10	7	9	1
	계	480	392	465	1619	1606	1007	2303	74

팀명	상대팀	승	무	패	득점	실점	도움	경고	퇴장
제주	강원	10	3	9	42	32	29	39	0
	경남	10	15	11	42	44	23	62	1
	광주	5	3	5	16	17	12	22	1
	광주상무	13	5	5	29	14	19	36	1

팀명	상대팀	승	무	패	득점	실점	도움	경고	퇴장
	국민은행	5	1	2	13	7	8	4	0
	대구	18	12	10	60	42	33	71	0
	대전	25	12	19	77	60	55	94	2
	버팔로	6	0	0	16	5	11	4	1
	부산	50	50	50	162	152	109	204	4
	상무	1	1	1	4	2	3	2	0
	상주	8	6	7	40	35	24	24	0
	서울	46	54	61	184	214	128	226	8
	성남	34	45	45	154	175	99	186	11
	수원	24	17	46	101	145	62	159	4
	수원FC	1	1	1	8	7	3	6	0
	울산	49	52	60	170	191	108	218	4
	인천	15	19	12	44	39	27	77	3
	전남	40	20	16	123	84	89	124	7
	전북	27	19	47	111	141	70	175	4
	포항	57	46	61	210	213	147	202	5
	한일은행	4	4	3	15	9	11	6	0
	할렐루야	4	5	2	22	16	15	4	0
	계	452	390	473	1643	1644	1085	1945	56

팀명	상대팀	승	무	패	득점	실점	도움	경고	퇴장
성남	강원	10	3	7	29	20	18	51	1
	경남	14	7	11	46	39	22	58	1
	광주	6	6	5	25	24	17	33	1
	광주상무	13	5	6	34	21	24	26	2
	대구	19	10	9	58	38	38	71	0
	대전	45	15	8	117	57	87	114	3
	버팔로	4	1	1	8	5	4	8	1
	부산	43	39	38	143	130	103	156	8
	부천	5	1	2	13	9	4	13	0
	상주	8	6	3	26	16	14	24	0
	서울	42	40	38	156	147	107	188	4
	서울E	1	5	2	8	10	4	14	0
	수원	23	26	27	99	109	58	148	2
	수원FC	6	3	3	16	9	9	12	1
	아산	4	2	3	9	8	3	19	0
	안산	3	4	1	6	4	0	11	0
	안양	4	3	1	10	7	4	18	0
	울산	43	35	44	142	144	102	193	7
	인천	16	19	8	54	33	34	87	1
	전남	32	26	21	87	69	55	159	3
	전북	28	20	32	101	110	67	143	4
	제주	45	45	34	175	154	108	166	5
	포항	33	33	57	128	164	82	199	8
	계	447	354	361	1490	1327	964	1911	52

팀명	상대팀	승	무	패	득점	실점	도움	경고	퇴장
수원	강원	13	4	4	41	23	30	38	2
	경남	14	12	9	48	37	32	53	2
	광주	7	5	2	22	12	15	26	0
	광주상무	15	4	4	33	13	23	25	1
	대구	23	10	3	57	28	37	66	0
	대전	29	16	11	87	45	55	99	1
	부산	41	21	17	120	82	69	144	7
	상주	11	7	2	32	16	15	33	0
	서울	32	23	34	116	108	74	199	5
	성남	27	26	23	109	99	71	135	1

팀명	상대팀	승	무	패	득점	실점	도움	경고	퇴장
	수원FC	3	0	1	10	8	5	7	0
	울산	26	23	33	102	105	50	157	3
	인천	26	15	6	80	49	51	95	0
	전남	33	17	21	108	86	60	113	3
	전북	30	23	29	109	128	72	166	7
	제주	46	17	24	145	101	104	135	6
	포항	32	29	33	107	112	68	174	4
	계	408	252	256	1326	1052	831	1665	42

팀명	상대팀	승	무	패	득점	실점	도움	경고	퇴장
전북	강원	17	2	3	55	29	40	52	0
	경남	19	7	7	70	38	44	67	2
	광주	8	4	1	32	13	24	33	1
	광주상무	13	7	4	36	21	25	37	0
	대구	23	10	8	74	43	46	81	1
	대전	20	15	17	71	64	48	89	2
	부산	31	17	21	102	79	70	100	4
	상주	15	4	1	51	14	39	33	2
	서울	32	25	33	126	126	82	188	2
	성남	32	20	28	110	101	68	175	4
	수원	29	23	30	128	109	81	178	4
	수원FC	2	1	0	7	4	3	10	0
	울산	35	26	36	130	129	88	190	5
	인천	16	16	13	58	48	39	108	1
	전남	32	27	20	113	83	68	163	3
	제주	47	19	27	141	111	96	180	3
	포항	35	24	32	119	120	76	194	4
	계	406	247	281	1423	1132	937	1878	38

팀명	상대팀	승	무	패	득점	실점	도움	경고	퇴장
전남	강원	9	10	5	37	33	26	52	0
	경남	12	6	9	36	36	27	54	0
	광주	6	6	10	27	33	18	45	1
	광주상무	12	6	3	27	14	16	34	0
	대구	15	12	13	64	60	47	82	5
	대전	28	17	18	84	62	52	97	1
	부산	32	18	26	113	97	73	120	2
	부천	2	1	1	5	2	3	8	0
	상주	13	4	6	33	22	19	25	1
	서울	20	25	37	88	119	59	141	4
	서울E	1	2	1	4	4	3	9	0
	성남	21	26	32	69	87	42	156	4
	수원	21	17	33	86	108	57	130	4
	수원FC	2	4	1	9	8	7	14	0
	아산	1	1	2	3	5	1	11	1
	안산	1	0	3	3	8	3	8	0
	안양	2	0	2	6	6	2	15	0
	울산	23	23	35	86	101	51	155	2
	인천	12	20	14	45	47	29	102	4
	전북	20	27	32	83	113	61	136	4
	제주	16	20	40	84	123	52	113	4
	포항	23	25	31	87	100	50	154	1
	계	292	270	354	1079	1188	698	1661	38

팀명	상대팀	승	무	패	득점	실점	도움	경고	퇴장
대전	강원	12	4	7	39	33	26	51	1
	경남	7	11	12	37	56	25	62	0
	고양	5	3	0	13	4	8	11	0

팀명	상대팀	승	무	패	득점	실점	도움	경고	퇴장
	광주	10	6	7	26	19	18	49	1
	광주상무	10	10	5	30	20	12	35	0
	대구	13	18	13	59	56	39	112	3
	부산	19	15	47	84	134	57	154	5
	부천	8	5	7	22	18	14	43	1
	상주	3	2	1	9	6	5	10	0
	서울	12	18	25	54	77	38	100	3
	서울E	6	6	4	18	16	12	33	0
	성남	8	15	45	57	117	39	122	3
	수원	11	16	29	45	87	31	113	3
	수원FC	6	2	8	28	33	17	36	0
	아산	4	3	5	12	14	9	23	1
	안산	3	5	4	14	15	9	21	0
	안산무	2	2	4	10	11	7	5	0
	안양	6	8	6	28	27	15	34	1
	울산	11	17	32	52	98	24	107	1
	인천	5	6	21	23	46	11	65	1
	전남	18	17	28	62	84	41	123	4
	전북	17	15	20	64	71	44	98	1
	제주	19	12	25	60	77	36	84	1
	충주	5	3	0	17	6	12	8	0
	포항	8	17	27	39	76	19	92	2
	계	228	236	382	902	1201	568	1591	32

팀명	상대팀	승	무	패	득점	실점	도움	경고	퇴장
대구	강원	18	10	10	58	45	38	72	2
	경남	9	6	19	37	59	26	68	2
	고양	6	2	4	21	16	11	19	0
	광주	4	5	5	18	17	6	28	0
	광주상무	14	5	4	42	25	26	43	0
	대전	13	18	13	56	59	38	88	2
	부산	14	7	11	55	44	34	73	2
	부천	6	4	2	13	7	10	26	1
	상주	10	8	3	35	20	20	38	1
	서울	10	12	17	39	62	26	97	1
	서울E	3	4	1	10	6	8	6	0
	성남	9	10	19	38	58	21	78	1
	수원	3	10	23	28	57	16	79	4
	수원FC	2	3	4	13	15	6	28	0
	안산무	3	4	5	17	18	10	25	0
	안양	2	6	4	16	19	14	33	0
	울산	6	11	24	36	66	20	74	3
	인천	11	17	13	54	52	35	94	0
	전남	13	12	15	60	64	40	85	3
	전북	8	10	23	43	74	30	89	0
	제주	10	12	18	42	60	26	83	3
	충주	7	4	1	19	11	11	18	0
	포항	11	12	19	47	61	33	80	2
	계	192	192	257	797	915	505	1324	27

팀명	상대팀	승	무	패	득점	실점	도움	경고	퇴장
경남	강원	11	9	7	30	22	25	44	2
	고양	5	1	2	16	7	12	17	0
	광주	4	1	1	8	5	7	12	0
	광주상무	7	4	3	14	9	9	20	0
	대구	19	6	9	59	37	35	66	4
	대전	12	11	7	56	37	35	58	1
	부산	19	7	12	46	43	35	75	1
	부천	6	1	5	16	15	9	26	2
	상주	7	3	9	23	25	12	35	1
	서울	8	11	14	31	41	20	63	1
	서울E	4	3	5	12	12	6	17	0
	성남	11	7	14	39	46	24	60	0
	수원	9	12	14	37	48	22	64	0
	수원FC	2	3	3	9	10	5	19	0
	아산	3	1	0	8	4	7	9	0
	안산	2	1	1	9	5	6	3	1
	안산무	1	2	5	4	13	3	12	0
	안양	6	3	3	17	11	10	19	0
	울산	4	7	19	25	52	20	48	1
	인천	11	15	5	38	33	19	49	2
	전남	9	6	12	36	36	22	59	1
	전북	7	7	19	38	70	25	69	1
	제주	11	15	10	44	42	22	74	1
	충주	5	1	2	13	7	12	12	0
	포항	6	6	19	32	53	19	67	0
	계	189	143	200	660	683	421	997	19

팀명	상대팀	승	무	패	득점	실점	도움	경고	퇴장
인천	강원	9	4	10	34	40	22	34	0
	경남	5	15	11	33	38	23	66	0
	광주	5	11	2	17	13	10	31	1
	광주상무	7	4	6	20	17	11	24	0
	대구	13	17	11	52	54	31	87	3
	대전	21	6	5	46	23	24	79	1
	부산	12	17	8	41	31	26	68	0
	상주	11	6	8	29	25	20	29	0
	서울	11	17	21	48	78	34	89	2
	성남	8	19	16	33	54	22	88	1
	수원	6	15	26	49	80	26	106	4
	수원FC	2	1	1	3	2	1	10	0
	울산	13	13	22	53	72	33	90	1
	전남	14	20	12	47	45	25	95	4
	전북	13	16	16	48	58	33	100	0
	제주	12	19	15	39	44	15	85	1
	포항	14	14	21	60	78	34	99	6
	계	176	214	211	652	752	390	1180	24

팀명	상대팀	승	무	패	득점	실점	도움	경고	퇴장
강원	경남	7	9	11	22	30	15	39	0
	고양	6	3	3	16	9	11	23	1
	광주	3	7	5	17	18	12	23	1
	광주상무	1	1	2	4	6	3	4	0
	대구	10	10	18	45	58	31	68	0
	대전	7	4	12	33	39	24	43	1
	부산	2	6	8	11	20	8	29	1
	부천	5	2	6	18	19	11	39	1
	상주	11	1	11	31	31	17	36	0
	서울	5	5	12	30	41	18	37	0
	서울E	5	3	0	17	10	10	16	0
	성남	7	3	10	20	29	15	33	0
	수원	4	4	13	23	41	10	31	1
	수원FC	4	2	2	13	10	10	24	0
	안산무	7	1	4	19	11	8	24	1
	안양	6	4	2	20	8	10	27	2

팀명	상대팀	승	무	패	득점	실점	도움	경고	퇴장
	울산	2	4	16	22	41	17	24	1
	인천	10	4	9	40	34	26	42	1
	전남	5	10	9	33	37	17	47	1
	전북	3	2	17	29	55	17	49	0
	제주	9	3	10	32	42	19	37	2
	충주	8	2	2	24	14	15	18	0
	포항	5	6	9	22	36	14	35	1
	계	132	96	191	541	639	338	748	15

팀명	상대팀	승	무	패	득점	실점	도움	경고	퇴장
상주	강원	11	1	11	31	31	20	35	1
	경남	9	3	7	25	23	18	32	1
	고양	6	2	1	20	6	16	17	0
	광주	8	1	10	20	24	13	33	1
	대구	3	8	10	20	35	12	40	0
	대전	1	2	3	6	9	4	5	0
	부산	2	4	5	13	15	8	21	1
	부천	5	2	2	14	10	6	17	1
	서울	6	4	11	25	36	16	37	3
	서울E	2	1	1	7	6	6	6	0
	성남	3	6	8	16	26	10	23	1
	수원	2	7	11	16	32	12	32	2
	수원FC	5	5	2	17	11	9	23	0
	안산무	6	2	1	20	7	15	12	0
	안양	5	1	3	21	13	12	17	1
	울산	4	4	13	27	43	19	37	0
	인천	8	6	11	25	29	15	45	1
	전남	6	4	13	22	33	12	36	0
	전북	1	4	15	14	51	12	35	2
	제주	7	6	8	35	40	19	40	0
	충주	5	2	2	19	12	13	10	0
	포항	8	2	10	29	33	19	40	1
	계	113	77	158	442	525	286	593	16

팀명	상대팀	승	무	패	득점	실점	도움	경고	퇴장
광주	강원	5	7	3	18	17	11	30	1
	경남	1	1	4	5	8	3	14	0
	고양	3	3	3	11	13	6	14	0
	대구	5	5	4	17	18	11	35	0
	대전	7	6	10	19	26	15	34	2
	부산	4	9	4	21	22	17	39	0
	부천	9	5	3	23	15	12	30	0
	상주	10	1	8	24	20	14	33	1
	서울	2	2	9	17	29	9	33	0
	서울E	6	2	0	19	5	10	13	0
	성남	5	6	6	24	25	14	37	0
	수원	2	5	7	12	22	5	34	1
	수원FC	12	4	5	32	18	20	41	1
	아산	4	3	1	13	6	6	13	0
	안산	3	2	3	10	8	5	17	2
	안산무	4	1	5	14	13	10	21	1
	안양	7	5	5	29	25	19	25	0
	울산	1	4	10	10	21	5	25	0
	인천	2	11	5	13	17	8	35	0
	전남	10	6	6	33	27	24	44	1
	전북	1	4	8	13	32	10	24	1
	제주	5	3	5	17	16	12	22	0

팀명	상대팀	승	무	패	득점	실점	도움	경고	퇴장
	충주	3	4	2	11	6	6	14	0
	포항	0	5	10	10	27	6	38	0
	계	111	104	126	415	436	258	665	11

팀명	상대팀	승	무	패	득점	실점	도움	경고	퇴장
수원FC	강원	2	2	4	10	13	9	19	0
	경남	3	3	2	10	9	7	12	0
	고양	4	6	3	15	12	7	31	2
	광주	5	4	12	18	32	11	40	2
	대구	4	3	2	15	13	13	19	0
	대전	8	2	6	33	28	20	24	0
	부산	5	4	5	14	16	6	28	1
	부천	10	6	9	35	38	28	57	1
	상주	2	5	5	11	17	7	28	0
	서울	0	0	3	0	7	0	7	0
	서울E	6	6	5	24	23	13	31	0
	성남	3	3	6	9	16	3	27	0
	수원	1	0	3	8	10	2	9	0
	아산	2	2	8	9	17	6	36	0
	안산	5	2	5	15	19	10	25	2
	안산무	5	1	7	20	21	13	28	0
	안양	12	6	7	40	29	18	53	1
	울산	0	1	2	2	4	1	8	0
	인천	1	1	2	2	3	0	10	0
	전남	1	4	2	8	9	3	11	0
	전북	0	1	2	4	7	3	6	0
	제주	1	1	1	7	8	4	7	0
	충주	7	3	3	22	12	14	16	0
	포항	4	0	0	6	2	3	12	1
	계	91	66	104	337	365	201	544	10

팀명	상대팀	승	무	패	득점	실점	도움	경고	퇴장
부천	강원	6	2	5	19	18	10	21	3
	경남	5	1	6	15	16	8	19	0
	고양	9	4	4	27	17	17	34	0
	광주	3	5	9	15	23	9	29	1
	대구	2	4	6	7	13	2	19	1
	대전	7	5	8	18	22	11	28	1
	부산	5	5	6	16	19	11	29	0
	상주	2	2	5	10	14	6	17	0
	서울E	8	3	9	24	31	19	29	1
	성남	2	1	5	9	13	3	12	0
	수원FC	9	6	10	38	35	17	44	2
	아산	3	3	6	16	16	12	21	0
	안산	5	2	5	18	17	12	16	0
	안산무	4	4	9	19	28	14	30	0
	안양	10	10	10	40	36	27	55	1
	전남	1	1	2	2	5	0	5	0
	충주	7	3	7	15	18	12	38	0
	계	88	61	112	308	341	190	446	10

팀명	상대팀	승	무	패	득점	실점	도움	경고	퇴장
안양	강원	2	4	6	8	20	3	37	1
	경남	3	3	6	11	17	8	22	2
	고양	8	4	5	21	15	16	30	0
	광주	5	5	7	25	29	13	31	0
	대구	4	6	2	19	16	13	25	0
	대전	6	8	6	27	28	16	32	1

팀명	상대팀	승	무	패	득점	실점	도움	경고	퇴장
	부산	2	5	10	18	29	11	35	1
	부천	10	10	10	36	40	26	61	1
	상주	3	1	5	13	21	7	16	0
	서울E	10	4	6	32	25	15	39	1
	성남	1	3	4	7	10	6	10	0
	수원FC	7	6	12	29	40	16	48	1
	아산	4	1	7	16	20	13	31	0
	안산	7	3	2	20	12	9	21	1
	안산무	6	3	8	24	20	14	35	0
	전남	2	0	2	6	6	2	9	1
	충주	8	5	4	28	20	19	27	0
	계	88	71	102	340	368	207	509	10

팀명	상대팀	승	무	패	득점	실점	도움	경고	퇴장
서울E	강원	0	3	5	10	17	6	21	0
	경남	5	3	4	12	12	9	24	1
	고양	4	3	1	15	7	11	13	0
	광주	0	2	6	5	19	4	13	1
	대구	1	4	3	6	10	6	14	0
	대전	4	6	6	16	18	14	27	3
	부산	3	4	9	22	39	14	27	1
	부천	9	3	8	31	24	19	37	0
	상주	1	1	2	6	7	5	8	0
	성남	2	5	1	10	8	7	14	0
	수원FC	5	6	6	23	24	18	23	2
	아산	1	3	8	9	25	6	32	0
	안산	5	4	3	15	13	10	20	1
	안산무	2	4	2	8	8	7	16	0
	안양	6	4	10	25	32	12	32	1
	전남	1	2	1	4	4	3	7	0
	충주	6	1	1	17	7	13	11	0
	계	55	58	76	234	274	164	339	10

팀명	상대팀	승	무	패	득점	실점	도움	경고	퇴장
아산	경남	0	1	3	4	8	1	5	0
	광주	1	3	4	6	13	5	17	1
	대전	5	3	4	14	12	12	27	1
	부산	2	4	7	13	22	7	34	2
	부천	6	3	3	16	16	7	22	0
	서울E	8	3	1	25	9	15	19	0
	성남	3	2	4	8	9	7	26	0
	수원FC	8	2	2	17	9	12	24	1
	안산	7	3	2	13	6	8	19	0
	안양	7	1	4	20	16	13	24	0
	전남	2	1	1	5	3	4	4	0
	계	49	26	35	141	123	91	221	5

팀명	상대팀	승	무	패	득점	실점	도움	경고	퇴장
안산	경남	1	1	2	5	9	3	9	0
	광주	3	2	3	8	10	3	13	1
	대전	4	5	3	15	14	13	17	3
	부산	2	3	7	7	18	3	15	0
	부천	5	2	5	17	18	14	21	3
	서울E	3	4	5	13	15	8	14	0
	성남	1	4	3	4	6	3	22	0
	수원FC	5	2	5	19	15	12	19	0
	아산	2	3	7	6	13	4	23	0
	안양	2	3	7	12	20	8	17	0

팀명	상대팀	승	무	패	득점	실점	도움	경고	퇴장
	전남	3	0	1	8	3	4	5	0
	계	31	29	48	114	141	75	175	7

팀명	상대팀	승	무	패	득점	실점	도움	경고	퇴장
안산 무궁화	강원	4	1	7	11	19	5	35	0
	경남	5	2	1	13	4	9	14	0
	고양	8	6	3	28	13	21	40	1
	광주	5	1	4	13	14	9	29	2
	대구	5	4	3	18	17	12	20	1
	대전	4	2	2	11	10	8	14	1
	부산	1	1	2	4	8	1	8	0
	부천	9	4	4	28	19	17	53	1
	상주	1	2	6	7	20	5	30	0
	서울E	2	4	2	8	8	3	11	1
	수원FC	7	1	5	21	20	11	32	1
	안양	8	3	6	20	24	11	48	0
	충주	7	6	4	24	25	14	32	0
	계	66	37	49	206	201	126	366	8

팀명	상대팀	승	무	패	득점	실점	도움	경고	퇴장
광주 상무	강원	2	1	1	6	4	2	9	0
	경남	3	4	7	9	14	8	24	0
	대구	4	5	14	25	42	18	34	0
	대전	5	10	10	20	30	13	41	0
	부산	9	7	8	24	25	18	38	1
	서울	4	5	15	14	38	9	38	0
	성남	6	5	13	21	34	17	45	0
	수원	4	4	15	13	33	6	37	2
	울산	3	6	15	13	35	7	35	0
	인천	6	4	7	17	20	13	23	1
	전남	3	6	12	14	27	11	30	0
	전북	4	7	13	21	36	11	35	0
	제주	5	5	13	14	29	7	32	3
	포항	1	4	16	17	37	9	27	0
	계	59	73	159	228	404	149	448	7

팀명	상대팀	승	무	패	득점	실점	도움	경고	퇴장
고양	강원	3	3	6	9	16	4	29	0
	경남	2	1	5	7	16	5	17	1
	광주	3	3	3	13	11	6	19	0
	대구	4	2	6	16	21	4	28	1
	대전	0	3	5	4	13	2	15	1
	부산	0	0	4	0	6	0	11	1
	부천	4	4	9	17	27	8	39	0
	상주	1	2	6	6	20	1	8	1
	서울E	1	3	4	7	15	4	19	0
	수원FC	3	6	4	12	15	6	27	0
	안산무	3	6	8	13	28	9	22	0
	안양	5	4	8	15	21	7	42	0
	충주	7	8	2	27	22	21	32	2
	계	36	45	70	146	231	77	308	7

팀명	상대팀	승	무	패	득점	실점	도움	경고	퇴장
충주	강원	2	2	8	14	24	7	21	0
	경남	2	1	5	7	13	2	11	0
	고양	2	8	7	22	27	15	30	0
	광주	2	4	3	6	11	3	19	1
	대구	1	4	7	11	19	9	18	0
	대전	0	3	5	6	17	4	11	0

팀명	상대팀	승	무	패	득점	실점	도움	경고	퇴장
	부산	0	1	3	1	7	1	7	0
	부천	7	3	7	18	15	15	44	0
	상주	2	2	5	12	19	8	19	0
	서울E	1	1	6	7	17	3	14	0
	수원FC	3	3	7	12	22	7	23	0
	안산무	4	6	7	25	24	16	24	0
	안양	4	5	8	20	28	13	32	0
	계	30	43	78	161	243	103	273	1

팀명	상대팀	승	무	패	득점	실점	도움	경고	퇴장
할렐루야	국민은행	6	2	0	17	4	9	1	0
	부산	3	5	3	10	13	8	8	0
	상무	1	0	2	5	4	3	2	0
	서울	3	1	3	7	9	7	4	0
	울산	1	2	4	7	13	6	3	0
	제주	2	5	4	16	22	10	9	1
	포항	3	3	5	11	15	11	3	1
	한일은행	0	6	1	4	5	3	3	0
	계	19	24	22	77	85	57	33	2

팀명	상대팀	승	무	패	득점	실점	도움	경고	퇴장
한일은행	국민은행	1	2	1	6	7	4	2	0
	부산	2	1	8	11	22	7	10	0
	상무	0	2	1	5	6	4	1	0
	서울	2	1	8	9	26	7	8	0
	울산	1	5	5	8	16	4	7	0
	제주	3	4	4	9	15	8	6	0
	포항	2	4	5	8	12	8	4	0
	할렐루야	1	6	0	5	4	3	2	0
	계	12	25	32	61	108	45	40	0

팀명	상대팀	승	무	패	득점	실점	도움	경고	퇴장
국민은행	부산	0	2	6	6	18	2	2	0
	서울	0	2	2	2	6	2	2	0
	울산	0	0	4	3	14	3	1	0
	제주	2	1	5	7	13	4	9	1
	포항	3	1	4	9	14	6	4	0
	한일은행	1	2	1	7	6	5	3	0
	할렐루야	0	2	6	4	17	3	3	1
	계	6	10	28	38	88	25	24	2

팀명	상대팀	승	무	패	득점	실점	도움	경고	퇴장
상무	부산	2	0	1	6	5	6	1	0
	서울	0	2	1	2	3	2	2	0
	울산	0	1	2	1	4	0	4	0
	제주	1	1	1	2	4	1	0	0
	포항	0	1	2	2	4	2	3	0
	한일은행	1	2	0	6	5	6	1	0
	할렐루야	2	0	1	4	5	2	0	0
	계	6	7	8	23	30	19	11	0

팀명	상대팀	승	무	패	득점	실점	도움	경고	퇴장
전북버팔로	부산	3	0	3	12	13	7	12	0
	서울	0	0	6	5	17	4	6	1
	성남	1	1	4	5	8	4	10	1
	울산	1	2	3	5	10	4	10	0
	제주	0	0	6	5	16	2	6	1
	포항	0	2	4	5	13	4	4	1
	계	5	5	26	37	77	25	48	4

프로축구 통산 팀 최다 기록

구분	기록	구단명
승리	545	울산
패전	473	제주
무승부	398	서울
득점	1,772	포항
실점	1,644	제주
도움	1,227	포항
코너킥	6,300	부산
파울	21,468	부산
오프사이드	3,301	울산
슈팅	15,772	서울
페널티킥 획득	178	부산
페널티킥 성공	144	부산
페널티킥 실패	47	울산
경고	2,303	부산
퇴장	74	부산

프로축구 통산 팀 최소 기록

구분	기록	구단명
승리	5	버팔로
패전	8	상무
무승부	5	버팔로
득점	23	상무
실점	30	상무
도움	19	상무
코너킥	84	상무
파울	243	상무
오프사이드	28	상무
슈팅	263	상무
페널티킥 획득	1	상무
페널티킥 성공	0	상무
페널티킥 실패	0	버팔로, 한일은행, 할렐루야
경고	11	상무
퇴장	0	상무, 한일은행

프로축구 통산 팀 최다 연승

순위	연속기록	리그	팀명	기록 내용
1	11경기	K리그2	상주	2013.09.01~2013.11.10
2	9경기	BC	울산	2002.10.19~2003.03.23
		BC	성남일화	2002.11.10~2003.04.30
		K리그1	전북	2014.10.01~2014.11.22
		K리그1	전북	2018.03.18~2018.05.02
5	8경기	BC	부산	1998.05.23~1998.07.26
		BC	수원	1999.07.29~1999.08.29
		BC	울산	2003.05.24~2003.07.06
		BC	성남일화	2003.08.03~2003.09.14
		BC	수원	2008.03.19~2008.04.26
		BC	포항	2009.06.21~2009.07.25
		BC	전북	2010.06.06~2010.08.08
		BC	전북	2012.05.11~2012.07.01
		K리그2/1	경남	2017.10.08~2018.04.01

프로축구 통산 팀 최다 연패

순위	연속기록	리그	팀명	기록 내용
1	14경기	BC	상주*	2012.09.16~2012.12.01
2	10경기	BC	전북버팔로	1994.09.10~1994.11.12
3	9경기	K리그2	안산	2018.06.30~2018.08.26
		K리그2	서울E	2019.05.20~2019.07.21
4	8경기	BC	대우[부산]	1994.08.13~1994.09.10
		BC	광주상무	2008.08.24~2008.09.28
		BC	광주상무	2009.09.13~2009.11.01
		BC	강원	2010.05.05~2010.07.24
		BC	강원	2011.06.18~2011.08.13
		K리그1	강원	2013.07.16~2013.09.01
		K리그2	대전	2015.06.28~2015.08.15
		K리그2	전남	2018.10.20~2019.03.10

* 2012년 상주 기권으로 인한 14경기 연패

프로축구 통산 팀 최다 연속 무승

순위	연속기록	리그	팀명	기록 내용
1	25경기	K리그2	고양	2016.05.08~2016.09.25
2	23경기	BC	광주상무	2008.04.30~2008.10.18
3	22경기	BC	대전	1997.05.07~1997.10.12
		BC	부천SK[제주]	2002.11.17~2003.07.12
		BC	부산	2005.07.06~2006.04.05
6	21경기	BC	안양LG[서울]	1997.03.22~1997.07.13
		BC	광주상무	2010.05.23~2010.11.07
8	20경기	BC	대전	2002.08.04~2003.03.23
		K리그1	경남	2019.04.02~2019.08.03
9	19경기	BC	상주 *	2012.08.08~2012.12.01
		K리그1	대전	2013.04.07~2013.08.15

* 2012년 상주 기권패(연속 14경기) 포함

프로축구 통산 팀 최다 연속 무패

순위	연속기록	리그	팀명	기록 내용
1	33경기	K리그1	전북	2016.03.12~2016.10.02
2	22경기	K리그1	전북	2014.09.06~2015.04.18
3	21경기	BC	대우[부산]	1991.05.08~1991.08.31
		BC	전남	1997.05.10~1997.09.27
5	20경기	BC	전북	2011.07.03~2012.03.17
6	19경기	BC	성남일화	2006.10.22~2007.05.26
		BC	울산	2007.05.09~2007.09.29
		BC	인천	2012.08.04~2012.11.28
		BC	포항	2012.10.28~2013.05.11
		BC	경남	2016.10.30~2017.06.24
		K리그2	광주	2019.03.03~2019.07.14

프로축구 통산 팀 최다 연속 무승부

순위	연속기록	리그	팀명	기록 내용
1	10경기	BC	안양LG[서울]	1997.05.10~1997.07.13
2	9경기	BC	일화[성남]	1992.05.09~1992.06.20
		BC	전남	2006.03.18~2006.04.29
4	7경기	BC	전남	1997.05.18~1997.07.09
		BC	대구	2004.08.01~2004.08.29
		BC	포항	2005.03.16~2005.04.27
7	6경기	BC	유공[제주]	1986.05.31~1986.07.06
		BC	대우[부산]	1992.05.09~1992.06.06
		BC	부산	2000.07.01~2000.07.22
		BC	부천SK[제주]	2004.04.10~2004.05.23
		BC	포항	2004.05.26~2004.07.11
		BC	전북	2004.08.08~2004.09.01
		BC	경남	2009.03.08~2009.04.12

프로축구 통산 팀 최다 연속 득점

순위	연속기록	리그	팀명	기록 내용
1	31경기	BC	럭키금성[서울]	1989.09.23~1990.09.01
		K리그2	대구	2014.09.14~2015.07.11
3	26경기	BC	수원	2011.07.02~2012.04.14
		K리그1	전북	2013.03.03~2013.09.01
5	25경기	BC	안양LG[서울]	2000.04.29~2000.09.30
6	24경기	BC	대구	2008.05.05~2008.10.29
		BC	전북	2009.12.06~2010.08.22
		BC	포항	2012.10.28~2013.07.03

프로축구 통산 팀 최다 연속 실점

순위	연속기록	리그	팀명	기록 내용
1	27경기	BC	부산	2005.07.06~2006.05.05
2	24경기	BC	강원	2009.04.26~2009.10.24
3	23경기	BC	천안[성남]	1996.07.04~1996.10.30
4	22경기	BC	전북	2005.05.08~2005.10.23
		BC	대구	2010.04.11~2010.10.03
6	21경기	BC	대전	1998.09.19~1999.07.03
		BC	서울	2010.10.09~2011.06.11
8	20경기	BC	전북	1998.05.23~1998.09.26
		BC	수원	2000.04.09~2000.07.23
		K리그1	강원	2013.07.13~2013.11.27
		K리그2	대전	2016.10.15~2017.06.26
		K리그1	경남	2018.11.10~2019.06.22

프로축구 통산 팀 최다 연속 무득점

순위	연속기록	리그	팀명	기록 내용
1	15경기	BC	상주	2012.08.26~2012.12.01
2	9경기	K리그2	인천	2014.03.15~2014.04.27
3	7경기	BC	대전	2008.10.19~2009.03.14
		K리그1	인천	2019.04.03~2019.05.11
4	6경기	BC	대우[부산]	1992.09.02~1992.09.26
		BC	인천	2005.03.13~2005.04.09
		BC	제주	2009.09.19~2009.11.01
		K리그1	부산	2013.09.08~2013.10.27
		K리그1	수원FC	2016.05.28~2016.06.29
		K리그2	고양	2016.07.09~2016.08.13

* 2012년 상주 14경기 연속 기권패(2012.09.16~2012.12.01)

프로축구 통산 팀 최다 연속 무실점

순위	연속기록	리그	팀명	기록 내용
1	8경기	BC	일화[성남]	1993.04.10~1993.05.29
		K리그1	전북	2014.10.01~2014.11.15
3	7경기	BC	수원	2008.03.19~2008.04.20
		K리그1	전북	2018.03.31~2018.04.29
5	6경기	BC	대우[부산]	1987.04.04~1987.04.19
		BC	일화[성남]	1993.08.14~1993.09.08
		BC	성남일화[성남]	2008.07.12~2008.08.30
		K리그2	상주	2013.09.01~2013.10.05
		K리그2	성남	2017.05.07.~2017.06.12

프로축구 통산 팀 200승 · 300승 · 400승 · 500승 기록

구분	구단명	일자	경기수	비고
200승	포항	98.08.26	516경기	천안 : 포항
	부산	98.08.29	516경기	포항 : 부산
	울산	99.06.26	527경기	울산 : 천안
	부천SK[제주]	99.10.06	560경기	부천SK : 천안
	안양LG[서울]	01.08.29	610경기	안양LG : 울산
	성남일화[성남]	03.09.03	547경기	성남일화 : 울산
	수원	07.03.17	433경기	수원 : 부산
	전북	10.07.28	572경기	전북 : 경남
	전남	11.07.10	595경기	전남 : 수원
	대전	17.06.17	751경기	대전 : 수원FC
300승	울산	05.10.02	772경기	부산 : 울산
	포항	05.10.23	792경기	광주상무 : 포항
	부산	06.07.19	820경기	제주 : 부산
	서울	08.08.30	876경기	서울 : 광주상무
	제주	09.04.22	912경기	제주 : 광주상무
	성남일화[성남]	09.05.23	758경기	성남일화 : 전남
	수원	12.10.03	640경기	수원 : 서울
	전북	15.04.18	751경기	전북 : 제주
400승	울산	11.07.16	991경기	강원 : 울산
	포항	12.03.25	1,021경기	상주 : 포항
	서울	13.06.01	1,049경기	서울 : 전남
	부산	14.11.22	1,138경기	부산 : 경남
	제주	16.04.17	1,169경기	울산 : 제주
	성남	16.06.29	1,028경기	서울 : 성남
	수원	19.05.29	892경기	수원 : 포항
	전북	10.08.16	922경기	전북 : 울산
500승	울산	17.07.19	1,226경기	강원 : 울산
	포항	17.09.20	1,234경기	포항 : 강원
	서울	19.05.28	1,280경기	서울 : 성남

프로축구 통산 선수 최다 기록

구분	기록	선수명	소속팀	소속팀별 득점	비고
최다 득점	224골	이동국	포항	47골	
			전북	160골	
			성남일화	2골	
			광주상무	15골	
최다 도움	106회	염기훈	경찰	11회	
			울산	4회	
			수원	83회	
			전북	8회	
최다 페널티킥	41회	이동국	광주상무	5회	
			성남일화	1회	
			전북	31회	
			포항	4회	
최다 코너킥	892회	염기훈	전북	60회	
			수원	714회	
			울산	58회	
			경찰	60회	
최다 슈팅	1,573회	이동국	포항	370회	
			전북	1011회	
			성남일화	39회	
			광주상무	153회	
최다 오프사이드	398회	샤샤	수원	152회	
			부산	83회	
			성남	163회	
최다 파울	970회	김상식	전북	260회	
			성남일화	593회	
			광주상무	117회	
최다 경고	143회	김한윤	포항	5회	
			부천SK	48회	
			부산	30회	
			성남일화	12회	
			서울	48회	
단일 경기 최다 득점	5골	샤샤	성남일화	5골	2002.03.17(성남) 성남일화 vs 부천SK
가장 빠른 골		방승환	인천	11초	2007.05.23(인천W) 인천 vs 포항
가장 늦은 골		이성재	부천SK	119분	1999.10.13(구덕) 부산 vs 부천SK

프로축구 통산 선수 출전 순위

순위	선수명	최종 소속	출전				
			프로통산	BC	K리그1	K리그2	승강PO
1	김병지	전남	706	605	101	-	-
2	이동국	전북	537	318	219	-	-
3	최은성	전북	532	498	34	-	-
4	김기동	포항	501	501	-	-	-
5	김영광	서울E	495	273	38	183	1
6	김용대	울산	460	323	137	-	-
7	김상식	전북	458	438	20	-	-
8	오승범	강원	446	303	68	73	2
9	김은중	대전	444	405	22	17	-
10	우성용	인천	439	439	-	-	-

프로축구 통산 선수 득점 순위

순위	선수명	최종 소속	득점				
			프로통산	BC	K리그1	K리그2	승강PO
1	이동국	전북	224	141	83	-	-

2	데 얀	수원	189	122	67	-	-
3	김신욱	전북	132	49	83	-	-
4	김은중	대전	123	119	1	3	-
5	정조국	강원	120	67	37	16	-

프로축구 통산 선수 도움 순위

순위	선수명	최종 소속	도움				
			프로통산	BC	K리그1	K리그2	승강PO
1	염기훈	수원	106	36	59	11	-
2	이동국	전북	77	53	24	-	-
3	몰리나	서울	69	42	27	-	-
4	신태용	성남일화	68	68	-	-	-
5	황진성	강원	67	51	16	-	-

프로축구 통산 선수 공격포인트 순위

순위	선수명	최종 소속	공격포인트				
			프로통산	BC	K리그1	K리그2	승강PO
1	이동국	전북	301	194	107	-	-
2	데 얀	수원	234	153	81	-	-
3	염기훈	수원	179	67	94	18	-
4	김은중	대전	179	173	2	4	-
5	신태용	성남일화	167	167	-	-	-

프로축구 통산 선수 파울 순위

순위	선수명	최종 소속	파울				
			프로통산	BC	K리그1	K리그2	승강PO
1	김상식	전북	970	936	34	-	-
2	김한윤	성남일화	905	853	52	-	-
3	오범석	강원	840	535	200	105	-
4	김진우	수원	795	795	-	-	-
5	유경렬	대구	741	705	36	-	-

프로축구 통산 선수 경고 순위

순위	선수명	최종 소속	경고				
			프로통산	BC	K리그1	K리그2	승강PO
1	김한윤	성남일화	143	131	12	-	-
2	오범석	강원	95	50	26	19	-
3	양상민	수원	93	61	13	19	-
4	강민수	울산	91	57	29	5	-
5	안상현	대전	87	31	23	31	2

프로축구 통산 골키퍼 무실점 순위

순위	선수명	최종 소속	무실점경기				
			프로통산	BC	K리그1	K리그2	승강PO
1	김병지	전남	229	202	27	-	-
2	최은성	전북	152	140	12	-	-
3	김영광	서울E	147	85	10	52	-
4	이운재	전남	140	140	-	-	-
5	김용대	울산	133	94	39	-	-

프로축구 통산 선수 연속 득점 순위

순위	선수명	소속팀	구분	연속	기간
1	황선홍	포항	BC	8경기	95.08.19 ~ 95.10.04
	김도훈	전북	BC	8경기	00.06.17 ~ 00.07.16
3	안정환	부산	BC	7경기	99.07.24 ~ 99.09.04
	이동국	전북	BC	7경기	13.05.11 ~ 13.07.13
	주민규	서울E	K리그2	7경기	15.05.10 ~ 15.06.10
	김동찬	대전	K리그2	7경기	16.04.17 ~ 16.05.25
	조나탄	수원	K리그1	7경기	16.09.10 ~ 16.10.30
	이정협	부산	K리그2	7경기	17.03.04 ~ 17.04.22
	주민규	상주	K리그1	7경기	17.08.12 ~ 17.09.30

프로축구 통산 선수 연속 도움 순위

순위	선수명	소속팀	구분	연속	기간
1	라 데	포항	BC	6경기	96.07.28 ~ 96.09.04
2	몰리나	서울	BC	5경기	12.04.29 ~ 12.05.28
3	김용세 외 19명			4경기	

프로축구 통산 선수 연속 공격포인트 순위

순위	선수명	소속팀	구분	연속	기간
1	이명주	서울	K리그1	11경기	14.03.15 ~ 17.07.02
2	마니치	부산	BC	9경기	97.09.07 ~ 97.10.19
	까보레	경남	BC	9경기	07.08.15 ~ 07.10.06
	에닝요	대구	BC	9경기	08.07.12 ~ 08.09.28
	이근호	상주	K리그2	9경기	13.04.13 ~ 13.08.04

프로축구 통산 골키퍼 연속 무실점 경기 순위

순위	선수명	소속팀	구분	연속	비고
1	신의손	일화[성남]	BC	8경기	93.04.10 ~ 93.05.29
2	조병득	할렐루야	BC	7경기	85.04.20 ~ 85.06.18
	이운재	수원	BC	7경기	08.03.19 ~ 08.04.20
	송범근	전북	K리그1	7경기	18.03.31 ~ 18.04.29
5	김풍주	대우[부산]	BC	6경기	87.07.25 ~ 87.09.26
	신의손	일화[성남]	BC	6경기	93.08.14 ~ 93.09.08
	김대환	수원	BC	6경기	04.08.04 ~ 04.10.31
	김승규	울산	BC	6경기	10.06.06 ~ 12.04.11
	김호준	상주	K리그2	6경기	13.09.01 ~ 13.10.05
	신화용	포항	K리그1	6경기	14.07.05 ~ 14.08.09
	권순태	전북	K리그1	6경기	14.10.01 ~ 14.11.15
	김동준	성남	K리그2	6경기	17.05.07 ~ 17.06.12

프로축구 통산 선수 연속 무교체 순위

순위	선수명	소속팀	구분	기록	기간
1	김병지	서울	BC	153경기	04.04.03 ~ 07.10.14
2	이용발	전북	BC	151경기	99.03.31 ~ 02.11.17
3	신의손	일화	BC	136경기	92.03.28 ~ 95.09.06
4	김영광	서울E	BC	105경기	16.08.22 ~ 19.07.14
5	조준호	제주	BC	93경기	04.04.03 ~ 06.07.09

프로축구 통산 최단시간 골 순위

순위	경기일자	대회구분	시간	선수	소속
1	2007.05.23	BC / 리그컵	전반 00:11	방승환	인 천
2	2013.10.05	K리그1	전반 00:17	곽광선	포 항
3	2017.07.16	K리그1	전반 00:18	로페즈	전 북
4	1986.04.12	BC / 리그	전반 00:19	권혁표	한일은행
5	2009.10.07	BC / 리그	전반 00:22	스테보	포 항

프로축구 통산 최장거리 골 순위

순위	기록	선수명	소속팀	구분	일자	대진
1	85m	권정혁	인 천	K리그1	13.07.21	제주 : 인천
2	82m	알렉스	제 주	K리그1	17.09.20	수원 : 제주
3	67m	김 현	성 남	K리그1	16.07.17	수원 : 성남
4	65m	도화성	부 산	BC	05.05.29	부천SK : 부산
5	57m	고종수	수 원	BC	02.09.04	전북 : 수원

역대 시즌별 최다 득점 기록

연도	대회명	득점(경기수)	선수명(소속팀)
83	수퍼리그	9(14)	박윤기(유공)
84	축구대제전 수퍼리그	16(28)	백종철(현대)
85	축구대제전 수퍼리그	12(21)	피아퐁(럭금), 김용세(유공)
86	축구대제전	10(19)	정해원(대우)
	프로축구선수권대회	9(15)	함현기(현대)
87	한국프로축구대회	15(30)	최상국(포철)
88	한국프로축구대회	12(23)	이기근(포철)
89	한국프로축구대회	20(39)	조긍연(포철)
90	한국프로축구대회	12(30)	윤상철(럭금)
91	한국프로축구대회	16(37)	이기근(포철)
92	한국프로축구대회	10(30)	임근재(LG)
	아디다스컵	5 (6)	노수진(유공)
93	한국프로축구대회	10(23)	차상해(포철)
	아디다스컵	3 (5)	임근재(LG), 강재훈(현대)
		3 (2)	최문식(포철)
94	하이트배 코리안리그	21(28)	윤상철(LG)
	아디다스컵	4 (6)	라데(포철)
95	하이트배 코리안리그	15(26)	노상래(전남)
	아디다스컵	6 (7)	김현석(현대)
96	라피도컵 프로축구대회	18(24)	신태용(천안)
	아디다스컵	5 (8)	세르게이(부천SK)
		5 (6)	이원식(부천SK)
97	라피도컵 프로축구대회	9(17)	김현석(울산)
	아디다스컵	8 (9)	서정원(안양LG)
	프로스펙스컵	6 (7)	마니치(부산)
98	현대컵 K-리그	14(20)	유상철(울산)
	필립모리스코리아컵	7 (9)	김종건(울산)
	아디다스코리아컵	11(10)	김현석(울산)
99	바이코리아컵 K-리그	18(26)	샤샤(수원)
	대한화재컵	6 (9)	안정환(부산)
		6 (8)	김종건(울산)
	아디다스컵	3 (3)	데니스(수원)
00	삼성 디지털 K-리그	12(20)	김도훈(전북)
	대한화재컵	6(10)	이원식(부천SK)
	아디다스컵	2 (3)	서정원(수원), 김현수(성남일화),
		2 (2)	이상윤(성남일화), 고종수(수원), 왕정현(안양LG)
01	포스코 K-리그	13(22)	산드로(수원)
	아디다스컵	7 (9)	김도훈(전북)
02	삼성 파브 K-리그	14(27)	에드밀손(전북)
	아디다스컵	10(11)	샤샤(성남일화)
03	삼성 하우젠 K-리그	28(40)	김도훈(성남일화)
04	삼성 하우젠 K-리그	14(22)	모따(전남)
	삼성 하우젠컵	7 (7)	카르로스(울산)
05	삼성 하우젠 K-리그	13(17)	마차도(울산)
	삼성 하우젠컵	7(12)	산드로(대구)
06	삼성 하우젠 K-리그	16(28)	우성용(성남일화)
	삼성 하우젠컵	8(13)	최성국(울산)
07	삼성 하우젠 K-리그	18(26)	까보레(경남)
	삼성 하우젠컵	7 (9)	루이지뉴(대구)
08	삼성 하우젠 K-리그	16(27)	두두(성남일화)
	삼성 하우젠컵	9 (8)	에닝요(대구)
09	K-리그	21(29)	이동국(전북)
	피스컵 코리아	4 (5)	유창현(포항), 노병준(포항)
10	쏘나타 K리그	22(28)	유병수(인천)
	포스코컵	6 (7)	데얀(서울)
11	현대오일뱅크 K리그	24(30)	데얀(서울)
	러시앤캐시컵	11 (8)	김신욱(울산)
12	현대오일뱅크 K리그	31(42)	데얀(서울)
13	현대오일뱅크 K리그 클래식	19(29)	데얀(서울)
		19(36)	김신욱(울산)
	현대오일뱅크 K리그 챌린지	15(25)	이근호(상주)
		15(29)	이상협(상주)
		15(32)	알렉스(고양)
14	현대오일뱅크 K리그 클래식	14(35)	산토스(수원)
	현대오일뱅크 K리그 챌린지	27(32)	아드리아노(대전)
15	현대오일뱅크 K리그 클래식	18(38)	김신욱(울산)
	현대오일뱅크 K리그 챌린지	26(39)	조나탄(대구)
16	현대오일뱅크 K리그 클래식	20(31)	정조국(광주)
	현대오일뱅크 K리그 챌린지	20(39)	김동찬(대전)
17	KEB하나은행 K리그 클래식	22(29)	조나탄(수원)
	KEB하나은행 K리그 챌린지	22(32)	말컹(경남)
18	KEB하나은행 K리그1	26(31)	말컹(경남)
	KEB하나은행 K리그2	16(31)	나상호(광주)
19	하나원큐 K리그1	20(33)	타가트(수원)
	하나원큐 K리그2	19(27)	펠리페(광주)

역대 시즌별 최다 도움 기록

연도	대회명	도움(경기수)	선수명(소속팀)
83	수퍼리그	6(15)	박창선(할렐루야)
84	축구대제전 수퍼리그	9(27)	렌스베르겐(현대)

연도	대회명	도움(경기수)	선수명(소속팀)
85	축구대제전 수퍼리그	6(21)	피아퐁(럭키금성)
86	축구대제전	8(15)	강득수(럭키금성)
	프로축구선수권대회	4(12)	전영수(현대)
		4(14)	여범규(대우)
		4(16)	신동철(유공)
87	한국프로축구대회	8(30)	최상국(포항)
88	한국프로축구대회	5(15)	김종부(포항)
		5(23)	함현기(현대), 황보관(유공), 강득수(럭키금성)
89	한국프로축구대회	11(39)	이흥실(포항)
90	한국프로축구대회	7(29)	송주석(현대)
91	한국프로축구대회	8(29)	김준현(유공)
92	한국프로축구대회	8(25)	신동철(유공)
	아디다스컵	3 (6)	이기근(포항)
		3 (7)	이인재(LG)
93	한국프로축구대회	8(27)	윤상철(LG)
	아디다스컵	2 (5)	루벤(대우) 外 3명
94	하이트배 코리안리그	10(21)	고정운(일화)
	아디다스컵	4 (5)	조정현(유공)
95	하이트배 코리안리그	7(26)	아미르(대우)
	아디다스컵	3 (5)	윤정환(유공)
		3 (6)	아미르(대우)
96	라피도컵 프로축구대회	14(32)	라데(포항)
	아디다스컵	3 (7)	윤정환(부천SK)
		3 (8)	윤정춘(부천SK)
97	라피도컵 프로축구대회	5(10)	이성남(수원)
		5(14)	정정수(울산)
		5(16)	신홍기(울산)
	아디다스컵	4 (8)	고종수(수원)
		4 (9)	김범수(전북), 박건하(수원), 김현석(울산)
	프로스펙스컵	5 (7)	올레그(안양LG)
98	현대컵 K-리그	9(19)	정정수(울산)
	필립모리스코리아컵	4 (8)	윤정환(부천SK)
	아디다스코리아컵	3 (9)	장철민(울산), 강준호(안양LG)
99	바이코리아컵 K-리그	8(25)	변재섭(전북)
	대한화재컵	4 (8)	서혁수(전북), 조성환(부천SK)
	아디다스컵	3 (3)	이성남(수원)
00	삼성 디지털 K-리그	10(29)	안드레(안양LG)
	대한화재컵	4 (9)	전경준(부천SK)
	아디다스컵	4(10)	최문식(전남)
		4 (3)	이성남(수원)
01	포스코 K-리그	10(23)	우르모브(부산)
	아디다스컵	5(11)	마니치(부산)
02	삼성 파브 K-리그	9(18)	이천수(울산)
		9(27)	김대의(성남일화)
	아디다스컵	4 (9)	안드레(안양LG)
		4(11)	샤샤(성남일화)
03	삼성 하우젠 K-리그	14(39)	에드밀손(전북)

연도	대회명	도움(경기수)	선수명(소속팀)
04	삼성 하우젠 K-리그	6(18)	홍순학(대구)
	삼성 하우젠컵	5(11)	따바레즈(포항)
05	삼성 하우젠 K-리그	9	히칼도(서울)
	삼성 하우젠컵	5	세자르(전북), 히칼도(서울)
06	삼성 하우젠 K-리그	8(24)	슈바(대전)
	삼성 하우젠컵	5 (9)	두두(성남일화)
07	삼성 하우젠 K-리그	11(23)	따바레즈(포항)
	삼성 하우젠컵	5 (8)	이청용(서울)
08	삼성 하우젠 K-리그	6(14)	브라질리아(울산)
	삼성 하우젠컵	9 (3)	변성환(제주)
09	K-리그	12(30)	루이스(전북)
	피스컵 코리아	3 (4)	조찬호(포항), 이슬기(대구), 오장은(울산)
10	쏘나타 K리그	11(26)	구자철(제주)
	포스코컵	4 (5)	장남석(대구)
11	현대오일뱅크 K리그	15(29)	이동국(전북)
	러시앤캐시컵	4 (6)	최재수(울산)
12	현대오일뱅크 K리그	19(41)	몰리나(서울)
13	현대오일뱅크 K리그 클래식	13(35)	몰리나(서울)
	현대오일뱅크 K리그 챌린지	11(21)	염기훈(경찰)
14	현대오일뱅크 K리그 클래식	10(26)	이승기(전북)
		10(35)	레오나르도(전북)
	현대오일뱅크 K리그 챌린지	9(33)	최진호(강원)
		9(36)	권용현(수원FC)
15	현대오일뱅크 K리그 클래식	17(35)	염기훈(수원)
	현대오일뱅크 K리그 챌린지	12(39)	김재성(서울E)
16	현대오일뱅크 K리그 클래식	15(34)	염기훈(수원)
	현대오일뱅크 K리그 챌린지	10(27)	이호석(경남)
17	KEB하나은행 K리그 클래식	14(35)	손준호(포항)
	KEB하나은행 K리그 챌린지	13(33)	장혁진(안산)
18	KEB하나은행 K리그1	11(25)	세징야(대구)
	KEB하나은행 K리그2	9(32)	박수일(대전), 호물로(부산)
19	하나원큐 K리그1	10(32)	문선민(전북)
		10(35)	세징야(대구)
	하나원큐 K리그2	10(29)	정재희(전남)

역대 득점 해트트릭 기록_ K리그 BC

번호	경기일자	선수명	소속	상대팀	경기장	대회구분	득점
1	83.08.25	김 희 철	포철	유공	동대문	정규리그	3
2	83.09.22	박 윤 기	유공	국민은	동대문	정규리그	3
3	84.07.22	정 해 원	대우	럭금	부산 구덕	정규리그	3
4	84.07.28	이 태 호	대우	한일은	동대문	정규리그	3
5	84.08.26	백 종 철	현대	국민은	울산 공설	정규리그	3
6	86.10.19	정 해 원	대우	유공	대구 시민	정규리그	3
7	86.10.22	정 해 원	대우	한일은	포항 종합	정규리그	3
8	87.07.27	이 태 호	대우	럭금	대전 한밭	정규리그	3
9	88.06.04	조 긍 연	포철	럭금	포항 종합	정규리그	3
10	89.05.20	조 긍 연	포철	대우	포항 종합	정규리그	3
11	89.10.21	조 긍 연	포철	현대	강릉 종합	정규리그	3

번호	경기일자	선수명	소속	상대팀	경기장	대회구분	득점
12	92.06.13	임 근 재	LG	대우	마산	정규리그	3
13	93.07.07	차 상 해	포철	대우	광양 전용	정규리그	3
14	93.08.25	윤 상 철	LG	유공	동대문	정규리그	3
15	93.09.28	강 재 순	현대	일화	동대문	정규리그	3
16	93.11.06	최 문 식	포철	일화	목동	리그컵	3
17	94.05.25	윤 상 철	LG	버팔로	동대문	리그컵	3
18	94.06.01	라 데	포철	버팔로	포항 스틸야드	리그컵	3
19	94.07.23	이 상 윤	일화	LG	동대문	정규리그	3
20	94.07.30	라 데	포철	LG	동대문	정규리그	4
21	94.08.27	김 상 훈	LG	대우	부산 구덕	정규리그	3
22	94.10.22	황 보 관	유공	버팔로	동대문	정규리그	3
23	94.11.05	라 데	포철	LG	동대문	정규리그	4
24	94.11.05	윤 상 철	LG	포철	동대문	정규리그	3
25	95.08.30	노 상 래	전남	대우	광양 전용	정규리그	3
26	95.09.06	황 선 홍	포항	대우	부산 구덕	정규리그	3
27	96.04.07	김 도 훈	전북	안양LG	안양	리그컵	3
28	96.04.24	세르게이	부천SK	부산	속초	리그컵	3
29	96.06.22	조 셉	부천SK	천안	목동	정규리그	3
30	96.08.18	신 태 용	천안	울산	보령	정규리그	3
31	96.08.22	신 태 용	천안	포항	포항 스틸야드	정규리그	3
32	96.08.25	조 정 현	부천SK	천안	목동	정규리그	3
33	96.08.25	홍 명 보	포항	전북	전주	정규리그	3
34	96.09.12	세르게이	부천SK	안양LG	동대문	정규리그	3
35	96.11.02	세르게이	부천SK	안양LG	목동	정규리그	3
36	97.04.12	윤 정 춘	부천SK	안양LG	목동	리그컵	3
37	97.04.16	이 원 식	부천SK	울산	목동	리그컵	3
38	97.09.27	김 현 석	울산	천안	울산 공설	정규리그	3
39	98.03.31	김 현 석	울산	대전	대전 한밭	리그컵	4
40	98.04.22	제 용 삼	안양LG	부산	부산 구덕	리그컵	3
41	98.05.23	김 종 건	울산	천안	울산 공설	리그컵	3
42	98.07.25	최 진 철	전북	천안	전주	정규리그	3
43	98.08.26	유 상 철	울산	대전	울산 공설	정규리그	3
44	98.09.26	샤 샤	수원	대전	수원 종합	정규리그	3
45	99.06.23	안 정 환	부산	대전	속초	정규리그	3
46	99.07.28	이 성 재	부천SK	전북	목동	정규리그	3
47	99.08.18	고 정 운	포항	울산	울산 공설	정규리그	3
48	99.08.18	최 용 수	안양LG	전북	안양	정규리그	3
49	99.08.21	샤 샤	수원	부천SK	목동	정규리그	4
50	99.08.25	김 종 건	울산	부산	부산 구덕	정규리그	3
51	99.10.13	샤 샤	수원	대전	대전 한밭	정규리그	3
52	00.06.21	김 도 훈	전북	대전	대전 한밭	정규리그	3
53	00.08.19	왕 정 현	안양LG	전북	안양	정규리그	3
54	00.08.30	데 니 스	수원	대전	대전 한밭	정규리그	3
55	00.09.03	이 상 윤	성남일화	부천SK	목동	정규리그	3
56	00.10.11	데 니 스	수원	전남	광양 전용	정규리그	3
57	00.10.11	산드로C	수원	전남	광양 전용	정규리그	3
58	01.06.24	샤 샤	성남일화	부천SK	부천 종합	정규리그	3
59	01.06.27	코 난	포항	대전	대전 한밭	정규리그	3
60	01.07.11	샤 샤	성남일화	대전	대전 한밭	정규리그	3

번호	경기일자	선수명	소속	상대팀	경기장	대회구분	득점
61	01.09.09	산드로C	수원	전북	수원 월드컵	정규리그	3
62	01.09.26	박 정 환	안양LG	부산	부산 구덕	정규리그	3
63	02.03.17	샤 샤	성남일화	부천SK	성남 종합	리그컵	5
64	02.04.10	뚜 따	안양LG	부산	부산 구덕	리그컵	3
65	02.11.17	서 정 원	수원	부천SK	부천 종합	정규리그	3
66	02.11.17	유 상 철	울산	부산	울산 문수	정규리그	4
67	03.03.26	마 그 노	전북	부산	전주 월드컵	정규리그	3
68	03.05.04	이 동 국	광주상무	부산	부산 아시아드	정규리그	3
69	03.08.06	김 도 훈	성남일화	부천SK	부천 종합	정규리그	3
70	03.09.03	이따마르	전남	포항	포항 스틸야드	정규리그	3
71	03.10.05	김 도 훈	성남일화	안양LG	성남 종합	정규리그	3
72	03.11.09	김 도 훈	성남일화	대구	대구 시민	정규리그	3
73	03.11.16	도 도	울산	광주상무	울산 문수	정규리그	4
74	04.04.10	훼 이 종	대구	광주상무	대구 스타디움	정규리그	3
75	04.06.13	나 드 손	수원	광주상무	수원 월드컵	정규리그	3
76	04.08.04	제 칼 로	울산	부산	울산 문수	리그컵	3
77	04.08.21	코 난	포항	서울	포항 스틸야드	리그컵	3
78	04.11.20	우 성 용	포항	광주상무	광주 월드컵	정규리그	3
79	05.03.06	노 나 또	서울	전남	광양 전용	리그컵	3
80	05.05.05	나 드 손	수원	대구	대구 스타디움	리그컵	3
81	05.05.15	네 아 가	전남	대구	광양 전용	정규리그	3
82	05.05.18	박 주 영	서울	광주상무	서울 월드컵	정규리그	3
83	05.05.29	산 드 로	대구	수원	대구 스타디움	정규리그	3
84	05.07.03	남 기 일	성남일화	서울	탄천 종합	정규리그	3
85	05.07.10	박 주 영	서울	포항	서울 월드컵	정규리그	3
86	05.08.31	김 도 훈	성남일화	인천	탄천 종합	정규리그	3
87	05.11.27	이 천 수	울산	인천	인천 월드컵	정규리그	3
88	06.09.23	오 장 은	대구	전북	전주 월드컵	정규리그	3
89	07.03.14	안 정 환	수원	대전	수원 월드컵	리그컵	3
90	07.03.21	박 주 영	서울	수원	서울 월드컵	리그컵	3
91	07.05.20	스 테 보	전북	대구	전주 월드컵	정규리그	3
92	07.09.22	데 닐 손	대전	대구	대전 월드컵	정규리그	3
93	08.04.27	라돈치치	인천	대구	대구 스타디움	정규리그	3
94	08.05.24	호 물 로	제주	광주상무	제주 월드컵	정규리그	3
95	08.07.05	데 얀	서울	포항	서울 월드컵	정규리그	3
96	08.08.27	에 닝 요	대구	대전	대구 시민	리그컵	3
97	09.04.04	최 태 욱	전북	성남일화	전주 월드컵	정규리그	3
98	09.05.02	이 동 국	전북	제주	제주 종합	정규리그	3
99	09.07.04	이 동 국	전북	광주상무	광주 월드컵	정규리그	3
100	09.08.26	노 병 준	포항	서울	포항 스틸야드	리그컵	3
101	10.03.20	모 따	포항	강원	포항 스틸야드	정규리그	3
102	10.03.28	김 영 후	강원	전남	강릉 종합	정규리그	3
103	10.04.18	유 병 수	인천	포항	인천 월드컵	정규리그	4
104	10.05.05	데 얀	서울	성남일화	서울 월드컵	정규리그	3
105	10.08.14	몰 리 나	성남일화	인천	인천 월드컵	정규리그	3
106	10.08.29	한 상 운	부산	전남	부산 아시아드	정규리그	3
107	10.10.02	오르티고사	울산	대전	대전 월드컵	정규리그	3
108	10.10.09	유 병 수	인천	대전	인천 월드컵	정규리그	3
109	11.05.08	데 얀	서울	상주	상주 시민	정규리그	3

번호	경기일자	선수명	소속	상대팀	경기장	대회구분	득점
110	11.06.18	염 기 훈	수원	대구	수원 월드컵	정규리그	3
111	11.07.06	김 신 욱	울산	경남	울산 문수	리그컵	4
112	11.08.06	김 동 찬	전북	강원	강릉 종합	정규리그	3
113	11.08.21	이 동 국	전북	포항	전주 월드컵	정규리그	3
114	11.08.27	몰 리 나	서울	강원	서울 월드컵	정규리그	3
115	11.09.24	데　얀	서울	대전	서울 월드컵	정규리그	3
116	11.10.30	하 대 성	서울	경남	진주 종합	정규리그	3
117	12.03.16	이 근 호	울산	성남일화	울산 문수	스플릿일반	3
118	12.04.22	에 벨 톤	성남일화	광주	탄천 종합	스플릿일반	3
119	12.05.13	자　일	제주	강원	제주 월드컵	스플릿일반	3
120	12.06.24	이 동 국	전북	경남	전주 월드컵	스플릿일반	3
121	12.07.11	웨 슬 리	강원	대전	대전 월드컵	스플릿일반	3
122	12.07.21	서 동 현	제주	전남	제주 월드컵	스플릿일반	3
123	12.08.04	까 이 끼	경남	대구	창원C	스플릿일반	3
124	12.08.22	김 신 욱	울산	상주	상주 시민	스플릿일반	3
125	12.10.07	지　쿠	강원	대전	대전 월드컵	스플릿B	3
126	12.10.07	케　빈	대전	강원	대전 월드컵	스플릿B	3
127	12.11.29	조 찬 호	포항	서울	포항 스틸야드	스플릿A	3

※ 단일 라운드 2회 해트트릭:
조정현(부천SK), 홍명보(포항): 부천SK vs 천안 / 전북 vs 포항 96.08.25
유상철(울산), 서정원(수원): 울산 vs 부산 / 부천SK vs 수원 02.11.17

※ 단일 경기 양 팀 선수 동시 해트트릭:
윤상철(LG), 라데(포철): LG vs 포철 94.11.05
케빈(대전), 지쿠(강원): 대전 vs 강원 12.10.07

※ 단일 경기 한 팀 선수 동시 해트트릭:
데니스(수원), 산드로C(수원): 전남 vs 수원 00.10.11

※ 단일 경기 한 팀 선수 득점 - 도움 해트트릭
박주영(서울 / 득점), 히칼도(서울 / 도움): 서울 vs 포항 05.07.10

※ 단일 경기 한 선수 득점 - 도움 해트트릭
몰리나(서울): 서울 vs 강원 11.08.27

※ 단일 시즌 개인 최다 해트트릭(3회):
라데(포항,1994), 세르게이(부천SK,1996), 김도훈(성남일화, 2003)

역대 득점 해트트릭 기록_ K리그1

번호	경기일자	선수명	소속	상대팀	경기장	대회구분	득점
1	13.04.20	정 대 세	수원	대전	대전 월드컵	스플릿일반	3
2	13.05.26	페 드 로	제주	서울	제주 월드컵	스플릿일반	3
3	13.07.06	페 드 로	제주	경남	창원 축구센터	스플릿일반	3
4	13.07.31	조 찬 호	포항	강원	포항 스틸야드	스플릿일반	3
5	13.08.03	임 상 협	부산	경남	부산 아시아드	스플릿일반	3
6	13.10.30	김 형 범	경남	전남	창원 축구센터	스플릿B	3
7	13.11.20	데　얀	서울	전북	서울 월드컵	스플릿A	3
8	13.11.30	김 동 기	강원	제주	강릉 종합	스플릿B	3
9	14.09.06	박 수 창	제주	전남	제주 월드컵	스플릿일반	4
10	15.04.04	김 두 현	성남일화	대전	대전 월드컵	스플릿일반	3
11	15.09.09	로 페 즈	제주	대전	대전 월드컵	스플릿일반	3
12	15.10.04	산 토 스	수원	광주	광주 월드컵	스플릿일반	3
13	15.10.25	코　바	울산	전남	광양 전용	스플릿B	3
14	15.11.07	윤 주 태	서울	수원	서울 월드컵	스플릿A	4
15	16.10.29	로 페 즈	전북	전남	순천 팔마	스플릿A	3
16	17.05.07	자　일	전남	광주	순천 팔마	스플릿일반	3
17	17.07.15	페 체 신	전남	대구	광양 전용	스플릿일반	3
18	17.07.19	데　얀	서울	인천	인천 전용	스플릿일반	3
19	17.07.19	조 나 탄	수원	전남	수원 월드컵	스플릿일반	3
20	17.09.10	이 승 기	전북	강원	전주 월드컵	스플릿일반	3
21	17.10.08	주 니 오	대구	전남	광양 전용	스플릿일반	3
22	17.10.15	완 델 손	광주	전남	광양 전용	스플릿B	3
23	18.03.04	말　컹	경남	상주	창원 축구센터	스플릿일반	3
24	18.04.21	제 리 치	강원	전남	광양 전용	스플릿일반	3
25	18.05.02	마 그 노	제주	강원	제주 월드컵	스플릿일반	3
26	18.08.15	이 석 현	포항	전북	포항 스틸야드	스플릿일반	3
27	18.08.18	말　컹	경남	포항	포항 스틸야드	스플릿일반	3
28	18.08.19	제 리 치	강원	인천	춘천 송암	스플릿일반	4
29	19.06.23	완 델 손	포항	강원	춘천 송암	스플릿일반	3
30	19.06.23	조 재 완	강원	포항	춘천 송암	스플릿일반	3
31	19.07.10	문 선 민	전북	대구	DGB대구은행파크	스플릿일반	3
32	19.07.10	윤 일 록	제주	서울	제주 월드컵	스플릿일반	3
33	19.08.17	타 가 트	수원	강원	춘천 송암	스플릿일반	3
34	19.08.25	완 델 손	포항	인천	포항 스틸야드	스플릿일반	3
35	19.09.01	무 고 사	인천	울산	인천 전용	스플릿일반	3

※ 단일 경기 한 팀 선수 득점 - 도움 해트트릭:
산토스(수원/득점), 염기훈(수원/도움): 광주 vs 수원 15.10.04

※ 단일 경기 양 팀 선수 동시 해트트릭
조재완(강원), 완델손(포항) : 강원 vs 포항, 19.06.23

역대 득점 해트트릭 기록_ K리그2

번호	경기일자	선수명	소속	상대팀	경기장	대회구분	득점
1	13.09.29	정 성 민	충주	부천	부천 종합	일반	3
2	14.03.29	이 재 권	안산	대구	안산 와스타디움	일반	3
3	14.05.14	최 진 호	강원	고양	고양 종합	일반	3
4	14.05.25	최 진 호	강원	충주	춘천 송암	일반	3
5	14.06.15	조 엘 손	강원	안산	강릉 종합	일반	3
6	14.07.13	아드리아노	대전	안양	대전 월드컵	일반	3
7	14.09.17	최 진 호	강원	대구	춘천 송암	일반	3
8	14.11.02	조 나 탄	대구	강원	대구 스타디움	일반	4
9	15.06.03	이 정 협	상주	경남	상주 시민	일반	3
10	15.06.03	주 민 규	서울E	부천	부천 종합	일반	3
11	15.09.23	조 나 탄	대구	상주	대구 스타디움	일반	3
12	15.10.03	타라바이	서울E	안양	안양 종합	일반	3
13	15.11.22	조 석 재	충주	고양	고양 종합	일반	3
14	16.07.31	정 성 민	안산	대구	안산 와스타디움	일반	3
15	16.08.13	고 경 민	부산	안산	부산 아시아드	일반	3
16	16.09.07	크리스찬	경남	고양	창원축구센터	일반	4
17	16.10.15	하 파 엘	충주	안산	충주 종합	일반	4
18	17.07.23	김 동 찬	성남	수원FC	탄천 종합	일반	3
19	17.08.23	최 오 백	서울E	아산	잠실	일반	3
20	17.09.03	고 경 민	부산	대전	부산 구덕	일반	3
21	17.09.17	김　현	아산	안양	안양 종합	일반	3
22	18.07.29	고 경 민	부산	안양	부산구덕	일반	3
23	19.03.10	펠 리 페	광주	아산	광주 월드컵	일반	3
24	19.03.16	고 무 열	아산	부천	아산 이순신	일반	3

번호	경기일자	선수명	소속	상대팀	경기장	대회구분	득점
25	19.07.21	고 무 열	아산	서울E	아산 이순신	일반	3
26	19.03.30	호 물 로	부산	부천	부산 구덕	일반	3
27	19.08.31	노보트니	부산	서울E	잠실 올림픽	일반	3

※ 단일 시즌 개인 최다 해트트릭(3회): 최진호(강원, 2014)

역대 도움 해트트릭 기록_ K리그 BC

번호	경기일자	선수명	소속	상대팀	경기장	대회구분	도움
1	83.07.02	김 창 호	유공	포철	대전 한밭	정규리그	3
2	84.06.17	노 인 호	현대	할렐루야	전주	정규리그	3
3	84.11.03	김 한 봉	현대	국민은행	동대문	정규리그	3
4	86.10.12	강 득 수	럭금	포철	안동	정규리그	3
5	91.05.11	강 득 수	현대	LG	울산 공설	정규리그	3
6	91.09.11	이 영 진	LG	일화	동대문	정규리그	3
7	93.09.28	김 종 건	현대	일화	동대문	정규리그	3
8	93.10.16	김 용 갑	일화	포철	동대문	정규리그	3
9	96.06.19	신 홍 기	울산	전남	울산 공설	정규리그	3
10	97.08.13	올 레 그	안양LG	전북	안양	리그컵	3
11	97.08.23	샤 샤	부산	포항	포항 스틸야드	정규리그	3
12	98.08.26	정 정 수	울산	대전	울산 공설	정규리그	3
13	00.10.15	데 니 스	수원	포항	동대문	리그컵	3
14	01.06.27	박 태 하	포항	대전	대전 한밭	정규리그	3
15	02.11.17	이 천 수	울산	부산	울산 문수	정규리그	3
16	03.03.26	에드밀손	전북	부산	전주 월드컵	정규리그	3
17	03.05.11	김 도 훈	성남일화	안양LG	안양	정규리그	3
18	03.09.03	마 리 우	안양LG	부천SK	부천 종합	정규리그	3
19	05.05.05	세 자 르	전북	서울	전주 월드컵	리그컵	3
20	05.07.10	히 칼 도	서울	포항	서울 월드컵	정규리그	3
21	05.08.28	김 도 훈	성남일화	전북	전주 월드컵	정규리그	3
22	06.03.25	최 원 권	서울	제주	제주 월드컵	정규리그	3
23	07.04.04	이 현 승	전북	포항	전주 월드컵	리그컵	3
24	08.07.19	이 근 호	대구	부산	부산 아시아드	정규리그	3
25	09.03.07	이 청 용	서울	전남	광양 전용	정규리그	3
26	09.07.22	오 장 은	울산	제주	울산 문수	리그컵	3
27	10.04.04	데 얀	서울	수원	서울 월드컵	정규리그	3
28	10.09.10	김 영 후	강원	전북	전주 월드컵	정규리그	3
29	11.04.16	이 동 국	전북	광주	전주 월드컵	정규리그	3
30	11.06.18	모 따	포항	상주	포항 스틸야드	정규리그	3
31	11.08.27	몰 리 나	서울	강원	서울 월드컵	정규리그	3
32	12.06.23	이 승 기	광주	전남	광주 월드컵	스플릿일반	3

※ 단일 경기 한 선수 득점 - 도움 해트트릭
몰리나(서울): 서울 vs 강원 11.08.27

역대 도움 해트트릭 기록_ K리그1

번호	경기일자	선수명	소속	상대팀	경기장	대회구분	도움
1	13.04.20	홍 철	수원	대전	대전 월드컵	스플릿일반	3
2	15.06.17	홍 철	수원	제주	제주 월드컵	스플릿일반	3
3	15.10.04	염 기 훈	수원	광주	광주 월드컵	스플릿일반	3
4	16.07.31	염 기 훈	수원	제주	수원 월드컵	스플릿일반	3
5	16.10.29	레오나르도	전북	전남	순천 팔마	스플릿A	3
6	17.10.22	이재성⑰	전북	강원	춘천 송암	스플릿A	3
7	18.09.15	한 교 원	전북	제주	전주 월드컵	스플릿일반	3
8	19.07.09	정 승 용	강원	상주	춘천 송암	파이널일반	3
9	19.07.10	서 진 수	제주	서울	제주 월드컵	파이널일반	3

※ 단일 경기 한 팀 선수 득점 - 도움 해트트릭:
산토스(수원/득점), 염기훈(수원/도움): 광주 vs 수원 15.10.04

역대 도움 해트트릭 기록_ K리그2

번호	경기일자	선수명	소속	상대팀	경기장	대회구분	도움
1	13.06.06	유 수 현	수원FC	경찰	수원종합	일반	3
2	13.09.08	알 렉 스	고양	광주	고양종합	일반	3
3	15.11.11	자 파	수원FC	상주	상주시민	일반	3
4	16.09.07	이 호 석	경남	고양	창원축구센터	일반	4
5	19.08.17	장 혁 진	안산	수원FC	수원 종합	일반	3

역대 자책골 기록_ K리그 BC

경기일자	선수명	소속	상대팀	경기구분			시간
83.06.25	강 신 우	대우	유공	원정	정규리그	전기	후반 44
83.09.10	김 형 남	포철	유공	원정	정규리그	후기	후반 10
84.05.12	김 광 훈	럭금	대우	원정	정규리그	전기	후반 16
84.06.28	김 경 식	한일	럭금	홈	정규리그	전기	후반 30
84.06.28	문 영 서	할렐	대우	원정	정규리그	전기	후반 40
84.06.30	주 영 만	국민	럭금	홈	정규리그	전기	후반 29
84.08.17	김 경 식	한일	현대	홈	정규리그	후기	전반 19
84.11.04	정 태 영	럭금	대우	원정	정규리그	후기	후반 08
85.07.02	이 돈 철	현대	럭금	원정	정규리그	일반	후반 44
86.03.23	김 흥 권	현대	유공	홈	정규리그	전기	전반 34
86.07.06	박 경 훈	포철	현대	홈	리그컵	일반	전반 41
86.09.11	손 형 선	대우	현대	홈	리그컵	일반	후반 04
86.09.14	이 재 희	대우	럭금	원정	리그컵	일반	전반 38
86.10.26	박 연 혁	유공	현대	원정	정규리그	후기	전반 13
87.04.11	조 영 증	럭금	대우	원정	정규리그	일반	전반 15
87.08.17	김 문 경	현대	포철	원정	정규리그	일반	전반 40
87.09.20	남 기 영	포철	현대	원정	정규리그	일반	후반 13
88.04.02	강 태 식	포철	럭금	홈	정규리그	일반	후반 45
88.07.10	정 종 수	유공	포철	홈	정규리그	일반	전반 17
89.04.16	이 화 열	포철	럭금	원정	정규리그	일반	후반 23
89.10.25	공 문 배	포철	유공	홈	정규리그	일반	전반 31
90.04.08	이 영 진	럭금	현대	원정	정규리그	일반	후반 18
90.04.22	안 익 수	일화	유공	원정	정규리그	일반	후반 23
91.05.04	하 성 준	일화	유공	원정	정규리그	일반	후반 39
91.06.22	최 윤 겸	유공	현대	홈	정규리그	일반	전반 45
91.09.07	박 현 용	대우	LG	원정	정규리그	일반	후반 33
91.09.14	권 형 정	포철	현대	원정	정규리그	일반	전반 14
92.09.30	이 재 일	현대	포철	원정	리그컵	일반	전반 35
92.11.07	조 민 국	LG	현대	원정	정규리그	일반	후반 10
93.05.08	김 삼 수	LG	현대	홈	정규리그	일반	전반 30
93.07.07	차 석 준	유공	일화	원정	정규리그	일반	후반 40
93.08.14	알 미 르	대우	LG	홈	정규리그	일반	후반 26
94.05.21	유 동 관	포철	LG	홈	리그컵	일반	전반 21

경기일자	선수명	소속	상대팀	경기구분			시간
94.08.13	조덕제	대우	일화	원정	정규리그	일반	후반 27
94.08.27	정인호	유공	현대	홈	정규리그	일반	후반 43
94.09.10	최영희	대우	일화	홈	정규리그	일반	후반 27
94.09.24	김판근	LG	현대	홈	정규리그	일반	후반 26
94.11.09	이종화	일화	유공	홈	정규리그	일반	전반 09
95.03.25	손종찬	유공	LG	홈	리그컵	일반	전반 38
95.06.21	김경래	전북	포항	홈	정규리그	전기	전반 07
95.08.30	이영진	일화	전북	홈	정규리그	후기	전반 26
95.08.30	정인호	유공	포항	원정	정규리그	후기	후반 22
96.04.18	신성환	수원	부천SK	홈	리그컵	일반	후반 31
96.05.12	박광현	천안	포항	홈	정규리그	전기	전반 40
96.05.15	정영호	전남	안양LG	원정	정규리그	전기	후반 36
96.06.29	하상수	부산	부천SK	홈	정규리그	전기	전반 44
96.07.06	이민성	부산	전남	홈	정규리그	전기	후반 28
97.04.12	김주성	부산	수원	원정	리그컵	일반	후반 16
97.05.10	신성환	수원	울산	원정	정규리그	일반	전반 45
97.07.12	최영일	부산	포항	홈	정규리그	일반	후반 38
97.07.13	무탐바	안양LG	천안	홈	정규리그	일반	후반 38
97.07.23	마시엘	전남	안양LG	홈	리그컵	A조	후반 21
97.09.24	김현수	전남	울산	원정	리그컵	A조	후반 43
98.06.06	김봉현	전북	부천SK	홈	리그컵	일반	전반 30
98.07.25	김태영	전남	안양LG	홈	정규리그	일반	전반 43
98.08.01	신성환	수원	천안	원정	정규리그	일반	전반 03
98.08.19	김재형	부산	안양LG	홈	정규리그	일반	전반 21
98.08.29	무탐바	안양LG	전북	원정	정규리그	일반	후반 43
98.09.23	이영상	포항	부천SK	홈	정규리그	일반	후반 47
98.10.14	보리스	부천SK	수원	홈	정규리그	일반	전반 19
99.06.27	유동우	대전	수원	홈	정규리그	일반	후반 13
99.07.03	호제리오	전북	울산	원정	정규리그	일반	후반 25
99.07.07	이임생	부천SK	전남	홈	정규리그	일반	전반 35
99.07.17	김학철	안양LG	전남	원정	정규리그	일반	후반 14
99.07.28	장민석	전북	부천SK	원정	정규리그	일반	전반 36
99.08.18	이경춘	전북	안양LG	원정	정규리그	일반	후반 15
99.08.25	이기형	수원	포항	홈	정규리그	일반	전반 29
99.10.09	김영철	천안	대전	홈	정규리그	일반	연(후) 01
99.10.31	손현준	부산	수원	원정	정규리그	PO	후반 36
00.03.19	이창엽	대전	부산	홈	리그컵	B조	후반 05
00.05.17	이정효	부산	포항	홈	정규리그	일반	후반 33
00.10.01	호제리오	전북	포항	중립	정규리그	일반	전반 29
00.10.07	최진철	전북	성남일화	홈	정규리그	일반	전반 13
01.05.05	졸리	수원	전북	홈	리그컵	4강전	후반 08
01.08.01	이창원	전남	부천SK	홈	정규리그	일반	후반 16
01.09.08	박종문	전남	울산	원정	정규리그	일반	후반 24
01.09.26	이싸빅	포항	울산	원정	정규리그	일반	후반 52
02.04.06	이임생	부천SK	전북	원정	리그컵	A조	전반 33
02.04.27	윤희준	부산	울산	원정	리그컵	B조	전반 28
02.07.28	김현수	성남일화	수원	원정	정규리그	일반	후반 16
02.08.28	심재원	부산	전북	홈	정규리그	일반	전반 38
02.11.06	왕정현	안양LG	대전	원정	정규리그	일반	후반 13

경기일자	선수명	소속	상대팀	경기구분			시간
03.04.30	윤원철	부천SK	대구	홈	정규리그	일반	전반 08
03.05.21	김치곤	안양LG	광주상무	원정	정규리그	일반	전반 03
03.05.21	박준홍	광주상무	안양LG	홈	정규리그	일반	후반 32
03.09.07	조병국	수원	부산	원정	정규리그	일반	전반 42
03.09.24	보리스	부천SK	안양LG	원정	정규리그	일반	전반 26
03.09.24	유경렬	울산	성남일화	홈	정규리그	일반	전반 42
03.10.05	김치곤	안양LG	성남일화	원정	정규리그	일반	후반 02
03.11.09	이응제	전북	부산	원정	정규리그	일반	후반 22
04.04.10	곽희주	수원	전북	원정	정규리그	전기	전반 24
04.04.17	쏘우자	서울	부천SK	원정	정규리그	전기	전반 13
04.04.17	이싸빅	성남일화	인천	원정	정규리그	전기	후반 10
04.04.24	조병국	수원	성남일화	원정	정규리그	전기	후반 34
04.05.08	이싸빅	성남일화	포항	홈	정규리그	전기	전반 20
04.07.11	성한수	전남	전북	원정	리그컵	일반	전반 27
04.07.18	한정국	대전	부산	홈	리그컵	일반	전반 22
04.07.25	김현수	전북	성남일화	원정	리그컵	일반	전반 25
04.09.11	강용	포항	서울	홈	정규리그	후기	전반 06
05.04.13	윤희준	부산	부천SK	원정	리그컵	일반	전반 45
05.05.01	산토스	포항	부산	원정	리그컵	일반	전반 10
05.05.05	이상호	부천SK	포항	원정	리그컵	일반	전반 08
05.05.08	김한윤	부천SK	전남	홈	리그컵	일반	전반 38
05.08.31	유경렬	울산	부천SK	홈	정규리그	후기	후반 14
05.09.04	이창원	전남	부천SK	홈	정규리그	후기	전반 47
05.10.16	마토	수원	전북	홈	정규리그	후기	후반 00
05.10.30	박재홍	전남	전북	원정	정규리그	후기	후반 35
05.11.09	장경진	인천	광주상무	홈	정규리그	후기	후반 18
06.04.01	박규선	울산	수원	홈	정규리그	전기	후반 34
06.05.10	김광석	광주상무	대구	원정	정규리그	전기	전반 45
06.05.10	전광환	전북	수원	원정	정규리그	전기	후반 37
06.05.27	마토	수원	인천	원정	리그컵	일반	후반 42
06.07.26	김윤식	포항	울산	홈	리그컵	일반	전반 21
06.08.30	이장관	부산	대구	홈	정규리그	후기	후반 11
06.09.09	김영선	전북	인천	홈	정규리그	후기	후반 08
06.09.23	이동원	전남	부산	홈	정규리그	후기	후반 01
06.09.30	이민성	서울	대구	원정	정규리그	후기	전반 16
06.09.30	조성환	포항	인천	원정	정규리그	후기	후반 18
06.10.04	유경렬	울산	서울	원정	정규리그	후기	전반 18
07.03.10	니콜라	제주	성남일화	홈	정규리그	일반	후반 07
07.05.05	김진규	전남	포항	홈	정규리그	일반	전반 36
07.05.05	김동규	광주상무	수원	홈	정규리그	일반	전반 42
07.08.15	이준기	전남	인천	원정	정규리그	일반	후반 40
07.08.18	심재원	부산	포항	홈	정규리그	일반	후반 30
07.08.29	김성근	포항	서울	원정	정규리그	일반	전반 12
07.08.29	황재원	포항	서울	원정	정규리그	일반	전반 22
07.09.01	조네스	포항	대구	원정	정규리그	일반	전반 21
07.09.02	배효성	부산	전북	원정	정규리그	일반	후반 40
08.04.16	김영철	성남일화	전북	원정	리그컵	B조	전반 05
08.05.03	김영철	성남일화	포항	홈	정규리그	일반	후반 26
08.05.25	이상일	전남	대구	홈	정규리그	일반	전반 45

경기일자	선수명	소속	상대팀	경기구분			시간
08.06.25	김주환	대구	성남일화	원정	리그컵	B조	전반 23
08.06.25	아디	서울	경남	홈	리그컵	A조	전반 43
08.07.02	강민수	전북	울산	원정	리그컵	B조	전반 02
08.07.12	진경선	대구	경남	홈	정규리그	일반	전반 38
08.08.23	강선규	대전	전남	홈	정규리그	일반	후반 42
08.08.24	김명중	광주상무	부산	홈	정규리그	일반	전반 32
08.09.13	현영민	울산	수원	홈	정규리그	일반	후반 07
08.09.20	안현식	인천	대구	홈	정규리그	일반	전반 15
08.10.25	알렉산더	전북	인천	홈	정규리그	일반	후반 28
08.11.01	김민오	울산	경남	원정	정규리그	일반	후반 25
08.11.02	송한복	광주상무	인천	홈	정규리그	일반	전반 43
08.11.09	김태영	부산	울산	원정	정규리그	일반	전반 17
09.05.09	김정겸	포항	제주	홈	정규리그	일반	후반 07
09.05.27	김상식	전북	제주	원정	리그컵	B조	후반 05
09.05.27	김형호	전남	강원	원정	리그컵	A조	후반 07
09.06.21	챠디	인천	포항	홈	정규리그	일반	전반 47
09.07.12	김한섭	대전	강원	홈	정규리그	일반	전반 02
09.07.12	김주영	경남	성남일화	원정	정규리그	일반	후반 12
09.09.06	김승현	전남	경남	원정	정규리그	일반	전반 38
09.09.06	이원재	울산	부산	홈	정규리그	일반	후반 47
09.09.20	이강진	부산	전북	원정	정규리그	일반	전반 01
09.10.02	곽태휘	전남	전북	원정	정규리그	일반	후반 27
09.10.24	황선필	광주상무	포항	홈	정규리그	일반	후반 25
09.11.01	이범영	부산	인천	홈	정규리그	일반	전반 48
10.03.06	이요한	전북	제주	원정	정규리그	일반	전반 07
10.04.11	안현식	인천	부산	원정	정규리그	일반	후반 32
10.04.18	김인호	제주	수원	홈	정규리그	일반	후반 39
10.07.28	김진규	서울	수원	홈	리그컵	PO	후반 17
10.07.28	심우연	전북	경남	홈	리그컵	PO	후반 36
10.08.07	안재준	인천	수원	홈	정규리그	일반	전반 37
10.08.15	양승원	대구	포항	홈	정규리그	일반	후반 48
10.08.22	신광훈	포항	인천	홈	정규리그	일반	후반 24
10.08.28	김진규	서울	수원	원정	정규리그	일반	전반 03
10.09.01	김형일	포항	서울	홈	정규리그	일반	후반 46
10.09.04	안현식	인천	부산	홈	정규리그	일반	후반 27
10.09.04	모따	수원	강원	원정	정규리그	일반	후반 46
10.10.30	유지노	전남	전북	원정	정규리그	일반	전반 10
10.11.03	김종수	경남	포항	원정	정규리그	일반	전반 11
11.03.12	황재훈	대전	서울	홈	정규리그	일반	전반 34
11.03.16	강민수	울산	부산	홈	리그컵	B조	후반 18
11.03.20	백종환	강원	제주	원정	정규리그	일반	후반 22
11.04.24	이용기	경남	수원	원정	정규리그	일반	후반 20
11.04.24	김성환	성남일화	제주	원정	정규리그	일반	후반 29
11.04.30	이용기	경남	성남일화	홈	정규리그	일반	전반 12
11.05.08	박용호	서울	상주	원정	정규리그	일반	전반 18
11.05.21	김한윤	부산	수원	원정	정규리그	일반	후반 19
11.05.21	김인한	경남	상주	홈	정규리그	일반	후반 36
11.06.11	이정호	부산	강원	원정	정규리그	일반	전반 41
11.06.11	윤시호	대구	대전	홈	정규리그	일반	후반 12

경기일자	선수명	소속	상대팀	경기구분			시간
11.06.18	김인호	제주	전북	원정	정규리그	일반	후반 37
11.07.09	유경렬	대구	부산	홈	정규리그	일반	후반 15
11.07.10	사샤	성남일화	인천	홈	정규리그	일반	후반 01
11.07.10	배효성	인천	성남일화	원정	정규리그	일반	후반 11
11.07.16	김수범	광주	전북	홈	정규리그	일반	후반 17
11.07.24	정호정	성남일화	전북	원정	정규리그	일반	전반 15
11.08.06	이동원	부산	포항	원정	정규리그	일반	전반 15
12.03.10	김창수	부산	제주	홈	정규리그	스일반	후반 13
12.04.11	김기희	대구	경남	홈	정규리그	스일반	전반 45
12.05.13	유종현	광주	수원	원정	정규리그	스일반	후반 17
12.05.13	황순민	대구	부산	원정	정규리그	스일반	후반 48
12.06.17	송진형	제주	수원	원정	정규리그	스일반	전반 24
12.06.24	고슬기	울산	서울	원정	정규리그	스일반	전반 39
12.06.30	한그루	대전	부산	원정	정규리그	스일반	전반 03
12.07.01	양상민	수원	포항	원정	정규리그	스일반	전반 09
12.10.06	에델	부산	수원	홈	정규리그	스A	전반 33
12.10.27	마르케스	제주	부산	홈	정규리그	스A	전반 45
12.11.18	마다스치	제주	부산	원정	정규리그	스A	후반 30
12.11.21	이명주	포항	부산	원정	정규리그	스A	전반 05

역대 자책골 기록_ K리그1

경기일자	선수명	소속	상대팀	경기구분		시간
13.03.09	박진포	성남	제주	원정	스플릿일반	전반 43
13.04.06	보스나	수원	대구	홈	스플릿일반	전반 43
13.04.07	윤영선	성남	부산	원정	스플릿일반	후반 26
13.04.13	이윤표	인천	대구	원정	스플릿일반	후반 28
13.04.28	아디	서울	강원	원정	스플릿일반	전반 38
13.05.18	신광훈	포항	울산	홈	스플릿일반	전반 24
13.06.23	이강진	대전	경남	원정	스플릿일반	전반 02
13.07.03	이웅희	대전	수원	원정	스플릿일반	전반 24
13.07.03	최은성	전북	성남	홈	스플릿일반	후반 34
13.09.01	최우재	강원	울산	롬	스플릿일반	전반 32
13.09.28	윤영선	성남	경남	원정	스플릿B	전반 29
13.10.05	곽광선	수원	포항	원정	스플릿A	전반 00
13.10.09	이용	제주	강원	홈	스플릿B	후반 24
13.10.20	황도연	제주	대전	홈	스플릿B	후반 34
13.11.10	김평래	성남	제주	원정	스플릿B	전반 19
14.03.09	이용	제주	수원	홈	스플릿일반	후반 24
14.03.16	이용	제주	전남	원정	스플릿일반	후반 17
14.03.16	우주성	경남	울산	원정	스플릿일반	후반 25
14.03.29	최철순	상주	포항	원정	스플릿일반	전반 37
14.04.26	알렉스	제주	부산	홈	스플릿일반	전반 12
14.04.26	스레텐	경남	전북	원정	스플릿일반	전반 28
14.05.04	이경렬	부산	경남	홈	스플릿일반	후반 23
14.05.10	이근호	상주	수원	홈	스플릿일반	후반 49
14.09.10	김근환	울산	수원	원정	스플릿일반	전반 28
14.11.01	이재원	울산	수원	홈	스플릿A	후반 11
15.03.07	정준연	광주	인천	원정	스플릿일반	후반 46
15.03.21	제종현	광주	부산	원정	스플릿일반	전반 23

경기일자	선수명	소속	상대팀	경기구분		시간
15.04.05	정 준 연	광주	울산	원정	스플릿일반	전반 15
15.04.12	김 기 희	전북	광주	원정	스플릿일반	후반 45
15.05.16	김 동 철	전남	서울	원정	스플릿일반	전반 31
15.05.17	요 니 치	인천	부산	원정	스플릿일반	전반 12
15.06.03	양 준 아	제주	성남	홈	스플릿일반	전반 31
15.06.07	양 상 민	수원	광주	홈	스플릿일반	후반 33
15.07.08	오 반 석	제주	포항	원정	스플릿일반	후반 24
15.07.11	강 준 우	제주	전북	홈	스플릿일반	후반 45
15.08.12	유 지 훈	부산	전북	원정	스플릿일반	후반 40
15.09.12	김 태 윤	성남	포항	원정	스플릿일반	후반 30
15.03.07	김 대 중	인천	광주	홈	스플릿일반	전반 32
16.05.07	블 라 단	수원FC	제주	홈	스플릿일반	전반 32
16.05.21	이 웅 희	상주	성남	홈	스플릿일반	후반 12
16/5/29	오스마르	서울	전남	홈	스플릿일반	전반 10
16.06.15	김 용 대	울산	전남	원정	스플릿일반	전반 03
16.06.15	황 의 조	성남	포항	원정	스플릿일반	전반 12
16.06.15	민 상 기	수원	전북	원정	스플릿일반	전반 37
16.06.15	홍 준 호	광주	서울	원정	스플릿일반	후반 10
16.06.18	백 동 규	제주	포항	홈	스플릿일반	후반 49
16.06.29	유 상 훈	서울	성남	홈	스플릿일반	후반 08
16.07.02	정 동 호	울산	수원	홈	스플릿일반	전반 10
16.07.16	김 보 경	전북	제주	원정	스플릿일반	후반 18
16.07.17	김 태 수	인천	서울	홈	스플릿일반	전반 26
16.08.17	박 준 혁	성남	광주	홈	스플릿일반	후반 08
16.09.10	신 광 훈	포항	수원FC	홈	스플릿일반	후반 41
16.10.02	김 용 대	울산	인천	홈	스플릿일반	전반 03
16.10.02	임 하 람	수원FC	수원	원정	스플릿일반	전반 45
16.11.02	요 니 치	인천	수원	원정	스플릿B	전반 05
16.11.02	연 제 운	성남	수원FC	홈	스플릿B	후반 37
16.11.06	최 효 진	전남	울산	홈	스플릿A	전반 22
17.04.09	김 용 환	인천	포항	원정	스플릿일반	후반 33
17.04.22	부 노 자	인천	서울	원정	스플릿일반	전반 44
17.06.24	이 한 도	광주	전남	홈	스플릿일반	전반 30
17.06.25	조 원 희	수원	강원	홈	스플릿일반	후반 44
17.07.12	이 호 승	전남	강원	원정	스플릿일반	후반 03
17.07.22	본 즈	광주	전남	홈	스플릿일반	후반 39
17.08.02	채 프 만	인천	전북	홈	스플릿일반	전반 18
17.08.02	배 슬 기	포항	광주	홈	스플릿일반	전반 23
17.08.06	이 광 선	상주	강원	홈	스플릿일반	후반 35
17.08.12	곽 광 선	수원	서울	홈	스플릿일반	후반 16
17.09.20	이 한 도	광주	서울	홈	스플릿일반	전반 41
17.09.30	하 창 래	인천	대구	원정	스플릿일반	전반 03
17.10.14	채 프 만	인천	포항	원정	스플릿B	전반 06
17.10.15	이 영 재	울산	수원	원정	스플릿A	전반 21
17.10.21	고 태 원	전남	포항	홈	스플릿B	후반 32
17.11.18	박 동 진	광주	포항	홈	스플릿B	후반 38
18.03.11	이 웅 희	서울	강원	홈	스플릿일반	후반 05
18.04.07	박 종 진	인천	전남	홈	스플릿일반	전반 30
18.04.11	맥 고 완	강원	수원	홈	스플릿일반	후반 05
18.04.14	이 윤 표	인천	제주	원정	스플릿일반	전반 19
18.04.15	한 희 훈	대구	강원	홈	스플릿일반	후반 30
18.04.21	김 진 혁	대구	서울	원정	스플릿일반	후반 35
18.04.25	무 고 사	인천	울산	원정	스플릿일반	전반 21
18.05.20	곽 태 휘	서울	전북	홈	스플릿일반	후반 36
18.07.11	이 정 빈	인천	강원	홈	스플릿일반	후반 24
18.08.04	권 한 진	제주	서울	원정	스플릿일반	전반 34
18.08.22	양 한 빈	서울	포항	홈	스플릿일반	전반 13
18.09.01	김 민 우	상주	전남	홈	스플릿일반	후반 33
18.09.02	김 은 선	수원	대구	원정	스플릿일반	전반 07
18.09.29	이 범 영	강원	전북	원정	스플릿일반	후반 31
18.10.28	부 노 자	인천	대구	홈	스플릿B	전반 16
18.11.03	이 광 선	제주	경남	홈	스플릿A	전반 19
18.12.02	김 현 훈	경남	전북	원정	스플릿A	전반 13
19.03.17	전 민 광	포항	경남	홈	스플릿일반	후반 39
19.03.30	김 경 재	상주	서울	원정	스플릿일반	전반 43
19.04.02	곽 태 휘	경남	전북	홈	스플릿일반	전반 19
19.04.27	이 동 희	제주	상주	홈	스플릿일반	후반 12
19.05.18	바그닝요	수원	울산	홈	스플릿일반	후반 10
19.06.15	김 우 석	대구	강원	홈	스플릿일반	전반 01
19.07.31	마 그 노	제주	전북	원정	스플릿일반	전반 27
19.08.11	조 현 우	대구	울산	원정	스플릿일반	전반 23
19.08.16	윤 영 선	울산	전북	원정	스플릿일반	후반 05
19.08.17	민 상 기	수원	강원	원정	스플릿일반	후반 14
19.09.21	김 동 준	성남	제주	원정	스플릿일반	전반 43
19.10.27	김 원 일	제주	경남	원정	파이널B	후반 33

역대 자책골 기록_ K리그2

경기일자	선수명	소속	상대팀	경기구분		시간
13.05.12	방 대 종	상주	부천	원정	일반	후반 09
13.05.13	백 성 우	안양	광주	원정	일반	후반 47
13.07.06	김 동 우	경찰	수원FC	원정	일반	후반 12
13.07.13	윤 성 우	고양	경찰	홈	일반	전반 16
13.07.13	김 태 준	고양	경찰	홈	일반	전반 40
13.08.25	유 현	경찰	상주	원정	일반	후반 31
13.09.09	가 솔 현	안양	경찰	홈	일반	후반 36
13.11.30	송 승 주	경찰	안양	원정	일반	후반 38
14.04.27	양 상 민	안산	광주	원정	일반	전반 27
14.05.24	이 준 희	대구	안양	원정	일반	전반 42
14.06.21	장 원 석	대전	대구	원정	일반	전반 40
14.07.05	임 선 영	광주	고양	원정	일반	후반 23
14.07.26	허 재 원	대구	안양	홈	일반	전반 39
14.11.01	마 철 준	광주	안산	원정	일반	후반 17
15.05.16	노 형 구	충주	서울E	원정	일반	후반 08
15.08.02	진 창 수	고양	상주	홈	일반	전반 20
15.09.13	김 재 웅	수원FC	안양	원정	일반	후반 29
15.10.11	서 명 식	강원	부천	원정	일반	후반 22
15.10.26	배 일 환	상주	고양	홈	일반	후반 32
15.11.01	김 원 균	강원	고양	원정	일반	후반 14

경기일자	선수명	소속	상대팀	경기구분		시간
15.11.25	김 영 광	서울E	수원FC	원정	플레이오프	후반 10
16.04.09	김 영 남	부천	서울E	홈	일반	전반 24
16.05.05	박 주 원	대전	안양	원정	일반	후반 16
16.06.08	윤 성 열	서울E	충주	원정	일반	전반 18
16.08.20	안 현 식	강원	부천	홈	일반	전반 44
16.10.30	지 구 민	고양	부천	원정	일반	후반 29
17.04.01	박 한 수	안산	부천	홈	일반	후반 36
17.04.16	이 범 수	경남	성남	원정	일반	후반 15
17.04.22	김 진 규	대전	부산	홈	일반	전반 15
17.05.20	닐손주니어	부천	아산	홈	일반	전반 10
17.05.21	송 주 호	안산	안양	원정	일반	후반 25
17.05.27	권 태 안	안양	경남	홈	일반	전반 40
17.08.19	권 태 안	안양	성남	홈	일반	전반 39
17.10.01	이 준 희	경남	안산	원정	일반	후반 49
17.10.21	김 형 록	경남	아산	원정	일반	후반 02
18.03.11	코 네	안산	대전	홈	일반	후반 07
18.04.07	민 상 기	아산	부천	홈	일반	후반 32
18.04.14	전 수 현	안양	서울E	원정	일반	전반 18
18.05.06	연 제 운	성남	수원FC	홈	일반	전반 30
18.08.05	송 주 호	안산	안양	원정	일반	후반 47
18.09.22	김 재 현	서울E	부천	홈	일반	전반 35
18.10.13	장 순 혁	부천	안양	홈	일반	전반 31
18.10.13	이 재 안	수원FC	대전	홈	일반	전반 32
18.10.21	안 지 호	서울E	안양	홈	일반	전반 36
18.10.27	안 성 빈	서울E	아산	홈	일반	전반 14
18.11.11	윤 준 성	대전	안양	홈	일반	후반 11
19.03.02	김 문 환	부산	안양	홈	일반	후반 07
19.04.07	김 진 환	광주	안양	홈	일반	전반 31
19.05.04	황 인 재	안산	아산	원정	일반	후반 39
19.05.25	김 영 광	서울E	안양	원정	일반	전반 47
19.05.27	이 인 재	안산	부천	홈	일반	후반 04
19.06.01	김 경 민	전남	안산	홈	일반	전반 22
19.06.24	박 형 순	수원FC	광주	홈	일반	후반 20
19.06.29	이 병 욱	서울E	안산	원정	일반	전반 08
19.07.20	김 명 준	부산	부천	홈	일반	후반 47
19.08.12	황 인 재	안산	아산	홈	일반	후반 05
19.09.01	곽 광 선	전남	수원FC	원정	일반	후반 03

역대 자책골 기록_ K리그 승강 플레이오프

경기일자	선수명	소속	상대팀	경기구분		시간
14.12.03	스 레 텐	경남	광주	원정	승강 플레이오프	후반 40

역대 단일 시즌 득점 · 도움 10-10 기록

선수명	구단	출전-득점-도움	연도	기록달성	비고
라 데	포항	39 - 13 - 16	1996	28경기째	BC
비탈리	수원	36 - 10 - 10	1999	35경기째	BC
최용수	안양	34 - 14 - 10	2000	33경기째	BC
김대의	성남일	38 - 17 - 12	2002	26경기째	BC
에드밀손	전북	39 - 17 - 14	2003	32경기째	BC
김도훈	성남일	40 - 28 - 13	2003	37경기째	BC
에닝요	전북	28 - 10 - 12	2009	28경기째	BC
데 얀	서울	35 - 19 - 10	2010	28경기째(10.09)	BC
김은중	제주	34 - 17 - 11	2010	32경기째(10.31)	BC
루시오	경남	32 - 15 - 10	2010	31경기째(11.07)	BC
에닝요	전북	33 - 18 - 10	2010	31경기째(11.20)	2년연속/ BC
이동국	전북	29 - 16 - 15	2011	20경기째(08.06)	BC
몰리나	서울	29 - 10 - 12	2011	27경기째(10.23)	BC
몰리나	서울	41 - 19 - 10	2012	22경기째(07.28)	2년연속/ BC
에닝요	전북	38 - 15 - 13	2012	26경기째(08.23)	BC
산토스	제주	35 - 14 - 11	2012	31경기째(11.18)	BC
루시오	광주	32 - 13 - 10	2013	32경기째(11.10)	K리그2
로페즈	제주	33 - 11 - 11	2015	30경기째(10.04)	K리그1
정원진	경남	34 - 10 - 10	2017	34경기째(10.29)	K리그2
호물로	부산	38 - 11 - 10	2018	38경기째(12.09)	K리그2
세징야	대구	35 - 15 - 10	2019	34경기째 (11/23)	K리그1
문선민	전북	32 - 10 - 10	2019	29경기째 (10/20)	K리그1

역대 대회별 전 경기, 전 시간 출전자

연도	시즌	경기수	전 경기 전 시간	전 경기
83	수퍼리그	16	최기봉, 이강조(이상 유공), 유태목(대우), 김성부(포철)	최종덕, 홍성호, 박상인, 오석재, 이강석(이상 할렐루야), 김용세(유공), 이춘석(대우), 최상국(포항제철)
84	축구대제전 수퍼리그	28	최기봉, 오연교(이상 유공), 김평석(현대), 조병득(할렐루야), 박창선(대우)	신문선, 김용세(이상 유공), 조영증(럭키금성), 백종철(현대), 박상인(할렐루야), 이재희(대우)
85	축구대제전 수퍼리그	21	최강희, 김문경(이상 현대), 전차식(포항제철), 김현태, 강득수(이상 럭키금성), 김풍주(대우) 최영희(한일은행), 황정현(할렐루야)	한문배, 이상래, 피아퐁(이상 럭키금성), 신문선(유공), 김영세(유공) 박상인(할렐루야), 신제경(상무), 김대흠(상무), 최태진(대우), 조성규(한일은행), 이흥실(포항제철)
86	축구대제전	20	박노봉(대우)	민진홍(유공), 함현기(현대), 윤성효(한일은행)
	프로축구선수권대회	16	최기봉(유공)	민진홍,신동철(이상 유공), 권오손, 구상범, 박항서, 이상래(이상 럭키금성)
87	한국프로축구대회	32	최기봉(유공)	
88	한국프로축구대회	24	이문영(유공)	이광종(유공), 김문경(현대)
89	한국프로축구대회	40	임종헌(일화), 강재순(현대)	

연도	시즌	경기수	전 경기 전 시간	전 경기
90	한국프로축구대회	30		윤상철(럭키금성)
91	한국프로축구대회	40		고정운(일화)
92	한국프로축구대회	30	사리체프(일화), 정종선(현대)	신홍기(현대), 임근재(LG)
	아디다스컵	10	사리체프(일화), 정용환(대우)	
93	한국프로축구대회	30	사리체프(일화), 최영일(현대)	이광종(유공)
	아디다스컵	5	사리체프(일화)	
94	하이트배 코리안리그	30	사리체프(일화), 이명열(포항제철)	
	아디다스컵	6	사리체프(일화) 外 다수	
95	하이트배 코리안리그	28	샤샤(유공)	
	아디다스컵	7	샤샤(유공) 外 다수	
96	라피도컵 프로축구대회	32		라데(포항)
	아디다스컵	8	공문배(포항) 外 다수	박태하(포항) 外 다수
97	라피도컵 프로축구대회	18	김봉현(전북), 최은성(대전)	황연석(천안)
	아디다스컵	9	아보라(천안) 外 다수	정성천(대전) 外 다수
	프로스펙스컵	11	김이섭(포항)	
98	현대컵 K-리그	22	김병지(울산)	이문석(울산) 外 다수
	필립모리스코리아컵	9	박태하(포항) 外 다수	무탐바(안양LG) 外 다수
	아디다스코리아컵	11	김상훈(울산) 外 다수	김기동(부천SK) 外 다수
99	바이코리아컵 K-리그	32~27	이용발(부천SK)	이원식(부천SK), 김정혁(전남), 김현석(울산), 황승주(울산)
	대한화재컵	8~11	김봉현(전북) 外 다수	김기동(부천SK) 外 다수
	아디다스컵	1~4	곽경근(부천SK) 外 다수	공오균(대전) 外 다수
00	삼성 디지털 K-리그	32~27	이용발(부천SK), 조성환(부천SK)	박남열(성남일화), 신홍기(수원), 안드레(안양LG), 세자르(전남), 김종천(포항)
	대한화재컵	8~11	이용발(부천SK), 조성환(부천SK) 外 다수	신의손(안양LG) 外 다수
	아디다스컵	1~4	이용발(부천SK), 조성환(부천SK) 外 다수	김대환(수원) 外 다수
01	포스코 K-리그	27	김기동(부천SK), 이용발(부천SK), 신의손(안양LG)	남기일(부천SK), 신태용(성남일화), 이기형(수원)
	아디다스컵	8~11	심재원(부산), 산드로(수원) 外 다수	하리(부산), 윤희준(부산) 外 다수
02	삼성파브 K-리그	27	김기동(부천SK), 이용발(부천SK), 박종문(전남)	이영수(전남), 김대의(성남일화), 이병근(수원), 에드밀손(전북), 추운기(전북)
	아디다스컵	8~11	신태용(성남일화), 서정원(수원) 外 다수	김현수(성남일화), 신의손(안양LG) 外 다수
03	삼성 하우젠 K-리그	44		마그노(전북), 도도(울산)
04	삼성 하우젠 K-리그	24~27	김병지(포항), 유경렬(울산), 서동명(울산), 조준호(부천SK), 윤희준(부산)	김은중(서울)
	삼성 하우젠컵	12	김병지(포항), 곽희주(수원), 이용발(전북), 조준호(부천SK), 한태유(서울), 이반, 박우현(이상 성남일화)	최성용(수원), 임중용(인천), 김기형(부천SK), 손대호(수원), 김경량(전북) 外 다수
05	삼성 하우젠 K-리그	24~27	김병지(포항), 조준호(부천SK), 임중용(인천)	산드로(대구), 김기동(포항)
	삼성 하우젠컵	12	김병지(포항), 조준호(부천SK), 김성근(포항), 산토스(포항), 주승진(대전), 김영철, 배효성(이상 성남일화), 송정현(대구), 산드로(대구), 전재호(인천)	현영민(울산) 外 다수
06	삼성 하우젠 K-리그	26~29	김병지(서울), 최은성(대전), 이정래(경남)	장학영, 박진섭(이상 성남일화), 박종진(대구), 루시아노(경남)
	삼성 하우젠컵	13	배효성(부산), 장학영(성남일화), 김병지(서울), 최은성(대전), 이정래(경남)	박동혁(울산), 이종민(울산), 김치우(인천), 박용호(광주상무), 이정수(수원), 최성국(울산), 장남석(대구), 이승현(부산), 우성용(성남일화), 박재현(인천), 최영훈(전북), 주광윤(전남)
07	삼성 하우젠 K-리그	31~26	김용대, 장학영, 김영철(이상 성남일화), 염동균(전남), 김병지(서울)	데얀(인천), 산드로(전남), 송정현(전남), 김상록(인천)
	삼성 하우젠컵	10~12	김병지(서울), 김현수(대구) 外 다수	아디(서울), 데닐손(대전), 박성호(부산)
08	삼성 하우젠 K-리그	28~26	이운재(수원), 정성룡(포항), 백민철(대구)	데얀(서울), 두두(성남일화), 이근호(대구), 라돈치치(인천), 김영빈(인천)
	삼성 하우젠컵	10~12	백민철(대구)	서동현(수원), 김상식, 박진섭, 장학영(이상 성남일화), 김영삼(울산), 현영민(울산), 이승렬(서울), 조형익(대구)
09	K-리그	28~30	김영광(울산)	김상식(전북), 루이스(전북), 윤준하(강원)
	피스컵 코리아	2~10	조병국, 이호(이상 성남일화), 신형민(포항), 백민철(대구) 外 다수	박희도(부산), 장학영(성남), 구자철(제주) 外 다수

연도	시즌	경기수	전 경기 전 시간	전 경기
10	쏘나타 K리그	28~31	김호준(제주), 김용대(서울), 정성룡(성남일화), 김병지(경남), 백민철(대구)	김영후(강원), 유병수(인천)
	포스코컵	4~7	김용대(서울) 외 다수	아디(서울) 外 다수
11	현대오일뱅크 K리그	30~35	박호진(광주), 김병지(경남), 이운재(전남) 外 다수	김신욱(울산) 外 다수
	러시앤캐시컵	1~8	윤시호(대구), 조동건(성남일화), 박준혁(대구) 外 다수	고슬기(울산), 김신욱(울산) 外 다수
12	현대오일뱅크 K리그	44	김용대(서울)	자일(제주), 한지호(부산)
13	현대오일뱅크 K리그 클래식	38	권정혁(인천)	전상욱(성남일화), 김치곤(울산)
14	현대오일뱅크 K리그 클래식	38	김병지(전남)	
	현대오일뱅크 K리그 챌린지	36		권용현(수원FC)
15	현대오일뱅크 K리그 클래식	38	신화용(포항), 오스마르(서울)	김신욱(울산)
	현대오일뱅크 K리그 챌린지	41		조현우(대구)
16	현대오일뱅크 K리그 클래식	38		송승민(광주)
	현대오일뱅크 K리그 챌린지	40	김한빈(충주)	
17	KEB하나은행 K리그 클래식	38		송승민(광주), 오르샤(울산), 염기훈(수원)
	KEB하나은행 K리그 챌린지	36	김영광(서울E)	안태현(부천)
18	KEB하나은행 K리그1	38	김승대(포항), 강현무(포항)	
	KEB하나은행 K리그2	36	김영광(서울E)	
19	하나원큐 K리그1	38	송범근(전북), 한국영(강원)	연제운(성남), 조현우(대구), 완델손(포항)
	하나원큐 K리그2	36~37	이인재(안산)	박진섭(안산), 이동준(부산)

역대 감독별 승 · 무 · 패 기록

감독명	기간 / 구단명 / 재임년도			승	무	패	비고
고 재 욱	통 산			148	123	119	
	BC	럭키금성	1989	15	17	8	
	BC	럭키금성	1990	14	11	5	
	BC	LG	1991	9	15	16	
	BC	LG	1992	12	16	12	
	BC	LG	1993	11	12	12	
	BC	현 대	1995	16	14	5	
	BC	울 산	1996	19	5	16	
	BC	울 산	1997	13	13	9	
	BC	울 산	1998	20	10	12	
	BC	울 산	1999	15	6	16	
	BC	울 산	2000	4	4	8	00.06.14
고 정 운	통 산			12	8	16	
	K리그2	안 양	2018	12	8	16	
고 종 수	통 산			19	11	20	
	K리그2	대 전	2018	16	8	14	
	K리그2	대 전	2019	3	3	6	19.05.20
곽 경 근	통 산			8	9	18	
	K리그2	부 천	2013	8	9	18	
구 상 범	통 산			1	4	6	
	K리그1	성 남	2016	1	2	6	16.09.13~
	승강PO	성 남	2016	0	2	0	16.09.13~
귀 네 슈	통 산			51	37	22	
	BC	서 울	2007	14	17	7	
	BC	서 울	2008	20	12	7	
	BC	서 울	2009	17	8	8	
김 귀 화	통 산			5	5	5	
	BC	경 남	2010	5	5	5	10.08.01~10.11.29
김 기 동	통 산			14	7	9	
	K리그1	포 항	2019	14	7	9	19.04.23~
김 기 복	통 산			40	31	107	
	BC	버팔로	1994	5	5	26	
	BC	대 전	1997	4	12	19	
	BC	대 전	1998	11	3	21	
	BC	대 전	1999	12	1	23	
	BC	대 전	2000	8	10	18	
김 대 식	통 산			2	2	5	
	K리그2	부 천	2018	2	2	5	18.09.15~
김 대 의	통 산			25	13	34	
	K리그2	수원FC	2017	2	0	0	17.10.20~
	K리그2	수원FC	2018	13	3	20	
	K리그2	수원FC	2019	10	10	14	19.10.29
김 도 훈	통 산			75	54	51	
	K리그1	인 천	2015	13	12	13	15.01.03~
	K리그1	인 천	2016	5	9	14	16.08.31
	K리그1	울 산	2017	17	11	10	
	K리그1	울 산	2018	17	12	9	
	K리그1	울 산	2019	23	10	5	
김 병 수	통 산			26	26	38	
	K리그2	서울E	2017	7	14	15	17.01.09~
	K리그1	강 원	2018	5	4	7	18.08.13~
	K리그1	강 원	2019	14	8	16	
김 봉 길	통 산			36	44	38	
	BC	인 천	2010	0	0	5	10.06.09~10.08.22
	BC	인 천	2012	16	14	7	12.04.12~
	K리그1	인 천	2013	12	14	12	
	K리그1	인 천	2014	8	16	14	14.12.19
김 상 호	통 산			8	8	32	
	BC	강 원	2011	3	6	20	11.04.08~
	BC	강 원	2012	5	2	12	12.07.01
김 성 재	통 산			0	0	1	
	K리그1	서 울	2016	0	0	1	16.06.23~16.06.26
김 영 민	통 산			0	0	1	
	K리그1	대 전	2015	0	0	1	15.05.21~15.05.31

감독명	기간 / 구단명 / 재임년도			승	무	패	비고
김 인 수		통산		3	1	1	
	K리그1	제 주	2016	3	1	1	16.10.15~
김 인 완		통산		7	10	28	
	K리그1	대 전	2013	2	9	19	13.10.02
	K리그1	전 남	2018	5	1	9	18.08.16~
김 정 남		통산		210	168	159	
	BC	유 공	1985	3	1	3	85.07.22~
	BC	유 공	1986	11	12	13	
	BC	유 공	1987	9	9	14	
	BC	유 공	1988	8	8	8	
	BC	유 공	1989	17	15	8	
	BC	유 공	1990	8	12	10	
	BC	유 공	1991	10	17	13	
	BC	유 공	1992	1	0	6	92.05.12
	BC	울 산	2000	3	3	4	00.08.22~
	BC	울 산	2001	13	6	16	
	BC	울 산	2002	18	11	9	
	BC	울 산	2003	20	13	11	
	BC	울 산	2004	15	13	9	
	BC	울 산	2005	21	9	9	
	BC	울 산	2006	14	14	11	
	BC	울 산	2007	20	13	7	
	BC	울 산	2008	19	12	8	
김 종 부		통산		66	40	48	
	K리그2	경 남	2016	18	6	16	
	K리그2	경 남	2017	24	7	5	
	K리그1	경 남	2018	18	11	9	
	승강PO	경 남	2019	0	1	1	
	K리그1	경 남	2019	6	15	17	
김 종 필		통산		30	41	59	
	K리그2	충 주	2013	4	5	9	13.07.22~
	K리그2	충 주	2014	6	16	14	
	K리그2	충 주	2015	10	11	19	
	K리그2	안 양	2017	10	9	17	
김 종 현		통산		2	4	4	
	K리그2	대 전	2017	2	4	4	17.08.31~
김 태 수		통산		5	6	6	
	BC	부 산	1996	5	6	6	96.07.22~
김 태 완		통산		37	30	62	
	BC	상 주	2011	2	2	9	11.07.14~11.12.28
	K리그1	상 주	2017	8	11	19	17.03.01~
	승강PO	상 주	2017	1	0	1	17.03.01~
	K리그1	상 주	2018	10	10	18	
	K리그1	상 주	2019	16	7	15	
김 판 곤		통산		10	7	16	
	BC	부 산	2006	8	3	9	06.04.04~06.08.22
	BC	부 산	2007	2	4	7	07.08.07~
김 학 범		통산		118	84	86	
	BC	성남일화	2005	15	12	10	05.01.05~
	BC	성남일화	2006	23	11	8	
	BC	성남일화	2007	16	7	6	
	BC	성남일화	2008	21	7	10	
	BC	강 원	2012	9	5	11	12.07.09~
	K리그1	강 원	2013	2	9	11	13.08.10
	K리그1	성 남	2014	5	5	5	14.09.05~
	K리그1	성 남	2015	15	15	8	

감독명	기간 / 구단명 / 재임년도			승	무	패	비고
	K리그1	성 남	2016	10	8	11	16.09.12
	K리그1	광 주	2017	2	5	6	17.08.16~
김 현 수		통산		1	5	6	
	K리그2	서울E	2019	1	5	6	19.05.22
김 형 렬		통산		2	1	4	
	BC	전 북	2005	2	1	4	05.06.13~05.07.10
김 형 열		통산		15	11	12	
	K리그2	안 양	2019	15	11	12	
김 호		통산		207	154	180	
	BC	한일은행	1984	5	11	12	
	BC	한일은행	1985	3	10	8	
	BC	한일은행	1986	4	4	12	
	BC	현 대	1988	10	5	9	
	BC	현 대	1989	7	15	18	
	BC	현 대	1990	6	14	10	
	BC	수 원	1996	21	11	8	
	BC	수 원	1997	14	13	9	
	BC	수 원	1998	18	7	12	
	BC	수 원	1999	31	4	8	
	BC	수 원	2000	15	11	12	
	BC	수 원	2001	19	6	13	
	BC	수 원	2002	16	10	10	
	BC	수 원	2003	19	15	10	
	BC	대 전	2007	8	0	6	07.07.01~
	BC	대 전	2008	7	14	15	
	BC	대 전	2009	4	4	8	09.06.26
김 호 곤		통산		126	76	95	
	BC	부 산	2000	13	10	14	
	BC	부 산	2001	16	13	9	
	BC	부 산	2002	8	8	15	02.11.05
	BC	울 산	2009	11	9	12	
	BC	울 산	2010	16	7	11	
	BC	울 산	2011	22	8	13	
	BC	울 산	2012	18	14	12	
	K리그1	울 산	2013	22	7	9	13.12.04
김 호 영		통산		7	3	8	
	승강PO	강 원	2013	1	0	1	13.08.14~13.12.10
	K리그1	강 원	2013	6	3	7	13.08.14~13.12.10
김 희 태		통산		11	6	13	
	BC	대 우	1994	4	0	5	94.09.08~
	BC	대 우	1995	7	6	8	95.08.03
남 기 일		통산		80	66	85	
	K리그2	광 주	2013	9	0	7	13.08.18~
	K리그2	광 주	2014	15	12	11	
	승강PO	광 주	2014	1	1	0	
	K리그1	광 주	2015	10	12	16	
	K리그1	광 주	2016	11	14	13	
	K리그1	광 주	2017	4	7	14	17.08.14
	K리그2	성 남	2018	18	11	7	
	K리그1	성 남	2019	12	9	17	
남 대 식		통산		2	6	6	
	BC	전 북	2001	2	6	6	01.07.19~01.10.03
노 상 래		통산		31	34	44	
	K리그1	전 남	2015	12	13	13	
	K리그1	전 남	2016	11	10	12	16.10.14
	K리그1	전 남	2017	8	11	19	

감독명	기간 / 구단명 / 재임년도			승	무	패	비고
노흥섭		통산		3	2	11	
	BC	국민은행	1983	3	2	11	83~
니폼니시		통산		57	38	53	
	BC	유공	1995	11	11	13	
	BC	부천유공	1996	18	11	11	
	BC	부천SK	1997	8	12	15	
	BC	부천SK	1998	20	4	14	
당성증		통산		0	3	5	
	K리그1	대구	2013	0	3	5	13.04.22
데니스		통산		1	4	6	
	K리그1	부산	2015	1	4	6	15.07.13~15.10.11
레네		통산		14	18	30	
	BC	천안일화	1997	8	13	14	97.03.01~
	BC	천안일화	1998	6	5	16	98.09.08
레니		통산		21	18	17	
	K리그2	서울E	2015	16	14	11	
	K리그2	서울E	2016	5	4	6	16.06.15
레모스		통산		2	3	6	
	BC	포항	2010	2	3	6	10.05.10
로란트		통산		5	9	10	
	BC	인천	2004	5	9	10	04.03.01~04.08.30
모아시르		통산		16	13	15	
	BC	대구	2012	16	13	15	12.12.01
문정식		통산		25	18	16	
	BC	현대	1984	13	10	5	
	BC	현대	1985	10	4	7	
	BC	현대	1986	2	4	4	86.04.22
민동성		통산		1	0	2	
	K리그2	충주	2013	1	0	2	13.06.20~13.07.21
박건하		통산		11	8	4	
	K리그2	서울E	2016	11	8	4	16.06.28~17.01.10
박경훈		통산		103	81	82	
	BC	부산	2002	0	0	4	02.11.06~02.11.21
	BC	제주	2010	20	11	5	
	BC	제주	2011	10	11	10	
	BC	제주	2012	16	15	13	
	K리그1	제주	2013	16	10	12	
	K리그1	제주	2014	14	12	12	
	K리그1	제주	2015	14	8	16	15.12.18
	K리그2	성남	2017	13	14	10	
박동혁		통산		33	17	22	
	K리그2	아산	2018	21	9	6	
	K리그2	아산	2019	12	8	16	
박병주		통산		20	22	29	
	BC	안양LG	1997	3	18	14	
	BC	안양LG	1998	17	4	15	
박성화		통산		118	94	110	
	BC	유공	1992	10	10	13	92.05.13~
	BC	유공	1993	7	15	13	
	BC	유공	1994	15	9	8	~94.10.29
	BC	포항	1996	20	13	7	
	BC	포항	1997	15	15	8	
	BC	포항	1998	18	6	15	
	BC	포항	1999	16	4	18	
	BC	포항	2000	7	9	11	~00.07.31
	K리그2	경남	2015	10	13	17	15.01.06~15.11.24
박세학		통산		39	32	46	
	BC	럭키금성	1984	8	6	14	
	BC	럭키금성	1985	10	7	4	
	BC	럭키금성	1986	14	12	10	
	BC	럭키금성	1987	7	7	18	
박이천		통산		15	11	12	
	BC	인천	2007	15	11	12	
박종환		통산		126	157	137	
	BC	일화	1989	6	21	13	89.03.19~
	BC	일화	1990	7	10	13	
	BC	일화	1991	13	11	16	
	BC	일화	1992	13	19	8	
	BC	일화	1993	14	12	9	
	BC	일화	1994	17	11	8	
	BC	일화	1995	16	13	6	
	BC	대구	2003	7	16	21	03.03.19~
	BC	대구	2004	9	16	11	
	BC	대구	2005	12	9	15	
	BC	대구	2006	10	16	13	
	K리그1	성남	2014	2	3	4	14.04.22
박진섭		통산		32	25	16	
	K리그2	광주	2018	11	15	11	
	K리그2	광주	2019	21	10	5	
박창현		통산		7	8	6	
	BC	포항	2010	7	8	6	10.05.11~10.12.12
박철		통산		0	1	4	
	K리그2	대전	2019	0	1	4	19.05.21~19.06.30
박항서		통산		118	75	138	
	BC	경남	2006	14	6	19	
	BC	경남	2007	14	10	13	
	BC	전남	2008	10	5	14	
	BC	전남	2009	13	11	11	
	BC	전남	2010	9	9	14	10.11.09
	BC	상주	2012	7	6	31	
	승강PO	상주	2013	1	0	1	
	K리그2	상주	2013	23	8	4	
	K리그1	상주	2014	7	13	18	
	K리그2	상주	2015	20	7	13	
박효진		통산		7	3	10	
	K리그2	강원	2014	5	0	5	14.09.19~
	K리그1	강원	2017	2	3	5	17.08.15~17.11.01
백종철		통산		6	11	13	
	K리그1	대구	2013	6	11	13	13.04.23~13.11.30
변병주		통산		28	20	57	
	BC	대구	2007	10	7	19	
	BC	대구	2008	11	4	21	
	BC	대구	2009	7	9	17	
브랑코		통산		5	7	8	
	K리그1	경남	2014	5	6	7	14.08.15~
	승강PO	경남	2014	0	1	1	14.08.15~
비츠케이		통산		17	18	5	
	BC	대우	1991	17	18	5	
빙가다		통산		25	6	6	
	BC	서울	2010	25	6	6	10.12.13
샤키(세		통산		7	6	10	
쿨라리치)	BC	부산	1996	7	6	10	96.07.21

감독명	기간 / 구단명 / 재임년도			승	무	패	비고
서정원	통산			92	66	63	
	K리그1	수원	2013	15	8	15	
	K리그1	수원	2014	19	10	9	
	K리그1	수원	2015	19	10	9	
	K리그1	수원	2016	10	18	10	
	K리그1	수원	2017	17	13	8	
	K리그1	수원	2018	12	7	12	18.10.15~18.12.31
손현준	통산			11	7	10	
	K리그2	대구	2016	9	4	3	16.08.13~
	K리그1	대구	2017	2	3	7	17.05.22
송경섭	통산			9	7	13	
	K리그1	전남	2016	1	1	3	16.10.15~
	K리그1	강원	2017	1	0	1	17.11.02~
	K리그1	강원	2018	7	6	9	18.08.12
송광환	통산			0	1	1	
	K리그1	경남	2013	0	1	1	13.05.23~13.06.01
송선호	통산			60	35	46	
	K리그2	부천	2015	13	7	10	15.05.29~15.10.01
	K리그2	부천	2016	17	9	10	16.10.12
	K리그2	아산	2017	16	9	13	
	K리그2	부천	2019	14	10	13	
신우성	통산			4	2	8	
	BC	대우	1995	4	2	8	95.08.04~
신윤기	통산			6	3	8	
	BC	부산	1999	6	3	8	99.06.10~99.09.08
신진원	통산			0	0	2	
	BC	대전	2011	0	0	2	11.07.06~11.07.17
신태용	통산			58	42	53	
	BC	성남일화	2009	19	10	11	
	BC	성남일화	2010	14	12	8	
	BC	성남일화	2011	11	10	14	
	BC	성남일화	2012	14	10	20	12.12.08
신홍기	통산			0	0	1	
	K리그1	전북	2013	0	0	1	13.06.20~13.06.27
안데르센	통산			10	8	13	
	K리그1	인천	2018	9	7	8	18.06.26~
	K리그1	인천	2019	1	1	5	19.04.15
안드레	통산			36	35	31	
	K리그1	대구	2017	9	11	6	17.05.23~
	K리그1	대구	2018	14	8	16	
	K리그1	대구	2019	13	16	9	
안승인	통산			7	8	25	
	K리그2	충주	2016	7	8	25	
안익수	통산			49	30	42	
	BC	부산	2011	19	7	13	
	BC	부산	2012	13	14	17	12.12.13
	K리그1	성남일화	2013	17	9	12	13.12.22
알 툴	통산			30	23	41	
	BC	제주	2008	9	10	17	
	BC	제주	2009	10	7	14	09.10.14
	K리그2	강원	2014	11	6	10	14.09.18
앤디 에글리	통산			9	12	15	
	BC	부산	2006	5	3	5	06.08.23~
	BC	부산	2007	4	9	10	07.06.30
엥 겔	통산			12	11	7	
	BC	대우	1990	12	11	7	

감독명	기간 / 구단명 / 재임년도			승	무	패	비고
여범규	통산			7	5	7	
	K리그2	광주	2013	7	5	7	13.08.16
왕선재	통산			15	20	35	
	BC	대전	2009	6	5	6	09.06.27~
	BC	대전	2010	6	8	18	
	BC	대전	2011	3	7	11	11.07.05
우성용	통산			4	5	15	
	K리그2	서울E	2019	4	5	15	19.05.23~
유상철	통산			25	31	50	
	BC	대전	2011	3	3	6	11.07.18~
	BC	대전	2012	13	11	20	12.12.01
	K리그1	전남	2018	3	7	13	18.08.15
	K리그1	인천	2019	6	10	11	19.05.17~
윤덕여	통산			0	0	1	
	BC	전남	2012	0	0	1	12.08.11~12.08.13
윤성효	통산			76	52	67	
	BC	수원	2010	10	5	4	10.06.08~
	BC	수원	2011	18	6	10	
	BC	수원	2012	20	13	11	12.12.11
	K리그1	부산	2013	14	10	14	
	K리그1	부산	2014	10	13	15	
	K리그1	부산	2015	4	5	13	15.07.12
윤정환	통산			27	26	23	
	K리그1	울산	2015	13	14	11	
	K리그1	울산	2016	14	12	12	
이강조	통산			59	72	157	
	BC	광주상무	2003	13	7	24	
	BC	광주상무	2004	10	13	13	
	BC	광주상무	2005	7	8	21	
	BC	광주상무	2006	9	10	20	
	BC	광주상무	2007	5	9	22	
	BC	광주상무	2008	3	10	23	
	BC	광주상무	2009	9	4	19	
	BC	광주상무	2010	3	11	15	10.10.27
이관우	통산			1	0	1	
	K리그2	수원FC	2019	1	0	1	19.10.31~19.11.13
이기형	통산			14	25	21	
	K리그1	인천	2016	6	3	1	16.09.01~
	K리그1	인천	2017	7	18	13	
	K리그1	인천	2018	1	4	7	18.05.11
이낙영	통산			2	10	28	
	K리그2	고양	2016	2	10	28	
이병근	통산			1	4	2	
	K리그1	수원	2018	1	4	2	18.08.30~18.10.14
이상윤	통산			2	4	7	
	K리그1	성남	2014	2	4	7	14.04.23~14.08.26
이성길	통산			4	9	5	
	K리그2	고양	2014	4	9	5	14.07.25~
이수철	통산			6	7	12	
	BC	광주상무	2010	0	1	2	10.10.28~
	BC	상주	2011	6	6	10	11.01.12~11.07.13
이승엽	통산			4	1	1	
	승강PO	부산	2017	1	0	1	17.10.13~
	K리그2	부산	2017	3	1	0	17.10.13~
이영무	통산			30	26	37	
	K리그2	고양	2013	10	11	14	

감독명	기간 / 구단명 / 재임년도			승	무	패	비고
	K리그2	고양	2014	7	5	6	14.07.24
	K리그2	고양	2015	13	10	17	15.02.16~
이영민		통산		23	20	23	
	K리그2	안양	2015	12	7	7	15.06.16~
	K리그2	안양	2016	11	13	16	
이영익		통산		4	7	15	
	K리그2	대전	2017	4	7	15	17.08.30
이영진		통산		44	38	51	
		통산		0	1	0	
	BC	대구	2010	7	5	21	
	BC	대구	2011	9	11	15	11.11.01
	K리그1	성남	2014	0	1	0	14.08.27~14.09.04
	K리그2	대구	2015	18	13	10	
	K리그2	대구	2016	10	9	5	16.08.12
이우형		통산		28	23	34	
	K리그2	안양	2013	12	9	14	
	K리그2	안양	2014	15	6	15	
	K리그2	안양	2015	1	8	5	15.06.16
이을용		통산		6	7	9	
	K리그1	서울	2018	6	7	9	18.05.01~18.10.10
이임생		통산		12	12	14	
	K리그1	수원	2019	12	12	14	
이장수		통산		55	46	52	
	BC	천안일화	1996	11	10	19	
	BC	전남	2004	14	11	12	04.12.13
	BC	서울	2005	13	10	13	
	BC	서울	2006	17	15	8	
이재철		통산		2	3	9	
	K리그2	충주	2013	2	3	9	13.06.19
이종환		통산		22	20	16	
	BC	유공	1983	5	7	4	
	BC	유공	1984	13	9	6	
	BC	유공	1985	4	4	6	85.07.21
이차만		통산		90	74	65	
	BC	대우	1987	16	14	2	
	BC	대우	1988	8	5	11	
	BC	대우	1989	14	14	12	
	BC	대우	1992	4	13	9	92.09.23
	BC	부산	1997	22	11	5	
	BC	부산	1998	17	6	12	
	BC	부산	1999	7	2	5	99.06.09
	K리그1	경남	2014	2	9	9	14.08.14
이태호		통산		13	22	35	
	BC	대전	2001	9	10	16	
	BC	대전	2002	4	12	19	
이회택		통산		123	121	122	
	BC	포항제철	1988	9	9	6	
	BC	포항제철	1989	13	14	13	
	BC	포항제철	1990	9	10	11	
	BC	포항제철	1991	12	15	13	
	BC	포항제철	1992	16	14	10	
	BC	전남	1998	0	1	0	98.10.15~
	BC	전남	1999	14	6	18	
	BC	전남	2000	14	10	15	
	BC	전남	2001	8	11	16	
	BC	전남	2002	11	11	13	
	BC	전남	2003	17	20	7	
이흥실		통산		57	42	44	
	BC	전북	2012	22	13	9	12.01.05~12.12.12
	K리그2	안산	2015	9	15	16	
	K리그2	안산	2016	21	7	12	
	K리그2	대전	2019	5	7	7	19.07.02~
인창수		통산		11	8	19	
	K리그2	서울E	2016	1	1	0	16.06.16~16.06.27
	K리그2	서울E	2018	10	7	19	
임완섭		통산		15	10	17	
	K리그2	안산	2018	1	2	3	18.10.01~
	K리그2	안산	2019	14	8	14	
임중용		통산		0	2	2	
	K리그1	인천	2019	0	2	2	19.04.16~19.05.14
임창수		통산		3	8	17	
	BC	국민은행	1984	3	8	17	
장외룡		통산		50	42	47	
	BC	부산	1999	8	0	5	99.09.09~
	BC	인천	2004	4	5	3	04.08.31~
	BC	인천	2005	19	9	11	
	BC	인천	2006	8	16	15	
	BC	인천	2008	11	12	13	
장운수		통산		45	23	25	
	BC	대우	1983	6	7	3	
	BC	대우	1984	13	5	2	84.06.21~
	BC	대우	1985	9	7	5	
	BC	대우	1986	17	4	15	
장종대		통산		6	7	8	
	BC	상무	1985	6	7	8	
전경준		통산		7	5	3	
	K리그2	전남	2019	7	5	3	19.07.31~
정갑석		통산		26	12	30	
	K리그2	부천	2016	2	1	2	16.10.15~
	K리그2	부천	2017	15	7	14	
	K리그2	부천	2018	9	4	14	18.09.14
정병탁		통산		10	12	23	
	BC	전남	1995	9	10	16	
	BC	전남	1996	1	2	7	96.05.27
정해성		통산		42	47	44	
	BC	부천SK	2004	6	19	11	
	BC	부천SK	2005	17	9	10	
	BC	전남	2011	14	11	10	
	BC	전남	2012	5	8	13	12.08.10
정해원		통산		1	1	7	
	BC	대우	1994	1	1	7	94.06.22~94.09.07
조광래		통산		140	119	125	
	BC	대우	1992	5	6	3	92.09.24~
	BC	대우	1993	8	15	12	
	BC	대우	1994	4	8	6	94.06.21
	BC	안양LG	1999	14	6	19	
	BC	안양LG	2000	20	9	10	
	BC	안양LG	2001	14	11	10	
	BC	안양LG	2002	17	9	10	
	BC	안양LG	2003	14	14	16	
	BC	서울	2004	9	16	11	
	BC	경남	2008	13	9	14	

감독명	기간 / 구단명 / 재임년도			승	무	패	비고
	BC	경남	2009	11	11	10	
	BC	경남	2010	11	5	4	10.07.31
조덕제		통산		83	64	71	
	K리그2	수원FC	2013	13	8	14	
	K리그2	수원FC	2014	12	12	12	
	K리그2	수원FC	2015	19	12	11	
	승강PO	수원FC	2015	2	0	0	
	K리그1	수원FC	2016	10	9	19	
	K리그2	수원FC	2017	7	9	10	17.08.23
	K리그2	부산	2019	19	13	5	19.12.30
	승강PO	부산	2019	1	1	0	19.12.30
조동현		통산		36	15	21	
	K리그2	경찰	2013	20	4	11	
	K리그2	안산	2014	16	11	10	
조민국		통산		13	11	14	
	K리그1	울산	2014	13	11	14	14.11.30
조성환		통산		61	40	55	
	K리그1	제주	2015	14	8	16	
	K리그1	제주	2016	14	7	12	16.10.14
	K리그1	제주	2017	19	9	10	
	K리그1	제주	2018	14	12	12	
	K리그1	제주	2019	0	4	5	19.05.03
모라이스		통산		22	13	3	
	K리그1	전북	2019	22	13	3	
조영증		통산		31	33	47	
	BC	LG	1994	15	9	12	
	BC	LG	1995	6	13	16	
	BC	안양LG	1996	10	11	19	
조윤옥		통산		4	1	3	
	BC	대우	1984	4	1	3	84.06.20
조윤환		통산		94	67	81	
	BC	유공	1994	2	2	0	94.11.01~
	BC	부천SK	1999	22	0	16	
	BC	부천SK	2000	19	11	13	
	BC	전북	2001	3	2	0	01.10.04~
	BC	부천SK	2001	4	6	10	01.08.14
	BC	전북	2002	11	12	12	
	BC	전북	2003	18	15	11	
	BC	전북	2004	13	12	11	
	BC	전북	2005	2	7	8	05.06.13
조종화		통산		2	3	3	
	K리그2	수원FC	2017	2	3	3	17.08.24~17.10.19
조중연		통산		22	19	17	
	BC	현대	1986	15	7	4	86.04.23~
	BC	현대	1987	7	12	13	
조진호		통산		55	32	42	
	BC	제주	2009	0	1	2	09.10.15~09.11.01
	K리그1	대전	2013	5	2	1	13.10.05~
	K리그2	대전	2014	20	10	6	
	K리그1	대전	2015	1	2	8	15.05.21
	K리그1	상주	2016	12	7	19	
	K리그2	부산	2017	17	10	6	17.10.10
차경복		통산		131	83	101	
	BC	전북	1995	11	6	18	
	BC	전북	1996	12	10	18	96.12.05
	BC	천안일화	1998	2	1	5	98.09.09~
	BC	천안일화	1999	12	7	18	
	BC	성남일화	2000	19	12	10	
	BC	성남일화	2001	16	13	7	
	BC	성남일화	2002	19	12	7	
	BC	성남일화	2003	27	10	7	
	BC	성남일화	2004	13	12	11	
차범근		통산		157	119	116	
	BC	현대	1991	13	16	11	
	BC	현대	1992	16	8	16	
	BC	현대	1993	14	10	11	
	BC	현대	1994	12	16	8	
	BC	수원	2004	17	14	8	
	BC	수원	2005	13	14	9	
	BC	수원	2006	14	16	12	
	BC	수원	2007	21	8	10	
	BC	수원	2008	25	8	7	
	BC	수원	2009	8	8	14	
	BC	수원	2010	4	1	10	10.06.07
최강희		통산		229	115	101	
	BC	전북	2005	2	3	7	05.07.11~
	BC	전북	2006	11	13	15	
	BC	전북	2007	12	12	12	
	BC	전북	2008	17	8	14	
	BC	전북	2009	19	8	7	
	BC	전북	2010	22	7	9	
	BC	전북	2011	20	9	4	
	K리그1	전북	2013	12	6	6	13.06.27~
	K리그1	전북	2014	24	9	5	
	K리그1	전북	2015	22	7	9	
	K리그1	전북	2016	20	16	2	
	K리그1	전북	2017	22	9	7	
	K리그1	전북	2018	26	8	4	
최덕주		통산		13	8	15	
	K리그2	대구	2014	13	8	15	14.11.18
최만희		통산		73	55	111	
	BC	전북	1997	7	14	14	
	BC	전북	1998	14	4	17	
	BC	전북	1999	14	5	17	
	BC	전북	2000	14	6	17	
	BC	전북	2001	4	3	10	01.07.18
	BC	광주	2011	10	8	17	
	BC	광주	2012	10	15	19	12.12.02
최문식		통산		18	15	33	
	K리그1	대전	2015	3	5	18	15.06.01~
	K리그2	대전	2016	15	10	15	16.10.30
최순호		통산		122	87	145	
	BC	포항	2000	2	2	6	00.08.01~
	BC	포항	2001	14	8	13	
	BC	포항	2002	11	11	13	
	BC	포항	2003	17	13	14	
	BC	포항	2004	13	13	13	
	BC	강원	2009	8	7	18	
	BC	강원	2010	8	6	18	
	BC	강원	2011	1	1	4	11.04.07
	K리그1	포항	2016	2	2	2	16.10.01~
	K리그1	포항	2017	15	7	16	

감독명	기간 / 구단명 / 재임년도			승	무	패	비고
	K리그1	포항	2018	15	9	14	
	K리그1	포항	2019	16	8	14	
최영준		통산		19	9	20	
	승강PO	부산	2015	0	0	2	15.10.12~
	K리그1	부산	2015	0	2	3	15.10.12~
	K리그2	부산	2016	19	7	15	
최용수		통산		119	65	60	
	BC	서울	2011	15	4	6	11.04.27~11.12.08
	BC	서울	2012	29	9	6	
	K리그1	서울	2013	17	11	10	
	K리그1	서울	2014	15	13	10	
	K리그1	서울	2015	17	11	10	
	K리그1	서울	2016	9	3	3	16.06.22
	승강PO	서울	2018	1	1	0	18.10.11~
	K리그1	서울	2018	1	2	3	18.10.11~
	K리그1	서울	2019	15	11	12	
최윤겸		통산		131	134	127	
	BC	부천SK	2001	5	9	1	01.08.15~
	BC	부천SK	2002	8	4	9	02.09.01
	BC	대전	2003	18	11	15	
	BC	대전	2004	11	13	12	
	BC	대전	2005	9	16	11	
	BC	대전	2006	12	16	11	
	BC	대전	2007	4	12	7	07.06.30
	K리그2	강원	2015	13	12	15	
	K리그2	강원	2016	21	9	12	
	승강PO	강원	2016	0	2	0	
	K리그1	강원	2017	10	7	9	17.08.14
	K리그2	부산	2018	15	14	8	
	승강PO	부산	2018	0	1	1	
	K리그1	제주	2019	5	8	16	19.05.03~
최은택		통산		36	24	29	
	BC	포항제철	1985	9	7	5	
	BC	포항제철	1986	11	9	16	
	BC	포항제철	1987	16	8	8	
최진철		통산		10	8	14	
	K리그1	포항	2016	10	8	14	16.09.24
최진한		통산		40	33	65	
	BC	경남	2011	16	7	14	
	BC	경남	2012	14	8	22	
	K리그1	경남	2013	2	6	3	13.05.22
	K리그2	부천	2014	6	9	21	14.02.06~
	K리그2	부천	2015	2	3	5	15.05.29
트나즈트르판		통산		3	7	13	
	BC	부천SK	2002	3	6	5	02.09.02~
	BC	부천SK	2003	0	1	8	03.05.15
파리아스		통산		83	55	43	
	BC	포항	2005	15	15	6	
	BC	포항	2006	19	9	12	
	BC	포항	2007	17	12	12	
	BC	포항	2008	14	7	8	
	BC	포항	2009	18	12	5	
파비아노		통산		6	4	11	

감독명	기간 / 구단명 / 재임년도			승	무	패	비고
	K리그2	전남	2019	6	4	11	19.07.30
파비오		통산		6	3	4	
	K리그1	전북	2013	6	3	4	13.06.19
페트코비치		통산		26	23	28	
	BC	인천	2009	13	15	8	
	BC	인천	2010	7	2	7	10.06.08
	K리그1	경남	2013	6	6	13	13.06.02~13.12.16
포터필드		통산		30	40	53	
	BC	부산	2003	13	10	21	
	BC	부산	2004	8	16	12	
	BC	부산	2005	9	11	17	
	BC	부산	2006	0	3	3	06.04.03
하석주		통산		31	28	34	
	BC	전남	2012	8	6	3	12.08.14~
	K리그1	전남	2013	9	13	16	
	K리그1	전남	2014	14	9	15	14.11.30
하재훈		통산		3	11	21	
	BC	부천SK	2003	3	11	21	03.05.16~03.11.20
한홍기		통산		16	11	17	
	BC	포항제철	1983	6	4	6	
	BC	포항제철	1984	10	7	11	
함흥철		통산		19	24	22	
	BC	할렐루야	1983	6	8	2	
	BC	할렐루야	1984	10	9	9	
	BC	할렐루야	1985	3	7	11	
허정무		통산		121	128	113	
	BC	포항제철	1993	12	14	9	
	BC	포항제철	1994	14	13	9	
	BC	포항	1995	16	13	6	
	BC	전남	1996	9	9	12	96.05.28~
	BC	전남	1997	17	15	4	
	BC	전남	1998	13	5	17	98.10.14
	BC	전남	2005	10	11	15	
	BC	전남	2006	13	15	11	
	BC	전남	2007	7	9	11	
	BC	인천	2010	2	6	3	10.08.23~
	BC	인천	2011	7	16	12	
	BC	인천	2012	1	2	4	12.04.11
황보관		통산		1	3	3	
	BC	서울	2011	1	3	3	11.01.05~11.04.26
황선홍		통산		162	99	112	
	BC	부산	2008	10	8	19	
	BC	부산	2009	12	11	15	
	BC	부산	2010	11	10	12	10.12.12
	BC	포항	2011	21	8	8	
	BC	포항	2012	23	8	13	
	K리그1	포항	2013	21	11	6	
	K리그1	포항	2014	16	10	12	
	K리그1	포항	2015	18	12	8	
	K리그1	서울	2016	12	4	6	16.06.27~
	K리그1	서울	2017	16	13	9	
	K리그1	서울	2018	2	4	4	~18.04.30

가도에프(Gadoev Shohruh) 우즈베키스탄 1991.12.31

대회	연도	소속	출전	교체	득점	도움	파울	경고	퇴장
K2	2018	대전	32	30	8	4	29	4	1
	2019	대전	8	8	0	1	7	0	0
	합계		40	38	8	5	36	4	1
프로통산			40	38	8	5	36	4	1

가브리엘(Gabriel Lima) 브라질 1978.06.13

대회	연도	소속	출전	교체	득점	도움	파울	경고	퇴장
BC	2006	대구	17	15	2	3	35	3	0
	합계		17	15	2	3	35	3	0
프로통산			17	15	2	3	35	3	0

가비(Gabriel Popescu) 루마니아 1973.12.25

대회	연도	소속	출전	교체	득점	도움	파울	경고	퇴장
BC	2002	수원	24	10	6	1	59	8	0
	2003	수원	31	4	6	2	61	6	0
	2004	수원	4	4	0	1	2	0	0
	합계		59	18	12	4	122	14	0
프로통산			59	18	12	4	122	14	0

가빌란(Jaime Gavilan Martinez) 스페인 1985.05.12

대회	연도	소속	출전	교체	득점	도움	파울	경고	퇴장
K1	2016	수원FC	22	18	3	2	26	5	0
	합계		22	18	3	2	26	5	0
K2	2017	수원FC	1	1	0	0	1	0	0
	합계		1	1	0	0	1	0	0
프로통산			23	19	3	2	27	5	0

가솔현(賈率賢) 고려대 1991.02.12

대회	연도	소속	출전	교체	득점	도움	파울	경고	퇴장
K1	2018	전남	26	2	0	0	19	3	0
	합계		26	2	0	0	19	3	0
K2	2013	안양	20	0	3	0	37	5	0
	2014	안양	26	1	1	2	35	6	0
	2015	안양	26	1	1	0	28	7	0
	2016	안양	20	6	0	0	24	5	0
	2019	전남	19	6	0	1	27	4	0
	합계		111	14	5	3	151	27	0
프로통산			137	16	5	3	170	30	0

가우초(Eric Freire Gomes) 브라질 1972.09.22

대회	연도	소속	출전	교체	득점	도움	파울	경고	퇴장
BC	2004	부산	13	8	4	0	26	3	0
	합계		13	8	4	0	26	3	0
프로통산			13	8	4	0	26	3	0

가이모토(Kaimoto Kojiro) 일본 1977.10.14

대회	연도	소속	출전	교체	득점	도움	파울	경고	퇴장
BC	2001	성남일	1	1	0	0	4	1	0
	2002	성남일	21	11	0	1	36	2	0
	합계		22	12	0	1	40	3	0
프로통산			22	12	0	1	40	3	0

감한솔(甘한솔) 경희대 1993.11.19

대회	연도	소속	출전	교체	득점	도움	파울	경고	퇴장
K2	2015	대구	7	6	0	0	5	1	0
	2016	대구	5	3	0	1	4	0	0
	2017	서울E	21	6	1	2	16	2	0
	2018	서울E	13	7	0	0	14	0	0
	2019	부천	33	5	2	4	30	6	0
	합계		79	27	3	7	69	9	0
프로통산			79	27	3	7	69	9	0

강경호(姜京昊) 한양대 1957.02.02

대회	연도	소속	출전	교체	득점	도움	파울	경고	퇴장
BC	1983	국민은	5	4	0	0	1	0	0
	1984	국민은	11	3	3	0	11	1	0
	합계		16	7	3	0	12	1	0
프로통산			16	7	3	0	12	1	0

강구남(姜求南) 경희대 1987.07.31

대회	연도	소속	출전	교체	득점	도움	파울	경고	퇴장
BC	2008	대전	4	4	0	1	3	0	0
	2009	광주상	2	2	0	0	4	0	0
	2010	광주상	6	5	0	0	8	0	0
	2011	대전	6	5	0	0	5	1	0
	합계		18	16	0	1	20	1	0
프로통산			18	16	0	1	20	1	0

강금철(姜錦哲) 전주대 1972.03.19

대회	연도	소속	출전	교체	득점	도움	파울	경고	퇴장
BC	1995	전북	2	2	0	0	5	0	0
	1996	전북	0	0	0	0	0	0	0
	1999	전북	10	9	1	1	10	1	0
	2000	전북	5	4	0	0	5	2	0
	2001	전북	13	3	0	0	28	1	0
	합계		30	18	1	1	48	4	0
프로통산			30	18	1	1	48	4	0

강기원(康己源) 고려대 1981.10.07

대회	연도	소속	출전	교체	득점	도움	파울	경고	퇴장
BC	2004	울산	11	10	0	0	11	1	0
	2005	울산	4	2	0	0	4	0	0
	2006	경남	18	11	0	0	23	2	0
	2007	경남	30	15	0	0	30	5	0
	2008	경남	2	1	0	0	1	1	0
	합계		65	39	0	0	69	9	0
프로통산			65	39	0	0	69	9	0

강대희(姜大熙) 경희고 1977.02.02

대회	연도	소속	출전	교체	득점	도움	파울	경고	퇴장
BC	2000	수원	15	11	0	0	18	0	0
	2003	대구	4	4	0	0	2	0	0
	합계		19	15	0	0	20	0	0
프로통산			19	15	0	0	20	0	0

강동구(姜冬求) 관동대(가톨릭관동대) 1983.08.04

대회	연도	소속	출전	교체	득점	도움	파울	경고	퇴장
BC	2007	제주	4	2	0	0	5	1	0
	2008	제주	12	7	0	0	7	0	0
	합계		16	9	0	0	12	1	0
프로통산			16	9	0	0	12	1	0

강두호(康斗豪) 건국대 1978.03.28

대회	연도	소속	출전	교체	득점	도움	파울	경고	퇴장
BC	2007	제주	4	3	0	0	8	1	0
	합계		4	3	0	0	8	1	0
프로통산			4	3	0	0	8	1	0

강득수(姜得壽) 연세대 1961.08.16

대회	연도	소속	출전	교체	득점	도움	파울	경고	퇴장
BC	1984	럭금	27	4	2	6	25	1	0
	1985	럭금	21	0	5	3	18	1	0
	1986	럭금	17	1	2	10	19	0	0
	1987	럭금	31	7	4	3	24	0	0
	1988	럭금	23	1	3	5	19	2	0
	1989	럭금	20	1	4	7	21	1	0
	1990	현대	20	1	1	4	24	0	0
	1991	현대	19	14	1	4	19	0	0
	합계		178	29	22	42	169	5	0
프로통산			178	29	22	42	169	5	0

강만영(姜萬永) 인천대 1962.06.14

대회	연도	소속	출전	교체	득점	도움	파울	경고	퇴장
BC	1988	럭금	15	7	2	1	13	1	0
	1989	럭금	12	12	0	1	7	0	0
	합계		27	19	2	2	20	1	0
프로통산			27	19	2	2	20	1	0

강명철(姜明鐵) 경희대 1984.06.20

대회	연도	소속	출전	교체	득점	도움	파울	경고	퇴장
BC	2007	서울	1	1	0	0	1	0	0
	합계		1	1	0	0	1	0	0
프로통산			1	1	0	0	1	0	0

강모근(姜模根) 가톨릭관동대 1994.06.11

대회	연도	소속	출전	교체	**실점**	도움	파울	경고	퇴장
K1	2017	강원	1	0	5	0	0	0	0
	합계		1	0	5	0	0	0	0
프로통산			1	0	5	0	0	0	0

강민(康忞) 건국대 1989.06.07

대회	연도	소속	출전	교체	득점	도움	파울	경고	퇴장
K2	2013	광주	6	2	0	0	2	0	0
	합계		6	2	0	0	2	0	0
프로통산			6	2	0	0	2	0	0

강민수(姜敏壽) 고양고 1986.02.14

대회	연도	소속	출전	교체	득점	도움	파울	경고	퇴장
BC	2005	전남	13	4	0	0	33	6	0
	2006	전남	28	3	0	0	38	9	0
	2007	전남	18	0	1	0	27	3	1
	2008	전북	28	6	0	0	48	8	0
	2009	제주	22	2	0	0	35	11	0
	2010	수원	24	5	2	0	40	6	0
	2011	울산	32	10	2	0	34	7	0
	2012	울산	32	7	2	0	40	7	0
	합계		197	37	7	0	295	57	1
K1	2013	울산	37	0	2	1	47	5	0
	2014	울산	11	0	0	1	15	4	0
	2014	상주	19	2	1	0	25	6	0
	2016	울산	26	8	0	0	20	2	0
	2017	울산	24	4	0	0	17	4	0
	2018	울산	30	3	1	0	22	1	0
	2019	울산	23	1	3	0	20	7	0
	합계		170	18	7	2	166	29	0
K2	2015	상주	27	7	0	1	28	5	0
	합계		27	7	0	1	28	5	0
프로통산			394	62	14	3	489	91	1

강민우(姜民右) 동국대 1987.03.26

대회	연도	소속	출전	교체	득점	도움	파울	경고	퇴장
BC	2010	강원	0	0	0	0	0	0	0
	2011	상주	2	2	0	0	0	0	0
	2012	상주	0	0	0	0	0	0	0
	합계		2	2	0	0	0	0	0
프로통산			2	2	0	0	0	0	0

강민재(姜玟在) 광운대 1999.12.25

대회	연도	소속	출전	교체	득점	도움	파울	경고	퇴장
K2	2019	수원FC	2	2	0	0	0	0	0
	합계		2	2	0	0	0	0	0
프로통산			2	2	0	0	0	0	0

강민혁(康珉赫) 대구대 1982.07.10

대회	연도	소속	출전	교체	득점	도움	파울	경고	퇴장
BC	2006	경남	35	1	1	0	59	9	0
	2007	제주	18	2	1	0	17	3	0
	2008	광주상	19	3	0	0	11	1	0
	2009	광주상	27	1	0	0	25	3	0
	2009	제주	2	0	0	0	2	0	0
	2010	제주	29	4	0	0	26	2	0
	2011	제주	21	3	0	0	21	3	1
	2012	경남	41	6	0	2	57	8	0
	합계		192	20	2	2	218	29	1
K1	2013	경남	27	6	0	0	37	3	0
	합계		27	6	0	0	37	3	0
프로통산			219	26	2	2	255	32	1

강봉균(姜奉均) 고려대 1993.07.06

대회	연도	소속	출전	교체	**실점**	도움	파울	경고	퇴장
K1	2017	수원	0	0	0	0	0	0	0
	2018	수원	0	0	0	0	0	0	0

대회	연도	소속	출전	교체	득점	도움	파울	경고	퇴장
	합계		0	0	0	0	0	0	0
프로통산			0	0	0	0	0	0	0

강상우(姜祥佑) 경희대 1993.10.07

대회	연도	소속	출전	교체	득점	도움	파울	경고	퇴장
K1	2014	포항	8	8	0	0	10	1	0
	2015	포항	5	4	1	0	6	0	0
	2016	포항	30	5	1	2	56	8	0
	2017	포항	33	0	0	1	48	3	0
	2018	포항	36	2	3	2	41	5	0
	2019	상주	15	8	3	0	7	1	0
	합계		127	27	8	5	168	18	0
프로통산			127	27	8	5	168	18	0

강상진(姜相珍) 중앙대 1970.12.03

대회	연도	소속	출전	교체	득점	도움	파울	경고	퇴장
BC	1993	대우	9	6	0	0	15	3	0
	1994	대우	2	2	0	0	0	0	0
	합계		11	8	0	0	15	3	0
프로통산			11	8	0	0	15	3	0

강상협(姜尙協) 동래고 1977.12.17

대회	연도	소속	출전	교체	득점	도움	파울	경고	퇴장
BC	1995	포항	0	0	0	0	0	0	0
	1996	포항	0	0	0	0	0	0	0
	합계		0	0	0	0	0	0	0
프로통산			0	0	0	0	0	0	0

강선규(康善圭) 건국대 1986.04.20

대회	연도	소속	출전	교체	득점	도움	파울	경고	퇴장
BC	2008	대전	17	4	0	1	36	3	0
	2010	강원	5	0	0	1	10	0	0
	합계		22	4	0	2	46	3	0
프로통산			22	4	0	2	46	3	0

강성관(姜聖觀) 상지대 1987.11.06

대회	연도	소속	출전	교체	**실점**	도움	파울	경고	퇴장
BC	2010	성남일	3	0	4	0	0	0	0
	2011	성남일	4	0	4	0	1	0	0
	2012	상주	0	0	0	0	0	0	0
	합계		7	0	8	0	1	0	0
K1	2013	성남일	0	0	0	0	0	0	0
	합계		0	0	0	0	0	0	0
K2	2013	상주	0	0	0	0	0	0	0
	2014	강원	1	0	2	0	0	0	0
	2015	강원	12	2	11	0	0	0	0
	합계		13	2	13	0	0	0	0
프로통산			20	2	21	0	1	0	0

강성민(姜成敏) 경희대 1974.12.26

대회	연도	소속	출전	교체	득점	도움	파울	경고	퇴장
BC	1995	전북	10	6	2	0	4	1	0
	1996	전북	7	7	0	0	1	0	0
	1998	전북	2	2	0	1	0	0	0
	합계		19	15	2	1	5	1	0
프로통산			19	15	2	1	5	1	0

강성일(姜成一) 한양대 1979.06.04

대회	연도	소속	출전	교체	**실점**	도움	파울	경고	퇴장
BC	2002	대전	1	0	2	0	0	0	0
	2003	대전	0	0	0	0	0	0	0
	2004	대전	0	0	0	0	0	0	0
	합계		1	0	2	0	0	0	0
프로통산			1	0	2	0	0	0	0

강성호(姜聲浩) 여주상고 1971.02.22

대회	연도	소속	출전	교체	득점	도움	파울	경고	퇴장
BC	1998	전북	9	7	0	0	14	0	0
	합계		9	7	0	0	14	0	0
프로통산			9	7	0	0	14	0	0

강수일(姜修一) 상지대 1987.07.15

대회	연도	소속	출전	교체	득점	도움	파울	경고	퇴장
BC	2007	인천	2	2	0	1	0	0	0
	2008	인천	5	4	0	0	3	0	0
	2009	인천	26	17	5	1	12	5	0
	2010	인천	25	21	4	1	15	2	0
	2011	제주	25	20	3	1	17	1	0
	2012	제주	32	23	3	2	27	2	0
	합계		115	87	15	6	74	10	0
K1	2013	제주	27	20	1	3	21	4	0
	2014	포항	29	21	6	3	36	2	0
	2015	제주	14	7	5	2	8	1	0
	합계		70	48	12	8	65	7	0
프로통산			185	135	27	14	139	17	0

강승조(康承助) 단국대 1986.01.20

대회	연도	소속	출전	교체	득점	도움	파울	경고	퇴장
BC	2008	부산	5	4	0	0	7	2	0
	2009	부산	22	13	4	1	36	8	0
	2010	전북	29	15	5	2	43	7	0
	2011	전북	4	4	0	0	2	1	0
	2011	경남	9	1	1	1	17	6	0
	2012	경남	32	9	5	4	57	4	1
	합계		101	46	15	8	162	28	1
K1	2013	경남	26	14	4	6	26	4	1
	2014	서울	17	14	0	1	18	2	0
	합계		43	28	4	7	44	6	1
K2	2015	안산경	19	8	2	2	27	7	0
	2016	안산무	14	8	2	0	12	2	0
	2017	대전	10	9	0	0	5	2	0
	2017	경남	3	3	0	0	0	0	0
	합계		46	28	4	2	44	11	0
프로통산			190	102	23	17	250	45	2

강시훈(康永連) 숭실대 1992.02.08

대회	연도	소속	출전	교체	득점	도움	파울	경고	퇴장
K1	2018	대구	0	0	0	0	0	0	0
	합계		0	0	0	0	0	0	0
프로통산			0	0	0	0	0	0	0

강신우(姜信友) 진주고 1999.04.21

대회	연도	소속	출전	교체	득점	도움	파울	경고	퇴장
K1	2019	경남	0	0	0	0	0	0	0
	합계		0	0	0	0	0	0	0
프로통산			0	0	0	0	0	0	0

강신우(姜信寓) 서울대 1959.03.18

대회	연도	소속	출전	교체	득점	도움	파울	경고	퇴장
BC	1983	대우	15	1	0	0	26	2	0
	1984	대우	27	6	5	3	29	2	0
	1985	대우	13	2	1	1	14	0	0
	1986	대우	29	11	1	0	36	0	0
	1987	럭금	18	8	0	0	11	1	0
	합계		102	28	7	4	116	5	0
프로통산			102	28	7	4	116	5	0

강영제(羌永提) 조선대 1994.08.11

대회	연도	소속	출전	교체	득점	도움	파울	경고	퇴장
K2	2016	대전	7	7	0	0	3	1	0
	합계		7	7	0	0	3	1	0
프로통산			7	7	0	0	3	1	0

강영철(姜英喆)

대회	연도	소속	출전	교체	득점	도움	파울	경고	퇴장
BC	1983	대우	1	2	0	0	0	0	0
	합계		1	2	0	0	0	0	0
프로통산			1	2	0	0	0	0	0

강용(康勇) 고려대 1979.01.14

대회	연도	소속	출전	교체	득점	도움	파울	경고	퇴장
BC	2001	포항	10	3	0	1	23	2	0
	2002	포항	7	6	0	0	6	2	0
	2003	포항	37	6	2	4	73	3	1
	2004	포항	31	13	1	1	52	4	0
	2005	전남	12	6	0	0	27	1	0
	2006	광주상	25	6	4	2	45	3	0
	2007	광주상	26	3	0	1	50	2	1
	2008	전남	0	0	0	0	0	0	0
	2009	강원	14	1	0	1	20	0	0
	2011	대구	9	1	0	0	15	3	0
	2012	대구	10	6	1	0	14	5	0
	합계		181	51	8	10	325	25	2
K1	2013	인천	4	1	0	0	5	1	0
	합계		4	1	0	0	5	1	0
프로통산			185	52	8	10	330	26	2

강용국(康龍國) 동국대 1961.11.17

대회	연도	소속	출전	교체	득점	도움	파울	경고	퇴장
BC	1985	한일은	19	11	1	1	22	0	0
	1986	한일은	5	5	0	1	3	0	0
	합계		24	16	1	2	25	0	0
프로통산			24	16	1	2	25	0	0

강우람(姜우람) 광운대 1986.05.04

대회	연도	소속	출전	교체	득점	도움	파울	경고	퇴장
BC	2012	대전	0	0	0	0	0	0	0
	합계		0	0	0	0	0	0	0
프로통산			0	0	0	0	0	0	0

강원길(姜源吉) 전북대 1968.03.17

대회	연도	소속	출전	교체	득점	도움	파울	경고	퇴장
BC	1994	버팔로	26	7	0	0	31	1	0
	1995	전북	25	5	1	0	31	4	0
	합계		51	12	1	0	62	5	0
프로통산			51	12	1	0	62	5	0

강윤구(姜潤求) 동아대 1993.02.08

대회	연도	소속	출전	교체	득점	도움	파울	경고	퇴장
K1	2018	대구	18	4	1	1	24	4	0
	2019	대구	15	9	0	0	15	0	0
	합계		33	13	1	1	39	4	0
프로통산			33	13	1	1	39	4	0

강윤성(姜允盛) 대구공고 1997.07.01

대회	연도	소속	출전	교체	득점	도움	파울	경고	퇴장
K1	2019	제주	23	11	0	1	26	3	0
	합계		23	11	0	1	26	3	0
K2	2016	대전	26	24	0	0	27	5	0
	2017	대전	14	4	0	0	11	2	0
	2018	대전	26	15	3	0	26	2	0
	합계		66	43	3	0	64	9	0
프로통산			89	54	3	1	90	12	0

강인준(康仁準) 호남대 1987.10.27

대회	연도	소속	출전	교체	득점	도움	파울	경고	퇴장
BC	2010	제주	0	0	0	0	0	0	0
	2011	제주	0	0	0	0	0	0	0
	2011	대전	1	1	0	0	1	0	1
	합계		1	1	0	0	1	0	1
프로통산			1	1	0	0	1	0	1

강재순(姜才淳) 성균관대 1964.12.15

대회	연도	소속	출전	교체	득점	도움	파울	경고	퇴장
BC	1987	현대	5	5	0	0	0	0	0
	1988	현대	22	3	4	3	32	3	0
	1989	현대	40	0	6	6	52	0	0
	1991	현대	27	19	3	1	19	1	0
	1992	현대	29	22	4	3	39	1	0
	1993	현대	32	8	9	3	43	2	0
	1994	현대	25	10	0	3	25	0	0
	1995	현대	16	17	2	2	12	1	0
	합계		196	84	28	21	222	8	0
프로통산			196	84	28	21	222	8	0

강재욱(姜宰旭) 홍익대 1985.04.05

대회	연도	소속	출전	교체	득점	도움	파울	경고	퇴장
BC	2009	서울	0	0	0	0	0	0	0
	합계		0	0	0	0	0	0	0
프로통산			0	0	0	0	0	0	0

강정대(姜征大) 한양대 1971.08.22

대회	연도	소속	출전	교체	득점	도움	파울	경고	퇴장
BC	1997	대전	17	0	0	0	25	2	0
	1998	대전	20	6	0	1	26	3	0
	1999	대전	20	10	1	1	26	1	0

대회	연도	소속	출전	교체	득점	도움	파울	경고	퇴장
	2000	대전	3	3	0	0	1	0	0
	합계		60	19	1	2	78	6	0
프로통산			60	19	1	2	78	6	0

강정묵(姜定黙) 단국대 1996.03.21

대회	연도	소속	출전	교체	실점	도움	파울	경고	퇴장
K2	2018	서울E	0	0	0	0	0	0	0
	2019	서울E	3	1	7	0	0	0	0
	합계		3	1	7	0	0	0	0
프로통산			3	1	7	0	0	0	0

강정훈(姜正勳) 건국대 1987.12.16

대회	연도	소속	출전	교체	득점	도움	파울	경고	퇴장
BC	2010	서울	4	3	0	0	9	1	0
	2011	서울	9	10	2	1	7	1	0
	2012	서울	3	2	0	0	3	0	0
	합계		16	15	2	1	19	2	0
K1	2013	서울	0	0	0	0	0	0	0
	2013	강원	13	11	0	1	10	2	0
	합계		13	11	0	1	10	2	0
프로통산			29	26	2	2	29	4	0

강정훈(姜政勳) 한양대 1976.02.20

대회	연도	소속	출전	교체	득점	도움	파울	경고	퇴장
BC	1998	대전	21	20	1	1	13	3	0
	1999	대전	25	21	1	2	28	1	0
	2000	대전	27	20	1	3	25	2	0
	2001	대전	6	6	0	0	10	1	0
	2002	대전	25	8	0	1	39	5	0
	2003	대전	28	12	1	2	52	1	0
	2004	대전	33	8	1	1	71	8	0
	2005	대전	34	4	2	2	92	5	0
	2006	대전	34	6	1	0	72	6	0
	2007	대전	26	10	0	0	51	4	0
	합계		259	115	8	12	453	36	0
프로통산			259	115	8	12	453	36	0

강종구(姜宗求) 동의대 1989.05.08

대회	연도	소속	출전	교체	득점	도움	파울	경고	퇴장
BC	2011	포항	1	1	0	0	0	0	0
	합계		1	1	0	0	0	0	0
프로통산			1	1	0	0	0	0	0

강종국(姜種麴) 홍익대 1991.11.12

대회	연도	소속	출전	교체	득점	도움	파울	경고	퇴장
K1	2013	경남	14	13	2	1	18	2	0
	합계		14	13	2	1	18	2	0
K2	2014	안산경	12	9	0	0	5	1	0
	2015	안산경	6	6	0	1	4	1	0
	2015	경남	1	1	0	0	0	0	0
	합계		19	16	0	1	9	2	0
프로통산			33	29	2	2	27	4	0

* 실점: 2014년 2 / 통산 2

강주호(姜周澔) 경희대 1989.03.26

대회	연도	소속	출전	교체	득점	도움	파울	경고	퇴장
BC	2012	전북	2	2	0	0	2	0	0
	합계		2	2	0	0	2	0	0
K2	2013	충주	31	19	3	3	58	9	0
	합계		31	19	3	3	58	9	0
프로통산			33	21	3	3	60	9	0

강준우(康準佑) 인천대 1982.06.03

대회	연도	소속	출전	교체	득점	도움	파울	경고	퇴장
BC	2007	제주	15	10	0	0	20	1	0
	2008	제주	19	3	1	0	23	6	0
	2009	제주	19	4	0	1	27	6	0
	2010	제주	4	0	0	0	10	1	0
	2011	제주	23	5	0	1	28	9	0
	합계		80	22	1	2	108	23	0
K1	2014	제주	4	4	0	0	0	0	0
	2015	제주	10	7	0	0	6	2	0
	2016	제주	1	1	0	0	0	0	0
	합계		15	12	0	0	6	2	0
K2	2017	안양	18	4	2	0	23	3	0
	합계		18	4	2	0	23	3	0
프로통산			113	38	3	2	137	28	0

강준호(姜俊好) 제주제일고 1971.11.27

대회	연도	소속	출전	교체	득점	도움	파울	경고	퇴장
BC	1994	LG	21	9	0	5	27	4	0
	1995	LG	10	5	0	1	11	1	0
	1996	안양LG	22	18	0	1	15	2	0
	1997	안양LG	26	3	0	0	51	5	1
	1998	안양LG	29	2	1	4	61	11	0
	1999	안양LG	11	8	0	1	7	1	0
	2000	안양LG	10	7	1	2	9	1	0
	2001	안양LG	2	2	0	0	1	0	0
	합계		131	54	2	14	182	25	1
프로통산			131	54	2	14	182	25	1

강지용(姜大浩/←강대호) 한양대 1989.11.23

대회	연도	소속	출전	교체	득점	도움	파울	경고	퇴장
BC	2009	포항	0	0	0	0	0	0	0
	2010	포항	5	2	0	0	13	2	0
	2011	포항	0	0	0	0	0	0	0
	2012	부산	1	1	0	0	0	0	0
	합계		6	3	0	0	13	2	0
K1	2017	강원	25	8	1	0	20	3	1
	2018	인천	4	2	0	0	5	2	0
	합계		29	10	1	0	25	5	1
K2	2014	부천	30	2	5	1	55	8	0
	2015	부천	34	2	0	0	37	6	1
	2016	부천	38	1	1	1	49	11	0
	합계		102	5	6	2	141	25	1
프로통산			137	18	7	2	179	32	2

강지훈(姜志勳) 용인대 1997.01.06

대회	연도	소속	출전	교체	득점	도움	파울	경고	퇴장
K1	2018	강원	12	5	1	1	12	1	0
	2019	강원	29	22	2	0	28	4	0
	합계		41	27	3	1	40	5	0
프로통산			41	27	3	1	40	5	0

강진규(康晉奎) 중앙대 1983.09.10

대회	연도	소속	출전	교체	득점	도움	파울	경고	퇴장
BC	2006	전남	0	0	0	0	0	0	0
	2008	광주상	8	6	0	0	5	0	0
	2009	광주상	22	17	3	1	5	0	0
	2009	전남	0	0	0	0	0	0	0
	2010	전남	3	2	0	0	3	1	0
	2011	전남	1	0	0	0	1	0	0
	합계		34	25	3	1	14	1	0
프로통산			34	25	3	1	14	1	0

강진욱(姜珍旭) 중동고 1986.02.13

대회	연도	소속	출전	교체	득점	도움	파울	경고	퇴장
BC	2006	제주	3	1	0	0	6	0	0
	2008	광주상	14	3	0	0	34	2	0
	2009	울산	11	3	0	1	12	1	0
	2010	울산	16	12	0	1	11	1	0
	2011	울산	17	7	1	3	15	4	0
	2012	울산	19	6	0	2	19	3	0
	합계		80	32	1	7	97	11	0
K1	2013	성남일	6	2	0	0	4	1	0
	2015	성남	0	0	0	0	0	0	0
	합계		6	2	0	0	4	1	0
프로통산			86	34	1	7	101	12	0

강진웅(姜珍熊) 선문대 1985.05.01

대회	연도	소속	출전	교체	실점	도움	파울	경고	퇴장
K2	2013	고양	13	1	15	0	1	0	0
	2014	고양	17	1	19	0	0	0	0
	2015	고양	18	1	35	0	0	0	0
	2016	고양	33	0	57	0	1	1	0
	합계		81	3	126	0	2	1	0
프로통산			81	3	126	0	2	1	0

강창근(姜昌根) 울산대 1956.04.28

대회	연도	소속	출전	교체	실점	도움	파울	경고	퇴장
BC	1983	국민	8	0	13	0	0	0	0
	합계		8	0	13	0	0	0	0
프로통산			8	0	13	0	0	0	0

강철(姜喆) 연세대 1971.11.02

대회	연도	소속	출전	교체	득점	도움	파울	경고	퇴장
BC	1993	유공	9	1	1	1	15	2	0
	1994	유공	13	3	0	2	12	1	0
	1995	유공	17	0	1	2	41	2	0
	1998	부천SK	30	5	2	4	64	5	0
	1999	부천SK	34	2	1	1	46	3	0
	2000	부천SK	35	1	4	3	55	3	0
	2001	전남	18	8	1	2	25	1	0
	2002	전남	29	2	0	0	21	3	0
	2003	전남	22	3	0	0	15	1	0
	합계		207	25	10	15	294	21	0
프로통산			207	25	10	15	294	21	0

강철민(姜澈珉) 단국대 1988.08.09

대회	연도	소속	출전	교체	득점	도움	파울	경고	퇴장
BC	2011	경남	5	1	0	0	6	0	0
	합계		5	1	0	0	6	0	0
K2	2013	경찰	4	4	0	0	1	0	0
	2014	안산경	1	1	0	0	0	0	0
	합계		5	5	0	0	1	0	0
프로통산			10	6	0	0	7	0	0

강태식(姜太植) 한양대 1963.03.15

대회	연도	소속	출전	교체	득점	도움	파울	경고	퇴장
BC	1986	포철	22	2	0	5	31	3	0
	1987	포철	30	1	3	2	52	5	0
	1988	포철	23	2	0	1	42	2	0
	1989	포철	25	7	0	2	42	1	0
	합계		100	12	3	10	167	11	0
프로통산			100	12	3	10	167	11	0

강태욱(姜泰旭) 단국대 1992.05.28

대회	연도	소속	출전	교체	득점	도움	파울	경고	퇴장
K2	2017	안산	9	6	0	0	15	1	0
	합계		9	6	0	0	15	1	0
프로통산			9	6	0	0	15	1	0

강한빛(姜한빛) 호남대 1993.07.20

대회	연도	소속	출전	교체	득점	도움	파울	경고	퇴장
K2	2018	대전	2	2	0	0	4	0	0
	2019	대전	6	6	0	0	5	1	0
	합계		8	8	0	0	9	1	0
프로통산			8	8	0	0	9	1	0

강한상(姜漢相) 안동대 1966.03.20

대회	연도	소속	출전	교체	득점	도움	파울	경고	퇴장
BC	1988	유공	12	0	0	0	21	4	0
	1989	유공	17	1	0	0	9	2	0
	합계		29	1	0	0	30	6	0
프로통산			29	1	0	0	30	6	0

강현무(姜賢茂) 포철고 1995.03.13

대회	연도	소속	출전	교체	실점	도움	파울	경고	퇴장
K1	2015	포항	0	0	0	0	0	0	0
	2016	포항	0	0	0	0	0	0	0
	2017	포항	26	1	33	0	1	1	0
	2018	포항	38	0	49	0	2	1	0
	2019	포항	23	0	29	0	0	3	0
	합계		87	1	111	0	3	5	0
프로통산			87	1	111	0	3	5	0

강현영(姜鉉映) 중앙대 1989.05.20

대회	연도	소속	출전	교체	득점	도움	파울	경고	퇴장
BC	2012	대구	0	0	0	0	0	0	0
	합계		0	0	0	0	0	0	0
프로통산			0	0	0	0	0	0	0

강현욱(姜鉉旭) 충주험멜 1985.11.04

대회	연도	소속	출전	교체	득점	도움	파울	경고	퇴장

대회	연도	소속	출전	교체	득점	도움	파울	경고	퇴장
BC	2008	대전	1	0	0	0	1	0	0
	합계		1	0	0	0	1	0	0
프로통산			1	0	0	0	1	0	0

강호광(姜鎬光) 경상대 1961.01.22

대회	연도	소속	출전	교체	득점	도움	파울	경고	퇴장
BC	1984	국민은	6	3	0	0	4	0	0
	합계		6	3	0	0	4	0	0
프로통산			6	3	0	0	4	0	0

강훈(姜訓) 광운대 1991.05.15

대회	연도	소속	출전	교체	실점	도움	파울	경고	퇴장
K2	2014	부천	19	0	26	0	2	1	0
	2015	부천	0	0	0	0	0	0	0
	합계		19	0	26	0	2	1	0
프로통산			19	0	26	0	2	1	0

게인리히(Alexander Geynrikh) 우즈베키스탄 1984.10.06

대회	연도	소속	출전	교체	득점	도움	파울	경고	퇴장
BC	2011	수원	20	19	3	0	38	5	0
	합계		20	19	3	0	38	5	0
프로통산			20	19	3	0	38	5	0

겐나디(Gennadi Styopushkin) 러시아 1964.06.20

대회	연도	소속	출전	교체	득점	도움	파울	경고	퇴장
BC	1995	일화	24	14	1	0	24	7	1
	1996	천안일	31	2	0	1	30	8	0
	1997	안양LG	4	2	0	0	5	1	0
	합계		59	18	1	1	59	16	1
프로통산			59	18	1	1	59	16	1

견희재(甄熙材) 고려대 1988.11.27

대회	연도	소속	출전	교체	득점	도움	파울	경고	퇴장
BC	2012	성남일	0	0	0	0	0	0	0
	합계		0	0	0	0	0	0	0
프로통산			0	0	0	0	0	0	0

경재윤(慶宰允) 동국대 1988.04.06

대회	연도	소속	출전	교체	득점	도움	파울	경고	퇴장
K2	2013	고양	0	0	0	0	0	0	0
	2014	부천	4	4	0	0	4	0	0
	합계		4	4	0	0	4	0	0
프로통산			4	4	0	0	4	0	0

고강준(← 고대서) 전주대 1991.11.10

대회	연도	소속	출전	교체	득점	도움	파울	경고	퇴장
K2	2015	경남	6	6	0	0	5	1	0
	합계		6	6	0	0	5	1	0
프로통산			6	6	0	0	5	1	0

고경민(高敬旻) 한양대 1987.04.11

대회	연도	소속	출전	교체	득점	도움	파울	경고	퇴장
BC	2010	인천	2	2	0	0	0	0	0
	합계		2	2	0	0	0	0	0
K1	2019	경남	22	17	0	4	21	4	0
	합계		22	17	0	4	21	4	0
K2	2013	안양	18	11	6	2	24	4	0
	2013	경찰	9	0	2	0	12	2	0
	2014	안산경	34	11	11	4	40	3	0
	2015	안산경	8	2	1	0	7	0	0
	2015	안양	25	7	15	1	21	3	0
	2016	부산	26	24	7	4	18	3	0
	2017	부산	18	10	9	0	14	2	0
	2018	부산	32	20	9	5	19	3	0
	합계		170	85	60	16	155	20	0
승	2017	부산	2	2	0	0	2	0	0
	2018	부산	2	2	0	0	0	0	0
	2019	경남	2	2	0	0	1	0	0
	합계		6	6	0	0	3	0	0
프로통산			200	110	60	20	179	24	0

고경준(高敬竣) 제주제일고 1987.03.07

대회	연도	소속	출전	교체	득점	도움	파울	경고	퇴장
K2	2016	서울E	1	1	0	0	1	0	0
	합계		1	1	0	0	1	0	0

대회	연도	소속	출전	교체	득점	도움	파울	경고	퇴장
BC	2006	수원	9	4	1	0	19	4	0
	2008	경남	0	0	0	0	0	0	0
	합계		9	4	1	0	19	4	0
프로통산			10	5	1	0	20	4	0

고광민(高光民) 아주대 1988.09.21

대회	연도	소속	출전	교체	득점	도움	파울	경고	퇴장
BC	2011	서울	7	6	0	1	10	1	0
	2012	서울	11	12	0	0	5	0	0
	합계		18	18	0	1	15	1	0
K1	2013	서울	3	3	0	0	1	0	0
	2014	서울	20	9	1	3	12	2	0
	2015	서울	28	4	0	3	20	1	0
	2016	서울	33	2	1	2	40	4	0
	2019	서울	35	6	1	2	26	4	1
	합계		119	24	3	10	99	11	1
프로통산			137	42	3	11	114	12	1

고기구(高基衢) 숭실대 1980.07.31

대회	연도	소속	출전	교체	득점	도움	파울	경고	퇴장
BC	2004	부천SK	18	7	0	2	24	1	0
	2005	부천SK	30	16	5	1	56	5	0
	2006	포항	27	18	9	3	42	0	0
	2007	포항	24	18	2	0	45	2	0
	2008	전남	18	13	3	2	14	1	0
	2009	전남	12	10	0	0	15	0	0
	2010	포항	7	6	1	0	5	1	0
	2010	대전	6	5	0	1	12	0	0
	합계		142	93	20	9	213	10	0
프로통산			142	93	20	9	213	10	0

고란(Goran Jevtić) 유고슬라비아 1970.08.10

대회	연도	소속	출전	교체	득점	도움	파울	경고	퇴장
BC	1993	현대	13	8	0	0	13	2	0
	1994	현대	18	1	0	0	21	4	0
	1995	현대	16	14	0	1	18	6	0
	합계		47	23	0	1	52	12	0
프로통산			47	23	0	1	52	12	0

고래세(高來世) 진주고 1992.03.23

대회	연도	소속	출전	교체	득점	도움	파울	경고	퇴장
BC	2011	경남	1	1	0	0	0	0	0
	2012	경남	2	3	0	0	0	0	0
	합계		3	4	0	0	0	0	0
K1	2013	경남	2	1	0	0	0	1	0
	2014	경남	1	1	0	0	0	0	0
	합계		3	2	0	0	0	1	0
프로통산			6	6	0	0	0	1	0

고메스(Anicio Gomes) 브라질 1982.04.01

대회	연도	소속	출전	교체	득점	도움	파울	경고	퇴장
BC	2010	제주	6	6	1	0	1	0	0
	합계		6	6	1	0	1	0	0
프로통산			6	6	1	0	1	0	0

고메즈(Andre Gomes) 브라질 1975.12.23

대회	연도	소속	출전	교체	득점	도움	파울	경고	퇴장
BC	2004	전북	26	7	2	1	56	5	1
	2005	포항	7	6	0	0	9	0	1
	합계		33	13	2	1	65	5	2
프로통산			33	13	2	1	65	5	2

고명석(高明錫) 홍익대 1995.09.27

대회	연도	소속	출전	교체	득점	도움	파울	경고	퇴장
K1	2019	수원	19	2	0	0	13	2	0
	합계		19	2	0	0	13	2	0
K2	2017	부천	28	5	2	0	20	2	0
	2018	대전	34	3	1	0	20	1	0
	합계		62	8	3	0	40	3	0
프로통산			81	10	3	0	53	5	0

고명진(高明振) 석관중 1988.01.09

대회	연도	소속	출전	교체	득점	도움	파울	경고	퇴장
BC	2004	서울	5	3	0	0	4	0	0
	2005	서울	1	0	0	0	1	0	0
	2006	서울	19	7	1	0	30	2	0
	2007	서울	12	6	1	1	15	3	0
	2008	서울	14	10	1	0	15	1	0
	2009	서울	23	16	2	1	14	4	0
	2010	서울	9	8	0	0	9	1	0
	2011	서울	24	4	2	7	42	6	0
	2012	서울	39	9	1	3	61	1	0
	합계		146	63	8	12	191	18	0
K1	2013	서울	30	4	3	2	27	8	0
	2014	서울	31	4	2	1	31	3	0
	2015	서울	20	8	1	0	18	5	0
	합계		81	16	6	3	76	16	0
프로통산			227	79	14	15	267	34	0

고무열(高武烈) 숭실대 1990.09.05

대회	연도	소속	출전	교체	득점	도움	파울	경고	퇴장
BC	2011	포항	28	16	10	3	29	2	0
	2012	포항	39	32	6	6	61	2	0
	합계		67	48	16	9	90	4	0
K1	2013	포항	34	23	8	5	48	5	0
	2014	포항	27	19	5	1	47	2	0
	2015	포항	30	19	6	2	42	3	1
	2016	전북	22	19	1	2	15	4	0
	2017	전북	14	13	0	0	14	2	0
	2019	전북	6	5	0	0	4	0	0
	합계		133	98	20	10	170	16	1
K2	2018	아산	30	9	6	3	31	8	0
	2019	아산	22	4	12	3	26	3	0
	합계		52	13	18	6	57	11	0
프로통산			252	159	54	25	317	31	1

고민기(高旼奇) 고려대 1978.07.01

대회	연도	소속	출전	교체	득점	도움	파울	경고	퇴장
BC	2001	전북	1	1	0	0	1	0	0
	합계		1	1	0	0	1	0	0
프로통산			1	1	0	0	1	0	0

고민성(高旼成) 매탄고 1995.11.20

대회	연도	소속	출전	교체	득점	도움	파울	경고	퇴장
K1	2014	수원	0	0	0	0	0	0	0
	2015	수원	1	1	0	0	0	0	0
	합계		1	1	0	0	0	0	0
K2	2016	강원	11	11	0	1	8	0	0
	2018	대전	7	7	0	0	1	1	0
	합계		18	18	0	1	9	1	0
프로통산			19	19	0	1	9	1	0

고민혁(高敏赫) 현대고 1996.02.10

대회	연도	소속	출전	교체	득점	도움	파울	경고	퇴장
K1	2015	대전	11	9	1	1	6	1	0
	합계		11	9	1	1	6	1	0
K2	2016	대전	1	1	0	0	0	0	0
	2017	서울E	4	4	0	1	3	0	0
	합계		5	5	0	1	3	0	0
프로통산			16	14	1	2	9	1	0

고백진(高白鎭) 건국대 1966.05.03

대회	연도	소속	출전	교체	득점	도움	파울	경고	퇴장
BC	1989	유공	1	1	0	0	0	0	0
	합계		1	1	0	0	0	0	0
프로통산			1	1	0	0	0	0	0

고범수(高範壽) 선문대 1980.04.16

대회	연도	소속	출전	교체	득점	도움	파울	경고	퇴장
BC	2006	광주상	8	2	0	0	12	1	0
	합계		8	2	0	0	12	1	0
프로통산			8	2	0	0	12	1	0

고병욱(高竝旭) 광양제철고 1992.08.21

대회	연도	소속	출전	교체	득점	도움	파울	경고	퇴장
K1	2015	전남	4	4	0	0	1	0	0
	합계		4	4	0	0	1	0	0
프로통산			4	4	0	0	1	0	0

고병운(高炳運) 광운대 1973.09.28

대회	연도	소속	출전	교체	득점	도움	파울	경고	퇴장
BC	1996	포항	29	12	0	0	38	3	0
	1997	포항	33	10	0	0	57	4	0
	1998	포항	32	9	0	1	45	3	0
	2001	포항	23	11	0	1	28	1	0
	2002	포항	34	0	0	1	68	3	0
	2003	포항	42	4	0	2	90	4	0
	2005	대전	13	7	0	0	14	0	0
	2006	대전	32	8	0	1	53	4	0
	합계		238	61	0	6	393	22	0
프로통산			238	61	0	6	393	22	0

고보연(高輔演) 아주대 1991.07.11

대회	연도	소속	출전	교체	득점	도움	파울	경고	퇴장
K2	2014	부천	11	11	1	0	13	1	0
	합계		11	11	1	0	13	1	0
프로통산			11	11	1	0	13	1	0

고봉현(高奉玄) 홍익대 1979.07.02

대회	연도	소속	출전	교체	득점	도움	파울	경고	퇴장
BC	2003	대구	18	8	2	1	46	2	0
	2004	대구	11	7	2	0	18	1	0
	2005	대구	10	10	1	0	13	2	0
	합계		39	25	5	1	77	5	0
프로통산			39	25	5	1	77	5	0

고성민(高成敏) 명지대 1972.09.07

대회	연도	소속	출전	교체	득점	도움	파울	경고	퇴장
BC	1995	전북	23	15	2	1	29	5	0
	1996	전북	29	20	2	1	36	2	0
	1997	전북	16	9	0	2	27	3	0
	1998	전북	1	1	0	0	0	0	0
	합계		69	45	4	4	92	10	0
프로통산			69	45	4	4	92	10	0

고슬기(高슬기) 오산고 1986.04.21

대회	연도	소속	출전	교체	득점	도움	파울	경고	퇴장
BC	2007	포항	0	0	0	0	0	0	0
	2008	광주상	28	13	3	1	37	3	0
	2009	광주상	20	16	2	2	26	3	0
	2009	포항	1	0	0	0	4	1	0
	2010	울산	15	11	1	1	26	5	0
	2011	울산	37	10	7	2	72	10	0
	2012	울산	40	13	4	8	51	4	0
	합계		141	63	17	14	216	26	0
K1	2018	인천	31	6	2	2	40	9	0
	합계		31	6	2	2	40	9	0
프로통산			172	69	19	16	256	35	0

고승범(高丞範) 경희대 1994.04.24

대회	연도	소속	출전	교체	득점	도움	파울	경고	퇴장
K1	2016	수원	13	11	0	0	12	1	0
	2017	수원	33	17	2	2	37	4	0
	2018	대구	9	2	0	0	13	1	0
	2019	수원	10	4	0	0	14	2	0
	합계		65	34	2	2	76	8	0
프로통산			65	34	2	2	76	8	0

고요한(高요한) 토월중 1988.03.10

대회	연도	소속	출전	교체	득점	도움	파울	경고	퇴장
BC	2006	서울	1	0	0	0	0	0	0
	2007	서울	6	6	0	0	14	1	0
	2008	서울	4	3	0	0	9	2	0
	2009	서울	16	11	0	0	26	5	0
	2010	서울	7	7	1	0	11	0	0
	2011	서울	19	6	3	0	29	4	0
	2012	서울	38	4	1	2	45	7	0
	합계		91	37	5	2	134	19	0
K1	2013	서울	37	25	5	3	52	3	0
	2014	서울	32	19	4	3	38	3	0
	2015	서울	33	22	2	1	34	2	0
	2016	서울	27	5	2	5	28	4	0
	2017	서울	28	9	2	0	45	9	0
	2018	서울	32	10	8	4	47	7	1
	2019	서울	35	6	3	6	58	9	0
	합계		224	96	26	22	302	37	1
승	2018	서울	2	0	1	1	6	0	0
	합계		2	0	1	1	6	0	0
프로통산			317	133	32	25	442	56	1

고은성(高銀成) 단국대 1988.06.23

대회	연도	소속	출전	교체	득점	도움	파울	경고	퇴장
BC	2011	광주	1	0	0	0	0	1	0
	합계		1	0	0	0	0	1	0
프로통산			1	0	0	0	0	1	0

고의석(高義錫) 명지대 1962.10.15

대회	연도	소속	출전	교체	득점	도움	파울	경고	퇴장
BC	1983	대우	4	3	0	0	5	0	0
	1983	유공	6	3	0	1	1	1	0
	1984	유공	2	1	0	0	0	0	0
	1985	상무	14	2	0	1	17	1	0
	합계		26	9	0	2	23	2	0
프로통산			26	9	0	2	23	2	0

고재성(高在成) 대구대 1985.01.28

대회	연도	소속	출전	교체	득점	도움	파울	경고	퇴장
BC	2009	성남일	25	8	1	1	49	9	0
	2010	성남일	17	6	0	1	30	3	0
	2012	경남	31	18	2	5	42	5	0
	합계		73	32	3	7	121	17	0
K1	2014	상주	12	10	0	1	8	0	0
	2014	경남	12	6	1	0	14	2	0
	합계		24	16	1	1	22	2	0
K2	2013	상주	28	18	3	2	33	2	0
	2015	경남	11	9	2	1	14	0	0
	합계		39	27	5	3	47	2	0
승	2013	상주	1	1	0	0	0	0	0
	2014	경남	2	2	0	1	1	0	0
	합계		3	3	0	1	1	0	0
프로통산			139	78	9	12	191	21	0

고재현(高在賢) 대륜고 1999.03.05

대회	연도	소속	출전	교체	득점	도움	파울	경고	퇴장
K1	2018	대구	12	8	0	1	12	0	0
	2019	대구	3	2	0	0	6	1	0
	합계		15	10	0	1	18	1	0
프로통산			15	10	0	1	18	1	0

고정빈(高正彬) 한남대 1984.02.09

대회	연도	소속	출전	교체	득점	도움	파울	경고	퇴장
BC	2007	대구	0	0	0	0	0	0	0
	합계		0	0	0	0	0	0	0
프로통산			0	0	0	0	0	0	0

고정운(高正云) 건국대 1966.06.27

대회	연도	소속	출전	교체	득점	도움	파울	경고	퇴장
BC	1989	일화	31	3	4	8	51	0	0
	1990	일화	21	3	4	3	46	2	0
	1991	일화	40	3	13	7	82	0	0
	1992	일화	33	3	7	4	67	4	0
	1993	일화	2	1	0	0	2	0	0
	1994	일화	21	3	4	10	29	1	0
	1995	일화	29	3	5	4	65	2	0
	1996	천안일	12	2	4	1	20	2	0
	1998	포항	16	1	5	6	39	4	0
	1999	포항	21	8	9	5	39	1	0
	2001	포항	4	4	0	0	2	0	0
	합계		230	34	55	48	442	16	0
프로통산			230	34	55	48	442	16	0

고종수(高宗秀) 금호고 1978.10.30

대회	연도	소속	출전	교체	득점	도움	파울	경고	퇴장
BC	1996	수원	14	15	1	4	5	0	0
	1997	수원	15	10	3	5	30	2	1
	1998	수원	20	2	3	4	38	3	0
	1999	수원	21	4	4	7	29	1	0
	2000	수원	13	6	7	3	21	3	0
	2001	수원	20	10	10	6	29	2	0
	2002	수원	20	16	4	3	10	0	0
	2004	수원	5	5	0	0	2	0	0
	2005	전남	16	13	2	0	12	0	0
	2007	대전	11	5	1	1	12	1	0
	2008	대전	16	2	2	1	17	3	1
	합계		171	88	37	34	205	15	2
프로통산			171	88	37	34	205	15	2

고준영(高儁榮) 천안제일고 2000.10.27

대회	연도	소속	출전	교체	득점	도움	파울	경고	퇴장
K2	2019	서울E	8	8	0	0	5	0	0
	합계		8	8	0	0	5	0	0
프로통산			8	8	0	0	5	0	0

고차원(高次元) 아주대 1986.04.30

대회	연도	소속	출전	교체	득점	도움	파울	경고	퇴장
BC	2009	전남	22	14	2	2	20	3	0
	2010	전남	9	8	0	1	2	0	0
	2011	상주	33	22	4	1	41	2	0
	2012	상주	18	15	3	1	26	2	0
	2012	전남	4	3	2	0	1	0	0
	합계		86	62	11	5	90	7	0
K1	2013	수원	1	1	0	0	0	0	0
	2014	수원	26	21	3	1	14	1	0
	2015	수원	25	16	0	0	18	2	0
	2016	수원	11	9	0	1	8	0	0
	2017	수원	1	1	0	0	1	0	0
	합계		64	48	3	2	41	3	0
K2	2018	서울E	10	6	1	0	8	0	1
	합계		10	6	1	0	8	0	1
프로통산			160	116	15	7	139	10	1

고창현(高昌賢) 초당대 1983.09.15

대회	연도	소속	출전	교체	득점	도움	파울	경고	퇴장
BC	2002	수원	5	4	0	0	5	0	0
	2003	수원	17	15	0	1	26	0	0
	2004	수원	6	6	0	1	4	0	0
	2005	부산	9	7	0	0	7	1	0
	2006	부산	19	15	2	0	25	2	0
	2007	광주상	24	11	0	1	29	4	0
	2008	광주상	29	16	4	1	27	4	0
	2009	대전	23	6	12	3	18	12	0
	2010	대전	12	2	4	1	19	4	1
	2010	울산	18	8	6	4	16	2	0
	2011	울산	32	26	3	5	27	6	0
	2012	울산	19	14	2	1	15	0	1
	합계		213	130	33	18	218	35	2
K1	2013	울산	10	10	0	1	5	2	0
	2014	울산	25	21	4	3	31	5	0
	2015	울산	8	8	0	1	3	1	0
	합계		43	39	4	5	39	8	0
프로통산			256	169	37	23	257	43	2

고채완(← 고대우) 배재대 1987.02.09

대회	연도	소속	출전	교체	득점	도움	파울	경고	퇴장
BC	2010	대전	1	1	0	0	0	0	0
	2011	대전	5	5	0	0	1	1	0
	2012	대전	2	2	0	0	0	0	0
	합계		8	8	0	0	1	1	0
K2	2014	안양	0	0	0	0	0	0	0
	합계		0	0	0	0	0	0	0
프로통산			8	8	0	0	1	1	0

고태규(高態規) 용인대 1996.08.02

대회	연도	소속	출전	교체	득점	도움	파울	경고	퇴장
K1	2019	대구	0	0	0	0	0	0	0
	합계		0	0	0	0	0	0	0
프로통산			0	0	0	0	0	0	0

고태원(高兌沅) 호남대 1993.05.10

대회	연도	소속	출전	교체	득점	도움	파울	경고	퇴장

대회	연도	소속	출전	교체	득점	도움	파울	경고	퇴장
K1	2016	전남	26	4	0	1	35	6	0
	2017	전남	26	3	0	0	26	2	1
	2018	전남	1	0	0	0	4	0	0
	2018	상주	3	3	0	0	2	2	0
	2019	상주	3	1	0	0	5	0	0
	합계		59	11	0	1	72	10	1
프로통산			59	11	0	1	72	10	1

고티(Petr Gottwald) 체코 1973.04.28

대회	연도	소속	출전	교체	득점	도움	파울	경고	퇴장
BC	1998	전북	9	9	0	0	11	2	0
	합계		9	9	0	0	11	2	0
프로통산			9	9	0	0	11	2	0

고현(高賢) 대구대 1973.02.01

대회	연도	소속	출전	교체	득점	도움	파울	경고	퇴장
BC	1996	안양LG	2	2	0	0	0	1	0
	합계		2	2	0	0	0	1	0
프로통산			2	2	0	0	0	1	0

공문배(孔文培) 건국대 1964.08.28

대회	연도	소속	출전	교체	득점	도움	파울	경고	퇴장
BC	1987	포철	5	4	0	0	3	0	0
	1988	포철	14	2	0	0	26	5	0
	1989	포철	34	7	0	2	65	1	0
	1990	포철	27	5	0	0	25	1	0
	1991	포철	28	6	0	1	37	1	1
	1992	포철	11	7	0	0	20	4	0
	1993	포철	28	12	0	0	40	4	0
	1994	포철	22	6	0	0	25	4	0
	1995	포항	24	20	0	1	23	5	0
	1996	포항	32	4	0	0	24	3	0
	1997	포항	28	4	0	1	28	4	0
	1998	포항	15	9	0	0	24	3	0
	합계		268	86	0	5	340	35	1
프로통산			268	86	0	5	340	35	1

공민현(孔敏懸) 청주대 1990.01.19

대회	연도	소속	출전	교체	득점	도움	파울	경고	퇴장
K1	2019	성남	33	21	2	2	54	6	0
	합계		33	21	2	2	54	6	0
K2	2013	부천	28	14	7	0	47	4	0
	2014	부천	31	6	4	2	76	3	0
	2015	부천	36	16	6	1	80	4	0
	2016	안산무	34	20	7	1	52	8	0
	2017	아산	16	8	1	1	29	4	0
	2017	부천	4	2	1	1	7	0	0
	2018	부천	24	6	6	3	62	8	0
	합계		173	72	32	9	353	31	0
프로통산			206	93	34	11	407	37	0

공오균(孔吳均) 관동대(가톨릭관동대) 1974.09.10

대회	연도	소속	출전	교체	득점	도움	파울	경고	퇴장
BC	1997	대전	33	10	1	2	64	4	0
	1998	대전	25	15	5	2	56	3	0
	1999	대전	31	13	6	3	44	5	0
	2000	대전	24	19	2	0	37	4	0
	2001	대전	29	19	9	2	57	8	0
	2002	대전	20	19	1	0	37	3	0
	2003	대전	31	19	5	6	49	4	0
	2004	대전	32	24	4	1	53	2	0
	2005	대전	30	22	3	2	54	4	0
	2006	대전	36	30	2	0	49	5	0
	2007	경남	14	13	2	0	13	4	0
	2008	경남	14	14	3	0	29	3	0
	합계		319	217	43	18	542	49	0
프로통산			319	217	43	18	542	49	0

공용석(孔用錫) 건국대 1995.11.15

대회	연도	소속	출전	교체	득점	도움	파울	경고	퇴장
K1	2015	대전	0	0	0	0	0	0	0
	합계		0	0	0	0	0	0	0
프로통산			0	0	0	0	0	0	0

공용훈(孔涌熏) 용인대 1995.05.10

대회	연도	소속	출전	교체	득점	도움	파울	경고	퇴장
K2	2017	대전	1	1	0	0	0	0	0
	합계		1	1	0	0	0	0	0
프로통산			1	1	0	0	0	0	0

공태하(孔泰賀 / ←공영선) 연세대 1987.05.09

대회	연도	소속	출전	교체	득점	도움	파울	경고	퇴장
BC	2010	전남	5	3	2	0	9	0	0
	2011	전남	8	4	1	0	15	0	0
	2012	전남	10	8	0	0	17	1	0
	합계		23	15	3	0	41	1	0
K1	2013	전남	7	5	0	0	1	0	0
	2015	대전	10	9	0	0	4	1	0
	합계		17	14	0	0	5	1	0
프로통산			40	29	3	0	46	2	0

곽경근(郭慶根) 고려대 1972.10.10

대회	연도	소속	출전	교체	득점	도움	파울	경고	퇴장
BC	1998	부천SK	30	14	9	2	57	5	0
	1999	부천SK	36	12	13	8	72	3	0
	2000	부천SK	39	11	9	4	94	2	0
	2001	부천SK	29	13	2	6	41	1	0
	2002	부천SK	21	15	3	0	29	3	1
	2003	부산	27	14	0	3	36	2	0
	2004	부산	30	3	0	0	28	3	0
	합계		212	82	36	23	357	19	1
프로통산			212	82	36	23	357	19	1

곽광선(郭珖善) 숭실대 1986.03.28

대회	연도	소속	출전	교체	득점	도움	파울	경고	퇴장
BC	2009	강원	28	0	3	0	36	3	0
	2010	강원	30	1	2	0	39	6	0
	2011	강원	27	1	0	0	28	6	0
	2012	수원	30	4	0	0	28	11	0
	합계		115	6	5	0	131	26	0
K1	2013	수원	23	5	0	0	26	5	0
	2014	수원	4	0	0	0	4	0	0
	2014	상주	18	5	0	0	25	5	0
	2016	수원	21	5	1	0	21	5	0
	2017	수원	31	3	2	0	25	2	1
	2018	수원	30	6	2	0	27	2	0
	합계		127	24	5	0	128	19	1
K2	2015	상주	25	4	0	0	30	7	0
	2019	전남	27	3	0	0	28	2	0
	합계		52	7	0	0	58	9	0
프로통산			294	37	10	0	317	54	1

곽기훈(郭奇勳) 중앙대 1979.11.05

대회	연도	소속	출전	교체	득점	도움	파울	경고	퇴장
BC	2002	울산	1	1	0	0	1	1	0
	합계		1	1	0	0	1	1	0
프로통산			1	1	0	0	1	1	0

곽래승(郭來昇) 우석대 1990.09.11

대회	연도	소속	출전	교체	득점	도움	파울	경고	퇴장
K2	2014	부천	4	4	0	0	3	0	0
	합계		4	4	0	0	3	0	0
프로통산			4	4	0	0	3	0	0

곽성욱(郭成煜) 아주대 1993.07.12

대회	연도	소속	출전	교체	득점	도움	파울	경고	퇴장
K2	2019	안산	22	17	1	1	26	0	0
	합계		22	17	1	1	26	0	0
프로통산			22	17	1	1	26	0	0

곽성찬(郭成燦) 수원공고 1993.07.12

대회	연도	소속	출전	교체	득점	도움	파울	경고	퇴장
K2	2017	안산	5	5	0	0	6	1	0
	합계		5	5	0	0	6	1	0
프로통산			5	5	0	0	6	1	0

곽성호(郭星浩) 한양대 1961.12.24

대회	연도	소속	출전	교체	득점	도움	파울	경고	퇴장
BC	1985	현대	9	7	0	0	1	0	0
	합계		9	7	0	0	1	0	0
프로통산			9	7	0	0	1	0	0

곽성환(郭誠煥) 동의대 1992.03.29

대회	연도	소속	출전	교체	득점	도움	파울	경고	퇴장
K2	2016	충주	9	8	1	0	8	0	0
	합계		9	8	1	0	8	0	0
프로통산			9	8	1	0	8	0	0

곽완섭(郭完燮) 경일대 1980.07.07

대회	연도	소속	출전	교체	득점	도움	파울	경고	퇴장
BC	2003	울산	0	0	0	0	0	0	0
	합계		0	0	0	0	0	0	0
프로통산			0	0	0	0	0	0	0

곽재민(郭在旻) 한남대 1991.10.23

대회	연도	소속	출전	교체	득점	도움	파울	경고	퇴장
K2	2014	대전	1	1	0	0	1	0	0
	합계		1	1	0	0	1	0	0
프로통산			1	1	0	0	1	0	0

곽정술(郭釘술) 울산대 1990.03.11

대회	연도	소속	출전	교체	득점	도움	파울	경고	퇴장
K2	2013	고양	2	2	0	0	1	0	0
	합계		2	2	0	0	1	0	0
프로통산			2	2	0	0	1	0	0

곽창규(郭昌奎) 아주대 1962.09.01

대회	연도	소속	출전	교체	득점	도움	파울	경고	퇴장
BC	1986	대우	10	5	1	0	19	1	0
	1987	대우	21	17	0	1	25	1	0
	1988	대우	11	7	0	1	17	0	0
	1989	대우	20	14	0	0	22	2	0
	1990	대우	6	3	0	0	3	1	0
	1991	대우	6	6	0	1	5	0	0
	합계		74	52	1	3	91	5	0
프로통산			74	52	1	3	91	5	0

곽창희(郭昌熙) 조선대 1987.07.26

대회	연도	소속	출전	교체	득점	도움	파울	경고	퇴장
BC	2010	대전	19	16	2	1	27	1	0
	2011	대전	5	3	0	0	13	1	0
	합계		24	19	2	1	40	2	0
프로통산			24	19	2	1	40	2	0

곽철호(郭喆鎬) 명지대 1986.05.08

대회	연도	소속	출전	교체	득점	도움	파울	경고	퇴장
BC	2008	대전	13	9	1	0	24	4	0
	2009	대전	5	6	0	0	5	1	0
	2010	광주상	1	1	0	0	0	0	0
	2011	상주	7	6	0	1	7	1	0
	합계		26	22	1	1	36	6	0
프로통산			26	22	1	1	36	6	0

곽태휘(郭泰輝) 중앙대 1981.07.08

대회	연도	소속	출전	교체	득점	도움	파울	경고	퇴장
BC	2005	서울	19	6	1	1	42	8	1
	2006	서울	23	8	1	1	37	1	0
	2007	서울	12	5	0	0	16	3	0
	2007	전남	13	0	1	0	26	2	0
	2008	전남	13	5	2	1	13	2	0
	2009	전남	10	2	0	1	20	0	0
	2011	울산	41	0	9	2	39	4	0
	2012	울산	32	4	3	0	26	4	0
	합계		163	30	17	6	219	24	1
K1	2016	서울	11	3	0	0	13	3	0
	2017	서울	24	6	2	0	24	1	0
	2018	서울	14	2	1	0	13	0	0
	2019	경남	16	4	0	0	14	0	0
	합계		65	15	3	0	64	4	0
승	2018	서울	0	0	0	0	0	0	0
	2019	경남	1	1	0	0	0	0	0
	합계		1	1	0	0	0	0	0
프로통산			229	46	20	6	283	28	1

곽해성(郭海盛) 광운대 1991.12.06

대회	연도	소속	출전	교체	득점	도움	파울	경고	퇴장
K1	2014	성남	15	6	1	0	9	1	0
	2015	성남	23	5	0	3	10	0	0
	2016	성남	9	3	0	1	11	1	0
	2016	제주	8	3	2	1	3	1	0
	2017	인천	2	2	0	0	1	0	0
	2018	인천	7	3	0	0	5	1	0
	2019	인천	14	3	0	4	9	0	0
	합계		78	25	3	9	48	4	0
K2	2017	성남	4	1	0	0	2	0	0
	합계		4	1	0	0	2	0	0
프로통산			82	26	3	9	50	4	0

곽희주(郭熙柱) 광운대 1981.10.05

대회	연도	소속	출전	교체	득점	도움	파울	경고	퇴장
BC	2003	수원	11	4	0	0	13	0	0
	2004	수원	37	0	0	0	106	7	0
	2005	수원	30	3	4	1	98	5	0
	2006	수원	20	3	1	1	53	4	0
	2007	수원	26	6	1	1	40	3	0
	2008	수원	35	1	3	1	58	5	0
	2009	수원	22	1	0	0	45	5	1
	2010	수원	26	0	3	1	54	8	0
	2011	수원	19	6	3	0	39	3	0
	2012	수원	33	11	1	1	54	10	0
	합계		259	35	16	6	560	50	1
K1	2013	수원	26	10	1	0	40	5	0
	2015	수원	13	11	1	0	14	1	0
	2016	수원	10	7	1	0	12	3	0
	합계		49	28	3	0	66	9	0
프로통산			308	63	19	6	626	59	1

구경현(具景炫) 전주대 1981.04.30

대회	연도	소속	출전	교체	득점	도움	파울	경고	퇴장
BC	2003	안양LG	4	1	0	0	9	0	0
	2004	서울	10	5	0	0	9	0	0
	2005	서울	1	1	0	0	2	0	0
	2006	광주상	24	8	1	0	20	3	0
	2007	광주상	28	4	0	1	30	5	0
	2008	서울	10	8	1	0	6	0	1
	2009	제주	17	11	0	1	11	0	0
	2010	제주	9	4	0	0	1	0	0
	합계		103	42	2	2	88	8	1
프로통산			103	42	2	2	88	8	1

구대령(具大領) 동국대 1979.10.24

대회	연도	소속	출전	교체	득점	도움	파울	경고	퇴장
BC	2003	대구	10	10	1	0	14	3	0
	합계		10	10	1	0	14	3	0
프로통산			10	10	1	0	14	3	0

구대엽(具代燁) 광주대 1992.11.17

대회	연도	소속	출전	교체	득점	도움	파울	경고	퇴장
K2	2015	서울E	0	0	0	0	0	0	0
	2016	서울E	1	0	0	0	1	0	0
	합계		1	0	0	0	1	0	0
프로통산			1	0	0	0	1	0	0

구대영(具大榮) 홍익대 1992.05.09

대회	연도	소속	출전	교체	득점	도움	파울	경고	퇴장
K1	2019	수원	18	7	2	1	26	4	0
	합계		18	7	2	1	26	4	0
K2	2014	안양	14	6	0	0	18	5	0
	2015	안양	34	6	0	1	31	9	0
	2016	안양	27	3	0	0	18	5	0
	2017	안양	10	1	0	0	14	0	0
	2017	아산	10	1	0	1	8	2	0
	2018	아산	14	7	1	0	18	6	0
	합계		109	24	1	2	107	27	0
프로통산			127	31	3	3	133	31	0

구본상(具本想) 명지대 1989.10.04

대회	연도	소속	출전	교체	득점	도움	파울	경고	퇴장
BC	2012	인천	20	7	0	0	35	5	0
	합계		20	7	0	0	35	5	0
K1	2013	인천	30	14	0	1	56	6	0
	2014	인천	33	7	0	3	86	6	0
	2015	울산	30	15	1	0	43	13	0
	2016	울산	14	7	0	0	20	1	0
	합계		107	43	1	4	205	26	0
K2	2019	안양	35	27	1	1	71	10	0
	합계		35	27	1	1	71	10	0
프로통산			162	77	2	5	311	41	0

구본석(具本錫) 경남상고 1962.09.05

대회	연도	소속	출전	교체	득점	도움	파울	경고	퇴장
BC	1985	유공	11	6	2	1	5	1	0
	1986	유공	33	8	10	3	28	1	0
	1987	유공	18	10	2	2	8	0	0
	1988	유공	6	2	1	1	4	0	0
	1989	유공	9	6	1	0	5	0	0
	1990	유공	10	5	2	0	9	2	0
	1991	유공	37	4	0	1	20	2	1
	1992	유공	22	0	0	0	6	0	0
	1993	유공	9	0	0	0	3	0	0
	1994	유공	19	6	4	0	8	1	0
	합계		174	47	22	8	96	7	1
프로통산			174	47	22	8	96	7	1

구상민(具相珉) 동의대 1991.10.31

대회	연도	소속	출전	교체	실점	도움	파울	경고	퇴장
K2	2016	부산	32	0	25	0	1	2	0
	2017	부산	13	0	11	0	0	1	0
	2018	부산	21	0	15	0	1	1	0
	2019	부산	2	0	5	0	0	0	0
	합계		68	0	56	0	2	4	0
승	2017	부산	1	0	1	0	0	0	0
	2018	부산	2	0	4	0	0	0	0
	합계		3	0	5	0	0	0	0
프로통산			71	0	61	0	2	4	0

구상민(具相敏) 상지대 1976.04.04

대회	연도	소속	출전	교체	득점	도움	파울	경고	퇴장
BC	1999	전남	0	0	0	0	0	0	0
	합계		0	0	0	0	0	0	0
프로통산			0	0	0	0	0	0	0

구상범(具相範) 인천대 1964.06.15

대회	연도	소속	출전	교체	득점	도움	파울	경고	퇴장
BC	1986	럭금	26	1	5	0	34	2	0
	1987	럭금	31	1	3	1	21	4	0
	1988	럭금	10	0	2	0	11	0	0
	1989	럭금	9	0	0	0	9	1	0
	1990	럭금	9	1	1	0	12	1	0
	1991	LG	36	5	2	5	41	1	0
	1992	LG	26	4	1	5	20	3	0
	1993	LG	11	1	1	1	9	1	0
	1994	대우	24	4	0	6	21	2	0
	1995	포항	16	11	1	2	18	3	0
	합계		198	28	16	20	196	18	0
프로통산			198	28	16	20	196	18	0

구스타보(Gustavo Affonso Sauerbeck) 브라질 1993.04.30

대회	연도	소속	출전	교체	득점	도움	파울	경고	퇴장
K2	2016	대전	22	16	6	6	44	3	0
	합계		22	16	6	6	44	3	0
프로통산			22	16	6	6	44	3	0

구아라(Paulo Roberto Chamon de Castilho) 브라질 1979.08.29

대회	연도	소속	출전	교체	득점	도움	파울	경고	퇴장
BC	2008	부산	7	3	2	1	7	0	0
	2009	부산	5	3	0	0	4	0	0
	합계		12	6	2	1	11	0	0
프로통산			12	6	2	1	11	0	0

구자룡(具滋龍) 매탄고 1992.04.06

대회	연도	소속	출전	교체	득점	도움	파울	경고	퇴장
BC	2011	수원	1	1	0	0	2	0	0
	합계		1	1	0	0	2	0	0
K1	2013	수원	3	2	0	0	3	0	0
	2014	수원	7	6	0	0	2	0	0
	2015	수원	25	5	0	0	15	4	0
	2016	수원	32	1	1	0	42	6	0
	2017	수원	29	2	0	0	32	6	0
	2018	수원	22	7	0	0	20	1	0
	2019	수원	30	1	1	0	31	5	0
	합계		148	24	2	0	145	22	0
K2	2013	경찰	6	5	0	0	3	0	0
	합계		6	5	0	0	3	0	0
프로통산			155	30	2	0	150	22	0

구자철(具慈哲) 보인정보산업고 1989.02.27

대회	연도	소속	출전	교체	득점	도움	파울	경고	퇴장
BC	2007	제주	16	11	1	2	20	2	0
	2008	제주	14	5	0	1	36	5	0
	2009	제주	28	7	2	4	66	8	0
	2010	제주	30	6	5	12	50	5	0
	합계		88	29	8	19	172	20	0
프로통산			88	29	8	19	172	20	0

구즈노프(Yevgeni Kuznetsov) 러시아 1961.08.30

대회	연도	소속	출전	교체	득점	도움	파울	경고	퇴장
BC	1996	전남	15	7	1	2	10	1	1
	합계		15	7	1	2	10	1	1
프로통산			15	7	1	2	10	1	1

구한식(具漢湜) 전남체고 1962.04.08

대회	연도	소속	출전	교체	득점	도움	파울	경고	퇴장
BC	1987	유공	3	3	0	0	2	0	0
	합계		3	3	0	0	2	0	0
프로통산			3	3	0	0	2	0	0

구현서(具鉉書) 중앙대 1982.05.13

대회	연도	소속	출전	교체	득점	도움	파울	경고	퇴장
BC	2005	전북	3	3	0	0	1	0	0
	2006	전남	9	9	2	2	7	1	0
	합계		12	12	2	2	8	1	0
프로통산			12	12	2	2	8	1	0

구현준(具賢俊) 동래고 1993.12.13

대회	연도	소속	출전	교체	득점	도움	파울	경고	퇴장
BC	2012	부산	1	1	0	0	1	0	0
	합계		1	1	0	0	1	0	0
K1	2013	부산	1	0	0	0	2	0	0
	2014	부산	2	0	0	0	2	0	0
	2015	부산	11	2	0	1	13	1	0
	합계		14	2	0	1	17	1	0
K2	2016	부산	14	3	0	1	16	4	0
	2017	부산	19	3	1	1	25	4	0
	2018	부산	15	3	0	1	14	2	1
	2019	부산	6	1	0	0	6	1	0
	합계		54	10	1	3	61	11	1
승	2015	부산	0	0	0	0	0	0	0
	2018	부산	2	0	0	0	1	0	0
	합계		2	0	0	0	1	0	0
프로통산			71	13	1	4	80	12	1

국태정(國太正) 단국대 1995.09.13

대회	연도	소속	출전	교체	득점	도움	파울	경고	퇴장
K1	2017	전북	0	0	0	0	0	0	0
	2018	포항	0	0	0	0	0	0	0
	합계		0	0	0	0	0	0	0
K2	2019	부천	17	2	1	3	17	2	1
	합계		17	2	1	3	17	2	1
프로통산			17	2	1	3	17	2	1

권경원(權敬原) 동아대 1992.01.31

대회	연도	소속	출전	교체	득점	도움	파울	경고	퇴장
K1	2013	전북	20	8	0	1	37	6	0

대회	연도	소속	출전	교체	득점	도움	파울	경고	퇴장
	2014	전북	5	4	0	0	4	1	0
	2019	전북	13	2	2	1	21	6	0
	합계		38	14	2	2	62	13	0
프로통산			38	14	2	2	62	13	0

권경호(權景昊) 동국대 1986.07.12

대회	연도	소속	출전	교체	득점	도움	파울	경고	퇴장
BC	2009	강원	3	2	0	0	3	0	0
	합계		3	2	0	0	3	0	0
프로통산			3	2	0	0	3	0	0

권기보(權寄補) 운봉공고 1982.05.04

대회	연도	소속	출전	교체	실점	도움	파울	경고	퇴장
BC	2004	수원	0	0	0	0	0	0	0
	2005	수원	0	0	0	0	0	0	0
	2006	수원	1	0	1	0	0	0	0
	2007	수원	0	0	0	0	0	0	0
	2008	수원	0	0	0	0	0	0	0
	합계		1	0	1	0	0	0	0
프로통산			1	0	1	0	0	0	0

권기표(權奇杓) 포철고 1997.06.26

대회	연도	소속	출전	교체	득점	도움	파울	경고	퇴장
K1	2018	포항	2	2	0	0	4	0	0
	합계		2	2	0	0	4	0	0
K2	2019	서울E	21	15	3	1	19	2	0
	합계		21	15	3	1	19	2	0
프로통산			23	17	3	1	23	2	0

권덕용(權德容) 인천대 1982.05.03

대회	연도	소속	출전	교체	득점	도움	파울	경고	퇴장
BC	2005	대전	2	2	0	0	1	1	0
	합계		2	2	0	0	1	1	0
프로통산			2	2	0	0	1	1	0

권석근(權錫根) 고려대 1983.05.08

대회	연도	소속	출전	교체	득점	도움	파울	경고	퇴장
BC	2006	울산	3	3	0	0	0	0	0
	2007	울산	1	1	0	0	1	0	0
	합계		4	4	0	0	1	0	0
프로통산			4	4	0	0	1	0	0

권세진(權世鎭) 명지대 1973.05.20

대회	연도	소속	출전	교체	득점	도움	파울	경고	퇴장
BC	1996	안양LG	22	9	0	1	28	5	0
	1997	안양LG	14	4	0	0	24	3	0
	1999	포항	0	0	0	0	0	0	0
	합계		36	13	0	1	52	8	0
프로통산			36	13	0	1	52	8	0

권수현(權修鉉) 아주대 1991.03.26

대회	연도	소속	출전	교체	득점	도움	파울	경고	퇴장
K2	2014	광주	2	1	0	0	7	0	0
	합계		2	1	0	0	7	0	0
프로통산			2	1	0	0	7	0	0

권순태(權純泰) 전주대 1984.09.11

대회	연도	소속	출전	교체	실점	도움	파울	경고	퇴장
BC	2006	전북	30	1	33	0	0	2	0
	2007	전북	27	1	29	0	1	1	0
	2008	전북	33	0	41	0	0	2	0
	2009	전북	33	1	40	0	0	3	0
	2010	전북	30	2	28	0	0	1	0
	2011	상주	17	1	34	0	2	3	0
	2012	상주	16	1	19	0	1	2	0
	2012	전북	2	0	2	0	0	0	0
	합계		188	7	226	0	4	14	0
K1	2013	전북	8	1	17	0	0	0	0
	2014	전북	34	2	19	0	1	2	0
	2015	전북	36	0	35	0	2	4	0
	2016	전북	35	0	37	0	0	1	0
	합계		113	3	108	0	3	7	0
프로통산			301	10	334	0	7	21	0

권순학(權純鶴) 전주대 1987.09.02

대회	연도	소속	출전	교체	득점	도움	파울	경고	퇴장
BC	2010	전북	1	1	0	0	0	0	0
	합계		1	1	0	0	0	0	0
프로통산			1	1	0	0	0	0	0

권순형(權純亨) 고려대 1986.06.16

대회	연도	소속	출전	교체	득점	도움	파울	경고	퇴장
BC	2009	강원	18	6	0	2	14	2	0
	2010	강원	26	10	1	0	19	1	0
	2011	강원	25	10	1	0	31	3	0
	2012	제주	40	28	1	0	34	5	0
	합계		109	54	3	2	98	11	0
K1	2013	제주	14	9	0	0	10	2	0
	2014	상주	27	9	2	3	20	4	0
	2015	제주	4	2	1	0	5	0	0
	2016	제주	37	11	5	8	34	2	0
	2017	제주	32	13	2	7	17	2	0
	2018	제주	29	11	2	6	28	1	0
	2019	제주	27	13	1	0	25	1	0
	합계		170	68	13	24	139	12	0
K2	2015	상주	23	7	2	3	16	3	0
	합계		23	7	2	3	16	3	0
프로통산			302	129	18	29	253	26	0

권승리(權勝利) 우석대 1997.04.21

대회	연도	소속	출전	교체	득점	도움	파울	경고	퇴장
K2	2019	부천	1	1	0	0	0	0	0
	합계		1	1	0	0	0	0	0
프로통산			1	1	0	0	0	0	0

권영대(權寧大) 호남대 1963.03.13

대회	연도	소속	출전	교체	득점	도움	파울	경고	퇴장
BC	1989	현대	15	5	0	0	17	2	0
	1990	현대	13	8	0	0	4	1	0
	합계		28	13	0	0	21	3	0
프로통산			28	13	0	0	21	3	0

권영진(權永秦) 성균관대 1991.01.23

대회	연도	소속	출전	교체	득점	도움	파울	경고	퇴장
K1	2013	전북	2	1	0	0	7	2	0
	2014	전북	1	1	0	0	0	0	0
	합계		3	2	0	0	7	2	0
프로통산			3	2	0	0	7	2	0

권영호(權英鎬) 명지대 1992.07.31

대회	연도	소속	출전	교체	득점	도움	파울	경고	퇴장
K1	2015	광주	4	3	0	0	2	0	0
	합계		4	3	0	0	2	0	0
K2	2016	고양	34	2	0	0	35	2	1
	2018	대전	13	4	1	0	18	3	0
	2019	대전	0	0	0	0	0	0	0
	합계		47	6	1	0	53	5	1
프로통산			51	9	1	0	55	5	1

권오손(權五孫) 서울시립대 1959.02.03

대회	연도	소속	출전	교체	득점	도움	파울	경고	퇴장
BC	1983	국민은	1	0	0	0	0	0	0
	1984	럭금	12	2	0	0	7	0	0
	1985	럭금	16	1	0	1	13	2	0
	1986	럭금	26	2	0	0	29	1	0
	1987	럭금	2	2	0	0	0	0	0
	1988	현대	3	1	0	0	3	1	0
	합계		60	8	0	1	52	4	0
프로통산			60	8	0	1	52	4	0

권완규(權完規) 성균관대 1991.11.20

대회	연도	소속	출전	교체	득점	도움	파울	경고	퇴장
K1	2014	경남	17	3	1	0	27	3	0
	2015	인천	34	0	1	0	50	8	0
	2016	인천	21	5	2	1	38	4	0
	2017	포항	32	2	0	3	35	7	0
	2018	포항	10	1	0	1	14	3	1
	2018	상주	12	0	1	0	13	1	0
	2019	상주	31	0	1	0	35	7	1
	합계		157	11	6	5	212	33	2
프로통산			157	11	6	5	212	33	2

권용남(權容南) 단국대 1985.12.02

대회	연도	소속	출전	교체	득점	도움	파울	경고	퇴장
BC	2009	제주	6	5	0	0	6	0	0
	2011	제주	11	11	2	1	1	0	0
	2012	제주	8	9	0	0	4	1	0
	합계		25	25	2	1	11	1	0
K2	2013	광주	10	10	0	1	5	0	0
	합계		10	10	0	1	5	0	0
프로통산			35	35	2	2	16	1	0

권용현(權容賢) 호원대 1991.10.23

대회	연도	소속	출전	교체	득점	도움	파울	경고	퇴장
K1	2016	제주	5	5	0	0	5	1	0
	2016	수원FC	16	6	5	2	26	2	0
	2017	제주	2	2	2	0	2	0	0
	2018	경남	7	7	0	1	8	0	0
	합계		30	20	7	3	41	3	0
K2	2013	수원FC	13	8	4	2	15	2	0
	2014	수원FC	36	24	2	9	33	1	0
	2015	수원FC	40	12	7	6	69	5	0
	2017	경남	13	8	2	3	20	2	0
	2018	수원FC	12	12	0	0	9	2	0
	2019	부산	30	29	2	4	31	1	0
	합계		144	93	17	24	177	13	0
승	2015	수원FC	2	1	0	0	2	0	0
	2019	부산	1	1	0	0	0	0	0
	합계		3	2	0	0	2	0	0
프로통산			177	115	24	27	220	16	0

권재곤(權在坤) 광운대 1961.09.19

대회	연도	소속	출전	교체	득점	도움	파울	경고	퇴장
BC	1984	현대	6	4	2	1	4	0	0
	합계		6	4	2	1	4	0	0
프로통산			6	4	2	1	4	0	0

권정혁(權正赫) 고려대 1978.08.02

대회	연도	소속	출전	교체	실점	도움	파울	경고	퇴장
BC	2001	울산	14	0	1	0	0	0	0
	2002	울산	8	0	18	0	0	0	0
	2003	울산	2	0	8	0	0	1	0
	2004	울산	1	0	90	0	0	0	0
	2005	광주상	0	0	46	0	0	0	0
	2006	광주상	22	1	35	0	1	0	0
	2007	포항	2	2	16	0	0	0	0
	2011	인천	14	0	97	0	0	0	0
	2012	인천	7	0	21	0	0	0	0
	합계		70	3	21	0	1	1	0
K1	2013	인천	38	0	26	0	0	1	0
	2014	인천	28	0	9	0	0	0	0
	2015	광주	17	0	4	0	1	0	0
	합계		83	0	3	0	1	1	0
K2	2016	경남	13	0	0	0	1	1	0
	합계		13	0	21	0	1	1	0
프로통산			166	3	208	0	3	3	0

* 득점: 2013년 1 / 통산 1

권중화(權重華) 강원대 1968.02.11

대회	연도	소속	출전	교체	득점	도움	파울	경고	퇴장
BC	1990	유공	8	8	3	0	12	1	0
	1991	유공	9	9	1	0	11	1	0
	1992	유공	13	7	1	2	13	1	0
	1993	LG	17	14	1	0	15	1	0
	1994	LG	20	18	3	0	11	1	0
	1995	전남	6	5	0	1	2	0	0
	1996	전남	11	6	0	0	13	2	0
	합계		84	67	9	3	77	7	0
프로통산			84	67	9	3	77	7	0

권진영(權鎭永) 숭실대 1991.10.23

대회	연도	소속	출전	교체	득점	도움	파울	경고	퇴장
K1	2013	부산	3	1	0	0	1	0	0

	2014	부산	6	4	0	0	13	3	0
	2016	상주	6	6	0	0	5	1	0
	합계		15	11	0	0	19	4	0
K2	2015	상주	1	1	0	0	2	0	0
	2017	부산	13	4	1	0	19	3	0
	2018	부산	7	0	0	0	4	0	0
	2019	부산	3	3	0	0	2	0	0
	합계		24	8	1	0	27	3	0
승	2018	부산	1	0	0	0	2	2	0
	합계		1	0	0	0	2	2	0
프로통산			40	19	1	0	48	9	0

권집(權輯) 동북고 1984.02.13

대회	연도	소속	출전	교체	득점	도움	파울	경고	퇴장
BC	2003	수원	14	2	0	1	28	1	0
	2004	수원	3	1	0	0	5	0	0
	2005	전남	2	2	0	0	3	0	0
	2005	전북	13	4	0	0	21	0	0
	2006	전북	18	4	2	1	36	5	0
	2007	전북	23	14	0	2	49	3	0
	2008	포항	3	3	0	0	2	0	0
	2008	대전	13	4	0	0	15	4	0
	2009	대전	26	11	0	1	33	5	0
	2010	대전	25	11	1	3	40	4	0
	합계		140	56	3	8	232	22	0
프로통산			140	56	3	8	232	22	0

권찬수(權贊修) 단국대 1974.05.30

대회	연도	소속	출전	교체	실점	도움	파울	경고	퇴장
BC	1999	천안일	22	4	4	0	0	0	0
	2000	성남일	14	0	15	0	0	2	0
	2001	성남일	7	1	27	0	0	0	0
	2002	성남일	15	1	13	0	0	0	0
	2003	성남일	22	0	2	0	1	1	0
	2004	인천	8	0	11	0	1	2	0
	2005	인천	4	0	6	0	0	0	0
	2005	성남일	10	0	18	0	0	2	0
	2006	인천	3	0	150	0	0	0	0
	2007	인천	12	0	0	0	1	1	0
	합계		117	6	0	0	3	8	0
K1	2013	성남일	0	0	33	0	0	0	0
	합계		0	0	21	0	0	0	0
프로통산			117	6	150	0	3	8	0

권창훈(權昶勳) 매탄고 1994.06.30

대회	연도	소속	출전	교체	득점	도움	파울	경고	퇴장
K1	2013	수원	8	8	0	1	5	0	0
	2014	수원	20	19	1	2	12	1	0
	2015	수원	35	15	10	0	25	1	0
	2016	수원	27	14	7	4	22	1	0
	합계		90	56	18	7	64	3	0
프로통산			90	56	18	7	64	3	0

권태규(權泰圭) 상지대 1971.02.14

대회	연도	소속	출전	교체	득점	도움	파울	경고	퇴장
BC	1990	유공	4	5	0	0	1	0	0
	1991	유공	8	8	1	0	1	0	0
	1992	유공	7	7	1	0	5	1	0
	1993	유공	10	10	0	0	8	0	0
	1994	유공	9	9	1	2	5	0	0
	1995	유공	11	9	2	1	9	0	0
	1996	부천유	14	10	2	1	13	1	0
	1997	안양LG	16	14	1	1	19	4	0
	합계		79	72	8	5	61	6	0
프로통산			79	72	8	5	61	6	0

권태안(權泰安) 매탄고 1992.04.09

대회	연도	소속	출전	교체	실점	도움	파울	경고	퇴장
BC	2011	수원	0	0	0	0	0	0	0
	2012	수원	0	0	0	0	0	0	0
	합계		0	0	0	0	0	0	0
K1	2018	상주	2	1	2	0	0	0	0
	2019	상주	8	1	13	0	0	1	0
	합계		10	2	15	0	0	1	0
K2	2016	충주	5	0	8	0	0	0	0
	2017	안양	19	0	29	0	0	0	0
	합계		24	0	37	0	0	0	0
프로통산			34	2	52	0	0	1	0

권한진(權韓眞) 경희대 1988.05.19

대회	연도	소속	출전	교체	득점	도움	파울	경고	퇴장
K1	2016	제주	37	6	5	1	33	5	0
	2017	제주	26	5	0	0	20	2	0
	2018	제주	32	4	3	0	16	4	0
	2019	제주	8	2	0	0	8	1	0
	합계		103	17	8	1	77	12	0
프로통산			103	17	8	1	77	12	0

권해창(權海昶) 동아대 1972.09.02

대회	연도	소속	출전	교체	득점	도움	파울	경고	퇴장
BC	1995	대우	26	24	0	1	13	2	0
	1996	부산	14	12	0	1	16	4	0
	1998	부산	9	8	0	0	4	1	0
	1999	부산	15	15	2	0	6	0	0
	2000	부산	16	14	0	0	8	2	0
	합계		80	73	2	2	47	9	0
프로통산			80	73	2	2	47	9	0

권혁관(權赫寬) 관동대(가톨릭관동대) 1990.09.09

대회	연도	소속	출전	교체	득점	도움	파울	경고	퇴장
K2	2013	충주	6	6	0	0	4	2	0
	합계		6	6	0	0	4	2	0
프로통산			6	6	0	0	4	2	0

권혁규(權赫奎) 개성고 2001.03.13

대회	연도	소속	출전	교체	득점	도움	파울	경고	퇴장
K2	2019	부산	2	2	0	0	2	1	0
	합계		2	2	0	0	2	1	0
프로통산			2	2	0	0	2	1	0

권혁진(權赫珍) 숭실대 1988.03.23

대회	연도	소속	출전	교체	득점	도움	파울	경고	퇴장
BC	2011	인천	2	2	0	0	2	0	0
	합계		2	2	0	0	2	0	0
K1	2013	인천	0	0	0	0	0	0	0
	2014	인천	6	6	0	0	4	1	0
	2016	수원FC	5	4	0	0	9	1	0
	합계		11	10	0	0	13	2	0
K2	2013	경찰	17	14	0	2	17	2	0
	합계		17	14	0	2	17	2	0
프로통산			30	26	0	2	32	4	0

권혁진(權赫辰) 울산대 1984.12.25

대회	연도	소속	출전	교체	득점	도움	파울	경고	퇴장
BC	2007	울산	9	8	1	0	10	0	0
	2008	대전	18	12	2	3	30	1	0
	2009	광주상	3	2	0	0	2	0	0
	2010	대전	2	2	0	0	0	0	0
	합계		32	24	3	3	42	1	0
프로통산			32	24	3	3	42	1	0

권혁태(權赫台) 경희대 1985.08.28

대회	연도	소속	출전	교체	득점	도움	파울	경고	퇴장
BC	2008	대전	0	0	0	0	0	0	0
	합계		0	0	0	0	0	0	0
프로통산			0	0	0	0	0	0	0

권혁표(權赫杓) 중앙대 1962.05.25

대회	연도	소속	출전	교체	득점	도움	파울	경고	퇴장
BC	1985	한일은	17	7	2	0	15	0	0
	1986	한일은	15	3	2	0	28	0	0
	합계		32	10	4	0	43	0	0
프로통산			32	10	4	0	43	0	0

권현민(權賢旼) 대구대 1991.04.11

대회	연도	소속	출전	교체	득점	도움	파울	경고	퇴장
K2	2014	충주	0	0	0	0	0	0	0
	합계		0	0	0	0	0	0	0
프로통산			0	0	0	0	0	0	0

권형선(權亨宣) 단국대 1987.05.22

대회	연도	소속	출전	교체	득점	도움	파울	경고	퇴장
BC	2010	제주	1	1	0	0	0	0	0
	2011	전남	0	0	0	0	0	0	0
	합계		1	1	0	0	0	0	0
프로통산			1	1	0	0	0	0	0

권형정(權衡正) 한양대 1967.05.19

대회	연도	소속	출전	교체	득점	도움	파울	경고	퇴장
BC	1990	포철	21	3	1	0	26	1	0
	1991	포철	37	9	1	0	26	1	0
	1992	포철	35	4	0	1	33	3	0
	1993	포철	33	1	0	0	30	3	0
	1994	포철	19	3	1	3	16	1	0
	합계		145	20	3	4	131	9	0
프로통산			145	20	3	4	131	9	0

금교진(琴敎眞) 영남대 1992.01.03

대회	연도	소속	출전	교체	득점	도움	파울	경고	퇴장
K1	2015	대전	15	5	0	0	14	1	0
	합계		15	5	0	0	14	1	0
K2	2014	대구	15	1	2	0	21	3	0
	2015	대구	2	2	0	0	0	0	0
	2017	서울E	24	8	2	2	29	3	0
	합계		41	11	4	2	50	6	0
프로통산			56	16	4	2	64	7	0

기가(Ivan Giga Vuković) 몬테네그로 1987.02.09

대회	연도	소속	출전	교체	득점	도움	파울	경고	퇴장
K1	2013	성남일	11	12	3	0	10	3	0
	2014	성남	1	1	0	0	0	0	0
	합계		12	13	3	0	10	3	0
프로통산			12	13	3	0	10	3	0

기성용(奇誠庸) 금호고 1989.01.24

대회	연도	소속	출전	교체	득점	도움	파울	경고	퇴장
BC	2006	서울	0	0	0	0	0	0	0
	2007	서울	22	11	0	0	49	4	0
	2008	서울	27	10	4	2	44	10	0
	2009	서울	31	8	4	10	50	6	0
	합계		80	29	8	12	143	20	0
프로통산			80	29	8	12	143	20	0

기현서(奇賢舒) 고려대 1984.05.06

대회	연도	소속	출전	교체	득점	도움	파울	경고	퇴장
BC	2007	경남	4	1	0	0	7	1	0
	2008	경남	0	0	0	0	0	0	0
	합계		4	1	0	0	7	1	0
프로통산			4	1	0	0	7	1	0

기호영(奇豪榮) 경기대 1977.01.20

대회	연도	소속	출전	교체	득점	도움	파울	경고	퇴장
BC	1999	부산	0	0	0	0	0	0	0
	합계		0	0	0	0	0	0	0
프로통산			0	0	0	0	0	0	0

길영태(吉永泰) 관동대(가톨릭관동대) 1991.06.15

대회	연도	소속	출전	교체	득점	도움	파울	경고	퇴장
K1	2014	포항	1	0	0	0	3	1	0
	합계		1	0	0	0	3	1	0
K2	2016	강원	6	1	0	0	12	3	0
	합계		6	1	0	0	12	3	0
승	2016	강원	1	1	0	0	0	0	0
	합계		1	1	0	0	0	0	0
프로통산			8	2	0	0	15	4	0

김강국(金康國) 인천대 1997.01.07

대회	연도	소속	출전	교체	득점	도움	파울	경고	퇴장
K1	2019	인천	3	0	0	0	5	0	0
	합계		3	0	0	0	5	0	0
프로통산			3	0	0	0	5	0	0

김강남(金岡南) 고려대 1954.07.19

대회	연도	소속	출전	교체	득점	도움	파울	경고	퇴장
BC	1983	유공	13	5	1	2	9	1	0

대회	연도	소속	출전	교체	득점	도움	파울	경고	퇴장
	1984	대우	3	3	0	0	0	1	0
	합계		16	8	1	2	9	2	0
프로통산			16	8	1	2	9	2	0

김강선(金強善) 호남대 1979.05.23

대회	연도	소속	출전	교체	득점	도움	파울	경고	퇴장
BC	2002	전남	5	4	0	0	7	0	0
	2003	전남	1	1	0	0	1	0	0
	합계		6	5	0	0	8	0	0
프로통산			6	5	0	0	8	0	0

김건웅(金健雄) 울산현대고 1997.08.29

대회	연도	소속	출전	교체	득점	도움	파울	경고	퇴장
K1	2016	울산	12	8	0	0	12	2	0
	2017	울산	2	2	0	0	4	0	0
	2018	울산	2	2	0	0	4	0	0
	합계		16	12	0	0	20	2	0
K2	2019	전남	33	14	3	1	33	4	0
	합계		33	14	3	1	33	4	0
프로통산			49	26	3	1	53	6	0

김건형(金建衡) 경희대 1979.09.11

대회	연도	소속	출전	교체	득점	도움	파울	경고	퇴장
BC	2000	울산	25	10	1	2	43	2	1
	2001	울산	1	1	0	0	1	0	0
	2002	울산	2	2	0	0	3	0	0
	2003	대구	8	8	2	0	11	1	0
	2004	대구	5	5	1	0	6	1	0
	합계		41	26	4	2	64	4	1
프로통산			41	26	4	2	64	4	1

김건호(金乾鎬) 단국대 1990.11.28

대회	연도	소속	출전	교체	득점	도움	파울	경고	퇴장
K2	2013	부천	22	3	0	0	32	2	0
	2014	부천	4	0	0	0	10	3	0
	합계		26	3	0	0	42	5	0
프로통산			26	3	0	0	42	5	0

김건희(金健熙) 고려대 1995.02.22

대회	연도	소속	출전	교체	득점	도움	파울	경고	퇴장
K1	2016	수원	20	17	1	3	30	4	0
	2017	수원	7	7	0	1	4	0	0
	2018	수원	9	7	1	0	11	1	0
	2019	상주	10	1	8	1	10	0	0
	합계		46	32	10	5	55	5	0
프로통산			46	32	10	5	55	5	0

김경국(金慶國) 부경대 1988.10.29

대회	연도	소속	출전	교체	득점	도움	파울	경고	퇴장
BC	2011	대전	1	1	0	0	0	0	0
	합계		1	1	0	0	0	0	0
프로통산			1	1	0	0	0	0	0

김경도(金炅度) 경기대 1985.06.02

대회	연도	소속	출전	교체	득점	도움	파울	경고	퇴장
BC	2009	대전	1	1	0	0	0	0	0
	2010	대전	1	1	0	0	0	0	0
	합계		2	2	0	0	0	0	0
프로통산			2	2	0	0	0	0	0

김경래(金京來) 명지대 1964.03.18

대회	연도	소속	출전	교체	득점	도움	파울	경고	퇴장
BC	1988	대우	11	9	0	0	2	0	0
	1989	대우	10	9	0	0	3	0	0
	1990	대우	5	5	0	0	3	0	0
	1991	대우	16	7	0	0	13	0	0
	1992	대우	11	8	0	1	5	1	0
	1993	대우	8	8	0	0	6	0	0
	1994	버팔로	35	1	11	3	20	4	0
	1995	전북	29	4	1	0	25	1	0
	1996	전북	19	8	2	1	17	2	0
	1997	전북	24	15	0	0	27	3	0
	합계		168	74	14	5	121	11	0
프로통산			168	74	14	5	121	11	0

김경량(金京亮) 숭실대 1973.12.22

대회	연도	소속	출전	교체	득점	도움	파울	경고	퇴장
BC	1996	전북	21	15	0	1	29	6	0
	1997	전북	4	3	0	0	3	1	0
	1998	전북	32	8	0	2	61	4	0
	1999	전북	24	7	0	2	46	1	1
	2000	전북	36	9	1	1	55	3	0
	2001	전북	26	12	0	0	40	3	0
	2002	전북	31	2	0	2	77	6	1
	2003	전북	41	6	0	4	139	7	0
	2004	전북	32	7	1	2	78	6	0
	2005	전북	14	5	0	0	39	2	0
	2006	전북	0	0	0	0	0	0	0
	합계		261	74	2	14	567	39	2
프로통산			261	74	2	14	567	39	2

김경렬(金敬烈) 영남대 1974.05.15

대회	연도	소속	출전	교체	득점	도움	파울	경고	퇴장
BC	1997	울산	3	3	0	0	3	1	0
	1998	전남	6	7	0	0	4	0	0
	합계		9	10	0	0	7	1	0
프로통산			9	10	0	0	7	1	0

김경민(金耿民) 연세대 1990.08.15

대회	연도	소속	출전	교체	득점	도움	파울	경고	퇴장
K1	2014	상주	0	0	0	0	0	0	0
	2015	인천	1	0	0	0	2	1	0
	2016	인천	9	4	0	0	11	2	0
	2017	인천	14	6	0	0	13	3	0
	합계		24	10	0	0	26	6	0
K2	2013	부천	13	2	1	0	16	4	0
	2015	상주	1	1	0	0	0	0	0
	합계		14	3	1	0	16	4	0
프로통산			38	13	1	0	42	10	0

김경민(金耿民) 한양대 1991.11.01

대회	연도	소속	출전	교체	실점	도움	파울	경고	퇴장
K1	2014	제주	2	1	0	0	0	0	0
	2015	제주	7	0	11	0	1	1	0
	2016	제주	10	1	18	0	0	1	0
	2018	제주	2	0	2	0	1	1	0
	합계		21	2	32	0	2	3	0
K2	2017	부산	14	0	11	0	0	1	0
	합계		14	0	11	0	0	1	0
승	2017	부산	0	0	0	0	0	0	0
	합계		0	0	0	0	0	0	0
프로통산			35	2	43	0	2	4	0

김경민(金烱珉) 전주대 1997.01.22

대회	연도	소속	출전	교체	득점	도움	파울	경고	퇴장
K1	2018	전남	20	16	1	0	20	1	0
	합계		20	16	1	0	20	1	0
K2	2019	전남	26	25	2	1	16	1	0
	합계		26	25	2	1	16	1	0
프로통산			46	41	3	1	36	2	0

김경범(金暻範) 여주상고 1965.03.05

대회	연도	소속	출전	교체	득점	도움	파울	경고	퇴장
BC	1985	유공	16	5	0	1	10	2	0
	1986	유공	32	1	1	2	24	3	0
	1989	일화	37	2	1	1	33	3	0
	1990	일화	29	0	1	3	21	3	0
	1991	일화	34	7	3	3	31	4	0
	1992	일화	29	11	0	3	23	2	0
	1993	일화	18	9	0	0	10	0	0
	1994	일화	17	4	1	2	18	2	0
	1995	일화	29	6	1	2	35	2	0
	1996	천안일	34	4	0	8	28	4	0
	1997	천안일	27	9	1	1	18	5	0
	1998	부천SK	36	7	0	7	34	2	0
	합계		338	65	9	33	285	32	0
프로통산			338	65	9	33	285	32	0

김경식(金京植) 중앙대 1961.09.15

대회	연도	소속	출전	교체	득점	도움	파울	경고	퇴장
BC	1984	한일은	25	0	0	1	23	2	0
	1985	한일은	14	1	1	0	17	0	0
	합계		39	1	1	1	40	2	0
프로통산			39	1	1	1	40	2	0

김경연(金敬淵) 건국대 1992.11.03

대회	연도	소속	출전	교체	득점	도움	파울	경고	퇴장
K2	2018	광주	0	0	0	0	0	0	0
	합계		0	0	0	0	0	0	0
프로통산			0	0	0	0	0	0	0

김경우(金敬祐) 울산대 1996.09.20

대회	연도	소속	출전	교체	득점	도움	파울	경고	퇴장
K2	2019	아산	4	4	0	0	4	1	0
	합계		4	4	0	0	4	1	0
프로통산			4	4	0	0	4	1	0

김경일(金景一) 광양제철고 1980.08.30

대회	연도	소속	출전	교체	득점	도움	파울	경고	퇴장
BC	1999	전남	3	2	0	0	3	0	0
	2000	전남	8	7	0	0	2	1	0
	2001	전남	12	11	0	0	8	1	0
	2004	대구	6	6	0	1	4	1	0
	합계		29	26	0	1	17	3	0
프로통산			29	26	0	1	17	3	0

김경재(金徑栽) 아주대 1993.07.24

대회	연도	소속	출전	교체	득점	도움	파울	경고	퇴장
K1	2016	전남	7	4	0	0	1	0	0
	2017	전남	8	6	0	0	2	0	0
	2018	전남	2	0	0	0	0	0	0
	2018	상주	8	3	0	1	5	1	0
	2019	상주	30	5	0	0	18	5	0
	합계		55	18	0	1	26	6	0
프로통산			55	18	0	1	26	6	0

김경준(金京俊) 영남대 1996.10.01

대회	연도	소속	출전	교체	득점	도움	파울	경고	퇴장
K1	2017	대구	3	4	0	0	2	0	0
	2018	대구	9	8	1	0	8	1	1
	합계		12	12	1	0	10	1	1
K2	2018	안양	18	16	3	3	21	1	0
	2019	서울E	26	22	4	2	17	1	0
	합계		44	38	7	5	38	2	0
프로통산			56	50	8	5	48	3	1

김경중(金京中) 고려대 1991.04.16

대회	연도	소속	출전	교체	득점	도움	파울	경고	퇴장
K1	2017	강원	32	31	3	1	39	3	0
	2018	강원	2	2	0	0	0	0	0
	2018	상주	11	10	0	0	4	1	0
	2019	상주	13	12	2	0	5	2	0
	합계		58	55	5	1	48	6	0
프로통산			58	55	5	1	48	6	0

김경진(金慶鎭) 숭실대 1978.03.15

대회	연도	소속	출전	교체	득점	도움	파울	경고	퇴장
BC	2002	부산	0	0	0	0	0	0	0
	합계		0	0	0	0	0	0	0
프로통산			0	0	0	0	0	0	0

김경춘(金敬春) 부경대 1984.01.27

대회	연도	소속	출전	교체	득점	도움	파울	경고	퇴장
BC	2010	강원	2	1	0	0	0	0	0
	합계		2	1	0	0	0	0	0
프로통산			2	1	0	0	0	0	0

김경태(金炅泰) 경북산업대(경일대) 1973.07.05

대회	연도	소속	출전	교체	득점	도움	파울	경고	퇴장
BC	1997	부천SK	16	3	0	0	30	4	0
	1998	부천SK	6	6	0	0	4	1	0
	2000	부천SK	1	1	0	0	1	0	0
	2001	부천SK	4	2	0	0	3	0	0
	합계		27	12	0	0	38	5	0
프로통산			27	12	0	0	38	5	0

김경호(金景浩) 영남대 1961.10.17

대회	연도	소속	출전	교체	득점	도움	파울	경고	퇴장
BC	1983	포철	14	1	1	0	7	0	1
	1984	포철	26	1	7	3	13	0	0
	1985	포철	12	5	0	0	11	0	0
	1988	포철	5	5	0	0	0	0	0
	합계		57	12	8	3	31	0	1
프로통산			57	12	8	3	31	0	1

김관규(金官奎) 명지대 1976.10.10

대회	연도	소속	출전	교체	득점	도움	파울	경고	퇴장
BC	1995	대우	1	1	1	0	3	1	0
	2000	부산	0	0	0	0	0	0	0
	2002	부산	1	1	0	0	2	0	0
	2003	대구	1	1	0	0	0	0	0
	합계		3	3	1	0	5	1	0
프로통산			3	3	1	0	5	1	0

김광명(金光明) 경상대 1961.09.09

대회	연도	소속	출전	교체	득점	도움	파울	경고	퇴장
BC	1985	상무	7	4	1	0	10	0	0
	합계		7	4	1	0	10	0	0
프로통산			7	4	1	0	10	0	0

김광석(金光奭) 청평고 1983.02.12

대회	연도	소속	출전	교체	득점	도움	파울	경고	퇴장
BC	2003	포항	9	1	0	0	15	3	0
	2004	포항	0	0	0	0	0	0	0
	2005	광주상	10	1	1	0	16	1	0
	2006	광주상	14	2	0	0	11	1	0
	2007	포항	17	10	0	1	29	2	0
	2008	포항	21	3	1	3	42	5	0
	2009	포항	19	5	0	0	13	1	0
	2010	포항	16	6	0	0	12	1	0
	2011	포항	34	1	0	0	30	0	0
	2012	포항	41	0	1	0	51	4	0
	합계		181	29	3	4	219	18	0
K1	2013	포항	36	0	0	0	35	2	0
	2014	포항	33	0	2	0	37	2	0
	2015	포항	24	0	0	0	14	0	0
	2016	포항	37	1	1	0	28	4	0
	2017	포항	16	0	1	0	13	1	0
	2018	포항	36	0	3	1	15	2	0
	2019	포항	19	1	0	0	11	3	0
	합계		201	2	7	1	153	14	0
프로통산			382	31	10	5	372	32	0

김광선(金光善) 안양공고 1983.06.17

대회	연도	소속	출전	교체	득점	도움	파울	경고	퇴장
BC	2002	대전	7	7	0	0	8	2	0
	합계		7	7	0	0	8	2	0
프로통산			7	7	0	0	8	2	0

김광수(金光洙) 경신고 1977.03.10

대회	연도	소속	출전	교체	득점	도움	파울	경고	퇴장
BC	1996	수원	0	0	0	0	0	0	0
	2002	수원	0	0	0	0	0	0	0
	2003	수원	0	0	0	0	0	0	0
	합계		0	0	0	0	0	0	0
프로통산			0	0	0	0	0	0	0

김광훈(金光勳) 한양대 1961.02.20

대회	연도	소속	출전	교체	득점	도움	파울	경고	퇴장
BC	1983	유공	2	2	0	0	1	0	0
	1984	럭금	23	4	0	1	23	2	0
	1985	럭금	13	3	0	0	25	1	0
	합계		38	9	0	1	49	3	0
프로통산			38	9	0	1	49	3	0

김굉명(金宏明) 서산시민 1984.02.25

대회	연도	소속	출전	교체	득점	도움	파울	경고	퇴장
BC	2008	경남	1	1	0	0	0	0	0
	합계		1	1	0	0	0	0	0
프로통산			1	1	0	0	0	0	0

김교빈(金敎彬) 광운대 1987.12.29

대회	연도	소속	출전	교체	실점	도움	파울	경고	퇴장
BC	2011	전남	0	0	0	0	0	0	0
	2012	대구	3	1	2	0	0	0	0
	합계		3	1	2	0	0	0	0
K1	2014	경남	0	0	0	0	0	0	0
	2016	인천	1	0	3	0	0	0	0
	2016	전남	1	0	2	0	0	0	0
	2017	포항	0	0	0	0	0	0	0
	합계		2	0	0	0	0	0	0
K2	2015	경남	1	0	1	0	0	0	0
	합계		1	0	1	0	0	0	0
프로통산			6	1	8	0	0	0	0

김국진(金國鎭) 동의대 1978.02.09

대회	연도	소속	출전	교체	득점	도움	파울	경고	퇴장
BC	2002	대전	13	9	1	0	14	2	0
	2003	대전	2	2	0	0	2	0	0
	합계		15	11	1	0	16	2	0
프로통산			15	11	1	0	16	2	0

김국환(金國煥) 청주대 1972.09.13

대회	연도	소속	출전	교체	득점	도움	파울	경고	퇴장
BC	1995	일화	2	2	1	1	2	1	0
	1996	천안일	3	2	0	0	2	0	0
	1997	천안일	4	3	1	0	5	1	0
	합계		9	7	2	1	9	2	0
프로통산			9	7	2	1	9	2	0

김귀현(金貴鉉) 남해해성중 1990.01.04

대회	연도	소속	출전	교체	득점	도움	파울	경고	퇴장
K1	2013	대구	0	0	0	0	0	0	0
	합계		0	0	0	0	0	0	0
K2	2014	대구	18	11	1	0	36	4	0
	합계		18	11	1	0	36	4	0
프로통산			18	11	1	0	36	4	0

김귀화(金貴華) 아주대 1970.03.15

대회	연도	소속	출전	교체	득점	도움	파울	경고	퇴장
BC	1991	대우	19	19	1	0	3	0	0
	1992	대우	21	3	0	1	15	1	0
	1993	대우	31	13	2	5	16	1	0
	1994	대우	34	10	9	3	28	2	0
	1997	부산	10	5	1	1	9	0	0
	1998	안양LG	26	20	1	4	33	4	0
	1999	안양LG	29	12	2	5	21	1	0
	2000	안양LG	33	23	0	1	27	1	0
	합계		203	105	16	20	152	10	0
프로통산			203	105	16	20	152	10	0

김규남(金奎男) 전주대 1992.11.26

대회	연도	소속	출전	교체	득점	도움	파울	경고	퇴장
K2	2015	충주	1	1	0	0	0	1	0
	합계		1	1	0	0	0	1	0
프로통산			1	1	0	0	0	1	0

김근배(金根培) 고려대 1986.08.07

대회	연도	소속	출전	교체	실점	도움	파울	경고	퇴장
BC	2009	강원	4	0	10	0	0	0	0
	2010	강원	6	2	10	0	0	0	0
	2011	강원	12	0	18	0	1	1	0
	2012	강원	17	1	34	0	2	5	0
	합계		39	3	72	0	3	6	0
K1	2013	강원	23	0	34	0	0	0	0
	2014	상주	5	0	12	0	0	1	0
	2016	성남	9	0	12	0	0	0	0
	2019	성남	2	0	4	0	0	0	0
	합계		39	0	62	0	0	1	0
K2	2015	상주	20	0	26	0	1	1	0
	2015	강원	3	1	3	0	0	0	0
	2018	성남	23	2	23	0	1	1	0
	합계		46	3	52	0	2	2	0
승	2013	강원	2	0	4	0	0	0	0
	2016	성남	1	0	1	0	0	0	0
	합계		3	0	5	0	0	0	0
프로통산			127	6	191	0	5	9	0

김근철(金根哲) 배재대 1983.06.24

대회	연도	소속	출전	교체	득점	도움	파울	경고	퇴장
BC	2005	대구	7	7	0	1	4	0	0
	2006	경남	25	14	3	3	27	3	0
	2007	경남	27	8	1	2	40	5	0
	2008	경남	17	4	1	0	39	3	0
	2009	경남	5	5	0	0	3	0	0
	2010	부산	30	15	2	5	48	8	0
	2011	부산	6	6	0	0	6	2	0
	2012	전남	13	11	0	0	10	2	0
	합계		130	70	7	11	177	23	0
프로통산			130	70	7	11	177	23	0

김근환(金根煥) 천안중 1986.08.12

대회	연도	소속	출전	교체	득점	도움	파울	경고	퇴장
K1	2014	울산	17	6	0	0	11	0	0
	2015	울산	18	3	0	1	10	0	0
	2016	수원FC	30	11	0	1	17	2	0
	2017	서울	1	1	0	0	1	0	0
	2018	경남	10	10	0	1	2	0	0
	2019	인천	1	1	0	0	0	0	0
	합계		77	32	0	3	41	2	0
	2017	경남	12	12	3	1	3	0	0
	합계		12	12	3	1	3	0	0
프로통산			89	44	3	4	44	2	0

김기남(金起南) 중앙대 1971.01.18

대회	연도	소속	출전	교체	득점	도움	파울	경고	퇴장
BC	1993	포철	10	7	0	2	14	0	0
	1994	포철	22	11	1	1	34	3	0
	1995	포항	30	7	2	5	44	8	0
	1998	안양LG	17	13	0	0	31	3	0
	1999	부천SK	25	17	1	4	51	6	0
	2000	포항	27	18	1	2	47	1	0
	2001	포항	18	6	1	2	41	1	0
	2002	포항	31	13	1	0	46	2	0
	합계		180	92	7	16	308	24	0
프로통산			180	92	7	16	308	24	0

김기남(金期南) 울산대 1973.07.20

대회	연도	소속	출전	교체	득점	도움	파울	경고	퇴장
BC	1996	울산	20	14	5	3	13	3	0
	1997	울산	29	28	6	2	24	0	0
	1998	울산	36	34	4	5	38	3	0
	1999	울산	31	25	5	3	39	0	0
	2000	울산	8	8	4	0	5	0	0
	2001	울산	19	15	2	0	12	0	0
	합계		143	124	26	13	131	6	0
프로통산			143	124	26	13	131	6	0

김기동(金基東) 신평고 1972.01.12

대회	연도	소속	출전	교체	득점	도움	파울	경고	퇴장
BC	1993	유공	7	4	0	0	8	0	0
	1994	유공	15	12	0	0	12	0	0
	1995	유공	29	2	0	1	39	3	0
	1996	부천유	33	0	2	3	38	2	1
	1997	부천SK	14	1	5	0	15	2	0
	1998	부천SK	34	7	1	3	32	3	1
	1999	부천SK	36	19	3	3	47	2	0
	2000	부천SK	41	7	1	3	67	6	0
	2001	부천SK	30	0	1	2	28	1	0
	2002	부천SK	35	0	4	2	56	2	0
	2003	포항	30	5	3	1	57	2	0
	2004	포항	25	12	1	0	28	0	0
	2005	포항	36	20	3	5	75	2	0
	2006	포항	25	12	0	7	33	3	0
	2007	포항	36	10	4	1	69	3	0
	2008	포항	19	12	3	3	30	1	0

대회	연도	소속	출전	교체	득점	도움	파울	경고	퇴장
	2009	포항	23	15	4	5	25	1	0
	2010	포항	13	11	0	0	16	2	0
	2011	포항	20	17	4	1	13	0	0
	합계		501	166	39	40	688	35	2
프로통산			501	166	39	40	688	35	2

김기범(金起範) 동아대 1976.08.14

대회	연도	소속	출전	교체	득점	도움	파울	경고	퇴장
BC	1999	수원	1	1	0	0	1	0	0
	2000	수원	12	7	1	1	25	5	0
	2001	수원	21	13	0	3	42	3	0
	2002	수원	11	6	0	0	24	3	0
	2003	수원	8	7	0	0	11	0	0
	2004	수원	1	1	0	0	1	0	0
	합계		54	35	1	4	104	11	0
프로통산			54	35	1	4	104	11	0

김기선(金基善) 숭실대 1969.02.27

대회	연도	소속	출전	교체	득점	도움	파울	경고	퇴장
BC	1992	유공	14	5	2	0	14	1	0
	1993	유공	26	6	1	1	15	1	0
	1994	유공	26	15	6	1	15	1	0
	1995	유공	17	11	0	0	12	0	0
	1996	부천유	9	7	0	1	7	0	0
	1996	전남	13	12	3	1	4	1	0
	1997	전남	32	21	8	1	19	5	0
	1998	전남	33	25	2	3	27	1	0
	합계		170	102	22	8	113	10	0
프로통산			170	102	22	8	113	10	0

김기수(金起秀) 선문대 1987.12.13

대회	연도	소속	출전	교체	득점	도움	파울	경고	퇴장
BC	2009	부산	9	6	0	0	12	1	0
	2010	부산	3	2	0	0	5	1	0
	합계		12	8	0	0	17	2	0
K1	2015	대전	7	1	0	0	8	3	0
	합계		7	1	0	0	8	3	0
프로통산			19	9	0	0	25	5	0

김기열(金氣烈) 풍생고 1998.11.14

대회	연도	소속	출전	교체	득점	도움	파울	경고	퇴장
K1	2019	성남	3	2	0	0	3	1	0
	합계		3	2	0	0	3	1	0
프로통산			3	2	0	0	3	1	0

김기영(金基永) 울산대 1996.08.14

대회	연도	소속	출전	교체	득점	도움	파울	경고	퇴장
K2	2019	아산	3	1	0	0	4	1	0
	합계		3	1	0	0	4	1	0
프로통산			3	1	0	0	4	1	0

김기완(金起完) 건국대 1966.03.16

대회	연도	소속	출전	교체	득점	도움	파울	경고	퇴장
BC	1989	일화	9	8	1	0	7	1	0
	합계		9	8	1	0	7	1	0
프로통산			9	8	1	0	7	1	0

김기용(金基聳) 고려대 1990.12.07

대회	연도	소속	출전	교체	실점	도움	파울	경고	퇴장
K1	2013	부산	2	0	3	0	1	1	0
	2014	부산	0	0	0	0	0	0	0
	2015	부산	0	0	0	0	0	0	0
	합계		2	0	3	0	1	1	0
K2	2017	대전	5	0	12	0	1	1	0
	합계		5	0	12	0	1	1	0
프로통산			7	0	15	0	2	2	0

김기윤(金基潤) 관동대(가톨릭관동대) 1961.05.05

대회	연도	소속	출전	교체	득점	도움	파울	경고	퇴장
BC	1984	대우	15	6	4	2	13	1	0
	1985	대우	16	0	0	0	24	0	1
	1987	럭금	1	1	0	0	0	0	0
	합계		32	7	4	2	37	1	1
프로통산			32	7	4	2	37	1	1

김기종(金基鍾) 숭실대 1975.05.22

대회	연도	소속	출전	교체	득점	도움	파울	경고	퇴장
BC	2001	부산	3	4	0	0	5	0	0
	2002	부산	7	6	0	0	5	0	0
	합계		10	10	0	0	10	0	0
프로통산			10	10	0	0	10	0	0

김기태(金基太) 홍익대 1993.11.10

대회	연도	소속	출전	교체	득점	도움	파울	경고	퇴장
K2	2015	안양	0	0	0	0	0	0	0
	합계		0	0	0	0	0	0	0
프로통산			0	0	0	0	0	0	0

김기현(金基鉉) 경희대 1978.10.07

대회	연도	소속	출전	교체	득점	도움	파울	경고	퇴장
BC	1999	안양LG	1	1	0	0	0	0	0
	2000	안양LG	1	1	0	0	0	0	0
	2003	대구	16	10	0	0	12	3	0
	합계		18	12	0	0	12	3	0
프로통산			18	12	0	0	12	3	0

김기형(金基炯) 아주대 1977.07.10

대회	연도	소속	출전	교체	득점	도움	파울	경고	퇴장
BC	2000	부천SK	1	1	1	0	0	0	0
	2001	부천SK	4	4	0	0	4	0	0
	2002	부천SK	8	5	1	0	13	3	0
	2003	부천SK	17	9	0	1	30	3	0
	2004	부천SK	28	7	6	1	44	2	0
	2005	부천SK	29	13	2	3	32	3	0
	2006	제주	26	16	4	2	39	1	0
	2007	제주	19	13	1	1	22	2	0
	합계		132	68	15	8	184	14	0
프로통산			132	68	15	8	184	14	0

김기홍(金基弘) 울산대 1981.03.21

대회	연도	소속	출전	교체	득점	도움	파울	경고	퇴장
BC	2004	대전	6	5	0	0	5	1	0
	2005	대전	1	1	0	0	0	0	0
	합계		7	6	0	0	5	1	0
프로통산			7	6	0	0	5	1	0

김기효(金基孝) 진주고 1958.02.09

대회	연도	소속	출전	교체	득점	도움	파울	경고	퇴장
BC	1983	국민은	8	1	1	0	5	0	0
	1984	국민은	2	1	0	0	1	0	0
	합계		10	2	1	0	6	0	0
프로통산			10	2	1	0	6	0	0

김기희(金基熙) 홍익대 1989.07.13

대회	연도	소속	출전	교체	득점	도움	파울	경고	퇴장
BC	2011	대구	14	3	0	0	14	1	0
	2012	대구	17	2	2	0	17	2	1
	합계		31	5	2	0	31	3	1
K1	2013	전북	19	1	0	0	21	5	0
	2014	전북	28	1	0	2	41	4	0
	2015	전북	33	2	0	0	31	6	0
	합계		80	4	0	2	93	15	0
프로통산			111	9	2	2	124	18	1

김길식(金吉植) 단국대 1978.08.24

대회	연도	소속	출전	교체	득점	도움	파울	경고	퇴장
BC	2001	전남	6	4	1	0	6	0	0
	2003	전남	6	6	1	0	3	0	0
	2004	부천SK	24	14	1	0	30	4	0
	2005	부천SK	31	24	5	2	38	2	0
	2006	제주	31	19	3	0	61	2	0
	2008	대전	10	8	0	0	20	2	0
	합계		108	75	11	2	158	10	0
프로통산			108	75	11	2	158	10	0

김남건(金南建) 선문대 1990.08.06

대회	연도	소속	출전	교체	득점	도움	파울	경고	퇴장
K1	2014	성남	2	2	0	0	0	0	0
	합계		2	2	0	0	0	0	0
프로통산			2	2	0	0	0	0	0

김남우(金南佑) 전주대 1980.05.14

대회	연도	소속	출전	교체	득점	도움	파울	경고	퇴장
BC	2003	대구	7	1	0	0	20	3	0
	합계		7	1	0	0	20	3	0
프로통산			7	1	0	0	20	3	0

김남일(金南日) 한양대 1977.03.14

대회	연도	소속	출전	교체	득점	도움	파울	경고	퇴장
BC	2000	전남	30	19	1	1	57	2	0
	2001	전남	25	5	0	3	79	2	0
	2002	전남	15	6	0	2	44	2	1
	2003	전남	23	3	6	1	65	6	0
	2004	전남	10	2	1	2	30	3	0
	2005	수원	6	2	0	0	18	1	0
	2006	수원	26	2	0	0	77	9	0
	2007	수원	28	6	0	0	51	9	0
	2012	인천	34	10	0	3	78	12	0
	합계		197	55	8	12	499	46	1
K1	2013	인천	25	11	0	0	60	13	0
	2014	전북	20	13	2	0	42	8	0
	합계		45	24	2	0	102	21	0
프로통산			242	79	10	12	601	67	1

김남춘(金南春) 광운대 1989.04.19

대회	연도	소속	출전	교체	득점	도움	파울	경고	퇴장
K1	2013	서울	0	0	0	0	0	0	0
	2014	서울	7	2	1	0	5	1	0
	2015	서울	17	3	1	0	12	2	0
	2016	서울	18	2	0	1	17	2	0
	2017	상주	19	2	1	1	12	2	0
	2018	상주	19	3	1	0	19	0	0
	2018	서울	8	1	0	0	4	1	0
	2019	서울	4	1	0	0	7	0	0
	합계		92	14	4	2	76	8	0
승	2017	상주	0	0	0	0	0	0	0
	합계		0	0	0	0	0	0	0
프로통산			92	14	4	2	76	8	0

김남탁(金南卓) 광운대 1992.09.28

대회	연도	소속	출전	교체	득점	도움	파울	경고	퇴장
K2	2015	안양	0	0	0	0	0	0	0
	합계		0	0	0	0	0	0	0
프로통산			0	0	0	0	0	0	0

김남호(金南浩) 연세대 1965.10.17

대회	연도	소속	출전	교체	득점	도움	파울	경고	퇴장
BC	1988	럭금	8	6	0	0	4	1	0
	1989	럭금	1	1	0	0	0	0	0
	합계		9	7	0	0	4	1	0
프로통산			9	7	0	0	4	1	0

김다빈(金茶彬) 고려대 1989.08.29

대회	연도	소속	출전	교체	득점	도움	파울	경고	퇴장
BC	2009	대전	3	3	0	0	3	0	0
	2010	대전	1	1	0	0	0	0	0
	2010	울산	3	3	0	0	2	0	0
	2011	울산	0	0	0	0	0	0	0
	2012	울산	2	2	0	0	0	0	0
	합계		9	9	0	0	5	0	0
K2	2013	충주	4	4	0	0	3	0	0
	합계		4	4	0	0	3	0	0
프로통산			13	13	0	0	8	0	0

김다솔(金다솔) 연세대 1989.01.04

대회	연도	소속	출전	교체	실점	도움	파울	경고	퇴장
BC	2010	포항	1	1	1	0	0	1	0
	2011	포항	8	0	8	0	0	0	0
	2012	포항	12	0	14	0	0	0	0
	합계		21	1	23	0	0	1	0
K1	2013	포항	5	0	7	0	0	1	0
	2014	포항	7	0	9	0	0	0	0
	2015	대전	0	0	0	0	0	0	0
	2016	인천	3	0	7	0	0	0	0
	2019	수원	7	0	17	0	0	0	0

	합계		22	0	40	0	0	1	0
K2	2017	수원FC	8	0	9	0	2	2	0
	2018	수원FC	29	1	27	0	0	2	0
	합계		37	1	36	0	2	4	0
프로통산			80	2	99	0	2	6	0

김대건(金大健) 배재대 1977.04.27

대회	연도	소속	출전	교체	득점	도움	파울	경고	퇴장
BC	2001	부천SK	2	1	0	0	5	0	0
	2002	전북	9	4	1	0	12	2	0
	2003	광주상	35	6	0	1	48	3	0
	2004	광주상	27	4	0	1	33	1	0
	2005	전북	8	1	1	0	24	0	0
	2006	경남	19	4	1	0	31	2	0
	2007	경남	29	3	0	0	36	3	0
	2008	경남	27	8	1	1	40	6	0
	2009	수원	1	1	0	0	3	0	0
	2010	부산	7	6	0	0	17	3	0
	합계		164	38	4	3	249	20	0
프로통산			164	38	4	3	249	20	0

김대경(金大景) 숭실대 1991.09.02

대회	연도	소속	출전	교체	득점	도움	파울	경고	퇴장
K1	2013	수원	22	21	1	1	12	3	0
	2014	수원	1	1	0	0	0	0	0
	2015	인천	18	13	0	1	10	0	0
	2016	인천	16	11	1	1	8	0	0
	2017	인천	2	1	2	0	0	0	0
	2018	인천	0	0	0	0	0	0	0
	2019	인천	1	1	0	0	0	0	0
	합계		60	48	4	3	30	3	0
프로통산			60	48	4	3	30	3	0

김대경(金大慶) 부평고 1987.10.17

대회	연도	소속	출전	교체	득점	도움	파울	경고	퇴장
BC	2007	제주	0	0	0	0	0	0	0
	2008	제주	1	1	0	0	4	0	0
	합계		1	1	0	0	4	0	0
프로통산			1	1	0	0	4	0	0

김대광(金大光) 동국대 1992.04.10

대회	연도	소속	출전	교체	득점	도움	파울	경고	퇴장
K2	2016	부천	2	2	0	0	1	0	0
	2017	서울E	6	6	1	0	6	1	0
	합계		8	8	1	0	7	1	0
프로통산			8	8	1	0	7	1	0

김대성(金大成) 대구대 1972.05.10

대회	연도	소속	출전	교체	득점	도움	파울	경고	퇴장
BC	1995	LG	23	8	4	2	23	1	0
	1996	안양LG	38	12	1	3	40	5	0
	1997	안양LG	30	12	4	0	28	2	1
	1998	안양LG	31	10	0	4	39	2	0
	1999	안양LG	22	14	1	0	15	2	0
	합계		144	56	10	9	145	12	1
프로통산			144	56	10	9	145	12	1

김대수(金大樹) 울산대 1975.03.20

대회	연도	소속	출전	교체	득점	도움	파울	경고	퇴장
BC	1997	대전	5	1	0	0	6	1	0
	1998	대전	8	5	0	0	8	0	1
	1999	대전	9	6	0	0	7	0	0
	2000	대전	8	2	0	0	10	0	0
	2001	대전	3	2	0	0	0	0	0
	2002	대전	11	1	0	0	13	2	0
	2003	대구	11	2	0	0	11	2	0
	2004	부천SK	11	5	0	0	16	1	0
	합계		66	24	0	0	71	6	1
프로통산			66	24	0	0	71	6	1

김대식(金大植) 인천대 1973.03.02

대회	연도	소속	출전	교체	득점	도움	파울	경고	퇴장
BC	1995	전북	27	4	1	1	20	4	0
	1996	전북	34	4	0	2	31	4	0
	1999	전북	22	7	0	2	9	1	0
	2000	전북	32	9	1	2	33	3	0
	2001	전북	28	2	0	2	20	1	0
	합계		143	26	2	9	113	13	0
프로통산			143	26	2	9	113	13	0

김대열(金大烈) 단국대 1987.04.12

대회	연도	소속	출전	교체	득점	도움	파울	경고	퇴장
BC	2010	대구	6	6	0	0	12	4	0
	2011	대구	8	2	0	0	14	2	1
	2012	대구	37	23	1	0	43	5	0
	합계		51	31	1	0	69	11	1
K1	2013	대구	19	13	0	0	24	2	0
	2016	상주	7	6	0	1	7	1	0
	합계		26	19	0	1	31	3	0
K2	2014	대구	26	6	3	2	51	3	0
	2015	상주	7	1	0	0	13	3	0
	2016	대구	2	2	0	0	1	0	0
	2017	대전	32	14	0	1	56	5	0
	2019	안산	15	9	1	0	16	3	1
	합계		82	32	4	3	137	14	1
프로통산			159	82	5	4	237	28	2

김대영(金大英)

대회	연도	소속	출전	교체	득점	도움	파울	경고	퇴장
BC	1988	대우	9	6	0	0	13	1	0
	합계		9	6	0	0	13	1	0
프로통산			9	6	0	0	13	1	0

김대욱(金旲昱) 조선대 1987.11.23

대회	연도	소속	출전	교체	득점	도움	파울	경고	퇴장
BC	2010	대전	2	1	0	0	2	1	0
	합계		2	1	0	0	2	1	0
K2	2018	안양	1	1	0	0	1	0	0
	합계		1	1	0	0	1	0	0
프로통산			3	2	0	0	3	1	0

김대욱(金大旭) 호남대 1978.04.02

대회	연도	소속	출전	교체	득점	도움	파울	경고	퇴장
BC	2001	전남	4	4	0	0	9	1	0
	2003	광주상	0	0	0	0	0	0	0
	합계		4	4	0	0	9	1	0
프로통산			4	4	0	0	9	1	0

김대원(金大元) 보인고 1997.02.10

대회	연도	소속	출전	교체	득점	도움	파울	경고	퇴장
K1	2017	대구	10	9	0	1	1	0	0
	2018	대구	23	13	3	5	13	0	0
	2019	대구	36	20	4	2	19	2	1
	합계		69	42	7	8	33	2	1
K2	2016	대구	6	6	1	0	1	0	0
	합계		6	6	1	0	1	0	0
프로통산			75	48	8	8	34	2	1

김대의(金大儀) 고려대 1974.05.30

대회	연도	소속	출전	교체	득점	도움	파울	경고	퇴장
BC	2000	성남일	24	23	5	4	23	0	0
	2001	성남일	30	24	2	3	36	3	0
	2002	성남일	38	6	17	12	53	2	0
	2003	성남일	25	17	3	2	25	3	0
	2004	수원	36	10	7	3	49	3	0
	2005	수원	25	10	5	2	28	1	0
	2006	수원	36	12	5	2	45	2	0
	2007	수원	27	18	5	3	30	1	0
	2008	수원	30	17	1	4	29	2	0
	2009	수원	26	12	1	4	24	2	0
	2010	수원	11	7	0	2	6	1	0
	합계		308	156	51	41	348	20	0
프로통산			308	156	51	41	348	20	0

김대중(金大中) 홍익대 1992.10.13

대회	연도	소속	출전	교체	득점	도움	파울	경고	퇴장
K1	2015	인천	16	7	0	0	8	0	0
	2016	인천	16	8	1	0	5	2	0
	2017	인천	22	15	0	5	13	0	0
	2018	인천	29	4	0	0	16	2	0
	2019	상주	2	2	0	0	1	0	0
	합계		85	36	1	5	43	4	0
K2	2014	대전	8	6	0	0	3	0	0
	합계		8	6	0	0	3	0	0
프로통산			93	42	1	5	46	4	0

김대진(金大鎭) 강원대 1969.05.10

대회	연도	소속	출전	교체	득점	도움	파울	경고	퇴장
BC	1992	일화	17	13	0	0	21	1	0
	1993	일화	4	4	0	0	2	0	0
	합계		21	17	0	0	23	1	0
프로통산			21	17	0	0	23	1	0

김대철(金大哲) 인천대 1977.08.26

대회	연도	소속	출전	교체	득점	도움	파울	경고	퇴장
BC	2000	부천SK	7	6	0	0	13	2	0
	2001	전남	1	1	0	0	2	0	0
	합계		8	7	0	0	15	2	0
프로통산			8	7	0	0	15	2	0

김대한(金大韓) 선문대 1994.04.21

대회	연도	소속	출전	교체	득점	도움	파울	경고	퇴장
K2	2015	안양	14	14	0	1	7	1	0
	2016	안양	8	7	2	0	11	1	0
	합계		22	21	2	1	18	2	0
프로통산			22	21	2	1	18	2	0

김대현(金大顯) 대신고 1981.09.02

대회	연도	소속	출전	교체	득점	도움	파울	경고	퇴장
BC	2000	수원	0	0	0	0	0	0	0
	합계		0	0	0	0	0	0	0
프로통산			0	0	0	0	0	0	0

김대호(金大虎) 숭실대 1988.05.15

대회	연도	소속	출전	교체	득점	도움	파울	경고	퇴장
BC	2010	포항	5	4	0	0	9	2	0
	2011	포항	13	4	0	0	22	1	0
	2012	포항	16	7	5	0	28	3	0
	합계		34	15	5	0	59	6	0
K1	2013	포항	25	6	0	3	42	6	0
	2014	포항	24	8	0	1	33	6	0
	2015	포항	18	4	1	0	30	7	0
	2016	포항	3	1	0	0	3	2	0
	2017	포항	0	0	0	0	0	0	0
	2019	제주	1	0	0	0	1	1	0
	합계		71	19	1	4	109	22	0
K2	2016	안산무	7	1	0	1	12	1	0
	2018	수원FC	7	2	1	0	7	2	0
	2019	수원FC	2	2	0	0	3	1	0
	합계		16	5	1	1	22	4	0
프로통산			121	39	7	5	190	32	0

김대호(金大乎) 숭실대 1986.04.15

대회	연도	소속	출전	교체	실점	도움	파울	경고	퇴장
BC	2012	전남	1	0	1	0	0	0	0
	합계		1	0	1	0	0	0	0
K1	2013	포항	0	0	0	0	0	0	0
	2014	전남	0	0	0	0	0	0	0
	합계		0	0	0	0	0	0	0
K2	2015	안산경	1	1	1	0	0	0	0
	2016	안산무	6	1	17	0	0	0	0
	합계		7	2	18	0	0	0	0
프로통산			8	2	19	0	0	0	0

김대환(金大煥) 경성고 1959.10.23

대회	연도	소속	출전	교체	득점	도움	파울	경고	퇴장
BC	1983	국민은	4	4	0	0	2	0	0
	합계		4	4	0	0	2	0	0
프로통산			4	4	0	0	2	0	0

김대환(金大桓) 한양대 1976.01.01

대회	연도	소속	출전	교체	실점	도움	파울	경고	퇴장
BC	1998	수원	4	1	6	0	0	0	0

대회	연도	소속	출전	교체	득점	도움	파울	경고	퇴장
	1999	수원	4	0	4	0	0	0	0
	2000	수원	37	0	55	0	2	2	0
	2003	수원	2	0	2	0	0	0	0
	2004	수원	13	0	9	0	1	1	0
	2005	수원	6	0	7	0	1	1	0
	2006	수원	3	0	5	0	0	0	0
	2007	수원	0	0	0	0	0	0	0
	2008	수원	1	0	1	0	0	1	0
	2009	수원	0	0	0	0	0	0	0
	2010	수원	6	0	13	0	0	0	0
	2011	수원	0	0	0	0	0	0	0
	합계		76	1	102	0	4	5	0
프로통산			76	1	102	0	4	5	0

김대흠(金大欽) 경희대 1961.07.08

대회	연도	소속	출전	교체	득점	도움	파울	경고	퇴장
BC	1985	상무	21	1	4	3	31	1	0
	합계		21	1	4	3	31	1	0
프로통산			21	1	4	3	31	1	0

김덕수(金德洙) 우석대 1987.04.24

대회	연도	소속	출전	교체	실점	도움	파울	경고	퇴장
K2	2013	부천	28	0	51	0	1	1	0
	합계		28	0	51	0	1	1	0
프로통산			28	0	51	0	1	1	0

김덕일(金德一) 풍생고 1990.07.11

대회	연도	소속	출전	교체	득점	도움	파울	경고	퇴장
BC	2011	성남일	6	6	1	0	5	1	0
	2012	성남일	7	7	0	0	4	1	0
	합계		13	13	1	0	9	2	0
프로통산			13	13	1	0	9	2	0

김덕중(金德中) 아주대 1996.03.02

대회	연도	소속	출전	교체	득점	도움	파울	경고	퇴장
K1	2018	인천	0	0	0	0	0	0	0
	합계		0	0	0	0	0	0	0
K2	2019	안양	0	0	0	0	0	0	0
	합계		0	0	0	0	0	0	0
프로통산			0	0	0	0	0	0	0

김덕중(金德重) 연세대 1980.06.05

대회	연도	소속	출전	교체	득점	도움	파울	경고	퇴장
BC	2003	대구	30	10	0	1	14	3	0
	2004	대구	3	2	0	0	1	0	0
	합계		33	12	0	1	15	3	0
프로통산			33	12	0	1	15	3	0

김도균(金徒均) 울산대 1977.01.13

대회	연도	소속	출전	교체	득점	도움	파울	경고	퇴장
BC	1999	울산	11	6	0	0	9	1	0
	2000	울산	14	2	1	1	21	1	0
	2001	울산	27	9	1	1	31	1	0
	2002	울산	18	4	1	3	21	1	0
	2003	울산	34	11	0	2	41	4	0
	2005	성남일	7	3	0	0	22	1	0
	2005	전남	10	1	0	0	19	1	0
	2006	전남	7	5	0	0	17	3	0
	합계		128	41	3	7	181	13	0
프로통산			128	41	3	7	181	13	0

김도근(金道根) 한양대 1972.03.02

대회	연도	소속	출전	교체	득점	도움	파울	경고	퇴장
BC	1995	전남	10	6	0	0	12	1	1
	1996	전남	36	7	10	2	60	4	0
	1997	전남	21	1	7	3	29	3	0
	1998	전남	20	3	6	3	40	3	0
	1999	전남	25	18	2	4	51	1	0
	2000	전남	11	1	5	2	26	2	0
	2001	전남	3	2	0	0	3	0	0
	2002	전남	30	16	3	2	58	4	0
	2003	전남	41	20	1	5	72	5	0
	2004	전남	5	2	0	0	4	0	0
	2005	전남	4	4	0	1	4	0	0
	2005	수원	12	9	0	0	14	0	0
	2006	경남	23	21	0	2	12	1	0
	합계		241	110	34	24	385	24	1
프로통산			241	110	34	24	385	24	1

김도연(金度延) 예원예술대 1989.01.01

대회	연도	소속	출전	교체	득점	도움	파울	경고	퇴장
BC	2011	대전	9	9	0	0	6	2	0
	합계		9	9	0	0	6	2	0
프로통산			9	9	0	0	6	2	0

김도엽(金度燁 / ← 김인한) 선문대 1988.11.26

대회	연도	소속	출전	교체	득점	도움	파울	경고	퇴장
BC	2010	경남	23	17	7	2	33	2	0
	2011	경남	29	18	5	1	20	2	0
	2012	경남	40	25	10	2	38	4	0
	합계		92	60	22	5	91	8	0
K1	2013	경남	8	6	0	1	7	1	0
	2014	경남	27	18	1	0	19	3	0
	2016	상주	3	2	1	0	1	1	0
	2018	제주	7	6	0	0	1	0	0
	합계		45	32	2	1	28	5	0
K2	2015	상주	18	12	6	0	16	2	1
	2016	경남	8	6	1	4	6	1	0
	2017	경남	10	7	3	0	4	0	0
	2018	성남	13	11	1	2	6	1	0
	2019	아산	13	11	0	1	6	1	0
	합계		62	47	11	7	38	5	1
프로통산			199	139	35	13	157	18	1

김도용(金道瑢) 홍익대 1976.05.28

대회	연도	소속	출전	교체	득점	도움	파울	경고	퇴장
BC	1999	안양LG	23	12	0	2	43	6	0
	2000	안양LG	13	7	0	0	22	5	0
	2001	안양LG	0	0	0	0	0	0	0
	2003	안양LG	14	8	0	0	22	2	0
	2004	성남일	13	9	0	0	25	2	0
	2005	전남	24	3	0	1	51	7	0
	2006	전남	12	7	0	1	21	2	0
	합계		99	46	0	4	184	24	0
프로통산			99	46	0	4	184	24	0

김도혁(金鍍爀) 연세대 1992.02.08

대회	연도	소속	출전	교체	득점	도움	파울	경고	퇴장
K1	2014	인천	26	20	2	2	37	6	0
	2015	인천	23	13	1	1	43	3	0
	2016	인천	33	11	3	2	35	5	0
	2017	인천	20	10	1	2	11	3	0
	2019	인천	11	8	0	1	11	1	0
	합계		113	62	7	8	137	18	0
K2	2018	아산	15	4	1	0	24	3	0
	2019	아산	21	4	0	1	20	1	0
	합계		36	8	1	1	44	4	0
프로통산			149	70	8	9	181	22	0

김도형(金度亨) 동아대 1990.10.06

대회	연도	소속	출전	교체	득점	도움	파울	경고	퇴장
K1	2013	부산	2	2	0	0	0	0	0
	2017	상주	2	2	0	0	0	0	0
	2018	상주	21	19	4	3	16	3	0
	2018	포항	10	10	2	1	0	0	0
	2019	포항	9	8	0	0	1	0	0
	합계		44	41	6	4	17	3	0
K2	2015	충주	19	12	5	4	10	2	0
	2016	충주	34	17	3	5	21	3	0
	합계		53	29	8	9	31	5	0
승	2017	상주	0	0	0	0	0	0	0
	합계		0	0	0	0	0	0	0
프로통산			97	70	14	13	48	8	0

김도훈(金度勳) 한양대 1988.07.26

대회	연도	소속	출전	교체	득점	도움	파울	경고	퇴장
K2	2013	경찰	10	6	0	0	19	0	0
	2014	안산경	4	4	0	0	3	1	0
	합계		14	10	0	0	22	1	0
프로통산			14	10	0	0	22	1	0

김도훈(金度勳) 연세대 1970.07.21

대회	연도	소속	출전	교체	득점	도움	파울	경고	퇴장
BC	1995	전북	25	5	9	5	37	3	0
	1996	전북	22	9	10	3	23	0	0
	1997	전북	14	2	4	1	31	2	0
	2000	전북	27	2	15	0	68	2	0
	2001	전북	35	1	15	5	80	5	0
	2002	전북	30	11	10	4	50	2	0
	2003	성남일	40	1	28	13	87	2	0
	2004	성남일	32	6	10	3	63	3	0
	2005	성남일	32	18	13	7	58	3	0
	합계		257	55	114	41	497	22	0
프로통산			257	55	114	41	497	22	0

김동건(金東建) 단국대 1990.05.07

대회	연도	소속	출전	교체	득점	도움	파울	경고	퇴장
K2	2013	수원FC	0	0	0	0	0	0	0
	합계		0	0	0	0	0	0	0
프로통산			0	0	0	0	0	0	0

김동곤(金董坤) 인천대 1993.06.11

대회	연도	소속	출전	교체	득점	도움	파울	경고	퇴장
K2	2016	대전	4	4	0	0	4	0	0
	합계		4	4	0	0	4	0	0
프로통산			4	4	0	0	4	0	0

김동군(金東君) 호남대 1971.07.22

대회	연도	소속	출전	교체	득점	도움	파울	경고	퇴장
BC	1994	일화	5	5	1	0	2	0	0
	1995	일화	9	9	2	1	11	0	0
	1996	천안일	3	4	0	0	3	0	0
	1997	천안일	17	8	0	0	29	2	0
	1998	천안일	28	12	3	2	37	5	0
	2000	전북	0	0	0	0	0	0	0
	합계		62	38	6	3	82	7	0
프로통산			62	38	6	3	82	7	0

김동권(金東權) 청구고 1992.04.04

대회	연도	소속	출전	교체	득점	도움	파울	경고	퇴장
K2	2013	충주	21	0	0	0	39	9	0
	2014	충주	6	0	0	0	10	5	0
	합계		27	0	0	0	49	14	0
프로통산			27	0	0	0	49	14	0

김동규(金東圭) 연세대 1981.05.13

대회	연도	소속	출전	교체	득점	도움	파울	경고	퇴장
BC	2004	울산	8	6	0	0	13	3	0
	2005	울산	0	0	0	0	0	0	0
	2006	광주상	11	5	0	0	21	2	0
	2007	광주상	10	4	0	0	7	2	0
	2008	울산	7	2	0	0	9	1	0
	2009	울산	0	0	0	0	0	0	0
	합계		36	17	0	0	50	8	0
프로통산			36	17	0	0	50	8	0

김동근(金東根) 중대부고 1961.05.20

대회	연도	소속	출전	교체	득점	도움	파울	경고	퇴장
BC	1985	상무	6	1	1	0	5	0	0
	합계		6	1	1	0	5	0	0
프로통산			6	1	1	0	5	0	0

김동기(金東期) 경희대 1989.05.27

대회	연도	소속	출전	교체	득점	도움	파울	경고	퇴장
BC	2012	강원	7	7	0	0	17	0	0
	합계		7	7	0	0	17	0	0
K1	2013	강원	22	14	5	4	62	9	0
	2017	포항	5	4	0	1	0	0	0
	합계		27	18	5	5	62	9	0
K2	2014	강원	27	21	4	0	45	7	1
	2015	강원	7	5	2	1	9	0	1
	2015	안양	16	11	2	3	19	4	0

대회	연도	소속	출전	교체	득점	도움	파울	경고	퇴장
	2016	안양	6	6	0	0	5	0	0
	2017	성남	0	0	0	0	0	0	0
	합계		56	43	8	4	78	11	2
승	2013	강원	2	1	0	0	2	0	0
	합계		2	1	0	0	2	0	0
프로통산			92	69	13	9	159	20	2

김동기(金東基) 한성대 1971.05.22

대회	연도	소속	출전	교체	득점	도움	파울	경고	퇴장
BC	1994	대우	22	8	0	0	22	6	1
	1995	포항	4	3	0	0	1	0	0
	1996	포항	3	3	0	0	3	1	0
	1997	포항	17	6	0	1	23	2	0
	1998	포항	6	5	0	0	7	0	0
	합계		52	25	0	1	56	9	1
프로통산			52	25	0	1	56	9	1

김동룡(金東龍) 홍익대 1975.05.08

대회	연도	소속	출전	교체	득점	도움	파울	경고	퇴장
BC	1999	전북	0	0	0	0	0	0	0
	합계		0	0	0	0	0	0	0
프로통산			0	0	0	0	0	0	0

김동민(金東玟) 인천대 1994.08.16

대회	연도	소속	출전	교체	득점	도움	파울	경고	퇴장
K1	2017	인천	13	2	0	0	16	2	0
	2018	인천	17	3	1	0	27	4	0
	2019	인천	23	5	0	0	34	7	0
	합계		53	10	1	0	77	13	0
프로통산			53	10	1	0	77	13	0

김동민(金東敏) 연세대 1987.06.23

대회	연도	소속	출전	교체	득점	도움	파울	경고	퇴장
BC	2009	울산	0	0	0	0	0	0	0
	합계		0	0	0	0	0	0	0
프로통산			0	0	0	0	0	0	0

김동석(金東錫) 용강중 1987.03.26

대회	연도	소속	출전	교체	득점	도움	파울	경고	퇴장
BC	2006	서울	7	6	0	1	11	1	0
	2007	서울	28	20	2	2	37	4	0
	2008	울산	6	5	0	0	3	0	0
	2010	대구	19	9	1	0	31	4	0
	2011	울산	10	8	0	0	5	1	0
	2012	울산	23	16	0	2	19	2	0
	합계		93	64	3	5	106	12	0
K1	2013	울산	4	4	0	0	1	0	0
	2014	서울	3	3	0	0	4	1	0
	2015	인천	28	15	2	2	30	5	0
	2016	인천	10	4	0	0	10	1	0
	2017	인천	6	3	0	0	9	0	1
	2018	인천	1	1	0	0	1	0	0
	합계		52	30	2	2	55	7	1
프로통산			145	94	5	7	161	19	1

김동선(金東先) 명지대 1978.03.15

대회	연도	소속	출전	교체	득점	도움	파울	경고	퇴장
BC	2001	대전	15	15	1	1	11	1	0
	2002	대전	8	8	0	0	8	0	0
	합계		23	23	1	1	19	1	0
프로통산			23	23	1	1	19	1	0

김동섭(金東燮) 장훈고 1989.03.29

대회	연도	소속	출전	교체	득점	도움	파울	경고	퇴장
BC	2011	광주	27	22	7	2	70	3	0
	2012	광주	32	25	7	0	64	6	0
	합계		59	47	14	2	134	9	0
K1	2013	성남일	36	7	14	3	80	4	0
	2014	성남	34	29	4	0	30	2	0
	2015	성남	5	5	0	0	6	1	0
	2015	부산	8	6	0	0	4	0	0
	합계		83	47	18	3	120	7	0
K2	2016	안산무	16	10	4	1	16	1	0
	2017	아산	6	6	0	0	5	2	0
	2018	부산	7	7	1	0	5	2	0
	2019	서울E	1	1	0	0	0	0	0
	합계		30	24	5	1	26	5	0
프로통산			172	118	37	6	280	21	0

김동우(金東佑) 한양대 1975.07.27

대회	연도	소속	출전	교체	득점	도움	파울	경고	퇴장
BC	1998	전남	6	5	0	1	9	0	0
	1999	전남	17	11	0	0	11	2	0
	합계		23	16	0	1	20	2	0
프로통산			23	16	0	1	20	2	0

김동우(金東佑) 조선대 1988.02.05

대회	연도	소속	출전	교체	득점	도움	파울	경고	퇴장
BC	2010	서울	10	4	0	0	17	2	0
	2011	서울	16	1	0	0	24	2	0
	2012	서울	23	6	0	0	25	2	0
	합계		49	11	0	0	66	6	0
K1	2014	서울	0	0	0	0	0	0	0
	2015	서울	20	2	1	0	19	3	0
	2016	서울	13	3	0	0	9	2	0
	2017	서울	5	1	0	1	10	2	0
	2017	대구	14	1	0	0	11	0	0
	2018	서울	17	1	1	1	9	2	0
	2019	제주	26	3	0	0	17	2	0
	합계		95	11	2	2	75	11	0
K2	2013	경찰	27	7	3	0	26	2	1
	2014	안산경	11	1	1	0	6	3	1
	합계		38	8	4	0	32	5	2
승	2018	서울	2	0	0	1	1	1	0
	합계		2	0	0	1	1	1	0
프로통산			184	30	6	3	174	23	2

김동욱(金東煜) 예원예술대 1991.03.10

대회	연도	소속	출전	교체	득점	도움	파울	경고	퇴장
	2013	충주	0	0	0	0	0	0	0
	합계		0	0	0	0	0	0	0
프로통산			0	0	0	0	0	0	0

김동준(金東俊) 연세대 1994.12.19

대회	연도	소속	출전	교체	실점	도움	파울	경고	퇴장
K1	2016	성남	26	1	35	0	0	1	0
	2019	성남	28	1	27	0	1	1	1
	합계		54	2	62	0	1	2	1
K2	2017	성남	36	1	29	1	0	2	0
	2018	성남	6	2	3	0	0	0	0
	합계		42	3	32	1	0	2	0
승	2016	성남	1	0	0	0	0	0	0
	합계		1	0	0	0	0	0	0
프로통산			97	5	94	1	1	4	1

김동진(金東珍) 아주대 1992.12.28

대회	연도	소속	출전	교체	득점	도움	파울	경고	퇴장
K1	2017	대구	21	5	0	0	25	5	0
	2019	대구	13	2	0	0	22	2	1
	합계		34	7	0	0	47	7	1
K2	2014	대구	10	3	0	0	18	2	0
	2015	대구	18	1	0	1	24	4	0
	2016	대구	36	4	0	0	37	4	0
	2018	아산	12	0	0	0	30	3	0
	2019	아산	20	7	0	0	30	3	0
	합계		96	15	0	1	139	16	0
프로통산			130	22	0	1	186	23	1

김동진(金東進) 안양공고 1982.01.29

대회	연도	소속	출전	교체	득점	도움	파울	경고	퇴장
BC	2000	안양LG	7	2	1	1	10	1	0
	2001	안양LG	6	3	0	0	7	2	0
	2002	안양LG	8	6	0	0	11	1	0
	2003	안양LG	35	15	5	2	60	3	0
	2004	서울	18	5	3	2	51	2	0
	2005	서울	32	5	3	1	79	6	0
	2006	서울	13	1	1	0	33	2	0
BC	2010	울산	23	3	0	1	31	5	0
	2011	서울	9	6	1	0	8	1	0
	합계		151	46	14	7	290	23	0
K2	2016	서울E	34	1	1	3	39	10	0
	합계		34	1	1	3	39	10	0
프로통산			185	47	15	10	329	33	0

김동진(金東珍) 상지대 1989.07.13

대회	연도	소속	출전	교체	득점	도움	파울	경고	퇴장
BC	2010	성남일	0	0	0	0	0	0	0
	합계		0	0	0	0	0	0	0
프로통산			0	0	0	0	0	0	0

김동찬(金東燦) 호남대 1986.04.19

대회	연도	소속	출전	교체	득점	도움	파울	경고	퇴장
BC	2006	경남	3	3	0	0	5	0	0
	2007	경남	10	7	1	0	13	1	0
	2008	경남	25	11	7	3	29	3	0
	2009	경남	30	21	12	8	15	2	0
	2010	경남	21	17	2	4	16	2	0
	2011	전북	23	23	10	3	16	3	0
	2012	전북	20	21	2	0	13	1	0
	합계		132	103	34	18	107	12	0
K1	2014	상주	17	15	2	0	13	1	0
	2014	전북	5	5	2	1	2	0	0
	2015	전북	15	15	0	2	4	0	0
	합계		37	35	4	3	19	1	0
K2	2013	상주	27	18	6	4	26	0	0
	2016	대전	39	16	20	8	31	2	0
	2017	성남	17	7	6	1	10	0	0
	2018	수원FC	9	8	1	0	5	1	0
	2019	수원FC	9	9	0	0	2	1	0
	합계		101	58	33	13	74	4	0
승	2013	상주	2	2	0	0	1	0	0
	합계		2	2	0	0	1	0	0
프로통산			272	198	71	34	201	17	0

김동철(金東徹) 고려대 1990.10.01

대회	연도	소속	출전	교체	득점	도움	파울	경고	퇴장
BC	2012	전남	9	3	0	0	19	1	0
	합계		9	3	0	0	19	1	0
K1	2013	전남	21	2	0	0	26	6	0
	2014	전남	11	7	0	0	10	3	0
	2015	전남	29	11	0	0	37	4	0
	합계		61	20	0	0	73	13	0
K2	2016	서울E	34	4	1	2	68	7	0
	2017	아산	15	6	1	2	25	4	0
	2018	아산	18	6	0	0	5	1	0
	2018	서울E	3	0	0	0	8	2	0
	2019	서울E	12	3	0	0	21	3	0
	합계		82	19	2	4	127	17	0
프로통산			152	42	2	4	219	31	0

김동철(金東鐵) 한양대 1972.04.19

대회	연도	소속	출전	교체	득점	도움	파울	경고	퇴장
BC	1994	대우	4	4	0	0	3	3	0
	합계		4	4	0	0	3	3	0
프로통산			4	4	0	0	3	3	0

김동해(金東海) 한양대 1966.03.16

대회	연도	소속	출전	교체	득점	도움	파울	경고	퇴장
BC	1989	럭금	23	16	0	2	19	0	0
	1990	럭금	8	8	0	0	2	0	0
	1992	LG	10	6	0	1	10	2	0
	1993	LG	33	8	4	0	33	3	0
	1994	LG	30	12	2	5	22	3	0
	1995	LG	25	11	3	1	35	6	0
	1996	수원	10	3	0	1	19	2	0
	합계		139	64	9	10	140	16	0
프로통산			139	64	9	10	140	16	0

김동헌(金東憲) 용인대 1997.03.03

대회	연도	소속	출전	교체	득점	도움	파울	경고	퇴장

K1	2019	인천	0	0	0	0	0	0	0
		합계	0	0	0	0	0	0	0
프로통산			0	0	0	0	0	0	0

김동혁(金東奕) 조선대 1991.01.25

대회	연도	소속	출전	교체	득점	도움	파울	경고	퇴장
K1	2013	대전	0	0	0	0	0	0	0
		합계	0	0	0	0	0	0	0
프로통산			0	0	0	0	0	0	0

김동현(金東炫) 동아대 1994.07.14

대회	연도	소속	출전	교체	득점	도움	파울	경고	퇴장
K1	2016	포항	16	15	0	2	11	3	1
		합계	16	15	0	2	11	3	1
프로통산			16	15	0	2	11	3	1

김동현(金東現) 중앙대 1997.06.11

대회	연도	소속	출전	교체	득점	도움	파울	경고	퇴장
K1	2019	성남	7	5	0	0	6	1	0
		합계	7	5	0	0	6	1	0
K2	2018	광주	36	5	3	5	41	5	0
		합계	36	5	3	5	41	5	0
프로통산			43	10	3	5	47	6	0

김동현(金洞現) 광운대 1995.10.21

대회	연도	소속	출전	교체	득점	도움	파울	경고	퇴장
K2	2018	부천	7	7	0	1	3	0	0
		합계	7	7	0	1	3	0	0
프로통산			7	7	0	1	3	0	0

김동현(金東眩) 경희고 1980.08.17

대회	연도	소속	출전	교체	득점	도움	파울	경고	퇴장
BC	1999	수원	3	3	0	0	3	1	0
	2003	수원	2	2	0	0	6	0	0
	2005	수원	1	1	0	0	1	0	0
	2007	전북	6	5	0	0	14	0	0
		합계	12	11	0	0	24	1	0
프로통산			12	11	0	0	24	1	0

김동현(金東炫) 한양대 1984.05.20

대회	연도	소속	출전	교체	득점	도움	파울	경고	퇴장
BC	2004	수원	26	22	4	1	51	1	0
	2005	수원	29	12	6	5	95	4	0
	2007	성남일	26	14	5	2	69	6	0
	2008	성남일	30	26	4	4	33	1	0
	2009	경남	15	12	1	0	33	2	0
	2010	광주상	19	12	3	0	37	5	0
	2011	상주	10	7	2	2	11	1	0
		합계	155	105	25	14	329	20	0
프로통산			155	105	25	14	329	20	0

김동환(金東煥) 울산대 1983.01.17

대회	연도	소속	출전	교체	득점	도움	파울	경고	퇴장
BC	2004	울산	2	2	0	0	3	1	0
	2005	수원	1	0	0	0	3	1	0
		합계	3	2	0	0	6	2	0
프로통산			3	2	0	0	6	2	0

김동효(金桐孝) 동래고 1990.04.05

대회	연도	소속	출전	교체	득점	도움	파울	경고	퇴장
BC	2009	경남	2	2	0	0	2	0	0
		합계	2	2	0	0	2	0	0
프로통산			2	2	0	0	2	0	0

김동훈(金東勳) 한양대 1966.09.11

대회	연도	소속	출전	교체	실점	도움	파울	경고	퇴장
BC	1988	대우	11	2	13	0	0	0	0
	1989	대우	27	1	28	0	1	2	0
	1990	대우	22	0	18	0	0	0	0
	1992	대우	19	0	14	0	1	3	0
	1993	대우	8	1	7	0	0	0	0
	1994	버팔로	15	4	29	0	1	0	0
		합계	102	8	109	0	3	5	0
프로통산			102	8	109	0	3	5	0

김동휘(金東輝) 수원대 1989.12.23

대회	연도	소속	출전	교체	득점	도움	파울	경고	퇴장
K2	2013	안양	0	0	0	0	0	0	0
		합계	0	0	0	0	0	0	0
프로통산			0	0	0	0	0	0	0

김동희(金東熙) 연세대 1989.05.06

대회	연도	소속	출전	교체	득점	도움	파울	경고	퇴장
BC	2011	포항	1	1	0	0	1	0	0
	2012	대전	9	9	0	0	5	1	0
		합계	10	10	0	0	6	1	0
K1	2014	성남	32	25	5	2	26	2	0
	2015	성남	28	26	2	2	13	2	0
	2016	성남	17	17	0	0	7	0	1
		합계	77	68	7	4	46	4	1
K2	2017	성남	8	10	0	0	4	1	0
	2018	성남	3	3	0	0	0	0	0
		합계	11	13	0	0	4	1	0
승	2016	성남	2	2	0	0	0	0	0
		합계	2	2	0	0	0	0	0
프로통산			100	93	7	4	56	6	1

김두함(金豆咸) 안동대 1970.03.08

대회	연도	소속	출전	교체	득점	도움	파울	경고	퇴장
BC	1996	수원	1	1	0	0	0	0	0
		합계	1	1	0	0	0	0	0
프로통산			1	1	0	0	0	0	0

김두현(金斗炫) 통진종고 1982.07.14

대회	연도	소속	출전	교체	득점	도움	파울	경고	퇴장
BC	2001	수원	15	16	0	1	16	2	0
	2002	수원	20	16	2	1	29	2	0
	2003	수원	34	18	4	2	61	4	0
	2004	수원	22	5	1	4	46	6	0
	2005	수원	9	1	1	1	13	4	0
	2005	성남일	21	7	2	3	41	1	0
	2006	성남일	33	2	8	4	82	4	0
	2007	성남일	28	14	7	2	51	3	0
	2009	수원	12	3	4	4	18	0	0
	2010	수원	19	13	3	1	30	4	0
	2012	수원	8	8	1	1	13	1	0
		합계	221	103	33	24	400	31	0
K1	2013	수원	6	5	1	0	2	1	0
	2014	수원	31	20	3	4	37	1	0
	2015	성남	35	21	7	8	29	0	0
	2016	성남	28	23	4	0	25	5	0
		합계	100	69	15	12	93	7	0
K2	2017	성남	25	24	3	1	21	2	0
		합계	25	24	3	1	21	2	0
승	2016	성남	2	2	0	0	2	0	0
		합계	2	2	0	0	2	0	0
프로통산			348	198	51	37	516	40	0

김레오(金레오) 울산대 1996.10.02

대회	연도	소속	출전	교체	득점	도움	파울	경고	퇴장
K1	2018	울산	0	0	0	0	0	0	0
		합계	0	0	0	0	0	0	0
K2	2019	아산	22	21	2	0	20	2	0
		합계	22	21	2	0	20	2	0
프로통산			22	21	2	0	20	2	0

김륜도(金侖度) 광운대 1991.07.09

대회	연도	소속	출전	교체	득점	도움	파울	경고	퇴장
K2	2014	부천	34	5	1	0	47	5	0
	2015	부천	39	6	5	3	56	5	0
	2016	부천	27	22	0	2	24	2	0
	2017	아산	9	7	0	0	4	0	0
	2018	아산	13	12	3	1	11	2	0
	2019	부천	35	20	6	5	34	3	0
		합계	157	72	15	11	176	17	0
프로통산			157	72	15	11	176	17	0

김만수(金萬壽) 광운대 1961.06.19

대회	연도	소속	출전	교체	득점	도움	파울	경고	퇴장
BC	1983	포철	4	4	0	0	0	0	0
	1985	포철	1	1	0	0	0	0	0
		합계	5	5	0	0	0	0	0
프로통산			5	5	0	0	0	0	0

김만중(金萬中) 명지대 1978.11.04

대회	연도	소속	출전	교체	득점	도움	파울	경고	퇴장
BC	2001	부천SK	2	2	0	0	0	0	0
		합계	2	2	0	0	0	0	0
프로통산			2	2	0	0	0	0	0

김만태(金萬泰) 광운대 1964.01.30

대회	연도	소속	출전	교체	득점	도움	파울	경고	퇴장
BC	1990	현대	3	3	0	0	2	0	0
		합계	3	3	0	0	2	0	0
프로통산			3	3	0	0	2	0	0

김명곤(金明坤) 중앙대 1974.04.15

대회	연도	소속	출전	교체	득점	도움	파울	경고	퇴장
BC	1997	포항	31	25	1	2	46	4	0
	1998	포항	17	16	2	0	17	2	0
	1999	포항	13	7	1	3	18	1	0
	2000	포항	31	10	5	4	47	5	0
	2002	전남	4	4	0	0	2	1	0
		합계	96	62	9	9	130	13	0
프로통산			96	62	9	9	130	13	0

김명관(金明寬) 광운전자공고 1959.11.27

대회	연도	소속	출전	교체	득점	도움	파울	경고	퇴장
BC	1983	유공	15	2	0	1	10	0	0
	1984	유공	26	8	1	0	24	1	0
	1985	유공	16	4	0	2	17	1	0
	1986	유공	29	1	0	0	67	0	0
	1987	유공	18	10	0	1	12	2	0
		합계	104	25	1	4	130	4	0
프로통산			104	25	1	4	130	4	0

김명광(金明光) 대구대 1984.05.07

대회	연도	소속	출전	교체	득점	도움	파울	경고	퇴장
BC	2007	대구	0	0	0	0	0	0	0
		합계	0	0	0	0	0	0	0
프로통산			0	0	0	0	0	0	0

김명규(金明奎) 수원대 1990.08.29

대회	연도	소속	출전	교체	득점	도움	파울	경고	퇴장
K2	2013	부천	1	1	0	0	0	0	0
		합계	1	1	0	0	0	0	0
프로통산			1	1	0	0	0	0	0

김명운(金明雲) 숭실대 1987.11.01

대회	연도	소속	출전	교체	득점	도움	파울	경고	퇴장
BC	2007	전남	2	2	0	0	0	0	0
	2008	전남	18	15	1	0	19	0	0
	2009	전남	20	19	2	2	18	2	0
	2010	전남	3	2	0	0	5	0	0
	2011	인천	12	11	1	1	22	0	0
	2012	상주	15	10	1	1	19	0	0
		합계	70	59	5	4	83	2	0
K2	2013	상주	5	5	2	0	2	0	0
		합계	5	5	2	0	2	0	0
프로통산			75	64	7	4	85	2	0

김명재(金明宰) 포철공고 1994.05.30

대회	연도	소속	출전	교체	득점	도움	파울	경고	퇴장
K2	2017	안산	9	9	1	0	3	0	0
	2018	안산	3	2	0	0	3	0	0
		합계	12	11	1	0	6	0	0
프로통산			12	11	1	0	6	0	0

김명준(金明俊 / ←김종혁) 영남대 1994.05.13

대회	연도	소속	출전	교체	득점	도움	파울	경고	퇴장
K1	2015	부산	16	3	1	0	21	4	0
		합계	16	3	1	0	21	4	0
K2	2016	부산	16	2	0	1	21	7	0
	2017	부산	10	3	0	1	16	1	0
	2018	부산	29	1	1	0	27	3	0
	2019	부산	32	1	2	1	35	9	0

	합계		87	7	3	3	99	20	0
승	2015	부산	2	1	0	0	6	1	0
	2018	부산	1	0	0	0	0	0	0
	2019	부산	2	0	0	0	4	0	0
	합계		5	1	0	0	10	1	0
프로통산			108	11	4	3	130	25	0

김명중(金明中) 동국대 1985.02.06

대회	연도	소속	출전	교체	득점	도움	파울	경고	퇴장
BC	2005	포항	8	7	0	0	26	2	0
	2006	포항	13	12	0	0	16	3	0
	2007	포항	11	7	0	0	19	3	0
	2008	광주상	31	8	7	2	67	5	0
	2009	광주상	26	6	8	5	74	1	0
	2009	포항	2	2	1	0	0	0	0
	2010	전남	26	20	3	3	52	4	0
	2011	전남	27	14	5	1	65	6	0
	2012	강원	22	22	2	1	28	1	0
	합계		166	98	26	12	347	25	0
프로통산			166	98	26	12	347	25	0

김명진(金明眞) 부평고 1985.03.23

대회	연도	소속	출전	교체	득점	도움	파울	경고	퇴장
BC	2006	포항	0	0	0	0	0	0	0
	합계		0	0	0	0	0	0	0
프로통산			0	0	0	0	0	0	0

김명환(金名煥) 정명고 1987.03.06

대회	연도	소속	출전	교체	득점	도움	파울	경고	퇴장
BC	2006	제주	2	2	0	0	1	0	0
	2007	제주	5	1	0	0	8	1	0
	2008	제주	13	5	0	0	14	1	0
	2009	제주	12	3	0	1	16	0	0
	2010	제주	8	4	0	0	1	0	0
	합계		40	15	0	1	40	2	0
프로통산			40	15	0	1	40	2	0

김명휘(金明輝) 일본 하쓰시바하시모고 1981.05.08

대회	연도	소속	출전	교체	득점	도움	파울	경고	퇴장
BC	2002	성남일	0	0	0	0	0	0	0
	합계		0	0	0	0	0	0	0
프로통산			0	0	0	0	0	0	0

김문경(金文經) 단국대 1960.01.06

대회	연도	소속	출전	교체	득점	도움	파울	경고	퇴장
BC	1984	현대	13	0	0	0	3	0	0
	1985	현대	21	0	0	0	5	0	0
	1987	현대	16	1	0	1	7	0	0
	1988	현대	24	1	0	2	11	1	0
	1989	현대	11	3	0	1	9	1	0
	합계		85	5	0	4	35	2	0
프로통산			85	5	0	4	35	2	0

김문수(金文殊) 관동대(가톨릭관동대) 1989.07.14

대회	연도	소속	출전	교체	득점	도움	파울	경고	퇴장
BC	2011	강원	1	0	0	0	4	1	0
	합계		1	0	0	0	4	1	0
K2	2013	경찰	1	0	0	0	0	1	0
	합계		1	0	0	0	0	1	0
프로통산			2	0	0	0	4	2	0

김문주(金汶柱) 건국대 1990.03.24

대회	연도	소속	출전	교체	득점	도움	파울	경고	퇴장
K1	2013	대전	0	0	0	0	0	0	0
	합계		0	0	0	0	0	0	0
프로통산			0	0	0	0	0	0	0

김문환(金紋奐) 중앙대 1995.08.01

대회	연도	소속	출전	교체	득점	도움	파울	경고	퇴장
K2	2017	부산	30	10	4	1	30	4	1
	2018	부산	24	9	3	1	23	5	0
	2019	부산	27	3	0	2	29	7	0
	합계		81	22	7	4	82	16	1
승	2017	부산	2	0	0	0	1	0	0
	2018	부산	2	0	0	0	2	1	0
	2019	부산	2	0	0	0	0	0	0
	합계		6	0	0	0	3	1	0
프로통산			87	22	7	4	85	17	1

김민구(金敏九) 영남대 1964.01.29

대회	연도	소속	출전	교체	득점	도움	파울	경고	퇴장
BC	1988	포철	19	6	0	2	32	1	0
	1989	포철	6	1	0	0	11	2	0
	1990	포철	3	3	0	0	4	0	0
	합계		28	10	0	2	47	3	0
프로통산			28	10	0	2	47	3	0

김민구(金旻九) 연세대 1985.06.06

대회	연도	소속	출전	교체	득점	도움	파울	경고	퇴장
BC	2008	인천	1	1	0	0	0	0	0
	합계		1	1	0	0	0	0	0
프로통산			1	1	0	0	0	0	0

김민구(金玟究) 관동대(가톨릭관동대) 1984.05.07

대회	연도	소속	출전	교체	득점	도움	파울	경고	퇴장
BC	2011	대구	21	17	1	1	22	2	1
	합계		21	17	1	1	22	2	1
프로통산			21	17	1	1	22	2	1

김민규(金民奎) 단국대 1993.10.18

대회	연도	소속	출전	교체	득점	도움	파울	경고	퇴장
K1	2016	울산	0	0	0	0	0	0	0
	2018	울산	2	2	0	0	3	0	0
	합계		2	2	0	0	3	0	0
K2	2017	서울E	10	9	1	1	10	1	0
	2018	광주	14	14	1	0	9	0	1
	합계		24	23	2	1	19	1	1
프로통산			26	25	2	1	22	1	1

김민규(金旻奎) 풍생고 1998.04.01

대회	연도	소속	출전	교체	득점	도움	파울	경고	퇴장
K2	2017	성남	2	1	0	0	2	0	0
	합계		2	1	0	0	2	0	0
프로통산			2	1	0	0	2	0	0

김민규(金閔圭) 숭실대 1982.12.24

대회	연도	소속	출전	교체	득점	도움	파울	경고	퇴장
BC	2005	전북	0	0	0	0	0	0	0
	합계		0	0	0	0	0	0	0
프로통산			0	0	0	0	0	0	0

김민균(金民均) 명지대 1988.11.30

대회	연도	소속	출전	교체	득점	도움	파울	경고	퇴장
BC	2009	대구	31	12	1	2	43	3	0
	2010	대구	15	15	1	1	5	0	0
	합계		46	27	2	3	48	3	0
K1	2014	울산	14	10	2	0	10	0	0
	합계		14	10	2	0	10	0	0
K2	2016	안양	38	23	11	4	36	4	0
	2017	안양	10	4	4	4	17	1	0
	2017	아산	7	7	0	0	0	1	0
	2018	아산	18	18	4	0	8	2	0
	2019	서울E	32	10	5	6	27	3	0
	합계		105	62	24	14	88	11	0
프로통산			165	99	28	17	146	14	0

김민기(金珉基) 건국대 1990.06.21

대회	연도	소속	출전	교체	득점	도움	파울	경고	퇴장
K2	2014	수원FC	4	3	0	0	4	2	0
	합계		4	3	0	0	4	2	0
프로통산			4	3	0	0	4	2	0

김민덕(金民悳) 성균관대 1996.07.08

대회	연도	소속	출전	교체	득점	도움	파울	경고	퇴장
K1	2019	울산	1	0	0	0	0	0	0
	합계		1	0	0	0	0	0	0
프로통산			1	0	0	0	0	0	0

김민서(金淨賢) 부평고 2000.06.05

대회	연도	소속	출전	교체	득점	도움	파울	경고	퇴장
K2	2019	서울E	0	0	0	0	0	0	0
	합계		0	0	0	0	0	0	0
프로통산			0	0	0	0	0	0	0

김민석(金珉錫) 숭실대 1997.09.20

대회	연도	소속	출전	교체	득점	도움	파울	경고	퇴장
K2	2019	아산	16	14	1	0	15	2	0
	합계		16	14	1	0	15	2	0
프로통산			16	14	1	0	15	2	0

김민섭(金民燮) 숭실대 1987.09.22

대회	연도	소속	출전	교체	득점	도움	파울	경고	퇴장
BC	2009	대전	18	9	0	0	19	2	0
	합계		18	9	0	0	19	2	0
프로통산			18	9	0	0	19	2	0

김민성(金旻聖) 광운대 1995.02.21

대회	연도	소속	출전	교체	득점	도움	파울	경고	퇴장
K2	2017	안산	11	7	0	0	7	1	0
	2018	안산	0	0	0	0	0	0	0
	2019	안산	0	0	0	0	0	0	0
	합계		11	7	0	0	7	1	0
프로통산			11	7	0	0	7	1	0

김민성(金民成) 언남고 1998.04.18

대회	연도	소속	출전	교체	득점	도움	파울	경고	퇴장
K2	2018	대전	0	0	0	0	0	0	0
	2019	대전	3	2	0	0	3	0	0
	합계		3	2	0	0	3	0	0
프로통산			3	2	0	0	3	0	0

김민수(金旼洙) 한남대 1984.12.14

대회	연도	소속	출전	교체	득점	도움	파울	경고	퇴장
BC	2008	대전	17	14	2	2	19	2	1
	2009	인천	21	11	2	3	21	2	0
	2010	인천	4	3	0	1	4	0	0
	2011	상주	16	12	2	3	8	3	0
	2012	상주	10	10	0	1	6	1	0
	2012	인천	1	1	0	0	0	0	0
	합계		69	51	6	10	58	8	1
K1	2013	경남	16	14	0	0	19	1	0
	합계		16	14	0	0	19	1	0
K2	2014	광주	19	18	2	2	26	2	0
	합계		19	18	2	2	26	2	0
프로통산			104	83	8	12	103	11	1

김민수(金顯洙) 용인대 1989.07.13

대회	연도	소속	출전	교체	득점	도움	파울	경고	퇴장
K2	2013	부천	0	0	0	0	0	0	0
	합계		0	0	0	0	0	0	0
프로통산			0	0	0	0	0	0	0

김민수(金旻秀) 홍익대 1994.03.04

대회	연도	소속	출전	교체	득점	도움	파울	경고	퇴장
K2	2016	고양	8	8	0	0	9	2	0
	합계		8	8	0	0	9	2	0
프로통산			8	8	0	0	9	2	0

김민식(金敏植) 호남대 1985.10.29

대회	연도	소속	출전	교체	실점	도움	파울	경고	퇴장
BC	2008	전북	0	0	0	0	0	0	0
	2009	전북	2	1	3	0	0	0	0
	2010	전북	7	0	11	0	0	0	0
	2011	전북	17	0	17	0	0	2	0
	2012	전북	9	1	11	0	0	0	0
	합계		35	2	42	0	0	2	0
K1	2014	상주	18	0	29	0	0	2	0
	2014	전북	3	1	0	0	0	0	0
	2015	전남	10	0	21	0	0	0	0
	2016	전남	7	0	11	0	0	0	0
	합계		38	1	61	0	0	2	0
K2	2013	상주	3	0	5	0	0	0	0
	2017	안양	17	0	29	0	1	1	1
	합계		20	0	34	0	1	1	1
승	2013	상주	2	0	2	0	0	0	0
	합계		2	0	2	0	0	0	0

대회	연도	소속	출전	교체	득점	도움	파울	경고	퇴장
프로통산			95	3	139	0	1	5	1

김민오(金敏吾) 울산대 1983.05.08

대회	연도	소속	출전	교체	득점	도움	파울	경고	퇴장
BC	2006	울산	9	4	0	0	16	0	0
	2007	울산	18	16	0	0	27	5	0
	2008	울산	18	14	0	0	27	2	0
	2009	울산	1	1	0	0	1	0	0
	2010	광주상	4	2	0	0	2	0	0
	2011	상주	10	0	0	0	8	2	0
	합계		60	37	0	0	81	9	0
프로통산			60	37	0	0	81	9	0

김민우(金民友) 연세대 1990.02.25

대회	연도	소속	출전	교체	득점	도움	파울	경고	퇴장
K1	2017	수원	30	3	6	5	38	6	0
	2018	상주	36	9	2	1	59	1	0
	2019	상주	20	6	2	2	20	2	0
	2019	수원	6	1	1	0	10	0	0
	합계		92	19	11	8	127	9	0
프로통산			92	19	11	8	127	9	0

김민우(金玟佑) 홍익대 1997.06.03

대회	연도	소속	출전	교체	득점	도움	파울	경고	퇴장
K2	2019	아산	7	6	0	0	6	0	0
	합계		7	6	0	0	6	0	0
프로통산			7	6	0	0	6	0	0

김민재(金玟哉) 연세대 1996.11.15

대회	연도	소속	출전	교체	득점	도움	파울	경고	퇴장
K1	2017	전북	29	3	2	0	27	10	0
	2018	전북	23	4	1	0	15	3	0
	합계		52	7	3	0	42	13	0
프로통산			52	7	3	0	42	13	0

김민제(金旼第) 중앙대 1989.09.12

대회	연도	소속	출전	교체	득점	도움	파울	경고	퇴장
K1	2016	수원FC	12	0	1	0	16	1	0
	합계		12	0	1	0	16	1	0
K2	2015	서울E	22	12	1	1	22	4	0
	2016	서울E	10	7	0	0	6	0	0
	2017	수원FC	2	0	0	0	3	1	0
	2018	수원FC	2	1	0	0	5	0	0
	합계		36	20	1	1	36	5	0
프로통산			48	20	2	1	52	6	0

김민준(金敏俊) 한남대 1994.01.27

대회	연도	소속	출전	교체	득점	도움	파울	경고	퇴장
K1	2017	강원	7	4	0	0	11	1	0
	합계		7	4	0	0	11	1	0
프로통산			7	4	0	0	11	1	0

김민준(金敏俊) 울산대 1994.03.22

대회	연도	소속	출전	교체	득점	도움	파울	경고	퇴장
K1	2018	전남	7	2	0	0	10	1	0
	합계		7	2	0	0	10	1	0
K2	2016	부산	10	3	0	0	8	1	0
	2019	전남	15	9	0	0	23	3	0
	합계		25	12	0	0	31	4	0
프로통산			32	14	0	0	41	5	0

김민준(金旼俊) 호남대 1996.01.12

대회	연도	소속	출전	교체	득점	도움	파울	경고	퇴장
	2017	경남	7	7	0	0	7	0	0
	합계		7	7	0	0	7	0	0
프로통산			7	7	0	0	7	0	0

김민철(金敏哲) 건국대 1972.03.01

대회	연도	소속	출전	교체	**실점**	도움	파울	경고	퇴장
BC	1994	유공	5	0	5	0	0	1	0
	1996	전남	16	0	34	0	1	1	0
	합계		21	0	39	0	1	2	0
프로통산			21	0	39	0	1	2	0

김민학(金民學) 선문대 1988.10.04

대회	연도	소속	출전	교체	득점	도움	파울	경고	퇴장
BC	2010	전북	5	1	1	0	7	0	0
	2011	전북	1	1	0	0	2	1	0
	합계		6	2	1	0	9	1	0
프로통산			6	2	1	0	9	1	0

김민혁(金珉赫) 광운대 1992.08.16

대회	연도	소속	출전	교체	득점	도움	파울	경고	퇴장
K1	2015	서울	6	6	0	0	8	1	0
	2016	광주	36	7	3	8	66	7	0
	2017	광주	34	12	2	3	45	2	0
	2018	포항	2	2	0	0	2	0	0
	2019	성남	8	1	2	2	13	2	0
	2019	상주	14	6	1	1	12	2	0
	합계		100	34	8	14	146	14	0
K2	2018	성남	17	6	2	1	15	2	0
	합계		17	6	2	1	15	2	0
프로통산			117	40	10	15	161	16	0

김민혁(金敏爀) 숭실대 1992.02.27

대회	연도	소속	출전	교체	득점	도움	파울	경고	퇴장
K1	2019	전북	26	3	1	0	24	5	0
	합계		26	3	1	0	24	5	0
프로통산			26	3	1	0	24	5	0

김민혁(金敏奕) 광양제철고 2000.03.24

대회	연도	소속	출전	교체	득점	도움	파울	경고	퇴장
K2	2019	전남	5	5	0	0	4	2	0
	합계		5	5	0	0	4	2	0
프로통산			5	5	0	0	4	2	0

김민혜(金敏慧) 영동고 1954.12.04

대회	연도	소속	출전	교체	득점	도움	파울	경고	퇴장
BC	1983	대우	9	3	0	3	5	0	0
	1984	할렐	8	4	0	0	4	0	0
	1985	할렐	9	0	0	0	13	0	0
	합계		26	7	0	3	22	0	0
프로통산			26	7	0	3	22	0	0

김민호(金珉浩) 연세대 1997.06.11

대회	연도	소속	출전	교체	득점	도움	파울	경고	퇴장
K1	2018	수원	0	0	0	0	0	0	0
	2019	수원	1	1	0	0	0	0	0
	합계		1	1	0	0	0	0	0
프로통산			1	1	0	0	0	0	0

김민호(金敏浩) 인천대 1990.10.01

대회	연도	소속	출전	교체	득점	도움	파울	경고	퇴장
K2	2013	부천	19	2	1	1	28	1	0
	합계		19	2	1	1	28	1	0
프로통산			19	2	1	1	28	1	0

김민호(金珉浩) 건국대 1985.05.13

대회	연도	소속	출전	교체	득점	도움	파울	경고	퇴장
BC	2007	성남일	7	7	0	0	2	1	0
	2008	성남일	1	1	0	0	0	0	0
	2008	전남	13	5	1	2	26	3	0
	2009	전남	9	7	1	0	8	2	0
	2010	대구	2	2	0	0	0	0	0
	합계		32	22	2	2	36	6	0
프로통산			32	22	2	2	36	6	0

김바우(金바우) 한양대 1984.01.12

대회	연도	소속	출전	교체	득점	도움	파울	경고	퇴장
BC	2007	서울	1	1	0	0	1	0	0
	2008	대전	1	1	0	0	1	1	0
	2009	포항	2	2	0	0	3	1	0
	2010	포항	1	1	0	0	1	1	0
	2011	대전	9	6	0	0	15	1	0
	합계		14	11	0	0	21	4	0
프로통산			14	11	0	0	21	4	0

김백근(金伯根) 동아대 1975.10.12

대회	연도	소속	출전	교체	득점	도움	파울	경고	퇴장
BC	1998	부산	10	7	0	1	4	0	0
	합계		10	7	0	1	4	0	0
프로통산			10	7	0	1	4	0	0

김범기(金範基) 호남대 1974.03.01

대회	연도	소속	출전	교체	득점	도움	파울	경고	퇴장
BC	1996	전남	3	3	0	0	2	0	0
	합계		3	3	0	0	2	0	0
프로통산			3	3	0	0	2	0	0

김범수(金範洙) 숭실대 1972.06.26

대회	연도	소속	출전	교체	득점	도움	파울	경고	퇴장
BC	1995	전북	25	5	7	3	45	8	0
	1996	전북	33	9	3	5	49	7	0
	1997	전북	28	10	2	7	51	8	0
	1998	전북	23	17	2	1	39	4	1
	1999	전북	12	12	0	1	10	1	0
	2000	안양LG	2	2	0	0	0	0	0
	합계		123	55	14	17	194	28	1
프로통산			123	55	14	17	194	28	1

김범수(金範洙) 관동대(가톨릭관동대) 1986.01.13

대회	연도	소속	출전	교체	득점	도움	파울	경고	퇴장
BC	2010	광주상	5	5	0	0	1	1	0
	합계		5	5	0	0	1	1	0
프로통산			5	5	0	0	1	1	0

김범용(金範容) 건국대 1990.07.29

대회	연도	소속	출전	교체	득점	도움	파울	경고	퇴장
K2	2018	수원FC	27	2	0	0	35	4	1
	합계		27	2	0	0	35	4	1
프로통산			27	2	0	0	35	4	1

김범준(金汎峻) 경희대 1988.07.14

대회	연도	소속	출전	교체	득점	도움	파울	경고	퇴장
BC	2011	상주	10	6	0	0	9	0	0
	합계		10	6	0	0	9	0	0
프로통산			10	6	0	0	9	0	0

김병관(金炳官) 광운대 1966.02.16

대회	연도	소속	출전	교체	득점	도움	파울	경고	퇴장
BC	1984	한일은	11	1	0	0	8	2	0
	1985	한일은	2	0	0	0	0	0	0
	1990	현대	3	3	0	0	0	0	0
	합계		16	4	0	0	8	2	0
프로통산			16	4	0	0	8	2	0

김병석(金秉析) 한양공고 1985.09.17

대회	연도	소속	출전	교체	득점	도움	파울	경고	퇴장
BC	2012	대전	18	13	4	0	32	3	0
	합계		18	13	4	0	32	3	0
K1	2013	대전	31	14	2	3	39	5	1
	2015	대전	6	0	1	0	4	1	0
	합계		37	14	3	3	43	6	1
K2	2014	안산경	28	5	0	0	21	1	0
	2015	안산경	23	9	1	3	28	3	0
	2016	대전	34	8	1	0	34	3	1
	2017	서울E	2	2	0	0	1	0	0
	2017	안산	15	10	1	0	11	1	0
	합계		102	34	3	3	95	8	1
프로통산			157	61	10	6	170	17	2

김병오(金炳旿) 성균관대 1989.06.26

대회	연도	소속	출전	교체	득점	도움	파울	경고	퇴장
K1	2016	수원FC	28	13	4	3	50	8	0
	2017	상주	25	19	3	1	31	5	0
	합계		53	32	7	4	81	13	0
K2	2013	안양	17	16	1	1	18	0	0
	2015	충주	33	10	9	3	49	4	0
	2019	수원FC	25	15	2	2	34	3	0
	합계		75	41	12	6	101	7	0
승	2017	상주	1	1	0	0	1	0	0
	합계		1	1	0	0	1	0	0
프로통산			129	74	19	10	183	20	0

김병지(金秉址) 알로이시오기계공고 1970.04.08

대회	연도	소속	출전	교체	**실점**	도움	파울	경고	퇴장
BC	1992	현대	10	1	11	0	0	0	0
	1993	현대	25	2	19	0	0	1	0
	1994	현대	27	0	27	0	2	1	0

대회	연도	소속	출전	교체	득점	도움	파울	경고	퇴장
	1995	현대	35	1	26	0	2	1	0
	1996	울산	30	0	37	0	1	1	0
	1997	울산	20	0	17	0	0	1	0
	1998	울산	25	0	33	0	2	2	0
	1999	울산	20	0	32	0	1	1	0
	2000	울산	31	0	38	0	1	2	0
	2001	포항	25	1	24	0	1	1	0
	2002	포항	21	0	27	0	1	1	0
	2003	포항	43	1	43	0	1	2	0
	2004	포항	39	0	39	0	0	1	0
	2005	포항	36	0	31	0	1	1	0
	2006	서울	40	0	34	0	0	0	0
	2007	서울	38	0	25	0	0	0	0
	2008	서울	6	0	7	0	0	0	0
	2009	경남	29	1	30	0	0	1	0
	2010	경남	35	0	41	0	0	2	0
	2011	경남	33	0	44	0	1	2	0
	2012	경남	37	0	44	0	1	2	0
	합계		605	7	629	0	15	23	0
K1	2013	전남	36	0	42	0	2	2	0
	2014	전남	38	0	53	0	0	0	0
	2015	전남	27	0	30	0	1	0	0
	합계		101	0	125	0	3	2	0
프로통산			706	7	754	0	18	25	0

* 득점: 1998년 1, 2000년 2 / 통산 3

김병채(金昞蔡) 동북고 1981.04.14

대회	연도	소속	출전	교체	득점	도움	파울	경고	퇴장
BC	2000	안양LG	1	1	0	0	1	0	0
	2001	안양LG	2	2	0	0	0	0	0
	2002	안양LG	0	0	0	0	0	0	0
	2003	광주상	39	20	3	1	37	4	0
	2004	광주상	33	29	4	1	9	1	0
	2005	서울	7	4	0	0	16	0	0
	2006	경남	5	5	0	0	3	0	0
	2007	부산	3	3	0	0	6	0	0
	합계		90	64	7	2	72	5	0
프로통산			90	64	7	2	72	5	0

김병탁(金丙卓) 동아대 1970.09.18

대회	연도	소속	출전	교체	득점	도움	파울	경고	퇴장
BC	1997	부산	6	5	0	0	2	1	0
	1998	부산	16	8	0	0	18	0	0
	합계		22	13	0	0	20	1	0
프로통산			22	13	0	0	20	1	0

김병환(金秉桓) 국민대 1956.10.10

대회	연도	소속	출전	교체	득점	도움	파울	경고	퇴장
BC	1984	국민은	18	4	3	0	19	2	0
	합계		18	4	3	0	19	2	0
프로통산			18	4	3	0	19	2	0

김보경(金甫炅) 홍익대 1989.10.06

대회	연도	소속	출전	교체	득점	도움	파울	경고	퇴장
K1	2016	전북	29	4	4	7	30	3	0
	2017	전북	15	1	3	2	18	3	0
	2019	울산	35	6	13	9	40	6	0
	합계		79	11	20	18	88	12	0
프로통산			79	11	20	18	88	12	0

김보섭(金甫燮) 대건고 1998.01.10

대회	연도	소속	출전	교체	득점	도움	파울	경고	퇴장
K1	2017	인천	3	3	0	0	3	0	0
	2018	인천	21	18	2	1	27	5	0
	2019	인천	13	9	0	0	13	0	0
	합계		37	30	2	1	43	5	0
프로통산			37	30	2	1	43	5	0

김보성(金保成) 동아대 1989.04.04

대회	연도	소속	출전	교체	득점	도움	파울	경고	퇴장
BC	2012	경남	3	3	0	0	1	1	0
	합계		3	3	0	0	1	1	0
프로통산			3	3	0	0	1	1	0

김본광(金本光) 탐라대 1988.09.30

대회	연도	소속	출전	교체	득점	도움	파울	경고	퇴장
K2	2013	수원FC	18	8	3	4	28	3	0
	2014	수원FC	29	8	3	0	39	9	0
	합계		47	16	6	4	67	12	0
프로통산			47	16	6	4	67	12	0

김봉겸(金奉謙) 고려대 1984.05.01

대회	연도	소속	출전	교체	득점	도움	파울	경고	퇴장
BC	2009	강원	17	2	2	0	13	3	0
	2010	강원	9	2	0	1	5	0	0
	합계		26	4	2	1	18	3	0
프로통산			26	4	2	1	18	3	0

김봉길(金奉吉) 연세대 1966.03.15

대회	연도	소속	출전	교체	득점	도움	파울	경고	퇴장
BC	1989	유공	24	21	5	0	15	1	0
	1990	유공	27	17	5	2	19	0	0
	1991	유공	6	3	0	0	5	0	0
	1992	유공	34	18	4	2	31	2	1
	1993	유공	30	16	8	4	23	0	0
	1994	유공	30	23	1	2	11	0	0
	1995	전남	32	5	8	3	21	4	0
	1996	전남	36	18	7	2	25	1	1
	1997	전남	33	29	6	1	26	2	0
	1998	전남	13	12	0	0	16	2	0
	합계		265	162	44	16	192	12	2
프로통산			265	162	44	16	192	12	2

김봉성(金峯成) 아주대 1962.11.28

대회	연도	소속	출전	교체	득점	도움	파울	경고	퇴장
BC	1986	대우	5	5	0	0	5	0	0
	1988	대우	13	9	0	0	12	0	0
	1989	대우	7	8	0	0	5	0	0
	합계		25	22	0	0	22	0	0
프로통산			25	22	0	0	22	0	0

김봉수(金奉洙) 고려대 1970.12.04

대회	연도	소속	출전	교체	실점	도움	파울	경고	퇴장
BC	1992	LG	14	0	13	0	0	0	0
	1993	LG	7	1	5	0	0	0	0
	1994	LG	18	2	25	0	2	1	0
	1995	LG	14	0	18	0	1	1	0
	1996	안양LG	12	0	23	0	1	1	0
	1997	안양LG	10	0	22	0	0	0	0
	1998	안양LG	19	2	23	0	0	2	0
	1999	안양LG	12	0	26	0	1	3	0
	2000	울산	3	1	4	0	0	0	0
	합계		109	6	159	0	5	8	0
프로통산			109	6	159	0	5	8	0

김봉진(金奉眞) 동의대 1990.07.18

대회	연도	소속	출전	교체	득점	도움	파울	경고	퇴장
K1	2013	강원	12	1	2	1	16	3	0
	합계		12	1	2	1	16	3	0
K2	2015	경남	7	3	0	0	9	1	0
	합계		7	3	0	0	9	1	0
승	2013	강원	1	0	0	0	0	0	0
	합계		1	0	0	0	0	0	0
프로통산			20	4	2	1	25	4	0

김봉현(金奉鉉 / ← 김인수) 호남대 1974.07.07

대회	연도	소속	출전	교체	득점	도움	파울	경고	퇴장
BC	1995	전북	6	5	0	0	4	2	0
	1996	전북	26	4	1	1	53	7	0
	1997	전북	33	2	4	0	82	7	0
	1998	전북	33	0	3	1	72	7	0
	1999	전북	30	3	2	3	31	3	0
	2001	전북	5	0	0	0	7	2	0
	2002	전북	1	1	0	0	1	0	0
	합계		134	15	10	5	250	28	0
프로통산			134	15	10	5	250	28	0

김부관(金附罐) 광주대 1990.09.03

대회	연도	소속	출전	교체	득점	도움	파울	경고	퇴장
K1	2016	수원FC	25	20	1	3	13	1	0
	합계		25	20	1	3	13	1	0
K2	2015	수원FC	27	25	3	3	26	3	0
	2017	수원FC	3	3	0	0	1	0	0
	2017	아산	8	8	1	1	3	2	0
	2018	아산	1	0	0	0	0	0	0
	합계		39	36	4	4	30	5	0
프로통산			64	56	5	7	43	6	0

김부만(金富萬) 영남대 1965.05.07

대회	연도	소속	출전	교체	득점	도움	파울	경고	퇴장
BC	1988	포철	4	4	1	0	2	1	0
	1989	포철	34	11	0	0	26	1	0
	1990	포철	8	7	0	0	3	0	0
	1991	포철	3	3	0	0	0	0	0
	합계		49	25	1	0	31	2	0
프로통산			49	25	1	0	31	2	0

김삼수(金三洙) 동아대 1963.02.08

대회	연도	소속	출전	교체	득점	도움	파울	경고	퇴장
BC	1986	현대	13	2	3	5	20	1	0
	1987	현대	29	4	2	2	40	2	0
	1988	현대	13	8	0	0	13	0	0
	1989	럭금	30	16	1	0	43	3	0
	1990	럭금	14	9	1	0	22	2	0
	1991	LG	17	10	1	0	19	2	0
	1992	LG	28	10	1	2	35	4	0
	1993	LG	19	9	0	1	29	7	0
	1994	대우	25	14	1	0	24	4	1
	합계		188	82	10	10	245	25	1
프로통산			188	82	10	10	245	25	1

김상규(金相圭) 광운대 1973.11.02

대회	연도	소속	출전	교체	득점	도움	파울	경고	퇴장
BC	1996	부천유	2	2	0	0	1	0	0
	합계		2	2	0	0	1	0	0
프로통산			2	2	0	0	1	0	0

김상균(金相均) 동신대 1991.02.13

대회	연도	소속	출전	교체	득점	도움	파울	경고	퇴장
K2	2013	고양	2	1	0	0	1	1	0
	2014	고양	2	2	0	0	0	0	0
	합계		4	3	0	0	1	1	0
프로통산			4	3	0	0	1	1	0

김상기(金尙基) 광운대 1982.04.05

대회	연도	소속	출전	교체	득점	도움	파울	경고	퇴장
BC	2005	수원	0	0	0	0	0	0	0
	2006	수원	2	2	0	0	0	0	0
	합계		2	2	0	0	0	0	0
프로통산			2	2	0	0	0	0	0

김상덕(金相德) 주문진중 1985.01.01

대회	연도	소속	출전	교체	득점	도움	파울	경고	퇴장
BC	2005	수원	1	1	0	0	2	1	0
	2010	대전	0	0	0	0	0	0	0
	합계		1	1	0	0	2	1	0
프로통산			1	1	0	0	2	1	0

김상록(金相綠) 고려대 1979.02.25

대회	연도	소속	출전	교체	득점	도움	파울	경고	퇴장
BC	2001	포항	34	16	4	1	23	1	0
	2002	포항	15	12	1	2	23	0	0
	2003	포항	28	20	2	2	32	2	0
	2004	광주상	31	10	1	1	29	3	0
	2005	광주상	30	14	5	5	19	0	0
	2006	제주	32	8	6	3	35	0	0
	2007	인천	37	16	10	6	24	2	0
	2008	인천	27	25	1	2	19	0	0
	2009	인천	15	14	1	0	8	0	0
	2010	부산	13	12	0	0	6	0	0
	합계		262	147	31	22	218	8	0
K2	2013	부천	19	19	1	1	6	0	0

대회	연도	소속	출전	교체	득점	도움	파울	경고	퇴장
	합계		19	19	1	1	6	0	0
프로통산			281	166	32	23	224	8	0

김상문(金相文) 고려대 1967.04.08

대회	연도	소속	출전	교체	득점	도움	파울	경고	퇴장
BC	1990	유공	26	4	1	2	35	4	0
	1991	유공	37	4	2	2	53	3	1
	1992	유공	18	5	2	2	30	1	0
	1993	유공	34	5	3	0	54	2	0
	1994	유공	14	6	3	0	14	0	0
	1995	유공	5	5	0	0	1	0	0
	1995	대우	12	8	2	0	18	1	0
	1996	부산	17	7	0	0	27	3	0
	1997	부산	30	13	2	2	28	4	0
	1998	부산	28	13	3	3	48	0	0
	합계		221	70	18	11	308	18	1
프로통산			221	70	18	11	308	18	1

김상식(金相植) 대구대 1976.12.17

대회	연도	소속	출전	교체	득점	도움	파울	경고	퇴장
BC	1999	천안일	36	4	1	2	73	5	0
	2000	성남일	27	2	3	1	62	6	0
	2001	성남일	32	1	0	0	93	6	0
	2002	성남일	36	0	4	4	88	6	0
	2003	광주상	42	1	2	2	69	4	0
	2004	광주상	31	2	2	1	48	2	0
	2005	성남일	30	0	1	1	65	3	1
	2006	성남일	29	4	1	0	58	4	0
	2007	성남일	28	1	4	2	68	4	0
	2008	성남일	37	2	0	1	86	6	0
	2009	전북	33	2	0	0	51	3	0
	2010	전북	28	9	0	2	82	11	0
	2011	전북	22	5	0	0	56	9	0
	2012	전북	27	13	0	1	37	4	0
	합계		438	46	18	17	936	73	1
K1	2013	전북	20	6	1	0	34	6	1
	합계		20	6	1	0	34	6	1
프로통산			458	52	19	17	970	79	2

김상우(金相佑) 중앙대 1995.03.14

대회	연도	소속	출전	교체	득점	도움	파울	경고	퇴장
K2	2018	수원FC	0	0	0	0	0	0	0
	합계		0	0	0	0	0	0	0
프로통산			0	0	0	0	0	0	0

김상욱(金相昱) 대불대 1994.01.04

대회	연도	소속	출전	교체	득점	도움	파울	경고	퇴장
K1	2016	광주	1	1	0	0	0	0	0
	합계		1	1	0	0	0	0	0
프로통산			1	1	0	0	0	0	0

김상원(金相沅) 울산대 1992.02.20

대회	연도	소속	출전	교체	득점	도움	파울	경고	퇴장
K1	2014	제주	1	1	0	0	0	0	0
	2015	제주	21	4	3	3	25	6	0
	2016	제주	16	7	0	1	26	5	0
	2017	제주	4	3	0	0	2	1	0
	2017	광주	5	1	0	0	6	1	0
	2018	제주	3	2	0	0	1	0	1
	합계		50	18	3	4	60	13	1
K2	2019	안양	34	10	6	8	32	8	0
	합계		34	10	6	8	32	8	0
프로통산			84	28	9	12	92	21	1

김상준(金相俊) 매탄고 2001.10.01

대회	연도	소속	출전	교체	득점	도움	파울	경고	퇴장
K1	2019	수원	0	0	0	0	0	0	0
	합계		0	0	0	0	0	0	0
프로통산			0	0	0	0	0	0	0

김상준(金相濬) 남부대 1993.06.25

대회	연도	소속	출전	교체	득점	도움	파울	경고	퇴장
K2	2016	고양	26	23	2	0	32	2	0
	합계		26	23	2	0	32	2	0
프로통산			26	23	2	0	32	2	0

김상진(金尙鎭) 한양대 1967.02.15

대회	연도	소속	출전	교체	득점	도움	파울	경고	퇴장
BC	1990	럭금	26	18	2	2	58	3	0
	1991	LG	27	17	6	2	39	7	1
	1992	LG	29	20	6	0	35	4	0
	1993	LG	3	3	0	0	3	0	0
	1994	LG	11	11	1	1	11	3	1
	1995	유공	14	14	0	0	13	3	0
	1996	부천유	1	1	0	0	2	1	0
	합계		111	84	15	5	161	21	2
프로통산			111	84	15	5	161	21	2

김상필(金相泌) 성균관대 1989.04.26

대회	연도	소속	출전	교체	득점	도움	파울	경고	퇴장
K1	2015	대전	24	5	0	0	9	1	0
	합계		24	5	0	0	9	1	0
K2	2014	대전	1	0	0	0	0	0	0
	2016	충주	32	3	1	1	29	4	0
	2017	아산	2	1	0	0	1	0	0
	2018	아산	3	3	0	0	3	0	0
	합계		38	7	1	1	33	4	0
프로통산			62	12	1	1	42	5	0

김상호(金相鎬) 동아대 1964.10.05

대회	연도	소속	출전	교체	득점	도움	파울	경고	퇴장
BC	1987	포철	29	11	3	1	23	2	0
	1988	포철	15	4	0	4	10	0	0
	1989	포철	14	5	0	2	8	0	0
	1990	포철	22	2	2	2	20	0	0
	1991	포철	36	9	5	6	21	0	0
	1992	포철	9	1	0	0	7	0	0
	1993	포철	14	6	0	3	1	0	0
	1994	포철	10	7	0	0	3	0	0
	1995	전남	25	5	1	3	8	2	0
	1996	전남	27	17	0	2	8	1	0
	1997	전남	27	21	3	1	19	1	0
	1998	전남	4	4	1	0	1	1	0
	합계		232	92	15	24	129	7	0
프로통산			232	92	15	24	129	7	0

김상화(金相華) 동국대 1968.08.25

대회	연도	소속	출전	교체	득점	도움	파울	경고	퇴장
BC	1991	유공	2	1	0	0	0	1	0
	1994	대우	2	2	0	0	0	0	0
	합계		4	3	0	0	0	1	0
프로통산			4	3	0	0	0	1	0

김상훈(金相勳) 고려대 1967.12.19

대회	연도	소속	출전	교체	득점	도움	파울	경고	퇴장
BC	1990	럭금	2	3	0	0	0	0	0
	1991	LG	12	6	5	0	23	2	0
	1993	LG	17	9	1	1	25	2	2
	1994	LG	25	24	3	0	15	1	0
	1995	LG	7	6	1	0	8	3	0
	합계		63	48	10	1	71	8	2
프로통산			63	48	10	1	71	8	2

김상훈(金湘勳) 숭실대 1973.06.08

대회	연도	소속	출전	교체	득점	도움	파울	경고	퇴장
BC	1996	울산	15	5	0	0	26	2	0
	1997	울산	20	3	2	0	53	1	1
	1998	울산	36	1	0	2	57	8	0
	1999	울산	32	5	1	1	82	6	0
	2000	울산	34	2	1	0	87	7	0
	2001	울산	17	6	0	1	33	3	0
	2002	포항	11	2	0	1	22	5	0
	2003	포항	37	13	1	1	57	4	0
	2004	성남일	10	4	0	0	18	2	0
	합계		212	41	5	6	435	38	1
프로통산			212	41	5	6	435	38	1

김서준(金鉉基 / ← 김현기) 한남대 1989.03.24

대회	연도	소속	출전	교체	득점	도움	파울	경고	퇴장
K2	2013	수원FC	19	12	2	2	32	2	0
	2014	수원FC	32	11	6	6	32	5	0
	2015	수원FC	21	4	1	4	31	4	0
	합계		72	27	9	12	95	11	0
승	2015	수원FC	0	0	0	0	0	0	0
	합계		0	0	0	0	0	0	0
프로통산			72	27	9	12	95	11	0

김석만(金石萬) 호남대 1982.07.01

대회	연도	소속	출전	교체	득점	도움	파울	경고	퇴장
BC	2005	전남	1	1	0	0	1	0	0
	합계		1	1	0	0	1	0	0
프로통산			1	1	0	0	1	0	0

김석우(金錫佑) 중경고 1983.05.06

대회	연도	소속	출전	교체	득점	도움	파울	경고	퇴장
BC	2004	포항	14	5	0	0	11	0	0
	2005	광주상	4	3	0	0	3	0	0
	2007	부산	6	5	0	0	6	1	0
	2008	부산	5	0	0	0	8	0	0
	합계		29	13	0	0	28	1	0
프로통산			29	13	0	0	28	1	0

김석원(金錫垣) 고려대 1960.11.07

대회	연도	소속	출전	교체	득점	도움	파울	경고	퇴장
BC	1983	유공	9	2	3	0	2	0	0
	1984	유공	17	6	5	1	8	0	0
	1985	유공	2	0	0	0	3	1	0
	합계		28	8	8	1	13	1	0
프로통산			28	8	8	1	13	1	0

김석호(金錫昊) 가톨릭관동대 1994.11.01

대회	연도	소속	출전	교체	득점	도움	파울	경고	퇴장
K1	2018	인천	0	0	0	0	0	0	0
	합계		0	0	0	0	0	0	0
프로통산			0	0	0	0	0	0	0

김선규(金善奎) 동아대 1987.10.07

대회	연도	소속	출전	교체	실점	도움	파울	경고	퇴장
BC	2010	경남	0	0	0	0	0	0	0
	2011	경남	0	0	0	0	0	0	0
	2012	대전	35	1	55	0	1	3	0
	합계		35	1	55	0	1	3	0
K1	2013	대전	22	0	38	0	0	0	0
	합계		22	0	38	0	0	0	0
K2	2014	대전	21	1	24	1	0	0	0
	2015	안양	6	0	8	0	1	0	1
	2016	안양	21	1	24	0	0	2	0
	합계		48	2	56	1	1	2	1
프로통산			105	3	149	1	2	5	1

김선민(金善民) 예원예술대 1991.12.12

대회	연도	소속	출전	교체	득점	도움	파울	경고	퇴장
K1	2014	울산	18	16	0	0	10	0	0
	2017	대구	33	12	0	8	24	2	0
	2019	대구	12	2	0	0	28	3	0
	합계		63	30	0	8	62	5	0
K2	2015	안양	32	11	6	2	34	3	0
	2016	대전	30	7	4	3	31	4	0
	2018	아산	2	1	0	0	2	0	0
	2019	아산	4	2	0	0	12	0	0
	합계		68	21	10	5	79	7	0
프로통산			131	51	10	13	141	12	0

김선우(金善友) 동국대 1983.10.17

대회	연도	소속	출전	교체	득점	도움	파울	경고	퇴장
BC	2007	인천	9	8	0	1	13	1	0
	2008	인천	1	1	0	0	0	0	0
	2011	포항	1	1	0	0	0	0	0
	2012	포항	6	6	0	1	5	1	0
	합계		17	16	0	2	18	2	0
K1	2013	성남일	2	2	0	0	0	0	0
	합계		2	2	0	0	0	0	0

대회	연도	소속	출전	교체	득점	도움	파울	경고	퇴장
프로통산			19	18	0	2	18	2	0

김선우(金善佑) 울산대 1993.04.19

대회	연도	소속	출전	교체	득점	도움	파울	경고	퇴장
K1	2015	제주	2	1	0	0	0	0	0
	2016	제주	5	4	0	0	4	1	0
	2018	전남	14	8	0	0	12	2	0
	2019	상주	3	2	0	1	1	0	0
	합계		24	15	0	1	17	3	0
K2	2015	경남	18	0	1	1	14	3	0
	2017	경남	3	3	0	0	1	1	0
	2019	전남	0	0	0	0	0	0	0
	합계		21	3	1	1	15	4	0
프로통산			45	18	1	2	32	7	0

김선우(金善于) 성균관대 1993.04.22

대회	연도	소속	출전	교체	실점	도움	파울	경고	퇴장
K1	2016	수원	0	0	0	0	0	0	0
	2018	수원	1	0	4	0	0	0	0
	합계		1	0	4	0	0	0	0
프로통산			1	0	4	0	0	0	0

김선우(金宣羽) 한양대 1986.01.23

대회	연도	소속	출전	교체	득점	도움	파울	경고	퇴장
BC	2008	인천	6	4	0	0	4	1	0
	2010	광주상	6	6	0	0	11	0	0
	2011	상주	7	5	0	0	10	2	0
	합계		19	15	0	0	25	3	0
K2	2013	수원FC	6	3	0	0	10	1	0
	합계		6	3	0	0	10	1	0
프로통산			25	18	0	0	35	4	0

김선일(金善壹) 동국대 1985.06.11

대회	연도	소속	출전	교체	득점	도움	파울	경고	퇴장
BC	2009	수원	0	0	0	0	0	0	0
	합계		0	0	0	0	0	0	0
프로통산			0	0	0	0	0	0	0

김선진(金善進) 전주대 1990.10.01

대회	연도	소속	출전	교체	득점	도움	파울	경고	퇴장
BC	2012	제주	0	0	0	0	0	0	0
	합계		0	0	0	0	0	0	0
프로통산			0	0	0	0	0	0	0

김선태(金善泰) 중앙대 1971.05.29

대회	연도	소속	출전	교체	득점	도움	파울	경고	퇴장
BC	1994	현대	3	3	0	0	1	0	0
	합계		3	3	0	0	1	0	0
프로통산			3	3	0	0	1	0	0

김성경(金成經) 한양대 1976.05.15

대회	연도	소속	출전	교체	득점	도움	파울	경고	퇴장
BC	1999	전남	5	5	0	0	7	1	0
	합계		5	5	0	0	7	1	0
프로통산			5	5	0	0	7	1	0

김성구(金聖求) 숭실대 1969.03.15

대회	연도	소속	출전	교체	득점	도움	파울	경고	퇴장
BC	1992	현대	20	20	2	1	9	1	0
	1993	현대	24	24	1	0	7	0	0
	1994	현대	22	13	2	3	17	0	0
	1995	현대	4	4	0	0	3	0	0
	1997	전북	25	19	4	0	18	1	0
	1998	전북	34	3	1	3	52	4	0
	1999	전북	6	6	0	0	0	0	0
	합계		135	89	10	7	106	6	0
프로통산			135	89	10	7	106	6	0

김성국(金成國) 광운대 1990.03.01

대회	연도	소속	출전	교체	득점	도움	파울	경고	퇴장
K2	2013	안양	1	0	0	0	3	0	0
	합계		1	0	0	0	3	0	0
프로통산			1	0	0	0	3	0	0

김성국(金成國) 충북대 1980.03.01

대회	연도	소속	출전	교체	득점	도움	파울	경고	퇴장
BC	2003	부산	0	0	0	0	0	0	0
	합계		0	0	0	0	0	0	0
프로통산			0	0	0	0	0	0	0

김성규(金星圭) 현대고 1981.06.05

대회	연도	소속	출전	교체	득점	도움	파울	경고	퇴장
BC	2000	울산	9	8	0	0	1	0	0
	2001	울산	3	2	0	0	2	0	0
	합계		12	10	0	0	3	0	0
프로통산			12	10	0	0	3	0	0

김성근(金成根) 연세대 1977.06.20

대회	연도	소속	출전	교체	득점	도움	파울	경고	퇴장
BC	2000	대전	17	3	1	0	12	1	0
	2001	대전	27	3	0	0	37	1	0
	2002	대전	32	2	1	0	40	5	0
	2003	대전	40	0	2	0	42	8	0
	2004	포항	24	1	0	0	19	2	0
	2005	포항	33	1	0	0	53	7	0
	2006	포항	31	0	0	0	47	3	0
	2007	포항	23	3	0	0	33	5	0
	2008	전북	10	2	0	0	9	2	0
	2008	수원	7	5	0	0	2	0	0
	합계		244	20	4	0	294	34	0
프로통산			244	20	4	0	294	34	0

김성기(金聖基) 한양대 1961.11.21

대회	연도	소속	출전	교체	득점	도움	파울	경고	퇴장
BC	1985	유공	17	0	1	1	29	4	0
	1986	유공	14	7	0	0	15	2	0
	1987	유공	27	7	4	1	33	3	0
	1988	유공	13	3	0	0	28	2	0
	1989	유공	9	2	0	0	15	0	1
	1990	유공	1	2	0	0	0	0	0
	1990	대우	17	2	0	0	37	5	0
	1991	대우	34	3	0	0	45	5	1
	1992	대우	8	4	0	1	17	4	0
	합계		140	30	5	3	219	25	2
프로통산			140	30	5	3	219	25	2

김성길(金聖吉) 일본 동명고 1983.07.08

대회	연도	소속	출전	교체	득점	도움	파울	경고	퇴장
BC	2003	울산	1	1	0	0	0	0	0
	2004	광주상	12	6	0	0	11	1	0
	2005	광주상	20	17	0	1	19	0	0
	2006	경남	30	17	2	4	50	2	0
	2007	경남	26	15	1	3	38	3	0
	2008	경남	12	8	1	1	14	3	0
	2009	경남	5	3	0	0	3	1	0
	합계		106	67	4	9	135	10	0
프로통산			106	67	4	9	135	10	0

김성남(金成男) 고려대 1954.07.19

대회	연도	소속	출전	교체	득점	도움	파울	경고	퇴장
BC	1983	유공	9	5	0	0	7	1	0
	1984	대우	6	6	0	0	2	0	0
	1985	대우	3	3	1	0	4	0	0
	합계		18	14	1	0	13	1	0
프로통산			18	14	1	0	13	1	0

김성민(金成民) 고려대 1985.04.19

대회	연도	소속	출전	교체	득점	도움	파울	경고	퇴장
BC	2009	울산	2	2	0	0	1	0	0
	2008	울산	7	6	1	0	3	0	0
	2011	광주	4	4	1	0	3	0	0
	2012	상주	1	1	0	0	0	0	0
	합계		14	13	2	0	7	0	0
K2	2014	충주	1	1	0	0	0	0	0
	합계		1	1	0	0	0	0	0
프로통산			15	14	2	0	7	0	0

김성민(金成珉) 고려대 1981.02.06

대회	연도	소속	출전	교체	실점	도움	파울	경고	퇴장
BC	2005	부천SK	0	0	0	0	0	0	0
	2006	광주상	3	0	4	0	0	0	0
	2007	광주상	2	0	5	0	0	0	0
	2008	제주	0	0	0	0	0	0	0
	2009	제주	16	0	28	0	0	1	0
	합계		21	0	37	0	0	1	0
프로통산			21	0	37	0	0	1	0

김성민(金聖民) 호남대 1987.05.11

대회	연도	소속	출전	교체	득점	도움	파울	경고	퇴장
BC	2011	광주	2	1	1	0	1	0	0
	합계		2	1	1	0	1	0	0
프로통산			2	1	1	0	1	0	0

김성배(金成培) 배재대 1975.05.25

대회	연도	소속	출전	교체	득점	도움	파울	경고	퇴장
BC	1998	부산	19	7	0	0	42	6	1
	1999	부산	20	5	0	0	47	5	0
	2000	부산	7	1	0	0	8	1	0
	합계		46	13	0	0	97	12	1
프로통산			46	13	0	0	97	12	1

김성부(金成富) 진주고 1954.07.09

대회	연도	소속	출전	교체	득점	도움	파울	경고	퇴장
BC	1983	포철	16	0	0	0	6	0	0
	1984	포철	17	4	0	0	10	0	0
	합계		33	4	0	0	16	0	0
프로통산			33	4	0	0	16	0	0

김성수(金聖洙) 배재대 1992.12.26

대회	연도	소속	출전	교체	득점	도움	파울	경고	퇴장
K1	2013	대전	11	10	0	0	13	3	0
	2015	대전	4	4	0	0	2	0	0
	합계		15	14	0	0	15	3	0
K2	2014	대전	4	4	0	0	0	0	0
	2016	고양	8	7	0	0	6	1	0
	2017	대전	0	0	0	0	0	0	0
	합계		12	11	0	0	6	1	0
프로통산			27	25	0	0	21	4	0

김성수(金星洙) 연세대 1963.03.12

대회	연도	소속	출전	교체	실점	도움	파울	경고	퇴장
BC	1986	한일	16	1	23	0	1	0	0
	합계		16	1	23	0	1	0	0
프로통산			16	1	23	0	1	0	0

김성식(金星式) 연세대 1992.05.24

대회	연도	소속	출전	교체	득점	도움	파울	경고	퇴장
K2	2015	고양	11	6	0	0	9	2	1
	합계		11	6	0	0	9	2	1
프로통산			11	6	0	0	9	2	1

김성일(金成一) 홍익대 1975.11.02

대회	연도	소속	출전	교체	득점	도움	파울	경고	퇴장
BC	1998	대전	11	11	0	1	8	0	0
	1999	대전	6	5	0	0	8	0	0
	합계		17	16	0	1	16	0	0
프로통산			17	16	0	1	16	0	0

김성일(金成鎰) 연세대 1973.04.13

대회	연도	소속	출전	교체	득점	도움	파울	경고	퇴장
BC	1998	안양LG	27	7	0	1	70	10	0
	1999	안양LG	35	1	0	0	49	5	0
	2000	안양LG	32	1	0	1	56	1	0
	2001	안양LG	25	2	0	0	24	2	0
	2002	안양LG	0	0	0	0	0	0	0
	2003	안양LG	14	1	0	0	24	8	0
	2004	성남일	22	12	0	1	29	1	0
	2005	성남일	3	1	0	0	6	1	0
	합계		158	25	0	3	258	28	0
프로통산			158	25	0	3	258	28	0

김성재(金聖宰) 한양대 1976.09.17

대회	연도	소속	출전	교체	득점	도움	파울	경고	퇴장
BC	1999	안양LG	34	15	5	1	33	2	0
	2000	안양LG	34	15	3	6	44	4	0
	2001	안양LG	29	5	2	1	53	6	0
	2002	안양LG	29	11	3	0	41	2	0

대회	연도	소속	출전	교체	득점	도움	파울	경고	퇴장
	2003	안양LG	29	14	0	1	45	3	0
	2004	서울	21	10	0	1	28	4	0
	2005	서울	27	16	0	0	40	3	0
	2006	경남	23	11	0	0	35	4	0
	2007	전남	16	10	0	0	30	1	0
	2008	전남	25	9	0	1	28	3	0
	2009	전남	2	2	0	0	0	0	0
	합계		269	118	13	11	377	32	0
프로통산			269	118	13	11	377	32	0

김성주(金成柱/←김영근) 숭실대 1990.11.15

대회	연도	소속	출전	교체	득점	도움	파울	경고	퇴장
K1	2016	상주	11	6	0	1	3	0	0
	2017	상주	21	5	0	1	17	3	0
	2018	울산	2	2	0	0	1	0	0
	2018	제주	13	2	1	0	13	1	0
	2019	제주	19	13	0	1	10	1	0
	합계		66	28	1	3	44	5	0
K2	2015	서울E	37	14	5	6	30	4	0
	2017	서울E	5	2	0	0	4	1	1
	합계		42	16	5	6	34	5	1
프로통산			108	44	6	9	78	10	1

김성주(金晟柱) 광양제철고 1998.08.23

대회	연도	소속	출전	교체	득점	도움	파울	경고	퇴장
K1	2017	전남	2	3	0	0	0	0	0
	합계		2	3	0	0	0	0	0
K2	2018	대전	6	6	0	0	7	1	0
	합계		6	6	0	0	7	1	0
프로통산			8	9	0	0	7	1	0

김성준(金聖埈) 홍익대 1988.04.08

대회	연도	소속	출전	교체	득점	도움	파울	경고	퇴장
BC	2009	대전	15	7	1	1	34	3	0
	2010	대전	26	14	1	1	52	6	0
	2011	대전	30	3	2	5	46	4	0
	2012	성남일	37	7	3	5	49	6	0
	합계		108	31	7	12	181	19	0
K1	2013	성남일	26	15	4	3	37	7	0
	2014	성남	5	5	0	0	3	0	0
	2015	성남	31	15	3	2	35	3	0
	2016	상주	36	12	3	0	33	3	0
	2017	상주	19	7	1	0	26	5	0
	2018	서울	11	5	1	0	15	0	0
	2019	울산	5	5	0	0	0	0	0
	합계		133	64	12	5	149	18	0
프로통산			241	95	19	17	330	37	0

김성진(金成珍) 명지대 1990.07.02

대회	연도	소속	출전	교체	득점	도움	파울	경고	퇴장
K2	2013	광주	2	2	0	0	0	0	0
	합계		2	2	0	0	0	0	0
프로통산			2	2	0	0	0	0	0

김성진(金成陳) 중동고 1975.05.06

대회	연도	소속	출전	교체	득점	도움	파울	경고	퇴장
BC	1993	LG	1	1	0	0	0	0	0
	합계		1	1	0	0	0	0	0
프로통산			1	1	0	0	0	0	0

김성철(金成喆) 숭실대 1980.05.12

대회	연도	소속	출전	교체	득점	도움	파울	경고	퇴장
BC	2003	부천SK	15	2	0	0	23	5	0
	2004	부천SK	15	3	0	0	36	4	0
	합계		30	5	0	0	59	9	0
프로통산			30	5	0	0	59	9	0

김성현(金成炫) 진주고 1993.06.25

대회	연도	소속	출전	교체	득점	도움	파울	경고	퇴장
BC	2012	경남	5	2	0	0	9	1	0
	합계		5	2	0	0	9	1	0
K1	2013	경남	11	7	0	0	17	3	0
	합계		11	7	0	0	17	3	0
K2	2014	충주	3	1	0	0	2	0	0
	2014	안산경	9	1	0	0	13	3	0
	2015	안산경	2	2	0	0	0	0	0
	2016	안산무	0	0	0	0	0	0	0
	2016	경남	0	0	0	0	0	0	0
	합계		14	4	0	0	15	3	0
프로통산			30	13	0	0	41	7	0

김성현(金成賢) 남부대 1990.07.01

대회	연도	소속	출전	교체	득점	도움	파울	경고	퇴장
K1	2015	광주	4	4	0	0	3	0	0
	합계		4	4	0	0	3	0	0
프로통산			4	4	0	0	3	0	0

김성현(金晟賢) 성균관대 1993.06.04

대회	연도	소속	출전	교체	득점	도움	파울	경고	퇴장
K1	2016	수원FC	0	0	0	0	0	0	0
	합계		0	0	0	0	0	0	0
프로통산			0	0	0	0	0	0	0

김성호(金聖昊) 국민대 1970.05.16

대회	연도	소속	출전	교체	득점	도움	파울	경고	퇴장
BC	1994	버팔로	33	11	5	5	42	1	0
	1995	전북	19	14	1	1	28	0	0
	합계		52	25	6	6	70	1	0
프로통산			52	25	6	6	70	1	0

김성환(金城煥) 동아대 1986.12.15

대회	연도	소속	출전	교체	득점	도움	파울	경고	퇴장
BC	2009	성남일	33	6	4	3	56	8	0
	2010	성남일	32	1	1	0	46	7	0
	2011	성남일	34	3	1	2	69	5	0
	2012	성남일	23	2	2	1	42	7	0
	합계		122	12	8	6	213	27	0
K1	2013	울산	34	7	2	2	56	9	0
	2014	울산	28	6	1	1	42	12	0
	2016	상주	23	5	7	1	26	3	0
	2016	울산	6	0	0	0	11	3	0
	2017	울산	19	12	1	0	28	5	0
	합계		110	30	11	4	163	32	0
K2	2015	상주	28	12	9	2	46	9	0
	합계		28	12	9	2	46	9	0
프로통산			260	54	28	12	422	68	0

김성훈(金盛勳) 경희대 1991.05.24

대회	연도	소속	출전	교체	득점	도움	파울	경고	퇴장
K2	2015	고양	1	0	0	0	0	0	0
	합계		1	0	0	0	0	0	0
프로통산			1	0	0	0	0	0	0

김성훈(金成勳) 매탄고 1999.06.03

대회	연도	소속	출전	교체	득점	도움	파울	경고	퇴장
K2	2018	대전	0	0	0	0	0	0	0
	합계		0	0	0	0	0	0	0
프로통산			0	0	0	0	0	0	0

김세윤(金歲尹) 충남기계공고 1999.04.29

대회	연도	소속	출전	교체	득점	도움	파울	경고	퇴장
K2	2018	대전	1	1	0	0	0	0	0
	2019	대전	9	8	0	0	6	2	0
	합계		10	9	0	0	6	2	0
프로통산			10	9	0	0	6	2	0

김세인(金世仁) 영남대 1976.10.02

대회	연도	소속	출전	교체	득점	도움	파울	경고	퇴장
BC	1999	포항	30	20	4	4	24	1	0
	합계		30	20	4	4	24	1	0
프로통산			30	20	4	4	24	1	0

김세일(金世一) 동국대 1958.07.25

대회	연도	소속	출전	교체	득점	도움	파울	경고	퇴장
BC	1984	한일은	19	8	2	1	10	1	0
	합계		19	8	2	1	10	1	0
프로통산			19	8	2	1	10	1	0

김세준(金世埈) 청구고 1992.04.11

대회	연도	소속	출전	교체	득점	도움	파울	경고	퇴장
BC	2012	경남	0	0	0	0	0	0	0
	합계		0	0	0	0	0	0	0
프로통산			0	0	0	0	0	0	0

김세훈(金世勳) 중앙대 1991.12.27

대회	연도	소속	출전	교체	득점	도움	파울	경고	퇴장
K1	2016	인천	1	1	0	0	1	0	0
	합계		1	1	0	0	1	0	0
프로통산			1	1	0	0	1	0	0

김소웅(金邵雄) 풍생고 1999.06.17

대회	연도	소속	출전	교체	득점	도움	파울	경고	퇴장
K1	2019	성남	5	5	0	1	3	0	0
	합계		5	5	0	1	3	0	0
K2	2018	성남	4	4	0	0	3	1	0
	합계		4	4	0	0	3	1	0
프로통산			9	9	0	1	6	1	0

김수길(金秀吉) 명지대 1959.03.06

대회	연도	소속	출전	교체	득점	도움	파울	경고	퇴장
BC	1983	국민은	14	4	3	0	14	0	0
	1984	국민은	5	1	0	1	5	0	0
	1985	럭금	2	2	0	0	0	0	0
	합계		21	7	3	1	19	0	0
프로통산			21	7	3	1	19	0	0

김수범(金洙範) 상지대 1990.10.02

대회	연도	소속	출전	교체	득점	도움	파울	경고	퇴장
BC	2011	광주	23	6	0	3	44	7	0
	2012	광주	38	2	0	4	80	11	0
	합계		61	8	0	7	124	18	0
K1	2014	제주	31	8	1	1	46	10	0
	2015	제주	17	4	0	0	27	4	0
	2016	제주	0	0	0	0	0	0	0
	2017	제주	6	0	0	1	9	2	0
	2018	제주	16	1	0	0	16	2	0
	합계		70	13	1	2	98	18	0
K2	2013	광주	31	2	2	0	42	2	0
	합계		31	2	2	0	42	2	0
프로통산			162	23	3	9	264	38	0

김수안(金秀岸/←김용진) 건국대 1993.06.10

대회	연도	소속	출전	교체	득점	도움	파울	경고	퇴장
K1	2017	울산	12	12	0	0	11	2	0
	2018	울산	1	1	0	0	0	0	0
	2019	울산	9	2	1	0	13	3	0
	합계		22	15	1	0	24	5	0
K2	2015	강원	14	7	0	2	10	2	0
	2016	충주	7	7	0	0	7	0	0
	합계		21	14	0	2	17	2	0
프로통산			43	29	1	2	41	7	0

김수연(金水連) 동국대 1983.04.17

대회	연도	소속	출전	교체	득점	도움	파울	경고	퇴장
BC	2006	포항	4	1	0	0	8	1	0
	2007	포항	13	2	2	0	45	6	1
	2008	포항	2	1	0	0	3	0	0
	2009	광주상	4	3	0	0	10	1	0
	2010	광주상	3	1	1	0	6	1	0
	합계		26	8	3	0	72	9	1
프로통산			26	8	3	0	72	9	1

김수진(金壽珍) 대구대 1977.06.13

대회	연도	소속	출전	교체	득점	도움	파울	경고	퇴장
BC	2000	포항	0	0	0	0	0	0	0
	합계		0	0	0	0	0	0	0
프로통산			0	0	0	0	0	0	0

김수현(金樹炫) 고려대 1967.07.28

대회	연도	소속	출전	교체	득점	도움	파울	경고	퇴장
BC	1990	현대	1	1	0	0	0	0	0
	합계		1	1	0	0	0	0	0
프로통산			1	1	0	0	0	0	0

김수형(金洙亨) 부경대 1983.03.26

대회	연도	소속	출전	교체	득점	도움	파울	경고	퇴장
BC	2003	부산	4	4	0	1	2	1	0

대회	연도	소속	출전	교체	득점	도움	파울	경고	퇴장
	2004	부산	4	4	0	0	1	0	0
	2006	광주상	13	7	0	0	22	1	0
	합계		21	15	0	1	25	2	0
프로통산			21	15	0	1	25	2	0

김순호(金淳昊) 경신고 1982.01.08

대회	연도	소속	출전	교체	득점	도움	파울	경고	퇴장
BC	2004	성남일	1	1	0	0	0	0	0
	합계		1	1	0	0	0	0	0
프로통산			1	1	0	0	0	0	0

김슬기(金슬기) 전주대 1992.11.06

대회	연도	소속	출전	교체	득점	도움	파울	경고	퇴장
K1	2014	경남	20	18	0	1	8	1	0
	합계		20	18	0	1	8	1	0
K2	2015	경남	15	10	1	1	10	0	0
	2016	경남	16	15	0	0	9	0	0
	합계		31	25	1	1	19	0	0
승	2014	경남	0	0	0	0	0	0	0
	합계		0	0	0	0	0	0	0
프로통산			51	43	1	2	27	1	0

김승규(金承奎) 현대고 1990.09.30

대회	연도	소속	출전	교체	실점	도움	파울	경고	퇴장
BC	2008	울산	2	2	0	0	0	0	0
	2009	울산	0	0	0	0	0	0	0
	2010	울산	7	1	7	0	0	1	0
	2011	울산	2	1	0	0	0	0	0
	2012	울산	12	0	20	0	0	0	0
	합계		23	4	27	0	0	1	0
K1	2013	울산	32	0	27	0	1	2	0
	2014	울산	29	0	28	0	1	3	0
	2015	울산	34	1	42	0	0	3	0
	2019	울산	16	0	21	1	0	2	0
	합계		111	1	118	1	2	10	0
프로통산			134	5	145	1	2	11	0

김승대(金承大) 영남대 1991.04.01

대회	연도	소속	출전	교체	득점	도움	파울	경고	퇴장
K1	2013	포항	21	12	3	6	27	1	0
	2014	포항	30	6	10	8	34	4	0
	2015	포항	34	9	8	4	17	1	0
	2017	포항	11	5	2	1	3	0	1
	2018	포항	38	0	8	5	19	0	0
	2019	포항	20	0	3	7	9	2	0
	2019	전북	11	9	1	1	7	0	0
	합계		165	41	35	32	116	8	1
프로통산			165	41	35	32	116	8	1

김승명(金承明) 전주대 1987.09.01

대회	연도	소속	출전	교체	득점	도움	파울	경고	퇴장
BC	2010	강원	3	2	0	0	2	0	0
	합계		3	2	0	0	2	0	0
프로통산			3	2	0	0	2	0	0

김승민(金承敏) 매탄고 1992.09.16

대회	연도	소속	출전	교체	득점	도움	파울	경고	퇴장
BC	2011	수원	0	0	0	0	0	0	0
	합계		0	0	0	0	0	0	0
프로통산			0	0	0	0	0	0	0

김승섭(金承燮) 경희대 1996.11.01

대회	연도	소속	출전	교체	득점	도움	파울	경고	퇴장
K2	2018	대전	21	20	2	1	9	0	0
	2019	대전	31	19	3	4	15	2	0
	합계		52	39	5	5	24	2	0
프로통산			52	39	5	5	24	2	0

김승안(金承安) 한양대 1972.09.24

대회	연도	소속	출전	교체	실점	도움	파울	경고	퇴장
BC	1994	포철	1	0	3	0	0	0	0
	1995	포항	1	0	1	0	0	0	0
	1997	대전	2	2	5	0	0	0	0
	합계		4	2	9	0	0	0	0
프로통산			4	2	9	0	0	0	0

김승용(金承龍) 방송대 1985.03.14

대회	연도	소속	출전	교체	득점	도움	파울	경고	퇴장
BC	2004	서울	14	8	0	2	23	0	0
	2005	서울	20	11	1	2	30	1	0
	2006	서울	13	12	1	2	16	0	0
	2007	광주상	23	11	0	2	25	1	0
	2008	광주상	19	16	3	2	28	1	0
	2008	서울	1	1	1	1	2	0	0
	2009	서울	27	22	1	4	25	4	1
	2010	전북	5	5	1	0	9	1	0
	2012	울산	34	26	3	6	47	6	0
	합계		156	112	11	21	205	14	1
K1	2013	울산	27	27	2	3	15	2	0
	2017	강원	34	29	3	6	13	2	0
	2018	강원	15	13	1	2	9	1	0
	2019	인천	2	2	0	0	0	0	0
	합계		78	71	6	11	37	5	0
프로통산			234	183	17	32	242	19	1

김승우(金承優) 연세대 1998.03.25

대회	연도	소속	출전	교체	득점	도움	파울	경고	퇴장
K1	2019	제주	8	6	0	0	0	1	0
	합계		8	6	0	0	0	1	0
프로통산			8	6	0	0	0	1	0

김승준(金承俊) 숭실대 1994.09.11

대회	연도	소속	출전	교체	득점	도움	파울	경고	퇴장
K1	2015	울산	11	8	4	0	5	0	0
	2016	울산	30	23	8	2	15	1	0
	2017	울산	30	17	3	1	15	2	0
	2018	울산	19	17	2	3	10	0	1
	2019	경남	29	12	6	4	17	3	0
	합계		119	77	23	10	62	6	1
승	2019	경남	1	1	0	0	1	0	0
	합계		1	1	0	0	1	0	0
프로통산			120	78	23	10	63	6	1

김승한(金昇漢) 울산대 1974.05.11

대회	연도	소속	출전	교체	득점	도움	파울	경고	퇴장
BC	1997	대전	22	20	2	1	20	2	0
	1998	대전	24	22	2	1	18	1	0
	1999	대전	13	14	0	1	11	1	0
	합계		59	56	4	3	49	4	0
프로통산			59	56	4	3	49	4	0

김승현(金承鉉) 호남대 1979.08.18

대회	연도	소속	출전	교체	득점	도움	파울	경고	퇴장
BC	2002	전남	16	8	3	0	11	3	0
	2003	전남	9	8	0	2	18	1	0
	2004	광주상	13	10	3	0	21	1	0
	2005	광주상	12	9	0	0	10	0	0
	2006	전남	8	7	0	0	11	0	0
	2007	전남	5	5	0	0	3	1	0
	2008	부산	25	16	5	2	35	1	1
	2009	전남	24	9	4	5	34	5	0
	2010	전남	9	6	2	0	9	1	0
	합계		121	78	17	9	152	13	1
프로통산			121	78	17	9	152	13	1

김승호(金承鎬) 명지대 1978.05.19

대회	연도	소속	출전	교체	득점	도움	파울	경고	퇴장
BC	2001	안양LG	2	2	0	0	1	0	0
	합계		2	2	0	0	1	0	0
프로통산			2	2	0	0	1	0	0

김승호(金承瑚) 예원예술대 1989.04.24

대회	연도	소속	출전	교체	득점	도움	파울	경고	퇴장
BC	2011	인천	0	0	0	0	0	0	0
	합계		0	0	0	0	0	0	0
프로통산			0	0	0	0	0	0	0

김시만(金時萬) 홍익대 1975.03.03

대회	연도	소속	출전	교체	득점	도움	파울	경고	퇴장
BC	1998	전남	3	4	0	0	5	0	0
	합계		3	4	0	0	5	0	0
프로통산			3	4	0	0	5	0	0

김시우(金始佑) 안동고 1997.06.26

대회	연도	소속	출전	교체	득점	도움	파울	경고	퇴장
K1	2017	광주	2	2	0	0	1	0	0
	합계		2	2	0	0	1	0	0
K2	2018	광주	1	1	0	0	1	0	0
	합계		1	1	0	0	1	0	0
프로통산			3	3	0	0	2	0	0

김신(金信) 영생고 1995.03.30

대회	연도	소속	출전	교체	득점	도움	파울	경고	퇴장
K1	2014	전북	1	1	0	0	1	0	0
	2018	경남	9	9	0	1	8	0	0
	합계		10	10	0	1	9	0	0
K2	2016	충주	35	22	13	6	23	2	0
	2017	부천	29	20	4	6	19	3	0
	합계		64	42	17	12	42	5	0
프로통산			74	52	17	13	51	5	0

김신영(金信泳) 한양대 1983.06.16

대회	연도	소속	출전	교체	득점	도움	파울	경고	퇴장
BC	2012	전남	11	7	1	2	9	0	0
	2012	전북	11	11	0	0	9	1	0
	합계		22	18	1	2	18	1	0
K1	2013	전북	17	16	1	0	18	3	0
	2014	부산	8	7	0	0	4	1	0
	합계		25	23	1	0	22	4	0
프로통산			47	41	2	2	40	5	0

김신영(金信榮) 관동대(가톨릭관동대) 1958.07.29

대회	연도	소속	출전	교체	득점	도움	파울	경고	퇴장
BC	1986	유공	16	9	0	2	8	1	0
	합계		16	9	0	2	8	1	0
프로통산			16	9	0	2	8	1	0

김신욱(金信煜) 중앙대 1988.04.14

대회	연도	소속	출전	교체	득점	도움	파울	경고	퇴장
BC	2009	울산	27	12	7	1	58	5	0
	2010	울산	33	21	10	3	36	1	0
	2011	울산	43	22	19	4	80	1	0
	2012	울산	35	13	13	2	89	5	0
	합계		138	68	49	10	263	12	0
K1	2013	울산	36	2	19	6	86	6	0
	2014	울산	20	4	9	2	33	2	0
	2015	울산	38	14	18	4	41	1	0
	2016	전북	33	28	7	2	35	1	0
	2017	전북	35	26	10	1	33	3	0
	2018	전북	33	23	11	3	43	5	0
	2019	전북	17	12	9	3	15	1	0
	합계		212	109	83	21	286	19	0
프로통산			350	177	132	31	549	31	0

김신철(金伸哲) 연세대 1990.11.29

대회	연도	소속	출전	교체	득점	도움	파울	경고	퇴장
K2	2013	부천	25	24	2	2	34	3	0
	2014	안산경	11	8	0	2	11	1	0
	2015	안산경	2	2	0	0	2	0	0
	2015	부천	0	0	0	0	0	0	0
	2016	부천	0	0	0	0	0	0	0
	2017	안양	8	8	2	0	3	1	0
	2018	안양	20	20	2	0	7	1	0
	2019	안양	3	3	0	0	1	1	0
	합계		69	65	6	4	58	7	0
프로통산			69	65	6	4	58	7	0

김연건(金演健) 단국대 1981.03.12

대회	연도	소속	출전	교체	득점	도움	파울	경고	퇴장
BC	2002	전북	14	14	0	0	28	1	0
	2003	전북	2	2	0	0	3	0	0
	2004	전북	16	15	0	0	28	2	0
	2005	전북	6	6	0	0	22	2	0
	2008	성남일	5	5	0	0	5	1	0

대회	연도	소속	출전	교체	득점	도움	파울	경고	퇴장
	합계		43	42	0	0	86	6	0
프로통산			43	42	0	0	86	6	0

김연수(金演收) 충남기계공고 1995.01.16

대회	연도	소속	출전	교체	득점	도움	파울	경고	퇴장
K2	2014	대전	0	0	0	0	0	0	0
	합계		0	0	0	0	0	0	0
프로통산			0	0	0	0	0	0	0

김연수(金延洙) 한라대 1993.12.29

대회	연도	소속	출전	교체	득점	도움	파울	경고	퇴장
K2	2017	서울E	9	4	0	0	10	1	0
	2018	안산	18	7	0	0	25	0	0
	2019	안산	32	0	1	1	33	4	0
	합계		59	11	1	1	68	5	0
프로통산			59	11	1	1	68	5	0

김연왕(金淵王) 정명고 1993.10.19

대회	연도	소속	출전	교체	득점	도움	파울	경고	퇴장
K1	2019	성남	1	1	0	0	0	0	0
	합계		1	1	0	0	0	0	0
프로통산			1	1	0	0	0	0	0

김영광(金永光) 한려대 1983.06.28

대회	연도	소속	출전	교체	실점	도움	파울	경고	퇴장
BC	2002	전남	0	0	0	0	0	0	0
	2003	전남	11	0	15	0	1	0	0
	2004	전남	22	0	19	0	1	2	0
	2005	전남	32	0	34	1	2	3	0
	2006	전남	13	0	16	0	1	1	0
	2007	울산	36	0	26	0	1	4	1
	2008	울산	33	2	33	0	2	2	0
	2009	울산	32	0	33	0	0	1	0
	2010	울산	28	1	35	0	0	2	0
	2011	울산	34	1	36	0	1	5	0
	2012	울산	32	0	32	0	1	4	0
	합계		273	4	279	1	10	24	1
K1	2013	울산	6	0	10	0	0	0	0
	2014	경남	32	0	43	0	0	2	0
	합계		38	0	53	0	0	2	0
K2	2015	서울E	38	0	52	0	2	2	1
	2016	서울E	39	0	32	0	0	3	0
	2017	서울E	36	0	55	0	0	1	0
	2018	서울E	36	0	52	1	1	1	0
	2019	서울E	34	1	64	1	1	1	0
	합계		183	1	255	2	4	8	1
승	2014	경남	1	0	0	0	0	0	0
	합계		1	0	0	0	0	0	0
프로통산			495	5	588	3	14	34	2

김영규(金泳奎) 국민대 1962.03.01

대회	연도	소속	출전	교체	득점	도움	파울	경고	퇴장
BC	1985	유공	8	2	0	0	7	0	0
	1986	유공	23	11	2	2	24	1	0
	1987	유공	27	14	0	2	29	1	0
	합계		58	27	2	4	60	2	0
프로통산			58	27	2	4	60	2	0

김영근(金榮根) 경희대 1978.10.12

대회	연도	소속	출전	교체	득점	도움	파울	경고	퇴장
BC	2001	대전	32	5	1	0	54	6	0
	2002	대전	23	5	1	1	45	4	0
	2003	대전	26	9	1	1	51	4	1
	2004	대전	19	2	0	0	25	0	0
	2005	대전	10	3	0	0	29	2	0
	2006	광주상	23	8	1	0	28	1	0
	2007	광주상	29	6	0	0	37	1	0
	2008	경남	1	1	0	0	0	0	0
	합계		163	39	4	2	269	18	1
프로통산			163	39	4	2	269	18	1

김영기(金永奇) 안동대 1973.12.25

대회	연도	소속	출전	교체	득점	도움	파울	경고	퇴장
BC	1998	수원	2	1	0	0	4	1	0
	합계		2	1	0	0	4	1	0
프로통산			2	1	0	0	4	1	0

김영남(金榮男) 중앙대 1991.03.24

대회	연도	소속	출전	교체	득점	도움	파울	경고	퇴장
K1	2013	성남일	3	2	0	0	4	0	0
	2014	성남	4	2	0	0	4	2	0
	합계		7	4	0	0	8	2	0
K2	2015	부천	29	13	4	3	29	7	0
	2016	부천	37	11	1	1	55	10	0
	2017	부천	14	7	1	3	13	0	0
	2017	아산	9	2	0	1	9	3	0
	2018	아산	3	2	0	0	5	1	0
	2019	부천	6	2	0	0	4	0	0
	합계		98	37	6	8	115	21	0
프로통산			105	41	6	8	123	23	0

김영남(金榮男) 초당대 1986.04.02

대회	연도	소속	출전	교체	득점	도움	파울	경고	퇴장
K2	2013	안양	6	5	0	1	7	1	0
	합계		6	5	0	1	7	1	0
프로통산			6	5	0	1	7	1	0

김영도(金榮道) 안동과학대 1994.04.04

대회	연도	소속	출전	교체	득점	도움	파울	경고	퇴장
K2	2016	안양	17	16	3	0	20	2	0
	2018	안양	14	9	0	1	21	2	0
	합계		31	25	3	1	41	4	0
프로통산			31	25	3	1	41	4	0

김영무(金英務) 숭실대 1984.03.19

대회	연도	소속	출전	교체	실점	도움	파울	경고	퇴장
BC	2007	대구	3	0	11	0	0	0	0
	2008	대구	0	0	0	0	0	0	0
	합계		3	0	11	0	0	0	0
프로통산			3	0	11	0	0	0	0

김영빈(金榮彬) 고려대 1984.04.08

대회	연도	소속	출전	교체	득점	도움	파울	경고	퇴장
BC	2007	인천	6	2	0	0	15	1	0
	2008	인천	28	7	3	0	53	4	0
	2009	인천	27	16	0	0	34	4	0
	2010	인천	12	4	1	0	25	2	0
	2011	인천	2	1	0	0	2	0	0
	2011	대전	9	4	0	0	11	1	0
	합계		84	34	4	0	140	12	0
K1	2014	경남	6	0	0	0	8	0	0
	합계		6	0	0	0	8	0	0
승	2014	경남	1	1	0	0	0	0	0
	합계		1	1	0	0	0	0	0
프로통산			91	35	4	0	148	12	0

김영빈(金榮彬) 광주대 1991.09.20

대회	연도	소속	출전	교체	득점	도움	파울	경고	퇴장
K1	2015	광주	28	3	2	0	23	6	0
	2016	광주	27	4	0	0	30	10	0
	2017	광주	23	7	2	0	20	6	0
	2018	상주	18	3	0	0	20	3	0
	2019	상주	23	3	1	1	23	4	1
	합계		119	20	5	1	116	29	1
K2	2014	광주	26	2	1	1	39	6	0
	2019	광주	3	1	0	0	0	0	0
	합계		29	3	1	1	39	6	0
승	2014	광주	2	0	0	0	1	0	0
	합계		2	0	0	0	1	0	0
프로통산			150	23	6	2	156	35	1

김영삼(金英三) 고려대 1982.04.04

대회	연도	소속	출전	교체	득점	도움	파울	경고	퇴장
BC	2005	울산	16	12	2	0	18	1	0
	2006	울산	29	8	0	0	53	5	0
	2007	울산	33	15	1	2	63	6	0
	2008	울산	34	1	0	1	35	4	0
	2009	울산	1	1	0	0	1	0	0
	2010	광주상	19	1	0	0	14	3	0
	2011	상주	16	2	0	0	23	3	0
	2011	울산	3	0	0	0	3	2	0
	2012	울산	28	9	0	2	29	4	0
	합계		179	49	3	5	239	28	0
K1	2013	울산	26	3	1	1	45	5	0
	2014	울산	24	2	0	0	31	6	0
	2015	울산	5	4	0	0	5	1	0
	2016	울산	1	1	0	0	0	0	0
	합계		56	10	1	1	81	12	0
프로통산			235	59	4	6	320	40	0

김영삼(金泳三) 연세대 1980.03.12

대회	연도	소속	출전	교체	득점	도움	파울	경고	퇴장
BC	2003	전북	1	1	0	0	2	0	0
	2004	전북	1	1	0	0	0	0	0
	합계		2	2	0	0	2	0	0
프로통산			2	2	0	0	2	0	0

김영선(金永善) 경희대 1975.04.03

대회	연도	소속	출전	교체	득점	도움	파울	경고	퇴장
BC	1998	수원	33	0	0	0	68	5	0
	1999	수원	24	4	0	0	55	4	0
	2000	수원	7	2	0	0	14	3	0
	2001	수원	21	6	0	0	17	2	0
	2002	수원	30	0	0	0	33	3	0
	2003	수원	29	1	0	2	35	2	1
	2005	수원	0	0	0	0	0	0	0
	2006	전북	19	0	0	0	24	1	0
	2007	전북	22	0	0	0	30	5	0
	합계		185	13	0	2	276	25	1
프로통산			185	13	0	2	276	25	1

김영섭(金永燮) 숭실대 1970.08.13

대회	연도	소속	출전	교체	득점	도움	파울	경고	퇴장
BC	1993	대우	1	1	0	0	1	0	0
	1994	버팔로	17	3	0	0	18	3	0
	합계		18	4	0	0	19	3	0
프로통산			18	4	0	0	19	3	0

김영승(金泳勝) 호원대 1993.02.22

대회	연도	소속	출전	교체	득점	도움	파울	경고	퇴장
K1	2015	대전	1	1	0	0	0	0	0
	합계		1	1	0	0	0	0	0
K2	2014	대전	5	4	1	0	0	0	0
	합계		5	4	1	0	0	0	0
프로통산			6	5	1	0	0	0	0

김영신(金映伸) 연세대 1986.02.28

대회	연도	소속	출전	교체	득점	도움	파울	경고	퇴장
BC	2006	전북	8	8	0	0	15	1	0
	2007	전북	6	4	0	0	12	2	0
	2008	제주	9	6	0	1	9	0	0
	2009	제주	24	18	1	0	25	5	0
	2010	제주	33	22	2	4	26	2	0
	2011	제주	23	13	1	0	17	3	0
	2012	상주	20	3	1	0	21	2	0
	합계		123	74	5	5	125	15	0
K1	2014	제주	6	2	0	0	6	1	0
	2015	제주	14	11	2	0	8	1	0
	2018	강원	9	7	0	0	4	0	0
	합계		29	20	2	0	18	2	0
K2	2013	상주	12	4	0	1	15	1	0
	2016	부산	20	17	0	3	10	3	0
	2017	성남	13	11	0	0	5	0	0
	합계		45	32	0	4	30	4	0
프로통산			197	126	7	9	173	21	0

김영우(金永佑) 경기대 1984.06.15

대회	연도	소속	출전	교체	득점	도움	파울	경고	퇴장
BC	2007	경남	6	3	0	0	10	1	0
	2008	경남	26	24	3	1	14	3	0
	2009	경남	24	13	1	5	23	2	0

대회	연도	소속	출전	교체	득점	도움	파울	경고	퇴장
	2010	경남	28	12	2	2	40	6	0
	2011	경남	16	8	3	3	15	4	0
	2011	전북	7	0	0	0	11	0	0
	합계		107	60	9	11	113	16	0
K1	2013	전북	3	0	0	0	8	0	0
	2014	전남	19	16	0	0	13	3	0
	합계		22	16	0	0	21	3	0
K2	2013	경찰	2	2	0	0	2	0	0
	합계		2	2	0	0	2	0	0
프로통산			131	78	9	11	136	19	0

김영욱(金泳旭) 광양제철고 1991.04.29

대회	연도	소속	출전	교체	득점	도움	파울	경고	퇴장
BC	2010	전남	4	4	0	0	5	0	0
	2011	전남	23	18	1	0	24	2	0
	2012	전남	35	10	3	5	65	5	0
	합계		62	32	4	5	94	7	0
K1	2013	전남	14	11	0	0	15	1	0
	2014	전남	11	10	0	0	12	1	0
	2015	전남	27	19	2	2	24	4	0
	2016	전남	33	9	2	0	60	8	0
	2017	전남	30	7	4	8	41	5	0
	2018	전남	33	11	3	2	28	1	0
	합계		148	67	11	12	180	20	0
K2	2019	전남	28	14	6	3	43	7	0
	합계		28	14	6	3	43	7	0
프로통산			238	113	21	20	317	34	0

김영욱(金永旭) 한양대 1994.10.29

대회	연도	소속	출전	교체	득점	도움	파울	경고	퇴장
K2	2015	경남	21	12	2	0	12	0	1
	2016	경남	4	4	0	1	2	0	0
	합계		25	16	2	1	14	0	1
프로통산			25	16	2	1	14	0	1

김영익(金永翊) 충북대 1996.01.21

대회	연도	소속	출전	교체	득점	도움	파울	경고	퇴장
K2	2019	아산	0	0	0	0	0	0	0
	합계		0	0	0	0	0	0	0
프로통산			0	0	0	0	0	0	0

김영주(金榮珠) 서울시립대 1964.01.01

대회	연도	소속	출전	교체	득점	도움	파울	경고	퇴장
BC	1989	일화	35	18	6	5	36	0	0
	1990	일화	24	17	3	0	23	1	0
	1991	일화	21	20	0	0	7	0	0
	합계		80	55	9	5	66	1	0
프로통산			80	55	9	5	66	1	0

김영준(金榮俊) 홍익대 1985.07.15

대회	연도	소속	출전	교체	득점	도움	파울	경고	퇴장
BC	2009	광주상	0	0	0	0	0	0	0
	합계		0	0	0	0	0	0	0
프로통산			0	0	0	0	0	0	0

김영진(金永眞) 전주대 1970.06.16

대회	연도	소속	출전	교체	득점	도움	파울	경고	퇴장
BC	1994	버팔로	24	10	0	1	22	3	2
	합계		24	10	0	1	22	3	2
프로통산			24	10	0	1	22	3	2

김영찬(金榮讚) 고려대 1993.09.04

대회	연도	소속	출전	교체	득점	도움	파울	경고	퇴장
K1	2013	전북	1	0	0	0	0	0	0
	2013	대구	6	1	0	0	5	0	0
	2015	전북	5	2	0	0	3	1	0
	2016	전북	12	4	0	0	9	2	0
	2017	전북	0	0	0	0	0	0	0
	합계		24	7	0	0	17	3	0
K2	2014	수원FC	19	5	0	1	24	5	0
	2018	안양	31	1	0	1	40	6	0
	2019	수원FC	20	2	0	1	21	7	0
	합계		70	8	0	3	85	18	0
프로통산			94	15	0	3	102	21	0

김영철(金永哲) 광운전자공고 1960.04.28

대회	연도	소속	출전	교체	득점	도움	파울	경고	퇴장
BC	1984	국민은	21	6	3	3	12	1	1
	합계		21	6	3	3	12	1	1
프로통산			21	6	3	3	12	1	1

김영철(金榮哲) 아주대 1967.10.10

대회	연도	소속	출전	교체	득점	도움	파울	경고	퇴장
BC	1990	현대	2	2	0	0	0	0	0
	1996	수원	1	1	0	0	0	0	0
	합계		3	3	0	0	0	0	0
프로통산			3	3	0	0	0	0	0

김영철(金永徹) 건국대 1976.06.30

대회	연도	소속	출전	교체	득점	도움	파울	경고	퇴장
BC	1999	천안일	33	1	0	1	38	3	0
	2000	성남일	38	3	0	3	33	4	0
	2001	성남일	35	0	0	1	47	4	0
	2002	성남일	36	0	0	0	53	2	0
	2003	광주상	35	1	0	0	40	7	0
	2004	광주상	30	0	0	0	28	4	0
	2005	성남일	36	1	0	0	49	3	0
	2006	성남일	32	2	0	0	38	5	0
	2007	성남일	29	0	1	2	28	3	0
	2008	성남일	32	1	0	0	40	3	0
	2009	전남	20	9	0	0	13	2	0
	합계		356	18	1	7	407	40	0
프로통산			356	18	1	7	407	40	0

김영철(金永哲) 풍생고 1984.04.08

대회	연도	소속	출전	교체	득점	도움	파울	경고	퇴장
BC	2003	전남	7	7	0	0	4	1	0
	2005	광주상	2	2	0	0	0	0	0
	2007	경남	3	3	0	0	2	1	0
	합계		12	12	0	0	6	2	0
프로통산			12	12	0	0	6	2	0

김영호(金榮浩) 단국대 1961.04.20

대회	연도	소속	출전	교체	**실점**	도움	파울	경고	퇴장
BC	1985	유공	13	0	14	0	0	0	0
	1986	유공	24	0	28	0	0	0	0
	1989	일화	18	2	25	0	0	0	0
	1990	일화	21	0	25	0	0	2	0
	1991	일화	22	3	35	0	1	2	0
	합계		98	5	127	0	1	4	0
프로통산			98	5	127	0	1	4	0

김영호(金永湖) 주문진수도공고 1972.06.06

대회	연도	소속	출전	교체	득점	도움	파울	경고	퇴장
BC	1995	포항	0	0	0	0	0	0	0
	1996	포항	0	0	0	0	0	0	0
	합계		0	0	0	0	0	0	0
프로통산			0	0	0	0	0	0	0

김영후(金泳厚) 숭실대 1983.03.11

대회	연도	소속	출전	교체	득점	도움	파울	경고	퇴장
BC	2009	강원	30	6	13	8	29	4	0
	2010	강원	32	2	14	5	39	1	0
	2011	강원	31	19	6	0	36	0	0
	합계		93	27	33	13	104	5	0
K1	2013	강원	5	4	1	0	7	0	0
	합계		5	4	1	0	7	0	0
K2	2013	경찰	23	15	10	3	19	3	0
	2014	강원	23	17	4	1	27	3	1
	2016	안양	20	17	3	1	20	1	0
	합계		66	49	17	5	66	7	1
승	2013	강원	1	0	0	0	3	0	0
	합계		1	0	0	0	3	0	0
프로통산			165	80	51	18	180	12	1

김예성(金譽聲) 광주대 1996.10.21

대회	연도	소속	출전	교체	득점	도움	파울	경고	퇴장
K2	2018	대전	14	3	0	0	14	1	0
	2019	대전	10	5	0	0	4	1	0
	합계		24	8	0	0	18	2	0
프로통산			24	8	0	0	18	2	0

김오규(金吾奎) 관동대(가톨릭관동대) 1989.06.20

대회	연도	소속	출전	교체	득점	도움	파울	경고	퇴장
BC	2011	강원	1	0	0	0	2	0	0
	2012	강원	33	6	0	0	44	4	0
	합계		34	6	0	0	46	4	0
K1	2013	강원	34	1	0	0	35	8	0
	2016	상주	24	1	0	0	28	8	0
	2017	상주	0	0	0	0	0	0	0
	2017	강원	33	0	2	0	24	2	0
	2018	강원	31	0	0	1	29	5	0
	2019	강원	28	0	1	1	25	8	0
	합계		150	2	3	2	141	31	0
K2	2014	강원	31	0	1	0	28	6	1
	2015	강원	14	0	0	0	18	1	0
	2015	상주	11	1	0	1	11	2	0
	합계		56	1	1	1	57	9	1
승	2013	강원	2	0	0	1	7	2	0
	합계		2	0	0	1	7	2	0
프로통산			242	9	4	4	251	46	1

김오성(金五星) 고려대 1986.08.16

대회	연도	소속	출전	교체	득점	도움	파울	경고	퇴장
BC	2009	대구	5	5	0	0	3	0	0
	2010	대구	1	1	0	0	2	0	0
	합계		6	6	0	0	5	0	0
프로통산			6	6	0	0	5	0	0

김완수(金完洙) 전북대 1962.01.13

대회	연도	소속	출전	교체	득점	도움	파울	경고	퇴장
BC	1983	포철	7	3	2	0	5	0	0
	1984	포철	9	4	1	0	5	1	0
	1985	포철	16	0	0	1	36	1	0
	1986	포철	22	4	4	1	25	1	0
	합계		54	11	7	2	71	3	0
프로통산			54	11	7	2	71	3	0

김완수(金完秀) 중앙대 1981.06.05

대회	연도	소속	출전	교체	득점	도움	파울	경고	퇴장
BC	2004	대구	12	11	0	0	14	2	0
	2005	대구	9	7	0	0	9	1	0
	합계		21	18	0	0	23	3	0
프로통산			21	18	0	0	23	3	0

김왕주(金旺珠) 연세대 1968.06.12

대회	연도	소속	출전	교체	득점	도움	파울	경고	퇴장
BC	1991	일화	10	10	0	0	5	1	0
	1993	일화	3	5	0	0	1	0	0
	합계		13	15	0	0	6	1	0
프로통산			13	15	0	0	6	1	0

김요환(金耀煥) 연세대 1977.05.23

대회	연도	소속	출전	교체	득점	도움	파울	경고	퇴장
BC	2002	전남	8	8	0	0	4	0	0
	2003	전남	5	5	0	0	3	0	0
	2004	전남	6	7	0	0	3	0	0
	2005	전남	9	10	0	0	7	0	0
	합계		28	30	0	0	17	0	0
프로통산			28	30	0	0	17	0	0

김용구(金勇九) 인천대 1981.03.08

대회	연도	소속	출전	교체	득점	도움	파울	경고	퇴장
BC	2004	인천	8	8	0	0	9	1	0
	합계		8	8	0	0	9	1	0
프로통산			8	8	0	0	9	1	0

김용대(金龍大) 연세대 1979.10.11

대회	연도	소속	출전	교체	**실점**	도움	파울	경고	퇴장
BC	2002	부산	9	1	10	0	0	0	0
	2003	부산	36	0	54	0	0	1	0
	2004	부산	29	0	29	0	1	2	0
	2005	부산	29	1	36	0	2	0	0
	2006	성남일	28	0	28	0	0	2	0

	2007	성남일	29	0	26	0	0	0	0
	2008	광주상	25	0	46	0	0	0	0
	2009	광주상	26	0	34	0	0	0	0
	2009	성남일	2	1	0	0	0	0	0
	2010	서울	37	0	35	0	0	0	0
	2011	서울	29	1	37	0	2	1	0
	2012	서울	44	0	42	0	0	2	0
	합계		323	4	385	0	5	8	0
K1	2013	서울	35	0	42	0	0	1	0
	2014	서울	24	1	19	0	0	0	0
	2015	서울	12	0	21	0	0	0	0
	2016	울산	24	0	25	0	0	1	0
	2017	울산	28	0	35	0	1	1	0
	2018	울산	14	1	20	0	0	2	0
	합계		137	2	162	0	1	5	0
프로통산			460	6	547	0	6	13	0

김용범(金龍凡) 고려대 1971.06.16

대회	연도	소속	출전	교체	득점	도움	파울	경고	퇴장
BC	1998	대전	29	5	0	1	32	3	0
	1999	대전	26	8	0	1	31	2	0
	2000	대전	15	5	0	0	14	1	0
	2001	대전	1	0	0	0	1	0	0
	합계		71	18	0	2	78	6	0
프로통산			71	18	0	2	78	6	0

김용세(金鏞世) 중동고 1960.04.21

대회	연도	소속	출전	교체	득점	도움	파울	경고	퇴장
BC	1983	유공	16	2	2	4	10	1	0
	1984	유공	28	2	14	2	40	1	0
	1985	유공	21	1	12	0	19	1	0
	1986	유공	13	0	6	7	17	2	0
	1987	유공	18	4	1	2	16	1	0
	1988	유공	11	1	4	1	23	2	0
	1989	일화	21	9	6	0	27	3	1
	1990	일화	24	9	7	1	18	0	0
	1991	일화	13	10	1	1	9	1	0
	합계		165	38	53	18	179	12	1
프로통산			165	38	53	18	179	12	1

김용찬(金容燦) 아주대 1990.04.08

대회	연도	소속	출전	교체	득점	도움	파울	경고	퇴장
K1	2013	경남	23	7	0	0	41	6	0
	2014	인천	0	0	0	0	0	0	0
	합계		23	7	0	0	41	6	0
K2	2015	충주	6	2	0	1	8	1	0
	합계		6	2	0	1	8	1	0
프로통산			29	9	0	1	49	7	0

김용태(金龍泰) 울산대 1984.05.20

대회	연도	소속	출전	교체	득점	도움	파울	경고	퇴장
BC	2006	대전	28	19	2	3	25	0	0
	2007	대전	22	16	0	0	26	3	0
	2008	대전	22	14	1	1	27	2	0
	2009	울산	21	13	0	0	13	2	0
	2010	울산	4	5	0	0	0	0	0
	2011	상주	18	5	1	0	16	2	0
	2012	상주	21	13	1	4	12	2	0
	2012	울산	7	5	0	1	3	0	0
	합계		143	90	5	9	122	11	0
K1	2013	울산	27	22	2	3	16	1	0
	2014	울산	12	6	2	0	8	3	0
	2014	부산	14	8	1	1	11	0	0
	2015	부산	21	15	0	0	10	1	0
	합계		74	51	5	4	45	5	0
K2	2016	충주	25	11	0	4	19	1	0
	합계		25	11	0	4	19	1	0
프로통산			242	152	10	17	186	17	0

김용한(金容漢) 수원대 1990.07.30

대회	연도	소속	출전	교체	득점	도움	파울	경고	퇴장
K2	2013	수원FC	8	9	0	0	5	0	0
	합계		8	9	0	0	5	0	0
프로통산			8	9	0	0	5	0	0

김용한(金龍漢) 강릉농공고 1986.06.28

대회	연도	소속	출전	교체	득점	도움	파울	경고	퇴장
BC	2006	인천	3	3	0	0	3	1	0
	합계		3	3	0	0	3	1	0
프로통산			3	3	0	0	3	1	0

김용해(金龍海) 동국대 1958.05.24

대회	연도	소속	출전	교체	득점	도움	파울	경고	퇴장
BC	1983	유공	2	2	0	0	0	0	0
	1984	럭금	9	8	0	1	4	0	0
	1985	럭금	2	2	1	0	0	0	0
	합계		13	12	1	1	4	0	0
프로통산			13	12	1	1	4	0	0

김용호(金龍虎) 수도전기공고 1971.03.20

대회	연도	소속	출전	교체	득점	도움	파울	경고	퇴장
BC	1990	대우	2	2	0	0	1	0	0
	1994	대우	4	4	0	0	1	0	0
	합계		6	6	0	0	2	0	0
프로통산			6	6	0	0	2	0	0

김용환(金容奐) 숭실대 1993.05.25

대회	연도	소속	출전	교체	득점	도움	파울	경고	퇴장
K1	2014	인천	14	2	0	0	23	1	0
	2015	인천	3	3	0	0	0	1	0
	2016	인천	28	6	3	2	28	6	0
	2017	인천	30	8	2	1	32	3	0
	2018	인천	18	7	0	0	15	2	0
	2019	포항	35	5	2	1	39	2	0
	합계		128	31	7	4	137	15	0
프로통산			128	31	7	4	137	15	0

김용훈(金龍勳) 경북산업대(경일대) 1969.09.15

대회	연도	소속	출전	교체	득점	도움	파울	경고	퇴장
BC	1994	버팔로	1	1	0	0	0	0	0
	합계		1	1	0	0	0	0	0
프로통산			1	1	0	0	0	0	0

김용희(金容熙) 중앙대 1978.10.15

대회	연도	소속	출전	교체	득점	도움	파울	경고	퇴장
BC	2001	성남일	27	1	1	0	37	4	0
	2002	성남일	18	8	0	1	19	3	0
	2003	성남일	2	1	0	0	6	0	0
	2004	부산	31	3	0	1	47	9	0
	2005	광주상	34	6	1	0	43	5	0
	2006	광주상	32	11	3	2	27	2	0
	2007	부산	6	3	0	0	5	1	0
	2008	전북	1	0	0	0	1	0	0
	합계		151	33	5	4	185	24	0
프로통산			151	33	5	4	185	24	0

김우경(金祐經) 묵호고 1991.12.04

대회	연도	소속	출전	교체	득점	도움	파울	경고	퇴장
BC	2011	강원	0	0	0	0	0	0	0
	합계		0	0	0	0	0	0	0
프로통산			0	0	0	0	0	0	0

김우석(金祐錫) 신갈고 1996.08.04

대회	연도	소속	출전	교체	득점	도움	파울	경고	퇴장
K1	2017	대구	12	2	1	0	27	4	0
	2018	대구	20	5	0	0	15	4	0
	2019	대구	35	4	1	2	35	9	0
	합계		67	11	2	2	77	17	0
K2	2016	대구	0	0	0	0	0	0	0
	합계		0	0	0	0	0	0	0
프로통산			67	11	2	2	77	17	0

김우재(金佑載) 경희대 1976.09.13

대회	연도	소속	출전	교체	득점	도움	파울	경고	퇴장
BC	1999	천안일	7	7	0	0	5	0	0
	2000	성남일	2	2	0	0	3	0	0
	2001	성남일	1	1	0	0	2	0	0
	2002	성남일	8	8	0	0	8	0	0
	2003	성남일	30	7	2	0	60	8	0
	2004	인천	32	6	1	1	93	8	0
	2005	전남	15	8	0	1	28	3	0
	합계		95	39	3	2	199	19	0
프로통산			95	39	3	2	199	19	0

김우진(金佑鎭) 경기대 1989.09.17

대회	연도	소속	출전	교체	득점	도움	파울	경고	퇴장
BC	2012	대전	1	1	0	0	1	0	0
	합계		1	1	0	0	1	0	0
K2	2013	부천	1	1	0	0	0	0	0
	합계		1	1	0	0	0	0	0
프로통산			2	2	0	0	1	0	0

김우진(金佑振) 경희대 1980.04.19

대회	연도	소속	출전	교체	득점	도움	파울	경고	퇴장
BC	2003	부천SK	12	7	0	1	9	1	0
	2004	부천SK	30	5	0	1	40	2	0
	합계		42	12	0	2	49	3	0
프로통산			42	12	0	2	49	3	0

김우철(金禹哲) 단국대 1989.07.04

대회	연도	소속	출전	교체	득점	도움	파울	경고	퇴장
BC	2012	전북	2	2	0	0	1	0	0
	합계		2	2	0	0	1	0	0
K1	2013	전북	0	0	0	0	0	0	0
	합계		0	0	0	0	0	0	0
K2	2014	광주	4	3	0	0	8	0	0
	합계		4	3	0	0	8	0	0
프로통산			6	5	0	0	9	0	0

김우철(金禹喆) 상지대 1982.10.01

대회	연도	소속	출전	교체	득점	도움	파울	경고	퇴장
BC	2007	전북	1	1	0	0	0	0	0
	합계		1	1	0	0	0	0	0
프로통산			1	1	0	0	0	0	0

김우현 동아대 1974.01.01

대회	연도	소속	출전	교체	득점	도움	파울	경고	퇴장
BC	1996	부천유	0	0	0	0	0	0	0
	합계		0	0	0	0	0	0	0
프로통산			0	0	0	0	0	0	0

김우홍(金祐泓) 풍기중 1995.01.11

대회	연도	소속	출전	교체	득점	도움	파울	경고	퇴장
K1	2018	서울	1	1	0	0	0	0	0
	합계		1	1	0	0	0	0	0
프로통산			1	1	0	0	0	0	0

김운오(金雲五) 고려대 1961.04.14

대회	연도	소속	출전	교체	득점	도움	파울	경고	퇴장
BC	1984	한일은	6	2	0	0	1	0	0
	합계		6	2	0	0	1	0	0
프로통산			6	2	0	0	1	0	0

김원균(金遠均) 고려대 1992.05.01

대회	연도	소속	출전	교체	득점	도움	파울	경고	퇴장
K1	2015	서울	1	1	0	0	1	1	0
	2017	서울	8	6	0	0	20	2	0
	2018	서울	24	1	1	0	38	7	0
	2019	서울	11	2	0	0	16	1	0
	합계		44	10	1	0	75	11	0
K2	2015	강원	15	1	0	0	21	2	0
	2016	강원	8	2	1	0	15	3	0
	합계		23	3	1	0	36	5	0
승	2018	서울	2	0	0	0	2	0	0
	합계		2	0	0	0	2	0	0
프로통산			69	13	2	0	113	16	0

김원근(金元根) 성균관대 1958.07.28

대회	연도	소속	출전	교체	득점	도움	파울	경고	퇴장
BC	1984	한일은	5	4	0	0	1	0	0
	합계		5	4	0	0	1	0	0
프로통산			5	4	0	0	1	0	0

김원민(金元敏) 건국대 1987.08.12

대회	연도	소속	출전	교체	득점	도움	파울	경고	퇴장

K2	2013	안양	29	26	4	4	31	1	0
	2014	안양	25	25	2	2	17	1	0
	2017	안양	11	10	0	0	6	0	0
	2018	안양	25	17	4	3	14	1	0
	2019	안양	27	26	3	0	17	3	0
	합계		117	104	13	9	85	6	0
프로통산			117	104	13	9	85	6	0

김원식(金元植) 동북고 1991.11.05

대회	연도	소속	출전	교체	득점	도움	파울	경고	퇴장
K1	2015	인천	31	3	0	0	83	15	0
	2016	서울	20	7	0	0	19	2	0
	2017	서울	6	6	0	0	6	0	0
	2018	서울	11	7	0	0	17	1	0
	2019	서울	19	7	0	0	19	2	0
	합계		87	30	0	0	144	20	0
K2	2013	경찰	8	7	0	0	11	2	0
	2014	안산경	2	2	0	0	0	0	0
	합계		10	9	0	0	11	2	0
승	2018	서울	1	1	0	0	1	0	0
	합계		1	1	0	0	1	0	0
프로통산			98	40	0	0	156	22	0

김원일(金源一) 숭실대 1986.10.18

대회	연도	소속	출전	교체	득점	도움	파울	경고	퇴장
BC	2010	포항	13	2	0	0	21	2	0
	2011	포항	23	5	0	1	44	8	0
	2012	포항	32	3	4	0	63	5	0
	합계		68	10	4	1	128	15	0
K1	2013	포항	34	1	3	0	56	8	0
	2014	포항	18	2	1	0	40	5	0
	2015	포항	24	1	0	0	36	5	0
	2016	포항	17	3	0	0	25	4	1
	2017	제주	26	3	3	1	34	9	0
	2018	제주	20	0	0	0	32	8	0
	2019	제주	9	5	1	0	15	1	0
	합계		148	15	8	1	238	40	1
프로통산			216	25	12	2	366	55	1

김유성(金侑聖) 경희대 1988.12.04

대회	연도	소속	출전	교체	득점	도움	파울	경고	퇴장
BC	2010	경남	3	1	0	0	3	0	0
	2011	경남	4	2	0	1	11	0	0
	2011	대구	6	4	0	0	7	1	0
	2012	대구	12	11	2	0	7	1	1
	합계		25	18	2	1	28	2	1
K1	2013	대구	0	0	0	0	0	0	0
	합계		0	0	0	0	0	0	0
K2	2014	광주	11	10	0	0	9	2	0
	2015	고양	36	14	12	3	65	2	0
	2016	고양	21	9	1	0	43	3	0
	합계		68	33	13	3	117	7	0
프로통산			93	51	15	4	145	9	1

김유진(金裕晋) 부산정보산업고 1983.06.19

대회	연도	소속	출전	교체	득점	도움	파울	경고	퇴장
BC	2002	수원	0	0	0	0	0	0	0
	2005	부산	25	1	0	0	27	3	0
	2007	부산	11	0	1	0	10	0	0
	2008	부산	25	5	2	0	33	5	0
	2009	부산	10	3	0	1	13	0	0
	합계		71	9	3	1	83	8	0
프로통산			71	9	3	1	83	8	0

김윤구(金潤求) 경희대 1979.09.01

대회	연도	소속	출전	교체	득점	도움	파울	경고	퇴장
BC	2002	울산	4	2	0	0	5	0	0
	2003	울산	2	2	0	0	1	0	0
	2004	울산	2	2	0	0	1	0	0
	합계		8	6	0	0	7	0	0
프로통산			8	6	0	0	7	0	0

김윤구(金允求) 광운대 1985.02.25

대회	연도	소속	출전	교체	득점	도움	파울	경고	퇴장
BC	2007	광주상	14	3	0	0	14	2	0
	합계		14	3	0	0	14	2	0
프로통산			14	3	0	0	14	2	0

김윤근(金允根) 동아대 1972.09.22

대회	연도	소속	출전	교체	득점	도움	파울	경고	퇴장
BC	1995	유공	15	15	2	0	17	0	0
	1996	부천유	25	19	7	2	18	1	0
	1999	부천SK	0	0	0	0	0	0	0
	합계		40	34	9	2	35	1	0
프로통산			40	34	9	2	35	1	0

김윤수(金潤洙) 영남대 1994.05.17

대회	연도	소속	출전	교체	득점	도움	파울	경고	퇴장
K2	2018	광주	0	0	0	0	0	0	0
	합계		0	0	0	0	0	0	0
프로통산			0	0	0	0	0	0	0

김윤식(金潤植) 홍익대 1984.01.29

대회	연도	소속	출전	교체	득점	도움	파울	경고	퇴장
BC	2006	포항	22	18	0	1	31	2	0
	2007	포항	13	9	0	1	24	1	0
	2008	포항	2	2	0	0	1	0	0
	합계		37	29	0	2	56	3	0
프로통산			37	29	0	2	56	3	0

김윤재(金潤載) 홍익대 1992.05.14

대회	연도	소속	출전	교체	득점	도움	파울	경고	퇴장
K2	2014	대전	0	0	0	0	0	0	0
	2015	수원FC	3	3	1	0	0	1	0
	합계		3	3	1	0	0	1	0
프로통산			3	3	1	0	0	1	0

김윤호(金倫滸) 관동대(가톨릭관동대) 1990.09.21

대회	연도	소속	출전	교체	득점	도움	파울	경고	퇴장
K1	2013	강원	4	4	0	0	5	0	0
	합계		4	4	0	0	5	0	0
K2	2014	강원	25	15	0	2	29	5	0
	2015	강원	21	18	1	0	27	4	0
	2016	강원	13	9	0	0	17	4	0
	2017	부산	3	2	0	0	2	1	1
	합계		62	44	1	2	75	14	1
승	2013	강원	1	1	0	0	2	0	0
	2016	강원	1	1	0	0	0	0	0
	합계		2	2	0	0	2	0	0
프로통산			68	50	1	2	82	14	1

김은석(金恩奭) 경기대 1972.03.14

대회	연도	소속	출전	교체	득점	도움	파울	경고	퇴장
BC	1999	포항	23	3	0	0	17	1	0
	2000	포항	22	1	0	0	19	2	0
	2001	포항	22	5	1	1	21	1	0
	2002	포항	26	5	0	0	50	5	0
	합계		93	14	1	1	107	9	0
프로통산			93	14	1	1	107	9	0

김은선(金恩宣) 대구대 1988.03.30

대회	연도	소속	출전	교체	득점	도움	파울	경고	퇴장
BC	2011	광주	27	4	0	1	79	9	0
	2012	광주	34	4	8	1	78	10	0
	합계		61	8	8	2	157	19	0
K1	2014	수원	37	5	3	0	80	4	0
	2015	수원	9	2	1	0	13	1	0
	2017	수원	7	2	0	0	11	2	0
	2018	수원	10	6	0	0	13	0	0
	합계		63	15	4	0	117	7	0
K2	2013	광주	27	2	7	2	82	9	0
	2016	안산무	21	8	0	0	26	3	0
	2017	아산	12	1	3	0	21	4	0
	합계		60	11	10	2	129	16	0
프로통산			184	34	22	4	403	42	0

김은중(金殷中) 동북고 1979.04.08

대회	연도	소속	출전	교체	득점	도움	파울	경고	퇴장
BC	1997	대전	14	14	0	0	3	0	0
	1998	대전	29	8	6	2	32	0	0
	1999	대전	24	9	4	1	38	1	0
	2000	대전	20	8	5	2	18	2	0
	2001	대전	31	5	9	5	60	4	0
	2002	대전	27	1	7	1	35	2	1
	2003	대전	22	4	11	2	38	5	0
	2004	서울	29	11	8	2	58	3	0
	2005	서울	30	18	7	7	59	0	0
	2006	서울	37	26	14	5	59	2	0
	2007	서울	16	10	4	2	26	1	0
	2008	서울	21	17	5	4	21	1	0
	2010	제주	34	4	17	11	43	4	0
	2011	제주	30	11	6	8	32	1	0
	2012	강원	41	21	16	2	48	3	0
	합계		405	167	119	54	570	29	1
K1	2013	강원	13	11	0	1	13	0	0
	2013	포항	9	9	1	0	4	0	0
	합계		22	20	1	1	17	0	0
K2	2014	대전	17	16	3	1	6	0	0
	합계		17	16	3	1	6	0	0
프로통산			444	203	123	56	593	29	1

김은철(金恩徹) 경희대 1968.05.29

대회	연도	소속	출전	교체	득점	도움	파울	경고	퇴장
BC	1991	유공	31	15	1	2	32	3	0
	1992	유공	11	8	2	1	8	0	0
	1993	유공	9	9	0	0	3	0	0
	1996	부천유	31	12	0	1	24	2	0
	1997	부천SK	16	11	0	0	14	3	0
	1998	부천SK	2	2	0	0	0	0	0
	합계		100	57	3	4	81	8	0
프로통산			100	57	3	4	81	8	0

김은후(金珢侯 / ←김의범) 신갈고 1990.05.23

대회	연도	소속	출전	교체	득점	도움	파울	경고	퇴장
BC	2010	전북	1	1	0	0	1	0	0
	2011	강원	6	6	0	1	5	1	0
	합계		7	7	0	1	6	1	0
프로통산			7	7	0	1	6	1	0

김의섭(金義燮) 경기대 1987.09.22

대회	연도	소속	출전	교체	득점	도움	파울	경고	퇴장
BC	2010	전북	1	1	0	0	0	0	0
	합계		1	1	0	0	0	0	0
프로통산			1	1	0	0	0	0	0

김의신(金義信) 호원대 1992.11.26

대회	연도	소속	출전	교체	득점	도움	파울	경고	퇴장
K1	2015	광주	1	1	0	0	0	0	0
	합계		1	1	0	0	0	0	0
프로통산			1	1	0	0	0	0	0

김의원(金毅員) 동북고 1998.11.01

대회	연도	소속	출전	교체	득점	도움	파울	경고	퇴장
K2	2017	경남	4	3	0	1	6	0	0
	합계		4	3	0	1	6	0	0
프로통산			4	3	0	1	6	0	0

김이섭(金利燮) 전주대 1974.04.27

대회	연도	소속	출전	교체	**실점**	도움	파울	경고	퇴장
BC	1997	포항	28	0	28	0	0	1	0
	1998	포항	31	1	47	0	1	0	0
	1999	포항	13	0	20	0	0	0	0
	2000	포항	5	0	8	0	1	0	0
	2002	전북	0	0	0	0	0	0	0
	2003	전북	19	0	28	0	0	0	0
	2004	인천	15	0	15	0	0	0	0
	2005	인천	20	0	25	0	1	2	0
	2006	인천	11	0	9	0	0	0	0
	2007	인천	26	0	31	0	0	0	0
	2008	인천	13	1	13	0	0	0	0
	2009	인천	24	0	24	0	0	0	0

대회	연도	소속	출전	교체	실점	도움	파울	경고	퇴장
	2010	인천	12	1	25	0	0	0	0
	합계		217	3	273	0	3	3	0
프로통산			217	3	273	0	3	3	0

김이주(金利主) 전주대 1966.03.01

대회	연도	소속	출전	교체	득점	도움	파울	경고	퇴장
BC	1989	일화	36	23	3	3	30	1	0
	1990	일화	24	18	2	2	24	2	0
	1991	일화	35	27	8	5	36	1	0
	1992	일화	34	28	2	1	49	0	0
	1993	일화	29	17	7	3	36	1	0
	1994	일화	30	18	7	1	39	1	0
	1995	일화	27	24	2	3	32	0	0
	1996	수원	5	6	0	1	7	0	0
	1997	수원	1	1	0	0	2	0	0
	1997	천안일	18	10	8	2	26	2	0
	1998	천안일	27	21	0	2	38	0	0
	합계		266	193	39	23	319	8	0
프로통산			266	193	39	23	319	8	0

김익현(金益現) 고려대 1989.04.30

대회	연도	소속	출전	교체	득점	도움	파울	경고	퇴장
BC	2009	부산	2	1	0	0	2	0	0
	2010	부산	0	0	0	0	0	0	0
	2011	부산	6	6	0	0	4	3	0
	2012	부산	6	6	0	0	8	2	0
	합계		14	13	0	0	14	5	0
K1	2013	부산	22	7	1	1	16	6	0
	2014	부산	19	14	1	0	24	4	0
	2015	부산	7	4	0	0	7	2	0
	합계		48	25	2	1	47	12	0
승	2015	부산	1	1	0	0	2	0	0
	합계		1	1	0	0	2	0	0
프로통산			63	39	2	1	63	17	0

김익형(金翼亨) 한양대 1958.06.17

대회	연도	소속	출전	교체	득점	도움	파울	경고	퇴장
BC	1985	포철	16	0	0	1	12	1	0
	1986	포철	25	7	0	0	20	0	0
	합계		41	7	0	1	32	1	0
프로통산			41	7	0	1	32	1	0

김인석(金仁錫) 군장대 1992.04.23

대회	연도	소속	출전	교체	득점	도움	파울	경고	퇴장
K1	2015	제주	0	0	0	0	0	0	0
	합계		0	0	0	0	0	0	0
프로통산			0	0	0	0	0	0	0

김인섭(金仁燮) 동국대 1972.07.09

대회	연도	소속	출전	교체	득점	도움	파울	경고	퇴장
BC	1995	포항	1	1	0	0	0	0	0
	합계		1	1	0	0	0	0	0
프로통산			1	1	0	0	0	0	0

김인성(金仁成) 성균관대 1989.09.09

대회	연도	소속	출전	교체	득점	도움	파울	경고	퇴장
K1	2013	성남일	31	31	2	2	23	1	0
	2014	전북	11	10	0	0	13	1	0
	2015	인천	32	19	5	0	58	3	0
	2016	울산	16	16	1	0	15	0	0
	2017	울산	36	26	5	3	41	2	0
	2018	울산	32	18	3	5	25	2	0
	2019	울산	34	18	9	3	40	3	0
	합계		192	138	25	13	215	12	0
프로통산			192	138	25	13	215	12	0

김인완(金仁完) 경희대 1971.02.13

대회	연도	소속	출전	교체	득점	도움	파울	경고	퇴장
BC	1995	전남	24	14	2	4	33	2	1
	1996	전남	31	19	3	2	46	4	0
	1997	전남	22	7	6	4	31	2	0
	1998	전남	33	11	8	2	52	3	0
	1999	전남	15	11	1	2	22	1	0
	1999	천안일	11	2	3	1	29	0	0
	2000	성남일	10	9	0	0	16	1	0
	합계		146	73	23	15	229	13	1
프로통산			146	73	23	15	229	13	1

김인호(金仁鎬) 마산공고 1983.06.09

대회	연도	소속	출전	교체	득점	도움	파울	경고	퇴장
BC	2006	전북	28	11	0	0	41	5	1
	2007	전북	18	6	0	0	27	6	0
	2008	전북	17	8	0	2	18	0	0
	2009	전북	1	1	0	0	2	1	0
	2009	제주	6	2	0	0	9	2	0
	2010	제주	10	3	0	0	14	2	0
	2011	제주	11	1	2	0	23	4	0
	합계		91	32	2	2	134	20	1
프로통산			91	32	2	2	134	20	1

김일진(金一鎭) 영남대 1970.04.05

대회	연도	소속	출전	교체	실점	도움	파울	경고	퇴장
BC	1993	포철	2	0	3	0	0	0	0
	1998	포항	9	1	5	0	1	0	0
	1999	포항	0	0	0	0	0	0	0
	2000	포항	2	0	5	0	0	0	0
	합계		13	1	13	0	1	0	0
프로통산			13	1	13	0	1	0	0

김재구(金在九) 단국대 1977.03.12

대회	연도	소속	출전	교체	득점	도움	파울	경고	퇴장
BC	2000	성남일	1	0	0	0	3	0	0
	2001	성남일	1	1	0	0	0	0	0
	합계		2	1	0	0	3	0	0
프로통산			2	1	0	0	3	0	0

김재봉(金載俸) 광주대 1996.09.06

대회	연도	소속	출전	교체	득점	도움	파울	경고	퇴장
K2	2018	성남	9	6	0	0	12	2	0
	합계		9	6	0	0	12	2	0
프로통산			9	6	0	0	12	2	0

김재성(金在成) 아주대 1983.10.03

대회	연도	소속	출전	교체	득점	도움	파울	경고	퇴장
BC	2005	부천SK	35	10	2	1	69	4	0
	2006	제주	31	4	2	2	53	6	0
	2007	제주	24	4	2	4	52	6	0
	2008	포항	26	16	2	2	26	6	0
	2009	포항	26	15	1	4	52	4	0
	2010	포항	24	11	1	2	45	6	0
	2011	포항	30	5	5	4	44	8	0
	2012	상주	24	0	4	2	34	10	0
	합계		220	65	19	21	375	50	0
K1	2013	포항	3	1	0	1	5	2	0
	2014	포항	29	15	7	4	36	6	0
	2016	제주	8	7	0	1	6	1	0
	2017	전남	14	9	0	1	7	1	0
	합계		54	32	7	7	54	10	0
K2	2013	상주	26	15	3	2	43	6	0
	2015	서울E	39	4	4	12	48	7	0
	2016	서울E	17	3	1	1	21	4	0
	합계		82	22	8	15	112	17	0
프로통산			356	119	34	43	541	77	0

김재소(金在昭) 경희고 1965.11.06

대회	연도	소속	출전	교체	득점	도움	파울	경고	퇴장
BC	1989	일화	20	11	0	1	22	1	0
	1990	일화	10	6	0	1	15	2	0
	1991	일화	29	18	0	0	37	2	0
	1992	일화	10	7	0	0	11	0	0
	1993	일화	1	1	0	0	0	0	0
	합계		70	43	0	2	85	5	0
프로통산			70	43	0	2	85	5	0

김재신(金在信) 건국대 1973.08.30

대회	연도	소속	출전	교체	득점	도움	파울	경고	퇴장
BC	1998	수원	7	5	1	0	8	0	0
	1999	수원	7	5	0	0	7	0	0
	2000	수원	6	2	0	0	9	0	0
	합계		20	12	1	0	24	0	0
프로통산			20	12	1	0	24	0	0

김재신(金在新) 숭실대 1975.03.03

대회	연도	소속	출전	교체	득점	도움	파울	경고	퇴장
BC	1999	전북	1	1	0	0	0	0	0
	2000	전북	18	16	0	1	20	2	0
	2001	전북	10	10	0	0	7	1	0
	합계		29	27	0	1	27	3	0
프로통산			29	27	0	1	27	3	0

김재연(金載淵) 연세대 1989.02.08

대회	연도	소속	출전	교체	득점	도움	파울	경고	퇴장
K2	2013	수원FC	8	3	0	0	12	2	0
	2014	수원FC	15	8	0	0	17	0	0
	2016	서울E	8	7	0	0	5	1	0
	합계		31	18	0	0	34	3	0
프로통산			31	18	0	0	34	3	0

김재우(金載雨) 영등포공고 1998.02.06

대회	연도	소속	출전	교체	득점	도움	파울	경고	퇴장
K2	2018	부천	1	0	0	0	0	0	0
	2019	부천	25	5	1	3	29	2	0
	합계		26	5	1	3	29	2	0
프로통산			26	5	1	3	29	2	0

김재웅(金栽雄) 경희대 1988.01.01

대회	연도	소속	출전	교체	득점	도움	파울	경고	퇴장
BC	2011	인천	17	10	4	1	49	7	0
	2012	인천	18	16	0	4	47	4	0
	합계		35	26	4	5	96	11	0
K1	2013	인천	7	7	1	0	10	1	0
	2015	인천	1	1	0	0	1	1	0
	2016	수원FC	7	3	0	0	17	2	0
	합계		15	11	1	0	28	4	0
K2	2014	안양	27	23	7	0	67	7	0
	2015	수원FC	17	1	4	1	46	7	0
	2016	안산무	16	11	2	0	35	4	0
	2017	아산	6	3	0	0	11	3	0
	2018	서울E	24	21	0	1	30	6	0
	합계		90	59	13	2	189	27	0
승	2015	수원FC	2	0	0	0	6	1	0
	합계		2	0	0	0	6	1	0
프로통산			142	96	18	7	319	43	0

김재윤(←김성균) 서귀포고 1990.09.04

대회	연도	소속	출전	교체	득점	도움	파울	경고	퇴장
BC	2009	성남일	4	5	0	0	4	2	0
	2010	강원	1	1	0	0	0	0	0
	2011	전남	0	0	0	0	0	0	0
	합계		5	6	0	0	4	2	0
프로통산			5	6	0	0	4	2	0

김재현(金織玹/←김응진) 광양제철고 1987.03.09

대회	연도	소속	출전	교체	득점	도움	파울	경고	퇴장
BC	2007	전남	1	1	0	0	1	0	0
	2008	전남	4	2	0	0	2	2	0
	2009	전남	8	0	1	0	14	3	0
	2010	부산	26	4	2	0	40	9	0
	2011	부산	17	3	1	0	17	3	0
	합계		56	10	4	0	74	17	0
K1	2013	부산	8	1	0	0	9	0	0
	2014	부산	5	2	0	1	8	2	0
	합계		13	3	0	1	17	2	0
K2	2016	부산	22	1	1	1	23	2	0
	2017	서울E	12	4	1	1	8	2	0
	2018	서울E	24	3	1	0	19	4	0
	합계		58	8	3	2	50	8	0
프로통산			127	21	7	3	141	27	0

김재형(金載瀅 ← 김재영) 아주대 1973.09.02

대회	연도	소속	출전	교체	득점	도움	파울	경고	퇴장

대회	연도	소속	출전	교체	득점	도움	파울	경고	퇴장
BC	1996	부산	32	8	6	2	46	5	0
	1997	부산	24	10	0	1	31	8	0
	1998	부산	7	5	0	0	12	2	0
	1999	부산	31	17	0	2	68	1	0
	2000	부산	19	12	0	1	29	1	1
	2001	부산	32	19	1	2	42	3	0
	2002	부산	16	9	0	0	33	3	0
	2004	부산	18	13	2	0	26	3	1
	2005	부산	21	6	1	0	50	3	1
	2006	전북	14	7	0	1	38	1	0
	2007	전북	15	14	0	0	21	0	0
	합계		229	120	10	9	396	30	3
프로통산			229	120	10	9	396	30	3

김재홍(金在鴻) 숭실대 1984.08.10

대회	연도	소속	출전	교체	득점	도움	파울	경고	퇴장
BC	2007	대구	1	0	0	1	2	0	0
	합계		1	0	0	1	2	0	0
프로통산			1	0	0	1	2	0	0

김재환(金載桓) 전주대 1988.05.27

대회	연도	소속	출전	교체	득점	도움	파울	경고	퇴장
BC	2011	전북	3	0	0	0	11	3	0
	2012	전북	1	0	0	0	2	0	0
	합계		4	0	0	0	13	3	0
K1	2013	전북	5	2	0	0	6	1	0
	합계		5	2	0	0	6	1	0
K2	2014	수원FC	4	1	0	0	1	0	0
	합계		4	1	0	0	1	0	0
프로통산			13	3	0	0	20	4	0

김재환(金才煥) 마산공고 1958.08.10

대회	연도	소속	출전	교체	득점	도움	파울	경고	퇴장
BC	1985	현대	4	1	0	1	3	0	0
	합계		4	1	0	1	3	0	0
프로통산			4	1	0	1	3	0	0

김재훈(金載薰) 건국대 1988.02.21

대회	연도	소속	출전	교체	득점	도움	파울	경고	퇴장
BC	2011	전남	1	1	0	0	1	1	0
	2012	대전	7	1	0	0	7	3	0
	합계		8	2	0	0	8	4	0
K2	2014	충주	19	4	1	1	21	2	0
	합계		19	4	1	1	21	2	0
프로통산			27	6	1	1	29	6	0

김정겸(金正謙) 동국대 1976.06.09

대회	연도	소속	출전	교체	득점	도움	파울	경고	퇴장
BC	1999	전남	13	13	0	0	6	0	0
	2000	전남	29	6	1	1	57	3	0
	2001	전남	16	6	0	0	25	4	0
	2002	전남	5	5	0	0	1	0	0
	2003	전남	27	4	0	2	39	4	0
	2004	전남	26	5	1	2	43	3	0
	2005	전북	34	3	1	0	52	3	0
	2006	전북	13	0	0	0	16	2	0
	2007	전북	12	5	0	0	26	2	1
	2008	포항	3	2	0	1	2	0	0
	2009	포항	23	3	1	1	38	4	0
	2010	포항	16	2	1	0	23	3	0
	2011	포항	9	2	0	0	9	2	0
	합계		226	56	5	7	337	30	1
프로통산			226	56	5	7	337	30	1

김정광(金正光) 영남대 1988.03.14

대회	연도	소속	출전	교체	득점	도움	파울	경고	퇴장
BC	2011	성남일	0	0	0	0	0	0	0
	합계		0	0	0	0	0	0	0
프로통산			0	0	0	0	0	0	0

김정빈(金楨彬) 선문대 1987.08.23

대회	연도	소속	출전	교체	득점	도움	파울	경고	퇴장
BC	2012	상주	2	2	0	0	8	0	0
	합계		2	2	0	0	8	0	0

대회	연도	소속	출전	교체	득점	도움	파울	경고	퇴장
K2	2014	수원FC	31	6	4	2	53	2	0
	2015	수원FC	20	6	0	2	31	6	0
	2016	경남	32	7	0	2	31	3	0
	2017	경남	0	0	0	0	0	0	0
	합계		83	19	4	6	115	11	0
프로통산			85	21	4	6	123	11	0

김정수(金廷洙) 중앙대 1975.01.17

대회	연도	소속	출전	교체	득점	도움	파울	경고	퇴장
BC	1997	대전	25	1	3	0	9	1	0
	1999	대전	4	3	0	1	6	0	0
	2000	대전	0	0	0	0	0	0	0
	2001	대전	29	1	0	0	12	1	0
	2002	대전	30	1	0	0	12	4	0
	2003	대전	36	13	0	2	36	1	0
	2004	부천SK	30	6	0	0	27	2	0
	2005	부천SK	4	2	0	0	2	0	0
	합계		158	27	3	3	104	9	0
프로통산			158	27	3	3	104	9	0

김정우(金正友) 고려대 1982.05.09

대회	연도	소속	출전	교체	득점	도움	파울	경고	퇴장
BC	2003	울산	34	8	1	3	38	7	0
	2004	울산	18	4	0	0	49	4	1
	2005	울산	32	4	0	2	91	9	0
	2008	성남일	30	26	5	4	41	3	0
	2009	성남일	35	11	5	4	63	10	0
	2010	광주상	19	2	3	0	19	3	0
	2011	상주	26	6	18	1	30	5	0
	2011	성남일	2	3	0	0	3	0	0
	2012	전북	33	14	5	2	50	4	0
	합계		229	78	37	16	384	45	1
K1	2013	전북	8	4	0	1	8	1	0
	합계		8	4	0	1	8	1	0
프로통산			237	82	37	17	392	46	1

김정욱(金晶昱) 아주대 1976.03.01

대회	연도	소속	출전	교체	득점	도움	파울	경고	퇴장
BC	1998	부산	3	3	1	0	4	0	0
	2000	울산	4	4	0	0	1	0	0
	합계		7	7	1	0	5	0	0
프로통산			7	7	1	0	5	0	0

김정은(金政銀) 동국대 1963.11.27

대회	연도	소속	출전	교체	득점	도움	파울	경고	퇴장
BC	1986	한일은	10	5	0	0	10	0	0
	합계		10	5	0	0	10	0	0
프로통산			10	5	0	0	10	0	0

김정재(金正才) 경희대 1974.05.22

대회	연도	소속	출전	교체	득점	도움	파울	경고	퇴장
BC	1997	천안일	20	8	0	0	37	4	0
	1998	천안일	24	9	0	0	47	5	0
	1999	천안일	11	2	0	1	30	6	0
	2000	성남일	23	7	1	1	53	7	0
	2001	성남일	14	12	0	0	16	2	0
	2002	성남일	24	16	0	0	27	2	0
	2003	성남일	14	12	0	0	25	2	0
	2004	인천	9	4	1	0	25	4	0
	합계		139	70	2	2	260	32	0
프로통산			139	70	2	2	260	32	0

김정주(金正柱) 강릉제일고 1991.09.26

대회	연도	소속	출전	교체	득점	도움	파울	경고	퇴장
BC	2010	강원	7	7	0	0	3	0	0
	2011	강원	5	2	0	0	7	1	0
	2012	강원	3	1	0	0	1	0	0
	합계		15	10	0	0	11	1	0
K2	2017	대전	15	14	0	3	8	1	0
	합계		15	14	0	3	8	1	0
프로통산			30	24	0	3	19	2	0

김정혁(金正赫) 명지대 1968.11.30

대회	연도	소속	출전	교체	득점	도움	파울	경고	퇴장
BC	1992	대우	34	9	2	2	50	6	0
	1993	대우	10	7	0	0	15	2	0
	1994	대우	11	12	0	0	15	1	0
	1996	부산	11	8	0	0	13	0	0
	1996	전남	21	8	0	3	39	10	0
	1997	전남	34	3	1	3	66	6	0
	1998	전남	26	10	0	2	42	2	0
	1999	전남	35	3	1	3	44	1	0
	2000	전남	23	2	0	2	30	1	0
	2001	전남	28	6	0	0	22	1	0
	2002	전남	6	3	0	0	5	1	0
	합계		239	71	4	15	341	31	0
프로통산			239	71	4	15	341	31	0

김정현(金楨鉉) 중동고 1993.06.01

대회	연도	소속	출전	교체	득점	도움	파울	경고	퇴장
K1	2016	광주	7	6	1	0	14	3	0
	2017	광주	14	8	2	0	15	4	1
	2019	성남	18	8	1	1	28	3	0
	합계		39	22	4	1	57	10	1
K2	2018	성남	30	3	2	1	72	5	0
	합계		30	3	2	1	72	5	0
프로통산			69	25	6	2	129	15	1

김정현(金正炫) 호남대 1979.04.01

대회	연도	소속	출전	교체	득점	도움	파울	경고	퇴장
BC	2003	부천SK	0	0	0	0	0	0	0
	합계		0	0	0	0	0	0	0
프로통산			0	0	0	0	0	0	0

김정현(金正炫) 강릉제일고 1988.05.16

대회	연도	소속	출전	교체	득점	도움	파울	경고	퇴장
BC	2007	인천	0	0	0	0	0	0	0
	2008	인천	1	1	0	0	1	0	0
	합계		1	1	0	0	1	0	0
프로통산			1	1	0	0	1	0	0

김정호(金政浩) 인천대 1995.05.31

대회	연도	소속	출전	교체	득점	도움	파울	경고	퇴장
K1	2018	인천	12	7	0	0	5	1	0
	2019	인천	25	3	1	0	23	2	0
	합계		37	10	1	0	28	3	0
프로통산			37	10	1	0	28	3	0

김정호(金楨浩) 개성고 1998.04.07

대회	연도	소속	출전	교체	실점	도움	파울	경고	퇴장
K2	2017	부산	0	0	0	0	0	0	0
	2018	부산	0	0	0	0	0	0	0
	2019	부산	2	0	5	0	1	1	0
	합계		2	0	5	0	1	1	0
승	2019	부산	0	0	0	0	0	0	0
	합계		0	0	0	0	0	0	0
프로통산			2	0	5	0	1	1	0

김정환(金正桓) 신갈고 1997.01.04

대회	연도	소속	출전	교체	득점	도움	파울	경고	퇴장
K1	2016	서울	1	1	0	0	0	0	0
	2017	서울	0	0	0	0	0	0	0
	합계		1	1	0	0	0	0	0
K2	2018	광주	26	22	4	3	22	1	0
	2019	광주	19	19	4	1	17	2	0
	합계		45	41	8	4	39	3	0
프로통산			46	42	8	4	39	3	0

김정훈(金正訓) 관동대(가톨릭관동대) 1991.12.23

대회	연도	소속	출전	교체	득점	도움	파울	경고	퇴장
K2	2014	충주	29	19	3	1	28	4	0
	2015	충주	23	18	1	1	27	0	0
	2016	충주	28	24	0	1	28	3	0
	합계		80	61	4	3	83	7	0
프로통산			80	61	4	3	83	7	0

김정훈(金正勳) 독일 FSV Mainz05 1989.02.13

대회	연도	소속	출전	교체	득점	도움	파울	경고	퇴장
BC	2008	대전	5	5	1	0	7	1	0

	2009	대전	0	0	0	0	0	0	0
	합계		5	5	1	0	7	1	0
프로통산			5	5	1	0	7	1	0

김정훈(金楨勳) 영생고 2001.04.20

대회	연도	소속	출전	교체	득점	도움	파울	경고	퇴장
K1	2019	전북	0	0	0	0	0	0	0
	합계		0	0	0	0	0	0	0
프로통산			0	0	0	0	0	0	0

김정희(金正熙) 한양대 1956.01.13

대회	연도	소속	출전	교체	득점	도움	파울	경고	퇴장
BC	1983	할렐	15	4	2	1	6	1	0
	1984	할렐	26	7	1	3	8	1	0
	1985	할렐	9	3	0	0	4	0	0
	합계		50	14	3	4	18	2	0
프로통산			50	14	3	4	18	2	0

김제환(金濟煥) 명지대 1985.06.07

대회	연도	소속	출전	교체	득점	도움	파울	경고	퇴장
K2	2013	경찰	17	13	2	1	11	2	0
	합계		17	13	2	1	11	2	0
프로통산			17	13	2	1	11	2	0

김종건(金鍾建) 서울시립대 1964.03.29

대회	연도	소속	출전	교체	득점	도움	파울	경고	퇴장
BC	1985	현대	17	4	2	1	15	1	0
	1986	현대	28	10	2	4	38	3	0
	1987	현대	27	3	2	3	38	2	0
	1988	현대	15	7	0	2	18	1	0
	1989	현대	18	3	8	2	41	2	0
	1990	현대	5	5	0	0	4	0	0
	1991	현대	5	5	0	0	2	0	0
	1991	일화	1	2	0	0	0	0	0
	1992	일화	11	11	0	0	8	1	0
	합계		127	50	14	12	164	10	0
프로통산			127	50	14	12	164	10	0

김종건(金鐘建) 한양대 1969.05.10

대회	연도	소속	출전	교체	득점	도움	파울	경고	퇴장
BC	1992	현대	12	13	1	0	11	0	0
	1993	현대	14	15	2	4	11	3	0
	1994	현대	26	15	9	0	21	1	0
	1995	현대	27	21	4	1	22	0	0
	1996	울산	18	11	4	2	20	0	0
	1997	울산	19	13	4	0	36	3	0
	1998	울산	31	20	12	2	41	3	0
	1999	울산	33	18	15	5	32	0	0
	2000	울산	13	10	1	1	14	0	0
	합계		193	136	52	15	208	10	0
프로통산			193	136	52	15	208	10	0

김종경(金種慶) 홍익대 1982.05.09

대회	연도	소속	출전	교체	득점	도움	파울	경고	퇴장
BC	2004	광주상	5	2	0	0	3	2	0
	2005	광주상	1	0	0	0	0	0	0
	2006	경남	23	7	4	0	67	9	0
	2007	전북	17	9	1	0	27	6	0
	2008	대구	2	1	0	0	2	0	0
	합계		48	19	5	0	99	17	0
프로통산			48	19	5	0	99	17	0

김종국(金鐘局) 울산대 1989.01.08

대회	연도	소속	출전	교체	득점	도움	파울	경고	퇴장
BC	2011	울산	3	2	0	0	0	0	0
	2012	울산	0	0	0	0	0	0	0
	2012	강원	16	7	0	4	20	3	0
	합계		19	9	0	4	20	3	0
K1	2013	울산	5	5	0	0	1	0	0
	2015	대전	30	6	1	3	37	4	0
	2016	수원FC	26	12	2	2	21	4	0
	합계		61	23	3	5	59	8	0
K2	2014	대전	22	9	1	1	26	5	0
	2017	아산	17	1	0	0	31	5	0
	2018	아산	30	6	1	2	36	4	0
	2018	수원FC	2	1	0	0	2	0	0
	2019	수원FC	12	6	0	0	10	0	0
	합계		83	23	2	3	105	14	0
프로통산			163	55	5	12	184	25	0

김종만(金鍾萬) 동아대 1959.06.30

대회	연도	소속	출전	교체	득점	도움	파울	경고	퇴장
BC	1983	국민은	11	0	0	0	15	1	1
	1984	국민은	3	0	0	0	2	0	0
	1986	럭금	15	2	0	0	19	0	0
	1987	럭금	13	4	0	0	10	1	0
	합계		42	6	0	0	46	2	1
프로통산			42	6	0	0	46	2	1

김종민(金宗珉) 장훈고 1992.08.11

대회	연도	소속	출전	교체	득점	도움	파울	경고	퇴장
K1	2016	수원	11	10	1	1	10	0	0
	2017	수원	1	1	0	0	0	0	0
	2018	수원	7	4	1	0	10	1	0
	합계		19	15	2	1	20	1	0
프로통산			19	15	2	1	20	1	0

김종민(金種珉) 충북대 1993.10.03

대회	연도	소속	출전	교체	득점	도움	파울	경고	퇴장
K2	2016	부산	13	13	0	1	3	0	1
	합계		13	13	0	1	3	0	1
프로통산			13	13	0	1	3	0	1

김종민(金鍾珉) 한양대 1965.01.06

대회	연도	소속	출전	교체	득점	도움	파울	경고	퇴장
BC	1987	럭금	10	3	2	0	9	1	0
	1988	럭금	3	3	0	0	3	0	0
	1989	럭금	1	1	0	0	0	0	0
	1990	럭금	1	1	0	0	0	0	0
	합계		15	8	2	0	12	1	0
프로통산			15	8	2	0	12	1	0

김종복(金鍾福) 중앙대 1984.11.10

대회	연도	소속	출전	교체	득점	도움	파울	경고	퇴장
BC	2006	대구	0	0	0	0	0	0	0
	합계		0	0	0	0	0	0	0
프로통산			0	0	0	0	0	0	0

김종부(金鍾夫) 고려대 1965.01.13

대회	연도	소속	출전	교체	득점	도움	파울	경고	퇴장
BC	1988	포철	15	7	0	5	17	0	0
	1989	포철	18	14	1	2	19	1	0
	1990	대우	22	5	5	1	19	1	0
	1991	대우	7	7	0	0	6	0	0
	1992	대우	6	6	0	0	5	0	0
	1993	대우	2	2	0	0	0	0	0
	1993	일화	3	3	0	0	1	0	0
	1994	일화	3	2	0	0	0	0	0
	1995	대우	5	5	0	0	5	0	0
	합계		81	51	6	8	72	2	0
프로통산			81	51	6	8	72	2	0

김종석(金綜錫) 상지대 1994.12.11

대회	연도	소속	출전	교체	득점	도움	파울	경고	퇴장
K1	2016	포항	1	1	0	0	0	0	0
	2017	포항	1	1	0	0	0	0	0
	합계		2	2	0	0	0	0	0
K2	2018	안산	17	12	0	2	11	1	0
	2019	안산	1	1	0	0	0	0	0
	합계		18	13	0	2	11	1	0
프로통산			20	15	0	2	11	1	0

김종석(金宗錫) 경상대 1963.05.31

대회	연도	소속	출전	교체	득점	도움	파울	경고	퇴장
BC	1986	럭금	27	13	0	0	8	0	0
	1987	럭금	7	4	0	0	2	0	0
	합계		34	17	0	0	10	0	0
프로통산			34	17	0	0	10	0	0

김종설(金鐘卨) 중앙대 1960.03.16

대회	연도	소속	출전	교체	득점	도움	파울	경고	퇴장
BC	1983	국민은	1	0	0	0	2	1	0
	합계		1	0	0	0	2	1	0
프로통산			1	0	0	0	2	1	0

김종성(金鍾城) 아주대 1988.03.12

대회	연도	소속	출전	교체	득점	도움	파울	경고	퇴장
K2	2013	수원FC	24	9	2	0	41	8	1
	2014	안양	26	9	1	0	49	8	0
	2015	안양	16	6	0	0	19	4	0
	합계		66	24	3	0	109	20	1
프로통산			66	24	3	0	109	20	1

김종수(金鐘洙) 동국대 1986.07.25

대회	연도	소속	출전	교체	득점	도움	파울	경고	퇴장
BC	2009	경남	17	2	1	0	50	5	0
	2010	경남	7	4	0	0	12	1	0
	2011	경남	1	0	0	0	2	0	0
	2012	경남	19	9	0	0	17	4	0
	합계		44	15	1	0	81	10	0
K1	2013	대전	5	2	0	1	8	3	0
	합계		5	2	0	1	8	3	0
프로통산			49	17	1	1	89	13	0

김종식(金鍾植) 울산대 1967.03.18

대회	연도	소속	출전	교체	득점	도움	파울	경고	퇴장
BC	1990	현대	1	1	0	0	0	0	0
	1991	현대	8	6	0	0	18	2	0
	1992	현대	17	12	0	1	29	1	0
	1993	현대	10	6	0	0	14	2	0
	1994	현대	17	12	0	0	15	3	0
	1995	현대	25	19	1	1	35	6	0
	1996	울산	13	9	0	1	16	1	0
	1997	울산	2	1	0	0	3	1	0
	합계		93	66	1	3	130	16	0
프로통산			93	66	1	3	130	16	0

김종연(金鍾然) 조선대 1975.11.11

대회	연도	소속	출전	교체	득점	도움	파울	경고	퇴장
BC	1997	안양LG	16	13	3	0	21	1	0
	1998	안양LG	20	19	2	1	15	2	0
	1999	안양LG	6	7	1	1	9	1	0
	합계		42	39	6	2	45	4	0
프로통산			42	39	6	2	45	4	0

김종우(金鍾佑) 선문대 1993.10.01

대회	연도	소속	출전	교체	득점	도움	파울	경고	퇴장
K1	2016	수원	3	3	0	0	2	0	0
	2017	수원	25	18	2	5	30	3	0
	2018	수원	24	17	4	1	19	3	0
	2019	수원	21	15	0	1	33	3	0
	합계		73	53	6	7	84	9	0
K2	2015	수원FC	32	15	4	9	48	3	0
	합계		32	15	4	9	48	3	0
승	2015	수원FC	2	2	0	1	2	0	0
	합계		2	2	0	1	2	0	0
프로통산			107	70	10	17	134	12	0

김종원(金鍾沅) 세종대 1993.04.10

대회	연도	소속	출전	교체	득점	도움	파울	경고	퇴장
K2	2016	고양	2	0	0	0	2	0	0
	합계		2	0	0	0	2	0	0
프로통산			2	0	0	0	2	0	0

김종진(金鐘振) 영문고 1999.04.12

대회	연도	소속	출전	교체	득점	도움	파울	경고	퇴장
K1	2018	경남	6	6	1	0	2	1	0
	2019	경남	7	7	1	0	6	0	0
	합계		13	13	2	0	8	1	0
승	2019	경남	0	0	0	0	0	0	0
	합계		0	0	0	0	0	0	0
프로통산			13	13	2	0	8	1	0

김종천(金鍾天) 중앙대 1976.07.07

대회	연도	소속	출전	교체	득점	도움	파울	경고	퇴장

대회	연도	소속	출전	교체	득점	도움	파울	경고	퇴장
BC	1999	포항	30	23	1	3	20	1	0
	2000	포항	36	17	5	2	30	1	0
	2001	포항	9	7	0	0	2	0	0
	2003	광주상	34	8	1	2	46	1	0
	2004	포항	15	13	0	0	9	0	0
	2005	포항	2	1	0	0	1	0	0
	2006	전북	2	1	0	0	1	0	0
	합계		128	70	7	7	109	3	0
프로통산			128	70	7	7	109	3	0

김종철(金鍾哲) 인천대 1983.11.09

대회	연도	소속	출전	교체	득점	도움	파울	경고	퇴장
BC	2006	울산	1	1	0	0	3	0	0
	합계		1	1	0	0	3	0	0
프로통산			1	1	0	0	3	0	0

김종필(金鐘必) 장훈고 1992.03.09

대회	연도	소속	출전	교체	득점	도움	파울	경고	퇴장
K1	2019	경남	23	7	2	0	32	3	1
	합계		23	7	2	0	32	3	1
승	2019	경남	2	0	0	0	4	1	0
	합계		2	0	0	0	4	1	0
프로통산			25	7	2	0	36	4	1

김종필(金宗弼) 동국대 1967.11.11

대회	연도	소속	출전	교체	득점	도움	파울	경고	퇴장
BC	1994	대우	4	5	0	1	0	0	0
	합계		4	5	0	1	0	0	0
프로통산			4	5	0	1	0	0	0

김종현(金宗賢) 충북대 1973.07.10

대회	연도	소속	출전	교체	득점	도움	파울	경고	퇴장
BC	1998	전남	24	18	3	3	18	1	0
	1999	전남	34	18	4	8	33	3	0
	2000	전남	37	26	5	3	31	1	0
	2001	전남	33	24	2	9	26	1	0
	2002	전남	12	12	1	0	3	0	0
	2003	대전	42	25	10	2	31	0	0
	2004	대전	26	22	4	1	19	2	1
	2005	대전	31	27	1	2	19	0	0
	합계		239	172	30	28	180	8	1
프로통산			239	172	30	28	180	8	1

김종환(金鐘煥) 서울대 1962.11.15

대회	연도	소속	출전	교체	득점	도움	파울	경고	퇴장
BC	1985	현대	15	2	4	3	27	1	0
	1986	현대	22	12	2	3	16	0	0
	1988	유공	15	13	0	1	12	0	0
	합계		52	27	6	7	55	1	0
프로통산			52	27	6	7	55	1	0

김종훈(金鐘勳) 홍익대 1980.12.17

대회	연도	소속	출전	교체	득점	도움	파울	경고	퇴장
BC	2007	경남	14	6	0	0	24	2	0
	2008	경남	21	4	1	0	39	3	0
	2009	경남	5	3	0	0	3	1	0
	2010	부산	7	5	0	0	6	2	0
	합계		47	18	1	0	72	8	0
프로통산			47	18	1	0	72	8	0

김주공(金周孔) 전주대 1996.04.23

대회	연도	소속	출전	교체	득점	도움	파울	경고	퇴장
K2	2019	광주	17	10	3	2	12	1	0
	합계		17	10	3	2	12	1	0
프로통산			17	10	3	2	12	1	0

김주봉(金冑奉) 숭실대 1986.04.07

대회	연도	소속	출전	교체	득점	도움	파울	경고	퇴장
BC	2009	강원	3	1	0	0	2	1	0
	합계		3	1	0	0	2	1	0
프로통산			3	1	0	0	2	1	0

김주빈(金周彬) 관동대(가톨릭관동대) 1990.12.07

대회	연도	소속	출전	교체	득점	도움	파울	경고	퇴장
K2	2014	대구	14	8	1	1	14	2	0
	합계		14	8	1	1	14	2	0
프로통산			14	8	1	1	14	2	0

김주성(金朱晟) 오산고 2000.12.12

대회	연도	소속	출전	교체	득점	도움	파울	경고	퇴장
K1	2019	서울	10	3	0	0	4	1	0
	합계		10	3	0	0	4	1	0
프로통산			10	3	0	0	4	1	0

김주성(金鑄城) 조선대 1966.01.17

대회	연도	소속	출전	교체	득점	도움	파울	경고	퇴장
BC	1987	대우	28	5	10	4	52	4	0
	1988	대우	10	4	3	0	18	0	0
	1989	대우	8	1	2	1	22	0	0
	1990	대우	9	4	2	0	27	3	0
	1991	대우	37	10	14	5	88	4	0
	1992	대우	9	4	0	1	23	1	0
	1994	대우	3	1	0	0	6	0	0
	1995	대우	30	10	2	1	46	6	0
	1996	부산	26	0	2	2	49	5	0
	1997	부산	34	0	0	1	33	3	0
	1998	부산	28	1	0	1	45	6	1
	1999	부산	33	5	0	1	57	5	0
	합계		255	45	35	17	466	37	1
프로통산			255	45	35	17	466	37	1

김주엽(金柱燁) 보인고 2000.04.05

대회	연도	소속	출전	교체	득점	도움	파울	경고	퇴장
K2	2019	수원FC	8	7	0	0	4	1	0
	합계		8	7	0	0	4	1	0
프로통산			8	7	0	0	4	1	0

김주영(金周榮) 연세대 1988.07.09

대회	연도	소속	출전	교체	득점	도움	파울	경고	퇴장
BC	2009	경남	21	1	0	0	26	4	0
	2010	경남	30	1	0	0	31	4	0
	2011	경남	4	0	1	0	2	0	0
	2012	서울	33	7	0	0	12	4	0
	합계		88	9	1	0	71	12	0
K1	2013	서울	31	2	2	1	24	4	0
	2014	서울	29	1	2	0	21	5	0
	합계		60	3	4	1	45	9	0
프로통산			148	12	5	1	116	21	0

김주영(金周寧) 건국대 1977.06.06

대회	연도	소속	출전	교체	득점	도움	파울	경고	퇴장
BC	2000	안양LG	1	1	0	0	0	0	0
	합계		1	1	0	0	0	0	0
프로통산			1	1	0	0	0	0	0

김주원(金俊洙/←김준수) 영남대 1991.07.29

대회	연도	소속	출전	교체	득점	도움	파울	경고	퇴장
K1	2013	포항	7	4	1	0	2	1	0
	2014	포항	10	4	0	0	14	4	0
	2015	포항	18	2	2	0	34	3	0
	2016	포항	22	6	0	0	21	7	0
	2017	전남	13	6	0	0	12	1	0
	합계		70	22	3	0	83	16	0
K2	2018	아산	6	3	0	1	5	0	0
	2019	아산	10	2	0	0	9	1	1
	2019	전남	12	1	0	0	17	3	0
	합계		28	6	0	1	31	4	1
프로통산			98	28	3	1	114	20	1

김주일(金住鎰) 대구대 1974.03.05

대회	연도	소속	출전	교체	득점	도움	파울	경고	퇴장
BC	1997	천안일	6	3	0	0	7	2	0
	합계		6	3	0	0	7	2	0
프로통산			6	3	0	0	7	2	0

김주형(金柱亨) 동의대 1989.08.23

대회	연도	소속	출전	교체	득점	도움	파울	경고	퇴장
BC	2010	대전	2	2	0	0	1	0	0
	2011	대전	2	2	0	0	2	0	0
	합계		4	4	0	0	3	0	0
K2	2014	충주	0	0	0	0	0	0	0
	합계		0	0	0	0	0	0	0
프로통산			4	4	0	0	3	0	0

김주환(金周煥) 아주대 1982.04.24

대회	연도	소속	출전	교체	득점	도움	파울	경고	퇴장
BC	2005	대구	15	7	1	2	23	2	0
	2006	대구	19	9	0	0	34	4	0
	2007	대구	22	6	1	4	29	2	0
	2008	대구	10	3	2	1	11	0	0
	2009	대구	17	2	1	0	26	7	0
	2010	광주상	1	1	0	0	0	0	0
	2011	상주	9	2	0	0	10	3	0
	2011	대구	0	0	0	0	0	0	0
	합계		93	30	5	7	133	18	0
프로통산			93	30	5	7	133	18	0

김주훈(金柱薰) 동아대 1959.02.27

대회	연도	소속	출전	교체	득점	도움	파울	경고	퇴장
BC	1983	국민은	5	1	0	1	3	0	0
	합계		5	1	0	1	3	0	0
프로통산			5	1	0	1	3	0	0

김준(金俊) 대월중 1986.12.09

대회	연도	소속	출전	교체	득점	도움	파울	경고	퇴장
BC	2003	수원	0	0	0	0	0	0	0
	합계		0	0	0	0	0	0	0
프로통산			0	0	0	0	0	0	0

김준민(金俊旻) 동의대 1983.09.07

대회	연도	소속	출전	교체	득점	도움	파울	경고	퇴장
BC	2007	대전	1	1	0	0	0	0	0
	합계		1	1	0	0	0	0	0
프로통산			1	1	0	0	0	0	0

김준범(金俊範) 연세대 1998.01.14

대회	연도	소속	출전	교체	득점	도움	파울	경고	퇴장
K1	2018	경남	22	17	1	0	18	6	0
	2019	경남	28	10	1	3	26	1	0
	합계		50	27	2	3	44	7	0
승	2019	경남	2	0	0	0	6	1	0
	합계		2	0	0	0	6	1	0
프로통산			52	27	2	3	50	8	0

김준범(金峻範) 호남대 1986.06.23

대회	연도	소속	출전	교체	득점	도움	파울	경고	퇴장
BC	2012	강원	1	1	0	0	0	0	0
	합계		1	1	0	0	0	0	0
프로통산			1	1	0	0	0	0	0

김준석(金俊錫) 고려대 1976.04.21

대회	연도	소속	출전	교체	**실점**	도움	파울	경고	퇴장
BC	1999	부산	6	1	11	0	0	0	0
	2000	부산	0	0	0	0	0	0	0
	합계		6	1	11	0	0	0	0
프로통산			6	1	11	0	0	0	0

김준엽(金俊燁) 홍익대 1988.05.10

대회	연도	소속	출전	교체	득점	도움	파울	경고	퇴장
BC	2010	제주	1	1	0	0	0	0	0
	2011	제주	2	0	0	0	3	0	0
	2012	제주	11	5	0	0	12	3	0
	합계		14	6	0	0	15	3	0
K1	2014	경남	13	4	0	0	18	2	0
	2019	대구	22	9	0	1	19	1	0
	합계		35	13	0	1	37	3	0
K2	2013	광주	29	13	5	2	50	3	0
	2015	경남	34	3	0	1	41	6	0
	2016	안산무	28	10	1	3	28	3	0
	2017	아산	18	0	0	2	30	3	0
	2018	부천	31	2	1	3	45	2	0
	합계		140	28	7	11	194	17	0
승	2014	경남	2	1	0	0	1	1	0
	합계		2	1	0	0	1	1	0
프로통산			191	48	7	12	247	24	0

김준태(金俊泰) 한남대 1985.05.31

대회	연도	소속	출전	교체	득점	도움	파울	경고	퇴장
BC	2010	강원	4	3	0	0	3	0	0
	합계		4	3	0	0	3	0	0
K2	2015	고양	38	7	2	4	48	8	0
	2016	서울E	24	5	1	2	41	4	0
	2017	서울E	24	7	0	2	55	1	0
	2018	서울E	17	9	0	1	40	3	0
	합계		103	28	3	9	184	16	0
프로통산			107	31	3	9	187	16	0

김준현(金俊鉉) 연세대 1964.01.20

대회	연도	소속	출전	교체	득점	도움	파울	경고	퇴장
BC	1986	대우	11	9	3	0	8	2	0
	1987	유공	26	13	3	4	22	3	1
	1988	유공	10	8	0	0	14	0	0
	1989	유공	33	33	5	4	20	3	0
	1990	유공	17	16	1	0	12	1	0
	1991	유공	29	25	0	8	23	3	0
	1992	유공	2	2	0	0	1	0	0
	합계		128	106	12	16	100	12	1
프로통산			128	106	12	16	100	12	1

김준협(金俊協) 오현고 1978.11.11

대회	연도	소속	출전	교체	득점	도움	파울	경고	퇴장
BC	2004	울산	1	1	0	0	1	0	0
	합계		1	1	0	0	1	0	0
프로통산			1	1	0	0	1	0	0

김준형(金俊炯) 송호대 1996.04.05

대회	연도	소속	출전	교체	득점	도움	파울	경고	퇴장
K1	2017	수원	0	0	0	0	0	0	0
	2018	수원	5	4	0	0	4	1	0
	합계		5	4	0	0	4	1	0
K2	2019	광주	16	14	0	0	17	1	0
	합계		16	14	0	0	17	1	0
프로통산			21	18	0	0	21	2	0

김지민(金智珉) 동래고 1993.06.05

대회	연도	소속	출전	교체	득점	도움	파울	경고	퇴장
BC	2012	부산	7	6	0	0	6	1	0
	합계		7	6	0	0	6	1	0
K1	2013	부산	3	3	0	0	0	0	0
	2014	부산	3	3	0	0	2	0	0
	2015	부산	1	1	0	0	2	0	0
	2018	포항	17	11	4	1	24	4	0
	2019	포항	4	4	1	0	3	0	0
	합계		28	22	5	1	31	4	0
K2	2016	부산	1	1	0	0	1	0	0
	2019	수원FC	12	12	1	0	10	3	0
	합계		13	13	1	0	11	3	0
프로통산			48	41	6	1	48	8	0

김지민(金智敏) 한양대 1984.11.27

대회	연도	소속	출전	교체	득점	도움	파울	경고	퇴장
BC	2007	울산	0	0	0	0	0	0	0
	2008	포항	1	1	0	0	0	0	0
	2009	대전	7	5	0	0	10	2	0
	2010	광주상	2	0	0	0	2	0	0
	2011	상주	8	3	0	0	7	2	0
	합계		18	9	0	0	19	4	0
K2	2013	수원FC	0	0	0	0	0	0	0
	합계		0	0	0	0	0	0	0
프로통산			18	9	0	0	19	4	0

김지성(金志成) 동의대 1987.11.08

대회	연도	소속	출전	교체	실점	도움	파울	경고	퇴장
K2	2013	광주	25	0	39	0	2	1	0
	합계		25	0	39	0	2	1	0
프로통산			25	0	39	0	2	1	0

김지운(金只澐/←김봉래) 명지대 1990.07.02

대회	연도	소속	출전	교체	득점	도움	파울	경고	퇴장
K1	2013	제주	23	5	1	0	23	3	0
	2014	제주	7	6	0	1	1	0	0
	2015	제주	21	12	1	1	9	2	0
	2016	제주	10	2	0	0	3	0	0
	2019	제주	6	0	0	0	8	5	0
	합계		67	25	2	2	44	10	0
K2	2016	서울E	12	2	0	3	8	0	0
	2017	서울E	9	2	1	0	7	1	0
	2017	수원FC	13	1	0	5	4	0	0
	2018	아산	2	2	0	0	3	0	0
	2019	아산	11	6	0	0	9	1	0
	합계		47	13	1	8	31	2	0
프로통산			114	38	3	10	75	12	0

김지운 아주대 1976.11.13

대회	연도	소속	출전	교체	실점	도움	파울	경고	퇴장
BC	1999	부천SK	0	0	0	0	0	0	0
	2000	부천SK	0	0	0	0	0	0	0
	2001	부천SK	0	0	0	0	0	0	0
	2003	광주상	0	0	0	0	0	0	0
	2004	부천SK	0	0	0	0	0	0	0
	2006	대구	6	1	5	0	0	0	0
	합계		6	1	5	0	0	0	0
프로통산			6	1	5	0	0	0	0

김지웅(金知雄) 경희대 1989.01.14

대회	연도	소속	출전	교체	득점	도움	파울	경고	퇴장
BC	2010	전북	16	15	1	2	23	4	0
	2011	전북	13	12	3	0	27	6	0
	2012	경남	2	2	1	0	1	0	0
	합계		31	29	5	2	51	10	0
K1	2013	부산	2	2	0	0	2	1	0
	합계		2	2	0	0	2	1	0
K2	2014	고양	4	1	1	0	8	0	1
	2015	고양	5	5	1	1	1	1	0
	합계		9	6	2	1	9	1	1
프로통산			42	37	7	3	62	12	1

김지웅(金智雄) 광운대 1990.05.19

대회	연도	소속	출전	교체	득점	도움	파울	경고	퇴장
K1	2014	상주	0	0	0	0	0	0	0
	합계		0	0	0	0	0	0	0
K2	2013	부천	4	4	0	0	1	0	0
	2015	상주	0	0	0	0	0	0	0
	합계		4	4	0	0	1	0	0
프로통산			4	4	0	0	1	0	0

김지철(金地鐵) 예원예술대 1995.04.06

대회	연도	소속	출전	교체	득점	도움	파울	경고	퇴장
K2	2016	대전	0	0	0	0	0	0	0
	합계		0	0	0	0	0	0	0
프로통산			0	0	0	0	0	0	0

김지혁(金志赫) 경남상고 1981.10.26

대회	연도	소속	출전	교체	실점	도움	파울	경고	퇴장
BC	2001	부산	3	0	4	0	0	0	0
	2002	부산	0	0	0	0	0	0	0
	2003	부산	0	0	0	0	0	0	0
	2004	부산	2	0	8	0	0	0	0
	2005	울산	4	1	4	0	0	0	0
	2006	울산	29	2	27	0	0	1	0
	2007	울산	5	1	3	0	0	0	0
	2008	포항	21	1	25	0	0	1	0
	2009	포항	10	1	14	0	1	0	0
	2010	광주상	26	1	39	0	0	2	0
	2011	상주	11	0	12	0	0	2	0
	합계		111	7	136	0	1	6	0
프로통산			111	7	136	0	1	6	0

김지현(金址泫) 강원한라대 1996.07.22

대회	연도	소속	출전	교체	득점	도움	파울	경고	퇴장
K1	2018	강원	12	12	3	0	9	0	0
	2019	강원	27	21	10	1	21	3	0
	합계		39	33	13	1	30	3	0
프로통산			39	33	13	1	30	3	0

김지호(金芝鎬) 수원대 1997.08.03

대회	연도	소속	출전	교체	득점	도움	파울	경고	퇴장
K2	2018	부천	7	7	0	0	4	1	0
	2019	부천	3	2	0	0	3	0	0
	합계		10	9	0	0	7	1	0
프로통산			10	9	0	0	7	1	0

김지환(金智煥) 영동대 1988.04.21

대회	연도	소속	출전	교체	득점	도움	파울	경고	퇴장
BC	2011	부산	0	0	0	0	0	0	0
	합계		0	0	0	0	0	0	0
프로통산			0	0	0	0	0	0	0

김지훈(金志訓) 청주대 1993.06.16

대회	연도	소속	출전	교체	득점	도움	파울	경고	퇴장
K2	2016	고양	16	8	0	1	15	2	0
	합계		16	8	0	1	15	2	0
프로통산			16	8	0	1	15	2	0

김지훈(金志勳) 원주공고 1997.09.30

대회	연도	소속	출전	교체	득점	도움	파울	경고	퇴장
K2	2016	서울E	0	0	0	0	0	0	0
	합계		0	0	0	0	0	0	0
프로통산			0	0	0	0	0	0	0

김지훈(金志勳) 충남기계공고 2000.06.26

대회	연도	소속	출전	교체	득점	도움	파울	경고	퇴장
K2	2019	대전	1	1	0	0	0	0	0
	합계		1	1	0	0	0	0	0
프로통산			1	1	0	0	0	0	0

김진국(金鎭國) 건국대 1951.09.14

대회	연도	소속	출전	교체	득점	도움	파울	경고	퇴장
BC	1984	국민은	15	10	2	3	5	0	0
	합계		15	10	2	3	5	0	0
프로통산			15	10	2	3	5	0	0

김진규(金珍圭) 안동고 1985.02.16

대회	연도	소속	출전	교체	득점	도움	파울	경고	퇴장
BC	2003	전남	11	4	1	0	12	2	0
	2004	전남	15	0	1	1	22	5	0
	2007	전남	9	0	2	0	14	4	0
	2007	서울	9	1	0	0	19	1	0
	2008	서울	29	4	0	0	51	7	1
	2009	서울	32	4	0	3	45	6	0
	2010	서울	30	4	1	0	33	3	1
	2012	서울	37	2	4	1	49	7	0
	합계		172	19	9	5	245	35	2
K1	2013	서울	35	1	6	1	25	3	0
	2014	서울	33	3	2	2	43	3	0
	2015	서울	15	5	0	0	15	1	0
	합계		83	9	8	3	83	7	0
K2	2017	대전	13	2	0	0	11	4	0
	합계		13	2	0	0	11	4	0
프로통산			268	30	17	8	339	46	2

김진규(金鎭圭) 개성고 1997.02.24

대회	연도	소속	출전	교체	득점	도움	파울	경고	퇴장
K1	2015	부산	14	10	1	2	11	3	0
	합계		14	10	1	2	11	3	0
K2	2016	부산	6	5	0	0	6	0	0
	2017	부산	10	6	0	0	12	2	0
	2018	부산	32	15	7	2	43	3	0
	2019	부산	32	18	4	3	19	1	0
	합계		80	44	11	5	80	6	0
승	2015	부산	1	1	0	0	1	0	0
	2018	부산	2	1	1	0	2	1	0
	2019	부산	2	1	0	0	4	0	0
	합계		5	3	1	0	7	1	0
프로통산			99	57	13	7	98	10	0

김진래(金進來) 매탄고 1997.05.01

대회	연도	소속	출전	교체	득점	도움	파울	경고	퇴장
K2	2018	안양	24	3	1	2	27	4	0
	2019	안산	19	6	0	0	21	5	0

대회	연도	소속	출전	교체	득점	도움	파울	경고	퇴장
	합계		43	9	1	2	48	9	0
프로통산			43	9	1	2	48	9	0

김진만(金眞萬) 선문대 1990.05.03

대회	연도	소속	출전	교체	득점	도움	파울	경고	퇴장
BC	2011	대전	1	1	0	0	0	0	0
	합계		1	1	0	0	0	0	0
프로통산			1	1	0	0	0	0	0

김진성(金進成) 한남대 1997.06.16

대회	연도	소속	출전	교체	득점	도움	파울	경고	퇴장
K2	2019	전남	3	2	0	0	2	2	0
	합계		3	2	0	0	2	2	0
프로통산			3	2	0	0	2	2	0

김진솔(金眞率) 우석대 1989.01.11

대회	연도	소속	출전	교체	득점	도움	파울	경고	퇴장
BC	2010	대전	4	4	0	0	4	1	0
	2011	대전	4	3	0	0	8	2	0
	합계		8	7	0	0	12	3	0
프로통산			8	7	0	0	12	3	0

김진수(金鎭秀) 신갈고 1995.02.28

대회	연도	소속	출전	교체	득점	도움	파울	경고	퇴장
K1	2016	광주	1	1	0	0	1	0	0
	합계		1	1	0	0	1	0	0
프로통산			1	1	0	0	1	0	0

김진수(金珍洙) 경희대 1992.06.13

대회	연도	소속	출전	교체	득점	도움	파울	경고	퇴장
K1	2017	전북	29	3	4	5	36	7	0
	2018	전북	7	1	1	0	10	3	0
	2019	전북	27	3	2	4	35	5	1
	합계		63	7	7	9	81	15	1
프로통산			63	7	7	9	81	15	1

김진수(金珍洙) 창원기계공고 1984.07.02

대회	연도	소속	출전	교체	득점	도움	파울	경고	퇴장
BC	2006	인천	0	0	0	0	0	0	0
	2007	인천	0	0	0	0	0	0	0
	합계		0	0	0	0	0	0	0
프로통산			0	0	0	0	0	0	0

김진식(金珍植) 전주대 1977.03.16

대회	연도	소속	출전	교체	실점	도움	파울	경고	퇴장
BC	2003	대구	22	1	33	0	1	0	0
	2004	대구	2	0	4	0	1	0	0
	2005	대구	16	0	21	0	0	2	0
	합계		40	1	58	0	2	2	0
프로통산			40	1	58	0	2	2	0

김진야(金鎭冶) 대건고 1998.06.30

대회	연도	소속	출전	교체	득점	도움	파울	경고	퇴장
K1	2017	인천	16	15	0	1	14	1	0
	2018	인천	25	13	1	1	27	3	0
	2019	인천	32	11	0	1	27	1	0
	합계		73	39	1	3	68	5	0
프로통산			73	39	1	3	68	5	0

김진영(金珍英) 건국대 1992.03.02

대회	연도	소속	출전	교체	실점	도움	파울	경고	퇴장
K1	2014	포항	1	1	1	0	0	0	0
	2015	포항	0	0	0	0	0	0	0
	2016	포항	17	2	15	0	1	0	0
	2017	포항	1	1	2	0	0	0	0
	합계		19	4	18	0	1	0	0
K2	2018	대전	11	1	17	0	1	0	1
	2019	대전	7	0	13	0	0	0	0
	합계		18	1	30	0	1	0	1
프로통산			37	5	48	0	2	0	1

김진옥(金鎭玉) 영남대 1952.12.17

대회	연도	소속	출전	교체	득점	도움	파울	경고	퇴장
BC	1983	할렐	5	2	0	0	5	0	0
	1984	할렐	17	0	0	0	22	2	0
	1985	할렐	18	3	0	0	35	2	0
	합계		40	5	0	0	62	4	0
프로통산			40	5	0	0	62	4	0

김진용(金珍龍) 한양대 1982.10.09

대회	연도	소속	출전	교체	득점	도움	파울	경고	퇴장
BC	2004	울산	29	22	3	3	34	2	0
	2005	울산	27	24	8	2	27	1	0
	2006	경남	30	16	7	4	41	3	0
	2008	경남	31	26	6	3	36	1	0
	2009	성남일	37	34	7	5	43	4	0
	2010	성남일	11	11	0	2	8	1	0
	2011	성남일	13	13	2	0	9	2	0
	2011	강원	12	9	2	0	15	3	0
	2012	포항	21	21	1	1	28	8	0
	합계		211	176	36	20	241	25	0
K1	2013	강원	7	6	0	0	7	0	0
	합계		7	6	0	0	7	0	0
K2	2017	경남	2	2	0	0	4	2	0
	합계		2	2	0	0	4	2	0
프로통산			220	184	36	20	252	27	0

김진용(金鎭用) 대구대 1973.05.05

대회	연도	소속	출전	교체	득점	도움	파울	경고	퇴장
BC	1996	안양LG	12	12	0	1	7	0	0
	1997	안양LG	1	1	0	0	0	0	0
	2000	안양LG	1	1	0	0	0	0	0
	합계		14	14	0	1	7	0	0
프로통산			14	14	0	1	7	0	0

김진우(金珍友) 대구대 1975.10.09

대회	연도	소속	출전	교체	득점	도움	파울	경고	퇴장
BC	1996	수원	23	10	0	1	60	5	0
	1997	수원	30	8	0	0	59	8	0
	1998	수원	33	6	0	2	93	7	0
	1999	수원	41	2	0	4	142	7	0
	2000	수원	34	0	1	3	99	8	0
	2001	수원	27	1	1	2	64	3	0
	2002	수원	13	4	0	0	15	0	0
	2003	수원	26	8	0	2	56	2	0
	2004	수원	35	4	0	3	105	3	0
	2005	수원	18	8	0	0	34	1	0
	2006	수원	22	12	0	0	48	1	0
	2007	수원	8	5	0	1	20	1	0
	합계		310	68	2	18	795	46	0
프로통산			310	68	2	18	795	46	0

김진욱(金鎭旭) 홍익대 1997.03.06

대회	연도	소속	출전	교체	득점	도움	파울	경고	퇴장
K2	2019	안산	10	10	1	1	6	0	0
	합계		10	10	1	1	6	0	0
프로통산			10	10	1	1	6	0	0

김진일(金鎭一) 마산공고 1985.10.26

대회	연도	소속	출전	교체	득점	도움	파울	경고	퇴장
BC	2009	강원	5	3	1	0	8	0	0
	2010	강원	1	1	0	0	1	0	0
	합계		6	4	1	0	9	0	0
프로통산			6	4	1	0	9	0	0

김진혁(金鎭爀) 숭실대 1993.06.03

대회	연도	소속	출전	교체	득점	도움	파울	경고	퇴장
K1	2017	대구	32	8	4	0	42	7	0
	2018	대구	25	11	1	0	25	4	1
	2019	대구	6	3	4	1	10	1	0
	2019	상주	9	1	1	0	13	1	0
	합계		72	23	10	1	90	13	1
K2	2015	대구	12	12	0	0	4	1	0
	합계		12	12	0	0	4	1	0
프로통산			84	35	10	1	94	14	1

김진현(金眞賢) 광양제철고 1987.07.29

대회	연도	소속	출전	교체	득점	도움	파울	경고	퇴장
K1	2013	대전	2	0	0	1	3	1	0
	합계		2	0	0	1	3	1	0
K2	2016	부천	14	1	0	0	16	3	0
	2017	부천	2	1	0	0	0	0	0
	합계		16	2	0	0	16	3	0
BC	2007	전남	0	0	0	0	0	0	0
	2008	전남	8	1	2	0	9	2	0
	2009	전남	8	4	0	0	9	1	0
	2010	경남	12	11	0	1	6	1	0
	2011	경남	8	6	0	1	8	0	0
	합계		36	22	2	2	32	4	0
프로통산			54	24	2	3	51	8	0

김진형(金鎭亨) 한양대 1969.04.10

대회	연도	소속	출전	교체	득점	도움	파울	경고	퇴장
BC	1992	유공	22	10	0	0	19	1	0
	1993	유공	33	4	0	0	39	2	0
	1994	유공	14	5	0	0	10	2	0
	1995	유공	22	8	0	0	44	6	0
	1996	부천유	29	23	1	0	40	3	0
	1997	부천SK	1	1	0	0	0	0	0
	1997	천안일	10	5	0	0	5	0	0
	1998	전남	1	1	0	0	0	0	0
	1998	포항	11	11	0	0	12	3	0
	1999	포항	20	11	1	0	26	3	0
	합계		163	79	2	0	195	20	0
프로통산			163	79	2	0	195	20	0

김진환(金眞煥) 경희대 1989.03.01

대회	연도	소속	출전	교체	득점	도움	파울	경고	퇴장
BC	2011	강원	19	1	0	0	27	2	0
	2012	강원	19	3	0	0	23	4	0
	합계		38	4	0	0	50	6	0
K1	2013	강원	12	3	0	0	15	3	0
	2014	인천	2	1	0	0	0	0	0
	2015	인천	20	3	3	0	17	3	0
	2016	광주	5	3	0	0	1	0	0
	2017	상주	7	5	0	1	10	1	0
	2018	상주	12	11	0	0	8	2	0
	합계		58	26	3	1	51	9	0
K2	2016	안양	17	0	0	0	23	6	0
	2018	광주	5	2	0	0	2	1	0
	2019	광주	12	2	1	0	8	0	0
	합계		34	4	1	0	33	7	0
승	2017	상주	0	0	0	0	0	0	0
	합계		0	0	0	0	0	0	0
프로통산			130	34	4	1	134	22	0

김찬(金澯) 포철고 2000.04.25

대회	연도	소속	출전	교체	득점	도움	파울	경고	퇴장
K2	2019	대전	7	6	1	0	7	1	0
	합계		7	6	1	0	7	1	0
프로통산			7	6	1	0	7	1	0

김찬영(金燦榮) 경희대 1989.04.01

대회	연도	소속	출전	교체	득점	도움	파울	경고	퇴장
K1	2014	부산	23	13	0	0	16	3	0
	2015	부산	9	4	0	0	9	0	0
	합계		32	17	0	0	25	3	0
K2	2017	안양	4	2	0	0	1	0	0
	합계		4	2	0	0	1	0	0
프로통산			36	19	0	0	26	3	0

김찬중(金燦中) 건국대 1976.06.14

대회	연도	소속	출전	교체	득점	도움	파울	경고	퇴장
BC	1999	대전	28	14	0	0	37	2	0
	2000	대전	28	11	0	0	24	1	0
	2001	대전	2	1	0	1	3	0	0
	2002	대전	2	2	0	0	0	1	0
	2003	대전	2	1	0	0	3	0	0
	합계		62	29	0	1	67	4	0
프로통산			62	29	0	1	67	4	0

김찬희(金燦喜) 한양대 1990.06.25

대회	연도	소속	출전	교체	득점	도움	파울	경고	퇴장
BC	2012	포항	2	2	0	0	4	0	0

대회	연도	소속	출전	교체	득점	도움	파울	경고	퇴장
	합계		2	2	0	0	4	0	0
K1	2015	대전	5	5	0	0	7	0	0
	합계		5	5	0	0	7	0	0
K2	2014	대전	27	19	8	5	79	6	0
	2017	대전	18	15	4	3	43	4	0
	2018	대전	4	4	0	0	10	2	0
	2019	부천	12	12	1	0	7	0	0
	합계		61	50	13	8	139	12	0
프로통산			68	57	13	8	150	12	0

김창대(金昌大) 한남대 1992.11.02

대회	연도	소속	출전	교체	득점	도움	파울	경고	퇴장
K2	2013	충주	19	17	0	1	8	1	0
	합계		19	17	0	1	8	1	0
프로통산			19	17	0	1	8	1	0

김창수(金昌洙) 동명정보고 1985.09.12

대회	연도	소속	출전	교체	득점	도움	파울	경고	퇴장
BC	2004	울산	1	1	0	0	2	1	0
	2006	대전	10	5	0	0	5	1	0
	2007	대전	23	4	1	3	42	8	0
	2008	부산	28	3	1	2	48	5	0
	2009	부산	29	1	1	2	36	6	0
	2010	부산	32	1	2	3	62	8	0
	2011	부산	35	0	1	5	49	6	0
	2012	부산	28	2	2	0	25	2	0
	합계		186	17	8	15	269	37	0
K1	2016	전북	8	0	0	1	6	0	1
	2017	울산	29	0	0	2	29	4	2
	2018	울산	26	3	0	1	13	1	0
	2019	울산	9	2	0	0	5	1	0
	합계		72	5	0	4	53	6	3
프로통산			258	22	8	19	322	43	3

김창오(金昌五) 연세대 1978.01.10

대회	연도	소속	출전	교체	득점	도움	파울	경고	퇴장
BC	2002	부산	18	15	2	1	29	1	0
	2003	부산	5	4	0	0	8	0	0
	합계		23	19	2	1	37	1	0
프로통산			23	19	2	1	37	1	0

김창욱(金滄旭) 동의대 1992.12.04

대회	연도	소속	출전	교체	득점	도움	파울	경고	퇴장
K2	2015	서울E	29	18	0	2	27	2	0
	2016	서울E	11	7	0	1	12	0	0
	2017	서울E	21	5	2	3	22	3	0
	2018	서울E	22	8	0	1	22	5	0
	합계		83	38	2	7	83	10	0
프로통산			83	38	2	7	83	10	0

김창원(金昌源) 국민대 1971.06.22

대회	연도	소속	출전	교체	득점	도움	파울	경고	퇴장
BC	1994	일화	8	3	0	0	8	1	0
	1995	일화	2	1	0	0	2	1	0
	1997	천안일	31	15	2	1	19	3	0
	1998	천안일	34	5	0	1	43	4	0
	1999	천안일	3	0	0	0	2	0	0
	2000	성남일	18	2	0	0	22	0	0
	합계		96	26	2	2	96	9	0
프로통산			96	26	2	2	96	9	0

김창헌(金昶憲) 신평고 1999.07.06

대회	연도	소속	출전	교체	득점	도움	파울	경고	퇴장
K2	2019	수원FC	1	1	0	0	0	0	0
	합계		1	1	0	0	0	0	0
프로통산			1	1	0	0	0	0	0

김창현(金昌炫) 배재대 1993.02.09

대회	연도	소속	출전	교체	득점	도움	파울	경고	퇴장
K1	2015	대전	2	2	0	0	5	1	0
	합계		2	2	0	0	5	1	0
프로통산			2	2	0	0	5	1	0

김창호(金昌浩) 전남기공 1956.06.06

대회	연도	소속	출전	교체	득점	도움	파울	경고	퇴장
BC	1983	유공	11	8	0	3	4	0	0
	1984	유공	10	8	0	2	7	1	0
	합계		21	16	0	5	11	1	0
프로통산			21	16	0	5	11	1	0

김창효(金昌孝) 고려대 1959.05.07

대회	연도	소속	출전	교체	득점	도움	파울	경고	퇴장
BC	1984	한일은	19	7	0	0	11	0	0
	1985	한일은	13	0	1	0	17	3	0
	1986	포철	13	2	0	0	13	0	0
	1987	럭금	2	1	0	0	0	0	0
	합계		47	10	1	0	41	3	0
프로통산			47	10	1	0	41	3	0

김창훈(金彰勳) 고려대 1987.04.03

대회	연도	소속	출전	교체	득점	도움	파울	경고	퇴장
BC	2008	제주	1	1	0	0	1	0	0
	2009	포항	8	2	1	0	18	0	0
	2010	포항	1	1	0	0	3	0	0
	2011	대전	29	0	1	0	25	4	0
	2012	대전	38	0	2	4	39	8	0
	합계		77	4	4	4	86	12	0
K1	2013	인천	14	0	0	2	13	2	0
	2014	상주	13	8	1	1	12	2	0
	2015	인천	1	0	0	0	1	0	0
	합계		28	8	1	3	26	4	0
K2	2015	상주	1	0	0	0	0	0	0
	합계		1	0	0	0	0	0	0
프로통산			106	12	5	7	112	16	0

김창훈(金暢訓) 광운대 1990.02.17

대회	연도	소속	출전	교체	득점	도움	파울	경고	퇴장
K1	2016	상주	1	1	0	0	0	0	0
	합계		1	1	0	0	0	0	0
K2	2014	수원FC	20	1	1	0	24	4	0
	2015	수원FC	33	6	0	0	23	4	0
	2017	수원FC	4	1	0	0	5	1	0
	2018	수원FC	6	2	0	0	6	1	0
	합계		63	10	1	0	58	10	0
승	2015	수원FC	2	1	0	0	1	0	0
	합계		2	1	0	0	1	0	0
프로통산			66	12	1	0	59	10	0

김창희(金昌熙) 건국대 1986.12.05

대회	연도	소속	출전	교체	득점	도움	파울	경고	퇴장
BC	2009	대구	12	12	0	0	8	1	0
	2010	대구	0	0	0	0	0	0	0
	합계		12	12	0	0	8	1	0
프로통산			12	12	0	0	8	1	0

김창희(金昌希) 영남대 1987.06.08

대회	연도	소속	출전	교체	득점	도움	파울	경고	퇴장
BC	2010	강원	10	3	0	0	9	0	0
	합계		10	3	0	0	9	0	0
프로통산			10	3	0	0	9	0	0

김채운(金埰韻) 대건고 2000.03.20

대회	연도	소속	출전	교체	득점	도움	파울	경고	퇴장
K1	2019	인천	1	1	0	0	0	0	0
	합계		1	1	0	0	0	0	0
프로통산			1	1	0	0	0	0	0

김철기(金哲起) 강동고 1977.12.27

대회	연도	소속	출전	교체	득점	도움	파울	경고	퇴장
BC	2001	대전	3	3	0	0	5	1	0
	합계		3	3	0	0	5	1	0
프로통산			3	3	0	0	5	1	0

김철명(金喆明) 인천대 1972.10.24

대회	연도	소속	출전	교체	득점	도움	파울	경고	퇴장
BC	1993	포철	1	1	0	0	1	0	0
	합계		1	1	0	0	1	0	0
프로통산			1	1	0	0	1	0	0

김철수(金哲洙) 한양대 1952.07.06

대회	연도	소속	출전	교체	득점	도움	파울	경고	퇴장
BC	1983	포철	15	0	0	0	13	3	0
	1984	포철	10	1	0	0	10	1	0
	1985	포철	18	1	0	1	5	1	0
	1986	포철	4	0	0	0	2	0	0
	합계		47	2	0	1	30	5	0
프로통산			47	2	0	1	30	5	0

김철웅(金哲雄) 한성대 1979.12.19

대회	연도	소속	출전	교체	득점	도움	파울	경고	퇴장
BC	2004	울산	14	9	0	0	11	1	0
	합계		14	9	0	0	11	1	0
프로통산			14	9	0	0	11	1	0

김철호(金喆淏) 강원관광대 1983.09.26

대회	연도	소속	출전	교체	득점	도움	파울	경고	퇴장
BC	2004	성남일	18	4	0	2	53	3	0
	2005	성남일	33	8	1	0	96	4	0
	2006	성남일	26	8	1	1	80	5	0
	2007	성남일	9	4	1	0	18	2	0
	2008	성남일	29	14	0	2	52	6	0
	2009	성남일	32	22	0	0	56	3	0
	2010	성남일	27	19	3	2	50	3	0
	2011	상주	29	7	1	4	48	4	0
	2012	상주	19	10	2	0	23	1	0
	2012	성남일	7	5	0	1	16	3	0
	합계		229	101	9	12	492	34	0
K1	2013	성남일	29	9	1	2	45	5	1
	2014	성남	29	9	2	1	43	2	0
	2015	성남	32	7	0	0	63	5	0
	2016	수원FC	5	2	0	0	10	0	0
	합계		95	27	3	3	161	12	1
K2	2017	수원FC	8	7	0	0	7	0	0
	2018	수원FC	3	2	0	0	0	0	0
	합계		11	9	0	0	7	0	0
프로통산			335	137	12	15	660	46	1

김철호(金喆鎬) 오산고 1995.10.25

대회	연도	소속	출전	교체	득점	도움	파울	경고	퇴장
K1	2014	서울	0	0	0	0	0	0	0
	2016	서울	0	0	0	0	0	0	0
	2017	서울	0	0	0	0	0	0	0
	합계		0	0	0	0	0	0	0
프로통산			0	0	0	0	0	0	0

김충현(金忠現) 오상고 1997.01.03

대회	연도	소속	출전	교체	득점	도움	파울	경고	퇴장
K2	2016	충주	0	0	0	0	0	0	0
	합계		0	0	0	0	0	0	0
프로통산			0	0	0	0	0	0	0

김충환(金忠煥) 연세대 1961.01.29

대회	연도	소속	출전	교체	득점	도움	파울	경고	퇴장
BC	1985	유공	1	1	0	0	1	1	0
	1985	한일은	5	3	1	0	6	0	0
	1986	한일은	12	9	1	1	5	1	0
	합계		18	13	2	1	12	2	0
프로통산			18	13	2	1	12	2	0

김치곤(金致坤) 동래고 1983.07.29

대회	연도	소속	출전	교체	득점	도움	파울	경고	퇴장
BC	2002	안양LG	14	3	1	0	34	3	1
	2003	안양LG	20	4	0	0	43	6	0
	2004	서울	19	2	0	0	38	7	0
	2005	서울	20	4	0	2	49	8	0
	2006	서울	24	4	0	0	41	7	0
	2007	서울	33	4	1	0	39	4	0
	2008	서울	30	6	0	0	38	10	0
	2009	서울	22	5	1	0	34	7	0
	2010	울산	33	5	0	0	27	4	0
	2011	상주	19	4	0	0	32	3	1
	2012	상주	23	1	1	0	31	3	0
	2012	울산	13	3	0	0	11	0	0
	합계		270	45	4	2	417	62	2

대회	연도	소속	출전	교체	득점	도움	파울	경고	퇴장
K1	2013	울산	38	3	3	0	43	3	0
	2014	울산	34	2	2	0	37	3	1
	2015	울산	20	6	1	0	18	4	0
	2016	울산	13	6	2	0	7	0	0
	2017	울산	11	2	1	0	10	5	0
	합계		116	19	9	0	115	15	1
프로통산			386	64	13	2	532	77	3

김치우(金致佑) 중앙대 1983.11.11

대회	연도	소속	출전	교체	득점	도움	파울	경고	퇴장
BC	2004	인천	19	11	1	0	22	0	0
	2005	인천	11	8	0	0	10	1	0
	2006	인천	37	2	2	4	34	6	0
	2007	전남	25	0	1	4	28	3	1
	2008	전남	13	2	1	1	10	2	0
	2008	서울	14	6	3	2	16	2	0
	2009	서울	22	5	3	4	26	3	1
	2010	서울	23	18	2	0	13	2	0
	2011	상주	28	5	2	0	29	5	0
	2012	상주	12	1	0	5	11	4	0
	2012	서울	8	6	0	0	4	0	0
	합계		212	64	15	20	203	28	2
K1	2013	서울	24	2	1	2	14	3	0
	2014	서울	25	6	1	3	15	1	0
	2015	서울	17	1	1	1	15	2	0
	2016	서울	26	11	0	3	16	3	0
	2017	서울	21	3	0	2	20	1	0
	합계		113	23	3	11	80	10	0
K2	2018	부산	28	3	1	2	27	3	0
	2019	부산	23	3	0	4	12	5	0
	합계		51	6	1	6	39	8	0
승	2018	부산	2	1	0	0	0	0	0
	2019	부산	2	1	0	0	5	1	0
	합계		4	2	0	0	5	1	0
프로통산			380	95	19	37	327	47	2

김태곤(金太崑) 전주기전대 1998.12.29

대회	연도	소속	출전	교체	득점	도움	파울	경고	퇴장
K2	2019	광주	0	0	0	0	0	0	0
	합계		0	0	0	0	0	0	0
프로통산			0	0	0	0	0	0	0

김태근(金泰根) 아주대 1961.02.23

대회	연도	소속	출전	교체	득점	도움	파울	경고	퇴장
BC	1985	포철	4	1	0	1	8	2	0
	합계		4	1	0	1	8	2	0
프로통산			4	1	0	1	8	2	0

김태민(金泰民) 고려대 1960.08.10

대회	연도	소속	출전	교체	득점	도움	파울	경고	퇴장
BC	1984	할렐	3	3	0	0	0	0	0
	1985	할렐	2	2	0	0	0	0	0
	합계		5	5	0	0	0	0	0
프로통산			5	5	0	0	0	0	0

김태민(金泰敏) 청구고 1982.05.25

대회	연도	소속	출전	교체	득점	도움	파울	경고	퇴장
BC	2002	부산	0	0	0	0	0	0	0
	2003	부산	35	11	1	1	54	2	0
	2004	부산	28	11	1	2	36	6	0
	2005	부산	27	14	2	0	32	3	0
	2006	부산	20	11	0	0	23	4	0
	2007	부산	20	14	0	0	25	5	0
	2008	제주	16	10	0	0	32	8	0
	2009	광주상	20	9	2	0	29	5	0
	2010	광주상	12	3	0	0	15	3	0
	2010	제주	0	0	0	0	0	0	0
	2011	제주	4	3	0	0	5	2	0
	2012	강원	26	15	0	0	42	7	0
	합계		208	101	6	3	293	45	0
프로통산			208	101	6	3	293	45	0

김태봉(金泰奉) 한민대 1988.02.28

대회	연도	소속	출전	교체	득점	도움	파울	경고	퇴장
K1	2015	대전	19	0	3	2	13	2	0
	합계		19	0	3	2	13	2	0
K2	2013	안양	24	1	0	1	17	1	0
	2014	안양	35	3	1	5	21	1	0
	2015	안양	15	0	1	0	7	5	0
	2016	대전	6	5	0	0	2	0	0
	2017	대전	11	2	1	2	11	1	0
	합계		91	11	3	8	58	8	0
프로통산			110	11	6	10	71	10	0

김태수(金泰洙) 광운대 1981.08.25

대회	연도	소속	출전	교체	득점	도움	파울	경고	퇴장
BC	2004	전남	21	15	0	0	31	3	0
	2005	전남	28	5	1	0	75	8	0
	2006	전남	33	8	3	1	43	4	0
	2007	전남	24	3	3	0	54	3	0
	2008	전남	21	8	1	0	35	4	0
	2009	포항	27	9	6	0	55	3	0
	2010	포항	23	8	0	2	32	3	0
	2011	포항	24	13	2	1	28	3	0
	2012	포항	8	5	0	2	7	0	0
	합계		209	74	16	6	360	31	0
K1	2013	포항	18	10	0	0	24	3	0
	2014	포항	28	11	0	1	37	1	0
	2015	포항	26	18	1	0	19	2	0
	2016	인천	23	16	1	1	14	0	0
	합계		95	55	2	2	94	6	0
K2	2017	서울E	9	7	1	0	4	0	0
	합계		9	7	1	0	4	0	0
프로통산			313	136	19	8	458	37	0

김태수(金泰洙) 연세대 1958.02.25

대회	연도	소속	출전	교체	득점	도움	파울	경고	퇴장
BC	1983	대우	12	7	0	0	7	2	0
	1984	대우	7	7	0	0	2	0	0
	1985	대우	5	3	0	0	5	0	0
	합계		24	17	0	0	14	2	0
프로통산			24	17	0	0	14	2	0

김태수(金泰洙) 관동대(가톨릭관동대) 1975.11.15

대회	연도	소속	출전	교체	실점	도움	파울	경고	퇴장
BC	2003	안양LG	1	0	3	0	0	0	0
	2004	서울	0	0	0	0	0	0	0
	합계		1	0	3	0	0	0	0
프로통산			1	0	3	0	0	0	0

김태연(金泰燃) 장훈고 1988.06.27

대회	연도	소속	출전	교체	득점	도움	파울	경고	퇴장
BC	2011	대전	11	1	0	0	17	1	0
	2012	대전	34	6	3	0	37	7	0
	합계		45	7	3	0	54	8	0
K1	2013	대전	34	4	2	1	33	6	0
	2015	부산	0	0	0	0	0	0	0
	합계		34	4	2	1	33	6	0
프로통산			79	11	5	1	87	14	0

김태엽(金泰燁) 아주대 1972.03.02

대회	연도	소속	출전	교체	득점	도움	파울	경고	퇴장
BC	1995	전남	6	6	0	0	7	2	0
	1996	전남	12	7	0	0	8	3	0
	1997	전남	1	0	1	0	1	0	0
	1998	전남	18	14	0	0	13	1	0
	합계		37	27	1	0	29	6	0
프로통산			37	27	1	0	29	6	0

김태영(金兌映) 예원예술대 1987.09.14

대회	연도	소속	출전	교체	득점	도움	파울	경고	퇴장
K2	2013	부천	24	5	1	1	39	4	0
	2014	부천	15	14	1	1	8	1	0
	합계		39	19	2	2	47	5	0
프로통산			39	19	2	2	47	5	0

김태영(金兌炯) 협성고 1962.01.13

대회	연도	소속	출전	교체	득점	도움	파울	경고	퇴장
BC	1986	럭금	3	3	0	0	1	0	0
	합계		3	3	0	0	1	0	0
프로통산			3	3	0	0	1	0	0

김태영(金泰映) 동아대 1970.11.08

대회	연도	소속	출전	교체	득점	도움	파울	경고	퇴장
BC	1995	전남	32	0	2	0	60	8	0
	1996	전남	28	2	1	0	57	5	0
	1997	전남	17	0	1	0	26	3	0
	1998	전남	19	4	0	2	55	3	0
	1999	전남	30	7	0	2	73	5	0
	2000	전남	31	6	0	4	53	2	1
	2001	전남	26	4	1	1	40	3	0
	2002	전남	24	9	0	1	41	2	0
	2003	전남	29	5	0	1	42	5	0
	2004	전남	12	3	0	1	26	1	0
	2005	전남	2	2	0	0	4	0	0
	합계		250	42	5	12	477	37	1
프로통산			250	42	5	12	477	37	1

김태영(金泰榮) 건국대 1982.01.17

대회	연도	소속	출전	교체	득점	도움	파울	경고	퇴장
BC	2004	전북	28	6	0	0	68	4	0
	2005	전북	6	1	0	0	13	1	0
	2006	부산	18	8	0	1	24	4	0
	2007	부산	6	0	0	0	7	2	0
	2008	부산	13	1	0	0	26	4	1
	2009	부산	9	1	0	0	19	3	0
	합계		80	17	0	1	157	18	1
프로통산			80	17	0	1	157	18	1

김태완(金泰完) 홍익대 1971.06.01

대회	연도	소속	출전	교체	득점	도움	파울	경고	퇴장
BC	1997	대전	21	6	1	0	18	1	0
	1998	대전	30	1	1	1	13	2	0
	1999	대전	27	8	3	1	32	4	0
	2000	대전	24	4	0	0	27	4	0
	2001	대전	14	4	0	0	17	6	0
	합계		116	23	5	2	107	17	0
프로통산			116	23	5	2	107	17	0

김태왕(金泰旺) 상지대 1988.11.16

대회	연도	소속	출전	교체	득점	도움	파울	경고	퇴장
BC	2011	성남일	1	2	0	0	0	0	0
	합계		1	2	0	0	0	0	0
프로통산			1	2	0	0	0	0	0

김태욱(金兌昱) 선문대 1987.07.09

대회	연도	소속	출전	교체	득점	도움	파울	경고	퇴장
BC	2009	경남	27	10	2	0	45	2	0
	2010	경남	32	3	2	2	59	3	0
	2011	경남	16	4	1	0	33	5	0
	합계		75	17	5	2	137	10	0
프로통산			75	17	5	2	137	10	0

김태윤(金台潤) 풍생고 1986.07.25

대회	연도	소속	출전	교체	득점	도움	파울	경고	퇴장
BC	2005	성남일	18	12	0	0	16	1	0
	2006	성남일	21	14	1	0	31	2	0
	2007	성남일	1	1	0	0	1	0	0
	2008	광주상	28	6	0	0	30	4	0
	2009	광주상	18	12	0	0	17	2	0
	2009	성남일	1	0	0	0	3	1	0
	2010	성남일	9	1	0	0	11	0	0
	2011	성남일	28	2	0	3	39	3	0
	2012	인천	16	5	1	0	11	0	0
	합계		140	53	2	3	159	13	0
K1	2013	인천	15	6	0	0	15	2	0
	2015	성남	16	1	0	0	17	3	0
	2016	성남	33	1	1	0	12	6	0
	합계		64	8	1	0	44	11	0
K2	2017	성남	5	1	0	0	3	0	0

대회	연도	소속	출전	교체	득점	도움	파울	경고	퇴장
	2018	광주	16	2	0	0	14	2	0
	2019	광주	2	0	0	0	1	0	0
	합계		23	3	0	0	18	2	0
승	2016	성남	2	0	0	0	1	0	0
	합계		2	0	0	0	1	0	0
프로통산			229	64	3	3	222	26	0

김태은(金兌恩) 배재대 1989.09.21

대회	연도	소속	출전	교체	득점	도움	파울	경고	퇴장
BC	2011	인천	1	1	0	0	1	0	0
	합계		1	1	0	0	1	0	0
K2	2015	서울E	15	2	0	0	11	4	0
	2016	서울E	22	6	0	0	44	8	0
	2017	대전	25	6	0	0	52	13	0
	2018	서울E	18	5	0	0	26	2	1
	합계		80	19	0	0	133	27	1
프로통산			81	20	0	0	134	27	1

김태인(金泰仁) 영남대 1972.05.21

대회	연도	소속	출전	교체	득점	도움	파울	경고	퇴장
BC	1995	전북	1	1	0	0	1	0	0
	1997	전북	1	1	0	0	0	0	0
	합계		2	2	0	0	1	0	0
프로통산			2	2	0	0	1	0	0

김태종(金泰鍾) 단국대 1982.10.29

대회	연도	소속	출전	교체	득점	도움	파울	경고	퇴장
BC	2006	제주	2	0	0	0	2	0	0
	2007	제주	3	2	0	0	4	0	0
	합계		5	2	0	0	6	0	0
프로통산			5	2	0	0	6	0	0

김태준(金泰俊) 류츠케이자이대 1989.04.25

대회	연도	소속	출전	교체	득점	도움	파울	경고	퇴장
BC	2011	부산	2	2	0	0	0	0	0
	2012	부산	1	2	0	0	1	1	0
	합계		3	4	0	0	1	1	0
K2	2013	고양	5	1	0	0	10	2	0
	합계		5	1	0	0	10	2	0
프로통산			8	5	0	0	11	3	0

김태진(金泰振) 강릉농공고 1984.08.30

대회	연도	소속	출전	교체	득점	도움	파울	경고	퇴장
BC	2006	수원	1	1	0	0	0	0	0
	합계		1	1	0	0	0	0	0
K1	2013	대구	0	0	0	0	0	0	0
	합계		0	0	0	0	0	0	0
프로통산			1	1	0	0	0	0	0

김태진(金泰眞) 동아대 1969.08.09

대회	연도	소속	출전	교체	득점	도움	파울	경고	퇴장
BC	1992	대우	4	3	0	0	3	0	0
	1993	대우	20	20	2	1	12	1	0
	1994	대우	11	8	2	1	7	1	0
	1995	대우	5	5	0	1	0	0	0
	합계		40	36	4	3	22	2	0
프로통산			40	36	4	3	22	2	0

김태진(金泰鎭) 경희대 1977.04.02

대회	연도	소속	출전	교체	실점	도움	파울	경고	퇴장
BC	2000	전남	0	0	0	0	0	0	0
	2001	전남	9	1	10	0	1	0	0
	2003	대구	23	1	27	0	0	2	0
	2004	대구	34	0	47	0	0	4	0
	2005	대구	18	0	27	0	1	2	0
	2006	대구	11	1	20	0	1	3	0
	합계		95	3	131	0	3	11	0
프로통산			95	3	131	0	3	11	0

김태진(金泰鎭) 연세대 1984.10.29

대회	연도	소속	출전	교체	득점	도움	파울	경고	퇴장
BC	2006	서울	1	0	0	0	3	0	0
	2007	서울	14	8	0	0	27	2	0
	2008	인천	15	12	0	0	28	3	0
	합계		30	20	0	0	58	5	0
프로통산			30	20	0	0	58	5	0

김태한(金台翰) 현풍고 1996.02.24

대회	연도	소속	출전	교체	득점	도움	파울	경고	퇴장
K1	2018	대구	3	1	0	0	4	0	0
	2019	대구	3	0	0	0	4	1	0
	합계		6	1	0	0	8	1	0
프로통산			6	1	0	0	8	1	0

김태현(金太炫) 통진고 2000.09.17

대회	연도	소속	출전	교체	득점	도움	파울	경고	퇴장
K1	2019	울산	0	0	0	0	0	0	0
	합계		0	0	0	0	0	0	0
K2	2019	대전	11	1	0	0	13	3	0
	합계		11	1	0	0	13	3	0
프로통산			11	1	0	0	13	3	0

김태현(金泰賢) 용인대 1996.12.19

대회	연도	소속	출전	교체	득점	도움	파울	경고	퇴장
K2	2018	안산	18	11	0	2	16	2	0
	2019	서울E	11	3	0	2	15	1	0
	합계		29	14	0	4	31	3	0
프로통산			29	14	0	4	31	3	0

김태형(金兌炯) 진주상고 1960.02.18

대회	연도	소속	출전	교체	실점	도움	파울	경고	퇴장
BC	1983	국민	5	0	10	0	0	0	0
	1984	국민	13	0	32	0	0	0	0
	합계		18	0	42	0	0	0	0
프로통산			18	0	42	0	0	0	0

김태호(金台鎬) 아주대 1989.09.22

대회	연도	소속	출전	교체	득점	도움	파울	경고	퇴장
K1	2013	전남	26	2	0	1	30	6	0
	2014	전남	32	6	0	3	43	5	0
	2015	전남	6	2	0	0	12	2	0
	2019	인천	0	0	0	0	0	0	0
	합계		64	10	0	4	85	13	0
K2	2016	안양	15	1	0	0	21	2	0
	2017	안양	30	2	0	0	36	5	0
	2018	안양	10	3	0	1	17	3	0
	합계		55	6	0	1	74	10	0
프로통산			119	16	0	5	159	23	0

김태호(金鮐壕 / ←김준호) 단국대 1992.06.05

대회	연도	소속	출전	교체	실점	도움	파울	경고	퇴장
K1	2015	전북	0	0	0	0	0	0	0
	2016	전북	0	0	0	0	0	0	0
	2017	전북	0	0	0	0	0	0	0
	합계		0	0	0	0	0	0	0
프로통산			0	0	0	0	0	0	0

김태호(金泰昊) 숭실대 1985.01.26

대회	연도	소속	출전	교체	득점	도움	파울	경고	퇴장
BC	2010	강원	0	0	0	0	0	0	0
	합계		0	0	0	0	0	0	0
프로통산			0	0	0	0	0	0	0

김태환(金太煥) 울산대 1989.07.24

대회	연도	소속	출전	교체	득점	도움	파울	경고	퇴장
BC	2010	서울	19	15	0	3	20	3	0
	2011	서울	17	14	1	0	27	2	0
	2012	서울	19	19	1	0	11	3	0
	합계		55	48	2	3	58	8	0
K1	2013	성남일	34	4	3	4	65	4	1
	2014	성남	36	3	5	4	71	7	0
	2015	울산	33	7	1	7	50	7	1
	2016	울산	36	9	4	3	49	2	0
	2017	상주	34	4	2	7	65	8	0
	2018	상주	21	1	0	4	32	5	0
	2018	울산	8	2	0	2	13	1	0
	2019	울산	30	3	2	7	51	9	0
	합계		232	33	17	38	396	43	2
승	2017	상주	1	0	0	0	0	0	0
	합계		1	0	0	0	0	0	0
프로통산			288	81	19	41	454	51	2

김태환(金泰換) 매탄고 2000.03.25

대회	연도	소속	출전	교체	득점	도움	파울	경고	퇴장
K1	2019	수원	3	0	0	0	6	1	0
	합계		3	0	0	0	6	1	0
프로통산			3	0	0	0	6	1	0

김태환(金泰換) 남부대 1993.12.11

대회	연도	소속	출전	교체	득점	도움	파울	경고	퇴장
K2	2016	충주	2	1	0	0	2	1	0
	합계		2	1	0	0	2	1	0
프로통산			2	1	0	0	2	1	0

김태환(金泰煥) 연세대 1958.03.20

대회	연도	소속	출전	교체	득점	도움	파울	경고	퇴장
BC	1984	할렐	7	6	0	1	5	0	0
	1985	할렐	18	6	0	1	9	1	0
	1987	유공	15	11	0	0	6	1	0
	합계		40	23	0	2	20	2	0
프로통산			40	23	0	2	20	2	0

김태훈(金泰勳) 영남대 1997.04.24

대회	연도	소속	출전	교체	실점	도움	파울	경고	퇴장
K2	2019	안양	0	0	0	0	0	0	0
	합계		0	0	0	0	0	0	0
프로통산			0	0	0	0	0	0	0

김판곤(金判坤) 호남대 1969.05.01

대회	연도	소속	출전	교체	득점	도움	파울	경고	퇴장
BC	1992	현대	10	7	0	1	12	2	1
	1993	현대	29	15	0	0	38	7	0
	1995	현대	6	1	0	0	12	3	0
	1996	울산	2	1	0	0	0	0	0
	1997	전북	6	4	0	0	11	2	0
	합계		53	28	0	1	73	14	1
프로통산			53	28	0	1	73	14	1

김판근(金判根) 고려대 1966.03.05

대회	연도	소속	출전	교체	득점	도움	파울	경고	퇴장
BC	1987	대우	30	5	2	3	41	1	0
	1988	대우	3	1	2	0	0	0	0
	1989	대우	30	17	2	5	25	1	0
	1990	대우	20	3	0	2	21	0	0
	1991	대우	37	6	2	2	46	3	0
	1992	대우	23	9	1	0	27	1	0
	1993	대우	24	10	2	2	29	2	0
	1994	LG	23	4	0	3	21	4	0
	1995	LG	35	2	1	1	22	2	0
	1996	안양LG	15	2	0	0	17	1	0
	1997	안양LG	27	6	1	3	16	1	0
	합계		267	65	13	21	265	16	0
프로통산			267	65	13	21	265	16	0

김평래(金平來) 중앙대 1987.11.09

대회	연도	소속	출전	교체	득점	도움	파울	경고	퇴장
BC	2011	성남일	1	1	0	0	1	0	0
	2012	성남일	18	8	0	0	24	1	0
	합계		19	9	0	0	25	1	0
K1	2013	성남일	22	15	0	1	30	3	0
	2014	성남	22	9	0	0	15	4	0
	2015	전남	29	10	0	0	26	3	0
	2016	전남	12	4	0	0	25	1	0
	2018	전남	2	2	0	0	5	0	0
	합계		87	40	0	1	101	11	0
프로통산			106	49	0	1	126	12	0

김평석(金平錫) 광운대 1958.09.22

대회	연도	소속	출전	교체	득점	도움	파울	경고	퇴장
BC	1984	현대	28	0	0	5	27	1	0
	1985	현대	10	0	0	0	20	0	0
	1986	현대	13	0	0	2	17	1	0
	1987	현대	27	0	0	2	40	4	1
	1988	현대	8	1	0	0	14	1	0
	1989	유공	21	4	0	0	31	2	0

대회	연도	소속	출전	교체	득점	도움	파울	경고	퇴장
	1990	유공	20	1	0	0	10	1	0
	합계		127	6	0	9	159	10	1
프로통산			127	6	0	9	159	10	1

김평진(金平鎭) 한남대 1990.08.11

대회	연도	소속	출전	교체	득점	도움	파울	경고	퇴장
K1	2013	대전	2	1	0	0	2	1	0
	합계		2	1	0	0	2	1	0
프로통산			2	1	0	0	2	1	0

김풍주(金豊柱) 양곡종고 1964.10.01

대회	연도	소속	출전	교체	**실점**	도움	파울	경고	퇴장
BC	1983	대우	1	0	0	0	0	0	0
	1984	대우	17	0	9	0	0	0	0
	1985	대우	21	0	16	0	0	1	0
	1986	대우	24	0	21	0	0	0	0
	1987	대우	15	1	9	0	1	0	0
	1988	대우	7	1	5	0	0	0	0
	1989	대우	6	1	5	0	0	0	0
	1990	대우	8	0	7	0	0	1	0
	1991	대우	37	0	27	0	0	0	0
	1993	대우	24	0	23	0	0	1	0
	1994	대우	17	1	29	0	0	0	0
	1996	부산	4	0	7	0	0	1	0
	합계		181	4	158	0	1	4	0
프로통산			181	4	158	0	1	4	0

김풍해(金豊海) 고려대 1960.07.13

대회	연도	소속	출전	교체	득점	도움	파울	경고	퇴장
BC	1985	상무	1	0	0	0	0	0	0
	합계		1	0	0	0	0	0	0
프로통산			1	0	0	0	0	0	0

김필호(金珌淏) 광주대 1994.03.31

대회	연도	소속	출전	교체	득점	도움	파울	경고	퇴장
K2	2016	고양	18	15	0	1	15	4	0
	합계		18	15	0	1	15	4	0
프로통산			18	15	0	1	15	4	0

김학범(金鶴範) 명지대 1960.03.01

대회	연도	소속	출전	교체	득점	도움	파울	경고	퇴장
BC	1984	국민은	13	4	1	0	9	0	0
	합계		13	4	1	0	9	0	0
프로통산			13	4	1	0	9	0	0

김학범(金學範) 조선대 1962.06.07

대회	연도	소속	출전	교체	득점	도움	파울	경고	퇴장
BC	1986	유공	1	1	0	0	1	0	0
	합계		1	1	0	0	1	0	0
프로통산			1	1	0	0	1	0	0

김학수(金鶴守) 경희대 1958.10.18

대회	연도	소속	출전	교체	득점	도움	파울	경고	퇴장
BC	1985	대우	13	8	0	0	18	0	0
	1986	대우	10	7	0	0	5	0	0
	합계		23	15	0	0	23	0	0
프로통산			23	15	0	0	23	0	0

김학순(金鶴淳) 전주대 1972.03.09

대회	연도	소속	출전	교체	득점	도움	파울	경고	퇴장
BC	1995	LG	0	0	0	0	0	0	0
	합계		0	0	0	0	0	0	0
프로통산			0	0	0	0	0	0	0

김학진(金學鎭) 광운대 1988.10.25

대회	연도	소속	출전	교체	득점	도움	파울	경고	퇴장
BC	2011	전북	1	1	0	0	1	1	0
	합계		1	1	0	0	1	1	0
프로통산			1	1	0	0	1	1	0

김학철(金學哲) 중앙대 1959.10.19

대회	연도	소속	출전	교체	득점	도움	파울	경고	퇴장
BC	1984	한일은	21	9	1	2	15	0	0
	1985	한일은	2	2	0	0	4	0	0
	합계		23	11	1	2	19	0	0
프로통산			23	11	1	2	19	0	0

김학철(金學喆) 인천대 1970.05.05

대회	연도	소속	출전	교체	득점	도움	파울	경고	퇴장
BC	1992	일화	8	7	0	0	4	0	0
	1993	일화	22	9	0	0	33	2	0
	1994	일화	17	3	0	0	19	2	0
	1996	천안일	15	7	0	0	22	1	0
	1997	포항	3	1	0	0	2	0	0
	1998	안양LG	31	13	0	1	49	2	0
	1999	안양LG	18	5	1	0	24	3	1
	합계		114	45	1	1	153	10	1
프로통산			114	45	1	1	153	10	1

김학철(金學喆) 국민대 1972.11.04

대회	연도	소속	출전	교체	득점	도움	파울	경고	퇴장
BC	1995	대우	7	2	0	0	16	4	0
	1996	부산	15	5	1	0	38	2	1
	1997	부산	32	6	0	1	40	6	0
	2000	부산	29	1	0	0	32	5	0
	2001	부산	16	1	0	0	28	1	0
	2002	부산	25	4	0	1	40	1	0
	2003	대구	35	2	0	2	49	7	0
	2004	인천	28	4	0	0	40	3	0
	2005	인천	36	2	0	0	47	5	0
	2006	인천	32	1	0	0	57	5	0
	2007	인천	26	9	0	0	44	8	0
	2008	인천	3	1	0	0	4	0	0
	합계		284	38	1	4	435	47	1
프로통산			284	38	1	4	435	47	1

김한길(金한길) 아주대 1995.06.21

대회	연도	소속	출전	교체	득점	도움	파울	경고	퇴장
K1	2017	서울	10	10	0	0	6	2	0
	2018	서울	12	10	1	0	19	2	0
	2019	서울	12	9	0	2	9	1	0
	합계		34	29	1	2	34	5	0
승	2018	서울	1	0	0	0	1	0	0
	합계		1	0	0	0	1	0	0
프로통산			35	29	1	2	35	5	0

김한봉(金漢奉) 부산상고 1957.12.15

대회	연도	소속	출전	교체	득점	도움	파울	경고	퇴장
BC	1984	현대	27	0	3	5	19	2	0
	1985	현대	18	1	4	5	20	0	0
	1986	현대	2	1	0	0	5	0	0
	합계		47	2	7	10	44	2	0
프로통산			47	2	7	10	44	2	0

김한빈(金漢彬) 선문대 1991.03.31

대회	연도	소속	출전	교체	득점	도움	파울	경고	퇴장
K2	2014	충주	19	3	0	2	14	1	0
	2015	충주	3	0	0	0	7	1	0
	2016	충주	40	0	1	2	21	2	0
	2017	부천	27	5	1	1	17	2	0
	2018	부천	0	0	0	0	0	0	0
	2019	부천	12	3	1	1	10	1	0
	합계		101	11	3	6	69	7	0
프로통산			101	11	3	6	69	7	0

김한섭(金翰燮) 동국대 1982.05.08

대회	연도	소속	출전	교체	득점	도움	파울	경고	퇴장
BC	2009	대전	11	0	1	0	25	1	0
	2010	대전	18	3	0	0	29	2	0
	2011	대전	19	0	0	1	25	5	0
	2011	인천	8	1	0	0	9	2	0
	2012	인천	15	3	0	0	20	2	0
	합계		71	7	1	1	108	12	0
K1	2013	대전	11	6	0	1	11	3	0
	합계		11	6	0	1	11	3	0
K2	2014	대전	18	15	1	2	13	0	0
	합계		18	15	1	2	13	0	0
프로통산			100	28	2	4	132	15	0

김한욱(金漢旭) 숭실대 1972.06.08

대회	연도	소속	출전	교체	득점	도움	파울	경고	퇴장
BC	1999	포항	22	19	0	1	36	3	0
	2000	포항	25	8	0	2	48	3	0
	2001	성남일	5	2	0	0	2	0	0
	합계		52	29	0	3	86	6	0
프로통산			52	29	0	3	86	6	0

김한원(金漢元) 세경대 1981.08.06

대회	연도	소속	출전	교체	득점	도움	파울	경고	퇴장
BC	2006	인천	15	12	3	1	20	2	0
	2007	전북	10	9	0	0	12	1	0
	2008	전북	4	2	0	0	11	0	0
	합계		29	23	3	1	43	3	0
K1	2016	수원FC	18	7	1	0	21	8	0
	합계		18	7	1	0	21	8	0
K2	2013	수원FC	30	13	8	6	33	9	0
	2014	수원FC	24	4	8	3	30	11	0
	2015	수원FC	26	9	1	0	22	5	0
	합계		80	26	17	9	85	25	0
승	2015	수원FC	1	1	0	0	0	0	0
	합계		1	1	0	0	0	0	0
프로통산			128	57	21	10	149	36	0

김한윤(金漢潤) 광운대 1974.07.11

대회	연도	소속	출전	교체	득점	도움	파울	경고	퇴장
BC	1997	부천SK	28	14	1	0	73	7	0
	1998	부천SK	24	11	1	0	36	4	0
	1999	부천SK	8	8	0	0	16	2	0
	1999	포항	14	7	0	0	33	1	0
	2000	포항	22	19	1	0	25	4	0
	2001	부천SK	16	6	0	0	34	3	0
	2002	부천SK	15	4	1	0	32	4	0
	2003	부천SK	34	0	0	1	72	10	0
	2004	부천SK	20	4	0	0	47	7	0
	2005	부천SK	28	2	1	0	63	11	0
	2006	서울	31	4	0	0	69	11	1
	2007	서울	29	9	0	0	61	12	0
	2008	서울	26	11	0	0	54	9	0
	2009	서울	25	10	0	1	70	11	0
	2010	서울	20	16	0	1	33	5	1
	2011	부산	27	6	3	1	53	12	0
	2012	부산	36	2	2	0	82	18	1
	합계		403	133	10	4	853	131	3
K1	2013	성남일	27	16	1	2	52	12	0
	합계		27	16	1	2	52	12	0
프로통산			430	149	11	6	905	143	3

김해국(金海國) 경상대 1974.05.20

대회	연도	소속	출전	교체	득점	도움	파울	경고	퇴장
BC	1997	전남	21	10	2	0	29	3	0
	1998	전남	6	0	0	0	17	2	0
	1999	전남	7	4	0	0	3	0	0
	2000	전남	3	2	0	0	7	0	0
	합계		37	16	2	0	56	5	0
프로통산			37	16	2	0	56	5	0

김해년(金海年) 중앙대 1964.07.05

대회	연도	소속	출전	교체	득점	도움	파울	경고	퇴장
BC	1986	한일은	8	1	0	0	11	1	0
	합계		8	1	0	0	11	1	0
프로통산			8	1	0	0	11	1	0

김해식(金海植) 한남대 1996.02.12

대회	연도	소속	출전	교체	득점	도움	파울	경고	퇴장
K2	2016	대전	20	7	1	0	21	4	0
	2017	대전	6	3	0	0	7	0	0
	합계		26	10	1	0	28	4	0
프로통산			26	10	1	0	28	4	0

김해운(金海雲) 대구대 1973.12.25

대회	연도	소속	출전	교체	**실점**	도움	파울	경고	퇴장
BC	1996	천안일	1	0	1	0	0	0	0
	1997	천안일	7	1	5	0	0	0	0
	1998	천안일	30	0	39	0	5	3	0

대회	연도	소속	출전	교체					
	1999	천안일	19	4	25	0	0	0	0
	2000	성남일	27	0	33	0	1	1	0
	2001	성남일	30	1	24	0	1	0	0
	2002	성남일	24	1	30	0	0	1	0
	2003	성남일	22	0	21	0	2	1	0
	2004	성남일	22	2	25	0	1	0	0
	2005	성남일	9	0	7	0	2	1	0
	2006	성남일	6	1	4	0	0	1	0
	2007	성남일	0	0	0	0	0	0	0
	2008	성남일	4	0	5	0	0	0	0
	합계		201	10	219	0	12	8	0
프로통산			201	10	219	0	12	8	0

김해원(金海元) 한남대 1986.05.23

대회	연도	소속	출전	교체	득점	도움	파울	경고	퇴장
BC	2009	전남	9	2	1	0	16	2	0
	2010	대구	1	1	0	0	1	0	0
	합계		10	3	1	0	17	2	0
프로통산			10	3	1	0	17	2	0

김해출(金海出) 광양제철고 1981.02.03

대회	연도	소속	출전	교체	득점	도움	파울	경고	퇴장
BC	1999	전남	2	2	0	0	0	0	0
	2000	전남	1	1	0	0	0	0	0
	합계		3	3	0	0	0	0	0
프로통산			3	3	0	0	0	0	0

김혁(金赫) 연세대 1985.05.04

대회	연도	소속	출전	교체	득점	도움	파울	경고	퇴장
BC	2008	인천	7	3	0	0	12	0	0
	합계		7	3	0	0	12	0	0
프로통산			7	3	0	0	12	0	0

김혁중(金赫重) 단국대 1994.12.09

대회	연도	소속	출전	교체	득점	도움	파울	경고	퇴장
K1	2018	인천	1	1	0	0	0	0	0
	합계		1	1	0	0	0	0	0
프로통산			1	1	0	0	0	0	0

김혁진(金奕辰) 경희대 1991.03.06

대회	연도	소속	출전	교체	득점	도움	파울	경고	퇴장
K1	2016	수원FC	6	6	0	1	0	0	0
	합계		6	6	0	1	0	0	0
K2	2014	수원FC	27	20	0	0	27	4	0
	2015	수원FC	14	12	0	2	12	3	0
	합계		41	32	0	2	39	7	0
프로통산			47	38	0	3	39	7	0

김현(金玄) 영생고 1993.05.03

대회	연도	소속	출전	교체	득점	도움	파울	경고	퇴장
BC	2012	전북	9	9	1	0	11	3	0
	합계		9	9	1	0	11	3	0
K1	2013	성남일	4	4	0	0	1	0	0
	2014	제주	33	23	2	5	60	2	0
	2015	제주	26	21	3	1	34	3	0
	2016	제주	6	5	0	0	6	1	0
	2016	성남	15	10	3	0	23	2	0
	2018	제주	3	3	0	0	1	0	0
	2019	제주	2	2	0	0	4	1	0
	합계		89	68	8	6	129	9	0
K2	2017	아산	23	21	6	3	45	3	0
	2018	아산	20	16	4	2	28	4	1
	합계		43	37	10	5	73	7	1
승	2016	성남	2	1	0	0	5	1	0
	합계		2	1	0	0	5	1	0
프로통산			143	115	19	11	218	20	1

김현관(金賢官) 동국대 1985.04.20

대회	연도	소속	출전	교체	득점	도움	파울	경고	퇴장
BC	2008	서울	1	1	0	0	0	0	0
	합계		1	1	0	0	0	0	0
프로통산			1	1	0	0	0	0	0

김현규(金賢圭) 경희고 1997.08.23

대회	연도	소속	출전	교체	득점	도움	파울	경고	퇴장
K2	2016	서울E	8	8	0	1	4	0	0
	2017	서울E	1	1	0	0	0	0	0
	2018	안양	4	4	0	0	5	2	0
	합계		13	13	0	1	9	2	0
프로통산			13	13	0	1	9	2	0

김현기(金賢技) 상지대 1985.12.16

대회	연도	소속	출전	교체	득점	도움	파울	경고	퇴장
BC	2006	포항	2	2	0	0	0	0	0
	합계		2	2	0	0	0	0	0
프로통산			2	2	0	0	0	0	0

김현동(金鉉東) 강원대 1972.08.25

대회	연도	소속	출전	교체	득점	도움	파울	경고	퇴장
BC	1996	안양LG	14	14	1	1	14	0	0
	1997	안양LG	11	7	0	0	15	0	0
	합계		25	21	1	1	29	0	0
프로통산			25	21	1	1	29	0	0

김현민(金鉉敏) 한성대 1970.04.09

대회	연도	소속	출전	교체	득점	도움	파울	경고	퇴장
BC	1997	대전	28	21	5	4	47	2	0
	1998	대전	4	5	0	1	3	0	0
	1999	대전	17	16	2	0	10	3	0
	2000	대전	12	13	2	1	17	2	0
	합계		61	55	9	6	77	7	0
프로통산			61	55	9	6	77	7	0

김현배(金賢培) 고려대 1976.06.09

대회	연도	소속	출전	교체	득점	도움	파울	경고	퇴장
BC	1999	울산	0	0	0	0	0	0	0
	2000	울산	3	1	1	0	9	1	0
	합계		3	1	1	0	9	1	0
프로통산			3	1	1	0	9	1	0

김현복(金顯福) 중앙대 1954.12.09

대회	연도	소속	출전	교체	득점	도움	파울	경고	퇴장
BC	1983	할렐	12	9	2	1	4	0	0
	1984	할렐	19	5	0	0	28	0	0
	1985	할렐	16	5	0	1	25	3	0
	합계		47	19	2	2	57	3	0
프로통산			47	19	2	2	57	3	0

김현석(金賢錫) 서울시립대 1966.09.14

대회	연도	소속	출전	교체	득점	도움	파울	경고	퇴장
BC	1989	일화	27	6	0	0	50	5	0
	1990	일화	14	2	0	0	21	4	0
	합계		41	8	0	0	71	9	0
프로통산			41	8	0	0	71	9	0

김현석(金鉉錫) 연세대 1967.05.05

대회	연도	소속	출전	교체	득점	도움	파울	경고	퇴장
BC	1990	현대	28	1	5	3	41	3	0
	1991	현대	39	10	14	4	50	2	0
	1992	현대	37	12	13	7	62	2	0
	1993	현대	11	8	1	1	12	0	0
	1995	현대	33	2	18	7	34	5	0
	1996	울산	34	5	9	9	43	4	0
	1997	울산	30	2	13	5	54	5	0
	1998	울산	37	8	17	5	84	6	0
	1999	울산	36	3	8	6	41	2	0
	2001	울산	31	9	6	5	41	3	1
	2002	울산	35	3	6	2	30	5	0
	2003	울산	20	8	0	0	16	3	0
	합계		371	71	110	54	508	40	1
프로통산			371	71	110	54	508	40	1

김현성(金賢聖) 동북고 1989.09.27

대회	연도	소속	출전	교체	득점	도움	파울	경고	퇴장
BC	2010	대구	10	6	1	0	13	1	0
	2011	대구	29	9	7	2	63	2	0
	2012	서울	13	13	1	0	13	1	0
	합계		52	28	9	2	89	4	0
K1	2013	서울	17	16	1	1	13	0	0
	2014	서울	6	4	0	1	6	0	0
	2015	서울	17	14	4	0	18	3	0
	2019	성남	23	16	3	1	37	2	0
	합계		63	50	8	3	74	5	0
K2	2016	부산	3	3	0	0	1	1	0
	2017	부산	4	4	0	0	6	0	0
	2018	부산	22	15	1	0	33	3	0
	합계		29	22	1	0	40	4	0
승	2018	부산	2	2	0	0	1	0	0
	합계		2	2	0	0	1	0	0
프로통산			146	102	18	5	204	13	0

김현성(金炫成) 광주대 1993.03.28

대회	연도	소속	출전	교체	실점	도움	파울	경고	퇴장
K1	2017	대구	0	0	0	0	0	0	0
	합계		0	0	0	0	0	0	0
K2	2015	서울E	1	0	4	0	0	0	0
	2016	서울E	0	0	0	0	0	0	0
	합계		1	0	4	0	0	0	0
프로통산			1	0	4	0	0	0	0

김현솔(金현솔) 브라질 카피바리아누 1991.05.17

대회	연도	소속	출전	교체	득점	도움	파울	경고	퇴장
K1	2018	포항	5	6	0	1	4	0	0
	합계		5	6	0	1	4	0	0
K2	2016	서울E	7	7	0	0	9	2	0
	합계		7	7	0	0	9	2	0
프로통산			12	13	0	1	13	2	0

김현수(金顯秀) 연세대 1992.04.05

대회	연도	소속	출전	교체	득점	도움	파울	경고	퇴장
K2	2015	대구	3	3	0	0	0	0	0
	2016	대구	2	2	0	0	1	1	0
	합계		5	5	0	0	1	1	0
프로통산			5	5	0	0	1	1	0

김현수(金鉉洙) 아주대 1973.03.13

대회	연도	소속	출전	교체	득점	도움	파울	경고	퇴장
BC	1995	대우	32	3	1	0	44	4	0
	1996	부산	29	7	2	1	22	1	0
	1997	부산	29	6	3	0	31	3	0
	1998	부산	19	4	2	0	21	1	0
	1999	부산	27	4	1	0	35	2	0
	2000	성남일	40	0	3	1	60	5	0
	2001	성남일	35	1	2	0	42	3	0
	2002	성남일	36	2	4	0	49	3	0
	2003	성남일	38	7	3	1	42	2	0
	2004	인천	30	0	1	0	23	6	0
	2005	전남	5	3	0	0	6	0	0
	2006	대구	35	2	1	2	20	5	0
	2007	대구	28	2	1	0	43	3	0
	합계		383	41	24	5	438	38	0
프로통산			383	41	24	5	438	38	0

김현수(金鉉洙) 연세대 1973.02.14

대회	연도	소속	출전	교체	득점	도움	파울	경고	퇴장
BC	1995	전남	26	0	1	2	52	3	0
	1996	전남	20	8	0	2	26	5	0
	1997	전남	30	10	0	1	20	1	1
	2000	전남	8	8	0	0	3	0	0
	2001	전남	17	8	0	0	25	4	0
	2002	전남	30	3	1	2	65	4	0
	2003	전북	42	20	0	1	76	3	0
	2004	전북	29	7	0	0	26	4	0
	2005	전북	25	5	0	0	35	2	0
	2006	전북	24	5	1	1	58	6	0
	2007	전북	25	6	0	0	51	7	1
	2008	전북	15	10	1	0	28	2	0
	합계		291	90	4	9	465	41	2
프로통산			291	90	4	9	465	41	2

김현승(金炫承) 홍익대 1984.11.16

대회	연도	소속	출전	교체	득점	도움	파울	경고	퇴장
BC	2008	광주상	4	5	0	0	5	0	0

대회	연도	소속	출전	교체	득점	도움	파울	경고	퇴장
	2009	광주상	1	1	0	0	1	0	0
	합계		5	6	0	0	6	0	0
프로통산			5	6	0	0	6	0	0

김현우(金玄雨) 광운대 1989.04.17

대회	연도	소속	출전	교체	득점	도움	파울	경고	퇴장
BC	2012	성남일	8	7	0	0	11	3	0
	합계		8	7	0	0	11	3	0
프로통산			8	7	0	0	11	3	0

김현욱(金賢旭) 한양대 1995.06.22

대회	연도	소속	출전	교체	득점	도움	파울	경고	퇴장
K1	2017	제주	3	3	0	0	1	0	0
	2018	제주	22	16	4	2	16	3	0
	2019	강원	31	21	2	2	13	0	0
	합계		56	40	6	4	30	3	0
프로통산			56	40	6	4	30	3	0

김현중(金鉉重) 한양대 1996.05.03

대회	연도	소속	출전	교체	득점	도움	파울	경고	퇴장
K1	2019	경남	0	0	0	0	0	0	0
	합계		0	0	0	0	0	0	0
프로통산			0	0	0	0	0	0	0

김현태(金炫兌) 영남대 1994.11.14

대회	연도	소속	출전	교체	득점	도움	파울	경고	퇴장
K1	2017	전남	0	0	0	0	0	0	0
	합계		0	0	0	0	0	0	0
K2	2018	안산	13	3	2	0	12	0	0
	합계		13	3	2	0	12	0	0
프로통산			13	3	2	0	12	0	0

김현태(金鉉泰) 용인대 1992.05.13

대회	연도	소속	출전	교체	득점	도움	파울	경고	퇴장
K2	2015	수원FC	0	0	0	0	0	0	0
	합계		0	0	0	0	0	0	0
프로통산			0	0	0	0	0	0	0

김현태(金顯泰) 고려대 1961.05.01

대회	연도	소속	출전	교체	실점	도움	파울	경고	퇴장
BC	1984	럭금	23	1	37	0	0	0	0
	1985	럭금	21	0	19	0	0	1	0
	1986	럭금	30	1	32	0	0	0	0
	1987	럭금	18	0	36	0	1	0	1
	1988	럭금	8	0	12	0	0	0	0
	1989	럭금	9	1	9	0	0	0	0
	1990	럭금	2	0	2	0	0	0	0
	1991	LG	3	2	4	0	0	0	0
	1996	안양LG	0	0	0	0	0	0	0
	합계		114	5	151	0	1	1	1
프로통산			114	5	151	0	1	1	1

김현호(金鉉浩) 신평고 1981.09.30

대회	연도	소속	출전	교체	득점	도움	파울	경고	퇴장
BC	1995	포항	0	0	0	0	0	0	0
	합계		0	0	0	0	0	0	0
프로통산			0	0	0	0	0	0	0

김현훈(金泫訓) 홍익대 1991.04.30

대회	연도	소속	출전	교체	득점	도움	파울	경고	퇴장
K1	2018	경남	30	3	1	0	29	2	0
	합계		30	3	1	0	29	2	0
프로통산			30	3	1	0	29	2	0

김형근(金亨根) 영남대 1994.01.06

대회	연도	소속	출전	교체	실점	도움	파울	경고	퇴장
K2	2016	부산	6	0	9	0	0	0	0
	2017	부산	10	0	8	0	0	0	0
	2018	부산	14	0	17	0	0	0	0
	2019	부산	16	0	21	0	0	1	0
	합계		46	0	55	0	0	1	0
승	2017	부산	1	0	0	0	0	0	0
	2018	부산	0	0	0	0	0	0	0
	합계		1	0	0	0	0	0	0
프로통산			47	0	55	0	0	1	0

김형남(金炯男) 중대부고 1956.12.18

대회	연도	소속	출전	교체	득점	도움	파울	경고	퇴장
BC	1983	포철	13	2	0	0	17	2	0
	1984	포철	13	6	0	0	11	0	0
	합계		26	8	0	0	28	2	0
프로통산			26	8	0	0	28	2	0

김형록(金洞錄) 동아대 1991.06.17

대회	연도	소속	출전	교체	실점	도움	파울	경고	퇴장
K1	2014	제주	0	0	0	0	0	0	0
	2015	제주	0	0	0	0	0	0	0
	합계		0	0	0	0	0	0	0
K2	2015	경남	0	0	0	0	0	0	0
	2017	경남	2	0	3	0	0	0	0
	합계		2	0	3	0	0	0	0
프로통산			2	0	3	0	0	0	0

김형범(金炯氾) 건국대 1984.01.01

대회	연도	소속	출전	교체	득점	도움	파울	경고	퇴장
BC	2004	울산	29	25	1	5	36	2	0
	2005	울산	14	13	4	1	5	1	0
	2006	전북	28	12	7	4	35	4	0
	2007	전북	6	5	2	0	6	1	0
	2008	전북	31	25	7	4	20	2	0
	2009	전북	1	1	0	0	0	0	0
	2010	전북	9	8	1	0	8	1	0
	2011	전북	4	4	0	0	3	0	0
	2012	대전	32	18	5	10	35	3	0
	합계		154	111	27	24	148	14	0
K1	2013	경남	22	18	8	0	27	1	0
	합계		22	18	8	0	27	1	0
프로통산			176	129	35	24	175	15	0

김형일(金亨鎰) 경희대 1984.04.27

대회	연도	소속	출전	교체	득점	도움	파울	경고	퇴장
BC	2007	대전	29	2	0	1	68	11	0
	2008	대전	16	3	0	0	22	7	0
	2008	포항	3	0	0	0	7	1	0
	2009	포항	30	1	2	1	40	9	0
	2010	포항	22	2	2	1	27	8	0
	2011	포항	21	2	0	0	26	3	0
	2012	상주	17	2	1	0	19	3	0
	합계		138	12	5	3	209	42	0
K1	2013	포항	2	2	0	0	0	0	0
	2014	포항	14	3	1	0	13	3	0
	2015	전북	24	2	0	0	29	4	0
	2016	전북	13	1	0	0	20	4	0
	합계		53	8	1	0	62	11	0
K2	2013	상주	26	0	0	0	29	3	1
	2017	부천	10	4	0	1	10	1	0
	합계		36	4	0	1	39	4	1
프로통산			227	24	6	4	310	57	1

김형진(金炯進) 배재대 1993.12.20

대회	연도	소속	출전	교체	득점	도움	파울	경고	퇴장
K2	2016	대전	16	8	0	0	29	4	0
	2017	안양	10	5	0	0	6	2	0
	2018	안양	23	10	0	0	25	2	0
	2019	안양	31	4	0	0	28	5	0
	합계		80	27	0	0	88	13	0
프로통산			80	27	0	0	88	13	0

김형철(金亨哲) 동아대 1983.10.02

대회	연도	소속	출전	교체	득점	도움	파울	경고	퇴장
BC	2006	수원	1	1	0	0	0	1	0
	합계		1	1	0	0	0	1	0
프로통산			1	1	0	0	0	1	0

김형필(金炯必) 경희대 1987.01.13

대회	연도	소속	출전	교체	득점	도움	파울	경고	퇴장
BC	2010	전남	11	10	3	0	5	1	0
	2011	전남	3	3	0	0	0	0	0
	2012	부산	1	1	0	0	2	1	0
	합계		15	14	3	0	7	2	0
K2	2016	경남	10	9	2	0	6	1	0
	합계		10	9	2	0	6	1	0
프로통산			25	23	5	0	13	3	0

김형호(金瀅鎬) 광양제철고 1987.03.25

대회	연도	소속	출전	교체	득점	도움	파울	경고	퇴장
BC	2009	전남	21	2	0	1	25	2	0
	2010	전남	23	3	1	1	35	7	0
	2011	전남	9	0	0	0	7	0	0
	합계		53	5	1	2	67	9	0
프로통산			53	5	1	2	67	9	0

김혜성(金慧成) 홍익대 1996.04.11

대회	연도	소속	출전	교체	득점	도움	파울	경고	퇴장
K2	2018	광주	0	0	0	0	0	0	0
	합계		0	0	0	0	0	0	0
프로통산			0	0	0	0	0	0	0

김호남(金浩男) 광주대 1989.06.14

대회	연도	소속	출전	교체	득점	도움	파울	경고	퇴장
BC	2011	광주	2	2	0	0	2	1	0
	2012	광주	1	1	0	0	3	0	0
	합계		3	3	0	0	5	1	0
K1	2015	광주	29	13	8	1	27	4	0
	2016	제주	31	29	8	3	10	1	0
	2017	상주	32	11	7	2	22	2	0
	2018	상주	21	16	2	1	16	1	0
	2018	제주	12	5	0	0	6	0	0
	2019	제주	17	5	0	1	26	3	0
	2019	인천	18	14	4	0	14	1	0
	합계		160	93	29	8	121	12	0
K2	2013	광주	28	15	7	6	36	4	0
	2014	광주	35	13	7	5	51	5	0
	합계		63	28	14	11	87	9	0
승	2014	광주	2	0	1	0	4	0	0
	2017	상주	2	0	0	0	2	0	0
	합계		4	0	1	0	6	0	0
프로통산			230	124	44	19	219	22	0

김호영(金昊榮/←김용갑) 동국대 1969.10.29

대회	연도	소속	출전	교체	득점	도움	파울	경고	퇴장
BC	1991	일화	10	10	0	1	7	1	0
	1992	일화	6	3	0	0	5	0	0
	1993	일화	8	6	0	3	3	0	0
	1994	일화	6	7	1	0	6	2	0
	1995	일화	6	7	0	1	2	0	0
	1996	전북	35	13	9	5	29	2	0
	1997	전북	27	21	4	3	12	0	0
	1998	전북	22	19	3	3	15	0	0
	1999	전북	1	1	0	0	1	0	0
	합계		121	87	17	16	80	5	0
프로통산			121	87	17	16	80	5	0

김호유(金浩猷) 성균관대 1981.02.19

대회	연도	소속	출전	교체	득점	도움	파울	경고	퇴장
BC	2003	전남	0	0	0	0	0	0	0
	2004	전남	14	4	1	0	20	2	0
	2005	전남	10	6	0	0	13	0	0
	2006	전남	10	3	1	0	15	3	0
	2007	제주	14	6	0	2	17	3	0
	합계		48	19	2	2	65	8	0
프로통산			48	19	2	2	65	8	0

김호준(金鎬俊) 인천대 1996.03.18

대회	연도	소속	출전	교체	득점	도움	파울	경고	퇴장
K2	2019	서울E	0	0	0	0	0	0	0
	합계		0	0	0	0	0	0	0
프로통산			0	0	0	0	0	0	0

김호준(金鎬浚) 고려대 1984.06.21

대회	연도	소속	출전	교체	실점	도움	파울	경고	퇴장
BC	2005	서울	3	0	6	0	1	0	0
	2007	서울	0	0	0	0	0	0	0
	2008	서울	31	0	32	0	0	2	0

	2009	서울	24	1	26	0	1	2	0
	2010	제주	35	0	32	0	2	2	0
	2011	제주	24	0	36	0	0	2	0
	2012	상주	9	0	17	0	0	0	0
	합계		126	1	149	0	4	8	0
K1	2014	제주	37	1	37	1	0	1	0
	2015	제주	31	0	45	0	0	1	0
	2016	제주	28	1	39	0	1	2	0
	2017	제주	19	0	22	0	0	0	0
	2018	강원	6	1	10	0	1	0	1
	2019	강원	28	1	35	0	0	2	0
	합계		149	4	188	1	2	6	1
K2	2013	상주	30	0	23	0	0	2	0
	합계		30	0	23	0	0	2	0
프로통산			305	5	360	1	6	16	1

김호철(金虎喆) 숭실대 1971.01.05

대회	연도	소속	출전	교체	득점	도움	파울	경고	퇴장
BC	1993	유공	1	1	0	0	1	0	0
	1995	유공	2	2	0	0	3	0	0
	1996	부천유	0	0	0	0	0	0	0
	합계		3	3	0	0	4	0	0
프로통산			3	3	0	0	4	0	0

김홍기(金弘冀) 중앙대 1976.03.14

대회	연도	소속	출전	교체	득점	도움	파울	경고	퇴장
BC	1999	전북	2	2	0	0	0	0	0
	2000	전북	4	4	0	0	2	0	0
	합계		6	6	0	0	2	0	0
프로통산			6	6	0	0	2	0	0

김홍운(金弘運) 건국대 1964.03.21

대회	연도	소속	출전	교체	득점	도움	파울	경고	퇴장
BC	1987	포철	26	20	9	3	19	3	0
	1988	포철	21	7	1	2	24	1	0
	1989	포철	7	7	1	0	2	0	0
	1990	포철	15	11	1	2	23	2	0
	1991	포철	3	3	0	0	1	0	0
	1991	유공	8	7	0	0	3	0	0
	1992	LG	8	7	1	0	13	0	0
	1993	현대	5	5	0	0	1	1	0
	합계		93	67	13	7	86	7	0
프로통산			93	67	13	7	86	7	0

김홍일(金弘一) 연세대 1987.09.29

대회	연도	소속	출전	교체	득점	도움	파울	경고	퇴장
BC	2009	수원	5	2	0	0	7	0	0
	2011	광주	2	2	0	1	2	0	0
	합계		7	4	0	1	9	0	0
K2	2014	수원FC	5	5	0	0	4	1	0
	합계		5	5	0	0	4	1	0
프로통산			12	9	0	1	13	1	0

김홍주(金洪柱) 한양대 1955.03.21

대회	연도	소속	출전	교체	득점	도움	파울	경고	퇴장
BC	1983	국민은	13	0	0	0	7	2	0
	1984	국민은	7	2	0	0	3	1	0
	합계		20	2	0	0	10	3	0
프로통산			20	2	0	0	10	3	0

김홍철(金弘哲) 한양대 1979.06.02

대회	연도	소속	출전	교체	득점	도움	파울	경고	퇴장
BC	2002	전남	6	1	1	0	4	0	0
	2003	전남	25	9	0	3	17	1	0
	2004	전남	17	6	0	0	24	3	0
	2005	포항	22	14	1	0	21	0	0
	2006	부산	2	2	0	0	1	0	0
	합계		72	32	2	3	67	4	0
프로통산			72	32	2	3	67	4	0

김황정(金晃正) 한남대 1975.11.19

대회	연도	소속	출전	교체	득점	도움	파울	경고	퇴장
BC	2001	울산	7	7	0	0	7	0	0
	합계		7	7	0	0	7	0	0
프로통산			7	7	0	0	7	0	0

김황호(金黃鎬) 경희대 1954.08.15

대회	연도	소속	출전	교체	실점	도움	파울	경고	퇴장
BC	1984	현대	7	1	3	0	0	0	0
	1985	현대	18	1	18	0	0	0	0
	1986	현대	2	0	3	0	0	0	0
	합계		27	2	24	0	0	0	0
프로통산			27	2	24	0	0	0	0

김효기(金孝基) 조선대 1986.07.03

대회	연도	소속	출전	교체	득점	도움	파울	경고	퇴장
BC	2010	울산	1	1	0	0	0	0	0
	2011	울산	0	0	0	0	0	0	0
	2012	울산	4	4	0	0	2	0	0
	합계		5	5	0	0	2	0	0
K1	2016	전북	0	0	0	0	0	0	0
	2018	경남	30	17	7	1	35	3	0
	2019	경남	29	18	4	3	41	2	0
	합계		59	35	11	4	76	5	0
K2	2015	안양	15	7	8	2	35	3	0
	2016	안양	13	3	4	0	20	1	0
	2017	안양	33	21	5	3	74	3	0
	합계		61	31	17	5	129	7	0
승	2019	경남	1	1	0	0	2	0	0
	합계		1	1	0	0	2	0	0
프로통산			126	72	28	9	209	12	0

김효일(金孝日) 경상대 1978.09.07

대회	연도	소속	출전	교체	득점	도움	파울	경고	퇴장
BC	2003	전남	19	11	0	0	24	2	0
	2004	전남	16	9	0	0	23	0	0
	2005	전남	17	3	0	0	41	3	0
	2006	전남	35	10	1	2	67	6	0
	2007	경남	29	11	1	0	45	1	0
	2008	경남	25	8	1	1	32	5	0
	2009	부산	12	4	0	0	18	0	0
	2010	부산	11	8	0	0	5	0	0
	합계		164	64	3	3	255	17	0
K2	2014	충주	0	0	0	0	0	0	0
	합계		0	0	0	0	0	0	0
프로통산			164	64	3	3	255	17	0

김효준(金孝埈) 경일대 1978.10.13

대회	연도	소속	출전	교체	득점	도움	파울	경고	퇴장
BC	2006	경남	8	3	0	0	12	1	0
	2007	경남	5	3	0	0	8	1	0
	합계		13	6	0	0	20	2	0
K2	2013	안양	25	0	2	0	33	3	0
	2014	안양	11	2	0	0	7	3	0
	합계		36	2	2	0	40	6	0
프로통산			49	8	2	0	60	8	0

김효진(金孝鎭) 연세대 1990.10.22

대회	연도	소속	출전	교체	득점	도움	파울	경고	퇴장
K1	2013	강원	1	1	0	0	1	0	0
	합계		1	1	0	0	1	0	0
프로통산			1	1	0	0	1	0	0

김후석(金厚奭) 영남대 1974.03.20

대회	연도	소속	출전	교체	득점	도움	파울	경고	퇴장
BC	1997	포항	7	7	0	0	4	2	0
	1998	포항	6	5	0	0	6	0	0
	합계		13	12	0	0	10	2	0
프로통산			13	12	0	0	10	2	0

김훈성(金勳成) 고려대 1991.05.20

대회	연도	소속	출전	교체	득점	도움	파울	경고	퇴장
K2	2015	고양	2	2	0	0	0	0	0
	합계		2	2	0	0	0	0	0
프로통산			2	2	0	0	0	0	0

김흥권(金興權) 전남대 1963.12.02

대회	연도	소속	출전	교체	득점	도움	파울	경고	퇴장
BC	1984	현대	9	2	1	2	8	0	0
	1985	현대	11	1	0	0	7	0	0
	1986	현대	31	1	2	1	41	4	0
	1987	현대	4	4	0	0	1	1	0
	1989	현대	19	8	1	2	18	0	0
	합계		74	16	4	5	75	5	0
프로통산			74	16	4	5	75	5	0

김흥일(金興一) 동아대 1992.11.02

대회	연도	소속	출전	교체	득점	도움	파울	경고	퇴장
K1	2013	대구	14	14	0	0	6	0	0
	합계		14	14	0	0	6	0	0
K2	2014	대구	9	8	0	0	4	0	0
	합계		9	8	0	0	4	0	0
프로통산			23	22	0	0	10	0	0

김희원(金熙元) 청주대 1994.07.12

대회	연도	소속	출전	교체	득점	도움	파울	경고	퇴장
K2	2017	서울E	2	1	0	0	0	0	1
	2018	안양	4	4	0	0	1	0	0
	합계		6	5	0	0	1	0	1
프로통산			6	5	0	0	1	0	1

김희철(金熙澈) 충북대 1960.09.03

대회	연도	소속	출전	교체	득점	도움	파울	경고	퇴장
BC	1983	포철	13	4	5	3	4	0	0
	1984	포철	8	6	0	1	4	0	0
	1985	상무	11	6	2	1	8	0	0
	합계		32	16	7	5	16	0	0
프로통산			32	16	7	5	16	0	0

김희태(金熙泰) 연세대 1953.07.10

대회	연도	소속	출전	교체	득점	도움	파울	경고	퇴장
BC	1983	대우	2	2	0	0	0	0	0
	합계		2	2	0	0	0	0	0
프로통산			2	2	0	0	0	0	0

까랑가(Luiz Fernando da Silva Monte) 브라질 1991.04.14

대회	연도	소속	출전	교체	득점	도움	파울	경고	퇴장
K1	2015	제주	16	8	5	3	34	3	0
	2016	제주	2	0	0	0	2	1	0
	합계		18	8	5	3	36	4	0
프로통산			18	8	5	3	36	4	0

까르멜로(Carmelo Enrique Valencia Chaverra) 콜롬비아 1984.007.13

대회	연도	소속	출전	교체	득점	도움	파울	경고	퇴장
BC	2010	울산	24	20	8	3	20	1	0
	합계		24	20	8	3	20	1	0
프로통산			24	20	8	3	20	1	0

까를로스(Jose Carlos Santos da Silva) 브라질 1975.03.19

대회	연도	소속	출전	교체	득점	도움	파울	경고	퇴장
BC	2004	포항	25	20	4	2	48	3	0
	합계		25	20	4	2	48	3	0
프로통산			25	20	4	2	48	3	0

까를로스(Jean Carlos Donde) 브라질 1983.08.12

대회	연도	소속	출전	교체	득점	도움	파울	경고	퇴장
BC	2011	성남일	3	3	0	0	1	0	0
	합계		3	3	0	0	1	0	0
프로통산			3	3	0	0	1	0	0

까밀로(Camilo da Silva Sanvezzo) 브라질 1988.07.21

대회	연도	소속	출전	교체	득점	도움	파울	경고	퇴장
BC	2010	경남	9	8	0	1	22	1	0
	합계		9	8	0	1	22	1	0
프로통산			9	8	0	1	22	1	0

까보레(Everaldo de Jesus Pereira) 브라질 1980.02.19

대회	연도	소속	출전	교체	득점	도움	파울	경고	퇴장
BC	2007	경남	31	5	18	8	48	5	0
	합계		31	5	18	8	48	5	0
프로통산			31	5	18	8	48	5	0

까스띠쇼(Jonathan Emanuel Castillo) 아르헨티나 1993.01.05

대회	연도	소속	출전	교체	득점	도움	파울	경고	퇴장
K2	2016	충주	1	1	0	0	1	0	0
	합계		1	1	0	0	1	0	0
프로통산			1	1	0	0	1	0	0

까시아노(Dias Moreira Cassiano) 브라질 1989.06.16

대회	연도	소속	출전	교체	득점	도움	파울	경고	퇴장
K1	2015	광주	11	8	1	0	16	2	0
	합계		11	8	1	0	16	2	0
프로통산			11	8	1	0	16	2	0

까시아노(Cassiano Mendes da Rocha) 브라질 1975.12.04

대회	연도	소속	출전	교체	득점	도움	파울	경고	퇴장
BC	2003	포항	15	13	4	0	15	1	0
	합계		15	13	4	0	15	1	0
프로통산			15	13	4	0	15	1	0

까이끼(Caique Silva Rocha) 브라질 1987.01.10

대회	연도	소속	출전	교체	득점	도움	파울	경고	퇴장
BC	2012	경남	41	10	12	7	60	5	0
	합계		41	10	12	7	60	5	0
K1	2013	울산	18	14	3	4	19	2	0
	2014	울산	1	1	0	0	0	0	0
	합계		19	15	3	4	19	2	0
프로통산			60	25	15	11	79	7	0

까이오(Antonio Caio Silva Souza) 브라질 1980.10.11

대회	연도	소속	출전	교체	득점	도움	파울	경고	퇴장
BC	2004	전남	15	14	0	2	18	0	0
	합계		15	14	0	2	18	0	0
프로통산			15	14	0	2	18	0	0

깔레오(Coelho Goncalves) 브라질 1995.09.22

대회	연도	소속	출전	교체	득점	도움	파울	경고	퇴장
K2	2014	충주	4	4	0	0	1	0	0
	합계		4	4	0	0	1	0	0
프로통산			4	4	0	0	1	0	0

꼬레아(Nestor Correa) 우루과이 1974.08.23

대회	연도	소속	출전	교체	득점	도움	파울	경고	퇴장
BC	2000	전북	23	15	3	4	45	1	1
	2002	전남	15	12	0	2	36	3	0
	합계		38	27	3	6	81	4	1
프로통산			38	27	3	6	81	4	1

끌레베르(Cleber Arildo da Silva) 브라질 1969.01.21

대회	연도	소속	출전	교체	득점	도움	파울	경고	퇴장
BC	2001	울산	30	2	2	2	53	7	0
	2002	울산	34	6	0	0	63	7	0
	2003	울산	33	5	1	1	54	6	1
	합계		97	13	3	3	170	20	1
프로통산			97	13	3	3	170	20	1

끌레오(Cleomir Mala dos Santos) 브라질 1972.02.02

대회	연도	소속	출전	교체	득점	도움	파울	경고	퇴장
BC	1997	전남	5	3	0	2	6	1	0
	합계		5	3	0	2	6	1	0
프로통산			5	3	0	2	6	1	0

끼리노(Thiago Quirino da Silva) 브라질 1985.01.04

대회	연도	소속	출전	교체	득점	도움	파울	경고	퇴장
BC	2011	대구	14	10	3	1	24	2	1
	합계		14	10	3	1	24	2	1
프로통산			14	10	3	1	24	2	1

나광현(羅光鉉) 명지대 1982.06.21

대회	연도	소속	출전	교체	득점	도움	파울	경고	퇴장
BC	2006	대전	1	1	0	0	0	0	0
	2007	대전	8	7	1	0	10	1	0
	2008	대전	18	9	1	0	26	7	0
	2009	대전	14	11	0	1	8	2	0
	합계		41	28	2	1	44	10	0
프로통산			41	28	2	1	44	10	0

나니(Jonathan Nanizayamo) 프랑스 1991.06.05

대회	연도	소속	출전	교체	득점	도움	파울	경고	퇴장
K1	2017	강원	4	4	0	0	3	0	0
	합계		4	4	0	0	3	0	0
프로통산			4	4	0	0	3	0	0

나드손(Nadson Rodrigues de Souza) 브라질 1982.01.30

대회	연도	소속	출전	교체	득점	도움	파울	경고	퇴장
BC	2003	수원	18	9	14	1	25	2	0
	2004	수원	38	27	14	4	66	5	0
	2005	수원	15	14	7	1	17	1	0
	2007	수원	15	14	8	5	10	2	0
	합계		86	64	43	11	118	10	0
프로통산			86	64	43	11	118	10	0

나상호(羅相鎬) 단국대 1996.08.12

대회	연도	소속	출전	교체	득점	도움	파울	경고	퇴장
K1	2017	광주	18	14	2	0	20	1	0
	합계		18	14	2	0	20	1	0
K2	2018	광주	31	3	16	1	38	3	0
	합계		31	3	16	1	38	3	0
프로통산			49	17	18	1	58	4	0

나성은(羅聖恩) 수원대 1996.04.06

대회	연도	소속	출전	교체	득점	도움	파울	경고	퇴장
K1	2018	전북	3	2	0	0	1	0	0
	합계		3	2	0	0	1	0	0
프로통산			3	2	0	0	1	0	0

나승화(羅承和) 한양대 1969.10.08

대회	연도	소속	출전	교체	득점	도움	파울	경고	퇴장
BC	1991	포철	17	4	0	3	14	0	0
	1992	포철	16	5	0	1	18	0	0
	1993	포철	16	9	0	2	13	2	0
	1994	포철	25	7	0	3	26	2	0
	합계		74	25	0	9	71	4	0
프로통산			74	25	0	9	71	4	0

나시모프(Bakhodir Nasimov) 우즈베키스탄 1987.05.02

대회	연도	소속	출전	교체	득점	도움	파울	경고	퇴장
K2	2017	안산	23	18	2	0	35	3	0
	합계		23	18	2	0	35	3	0
프로통산			23	18	2	0	35	3	0

나일균(羅一均) 경일대 1977.08.02

대회	연도	소속	출전	교체	득점	도움	파울	경고	퇴장
BC	2000	울산	1	1	0	0	2	0	0
	합계		1	1	0	0	2	0	0
프로통산			1	1	0	0	2	0	0

나지(Naji Mohammed Majrashi) 사우디아라비아 1984.02.02

대회	연도	소속	출전	교체	득점	도움	파울	경고	퇴장
BC	2011	울산	9	9	0	1	2	1	0
	합계		9	9	0	1	2	1	0
프로통산			9	9	0	1	2	1	0

나치선(羅治善) 국민대 1966.03.07

대회	연도	소속	출전	교체	실점	도움	파울	경고	퇴장
BC	1989	일화	23	2	26	0	1	1	0
	1990	일화	1	0	3	0	0	0	0
	합계		24	2	29	0	1	1	0
프로통산			24	2	29	0	1	1	0

나카자토(Nakazato Takahiro, 中里崇宏) 일본 1990.03.29

대회	연도	소속	출전	교체	득점	도움	파울	경고	퇴장
K1	2019	강원	11	7	0	0	11	3	0
	합계		11	7	0	0	11	3	0
프로통산			11	7	0	0	11	3	0

나희근(羅熙根) 아주대 1979.05.05

대회	연도	소속	출전	교체	득점	도움	파울	경고	퇴장
BC	2001	포항	1	1	0	0	1	0	0
	2003	포항	0	0	0	0	0	0	0
	2004	대구	12	3	0	0	23	1	0
	2005	대구	21	11	1	0	48	1	0
	2006	대구	5	2	2	0	6	0	1
	2007	대구	1	1	0	0	0	0	0
	합계		40	18	3	0	78	2	1
프로통산			40	18	3	0	78	2	1

난도(Ferdinando Pereira Leda) 브라질 1980.04.22

대회	연도	소속	출전	교체	득점	도움	파울	경고	퇴장
BC	2012	인천	19	4	0	0	31	2	0
	합계		19	4	0	0	31	2	0
프로통산			19	4	0	0	31	2	0

남광현(南侊炫) 경기대 1987.08.25

대회	연도	소속	출전	교체	득점	도움	파울	경고	퇴장
BC	2010	전남	5	2	1	1	17	1	0
	합계		5	2	1	1	17	1	0
K2	2016	경남	7	7	1	1	7	1	0
	합계		7	7	1	1	7	1	0
프로통산			12	9	2	2	24	2	0

남궁도(南宮道) 경희고 1982.06.04

대회	연도	소속	출전	교체	득점	도움	파울	경고	퇴장
BC	2001	전북	6	6	0	0	9	1	0
	2002	전북	3	3	0	1	4	0	0
	2003	전북	18	16	5	2	16	2	0
	2004	전북	21	16	3	1	35	0	0
	2005	전북	2	1	0	0	3	0	0
	2005	전남	24	17	2	4	31	2	0
	2006	광주상	30	27	4	2	48	5	0
	2007	광주상	28	19	9	1	48	2	0
	2008	포항	25	21	6	1	28	4	0
	2009	포항	5	4	1	0	9	0	0
	2010	성남일	22	20	2	0	13	1	0
	2011	성남일	20	19	3	1	20	1	0
	2012	대전	18	16	0	1	22	3	0
	합계		222	185	35	14	286	21	0
K2	2013	안양	29	29	1	1	19	2	0
	2014	안양	3	3	0	0	4	0	0
	합계		32	32	1	1	23	2	0
프로통산			254	217	36	15	309	23	0

남궁웅(南宮雄) 경희고 1984.03.29

대회	연도	소속	출전	교체	득점	도움	파울	경고	퇴장
BC	2003	수원	22	20	1	3	21	0	0
	2004	수원	5	5	0	0	2	0	0
	2005	광주상	29	23	0	2	31	1	0
	2006	광주상	30	20	0	3	43	6	0
	2006	수원	1	1	0	0	0	0	0
	2007	수원	9	9	1	0	6	1	0
	2008	수원	15	14	0	1	26	2	0
	2011	성남일	5	5	0	0	1	1	0
	2012	성남일	30	15	0	1	38	7	0
	합계		146	112	2	10	168	18	0
K1	2013	강원	21	8	0	2	16	3	0
	합계		21	8	0	2	16	3	0
승	2013	강원	1	1	0	0	2	0	0
	합계		1	1	0	0	2	0	0
프로통산			168	121	2	12	186	21	0

남기설(南起雪) 영남대 1970.12.08

대회	연도	소속	출전	교체	득점	도움	파울	경고	퇴장
BC	1993	대우	16	14	1	0	18	3	0
	1994	LG	20	17	3	1	17	1	0
	1995	LG	4	4	0	0	2	1	0
	합계		40	35	4	1	37	5	0
프로통산			40	35	4	1	37	5	0

남기성(南基成) 한양대 1977.10.10

대회	연도	소속	출전	교체	득점	도움	파울	경고	퇴장
BC	2000	수원	2	1	0	0	1	0	0
	합계		2	1	0	0	1	0	0
프로통산			2	1	0	0	1	0	0

남기영(南基永) 경희대 1962.07.10

대회	연도	소속	출전	교체	득점	도움	파울	경고	퇴장
BC	1986	포철	23	2	0	0	26	3	0
	1987	포철	30	7	0	0	43	4	0
	1988	포철	6	2	0	0	9	0	0
	1989	포철	21	12	0	0	30	3	1
	1990	포철	19	9	0	0	36	3	0
	1991	포철	32	11	1	0	43	5	1
	1992	포철	14	7	0	1	18	4	0
	합계		145	50	1	1	205	22	2
프로통산			145	50	1	1	205	22	2

남기일(南基一) 경희대 1974.08.17

대회	연도	소속	출전	교체	득점	도움	파울	경고	퇴장
BC	1997	부천SK	18	14	0	3	14	0	0
	1998	부천SK	15	16	1	1	17	2	0
	1999	부천SK	20	18	1	3	23	1	0
	2000	부천SK	11	9	1	1	12	0	0
	2001	부천SK	35	15	9	2	41	2	0
	2002	부천SK	32	3	4	6	50	5	1
	2003	부천SK	30	8	5	5	50	4	1
	2004	전남	29	22	2	2	40	3	0
	2005	성남일	28	22	7	4	47	0	0
	2006	성남일	32	27	8	2	51	1	0
	2007	성남일	20	19	2	4	27	3	0
	2008	성남일	7	7	0	1	8	1	0
	합계		277	180	40	34	380	22	2
프로통산			277	180	40	34	380	22	2

남대식(南大植) 건국대 1990.03.07

대회	연도	소속	출전	교체	득점	도움	파울	경고	퇴장
K2	2013	충주	20	2	2	0	14	2	0
	2014	안양	0	0	0	0	0	0	0
	합계		20	2	2	0	14	2	0
프로통산			20	2	2	0	14	2	0

남민호(南民浩) 동국대 1980.12.17

대회	연도	소속	출전	교체	실점	도움	파울	경고	퇴장
BC	2003	부천SK	1	0	4	0	0	0	0
	합계		1	0	4	0	0	0	0
프로통산			1	0	4	0	0	0	0

남설현(南설현) 부경대 1990.02.10

대회	연도	소속	출전	교체	득점	도움	파울	경고	퇴장
BC	2012	경남	2	2	0	0	1	0	0
	합계		2	2	0	0	1	0	0
프로통산			2	2	0	0	1	0	0

남세인(南世仁) 동의대 1993.01.15

대회	연도	소속	출전	교체	득점	도움	파울	경고	퇴장
K2	2014	대구	0	0	0	0	0	0	0
	합계		0	0	0	0	0	0	0
프로통산			0	0	0	0	0	0	0

남송(Nan Song, 南松 / ← 난송) 중국 1997.06.21

대회	연도	소속	출전	교체	득점	도움	파울	경고	퇴장
K2	2018	부천	3	3	0	0	3	1	0
	합계		3	3	0	0	3	1	0
프로통산			3	3	0	0	3	1	0

남승우(南昇佑) 연세대 1992.02.18

대회	연도	소속	출전	교체	득점	도움	파울	경고	퇴장
K1	2018	강원	1	1	0	0	0	0	0
	합계		1	1	0	0	0	0	0
프로통산			1	1	0	0	0	0	0

남영열(南永烈) 한남대 1981.07.10

대회	연도	소속	출전	교체	득점	도움	파울	경고	퇴장
BC	2005	대구	24	9	1	0	39	6	0
	합계		24	9	1	0	39	6	0
프로통산			24	9	1	0	39	6	0

남영훈(男泳勳) 명지대 1979.09.22

대회	연도	소속	출전	교체	득점	도움	파울	경고	퇴장
BC	2003	광주상	16	12	0	1	8	3	0
	2004	포항	15	15	0	0	17	2	0
	2005	포항	7	7	0	0	6	2	0
	2006	경남	15	8	1	0	25	6	0
	2007	경남	12	6	0	0	13	2	0
	합계		65	48	1	1	69	15	0
프로통산			65	48	1	1	69	15	0

남웅기(南雄基) 동국대 1976.05.20

대회	연도	소속	출전	교체	득점	도움	파울	경고	퇴장
BC	1999	전북	5	5	1	0	3	0	0
	합계		5	5	1	0	3	0	0
프로통산			5	5	1	0	3	0	0

남윤재(南潤宰) 충남기계공고 1996.05.31

대회	연도	소속	출전	교체	득점	도움	파울	경고	퇴장
K2	2016	대전	1	1	0	0	1	0	0
	2017	대전	1	1	0	0	2	0	0
	합계		2	2	0	0	3	0	0
프로통산			2	2	0	0	3	0	0

남익경(南翼璟) 포철공고 1983.01.26

대회	연도	소속	출전	교체	득점	도움	파울	경고	퇴장
BC	2002	포항	0	0	0	0	0	0	0
	2003	포항	8	8	1	0	3	0	0
	2004	포항	12	11	1	1	8	1	0
	2005	포항	13	12	0	0	15	0	0
	2006	포항	3	3	1	0	2	0	0
	2007	광주상	18	14	0	0	17	0	0
	2008	광주상	20	14	2	4	19	1	0
	합계		74	62	5	5	64	2	0
프로통산			74	62	5	5	64	2	0

남일우(南溢祐) 광주대 1989.08.28

대회	연도	소속	출전	교체	득점	도움	파울	경고	퇴장
BC	2012	인천	1	1	0	0	0	0	0
	합계		1	1	0	0	0	0	0
프로통산			1	1	0	0	0	0	0

남준재(南濬在) 연세대 1988.04.07

대회	연도	소속	출전	교체	득점	도움	파울	경고	퇴장
BC	2010	인천	28	26	3	5	18	3	0
	2011	전남	9	8	1	0	16	1	0
	2011	제주	3	3	0	0	1	0	0
	2012	제주	0	0	0	0	0	0	0
	2012	인천	22	11	8	1	37	5	0
	합계		62	48	12	6	72	9	0
K1	2013	인천	32	19	4	1	42	3	0
	2014	인천	17	13	3	0	18	0	0
	2015	성남	30	28	4	2	45	3	0
	2018	인천	14	12	4	2	19	2	0
	2019	인천	13	9	1	0	20	3	0
	2019	제주	14	12	3	1	19	2	0
	합계		120	93	19	6	163	13	0
K2	2016	안산무	17	12	2	2	11	2	0
	2017	아산	14	12	2	0	15	1	0
	2017	성남	1	1	0	0	2	0	0
	합계		32	25	4	2	28	3	0
프로통산			214	166	35	14	263	25	0

남지훈(南知訓) 수원대 1992.12.19

대회	연도	소속	출전	교체	득점	도움	파울	경고	퇴장
K2	2015	안양	0	0	0	0	0	0	0
	2016	안양	0	0	0	0	0	0	0
	합계		0	0	0	0	0	0	0
프로통산			0	0	0	0	0	0	0

남하늘(南하늘) 한남대 1995.10.27

대회	연도	소속	출전	교체	득점	도움	파울	경고	퇴장
K2	2016	고양	16	15	2	0	18	3	0
	합계		16	15	2	0	18	3	0
프로통산			16	15	2	0	18	3	0

남현성(南縣成) 성균관대 1985.05.06

대회	연도	소속	출전	교체	득점	도움	파울	경고	퇴장
BC	2008	대구	4	2	0	0	3	2	0
	2009	대구	10	8	0	1	10	0	0
	합계		14	10	0	1	13	2	0
프로통산			14	10	0	1	13	2	0

남현우(南賢宇) 인천대 1979.04.20

대회	연도	소속	출전	교체	득점	도움	파울	경고	퇴장
BC	2002	부천SK	0	0	0	0	0	0	0
	합계		0	0	0	0	0	0	0
프로통산			0	0	0	0	0	0	0

남호상(南虎相) 동아대 1966.01.17

대회	연도	소속	출전	교체	득점	도움	파울	경고	퇴장
BC	1989	일화	1	2	0	0	2	0	0
	합계		1	2	0	0	2	0	0
프로통산			1	2	0	0	2	0	0

남희철(南希撤) 동국대 1995.05.02

대회	연도	소속	출전	교체	득점	도움	파울	경고	퇴장
K2	2019	아산	13	13	1	0	6	4	0
	합계		13	13	1	0	6	4	0
프로통산			13	13	1	0	6	4	0

내마냐(Nemanja Dancetović) 유고슬라비아 1973.07.25

대회	연도	소속	출전	교체	득점	도움	파울	경고	퇴장
BC	2000	울산	6	5	0	1	6	1	0
	합계		6	5	0	1	6	1	0
프로통산			6	5	0	1	6	1	0

네게바(Ferreira Pinto Guilherme) 브라질 1992.04.07

대회	연도	소속	출전	교체	득점	도움	파울	경고	퇴장
K1	2018	경남	36	16	5	7	28	2	1
	2019	경남	11	5	0	0	9	1	0
	합계		47	21	5	7	37	3	1
프로통산			47	21	5	7	37	3	1

네또(Euvaldo Jose de Aguiar Neto) 브라질 1982.09.17

대회	연도	소속	출전	교체	득점	도움	파울	경고	퇴장
BC	2005	전북	30	15	8	1	121	9	0
	합계		30	15	8	1	121	9	0
프로통산			30	15	8	1	121	9	0

네벨톤(Neverton Inacio Dionizio) 브라질 1992.06.07

대회	연도	소속	출전	교체	득점	도움	파울	경고	퇴장
K2	2014	대구	1	1	0	0	0	0	0
	합계		1	1	0	0	0	0	0
프로통산			1	1	0	0	0	0	0

네아가(Adrian Constantin Neaga) 루마니아 1979.06.04

대회	연도	소속	출전	교체	득점	도움	파울	경고	퇴장
BC	2005	전남	26	6	11	2	47	6	1
	2006	전남	21	12	2	3	36	1	0
	2006	성남일	15	8	4	1	29	3	0
	2007	성남일	11	9	0	1	13	3	0
	합계		73	35	17	7	125	13	1
프로통산			73	35	17	7	125	13	1

네코(Danilo Montecino Neco) 브라질 1986.01.27

대회	연도	소속	출전	교체	득점	도움	파울	경고	퇴장
BC	2010	제주	32	28	6	5	45	2	0
	합계		32	28	6	5	45	2	0
K2	2017	성남	4	4	0	0	3	1	0
	합계		4	4	0	0	3	1	0
프로통산			36	32	6	5	48	3	0

노경민(魯京旻) 숭실대 1987.11.01

대회	연도	소속	출전	교체	득점	도움	파울	경고	퇴장
BC	2009	대전	5	4	0	0	4	1	0
	합계		5	4	0	0	4	1	0
프로통산			5	4	0	0	4	1	0

노경태(盧炅兌) 전주대 1986.09.20

대회	연도	소속	출전	교체	득점	도움	파울	경고	퇴장
BC	2009	강원	7	3	0	0	6	0	0
	합계		7	3	0	0	6	0	0
프로통산			7	3	0	0	6	0	0

노경환(盧慶煥) 한양대 1967.05.06

대회	연도	소속	출전	교체	득점	도움	파울	경고	퇴장
BC	1989	대우	37	26	4	2	38	2	0
	1990	대우	26	17	4	2	34	3	0
	1991	대우	19	18	1	0	9	1	0
	1992	대우	22	16	0	4	29	1	0
	1994	대우	27	20	9	3	30	1	0
	1995	대우	18	19	3	1	16	2	0
	합계		149	116	21	12	156	10	0
프로통산			149	116	21	12	156	10	0

노나또(Raimundo Nonato de Lima Ribeiro) 브라질 1979.07.05

대회	연도	소속	출전	교체	득점	도움	파울	경고	퇴장
BC	2004	대구	32	9	19	3	48	6	0
	2005	서울	17	16	7	0	19	0	0
	합계		49	25	26	3	67	6	0
프로통산			49	25	26	3	67	6	0

노대호(盧大鎬) 광운대 1990.01.26

대회	연도	소속	출전	교체	득점	도움	파울	경고	퇴장
K2	2013	부천	14	14	3	1	11	3	0
	합계		14	14	3	1	11	3	0
프로통산			14	14	3	1	11	3	0

노동건(盧東件) 고려대 1991.10.04

대회	연도	소속	출전	교체	실점	도움	파울	경고	퇴장
K1	2014	수원	4	0	4	0	0	0	0
	2015	수원	16	0	20	0	0	1	0
	2016	수원	22	1	37	0	0	1	0
	2017	포항	13	2	25	0	0	0	0
	2018	수원	21	1	33	0	0	0	0
	2019	수원	29	0	26	0	1	3	0
	합계		105	4	145	0	1	5	0
프로통산			105	4	145	0	1	5	0

노병준(盧炳俊) 한양대 1979.09.29

대회	연도	소속	출전	교체	득점	도움	파울	경고	퇴장
BC	2002	전남	5	5	0	0	4	0	0
	2003	전남	39	36	7	4	19	6	0
	2004	전남	28	27	3	3	24	4	1
	2005	전남	29	27	6	1	37	1	0
	2008	포항	21	19	5	0	16	1	0
	2009	포항	27	19	7	5	27	3	0
	2010	포항	6	5	1	0	10	1	0
	2010	울산	14	14	1	1	7	0	0
	2011	포항	34	29	5	2	39	2	0
	2012	포항	35	33	7	2	24	1	0
	합계		238	214	42	18	207	19	1
K1	2013	포항	26	26	6	1	21	1	0
	합계		26	26	6	1	21	1	0
K2	2014	대구	19	12	4	3	15	4	0
	2015	대구	34	29	7	4	22	5	0
	2016	대구	14	14	0	0	4	0	0
	합계		67	55	11	7	41	9	0
프로통산			331	295	59	26	269	29	1

노보트니(Soma Zsombor Novothny) 헝가리 1994.06.16

대회	연도	소속	출전	교체	득점	도움	파울	경고	퇴장
K2	2019	부산	27	17	12	1	31	5	0
	합계		27	17	12	1	31	5	0
승	2019	부산	2	1	1	0	1	1	0
	합계		2	1	1	0	1	1	0
프로통산			29	18	13	1	32	6	0

노상래(盧相來) 숭실대 1970.12.15

대회	연도	소속	출전	교체	득점	도움	파울	경고	퇴장
BC	1995	전남	33	2	16	6	68	4	0
	1996	전남	32	14	13	7	47	5	1
	1997	전남	17	9	7	3	18	2	0
	1998	전남	31	8	10	8	71	7	0
	1999	전남	36	11	11	6	50	1	0
	2000	전남	37	21	9	5	44	0	0
	2001	전남	27	19	5	4	31	0	0
	2002	전남	6	5	0	0	9	1	0
	2003	대구	21	18	4	1	31	4	1
	2004	대구	6	5	1	0	8	1	0
	합계		246	112	76	40	377	25	2
프로통산			246	112	76	40	377	25	2

노성민(盧聖民) 인천대 1995.07.19

대회	연도	소속	출전	교체	득점	도움	파울	경고	퇴장
K1	2018	인천	0	0	0	0	0	0	0
	합계		0	0	0	0	0	0	0
프로통산			0	0	0	0	0	0	0

노수만(魯秀晩) 울산대 1975.12.22

대회	연도	소속	출전	교체	실점	도움	파울	경고	퇴장
BC	1998	울산	2	0	5	0	0	0	0
	1999	전남	3	0	4	0	0	0	0
	합계		5	0	9	0	0	0	0
프로통산			5	0	9	0	0	0	0

노수진(魯壽珍) 고려대 1962.02.10

대회	연도	소속	출전	교체	득점	도움	파울	경고	퇴장
BC	1986	유공	13	4	4	1	14	1	0
	1987	유공	30	4	12	6	37	4	0
	1988	유공	10	3	2	1	10	1	0
	1989	유공	30	4	16	7	27	3	0
	1990	유공	13	3	1	1	11	0	0
	1991	유공	20	10	5	1	10	1	0
	1992	유공	19	7	5	2	10	2	0
	1993	유공	1	1	0	0	0	0	0
	합계		136	36	45	19	119	12	0
프로통산			136	36	45	19	119	12	0

노연빈(盧延貧) 청주대 1990.04.02

대회	연도	소속	출전	교체	득점	도움	파울	경고	퇴장
K2	2014	충주	25	3	1	0	48	4	0
	2015	충주	22	2	0	0	33	7	0
	2016	충주	2	0	0	0	5	0	0
	합계		49	5	1	0	86	11	0
프로통산			49	5	1	0	86	11	0

노인호(盧仁鎬) 명지대 1960.09.10

대회	연도	소속	출전	교체	득점	도움	파울	경고	퇴장
BC	1984	현대	14	9	0	5	4	0	0
	1985	현대	4	1	2	0	6	0	0
	1986	유공	5	4	0	0	6	1	0
	1987	현대	5	4	0	1	3	0	0
	합계		28	18	2	6	19	1	0
프로통산			28	18	2	6	19	1	0

노재승(盧載承) 경희대 1990.04.19

대회	연도	소속	출전	교체	득점	도움	파울	경고	퇴장
K2	2015	충주	1	1	0	0	0	0	0
	합계		1	1	0	0	0	0	0
프로통산			1	1	0	0	0	0	0

노정윤(盧廷潤) 고려대 1971.03.28

대회	연도	소속	출전	교체	득점	도움	파울	경고	퇴장
BC	2003	부산	27	13	2	5	64	2	0
	2004	부산	30	17	4	6	41	5	0
	2005	울산	35	35	0	5	31	4	0
	2006	울산	8	8	0	0	7	0	0
	합계		100	73	6	16	143	11	0
프로통산			100	73	6	16	143	11	0

노종건(盧鍾健) 인천대 1981.02.24

대회	연도	소속	출전	교체	득점	도움	파울	경고	퇴장
BC	2004	인천	7	2	0	0	15	0	0
	2005	인천	30	8	1	0	67	6	0
	2006	인천	28	10	0	0	62	7	0
	2007	인천	23	14	0	0	51	5	0
	2008	인천	23	9	0	2	44	7	0
	2009	인천	19	9	0	0	36	3	0
	2010	인천	2	2	0	0	5	0	0
	합계		132	54	1	2	280	28	0
프로통산			132	54	1	2	280	28	0

노주섭(盧周燮) 전주대 1970.09.13

대회	연도	소속	출전	교체	득점	도움	파울	경고	퇴장
BC	1994	버팔로	33	2	0	0	23	3	0
	1995	포항	7	5	0	1	4	2	0
	1996	포항	1	1	0	0	0	0	0
	1996	안양LG	5	2	1	0	13	1	0
	1997	안양LG	4	4	0	0	3	0	0
	합계		50	14	1	1	43	6	0
프로통산			50	14	1	1	43	6	0

노진호(盧振鎬) 광운대 1969.04.09

대회	연도	소속	출전	교체	득점	도움	파울	경고	퇴장
BC	1992	대우	2	2	0	0	0	0	0
	합계		2	2	0	0	0	0	0
프로통산			2	2	0	0	0	0	0

노태경(盧泰景) 포철공고 1972.04.22

대회	연도	소속	출전	교체	득점	도움	파울	경고	퇴장
BC	1992	포철	7	4	0	1	6	1	0
	1993	포철	26	5	0	3	25	4	0
	1994	포철	17	3	0	0	18	2	0
	1995	포항	24	6	1	0	25	5	0
	1996	포항	39	2	1	1	31	4	0
	1997	포항	27	5	1	4	25	2	0
	2000	포항	15	10	0	1	5	2	0
	합계		155	35	3	10	135	20	0
프로통산			155	35	3	10	135	20	0

노행석(魯幸錫) 동국대 1988.11.17

대회	연도	소속	출전	교체	득점	도움	파울	경고	퇴장
BC	2011	광주	1	0	0	0	1	0	0
	2012	광주	11	1	1	0	32	7	0
	합계		12	1	1	0	33	7	0
K1	2015	부산	23	5	1	0	36	5	0
	합계		23	5	1	0	36	5	0
K2	2014	대구	31	5	3	0	58	7	0
	2018	부산	3	1	1	0	2	0	0
	2019	부산	1	0	0	0	4	1	0
	합계		35	6	4	0	64	8	0
승	2018	부산	2	1	0	0	4	0	0
	합계		2	1	0	0	4	0	0
프로통산			72	13	6	0	137	20	0

노현준(← 노용훈) 연세대 1986.03.29

대회	연도	소속	출전	교체	득점	도움	파울	경고	퇴장
BC	2009	경남	10	5	0	0	13	3	0
	2011	부산	1	1	0	0	1	1	0
	2011	대전	10	3	0	1	20	4	0
	2012	대전	9	8	0	0	18	4	0
	합계		30	17	0	1	52	12	0
프로통산			30	17	0	1	52	12	0

노형구(盧亨求) 매탄고 1992.04.29

대회	연도	소속	출전	교체	득점	도움	파울	경고	퇴장
BC	2011	수원	2	0	0	0	3	1	0
	2012	수원	0	0	0	0	0	0	0
	합계		2	0	0	0	3	1	0
K2	2015	충주	23	9	0	0	24	5	0
	합계		23	9	0	0	24	5	0
프로통산			25	9	0	0	27	6	0

논코비치(Nenad Nonković) 유고슬라비아 1970.10.01

대회	연도	소속	출전	교체	득점	도움	파울	경고	퇴장
BC	1996	천안일	18	15	3	0	22	4	0
	합계		18	15	3	0	22	4	0

대회	연도	소속	출전	교체	득점	도움	파울	경고	퇴장
프로통산			18	15	3	0	22	4	0

니콜라(Nikola Vasiljević) 보스니아 헤르체고비나 1983.12.19

대회	연도	소속	출전	교체	득점	도움	파울	경고	퇴장
BC	2006	제주	13	1	0	0	29	2	0
	2007	제주	11	4	0	1	23	2	0
	합계		24	5	0	1	52	4	0
프로통산			24	5	0	1	52	4	0

니콜리치(Stefan Nikolic) 몬테네그로 1990.04.16

대회	연도	소속	출전	교체	득점	도움	파울	경고	퇴장
K1	2014	인천	7	5	0	0	11	0	1
	합계		7	5	0	0	11	0	1
프로통산			7	5	0	0	11	0	1

닐손주니어(Nilson Ricardo da Silva Junior) 브라질 1989.03.3

대회	연도	소속	출전	교체	득점	도움	파울	경고	퇴장
K1	2014	부산	30	4	2	0	42	2	0
	2015	부산	9	4	0	0	10	1	0
	합계		39	8	2	0	52	3	0
K2	2016	부산	21	0	1	1	26	4	0
	2017	부천	34	2	3	3	24	2	0
	2018	부천	28	2	2	1	31	1	0
	2019	부천	37	0	10	0	22	3	0
	합계		120	4	16	5	103	10	0
프로통산			159	12	18	5	155	13	0

닐톤(Soares Rodrigues Nilton) 브라질 1993.09.11

대회	연도	소속	출전	교체	득점	도움	파울	경고	퇴장
K1	2015	대전	12	11	0	1	13	2	0
	합계		12	11	0	1	13	2	0
프로통산			12	11	0	1	13	2	0

다니엘(Oliveira Moreira Daniel) 브라질 1991.03.14

대회	연도	소속	출전	교체	득점	도움	파울	경고	퇴장
K1	2015	광주	2	2	0	0	1	0	0
	합계		2	2	0	0	1	0	0
프로통산			2	2	0	0	1	0	0

다니엘(Daniel Freire Mendes) 브라질 1981.01.18

대회	연도	소속	출전	교체	득점	도움	파울	경고	퇴장
BC	2004	울산	10	9	0	1	8	1	0
	합계		10	9	0	1	8	1	0
프로통산			10	9	0	1	8	1	0

다닐요(Danilo da Cruz Oliveira) 브라질 1979.02.25

대회	연도	소속	출전	교체	득점	도움	파울	경고	퇴장
BC	2004	대구	3	3	0	1	3	0	0
	합계		3	3	0	1	3	0	0
프로통산			3	3	0	1	3	0	0

다리오(Dario Frederico da Silva Junior) 브라질 1991.09.11

대회	연도	소속	출전	교체	득점	도움	파울	경고	퇴장
K1	2019	대구	3	3	0	0	2	0	0
	합계		3	3	0	0	2	0	0
프로통산			3	3	0	0	2	0	0

다미르(Damir Sovsić) 크로아티아 1990.02.05

대회	연도	소속	출전	교체	득점	도움	파울	경고	퇴장
K1	2017	수원	21	16	0	0	14	1	0
	합계		21	16	0	0	14	1	0
프로통산			21	16	0	0	14	1	0

다보(Cheick Oumar Dabo) 말리 1981.01.12

대회	연도	소속	출전	교체	득점	도움	파울	경고	퇴장
BC	2002	부천SK	28	20	10	4	41	0	0
	2003	부천SK	28	23	5	2	34	2	0
	2004	부천SK	21	11	6	0	38	1	0
	합계		77	54	21	6	113	3	0
프로통산			77	54	21	6	113	3	0

다실바(Cleonesio Carlos da Silva) 브라질 1976.04.12

대회	연도	소속	출전	교체	득점	도움	파울	경고	퇴장
BC	2005	포항	24	11	8	1	33	1	0
	2005	부산	12	6	4	1	19	3	0
	2006	제주	14	7	4	1	18	0	0
	합계		50	24	16	3	70	4	0
프로통산			50	24	16	3	70	4	0

다오(Dao Cheick Tidiani) 말리 1982.09.25

대회	연도	소속	출전	교체	득점	도움	파울	경고	퇴장
BC	2002	부천SK	4	2	0	0	7	3	0
	합계		4	2	0	0	7	3	0
프로통산			4	2	0	0	7	3	0

다이고(Watanabe Daigo) 일본 1984.12.03

대회	연도	소속	출전	교체	득점	도움	파울	경고	퇴장
K2	2016	부산	5	4	0	0	4	0	0
	합계		5	4	0	0	4	0	0
프로통산			5	4	0	0	4	0	0

다이치(Jusuf Dajić) 보스니아 헤르체고비나 1984.08.21

대회	연도	소속	출전	교체	득점	도움	파울	경고	퇴장
BC	2008	전북	14	12	7	1	23	1	0
	합계		14	12	7	1	23	1	0
프로통산			14	12	7	1	23	1	0

다카하기(Takahagi Yojiro, 高萩洋次郎) 일본 1986.08.02

대회	연도	소속	출전	교체	득점	도움	파울	경고	퇴장
K1	2015	서울	14	11	2	0	15	2	0
	2016	서울	32	16	1	4	26	5	0
	합계		46	27	3	4	41	7	0
프로통산			46	27	3	4	41	7	0

다카하라(Takahara Naohiro, 高原直泰) 일본 1979.06.04

대회	연도	소속	출전	교체	득점	도움	파울	경고	퇴장
BC	2010	수원	12	7	4	0	18	1	0
	합계		12	7	4	0	18	1	0
프로통산			12	7	4	0	18	1	0

달리(Dalibor Veselinović) 크로아티아 1987.09.21

대회	연도	소속	출전	교체	득점	도움	파울	경고	퇴장
K1	2017	인천	11	7	0	1	18	2	0
	합계		11	7	0	1	18	2	0
프로통산			11	7	0	1	18	2	0

당성증(唐聖增) 국민대 1966.01.04

대회	연도	소속	출전	교체	득점	도움	파울	경고	퇴장
BC	1991	LG	1	1	0	0	0	0	0
	합계		1	1	0	0	0	0	0
프로통산			1	1	0	0	0	0	0

데니스(Denis Laktionov / ← 이성남) 1977.09.04

대회	연도	소속	출전	교체	득점	도움	파울	경고	퇴장
BC	1996	수원	20	23	5	0	16	2	0
	1997	수원	20	20	3	6	31	2	0
	1998	수원	18	9	5	4	46	5	1
	1999	수원	20	16	7	10	38	4	0
	2000	수원	27	13	10	7	54	7	0
	2001	수원	36	12	7	3	76	5	0
	2002	수원	20	15	5	7	31	5	0
	2003	성남일	38	16	9	10	67	6	0
	2004	성남일	21	10	4	2	27	1	0
	2005	성남일	20	6	1	6	39	6	0
	2005	부산	5	4	0	0	9	1	0
	2006	수원	16	14	0	2	19	4	0
	2012	강원	10	10	1	2	7	1	0
	합계		271	168	57	59	460	49	1
K1	2013	강원	1	1	0	0	0	0	0
	합계		1	1	0	0	0	0	0
프로통산			272	169	57	59	460	49	1

데닐손(Denilson Martins Nascimento) 브라질 1976.09.04

대회	연도	소속	출전	교체	득점	도움	파울	경고	퇴장
BC	2006	대전	26	11	9	3	79	4	0
	2007	대전	34	4	19	5	80	7	0
	2008	포항	19	9	6	6	27	4	0
	2009	포항	28	14	10	3	43	6	0
	합계		107	38	44	17	229	21	0
프로통산			107	38	44	17	229	21	0

데얀(Dejan Damjanović) 몬테네그로 1981.07.27

대회	연도	소속	출전	교체	득점	도움	파울	경고	퇴장
BC	2007	인천	36	6	19	3	58	4	1
	2008	서울	33	13	15	6	47	2	0
	2009	서울	25	12	14	1	46	9	1
	2010	서울	35	12	19	10	51	5	0
	2011	서울	30	5	24	7	46	4	0
	2012	서울	42	8	31	4	57	5	0
	합계		201	56	122	31	305	29	2
K1	2013	서울	29	5	19	5	46	2	0
	2016	서울	36	21	13	2	51	4	0
	2017	서울	37	26	19	3	35	2	0
	2018	수원	33	18	13	3	24	1	0
	2019	수원	21	15	3	1	20	2	0
	합계		156	85	67	14	176	11	0
프로통산			357	141	189	45	481	40	2

데이비드(David Aparecido da Silva) 브라질 1989.11.12

대회	연도	소속	출전	교체	득점	도움	파울	경고	퇴장
K1	2019	포항	9	7	2	1	15	1	1
	합계		9	7	2	1	15	1	1
프로통산			9	7	2	1	15	1	1

데이비드(Deyvid Franck Silva Sacconi) 브라질 1987.04.10

대회	연도	소속	출전	교체	득점	도움	파울	경고	퇴장
K2	2016	대구	13	13	0	1	6	1	0
	합계		13	13	0	1	6	1	0
프로통산			13	13	0	1	6	1	0

데이비슨(Jason Alan Davidson) 오스트레일리아 1991.06.29

대회	연도	소속	출전	교체	득점	도움	파울	경고	퇴장
K1	2019	울산	3	2	0	0	1	1	0
	합계		3	2	0	0	1	1	0
프로통산			3	2	0	0	1	1	0

데파울라(Felipe de Paula) 브라질 1988.01.17

대회	연도	소속	출전	교체	득점	도움	파울	경고	퇴장
K2	2016	고양	22	16	5	0	25	2	0
	합계		22	16	5	0	25	2	0
프로통산			22	16	5	0	25	2	0

델리치(Mateas Delic) 크로아티아 1988.06.17

대회	연도	소속	출전	교체	득점	도움	파울	경고	퇴장
BC	2011	강원	13	11	0	0	10	0	0
	합계		13	11	0	0	10	0	0
프로통산			13	11	0	0	10	0	0

도나치(Donachie James Kevin) 오스트레일리아 1993.05.14

대회	연도	소속	출전	교체	득점	도움	파울	경고	퇴장
K1	2018	전남	11	2	0	0	13	3	0
	합계		11	2	0	0	13	3	0
프로통산			11	2	0	0	13	3	0

도도(Ricardo Lucas Dodo) 브라질 1974.02.05

대회	연도	소속	출전	교체	득점	도움	파울	경고	퇴장
BC	2003	울산	44	12	27	3	34	2	0
	2004	울산	18	8	6	1	24	0	0
	합계		62	20	33	4	58	2	0
프로통산			62	20	33	4	58	2	0

도동현(都東顯) 경희대 1993.11.19

대회	연도	소속	출전	교체	득점	도움	파울	경고	퇴장
K1	2019	경남	3	3	0	0	3	1	0
	합계		3	3	0	0	3	1	0
승	2019	경남	1	1	0	0	1	0	0
	합계		1	1	0	0	1	0	0
프로통산			4	4	0	0	4	1	0

도재준(都在俊) 배재대 1980.05.06

대회	연도	소속	출전	교체	득점	도움	파울	경고	퇴장
BC	2003	성남일	0	0	0	0	0	0	0
	2004	성남일	12	4	1	0	14	2	0
	2005	성남일	16	13	1	0	21	2	0
	2006	성남일	2	2	0	0	0	0	0
	2008	인천	3	3	0	0	3	1	0
	2009	인천	1	1	0	0	0	0	0
	합계		34	23	2	0	38	5	0
프로통산			34	23	2	0	38	5	0

도화성(都和成) 숭실대 1980.06.27

대회	연도	소속	출전	교체	득점	도움	파울	경고	퇴장
BC	2003	부산	24	10	0	0	42	5	1
	2004	부산	30	9	2	0	69	9	0
	2005	부산	26	8	1	3	43	4	1
	2006	부산	10	4	0	0	14	2	0
	2008	부산	17	5	0	2	28	6	0
	2009	인천	26	14	2	2	44	3	0
	2010	인천	13	8	2	2	17	3	0
	합계		146	58	7	9	257	32	2
프로통산			146	58	7	9	257	32	2

돈지덕(頓智德) 인천대 1980.04.28

대회	연도	소속	출전	교체	득점	도움	파울	경고	퇴장
K2	2013	안양	15	1	0	1	26	4	0
	합계		15	1	0	1	26	4	0
프로통산			15	1	0	1	26	4	0

두두(Eduardo Francisco de Silva Neto) 브라질 1980.02.02

대회	연도	소속	출전	교체	득점	도움	파울	경고	퇴장
BC	2004	성남일	17	4	7	2	18	0	0
	2005	성남일	29	13	10	6	24	2	0
	2006	성남일	22	4	4	6	28	4	0
	2006	서울	13	4	3	2	14	1	0
	2007	서울	20	9	6	1	14	1	0
	2008	성남일	37	14	18	7	18	1	0
	합계		138	48	48	24	116	9	0
프로통산			138	48	48	24	116	9	0

두아르테(Robson Carlos Duarte) 브라질 1993.06.20

대회	연도	소속	출전	교체	득점	도움	파울	경고	퇴장
K2	2018	광주	15	5	6	3	10	0	0
	2019	서울E	28	13	6	5	27	2	1
	합계		43	18	12	8	37	2	1
프로통산			43	18	12	8	37	2	1

두윤성(杜允誠 / ← 두경수) 관동대(가톨릭관동대) 1974.10.17

대회	연도	소속	출전	교체	득점	도움	파울	경고	퇴장
BC	1997	천안일	1	0	0	0	2	0	0
	합계		1	0	0	0	2	0	0
프로통산			1	0	0	0	2	0	0

두현석(杜玹碩) 연세대 1995.12.21

대회	연도	소속	출전	교체	득점	도움	파울	경고	퇴장
K2	2018	광주	26	21	2	3	18	3	0
	2019	광주	23	24	3	4	10	0	0
	합계		49	45	5	7	28	3	0
프로통산			49	45	5	7	28	3	0

둘카(Cristian Alexandru Dulca) 루마니아 1972.10.25

대회	연도	소속	출전	교체	득점	도움	파울	경고	퇴장
BC	1999	포항	17	10	1	2	27	1	0
	합계		17	10	1	2	27	1	0
프로통산			17	10	1	2	27	1	0

드라간(Dragan Skrba) 세르비아 1965.08.26

대회	연도	소속	출전	교체	**실점**	도움	파울	경고	퇴장
BC	1995	포항	32	0	25	0	3	4	0
	1996	포항	17	2	22	0	1	2	0
	1997	포항	10	0	11	0	0	2	0
	합계		59	2	58	0	4	8	0
프로통산			59	2	58	0	4	8	0

드라간(Dragan Stojisavljević) 세르비아 몬테네그로 1974.01.06

대회	연도	소속	출전	교체	득점	도움	파울	경고	퇴장
BC	2000	안양LG	19	5	2	4	35	2	0
	2001	안양LG	29	19	4	6	47	5	0
	2003	안양LG	18	9	5	5	40	2	0
	2004	인천	4	4	0	0	2	1	0
	합계		70	37	11	15	124	10	0
프로통산			70	37	11	15	124	10	0

드라간(Dragan Mladenović) 세르비아 몬테네그로 1976.02.16

대회	연도	소속	출전	교체	득점	도움	파울	경고	퇴장
BC	2006	인천	12	4	2	2	26	1	0
	2007	인천	29	7	3	3	62	13	1
	2008	인천	25	4	2	4	41	6	0
	2009	인천	6	4	0	0	5	1	0
	합계		72	19	7	9	134	21	1
프로통산			72	19	7	9	134	21	1

드라젠(Drazen Podunavac) 유고슬라비아 1969.04.30

대회	연도	소속	출전	교체	득점	도움	파울	경고	퇴장
BC	1996	부산	16	8	0	0	13	4	0
	합계		16	8	0	0	13	4	0
프로통산			16	8	0	0	13	4	0

드로겟(Droguett Diocares Hugo Patrici) 칠레 1982.09.02

대회	연도	소속	출전	교체	득점	도움	파울	경고	퇴장
BC	2012	전북	37	19	10	9	42	3	0
	합계		37	19	10	9	42	3	0
K1	2014	제주	36	11	10	3	27	2	0
	합계		36	11	10	3	27	2	0
프로통산			73	30	20	12	69	5	0

디디(Sebastiao Pereira do Nascimento) 브라질 1976.02.24

대회	연도	소속	출전	교체	득점	도움	파울	경고	퇴장
BC	2002	부산	23	10	5	3	58	2	0
	합계		23	10	5	3	58	2	0
프로통산			23	10	5	3	58	2	0

디마(Dmitri Karsakov) 러시아 1971.12.29

대회	연도	소속	출전	교체	득점	도움	파울	경고	퇴장
BC	1996	부천유	3	3	0	0	1	0	0
	합계		3	3	0	0	1	0	0
프로통산			3	3	0	0	1	0	0

디마스(Dimas Roberto da Silva) 브라질 1977.08.01

대회	연도	소속	출전	교체	득점	도움	파울	경고	퇴장
BC	2000	전남	1	1	0	0	1	0	0
	합계		1	1	0	0	1	0	0
프로통산			1	1	0	0	1	0	0

디아스 에콰도르 1969.09.15

대회	연도	소속	출전	교체	득점	도움	파울	경고	퇴장
BC	1996	전남	9	6	1	1	12	0	0
	합계		9	6	1	1	12	0	0
프로통산			9	6	1	1	12	0	0

디에고(Diego Mauricio Mchado de Brito) 브라질 1991.06.25

대회	연도	소속	출전	교체	득점	도움	파울	경고	퇴장
K1	2017	강원	36	32	13	3	25	2	0
	2018	강원	35	23	7	6	21	4	1
	합계		71	55	20	9	46	6	1
K2	2019	부산	21	22	6	1	11	2	0
	합계		21	22	6	1	11	2	0
승	2019	부산	2	2	0	1	1	0	0
	합계		2	2	0	1	1	0	0
프로통산			94	79	26	11	58	8	1

디에고(Diego da Silva Giaretta) 이탈리아 1983.11.27

대회	연도	소속	출전	교체	득점	도움	파울	경고	퇴장
BC	2011	인천	9	3	1	0	13	1	0
	합계		9	3	1	0	13	1	0
프로통산			9	3	1	0	13	1	0

디에고(Diego Oliveira de Queiroz) 브라질 1990.06.22

대회	연도	소속	출전	교체	득점	도움	파울	경고	퇴장
BC	2011	수원	4	4	0	0	2	0	0
	합계		4	4	0	0	2	0	0
프로통산			4	4	0	0	2	0	0

디에고(Diego Pelicles da Silva) 브라질 1982.10.23

대회	연도	소속	출전	교체	득점	도움	파울	경고	퇴장
K2	2014	광주	14	8	3	2	27	3	0
	합계		14	8	3	2	27	3	0
승	2014	광주	2	2	1	0	0	0	0
	합계		2	2	1	0	0	0	0
프로통산			16	10	4	2	27	3	0

디오고(Diogo da Silva Farias) 브라질 1990.06.13

대회	연도	소속	출전	교체	득점	도움	파울	경고	퇴장
K1	2013	인천	32	26	7	2	57	6	0
	2014	인천	11	9	1	0	24	1	0
	합계		43	35	8	2	81	7	0
프로통산			43	35	8	2	81	7	0

따르따(Vinicius Silva Soares) 브라질 1989.04.13

대회	연도	소속	출전	교체	득점	도움	파울	경고	퇴장
K1	2014	울산	20	11	3	3	46	0	0
	2015	울산	15	14	0	2	23	3	0
	합계		35	25	3	5	69	3	0
프로통산			35	25	3	5	69	3	0

따바레즈(Andre Luiz Tavares) 브라질 1983.07.30

대회	연도	소속	출전	교체	득점	도움	파울	경고	퇴장
BC	2004	포항	34	11	6	9	47	4	0
	2005	포항	19	10	5	3	22	0	1
	2006	포항	25	17	6	4	26	3	0
	2007	포항	35	14	3	13	41	1	1
	합계		113	52	20	29	136	8	2
프로통산			113	52	20	29	136	8	2

떼이세이라(Jucimar Jose Teixeira) 브라질 1990.05.20

대회	연도	소속	출전	교체	득점	도움	파울	경고	퇴장
K1	2018	포항	10	3	0	2	19	1	0
	합계		10	3	0	2	19	1	0
프로통산			10	3	0	2	19	1	0

뚜따(Moacir Bastosa) 브라질 1974.06.20

대회	연도	소속	출전	교체	득점	도움	파울	경고	퇴장
BC	2002	안양LG	26	9	13	4	76	8	0
	2003	수원	31	12	14	6	68	3	0
	합계		57	21	27	10	144	11	0
프로통산			57	21	27	10	144	11	0

뚜레(Dzevad Turković) 크로아티아 1972.08.17

대회	연도	소속	출전	교체	득점	도움	파울	경고	퇴장
BC	1996	부산	6	5	0	1	16	2	0
	1997	부산	28	17	3	3	59	9	0
	1998	부산	30	13	6	6	65	8	0
	1999	부산	26	16	2	2	34	4	0
	2000	부산	21	16	0	0	32	5	0
	2001	부산	2	3	0	0	6	0	0
	2001	성남일	2	2	0	0	3	0	0
	합계		115	72	11	12	215	28	0
프로통산			115	72	11	12	215	28	0

뚜찡야(Bruno Marques Ostapenco) 브라질 1992.05.20

대회	연도	소속	출전	교체	득점	도움	파울	경고	퇴장
K2	2013	충주	13	13	1	0	5	1	0
	합계		13	13	1	0	5	1	0

대회	연도	소속	출전	교체	득점	도움	파울	경고	퇴장
프로통산			13	13	1	0	5	1	0

라경호(羅勁皓) 인천대 1981.03.15

대회	연도	소속	출전	교체	득점	도움	파울	경고	퇴장
BC	2004	인천	6	5	0	0	2	0	0
	2005	인천	1	1	0	0	0	0	0
	합계		7	6	0	0	2	0	0
프로통산			7	6	0	0	2	0	0

라데(Rade Bogdanović) 유고슬라비아 1970.05.21

대회	연도	소속	출전	교체	득점	도움	파울	경고	퇴장
BC	1992	포철	17	11	3	3	14	1	0
	1993	포철	27	7	9	4	37	2	1
	1994	포철	33	10	22	6	47	2	0
	1995	포항	31	10	8	6	65	5	1
	1996	포항	39	6	13	16	55	2	0
	합계		147	44	55	35	218	12	2
프로통산			147	44	55	35	218	12	2

라덱(Radek Divecky) 체코 1974.03.21

대회	연도	소속	출전	교체	득점	도움	파울	경고	퇴장
BC	2000	전남	9	9	2	0	18	1	0
	합계		9	9	2	0	18	1	0
프로통산			9	9	2	0	18	1	0

라돈치치(Dzenan Radoncić) 몬테네그로 1983.08.02

대회	연도	소속	출전	교체	득점	도움	파울	경고	퇴장
BC	2004	인천	16	13	0	1	50	4	0
	2005	인천	27	12	13	2	91	5	0
	2006	인천	31	20	2	2	69	4	1
	2007	인천	16	12	2	2	39	2	0
	2008	인천	32	7	14	2	102	3	0
	2009	성남일	32	23	5	2	86	8	0
	2010	성남일	31	12	13	6	96	7	0
	2011	성남일	10	9	3	2	19	2	0
	2012	수원	31	21	12	5	77	6	0
	합계		226	129	64	24	629	41	1
K1	2013	수원	12	8	4	0	22	2	0
	합계		12	8	4	0	22	2	0
프로통산			238	137	68	24	651	43	1

라울(Raul Andres Tattagona Lemos) 우루과이 1987.03.06

대회	연도	소속	출전	교체	득점	도움	파울	경고	퇴장
K2	2017	안산	31	5	15	2	54	6	0
	2018	안산	18	13	3	1	20	0	1
	합계		49	18	18	3	74	6	1
프로통산			49	18	18	3	74	6	1

라이언존슨(Ryan Johnson) 자메이카 1984.11.26

대회	연도	소속	출전	교체	득점	도움	파울	경고	퇴장
K2	2015	서울E	31	31	1	3	16	0	0
	합계		31	31	1	3	16	0	0
프로통산			31	31	1	3	16	0	0

라임(Rahim Besirović) 유고슬라비아 1971.01.02

대회	연도	소속	출전	교체	득점	도움	파울	경고	퇴장
BC	1998	부산	12	10	2	0	18	3	0
	1999	부산	9	8	2	0	13	0	0
	합계		21	18	4	0	31	3	0
프로통산			21	18	4	0	31	3	0

라자르(Lazar Veselinović) 세르비아 1986.08.04

대회	연도	소속	출전	교체	득점	도움	파울	경고	퇴장
K1	2015	포항	16	14	0	0	15	1	0
	2016	포항	25	20	4	4	18	2	0
	합계		41	34	4	4	33	3	0
프로통산			41	34	4	4	33	3	0

라피치(Stipe Lapić) 크로아티아 1983.01.22

대회	연도	소속	출전	교체	득점	도움	파울	경고	퇴장
BC	2009	강원	11	1	2	0	12	2	0
	2010	강원	20	1	0	1	18	8	0
	2011	강원	1	0	0	0	0	0	0
	합계		32	2	2	1	30	10	0
프로통산			32	2	2	1	30	10	0

라힘(Rahim Zafer) 터키 1971.01.25

대회	연도	소속	출전	교체	득점	도움	파울	경고	퇴장
BC	2003	대구	14	4	0	0	21	2	0
	합계		14	4	0	0	21	2	0
프로통산			14	4	0	0	21	2	0

란코비치(Ljubisa Ranković) 유고슬라비아 1973.12.10

대회	연도	소속	출전	교체	득점	도움	파울	경고	퇴장
BC	1996	천안일	17	17	0	1	7	1	0
	합계		17	17	0	1	7	1	0
프로통산			17	17	0	1	7	1	0

레반(Levan Shengelia) 조지아 1995.10.27

대회	연도	소속	출전	교체	득점	도움	파울	경고	퇴장
K2	2017	대전	28	21	5	2	12	1	0
	합계		28	21	5	2	12	1	0
프로통산			28	21	5	2	12	1	0

레스(Leszek Iwanicki) 폴란드 1959.08.12

대회	연도	소속	출전	교체	득점	도움	파울	경고	퇴장
BC	1989	유공	8	9	0	0	3	0	0
	합계		8	9	0	0	3	0	0
프로통산			8	9	0	0	3	0	0

레안드로(Leandro Bernardi Silva) 브라질 1979.10.06

대회	연도	소속	출전	교체	득점	도움	파울	경고	퇴장
BC	2008	대구	13	1	0	0	21	4	0
	합계		13	1	0	0	21	4	0
프로통산			13	1	0	0	21	4	0

레안드롱(Leandro Costa Miranda) 브라질 1983.07.18

대회	연도	소속	출전	교체	득점	도움	파울	경고	퇴장
BC	2005	대전	30	2	9	2	94	8	0
	2006	울산	33	19	6	1	79	7	0
	2007	전남	13	13	1	1	26	1	0
	합계		76	34	16	4	199	16	0
프로통산			76	34	16	4	199	16	0

레안드리뉴(George Leandro Abreu de Lima) 브라질 1985.11.09

대회	연도	소속	출전	교체	득점	도움	파울	경고	퇴장
BC	2012	대구	29	14	4	2	42	5	0
	합계		29	14	4	2	42	5	0
K1	2013	대구	21	9	1	3	33	2	1
	2014	전남	30	30	3	3	26	2	0
	2015	전남	20	17	1	1	26	3	0
	합계		71	56	5	7	85	7	1
프로통산			100	70	9	9	127	12	1

레오(Leonardo de Oliveira Clemente Marins) 브라질 1989.04.1

대회	연도	소속	출전	교체	득점	도움	파울	경고	퇴장
K1	2015	수원	11	10	1	0	10	0	0
	합계		11	10	1	0	10	0	0
프로통산			11	10	1	0	10	0	0

레오(Leonardo Henrique Santos de Souza) 브라질 1990.03.10

대회	연도	소속	출전	교체	득점	도움	파울	경고	퇴장
BC	2010	제주	2	2	0	0	0	0	0
	합계		2	2	0	0	0	0	0
K1	2017	대구	19	8	7	0	27	6	1
	합계		19	8	7	0	27	6	1
K2	2017	부산	2	1	0	0	2	0	0
	합계		2	1	0	0	2	0	0
승	2017	부산	1	1	0	0	0	0	0
	합계		1	1	0	0	0	0	0
프로통산			24	12	7	0	29	6	1

레오(Leo Jaime da Silva Pinheiro) 브라질 1986.03.28

대회	연도	소속	출전	교체	득점	도움	파울	경고	퇴장
K2	2015	대구	38	6	5	3	45	6	0
	합계		38	6	5	3	45	6	0
프로통산			38	6	5	3	45	6	0

레오(Leopoldo Roberto Markovsky) 브라질 1983.08.29

대회	연도	소속	출전	교체	득점	도움	파울	경고	퇴장
BC	2009	대구	14	2	4	1	41	2	0
	2010	대구	22	17	5	0	41	6	0
	합계		36	19	9	1	82	8	0
프로통산			36	19	9	1	82	8	0

레오(Leonardo Ferreira) 브라질 1988.06.07

대회	연도	소속	출전	교체	득점	도움	파울	경고	퇴장
BC	2012	대전	9	5	0	0	10	1	0
	합계		9	5	0	0	10	1	0
프로통산			9	5	0	0	10	1	0

레오(Cesar Leonardo Torres) 아르헨티나 1975.10.27

대회	연도	소속	출전	교체	득점	도움	파울	경고	퇴장
BC	2001	전북	3	3	0	0	5	0	0
	합계		3	3	0	0	5	0	0
프로통산			3	3	0	0	5	0	0

레오(Leonard Bisaku) 크로아티아 1974.10.22

대회	연도	소속	출전	교체	득점	도움	파울	경고	퇴장
BC	2002	포항	13	12	3	0	21	3	0
	2003	성남일	9	10	1	0	19	2	0
	합계		22	22	4	0	40	5	0
프로통산			22	22	4	0	40	5	0

레오가말류(Leonardo Gamalho de Souza) 브라질 1986.01.30

대회	연도	소속	출전	교체	득점	도움	파울	경고	퇴장
K1	2018	포항	28	19	6	1	27	1	0
	합계		28	19	6	1	27	1	0
프로통산			28	19	6	1	27	1	0

레오나르도(Rodrigues Pereira Leonard) 브라질 1986.09.22

대회	연도	소속	출전	교체	득점	도움	파울	경고	퇴장
BC	2012	전북	17	13	5	2	11	3	0
	합계		17	13	5	2	11	3	0
K1	2013	전북	37	22	7	13	43	2	0
	2014	전북	35	28	6	10	24	5	0
	2015	전북	37	25	10	3	11	3	0
	2016	전북	34	23	12	6	13	1	0
	합계		143	98	35	32	91	11	0
프로통산			160	111	40	34	102	14	0

레오마르(Leomar Leiria) 브라질 1971.06.26

대회	연도	소속	출전	교체	득점	도움	파울	경고	퇴장
BC	2002	전북	10	5	0	0	11	1	0
	합계		10	5	0	0	11	1	0
프로통산			10	5	0	0	11	1	0

레이나(Javier Arley Reina Calvo) 콜롬비아 1989.01.04

대회	연도	소속	출전	교체	득점	도움	파울	경고	퇴장
BC	2011	전남	22	13	3	2	39	2	0
	2012	성남일	20	7	5	3	28	5	0
	합계		42	20	8	5	67	7	0
K1	2013	성남일	0	0	0	0	0	0	0
	2015	성남	15	7	1	3	28	3	0
	합계		15	7	1	3	28	3	0
프로통산			57	27	9	8	95	10	0

레이어(Adrian Leijer) 오스트레일리아 1986.03.25

대회	연도	소속	출전	교체	득점	도움	파울	경고	퇴장
K1	2016	수원FC	28	0	0	0	32	11	1
	합계		28	0	0	0	32	11	1
K2	2017	수원FC	29	2	3	0	41	9	1
	2018	수원FC	9	1	0	0	11	3	0
	합계		38	3	3	0	52	12	1
프로통산			66	3	3	0	84	23	2

렌스베르겐(Rob Landsbergen) 네덜란드 1960.02.25

대회	연도	소속	출전	교체	득점	도움	파울	경고	퇴장
BC	1984	현대	27	4	9	9	37	2	0
	1985	현대	11	7	2	1	20	0	0
	합계		38	11	11	10	57	2	0
프로통산			38	11	11	10	57	2	0

로만(Roman Gibala) 체코 1972.10.05

대회	연도	소속	출전	교체	득점	도움	파울	경고	퇴장
BC	2003	대구	19	16	1	1	15	2	0
	합계		19	16	1	1	15	2	0
프로통산			19	16	1	1	15	2	0

로브렉(Lovrek Kruno Hrvatsko) 크로아티아 1979.09.11

대회	연도	소속	출전	교체	득점	도움	파울	경고	퇴장
BC	2010	전북	30	25	13	1	36	4	0
	2011	전북	25	19	2	2	37	4	0
	합계		55	44	15	3	73	8	0
프로통산			55	44	15	3	73	8	0

로빙요(Santos Silva Daniel) 브라질 1989.01.09

대회	연도	소속	출전	교체	득점	도움	파울	경고	퇴장
K2	2017	서울E	15	12	0	0	19	0	0
	합계		15	12	0	0	19	0	0
프로통산			15	12	0	0	19	0	0

로시(Ruben Dario Rossi) 아르헨티나 1973.10.28

대회	연도	소속	출전	교체	득점	도움	파울	경고	퇴장
BC	1994	대우	7	4	1	0	7	0	0
	합계		7	4	1	0	7	0	0
프로통산			7	4	1	0	7	0	0

로저(Roger Rodrigues da Silva) 브라질 1985.01.07

대회	연도	소속	출전	교체	득점	도움	파울	경고	퇴장
K1	2014	수원	32	19	7	2	62	6	0
	합계		32	19	7	2	62	6	0
프로통산			32	19	7	2	62	6	0

로페즈(Ricardo Lopes Pereira) 브라질 1990.10.28

대회	연도	소속	출전	교체	득점	도움	파울	경고	퇴장
K1	2015	제주	33	6	11	11	44	6	0
	2016	전북	35	20	13	6	59	9	0
	2017	전북	22	12	4	3	22	1	1
	2018	전북	31	10	13	6	56	5	1
	2019	전북	36	12	11	7	64	5	0
	합계		157	60	52	33	245	26	2
프로통산			157	60	52	33	245	26	2

로페즈(Vinicius Silva Souto Lopes) 브라질 1988.01.29

대회	연도	소속	출전	교체	득점	도움	파울	경고	퇴장
BC	2011	광주	5	5	0	0	2	0	0
	합계		5	5	0	0	2	0	0
프로통산			5	5	0	0	2	0	0

롤란(Rolandas Karcemarskas) 리투아니아 1980.09.07

대회	연도	소속	출전	교체	득점	도움	파울	경고	퇴장
BC	2000	부천SK	15	15	3	1	26	3	0
	2001	부천SK	8	7	1	0	11	1	0
	2002	부천SK	2	2	0	0	3	0	0
	합계		25	24	4	1	40	4	0
프로통산			25	24	4	1	40	4	0

루벤(Ruben Bernuncio) 아르헨티나 1976.01.19

대회	연도	소속	출전	교체	득점	도움	파울	경고	퇴장
BC	1993	대우	5	2	1	2	15	1	0
	1994	대우	4	5	0	0	1	0	0
	합계		9	7	1	2	16	1	0
프로통산			9	7	1	2	16	1	0

루비(Rubenilson Monteiro Ferreira) 브라질 1972.08.07

대회	연도	소속	출전	교체	득점	도움	파울	경고	퇴장
BC	1997	천안일	25	12	6	1	25	4	0
	1998	천안일	29	12	7	0	33	5	1
	합계		54	24	13	1	58	9	1
프로통산			54	24	13	1	58	9	1

루사르도(Arsenio Luzardo) 우루과이 1959.09.03

대회	연도	소속	출전	교체	득점	도움	파울	경고	퇴장
BC	1992	LG	7	3	2	1	10	0	0
	1993	LG	11	9	1	1	4	1	0
	합계		18	12	3	2	14	1	0
프로통산			18	12	3	2	14	1	0

루시아노(Luciano Valente de Deus) 브라질 1981.06.12

대회	연도	소속	출전	교체	득점	도움	파울	경고	퇴장
BC	2004	대전	20	2	5	0	52	0	0
	2005	부산	31	12	9	3	75	1	0
	2006	경남	36	9	7	2	79	2	0
	2007	부산	30	12	5	1	71	0	0
	합계		117	35	26	6	277	3	0
프로통산			117	35	26	6	277	3	0

루시오(Lucio Teofilo da Silva) 브라질 1984.07.02

대회	연도	소속	출전	교체	득점	도움	파울	경고	퇴장
BC	2010	경남	32	10	15	10	68	5	0
	2011	경남	10	6	6	3	10	2	0
	2011	울산	15	10	0	2	12	2	0
	합계		57	26	21	15	90	9	0
K2	2013	광주	32	10	13	10	47	2	0
	합계		32	10	13	10	47	2	0
프로통산			89	36	34	25	137	11	0

루시오(Lucio Filomelo) 아르헨티나 1980.05.08

대회	연도	소속	출전	교체	득점	도움	파울	경고	퇴장
BC	2005	부산	8	7	0	1	22	1	0
	합계		8	7	0	1	22	1	0
프로통산			8	7	0	1	22	1	0

루시오(Lucio Flavio da Silva Oliva) 브라질 1986.08.29

대회	연도	소속	출전	교체	득점	도움	파울	경고	퇴장
BC	2012	전남	15	14	6	1	28	2	0
	합계		15	14	6	1	28	2	0
K1	2013	대전	7	6	1	0	11	2	0
	합계		7	6	1	0	11	2	0
프로통산			22	20	7	1	39	4	0

루시우(Lucenble Pereira da Silva) 브라질 1975.01.14

대회	연도	소속	출전	교체	득점	도움	파울	경고	퇴장
BC	2003	울산	14	14	0	3	12	0	0
	합계		14	14	0	3	12	0	0
프로통산			14	14	0	3	12	0	0

루아티(Louati Imed) 튀니지 1993.08.11

대회	연도	소속	출전	교체	득점	도움	파울	경고	퇴장
K2	2015	경남	12	5	2	0	23	2	0
	합계		12	5	2	0	23	2	0
프로통산			12	5	2	0	23	2	0

루이(Rui Manuel Guerreiro Nobre Esteves) 포르투갈 1967.01.

대회	연도	소속	출전	교체	득점	도움	파울	경고	퇴장
BC	1997	부산	5	5	1	1	5	0	0
	1998	부산	17	14	2	3	27	1	1
	합계		22	19	3	4	32	1	1
프로통산			22	19	3	4	32	1	1

루이스(Marques Lima Luiz Carlos) 브라질 1989.05.30

대회	연도	소속	출전	교체	득점	도움	파울	경고	퇴장
K1	2014	제주	7	7	1	0	7	0	0
	합계		7	7	1	0	7	0	0
프로통산			7	7	1	0	7	0	0

루이스 브라질 1962.03.16

대회	연도	소속	출전	교체	득점	도움	파울	경고	퇴장
BC	1984	포철	17	3	0	0	31	4	0
	합계		17	3	0	0	31	4	0
프로통산			17	3	0	0	31	4	0

루이스(Luiz Henrique da Silva Alves) 브라질 1981.07.02

대회	연도	소속	출전	교체	득점	도움	파울	경고	퇴장
BC	2008	수원	7	7	0	0	6	0	0
	2008	전북	16	5	5	2	10	4	0
	2009	전북	34	10	9	13	40	3	0
	2010	전북	28	12	5	3	15	3	0
	2011	전북	24	18	4	2	22	2	0
	2012	전북	15	11	3	4	18	1	0
	합계		124	63	26	24	111	13	0
K1	2015	전북	16	13	1	2	9	2	0
	2016	전북	11	9	3	2	10	0	0
	합계		27	22	4	4	19	2	0
K2	2016	강원	20	9	7	4	21	2	0
	합계		20	9	7	4	21	2	0
승	2016	강원	2	0	0	0	3	1	0
	합계		2	0	0	0	3	1	0
프로통산			173	94	37	32	154	18	0

루이지뉴(Luis Carlos Fernandes) 브라질 1985.07.25

대회	연도	소속	출전	교체	득점	도움	파울	경고	퇴장
BC	2007	대구	32	11	18	0	50	5	0
	2008	울산	24	21	11	3	31	1	0
	2009	울산	2	2	0	0	0	0	0
	2011	인천	10	9	2	1	18	4	0
	합계		68	43	31	4	99	10	0
K2	2013	광주	4	4	1	0	4	0	0
	합계		4	4	1	0	4	0	0
프로통산			72	47	32	4	103	10	0

루츠(Ion Ionut Lutu) 루마니아 1975.08.03

대회	연도	소속	출전	교체	득점	도움	파울	경고	퇴장
BC	2000	수원	19	13	2	3	28	2	1
	2001	수원	9	7	1	4	10	0	0
	2002	수원	9	7	3	2	11	0	0
	합계		37	27	6	9	49	2	1
프로통산			37	27	6	9	49	2	1

루카(Luka Rotković) 몬테네그로 1988.07.05

대회	연도	소속	출전	교체	득점	도움	파울	경고	퇴장
K2	2017	안산	9	9	1	0	11	2	0
	합계		9	9	1	0	11	2	0
프로통산			9	9	1	0	11	2	0

루카스(Lucas Douglas) 브라질 1994.01.19

대회	연도	소속	출전	교체	득점	도움	파울	경고	퇴장
K1	2015	성남	15	14	0	0	15	0	0
	합계		15	14	0	0	15	0	0
프로통산			15	14	0	0	15	0	0

루카스(Waldir Lucas Pereira Filho) 브라질 1982.02.05

대회	연도	소속	출전	교체	득점	도움	파울	경고	퇴장
BC	2008	수원	6	7	0	1	11	0	0
	합계		6	7	0	1	11	0	0
프로통산			6	7	0	1	11	0	0

루크(Luke Ramon de Vere) 오스트레일리아 1989.11.05

대회	연도	소속	출전	교체	득점	도움	파울	경고	퇴장
BC	2011	경남	34	2	2	0	34	3	0
	2012	경남	26	3	3	1	23	3	0
	합계		60	5	5	1	57	6	0
K1	2013	경남	9	4	0	0	3	1	0
	2014	경남	13	3	1	0	12	5	0
	합계		22	7	1	0	15	6	0
프로통산			82	12	6	1	72	12	0

루키(Lucky Isibor) 나이지리아 1977.01.01

대회	연도	소속	출전	교체	득점	도움	파울	경고	퇴장
BC	2000	수원	5	3	1	0	6	0	0

대회	연도	소속	출전	교체	득점	도움	파울	경고	퇴장
	합계		5	3	1	0	6	0	0
프로통산			5	3	1	0	6	0	0

루키안(Araujo de Almeida Lukian) 브라질 1991.09.21

대회	연도	소속	출전	교체	득점	도움	파울	경고	퇴장
K2	2015	부천	22	18	4	4	25	1	0
	2016	부천	39	7	15	4	71	7	0
	2017	부산	18	16	2	0	22	1	0
	2017	안양	10	2	4	0	20	2	0
	합계		89	43	25	8	138	11	0
프로통산			89	43	25	8	138	11	0

룩(Castaignos Luc) 네덜란드 1992.09.27

대회	연도	소속	출전	교체	득점	도움	파울	경고	퇴장
K1	2019	경남	22	15	3	3	27	0	0
	합계		22	15	3	3	27	0	0
프로통산			22	15	3	3	27	0	0

룰리냐(Morais dos Reis Luiz Marcelo) 브라질 1990.04.10

대회	연도	소속	출전	교체	득점	도움	파울	경고	퇴장
K1	2016	포항	18	16	2	1	25	2	0
	2017	포항	33	6	17	4	37	5	0
	합계		51	22	19	5	62	7	0
프로통산			51	22	19	5	62	7	0

류범희(柳範熙) 광주대 1991.07.29

대회	연도	소속	출전	교체	득점	도움	파울	경고	퇴장
K1	2015	광주	2	2	0	0	2	1	0
	합계		2	2	0	0	2	1	0
K2	2015	경남	19	14	0	0	18	3	0
	합계		19	14	0	0	18	3	0
프로통산			21	16	0	0	20	4	0

류봉기(柳奉基) 단국대 1968.09.02

대회	연도	소속	출전	교체	득점	도움	파울	경고	퇴장
BC	1991	일화	16	8	0	0	21	1	1
	1992	일화	28	6	0	1	46	3	0
	1993	일화	17	10	0	0	15	3	0
	1994	일화	1	1	0	0	0	0	0
	1995	일화	1	2	0	0	1	1	0
	1996	천안일	23	5	1	0	31	4	0
	1997	천안일	29	8	0	0	61	2	0
	1998	천안일	25	7	0	0	45	4	0
	1999	천안일	6	3	0	0	8	0	0
	합계		146	50	1	1	228	18	1
프로통산			146	50	1	1	228	18	1

류승우(柳承祐) 중앙대 1993.12.17

대회	연도	소속	출전	교체	득점	도움	파울	경고	퇴장
K1	2017	제주	8	8	1	0	4	0	0
	2018	제주	28	26	2	1	14	0	0
	2019	상주	12	8	1	1	18	0	0
	합계		48	42	4	2	36	0	0
프로통산			48	42	4	2	36	0	0

류언재(柳彦在) 인천대 1994.11.05

대회	연도	소속	출전	교체	득점	도움	파울	경고	퇴장
K2	2017	수원FC	1	1	0	0	0	0	0
	2018	광주	1	1	0	0	0	0	0
	2019	안양	23	5	0	1	19	3	0
	합계		25	7	0	1	19	3	0
프로통산			25	7	0	1	19	3	0

류영록(柳永祿) 건국대 1969.08.04

대회	연도	소속	출전	교체	**실점**	도움	파울	경고	퇴장
BC	1992	포철	1	0	4	0	0	0	0
	1993	대우	1	0	2	0	0	0	0
	1994	대우	9	1	12	0	1	1	0
	1995	대우	0	0	0	0	0	0	0
	1996	전남	0	0	0	0	0	0	0
	합계		11	1	18	0	1	1	0
프로통산			11	1	18	0	1	1	0

류웅열(柳雄烈) 명지대 1968.04.25

대회	연도	소속	출전	교체	득점	도움	파울	경고	퇴장
BC	1993	대우	21	8	3	0	26	6	0
	1994	대우	10	4	1	0	15	2	0
	1995	대우	8	3	0	0	12	5	0
	1996	부산	11	4	0	0	12	2	0
	1997	부산	24	7	2	0	28	4	0
	1998	부산	11	3	1	0	15	0	0
	1999	부산	16	1	3	0	26	1	1
	2000	부산	16	3	1	0	21	3	0
	2000	수원	10	3	3	2	17	2	1
	2001	수원	13	7	0	0	9	2	0
	합계		140	43	14	2	181	27	2
프로통산			140	43	14	2	181	27	2

류원우(流垣宇) 광양제철고 1990.08.05

대회	연도	소속	출전	교체	**실점**	도움	파울	경고	퇴장
BC	2009	전남	0	0	0	0	0	0	0
	2010	전남	0	0	0	0	0	0	0
	2011	전남	1	0	1	0	0	0	0
	2012	전남	8	0	21	0	1	2	0
	합계		9	0	22	0	1	2	0
K1	2013	전남	2	0	3	0	0	0	0
	2018	포항	0	0	0	0	0	0	0
	2019	포항	15	0	20	0	0	0	0
	합계		17	0	23	0	0	0	0
K2	2014	광주	8	0	11	0	0	0	0
	2015	부천	28	0	28	0	1	4	0
	2016	부천	40	1	36	0	1	3	0
	2017	부천	34	1	43	0	1	1	0
	합계		110	2	117	0	3	8	0
프로통산			136	2	162	0	4	10	0

류재문(柳在文) 영남대 1993.11.08

대회	연도	소속	출전	교체	득점	도움	파울	경고	퇴장
K1	2017	대구	23	6	1	3	28	4	0
	2018	대구	23	6	2	0	20	2	0
	2019	대구	21	15	1	1	15	4	0
	합계		67	27	4	4	63	10	0
K2	2015	대구	36	2	6	3	54	3	0
	2016	대구	5	1	0	0	4	1	0
	합계		41	3	6	3	58	4	0
프로통산			108	30	10	7	121	14	0

* 실점: 2018년 1 / 통산 1

류제식(柳濟植) 인천대 1972.01.03

대회	연도	소속	출전	교체	**실점**	도움	파울	경고	퇴장
BC	1991	대우	3	0	5	0	2	1	0
	1992	대우	7	1	9	0	0	0	0
	1993	대우	1	1	0	0	0	0	0
	합계		11	2	14	0	2	1	0
프로통산			11	2	14	0	2	1	0

류현진(柳鉉珍) 가톨릭관동대 1995.01.23

대회	연도	소속	출전	교체	득점	도움	파울	경고	퇴장
K2	2017	안산	8	7	0	0	5	1	0
	합계		8	7	0	0	5	1	0
프로통산			8	7	0	0	5	1	0

류형렬(柳亨烈) 선문대 1985.11.02

대회	연도	소속	출전	교체	득점	도움	파울	경고	퇴장
BC	2009	성남일	0	0	0	0	0	0	0
	합계		0	0	0	0	0	0	0
프로통산			0	0	0	0	0	0	0

리마(Joao Maria Lima do Nascimento) 브라질 1982.09.04

대회	연도	소속	출전	교체	득점	도움	파울	경고	퇴장
BC	2010	서울	0	0	0	0	0	0	0
	합계		0	0	0	0	0	0	0
프로통산			0	0	0	0	0	0	0

리웨이펑(Li Weifeng, 李瑋鋒) 중국 1978.01.26

대회	연도	소속	출전	교체	득점	도움	파울	경고	퇴장
BC	2009	수원	26	0	1	0	42	7	0
	2010	수원	29	0	1	1	62	9	0
	합계		55	0	2	1	104	16	0
프로통산			55	0	2	1	104	16	0

리차드(Richard Windbichler) 오스트리아 1991.04.02

대회	연도	소속	출전	교체	득점	도움	파울	경고	퇴장
K1	2017	울산	30	1	2	1	16	4	0
	2018	울산	28	2	0	1	30	5	1
	합계		58	3	2	2	46	9	1
프로통산			58	3	2	2	46	9	1

리챠드(Richard Offiong Edet) 영국(잉글랜드) 1983.12.17

대회	연도	소속	출전	교체	득점	도움	파울	경고	퇴장
BC	2005	전남	1	1	0	0	1	0	0
	합계		1	1	0	0	1	0	0
프로통산			1	1	0	0	1	0	0

리춘유(Li Chun Yu, 李春郁) 중국 1986.10.09

대회	연도	소속	출전	교체	득점	도움	파울	경고	퇴장
BC	2010	강원	7	2	0	2	15	2	0
	합계		7	2	0	2	15	2	0
프로통산			7	2	0	2	15	2	0

리치(Cunha Reche Vinivius) 브라질 1984.01.28

대회	연도	소속	출전	교체	득점	도움	파울	경고	퇴장
K1	2014	전북	2	2	0	0	4	0	0
	합계		2	2	0	0	4	0	0
프로통산			2	2	0	0	4	0	0

링꼰(Joao Paulo da Silva Neto Rincon) 브라질 1975.10.27

대회	연도	소속	출전	교체	득점	도움	파울	경고	퇴장
BC	2001	전북	6	4	0	0	11	0	0
	합계		6	4	0	0	11	0	0
프로통산			6	4	0	0	11	0	0

마그노(Damasceno Santos da Cruz Magno) 브라질 1988.05.20

대회	연도	소속	출전	교체	득점	도움	파울	경고	퇴장
K1	2017	제주	32	24	13	3	23	6	0
	2018	제주	34	17	8	2	40	3	0
	2019	제주	36	23	8	2	31	1	0
	합계		102	64	29	7	94	10	0
프로통산			102	64	29	7	94	10	0

마그노(Magno Alves de Araujo) 브라질 1976.01.13

대회	연도	소속	출전	교체	득점	도움	파울	경고	퇴장
BC	2003	전북	44	8	27	8	25	2	0
	합계		44	8	27	8	25	2	0
프로통산			44	8	27	8	25	2	0

마니(Jeannot Giovanny) 모리셔스 1975.09.25

대회	연도	소속	출전	교체	득점	도움	파울	경고	퇴장
BC	1996	울산	11	10	3	0	5	0	0
	1997	울산	12	10	2	1	10	0	0
	합계		23	20	5	1	15	0	0
프로통산			23	20	5	1	15	0	0

마니치(Radivoje Manić) 세르비아 몬테네그로 1972.01.16

대회	연도	소속	출전	교체	득점	도움	파울	경고	퇴장
BC	1996	부산	24	16	8	0	25	6	0
	1997	부산	28	15	13	6	20	5	0
	1999	부산	39	11	9	9	46	7	1
	2000	부산	34	19	8	9	27	5	0
	2001	부산	27	17	8	8	18	5	0
	2002	부산	20	13	7	2	11	3	1
	2004	인천	16	4	7	1	15	5	0
	2005	인천	17	17	2	4	11	3	0
	합계		205	112	62	39	173	39	2
프로통산			205	112	62	39	173	39	2

마다스치(Adrian Anthony Madaschi) 오스트레일리아 1982.07.11

대회	연도	소속	출전	교체	득점	도움	파울	경고	퇴장

대회	연도	소속	출전	교체	득점	도움	파울	경고	퇴장
BC	2012	제주	26	2	0	1	33	10	0
	합계		26	2	0	1	33	10	0
K1	2013	제주	9	4	0	1	9	1	0
	합계		9	4	0	1	9	1	0
프로통산			35	6	0	2	42	11	0

마라냥(Luis Carlos dos Santos Martins) 브라질 1984.06.19

대회	연도	소속	출전	교체	득점	도움	파울	경고	퇴장
BC	2012	울산	39	33	13	4	48	5	0
	합계		39	33	13	4	48	5	0
K1	2013	제주	31	20	7	7	33	4	0
	합계		31	20	7	7	33	4	0
K2	2016	강원	13	13	2	0	6	0	0
	합계		13	13	2	0	6	0	0
승	2016	강원	1	1	0	0	0	0	0
	합계		1	1	0	0	0	0	0
프로통산			84	67	22	11	87	9	0

마라냥(Meneses Quintanilha Rodrigo) 브라질 1992.12.11

대회	연도	소속	출전	교체	득점	도움	파울	경고	퇴장
K2	2019	부천	9	8	0	1	13	0	0
	합계		9	8	0	1	13	0	0
프로통산			9	8	0	1	13	0	0

마라냥(Francinilson Santos Meirelles) 브라질 1990.05.03

대회	연도	소속	출전	교체	득점	도움	파울	경고	퇴장
K2	2014	대전	16	8	0	1	17	0	0
	합계		16	8	0	1	17	0	0
프로통산			16	8	0	1	17	0	0

마르셀(Marcel Augusto Ortolan) 브라질 1981.11.12

대회	연도	소속	출전	교체	득점	도움	파울	경고	퇴장
BC	2004	수원	36	20	12	2	106	4	0
	2011	수원	11	8	3	2	21	2	0
	합계		47	28	15	4	127	6	0
프로통산			47	28	15	4	127	6	0

마르셀2(Marcelo de Paula Pinheiro) 브라질 1983.05.11

대회	연도	소속	출전	교체	득점	도움	파울	경고	퇴장
BC	2009	경남	6	1	0	0	11	0	0
	합계		6	1	0	0	11	0	0
프로통산			6	1	0	0	11	0	0

마르셀로(Marcelo Aparecido Toscano) 브라질 1985.05.12

대회	연도	소속	출전	교체	득점	도움	파울	경고	퇴장
K1	2016	제주	37	19	11	9	26	2	0
	2017	제주	13	6	6	3	10	0	0
	합계		50	25	17	12	36	2	0
프로통산			50	25	17	12	36	2	0

마르셀로(Marcelo Macedo) 브라질 1983.02.01

대회	연도	소속	출전	교체	득점	도움	파울	경고	퇴장
BC	2004	성남일	13	11	4	1	30	0	0
	합계		13	11	4	1	30	0	0
프로통산			13	11	4	1	30	0	0

마르셀로(Marcelo Bras Ferreira da Silva) 브라질 1981.02.03

대회	연도	소속	출전	교체	득점	도움	파울	경고	퇴장
BC	2010	경남	4	5	0	0	1	0	0
	합계		4	5	0	0	1	0	0
프로통산			4	5	0	0	1	0	0

마르시오(Marcio Diogo Lobato Rodrigues) 브라질 1985.09.22

대회	연도	소속	출전	교체	득점	도움	파울	경고	퇴장
BC	2010	수원	9	9	1	0	12	0	0
	합계		9	9	1	0	12	0	0
프로통산			9	9	1	0	12	0	0

마르싱요(Maxsuel Rodrigo Lino) 브라질 1985.09.08

대회	연도	소속	출전	교체	득점	도움	파울	경고	퇴장
K1	2013	전남	1	1	0	0	2	0	0
	합계		1	1	0	0	2	0	0
프로통산			1	1	0	0	2	0	0

마르싱유(Amarel de Oliveira Junior Marcio) 브라질 1991.03.2

대회	연도	소속	출전	교체	득점	도움	파울	경고	퇴장
K2	2015	충주	32	23	1	2	24	1	0
	합계		32	23	1	2	24	1	0
프로통산			32	23	1	2	24	1	0

마르첼(Marcel Lazareanu) 루마니아 1959.06.21

대회	연도	소속	출전	교체	실점	도움	파울	경고	퇴장
BC	1990	일화	8	0	12	0	0	1	0
	1991	일화	21	3	28	0	1	1	1
	합계		29	3	40	0	1	2	1
프로통산			29	3	40	0	1	2	1

마르케스(Agustinho Marques Renanl) 브라질 1983.03.08

대회	연도	소속	출전	교체	득점	도움	파울	경고	퇴장
BC	2012	제주	13	12	1	1	13	0	0
	합계		13	12	1	1	13	0	0
프로통산			13	12	1	1	13	0	0

마르코(Marco Aurelio Wagner Pereira) 브라질 1980.04.22

대회	연도	소속	출전	교체	득점	도움	파울	경고	퇴장
BC	2006	제주	1	0	0	0	4	0	0
	합계		1	0	0	0	4	0	0
프로통산			1	0	0	0	4	0	0

마르코(Marco Aurelio Martins Ivo) 브라질 1976.12.03

대회	연도	소속	출전	교체	득점	도움	파울	경고	퇴장
BC	2002	안양LG	32	25	9	1	26	1	0
	합계		32	25	9	1	26	1	0
프로통산			32	25	9	1	26	1	0

마르코비치(Ivan Marković) 세르비아 1994.06.20

대회	연도	소속	출전	교체	득점	도움	파울	경고	퇴장
K2	2016	경남	2	2	0	0	2	0	0
	합계		2	2	0	0	2	0	0
프로통산			2	2	0	0	2	0	0

마르코스(Marcos Aurelio de Oliveira Lima) 브라질 1984.02.10

대회	연도	소속	출전	교체	득점	도움	파울	경고	퇴장
K1	2014	전북	5	5	0	0	1	0	0
	합계		5	5	0	0	1	0	0
프로통산			5	5	0	0	1	0	0

마르코스(Marcos Antonio Nascimento Santos) 브라질 1988.06.10

대회	연도	소속	출전	교체	득점	도움	파울	경고	퇴장
K2	2018	안양	33	4	2	1	61	5	0
	합계		33	4	2	1	61	5	0
프로통산			33	4	2	1	61	5	0

마르코스(Marcos Antonio da Silva) 브라질 1977.04.07

대회	연도	소속	출전	교체	득점	도움	파울	경고	퇴장
BC	2001	울산	31	23	4	3	24	2	0
	2002	울산	2	2	0	0	0	0	0
	합계		33	25	4	3	24	2	0
프로통산			33	25	4	3	24	2	0

마르크(Benie Bolou Jean Marck) 코트디부아르 1982.11.09

대회	연도	소속	출전	교체	득점	도움	파울	경고	퇴장
BC	2000	성남일	5	5	0	0	11	1	0
	합계		5	5	0	0	11	1	0
프로통산			5	5	0	0	11	1	0

마리우(Luis Mario Miranda da Silva) 브라질 1976.11.01

대회	연도	소속	출전	교체	득점	도움	파울	경고	퇴장
BC	2003	안양LG	20	8	4	8	26	3	0
	합계		20	8	4	8	26	3	0
프로통산			20	8	4	8	26	3	0

마말리(Emeka Esanga Mamale) 콩고민주공화국 1977.10.21

대회	연도	소속	출전	교체	득점	도움	파울	경고	퇴장
BC	1996	포항	5	5	0	0	9	0	0
	1997	포항	3	2	1	0	7	0	0
	합계		8	7	1	0	16	0	0
프로통산			8	7	1	0	16	0	0

마사(Ishida Masatoshi, 石田雅俊) 일본 1995.05.04

대회	연도	소속	출전	교체	득점	도움	파울	경고	퇴장
K2	2019	안산	24	21	9	1	24	1	0
	합계		24	21	9	1	24	1	0
프로통산			24	21	9	1	24	1	0

마사(Ohasi Masahiro, 大橋正博) 일본 1981.06.23

대회	연도	소속	출전	교체	득점	도움	파울	경고	퇴장
BC	2009	강원	22	11	4	2	11	0	0
	2011	강원	5	5	0	1	1	0	0
	합계		27	16	4	3	12	0	0
프로통산			27	16	4	3	12	0	0

마상훈(馬相訓) 순천고 1991.07.25

대회	연도	소속	출전	교체	득점	도움	파울	경고	퇴장
BC	2012	강원	0	0	0	0	0	0	0
	합계		0	0	0	0	0	0	0
K1	2014	전남	1	1	0	0	0	0	0
	2018	상주	1	1	0	0	0	0	0
	2019	상주	15	9	0	0	9	1	0
	합계		17	11	0	0	9	1	0
K2	2018	수원FC	9	4	0	0	12	2	0
	합계		9	4	0	0	12	2	0
프로통산			26	15	0	0	21	3	0

마스다(Masuda Chikashi, 増田誓志) 일본 1985.06.19

대회	연도	소속	출전	교체	득점	도움	파울	경고	퇴장
K1	2013	울산	35	12	4	3	43	3	0
	2014	울산	0	0	0	0	0	0	0
	2015	울산	31	12	3	0	32	1	0
	2016	울산	32	6	0	1	38	5	0
	합계		98	30	7	4	113	9	0
K2	2019	서울E	12	6	0	0	15	3	0
	합계		12	6	0	0	15	3	0
프로통산			110	36	7	4	128	12	0

마스덴(Christopher Marsden) 영국(잉글랜드) 1969.01.03

대회	연도	소속	출전	교체	득점	도움	파울	경고	퇴장
BC	2004	부산	2	0	1	0	4	2	0
	합계		2	0	1	0	4	2	0
프로통산			2	0	1	0	4	2	0

마시엘(Maciel Luiz Franco) 브라질 1972.03.15

대회	연도	소속	출전	교체	득점	도움	파울	경고	퇴장
BC	1997	전남	19	0	3	0	42	1	0
	1998	전남	27	3	1	1	66	9	0
	1999	전남	36	2	2	1	78	3	0
	2000	전남	36	2	1	0	78	7	0
	2001	전남	29	1	0	0	60	7	0
	2002	전남	27	5	2	1	57	3	0
	2003	전남	10	4	1	0	17	4	0
	합계		184	17	10	3	398	34	0
프로통산			184	17	10	3	398	34	0

마쎄도(Wanderson de Macedo Costa / ← 완델손.D) 브라질 1992.05.31

대회	연도	소속	출전	교체	득점	도움	파울	경고	퇴장
K1	2017	광주	18	10	8	0	23	2	1
	2018	전남	24	20	7	2	17	3	0

	합계		42	30	15	2	40	5	1
K2	2019	전남	2	2	0	0	3	1	0
	합계		2	2	0	0	3	1	0
프로통산			44	32	15	2	43	6	1

마에조노(Maezono Masakiyo, 前園真聖) 일본 1973.10.29

대회	연도	소속	출전	교체	득점	도움	파울	경고	퇴장
BC	2003	안양LG	16	10	0	4	11	1	0
	2004	인천	13	8	1	1	13	2	0
	합계		29	18	1	5	24	3	0
프로통산			29	18	1	5	24	3	0

마우리(Mauricio de Oliveira Anastacio) 브라질 1962.09.29

대회	연도	소속	출전	교체	득점	도움	파울	경고	퇴장
BC	1994	현대	14	11	2	2	8	0	0
	1995	현대	4	4	0	1	3	0	0
	합계		18	15	2	3	11	0	0
프로통산			18	15	2	3	11	0	0

마우리시오(Mauricio Fernandes) 브라질 1976.07.05

대회	연도	소속	출전	교체	득점	도움	파울	경고	퇴장
BC	2007	포항	8	3	0	0	23	3	0
	합계		8	3	0	0	23	3	0
프로통산			8	3	0	0	23	3	0

마우링요(Mauro Job Pontes Junior) 브라질 1989.12.10

대회	연도	소속	출전	교체	득점	도움	파울	경고	퇴장
K1	2016	전남	7	8	0	0	11	0	0
	2017	서울	9	8	0	0	5	1	0
	합계		16	16	0	0	16	1	0
프로통산			16	16	0	0	16	1	0

마우콘(Malcon Marschel Silva Carvalho Santos) 브라질 1995.07.05

대회	연도	소속	출전	교체	득점	도움	파울	경고	퇴장
K2	2016	충주	13	0	0	0	16	4	0
	합계		13	0	0	0	16	4	0
프로통산			13	0	0	0	16	4	0

마유송(Francisco de Farias Mailson) 브라질 1990.12.23

대회	연도	소속	출전	교체	득점	도움	파울	경고	퇴장
K1	2017	제주	2	2	0	0	1	0	0
	합계		2	2	0	0	1	0	0
프로통산			2	2	0	0	1	0	0

마이콘(Maycon Carvalho Inez) 브라질 1986.07.21

대회	연도	소속	출전	교체	득점	도움	파울	경고	퇴장
K2	2014	고양	3	3	0	0	0	0	0
	합계		3	3	0	0	0	0	0
프로통산			3	3	0	0	0	0	0

마징요(Marcio de Souza Gregorio Junio) 브라질 1986.05.14

대회	연도	소속	출전	교체	득점	도움	파울	경고	퇴장
BC	2010	경남	3	3	0	0	7	0	0
	합계		3	3	0	0	7	0	0
프로통산			3	3	0	0	7	0	0

마차도(Leandro Machado) 브라질 1976.03.22

대회	연도	소속	출전	교체	득점	도움	파울	경고	퇴장
BC	2005	울산	17	8	13	1	42	5	0
	2006	울산	26	18	1	3	34	2	0
	2007	울산	10	9	2	0	8	3	0
	합계		53	35	16	4	84	10	0
프로통산			53	35	16	4	84	10	0

마철준(馬哲俊) 경희대 1980.11.16

대회	연도	소속	출전	교체	득점	도움	파울	경고	퇴장
BC	2004	부천SK	22	12	1	0	30	2	0
	2005	부천SK	18	7	1	0	22	4	0
	2006	제주	33	7	0	0	71	4	0
	2007	광주상	25	7	0	0	47	3	0
	2008	광주상	16	8	0	1	15	4	0
	2009	제주	25	10	0	0	50	9	0
	2010	제주	29	9	0	0	42	9	0
	2011	제주	16	9	0	0	19	5	0
	2012	제주	0	0	0	0	0	0	0
	2012	전북	7	6	0	0	7	2	0
	합계		191	75	2	1	303	42	0
K1	2015	광주	1	1	0	0	0	0	0
	합계		1	1	0	0	0	0	0
K2	2013	광주	12	3	0	2	13	3	1
	2014	광주	16	4	1	0	11	3	0
	합계		28	7	1	2	24	6	1
승	2014	광주	0	0	0	0	0	0	0
	합계		0	0	0	0	0	0	0
프로통산			220	83	3	3	327	48	1

마쿠스(Marcus Ake Jens Erik Nilsson) 스웨덴 1988.02.26

대회	연도	소속	출전	교체	득점	도움	파울	경고	퇴장
K1	2017	포항	0	0	0	0	0	0	0
	합계		0	0	0	0	0	0	0
프로통산			0	0	0	0	0	0	0

마테우스(Matheus Humberto Maximiano) 브라질 1989.05.31

대회	연도	소속	출전	교체	득점	도움	파울	경고	퇴장
BC	2011	대구	9	8	1	0	6	0	0
	2012	대구	23	15	2	2	37	5	0
	합계		32	23	3	2	43	5	0
K2	2014	대구	18	14	2	1	32	2	0
	합계		18	14	2	1	32	2	0
프로통산			50	37	5	3	75	7	0

마테우스(Matheus Alves Leandro) 브라질 1993.05.19

대회	연도	소속	출전	교체	득점	도움	파울	경고	퇴장
K2	2016	강원	37	22	12	1	69	8	0
	2018	수원FC	13	4	2	0	18	4	0
	합계		50	26	14	1	87	12	0
승	2016	강원	2	2	0	0	7	0	0
	합계		2	2	0	0	7	0	0
프로통산			52	28	14	1	94	12	0

마토(Mato Neretljak) 크로아티아 1979.06.03

대회	연도	소속	출전	교체	득점	도움	파울	경고	퇴장
BC	2005	수원	31	2	10	2	102	7	0
	2006	수원	37	1	4	2	96	7	0
	2007	수원	35	1	7	0	87	7	0
	2008	수원	29	1	0	4	46	3	0
	2011	수원	25	0	8	0	39	6	0
	합계		157	5	29	8	370	30	0
프로통산			157	5	29	8	370	30	0

마티아스(Coureur Mathias) 프랑스 1988.03.22

대회	연도	소속	출전	교체	득점	도움	파울	경고	퇴장
K1	2019	성남	21	19	2	0	20	1	0
	합계		21	19	2	0	20	1	0
프로통산			21	19	2	0	20	1	0

마티치(Bojan Matić) 세르비아 1991.12.22

대회	연도	소속	출전	교체	득점	도움	파울	경고	퇴장
K1	2018	서울	9	7	1	0	7	0	1
	합계		9	7	1	0	7	0	1
프로통산			9	7	1	0	7	0	1

마하지(Mahazi Rashid Abdulhakim) 오스트레일리아 1992.04.20

대회	연도	소속	출전	교체	득점	도움	파울	경고	퇴장
K1	2019	인천	13	5	1	0	18	4	0
	합계		13	5	1	0	18	4	0
프로통산			13	5	1	0	18	4	0

막스 유고슬라비아 1965.12.10

대회	연도	소속	출전	교체	득점	도움	파울	경고	퇴장
BC	1994	일화	11	10	2	0	15	5	0
	합계		11	10	2	0	15	5	0
프로통산			11	10	2	0	15	5	0

말론(Marlón Jonathan de Jesús Pabón) 에콰도르 1991.09.04

대회	연도	소속	출전	교체	득점	도움	파울	경고	퇴장
K2	2019	부천	29	23	10	3	47	6	0
	합계		29	23	10	3	47	6	0
프로통산			29	23	10	3	47	6	0

말컹(Marcos Vinicius do Amaral Alves) 브라질 1994.06.17

대회	연도	소속	출전	교체	득점	도움	파울	경고	퇴장
K1	2018	경남	31	13	26	5	42	4	1
	합계		31	13	26	5	42	4	1
K2	2017	경남	32	5	22	3	63	5	0
	합계		32	5	22	3	63	5	0
프로통산			63	18	48	8	105	9	1

매그넘(Magnum Rafael Farias Tavares) 브라질 1982.03.24

대회	연도	소속	출전	교체	득점	도움	파울	경고	퇴장
BC	2011	울산	5	5	0	0	3	0	0
	합계		5	5	0	0	3	0	0
프로통산			5	5	0	0	3	0	0

매튜(Jurman Matthew John) 오스트레일리아 1989.12.08

대회	연도	소속	출전	교체	득점	도움	파울	경고	퇴장
K1	2017	수원	25	3	2	1	31	9	0
	2018	수원	4	0	0	0	7	1	0
	합계		29	3	2	1	38	10	0
프로통산			29	3	2	1	38	10	0

맥고완(Dylan John Mcgowan) 오스트레일리아 1991.08.06

대회	연도	소속	출전	교체	득점	도움	파울	경고	퇴장
K1	2018	강원	15	6	1	0	14	2	0
	합계		15	6	1	0	14	2	0
프로통산			15	6	1	0	14	2	0

맥긴(Niall Peter McGinn) 영국(북아일랜드) 1987.07.20

대회	연도	소속	출전	교체	득점	도움	파울	경고	퇴장
K1	2017	광주	7	7	0	0	5	0	0
	합계		7	7	0	0	5	0	0
프로통산			7	7	0	0	5	0	0

맥도날드(Sherjill Jermaine Mac-Donald) 네덜란드 1984.11.20

대회	연도	소속	출전	교체	득점	도움	파울	경고	퇴장
K2	2018	부산	2	2	0	0	2	0	0
	합계		2	2	0	0	2	0	0
프로통산			2	2	0	0	2	0	0

맥카이(Matthew Graham Mckay) 오스트레일리아 1983.01.11

대회	연도	소속	출전	교체	득점	도움	파울	경고	퇴장
BC	2012	부산	27	8	1	6	45	7	0
	합계		27	8	1	6	45	7	0
프로통산			27	8	1	6	45	7	0

맹성웅(孟成雄) 영남대 1998.02.04

대회	연도	소속	출전	교체	득점	도움	파울	경고	퇴장
K2	2019	안양	26	22	0	0	28	3	0
	합계		26	22	0	0	28	3	0
프로통산			26	22	0	0	28	3	0

맹수일(孟秀一) 동아대 1961.03.22

대회	연도	소속	출전	교체	득점	도움	파울	경고	퇴장
BC	1985	럭금	8	5	1	0	4	0	0
	1986	유공	21	6	1	1	21	2	0
	1987	유공	1	1	0	0	0	0	0
	합계		30	12	2	1	25	2	0
프로통산			30	12	2	1	25	2	0

맹진오(孟珍吾) 호남대 1986.03.06

대회	연도	소속	출전	교체	득점	도움	파울	경고	퇴장

BC	2009	포항	0	0	0	0	0	0	0
	2010	대구	3	3	0	0	5	0	0
	합계		3	3	0	0	5	0	0
프로통산			3	3	0	0	5	0	0

머치(Mutch Jordon James Edward Sydney) 영국(잉글랜드) 1991.12.02

대회	연도	소속	출전	교체	득점	도움	파울	경고	퇴장
K1	2019	경남	8	6	1	0	11	2	1
	합계		8	6	1	0	11	2	1
프로통산			8	6	1	0	11	2	1

메도(Ivan Medvid) 크로아티아 1977.10.13

대회	연도	소속	출전	교체	득점	도움	파울	경고	퇴장
BC	2002	포항	18	3	1	7	53	6	0
	2003	포항	29	13	0	4	47	4	0
	합계		47	16	1	11	100	10	0
프로통산			47	16	1	11	100	10	0

메조이(Meszoly Geza) 헝가리 1967.02.25

대회	연도	소속	출전	교체	득점	도움	파울	경고	퇴장
BC	1990	포철	12	1	2	1	28	1	0
	1991	포철	4	2	0	0	11	0	0
	합계		16	3	2	1	39	1	0
프로통산			16	3	2	1	39	1	0

멘도사(Mendoza Renreria Mauricio) 콜롬비아 1981.12.28

대회	연도	소속	출전	교체	득점	도움	파울	경고	퇴장
BC	2011	경남	1	1	0	1	1	0	0
	합계		1	1	0	1	1	0	0
프로통산			1	1	0	1	1	0	0

멘디(Mendy Frederic) 프랑스 1988.09.18

대회	연도	소속	출전	교체	득점	도움	파울	경고	퇴장
K1	2016	울산	18	5	6	1	23	3	0
	2017	제주	34	21	7	2	54	2	0
	합계		52	26	13	3	77	5	0
프로통산			52	26	13	3	77	5	0

명성준(明成峻) 대건고 1998.03.18

대회	연도	소속	출전	교체	득점	도움	파울	경고	퇴장
K1	2017	인천	1	1	0	0	0	0	0
	합계		1	1	0	0	0	0	0
K2	2018	부천	2	2	0	0	3	1	0
	합계		2	2	0	0	3	1	0
프로통산			3	3	0	0	3	1	0

명재용(明載容) 조선대 1973.02.26

대회	연도	소속	출전	교체	득점	도움	파울	경고	퇴장
BC	1997	전북	9	4	1	0	18	2	0
	1998	전북	26	19	2	1	41	2	0
	1999	전북	29	22	2	2	31	2	0
	2000	전북	23	11	4	1	35	1	0
	2001	전북	12	7	1	1	16	2	0
	2002	전북	6	6	0	0	7	1	0
	합계		105	69	10	5	148	10	0
프로통산			105	69	10	5	148	10	0

명준재(明俊在) 고려대 1994.07.02

대회	연도	소속	출전	교체	득점	도움	파울	경고	퇴장
K1	2016	전북	0	0	0	0	0	0	0
	2018	전북	4	2	0	0	1	0	0
	2019	전북	5	1	0	0	8	1	0
	2019	인천	16	14	2	1	21	6	0
	합계		25	17	2	1	30	7	0
K2	2017	서울E	17	16	3	1	14	2	0
	합계		17	16	3	1	14	2	0
프로통산			42	33	5	2	44	9	0

명진영(明珍榮) 아주대 1973.05.20

대회	연도	소속	출전	교체	득점	도움	파울	경고	퇴장
BC	1996	부산	9	6	1	1	9	2	0
	1997	부산	3	3	0	0	2	0	0
	1998	부산	9	9	1	1	8	1	1
	1999	부산	9	10	0	0	7	1	0
	합계		30	28	2	2	26	4	1
프로통산			30	28	2	2	26	4	1

모나또(Andrew Erick Feitosa) 브라질 1992.09.01

대회	연도	소속	출전	교체	득점	도움	파울	경고	퇴장
BC	2011	경남	6	5	0	0	5	0	0
	합계		6	5	0	0	5	0	0
프로통산			6	5	0	0	5	0	0

모따(Joao Soares da Mota Neto) 브라질 1980.11.21

대회	연도	소속	출전	교체	득점	도움	파울	경고	퇴장
BC	2004	전남	29	11	14	2	65	12	0
	2005	성남일	9	3	7	4	29	5	1
	2006	성남일	19	11	7	2	19	1	0
	2007	성남일	21	7	9	2	39	9	0
	2008	성남일	30	6	9	5	48	12	0
	2009	성남일	11	2	2	4	17	1	0
	2010	포항	28	9	9	7	42	7	0
	2011	포항	31	19	14	8	56	10	0
	합계		178	68	71	34	315	57	1
프로통산			178	68	71	34	315	57	1

모따(Jose Rorberto Rodrigues Mota / ← 호세모따) 브라질 1979.05.10

대회	연도	소속	출전	교체	득점	도움	파울	경고	퇴장
BC	2010	수원	25	14	11	0	29	5	1
	2012	부산	2	2	0	0	0	0	0
	합계		27	16	11	0	29	5	1
프로통산			27	16	11	0	29	5	1

모라이스(Bittencourt Morais Danny) 브라질 1985.06.29

대회	연도	소속	출전	교체	득점	도움	파울	경고	퇴장
K2	2017	부산	26	0	1	0	50	4	0
	합계		26	0	1	0	50	4	0
승	2017	부산	1	0	0	0	0	0	0
	합계		1	0	0	0	0	0	0
프로통산			27	0	1	0	50	4	0

모리츠(Andre Francisco Moritz) 이탈리아 1986.08.06

대회	연도	소속	출전	교체	득점	도움	파울	경고	퇴장
K1	2015	포항	11	9	0	1	12	2	0
	합계		11	9	0	1	12	2	0
프로통산			11	9	0	1	12	2	0

모이세스(Moises Oliveira Brito) 브라질 1986.07.17

대회	연도	소속	출전	교체	득점	도움	파울	경고	퇴장
K1	2016	제주	1	1	0	0	1	0	0
	합계		1	1	0	0	1	0	0
프로통산			1	1	0	0	1	0	0

모재현(牟在現) 광주대 1996.09.24

대회	연도	소속	출전	교체	득점	도움	파울	경고	퇴장
K2	2017	수원FC	15	15	3	1	12	1	0
	2018	수원FC	20	15	1	1	29	2	0
	2019	수원FC	1	1	0	0	4	0	0
	2019	안양	12	10	3	1	10	1	0
	합계		48	41	7	3	55	4	0
프로통산			48	41	7	3	55	4	0

몰리나(Mauricio Alejandro Molina Uribe) 콜롬비아 1980.04.30

대회	연도	소속	출전	교체	득점	도움	파울	경고	퇴장
BC	2009	성남일	17	5	10	3	17	4	0
	2010	성남일	33	13	12	8	28	6	0
	2011	서울	29	8	10	12	30	5	0
	2012	서울	41	6	18	19	45	4	0
	합계		120	32	50	42	120	19	0
K1	2013	서울	35	13	9	13	24	3	0
	2014	서울	19	10	5	3	9	1	0
	2015	서울	35	20	4	11	23	5	0
	합계		89	43	18	27	56	9	0
프로통산			209	75	68	69	176	28	0

무고사(Stefan Mugosa) 몬테네그로 1992.02.26

대회	연도	소속	출전	교체	득점	도움	파울	경고	퇴장
K1	2018	인천	35	9	19	4	24	5	0
	2019	인천	32	8	14	4	28	2	0
	합계		67	17	33	8	52	7	0
프로통산			67	17	33	8	52	7	0

무랄랴(Lima de Oliveira Luiz Philipe) 브라질 1993.01.21

대회	연도	소속	출전	교체	득점	도움	파울	경고	퇴장
K1	2016	포항	20	8	1	0	11	2	0
	2017	포항	33	17	0	2	28	11	0
	합계		53	25	1	2	39	13	0
K2	2018	성남	11	8	3	0	12	3	0
	합계		11	8	3	0	12	3	0
프로통산			64	33	4	2	51	16	0

무사(Javier Martin Musa) 아르헨티나 1979.01.15

대회	연도	소속	출전	교체	득점	도움	파울	경고	퇴장
BC	2004	수원	19	6	1	1	47	1	0
	2005	수원	9	1	0	0	16	3	0
	2005	울산	7	0	0	0	18	1	0
	합계		35	7	1	1	81	5	0
프로통산			35	7	1	1	81	5	0

무삼파(Kizito Musampa) 네덜란드 1977.07.20

대회	연도	소속	출전	교체	득점	도움	파울	경고	퇴장
BC	2008	서울	5	3	0	0	7	0	0
	합계		5	3	0	0	7	0	0
프로통산			5	3	0	0	7	0	0

무스타파(Gonden Mustafa) 터키 1975.08.01

대회	연도	소속	출전	교체	득점	도움	파울	경고	퇴장
BC	2002	부천SK	6	6	0	0	3	0	0
	2003	부천SK	1	1	0	0	3	0	0
	합계		7	7	0	0	6	0	0
프로통산			7	7	0	0	6	0	0

무탐바(Mutamba Kabongo) 콩고민주공화국 1972.12.09

대회	연도	소속	출전	교체	득점	도움	파울	경고	퇴장
BC	1997	안양LG	32	5	3	0	55	4	0
	1998	안양LG	34	4	4	2	59	5	0
	1999	안양LG	28	6	2	1	45	5	0
	2000	안양LG	15	6	0	0	26	5	0
	합계		109	21	9	3	185	19	0
프로통산			109	21	9	3	185	19	0

문광석(文光錫) 한양대 1996.03.02

대회	연도	소속	출전	교체	득점	도움	파울	경고	퇴장
K1	2018	제주	0	0	0	0	0	0	0
	2019	성남	0	0	0	0	0	0	0
	합계		0	0	0	0	0	0	0
프로통산			0	0	0	0	0	0	0

문기한(文起韓) 영남사이버대 1989.03.17

대회	연도	소속	출전	교체	득점	도움	파울	경고	퇴장
BC	2008	서울	3	2	0	0	3	0	0
	2009	서울	0	0	0	0	0	0	0
	2010	서울	0	0	0	0	0	0	0
	2011	서울	13	12	0	0	14	2	0
	2012	서울	1	1	0	0	1	0	0
	합계		17	15	0	0	18	2	0
K2	2013	경찰	28	7	2	6	57	7	0
	2014	안산경	21	15	1	2	32	6	0
	2015	대구	38	32	1	10	56	9	0
	2016	부천	38	31	4	8	47	4	0
	2017	부천	33	7	5	8	59	4	0
	2018	부천	34	6	0	5	37	5	0
	2019	부천	21	14	1	4	24	4	0
	합계		213	112	14	43	312	39	0
프로통산			230	127	14	43	330	41	0

문대성(文大成) 중앙대 1986.03.15

대회	연도	소속	출전	교체	득점	도움	파울	경고	퇴장
BC	2007	전북	4	4	0	1	3	1	0
	2008	전북	11	9	1	2	15	2	0
	2009	성남일	14	11	0	0	12	3	0
	2010	성남일	9	9	2	0	4	1	0
	2011	울산	2	2	0	0	0	0	0
	합계		40	35	3	3	34	7	0
프로통산			40	35	3	3	34	7	0

문동주(文棟柱) 대구대 1990.07.08

대회	연도	소속	출전	교체	득점	도움	파울	경고	퇴장
K1	2013	서울	0	0	0	0	0	0	0
	합계		0	0	0	0	0	0	0
프로통산			0	0	0	0	0	0	0

문민귀(文民貴) 호남대 1981.11.15

대회	연도	소속	출전	교체	득점	도움	파울	경고	퇴장
BC	2004	포항	35	8	1	2	39	4	0
	2005	포항	17	11	0	1	20	4	0
	2006	경남	12	2	0	0	18	3	0
	2006	수원	10	3	0	1	15	1	0
	2007	수원	7	5	0	1	11	0	0
	2008	수원	5	2	0	0	14	1	0
	2009	수원	9	4	0	1	16	2	0
	2010	수원	4	1	0	0	14	1	0
	2011	제주	2	1	0	0	4	0	0
	합계		101	37	1	6	151	16	0
프로통산			101	37	1	6	151	16	0

문민호(文敏鎬) 광운대 1958.09.18

대회	연도	소속	출전	교체	득점	도움	파울	경고	퇴장
BC	1985	유공	5	5	1	0	1	0	0
	합계		5	5	1	0	1	0	0
프로통산			5	5	1	0	1	0	0

문병우(文炳祐) 명지대 1986.05.03

대회	연도	소속	출전	교체	득점	도움	파울	경고	퇴장
BC	2009	강원	3	3	0	0	4	0	0
	합계		3	3	0	0	4	0	0
K1	2013	강원	9	9	0	1	8	1	0
	합계		9	9	0	1	8	1	0
프로통산			12	12	0	1	12	1	0

문삼진(文三鎭) 성균관대 1973.03.03

대회	연도	소속	출전	교체	득점	도움	파울	경고	퇴장
BC	1999	천안일	29	9	0	0	48	3	0
	2000	성남일	31	13	1	4	43	4	0
	2001	성남일	11	10	0	0	4	0	0
	2002	성남일	19	10	0	2	45	2	0
	2003	성남일	0	0	0	0	0	0	0
	합계		90	42	1	6	140	9	0
프로통산			90	42	1	6	140	9	0

문상윤(文相閏) 아주대 1991.01.09

대회	연도	소속	출전	교체	득점	도움	파울	경고	퇴장
BC	2012	인천	26	19	1	1	18	1	0
	합계		26	19	1	1	18	1	0
K1	2013	인천	29	18	3	2	29	1	0
	2014	인천	31	17	3	3	17	2	0
	2015	전북	9	8	0	2	15	1	0
	2016	제주	22	19	3	2	11	0	0
	2017	제주	18	15	1	3	11	1	0
	2019	성남	14	11	1	0	13	0	0
	합계		123	88	11	12	96	5	0
K2	2018	성남	34	13	4	7	38	0	0
	합계		34	13	4	7	38	0	0
프로통산			183	120	16	20	152	6	0

문선민(文宣民) 장훈고 1992.06.09

대회	연도	소속	출전	교체	득점	도움	파울	경고	퇴장
K1	2017	인천	30	27	4	3	46	4	0
	2018	인천	37	22	14	6	30	0	0
	2019	전북	32	23	10	10	38	3	0
	합계		99	72	28	19	114	7	0
프로통산			99	72	28	19	114	7	0

문영래(文永來) 국민대 1964.03.06

대회	연도	소속	출전	교체	득점	도움	파울	경고	퇴장
BC	1988	유공	15	15	0	1	19	3	0
	1989	유공	33	25	2	5	49	4	0
	1990	유공	15	13	1	1	18	0	0
	1991	유공	14	7	0	0	19	3	0
	1992	유공	1	1	0	0	1	0	0
	1993	유공	10	10	0	1	10	1	0
	1994	버팔로	32	9	3	3	47	8	0
	1995	전북	16	12	0	0	17	2	0
	합계		136	92	6	11	180	21	0
프로통산			136	92	6	11	180	21	0

문영서(文永瑞) 안양공고 1956.12.20

대회	연도	소속	출전	교체	득점	도움	파울	경고	퇴장
BC	1984	할렐	15	2	0	1	20	1	0
	1985	할렐	12	0	0	1	21	0	0
	합계		27	2	0	2	41	1	0
프로통산			27	2	0	2	41	1	0

문용휘(文容輝) 용인대 1995.06.07

대회	연도	소속	출전	교체	득점	도움	파울	경고	퇴장
K2	2018	대전	0	0	0	0	0	0	0
	2019	대전	0	0	0	0	0	0	0
	합계		0	0	0	0	0	0	0
프로통산			0	0	0	0	0	0	0

문원근(文元根) 동아대 1963.09.16

대회	연도	소속	출전	교체	득점	도움	파울	경고	퇴장
BC	1989	일화	18	5	0	4	36	4	0
	1990	일화	2	1	0	0	3	1	0
	합계		20	6	0	4	39	5	0
프로통산			20	6	0	4	39	5	0

문정인(文正仁) 현대고 1998.03.16

대회	연도	소속	출전	교체	득점	도움	파울	경고	퇴장
K1	2018	울산	0	0	0	0	0	0	0
	2019	울산	0	0	0	0	0	0	0
	합계		0	0	0	0	0	0	0
프로통산			0	0	0	0	0	0	0

문정주(文禎珠) 선문대 1990.03.22

대회	연도	소속	출전	교체	득점	도움	파울	경고	퇴장
K2	2013	충주	29	24	2	1	41	4	0
	합계		29	24	2	1	41	4	0
프로통산			29	24	2	1	41	4	0

문주원(文周元) 경희대 1983.05.08

대회	연도	소속	출전	교체	득점	도움	파울	경고	퇴장
BC	2006	대구	19	13	1	1	33	3	0
	2007	대구	18	13	1	0	40	1	0
	2008	대구	26	19	2	2	34	3	0
	2009	강원	12	11	1	0	8	0	0
	합계		75	56	5	3	115	7	0
K1	2013	경남	4	4	0	0	3	1	0
	2014	경남	7	3	0	0	11	1	0
	합계		11	7	0	0	14	2	0
프로통산			86	63	5	3	129	9	0

문준호(文竣湖) 용인대 1993.07.12

대회	연도	소속	출전	교체	득점	도움	파울	경고	퇴장
K1	2016	수원	0	0	0	0	0	0	0
	합계		0	0	0	0	0	0	0
K2	2018	안양	5	4	1	0	2	0	0
	합계		5	4	1	0	2	0	0
프로통산			5	4	1	0	2	0	0

문지환(文智煥) 단국대 1994.07.26

대회	연도	소속	출전	교체	득점	도움	파울	경고	퇴장
K1	2019	성남	21	3	0	0	31	5	0
	합계		21	3	0	0	31	5	0
K2	2017	성남	13	8	0	0	8	1	0
	2018	성남	6	4	0	0	12	2	0
	합계		19	12	0	0	20	3	0
프로통산			40	15	0	0	51	8	0

문진용(文眞勇) 경희대 1991.12.14

대회	연도	소속	출전	교체	득점	도움	파울	경고	퇴장
K1	2013	전북	4	4	0	0	5	1	0
	합계		4	4	0	0	5	1	0
K2	2015	대구	1	0	0	0	2	0	0
	2017	대전	3	3	0	1	0	0	0
	합계		4	3	0	1	2	0	0
프로통산			8	7	0	1	7	1	0

문창진(文昶眞) 위덕대 1993.07.12

대회	연도	소속	출전	교체	득점	도움	파울	경고	퇴장
BC	2012	포항	4	4	0	0	0	0	0
	합계		4	4	0	0	0	0	0
K1	2013	포항	7	7	1	0	3	0	0
	2014	포항	24	17	2	2	20	1	0
	2015	포항	11	6	4	2	10	1	0
	2016	포항	23	15	3	4	12	1	0
	2017	강원	29	17	6	3	21	1	0
	2018	강원	10	10	1	0	3	0	0
	2019	인천	20	19	2	1	5	0	0
	합계		124	91	19	12	74	4	0
프로통산			128	95	19	12	74	4	0

문창현(文昶現) 명지대 1992.11.12

대회	연도	소속	출전	교체	득점	도움	파울	경고	퇴장
K1	2015	성남	0	0	0	0	0	0	0
	합계		0	0	0	0	0	0	0
프로통산			0	0	0	0	0	0	0

문태권(文泰權) 명지대 1968.05.14

대회	연도	소속	출전	교체	득점	도움	파울	경고	퇴장
BC	1993	현대	9	1	0	0	12	2	0
	1994	현대	11	5	0	0	12	2	0
	1995	전남	2	2	0	1	3	0	0
	1996	전남	4	4	0	0	4	0	0
	합계		26	12	0	1	31	4	0
프로통산			26	12	0	1	31	4	0

문태혁(文泰赫) 광양제철고 1983.03.31

대회	연도	소속	출전	교체	득점	도움	파울	경고	퇴장
BC	2000	수원	0	0	0	0	0	0	0
	합계		0	0	0	0	0	0	0
프로통산			0	0	0	0	0	0	0

미구엘(Miguel Antonio Bianconi Kohl) 브라질 1992.05.14

대회	연도	소속	출전	교체	득점	도움	파울	경고	퇴장
K2	2013	충주	8	7	0	0	12	1	0
	합계		8	7	0	0	12	1	0
프로통산			8	7	0	0	12	1	0

미노리(Sato Minori, 佐藤穣) 일본 1991.03.02

대회	연도	소속	출전	교체	득점	도움	파울	경고	퇴장
K2	2018	광주	12	10	0	0	17	1	0
	합계		12	10	0	0	17	1	0
프로통산			12	10	0	0	17	1	0

미니치(Bosko Minić) 유고슬라비아 1966.10.24

대회	연도	소속	출전	교체	득점	도움	파울	경고	퇴장
BC	1995	전남	22	7	1	2	22	4	0
	합계		22	7	1	2	22	4	0
프로통산			22	7	1	2	22	4	0

미르코(Mirko Jovanović) 유고슬라비아 1971.03.14

대회	연도	소속	출전	교체	득점	도움	파울	경고	퇴장
BC	1999	전북	14	8	4	1	22	0	0
	2000	전북	7	7	0	1	2	0	0
	합계		21	15	4	2	24	0	0
프로통산			21	15	4	2	24	0	0

미사(Miodrag Vasiljević) 유고슬라비아 1980.08.21

대회	연도	소속	출전	교체	득점	도움	파울	경고	퇴장
BC	2001	성남일	4	5	0	0	4	0	0

		합계	4	5	0	0	4	0	0
프로통산			4	5	0	0	4	0	0

미셸(Michel Neves Dias) 브라질 1980.07.13

대회	연도	소속	출전	교체	득점	도움	파울	경고	퇴장
BC	2003	전남	13	9	4	3	17	3	0
		합계	13	9	4	3	17	3	0
프로통산			13	9	4	3	17	3	0

미첼(Michel Pensee Billong) 카메룬 1973.06.16

대회	연도	소속	출전	교체	득점	도움	파울	경고	퇴장
BC	1997	천안일	3	2	1	0	7	0	1
	1998	천안일	15	3	1	0	29	4	0
	1999	천안일	32	0	0	0	66	5	0
		합계	50	5	2	0	102	9	1
프로통산			50	5	2	0	102	9	1

미카엘(Karapet Mikaelyan) 아르메니아 1968.09.27

대회	연도	소속	출전	교체	득점	도움	파울	경고	퇴장
BC	1997	부천SK	15	15	1	2	11	1	0
		합계	15	15	1	2	11	1	0
프로통산			15	15	1	2	11	1	0

미콜라(Kovtaliuk Mykola) 우크라이나 1995.04.26

대회	연도	소속	출전	교체	득점	도움	파울	경고	퇴장
K2	2019	안양	11	10	3	0	10	1	0
		합계	11	10	3	0	10	1	0
프로통산			11	10	3	0	10	1	0

미트로(Slavisa Mitrović) 보스니아 헤르체고비나 1977.07.05

대회	연도	소속	출전	교체	득점	도움	파울	경고	퇴장
BC	2002	수원	7	6	0	1	25	3	0
		합계	7	6	0	1	25	3	0
프로통산			7	6	0	1	25	3	0

미하이(Dragus Mihai) 루마니아 1973.03.13

대회	연도	소속	출전	교체	득점	도움	파울	경고	퇴장
BC	1998	수원	21	17	6	2	45	3	1
		합계	21	17	6	2	45	3	1
프로통산			21	17	6	2	45	3	1

미하일(Radmilo Mihajlović) 유고슬라비아 1964.11.19

대회	연도	소속	출전	교체	득점	도움	파울	경고	퇴장
BC	1997	포항	3	3	0	0	2	1	0
		합계	3	3	0	0	2	1	0
프로통산			3	3	0	0	2	1	0

믹스(Mikkel Morgenstar Palssonn Diskerud) 미국 1990.10.

대회	연도	소속	출전	교체	득점	도움	파울	경고	퇴장
K1	2018	울산	17	7	2	0	22	3	0
	2019	울산	31	29	6	2	22	3	0
		합계	48	36	8	2	44	6	0
프로통산			48	36	8	2	44	6	0

민경인(閔庚仁) 고려대 1979.05.09

대회	연도	소속	출전	교체	득점	도움	파울	경고	퇴장
BC	2003	성남일	1	1	0	0	2	0	0
		합계	1	1	0	0	2	0	0
프로통산			1	1	0	0	2	0	0

민경현(閔景鉉) 한양공고 1998.05.04

대회	연도	소속	출전	교체	득점	도움	파울	경고	퇴장
K1	2019	포항	0	0	0	0	0	0	0
		합계	0	0	0	0	0	0	0
프로통산			0	0	0	0	0	0	0

민병욱

대회	연도	소속	출전	교체	득점	도움	파울	경고	퇴장
BC	1983	대우	5	6	1	0	2	0	0
		합계	5	6	1	0	2	0	0
프로통산			5	6	1	0	2	0	0

민상기(閔尙基) 매탄고 1991.08.27

대회	연도	소속	출전	교체	득점	도움	파울	경고	퇴장
BC	2010	수원	1	0	0	0	1	0	0
	2011	수원	1	1	0	0	0	0	0
	2012	수원	5	4	0	0	8	0	0
		합계	7	5	0	0	9	0	0
K1	2013	수원	30	6	0	0	41	3	0
	2014	수원	20	4	0	1	30	2	0
	2015	수원	7	2	1	0	8	1	0
	2016	수원	8	3	0	0	11	0	0
	2017	수원	7	2	0	0	8	1	0
	2019	수원	20	4	0	0	16	3	1
		합계	92	21	1	1	114	10	1
K2	2017	아산	9	2	1	0	10	0	0
	2018	아산	27	0	0	0	32	8	0
		합계	36	2	1	0	42	8	0
프로통산			135	28	2	1	165	18	1

민영기(閔榮基) 경상대 1976.03.28

대회	연도	소속	출전	교체	득점	도움	파울	경고	퇴장
BC	1999	울산	5	1	0	0	7	0	0
	2000	울산	14	5	0	0	16	1	0
	2004	대구	25	1	0	0	48	9	0
	2005	대구	28	4	0	0	37	8	0
	2006	대전	37	3	1	0	27	5	0
	2007	대전	32	6	0	0	33	2	0
	2008	대전	23	5	0	1	31	2	0
	2009	부산	18	14	1	0	13	3	0
		합계	182	39	2	1	212	30	0
프로통산			182	39	2	1	212	30	0

민준영(閔竣渶) 언남고 1996.07.27

대회	연도	소속	출전	교체	득점	도움	파울	경고	퇴장
K1	2018	경남	1	1	0	0	1	1	0
		합계	1	1	0	0	1	1	0
K2	2019	아산	8	2	1	0	9	2	0
		합계	8	2	1	0	9	2	0
프로통산			9	3	1	0	10	3	0

민진홍(閔鎭泓) 동대문상고 1960.03.11

대회	연도	소속	출전	교체	득점	도움	파울	경고	퇴장
BC	1983	대우	2	1	0	0	0	0	0
	1984	럭금	16	8	0	1	5	0	0
	1985	유공	2	1	0	0	1	0	0
	1986	유공	36	4	2	2	35	3	0
	1987	유공	15	6	0	0	21	0	1
	1988	유공	3	3	0	0	0	0	0
		합계	74	23	2	3	62	3	1
프로통산			74	23	2	3	62	3	1

민현홍(閔玹泓) 숭실대 1995.08.28

대회	연도	소속	출전	교체	득점	도움	파울	경고	퇴장
K2	2017	수원FC	5	3	0	0	4	0	0
	2018	수원FC	4	0	0	0	10	3	0
		합계	9	3	0	0	14	3	0
프로통산			9	3	0	0	14	3	0

밀톤(Milton Fabian Rodriguez Suarez) 콜롬비아 1976.04.28

대회	연도	소속	출전	교체	득점	도움	파울	경고	퇴장
BC	2005	전북	11	7	4	0	25	1	0
	2006	전북	10	8	2	0	14	0	0
		합계	21	15	6	0	39	1	0
프로통산			21	15	6	0	39	1	0

바그너(Qerino da Silva Wagner / ← 박은호) 브라질 1987.01.31

대회	연도	소속	출전	교체	득점	도움	파울	경고	퇴장
BC	2011	대전	27	17	7	1	29	2	0
		합계	27	17	7	1	29	2	0
K2	2014	안양	17	16	1	0	7	1	0
		합계	17	16	1	0	7	1	0
프로통산			44	33	8	1	36	3	0

바그너(Wagner Luiz da Silva) 브라질 1981.09.13

대회	연도	소속	출전	교체	득점	도움	파울	경고	퇴장
BC	2009	포항	5	5	0	0	1	1	0
		합계	5	5	0	0	1	1	0
프로통산			5	5	0	0	1	1	0

바그닝요(Wagner da Silva Souza) 브라질 1990.01.30

대회	연도	소속	출전	교체	득점	도움	파울	경고	퇴장
K1	2018	수원	17	10	7	1	22	1	1
	2019	수원	19	16	1	1	18	2	1
		합계	36	26	8	2	40	3	2
K2	2016	부천	36	4	9	3	131	10	2
	2017	부천	28	1	12	1	106	11	0
		합계	64	5	21	4	237	21	2
프로통산			100	31	29	6	277	24	4

바데아(Pavel Badea) 루마니아 1967.06.10

대회	연도	소속	출전	교체	득점	도움	파울	경고	퇴장
BC	1996	수원	32	6	4	4	41	4	0
	1997	수원	33	3	3	4	45	7	0
	1998	수원	15	2	4	2	17	4	0
		합계	80	11	11	10	103	15	0
프로통산			80	11	11	10	103	15	0

바락신(Kirill Varaksin) 러시아 1974.08.03

대회	연도	소속	출전	교체	득점	도움	파울	경고	퇴장
BC	1995	유공	7	5	1	0	10	0	0
		합계	7	5	1	0	10	0	0
프로통산			7	5	1	0	10	0	0

바로스(Barros Rodrigues Ricardo Filipe) 포르투갈 1990.04.27

대회	연도	소속	출전	교체	득점	도움	파울	경고	퇴장
K1	2017	광주	1	1	0	0	3	0	0
		합계	1	1	0	0	3	0	0
프로통산			1	1	0	0	3	0	0

바바(Baba Yuta, 馬場憂太) 일본 1984.01.22

대회	연도	소속	출전	교체	득점	도움	파울	경고	퇴장
BC	2011	대전	6	5	1	0	7	0	0
	2012	대전	30	9	4	2	44	9	0
		합계	36	14	5	2	51	9	0
K1	2013	대전	7	5	0	0	4	1	0
		합계	7	5	0	0	4	1	0
프로통산			43	19	5	2	55	10	0

바바라데(Ajibade Kunde Babalade) 나이지리아 1972.03.29

대회	연도	소속	출전	교체	득점	도움	파울	경고	퇴장
BC	1997	안양LG	3	2	0	0	4	2	0
		합계	3	2	0	0	4	2	0
프로통산			3	2	0	0	4	2	0

바벨(Vaber Mendes Ferreira) 브라질 1981.09.22

대회	연도	소속	출전	교체	득점	도움	파울	경고	퇴장
BC	2009	대전	24	3	1	3	49	4	0
	2010	대전	12	6	0	0	12	0	0
		합계	36	9	1	3	61	4	0
프로통산			36	9	1	3	61	4	0

바우지비아(Ferreira da Silva Leite Caique) 브라질 1992.10.2

대회	연도	소속	출전	교체	득점	도움	파울	경고	퇴장
K1	2014	성남	13	12	1	1	16	1	0
		합계	13	12	1	1	16	1	0
프로통산			13	12	1	1	16	1	0

바우텔(Walter Junio da Silva Clementino) 브라질 1982.01.12

대회	연도	소속	출전	교체	득점	도움	파울	경고	퇴장
BC	2008	대전	9	3	1	1	12	1	0
		합계	9	3	1	1	12	1	0
프로통산			9	3	1	1	12	1	0

바울(Valdeir da Silva Santos) 브라질 1977.04.12

대회	연도	소속	출전	교체	득점	도움	파울	경고	퇴장
BC	2009	대구	15	8	2	0	24	2	0
		합계	15	8	2	0	24	2	0
프로통산			15	8	2	0	24	2	0

바이아노(Claudio Celio Cunha Defensor) 브라질 1974.02.19

대회	연도	소속	출전	교체	득점	도움	파울	경고	퇴장
BC	2001	울산	6	6	0	0	3	0	0
	합계		6	6	0	0	3	0	0
프로통산			6	6	0	0	3	0	0

바이아(Santos Fabio Junior Nascimento) 브라질 1983.11.02

대회	연도	소속	출전	교체	득점	도움	파울	경고	퇴장
BC	2011	인천	31	12	2	1	32	1	0
	합계		31	12	2	1	32	1	0
프로통산			31	12	2	1	32	1	0

바이오(Henrique Baio da Cunha Bruno) 브라질 1995.10.03

대회	연도	소속	출전	교체	득점	도움	파울	경고	퇴장
K2	2019	전남	16	4	10	0	37	7	0
	합계		16	4	10	0	37	7	0
프로통산			16	4	10	0	37	7	0

바조(Blaze Ilijoski) 마케도니아 1984.07.09

대회	연도	소속	출전	교체	득점	도움	파울	경고	퇴장
BC	2006	인천	14	12	3	0	28	2	0
	2010	강원	7	5	1	1	8	2	0
	합계		21	17	4	1	36	4	0
프로통산			21	17	4	1	36	4	0

바티스타(Edinaldo Batista Libanio) 브라질 1979.04.02

대회	연도	소속	출전	교체	득점	도움	파울	경고	퇴장
BC	2003	안양LG	9	4	0	0	39	4	0
	합계		9	4	0	0	39	4	0
프로통산			9	4	0	0	39	4	0

바하(Mahmadu Alphajor Bah) 시에라리온 1977.01.01

대회	연도	소속	출전	교체	득점	도움	파울	경고	퇴장
BC	1997	전남	12	13	0	1	23	2	0
	1998	전남	18	18	0	2	30	2	1
	합계		30	31	0	3	53	4	1
프로통산			30	31	0	3	53	4	1

박강조(朴康造) 일본 다키가와다고 1980.01.24

대회	연도	소속	출전	교체	득점	도움	파울	경고	퇴장
BC	2000	성남일	31	8	0	1	41	1	0
	2001	성남일	20	15	1	2	12	1	0
	2002	성남일	18	17	0	0	19	2	0
	합계		69	40	1	3	72	4	0
프로통산			69	40	1	3	72	4	0

박건(朴建) 수원대 1990.07.11

대회	연도	소속	출전	교체	득점	도움	파울	경고	퇴장
K2	2018	부천	25	4	0	0	28	2	0
	2019	부천	26	5	1	1	29	3	0
	합계		51	9	1	1	57	5	0
프로통산			51	9	1	1	57	5	0

박건영(朴建映) 영남대 1987.03.14

대회	연도	소속	출전	교체	득점	도움	파울	경고	퇴장
BC	2011	대전	9	3	0	0	6	1	0
	2012	대전	0	0	0	0	0	0	0
	합계		9	3	0	0	6	1	0
프로통산			9	3	0	0	6	1	0

박건하(朴建夏) 경희대 1971.07.25

대회	연도	소속	출전	교체	득점	도움	파울	경고	퇴장
BC	1996	수원	34	0	14	6	56	2	0
	1997	수원	19	3	2	4	38	2	0
	1998	수원	22	9	2	0	45	6	0
	1999	수원	39	18	12	6	59	5	0
	2000	수원	19	2	6	5	31	2	0
	2001	수원	30	15	4	4	41	2	0
	2002	수원	26	12	2	2	29	1	0
	2003	수원	31	11	0	0	50	3	0
	2004	수원	31	9	1	0	49	3	0
	2005	수원	26	1	1	0	47	5	0
	2006	수원	15	4	0	0	15	2	1
	합계		292	84	44	27	460	33	1
프로통산			292	84	44	27	460	33	1

박건희(朴建熙) 한라대 1990.08.27

대회	연도	소속	출전	교체	득점	도움	파울	경고	퇴장
K2	2013	부천	0	0	0	0	0	0	0
	합계		0	0	0	0	0	0	0
프로통산			0	0	0	0	0	0	0

박경규(朴景奎) 연세대 1977.03.10

대회	연도	소속	출전	교체	득점	도움	파울	경고	퇴장
BC	2000	대전	12	12	1	0	6	0	0
	2001	대전	17	17	3	0	11	1	0
	2002	대전	6	6	1	0	2	0	0
	2003	대전	5	5	0	0	6	0	0
	합계		40	40	5	0	25	1	0
프로통산			40	40	5	0	25	1	0

박경록(朴景祿) 동아대 1994.09.30

대회	연도	소속	출전	교체	득점	도움	파울	경고	퇴장
K2	2016	부산	2	0	0	0	0	0	0
	합계		2	0	0	0	0	0	0
프로통산			2	0	0	0	0	0	0

박경민(朴耿敏) 개성고 1999.08.02

대회	연도	소속	출전	교체	득점	도움	파울	경고	퇴장
K2	2019	부산	4	2	0	0	8	0	0
	합계		4	2	0	0	8	0	0
프로통산			4	2	0	0	8	0	0

박경삼(朴瓊三) 한성대 1978.06.06

대회	연도	소속	출전	교체	득점	도움	파울	경고	퇴장
BC	2001	울산	7	3	0	0	5	1	0
	2002	울산	1	1	0	0	2	0	0
	2003	광주상	22	7	1	0	34	3	0
	2009	제주	1	0	0	0	3	1	0
	합계		31	11	1	0	44	5	0
프로통산			31	11	1	0	44	5	0

박경순(朴敬淳) 인천대 1988.09.30

대회	연도	소속	출전	교체	득점	도움	파울	경고	퇴장
BC	2011	인천	0	0	0	0	0	0	0
	합계		0	0	0	0	0	0	0
프로통산			0	0	0	0	0	0	0

박경완(朴景浣) 아주대 1988.07.22

대회	연도	소속	출전	교체	득점	도움	파울	경고	퇴장
K2	2014	부천	5	5	0	0	4	1	0
	합계		5	5	0	0	4	1	0
프로통산			5	5	0	0	4	1	0

박경익(朴慶益) 광주대 1991.08.13

대회	연도	소속	출전	교체	득점	도움	파울	경고	퇴장
BC	2012	울산	0	0	0	0	0	0	0
	합계		0	0	0	0	0	0	0
K1	2014	상주	10	10	1	1	7	3	0
	합계		10	10	1	1	7	3	0
K2	2015	상주	3	1	0	1	7	1	0
	2017	안산	0	0	0	0	0	0	0
	합계		3	1	0	1	7	1	0
프로통산			13	11	1	2	14	4	0

박경환(朴景晥) 고려대 1976.12.29

대회	연도	소속	출전	교체	득점	도움	파울	경고	퇴장
BC	2001	전북	8	8	1	0	6	2	0
	2003	대구	19	1	0	2	37	8	0
	2004	대구	22	5	0	0	33	5	1
	2005	포항	0	0	0	0	0	0	0
	합계		49	14	1	2	76	15	1
프로통산			49	14	1	2	76	15	1

박경훈(朴景勳) 한양대 1961.01.19

대회	연도	소속	출전	교체	득점	도움	파울	경고	퇴장
BC	1984	포철	21	4	0	2	13	1	0
	1985	포철	4	0	0	0	6	0	0
	1986	포철	3	1	0	0	4	0	0
	1987	포철	31	0	0	3	31	2	0
	1988	포철	12	2	0	0	15	2	0
	1989	포철	5	1	1	0	1	0	0
	1990	포철	8	3	0	0	13	1	0
	1991	포철	23	13	3	0	22	2	0
	1992	포철	27	10	0	3	35	0	0
	합계		134	34	4	8	140	8	0
프로통산			134	34	4	8	140	8	0

박공재(朴攻在) 조선대 1964.03.06

대회	연도	소속	출전	교체	득점	도움	파울	경고	퇴장
BC	1986	한일은	4	2	0	0	6	1	0
	합계		4	2	0	0	6	1	0
프로통산			4	2	0	0	6	1	0

박관우(朴寬優) 선문대 1996.06.04

대회	연도	소속	출전	교체	득점	도움	파울	경고	퇴장
K1	2019	성남	8	8	0	0	3	1	0
	합계		8	8	0	0	3	1	0
K2	2018	안산	16	16	1	0	5	2	0
	합계		16	16	1	0	5	2	0
프로통산			24	24	1	0	8	3	0

박광민(朴光民) 배재대 1982.05.14

대회	연도	소속	출전	교체	득점	도움	파울	경고	퇴장
BC	2006	성남일	5	4	1	1	4	0	0
	2007	성남일	1	1	0	0	0	0	0
	2008	광주상	3	3	0	0	4	0	0
	2009	광주상	1	1	0	0	1	0	0
	합계		10	9	1	1	9	0	0
프로통산			10	9	1	1	9	0	0

박광일(朴光一) 연세대 1991.02.10

대회	연도	소속	출전	교체	득점	도움	파울	경고	퇴장
K1	2018	전남	13	4	0	0	9	0	0
	2019	경남	8	4	0	1	0	0	0
	합계		21	8	0	1	9	0	0
승	2019	경남	0	0	0	0	0	0	0
	합계		0	0	0	0	0	0	0
프로통산			21	8	0	1	9	0	0

박광현(朴光鉉) 구룡포종고 1967.07.24

대회	연도	소속	출전	교체	득점	도움	파울	경고	퇴장
BC	1989	현대	14	6	0	0	26	3	0
	1990	현대	7	3	0	0	9	0	0
	1991	현대	10	7	0	0	14	1	0
	1992	일화	17	6	0	0	25	5	0
	1993	일화	23	14	1	0	36	7	0
	1994	일화	14	7	1	0	19	2	1
	1995	일화	29	6	0	0	52	9	1
	1996	천안일	30	6	3	0	66	9	2
	1997	천안일	30	7	0	0	63	9	0
	1998	천안일	23	9	0	0	55	6	1
	1999	천안일	11	8	0	0	13	3	0
	합계		208	79	5	0	378	54	5
프로통산			208	79	5	0	378	54	5

박국창(朴國昌) 조선대 1963.08.15

대회	연도	소속	출전	교체	득점	도움	파울	경고	퇴장
BC	1985	유공	8	8	0	0	6	0	0
	1986	유공	3	3	0	0	3	0	0
	1986	럭금	6	6	1	0	9	0	0
	1987	럭금	11	10	0	1	13	0	0
	합계		28	27	1	1	31	0	0
프로통산			28	27	1	1	31	0	0

박규선(朴圭善) 서울체고 1981.09.24

대회	연도	소속	출전	교체	득점	도움	파울	경고	퇴장
	2000	울산	11	11	1	0	12	1	0
	2001	울산	26	20	0	0	13	1	0
	2002	울산	25	11	0	2	17	3	0
	2003	울산	8	6	0	0	4	0	0
	2004	전북	17	4	1	0	15	1	0

대회	연도	소속	출전	교체	득점	도움	파울	경고	퇴장
	2005	전북	21	9	1	0	30	4	0
	2006	울산	28	13	0	3	37	4	0
	2007	부산	18	16	0	2	26	3	0
	2008	광주상	32	13	4	3	38	3	0
	합계		186	103	7	10	192	20	0
프로통산			186	103	7	10	192	20	0

박금렬(朴錦烈) 단국대 1972.05.05

대회	연도	소속	출전	교체	득점	도움	파울	경고	퇴장
BC	1998	천안일	5	5	0	0	1	0	0
	합계		5	5	0	0	1	0	0
프로통산			5	5	0	0	1	0	0

박기동(朴己東) 숭실대 1988.11.01

대회	연도	소속	출전	교체	득점	도움	파울	경고	퇴장
BC	2011	광주	31	15	3	5	60	2	0
	2012	광주	31	16	5	5	50	1	0
	합계		62	31	8	10	110	3	0
K1	2013	제주	6	6	0	0	4	0	0
	2013	전남	18	12	1	1	18	0	0
	2014	전남	7	5	0	0	4	1	0
	2016	상주	25	13	9	8	21	3	0
	2016	전남	5	4	0	0	6	0	0
	2017	수원	25	21	3	0	25	3	0
	2018	수원	8	6	1	2	9	2	0
	2019	경남	7	7	1	0	2	0	0
	2019	대구	12	11	1	1	6	1	0
	합계		113	85	16	12	95	10	0
K2	2015	상주	35	30	6	5	40	6	0
	합계		35	30	6	5	40	6	0
프로통산			210	146	30	27	245	19	0

박기욱(朴起旭) 울산대 1978.12.22

대회	연도	소속	출전	교체	득점	도움	파울	경고	퇴장
BC	2001	울산	28	11	0	3	44	5	0
	2002	울산	5	5	0	0	6	0	0
	2003	광주상	8	8	0	0	10	0	0
	2004	광주상	9	9	1	0	7	0	0
	2005	부천SK	14	15	1	1	24	2	0
	2006	제주	13	12	0	2	16	2	0
	합계		77	60	2	6	107	9	0
프로통산			77	60	2	6	107	9	0

박기필(朴起必) 건국대 1984.07.29

대회	연도	소속	출전	교체	득점	도움	파울	경고	퇴장
BC	2005	부산	1	0	0	0	2	1	0
	2006	부산	9	8	1	1	6	1	0
	합계		10	8	1	1	8	2	0
프로통산			10	8	1	1	8	2	0

박기형(朴基亨) 천안농고 1963.04.21

대회	연도	소속	출전	교체	득점	도움	파울	경고	퇴장
BC	1983	포철	4	5	0	0	0	0	0
	1989	포철	1	1	0	0	0	0	0
	합계		5	6	0	0	0	0	0
프로통산			5	6	0	0	0	0	0

박남열(朴南烈) 대구대 1970.05.04

대회	연도	소속	출전	교체	득점	도움	파울	경고	퇴장
BC	1993	일화	27	23	3	1	13	2	0
	1994	일화	27	19	4	2	34	4	0
	1995	일화	24	20	2	2	26	2	0
	1996	천안일	35	5	9	8	45	2	1
	1999	천안일	27	11	4	2	48	5	0
	2000	성남일	41	14	13	3	63	2	0
	2001	성남일	24	11	3	3	27	3	0
	2002	성남일	31	28	1	3	53	3	0
	2003	성남일	11	9	1	0	26	2	0
	2004	수원	3	3	0	0	0	0	0
	합계		250	143	40	24	335	25	1
프로통산			250	143	40	24	335	25	1

박내인(朴來仁) 전북대 1962.08.20

대회	연도	소속	출전	교체	득점	도움	파울	경고	퇴장
BC	1985	상무	6	1	0	0	4	0	0
	합계		6	1	0	0	4	0	0
프로통산			6	1	0	0	4	0	0

박노봉(朴魯鳳) 고려대 1961.06.19

대회	연도	소속	출전	교체	득점	도움	파울	경고	퇴장
BC	1985	대우	16	0	1	0	18	1	0
	1986	대우	32	0	1	0	36	4	0
	1987	대우	29	1	0	0	14	0	0
	1988	대우	17	3	1	0	14	0	0
	1989	대우	38	9	1	0	41	3	0
	1990	대우	21	0	0	2	14	1	0
	1991	대우	1	1	0	0	0	0	0
	합계		154	14	4	2	137	9	0
프로통산			154	14	4	2	137	9	0

박대식(朴大植) 중앙대 1984.03.03

대회	연도	소속	출전	교체	득점	도움	파울	경고	퇴장
BC	2007	부산	1	0	0	0	1	0	0
	합계		1	0	0	0	1	0	0
프로통산			1	0	0	0	1	0	0

박대원(朴大元) 고려대 1998.02.25

대회	연도	소속	출전	교체	득점	도움	파울	경고	퇴장
K1	2019	수원	4	3	0	0	4	0	0
	합계		4	3	0	0	4	0	0
프로통산			4	3	0	0	4	0	0

박대제(朴大濟) 서울시립대 1958.10.14

대회	연도	소속	출전	교체	득점	도움	파울	경고	퇴장
BC	1984	한일은	14	6	1	0	8	1	0
	1985	한일은	4	3	0	0	7	0	0
	합계		18	9	1	0	15	1	0
프로통산			18	9	1	0	15	1	0

박대한(朴大韓) 성균관대 1991.05.01

대회	연도	소속	출전	교체	득점	도움	파울	경고	퇴장
K1	2015	인천	35	3	1	1	44	8	0
	2016	인천	26	3	0	2	31	6	0
	2017	전남	16	7	0	0	17	4	0
	2018	전남	5	5	1	0	3	0	0
	2018	상주	3	2	0	0	2	0	0
	2019	상주	1	1	0	0	0	0	0
	합계		86	21	2	3	97	18	0
K2	2014	강원	3	1	0	0	5	0	0
	합계		3	1	0	0	5	0	0
프로통산			89	22	2	3	102	18	0

박대한(朴大翰) 인천대 1996.04.19

대회	연도	소속	출전	교체	실점	도움	파울	경고	퇴장
K1	2017	전남	3	0	7	0	0	0	0
	2018	전남	5	0	12	0	0	0	0
	합계		8	0	19	0	0	0	0
K2	2019	전남	0	0	0	0	0	0	0
	합계		0	0	0	0	0	0	0
프로통산			8	0	19	0	0	0	0

박대훈(朴大勳) 서남대 1996.03.30

대회	연도	소속	출전	교체	득점	도움	파울	경고	퇴장
K2	2016	대전	25	24	3	1	23	0	0
	2017	대전	15	14	2	1	11	2	0
	2018	대전	7	6	0	1	4	0	0
	합계		47	44	5	3	38	2	0
프로통산			47	44	5	3	38	2	0

박도현(朴度賢) 배재대 1980.07.04

대회	연도	소속	출전	교체	득점	도움	파울	경고	퇴장
BC	2003	부천SK	2	2	0	0	0	0	0
	2007	대전	15	15	0	0	18	2	0
	합계		17	17	0	0	18	2	0
프로통산			17	17	0	0	18	2	0

박동균(朴東均) 중앙대 1964.10.15

대회	연도	소속	출전	교체	득점	도움	파울	경고	퇴장
BC	1988	럭금	15	3	0	0	11	4	0
	합계		15	3	0	0	11	4	0
프로통산			15	3	0	0	11	4	0

박동석(朴東錫) 아주대 1981.05.03

대회	연도	소속	출전	교체	실점	도움	파울	경고	퇴장
BC	2002	안양LG	1	0	1	0	0	0	0
	2003	안양LG	25	0	39	0	0	0	0
	2004	서울	12	0	7	0	1	0	0
	2005	서울	21	0	25	0	0	1	0
	2006	서울	0	0	0	0	0	0	0
	2007	광주상	19	1	22	0	1	1	0
	2008	광주상	8	0	10	0	0	0	0
	2009	서울	10	1	9	0	0	0	0
	합계		96	2	113	0	2	2	0
프로통산			96	2	113	0	2	2	0

박동수(朴東洙) 서귀포고 1982.02.25

대회	연도	소속	출전	교체	득점	도움	파울	경고	퇴장
BC	2000	포항	6	5	0	0	3	1	0
	합계		6	5	0	0	3	1	0
프로통산			6	5	0	0	3	1	0

박동우(朴東佑) 국민대 1970.11.03

대회	연도	소속	출전	교체	실점	도움	파울	경고	퇴장
BC	1995	일화	1	0	2	0	0	0	0
	1996	천안일	12	0	22	0	0	0	0
	1997	부천SK	15	0	28	0	1	1	0
	1998	부천SK	36	0	48	0	0	1	0
	1999	부천SK	0	0	0	0	0	0	0
	2000	전남	27	0	30	0	0	0	0
	합계		91	0	130	0	1	2	0
프로통산			91	0	130	0	1	2	0

박동진(朴東眞) 한남대 1994.12.10

대회	연도	소속	출전	교체	득점	도움	파울	경고	퇴장
K1	2016	광주	24	10	0	0	14	4	0
	2017	광주	33	3	0	0	36	5	0
	2018	서울	15	4	0	0	17	5	0
	2019	서울	32	32	6	3	25	4	0
	합계		104	49	6	3	92	18	0
프로통산			104	49	6	3	92	18	0

박동혁(朴東赫) 고려대 1979.04.18

대회	연도	소속	출전	교체	득점	도움	파울	경고	퇴장
BC	2002	전북	21	3	2	0	35	2	0
	2003	전북	31	12	1	0	65	8	0
	2004	전북	22	5	4	0	42	7	0
	2005	전북	27	2	5	0	49	7	0
	2006	울산	34	4	4	0	54	5	1
	2007	울산	32	5	4	1	39	4	0
	2008	울산	37	3	1	2	55	5	0
K1	2013	울산	25	19	0	0	5	1	0
	2014	울산	15	11	1	0	14	2	0
	합계		40	30	1	0	19	3	0
	합계		204	34	21	3	339	38	1
프로통산			244	64	22	3	358	41	1

박동혁(朴東爀) 현대고 1992.03.11

대회	연도	소속	출전	교체	득점	도움	파울	경고	퇴장
BC	2012	울산	0	0	0	0	0	0	0
	합계		0	0	0	0	0	0	0
프로통산			0	0	0	0	0	0	0

박두흥(朴斗興) 성균관대 1964.04.01

대회	연도	소속	출전	교체	득점	도움	파울	경고	퇴장
BC	1989	일화	27	10	1	0	40	2	0
	1990	일화	2	1	0	0	2	0	0
	1991	일화	24	12	0	4	26	1	0
	1992	일화	9	5	1	1	11	1	0
	합계		62	28	2	5	79	4	0
프로통산			62	28	2	5	79	4	0

박래철(朴徠徹) 호남대 1977.08.20

대회	연도	소속	출전	교체	득점	도움	파울	경고	퇴장
BC	2000	대전	7	2	0	0	10	1	0
	2001	대전	10	8	0	0	16	4	0

대회	연도	소속	출전	교체	득점	도움	파울	경고	퇴장
	2002	대전	10	7	0	0	12	1	0
	2005	대전	1	1	0	0	0	0	0
	2006	대전	1	1	0	0	0	0	0
	합계		29	19	0	0	38	6	0
프로통산			29	19	0	0	38	6	0

박명수(朴明洙) 대건고 1998.01.11

대회	연도	소속	출전	교체	득점	도움	파울	경고	퇴장
K2	2017	경남	11	9	0	1	8	2	0
	2018	대전	4	1	0	0	3	1	0
	합계		15	10	0	1	11	3	0
프로통산			15	10	0	1	11	3	0

박무홍(朴武洪) 영남대 1957.08.19

대회	연도	소속	출전	교체	득점	도움	파울	경고	퇴장
BC	1983	포철	6	6	0	1	2	1	0
	1984	포철	2	1	0	0	1	0	0
	합계		8	7	0	1	3	1	0
프로통산			8	7	0	1	3	1	0

박문기(朴雯璣) 전주대 1983.11.15

대회	연도	소속	출전	교체	득점	도움	파울	경고	퇴장
BC	2006	전남	1	1	0	0	0	0	0
	합계		1	1	0	0	0	0	0
프로통산			1	1	0	0	0	0	0

박민(朴愍) 대구대 1986.05.06

대회	연도	소속	출전	교체	득점	도움	파울	경고	퇴장
BC	2009	경남	21	5	2	0	38	5	0
	2010	경남	4	1	0	0	3	0	0
	2011	경남	8	7	1	0	19	3	0
	2012	광주	21	1	2	0	41	3	0
	합계		54	14	5	0	101	11	0
K1	2013	강원	20	12	1	0	17	2	0
	합계		20	12	1	0	17	2	0
K2	2014	안양	23	1	2	1	19	0	0
	2017	부천	15	3	1	1	14	3	0
	합계		38	4	3	2	33	3	0
승	2013	강원	1	1	0	0	1	0	0
	합계		1	1	0	0	1	0	0
프로통산			113	31	9	2	152	16	0

박민규(朴玟奎) 호남대 1995.08.10

대회	연도	소속	출전	교체	득점	도움	파울	경고	퇴장
K1	2017	서울	1	1	0	0	2	1	0
	2018	서울	0	0	0	0	0	0	0
	합계		1	1	0	0	2	1	0
K2	2019	대전	15	0	0	0	16	3	0
	합계		15	0	0	0	16	3	0
프로통산			16	1	0	0	18	4	0

박민근(朴敏根) 한남대 1984.02.27

대회	연도	소속	출전	교체	득점	도움	파울	경고	퇴장
BC	2011	대전	18	13	1	1	30	5	0
	2012	대전	6	3	0	0	12	3	0
	합계		24	16	1	1	42	8	0
프로통산			24	16	1	1	42	8	0

박민서(朴民西) 호남대 1998.06.30

대회	연도	소속	출전	교체	득점	도움	파울	경고	퇴장
K2	2019	아산	23	19	5	3	20	0	0
	합계		23	19	5	3	20	0	0
프로통산			23	19	5	3	20	0	0

박민서(朴玟緖) 고려대 1976.08.24

대회	연도	소속	출전	교체	득점	도움	파울	경고	퇴장
BC	1999	부산	27	10	0	0	38	5	0
	2000	부산	26	10	2	0	29	2	2
	2001	부산	14	10	0	0	3	0	0
	2002	포항	11	8	0	0	17	3	0
	2003	부천SK	7	1	0	0	13	3	0
	2004	부천SK	1	1	0	0	0	0	0
	합계		86	40	2	0	100	13	2
프로통산			86	40	2	0	100	13	2

박민선(朴玟宣) 용인대 1991.04.04

대회	연도	소속	출전	교체	실점	도움	파울	경고	퇴장
K2	2014	대구	3	1	5	0	0	0	0
	합계		3	1	5	0	0	0	0
프로통산			3	1	5	0	0	0	0

박민영(朴民迎) 원주학성고 1987.04.02

대회	연도	소속	출전	교체	득점	도움	파울	경고	퇴장
BC	2004	성남일	0	0	0	0	0	0	0
	합계		0	0	0	0	0	0	0
프로통산			0	0	0	0	0	0	0

박병규(朴炳圭) 고려대 1982.03.01

대회	연도	소속	출전	교체	득점	도움	파울	경고	퇴장
BC	2005	울산	34	0	0	1	22	5	0
	2006	울산	28	0	0	1	18	7	0
	2007	울산	38	0	0	1	46	3	0
	2008	울산	18	2	0	0	9	2	0
	2009	광주상	8	2	0	1	10	1	0
	2010	광주상	26	4	0	0	19	2	0
	2010	울산	0	0	0	0	0	0	0
	2011	울산	10	5	0	0	2	0	0
	합계		162	13	0	4	126	20	0
프로통산			162	13	0	4	126	20	0

박병원(朴炳垣) 경희대 1983.09.02

대회	연도	소속	출전	교체	득점	도움	파울	경고	퇴장
K2	2013	안양	29	15	6	1	47	2	0
	2014	고양	34	16	3	3	51	2	0
	합계		63	31	9	4	98	4	0
프로통산			63	31	9	4	98	4	0

박병주(朴炳柱) 단국대 1985.03.24

대회	연도	소속	출전	교체	득점	도움	파울	경고	퇴장
BC	2011	광주	23	4	0	0	50	6	1
	2012	제주	19	7	0	0	16	4	0
	합계		42	11	0	0	66	10	1
K2	2013	광주	4	0	0	0	4	0	0
	합계		4	0	0	0	4	0	0
프로통산			46	11	0	0	70	10	1

박병주(朴秉柱) 한성대 1977.10.05

대회	연도	소속	출전	교체	득점	도움	파울	경고	퇴장
BC	2003	대구	10	3	0	1	20	3	0
	합계		10	3	0	1	20	3	0
프로통산			10	3	0	1	20	3	0

박병철(朴炳澈) 한양대 1954.11.25

대회	연도	소속	출전	교체	득점	도움	파울	경고	퇴장
BC	1984	럭금	16	0	0	0	7	2	0
	합계		16	0	0	0	7	2	0
프로통산			16	0	0	0	7	2	0

박병현(朴炳玹) 상지대 1993.03.28

대회	연도	소속	출전	교체	득점	도움	파울	경고	퇴장
K1	2018	대구	23	9	2	0	24	7	0
	2019	대구	31	5	0	1	48	7	0
	합계		54	14	2	1	72	14	0
K2	2016	부산	1	1	0	0	0	0	0
	합계		1	1	0	0	0	0	0
프로통산			55	15	2	1	72	14	0

박복준(朴福濬) 연세대 1960.04.21

대회	연도	소속	출전	교체	득점	도움	파울	경고	퇴장
BC	1983	대우	3	1	0	0	2	0	0
	1984	현대	9	1	1	0	9	0	0
	1986	럭금	4	2	0	0	2	1	0
	합계		16	4	1	0	13	1	0
프로통산			16	4	1	0	13	1	0

박상록(朴相錄) 경희대 1957.03.18

대회	연도	소속	출전	교체	득점	도움	파울	경고	퇴장
BC	1984	국민은	2	2	0	0	1	0	0
	합계		2	2	0	0	1	0	0
프로통산			2	2	0	0	1	0	0

박상록(朴常綠) 안동대 1965.08.13

대회	연도	소속	출전	교체	득점	도움	파울	경고	퇴장
	1989	일화	16	12	0	0	17	1	0
	1990	일화	2	2	0	0	2	0	0
	합계		18	14	0	0	19	1	0
프로통산			18	14	0	0	19	1	0

박상신(朴相信) 동아대 1978.01.23

대회	연도	소속	출전	교체	득점	도움	파울	경고	퇴장
BC	2000	부산	3	3	0	0	1	0	0
	2001	부산	3	4	0	0	2	0	0
	2003	광주상	5	5	1	0	6	0	0
	2004	부산	11	11	0	0	4	1	0
	합계		22	23	1	0	13	1	0
프로통산			22	23	1	0	13	1	0

박상욱(朴相旭) 대구예술대 1986.01.30

대회	연도	소속	출전	교체	득점	도움	파울	경고	퇴장
BC	2009	광주상	2	2	0	0	0	0	0
	2010	광주상	1	0	0	0	0	0	0
	2011	대전	1	1	0	0	4	0	0
	합계		4	3	0	0	4	0	0
프로통산			4	3	0	0	4	0	0

박상인(朴商寅) 동래고 1952.11.15

대회	연도	소속	출전	교체	득점	도움	파울	경고	퇴장
BC	1983	할렐	16	4	4	3	1	1	0
	1984	할렐	28	5	7	2	10	0	0
	1985	할렐	21	5	6	2	9	1	0
	1986	현대	20	12	3	0	6	1	0
	1987	현대	1	1	0	0	1	0	0
	합계		86	27	20	7	27	3	0
프로통산			86	27	20	7	27	3	0

박상인(朴相麟) 제주제일고 1976.03.10

대회	연도	소속	출전	교체	득점	도움	파울	경고	퇴장
BC	1995	포항	1	1	1	0	1	0	0
	1998	포항	2	3	0	0	1	0	0
	1999	포항	11	11	3	1	7	0	0
	2000	포항	4	6	0	0	0	0	0
	2001	포항	5	6	0	2	3	0	0
	2002	포항	8	8	0	0	8	0	0
	합계		31	35	4	3	20	0	0
프로통산			31	35	4	3	20	0	0

박상진(朴相珍) 경희대 1987.03.03

대회	연도	소속	출전	교체	득점	도움	파울	경고	퇴장
BC	2010	강원	22	3	0	1	21	1	0
	2011	강원	24	8	0	0	12	3	0
	2012	강원	15	5	0	0	4	0	0
	합계		61	16	0	1	37	4	0
K1	2013	강원	18	4	0	1	19	2	0
	합계		18	4	0	1	19	2	0
K2	2014	강원	4	1	0	0	5	2	0
	2015	강원	0	0	0	0	0	0	0
	합계		4	1	0	0	5	2	0
승	2013	강원	1	0	0	0	1	0	0
	합계		1	0	0	0	1	0	0
프로통산			84	21	0	2	62	8	0

박상철(朴相澈) 배재대 1984.02.03

대회	연도	소속	출전	교체	실점	도움	파울	경고	퇴장
BC	2004	성남일	8	0	11	0	0	0	0
	2005	성남일	17	0	16	0	0	0	0
	2006	성남일	6	0	4	0	0	0	0
	2008	전남	4	1	2	0	0	0	0
	2009	전남	11	0	16	0	0	4	0
	2010	전남	9	1	10	0	0	2	0
	2011	상주	2	0	4	0	0	1	0
	합계		57	2	63	0	0	7	0
프로통산			57	2	63	0	0	7	0

박상혁(朴相赫) 고려대 1998.04.20

대회	연도	소속	출전	교체	득점	도움	파울	경고	퇴장
K1	2019	수원	2	2	0	0	0	0	0
	합계		2	2	0	0	0	0	0

대회	연도	소속	출전	교체	득점	도움	파울	경고	퇴장
프로통산			2	2	0	0	0	0	0

박상현(朴相泫) 고려대 1987.02.11

대회	연도	소속	출전	교체	득점	도움	파울	경고	퇴장
BC	2011	광주	0	0	0	0	0	0	0
	합계		0	0	0	0	0	0	0
프로통산			0	0	0	0	0	0	0

박상희(朴商希) 상지대 1987.12.02

대회	연도	소속	출전	교체	득점	도움	파울	경고	퇴장
BC	2010	성남일	6	6	0	0	5	0	0
	2011	성남일	3	3	0	0	1	0	0
	2012	상주	12	11	2	0	21	2	0
	합계		21	20	2	0	27	2	0
K2	2013	상주	1	1	0	0	0	0	0
	합계		1	1	0	0	0	0	0
프로통산			22	21	2	0	27	2	0

박석호(朴石浩) 청주대 1961.05.20

대회	연도	소속	출전	교체	득점	도움	파울	경고	퇴장
BC	1989	포철	1	0	3	0	0	0	0
	합계		1	0	3	0	0	0	0
프로통산			1	0	3	0	0	0	0

박선용(朴宣勇) 호남대 1989.03.12

대회	연도	소속	출전	교체	득점	도움	파울	경고	퇴장
BC	2012	전남	36	3	2	0	55	5	0
	합계		36	3	2	0	55	5	0
K1	2013	전남	31	9	0	2	30	5	0
	2014	전남	9	1	0	0	13	0	0
	2015	포항	22	4	0	2	28	3	0
	2016	포항	31	6	0	1	40	1	1
	2017	포항	1	1	0	0	0	0	0
	합계		94	21	0	5	111	9	1
K2	2017	아산	4	2	0	0	2	0	0
	2018	아산	3	2	0	0	1	0	0
	합계		7	4	0	0	3	0	0
프로통산			137	28	2	5	169	14	1

박선우(朴善禹) 건국대 1986.09.08

대회	연도	소속	출전	교체	득점	도움	파울	경고	퇴장
BC	2010	대전	1	1	0	0	0	0	0
	합계		1	1	0	0	0	0	0
프로통산			1	1	0	0	0	0	0

박선주(朴宣柱) 연세대 1992.03.26

대회	연도	소속	출전	교체	득점	도움	파울	경고	퇴장
K1	2013	포항	3	2	0	0	5	2	0
	2014	포항	18	12	0	0	27	4	0
	2015	포항	11	4	0	0	19	5	0
	2016	포항	12	2	0	2	10	4	0
	2017	강원	16	8	0	1	15	6	1
	2018	강원	8	3	1	0	6	0	0
	합계		68	31	1	3	82	21	1
K2	2019	광주	14	1	0	1	18	2	0
	합계		14	1	0	1	18	2	0
프로통산			82	32	1	4	100	23	1

박선홍(朴善洪) 전주대 1993.11.05

대회	연도	소속	출전	교체	득점	도움	파울	경고	퇴장
K1	2015	광주	10	10	1	1	1	1	0
	2016	광주	1	1	0	0	0	0	0
	합계		11	11	1	1	1	1	0
프로통산			11	11	1	1	1	1	0

박성배(朴成培) 숭실대 1975.11.28

대회	연도	소속	출전	교체	득점	도움	파울	경고	퇴장
BC	1998	전북	32	6	12	3	47	5	1
	1999	전북	30	10	11	1	30	2	0
	2000	전북	32	7	11	3	49	2	1
	2001	전북	23	11	3	4	26	1	0
	2002	전북	25	19	4	1	28	1	0
	2003	광주상	26	19	2	1	44	2	0
	2004	광주상	31	15	3	4	55	2	0
	2005	부산	25	19	7	2	56	2	0
	2007	수원	19	18	2	1	33	6	0
	합계		243	124	55	20	368	23	2
프로통산			243	124	55	20	368	23	2

박성부(朴成扶) 숭실대 1995.06.06

대회	연도	소속	출전	교체	득점	도움	파울	경고	퇴장
K2	2018	안산	4	4	0	0	1	0	0
	합계		4	4	0	0	1	0	0
프로통산			4	4	0	0	1	0	0

박성용(朴成庸) 단국대 1991.06.26

대회	연도	소속	출전	교체	득점	도움	파울	경고	퇴장
K2	2014	대구	11	5	1	0	8	1	0
	2015	대구	10	2	0	0	15	2	0
	합계		21	7	1	0	23	3	0
프로통산			21	7	1	0	23	3	0

박성우(朴晟佑) 광운대 1995.10.11

대회	연도	소속	출전	교체	득점	도움	파울	경고	퇴장
K1	2018	포항	2	2	0	0	0	0	0
	합계		2	2	0	0	0	0	0
K2	2019	아산	8	4	0	1	9	1	0
	합계		8	4	0	1	9	1	0
프로통산			10	6	0	1	9	1	0

박성우(朴成祐) 전주대 1996.05.14

대회	연도	소속	출전	교체	득점	도움	파울	경고	퇴장
K2	2018	서울E	10	6	0	0	7	3	0
	2019	서울E	10	6	1	0	15	3	0
	합계		20	12	1	0	22	6	0
프로통산			20	12	1	0	22	6	0

박성진(朴省珍) 동국대 1985.01.28

대회	연도	소속	출전	교체	득점	도움	파울	경고	퇴장
K2	2013	안양	32	7	6	7	32	2	0
	2014	안양	34	6	8	6	40	3	0
	2017	안양	6	6	0	0	2	0	0
	2018	안양	7	6	0	0	1	0	0
	합계		79	25	14	13	75	5	0
프로통산			79	25	14	13	75	5	0

박성철(朴聖哲) 동아대 1975.03.16

대회	연도	소속	출전	교체	득점	도움	파울	경고	퇴장
BC	1997	부천SK	18	14	4	0	18	1	0
	1998	부천SK	15	13	0	0	27	0	0
	1999	부천SK	10	10	3	0	13	1	0
	2002	부천SK	22	22	3	3	21	2	0
	2003	부천SK	30	18	5	0	39	2	0
	2004	부천SK	7	6	0	0	21	1	0
	2005	성남일	0	0	0	0	0	0	0
	2006	경남	16	12	1	0	24	4	0
	2007	경남	14	10	1	0	20	0	0
	합계		132	105	17	3	183	11	0
프로통산			132	105	17	3	183	11	0

박성호(朴成鎬) 부평고 1982.07.27

대회	연도	소속	출전	교체	득점	도움	파울	경고	퇴장
BC	2001	안양LG	5	4	0	0	12	0	0
	2003	안양LG	2	2	0	0	0	0	0
	2006	부산	27	18	2	1	53	3	0
	2007	부산	33	13	5	2	68	2	1
	2008	대전	31	3	7	4	79	7	0
	2009	대전	28	6	9	2	69	3	0
	2010	대전	15	1	6	3	30	3	0
	2011	대전	29	6	8	1	75	7	0
	2012	포항	39	32	9	8	58	2	0
	합계		209	85	46	21	444	27	1
K1	2013	포항	32	24	8	2	44	3	0
	2015	포항	26	26	3	0	18	3	0
	2016	울산	8	5	1	0	12	1	0
	합계		66	55	12	2	74	7	0
K2	2017	성남	31	13	9	1	44	2	0
	합계		31	13	9	1	44	2	0
프로통산			306	153	67	24	562	36	1

박성호(朴成晧) 호남대 1992.05.18

대회	연도	소속	출전	교체	득점	도움	파울	경고	퇴장
K2	2014	고양	5	5	0	0	3	0	0
	2015	고양	0	0	0	0	0	0	0
	합계		5	5	0	0	3	0	0
프로통산			5	5	0	0	3	0	0

박성홍(朴成弘) 호남대 1980.03.01

대회	연도	소속	출전	교체	득점	도움	파울	경고	퇴장
BC	2003	대구	26	5	0	2	52	4	0
	합계		26	5	0	2	52	4	0
프로통산			26	5	0	2	52	4	0

박성화(朴成華) 고려대 1955.05.07

대회	연도	소속	출전	교체	득점	도움	파울	경고	퇴장
BC	1983	할렐	14	2	3	1	4	0	0
	1984	할렐	23	2	6	2	8	0	0
	1986	포철	29	3	0	1	8	0	0
	1987	포철	16	10	0	0	4	0	0
	합계		82	17	9	4	24	0	0
프로통산			82	17	9	4	24	0	0

박세영(朴世英) 동아대 1989.10.03

대회	연도	소속	출전	교체	득점	도움	파울	경고	퇴장
BC	2012	성남일	4	3	2	0	0	0	0
	합계		4	3	2	0	0	0	0
프로통산			4	3	2	0	0	0	0

박세직(朴世直) 한양대 1989.05.25

대회	연도	소속	출전	교체	득점	도움	파울	경고	퇴장
BC	2012	전북	15	11	0	1	8	1	0
	합계		15	11	0	1	8	1	0
K1	2013	전북	11	9	1	0	6	1	0
	2015	인천	30	27	4	2	16	0	0
	2016	인천	27	15	3	0	27	3	0
	2017	인천	5	1	1	0	8	1	0
	2019	인천	15	8	0	0	12	0	0
	합계		88	60	9	2	69	5	0
K2	2017	아산	5	5	0	0	6	0	0
	2018	아산	20	15	1	4	8	0	0
	2019	아산	16	2	1	0	20	0	0
	합계		41	22	2	4	34	0	0
프로통산			144	93	11	7	111	6	0

박세진(朴世秦) 영남대 1995.12.15

대회	연도	소속	출전	교체	득점	도움	파울	경고	퇴장
K1	2017	대구	4	3	0	0	2	0	0
	2019	상주	7	8	0	0	4	1	0
	합계		11	11	0	0	6	1	0
K2	2016	대구	30	2	2	4	38	6	0
	2018	수원FC	20	8	1	0	17	4	0
	합계		50	10	3	4	55	10	0
프로통산			61	21	3	4	61	11	0

박세환(朴世桓) 고려사이버대 1993.06.05

대회	연도	소속	출전	교체	득점	도움	파울	경고	퇴장
K2	2014	충주	4	4	0	0	2	0	0
	2014	안산경	3	2	0	0	3	0	0
	2015	안산경	7	7	0	0	5	0	0
	합계		14	13	0	0	10	0	0
프로통산			14	13	0	0	10	0	0

박수일(朴秀日) 광주대 1996.02.22

대회	연도	소속	출전	교체	득점	도움	파울	경고	퇴장
K2	2018	대전	32	6	0	9	31	4	0
	2019	대전	32	3	1	3	27	1	0
	합계		64	9	1	12	58	5	0
프로통산			64	9	1	12	58	5	0

박수창(朴壽昶) 경희대 1989.06.20

대회	연도	소속	출전	교체	득점	도움	파울	경고	퇴장
BC	2012	대구	1	1	0	0	1	0	0
	합계		1	1	0	0	1	0	0
K1	2014	제주	21	16	6	1	19	1	0
	2015	제주	20	17	3	1	13	1	0

대회	연도	소속	출전	교체	득점	도움	파울	경고	퇴장
	2016	상주	14	9	0	0	11	1	0
	2017	상주	9	7	0	0	4	0	0
	합계		64	49	9	2	47	3	0
K2	2013	충주	29	10	0	2	41	3	0
	2018	대전	13	8	2	3	10	3	0
	2019	대전	26	19	0	1	38	3	0
	합계		68	37	2	6	89	9	0
프로통산			133	87	11	8	137	12	0

박순배(朴淳培) 인천대 1969.04.22

대회	연도	소속	출전	교체	득점	도움	파울	경고	퇴장
BC	1997	포항	6	3	0	3	9	1	0
	1998	포항	2	2	0	0	3	0	0
	합계		8	5	0	3	12	1	0
프로통산			8	5	0	3	12	1	0

박승광(朴承光) 광운대 1981.02.13

대회	연도	소속	출전	교체	득점	도움	파울	경고	퇴장
BC	2003	부천SK	3	0	0	0	6	0	0
	합계		3	0	0	0	6	0	0
프로통산			3	0	0	0	6	0	0

박승국(朴勝國) 경희대 1969.08.08

대회	연도	소속	출전	교체	득점	도움	파울	경고	퇴장
BC	1994	버팔로	8	7	0	1	7	0	0
	1995	전북	1	1	0	0	2	0	0
	합계		9	8	0	1	9	0	0
프로통산			9	8	0	1	9	0	0

박승기(朴昇基) 동아대 1960.09.03

대회	연도	소속	출전	교체	득점	도움	파울	경고	퇴장
BC	1984	국민은	26	0	1	1	12	3	0
	합계		26	0	1	1	12	3	0
프로통산			26	0	1	1	12	3	0

박승렬(朴丞烈) 동북고 1994.01.07

대회	연도	소속	출전	교체	득점	도움	파울	경고	퇴장
K2	2015	안양	9	9	0	0	12	1	0
	합계		9	9	0	0	12	1	0
프로통산			9	9	0	0	12	1	0

박승민(朴昇敏) 경희대 1983.04.21

대회	연도	소속	출전	교체	득점	도움	파울	경고	퇴장
BC	2006	인천	14	14	1	0	7	1	0
	2007	인천	7	7	0	0	2	0	0
	2008	인천	11	9	0	0	21	4	0
	2009	광주상	5	5	0	0	6	0	0
	2010	광주상	12	10	0	0	7	0	0
	합계		49	45	1	0	43	5	0
프로통산			49	45	1	0	43	5	0

박승수(朴昇洙) 호남대 1972.05.13

대회	연도	소속	출전	교체	득점	도움	파울	경고	퇴장
BC	1995	전남	0	0	0	0	0	0	0
	합계		0	0	0	0	0	0	0
프로통산			0	0	0	0	0	0	0

박승우(朴承祐) 청주대 1992.06.08

대회	연도	소속	출전	교체	득점	도움	파울	경고	퇴장
K2	2016	고양	25	5	0	1	13	6	0
	합계		25	5	0	1	13	6	0
프로통산			25	5	0	1	13	6	0

박승일(朴乘一) 경희대 1989.01.08

대회	연도	소속	출전	교체	득점	도움	파울	경고	퇴장
BC	2010	울산	0	0	0	0	0	0	0
	2011	울산	21	16	2	1	21	0	0
	2012	울산	6	4	0	0	3	0	0
	합계		27	20	2	1	24	0	0
K1	2013	전남	1	1	0	0	1	0	0
	2013	제주	3	3	0	1	1	0	0
	2014	상주	11	9	0	1	9	0	0
	합계		15	13	0	2	11	0	0
K2	2015	상주	0	0	0	0	0	0	0
	2016	안양	29	24	2	0	23	2	0
	2017	안양	1	1	0	0	0	0	0
	합계		30	25	2	0	23	2	0
프로통산			72	58	4	3	58	2	0

박신영(朴信永) 조선대 1977.12.21

대회	연도	소속	출전	교체	득점	도움	파울	경고	퇴장
BC	2004	인천	3	1	0	0	8	1	0
	합계		3	1	0	0	8	1	0
프로통산			3	1	0	0	8	1	0

박양하(朴良夏) 고려대 1962.05.28

대회	연도	소속	출전	교체	득점	도움	파울	경고	퇴장
BC	1986	대우	20	1	1	6	19	0	0
	1987	대우	5	2	0	1	1	0	0
	1988	대우	14	3	1	2	25	1	0
	1989	대우	5	5	0	0	1	0	0
	1990	대우	5	5	0	0	5	0	0
	합계		49	16	2	9	51	1	0
프로통산			49	16	2	9	51	1	0

박연혁(朴鍊赫) 광운대 1960.04.25

대회	연도	소속	출전	교체	실점	도움	파울	경고	퇴장
BC	1986	유공	9	0	11	0	0	0	0
	합계		9	0	11	0	0	0	0
프로통산			9	0	11	0	0	0	0

박영근(朴永根) 고려대 1981.09.13

대회	연도	소속	출전	교체	득점	도움	파울	경고	퇴장
BC	2004	부천SK	2	2	0	0	1	0	0
	2005	부천SK	3	3	0	0	1	0	0
	합계		5	5	0	0	2	0	0
프로통산			5	5	0	0	2	0	0

박영섭(朴榮燮) 성균관대 1972.07.29

대회	연도	소속	출전	교체	득점	도움	파울	경고	퇴장
BC	1995	포항	20	12	2	0	26	3	0
	1996	포항	11	12	1	0	5	1	0
	1997	포항	9	9	1	0	4	0	0
	1998	포항	13	8	0	1	18	1	1
	합계		53	41	4	1	53	5	1
프로통산			53	41	4	1	53	5	1

박영수(朴泳洙) 충남기계공고 1995.06.19

대회	연도	소속	출전	교체	득점	도움	파울	경고	퇴장
K1	2015	대전	3	3	0	0	0	0	0
	합계		3	3	0	0	0	0	0
프로통산			3	3	0	0	0	0	0

박영수(朴英洙) 경희고 1959.01.18

대회	연도	소속	출전	교체	실점	도움	파울	경고	퇴장
BC	1983	유공	7	0	12	0	0	0	0
	1985	유공	3	0	7	0	0	0	0
	합계		10	0	19	0	0	0	0
프로통산			10	0	19	0	0	0	0

박영순(朴榮淳) 아주대 1977.03.25

대회	연도	소속	출전	교체	득점	도움	파울	경고	퇴장
BC	1995	대우	0	0	0	0	0	0	0
	2000	부산	0	0	0	0	0	0	0
	2001	부산	0	0	0	0	0	0	0
	합계		0	0	0	0	0	0	0
프로통산			0	0	0	0	0	0	0

박영준(朴榮埈) 의정부고 1990.05.04

대회	연도	소속	출전	교체	득점	도움	파울	경고	퇴장
BC	2011	전남	2	2	0	0	0	0	0
	2012	전남	1	1	0	0	1	0	0
	합계		3	3	0	0	1	0	0
프로통산			3	3	0	0	1	0	0

박완선(朴莞善) 용인대 1990.05.28

대회	연도	소속	출전	교체	득점	도움	파울	경고	퇴장
K2	2018	광주	0	0	0	0	0	0	0
	합계		0	0	0	0	0	0	0
프로통산			0	0	0	0	0	0	0

박요셉(朴요셉) 전주대 1980.12.03

대회	연도	소속	출전	교체	득점	도움	파울	경고	퇴장
BC	2002	안양LG	19	1	0	0	10	0	0
	2003	안양LG	16	10	3	0	28	1	0
	2004	서울	25	6	1	1	37	5	0
	2005	광주상	15	1	1	1	15	2	0
	2006	광주상	34	2	0	0	27	6	0
	2007	서울	3	3	0	0	8	0	0
	2008	서울	0	0	0	0	0	0	0
	합계		112	23	5	2	125	14	0
프로통산			112	23	5	2	125	14	0

박요한(朴耀韓) 단국대 1994.12.17

대회	연도	소속	출전	교체	득점	도움	파울	경고	퇴장
K1	2017	강원	13	6	1	0	14	1	0
	합계		13	6	1	0	14	1	0
K2	2016	강원	2	2	0	0	0	0	0
	2019	부천	9	6	1	0	7	2	0
	합계		11	8	1	0	7	2	0
프로통산			24	14	2	0	21	3	0

박요한(朴요한) 연세대 1989.01.16

대회	연도	소속	출전	교체	득점	도움	파울	경고	퇴장
BC	2011	광주	0	0	0	0	0	0	0
	2012	광주	5	3	0	0	5	1	0
	합계		5	3	0	0	5	1	0
K2	2013	충주	11	0	0	0	9	5	0
	2014	충주	26	4	0	2	20	2	0
	2015	충주	26	7	0	1	21	7	0
	2016	안산무	5	2	0	0	1	0	0
	2017	아산	0	0	0	0	0	0	0
	2018	광주	28	4	0	3	29	1	0
	2019	수원FC	23	2	0	1	18	3	0
	합계		119	19	0	7	98	18	0
프로통산			124	22	0	7	103	19	0

박용우(朴鎔宇) 건국대 1993.09.10

대회	연도	소속	출전	교체	득점	도움	파울	경고	퇴장
K1	2015	서울	26	8	0	0	23	3	0
	2016	서울	19	7	1	0	24	3	0
	2017	울산	31	17	2	0	34	3	0
	2018	울산	31	10	3	2	46	4	0
	2019	울산	36	11	0	0	39	2	0
	합계		143	53	6	2	166	15	0
프로통산			143	53	6	2	166	15	0

박용재(朴容材) 아주대 1989.11.28

대회	연도	소속	출전	교체	득점	도움	파울	경고	퇴장
BC	2012	수원	0	0	0	0	0	0	0
	합계		0	0	0	0	0	0	0
K1	2013	전남	4	3	0	0	5	0	0
	2014	전남	2	2	0	1	2	0	0
	합계		6	5	0	1	7	0	0
프로통산			6	5	0	1	7	0	0

박용주(朴龍柱) 한양대 1954.10.13

대회	연도	소속	출전	교체	득점	도움	파울	경고	퇴장
BC	1984	대우	4	2	0	0	3	0	0
	1985	대우	10	6	0	1	11	0	0
	합계		14	8	0	1	14	0	0
프로통산			14	8	0	1	14	0	0

박용준(朴鏞峻) 선문대 1993.06.21

대회	연도	소속	출전	교체	득점	도움	파울	경고	퇴장
K1	2013	수원	0	0	0	0	0	0	0
	합계		0	0	0	0	0	0	0
K2	2014	부천	5	5	1	0	3	0	0
	2015	부천	13	13	0	0	11	0	0
	합계		18	18	1	0	14	0	0
프로통산			18	18	1	0	14	0	0

박용지(朴勇智) 중앙대 1992.10.09

대회	연도	소속	출전	교체	득점	도움	파울	경고	퇴장
K1	2013	울산	16	15	1	1	21	4	0
	2014	울산	6	6	0	0	7	0	0
	2014	부산	21	14	2	0	29	6	0
	2015	부산	16	14	1	0	11	0	0

대회	연도	소속	출전	교체	득점	도움	파울	경고	퇴장
	2015	성남	17	17	1	3	9	2	0
	2016	성남	27	25	1	2	23	4	0
	2017	인천	21	15	4	1	21	2	0
	2018	인천	3	3	0	0	3	0	0
	2018	상주	11	4	4	1	19	2	0
	2019	상주	36	23	12	3	35	2	0
	합계		174	136	26	11	178	22	0
승	2016	성남	2	2	0	0	2	0	0
	합계		2	2	0	0	2	0	0
프로통산			176	138	26	11	180	22	0

박용호(朴容昊) 부평고 1981.03.25

대회	연도	소속	출전	교체	득점	도움	파울	경고	퇴장
BC	2000	안양LG	8	0	0	0	9	0	0
	2001	안양LG	23	8	2	0	16	1	0
	2002	안양LG	9	3	1	0	11	1	0
	2003	안양LG	21	5	2	0	14	2	0
	2004	서울	5	5	0	0	1	1	0
	2005	광주상	28	2	3	0	24	3	0
	2006	광주상	37	5	2	1	41	3	0
	2007	서울	9	4	0	0	5	1	0
	2008	서울	26	8	0	0	16	2	0
	2009	서울	23	3	2	0	33	3	0
	2010	서울	24	7	0	1	19	2	0
	2011	서울	18	4	1	0	14	2	0
	2012	부산	32	9	2	1	20	2	0
	합계		263	63	15	3	223	23	0
K1	2013	부산	25	5	2	1	12	3	0
	합계		25	5	2	1	12	3	0
K2	2015	강원	10	4	0	0	7	1	0
	합계		10	4	0	0	7	1	0
프로통산			298	72	17	4	242	27	0

박우정(朴瑀情) 경희대 1995.07.26

대회	연도	소속	출전	교체	득점	도움	파울	경고	퇴장
K2	2017	대전	1	1	0	0	0	0	0
	합계		1	1	0	0	0	0	0
프로통산			1	1	0	0	0	0	0

박우현(朴雨賢) 인천대 1980.04.28

대회	연도	소속	출전	교체	득점	도움	파울	경고	퇴장
BC	2004	성남일	24	1	0	1	53	3	0
	2005	성남일	12	8	1	0	18	2	0
	2006	성남일	14	3	1	0	17	6	0
	2008	성남일	17	5	0	0	29	3	0
	2009	성남일	11	5	0	0	10	1	0
	2010	부산	15	4	0	1	34	4	0
	2011	강원	6	1	0	0	9	5	0
	2012	강원	34	9	0	0	40	4	0
	합계		133	36	2	2	210	28	0
프로통산			133	36	2	2	210	28	0

박원길(朴元吉) 울산대 1977.08.13

대회	연도	소속	출전	교체	득점	도움	파울	경고	퇴장
BC	2000	울산	1	1	0	0	1	0	0
	합계		1	1	0	0	1	0	0
프로통산			1	1	0	0	1	0	0

박원재(朴源載) 위덕대 1984.05.28

대회	연도	소속	출전	교체	득점	도움	파울	경고	퇴장
BC	2003	포항	1	1	0	0	0	0	0
	2004	포항	29	20	0	1	22	0	0
	2005	포항	21	9	0	3	34	2	0
	2006	포항	24	10	3	3	28	2	0
	2007	포항	25	7	3	1	28	2	0
	2008	포항	26	5	4	3	32	4	0
	2010	전북	20	7	0	5	47	6	0
	2011	전북	27	0	1	4	49	6	0
	2012	전북	31	3	0	1	49	6	0
	합계		204	62	11	21	289	28	0
K1	2013	전북	15	0	0	2	20	3	1
	2014	전북	3	1	0	0	5	0	0
	2015	전북	9	2	0	1	13	1	0
	2016	전북	18	4	0	2	34	3	0
	2017	전북	10	4	0	1	17	4	0
	2018	전북	7	1	0	0	13	2	0
	2019	전북	1	0	0	0	2	1	0
	합계		63	12	0	6	104	14	1
프로통산			267	74	11	27	393	42	1

박원재(朴元在) 중앙대 1994.05.07

대회	연도	소속	출전	교체	득점	도움	파울	경고	퇴장
K1	2017	전북	2	1	0	1	1	0	0
	2018	전북	1	0	0	0	2	0	0
	2019	성남	11	8	1	0	7	0	0
	합계		14	9	1	1	10	0	0
프로통산			14	9	1	1	10	0	0

박원홍(朴元弘) 울산대 1984.04.07

대회	연도	소속	출전	교체	득점	도움	파울	경고	퇴장
BC	2006	울산	1	1	0	0	0	0	0
	2007	울산	0	0	0	0	0	0	0
	2009	광주상	6	5	0	0	4	0	0
	2010	광주상	9	9	1	0	3	0	0
	합계		16	15	1	0	7	0	0
프로통산			16	15	1	0	7	0	0

박윤기(朴潤基) 서울시립대 1960.06.10

대회	연도	소속	출전	교체	득점	도움	파울	경고	퇴장
BC	1983	유공	14	2	9	2	12	0	0
	1984	유공	27	6	5	5	30	0	0
	1985	유공	18	9	2	2	20	1	0
	1986	유공	25	11	3	1	23	1	0
	1987	럭금	13	4	2	0	16	1	0
	합계		97	32	21	10	101	3	0
프로통산			97	32	21	10	101	3	0

박윤화(朴允和) 숭실대 1978.06.13

대회	연도	소속	출전	교체	득점	도움	파울	경고	퇴장
BC	2001	안양LG	3	1	0	1	9	1	0
	2002	안양LG	15	13	1	0	14	1	0
	2003	안양LG	9	6	0	1	10	0	0
	2004	광주상	23	21	1	1	26	1	0
	2005	광주상	24	12	0	1	27	3	0
	2007	대구	28	3	0	4	49	5	0
	2008	경남	2	2	0	0	1	1	0
	2009	경남	1	0	0	0	4	0	0
	합계		105	58	2	8	140	12	0
프로통산			105	58	2	8	140	12	0

박인철(朴仁哲) 영남대 1976.04.17

대회	연도	소속	출전	교체	실점	도움	파울	경고	퇴장
BC	1999	전남	5	0	8	0	0	0	0
	합계		5	0	8	0	0	0	0
프로통산			5	0	8	0	0	0	0

박인혁(朴仁赫) 경희대 1995.12.29

대회	연도	소속	출전	교체	득점	도움	파울	경고	퇴장
K2	2018	대전	33	12	7	3	82	9	0
	2019	대전	33	16	3	0	64	6	0
	합계		66	28	10	3	146	15	0
프로통산			66	28	10	3	146	15	0

박일권(朴一權) 금호고 1995.03.04

대회	연도	소속	출전	교체	득점	도움	파울	경고	퇴장
K1	2015	광주	5	5	0	0	2	1	0
	합계		5	5	0	0	2	1	0
프로통산			5	5	0	0	2	1	0

박임수(朴林洙) 아주대 1989.02.07

대회	연도	소속	출전	교체	득점	도움	파울	경고	퇴장
K2	2013	수원FC	1	1	0	0	0	0	0
	합계		1	1	0	0	0	0	0
프로통산			1	1	0	0	0	0	0

박재권(朴在權) 한양대

대회	연도	소속	출전	교체	득점	도움	파울	경고	퇴장
BC	1988	대우	5	2	0	0	3	0	0
	합계		5	2	0	0	3	0	0
프로통산			5	2	0	0	3	0	0

박재민(朴宰民) 광운대 1996.05.10

대회	연도	소속	출전	교체	득점	도움	파울	경고	퇴장
K1	2019	울산	0	0	0	0	0	0	0
	합계		0	0	0	0	0	0	0
프로통산			0	0	0	0	0	0	0

박재성(朴財成) 대구대 1991.06.19

대회	연도	소속	출전	교체	득점	도움	파울	경고	퇴장
K1	2014	성남	1	1	0	0	0	0	0
	합계		1	1	0	0	0	0	0
프로통산			1	1	0	0	0	0	0

박재용(朴宰用) 명지대 1985.12.30

대회	연도	소속	출전	교체	득점	도움	파울	경고	퇴장
BC	2006	성남일	3	0	0	0	2	2	0
	2007	성남일	0	0	0	0	0	0	0
	2008	성남일	3	3	0	0	0	0	0
	합계		6	3	0	0	2	2	0
프로통산			6	3	0	0	2	2	0

박재우(朴宰佑) 건국대 1995.10.11

대회	연도	소속	출전	교체	득점	도움	파울	경고	퇴장
K1	2015	대전	10	6	0	0	1	0	0
	합계		10	6	0	0	1	0	0
K2	2016	대전	3	2	0	0	0	0	0
	2017	대전	21	8	0	2	23	5	1
	2018	대전	15	6	0	3	18	2	0
	2019	아산	8	5	0	0	10	0	0
	합계		47	21	0	5	51	7	1
프로통산			57	27	0	5	52	7	1

박재우(朴宰佑) 성균관대 1998.03.06

대회	연도	소속	출전	교체	득점	도움	파울	경고	퇴장
K1	2019	포항	2	1	0	0	2	0	0
	합계		2	1	0	0	2	0	0
프로통산			2	1	0	0	2	0	0

박재철(朴宰徹) 한양대 1990.03.29

대회	연도	소속	출전	교체	득점	도움	파울	경고	퇴장
K2	2014	부천	8	6	1	0	5	0	0
	합계		8	6	1	0	5	0	0
프로통산			8	6	1	0	5	0	0

박재현(朴栽賢) 상지대 1980.10.29

대회	연도	소속	출전	교체	득점	도움	파울	경고	퇴장
BC	2003	대구	3	3	0	0	6	0	0
	2005	인천	4	4	0	0	7	0	0
	2006	인천	17	11	0	1	30	3	0
	2007	인천	31	24	5	2	60	5	0
	2008	인천	29	27	0	2	42	1	0
	2009	인천	16	8	0	4	39	4	0
	합계		100	77	5	9	184	13	0
프로통산			100	77	5	9	184	13	0

박재홍(朴栽弘) 연세대 1990.04.06

대회	연도	소속	출전	교체	득점	도움	파울	경고	퇴장
K2	2013	부천	32	0	1	0	46	7	0
	2014	부천	18	6	0	0	21	4	0
	2015	부천	2	2	0	0	0	0	0
	합계		52	8	1	0	67	11	0
프로통산			52	8	1	0	67	11	0

박재홍(朴載泓) 명지대 1978.11.10

대회	연도	소속	출전	교체	득점	도움	파울	경고	퇴장
BC	2003	전북	35	5	2	1	78	10	0
	2004	전북	15	1	0	2	41	4	0
	2005	전남	23	2	0	0	66	9	0
	2006	전남	30	4	0	1	63	5	1
	2008	경남	27	1	0	0	46	5	0
	2009	경남	5	1	0	0	4	1	0
	2011	경남	24	5	0	0	28	4	0
	합계		159	19	2	4	326	38	1
프로통산			159	19	2	4	326	38	1

박정민(朴正珉) 한남대 1988.10.25

대회	연도	소속	출전	교체	득점	도움	파울	경고	퇴장
BC	2012	광주	8	8	1	1	8	2	0
	합계		8	8	1	1	8	2	0
K2	2013	광주	14	14	3	1	19	2	0
	합계		14	14	3	1	19	2	0
프로통산			22	22	4	2	27	4	0

박정민(朴廷珉) 고려대 1973.05.04

대회	연도	소속	출전	교체	득점	도움	파울	경고	퇴장
BC	1998	울산	13	11	0	0	11	0	0
	1999	울산	7	6	0	0	7	1	0
	2000	울산	1	0	0	0	3	1	0
	합계		21	17	0	0	21	2	0
프로통산			21	17	0	0	21	2	0

박정배(朴正倍) 성균관대 1967.02.19

대회	연도	소속	출전	교체	득점	도움	파울	경고	퇴장
BC	1990	럭금	26	6	1	0	30	1	0
	1991	LG	38	2	4	4	51	3	0
	1992	LG	35	1	3	0	35	2	0
	1993	LG	12	2	1	0	16	1	0
	1994	대우	14	2	1	0	12	1	0
	1995	대우	23	5	0	1	25	4	0
	1996	부산	17	7	0	0	21	7	0
	1997	울산	22	2	0	0	26	4	0
	1998	울산	37	3	2	0	55	4	0
	1999	울산	3	3	0	0	0	0	0
	합계		227	33	12	5	271	27	0
프로통산			227	33	12	5	271	27	0

박정석(朴庭奭) 동북고 1977.04.19

대회	연도	소속	출전	교체	득점	도움	파울	경고	퇴장
BC	2001	안양LG	31	1	1	0	69	5	0
	2002	안양LG	9	3	0	0	26	2	0
	2003	안양LG	19	1	0	0	67	5	0
	2004	서울	28	0	0	2	85	8	0
	2005	서울	18	6	0	0	55	9	0
	2006	서울	3	1	0	0	5	0	0
	합계		108	12	1	2	307	29	0
프로통산			108	12	1	2	307	29	0

박정수(朴庭秀) 상지대 1987.01.13

대회	연도	소속	출전	교체	득점	도움	파울	경고	퇴장
K1	2018	강원	25	10	1	1	49	8	0
	합계		25	10	1	1	49	8	0
K2	2015	고양	15	3	2	0	26	9	0
	2019	광주	27	8	1	0	48	4	0
	합계		42	11	3	0	74	13	0
프로통산			67	21	4	1	123	21	0

박정식(朴正植) 광운대 1988.01.20

대회	연도	소속	출전	교체	득점	도움	파울	경고	퇴장
K2	2013	안양	23	6	1	1	28	6	0
	2014	안양	13	7	0	0	10	0	0
	합계		36	13	1	1	38	6	0
프로통산			36	13	1	1	38	6	0

박정식(朴正植) 호남대 1983.03.07

대회	연도	소속	출전	교체	득점	도움	파울	경고	퇴장
BC	2006	대구	11	7	0	0	17	0	0
	2007	대구	18	3	1	0	41	7	0
	2008	대구	21	7	0	1	26	4	0
	2009	대구	12	5	0	1	8	4	0
	2010	광주상	0	0	0	0	0	0	0
	2011	상주	0	0	0	0	0	0	0
	합계		62	22	1	2	92	15	0
프로통산			62	22	1	2	92	15	0

박정인(朴正仁) 현대고 2000.10.07

대회	연도	소속	출전	교체	득점	도움	파울	경고	퇴장
K1	2019	울산	6	6	0	0	7	0	0
	합계		6	6	0	0	7	0	0
프로통산			6	6	0	0	7	0	0

박정일(朴晶一) 건국대 1959.11.19

대회	연도	소속	출전	교체	득점	도움	파울	경고	퇴장
BC	1984	럭금	18	11	4	2	10	0	0
	합계		18	11	4	2	10	0	0
프로통산			18	11	4	2	10	0	0

박정주(朴廷柱) 한양대 1979.06.26

대회	연도	소속	출전	교체	득점	도움	파울	경고	퇴장
BC	2003	부천SK	4	4	0	0	3	1	0
	합계		4	4	0	0	3	1	0
프로통산			4	4	0	0	3	1	0

박정현 동아대 1974.05.28

대회	연도	소속	출전	교체	득점	도움	파울	경고	퇴장
BC	1999	전북	0	0	0	0	0	0	0
	합계		0	0	0	0	0	0	0
프로통산			0	0	0	0	0	0	0

박정혜(朴炡慧) 숭실대 1987.04.21

대회	연도	소속	출전	교체	득점	도움	파울	경고	퇴장
BC	2009	대전	27	5	1	0	42	3	0
	2010	대전	23	6	1	0	34	4	0
	2011	대전	10	1	0	0	14	1	0
	합계		60	12	2	0	90	8	0
프로통산			60	12	2	0	90	8	0

박정호(朴政護) 영생고 1997.02.18

대회	연도	소속	출전	교체	득점	도움	파울	경고	퇴장
K1	2018	전북	1	1	0	0	2	0	0
	합계		1	1	0	0	2	0	0
프로통산			1	1	0	0	2	0	0

박정환(朴晶煥) 인천대 1977.01.14

대회	연도	소속	출전	교체	득점	도움	파울	경고	퇴장
BC	1999	안양LG	0	0	0	0	0	0	0
	2000	안양LG	5	5	1	0	6	1	0
	2001	안양LG	16	10	9	2	25	2	0
	2002	안양LG	18	18	2	1	25	1	0
	2004	광주상	28	22	6	2	65	3	0
	2005	광주상	18	15	2	0	28	0	0
	2006	전북	4	4	0	0	9	0	0
	2007	전북	5	5	1	0	5	1	0
	합계		94	79	21	5	163	8	0
프로통산			94	79	21	5	163	8	0

박정훈(朴正勳) 고려대 1988.06.28

대회	연도	소속	출전	교체	득점	도움	파울	경고	퇴장
K2	2014	부천	7	6	0	0	6	2	0
	2015	고양	22	10	5	0	23	3	0
	2016	고양	31	23	3	1	27	5	0
	합계		60	39	8	1	56	10	0
BC	2011	전북	1	0	1	0	1	0	0
	2012	강원	3	4	1	0	7	1	0
	합계		4	4	2	0	8	1	0
프로통산			64	43	10	1	64	11	0

박종대(朴鍾大) 동아대 1966.01.12

대회	연도	소속	출전	교체	득점	도움	파울	경고	퇴장
BC	1989	일화	10	8	2	0	7	1	0
	1990	일화	24	15	3	1	12	0	0
	1991	일화	13	6	4	1	9	0	0
	합계		47	29	9	2	28	1	0
프로통산			47	29	9	2	28	1	0

박종문(朴種汶) 전주대 1970.10.02

대회	연도	소속	출전	교체	실점	도움	파울	경고	퇴장
BC	1995	전남	10	4	11	0	0	0	0
	1997	전남	28	0	22	0	0	0	0
	1998	전남	21	0	32	0	2	0	0
	1999	전남	12	1	11	0	0	0	0
	2000	전남	12	0	17	0	1	1	0
	2001	전남	27	1	35	0	1	0	0
	2002	전남	33	0	29	0	0	0	0
	2003	전남	33	0	33	0	0	1	0
	2004	전남	13	0	16	0	1	1	0
	2005	전남	3	0	5	0	0	0	0
	2006	전남	0	0	0	0	0	0	0
	합계		192	6	211	0	5	3	0
프로통산			192	6	211	0	5	3	0

박종오(朴宗吾) 한양대 1991.04.12

대회	연도	소속	출전	교체	득점	도움	파울	경고	퇴장
K2	2014	부천	2	2	0	0	1	0	0
	합계		2	2	0	0	1	0	0
프로통산			2	2	0	0	1	0	0

박종우(朴鍾佑) 연세대 1989.03.10

대회	연도	소속	출전	교체	득점	도움	파울	경고	퇴장
BC	2010	부산	13	7	0	1	20	1	0
	2011	부산	30	5	2	3	49	9	0
	2012	부산	28	13	3	5	61	10	0
	합계		71	25	5	9	130	20	0
K1	2013	부산	31	1	2	6	81	9	0
	2018	수원	7	6	0	0	6	1	0
	합계		38	7	2	6	87	10	0
K2	2019	부산	33	4	2	7	55	6	1
	합계		33	4	2	7	55	6	1
프로통산			142	36	9	22	272	36	1

박종우(朴鍾佑) 숭실대 1979.04.11

대회	연도	소속	출전	교체	득점	도움	파울	경고	퇴장
BC	2002	전남	24	4	1	2	32	2	0
	2003	전남	26	7	0	4	26	4	0
	2004	광주상	32	8	3	1	41	5	0
	2005	광주상	28	9	1	3	35	1	0
	2006	전남	31	8	0	2	48	5	0
	2007	경남	29	11	3	3	43	3	0
	2008	경남	28	7	1	2	34	7	0
	2009	경남	1	0	0	0	3	1	0
	합계		199	54	9	17	262	28	0
프로통산			199	54	9	17	262	28	0

박종욱(朴鍾旭) 울산대 1975.01.11

대회	연도	소속	출전	교체	득점	도움	파울	경고	퇴장
BC	1997	울산	20	6	1	0	34	4	0
	1998	울산	1	1	0	0	0	0	0
	1999	울산	21	9	0	0	30	3	0
	2000	울산	18	2	0	1	29	3	0
	2001	울산	7	7	0	0	3	1	0
	2002	울산	9	8	0	0	7	1	0
	합계		76	33	1	1	103	12	0
프로통산			76	33	1	1	103	12	0

박종원(朴鍾遠) 연세대 1955.04.12

대회	연도	소속	출전	교체	득점	도움	파울	경고	퇴장
BC	1983	대우	10	6	0	1	7	0	0
	1984	대우	9	5	1	0	10	0	0
	1985	대우	3	2	0	0	3	0	0
	합계		22	13	1	1	20	0	0
프로통산			22	13	1	1	20	0	0

박종윤(朴鐘允) 호남대 1987.12.17

대회	연도	소속	출전	교체	득점	도움	파울	경고	퇴장
BC	2010	경남	3	1	0	0	0	0	0
	합계		3	1	0	0	0	0	0
프로통산			3	1	0	0	0	0	0

박종인(朴鍾仁) 호남대 1988.11.12

대회	연도	소속	출전	교체	득점	도움	파울	경고	퇴장
BC	2012	광주	1	1	0	0	0	0	0
	합계		1	1	0	0	0	0	0
K2	2013	광주	10	10	0	1	12	2	0
	합계		10	10	0	1	12	2	0
프로통산			11	11	0	1	12	2	0

박종인(朴鍾仁) 동아대 1974.04.10

대회	연도	소속	출전	교체	득점	도움	파울	경고	퇴장
BC	1997	안양LG	8	6	2	0	5	0	0
	1998	안양LG	18	11	2	1	29	2	0
	1999	안양LG	15	15	2	1	10	3	0

대회	연도	소속	출전	교체	득점	도움	파울	경고	퇴장
	2000	안양LG	3	3	0	0	1	0	0
	합계		44	35	6	2	45	5	0
프로통산			44	35	6	2	45	5	0

박종진(朴鐘珍) 호남대 1980.05.04

대회	연도	소속	출전	교체	득점	도움	파울	경고	퇴장
BC	2003	대구	39	5	0	1	47	4	0
	2004	대구	27	4	0	0	27	4	0
	2005	대구	30	9	0	1	54	5	0
	2006	대구	36	3	0	1	76	7	0
	2007	대구	28	1	1	0	24	3	0
	2008	광주상	28	3	0	0	36	7	0
	2009	대구	1	1	0	0	1	0	0
	2010	대구	21	7	0	1	31	5	0
	2011	대구	18	6	0	0	17	3	0
	2012	대구	24	2	0	0	36	6	0
	합계		252	41	1	4	349	44	0
K1	2013	대구	11	1	0	0	14	2	0
	합계		11	1	0	0	14	2	0
K2	2014	대구	7	3	0	0	3	0	0
	합계		7	3	0	0	3	0	0
프로통산			270	45	1	4	366	46	0

박종진(朴宗眞) 숭실대 1987.06.24

대회	연도	소속	출전	교체	득점	도움	파울	경고	퇴장
BC	2009	강원	26	23	1	3	9	1	0
	2010	강원	4	4	0	0	2	0	0
	2010	수원	12	11	0	0	13	0	0
	2011	수원	21	17	1	2	21	3	0
	2012	수원	17	17	1	2	13	0	0
	합계		80	72	3	7	58	4	0
K1	2013	수원	4	4	0	0	2	0	0
	2015	수원	0	0	0	0	0	0	0
	2016	인천	8	7	0	0	3	1	0
	2017	인천	25	16	0	0	20	3	0
	2018	인천	15	14	1	1	11	0	0
	합계		52	41	1	1	36	4	0
K2	2013	경찰	5	1	0	0	8	0	0
	2014	안산경	25	11	0	1	24	6	0
	2015	안산경	8	5	0	0	9	0	0
	합계		38	17	0	1	41	6	0
프로통산			170	130	4	9	135	14	0

박종찬(朴鐘燦) 한남대 1981.10.02

대회	연도	소속	출전	교체	득점	도움	파울	경고	퇴장
BC	2005	인천	1	1	0	0	0	0	0
	합계		1	1	0	0	0	0	0
K2	2013	수원FC	31	11	11	1	46	7	1
	2014	수원FC	20	15	3	1	21	3	0
	2015	수원FC	7	7	1	0	3	0	0
	합계		58	33	15	2	70	10	1
프로통산			59	34	15	2	70	10	1

박종찬(朴鍾瓚) 서울시립대 1971.02.08

대회	연도	소속	출전	교체	득점	도움	파울	경고	퇴장
BC	1993	일화	22	18	0	0	7	1	0
	1994	일화	1	1	0	0	0	0	0
	1995	일화	3	2	0	0	0	0	0
	1996	천안일	1	1	0	0	0	0	0
	합계		27	22	0	0	7	1	0
프로통산			27	22	0	0	7	1	0

박종필(朴鐘弼) 한양공고 1976.10.17

대회	연도	소속	출전	교체	득점	도움	파울	경고	퇴장
BC	1995	전북	3	3	0	0	0	0	0
	1996	전북	3	3	0	0	0	0	0
	1997	전북	2	2	0	0	0	0	0
	합계		8	8	0	0	0	0	0
프로통산			8	8	0	0	0	0	0

박주성(朴住成) 마산공고 1984.02.20

대회	연도	소속	출전	교체	득점	도움	파울	경고	퇴장
BC	2003	수원	11	9	0	0	12	0	0
	2004	수원	7	5	0	1	8	2	0
	2005	광주상	3	1	0	0	2	0	0
	2006	광주상	25	12	0	1	29	6	1
	2006	수원	1	1	0	0	0	0	0
	2007	수원	6	1	0	0	7	0	0
	2008	수원	1	1	0	0	0	0	0
	합계		54	30	0	2	58	8	1
K1	2013	경남	17	9	0	0	33	3	0
	2014	경남	35	2	1	0	36	2	0
	합계		52	11	1	0	69	5	0
K2	2016	경남	8	5	0	0	7	2	0
	2017	대전	9	1	0	0	3	3	0
	합계		17	6	0	0	10	5	0
승	2014	경남	1	0	0	0	0	0	0
	합계		1	0	0	0	0	0	0
프로통산			124	47	1	2	137	18	1

박주영(朴主永) 고려대 1985.07.10

대회	연도	소속	출전	교체	득점	도움	파울	경고	퇴장
BC	2005	서울	30	5	18	4	35	2	0
	2006	서울	30	16	8	1	25	0	0
	2007	서울	14	7	5	0	7	0	0
	2008	서울	17	7	2	4	19	2	0
	합계		91	35	33	9	86	4	0
K1	2015	서울	23	13	7	2	24	2	0
	2016	서울	34	24	10	1	35	3	0
	2017	서울	34	31	8	1	28	0	0
	2018	서울	20	17	3	0	19	1	0
	2019	서울	35	16	10	7	34	2	0
	합계		146	101	38	11	140	8	0
승	2018	서울	2	2	1	1	1	0	0
	합계		2	2	1	1	1	0	0
프로통산			239	138	72	21	227	12	0

박주원(朴株元) 홍익대 1990.10.19

대회	연도	소속	출전	교체	**실점**	도움	파울	경고	퇴장
K1	2013	대전	0	0	0	0	0	0	0
	2015	대전	22	0	41	0	0	2	0
	합계		22	0	41	0	0	2	0
K2	2014	대전	16	1	12	0	2	2	0
	2016	대전	27	0	34	0	1	1	0
	2017	아산	0	0	0	0	0	0	0
	2018	아산	14	0	12	0	0	1	0
	2018	대전	2	0	2	0	0	0	0
	2019	대전	29	0	34	0	0	0	0
	합계		88	1	94	0	3	4	0
프로통산			110	1	135	0	3	6	0

박주원(朴周元) 부산대 1960.01.28

대회	연도	소속	출전	교체	득점	도움	파울	경고	퇴장
BC	1984	현대	5	4	0	0	0	0	0
	합계		5	4	0	0	0	0	0
프로통산			5	4	0	0	0	0	0

박주현(朴株炫) 관동대(가톨릭관동대) 1984.09.29

대회	연도	소속	출전	교체	득점	도움	파울	경고	퇴장
BC	2007	대전	6	5	1	0	11	0	0
	2008	대전	8	4	2	0	14	3	0
	2010	대전	2	2	1	0	0	0	0
	합계		16	11	4	0	25	3	0
프로통산			16	11	4	0	25	3	0

박주호(朴主濩) 숭실대 1987.01.16

대회	연도	소속	출전	교체	득점	도움	파울	경고	퇴장
K1	2018	울산	17	11	0	0	23	2	0
	2019	울산	23	7	0	1	22	5	0
	합계		40	18	0	1	45	7	0
프로통산			40	18	0	1	45	7	0

박준강(朴埈江) 상지대 1991.06.06

대회	연도	소속	출전	교체	득점	도움	파울	경고	퇴장
K1	2013	부산	30	0	1	0	35	8	0
	2014	부산	14	1	0	1	20	5	0
	2015	부산	20	7	0	0	13	1	0
	2016	상주	9	1	0	0	12	3	0
	2017	상주	7	2	0	0	7	1	0
	합계		80	11	1	1	87	18	0
K2	2018	부산	14	9	1	1	13	1	0
	2019	부산	14	8	0	2	21	3	0
	합계		28	17	1	3	34	4	0
승	2015	부산	2	1	0	0	2	1	0
	2019	부산	1	1	0	0	0	0	0
	합계		3	2	0	0	2	1	0
프로통산			111	30	2	4	123	23	0

박준성(朴俊成) 조선대 1984.09.11

대회	연도	소속	출전	교체	득점	도움	파울	경고	퇴장
BC	2007	제주	6	5	0	0	10	1	0
	합계		6	5	0	0	10	1	0
프로통산			6	5	0	0	10	1	0

박준승(朴俊勝) 홍익대 1990.02.27

대회	연도	소속	출전	교체	득점	도움	파울	경고	퇴장
K2	2013	경찰	6	6	0	0	0	0	0
	합계		6	6	0	0	0	0	0
프로통산			6	6	0	0	0	0	0

박준영(朴俊泳) 광운대 1995.03.15

대회	연도	소속	출전	교체	득점	도움	파울	경고	퇴장
K1	2018	서울	0	0	0	0	0	0	0
	2019	서울	1	1	0	0	0	0	0
	합계		1	1	0	0	0	0	0
프로통산			1	1	0	0	0	0	0

박준영(朴俊英) 광양제철고 1981.07.08

대회	연도	소속	출전	교체	**실점**	도움	파울	경고	퇴장
BC	2000	전남	0	0	0	0	0	0	0
	2003	대구	0	0	0	0	0	0	0
	2004	대구	0	0	0	0	0	0	0
	2005	대구	2	0	6	0	0	0	0
	합계		2	0	6	0	0	0	0
프로통산			2	0	6	0	0	0	0

박준오(朴俊五) 대구대 1986.03.01

대회	연도	소속	출전	교체	득점	도움	파울	경고	퇴장
BC	2010	대구	0	0	0	0	0	0	0
	합계		0	0	0	0	0	0	0
프로통산			0	0	0	0	0	0	0

박준태(朴俊泰) 고려대 1989.12.02

대회	연도	소속	출전	교체	득점	도움	파울	경고	퇴장
BC	2009	울산	8	8	0	0	4	0	0
	2010	울산	1	1	0	0	0	0	0
	2011	인천	26	25	5	1	10	2	0
	2012	인천	27	26	3	0	21	2	0
	합계		62	60	8	1	35	4	0
K1	2013	전남	27	17	1	1	22	1	0
	2014	전남	7	9	0	0	3	0	0
	2016	상주	24	14	8	1	13	1	0
	2016	전남	4	4	0	0	3	0	0
	2018	전남	8	6	0	0	12	0	0
	합계		70	50	9	2	53	2	0
K2	2015	상주	2	2	0	0	3	1	0
	2017	부산	23	18	2	3	17	1	0
	합계		25	20	2	3	20	2	0
승	2017	부산	1	1	0	0	2	0	0
	합계		1	1	0	0	2	0	0
프로통산			158	131	19	6	110	8	0

박준혁(朴俊赫) 전주대 1987.04.11

대회	연도	소속	출전	교체	**실점**	도움	파울	경고	퇴장
BC	2010	경남	0	0	0	0	0	0	0
	2011	대구	24	0	32	0	1	4	1
	2012	대구	38	0	53	0	2	2	0
	합계		62	0	85	0	3	6	1
K1	2013	제주	31	0	38	0	1	4	0
	2014	성남	35	0	33	0	0	2	0

대회	연도	소속	출전	교체	득점	도움	파울	경고	퇴장
	2015	성남	32	0	26	0	0	4	0
	2016	성남	3	0	4	0	0	0	0
	합계		101	0	101	0	1	10	0
K2	2018	대전	18	0	17	0	0	1	0
	2019	전남	31	0	38	0	0	3	0
	합계		49	0	55	0	0	4	0
프로통산			212	0	241	0	4	20	1

박준형(朴俊炯) 동의대 1993.01.25

대회	연도	소속	출전	교체	득점	도움	파울	경고	퇴장
K1	2019	수원	2	1	0	0	2	1	0
	합계		2	1	0	0	2	1	0
프로통산			2	1	0	0	2	1	0

박준홍(朴埈弘) 연세대 1978.04.13

대회	연도	소속	출전	교체	득점	도움	파울	경고	퇴장
BC	2001	부산	7	7	0	0	4	0	0
	2002	부산	10	6	0	0	10	0	0
	2003	광주상	20	7	0	0	13	3	0
	2004	광주상	15	1	0	0	25	1	0
	2005	부산	16	3	0	0	26	3	0
	2006	부산	5	4	0	0	3	1	0
	합계		73	28	0	0	81	8	0
프로통산			73	28	0	0	81	8	0

박준희(朴畯熙) 건국대 1991.03.01

대회	연도	소속	출전	교체	득점	도움	파울	경고	퇴장
K1	2014	포항	1	0	0	0	3	0	0
	2015	포항	3	2	0	0	4	0	0
	2016	포항	13	11	0	0	14	3	0
	합계		17	13	0	0	21	3	0
K2	2017	안산	22	4	1	0	16	5	1
	2018	안산	31	3	2	2	31	4	0
	2019	안산	32	9	1	3	35	2	0
	합계		85	16	4	5	82	11	1
프로통산			102	29	4	5	103	14	1

박중천(朴重天) 명지대 1983.10.11

대회	연도	소속	출전	교체	득점	도움	파울	경고	퇴장
BC	2006	제주	0	0	0	0	0	0	0
	2009	제주	0	0	0	0	0	0	0
	합계		0	0	0	0	0	0	0
프로통산			0	0	0	0	0	0	0

박지민(朴智敏) 경희대 1994.03.07

대회	연도	소속	출전	교체	득점	도움	파울	경고	퇴장
K1	2014	경남	4	4	0	0	0	1	0
	합계		4	4	0	0	0	1	0
K2	2015	충주	12	12	1	0	6	0	0
	2016	충주	31	24	5	1	27	3	0
	합계		43	36	6	1	33	3	0
프로통산			47	40	6	1	33	4	0

박지민(朴志旼) 매탄고 2000.05.25

대회	연도	소속	출전	교체	실점	도움	파울	경고	퇴장
K1	2018	수원	0	0	0	0	0	0	0
	2019	수원	1	0	4	0	0	0	0
	합계		1	0	4	0	0	0	0
프로통산			1	0	4	0	0	0	0

박지수(朴志水) 대건고 1994.06.13

대회	연도	소속	출전	교체	득점	도움	파울	경고	퇴장
K1	2018	경남	33	3	2	0	31	7	0
	합계		33	3	2	0	31	7	0
K2	2015	경남	28	16	1	1	17	4	0
	2016	경남	35	4	1	0	40	7	0
	2017	경남	33	0	2	1	39	5	0
	합계		96	20	4	2	96	16	0
프로통산			129	23	6	2	127	23	0

박지영(朴至永) 건국대 1987.02.07

대회	연도	소속	출전	교체	실점	도움	파울	경고	퇴장
BC	2010	수원	0	0	0	0	0	0	0
	합계		0	0	0	0	0	0	0
K1	2014	상주	1	0	1	0	1	0	0
	합계		1	0	1	0	1	0	0
K2	2013	안양	2	0	3	0	0	0	0
	2015	상주	1	0	0	0	0	0	0
	2015	안양	0	0	0	0	0	0	0
	합계		3	0	3	0	0	0	0
프로통산			4	0	4	0	1	0	0

박지용(朴志容) 대전상업정보고 1983.05.28

대회	연도	소속	출전	교체	득점	도움	파울	경고	퇴장
BC	2004	전남	3	2	0	0	2	0	0
	2007	전남	8	4	0	0	19	5	0
	2008	전남	12	3	0	0	16	5	0
	2009	전남	23	6	0	1	30	7	0
	2010	전남	4	2	0	0	1	0	0
	2011	강원	12	0	0	0	26	7	0
	합계		62	17	0	1	94	24	0
프로통산			62	17	0	1	94	24	0

박지호(朴志鎬) 인천대 1970.07.04

대회	연도	소속	출전	교체	득점	도움	파울	경고	퇴장
BC	1993	LG	26	22	0	0	18	4	0
	1994	LG	4	4	0	1	5	1	0
	1995	포항	6	5	0	1	13	0	0
	1996	포항	9	7	1	0	7	3	0
	1997	포항	20	14	5	0	31	3	0
	1999	천안일	5	5	0	1	6	0	0
	합계		70	57	6	3	80	11	0
프로통산			70	57	6	3	80	11	0

박진섭(朴鎭燮) 서울문화예대 1995.10.23

대회	연도	소속	출전	교체	득점	도움	파울	경고	퇴장
K2	2018	안산	26	4	2	0	30	5	0
	2019	안산	36	6	5	1	59	3	0
	합계		62	10	7	1	89	8	0
프로통산			62	10	7	1	89	8	0

박진섭(朴珍燮) 고려대 1977.03.11

대회	연도	소속	출전	교체	득점	도움	파울	경고	퇴장
BC	2002	울산	33	10	2	4	51	3	1
	2003	울산	41	10	1	6	65	6	0
	2004	울산	28	2	0	2	42	6	0
	2005	울산	14	0	0	2	17	3	0
	2005	성남일	21	5	0	1	25	3	0
	2006	성남일	35	18	0	3	34	2	0
	2007	성남일	24	8	0	4	27	7	0
	2008	성남일	35	3	0	2	31	6	0
	2009	부산	27	1	0	1	29	8	0
	2010	부산	26	3	0	2	27	9	0
	합계		284	60	3	27	348	53	1
프로통산			284	60	3	27	348	53	1

박진수(朴鎭秀) 고려대 1987.03.01

대회	연도	소속	출전	교체	득점	도움	파울	경고	퇴장
K2	2013	충주	33	3	3	1	63	7	0
	2014	충주	30	13	1	2	34	2	0
	2015	충주	11	10	0	0	3	0	0
	합계		74	26	4	3	100	9	0
프로통산			74	26	4	3	100	9	0

박진옥(朴鎭玉) 경희대 1982.05.28

대회	연도	소속	출전	교체	득점	도움	파울	경고	퇴장
BC	2005	부천SK	29	25	1	0	15	1	0
	2006	제주	24	11	0	0	28	4	0
	2007	제주	28	4	1	0	36	1	0
	2008	제주	15	10	0	0	14	0	0
	2009	광주상	11	8	0	0	15	0	0
	2010	광주상	10	7	0	0	9	0	0
	2010	제주	0	0	0	0	0	0	0
	2011	제주	21	6	0	1	27	2	0
	2012	제주	16	9	0	0	16	3	0
	합계		154	80	2	1	160	11	0
K1	2013	대전	30	5	0	0	31	2	0
	합계		30	5	0	0	31	2	0
K2	2014	광주	8	2	0	0	16	1	0
	합계		8	2	0	0	16	1	0
프로통산			192	87	2	1	207	14	0

박진이(朴眞伊) 아주대 1983.04.05

대회	연도	소속	출전	교체	득점	도움	파울	경고	퇴장
BC	2007	경남	7	5	0	0	4	1	0
	2008	경남	20	4	0	1	26	2	0
	2009	경남	3	2	0	0	4	0	0
	합계		30	11	0	1	34	3	0
프로통산			30	11	0	1	34	3	0

박진포(朴珍鋪) 대구대 1987.08.13

대회	연도	소속	출전	교체	득점	도움	파울	경고	퇴장
BC	2011	성남일	32	2	0	3	62	6	0
	2012	성남일	40	0	0	3	74	7	0
	합계		72	2	0	6	136	13	0
K1	2013	성남일	35	3	1	5	55	8	0
	2014	성남	32	2	1	2	45	6	0
	2016	상주	20	2	0	1	24	3	0
	2016	성남	3	1	0	0	3	1	0
	2017	제주	12	0	1	1	21	6	0
	2018	제주	26	0	0	2	17	3	0
	2019	제주	22	3	0	2	46	5	0
	합계		150	11	3	13	211	32	0
K2	2015	상주	32	3	3	3	35	4	0
	합계		32	3	3	3	35	4	0
승	2016	성남	1	0	0	0	1	0	0
	합계		1	0	0	0	1	0	0
프로통산			255	16	6	22	383	49	0

박찬울(朴찬울) 수원대 1993.04.28

대회	연도	소속	출전	교체	득점	도움	파울	경고	퇴장
K2	2017	안산	13	3	0	0	14	2	0
	합계		13	3	0	0	14	2	0
프로통산			13	3	0	0	14	2	0

박창선(朴昌善) 경희대 1954.02.02

대회	연도	소속	출전	교체	득점	도움	파울	경고	퇴장
BC	1983	할렐	15	1	3	6	24	3	0
	1984	대우	28	0	6	7	29	0	0
	1985	대우	5	0	0	2	6	1	0
	1986	대우	12	4	0	1	16	0	0
	1987	유공	13	3	2	1	24	0	0
	합계		73	8	11	17	99	4	0
프로통산			73	8	11	17	99	4	0

박창주(朴昌宙) 단국대 1972.09.30

대회	연도	소속	출전	교체	실점	도움	파울	경고	퇴장
BC	1999	울산	2	1	5	0	0	0	0
	2000	울산	0	0	0	0	0	0	0
	2001	울산	0	0	0	0	0	0	0
	합계		2	1	5	0	0	0	0
프로통산			2	1	5	0	0	0	0

박창준(朴彰俊) 아주대 1996.12.23

대회	연도	소속	출전	교체	득점	도움	파울	경고	퇴장
K1	2018	강원	14	6	0	1	17	3	0
	2019	강원	13	13	1	1	9	2	0
	합계		27	19	1	2	26	5	0
프로통산			27	19	1	2	26	5	0

박창헌(朴昌憲) 동국대 1985.12.12

대회	연도	소속	출전	교체	득점	도움	파울	경고	퇴장
BC	2008	인천	14	6	0	0	21	3	0
	2009	인천	14	11	0	0	16	1	0
	2010	인천	11	10	0	0	12	1	0
	2011	경남	4	3	0	0	5	0	0
	합계		43	30	0	0	54	5	0
프로통산			43	30	0	0	54	5	0

박창현(朴昶鉉) 한양대 1966.06.08

대회	연도	소속	출전	교체	득점	도움	파울	경고	퇴장
BC	1989	포철	29	13	3	2	23	3	0
	1992	포철	28	8	7	4	26	1	0

대회	연도	소속	출전	교체	득점	도움	파울	경고	퇴장
	1993	포철	23	16	4	2	27	0	0
	1994	포철	20	15	1	0	15	2	0
	1995	전남	8	7	0	0	6	0	0
	합계		108	59	15	8	97	6	0
프로통산			108	59	15	8	97	6	0

박천신(朴天申) 동의대 1983.11.04

대회	연도	소속	출전	교체	득점	도움	파울	경고	퇴장
BC	2006	전남	2	2	0	0	4	1	0
	2007	전남	3	3	0	0	2	0	0
	합계		5	5	0	0	6	1	0
프로통산			5	5	0	0	6	1	0

박철(朴徹) 대구대 1973.08.20

대회	연도	소속	출전	교체	득점	도움	파울	경고	퇴장
BC	1994	LG	25	2	2	0	22	3	0
	1995	LG	23	0	2	1	47	5	0
	1996	안양LG	19	10	1	0	18	2	0
	1999	부천SK	27	2	0	0	32	5	0
	2000	부천SK	32	2	1	1	27	1	0
	2001	부천SK	27	2	0	1	24	1	0
	2002	부천SK	27	3	1	0	15	1	0
	2003	대전	25	5	0	0	14	2	0
	2004	대전	24	1	0	0	10	1	0
	2005	대전	16	3	0	1	15	0	0
	합계		245	30	7	4	224	21	0
프로통산			245	30	7	4	224	21	0

박철우(朴哲祐) 청주상고 1965.09.29

대회	연도	소속	출전	교체	실점	도움	파울	경고	퇴장
BC	1985	포철	11	0	7	0	0	0	0
	1986	포철	3	0	5	0	0	0	0
	1991	포철	28	1	31	0	2	0	0
	1992	LG	13	1	17	0	0	0	0
	1993	LG	29	1	30	0	2	1	0
	1994	LG	20	2	30	0	1	0	0
	1995	전남	11	5	15	0	0	0	0
	1996	수원	22	0	18	0	2	2	0
	1997	수원	19	0	23	0	1	2	0
	1998	전남	15	0	12	0	0	1	0
	1999	전남	19	1	29	0	0	0	0
	합계		190	11	217	0	8	6	0
프로통산			190	11	217	0	8	6	0

박철웅(朴鐵雄) 영남대 1958.04.15

대회	연도	소속	출전	교체	득점	도움	파울	경고	퇴장
BC	1983	포철	4	4	0	0	0	0	0
	1984	포철	1	0	0	0	0	0	0
	합계		5	4	0	0	0	0	0
프로통산			5	4	0	0	0	0	0

박철형(朴哲亨) 울산대 1982.03.17

대회	연도	소속	출전	교체	득점	도움	파울	경고	퇴장
BC	2005	부천SK	2	2	0	0	0	0	0
	2006	제주	4	4	0	0	2	0	0
	합계		6	6	0	0	2	0	0
프로통산			6	6	0	0	2	0	0

박청효(朴青孝) 연세대 1990.02.13

대회	연도	소속	출전	교체	실점	도움	파울	경고	퇴장
K1	2013	경남	10	0	21	0	0	1	0
	2014	경남	0	0	0	0	0	0	0
	합계		10	0	21	0	0	1	0
K2	2014	충주	8	0	14	0	0	1	0
	2015	충주	4	0	4	0	0	0	0
	2017	수원FC	4	0	6	0	0	1	0
	합계		16	0	24	0	0	2	0
프로통산			26	0	45	0	0	3	0

박충균(朴忠均) 건국대 1973.06.20

대회	연도	소속	출전	교체	득점	도움	파울	경고	퇴장
BC	1996	수원	10	3	0	0	14	1	0
	1997	수원	12	4	0	0	30	3	0
	1998	수원	2	1	0	0	3	0	0
	2001	수원	2	1	0	0	0	0	0
	2001	성남일	9	4	1	1	12	2	0
	2002	성남일	10	4	0	1	14	2	0
	2003	성남일	25	9	0	1	45	4	0
	2004	부산	14	9	0	0	12	3	0
	2005	부산	10	1	0	0	16	0	0
	2006	대전	22	8	0	0	43	4	0
	2007	부산	10	6	0	0	14	2	0
	합계		126	50	1	3	203	21	0
프로통산			126	50	1	3	203	21	0

박태민(朴太民) 연세대 1986.01.21

대회	연도	소속	출전	교체	득점	도움	파울	경고	퇴장
BC	2008	수원	6	3	0	0	12	0	0
	2009	수원	2	1	0	0	3	0	0
	2010	수원	2	1	0	0	3	0	0
	2011	부산	23	7	1	1	34	4	0
	2012	인천	40	5	0	4	44	3	0
	합계		73	17	1	5	96	7	0
K1	2013	인천	36	1	3	0	46	6	0
	2014	인천	36	1	1	2	37	4	0
	2015	성남	20	2	0	1	30	3	0
	2016	성남	1	0	0	0	0	0	0
	합계		93	4	4	3	113	13	0
K2	2018	성남	7	2	0	0	9	0	0
	합계		7	2	0	0	9	0	0
프로통산			173	23	5	8	218	20	0

박태수(朴太洙) 홍익대 1989.12.01

대회	연도	소속	출전	교체	득점	도움	파울	경고	퇴장
BC	2011	인천	6	3	0	0	10	2	0
	2012	인천	2	1	0	0	3	0	0
	합계		8	4	0	0	13	2	0
K1	2013	대전	14	5	0	0	33	5	0
	합계		14	5	0	0	33	5	0
K2	2014	충주	25	1	1	4	59	10	0
	2015	안양	22	10	0	1	28	3	0
	합계		47	11	1	5	87	13	0
프로통산			69	20	1	5	133	20	0

박태웅(朴泰雄) 숭실대 1988.01.30

대회	연도	소속	출전	교체	득점	도움	파울	경고	퇴장
BC	2010	경남	2	1	0	0	2	1	0
	2011	강원	14	5	0	1	30	5	0
	2012	강원	8	6	0	0	16	3	0
	2012	수원	8	5	0	1	14	3	0
	합계		32	17	0	2	62	12	0
K1	2013	수원	0	0	0	0	0	0	0
	2014	상주	0	0	0	0	0	0	0
	합계		0	0	0	0	0	0	0
K2	2013	상주	2	0	0	0	5	2	0
	2016	경남	7	7	0	0	17	2	0
	합계		9	7	0	0	22	4	0
승	2013	상주	0	0	0	0	0	0	0
	합계		0	0	0	0	0	0	0
프로통산			41	24	0	2	84	16	0

박태원(朴泰元) 순천고 1977.04.12

대회	연도	소속	출전	교체	득점	도움	파울	경고	퇴장
BC	2000	전남	1	1	0	0	1	0	0
	합계		1	1	0	0	1	0	0
프로통산			1	1	0	0	1	0	0

박태윤(朴泰潤) 중앙대 1991.04.05

대회	연도	소속	출전	교체	득점	도움	파울	경고	퇴장
K1	2014	울산	0	0	0	0	0	0	0
	합계		0	0	0	0	0	0	0
프로통산			0	0	0	0	0	0	0

박태준(朴泰濬) 풍생고 1999.01.19

대회	연도	소속	출전	교체	득점	도움	파울	경고	퇴장
K1	2019	성남	9	5	0	0	13	2	0
	합계		9	5	0	0	13	2	0
K2	2018	성남	20	10	1	0	25	3	0
	합계		20	10	1	0	25	3	0
프로통산			29	15	1	0	38	5	0

박태하(朴泰夏) 대구대 1968.05.29

대회	연도	소속	출전	교체	득점	도움	파울	경고	퇴장
BC	1991	포철	31	6	3	0	52	4	0
	1992	포철	35	11	5	7	55	4	0
	1993	포철	5	4	0	0	2	0	0
	1996	포항	36	7	9	4	64	3	0
	1997	포항	18	0	6	4	15	1	0
	1998	포항	38	9	9	10	65	3	0
	1999	포항	31	4	5	4	53	3	0
	2000	포항	35	4	8	2	42	2	0
	2001	포항	32	14	1	6	37	5	0
	합계		261	59	46	37	385	25	0
프로통산			261	59	46	37	385	25	0

박태형(朴泰炯) 단국대 1992.04.07

대회	연도	소속	출전	교체	득점	도움	파울	경고	퇴장
K2	2015	고양	15	4	0	0	10	4	0
	2016	고양	34	1	0	0	25	7	0
	합계		49	5	0	0	35	11	0
프로통산			49	5	0	0	35	11	0

박태홍(朴台洪) 연세대 1991.03.25

대회	연도	소속	출전	교체	득점	도움	파울	경고	퇴장
K1	2017	대구	10	0	0	1	13	4	0
	2019	경남	1	1	0	0	1	1	0
	합계		11	1	0	1	14	5	0
K2	2016	대구	38	0	1	0	64	8	0
	2018	부산	4	1	0	0	8	0	0
	합계		42	1	1	0	72	8	0
프로통산			53	2	1	1	86	13	0

박하빈(朴昰斌) 울산대 1997.04.23

대회	연도	소속	출전	교체	득점	도움	파울	경고	퇴장
K1	2019	울산	1	1	0	0	0	0	0
	합계		1	1	0	0	0	0	0
프로통산			1	1	0	0	0	0	0

박한근(朴韓槿) 전주대 1996.05.07

대회	연도	소속	출전	교체	득점	도움	파울	경고	퇴장
K1	2018	제주	1	0	0	0	1	1	0
	2019	제주	0	0	0	0	0	0	0
	합계		1	0	0	0	1	1	0
프로통산			1	0	0	0	1	1	0

박한빈(朴限彬) 신갈고 1997.09.21

대회	연도	소속	출전	교체	득점	도움	파울	경고	퇴장
K1	2017	대구	17	10	0	0	22	2	0
	2018	대구	24	19	3	0	26	2	0
	2019	대구	15	12	0	0	17	0	0
	합계		56	41	3	0	65	4	0
K2	2016	대구	6	6	0	0	4	0	0
	합계		6	6	0	0	4	0	0
프로통산			62	47	3	0	69	4	0

박한석

대회	연도	소속	출전	교체	득점	도움	파울	경고	퇴장
BC	1995	대우	0	0	0	0	0	0	0
	1996	부산	0	0	0	0	0	0	0
	합계		0	0	0	0	0	0	0
프로통산			0	0	0	0	0	0	0

박한수(朴漢洙) 전주대 1991.01.15

대회	연도	소속	출전	교체	득점	도움	파울	경고	퇴장
K2	2017	안산	24	3	3	1	24	5	0
	합계		24	3	3	1	24	5	0
프로통산			24	3	3	1	24	5	0

박한준(朴漢峻) 안양공고 1997.09.12

대회	연도	소속	출전	교체	득점	도움	파울	경고	퇴장
K2	2016	안양	1	1	0	0	0	0	0
	2017	안양	4	4	0	1	2	0	0
	합계		5	5	0	1	2	0	0

대회	연도	소속	출전	교체	득점	도움	파울	경고	퇴장
프로통산			5	5	0	1	2	0	0

박항서(朴恒緖) 한양대 1959.01.04

대회	연도	소속	출전	교체	득점	도움	파울	경고	퇴장
BC	1984	럭금	21	3	2	1	21	2	0
	1985	럭금	19	3	4	3	32	3	0
	1986	럭금	35	3	6	3	65	4	0
	1987	럭금	28	1	7	0	39	3	1
	1988	럭금	12	5	1	1	18	2	0
	합계		115	15	20	8	175	14	1
프로통산			115	15	20	8	175	14	1

박헌균(朴憲均) 안양공고 1971.05.29

대회	연도	소속	출전	교체	득점	도움	파울	경고	퇴장
BC	1990	유공	4	4	0	0	1	0	0
	합계		4	4	0	0	1	0	0
프로통산			4	4	0	0	1	0	0

박혁순(朴赫淳) 연세대 1980.03.06

대회	연도	소속	출전	교체	득점	도움	파울	경고	퇴장
BC	2003	안양LG	7	7	0	0	4	1	0
	2006	광주상	15	11	1	0	7	0	0
	2007	경남	5	4	1	1	9	1	0
	2008	경남	2	1	0	0	1	0	0
	합계		29	23	2	1	21	2	0
프로통산			29	23	2	1	21	2	0

박현(朴賢) 인천대 1988.09.24

대회	연도	소속	출전	교체	득점	도움	파울	경고	퇴장
BC	2011	광주	4	1	0	2	7	0	0
	2012	광주	13	13	2	0	10	0	0
	합계		17	14	2	2	17	0	0
K2	2013	광주	23	17	4	3	25	3	0
	2014	광주	12	9	0	0	12	1	0
	합계		35	26	4	3	37	4	0
프로통산			52	40	6	5	54	4	0

박현범(朴玹範) 연세대 1987.05.07

대회	연도	소속	출전	교체	득점	도움	파울	경고	퇴장
BC	2008	수원	18	10	2	2	19	0	0
	2009	수원	14	11	1	0	8	0	0
	2010	제주	26	4	3	2	28	3	1
	2011	제주	18	1	6	2	20	0	0
	2011	수원	13	3	0	2	23	2	0
	2012	수원	38	8	4	0	63	6	0
	합계		127	37	16	8	161	11	1
K1	2013	수원	14	6	0	0	15	0	0
	2015	수원	2	2	0	0	0	1	0
	2016	수원	8	4	0	0	7	0	0
	합계		24	12	0	0	22	1	0
K2	2014	안산경	21	15	0	0	28	3	0
	2015	안산경	19	11	1	0	13	1	0
	합계		40	26	1	0	41	4	0
프로통산			191	75	17	8	224	16	1

박현순 경북산업대(경일대) 1972.01.02

대회	연도	소속	출전	교체	득점	도움	파울	경고	퇴장
BC	1995	포항	0	0	0	0	0	0	0
	합계		0	0	0	0	0	0	0
프로통산			0	0	0	0	0	0	0

박현용(朴鉉用) 아주대 1964.04.06

대회	연도	소속	출전	교체	득점	도움	파울	경고	퇴장
BC	1987	대우	12	10	0	0	7	0	0
	1988	대우	10	10	1	0	10	0	0
	1989	대우	17	3	2	0	28	1	0
	1990	대우	28	3	3	0	46	2	0
	1991	대우	39	0	7	2	35	3	0
	1992	대우	29	0	1	0	36	3	1
	1993	대우	34	0	3	2	37	3	0
	1994	대우	10	0	0	0	6	0	0
	1995	대우	19	5	0	0	21	3	0
	합계		198	31	17	4	226	15	1
프로통산			198	31	17	4	226	15	1

박현우(朴賢優) 진주고 1997.02.21

대회	연도	소속	출전	교체	득점	도움	파울	경고	퇴장
K2	2016	경남	0	0	0	0	0	0	0
	합계		0	0	0	0	0	0	0
프로통산			0	0	0	0	0	0	0

박형근(朴亨根) 경희대 1985.12.14

대회	연도	소속	출전	교체	득점	도움	파울	경고	퇴장
BC	2008	인천	5	5	0	0	1	0	0
	합계		5	5	0	0	1	0	0
프로통산			5	5	0	0	1	0	0

박형민(朴炯旼) 단국대 1994.04.07

대회	연도	소속	출전	교체	실점	도움	파울	경고	퇴장
K1	2017	광주	0	0	0	0	0	0	0
	합계		0	0	0	0	0	0	0
K2	2018	안산	1	0	4	0	0	0	0
	합계		1	0	4	0	0	0	0
프로통산			1	0	4	0	0	0	0

박형순(朴炯淳) 광운대 1989.10.23

대회	연도	소속	출전	교체	실점	도움	파울	경고	퇴장
K1	2016	수원FC	12	0	18	0	0	0	0
	합계		12	0	18	0	0	0	0
K2	2013	수원FC	16	0	20	0	1	1	1
	2014	수원FC	18	1	21	1	0	0	0
	2015	수원FC	22	0	23	0	1	1	0
	2017	아산	35	0	37	0	2	2	0
	2018	아산	17	0	14	0	0	0	0
	2018	수원FC	3	1	5	0	0	0	0
	2019	수원FC	28	0	41	0	0	0	0
	합계		139	2	161	1	4	4	1
승	2015	수원FC	2	0	0	0	0	0	0
	합계		2	0	0	0	0	0	0
프로통산			153	2	179	1	4	4	1

박형주(朴亨珠) 한양대 1972.02.02

대회	연도	소속	출전	교체	득점	도움	파울	경고	퇴장
BC	1999	포항	23	7	0	1	23	0	0
	2000	포항	27	8	0	2	34	4	0
	2001	포항	17	10	0	0	27	5	0
	합계		67	25	0	3	84	9	0
프로통산			67	25	0	3	84	9	0

박형진(朴亨鎭) 고려대 1990.06.24

대회	연도	소속	출전	교체	득점	도움	파울	경고	퇴장
K1	2018	수원	19	1	1	3	21	2	0
	2019	수원	23	8	0	0	29	2	0
	합계		42	9	1	3	50	4	0
프로통산			42	9	1	3	50	4	0

박호영(朴祜永) 개성고 1999.04.07

대회	연도	소속	출전	교체	득점	도움	파울	경고	퇴장
K2	2018	부산	2	2	0	0	0	0	0
	2019	부산	7	6	0	0	4	1	0
	합계		9	8	0	0	4	1	0
승	2019	부산	1	1	0	0	0	0	0
	합계		1	1	0	0	0	0	0
프로통산			10	9	0	0	4	1	0

박호용(朴鎬用) 안동고 1991.06.30

대회	연도	소속	출전	교체	득점	도움	파울	경고	퇴장
BC	2011	인천	3	2	0	0	6	2	0
	합계		3	2	0	0	6	2	0
프로통산			3	2	0	0	6	2	0

박호진(朴虎珍) 연세대 1976.10.22

대회	연도	소속	출전	교체	실점	도움	파울	경고	퇴장
BC	1999	수원	0	0	0	0	0	0	0
	2000	수원	1	0	1	0	1	0	0
	2001	수원	11	0	13	0	0	0	0
	2002	수원	5	0	3	0	0	0	0
	2003	광주상	6	0	9	0	0	0	0
	2004	광주상	17	1	16	0	0	0	0
	2005	수원	4	0	3	0	0	0	0
	2006	수원	25	1	19	0	0	0	0
	2007	수원	4	0	6	0	0	0	0
	2009	수원	4	0	10	0	0	0	0
	2011	광주	31	0	44	0	1	2	0
	2012	광주	35	0	52	0	0	2	0
	합계		143	2	176	0	2	4	0
K1	2013	강원	15	0	30	0	1	1	0
	합계		15	0	30	0	1	1	0
승	2013	강원	0	0	0	0	0	0	0
	합계		0	0	0	0	0	0	0
프로통산			158	2	206	0	3	5	0

박효빈(朴孝彬) 한양대 1972.01.07

대회	연도	소속	출전	교체	득점	도움	파울	경고	퇴장
BC	1995	유공	18	12	0	0	16	1	0
	1996	부천유	11	7	0	0	8	3	0
	1997	부천SK	21	20	1	1	15	3	0
	1998	부천SK	7	6	3	0	6	0	0
	1999	안양LG	3	3	0	0	5	0	0
	합계		60	48	4	1	50	7	0
프로통산			60	48	4	1	50	7	0

박효진(朴孝鎭) 한양대 1972.07.22

대회	연도	소속	출전	교체	득점	도움	파울	경고	퇴장
BC	1999	천안일	1	1	0	0	0	0	0
	합계		1	1	0	0	0	0	0
프로통산			1	1	0	0	0	0	0

박훈(朴勳) 성균관대 1978.02.02

대회	연도	소속	출전	교체	득점	도움	파울	경고	퇴장
BC	2000	대전	6	5	0	0	10	3	0
	2001	대전	1	1	0	0	5	0	0
	합계		7	6	0	0	15	3	0
프로통산			7	6	0	0	15	3	0

박희도(朴禧熹) 동국대 1986.03.20

대회	연도	소속	출전	교체	득점	도움	파울	경고	퇴장
BC	2008	부산	26	19	4	4	48	4	0
	2009	부산	35	10	8	7	66	10	0
	2010	부산	22	10	7	6	46	3	0
	2011	부산	14	8	2	1	24	3	0
	2012	서울	17	17	1	1	18	3	0
	합계		114	64	22	19	202	23	0
K1	2013	전북	34	31	3	3	49	2	0
	2015	전북	0	0	0	0	0	0	0
	합계		34	31	3	3	49	2	0
K2	2014	안산경	22	11	4	4	27	4	0
	2015	안산경	27	12	4	0	34	3	0
	2016	강원	13	13	0	0	10	1	0
	합계		62	36	8	4	71	8	0
승	2016	강원	1	1	0	0	1	0	0
	합계		1	1	0	0	1	0	0
프로통산			211	132	33	26	323	33	0

박희성(朴喜成) 고려대 1990.04.07

대회	연도	소속	출전	교체	득점	도움	파울	경고	퇴장
K1	2013	서울	15	15	1	1	11	1	0
	2014	서울	19	19	2	0	21	1	0
	2015	서울	2	2	0	0	2	1	0
	2016	상주	15	7	3	0	17	1	0
	2017	상주	5	5	0	0	4	0	0
	2017	서울	1	1	0	0	0	0	0
	2018	서울	11	11	1	0	12	2	0
	합계		68	60	7	1	67	6	0
프로통산			68	60	7	1	67	6	0

박희성(朴熙成) 호남대 1987.04.07

대회	연도	소속	출전	교체	득점	도움	파울	경고	퇴장
BC	2011	광주	27	9	0	1	29	2	0
	2012	광주	23	3	2	0	31	2	0
	합계		50	12	2	1	60	4	0
K1	2014	성남	22	4	0	1	8	3	0
	합계		22	4	0	1	8	3	0

대회	연도	소속	출전	교체	득점	도움	파울	경고	퇴장
K2	2013	광주	23	2	0	1	37	2	0
	합계		23	2	0	1	37	2	0
프로통산			95	18	2	3	105	9	0

박희성(朴喜成) 원광대 1990.03.22

대회	연도	소속	출전	교체	득점	도움	파울	경고	퇴장
K2	2014	충주	1	0	0	0	5	1	0
	합계		1	0	0	0	5	1	0
프로통산			1	0	0	0	5	1	0

박희완(朴喜完) 단국대 1975.05.09

대회	연도	소속	출전	교체	득점	도움	파울	경고	퇴장
BC	1999	전남	2	2	0	0	2	0	0
	2006	대구	2	2	0	0	1	1	0
	합계		4	4	0	0	3	1	0
프로통산			4	4	0	0	3	1	0

박희원(朴喜遠) 영남대 1962.03.06

대회	연도	소속	출전	교체	득점	도움	파울	경고	퇴장
BC	1986	포철	1	0	0	0	1	0	0
	합계		1	0	0	0	1	0	0
프로통산			1	0	0	0	1	0	0

박희철(朴喜撤) 홍익대 1986.01.07

대회	연도	소속	출전	교체	득점	도움	파울	경고	퇴장
BC	2006	포항	6	5	0	0	15	0	0
	2007	포항	6	5	0	0	5	1	0
	2008	경남	1	0	0	0	1	0	0
	2008	포항	6	3	0	2	12	2	0
	2009	포항	11	2	0	0	37	2	0
	2010	포항	11	7	0	1	30	5	0
	2011	포항	16	4	0	1	38	4	0
	2012	포항	32	1	0	2	74	14	0
	합계		89	27	0	6	212	28	0
K1	2013	포항	22	7	0	0	24	5	0
	2014	포항	19	9	0	0	39	6	0
	합계		41	16	0	0	63	11	0
K2	2015	안산경	22	8	0	0	30	5	0
	2016	안산무	1	1	0	0	0	0	0
	합계		23	9	0	0	30	5	0
프로통산			153	52	0	6	305	44	0

박희탁(朴熙卓) 한양대 1967.05.18

대회	연도	소속	출전	교체	득점	도움	파울	경고	퇴장
BC	1990	대우	4	4	0	1	2	1	0
	1992	대우	7	6	0	0	7	3	0
	합계		11	10	0	1	9	4	0
프로통산			11	10	0	1	9	4	0

반데르(Wander Luiz Bitencourt Junior) 브라질 1987.05.30

대회	연도	소속	출전	교체	득점	도움	파울	경고	퇴장
K1	2014	울산	4	3	0	1	4	0	0
	합계		4	3	0	1	4	0	0
프로통산			4	3	0	1	4	0	0

반덴브링크(Sebastiaan Van Den Brink) 네덜란드 1982.09.11

대회	연도	소속	출전	교체	득점	도움	파울	경고	퇴장
BC	2011	부산	3	3	0	0	1	0	0
	합계		3	3	0	0	1	0	0
프로통산			3	3	0	0	1	0	0

반델레이(Vanderlei Francisco) 브라질 1987.09.25

대회	연도	소속	출전	교체	득점	도움	파울	경고	퇴장
K2	2014	대전	23	20	7	3	34	1	0
	합계		23	20	7	3	34	1	0
프로통산			23	20	7	3	34	1	0

반도(Wando da Costa Silva) 브라질 1980.05.18

대회	연도	소속	출전	교체	득점	도움	파울	경고	퇴장
BC	2011	수원	0	0	0	0	0	0	0
	합계		0	0	0	0	0	0	0
프로통산			0	0	0	0	0	0	0

발라웅(Balao Junior Cavalcante da Costa) 브라질 1975.05.08

대회	연도	소속	출전	교체	득점	도움	파울	경고	퇴장
BC	2003	울산	17	14	4	1	22	2	0
	합계		17	14	4	1	22	2	0
프로통산			17	14	4	1	22	2	0

발랑가(Bollanga Priso Gustave) 카메룬 1972.02.13

대회	연도	소속	출전	교체	득점	도움	파울	경고	퇴장
BC	1996	전북	10	9	2	1	4	1	0
	합계		10	9	2	1	4	1	0
프로통산			10	9	2	1	4	1	0

발레리(Valery Vyalichka) 벨라루스 1966.09.12

대회	연도	소속	출전	교체	득점	도움	파울	경고	퇴장
BC	1996	천안일	2	2	0	0	2	0	0
	합계		2	2	0	0	2	0	0
프로통산			2	2	0	0	2	0	0

발렌찡(Francisco de Assis Clarentino Valentim) 브라질 1977.

대회	연도	소속	출전	교체	득점	도움	파울	경고	퇴장
BC	2004	서울	6	3	0	0	5	0	0
	합계		6	3	0	0	5	0	0
프로통산			6	3	0	0	5	0	0

발렌티노스(Valentinos Sielis) 키프로스 1990.03.01

대회	연도	소속	출전	교체	득점	도움	파울	경고	퇴장
K1	2017	강원	7	1	1	0	7	1	0
	2018	강원	32	3	0	0	24	1	0
	2019	강원	24	2	2	1	16	1	0
	합계		63	6	3	1	47	3	0
프로통산			63	6	3	1	47	3	0

발로텔리(Boareto dos Reis Jonathan) 브라질 1989.04.02

대회	연도	소속	출전	교체	득점	도움	파울	경고	퇴장
K2	2018	부산	4	2	2	0	4	1	0
	합계		4	2	2	0	4	1	0
프로통산			4	2	2	0	4	1	0

발푸르트(Arsenio Jermaine Cedric Valpoort) 네덜란드 1992.08.05

대회	연도	소속	출전	교체	득점	도움	파울	경고	퇴장
K2	2018	부산	10	10	1	1	14	0	0
	합계		10	10	1	1	14	0	0
프로통산			10	10	1	1	14	0	0

방대종(方大鍾) 동아대 1985.01.28

대회	연도	소속	출전	교체	득점	도움	파울	경고	퇴장
BC	2008	대구	7	5	0	0	5	2	0
	2009	대구	25	4	2	0	31	6	0
	2010	대구	23	2	0	1	31	4	0
	2011	전남	14	5	0	0	17	3	0
	2012	상주	19	2	2	1	17	2	0
	합계		88	18	4	2	101	17	0
K1	2013	전남	2	0	0	0	0	1	0
	2014	전남	32	3	1	0	36	3	0
	2015	전남	24	9	0	0	16	5	0
	2016	전남	11	4	0	0	9	1	0
	합계		69	16	1	0	61	10	0
K2	2013	상주	15	1	1	0	18	0	1
	2017	안양	14	0	1	0	5	3	0
	합계		29	1	2	0	23	3	1
프로통산			186	35	7	2	185	30	1

방승환(方承奐) 동국대 1983.02.25

대회	연도	소속	출전	교체	득점	도움	파울	경고	퇴장
BC	2004	인천	25	18	4	0	46	3	0
	2005	인천	31	21	5	2	67	4	0
	2006	인천	30	22	3	0	65	5	0
	2007	인천	28	15	6	5	69	9	0
	2008	인천	13	8	1	2	22	2	1
	2009	제주	27	16	5	0	63	6	0
	2010	서울	21	18	4	3	31	6	0
	2011	서울	16	14	2	1	18	3	0
	2012	부산	33	25	5	2	73	3	0
	합계		224	157	35	15	454	41	1
K1	2013	부산	14	11	0	0	22	2	0
	합계		14	11	0	0	22	2	0
프로통산			238	168	35	15	476	43	1

방윤출(方允出) 대신고 1957.05.15

대회	연도	소속	출전	교체	득점	도움	파울	경고	퇴장
BC	1984	한일은	17	13	0	2	2	0	0
	합계		17	13	0	2	2	0	0
프로통산			17	13	0	2	2	0	0

방인웅(方寅雄) 인천대 1962.01.31

대회	연도	소속	출전	교체	득점	도움	파울	경고	퇴장
BC	1986	유공	7	1	0	0	18	1	0
	1987	유공	6	1	0	0	8	1	0
	1989	일화	19	4	0	0	39	4	0
	1991	일화	23	5	0	0	35	5	1
	1992	일화	26	7	1	1	41	6	0
	1993	일화	28	6	0	0	33	5	1
	1994	일화	9	5	0	0	12	1	0
	1995	일화	10	0	0	1	15	0	0
	합계		128	29	1	2	201	23	2
프로통산			128	29	1	2	201	23	2

방찬준(方讚晙) 한남대 1994.04.15

대회	연도	소속	출전	교체	득점	도움	파울	경고	퇴장
K1	2015	수원	1	1	0	0	0	0	0
	합계		1	1	0	0	0	0	0
K2	2016	강원	10	10	3	0	4	0	0
	2019	안산	22	22	4	2	8	1	0
	합계		32	32	7	2	12	1	0
프로통산			33	33	7	2	12	1	0

배관영(裵寬榮) 울산대 1982.04.13

대회	연도	소속	출전	교체	득점	도움	파울	경고	퇴장
BC	2005	울산	0	0	0	0	0	0	0
	2006	울산	0	0	0	0	0	0	0
	2007	울산	0	0	0	0	0	0	0
	2008	울산	0	0	0	0	0	0	0
	합계		0	0	0	0	0	0	0
프로통산			0	0	0	0	0	0	0

배기종(裵起鐘) 광운대 1983.05.26

대회	연도	소속	출전	교체	득점	도움	파울	경고	퇴장
BC	2006	대전	27	22	7	3	50	3	0
	2007	수원	17	13	0	2	19	0	0
	2008	수원	16	16	5	3	28	1	0
	2009	수원	19	14	2	1	29	3	0
	2010	제주	24	18	5	1	40	1	0
	2011	제주	26	15	3	6	40	2	0
	합계		129	98	22	16	206	10	0
K1	2013	제주	8	2	2	1	15	2	0
	2014	수원	14	12	3	1	12	0	0
	2015	제주	9	8	2	3	11	2	0
	2018	경남	23	23	2	1	11	1	0
	2019	경남	31	30	5	1	13	4	0
	합계		85	75	14	7	62	9	0
K2	2013	경찰	18	10	3	4	15	3	1
	2016	경남	15	14	4	3	14	0	0
	2017	경남	32	30	6	3	12	2	0
	합계		65	54	13	10	41	5	1
승	2019	경남	2	2	0	0	1	0	0
	합계		2	2	0	0	1	0	0
프로통산			281	229	49	33	310	24	1

배민호(裵珉鎬) 한양대 1991.10.25

대회	연도	소속	출전	교체	득점	도움	파울	경고	퇴장
K2	2014	고양	19	6	0	0	14	1	0
	합계		19	6	0	0	14	1	0
프로통산			19	6	0	0	14	1	0

배성재(裵城裁) 한양대 1979.07.01

대회	연도	소속	출전	교체	득점	도움	파울	경고	퇴장
BC	2002	대전	8	6	0	0	14	2	0
	2003	대전	4	0	0	0	4	0	0
	2004	대전	6	4	0	0	7	0	0
	합계		18	10	0	0	25	2	0
프로통산			18	10	0	0	25	2	0

배세현(裵世玹) 제주 U-18 1995.03.27

대회	연도	소속	출전	교체	득점	도움	파울	경고	퇴장
K1	2015	제주	1	1	0	0	2	0	0
	합계		1	1	0	0	2	0	0
프로통산			1	1	0	0	2	0	0

배수한(裵洙漢) 예원예술대 1988.09.15

대회	연도	소속	출전	교체	득점	도움	파울	경고	퇴장
K2	2013	수원FC	2	2	0	0	2	0	0
	합계		2	2	0	0	2	0	0
프로통산			2	2	0	0	2	0	0

배수현(裵洙鉉) 건국대 1969.10.30

대회	연도	소속	출전	교체	득점	도움	파울	경고	퇴장
BC	1992	현대	2	2	0	0	2	0	0
	합계		2	2	0	0	2	0	0
프로통산			2	2	0	0	2	0	0

배슬기(裵슬기) 광양제철고 1985.06.09

대회	연도	소속	출전	교체	득점	도움	파울	경고	퇴장
BC	2012	포항	0	0	0	0	0	0	0
	합계		0	0	0	0	0	0	0
K1	2013	포항	3	1	0	0	4	1	0
	2014	포항	14	3	1	0	22	3	0
	2015	포항	27	0	0	1	42	8	0
	2016	포항	26	1	1	0	28	4	0
	2017	포항	36	2	2	1	28	1	0
	2018	포항	17	10	0	0	4	2	0
	2019	포항	12	7	1	0	1	0	0
	합계		135	24	5	2	129	19	0
프로통산			135	24	5	2	129	19	0

배승진(裵乘振) 오산중 1987.11.03

대회	연도	소속	출전	교체	득점	도움	파울	경고	퇴장
K1	2014	인천	11	2	0	0	26	3	0
	2016	인천	4	2	0	0	8	1	0
	2019	경남	7	3	0	1	9	1	0
	합계		22	7	0	1	43	5	0
K2	2015	안산경	33	6	0	0	58	10	0
	2016	안산무	7	3	2	0	7	1	0
	2017	성남	20	5	0	0	23	5	0
	합계		60	14	2	0	88	16	0
프로통산			82	21	2	1	131	21	0

배신영(裵信泳) 단국대 1992.06.11

대회	연도	소속	출전	교체	득점	도움	파울	경고	퇴장
K1	2016	수원FC	9	7	0	0	2	1	1
	2019	상주	3	3	0	1	2	0	0
	합계		12	10	0	1	4	1	1
K2	2015	수원FC	26	14	5	0	21	2	0
	2016	대구	3	3	0	0	2	0	0
	2017	수원FC	13	13	0	0	5	0	0
	2018	수원FC	5	4	0	0	9	1	0
	합계		47	34	5	0	37	3	0
승	2015	수원FC	2	2	0	0	0	0	0
	합계		2	2	0	0	0	0	0
프로통산			61	46	5	1	41	4	1

배실용(裵實龍) 광운대 1962.04.11

대회	연도	소속	출전	교체	득점	도움	파울	경고	퇴장
BC	1985	한일은	4	2	0	0	3	0	0
	1986	한일은	9	1	0	0	18	0	0
	합계		13	3	0	0	21	0	0
프로통산			13	3	0	0	21	0	0

배인영(裵仁英) 영남대 1990.03.12

대회	연도	소속	출전	교체	득점	도움	파울	경고	퇴장
K1	2013	대구	0	0	0	0	0	0	0
	합계		0	0	0	0	0	0	0
프로통산			0	0	0	0	0	0	0

배일환(裵日換) 단국대 1988.07.20

대회	연도	소속	출전	교체	득점	도움	파울	경고	퇴장
BC	2011	제주	2	2	0	0	2	0	0
	2012	제주	40	29	5	2	56	1	0
	합계		42	31	5	2	58	1	0
K1	2013	제주	31	22	2	6	46	2	0
	2014	제주	26	22	0	2	22	1	0
	2016	상주	4	1	0	0	6	1	0
	2018	제주	0	0	0	0	0	0	0
	합계		61	45	2	8	74	4	0
K2	2015	상주	24	18	3	2	24	0	0
	합계		24	18	3	2	24	0	0
프로통산			127	94	10	12	156	5	0

배재우(裵栽釪) 용인대 1993.05.17

대회	연도	소속	출전	교체	득점	도움	파울	경고	퇴장
K1	2015	제주	6	2	0	0	8	3	0
	2016	제주	16	9	0	1	13	2	0
	2017	제주	13	6	0	1	7	0	0
	2018	제주	2	1	0	0	2	0	0
	2018	울산	1	0	0	0	0	0	0
	2019	상주	4	1	0	1	4	0	0
	합계		42	19	0	3	34	5	0
프로통산			42	19	0	3	34	5	0

배주익(裵住翊) 서울시립대 1976.09.09

대회	연도	소속	출전	교체	득점	도움	파울	경고	퇴장
BC	1999	천안일	2	2	0	0	2	0	0
	합계		2	2	0	0	2	0	0
프로통산			2	2	0	0	2	0	0

배준렬(裵俊烈) 대건고 1996.09.23

대회	연도	소속	출전	교체	득점	도움	파울	경고	퇴장
K2	2016	부천	5	5	0	0	6	1	0
	합계		5	5	0	0	6	1	0
프로통산			5	5	0	0	6	1	0

배지훈(裵智君) 홍익대 1995.05.30

대회	연도	소속	출전	교체	득점	도움	파울	경고	퇴장
K2	2017	수원FC	20	5	0	2	20	5	0
	2018	수원FC	9	3	1	0	14	1	0
	합계		29	8	1	2	34	6	0
프로통산			29	8	1	2	34	6	0

배진수(裵眞誰) 중앙대 1976.01.25

대회	연도	소속	출전	교체	득점	도움	파울	경고	퇴장
BC	2001	성남일	2	3	0	0	4	0	0
	2004	성남일	1	1	0	0	3	0	0
	합계		3	4	0	0	7	0	0
프로통산			3	4	0	0	7	0	0

배창근(裵昌根) 영남대 1971.03.16

대회	연도	소속	출전	교체	득점	도움	파울	경고	퇴장
BC	1994	포철	9	9	0	1	4	0	0
	1995	포항	6	5	1	0	3	1	0
	합계		15	14	1	1	7	1	0
프로통산			15	14	1	1	7	1	0

배천석(裵千奭) 숭실대 1990.04.27

대회	연도	소속	출전	교체	득점	도움	파울	경고	퇴장
K1	2013	포항	20	17	4	2	19	0	0
	2014	포항	4	4	0	0	5	0	0
	2015	부산	21	7	1	1	36	0	0
	2016	전남	23	16	3	3	12	3	0
	2017	전남	8	7	0	1	7	0	0
	합계		76	51	8	7	79	3	0
프로통산			76	51	8	7	79	3	0

배해민(裵海珉) 중앙중 1988.04.25

대회	연도	소속	출전	교체	득점	도움	파울	경고	퇴장
BC	2007	서울	0	0	0	0	0	0	0
	2008	서울	1	1	0	0	1	0	0
	2011	서울	4	4	0	0	1	0	0
	합계		5	5	0	0	2	0	0
K2	2015	고양	13	13	1	0	3	0	0
	합계		13	13	1	0	3	0	0
프로통산			18	18	1	0	5	0	0

배효성(裵曉星) 관동대(가톨릭관동대) 1982.01.01

대회	연도	소속	출전	교체	득점	도움	파울	경고	퇴장
BC	2004	부산	12	2	0	1	15	2	0
	2005	부산	34	0	0	0	44	2	0
	2006	부산	38	0	1	0	42	3	0
	2007	부산	29	0	0	0	36	7	1
	2008	부산	12	3	0	0	17	4	0
	2009	광주상	25	2	0	0	41	9	0
	2010	광주상	26	1	0	1	28	6	0
	2011	인천	31	2	1	0	28	5	0
	2012	강원	27	2	2	2	22	4	0
	합계		234	12	4	4	273	42	1
K1	2013	강원	34	0	4	0	32	5	1
	합계		34	0	4	0	32	5	1
K2	2014	강원	27	3	2	0	29	9	1
	2015	경남	22	3	0	0	21	5	0
	2016	충주	19	3	0	0	17	4	0
	합계		68	9	2	0	67	18	1
승	2013	강원	2	0	0	0	5	2	0
	합계		2	0	0	0	5	2	0
프로통산			338	21	10	4	377	67	3

백기홍(白起洪) 경북산업대(경일대) 1971.03.11

대회	연도	소속	출전	교체	득점	도움	파울	경고	퇴장
BC	1990	포철	1	1	0	0	0	0	0
	1991	포철	1	1	0	1	1	0	0
	1992	포철	15	11	2	1	16	1	0
	1993	포철	26	15	0	4	35	4	0
	1994	포철	22	11	1	1	20	1	0
	1996	포항	19	16	0	2	24	1	0
	1997	포항	5	3	0	0	2	0	0
	1997	천안일	17	12	0	0	20	2	0
	1998	천안일	11	10	0	0	11	0	0
	1999	안양LG	4	2	0	1	3	0	0
	합계		121	82	3	10	132	9	0
프로통산			121	82	3	10	132	9	0

백남수(白南秀) 한양대 1961.11.10

대회	연도	소속	출전	교체	득점	도움	파울	경고	퇴장
BC	1983	유공	14	6	0	1	11	2	0
	1984	유공	17	11	1	2	13	0	0
	1985	유공	8	3	1	0	11	2	0
	1986	포철	19	10	1	0	14	0	0
	합계		58	30	3	3	49	4	0
프로통산			58	30	3	3	49	4	0

백동규(白棟圭) 동아대 1991.05.30

대회	연도	소속	출전	교체	득점	도움	파울	경고	퇴장
K1	2015	제주	16	2	0	0	27	3	0
	2016	제주	21	7	0	1	24	1	0
	2017	제주	3	1	0	0	5	2	0
	2018	상주	18	9	0	0	19	3	0
	2019	상주	15	9	0	0	14	3	0
	2019	제주	8	2	0	0	13	3	0
	합계		81	30	0	1	102	15	0
K2	2014	안양	24	9	0	0	30	4	0
	2015	안양	12	0	0	0	19	4	0
	합계		36	9	0	0	49	8	0
프로통산			117	39	0	1	151	23	0

백민철(白珉喆) 동국대 1977.07.28

대회	연도	소속	출전	교체	실점	도움	파울	경고	퇴장
BC	2000	안양LG	0	0	0	0	0	0	0
	2002	안양LG	0	0	0	0	0	0	0
	2003	광주상	5	0	0	0	0	0	0
	2004	광주상	6	0	0	0	0	0	0
	2005	서울	0	0	0	0	0	0	0

대회	연도	소속	출전	교체	득점	도움	파울	경고	퇴장
	2006	대구	23	0	26	0	1	1	0
	2007	대구	33	0	51	1	1	2	0
	2008	대구	36	0	77	0	2	2	0
	2009	대구	20	1	22	0	0	0	0
	2010	대구	33	0	68	0	0	3	0
	2011	대구	10	0	18	0	0	1	0
	2012	경남	8	1	16	0	0	0	0
	합계		174	2	291	1	4	9	0
K1	2013	경남	21	0	20	0	0	1	0
	합계		21	0	20	0	0	1	0
K2	2014	광주	6	0	7	0	0	1	0
	합계		6	0	7	0	0	1	0
승	2014	광주	0	0	0	0	0	0	0
	합계		0	0	0	0	0	0	0
프로통산			201	2	318	1	4	11	0

백선규(白善圭) 한남대 1989.05.02

대회	연도	소속	출전	교체	실점	도움	파울	경고	퇴장
BC	2011	인천	1	0	4	0	0	0	0
	2012	인천	0	0	0	0	0	0	0
	합계		1	0	4	0	0	0	0
프로통산			1	0	4	0	0	0	0

백성동(白星東) 연세대 1991.08.13

대회	연도	소속	출전	교체	득점	도움	파울	경고	퇴장
K2	2017	수원FC	32	9	8	4	43	3	0
	2018	수원FC	30	10	5	1	27	3	0
	2019	수원FC	35	1	7	7	36	3	0
	합계		97	20	20	12	106	9	0
프로통산			97	20	20	12	106	9	0

백성우(白成右) 단국대 1990.04.08

대회	연도	소속	출전	교체	실점	도움	파울	경고	퇴장
K2	2013	안양	2	0	4	0	0	0	0
	합계		2	0	4	0	0	0	0
프로통산			2	0	4	0	0	0	0

백성진(白聖辰) 중앙대 1954.05.12

대회	연도	소속	출전	교체	득점	도움	파울	경고	퇴장
BC	1983	국민은	14	3	0	0	10	0	0
	합계		14	3	0	0	10	0	0
프로통산			14	3	0	0	10	0	0

백송(白松) 아주대 1966.08.15

대회	연도	소속	출전	교체	득점	도움	파울	경고	퇴장
BC	1989	유공	15	12	0	0	18	2	0
	1990	유공	1	1	0	0	0	0	0
	1993	유공	12	11	0	0	12	0	0
	1994	버팔로	30	19	8	2	20	8	0
	1995	전북	11	12	1	0	19	2	0
	합계		69	55	9	2	69	12	0
프로통산			69	55	9	2	69	12	0

백수현(白守鉉) 상지대 1986.07.20

대회	연도	소속	출전	교체	득점	도움	파울	경고	퇴장
BC	2010	경남	1	1	0	0	1	0	0
	합계		1	1	0	0	1	0	0
프로통산			1	1	0	0	1	0	0

백승대(白承大) 아주대 1970.03.02

대회	연도	소속	출전	교체	득점	도움	파울	경고	퇴장
BC	1991	현대	9	2	0	0	10	0	0
	1992	현대	33	6	0	2	35	1	0
	1993	현대	26	6	1	0	30	3	0
	1997	안양LG	11	5	0	0	16	2	0
	합계		79	19	1	2	91	6	0
프로통산			79	19	1	2	91	6	0

백승민(白承敏) 백암고 1986.03.12

대회	연도	소속	출전	교체	득점	도움	파울	경고	퇴장
BC	2006	전남	18	15	0	1	25	0	0
	2007	전남	16	13	0	0	18	1	0
	2008	전남	17	4	0	1	29	4	0
	2009	전남	20	7	0	1	24	3	0
	2010	전남	21	12	3	2	32	2	0
	2011	전남	1	1	0	0	0	0	0
	합계		93	52	3	5	128	10	0
프로통산			93	52	3	5	128	10	0

백승우(白承祐) 동아대 1973.05.28

대회	연도	소속	출전	교체	득점	도움	파울	경고	퇴장
BC	1996	부천유	5	3	0	0	3	0	0
	1997	부천SK	3	3	0	0	1	0	0
	합계		8	6	0	0	4	0	0
프로통산			8	6	0	0	4	0	0

백승원(白承原) 강원대 1992.04.18

대회	연도	소속	출전	교체	득점	도움	파울	경고	퇴장
K1	2015	인천	3	2	0	0	7	2	0
	합계		3	2	0	0	7	2	0
프로통산			3	2	0	0	7	2	0

백승철(白承哲) 영남대 1975.03.09

대회	연도	소속	출전	교체	득점	도움	파울	경고	퇴장
BC	1998	포항	35	21	12	3	65	3	0
	1999	포항	21	11	8	1	42	1	0
	합계		56	32	20	4	107	4	0
프로통산			56	32	20	4	107	4	0

백승현(白承鉉) 울산대 1995.03.10

대회	연도	소속	출전	교체	득점	도움	파울	경고	퇴장
K1	2018	전남	1	1	0	1	0	0	0
	합계		1	1	0	1	0	0	0
프로통산			1	1	0	1	0	0	0

백영철(白榮喆) 경희대 1978.11.11

대회	연도	소속	출전	교체	득점	도움	파울	경고	퇴장
BC	2001	성남일	11	6	2	1	24	3	0
	2002	성남일	18	16	0	2	26	1	1
	2003	성남일	1	1	0	0	0	0	0
	2004	성남일	7	7	0	0	13	0	0
	2005	포항	22	20	0	1	18	2	0
	2006	경남	21	13	1	2	46	5	1
	2007	경남	16	11	0	0	20	2	0
	2008	대구	28	8	0	1	54	8	0
	2009	대구	25	5	1	2	43	7	1
	2010	대구	8	1	0	0	15	2	0
	합계		157	88	4	9	259	30	3
프로통산			157	88	4	9	259	30	3

백자건(Zijian Baii, 白子建) 중국 1992.10.16

대회	연도	소속	출전	교체	득점	도움	파울	경고	퇴장
BC	2011	대전	14	14	0	1	4	1	0
	합계		14	14	0	1	4	1	0
프로통산			14	14	0	1	4	1	0

백재우(白栽宇) 광주대 1991.04.27

대회	연도	소속	출전	교체	득점	도움	파울	경고	퇴장
K2	2016	안양	0	0	0	0	0	0	0
	합계		0	0	0	0	0	0	0
프로통산			0	0	0	0	0	0	0

백종철(白鍾哲) 경희대 1961.03.09

대회	연도	소속	출전	교체	득점	도움	파울	경고	퇴장
BC	1984	현대	28	9	16	4	19	0	0
	1985	현대	6	4	0	0	5	0	0
	1986	현대	12	12	3	0	10	0	0
	1987	현대	25	19	3	2	11	0	0
	1988	현대	20	15	2	1	16	0	0
	1989	일화	22	6	10	2	19	1	0
	1990	일화	26	13	1	2	16	1	0
	1991	일화	4	2	1	0	4	0	0
	합계		143	80	36	11	100	2	0
프로통산			143	80	36	11	100	2	0

백종환(白鐘煥) 인천대 1985.04.18

대회	연도	소속	출전	교체	득점	도움	파울	경고	퇴장
BC	2008	제주	7	6	0	0	7	2	0
	2009	제주	5	3	0	0	7	1	0
	2010	제주	0	0	0	0	0	0	0
	2010	강원	7	6	1	1	8	1	0
	2011	강원	20	13	0	0	24	2	0
	2012	강원	36	20	2	0	56	7	0
	합계		75	48	3	1	102	13	0
K1	2014	상주	16	8	1	0	31	4	0
	2017	강원	10	4	0	0	15	3	0
	합계		26	12	1	0	46	7	0
K2	2013	상주	32	7	0	7	49	6	0
	2014	강원	9	2	0	0	21	2	0
	2015	강원	34	4	2	1	54	9	0
	2016	강원	33	2	0	2	45	8	0
	2018	대전	5	2	0	0	7	0	0
	합계		113	17	2	10	176	25	0
승	2013	상주	2	0	0	0	1	0	0
	합계		2	0	0	0	1	0	0
프로통산			216	77	6	11	325	45	0

백주현(白周俔) 조선대 1984.02.09

대회	연도	소속	출전	교체	득점	도움	파울	경고	퇴장
BC	2006	수원	6	5	0	0	10	2	0
	2008	광주상	1	1	0	0	0	0	0
	합계		7	6	0	0	10	2	0
프로통산			7	6	0	0	10	2	0

백지훈(白智勳) 안동고 1985.02.28

대회	연도	소속	출전	교체	득점	도움	파울	경고	퇴장
BC	2003	전남	4	4	0	0	1	0	0
	2004	전남	18	10	1	0	32	1	1
	2005	서울	22	16	2	0	33	2	0
	2006	서울	15	10	1	0	19	3	0
	2006	수원	14	4	5	0	27	2	0
	2007	수원	23	6	6	1	27	3	0
	2008	수원	22	12	4	2	19	2	0
	2009	수원	23	15	1	2	19	4	0
	2010	수원	15	8	2	3	10	1	0
	2012	상주	14	13	0	1	8	2	0
	합계		170	98	22	9	195	20	1
K1	2014	울산	19	19	2	0	5	0	0
	2015	수원	21	16	0	0	11	2	0
	2016	수원	18	14	0	1	9	1	0
	합계		58	49	2	1	25	3	0
K2	2013	상주	11	11	1	0	6	0	0
	2017	서울E	15	12	1	0	9	2	0
	합계		26	23	2	0	15	2	0
프로통산			254	170	26	10	235	25	1

백진철(白進哲) 중앙대 1982.02.03

대회	연도	소속	출전	교체	득점	도움	파울	경고	퇴장
BC	2006	전남	2	2	1	0	0	0	0
	합계		2	2	1	0	0	0	0
프로통산			2	2	1	0	0	0	0

백치수(白致守) 한양대 1962.09.03

대회	연도	소속	출전	교체	득점	도움	파울	경고	퇴장
BC	1984	포철	23	4	0	0	22	1	0
	1985	포철	20	3	0	2	20	0	0
	1986	포철	20	8	0	1	17	0	0
	1987	포철	6	6	0	0	3	0	0
	1988	포철	18	3	1	0	23	2	0
	1989	포철	20	13	1	0	17	1	0
	합계		107	37	2	3	102	4	0
프로통산			107	37	2	3	102	4	0

백현영(白鉉英) 고려대 1958.07.29

대회	연도	소속	출전	교체	득점	도움	파울	경고	퇴장
BC	1984	유공	19	17	0	0	8	0	0
	1985	유공	12	5	4	0	7	0	0
	1986	유공	21	10	4	1	11	0	0
	합계		52	32	8	1	26	0	0
프로통산			52	32	8	1	26	0	0

백형진(白亨珍) 건국대 1970.07.01

대회	연도	소속	출전	교체	득점	도움	파울	경고	퇴장
BC	1998	안양LG	19	16	2	1	20	3	0

대회	연도	소속	출전	교체	득점	도움	파울	경고	퇴장
	1999	안양LG	20	21	1	0	16	2	0
	합계		39	37	3	1	36	5	0
프로통산			39	37	3	1	36	5	0

번즈(Nathan Joel Burns) 오스트레일리아 1988.05.07

대회	연도	소속	출전	교체	득점	도움	파울	경고	퇴장
BC	2012	인천	3	3	0	0	4	0	0
	합계		3	3	0	0	4	0	0
프로통산			3	3	0	0	4	0	0

베르나르도(Bernardo Vieira de Souza) 브라질 1990.05.20

대회	연도	소속	출전	교체	득점	도움	파울	경고	퇴장
K1	2016	울산	0	0	0	0	0	0	0
	합계		0	0	0	0	0	0	0
프로통산			0	0	0	0	0	0	0

베르손(Bergson Gustavo Silveira da Silva) 브라질 1991.02.09

대회	연도	소속	출전	교체	득점	도움	파울	경고	퇴장
BC	2011	수원	8	8	0	0	5	2	0
	합계		8	8	0	0	5	2	0
K1	2015	부산	7	7	0	0	9	1	0
	합계		7	7	0	0	9	1	0
프로통산			15	15	0	0	14	3	0

베리(Greggory Austin Berry) 미국 1988.10.06

대회	연도	소속	출전	교체	득점	도움	파울	경고	퇴장
K2	2015	안양	34	1	1	0	34	2	0
	합계		34	1	1	0	34	2	0
프로통산			34	1	1	0	34	2	0

베리발두(Perivaldo Lucio Dantas) 브라질 1953.07.12

대회	연도	소속	출전	교체	득점	도움	파울	경고	퇴장
BC	1987	유공	1	1	0	0	0	0	0
	합계		1	1	0	0	0	0	0
프로통산			1	1	0	0	0	0	0

베크리치(Samir Bekrić) 보스니아 헤르체고비나 1984.10.20

대회	연도	소속	출전	교체	득점	도움	파울	경고	퇴장
BC	2010	인천	16	7	2	0	7	0	0
	합계		16	7	2	0	7	0	0
프로통산			16	7	2	0	7	0	0

베하(Pecha Laszlo) 헝가리 1963.10.26

대회	연도	소속	출전	교체	득점	도움	파울	경고	퇴장
BC	1990	포철	10	4	0	0	12	0	0
	1991	포철	5	5	0	1	4	0	0
	합계		15	9	0	1	16	0	0
프로통산			15	9	0	1	16	0	0

벨라스케즈(Velasquez Juan Sebastian) 콜롬비아 1991.02.11

대회	연도	소속	출전	교체	득점	도움	파울	경고	퇴장
K2	2019	수원FC	8	8	0	0	8	0	0
	합계		8	8	0	0	8	0	0
프로통산			8	8	0	0	8	0	0

벨루소(Belusso Jonatas Elias) 시리아 1988.06.10

대회	연도	소속	출전	교체	득점	도움	파울	경고	퇴장
K2	2015	강원	31	21	15	1	31	2	0
	2016	서울E	17	13	4	1	20	4	0
	합계		48	34	19	2	51	6	0
프로통산			48	34	19	2	51	6	0

벨코스키(Krste Velkoski) 마케도니아 1988.02.20

대회	연도	소속	출전	교체	득점	도움	파울	경고	퇴장
K1	2016	인천	24	20	4	2	19	0	0
	합계		24	20	4	2	19	0	0
프로통산			24	20	4	2	19	0	0

변병주(邊炳柱) 연세대 1961.04.26

대회	연도	소속	출전	교체	득점	도움	파울	경고	퇴장
BC	1983	대우	4	0	1	1	8	0	0
	1984	대우	19	9	4	1	18	1	0
	1985	대우	4	1	1	2	7	0	0
	1986	대우	12	5	2	3	13	0	0
	1987	대우	30	15	5	4	43	1	0
	1988	대우	11	6	2	3	12	0	0
	1989	대우	19	5	7	1	33	0	0
	1990	현대	10	3	3	0	10	1	0
	1991	현대	22	15	3	1	31	1	0
	합계		131	59	28	16	175	4	0
프로통산			131	59	28	16	175	4	0

변성환(卞盛奐) 울산대 1979.12.22

대회	연도	소속	출전	교체	득점	도움	파울	경고	퇴장
BC	2002	울산	25	12	0	0	40	1	0
	2003	울산	14	7	0	0	15	0	1
	2004	울산	15	3	0	0	14	1	0
	2005	울산	5	1	0	0	6	1	0
	2006	울산	27	17	0	0	25	1	1
	2007	부산	23	3	0	1	22	3	0
	2008	제주	25	9	1	3	28	1	0
	2012	성남일	5	1	0	0	10	4	0
	합계		139	53	1	4	160	12	2
K2	2013	안양	21	2	0	0	36	3	0
	2014	안양	1	1	0	0	0	0	0
	합계		22	3	0	0	36	3	0
프로통산			161	56	1	4	196	15	2

변웅(卞雄) 울산대 1986.05.07

대회	연도	소속	출전	교체	득점	도움	파울	경고	퇴장
BC	2009	울산	0	0	0	0	0	0	0
	2010	광주상	10	5	0	1	13	0	0
	2011	상주	9	7	0	0	6	0	0
	합계		19	12	0	1	19	0	0
K1	2013	울산	1	1	1	0	1	0	0
	합계		1	1	1	0	1	0	0
K2	2014	충주	16	7	1	0	31	4	0
	합계		16	7	1	0	31	4	0
프로통산			36	20	2	1	51	4	0

변일우(邊一雨) 경희대 1959.03.01

대회	연도	소속	출전	교체	득점	도움	파울	경고	퇴장
BC	1984	할렐	23	13	3	1	21	0	0
	1985	할렐	14	7	2	1	15	1	0
	합계		37	20	5	2	36	1	0
프로통산			37	20	5	2	36	1	0

변재섭(邊載燮) 전주대 1975.09.17

대회	연도	소속	출전	교체	득점	도움	파울	경고	퇴장
BC	1997	전북	26	9	2	2	31	0	0
	1998	전북	25	12	3	4	36	6	0
	1999	전북	34	13	2	8	27	4	0
	2000	전북	32	21	0	5	24	0	0
	2001	전북	25	11	2	3	33	3	0
	2002	전북	7	7	0	0	3	0	0
	2003	전북	0	0	0	0	0	0	0
	2004	부천SK	15	6	1	1	22	3	0
	2005	부천SK	33	21	1	2	36	4	0
	2006	제주	25	17	2	0	26	2	0
	2007	전북	8	3	0	1	9	2	0
	합계		230	120	13	26	247	24	0
프로통산			230	120	13	26	247	24	0

변정석(邊晶錫) 인천대 1993.03.04

대회	연도	소속	출전	교체	득점	도움	파울	경고	퇴장
K2	2016	대전	1	1	0	0	0	0	0
	합계		1	1	0	0	0	0	0
프로통산			1	1	0	0	0	0	0

변준범(邊峻範) 건국대 1991.02.05

대회	연도	소속	출전	교체	득점	도움	파울	경고	퇴장
K2	2019	서울E	23	4	0	0	18	3	0
	합계		23	4	0	0	18	3	0
프로통산			23	4	0	0	18	3	0

보그단(Bogdan Milic / ← 복이) 몬테네그로 1987.11.24

대회	연도	소속	출전	교체	득점	도움	파울	경고	퇴장
BC	2012	광주	36	20	5	3	74	6	0
	합계		36	20	5	3	74	6	0
K2	2013	수원FC	28	16	3	5	38	2	0
	합계		28	16	3	5	38	2	0
프로통산			64	36	8	8	112	8	0

보띠(Raphael Jose Botti Zacarias Sena) 브라질 1981.02.23

대회	연도	소속	출전	교체	득점	도움	파울	경고	퇴장
BC	2002	전북	19	19	0	0	28	1	0
	2003	전북	29	15	5	1	71	1	0
	2004	전북	21	4	3	2	51	5	0
	2005	전북	30	8	2	4	68	3	1
	2006	전북	30	16	4	0	51	5	0
	합계		129	62	14	7	269	15	1
프로통산			129	62	14	7	269	15	1

보로(Boro Janicić) 유고슬라비아 1967.

대회	연도	소속	출전	교체	득점	도움	파울	경고	퇴장
BC	1994	LG	28	7	0	3	30	5	0
	1995	LG	15	9	0	0	15	1	0
	합계		43	16	0	3	45	6	0
프로통산			43	16	0	3	45	6	0

보르코(Borko Veselinović) 세르비아 몬테네그로 1986.01.06

대회	연도	소속	출전	교체	득점	도움	파울	경고	퇴장
BC	2008	인천	30	16	7	3	30	3	0
	2009	인천	19	13	1	0	36	1	0
	합계		49	29	8	3	66	4	0
프로통산			49	29	8	3	66	4	0

보리스(Boris Yakovlevich Tropanets) 몰도바 1964.10.11

대회	연도	소속	출전	교체	득점	도움	파울	경고	퇴장
BC	1996	부천유	1	1	0	0	0	0	0
	합계		1	1	0	0	0	0	0
프로통산			1	1	0	0	0	0	0

보리스(Boris Vostrosablin) 러시아 1968.10.07

대회	연도	소속	출전	교체	득점	도움	파울	경고	퇴장
BC	1997	부천SK	28	0	5	0	34	3	1
	1998	부천SK	19	15	1	0	16	4	0
	합계		47	15	6	0	50	7	1
프로통산			47	15	6	0	50	7	1

보리스(Boris Raic) 크로아티아 1976.12.03

대회	연도	소속	출전	교체	득점	도움	파울	경고	퇴장
BC	2003	부천SK	15	1	0	0	18	5	0
	2004	부천SK	26	3	0	0	49	7	0
	2005	부천SK	7	1	0	0	13	2	0
	합계		48	5	0	0	80	14	0
프로통산			48	5	0	0	80	14	0

보비(Robert Cullen) 일본 1985.06.07

대회	연도	소속	출전	교체	득점	도움	파울	경고	퇴장
K2	2015	서울E	35	20	2	4	37	2	0
	합계		35	20	2	4	37	2	0
프로통산			35	20	2	4	37	2	0

보산치치(Milos Bosancić) 세르비아 1988.05.22

대회	연도	소속	출전	교체	득점	도움	파울	경고	퇴장
K1	2013	경남	31	10	9	1	43	5	0
	2014	경남	10	9	0	1	8	0	0
	합계		41	19	9	2	51	5	0
프로통산			41	19	9	2	51	5	0

보스나(Eddy Bosnar) 오스트레일리아 1980.04.29

대회	연도	소속	출전	교체	득점	도움	파울	경고	퇴장
BC	2012	수원	36	6	2	0	38	7	1
	합계		36	6	2	0	38	7	1
K1	2013	수원	10	2	0	1	11	3	0
	합계		10	2	0	1	11	3	0
프로통산			46	8	2	1	49	10	1

보아뎀(Ricardo Resende Silva) 브라질 1976.02.18

대회	연도	소속	출전	교체	득점	도움	파울	경고	퇴장
BC	2001	포항	10	7	2	1	9	1	0
	합계		10	7	2	1	9	1	0
프로통산			10	7	2	1	9	1	0

본즈(Olivier Harouna Bonnes) 프랑스 1990.02.07

대회	연도	소속	출전	교체	득점	도움	파울	경고	퇴장
K1	2016	광주	15	3	0	0	27	1	0
	2017	광주	28	9	1	2	32	4	0
	합계		43	12	1	2	59	5	0
K2	2018	광주	3	2	0	0	5	0	0
	2018	성남	8	5	0	0	8	1	0
	합계		11	7	0	0	13	1	0
프로통산			54	19	1	2	72	6	0

부노자(Gordan Bunoza) 크로아티아 1988.02.05

대회	연도	소속	출전	교체	득점	도움	파울	경고	퇴장
K1	2017	인천	14	2	0	0	20	4	0
	2018	인천	30	2	1	0	36	0	0
	2019	인천	15	2	0	0	16	1	1
	합계		59	6	1	0	72	5	1
프로통산			59	6	1	0	72	5	1

부발로(Milan Bubalo) 세르비아 1990.08.05

대회	연도	소속	출전	교체	득점	도움	파울	경고	퇴장
K1	2013	경남	34	11	6	0	39	3	0
	합계		34	11	6	0	39	3	0
프로통산			34	11	6	0	39	3	0

부야(Vujaklija Srdan) 세르비아 1988.03.21

대회	연도	소속	출전	교체	득점	도움	파울	경고	퇴장
K2	2018	광주	6	4	1	0	5	0	0
	합계		6	4	1	0	5	0	0
프로통산			6	4	1	0	5	0	0

부영태(夫英太) 탐라대 1985.09.02

대회	연도	소속	출전	교체	득점	도움	파울	경고	퇴장
BC	2003	부산	2	2	0	0	1	0	0
	2004	부산	1	1	0	0	1	1	0
	2005	부산	0	0	0	0	0	0	0
	2008	대전	6	4	0	1	5	0	0
	2009	대전	1	1	0	0	2	0	0
	합계		10	8	0	1	9	1	0
프로통산			10	8	0	1	9	1	0

불투이스(Dave Bulthuis) 네덜란드 1990.06.28

대회	연도	소속	출전	교체	득점	도움	파울	경고	퇴장
K1	2019	울산	19	3	1	1	19	1	0
	합계		19	3	1	1	19	1	0
프로통산			19	3	1	1	19	1	0

뷔텍(Witold Bendkowski) 폴란드 1961.09.02

대회	연도	소속	출전	교체	득점	도움	파울	경고	퇴장
BC	1990	유공	21	5	1	0	32	1	0
	1991	유공	11	0	1	0	18	1	0
	1992	유공	20	6	0	0	35	5	0
	합계		52	11	2	0	85	7	0
프로통산			52	11	2	0	85	7	0

브라운(Greg Brown) 오스트레일리아 1962.07.29

대회	연도	소속	출전	교체	득점	도움	파울	경고	퇴장
BC	1991	포철	2	1	0	1	1	0	0
	합계		2	1	0	1	1	0	0
프로통산			2	1	0	1	1	0	0

브라질리아(Cristiano Pereira de Souza) 브라질 1977.07.28

대회	연도	소속	출전	교체	득점	도움	파울	경고	퇴장
BC	2007	대전	13	5	3	2	33	3	0
	2008	울산	19	10	3	6	32	5	0
	2009	포항	6	6	0	0	4	0	0
	2009	전북	15	12	6	2	7	1	0
	합계		53	33	12	10	76	9	0
프로통산			53	33	12	10	76	9	0

브랑코(Branko Bozović) 유고슬라비아 1969.10.21

대회	연도	소속	출전	교체	득점	도움	파울	경고	퇴장
BC	1996	울산	14	11	0	3	26	3	0
	합계		14	11	0	3	26	3	0
프로통산			14	11	0	3	26	3	0

브랑코(Branko Bradovanović) 유고슬라비아 1981.02.18

대회	연도	소속	출전	교체	득점	도움	파울	경고	퇴장
BC	1999	부산	4	4	0	0	5	1	0
	합계		4	4	0	0	5	1	0
프로통산			4	4	0	0	5	1	0

브루노(Alex Bruno) 브라질 1993.10.07

대회	연도	소속	출전	교체	득점	도움	파울	경고	퇴장
K2	2017	경남	32	23	0	8	26	4	1
	2018	수원FC	21	16	1	2	12	0	0
	합계		53	39	1	10	38	4	1
프로통산			53	39	1	10	38	4	1

브루노(Cunha Cantanhede Bruno) 브라질 1993.07.22

대회	연도	소속	출전	교체	득점	도움	파울	경고	퇴장
K2	2017	대전	18	4	4	2	38	3	0
	2018	안양	11	9	0	0	18	1	0
	합계		29	13	4	2	56	4	0
프로통산			29	13	4	2	56	4	0

브루노(Bruno Cazarine Constantino) 브라질 1985.05.06

대회	연도	소속	출전	교체	득점	도움	파울	경고	퇴장
BC	2009	경남	3	2	0	0	4	0	0
	합계		3	2	0	0	4	0	0
프로통산			3	2	0	0	4	0	0

브루노(Bruno Cesar) 브라질 1986.03.22

대회	연도	소속	출전	교체	득점	도움	파울	경고	퇴장
BC	2010	인천	19	17	1	3	17	1	0
	합계		19	17	1	3	17	1	0
프로통산			19	17	1	3	17	1	0

브루노 누네스(Fernandes Nunes Bruno) 브라질 1990.07.08

대회	연도	소속	출전	교체	득점	도움	파울	경고	퇴장
K2	2019	전남	25	15	6	3	42	4	0
	합계		25	15	6	3	42	4	0
프로통산			25	15	6	3	42	4	0

브루닝요(Bruno Cardoso Goncalves Santos) 브라질 1990.02.25

대회	연도	소속	출전	교체	득점	도움	파울	경고	퇴장
K2	2016	안양	15	9	0	0	19	2	0
	합계		15	9	0	0	19	2	0
프로통산			15	9	0	0	19	2	0

브루스(Bruce Jose Djite) 오스트레일리아 1987.03.25

대회	연도	소속	출전	교체	득점	도움	파울	경고	퇴장
K1	2016	수원FC	13	9	5	1	20	3	0
	합계		13	9	5	1	20	3	0
K2	2017	수원FC	26	13	6	1	37	4	0
	합계		26	13	6	1	37	4	0
프로통산			39	22	11	2	57	7	0

블라단(Vladan Adzić) 몬테네그로 1987.07.05

대회	연도	소속	출전	교체	득점	도움	파울	경고	퇴장
K1	2016	수원FC	27	1	3	0	33	9	0
	2019	포항	3	0	0	0	4	3	0
	합계		30	1	3	0	37	12	0
K2	2014	수원FC	14	1	0	0	22	3	0
	2015	수원FC	24	1	0	1	39	8	0
	2017	수원FC	23	1	0	0	23	5	0
	합계		61	3	0	1	84	16	0
승	2015	수원FC	2	0	0	0	2	0	0
	합계		2	0	0	0	2	0	0
프로통산			93	4	3	1	123	28	0

비니시우스(Vinicius Conceicao da Silva) 브라질 1977.03.07

대회	연도	소속	출전	교체	득점	도움	파울	경고	퇴장
BC	2006	울산	29	14	1	1	68	9	0
	합계		29	14	1	1	68	9	0
프로통산			29	14	1	1	68	9	0

비니시우스(Marcos Vinicius dos Santos Rosa) 브라질 1988.09.13

대회	연도	소속	출전	교체	득점	도움	파울	경고	퇴장
BC	2011	울산	1	1	0	0	0	0	0
	합계		1	1	0	0	0	0	0
프로통산			1	1	0	0	0	0	0

비도시치(Dario Vidošić) 오스트레일리아 1987.04.08

대회	연도	소속	출전	교체	득점	도움	파울	경고	퇴장
K2	2017	성남	7	5	0	0	12	0	0
	합계		7	5	0	0	12	0	0
프로통산			7	5	0	0	12	0	0

비아나(Jardim Silva Fernando Viana) 브라질 1992.02.20

대회	연도	소속	출전	교체	득점	도움	파울	경고	퇴장
K2	2018	수원FC	15	6	6	0	43	5	0
	합계		15	6	6	0	43	5	0
프로통산			15	6	6	0	43	5	0

비에라(Julio Cesar Gouveia Vieira) 브라질 1974.02.25

대회	연도	소속	출전	교체	득점	도움	파울	경고	퇴장
BC	2001	전북	14	2	3	1	24	1	0
	2002	전북	31	16	4	5	61	5	0
	2003	전남	33	19	0	10	75	6	0
	2004	전남	19	3	2	2	44	5	0
	합계		97	40	9	18	204	17	0
프로통산			97	40	9	18	204	17	0

비에리(Jorge Luis Barbieri) 브라질 1979.05.01

대회	연도	소속	출전	교체	득점	도움	파울	경고	퇴장
BC	2005	울산	3	3	0	1	1	0	0
	합계		3	3	0	1	1	0	0
프로통산			3	3	0	1	1	0	0

비엘키에비치(Osvaldo Diego Bielkiewicz) 아르헨티나 1991.01.04

대회	연도	소속	출전	교체	득점	도움	파울	경고	퇴장
K2	2018	서울E	18	11	3	1	17	1	0
	합계		18	11	3	1	17	1	0
프로통산			18	11	3	1	17	1	0

비케라(Gilvan Gomes Vieira) 브라질 1984.04.09

대회	연도	소속	출전	교체	득점	도움	파울	경고	퇴장
	2009	제주	9	4	0	1	14	2	0
	합계		9	4	0	1	14	2	0
프로통산			9	4	0	1	14	2	0

비탈리(Vitaliy Parakhnevych) 우크라이나 1969.05.04

대회	연도	소속	출전	교체	득점	도움	파울	경고	퇴장
BC	1995	전북	10	2	4	0	6	2	0
	1996	전북	33	9	10	3	25	6	0
	1997	전북	29	13	7	2	24	6	0
	1998	전북	9	6	1	0	10	1	0
	1998	수원	21	7	7	4	39	5	0
	1999	수원	36	22	10	10	35	5	0
	2000	수원	8	7	5	0	4	3	0
	2001	안양LG	9	6	2	0	6	0	0
	2002	부천SK	8	7	4	1	6	1	0
	합계		163	79	50	20	155	29	0
프로통산			163	79	50	20	155	29	0

빅(Victor Rodrigues da Silva) 브라질 1976.02.10

대회	연도	소속	출전	교체	득점	도움	파울	경고	퇴장
BC	2003	안양LG	3	3	0	0	0	0	0

대회	연도	소속	출전	교체	득점	도움	파울	경고	퇴장
	합계		3	3	0	0	0	0	0
프로통산			3	3	0	0	0	0	0

빅토르(Paulo Victo Costa Soares) 브라질 1994.09.13

대회	연도	소속	출전	교체	득점	도움	파울	경고	퇴장
K2	2016	고양	23	21	2	0	44	7	0
	합계		23	21	2	0	44	7	0
프로통산			23	21	2	0	44	7	0

빅토르(Victor Shaka) 나이지리아 1975.05.01

대회	연도	소속	출전	교체	득점	도움	파울	경고	퇴장
BC	1997	안양LG	19	6	5	2	48	7	0
	1998	안양LG	32	19	8	2	67	4	0
	1999	안양LG	15	15	1	1	37	2	0
	1999	울산	11	0	7	3	23	1	1
	2000	울산	22	8	1	2	65	4	0
	2001	부산	5	2	2	0	9	1	1
	2002	부산	4	4	1	0	4	0	0
	합계		108	54	25	10	253	19	2
프로통산			108	54	25	10	253	19	2

빈치씽코(Gustavo Vintecinco) 브라질 1995.08.02

대회	연도	소속	출전	교체	득점	도움	파울	경고	퇴장
K2	2019	안산	28	10	9	3	64	11	2
	합계		28	10	9	3	64	11	2
프로통산			28	10	9	3	64	11	2

빌(Amancio Rosimar) 브라질 1984.07.02

대회	연도	소속	출전	교체	득점	도움	파울	경고	퇴장
K1	2015	부산	4	4	0	0	5	0	0
	합계		4	4	0	0	5	0	0
승	2015	부산	1	0	0	0	1	0	0
	합계		1	0	0	0	1	0	0
프로통산			5	4	0	0	6	0	0

빌라(Ricardo Villar) 브라질 1979.08.11

대회	연도	소속	출전	교체	득점	도움	파울	경고	퇴장
BC	2005	전남	4	4	0	0	10	1	0
	합계		4	4	0	0	10	1	0
프로통산			4	4	0	0	10	1	0

빌비야(Bilbija Nemanja) 보스니아 헤르체고비나 1990.11.02

대회	연도	소속	출전	교체	득점	도움	파울	경고	퇴장
K1	2019	강원	6	4	2	1	6	1	0
	합계		6	4	2	1	6	1	0
프로통산			6	4	2	1	6	1	0

빠울로(Paulo Roberto Morais Junior) 브라질 1984.02.25

대회	연도	소속	출전	교체	득점	도움	파울	경고	퇴장
BC	2012	인천	5	5	1	0	5	0	0
	합계		5	5	1	0	5	0	0
프로통산			5	5	1	0	5	0	0

빠찌(Rafael Sobreira da Costa) 브라질 1981.03.15

대회	연도	소속	출전	교체	득점	도움	파울	경고	퇴장
BC	2008	제주	9	3	1	1	12	0	0
	합계		9	3	1	1	12	0	0
프로통산			9	3	1	1	12	0	0

뻬드롱(Christiano Florencio da Silva) 브라질 1978.04.05

대회	연도	소속	출전	교체	득점	도움	파울	경고	퇴장
BC	2008	성남일	3	2	1	0	2	0	0
	합계		3	2	1	0	2	0	0
프로통산			3	2	1	0	2	0	0

뽀뽀(Adilson Rerreira de Souza) 브라질 1978.09.01

대회	연도	소속	출전	교체	득점	도움	파울	경고	퇴장
BC	2005	부산	30	8	4	6	66	7	1
	2006	부산	36	5	20	8	47	6	0
	2007	경남	25	10	8	10	23	3	1
	합계		91	23	32	24	136	16	2
프로통산			91	23	32	24	136	16	2

삐레스(Jose Sebastiao Pires Neto) 브라질 1956.02.03

대회	연도	소속	출전	교체	득점	도움	파울	경고	퇴장
BC	1994	현대	16	11	0	2	9	1	0
	합계		16	11	0	2	9	1	0
프로통산			16	11	0	2	9	1	0

삥요(Felipe Barreto da Silva) 브라질 1992.01.29

대회	연도	소속	출전	교체	득점	도움	파울	경고	퇴장
BC	2011	제주	2	2	0	0	0	0	0
	합계		2	2	0	0	0	0	0
프로통산			2	2	0	0	0	0	0

사디크(Sadiq Saadoun Abdul Ridha) 이라크 1973.10.01

대회	연도	소속	출전	교체	득점	도움	파울	경고	퇴장
BC	1996	안양LG	16	2	1	0	38	7	0
	합계		16	2	1	0	38	7	0
프로통산			16	2	1	0	38	7	0

사리치(Elvis Sarić) 크로아티아 1990.07.21

대회	연도	소속	출전	교체	득점	도움	파울	경고	퇴장
K1	2018	수원	18	8	3	1	29	5	0
	2019	수원	12	3	1	7	23	3	0
	합계		30	11	4	8	52	8	0
프로통산			30	11	4	8	52	8	0

사무엘(Samuel Firmino de Jesus) 브라질 1986.04.07

대회	연도	소속	출전	교체	득점	도움	파울	경고	퇴장
K2	2016	부산	3	1	0	0	5	1	0
	합계		3	1	0	0	5	1	0
프로통산			3	1	0	0	5	1	0

사브첸코(Volodymyr Savchenko) 우크라이나 1973.09.09

대회	연도	소속	출전	교체	실점	도움	파울	경고	퇴장
BC	1996	안양LG	12	0	22	0	1	1	0
	합계		12	0	22	0	1	1	0
프로통산			12	0	22	0	1	1	0

사샤(Sasa Ognenovski) 오스트레일리아 1979.04.03

대회	연도	소속	출전	교체	득점	도움	파울	경고	퇴장
BC	2009	성남일	31	3	2	1	75	11	2
	2010	성남일	29	1	3	0	49	7	1
	2011	성남일	28	1	5	0	47	10	1
	2012	성남일	11	1	0	0	18	3	0
	합계		99	6	10	1	189	31	4
프로통산			99	6	10	1	189	31	4

사싸(Jefferson Gomes de Oliveira) 브라질 1988.01.26

대회	연도	소속	출전	교체	득점	도움	파울	경고	퇴장
K1	2015	대전	7	3	0	0	11	3	0
	합계		7	3	0	0	11	3	0
프로통산			7	3	0	0	11	3	0

사이먼(Matthew Blake Simon) 오스트레일리아 1986.01.22

대회	연도	소속	출전	교체	득점	도움	파울	경고	퇴장
BC	2012	전남	6	2	0	0	19	2	0
	합계		6	2	0	0	19	2	0
프로통산			6	2	0	0	19	2	0

산델(Marcelo Sander Lima de Souza) 브라질 1972.12.28

대회	연도	소속	출전	교체	득점	도움	파울	경고	퇴장
BC	1998	부천SK	7	7	0	0	10	1	0
	합계		7	7	0	0	10	1	0
프로통산			7	7	0	0	10	1	0

산드로(Sandro Hiroshi Parreao Oi) 브라질 1979.11.19

대회	연도	소속	출전	교체	득점	도움	파울	경고	퇴장
BC	2005	대구	36	7	17	3	49	2	0
	2006	전남	3	2	2	0	4	0	0
	2007	전남	27	6	8	1	36	1	0
	2008	전남	1	0	0	0	0	0	0
	2009	수원	8	7	0	0	10	0	0
	합계		75	22	27	4	99	3	0
프로통산			75	22	27	4	99	3	0

산드로(Sandro da Silva Mendonca) 브라질 1983.10.01

대회	연도	소속	출전	교체	득점	도움	파울	경고	퇴장
K1	2013	대구	15	13	1	2	18	0	0
	합계		15	13	1	2	18	0	0
프로통산			15	13	1	2	18	0	0

산드로C(Sandro Cardoso dos Santos) 브라질 1980.03.22

대회	연도	소속	출전	교체	득점	도움	파울	경고	퇴장
BC	2000	수원	11	5	5	4	10	2	0
	2001	수원	33	1	17	3	46	8	1
	2002	수원	29	1	10	2	63	8	1
	2005	수원	26	16	5	1	22	3	1
	2006	수원	15	6	0	3	11	2	0
	2006	전남	13	12	3	0	3	1	0
	2007	전남	4	3	1	0	3	1	0
	합계		131	44	41	13	158	25	3
프로통산			131	44	41	13	158	25	3

산자르(Sanjar Tursunov / ← 뚜르스노프) 우즈베키스탄 1986.12.29

대회	연도	소속	출전	교체	득점	도움	파울	경고	퇴장
K2	2018	대전	16	12	2	2	14	2	0
	2019	대전	11	8	0	0	7	1	0
	합계		27	20	2	2	21	3	0
프로통산			27	20	2	2	21	3	0

산타나(Rinaldo Santana dos Santos) 브라질 1975.08.24

대회	연도	소속	출전	교체	득점	도움	파울	경고	퇴장
BC	2004	서울	15	7	2	0	14	0	0
	합계		15	7	2	0	14	0	0
프로통산			15	7	2	0	14	0	0

산토스(Natanael de Sousa Santos Junior) 브라질 1985.12.25

대회	연도	소속	출전	교체	득점	도움	파울	경고	퇴장
BC	2010	제주	28	18	14	5	45	0	0
	2011	제주	29	6	14	4	33	2	0
	2012	제주	35	12	14	11	33	0	0
	합계		92	36	42	20	111	2	0
K1	2013	수원	19	7	8	1	25	1	0
	2014	수원	35	27	14	7	27	2	0
	2015	수원	29	23	12	1	23	0	0
	2016	수원	33	19	12	3	30	1	0
	2017	수원	29	22	9	2	23	1	0
	합계		145	98	55	14	128	5	0
프로통산			237	134	97	34	239	7	0

산토스(Diogo Santos Rangel) 동티모르 1991.08.19

대회	연도	소속	출전	교체	득점	도움	파울	경고	퇴장
K2	2014	대전	1	1	0	0	3	0	0
	2014	강원	1	1	0	0	1	0	0
	합계		2	2	0	0	4	0	0
프로통산			2	2	0	0	4	0	0

산토스(Remerson dos Santos) 브라질 1972.07.13

대회	연도	소속	출전	교체	득점	도움	파울	경고	퇴장
BC	1999	울산	4	3	0	0	4	0	0
	2000	울산	28	2	1	0	51	7	0
	합계		32	5	1	0	55	7	0
프로통산			32	5	1	0	55	7	0

산토스(Rogerio Pinheiro dos Santos) 브라질 1972.04.21

대회	연도	소속	출전	교체	득점	도움	파울	경고	퇴장
BC	2003	포항	29	1	3	0	55	5	0

대회	연도	소속	출전	교체	득점	도움	파울	경고	퇴장
	2004	포항	33	6	2	0	58	10	0
	2005	포항	33	1	1	0	71	8	0
	2006	경남	34	0	2	0	67	7	0
	2007	경남	25	1	1	2	18	5	0
	2008	경남	30	4	1	0	42	3	0
	합계		184	13	10	2	311	38	0
프로통산			184	13	10	2	311	38	0

산토스(Alexandre Zacarias dos Santos) 브라질 1982.10.23

대회	연도	소속	출전	교체	득점	도움	파울	경고	퇴장
BC	2010	대전	16	5	0	0	31	4	0
	합계		16	5	0	0	31	4	0
프로통산			16	5	0	0	31	4	0

산티아고(Petrony Santiago de Barros) 브라질 1980.02.18

대회	연도	소속	출전	교체	득점	도움	파울	경고	퇴장
BC	2004	대구	10	5	0	0	20	3	0
	2005	대구	17	4	0	2	37	6	0
	합계		27	9	0	2	57	9	0
프로통산			27	9	0	2	57	9	0

살람쇼(Abdule Salam Sow) 기니 1970.08.13

대회	연도	소속	출전	교체	득점	도움	파울	경고	퇴장
BC	1996	전남	3	3	0	0	5	1	0
	합계		3	3	0	0	5	1	0
프로통산			3	3	0	0	5	1	0

샤리(Yary David Silvera) 우루과이 1976.02.20

대회	연도	소속	출전	교체	득점	도움	파울	경고	퇴장
BC	2000	부천SK	32	30	3	6	24	3	0
	2001	부천SK	14	13	2	1	8	2	0
	2003	부천SK	23	14	2	1	17	1	0
	합계		69	57	7	8	49	6	0
프로통산			69	57	7	8	49	6	0

샤샤(Aleksandr Podshivalov) 러시아 1964.09.06

대회	연도	소속	출전	교체	실점	도움	파울	경고	퇴장
BC	1994	유공	2	0	2	0	0	0	0
	1995	유공	35	0	41	0	3	1	0
	1996	부천유	26	1	38	0	0	1	0
	1997	부천SK	10	0	13	0	0	0	0
	합계		73	1	94	0	3	2	0
프로통산			73	1	94	0	3	2	0

샤샤(Sasa Drakulic) 유고슬라비아 1972.08.28

대회	연도	소속	출전	교체	득점	도움	파울	경고	퇴장
BC	1995	대우	31	18	8	0	45	4	0
	1996	부산	20	12	3	5	51	5	0
	1997	부산	28	14	11	5	57	5	0
	1998	부산	13	4	4	0	38	6	0
	1998	수원	18	6	8	1	36	4	0
	1999	수원	37	6	23	4	78	7	1
	2000	수원	14	3	5	1	30	3	0
	2001	성남일	34	11	15	4	40	3	0
	2002	성남일	37	10	19	8	71	4	0
	2003	성남일	39	27	8	9	58	2	1
	합계		271	111	104	37	504	43	2
프로통산			271	111	104	37	504	43	2

샤샤(Sasa Milaimović) 크로아티아 1975.08.27

대회	연도	소속	출전	교체	득점	도움	파울	경고	퇴장
BC	2000	포항	12	9	6	0	24	3	0
	2001	포항	13	9	2	0	20	1	0
	합계		25	18	8	0	44	4	0
프로통산			25	18	8	0	44	4	0

샤흐트(Dietmar Schacht) 독일 1960.04.06

대회	연도	소속	출전	교체	득점	도움	파울	경고	퇴장
BC	1985	포철	7	0	2	0	5	1	0
	합계		7	0	2	0	5	1	0
프로통산			7	0	2	0	5	1	0

삼(Same Nkwelle Corentin) 카메룬 1979.04.30

대회	연도	소속	출전	교체	득점	도움	파울	경고	퇴장
BC	2002	대전	27	13	1	1	59	2	0
	합계		27	13	1	1	59	2	0
프로통산			27	13	1	1	59	2	0

서경조(徐庚祚) 동아대 1969.09.28

대회	연도	소속	출전	교체	득점	도움	파울	경고	퇴장
BC	1988	현대	2	2	0	0	0	0	0
	합계		2	2	0	0	0	0	0
프로통산			2	2	0	0	0	0	0

서경주(徐炅主) 전주대 1997.08.11

대회	연도	소속	출전	교체	득점	도움	파울	경고	퇴장
K2	2019	서울E	15	3	1	0	26	3	0
	합계		15	3	1	0	26	3	0
프로통산			15	3	1	0	26	3	0

서관수(徐冠秀) 단국대 1980.02.25

대회	연도	소속	출전	교체	득점	도움	파울	경고	퇴장
BC	2003	성남일	3	2	0	0	4	0	0
	2005	성남일	1	1	0	0	1	0	0
	2006	대구	1	1	0	0	3	0	0
	합계		5	4	0	0	8	0	0
프로통산			5	4	0	0	8	0	0

서기복(徐基復) 연세대 1979.01.28

대회	연도	소속	출전	교체	득점	도움	파울	경고	퇴장
BC	2003	전북	17	17	0	3	11	1	0
	2004	인천	19	17	0	3	26	4	0
	2005	인천	13	10	1	1	11	4	0
	2006	인천	17	17	1	0	24	1	0
	2007	인천	9	8	0	0	17	2	0
	합계		75	69	2	7	89	12	0
프로통산			75	69	2	7	89	12	0

서덕규(徐德圭) 숭실대 1978.10.22

대회	연도	소속	출전	교체	득점	도움	파울	경고	퇴장
BC	2001	울산	32	2	0	0	48	5	0
	2002	울산	29	6	0	0	44	5	0
	2003	울산	8	4	0	0	4	0	0
	2004	광주상	32	1	0	0	39	2	0
	2005	광주상	16	5	0	0	19	3	0
	2006	울산	11	8	0	0	18	0	0
	2007	울산	18	10	0	0	19	1	0
	2008	울산	7	4	0	0	8	2	0
	합계		153	40	0	0	199	18	0
프로통산			153	40	0	0	199	18	0

서동명(徐東明) 울산대 1974.05.04

대회	연도	소속	출전	교체	실점	도움	파울	경고	퇴장
BC	1996	울산	7	0	17	0	0	0	0
	1997	울산	15	0	26	0	0	1	0
	2000	전북	30	1	43	0	0	0	0
	2001	전북	27	3	32	0	0	2	0
	2002	울산	26	0	27	0	0	1	0
	2003	울산	42	0	40	0	0	2	0
	2004	울산	36	0	25	0	0	1	0
	2005	울산	26	1	25	0	1	1	0
	2006	울산	12	2	7	0	1	1	0
	2007	부산	9	1	9	0	1	0	0
	2008	부산	9	0	13	0	0	1	0
	합계		239	8	264	0	3	10	0
프로통산			239	8	264	0	3	10	0

* 득점: 2000년 1 / 통산 1

서동욱(徐東煜) 대신고 1993.10.15

대회	연도	소속	출전	교체	득점	도움	파울	경고	퇴장
K2	2013	부천	0	0	0	0	0	0	0
	합계		0	0	0	0	0	0	0
프로통산			0	0	0	0	0	0	0

서동원(徐東元) 고려대 1973.12.12

대회	연도	소속	출전	교체	득점	도움	파울	경고	퇴장
BC	1997	울산	20	19	2	0	31	1	0
	1998	울산	1	1	0	0	2	0	0
	1999	울산	1	1	0	0	0	0	0
	합계		22	21	2	0	33	1	0
프로통산			22	21	2	0	33	1	0

서동원(徐東原) 연세대 1975.08.14

대회	연도	소속	출전	교체	득점	도움	파울	경고	퇴장
BC	1998	대전	29	0	1	0	48	6	0
	1999	대전	28	2	3	1	53	7	0
	2000	대전	28	9	4	4	51	5	0
	2001	수원	10	9	0	0	11	0	0
	2001	전북	15	5	1	1	18	5	0
	2002	전북	7	4	0	0	6	1	0
	2003	광주상	19	9	0	0	22	2	0
	2004	광주상	29	10	1	1	42	5	0
	2005	인천	30	13	5	3	53	2	0
	2006	인천	8	5	0	0	11	2	0
	2006	성남일	13	13	0	0	14	3	0
	2007	성남일	7	7	0	0	3	0	0
	2008	부산	18	6	1	2	32	7	0
	2009	부산	27	13	0	2	51	9	0
	2010	부산	5	4	0	0	3	1	0
	합계		273	109	16	14	418	55	0
프로통산			273	109	16	14	418	55	0

서동현(徐東鉉) 건국대 1985.06.05

대회	연도	소속	출전	교체	득점	도움	파울	경고	퇴장
BC	2006	수원	26	18	2	2	51	1	0
	2007	수원	12	7	4	1	21	0	0
	2008	수원	35	22	13	2	50	7	0
	2009	수원	15	11	0	1	30	2	0
	2010	수원	12	8	2	0	21	4	0
	2010	강원	13	9	5	0	30	4	0
	2011	강원	28	15	4	1	29	6	0
	2012	제주	43	20	12	3	49	5	0
	합계		184	110	42	10	281	29	0
K1	2013	제주	24	13	5	6	32	5	0
	2015	제주	4	0	1	0	7	1	0
	2016	수원FC	9	7	1	0	7	1	0
	합계		37	20	7	6	46	7	0
K2	2014	안산경	30	19	7	2	50	8	0
	2015	안산경	19	4	6	2	31	3	0
	2016	대전	8	5	1	0	5	1	0
	2017	수원FC	16	9	5	0	22	1	0
	2018	수원FC	10	9	0	3	7	1	0
	합계		83	46	19	7	115	14	0
프로통산			304	176	68	23	442	50	0

서동현(徐東賢) 송호대 1998.09.05

대회	연도	소속	출전	교체	실점	도움	파울	경고	퇴장
K2	2019	서울E	0	0	0	0	0	0	0
	합계		0	0	0	0	0	0	0
프로통산			0	0	0	0	0	0	0

서명식(徐明植) 가톨릭관동대 1992.05.31

대회	연도	소속	출전	교체	득점	도움	파울	경고	퇴장
K1	2015	대전	7	3	0	0	7	0	0
	합계		7	3	0	0	7	0	0
K2	2015	강원	14	6	0	1	11	0	0
	2016	부천	6	2	0	0	6	0	0
	합계		20	8	0	1	17	0	0
프로통산			27	11	0	1	24	0	0

서명원(徐明原) 신평고 1995.04.19

대회	연도	소속	출전	교체	득점	도움	파울	경고	퇴장
K1	2015	대전	24	15	5	0	27	3	0
	2016	울산	10	10	0	0	7	3	0
	2018	강원	1	2	0	0	0	0	0
	2019	강원	4	4	0	0	3	1	0
	합계		39	31	5	0	37	7	0
K2	2014	대전	26	14	4	5	27	0	0
	합계		26	14	4	5	27	0	0
프로통산			65	45	9	5	64	7	0

서민국(徐愍國) 인천대 1983.11.23

대회	연도	소속	출전	교체	득점	도움	파울	경고	퇴장
BC	2006	인천	9	8	0	1	4	0	0
	2007	인천	19	13	1	2	30	5	0
	2008	인천	1	1	0	0	1	1	0
	2009	광주상	5	4	0	0	7	1	0
	2010	광주상	23	17	0	1	21	1	0
	2010	인천	1	1	0	0	0	0	0
	합계		58	44	1	4	63	8	0
프로통산			58	44	1	4	63	8	0

서민환(徐民煥) 광양제철고 1992.05.09

대회	연도	소속	출전	교체	득점	도움	파울	경고	퇴장
K1	2015	전남	0	0	0	0	0	0	0
	합계		0	0	0	0	0	0	0
프로통산			0	0	0	0	0	0	0

서병환(徐炳煥) 고려대 1984.06.01

대회	연도	소속	출전	교체	득점	도움	파울	경고	퇴장
BC	2008	울산	2	2	0	0	0	0	0
	합계		2	2	0	0	0	0	0
프로통산			2	2	0	0	0	0	0

서보민(徐保閔) 관동대(가톨릭관동대) 1990.06.22

대회	연도	소속	출전	교체	득점	도움	파울	경고	퇴장
K1	2017	포항	19	19	1	2	4	0	0
	2019	성남	32	7	4	4	13	1	0
	합계		51	26	5	6	17	1	0
K2	2014	강원	31	26	3	1	15	2	0
	2015	강원	36	8	3	9	31	2	0
	2016	강원	36	25	3	3	19	2	0
	2018	성남	35	6	5	1	22	1	0
	합계		138	65	14	14	87	7	0
승	2016	강원	2	1	0	0	1	0	0
	합계		2	1	0	0	1	0	0
프로통산			191	92	19	20	105	8	0

서상민(徐相民) 연세대 1986.07.25

대회	연도	소속	출전	교체	득점	도움	파울	경고	퇴장
BC	2008	경남	32	11	5	0	78	10	0
	2009	경남	18	14	1	1	26	3	1
	2010	경남	32	26	4	2	60	5	0
	2011	경남	21	16	2	2	32	2	1
	2012	전북	22	11	4	5	49	4	0
	합계		125	78	16	10	245	24	2
K1	2013	전북	25	19	3	1	38	7	0
	2014	상주	30	14	2	1	48	5	0
	2015	전북	3	3	1	0	5	2	0
	2016	전북	8	8	0	0	10	2	0
	합계		66	44	6	2	101	16	0
K2	2015	상주	2	1	0	0	2	0	0
	2017	수원FC	17	13	1	0	16	2	0
	합계		19	14	1	0	18	2	0
프로통산			210	136	23	12	364	42	2

서석범(徐錫範) 건국대 1960.09.12

대회	연도	소속	출전	교체	실점	도움	파울	경고	퇴장
BC	1984	럭금	6	1	8	0	0	0	0
	합계		6	1	8	0	0	0	0
프로통산			6	1	8	0	0	0	0

서석원(徐錫元) 일본 류츠케이자이대 1985.05.19

대회	연도	소속	출전	교체	득점	도움	파울	경고	퇴장
BC	2009	성남일	3	3	0	0	2	1	0
	합계		3	3	0	0	2	1	0
프로통산			3	3	0	0	2	1	0

서세경(徐世卿) 가톨릭관동대 1996.05.18

대회	연도	소속	출전	교체	득점	도움	파울	경고	퇴장
K2	2018	수원FC	0	0	0	0	0	0	0
	합계		0	0	0	0	0	0	0
프로통산			0	0	0	0	0	0	0

서승훈(徐承勳) 중원대 1991.08.31

대회	연도	소속	출전	교체	득점	도움	파울	경고	퇴장
K2	2014	대전	0	0	0	0	0	0	0
	합계		0	0	0	0	0	0	0
프로통산			0	0	0	0	0	0	0

서영덕(徐營德) 고려대 1987.05.09

대회	연도	소속	출전	교체	득점	도움	파울	경고	퇴장
BC	2010	경남	0	0	0	0	0	0	0
	합계		0	0	0	0	0	0	0
프로통산			0	0	0	0	0	0	0

서용덕(徐庸德) 연세대 1989.09.10

대회	연도	소속	출전	교체	득점	도움	파울	경고	퇴장
K1	2014	울산	13	12	1	0	14	0	0
	2015	울산	7	7	0	1	5	0	0
	합계		20	19	1	1	19	0	0
K2	2016	안양	34	14	3	4	47	5	0
	2017	아산	15	12	0	3	18	1	0
	2018	아산	4	4	0	0	1	0	0
	2018	부산	1	1	0	0	0	0	0
	2019	부산	9	7	0	1	13	0	0
	합계		63	38	3	8	79	6	0
승	2018	부산	0	0	0	0	0	0	0
	2019	부산	1	1	0	0	0	0	0
	합계		1	1	0	0	0	0	0
프로통산			84	58	4	9	98	6	0

서우민(徐佑旼) 충남기계공고 2000.03.20

대회	연도	소속	출전	교체	득점	도움	파울	경고	퇴장
K2	2019	대전	1	1	0	0	1	0	0
	합계		1	1	0	0	1	0	0
프로통산			1	1	0	0	1	0	0

서재민(徐在民) 현풍고 1997.12.04

대회	연도	소속	출전	교체	득점	도움	파울	경고	퇴장
K1	2018	대구	1	1	0	0	1	0	0
	2019	인천	2	2	0	0	1	0	0
	합계		3	3	0	0	2	0	0
프로통산			3	3	0	0	2	0	0

서정원(徐正源) 고려대 1970.12.17

대회	연도	소속	출전	교체	득점	도움	파울	경고	퇴장
BC	1992	LG	21	2	4	0	17	0	0
	1993	LG	11	5	2	1	14	2	0
	1994	LG	4	2	1	0	5	0	0
	1995	LG	4	2	0	1	5	0	0
	1996	안양LG	27	15	6	5	23	1	0
	1997	안양LG	17	0	9	1	26	1	0
	1999	수원	27	5	11	5	32	1	0
	2000	수원	25	13	4	1	17	1	0
	2001	수원	33	10	11	2	31	3	0
	2002	수원	32	15	9	1	42	1	0
	2003	수원	43	7	10	5	58	1	0
	2004	수원	25	16	1	3	18	1	0
	합계		269	92	68	25	288	12	0
프로통산			269	92	68	25	288	12	0

서정진(徐訂晋) 보인정보산업고 1989.09.06

대회	연도	소속	출전	교체	득점	도움	파울	경고	퇴장
BC	2008	전북	22	15	1	2	30	7	0
	2009	전북	15	13	2	1	17	1	0
	2010	전북	17	12	0	0	17	2	0
	2011	전북	9	8	1	2	7	0	0
	2012	수원	39	21	3	6	58	9	0
	합계		102	69	7	11	129	19	0
K1	2013	수원	35	12	6	5	39	4	0
	2014	수원	29	21	2	4	27	1	0
	2015	수원	24	16	1	0	14	0	0
	2016	울산	9	7	0	0	6	1	0
	2017	수원	4	4	0	0	3	0	0
	합계		101	60	9	9	89	6	0
K2	2016	서울E	19	5	0	5	20	1	0
	합계		19	5	0	5	20	1	0
프로통산			222	134	16	25	238	26	0

서준영(徐俊榮) 연세대 1995.09.29

대회	연도	소속	출전	교체	득점	도움	파울	경고	퇴장
K2	2017	안산	2	2	0	0	0	0	0
	합계		2	2	0	0	0	0	0
프로통산			2	2	0	0	0	0	0

서지원(徐志源) 천안농고 1967.09.15

대회	연도	소속	출전	교체	득점	도움	파울	경고	퇴장
BC	1986	포철	1	2	0	0	0	0	0
	합계		1	2	0	0	0	0	0
프로통산			1	2	0	0	0	0	0

서진섭(徐震燮) 울산대 1967.11.25

대회	연도	소속	출전	교체	득점	도움	파울	경고	퇴장
BC	1990	현대	1	1	0	0	1	0	0
	합계		1	1	0	0	1	0	0
프로통산			1	1	0	0	1	0	0

서진수(西進水) 학성중 2000.10.18

대회	연도	소속	출전	교체	득점	도움	파울	경고	퇴장
K1	2019	제주	11	10	0	4	7	0	0
	합계		11	10	0	4	7	0	0
프로통산			11	10	0	4	7	0	0

서창호(徐彰浩) 국민대 1960.03.16

대회	연도	소속	출전	교체	득점	도움	파울	경고	퇴장
BC	1985	상무	2	2	0	0	3	0	0
	합계		2	2	0	0	3	0	0
프로통산			2	2	0	0	3	0	0

서혁수(徐赫秀) 경희대 1973.10.01

대회	연도	소속	출전	교체	득점	도움	파울	경고	퇴장
BC	1998	전북	26	4	0	1	29	5	0
	1999	전북	34	0	5	8	91	5	0
	2000	전북	32	2	0	6	72	2	0
	2001	전북	34	1	0	2	76	3	0
	2002	전북	31	4	0	2	73	6	0
	2003	전북	31	9	2	4	68	4	0
	2004	성남일	28	4	0	0	60	5	0
	합계		216	24	7	23	469	30	0
프로통산			216	24	7	23	469	30	0

서형승(徐亨承) 한남대 1992.09.22

대회	연도	소속	출전	교체	득점	도움	파울	경고	퇴장
K2	2015	고양	26	26	3	1	16	3	0
	합계		26	26	3	1	16	3	0
프로통산			26	26	3	1	16	3	0

서홍민(徐洪旻) 한양대 1991.12.23

대회	연도	소속	출전	교체	득점	도움	파울	경고	퇴장
K2	2016	부산	0	0	0	0	0	0	0
	합계		0	0	0	0	0	0	0
프로통산			0	0	0	0	0	0	0

서효원(徐孝源) 숭실대 1967.09.15

대회	연도	소속	출전	교체	득점	도움	파울	경고	퇴장
BC	1994	포철	23	11	4	3	31	2	1
	1995	포항	29	5	4	2	60	4	0
	1996	포항	33	8	2	2	55	4	0
	1997	포항	34	7	1	1	43	2	1
	1998	포항	38	7	2	6	60	1	0
	합계		157	38	13	14	249	13	2
프로통산			157	38	13	14	249	13	2

석동우(石東祐) 용인대 1990.05.27

대회	연도	소속	출전	교체	득점	도움	파울	경고	퇴장
K2	2014	부천	17	6	0	1	21	2	0
	합계		17	6	0	1	21	2	0
프로통산			17	6	0	1	21	2	0

선명진(宣明辰) 건국대 1986.12.15

대회	연도	소속	출전	교체	득점	도움	파울	경고	퇴장
BC	2010	인천	2	1	0	0	0	0	0
	합계		2	1	0	0	0	0	0
프로통산			2	1	0	0	0	0	0

설기현(薛琦鉉) 광운대 1979.01.08

대회	연도	소속	출전	교체	득점	도움	파울	경고	퇴장
BC	2010	포항	16	4	7	3	38	0	0

대회	연도	소속	출전	교체	득점	도움	파울	경고	퇴장
	2011	울산	41	16	7	10	80	8	0
	2012	인천	40	14	7	3	113	4	0
	합계		97	34	21	16	231	12	0
K1	2013	인천	26	19	4	4	88	2	0
	2014	인천	7	7	0	0	18	0	0
	합계		33	26	4	4	106	2	0
프로통산			130	60	25	20	337	14	0

설익찬(薛益贊) 학성고 1978.03.25

대회	연도	소속	출전	교체	득점	도움	파울	경고	퇴장
BC	1996	수원	0	0	0	0	0	0	0
	1999	수원	7	6	1	1	15	0	0
	2000	수원	8	3	0	0	7	2	0
	합계		15	9	1	1	22	2	0
프로통산			15	9	1	1	22	2	0

설정현(薛廷賢) 단국대 1959.03.06

대회	연도	소속	출전	교체	득점	도움	파울	경고	퇴장
BC	1984	한일은	26	1	2	0	17	0	0
	1985	한일은	10	0	0	0	8	2	0
	1986	한일은	14	3	0	0	16	0	0
	합계		50	4	2	0	41	2	0
프로통산			50	4	2	0	41	2	0

성경모(成京模) 동의대 1980.06.26

대회	연도	소속	출전	교체	실점	도움	파울	경고	퇴장
BC	2003	전북	0	0	0	0	0	0	0
	2004	전북	0	0	0	0	0	0	0
	2005	인천	15	0	15	0	1	1	0
	2006	인천	25	0	30	0	0	0	0
	2007	인천	0	0	0	0	0	0	0
	2008	인천	12	0	16	0	0	0	0
	2009	인천	2	0	2	0	0	0	0
	2010	인천	1	0	2	0	0	0	0
	2011	광주	4	0	11	0	0	1	0
	합계		59	0	76	0	1	2	0
프로통산			59	0	76	0	1	2	0

성경일(成京一) 건국대 1983.03.01

대회	연도	소속	출전	교체	실점	도움	파울	경고	퇴장
BC	2005	전북	0	0	0	0	0	0	0
	2006	전북	8	1	10	0	0	1	0
	2007	전북	10	1	13	0	0	0	0
	2008	경남	3	0	6	0	1	1	0
	2009	광주상	2	0	6	0	1	1	0
	2010	광주상	6	0	6	0	1	1	1
	합계		29	2	41	0	3	4	1
프로통산			29	2	41	0	3	4	1

성봉재(成奉宰) 동국대 1993.04.29

대회	연도	소속	출전	교체	득점	도움	파울	경고	퇴장
K1	2015	성남	3	3	0	0	6	0	0
	2016	성남	5	4	1	0	5	1	0
	합계		8	7	1	0	11	1	0
K2	2017	경남	8	6	0	1	12	0	0
	합계		8	6	0	1	12	0	0
프로통산			16	13	1	1	23	1	0

성원종(成元鍾) 경상대 1970.09.27

대회	연도	소속	출전	교체	실점	도움	파울	경고	퇴장
BC	1992	대우	15	1	20	0	1	1	0
	1994	버팔로	25	3	48	0	2	3	1
	1995	전북	16	1	22	0	2	3	0
	1996	전북	14	1	23	0	2	2	0
	1997	전북	17	0	31	0	1	1	0
	1998	부산	5	1	4	0	0	0	0
	1999	대전	4	0	9	0	2	1	0
	2000	대전	0	0	0	0	0	0	0
	합계		96	7	157	0	10	11	1
프로통산			96	7	157	0	10	11	1

성은준(成殷準) 호남대 1970.08.20

대회	연도	소속	출전	교체	득점	도움	파울	경고	퇴장
BC	1994	버팔로	16	7	0	0	4	1	0
	합계		16	7	0	0	4	1	0
프로통산			16	7	0	0	4	1	0

성종현(成宗鉉) 울산대 1979.04.02

대회	연도	소속	출전	교체	득점	도움	파울	경고	퇴장
BC	2004	전북	3	1	0	0	4	0	0
	2005	전북	13	2	0	1	31	3	0
	2006	광주상	0	0	0	0	0	0	0
	2007	광주상	6	2	0	0	2	0	0
	2008	전북	7	2	1	1	15	1	0
	2009	전북	5	2	0	0	8	0	0
	2010	전북	9	3	0	1	15	4	0
	합계		43	12	1	3	75	8	0
프로통산			43	12	1	3	75	8	0

성한수(成漢洙) 연세대 1976.03.10

대회	연도	소속	출전	교체	득점	도움	파울	경고	퇴장
BC	1999	대전	14	7	4	2	16	2	0
	2000	대전	13	11	2	0	18	3	0
	2001	대전	12	12	0	0	10	1	0
	2002	전남	7	5	2	0	9	0	0
	2003	전남	6	6	0	1	4	0	0
	2004	전남	7	7	0	0	6	0	0
	합계		59	48	8	3	63	6	0
프로통산			59	48	8	3	63	6	0

세르게이(Sergey Burdin) 러시아 1970.03.02

대회	연도	소속	출전	교체	득점	도움	파울	경고	퇴장
BC	1996	부천유	36	12	22	5	47	9	0
	1997	부천SK	27	8	6	1	37	7	0
	1999	천안일	33	22	7	4	58	6	0
	2000	성남일	0	0	0	0	0	0	0
	합계		96	42	35	10	142	22	0
프로통산			96	42	35	10	142	22	0

세르지오(Sergio Luis Cogo) 브라질 1960.09.28

대회	연도	소속	출전	교체	득점	도움	파울	경고	퇴장
BC	1983	포철	2	2	0	0	0	0	0
	합계		2	2	0	0	0	0	0
프로통산			2	2	0	0	0	0	0

세르지오(Sergio Ricardo dos Santos Vieira) 브라질 1975.05.

대회	연도	소속	출전	교체	득점	도움	파울	경고	퇴장
BC	2001	안양LG	13	13	2	0	15	1	0
	합계		13	13	2	0	15	1	0
프로통산			13	13	2	0	15	1	0

세르징요(Sergio Paulo Nascimento Filho) 시리아 1988.04.27

대회	연도	소속	출전	교체	득점	도움	파울	경고	퇴장
K2	2015	대구	36	23	4	2	73	6	0
	2016	강원	19	3	0	2	38	4	0
	합계		55	26	4	4	111	10	0
승	2016	강원	2	0	0	0	5	1	0
	합계		2	0	0	0	5	1	0
프로통산			57	26	4	4	116	11	0

세바스티안(Sebastjan Cimirotić) 슬로베니아 1974.09.14

대회	연도	소속	출전	교체	득점	도움	파울	경고	퇴장
BC	2005	인천	3	3	1	0	3	0	0
	합계		3	3	1	0	3	0	0
프로통산			3	3	1	0	3	0	0

세베로 브라질 1965.01.01

대회	연도	소속	출전	교체	득점	도움	파울	경고	퇴장
BC	1995	현대	18	9	4	4	43	6	0
	합계		18	9	4	4	43	6	0
프로통산			18	9	4	4	43	6	0

세이트(Seyit Cem Unsal) 터키 1975.10.09

대회	연도	소속	출전	교체	득점	도움	파울	경고	퇴장
BC	1997	안양LG	3	2	0	1	3	0	0
	1998	안양LG	6	5	0	0	5	0	0
	합계		9	7	0	1	8	0	0
프로통산			9	7	0	1	8	0	0

세자르 브라질 1959.02.21

대회	연도	소속	출전	교체	득점	도움	파울	경고	퇴장
BC	1984	포철	12	6	0	1	20	2	0
	합계		12	6	0	1	20	2	0
프로통산			12	6	0	1	20	2	0

세자르(Cezar da Costa Oliveira) 브라질 1973.12.09

대회	연도	소속	출전	교체	득점	도움	파울	경고	퇴장
BC	1999	전남	31	9	13	2	82	2	0
	2000	전남	39	13	11	0	77	2	0
	2001	전남	32	14	12	4	57	2	0
	2002	전남	6	4	0	0	9	1	0
	합계		108	40	36	6	225	7	0
프로통산			108	40	36	6	225	7	0

세자르(Paulo Cesar de Souza) 브라질 1979.02.16

대회	연도	소속	출전	교체	득점	도움	파울	경고	퇴장
BC	2005	전북	12	11	0	5	30	2	0
	합계		12	11	0	5	30	2	0
프로통산			12	11	0	5	30	2	0

세지오(Sergio Guimaraes da Silva Junior) 브라질 1979.02.19

대회	연도	소속	출전	교체	득점	도움	파울	경고	퇴장
BC	2005	부천SK	11	6	2	3	18	1	0
	합계		11	6	2	3	18	1	0
프로통산			11	6	2	3	18	1	0

세징야(Cesar Fernando Silva Melo) 브라질 1989.11.29

대회	연도	소속	출전	교체	득점	도움	파울	경고	퇴장
K1	2017	대구	27	6	7	7	39	8	0
	2018	대구	25	5	8	11	24	6	2
	2019	대구	35	4	15	10	36	4	0
	합계		87	15	30	28	99	18	2
K2	2016	대구	36	11	11	8	79	12	0
	합계		36	11	11	8	79	12	0
프로통산			123	26	41	36	178	30	2

셀리오(Celio Ferreira dos Santos) 브라질 1987.07.20

대회	연도	소속	출전	교체	득점	도움	파울	경고	퇴장
K1	2016	울산	10	3	1	0	11	4	0
	합계		10	3	1	0	11	4	0
프로통산			10	3	1	0	11	4	0

셀린(Alessandro Padovani Celin) 브라질 1989.09.11

대회	연도	소속	출전	교체	득점	도움	파울	경고	퇴장
BC	2011	광주	1	1	0	0	0	0	0
	합계		1	1	0	0	0	0	0
프로통산			1	1	0	0	0	0	0

셀미르(Selmir dos Santos Bezerra) 브라질 1979.08.23

대회	연도	소속	출전	교체	득점	도움	파울	경고	퇴장
BC	2005	인천	31	17	9	6	84	3	0
	2006	인천	13	4	5	0	34	2	0
	2006	전남	14	4	5	1	29	0	0
	2007	대구	18	16	3	0	21	2	0
	2008	대전	12	8	4	1	25	1	0
	합계		88	49	26	8	193	8	0
프로통산			88	49	26	8	193	8	0

소광호(蘇光鎬) 한양대 1961.03.27

대회	연도	소속	출전	교체	득점	도움	파울	경고	퇴장
BC	1984	럭금	13	7	0	2	5	0	0
	1985	상무	20	2	0	3	22	1	0
	합계		33	9	0	5	27	1	0
프로통산			33	9	0	5	27	1	0

소말리아(Waderson de Paula Sabino) 브라질 1977.06.22

대회	연도	소속	출전	교체	득점	도움	파울	경고	퇴장

대회	연도	소속	출전	교체	득점	도움	파울	경고	퇴장
BC	2006	부산	22	12	9	6	56	3	1
	합계		22	12	9	6	56	3	1
프로통산			22	12	9	6	56	3	1

소우자(Jose Augusto Freitas Sousa) 브라질 1978.08.02

대회	연도	소속	출전	교체	득점	도움	파울	경고	퇴장
BC	2008	부산	3	3	0	0	0	0	0
	합계		3	3	0	0	0	0	0
프로통산			3	3	0	0	0	0	0

소콜(Cikalleshi Sokol) 알바니아 1990.07.27

대회	연도	소속	출전	교체	득점	도움	파울	경고	퇴장
BC	2012	인천	6	6	0	0	10	0	0
	합계		6	6	0	0	10	0	0
프로통산			6	6	0	0	10	0	0

손국회(孫國會) 초당대 1987.05.15

대회	연도	소속	출전	교체	득점	도움	파울	경고	퇴장
K2	2013	충주	18	2	1	0	19	0	0
	합계		18	2	1	0	19	0	0
프로통산			18	2	1	0	19	0	0

손기련(孫基連) 단국대 1995.03.22

대회	연도	소속	출전	교체	득점	도움	파울	경고	퇴장
K2	2017	안산	25	15	0	0	21	1	0
	합계		25	15	0	0	21	1	0
프로통산			25	15	0	0	21	1	0

손대원(孫大源) 강원대 1975.02.10

대회	연도	소속	출전	교체	득점	도움	파울	경고	퇴장
BC	1997	울산	4	3	0	0	3	0	0
	1999	울산	2	2	0	0	1	0	0
	2000	울산	24	3	1	2	24	4	0
	2001	울산	2	2	0	0	1	0	0
	합계		32	10	1	2	29	4	0
프로통산			32	10	1	2	29	4	0

손대호(孫大鎬) 명지대 1981.09.11

대회	연도	소속	출전	교체	득점	도움	파울	경고	퇴장
BC	2002	수원	14	4	0	0	28	3	0
	2003	수원	8	7	1	0	10	2	0
	2004	수원	20	6	0	1	54	4	0
	2005	전남	6	5	0	0	8	1	0
	2005	성남일	6	1	0	0	17	1	0
	2006	성남일	10	6	0	0	29	4	0
	2007	성남일	26	16	2	1	71	7	0
	2008	성남일	29	12	1	1	83	5	0
	2009	인천	10	5	0	0	15	2	1
	2012	인천	22	20	0	0	11	4	0
	합계		151	82	4	3	326	33	1
K1	2013	인천	23	13	1	2	27	2	0
	합계		23	13	1	2	27	2	0
프로통산			174	95	5	5	353	35	1

손민우(孫旼佑) 동국대 1997.04.25

대회	연도	소속	출전	교체	득점	도움	파울	경고	퇴장
K2	2019	광주	1	1	0	0	1	0	0
	합계		1	1	0	0	1	0	0
프로통산			1	1	0	0	1	0	0

손상호(孫祥豪) 울산대 1974.05.04

대회	연도	소속	출전	교체	득점	도움	파울	경고	퇴장
BC	1997	울산	3	3	0	0	1	0	0
	2001	울산	5	1	0	0	10	0	1
	2002	울산	12	6	0	0	20	2	0
	합계		20	10	0	0	31	2	1
프로통산			20	10	0	0	31	2	1

손설민(孫雪旼) 관동대(가톨릭관동대) 1990.04.26

대회	연도	소속	출전	교체	득점	도움	파울	경고	퇴장
BC	2012	전남	15	13	2	1	17	2	0
	합계		15	13	2	1	17	2	0
K1	2015	대전	9	5	0	0	14	5	0
	합계		9	5	0	0	14	5	0
K2	2015	강원	4	4	0	0	3	0	0
	2016	강원	4	4	0	1	0	1	0
	합계		8	8	0	1	3	1	0
프로통산			32	26	2	2	34	8	0

손세범(孫世凡) 용인대 1992.03.07

대회	연도	소속	출전	교체	득점	도움	파울	경고	퇴장
K2	2016	고양	6	3	0	0	8	2	0
	합계		6	3	0	0	8	2	0
프로통산			6	3	0	0	8	2	0

손승준(孫昇準) 통진종고 1982.05.16

대회	연도	소속	출전	교체	득점	도움	파울	경고	퇴장
BC	2001	수원	9	8	0	0	9	2	0
	2002	수원	17	6	0	2	41	1	0
	2003	수원	22	12	0	0	37	5	0
	2005	광주상	19	2	1	2	52	6	0
	2007	수원	4	2	0	0	14	0	0
	2008	수원	1	1	0	0	1	0	0
	2009	전북	9	1	0	0	37	2	1
	2010	전북	22	11	3	0	79	17	0
	2011	전북	9	4	0	0	26	6	0
	합계		112	47	4	4	296	39	1
프로통산			112	47	4	4	296	39	1

손시헌(孫時憲) 숭실대 1992.09.18

대회	연도	소속	출전	교체	득점	도움	파울	경고	퇴장
K2	2013	수원FC	6	3	0	0	4	0	0
	2014	수원FC	0	0	0	0	0	0	0
	합계		6	3	0	0	4	0	0
프로통산			6	3	0	0	4	0	0

손웅정(孫雄政) 명지대 1966.06.16

대회	연도	소속	출전	교체	득점	도움	파울	경고	퇴장
BC	1985	상무	7	5	0	0	5	1	0
	1987	현대	16	14	5	0	11	1	0
	1988	현대	4	4	0	0	2	1	0
	1989	일화	10	11	2	0	10	0	0
	합계		37	34	7	0	28	3	0
프로통산			37	34	7	0	28	3	0

손일표(孫一杓) 선문대 1981.03.29

대회	연도	소속	출전	교체	득점	도움	파울	경고	퇴장
BC	2004	대구	0	0	0	0	0	0	0
	합계		0	0	0	0	0	0	0
프로통산			0	0	0	0	0	0	0

손재영(孫材榮) 숭실대 1991.09.09

대회	연도	소속	출전	교체	득점	도움	파울	경고	퇴장
K1	2014	울산	0	0	0	0	0	0	0
	합계		0	0	0	0	0	0	0
프로통산			0	0	0	0	0	0	0

손정탁(孫禎鐸) 울산대 1976.05.31

대회	연도	소속	출전	교체	득점	도움	파울	경고	퇴장
BC	1999	울산	16	16	2	2	14	0	0
	2000	울산	18	17	2	2	16	0	0
	2001	울산	1	1	0	0	4	0	0
	2003	광주상	34	25	4	1	49	3	0
	2004	전북	15	12	2	1	24	1	0
	2005	전북	12	7	1	1	18	2	0
	2005	수원	4	4	0	0	4	0	0
	2006	수원	6	6	0	0	4	1	0
	합계		106	88	11	7	133	7	0
프로통산			106	88	11	7	133	7	0

손정현(孫政玄) 광주대 1991.11.25

대회	연도	소속	출전	교체	실점	도움	파울	경고	퇴장
K1	2014	경남	6	0	9	0	1	1	0
	2018	경남	25	0	25	0	0	1	0
	2019	경남	13	0	26	0	1	1	0
	합계		44	0	60	0	2	3	0
K2	2015	경남	39	0	42	0	2	3	0
	2016	안산무	9	0	14	0	1	0	1
	2017	아산	3	0	3	0	0	0	0
	합계		51	0	59	0	3	3	1
승	2014	경남	1	0	3	0	0	0	0
	2019	경남	0	0	0	0	0	0	0
	합계		1	0	3	0	0	0	0
프로통산			96	0	122	0	5	6	1

손종석(孫宗錫) 서울시립대 1954.03.10

대회	연도	소속	출전	교체	득점	도움	파울	경고	퇴장
BC	1984	현대	3	3	0	0	0	0	0
	합계		3	3	0	0	0	0	0
프로통산			3	3	0	0	0	0	0

손종찬(孫宗贊) 아주대 1966.11.01

대회	연도	소속	출전	교체	득점	도움	파울	경고	퇴장
BC	1989	대우	6	4	0	0	4	1	0
	1990	유공	3	3	0	0	1	0	0
	1991	유공	15	8	0	1	10	1	0
	1992	유공	29	17	0	0	28	1	0
	1993	유공	22	20	0	1	8	1	0
	1994	유공	23	15	0	1	14	2	0
	1995	유공	10	7	0	0	11	1	0
	합계		108	74	0	3	76	7	0
프로통산			108	74	0	3	76	7	0

손준호(孫準浩) 영남대 1992.05.12

대회	연도	소속	출전	교체	득점	도움	파울	경고	퇴장
K1	2014	포항	25	4	1	2	66	8	0
	2015	포항	35	3	9	4	87	9	0
	2016	포항	4	1	0	0	5	0	0
	2017	포항	35	7	4	14	69	7	0
	2018	전북	30	13	4	4	71	7	1
	2019	전북	31	6	5	3	82	11	0
	합계		160	34	23	27	380	42	1
프로통산			160	34	23	27	380	42	1

손창후(孫昌厚) 우신고 1957.02.05

대회	연도	소속	출전	교체	득점	도움	파울	경고	퇴장
BC	1983	할렐	10	4	0	1	1	0	0
	합계		10	4	0	1	1	0	0
프로통산			10	4	0	1	1	0	0

손현준(鄭喆鎬) 동아대 1972.03.20

대회	연도	소속	출전	교체	득점	도움	파울	경고	퇴장
BC	1995	LG	20	6	1	0	57	8	0
	1996	안양LG	37	3	0	0	66	4	0
	1997	안양LG	22	8	0	0	32	3	0
	1998	안양LG	17	12	0	0	28	1	0
	1999	부산	13	8	0	0	29	4	0
	2000	안양LG	20	15	0	0	37	8	0
	2001	안양LG	16	8	0	0	33	1	0
	2002	안양LG	25	6	0	0	43	0	0
	합계		170	66	1	0	325	29	0
프로통산			170	66	1	0	325	29	0

손형선(孫炯先) 광운대 1964.02.22

대회	연도	소속	출전	교체	득점	도움	파울	경고	퇴장
BC	1986	대우	27	2	1	0	36	2	0
BC	1987	대우	24	2	1	0	44	2	0
	1988	대우	23	4	3	1	33	1	0
	1989	대우	34	3	1	1	62	2	0
	1990	포철	23	1	1	4	44	1	0
	1991	포철	21	9	0	0	42	3	0
	1992	LG	20	1	1	0	38	6	0
	1993	LG	10	3	0	0	20	1	0
	합계		182	25	8	6	319	18	0
프로통산			182	25	8	6	319	18	0

손형준(孫亨準) 진주고 1995.01.13

대회	연도	소속	출전	교체	득점	도움	파울	경고	퇴장
K1	2013	경남	0	0	0	0	0	0	0
	합계		0	0	0	0	0	0	0
K2	2015	경남	10	5	0	0	5	1	0
	합계		10	5	0	0	5	1	0
프로통산			10	5	0	0	5	1	0

솔로(Andrei Solomatin) 러시아 1975.09.09

대회	연도	소속	출전	교체	득점	도움	파울	경고	퇴장
BC	2004	성남일	4	4	0	0	2	0	0
	합계		4	4	0	0	2	0	0
프로통산			4	4	0	0	2	0	0

솔로비 러시아 1968.12.23

대회	연도	소속	출전	교체	득점	도움	파울	경고	퇴장
BC	1992	일화	6	6	0	0	4	0	0
	합계		6	6	0	0	4	0	0
프로통산			6	6	0	0	4	0	0

송경섭(宋京燮) 단국대 1971.02.25

대회	연도	소속	출전	교체	득점	도움	파울	경고	퇴장
BC	1996	수원	2	2	0	0	2	0	0
	합계		2	2	0	0	2	0	0
프로통산			2	2	0	0	2	0	0

송광환(宋光煥) 연세대 1966.02.01

대회	연도	소속	출전	교체	득점	도움	파울	경고	퇴장
BC	1989	대우	31	18	1	2	30	0	0
	1990	대우	25	5	0	1	27	3	0
	1991	대우	1	1	0	0	1	0	0
	1992	대우	17	3	0	1	30	2	0
	1993	대우	14	4	0	0	27	3	0
	1994	대우	14	2	0	0	25	3	0
	1995	전남	34	2	0	2	43	3	0
	1996	전남	32	8	0	1	43	3	0
	1997	전남	32	8	0	3	53	2	0
	1998	전남	26	12	0	1	41	1	0
	합계		226	63	1	11	320	20	0
프로통산			226	63	1	11	320	20	0

송근수(宋根琇) 창원기계공고 1984.05.06

대회	연도	소속	출전	교체	득점	도움	파울	경고	퇴장
BC	2005	부산	3	2	0	0	1	0	0
	2006	광주상	1	2	0	0	3	0	0
	2008	경남	0	0	0	0	0	0	0
	합계		4	4	0	0	4	0	0
프로통산			4	4	0	0	4	0	0

송덕균(宋德均) 홍익대 1970.03.13

대회	연도	소속	출전	교체	실점	도움	파울	경고	퇴장
BC	1995	전북	10	1	15	0	1	1	0
	1999	전북	0	0	0	0	0	0	0
	합계		10	1	15	0	1	1	0
프로통산			10	1	15	0	1	1	0

송동진(宋東晉) 포철공고 1984.05.12

대회	연도	소속	출전	교체	실점	도움	파울	경고	퇴장
BC	2008	포항	0	0	0	0	0	0	0
	2009	포항	0	0	0	0	0	0	0
	2010	포항	1	0	5	0	0	0	0
	합계		1	0	5	0	0	0	0
프로통산			1	0	5	0	0	0	0

송만호(宋萬浩) 고려대 1969.07.06

대회	연도	소속	출전	교체	득점	도움	파울	경고	퇴장
BC	1991	유공	2	2	0	0	2	0	0
	1992	유공	1	1	0	0	0	0	0
	합계		3	3	0	0	2	0	0
프로통산			3	3	0	0	2	0	0

송민국(宋旻鞠) 광운대 1985.04.25

대회	연도	소속	출전	교체	득점	도움	파울	경고	퇴장
BC	2008	경남	2	1	0	0	0	0	0
	합계		2	1	0	0	0	0	0
K2	2013	충주	1	0	0	0	1	0	0
	2014	충주	0	0	0	0	0	0	0
	합계		1	0	0	0	1	0	0
프로통산			3	1	0	0	1	0	0

송민규(松旻揆) 충주상고 1999.09.12

대회	연도	소속	출전	교체	득점	도움	파울	경고	퇴장
K1	2018	포항	2	2	0	0	2	0	0
	2019	포항	27	25	2	3	20	1	0
	합계		29	27	2	3	22	1	0
프로통산			29	27	2	3	22	1	0

송민규(宋旼奎/←송승주) 동북고 1991.04.26

대회	연도	소속	출전	교체	득점	도움	파울	경고	퇴장
BC	2011	서울	1	1	0	0	1	1	0
	합계		1	1	0	0	1	1	0
K2	2013	경찰	12	8	0	0	19	2	0
	2014	안산경	2	2	1	0	0	0	0
	합계		14	10	1	0	19	2	0
프로통산			15	11	1	0	20	3	0

송민우(宋旼佑) 호남대 1993.12.13

대회	연도	소속	출전	교체	득점	도움	파울	경고	퇴장
K2	2017	수원FC	2	2	0	0	1	0	0
	합계		2	2	0	0	1	0	0
프로통산			2	2	0	0	1	0	0

송범근(宋範根) 고려대 1997.10.15

대회	연도	소속	출전	교체	실점	도움	파울	경고	퇴장
K1	2018	전북	30	0	18	0	0	0	0
	2019	전북	38	0	32	0	1	2	0
	합계		68	0	50	0	1	2	0
프로통산			68	0	50	0	1	2	0

송병용(宋炳龍) 한남대 1991.03.03

대회	연도	소속	출전	교체	득점	도움	파울	경고	퇴장
K2	2014	안양	0	0	0	0	0	0	0
	합계		0	0	0	0	0	0	0
프로통산			0	0	0	0	0	0	0

송선호(宋鮮浩) 인천대 1966.01.24

대회	연도	소속	출전	교체	득점	도움	파울	경고	퇴장
BC	1988	유공	16	7	1	0	27	2	0
	1989	유공	35	19	3	3	40	5	0
	1990	유공	24	16	0	2	30	2	0
	1991	유공	19	17	0	0	21	2	0
	1992	유공	11	5	0	0	11	5	0
	1993	유공	21	8	0	0	31	3	1
	1994	유공	15	7	0	0	15	4	0
	1995	유공	15	8	0	0	18	4	0
	1996	부천유	10	8	0	0	10	3	0
	합계		166	95	4	5	203	30	1
프로통산			166	95	4	5	203	30	1

송성범(宋成範) 호원대 1992.06.10

대회	연도	소속	출전	교체	득점	도움	파울	경고	퇴장
K1	2015	광주	3	2	0	0	2	1	0
	합계		3	2	0	0	2	1	0
K2	2016	충주	2	2	0	0	0	0	0
	합계		2	2	0	0	0	0	0
프로통산			5	4	0	0	2	1	0

송성현(宋性玄) 광운대 1988.02.14

대회	연도	소속	출전	교체	득점	도움	파울	경고	퇴장
BC	2011	성남일	0	0	0	0	0	0	0
	합계		0	0	0	0	0	0	0
프로통산			0	0	0	0	0	0	0

송수영(宋修映) 연세대 1991.07.08

대회	연도	소속	출전	교체	득점	도움	파울	경고	퇴장
K1	2014	경남	33	26	4	3	22	1	0
	2015	제주	4	4	0	0	1	0	0
	2018	상주	7	8	0	0	3	0	0
	2019	상주	11	11	0	0	3	0	0
	합계		55	49	4	3	29	1	0
K2	2015	경남	15	11	0	1	12	1	0
	2016	경남	31	19	9	6	17	5	0
	2017	수원FC	26	21	2	1	19	1	0
	2019	수원FC	4	4	0	0	3	0	0
	합계		76	55	11	8	51	7	0
승	2014	경남	2	0	1	0	2	0	0
	합계		2	0	1	0	2	0	0
프로통산			133	104	16	11	82	8	0

송승민(宋承珉) 인천대 1992.01.11

대회	연도	소속	출전	교체	득점	도움	파울	경고	퇴장
K1	2015	광주	33	7	3	4	47	4	0
	2016	광주	38	2	4	3	60	2	0
	2017	광주	38	6	5	2	43	2	0
	2018	포항	30	21	2	2	32	0	0
	2019	상주	2	2	0	0	2	0	0
	합계		141	38	14	11	184	8	0
K2	2014	광주	19	11	0	2	22	1	0
	합계		19	11	0	2	22	1	0
승	2014	광주	2	2	0	0	3	1	0
	합계		2	2	0	0	3	1	0
프로통산			162	51	14	13	209	10	0

송시영(宋時永) 한양대 1962.08.15

대회	연도	소속	출전	교체	득점	도움	파울	경고	퇴장
BC	1986	한일은	2	2	0	0	3	0	0
	합계		2	2	0	0	3	0	0
프로통산			2	2	0	0	3	0	0

송시우(宋治雨) 단국대 1993.08.28

대회	연도	소속	출전	교체	득점	도움	파울	경고	퇴장
K1	2016	인천	28	28	5	1	19	3	0
	2017	인천	32	27	5	0	35	2	0
	2018	인천	10	10	1	0	5	0	0
	2018	상주	12	10	1	0	6	0	0
	2019	상주	23	22	3	4	31	1	0
	합계		105	97	15	5	96	6	0
프로통산			105	97	15	5	96	6	0

송영록(宋永錄) 조선대 1961.03.13

대회	연도	소속	출전	교체	득점	도움	파울	경고	퇴장
BC	1984	국민은	18	3	0	0	13	0	0
	합계		18	3	0	0	13	0	0
프로통산			18	3	0	0	13	0	0

송영민(宋靈民) 동의대 1995.03.11

대회	연도	소속	출전	교체	득점	도움	파울	경고	퇴장
K2	2016	대구	0	0	0	0	0	0	0
	합계		0	0	0	0	0	0	0
프로통산			0	0	0	0	0	0	0

송용진(宋勇眞) 안동고 1985.01.01

대회	연도	소속	출전	교체	득점	도움	파울	경고	퇴장
BC	2004	부산	1	1	0	0	2	0	0
	합계		1	1	0	0	2	0	0
프로통산			1	1	0	0	2	0	0

송원재(宋愿宰) 고려대 1989.02.21

대회	연도	소속	출전	교체	득점	도움	파울	경고	퇴장
K1	2014	상주	13	9	0	0	3	0	0
	합계		13	9	0	0	3	0	0
K2	2013	부천	4	0	0	0	2	0	0
	2013	상주	2	0	0	1	4	0	0
	2015	부천	28	19	0	0	45	6	0
	2016	부천	31	18	0	1	32	4	0
	합계		65	37	0	2	83	10	0
승	2013	상주	2	0	0	0	3	0	0
	합계		2	0	0	0	3	0	0
프로통산			80	46	0	2	89	10	0

송유걸(宋裕傑) 경희대 1985.02.16

대회	연도	소속	출전	교체	실점	도움	파울	경고	퇴장
BC	2006	전남	1	0	4	0	0	0	0
	2007	전남	0	0	0	0	0	0	0
	2007	인천	0	0	0	0	0	0	0
	2008	인천	12	1	12	0	1	0	0
	2009	인천	10	0	11	0	0	0	0
	2010	인천	19	1	31	0	1	0	0
	2011	인천	13	0	17	0	0	1	0
	2012	강원	25	1	33	0	0	2	0
	합계		80	3	108	0	2	3	0
K1	2015	울산	1	0	2	0	0	0	0
	2017	강원	1	0	2	0	0	0	0
	합계		2	0	4	0	0	0	0
K2	2013	경찰	11	1	15	0	1	2	0

대회	연도	소속	출전	교체	실점	도움	파울	경고	퇴장
	2014	안산경	3	0	7	0	0	0	0
	2016	강원	15	0	12	0	0	1	0
	2018	부산	2	0	3	0	0	0	0
	합계		31	1	37	0	1	3	0
승	2016	강원	0	0	0	0	0	0	0
	합계		0	0	0	0	0	0	0
프로통산			113	4	149	0	3	6	0

송윤석(宋允石) 호남대 1977.09.20

대회	연도	소속	출전	교체	득점	도움	파울	경고	퇴장
BC	2000	전남	12	9	0	0	9	1	0
	2001	전남	4	3	0	0	1	0	0
	2003	광주상	0	0	0	0	0	0	0
	합계		16	12	0	0	10	1	0
프로통산			16	12	0	0	10	1	0

송재용

대회	연도	소속	출전	교체	실점	도움	파울	경고	퇴장
BC	1983	국민	1	0	3	0	0	0	0
	합계		1	0	3	0	0	0	0
프로통산			1	0	3	0	0	0	0

송재한(宋在漢) 동아대 1987.11.24

대회	연도	소속	출전	교체	득점	도움	파울	경고	퇴장
BC	2010	전북	0	0	0	0	0	0	0
	합계		0	0	0	0	0	0	0
프로통산			0	0	0	0	0	0	0

송정우(宋楨佑) 아주대 1982.03.22

대회	연도	소속	출전	교체	득점	도움	파울	경고	퇴장
BC	2005	대구	12	13	1	1	14	2	0
	2006	대구	20	18	2	1	20	2	0
	2007	대구	8	8	0	2	8	1	0
	합계		40	39	3	4	42	5	0
프로통산			40	39	3	4	42	5	0

송정현(宋町賢) 아주대 1976.05.28

대회	연도	소속	출전	교체	득점	도움	파울	경고	퇴장
BC	1999	전남	5	5	1	1	6	0	0
	2000	전남	13	11	2	0	11	1	0
	2001	전남	5	5	0	0	1	0	0
	2003	대구	37	26	3	1	59	4	0
	2004	대구	25	16	1	2	44	3	0
	2005	대구	34	1	3	6	61	3	0
	2006	전남	35	13	6	5	85	4	0
	2007	전남	27	7	3	2	34	2	0
	2008	전남	20	13	4	2	30	3	0
	2009	울산	6	6	0	0	4	0	0
	2009	전남	15	9	2	2	20	3	0
	2010	전남	17	11	2	2	22	1	0
	2011	전남	12	9	0	0	12	3	0
	합계		251	132	27	23	389	27	0
프로통산			251	132	27	23	389	27	0

송제헌(宋制憲) 선문대 1986.07.17

대회	연도	소속	출전	교체	득점	도움	파울	경고	퇴장
BC	2009	포항	3	2	0	0	6	0	0
	2010	대구	19	13	2	1	31	0	0
	2011	대구	25	10	8	0	33	6	1
	2012	대구	36	25	11	1	54	7	0
	합계		83	50	21	2	124	13	1
K1	2013	전북	14	15	1	0	2	0	0
	2014	상주	6	6	0	0	4	1	0
	2016	인천	14	13	3	1	13	0	0
	합계		34	34	4	1	19	1	0
K2	2015	상주	1	1	0	1	2	0	0
	2017	경남	14	12	3	0	8	0	0
	합계		15	13	3	1	10	0	0
프로통산			132	97	28	4	153	14	1

송종국(宋鍾國) 연세대 1979.02.20

대회	연도	소속	출전	교체	득점	도움	파울	경고	퇴장
BC	2001	부산	35	12	2	1	42	2	0
	2002	부산	10	4	2	0	8	3	0
	2005	수원	20	7	1	1	52	2	0
	2006	수원	27	6	0	3	55	2	0
	2007	수원	33	4	0	4	70	3	0
	2008	수원	29	2	2	1	59	1	1
	2009	수원	22	4	0	0	49	3	0
	2010	수원	10	3	0	1	17	1	0
	2011	울산	18	4	0	0	21	4	0
	합계		204	46	7	11	373	21	1
프로통산			204	46	7	11	373	21	1

송주석(宋柱錫) 고려대 1967.02.26

대회	연도	소속	출전	교체	득점	도움	파울	경고	퇴장
BC	1990	현대	29	4	3	7	68	3	0
	1991	현대	30	17	3	0	45	3	1
	1992	현대	30	17	5	1	44	4	1
	1993	현대	26	16	3	1	26	2	1
	1994	현대	15	8	2	1	15	3	0
	1995	현대	29	4	10	4	56	5	1
	1996	울산	32	13	8	4	57	8	0
	1997	울산	28	11	10	3	71	6	0
	1998	울산	20	14	3	0	37	4	1
	1999	울산	9	9	0	1	9	0	0
	합계		248	113	47	22	428	38	5
프로통산			248	113	47	22	428	38	5

송주한(宋柱韓) 인천대 1993.06.16

대회	연도	소속	출전	교체	득점	도움	파울	경고	퇴장
K1	2015	대전	12	3	0	0	6	1	0
	합계		12	3	0	0	6	1	0
K2	2014	대전	30	12	1	5	19	2	0
	2015	경남	17	5	0	1	20	5	0
	2016	경남	0	0	0	0	0	0	0
	합계		47	17	1	6	39	7	0
프로통산			59	20	1	6	45	8	0

송주호(宋株昊) 고려대 1991.03.20

대회	연도	소속	출전	교체	득점	도움	파울	경고	퇴장
K2	2017	안산	24	4	0	0	41	7	0
	2018	안산	17	6	1	0	16	3	0
	합계		41	10	1	0	57	10	0
프로통산			41	10	1	0	57	10	0

송주훈(宋株熏) 건국대 1994.01.13

대회	연도	소속	출전	교체	득점	도움	파울	경고	퇴장
K1	2019	경남	9	2	0	0	4	1	0
	합계		9	2	0	0	4	1	0
프로통산			9	2	0	0	4	1	0

송지용(宋智庸) 고려대 1989.04.12

대회	연도	소속	출전	교체	득점	도움	파울	경고	퇴장
BC	2012	전남	0	0	0	0	0	0	0
	합계		0	0	0	0	0	0	0
프로통산			0	0	0	0	0	0	0

송진규(宋珍圭) 중앙대 1997.07.12

대회	연도	소속	출전	교체	득점	도움	파울	경고	퇴장
K1	2019	수원	7	7	0	0	9	1	0
	합계		7	7	0	0	9	1	0
프로통산			7	7	0	0	9	1	0

송진형(宋珍炯) 당산서중 1987.08.13

대회	연도	소속	출전	교체	득점	도움	파울	경고	퇴장
BC	2004	서울	1	1	0	0	0	0	0
	2006	서울	8	8	0	0	9	1	0
	2007	서울	11	10	0	0	5	1	0
	2012	제주	39	9	10	5	41	6	0
	합계		59	28	10	5	55	8	0
K1	2013	제주	33	11	3	4	15	3	0
	2014	제주	36	15	3	3	23	3	0
	2015	제주	29	19	6	6	25	3	0
	2016	제주	28	5	7	4	16	2	0
	2018	서울	6	6	1	0	2	0	0
	합계		132	56	20	17	81	11	0
프로통산			191	84	30	22	136	19	0

송창남(宋昌南) 배재대 1977.12.31

대회	연도	소속	출전	교체	득점	도움	파울	경고	퇴장
BC	2000	대전	1	1	0	0	1	0	0
	2001	부천SK	6	4	0	0	2	1	0
	2002	부천SK	1	1	0	0	0	0	0
	2003	부천SK	0	0	0	0	0	0	0
	합계		8	6	0	0	3	1	0
프로통산			8	6	0	0	3	1	0

송창좌(宋昌左) 관동대(가톨릭관동대) 1977.04.26

대회	연도	소속	출전	교체	득점	도움	파울	경고	퇴장
BC	2000	대전	0	0	0	0	0	0	0
	합계		0	0	0	0	0	0	0
프로통산			0	0	0	0	0	0	0

송창호(宋昌鎬) 동아대 1986.02.20

대회	연도	소속	출전	교체	득점	도움	파울	경고	퇴장
BC	2009	포항	12	10	1	3	6	1	0
	2010	포항	11	6	0	0	5	0	0
	2011	대구	26	8	2	3	31	6	0
	2012	대구	37	13	0	1	36	4	0
	합계		86	37	3	7	78	11	0
K1	2013	대구	34	13	5	1	23	5	0
	2014	전남	28	14	4	1	23	4	0
	2016	전남	3	3	0	0	0	0	0
	2017	전남	11	7	0	0	4	1	1
	합계		76	37	9	2	50	10	1
K2	2015	안산경	34	9	3	1	35	4	0
	2016	안산무	5	2	0	0	4	0	0
	2018	부산	12	4	0	1	9	0	0
	합계		51	15	3	2	48	4	0
승	2018	부산	0	0	0	0	0	0	0
	합계		0	0	0	0	0	0	0
프로통산			213	89	15	11	176	25	1

송치훈(宋致勳) 광운대 1991.09.24

대회	연도	소속	출전	교체	득점	도움	파울	경고	퇴장
K2	2013	부천	20	12	2	1	17	2	0
	합계		20	12	2	1	17	2	0
프로통산			20	12	2	1	17	2	0

송태림(宋泰林) 중앙대 1984.02.20

대회	연도	소속	출전	교체	득점	도움	파울	경고	퇴장
BC	2006	전남	3	0	0	0	9	0	0
	2007	전남	4	4	0	0	1	0	0
	2008	부산	1	1	0	0	3	1	0
	합계		8	5	0	0	13	1	0
프로통산			8	5	0	0	13	1	0

송태철(宋泰喆) 중앙대 1961.11.12

대회	연도	소속	출전	교체	득점	도움	파울	경고	퇴장
BC	1986	한일은	6	2	0	0	2	0	0
	합계		6	2	0	0	2	0	0
프로통산			6	2	0	0	2	0	0

송한기(宋漢基) 우석대 1988.08.07

대회	연도	소속	출전	교체	득점	도움	파울	경고	퇴장
K2	2015	고양	2	1	0	0	0	0	0
	합계		2	1	0	0	0	0	0
프로통산			2	1	0	0	0	0	0

송한복(宋韓福) 배재고 1984.04.12

대회	연도	소속	출전	교체	득점	도움	파울	경고	퇴장
BC	2005	전남	0	0	0	0	0	0	0
	2006	전남	4	2	0	0	4	1	0
	2007	전남	1	1	0	0	1	0	0
	2008	광주상	21	14	0	1	29	4	0
	2009	광주상	16	11	0	1	35	4	0
	2009	전남	3	1	0	0	7	1	0
	2010	전남	14	13	0	1	19	4	0
	2011	대구	24	11	0	2	55	7	0
	2012	대구	11	4	0	0	30	4	0
	합계		94	57	0	5	180	25	0
K1	2013	대구	6	3	0	0	9	1	0

대회	연도	소속	출전	교체	득점	도움	파울	경고	퇴장
	합계		6	3	0	0	9	1	0
K2	2014	광주	6	5	0	0	13	0	0
	합계		6	5	0	0	13	0	0
프로통산			106	65	0	5	202	26	0

송호영(宋號營) 한양대 1988.01.21

대회	연도	소속	출전	교체	득점	도움	파울	경고	퇴장
BC	2009	경남	26	20	3	3	26	2	0
	2010	성남일	29	28	0	0	17	3	0
	2011	성남일	16	11	2	0	12	1	0
	2012	제주	3	3	0	0	1	0	0
	합계		74	62	5	3	56	6	0
K1	2013	전남	5	5	1	0	3	0	0
	2014	경남	3	3	0	0	2	0	0
	합계		8	8	1	0	5	0	0
프로통산			82	70	6	3	61	6	0

송홍민(宋洪民) 남부대 1996.02.07

대회	연도	소속	출전	교체	득점	도움	파울	경고	퇴장
K2	2018	부천	17	9	0	1	16	2	1
	2019	부천	20	10	2	0	22	2	0
	합계		37	19	2	1	38	4	1
프로통산			37	19	2	1	38	4	1

송홍섭(宋洪燮) 경희대 1976.11.28

대회	연도	소속	출전	교체	득점	도움	파울	경고	퇴장
BC	1999	수원	1	1	0	0	0	0	0
	2003	대구	4	2	0	0	5	0	0
	합계		5	3	0	0	5	0	0
프로통산			5	3	0	0	5	0	0

송환영(宋奐永) 한양대 1997.10.11

대회	연도	소속	출전	교체	득점	도움	파울	경고	퇴장
K2	2019	아산	7	4	1	0	6	0	0
	합계		7	4	1	0	6	0	0
프로통산			7	4	1	0	6	0	0

수보티치(Danijel Subotic) 스위스 1989.01.31

대회	연도	소속	출전	교체	득점	도움	파울	경고	퇴장
K1	2017	울산	11	11	1	0	8	4	0
	합계		11	11	1	0	8	4	0
프로통산			11	11	1	0	8	4	0

수신야르(Aleksandar Susnjar) 오스트레일리아 1995.08.19

대회	연도	소속	출전	교체	득점	도움	파울	경고	퇴장
K2	2019	부산	29	0	0	0	46	10	1
	합계		29	0	0	0	46	10	1
승	2019	부산	2	0	0	0	2	0	0
	합계		2	0	0	0	2	0	0
프로통산			31	0	0	0	48	10	1

수호자(Mario Sergio Aumarante Santana) 브라질 1977.01.30

대회	연도	소속	출전	교체	득점	도움	파울	경고	퇴장
BC	2004	울산	31	21	2	1	24	4	0
	합계		31	21	2	1	24	4	0
프로통산			31	21	2	1	24	4	0

슈마로프(Valeri Schmarov) 러시아 1965.02.23

대회	연도	소속	출전	교체	득점	도움	파울	경고	퇴장
BC	1996	전남	4	2	0	0	7	0	0
	합계		4	2	0	0	7	0	0
프로통산			4	2	0	0	7	0	0

슈바(Adriano Neves Pereira) 브라질 1979.05.24

대회	연도	소속	출전	교체	득점	도움	파울	경고	퇴장
BC	2006	대전	32	9	6	10	110	7	0
	2007	대전	14	2	8	1	52	3	0
	2008	전남	22	8	10	3	67	3	0
	2009	전남	30	5	16	4	83	6	0
	2010	전남	19	7	6	3	40	4	0
	2011	포항	15	10	6	3	25	1	1
	2012	광주	3	4	1	0	0	0	0
	합계		135	45	53	24	377	24	1
프로통산			135	45	53	24	377	24	1

슈벵크(Cleber Schwenck Tiene) 브라질 1979.02.28

대회	연도	소속	출전	교체	득점	도움	파울	경고	퇴장
BC	2007	포항	17	12	4	1	50	4	0
	합계		17	12	4	1	50	4	0
프로통산			17	12	4	1	50	4	0

스레텐(Sreten Sretenović) 세르비아 1985.01.12

대회	연도	소속	출전	교체	득점	도움	파울	경고	퇴장
K1	2013	경남	33	1	0	0	68	11	0
	2014	경남	32	0	2	1	62	7	0
	합계		65	1	2	1	130	18	0
승	2014	경남	2	0	0	0	5	1	0
	합계		2	0	0	0	5	1	0
프로통산			67	1	2	1	135	19	0

스카첸코(Serhiy Skachenko) 우크라이나 1972.11.18

대회	연도	소속	출전	교체	득점	도움	파울	경고	퇴장
BC	1996	안양LG	39	3	15	3	55	4	0
	1997	안양LG	12	3	3	1	19	1	0
	1997	전남	17	14	7	2	17	1	0
	합계		68	20	25	6	91	6	0
프로통산			68	20	25	6	91	6	0

스테반(Stevan Racić) 세르비아 1984.01.17

대회	연도	소속	출전	교체	득점	도움	파울	경고	퇴장
BC	2009	대전	13	12	0	2	22	4	0
	합계		13	12	0	2	22	4	0
프로통산			13	12	0	2	22	4	0

스테보(Stevica Ristić) 마케도니아 1982.05.23

대회	연도	소속	출전	교체	득점	도움	파울	경고	퇴장
BC	2007	전북	29	9	15	5	75	2	0
	2008	전북	14	6	4	2	23	3	1
	2008	포항	14	11	6	4	34	1	0
	2009	포항	24	20	8	4	48	5	0
	2011	수원	13	4	9	1	28	2	0
	2012	수원	35	20	10	3	61	6	0
	합계		129	70	52	19	269	19	1
K1	2013	수원	13	7	5	2	25	3	0
	2014	전남	35	4	13	4	64	2	0
	2015	전남	35	8	12	3	42	3	0
	2016	전남	14	8	2	0	8	1	0
	합계		97	27	32	9	139	9	0
프로통산			226	97	84	28	408	28	1

스토야노비치(Milos Stojanović) 세르비아 1984.12.25

대회	연도	소속	출전	교체	득점	도움	파울	경고	퇴장
K1	2014	경남	30	19	7	0	51	4	0
	합계		30	19	7	0	51	4	0
K2	2015	경남	23	9	9	0	53	5	0
	2016	부산	15	8	2	1	32	3	0
	합계		38	17	11	1	85	8	0
승	2014	경남	2	0	1	0	4	0	0
	합계		2	0	1	0	4	0	0
프로통산			70	36	19	1	140	12	0

스토키치(Joco Stokic) 보스니아 헤르체고비나 1987.07.04

대회	연도	소속	출전	교체	득점	도움	파울	경고	퇴장
K1	2014	제주	5	5	0	0	7	1	0
	합계		5	5	0	0	7	1	0
프로통산			5	5	0	0	7	1	0

슬라브코(Seorgievski Slavcho) 마케도니아 1980.03.30

대회	연도	소속	출전	교체	득점	도움	파울	경고	퇴장
BC	2009	울산	29	9	3	3	17	5	0
	합계		29	9	3	3	17	5	0
프로통산			29	9	3	3	17	5	0

시로(Alves Ferreira E Silva Ciro Henrique) 브라질 1989.04.18

대회	연도	소속	출전	교체	득점	도움	파울	경고	퇴장
K1	2015	제주	7	8	0	0	6	1	0
	합계		7	8	0	0	6	1	0
프로통산			7	8	0	0	6	1	0

시마다(Shimada Yusuke, 島田裕介) 일본 1982.01.19

대회	연도	소속	출전	교체	득점	도움	파울	경고	퇴장
BC	2012	강원	23	10	1	2	34	2	0
	합계		23	10	1	2	34	2	0
프로통산			23	10	1	2	34	2	0

시모(Simo Krunić) 보스니아 헤르체고비나 1969.01.03

대회	연도	소속	출전	교체	득점	도움	파울	경고	퇴장
BC	1996	포항	6	6	2	0	14	2	0
	합계		6	6	2	0	14	2	0
프로통산			6	6	2	0	14	2	0

시몬(Victor Simoes de Oliveira) 브라질 1981.03.23

대회	연도	소속	출전	교체	득점	도움	파울	경고	퇴장
BC	2007	전남	10	5	1	3	21	0	0
	2008	전남	14	11	2	1	20	3	0
	합계		24	16	3	4	41	3	0
프로통산			24	16	3	4	41	3	0

시미치(Dusan Simić) 세르비아 몬테네그로 1980.07.22

대회	연도	소속	출전	교체	득점	도움	파울	경고	퇴장
BC	2003	부산	28	16	0	0	19	5	0
	합계		28	16	0	0	19	5	0
프로통산			28	16	0	0	19	5	0

시미치(Josip Simić) 크로아티아 1977.09.16

대회	연도	소속	출전	교체	득점	도움	파울	경고	퇴장
BC	2004	울산	25	24	2	2	26	1	0
	합계		25	24	2	2	26	1	0
프로통산			25	24	2	2	26	1	0

시시(Gonzalez Martinez Sisinio) 스페인 1986.04.22

대회	연도	소속	출전	교체	득점	도움	파울	경고	퇴장
K2	2015	수원FC	17	9	0	1	25	6	0
	합계		17	9	0	1	25	6	0
승	2015	수원FC	2	1	0	0	1	0	0
	합계		2	1	0	0	1	0	0
프로통산			19	10	0	1	26	6	0

신경모(辛景模) 중앙대 1987.12.12

대회	연도	소속	출전	교체	득점	도움	파울	경고	퇴장
BC	2011	수원	2	2	0	0	4	0	0
	합계		2	2	0	0	4	0	0
프로통산			2	2	0	0	4	0	0

신광훈(申光勳) 포철공고 1987.03.18

대회	연도	소속	출전	교체	득점	도움	파울	경고	퇴장
BC	2006	포항	10	6	1	1	23	5	0
	2007	포항	5	4	1	0	2	3	0
	2008	포항	4	4	0	1	5	1	0
	2008	전북	19	1	1	3	31	3	0
	2009	전북	14	5	0	0	26	3	0
	2010	전북	12	0	0	1	32	3	0
	2010	포항	8	0	0	0	17	3	0
	2011	포항	26	0	1	4	62	10	0
	2012	포항	37	0	0	3	48	7	1
	합계		135	20	4	13	246	38	1
K1	2013	포항	33	1	0	4	53	10	0
	2014	포항	33	0	3	2	46	8	0
	2016	포항	8	0	0	0	18	3	0
	2017	서울	21	0	0	1	20	3	0
	2018	서울	18	1	0	2	25	4	0
	2019	강원	36	4	2	4	46	7	0
	합계		149	6	5	13	208	35	0
K2	2015	안산경	28	2	1	1	45	9	0
	2016	안산무	15	2	0	1	17	1	0
	합계		43	4	1	2	62	10	0

대회	연도	소속	출전	교체	득점	도움	파울	경고	퇴장
승	2018	서울	0	0	0	0	0	0	0
	합계		0	0	0	0	0	0	0
프로통산			327	30	10	28	516	83	1

신대경(申大京) 경희대 1982.04.15

대회	연도	소속	출전	교체	득점	도움	파울	경고	퇴장
BC	2005	부천SK	0	0	0	0	0	0	0
	2006	제주	0	0	0	0	0	0	0
	합계		0	0	0	0	0	0	0
프로통산			0	0	0	0	0	0	0

신동근(申東根) 연세대 1981.02.15

대회	연도	소속	출전	교체	득점	도움	파울	경고	퇴장
BC	2004	성남일	3	3	0	0	2	0	0
	2005	성남일	1	1	0	0	1	0	0
	2006	성남일	7	7	0	0	4	0	0
	2008	광주상	22	12	0	0	15	2	0
	2009	광주상	5	2	0	0	3	0	0
	합계		38	25	0	0	25	2	0
프로통산			38	25	0	0	25	2	0

신동빈(申東彬) 선문대 1985.06.11

대회	연도	소속	출전	교체	득점	도움	파울	경고	퇴장
BC	2008	전북	1	1	0	0	1	0	0
	합계		1	1	0	0	1	0	0
프로통산			1	1	0	0	1	0	0

신동일(申東一) 광주대 1993.07.09

대회	연도	소속	출전	교체	득점	도움	파울	경고	퇴장
K2	2016	충주	2	2	0	0	2	0	0
	합계		2	2	0	0	2	0	0
프로통산			2	2	0	0	2	0	0

신동철(申東喆) 명지대 1962.11.09

대회	연도	소속	출전	교체	득점	도움	파울	경고	퇴장
BC	1983	국민은	2	0	1	1	3	0	0
	1986	유공	29	6	2	6	16	1	0
	1987	유공	4	3	0	1	1	1	0
	1988	유공	23	3	8	3	13	2	0
	1989	유공	9	6	0	0	1	0	0
	1990	유공	10	5	1	0	4	0	0
	1991	유공	24	17	1	1	7	1	0
	1992	유공	34	3	3	10	16	3	0
	1993	유공	13	5	0	0	3	0	0
	합계		148	48	16	22	64	8	0
프로통산			148	48	16	22	64	8	0

신동혁(新洞革) 대화중 1987.07.17

대회	연도	소속	출전	교체	득점	도움	파울	경고	퇴장
BC	2011	인천	4	5	0	0	1	0	0
	합계		4	5	0	0	1	0	0
K2	2014	대전	3	4	0	0	2	0	0
	합계		3	4	0	0	2	0	0
프로통산			7	9	0	0	3	0	0

신문선(辛文善) 연세대 1958.03.11

대회	연도	소속	출전	교체	득점	도움	파울	경고	퇴장
BC	1983	유공	15	5	1	1	9	2	0
	1984	유공	28	2	2	1	11	0	0
	1985	유공	21	3	0	2	22	0	0
	합계		64	10	3	4	42	2	0
프로통산			64	10	3	4	42	2	0

신범철(申凡喆) 아주대 1970.09.27

대회	연도	소속	출전	교체	실점	도움	파울	경고	퇴장
BC	1993	대우	2	0	3	0	0	0	0
	1994	대우	11	0	20	0	0	0	0
	1995	대우	6	1	6	0	1	1	0
	1997	부산	21	0	15	0	0	1	0
	1998	부산	31	1	36	0	2	3	0
	1999	부산	36	3	41	0	2	2	0
	2000	부산	16	1	26	0	1	0	0
	2000	수원	0	0	0	0	0	0	0
	2001	수원	27	0	33	0	0	2	0
	2002	수원	12	0	20	0	0	0	0
	2003	수원	1	0	0	0	0	0	0
	2004	인천	13	0	15	0	2	1	0
	합계		176	6	215	0	8	10	0
프로통산			176	6	215	0	8	10	0

신병호(申秉澔) 건국대 1977.04.26

대회	연도	소속	출전	교체	득점	도움	파울	경고	퇴장
BC	2002	울산	7	6	1	0	12	1	0
	2002	전남	26	8	8	1	42	0	0
	2003	전남	42	22	16	4	61	3	0
	2004	전남	21	14	3	2	37	3	0
	2005	전남	8	7	0	0	13	0	0
	2006	경남	26	21	5	0	51	3	0
	2007	제주	14	12	0	0	25	1	0
	2008	제주	6	6	2	0	1	0	0
	합계		150	96	35	7	242	11	0
프로통산			150	96	35	7	242	11	0

신상근(申相根) 청주상고 1961.04.24

대회	연도	소속	출전	교체	득점	도움	파울	경고	퇴장
BC	1984	포철	21	10	3	7	17	0	0
	1985	포철	11	6	1	0	5	1	0
	1986	포철	6	6	0	1	2	0	0
	1987	럭금	31	7	3	3	27	1	0
	1988	럭금	15	12	1	0	15	1	0
	1989	럭금	5	5	0	0	5	0	0
	합계		89	46	8	11	71	3	0
프로통산			89	46	8	11	71	3	0

신상우(申相又) 광운대 1976.03.10

대회	연도	소속	출전	교체	득점	도움	파울	경고	퇴장
BC	1999	대전	31	8	5	0	67	4	0
	2000	대전	30	7	1	2	59	4	0
	2001	대전	32	2	1	1	70	7	0
	2004	대전	15	4	0	0	32	0	0
	2005	성남일	1	1	0	0	0	0	0
	2006	성남일	1	1	0	0	0	0	0
	합계		110	23	7	3	228	15	0
프로통산			110	23	7	3	228	15	0

신상훈(申相訓) 중앙대 1983.06.20

대회	연도	소속	출전	교체	득점	도움	파울	경고	퇴장
BC	2006	전북	4	2	0	0	5	0	0
	2007	전북	0	0	0	0	0	0	0
	합계		4	2	0	0	5	0	0
프로통산			4	2	0	0	5	0	0

신상휘(申相輝) 매탄고 2000.07.14

대회	연도	소속	출전	교체	득점	도움	파울	경고	퇴장
K1	2019	수원	1	1	0	0	1	0	0
	합계		1	1	0	0	1	0	0
프로통산			1	1	0	0	1	0	0

신선진(申善眞) 단국대 1994.06.21

대회	연도	소속	출전	교체	득점	도움	파울	경고	퇴장
K2	2017	안산	0	0	0	0	0	0	0
	합계		0	0	0	0	0	0	0
프로통산			0	0	0	0	0	0	0

신성환(申聖煥) 인천대 1968.10.10

대회	연도	소속	출전	교체	득점	도움	파울	경고	퇴장
BC	1992	포철	16	10	0	0	17	1	0
	1993	포철	15	11	0	0	9	0	0
	1994	포철	27	13	0	0	35	8	0
	1995	포항	22	10	1	0	28	3	0
	1996	수원	32	0	1	1	75	8	2
	1997	수원	30	3	3	0	79	9	0
	1998	수원	15	6	1	0	27	3	0
	합계		157	53	6	1	270	32	2
프로통산			157	53	6	1	270	32	2

신세계(申世界) 성균관대 1990.09.16

대회	연도	소속	출전	교체	득점	도움	파울	경고	퇴장
BC	2011	수원	11	5	0	0	25	6	0
	2012	수원	7	5	0	0	13	2	0
	합계		18	10	0	0	38	8	0
K1	2013	수원	16	2	0	0	24	3	0
	2014	수원	20	4	0	0	28	2	0
	2015	수원	18	8	1	0	21	2	0
	2016	수원	22	3	0	1	26	3	0
	2017	상주	13	0	0	0	12	0	0
	2018	상주	22	1	0	0	20	5	0
	2018	수원	5	0	0	0	8	1	0
	2019	수원	23	4	1	2	28	5	0
	합계		139	22	2	3	167	21	0
승	2017	상주	2	0	0	0	0	0	0
	합계		2	0	0	0	0	0	0
프로통산			159	32	2	3	205	29	0

신수진(申洙鎭) 고려대 1982.10.26

대회	연도	소속	출전	교체	득점	도움	파울	경고	퇴장
BC	2005	부산	6	3	0	0	5	0	0
	2006	부산	1	0	0	0	3	0	0
	2008	광주상	5	1	0	0	4	0	0
	합계		12	4	0	0	12	0	0
프로통산			12	4	0	0	12	0	0

신승경(辛承庚) 호남대 1981.09.07

대회	연도	소속	출전	교체	실점	도움	파울	경고	퇴장
BC	2004	부산	5	0	9	0	0	1	0
	2005	부산	9	1	11	0	0	1	0
	2006	부산	3	0	7	0	0	0	0
	2007	부산	2	0	2	0	1	0	0
	2008	부산	1	0	2	0	0	0	0
	2008	경남	0	0	0	0	0	0	0
	2009	경남	2	0	4	0	0	1	0
	합계		22	1	35	0	1	3	0
프로통산			22	1	35	0	1	3	0

신승호(申陞昊) 아주대 1975.05.13

대회	연도	소속	출전	교체	득점	도움	파울	경고	퇴장
BC	1999	전남	9	10	0	1	3	0	0
	2000	부천SK	2	1	0	0	4	0	0
	2001	부천SK	0	0	0	0	0	0	0
	2002	부천SK	27	8	0	0	43	5	0
	2003	부천SK	22	3	0	0	20	1	0
	2004	부천SK	22	12	0	0	31	0	0
	2005	부천SK	23	7	1	0	32	3	0
	2006	경남	33	2	1	3	59	7	0
	합계		138	43	2	4	192	16	0
프로통산			138	43	2	4	192	16	0

신연수(申燃秀) 매탄고 1992.04.06

대회	연도	소속	출전	교체	득점	도움	파울	경고	퇴장
BC	2011	수원	1	1	0	0	0	0	0
	2012	상주	1	1	0	0	0	0	0
	합계		2	2	0	0	0	0	0
K1	2014	부산	1	1	0	0	2	1	0
	합계		1	1	0	0	2	1	0
프로통산			3	3	0	0	2	1	0

신연호(申連浩) 고려대 1964.05.08

대회	연도	소속	출전	교체	득점	도움	파울	경고	퇴장
BC	1987	현대	9	5	0	0	5	1	0
	1988	현대	21	2	1	0	22	2	0
	1989	현대	21	7	3	2	31	0	0
	1990	현대	17	4	3	0	26	0	0
	1991	현대	36	4	0	1	30	1	0
	1992	현대	23	9	2	0	13	0	0
	1993	현대	28	10	2	3	19	2	1
	1994	현대	15	13	1	1	16	1	0
	합계		170	54	12	7	162	7	1
프로통산			170	54	12	7	162	7	1

신영록(辛泳錄) 세일중 1987.03.27

대회	연도	소속	출전	교체	득점	도움	파울	경고	퇴장
BC	2003	수원	3	4	0	0	0	0	0
	2004	수원	6	6	0	0	2	0	0

	2005	수원	7	7	1	0	7	1	0
	2006	수원	12	12	2	1	20	2	0
	2007	수원	3	1	2	0	11	1	0
	2008	수원	23	16	7	4	43	0	0
	2010	수원	9	4	3	1	24	3	0
	2011	제주	8	7	0	0	16	2	0
	합계		71	57	15	6	123	9	0
프로통산			71	57	15	6	123	9	0

신영록(申榮綠) 호남대 1981.09.07

대회	연도	소속	출전	교체	득점	도움	파울	경고	퇴장
BC	2003	부산	7	4	0	0	12	0	0
	2004	부산	1	1	0	0	1	0	0
	2005	부산	14	0	0	0	24	5	0
	합계		22	5	0	0	37	5	0
프로통산			22	5	0	0	37	5	0

신영준(辛映俊) 호남대 1989.09.06

대회	연도	소속	출전	교체	득점	도움	파울	경고	퇴장
BC	2011	전남	20	17	3	1	14	0	0
	2012	전남	20	19	3	1	18	0	0
	합계		40	36	6	2	32	0	0
K1	2013	전남	3	3	0	0	1	0	0
	2013	포항	13	13	2	2	5	0	0
	2014	포항	15	14	0	0	11	3	0
	2016	상주	16	15	2	0	9	0	0
	2017	상주	6	5	0	0	5	0	0
	2017	강원	1	1	0	0	1	0	0
	합계		54	51	4	2	32	3	0
K2	2015	강원	19	15	3	3	12	1	0
	2018	부산	11	11	2	1	4	1	0
	합계		30	26	5	4	16	2	0
승	2018	부산	0	0	0	0	0	0	0
	합계		0	0	0	0	0	0	0
프로통산			124	113	15	8	80	5	0

신영철(申映哲) 풍생고 1986.03.14

대회	연도	소속	출전	교체	득점	도움	파울	경고	퇴장
BC	2005	성남일	3	3	0	0	0	0	0
	2006	성남일	4	4	1	0	7	0	0
	2009	성남일	0	0	0	0	0	0	0
	2010	성남일	0	0	0	0	0	0	0
	합계		7	7	1	0	7	0	0
프로통산			7	7	1	0	7	0	0

신완희(申頑熙) 탐라대 1988.05.12

대회	연도	소속	출전	교체	득점	도움	파울	경고	퇴장
BC	2011	부산	0	0	0	0	0	0	0
	합계		0	0	0	0	0	0	0
프로통산			0	0	0	0	0	0	0

신우식(申友植) 연세대 1968.03.25

대회	연도	소속	출전	교체	득점	도움	파울	경고	퇴장
BC	1990	럭금	3	3	0	0	0	0	0
	1991	LG	2	1	0	0	1	0	0
	1994	LG	12	2	0	0	16	1	0
	1995	LG	1	0	0	0	1	1	0
	합계		18	6	0	0	18	2	0
프로통산			18	6	0	0	18	2	0

신윤기(辛允基) 영남상고 1957.03.23

대회	연도	소속	출전	교체	득점	도움	파울	경고	퇴장
BC	1983	유공	8	2	0	1	5	1	0
	합계		8	2	0	1	5	1	0
프로통산			8	2	0	1	5	1	0

신의손[申宜孫 / ← 사리체프(Valeri Sarychev)] 1960.01.12

대회	연도	소속	출전	교체	실점	도움	파울	경고	퇴장
BC	1992	일화	40	0	31	0	0	1	0
	1993	일화	35	0	33	0	0	0	0
	1994	일화	36	0	33	0	1	0	0
	1995	일화	34	0	27	0	2	3	0
	1996	천안일	27	0	51	0	0	0	0
	1997	천안일	16	2	28	0	1	0	0
	1998	천안일	5	0	16	0	0	0	0
	2000	안양LG	32	1	35	0	0	1	0
	2001	안양LG	35	0	29	0	1	0	0
	2002	안양LG	35	0	36	0	1	1	0
	2003	안양LG	18	0	26	0	0	1	0
	2004	서울	7	0	12	0	0	0	0
	합계		320	3	357	0	6	7	0
프로통산			320	3	357	0	6	7	0

신인섭(申仁燮) 건국대 1989.06.01

대회	연도	소속	출전	교체	득점	도움	파울	경고	퇴장
BC	2011	부산	0	0	0	0	0	0	0
	합계		0	0	0	0	0	0	0
프로통산			0	0	0	0	0	0	0

신일수(申一守) 고려대 1994.09.04

대회	연도	소속	출전	교체	득점	도움	파울	경고	퇴장
K2	2015	서울E	12	7	0	0	20	5	0
	2016	서울E	22	13	0	1	36	6	0
	2018	안산	27	3	1	0	28	6	1
	합계		61	23	1	1	84	17	1
프로통산			61	23	1	1	84	17	1

신재원(申在源) 고려대 1998.09.16

대회	연도	소속	출전	교체	득점	도움	파울	경고	퇴장
K1	2019	서울	2	2	0	0	1	1	0
	합계		2	2	0	0	1	1	0
프로통산			2	2	0	0	1	1	0

신재필(申栽必) 안양공고 1982.05.25

대회	연도	소속	출전	교체	득점	도움	파울	경고	퇴장
BC	2002	안양LG	0	0	0	0	0	0	0
	2003	안양LG	1	2	0	0	2	1	0
	합계		1	2	0	0	2	1	0
K2	2013	고양	26	10	0	0	43	7	0
	2014	고양	14	12	0	0	9	1	1
	합계		40	22	0	0	52	8	1
프로통산			41	24	0	0	54	9	1

신재흠(申在欽) 연세대 1959.03.26

대회	연도	소속	출전	교체	득점	도움	파울	경고	퇴장
BC	1983	대우	1	1	0	0	2	1	0
	1984	럭금	27	3	1	2	21	1	0
	합계		28	4	1	2	23	2	0
프로통산			28	4	1	2	23	2	0

신정환(申正桓) 관동대(가톨릭관동대) 1986.08.18

대회	연도	소속	출전	교체	득점	도움	파울	경고	퇴장
BC	2008	제주	0	0	0	0	0	0	0
	2011	전남	0	0	0	0	0	0	0
	합계		0	0	0	0	0	0	0
프로통산			0	0	0	0	0	0	0

신제경(辛齊耕) 중앙대 1961.01.25

대회	연도	소속	출전	교체	득점	도움	파울	경고	퇴장
BC	1985	상무	21	2	0	0	26	0	0
	합계		21	2	0	0	26	0	0
프로통산			21	2	0	0	26	0	0

신제호(辛齊虎) 중앙대 1962.10.03

대회	연도	소속	출전	교체	득점	도움	파울	경고	퇴장
BC	1985	한일은	14	0	0	0	24	2	0
	1986	한일은	10	0	0	0	12	1	0
	합계		24	0	0	0	36	3	0
프로통산			24	0	0	0	36	3	0

신종혁(辛鍾赫) 대구대 1976.03.04

대회	연도	소속	출전	교체	득점	도움	파울	경고	퇴장
BC	1999	포항	0	0	0	0	0	0	0
	2000	포항	5	3	0	1	8	0	0
	합계		5	3	0	1	8	0	0
프로통산			5	3	0	1	8	0	0

신준배(辛俊培) 선문대 1985.10.26

대회	연도	소속	출전	교체	실점	도움	파울	경고	퇴장
BC	2009	대전	3	0	4	0	0	0	0
	2010	대전	9	0	14	0	1	1	0
	2011	대전	3	1	4	0	0	0	0
	합계		15	1	22	0	1	1	0
프로통산			15	1	22	0	1	1	0

신진원(申晉遠) 연세대 1974.09.27

대회	연도	소속	출전	교체	득점	도움	파울	경고	퇴장
BC	1997	대전	32	19	6	1	52	3	0
	1998	대전	32	12	8	3	41	5	0
	1999	대전	7	6	1	1	3	1	0
	2000	대전	30	20	1	6	38	2	0
	2001	전남	26	20	2	1	29	2	0
	2002	전남	8	8	0	0	2	1	0
	2003	대전	10	10	0	0	7	0	0
	2004	대전	2	2	0	0	6	1	0
	합계		147	97	18	12	178	15	0
프로통산			147	97	18	12	178	15	0

신진하(申昊津) 한양대 1996.09.03

대회	연도	소속	출전	교체	득점	도움	파울	경고	퇴장
K2	2019	전남	2	2	0	0	2	0	0
	합계		2	2	0	0	2	0	0
프로통산			2	2	0	0	2	0	0

신진호(申嗔浩) 영남대 1988.09.07

대회	연도	소속	출전	교체	득점	도움	파울	경고	퇴장
BC	2011	포항	6	6	0	1	5	2	0
	2012	포항	23	10	1	6	49	5	1
	합계		29	16	1	7	54	7	1
K1	2013	포항	20	6	2	2	34	3	0
	2015	포항	17	0	3	3	39	5	0
	2016	서울	6	2	1	2	9	1	0
	2016	상주	23	7	0	6	37	2	0
	2017	상주	12	5	1	1	19	5	0
	2018	서울	34	11	2	4	67	8	1
	2019	울산	24	12	1	4	39	5	1
	합계		136	43	10	22	244	29	2
승	2017	상주	2	0	0	0	11	1	0
	합계		2	0	0	0	11	1	0
프로통산			167	59	11	29	309	37	3

신찬우(申讚優) 연세대 1997.02.08

대회	연도	소속	출전	교체	득점	도움	파울	경고	퇴장
K1	2018	전남	0	0	0	0	0	0	0
	합계		0	0	0	0	0	0	0
K2	2019	전남	0	0	0	0	0	0	0
	합계		0	0	0	0	0	0	0
프로통산			0	0	0	0	0	0	0

신창무(申昶武) 우석대 1992.09.17

대회	연도	소속	출전	교체	득점	도움	파울	경고	퇴장
K1	2017	대구	19	14	2	1	28	5	0
	2018	상주	21	18	1	2	13	2	0
	2019	상주	16	16	1	0	10	1	0
	2019	대구	8	8	1	0	6	2	0
	합계		64	56	5	3	57	10	0
K2	2014	대구	12	11	0	1	12	0	0
	2015	대구	10	9	0	0	15	3	0
	2016	대구	31	18	1	0	41	10	0
	합계		53	38	1	1	68	13	0
프로통산			117	94	6	4	125	23	0

신태용(申台龍) 영남대 1970.10.11

대회	연도	소속	출전	교체	득점	도움	파울	경고	퇴장
BC	1992	일화	23	10	9	5	39	0	0
	1993	일화	33	5	6	7	43	2	0
	1994	일화	29	11	8	4	33	0	0
	1995	일화	33	9	6	4	40	4	0
	1996	천안일	29	3	21	3	48	3	0
	1997	천안일	19	7	3	2	34	1	1
	1998	천안일	24	9	3	6	36	2	0
	1999	천안일	35	14	9	2	54	3	0
	2000	성남일	34	13	9	7	43	4	0

대회	연도	소속	출전	교체	득점	도움	파울	경고	퇴장
	2001	성남일	36	8	5	10	43	0	0
	2002	성남일	37	5	6	7	60	4	0
	2003	성남일	38	9	8	7	60	3	0
	2004	성남일	31	11	6	4	39	4	1
	합계		401	114	99	68	572	30	2
프로통산			401	114	99	68	572	30	2

*실점: 2002년 2 / 통산 2

신학영(申學榮) 동북고 1994.03.04

대회	연도	소속	출전	교체	득점	도움	파울	경고	퇴장
K2	2015	경남	7	6	0	0	8	0	0
	2016	경남	24	14	1	1	19	2	0
	2017	대전	24	17	1	0	23	2	0
	2018	대전	15	13	0	1	17	3	0
	2019	대전	12	8	0	1	21	5	0
	합계		82	58	2	3	88	12	0
프로통산			82	58	2	3	88	12	0

신현준(申賢儁) 세종대 1992.06.15

대회	연도	소속	출전	교체	득점	도움	파울	경고	퇴장
K2	2016	부천	11	11	1	0	6	2	0
	2017	부천	12	12	1	0	4	3	0
	2018	부천	5	5	0	0	3	0	0
	합계		28	28	2	0	13	5	0
프로통산			28	28	2	0	13	5	0

신현준(申鉉俊) 명지대 1986.03.08

대회	연도	소속	출전	교체	득점	도움	파울	경고	퇴장
BC	2009	강원	0	0	0	0	0	0	0
	합계		0	0	0	0	0	0	0
프로통산			0	0	0	0	0	0	0

신현호(申鉉浩) 한양대 1953.09.21

대회	연도	소속	출전	교체	득점	도움	파울	경고	퇴장
BC	1984	할렐	26	16	1	4	7	0	0
	1985	할렐	10	7	1	2	5	0	0
	합계		36	23	2	6	12	0	0
프로통산			36	23	2	6	12	0	0

신현호(辛賢浩) 연세대 1977.07.07

대회	연도	소속	출전	교체	득점	도움	파울	경고	퇴장
BC	2000	부천SK	3	3	0	0	1	0	0
	2001	부천SK	0	0	0	0	0	0	0
	2002	부천SK	10	9	0	0	11	0	0
	2003	부천SK	20	9	0	0	31	6	0
	합계		33	21	0	0	43	6	0
프로통산			33	21	0	0	43	6	0

신형민(辛炯旼) 홍익대 1986.07.18

대회	연도	소속	출전	교체	득점	도움	파울	경고	퇴장
BC	2008	포항	24	12	3	1	40	4	0
	2009	포항	28	6	4	2	50	5	0
	2010	포항	22	1	0	0	50	11	0
	2011	포항	28	1	4	1	45	7	0
	2012	포항	25	0	1	2	47	8	0
	합계		127	20	12	6	232	35	0
K1	2014	전북	25	2	0	0	39	4	0
	2016	전북	10	1	1	0	11	2	0
	2017	전북	34	5	0	1	35	10	0
	2018	전북	28	11	0	1	34	5	0
	2019	전북	28	7	0	0	45	9	0
	합계		125	26	1	2	164	30	0
K2	2015	안산경	38	0	4	0	35	8	0
	2016	안산무	25	3	0	0	30	5	0
	합계		63	3	4	0	65	13	0
프로통산			315	49	17	8	461	78	0

신호은(申鎬殷) 영남대 1991.06.16

대회	연도	소속	출전	교체	득점	도움	파울	경고	퇴장
K2	2014	부천	1	1	0	0	0	0	0
	합계		1	1	0	0	0	0	0
프로통산			1	1	0	0	0	0	0

신홍기(辛弘基) 한양대 1968.05.04

대회	연도	소속	출전	교체	득점	도움	파울	경고	퇴장
BC	1991	현대	39	5	1	4	33	3	0
	1992	현대	39	2	8	6	56	1	0
	1993	현대	12	2	2	1	6	2	0
	1994	현대	20	6	1	2	16	1	0
	1995	현대	34	3	4	6	37	4	0
	1996	울산	30	1	4	8	51	7	0
	1997	울산	30	6	2	6	33	5	0
	1998	수원	26	2	5	3	60	1	0
	1999	수원	39	0	3	5	69	7	0
	2000	수원	37	0	4	1	57	4	0
	2001	수원	30	14	1	0	41	3	1
	합계		336	41	35	42	459	38	1
프로통산			336	41	35	42	459	38	1

신화용(申和容) 청주대 1983.04.13

대회	연도	소속	출전	교체	실점	도움	파울	경고	퇴장
BC	2004	포항	0	0	0	0	0	0	0
	2005	포항	0	0	0	0	0	0	0
	2006	포항	13	0	21	0	0	0	0
	2007	포항	26	3	25	0	0	2	0
	2008	포항	9	1	9	0	0	0	0
	2009	포항	26	1	26	0	0	2	0
	2010	포항	27	1	43	0	0	2	0
	2011	포항	29	1	29	0	1	2	0
	2012	포항	32	0	33	0	1	1	1
	합계		162	7	186	0	2	9	1
K1	2013	포항	33	0	31	0	0	2	0
	2014	포항	31	1	29	0	1	3	0
	2015	포항	38	0	32	0	0	3	0
	2016	포항	23	2	31	0	0	1	0
	2017	수원	33	2	30	0	1	0	0
	2018	수원	17	1	17	0	0	0	0
	합계		175	6	170	0	2	9	0
프로통산			337	13	356	0	4	18	1

신희재(申熙梓) 선문대 1992.12.27

대회	연도	소속	출전	교체	득점	도움	파울	경고	퇴장
K2	2015	대구	1	1	0	0	0	0	0
	2016	대구	0	0	0	0	0	0	0
	합계		1	1	0	0	0	0	0
프로통산			1	1	0	0	0	0	0

실바(Alvaro Silva) 필리핀 1984.03.30

대회	연도	소속	출전	교체	득점	도움	파울	경고	퇴장
K1	2015	대전	7	1	0	0	2	0	0
	합계		7	1	0	0	2	0	0
K2	2016	대전	15	1	0	0	24	5	0
	합계		15	1	0	0	24	5	0
프로통산			22	2	0	0	26	5	0

실바(Alexandre Capelin E Silva) 브라질 1989.01.11

대회	연도	소속	출전	교체	득점	도움	파울	경고	퇴장
BC	2012	전남	1	1	0	0	1	0	0
	합계		1	1	0	0	1	0	0
프로통산			1	1	0	0	1	0	0

실바(Marcelo da Silva Santos) 브라질 1978.11.30

대회	연도	소속	출전	교체	득점	도움	파울	경고	퇴장
BC	2000	성남일	7	4	0	0	18	2	0
	합계		7	4	0	0	18	2	0
프로통산			7	4	0	0	18	2	0

실바(Antonio Marcos da Silva) 브라질 1977.06.20

대회	연도	소속	출전	교체	득점	도움	파울	경고	퇴장
BC	2002	전남	10	8	0	0	6	0	0
	합계		10	8	0	0	6	0	0
프로통산			10	8	0	0	6	0	0

실바(Valdenir da Silva Vitalino) 브라질 1977.02.21

대회	연도	소속	출전	교체	득점	도움	파울	경고	퇴장
BC	2005	서울	8	1	0	0	20	3	0
	합계		8	1	0	0	20	3	0
프로통산			8	1	0	0	20	3	0

실바(Elpidio Pereira da Silva Fihlo) 브라질 1975.07.19

대회	연도	소속	출전	교체	득점	도움	파울	경고	퇴장
BC	2006	수원	14	14	2	1	15	0	0
	합계		14	14	2	1	15	0	0
프로통산			14	14	2	1	15	0	0

실바(Welington da Silva de Souza) 브라질 1987.05.27

대회	연도	소속	출전	교체	득점	도움	파울	경고	퇴장
BC	2008	경남	7	6	0	0	11	0	0
	합계		7	6	0	0	11	0	0
프로통산			7	6	0	0	11	0	0

실반(Silvan Lopes) 브라질 1973.07.20

대회	연도	소속	출전	교체	득점	도움	파울	경고	퇴장
BC	1994	포철	16	4	2	3	31	2	0
	1995	포항	22	8	0	3	37	4	0
	합계		38	12	2	6	68	6	0
프로통산			38	12	2	6	68	6	0

실빙요(Silvio Jose Cardoso Reis Junior) 브라질 1990.07.01

대회	연도	소속	출전	교체	득점	도움	파울	경고	퇴장
K1	2016	성남	13	10	2	0	9	0	0
	합계		13	10	2	0	9	0	0
승	2016	성남	0	0	0	0	0	0	0
	합계		0	0	0	0	0	0	0
프로통산			13	10	2	0	9	0	0

심광욱(深光昱) 아주대 1994.01.03

대회	연도	소속	출전	교체	득점	도움	파울	경고	퇴장
K1	2015	제주	8	9	0	1	6	1	0
	2016	광주	4	4	0	0	0	0	0
	합계		12	13	0	1	6	1	0
K2	2017	서울E	2	2	0	0	2	0	0
	합계		2	2	0	0	2	0	0
프로통산			14	15	0	1	8	1	0

심규선(沈規善) 명지대 1962.01.14

대회	연도	소속	출전	교체	득점	도움	파울	경고	퇴장
BC	1986	포철	22	14	1	1	15	1	0
	합계		22	14	1	1	15	1	0
프로통산			22	14	1	1	15	1	0

심동운(沈東雲) 홍익대 1990.03.03

대회	연도	소속	출전	교체	득점	도움	파울	경고	퇴장
BC	2012	전남	30	19	4	0	22	2	0
	합계		30	19	4	0	22	2	0
K1	2013	전남	29	3	5	3	22	4	0
	2014	전남	20	11	2	1	16	1	0
	2015	포항	28	23	1	3	14	1	0
	2016	포항	36	19	10	1	16	2	0
	2017	포항	37	31	8	2	23	3	0
	2018	상주	31	14	8	0	16	2	0
	2019	상주	17	14	2	1	8	1	0
	2019	포항	8	5	1	0	6	0	0
	합계		206	120	37	11	121	14	0
프로통산			236	139	41	11	143	16	0

심민석(沈敏錫) 관동대(가톨릭관동대) 1977.10.21

대회	연도	소속	출전	교체	득점	도움	파울	경고	퇴장
BC	2000	성남일	0	0	0	0	0	0	0
	2004	성남일	1	1	0	0	2	0	0
	합계		1	1	0	0	2	0	0
프로통산			1	1	0	0	2	0	0

심봉섭(沈鳳燮) 한양대 1966.09.10

대회	연도	소속	출전	교체	득점	도움	파울	경고	퇴장
BC	1989	대우	23	11	2	3	27	0	0
	1990	대우	24	19	1	1	23	1	0
	1991	대우	30	32	3	1	30	2	0
	1992	대우	28	21	5	1	24	2	0
	1993	대우	27	17	2	0	25	3	0
	1994	대우	18	16	0	1	9	2	0

대회	연도	소속	출전	교체	득점	도움	파울	경고	퇴장
	1995	LG	6	7	0	0	5	0	0
	합계		156	123	13	7	143	10	0
프로통산			156	123	13	7	143	10	0

심상민(沈相旼) 중앙대 1993.05.21

대회	연도	소속	출전	교체	득점	도움	파울	경고	퇴장
K1	2014	서울	2	2	0	0	1	0	0
	2015	서울	12	6	0	2	14	0	0
	2016	서울	4	2	0	0	2	1	0
	2017	서울	13	7	0	1	7	1	0
	2018	서울	16	3	0	0	15	1	0
	2019	포항	26	2	0	1	14	2	0
	합계		73	22	0	4	53	5	0
K2	2016	서울E	13	0	1	0	6	0	0
	합계		13	0	1	0	6	0	0
프로통산			86	22	1	4	59	5	0

심영성(沈永星) 제주제일고 1987.01.15

대회	연도	소속	출전	교체	득점	도움	파울	경고	퇴장
BC	2004	성남일	7	7	0	0	7	0	0
	2005	성남일	2	2	0	0	1	0	0
	2006	성남일	7	5	0	0	15	1	0
	2006	제주	8	4	0	1	10	1	0
	2007	제주	25	14	5	1	20	0	0
	2008	제주	23	14	7	3	14	1	0
	2009	제주	25	17	2	1	14	1	0
	2011	제주	8	8	0	0	0	0	0
	2012	제주	1	1	0	0	0	0	0
	2012	강원	9	8	1	0	8	2	0
	합계		115	80	15	6	89	6	0
K1	2015	제주	0	0	0	0	0	0	0
	합계		0	0	0	0	0	0	0
K2	2016	강원	30	30	4	2	16	2	0
	2017	서울E	16	16	2	1	10	2	0
	합계		46	46	6	3	26	4	0
승	2016	강원	0	0	0	0	0	0	0
	합계		0	0	0	0	0	0	0
프로통산			161	126	21	9	115	10	0

심우연(沈愚燃) 건국대 1985.04.03

대회	연도	소속	출전	교체	득점	도움	파울	경고	퇴장
BC	2006	서울	9	9	2	0	7	0	0
	2007	서울	15	12	2	0	13	0	0
	2008	서울	0	0	0	0	0	0	0
	2009	서울	2	2	0	0	2	0	0
	2010	전북	29	11	2	1	28	2	0
	2011	전북	21	4	2	0	30	5	0
	2012	전북	31	7	0	1	29	8	0
	합계		107	45	8	2	109	15	0
K1	2013	성남일	11	4	0	0	5	2	0
	2014	성남	5	3	0	0	2	0	0
	2015	성남	1	1	0	0	0	0	0
	2016	서울	9	9	0	0	3	0	0
	2017	서울	3	3	0	0	1	1	0
	합계		29	20	0	0	11	3	0
프로통산			136	65	8	2	120	18	0

심재명(沈載明) 중앙대 1989.06.07

대회	연도	소속	출전	교체	득점	도움	파울	경고	퇴장
BC	2011	성남일	10	10	0	1	5	0	0
	2012	성남일	2	2	0	0	2	0	0
	합계		12	12	0	1	7	0	0
프로통산			12	12	0	1	7	0	0

심재민(沈在旻) 울산대 1997.10.07

대회	연도	소속	출전	교체	득점	도움	파울	경고	퇴장
K2	2019	안산	2	2	0	0	1	0	0
	합계		2	2	0	0	1	0	0
프로통산			2	2	0	0	1	0	0

심재원(沈載源) 연세대 1977.03.11

대회	연도	소속	출전	교체	득점	도움	파울	경고	퇴장
BC	2000	부산	13	4	0	0	19	2	0
	2001	부산	18	0	1	0	19	1	0
	2002	부산	14	3	0	0	21	2	0
	2003	부산	25	7	0	2	30	7	0
	2004	광주상	7	2	0	0	11	1	0
	2005	광주상	29	1	2	1	71	5	0
	2006	부산	28	2	1	0	50	3	0
	2007	부산	25	1	0	1	43	5	1
	2008	부산	7	4	0	1	7	2	0
	합계		166	24	4	5	271	28	1
프로통산			166	24	4	5	271	28	1

심재훈(沈載訓) 상지대 1994.03.07

대회	연도	소속	출전	교체	실점	도움	파울	경고	퇴장
K2	2017	안양	1	1	0	0	0	0	0
	합계		1	1	0	0	0	0	0
프로통산			1	1	0	0	0	0	0

심제혁(沈帝赫) 오산고 1995.03.05

대회	연도	소속	출전	교체	득점	도움	파울	경고	퇴장
K1	2014	서울	4	4	0	0	6	0	0
	2015	서울	8	8	0	0	11	1	0
	2016	서울	5	5	0	1	2	0	0
	합계		17	17	0	1	19	1	0
K2	2017	성남	23	21	0	0	32	2	0
	합계		23	21	0	0	32	2	0
프로통산			40	38	0	1	51	3	0

심종보(沈宗輔) 진주국제대 1984.05.21

대회	연도	소속	출전	교체	득점	도움	파울	경고	퇴장
BC	2007	경남	4	3	0	0	4	0	0
	합계		4	3	0	0	4	0	0
프로통산			4	3	0	0	4	0	0

심진의(沈眞意) 선문대 1992.04.16

대회	연도	소속	출전	교체	득점	도움	파울	경고	퇴장
K2	2015	충주	28	25	2	1	11	0	0
	합계		28	25	2	1	11	0	0
프로통산			28	25	2	1	11	0	0

심진형(沈珍亨) 연세대 1987.03.18

대회	연도	소속	출전	교체	득점	도움	파울	경고	퇴장
BC	2011	경남	1	1	0	0	0	0	0
	합계		1	1	0	0	0	0	0
프로통산			1	1	0	0	0	0	0

싸비치(Dusan Savić) 마케도니아 1985.10.01

대회	연도	소속	출전	교체	득점	도움	파울	경고	퇴장
BC	2010	인천	2	2	0	0	3	0	0
	합계		2	2	0	0	3	0	0
프로통산			2	2	0	0	3	0	0

싼더(Sander Oostrom) 네덜란드 1967.07.14

대회	연도	소속	출전	교체	득점	도움	파울	경고	퇴장
BC	1997	포항	20	16	4	2	24	3	0
	1998	포항	1	1	0	0	1	0	0
	합계		21	17	4	2	25	3	0
프로통산			21	17	4	2	25	3	0

쏘우자(Marcelo Tome de Souza) 브라질 1969.04.21

대회	연도	소속	출전	교체	득점	도움	파울	경고	퇴장
BC	2004	서울	30	2	0	0	27	5	0
	합계		30	2	0	0	27	5	0
프로통산			30	2	0	0	27	5	0

쏘자(Ednilton Souza de Brito) 브라질 1981.06.04

대회	연도	소속	출전	교체	득점	도움	파울	경고	퇴장
BC	2008	제주	10	7	0	0	8	0	0
	합계		10	7	0	0	8	0	0
프로통산			10	7	0	0	8	0	0

씨마오(Simao Pedro Goncalves de Figueiredo Costa) 포르투갈

대회	연도	소속	출전	교체	득점	도움	파울	경고	퇴장
BC	2001	대전	5	5	0	0	1	0	0
	합계		5	5	0	0	1	0	0
프로통산			5	5	0	0	1	0	0

씨엘(Jociel Ferreira da Silva) 브라질 1982.03.31

대회	연도	소속	출전	교체	득점	도움	파울	경고	퇴장
BC	2007	부산	13	9	1	1	29	1	0
	합계		13	9	1	1	29	1	0
프로통산			13	9	1	1	29	1	0

아가시코프 러시아 1962.11.06

대회	연도	소속	출전	교체	득점	도움	파울	경고	퇴장
BC	1992	포철	4	3	1	0	3	0	0
	합계		4	3	1	0	3	0	0
프로통산			4	3	1	0	3	0	0

아고스(Agostinho Petronilo de Oliveira Filho) 브라질 1978.12.12

대회	연도	소속	출전	교체	득점	도움	파울	경고	퇴장
BC	2005	부천SK	19	13	2	1	45	1	1
	합계		19	13	2	1	45	1	1
프로통산			19	13	2	1	45	1	1

아그보(Agbo Alex) 나이지리아 1977.07.01

대회	연도	소속	출전	교체	득점	도움	파울	경고	퇴장
BC	1996	천안일	6	6	1	0	18	2	0
	1997	천안일	17	12	1	0	47	2	0
	합계		23	18	2	0	65	4	0
프로통산			23	18	2	0	65	4	0

아기치(Jasmin Agić) 크로아티아 1974.12.26

대회	연도	소속	출전	교체	득점	도움	파울	경고	퇴장
BC	2005	인천	33	10	3	4	72	8	0
	2006	인천	16	4	2	3	36	4	0
	합계		49	14	5	7	108	12	0
프로통산			49	14	5	7	108	12	0

아길라르(Elias Aguilar Vargas Elias) 코스타리카 1991.11.07

대회	연도	소속	출전	교체	득점	도움	파울	경고	퇴장
K1	2018	인천	35	12	3	10	50	5	0
	2019	제주	26	18	4	5	39	1	0
	합계		61	30	7	15	89	6	0
프로통산			61	30	7	15	89	6	0

아니에르(Henri Anier) 에스토니아 1990.12.17

대회	연도	소속	출전	교체	득점	도움	파울	경고	퇴장
K2	2019	수원FC	21	13	4	4	46	3	0
	합계		21	13	4	4	46	3	0
프로통산			21	13	4	4	46	3	0

아다오(Jose Adao Fonseca) 브라질 1972.11.30

대회	연도	소속	출전	교체	득점	도움	파울	경고	퇴장
BC	1998	전남	22	20	7	0	30	4	0
	합계		22	20	7	0	30	4	0
프로통산			22	20	7	0	30	4	0

아데마(Adhemar Ferreira de Camargo Neto) 브라질 1972.04.27

대회	연도	소속	출전	교체	득점	도움	파울	경고	퇴장
BC	2004	성남일	10	8	0	0	18	0	0
	합계		10	8	0	0	18	0	0
프로통산			10	8	0	0	18	0	0

아도(Agnaldo Cordeiro Pereira) 브라질 1975.01.25

대회	연도	소속	출전	교체	득점	도움	파울	경고	퇴장
BC	2003	안양LG	17	14	5	1	40	1	0
	합계		17	14	5	1	40	1	0
프로통산			17	14	5	1	40	1	0

아드리아노(Carlos Adriano de Sousa Cruz) 브라질 1987.09.28

대회	연도	소속	출전	교체	득점	도움	파울	경고	퇴장
K1	2015	대전	17	3	7	1	25	4	1
	2015	서울	13	3	8	1	28	3	0
	2016	서울	30	17	17	6	30	2	1
	2018	전북	25	23	8	2	19	3	0
	2019	전북	1	1	0	0	0	0	0
	합계		86	47	40	10	102	12	2
K2	2014	대전	32	5	27	4	76	5	0
	합계		32	5	27	4	76	5	0

프로통산			118	52	67	14	178	17	2

아드리아노(Adriano Adriano Antunes de Paula) 브라질 1981.03.07

대회	연도	소속	출전	교체	득점	도움	파울	경고	퇴장
BC	2004	부산	13	7	2	1	36	0	0
	합계		13	7	2	1	36	0	0
프로통산			13	7	2	1	36	0	0

아드리아노(Antonio Adriano Antunes de Paula) 브라질 1987.06.13

대회	연도	소속	출전	교체	득점	도움	파울	경고	퇴장
K1	2013	대구	9	9	0	0	14	0	0
	합계		9	9	0	0	14	0	0
프로통산			9	9	0	0	14	0	0

아드리안(Zazi Chaminga Adrien) 콩고민주공화국 1975.03.26

대회	연도	소속	출전	교체	득점	도움	파울	경고	퇴장
BC	1997	천안일	9	8	1	1	12	2	0
	합계		9	8	1	1	12	2	0
프로통산			9	8	1	1	12	2	0

아드리안(Dumitru Adrian Mihalcea) 루마니아 1976.05.24

대회	연도	소속	출전	교체	득점	도움	파울	경고	퇴장
BC	2005	전남	3	3	0	0	5	0	0
	합계		3	3	0	0	5	0	0
프로통산			3	3	0	0	5	0	0

아디(Adilson dos Santos) 브라질 1976.05.12

대회	연도	소속	출전	교체	득점	도움	파울	경고	퇴장
BC	2006	서울	34	3	1	2	67	4	0
	2007	서울	36	4	2	1	56	5	0
	2008	서울	34	4	3	1	32	5	0
	2009	서울	28	1	3	1	34	2	1
	2010	서울	31	4	5	1	48	5	0
	2011	서울	30	0	0	1	14	5	0
	2012	서울	38	5	1	3	27	4	0
	합계		231	21	15	10	278	30	1
K1	2013	서울	33	3	3	2	27	5	0
	합계		33	3	3	2	27	5	0
프로통산			264	24	18	12	305	35	1

아디(Adnan Ocell) 알바니아 1966.03.06

대회	연도	소속	출전	교체	득점	도움	파울	경고	퇴장
BC	1996	수원	16	2	1	0	27	7	1
	합계		16	2	1	0	27	7	1
프로통산			16	2	1	0	27	7	1

아르체(Jusan Carlos Arce Justiniano) 볼리비아 1985.04.10

대회	연도	소속	출전	교체	득점	도움	파울	경고	퇴장
BC	2008	성남일	15	15	0	1	10	2	0
	합계		15	15	0	1	10	2	0
프로통산			15	15	0	1	10	2	0

아리넬송(Arinelson Freire Nunes) 브라질 1973.01.27

대회	연도	소속	출전	교체	득점	도움	파울	경고	퇴장
BC	2001	전북	11	9	2	3	5	3	0
	2002	울산	8	10	0	2	7	2	0
	합계		19	19	2	5	12	5	0
프로통산			19	19	2	5	12	5	0

아리아스(Arias Moros Cesar Augusto) 콜롬비아 1988.04.02

대회	연도	소속	출전	교체	득점	도움	파울	경고	퇴장
K1	2013	대전	15	4	6	0	37	3	0
	합계		15	4	6	0	37	3	0
프로통산			15	4	6	0	37	3	0

아미르(Amir Teljigović) 보스니아 헤르체고비나 1966.08.07

대회	연도	소속	출전	교체	득점	도움	파울	경고	퇴장
BC	1994	대우	24	12	1	3	38	5	2
	1995	대우	32	14	2	10	50	7	0
	1996	부산	18	11	0	2	22	4	0
	합계		74	37	3	15	110	16	2
프로통산			74	37	3	15	110	16	2

아보라(Stanley Aborah) 가나 1969.08.25

대회	연도	소속	출전	교체	득점	도움	파울	경고	퇴장
BC	1997	천안일	30	3	2	1	80	8	1
	1998	천안일	6	2	0	0	14	2	0
	합계		36	5	2	1	94	10	1
프로통산			36	5	2	1	94	10	1

아사모아(Derek Asamoah) 영국(잉글랜드) 1981.05.01

대회	연도	소속	출전	교체	득점	도움	파울	경고	퇴장
BC	2011	포항	31	22	7	5	60	3	0
	2012	포항	30	25	6	1	46	1	0
	합계		61	47	13	6	106	4	0
K1	2013	대구	33	13	4	1	49	5	0
	합계		33	13	4	1	49	5	0
프로통산			94	60	17	7	155	9	0

아슐마토프(Rustamjon Ashurmatov) 우즈베키스탄 1996.07.07

대회	연도	소속	출전	교체	득점	도움	파울	경고	퇴장
K2	2019	광주	26	2	1	1	20	7	0
	합계		26	2	1	1	20	7	0
프로통산			26	2	1	1	20	7	0

아지마(Mohamed Semida Abdel Azim) 이집트 1968.10.17

대회	연도	소속	출전	교체	득점	도움	파울	경고	퇴장
BC	1996	울산	18	14	1	1	21	3	0
	합계		18	14	1	1	21	3	0
프로통산			18	14	1	1	21	3	0

아지송(Waldison Rodrigues de Souza) 브라질 1984.06.17

대회	연도	소속	출전	교체	득점	도움	파울	경고	퇴장
K1	2013	제주	3	3	0	0	4	0	0
	합계		3	3	0	0	4	0	0
프로통산			3	3	0	0	4	0	0

아첼(Aczel Zoltan) 헝가리 1967.03.13

대회	연도	소속	출전	교체	득점	도움	파울	경고	퇴장
BC	1991	대우	6	0	0	1	4	2	0
	합계		6	0	0	1	4	2	0
프로통산			6	0	0	1	4	2	0

아츠키(Wada Atsuki, 和田篤紀) 일본 1993.02.09

대회	연도	소속	출전	교체	득점	도움	파울	경고	퇴장
K2	2017	서울E	32	7	2	7	53	3	0
	합계		32	7	2	7	53	3	0
프로통산			32	7	2	7	53	3	0

아키(Ienaga Akihiro, 家長昭博) 일본 1986.06.13

대회	연도	소속	출전	교체	득점	도움	파울	경고	퇴장
BC	2012	울산	12	12	1	1	8	1	0
	합계		12	12	1	1	8	1	0
프로통산			12	12	1	1	8	1	0

아킨슨(Dalian Robert Atkinson) 영국(잉글랜드) 1968.03.21

대회	연도	소속	출전	교체	득점	도움	파울	경고	퇴장
BC	2001	대전	4	5	1	0	6	2	0
	2001	전북	4	4	0	0	1	0	0
	합계		8	9	1	0	7	2	0
프로통산			8	9	1	0	7	2	0

아톰(Artem Yashkin) 우크라이나 1975.04.29

대회	연도	소속	출전	교체	득점	도움	파울	경고	퇴장
BC	2004	부천SK	23	17	0	2	36	3	0
	합계		23	17	0	2	36	3	0
프로통산			23	17	0	2	36	3	0

아트(Gefferson da Silva Goulart) 브라질 1978.01.09

대회	연도	소속	출전	교체	득점	도움	파울	경고	퇴장
BC	2006	부산	5	2	1	1	5	0	0
	합계		5	2	1	1	5	0	0
프로통산			5	2	1	1	5	0	0

아틸라(Kaman Attila) 헝가리 1969.11.20

대회	연도	소속	출전	교체	득점	도움	파울	경고	퇴장
BC	1994	유공	12	8	1	1	20	1	1
	1995	유공	3	3	1	0	1	0	0
	합계		15	11	2	1	21	1	1
프로통산			15	11	2	1	21	1	1

안광호(安光鎬) 연세대 1968.12.19

대회	연도	소속	출전	교체	득점	도움	파울	경고	퇴장
BC	1992	대우	10	5	0	0	8	1	0
	1993	대우	4	3	0	0	8	1	0
	합계		14	8	0	0	16	2	0
프로통산			14	8	0	0	16	2	0

안광호(安光鎬) 배재대 1979.01.10

대회	연도	소속	출전	교체	득점	도움	파울	경고	퇴장
BC	2002	전북	1	1	0	0	1	0	0
	합계		1	1	0	0	1	0	0
프로통산			1	1	0	0	1	0	0

안기철(安基喆) 아주대 1962.04.24

대회	연도	소속	출전	교체	득점	도움	파울	경고	퇴장
BC	1986	대우	17	9	2	1	17	2	0
	1987	대우	27	23	1	1	17	2	0
	1988	대우	23	10	1	3	20	0	0
	1989	대우	18	16	0	1	10	1	0
	합계		85	58	4	6	64	5	0
프로통산			85	58	4	6	64	5	0

안대현(安大賢) 전주대 1977.08.20

대회	연도	소속	출전	교체	득점	도움	파울	경고	퇴장
BC	2000	전북	3	3	0	0	3	0	0
	2001	전북	13	8	0	0	16	2	0
	2002	전북	1	1	0	0	1	0	0
	2003	전북	0	0	0	0	0	0	0
	합계		17	12	0	0	20	2	0
프로통산			17	12	0	0	20	2	0

안데르손(Anderson Ricardo dos Santos) 브라질 1983.03.22

대회	연도	소속	출전	교체	득점	도움	파울	경고	퇴장
BC	2009	서울	13	10	4	1	24	2	0
	합계		13	10	4	1	24	2	0
프로통산			13	10	4	1	24	2	0

안델손(Lopes de Souza Anderson Jose) 브라질 1993.09.15

대회	연도	소속	출전	교체	득점	도움	파울	경고	퇴장
K1	2018	서울	30	12	6	4	40	5	0
	합계		30	12	6	4	40	5	0
프로통산			30	12	6	4	40	5	0

안델손(Anderson Andrade Antunes) 브라질 1981.11.15

대회	연도	소속	출전	교체	득점	도움	파울	경고	퇴장
BC	2010	대구	11	4	2	1	28	0	0
	합계		11	4	2	1	28	0	0
프로통산			11	4	2	1	28	0	0

안동민(安東珉) 신평고 1999.05.11

대회	연도	소속	출전	교체	득점	도움	파울	경고	퇴장
K2	2019	대전	4	4	0	1	3	0	0
	합계		4	4	0	1	3	0	0
프로통산			4	4	0	1	3	0	0

안동은(安東銀) 경운대 1988.10.01

대회	연도	소속	출전	교체	득점	도움	파울	경고	퇴장
K2	2013	고양	28	9	0	0	52	4	0
	2014	안산경	6	5	0	0	4	1	0
	2015	고양	3	0	0	0	6	1	0
	합계		37	14	0	0	62	6	0
프로통산			37	14	0	0	62	6	0

안동혁(安東赫) 광운대 1988.11.11

대회	연도	소속	출전	교체	득점	도움	파울	경고	퇴장

	2011	광주	23	15	0	1	17	2	0
	2012	광주	28	11	1	2	42	7	0
	합계		51	26	1	3	59	9	0
K2	2013	광주	20	19	1	1	23	0	0
	2015	안양	24	12	0	2	35	1	0
	2017	안양	6	3	0	0	3	1	0
	2018	서울E	10	7	1	0	5	1	0
	합계		60	41	2	3	66	3	0
프로통산			111	67	3	6	125	12	0

안드레(Andre Luiz Alves Santos) 브라질 1972.11.16

대회	연도	소속	출전	교체	득점	도움	파울	경고	퇴장
BC	2000	안양LG	38	4	9	14	74	4	0
	2001	안양LG	27	19	2	4	36	3	0
	2002	안양LG	31	19	7	9	41	4	1
	합계		96	42	18	27	151	11	1
프로통산			96	42	18	27	151	11	1

안드레이(Andriy Sydelnykov) 우크라이나 1967.09.27

대회	연도	소속	출전	교체	득점	도움	파울	경고	퇴장
BC	1995	전남	28	7	4	1	60	9	1
	1996	전남	29	5	3	0	31	8	0
	합계		57	12	7	1	91	17	1
프로통산			57	12	7	1	91	17	1

안병건(安炳乾) 한라대 1988.12.08

대회	연도	소속	출전	교체	득점	도움	파울	경고	퇴장
K2	2019	전남	3	0	0	0	5	3	0
	합계		3	0	0	0	5	3	0
프로통산			3	0	0	0	5	3	0

안병준(安炳俊) 일본 주오대 1990.05.22

대회	연도	소속	출전	교체	득점	도움	파울	경고	퇴장
K2	2019	수원FC	17	7	8	0	25	3	0
	합계		17	7	8	0	25	3	0
프로통산			17	7	8	0	25	3	0

안병태(安炳泰) 한양대 1959.02.22

대회	연도	소속	출전	교체	득점	도움	파울	경고	퇴장
BC	1983	포철	10	2	0	0	10	0	0
	1984	포철	14	5	0	0	6	1	0
	1986	포철	12	4	0	0	12	1	0
	합계		36	11	0	0	28	2	0
프로통산			36	11	0	0	28	2	0

안상민(安相珉) 정명정보고 1995.05.18

대회	연도	소속	출전	교체	득점	도움	파울	경고	퇴장
K1	2017	강원	2	2	0	0	3	1	0
	합계		2	2	0	0	3	1	0
프로통산			2	2	0	0	3	1	0

안상현(安相炫) 능곡중 1986.03.05

대회	연도	소속	출전	교체	득점	도움	파울	경고	퇴장
BC	2003	안양LG	0	0	0	0	0	0	0
	2004	서울	1	1	0	0	3	0	0
	2005	서울	1	1	0	0	0	0	0
	2006	서울	1	1	1	0	1	1	0
	2007	서울	11	10	1	0	9	1	0
	2008	서울	1	0	0	0	1	1	1
	2009	경남	9	8	0	0	14	1	0
	2010	경남	24	18	0	1	31	5	1
	2011	대구	15	11	0	0	33	8	0
	2012	대구	32	10	0	1	57	14	0
	합계		95	60	2	2	149	31	2
K1	2013	대구	33	6	0	1	49	11	0
	2015	대전	25	7	0	0	30	8	0
	2016	성남	23	7	0	2	43	4	0
	합계		81	20	0	3	122	23	0
K2	2014	대구	32	2	1	1	50	7	0
	2017	성남	24	6	1	0	43	7	0
	2018	대전	27	3	1	0	48	6	0
	2019	대전	29	8	2	1	59	11	0
	합계		112	19	5	2	200	31	0
승	2016	성남	2	1	0	0	5	2	0
	합계		2	1	0	0	5	2	0
프로통산			290	100	7	7	476	87	2

안선진(安鮮鎭) 고려대 1975.09.19

대회	연도	소속	출전	교체	득점	도움	파울	경고	퇴장
BC	2003	포항	16	14	0	0	15	0	0
	합계		16	14	0	0	15	0	0
프로통산			16	14	0	0	15	0	0

안성규(安聖奎) 충북대

대회	연도	소속	출전	교체	득점	도움	파울	경고	퇴장
	1995	대우	1	1	0	0	2	1	0
	합계		1	1	0	0	2	1	0
프로통산			1	1	0	0	2	1	0

안성남(安成男) 중앙대 1984.04.17

대회	연도	소속	출전	교체	득점	도움	파울	경고	퇴장
BC	2009	강원	21	15	1	1	9	2	0
	2010	강원	26	22	5	3	14	2	0
	2011	광주	22	18	2	0	17	3	0
	2012	광주	25	24	0	1	22	5	0
	합계		94	79	8	5	62	12	0
K1	2015	광주	8	7	0	0	3	0	0
	2018	경남	6	5	0	0	1	0	0
	2019	경남	19	4	0	0	8	1	0
	합계		33	16	0	0	12	1	0
K2	2014	광주	8	5	2	1	14	0	0
	2015	강원	7	4	0	0	12	2	0
	2016	경남	37	29	4	2	14	2	0
	2017	경남	30	16	1	1	18	4	0
	합계		82	54	7	4	58	8	0
승	2014	광주	0	0	0	0	0	0	0
	2019	경남	1	1	0	0	0	0	0
	합계		1	1	0	0	0	0	0
프로통산			210	150	15	9	132	21	0

안성민(安成民) 건국대 1985.11.03

대회	연도	소속	출전	교체	득점	도움	파울	경고	퇴장
BC	2007	부산	18	13	1	1	29	1	0
	2008	부산	17	14	1	0	28	4	0
	2009	부산	20	10	1	0	37	8	0
	2010	대구	28	9	3	1	33	5	0
	2011	대구	11	7	3	0	21	4	0
	합계		94	53	9	2	148	22	0
프로통산			94	53	9	2	148	22	0

안성빈(安聖彬) 수원대 1988.10.03

대회	연도	소속	출전	교체	득점	도움	파울	경고	퇴장
BC	2010	경남	8	8	1	0	6	1	0
	2011	경남	5	5	0	0	2	0	0
	2012	경남	11	10	1	0	12	1	0
	합계		24	23	2	0	20	2	0
K1	2014	경남	7	3	1	0	9	1	0
	합계		7	3	1	0	9	1	0
K2	2013	경찰	23	13	1	2	31	2	0
	2014	안산경	15	15	1	3	13	3	0
	2015	안양	36	19	8	4	66	6	0
	2016	안양	28	2	1	5	34	4	0
	2017	안양	18	6	0	1	20	1	0
	2017	경남	2	0	0	0	4	0	0
	2018	서울E	13	2	0	1	17	1	0
	2019	안양	13	10	0	1	12	2	0
	합계		148	67	11	17	197	19	0
승	2014	경남	2	1	0	0	3	1	0
	합계		2	1	0	0	3	1	0
프로통산			181	94	14	17	229	23	0

안성열(安星烈) 국민대 1958.08.01

대회	연도	소속	출전	교체	득점	도움	파울	경고	퇴장
BC	1983	국민은	10	4	0	1	8	1	0
	1985	상무	18	2	0	0	10	1	0
	합계		28	6	0	1	18	2	0
프로통산			28	6	0	1	18	2	0

안성일(安聖逸) 아주대 1966.09.10

대회	연도	소속	출전	교체	득점	도움	파울	경고	퇴장
BC	1989	대우	21	13	6	0	17	1	0
	1990	대우	14	8	1	0	23	1	0
	1991	대우	36	7	2	3	49	5	1
	1992	대우	35	12	5	0	49	7	0
	1993	대우	24	18	1	2	25	3	0
	1994	포철	22	15	0	3	19	2	0
	1995	대우	30	11	4	0	52	11	0
	1996	부산	18	12	0	0	35	3	0
	합계		200	96	19	8	269	33	1
프로통산			200	96	19	8	269	33	1

안성호(安成皓) 대구대 1976.03.30

대회	연도	소속	출전	교체	득점	도움	파울	경고	퇴장
BC	1999	수원	1	1	0	0	2	0	0
	합계		1	1	0	0	2	0	0
프로통산			1	1	0	0	2	0	0

안성훈(安成勳) 한려대 1982.09.11

대회	연도	소속	출전	교체	득점	도움	파울	경고	퇴장
BC	2002	안양LG	11	5	0	0	11	2	0
	2003	안양LG	11	6	0	0	8	0	0
	2004	인천	19	10	0	0	30	1	0
	2005	인천	10	6	0	0	3	1	0
	2006	인천	9	7	0	2	19	1	0
	2007	인천	4	4	0	0	4	2	0
	합계		64	38	0	2	75	7	0
프로통산			64	38	0	2	75	7	0

안세희(安世熙) 원주한라대 1991.02.08

대회	연도	소속	출전	교체	득점	도움	파울	경고	퇴장
K1	2015	부산	5	1	0	0	9	1	1
	2015	대전	4	0	0	0	2	1	0
	2017	포항	2	1	0	0	2	0	0
	2019	상주	3	1	0	0	4	1	0
	합계		14	3	0	0	17	3	1
K2	2016	안양	34	6	0	0	27	6	0
	2017	안양	3	1	0	0	3	0	0
	2018	안양	0	0	0	0	0	0	0
	합계		37	7	0	0	30	6	0
프로통산			51	10	0	0	47	9	1

안셀(Nicholas Clive Ansell) 오스트레일리아 1994.02.02

대회	연도	소속	출전	교체	득점	도움	파울	경고	퇴장
K2	2019	전남	15	3	0	0	11	1	1
	합계		15	3	0	0	11	1	1
프로통산			15	3	0	0	11	1	1

안수민(安首玫) 동국대 1994.05.26

대회	연도	소속	출전	교체	득점	도움	파울	경고	퇴장
K1	2017	강원	3	3	0	0	3	1	0
	합계		3	3	0	0	3	1	0
프로통산			3	3	0	0	3	1	0

안수현(安壽賢) 조선대 1992.06.13

대회	연도	소속	출전	교체	득점	도움	파울	경고	퇴장
K1	2015	전남	1	1	0	0	1	0	0
	합계		1	1	0	0	1	0	0
프로통산			1	1	0	0	1	0	0

안승인(安承仁) 경원대학원 1973.03.14

대회	연도	소속	출전	교체	득점	도움	파울	경고	퇴장
BC	1999	부천SK	15	15	0	2	7	0	0
	2000	부천SK	9	9	1	0	13	2	0
	2001	부천SK	25	20	3	1	24	0	0
	2002	부천SK	25	18	2	2	47	0	0
	2003	부천SK	38	25	1	3	55	4	0
BC	2004	부천SK	5	5	0	0	3	0	0
	합계		117	92	7	8	149	6	0
프로통산			117	92	7	8	149	6	0

안영규(安泳奎) 울산대 1989.12.04

대회	연도	소속	출전	교체	득점	도움	파울	경고	퇴장
BC	2012	수원	0	0	0	0	0	0	0
	합계		0	0	0	0	0	0	0
K1	2015	광주	33	6	2	0	36	6	0
	2017	광주	1	0	0	0	1	1	0
	2019	성남	29	8	0	1	31	3	0
	합계		63	14	2	1	68	10	0
K2	2014	대전	34	2	1	1	45	5	0
	2016	안산무	18	4	0	1	20	3	0
	2017	아산	10	4	0	1	7	2	0
	2018	광주	36	2	1	0	24	1	0
	합계		98	12	2	3	96	11	0
프로통산			161	26	4	4	164	21	0

안영진(安映珍) 울산대 1988.04.01

대회	연도	소속	출전	교체	득점	도움	파울	경고	퇴장
K2	2013	부천	7	7	0	0	1	0	0
	합계		7	7	0	0	1	0	0
프로통산			7	7	0	0	1	0	0

안영학(安英學, An Yong Hak) 북한 1978.10.25

대회	연도	소속	출전	교체	득점	도움	파울	경고	퇴장
BC	2006	부산	29	8	3	2	57	0	0
	2007	부산	30	3	4	0	65	2	0
	2008	수원	9	7	0	0	13	2	0
	2009	수원	14	6	2	0	24	1	0
	합계		82	24	9	2	159	5	0
프로통산			82	24	9	2	159	5	0

안용우(安庸佑) 동의대 1991.08.10

대회	연도	소속	출전	교체	득점	도움	파울	경고	퇴장
K1	2014	전남	31	7	6	6	19	4	0
	2015	전남	34	18	3	4	22	1	0
	2016	전남	32	24	4	0	24	2	0
	2017	전남	14	10	0	1	14	0	0
	합계		111	59	13	11	79	7	0
프로통산			111	59	13	11	79	7	0

안원응(安元應) 성균관대 1961.01.14

대회	연도	소속	출전	교체	득점	도움	파울	경고	퇴장
BC	1984	한일은	6	2	0	0	5	2	0
	합계		6	2	0	0	5	2	0
프로통산			6	2	0	0	5	2	0

안은산(安恩山) 고려대 1996.10.04

대회	연도	소속	출전	교체	득점	도움	파울	경고	퇴장
K2	2019	수원FC	4	2	0	0	5	0	0
	합계		4	2	0	0	5	0	0
프로통산			4	2	0	0	5	0	0

안익수(安益秀) 인천대 1965.05.06

대회	연도	소속	출전	교체	득점	도움	파울	경고	퇴장
BC	1989	일화	22	6	0	0	23	3	0
	1990	일화	29	1	0	1	35	2	0
	1991	일화	12	4	0	0	19	1	0
	1992	일화	27	3	0	0	46	6	0
	1993	일화	26	3	0	0	37	2	1
	1994	일화	20	3	1	1	31	3	0
	1995	일화	17	3	0	0	25	4	0
	1996	포항	30	11	0	0	39	3	0
	1997	포항	34	6	1	0	52	6	0
	1998	포항	36	1	0	1	63	6	0
	합계		253	41	2	3	370	36	1
프로통산			253	41	2	3	370	36	1

안일주(安一柱) 동국대 1988.05.02

대회	연도	소속	출전	교체	득점	도움	파울	경고	퇴장
BC	2011	포항	0	0	0	0	0	0	0
	2012	상주	1	1	0	0	0	0	0
	합계		1	1	0	0	0	0	0
K2	2013	상주	0	0	0	0	0	0	0
	2014	부천	20	1	0	0	21	2	0
	2015	부천	16	5	0	0	16	2	0
	합계		36	6	0	0	37	4	0
프로통산			37	7	0	0	37	4	0

안재곤(安載坤) 아주대 1984.08.15

대회	연도	소속	출전	교체	득점	도움	파울	경고	퇴장
BC	2008	인천	4	1	0	0	9	1	0
	2010	인천	1	1	0	0	0	0	0
	2011	인천	5	4	0	0	12	1	0
	2012	인천	0	0	0	0	0	0	0
	합계		10	6	0	0	21	2	0
프로통산			10	6	0	0	21	2	0

안재준(安宰晙) 고려대 1986.02.08

대회	연도	소속	출전	교체	득점	도움	파울	경고	퇴장
BC	2008	인천	28	1	0	0	44	9	0
	2009	인천	33	1	0	1	50	6	0
	2010	인천	28	0	1	3	58	4	1
	2011	전남	27	2	1	0	35	5	0
	2012	전남	32	1	1	0	40	4	0
	합계		148	5	3	4	227	28	1
K1	2013	인천	31	0	4	0	64	8	0
	2014	인천	36	1	0	0	49	5	0
	합계		67	1	4	0	113	13	0
K2	2015	안산경	35	0	1	0	55	10	0
	2016	안산무	8	2	0	0	8	2	0
	2017	성남	13	3	1	1	18	4	0
	2018	대전	10	5	0	0	9	1	0
	합계		66	10	2	1	90	17	0
프로통산			281	16	9	5	430	58	1

안재훈(安在勳) 건국대 1988.02.01

대회	연도	소속	출전	교체	득점	도움	파울	경고	퇴장
BC	2011	대구	20	1	0	2	27	2	0
	2012	대구	9	3	1	0	11	2	0
	합계		29	4	1	2	38	4	0
K1	2013	대구	5	1	0	0	5	1	0
	2014	상주	22	3	1	0	25	4	1
	합계		27	4	1	0	30	5	1
K2	2013	수원FC	16	1	0	0	18	2	0
	2015	상주	8	3	0	0	8	1	0
	2015	대구	3	0	0	0	2	0	0
	2017	수원FC	5	4	0	0	2	0	0
	2017	서울E	9	3	0	0	10	1	0
	합계		41	11	0	0	40	4	0
프로통산			97	19	2	2	108	13	1

안정환(安貞桓) 아주대 1976.01.27

대회	연도	소속	출전	교체	득점	도움	파울	경고	퇴장
BC	1998	부산	33	8	13	4	31	4	0
	1999	부산	34	9	21	7	26	3	1
	2000	부산	20	8	10	0	20	0	0
	2007	수원	25	20	5	0	22	4	0
	2008	부산	27	8	6	3	47	6	1
	합계		139	53	55	14	146	17	2
프로통산			139	53	55	14	146	17	2

안젤코비치(Miodrag Andjelković) 세르비아 몬테네그로 1977.12.07

대회	연도	소속	출전	교체	득점	도움	파울	경고	퇴장
BC	2004	인천	11	5	4	0	26	1	1
	합계		11	5	4	0	26	1	1
프로통산			11	5	4	0	26	1	1

안종관(安種官) 광운대 1966.08.30

대회	연도	소속	출전	교체	득점	도움	파울	경고	퇴장
BC	1989	현대	28	6	0	1	31	2	0
	1990	현대	20	6	0	1	21	0	0
	합계		48	12	0	2	52	2	0
프로통산			48	12	0	2	52	2	0

안종훈(安鐘薰) 조선대 1989.07.05

대회	연도	소속	출전	교체	득점	도움	파울	경고	퇴장
BC	2011	제주	2	2	0	0	3	0	0
	합계		2	2	0	0	3	0	0
K1	2013	제주	15	14	1	0	17	0	0
	합계		15	14	1	0	17	0	0
K2	2014	광주	15	8	0	2	17	1	0
	합계		15	8	0	2	17	1	0
프로통산			32	24	1	2	37	1	0

안주형(安主形) 신갈고 1999.01.02

대회	연도	소속	출전	교체	득점	도움	파울	경고	퇴장
K2	2018	대전	3	2	1	0	8	1	0
	2019	대전	1	1	0	0	0	1	0
	합계		4	3	1	0	8	2	0
프로통산			4	3	1	0	8	2	0

안준원(安俊垣) 부산상고 1961.03.10

대회	연도	소속	출전	교체	득점	도움	파울	경고	퇴장
BC	1985	상무	20	0	1	0	11	2	0
	1986	포철	7	2	0	0	8	1	0
	합계		27	2	1	0	19	3	0
프로통산			27	2	1	0	19	3	0

안지현(安祉炫) 건국대 1994.03.25

대회	연도	소속	출전	교체	실점	도움	파울	경고	퇴장
K2	2016	강원	0	0	0	0	0	0	0
	2017	서울E	0	0	0	0	0	0	0
	2018	서울E	0	0	0	0	0	0	0
	합계		0	0	0	0	0	0	0
프로통산			0	0	0	0	0	0	0

안지호(安顯植/← 안현식) 연세대 1987.04.24

대회	연도	소속	출전	교체	득점	도움	파울	경고	퇴장
BC	2008	인천	21	4	0	0	41	3	0
	2009	인천	2	0	0	0	0	0	0
	2010	인천	12	3	0	0	13	3	0
	2011	경남	14	1	1	0	23	5	1
	합계		49	8	1	0	77	11	1
K1	2017	강원	24	5	3	0	23	6	0
	합계		24	5	3	0	23	6	0
K2	2014	고양	25	4	0	0	34	4	0
	2015	고양	30	1	0	0	30	5	1
	2016	강원	34	0	2	0	38	6	1
	2018	서울E	27	2	1	1	28	7	1
	2019	서울E	14	3	0	0	9	0	1
	합계		130	10	3	1	139	22	4
승	2016	강원	2	0	0	0	2	0	0
	합계		2	0	0	0	2	0	0
프로통산			205	23	7	1	241	39	5

안진규(安眞圭) 연세대 1970.10.18

대회	연도	소속	출전	교체	득점	도움	파울	경고	퇴장
BC	1994	현대	4	4	0	0	2	0	0
	1995	현대	7	7	0	0	4	0	1
	1996	울산	3	1	0	0	2	1	0
	1996	전남	3	3	0	0	1	0	0
	합계		17	15	0	0	9	1	1
프로통산			17	15	0	0	9	1	1

안진범(安進範) 고려대 1992.03.10

대회	연도	소속	출전	교체	득점	도움	파울	경고	퇴장
K1	2014	울산	24	18	2	2	23	1	0
	2015	인천	9	8	0	0	10	1	0
	2018	상주	3	3	0	0	4	0	0
	2019	상주	18	12	0	2	22	2	0
	합계		54	41	2	4	59	4	0
K2	2016	안양	27	16	0	3	35	3	0
	2017	안양	9	8	0	0	11	1	0
	2018	안양	9	2	0	0	19	1	0
	합계		45	26	0	3	65	5	0
프로통산			99	67	2	7	124	9	0

안태은(安太銀) 조선대 1985.09.17

대회	연도	소속	출전	교체	득점	도움	파울	경고	퇴장
BC	2006	서울	26	7	0	0	39	4	0
	2007	서울	4	3	0	0	3	0	0
	2008	서울	10	3	0	1	19	4	0

대회	연도	소속	출전	교체	득점	도움	파울	경고	퇴장
	2009	서울	19	8	0	1	24	3	0
	2010	포항	8	3	0	0	13	3	1
	2011	인천	9	8	0	1	13	0	0
	합계		76	32	0	3	111	14	1
프로통산			76	32	0	3	111	14	1

안태현(安邰鉉) 홍익대 1993.03.01

대회	연도	소속	출전	교체	득점	도움	파울	경고	퇴장
K2	2016	서울E	31	25	3	1	18	4	0
	2017	부천	36	2	1	1	41	2	0
	2018	부천	35	0	0	2	50	4	0
	2019	부천	36	10	4	2	43	3	0
	합계		138	37	8	6	152	13	0
프로통산			138	37	8	6	152	13	0

안토니스(Antonis Terry) 오스트레일리아 1993.11.26

대회	연도	소속	출전	교체	득점	도움	파울	경고	퇴장
K1	2019	수원	11	6	0	3	8	1	0
	합계		11	6	0	3	8	1	0
프로통산			11	6	0	3	8	1	0

안토니오(Matheus Antonio de Souza Santos) 브라질 1995.06.08

대회	연도	소속	출전	교체	득점	도움	파울	경고	퇴장
K2	2019	대전	15	9	6	3	15	1	0
	합계		15	9	6	3	15	1	0
프로통산			15	9	6	3	15	1	0

안토니오(Marco Antonio de Freitas Filho) 브라질 1978.10.23

대회	연도	소속	출전	교체	득점	도움	파울	경고	퇴장
BC	2005	전북	5	4	1	0	4	0	0
	합계		5	4	1	0	4	0	0
프로통산			5	4	1	0	4	0	0

안툰(Antun Matthew Kovacic) 오스트레일리아 1981.07.10

대회	연도	소속	출전	교체	득점	도움	파울	경고	퇴장
BC	2009	울산	4	3	0	0	2	1	0
	합계		4	3	0	0	2	1	0
프로통산			4	3	0	0	2	1	0

안현범(安鉉範) 동국대 1994.12.21

대회	연도	소속	출전	교체	득점	도움	파울	경고	퇴장
K1	2015	울산	17	16	0	1	16	2	0
	2016	제주	28	15	8	4	30	2	0
	2017	제주	27	10	2	2	18	1	0
	2019	제주	13	2	4	0	8	1	0
	합계		85	43	14	7	72	6	0
K2	2018	아산	27	16	5	2	28	2	0
	2019	아산	13	2	0	2	16	1	0
	합계		40	18	5	4	44	3	0
프로통산			125	61	19	11	116	9	0

안홍민(安洪珉) 관동대(가톨릭관동대) 1971.09.06

대회	연도	소속	출전	교체	득점	도움	파울	경고	퇴장
BC	1996	울산	25	16	10	1	40	2	0
	1997	울산	24	23	2	3	41	3	1
	1998	울산	23	22	3	2	38	3	0
	1999	울산	28	24	2	5	42	3	0
	2000	울산	19	14	1	3	36	2	0
	2001	전북	18	18	1	0	9	2	0
	합계		137	117	19	14	206	15	1
프로통산			137	117	19	14	206	15	1

안효연(安孝鍊) 동국대 1978.04.16

대회	연도	소속	출전	교체	득점	도움	파울	경고	퇴장
BC	2003	부산	14	12	0	2	8	0	0
	2004	부산	30	20	6	3	22	1	0
	2005	수원	30	20	3	5	24	1	0
	2006	성남일	28	26	1	1	13	1	0
	2007	수원	12	10	1	2	3	0	0
	2008	수원	15	15	2	2	9	0	0
	2009	전남	5	5	0	0	0	0	0
	합계		134	108	13	15	79	3	0
프로통산			134	108	13	15	79	3	0

안효철(安孝哲) 성균관대 1965.05.15

대회	연도	소속	출전	교체	실점	도움	파울	경고	퇴장
BC	1989	일화	1	0	1	0	0	0	0
	합계		1	0	1	0	0	0	0
프로통산			1	0	1	0	0	0	0

알도(Clodoaldo Paulino de Lima) 브라질 1978.11.25

대회	연도	소속	출전	교체	득점	도움	파울	경고	퇴장
BC	2008	포항	2	1	0	0	5	0	0
	합계		2	1	0	0	5	0	0
프로통산			2	1	0	0	5	0	0

알라올(Alaor) 브라질 1968.12.12

대회	연도	소속	출전	교체	득점	도움	파울	경고	퇴장
BC	1996	수원	9	8	1	0	14	1	0
	합계		9	8	1	0	14	1	0
프로통산			9	8	1	0	14	1	0

알란(Allan Rodrigo Aal) 브라질 1979.03.12

대회	연도	소속	출전	교체	득점	도움	파울	경고	퇴장
BC	2004	대전	4	1	0	0	11	1	0
	합계		4	1	0	0	11	1	0
프로통산			4	1	0	0	11	1	0

알랭(Noudjeu Mbianda Nicolas Alain) 카메룬 1976.07.12

대회	연도	소속	출전	교체	득점	도움	파울	경고	퇴장
BC	2000	전북	17	13	0	0	25	0	0
	합계		17	13	0	0	25	0	0
프로통산			17	13	0	0	25	0	0

알레(Alexandre Garcia Ribeiro) 브라질 1984.05.08

대회	연도	소속	출전	교체	득점	도움	파울	경고	퇴장
BC	2009	대전	10	8	0	4	20	0	0
	2010	대전	21	10	1	3	40	2	1
	합계		31	18	1	7	60	2	1
프로통산			31	18	1	7	60	2	1

알레망(Berger Rafael) 브라질 1986.07.14

대회	연도	소속	출전	교체	득점	도움	파울	경고	퇴장
K1	2018	포항	9	2	1	0	16	3	0
	합계		9	2	1	0	16	3	0
프로통산			9	2	1	0	16	3	0

알레망(Tofolo Junior Jose Carlos) 브라질 1989.03.02

대회	연도	소속	출전	교체	득점	도움	파울	경고	퇴장
K2	2018	부산	8	5	2	0	17	0	0
	합계		8	5	2	0	17	0	0
프로통산			8	5	2	0	17	0	0

알렉산더(Aleksandar Petrović) 세르비아 1983.03.22

대회	연도	소속	출전	교체	득점	도움	파울	경고	퇴장
BC	2008	전북	15	1	0	0	22	6	0
	2009	전북	9	5	0	0	11	2	0
	2009	전남	6	5	1	0	13	2	0
	합계		30	11	1	0	46	10	0
프로통산			30	11	1	0	46	10	0

알렉산드로(Alessandro Lopes Pereira) 브라질 1984.02.13

대회	연도	소속	출전	교체	득점	도움	파울	경고	퇴장
BC	2012	대전	21	2	0	0	51	8	0
	합계		21	2	0	0	51	8	0
K2	2013	충주	11	1	0	0	26	2	0
	합계		11	1	0	0	26	2	0
프로통산			32	3	0	0	77	10	0

알렉산드로(Alexsandro Ribeiro da Silva) 브라질 1980.04.13

대회	연도	소속	출전	교체	득점	도움	파울	경고	퇴장
BC	2008	대구	14	9	1	1	11	0	0
	합계		14	9	1	1	11	0	0
프로통산			14	9	1	1	11	0	0

알렉산드로(Alexandro da Silva Batista) 브라질 1986.11.06

대회	연도	소속	출전	교체	득점	도움	파울	경고	퇴장
BC	2010	포항	9	6	1	1	20	2	0
	합계		9	6	1	1	20	2	0
프로통산			9	6	1	1	20	2	0

알렉세이(Alexey Sudarikov) 러시아 1971.05.01

대회	연도	소속	출전	교체	득점	도움	파울	경고	퇴장
BC	1994	LG	3	3	0	0	4	0	0
	합계		3	3	0	0	4	0	0
프로통산			3	3	0	0	4	0	0

알렉세이(Aleksei Prudnikov) 러시아 1960.03.20

대회	연도	소속	출전	교체	실점	도움	파울	경고	퇴장
BC	1995	전북	10	0	11	0	0	0	0
	1996	전북	27	1	34	0	2	2	0
	1997	전북	18	0	23	0	0	0	0
	1998	전북	1	0	2	0	0	0	0
	합계		56	1	70	0	2	2	0
프로통산			56	1	70	0	2	2	0

알렉세이(Aleksey Shichogolev) 러시아 1972.09.18

대회	연도	소속	출전	교체	득점	도움	파울	경고	퇴장
BC	1996	부천유	22	5	0	0	16	5	0
	합계		22	5	0	0	16	5	0
프로통산			22	5	0	0	16	5	0

알렉스(Aleksandar JovanoviSarić) 오스트레일리아 1989.08.04

대회	연도	소속	출전	교체	득점	도움	파울	경고	퇴장
K1	2014	제주	31	3	1	1	36	4	1
	2015	제주	22	6	0	0	16	4	0
	2017	제주	12	2	1	0	6	0	0
	2018	제주	16	5	1	0	5	0	0
	2019	제주	23	6	0	0	16	3	0
	합계		104	22	3	1	79	11	1
K2	2013	수원FC	24	3	0	0	30	6	0
	합계		24	3	0	0	30	6	0
프로통산			128	25	3	1	109	17	1

알렉스(Wesley Alex Maiolino) 브라질 1988.02.10

대회	연도	소속	출전	교체	득점	도움	파울	경고	퇴장
K2	2013	고양	32	10	15	6	44	4	0
	2014	고양	14	0	11	3	24	1	0
	2014	강원	15	5	5	1	20	1	0
	2016	대구	20	10	5	0	20	2	0
	2017	안양	5	5	0	0	5	0	0
	2017	서울E	14	7	7	0	14	3	0
	2018	안양	28	8	15	3	30	2	0
	2019	서울E	25	20	6	0	24	1	0
	합계		153	65	64	13	181	14	0
프로통산			153	65	64	13	181	14	0

알렉스(Alexandre Monteiro de Lima) 브라질 1988.12.15

대회	연도	소속	출전	교체	득점	도움	파울	경고	퇴장
K2	2018	수원FC	30	9	5	1	48	4	0
	2019	안양	33	7	13	5	29	2	0
	합계		63	16	18	6	77	6	0
프로통산			63	16	18	6	77	6	0

알렉스(Aleksandar Jozević) 유고슬라비아 1968.07.14

대회	연도	소속	출전	교체	득점	도움	파울	경고	퇴장
BC	1993	대우	6	4	0	0	9	2	0
	합계		6	4	0	0	9	2	0
프로통산			6	4	0	0	9	2	0

알렉스(Aleksandar Vlahović) 유고슬라비아 1969.07.24

대회	연도	소속	출전	교체	득점	도움	파울	경고	퇴장
BC	1997	부산	1	1	1	0	1	0	0

대회	연도	소속	출전	교체	득점	도움	파울	경고	퇴장
	합계		1	1	1	0	1	0	0
프로통산			1	1	1	0	1	0	0

알렉스(Alexander Popovich) 몰도바 1977.04.09

대회	연도	소속	출전	교체	득점	도움	파울	경고	퇴장
BC	2001	성남일	6	5	0	0	3	0	0
	합계		6	5	0	0	3	0	0
프로통산			6	5	0	0	3	0	0

알렉스(Alex Oliveira) 브라질 1977.12.21

대회	연도	소속	출전	교체	득점	도움	파울	경고	퇴장
BC	2003	대전	28	23	4	2	60	1	0
	합계		28	23	4	2	60	1	0
프로통산			28	23	4	2	60	1	0

알렉스(Alexsandro Marques de Oliveira) 브라질 1978.06.17

대회	연도	소속	출전	교체	득점	도움	파울	경고	퇴장
BC	2007	제주	1	1	0	0	0	0	0
	합계		1	1	0	0	0	0	0
프로통산			1	1	0	0	0	0	0

알렉스(Alex Asamoah) 가나 1986.08.28

대회	연도	소속	출전	교체	득점	도움	파울	경고	퇴장
BC	2010	경남	2	3	0	0	2	1	0
	합계		2	3	0	0	2	1	0
프로통산			2	3	0	0	2	1	0

알렌(Alen Avdić) 보스니아 헤르체고비나 1977.04.03

대회	연도	소속	출전	교체	득점	도움	파울	경고	퇴장
BC	2001	수원	5	5	1	0	6	1	0
	2002	수원	3	3	0	0	10	1	0
	2003	수원	2	2	0	0	6	0	0
	합계		10	10	1	0	22	2	0
프로통산			10	10	1	0	22	2	0

알리(Al Hilfi Ali Abbas Mshehid) 오스트레일리아 1986.08.30

대회	연도	소속	출전	교체	득점	도움	파울	경고	퇴장
K1	2016	포항	10	3	1	0	9	2	0
	합계		10	3	1	0	9	2	0
프로통산			10	3	1	0	9	2	0

알리(Marian Aliuta) 루마니아 1978.02.04

대회	연도	소속	출전	교체	득점	도움	파울	경고	퇴장
BC	2005	전남	0	0	0	0	0	0	0
	합계		0	0	0	0	0	0	0
프로통산			0	0	0	0	0	0	0

알리바예프(Alibaev Ikromjon) 우즈베키스탄 1994.01.09

대회	연도	소속	출전	교체	득점	도움	파울	경고	퇴장
K1	2019	서울	35	9	3	5	49	5	0
	합계		35	9	3	5	49	5	0
프로통산			35	9	3	5	49	5	0

알리송(Alison Barros Moraes) 브라질 1982.06.30

대회	연도	소속	출전	교체	득점	도움	파울	경고	퇴장
BC	2002	울산	10	11	2	3	9	0	0
	2003	울산	7	8	0	0	3	1	0
	2003	대전	19	18	5	2	10	1	0
	2004	대전	24	23	1	1	15	3	0
	2005	대전	18	18	2	0	14	2	0
	합계		78	78	10	6	51	7	0
프로통산			78	78	10	6	51	7	0

알미르(Jose Almir Barros Neto) 브라질 1985.08.22

대회	연도	소속	출전	교체	득점	도움	파울	경고	퇴장
BC	2008	경남	7	4	1	1	18	1	0
	합계		7	4	1	1	18	1	0
K1	2014	울산	2	2	0	0	3	0	0
	합계		2	2	0	0	3	0	0
K2	2013	고양	18	6	6	3	40	3	0
	2014	강원	12	7	3	0	30	2	0
	2015	부천	28	19	1	3	43	2	0
	합계		58	32	10	6	113	7	0
프로통산			67	38	11	7	134	8	0

알미르(Almir Lopes de Luna) 브라질 1982.05.20

대회	연도	소속	출전	교체	득점	도움	파울	경고	퇴장
BC	2007	울산	36	24	8	6	69	3	0
	2008	울산	17	8	6	2	31	0	0
	2009	울산	29	13	7	2	61	5	0
	2010	포항	25	18	4	4	16	1	0
	2011	인천	5	3	0	0	2	0	0
	합계		112	66	25	14	179	9	0
프로통산			112	66	25	14	179	9	0

알미르(Almir Kayumov) 러시아 1964.12.30

대회	연도	소속	출전	교체	득점	도움	파울	경고	퇴장
	1993	대우	18	3	0	0	35	8	0
	합계		18	3	0	0	35	8	0
프로통산			18	3	0	0	35	8	0

알베스(Jorge Luiz Alves Justino) 브라질 1982.04.02

대회	연도	소속	출전	교체	득점	도움	파울	경고	퇴장
BC	2009	수원	4	2	0	0	10	1	0
	합계		4	2	0	0	10	1	0
프로통산			4	2	0	0	10	1	0

알파이(Fehmi Alpay Ozalan) 터키 1973.05.29

대회	연도	소속	출전	교체	득점	도움	파울	경고	퇴장
BC	2004	인천	8	0	0	0	17	2	1
	합계		8	0	0	0	17	2	1
프로통산			8	0	0	0	17	2	1

알핫산(George Alhassan) 가나 1955.11.11

대회	연도	소속	출전	교체	득점	도움	파울	경고	퇴장
BC	1984	현대	11	4	4	3	2	0	0
	합계		11	4	4	3	2	0	0
프로통산			11	4	4	3	2	0	0

애드깔로스(Edcarlos Conceicao Santos) 브라질 1985.05.10

대회	연도	소속	출전	교체	득점	도움	파울	경고	퇴장
K1	2013	성남일	17	6	0	0	14	2	0
	합계		17	6	0	0	14	2	0
프로통산			17	6	0	0	14	2	0

야고(Moreira Silva Yago) 브라질 1994.04.28

대회	연도	소속	출전	교체	득점	도움	파울	경고	퇴장
K2	2017	서울E	3	2	0	0	7	0	0
	합계		3	2	0	0	7	0	0
프로통산			3	2	0	0	7	0	0

야스다(Yasuda Michihiro, 安田理大) 일본 1987.12.20

대회	연도	소속	출전	교체	득점	도움	파울	경고	퇴장
K2	2017	부산	21	5	1	4	17	2	0
	합계		21	5	1	4	17	2	0
승	2017	부산	2	0	0	0	3	1	0
	합계		2	0	0	0	3	1	0
프로통산			23	5	1	4	20	3	0

얀(Kraus Jan) 체코 1979.08.28

대회	연도	소속	출전	교체	득점	도움	파울	경고	퇴장
BC	2003	대구	28	24	5	1	43	6	0
	합계		28	24	5	1	43	6	0
프로통산			28	24	5	1	43	6	0

양기훈(梁璂勳) 성균관대 1992.04.09

대회	연도	소속	출전	교체	득점	도움	파울	경고	퇴장
K2	2015	서울E	17	4	0	1	17	4	0
	2016	서울E	1	0	0	0	2	0	0
	합계		18	4	0	1	19	4	0
프로통산			18	4	0	1	19	4	0

양동연(梁東燕) 경희대 1970.04.30

대회	연도	소속	출전	교체	득점	도움	파울	경고	퇴장
BC	1995	전남	12	7	0	0	9	0	1
	1996	전남	35	5	0	0	54	8	0
	1997	전남	25	2	0	2	48	4	0
	1998	전남	23	9	1	0	52	4	0
	2000	전남	4	4	0	0	1	0	0
	합계		99	27	1	2	164	16	1
프로통산			99	27	1	2	164	16	1

양동원(梁棟原) 백암고 1987.02.05

대회	연도	소속	출전	교체	**실점**	도움	파울	경고	퇴장
BC	2005	대전	0	0	0	0	0	0	0
	2006	대전	0	0	0	0	0	0	0
	2007	대전	3	1	1	0	0	0	0
	2008	대전	6	1	10	0	0	1	0
	2009	대전	1	0	3	0	0	0	0
	2010	대전	10	0	21	0	0	1	0
	2011	수원	3	0	4	0	0	0	0
	2012	수원	11	0	13	0	0	1	0
	합계		34	2	52	0	0	3	0
K1	2013	수원	3	0	2	0	0	1	0
	2016	상주	14	0	26	0	0	0	0
	합계		17	0	28	0	0	1	0
K2	2014	강원	16	1	26	0	0	0	0
	2015	상주	17	0	29	0	0	1	0
	2016	강원	2	0	1	0	0	0	0
	2017	성남	2	1	2	0	0	0	0
	2018	안양	1	0	1	0	1	0	0
	2019	안양	32	0	4	0	1	1	0
	합계		70	2	100	0	2	2	0
프로통산			121	4	180	0	2	6	0

양동철(梁東哲) 부경대 1985.08.26

대회	연도	소속	출전	교체	득점	도움	파울	경고	퇴장
BC	2010	전북	3	1	0	0	7	1	0
	합계		3	1	0	0	7	1	0
프로통산			3	1	0	0	7	1	0

양동현(梁東炫) 동북고 1986.03.28

대회	연도	소속	출전	교체	득점	도움	파울	경고	퇴장
BC	2005	울산	0	0	0	0	0	0	0
	2006	울산	13	13	1	0	19	0	0
	2007	울산	16	13	6	0	31	2	0
	2008	울산	14	13	0	2	18	0	0
	2009	부산	33	18	8	5	38	2	0
	2010	부산	27	23	1	4	16	2	0
	2011	부산	31	25	11	4	30	5	0
	합계		134	105	27	15	152	11	0
K1	2013	부산	9	2	3	3	19	2	0
	2014	부산	14	2	4	1	25	2	0
	2014	울산	16	7	5	2	20	3	0
	2015	울산	30	18	8	3	51	2	0
	2016	포항	32	9	13	4	37	6	0
	2017	포항	36	4	19	2	38	5	0
	합계		137	42	52	15	190	20	0
K2	2013	경찰	21	10	11	4	39	3	0
	합계		21	10	11	4	39	3	0
프로통산			292	157	90	34	381	34	0

양동협(梁棟硤) 관동대(가톨릭관동대) 1989.04.25

대회	연도	소속	출전	교체	득점	도움	파울	경고	퇴장
K2	2013	충주	20	14	1	4	21	3	0
	2014	충주	7	6	1	1	14	0	0
	합계		27	20	2	5	35	3	0
프로통산			27	20	2	5	35	3	0

양상민(梁相珉) 숭실대 1984.02.24

대회	연도	소속	출전	교체	득점	도움	파울	경고	퇴장
BC	2005	전남	29	6	1	5	66	6	0
	2006	전남	26	2	3	2	54	9	0
	2007	전남	2	0	0	0	7	1	0
	2007	수원	31	2	0	5	55	3	0
	2008	수원	22	7	0	2	36	3	1
	2009	수원	18	5	0	0	23	5	1
	2010	수원	23	4	0	3	51	10	0
	2011	수원	24	8	0	1	40	10	0

대회	연도	소속	출전	교체	득점	도움	파울	경고	퇴장
	2012	수원	29	5	2	3	62	14	0
	합계		204	39	6	21	394	61	2
K1	2014	수원	3	2	0	0	3	1	0
	2015	수원	28	11	3	0	16	2	0
	2016	수원	16	6	0	0	17	4	0
	2017	수원	6	3	0	1	3	0	0
	2018	수원	10	2	1	0	12	0	0
	2019	수원	21	7	0	0	21	6	0
	합계		84	31	4	1	72	13	0
K2	2013	경찰	27	1	1	2	46	15	0
	2014	안산경	14	1	1	0	30	4	0
	합계		41	2	2	2	76	19	0
프로통산			329	72	12	24	542	93	2

양상준(梁相俊) 홍익대 1988.11.21

대회	연도	소속	출전	교체	득점	도움	파울	경고	퇴장
BC	2010	경남	4	4	0	0	8	0	0
	합계		4	4	0	0	8	0	0
K2	2014	충주	7	5	0	0	12	0	0
	2015	충주	5	5	0	1	10	0	0
	합계		12	10	0	1	22	0	0
프로통산			16	14	0	1	30	0	0

양세근(梁世根) 탐라대 1988.10.08

대회	연도	소속	출전	교체	득점	도움	파울	경고	퇴장
BC	2009	제주	7	4	0	0	11	2	0
	2010	제주	3	3	0	0	3	0	0
	합계		10	7	0	0	14	2	0
프로통산			10	7	0	0	14	2	0

양세운(梁世運) 남부대 1990.12.23

대회	연도	소속	출전	교체	득점	도움	파울	경고	퇴장
K2	2013	광주	1	1	0	0	0	0	0
	2015	충주	0	0	0	0	0	0	0
	2016	충주	1	1	0	0	1	0	0
	합계		2	2	0	0	1	0	0
프로통산			2	2	0	0	1	0	0

양승원(梁勝源) 대구대 1985.07.15

대회	연도	소속	출전	교체	득점	도움	파울	경고	퇴장
BC	2008	대구	10	5	1	0	14	3	0
	2009	대구	20	3	0	1	33	4	0
	2010	대구	16	5	0	0	26	3	0
	합계		46	13	1	1	73	10	0
K1	2013	대구	1	1	0	0	0	0	0
	합계		1	1	0	0	0	0	0
프로통산			47	14	1	1	73	10	0

양영민(楊泳民) 명지대 1974.07.19

대회	연도	소속	출전	교체	실점	도움	파울	경고	퇴장
BC	1999	천안일	0	0	0	0	0	0	0
	2000	성남일	0	0	0	0	0	0	0
	2002	성남일	0	0	0	0	0	0	0
	2003	성남일	0	0	0	0	0	0	0
	2004	성남일	8	2	6	0	1	0	0
	2005	성남일	1	0	1	0	0	0	0
	합계		9	2	7	0	1	0	0
프로통산			9	2	7	0	1	0	0

양익전(梁益銓) 서울대 1966.03.20

대회	연도	소속	출전	교체	득점	도움	파울	경고	퇴장
BC	1989	유공	2	2	0	0	0	0	0
	합계		2	2	0	0	0	0	0
프로통산			2	2	0	0	0	0	0

양정민(梁正玟) 부경대 1986.05.21

대회	연도	소속	출전	교체	득점	도움	파울	경고	퇴장
BC	2009	대전	22	6	0	0	64	5	0
	2010	대전	21	4	0	0	55	12	0
	2011	대전	5	3	0	0	10	4	1
	합계		48	13	0	0	129	21	1
프로통산			48	13	0	0	129	21	1

양정민(梁政民) 대신고 1992.07.22

대회	연도	소속	출전	교체	득점	도움	파울	경고	퇴장
BC	2011	강원	1	1	0	0	0	0	0
	합계		1	1	0	0	0	0	0
프로통산			1	1	0	0	0	0	0

양정원(梁政元) 단국대 1976.05.22

대회	연도	소속	출전	교체	득점	도움	파울	경고	퇴장
BC	1999	부산	3	3	0	0	1	0	0
	합계		3	3	0	0	1	0	0
프로통산			3	3	0	0	1	0	0

양정환(梁禎桓) 고려대 1966.07.26

대회	연도	소속	출전	교체	득점	도움	파울	경고	퇴장
BC	1988	럭금	9	8	0	2	6	0	0
	1989	럭금	5	5	0	0	3	0	0
	합계		14	13	0	2	9	0	0
프로통산			14	13	0	2	9	0	0

양종후(梁鐘厚) 고려대 1974.04.05

대회	연도	소속	출전	교체	득점	도움	파울	경고	퇴장
BC	1998	수원	4	3	0	0	4	1	0
	1999	수원	26	3	1	0	47	5	0
	2000	수원	29	4	3	0	81	11	0
	2001	수원	5	2	0	0	7	2	0
	합계		64	12	4	0	139	19	0
프로통산			64	12	4	0	139	19	0

양준아(梁準我) 고려대 1989.06.13

대회	연도	소속	출전	교체	득점	도움	파울	경고	퇴장
BC	2010	수원	9	7	0	1	13	3	0
	2011	수원	7	3	2	0	15	2	0
	2011	제주	6	3	1	0	17	3	1
	2012	제주	0	0	0	0	0	0	0
	2012	전남	9	4	0	1	12	2	0
	합계		31	17	3	2	57	10	1
K1	2013	제주	2	0	1	0	7	2	0
	2014	상주	30	3	3	1	47	6	1
	2015	제주	31	9	0	0	35	4	0
	2016	전남	17	6	2	0	27	6	0
	2017	전남	13	8	0	0	9	1	0
	2018	전남	24	6	0	0	24	5	0
	2019	인천	12	5	0	0	9	0	0
	합계		129	37	6	1	158	24	1
K2	2013	상주	4	1	0	0	7	1	0
	합계		4	1	0	0	7	1	0
승	2013	상주	2	0	0	0	0	0	0
	합계		2	0	0	0	0	0	0
프로통산			166	55	9	3	222	35	2

양지원(梁志源) 울산대 1974.04.28

대회	연도	소속	출전	교체	실점	도움	파울	경고	퇴장
BC	1998	울산	15	0	20	0	3	0	0
	1999	울산	16	1	22	0	0	0	0
	2000	울산	4	0	8	0	1	0	1
	2001	울산	21	0	26	0	2	3	0
	2002	울산	0	0	0	0	0	0	0
	합계		56	1	76	0	6	3	1
프로통산			56	1	76	0	6	3	1

양진웅(梁眞熊) 울산대 1991.01.24

대회	연도	소속	출전	교체	실점	도움	파울	경고	퇴장
K2	2013	부천	7	0	10	0	0	0	0
	2014	부천	4	0	8	0	0	0	0
	합계		11	0	18	0	0	0	0
프로통산			11	0	18	0	0	0	0

양태렬(梁兌列) 언남고 1995.05.25

대회	연도	소속	출전	교체	득점	도움	파울	경고	퇴장
K1	2018	포항	2	2	0	0	0	0	0
	합계		2	2	0	0	0	0	0
K2	2019	아산	15	6	3	0	20	2	0
	합계		15	6	3	0	20	2	0
프로통산			17	8	3	0	20	2	0

양한빈(梁韓彬) 백암고 1991.08.30

대회	연도	소속	출전	교체	실점	도움	파울	경고	퇴장
BC	2011	강원	0	0	0	0	0	0	0
	2012	강원	1	0	1	0	0	0	0
	합계		1	0	1	0	0	0	0
K1	2013	성남일	1	1	1	0	0	0	0
	2014	서울	0	0	0	0	0	0	0
	2015	서울	0	0	0	0	0	0	0
	2017	서울	27	0	29	0	0	2	0
	2018	서울	37	0	46	0	1	0	0
	2019	서울	7	1	11	0	0	0	0
	합계		72	2	87	0	1	2	0
승	2018	서울	2	0	2	0	0	0	0
	합계		2	0	2	0	0	0	0
프로통산			75	2	90	0	1	2	0

양현정(梁鉉正) 단국대 1977.07.25

대회	연도	소속	출전	교체	득점	도움	파울	경고	퇴장
BC	2000	전북	32	23	6	7	27	3	0
	2001	전북	23	20	2	2	22	0	0
	2002	전북	25	24	3	4	36	7	0
	2003	전북	1	1	0	0	1	0	0
	2005	대구	5	5	0	0	7	0	0
	합계		86	73	11	13	93	10	0
프로통산			86	73	11	13	93	10	0

양형모(梁馨模) 충북대 1991.07.16

대회	연도	소속	출전	교체	실점	도움	파울	경고	퇴장
K1	2016	수원	17	1	22	0	0	1	0
	2017	수원	7	2	11	0	1	1	0
	2019	수원	1	0	2	0	0	0	0
	합계		25	3	35	0	1	2	0
K2	2018	아산	4	0	1	0	0	0	0
	2019	아산	7	0	15	0	1	0	0
	합계		11	0	16	0	1	0	0
프로통산			36	3	51	0	2	2	0

얜(Yan Song, 閻嵩) 중국 1981.03.20

대회	연도	소속	출전	교체	득점	도움	파울	경고	퇴장
BC	2010	제주	0	0	0	0	0	0	0
	합계		0	0	0	0	0	0	0
프로통산			0	0	0	0	0	0	0

어경준(漁慶俊) 용강중 1987.12.10

대회	연도	소속	출전	교체	득점	도움	파울	경고	퇴장
BC	2009	성남일	11	10	0	0	10	2	0
	2009	서울	1	1	0	0	1	0	0
	2010	서울	1	1	0	0	1	0	0
	2010	대전	16	4	4	1	11	2	0
	2011	서울	9	10	0	0	7	0	0
	합계		38	26	4	1	30	4	0
프로통산			38	26	4	1	30	4	0

엄승민(嚴勝民) 인천남고 2000.06.07

대회	연도	소속	출전	교체	득점	도움	파울	경고	퇴장
K2	2019	수원FC	1	1	0	0	0	0	0
	합계		1	1	0	0	0	0	0
프로통산			1	1	0	0	0	0	0

엄영식(嚴泳植) 풍기고 1970.06.23

대회	연도	소속	출전	교체	득점	도움	파울	경고	퇴장
BC	1994	LG	1	1	0	0	0	0	0
	1995	전남	6	6	0	0	3	0	0
	1996	전남	11	6	0	0	8	1	0
	1997	전남	3	3	0	0	2	0	0
	합계		21	16	0	0	13	1	0
프로통산			21	16	0	0	13	1	0

엄원상(嚴原上) 아주대 1999.01.06

대회	연도	소속	출전	교체	득점	도움	파울	경고	퇴장
K2	2019	광주	16	13	2	0	5	0	0
	합계		16	13	2	0	5	0	0
프로통산			16	13	2	0	5	0	0

엄진태(嚴鎭泰) 경희대 1992.03.28

대회	연도	소속	출전	교체	득점	도움	파울	경고	퇴장
K2	2015	충주	15	8	0	1	14	1	0

대회	연도	소속	출전	교체	득점	도움	파울	경고	퇴장
	2016	충주	21	6	0	0	23	5	0
	합계		36	14	0	1	37	6	0
프로통산			36	14	0	1	37	6	0

에니키(Henrique Dias de Carvalho) 브라질 1984.05.23

대회	연도	소속	출전	교체	득점	도움	파울	경고	퇴장
BC	2004	대전	15	11	2	2	39	1	0
	2005	대전	14	14	1	0	22	3	0
	합계		29	25	3	2	61	4	0
프로통산			29	25	3	2	61	4	0

에닝요(Enio Oliveira Junior / ← 에니오) 브라질 1981.05.16

대회	연도	소속	출전	교체	득점	도움	파울	경고	퇴장
BC	2003	수원	21	19	2	2	20	2	1
	2007	대구	28	7	4	8	34	7	0
	2008	대구	27	13	17	8	25	6	1
	2009	전북	28	17	10	12	17	4	1
	2010	전북	33	12	18	10	23	6	0
	2011	전북	26	17	11	5	23	4	0
	2012	전북	38	17	15	13	34	11	0
	합계		201	102	77	58	176	40	3
K1	2013	전북	13	11	3	6	10	2	0
	2015	전북	17	14	1	2	9	3	0
	합계		30	25	4	8	19	5	0
프로통산			231	127	81	66	195	45	3

에델(Eder Luiz Lima de Sousa) 브라질 1987.01.09

대회	연도	소속	출전	교체	득점	도움	파울	경고	퇴장
K1	2017	전북	24	20	3	3	36	3	0
	2019	성남	21	11	5	1	29	1	0
	합계		45	31	8	4	65	4	0
K2	2015	대구	39	24	10	4	59	3	0
	2016	대구	37	24	6	2	54	4	1
	2018	성남	28	15	7	2	53	5	0
	합계		104	63	23	8	166	12	1
프로통산			149	94	31	12	231	16	1

에델(Eder Luis Carvalho) 브라질 1984.05.14

대회	연도	소속	출전	교체	득점	도움	파울	경고	퇴장
BC	2011	부산	12	0	1	0	20	1	0
	2012	부산	41	1	0	0	54	10	0
	합계		53	1	1	0	74	11	0
프로통산			53	1	1	0	74	11	0

에두(Eduardo Goncalves de Oliveira) 브라질 1981.11.30

대회	연도	소속	출전	교체	득점	도움	파울	경고	퇴장
BC	2007	수원	34	15	7	4	71	3	1
	2008	수원	38	8	16	7	57	6	0
	2009	수원	23	7	7	4	40	3	1
	합계		95	30	30	15	168	12	2
K1	2015	전북	20	6	11	3	23	3	0
	2016	전북	11	11	1	1	12	2	0
	2017	전북	31	28	13	2	37	3	0
	합계		62	45	25	6	72	8	0
프로통산			157	75	55	21	240	20	2

에듀(Eduardo J. Salles) 브라질 1977.12.13

대회	연도	소속	출전	교체	득점	도움	파울	경고	퇴장
BC	2004	전북	21	19	4	1	34	2	0
	합계		21	19	4	1	34	2	0
프로통산			21	19	4	1	34	2	0

에듀(Eduardo Marques de Jesus Passos) 브라질 1976.06.26

대회	연도	소속	출전	교체	득점	도움	파울	경고	퇴장
BC	2006	대구	28	15	3	1	61	5	0
	합계		28	15	3	1	61	5	0
프로통산			28	15	3	1	61	5	0

에드가(Edgar Bruno da Silva) 브라질 1987.01.03

대회	연도	소속	출전	교체	득점	도움	파울	경고	퇴장
K1	2018	대구	18	2	8	3	32	3	0
	2019	대구	24	7	11	4	52	4	0
	합계		42	9	19	7	84	7	0
프로통산			42	9	19	7	84	7	0

에드밀손(Edmilson Dias de Lucena) 포르투갈 1968.05.29

대회	연도	소속	출전	교체	득점	도움	파울	경고	퇴장
BC	2002	전북	27	9	14	3	36	2	0
	2003	전북	39	4	17	14	59	7	1
	2004	전북	1	1	0	0	0	0	0
	2005	전북	3	3	0	0	0	0	0
	합계		70	17	31	17	95	9	1
프로통산			70	17	31	17	95	9	1

에드손(Edson Rodrigues Farias) 브라질 1992.01.12

대회	연도	소속	출전	교체	득점	도움	파울	경고	퇴장
K2	2016	부천	4	4	0	0	3	0	0
	합계		4	4	0	0	3	0	0
프로통산			4	4	0	0	3	0	0

에드손(Edson Araujo da Silva) 브라질 1980.07.26

대회	연도	소속	출전	교체	득점	도움	파울	경고	퇴장
BC	2008	대전	10	5	0	1	22	2	0
	합계		10	5	0	1	22	2	0
프로통산			10	5	0	1	22	2	0

에디(Edmilson Akves) 브라질 1976.02.17

대회	연도	소속	출전	교체	득점	도움	파울	경고	퇴장
BC	2002	울산	19	4	4	0	27	3	0
	2003	울산	22	16	0	0	20	0	0
	합계		41	20	4	0	47	3	0
프로통산			41	20	4	0	47	3	0

에딘(Edin Junuzović) 크로아티아 1986.04.28

대회	연도	소속	출전	교체	득점	도움	파울	경고	퇴장
K1	2014	경남	15	14	2	0	26	1	0
	합계		15	14	2	0	26	1	0
프로통산			15	14	2	0	26	1	0

에레라(Ignacio Jose Herrera Fernandez) 칠레 1987.10.14

대회	연도	소속	출전	교체	득점	도움	파울	경고	퇴장
K2	2018	서울E	11	10	1	0	5	1	0
	합계		11	10	1	0	5	1	0
프로통산			11	10	1	0	5	1	0

에릭(Eriks Pelcis) 라트비아 1978.06.25

대회	연도	소속	출전	교체	득점	도움	파울	경고	퇴장
BC	1999	안양LG	22	15	4	0	32	1	0
	2000	안양LG	1	1	0	0	1	0	0
	합계		23	16	4	0	33	1	0
프로통산			23	16	4	0	33	1	0

에릭(Eric Obinna) 프랑스 1981.06.10

대회	연도	소속	출전	교체	득점	도움	파울	경고	퇴장
BC	2008	대전	18	15	2	0	21	0	0
	합계		18	15	2	0	21	0	0
프로통산			18	15	2	0	21	0	0

에반드로(Evandro Silva do Nascimento) 브라질 1987.09.26

대회	연도	소속	출전	교체	득점	도움	파울	경고	퇴장
K1	2017	대구	29	6	11	2	53	5	0
	2018	서울	30	23	3	2	35	1	0
	합계		59	29	14	4	88	6	0
승	2018	서울	2	2	0	0	1	0	0
	합계		2	2	0	0	1	0	0
프로통산			61	31	14	4	89	6	0

에벨찡요(Heverton Duraes Coutinho Alves) 브라질 1985.10.28

대회	연도	소속	출전	교체	득점	도움	파울	경고	퇴장
BC	2011	성남일	12	5	6	2	22	2	0
	2012	성남일	18	12	1	1	27	5	0
	합계		30	17	7	3	49	7	0
프로통산			30	17	7	3	49	7	0

에벨톤(Everton Leandro dos Santos Pinto) 브라질 1986.10.14

대회	연도	소속	출전	교체	득점	도움	파울	경고	퇴장
BC	2011	성남일	28	11	5	1	31	3	0
	2012	성남일	36	7	12	2	51	2	0
	합계		64	18	17	3	82	5	0
K1	2014	서울	16	7	3	1	22	0	0
	2015	서울	16	14	4	0	4	0	0
	2015	울산	8	8	0	0	4	0	0
	합계		40	29	7	1	30	0	0
프로통산			104	47	24	4	112	5	0

에벨톤(Everton Nascimento de Mendonca) 브라질 1993.07.03

대회	연도	소속	출전	교체	득점	도움	파울	경고	퇴장
K2	2016	부천	2	2	1	0	0	0	0
	합계		2	2	1	0	0	0	0
프로통산			2	2	1	0	0	0	0

에벨톤C(Everton Cardoso da Silva) 브라질 1988.12.11

대회	연도	소속	출전	교체	득점	도움	파울	경고	퇴장
BC	2012	수원	29	18	7	4	55	6	0
	합계		29	18	7	4	55	6	0
프로통산			29	18	7	4	55	6	0

에스쿠데로(Sergio Ariel Escudero) 일본 1988.09.01

대회	연도	소속	출전	교체	득점	도움	파울	경고	퇴장
BC	2012	서울	20	18	4	3	48	1	0
	합계		20	18	4	3	48	1	0
K1	2013	서울	34	23	4	7	56	2	0
	2014	서울	32	20	6	4	42	2	0
	2018	울산	14	12	3	1	11	0	1
	합계		80	55	13	12	109	4	1
프로통산			100	73	17	15	157	5	1

에스테베즈(Ricardo Felipe dos Santos Esteves) 포르투갈 1979.09.16

대회	연도	소속	출전	교체	득점	도움	파울	경고	퇴장
BC	2010	서울	14	4	4	5	30	4	0
	합계		14	4	4	5	30	4	0
프로통산			14	4	4	5	30	4	0

에스티벤(Juan Estiven Velez Upegui) 콜롬비아 1982.02.09

대회	연도	소속	출전	교체	득점	도움	파울	경고	퇴장
BC	2010	울산	32	10	1	1	32	2	0
	2011	울산	35	12	0	0	53	6	0
	2012	울산	39	13	0	0	42	3	0
	합계		106	35	1	1	127	11	0
K1	2014	제주	12	8	0	0	11	0	0
	합계		12	8	0	0	11	0	0
프로통산			118	43	1	1	138	11	0

엔리끼(Luciano Henrique de Gouvea) 브라질 1978.10.10

대회	연도	소속	출전	교체	득점	도움	파울	경고	퇴장
BC	2006	포항	29	19	7	6	33	3	0
	합계		29	19	7	6	33	3	0
프로통산			29	19	7	6	33	3	0

엔조(Maidana Enzo Damian) 아르헨티나 1988.01.13

대회	연도	소속	출전	교체	득점	도움	파울	경고	퇴장
K1	2017	인천	6	6	1	0	5	1	0
	합계		6	6	1	0	5	1	0
프로통산			6	6	1	0	5	1	0

엘리아스(Fernandes de Oliveira Elias) 브라질 1992.05.22

대회	연도	소속	출전	교체	득점	도움	파울	경고	퇴장
K1	2015	부산	8	8	0	0	3	1	0
	합계		8	8	0	0	3	1	0

대회	연도	소속	출전	교체	득점	도움	파울	경고	퇴장
승	2015	부산	0	0	0	0	0	0	0
	합계		0	0	0	0	0	0	0
프로통산			8	8	0	0	3	1	0

엘리오(Eionar Nascimento Ribeiro) 브라질 1982.06.10

대회	연도	소속	출전	교체	득점	도움	파울	경고	퇴장
BC	2011	인천	6	4	1	0	7	0	0
	합계		6	4	1	0	7	0	0
프로통산			6	4	1	0	7	0	0

엘리치(Ahmad Elrich) 오스트레일리아 1981.05.30

대회	연도	소속	출전	교체	득점	도움	파울	경고	퇴장
BC	2004	부산	10	3	1	3	24	4	0
	합계		10	3	1	3	24	4	0
프로통산			10	3	1	3	24	4	0

여름(呂름) 광주대 1989.06.22

대회	연도	소속	출전	교체	득점	도움	파울	경고	퇴장
K1	2015	광주	31	8	1	2	48	6	0
	2016	광주	30	8	2	0	40	5	0
	2017	상주	24	9	1	1	41	8	1
	2018	상주	11	3	0	1	19	0	0
	합계		96	28	4	4	148	19	1
K2	2013	광주	29	22	2	1	50	8	0
	2014	광주	27	11	0	2	46	5	0
	2018	광주	9	8	1	1	15	0	0
	2019	광주	29	12	3	3	22	2	0
	합계		94	53	6	7	133	15	0
승	2014	광주	2	0	0	2	2	0	0
	2017	상주	2	0	1	0	2	0	0
	합계		4	0	1	2	4	0	0
프로통산			194	81	11	13	285	34	1

여명용(呂明龍) 한양대 1987.06.11

대회	연도	소속	출전	교체	실점	도움	파울	경고	퇴장
K2	2013	고양	23	1	35	0	1	1	0
	2014	고양	20	1	22	0	0	4	0
	2015	고양	22	0	33	0	0	3	0
	합계		65	2	90	0	1	8	0
프로통산			65	2	90	0	1	8	0

여범규(余範奎) 연세대 1962.06.24

대회	연도	소속	출전	교체	득점	도움	파울	경고	퇴장
BC	1986	대우	27	1	1	5	30	5	0
	1987	대우	27	11	3	0	25	0	0
	1988	대우	12	5	1	0	16	0	0
	1989	대우	38	15	4	3	69	1	0
	1990	대우	10	7	1	0	18	3	0
	1991	대우	16	14	1	0	24	3	0
	1992	대우	11	8	0	0	13	1	0
	합계		141	61	11	8	195	13	0
프로통산			141	61	11	8	195	13	0

여봉훈(余奉訓) 안동고 1994.03.12

대회	연도	소속	출전	교체	득점	도움	파울	경고	퇴장
K1	2017	광주	31	11	1	1	62	8	0
	합계		31	11	1	1	62	8	0
K2	2018	광주	26	12	0	1	46	7	0
	2019	광주	23	8	1	1	43	7	0
	합계		49	20	1	2	89	14	0
프로통산			80	31	2	3	151	22	0

여성해(呂成海) 한양대 1987.08.06

대회	연도	소속	출전	교체	득점	도움	파울	경고	퇴장
K1	2014	경남	20	3	1	0	28	3	0
	2016	상주	4	0	0	0	2	0	0
	2018	경남	13	0	0	0	11	2	0
	2019	경남	11	2	0	0	10	2	0
	2019	인천	12	0	0	1	8	1	0
	합계		60	5	1	1	59	8	0
K2	2015	상주	19	2	2	0	27	2	0
	2016	경남	8	0	0	0	12	0	0
	합계		27	2	2	0	39	2	0
승	2014	경남	1	0	0	0	3	1	0
	합계		1	0	0	0	3	1	0
프로통산			88	7	3	1	101	11	0

여승원(呂承垣) 광운대 1984.05.01

대회	연도	소속	출전	교체	득점	도움	파울	경고	퇴장
BC	2004	인천	9	4	1	0	20	0	0
	2005	인천	4	4	0	0	5	0	0
	2006	광주상	21	16	2	2	32	4	0
	2007	광주상	27	21	2	1	48	4	0
	2008	인천	12	10	0	0	12	2	0
	2010	수원	5	4	0	0	3	0	0
	합계		78	59	5	3	120	10	0
프로통산			78	59	5	3	120	10	0

여인언(呂仁言) 한남대 1992.04.29

대회	연도	소속	출전	교체	득점	도움	파울	경고	퇴장
K1	2016	수원FC	0	0	0	0	0	0	0
	합계		0	0	0	0	0	0	0
프로통산			0	0	0	0	0	0	0

여재항(余在恒) 서울시립대 1962.06.28

대회	연도	소속	출전	교체	득점	도움	파울	경고	퇴장
BC	1985	상무	2	0	0	0	3	0	0
	합계		2	0	0	0	3	0	0
프로통산			2	0	0	0	3	0	0

여효진(余孝珍) 고려대 1983.04.25

대회	연도	소속	출전	교체	득점	도움	파울	경고	퇴장
BC	2007	광주상	27	6	2	1	55	7	0
	2008	광주상	4	3	0	0	3	1	0
	2011	서울	9	2	0	1	22	5	0
	2012	부산	0	0	0	0	0	0	0
	합계		40	11	2	2	80	13	0
K2	2013	고양	14	6	0	0	19	2	0
	2014	고양	30	5	1	1	54	12	0
	2015	고양	27	1	0	0	31	6	0
	합계		71	12	1	1	104	20	0
프로통산			111	23	3	3	184	33	0

연재천(延才千) 울산대 1978.01.17

대회	연도	소속	출전	교체	득점	도움	파울	경고	퇴장
BC	2000	울산	2	1	0	0	3	0	0
	2001	울산	2	1	0	0	3	0	0
	2003	광주상	1	1	0	0	1	0	0
	합계		5	3	0	0	7	0	0
프로통산			5	3	0	0	7	0	0

연제민(延濟民) 한남대 1993.05.28

대회	연도	소속	출전	교체	득점	도움	파울	경고	퇴장
K1	2013	수원	4	4	0	0	2	0	0
	2014	수원	0	0	0	0	0	0	0
	2014	부산	20	0	0	0	28	0	0
	2015	수원	22	7	0	0	23	1	0
	2016	수원	10	5	1	0	10	2	0
	2017	전남	7	2	0	0	7	1	0
	합계		63	18	1	0	70	6	0
K2	2018	부산	3	3	0	0	0	0	0
	합계		3	3	0	0	0	0	0
프로통산			66	21	1	0	70	6	0

연제운(延濟運) 선문대 1994.08.28

대회	연도	소속	출전	교체	득점	도움	파울	경고	퇴장
K1	2016	성남	16	5	1	0	16	4	0
	2019	성남	38	1	0	0	24	0	0
	합계		54	6	1	0	40	4	0
K2	2017	성남	33	1	0	0	21	2	0
	2018	성남	29	1	2	1	18	2	0
	합계		62	2	2	1	39	4	0
승	2016	성남	0	0	0	0	0	0	0
	합계		0	0	0	0	0	0	0
프로통산			116	8	3	1	79	8	0

염강륜(← 염호덕) 연세대 1992.04.13

대회	연도	소속	출전	교체	득점	도움	파울	경고	퇴장
K2	2013	안양	1	1	0	0	0	0	0
	합계		1	1	0	0	0	0	0
프로통산			1	1	0	0	0	0	0

염기훈(廉基勳) 호남대 1983.03.30

대회	연도	소속	출전	교체	득점	도움	파울	경고	퇴장
BC	2006	전북	31	7	7	5	37	1	0
	2007	전북	18	3	5	3	23	1	0
	2007	울산	3	3	1	0	1	0	0
	2008	울산	19	11	5	1	11	0	0
	2009	울산	20	10	3	3	24	0	0
	2010	수원	19	4	1	10	23	0	0
	2011	수원	29	11	9	14	24	0	0
	합계		139	49	31	36	143	2	0
K1	2013	수원	9	1	1	1	8	0	0
	2014	수원	35	5	4	8	15	1	0
	2015	수원	35	4	8	17	26	1	0
	2016	수원	34	10	4	15	21	1	0
	2017	수원	38	18	6	11	19	1	0
	2018	수원	34	18	6	4	17	1	0
	2019	수원	26	14	6	3	10	1	0
	합계		211	70	35	59	116	6	0
K2	2013	경찰	21	1	7	11	14	1	0
	합계		21	1	7	11	14	1	0
프로통산			371	120	73	106	273	9	0

염동균(廉東均) 강릉상고 1983.09.06

대회	연도	소속	출전	교체	실점	도움	파울	경고	퇴장
BC	2002	전남	1	1	0	0	0	0	0
	2003	전남	0	0	0	0	0	0	0
	2005	광주상	9	0	15	0	1	2	0
	2006	전남	25	0	18	0	1	2	0
	2007	전남	27	0	29	0	0	0	0
	2008	전남	26	1	41	0	0	2	0
	2009	전남	24	0	35	0	1	1	0
	2010	전남	24	1	44	0	0	2	0
	2011	전북	14	0	17	0	0	0	0
	합계		150	3	199	0	3	9	0
프로통산			150	3	199	0	3	9	0

염유신(廉裕申) 선문대 1992.08.10

대회	연도	소속	출전	교체	득점	도움	파울	경고	퇴장
K1	2014	성남	0	0	0	0	0	0	0
	합계		0	0	0	0	0	0	0
프로통산			0	0	0	0	0	0	0

예병원(芮柄瑗) 대륜고 1998.03.25

대회	연도	소속	출전	교체	득점	도움	파울	경고	퇴장
K1	2018	대구	0	0	0	0	0	0	0
	합계		0	0	0	0	0	0	0
프로통산			0	0	0	0	0	0	0

옐라(Josko Jelicić) 크로아티아 1971.01.05

대회	연도	소속	출전	교체	득점	도움	파울	경고	퇴장
BC	2002	포항	5	4	0	0	3	0	0
	합계		5	4	0	0	3	0	0
프로통산			5	4	0	0	3	0	0

오경석(吳敬錫) 동아대 1973.02.24

대회	연도	소속	출전	교체	득점	도움	파울	경고	퇴장
BC	1995	전남	22	15	4	0	15	2	0
	1996	전남	15	12	2	0	8	2	0
	1996	부천유	2	3	0	1	2	0	0
	1997	부천SK	16	15	2	0	12	1	0
	합계		55	45	8	1	37	5	0
프로통산			55	45	8	1	37	5	0

오광진(吳光珍) 울산대 1987.06.04

대회	연도	소속	출전	교체	득점	도움	파울	경고	퇴장
K1	2017	대구	20	11	0	0	17	7	0
	2018	대구	4	2	0	0	8	2	0
	합계		24	13	0	0	25	9	0
K2	2013	수원FC	20	6	0	0	23	2	0
	2014	수원FC	2	1	0	0	3	0	0

	2015	수원FC	22	8	0	2	26	2	0
	2016	대구	7	6	0	0	4	0	0
	합계		51	21	0	2	56	4	0
승	2015	수원FC	0	0	0	0	0	0	0
	합계		0	0	0	0	0	0	0
프로통산			75	34	0	2	81	13	0

오광훈(吳侊勳) 단국대 1973.12.12

대회	연도	소속	출전	교체	득점	도움	파울	경고	퇴장
BC	1999	전북	31	23	3	0	20	0	0
	2000	전북	14	13	1	0	9	1	0
	2001	전북	4	4	0	0	5	1	0
	합계		49	40	4	0	34	2	0
프로통산			49	40	4	0	34	2	0

오군지미(Marvin Ogunjimi) 벨기에 1987.10.12

대회	연도	소속	출전	교체	득점	도움	파울	경고	퇴장
K1	2016	수원FC	10	8	3	0	8	3	0
	합계		10	8	3	0	8	3	0
프로통산			10	8	3	0	8	3	0

오규빈(吳圭彬) 가톨릭관동대 1992.09.04

대회	연도	소속	출전	교체	득점	도움	파울	경고	퇴장
K2	2015	서울E	0	0	0	0	0	0	0
	2016	충주	21	4	1	0	20	5	0
	합계		21	4	1	0	20	5	0
프로통산			21	4	1	0	20	5	0

오규찬(吳圭贊) 수원공고 1982.08.28

대회	연도	소속	출전	교체	득점	도움	파울	경고	퇴장
BC	2001	수원	3	3	0	0	1	0	0
	2003	수원	6	6	1	0	8	0	0
	합계		9	9	1	0	9	0	0
프로통산			9	9	1	0	9	0	0

오기재(吳起在) 영남대 1983.09.26

대회	연도	소속	출전	교체	득점	도움	파울	경고	퇴장
K2	2013	고양	32	9	3	2	47	2	0
	2014	고양	22	12	0	1	29	5	0
	2015	고양	37	8	4	2	47	6	0
	2016	고양	23	1	0	1	31	6	0
	합계		114	30	7	6	154	19	0
프로통산			114	30	7	6	154	19	0

오까야마(Okayama Kazunari, 岡山一成) 일본 1978.04.24

대회	연도	소속	출전	교체	득점	도움	파울	경고	퇴장
BC	2009	포항	9	5	1	0	11	2	0
	2010	포항	8	2	0	0	10	1	0
	합계		17	7	1	0	21	3	0
프로통산			17	7	1	0	21	3	0

오도현(吳到炫) 금호고 1994.12.06

대회	연도	소속	출전	교체	득점	도움	파울	경고	퇴장
K1	2015	광주	23	22	0	0	17	1	0
	2016	광주	13	12	2	0	2	0	0
	2017	포항	5	2	0	0	2	0	1
	합계		41	36	2	0	21	1	1
K2	2013	광주	13	7	0	0	22	2	0
	2014	광주	20	15	0	0	26	3	0
	2017	성남	5	2	0	0	7	1	0
	합계		38	24	0	0	55	6	0
승	2014	광주	2	2	0	0	1	0	0
	합계		2	2	0	0	1	0	0
프로통산			81	62	2	0	77	7	1

오동천(吳東天) 영남상고 1966.01.20

대회	연도	소속	출전	교체	득점	도움	파울	경고	퇴장
BC	1989	일화	27	13	1	2	26	1	0
	1990	일화	25	10	0	1	27	1	0
	1991	일화	37	14	6	6	49	4	0
	1992	일화	33	19	3	2	37	6	0
	1993	일화	30	19	4	3	35	1	1
	1994	일화	24	18	2	0	21	1	0
	1995	전북	28	15	1	2	28	2	0
	1996	전북	23	20	3	1	12	0	0
	합계		227	128	20	17	235	16	1
프로통산			227	128	20	17	235	16	1

오르샤(Mislav Oršić) 크로아티아 1992.12.29

대회	연도	소속	출전	교체	득점	도움	파울	경고	퇴장
K1	2015	전남	33	17	9	7	29	4	0
	2016	전남	16	3	5	4	12	1	0
	2017	울산	38	16	10	3	21	1	0
	2018	울산	14	6	4	1	6	0	0
	합계		101	42	28	15	68	6	0
프로통산			101	42	28	15	68	6	0

오르슐리치(Marin Oršulić) 크로아티아 1987.08.25

대회	연도	소속	출전	교체	득점	도움	파울	경고	퇴장
K2	2017	성남	15	5	0	0	15	7	0
	2018	성남	2	1	0	0	3	0	0
	합계		17	6	0	0	18	7	0
프로통산			17	6	0	0	18	7	0

오르시니(Nicolas Orsini) 아르헨티나 1994.09.12

대회	연도	소속	출전	교체	득점	도움	파울	경고	퇴장
K2	2016	안양	7	3	1	0	11	1	0
	합계		7	3	1	0	11	1	0
프로통산			7	3	1	0	11	1	0

오르티고사(Jose Maria Ortigoza Ortiz) 파라과이 1987.04.01

대회	연도	소속	출전	교체	득점	도움	파울	경고	퇴장
BC	2010	울산	27	13	17	3	65	5	0
	합계		27	13	17	3	65	5	0
프로통산			27	13	17	3	65	5	0

오명관(吳明官) 한양대 1974.04.29

대회	연도	소속	출전	교체	득점	도움	파울	경고	퇴장
BC	1997	안양LG	24	9	0	0	42	5	0
	1998	안양LG	10	6	0	1	17	1	1
	1998	포항	3	2	0	1	8	1	0
	1999	포항	14	5	0	0	18	2	0
	2000	포항	18	8	0	0	13	2	1
	2001	포항	24	3	0	0	42	3	0
	2002	포항	1	2	0	0	0	0	0
	2003	부천SK	11	2	0	0	20	2	0
	2004	부천SK	1	1	0	0	1	0	0
	합계		106	38	0	2	161	16	2
프로통산			106	38	0	2	161	16	2

오민엽(吳民曄) 명지대 1990.06.23

대회	연도	소속	출전	교체	득점	도움	파울	경고	퇴장
K2	2013	충주	3	1	0	0	1	0	0
	합계		3	1	0	0	1	0	0
프로통산			3	1	0	0	1	0	0

오반석(吳反錫) 건국대 1988.05.20

대회	연도	소속	출전	교체	득점	도움	파울	경고	퇴장
BC	2012	제주	25	5	1	0	32	6	0
	합계		25	5	1	0	32	6	0
K1	2013	제주	30	3	1	0	48	8	0
	2014	제주	36	4	0	1	40	4	0
	2015	제주	34	2	1	0	32	4	1
	2016	제주	16	2	1	0	16	0	0
	2017	제주	33	2	2	0	20	3	0
	2018	제주	24	1	1	0	15	2	0
	합계		173	14	6	1	171	21	1
프로통산			198	19	7	1	203	27	1

오범석(吳範錫) 포철공고 1984.07.29

대회	연도	소속	출전	교체	득점	도움	파울	경고	퇴장
BC	2003	포항	1	1	0	0	1	0	0
	2004	포항	25	7	1	0	49	3	0
	2005	포항	33	2	2	0	78	7	0
	2006	포항	33	7	2	2	128	10	0
	2007	포항	16	8	0	0	42	6	0
	2009	울산	14	1	0	0	37	2	0
	2010	울산	21	3	4	2	33	5	0
	2011	수원	29	3	0	1	66	6	0
	2012	수원	39	1	0	1	101	11	0
	합계		211	33	9	6	535	50	0
K1	2014	수원	11	0	0	0	17	2	0
	2015	수원	29	5	1	1	53	9	0
	2017	강원	28	4	0	1	53	7	0
	2018	강원	32	6	1	1	52	5	0
	2019	강원	20	10	0	0	25	3	0
	합계		120	25	2	3	200	26	0
K2	2013	경찰	23	3	2	2	69	10	0
	2014	안산경	16	1	2	0	36	9	0
	합계		39	4	4	2	105	19	0
프로통산			370	62	15	11	840	95	0

오베라(Jobson Leandro Pereira de Oliv) 브라질 1988.02.15

대회	연도	소속	출전	교체	득점	도움	파울	경고	퇴장
BC	2009	제주	23	9	7	4	46	3	0
	합계		23	9	7	4	46	3	0
프로통산			23	9	7	4	46	3	0

오병민(吳秉旻) 선문대 1988.06.28

대회	연도	소속	출전	교체	득점	도움	파울	경고	퇴장
BC	2012	경남	0	0	0	0	0	0	0
	합계		0	0	0	0	0	0	0
프로통산			0	0	0	0	0	0	0

오봉진(吳鳳鎭) 유성생명과학고 1989.06.30

대회	연도	소속	출전	교체	득점	도움	파울	경고	퇴장
BC	2008	제주	0	0	0	0	0	0	0
	2009	제주	4	2	1	0	15	1	0
	2011	상주	2	1	0	0	3	0	0
	2012	상주	0	0	0	0	0	0	0
	합계		6	3	1	0	18	1	0
K1	2013	대전	1	1	0	0	0	0	0
	합계		1	1	0	0	0	0	0
프로통산			7	4	1	0	18	1	0

오봉철(吳奉哲) 건국대 1966.12.17

대회	연도	소속	출전	교체	득점	도움	파울	경고	퇴장
BC	1989	현대	25	8	0	2	27	2	0
	1991	현대	3	2	0	0	3	0	0
	합계		28	10	0	2	30	2	0
프로통산			28	10	0	2	30	2	0

오비나(Obinna John Nkedoi) 나이지리아 1980.06.03

대회	연도	소속	출전	교체	득점	도움	파울	경고	퇴장
BC	2002	대전	2	2	0	0	2	0	0
	합계		2	2	0	0	2	0	0
프로통산			2	2	0	0	2	0	0

오사구오나(Ighodaro Christian Osaguona) 나이지리아 1990.10.

대회	연도	소속	출전	교체	득점	도움	파울	경고	퇴장
K1	2019	제주	11	8	1	0	18	3	0
	합계		11	8	1	0	18	3	0
프로통산			11	8	1	0	18	3	0

오상헌(吳尙憲) 문성대 1994.08.31

대회	연도	소속	출전	교체	득점	도움	파울	경고	퇴장
K2	2016	경남	0	0	0	0	0	0	0
	합계		0	0	0	0	0	0	0
프로통산			0	0	0	0	0	0	0

오석재(吳錫載) 건국대 1958.10.13

대회	연도	소속	출전	교체	득점	도움	파울	경고	퇴장
BC	1983	할렐	16	2	6	2	19	0	0
	1984	할렐	22	5	9	3	24	0	0
	1985	할렐	17	4	3	1	35	3	0
	합계		55	11	18	6	78	3	0
프로통산			55	11	18	6	78	3	0

오세종(吳世宗) 경기대 1976.03.09

대회	연도	소속	출전	교체	득점	도움	파울	경고	퇴장

대회	연도	소속	출전	교체	득점	도움	파울	경고	퇴장
BC	1999	대전	1	1	0	0	0	0	0
	합계		1	1	0	0	0	0	0
프로통산			1	1	0	0	0	0	0

오세훈(吳世勳) 현대고 1999.01.15

대회	연도	소속	출전	교체	득점	도움	파울	경고	퇴장
K1	2018	울산	3	3	0	0	4	0	0
	합계		3	3	0	0	4	0	0
K2	2019	아산	30	11	7	3	56	1	0
	합계		30	11	7	3	56	1	0
프로통산			33	14	7	3	60	1	0

오셀리(Adnan Ocelli) 알바니아 1966.03.06

대회	연도	소속	출전	교체	득점	도움	파울	경고	퇴장
BC	1996	수원	0	0	0	0	0	0	0
	합계		0	0	0	0	0	0	0
프로통산			0	0	0	0	0	0	0

오스마르(Osmar Ibanez Barba) 스페인 1988.06.05

대회	연도	소속	출전	교체	득점	도움	파울	경고	퇴장
K1	2014	서울	34	3	2	1	33	5	0
	2015	서울	38	0	3	1	42	2	0
	2016	서울	37	1	4	3	31	6	0
	2017	서울	33	1	4	0	39	3	0
	2019	서울	31	1	4	5	32	3	0
	합계		173	6	17	10	177	19	0
프로통산			173	6	17	10	177	19	0

오스만(Osman de Menezes Venancio Junior) 브라질 1992.10.29

대회	연도	소속	출전	교체	득점	도움	파울	경고	퇴장
K1	2019	경남	7	3	1	0	8	1	0
	합계		7	3	1	0	8	1	0
프로통산			7	3	1	0	8	1	0

오승민(吳承珉) 배재대 1995.03.10

대회	연도	소속	출전	교체	득점	도움	파울	경고	퇴장
K2	2018	성남	0	0	0	0	0	0	0
	합계		0	0	0	0	0	0	0
프로통산			0	0	0	0	0	0	0

오승범(吳承範) 오현고 1981.02.26

대회	연도	소속	출전	교체	득점	도움	파울	경고	퇴장
BC	1999	천안일	0	0	0	0	0	0	0
	2003	광주상	40	4	2	1	73	3	0
	2004	성남일	14	7	0	0	26	1	0
	2005	포항	29	19	2	0	28	4	0
	2006	포항	34	20	2	0	40	0	0
	2007	포항	35	20	1	0	40	3	0
	2008	제주	24	15	1	1	29	2	0
	2009	제주	29	6	1	2	51	2	0
	2010	제주	32	18	1	2	45	6	0
	2011	제주	29	1	0	4	55	5	0
	2012	제주	37	22	0	3	32	2	0
	합계		303	132	10	13	419	28	0
K1	2013	제주	31	12	0	1	24	2	0
	2014	제주	15	12	0	0	12	0	0
	2017	강원	22	15	0	1	16	1	0
	합계		68	39	0	2	52	3	0
K2	2015	충주	37	6	3	4	44	6	0
	2016	강원	36	4	1	1	37	3	0
	합계		73	10	4	5	81	9	0
승	2016	강원	2	0	0	0	4	1	0
	합계		2	0	0	0	4	1	0
프로통산			446	181	14	20	556	41	0

오승인(吳承仁) 광운대 1965.12.20

대회	연도	소속	출전	교체	득점	도움	파울	경고	퇴장
BC	1988	포철	1	1	0	0	0	0	0
	1991	유공	4	4	0	0	8	0	0
	1992	유공	27	18	2	0	14	1	0
	1993	유공	14	5	0	0	11	1	0
	1994	유공	15	3	0	0	13	1	0
	합계		61	31	2	0	46	3	0
프로통산			61	31	2	0	46	3	0

오승혁(吳昇爀) 중앙대 1961.02.08

대회	연도	소속	출전	교체	실점	도움	파울	경고	퇴장
BC	1985	상무	4	1	6	0	1	0	0
	합계		4	1	6	0	1	0	0
프로통산			4	1	6	0	1	0	0

오승훈(吳承訓) 호남대 1988.06.30

대회	연도	소속	출전	교체	실점	도움	파울	경고	퇴장
K1	2015	대전	16	0	31	0	2	1	0
	2016	상주	18	0	30	0	1	2	0
	2017	상주	21	0	32	0	3	2	1
	2018	울산	17	0	20	0	0	0	0
	2019	울산	20	0	17	0	0	2	0
	2019	제주	11	0	21	0	0	0	0
	합계		103	0	151	0	6	7	1
프로통산			103	0	151	0	6	7	1

오연교(吳連敎) 한양대 1960.05.25

대회	연도	소속	출전	교체	실점	도움	파울	경고	퇴장
BC	1983	유공	9	0	10	0	0	0	0
	1984	유공	28	0	22	0	1	0	0
	1985	유공	5	0	5	0	0	0	0
	1986	유공	3	0	3	0	0	0	0
	1987	유공	3	1	8	0	0	0	0
	1988	현대	17	0	12	0	0	0	0
	1989	현대	13	1	13	0	1	1	0
	1990	현대	19	0	24	1	1	0	0
	합계		97	2	97	1	3	1	0
프로통산			97	2	97	1	3	1	0

오영섭(吳榮燮) 전남대 1962.05.12

대회	연도	소속	출전	교체	득점	도움	파울	경고	퇴장
BC	1984	국민은	17	7	1	6	15	0	0
	합계		17	7	1	6	15	0	0
프로통산			17	7	1	6	15	0	0

오영준(吳泳俊) 광양제철고 1993.01.16

대회	연도	소속	출전	교체	득점	도움	파울	경고	퇴장
K1	2015	전남	4	3	0	0	0	0	0
	2016	전남	1	1	0	0	0	0	0
	합계		5	4	0	0	0	0	0
프로통산			5	4	0	0	0	0	0

오원종(吳源鐘) 연세대 1983.06.17

대회	연도	소속	출전	교체	득점	도움	파울	경고	퇴장
BC	2006	경남	8	6	0	0	9	0	0
	2009	강원	19	19	4	1	7	0	0
	2010	강원	9	8	0	1	4	1	0
	2011	상주	5	4	0	0	1	1	0
	합계		41	37	4	2	21	2	0
프로통산			41	37	4	2	21	2	0

오유진(吳柳珍) 국민대 1970.07.30

대회	연도	소속	출전	교체	득점	도움	파울	경고	퇴장
BC	1994	버팔로	4	4	0	0	4	0	0
	합계		4	4	0	0	4	0	0
프로통산			4	4	0	0	4	0	0

오윤기(吳潤基) 전주대학원 1971.04.13

대회	연도	소속	출전	교체	득점	도움	파울	경고	퇴장
BC	1998	수원	1	1	0	0	1	0	0
	1999	수원	1	1	0	0	1	0	0
	합계		2	2	0	0	2	0	0
프로통산			2	2	0	0	2	0	0

오윤석(吳允錫) 아주대 1990.12.03

대회	연도	소속	출전	교체	득점	도움	파울	경고	퇴장
K2	2017	안산	11	4	0	1	10	1	0
	합계		11	4	0	1	10	1	0
프로통산			11	4	0	1	10	1	0

오인환(吳仁煥) 홍익대 1976.11.30

대회	연도	소속	출전	교체	득점	도움	파울	경고	퇴장
BC	1999	포항	3	2	0	0	2	0	0
	합계		3	2	0	0	2	0	0
프로통산			3	2	0	0	2	0	0

오장은(吳章銀) 조천중 1985.07.24

대회	연도	소속	출전	교체	득점	도움	파울	경고	퇴장
BC	2005	대구	23	13	3	2	40	1	0
	2006	대구	32	9	6	2	51	3	0
	2007	울산	24	9	0	1	45	5	0
	2008	울산	33	3	2	1	66	5	0
	2009	울산	28	4	4	6	57	5	0
	2010	울산	33	3	2	3	74	4	0
	2011	수원	30	5	4	2	48	2	0
	2012	수원	26	5	1	0	40	5	0
	합계		229	51	22	17	421	30	0
K1	2013	수원	34	6	1	4	60	6	0
	2014	수원	12	2	0	0	16	2	0
	2016	수원	7	5	1	0	11	1	0
	합계		53	13	2	4	87	9	0
K2	2017	성남	3	2	0	0	5	1	0
	2018	대전	6	3	0	0	6	2	0
	합계		9	5	0	0	11	3	0
프로통산			291	69	24	21	519	42	0

오재석(吳宰碩) 경희대 1990.01.04

대회	연도	소속	출전	교체	득점	도움	파울	경고	퇴장
BC	2010	수원	7	5	0	0	10	1	0
	2011	강원	24	1	1	1	41	5	0
	2012	강원	31	4	2	3	43	3	0
	합계		62	10	3	4	94	9	0
프로통산			62	10	3	4	94	9	0

오재혁(吳宰赫) 건동대 1989.02.20

대회	연도	소속	출전	교체	득점	도움	파울	경고	퇴장
K2	2013	부천	8	3	0	0	13	1	0
	합계		8	3	0	0	13	1	0
프로통산			8	3	0	0	13	1	0

오정석(吳政錫) 아주대 1978.09.05

대회	연도	소속	출전	교체	득점	도움	파울	경고	퇴장
BC	2001	부산	6	6	1	0	4	1	0
	2002	부산	5	5	0	0	4	1	0
	2003	부산	1	1	0	0	2	0	0
	2004	광주상	1	1	0	0	0	0	0
	2005	광주상	3	3	0	0	1	0	0
	합계		16	16	1	0	11	2	0
프로통산			16	16	1	0	11	2	0

오종철(吳宗哲) 한양대 1988.08.21

대회	연도	소속	출전	교체	득점	도움	파울	경고	퇴장
BC	2012	전북	0	0	0	0	0	0	0
	합계		0	0	0	0	0	0	0
K2	2013	충주	3	1	0	0	2	2	0
	합계		3	1	0	0	2	2	0
프로통산			3	1	0	0	2	2	0

오주포(吳柱捕) 건국대 1973.06.21

대회	연도	소속	출전	교체	득점	도움	파울	경고	퇴장
BC	1995	일화	6	5	0	0	11	3	0
	1996	천안일	1	1	0	0	1	0	0
	1998	전남	8	5	0	0	19	4	0
	1999	전남	6	3	0	0	9	0	0
	2000	전남	7	5	0	0	8	1	0
	2003	대구	16	12	1	1	25	3	0
	2004	대구	3	2	0	0	6	1	0
	2006	대구	2	2	0	0	3	0	0
	합계		49	35	1	1	82	12	0
프로통산			49	35	1	1	82	12	0

오주현(吳周炫) 고려대 1987.04.02

대회	연도	소속	출전	교체	득점	도움	파울	경고	퇴장
BC	2010	대구	19	6	0	2	32	5	1
	2011	대구	4	0	0	0	4	2	0
	합계		23	6	0	2	36	7	1
K1	2013	제주	18	3	0	0	32	4	0

대회	연도	소속	출전	교체	득점	도움	파울	경고	퇴장
	합계		18	3	0	0	32	4	0
프로통산			41	9	0	2	68	11	1

오주호(吳周昊) 동아대 1992.04.02

대회	연도	소속	출전	교체	득점	도움	파울	경고	퇴장
K2	2015	고양	7	2	0	0	11	0	0
	합계		7	2	0	0	11	0	0
프로통산			7	2	0	0	11	0	0

오창식(吳昶食) 건국대 1984.03.27

대회	연도	소속	출전	교체	득점	도움	파울	경고	퇴장
BC	2007	울산	1	0	0	0	3	0	0
	2008	울산	14	0	0	0	20	3	0
	2009	울산	4	1	0	0	1	0	0
	2010	광주상	2	0	0	0	5	0	0
	2011	상주	3	1	0	0	2	1	0
	합계		24	2	0	0	31	4	0
프로통산			24	2	0	0	31	4	0

오창현(吳昌炫) 단국대 1993.03.02

대회	연도	소속	출전	교체	득점	도움	파울	경고	퇴장
K1	2016	포항	15	15	2	2	5	1	0
	2017	포항	5	5	0	0	0	1	0
	합계		20	20	2	2	5	2	0
프로통산			20	20	2	2	5	2	0

오창현(吳昌炫) 광운대 1989.05.04

대회	연도	소속	출전	교체	득점	도움	파울	경고	퇴장
K2	2015	서울E	3	3	0	0	2	0	0
	2016	대전	27	5	0	0	31	4	0
	합계		30	8	0	0	33	4	0
프로통산			30	8	0	0	33	4	0

오철석(吳哲錫) 연세대 1982.03.23

대회	연도	소속	출전	교체	득점	도움	파울	경고	퇴장
BC	2005	부산	0	0	0	0	0	0	0
	2006	부산	20	17	1	3	31	2	0
	2008	부산	6	6	0	0	10	0	0
	2009	부산	14	14	0	0	21	1	0
	합계		40	37	1	3	62	3	0
프로통산			40	37	1	3	62	3	0

오태동(吳太東) 전주대 1972.07.14

대회	연도	소속	출전	교체	득점	도움	파울	경고	퇴장
BC	1995	전남	0	0	0	0	0	0	0
	합계		0	0	0	0	0	0	0
프로통산			0	0	0	0	0	0	0

오필환(吳必煥) 청주상고 1958.11.12

대회	연도	소속	출전	교체	득점	도움	파울	경고	퇴장
BC	1983	할렐	12	9	2	1	5	0	0
	1984	할렐	13	11	1	0	6	0	0
	1985	할렐	9	5	2	0	7	0	0
	합계		34	25	5	1	18	0	0
프로통산			34	25	5	1	18	0	0

오혁진(吳赫鎭) 조선대 1994.01.21

대회	연도	소속	출전	교체	득점	도움	파울	경고	퇴장
K2	2016	대전	0	0	0	0	0	0	0
	합계		0	0	0	0	0	0	0
프로통산			0	0	0	0	0	0	0

오현규() 매탄고 2001.04.12

대회	연도	소속	출전	교체	득점	도움	파울	경고	퇴장
K1	2019	수원	11	11	0	0	6	2	0
	합계		11	11	0	0	6	2	0
프로통산			11	11	0	0	6	2	0

오후성(吳厚性) 현풍고 1999.08.25

대회	연도	소속	출전	교체	득점	도움	파울	경고	퇴장
K1	2018	대구	1	1	0	0	2	0	0
	2019	대구	8	8	0	1	0	0	0
	합계		9	9	0	1	2	0	0
프로통산			9	9	0	1	2	0	0

온병훈(溫炳勳) 숭실대 1985.08.07

대회	연도	소속	출전	교체	득점	도움	파울	경고	퇴장
BC	2006	포항	1	1	0	0	0	0	0
	2007	포항	1	1	0	0	4	1	0
	2008	전북	9	9	2	0	11	1	0
	2009	전북	3	3	0	0	1	0	0
	2010	대구	28	18	4	2	30	5	0
	2011	대구	13	8	0	1	17	1	0
	합계		55	40	6	3	63	8	0
K1	2013	대구	2	2	0	0	3	1	0
	합계		2	2	0	0	3	1	0
프로통산			57	42	6	3	66	9	0

올레그(Oleg Elyshev) 러시아 1971.05.30

대회	연도	소속	출전	교체	득점	도움	파울	경고	퇴장
BC	1997	안양LG	18	2	2	6	31	5	1
	1998	안양LG	34	9	7	4	53	5	0
	1999	안양LG	31	14	5	5	43	5	0
	합계		83	25	14	15	127	15	1
프로통산			83	25	14	15	127	15	1

올리(Aurelian Cosmi Olaroiu) 루마니아 1969.06.10

대회	연도	소속	출전	교체	득점	도움	파울	경고	퇴장
BC	1997	수원	32	4	5	0	61	9	0
	1998	수원	25	11	0	1	55	6	1
	1999	수원	30	0	2	0	76	11	1
	2000	수원	11	3	0	1	15	3	0
	합계		98	18	7	2	207	29	2
프로통산			98	18	7	2	207	29	2

올리베(Alcir de Oliveira Fonseca) 브라질 1977.11.14

대회	연도	소속	출전	교체	득점	도움	파울	경고	퇴장
BC	2002	성남일	18	18	0	2	38	5	0
	합계		18	18	0	2	38	5	0
프로통산			18	18	0	2	38	5	0

올리베라(Juan Manuel Olivera Lopez) 우루과이 1981.08.14

대회	연도	소속	출전	교체	득점	도움	파울	경고	퇴장
BC	2006	수원	15	12	5	0	25	1	0
	합계		15	12	5	0	25	1	0
프로통산			15	12	5	0	25	1	0

옹동균(邕東均) 건국대 1991.11.23

대회	연도	소속	출전	교체	득점	도움	파울	경고	퇴장
K1	2015	전북	1	1	0	0	1	0	0
	합계		1	1	0	0	1	0	0
K2	2016	충주	2	2	0	0	1	0	0
	합계		2	2	0	0	1	0	0
프로통산			3	3	0	0	2	0	0

완델손(Wanderson Carvalho Oliveira / ← 완델손.C) 브라질 1989.03.31

대회	연도	소속	출전	교체	득점	도움	파울	경고	퇴장
K1	2015	대전	15	2	6	1	25	2	0
	2016	제주	14	10	4	3	18	0	0
	2017	포항	19	9	1	4	11	2	0
	2018	전남	33	7	4	5	38	3	1
	2019	포항	38	7	15	9	49	2	0
	합계		119	35	30	22	141	9	1
K2	2016	대전	18	5	5	2	24	3	0
	합계		18	5	5	2	24	3	0
프로통산			137	40	35	24	165	12	1

완호우량(Wan Houliang, 万厚良) 중국 1986.02.25

대회	연도	소속	출전	교체	득점	도움	파울	경고	퇴장
BC	2009	전북	4	1	0	0	18	3	0
	합계		4	1	0	0	18	3	0
프로통산			4	1	0	0	18	3	0

왕건명(王件明) 단국대 1993.07.04

대회	연도	소속	출전	교체	득점	도움	파울	경고	퇴장
K2	2018	광주	3	1	0	0	1	1	0
	합계		3	1	0	0	1	1	0
프로통산			3	1	0	0	1	1	0

왕선재(王善財) 연세대 1959.03.16

대회	연도	소속	출전	교체	득점	도움	파울	경고	퇴장
BC	1984	한일은	27	6	7	8	20	0	0
	1985	럭금	14	6	1	5	9	0	0
	1986	럭금	7	6	0	2	5	0	0
	1987	포철	2	2	0	0	4	0	0
	1988	포철	1	1	0	0	2	0	0
	1988	현대	5	5	0	0	4	0	1
	1989	현대	18	16	0	1	13	2	0
	합계		74	42	8	16	57	2	1
프로통산			74	42	8	16	57	2	1

왕정현(王淨鉉) 배재대 1976.08.30

대회	연도	소속	출전	교체	득점	도움	파울	경고	퇴장
BC	1999	안양LG	13	13	0	2	16	0	0
	2000	안양LG	25	21	9	2	32	2	0
	2001	안양LG	18	16	0	0	22	1	0
	2002	안양LG	25	8	1	2	28	3	0
	2003	안양LG	24	6	1	1	27	1	0
	2004	서울	14	14	2	0	11	2	0
	2005	전북	24	19	3	2	26	1	0
	2006	전북	23	7	0	1	24	3	0
	합계		166	104	16	10	186	13	0
프로통산			166	104	16	10	186	13	0

외슬(Wesley Braz de Almeida) 브라질 1981.05.07

대회	연도	소속	출전	교체	득점	도움	파울	경고	퇴장
BC	2011	대전	2	2	0	0	1	1	0
	합계		2	2	0	0	1	1	0
프로통산			2	2	0	0	1	1	0

요니치(Matej Jonjić) 크로아티아 1991.01.29

대회	연도	소속	출전	교체	득점	도움	파울	경고	퇴장
K1	2015	인천	37	0	0	0	23	4	0
	2016	인천	34	0	0	0	24	6	0
	합계		71	0	0	0	47	10	0
프로통산			71	0	0	0	47	10	0

요반치치(Vladimir Jovancić) 세르비아 1987.05.31

대회	연도	소속	출전	교체	득점	도움	파울	경고	퇴장
BC	2012	성남일	16	11	3	0	26	5	0
	합계		16	11	3	0	26	5	0
프로통산			16	11	3	0	26	5	0

요한(Jovan Sarcević) 유고슬라비아 1966.01.07

대회	연도	소속	출전	교체	득점	도움	파울	경고	퇴장
BC	1994	LG	11	2	1	0	22	3	0
	1995	LG	24	4	0	1	43	2	1
	합계		35	6	1	1	65	5	1
프로통산			35	6	1	1	65	5	1

용재현(龍齋弦 / ← 용현진) 건국대 1988.07.19

대회	연도	소속	출전	교체	득점	도움	파울	경고	퇴장
BC	2010	성남일	7	1	0	1	20	4	0
	2011	성남일	16	7	0	0	23	4	0
	2012	상주	12	2	0	0	29	4	0
	합계		35	10	0	1	72	12	0
K1	2014	인천	24	3	0	0	33	6	0
	2015	인천	5	1	0	0	3	3	0
	합계		29	4	0	0	36	9	0
K2	2013	상주	1	1	0	0	0	0	0
	2016	부산	30	0	1	1	38	10	0
	2017	안양	18	0	0	0	28	9	1
	합계		49	1	1	1	66	19	1
프로통산			113	15	1	2	174	40	1

우르모브(Zoran Urumov) 유고슬라비아 1977.08.30

대회	연도	소속	출전	교체	득점	도움	파울	경고	퇴장
BC	1999	부산	12	8	1	0	20	4	0
	2000	부산	21	13	3	2	31	7	0
	2001	부산	33	12	3	11	46	11	0
	2002	부산	25	9	3	3	24	4	1
	2003	부산	14	7	7	1	8	2	1
	2003	수원	8	8	1	0	6	0	0

대회	연도	소속	출전	교체	득점	도움	파울	경고	퇴장
	2004	수원	21	20	1	3	15	2	0
	합계		134	77	19	20	150	30	2
프로통산			134	77	19	20	150	30	2

우르코 베라(Vera Mateos Urko) 스페인 1987.05.14

대회	연도	소속	출전	교체	득점	도움	파울	경고	퇴장
K1	2015	전북	6	6	0	0	7	0	0
	합계		6	6	0	0	7	0	0
프로통산			6	6	0	0	7	0	0

우상호(禹相皓) 일본 메이카이대 1992.12.07

대회	연도	소속	출전	교체	득점	도움	파울	경고	퇴장
K1	2017	대구	17	12	0	0	30	3	0
	합계		17	12	0	0	30	3	0
K2	2016	대구	17	5	1	0	30	4	0
	합계		17	5	1	0	30	4	0
프로통산			34	17	1	0	60	7	0

우성문(禹成汶) 경희대 1975.10.19

대회	연도	소속	출전	교체	득점	도움	파울	경고	퇴장
BC	1998	부산	28	19	1	1	50	2	1
	1999	부산	30	11	1	0	34	4	0
	2000	성남일	38	9	2	5	62	3	0
	2005	부산	3	1	0	0	4	0	0
	합계		99	40	4	6	150	9	1
프로통산			99	40	4	6	150	9	1

우성용(禹成用) 아주대 1973.08.18

대회	연도	소속	출전	교체	득점	도움	파울	경고	퇴장
BC	1996	부산	31	21	4	2	34	2	0
	1997	부산	30	13	2	1	37	3	0
	1998	부산	25	20	4	3	41	2	0
	1999	부산	38	24	9	2	52	4	0
	2000	부산	34	10	6	3	51	3	0
	2001	부산	33	8	16	3	37	1	0
	2002	부산	26	4	13	3	31	3	0
	2003	포항	40	3	15	8	78	4	0
	2004	포항	27	2	10	0	50	4	0
	2005	성남일	30	21	3	2	60	0	0
	2006	성남일	41	17	19	5	72	3	0
	2007	울산	35	15	9	8	55	5	0
	2008	울산	31	26	5	3	30	6	0
	2009	인천	18	16	1	0	15	1	0
	합계		439	200	116	43	643	41	0
프로통산			439	200	116	43	643	41	0

우승제(禹承濟) 배재대 1982.10.23

대회	연도	소속	출전	교체	득점	도움	파울	경고	퇴장
BC	2005	대전	6	3	0	0	6	0	0
	2006	대전	12	12	0	0	14	1	0
	2007	대전	20	17	1	2	26	3	0
	2008	대전	25	6	0	0	32	5	0
	2009	대전	28	10	1	1	30	2	0
	2010	대전	24	0	1	1	33	4	1
	2011	수원	15	11	0	0	6	0	0
	합계		130	59	3	4	147	15	1
프로통산			130	59	3	4	147	15	1

우예찬(禹藝燦) 충북대 1996.03.30

대회	연도	소속	출전	교체	득점	도움	파울	경고	퇴장
K2	2019	수원FC	2	2	0	0	1	0	0
	합계		2	2	0	0	1	0	0
프로통산			2	2	0	0	1	0	0

우제원(禹濟元) 성보고 1972.08.09

대회	연도	소속	출전	교체	득점	도움	파울	경고	퇴장
BC	1998	안양LG	1	1	0	0	0	0	0
	1999	안양LG	4	4	0	0	4	0	0
	합계		5	5	0	0	4	0	0
프로통산			5	5	0	0	4	0	0

우주성(禹周成) 중앙대 1993.06.08

대회	연도	소속	출전	교체	득점	도움	파울	경고	퇴장
K1	2014	경남	9	0	0	0	6	1	0
	2018	경남	28	1	0	1	14	2	0
	2019	경남	26	3	1	1	18	4	1
	합계		63	4	1	2	38	7	1
K2	2015	경남	33	0	2	1	26	5	0
	2016	경남	33	3	0	2	26	4	0
	2017	경남	31	1	3	3	37	6	0
	합계		97	4	5	6	89	15	0
프로통산			160	8	6	8	127	22	1

우찬양(禹贊梁) 포철고 1997.04.27

대회	연도	소속	출전	교체	득점	도움	파울	경고	퇴장
K1	2016	포항	2	1	0	0	2	0	0
	2017	포항	4	2	0	0	5	1	0
	2018	포항	10	2	0	0	10	1	0
	2019	포항	0	0	0	0	0	0	0
	합계		16	5	0	0	17	2	0
K2	2019	수원FC	7	0	0	0	7	0	0
	합계		7	0	0	0	7	0	0
프로통산			23	5	0	0	24	2	0

우치체 유고슬라비아 1962.07.30

대회	연도	소속	출전	교체	득점	도움	파울	경고	퇴장
BC	1991	대우	6	6	0	0	3	2	0
	1992	대우	26	22	1	0	35	4	0
	1993	대우	13	11	0	1	15	3	0
	합계		45	39	1	1	53	9	0
프로통산			45	39	1	1	53	9	0

우현(禹賢) 태성고 1987.01.05

대회	연도	소속	출전	교체	득점	도움	파울	경고	퇴장
K2	2016	대전	11	9	0	1	12	4	0
	합계		11	9	0	1	12	4	0
프로통산			11	9	0	1	12	4	0

우혜성(禹惠成) 홍익대 1992.01.21

대회	연도	소속	출전	교체	득점	도움	파울	경고	퇴장
K2	2016	고양	19	1	0	0	28	7	0
	합계		19	1	0	0	28	7	0
프로통산			19	1	0	0	28	7	0

우홍균(禹弘均) 전주대 1969.07.21

대회	연도	소속	출전	교체	득점	도움	파울	경고	퇴장
BC	1997	포항	1	1	0	0	1	0	0
	합계		1	1	0	0	1	0	0
프로통산			1	1	0	0	1	0	0

원기종(元基鍾) 건국대 1996.01.06

대회	연도	소속	출전	교체	득점	도움	파울	경고	퇴장
K2	2018	서울E	6	5	0	0	3	2	0
	2019	서울E	26	20	4	3	16	1	0
	합계		32	25	4	3	19	3	0
프로통산			32	25	4	3	19	3	0

원종덕(元鍾悳) 홍익대 1977.08.16

대회	연도	소속	출전	교체	실점	도움	파울	경고	퇴장
BC	2001	안양LG	0	0	0	0	0	0	0
	2004	서울	17	0	16	0	0	0	0
	2005	서울	12	0	19	0	0	0	0
	2007	서울	0	0	0	0	0	0	0
	합계		29	0	35	0	0	0	0
프로통산			29	0	35	0	0	0	0

월신요 브라질 1956.10.03

대회	연도	소속	출전	교체	득점	도움	파울	경고	퇴장
BC	1984	포철	7	5	1	1	7	1	0
	합계		7	5	1	1	7	1	0
프로통산			7	5	1	1	7	1	0

웨슬리(Alves Feitosa Weslley Smith) 브라질 1992.04.21

대회	연도	소속	출전	교체	득점	도움	파울	경고	퇴장
BC	2011	전남	25	12	4	1	72	6	0
	2012	강원	36	13	9	4	101	9	0
	합계		61	25	13	5	173	15	0
K1	2013	전남	23	15	5	3	58	7	0
	2015	부산	30	11	8	1	58	10	0
	2017	인천	27	19	2	1	67	9	0
	합계		80	45	15	5	183	26	0
승	2015	부산	2	1	0	0	4	1	0
	합계		2	1	0	0	4	1	0
프로통산			143	71	28	10	360	42	0

웨슬리(Wesley Barbosa de Morais) 브라질 1981.11.10

대회	연도	소속	출전	교체	득점	도움	파울	경고	퇴장
BC	2009	전남	26	11	3	4	57	5	0
	합계		26	11	3	4	57	5	0
K1	2013	강원	32	16	2	1	70	8	0
	합계		32	16	2	1	70	8	0
프로통산			58	27	5	5	127	13	0

웰링턴(Welington Goncalves Amorim) 브라질 1977.01.23

대회	연도	소속	출전	교체	득점	도움	파울	경고	퇴장
BC	2005	포항	12	7	2	2	30	2	0
	합계		12	7	2	2	30	2	0
프로통산			12	7	2	2	30	2	0

웰링톤(Wellington Cirino Priori) 브라질 1990.02.21

대회	연도	소속	출전	교체	득점	도움	파울	경고	퇴장
K1	2016	광주	3	3	0	0	1	0	0
	합계		3	3	0	0	1	0	0
프로통산			3	3	0	0	1	0	0

윌리안(Willyan da silva barbosa) 브라질 1994.02.17

대회	연도	소속	출전	교체	득점	도움	파울	경고	퇴장
K2	2019	광주	25	16	8	2	52	6	0
	합계		25	16	8	2	52	6	0
프로통산			25	16	8	2	52	6	0

윌리안(William Junior Salles de Lima Souza) 브라질 1983.05.14

대회	연도	소속	출전	교체	득점	도움	파울	경고	퇴장
	2007	부산	4	3	0	0	14	2	0
	합계		4	3	0	0	14	2	0
프로통산			4	3	0	0	14	2	0

윌리암(William Fernando da Silva) 브라질 1986.11.20

대회	연도	소속	출전	교체	득점	도움	파울	경고	퇴장
K1	2013	부산	25	25	2	0	34	4	0
	합계		25	25	2	0	34	4	0
프로통산			25	25	2	0	34	4	0

윌리엄(Rodrigues da Silva William Henrique) 브라질 1992.01.28

대회	연도	소속	출전	교체	득점	도움	파울	경고	퇴장
K2	2017	안산	2	2	0	0	1	0	0
	합계		2	2	0	0	1	0	0
프로통산			2	2	0	0	1	0	0

윌킨슨(Alexander William Wilkinson) 오스트레일리아 1984.08.

대회	연도	소속	출전	교체	득점	도움	파울	경고	퇴장
BC	2012	전북	15	3	0	0	8	0	0
	합계		15	3	0	0	8	0	0
K1	2013	전북	25	1	2	2	18	3	0
	2014	전북	25	1	0	0	23	4	0
	2015	전북	21	3	0	0	9	1	0
	합계		71	5	2	2	50	8	0
프로통산			86	8	2	2	58	8	0

유경렬(柳俓烈) 단국대 1978.08.15

대회	연도	소속	출전	교체	득점	도움	파울	경고	퇴장
BC	2003	울산	34	0	1	1	83	7	0
	2004	울산	36	0	2	0	72	3	0
	2005	울산	32	0	2	0	72	8	0
	2006	울산	34	2	1	1	75	10	0
	2007	울산	38	1	2	0	94	6	0
	2008	울산	35	2	4	1	83	5	0
	2009	울산	26	2	1	0	49	5	0

대회	연도	소속	출전	교체	득점	도움	파울	경고	퇴장
	2010	울산	28	2	1	2	58	9	1
	2011	대구	21	1	2	0	31	4	0
	2012	대구	31	1	1	2	88	8	0
	합계		315	11	17	7	705	65	1
K1	2013	대구	20	2	1	0	36	5	0
	합계		20	2	1	0	36	5	0
프로통산			335	13	18	7	741	70	1

유고비치(Vedran Jugović) 크로아티아 1989.07.31

대회	연도	소속	출전	교체	득점	도움	파울	경고	퇴장
K1	2016	전남	33	10	5	3	25	6	0
	2017	전남	28	7	3	0	19	3	0
	2018	전남	27	8	1	0	25	3	0
	합계		88	25	9	3	69	12	0
K2	2019	전남	7	4	0	0	4	3	0
	합계		7	4	0	0	4	3	0
프로통산			95	29	9	3	73	15	0

유대순(劉大淳) 고려대 1965.03.04

대회	연도	소속	출전	교체	실점	도움	파울	경고	퇴장
BC	1989	유공	23	0	22	0	1	1	0
	1990	유공	22	0	18	0	0	0	0
	1991	유공	12	0	9	0	1	1	0
	1992	유공	13	0	21	0	2	1	0
	1993	유공	27	1	31	0	1	0	0
	1994	유공	5	0	7	0	1	0	0
	합계		102	1	108	0	6	3	0
프로통산			102	1	108	0	6	3	0

유대현(柳大鉉) 홍익대 1990.02.28

대회	연도	소속	출전	교체	득점	도움	파울	경고	퇴장
K2	2014	부천	29	5	0	3	37	2	0
	2015	부천	27	13	0	0	31	4	0
	2016	부천	22	6	0	0	24	4	0
	합계		78	24	0	3	92	10	0
프로통산			78	24	0	3	92	10	0

유동관(柳東官) 한양대 1963.05.12

대회	연도	소속	출전	교체	득점	도움	파울	경고	퇴장
BC	1986	포철	15	6	0	1	18	1	0
	1987	포철	25	10	1	1	18	0	0
	1988	포철	16	5	1	2	19	2	0
	1989	포철	30	9	0	0	29	3	0
	1990	포철	13	3	0	0	26	3	0
	1991	포철	34	4	2	0	52	6	0
	1992	포철	20	10	0	0	37	2	0
	1993	포철	29	4	1	0	45	5	0
	1994	포철	19	8	0	0	27	3	0
	1995	포항	6	3	0	0	14	0	0
	합계		207	62	5	4	285	25	0
프로통산			207	62	5	4	285	25	0

유동민(柳東玟) 초당대 1989.03.27

대회	연도	소속	출전	교체	득점	도움	파울	경고	퇴장
BC	2011	광주	18	18	2	0	12	0	0
	2012	광주	2	2	0	0	0	0	0
	합계		20	20	2	0	12	0	0
프로통산			20	20	2	0	12	0	0

유동우(柳東雨) 한양대 1968.03.07

대회	연도	소속	출전	교체	득점	도움	파울	경고	퇴장
BC	1995	전남	34	3	0	0	30	3	0
	1996	전남	24	2	0	0	14	1	1
	1997	전남	22	12	0	1	9	2	0
	1998	전남	31	7	0	0	17	0	0
	1999	대전	32	3	0	0	18	2	0
	2000	대전	32	0	0	1	23	2	0
	2001	대전	5	1	0	0	5	0	0
	합계		180	28	0	2	116	10	1
프로통산			180	28	0	2	116	10	1

유리(Yuri Matveev) 러시아 1967.06.08

대회	연도	소속	출전	교체	득점	도움	파울	경고	퇴장
BC	1996	수원	10	2	2	2	32	4	0
	1997	수원	20	16	4	0	40	6	0
	합계		30	18	6	2	72	10	0
프로통산			30	18	6	2	72	10	0

유리쉬쉬킨(Yuri Nikolayevich Shishkin) 러시아 1963.09.01

대회	연도	소속	출전	교체	실점	도움	파울	경고	퇴장
BC	1995	전남	19	1	26	0	1	1	0
	합계		19	1	26	0	1	1	0
프로통산			19	1	26	0	1	1	0

유만기(劉萬基) 성균관대 1988.03.22

대회	연도	소속	출전	교체	득점	도움	파울	경고	퇴장
K2	2013	고양	28	25	3	0	25	0	0
	합계		28	25	3	0	25	0	0
프로통산			28	25	3	0	25	0	0

유민철(柳敏哲) 중앙대 1984.09.16

대회	연도	소속	출전	교체	득점	도움	파울	경고	퇴장
BC	2009	대전	1	1	0	0	1	0	0
	합계		1	1	0	0	1	0	0
프로통산			1	1	0	0	1	0	0

유병수(兪炳守) 홍익대 1988.03.26

대회	연도	소속	출전	교체	득점	도움	파울	경고	퇴장
BC	2009	인천	34	19	14	4	67	7	0
	2010	인천	31	9	22	0	73	4	0
	2011	인천	13	6	4	2	22	3	0
	합계		78	34	40	6	162	14	0
프로통산			78	34	40	6	162	14	0

유병옥(兪炳玉) 한양대 1964.03.02

대회	연도	소속	출전	교체	득점	도움	파울	경고	퇴장
BC	1987	포철	27	5	0	0	13	1	0
	1988	포철	14	1	0	0	16	0	0
	1989	포철	29	4	0	1	28	2	0
	1990	포철	8	5	0	0	6	0	0
	1991	포철	23	17	0	0	13	0	0
	1992	LG	18	9	0	1	19	2	0
	1993	LG	19	4	0	0	10	1	0
	1994	LG	28	7	0	2	36	3	0
	1995	LG	17	8	0	0	31	3	0
	합계		183	60	0	4	172	12	0
프로통산			183	60	0	4	172	12	0

유병훈(有炳勳) 원주공고 1976.07.03

대회	연도	소속	출전	교체	득점	도움	파울	경고	퇴장
BC	1995	대우	2	2	0	0	4	1	0
	1996	부산	13	7	0	0	19	3	0
	1997	부산	10	9	1	0	6	1	0
	1998	부산	12	7	0	0	14	2	0
	1999	부산	8	5	0	0	6	0	0
	2000	부산	11	7	0	0	6	0	0
	2001	부산	0	0	0	0	0	0	0
	2002	부산	10	6	0	0	6	0	1
	2003	부산	20	8	0	0	19	1	1
	합계		86	51	1	0	80	8	2
프로통산			86	51	1	0	80	8	2

유상수(柳商秀) 고려대 1973.08.28

대회	연도	소속	출전	교체	득점	도움	파울	경고	퇴장
BC	1996	부천유	33	5	0	2	83	7	0
	1997	부천SK	30	4	0	2	58	10	0
	1998	부천SK	38	1	0	0	51	1	0
	1999	안양LG	11	6	0	0	17	3	0
	2000	안양LG	15	13	0	1	22	1	1
	2001	안양LG	15	13	0	0	26	2	0
	2002	안양LG	21	13	0	1	34	2	0
	2003	전남	39	12	3	1	59	6	0
	2004	전남	31	3	0	0	41	4	1
	2005	전남	33	2	3	1	32	4	0
	2006	전남	31	4	0	1	25	6	0
	합계		297	76	6	9	448	46	2
프로통산			297	76	6	9	448	46	2

유상철(柳想鐵) 건국대 1971.10.18

대회	연도	소속	출전	교체	득점	도움	파울	경고	퇴장
BC	1994	현대	26	9	5	1	29	2	0
	1995	현대	33	1	2	2	40	5	0
	1996	울산	6	2	1	0	11	2	0
	1997	울산	17	1	1	0	18	1	0
	1998	울산	23	2	15	3	49	2	1
	2002	울산	8	1	9	0	19	0	0
	2003	울산	10	2	3	2	23	1	1
	2005	울산	18	8	1	1	15	1	0
	2006	울산	1	1	0	0	1	0	0
	합계		142	27	37	9	205	14	2
프로통산			142	27	37	9	205	14	2

유상훈(柳相勳) 홍익대 1989.05.25

대회	연도	소속	출전	교체	실점	도움	파울	경고	퇴장
BC	2011	서울	1	1	0	0	0	0	0
	합계		1	1	0	0	0	0	0
K1	2013	서울	3	0	4	0	0	0	0
	2014	서울	15	1	9	0	0	0	0
	2015	서울	26	0	23	0	0	2	0
	2016	서울	21	1	28	0	0	1	0
	2017	상주	8	1	16	0	0	0	0
	2018	상주	13	0	15	0	2	2	0
	2018	서울	1	0	2	0	0	0	0
	2019	서울	32	1	38	0	0	1	0
	합계		119	4	135	0	2	6	0
승	2017	상주	2	0	1	0	0	0	0
	합계		2	0	1	0	0	0	0
프로통산			122	5	136	0	2	6	0

유성민(柳聖敏) 호남대 1972.05.11

대회	연도	소속	출전	교체	득점	도움	파울	경고	퇴장
BC	1995	전남	1	1	0	0	0	0	0
	합계		1	1	0	0	0	0	0
프로통산			1	1	0	0	0	0	0

유성우(劉成佑) 서울시립대 1971.05.23

대회	연도	소속	출전	교체	득점	도움	파울	경고	퇴장
BC	1994	대우	5	1	0	0	7	1	0
	1995	전북	9	8	0	1	10	1	0
	1996	전북	1	1	0	0	2	0	0
	1997	전북	11	7	0	1	15	1	0
	1998	전북	1	1	0	0	1	0	0
	합계		27	18	0	2	35	3	0
프로통산			27	18	0	2	35	3	0

유성조(兪誠朝) 동국대 1957.12.27

대회	연도	소속	출전	교체	득점	도움	파울	경고	퇴장
BC	1985	한일은	13	4	0	0	13	3	0
	합계		13	4	0	0	13	3	0
프로통산			13	4	0	0	13	3	0

유수상(柳秀相) 연세대 1967.12.10

대회	연도	소속	출전	교체	득점	도움	파울	경고	퇴장
BC	1990	대우	18	11	2	0	10	0	0
	1991	대우	35	25	2	5	22	1	0
	1992	대우	13	8	2	0	12	0	0
	1995	대우	25	13	1	1	15	1	0
	1996	부산	28	13	0	2	25	2	0
	1997	부산	9	8	0	1	5	1	0
	1998	부산	1	1	0	0	1	0	0
	합계		129	79	7	9	90	5	0
프로통산			129	79	7	9	90	5	0

유수철(柳手喆) 동아대 1992.08.08

대회	연도	소속	출전	교체	득점	도움	파울	경고	퇴장
K2	2019	부산	1	1	0	0	2	1	0
	합계		1	1	0	0	2	1	0
프로통산			1	1	0	0	2	1	0

유수현(柳秀賢) 선문대 1986.05.13

대회	연도	소속	출전	교체	득점	도움	파울	경고	퇴장
BC	2010	전남	1	1	0	0	1	0	0

	합계		1	1	0	0	1	0	0
K1	2014	상주	3	3	0	0	2	0	0
	2016	수원FC	2	1	0	0	4	0	0
	합계		5	4	0	0	6	0	0
K2	2013	수원FC	34	4	5	6	67	5	0
	2014	수원FC	7	1	1	0	8	1	0
	2015	상주	1	0	0	0	2	0	0
	2016	안양	15	9	1	1	18	1	0
	2017	안양	17	16	0	0	12	5	0
	합계		74	30	7	7	107	12	0
프로통산			80	35	7	7	114	12	0

유순열(柳洵烈) 청주대 1959.01.07

대회	연도	소속	출전	교체	득점	도움	파울	경고	퇴장
BC	1983	포철	1	1	0	0	0	0	0
	합계		1	1	0	0	0	0	0
프로통산			1	1	0	0	0	0	0

유승관(劉承官) 건국대 1966.01.22

대회	연도	소속	출전	교체	득점	도움	파울	경고	퇴장
BC	1989	일화	25	22	5	1	16	0	0
	1990	일화	11	12	0	0	6	0	0
	1991	일화	1	1	0	0	0	0	0
	1994	버팔로	17	16	2	1	5	0	0
	1995	전북	5	5	0	0	4	0	0
	합계		59	56	7	2	31	0	0
프로통산			59	56	7	2	31	0	0

유승민(柳昇旻) 영생고 1998.09.24

대회	연도	소속	출전	교체	득점	도움	파울	경고	퇴장
K1	2018	전북	1	1	0	0	0	0	0
	합계		1	1	0	0	0	0	0
프로통산			1	1	0	0	0	0	0

유승완(劉丞婉) 성균관대 1992.02.06

대회	연도	소속	출전	교체	득점	도움	파울	경고	퇴장
K2	2016	대전	22	22	2	1	11	2	0
	합계		22	22	2	1	11	2	0
프로통산			22	22	2	1	11	2	0

유양준(兪亮濬) 경기대 1985.09.22

대회	연도	소속	출전	교체	득점	도움	파울	경고	퇴장
BC	2008	수원	1	0	0	0	1	0	0
	합계		1	0	0	0	1	0	0
프로통산			1	0	0	0	1	0	0

유연승(兪嚥昇 / ← 유성기) 연세대 1991.12.21

대회	연도	소속	출전	교체	득점	도움	파울	경고	퇴장
K1	2015	대전	16	10	1	2	17	4	0
	합계		16	10	1	2	17	4	0
K2	2014	대전	9	6	0	2	19	1	0
	2017	안산	26	8	1	1	38	7	0
	2018	안양	5	2	0	1	11	3	0
	2019	안양	8	8	0	0	2	0	0
	합계		48	24	1	4	70	11	0
프로통산			64	34	2	6	87	15	0

유우람(兪우람) 인천대 1984.03.16

대회	연도	소속	출전	교체	득점	도움	파울	경고	퇴장
BC	2009	대전	4	3	0	0	7	2	0
	2012	대전	0	0	0	0	0	0	0
	합계		4	3	0	0	7	2	0
프로통산			4	3	0	0	7	2	0

유인(劉人) 연세대 1975.08.08

대회	연도	소속	출전	교체	득점	도움	파울	경고	퇴장
BC	1998	천안일	15	11	1	1	16	1	0
	1999	울산	1	1	0	0	0	0	0
	합계		16	12	1	1	16	1	0
프로통산			16	12	1	1	16	1	0

유재영(劉在永) 성균관대 1958.12.06

대회	연도	소속	출전	교체	득점	도움	파울	경고	퇴장
BC	1985	한일은	17	12	2	1	10	0	0
	1986	한일은	19	2	0	0	27	1	0
	합계		36	14	2	1	37	1	0
프로통산			36	14	2	1	37	1	0

유재원(柳在垣) 고려대 1990.02.24

대회	연도	소속	출전	교체	득점	도움	파울	경고	퇴장
K1	2013	강원	2	2	0	0	0	0	0
	합계		2	2	0	0	0	0	0
프로통산			2	2	0	0	0	0	0

유재형(劉在炯) 명지대 1977.08.24

대회	연도	소속	출전	교체	득점	도움	파울	경고	퇴장
BC	2002	울산	5	5	0	0	7	1	0
	합계		5	5	0	0	7	1	0
프로통산			5	5	0	0	7	1	0

유재호(柳載澔) 우석대 1989.05.07

대회	연도	소속	출전	교체	득점	도움	파울	경고	퇴장
K1	2013	인천	3	3	0	0	0	0	0
	2016	인천	1	0	0	0	0	0	0
	합계		4	3	0	0	0	0	0
프로통산			4	3	0	0	0	0	0

유재훈(兪在勳) 울산대 1983.07.07

대회	연도	소속	출전	교체	실점	도움	파울	경고	퇴장
BC	2006	대전	0	0	0	0	0	0	0
	2007	대전	3	0	2	0	0	0	0
	2008	대전	0	0	0	0	0	0	0
	2009	대전	1	0	3	0	0	0	0
	합계		4	0	5	0	0	0	0
프로통산			4	0	5	0	0	0	0

유정완(柳政完) 연세대 1996.04.05

대회	연도	소속	출전	교체	득점	도움	파울	경고	퇴장
K2	2018	서울E	13	11	0	1	7	0	0
	2019	서울E	11	9	1	0	7	2	0
	합계		24	20	1	1	14	2	0
프로통산			24	20	1	1	14	2	0

유제호(劉齊昊) 아주대 1992.08.10

대회	연도	소속	출전	교체	득점	도움	파울	경고	퇴장
K1	2014	포항	0	0	0	0	0	0	0
	2015	포항	1	1	0	0	1	0	0
	합계		1	1	0	0	1	0	0
K2	2016	서울E	8	7	0	0	7	0	0
	합계		8	7	0	0	7	0	0
프로통산			9	8	0	0	8	0	0

유종완(兪鍾完) 경희대 1959.08.12

대회	연도	소속	출전	교체	득점	도움	파울	경고	퇴장
BC	1983	대우	7	3	0	0	4	1	1
	1984	대우	2	1	0	0	1	0	0
	1985	대우	4	2	0	0	5	0	0
	합계		13	6	0	0	10	1	1
프로통산			13	6	0	0	10	1	1

유종현(劉宗賢) 건국대 1988.03.14

대회	연도	소속	출전	교체	득점	도움	파울	경고	퇴장
BC	2011	광주	26	4	2	1	36	13	0
	2012	광주	21	10	0	0	30	6	0
	합계		47	14	2	1	66	19	0
K2	2013	광주	20	2	1	1	32	6	0
	2014	충주	30	2	2	0	42	3	0
	2015	안양	15	5	0	0	13	3	0
	2016	안양	9	3	0	0	14	3	0
	2019	안양	28	11	0	1	33	9	0
	합계		102	23	3	2	134	24	0
프로통산			149	37	5	3	200	43	0

유주안(柳宙岸) 매탄고 1998.10.01

대회	연도	소속	출전	교체	득점	도움	파울	경고	퇴장
K1	2017	수원	15	15	2	2	10	1	0
	2018	수원	14	12	2	1	7	0	0
	2019	수원	8	8	0	1	6	0	0
	합계		37	35	4	4	23	1	0
프로통산			37	35	4	4	23	1	0

유준수(柳俊秀) 고려대 1988.05.08

대회	연도	소속	출전	교체	득점	도움	파울	경고	퇴장
BC	2011	인천	18	14	0	1	27	4	0
	2012	인천	9	8	0	0	14	0	0
	합계		27	22	0	1	41	4	0
K1	2014	울산	23	10	3	1	19	1	0
	2015	울산	16	1	1	0	7	1	2
	2016	상주	11	3	1	0	4	0	0
	2017	상주	25	22	1	2	32	4	0
	2019	포항	6	3	0	0	4	1	0
	합계		81	39	6	3	66	7	2
승	2017	상주	2	2	0	0	2	0	0
	합계		2	2	0	0	2	0	0
프로통산			110	63	6	4	109	11	2

유준영(柳晙永) 경희대 1990.02.17

대회	연도	소속	출전	교체	득점	도움	파울	경고	퇴장
K2	2013	부천	15	9	3	1	14	1	0
	2014	부천	31	24	3	5	23	3	0
	2015	부천	4	5	0	0	0	0	0
	2015	경남	3	3	0	0	2	0	0
	합계		53	41	6	6	39	4	0
프로통산			53	41	6	6	39	4	0

유지노(柳志弩) 광양제철고 1989.11.06

대회	연도	소속	출전	교체	득점	도움	파울	경고	퇴장
BC	2008	전남	11	2	0	1	6	1	0
	2009	전남	16	5	0	0	15	1	0
	2010	전남	13	5	0	0	12	3	0
	2011	전남	20	3	0	1	13	3	0
	2012	전남	12	2	0	0	19	4	0
	합계		72	17	0	2	65	12	0
K1	2013	부산	6	1	0	0	8	1	0
	2014	부산	19	1	0	0	23	3	0
	2015	부산	26	2	1	0	35	3	0
	2016	수원FC	4	1	0	0	7	1	0
	합계		55	5	1	0	73	8	0
승	2015	부산	1	1	0	0	1	0	0
	합계		1	1	0	0	1	0	0
프로통산			128	23	1	2	139	20	0

유지민(柳知民) 숭실대 1993.08.27

대회	연도	소속	출전	교체	득점	도움	파울	경고	퇴장
K2	2017	부천	13	13	0	1	7	2	0
	2019	안산	4	4	0	0	4	0	0
	합계		17	17	0	1	11	2	0
프로통산			17	17	0	1	11	2	0

유지훈(柳志訓) 한양대 1988.06.09

대회	연도	소속	출전	교체	득점	도움	파울	경고	퇴장
BC	2010	경남	2	2	0	0	3	0	0
	2011	부산	5	3	0	0	8	2	0
	2012	부산	31	16	1	0	28	2	0
	합계		38	21	1	0	39	4	0
K1	2014	상주	18	2	1	4	25	6	2
	2014	부산	9	0	0	0	9	0	0
	2015	부산	23	4	1	1	37	7	0
	2018	경남	13	4	0	1	2	0	0
	합계		63	10	2	6	73	13	2
K2	2013	상주	5	2	0	0	7	0	0
	2016	부산	14	9	0	0	13	1	0
	2017	부산	9	4	0	1	7	2	0
	2017	서울E	12	2	0	1	12	0	0
	2018	서울E	10	2	0	0	10	2	0
	합계		50	19	0	2	49	5	0
승	2013	상주	0	0	0	0	0	0	0
	2015	부산	2	0	0	0	5	2	0
	합계		2	0	0	0	5	2	0
프로통산			153	50	3	8	166	24	2

유진석(柳珍錫) 경희대 1996.02.17

대회	연도	소속	출전	교체	득점	도움	파울	경고	퇴장
K2	2018	대전	4	4	0	0	2	1	0
	합계		4	4	0	0	2	1	0

대회	연도	소속	출전	교체	득점	도움	파울	경고	퇴장
프로통산			4	4	0	0	2	1	0

유진오(兪鎭午) 연세대 1976.03.10

대회	연도	소속	출전	교체	득점	도움	파울	경고	퇴장
BC	1999	안양LG	14	7	0	0	42	3	0
	2000	안양LG	2	2	0	0	0	0	0
	합계		16	9	0	0	42	3	0
프로통산			16	9	0	0	42	3	0

유창균(劉昶均) 울산대 1992.07.02

대회	연도	소속	출전	교체	득점	도움	파울	경고	퇴장
K2	2015	부천	0	0	0	0	0	0	0
	합계		0	0	0	0	0	0	0
프로통산			0	0	0	0	0	0	0

유창현(柳昌鉉) 대구대 1985.05.14

대회	연도	소속	출전	교체	득점	도움	파울	경고	퇴장
BC	2009	포항	25	18	11	5	24	0	0
	2010	포항	15	12	2	2	6	0	0
	2011	상주	21	13	2	2	16	4	0
	2012	상주	24	16	4	2	33	5	0
	2012	포항	10	9	1	1	6	0	0
	합계		95	68	20	12	85	9	0
K1	2013	포항	4	4	0	0	3	0	0
	2014	포항	28	27	4	3	25	1	0
	2015	전북	7	7	2	0	10	0	0
	2016	성남	3	3	0	0	2	1	0
	합계		42	41	6	3	40	2	0
K2	2016	서울E	9	9	0	0	7	1	0
	합계		9	9	0	0	7	1	0
프로통산			146	118	26	15	132	12	0

유청윤(柳淸潤) 경희대 1992.09.07

대회	연도	소속	출전	교체	득점	도움	파울	경고	퇴장
K1	2014	성남	2	1	0	0	1	0	0
	2015	성남	0	0	0	0	0	0	0
	합계		2	1	0	0	1	0	0
프로통산			2	1	0	0	1	0	0

유청인(柳青忍) 숭실대 1996.08.06

대회	연도	소속	출전	교체	득점	도움	파울	경고	퇴장
K1	2017	강원	0	0	0	0	0	0	0
	합계		0	0	0	0	0	0	0
K2	2019	안산	0	0	0	0	0	0	0
	합계		0	0	0	0	0	0	0
프로통산			0	0	0	0	0	0	0

유카(Jukka Koskinen) 핀란드 1972.11.29

대회	연도	소속	출전	교체	득점	도움	파울	경고	퇴장
BC	1999	안양LG	14	5	0	0	14	1	0
	합계		14	5	0	0	14	1	0
프로통산			14	5	0	0	14	1	0

유태목(柳泰穆) 연세대 1957.04.30

대회	연도	소속	출전	교체	득점	도움	파울	경고	퇴장
BC	1983	대우	16	0	1	0	7	0	0
	1984	대우	22	5	2	0	23	1	0
	1985	대우	9	3	0	0	6	0	0
	1986	현대	29	1	0	1	27	0	0
	1987	현대	19	9	1	0	7	1	0
	합계		95	18	4	1	70	2	0
프로통산			95	18	4	1	70	2	0

유해성(劉海成) KC대 1996.01.01

대회	연도	소속	출전	교체	득점	도움	파울	경고	퇴장
K2	2018	대전	7	7	0	0	2	0	0
	2019	대전	7	7	1	0	3	0	0
	합계		14	14	1	0	5	0	0
프로통산			14	14	1	0	5	0	0

유현(劉賢) 중앙대 1984.08.01

대회	연도	소속	출전	교체	실점	도움	파울	경고	퇴장
BC	2009	강원	29	0	56	1	0	0	0
	2010	강원	28	2	51	0	0	0	0
	2011	강원	23	0	33	0	0	0	0
	2012	인천	35	0	32	0	1	1	0
	합계		115	2	172	1	1	1	0
K1	2014	인천	10	0	11	0	1	0	0
	2015	인천	26	1	25	0	2	2	0
	2016	서울	18	1	18	0	0	0	0
	2017	서울	11	0	13	0	0	0	0
	2018	서울	0	0	0	0	0	0	0
	합계		65	2	67	0	3	2	0
K2	2013	경찰	23	2	31	0	0	1	0
	2014	안산경	20	1	23	0	3	2	0
	합계		43	3	54	0	3	3	0
승	2018	서울	0	0	0	0	0	0	0
	합계		0	0	0	0	0	0	0
프로통산			223	7	293	1	7	6	0

유현구(柳鉉口) 보인정보산업고 1983.01.25

대회	연도	소속	출전	교체	득점	도움	파울	경고	퇴장
BC	2005	부천SK	7	7	0	0	8	0	0
	2006	제주	11	9	1	0	10	2	0
	2007	광주상	19	18	0	1	17	1	0
	2008	광주상	7	6	1	0	6	1	0
	합계		44	40	2	1	41	4	0
프로통산			44	40	2	1	41	4	0

유호준(柳好俊) 광운대 1985.01.14

대회	연도	소속	출전	교체	득점	도움	파울	경고	퇴장
BC	2008	울산	31	16	2	3	38	5	0
	2009	울산	6	5	0	0	2	0	0
	2010	부산	29	5	5	3	53	4	0
	2011	부산	18	10	0	0	23	1	0
	2012	경남	17	16	0	0	16	3	0
	합계		101	52	7	6	132	13	0
K1	2013	경남	5	5	0	1	3	1	0
	합계		5	5	0	1	3	1	0
K2	2014	안산경	13	9	0	0	17	1	0
	2015	안산경	10	8	0	0	14	2	0
	2015	경남	1	1	0	0	2	1	0
	합계		24	18	0	0	33	4	0
프로통산			130	75	7	7	168	18	0

유홍열(柳弘烈) 숭실대 1983.12.30

대회	연도	소속	출전	교체	득점	도움	파울	경고	퇴장
BC	2006	전남	4	4	0	0	5	0	0
	2007	전남	0	0	0	0	0	0	0
	2008	전남	9	6	1	2	9	1	0
	2009	전남	6	6	0	0	5	0	0
	2010	전남	1	1	0	0	1	0	0
	합계		20	17	1	2	20	1	0
프로통산			20	17	1	2	20	1	0

윤경보(尹慶保) 호남대 1995.08.16

대회	연도	소속	출전	교체	득점	도움	파울	경고	퇴장
K2	2018	대전	4	2	0	0	5	0	0
	2019	대전	15	4	0	0	16	2	0
	합계		19	6	0	0	21	2	0
프로통산			19	6	0	0	21	2	0

윤광복(尹光卜) 조선대 1989.01.25

대회	연도	소속	출전	교체	득점	도움	파울	경고	퇴장
BC	2011	광주	0	0	0	0	0	0	0
	합계		0	0	0	0	0	0	0
프로통산			0	0	0	0	0	0	0

윤근호(尹根鎬) 동국대 1977.11.08

대회	연도	소속	출전	교체	득점	도움	파울	경고	퇴장
BC	2000	전북	1	1	0	0	0	1	0
	2001	전북	1	1	0	0	0	0	0
	합계		2	2	0	0	0	1	0
프로통산			2	2	0	0	0	1	0

윤기원(尹基源) 아주대 1987.05.20

대회	연도	소속	출전	교체	실점	도움	파울	경고	퇴장
BC	2010	인천	1	0	0	0	0	1	0
	2011	인천	7	0	7	0	0	0	0
	합계		8	0	7	0	0	1	0
프로통산			8	0	7	0	0	1	0

윤기해(尹期海) 초당대 1991.02.09

대회	연도	소속	출전	교체	실점	도움	파울	경고	퇴장
BC	2012	광주	5	0	9	0	1	0	0
	합계		5	0	9	0	1	0	0
K2	2013	광주	5	0	11	0	0	0	0
	합계		5	0	11	0	0	0	0
프로통산			10	0	20	0	1	0	0

윤덕여(尹德汝) 성균관대 1961.03.25

대회	연도	소속	출전	교체	득점	도움	파울	경고	퇴장
BC	1984	한일은	26	4	0	0	23	2	0
	1985	한일은	19	0	0	0	23	1	0
	1986	현대	5	1	0	0	2	0	0
	1987	현대	18	7	1	0	14	0	0
	1988	현대	17	2	1	1	31	2	0
	1989	현대	8	1	1	0	7	2	0
	1990	현대	10	0	0	0	13	0	0
	1991	현대	14	3	0	0	16	2	0
	1992	포철	12	9	0	0	14	1	0
	합계		129	27	3	1	143	10	0
프로통산			129	27	3	1	143	10	0

윤동민(尹東民) 경희대 1988.07.24

대회	연도	소속	출전	교체	득점	도움	파울	경고	퇴장
BC	2011	부산	18	16	2	0	8	0	0
	2012	부산	22	22	4	0	19	1	0
K1	2013	부산	14	15	0	3	8	1	0
	2014	부산	2	2	0	0	2	0	0
	2015	부산	16	16	0	0	7	0	0
	2016	상주	6	4	1	0	2	0	0
	2017	상주	12	12	1	0	5	0	0
	2018	전남	13	13	0	0	3	1	0
	합계		63	62	2	3	27	2	0
K2	2017	부산	3	3	0	1	6	1	0
	합계		3	3	0	1	6	1	0
승	2015	부산	1	1	0	0	0	0	0
	합계		1	1	0	0	0	0	0
	합계		40	38	6	0	27	1	0
프로통산			107	104	8	4	60	4	0

윤동민(尹東珉) 성균관대 1986.07.18

대회	연도	소속	출전	교체	득점	도움	파울	경고	퇴장
K2	2013	수원FC	8	7	1	1	3	0	0
	합계		8	7	1	1	3	0	0
프로통산			8	7	1	1	3	0	0

윤동헌(尹東憲) 고려대 1983.05.02

대회	연도	소속	출전	교체	득점	도움	파울	경고	퇴장
BC	2007	울산	1	0	0	0	2	0	0
	합계		1	0	0	0	2	0	0
K2	2013	고양	32	6	2	3	23	3	0
	2014	고양	33	20	3	5	18	1	0
	합계		65	26	5	8	41	4	0
프로통산			66	26	5	8	43	4	0

윤병기(尹炳基) 숭실대 1973.04.22

대회	연도	소속	출전	교체	득점	도움	파울	경고	퇴장
BC	1999	전남	12	9	0	1	14	3	0
	2000	전남	11	8	0	0	7	1	0
	2001	전남	2	1	0	0	4	1	0
	합계		25	18	0	1	25	5	0
프로통산			25	18	0	1	25	5	0

윤보상(尹普相) 울산대 1993.09.09

대회	연도	소속	출전	교체	실점	도움	파울	경고	퇴장
K1	2016	광주	22	1	21	0	0	2	0
	2017	광주	26	1	42	0	1	2	0
	2018	상주	15	1	25	0	0	1	0
	2019	상주	29	1	37	0	0	1	0
	합계		92	4	125	0	1	6	0
K2	2018	광주	7	0	7	0	0	0	0
	합계		7	0	7	0	0	0	0

대회	연도	소속	출전	교체	득점	도움	파울	경고	퇴장
프로통산			99	4	132	0	1	6	0

윤보영(尹寶營) 울산대 1978.04.29

대회	연도	소속	출전	교체	득점	도움	파울	경고	퇴장
BC	2001	포항	4	4	0	0	0	0	0
	2002	포항	30	13	5	2	28	2	0
	2003	포항	11	11	0	1	4	0	0
	합계		45	28	5	3	32	2	0
프로통산			45	28	5	3	32	2	0

윤빛가람(尹빛가람) 중앙대 1990.05.07

대회	연도	소속	출전	교체	득점	도움	파울	경고	퇴장
BC	2010	경남	29	5	9	7	28	1	0
	2011	경남	32	9	8	7	38	10	0
	2012	성남일	31	20	1	3	34	5	1
	합계		92	34	18	17	100	16	1
K1	2013	제주	31	14	1	2	30	5	0
	2014	제주	37	11	4	4	28	3	0
	2015	제주	36	3	6	7	31	7	0
	2017	제주	17	3	2	3	11	1	1
	2018	상주	33	2	7	3	18	2	0
	2019	상주	27	1	8	4	19	3	0
	2019	제주	9	2	1	1	6	0	0
	합계		190	36	29	24	143	21	1
프로통산			282	70	47	41	243	37	2

윤상철(尹相喆) 건국대 1965.06.14

대회	연도	소속	출전	교체	득점	도움	파울	경고	퇴장
BC	1988	럭금	18	6	4	1	23	0	0
	1989	럭금	38	10	17	6	60	3	0
	1990	럭금	30	4	12	2	45	0	0
	1991	LG	31	16	7	2	38	0	0
	1992	LG	34	22	7	2	43	2	0
	1993	LG	32	6	9	8	50	0	1
	1994	LG	34	6	24	1	34	3	0
	1995	LG	31	19	4	2	20	0	0
	1996	안양LG	33	21	14	4	23	1	0
	1997	안양LG	19	13	3	3	15	0	0
	합계		300	123	101	31	351	9	1
프로통산			300	123	101	31	351	9	1

윤상호(尹相皓) 호남대 1992.06.04

대회	연도	소속	출전	교체	득점	도움	파울	경고	퇴장
K1	2015	인천	13	9	0	1	16	2	0
	2016	인천	28	16	0	0	44	6	0
	2017	인천	11	7	0	0	14	1	0
	2018	인천	3	2	0	0	5	0	0
	합계		55	34	0	1	79	9	0
K2	2014	광주	13	12	0	0	16	1	0
	2019	서울E	15	10	0	1	12	2	0
	합계		28	22	0	1	28	3	0
승	2014	광주	0	0	0	0	0	0	0
	합계		0	0	0	0	0	0	0
프로통산			83	56	0	2	107	12	0

윤서호(尹㥠鎬) 경희대 1998.02.02

대회	연도	소속	출전	교체	득점	도움	파울	경고	퇴장
K1	2019	수원	0	0	0	0	0	0	0
	합계		0	0	0	0	0	0	0
프로통산			0	0	0	0	0	0	0

윤석(尹石) 전북대 1985.02.28

대회	연도	소속	출전	교체	득점	도움	파울	경고	퇴장
BC	2007	제주	1	1	0	0	0	0	0
	합계		1	1	0	0	0	0	0
프로통산			1	1	0	0	0	0	0

윤석영(尹錫榮) 광양제철고 1990.02.13

대회	연도	소속	출전	교체	득점	도움	파울	경고	퇴장
BC	2009	전남	21	4	1	0	17	0	0
	2010	전남	19	5	0	5	16	1	0
	2011	전남	21	2	1	1	11	6	0
	2012	전남	25	1	2	4	14	4	0
	합계		86	12	4	10	58	11	0
K1	2018	서울	22	2	1	3	16	5	0
	2019	강원	28	12	0	1	16	3	0
	합계		50	14	1	4	32	8	0
승	2018	서울	1	0	0	0	0	0	0
	합계		1	0	0	0	0	0	0
프로통산			137	26	5	14	90	19	0

윤석희(尹錫熙) 울산대 1993.07.21

대회	연도	소속	출전	교체	득점	도움	파울	경고	퇴장
K2	2015	고양	6	6	2	0	3	0	0
	2016	고양	0	0	0	0	0	0	0
	합계		6	6	2	0	3	0	0
프로통산			6	6	2	0	3	0	0

윤선호(尹銑皓) 숭실대 1995.11.08

대회	연도	소속	출전	교체	득점	도움	파울	경고	퇴장
K2	2019	안산	1	0	0	0	2	0	0
	합계		1	0	0	0	2	0	0
프로통산			1	0	0	0	2	0	0

윤성열(尹誠悅) 배재대 1987.12.22

대회	연도	소속	출전	교체	득점	도움	파울	경고	퇴장
K2	2015	서울E	38	3	1	3	14	2	0
	2016	서울E	15	2	1	4	6	0	0
	2018	서울E	2	0	0	0	0	0	0
	2019	서울E	10	1	0	1	4	0	0
	합계		65	6	2	8	24	2	0
프로통산			65	6	2	8	24	2	0

윤성우(尹星宇) 상지대 1989.11.08

대회	연도	소속	출전	교체	득점	도움	파울	경고	퇴장
BC	2012	서울	1	1	0	0	0	0	0
	합계		1	1	0	0	0	0	0
K2	2013	고양	22	21	0	1	2	2	0
	합계		22	21	0	1	2	2	0
프로통산			23	22	0	1	2	2	0

윤성한(尹成韓) 경희대 1998.01.17

대회	연도	소속	출전	교체	득점	도움	파울	경고	퇴장
K2	2019	대전	6	6	1	0	3	1	0
	합계		6	6	1	0	3	1	0
프로통산			6	6	1	0	3	1	0

윤성효(尹星孝) 연세대 1962.05.18

대회	연도	소속	출전	교체	득점	도움	파울	경고	퇴장
BC	1986	한일은	20	1	5	1	31	3	0
	1987	포철	20	8	2	1	21	0	0
	1988	포철	7	1	1	0	12	1	0
	1989	포철	22	9	1	2	31	1	0
	1990	포철	25	7	0	0	35	2	0
	1991	포철	21	10	0	1	28	2	0
	1992	포철	33	10	0	3	54	4	0
	1993	포철	34	21	2	1	23	1	0
	1994	대우	20	4	2	1	34	2	0
	1995	대우	27	7	0	2	40	7	0
	1996	수원	34	2	5	1	72	9	0
	1997	수원	26	2	3	1	53	3	0
	1998	수원	19	16	2	0	37	2	0
	2000	수원	3	3	0	0	2	1	0
	합계		311	101	23	14	473	38	0
프로통산			311	101	23	14	473	38	0

윤승원(尹承圓 / ← 윤현오) 오산고 1995.02.11

대회	연도	소속	출전	교체	득점	도움	파울	경고	퇴장
K1	2016	서울	1	1	0	0	1	1	0
	2017	서울	17	17	3	1	18	3	0
	2018	서울	10	10	0	0	4	0	0
	합계		28	28	3	1	23	4	0
프로통산			28	28	3	1	23	4	0

윤승현(尹勝鉉) 연세대 1988.12.13

대회	연도	소속	출전	교체	득점	도움	파울	경고	퇴장
BC	2012	서울	1	1	0	0	1	0	0
	2012	성남일	5	5	0	0	7	0	0
	합계		6	6	0	0	8	0	0
프로통산			6	6	0	0	8	0	0

윤시호(尹施淏 / ← 윤홍창) 동북고 1984.05.12

대회	연도	소속	출전	교체	득점	도움	파울	경고	퇴장
BC	2007	서울	7	7	0	0	5	2	0
	2008	서울	11	10	0	0	10	1	0
	2009	서울	0	0	0	0	0	0	0
	2010	서울	0	0	0	0	0	0	0
	2011	대구	25	3	0	3	23	4	0
	2012	서울	3	3	0	0	1	0	0
	합계		46	23	0	3	39	7	0
프로통산			46	23	0	3	39	7	0

윤신영(尹信榮) 경기대 1987.05.22

대회	연도	소속	출전	교체	득점	도움	파울	경고	퇴장
BC	2009	대전	6	5	0	0	4	1	0
	2010	광주상	2	2	0	0	1	0	0
	2011	상주	17	8	0	0	20	5	0
	2012	경남	31	0	0	0	44	6	0
	합계		56	15	0	0	69	12	0
K1	2013	경남	32	2	2	2	51	7	0
	2015	대전	15	4	0	0	10	1	0
	합계		47	6	2	2	61	8	0
K2	2017	대전	21	4	0	0	23	2	0
	2018	대전	18	2	0	1	14	1	0
	2019	대전	22	7	0	0	14	3	0
	합계		61	13	0	1	51	6	0
프로통산			164	34	2	3	181	26	0

윤여산(尹如山) 한남대 1982.07.09

대회	연도	소속	출전	교체	득점	도움	파울	경고	퇴장
BC	2005	인천	0	0	0	0	0	0	0
	2006	대구	11	3	0	0	22	0	0
	2007	대구	18	12	0	0	29	3	0
	2008	대구	13	6	1	0	22	1	0
	2009	대구	24	3	0	1	50	7	0
	2010	광주상	16	4	0	0	23	7	0
	2011	상주	12	1	0	0	22	6	1
	합계		94	29	1	1	168	24	1
프로통산			94	29	1	1	168	24	1

윤영노(尹英老) 숭실대 1989.05.01

대회	연도	소속	출전	교체	득점	도움	파울	경고	퇴장
BC	2012	부산	1	1	0	0	2	0	0
	합계		1	1	0	0	2	0	0
프로통산			1	1	0	0	2	0	0

윤영선(尹榮善) 단국대 1988.10.04

대회	연도	소속	출전	교체	득점	도움	파울	경고	퇴장
BC	2010	성남일	5	2	0	0	6	0	0
	2011	성남일	18	3	0	0	31	2	0
	2012	성남일	34	5	0	0	45	3	1
	합계		57	10	0	0	82	5	1
K1	2013	성남일	36	6	2	0	41	7	0
	2014	성남	19	3	0	0	17	2	0
	2015	성남	35	1	2	0	37	11	0
	2016	성남	16	0	1	0	12	5	0
	2016	상주	6	0	0	0	7	4	0
	2017	상주	17	6	0	0	13	2	0
	2018	상주	3	0	0	0	1	0	0
	2019	울산	27	2	0	0	24	9	0
	합계		159	18	5	0	152	40	0
K2	2018	성남	17	2	1	0	20	2	0
	합계		17	2	1	0	20	2	0
승	2017	상주	2	0	0	0	3	0	0
	합계		2	0	0	0	3	0	0
프로통산			235	30	6	0	257	47	1

윤영승(尹英勝) 일본 도쿄조선대 1991.08.13

대회	연도	소속	출전	교체	득점	도움	파울	경고	퇴장
K1	2013	대구	1	1	0	0	0	0	0
	합계		1	1	0	0	0	0	0
K2	2014	대구	8	8	0	0	9	2	0

대회	연도	소속	출전	교체	득점	도움	파울	경고	퇴장
	합계		8	8	0	0	9	2	0
프로통산			9	9	0	0	9	2	0

윤영종(尹英鍾) 인천대 1979.01.23

대회	연도	소속	출전	교체	득점	도움	파울	경고	퇴장
BC	2001	전남	1	1	0	0	0	0	0
	합계		1	1	0	0	0	0	0
프로통산			1	1	0	0	0	0	0

윤영준(尹詠準) 상지대 1993.09.01

대회	연도	소속	출전	교체	득점	도움	파울	경고	퇴장
K2	2016	고양	23	16	2	0	31	4	0
	합계		23	16	2	0	31	4	0
프로통산			23	16	2	0	31	4	0

윤용구(尹勇九) 건국대 1977.08.08

대회	연도	소속	출전	교체	득점	도움	파울	경고	퇴장
BC	2000	전남	13	13	0	0	3	0	0
	2001	전남	2	2	1	0	1	0	0
	2004	부천SK	20	14	0	1	25	2	0
	합계		35	29	1	1	29	2	0
프로통산			35	29	1	1	29	2	0

윤용호(尹龍鎬) 한양대 1996.03.06

대회	연도	소속	출전	교체	득점	도움	파울	경고	퇴장
K1	2017	수원	3	3	1	0	2	0	0
	2018	수원	5	4	0	0	7	0	0
	합계		8	7	1	0	9	0	0
K2	2019	대전	12	9	1	0	11	1	0
	2019	전남	5	5	1	0	3	1	0
	합계		17	14	2	0	14	2	0
프로통산			25	21	3	0	23	2	0

윤원일(尹遠溢) 선문대 1986.10.23

대회	연도	소속	출전	교체	득점	도움	파울	경고	퇴장
BC	2008	제주	5	5	0	0	7	1	0
	2009	제주	2	3	0	0	2	0	0
	2011	제주	6	4	0	0	8	2	0
	2012	제주	2	2	0	0	0	0	0
	합계		15	14	0	0	17	3	0
K1	2013	대전	20	3	1	0	14	3	0
	2015	대전	3	0	0	0	3	1	0
	합계		23	3	1	0	17	4	0
K2	2014	대전	27	3	0	0	23	1	0
	합계		27	3	0	0	23	1	0
프로통산			65	20	1	0	57	8	0

윤원일(尹元一) 포철공고 1983.03.31

대회	연도	소속	출전	교체	득점	도움	파울	경고	퇴장
BC	2003	수원	0	0	0	0	0	0	0
	2004	대구	23	12	1	1	54	5	0
	2005	대구	6	2	0	0	9	1	0
	2006	인천	18	11	0	1	34	2	0
	2007	인천	20	8	0	0	49	6	0
	2008	인천	17	7	0	0	33	4	0
	2009	인천	18	3	1	0	34	7	0
	2010	인천	17	3	0	2	28	4	1
	2011	포항	1	1	0	0	2	1	0
	2012	포항	1	1	0	0	2	1	0
	합계		121	48	2	4	245	31	1
프로통산			121	48	2	4	245	31	1

윤원철(尹元喆) 경희대 1979.01.06

대회	연도	소속	출전	교체	득점	도움	파울	경고	퇴장
BC	2001	부천SK	4	4	0	0	9	0	0
	2002	부천SK	2	2	0	0	1	0	0
	2003	부천SK	13	6	0	0	33	2	0
	2004	부천SK	9	8	1	0	16	2	0
	합계		28	20	1	0	59	4	0
프로통산			28	20	1	0	59	4	0

윤일록(尹日錄) 진주고 1992.03.07

대회	연도	소속	출전	교체	득점	도움	파울	경고	퇴장
BC	2011	경남	26	15	4	6	34	2	0
	2012	경남	42	18	6	2	40	5	0
	합계		68	33	10	8	74	7	0
K1	2013	서울	29	23	2	0	19	1	0
	2014	서울	27	15	7	2	35	0	0
	2015	서울	20	13	1	3	27	2	0
	2016	서울	26	14	6	7	30	1	0
	2017	서울	35	15	5	12	36	5	0
	2019	제주	34	7	11	3	58	3	0
	합계		171	87	32	27	205	12	0
프로통산			239	120	42	35	279	19	0

윤재훈(尹在訓) 울산대 1973.12.25

대회	연도	소속	출전	교체	득점	도움	파울	경고	퇴장
BC	1996	울산	30	3	0	1	78	8	0
	1997	울산	22	6	0	0	51	6	0
	1998	울산	25	6	0	3	74	7	0
	1999	울산	23	10	0	1	35	9	0
	2000	전북	26	4	0	1	54	7	0
	2001	전북	0	0	0	0	0	0	0
	합계		126	29	0	6	292	37	0
프로통산			126	29	0	6	292	37	0

윤정규(尹正奎) 명지대 1991.12.04

대회	연도	소속	출전	교체	득점	도움	파울	경고	퇴장
K1	2014	부산	0	0	0	0	0	0	0
	합계		0	0	0	0	0	0	0
프로통산			0	0	0	0	0	0	0

윤정춘(尹晶椿) 순천고 1973.02.18

대회	연도	소속	출전	교체	득점	도움	파울	경고	퇴장
BC	1994	유공	1	1	0	0	0	0	0
	1995	유공	9	8	2	0	7	0	0
	1996	부천유	30	18	3	5	23	2	0
	1997	부천SK	29	10	8	5	41	3	0
	1998	부천SK	32	22	5	3	30	2	0
	1999	부천SK	35	18	5	3	41	4	0
	2000	부천SK	41	24	4	3	59	5	0
	2001	부천SK	32	17	1	3	36	6	0
	2002	부천SK	27	13	1	4	29	2	0
	2003	부천SK	32	16	1	1	32	0	0
	2004	부천SK	5	3	0	0	8	0	0
	2005	대전	12	11	1	0	13	1	0
	합계		285	161	31	27	319	25	0
프로통산			285	161	31	27	319	25	0

윤정환(宋善榮) 동아대 1973.02.16

대회	연도	소속	출전	교체	득점	도움	파울	경고	퇴장
BC	1995	유공	24	7	3	5	47	9	0
	1996	부천유	22	1	2	8	42	2	0
	1997	부천SK	16	10	3	3	38	4	0
	1998	부천SK	28	13	4	8	41	4	0
	1999	부천SK	18	3	3	4	37	1	0
	2003	성남일	30	26	1	3	44	2	0
	2004	전북	34	5	2	8	76	6	0
	2005	전북	31	20	2	5	45	6	0
	합계		203	85	20	44	370	34	0
프로통산			203	85	20	44	370	34	0

윤종규(尹鍾奎) 신갈고 1998.03.20

대회	연도	소속	출전	교체	득점	도움	파울	경고	퇴장
K1	2018	서울	5	0	0	0	7	0	0
	2019	서울	29	6	0	2	20	1	0
	합계		34	6	0	2	27	1	0
K2	2017	경남	5	1	0	0	6	3	0
	합계		5	1	0	0	6	3	0
승	2018	서울	2	0	0	0	1	1	0
	합계		2	0	0	0	1	1	0
프로통산			41	7	0	2	34	5	0

윤종현(尹鐘玄) 동아대 1961.07.03

대회	연도	소속	출전	교체	득점	도움	파울	경고	퇴장
BC	1984	국민은	1	1	0	0	0	0	0
	합계		1	1	0	0	0	0	0
프로통산			1	1	0	0	0	0	0

윤주열(尹周烈) 인천대 1992.05.10

대회	연도	소속	출전	교체	득점	도움	파울	경고	퇴장
K1	2015	인천	0	0	0	0	0	0	0
	합계		0	0	0	0	0	0	0
프로통산			0	0	0	0	0	0	0

윤주일(尹柱日) 동아대 1980.03.10

대회	연도	소속	출전	교체	득점	도움	파울	경고	퇴장
BC	2003	대구	36	16	5	3	74	8	0
	2004	대구	29	8	3	3	56	5	0
	2005	대구	26	10	1	2	34	4	0
	2006	대구	13	9	1	1	19	2	0
	2007	인천	6	5	0	0	7	0	0
	2007	전남	8	6	0	0	15	1	0
	2008	전남	4	1	0	0	4	0	0
	2009	전남	4	2	0	0	10	2	0
	2010	부산	0	0	0	0	0	0	0
	합계		126	57	10	9	219	22	0
프로통산			126	57	10	9	219	22	0

윤주태(尹柱泰) 연세대 1990.06.22

대회	연도	소속	출전	교체	득점	도움	파울	경고	퇴장
K1	2014	서울	10	9	2	0	2	0	0
	2015	서울	26	26	9	1	17	0	0
	2016	서울	17	16	3	2	11	3	0
	2017	상주	8	8	0	1	2	0	0
	2018	상주	8	8	0	1	1	0	0
	2018	서울	7	5	2	0	6	0	0
	2019	서울	14	14	1	1	9	1	0
	합계		90	86	17	6	48	4	0
승	2017	상주	1	2	0	0	1	0	0
	2018	서울	2	2	0	0	5	1	0
	합계		3	4	0	0	6	1	0
프로통산			93	90	17	6	54	5	0

윤준성(尹准聖) 경희대 1989.09.28

대회	연도	소속	출전	교체	득점	도움	파울	경고	퇴장
BC	2012	포항	1	0	0	0	1	1	0
	합계		1	0	0	0	1	1	0
K1	2013	포항	1	1	0	0	0	0	0
	2014	포항	11	11	0	1	2	1	0
	2015	대전	15	1	0	0	9	2	0
	2016	상주	10	1	0	0	10	0	0
	2017	상주	15	3	0	0	15	2	0
	합계		52	17	0	1	36	5	0
K2	2017	대전	6	1	0	0	4	0	0
	2018	대전	18	3	1	0	14	5	0
	2019	수원FC	21	5	0	0	27	6	0
	합계		45	9	1	0	45	11	0
프로통산			98	26	1	1	82	17	0

윤준수(尹晙洙) 경기대 1986.03.28

대회	연도	소속	출전	교체	득점	도움	파울	경고	퇴장
BC	2007	전남	1	1	0	0	1	0	0
	합계		1	1	0	0	1	0	0
프로통산			1	1	0	0	1	0	0

윤준하(尹俊河) 대구대 1987.01.04

대회	연도	소속	출전	교체	득점	도움	파울	경고	퇴장
BC	2009	강원	30	20	7	5	21	2	0
	2010	강원	17	14	0	1	12	1	0
	2011	강원	30	23	1	4	32	2	0
	2012	인천	3	3	0	0	8	1	0
	합계		80	60	8	10	73	6	0
K1	2013	대전	6	6	0	0	1	0	0
	2015	대전	0	0	0	0	0	0	0
	합계		6	6	0	0	1	0	0
K2	2014	안산경	23	18	4	3	42	1	0
	2015	안산경	15	14	1	1	18	4	0
	합계		38	32	5	4	60	5	0
프로통산			124	98	13	14	134	11	0

윤중희(尹重熙) 중앙대 1975.12.08

대회	연도	소속	출전	교체	득점	도움	파울	경고	퇴장
BC	1999	부천SK	9	7	0	0	4	0	0
	2000	부천SK	11	6	0	0	20	1	0
	2001	부천SK	22	8	1	0	30	3	0
	2002	부천SK	5	3	0	0	7	1	0
	2003	부천SK	21	3	0	1	23	6	0
	2004	부천SK	2	2	0	0	1	0	0
	합계		70	29	1	1	85	11	0
프로통산			70	29	1	1	85	11	0

윤지혁(尹志赫) 숭실대 1998.02.07

대회	연도	소속	출전	교체	득점	도움	파울	경고	퇴장
K1	2018	전북	0	0	0	0	0	0	0
	2019	전북	0	0	0	0	0	0	0
	합계		0	0	0	0	0	0	0
K2	2019	부천	1	1	0	0	0	0	0
	합계		1	1	0	0	0	0	0
프로통산			1	1	0	0	0	0	0

윤태수(尹太秀) 아주대 1993.04.16

대회	연도	소속	출전	교체	득점	도움	파울	경고	퇴장
K1	2016	수원FC	6	6	0	0	5	1	0
	합계		6	6	0	0	5	1	0
K2	2017	수원FC	5	4	0	0	4	0	0
	합계		5	4	0	0	4	0	0
프로통산			11	10	0	0	9	1	0

윤평국(尹平國) 인천대 1992.02.08

대회	연도	소속	출전	교체	실점	도움	파울	경고	퇴장
K1	2016	상주	0	0	0	0	0	0	0
	2017	광주	3	1	4	0	0	0	0
	합계		3	1	4	0	0	0	0
K2	2015	상주	2	0	2	0	0	1	0
	2018	광주	24	0	26	0	2	1	0
	2019	광주	26	1	24	0	0	0	0
	합계		52	1	52	0	2	2	0
프로통산			55	2	56	0	2	2	0

윤화평(尹和平) 강릉농공고 1983.03.26

대회	연도	소속	출전	교체	득점	도움	파울	경고	퇴장
BC	2002	수원	1	1	0	0	0	0	0
	2006	수원	4	4	0	0	3	0	0
	합계		5	5	0	0	3	0	0
프로통산			5	5	0	0	3	0	0

윤희준(尹熙俊) 연세대 1972.11.01

대회	연도	소속	출전	교체	득점	도움	파울	경고	퇴장
BC	1995	대우	8	1	0	1	21	2	0
	1996	부산	23	3	1	0	48	8	2
	1997	부산	22	8	0	2	36	3	0
	2000	부산	24	3	1	0	39	6	0
	2001	부산	33	5	3	2	58	6	0
	2002	부산	31	4	1	1	56	6	0
	2003	부산	36	5	2	1	52	7	0
	2004	부산	34	0	1	0	69	6	0
	2005	부산	15	1	0	0	11	6	1
	2006	전남	26	20	1	1	23	4	0
	합계		252	50	10	8	413	54	3
프로통산			252	50	10	8	413	54	3

율리안(Archire Iulian) 루마니아 1976.03.17

대회	연도	소속	출전	교체	득점	도움	파울	경고	퇴장
BC	1999	포항	7	6	0	0	6	2	0
	합계		7	6	0	0	6	2	0
프로통산			7	6	0	0	6	2	0

은성수(殷成洙) 숭실대 1993.06.22

대회	연도	소속	출전	교체	득점	도움	파울	경고	퇴장
K1	2017	수원	0	0	0	0	0	0	0
	합계		0	0	0	0	0	0	0
K2	2018	안양	11	4	1	0	12	0	0
	2019	안양	3	3	0	0	0	0	0
	합계		14	7	1	0	12	0	0
프로통산			14	7	1	0	12	0	0

은종구(殷鍾九) 전주대 1968.08.01

대회	연도	소속	출전	교체	득점	도움	파울	경고	퇴장
BC	1993	현대	17	15	0	2	10	0	0
	1994	현대	1	1	0	0	1	0	0
	합계		18	16	0	2	11	0	0
프로통산			18	16	0	2	11	0	0

음밤바(Emile Bertrand Mbamba) 카메룬 1982.10.27

대회	연도	소속	출전	교체	득점	도움	파울	경고	퇴장
BC	2009	대구	7	6	0	0	12	1	0
	합계		7	6	0	0	12	1	0
프로통산			7	6	0	0	12	1	0

이강민(李康敏) 연세대 1954.07.21

대회	연도	소속	출전	교체	득점	도움	파울	경고	퇴장
BC	1984	현대	10	8	3	1	2	0	0
	합계		10	8	3	1	2	0	0
프로통산			10	8	3	1	2	0	0

이강민(李康敏) 경희대 1985.08.29

대회	연도	소속	출전	교체	득점	도움	파울	경고	퇴장
BC	2009	강원	10	7	0	1	7	0	0
	합계		10	7	0	1	7	0	0
프로통산			10	7	0	1	7	0	0

이강석(李康錫) 서울대 1958.05.21

대회	연도	소속	출전	교체	득점	도움	파울	경고	퇴장
BC	1983	할렐	16	7	2	3	11	1	0
	1984	할렐	15	10	1	1	20	2	0
	1985	할렐	11	8	1	0	12	0	0
	합계		42	25	4	4	43	3	0
프로통산			42	25	4	4	43	3	0

이강욱(李康旭) 서울대 1963.05.07

대회	연도	소속	출전	교체	득점	도움	파울	경고	퇴장
BC	1986	유공	5	5	0	0	3	0	0
	합계		5	5	0	0	3	0	0
프로통산			5	5	0	0	3	0	0

이강일(李康一) 광운대 1981.06.26

대회	연도	소속	출전	교체	득점	도움	파울	경고	퇴장
BC	2004	대전	1	1	0	0	0	0	0
	합계		1	1	0	0	0	0	0
프로통산			1	1	0	0	0	0	0

이강조(李康助) 고려대 1954.10.27

대회	연도	소속	출전	교체	득점	도움	파울	경고	퇴장
BC	1983	유공	16	0	2	3	6	0	0
	1984	유공	27	0	4	5	19	0	0
	1985	유공	7	5	1	3	3	0	0
	합계		50	5	7	11	28	0	0
프로통산			50	5	7	11	28	0	0

이건(李健) 중앙대 1996.01.08

대회	연도	소속	출전	교체	득점	도움	파울	경고	퇴장
K1	2019	성남	0	0	0	0	0	0	0
	합계		0	0	0	0	0	0	0
K2	2017	안산	21	1	0	0	39	8	0
	2018	안산	20	4	3	1	21	5	0
	합계		41	5	3	1	60	13	0
프로통산			41	5	3	1	60	13	0

이건철(李建澈) 경희대 1996.02.21

대회	연도	소속	출전	교체	득점	도움	파울	경고	퇴장
K2	2018	대전	1	1	0	0	0	0	0
	합계		1	1	0	0	0	0	0
프로통산			1	1	0	0	0	0	0

이겨레(李겨레) 동북중 1985.08.22

대회	연도	소속	출전	교체	득점	도움	파울	경고	퇴장
BC	2008	대전	1	1	0	0	0	0	0
	합계		1	1	0	0	0	0	0
프로통산			1	1	0	0	0	0	0

이경근(李景根) 숭실고 1978.06.16

대회	연도	소속	출전	교체	득점	도움	파울	경고	퇴장
BC	1999	수원	1	0	0	0	5	0	0
	2000	수원	6	1	0	0	10	2	0
	합계		7	1	0	0	15	2	0
프로통산			7	1	0	0	15	2	0

이경남(李敬男) 경희대 1961.11.04

대회	연도	소속	출전	교체	득점	도움	파울	경고	퇴장
BC	1985	현대	10	9	1	0	3	0	0
	1986	현대	1	1	0	0	0	0	0
	합계		11	10	1	0	3	0	0
프로통산			11	10	1	0	3	0	0

이경렬(李京烈) 고려대 1988.01.16

대회	연도	소속	출전	교체	득점	도움	파울	경고	퇴장
BC	2010	경남	6	2	0	0	8	1	0
	2011	경남	26	7	2	0	20	4	0
	2012	부산	39	6	1	0	25	6	0
	합계		71	15	3	0	53	11	0
K1	2013	부산	22	3	0	1	35	4	0
	2014	부산	30	1	2	0	39	8	0
	2015	부산	34	0	3	0	31	10	0
	2016	상주	8	3	1	0	4	2	0
	2017	상주	11	3	0	0	9	5	0
	2018	전남	4	0	1	1	2	0	0
	합계		109	10	7	2	120	29	0
K2	2017	부산	5	1	1	0	11	3	0
	2019	서울E	15	0	0	1	13	6	0
	합계		20	1	1	1	24	9	0
승	2015	부산	2	0	0	0	5	1	0
	2017	부산	0	0	0	0	0	0	0
	합계		2	0	0	0	5	1	0
프로통산			202	26	11	3	202	50	0

이경수(李經受) 수원대 1991.07.21

대회	연도	소속	출전	교체	득점	도움	파울	경고	퇴장
K2	2014	부천	9	8	0	0	7	2	0
	합계		9	8	0	0	7	2	0
프로통산			9	8	0	0	7	2	0

이경수(李慶洙) 숭실대 1973.10.28

대회	연도	소속	출전	교체	득점	도움	파울	경고	퇴장
BC	1996	수원	6	2	0	0	7	1	0
	1998	울산	25	15	0	0	37	4	0
	1999	천안일	16	11	1	0	22	0	0
	2000	전북	3	2	0	0	8	0	0
	2001	전북	14	11	1	0	37	2	0
	2003	대구	22	17	1	0	34	4	0
	2004	대구	13	8	1	0	19	3	0
	2005	대전	29	10	1	1	52	6	0
	합계		128	76	5	1	216	20	0
프로통산			128	76	5	1	216	20	0

이경수(李炅秀) 천안제일고 1992.10.23

대회	연도	소속	출전	교체	득점	도움	파울	경고	퇴장
BC	2011	강원	0	0	0	0	0	0	0
	합계		0	0	0	0	0	0	0
프로통산			0	0	0	0	0	0	0

이경우(李庚祐) 주문진수도공고 1977.05.03

대회	연도	소속	출전	교체	득점	도움	파울	경고	퇴장
BC	1999	수원	3	3	0	0	1	0	0
	2000	수원	13	9	3	1	18	2	0
	2001	수원	0	0	0	0	0	0	0
	2004	수원	1	1	0	0	1	1	0
	합계		17	13	3	1	20	3	0
프로통산			17	13	3	1	20	3	0

이경춘(李炅春) 아주대 1969.04.14

대회	연도	소속	출전	교체	득점	도움	파울	경고	퇴장
BC	1992	대우	14	12	0	0	11	2	0
	1993	대우	4	4	0	0	2	0	0
	1994	버팔로	23	1	2	0	38	5	0
	1995	전북	31	2	0	0	70	8	0
	1996	전북	33	2	0	0	62	5	0
	1997	전북	31	1	2	0	62	7	0

대회	연도	소속	출전	교체	실점	도움	파울	경고	퇴장
	1998	전북	32	5	1	2	81	5	0
	1999	전북	16	6	0	0	39	4	0
	2000	전북	1	1	0	0	3	0	0
	합계		185	34	5	2	368	36	0
프로통산			185	34	5	2	368	36	0

이경환(李京煥) 명신대 1988.03.21

대회	연도	소속	출전	교체	득점	도움	파울	경고	퇴장
BC	2009	대전	22	16	0	1	30	7	0
	2010	대전	20	15	1	1	31	4	0
	2011	수원	2	1	0	0	1	0	0
	합계		44	32	1	2	62	11	0
프로통산			44	32	1	2	62	11	0

이계원(李啓源) 인천대 1965.03.16

대회	연도	소속	출전	교체	득점	도움	파울	경고	퇴장
BC	1985	상무	17	2	2	2	19	1	0
	1988	포철	19	13	0	0	11	0	0
	1989	포철	20	11	1	2	19	1	0
	1990	포철	26	5	4	2	30	1	0
	1991	포철	30	11	2	2	26	1	0
	1992	포철	16	10	1	0	14	0	0
	1993	포철	13	11	1	1	8	1	0
	합계		141	63	11	9	127	5	0
프로통산			141	63	11	9	127	5	0

이고르(Garcia Silva Hygor Cleber) 브라질 1992.08.13

대회	연도	소속	출전	교체	득점	도움	파울	경고	퇴장
K1	2016	수원	2	2	1	0	0	0	0
	합계		2	2	1	0	0	0	0
프로통산			2	2	1	0	0	0	0

이관우(李官雨) 한양대 1978.02.25

대회	연도	소속	출전	교체	득점	도움	파울	경고	퇴장
BC	2000	대전	12	9	1	1	14	2	0
	2001	대전	12	8	6	4	15	2	0
	2002	대전	19	8	2	1	15	6	0
	2003	대전	38	30	4	5	47	5	0
	2004	대전	29	19	5	2	34	8	0
	2005	대전	32	10	4	5	64	9	0
	2006	대전	23	12	3	3	28	2	0
	2006	수원	15	7	2	4	18	2	0
	2007	수원	35	23	4	5	50	2	0
	2008	수원	28	28	2	3	24	3	0
	2009	수원	3	2	0	0	4	1	0
	2010	수원	5	5	0	0	9	2	0
	합계		251	161	33	33	322	44	0
프로통산			251	161	33	33	322	44	0

이관표(李官表) 중앙대 1994.09.07

대회	연도	소속	출전	교체	득점	도움	파울	경고	퇴장
K2	2015	수원FC	23	11	2	3	25	3	0
	2016	경남	19	10	2	1	14	3	0
	2017	경남	4	4	0	0	2	0	0
	합계		46	25	4	4	41	6	0
프로통산			46	25	4	4	41	6	0

이관호(李寬鎬) 명지대 1960.06.28

대회	연도	소속	출전	교체	실점	도움	파울	경고	퇴장
BC	1985	상무	18	1	24	0	0	0	0
	합계		18	1	24	0	0	0	0
프로통산			18	1	24	0	0	0	0

이광래(李光來) 중앙고 1972.05.24

대회	연도	소속	출전	교체	득점	도움	파울	경고	퇴장
BC	1992	LG	2	2	0	0	7	1	0
	1993	LG	2	2	0	0	0	0	0
	합계		4	4	0	0	7	1	0
프로통산			4	4	0	0	7	1	0

이광석(李光錫) 중앙대 1975.03.05

대회	연도	소속	출전	교체	실점	도움	파울	경고	퇴장
BC	1998	전북	34	0	58	0	4	2	0
	1999	전북	33	0	54	0	1	1	0
	2000	전북	8	1	12	0	1	1	0
	2001	전북	11	1	14	0	0	0	0
	2003	광주상	33	0	43	0	2	2	0
	2004	전북	5	0	5	0	0	1	0
	2005	전북	20	1	28	0	1	0	0
	2006	전북	2	0	4	0	0	0	0
	2007	경남	8	1	10	0	0	0	0
	2008	경남	33	0	45	0	2	3	0
	2009	경남	2	1	4	0	0	0	0
	합계		189	5	277	0	11	10	0
프로통산			189	5	277	0	11	10	0

이광선(李光善) 경희대 1989.09.06

대회	연도	소속	출전	교체	득점	도움	파울	경고	퇴장
K1	2016	제주	34	3	5	1	52	2	0
	2017	상주	7	2	0	0	4	1	0
	2018	상주	21	13	2	1	31	2	0
	2018	제주	12	8	2	0	12	0	0
	2019	경남	29	4	0	0	38	8	0
	합계		103	30	9	2	137	13	0
승	2017	상주	2	2	0	0	0	0	0
	2019	경남	2	0	0	0	3	0	0
	합계		4	2	0	0	3	0	0
프로통산			107	32	9	2	140	13	0

이광연(李光淵) 인천대 1999.09.11

대회	연도	소속	출전	교체	실점	도움	파울	경고	퇴장
K1	2019	강원	8	0	19	0	0	1	0
	합계		8	0	19	0	0	1	0
프로통산			8	0	19	0	0	1	0

이광재(李珖載) 대구대 1980.01.01

대회	연도	소속	출전	교체	득점	도움	파울	경고	퇴장
BC	2003	광주상	17	5	5	1	33	4	0
	2004	전남	9	10	0	0	7	0	0
	2005	전남	15	14	1	2	31	4	0
	2006	전남	22	17	5	1	43	3	0
	2007	포항	29	24	7	1	36	4	0
	2008	포항	9	10	0	1	5	2	0
	2009	포항	4	4	0	0	5	0	0
	2009	전북	11	10	1	1	10	3	0
	2010	전북	12	11	1	1	10	2	0
	2012	대구	8	8	0	0	7	1	0
	합계		136	113	20	8	187	23	0
K2	2013	고양	12	9	0	0	17	1	0
	2014	고양	28	18	2	4	29	3	0
	2015	고양	25	24	3	0	21	2	0
	합계		65	51	5	4	67	6	0
프로통산			201	164	25	12	254	29	0

이광재(李曠載) 배재대 1998.06.10

대회	연도	소속	출전	교체	득점	도움	파울	경고	퇴장
K2	2018	부천	28	28	3	0	32	2	0
	2019	부천	7	7	0	0	11	2	0
	합계		35	35	3	0	43	4	0
프로통산			35	35	3	0	43	4	0

이광조(李光照) 한양대 1962.08.20

대회	연도	소속	출전	교체	득점	도움	파울	경고	퇴장
BC	1986	현대	3	2	0	0	2	0	0
	1987	현대	2	1	0	0	2	0	0
	1988	현대	8	5	0	0	11	1	0
	1989	유공	24	7	0	0	17	2	0
	1990	유공	20	2	0	0	31	2	0
	1991	유공	16	6	0	0	12	1	0
	1992	유공	9	1	0	0	4	1	0
	1993	LG	20	3	0	0	4	4	0
	합계		102	27	0	0	83	11	0
프로통산			102	27	0	0	83	11	0

이광종(李光鍾) 중앙대 1964.04.01

대회	연도	소속	출전	교체	득점	도움	파울	경고	퇴장
BC	1988	유공	24	5	1	2	34	1	0
	1989	유공	37	7	2	6	40	1	1
	1990	유공	25	8	4	1	35	1	0
	1991	유공	11	6	1	0	8	1	0
	1992	유공	28	15	5	1	33	1	0
	1993	유공	35	10	4	2	48	1	0
	1994	유공	35	14	9	3	54	2	0
	1995	유공	28	3	4	2	49	2	0
	1996	수원	30	16	5	4	51	3	0
	1997	수원	13	14	1	0	17	0	0
	합계		266	98	36	21	369	13	1
프로통산			266	98	36	21	369	13	1

이광진(李廣鎭) 동북고 1991.07.23

대회	연도	소속	출전	교체	득점	도움	파울	경고	퇴장
BC	2010	서울	0	0	0	0	0	0	0
	2011	서울	0	0	0	0	0	0	0
	2011	대구	0	0	0	0	0	0	0
	2012	대구	1	1	0	0	0	0	0
	합계		1	1	0	0	0	0	0
K1	2015	대전	2	2	0	0	2	0	0
	2016	수원FC	25	11	0	0	26	5	0
	2018	경남	20	1	0	2	16	1	0
	2019	경남	21	5	0	2	18	4	0
	합계		68	19	0	4	62	10	0
K2	2013	광주	16	3	4	2	29	2	0
	2014	대전	7	1	0	0	9	1	0
	2015	대구	5	4	0	0	4	0	0
	2017	수원FC	31	9	0	3	51	11	0
	2018	수원FC	11	5	0	0	16	3	0
	합계		70	22	4	5	109	17	0
승	2019	경남	2	0	0	0	3	0	0
	합계		2	0	0	0	3	0	0
프로통산			141	42	4	9	174	27	0

이광진(李光振) 경일대 1972.05.27

대회	연도	소속	출전	교체	득점	도움	파울	경고	퇴장
BC	2002	대전	7	7	0	0	7	0	0
	합계		7	7	0	0	7	0	0
프로통산			7	7	0	0	7	0	0

이광혁(李侊赫) 포철고 1995.09.11

대회	연도	소속	출전	교체	득점	도움	파울	경고	퇴장
K1	2014	포항	9	9	0	0	6	1	0
	2015	포항	19	16	2	0	11	0	0
	2016	포항	12	9	0	2	14	3	0
	2017	포항	30	28	1	6	16	1	0
	2018	포항	16	15	1	2	7	1	0
	2019	포항	23	22	2	1	18	3	0
	합계		109	99	6	11	72	9	0
프로통산			109	99	6	11	72	9	0

이광현(李光鉉) 중앙대 1973.03.16

대회	연도	소속	출전	교체	득점	도움	파울	경고	퇴장
BC	1996	천안일	9	9	1	0	3	1	0
	1997	천안일	12	8	0	0	8	0	0
	합계		21	17	1	0	11	1	0
프로통산			21	17	1	0	11	1	0

이광현(李光鉉) 고려대 1981.07.18

대회	연도	소속	출전	교체	득점	도움	파울	경고	퇴장
BC	2004	전북	2	1	0	0	3	0	0
	2005	전북	7	2	0	0	11	0	0
	2006	전북	9	4	0	0	7	0	0
	2008	광주상	7	0	0	0	7	2	0
	2009	전북	4	2	0	0	2	1	0
	2010	전북	6	4	0	0	5	0	0
	2011	전북	4	2	0	0	5	0	0
	2012	대전	2	0	0	0	2	1	0
	합계		41	15	0	0	42	4	0
프로통산			41	15	0	0	42	4	0

이광호(李光好) 상지대 1977.05.24

대회	연도	소속	출전	교체	득점	도움	파울	경고	퇴장

대회	연도	소속	출전	교체	득점	도움	파울	경고	퇴장
BC	2000	수원	1	0	0	0	2	0	0
		합계	1	0	0	0	2	0	0
프로통산			1	0	0	0	2	0	0

이광훈(李侊勳) 포철공고 1993.11.26

대회	연도	소속	출전	교체	득점	도움	파울	경고	퇴장
BC	2012	포항	0	0	0	0	0	0	0
		합계	0	0	0	0	0	0	0
K1	2013	포항	1	1	0	0	0	0	0
	2014	포항	4	4	0	0	4	0	0
	2015	대전	1	1	0	0	1	0	0
	2016	수원FC	3	3	0	0	0	0	0
		합계	9	9	0	0	5	0	0
프로통산			9	9	0	0	5	0	0

이규로(李奎魯) 광양제철고 1988.08.20

대회	연도	소속	출전	교체	득점	도움	파울	경고	퇴장
BC	2007	전남	8	3	1	0	9	0	0
	2008	전남	19	11	1	1	19	2	0
	2009	전남	28	6	5	0	34	7	0
	2010	서울	2	1	0	0	2	0	0
	2011	서울	14	6	0	1	23	2	0
	2012	인천	23	3	1	2	39	5	0
		합계	94	30	8	4	126	16	0
K1	2013	전북	15	5	0	0	17	1	0
	2014	전북	14	4	0	1	16	3	0
	2015	전북	2	0	0	0	3	0	0
	2016	서울	8	6	0	0	10	2	0
	2017	서울	18	5	0	3	40	4	0
		합계	57	20	0	4	86	10	0
K2	2016	서울E	11	4	2	0	12	3	0
		합계	11	4	2	0	12	3	0
프로통산			162	54	10	8	224	29	0

이규성(李奎成) 홍익대 1994.05.10

대회	연도	소속	출전	교체	득점	도움	파울	경고	퇴장
K1	2015	부산	18	10	1	2	14	2	0
	2018	상주	12	7	0	1	5	1	0
	2019	상주	35	4	0	3	24	3	0
		합계	65	21	1	6	43	6	0
K2	2016	부산	32	17	1	3	29	4	0
	2017	부산	15	11	3	0	15	2	0
	2018	부산	8	6	0	1	9	0	0
		합계	55	34	4	4	53	6	0
승	2015	부산	2	2	0	0	2	0	0
	2017	부산	0	0	0	0	0	0	0
		합계	2	2	0	0	2	0	0
프로통산			122	57	5	10	98	12	0

이규철(李揆喆) 울산대 1982.05.01

대회	연도	소속	출전	교체	득점	도움	파울	경고	퇴장
BC	2006	대전	5	3	0	0	5	0	0
		합계	5	3	0	0	5	0	0
프로통산			5	3	0	0	5	0	0

이규칠(李圭七) 영남대 1975.11.28

대회	연도	소속	출전	교체	득점	도움	파울	경고	퇴장
BC	1998	포항	7	7	0	0	8	1	0
	1999	포항	5	4	0	0	8	0	0
		합계	12	11	0	0	16	1	0
프로통산			12	11	0	0	16	1	0

이규혁(李揆奕) 동국대 1999.05.04

대회	연도	소속	출전	교체	득점	도움	파울	경고	퇴장
K1	2019	제주	0	0	0	0	0	0	0
		합계	0	0	0	0	0	0	0
프로통산			0	0	0	0	0	0	0

이규호(李圭鎬) 연세대 1979.07.13

대회	연도	소속	출전	교체	득점	도움	파울	경고	퇴장
BC	2002	부산	24	3	0	0	15	3	0
	2004	부산	0	0	0	0	0	0	0
		합계	24	3	0	0	15	3	0
프로통산			24	3	0	0	15	3	0

이근표(李根杓) 수원대 1992.02.06

대회	연도	소속	출전	교체	득점	도움	파울	경고	퇴장
BC	2012	경남	0	0	0	0	0	0	0
		합계	0	0	0	0	0	0	0
K1	2013	강원	0	0	0	0	0	0	0
		합계	0	0	0	0	0	0	0
프로통산			0	0	0	0	0	0	0

이근호(李根鎬) 부평고 1985.04.11

대회	연도	소속	출전	교체	득점	도움	파울	경고	퇴장
BC	2005	인천	5	5	0	0	3	0	0
	2006	인천	3	3	0	0	3	0	0
	2007	대구	27	5	10	3	32	3	0
	2008	대구	32	4	13	6	31	2	0
	2012	울산	33	11	8	6	41	3	0
		합계	100	28	31	15	110	8	0
K1	2014	상주	18	6	4	2	13	1	0
	2015	전북	15	7	4	1	14	0	0
	2016	제주	35	19	5	6	39	1	0
	2017	강원	37	4	8	9	51	3	0
	2018	강원	13	3	0	4	17	0	0
	2018	울산	22	17	4	0	17	1	0
	2019	울산	18	18	2	5	13	1	0
		합계	158	74	27	27	164	7	0
K2	2013	상주	25	6	15	6	26	3	0
		합계	25	6	15	6	26	3	0
승	2013	상주	2	0	0	1	2	1	0
		합계	2	0	0	1	2	1	0
프로통산			285	108	73	49	302	19	0

이근호(李根好) 연세대 1996.05.21

대회	연도	소속	출전	교체	득점	도움	파울	경고	퇴장
K1	2018	포항	30	26	3	4	14	2	0
	2019	전북	2	2	0	0	1	0	0
	2019	제주	13	12	1	1	8	1	0
		합계	45	40	4	5	23	3	0
프로통산			45	40	4	5	23	3	0

이기근(李基根) 한양대 1965.08.13

대회	연도	소속	출전	교체	득점	도움	파울	경고	퇴장
BC	1987	포철	26	19	6	0	18	2	0
	1988	포철	23	6	12	1	22	1	0
	1989	포철	33	16	6	2	32	4	0
	1990	포철	21	17	3	0	11	0	0
	1991	포철	37	19	16	1	38	1	0
	1992	포철	16	10	2	3	9	1	0
	1993	대우	28	21	7	2	32	3	0
	1994	대우	23	22	4	4	21	0	0
	1996	수원	32	27	11	6	49	3	0
	1997	수원	25	24	3	0	27	1	0
		합계	264	181	70	19	259	16	0
프로통산			264	181	70	19	259	16	0

이기동(李期東) 연세대 1984.05.11

대회	연도	소속	출전	교체	득점	도움	파울	경고	퇴장
BC	2010	포항	3	2	1	0	3	2	0
	2011	포항	1	1	0	0	0	0	0
		합계	4	3	1	0	3	2	0
프로통산			4	3	1	0	3	2	0

이기범(李基汎) 경북산업대(경일대) 1970.08.08

대회	연도	소속	출전	교체	득점	도움	파울	경고	퇴장
BC	1993	일화	10	7	1	2	14	0	1
	1994	일화	21	16	2	2	12	1	0
	1995	일화	7	5	1	0	11	1	0
	1996	천안일	34	25	5	0	45	3	0
	1997	천안일	20	11	1	3	41	3	0
	1998	천안일	26	18	0	3	37	8	0
	1999	울산	27	26	1	4	34	1	0
	2000	수원	14	12	0	0	21	3	0
		합계	159	120	11	14	215	20	1
프로통산			159	120	11	14	215	20	1

이기부(李基富) 아주대 1976.03.16

대회	연도	소속	출전	교체	득점	도움	파울	경고	퇴장
BC	1999	부산	17	14	1	0	25	1	0
	2000	부산	34	11	8	4	64	5	0
	2001	부산	26	17	1	0	28	2	0
	2002	포항	6	6	1	1	13	1	0
	2004	인천	1	1	0	0	0	0	0
		합계	84	49	11	5	130	9	0
프로통산			84	49	11	5	130	9	0

이기제(李基濟) 동국대 1991.07.09

대회	연도	소속	출전	교체	득점	도움	파울	경고	퇴장
K1	2016	울산	35	5	0	2	40	6	0
	2017	울산	8	2	0	1	7	2	0
	2018	수원	19	5	2	3	21	1	0
		합계	62	12	2	6	68	9	0
프로통산			62	12	2	6	68	9	0

이기현(李起現) 동국대 1993.12.16

대회	연도	소속	출전	교체	실점	도움	파울	경고	퇴장
K1	2017	제주	0	0	0	0	0	0	0
		합계	0	0	0	0	0	0	0
K2	2015	부천	12	0	17	0	0	0	0
	2016	경남	5	0	7	0	0	0	0
	2018	부천	2	0	4	0	0	0	0
	2019	아산	11	0	21	1	1	0	0
		합계	30	0	49	1	1	0	0
프로통산			30	0	49	1	1	0	0

이기형(李奇炯) 한양대 1957.06.11

대회	연도	소속	출전	교체	실점	도움	파울	경고	퇴장
BC	1984	한일	4	0	4	0	0	0	0
		합계	4	0	4	0	0	0	0
프로통산			4	0	4	0	0	0	0

이기형(李祺炯) 고려대 1974.09.28

대회	연도	소속	출전	교체	득점	도움	파울	경고	퇴장
BC	1996	수원	22	0	3	2	31	0	0
	1997	수원	15	3	1	0	24	3	0
	1998	수원	24	10	4	4	48	1	0
	1999	수원	36	6	3	4	55	3	0
	2000	수원	3	4	0	0	2	0	0
	2001	수원	27	12	1	1	30	1	0
	2002	수원	29	7	6	3	38	4	0
	2003	성남일	38	1	3	4	53	5	0
	2004	성남일	27	5	2	2	37	5	0
	2005	서울	16	8	0	1	30	4	0
	2006	서울	17	10	0	2	13	0	0
		합계	254	66	23	23	361	26	0
프로통산			254	66	23	23	361	26	0

이기형(李基炯) 동국대 1981.05.09

대회	연도	소속	출전	교체	득점	도움	파울	경고	퇴장
BC	2005	수원	0	0	0	0	0	0	0
		합계	2	2	0	0	3	0	0
프로통산			2	2	0	0	3	0	0

이길용(李吉龍) 고려대 1959.09.29

대회	연도	소속	출전	교체	득점	도움	파울	경고	퇴장
BC	1983	포철	13	3	7	1	15	2	0
	1984	포철	22	10	5	7	15	1	0
	1985	포철	13	11	0	1	19	1	0
	1986	포철	14	11	2	0	10	1	0
	1987	포철	18	16	3	3	12	3	0
	1988	포철	7	8	0	0	1	0	0
	1989	포철	5	5	0	0	1	0	0
		합계	92	64	17	12	73	8	0
프로통산			92	64	17	12	73	8	0

이길용(李佶勇) 광운대 1976.03.30

대회	연도	소속	출전	교체	득점	도움	파울	경고	퇴장
BC	1999	울산	21	17	5	2	19	1	0
	2000	울산	18	15	1	0	17	1	0
	2001	울산	15	11	5	0	11	0	0

대회	연도	소속	출전	교체	득점	도움	파울	경고	퇴장
	2002	울산	34	20	8	1	40	1	0
	2003	포항	26	22	2	3	31	1	1
	2004	포항	1	1	0	0	1	0	0
	2004	부천SK	11	11	1	0	7	0	0
	합계		126	97	22	6	126	4	1
프로통산			126	97	22	6	126	4	1

이길훈(李吉薰) 고려대 1983.03.06

대회	연도	소속	출전	교체	득점	도움	파울	경고	퇴장
BC	2006	수원	21	15	0	1	32	2	0
	2007	광주상	33	24	0	1	58	1	0
	2008	광주상	13	11	1	0	11	2	0
	2009	수원	10	8	1	2	6	2	0
	2010	수원	5	5	0	0	8	0	0
	2010	부산	1	1	0	0	1	0	0
	2011	부산	1	1	0	0	1	0	0
	합계		84	65	2	4	117	7	0
프로통산			84	65	2	4	117	7	0

이남규(李南揆) 한양대 1993.03.18

대회	연도	소속	출전	교체	득점	도움	파울	경고	퇴장
K1	2015	포항	0	0	0	0	0	0	0
	2016	포항	2	2	0	0	0	0	0
	합계		2	2	0	0	0	0	0
프로통산			2	2	0	0	0	0	0

이남수(李南洙) 광운대 1987.03.15

대회	연도	소속	출전	교체	득점	도움	파울	경고	퇴장
BC	2010	전북	0	0	0	0	0	0	0
	합계		0	0	0	0	0	0	0
프로통산			0	0	0	0	0	0	0

이남용(李南容) 중앙대 1988.06.13

대회	연도	소속	출전	교체	득점	도움	파울	경고	퇴장
BC	2011	전남	0	0	0	0	0	0	0
	합계		0	0	0	0	0	0	0
프로통산			0	0	0	0	0	0	0

이다원(李多元) 배재대 1995.09.21

대회	연도	소속	출전	교체	득점	도움	파울	경고	퇴장
K2	2018	성남	16	13	0	1	14	0	0
	합계		16	13	0	1	14	0	0
프로통산			16	13	0	1	14	0	0

이대명(李大明) 홍익대 1991.01.08

대회	연도	소속	출전	교체	득점	도움	파울	경고	퇴장
K1	2013	인천	0	0	0	0	0	0	0
	합계		0	0	0	0	0	0	0
프로통산			0	0	0	0	0	0	0

이대희(李大喜) 아주대 1974.04.26

대회	연도	소속	출전	교체	실점	도움	파울	경고	퇴장
BC	1997	부천SK	10	0	22	0	1	0	0
	1998	부천SK	2	0	3	0	0	0	0
	2001	포항	0	0	0	0	0	0	0
	2002	포항	8	0	11	0	0	0	0
	2003	포항	0	0	0	0	0	0	0
	합계		20	0	36	0	1	0	0
프로통산			20	0	36	0	1	0	0

이도권(李度權) 성균관대 1979.08.08

대회	연도	소속	출전	교체	득점	도움	파울	경고	퇴장
BC	2006	전북	5	4	0	0	3	1	0
	합계		5	4	0	0	3	1	0
프로통산			5	4	0	0	3	1	0

이도성(李道成) 배재대 1984.03.22

대회	연도	소속	출전	교체	득점	도움	파울	경고	퇴장
BC	2007	대전	2	1	0	0	4	0	0
	합계		2	1	0	0	4	0	0
K2	2013	고양	33	10	0	0	74	8	0
	2014	고양	33	3	1	1	63	10	0
	2015	고양	34	10	0	1	48	10	0
	2016	고양	29	17	1	3	35	6	0
	합계		129	40	2	5	220	34	0
프로통산			131	41	2	5	224	34	0

이도현(李途炫) 경희대 1996.02.17

대회	연도	소속	출전	교체	득점	도움	파울	경고	퇴장
K1	2019	포항	0	0	0	0	0	0	0
	합계		0	0	0	0	0	0	0
프로통산			0	0	0	0	0	0	0

이돈철(李敦哲) 동아대 1961.01.13

대회	연도	소속	출전	교체	득점	도움	파울	경고	퇴장
BC	1985	현대	14	1	0	0	12	0	0
	1986	현대	17	0	0	1	25	1	0
	1988	현대	6	3	0	0	6	0	0
	합계		37	4	0	1	43	1	0
프로통산			37	4	0	1	43	1	0

이동건(李動建) 신갈고 1999.02.07

대회	연도	소속	출전	교체	득점	도움	파울	경고	퇴장
K1	2018	대구	0	0	0	0	0	0	0
	합계		0	0	0	0	0	0	0
프로통산			0	0	0	0	0	0	0

이동경(李東炅) 홍익대 1997.09.20

대회	연도	소속	출전	교체	득점	도움	파울	경고	퇴장
K1	2018	울산	1	1	0	0	2	0	0
	2019	울산	25	25	3	2	25	4	0
	합계		26	26	3	2	27	4	0
K2	2018	안양	10	10	0	0	5	0	0
	합계		10	10	0	0	5	0	0
프로통산			36	36	3	2	32	4	0

이동국(李同國) 위덕대 1979.04.29

대회	연도	소속	출전	교체	득점	도움	파울	경고	퇴장
BC	1998	포항	24	10	11	2	25	1	0
	1999	포항	19	5	8	4	28	1	0
	2000	포항	8	1	4	1	9	0	0
	2001	포항	17	5	3	1	23	1	0
	2002	포항	21	12	7	3	24	4	0
	2003	광주상	27	4	11	6	33	1	0
	2004	광주상	23	7	4	5	32	2	0
	2005	광주상	1	1	0	0	0	0	0
	2005	포항	24	4	7	4	40	3	0
	2006	포항	10	4	7	1	17	1	0
	2008	성남일	13	10	2	2	20	0	0
	2009	전북	32	5	22	0	46	2	0
	2010	전북	30	8	13	3	20	2	1
	2011	전북	29	6	16	15	33	2	0
	2012	전북	40	12	26	6	69	7	0
	합계		318	94	141	53	419	27	1
K1	2013	전북	30	10	13	2	32	2	0
	2014	전북	31	15	13	6	25	1	0
	2015	전북	33	17	13	5	26	4	0
	2016	전북	27	19	12	0	17	1	0
	2017	전북	30	30	10	5	23	2	0
	2018	전북	35	27	13	4	22	4	0
	2019	전북	33	29	9	2	22	2	0
	합계		219	147	83	24	167	16	0
프로통산			537	241	224	77	586	43	1

이동근(李東根) 경희대 1981.01.23

대회	연도	소속	출전	교체	득점	도움	파울	경고	퇴장
BC	2003	부천SK	21	9	2	1	26	3	0
	2004	부천SK	6	6	0	0	3	1	0
	2005	광주상	2	2	0	0	2	0	0
	2006	광주상	5	3	0	0	3	1	0
	2008	대전	16	8	0	2	18	1	0
	2009	울산	3	3	0	0	4	0	0
	합계		53	31	2	3	56	6	0
프로통산			53	31	2	3	56	6	0

이동근(李東根) 울산대 1988.11.28

대회	연도	소속	출전	교체	득점	도움	파울	경고	퇴장
BC	2011	경남	3	3	1	0	0	0	0
	합계		3	3	1	0	0	0	0
프로통산			3	3	1	0	0	0	0

이동률 세일중 2000.06.09

대회	연도	소속	출전	교체	득점	도움	파울	경고	퇴장
K1	2019	제주	5	5	0	0	2	0	0
	합계		5	5	0	0	2	0	0
프로통산			5	5	0	0	2	0	0

이동명(李東明) 부평고 1987.10.04

대회	연도	소속	출전	교체	득점	도움	파울	경고	퇴장
BC	2006	제주	5	4	0	0	2	0	0
	2007	제주	10	8	0	0	8	0	0
	2008	부산	8	8	0	0	6	1	0
	2009	부산	5	5	0	0	7	1	0
	합계		28	25	0	0	23	2	0
K1	2013	대구	2	1	0	0	2	0	0
	합계		2	1	0	0	2	0	0
K2	2014	대구	4	1	0	0	5	1	0
	합계		4	1	0	0	5	1	0
프로통산			34	27	0	0	30	3	0

이동수(李東洙) 관동대(가톨릭관동대) 1994.06.03

대회	연도	소속	출전	교체	득점	도움	파울	경고	퇴장
K1	2017	제주	11	8	0	0	8	0	0
	2018	제주	28	25	2	0	23	3	0
	2019	제주	14	9	0	0	18	0	0
	합계		53	42	2	0	49	3	0
K2	2016	대전	36	4	1	2	40	4	0
	합계		36	4	1	2	40	4	0
프로통산			89	46	3	2	89	7	0

이동식(李東植) 홍익대 1979.03.15

대회	연도	소속	출전	교체	득점	도움	파울	경고	퇴장
BC	2002	포항	0	0	0	0	0	0	0
	2003	포항	0	0	0	0	0	0	0
	2004	부천SK	18	10	1	1	39	4	0
	2005	부천SK	26	10	3	1	50	3	0
	2006	광주상	28	6	0	0	70	5	0
	2007	광주상	18	9	2	2	44	3	1
	2008	제주	27	2	0	1	91	11	0
	2009	제주	21	8	0	0	42	7	0
	2010	수원	4	3	0	0	11	1	0
	합계		142	48	6	5	347	34	1
프로통산			142	48	6	5	347	34	1

이동우(李東雨) 동국대 1985.07.31

대회	연도	소속	출전	교체	득점	도움	파울	경고	퇴장
K2	2013	충주	11	1	0	0	10	3	0
	합계		11	1	0	0	10	3	0
프로통산			11	1	0	0	10	3	0

이동욱(李東昱) 연세대 1976.04.10

대회	연도	소속	출전	교체	득점	도움	파울	경고	퇴장
BC	2001	수원	3	3	0	0	1	0	0
	2002	수원	1	1	0	0	0	0	0
	합계		4	4	0	0	1	0	0
프로통산			4	4	0	0	1	0	0

이동원(李東遠) 숭실대 1983.11.07

대회	연도	소속	출전	교체	득점	도움	파울	경고	퇴장
BC	2005	전남	10	3	0	2	18	0	0
	2006	전남	24	9	2	0	45	3	0
	2007	인천	30	13	1	1	60	4	0
	2008	대전	28	2	3	0	55	6	0
	2009	울산	27	7	1	0	53	6	0
	2010	울산	4	1	0	0	7	1	0
	2011	울산	0	0	0	0	0	0	0
	2011	부산	6	1	0	0	7	2	0
	합계		129	36	7	3	245	22	0
프로통산			129	36	7	3	245	22	0

이동일(李東日) 성균관대 1995.08.01

대회	연도	소속	출전	교체	득점	도움	파울	경고	퇴장
K2	2016	부산	1	1	0	0	0	0	0
	2017	부산	0	0	0	0	0	0	0
	합계		1	1	0	0	0	0	0

대회	연도	소속	출전	교체	득점	도움	파울	경고	퇴장
프로통산			1	1	0	0	0	0	0

이동재(李動在) 문성고 1996.07.20

대회	연도	소속	출전	교체	득점	도움	파울	경고	퇴장
K2	2015	강원	1	1	0	0	1	0	0
	합계		1	1	0	0	1	0	0
프로통산			1	1	0	0	1	0	0

이동준(李東俊) 숭실대 1997.02.01

대회	연도	소속	출전	교체	득점	도움	파울	경고	퇴장
K2	2017	부산	8	7	2	0	5	2	0
	2018	부산	23	23	4	1	14	1	0
	2019	부산	37	15	13	7	40	1	0
	합계		68	45	19	8	59	4	0
승	2017	부산	2	2	0	0	4	1	0
	2018	부산	2	2	0	0	0	0	0
	2019	부산	2	1	0	0	3	0	0
	합계		6	5	0	0	7	1	0
프로통산			74	50	19	8	66	5	0

이동하(李東夏) 조선대 1995.09.30

대회	연도	소속	출전	교체	득점	도움	파울	경고	퇴장
K2	2018	광주	0	0	0	0	0	0	0
	합계		0	0	0	0	0	0	0
프로통산			0	0	0	0	0	0	0

이동현(李東炫) 경희대 1989.11.19

대회	연도	소속	출전	교체	득점	도움	파울	경고	퇴장
BC	2010	강원	5	5	0	0	1	1	0
	합계		5	5	0	0	1	1	0
K1	2013	대전	27	23	3	3	33	3	0
	합계		27	23	3	3	33	3	0
K2	2014	대전	2	1	0	0	2	0	0
	2015	안양	12	12	1	0	10	1	0
	합계		14	13	1	0	12	1	0
프로통산			46	41	4	3	46	5	0

이동희(李東熙) 한양대 1996.07.03

대회	연도	소속	출전	교체	득점	도움	파울	경고	퇴장
K1	2018	제주	12	8	0	0	12	1	0
	2019	제주	10	3	0	0	11	2	1
	합계		22	11	0	0	23	3	1
프로통산			22	11	0	0	23	3	1

이따마르(Itamar Batista da Silva) 브라질 1980.04.12

대회	연도	소속	출전	교체	득점	도움	파울	경고	퇴장
BC	2003	전남	34	6	23	5	67	9	1
	2004	전남	31	10	11	3	64	9	0
	2005	포항	16	10	4	2	30	3	0
	2005	수원	10	1	4	0	23	2	0
	2006	수원	17	9	4	0	33	4	0
	2006	성남일	14	8	3	2	26	3	0
	2007	성남일	20	15	5	2	37	3	0
	합계		142	59	54	14	280	33	1
프로통산			142	59	54	14	280	33	1

이래준(李萊俊) 동래고 1997.03.19

대회	연도	소속	출전	교체	득점	도움	파울	경고	퇴장
K1	2016	포항	0	0	0	0	0	0	0
	2017	포항	4	4	0	0	4	1	0
	2018	포항	3	3	0	1	2	0	0
	합계		7	7	0	1	6	1	0
프로통산			7	7	0	1	6	1	0

이레마(Oleg Eremin) 러시아 1967.10.28

대회	연도	소속	출전	교체	득점	도움	파울	경고	퇴장
BC	1997	포항	4	3	0	0	11	1	0
	합계		4	3	0	0	11	1	0
프로통산			4	3	0	0	11	1	0

이리네(Irineu Ricardo) 브라질 1977.07.12

대회	연도	소속	출전	교체	득점	도움	파울	경고	퇴장
BC	2001	성남일	15	3	3	0	55	2	0
	2002	성남일	20	13	8	4	43	3	0
	2003	성남일	38	22	9	5	90	3	0
	2004	성남일	16	9	5	1	28	2	0
	2004	부천SK	15	2	4	0	45	2	0
	2005	부천SK	9	1	4	1	26	1	0
	2006	제주	19	10	6	0	25	0	0
	2007	제주	31	16	6	1	59	9	0
	합계		163	76	45	12	371	22	0
프로통산			163	76	45	12	371	22	0

이명건(李明建) 동의대 1994.07.27

대회	연도	소속	출전	교체	득점	도움	파울	경고	퇴장
K1	2017	포항	1	1	0	0	0	0	0
	합계		1	1	0	0	0	0	0
프로통산			1	1	0	0	0	0	0

이명열(李明烈) 인천대 1968.06.25

대회	연도	소속	출전	교체	실점	도움	파울	경고	퇴장
BC	1991	포철	1	0	2	0	0	0	0
	1992	포철	6	0	4	0	0	1	0
	1993	포철	26	0	22	0	0	1	0
	1994	포철	35	0	42	0	1	0	0
	1995	포항	2	0	4	0	0	1	0
	1996	포항	25	2	24	0	2	1	0
	1999	포항	5	0	10	0	0	0	0
	합계		100	2	108	0	3	4	0
프로통산			100	2	108	0	3	4	0

이명재(李明載) 홍익대 1993.11.04

대회	연도	소속	출전	교체	득점	도움	파울	경고	퇴장
K1	2014	울산	2	2	0	0	2	0	0
	2015	울산	19	10	0	3	23	2	0
	2016	울산	5	3	0	1	6	0	0
	2017	울산	32	1	1	4	26	2	0
	2018	울산	32	2	0	5	25	3	0
	2019	울산	24	2	0	3	19	0	0
	합계		114	20	1	16	101	7	0
프로통산			114	20	1	16	101	7	0

이명주(李明周) 영남대 1990.04.24

대회	연도	소속	출전	교체	득점	도움	파울	경고	퇴장
BC	2012	포항	35	12	5	6	71	4	0
	합계		35	12	5	6	71	4	0
K1	2013	포항	34	4	7	4	61	7	0
	2014	포항	11	2	5	9	19	3	0
	2017	서울	13	5	2	1	21	0	0
	2019	서울	10	4	1	1	19	3	0
	합계		68	15	15	15	120	13	0
K2	2018	아산	30	8	5	5	64	5	0
	2019	아산	19	5	2	1	26	5	0
	합계		49	13	7	6	90	10	0
프로통산			152	40	27	27	281	27	0

이명철(李明哲) 인제대 1989.05.29

대회	연도	소속	출전	교체	득점	도움	파울	경고	퇴장
BC	2011	대전	2	1	0	0	4	0	0
	합계		2	1	0	0	4	0	0
프로통산			2	1	0	0	4	0	0

이무형(李武炯) 배재대 1980.11.08

대회	연도	소속	출전	교체	득점	도움	파울	경고	퇴장
BC	2003	대전	2	2	0	0	1	0	0
	2004	대전	10	6	0	0	13	1	0
	합계		12	8	0	0	14	1	0
프로통산			12	8	0	0	14	1	0

이문석(李文奭) 인천대 1970.03.06

대회	연도	소속	출전	교체	득점	도움	파울	경고	퇴장
BC	1993	현대	3	3	0	0	1	0	0
	1994	현대	10	8	0	0	4	0	0
	1995	현대	12	12	0	1	4	0	0
	1996	울산	31	8	0	0	24	2	1
	1997	울산	22	6	0	1	15	2	1
	1998	울산	42	13	2	1	72	2	0
	1999	울산	31	17	0	1	41	6	0
	2000	부산	0	0	0	0	0	0	0
	합계		151	67	2	4	161	12	2
프로통산			151	67	2	4	161	12	2

이문선(李文善) 단국대 1983.01.21

대회	연도	소속	출전	교체	득점	도움	파울	경고	퇴장
BC	2005	대구	7	3	0	0	5	2	0
	2006	대구	12	6	0	1	19	1	0
	합계		19	9	0	1	24	3	0
프로통산			19	9	0	1	24	3	0

이문영(李文榮) 서울시립대 1965.05.05

대회	연도	소속	출전	교체	실점	도움	파울	경고	퇴장
BC	1987	유공	30	1	35	0	0	2	0
	1988	유공	24	0	24	0	0	1	0
	1989	유공	17	0	18	0	0	1	0
	1990	유공	8	0	12	0	0	2	0
	1991	유공	28	0	31	0	0	1	0
	1992	유공	27	0	31	0	1	0	0
	합계		134	1	151	0	1	7	0
프로통산			134	1	151	0	1	7	0

이민규(李敏圭) 홍익대 1989.01.06

대회	연도	소속	출전	교체	득점	도움	파울	경고	퇴장
BC	2011	강원	14	2	0	0	13	2	0
	2012	강원	9	5	0	0	2	2	0
	합계		23	7	0	0	15	4	0
K2	2013	충주	16	0	0	1	26	4	1
	2014	충주	11	4	0	0	12	2	0
	합계		27	4	0	1	38	6	1
프로통산			50	11	0	1	53	10	1

이민규(李敏圭) 용인대 1996.02.09

대회	연도	소속	출전	교체	득점	도움	파울	경고	퇴장
K2	2019	서울E	2	1	0	0	3	0	0
	합계		2	1	0	0	3	0	0
프로통산			2	1	0	0	3	0	0

이민규(李敏圭) 고려대 1992.04.24

대회	연도	소속	출전	교체	득점	도움	파울	경고	퇴장
K2	2019	안산	0	0	0	0	0	0	0
	합계		0	0	0	0	0	0	0
프로통산			0	0	0	0	0	0	0

이민기(李旼氣) 전주대 1993.05.19

대회	연도	소속	출전	교체	득점	도움	파울	경고	퇴장
K1	2016	광주	9	6	1	0	8	1	0
	2017	광주	28	3	0	2	49	7	0
	2018	상주	6	0	0	0	9	2	0
	2019	상주	11	4	0	1	11	0	0
	합계		54	13	1	3	77	10	0
K2	2018	광주	11	2	0	0	10	2	0
	합계		11	2	0	0	10	2	0
프로통산			65	15	1	3	87	12	0

이민선(李珉善) 선문대 1983.10.21

대회	연도	소속	출전	교체	득점	도움	파울	경고	퇴장
BC	2004	대구	4	4	0	0	2	1	0
	2006	대전	0	0	0	0	0	0	0
	합계		4	4	0	0	2	1	0
프로통산			4	4	0	0	2	1	0

이민섭(李珉攝) 동아대 1990.08.24

대회	연도	소속	출전	교체	득점	도움	파울	경고	퇴장
K1	2013	대구	0	0	0	0	0	0	0
	합계		0	0	0	0	0	0	0
프로통산			0	0	0	0	0	0	0

이민성(李敏成) 아주대 1973.06.23

대회	연도	소속	출전	교체	득점	도움	파울	경고	퇴장
BC	1996	부산	29	3	3	0	64	8	0
	1997	부산	12	2	0	1	30	3	0
	1998	부산	10	7	1	0	13	3	0
	2001	부산	22	2	1	0	19	3	0
	2002	부산	22	13	1	0	20	4	0
	2003	포항	39	7	1	1	53	11	0
	2004	포항	26	4	2	2	34	1	1

대회	연도	소속	출전	교체	득점	도움	파울	경고	퇴장
	2005	서울	32	6	0	0	45	8	0
	2006	서울	34	3	0	1	27	4	0
	2007	서울	7	2	0	1	11	1	0
	2008	서울	14	5	0	0	19	2	0
	합계		247	54	9	6	335	48	1
프로통산			247	54	9	6	335	48	1

이민수(李泯洙) 한남대 1992.01.11

대회	연도	소속	출전	교체	득점	도움	파울	경고	퇴장
K1	2018	강원	1	1	0	0	2	0	0
	합계		1	1	0	0	2	0	0
프로통산			1	1	0	0	2	0	0

이민우(李珉雨) 광주대 1991.12.01

대회	연도	소속	출전	교체	득점	도움	파울	경고	퇴장
K1	2014	성남	15	15	0	0	6	0	0
	합계		15	15	0	0	6	0	0
K2	2015	부천	17	16	2	0	16	1	0
	2017	안산	24	20	0	1	20	1	0
	2018	안산	2	2	0	0	1	0	0
	합계		43	38	2	1	37	2	0
프로통산			58	53	2	1	43	2	0

이바노프(Dimitar Vladev Ivanov) 불가리아 1970.10.07

대회	연도	소속	출전	교체	득점	도움	파울	경고	퇴장
BC	1998	부천SK	12	13	2	1	13	0	0
	합계		12	13	2	1	13	0	0
프로통산			12	13	2	1	13	0	0

이반(Herceg Ivan) 크로아티아 1990.02.10

대회	연도	소속	출전	교체	득점	도움	파울	경고	퇴장
K1	2018	경남	0	0	0	0	0	0	0
	합계		0	0	0	0	0	0	0
K2	2016	경남	22	7	0	1	23	5	0
	2017	경남	30	1	1	0	14	6	0
	2018	서울E	10	4	0	0	6	1	0
	합계		62	12	1	1	43	12	0
프로통산			62	12	1	1	43	12	0

이반(Ivan Perić) 세르비아 1982.05.05

대회	연도	소속	출전	교체	득점	도움	파울	경고	퇴장
BC	2007	제주	7	6	0	0	22	2	0
	합계		7	6	0	0	22	2	0
프로통산			7	6	0	0	22	2	0

이반(Testemitanu Ivan) 몰도바 1974.04.27

대회	연도	소속	출전	교체	득점	도움	파울	경고	퇴장
BC	2001	성남일	30	7	2	2	42	5	0
	2004	성남일	27	9	1	0	41	3	0
	합계		57	16	3	2	83	8	0
프로통산			57	16	3	2	83	8	0

이반(Ivan Ricardo Alves de Oliveira) 브라질 1974.10.27

대회	연도	소속	출전	교체	득점	도움	파울	경고	퇴장
BC	2001	전남	15	9	4	1	10	0	0
	2002	전남	27	21	0	1	22	1	0
	합계		42	30	4	2	32	1	0
프로통산			42	30	4	2	32	1	0

이반코비치(Mario Ivanković) 크로아티아 1975.02.08

대회	연도	소속	출전	교체	득점	도움	파울	경고	퇴장
BC	2001	수원	3	3	0	0	2	0	0
	2002	수원	2	2	0	0	0	0	0
	합계		5	5	0	0	2	0	0
프로통산			5	5	0	0	2	0	0

이범수(李範守) 경희대 1990.12.10

대회	연도	소속	출전	교체	실점	도움	파울	경고	퇴장
BC	2010	전북	1	0	3	0	0	0	0
	2011	전북	2	0	4	0	0	0	0
	2012	전북	0	0	0	0	0	0	0
	합계		3	0	7	0	0	0	0
K1	2013	전북	0	0	0	0	0	0	0
	2014	전북	0	0	0	0	0	0	0
	2018	경남	13	0	19	0	0	0	0
	2019	경남	25	0	35	0	0	2	0
	합계		38	0	54	0	0	2	0
K2	2015	서울E	2	0	4	0	0	0	0
	2016	대전	13	0	18	0	1	1	0
	2017	경남	21	0	18	0	0	1	0
	합계		36	0	40	0	1	2	0
승	2019	경남	2	0	2	0	0	0	0
	합계		2	0	2	0	0	0	0
프로통산			79	0	103	0	1	4	0

이범수(李範洙) 울산대 1978.01.27

대회	연도	소속	출전	교체	득점	도움	파울	경고	퇴장
BC	2000	울산	6	6	0	1	7	0	0
	2001	울산	2	2	0	0	2	0	0
	합계		8	8	0	1	9	0	0
프로통산			8	8	0	1	9	0	0

이범영(李範永) 신갈고 1989.04.02

대회	연도	소속	출전	교체	실점	도움	파울	경고	퇴장
BC	2008	부산	16	0	25	0	0	1	0
	2009	부산	6	1	7	0	0	0	0
	2010	부산	6	0	8	0	0	0	0
	2011	부산	18	0	29	0	0	1	0
	2012	부산	12	0	17	0	0	0	0
	합계		58	1	86	0	0	2	0
K1	2013	부산	31	0	33	0	1	1	0
	2014	부산	31	0	38	0	0	3	0
	2015	부산	27	0	37	1	0	2	0
	2017	강원	36	0	58	0	0	1	0
	2018	강원	30	2	42	0	0	1	0
	합계		155	2	208	1	1	8	0
승	2015	부산	2	0	3	0	0	0	0
	합계		2	0	3	0	0	0	0
프로통산			215	3	297	1	1	10	0

이병근(李昞根) 한양대 1973.04.28

대회	연도	소속	출전	교체	득점	도움	파울	경고	퇴장
BC	1996	수원	30	10	0	1	57	7	1
	1997	수원	33	14	2	1	43	4	0
	1998	수원	29	13	1	1	47	5	0
	1999	수원	39	21	2	2	57	2	0
	2000	수원	25	3	0	1	40	1	0
	2001	수원	31	5	0	0	55	5	0
	2002	수원	36	8	0	2	39	2	0
	2003	수원	38	2	2	5	81	4	0
	2004	수원	16	9	0	0	24	3	0
	2005	수원	28	15	0	1	38	3	0
	2006	수원	4	3	0	0	4	0	0
	2006	대구	10	3	2	1	23	3	0
	2007	대구	5	2	1	0	7	0	0
	합계		324	108	10	15	515	39	1
프로통산			324	108	10	15	515	39	1

이병기(李丙基) 고려대 1963.02.22

대회	연도	소속	출전	교체	득점	도움	파울	경고	퇴장
BC	1986	대우	11	11	0	1	2	0	0
	1988	대우	8	7	0	0	14	0	0
	합계		19	18	0	1	16	0	0
프로통산			19	18	0	1	16	0	0

이병욱(李秉煜) 영남대 1996.11.14

대회	연도	소속	출전	교체	득점	도움	파울	경고	퇴장
K2	2018	서울E	1	1	0	0	3	1	0
	2019	서울E	11	6	0	0	7	0	1
	합계		12	7	0	0	10	1	1
프로통산			12	7	0	0	10	1	1

이병윤(李炳允) 부경대 1986.04.26

대회	연도	소속	출전	교체	득점	도움	파울	경고	퇴장
BC	2011	전남	7	6	1	0	8	1	0
	합계		7	6	1	0	8	1	0
프로통산			7	6	1	0	8	1	0

이보(Olivio da Rosa) 브라질 1986.10.02

대회	연도	소속	출전	교체	득점	도움	파울	경고	퇴장
K1	2014	인천	33	12	7	6	39	2	0
	합계		33	12	7	6	39	2	0
BC	2012	인천	27	16	4	6	26	2	0
	합계		27	16	4	6	26	2	0
프로통산			60	28	11	12	65	4	0

이봉준(李奉埈) 삼일고 1992.04.11

대회	연도	소속	출전	교체	득점	도움	파울	경고	퇴장
BC	2012	강원	1	1	0	0	0	0	0
	합계		1	1	0	0	0	0	0
프로통산			1	1	0	0	0	0	0

이부열(李富烈) 마산공고 1958.10.16

대회	연도	소속	출전	교체	득점	도움	파울	경고	퇴장
BC	1983	국민은	15	3	1	1	9	2	0
	1984	국민은	28	3	3	3	12	0	0
	1985	럭금	19	6	1	0	20	0	0
	1986	럭금	30	5	1	0	20	1	0
	1987	럭금	10	4	0	0	4	1	0
	1988	럭금	7	4	0	0	4	0	0
	합계		109	25	6	4	69	4	0
프로통산			109	25	6	4	69	4	0

이비니(Bernie Alpha Ibini-Isei) 오스트레일리아 1992.09.12

대회	연도	소속	출전	교체	득점	도움	파울	경고	퇴장
K1	2019	전북	13	11	1	1	7	0	0
	합계		13	11	1	1	7	0	0
프로통산			13	11	1	1	7	0	0

이삭(Victor Issac Acosta) 아르헨티나 1986.12.04

대회	연도	소속	출전	교체	득점	도움	파울	경고	퇴장
BC	2010	대구	3	3	0	0	7	0	0
	합계		3	3	0	0	7	0	0
프로통산			3	3	0	0	7	0	0

이상규(李相奎) 광운대 1977.09.05

대회	연도	소속	출전	교체	득점	도움	파울	경고	퇴장
BC	2000	대전	6	6	0	0	1	0	0
	2001	대전	11	7	0	0	11	1	0
	2002	대전	2	1	0	0	1	0	0
	합계		19	14	0	0	13	1	0
프로통산			19	14	0	0	13	1	0

이상기(李相基) 성균관대 1987.03.08

대회	연도	소속	출전	교체	실점	도움	파울	경고	퇴장
BC	2011	상주	4	1	7	0	0	0	0
	2012	상주	6	1	10	0	0	1	0
	합계		10	2	17	0	0	1	0
K1	2013	수원	1	0	0	0	0	0	0
	합계		1	0	0	0	0	0	0
K2	2013	상주	0	0	0	0	0	0	0
	2014	수원FC	19	1	28	0	0	2	0
	2015	수원FC	1	0	2	0	0	0	0
	2015	강원	12	3	15	0	0	1	0
	2016	서울E	1	0	3	0	0	0	0
	2017	서울E	0	0	0	0	0	0	0
	합계		33	4	48	0	0	3	0
프로통산			44	6	65	0	0	4	0

이상기(李相基) 영남대 1996.05.07

대회	연도	소속	출전	교체	득점	도움	파울	경고	퇴장
K1	2017	포항	28	28	2	3	14	3	0
	2018	포항	28	12	1	1	25	7	0
	2019	포항	16	5	0	0	22	3	1
	합계		72	45	3	4	61	13	1
프로통산			72	45	3	4	61	13	1

이상기(李相紀) 관동대(가톨릭관동대) 1970.03.20

대회	연도	소속	출전	교체	득점	도움	파울	경고	퇴장
BC	1992	포철	8	7	0	0	10	0	0
	합계		8	7	0	0	10	0	0

대회	연도	소속	출전	교체	득점	도움	파울	경고	퇴장
프로통산			8	7	0	0	10	0	0

이상덕(李相德) 동아대 1986.11.05

대회	연도	소속	출전	교체	득점	도움	파울	경고	퇴장
BC	2009	대구	7	3	3	0	2	0	0
	2010	대구	26	6	1	1	31	3	0
	2011	대구	16	1	1	0	18	3	0
	합계		49	10	5	1	51	6	0
프로통산			49	10	5	1	51	6	0

이상돈(李相燉) 울산대 1985.08.12

대회	연도	소속	출전	교체	득점	도움	파울	경고	퇴장
BC	2008	울산	8	5	0	0	15	1	0
	2009	울산	8	7	0	1	11	2	0
	2010	수원	5	2	1	0	2	2	0
	2010	강원	16	1	0	1	12	1	0
	2011	강원	23	1	0	2	24	2	0
	2012	강원	11	4	0	0	8	1	0
	합계		71	20	1	4	72	9	0
K2	2015	고양	32	1	1	0	18	3	0
	2016	고양	38	7	0	1	24	2	0
	합계		70	8	1	1	42	5	0
프로통산			141	28	2	5	114	14	0

이상래(李相來) 중앙고 1961.07.12

대회	연도	소속	출전	교체	득점	도움	파울	경고	퇴장
BC	1984	럭금	15	15	0	0	9	1	0
	1985	럭금	21	6	7	5	17	0	0
	1986	럭금	35	11	7	6	39	1	0
	1987	럭금	19	8	0	1	24	0	0
	1988	유공	15	8	0	0	24	3	0
	합계		105	48	14	12	113	5	0
프로통산			105	48	14	12	113	5	0

이상민(李尙旻) 고려대 1995.05.02

대회	연도	소속	출전	교체	득점	도움	파울	경고	퇴장
K1	2017	수원	3	3	0	0	1	0	0
	2019	수원	1	0	0	0	5	2	0
	합계		4	3	0	0	6	2	0
K2	2018	수원FC	12	6	0	0	13	2	0
	합계		12	6	0	0	13	2	0
프로통산			16	9	0	0	19	4	0

이상민(李相珉) 숭실대 1998.01.01

대회	연도	소속	출전	교체	득점	도움	파울	경고	퇴장
K1	2018	울산	0	0	0	0	0	0	0
	합계		0	0	0	0	0	0	0
프로통산			0	0	0	0	0	0	0

이상민(李相敏) 묵호중 1986.09.14

대회	연도	소속	출전	교체	득점	도움	파울	경고	퇴장
BC	2008	경남	7	6	0	0	11	1	0
	합계		7	6	0	0	11	1	0
프로통산			7	6	0	0	11	1	0

이상석(李相錫) 고려대 1985.01.06

대회	연도	소속	출전	교체	득점	도움	파울	경고	퇴장
BC	2007	대구	1	1	0	0	1	0	0
	합계		1	1	0	0	1	0	0
프로통산			1	1	0	0	1	0	0

이상용(李相龍) 전주대 1994.03.19

대회	연도	소속	출전	교체	득점	도움	파울	경고	퇴장
K2	2017	안양	24	1	1	1	30	7	0
	2018	안양	13	1	2	0	15	1	0
	2019	안양	12	4	0	0	11	4	0
	합계		49	6	3	1	56	12	0
프로통산			49	6	3	1	56	12	0

이상용(李相龍) 고려대 1961.01.25

대회	연도	소속	출전	교체	득점	도움	파울	경고	퇴장
BC	1984	유공	11	5	2	0	8	0	0
	1985	유공	7	6	0	0	4	1	0
	1987	유공	5	5	0	0	4	0	0
	합계		23	16	2	0	16	1	0
프로통산			23	16	2	0	16	1	0

이상용(李相龍) 조선대 1963.04.29

대회	연도	소속	출전	교체	득점	도움	파울	경고	퇴장
BC	1985	럭금	5	5	0	0	4	0	0
	1986	럭금	5	6	0	0	4	0	0
	1987	유공	1	1	0	0	0	0	0
	합계		11	12	0	0	8	0	0
프로통산			11	12	0	0	8	0	0

이상용(李相容) 연세대 1986.01.09

대회	연도	소속	출전	교체	득점	도움	파울	경고	퇴장
BC	2008	전남	1	1	0	0	0	0	0
	합계		1	1	0	0	0	0	0
프로통산			1	1	0	0	0	0	0

이상우(李相雨) 홍익대 1985.04.10

대회	연도	소속	출전	교체	득점	도움	파울	경고	퇴장
BC	2008	서울	3	3	0	0	2	1	0
	합계		3	3	0	0	2	1	0
K2	2013	안양	18	2	2	1	16	3	0
	2016	안양	20	5	1	3	16	5	0
	합계		38	7	3	4	32	8	0
프로통산			41	10	3	4	34	9	0

이상우(李相禹) 한양대 1976.08.01

대회	연도	소속	출전	교체	득점	도움	파울	경고	퇴장
BC	1999	안양LG	0	0	0	0	0	0	0
	합계		0	0	0	0	0	0	0
프로통산			0	0	0	0	0	0	0

이상욱(李相旭) 호남대 1990.03.09

대회	연도	소속	출전	교체	실점	도움	파울	경고	퇴장
K1	2014	수원	0	0	0	0	0	0	0
	2015	수원	0	0	0	0	0	0	0
	2016	수원	0	0	0	0	0	0	0
	합계		0	0	0	0	0	0	0
K2	2017	수원FC	24	0	33	0	0	0	0
	2018	수원FC	5	0	14	0	0	0	0
	합계		29	0	47	0	0	0	0
프로통산			29	0	47	0	0	0	0

이상욱(李商旭) 연세대 1973.05.27

대회	연도	소속	출전	교체	득점	도움	파울	경고	퇴장
BC	1999	수원	5	5	0	0	3	0	0
	합계		5	5	0	0	3	0	0
프로통산			5	5	0	0	3	0	0

이상원(李相元) 아주대 1991.04.24

대회	연도	소속	출전	교체	득점	도움	파울	경고	퇴장
K2	2014	안양	2	2	0	0	2	1	0
	합계		2	2	0	0	2	1	0
프로통산			2	2	0	0	2	1	0

이상윤(李相潤) 건국대 1969.04.10

대회	연도	소속	출전	교체	득점	도움	파울	경고	퇴장
BC	1990	일화	14	7	4	1	16	1	0
	1991	일화	35	15	15	5	41	4	0
	1992	일화	35	22	12	2	35	3	0
	1993	일화	32	15	7	6	34	3	0
	1994	일화	31	15	6	5	29	2	0
	1995	일화	24	16	1	5	39	2	0
	1996	천안일	25	16	5	7	28	1	0
	1997	천안일	12	0	1	0	19	2	0
	1998	천안일	13	1	3	0	36	3	1
	1999	천안일	16	5	3	2	17	2	0
	2000	성남일	36	14	13	6	44	4	0
	2001	부천SK	20	20	1	4	17	0	0
	합계		293	146	71	43	355	27	1
프로통산			293	146	71	43	355	27	1

이상일(李相一) 중앙대 1979.05.25

대회	연도	소속	출전	교체	득점	도움	파울	경고	퇴장
BC	2003	대구	28	7	2	1	43	2	0
	2004	대구	17	4	1	3	18	2	0
	2005	대구	14	14	1	0	10	1	0
	2006	대구	32	14	1	4	49	5	0
	2007	전남	16	6	0	1	16	2	0
	2008	전남	18	7	1	0	22	3	0
	합계		125	52	6	9	158	15	0
프로통산			125	52	6	9	158	15	0

이상준(李常俊) 개성고 1999.10.14

대회	연도	소속	출전	교체	득점	도움	파울	경고	퇴장
K2	2018	부산	1	1	0	0	0	0	0
	2019	부산	4	0	1	1	3	0	0
	합계		5	1	1	1	3	0	0
프로통산			5	1	1	1	3	0	0

이상철(李相哲) 고려대 1958.08.04

대회	연도	소속	출전	교체	득점	도움	파울	경고	퇴장
BC	1984	현대	12	9	2	2	4	0	0
	1985	현대	15	7	5	0	12	0	0
	1986	현대	28	16	7	3	28	2	0
	1987	현대	28	13	8	1	16	2	0
	합계		83	45	22	6	60	4	0
프로통산			83	45	22	6	60	4	0

이상태(李相泰) 대구대 1977.10.25

대회	연도	소속	출전	교체	득점	도움	파울	경고	퇴장
BC	2000	수원	4	3	0	0	4	2	0
	2004	수원	10	5	0	0	22	3	0
	2005	수원	1	1	0	0	0	0	0
	2006	수원	5	4	0	0	9	0	0
	2006	경남	5	4	0	0	7	2	0
	합계		25	17	0	0	42	7	0
프로통산			25	17	0	0	42	7	0

이상헌(李尙憲) 현대고 1998.02.26

대회	연도	소속	출전	교체	득점	도움	파울	경고	퇴장
K1	2017	울산	0	0	0	0	0	0	0
	2018	울산	2	2	0	0	2	0	0
	2018	전남	21	19	5	2	15	4	0
	2019	울산	5	5	1	0	6	0	0
	합계		28	26	6	2	23	4	0
프로통산			28	26	6	2	23	4	0

이상헌(李相憲) 동국대 1975.10.11

대회	연도	소속	출전	교체	득점	도움	파울	경고	퇴장
BC	1998	안양LG	3	3	0	0	3	0	0
	1999	안양LG	19	4	0	0	34	6	0
	2000	안양LG	31	8	2	0	58	6	0
	2001	안양LG	1	1	0	0	3	1	0
	2002	안양LG	1	1	0	0	1	1	0
	2003	안양LG	20	5	1	1	46	4	0
	2004	인천	20	8	1	0	35	3	0
	2005	인천	8	6	1	0	6	1	0
	2006	인천	11	2	1	0	21	1	1
	합계		114	38	6	1	207	23	1
프로통산			114	38	6	1	207	23	1

이상현(李相賢) 진주고 1996.03.13

대회	연도	소속	출전	교체	득점	도움	파울	경고	퇴장
K2	2015	경남	12	9	1	0	7	0	0
	2016	경남	0	0	0	0	0	0	0
	2017	경남	1	1	0	0	0	0	0
	합계		13	10	1	0	7	0	0
프로통산			13	10	1	0	7	0	0

이상협(李相協) 고려대 1990.01.01

대회	연도	소속	출전	교체	득점	도움	파울	경고	퇴장
K1	2013	서울	5	4	0	0	4	0	0
	2014	서울	21	19	1	0	16	2	0
	2015	서울	10	11	0	0	7	0	0
	2016	서울	3	3	0	0	3	0	0
	2017	인천	20	8	0	0	15	1	0
	2018	상주	5	4	0	0	4	1	0
	2019	상주	3	3	0	0	1	0	0
	합계		67	52	1	0	50	4	0
프로통산			67	52	1	0	50	4	0

이상협(李相俠) 동북고 1986.08.03

대회	연도	소속	출전	교체	득점	도움	파울	경고	퇴장
BC	2006	서울	2	1	1	0	8	0	0
	2007	서울	24	19	6	2	60	5	0
	2008	서울	17	16	3	1	19	3	0
	2009	서울	21	19	2	1	26	5	0
	2010	제주	17	14	6	1	29	4	0
	2011	제주	3	3	0	0	5	1	0
	2011	대전	7	7	1	0	6	1	1
	2012	상주	9	6	3	1	20	3	0
	합계		100	85	22	6	173	22	1
K1	2014	상주	1	1	0	0	1	1	0
	2014	전북	23	22	3	0	17	0	0
	2015	전북	8	8	0	0	4	2	0
	2015	성남	3	3	0	0	1	0	0
	합계		35	34	3	0	23	3	0
K2	2013	상주	29	25	15	3	34	3	0
	2016	경남	1	1	0	0	0	0	0
	합계		30	26	15	3	34	3	0
승	2013	상주	2	2	2	0	1	0	0
	합계		2	2	2	0	1	0	0
프로통산			167	147	42	9	231	28	1

이상호(李尙浩) 단국대 1981.11.18

대회	연도	소속	출전	교체	득점	도움	파울	경고	퇴장
BC	2004	부천SK	0	0	0	0	0	0	0
	2005	부천SK	27	1	0	1	44	4	0
	2006	제주	23	0	1	0	33	4	1
	2007	제주	30	1	0	0	33	8	0
	2008	제주	20	6	0	0	17	6	1
	2009	제주	30	10	0	0	39	6	1
	2010	제주	33	4	0	1	37	4	0
	2011	전남	9	2	0	0	7	0	0
	2012	전남	16	3	0	0	19	3	0
	합계		188	27	1	2	229	35	3
K1	2013	전남	3	1	0	0	1	0	0
	합계		3	1	0	0	1	0	0
프로통산			191	28	1	2	230	35	3

이상호(李相湖) 울산대 1987.05.09

대회	연도	소속	출전	교체	득점	도움	파울	경고	퇴장
BC	2006	울산	17	9	2	2	39	4	0
	2007	울산	22	14	4	1	49	3	0
	2008	울산	20	7	5	0	50	4	0
	2009	수원	20	10	1	1	32	1	0
	2010	수원	20	9	1	3	29	3	0
	2011	수원	29	13	6	3	51	5	0
	2012	수원	16	2	2	0	25	4	0
	합계		144	64	21	10	275	24	0
K1	2014	상주	17	5	5	2	18	2	0
	2014	수원	9	8	1	1	10	0	0
	2015	수원	30	17	5	2	30	3	0
	2016	수원	29	15	4	2	34	2	0
	2017	서울	28	14	3	1	27	1	0
	2018	서울	23	16	2	1	26	2	0
	합계		136	75	20	9	145	10	0
K2	2013	상주	21	10	3	4	36	1	0
	합계		21	10	3	4	36	1	0
승	2013	상주	2	2	1	1	2	0	0
	합계		2	2	1	1	2	0	0
프로통산			303	151	45	24	458	35	0

이상홍(李相洪) 연세대 1979.02.04

대회	연도	소속	출전	교체	득점	도움	파울	경고	퇴장
BC	2003	부천SK	11	4	0	1	33	3	0
	2004	부천SK	22	8	0	0	56	3	0
	2005	부천SK	6	1	0	1	12	1	0
	2006	제주	25	18	0	0	35	1	0
	2007	경남	31	1	0	0	57	3	0
	2008	경남	26	5	0	1	47	4	0
	2009	경남	24	3	0	0	51	4	0
	2010	전남	25	5	0	1	65	6	0
	2011	부산	11	3	0	0	9	3	0
	합계		181	48	0	4	365	28	0
프로통산			181	48	0	4	365	28	0

이상희(李祥喜) 홍익대 1988.05.18

대회	연도	소속	출전	교체	득점	도움	파울	경고	퇴장
BC	2011	대전	6	2	0	0	11	1	1
	합계		6	2	0	0	11	1	1
K1	2014	인천	0	0	0	0	0	0	0
	합계		0	0	0	0	0	0	0
프로통산			6	2	0	0	11	1	1

이석(李錫) 전주대 1979.02.01

대회	연도	소속	출전	교체	득점	도움	파울	경고	퇴장
BC	2001	전북	8	8	1	0	3	0	0
	2002	대전	11	10	0	0	9	0	0
	합계		19	18	1	0	12	0	0
프로통산			19	18	1	0	12	0	0

이석경(李錫景) 경희대 1969.01.19

대회	연도	소속	출전	교체	득점	도움	파울	경고	퇴장
BC	1991	유공	3	3	0	0	2	0	0
	1991	포철	4	4	0	0	2	0	0
	1992	유공	3	3	0	0	0	0	0
	1993	유공	5	5	0	0	5	0	0
	1994	유공	12	12	0	0	12	0	0
	1995	유공	15	6	2	0	19	5	0
	1996	부천유	7	6	1	2	6	2	0
	1997	부천SK	12	12	0	0	12	1	0
	1998	천안일	28	17	9	3	44	4	0
	1999	천안일	15	14	4	1	17	2	0
	2000	성남일	3	4	0	0	1	0	0
	합계		107	86	16	6	120	14	0
프로통산			107	86	16	6	120	14	0

이석종(李碩鐘) 광운대 1960.02.20

대회	연도	소속	출전	교체	득점	도움	파울	경고	퇴장
BC	1984	한일은	6	4	0	0	5	0	0
	합계		6	4	0	0	5	0	0
프로통산			6	4	0	0	5	0	0

이석현(李碩賢) 선문대 1990.06.13

대회	연도	소속	출전	교체	득점	도움	파울	경고	퇴장
K1	2013	인천	33	15	7	3	19	1	0
	2014	인천	25	21	1	1	6	0	0
	2015	서울	9	9	0	0	4	0	0
	2016	서울	20	14	2	0	13	1	0
	2017	서울	17	10	1	0	10	0	0
	2018	서울	3	3	0	0	1	0	0
	2018	포항	18	4	5	4	11	1	0
	2019	포항	16	15	2	0	9	0	0
	합계		141	91	18	8	73	3	0
프로통산			141	91	18	8	73	3	0

이선걸(李善傑) 가톨릭관동대 1997.08.06

대회	연도	소속	출전	교체	득점	도움	파울	경고	퇴장
K2	2019	안양	11	8	1	1	7	2	0
	합계		11	8	1	1	7	2	0
프로통산			11	8	1	1	7	2	0

이선우(李善雨) 일본 모모야마대 1978.04.01

대회	연도	소속	출전	교체	득점	도움	파울	경고	퇴장
BC	2002	수원	7	8	0	1	12	0	0
	2003	수원	3	3	0	0	3	0	0
	2006	수원	3	4	0	0	2	0	0
	합계		13	15	0	1	17	0	0
프로통산			13	15	0	1	17	0	0

이선재(李善宰) 대구대 1972.03.28

대회	연도	소속	출전	교체	득점	도움	파울	경고	퇴장
BC	1997	부산	1	0	0	0	2	0	0
	1999	부산	0	0	0	0	0	0	0
	합계		1	0	0	0	2	0	0
프로통산			1	0	0	0	2	0	0

이성길(李聖吉) 동아대 1958.04.20

대회	연도	소속	출전	교체	득점	도움	파울	경고	퇴장
BC	1983	국민은	9	5	0	0	4	0	0
	1985	상무	5	4	0	1	4	0	0
	합계		14	9	0	1	8	0	0
프로통산			14	9	0	1	8	0	0

이성덕(李成德) 동국대 1976.05.09

대회	연도	소속	출전	교체	득점	도움	파울	경고	퇴장
BC	1999	울산	4	5	0	0	1	1	0
	2000	울산	0	0	0	0	0	0	0
	합계		4	5	0	0	1	1	0
프로통산			4	5	0	0	1	1	0

이성민(李聖敏) 호남대 1986.05.16

대회	연도	소속	출전	교체	득점	도움	파울	경고	퇴장
BC	2009	강원	16	15	2	0	28	2	0
	2011	대구	1	1	0	0	2	1	0
	합계		17	16	2	0	30	3	0
프로통산			17	16	2	0	30	3	0

이성우(安成佑) 단국대 1992.07.11

대회	연도	소속	출전	교체	득점	도움	파울	경고	퇴장
K1	2015	인천	7	8	0	0	3	0	0
	합계		7	8	0	0	3	0	0
프로통산			7	8	0	0	3	0	0

이성운(李城芸) 경기대 1978.12.25

대회	연도	소속	출전	교체	득점	도움	파울	경고	퇴장
BC	2001	성남일	0	0	0	0	0	0	0
	2002	성남일	1	1	0	0	2	0	0
	2003	성남일	10	10	0	0	17	0	0
	2004	성남일	4	4	0	0	5	1	0
	2007	대전	24	14	0	2	51	4	0
	2008	대전	26	7	1	0	57	6	0
	2009	대전	16	10	1	0	25	1	0
	2011	부산	6	6	0	0	7	2	0
	2012	부산	9	7	0	0	10	1	0
	합계		96	59	2	2	174	15	0
K1	2013	부산	1	0	0	0	1	0	0
	합계		1	0	0	0	1	0	0
프로통산			97	59	2	2	175	15	0

이성윤(李聖允) 영생고 2000.10.31

대회	연도	소속	출전	교체	득점	도움	파울	경고	퇴장
K1	2019	전북	0	0	0	0	0	0	0
	합계		0	0	0	0	0	0	0
프로통산			0	0	0	0	0	0	0

이성재(李成宰) 고양고 1987.09.16

대회	연도	소속	출전	교체	득점	도움	파울	경고	퇴장
BC	2007	포항	0	0	0	0	0	0	0
	2008	포항	1	1	0	0	0	1	0
	2009	인천	1	1	0	0	1	0	0
	2010	포항	5	5	0	0	6	0	0
	2011	상주	12	12	2	0	17	3	0
	2012	상주	17	17	3	1	12	0	0
	합계		36	36	5	1	36	4	0
K2	2013	수원FC	6	6	0	0	7	1	0
	2014	고양	15	13	2	0	25	5	0
	합계		21	19	2	0	32	6	0
프로통산			57	55	7	1	68	10	0

이성재(李晟宰) 선문대 1995.05.07

대회	연도	소속	출전	교체	득점	도움	파울	경고	퇴장
K2	2017	성남	18	14	0	0	19	4	0
	합계		18	14	0	0	19	4	0
프로통산			18	14	0	0	19	4	0

이성재(李成宰) 고려대 1976.05.16

대회	연도	소속	출전	교체	득점	도움	파울	경고	퇴장
BC	1999	부천SK	32	32	9	2	41	1	0
	2000	부천SK	39	37	7	2	46	2	0
	2001	부천SK	9	8	1	0	8	0	0
	2002	부천SK	15	8	1	0	35	3	0

대회	연도	소속	출전	교체	득점	도움	파울	경고	퇴장
	2003	부천SK	20	17	1	0	15	0	0
	2004	부산	18	14	2	2	20	1	0
	2006	울산	6	4	0	0	7	0	0
	합계		139	120	21	6	172	7	0
프로통산			139	120	21	6	172	7	0

이성현(李聖賢) 연세대 1989.10.09

대회	연도	소속	출전	교체	득점	도움	파울	경고	퇴장
K1	2013	제주	3	1	0	0	4	0	0
	합계		3	1	0	0	4	0	0
프로통산			3	1	0	0	4	0	0

이성환(李星煥) 건국대 1984.05.28

대회	연도	소속	출전	교체	득점	도움	파울	경고	퇴장
BC	2007	대구	0	0	0	0	0	0	0
	합계		0	0	0	0	0	0	0
프로통산			0	0	0	0	0	0	0

이세인(李世仁) 한양대 1980.06.16

대회	연도	소속	출전	교체	득점	도움	파울	경고	퇴장
BC	2005	대전	3	2	0	0	4	0	0
	2006	대전	10	4	0	0	21	3	0
	2007	대전	8	3	0	0	14	4	0
	2008	부산	5	4	0	0	6	1	0
	2009	강원	10	2	1	0	4	0	0
	합계		36	15	1	0	49	8	0
프로통산			36	15	1	0	49	8	0

이세주(李世周) 주엽공고 1987.10.02

대회	연도	소속	출전	교체	득점	도움	파울	경고	퇴장
BC	2006	인천	1	1	0	0	0	0	0
	2007	인천	4	2	0	0	2	0	0
	2008	인천	3	1	0	0	2	1	0
	2009	인천	13	4	0	1	18	3	0
	2010	인천	15	8	1	0	10	2	0
	합계		36	16	1	1	32	6	0
프로통산			36	16	1	1	32	6	0

이세준(李世俊) 포철공고 1984.07.24

대회	연도	소속	출전	교체	득점	도움	파울	경고	퇴장
BC	2004	포항	5	5	0	1	3	0	0
	합계		5	5	0	1	3	0	0
프로통산			5	5	0	1	3	0	0

이세환(李世煥) 고려대 1986.04.21

대회	연도	소속	출전	교체	득점	도움	파울	경고	퇴장
K2	2013	고양	25	4	3	0	27	4	0
	2014	고양	25	3	1	0	28	5	0
	합계		50	7	4	0	55	9	0
BC	2008	울산	16	13	0	0	15	3	0
	2009	울산	7	3	0	1	10	1	0
	합계		23	16	0	1	25	4	0
프로통산			73	23	4	1	80	13	0

이수길(李秀吉) 경일대 1979.04.09

대회	연도	소속	출전	교체	득점	도움	파울	경고	퇴장
K2	2013	수원FC	9	6	0	0	9	1	0
	합계		9	6	0	0	9	1	0
프로통산			9	6	0	0	9	1	0

이수빈(李秀彬) 포철고 2000.05.07

대회	연도	소속	출전	교체	득점	도움	파울	경고	퇴장
K1	2019	포항	28	10	1	1	54	5	0
	합계		28	10	1	1	54	5	0
프로통산			28	10	1	1	54	5	0

이수철(李壽澈) 영남대 1966.05.20

대회	연도	소속	출전	교체	득점	도움	파울	경고	퇴장
BC	1989	현대	27	15	4	1	24	2	0
	1990	현대	3	3	0	0	1	0	0
	1991	현대	8	7	1	0	2	1	0
	1992	현대	7	8	2	0	1	0	0
	1993	현대	26	18	1	2	23	3	0
	1994	현대	13	3	1	1	14	1	0
	1995	현대	7	7	0	0	1	0	0
	합계		91	61	9	4	66	7	0
프로통산			91	61	9	4	66	7	0

이수철(李洙澈) 단국대 1979.05.26

대회	연도	소속	출전	교체	득점	도움	파울	경고	퇴장
BC	2002	전북	1	1	0	0	1	0	0
	합계		1	1	0	0	1	0	0
프로통산			1	1	0	0	1	0	0

이수환(李受奐) 포철공고 1984.03.03

대회	연도	소속	출전	교체	득점	도움	파울	경고	퇴장
BC	2004	포항	6	4	0	0	5	0	0
	2005	포항	1	1	0	0	0	0	0
	2006	포항	0	0	0	0	0	0	0
	2008	광주상	1	1	0	0	1	0	0
	합계		8	6	0	0	6	0	0
프로통산			8	6	0	0	6	0	0

이순민(李淳敏) 영남대 1994.05.22

대회	연도	소속	출전	교체	득점	도움	파울	경고	퇴장
K1	2017	광주	0	0	0	0	0	0	0
	합계		0	0	0	0	0	0	0
프로통산			0	0	0	0	0	0	0

이순석(李淳碩) 여의도고 1991.12.22

대회	연도	소속	출전	교체	득점	도움	파울	경고	퇴장
K2	2013	부천	6	4	0	0	12	2	0
	합계		6	4	0	0	12	2	0
프로통산			6	4	0	0	12	2	0

이순우(李淳雨) 건국대 1974.08.23

대회	연도	소속	출전	교체	득점	도움	파울	경고	퇴장
BC	1999	부천SK	0	0	0	0	0	0	0
	합계		0	0	0	0	0	0	0
프로통산			0	0	0	0	0	0	0

이순행(李順行) 국민대 1974.04.02

대회	연도	소속	출전	교체	득점	도움	파울	경고	퇴장
BC	2000	포항	6	6	0	0	7	0	0
	합계		6	6	0	0	7	0	0
프로통산			6	6	0	0	7	0	0

이스트반(Nyul Istvan) 헝가리 1961.02.25

대회	연도	소속	출전	교체	득점	도움	파울	경고	퇴장
BC	1990	럭금	6	4	2	0	10	0	0
	합계		6	4	2	0	10	0	0
프로통산			6	4	2	0	10	0	0

이슬기(李슬기) 동국대 1986.09.24

대회	연도	소속	출전	교체	득점	도움	파울	경고	퇴장
BC	2009	대구	29	1	3	7	50	4	0
	2010	대구	23	20	1	4	36	2	0
	2011	포항	5	3	0	0	12	2	0
	2012	대전	1	1	0	0	0	0	0
	합계		58	25	4	11	98	8	0
K1	2013	대전	4	2	0	0	7	1	0
	2015	인천	1	0	0	0	3	0	0
	합계		5	2	0	0	10	1	0
K2	2016	안양	2	2	0	0	2	1	0
	합계		2	2	0	0	2	1	0
프로통산			65	29	4	11	110	10	0

이슬찬(李슬찬) 광양제철고 1993.08.15

대회	연도	소속	출전	교체	득점	도움	파울	경고	퇴장
BC	2012	전남	4	4	0	0	6	0	0
	합계		4	4	0	0	6	0	0
K1	2013	전남	3	3	0	0	3	0	0
	2014	전남	1	1	0	0	1	0	0
	2015	전남	22	9	0	0	40	7	0
	2016	전남	14	8	0	1	14	3	0
	2017	전남	33	2	4	2	28	10	0
	2018	전남	28	4	0	2	18	4	1
	합계		101	27	4	5	104	24	1
K2	2019	전남	20	3	0	1	17	3	0
	합계		20	3	0	1	17	3	0
프로통산			125	34	4	6	127	27	1

이승규(李承圭) 선문대 1992.07.27

대회	연도	소속	출전	교체	실점	도움	파울	경고	퇴장
K1	2019	강원	0	0	0	0	0	0	0
	합계		0	0	0	0	0	0	0
K2	2015	고양	1	1	0	0	0	0	0
	2016	고양	3	0	8	0	0	0	0
	합계		4	1	8	0	0	0	0
프로통산			4	1	8	0	0	0	0

이승규(李承奎) 중앙대 1970.01.17

대회	연도	소속	출전	교체	득점	도움	파울	경고	퇴장
BC	1994	버팔로	35	0	0	1	29	3	0
	1995	전남	1	1	0	0	0	0	0
	합계		36	1	0	1	29	3	0
프로통산			36	1	0	1	29	3	0

이승근(李昇根) 한남대 1981.11.10

대회	연도	소속	출전	교체	득점	도움	파울	경고	퇴장
BC	2004	대구	22	10	0	0	26	4	0
	2005	대구	6	4	0	0	4	1	0
	합계		28	14	0	0	30	5	0
프로통산			28	14	0	0	30	5	0

이승기(李承琪) 울산대 1988.06.02

대회	연도	소속	출전	교체	득점	도움	파울	경고	퇴장
BC	2011	광주	27	4	8	2	33	0	0
	2012	광주	40	6	4	12	49	1	0
	합계		67	10	12	14	82	1	0
K1	2013	전북	21	5	5	3	19	2	0
	2014	전북	26	8	5	10	30	0	0
	2016	상주	15	10	1	1	12	1	0
	2016	전북	4	4	0	1	3	0	0
	2017	전북	31	22	9	3	26	2	0
	2018	전북	27	13	1	6	7	0	0
	2019	전북	25	13	4	5	15	1	0
	합계		149	75	25	29	112	6	0
K2	2015	상주	22	11	5	5	18	1	0
	합계		22	11	5	5	18	1	0
프로통산			238	96	42	48	212	8	0

이승렬(李昇烈) 신갈고 1989.03.06

대회	연도	소속	출전	교체	득점	도움	파울	경고	퇴장
BC	2008	서울	31	24	5	1	43	1	0
	2009	서울	26	20	7	1	33	6	0
	2010	서울	28	21	10	6	32	6	0
	2011	서울	19	20	1	0	22	2	0
	2012	울산	14	9	2	1	24	2	0
	합계		118	94	25	9	154	17	0
K1	2013	성남일	23	16	3	1	39	6	0
	2014	전북	9	9	0	1	13	2	0
	2015	전북	3	3	0	0	2	1	1
	2016	수원FC	4	3	0	0	8	3	0
	합계		39	31	3	2	62	12	1
프로통산			157	125	28	11	216	29	1

이승렬(李承烈) 한라대 1983.09.28

대회	연도	소속	출전	교체	득점	도움	파울	경고	퇴장
BC	2007	포항	1	1	0	0	0	0	0
	합계		1	1	0	0	0	0	0
프로통산			1	1	0	0	0	0	0

이승모(李勝模) 포철고 1998.03.30

대회	연도	소속	출전	교체	득점	도움	파울	경고	퇴장
K1	2017	포항	3	2	0	0	2	1	0
	2019	포항	2	2	0	0	4	0	0
	합계		5	4	0	0	6	1	0
K2	2018	광주	10	10	1	1	4	1	0
	합계		10	10	1	1	4	1	0
프로통산			15	14	1	1	10	2	0

이승목(李昇穆) 관동대(가톨릭관동대) 1984.07.18

대회	연도	소속	출전	교체	득점	도움	파울	경고	퇴장
BC	2007	제주	5	4	0	0	11	1	0
	2010	대전	0	0	0	0	0	0	0
	합계		5	4	0	0	11	1	0

프로통산			5	4	0	0	11	1	0

이승엽 진주고 2000.07.20

대회	연도	소속	출전	교체	득점	도움	파울	경고	퇴장
K1	2019	경남	1	1	0	0	1	0	0
	합계		1	1	0	0	1	0	0
프로통산			1	1	0	0	1	0	0

이승엽((李昇燁) 연세대 1975.10.12

대회	연도	소속	출전	교체	득점	도움	파울	경고	퇴장
BC	1998	포항	11	9	0	1	17	3	0
	1999	포항	25	9	0	1	36	2	0
	2000	포항	26	5	0	2	45	4	0
	2001	포항	29	9	1	0	53	4	0
	2002	포항	22	10	0	1	42	2	1
	2003	부천SK	2	2	0	0	1	0	0
	합계		115	44	1	5	194	15	1
프로통산			115	44	1	5	194	15	1

이승원(李昇元) 숭실대 1986.10.14

대회	연도	소속	출전	교체	득점	도움	파울	경고	퇴장
BC	2010	대전	2	1	0	0	3	0	0
	합계		2	1	0	0	3	0	0
프로통산			2	1	0	0	3	0	0

이승재 광운대 1971.11.02

대회	연도	소속	출전	교체	득점	도움	파울	경고	퇴장
BC	1999	전북	14	14	0	0	9	2	0
	합계		14	14	0	0	9	2	0
프로통산			14	14	0	0	9	2	0

이승준(李承俊) 성균관대 1972.09.01

대회	연도	소속	출전	교체	실점	도움	파울	경고	퇴장
BC	2000	대전	4	1	5	0	0	1	0
	2001	대전	2	0	4	0	0	0	0
	2002	대전	9	0	14	0	0	0	0
	2003	대전	8	1	12	0	0	0	0
	2004	대전	4	0	9	0	0	0	0
	2005	대전	4	1	5	0	0	0	0
	2006	부산	2	0	4	0	0	0	0
	합계		33	3	53	0	0	1	0
프로통산			33	3	53	0	0	1	0

이승태(李承泰) 연세대 1972.03.28

대회	연도	소속	출전	교체	실점	도움	파울	경고	퇴장
BC	1996	부산	9	0	19	0	0	0	0
	합계		9	0	19	0	0	0	0
프로통산			9	0	19	0	0	0	0

이승현(李昇鉉) 한양대 1985.07.25

대회	연도	소속	출전	교체	득점	도움	파울	경고	퇴장
BC	2006	부산	36	22	7	3	38	1	0
	2007	부산	18	15	0	0	16	0	0
	2008	부산	19	14	3	1	20	0	0
	2009	부산	33	20	5	1	42	1	0
	2010	부산	19	16	1	1	14	1	0
	2011	전북	29	21	7	3	27	1	0
	2012	전북	32	24	5	5	25	4	0
	합계		186	132	28	14	182	8	0
K1	2014	상주	17	14	2	2	18	1	0
	2014	전북	7	6	1	0	4	0	0
	2015	전북	10	10	0	0	11	0	0
	2016	수원FC	31	17	6	1	28	1	0
	합계		65	47	9	3	61	2	0
K2	2013	상주	26	22	4	0	17	1	0
	2017	수원FC	34	6	7	1	42	4	0
	2018	수원FC	32	19	0	1	24	1	0
	2019	수원FC	3	2	0	0	1	0	0
	합계		95	49	11	2	84	6	0
승	2013	상주	2	2	1	0	2	0	0
	합계		2	2	1	0	2	0	0
프로통산			348	230	49	19	329	16	0

이승현(李承炫) 홍익대 1995.04.04

대회	연도	소속	출전	교체	득점	도움	파울	경고	퇴장
K2	2017	성남	0	0	0	0	0	0	0
	합계		0	0	0	0	0	0	0
프로통산			0	0	0	0	0	0	0

이승협(李承協) 연세대 1971.04.15

대회	연도	소속	출전	교체	득점	도움	파울	경고	퇴장
BC	1995	포항	10	6	0	1	7	2	0
	1996	포항	2	1	0	0	1	0	0
	1997	포항	8	2	0	0	11	0	0
	1998	포항	20	6	0	0	28	4	0
	합계		40	15	0	1	47	6	0
프로통산			40	15	0	1	47	6	0

이승호(李承鎬) 충북대 1970.08.25

대회	연도	소속	출전	교체	득점	도움	파울	경고	퇴장
BC	1997	대전	18	18	1	0	9	0	0
	합계		18	18	1	0	9	0	0
프로통산			18	18	1	0	9	0	0

이승희(李承熙) 홍익대 1988.06.10

대회	연도	소속	출전	교체	득점	도움	파울	경고	퇴장
BC	2010	전남	21	7	0	1	22	7	0
	2011	전남	28	2	0	1	56	9	0
	2012	전남	7	4	0	0	6	1	0
	2012	제주	10	6	0	0	19	2	0
	합계		66	19	0	2	103	19	0
K1	2013	전남	33	1	0	1	43	6	0
	2014	전남	31	6	1	0	51	9	0
	2017	포항	13	4	1	0	21	3	0
	합계		77	11	2	1	115	18	0
프로통산			143	30	2	3	218	37	0

이시영(李時榮) 전주대 1997.04.21

대회	연도	소속	출전	교체	득점	도움	파울	경고	퇴장
K2	2018	성남	4	3	0	0	1	0	0
	2019	광주	13	1	0	3	17	2	0
	합계		17	4	0	3	18	2	0
프로통산			17	4	0	3	18	2	0

이시헌(李始憲) 중앙대 1998.05.04

대회	연도	소속	출전	교체	득점	도움	파울	경고	퇴장
K1	2019	전북	0	0	0	0	0	0	0
	합계		0	0	0	0	0	0	0
K2	2019	부천	11	11	0	0	7	0	0
	합계		11	11	0	0	7	0	0
프로통산			11	11	0	0	7	0	0

이시환(李視煥) 풍생고 1998.05.25

대회	연도	소속	출전	교체	실점	도움	파울	경고	퇴장
K2	2017	성남	0	0	0	0	0	0	0
	합계		0	0	0	0	0	0	0
프로통산			0	0	0	0	0	0	0

이싸빅[李 싸빅 / ← 싸빅(Jasenko Sabitović)] 1973.03.29

대회	연도	소속	출전	교체	득점	도움	파울	경고	퇴장
BC	1998	포항	32	6	1	1	62	6	0
	1999	포항	29	0	0	0	47	5	0
	2000	포항	34	1	1	1	46	5	0
	2001	포항	33	0	3	0	59	3	0
	2002	포항	24	4	1	0	83	4	0
	2003	성남일	33	7	2	1	67	4	0
	2004	성남일	34	22	0	2	47	4	0
	2005	성남일	9	1	0	0	17	1	0
	2005	수원	8	1	0	1	34	2	0
	2006	수원	20	7	1	1	22	2	0
	2007	수원	10	3	0	0	25	3	0
	2008	전남	5	2	0	0	9	2	0
	합계		271	54	9	7	518	41	0
프로통산			271	54	9	7	518	41	0

이안(Iain Stuart Fyfe) 오스트레일리아 1982.04.03

대회	연도	소속	출전	교체	득점	도움	파울	경고	퇴장
BC	2011	부산	15	4	1	0	20	1	0
	합계		15	4	1	0	20	1	0
프로통산			15	4	1	0	20	1	0

이양종(李洋鍾) 관동대(가톨릭관동대) 1989.07.17

대회	연도	소속	출전	교체	실점	도움	파울	경고	퇴장
BC	2011	대구	1	0	0	0	0	1	0
	2012	대구	2	1	1	0	0	0	0
	합계		3	1	22	0	0	1	0
K1	2013	대구	24	0	1	0	1	1	0
	2017	대구	3	0	1	0	0	0	0
	합계		27	0	2	0	1	1	0
K2	2014	대구	19	1	35	0	0	0	0
	2015	대구	1	1	4	0	0	0	0
	2016	대구	1	0	39	0	0	0	0
	합계		21	2	21	0	0	0	0
프로통산			51	3	63	0	1	2	0

이여성(李如星) 대신고 1983.01.05

대회	연도	소속	출전	교체	득점	도움	파울	경고	퇴장
BC	2002	수원	3	2	0	0	4	0	0
	2006	부산	11	9	0	0	11	0	0
	2007	부산	24	12	1	4	25	0	0
	2008	대전	26	17	1	1	27	3	0
	2009	대전	4	4	0	0	3	1	0
	합계		68	44	2	5	70	4	0
프로통산			68	44	2	5	70	4	0

이영길(李永吉) 경희대 1957.03.01

대회	연도	소속	출전	교체	득점	도움	파울	경고	퇴장
BC	1983	할렐	1	1	0	0	0	0	0
	1984	할렐	1	1	0	0	0	0	0
	합계		2	2	0	0	0	0	0
프로통산			2	2	0	0	0	0	0

이영덕(李永德) 동국대 1990.03.18

대회	연도	소속	출전	교체	득점	도움	파울	경고	퇴장
K2	2013	충주	22	13	0	2	22	0	0
	합계		22	13	0	2	22	0	0
프로통산			22	13	0	2	22	0	0

이영배(李映培) 명지대 1975.03.25

대회	연도	소속	출전	교체	득점	도움	파울	경고	퇴장
BC	1999	천안일	16	16	3	1	22	1	0
	2000	성남일	2	2	0	0	0	0	0
	합계		18	18	3	1	22	1	0
프로통산			18	18	3	1	22	1	0

이영상(李永相) 한양대 1967.02.24

대회	연도	소속	출전	교체	득점	도움	파울	경고	퇴장
BC	1990	포철	18	11	0	0	14	1	0
	1991	포철	4	2	0	0	8	0	0
	1992	포철	27	12	1	0	36	2	0
	1993	포철	27	3	1	0	48	6	0
	1994	포철	31	5	1	0	54	8	0
	1995	포항	27	2	1	0	42	4	1
	1996	포항	30	8	2	1	38	7	0
	1997	포항	20	11	0	0	24	3	0
	1998	포항	30	7	0	0	34	6	0
	1999	포항	22	6	0	0	28	3	0
	합계		236	67	6	1	326	40	1
프로통산			236	67	6	1	326	40	1

이영수(李榮洙) 호남대 1978.07.30

대회	연도	소속	출전	교체	득점	도움	파울	경고	퇴장
BC	2001	전남	7	6	0	1	3	0	0
	2002	전남	27	2	0	4	47	1	0
	2003	전남	18	6	0	0	37	3	0
	2004	전남	14	2	0	0	33	4	0
	2007	전남	8	3	0	0	9	2	0
	합계		74	19	0	5	129	10	0
프로통산			74	19	0	5	129	10	0

이영우(李英雨) 동아대 1972.01.19

대회	연도	소속	출전	교체	득점	도움	파울	경고	퇴장
BC	1994	대우	1	0	0	0	1	0	0
	합계		1	0	0	0	1	0	0

대회	연도	소속	출전	교체	득점	도움	파울	경고	퇴장
프로통산			1	0	0	0	1	0	0

이영익(李榮益) 고려대 1966.08.30

대회	연도	소속	출전	교체	득점	도움	파울	경고	퇴장
BC	1989	럭금	39	1	3	0	56	3	0
	1990	럭금	26	5	1	2	31	1	0
	1991	LG	17	4	0	0	27	3	0
	1992	LG	9	2	1	1	13	2	0
	1993	LG	33	2	1	0	43	1	0
	1994	LG	2	2	0	0	3	0	0
	1995	LG	32	12	0	3	52	5	0
	1996	안양LG	21	8	0	0	10	1	0
	1997	안양LG	11	7	0	0	6	0	0
	합계		190	43	6	6	241	16	0
프로통산			190	43	6	6	241	16	0

이영재(李英才) 용인대 1994.09.13

대회	연도	소속	출전	교체	득점	도움	파울	경고	퇴장
K1	2015	울산	10	8	1	2	7	0	0
	2017	울산	30	21	2	2	19	4	0
	2018	울산	22	17	2	2	16	3	0
	2019	경남	11	7	2	1	7	1	0
	2019	강원	13	5	6	5	6	0	0
	합계		86	58	13	12	55	8	0
K2	2016	부산	17	7	1	2	7	1	0
	합계		17	7	1	2	7	1	0
프로통산			103	65	14	14	62	9	0

이영진(李永眞) 인천대 1963.10.27

대회	연도	소속	출전	교체	득점	도움	파울	경고	퇴장
BC	1986	럭금	28	6	3	3	19	4	0
	1987	럭금	26	11	2	1	18	2	1
	1988	럭금	19	0	1	2	37	4	0
	1989	럭금	13	0	0	2	28	1	0
	1990	럭금	5	0	0	2	13	2	0
	1991	LG	34	1	3	7	57	8	0
	1992	LG	32	5	2	3	38	7	1
	1993	LG	22	5	0	3	32	4	0
	1994	LG	15	1	0	3	22	3	1
	1995	LG	17	8	0	1	16	1	0
	1997	안양LG	9	9	0	1	14	3	0
	합계		220	46	11	28	294	39	3
프로통산			220	46	11	28	294	39	3

이영진((李永鎭) 대구대 1972.03.27

대회	연도	소속	출전	교체	득점	도움	파울	경고	퇴장
BC	1994	일화	31	6	1	3	39	6	0
	1995	일화	31	4	0	0	37	8	0
	1996	천안일	17	6	1	0	28	5	0
	1999	천안일	17	10	0	0	20	3	1
	2000	성남일	0	0	0	0	0	0	0
	2002	성남일	4	4	0	0	5	1	0
	2003	성남일	27	7	0	1	27	3	0
	2004	성남일	4	2	0	0	7	0	0
	합계		131	39	2	4	163	26	1
프로통산			131	39	2	4	163	26	1

이영창(李伶昶) 홍익대 1993.01.10

대회	연도	소속	출전	교체	**실점**	도움	파울	경고	퇴장
K2	2015	충주	3	0	4	0	1	0	0
	2016	충주	27	0	44	0	1	1	0
	2017	대전	10	0	18	0	1	0	0
	2018	부천	4	0	7	0	0	0	0
	2019	부천	2	0	3	0	0	0	0
	합계		46	0	76	0	3	1	0
프로통산			46	0	76	0	3	1	0

이영표(李榮杓) 건국대 1977.04.23

대회	연도	소속	출전	교체	득점	도움	파울	경고	퇴장
BC	2000	안양LG	18	0	2	1	26	2	0
	2001	안양LG	29	3	0	1	47	2	0
	2002	안양LG	23	2	1	5	24	3	0
	합계		70	5	3	7	97	7	0
프로통산			70	5	3	7	97	7	0

이영훈(李映勳) 광양제철고 1980.03.23

대회	연도	소속	출전	교체	득점	도움	파울	경고	퇴장
BC	1999	전남	3	2	0	0	6	0	0
	2001	전남	2	2	0	0	2	0	0
	2003	광주상	0	0	0	0	0	0	0
	2004	전남	1	1	0	0	1	1	0
	2005	전남	4	3	0	0	3	1	0
	합계		10	8	0	0	12	2	0
프로통산			10	8	0	0	12	2	0

이예찬(李예찬) 대신고 1996.05.01

대회	연도	소속	출전	교체	득점	도움	파울	경고	퇴장
K2	2016	고양	37	13	1	1	34	3	0
	2017	서울E	24	13	0	2	13	2	0
	2018	서울E	9	5	0	0	9	2	0
	합계		70	31	1	3	56	7	0
프로통산			70	31	1	3	56	7	0

이완(李宛) 연세대 1984.05.03

대회	연도	소속	출전	교체	득점	도움	파울	경고	퇴장
BC	2006	전남	4	4	0	0	7	2	0
	2007	전남	6	4	0	0	10	0	0
	2008	광주상	5	0	1	0	7	0	0
	2009	광주상	29	12	1	2	27	1	0
	2009	전남	4	1	0	1	7	0	0
	2010	전남	18	3	0	1	14	4	0
	2011	전남	18	3	1	2	17	6	0
	2012	전남	8	4	0	0	9	1	0
	합계		92	31	3	6	98	14	0
K1	2013	울산	4	2	0	0	3	1	0
	합계		4	2	0	0	3	1	0
K2	2014	광주	19	4	3	2	27	2	0
	2015	강원	4	0	0	0	3	0	0
	합계		23	4	3	2	30	2	0
승	2014	광주	2	0	0	0	2	1	0
	합계		2	0	0	0	2	1	0
프로통산			121	37	6	8	133	18	0

이완희(李完熙) 홍익대 1987.07.10

대회	연도	소속	출전	교체	득점	도움	파울	경고	퇴장
K2	2013	안양	14	12	1	1	15	0	0
	2014	충주	17	15	3	1	16	1	0
	2015	충주	1	1	0	0	1	0	0
	합계		32	28	4	2	32	1	0
프로통산			32	28	4	2	32	1	0

이요한(李曜漢) 동북고 1985.12.18

대회	연도	소속	출전	교체	득점	도움	파울	경고	퇴장
BC	2004	인천	8	7	0	0	8	0	0
	2005	인천	17	9	0	0	22	4	0
	2006	인천	17	9	0	0	17	1	1
	2007	제주	21	7	0	1	36	5	0
	2008	전북	15	1	1	0	27	3	1
	2009	전북	13	4	0	0	11	2	0
	2010	전북	10	4	2	0	18	2	0
	2011	부산	18	9	0	1	20	3	0
	2012	부산	0	0	0	0	0	0	0
	합계		119	50	3	2	159	20	2
K1	2013	성남일	3	2	0	0	6	2	0
	2014	성남	17	12	0	0	10	5	0
	2015	성남	6	6	0	0	1	0	0
	합계		26	20	0	0	17	7	0
프로통산			145	70	3	2	176	27	2

이용(李龍) 고려대 1989.01.21

대회	연도	소속	출전	교체	득점	도움	파울	경고	퇴장
BC	2011	광주	29	1	0	0	25	4	0
	2012	광주	18	7	1	1	24	7	0
	합계		47	8	1	1	49	11	0
K1	2013	제주	27	2	2	0	31	4	0
	2014	제주	18	8	0	0	10	2	1
	2015	제주	7	3	1	0	8	2	0
	2016	성남	0	0	0	0	0	0	0
	2017	강원	1	1	0	0	1	0	0
	합계		53	14	3	0	50	8	1
K2	2017	아산	1	1	0	0	0	0	0
	2018	아산	2	1	0	1	1	0	0
	2019	수원FC	7	6	1	0	5	1	0
	합계		10	8	1	1	6	1	0
승	2016	성남	0	0	0	0	0	0	0
	합계		0	0	0	0	0	0	0
프로통산			110	30	5	2	105	20	1

이용(李鎔) 중앙대 1986.12.24

대회	연도	소속	출전	교체	득점	도움	파울	경고	퇴장
BC	2010	울산	25	3	0	3	31	5	0
	2011	울산	28	12	0	1	26	1	0
	2012	울산	22	5	0	5	24	1	0
	합계		75	20	0	9	81	7	0
K1	2013	울산	37	1	1	2	36	3	0
	2014	울산	31	5	0	3	32	4	0
	2016	상주	23	2	2	2	21	4	0
	2016	울산	1	0	0	1	0	0	0
	2017	전북	8	3	0	0	7	0	0
	2018	전북	32	2	0	9	35	4	0
	2019	전북	20	1	0	3	23	5	0
	합계		152	14	3	20	154	20	0
K2	2015	상주	33	1	0	4	31	9	0
	합계		33	1	0	4	31	9	0
프로통산			260	35	3	33	266	36	0

이용(李龍) 명지대 1960.03.16

대회	연도	소속	출전	교체	득점	도움	파울	경고	퇴장
BC	1984	국민은	9	4	3	0	4	0	0
	합계		9	4	3	0	4	0	0
프로통산			9	4	3	0	4	0	0

이용기(李龍起) 연세대 1985.05.30

대회	연도	소속	출전	교체	득점	도움	파울	경고	퇴장
BC	2009	경남	0	0	0	0	0	0	0
	2010	경남	20	6	0	0	35	7	0
	2011	경남	9	4	0	0	11	5	0
	2012	경남	7	3	0	0	14	2	1
	합계		36	13	0	0	60	14	1
K1	2014	상주	5	3	0	0	8	4	0
	합계		5	3	0	0	8	4	0
K2	2013	상주	1	1	0	0	1	0	0
	2015	충주	16	2	0	0	11	4	0
	합계		17	3	0	0	12	4	0
승	2013	상주	0	0	0	0	0	0	0
	합계		0	0	0	0	0	0	0
프로통산			58	19	0	0	80	22	1

이용래(李容來) 고려대 1986.04.17

대회	연도	소속	출전	교체	득점	도움	파울	경고	퇴장
BC	2009	경남	30	3	6	6	38	4	0
	2010	경남	32	4	4	1	33	4	0
	2011	수원	28	2	0	3	53	5	0
	2012	수원	25	1	2	2	41	5	0
	합계		115	10	12	12	165	18	0
K1	2013	수원	20	9	1	1	24	1	0
	2016	수원	13	7	0	0	9	1	0
	2017	수원	19	12	2	1	19	1	0
	합계		52	28	3	2	52	3	0
K2	2014	안산경	33	3	3	3	37	6	0
	2015	안산경	14	4	1	1	23	3	0
	합계		47	7	4	4	60	9	0
프로통산			214	45	19	18	277	30	0

이용발(李容跋) 동아대 1973.03.15

대회	연도	소속	출전	교체	**실점**	도움	파울	경고	퇴장
BC	1994	유공	2	0	3	0	0	0	0
	1995	유공	0	0	0	0	0	0	0

	1996	부천유	14	1	19	0	2	1	0
	1999	부천SK	38	0	55	0	1	1	0
	2000	부천SK	43	0	59	3	3	1	0
	2001	부천SK	35	0	42	0	2	1	0
	2002	전북	35	0	48	0	0	1	0
	2003	전북	25	0	30	0	0	0	0
	2004	전북	31	0	25	0	0	1	0
	2005	전북	17	1	27	0	0	1	0
	2006	경남	0	0	0	0	0	0	0
	합계		240	2	308	3	8	7	0
프로통산			240	2	308	3	8	7	0

*득점: 2000년 1 / 통산 1

이용설(李容設) 중앙대 1958.01.26

대회	연도	소속	출전	교체	득점	도움	파울	경고	퇴장
BC	1983	대우	2	1	0	0	1	0	0
	1984	럭금	2	1	0	0	1	0	0
	합계		4	2	0	0	2	0	0
프로통산			4	2	0	0	2	0	0

이용성(李龍成) 단국대 1956.03.27

대회	연도	소속	출전	교체	득점	도움	파울	경고	퇴장
BC	1983	국민은	6	1	0	0	3	0	0
	합계		6	1	0	0	3	0	0
프로통산			6	1	0	0	3	0	0

이용수(李容秀) 서울대 1959.12.27

대회	연도	소속	출전	교체	득점	도움	파울	경고	퇴장
BC	1984	럭금	25	3	8	0	8	0	0
	1985	할렐	10	8	0	2	4	0	0
	합계		35	11	8	2	12	0	0
프로통산			35	11	8	2	12	0	0

이용승(李勇承) 영남대 1984.08.28

대회	연도	소속	출전	교체	득점	도움	파울	경고	퇴장
BC	2007	경남	29	23	1	2	60	6	0
	2008	경남	11	9	0	0	16	2	0
	합계		40	32	1	2	76	8	0
K1	2013	전남	3	2	0	0	2	1	0
	합계		3	2	0	0	2	1	0
프로통산			43	34	1	2	78	9	0

이용우(李鎔宇) 수원공고 1977.07.20

대회	연도	소속	출전	교체	득점	도움	파울	경고	퇴장
BC	1998	수원	2	1	0	0	9	0	0
	2001	수원	2	2	0	0	0	0	0
	2002	수원	4	4	0	0	6	0	0
	2003	수원	3	3	0	0	7	0	0
	합계		11	10	0	0	22	0	0
프로통산			11	10	0	0	22	0	0

이용재(李龍宰) 관동대(가톨릭관동대) 1971.03.30

대회	연도	소속	출전	교체	득점	도움	파울	경고	퇴장
BC	1996	전남	1	0	0	0	2	0	0
	합계		1	0	0	0	2	0	0
프로통산			1	0	0	0	2	0	0

이용준(李鎔駿) 현대고 1990.04.03

대회	연도	소속	출전	교체	득점	도움	파울	경고	퇴장
BC	2010	울산	0	0	0	0	0	0	0
	합계		0	0	0	0	0	0	0
프로통산			0	0	0	0	0	0	0

이용하(李龍河) 전북대 1973.12.15

대회	연도	소속	출전	교체	득점	도움	파울	경고	퇴장
BC	1997	부산	1	1	0	0	1	0	0
	1998	부산	13	11	2	0	12	4	0
	1999	부산	33	30	1	1	29	4	0
	2000	부산	14	13	1	0	16	1	0
	2001	부산	31	27	3	2	33	7	0
	2002	부산	14	11	0	0	29	1	0
	2003	부산	20	16	0	0	25	5	0
	2004	인천	13	11	1	1	10	1	0
	합계		139	120	8	4	155	23	0
프로통산			139	120	8	4	155	23	0

이우영(李宇暎) 연세대 1973.08.19

대회	연도	소속	출전	교체	득점	도움	파울	경고	퇴장
BC	1998	안양LG	2	3	0	0	0	0	0
	합계		2	3	0	0	0	0	0
프로통산			2	3	0	0	0	0	0

이우진(李玗晉 / ← 이강진) 중동중 1986.04.25

대회	연도	소속	출전	교체	득점	도움	파울	경고	퇴장
BC	2003	수원	1	1	0	0	2	0	0
	2006	부산	20	0	0	1	20	0	0
	2007	부산	6	2	0	0	11	2	0
	2008	부산	21	6	0	0	21	1	0
	2009	부산	32	3	2	1	42	4	0
	2012	전북	0	0	0	0	0	0	0
	합계		80	12	2	2	96	7	0
K1	2013	대전	32	5	1	0	29	2	0
	2014	전북	2	1	0	0	2	1	0
	2015	대전	20	6	0	0	8	3	0
	2016	제주	3	3	1	0	1	0	0
	합계		57	15	2	0	40	6	0
프로통산			137	27	4	2	136	13	0

이우찬(李又燦) 영남상고 1963.06.09

대회	연도	소속	출전	교체	득점	도움	파울	경고	퇴장
BC	1984	대우	2	2	0	0	0	0	0
	1985	대우	9	5	2	1	5	2	0
	1986	대우	11	8	3	1	11	0	0
	합계		22	15	5	2	16	2	0
프로통산			22	15	5	2	16	2	0

이우혁(李愚赫) 강릉문성고 1993.02.24

대회	연도	소속	출전	교체	득점	도움	파울	경고	퇴장
BC	2011	강원	7	7	0	0	5	1	0
	2012	강원	8	6	0	0	3	1	0
	합계		15	13	0	0	8	2	0
K1	2013	강원	12	8	1	1	12	3	0
	2016	전북	2	0	0	0	2	0	0
	2017	광주	19	8	1	0	31	4	0
	2018	인천	1	0	0	0	2	0	0
	2019	인천	8	3	2	0	5	1	0
	합계		42	19	4	1	52	8	0
K2	2014	강원	30	8	2	5	38	0	0
	2015	강원	21	14	0	5	29	2	0
	합계		51	22	2	10	67	2	0
승	2013	강원	2	2	0	0	1	0	0
	합계		2	2	0	0	1	0	0
프로통산			110	56	6	11	128	12	0

이운재(李雲在) 경희대 1973.04.26

대회	연도	소속	출전	교체	실점	도움	파울	경고	퇴장
BC	1996	수원	13	0	14	0	1	1	0
	1997	수원	17	0	27	0	2	1	0
	1998	수원	34	1	31	0	2	0	1
	1999	수원	39	0	37	0	2	2	0
	2002	수원	19	0	17	0	0	0	0
	2003	수원	41	0	44	0	2	0	0
	2004	수원	26	0	24	0	0	0	0
	2005	수원	26	0	33	0	0	0	0
	2006	수원	14	1	14	0	0	1	0
	2007	수원	35	0	33	0	0	1	0
	2008	수원	39	0	29	0	1	0	0
	2009	수원	26	0	26	0	1	2	0
	2010	수원	14	0	29	0	0	0	0
	2011	전남	34	0	29	0	0	0	0
	2012	전남	33	0	38	0	0	0	0
	합계		410	2	425	0	11	8	1
프로통산			410	2	425	0	11	8	1

이웅희(李雄熙) 배재대 1988.07.18

대회	연도	소속	출전	교체	득점	도움	파울	경고	퇴장
BC	2011	대전	17	11	1	0	8	1	0
	2012	대전	34	5	0	0	52	9	0
	합계		51	16	1	0	60	10	0
K1	2013	대전	32	3	3	1	29	2	0
	2014	서울	24	1	0	1	28	2	0
	2015	서울	32	1	0	1	29	5	0
	2016	상주	23	1	2	0	14	3	0
	2017	상주	5	0	0	0	4	0	0
	2017	서울	5	0	0	0	13	1	0
	2018	서울	11	2	0	0	12	2	0
	2019	서울	20	8	0	0	24	3	0
	합계		152	16	5	3	153	18	0
승	2018	서울	2	0	0	0	1	0	0
	합계		2	0	0	0	1	0	0
프로통산			205	32	6	3	214	28	0

이원규(李源規) 연세대 1988.05.01

대회	연도	소속	출전	교체	득점	도움	파울	경고	퇴장
BC	2011	부산	3	1	1	0	3	0	0
	2012	부산	1	2	0	0	1	0	0
	합계		4	3	1	0	4	0	0
프로통산			4	3	1	0	4	0	0

이원식(李元植) 한양대 1973.05.16

대회	연도	소속	출전	교체	득점	도움	파울	경고	퇴장
BC	1996	부천유	21	21	7	1	19	2	0
	1997	부천SK	29	14	11	2	38	4	1
	1998	부천SK	26	19	10	3	22	1	0
	1999	부천SK	38	31	9	4	33	2	0
	2000	부천SK	32	33	13	1	24	1	0
	2001	부천SK	29	27	5	2	21	3	0
	2002	부천SK	29	27	4	2	17	2	0
	2003	부천SK	38	35	10	2	29	4	0
	2004	서울	10	8	1	1	8	0	0
	2005	서울	17	17	3	0	11	5	0
	2006	대전	1	1	0	0	2	1	0
	합계		270	233	73	18	224	25	1
프로통산			270	233	73	18	224	25	1

이원영(李元煐 / ← 이정호) 보인정보산업고 1981.03.13

대회	연도	소속	출전	교체	득점	도움	파울	경고	퇴장
BC	2005	포항	20	9	2	0	37	2	0
	2006	포항	21	3	3	0	60	7	0
	2007	전북	25	11	2	1	33	5	0
	2008	제주	32	3	2	0	41	6	0
	2009	부산	25	3	3	2	39	4	0
	2010	부산	27	3	1	1	42	4	0
	2011	부산	14	2	2	1	18	3	0
	합계		164	34	15	5	270	31	0
K1	2013	부산	32	7	2	1	40	7	0
	2014	부산	14	5	0	0	14	4	0
	합계		46	12	2	1	54	11	0
K2	2016	부산	24	7	2	1	16	4	0
	합계		24	7	2	1	16	4	0
프로통산			234	53	19	7	340	46	0

이원재(李源在) 포철공고 1986.02.24

대회	연도	소속	출전	교체	득점	도움	파울	경고	퇴장
BC	2005	포항	2	2	0	0	1	0	0
	2006	포항	9	1	0	0	12	5	0
	2007	포항	5	0	1	0	7	0	0
	2008	전북	6	5	0	0	4	1	0
	2009	울산	18	5	2	0	20	3	0
	2010	울산	0	0	0	0	0	0	0
	2010	포항	3	0	0	0	3	1	0
	2011	포항	2	2	0	0	0	0	0
	2012	포항	3	1	0	0	4	1	0
	합계		48	16	3	0	51	11	0
K2	2013	경찰	28	6	0	0	34	9	0
	2014	안산경	11	3	1	0	8	1	0
	2015	대구	26	6	1	0	23	7	0
	2016	경남	13	3	1	0	12	1	0

대회	연도	소속	출전	교체	득점	도움	파울	경고	퇴장
	합계		78	18	3	0	77	18	0
프로통산			126	34	6	0	128	29	0

이원준(李元準) 중앙대 1972.04.02

대회	연도	소속	출전	교체	득점	도움	파울	경고	퇴장
BC	1995	LG	15	13	0	0	5	1	0
	1996	안양LG	11	11	0	0	4	1	0
	1997	안양LG	8	5	0	0	7	1	0
	1998	안양LG	1	1	0	0	1	0	0
	합계		35	30	0	0	17	3	0
프로통산			35	30	0	0	17	3	0

이원철(李元哲) 전주대 1967.05.10

대회	연도	소속	출전	교체	득점	도움	파울	경고	퇴장
BC	1990	포철	16	14	1	1	26	1	0
	1991	포철	34	14	7	1	43	2	0
	1992	포철	25	11	8	3	42	1	1
	1993	포철	30	17	4	1	49	1	0
	1994	포철	18	13	3	0	24	0	0
	1995	포항	19	16	3	1	29	1	0
	1996	포항	14	14	0	1	17	1	0
	합계		156	99	26	8	230	7	1
프로통산			156	99	26	8	230	7	1

이유민(李裕珉) 동국대 1971.01.09

대회	연도	소속	출전	교체	득점	도움	파울	경고	퇴장
BC	1995	포항	2	2	0	0	6	0	0
	합계		2	2	0	0	6	0	0
프로통산			2	2	0	0	6	0	0

이유성(李有成) 중앙대 1977.05.20

대회	연도	소속	출전	교체	득점	도움	파울	경고	퇴장
BC	2000	전북	0	0	0	0	0	0	0
	2001	전북	2	2	0	0	1	0	0
	합계		2	2	0	0	1	0	0
프로통산			2	2	0	0	1	0	0

이유준(李洧樽) 오산중 1989.09.26

대회	연도	소속	출전	교체	득점	도움	파울	경고	퇴장
K1	2013	강원	10	7	0	0	3	0	0
	합계		10	7	0	0	3	0	0
K2	2014	강원	2	2	0	0	1	0	0
	2016	충주	1	1	0	0	0	0	0
	합계		3	3	0	0	1	0	0
프로통산			13	10	0	0	4	0	0

이유현(李裕賢) 단국대 1997.02.08

대회	연도	소속	출전	교체	득점	도움	파울	경고	퇴장
K1	2017	전남	5	2	0	0	6	1	0
	2018	전남	28	18	0	2	37	2	0
	합계		33	20	0	2	43	3	0
K2	2019	전남	22	8	1	1	32	6	0
	합계		22	8	1	1	32	6	0
프로통산			55	28	1	3	75	9	0

이윤규(李允揆) 관동대(가톨릭관동대) 1989.05.29

대회	연도	소속	출전	교체	실점	도움	파울	경고	퇴장
BC	2012	대구	0	0	3	0	0	0	0
	합계		0	0	3	0	0	0	0
K2	2013	충주	1	0	0	0	0	0	0
	합계		1	0	0	0	0	0	0
프로통산			1	0	3	0	0	0	0

이윤섭(李允燮) 순천향대학원 1979.07.30

대회	연도	소속	출전	교체	득점	도움	파울	경고	퇴장
BC	2002	울산	0	0	0	0	0	0	0
	2003	울산	6	2	0	0	6	0	0
	2004	울산	15	5	1	0	16	1	0
	2005	울산	1	1	0	0	0	0	0
	2006	광주상	9	2	1	0	15	2	0
	2007	광주상	25	5	2	0	35	9	0
	합계		56	15	4	0	72	12	0
프로통산			56	15	4	0	72	12	0

이윤의(李阮儀) 광운대 1987.07.25

대회	연도	소속	출전	교체	득점	도움	파울	경고	퇴장
BC	2010	강원	0	0	0	0	0	0	0
	2011	상주	4	3	0	0	4	0	0
	2012	상주	1	2	0	0	0	0	0
	2012	강원	4	4	0	0	7	0	0
	합계		9	9	0	0	11	0	0
K2	2013	부천	21	3	2	3	27	4	0
	합계		21	3	2	3	27	4	0
프로통산			30	12	2	3	38	4	0

* 실점: 2011년 3 / 총실점 3

이윤표(李允杓) 한남대 1984.09.04

대회	연도	소속	출전	교체	득점	도움	파울	경고	퇴장
BC	2008	전남	1	1	0	0	0	0	0
	2009	대전	17	4	0	0	34	6	0
	2010	서울	0	0	0	0	0	0	0
	2011	인천	24	5	0	1	40	7	0
	2012	인천	37	1	3	1	70	12	0
	합계		79	11	3	2	144	25	0
K1	2013	인천	30	1	1	1	57	10	0
	2014	인천	37	1	0	1	56	2	0
	2015	인천	15	3	0	0	10	2	0
	2016	인천	24	2	1	0	40	8	0
	2017	인천	32	1	0	2	35	4	0
	2018	인천	15	2	1	2	12	3	0
	합계		153	10	3	6	210	29	0
프로통산			232	21	6	8	354	54	0

이윤호(李尹鎬) 고려대 1990.03.20

대회	연도	소속	출전	교체	득점	도움	파울	경고	퇴장
BC	2011	제주	0	0	0	0	0	0	0
	합계		0	0	0	0	0	0	0
프로통산			0	0	0	0	0	0	0

이윤환(理尹煥) 대신고 1996.10.16

대회	연도	소속	출전	교체	득점	도움	파울	경고	퇴장
K2	2016	부천	0	0	0	0	0	0	0
	2017	부천	1	1	1	0	0	0	0
	합계		1	1	1	0	0	0	0
프로통산			1	1	1	0	0	0	0

이으뜸(李으뜸) 용인대 1989.09.02

대회	연도	소속	출전	교체	득점	도움	파울	경고	퇴장
K1	2015	광주	24	6	0	4	27	5	0
	2016	광주	24	9	0	4	21	7	0
	합계		48	15	0	8	48	12	0
K2	2013	안양	10	1	0	1	12	2	0
	2014	안양	31	3	1	2	33	4	0
	2017	아산	10	3	0	0	14	1	1
	2018	아산	2	0	0	1	3	1	0
	2018	광주	10	3	0	4	10	0	0
	2019	광주	30	4	5	3	21	3	0
	합계		93	14	6	11	93	11	1
프로통산			141	29	6	19	141	23	1

이은범(李殷汎) 서남대 1996.01.30

대회	연도	소속	출전	교체	득점	도움	파울	경고	퇴장
K1	2017	제주	14	14	2	0	18	4	0
	2018	제주	9	7	0	0	11	1	0
	2019	제주	7	6	0	1	3	1	0
	2019	성남	7	3	0	0	8	5	0
	합계		37	30	2	1	40	11	0
프로통산			37	30	2	1	40	11	0

이을용(李乙容) 강릉상고 1975.09.08

대회	연도	소속	출전	교체	득점	도움	파울	경고	퇴장
BC	1998	부천SK	33	6	3	0	74	7	0
	1999	부천SK	25	5	1	0	49	2	0
	2000	부천SK	37	6	5	1	71	4	0
	2001	부천SK	26	4	2	1	39	3	0
	2002	부천SK	7	3	0	1	5	1	0
	2003	안양LG	17	2	0	2	38	5	0
	2004	서울	10	1	0	0	25	3	0
	2006	서울	14	0	0	0	34	4	0
	2007	서울	30	8	1	2	42	6	0
	2008	서울	30	16	0	2	40	3	0
	2009	강원	24	3	0	2	26	3	0
	2010	강원	17	10	0	0	16	2	0
	2011	강원	20	10	1	1	27	2	0
	합계		290	74	13	12	486	45	0
프로통산			290	74	13	12	486	45	0

이응제(李應濟) 고려대 1980.04.07

대회	연도	소속	출전	교체	득점	도움	파울	경고	퇴장
BC	2003	전북	3	1	0	0	5	1	0
	2004	전북	3	1	0	0	6	0	0
	2005	광주상	13	8	0	0	18	4	0
	2006	광주상	6	2	0	0	3	1	0
	2007	전북	5	3	0	0	6	0	0
	합계		30	15	0	0	38	6	0
프로통산			30	15	0	0	38	6	0

이인규(李寅圭) 남부대 1992.09.16

대회	연도	소속	출전	교체	득점	도움	파울	경고	퇴장
K1	2014	전남	4	4	0	0	2	0	0
	합계		4	4	0	0	2	0	0
K2	2018	광주	9	9	0	1	5	1	0
	2019	부천	16	3	0	0	11	0	0
	2019	대전	12	4	0	0	9	1	0
	합계		37	16	0	1	25	2	0
프로통산			41	20	0	1	27	2	0

이인규(李仁揆) 오산고 2000.01.16

대회	연도	소속	출전	교체	득점	도움	파울	경고	퇴장
K1	2019	서울	6	6	1	0	3	0	0
	합계		6	6	1	0	3	0	0
프로통산			6	6	1	0	3	0	0

이인수(李寅洙) 선문대 1993.11.16

대회	연도	소속	출전	교체	실점	도움	파울	경고	퇴장
K1	2016	수원FC	5	0	9	0	0	0	0
	합계		5	0	9	0	0	0	0
K2	2015	수원FC	19	0	33	0	0	0	0
	2017	수원FC	0	0	0	0	0	0	0
	2018	수원FC	0	0	0	0	0	0	0
	합계		19	0	0	0	0	0	0
승	2015	수원FC	0	0	0	0	0	0	0
	합계		0	0	0	0	0	0	0
프로통산			24	0	0	0	0	0	0

이인식(李仁植) 중앙대 1991.09.20

대회	연도	소속	출전	교체	득점	도움	파울	경고	퇴장
K2	2014	대전	6	5	0	0	11	1	0
	합계		6	5	0	0	11	1	0
프로통산			6	5	0	0	11	1	0

이인식(李仁植) 단국대 1983.02.14

대회	연도	소속	출전	교체	득점	도움	파울	경고	퇴장
BC	2005	전북	0	0	0	0	0	0	0
	2006	전북	2	1	0	0	5	0	0
	2008	제주	2	1	0	0	3	0	0
	2010	제주	3	3	0	0	0	0	0
	합계		7	5	0	0	8	0	0
프로통산			7	5	0	0	8	0	0

이인재(李仁在) 단국대 1992.05.13

대회	연도	소속	출전	교체	득점	도움	파울	경고	퇴장
K2	2017	안산	16	3	2	0	12	3	0
	2018	안산	29	1	1	0	18	3	0
	2019	안산	36	0	2	0	25	2	0
	합계		81	4	5	0	55	8	0
프로통산			81	4	5	0	55	8	0

이인재(李仁載) 중앙대 1967.01.02

대회	연도	소속	출전	교체	득점	도움	파울	경고	퇴장
BC	1989	럭금	30	19	5	3	27	2	0
	1990	럭금	17	16	2	2	5	0	0
	1991	LG	14	13	0	0	3	0	0
	1992	LG	21	16	0	3	18	1	0

대회	연도	소속	출전	교체	득점	도움	파울	경고	퇴장
	1993	LG	21	21	1	0	22	2	0
	1994	LG	19	8	4	1	15	3	0
	1996	안양LG	11	10	0	1	5	0	0
	1997	안양LG	4	5	0	0	4	1	0
	합계		137	108	12	10	99	9	0
프로통산			137	108	12	10	99	9	0

이임생(李林生) 고려대학원 1971.11.18

대회	연도	소속	출전	교체	득점	도움	파울	경고	퇴장
BC	1994	유공	13	0	0	0	19	1	0
	1995	유공	24	5	0	1	30	3	0
	1996	부천유	22	7	0	0	38	6	0
	1997	부천SK	2	2	0	0	0	0	0
	1998	부천SK	26	3	0	1	47	2	0
	1999	부천SK	34	3	2	0	62	4	0
	2000	부천SK	39	0	5	2	77	4	1
	2001	부천SK	11	0	1	0	16	1	0
	2002	부천SK	29	2	3	0	44	6	0
	2003	부산	29	2	0	1	38	6	0
	합계		229	24	11	5	371	33	1
프로통산			229	24	11	5	371	33	1

이장관(李將寬) 아주대 1974.07.04

대회	연도	소속	출전	교체	득점	도움	파울	경고	퇴장
BC	1997	부산	26	20	2	0	30	3	0
	1998	부산	32	5	0	2	53	4	0
	1999	부산	34	7	0	1	62	8	0
	2000	부산	33	6	1	1	59	8	0
	2001	부산	32	22	0	0	39	2	0
	2002	부산	25	21	0	1	26	2	0
	2003	부산	41	1	0	1	55	4	1
	2004	부산	34	2	0	1	50	6	0
	2005	부산	32	1	0	0	33	5	0
	2006	부산	33	3	1	1	44	3	0
	2007	부산	26	3	0	1	25	2	0
	2008	인천	6	3	0	0	11	0	0
	합계		354	94	4	9	487	47	1
프로통산			354	94	4	9	487	47	1

이장군(李長君) 조선대 1971.03.15

대회	연도	소속	출전	교체	득점	도움	파울	경고	퇴장
BC	1994	유공	1	1	0	0	0	0	0
	1995	유공	0	0	0	0	0	0	0
	합계		1	1	0	0	0	0	0
프로통산			1	1	0	0	0	0	0

이장수(李章洙) 연세대 1956.10.15

대회	연도	소속	출전	교체	득점	도움	파울	경고	퇴장
BC	1983	유공	10	0	6	1	9	3	0
	1984	유공	24	9	2	1	20	0	0
	1985	유공	12	2	0	0	17	1	0
	1986	유공	12	3	0	1	7	1	0
	합계		58	14	8	3	53	5	0
프로통산			58	14	8	3	53	5	0

이장욱(李章旭) 통진종고 1970.07.02

대회	연도	소속	출전	교체	득점	도움	파울	경고	퇴장
BC	1989	럭금	19	17	1	0	7	2	0
	1990	럭금	8	6	0	0	5	0	0
	1991	LG	27	21	2	0	23	3	0
	합계		54	44	3	0	35	5	0
프로통산			54	44	3	0	35	5	0

이재건(理在健) 송호대 1997.02.22

대회	연도	소속	출전	교체	득점	도움	파울	경고	퇴장
K2	2019	아산	16	15	0	2	11	2	0
	합계		16	15	0	2	11	2	0
프로통산			16	15	0	2	11	2	0

이재광(李在光) 인천대 1989.10.19

대회	연도	소속	출전	교체	득점	도움	파울	경고	퇴장
BC	2012	성남일	3	2	0	0	3	0	0
	합계		3	2	0	0	3	0	0
프로통산			3	2	0	0	3	0	0

이재권(李在權) 고려대 1987.07.30

대회	연도	소속	출전	교체	득점	도움	파울	경고	퇴장
BC	2010	인천	30	8	1	1	53	5	0
	2011	인천	29	6	0	4	43	9	0
	2012	서울	6	6	0	0	5	1	0
	합계		65	20	1	5	101	15	0
K1	2013	서울	1	1	0	0	0	0	0
	2017	대구	11	8	0	0	11	1	0
	2019	강원	6	3	0	0	6	0	1
	합계		18	12	0	0	17	1	1
K2	2014	안산경	35	12	6	2	49	10	0
	2015	안산경	10	7	0	1	9	4	0
	2016	대구	39	12	2	3	53	4	0
	2017	부산	14	2	2	0	24	4	0
	2018	부산	28	2	0	6	46	8	1
	합계		126	35	10	12	181	30	1
승	2017	부산	2	0	0	0	5	0	0
	2018	부산	2	0	0	0	4	0	0
	합계		4	0	0	0	9	0	0
프로통산			213	67	11	17	308	46	2

이재명(李在明) 진주고 1991.07.25

대회	연도	소속	출전	교체	득점	도움	파울	경고	퇴장
BC	2010	경남	9	4	0	0	11	1	0
	2011	경남	18	6	0	0	33	3	0
	2012	경남	33	1	0	3	35	2	0
	합계		60	11	0	3	79	6	0
K1	2013	전북	23	1	0	2	32	4	0
	2014	전북	8	1	0	2	12	2	0
	2015	전북	3	1	1	0	3	0	0
	2016	상주	9	5	0	0	7	2	0
	2017	상주	1	1	0	0	1	0	0
	2017	전북	1	1	0	0	1	0	0
	2018	경남	5	1	0	1	5	1	0
	2019	경남	8	2	0	0	9	2	0
	합계		58	13	1	5	70	11	0
승	2019	경남	2	1	0	0	5	1	0
	합계		2	1	0	0	5	1	0
프로통산			120	25	1	8	154	18	0

이재민(李載珉) 명지대 1991.02.05

대회	연도	소속	출전	교체	득점	도움	파울	경고	퇴장
K1	2013	경남	3	2	0	0	2	0	0
	합계		3	2	0	0	2	0	0
프로통산			3	2	0	0	2	0	0

이재성(李宰誠) 고려대 1988.07.05

대회	연도	소속	출전	교체	득점	도움	파울	경고	퇴장
BC	2009	수원	11	2	1	0	16	3	0
	2010	울산	15	9	0	0	10	1	0
	2011	울산	27	5	2	1	31	5	0
	2012	울산	35	9	2	0	46	4	0
	합계		88	25	5	1	103	13	0
K1	2014	상주	10	1	0	0	7	0	1
	2014	울산	9	1	1	0	8	0	0
	2015	울산	11	2	0	0	8	3	0
	2016	울산	25	2	2	0	15	3	0
	2017	전북	21	4	2	0	20	3	0
	2018	전북	5	3	0	0	5	2	1
	2019	인천	20	0	1	0	19	4	0
	합계		101	13	6	0	82	15	2
K2	2013	상주	27	3	2	1	21	3	0
	합계		27	3	2	1	21	3	0
승	2013	상주	2	0	0	0	3	0	0
	합계		2	0	0	0	3	0	0
프로통산			218	41	13	2	209	31	2

이재성(李在成) 고려대 1992.08.10

대회	연도	소속	출전	교체	득점	도움	파울	경고	퇴장
K1	2014	전북	26	4	4	3	25	2	0
	2015	전북	34	4	7	5	37	2	0
	2016	전북	32	3	3	11	40	6	0
	2017	전북	28	6	8	10	23	2	0
	2018	전북	17	10	4	3	13	0	0
	합계		137	27	26	32	138	12	0
프로통산			137	27	26	32	138	12	0

이재성(李在成) 한양대 1985.06.06

대회	연도	소속	출전	교체	득점	도움	파울	경고	퇴장
BC	2008	전남	3	3	0	0	3	0	0
	2009	전남	1	1	0	0	1	0	0
	합계		4	4	0	0	4	0	0
프로통산			4	4	0	0	4	0	0

이재안(李宰安) 한라대 1988.06.21

대회	연도	소속	출전	교체	득점	도움	파울	경고	퇴장
BC	2011	서울	7	7	0	0	0	0	0
	2012	경남	24	20	3	0	14	2	0
	합계		31	27	3	0	14	2	0
K1	2013	경남	37	14	7	1	15	3	0
	2014	경남	26	15	3	3	19	0	0
	2016	수원FC	24	17	0	2	9	1	0
	합계		87	46	10	6	43	4	0
K2	2015	서울E	9	7	1	1	4	2	0
	2017	아산	24	19	6	1	10	1	0
	2018	아산	14	11	2	3	8	0	0
	2018	수원FC	14	7	2	1	7	2	0
	2019	수원FC	14	12	0	2	5	0	0
	합계		75	56	11	8	34	5	0
승	2014	경남	1	1	0	0	0	0	0
	합계		1	1	0	0	0	0	0
프로통산			194	130	24	14	91	11	0

이재억(李在億) 아주대 1989.06.03

대회	연도	소속	출전	교체	득점	도움	파울	경고	퇴장
K1	2013	전남	5	3	0	0	9	1	0
	2014	전남	6	2	0	0	7	1	0
	2015	전남	2	2	0	0	3	1	0
	합계		13	7	0	0	19	3	0
K2	2016	안양	12	6	0	0	6	0	0
	합계		12	6	0	0	6	0	0
프로통산			25	13	0	0	25	3	0

이재원(李哉沅 / ← 이성민) 고려대 1983.03.04

대회	연도	소속	출전	교체	득점	도움	파울	경고	퇴장
BC	2006	울산	8	8	0	1	5	1	0
	2007	울산	1	1	0	0	2	0	0
	합계		9	9	0	1	7	1	0
K1	2014	울산	13	3	1	0	17	5	1
	2015	포항	9	5	0	0	7	0	0
	2016	포항	10	6	0	0	10	0	0
	합계		32	14	1	0	34	5	1
K2	2017	부천	3	3	0	0	3	1	0
	합계		3	3	0	0	3	1	0
프로통산			44	26	1	1	44	7	1

이재원(利材元) 경희대 1997.02.21

대회	연도	소속	출전	교체	득점	도움	파울	경고	퇴장
K1	2019	성남	16	10	2	0	26	5	0
	합계		16	10	2	0	26	5	0
프로통산			16	10	2	0	26	5	0

이재원(李宰源) 숭실대 1989.04.05

대회	연도	소속	출전	교체	득점	도움	파울	경고	퇴장
K2	2013	수원FC	22	13	1	3	29	0	0
	합계		22	13	1	3	29	0	0
프로통산			22	13	1	3	29	0	0

이재익(李在翊) 보인고 1999.05.21

대회	연도	소속	출전	교체	득점	도움	파울	경고	퇴장
K1	2018	강원	8	6	0	0	9	2	0
	2019	강원	3	0	0	0	1	0	0
	합계		11	6	0	0	10	2	0
프로통산			11	6	0	0	10	2	0

이재일(李裁一) 이리고 1955.05.30

대회	연도	소속	출전	교체	실점	도움	파울	경고	퇴장
BC	1983	할렐	1	0	1	0	0	0	1
	1984	포철	13	0	16	0	0	1	0
	합계		14	0	17	0	0	1	1
프로통산			14	0	17	0	0	1	1

이재일(李在日) 건국대 1968.03.15

대회	연도	소속	출전	교체	득점	도움	파울	경고	퇴장
BC	1990	현대	7	1	0	0	13	0	0
	1991	현대	11	8	0	1	9	2	0
BC	1992	현대	9	5	0	0	8	2	0
	합계		27	14	0	1	30	4	0
프로통산			27	14	0	1	30	4	0

이재일(李在日) 성균관대 1988.11.16

대회	연도	소속	출전	교체	득점	도움	파울	경고	퇴장
BC	2011	수원	2	0	0	0	3	1	0
	합계		2	0	0	0	3	1	0
프로통산			2	0	0	0	3	1	0

이재천 한성대 1977.03.08

대회	연도	소속	출전	교체	득점	도움	파울	경고	퇴장
BC	2000	안양LG	0	0	0	0	0	0	0
	합계		0	0	0	0	0	0	0
프로통산			0	0	0	0	0	0	0

이재철(李在哲) 광운대 1975.12.25

대회	연도	소속	출전	교체	득점	도움	파울	경고	퇴장
BC	1999	수원	3	2	0	0	2	0	0
	합계		3	2	0	0	2	0	0
프로통산			3	2	0	0	2	0	0

이재현(李在玹) 건국대 1981.01.25

대회	연도	소속	출전	교체	득점	도움	파울	경고	퇴장
BC	2003	전북	1	0	0	0	5	0	0
	2004	전북	1	0	0	0	1	0	0
	합계		2	0	0	0	6	0	0
프로통산			2	0	0	0	6	0	0

이재현(李在玄) 전주대 1983.05.13

대회	연도	소속	출전	교체	득점	도움	파울	경고	퇴장
BC	2006	전북	2	1	0	0	3	1	0
	합계		2	1	0	0	3	1	0
프로통산			2	1	0	0	3	1	0

이재형(李在形) 영생고 1998.04.05

대회	연도	소속	출전	교체	득점	도움	파울	경고	퇴장
K1	2017	전북	0	0	0	0	0	0	0
	2018	전북	0	0	0	0	0	0	0
	2019	전북	0	0	0	0	0	0	0
	합계		0	0	0	0	0	0	0
프로통산			0	0	0	0	0	0	0

이재형(李宰馨) 한양대 1976.09.06

대회	연도	소속	출전	교체	실점	도움	파울	경고	퇴장
BC	1998	대전	1	1	0	0	0	0	0
	합계		1	1	0	0	0	0	0
프로통산			1	1	0	0	0	0	0

이재훈(李在勳) 연세대 1990.01.10

대회	연도	소속	출전	교체	득점	도움	파울	경고	퇴장
BC	2012	강원	10	2	0	0	15	1	0
	합계		10	2	0	0	15	1	0
K1	2013	강원	7	4	0	0	8	1	0
	합계		7	4	0	0	8	1	0
K2	2014	강원	34	1	0	3	39	3	0
	2015	강원	31	1	0	0	65	5	0
	2016	서울E	11	1	0	0	20	3	0
	2019	서울E	5	0	0	0	11	1	0
	합계		81	3	0	3	135	12	0
승	2013	강원	1	0	0	0	2	0	0
	합계		1	0	0	0	2	0	0
프로통산			99	9	0	3	160	14	0

이재희(李在熙) 경희대 1959.04.15

대회	연도	소속	출전	교체	득점	도움	파울	경고	퇴장
BC	1983	대우	13	2	0	1	15	1	0
	1984	대우	28	4	0	4	38	2	0
	1985	대우	1	0	0	0	3	0	0
	1986	대우	23	4	0	0	49	7	0
	1987	대우	26	2	1	1	54	5	0
	1988	대우	13	2	0	0	24	3	0
	1989	대우	27	5	0	0	39	4	0
	1990	대우	27	8	0	1	45	5	0
	1991	대우	28	7	0	0	57	3	0
	1992	대우	12	6	0	0	22	2	0
	합계		198	40	1	7	346	32	0
프로통산			198	40	1	7	346	32	0

이정국(李政國) 한양대 1973.03.22

대회	연도	소속	출전	교체	득점	도움	파울	경고	퇴장
BC	1999	포항	4	3	0	0	4	2	0
	합계		4	3	0	0	4	2	0
프로통산			4	3	0	0	4	2	0

이정근(李禎根) 건국대 1990.02.02

대회	연도	소속	출전	교체	득점	도움	파울	경고	퇴장
K1	2015	대전	10	0	0	0	5	1	0
	합계		10	0	0	0	5	1	0
프로통산			10	0	0	0	5	1	0

이정근(李正根) 문경대 1994.04.22

대회	연도	소속	출전	교체	득점	도움	파울	경고	퇴장
K2	2016	부산	13	8	0	0	24	4	0
	합계		13	8	0	0	24	4	0
프로통산			13	8	0	0	24	4	0

이정래(李廷來) 건국대 1979.11.12

대회	연도	소속	출전	교체	실점	도움	파울	경고	퇴장
BC	2002	전남	2	1	2	0	0	0	0
	2003	전남	0	0	0	0	0	0	0
	2004	전남	2	0	3	0	0	0	0
	2005	전남	1	0	2	0	0	0	0
	2006	경남	39	0	49	0	1	1	0
	2007	경남	29	1	32	0	0	2	0
	2008	광주상	3	0	7	0	0	0	0
	2009	광주상	4	0	9	0	0	0	0
	2010	경남	0	0	0	0	0	0	0
	2011	경남	4	0	2	0	0	0	0
	2012	광주	2	0	6	0	0	0	0
	합계		86	2	112	0	1	3	0
K2	2014	충주	7	0	11	0	0	1	0
	2015	충주	0	0	0	0	0	0	0
	합계		7	0	11	0	0	1	0
프로통산			93	2	123	0	1	4	0

이정문(李政文) 연세대 1998.03.18

대회	연도	소속	출전	교체	득점	도움	파울	경고	퇴장
K2	2019	대전	23	15	1	0	19	4	0
	합계		23	15	1	0	19	4	0
프로통산			23	15	1	0	19	4	0

이정문(李廷文) 숭실대 1971.03.05

대회	연도	소속	출전	교체	실점	도움	파울	경고	퇴장
BC	1994	현대	3	0	5	0	0	0	0
	1995	현대	0	0	0	0	0	0	0
	1996	울산	3	0	8	0	1	0	0
	합계		6	0	13	0	1	0	0
프로통산			6	0	13	0	1	0	0

이정빈(李正斌) 인천대 1995.01.11

대회	연도	소속	출전	교체	득점	도움	파울	경고	퇴장
K1	2017	인천	8	8	0	0	7	1	0
	2018	인천	13	10	1	0	7	1	0
	2019	인천	8	7	0	0	7	1	0
	합계		29	25	1	0	21	3	0
K2	2019	안양	22	11	4	2	33	2	0
	합계		22	11	4	2	33	2	0
프로통산			51	36	5	2	54	5	0

이정수(李正秀) 경희대 1980.01.08

대회	연도	소속	출전	교체	득점	도움	파울	경고	퇴장
BC	2002	안양LG	11	12	1	2	10	0	1
	2003	안양LG	18	1	1	0	22	2	0
	2004	서울	2	2	0	0	1	0	0
	2004	인천	20	1	0	0	41	9	0
	2005	인천	17	3	1	1	37	1	0
	2006	수원	36	7	2	0	63	5	0
	2007	수원	10	2	0	0	19	6	0
	2008	수원	24	0	1	1	50	7	0
	합계		138	28	6	4	243	30	1
K1	2016	수원	27	5	3	0	22	9	0
	2017	수원	3	1	0	0	3	0	0
	합계		30	6	3	0	25	9	0
프로통산			168	34	9	4	268	39	1

이정열(李正烈) 숭실대 1981.08.16

대회	연도	소속	출전	교체	득점	도움	파울	경고	퇴장
BC	2004	서울	20	4	0	0	14	0	0
	2005	서울	19	3	0	0	33	3	0
	2007	서울	21	10	0	0	16	2	0
	2008	인천	8	4	0	0	4	0	0
	2008	성남일	1	1	0	0	1	0	0
	2009	전남	7	2	1	0	8	1	0
	2010	서울	5	2	0	0	1	0	0
	2011	서울	3	2	0	0	0	0	0
	2012	서울	0	0	0	0	0	0	0
	2012	대전	12	0	0	0	1	1	0
	합계		96	28	1	0	78	7	0
K1	2013	대전	1	1	0	0	0	0	0
	합계		1	1	0	0	0	0	0
프로통산			97	29	1	0	78	7	0

이정용(李貞龍) 연세대 1983.07.06

대회	연도	소속	출전	교체	득점	도움	파울	경고	퇴장
BC	2004	울산	4	1	0	1	11	0	0
	합계		4	1	0	1	11	0	0
프로통산			4	1	0	1	11	0	0

이정운(李正雲) 호남대 1978.04.19

대회	연도	소속	출전	교체	득점	도움	파울	경고	퇴장
BC	2001	포항	11	11	1	2	14	2	1
	2002	포항	21	15	0	2	27	2	0
	2005	광주상	0	0	0	0	0	0	0
	합계		32	26	1	4	41	4	1
프로통산			32	26	1	4	41	4	1

이정운(李楨雲) 성균관대 1980.05.05

대회	연도	소속	출전	교체	득점	도움	파울	경고	퇴장
BC	2003	전남	1	1	0	0	0	0	0
	2004	전남	8	6	1	0	7	0	0
	2005	전남	22	15	4	0	47	4	0
	2010	강원	1	1	0	0	0	1	0
	2011	강원	11	5	1	0	8	0	0
	2012	강원	0	0	0	0	0	0	0
	합계		43	28	6	0	62	5	0
프로통산			43	28	6	0	62	5	0

이정원(李楨源) 서울대 1993.10.28

대회	연도	소속	출전	교체	득점	도움	파울	경고	퇴장
K2	2017	부천	0	0	0	0	0	0	0
	합계		0	0	0	0	0	0	0
프로통산			0	0	0	0	0	0	0

이정인(李正寅) 안동대 1973.02.10

대회	연도	소속	출전	교체	득점	도움	파울	경고	퇴장
BC	1996	전북	3	3	0	0	3	0	0
	1997	전북	1	1	0	0	1	0	0
	합계		4	4	0	0	4	0	0
프로통산			4	4	0	0	4	0	0

이정일(李正日) 고려대 1956.11.04

대회	연도	소속	출전	교체	득점	도움	파울	경고	퇴장
BC	1983	할렐	9	2	3	0	5	0	0
	1984	할렐	21	9	2	4	11	1	0
	1985	할렐	12	3	0	0	12	0	0

대회	연도	소속	출전	교체	득점	도움	파울	경고	퇴장
	합계		42	14	5	4	28	1	0
프로통산			42	14	5	4	28	1	0

이정진(李正進) 배재대 1993.12.23

대회	연도	소속	출전	교체	득점	도움	파울	경고	퇴장
K2	2016	부산	14	10	2	0	14	4	0
	합계		14	10	2	0	14	4	0
프로통산			14	10	2	0	14	4	0

이정찬(李正燦) 홍익대 1995.06.28

대회	연도	소속	출전	교체	득점	도움	파울	경고	퇴장
K2	2017	부천	12	12	0	0	12	1	0
	2018	부천	26	26	1	1	20	3	0
	2019	부천	9	8	0	0	13	0	0
	합계		47	46	1	1	45	4	0
프로통산			47	46	1	1	45	4	0

이정태(李正太) 세한대 1995.02.15

대회	연도	소속	출전	교체	득점	도움	파울	경고	퇴장
K2	2018	성남	1	1	0	0	0	0	0
	합계		1	1	0	0	0	0	0
프로통산			1	1	0	0	0	0	0

이정필(李正泌) 울산대 1992.07.28

대회	연도	소속	출전	교체	득점	도움	파울	경고	퇴장
K2	2015	서울E	1	0	0	0	4	1	0
	합계		1	0	0	0	4	1	0
프로통산			1	0	0	0	4	1	0

이정헌(李柾憲) 조선대 1990.05.16

대회	연도	소속	출전	교체	득점	도움	파울	경고	퇴장
K2	2013	수원FC	17	5	0	0	28	3	0
	합계		17	5	0	0	28	3	0
프로통산			17	5	0	0	28	3	0

이정협(李廷記 / ← 이정기) 숭실대 1991.06.24

대회	연도	소속	출전	교체	득점	도움	파울	경고	퇴장
K1	2013	부산	27	25	2	2	18	2	0
	2014	상주	25	23	4	0	15	2	0
	2015	부산	3	2	0	1	2	0	0
	2016	울산	30	25	4	1	25	4	0
	합계		85	75	10	4	60	8	0
K2	2015	상주	17	8	7	6	19	0	0
	2017	부산	26	15	10	3	24	5	0
	2019	부산	31	17	13	4	31	6	0
	합계		74	40	30	13	74	11	0
승	2017	부산	2	0	0	0	3	0	0
	2019	부산	2	0	0	0	0	0	0
	합계		4	0	0	0	3	0	0
프로통산			163	115	40	17	137	19	0

이정형(李正螢) 고려대 1981.04.16

대회	연도	소속	출전	교체	실점	도움	파울	경고	퇴장
K2	2013	수원FC	9	0	13	0	0	1	0
	2014	수원FC	0	0	0	0	0	0	0
	합계		9	0	13	0	0	1	0
프로통산			9	0	13	0	0	1	0

이정호(李正鎬) 명지대 1972.11.10

대회	연도	소속	출전	교체	득점	도움	파울	경고	퇴장
BC	1995	LG	24	13	2	0	17	1	0
	1996	안양LG	33	4	0	5	37	5	0
	1997	안양LG	4	1	0	0	5	0	0
	합계		61	18	2	5	59	6	0
프로통산			61	18	2	5	59	6	0

이정환(李楨桓) 경기대 1988.12.02

대회	연도	소속	출전	교체	득점	도움	파울	경고	퇴장
K1	2013	경남	2	2	0	0	4	0	0
	합계		2	2	0	0	4	0	0
프로통산			2	2	0	0	4	0	0

이정환(李政桓) 숭실대 1991.03.23

대회	연도	소속	출전	교체	득점	도움	파울	경고	퇴장
K1	2014	부산	0	0	0	0	0	0	0
	합계		0	0	0	0	0	0	0
프로통산			0	0	0	0	0	0	0

이정효(李正孝) 아주대 1975.07.23

대회	연도	소속	출전	교체	득점	도움	파울	경고	퇴장
BC	1999	부산	15	5	0	0	23	1	0
	2000	부산	9	1	0	0	12	0	0
	2001	부산	22	17	0	0	23	0	0
	2002	부산	32	8	2	1	58	5	0
	2003	부산	19	9	0	0	29	4	0
	2004	부산	22	12	3	0	39	4	0
	2005	부산	32	9	2	3	64	5	0
	2006	부산	28	12	3	3	49	6	0
	2007	부산	32	13	3	2	47	6	0
	2008	부산	11	2	0	0	17	3	0
	합계		222	88	13	9	361	34	0
프로통산			222	88	13	9	361	34	0

이제규(李濟圭) 청주대 1986.07.10

대회	연도	소속	출전	교체	득점	도움	파울	경고	퇴장
BC	2009	대전	12	11	1	0	15	0	1
	2010	광주상	0	0	0	0	0	0	0
	2011	상주	8	6	0	0	15	2	0
	합계		20	17	1	0	30	2	1
프로통산			20	17	1	0	30	2	1

이제승(李濟昇) 청주대 1991.11.29

대회	연도	소속	출전	교체	득점	도움	파울	경고	퇴장
K2	2014	부천	28	21	1	2	40	1	0
	합계		28	21	1	2	40	1	0
프로통산			28	21	1	2	40	1	0

이제승(李濟承) 중앙대 1973.04.25

대회	연도	소속	출전	교체	득점	도움	파울	경고	퇴장
BC	1996	전남	3	2	0	0	6	1	0
	합계		3	2	0	0	6	1	0
프로통산			3	2	0	0	6	1	0

이제호(李濟豪) 호남대 1997.07.10

대회	연도	소속	출전	교체	득점	도움	파울	경고	퇴장
K1	2019	인천	3	2	1	0	4	1	0
	합계		3	2	1	0	4	1	0
프로통산			3	2	1	0	4	1	0

이종광(李鍾光) 광운대 1961.04.19

대회	연도	소속	출전	교체	득점	도움	파울	경고	퇴장
BC	1984	럭금	17	10	0	1	6	0	0
	1985	럭금	4	4	0	0	2	0	0
	합계		21	14	0	1	8	0	0
프로통산			21	14	0	1	8	0	0

이종묵(李鍾默) 강원대 1973.06.16

대회	연도	소속	출전	교체	득점	도움	파울	경고	퇴장
BC	1998	안양LG	4	4	0	0	6	1	0
	합계		4	4	0	0	6	1	0
프로통산			4	4	0	0	6	1	0

이종민(李宗珉) 서귀포고 1983.09.01

대회	연도	소속	출전	교체	득점	도움	파울	경고	퇴장
BC	2002	수원	0	0	0	0	0	0	0
	2003	수원	16	12	0	2	16	0	0
	2004	수원	5	5	0	0	3	0	0
	2005	울산	35	25	5	3	52	5	0
	2006	울산	24	4	2	4	37	4	0
	2007	울산	33	5	2	4	46	8	0
	2008	울산	3	0	0	1	3	0	0
	2008	서울	15	4	0	1	16	2	0
	2009	서울	10	4	0	0	12	1	0
	2010	서울	6	4	0	1	4	2	0
	2011	상주	23	14	0	1	15	2	0
	2012	상주	15	11	0	0	12	4	0
	2012	서울	3	2	0	0	3	0	0
	합계		188	90	9	17	219	28	0
K1	2013	수원	7	2	1	0	10	1	0
	2015	광주	33	5	5	4	41	6	0
	2016	광주	21	13	0	1	19	2	0
	2017	광주	20	12	0	1	18	3	0
	합계		81	32	6	6	88	12	0
K2	2014	광주	28	2	3	6	40	4	1
	2018	부산	23	8	0	3	26	4	0
	2019	부산	4	3	0	0	0	0	0
	합계		55	13	3	9	66	8	1
승	2014	광주	2	0	0	0	2	0	0
	2018	부산	1	1	0	0	0	0	0
	합계		3	1	0	0	2	0	0
프로통산			327	136	18	32	375	48	1

이종민(李鐘敏) 정명고 1983.08.01

대회	연도	소속	출전	교체	득점	도움	파울	경고	퇴장
BC	2003	부천SK	7	6	0	0	2	1	0
	2004	부천SK	4	3	0	0	4	0	0
	합계		11	9	0	0	6	1	0
프로통산			11	9	0	0	6	1	0

이종성(李宗成) 매탄고 1992.08.05

대회	연도	소속	출전	교체	득점	도움	파울	경고	퇴장
BC	2011	수원	2	0	0	0	8	1	0
	2012	상주	0	0	0	0	0	0	0
	합계		2	0	0	0	8	1	0
K1	2014	수원	3	3	0	0	1	0	0
	2016	수원	19	2	0	1	30	7	0
	2017	수원	35	10	2	2	48	8	0
	2018	수원	24	5	3	0	38	9	0
	2019	수원	5	2	0	0	6	2	0
	합계		86	22	5	3	123	26	0
K2	2015	대구	31	3	0	2	51	10	0
	합계		31	3	0	2	51	10	0
프로통산			119	25	5	5	182	37	0

이종원(李鐘元) 성균관대 1989.03.14

대회	연도	소속	출전	교체	득점	도움	파울	경고	퇴장
BC	2011	부산	4	3	1	1	1	1	0
	2012	부산	37	17	2	3	69	9	0
	합계		41	20	3	4	70	10	0
K1	2013	부산	11	2	0	0	17	5	0
	2013	성남일	13	12	4	1	19	1	0
	2014	성남	22	8	0	0	34	2	0
	2015	성남	21	10	0	1	24	2	0
	2016	성남	25	9	0	0	39	8	2
	2017	상주	15	5	0	1	18	2	2
	2018	상주	3	3	0	0	0	0	0
	합계		110	49	4	3	151	20	4
K2	2018	수원FC	1	0	0	0	4	0	0
	2019	수원FC	10	8	0	0	16	1	0
	합계		11	8	0	0	20	1	0
승	2017	상주	0	0	0	0	0	0	0
	합계		0	0	0	0	0	0	0
프로통산			162	77	7	7	241	31	4

이종찬(李種讚) 단국대 1989.08.17

대회	연도	소속	출전	교체	득점	도움	파울	경고	퇴장
K1	2013	강원	6	4	0	0	2	0	0
	합계		6	4	0	0	2	0	0
프로통산			6	4	0	0	2	0	0

이종찬(李鍾贊) 배재대 1987.05.26

대회	연도	소속	출전	교체	득점	도움	파울	경고	퇴장
BC	2007	제주	0	0	0	0	0	0	0
	2008	제주	0	0	0	0	0	0	0
	2010	대전	2	2	0	1	6	1	0
	2011	상주	5	0	0	0	5	0	0
	2012	상주	1	1	0	0	0	0	0
	합계		8	3	0	1	11	1	0
프로통산			8	3	0	1	11	1	0

이종현(李鐘賢) 브라질 파울리스치나 축구학교 1987.01.08

대회	연도	소속	출전	교체	득점	도움	파울	경고	퇴장
BC	2011	인천	5	4	0	0	5	0	0
	합계		5	4	0	0	5	0	0

대회	연도	소속	출전	교체	득점	도움	파울	경고	퇴장
프로통산			5	4	0	0	5	0	0

이종호(李宗浩) 광양제철고 1992.02.24

대회	연도	소속	출전	교체	득점	도움	파울	경고	퇴장
BC	2011	전남	21	20	2	3	24	5	0
	2012	전남	33	24	6	2	63	3	1
	합계		54	44	8	5	87	8	1
K1	2013	전남	32	21	6	4	50	3	0
	2014	전남	31	18	10	2	43	2	0
	2015	전남	31	15	12	3	54	6	0
	2016	전북	22	18	5	3	28	5	0
	2017	울산	34	24	8	3	51	4	0
	2018	울산	3	3	0	0	0	0	0
	합계		153	99	41	15	226	20	0
프로통산			207	143	49	20	313	28	1

이종화(李鍾和) 인천대 1963.07.20

대회	연도	소속	출전	교체	득점	도움	파울	경고	퇴장
BC	1986	현대	6	1	1	0	6	0	0
	1989	현대	35	8	4	1	64	7	1
	1990	현대	16	8	2	1	26	6	0
	1991	현대	1	1	0	0	0	1	0
	1991	일화	15	11	1	0	20	3	0
	1992	일화	31	2	0	0	28	3	0
	1993	일화	32	0	0	0	28	6	0
	1994	일화	21	3	0	1	23	3	0
	1995	일화	25	2	1	0	22	5	1
	1996	천안일	9	3	0	0	8	2	0
	합계		191	39	9	3	225	36	2
프로통산			191	39	9	3	225	36	2

이종훈(李鍾勳) 중앙대 1970.09.03

대회	연도	소속	출전	교체	득점	도움	파울	경고	퇴장
BC	1994	버팔로	11	8	0	0	16	1	0
	합계		11	8	0	0	16	1	0
프로통산			11	8	0	0	16	1	0

이주상(李柱尙) 전주대 1981.11.11

대회	연도	소속	출전	교체	득점	도움	파울	경고	퇴장
BC	2006	제주	10	9	0	1	12	0	0
	합계		10	9	0	1	12	0	0
프로통산			10	9	0	1	12	0	0

이주영(李柱永) 영남대 1970.07.25

대회	연도	소속	출전	교체	득점	도움	파울	경고	퇴장
BC	1994	버팔로	26	22	3	0	5	1	0
	합계		26	22	3	0	5	1	0
프로통산			26	22	3	0	5	1	0

이주영(李柱永) 관동대(가톨릭관동대) 1977.09.15

대회	연도	소속	출전	교체	득점	도움	파울	경고	퇴장
BC	2000	성남일	6	6	0	1	2	0	0
	합계		6	6	0	1	2	0	0
프로통산			6	6	0	1	2	0	0

이주용(李周勇) 동아대 1992.09.26

대회	연도	소속	출전	교체	득점	도움	파울	경고	퇴장
K1	2014	전북	22	0	1	1	42	4	0
	2015	전북	20	4	1	0	36	4	0
	2016	전북	7	1	0	0	12	2	0
	2018	전북	3	2	0	0	3	0	0
	2019	전북	15	4	0	3	25	4	0
	합계		67	11	2	4	118	14	0
K2	2017	아산	25	3	0	5	42	2	0
	2018	아산	19	0	1	0	35	4	0
	합계		44	3	1	5	77	6	0
프로통산			111	14	3	9	195	20	0

이주용(李周勇) 홍익대 1992.05.18

대회	연도	소속	출전	교체	득점	도움	파울	경고	퇴장
K1	2015	부산	1	1	0	0	2	0	0
	합계		1	1	0	0	2	0	0
프로통산			1	1	0	0	2	0	0

이주한(李柱翰) 동국대 1962.04.27

대회	연도	소속	출전	교체	실점	도움	파울	경고	퇴장
BC	1985	한일	14	1	16	0	0	0	0
	1986	한일	5	1	10	0	0	0	0
	합계		19	2	26	0	0	0	0
프로통산			19	2	26	0	0	0	0

이주현(李周賢) 중앙대 1998.12.06

대회	연도	소속	출전	교체	득점	도움	파울	경고	퇴장
K2	2019	부천	0	0	0	0	0	0	0
	합계		0	0	0	0	0	0	0
프로통산			0	0	0	0	0	0	0

이준(李準) 연세대 1997.07.14

대회	연도	소속	출전	교체	득점	도움	파울	경고	퇴장
K1	2019	포항	0	0	0	0	0	0	0
	합계		0	0	0	0	0	0	0
프로통산			0	0	0	0	0	0	0

이준(李俊) 고려대 1974.05.28

대회	연도	소속	출전	교체	득점	도움	파울	경고	퇴장
BC	1997	대전	14	9	4	0	22	4	0
	1998	대전	15	14	0	0	13	2	0
	합계		29	23	4	0	35	6	0
프로통산			29	23	4	0	35	6	0

이준근(李埈根) 초당대 1987.03.30

대회	연도	소속	출전	교체	득점	도움	파울	경고	퇴장
BC	2010	대전	0	0	0	0	0	0	0
	합계		0	0	0	0	0	0	0
프로통산			0	0	0	0	0	0	0

이준기(李俊基) 단국대 1982.04.25

대회	연도	소속	출전	교체	득점	도움	파울	경고	퇴장
BC	2002	안양LG	2	2	0	0	1	0	0
	2006	서울	0	0	0	0	0	0	0
	2006	전남	6	5	0	0	2	1	0
	2007	전남	16	6	0	0	16	2	0
	2008	전남	17	4	0	0	20	2	0
	2009	전남	9	1	0	0	13	1	0
	2010	전남	20	12	0	0	11	1	0
	2011	전남	8	7	0	0	6	0	0
	합계		78	37	0	0	69	7	0
프로통산			78	37	0	0	69	7	0

이준석(李俊石) 대건고 2000.04.07

대회	연도	소속	출전	교체	득점	도움	파울	경고	퇴장
K1	2019	인천	12	8	0	0	13	0	0
	합계		12	8	0	0	13	0	0
프로통산			12	8	0	0	13	0	0

이준석(李俊錫) 광주대 1995.03.06

대회	연도	소속	출전	교체	득점	도움	파울	경고	퇴장
K2	2018	광주	0	0	0	0	0	0	0
	합계		0	0	0	0	0	0	0
프로통산			0	0	0	0	0	0	0

이준식(李俊植) 남부대 1991.10.14

대회	연도	소속	출전	교체	실점	도움	파울	경고	퇴장
K1	2014	울산	1	1	1	0	1	1	0
	합계		1	1	1	0	1	1	0
프로통산			1	1	1	0	1	1	0

이준엽(李埈燁) 명지대 1990.05.21

대회	연도	소속	출전	교체	득점	도움	파울	경고	퇴장
K1	2013	강원	27	20	1	1	36	4	0
	합계		27	20	1	1	36	4	0
K2	2014	강원	1	1	0	0	2	0	0
	합계		1	1	0	0	2	0	0
프로통산			28	21	1	1	38	4	0

이준영(李俊永) 경희대 1982.12.26

대회	연도	소속	출전	교체	득점	도움	파울	경고	퇴장
BC	2003	안양LG	33	23	7	1	42	1	0
	2004	서울	22	20	0	1	31	3	0
	2005	인천	14	14	1	0	13	1	0
	2006	인천	25	21	2	0	22	0	0
	2007	인천	26	20	2	1	20	6	0
	2008	인천	28	6	2	2	39	4	0
	2009	인천	12	9	0	1	6	2	0
	2010	인천	29	15	4	3	33	3	0
	합계		189	128	18	9	206	20	0
프로통산			189	128	18	9	206	20	0

이준택(李濬澤) 울산대 1966.01.24

대회	연도	소속	출전	교체	득점	도움	파울	경고	퇴장
BC	1989	현대	17	17	0	1	12	1	0
	1990	현대	11	10	2	0	15	2	0
	1992	현대	14	11	0	0	12	1	0
	1993	현대	4	4	0	0	2	0	0
	1994	현대	2	1	0	0	4	0	0
	합계		48	43	2	1	45	4	0
프로통산			48	43	2	1	45	4	0

이준협(李俊協) 관동대(가톨릭관동대) 1989.03.30

대회	연도	소속	출전	교체	득점	도움	파울	경고	퇴장
BC	2010	강원	3	3	0	0	3	1	0
	합계		3	3	0	0	3	1	0
프로통산			3	3	0	0	3	1	0

이준형(李濬榮) 조선대 1988.08.24

대회	연도	소속	출전	교체	득점	도움	파울	경고	퇴장
BC	2011	강원	3	3	0	0	1	0	0
	2012	강원	1	1	0	0	0	0	0
	합계		4	4	0	0	1	0	0
프로통산			4	4	0	0	1	0	0

이준호(李俊浩) 중앙대 1989.01.27

대회	연도	소속	출전	교체	득점	도움	파울	경고	퇴장
K1	2016	수원FC	28	2	0	0	26	6	0
	합계		28	2	0	0	26	6	0
K2	2013	수원FC	22	4	3	0	28	5	0
	2014	수원FC	19	2	0	1	20	1	0
	2015	수원FC	25	3	1	1	34	7	0
	합계		66	9	4	2	82	13	0
승	2015	수원FC	2	0	0	0	2	1	0
	합계		2	0	0	0	2	1	0
프로통산			96	11	4	2	110	20	0

이준호(李準鎬) 중앙대 1991.11.07

대회	연도	소속	출전	교체	득점	도움	파울	경고	퇴장
K2	2014	충주	10	10	0	0	3	1	0
	2015	안산경	5	5	0	0	5	1	0
	2016	안산무	0	0	0	0	0	0	0
	합계		15	15	0	0	8	2	0
프로통산			15	15	0	0	8	2	0

이준호(李俊昊) 광양제철고 1994.07.27

대회	연도	소속	출전	교체	득점	도움	파울	경고	퇴장
K2	2018	대전	1	1	0	0	1	0	0
	합계		1	1	0	0	1	0	0
프로통산			1	1	0	0	1	0	0

이준호(李峻豪) 연세대 1967.06.06

대회	연도	소속	출전	교체	득점	도움	파울	경고	퇴장
BC	1990	대우	5	1	0	0	6	2	0
	합계		5	1	0	0	6	2	0
프로통산			5	1	0	0	6	2	0

이준희(李準熙) 경희대 1988.06.01

대회	연도	소속	출전	교체	득점	도움	파울	경고	퇴장
BC	2012	대구	19	2	0	0	44	6	0
	합계		19	2	0	0	44	6	0
K1	2013	대구	30	1	0	2	34	5	0
	합계		30	1	0	2	34	5	0
K2	2014	대구	31	2	1	4	49	8	0
	2015	대구	29	4	3	1	47	10	0
	2016	경남	3	3	0	0	4	1	0
	2017	서울E	4	1	0	0	2	2	0
	2017	부산	2	0	0	0	1	0	0
	2019	안산	11	3	0	1	12	4	0
	합계		80	13	4	6	115	25	0
프로통산			129	16	4	8	193	36	0

이준희(李俊喜) 인천대 1993.12.10

대회	연도	소속	출전	교체	실점	도움	파울	경고	퇴장
K1	2015	포항	0	0	0	0	0	0	0
	2018	경남	0	0	0	0	0	0	0
	2019	대구	0	0	0	0	0	0	0
	합계		0	0	0	0	0	0	0
K2	2016	경남	14	0	15	0	1	1	0
	2017	경남	13	0	15	0	0	2	0
	합계		27	0	30	0	1	3	0
프로통산			27	0	30	0	1	3	0

이중갑(李中甲) 명지대 1962.07.06

대회	연도	소속	출전	교체	득점	도움	파울	경고	퇴장
BC	1983	국민은	2	0	0	0	0	0	0
	1986	현대	19	1	0	0	11	0	0
	1987	현대	25	6	1	0	17	0	0
	1988	현대	6	3	0	1	7	2	0
	합계		52	10	1	1	35	2	0
프로통산			52	10	1	1	35	2	0

이중권(李重券) 명지대 1992.01.01

대회	연도	소속	출전	교체	득점	도움	파울	경고	퇴장
K1	2013	전남	11	7	0	1	8	1	0
	2014	전남	1	1	0	0	0	0	0
	2016	인천	1	1	0	0	1	0	0
	합계		13	9	0	1	9	1	0
프로통산			13	9	0	1	9	1	0

이중서(李重瑞) 영남대 1995.06.09

대회	연도	소속	출전	교체	득점	도움	파울	경고	퇴장
K1	2017	광주	8	8	0	0	3	0	0
	합계		8	8	0	0	3	0	0
프로통산			8	8	0	0	3	0	0

이중원(李重元) 숭실대 1989.07.27

대회	연도	소속	출전	교체	득점	도움	파울	경고	퇴장
BC	2010	대전	7	7	0	0	2	0	0
	2011	대전	8	6	0	0	4	1	0
	합계		15	13	0	0	6	1	0
프로통산			15	13	0	0	6	1	0

이중재(李重宰) 경성고 1963.01.27

대회	연도	소속	출전	교체	득점	도움	파울	경고	퇴장
	1985	상무	11	4	1	3	10	0	0
	합계		11	4	1	3	10	0	0
프로통산			11	4	1	3	10	0	0

이지남(李指南) 안양공고 1984.11.21

대회	연도	소속	출전	교체	득점	도움	파울	경고	퇴장
BC	2004	서울	4	1	0	0	2	0	0
	2008	경남	8	5	1	0	18	2	0
	2009	경남	7	3	0	0	7	0	0
	2010	경남	23	8	1	0	32	7	0
	2011	대구	28	7	2	1	33	4	0
	2012	대구	32	0	3	0	41	13	0
	합계		102	24	7	1	133	26	0
K1	2013	대구	28	2	2	0	31	1	0
	2015	전남	19	3	0	0	22	3	0
	2016	전남	30	5	0	0	24	8	0
	2017	전남	20	3	1	0	17	4	0
	2018	전남	18	3	2	0	13	2	0
	합계		115	16	5	0	107	18	0
K2	2019	전남	16	5	1	0	25	1	0
	합계		16	5	1	0	25	1	0
프로통산			233	45	13	1	265	45	0

이지민(李智旼) 아주대 1993.09.04

대회	연도	소속	출전	교체	득점	도움	파울	경고	퇴장
K1	2015	전남	14	11	1	1	9	1	0
	2016	전남	20	11	1	0	20	3	0
	합계		34	22	2	1	29	4	0
K2	2017	성남	32	5	1	4	36	5	0
	2018	성남	9	6	0	0	6	0	1
	합계		41	11	1	4	42	5	1
프로통산			75	33	3	5	71	9	1

이지솔(李志率) 언남고 1999.07.09

대회	연도	소속	출전	교체	득점	도움	파울	경고	퇴장
K2	2018	대전	4	4	0	0	1	1	0
	2019	대전	23	2	1	0	38	6	1
	합계		27	6	1	0	39	7	1
프로통산			27	6	1	0	39	7	1

이지훈(李知勳) 울산대 1994.03.24

대회	연도	소속	출전	교체	득점	도움	파울	경고	퇴장
K1	2017	울산	3	2	0	0	4	1	0
	2018	울산	1	0	0	0	2	0	0
	2019	인천	7	7	0	0	3	1	0
	합계		11	9	0	0	9	2	0
프로통산			11	9	0	0	9	2	0

이진규(李眞奎) 동의대 1988.05.20

대회	연도	소속	출전	교체	득점	도움	파울	경고	퇴장
BC	2012	성남일	0	0	0	0	0	0	0
	합계		0	0	0	0	0	0	0
프로통산			0	0	0	0	0	0	0

이진석(李振錫) 영남대 1991.09.10

대회	연도	소속	출전	교체	득점	도움	파울	경고	퇴장
K1	2013	포항	0	0	0	0	0	0	0
	2014	포항	1	1	0	0	1	0	0
	합계		1	1	0	0	1	0	0
프로통산			1	1	0	0	1	0	0

이진우(李鎭宇) 고려대 1982.09.03

대회	연도	소속	출전	교체	득점	도움	파울	경고	퇴장
BC	2007	울산	8	8	0	1	12	1	0
	2008	울산	3	3	0	0	2	0	0
	2009	대전	1	1	0	0	3	0	0
	합계		12	12	0	1	17	1	0
프로통산			12	12	0	1	17	1	0

이진욱(李眞旭) 관동대 1992.09.11

대회	연도	소속	출전	교체	득점	도움	파울	경고	퇴장
K1	2015	인천	4	4	1	0	0	0	0
	2016	인천	2	2	0	0	1	0	0
	합계		6	6	1	0	1	0	0
프로통산			6	6	1	0	1	0	0

이진행(李晉行) 연세대 1971.07.10

대회	연도	소속	출전	교체	득점	도움	파울	경고	퇴장
BC	1996	수원	21	16	4	0	27	3	0
	1997	수원	25	14	3	3	31	2	0
	1998	수원	23	16	2	0	31	2	0
	1999	수원	14	10	2	1	17	0	0
	2000	수원	1	0	0	0	2	0	0
	합계		84	56	11	4	108	7	0
프로통산			84	56	11	4	108	7	0

이진현(李鎭賢) 성균관대 1997.08.26

대회	연도	소속	출전	교체	득점	도움	파울	경고	퇴장
K1	2018	포항	17	6	5	1	17	1	0
	2019	포항	20	17	1	2	21	0	0
	합계		37	23	6	3	38	1	0
프로통산			37	23	6	3	38	1	0

이진형(李鎭亨) 단국대 1988.02.22

대회	연도	소속	출전	교체	실점	도움	파울	경고	퇴장
BC	2011	제주	0	0	0	0	0	0	0
	2012	제주	0	0	0	0	0	0	0
	합계		0	0	0	0	0	0	0
K1	2017	인천	16	0	15	0	0	1	0
	2018	인천	13	0	27	0	0	1	0
	합계		29	0	42	0	0	2	0
K2	2013	안양	25	1	31	0	2	1	0
	2014	안양	34	0	50	0	0	1	0
	2015	안산경	23	1	26	0	0	2	0
	2016	안산무	26	0	24	0	0	2	0
	2016	안양	7	0	11	0	0	1	0
	2019	광주	9	1	4	0	0	0	0
	합계		124	3	146	0	2	7	0
프로통산			153	3	188	0	2	9	0

이진호(李珍浩) 울산과학대 1984.09.03

대회	연도	소속	출전	교체	득점	도움	파울	경고	퇴장
BC	2003	울산	1	2	0	0	1	0	0
	2004	울산	3	3	0	0	8	0	0
	2005	울산	25	24	5	1	30	1	0
	2006	광주상	11	9	2	1	18	1	0
	2007	광주상	24	17	2	0	27	2	0
	2008	울산	34	28	7	6	47	8	0
	2009	울산	23	20	6	0	41	2	0
	2010	울산	10	9	2	0	14	2	0
	2010	포항	12	10	4	1	18	4	1
	2011	울산	26	23	5	0	29	3	0
	2012	대구	39	23	9	1	94	9	0
	합계		208	168	42	10	327	32	1
K1	2013	대구	10	7	0	0	19	4	0
	2013	제주	17	14	3	3	23	2	1
	합계		27	21	3	3	42	6	1
K2	2014	광주	7	4	0	0	17	1	0
	합계		7	4	0	0	17	1	0
프로통산			242	193	45	13	386	39	2

이진호(李鎭鎬) 호남대 1969.03.01

대회	연도	소속	출전	교체	득점	도움	파울	경고	퇴장
BC	1992	대우	17	4	0	0	11	1	0
	1993	대우	12	3	0	0	20	6	0
	1995	대우	10	3	0	0	15	3	0
	1996	부산	4	2	0	0	8	1	0
	합계		43	12	0	0	54	11	0
프로통산			43	12	0	0	54	11	0

이찬동(李燦東) 인천대 1993.01.10

대회	연도	소속	출전	교체	득점	도움	파울	경고	퇴장
K1	2015	광주	30	5	0	1	57	10	0
	2016	광주	25	9	0	0	55	9	0
	2017	제주	28	14	2	1	39	8	0
	2018	제주	18	8	1	0	33	3	0
	2019	상주	4	1	0	0	4	1	0
	합계		105	37	3	2	188	31	0
K2	2014	광주	31	13	1	0	75	11	0
	합계		31	13	1	0	75	11	0
승	2014	광주	2	1	0	0	5	0	0
	합계		2	1	0	0	5	0	0
프로통산			138	51	4	2	268	42	0

이찬행(李粲行) 단국대 1968.07.14

대회	연도	소속	출전	교체	득점	도움	파울	경고	퇴장
BC	1991	유공	6	4	0	0	7	2	0
	1992	유공	1	1	0	0	1	0	0
	1993	유공	8	6	0	0	11	0	0
	1994	유공	11	8	2	0	7	1	0
	1995	유공	9	6	0	0	4	2	0
	1996	부천유	17	5	1	1	22	1	0
	1997	부천SK	11	3	1	1	18	5	0
	합계		63	33	4	2	70	11	0
프로통산			63	33	4	2	70	11	0

이창근(李昌根) 동래고 1993.08.30

대회	연도	소속	출전	교체	실점	도움	파울	경고	퇴장
BC	2012	부산	0	0	0	0	0	0	0
	합계		0	0	0	0	0	0	0
K1	2013	부산	5	0	5	0	0	1	0
	2014	부산	7	0	11	0	0	0	0
	2015	부산	11	0	18	0	1	0	0
	2016	수원FC	21	0	31	0	1	1	0
	2017	제주	19	0	15	0	1	2	0
	2018	제주	35	0	39	0	2	3	0
	2019	제주	23	0	45	0	0	1	0
	합계		121	0	164	0	5	8	0
K2	2016	부산	3	0	6	0	0	0	0
	합계		3	0	6	0	0	0	0

승	2015	부산	0	0	0	0	0	0	0
	합계		0	0	0	0	0	0	0
프로통산			124	0	170	0	5	8	0

이창덕(李昌德) 수원공고 1981.06.05

대회	연도	소속	출전	교체	득점	도움	파울	경고	퇴장
BC	2000	수원	0	0	0	0	0	0	0
	2001	수원	0	0	0	0	0	0	0
	합계		0	0	0	0	0	0	0
프로통산			0	0	0	0	0	0	0

이창무(李昌茂) 홍익대 1993.03.01

대회	연도	소속	출전	교체	득점	도움	파울	경고	퇴장
K1	2016	수원FC	2	2	0	0	0	0	0
	합계		2	2	0	0	0	0	0
프로통산			2	2	0	0	0	0	0

이창민(李昌珉) 중앙대 1994.01.20

대회	연도	소속	출전	교체	득점	도움	파울	경고	퇴장
K1	2014	경남	32	11	2	3	26	3	0
	2015	전남	21	15	2	2	13	2	0
	2016	제주	21	10	2	3	7	3	0
	2017	제주	26	15	5	3	26	6	1
	2018	제주	23	8	3	6	22	2	0
	2019	제주	32	6	5	1	21	2	1
	합계		155	65	19	18	115	18	2
승	2014	경남	2	2	0	0	7	0	0
	합계		2	2	0	0	7	0	0
프로통산			157	67	19	18	122	18	2

이창민(李昌民) 울산대 1980.01.25

대회	연도	소속	출전	교체	득점	도움	파울	경고	퇴장
BC	2002	전북	0	0	0	0	0	0	0
	합계		0	0	0	0	0	0	0
프로통산			0	0	0	0	0	0	0

이창민(李昌珉) 진주고 1984.06.01

대회	연도	소속	출전	교체	득점	도움	파울	경고	퇴장
	2004	부산	0	0	0	0	0	0	0
	2005	부산	0	0	0	0	0	0	0
	2006	부산	0	0	0	0	0	0	0
	합계		0	0	0	0	0	0	0
프로통산			0	0	0	0	0	0	0

이창엽(李昌燁) 홍익대 1974.11.19

대회	연도	소속	출전	교체	득점	도움	파울	경고	퇴장
BC	1997	대전	34	1	0	3	60	3	0
	1998	대전	30	3	0	3	43	2	0
	1999	대전	14	5	0	1	13	0	0
	2000	대전	31	2	0	0	27	4	0
	2001	대전	11	7	0	1	19	3	0
	2002	대전	19	14	1	3	32	2	0
	2003	대전	33	15	2	3	62	3	0
	2004	대전	27	18	2	1	41	2	0
	2005	대전	8	8	0	0	8	3	0
	2006	경남	6	5	0	0	12	0	0
	합계		213	78	5	15	317	22	0
프로통산			213	78	5	15	317	22	0

이창용(李昌勇) 용인대 1990.08.27

대회	연도	소속	출전	교체	득점	도움	파울	경고	퇴장
K1	2013	강원	15	6	0	0	25	6	0
	2015	울산	17	10	0	0	16	3	0
	2016	울산	16	13	0	0	14	1	0
	2018	울산	2	0	1	0	4	1	0
	2019	성남	25	8	2	0	29	2	0
	합계		75	37	3	0	88	13	0
K2	2014	강원	22	4	1	1	41	3	1
	2017	아산	28	8	2	0	36	5	0
	2018	아산	15	2	0	0	17	3	0
	합계		65	14	3	1	94	11	1
프로통산			140	51	6	1	182	24	1

이창원(李昌源) 영남대 1975.07.10

대회	연도	소속	출전	교체	득점	도움	파울	경고	퇴장
BC	2001	전남	15	2	0	0	11	0	0
	2002	전남	11	3	0	0	20	3	0
	2003	전남	8	2	0	0	18	0	0
	2004	전남	29	3	0	1	43	3	0
	2005	전남	26	1	1	0	70	7	0
	2006	포항	27	8	0	0	60	8	0
	2007	포항	22	6	0	0	35	3	0
	2008	포항	5	0	0	0	7	1	0
	2009	포항	0	0	0	0	0	0	0
	합계		143	25	1	1	264	25	0
프로통산			143	25	1	1	264	25	0

이창훈(李昶勳) 인천대 1986.12.17

대회	연도	소속	출전	교체	득점	도움	파울	경고	퇴장
BC	2009	강원	24	18	1	4	20	3	0
	2010	강원	25	23	2	1	13	0	0
	2011	강원	16	12	1	2	12	0	0
	2011	성남일	9	9	0	2	7	1	0
	2012	성남일	23	19	2	2	25	2	0
	합계		97	81	6	11	77	6	0
K1	2013	성남일	7	7	0	0	4	2	0
	2014	성남	21	14	0	1	21	4	0
	2016	성남	2	1	0	0	3	1	0
	합계		30	22	0	1	28	7	0
K2	2015	상주	22	17	4	1	20	2	0
	2017	성남	16	16	1	0	11	2	0
	합계		38	33	5	1	31	4	0
승	2016	성남	1	0	0	0	2	0	0
	합계		1	0	0	0	2	0	0
프로통산			166	136	11	13	138	17	0

이창훈(李昌勳) 수원대 1995.11.16

대회	연도	소속	출전	교체	득점	도움	파울	경고	퇴장
K2	2018	안산	11	11	1	1	4	1	0
	2019	안산	22	11	2	0	4	2	0
	합계		33	22	3	1	8	3	0
프로통산			33	22	3	1	8	3	0

이천수(李天秀) 고려대 1981.07.09

대회	연도	소속	출전	교체	득점	도움	파울	경고	퇴장
BC	2002	울산	18	5	7	9	35	2	0
	2003	울산	18	8	8	6	24	0	0
	2005	울산	14	6	7	5	34	5	0
	2006	울산	24	5	7	1	58	6	1
	2007	울산	26	12	7	3	52	4	0
	2008	수원	4	3	1	0	5	0	0
	2009	전남	8	6	4	1	13	1	0
	합계		112	45	41	25	221	18	1
K1	2013	인천	19	13	2	5	18	2	0
	2014	인천	28	23	1	3	41	5	1
	2015	인천	20	19	2	2	22	4	0
	합계		67	55	5	10	81	11	1
프로통산			179	100	46	35	302	29	2

이천흥(李千興) 명지대 1960.10.22

대회	연도	소속	출전	교체	득점	도움	파울	경고	퇴장
BC	1983	대우	1	1	0	0	0	0	0
	1984	대우	10	6	0	0	2	0	0
	1985	대우	13	8	0	0	5	0	0
	1986	대우	13	5	1	2	14	2	0
	합계		37	20	1	2	21	2	0
프로통산			37	20	1	2	21	2	0

이철희(李喆熙) 배재대 1985.08.06

대회	연도	소속	출전	교체	득점	도움	파울	경고	퇴장
BC	2008	대전	2	2	0	0	2	0	0
	합계		2	2	0	0	2	0	0
프로통산			2	2	0	0	2	0	0

이청용(李靑龍) 도봉중 1988.07.02

대회	연도	소속	출전	교체	득점	도움	파울	경고	퇴장
BC	2004	서울	0	0	0	0	0	0	0
	2006	서울	4	2	0	1	9	2	0
	2007	서울	23	11	3	6	39	6	0
	2008	서울	25	5	6	6	36	5	2
	2009	서울	16	5	3	4	9	0	0
	합계		68	23	12	17	93	13	2
프로통산			68	23	12	17	93	13	2

이청웅(李淸熊) 영남대 1993.03.15

대회	연도	소속	출전	교체	득점	도움	파울	경고	퇴장
K1	2015	부산	6	1	0	0	10	1	0
	합계		6	1	0	0	10	1	0
K2	2016	부산	7	4	0	0	13	1	0
	2017	부산	13	3	0	1	25	1	0
	2018	부산	12	5	1	0	11	3	0
	합계		32	12	1	1	49	5	0
승	2015	부산	2	0	0	0	3	1	0
	2018	부산	1	1	0	0	0	0	0
	합계		3	1	0	0	3	1	0
프로통산			41	14	1	1	62	7	0

이총희(李聰熙) 통진고 1992.04.21

대회	연도	소속	출전	교체	득점	도움	파울	경고	퇴장
BC	2011	수원	1	1	0	0	3	0	0
	합계		1	1	0	0	3	0	0
프로통산			1	1	0	0	3	0	0

이춘석(李春錫) 연세대 1959.02.03

대회	연도	소속	출전	교체	득점	도움	파울	경고	퇴장
BC	1983	대우	16	3	8	1	10	0	0
	1985	상무	19	3	5	1	24	2	0
	1986	대우	9	4	0	0	9	0	0
	1987	대우	23	22	3	2	15	0	0
	합계		67	32	16	4	58	2	0
프로통산			67	32	16	4	58	2	0

이춘섭(李春燮) 동국대 1958.11.17

대회	연도	소속	출전	교체	실점	도움	파울	경고	퇴장
BC	1984	한일	24	0	41	0	0	0	0
	1985	한일	8	1	14	0	1	1	0
	합계		32	1	55	0	1	1	0
프로통산			32	1	55	0	1	1	0

이충호(李忠昊) 한양대 1968.07.04

대회	연도	소속	출전	교체	실점	도움	파울	경고	퇴장
BC	1991	현대	5	1	10	0	0	0	0
	합계		5	1	10	0	0	0	0
프로통산			5	1	10	0	0	0	0

이치준(李治準) 중앙대 1985.01.20

대회	연도	소속	출전	교체	득점	도움	파울	경고	퇴장
BC	2009	성남일	1	1	0	0	0	0	0
	2010	성남일	0	0	0	0	0	0	0
	2011	성남일	0	0	0	0	0	0	0
	합계		1	1	0	0	0	0	0
K2	2013	경찰	20	9	0	1	37	8	1
	2014	수원FC	21	9	0	0	26	5	0
	합계		41	18	0	1	63	13	1
프로통산			42	19	0	1	63	13	1

이칠성(李七星) 서울시립대 1963.08.25

대회	연도	소속	출전	교체	득점	도움	파울	경고	퇴장
BC	1987	유공	20	5	4	3	12	0	0
	1988	유공	5	4	0	1	3	0	0
	1989	유공	2	1	0	0	0	0	0
	합계		27	10	4	4	15	0	0
프로통산			27	10	4	4	15	0	0

이태권(李泰權) 연세대 1980.07.14

대회	연도	소속	출전	교체	득점	도움	파울	경고	퇴장
BC	2005	수원	1	1	0	0	1	0	0
	합계		1	1	0	0	1	0	0
프로통산			1	1	0	0	1	0	0

이태엽(李太燁) 서울시립대 1959.06.16

대회	연도	소속	출전	교체	득점	도움	파울	경고	퇴장
BC	1983	국민은	15	2	1	0	7	1	0
	1984	국민은	17	10	2	0	15	3	0

대회	연도	소속	출전	교체	득점	도움	파울	경고	퇴장
	합계		32	12	3	0	22	4	0
프로통산			32	12	3	0	22	4	0

이태영(李泰英) 관동대 1992.05.15

대회	연도	소속	출전	교체	득점	도움	파울	경고	퇴장
K2	2015	안양	1	1	0	0	1	0	0
	2016	충주	10	9	1	4	8	0	0
	합계		11	10	1	4	9	0	0
프로통산			11	10	1	4	9	0	0

이태영(李太永) 풍생고 1987.07.01

대회	연도	소속	출전	교체	득점	도움	파울	경고	퇴장
BC	2007	포항	0	0	0	0	0	0	0
	합계		0	0	0	0	0	0	0
프로통산			0	0	0	0	0	0	0

이태우(李泰雨) 경희대 1984.01.08

대회	연도	소속	출전	교체	득점	도움	파울	경고	퇴장
BC	2006	대구	2	2	0	0	2	1	0
	2007	대구	3	2	0	0	1	0	0
	합계		5	4	0	0	3	1	0
프로통산			5	4	0	0	3	1	0

이태현(李太賢) 한남대 1993.03.13

대회	연도	소속	출전	교체	득점	도움	파울	경고	퇴장
K2	2016	안양	4	3	0	0	6	1	0
	2017	안양	2	1	0	0	1	0	0
	합계		6	4	0	0	7	1	0
프로통산			6	4	0	0	7	1	0

이태형(李太炯) 한양대 1964.09.01

대회	연도	소속	출전	교체	득점	도움	파울	경고	퇴장
BC	1987	대우	19	18	1	0	23	0	0
	1988	대우	18	14	1	1	18	1	0
	1989	대우	19	15	2	0	20	1	0
	1990	대우	8	6	1	0	13	2	0
	1991	포철	8	6	1	1	9	0	0
	1992	포철	6	4	0	0	9	1	0
	1994	버팔로	8	6	0	0	4	1	0
	합계		86	69	6	2	96	6	0
프로통산			86	69	6	2	96	6	0

이태호(← 이주영) 성균관대 1991.03.16

대회	연도	소속	출전	교체	득점	도움	파울	경고	퇴장
K1	2018	강원	11	4	1	0	9	2	0
	합계		11	4	1	0	9	2	0
K2	2019	서울E	15	2	1	0	22	4	0
	합계		15	2	1	0	22	4	0
프로통산			26	6	2	0	31	6	0

이태호(李泰昊) 고려대 1961.01.29

대회	연도	소속	출전	교체	득점	도움	파울	경고	퇴장
BC	1983	대우	8	2	3	3	13	2	0
	1984	대우	20	1	11	3	15	4	0
	1985	대우	5	1	4	0	3	0	0
	1986	대우	12	2	3	4	18	2	0
	1987	대우	19	14	6	2	10	0	1
	1988	대우	12	6	5	3	12	0	0
	1989	대우	25	7	8	3	34	1	0
	1990	대우	19	1	6	3	19	0	0
	1991	대우	33	26	5	5	28	0	0
	1992	대우	28	24	6	1	28	1	0
	합계		181	84	57	27	180	10	1
프로통산			181	84	57	27	180	10	1

이태홍(李太洪) 대구대 1971.10.01

대회	연도	소속	출전	교체	득점	도움	파울	경고	퇴장
BC	1992	일화	32	27	2	2	39	4	0
	1993	일화	27	6	6	4	55	4	0
	1994	일화	18	14	1	0	30	6	0
	1995	일화	26	20	3	1	24	3	1
	1996	천안일	32	13	3	0	60	5	0
	1997	부천SK	11	4	1	0	24	3	1
	1999	부천SK	16	15	4	1	19	2	0
	합계		162	99	20	8	251	27	2
프로통산			162	99	20	8	251	27	2

이태훈(李太燻) 전북대 1971.06.07

대회	연도	소속	출전	교체	득점	도움	파울	경고	퇴장
BC	1994	버팔로	17	5	1	1	11	0	0
	1996	전북	9	7	0	0	14	0	0
	1997	전북	7	3	0	1	13	1	0
	1998	전북	6	5	1	0	2	1	0
	합계		39	20	2	2	40	2	0
프로통산			39	20	2	2	40	2	0

이태희(李太熙) 대건고 1995.04.26

대회	연도	소속	출전	교체	실점	도움	파울	경고	퇴장
K1	2015	인천	4	1	3	0	0	0	0
	2016	인천	8	0	9	0	1	1	0
	2017	인천	10	0	17	0	0	1	0
	2018	인천	7	0	14	0	0	0	0
	2019	인천	12	1	14	0	0	1	0
	합계		41	2	57	0	1	3	0
프로통산			41	2	57	0	1	3	0

이태희(李台熙) 숭실대 1992.06.16

대회	연도	소속	출전	교체	득점	도움	파울	경고	퇴장
K1	2015	성남	13	1	1	1	23	0	0
	2016	성남	28	5	1	3	24	4	0
	2018	상주	9	3	1	1	8	2	0
	2019	상주	27	0	2	5	23	3	0
	2019	성남	9	0	0	0	20	1	0
	합계		86	9	5	10	98	10	0
K2	2017	성남	29	1	0	1	31	3	0
	합계		29	1	0	1	31	3	0
승	2016	성남	0	0	0	0	0	0	0
	합계		0	0	0	0	0	0	0
프로통산			115	10	5	11	129	13	0

이태희(李台熙) 서울시립대 1959.08.10

대회	연도	소속	출전	교체	득점	도움	파울	경고	퇴장
BC	1983	국민은	14	7	1	0	9	2	0
	1984	국민은	14	7	1	1	15	0	0
	합계		28	14	2	1	24	2	0
프로통산			28	14	2	1	24	2	0

이택기(李宅基) 아주대 1989.03.31

대회	연도	소속	출전	교체	득점	도움	파울	경고	퇴장
BC	2012	서울	1	0	0	0	1	1	0
	합계		1	0	0	0	1	1	0
K1	2013	서울	1	1	0	0	1	0	0
	합계		1	1	0	0	1	0	0
K2	2014	충주	15	1	0	0	5	1	0
	2015	충주	29	2	0	0	17	1	0
	합계		44	3	0	0	22	2	0
프로통산			46	4	0	0	24	3	0

이평재(李平宰) 동아대 1969.03.24

대회	연도	소속	출전	교체	득점	도움	파울	경고	퇴장
BC	1991	현대	8	6	0	0	9	1	0
	1995	전남	6	5	0	0	7	1	0
	1996	전남	19	13	3	1	15	2	0
	합계		33	24	3	1	31	4	0
프로통산			33	24	3	1	31	4	0

이필주(李泌周) 동아대 1982.03.11

대회	연도	소속	출전	교체	득점	도움	파울	경고	퇴장
BC	2005	대전	1	1	0	0	2	0	0
	합계		1	1	0	0	2	0	0
프로통산			1	1	0	0	2	0	0

이하늘(李하늘) 원광대 1993.02.08

대회	연도	소속	출전	교체	득점	도움	파울	경고	퇴장
K2	2015	안양	0	0	0	0	0	0	0
	합계		0	0	0	0	0	0	0
프로통산			0	0	0	0	0	0	0

이학민(李學玟) 상지대 1991.03.11

대회	연도	소속	출전	교체	득점	도움	파울	경고	퇴장
K1	2014	경남	19	8	1	0	32	5	0
	2017	인천	7	0	0	0	2	0	0
	합계		26	8	1	0	34	5	0
K2	2015	부천	38	2	2	6	37	5	0
	2016	부천	36	1	2	2	41	9	0
	2017	성남	1	1	0	0	1	0	0
	2018	성남	32	7	0	4	53	2	0
	2019	수원FC	22	4	0	2	51	6	0
	합계		129	15	4	14	183	22	0
승	2014	경남	1	0	0	0	1	0	0
	합계		1	0	0	0	1	0	0
프로통산			156	23	5	14	218	27	0

이학종(李學種) 고려대 1961.02.17

대회	연도	소속	출전	교체	득점	도움	파울	경고	퇴장
BC	1985	한일은	19	0	1	3	21	2	0
	1986	한일은	10	0	4	2	12	1	0
	1986	현대	3	2	0	1	3	0	0
	1987	현대	6	6	0	0	1	0	0
	1988	현대	17	3	7	1	18	2	0
	1989	현대	16	1	2	1	32	2	0
	1990	현대	3	1	0	0	2	0	0
	1991	현대	16	12	0	1	9	0	0
	합계		90	25	14	9	98	7	0
프로통산			90	25	14	9	98	7	0

이한도(李韓道) 용인대 1994.03.16

대회	연도	소속	출전	교체	득점	도움	파울	경고	퇴장
K1	2016	전북	0	0	0	0	0	0	0
	2017	광주	25	3	0	0	19	5	0
	합계		25	3	0	0	19	5	0
K2	2018	광주	24	4	1	1	21	4	1
	2019	광주	26	2	1	0	24	4	1
	합계		50	6	2	1	45	8	2
프로통산			75	9	2	1	64	13	2

이한빈(李韓斌) 용인대 1997.07.25

대회	연도	소속	출전	교체	득점	도움	파울	경고	퇴장
K2	2018	수원FC	5	3	0	0	5	0	0
	합계		5	3	0	0	5	0	0
프로통산			5	3	0	0	5	0	0

이한샘(李한샘) 건국대 1989.10.18

대회	연도	소속	출전	교체	득점	도움	파울	경고	퇴장
	2012	광주	29	3	2	0	87	14	0
	합계		29	3	2	0	87	14	0
K1	2013	경남	16	7	0	2	47	6	0
	2014	경남	12	4	0	0	14	4	0
	합계		28	11	0	2	61	10	0
K2	2015	강원	33	1	1	0	57	12	0
	2016	강원	39	0	2	1	54	12	0
	2017	수원FC	9	4	0	0	7	3	0
	2018	아산	23	3	3	0	31	7	0
	2019	아산	14	0	1	0	17	4	0
	2019	수원FC	7	1	0	0	9	1	0
	합계		125	9	7	1	175	39	0
승	2016	강원	2	0	0	0	5	2	0
	합계		2	0	0	0	5	2	0
프로통산			184	23	9	3	328	65	0

이한수(李韓洙) 동의대 1986.12.17

대회	연도	소속	출전	교체	득점	도움	파울	경고	퇴장
	2009	경남	3	1	0	0	4	0	0
	합계		3	1	0	0	4	0	0
프로통산			3	1	0	0	4	0	0

이한음(李漢音) 광운대 1991.02.22

대회	연도	소속	출전	교체	득점	도움	파울	경고	퇴장
K2	2015	강원	4	4	0	0	2	0	0
	2016	충주	16	16	1	0	4	1	0
	합계		20	20	1	0	6	1	0
프로통산			20	20	1	0	6	1	0

이해웅(李海雄) 신갈고 1998.11.20

대회	연도	소속	출전	교체	득점	도움	파울	경고	퇴장

K1	2017	대구	1	1	0	0	0	0	0
	2018	대구	1	1	0	0	1	0	0
	합계		2	2	0	0	1	0	0
프로통산			2	2	0	0	1	0	0

이행수(李炘守) 남부대 1990.08.27

대회	연도	소속	출전	교체	득점	도움	파울	경고	퇴장
BC	2012	대구	6	6	0	0	3	0	0
	합계		6	6	0	0	3	0	0
프로통산			6	6	0	0	3	0	0

이헌구(李憲球) 한양대 1961.04.13

대회	연도	소속	출전	교체	득점	도움	파울	경고	퇴장
BC	1985	상무	4	4	0	0	2	0	0
	합계		4	4	0	0	2	0	0
프로통산			4	4	0	0	2	0	0

이혁주(李爀柱) 선문대 1996.08.05

대회	연도	소속	출전	교체	득점	도움	파울	경고	퇴장
K2	2018	부천	1	1	0	0	0	0	0
	합계		1	1	0	0	0	0	0
프로통산			1	1	0	0	0	0	0

이현규(李鉉奎) 강원대 1970.08.16

대회	연도	소속	출전	교체	득점	도움	파울	경고	퇴장
BC	1993	대우	2	2	0	0	0	0	0
	합계		2	2	0	0	0	0	0
프로통산			2	2	0	0	0	0	0

이현도(李泫都) 영남대 1989.03.06

대회	연도	소속	출전	교체	득점	도움	파울	경고	퇴장
	2012	부산	0	0	0	0	0	0	0
	합계		0	0	0	0	0	0	0
프로통산			0	0	0	0	0	0	0

이현동(李炫東) 청주대 1976.03.30

대회	연도	소속	출전	교체	득점	도움	파울	경고	퇴장
BC	1999	포항	3	2	0	1	10	0	0
	2000	포항	13	9	1	0	33	2	0
	2001	포항	9	8	0	1	11	2	0
	2003	광주상	7	8	0	0	8	1	0
	2004	대구	3	2	0	0	7	0	0
	합계		35	29	1	2	69	5	0
프로통산			35	29	1	2	69	5	0

이현민(李賢民) 예원예술대 1991.05.21

대회	연도	소속	출전	교체	득점	도움	파울	경고	퇴장
K2	2013	충주	15	1	0	1	9	0	0
	합계		15	1	0	1	9	0	0
프로통산			15	1	0	1	9	0	0

이현민(李賢民) 울산대 1984.07.09

대회	연도	소속	출전	교체	득점	도움	파울	경고	퇴장
BC	2006	울산	4	4	0	0	4	0	0
	2007	울산	3	3	0	0	0	0	0
	2008	광주상	7	3	0	0	9	0	0
	합계		14	10	0	0	13	0	0
프로통산			14	10	0	0	13	0	0

이현석(李玄錫) 서울대 1968.05.17

대회	연도	소속	출전	교체	득점	도움	파울	경고	퇴장
BC	1991	현대	9	9	0	0	4	0	0
	1992	현대	1	1	0	0	0	0	0
	1996	울산	18	19	4	1	5	0	0
	1997	울산	15	15	3	0	7	0	0
	합계		43	44	7	1	16	0	0
프로통산			43	44	7	1	16	0	0

이현성(李現星) 용인대 1993.05.20

대회	연도	소속	출전	교체	득점	도움	파울	경고	퇴장
K1	2016	인천	9	9	0	0	9	0	0
	2018	경남	0	0	0	0	0	0	0
	합계		9	9	0	0	9	0	0
K2	2017	경남	14	13	0	1	6	0	0
	2018	서울E	21	6	1	1	21	2	0
	2019	서울E	20	13	0	1	23	8	0
	합계		55	32	1	3	50	10	0
프로통산			64	41	1	3	59	10	0

이현승(李弦昇) 수원공고 1988.12.14

대회	연도	소속	출전	교체	득점	도움	파울	경고	퇴장
BC	2006	전북	17	13	3	1	21	2	0
	2007	전북	28	21	1	6	41	3	0
	2008	전북	19	15	2	2	30	1	0
	2009	전북	20	21	4	2	10	1	0
	2010	서울	3	3	0	0	2	1	0
	2011	전남	28	14	4	2	47	2	0
	2012	전남	32	15	1	4	63	6	0
	합계		147	102	15	17	214	16	0
K1	2013	전남	27	23	1	1	29	1	0
	2014	전남	19	11	2	2	20	3	0
	2015	대전	14	10	0	1	7	2	0
	합계		60	44	3	4	56	6	0
K2	2015	부천	17	7	3	0	24	1	0
	2016	안산무	38	16	8	6	49	3	0
	2017	아산	14	4	2	0	23	3	0
	2017	대전	6	3	1	0	7	1	0
	2018	부천	32	28	1	1	48	3	0
	합계		107	58	15	7	151	11	0
프로통산			314	204	33	28	421	33	0

이현식(李炫植) 용인대 1996.03.21

대회	연도	소속	출전	교체	득점	도움	파울	경고	퇴장
K1	2018	강원	27	17	0	2	31	4	0
	2019	강원	32	9	6	2	51	7	0
	합계		59	26	6	4	82	11	0
프로통산			59	26	6	4	82	11	0

이현우(李炫雨) 용인대 1994.03.20

대회	연도	소속	출전	교체	실점	도움	파울	경고	퇴장
K1	2017	대구	0	0	0	0	0	0	0
	2018	대구	0	0	0	0	0	0	0
	합계		0	0	0	0	0	0	0
프로통산			0	0	0	0	0	0	0

이현웅(李鉉雄) 연세대 1988.04.27

대회	연도	소속	출전	교체	득점	도움	파울	경고	퇴장
BC	2010	대전	28	21	2	1	30	1	0
	2011	대전	5	4	0	1	6	0	0
	2012	대전	36	13	0	4	68	8	0
	합계		69	38	2	6	104	9	0
K1	2013	수원	3	3	0	0	0	0	0
	2014	상주	5	5	0	1	2	0	0
	2018	경남	0	0	0	0	0	0	0
	합계		8	8	0	1	2	0	0
K2	2015	상주	1	1	0	0	1	0	0
	2017	경남	1	2	0	0	1	0	0
	2017	안양	1	1	0	0	0	0	0
	합계		3	4	0	0	2	0	0
프로통산			80	50	2	7	108	9	0

이현일(李炫一) 용인대 1994.09.13

대회	연도	소속	출전	교체	득점	도움	파울	경고	퇴장
K1	2019	성남	7	6	0	0	10	3	0
	합계		7	6	0	0	10	3	0
K2	2017	성남	14	11	3	0	12	2	0
	2018	성남	14	14	4	1	14	0	0
	합계		28	25	7	1	26	2	0
프로통산			35	31	7	1	36	5	0

이현진(李炫珍) 고려대 1984.05.15

대회	연도	소속	출전	교체	득점	도움	파울	경고	퇴장
BC	2005	수원	10	10	0	1	10	1	0
	2006	수원	23	14	2	0	29	1	0
	2007	수원	15	12	1	1	19	0	0
	2008	수원	2	2	0	0	5	0	0
	2009	수원	2	2	0	0	3	0	0
	2010	수원	25	24	3	2	20	3	0
	2011	수원	6	6	0	0	4	0	0
	2012	수원	11	11	0	0	2	0	0
	합계		94	81	6	4	92	5	0
K1	2013	제주	7	7	0	0	9	2	0
	합계		7	7	0	0	9	2	0
프로통산			101	88	6	4	101	7	0

이현창(李炫昌) 영남대 1985.11.02

대회	연도	소속	출전	교체	득점	도움	파울	경고	퇴장
BC	2009	대구	21	6	1	0	43	3	0
	2010	대구	22	3	1	0	30	2	0
	합계		43	9	2	0	73	5	0
K2	2013	고양	12	0	0	1	13	3	0
	2015	충주	24	10	1	2	25	2	0
	합계		36	10	1	3	38	5	0
프로통산			79	19	3	3	111	10	0

이현호(李賢皓) 탐라대 1988.11.29

대회	연도	소속	출전	교체	득점	도움	파울	경고	퇴장
BC	2010	제주	31	31	4	3	15	1	0
	2011	제주	28	24	2	2	8	1	0
	2012	성남일	10	9	0	1	4	0	0
	합계		69	64	6	6	27	2	0
K1	2013	성남일	6	6	0	0	3	0	0
	2014	제주	11	9	0	0	1	0	0
	2015	대전	12	12	0	1	3	1	0
	합계		29	27	0	1	7	1	0
프로통산			98	91	6	7	34	3	0

이현호(李賢虎) 인천대 1984.02.08

대회	연도	소속	출전	교체	득점	도움	파울	경고	퇴장
BC	2006	수원	0	0	0	0	0	0	0
	합계		0	0	0	0	0	0	0
프로통산			0	0	0	0	0	0	0

이현호(李賢虎) 동아대 1987.05.11

대회	연도	소속	출전	교체	득점	도움	파울	경고	퇴장
BC	2010	대전	0	0	0	0	0	0	0
	2011	대전	1	1	0	0	2	0	0
	합계		1	1	0	0	2	0	0
프로통산			1	1	0	0	2	0	0

이형기(李炯奇) 한라대 1989.07.22

대회	연도	소속	출전	교체	득점	도움	파울	경고	퇴장
BC	2012	전북	0	0	0	0	0	0	0
	합계		0	0	0	0	0	0	0
프로통산			0	0	0	0	0	0	0

이형상(李形象) 브라질 유학 1985.05.05

대회	연도	소속	출전	교체	득점	도움	파울	경고	퇴장
BC	2006	대전	1	1	0	0	0	0	0
	2007	대전	0	0	0	0	0	0	0
	2011	대구	7	7	0	1	11	1	0
	합계		8	8	0	1	11	1	0
프로통산			8	8	0	1	11	1	0

이형진(李炯瑨) 성균관대 1992.08.30

대회	연도	소속	출전	교체	득점	도움	파울	경고	퇴장
K1	2015	대전	3	3	0	0	0	0	0
	합계		3	3	0	0	0	0	0
프로통산			3	3	0	0	0	0	0

이혜강(李慧剛) 동의대 1987.03.28

대회	연도	소속	출전	교체	득점	도움	파울	경고	퇴장
BC	2010	경남	4	4	0	0	3	1	0
	2011	경남	7	5	0	0	5	0	0
	합계		11	9	0	0	8	1	0
프로통산			11	9	0	0	8	1	0

이호(李浩) 울산과학대 1984.10.22

대회	연도	소속	출전	교체	득점	도움	파울	경고	퇴장
BC	2003	울산	9	5	1	0	9	2	0
	2004	울산	29	5	1	0	57	5	1
	2005	울산	36	3	1	3	84	9	0
	2006	울산	7	0	1	2	17	1	1
	2009	성남일	35	3	2	2	93	10	0
	2011	울산	40	14	0	3	46	5	0
	2012	울산	30	9	0	0	44	4	0

대회	연도	소속	출전	교체	득점	도움	파울	경고	퇴장
	합계		186	39	6	10	350	36	2
K1	2014	상주	17	2	2	1	13	3	0
	2014	울산	10	1	1	0	10	1	0
	2015	전북	11	7	0	0	17	4	0
	2016	전북	11	5	0	0	22	3	0
	합계		49	15	3	1	62	11	0
K2	2013	상주	32	7	0	2	44	6	0
	합계		32	7	0	2	44	6	0
승	2013	상주	2	0	0	0	2	0	0
	합계		2	0	0	0	2	0	0
프로통산			269	61	9	13	458	53	2

이호(李虎) 경희대 1986.01.06

대회	연도	소속	출전	교체	득점	도움	파울	경고	퇴장
BC	2009	강원	1	0	0	0	1	0	0
	2010	대전	7	4	0	0	9	2	0
	2011	대전	25	3	1	1	41	9	0
	2012	대전	23	5	0	0	47	10	0
	합계		56	12	1	1	98	21	0
K2	2013	경찰	25	18	2	2	27	8	0
	2014	안산경	3	2	0	0	2	1	0
	2014	대전	5	1	0	0	5	1	0
	합계		33	21	2	2	34	10	0
프로통산			89	33	3	3	132	31	0

이호빈(李鎬彬) 신갈고 1999.11.25

대회	연도	소속	출전	교체	득점	도움	파울	경고	퇴장
K2	2019	대전	3	2	1	0	1	0	0
	합계		3	2	1	0	1	0	0
프로통산			3	2	1	0	1	0	0

이호석(李鎬碩) 동국대 1991.05.21

대회	연도	소속	출전	교체	득점	도움	파울	경고	퇴장
K1	2014	경남	12	11	0	0	21	3	0
	2019	상주	0	0	0	0	0	0	0
	합계		12	11	0	0	21	3	0
K2	2015	경남	16	12	2	1	21	4	0
	2016	경남	27	16	9	10	39	3	0
	2017	대전	27	10	5	6	32	7	0
	합계		70	38	16	17	92	14	0
승	2014	경남	1	1	0	0	0	0	0
	합계		1	1	0	0	0	0	0
프로통산			83	50	16	17	113	17	0

이호성(李浩成) 중앙대 1974.09.12

대회	연도	소속	출전	교체	득점	도움	파울	경고	퇴장
BC	1997	대전	18	16	1	0	25	1	0
	1998	대전	15	15	2	0	11	0	0
	1999	대전	23	15	5	1	23	2	0
	2000	대전	13	12	1	0	27	1	0
	2001	대전	5	5	0	0	7	0	0
	합계		74	63	9	1	93	4	0
프로통산			74	63	9	1	93	4	0

이호승(李昊乘) 동국대 1989.12.21

대회	연도	소속	출전	교체	실점	도움	파울	경고	퇴장
K1	2016	전남	28	1	34	1	0	1	0
	2017	전남	32	0	56	1	1	1	0
	2018	전남	28	0	44	0	0	0	0
	합계		88	1	134	2	1	2	0
K2	2019	전남	5	0	9	0	0	0	0
	합계		5	0	9	0	0	0	0
프로통산			93	1	143	2	1	2	0

이호인(李浩因) 상지대 1995.12.29

대회	연도	소속	출전	교체	득점	도움	파울	경고	퇴장
K1	2018	강원	3	3	0	0	2	0	0
	2019	강원	16	5	1	1	13	1	0
	합계		19	8	1	1	15	1	0
프로통산			19	8	1	1	15	1	0

이호창(李浩昌) 동국대 1988.10.11

대회	연도	소속	출전	교체	득점	도움	파울	경고	퇴장
BC	2011	인천	2	1	0	0	2	1	0
	합계		2	1	0	0	2	1	0
프로통산			2	1	0	0	2	1	0

이화열(李化烈) 관동대(가톨릭관동대) 1962.11.20

대회	연도	소속	출전	교체	득점	도움	파울	경고	퇴장
BC	1986	포철	1	1	0	0	0	0	0
	1989	포철	13	6	2	0	13	2	0
	합계		14	7	2	0	13	2	0
프로통산			14	7	2	0	13	2	0

이효균(李孝均) 동아대 1988.03.12

대회	연도	소속	출전	교체	득점	도움	파울	경고	퇴장
BC	2011	경남	13	8	3	0	31	2	0
	2012	인천	1	1	0	0	1	0	0
	합계		14	9	3	0	32	2	0
K1	2013	인천	13	13	3	0	2	0	0
	2014	인천	29	20	4	1	31	4	0
	2015	인천	11	9	1	1	13	1	0
	2016	인천	4	3	0	0	5	0	1
	2017	인천	7	5	1	0	7	0	0
	2018	인천	1	1	0	0	0	0	0
	합계		65	51	9	2	58	5	1
K2	2015	안양	15	13	2	1	28	2	0
	2016	부천	11	11	2	0	11	1	0
	합계		26	24	4	1	39	3	0
프로통산			105	84	16	3	129	10	1

이효용(李孝用) 창신고 1970.06.06

대회	연도	소속	출전	교체	득점	도움	파울	경고	퇴장
BC	1989	현대	14	12	1	2	5	0	0
	1990	현대	4	4	0	0	2	1	0
	합계		18	16	1	2	7	1	0
프로통산			18	16	1	2	7	1	0

이후권(李厚權) 광운대 1990.10.30

대회	연도	소속	출전	교체	득점	도움	파울	경고	퇴장
K1	2014	상주	15	9	0	0	18	5	0
	2016	성남	10	4	0	0	12	3	0
	2018	포항	20	19	0	1	23	0	0
	합계		45	32	0	1	53	8	0
K2	2013	부천	31	3	3	3	98	8	0
	2015	상주	0	0	0	0	0	0	0
	2015	부천	3	3	0	0	1	0	0
	2016	부천	3	1	0	0	3	0	0
	2017	성남	29	3	1	3	50	2	0
	2019	부산	5	5	0	0	10	2	0
	2019	전남	10	7	0	0	12	1	0
	합계		81	22	4	6	174	13	0
프로통산			126	54	4	7	227	21	0

이훈(李訓) 아주대 1991.04.02

대회	연도	소속	출전	교체	득점	도움	파울	경고	퇴장
K2	2014	고양	9	6	0	0	8	0	0
	합계		9	6	0	0	8	0	0
프로통산			9	6	0	0	8	0	0

이훈(李勳) 성균관대 1970.04.07

대회	연도	소속	출전	교체	득점	도움	파울	경고	퇴장
BC	1993	LG	5	5	0	1	1	0	0
	합계		5	5	0	1	1	0	0
프로통산			5	5	0	1	1	0	0

이훈(李訓) 연세대 1986.04.29

대회	연도	소속	출전	교체	득점	도움	파울	경고	퇴장
BC	2009	경남	20	15	3	0	38	0	0
	2010	경남	23	18	1	0	26	1	0
	2011	경남	18	10	3	1	29	1	0
	합계		61	43	7	1	93	2	0
프로통산			61	43	7	1	93	2	0

이훈(李訓) 제주중앙고 1991.09.22

대회	연도	소속	출전	교체	득점	도움	파울	경고	퇴장
BC	2011	강원	0	0	0	0	0	0	0
	합계		0	0	0	0	0	0	0
프로통산			0	0	0	0	0	0	0

이휘수(李輝洙) 대구대 1990.05.28

대회	연도	소속	출전	교체	득점	도움	파울	경고	퇴장
K1	2013	전남	0	0	0	0	0	0	0
	합계		0	0	0	0	0	0	0
프로통산			0	0	0	0	0	0	0

이흥실(李興實) 한양대 1961.07.10

대회	연도	소속	출전	교체	득점	도움	파울	경고	퇴장
BC	1985	포철	21	5	10	2	19	1	0
	1986	포철	28	3	6	3	17	0	0
	1987	포철	29	4	12	6	20	3	0
	1988	포철	16	6	1	2	14	2	0
	1989	포철	39	6	4	11	33	3	0
	1990	포철	19	1	7	5	17	1	0
	1991	포철	15	11	4	6	6	0	0
	1992	포철	15	7	4	0	16	0	0
	합계		182	43	48	35	142	10	0
프로통산			182	43	48	35	142	10	0

이희균(李熙均) 단국대 1998.04.29

대회	연도	소속	출전	교체	득점	도움	파울	경고	퇴장
K2	2019	광주	16	16	0	2	16	4	0
	합계		16	16	0	2	16	4	0
프로통산			16	16	0	2	16	4	0

이희성(李熹性) 숭실대 1990.05.27

대회	연도	소속	출전	교체	실점	도움	파울	경고	퇴장
K1	2014	울산	9	1	14	0	0	1	0
	2015	울산	1	1	0	0	0	0	0
	합계		10	2	14	0	0	1	0
K2	2018	안산	17	2	19	0	0	2	0
	2019	안산	18	0	25	0	0	0	0
	합계		35	2	44	0	0	2	0
프로통산			45	4	58	0	0	3	0

이희찬(李熙燦) 포철고 1995.03.02

대회	연도	소속	출전	교체	득점	도움	파울	경고	퇴장
K2	2014	고양	0	0	0	0	0	0	0
	2014	부천	6	4	0	0	11	2	1
	2015	부천	0	0	0	0	0	0	0
	합계		6	4	0	0	11	2	1
프로통산			6	4	0	0	11	2	1

이희현(李熙鉉) 한려대 1986.10.07

대회	연도	소속	출전	교체	득점	도움	파울	경고	퇴장
K2	2014	부천	0	0	0	0	0	0	0
	합계		0	0	0	0	0	0	0
프로통산			0	0	0	0	0	0	0

인디오(Antonio Rogerio Silva Oliveira) 브라질 1981.11.21

대회	연도	소속	출전	교체	득점	도움	파울	경고	퇴장
BC	2008	경남	27	12	10	6	24	2	0
	2009	경남	30	12	9	5	27	2	0
	2010	전남	25	11	8	5	17	1	0
	2011	전남	17	17	2	1	5	1	0
	합계		99	52	29	17	73	6	0
프로통산			99	52	29	17	73	6	0

인준연(印峻延) 신평고 1991.03.12

대회	연도	소속	출전	교체	득점	도움	파울	경고	퇴장
BC	2012	대구	11	8	1	0	16	1	0
	합계		11	8	1	0	16	1	0
K2	2013	충주	14	11	2	1	17	3	0
	2014	대구	2	2	0	0	1	0	0
	2016	고양	30	14	2	1	45	9	1
	합계		46	27	4	2	63	12	1
프로통산			57	35	5	2	79	13	1

인지오(Jose Satiro do Nascimento) 브라질 1975.04.03

대회	연도	소속	출전	교체	득점	도움	파울	경고	퇴장
BC	2003	대구	19	2	3	3	28	1	0
	2004	대구	29	8	1	3	62	4	0
	2005	대구	15	8	0	1	14	2	0

	합계		63	18	4	7	104	7	0
프로통산			63	18	4	7	104	7	0

일류첸코(Iljutcenko Stanislav) 독일 1990.08.13

대회	연도	소속	출전	교체	득점	도움	파울	경고	퇴장
K1	2019	포항	18	9	9	2	30	5	0
	합계		18	9	9	2	30	5	0
프로통산			18	9	9	2	30	5	0

일리안(Micanski Ilian Emilov) 불가리아 1985.12.20

대회	연도	소속	출전	교체	득점	도움	파울	경고	퇴장
K1	2015	수원	8	7	0	0	11	1	0
	합계		8	7	0	0	11	1	0
프로통산			8	7	0	0	11	1	0

일리치(Sasa Ilić) 마케도니아 1970.09.05

대회	연도	소속	출전	교체	실점	도움	파울	경고	퇴장
BC	1995	대우	30	1	42	0	0	0	0
	1996	부산	27	0	35	0	0	1	0
	1997	부산	17	0	11	0	0	1	0
	합계		74	1	88	0	0	2	0
프로통산			74	1	88	0	0	2	0

임호(林虎) 경상대 1979.04.25

대회	연도	소속	출전	교체	득점	도움	파울	경고	퇴장
BC	2000	전남	4	4	0	1	2	0	0
	2001	전남	3	3	0	0	0	0	0
	2005	대구	11	5	0	0	35	3	0
	합계		18	12	0	1	37	3	0
프로통산			18	12	0	1	37	3	0

임경현(林京鉉) 숭실대 1986.10.06

대회	연도	소속	출전	교체	득점	도움	파울	경고	퇴장
BC	2009	부산	9	10	0	0	10	1	0
	2010	부산	1	1	0	0	1	0	0
	2010	수원	6	5	0	0	7	2	0
	2011	수원	3	2	0	1	10	2	0
	2012	수원	1	1	0	0	1	1	0
	합계		20	19	0	1	29	6	0
K1	2013	수원	2	2	0	0	0	0	0
	2013	전남	13	10	2	3	28	1	0
	합계		15	12	2	3	28	1	0
K2	2015	부천	13	13	2	1	19	5	0
	합계		13	13	2	1	19	5	0
프로통산			48	44	4	5	76	12	0

임경훈(林敬勳) 포철공고 1984.03.19

대회	연도	소속	출전	교체	득점	도움	파울	경고	퇴장
BC	2004	포항	0	0	0	0	0	0	0
	2006	경남	0	0	0	0	0	0	0
	2007	경남	0	0	0	0	0	0	0
	합계		0	0	0	0	0	0	0
프로통산			0	0	0	0	0	0	0

임고석(林告石) 성균관대 1960.02.18

대회	연도	소속	출전	교체	득점	도움	파울	경고	퇴장
BC	1983	대우	9	8	0	0	9	2	0
	1984	대우	11	8	4	0	4	0	0
	1985	대우	13	6	2	0	17	0	0
	1986	대우	25	8	5	2	35	1	0
	1987	현대	14	4	4	0	26	3	0
	1988	현대	19	10	4	1	31	1	0
	1989	유공	15	12	5	1	22	0	0
	1990	유공	5	5	0	0	5	2	0
	합계		111	61	24	4	149	9	0
프로통산			111	61	24	4	149	9	0

임관식(林官植) 호남대 1975.07.28

대회	연도	소속	출전	교체	득점	도움	파울	경고	퇴장
BC	1998	전남	27	14	0	1	39	4	0
	1999	전남	35	4	3	1	60	2	0
	2000	전남	34	9	1	2	61	4	0
	2001	전남	24	10	0	0	34	4	0
	2002	전남	27	14	0	0	55	1	0
	2003	전남	8	6	1	0	13	0	0
	2004	부산	28	16	0	3	65	2	0
	2005	부산	26	11	1	0	48	4	0
	2006	부산	29	15	0	3	55	2	0
	2007	전남	14	13	0	0	21	2	1
	2008	전남	3	3	0	0	3	1	0
	합계		255	115	6	10	454	26	1
프로통산			255	115	6	10	454	26	1

임규식(林奎植) 중앙대 1975.05.09

대회	연도	소속	출전	교체	득점	도움	파울	경고	퇴장
BC	1998	천안일	11	10	0	0	6	2	0
	합계		11	10	0	0	6	2	0
프로통산			11	10	0	0	6	2	0

임근영(林根永) 울산현대고 1995.05.15

대회	연도	소속	출전	교체	득점	도움	파울	경고	퇴장
K2	2014	대구	0	0	0	0	0	0	0
	합계		0	0	0	0	0	0	0
프로통산			0	0	0	0	0	0	0

임근재(林根載) 연세대 1969.11.05

대회	연도	소속	출전	교체	득점	도움	파울	경고	퇴장
BC	1992	LG	37	20	10	2	34	0	0
	1993	LG	24	20	6	1	20	1	0
	1994	LG	24	22	2	1	8	0	0
	1995	포항	2	2	0	0	1	0	0
	1996	포항	4	4	0	0	3	1	0
	합계		91	68	18	4	66	2	0
프로통산			91	68	18	4	66	2	0

임기한(林基漢) 대구대 1973.11.20

대회	연도	소속	출전	교체	득점	도움	파울	경고	퇴장
BC	1994	유공	5	5	2	0	1	0	0
	1995	유공	1	1	0	0	0	0	0
	1999	부천SK	6	6	0	0	2	0	0
	합계		12	12	2	0	3	0	0
프로통산			12	12	2	0	3	0	0

임대준(林大準) 건국대 1994.05.04

대회	연도	소속	출전	교체	득점	도움	파울	경고	퇴장
K1	2017	광주	5	4	0	0	4	1	0
	합계		5	4	0	0	4	1	0
K2	2018	성남	1	1	0	0	2	0	0
	합계		1	1	0	0	2	0	0
프로통산			6	5	0	0	6	1	0

임동준(任東俊) 단국대 1987.07.13

대회	연도	소속	출전	교체	득점	도움	파울	경고	퇴장
BC	2011	전북	1	1	0	0	1	0	0
	합계		1	1	0	0	1	0	0
프로통산			1	1	0	0	1	0	0

임동진(任東鎭) 명지대 1976.03.21

대회	연도	소속	출전	교체	득점	도움	파울	경고	퇴장
BC	1999	천안일	6	2	0	0	14	1	0
	합계		6	2	0	0	14	1	0
프로통산			6	2	0	0	14	1	0

임동천(林東天) 고려대 1992.11.13

대회	연도	소속	출전	교체	득점	도움	파울	경고	퇴장
K1	2014	울산	0	0	0	0	0	0	0
	합계		0	0	0	0	0	0	0
프로통산			0	0	0	0	0	0	0

임동혁(林東奕) 숭실대 1993.06.08

대회	연도	소속	출전	교체	득점	도움	파울	경고	퇴장
K2	2016	부천	8	7	0	0	3	0	0
	2017	부천	34	1	2	0	35	6	0
	2018	부천	33	0	2	1	32	4	1
	2019	부천	32	2	3	1	31	1	0
	합계		107	10	7	2	101	11	1
프로통산			107	10	7	2	101	11	1

임민혁(淋旼赫) 수원공고 1997.03.05

대회	연도	소속	출전	교체	득점	도움	파울	경고	퇴장
K1	2016	서울	3	2	0	0	5	2	0
	2017	서울	4	4	0	0	4	0	0
	합계		7	6	0	0	9	2	0
K2	2018	광주	28	18	2	2	33	2	0
	2019	광주	18	13	2	0	26	2	0
	합계		46	31	4	2	59	4	0
프로통산			53	37	4	2	68	6	0

임민혁(林民奕) 고려대 1994.03.05

대회	연도	소속	출전	교체	득점	도움	파울	경고	퇴장
K1	2017	전남	3	0	0	0	0	0	0
	합계		3	0	0	0	0	0	0
K2	2018	대전	9	2	0	0	0	2	0
	합계		9	2	0	0	0	2	0
프로통산			12	2	0	0	0	2	0

임상협(林相協) 일본 류츠케이자이대 1988.07.08

대회	연도	소속	출전	교체	득점	도움	파울	경고	퇴장
BC	2009	전북	17	16	1	1	10	1	0
	2010	전북	7	5	0	0	4	0	0
	2011	부산	34	11	10	2	66	9	0
	2012	부산	39	19	3	1	41	6	0
	합계		97	51	14	4	121	16	0
K1	2013	부산	36	6	9	4	36	5	0
	2014	부산	35	5	11	2	64	4	1
	2016	상주	25	19	8	3	14	3	0
	2018	수원	19	14	2	1	6	2	0
	2019	수원	2	2	0	0	1	1	0
	2019	제주	4	3	0	0	3	0	0
	합계		121	49	30	10	124	15	1
K2	2015	상주	34	20	12	3	29	4	0
	2016	부산	8	7	1	0	4	0	0
	2017	부산	30	15	6	4	39	2	0
	합계		72	42	19	7	72	6	0
프로통산			290	142	63	21	317	37	1

임석현(林錫炫) 연세대 1960.10.13

대회	연도	소속	출전	교체	득점	도움	파울	경고	퇴장
BC	1983	국민은	12	6	3	2	7	0	0
	1984	국민은	22	7	3	1	10	1	0
	1985	상무	2	2	0	0	1	0	0
	합계		36	15	6	3	18	1	0
프로통산			36	15	6	3	18	1	0

임선영(林善永) 수원대 1988.03.21

대회	연도	소속	출전	교체	득점	도움	파울	경고	퇴장
BC	2011	광주	20	14	0	1	14	2	0
	2012	광주	23	23	1	0	19	0	0
	합계		43	37	1	1	33	2	0
K1	2015	광주	29	11	4	1	31	0	0
	2017	광주	8	4	0	0	4	0	0
	2018	전북	19	12	3	2	20	2	0
	2019	전북	22	16	5	3	25	0	0
	합계		78	43	12	6	80	2	0
K2	2013	광주	21	11	4	5	27	3	0
	2014	광주	22	6	7	1	33	1	0
	2016	안산무	7	4	1	0	8	0	0
	2017	아산	13	7	3	1	9	0	0
	합계		63	28	15	7	77	4	0
승	2014	광주	2	1	0	0	4	0	0
	합계		2	1	0	0	4	0	0
프로통산			186	109	28	14	194	8	0

임성근(林聖根) 경상대 1963.10.01

대회	연도	소속	출전	교체	득점	도움	파울	경고	퇴장
BC	1987	럭금	11	11	1	0	3	0	0
	합계		11	11	1	0	3	0	0
프로통산			11	11	1	0	3	0	0

임성택(林成澤) 아주대 1988.07.19

대회	연도	소속	출전	교체	득점	도움	파울	경고	퇴장
BC	2011	대구	0	0	0	0	0	0	0
	합계		0	0	0	0	0	0	0
K1	2016	상주	4	5	0	0	0	0	0
	2017	상주	7	7	1	0	4	0	0

대회	연도	소속	출전	교체	득점	도움	파울	경고	퇴장
	합계		11	12	1	0	4	0	0
K2	2013	수원FC	28	18	4	4	28	2	0
	2014	수원FC	34	17	6	3	35	2	0
	2015	수원FC	22	14	9	2	14	2	0
	2017	수원FC	4	4	0	0	3	0	0
	합계		88	53	19	9	80	6	0
승	2015	수원FC	2	1	1	0	8	0	0
	합계		2	1	1	0	8	0	0
프로통산			101	66	21	9	92	6	0

임세진(任世鎭) 성균관대 1977.09.20

대회	연도	소속	출전	교체	득점	도움	파울	경고	퇴장
BC	2000	수원	0	0	0	0	0	0	0
	합계		0	0	0	0	0	0	0
프로통산			0	0	0	0	0	0	0

임세현(任世賢) 선문대 1988.05.30

대회	연도	소속	출전	교체	득점	도움	파울	경고	퇴장
BC	2011	성남일	5	5	0	0	3	0	0
	합계		5	5	0	0	3	0	0
프로통산			5	5	0	0	3	0	0

임승겸(林昇謙) 현대고 1995.04.26

대회	연도	소속	출전	교체	득점	도움	파울	경고	퇴장
K1	2019	성남	17	7	0	0	15	5	0
	합계		17	7	0	0	15	5	0
프로통산			17	7	0	0	15	5	0

임영주(林暎周) 동국대 1976.03.08

대회	연도	소속	출전	교체	득점	도움	파울	경고	퇴장
BC	1999	대전	27	21	3	2	24	0	0
	2000	대전	21	21	0	0	17	2	0
	2001	대전	4	2	0	2	2	0	0
	2002	대전	9	5	0	0	14	0	0
	2003	대전	26	17	2	0	29	2	0
	2004	대전	18	10	0	0	25	0	0
	2005	대전	20	16	0	0	16	3	0
	2006	대전	24	20	0	1	26	1	0
	2007	대전	25	13	1	1	31	2	0
	합계		174	125	6	6	184	10	0
프로통산			174	125	6	6	184	10	0

임용주(林龍柱) 경원고 1959.03.08

대회	연도	소속	출전	교체	실점	도움	파울	경고	퇴장
BC	1983	포철	4	0	3	0	0	0	0
	합계		4	0	3	0	0	0	0
프로통산			4	0	3	0	0	0	0

임유환(林裕煥) 한양대 1983.12.02

대회	연도	소속	출전	교체	득점	도움	파울	경고	퇴장
BC	2004	전북	12	3	1	0	29	1	0
	2005	전북	16	6	0	0	20	2	1
	2006	전북	3	0	1	0	10	2	0
	2007	울산	16	5	0	0	19	2	0
	2007	전북	7	2	0	0	13	1	0
	2008	전북	34	1	3	0	50	6	0
	2009	전북	23	3	0	0	16	5	0
	2010	전북	19	3	0	1	35	3	0
	2011	전북	11	1	2	0	14	2	0
	2012	전북	27	3	2	0	32	5	0
	합계		168	27	9	1	238	29	1
K1	2013	전북	8	0	0	1	16	4	0
	합계		8	0	0	1	16	4	0
K2	2017	부산	6	4	0	0	4	1	0
	합계		6	4	0	0	4	1	0
승	2017	부산	1	0	0	0	1	0	0
	합계		1	0	0	0	1	0	0
프로통산			183	31	9	2	259	34	1

임은수(林恩水) 동국대 1996.04.01

대회	연도	소속	출전	교체	득점	도움	파울	경고	퇴장
K1	2018	인천	21	8	1	0	32	6	0
	2019	인천	13	0	0	0	18	3	0
	합계		34	8	1	0	50	9	0
프로통산			34	8	1	0	50	9	0

임인성(林忍星) 홍익대 1985.07.23

대회	연도	소속	출전	교체	실점	도움	파울	경고	퇴장
BC	2010	광주상	1	0	3	0	0	0	0
	2011	상주	1	0	2	0	0	0	0
	합계		2	0	5	0	0	0	0
프로통산			2	0	5	0	0	0	0

임장묵(林張默) 경희대 1961.05.10

대회	연도	소속	출전	교체	득점	도움	파울	경고	퇴장
BC	1985	한일은	4	4	0	0	1	0	0
	1986	한일은	1	0	0	0	0	0	0
	합계		5	4	0	0	1	0	0
프로통산			5	4	0	0	1	0	0

임재선(林財善) 인천대 1968.06.10

대회	연도	소속	출전	교체	득점	도움	파울	경고	퇴장
BC	1991	LG	3	3	0	0	3	0	0
	1991	현대	16	11	1	1	16	2	0
	1992	현대	27	5	3	2	49	2	0
	1993	현대	31	7	6	3	50	5	0
	1994	현대	23	7	7	1	31	5	0
	1995	현대	21	21	1	1	21	2	0
	1996	울산	23	18	4	4	25	1	0
	1997	전남	22	17	1	1	31	2	0
	1998	천안일	9	9	0	1	7	0	0
	합계		175	98	23	14	233	19	0
프로통산			175	98	23	14	233	19	0

임재혁(任宰赫) 신갈고 1999.02.06

대회	연도	소속	출전	교체	득점	도움	파울	경고	퇴장
K1	2018	대구	8	7	1	0	10	0	0
	2019	대구	0	0	0	0	0	0	0
	합계		8	7	1	0	10	0	0
프로통산			8	7	1	0	10	0	0

임재훈(林在勳) 명지대 1987.01.01

대회	연도	소속	출전	교체	득점	도움	파울	경고	퇴장
BC	2009	성남일	2	2	0	0	0	0	0
	합계		2	2	0	0	0	0	0
프로통산			2	2	0	0	0	0	0

임종국(林鐘國) 단국대학원 1968.04.13

대회	연도	소속	출전	교체	실점	도움	파울	경고	퇴장
BC	1991	LG	4	1	6	0	0	0	0
	1992	LG	14	1	16	0	0	0	0
	1995	LG	6	0	13	0	0	0	0
	1996	안양LG	16	0	21	0	0	0	0
	1997	안양LG	25	0	38	0	1	2	0
	1998	안양LG	19	2	20	0	2	1	0
	1999	안양LG	27	0	41	0	3	3	0
	2001	부산	0	0	0	0	0	0	0
	합계		111	4	155	0	6	6	0
프로통산			111	4	155	0	6	6	0

임종욱(林鐘旭) 경희대 1986.08.26

대회	연도	소속	출전	교체	득점	도움	파울	경고	퇴장
K2	2013	충주	30	23	4	2	50	10	0
	합계		30	23	4	2	50	10	0
프로통산			30	23	4	2	50	10	0

임종은(林宗垠) 현대고 1990.06.18

대회	연도	소속	출전	교체	득점	도움	파울	경고	퇴장
BC	2009	울산	19	1	0	0	25	3	1
	2012	성남일	38	5	2	1	30	4	0
	합계		57	6	2	1	55	7	1
K1	2013	전남	34	3	2	0	24	4	0
	2014	전남	29	6	0	0	19	2	0
	2015	전남	28	5	1	0	24	5	0
	2016	전북	28	3	0	0	28	8	0
	2017	전북	20	6	0	0	18	1	0
	2018	울산	31	5	2	1	17	2	0
	합계		170	28	5	1	130	22	0
프로통산			227	34	7	2	185	29	1

임종헌(林鍾憲) 고려대 1966.03.08

대회	연도	소속	출전	교체	득점	도움	파울	경고	퇴장
BC	1989	일화	40	0	0	1	19	0	0
	1990	일화	28	1	0	2	23	4	0
	1991	일화	30	4	0	0	19	2	0
	1992	일화	15	8	0	0	8	1	0
	1993	일화	7	6	0	0	1	0	0
	1994	현대	16	4	0	0	8	3	0
	1995	현대	29	6	0	1	14	4	0
	1996	울산	13	6	1	0	7	4	0
	합계		178	35	1	4	99	18	0
프로통산			178	35	1	4	99	18	0

임종훈(林鍾勳) 배재대 1976.06.14

대회	연도	소속	출전	교체	득점	도움	파울	경고	퇴장
BC	1999	전북	0	0	0	0	0	0	0
	2002	전북	11	4	0	1	12	3	0
	2003	전북	21	9	1	0	23	4	0
	2004	인천	3	1	0	0	5	1	0
	2004	전북	17	4	0	0	26	4	0
	2005	전북	7	3	0	0	10	3	0
	합계		59	21	1	1	76	15	0
프로통산			59	21	1	1	76	15	0

임준식(林俊植) 충남기계공고 1997.02.14

대회	연도	소속	출전	교체	득점	도움	파울	경고	퇴장
K2	2016	대전	0	0	0	0	0	0	0
	합계		0	0	0	0	0	0	0
프로통산			0	0	0	0	0	0	0

임준식(林俊植) 영남대 1981.09.13

대회	연도	소속	출전	교체	득점	도움	파울	경고	퇴장
BC	2004	전남	1	0	0	0	0	1	0
	합계		1	0	0	0	0	1	0
프로통산			1	0	0	0	0	1	0

임중용(林重容) 성균관대 1975.04.21

대회	연도	소속	출전	교체	득점	도움	파울	경고	퇴장
BC	1999	부산	34	14	1	2	53	5	0
	2000	부산	24	14	0	1	33	3	1
	2001	부산	2	1	0	0	0	0	0
	2003	대구	15	9	1	0	33	2	0
	2004	인천	29	4	1	0	29	3	1
	2005	인천	39	1	3	2	31	2	0
	2006	인천	32	0	1	0	18	3	0
	2007	인천	33	2	0	0	27	3	1
	2008	인천	25	3	0	0	21	4	0
	2009	인천	34	0	1	0	44	7	0
	2010	인천	26	2	0	0	21	4	0
	2011	인천	1	1	0	0	0	0	0
	합계		294	51	8	5	310	36	3
프로통산			294	51	8	5	310	36	3

임지훈(林知訓) 통진고 2000.04.22

대회	연도	소속	출전	교체	득점	도움	파울	경고	퇴장
K2	2019	수원FC	0	0	0	0	0	0	0
	합계		0	0	0	0	0	0	0
프로통산			0	0	0	0	0	0	0

임진영(林眞穎) 울산과학대 1980.05.11

대회	연도	소속	출전	교체	득점	도움	파울	경고	퇴장
BC	2006	성남일	7	5	0	0	13	1	0
	합계		7	5	0	0	13	1	0
프로통산			7	5	0	0	13	1	0

임진우(林珍佑) 영남대 1993.06.15

대회	연도	소속	출전	교체	득점	도움	파울	경고	퇴장
K2	2019	광주	0	0	0	0	0	0	0
	합계		0	0	0	0	0	0	0
프로통산			0	0	0	0	0	0	0

임진욱(林珍旭) 동국대 1991.04.22

대회	연도	소속	출전	교체	득점	도움	파울	경고	퇴장
K2	2014	충주	21	11	7	0	22	0	0
	2015	충주	18	11	2	1	9	2	0

대회	연도	소속	출전	교체	득점	도움	파울	경고	퇴장
	합계		39	22	9	1	31	2	0
프로통산			39	22	9	1	31	2	0

임찬울(任찬울) 한양대 1994.07.14

대회	연도	소속	출전	교체	득점	도움	파울	경고	퇴장
K1	2017	강원	18	18	2	2	8	2	0
	2018	강원	13	13	0	2	3	0	0
	2019	제주	11	10	0	1	5	1	0
	합계		42	41	2	5	16	3	0
프로통산			42	41	2	5	16	3	0

임창균(林昌均) 경희대 1990.04.19

대회	연도	소속	출전	교체	득점	도움	파울	경고	퇴장
K1	2014	경남	5	5	0	0	4	1	0
	2016	수원FC	12	8	1	1	14	2	0
	합계		17	13	1	1	18	3	0
K2	2013	부천	32	10	5	7	24	6	0
	2015	경남	35	24	4	9	18	3	0
	2016	경남	18	8	0	3	12	1	0
	2017	수원FC	27	23	3	2	29	4	0
	2018	아산	4	3	2	0	0	1	0
	2019	아산	12	12	0	0	8	0	0
	2019	수원FC	11	11	0	2	12	2	0
	합계		139	91	14	23	103	17	0
프로통산			156	104	15	24	121	20	0

임창우(任倉佑) 현대고 1992.02.13

대회	연도	소속	출전	교체	득점	도움	파울	경고	퇴장
BC	2011	울산	0	0	0	0	0	0	0
	2012	울산	6	1	0	0	5	1	0
	합계		6	1	0	0	5	1	0
K1	2013	울산	0	0	0	0	0	0	0
	2015	울산	27	3	1	0	25	6	0
	합계		27	3	1	0	25	6	0
K2	2014	대전	28	3	2	0	29	1	0
	합계		28	3	2	0	29	1	0
프로통산			61	7	3	0	59	8	0

임채민(林採民) 영남대 1990.11.18

대회	연도	소속	출전	교체	득점	도움	파울	경고	퇴장
K1	2013	성남일	21	3	3	0	20	5	2
	2014	성남	34	1	0	1	37	9	0
	2015	성남	13	0	0	1	13	3	0
	2016	성남	21	3	0	0	14	4	0
	2017	상주	20	3	1	0	23	3	0
	2018	상주	17	1	2	0	19	3	0
	2019	성남	25	3	2	0	24	6	0
	합계		151	14	8	2	150	33	2
K2	2018	성남	10	0	0	0	13	0	0
	합계		10	0	0	0	13	0	0
승	2016	성남	2	0	0	0	4	2	0
	2017	상주	2	0	0	0	2	2	0
	합계		4	0	0	0	6	4	0
프로통산			165	14	8	2	169	37	2

임충현(林忠炫) 광운대 1983.07.20

대회	연도	소속	출전	교체	득점	도움	파울	경고	퇴장
BC	2007	대전	15	2	0	0	38	3	0
	합계		15	2	0	0	38	3	0
프로통산			15	2	0	0	38	3	0

임태섭(林太燮) 홍익대 1990.06.23

대회	연도	소속	출전	교체	득점	도움	파울	경고	퇴장
K2	2013	충주	12	12	2	1	12	1	0
	합계		12	12	2	1	12	1	0
프로통산			12	12	2	1	12	1	0

임하람(林하람) 연세대 1990.11.18

대회	연도	소속	출전	교체	득점	도움	파울	경고	퇴장
BC	2011	광주	14	4	0	0	34	5	0
	2012	광주	12	2	0	0	20	2	0
	합계		26	6	0	0	54	7	0
K1	2014	인천	12	8	0	0	10	1	0
	2016	수원FC	17	3	0	0	21	3	0
	합계		29	11	0	0	31	4	0
K2	2013	광주	28	3	0	0	46	3	0
	2015	수원FC	31	8	0	0	50	10	0
	2017	수원FC	14	5	0	0	15	2	0
	2018	수원FC	4	2	0	0	8	1	0
	합계		77	18	0	0	119	16	0
승	2015	수원FC	1	0	0	0	2	0	1
	합계		1	0	0	0	2	0	1
프로통산			133	35	0	0	206	27	1

임현우(林炫佑) 아주대 1983.03.26

대회	연도	소속	출전	교체	득점	도움	파울	경고	퇴장
BC	2005	대구	1	1	0	0	0	0	0
	2006	대구	2	2	0	0	2	0	0
	2007	대구	19	12	0	1	8	0	0
	2008	대구	20	11	0	1	14	1	0
	2009	대구	3	3	0	0	0	0	0
	합계		45	29	0	2	24	1	0
프로통산			45	29	0	2	24	1	0

임홍현(林弘賢) 홍익대 1994.01.03

대회	연도	소속	출전	교체	**실점**	도움	파울	경고	퇴장
K2	2016	고양	4	0	7	0	0	0	0
	합계		4	0	7	0	0	0	0
프로통산			4	0	7	0	0	0	0

자심(Abbas Jassim) 이라크 1973.12.10

대회	연도	소속	출전	교체	득점	도움	파울	경고	퇴장
BC	1996	안양LG	31	18	4	5	26	3	0
	1997	안양LG	5	5	0	0	7	0	0
	1997	포항	15	11	2	1	12	3	0
	1998	포항	26	19	2	2	34	6	0
	1999	포항	19	18	2	4	14	0	0
	2000	포항	27	18	3	1	34	0	0
	2001	포항	7	5	2	1	3	1	0
	합계		130	94	15	14	130	13	0
프로통산			130	94	15	14	130	13	0

자엘(Jael Ferreira Vieira) 브라질 1988.10.30

대회	연도	소속	출전	교체	득점	도움	파울	경고	퇴장
BC	2012	성남일	15	4	2	4	41	5	0
	합계		15	4	2	4	41	5	0
프로통산			15	4	2	4	41	5	0

자이로(Jairo Silva Santos) 브라질 1989.10.31

대회	연도	소속	출전	교체	득점	도움	파울	경고	퇴장
K2	2016	안양	12	9	0	2	27	4	0
	합계		12	9	0	2	27	4	0
프로통산			12	9	0	2	27	4	0

자일(Jair Eduardo Britto da Silva) 브라질 1988.06.10

대회	연도	소속	출전	교체	득점	도움	파울	경고	퇴장
BC	2011	제주	11	10	2	2	11	3	0
	2012	제주	44	16	18	9	49	0	0
	합계		55	26	20	11	60	3	0
K1	2016	전남	20	10	10	6	13	2	0
	2017	전남	35	19	16	3	25	4	0
	합계		55	29	26	9	38	6	0
프로통산			110	55	46	20	98	9	0

자크미치(Muhamed Dzakmić) 보스니아 헤르체고비나 1985.08.23

대회	연도	소속	출전	교체	득점	도움	파울	경고	퇴장
BC	2011	강원	17	8	0	2	27	4	0
	2012	강원	21	9	0	0	41	3	0
	합계		38	17	0	2	68	7	0
프로통산			38	17	0	2	68	7	0

자파(Jonas Augusto Bouvie) 브라질 1986.10.05

대회	연도	소속	출전	교체	득점	도움	파울	경고	퇴장
K2	2014	수원FC	18	5	7	1	27	2	0
	2015	수원FC	35	15	21	7	31	3	0
	합계		53	20	28	8	58	5	0
승	2015	수원FC	2	1	1	1	2	1	0
	합계		2	1	1	1	2	1	0
프로통산			55	21	29	9	60	6	0

잔코(Zanko Savov) 마케도니아 1965.10.14

대회	연도	소속	출전	교체	득점	도움	파울	경고	퇴장
BC	1995	전북	8	1	1	1	17	2	0
	1996	전북	32	15	3	2	33	2	0
	1997	전북	28	13	8	3	36	2	0
	1998	전북	25	21	4	0	19	1	0
	합계		93	50	16	6	105	7	0
프로통산			93	50	16	6	105	7	0

장경영(張景寧) 선문대 1982.03.12

대회	연도	소속	출전	교체	득점	도움	파울	경고	퇴장
BC	2006	인천	1	1	0	0	0	0	0
	합계		1	1	0	0	0	0	0
프로통산			1	1	0	0	0	0	0

장경진(張敬珍) 광양제철고 1983.08.31

대회	연도	소속	출전	교체	득점	도움	파울	경고	퇴장
BC	2002	전남	0	0	0	0	0	0	0
	2004	전남	2	1	0	0	1	0	0
	2005	인천	14	2	1	0	17	2	0
	2006	인천	27	1	0	0	53	5	0
	2007	인천	29	5	3	0	62	3	0
	2008	광주상	12	1	0	0	15	6	0
	2009	광주상	13	10	0	0	14	0	0
	2011	인천	14	7	0	0	20	5	0
	2012	광주	6	3	0	0	8	2	0
	합계		117	30	4	0	190	23	0
프로통산			117	30	4	0	190	23	0

장기봉(張基奉) 중앙대 1977.07.08

대회	연도	소속	출전	교체	득점	도움	파울	경고	퇴장
BC	2000	부산	0	0	0	0	0	0	0
	2001	부산	1	1	0	0	1	0	0
	합계		1	1	0	0	1	0	0
프로통산			1	1	0	0	1	0	0

장기정(張起淨) 전주대 1971.06.27

대회	연도	소속	출전	교체	득점	도움	파울	경고	퇴장
BC	1994	버팔로	1	1	0	0	2	0	0
	합계		1	1	0	0	2	0	0
프로통산			1	1	0	0	2	0	0

장남석(張南錫) 중앙대 1983.04.18

대회	연도	소속	출전	교체	득점	도움	파울	경고	퇴장
BC	2006	대구	36	23	9	4	39	3	0
	2007	대구	16	13	2	2	20	1	0
	2008	대구	29	21	11	4	44	2	0
	2009	대구	15	7	0	0	18	3	0
	2010	대구	24	12	4	5	36	2	0
	2011	상주	16	4	3	4	29	1	0
	합계		136	80	29	19	186	12	0
프로통산			136	80	29	19	186	12	0

장대일(張大一) 연세대 1975.03.09

대회	연도	소속	출전	교체	득점	도움	파울	경고	퇴장
BC	1998	천안일	14	5	2	0	10	0	0
	1999	천안일	21	10	3	2	41	4	0
	2000	성남일	5	3	0	0	1	0	0
	2000	부산	11	1	0	0	9	1	0
	2001	부산	15	3	1	0	9	3	0
	2002	부산	5	3	0	0	2	0	0
	2003	부산	24	6	0	2	19	2	0
	합계		95	31	6	4	91	10	0
프로통산			95	31	6	4	91	10	0

장대희(張大熙) 중앙대 1994.04.19

대회	연도	소속	출전	교체	**실점**	도움	파울	경고	퇴장
K1	2015	울산	3	0	1	0	0	0	0
	2016	울산	3	0	6	0	0	0	0
	2017	울산	0	0	0	0	0	0	0
	2018	전남	5	0	13	0	0	0	0
	합계		11	0	20	0	0	0	0

대회	연도	소속	출전	교체	득점	도움	파울	경고	퇴장
프로통산			11	0	20	0	0	0	0

장동혁(張東爀) 명지대 1983.05.20

대회	연도	소속	출전	교체	득점	도움	파울	경고	퇴장
BC	2006	전남	12	9	0	0	26	3	0
	2007	전남	8	6	0	0	21	2	0
	2008	전남	1	1	0	0	0	0	0
	합계		21	16	0	0	47	5	0
프로통산			21	16	0	0	47	5	0

장동현(張東炫) 원주공고 1982.03.19

대회	연도	소속	출전	교체	득점	도움	파울	경고	퇴장
BC	2004	성남일	4	4	1	0	5	0	0
	합계		4	4	1	0	5	0	0
프로통산			4	4	1	0	5	0	0

장민석(張緡碩) 홍익대 1976.03.31

대회	연도	소속	출전	교체	득점	도움	파울	경고	퇴장
BC	1999	전북	13	13	1	0	17	1	0
	합계		13	13	1	0	17	1	0
프로통산			13	13	1	0	17	1	0

장백규(張伯圭) 선문대 1991.10.09

대회	연도	소속	출전	교체	득점	도움	파울	경고	퇴장
K2	2014	대구	18	10	3	4	16	0	0
	2015	대구	29	26	2	7	16	1	0
	2016	충주	28	21	4	0	23	1	0
	2019	부천	3	2	0	1	4	1	0
	합계		78	59	9	12	59	3	0
프로통산			78	59	9	12	59	3	0

장상원(張相元) 전주대 1977.09.30

대회	연도	소속	출전	교체	득점	도움	파울	경고	퇴장
BC	2003	울산	9	3	0	0	16	0	0
	2004	울산	14	13	1	0	21	1	0
	2005	울산	25	15	2	0	21	3	0
	2006	울산	30	20	2	0	25	4	0
	2007	울산	12	9	0	0	8	1	0
	2008	대구	10	9	0	0	6	2	0
	2009	대구	2	2	0	0	0	0	0
	합계		102	71	5	0	97	11	0
프로통산			102	71	5	0	97	11	0

장석민(張錫珉) 초당대 1989.07.25

대회	연도	소속	출전	교체	득점	도움	파울	경고	퇴장
BC	2011	강원	1	1	0	0	0	0	0
	합계		1	1	0	0	0	0	0
프로통산			1	1	0	0	0	0	0

장석원(張碩元) 단국대 1989.08.11

대회	연도	소속	출전	교체	득점	도움	파울	경고	퇴장
BC	2010	성남일	3	3	0	0	0	0	0
	2011	성남일	1	0	0	0	0	0	0
	2012	상주	2	2	0	0	1	0	0
	합계		6	5	0	0	1	0	0
K1	2014	성남	20	6	0	0	15	2	0
	2015	성남	18	3	0	0	14	2	0
	2016	성남	14	11	0	0	5	2	0
	합계		52	20	0	0	34	6	0
프로통산			58	25	0	0	35	6	0

장성욱(張成旭) 한성대 1979.09.01

대회	연도	소속	출전	교체	득점	도움	파울	경고	퇴장
BC	2002	울산	0	0	0	0	0	0	0
	합계		0	0	0	0	0	0	0
프로통산			0	0	0	0	0	0	0

장성원(張成源) 한남대 1997.06.17

대회	연도	소속	출전	교체	득점	도움	파울	경고	퇴장
K1	2018	대구	9	5	0	1	7	2	0
	2019	대구	18	13	0	1	11	3	0
	합계		27	18	0	2	18	5	0
프로통산			27	18	0	2	18	5	0

장성재(張成載) 고려대 1995.09.12

대회	연도	소속	출전	교체	득점	도움	파울	경고	퇴장
K1	2017	울산	2	2	0	0	2	0	0
	2018	울산	2	2	0	0	0	0	0
	합계		4	4	0	0	2	0	0
K2	2018	수원FC	11	10	0	1	8	0	0
	2019	수원FC	31	8	1	0	38	2	0
	합계		42	18	1	1	46	2	0
프로통산			46	22	1	1	48	2	0

장성천(張誠泉) 부산개성고 1989.05.05

대회	연도	소속	출전	교체	득점	도움	파울	경고	퇴장
BC	2008	제주	0	0	0	0	0	0	0
	합계		0	0	0	0	0	0	0
프로통산			0	0	0	0	0	0	0

장성현(章誠玹) 원광대 1995.07.16

대회	연도	소속	출전	교체	득점	도움	파울	경고	퇴장
K2	2018	광주	1	1	0	0	0	0	0
	합계		1	1	0	0	0	0	0
프로통산			1	1	0	0	0	0	0

장순혁(張淳赫) 중원대 1993.04.16

대회	연도	소속	출전	교체	득점	도움	파울	경고	퇴장
K1	2016	울산	0	0	0	0	0	0	0
	합계		0	0	0	0	0	0	0
K2	2018	부천	17	8	0	0	16	2	2
	2019	아산	28	6	0	0	24	3	0
	합계		45	14	0	0	40	5	2
프로통산			45	14	0	0	40	5	2

장영훈(張永勳) 경일대 1972.02.04

대회	연도	소속	출전	교체	득점	도움	파울	경고	퇴장
BC	1992	포철	21	15	1	2	19	1	0
	1993	포철	27	19	4	2	31	2	0
	1994	포철	5	3	0	0	8	2	0
	1995	포항	17	14	3	1	23	1	0
	1996	포항	24	19	1	2	43	5	0
	1997	포항	28	10	4	3	42	3	0
	1998	포항	7	5	1	1	3	0	0
	1998	안양LG	5	4	0	0	6	2	0
	1999	안양LG	11	9	1	1	13	1	0
	합계		145	98	15	12	188	17	0
프로통산			145	98	15	12	188	17	0

장외룡(張外龍) 연세대 1959.04.05

대회	연도	소속	출전	교체	득점	도움	파울	경고	퇴장
BC	1983	대우	15	0	0	1	26	1	0
	1984	대우	18	3	0	0	14	4	1
	1985	대우	20	0	0	0	17	3	0
	1986	대우	24	6	0	1	18	3	0
	합계		77	9	0	2	75	11	1
프로통산			77	9	0	2	75	11	1

장용익(張勇翼) 수원대 1989.01.01

대회	연도	소속	출전	교체	득점	도움	파울	경고	퇴장
BC	2011	전남	0	0	0	0	0	0	0
	합계		0	0	0	0	0	0	0
프로통산			0	0	0	0	0	0	0

장우창(張佑暢) 광운대 1978.10.18

대회	연도	소속	출전	교체	득점	도움	파울	경고	퇴장
BC	2004	인천	8	5	0	1	16	3	0
	2005	인천	12	8	0	0	12	1	0
	2006	부산	7	4	0	0	3	1	0
	합계		27	17	0	1	31	5	0
프로통산			27	17	0	1	31	5	0

장원석(張原碩) 호남대 1986.04.16

대회	연도	소속	출전	교체	득점	도움	파울	경고	퇴장
BC	2009	인천	16	7	1	0	37	6	0
	2010	인천	10	5	0	0	26	5	0
	2011	인천	24	5	2	3	51	8	0
	2012	인천	1	1	0	0	3	1	0
	2012	제주	9	2	0	1	13	1	0
	합계		60	20	3	4	130	21	0
K1	2013	제주	10	5	0	0	10	1	0
	합계		10	5	0	0	10	1	0
K2	2014	대전	31	9	1	4	33	4	0
	2017	대전	14	4	0	1	19	5	0
	2018	대전	8	4	0	0	6	0	0
	합계		53	17	1	5	58	9	0
프로통산			123	42	4	9	198	31	0

장윤호(張潤鎬) 영생고 1996.08.25

대회	연도	소속	출전	교체	득점	도움	파울	경고	퇴장
K1	2015	전북	10	7	2	0	20	2	0
	2016	전북	11	6	1	2	25	7	0
	2017	전북	17	11	1	3	28	2	0
	2018	전북	12	8	0	0	15	1	0
	2019	전북	2	2	0	0	1	0	0
	2019	인천	14	3	0	0	18	4	0
	합계		66	37	4	5	107	16	0
프로통산			66	37	4	5	107	16	0

장은규(張殷圭) 건국대 1992.08.15

대회	연도	소속	출전	교체	득점	도움	파울	경고	퇴장
K1	2014	제주	22	5	0	0	51	7	0
	2015	제주	10	7	0	0	14	4	0
	2018	상주	0	0	0	0	0	0	0
	2019	상주	0	0	0	0	0	0	0
	합계		32	12	0	0	65	11	0
K2	2016	경남	36	10	1	1	61	8	1
	2017	성남	9	5	0	1	7	0	0
	2018	안양	5	4	0	0	1	1	0
	합계		50	19	1	2	69	9	1
프로통산			82	31	1	2	134	20	1

장재완(張在完) 고려대 1983.06.04

대회	연도	소속	출전	교체	득점	도움	파울	경고	퇴장
BC	2006	울산	0	0	0	0	0	0	0
	합계		0	0	0	0	0	0	0
프로통산			0	0	0	0	0	0	0

장재우(張在佑) 숭실대 1988.01.07

대회	연도	소속	출전	교체	득점	도움	파울	경고	퇴장
BC	2010	인천	0	0	0	0	0	0	0
	합계		0	0	0	0	0	0	0
프로통산			0	0	0	0	0	0	0

장재학(張在學) 중앙대 1967.01.15

대회	연도	소속	출전	교체	득점	도움	파울	경고	퇴장
BC	1989	포철	15	7	0	1	17	1	0
	1991	현대	10	6	0	0	8	0	0
	합계		25	13	0	1	25	1	0
프로통산			25	13	0	1	25	1	0

장정(張政) 아주대 1964.05.05

대회	연도	소속	출전	교체	득점	도움	파울	경고	퇴장
BC	1987	럭금	26	3	0	0	46	4	0
	1988	럭금	7	1	0	0	8	0	0
	합계		33	4	0	0	54	4	0
프로통산			33	4	0	0	54	4	0

장조윤(張朝潤) 보인정보산업고 1988.01.01

대회	연도	소속	출전	교체	득점	도움	파울	경고	퇴장
BC	2007	전북	2	2	0	0	0	0	0
	합계		2	2	0	0	0	0	0
K2	2015	충주	11	10	1	0	4	0	0
	합계		11	10	1	0	4	0	0
프로통산			13	12	1	0	4	0	0

장주영(張柱泳) 청주대 1992.09.02

대회	연도	소속	출전	교체	득점	도움	파울	경고	퇴장
K2	2019	대전	6	3	0	0	5	0	0
	합계		6	3	0	0	5	0	0
프로통산			6	3	0	0	5	0	0

장준수(張準洙) 명지대 1996.06.24

대회	연도	소속	출전	교체	득점	도움	파울	경고	퇴장
K2	2019	안산	0	0	0	0	0	0	0
	합계		0	0	0	0	0	0	0
프로통산			0	0	0	0	0	0	0

장준영(張竣營) 용인대 1993.02.04

대회	연도	소속	출전	교체	득점	도움	파울	경고	퇴장
K2	2016	대전	20	1	1	0	33	4	0
	2017	대전	23	3	1	0	16	7	0
	2019	수원FC	25	5	3	3	29	5	0
	합계		68	9	5	3	78	16	0
프로통산			68	9	5	3	78	16	0

장지현(張地鉉) 성균관대 1975.04.11

대회	연도	소속	출전	교체	득점	도움	파울	경고	퇴장
BC	1999	수원	18	8	0	2	31	4	0
	2000	수원	30	13	3	0	70	4	1
	2001	수원	8	7	0	1	16	0	0
	2004	수원	2	0	0	0	4	0	0
	2005	수원	8	4	0	0	19	1	0
	2006	전북	15	10	3	0	41	3	0
	2007	전북	13	9	0	1	17	3	0
	합계		94	51	6	4	198	15	1
프로통산			94	51	6	4	198	15	1

장창순(張暢純) 전북대 1962.09.01

대회	연도	소속	출전	교체	득점	도움	파울	경고	퇴장
BC	1985	상무	10	6	0	2	9	1	0
	1989	일화	9	10	0	0	2	0	0
	합계		19	16	0	2	11	1	0
프로통산			19	16	0	2	11	1	0

장철민(張鐵民) 부산공대(부경대) 1972.05.19

대회	연도	소속	출전	교체	득점	도움	파울	경고	퇴장
BC	1995	전북	17	15	1	0	12	1	0
	1996	전북	5	5	1	0	3	0	0
	1997	울산	7	6	0	1	5	0	0
	1998	울산	26	22	4	6	33	2	0
	1999	울산	6	5	0	0	2	0	0
	2000	울산	26	19	1	2	12	0	0
	2001	울산	9	7	1	3	11	0	0
	2002	울산	6	6	0	0	9	0	0
	합계		102	85	8	12	87	3	0
프로통산			102	85	8	12	87	3	0

장철용(張喆榕) 남부대 1995.11.13

대회	연도	소속	출전	교체	득점	도움	파울	경고	퇴장
K1	2017	포항	11	8	0	0	8	1	0
	합계		11	8	0	0	8	1	0
프로통산			11	8	0	0	8	1	0

장철우(張鐵雨) 아주대 1971.04.01

대회	연도	소속	출전	교체	득점	도움	파울	경고	퇴장
BC	1997	대전	32	5	2	3	33	3	0
	1998	대전	28	9	5	3	33	2	0
	1999	대전	30	9	8	5	39	4	1
	2000	대전	21	6	5	0	32	3	0
	2001	대전	31	2	1	1	69	5	0
	2002	대전	32	5	2	3	58	7	0
	2003	대전	40	3	0	1	66	6	0
	2004	대전	31	2	0	6	39	5	0
	2005	대전	29	6	0	0	54	5	0
	합계		274	47	23	22	423	40	1
프로통산			274	47	23	22	423	40	1

장클로드(Jane Claude Adrimer Bozga) 루마니아 1984.06.01

대회	연도	소속	출전	교체	득점	도움	파울	경고	퇴장
K2	2016	대전	37	4	2	1	57	12	0
	합계		37	4	2	1	57	12	0
프로통산			37	4	2	1	57	12	0

장태규(張汰圭) 아주대 1976.04.25

대회	연도	소속	출전	교체	득점	도움	파울	경고	퇴장
BC	1999	부산	2	3	0	0	1	1	0
	2000	부산	0	0	0	0	0	0	0
	합계		2	3	0	0	1	1	0
프로통산			2	3	0	0	1	1	0

장학영(張學榮) 경기대 1981.08.24

대회	연도	소속	출전	교체	득점	도움	파울	경고	퇴장
BC	2004	성남일	16	8	0	0	13	1	0
	2005	성남일	36	2	0	0	48	4	0
	2006	성남일	42	1	2	3	60	1	0
	2007	성남일	29	0	3	2	31	2	0
	2008	성남일	37	1	1	1	45	3	0
	2009	성남일	36	2	0	4	42	3	1
	2010	성남일	15	0	3	1	17	2	0
	2012	부산	23	2	0	0	32	7	0
	합계		234	16	9	11	288	23	1
K1	2013	부산	37	0	3	2	16	3	0
	2014	부산	33	4	0	3	23	2	0
	2015	성남	17	2	0	1	14	3	0
	2016	성남	31	2	0	2	36	4	0
	합계		118	8	3	8	89	12	0
K2	2017	성남	11	7	0	0	6	2	0
	합계		11	7	0	0	6	2	0
승	2016	성남	2	0	0	0	1	1	0
	합계		2	0	0	0	1	1	0
프로통산			365	31	12	19	384	38	1

장혁진(張爀鎭) 배재대 1989.12.06

대회	연도	소속	출전	교체	득점	도움	파울	경고	퇴장
BC	2011	강원	8	7	0	0	8	0	0
	2012	강원	15	12	1	1	15	1	0
	합계		23	19	1	1	23	1	0
K1	2014	상주	7	7	0	1	6	0	0
	합계		7	7	0	1	6	0	0
K2	2013	상주	10	10	1	0	13	0	0
	2014	강원	9	3	0	2	10	1	0
	2015	강원	29	11	2	2	43	6	0
	2016	강원	37	21	2	5	30	2	0
	2017	안산	33	1	2	13	52	5	0
	2018	안산	34	12	3	8	42	1	0
	2019	안산	34	12	5	9	31	6	0
	합계		186	70	15	39	221	21	0
승	2016	강원	2	2	0	0	0	0	0
	합계		2	2	0	0	0	0	0
프로통산			218	98	16	41	250	22	0

장현규(張鉉奎) 울산대 1981.08.22

대회	연도	소속	출전	교체	득점	도움	파울	경고	퇴장
BC	2004	대전	22	6	2	0	31	2	0
	2005	대전	24	4	0	0	45	5	0
	2006	대전	36	7	0	0	52	3	0
	2007	대전	19	5	0	0	27	4	0
	2008	포항	22	3	1	0	38	3	0
	2009	광주상	29	7	3	2	24	0	0
	2010	광주상	21	2	0	0	23	2	0
	2010	포항	1	1	0	0	3	1	0
	2011	포항	5	2	0	0	4	1	0
	합계		179	37	6	2	247	21	0
프로통산			179	37	6	2	247	21	0

장현수(張鉉洙) 용인대 1993.01.01

대회	연도	소속	출전	교체	득점	도움	파울	경고	퇴장
K1	2015	수원	4	4	0	1	2	0	0
	2016	수원	1	1	0	0	2	1	0
	2017	수원	1	1	1	0	3	0	0
	합계		6	6	1	1	7	1	0
K2	2016	부산	13	11	2	1	11	1	0
	2019	부천	25	21	1	0	22	2	0
	합계		38	32	3	1	33	3	0
프로통산			44	38	4	2	40	4	0

장현우(張現宇) 동북고 1993.05.26

대회	연도	소속	출전	교체	득점	도움	파울	경고	퇴장
K1	2014	상주	0	0	0	0	0	0	0
	합계		0	0	0	0	0	0	0
K2	2015	상주	1	1	0	0	3	0	0
	2016	부산	1	0	0	0	2	0	0
	합계		2	1	0	0	5	0	0
프로통산			2	1	0	0	5	0	0

장현호(張現浩) 고려대 1972.10.14

대회	연도	소속	출전	교체	득점	도움	파울	경고	퇴장
BC	1995	포항	26	2	0	1	26	2	0
	1996	포항	26	4	0	0	31	2	1
	1997	포항	23	6	0	0	32	1	0
	2000	포항	10	2	0	0	10	3	0
	2001	성남일	0	0	0	0	0	0	0
	합계		85	14	0	1	99	8	1
프로통산			85	14	0	1	99	8	1

장형곤(張炯坤) 경희고 1961.01.29

대회	연도	소속	출전	교체	득점	도움	파울	경고	퇴장
BC	1984	현대	1	1	0	0	2	0	0
	합계		1	1	0	0	2	0	0
프로통산			1	1	0	0	2	0	0

장형관(張馨官) 인천대 1980.07.19

대회	연도	소속	출전	교체	득점	도움	파울	경고	퇴장
BC	2003	대구	14	12	0	0	10	2	0
	2004	대구	3	2	0	0	4	0	0
	합계		17	14	0	0	14	2	0
프로통산			17	14	0	0	14	2	0

장형석(張亨碩) 성보고 1972.07.07

대회	연도	소속	출전	교체	득점	도움	파울	경고	퇴장
BC	1992	현대	12	9	1	0	10	1	0
	1993	현대	1	1	0	1	0	0	0
	1995	현대	3	1	0	0	7	1	0
	1996	울산	28	9	5	0	52	5	1
	1997	울산	25	1	1	2	46	6	0
	1998	울산	18	13	0	0	30	2	0
	1999	울산	21	5	1	0	33	1	0
	1999	안양LG	10	4	0	1	18	3	0
	2002	부천SK	17	10	0	0	19	3	0
	합계		135	53	8	4	215	22	1
프로통산			135	53	8	4	215	22	1

장호익(張鎬翼) 호남대 1993.12.04

대회	연도	소속	출전	교체	득점	도움	파울	경고	퇴장
K1	2016	수원	16	2	0	0	27	2	0
	2017	수원	19	6	0	1	27	4	0
	2018	수원	24	5	0	2	27	4	1
	2019	상주	0	0	0	0	0	0	0
	합계		59	13	0	3	81	10	1
프로통산			59	13	0	3	81	10	1

쟈스민(Jasmin Mujdza) 크로아티아 1974.03.02

대회	연도	소속	출전	교체	득점	도움	파울	경고	퇴장
	2002	성남일	16	5	0	0	25	0	0
	합계		16	5	0	0	25	0	0
프로통산			16	5	0	0	25	0	0

전경준(全慶埈) 경북산업대(경일대) 1973.09.10

대회	연도	소속	출전	교체	득점	도움	파울	경고	퇴장
BC	1993	포철	8	7	0	1	5	0	0
	1994	포철	2	2	0	0	1	0	0
	1995	포항	19	19	0	1	13	3	0
	1996	포항	32	25	5	3	36	1	0
	1997	포항	33	18	2	3	33	3	0
	1998	포항	23	18	2	2	16	0	0
	1999	포항	10	7	0	0	10	0	0
	1999	부천SK	17	15	2	4	17	1	0
	2000	부천SK	38	37	7	13	24	4	1
	2001	부천SK	30	28	3	3	18	0	1
	2002	전북	32	13	4	3	33	3	0
	2003	전북	25	18	2	4	32	1	0
	2004	전북	11	11	1	0	6	0	0
	2005	전북	7	7	0	0	5	1	0
	합계		287	225	28	37	249	17	2
프로통산			287	225	28	37	249	17	2

전경진(全景鎭) 한양대 1976.02.10

대회	연도	소속	출전	교체	득점	도움	파울	경고	퇴장

대회	연도	소속	출전	교체	득점	도움	파울	경고	퇴장
BC	2000	성남일	2	2	0	0	1	0	0
	합계		2	2	0	0	1	0	0
프로통산			2	2	0	0	1	0	0

전경택(田坰澤) 성균관대 1970.06.20

대회	연도	소속	출전	교체	득점	도움	파울	경고	퇴장
BC	1997	대전	22	5	0	0	36	2	0
	1998	대전	27	5	0	0	39	3	0
	1999	대전	5	4	0	0	7	1	0
	합계		54	14	0	0	82	6	0
프로통산			54	14	0	0	82	6	0

전광진(全光眞) 명지대 1981.06.30

대회	연도	소속	출전	교체	득점	도움	파울	경고	퇴장
BC	2004	성남일	19	9	0	1	43	3	0
	2005	성남일	9	7	0	0	11	0	0
	2006	광주상	34	14	0	4	38	3	1
	2007	광주상	25	6	0	2	43	12	0
	2008	성남일	9	6	0	0	10	2	0
	2009	성남일	23	4	0	0	27	4	1
	2010	성남일	32	7	2	4	34	8	0
	합계		151	53	2	11	206	32	2
프로통산			151	53	2	11	206	32	2

전광철(全光哲) 경신고 1982.07.16

대회	연도	소속	출전	교체	득점	도움	파울	경고	퇴장
BC	2001	울산	1	1	0	0	0	0	0
	2002	울산	1	1	0	0	3	0	0
	합계		2	2	0	0	3	0	0
프로통산			2	2	0	0	3	0	0

전광환(田廣煥) 울산대 1982.07.29

대회	연도	소속	출전	교체	득점	도움	파울	경고	퇴장
BC	2005	전북	0	0	0	0	0	0	0
	2006	전북	18	3	0	0	35	3	0
	2007	전북	23	6	0	4	37	2	0
	2008	전북	4	1	0	0	4	1	0
	2009	광주상	28	15	0	0	15	2	0
	2010	광주상	26	5	0	0	28	1	0
	2010	전북	1	0	0	0	0	0	0
	2011	전북	7	1	0	0	10	1	0
	2012	전북	31	2	0	1	33	1	0
	합계		138	33	0	5	162	11	0
K1	2013	전북	19	7	0	0	17	1	0
	합계		19	7	0	0	17	1	0
K2	2014	부천	20	4	0	0	24	1	0
	2015	부천	33	2	0	0	21	5	0
	합계		53	6	0	0	45	6	0
프로통산			210	46	0	5	224	18	0

전기성(全基成) 광주대 1993.04.29

대회	연도	소속	출전	교체	득점	도움	파울	경고	퇴장
K2	2015	서울E	1	0	0	0	1	0	0
	2016	부천	0	0	0	0	0	0	0
	합계		1	0	0	0	1	0	0
프로통산			1	0	0	0	1	0	0

전덕찬(全德燦) 계성고 1963.05.05

대회	연도	소속	출전	교체	득점	도움	파울	경고	퇴장
BC	1984	대우	1	1	0	0	1	0	0
	1986	대우	1	1	0	0	0	0	0
	합계		2	2	0	0	1	0	0
프로통산			2	2	0	0	1	0	0

전만호(田萬浩) 대구공고 1967.01.07

대회	연도	소속	출전	교체	득점	도움	파울	경고	퇴장
BC	1990	대우	1	1	0	0	1	1	0
	합계		1	1	0	0	1	1	0
프로통산			1	1	0	0	1	1	0

전명근(田明根) 호남대 1990.04.30

대회	연도	소속	출전	교체	득점	도움	파울	경고	퇴장
K2	2013	광주	10	9	0	0	8	0	0
	합계		10	9	0	0	8	0	0
프로통산			10	9	0	0	8	0	0

전민관(全珉寬) 고려대 1990.10.19

대회	연도	소속	출전	교체	득점	도움	파울	경고	퇴장
K2	2013	부천	13	1	0	1	12	2	0
	2014	부천	1	1	0	0	0	0	0
	합계		14	2	0	1	12	2	0
프로통산			14	2	0	1	12	2	0

전민광(全珉洸) 중원대 1993.01.17

대회	연도	소속	출전	교체	득점	도움	파울	경고	퇴장
K1	2019	포항	18	0	0	0	9	1	0
	합계		18	0	0	0	9	1	0
K2	2015	서울E	18	7	1	1	14	1	0
	2016	서울E	26	11	0	0	21	1	0
	2017	서울E	29	5	1	0	21	2	0
	2018	서울E	31	1	1	2	29	4	1
	합계		104	24	3	3	85	8	1
프로통산			122	24	3	3	94	9	1

전병수(全昞壽) 동국대 1992.03.14

대회	연도	소속	출전	교체	득점	도움	파울	경고	퇴장
K2	2015	강원	8	8	0	0	16	0	0
	합계		8	8	0	0	16	0	0
프로통산			8	8	0	0	16	0	0

전보훈(全寶訓) 숭실대 1988.03.10

대회	연도	소속	출전	교체	득점	도움	파울	경고	퇴장
BC	2011	대전	5	5	0	0	6	0	0
	합계		5	5	0	0	6	0	0
프로통산			5	5	0	0	6	0	0

전봉성(全峰星) 경운대 1985.03.18

대회	연도	소속	출전	교체	득점	도움	파울	경고	퇴장
BC	2008	전남	0	0	0	0	0	0	0
	합계		0	0	0	0	0	0	0
프로통산			0	0	0	0	0	0	0

전상대(田相大) 숭실대 1982.04.10

대회	연도	소속	출전	교체	득점	도움	파울	경고	퇴장
BC	2006	경남	2	2	0	0	2	0	0
	2008	대구	0	0	0	0	0	0	0
	합계		2	2	0	0	2	0	0
프로통산			2	2	0	0	2	0	0

전상욱(全相昱) 단국대 1979.09.22

대회	연도	소속	출전	교체	**실점**	도움	파울	경고	퇴장
BC	2005	성남일	0	0	23	0	0	0	0
	2006	성남일	3	1	34	0	0	0	0
	2008	성남일	0	0	97	0	0	0	0
	2009	성남일	3	0	41	0	0	0	0
	2010	부산	26	0	6	0	1	4	0
	2011	부산	21	0	7	0	1	5	0
	2012	부산	32	0	1	0	1	2	0
	합계		85	1	54	0	3	11	0
K1	2013	성남일	38	1	0	0	1	1	0
	2014	성남	3	0	2	0	0	0	0
	2015	성남	6	0	0	0	0	3	0
	2016	성남	1	1	2	0	0	0	0
	합계		48	2	36	0	1	4	0
프로통산			133	3	151	0	4	15	0

전상훈(田尙勳) 연세대 1989.09.10

대회	연도	소속	출전	교체	득점	도움	파울	경고	퇴장
BC	2011	대전	4	0	0	0	4	0	0
	합계		4	0	0	0	4	0	0
K1	2014	경남	0	0	0	0	0	0	0
	합계		0	0	0	0	0	0	0
K2	2013	경찰	2	2	0	0	1	0	0
	2015	경남	26	9	0	1	21	3	0
	2016	경남	9	3	0	0	8	0	0
	2017	대전	11	2	0	0	4	2	0
	2018	대전	6	2	0	1	1	1	0
	2019	대전	1	0	0	0	1	1	0
	합계		55	18	0	2	36	7	0
프로통산			59	18	0	2	40	7	0

전석훈(全錫訓) 영남대 1997.12.03

대회	연도	소속	출전	교체	득점	도움	파울	경고	퇴장
K2	2018	서울E	3	3	0	0	3	0	0
	2019	서울E	13	13	1	1	7	1	0
	합계		16	16	1	1	10	1	0
프로통산			16	16	1	1	10	1	0

전성수(田成秀) 계명고 2000.07.13

대회	연도	소속	출전	교체	득점	도움	파울	경고	퇴장
K1	2019	성남	0	0	0	0	0	0	0
	합계		0	0	0	0	0	0	0
프로통산			0	0	0	0	0	0	0

전세진(全世進) 매탄고 1999.09.09

대회	연도	소속	출전	교체	득점	도움	파울	경고	퇴장
K1	2018	수원	12	10	2	0	11	1	0
	2019	수원	20	14	0	2	10	3	0
	합계		32	24	2	2	21	4	0
프로통산			32	24	2	2	21	4	0

전수현(全首弦 / ← 전태현) 울산대 1986.08.18

대회	연도	소속	출전	교체	**실점**	도움	파울	경고	퇴장
BC	2009	제주	5	1	13	0	1	0	0
	2010	제주	0	0	0	0	0	0	0
	2011	제주	7	1	9	0	0	1	0
	2012	제주	15	1	19	0	1	1	0
	합계		27	3	41	0	2	2	0
K1	2013	제주	7	0	8	0	0	1	0
	2015	제주	0	0	0	0	0	0	0
	2016	제주	1	0	0	0	0	0	0
	합계		8	0	8	0	0	1	0
K2	2014	안산경	14	1	19	0	2	0	0
	2015	안산경	17	0	21	0	0	1	0
	2017	대전	21	0	30	0	0	1	0
	2018	안양	32	0	41	0	0	0	0
	2019	수원FC	8	0	14	0	0	0	0
	합계		92	1	125	0	2	2	0
프로통산			127	4	174	0	4	5	0

전영수(全榮秀) 성균관대 1963.02.19

대회	연도	소속	출전	교체	득점	도움	파울	경고	퇴장
BC	1986	현대	22	14	1	7	16	1	0
	1989	유공	12	11	1	1	7	0	0
	1990	유공	6	4	1	1	3	0	0
	1991	유공	3	3	0	0	4	0	0
	합계		43	32	3	9	30	1	0
프로통산			43	32	3	9	30	1	0

전우근(全雨根) 인천대 1977.02.25

대회	연도	소속	출전	교체	득점	도움	파울	경고	퇴장
BC	1999	부산	18	6	1	2	28	4	0
	2000	부산	29	12	6	1	45	1	0
	2001	부산	35	13	8	2	53	1	1
	2002	부산	23	7	1	1	32	3	0
	2003	부산	27	13	2	1	30	1	0
	2004	광주상	19	17	1	0	30	0	0
	2005	광주상	8	7	0	0	10	0	0
	2006	부산	10	10	1	2	19	0	0
	2007	부산	21	17	1	0	24	1	0
	2008	부산	1	1	0	0	1	0	0
	합계		191	103	21	9	272	11	1
프로통산			191	103	21	9	272	11	1

전우영(全旴營 / ← 전성찬) 광운대 1987.12.27

대회	연도	소속	출전	교체	득점	도움	파울	경고	퇴장
BC	2011	성남일	24	7	3	2	38	4	0
	2012	성남일	6	6	0	0	6	0	0
	합계		30	13	3	2	44	4	0
K1	2013	성남일	0	0	0	0	0	0	0
	2013	부산	11	10	0	0	10	0	0
	2014	부산	17	16	0	0	14	0	0
	2015	부산	24	12	0	1	20	3	0
	2016	전남	3	2	0	0	8	1	0

대회	연도	소속	출전	교체	득점	도움	파울	경고	퇴장
	합계		55	40	0	1	52	4	0
승	2015	부산	1	1	0	0	2	1	0
	합계		1	1	0	0	2	1	0
프로통산			86	54	3	3	98	9	0

전운선(全雲仙) 국민대 1960.12.23

대회	연도	소속	출전	교체	실점	도움	파울	경고	퇴장
BC	1984	국민	15	0	26	0	0	0	0
	합계		15	0	26	0	0	0	0
프로통산			15	0	26	0	0	0	0

전원근(全源根) 고려대 1986.11.13

대회	연도	소속	출전	교체	득점	도움	파울	경고	퇴장
BC	2009	강원	28	4	1	2	31	1	0
	2010	대구	3	1	0	0	7	3	0
	합계		31	5	1	2	38	4	0
프로통산			31	5	1	2	38	4	0

전인석(田仁錫) 고려대 1955.09.25

대회	연도	소속	출전	교체	득점	도움	파울	경고	퇴장
BC	1984	대우	18	3	0	0	17	0	0
	1985	대우	13	2	0	0	21	1	0
	합계		31	5	0	0	38	1	0
프로통산			31	5	0	0	38	1	0

전재복(全在福) 경희대 1972.11.05

대회	연도	소속	출전	교체	득점	도움	파울	경고	퇴장
BC	1996	수원	27	10	0	1	33	1	0
	1997	수원	6	3	0	0	9	0	0
	합계		33	13	0	1	42	1	0
프로통산			33	13	0	1	42	1	0

전재운(全才雲) 울산대 1981.03.18

대회	연도	소속	출전	교체	득점	도움	파울	경고	퇴장
BC	2002	울산	22	14	3	3	21	2	0
	2003	울산	26	23	2	4	12	3	0
	2004	울산	20	16	1	2	24	4	0
	2005	수원	10	9	1	2	6	1	0
	2005	전북	10	6	0	1	21	1	0
	2006	전북	4	3	1	0	4	2	0
	2007	제주	23	11	3	2	23	4	0
	2008	제주	26	18	2	2	24	6	0
	2009	제주	17	17	0	0	7	1	0
	합계		158	117	13	16	142	24	0
프로통산			158	117	13	16	142	24	0

전재호(田在浩) 홍익대 1979.08.08

대회	연도	소속	출전	교체	득점	도움	파울	경고	퇴장
BC	2002	성남일	3	3	0	0	4	1	0
	2003	성남일	31	6	0	0	74	5	0
	2004	인천	30	4	1	2	49	3	1
	2005	인천	35	3	1	1	49	6	0
	2006	인천	14	5	0	0	24	3	0
	2007	인천	31	5	0	3	41	4	1
	2008	인천	24	5	1	0	39	3	0
	2009	인천	31	4	0	3	48	11	0
	2010	인천	26	3	0	2	37	2	0
	2011	인천	21	4	1	1	29	5	0
	2012	부산	3	3	0	0	1	0	0
	2012	강원	13	1	0	0	18	5	0
	합계		262	46	4	12	413	48	2
K1	2013	강원	26	13	2	3	32	6	1
	합계		26	13	2	3	32	6	1
승	2013	강원	2	2	0	0	3	1	0
	합계		2	2	0	0	3	1	0
프로통산			290	61	6	15	448	55	3

전종선(全鐘善) 서울체고 1962.02.15

대회	연도	소속	출전	교체	득점	도움	파울	경고	퇴장
BC	1983	유공	3	1	0	0	0	0	0
	1984	유공	11	6	0	1	4	0	0
	1985	유공	5	2	0	1	2	0	0
	합계		19	9	0	2	6	0	0
프로통산			19	9	0	2	6	0	0

전종혁(全鐘赫) 연세대 1996.03.21

대회	연도	소속	출전	교체	실점	도움	파울	경고	퇴장
K1	2019	성남	10	2	9	0	0	0	0
	합계		10	2	9	0	0	0	0
K2	2018	성남	8	0	6	0	0	1	0
	합계		8	0	6	0	0	1	0
프로통산			18	2	15	0	0	1	0

전준형(田俊亨) 용문중 1986.08.28

대회	연도	소속	출전	교체	득점	도움	파울	경고	퇴장
BC	2009	경남	4	1	0	0	5	0	0
	2010	경남	23	4	2	1	23	5	0
	2011	인천	9	3	0	0	8	0	0
	2012	인천	11	4	0	0	14	1	0
	합계		47	12	2	1	50	6	0
K1	2013	인천	8	2	0	0	10	1	0
	합계		8	2	0	0	10	1	0
K2	2014	광주	8	2	0	0	8	1	0
	합계		8	2	0	0	8	1	0
프로통산			63	16	2	1	68	8	0

전지현(全志晛) 호남대 1995.05.03

대회	연도	소속	출전	교체	득점	도움	파울	경고	퇴장
K1	2018	전남	5	5	0	0	3	0	0
	합계		5	5	0	0	3	0	0
프로통산			5	5	0	0	3	0	0

전차식(全且植) 동래고 1959.09.27

대회	연도	소속	출전	교체	득점	도움	파울	경고	퇴장
BC	1983	포철	13	2	0	0	8	1	0
	1984	포철	16	1	0	0	10	0	0
	1985	포철	21	0	0	1	13	1	0
	1986	포철	24	2	0	2	25	2	0
	합계		74	5	0	3	56	4	0
프로통산			74	5	0	3	56	4	0

전현근(全炫懃) 진주고 1997.02.25

대회	연도	소속	출전	교체	득점	도움	파울	경고	퇴장
K1	2019	성남	0	0	0	0	0	0	0
	합계		0	0	0	0	0	0	0
프로통산			0	0	0	0	0	0	0

전현석(田鉉錫) 울산대 1974.03.29

대회	연도	소속	출전	교체	득점	도움	파울	경고	퇴장
BC	1997	전북	16	13	1	3	11	3	0
	1998	전북	13	13	2	1	7	2	0
	1999	전북	19	20	3	3	10	1	0
	2000	전북	12	12	0	1	6	2	0
	합계		60	58	6	8	34	8	0
프로통산			60	58	6	8	34	8	0

전현욱(田鉉煜) 전주대 1992.03.16

대회	연도	소속	출전	교체	득점	도움	파울	경고	퇴장
K1	2015	수원	0	0	0	0	0	0	0
	합계		0	0	0	0	0	0	0
프로통산			0	0	0	0	0	0	0

전현재(全玄載) 광운대 1992.07.12

대회	연도	소속	출전	교체	득점	도움	파울	경고	퇴장
K2	2015	서울E	0	0	0	0	0	0	0
	합계		0	0	0	0	0	0	0
프로통산			0	0	0	0	0	0	0

전현철(全玄哲) 아주대 1990.07.03

대회	연도	소속	출전	교체	득점	도움	파울	경고	퇴장
BC	2012	성남일	22	20	3	0	15	0	0
	합계		22	20	3	0	15	0	0
K1	2013	전남	30	26	6	1	8	1	0
	2014	전남	21	19	2	0	13	0	0
	2015	전남	20	19	1	0	7	0	0
	2017	대구	11	10	2	1	2	0	0
	2018	대구	13	13	0	0	2	0	0
	2019	대구	2	2	0	0	0	0	0
	합계		97	89	11	2	32	1	0
K2	2016	부산	8	8	0	0	1	0	0
	2017	부산	11	12	0	2	5	0	0
	합계		19	20	0	2	6	0	0
프로통산			138	129	14	4	53	1	0

전형섭(全亨涉) 성균관대 1990.02.21

대회	연도	소속	출전	교체	득점	도움	파울	경고	퇴장
K2	2014	대구	0	0	0	0	0	0	0
	합계		0	0	0	0	0	0	0
프로통산			0	0	0	0	0	0	0

전홍석(全弘錫) 선문대 1989.03.25

대회	연도	소속	출전	교체	득점	도움	파울	경고	퇴장
BC	2011	울산	0	0	0	0	0	0	0
	2012	울산	0	0	0	0	0	0	0
	합계		0	0	0	0	0	0	0
K1	2013	울산	0	0	0	0	0	0	0
	합계		0	0	0	0	0	0	0
프로통산			0	0	0	0	0	0	0

전효석(全效奭) 제주국제대 1997.05.28

대회	연도	소속	출전	교체	득점	도움	파울	경고	퇴장
K2	2019	아산	15	4	0	0	9	0	0
	합계		15	4	0	0	9	0	0
프로통산			15	4	0	0	9	0	0

정경구(鄭敬九) 서울시립대 1970.10.01

대회	연도	소속	출전	교체	득점	도움	파울	경고	퇴장
BC	1995	전북	25	21	0	0	21	0	0
	1996	전북	21	18	1	2	18	0	0
	1997	전북	21	19	4	0	18	1	0
	1998	전북	21	19	0	1	34	3	0
	합계		88	77	5	3	91	4	0
프로통산			88	77	5	3	91	4	0

정경호(鄭卿浩) 청구고 1987.01.12

대회	연도	소속	출전	교체	득점	도움	파울	경고	퇴장
BC	2006	경남	23	19	1	1	21	1	0
	2007	경남	30	25	0	0	24	3	0
	2009	전남	9	5	1	2	7	0	0
	2010	광주상	25	18	0	2	13	3	0
	2011	상주	11	1	0	2	19	3	0
	2012	제주	5	4	0	0	6	2	0
	합계		103	72	2	7	90	12	0
K2	2013	광주	17	15	0	0	23	1	0
	2017	안산	23	21	3	0	20	2	0
	합계		40	36	3	0	43	3	0
프로통산			143	108	5	7	133	15	0

정경호(鄭暻鎬) 울산대 1980.05.22

대회	연도	소속	출전	교체	득점	도움	파울	경고	퇴장
BC	2003	울산	38	38	5	4	28	2	0
	2004	울산	18	7	3	1	36	4	0
	2005	광주상	27	11	4	1	30	0	1
	2006	광주상	19	6	4	1	15	1	0
	2007	울산	23	14	2	0	25	2	0
	2007	전북	11	2	2	3	12	1	0
	2008	전북	32	20	5	2	31	4	0
	2009	강원	11	6	2	0	11	0	0
	2010	강원	26	8	3	1	20	4	0
	2011	강원	11	7	0	1	9	3	0
	2012	대전	22	7	0	0	18	2	1
	합계		238	126	30	14	235	23	2
프로통산			238	126	30	14	235	23	2

정광민(丁光民) 명지대 1976.01.08

대회	연도	소속	출전	교체	득점	도움	파울	경고	퇴장
BC	1998	안양LG	35	8	11	1	68	1	0
	1999	안양LG	38	15	8	7	49	4	0
	2000	안양LG	34	23	13	3	26	2	0
	2001	안양LG	16	15	0	2	11	3	0
	2002	안양LG	14	7	2	1	14	1	0
	2007	서울	8	5	0	0	6	2	0
	2007	대구	2	3	0	0	2	0	0
	합계		147	76	34	14	176	13	0

대회	연도	소속	출전	교체	득점	도움	파울	경고	퇴장
프로통산			147	76	34	14	176	13	0

정광석(鄭光錫) 성균관대 1970.12.01

대회	연도	소속	출전	교체	득점	도움	파울	경고	퇴장
BC	1993	대우	26	2	0	1	44	4	1
	1994	대우	14	5	1	0	18	0	0
	1997	부산	26	15	2	1	19	1	0
	1998	부산	13	5	0	0	13	1	0
	합계		79	27	3	2	94	6	1
프로통산			79	27	3	2	94	6	1

정규민(鄭奎民) 서해고 1995.04.01

대회	연도	소속	출전	교체	득점	도움	파울	경고	퇴장
K2	2014	고양	0	0	0	0	0	0	0
	합계		0	0	0	0	0	0	0
프로통산			0	0	0	0	0	0	0

정규진(政圭振) 상지대 1989.06.20

대회	연도	소속	출전	교체	득점	도움	파울	경고	퇴장
BC	2011	대전	0	0	0	0	0	0	0
	합계		0	0	0	0	0	0	0
프로통산			0	0	0	0	0	0	0

정근희(鄭根熹) 건국대 1988.12.08

대회	연도	소속	출전	교체	득점	도움	파울	경고	퇴장
BC	2011	전남	1	0	0	0	0	0	0
	2012	전남	4	0	0	0	6	1	0
	합계		5	0	0	0	6	1	0
K1	2013	전남	2	2	0	0	2	0	0
	합계		2	2	0	0	2	0	0
K2	2014	충주	0	0	0	0	0	0	0
	합계		0	0	0	0	0	0	0
프로통산			7	2	0	0	8	1	0

정기동(鄭基東) 청주상고 1961.05.13

대회	연도	소속	출전	교체	실점	도움	파울	경고	퇴장
BC	1983	포철	11	0	14	0	0	0	0
	1984	포철	15	0	28	0	0	1	0
	1985	포철	10	0	10	0	0	0	0
	1986	포철	32	0	36	0	0	1	0
	1987	포철	16	2	17	0	1	0	0
	1988	포철	18	0	24	0	0	0	0
	1989	포철	14	0	12	0	0	0	0
	1990	포철	7	0	5	0	0	0	0
	1991	포철	12	1	14	0	2	0	0
	합계		135	3	160	0	3	2	0
프로통산			135	3	160	0	3	2	0

정기운(鄭氣云) 광운대 1992.07.05

대회	연도	소속	출전	교체	득점	도움	파울	경고	퇴장
K1	2016	수원FC	5	5	0	0	2	1	0
	합계		5	5	0	0	2	1	0
K2	2015	수원FC	35	29	6	4	17	2	0
	2018	안산	4	4	0	0	2	0	0
	합계		39	33	6	4	19	2	0
승	2015	수원FC	0	0	0	0	0	0	0
	합계		0	0	0	0	0	0	0
프로통산			44	38	6	4	21	3	0

정길용(鄭吉容) 광운대 1975.06.21

대회	연도	소속	출전	교체	실점	도움	파울	경고	퇴장
BC	2000	안양LG	7	0	10	0	2	0	0
	2001	안양LG	0	0	0	0	0	0	0
	합계		7	0	10	0	2	0	0
프로통산			7	0	10	0	2	0	0

정다슬(鄭다슬) 한양대 1987.04.18

대회	연도	소속	출전	교체	득점	도움	파울	경고	퇴장
BC	2011	제주	0	0	0	0	0	0	0
	합계		0	0	0	0	0	0	0
K2	2013	안양	23	10	3	0	30	4	0
	2014	안양	7	6	0	0	1	0	0
	2015	안양	0	0	0	0	0	0	0
	합계		30	16	3	0	31	4	0
프로통산			30	16	3	0	31	4	0

정다운(鄭다운) 대구예술대 1989.07.13

대회	연도	소속	출전	교체	득점	도움	파울	경고	퇴장
K1	2013	수원	0	0	0	0	0	0	0
	합계		0	0	0	0	0	0	0
프로통산			0	0	0	0	0	0	0

정다훈(鄭多勛) 수원대 1995.06.16

대회	연도	소속	출전	교체	득점	도움	파울	경고	퇴장
K2	2018	광주	1	1	0	0	0	0	0
	합계		1	1	0	0	0	0	0
프로통산			1	1	0	0	0	0	0

정다훤(鄭多烜) 충북대 1987.12.22

대회	연도	소속	출전	교체	득점	도움	파울	경고	퇴장
BC	2009	서울	0	0	0	0	0	0	0
	2011	경남	32	8	0	4	41	8	0
	2012	경남	29	9	0	0	48	4	0
	합계		61	17	0	4	89	12	0
K1	2013	경남	34	5	1	0	73	9	0
	2014	제주	34	5	1	0	55	4	0
	2015	제주	25	4	2	0	38	8	0
	2018	제주	10	3	0	0	17	4	0
	합계		103	17	4	0	183	25	0
K2	2016	안산무	31	4	2	3	39	8	1
	2017	아산	11	5	1	1	18	5	0
	2019	아산	9	0	0	0	14	3	0
	합계		51	9	3	4	71	16	1
프로통산			215	43	7	8	343	53	1

정대교(政代教) 영남대 1992.04.27

대회	연도	소속	출전	교체	득점	도움	파울	경고	퇴장
K2	2014	대구	13	13	0	1	10	1	0
	2015	대구	0	0	0	0	0	0	0
	합계		13	13	0	1	10	1	0
프로통산			13	13	0	1	10	1	0

정대선(鄭大善) 중앙대 1987.06.27

대회	연도	소속	출전	교체	득점	도움	파울	경고	퇴장
BC	2010	울산	18	13	1	1	17	3	0
	2011	울산	10	8	1	0	9	1	0
	2011	경남	11	11	1	1	4	0	0
	2012	경남	7	6	1	0	7	1	0
	합계		46	38	4	2	37	5	0
K1	2013	경남	10	10	0	0	8	1	0
	합계		10	10	0	0	8	1	0
K2	2014	안양	25	20	2	1	33	3	0
	합계		25	20	2	1	33	3	0
프로통산			81	68	6	3	78	9	0

정대세(鄭大世) 일본조선대 1984.03.02

대회	연도	소속	출전	교체	득점	도움	파울	경고	퇴장
K1	2013	수원	23	10	10	2	42	6	0
	2014	수원	28	16	7	1	55	2	0
	2015	수원	21	10	6	5	42	2	0
	합계		72	36	23	8	139	10	0
프로통산			72	36	23	8	139	10	0

정대훈(鄭大勳) 포철공고 1977.12.21

대회	연도	소속	출전	교체	득점	도움	파울	경고	퇴장
BC	1999	포항	26	21	5	4	26	4	0
	2000	포항	8	7	0	0	3	1	0
	2001	포항	8	8	0	0	10	2	0
	2003	대구	0	0	0	0	0	0	0
	합계		42	36	5	4	39	7	0
프로통산			42	36	5	4	39	7	0

정동복(鄭東福) 연세대 1962.01.22

대회	연도	소속	출전	교체	득점	도움	파울	경고	퇴장
BC	1986	현대	11	8	0	0	9	1	0
	1987	현대	16	9	2	1	17	0	0
	1988	현대	6	4	0	2	4	0	0
	1989	현대	30	21	1	0	37	3	0
	1990	현대	22	16	6	1	23	1	0
	1991	현대	4	4	0	1	6	0	0
	1992	현대	2	3	0	0	2	0	0
	합계		91	65	9	5	98	5	0
프로통산			91	65	9	5	98	5	0

정동윤(鄭東潤) 성균관대 1994.04.03

대회	연도	소속	출전	교체	득점	도움	파울	경고	퇴장
K1	2016	광주	29	9	0	0	34	5	0
	2017	광주	24	6	0	1	28	4	0
	2018	인천	15	2	1	1	14	3	0
	2019	인천	22	4	0	2	29	5	0
	합계		90	21	1	4	105	17	0
K2	2018	광주	2	2	0	0	1	0	0
	합계		2	2	0	0	1	0	0
프로통산			92	23	1	4	106	17	0

정동진(鄭東珍) 조선대 1990.06.06

대회	연도	소속	출전	교체	득점	도움	파울	경고	퇴장
K2	2013	광주	1	1	0	0	0	0	0
	합계		1	1	0	0	0	0	0
프로통산			1	1	0	0	0	0	0

정동호(鄭東浩) 부경고 1990.03.07

대회	연도	소속	출전	교체	득점	도움	파울	경고	퇴장
K1	2014	울산	20	6	0	1	24	3	0
	2015	울산	28	1	2	4	40	7	0
	2016	울산	29	6	0	2	30	3	0
	2017	울산	4	2	0	0	3	2	0
	2018	울산	11	3	0	3	10	3	0
	2019	울산	15	5	0	0	14	2	0
	합계		107	23	2	10	121	20	0
프로통산			107	23	2	10	121	20	0

정명오(鄭明五) 아주대 1986.10.29

대회	연도	소속	출전	교체	득점	도움	파울	경고	퇴장
BC	2009	경남	7	6	0	0	10	0	0
	2010	경남	1	1	0	0	0	0	0
	2012	전남	22	8	0	0	24	6	0
	합계		30	15	0	0	34	6	0
프로통산			30	15	0	0	34	6	0

정명원(鄭明元) 수일고 1999.01.18

대회	연도	소속	출전	교체	득점	도움	파울	경고	퇴장
K2	2018	수원FC	0	0	0	0	0	0	0
	합계		0	0	0	0	0	0	0
프로통산			0	0	0	0	0	0	0

정민(鄭珉) 조선대 1970.11.29

대회	연도	소속	출전	교체	득점	도움	파울	경고	퇴장
BC	1993	대우	1	1	0	0	1	0	0
	합계		1	1	0	0	1	0	0
프로통산			1	1	0	0	1	0	0

정민교(鄭敏教) 배재대 1987.04.22

대회	연도	소속	출전	교체	실점	도움	파울	경고	퇴장
K2	2013	안양	7	1	13	0	0	1	0
	2014	안양	0	0	0	0	0	0	0
	합계		7	1	13	0	0	1	0
프로통산			7	1	13	0	0	1	0

정민기(鄭民基) 중앙대 1996.02.09

대회	연도	소속	출전	교체	실점	도움	파울	경고	퇴장
K2	2018	안양	3	0	8	0	0	0	0
	2019	안양	3	0	4	0	0	1	0
	합계		6	0	12	0	0	1	0
프로통산			6	0	12	0	0	1	0

정민무(鄭旻武) 포철공고 1985.03.03

대회	연도	소속	출전	교체	득점	도움	파울	경고	퇴장
K2	2013	고양	17	13	3	1	28	4	0
	2014	고양	16	15	1	1	21	3	0
	합계		33	28	4	2	49	7	0
프로통산			33	28	4	2	49	7	0

정민우(鄭珉優) 호남대 1992.12.01

대회	연도	소속	출전	교체	득점	도움	파울	경고	퇴장
K1	2016	수원FC	11	8	1	0	10	0	0
	합계		11	8	1	0	10	0	0

K2	2014	수원FC	31	22	8	5	26	3	0
	2015	수원FC	20	19	2	0	24	3	0
	2017	대전	14	12	4	0	16	2	0
	2018	대전	0	0	0	0	0	0	0
	합계		65	53	14	5	66	8	0
승	2015	수원FC	2	2	1	0	1	0	0
	합계		2	2	1	0	1	0	0
프로통산			78	63	16	5	77	8	0

정민우(鄭暋優) 중동고 2000.09.27

대회	연도	소속	출전	교체	득점	도움	파울	경고	퇴장
K1	2019	강원	0	0	0	0	0	0	0
	합계		0	0	0	0	0	0	0
프로통산			0	0	0	0	0	0	0

정민형(鄭敏亨) 한국국제대 1987.05.14

대회	연도	소속	출전	교체	득점	도움	파울	경고	퇴장
BC	2011	부산	6	4	0	0	6	0	0
	2012	부산	2	2	0	0	0	0	0
	합계		8	6	0	0	6	0	0
프로통산			8	6	0	0	6	0	0

정산(鄭山) 경희대 1989.02.10

대회	연도	소속	출전	교체	실점	도움	파울	경고	퇴장
BC	2009	강원	0	0	0	0	0	0	0
	2010	강원	0	0	0	0	0	0	0
	2011	성남일	1	0	3	0	0	0	0
	2012	성남일	19	0	21	0	0	1	0
	합계		20	0	24	0	0	1	0
K1	2013	성남일	0	0	0	0	0	0	0
	2014	성남	0	0	0	0	0	0	0
	2015	성남	0	0	0	0	0	0	0
	2016	울산	11	0	16	1	1	2	0
	2017	인천	12	0	21	0	0	1	0
	2018	인천	18	0	28	1	1	0	0
	2019	인천	27	1	40	0	1	2	0
	합계		68	1	105	2	3	5	0
프로통산			88	1	129	2	3	6	0

정상남(丁祥楠) 연세대 1975.09.07

대회	연도	소속	출전	교체	득점	도움	파울	경고	퇴장
BC	1998	포항	2	2	0	0	3	0	0
	1999	포항	8	5	3	0	8	0	0
	합계		10	7	3	0	11	0	0
프로통산			10	7	3	0	11	0	0

정상모(鄭相摸) 울산대 1975.02.24

대회	연도	소속	출전	교체	득점	도움	파울	경고	퇴장
BC	1998	천안일	11	7	1	0	14	0	0
	1999	천안일	0	0	0	0	0	0	0
	합계		11	7	1	0	14	0	0
프로통산			11	7	1	0	14	0	0

정상훈(鄭相勳) 성균관대 1985.03.22

대회	연도	소속	출전	교체	득점	도움	파울	경고	퇴장
BC	2008	경남	6	4	0	0	7	1	0
	합계		6	4	0	0	7	1	0
프로통산			6	4	0	0	7	1	0

정서운(鄭署運) 서남대 1993.12.08

대회	연도	소속	출전	교체	득점	도움	파울	경고	퇴장
K1	2015	대전	11	10	0	0	7	1	0
	합계		11	10	0	0	7	1	0
프로통산			11	10	0	0	7	1	0

정석근(鄭石根) 아주대 1977.11.25

대회	연도	소속	출전	교체	득점	도움	파울	경고	퇴장
BC	2000	부산	10	9	1	0	5	2	0
	2001	부산	2	2	0	0	1	0	0
	2003	광주상	1	1	0	0	0	0	0
	합계		13	12	1	0	6	2	0
프로통산			13	12	1	0	6	2	0

정석민(鄭錫珉) 인제대 1988.01.27

대회	연도	소속	출전	교체	득점	도움	파울	경고	퇴장
BC	2010	포항	5	3	1	0	7	1	0
	2011	포항	8	4	2	0	6	2	0
	2012	제주	3	3	0	0	1	0	0
	합계		16	10	3	0	14	3	0
K1	2013	대전	36	14	4	1	49	4	0
	2015	전남	26	18	0	0	27	3	0
	2016	전남	6	5	0	0	15	2	0
	합계		68	37	4	1	91	9	0
K2	2014	대전	33	2	5	2	55	6	0
	합계		33	2	5	2	55	6	0
프로통산			117	49	12	3	160	18	0

정석화(鄭錫華) 고려대 1991.05.17

대회	연도	소속	출전	교체	득점	도움	파울	경고	퇴장
K1	2013	부산	32	20	0	1	20	2	0
	2014	부산	26	19	1	0	14	3	0
	2015	부산	24	19	2	1	11	1	0
	2018	강원	35	12	2	5	19	3	0
	2019	강원	7	1	0	2	5	0	0
	합계		124	71	5	9	69	9	0
K2	2016	부산	40	20	4	10	16	5	0
	2017	부산	24	15	1	0	14	1	0
	합계		64	35	5	10	30	6	0
승	2015	부산	1	1	0	0	0	0	0
	2017	부산	2	2	0	0	3	1	0
	합계		3	3	0	0	3	1	0
프로통산			191	109	10	19	102	16	0

정선호(鄭先皓) 동의대 1989.03.25

대회	연도	소속	출전	교체	득점	도움	파울	경고	퇴장
K1	2013	성남일	1	1	0	0	0	0	0
	2014	성남	28	6	2	2	30	5	0
	2015	성남	31	14	1	0	23	4	0
	2016	성남	15	10	1	1	8	0	0
	2017	상주	2	2	0	0	0	0	0
	2018	대구	13	11	0	0	8	0	0
	2019	대구	5	5	0	0	4	0	0
	합계		95	49	4	3	73	9	0
승	2016	성남	2	1	0	0	2	1	0
	합계		2	1	0	0	2	1	0
프로통산			97	50	4	3	75	10	0

정섭의(鄭燮義) 전주농전 1954.12.20

대회	연도	소속	출전	교체	득점	도움	파울	경고	퇴장
BC	1983	국민은	12	5	0	0	11	1	0
	1984	국민은	10	1	0	0	10	0	0
	합계		22	6	0	0	21	1	0
프로통산			22	6	0	0	21	1	0

정성교(鄭聖較) 연세대 1960.05.30

대회	연도	소속	출전	교체	실점	도움	파울	경고	퇴장
BC	1983	대우	15	0	14	0	0	0	0
	1984	대우	11	0	14	0	0	0	0
	1986	대우	12	0	16	0	1	0	0
	1987	대우	16	1	11	0	2	1	0
	1988	대우	8	1	12	0	0	0	0
	1989	대우	8	0	11	0	1	0	0
	합계		70	2	78	0	4	1	0
프로통산			70	2	78	0	4	1	0

정성룡(鄭成龍) 서귀포고 1985.01.04

대회	연도	소속	출전	교체	실점	도움	파울	경고	퇴장
BC	2004	포항	0	0	0	0	0	0	0
	2005	포항	0	0	0	0	0	0	0
	2006	포항	26	0	27	0	1	1	0
	2007	포항	16	1	18	0	1	1	0
	2008	성남일	34	0	29	0	0	1	0
	2009	성남일	36	0	41	0	1	1	1
	2010	성남일	30	0	28	0	2	2	0
	2011	수원	31	0	32	0	1	2	0
	2012	수원	33	0	38	0	0	1	0
	합계		206	1	213	0	6	9	1
K1	2013	수원	34	0	41	1	0	0	0
	2014	수원	34	0	33	0	1	1	0
	2015	수원	22	0	23	0	0	2	0
	합계		90	0	97	1	1	3	0
프로통산			296	1	310	1	7	12	1

정성민(鄭成民) 광운대 1989.05.02

대회	연도	소속	출전	교체	득점	도움	파울	경고	퇴장
BC	2011	강원	13	9	1	0	4	0	0
	2012	강원	25	17	5	3	17	1	0
	합계		38	26	6	3	21	1	0
K1	2013	경남	1	1	0	0	1	0	0
	합계		1	1	0	0	1	0	0
K2	2013	충주	14	1	6	1	16	3	0
	2014	충주	30	15	7	0	29	2	0
	2015	경남	18	9	0	0	12	5	0
	2016	경남	1	1	0	0	0	0	0
	2016	안산무	17	13	5	0	12	0	0
	2017	아산	21	18	2	1	18	3	0
	2018	성남	23	19	10	0	24	4	0
	2019	부산	1	1	0	0	0	0	0
	합계		125	77	30	2	111	17	0
승	2019	부산	1	1	0	0	0	0	0
	합계		1	1	0	0	0	0	0
프로통산			165	105	36	5	133	18	0

정성원(鄭盛元) 제주대 1976.05.26

대회	연도	소속	출전	교체	득점	도움	파울	경고	퇴장
BC	2000	수원	0	0	0	0	0	0	0
	합계		0	0	0	0	0	0	0
프로통산			0	0	0	0	0	0	0

정성준(鄭星準) 보인고 2000.03.01

대회	연도	소속	출전	교체	득점	도움	파울	경고	퇴장
K1	2019	경남	0	0	0	0	0	0	0
	합계		0	0	0	0	0	0	0
프로통산			0	0	0	0	0	0	0

정성진(鄭聖鎭) 단국대 1964.07.06

대회	연도	소속	출전	교체	실점	도움	파울	경고	퇴장
BC	1990	현대	1	0	3	0	0	0	0
	1991	현대	6	0	7	0	0	0	0
	1992	현대	4	1	7	0	1	2	0
	합계		11	1	17	0	1	2	0
프로통산			11	1	17	0	1	2	0

정성천(鄭性天) 성균관대 1971.05.30

대회	연도	소속	출전	교체	득점	도움	파울	경고	퇴장
BC	1997	대전	30	1	5	2	37	2	0
	1998	대전	28	17	5	1	37	2	0
	1999	대전	27	22	2	2	42	2	0
	2000	대전	31	16	6	1	61	3	0
	2001	대전	5	5	0	0	7	1	0
	합계		121	61	18	6	184	10	0
프로통산			121	61	18	6	184	10	0

정성현(鄭成賢) 동국대 1996.03.25

대회	연도	소속	출전	교체	득점	도움	파울	경고	퇴장
K2	2019	아산	0	0	0	0	0	0	0
	합계		0	0	0	0	0	0	0
프로통산			0	0	0	0	0	0	0

정성호(鄭成浩) 대륜중 1986.04.07

대회	연도	소속	출전	교체	득점	도움	파울	경고	퇴장
BC	2007	서울	1	0	0	0	0	0	0
	2008	서울	1	0	0	0	0	0	0
	합계		2	0	0	0	0	0	0
프로통산			2	0	0	0	0	0	0

정성훈(丁成勳) 경희대 1979.07.04

대회	연도	소속	출전	교체	득점	도움	파울	경고	퇴장
BC	2002	울산	24	21	2	3	32	3	0
	2003	울산	15	15	0	1	20	2	0
	2004	대전	13	13	2	0	17	0	0
	2005	대전	5	5	1	0	6	1	0
	2006	대전	26	18	8	1	38	2	0

대회	연도	소속	출전	교체	득점	도움	파울	경고	퇴장
	2007	대전	19	15	3	0	30	2	1
	2008	부산	31	16	8	4	48	6	0
	2009	부산	16	10	8	1	17	4	0
	2010	부산	31	22	11	4	66	7	0
	2011	전북	27	24	5	6	29	1	0
	2012	전북	14	12	2	2	14	3	0
	2012	전남	13	9	3	2	12	1	0
	합계		234	180	53	24	329	32	1
K1	2013	대전	6	4	2	0	6	0	0
	2013	경남	10	11	1	0	16	1	0
	합계		16	15	3	0	22	1	0
K2	2017	부천	9	8	1	0	6	1	0
	합계		9	8	1	0	6	1	0
프로통산			259	203	57	24	357	34	1

정성훈(鄭聖勳) 인천대 1968.09.14

대회	연도	소속	출전	교체	득점	도움	파울	경고	퇴장
BC	1993	포철	2	2	0	0	2	0	0
	1994	유공	7	6	0	0	2	0	0
	1995	유공	4	2	0	0	3	1	0
	1996	수원	29	2	0	0	42	3	0
	1997	수원	27	1	0	0	38	3	0
	1998	수원	20	7	0	0	36	3	0
	합계		89	20	0	0	123	10	0
프로통산			89	20	0	0	123	10	0

정수남(鄭壽男) 중동고 1960.07.05

대회	연도	소속	출전	교체	득점	도움	파울	경고	퇴장
BC	1984	한일은	16	6	0	0	11	1	0
	1985	한일은	10	9	1	1	3	0	0
	합계		26	15	1	1	14	1	0
프로통산			26	15	1	1	14	1	0

정수종(鄭壽鍾) 수원고 1987.05.01

대회	연도	소속	출전	교체	득점	도움	파울	경고	퇴장
BC	2006	전북	10	6	0	0	8	2	0
	2007	전북	6	0	0	0	6	1	0
	2008	전북	3	1	0	0	3	1	0
	2009	전북	3	3	0	0	3	0	0
	합계		22	10	0	0	20	4	0
프로통산			22	10	0	0	20	4	0

정수호(鄭修昊 / ←정현윤) 한양대 1990.04.09

대회	연도	소속	출전	교체	득점	도움	파울	경고	퇴장
BC	2012	전남	2	0	0	0	1	0	0
	합계		2	0	0	0	1	0	0
K2	2013	안양	11	1	2	0	13	2	0
	2014	안양	4	0	0	0	2	0	0
	합계		15	1	2	0	15	2	0
프로통산			17	1	2	0	16	2	0

정승용(鄭昇勇) 동북고 1991.03.25

대회	연도	소속	출전	교체	득점	도움	파울	경고	퇴장
BC	2011	경남	5	4	0	1	12	1	0
	2012	서울	1	1	0	0	2	1	0
	합계		6	5	0	1	14	2	0
K1	2013	서울	1	1	0	0	0	0	0
	2014	서울	0	0	0	0	0	0	0
	2017	강원	31	4	0	0	38	4	0
	2018	강원	34	2	3	4	33	5	0
	2019	강원	29	13	0	6	29	6	0
	합계		95	20	3	10	100	15	0
K2	2016	강원	41	1	4	2	52	4	0
	합계		41	1	4	2	52	4	0
승	2016	강원	2	0	0	0	5	0	0
	합계		2	0	0	0	5	0	0
프로통산			144	26	7	13	171	21	0

정승원(鄭承原) 안동고 1997.02.27

대회	연도	소속	출전	교체	득점	도움	파울	경고	퇴장
K1	2017	대구	9	9	0	0	7	2	0
	2018	대구	31	18	4	3	30	3	0
	2019	대구	33	9	3	2	41	0	0
	합계		73	36	7	5	78	5	0
프로통산			73	36	7	5	78	5	0

정승현(鄭昇炫) 현대고 1994.04.03

대회	연도	소속	출전	교체	득점	도움	파울	경고	퇴장
K1	2015	울산	18	8	0	0	24	1	0
	2016	울산	19	4	1	0	26	6	1
	2017	울산	12	1	0	0	22	5	0
	합계		49	13	1	0	72	12	1
프로통산			49	13	1	0	72	12	1

정안모(鄭按模) 인천대 1989.03.17

대회	연도	소속	출전	교체	득점	도움	파울	경고	퇴장
BC	2012	대구	1	1	0	0	0	0	0
	합계		1	1	0	0	0	0	0
프로통산			1	1	0	0	0	0	0

정연웅(鄭然雄) 충남기계공고 1992.08.31

대회	연도	소속	출전	교체	득점	도움	파울	경고	퇴장
BC	2011	대전	1	1	0	0	2	0	0
	합계		1	1	0	0	2	0	0
프로통산			1	1	0	0	2	0	0

정영총(鄭永寵) 한양대 1992.06.24

대회	연도	소속	출전	교체	득점	도움	파울	경고	퇴장
K1	2015	제주	17	15	0	0	15	1	0
	2016	제주	13	14	1	0	5	0	0
	2017	광주	6	7	0	0	7	1	0
	합계		36	36	1	0	27	2	0
K2	2018	광주	25	17	4	0	30	5	0
	2019	광주	3	3	1	0	0	0	0
	합계		28	20	5	0	30	5	0
프로통산			64	56	6	0	57	7	0

정영호(鄭鈴湖) 서울시립대 1968.08.15

대회	연도	소속	출전	교체	득점	도움	파울	경고	퇴장
BC	1990	일화	29	5	0	0	55	3	0
	1991	일화	17	3	0	2	23	0	0
	1992	일화	26	3	0	0	43	5	0
	1993	일화	22	16	1	0	32	2	0
	1994	일화	20	3	0	0	29	1	0
	1995	전남	8	1	0	0	10	2	0
	1996	전남	8	4	0	0	12	4	0
	합계		130	35	1	2	204	17	0
프로통산			130	35	1	2	204	17	0

정영훈(丁永勳) 동의대 1975.05.01

대회	연도	소속	출전	교체	득점	도움	파울	경고	퇴장
BC	2001	대전	28	13	3	2	38	8	0
	2002	대전	21	16	2	2	18	3	0
	2003	대전	1	1	0	0	1	0	0
	2004	대구	7	8	1	2	2	0	0
	합계		57	38	6	6	59	11	0
프로통산			57	38	6	6	59	11	0

정용대(鄭容臺) 일본조선대 1978.02.04

대회	연도	소속	출전	교체	득점	도움	파울	경고	퇴장
BC	2001	포항	4	2	0	0	5	2	0
	합계		4	2	0	0	5	2	0
프로통산			4	2	0	0	5	2	0

정용환(鄭龍煥) 고려대 1960.02.10

대회	연도	소속	출전	교체	득점	도움	파울	경고	퇴장
BC	1984	대우	22	1	0	0	20	0	0
	1985	대우	2	0	0	0	1	0	0
	1986	대우	3	1	1	0	4	0	0
	1987	대우	19	0	1	1	22	0	0
	1988	대우	11	1	0	0	12	0	0
	1989	대우	9	0	0	1	14	0	0
	1990	대우	8	3	0	0	7	0	0
	1991	대우	33	1	2	0	40	0	0
	1992	대우	35	2	2	2	44	3	0
	1993	대우	6	3	2	0	11	2	0
	1994	대우	20	5	1	0	14	1	0
	합계		168	17	9	4	189	6	0
프로통산			168	17	9	4	189	6	0

정용훈(鄭湧勳) 대신고 1979.03.11

대회	연도	소속	출전	교체	득점	도움	파울	경고	퇴장
BC	1998	수원	26	19	3	3	24	1	0
	1999	수원	2	2	0	0	0	0	0
	2002	수원	16	12	0	0	17	0	0
	2003	수원	20	16	2	0	15	1	0
	합계		64	49	5	3	56	2	0
프로통산			64	49	5	3	56	2	0

정우근(鄭于根) 충남기계공고 1991.03.01

대회	연도	소속	출전	교체	득점	도움	파울	경고	퇴장
K2	2018	수원FC	14	11	2	0	22	0	0
	합계		14	11	2	0	22	0	0
프로통산			14	11	2	0	22	0	0

정우성(鄭宇星) 중앙대 1986.06.19

대회	연도	소속	출전	교체	득점	도움	파울	경고	퇴장
BC	2009	대구	0	0	0	0	0	0	0
	합계		0	0	0	0	0	0	0
프로통산			0	0	0	0	0	0	0

정우승(鄭雨承) 단국대 1984.03.14

대회	연도	소속	출전	교체	득점	도움	파울	경고	퇴장
BC	2007	경남	2	0	0	0	2	0	0
	2008	경남	4	3	0	0	2	1	0
	합계		6	3	0	0	4	1	0
프로통산			6	3	0	0	4	1	0

정우영(鄭宇榮) 고려대 1971.12.08

대회	연도	소속	출전	교체	득점	도움	파울	경고	퇴장
BC	1994	현대	6	6	0	1	1	0	0
	1995	현대	0	0	0	0	0	0	0
	1998	울산	3	2	0	0	8	1	0
	합계		9	8	0	1	9	1	0
프로통산			9	8	0	1	9	1	0

정우인(鄭愚仁) 경희대 1988.02.01

대회	연도	소속	출전	교체	득점	도움	파울	경고	퇴장
BC	2011	광주	23	5	1	0	50	4	0
	2012	광주	34	6	1	0	62	15	0
	합계		57	11	2	0	112	19	0
K2	2013	광주	18	4	0	0	26	1	0
	2014	강원	28	5	1	1	43	6	0
	2015	강원	11	3	1	0	24	4	0
	2016	충주	21	8	0	0	19	4	0
	합계		78	20	2	1	112	15	0
프로통산			135	31	4	1	224	34	0

정우재(鄭宇宰) 예원예술대 1992.06.28

대회	연도	소속	출전	교체	득점	도움	파울	경고	퇴장
K1	2014	성남	2	2	0	0	1	1	0
	2017	대구	33	4	1	5	25	3	0
	2018	대구	32	6	1	3	24	3	0
	2019	제주	11	2	0	0	8	1	0
	합계		78	14	2	8	58	8	0
K2	2015	충주	26	4	1	1	23	2	0
	2016	대구	37	4	3	3	41	7	0
	합계		63	8	4	4	64	9	0
프로통산			141	22	6	12	122	17	0

정우진(鄭禹鎭) 전주대 1969.01.20

대회	연도	소속	출전	교체	득점	도움	파울	경고	퇴장
BC	1996	부천유	15	10	2	0	12	2	0
	1997	부천SK	6	5	0	0	1	1	0
	1997	전북	8	8	1	0	5	0	0
	1998	전북	4	4	0	0	8	0	0
	합계		33	27	3	0	26	3	0
프로통산			33	27	3	0	26	3	0

정운(鄭澐 / ←정부식) 명지대 1989.06.30

대회	연도	소속	출전	교체	득점	도움	파울	경고	퇴장
BC	2012	울산	0	0	0	0	0	0	0
	합계		0	0	0	0	0	0	0
K1	2016	제주	32	3	1	5	38	3	0

대회	연도	소속	출전	교체	득점	도움	파울	경고	퇴장
	2017	제주	30	4	1	3	21	4	0
	2018	제주	12	0	0	2	9	2	0
	합계		74	7	2	10	68	9	0
프로통산			74	7	2	10	68	9	0

정웅일(鄭雄一) 연세대 1962.11.05

대회	연도	소속	출전	교체	득점	도움	파울	경고	퇴장
BC	1986	대우	4	2	0	0	4	0	0
	합계		4	2	0	0	4	0	0
프로통산			4	2	0	0	4	0	0

정원서(鄭源緖) 동아대 1959.04.16

대회	연도	소속	출전	교체	득점	도움	파울	경고	퇴장
BC	1983	포철	4	3	0	0	1	0	0
	합계		4	3	0	0	1	0	0
프로통산			4	3	0	0	1	0	0

정원영(鄭元寧) 선문대 1992.05.26

대회	연도	소속	출전	교체	득점	도움	파울	경고	퇴장
K2	2019	아산	8	2	0	0	5	0	0
	합계		8	2	0	0	5	0	0
프로통산			8	2	0	0	5	0	0

정원진(政原進) 영남대 1994.08.10

대회	연도	소속	출전	교체	득점	도움	파울	경고	퇴장
K1	2016	포항	11	9	0	0	11	2	0
	2018	포항	18	13	1	0	15	2	0
	2018	서울	1	2	0	0	1	0	0
	2019	서울	16	16	3	2	9	2	0
	합계		46	40	4	2	36	6	0
K2	2017	경남	34	10	10	10	44	2	0
	합계		34	10	10	10	44	2	0
승	2018	서울	0	0	0	0	0	0	0
	합계		0	0	0	0	0	0	0
프로통산			80	50	14	12	80	8	0

정유석(鄭裕錫) 아주대 1977.10.25

대회	연도	소속	출전	교체	실점	도움	파울	경고	퇴장
BC	2000	부산	22	4	28	0	1	1	0
	2001	부산	35	0	46	0	2	0	0
	2002	부산	27	1	43	0	1	2	0
	2003	부산	8	0	17	0	0	1	0
	2004	광주상	14	1	13	0	0	0	0
	2005	광주상	24	0	33	0	1	1	0
	2006	부산	34	0	48	0	3	4	0
	2007	부산	26	1	36	0	0	0	0
	2008	부산	7	0	9	0	0	2	0
	2009	부산	1	1	2	0	0	0	0
	2011	울산	7	0	7	0	0	1	0
	합계		205	8	282	0	8	12	0
프로통산			205	8	282	0	8	12	0

정윤길(鄭允吉) 호남대 1976.10.23

대회	연도	소속	출전	교체	득점	도움	파울	경고	퇴장
BC	1999	전남	4	3	0	0	10	0	0
	합계		4	3	0	0	10	0	0
프로통산			4	3	0	0	10	0	0

정윤성(鄭允成) 수원공고 1984.06.01

대회	연도	소속	출전	교체	득점	도움	파울	경고	퇴장
BC	2003	수원	11	9	1	1	18	1	0
	2004	수원	0	0	0	0	0	0	0
	2005	광주상	30	24	6	1	49	3	0
	2006	광주상	16	14	0	0	21	1	0
	2007	수원	2	1	0	0	5	0	0
	2007	경남	14	8	6	3	24	1	0
	2008	경남	14	11	1	2	18	3	0
	2009	전남	15	12	3	2	17	3	0
	2010	전남	22	17	4	3	27	3	1
	2011	전남	8	5	0	1	17	1	0
	합계		132	101	21	13	196	16	1
프로통산			132	101	21	13	196	16	1

정의도(鄭義道) 연세대 1987.04.08

대회	연도	소속	출전	교체	실점	도움	파울	경고	퇴장
BC	2009	성남일	1	1	0	0	0	0	0
	2010	성남일	1	0	3	0	0	0	0
	합계		2	1	3	0	0	0	0
K2	2013	수원FC	11	1	18	0	0	0	0
	합계		11	1	18	0	0	0	0
프로통산			13	2	21	0	0	0	0

정인권(鄭寅權) 제주 U-18 1996.04.24

대회	연도	소속	출전	교체	득점	도움	파울	경고	퇴장
K2	2016	충주	0	0	0	0	0	0	0
	합계		0	0	0	0	0	0	0
프로통산			0	0	0	0	0	0	0

정인탁(鄭因託) 성균관대 1994.01.24

대회	연도	소속	출전	교체	득점	도움	파울	경고	퇴장
K2	2016	충주	2	1	0	0	3	0	0
	합계		2	1	0	0	3	0	0
프로통산			2	1	0	0	3	0	0

정인호(鄭寅浩) 중앙대 1971.03.21

대회	연도	소속	출전	교체	득점	도움	파울	경고	퇴장
BC	1994	유공	8	4	0	0	3	1	0
	1995	유공	21	6	0	0	41	3	0
	1996	부천유	0	0	0	0	0	0	0
	합계		29	10	0	0	44	4	0
프로통산			29	10	0	0	44	4	0

정인환(鄭仁煥) 연세대 1986.12.15

대회	연도	소속	출전	교체	득점	도움	파울	경고	퇴장
BC	2006	전북	10	4	0	0	12	3	0
	2007	전북	13	2	1	1	45	6	0
	2008	전남	21	2	0	2	23	7	0
	2009	전남	9	5	0	0	13	2	0
	2010	전남	21	2	3	0	34	7	0
	2011	인천	24	2	2	1	43	6	0
	2012	인천	38	0	4	1	41	7	0
	합계		136	17	10	5	211	38	0
K1	2013	전북	25	2	4	0	28	3	0
	2014	전북	18	3	0	0	19	2	0
	2016	서울	7	0	0	0	8	2	0
	2017	서울	6	1	0	0	8	3	0
	합계		56	6	4	0	63	10	0
프로통산			192	23	14	5	274	48	0

정일영

대회	연도	소속	출전	교체	득점	도움	파울	경고	퇴장
BC	1984	국민은	1	0	0	0	0	0	0
	합계		1	0	0	0	0	0	0
프로통산			1	0	0	0	0	0	0

정재곤(鄭在坤) 연세대 1976.03.17

대회	연도	소속	출전	교체	득점	도움	파울	경고	퇴장
BC	1999	포항	16	7	3	0	23	1	0
	2000	포항	4	4	0	0	5	2	0
	합계		20	11	3	0	28	3	0
프로통산			20	11	3	0	28	3	0

정재권(鄭在權) 한양대 1970.11.05

대회	연도	소속	출전	교체	득점	도움	파울	경고	퇴장
BC	1994	대우	14	8	1	2	18	1	0
	1995	대우	25	14	5	1	53	2	0
	1996	부산	31	8	8	6	46	4	0
	1997	부산	28	14	6	5	41	3	0
	1998	부산	29	6	8	8	51	4	0
	1999	부산	20	17	0	0	21	0	0
	2000	포항	20	17	2	1	29	1	0
	2001	포항	12	9	0	0	14	0	0
	합계		179	93	30	23	273	15	0
프로통산			179	93	30	23	273	15	0

정재성(鄭在星) 홍익대 1992.02.21

대회	연도	소속	출전	교체	득점	도움	파울	경고	퇴장
K1	2015	대전	2	2	0	0	0	0	0
	합계		2	2	0	0	0	0	0
프로통산			2	2	0	0	0	0	0

정재열(鄭在烈) 연세대 1972.08.10

대회	연도	소속	출전	교체	득점	도움	파울	경고	퇴장
BC	1995	전북	0	0	0	0	0	0	0
	1996	전북	0	0	0	0	0	0	0
	합계		0	0	0	0	0	0	0
프로통산			0	0	0	0	0	0	0

정재용(鄭宰溶) 고려대 1990.09.14

대회	연도	소속	출전	교체	득점	도움	파울	경고	퇴장
K1	2016	울산	10	5	0	1	12	3	0
	2017	울산	32	5	3	0	43	8	0
	2018	울산	10	3	0	0	13	2	1
	2019	울산	2	1	0	0	2	1	0
	2019	포항	30	5	0	2	26	1	0
	합계		84	19	3	3	96	15	1
K2	2013	안양	16	8	0	1	24	4	0
	2014	안양	25	10	6	2	40	6	0
	2015	안양	29	13	0	0	33	3	0
	2016	안양	16	4	4	0	35	6	0
	합계		86	35	10	3	132	19	0
프로통산			170	54	13	6	228	34	1

정재원(鄭載園) 제주중앙고 1993.08.16

대회	연도	소속	출전	교체	득점	도움	파울	경고	퇴장
K1	2013	전북	0	0	0	0	0	0	0
	합계		0	0	0	0	0	0	0
프로통산			0	0	0	0	0	0	0

정재윤(鄭載潤) 홍익대 1981.05.28

대회	연도	소속	출전	교체	득점	도움	파울	경고	퇴장
BC	2004	서울	0	0	0	0	0	0	0
	합계		0	0	0	0	0	0	0
프로통산			0	0	0	0	0	0	0

정재희(鄭在熙) 상지대 1994.04.28

대회	연도	소속	출전	교체	득점	도움	파울	경고	퇴장
K2	2016	안양	36	23	3	1	14	1	0
	2017	안양	35	16	8	5	15	2	0
	2018	안양	30	23	1	1	13	1	0
	2019	전남	29	12	5	10	21	2	0
	합계		130	74	17	17	63	6	0
프로통산			130	74	17	17	63	6	0

정정석(鄭井碩) 건국대 1988.01.20

대회	연도	소속	출전	교체	득점	도움	파울	경고	퇴장
BC	2010	포항	1	1	0	0	0	0	0
	합계		1	1	0	0	0	0	0
프로통산			1	1	0	0	0	0	0

정정수(鄭正洙) 고려대 1969.11.20

대회	연도	소속	출전	교체	득점	도움	파울	경고	퇴장
BC	1994	현대	29	25	3	0	17	4	0
	1995	현대	25	18	2	2	27	2	0
	1996	울산	21	19	4	1	19	3	0
	1997	울산	19	11	0	5	35	7	0
	1998	울산	34	25	6	9	53	5	0
	1999	울산	26	17	4	7	22	1	0
	2000	울산	29	17	7	2	23	3	0
	2001	울산	31	13	7	5	32	2	0
	2002	울산	9	9	0	0	8	0	0
	합계		223	154	33	31	236	27	0
프로통산			223	154	33	31	236	27	0

정조국(鄭조국) 대신고 1984.04.23

대회	연도	소속	출전	교체	득점	도움	파울	경고	퇴장
BC	2003	안양LG	32	25	12	2	37	3	0
	2004	서울	30	22	8	2	42	2	0
	2005	서울	26	22	3	1	41	1	0
	2006	서울	27	25	6	3	45	2	0
	2007	서울	19	13	5	1	35	4	0
	2008	서울	21	13	9	5	34	4	0
	2009	서울	25	21	7	1	26	2	0
	2010	서울	29	23	13	4	26	1	0
	2012	서울	17	17	4	0	12	2	0

대회	연도	소속	출전	교체	득점	도움	파울	경고	퇴장
	합계		226	181	67	19	298	21	0
K1	2014	서울	2	2	0	0	0	0	0
	2015	서울	11	10	1	1	4	0	0
	2016	광주	31	16	20	1	38	4	0
	2017	강원	18	10	7	1	14	2	1
	2018	강원	25	21	4	1	5	2	0
	2019	강원	31	27	5	3	8	0	0
	합계		118	86	37	7	69	8	1
K2	2013	경찰	24	9	9	2	29	3	1
	2014	안산경	12	11	7	1	12	1	0
	합계		36	20	16	3	41	4	1
프로통산			380	287	120	29	408	33	2

정종관(鄭鍾寬) 숭실대 1981.09.09

대회	연도	소속	출전	교체	득점	도움	파울	경고	퇴장
BC	2004	전북	16	16	0	1	6	0	0
	2005	전북	24	8	4	2	27	4	0
	2006	전북	17	7	0	1	27	3	0
	2007	전북	22	10	2	4	18	2	0
	합계		79	41	6	8	78	9	0
프로통산			79	41	6	8	78	9	0

정종선(鄭鍾先) 연세대 1966.03.20

대회	연도	소속	출전	교체	득점	도움	파울	경고	퇴장
BC	1985	포철	1	1	0	0	0	0	0
	1989	현대	18	2	0	0	20	1	0
	1990	현대	28	2	0	0	33	3	0
	1991	현대	32	4	0	0	39	1	0
	1992	현대	38	0	1	1	40	2	1
	1993	현대	13	2	0	0	13	1	0
	1994	현대	20	1	0	0	19	0	0
	1995	전북	32	2	0	1	46	7	0
	1996	전북	26	1	0	0	39	3	0
	1997	전북	33	0	0	0	22	2	0
	1998	안양LG	30	6	0	0	21	5	1
	합계		271	21	1	2	292	25	2
프로통산			271	21	1	2	292	25	2

정종수(鄭種洙) 고려대 1961.03.27

대회	연도	소속	출전	교체	득점	도움	파울	경고	퇴장
BC	1984	유공	23	1	0	1	23	2	0
	1985	유공	5	0	0	2	8	1	0
	1986	유공	9	1	0	0	20	0	0
	1987	유공	28	0	1	1	45	2	1
	1988	유공	23	1	0	0	30	2	0
	1989	유공	17	0	0	0	24	2	0
	1990	현대	8	1	0	1	13	0	0
	1991	현대	29	4	0	1	37	6	0
	1992	현대	29	4	1	4	34	3	1
	1993	현대	29	4	0	0	34	3	0
	1994	현대	24	7	1	1	27	2	0
	1995	현대	1	1	0	0	0	0	0
	합계		225	24	3	11	295	23	2
프로통산			225	24	3	11	295	23	2

정종식

대회	연도	소속	출전	교체	득점	도움	파울	경고	퇴장
BC	1984	대우	1	1	0	0	0	0	0
	1985	대우	1	0	0	0	2	0	0
	합계		2	1	0	0	2	0	0
프로통산			2	1	0	0	2	0	0

정주영(丁主榮) 배재대 1979.05.03

대회	연도	소속	출전	교체	득점	도움	파울	경고	퇴장
BC	2002	울산	1	1	0	0	1	0	0
	합계		1	1	0	0	1	0	0
프로통산			1	1	0	0	1	0	0

정주완(鄭朱完) 중앙대 1974.03.08

대회	연도	소속	출전	교체	득점	도움	파울	경고	퇴장
BC	1998	전북	8	6	0	0	6	1	0
	합계		8	6	0	0	6	1	0
프로통산			8	6	0	0	6	1	0

정주일(鄭柱日) 조선대 1991.03.06

대회	연도	소속	출전	교체	득점	도움	파울	경고	퇴장
K2	2014	부천	15	9	0	1	18	1	0
	합계		15	9	0	1	18	1	0
프로통산			15	9	0	1	18	1	0

정준연(鄭俊硯) 광양제철고 1989.04.30

대회	연도	소속	출전	교체	득점	도움	파울	경고	퇴장
BC	2008	전남	3	3	0	0	1	0	0
	2009	전남	6	3	0	0	14	2	0
	2010	전남	22	9	0	2	34	3	0
	2011	전남	17	5	0	1	26	1	0
	2012	전남	11	1	0	0	20	3	0
	합계		59	21	0	3	95	9	0
K1	2013	전남	23	6	1	1	28	3	0
	2015	광주	26	5	0	0	29	7	0
	2016	상주	9	6	0	0	8	3	0
	2017	상주	5	3	0	0	5	2	0
	2017	광주	1	1	0	0	3	0	0
	합계		64	21	1	1	73	15	0
K2	2014	광주	30	5	0	0	28	4	0
	2018	광주	22	6	0	0	31	1	0
	2019	광주	10	1	0	0	13	3	0
	합계		62	12	0	0	72	8	0
승	2014	광주	2	0	0	0	1	0	0
	합계		2	0	0	0	1	0	0
프로통산			187	54	1	4	241	32	0

정준현(鄭埈炫) 중앙대 1994.08.26

대회	연도	소속	출전	교체	득점	도움	파울	경고	퇴장
K2	2016	부천	0	0	0	0	0	0	0
	2017	부천	0	0	0	0	0	0	0
K2	2018	부천	20	6	0	0	17	1	0
	합계		20	6	0	0	17	1	0
프로통산			20	6	0	0	17	1	0

정지안(鄭至安) 대구대 1989.06.17

대회	연도	소속	출전	교체	득점	도움	파울	경고	퇴장
K1	2013	성남일	0	0	0	0	0	0	0
	합계		0	0	0	0	0	0	0
프로통산			0	0	0	0	0	0	0

정지용(鄭智鏞) 동국대 1998.12.15

대회	연도	소속	출전	교체	득점	도움	파울	경고	퇴장
K1	2019	강원	0	0	0	0	0	0	0
	합계		0	0	0	0	0	0	0
프로통산			0	0	0	0	0	0	0

정진욱(鄭鎭旭) 중앙대 1997.05.28

대회	연도	소속	출전	교체	득점	도움	파울	경고	퇴장
K1	2018	서울	0	0	0	0	0	0	0
	합계		0	0	0	0	0	0	0
프로통산			0	0	0	0	0	0	0

정찬일(丁粲佾) 동국대 1991.04.27

대회	연도	소속	출전	교체	득점	도움	파울	경고	퇴장
K2	2014	강원	7	7	0	1	15	1	0
	2015	강원	13	9	1	1	9	2	0
	2016	강원	3	3	0	0	0	0	0
	합계		23	19	1	2	24	3	0
프로통산			23	19	1	2	24	3	0

정창근(丁昌根) 황지중 1983.08.10

대회	연도	소속	출전	교체	득점	도움	파울	경고	퇴장
BC	1999	안양LG	1	1	0	0	0	0	0
	합계		1	1	0	0	0	0	0
프로통산			1	1	0	0	0	0	0

정철운(鄭喆云) 광운대 1986.07.30

대회	연도	소속	출전	교체	득점	도움	파울	경고	퇴장
BC	2009	강원	6	4	0	0	3	0	0
	2010	강원	11	4	0	0	3	1	0
	합계		17	8	0	0	6	1	0
프로통산			17	8	0	0	6	1	0

정철호(鄭喆鎬) 조선대 1994.02.01

대회	연도	소속	출전	교체	득점	도움	파울	경고	퇴장
K2	2017	수원FC	16	5	0	2	19	3	0
	합계		16	5	0	2	19	3	0
프로통산			16	5	0	2	19	3	0

정철호(鄭喆鎬) 서울시립대 1968.12.01

대회	연도	소속	출전	교체	득점	도움	파울	경고	퇴장
BC	1991	일화	5	5	0	0	4	0	0
	1992	일화	4	3	0	0	5	0	0
	1993	일화	3	2	0	0	4	0	0
	1995	전북	10	3	0	0	13	5	0
	1996	전북	2	2	0	0	0	0	0
	합계		24	15	0	0	26	5	0
프로통산			24	15	0	0	26	5	0

정치인(鄭治仁) 대구공고 1997.08.21

대회	연도	소속	출전	교체	득점	도움	파울	경고	퇴장
K1	2018	대구	6	4	0	0	5	2	1
	2019	대구	6	6	0	1	6	0	0
	합계		12	10	0	1	11	2	1
프로통산			12	10	0	1	11	2	1

정태영(鄭泰榮) 한양대 1956.08.04

대회	연도	소속	출전	교체	득점	도움	파울	경고	퇴장
BC	1984	럭금	14	4	0	0	5	0	0
	1985	럭금	13	2	0	0	11	1	0
	합계		27	6	0	0	16	1	0
프로통산			27	6	0	0	16	1	0

정태욱(鄭泰昱) 아주대 1997.05.16

대회	연도	소속	출전	교체	득점	도움	파울	경고	퇴장
K1	2018	제주	5	5	0	0	1	1	0
	2019	대구	27	5	1	0	33	3	0
	합계		32	10	1	0	34	4	0
프로통산			32	10	1	0	34	4	0

정택훈(鄭澤勳) 고려대 1995.05.26

대회	연도	소속	출전	교체	득점	도움	파울	경고	퇴장
K2	2018	부천	2	2	0	0	1	1	0
	2019	부천	12	12	1	0	6	1	0
	합계		14	14	1	0	7	2	0
프로통산			14	14	1	0	7	2	0

정필석(鄭弼釋) 단국대 1978.07.23

대회	연도	소속	출전	교체	득점	도움	파울	경고	퇴장
BC	2001	부천SK	5	6	0	0	10	1	0
	2003	부천SK	4	4	0	0	3	0	0
	합계		9	10	0	0	13	1	0
프로통산			9	10	0	0	13	1	0

정한호(政韓浩) 조선대 1970.06.04

대회	연도	소속	출전	교체	득점	도움	파울	경고	퇴장
BC	1994	버팔로	5	6	0	0	0	0	0
	합계		5	6	0	0	0	0	0
프로통산			5	6	0	0	0	0	0

정해성(鄭海成) 고려대 1958.03.04

대회	연도	소속	출전	교체	득점	도움	파울	경고	퇴장
BC	1984	럭금	10	2	0	1	12	4	0
	1985	럭금	16	5	0	0	23	2	0
	1986	럭금	30	0	0	1	48	5	0
	1987	럭금	13	1	0	0	21	3	0
	1988	럭금	21	2	1	0	27	1	1
	1989	럭금	28	5	1	2	43	3	0
	합계		118	15	2	4	174	18	1
프로통산			118	15	2	4	174	18	1

정해원(丁海遠) 연세대 1959.07.01

대회	연도	소속	출전	교체	득점	도움	파울	경고	퇴장
BC	1983	대우	13	3	4	1	19	3	0
	1984	대우	23	3	5	4	18	0	0
	1985	대우	17	1	7	1	17	1	1
	1986	대우	26	2	10	0	29	2	0
	1987	대우	28	1	6	4	48	4	0
	1988	대우	10	2	1	0	18	2	0
	1989	대우	24	11	1	1	29	3	0

대회	연도	소속	출전	교체	득점	도움	파울	경고	퇴장
	1990	대우	12	11	0	0	14	0	0
	1991	대우	1	1	0	0	0	0	0
	합계		154	35	34	11	192	15	1
프로통산			154	35	34	11	192	15	1

정현식(鄭軒植) 한양대 1991.03.03

대회	연도	소속	출전	교체	득점	도움	파울	경고	퇴장
K2	2014	강원	12	1	0	0	20	4	0
	합계		12	1	0	0	20	4	0
프로통산			12	1	0	0	20	4	0

정혁(鄭赫) 전주대 1986.05.21

대회	연도	소속	출전	교체	득점	도움	파울	경고	퇴장
BC	2009	인천	16	13	1	1	31	5	0
	2010	인천	29	9	4	4	55	9	0
	2011	인천	15	8	1	2	25	3	1
	2012	인천	23	14	2	1	27	5	0
	합계		83	44	8	8	138	22	1
K1	2013	전북	28	5	2	3	55	9	0
	2014	전북	19	7	3	0	44	3	0
	2016	전북	4	0	0	1	8	1	0
	2017	전북	24	8	2	0	45	10	0
	2018	전북	12	7	2	1	27	3	1
	2019	전북	13	8	1	2	24	4	0
	합계		100	35	10	7	203	30	1
K2	2015	안산경	19	16	1	1	15	3	0
	2016	안산무	23	13	2	2	19	4	0
	합계		42	29	3	3	34	7	0
프로통산			225	108	21	18	375	59	2

정현식(鄭賢植) 우석대 1990.11.22

대회	연도	소속	출전	교체	득점	도움	파울	경고	퇴장
K2	2017	안산	28	10	0	2	31	3	0
	합계		28	10	0	2	31	3	0
프로통산			28	10	0	2	31	3	0

정현우(鄭賢佑) 금호고 2000.07.12

대회	연도	소속	출전	교체	득점	도움	파울	경고	퇴장
K2	2019	광주	2	2	0	0	0	0	0
	합계		2	2	0	0	0	0	0
프로통산			2	2	0	0	0	0	0

정현철(鄭鉉澈) 명지대 1993.05.25

대회	연도	소속	출전	교체	득점	도움	파울	경고	퇴장
K1	2016	울산	0	0	0	0	0	0	0
	합계		0	0	0	0	0	0	0
프로통산			0	0	0	0	0	0	0

정현철(鄭鉉哲) 동국대 1993.04.26

대회	연도	소속	출전	교체	득점	도움	파울	경고	퇴장
K1	2018	서울	14	9	0	0	16	3	0
	2019	서울	30	10	1	0	26	6	0
	합계		44	19	1	0	42	9	0
K2	2015	경남	14	10	1	0	19	4	0
	2016	경남	32	13	5	4	22	3	0
	2017	경남	33	2	7	3	50	7	0
	합계		79	25	13	7	91	14	0
승	2018	서울	2	1	1	0	5	0	0
	합계		2	1	1	0	5	0	0
프로통산			125	45	15	7	138	23	0

정현호(丁玄浩) 건국대 1974.02.13

대회	연도	소속	출전	교체	득점	도움	파울	경고	퇴장
BC	1996	안양LG	21	10	0	0	39	3	0
	1997	안양LG	4	3	0	0	5	1	0
	1998	안양LG	5	5	0	0	5	0	0
	1999	안양LG	10	1	1	0	32	1	0
	2000	안양LG	5	5	0	0	2	0	0
	합계		45	24	1	0	83	5	0
프로통산			45	24	1	0	83	5	0

정형준(丁瀅準) 숭실대 1986.04.26

대회	연도	소속	출전	교체	득점	도움	파울	경고	퇴장
BC	2010	대전	3	2	0	0	3	1	0
	합계		3	2	0	0	3	1	0
프로통산			3	2	0	0	3	1	0

정호민(鄭晧敏) 광주대 1994.03.31

대회	연도	소속	출전	교체	득점	도움	파울	경고	퇴장
K1	2017	광주	3	1	0	0	5	1	0
	합계		3	1	0	0	5	1	0
프로통산			3	1	0	0	5	1	0

정호영(鄭浩英) 전주대 1997.01.16

대회	연도	소속	출전	교체	득점	도움	파울	경고	퇴장
K1	2018	전북	1	0	0	0	2	0	0
	합계		1	0	0	0	2	0	0
프로통산			1	0	0	0	2	0	0

정호영(鄭昊泳) 중원대 1994.11.03

대회	연도	소속	출전	교체	득점	도움	파울	경고	퇴장
K2	2017	수원FC	0	0	0	0	0	0	0
	합계		0	0	0	0	0	0	0
프로통산			0	0	0	0	0	0	0

정호정(鄭好正) 광운대 1988.09.01

대회	연도	소속	출전	교체	득점	도움	파울	경고	퇴장
BC	2010	성남일	0	0	0	0	0	0	0
	2011	성남일	10	0	0	0	15	1	0
	2012	상주	15	7	0	0	12	1	0
	합계		25	7	0	0	27	2	0
K1	2015	광주	28	7	0	0	18	2	0
	2016	광주	28	2	0	1	13	2	0
	합계		56	9	0	1	31	4	0
K2	2013	상주	6	2	0	0	1	0	0
	2014	광주	28	3	0	2	22	2	0
	2017	부산	25	5	0	0	20	1	0
	2018	부산	21	4	0	0	12	2	0
	2019	부산	7	4	0	0	1	1	0
	합계		87	18	0	2	56	6	0
승	2014	광주	0	0	0	0	0	0	0
	2017	부산	1	1	0	0	1	0	0
	합계		1	1	0	0	1	0	0
프로통산			169	35	0	3	115	12	0

정호진(鄭豪鎭) 동의대 1984.05.30

대회	연도	소속	출전	교체	득점	도움	파울	경고	퇴장
BC	2007	대구	1	1	0	0	0	0	0
	합계		1	1	0	0	0	0	0
프로통산			1	1	0	0	0	0	0

정홍연(鄭洪然) 동의대 1983.08.18

대회	연도	소속	출전	교체	득점	도움	파울	경고	퇴장
BC	2006	제주	29	8	1	0	35	2	0
	2007	제주	21	10	0	0	15	2	0
	2009	부산	0	0	0	0	0	0	0
	2010	포항	11	0	1	2	14	3	0
	2011	포항	10	4	0	0	8	1	0
	2012	포항	12	6	0	1	15	2	0
	합계		83	28	2	3	87	10	0
K1	2013	포항	1	0	0	0	0	0	0
	2013	전남	4	1	0	0	5	2	0
	합계		5	1	0	0	5	2	0
K2	2014	부천	30	3	0	1	19	5	0
	2015	부천	18	9	1	0	7	2	0
	합계		48	12	1	1	26	7	0
프로통산			136	41	3	4	118	19	0

정후균(鄭候均) 조선대 1961.02.21

대회	연도	소속	출전	교체	득점	도움	파울	경고	퇴장
	1984	국민은	5	5	0	0	0	0	0
	합계		5	5	0	0	0	0	0
프로통산			5	5	0	0	0	0	0

정훈(鄭勳) 동아대 1985.08.31

대회	연도	소속	출전	교체	득점	도움	파울	경고	퇴장
BC	2008	전북	13	5	0	1	22	4	0
	2009	전북	26	10	2	0	69	9	0
	2010	전북	14	11	0	0	35	6	0
	2011	전북	22	9	0	1	49	8	0
	2012	전북	34	11	0	1	65	8	0
	합계		109	46	2	3	240	35	0
K1	2014	상주	5	4	0	0	10	1	0
	2014	전북	2	2	0	0	3	2	0
	2015	전북	20	13	0	1	27	2	0
	합계		27	19	0	1	40	5	0
	2013	상주	19	15	0	1	26	3	0
	2017	수원FC	23	12	0	1	39	8	0
	2018	수원FC	8	1	0	0	8	0	0
	합계		50	28	0	2	73	11	0
승	2013	상주	2	2	0	0	2	0	0
	합계		2	2	0	0	2	0	0
프로통산			188	95	2	6	355	51	0

정훈성(鄭薰聖) 신갈고 1994.02.22

대회	연도	소속	출전	교체	득점	도움	파울	경고	퇴장
K1	2019	인천	16	11	1	0	17	1	0
	합계		16	11	1	0	17	1	0
프로통산			16	11	1	0	17	1	0

정훈찬(鄭薰瓚) 능곡고 1993.07.24

대회	연도	소속	출전	교체	득점	도움	파울	경고	퇴장
BC	2012	전남	2	2	0	0	2	0	0
	합계		2	2	0	0	2	0	0
프로통산			2	2	0	0	2	0	0

정희웅(鄭喜熊) 청주대 1995.05.18

대회	연도	소속	출전	교체	득점	도움	파울	경고	퇴장
K2	2017	서울E	2	2	0	0	0	0	0
	2018	안양	33	20	6	3	35	2	0
	2019	전남	13	9	0	1	16	2	0
	합계		48	31	6	4	51	4	0
프로통산			48	31	6	4	51	4	0

제니아(Yevgeny Zhirov) 러시아 1969.01.10

대회	연도	소속	출전	교체	득점	도움	파울	경고	퇴장
BC	1994	LG	4	2	0	1	6	1	0
	합계		4	2	0	1	6	1	0
프로통산			4	2	0	1	6	1	0

제르손(Gerson Guimaraes Ferreira Junior) 브라질 1992.01.07

대회	연도	소속	출전	교체	득점	도움	파울	경고	퇴장
K1	2017	강원	10	0	1	0	10	1	0
	합계		10	0	1	0	10	1	0
프로통산			10	0	1	0	10	1	0

제리치(Uros Derić) 세르비아 1992.05.28

대회	연도	소속	출전	교체	득점	도움	파울	경고	퇴장
K1	2018	강원	36	13	24	4	39	4	0
	2019	강원	14	10	4	0	16	0	0
	2019	경남	17	5	9	1	24	2	0
	합계		67	28	37	5	79	6	0
승	2019	경남	2	0	0	0	4	0	0
	합계		2	0	0	0	4	0	0
프로통산			69	28	37	5	83	6	0

제영진(諸泳珍) 경일대 1975.03.10

대회	연도	소속	출전	교체	득점	도움	파울	경고	퇴장
BC	1998	울산	12	13	1	0	15	1	0
	1999	울산	2	2	1	0	0	0	0
	2000	울산	12	12	1	1	6	2	0
	합계		26	27	3	1	21	3	0
프로통산			26	27	3	1	21	3	0

제용삼(諸龍三) 한성대 1972.01.25

대회	연도	소속	출전	교체	득점	도움	파울	경고	퇴장
BC	1998	안양LG	33	20	10	4	57	4	0
	1999	안양LG	15	15	1	1	14	1	0
	2000	안양LG	11	11	1	0	4	1	0
	합계		59	46	12	5	75	6	0
프로통산			59	46	12	5	75	6	0

제이드(Jade Bronson North) 오스트레일리아 1982.01.07

대회	연도	소속	출전	교체	득점	도움	파울	경고	퇴장

대회	연도	소속	출전	교체	득점	도움	파울	경고	퇴장
BC	2009	인천	9	1	0	0	7	1	0
	합계		9	1	0	0	7	1	0
프로통산			9	1	0	0	7	1	0

제이미(Jamie Cureton) 영국(잉글랜드) 1975.08.28

대회	연도	소속	출전	교체	득점	도움	파울	경고	퇴장
BC	2003	부산	21	12	4	1	20	2	0
	합계		21	12	4	1	20	2	0
프로통산			21	12	4	1	20	2	0

제이훈(Ceyhun Eris) 터키 1977.05.15

대회	연도	소속	출전	교체	득점	도움	파울	경고	퇴장
BC	2008	서울	8	7	1	0	13	1	0
	합계		8	7	1	0	13	1	0
프로통산			8	7	1	0	13	1	0

제임스(Augustine James) 나이지리아 1984.01.18

대회	연도	소속	출전	교체	득점	도움	파울	경고	퇴장
BC	2003	부천SK	13	12	1	0	20	1	0
	합계		13	12	1	0	20	1	0
프로통산			13	12	1	0	20	1	0

제제(Zeze Gomes) 브라질

대회	연도	소속	출전	교체	득점	도움	파울	경고	퇴장
BC	1984	포철	9	3	4	2	14	1	0
	합계		9	3	4	2	14	1	0
프로통산			9	3	4	2	14	1	0

제종현(諸鐘炫) 숭실대 1991.12.06

대회	연도	소속	출전	교체	실점	도움	파울	경고	퇴장
K1	2015	광주	8	0	11	0	0	1	0
	2016	상주	6	0	9	0	0	0	0
	2017	상주	0	0	0	0	0	0	0
	2017	광주	0	0	0	0	0	0	0
	합계		14	0	20	0	0	1	0
K2	2013	광주	5	0	4	0	0	1	0
	2014	광주	24	0	17	0	0	2	0
	2018	광주	6	0	9	0	0	0	0
	2019	아산	3	0	5	0	0	0	0
	합계		38	0	35	0	0	3	0
승	2014	광주	2	0	2	0	0	0	0
	합계		2	0	2	0	0	0	0
프로통산			54	0	57	0	0	4	0

제칼로(Jose Carlos Ferreira / ← 카르로스) 브라질 1983.04.24

대회	연도	소속	출전	교체	득점	도움	파울	경고	퇴장
BC	2004	울산	19	6	14	1	55	6	0
	2005	울산	9	2	5	0	32	8	0
	2006	전북	24	11	6	1	57	10	0
	2007	전북	21	11	8	0	51	7	1
	2008	전북	7	6	1	0	9	1	0
	합계		80	36	34	2	204	32	1
프로통산			80	36	34	2	204	32	1

제테르손(Getterson Alves dos Santos) 브라질 1991.05.16

대회	연도	소속	출전	교체	득점	도움	파울	경고	퇴장
K1	2018	포항	9	7	1	0	4	0	0
	합계		9	7	1	0	4	0	0
프로통산			9	7	1	0	4	0	0

제파로프(Server Resatovich Djeparov) 우즈베키스탄 1982.10.03

대회	연도	소속	출전	교체	득점	도움	파울	경고	퇴장
BC	2010	서울	18	7	1	7	24	4	0
	2011	서울	15	5	0	1	21	2	0
	합계		33	12	1	8	45	6	0
K1	2013	성남일	31	16	6	2	37	7	0
	2014	성남	24	9	7	3	26	2	0
	2015	울산	22	13	6	3	17	2	0
	합계		77	38	19	8	80	11	0
프로통산			110	50	20	16	125	17	0

제펠손(Jefferson Gama Rodrigues) 브라질 1981.01.26

대회	연도	소속	출전	교체	득점	도움	파울	경고	퇴장
BC	2006	대구	3	3	0	0	2	0	0
	합계		3	3	0	0	2	0	0
프로통산			3	3	0	0	2	0	0

제프유(Yu, Ji Young) 미국 1978.10.30

대회	연도	소속	출전	교체	득점	도움	파울	경고	퇴장
BC	2000	울산	3	3	0	0	3	0	0
	2001	부천SK	2	2	0	0	2	0	0
	합계		5	5	0	0	5	0	0
프로통산			5	5	0	0	5	0	0

젠토이(Zentai Lajos) 헝가리 1966.08.02

대회	연도	소속	출전	교체	득점	도움	파울	경고	퇴장
BC	1991	LG	23	9	1	0	25	2	0
	합계		23	9	1	0	25	2	0
프로통산			23	9	1	0	25	2	0

젤리코(Zeljko Simović) 유고슬라비아 1967.02.02

대회	연도	소속	출전	교체	득점	도움	파울	경고	퇴장
BC	1994	대우	3	1	1	0	6	1	0
	합계		3	1	1	0	6	1	0
프로통산			3	1	1	0	6	1	0

젤리코(Zeljko Bajceta) 유고슬라비아 1967.01.01

대회	연도	소속	출전	교체	득점	도움	파울	경고	퇴장
BC	1994	LG	9	8	3	0	2	1	0
	합계		9	8	3	0	2	1	0
프로통산			9	8	3	0	2	1	0

조건규(趙建規) 호남대 1998.10.15

대회	연도	소속	출전	교체	득점	도움	파울	경고	퇴장
K2	2019	부천	5	5	0	0	4	1	0
	합계		5	5	0	0	4	1	0
프로통산			5	5	0	0	4	1	0

조광래(趙廣來) 연세대 1954.03.19

대회	연도	소속	출전	교체	득점	도움	파울	경고	퇴장
BC	1983	대우	15	1	2	1	28	3	0
	1984	대우	13	6	1	1	23	1	0
	1985	대우	5	1	0	2	12	1	0
	1986	대우	9	2	0	0	19	1	0
	1987	대우	4	3	0	0	7	1	0
	합계		46	13	3	4	89	7	0
프로통산			46	13	3	4	89	7	0

조귀범(趙貴範) 예원예술대 1996.08.09

대회	연도	소속	출전	교체	득점	도움	파울	경고	퇴장
K1	2017	대구	0	0	0	0	0	0	0
	합계		0	0	0	0	0	0	0
K2	2018	대전	3	2	1	0	5	0	0
	2019	대전	2	1	0	0	2	1	0
	합계		5	3	1	0	7	1	0
프로통산			5	3	1	0	7	1	0

조규성(曺圭成) 광주대 1998.01.25

대회	연도	소속	출전	교체	득점	도움	파울	경고	퇴장
K2	2019	안양	33	7	14	4	62	3	1
	합계		33	7	14	4	62	3	1
프로통산			33	7	14	4	62	3	1

조규승(曺圭承) 선문대 1991.10.30

대회	연도	소속	출전	교체	득점	도움	파울	경고	퇴장
K1	2013	대전	2	2	0	0	4	0	0
	합계		2	2	0	0	4	0	0
프로통산			2	2	0	0	4	0	0

조규태(曺圭泰) 고려대 1957.01.18

대회	연도	소속	출전	교체	실점	도움	파울	경고	퇴장
BC	1985	할렐	3	1	5	0	0	0	0
	합계		3	1	5	0	0	0	0
프로통산			3	1	5	0	0	0	0

조긍연(趙兢衍) 고려대 1961.03.18

대회	연도	소속	출전	교체	득점	도움	파울	경고	퇴장
BC	1985	포철	14	9	2	1	23	1	0
	1986	포철	27	14	8	1	29	0	0
	1987	포철	20	19	3	2	14	1	0
	1988	포철	15	12	5	0	13	1	0
	1989	포철	39	11	20	1	41	2	0
	1990	포철	13	8	0	1	16	1	0
	1991	포철	15	15	0	1	10	1	0
	1992	현대	10	10	1	0	7	0	0
	합계		153	98	39	7	153	7	0
프로통산			153	98	39	7	153	7	0

조나탄(Johnathan Aparecido da Silva Vilela) 브라질 1990.03.29

대회	연도	소속	출전	교체	득점	도움	파울	경고	퇴장
K1	2016	수원	14	8	10	2	19	4	0
	2017	수원	29	11	22	3	35	5	0
	합계		43	19	32	5	54	9	0
K2	2014	대구	29	17	14	2	56	1	0
	2015	대구	39	4	26	6	77	4	0
	합계		68	21	40	8	133	5	0
프로통산			111	40	72	13	187	14	0

조남현(趙南眩) 전북대 1981.09.20

대회	연도	소속	출전	교체	득점	도움	파울	경고	퇴장
BC	2005	전북	7	6	0	0	9	0	0
	합계		7	6	0	0	9	0	0
프로통산			7	6	0	0	9	0	0

조네스(Jonhes Elias Pinto Santos) 브라질 1979.09.28

대회	연도	소속	출전	교체	득점	도움	파울	경고	퇴장
BC	2007	포항	14	11	4	0	33	1	0
	합계		14	11	4	0	33	1	0
프로통산			14	11	4	0	33	1	0

조대현(趙大現) 동국대 1974.02.24

대회	연도	소속	출전	교체	득점	도움	파울	경고	퇴장
BC	1996	수원	16	12	1	0	24	1	0
	1997	수원	12	13	1	0	16	2	0
	1998	수원	7	6	0	0	8	0	0
	1999	수원	19	17	2	1	28	2	0
	2000	수원	3	3	0	0	2	0	0
	2001	울산	4	4	0	0	8	0	0
	합계		61	55	4	1	86	5	0
프로통산			61	55	4	1	86	5	0

조덕제(趙德濟) 아주대 1965.10.26

대회	연도	소속	출전	교체	득점	도움	파울	경고	퇴장
BC	1988	대우	18	4	1	1	25	2	0
	1989	대우	39	5	1	4	71	3	0
	1990	대우	20	14	0	2	18	1	0
	1991	대우	33	14	2	0	32	1	0
	1992	대우	24	6	2	0	38	5	0
	1993	대우	29	0	0	1	29	2	0
	1994	대우	35	0	2	2	33	4	0
	1995	대우	15	3	2	1	15	3	1
	합계		213	46	10	11	261	21	1
프로통산			213	46	10	11	261	21	1

조동건(趙東建) 건국대 1986.04.16

대회	연도	소속	출전	교체	득점	도움	파울	경고	퇴장
BC	2008	성남일	12	11	4	4	9	1	0
	2009	성남일	39	16	8	5	57	2	0
	2010	성남일	18	14	2	1	29	1	0
	2011	성남일	32	13	8	2	39	0	0
	2012	수원	20	18	2	2	22	2	0
	합계		121	72	24	14	156	6	0
K1	2013	수원	25	15	5	4	18	3	0
	2014	수원	4	4	0	1	0	0	0
	2014	상주	19	6	3	1	22	0	0
	2016	수원	24	21	4	1	20	1	0
	합계		72	46	12	7	60	4	0
K2	2015	상주	14	11	6	0	11	1	0
	합계		14	11	6	0	11	1	0
프로통산			207	129	42	21	227	11	0

조란(Zoran Milosević) 유고슬라비아 1975.11.23

대회	연도	소속	출전	교체	득점	도움	파울	경고	퇴장
BC	1999	전북	30	2	0	0	53	6	0
	2000	전북	18	13	0	0	18	1	1
	2001	전북	18	4	1	0	22	1	0
	합계		66	19	1	0	93	8	1
프로통산			66	19	1	0	93	8	1

조란(Zoran Sprko Rendulić) 세르비아 1984.05.22

대회	연도	소속	출전	교체	득점	도움	파울	경고	퇴장
BC	2012	포항	15	2	0	0	34	4	0
	합계		15	2	0	0	34	4	0
프로통산			15	2	0	0	34	4	0

조란(Zoran Vukcević) 유고슬라비아 1972.02.07

대회	연도	소속	출전	교체	득점	도움	파울	경고	퇴장
BC	1993	현대	10	10	1	0	6	0	0
	합계		10	10	1	0	6	0	0
프로통산			10	10	1	0	6	0	0

조란(Zoran Durisić) 유고슬라비아 1971.04.29

대회	연도	소속	출전	교체	득점	도움	파울	경고	퇴장
BC	1996	울산	24	20	4	2	39	4	0
	합계		24	20	4	2	39	4	0
프로통산			24	20	4	2	39	4	0

조란(Zoran Novaković) 유고슬라비아 1975.08.22

대회	연도	소속	출전	교체	득점	도움	파울	경고	퇴장
BC	1998	부산	6	5	0	0	9	1	0
	1999	부산	9	8	0	0	18	1	0
	합계		15	13	0	0	27	2	0
프로통산			15	13	0	0	27	2	0

조르단(Wilmar Jordan Gil) 콜롬비아 1990.10.17

대회	연도	소속	출전	교체	득점	도움	파울	경고	퇴장
BC	2011	경남	10	7	3	2	17	2	0
	2012	경남	22	19	2	0	31	1	0
	합계		32	26	5	2	48	3	0
K1	2013	성남일	2	2	0	0	0	0	0
	합계		2	2	0	0	0	0	0
프로통산			34	28	5	2	48	3	0

조르징요(Jorge Xavier de Sousa) 브라질 1991.01.05

대회	연도	소속	출전	교체	득점	도움	파울	경고	퇴장
K1	2015	성남	11	7	1	0	12	3	0
	합계		11	7	1	0	12	3	0
프로통산			11	7	1	0	12	3	0

조만근(趙萬根) 한양대 1977.11.28

대회	연도	소속	출전	교체	득점	도움	파울	경고	퇴장
BC	1998	수원	3	3	0	0	4	0	0
	1999	수원	2	1	0	1	3	0	0
	2002	수원	2	2	0	0	2	0	0
	합계		7	6	0	1	9	0	0
프로통산			7	6	0	1	9	0	0

조민국(曺敏國) 고려대 1963.07.05

대회	연도	소속	출전	교체	득점	도움	파울	경고	퇴장
BC	1986	럭금	12	0	5	2	12	3	0
	1987	럭금	19	1	0	0	16	3	0
	1988	럭금	10	1	0	0	15	2	0
	1989	럭금	9	1	1	2	8	1	0
	1990	럭금	23	6	1	3	17	3	0
	1991	LG	32	4	6	2	31	7	1
	1992	LG	34	1	2	2	23	3	0
	합계		139	14	15	11	122	22	1
프로통산			139	14	15	11	122	22	1

조민우(趙民宇) 동국대 1992.05.13

대회	연도	소속	출전	교체	득점	도움	파울	경고	퇴장
K1	2017	포항	14	2	1	0	12	1	0
	합계		14	2	1	0	12	1	0
K2	2014	강원	3	3	0	0	3	0	0
	합계		3	3	0	0	3	0	0
프로통산			17	5	1	0	15	1	0

조민혁(趙民爀) 홍익대 1982.05.05

대회	연도	소속	출전	교체	득점	도움	파울	경고	퇴장
BC	2005	부천SK	0	0	0	0	0	0	0
	2006	제주	0	0	0	0	0	0	0
	2007	전남	0	0	0	0	0	0	0
	2008	전남	0	0	0	0	0	0	0
	합계		0	0	0	0	0	0	0
프로통산			0	0	0	0	0	0	0

조민형(曺民亨) 전주기전대 1993.04.07

대회	연도	소속	출전	교체	득점	도움	파울	경고	퇴장
K2	2014	수원FC	0	0	0	0	0	0	0
	합계		0	0	0	0	0	0	0
프로통산			0	0	0	0	0	0	0

조범석(曺帆奭) 신갈고 1990.01.09

대회	연도	소속	출전	교체	득점	도움	파울	경고	퇴장
BC	2011	인천	6	3	0	0	10	0	0
	합계		6	3	0	0	10	0	0
K2	2016	부천	36	10	1	2	17	2	0
	2017	부천	32	18	0	4	19	3	0
	2018	아산	5	5	0	1	0	0	0
	2019	아산	20	5	0	0	3	0	0
	2019	부천	13	2	0	0	9	1	0
	합계		106	40	1	7	48	6	0
프로통산			112	43	1	7	58	6	0

조병국(曺秉局) 연세대 1981.07.01

대회	연도	소속	출전	교체	득점	도움	파울	경고	퇴장
BC	2002	수원	23	2	3	1	38	1	1
	2003	수원	29	5	0	1	47	1	0
	2004	수원	14	2	1	0	32	3	0
	2005	성남일	12	12	0	0	2	0	0
	2006	성남일	40	0	0	1	47	5	0
	2007	성남일	26	1	1	0	38	3	0
	2008	성남일	25	0	0	1	37	3	0
	2009	성남일	26	1	2	0	50	14	0
	2010	성남일	30	2	0	0	49	5	0
	합계		225	25	7	4	340	35	1
K1	2016	인천	29	5	1	2	21	5	0
	2018	경남	0	0	0	0	0	0	0
	합계		29	5	1	2	21	5	0
K2	2017	경남	8	2	1	0	10	4	0
	2018	수원FC	13	4	0	0	13	0	0
	합계		21	6	1	0	23	4	0
프로통산			275	36	9	6	384	44	1

조병득(趙炳得) 명지대 1958.05.26

대회	연도	소속	출전	교체	실점	도움	파울	경고	퇴장
BC	1983	할렐	15	0	19	0	0	0	0
	1984	할렐	28	0	35	0	0	0	0
	1985	할렐	19	1	25	0	0	0	0
	1987	포철	18	2	24	0	1	0	0
	1988	포철	6	0	1	0	0	0	0
	1989	포철	25	0	35	1	0	0	0
	1990	포철	23	0	23	0	1	0	0
	합계		134	3	162	1	2	0	0
프로통산			134	3	162	1	2	0	0

조병영(趙炳瑛) 안동대 1966.01.22

대회	연도	소속	출전	교체	득점	도움	파울	경고	퇴장
BC	1988	럭금	18	1	1	0	27	1	0
	1989	럭금	17	13	0	0	13	0	0
	1990	럭금	1	0	0	0	4	0	0
	1991	LG	13	5	0	1	12	2	1
	1992	LG	15	9	1	0	19	1	0
	1993	LG	23	4	0	0	34	5	1
	1994	LG	15	2	0	0	28	2	0
	1995	LG	18	3	0	0	36	6	0
	1996	안양LG	33	6	0	0	48	7	1
	1997	안양LG	25	16	1	0	56	5	0
	합계		178	59	3	1	277	29	3
프로통산			178	59	3	1	277	29	3

조블론(Jovlon Ibrokhimov) 우즈베키스탄 1990.12.10

대회	연도	소속	출전	교체	득점	도움	파울	경고	퇴장
K2	2019	수원FC	8	5	0	2	9	2	0
	합계		8	5	0	2	9	2	0
프로통산			8	5	0	2	9	2	0

조상범(趙尙範) 호남대 1994.01.01

대회	연도	소속	출전	교체	득점	도움	파울	경고	퇴장
K2	2017	대전	11	8	0	1	8	1	0
	2018	수원FC	10	3	0	1	10	0	0
	2019	수원FC	0	0	0	0	0	0	0
	합계		21	11	0	2	18	1	0
프로통산			21	11	0	2	18	1	0

조상원(趙相圓) 호남대 1976.05.06

대회	연도	소속	출전	교체	실점	도움	파울	경고	퇴장
BC	1999	전북	3	0	3	0	0	0	0
	2000	전북	0	0	0	0	0	0	0
	2001	전북	1	1	2	0	0	0	0
	합계		4	1	5	0	0	0	0
프로통산			4	1	5	0	0	0	0

조상준(曺祥準) 대구대 1988.07.24

대회	연도	소속	출전	교체	실점	도움	파울	경고	퇴장
BC	2011	광주	0	0	1	0	0	0	0
	합계		0	0	1	0	0	0	0
K2	2013	경찰	4	3	0	0	0	1	0
	합계		4	3	0	0	0	1	0
프로통산			4	3	1	0	0	1	0

조석재(趙錫宰) 건국대 1993.03.24

대회	연도	소속	출전	교체	득점	도움	파울	경고	퇴장
K1	2016	전남	9	9	1	0	3	1	0
	2018	대구	6	6	0	0	0	0	0
	합계		15	15	1	0	3	1	0
K2	2015	충주	36	18	19	5	44	6	0
	2017	안양	28	24	7	1	22	2	0
	합계		64	42	26	6	66	8	0
프로통산			79	57	27	6	69	9	0

조성규(趙星奎) 동국대 1959.05.22

대회	연도	소속	출전	교체	득점	도움	파울	경고	퇴장
BC	1984	한일은	9	4	1	2	8	1	0
	1985	한일은	21	4	3	4	25	0	0
	1986	한일은	18	5	2	5	20	3	0
	합계		48	13	6	11	53	4	0
프로통산			48	13	6	11	53	4	0

조성래(趙成來) 홍익대 1979.08.10

대회	연도	소속	출전	교체	득점	도움	파울	경고	퇴장
BC	2004	성남일	9	5	0	0	17	2	0
	합계		9	5	0	0	17	2	0
프로통산			9	5	0	0	17	2	0

조성욱(趙成昱) 단국대 1995.03.22

대회	연도	소속	출전	교체	득점	도움	파울	경고	퇴장
K2	2018	성남	11	9	0	0	7	3	0
	합계		11	9	0	0	7	3	0
프로통산			11	9	0	0	7	3	0

조성윤(趙成閏) 숭실대 1984.04.26

대회	연도	소속	출전	교체	득점	도움	파울	경고	퇴장
BC	2005	인천	2	1	0	0	1	0	0
	2006	광주상	0	0	0	0	0	0	0
	합계		2	1	0	0	1	0	0
프로통산			2	1	0	0	1	0	0

조성준(趙聖俊) 청주대 1990.11.27

대회	연도	소속	출전	교체	득점	도움	파울	경고	퇴장
K1	2016	광주	32	28	1	2	34	4	0
	2017	광주	12	8	2	0	14	1	0
	2019	성남	14	6	1	1	11	2	0
	합계		58	42	4	3	59	7	0
K2	2013	안양	24	20	4	2	35	4	0
	2014	안양	22	17	4	2	25	3	0

대회	연도	소속	출전	교체	득점	도움	파울	경고	퇴장
	2015	안양	36	26	2	3	29	3	0
	2017	아산	8	7	1	0	6	1	0
	2018	아산	24	20	4	6	15	3	1
	합계		114	90	15	13	110	14	1
프로통산			172	132	19	16	169	21	1

조성준(趙星俊) 주엽공고 1988.06.07

대회	연도	소속	출전	교체	득점	도움	파울	경고	퇴장
BC	2007	전북	3	0	0	1	12	2	0
	2008	전북	8	2	0	0	18	5	0
	합계		11	2	0	1	30	7	0
프로통산			11	2	0	1	30	7	0

조성진(趙成鎭) 유성생명과학고 1990.12.14

대회	연도	소속	출전	교체	득점	도움	파울	경고	퇴장
K1	2014	수원	37	0	0	0	50	3	0
	2015	수원	29	2	3	0	56	11	0
	2017	수원	7	0	0	0	5	0	0
	2018	수원	30	3	0	0	33	3	0
	2019	수원	10	5	0	0	8	1	0
	합계		113	10	3	0	152	18	0
K2	2016	안산무	18	0	0	0	27	3	1
	2017	아산	18	1	0	0	13	4	0
	합계		36	1	0	0	40	7	1
프로통산			149	11	3	0	192	25	1

조성채(趙誠彩) 대신고 1995.06.13

대회	연도	소속	출전	교체	득점	도움	파울	경고	퇴장
K2	2016	고양	0	0	0	0	0	0	0
	합계		0	0	0	0	0	0	0
프로통산			0	0	0	0	0	0	0

조성환(趙星桓) 초당대 1982.04.09

대회	연도	소속	출전	교체	득점	도움	파울	경고	퇴장
BC	2001	수원	32	3	0	0	45	5	0
	2002	수원	23	2	2	0	47	5	0
	2003	수원	19	6	0	0	25	6	0
	2004	수원	19	6	1	0	27	3	0
	2005	수원	6	3	0	0	12	1	0
	2005	포항	4	2	0	0	8	1	0
	2006	포항	28	2	0	0	71	9	0
	2007	포항	27	1	0	0	43	7	1
	2008	포항	18	0	1	0	22	8	0
	2010	전북	11	0	2	0	28	3	0
	2011	전북	27	0	1	1	34	12	0
	2012	전북	9	1	0	1	15	3	0
	합계		223	26	7	2	377	63	1
K1	2015	전북	17	4	0	0	17	7	0
	2016	전북	14	1	1	0	11	5	0
	2017	전북	11	6	0	1	8	4	0
	2018	전북	5	4	0	0	6	2	0
	합계		47	15	1	1	42	18	0
프로통산			270	41	8	3	419	81	1

조성환(趙成煥) 아주대 1970.10.16

대회	연도	소속	출전	교체	득점	도움	파울	경고	퇴장
BC	1993	유공	16	4	0	1	17	4	0
	1994	유공	33	11	1	1	50	5	0
	1997	부천SK	32	5	0	4	86	8	0
	1998	부천SK	9	9	0	0	13	0	0
	1999	부천SK	35	0	0	6	101	5	1
	2000	부천SK	43	0	1	3	91	5	0
	2001	부천SK	31	0	2	2	65	9	0
	2003	전북	31	5	0	2	82	12	0
	합계		230	34	4	19	505	48	1
프로통산			230	34	4	19	505	48	1

조세(Assuncao de Araujo Filho Jose Roberto) 브라질 1993.09.

대회	연도	소속	출전	교체	득점	도움	파울	경고	퇴장
K1	2018	대구	11	6	3	0	24	2	0
	합계		11	6	3	0	24	2	0
프로통산			11	6	3	0	24	2	0

조세권(趙世權) 고려대 1978.06.26

대회	연도	소속	출전	교체	득점	도움	파울	경고	퇴장
BC	2001	울산	28	2	0	0	25	7	0
	2002	울산	27	4	0	0	41	6	0
	2003	울산	39	2	1	1	57	7	0
	2004	울산	32	1	0	0	45	8	0
	2005	울산	31	2	0	0	63	5	0
	2006	울산	22	7	0	1	40	6	0
	2007	전남	1	1	0	0	1	0	0
	합계		180	19	1	2	272	39	0
프로통산			180	19	1	2	272	39	0

조셉(Somogyi Jozsef) 헝가리 1968.05.23

대회	연도	소속	출전	교체	득점	도움	파울	경고	퇴장
BC	1994	유공	25	11	3	3	28	3	0
	1995	유공	21	8	3	5	25	4	0
	1996	부천유	35	9	12	6	70	10	0
	1997	부천SK	24	8	1	3	37	4	0
	합계		105	36	19	17	160	21	0
프로통산			105	36	19	17	160	21	0

조수철(趙秀哲) 우석대 1990.10.30

대회	연도	소속	출전	교체	득점	도움	파울	경고	퇴장
K1	2013	성남일	0	0	0	0	0	0	0
	2014	인천	6	4	1	0	3	0	0
	2015	인천	27	6	2	1	28	4	0
	2016	포항	14	3	1	1	13	3	0
	2018	상주	1	1	0	0	1	1	0
	2019	상주	1	1	0	0	2	0	0
	합계		49	15	4	2	47	8	0
K2	2017	부천	10	7	1	0	11	2	0
	2019	부천	7	2	2	0	12	3	0
	합계		17	9	3	0	23	5	0
프로통산			66	24	7	2	70	13	0

조수혁(趙秀赫) 건국대 1987.03.18

대회	연도	소속	출전	교체	**실점**	도움	파울	경고	퇴장
BC	2008	서울	2	0	1	0	0	0	0
	2010	서울	0	0	0	0	0	0	0
	2011	서울	1	0	1	0	0	0	0
	2012	서울	0	0	0	0	0	0	0
	합계		3	0	2	0	0	0	0
K1	2013	인천	0	0	0	0	0	0	0
	2014	인천	0	0	0	0	0	0	0
	2015	인천	10	2	4	0	0	2	0
	2016	인천	26	0	32	0	2	2	0
	2017	울산	10	0	10	0	0	0	0
	2018	울산	8	1	6	0	0	0	0
	2019	울산	2	0	1	0	0	0	0
	합계		56	3	53	0	2	4	0
프로통산			59	3	55	0	2	4	0

조시마(Josimar de Carvalho Ferreira) 브라질 1972.04.09

대회	연도	소속	출전	교체	득점	도움	파울	경고	퇴장
BC	2000	포항	4	4	0	1	4	0	0
	합계		4	4	0	1	4	0	0
프로통산			4	4	0	1	4	0	0

조시엘(Alves de Oliveira Josiel) 브라질 1988.09.19

대회	연도	소속	출전	교체	득점	도움	파울	경고	퇴장
K2	2017	안양	16	13	2	1	26	4	0
	합계		16	13	2	1	26	4	0
프로통산			16	13	2	1	26	4	0

조엘손(Joelson Franca Dias) 브라질 1988.05.29

대회	연도	소속	출전	교체	득점	도움	파울	경고	퇴장
K2	2014	강원	19	17	6	0	26	0	0
	합계		19	17	6	0	26	0	0
프로통산			19	17	6	0	26	0	0

조영민(趙永玟) 동아대 1982.08.20

대회	연도	소속	출전	교체	득점	도움	파울	경고	퇴장
BC	2005	부산	1	1	0	0	0	0	0
	2006	부산	12	7	0	1	12	3	0
	2007	부산	1	1	0	0	1	0	0
	합계		14	9	0	1	13	3	0
프로통산			14	9	0	1	13	3	0

조영우(曺永雨) 전북대 1973.02.19

대회	연도	소속	출전	교체	득점	도움	파울	경고	퇴장
BC	1995	전북	6	5	1	0	0	0	0
	합계		6	5	1	0	0	0	0
프로통산			6	5	1	0	0	0	0

조영욱(曺永旭) 고려대 1999.02.05

대회	연도	소속	출전	교체	득점	도움	파울	경고	퇴장
K1	2018	서울	30	22	3	2	6	1	0
	2019	서울	18	17	2	1	5	3	0
	합계		48	39	5	3	11	4	0
승	2018	서울	2	1	1	0	3	0	0
	합계		2	1	1	0	3	0	0
프로통산			50	40	6	3	14	4	0

조영준(曺泳俊) 경일대 1985.05.23

대회	연도	소속	출전	교체	득점	도움	파울	경고	퇴장
BC	2008	대구	0	0	0	0	0	0	0
	2009	대구	0	0	0	0	0	0	0
	2010	대구	0	0	0	0	0	0	0
	합계		0	0	0	0	0	0	0
프로통산			0	0	0	0	0	0	0

조영증(趙榮增) 중앙대 1954.08.18

대회	연도	소속	출전	교체	득점	도움	파울	경고	퇴장
BC	1984	럭금	28	2	9	4	28	1	0
	1985	럭금	5	1	1	1	8	0	0
	1986	럭금	12	0	4	0	15	1	0
	1987	럭금	7	2	0	0	2	0	0
	합계		52	5	14	5	53	2	0
프로통산			52	5	14	5	53	2	0

조영철(曺永哲) 학성고 1989.05.31

대회	연도	소속	출전	교체	득점	도움	파울	경고	퇴장
K1	2015	울산	2	2	0	0	0	0	0
	2016	상주	27	21	3	0	26	1	0
	2017	상주	15	10	2	0	6	0	0
	2017	울산	3	3	0	0	5	1	0
	2018	울산	2	2	0	0	2	0	0
	2018	경남	9	9	0	1	6	2	0
	합계		58	47	5	1	45	4	0
프로통산			58	47	5	1	45	4	0

조영훈(趙榮勳) 동국대 1989.04.13

대회	연도	소속	출전	교체	득점	도움	파울	경고	퇴장
BC	2012	대구	10	7	0	0	12	2	0
	합계		10	7	0	0	12	2	0
K1	2013	대구	26	2	1	1	37	2	0
	합계		26	2	1	1	37	2	0
K2	2014	대구	7	2	1	0	9	0	0
	2015	대구	27	4	0	1	30	7	0
	2016	대구	4	4	0	0	1	0	0
	2017	안양	7	2	0	0	7	2	0
	합계		45	12	1	1	47	9	0
프로통산			81	21	2	2	96	13	0

조예찬(趙藝燦) 용인대 1992.10.30

대회	연도	소속	출전	교체	득점	도움	파울	경고	퇴장
K2	2016	대전	24	18	1	0	24	4	0
	2017	대전	3	3	0	1	1	0	0
	2018	대전	0	0	0	0	0	0	0
	합계		27	21	1	1	25	4	0
프로통산			27	21	1	1	25	4	0

조용기(曺龍起) 아주대 1983.08.28

대회	연도	소속	출전	교체	득점	도움	파울	경고	퇴장
BC	2006	대구	0	0	0	0	0	0	0
	합계		0	0	0	0	0	0	0
프로통산			0	0	0	0	0	0	0

조용민(趙庸珉) 광주대 1992.01.15

대회	연도	소속	출전	교체	득점	도움	파울	경고	퇴장
K2	2014	수원FC	6	6	1	0	0	0	0
	합계		6	6	1	0	0	0	0
프로통산			6	6	1	0	0	0	0

조용석(曺庸碩) 경상대 1977.07.14

대회	연도	소속	출전	교체	득점	도움	파울	경고	퇴장
BC	2000	전남	16	11	1	0	22	1	0
	2001	전남	3	3	0	0	6	0	0
	합계		19	14	1	0	28	1	0
프로통산			19	14	1	0	28	1	0

조용태(趙容泰) 연세대 1986.03.31

대회	연도	소속	출전	교체	득점	도움	파울	경고	퇴장
BC	2008	수원	17	17	2	3	10	0	0
	2009	수원	9	9	1	0	7	0	0
	2010	광주상	15	11	3	1	9	0	0
	2011	상주	12	11	1	0	7	0	0
	2011	수원	2	3	0	0	1	0	0
	2012	수원	12	12	1	1	5	0	0
	합계		67	63	8	5	39	0	0
K1	2013	수원	14	12	1	1	10	0	0
	2014	경남	1	1	0	0	1	0	0
	2015	광주	22	22	2	2	9	0	0
	2016	광주	10	10	0	1	8	1	0
	합계		47	45	3	4	28	1	0
K2	2014	광주	17	14	2	0	10	0	0
	2017	서울E	5	4	0	0	3	0	0
	2018	서울E	10	9	0	0	6	0	0
	합계		32	27	2	0	19	0	0
승	2014	광주	2	2	1	0	0	0	0
	합계		2	2	1	0	0	0	0
프로통산			148	137	14	9	86	1	0

조용형(趙容亨) 고려대 1983.11.03

대회	연도	소속	출전	교체	득점	도움	파울	경고	퇴장
BC	2005	부천SK	34	1	0	0	33	6	0
	2006	제주	35	0	0	0	44	8	0
	2007	성남일	19	11	0	0	15	0	0
	2008	제주	31	1	0	1	33	4	1
	2009	제주	23	0	1	0	37	4	0
	2010	제주	15	2	0	0	28	1	0
	합계		157	15	1	1	190	23	1
K1	2017	제주	17	4	0	0	18	3	0
	2018	제주	16	2	0	0	15	4	1
	2019	제주	5	0	0	1	11	3	0
	합계		38	6	0	1	44	10	1
프로통산			195	21	1	2	234	33	2

조우석(趙祐奭) 대구대 1968.10.08

대회	연도	소속	출전	교체	득점	도움	파울	경고	퇴장
BC	1991	일화	37	6	3	4	42	2	0
	1992	일화	13	10	0	2	9	1	0
	1994	일화	15	9	0	2	16	5	0
	1995	일화	13	8	1	1	14	2	0
	1996	천안일	20	8	1	1	23	1	0
	1997	천안일	29	8	0	2	47	5	0
	1998	천안일	27	7	1	1	21	2	0
	합계		154	56	6	13	172	18	0
프로통산			154	56	6	13	172	18	0

조우실바(Jorge Santos Silva) 브라질 1988.02.23

대회	연도	소속	출전	교체	득점	도움	파울	경고	퇴장
BC	2008	대구	2	2	0	0	0	0	0
	합계		2	2	0	0	0	0	0
프로통산			2	2	0	0	0	0	0

조우진(趙佑鎭) 포철공고 1987.07.07

대회	연도	소속	출전	교체	득점	도움	파울	경고	퇴장
BC	2011	광주	11	11	0	1	3	0	0
	2012	광주	9	9	1	0	3	1	0
	합계		20	20	1	1	6	1	0
K1	2013	대구	3	3	0	0	0	0	0
	합계		3	3	0	0	0	0	0
K2	2017	안산	14	5	0	0	6	1	0
	2018	안산	11	10	0	0	3	0	0
	합계		25	15	0	0	9	1	0
프로통산			48	38	1	1	15	2	0

조우진(趙佑辰) 한남대 1993.11.25

대회	연도	소속	출전	교체	득점	도움	파울	경고	퇴장
K2	2015	서울E	0	0	0	0	0	0	0
	2016	서울E	8	7	0	0	5	3	0
	합계		8	7	0	0	5	3	0
프로통산			8	7	0	0	5	3	0

조원광(趙源光) 한양중 1985.08.23

대회	연도	소속	출전	교체	득점	도움	파울	경고	퇴장
BC	2008	인천	4	5	0	0	4	0	0
	합계		4	5	0	0	4	0	0
프로통산			4	5	0	0	4	0	0

조원득(趙元得) 단국대 1991.06.21

대회	연도	소속	출전	교체	득점	도움	파울	경고	퇴장
K1	2015	대전	7	4	0	0	7	1	0
	합계		7	4	0	0	7	1	0
프로통산			7	4	0	0	7	1	0

조원희(趙源熙) 배재고 1983.04.17

대회	연도	소속	출전	교체	득점	도움	파울	경고	퇴장
BC	2002	울산	1	1	0	0	1	0	0
	2003	광주상	23	12	2	0	32	3	0
	2004	광주상	21	8	0	0	14	2	0
	2005	수원	29	13	0	1	39	2	0
	2006	수원	27	3	0	1	23	3	0
	2007	수원	19	1	0	1	39	4	0
	2008	수원	35	1	1	1	89	9	0
	2010	수원	26	3	1	0	41	2	0
	합계		181	42	4	4	278	25	0
K1	2014	경남	12	1	0	1	16	2	0
	2016	수원	26	5	1	0	33	3	0
	2017	수원	11	5	0	0	10	2	0
	2018	수원	23	11	0	1	27	3	0
	합계		72	22	1	2	86	10	0
K2	2015	서울E	38	0	5	3	41	4	0
	합계		38	0	5	3	41	4	0
프로통산			291	64	10	9	405	39	0

조유민(曺侑珉) 중앙대 1996.11.17

대회	연도	소속	출전	교체	득점	도움	파울	경고	퇴장
K2	2018	수원FC	26	0	0	0	39	8	1
	2019	수원FC	31	2	2	0	55	7	0
	합계		57	2	2	0	94	15	1
프로통산			57	2	2	0	94	15	1

조윤형(趙允亨) 안동과학대 1996.06.02

대회	연도	소속	출전	교체	득점	도움	파울	경고	퇴장
K2	2019	전남	7	7	0	0	3	1	0
	합계		7	7	0	0	3	1	0
프로통산			7	7	0	0	3	1	0

조윤환(趙允煥) 명지대 1961.05.24

대회	연도	소속	출전	교체	득점	도움	파울	경고	퇴장
BC	1985	할렐	14	0	0	0	21	2	0
	1987	유공	20	9	3	1	28	2	0
	1988	유공	21	0	0	0	24	4	1
	1989	유공	30	3	5	6	44	2	0
	1990	유공	17	3	1	2	38	2	2
	합계		102	15	9	9	155	12	3
프로통산			102	15	9	9	155	12	3

조인형(趙仁衡) 인천대 1990.02.01

대회	연도	소속	출전	교체	득점	도움	파울	경고	퇴장
K1	2013	울산	3	3	0	0	0	0	0
	2014	울산	1	1	0	0	3	0	0
	합계		4	4	0	0	3	0	0
K2	2015	수원FC	5	5	0	0	7	0	0
	합계		5	5	0	0	7	0	0
프로통산			9	9	0	0	10	0	0

조일수(趙日秀) 춘천고 1972.11.05

대회	연도	소속	출전	교체	득점	도움	파울	경고	퇴장
BC	1991	일화	3	3	0	0	2	0	0
	1993	일화	4	5	1	0	1	0	0
	1994	일화	3	3	0	0	0	0	0
	1996	천안일	5	2	0	0	7	0	0
	1997	천안일	18	15	1	1	22	2	0
	합계		33	28	2	1	32	2	0
프로통산			33	28	2	1	32	2	0

조재민(趙在珉) 중동고 1978.05.22

대회	연도	소속	출전	교체	득점	도움	파울	경고	퇴장
BC	2001	수원	3	2	0	0	2	1	0
	2002	수원	4	3	0	0	10	3	0
	2003	수원	6	5	0	0	14	1	0
	2004	수원	5	3	0	0	7	1	0
	2005	수원	11	6	0	0	15	2	0
	2006	수원	6	2	0	0	8	2	0
	2007	대전	17	11	0	0	30	2	0
	합계		52	32	0	0	86	12	0
프로통산			52	32	0	0	86	12	0

조재성(趙載晟) 관동대(가톨릭관동대) 1972.05.25

대회	연도	소속	출전	교체	득점	도움	파울	경고	퇴장
BC	1995	일화	1	1	0	0	1	1	0
	합계		1	1	0	0	1	1	0
프로통산			1	1	0	0	1	1	0

조재완(趙在玩) 상지대 1995.08.29

대회	연도	소속	출전	교체	득점	도움	파울	경고	퇴장
K1	2019	강원	17	5	8	2	19	1	0
	합계		17	5	8	2	19	1	0
K2	2018	서울E	28	15	6	0	23	2	0
	합계		28	15	6	0	23	2	0
프로통산			45	20	14	2	42	3	0

조재용(趙在勇) 연세대 1984.04.21

대회	연도	소속	출전	교체	득점	도움	파울	경고	퇴장
BC	2007	경남	7	6	0	0	4	0	0
	2009	경남	9	3	0	0	9	0	0
	2010	광주상	3	1	0	0	2	0	0
	2011	상주	1	0	0	0	3	0	0
	2012	경남	8	4	0	0	6	1	0
	합계		28	14	0	0	24	1	0
K1	2013	경남	0	0	0	0	0	0	0
	합계		0	0	0	0	0	0	0
프로통산			28	14	0	0	24	1	0

조재진(曺宰溱) 대신고 1981.07.09

대회	연도	소속	출전	교체	득점	도움	파울	경고	퇴장
BC	2000	수원	5	4	0	0	10	0	0
	2001	수원	3	3	0	0	0	0	0
	2003	광주상	31	8	3	3	57	5	0
	2004	수원	8	7	1	0	9	0	0
	2008	전북	31	7	10	3	57	4	0
	합계		78	29	14	6	133	9	0
프로통산			78	29	14	6	133	9	0

조재철(趙載喆) 아주대 1986.05.18

대회	연도	소속	출전	교체	득점	도움	파울	경고	퇴장
BC	2010	성남일	33	16	4	2	37	4	0
	2011	성남일	33	13	0	5	33	1	0
	2012	경남	17	12	2	1	17	2	0
	합계		83	41	6	8	87	7	0
K1	2013	경남	30	21	0	2	40	4	0
	2016	성남	23	13	3	0	20	2	0
	2018	경남	16	14	3	1	5	1	0
	2019	경남	18	7	1	1	21	2	0
	합계		87	55	7	4	86	9	0
K2	2014	안산경	32	7	7	1	35	4	0
	2015	안산경	21	19	0	3	21	1	0
	2015	경남	6	3	1	0	7	2	0

대회	연도	소속	출전	교체	득점	도움	파울	경고	퇴장
	2017	성남	14	10	1	1	17	4	0
	합계		73	39	9	5	80	11	0
승	2016	성남	1	1	0	0	1	0	0
	2019	경남	2	0	0	0	3	1	0
	합계		3	1	0	0	4	1	0
프로통산			246	136	22	17	257	28	0

조재현(趙宰賢) 부경대 1985.05.13

대회	연도	소속	출전	교체	득점	도움	파울	경고	퇴장
BC	2006	부산	8	8	0	0	5	0	0
	합계		8	8	0	0	5	0	0
프로통산			8	8	0	0	5	0	0

조정현(曺丁鉉) 대구대 1969.11.12

대회	연도	소속	출전	교체	득점	도움	파울	경고	퇴장
BC	1992	유공	18	12	4	2	27	2	0
	1993	유공	24	11	4	1	44	4	1
	1994	유공	29	8	7	9	49	3	0
	1995	유공	17	8	3	1	29	3	0
	1996	부천유	34	13	8	4	59	5	0
	1997	부천SK	6	3	0	0	15	0	0
	1998	부천SK	35	19	9	5	54	4	0
	1999	전남	12	12	0	0	16	1	0
	2000	포항	13	12	1	1	22	0	0
	합계		188	98	36	23	315	22	1
프로통산			188	98	36	23	315	22	1

조제(Dorde Vasić) 유고슬라비아 1964.05.02

대회	연도	소속	출전	교체	득점	도움	파울	경고	퇴장
BC	1994	일화	8	8	0	0	4	1	0
	합계		8	8	0	0	4	1	0
프로통산			8	8	0	0	4	1	0

조종화(趙鍾和) 고려대 1974.04.04

대회	연도	소속	출전	교체	득점	도움	파울	경고	퇴장
BC	1997	포항	6	4	0	0	2	0	0
	1998	포항	5	6	0	0	1	0	0
	2002	포항	5	1	0	0	5	0	0
	합계		16	11	0	0	8	0	0
프로통산			16	11	0	0	8	0	0

조주영(曺主煐) 아주대 1994.02.04

대회	연도	소속	출전	교체	득점	도움	파울	경고	퇴장
K1	2016	광주	15	14	2	2	6	4	0
	2017	광주	22	19	5	2	24	1	0
	2018	인천	1	1	0	0	0	0	0
	합계		38	34	7	4	30	5	0
K2	2019	광주	10	9	1	0	4	0	0
	합계		10	9	1	0	4	0	0
프로통산			48	43	8	4	34	5	0

조준재(趙儁宰) 홍익대 1990.08.31

대회	연도	소속	출전	교체	득점	도움	파울	경고	퇴장
K2	2014	충주	14	6	1	2	11	0	0
	합계		14	6	1	2	11	0	0
프로통산			14	6	1	2	11	0	0

조준현(曺準鉉) 한남대 1989.09.26

대회	연도	소속	출전	교체	득점	도움	파울	경고	퇴장
K1	2013	제주	0	0	0	0	0	0	0
	합계		0	0	0	0	0	0	0
K2	2013	충주	3	2	0	0	3	0	0
	합계		3	2	0	0	3	0	0
프로통산			3	2	0	0	3	0	0

조준호(趙俊浩) 홍익대 1973.04.28

대회	연도	소속	출전	교체	실점	도움	파울	경고	퇴장
BC	1999	포항	20	0	30	0	1	1	0
	2000	포항	30	0	38	0	3	1	1
	2001	포항	11	1	13	0	0	0	0
	2002	포항	6	0	7	0	0	0	0
	2003	포항	2	1	3	0	0	0	0
	2004	부천SK	36	0	36	0	0	0	0
	2005	부천SK	36	0	31	0	0	0	0
	2006	제주	33	2	33	0	0	0	0
	2007	제주	15	1	17	0	0	0	0
	2008	제주	27	3	29	0	0	0	0
	2009	대구	14	1	29	0	1	2	0
	2010	대구	0	0	0	0	0	0	0
	합계		230	9	266	0	5	4	1
프로통산			230	9	266	0	5	4	1

조지훈(趙志君) 연세대 1990.05.29

대회	연도	소속	출전	교체	득점	도움	파울	경고	퇴장
BC	2011	수원	1	1	0	0	0	0	0
	2012	수원	11	11	0	1	6	1	0
	합계		12	12	0	1	6	1	0
K1	2013	수원	20	18	1	1	15	3	0
	2014	수원	16	16	0	0	10	4	0
	2015	수원	4	4	0	1	0	1	0
	2016	상주	10	9	0	0	5	1	0
	2017	상주	8	5	0	0	5	0	0
	2017	수원	3	3	0	0	1	0	0
	2018	수원	6	6	0	0	3	0	0
	2019	강원	15	11	0	0	14	0	0
	합계		82	72	1	2	53	9	0
프로통산			94	84	1	3	59	10	0

조진수(趙珍洙) 건국대 1983.09.02

대회	연도	소속	출전	교체	득점	도움	파울	경고	퇴장
BC	2003	전북	2	2	0	0	0	0	0
	2004	전북	0	0	0	0	0	0	0
	2005	전북	5	5	0	0	10	1	0
	2006	전북	23	20	1	1	52	4	0
	2007	제주	24	9	3	3	53	4	0
	2008	제주	30	10	3	2	51	3	0
	2009	울산	20	17	2	1	20	4	0
	2010	울산	6	5	0	1	7	0	0
	합계		110	68	9	8	193	16	0
K2	2014	수원FC	8	8	0	0	5	0	0
	합계		8	8	0	0	5	0	0
프로통산			118	76	9	8	198	16	0

조진호(趙眞浩) 경희대 1973.08.02

대회	연도	소속	출전	교체	득점	도움	파울	경고	퇴장
BC	1994	포철	16	11	2	0	25	2	0
	1995	포항	13	11	2	0	21	2	0
	1996	포항	16	12	1	0	14	2	0
	1999	포항	21	13	2	3	35	3	0
	2000	부천SK	26	26	6	3	30	2	0
	2001	성남일	21	20	2	2	23	3	0
	2002	성남일	6	6	0	0	13	1	0
	합계		119	99	15	8	161	15	0
프로통산			119	99	15	8	161	15	0

조징요(Jorge Claudio) 브라질 1975.10.01

대회	연도	소속	출전	교체	득점	도움	파울	경고	퇴장
BC	2002	포항	3	2	0	0	4	1	0
	합계		3	2	0	0	4	1	0
프로통산			3	2	0	0	4	1	0

조찬호(趙澯鎬) 연세대 1986.04.10

대회	연도	소속	출전	교체	득점	도움	파울	경고	퇴장
BC	2009	포항	11	11	3	6	6	0	0
	2010	포항	16	13	1	2	10	0	0
	2011	포항	26	23	4	2	18	0	0
	2012	포항	20	17	6	4	20	3	0
	합계		73	64	14	14	54	3	0
K1	2013	포항	34	30	9	1	23	1	0
	2014	포항	3	2	0	0	6	0	0
	2015	포항	13	12	0	1	6	0	0
	2015	수원	6	6	2	2	5	1	0
	2016	서울	11	11	0	1	1	0	0
	2017	서울	11	11	0	0	6	0	0
	합계		78	72	11	5	47	2	0
K2	2018	서울E	23	17	5	5	7	0	0
	합계		23	17	5	5	7	0	0
프로통산			174	153	30	24	108	5	0

조창근(趙昌根) 동아고 1964.11.07

대회	연도	소속	출전	교체	득점	도움	파울	경고	퇴장
BC	1993	대우	6	7	1	0	1	0	0
	1994	대우	3	3	0	0	0	0	0
	합계		9	10	1	0	1	0	0
프로통산			9	10	1	0	1	0	0

조철인(趙哲仁) 영남대 1990.09.15

대회	연도	소속	출전	교체	득점	도움	파울	경고	퇴장
K2	2014	안양	1	1	0	0	0	0	0
	합계		1	1	0	0	0	0	0
프로통산			1	1	0	0	0	0	0

조태근(曺泰根) 전주대 1985.04.26

대회	연도	소속	출전	교체	득점	도움	파울	경고	퇴장
K2	2018	대전	2	1	0	0	0	0	0
	합계		2	1	0	0	0	0	0
프로통산			2	1	0	0	0	0	0

조태우(趙太羽) 아주대 1987.01.19

대회	연도	소속	출전	교체	득점	도움	파울	경고	퇴장
K2	2013	수원FC	28	2	1	0	34	5	1
	2014	수원FC	16	2	0	0	19	1	0
	합계		44	4	1	0	53	6	1
프로통산			44	4	1	0	53	6	1

조태천(曺太千) 청구고 1956.07.19

대회	연도	소속	출전	교체	득점	도움	파울	경고	퇴장
BC	1983	포철	14	4	1	2	6	0	0
	1984	포철	18	8	0	1	8	0	0
	합계		32	12	1	3	14	0	0
프로통산			32	12	1	3	14	0	0

조한범(趙韓範) 중앙대 1985.03.28

대회	연도	소속	출전	교체	득점	도움	파울	경고	퇴장
BC	2008	포항	2	2	0	0	1	0	0
	2009	포항	1	1	0	0	0	0	0
	2009	대구	5	3	0	0	5	1	0
	합계		8	6	0	0	6	1	0
프로통산			8	6	0	0	6	1	0

조향기(趙香氣) 광운대 1992.03.23

대회	연도	소속	출전	교체	득점	도움	파울	경고	퇴장
K2	2015	서울E	6	6	1	0	3	0	0
	2016	서울E	10	8	0	0	5	0	0
	2017	서울E	14	9	1	0	3	0	0
	합계		30	23	2	0	11	0	0
프로통산			30	23	2	0	11	0	0

조현두(趙顯斗) 한양대 1973.11.23

대회	연도	소속	출전	교체	득점	도움	파울	경고	퇴장
BC	1996	수원	29	11	7	2	36	2	0
	1997	수원	32	13	7	2	70	3	0
	1998	수원	14	6	0	3	30	2	0
	1999	수원	20	17	4	2	24	0	0
	2000	수원	19	14	0	4	30	1	0
	2001	수원	7	7	1	0	5	2	0
	2002	수원	14	14	1	3	19	0	0
	2003	전남	3	3	0	0	0	0	0
	2003	부천SK	25	10	5	3	47	5	0
	2004	부천SK	26	13	3	2	60	4	0
	2005	부천SK	18	13	0	3	26	3	0
	합계		207	121	28	24	347	22	0
프로통산			207	121	28	24	347	22	0

조현우(趙賢祐) 선문대 1991.09.25

대회	연도	소속	출전	교체	실점	도움	파울	경고	퇴장
K1	2013	대구	14	0	22	0	0	0	0
	2017	대구	35	0	48	0	1	2	0
	2018	대구	28	0	42	0	1	0	1
	2019	대구	38	1	34	0	0	2	0
	합계		115	1	146	0	2	4	1
K2	2014	대구	15	0	21	0	0	1	0
	2015	대구	41	1	49	1	0	2	0

대회	연도	소속	출전	교체	득점	도움	파울	경고	퇴장
	2016	대구	39	0	35	0	0	2	0
	합계		95	1	105	1	0	5	0
프로통산			210	2	251	1	2	9	1

조형익(趙亨翼) 명지대 1985.09.13

대회	연도	소속	출전	교체	득점	도움	파울	경고	퇴장
BC	2008	대구	32	28	1	5	18	1	0
	2009	대구	32	17	6	0	44	5	0
	2010	대구	30	9	9	4	38	8	0
	2011	대구	17	8	1	2	37	4	0
	합계		111	62	17	11	137	18	0
K1	2013	대구	27	21	1	5	34	3	0
	합계		27	21	1	5	34	3	0
K2	2014	대구	31	20	3	3	35	1	0
	합계		31	20	3	3	35	1	0
프로통산			169	103	21	19	206	22	0

조형재(趙亨在) 한려대 1985.01.08

대회	연도	소속	출전	교체	득점	도움	파울	경고	퇴장
BC	2006	제주	5	4	1	1	3	1	0
	2007	제주	12	12	0	0	2	0	0
	2008	제주	27	18	1	3	34	5	0
	2009	제주	11	8	2	1	4	1	0
	합계		55	42	4	5	43	7	0
프로통산			55	42	4	5	43	7	0

조호연(趙皓衍) 광운대 1988.06.05

대회	연도	소속	출전	교체	득점	도움	파울	경고	퇴장
K1	2014	상주	0	0	0	0	0	0	0
	합계		0	0	0	0	0	0	0
K2	2013	상주	0	0	0	0	0	0	0
	합계		0	0	0	0	0	0	0
프로통산			0	0	0	0	0	0	0

조홍규(曺弘圭) 상지대 1983.07.24

대회	연도	소속	출전	교체	득점	도움	파울	경고	퇴장
BC	2006	대구	12	1	0	0	27	4	0
	2007	대구	27	8	0	1	41	4	0
	2008	대구	6	2	0	0	5	2	0
	2009	포항	7	3	0	0	12	1	0
	2010	포항	4	2	0	0	8	1	0
	2011	대전	8	4	1	0	8	2	0
	합계		64	20	1	1	101	14	0
프로통산			64	20	1	1	101	14	0

존(Jon Olav Hjelde) 노르웨이 1972.04.30

대회	연도	소속	출전	교체	득점	도움	파울	경고	퇴장
BC	2003	부산	16	2	0	0	22	3	1
	합계		16	2	0	0	22	3	1
프로통산			16	2	0	0	22	3	1

존자키(John Jaki) 나이지리아 1973.07.10

대회	연도	소속	출전	교체	득점	도움	파울	경고	퇴장
BC	2000	전북	3	4	0	0	3	0	0
	합계		3	4	0	0	3	0	0
프로통산			3	4	0	0	3	0	0

졸리(Zoltan Sabo) 유고슬라비아 1972.05.26

대회	연도	소속	출전	교체	득점	도움	파울	경고	퇴장
BC	2000	수원	22	1	0	0	37	6	0
	2001	수원	24	1	0	1	45	11	1
	2002	수원	2	1	0	0	5	0	1
	합계		48	3	0	1	87	17	2
프로통산			48	3	0	1	87	17	2

좌준협(左峻協) 전주대 1991.05.07

대회	연도	소속	출전	교체	득점	도움	파울	경고	퇴장
K1	2013	제주	2	0	0	0	6	1	0
	2014	제주	0	0	0	0	0	0	0
	2016	제주	1	1	0	0	2	1	0
	2017	제주	3	2	0	0	8	0	0
	2018	경남	0	0	0	0	0	0	0
	합계		6	3	0	0	16	2	0
K2	2014	안산경	4	2	0	0	4	0	0
	2015	안산경	15	12	0	0	17	2	0
	합계		19	14	0	0	21	2	0
프로통산			25	17	0	0	37	4	0

죠다쉬(Idarko Cordas) 크로아티아 1976.12.16

대회	연도	소속	출전	교체	득점	도움	파울	경고	퇴장
BC	2001	포항	3	2	0	0	3	1	0
	합계		3	2	0	0	3	1	0
프로통산			3	2	0	0	3	1	0

죠이(Joilson Rodrigues da Silva) 브라질 1976.12.08

대회	연도	소속	출전	교체	득점	도움	파울	경고	퇴장
BC	2000	성남일	30	19	7	1	50	2	0
	합계		30	19	7	1	50	2	0
프로통산			30	19	7	1	50	2	0

주경철(周景喆) 영남대 1965.02.22

대회	연도	소속	출전	교체	득점	도움	파울	경고	퇴장
BC	1988	럭금	4	2	0	0	4	0	0
	1989	럭금	27	21	4	3	21	3	0
	1990	럭금	7	6	0	0	7	0	0
	1991	유공	10	7	0	0	14	1	0
	1994	버팔로	35	9	2	7	38	3	0
	1995	LG	7	5	0	1	9	0	0
	합계		90	50	6	11	93	7	0
프로통산			90	50	6	11	93	7	0

주광선(朱廣先) 전주대 1991.04.13

대회	연도	소속	출전	교체	득점	도움	파울	경고	퇴장
K2	2015	부천	7	7	0	0	5	0	0
	합계		7	7	0	0	5	0	0
프로통산			7	7	0	0	5	0	0

주광윤(朱光潤) 고려대 1982.10.23

대회	연도	소속	출전	교체	득점	도움	파울	경고	퇴장
BC	2003	전남	13	13	1	0	5	0	0
	2004	전남	7	6	0	1	7	1	0
	2005	전남	15	12	1	0	27	3	0
	2006	전남	31	28	5	2	35	6	0
	2007	전남	19	19	2	1	14	2	0
	2008	전남	18	14	0	0	22	2	0
	2009	전남	16	16	2	1	12	3	0
	2010	광주상	16	12	0	1	26	4	0
	2011	상주	4	4	0	1	3	0	0
	합계		139	124	11	7	151	21	0
프로통산			139	124	11	7	151	21	0

주기환(朱基煥) 경일대 1981.12.20

대회	연도	소속	출전	교체	득점	도움	파울	경고	퇴장
BC	2005	전북	0	0	0	0	0	0	0
	합계		0	0	0	0	0	0	0
프로통산			0	0	0	0	0	0	0

주니오(Gleidionor Figueiredo Pinto Júnior) 브라질 1986.12.30

대회	연도	소속	출전	교체	득점	도움	파울	경고	퇴장
K1	2017	대구	16	10	12	1	17	2	0
	2018	울산	32	12	22	1	31	2	0
	2019	울산	35	16	19	5	48	3	0
	합계		83	38	53	7	96	7	0
프로통산			83	38	53	7	96	7	0

주닝요(Aselmo Vendrechovski Junior) 브라질 1982.09.16

대회	연도	소속	출전	교체	득점	도움	파울	경고	퇴장
BC	2010	수원	13	6	3	2	16	2	0
	합계		13	6	3	2	16	2	0
프로통산			13	6	3	2	16	2	0

주닝요(Junio Cesar Arcanjo) 브라질 1983.01.11

대회	연도	소속	출전	교체	득점	도움	파울	경고	퇴장
BC	2011	대구	17	11	2	2	19	4	0
	합계		17	11	2	2	19	4	0
프로통산			17	11	2	2	19	4	0

주민규(周敏圭) 한양대 1990.04.13

대회	연도	소속	출전	교체	득점	도움	파울	경고	퇴장
K1	2017	상주	32	11	17	6	44	3	0
	2018	상주	11	4	4	0	10	0	0
	2019	울산	28	22	5	5	23	0	0
	합계		71	37	26	11	77	3	0
K2	2013	고양	26	15	2	1	38	1	0
	2014	고양	30	8	5	1	67	5	0
	2015	서울E	40	17	23	7	66	5	0
	2016	서울E	29	8	14	3	38	2	0
	2018	서울E	3	3	0	0	1	0	0
	합계		128	51	44	12	210	13	0
승	2017	상주	2	0	0	0	4	0	0
	합계		2	0	0	0	4	0	0
프로통산			201	88	70	23	291	16	0

주성환(朱性奐) 한양대 1990.08.24

대회	연도	소속	출전	교체	득점	도움	파울	경고	퇴장
BC	2012	전남	17	16	2	1	12	1	0
	합계		17	16	2	1	12	1	0
프로통산			17	16	2	1	12	1	0

주세종(朱世鐘) 건국대 1990.10.30

대회	연도	소속	출전	교체	득점	도움	파울	경고	퇴장
BC	2012	부산	1	1	0	0	0	0	0
	합계		1	1	0	0	0	0	0
K1	2013	부산	0	0	0	0	0	0	0
	2014	부산	22	11	2	5	41	5	0
	2015	부산	35	3	3	6	60	7	0
	2016	서울	30	9	4	1	46	5	0
	2017	서울	35	5	0	5	31	2	1
	2019	서울	9	2	1	0	15	3	0
	합계		131	30	10	17	193	22	1
K2	2018	아산	19	6	1	2	22	5	0
	2019	아산	21	2	2	5	19	3	1
	합계		40	8	3	7	41	8	1
승	2015	부산	1	0	0	0	5	0	0
	합계		1	0	0	0	5	0	0
프로통산			173	39	13	24	239	30	2

주승진(朱承進) 전주대 1975.03.12

대회	연도	소속	출전	교체	득점	도움	파울	경고	퇴장
BC	2003	대전	38	1	0	3	65	8	0
	2004	대전	26	2	1	2	60	1	0
	2005	대전	32	6	0	0	87	5	0
	2006	대전	32	4	2	3	69	5	0
	2007	대전	23	7	0	0	52	4	0
	2008	대전	11	2	0	0	15	1	0
	2008	부산	18	1	0	1	31	2	0
	2009	부산	6	3	0	0	9	0	1
	합계		186	26	3	9	388	26	1
프로통산			186	26	3	9	388	26	1

주앙파울로(Joao Paulo da Silva Araujo) 브라질 1988.06.02

대회	연도	소속	출전	교체	득점	도움	파울	경고	퇴장
BC	2011	광주	30	27	8	1	35	1	0
	2012	광주	40	40	8	7	47	5	0
	합계		70	67	16	8	82	6	0
K1	2013	대전	35	17	6	3	44	2	0
	2014	인천	5	5	0	0	1	0	0
	합계		40	22	6	3	45	2	0
프로통산			110	89	22	11	127	8	0

주영만(朱榮萬) 국민대 1961.04.01

대회	연도	소속	출전	교체	득점	도움	파울	경고	퇴장
BC	1984	국민은	17	1	0	0	15	0	0
	합계		17	1	0	0	15	0	0
프로통산			17	1	0	0	15	0	0

주영재(朱英宰) 오스트레일리아 John Paul College 1990.07.12

대회	연도	소속	출전	교체	득점	도움	파울	경고	퇴장
BC	2011	성남일	0	0	0	0	0	0	0
	합계		0	0	0	0	0	0	0

대회	연도	소속	출전	교체	득점	도움	파울	경고	퇴장
프로통산			0	0	0	0	0	0	0

주영호(周永昊) 숭실대 1975.10.24

대회	연도	소속	출전	교체	득점	도움	파울	경고	퇴장
BC	1998	전남	7	6	0	0	3	3	0
	1999	전남	27	13	0	0	37	4	0
	2000	전남	34	4	0	0	59	6	0
	2001	전남	20	2	0	0	38	2	0
	2002	전남	19	3	2	2	33	3	0
	2003	전남	19	6	0	0	42	2	0
	2004	전남	6	2	0	0	16	2	0
	2007	전남	0	0	0	0	0	0	0
	합계		132	36	2	2	228	22	0
프로통산			132	36	2	2	228	22	0

주용국(朱龍國) 경희대 1970.01.27

대회	연도	소속	출전	교체	득점	도움	파울	경고	퇴장
BC	1996	수원	0	0	0	0	0	0	0
	합계		0	0	0	0	0	0	0
프로통산			0	0	0	0	0	0	0

주용선(朱容善) 동아대 1974.03.03

대회	연도	소속	출전	교체	득점	도움	파울	경고	퇴장
BC	1997	전남	1	1	0	0	0	0	0
	합계		1	1	0	0	0	0	0
프로통산			1	1	0	0	0	0	0

주원석(朱源錫) 청주대 1996.01.19

대회	연도	소속	출전	교체	득점	도움	파울	경고	퇴장
K2	2019	아산	1	1	0	0	1	0	0
	합계		1	1	0	0	1	0	0
프로통산			1	1	0	0	1	0	0

주익성(朱益成) 태성고 1992.09.10

대회	연도	소속	출전	교체	득점	도움	파울	경고	퇴장
K2	2014	대전	2	2	0	0	0	0	0
	합계		2	2	0	0	0	0	0
프로통산			2	2	0	0	0	0	0

주인배(朱仁培) 광주대 1989.09.16

대회	연도	소속	출전	교체	득점	도움	파울	경고	퇴장
BC	2012	경남	1	1	0	0	1	0	0
	합계		1	1	0	0	1	0	0
프로통산			1	1	0	0	1	0	0

주일태(朱一泰) 수원대 1991.11.28

대회	연도	소속	출전	교체	득점	도움	파울	경고	퇴장
K2	2013	부천	3	2	0	0	3	1	0
	2014	부천	4	4	0	0	2	1	0
	합계		7	6	0	0	5	2	0
프로통산			7	6	0	0	5	2	0

주재덕(周載德) 연세대 1985.07.25

대회	연도	소속	출전	교체	득점	도움	파울	경고	퇴장
BC	2006	경남	0	0	0	0	0	0	0
	2007	경남	1	0	1	0	0	0	0
	2009	전북	0	0	0	0	0	0	0
	합계		1	0	1	0	0	0	0
프로통산			1	0	1	0	0	0	0

주종대(朱悰大) 인천대 1996.04.23

대회	연도	소속	출전	교체	득점	도움	파울	경고	퇴장
K1	2019	인천	2	2	0	0	2	1	0
	합계		2	2	0	0	2	1	0
프로통산			2	2	0	0	2	1	0

주한성(朱漢成) 영남대 1995.06.07

대회	연도	소속	출전	교체	득점	도움	파울	경고	퇴장
K2	2017	서울E	26	14	2	2	26	3	0
	합계		26	14	2	2	26	3	0
프로통산			26	14	2	2	26	3	0

주현우(朱眩宇) 동신대 1990.09.12

대회	연도	소속	출전	교체	득점	도움	파울	경고	퇴장
K1	2015	광주	28	25	0	1	14	1	0
	2016	광주	20	17	2	2	17	3	0
	2017	광주	25	25	1	4	9	1	0
	2019	성남	30	11	1	4	20	0	0
	합계		103	78	4	11	60	5	0
K2	2018	성남	31	21	2	1	12	2	0
	합계		31	21	2	1	12	2	0
프로통산			134	99	6	12	72	7	0

주현재(周鉉宰) 홍익대 1989.05.26

대회	연도	소속	출전	교체	득점	도움	파울	경고	퇴장
BC	2011	인천	0	0	0	0	0	0	0
	2012	인천	4	3	0	0	4	0	0
	합계		4	3	0	0	4	0	0
K2	2013	안양	11	10	1	0	12	1	0
	2014	안양	16	15	3	1	28	2	1
	2015	안양	36	17	4	3	50	6	0
	2016	안산무	32	24	2	2	34	6	0
	2017	아산	15	7	2	1	24	6	0
	2017	안양	4	2	1	0	10	1	0
	2018	안양	1	0	0	0	3	0	0
	2019	안양	9	7	0	0	7	0	0
	합계		124	82	13	7	168	22	1
프로통산			128	85	13	7	172	22	1

주현호(朱玹澔) 동국대 1996.03.01

대회	연도	소속	출전	교체	득점	도움	파울	경고	퇴장
K1	2017	수원	1	1	0	0	0	0	0
	2019	수원	0	0	0	0	0	0	0
	합계		1	1	0	0	0	0	0
프로통산			1	1	0	0	0	0	0

주호진(朱浩眞) 인천대 1981.01.01

대회	연도	소속	출전	교체	득점	도움	파울	경고	퇴장
BC	2004	인천	1	0	0	0	0	1	0
	2005	인천	0	0	0	0	0	0	0
	합계		1	0	0	0	0	1	0
프로통산			1	0	0	0	0	1	0

주홍렬(朱洪烈) 아주대 1972.08.02

대회	연도	소속	출전	교체	득점	도움	파울	경고	퇴장
BC	1995	전남	14	14	0	0	11	1	0
	1996	전남	17	10	0	1	30	3	0
	1997	전남	3	1	1	0	6	1	0
	1998	전남	10	7	0	0	16	4	0
	1999	천안일	2	2	0	0	0	0	0
	합계		46	34	1	1	63	9	0
프로통산			46	34	1	1	63	9	0

쥴루(Carlos Eduardo Alves Albina) 브라질 1983.08.18

대회	연도	소속	출전	교체	득점	도움	파울	경고	퇴장
BC	2010	포항	1	1	0	0	0	0	0
	합계		1	1	0	0	0	0	0
프로통산			1	1	0	0	0	0	0

지경득(池炅得) 배재대 1988.07.18

대회	연도	소속	출전	교체	득점	도움	파울	경고	퇴장
BC	2011	인천	4	3	0	0	3	1	0
	2012	대전	40	31	2	1	28	1	0
	합계		44	34	2	1	31	2	0
K1	2013	대전	9	10	0	0	3	0	0
	합계		9	10	0	0	3	0	0
K2	2014	충주	12	12	0	3	6	0	0
	합계		12	12	0	3	6	0	0
프로통산			65	56	2	4	40	2	0

지구민(地求民) 용인대 1993.04.18

대회	연도	소속	출전	교체	득점	도움	파울	경고	퇴장
K2	2016	고양	5	4	0	0	5	0	0
	합계		5	4	0	0	5	0	0
프로통산			5	4	0	0	5	0	0

지네이(Ednet Luis de Oliveira) 브라질 1981.02.14

대회	연도	소속	출전	교체	득점	도움	파울	경고	퇴장
BC	2006	대구	26	14	4	1	63	2	0
	합계		26	14	4	1	63	2	0
프로통산			26	14	4	1	63	2	0

지넬손(Dinelson dos Santos Lima) 브라질 1986.02.04

대회	연도	소속	출전	교체	득점	도움	파울	경고	퇴장
BC	2012	대구	26	21	3	5	32	2	0
	합계		26	21	3	5	32	2	0
프로통산			26	21	3	5	32	2	0

지뉴(Claudio Wanderley Sarmento Neto) 브라질 1982.11.03

대회	연도	소속	출전	교체	득점	도움	파울	경고	퇴장
BC	2009	경남	8	4	0	0	23	1	0
	합계		8	4	0	0	23	1	0
프로통산			8	4	0	0	23	1	0

지동원(池東沅) 광양제철고 1991.05.28

대회	연도	소속	출전	교체	득점	도움	파울	경고	퇴장
BC	2010	전남	26	3	8	4	43	3	0
	2011	전남	13	4	3	1	13	1	0
	합계		39	7	11	5	56	4	0
프로통산			39	7	11	5	56	4	0

지병주(池秉珠) 인천대 1990.03.20

대회	연도	소속	출전	교체	득점	도움	파울	경고	퇴장
K1	2015	인천	1	1	0	0	2	1	0
	합계		1	1	0	0	2	1	0
K2	2014	대구	0	0	0	0	0	0	0
	2016	부천	13	1	1	0	27	5	1
	2017	부천	12	8	0	0	12	1	0
	합계		25	9	1	0	39	6	1
프로통산			26	10	1	0	41	7	1

지아고(Tiago Cipreste Pereira) 브라질 1980.02.01

대회	연도	소속	출전	교체	득점	도움	파울	경고	퇴장
BC	2004	대전	9	6	3	1	31	2	0
	합계		9	6	3	1	31	2	0
프로통산			9	6	3	1	31	2	0

지안(Cloth Goncalves Jean Carlos) 브라질 1993.07.02

대회	연도	소속	출전	교체	득점	도움	파울	경고	퇴장
K1	2018	대구	4	2	0	0	8	0	0
	합계		4	2	0	0	8	0	0
프로통산			4	2	0	0	8	0	0

지안(Barbu Constantin) 루마니아 1971.05.16

대회	연도	소속	출전	교체	득점	도움	파울	경고	퇴장
BC	1997	수원	6	4	2	0	3	1	0
	합계		6	4	2	0	3	1	0
프로통산			6	4	2	0	3	1	0

지언학(池彦學) 경희대 1994.03.22

대회	연도	소속	출전	교체	득점	도움	파울	경고	퇴장
K1	2019	인천	20	10	1	2	21	1	0
	합계		20	10	1	2	21	1	0
프로통산			20	10	1	2	21	1	0

지오바니(Jose Thomaz Geovane de Oliveira) 브라질 1985.08.05

대회	연도	소속	출전	교체	득점	도움	파울	경고	퇴장
BC	2008	대구	12	8	3	2	7	0	0
	합계		12	8	3	2	7	0	0
프로통산			12	8	3	2	7	0	0

지우(Martins Ferreira Givanilyon) 브라질 1991.04.13

대회	연도	소속	출전	교체	득점	도움	파울	경고	퇴장
K2	2015	강원	18	9	9	5	10	2	0
	2018	광주	8	7	0	1	0	0	0
	합계		26	16	9	6	10	2	0
프로통산			26	16	9	6	10	2	0

지의수(地宜水) 중경고 2000.03.25

대회	연도	소속	출전	교체	득점	도움	파울	경고	퇴장
K1	2019	강원	0	0	0	0	0	0	0
	합계		0	0	0	0	0	0	0
프로통산			0	0	0	0	0	0	0

지쿠(Ianis Alin Zicu) 루마니아 1983.10.23

대회	연도	소속	출전	교체	득점	도움	파울	경고	퇴장

대회	연도	소속	출전	교체	득점	도움	파울	경고	퇴장
BC	2012	포항	15	12	6	0	12	1	0
	2012	강원	17	1	9	4	20	2	0
	합계		32	13	15	4	32	3	0
K1	2013	강원	27	3	6	3	42	3	0
	합계		27	3	6	3	42	3	0
승	2013	강원	2	2	0	0	2	0	0
	합계		2	2	0	0	2	0	0
프로통산			61	18	21	7	76	6	0

진경선(陳慶先) 아주대 1980.04.10

대회	연도	소속	출전	교체	득점	도움	파울	경고	퇴장
BC	2003	부천SK	4	1	0	0	10	2	0
	2006	대구	17	3	1	0	51	4	0
	2007	대구	27	8	0	2	58	4	0
	2008	대구	34	0	0	5	52	4	0
	2009	전북	26	0	0	1	53	6	0
	2010	전북	29	5	0	0	63	8	0
	2011	전북	7	4	0	0	13	2	0
	2012	전북	22	2	1	1	38	6	0
	합계		166	23	2	9	338	36	0
K1	2013	강원	35	5	1	1	55	7	0
	2014	경남	23	5	1	1	32	4	0
	합계		58	10	2	2	87	11	0
K2	2015	경남	22	3	0	0	31	2	0
	2016	경남	21	15	1	0	11	1	0
	2017	경남	1	1	0	0	1	0	0
	합계		44	19	1	0	43	3	0
승	2013	강원	2	0	0	0	2	0	0
	2014	경남	2	0	0	0	3	0	0
	합계		4	0	0	0	5	0	0
프로통산			272	52	5	11	473	50	0

진대성(晋大星) 전주대 1989.09.19

대회	연도	소속	출전	교체	득점	도움	파울	경고	퇴장
BC	2012	제주	1	1	0	0	1	0	0
	합계		1	1	0	0	1	0	0
K1	2013	제주	0	0	0	0	0	0	0
	2014	제주	19	19	3	0	4	0	0
	2015	제주	11	9	2	1	8	0	0
	2017	상주	2	2	0	0	3	0	0
	합계		32	30	5	1	15	0	0
K2	2016	대전	24	20	3	5	21	1	0
	합계		24	20	3	5	21	1	0
승	2017	상주	1	1	0	0	1	0	0
	합계		1	1	0	0	1	0	0
프로통산			58	52	8	6	38	1	0

진민호(陳珉虎) 덕산중 1985.08.12

대회	연도	소속	출전	교체	득점	도움	파울	경고	퇴장
BC	2005	부산	0	0	0	0	0	0	0
	합계		0	0	0	0	0	0	0
프로통산			0	0	0	0	0	0	0

진성욱(陳成昱) 대건고 1993.12.16

대회	연도	소속	출전	교체	득점	도움	파울	경고	퇴장
BC	2012	인천	2	2	0	0	2	0	0
	합계		2	2	0	0	2	0	0
K1	2014	인천	26	25	6	0	25	3	0
	2015	인천	27	27	4	1	31	3	0
	2016	인천	31	21	5	3	47	3	0
	2017	제주	29	26	5	1	45	4	0
	2018	제주	25	22	2	2	20	1	0
	2019	상주	6	4	0	0	8	0	0
	합계		144	125	22	7	176	14	0
프로통산			146	127	22	7	178	14	0

진순진(陳順珍) 상지대 1974.03.01

대회	연도	소속	출전	교체	득점	도움	파울	경고	퇴장
BC	1999	안양LG	11	9	1	0	11	0	0
	2000	안양LG	6	3	0	0	12	3	0
	2002	안양LG	18	10	6	0	36	2	0
	2003	안양LG	40	28	10	2	67	3	0
	2004	대구	27	25	7	3	33	2	0
	2005	대구	28	27	7	1	33	3	0
	2006	전남	1	1	0	0	2	0	0
	합계		131	103	31	6	194	13	0
프로통산			131	103	31	6	194	13	0

* 실점: 2000년 1 / 통산 1

진장상곤(陳章相坤) 경희대 1958.06.20

대회	연도	소속	출전	교체	득점	도움	파울	경고	퇴장
BC	1983	국민은	3	1	0	0	4	0	0
	1984	현대	27	3	0	2	18	0	0
	1985	현대	20	1	0	0	22	1	0
	1986	현대	29	3	0	0	46	2	0
	1987	현대	16	5	0	0	12	3	0
	1988	현대	15	0	0	1	20	0	0
	1989	현대	18	8	0	0	24	1	0
	합계		128	21	0	3	146	7	0
프로통산			128	21	0	3	146	7	0

진창수(秦昌守) 일본 도쿄조선고 1985.10.26

대회	연도	소속	출전	교체	득점	도움	파울	경고	퇴장
K2	2013	고양	33	26	5	3	57	3	0
	2015	고양	39	20	7	6	60	2	0
	2016	부천	38	26	7	6	71	3	0
	2017	부천	35	25	9	3	52	4	0
	2018	부천	31	30	7	2	26	2	0
	2019	안산	8	8	1	0	10	1	0
	합계		184	135	36	20	276	15	0
프로통산			184	135	36	20	276	15	0

질베르(Gilbert Massock) 카메룬 1977.06.05

대회	연도	소속	출전	교체	득점	도움	파울	경고	퇴장
BC	1997	안양LG	4	4	0	0	14	0	0
	합계		4	4	0	0	14	0	0
프로통산			4	4	0	0	14	0	0

질베르토(Fortunato Gilberto Valdenesio) 브라질 1987.07.11

대회	연도	소속	출전	교체	득점	도움	파울	경고	퇴장
K1	2015	광주	6	5	1	0	19	1	0
	합계		6	5	1	0	19	1	0
프로통산			6	5	1	0	19	1	0

짜시오(Jacio Marcos de Jesus) 브라질 1989.07.30

대회	연도	소속	출전	교체	득점	도움	파울	경고	퇴장
K1	2014	부산	6	6	0	0	3	1	0
	합계		6	6	0	0	3	1	0
프로통산			6	6	0	0	3	1	0

쯔엉(Luong Xuan Truong) 베트남 1995.04.28

대회	연도	소속	출전	교체	득점	도움	파울	경고	퇴장
K1	2016	인천	4	4	0	0	2	0	0
	2017	강원	2	2	0	0	1	0	0
	합계		6	6	0	0	3	0	0
프로통산			6	6	0	0	3	0	0

찌아고(Thiago Elias do Nascimento Sil) 브라질 1987.06.09

대회	연도	소속	출전	교체	득점	도움	파울	경고	퇴장
K1	2013	인천	19	19	1	3	8	0	0
	합계		19	19	1	3	8	0	0
프로통산			19	19	1	3	8	0	0

찌아고(Thiago Gentil) 브라질 1980.04.08

대회	연도	소속	출전	교체	득점	도움	파울	경고	퇴장
BC	2005	대구	30	15	6	0	40	1	0
	합계		30	15	6	0	40	1	0
프로통산			30	15	6	0	40	1	0

찌아구(Tiago Marques Rezende) 브라질 1988.03.03

대회	연도	소속	출전	교체	득점	도움	파울	경고	퇴장
K1	2018	제주	31	26	8	1	31	1	0
	2019	제주	15	11	4	0	11	0	0
	합계		46	37	12	1	42	1	0
프로통산			46	37	12	1	42	1	0

찌코(Dilmar dos Santos Machado) 브라질 1975.01.26

대회	연도	소속	출전	교체	득점	도움	파울	경고	퇴장
BC	2001	전남	23	8	8	1	31	4	1
	2002	전남	12	9	3	0	17	3	0
	2003	전남	4	2	0	0	7	0	0
	합계		39	19	11	1	55	7	1
프로통산			39	19	11	1	55	7	1

차강(車嫝) 한양대 1994.01.06

대회	연도	소속	출전	교체	실점	도움	파울	경고	퇴장
K2	2017	안산	0	0	0	0	0	0	0
	합계		0	0	0	0	0	0	0
프로통산			0	0	0	0	0	0	0

차건명(車建明) 관동대(가톨릭관동대) 1981.12.26

대회	연도	소속	출전	교체	득점	도움	파울	경고	퇴장
BC	2009	제주	2	1	0	0	8	1	0
	합계		2	1	0	0	8	1	0
프로통산			2	1	0	0	8	1	0

차광식(車光植) 광운대 1963.05.09

대회	연도	소속	출전	교체	득점	도움	파울	경고	퇴장
BC	1986	한일은	19	0	0	0	11	0	0
	1988	럭금	7	5	0	0	3	0	0
	1989	럭금	35	3	1	2	22	1	0
	1990	럭금	29	6	1	1	9	1	0
	1991	LG	23	8	0	0	11	0	0
	1992	LG	7	3	0	0	6	1	0
	합계		120	25	2	3	62	3	0
프로통산			120	25	2	3	62	3	0

차귀현(車貴鉉) 한양대 1975.01.12

대회	연도	소속	출전	교체	득점	도움	파울	경고	퇴장
BC	1997	대전	17	12	3	1	24	1	0
	1998	대전	8	11	0	0	4	0	0
	1999	전남	15	16	1	0	12	0	0
	합계		40	39	4	1	40	1	0
프로통산			40	39	4	1	40	1	0

차기석(車奇錫) 서울체고 1986.12.26

대회	연도	소속	출전	교체	득점	도움	파울	경고	퇴장
BC	2005	전남	0	0	0	0	0	0	0
	합계		0	0	0	0	0	0	0
프로통산			0	0	0	0	0	0	0

차두리(車두리) 고려대 1980.07.25

대회	연도	소속	출전	교체	득점	도움	파울	경고	퇴장
K1	2013	서울	30	7	0	3	25	2	0
	2014	서울	28	5	0	2	29	3	0
	2015	서울	24	5	2	2	23	6	0
	합계		82	17	2	7	77	11	0
프로통산			82	17	2	7	77	11	0

차상광(車相光) 한양대 1963.05.31

대회	연도	소속	출전	교체	실점	도움	파울	경고	퇴장
BC	1986	럭금	7	1	7	0	1	0	0
	1987	럭금	15	1	19	0	0	0	0
	1988	럭금	16	0	17	0	0	0	0
	1989	럭금	32	1	31	0	0	1	0
	1990	럭금	28	0	23	0	0	1	0
	1991	LG	36	3	43	0	0	1	0
	1992	포철	33	0	32	0	1	0	0
	1993	포철	7	0	8	0	0	0	0
	1994	유공	22	0	21	0	1	0	0
	1995	LG	15	0	21	0	0	0	0
	1996	부천유	1	0	1	0	0	0	0
	1997	천안일	14	1	17	0	0	0	0
	합계		226	7	240	0	3	3	0
프로통산			226	7	240	0	3	3	0

차상해(車相海) 중동고 1965.10.20

대회	연도	소속	출전	교체	득점	도움	파울	경고	퇴장
BC	1989	럭금	22	16	6	4	22	0	0
	1991	대우	7	7	0	0	7	0	0

대회	연도	소속	출전	교체	득점	도움	파울	경고	퇴장
	1992	대우	1	1	0	0	1	0	0
	1992	포철	16	9	4	2	40	4	0
	1993	포철	27	19	10	2	33	1	0
	1994	포철	21	16	3	1	16	0	0
	1995	대우	10	8	1	0	15	3	0
	1995	유공	12	6	1	1	18	2	0
	1996	부천유	11	10	1	0	8	0	0
	1996	안양LG	3	3	0	0	2	0	0
	합계		130	95	26	10	162	10	0
프로통산			130	95	26	10	162	10	0

차석준(車錫俊) 동국대 1966.08.24

대회	연도	소속	출전	교체	득점	도움	파울	경고	퇴장
BC	1989	유공	29	9	0	1	37	1	0
	1990	유공	19	5	0	0	23	3	0
	1991	유공	20	9	1	1	19	1	0
	1992	유공	16	5	2	0	34	2	0
	1993	유공	12	7	0	1	10	2	0
	1994	유공	12	6	0	1	17	0	0
	1995	유공	4	0	0	0	5	2	0
	합계		112	41	3	4	145	11	0
프로통산			112	41	3	4	145	11	0

차영환(車永煥) 홍익대 1990.07.16

대회	연도	소속	출전	교체	득점	도움	파울	경고	퇴장
K1	2018	상주	5	2	0	0	5	1	0
	2019	상주	1	0	0	0	1	0	0
	합계		6	2	0	0	6	1	0
K2	2016	부산	33	1	1	0	26	3	0
	2017	부산	26	9	2	0	27	3	0
	2019	부산	2	1	0	0	0	0	0
	합계		61	11	3	0	53	6	0
승	2017	부산	0	0	0	0	0	0	0
	합계		0	0	0	0	0	0	0
프로통산			67	13	3	0	59	7	0

차종윤(車鐘允) 성균관대 1981.09.25

대회	연도	소속	출전	교체	득점	도움	파울	경고	퇴장
BC	2004	성남일	1	1	0	0	2	0	0
	합계		1	1	0	0	2	0	0
프로통산			1	1	0	0	2	0	0

차준엽(車俊燁) 조선대 1992.02.20

대회	연도	소속	출전	교체	득점	도움	파울	경고	퇴장
K2	2014	수원FC	6	5	0	0	4	0	0
	합계		6	5	0	0	4	0	0
프로통산			6	5	0	0	4	0	0

차철호(車哲昊) 영남대 1980.05.08

대회	연도	소속	출전	교체	득점	도움	파울	경고	퇴장
BC	2003	포항	2	2	0	0	1	0	0
	2004	포항	11	11	0	0	11	0	0
	2005	광주상	5	5	0	0	3	0	0
	2006	광주상	12	10	1	0	11	0	0
	2007	포항	1	1	0	0	1	0	0
	합계		31	29	1	0	27	0	0
프로통산			31	29	1	0	27	0	0

차치치(Frane Cacić) 크로아티아 1980.06.25

대회	연도	소속	출전	교체	득점	도움	파울	경고	퇴장
BC	2007	부산	10	7	1	0	12	1	0
	합계		10	7	1	0	12	1	0
프로통산			10	7	1	0	12	1	0

차태영(車泰泳) 울산대 1991.02.06

대회	연도	소속	출전	교체	득점	도움	파울	경고	퇴장
K2	2015	경남	2	2	0	0	0	0	0
	합계		2	2	0	0	0	0	0
프로통산			2	2	0	0	0	0	0

차희철(車喜哲) 여주상고 1966.11.24

대회	연도	소속	출전	교체	득점	도움	파울	경고	퇴장
BC	1984	유공	22	10	1	3	10	0	0
	1985	유공	12	5	0	3	8	0	0
	1988	유공	13	8	1	0	13	1	0
	1989	유공	34	13	1	2	33	2	0
	1990	유공	15	13	0	0	9	1	0
	1991	유공	1	1	0	0	0	0	0
	합계		97	50	3	8	73	4	0
프로통산			97	50	3	8	73	4	0

채광훈(蔡光勳) 상지대 1993.08.17

대회	연도	소속	출전	교체	득점	도움	파울	경고	퇴장
K2	2016	안양	9	3	0	0	7	2	0
	2017	안양	13	2	0	2	15	0	1
	2018	안양	30	2	0	4	24	1	1
	2019	안양	28	3	2	3	19	3	0
	합계		80	10	2	9	65	6	2
프로통산			80	10	2	9	65	6	2

채선일(蔡善一) 배재대 1994.08.03

대회	연도	소속	출전	교체	득점	도움	파울	경고	퇴장
K2	2018	수원FC	1	1	0	0	0	0	0
	2019	수원FC	5	4	0	0	3	0	0
	합계		6	5	0	0	3	0	0
프로통산			6	5	0	0	3	0	0

채프만(Connor Edward Chapman) 오스트레일리아 1994.10.31

대회	연도	소속	출전	교체	득점	도움	파울	경고	퇴장
K1	2017	인천	27	8	2	0	32	5	0
	2018	포항	33	5	0	4	44	9	0
	합계		60	13	2	4	76	14	0
프로통산			60	13	2	4	76	14	0

챠디(Dragan Cadikovski) 마케도니아 1982.01.13

대회	연도	소속	출전	교체	득점	도움	파울	경고	퇴장
BC	2009	인천	20	14	5	1	27	4	0
	2010	인천	4	4	0	0	3	0	0
	합계		24	18	5	1	30	4	0
프로통산			24	18	5	1	30	4	0

천대환(千大桓) 아주대 1980.12.06

대회	연도	소속	출전	교체	득점	도움	파울	경고	퇴장
BC	2003	성남일	2	2	0	0	2	1	0
	2004	성남일	4	3	0	0	5	0	0
	2005	성남일	7	1	0	0	10	1	0
	합계		13	6	0	0	17	2	0
프로통산			13	6	0	0	17	2	0

천병호(千秉浩) 중앙대 1958.08.10

대회	연도	소속	출전	교체	득점	도움	파울	경고	퇴장
BC	1983	국민은	12	5	0	0	3	1	0
	합계		12	5	0	0	3	1	0
프로통산			12	5	0	0	3	1	0

천성권(千成權) 단국대 1976.09.26

대회	연도	소속	출전	교체	득점	도움	파울	경고	퇴장
BC	2000	부산	3	3	0	0	3	0	0
	합계		3	3	0	0	3	0	0
프로통산			3	3	0	0	3	0	0

천정희(千丁熙) 한양대 1974.06.23

대회	연도	소속	출전	교체	득점	도움	파울	경고	퇴장
BC	1997	울산	12	4	0	1	18	1	0
	1998	울산	30	9	0	1	17	1	0
	1999	울산	10	3	0	0	12	1	0
	2000	울산	21	7	0	1	12	2	0
	합계		73	23	0	3	59	5	0
프로통산			73	23	0	3	59	5	0

천제훈(千制訓) 한남대 1985.07.13

대회	연도	소속	출전	교체	득점	도움	파울	경고	퇴장
BC	2006	서울	6	5	1	0	11	0	0
	2007	서울	1	1	0	0	1	0	0
	2008	서울	1	0	0	0	0	0	0
	2009	광주상	2	2	0	0	1	1	0
	2010	광주상	1	1	0	0	0	0	0
	합계		11	9	1	0	13	1	0
프로통산			11	9	1	0	13	1	0

최강희(崔康熙) 우신고 1959.04.12

대회	연도	소속	출전	교체	득점	도움	파울	경고	퇴장
BC	1983	포철	3	0	0	0	2	0	0
	1984	현대	26	1	0	2	17	1	0
	1985	현대	21	0	0	2	23	0	0
	1986	현대	31	1	0	3	47	1	0
	1987	현대	25	0	3	6	28	3	0
	1988	현대	20	1	0	2	27	1	0
	1989	현대	9	0	0	0	11	1	0
	1990	현대	13	1	2	3	19	2	1
	1991	현대	37	5	5	4	43	2	0
	1992	현대	20	6	0	0	14	1	0
	합계		205	15	10	22	231	12	1
프로통산			205	15	10	22	231	12	1

최거룩(崔거룩) 중앙대 1976.06.26

대회	연도	소속	출전	교체	득점	도움	파울	경고	퇴장
BC	1999	부천SK	21	13	1	0	26	5	0
	2000	부천SK	27	4	0	0	37	5	1
	2001	부천SK	19	2	1	0	18	1	1
	2002	부천SK	17	7	0	0	37	5	0
	2003	부천SK	3	0	1	0	9	2	1
	2003	전남	20	2	0	2	31	5	0
	2004	전남	17	0	0	0	40	7	0
	2005	대전	13	0	0	0	27	2	0
	2006	대전	12	8	0	0	27	3	0
	2007	대전	16	7	0	0	33	6	0
	합계		165	43	3	2	285	41	3
프로통산			165	43	3	2	285	41	3

최건택(崔建澤) 중앙대 1965.03.23

대회	연도	소속	출전	교체	득점	도움	파울	경고	퇴장
BC	1988	현대	14	11	1	1	19	0	0
	1989	현대	15	13	1	1	18	0	0
	합계		29	24	2	2	37	0	0
프로통산			29	24	2	2	37	0	0

최경복(崔景福) 광양제철고 1988.03.13

대회	연도	소속	출전	교체	득점	도움	파울	경고	퇴장
BC	2007	전남	2	2	0	0	1	0	0
	2008	전남	9	8	0	0	9	1	0
	합계		11	10	0	0	10	1	0
프로통산			11	10	0	0	10	1	0

최경식(崔景植) 건국대 1957.02.01

대회	연도	소속	출전	교체	득점	도움	파울	경고	퇴장
BC	1983	유공	5	3	0	0	1	0	0
	1984	국민은	26	4	0	0	21	0	0
	1985	포철	12	0	1	0	14	1	0
	합계		43	7	1	0	36	1	0
프로통산			43	7	1	0	36	1	0

최광수(崔光洙) 동의대 1979.09.25

대회	연도	소속	출전	교체	득점	도움	파울	경고	퇴장
BC	2002	부산	12	9	1	0	14	1	0
	2003	부산	2	2	0	0	2	0	0
	합계		14	11	1	0	16	1	0
프로통산			14	11	1	0	16	1	0

최광지(崔光志) 광운대 1963.06.05

대회	연도	소속	출전	교체	득점	도움	파울	경고	퇴장
BC	1986	현대	4	3	1	0	2	0	0
	1987	현대	5	4	0	0	4	1	0
	1989	현대	7	0	1	0	13	0	0
	1990	현대	5	5	0	0	6	0	0
	합계		21	12	2	0	25	1	0
프로통산			21	12	2	0	25	1	0

최광훈(崔光勳) 인천대 1982.11.03

대회	연도	소속	출전	교체	득점	도움	파울	경고	퇴장
BC	2004	인천	0	0	0	0	0	0	0
	합계		0	0	0	0	0	0	0
프로통산			0	0	0	0	0	0	0

최광희(崔光熙) 울산대 1984.05.17

대회	연도	소속	출전	교체	득점	도움	파울	경고	퇴장

대회	연도	소속	출전	교체	득점	도움	파울	경고	퇴장
BC	2006	울산	3	3	0	0	0	0	0
	2007	전북	2	2	0	0	1	0	0
	2008	부산	12	10	3	0	18	2	0
	2009	부산	4	1	0	0	1	1	0
	2010	부산	6	6	0	1	3	0	0
	2011	부산	13	9	0	0	4	0	0
	2012	부산	36	22	0	3	21	2	0
	합계		76	53	3	4	48	5	0
K1	2014	부산	8	6	0	2	10	0	0
	2015	부산	24	14	1	0	16	3	0
	합계		32	20	1	2	26	3	0
K2	2013	경찰	33	4	2	1	30	5	0
	2014	안산경	20	7	0	5	22	5	0
	2016	부산	19	3	1	3	17	2	0
	2017	부산	6	3	0	1	5	2	0
	합계		78	17	3	10	74	14	0
승	2015	부산	2	0	0	0	3	0	0
	합계		2	0	0	0	3	0	0
프로통산			188	90	7	16	151	22	0

최규백(崔圭伯) 대구대 1994.01.23

대회	연도	소속	출전	교체	득점	도움	파울	경고	퇴장
K1	2016	전북	15	1	1	0	21	8	1
	2017	울산	11	4	0	0	12	1	1
	2019	제주	8	2	0	0	6	1	0
	합계		34	7	1	0	39	10	2
프로통산			34	7	1	0	39	10	2

최규환(崔奎奐) 홍익대 1987.03.28

대회	연도	소속	출전	교체	실점	도움	파울	경고	퇴장
K2	2013	충주	15	0	26	0	1	1	0
	합계		15	0	26	0	1	1	0
프로통산			15	0	26	0	1	1	0

최근식(崔根植) 건국대 1981.04.25

대회	연도	소속	출전	교체	득점	도움	파울	경고	퇴장
BC	2006	대전	2	2	0	0	2	0	0
	2007	대전	9	9	0	0	11	0	0
	2008	대전	17	8	0	1	41	4	0
	합계		28	19	0	1	54	4	0
프로통산			28	19	0	1	54	4	0

최기봉(崔基奉) 서울시립대 1958.11.13

대회	연도	소속	출전	교체	득점	도움	파울	경고	퇴장
BC	1983	유공	16	0	0	0	12	1	0
	1984	유공	28	0	0	0	19	1	0
	1985	유공	15	0	0	0	18	1	0
	1986	유공	33	0	0	0	20	4	0
	1987	유공	32	0	0	0	18	1	0
	합계		124	0	0	0	87	8	0
프로통산			124	0	0	0	87	8	0

최기석(崔記碩) 한남대 1986.03.28

대회	연도	소속	출전	교체	득점	도움	파울	경고	퇴장
BC	2006	제주	9	9	0	0	2	1	0
	2007	제주	3	1	0	0	4	1	0
	2008	부산	7	8	0	0	7	2	0
	2009	부산	4	4	0	0	2	0	0
	2010	울산	0	0	0	0	0	0	0
	합계		23	22	0	0	15	4	0
프로통산			23	22	0	0	15	4	0

최낙민(崔洛玟) 경기대 1989.05.27

대회	연도	소속	출전	교체	득점	도움	파울	경고	퇴장
K2	2013	부천	27	20	4	2	17	0	0
	2014	부천	1	1	0	0	3	0	0
	합계		28	21	4	2	20	0	0
프로통산			28	21	4	2	20	0	0

최남철(崔南哲) 관동대(가톨릭관동대) 1977.11.15

대회	연도	소속	출전	교체	득점	도움	파울	경고	퇴장
BC	2000	수원	1	1	0	0	4	1	0
	합계		1	1	0	0	4	1	0
프로통산			1	1	0	0	4	1	0

최대식(崔大植) 고려대 1965.01.10

대회	연도	소속	출전	교체	득점	도움	파울	경고	퇴장
BC	1988	대우	13	12	0	0	21	0	0
	1989	대우	10	10	0	0	5	0	0
	1990	럭금	29	2	4	7	26	3	0
	1991	LG	38	17	0	4	35	0	0
	1992	LG	34	19	1	6	33	3	0
	1993	LG	31	8	2	4	24	1	1
	1994	LG	12	4	0	4	7	0	0
	1995	LG	22	12	1	3	22	3	1
	합계		189	84	8	28	173	10	2
프로통산			189	84	8	28	173	10	2

최덕주(崔德柱) 중앙대 1960.01.03

대회	연도	소속	출전	교체	득점	도움	파울	경고	퇴장
BC	1984	한일은	19	3	7	1	19	1	0
	1985	포철	8	8	0	1	5	0	0
	합계		27	11	7	2	24	1	0
프로통산			27	11	7	2	24	1	0

최동근(崔東根) 디지털서울문화예술대 1995.01.04

대회	연도	소속	출전	교체	득점	도움	파울	경고	퇴장
K1	2016	전북	1	0	0	0	1	0	0
	합계		1	0	0	0	1	0	0
프로통산			1	0	0	0	1	0	0

최동필(崔東弼) 인천대 1971.03.25

대회	연도	소속	출전	교체	득점	도움	파울	경고	퇴장
BC	1997	대전	10	9	1	0	10	1	0
	1998	대전	15	14	2	1	20	3	0
	1999	대전	13	14	0	1	11	0	0
	2000	대전	3	4	0	0	2	1	0
	합계		41	41	3	2	43	5	0
프로통산			41	41	3	2	43	5	0

최동혁(崔東爀) 우석대 1993.12.25

대회	연도	소속	출전	교체	득점	도움	파울	경고	퇴장
K2	2015	안양	1	1	0	0	1	1	0
	합계		1	1	0	0	1	1	0
프로통산			1	1	0	0	1	1	0

최동호(崔東昊) 아주대 1968.08.12

대회	연도	소속	출전	교체	득점	도움	파울	경고	퇴장
BC	1993	현대	24	6	0	0	41	5	0
	1994	현대	31	4	3	0	40	2	0
	1995	현대	33	1	0	1	40	1	1
	1996	울산	30	6	0	3	41	3	1
	1997	울산	23	3	0	0	45	4	0
	1998	울산	34	10	0	0	63	6	0
	1999	울산	33	0	0	0	48	4	1
	합계		208	30	3	4	318	25	3
프로통산			208	30	3	4	318	25	3

최명훈(崔明訓) 숭실대 1993.01.03

대회	연도	소속	출전	교체	득점	도움	파울	경고	퇴장
K1	2014	서울	0	0	0	0	0	0	0
	합계		0	0	0	0	0	0	0
K2	2015	수원FC	4	5	0	0	3	0	0
	합계		4	5	0	0	3	0	0
프로통산			4	5	0	0	3	0	0

최명희(崔明姬) 동국대 1990.09.04

대회	연도	소속	출전	교체	득점	도움	파울	경고	퇴장
K2	2018	안산	30	5	1	1	37	3	1
	2019	안산	30	7	0	1	14	2	0
	합계		60	12	1	2	51	5	1
프로통산			60	12	1	2	51	5	1

최무림(崔茂林) 대구대 1979.04.15

대회	연도	소속	출전	교체	실점	도움	파울	경고	퇴장
BC	2002	울산	4	0	5	0	0	0	0
	2003	울산	0	0	0	0	0	0	0
	2004	울산	0	0	0	0	0	0	0
	2005	울산	10	0	10	0	0	0	0
	2007	광주상	16	1	29	0	0	3	0
	2008	울산	6	0	7	0	0	1	0
	2009	울산	0	0	0	0	0	0	0
	2010	울산	0	0	0	0	0	0	0
	2011	울산	1	0	2	0	0	0	0
	합계		37	1	53	0	0	4	0
프로통산			37	1	53	0	0	4	0

최문수(崔門水) 대건고 2000.09.23

대회	연도	소속	출전	교체	득점	도움	파울	경고	퇴장
K2	2019	수원FC	0	0	0	0	0	0	0
	합계		0	0	0	0	0	0	0
프로통산			0	0	0	0	0	0	0

최문식(崔文植) 동대부고 1971.01.06

대회	연도	소속	출전	교체	득점	도움	파울	경고	퇴장
BC	1989	포철	17	13	6	1	6	0	0
	1990	포철	20	19	2	2	8	1	0
	1991	포철	18	15	1	1	9	0	0
	1992	포철	31	21	6	2	15	3	0
	1993	포철	13	4	5	1	13	0	0
	1994	포철	19	9	6	6	7	1	0
	1995	포항	6	4	1	0	2	1	0
	1998	포항	36	26	6	2	24	1	0
	1999	전남	33	11	7	3	16	0	0
	2000	전남	32	14	4	5	15	1	0
	2001	수원	12	9	0	1	6	0	0
	2002	부천SK	27	12	3	1	15	0	0
	합계		264	157	47	25	136	8	0
프로통산			264	157	47	25	136	8	0

최배식(崔培植) 학성고 1982.05.15

대회	연도	소속	출전	교체	득점	도움	파울	경고	퇴장
BC	2001	울산	3	2	0	0	4	1	0
	2003	광주상	8	8	0	1	4	0	0
	합계		11	10	0	1	8	1	0
프로통산			11	10	0	1	8	1	0

최범경(崔凡境) 광운대 1997.06.24

대회	연도	소속	출전	교체	득점	도움	파울	경고	퇴장
K1	2018	인천	1	1	0	0	3	1	0
	2019	인천	11	9	0	0	5	1	0
	합계		12	10	0	0	8	2	0
프로통산			12	10	0	0	8	2	0

최병도(崔炳燾) 경기대 1984.01.18

대회	연도	소속	출전	교체	득점	도움	파울	경고	퇴장
BC	2006	인천	9	2	0	0	12	3	0
	2007	인천	9	7	0	0	18	1	0
	2008	광주상	16	0	0	0	15	2	0
	2009	광주상	1	1	0	0	1	0	0
	2010	인천	2	3	0	0	0	0	0
	합계		37	13	0	0	46	6	0
K2	2013	고양	30	3	1	0	27	6	0
	2014	고양	34	2	1	2	11	2	0
	2015	부천	33	1	0	1	28	4	0
	2017	서울E	2	2	0	0	2	1	0
	합계		99	8	2	3	68	13	0
프로통산			136	21	2	3	114	19	0

최병찬(崔炳贊) 홍익대 1996.04.04

대회	연도	소속	출전	교체	득점	도움	파울	경고	퇴장
K1	2019	성남	24	18	1	2	22	5	0
	합계		24	18	1	2	22	5	0
K2	2018	성남	19	14	5	2	31	3	0
	합계		19	14	5	2	31	3	0
프로통산			43	32	6	4	53	8	0

최병호(崔炳鎬) 충북대 1983.11.23

대회	연도	소속	출전	교체	득점	도움	파울	경고	퇴장
BC	2006	경남	0	0	0	0	0	0	0
	2007	경남	0	0	0	0	0	0	0
	합계		0	0	0	0	0	0	0
프로통산			0	0	0	0	0	0	0

최보경(崔普慶) 동국대 1988.04.12

대회	연도	소속	출전	교체	득점	도움	파울	경고	퇴장
BC	2011	울산	0	0	0	0	0	0	0
	2012	울산	7	2	0	0	17	2	0
	합계		7	2	0	0	17	2	0
K1	2013	울산	29	23	0	3	34	5	0
	2014	전북	19	8	0	1	18	2	0
	2015	전북	26	10	0	0	40	7	0
	2017	전북	7	0	0	0	7	2	0
	2018	전북	32	5	1	1	35	6	0
	2019	전북	13	4	0	0	6	1	0
	합계		126	50	1	5	140	23	0
K2	2016	안산무	19	1	2	2	15	4	0
	2017	아산	20	0	0	1	14	3	0
	합계		39	1	2	3	29	7	0
프로통산			172	53	3	8	186	32	0

최봉균(崔逢均) 한양대 1991.06.24

대회	연도	소속	출전	교체	득점	도움	파울	경고	퇴장
K2	2014	고양	0	0	0	0	0	0	0
	2017	경남	1	1	0	0	1	0	0
	합계		1	1	0	0	1	0	0
프로통산			1	1	0	0	1	0	0

최봉진(崔鳳珍) 중앙대 1992.04.06

대회	연도	소속	출전	교체	실점	도움	파울	경고	퇴장
K1	2015	광주	13	0	17	0	0	1	0
	2016	광주	17	1	24	0	1	2	1
	2017	광주	10	0	15	0	0	0	0
	합계		40	1	56	0	1	3	1
K2	2015	경남	0	0	0	0	0	0	0
	2018	아산	1	0	0	0	0	0	0
	2019	아산	15	0	15	0	0	2	0
	2019	광주	2	0	3	0	0	1	0
	합계		18	0	18	0	0	3	0
프로통산			58	1	74	0	1	6	1

최상국(崔相國) 청주상고 1961.02.15

대회	연도	소속	출전	교체	득점	도움	파울	경고	퇴장
BC	1983	포철	16	1	2	4	15	0	0
	1984	포철	23	3	4	1	28	2	0
	1985	포철	20	3	2	2	24	0	0
	1986	포철	19	3	2	4	20	1	0
	1987	포철	30	7	15	8	29	3	0
	1988	포철	11	3	2	1	23	1	0
	1989	포철	8	3	2	0	14	2	0
	1990	포철	19	6	3	0	18	1	0
	1991	포철	13	10	0	2	20	0	0
	합계		159	39	32	22	191	10	0
프로통산			159	39	32	22	191	10	0

최상현(崔相賢) 연세대 1984.03.18

대회	연도	소속	출전	교체	득점	도움	파울	경고	퇴장
BC	2009	대구	4	4	0	0	5	1	0
	합계		4	4	0	0	5	1	0
프로통산			4	4	0	0	5	1	0

최상훈(崔相勳) 국민대 1971.09.28

대회	연도	소속	출전	교체	득점	도움	파울	경고	퇴장
BC	1994	포철	3	3	0	0	6	2	0
	1995	포항	2	2	0	0	0	0	0
	1996	포항	2	2	1	0	4	0	0
	1997	안양LG	3	3	0	0	2	1	0
	합계		10	10	1	0	12	3	0
프로통산			10	10	1	0	12	3	0

최석도(崔錫道) 중앙대 1982.05.01

대회	연도	소속	출전	교체	득점	도움	파울	경고	퇴장
BC	2005	대구	1	1	0	0	1	1	0
	2006	대구	2	1	0	0	0	0	0
	합계		3	2	0	0	1	1	0
프로통산			3	2	0	0	1	1	0

최선걸(崔善傑) 서울시립대 1973.03.27

대회	연도	소속	출전	교체	득점	도움	파울	경고	퇴장
BC	1998	울산	4	4	0	0	5	0	0
	1999	울산	1	1	0	0	2	0	0
	2000	전남	17	9	3	2	41	1	0
	2001	전남	23	12	2	1	50	5	0
	합계		45	26	5	3	98	6	0
프로통산			45	26	5	3	98	6	0

최성국(崔成國) 고려대 1983.02.08

대회	연도	소속	출전	교체	득점	도움	파울	경고	퇴장
BC	2003	울산	27	22	7	1	30	5	0
	2004	울산	19	10	1	4	19	2	0
	2005	울산	16	14	1	3	26	4	0
	2006	울산	35	13	9	4	40	3	0
	2007	성남일	28	20	3	2	36	3	0
	2008	성남일	26	24	7	3	8	3	0
	2009	광주상	28	5	9	3	41	2	0
	2010	광주상	24	4	4	2	43	5	1
	2010	성남일	4	3	0	1	4	1	0
	2011	수원	12	9	1	2	11	2	0
	합계		219	124	42	25	258	30	1
프로통산			219	124	42	25	258	30	1

최성근(崔成根) 고려대 1991.07.28

대회	연도	소속	출전	교체	득점	도움	파울	경고	퇴장
K1	2017	수원	22	6	0	1	45	5	0
	2018	수원	20	9	0	1	38	6	1
	2019	수원	30	7	2	0	80	7	0
	합계		72	22	2	2	163	18	1
프로통산			72	22	2	2	163	18	1

최성민(崔晟旼) 동국대 1991.08.20

대회	연도	소속	출전	교체	득점	도움	파울	경고	퇴장
K1	2014	경남	3	2	0	0	5	1	0
	합계		3	2	0	0	5	1	0
K2	2015	경남	9	4	0	1	9	1	0
	2015	부천	2	2	0	0	1	0	0
	2018	안산	17	4	0	0	7	2	0
	2019	안산	15	2	0	0	30	5	0
	합계		43	12	0	1	47	8	0
승	2014	경남	0	0	0	0	0	0	0
	합계		0	0	0	0	0	0	0
프로통산			46	14	0	1	52	9	0

최성용(崔成勇) 고려대 1975.12.25

대회	연도	소속	출전	교체	득점	도움	파울	경고	퇴장
BC	2002	수원	11	2	0	0	10	1	0
	2003	수원	23	5	0	0	17	2	0
	2004	수원	35	6	1	4	51	3	0
	2005	수원	23	8	0	0	28	5	0
	2006	수원	12	10	0	1	9	0	0
	2007	울산	9	8	0	0	3	0	0
	합계		113	39	1	5	118	11	0
프로통산			113	39	1	5	118	11	0

최성현(崔星玄) 호남대 1982.05.02

대회	연도	소속	출전	교체	득점	도움	파울	경고	퇴장
BC	2005	수원	2	2	0	0	4	1	0
	2006	광주상	1	1	0	0	2	1	0
	2008	수원	8	6	0	0	6	0	0
	2009	수원	10	5	0	0	14	1	0
	2010	제주	1	1	0	0	1	0	0
	합계		22	15	0	0	27	3	0
프로통산			22	15	0	0	27	3	0

최성호(崔聖鎬) 동아대 1969.07.17

대회	연도	소속	출전	교체	득점	도움	파울	경고	퇴장
BC	1992	일화	1	1	0	0	0	0	0
	1993	일화	2	3	0	0	0	0	0
	1995	일화	7	8	4	0	5	0	0
	1996	천안일	6	6	0	0	7	1	0
	1997	수원	4	4	0	0	0	1	0
	합계		20	22	4	0	12	2	0
프로통산			20	22	4	0	12	2	0

최성환(崔誠桓) 전주대 1981.10.06

대회	연도	소속	출전	교체	득점	도움	파울	경고	퇴장
BC	2005	대구	15	5	0	0	59	9	0
	2006	대구	29	4	2	2	69	10	0
	2007	수원	3	3	0	0	4	0	0
	2008	수원	8	1	0	0	20	5	0
	2009	수원	14	4	0	0	22	5	0
	2010	수원	12	8	0	0	16	2	0
	2011	수원	21	11	0	0	33	9	0
	2012	수원	0	0	0	0	0	0	0
	2012	울산	4	1	0	0	6	2	0
	합계		106	37	2	2	229	42	0
K1	2013	울산	1	1	0	0	0	1	0
	합계		1	1	0	0	0	1	0
K2	2014	광주	5	1	0	0	6	2	0
	2015	경남	28	6	1	0	33	6	1
	합계		33	7	1	0	39	8	1
프로통산			140	45	3	2	268	51	1

최수현(崔守現) 명지대 1993.12.09

대회	연도	소속	출전	교체	득점	도움	파울	경고	퇴장
K1	2017	대구	0	0	0	0	0	0	0
	합계		0	0	0	0	0	0	0
프로통산			0	0	0	0	0	0	0

최순호(崔淳鎬) 광운대 1962.01.10

대회	연도	소속	출전	교체	득점	도움	파울	경고	퇴장
BC	1983	포철	2	1	2	0	3	0	0
	1984	포철	24	0	14	6	25	1	0
	1985	포철	5	1	2	0	3	1	0
	1986	포철	9	2	1	2	8	0	0
	1987	포철	16	7	2	5	23	0	0
	1988	럭금	11	0	1	2	16	0	0
	1989	럭금	9	0	0	1	17	1	0
	1990	럭금	8	4	1	2	7	1	0
	1991	포철	16	11	0	1	3	1	0
	합계		100	26	23	19	105	5	0
프로통산			100	26	23	19	105	5	0

최승범(崔勝範) 홍익대 1974.09.23

대회	연도	소속	출전	교체	득점	도움	파울	경고	퇴장
BC	2000	안양LG	1	1	0	0	2	0	0
	합계		1	1	0	0	2	0	0
프로통산			1	1	0	0	2	0	0

최승인(崔承仁) 동래고 1991.03.05

대회	연도	소속	출전	교체	득점	도움	파울	경고	퇴장
K1	2013	강원	10	10	2	1	5	1	0
	합계		10	10	2	1	5	1	0
K2	2014	강원	20	21	2	2	19	1	0
	2015	강원	31	20	11	3	34	4	0
	2016	부산	14	12	2	1	15	1	0
	2017	부산	15	12	1	0	21	2	0
	2018	부산	19	18	5	0	16	3	1
	2019	부산	3	3	0	0	1	0	0
	합계		102	86	21	6	106	11	1
승	2013	강원	2	1	2	0	2	0	0
	2017	부산	1	1	0	0	0	0	0
	2018	부산	0	0	0	0	0	0	0
	합계		3	2	2	0	2	0	0
프로통산			115	98	25	7	113	12	1

최승호(崔勝湖) 예원예술대 1992.03.31

대회	연도	소속	출전	교체	득점	도움	파울	경고	퇴장
K2	2014	충주	24	11	0	3	22	5	0
	2015	충주	32	16	1	1	17	3	0
	2016	충주	31	10	0	0	33	4	0
	2017	안양	19	14	0	0	14	2	0
	2018	안양	1	1	0	0	0	0	0
	2019	안양	0	0	0	0	0	0	0
	합계		107	52	1	4	86	14	0
프로통산			107	52	1	4	86	14	0

최연근(崔延瑾) 중앙대 1988.04.01

대회	연도	소속	출전	교체	득점	도움	파울	경고	퇴장
BC	2011	성남일	0	0	0	0	0	0	0
	합계		0	0	0	0	0	0	0
프로통산			0	0	0	0	0	0	0

최영광(崔榮光) 한남대 1990.05.20

대회	연도	소속	출전	교체	득점	도움	파울	경고	퇴장
K2	2016	강원	0	0	0	0	0	0	0
	합계		0	0	0	0	0	0	0
프로통산			0	0	0	0	0	0	0

최영근(崔永根) 한양대 1972.07.16

대회	연도	소속	출전	교체	득점	도움	파울	경고	퇴장
BC	1998	부산	8	3	0	0	16	1	0
	1999	부산	6	6	0	0	1	0	0
	합계		14	9	0	0	17	1	0
프로통산			14	9	0	0	17	1	0

최영남(崔永男) 아주대 1984.07.27

대회	연도	소속	출전	교체	득점	도움	파울	경고	퇴장
BC	2010	강원	13	2	1	2	7	0	0
	합계		13	2	1	2	7	0	0
프로통산			13	2	1	2	7	0	0

최영은(崔永恩) 성균관대 1995.09.26

대회	연도	소속	출전	교체	실점	도움	파울	경고	퇴장
K1	2018	대구	10	0	13	0	0	2	0
	2019	대구	1	0	3	0	2	2	0
	합계		11	0	16	0	2	4	0
프로통산			11	0	16	0	2	4	0

최영일(崔英一) 동아대 1966.04.25

대회	연도	소속	출전	교체	득점	도움	파울	경고	퇴장
BC	1989	현대	29	3	0	0	62	4	0
	1990	현대	21	5	0	0	26	2	0
	1991	현대	34	5	0	0	59	6	0
	1992	현대	37	6	1	0	50	1	0
	1993	현대	35	0	0	1	40	1	0
	1994	현대	17	1	0	1	27	7	0
	1995	현대	33	0	0	1	49	5	0
	1996	울산	31	0	2	2	60	7	0
	1997	부산	16	3	0	0	29	2	0
	1998	부산	8	1	0	1	13	1	1
	2000	안양LG	5	4	0	0	2	1	0
	합계		266	28	3	6	417	37	1
프로통산			266	28	3	6	417	37	1

최영일(崔永一) 관동대(가톨릭관동대) 1984.03.10

대회	연도	소속	출전	교체	득점	도움	파울	경고	퇴장
BC	2007	서울	0	0	0	0	0	0	0
	합계		0	0	0	0	0	0	0
프로통산			0	0	0	0	0	0	0

최영준(崔榮峻) 건국대 1991.12.15

대회	연도	소속	출전	교체	득점	도움	파울	경고	퇴장
BC	2011	경남	17	6	0	1	25	3	0
	2012	경남	35	9	0	1	39	3	0
	합계		52	15	0	2	64	6	0
K1	2013	경남	18	10	0	0	22	3	0
	2014	경남	21	11	0	2	21	1	0
	2018	경남	37	7	3	2	31	4	0
	2019	전북	7	5	0	0	8	0	0
	2019	포항	14	3	0	1	19	2	0
	합계		97	36	3	5	101	10	0
K2	2015	안산경	20	11	1	0	12	4	0
	2016	안산무	7	6	0	1	7	0	0
	2016	경남	3	1	0	0	4	0	0
	2017	경남	31	9	3	1	29	5	0
	합계		61	27	4	2	52	9	0
승	2014	경남	2	1	0	1	5	1	0
	합계		2	1	0	1	5	1	0
프로통산			212	79	7	10	222	26	0

최영준(崔榮俊) 연세대 1965.08.16

대회	연도	소속	출전	교체	득점	도움	파울	경고	퇴장
BC	1988	럭금	22	0	0	0	18	0	0
	1989	럭금	27	2	0	1	19	2	0
	1990	럭금	23	0	1	0	23	0	0
	1991	LG	37	5	0	1	34	1	0
	1992	LG	27	4	1	0	52	3	0
	1993	LG	27	0	1	0	39	3	0
	1994	LG	14	3	0	0	14	3	0
	1995	현대	21	2	1	1	12	0	0
	1996	울산	12	3	0	1	12	2	0
	합계		210	19	4	4	223	14	0
프로통산			210	19	4	4	223	14	0

최영회(崔永回) 고려대 1960.02.14

대회	연도	소속	출전	교체	득점	도움	파울	경고	퇴장
BC	1984	한일은	26	2	0	0	19	1	0
	1985	한일은	21	0	3	2	14	0	0
	1986	한일은	16	0	1	0	8	0	0
	합계		63	2	4	2	41	1	0
프로통산			63	2	4	2	41	1	0

최영훈(崔榮熏) 연세대 1993.05.29

대회	연도	소속	출전	교체	득점	도움	파울	경고	퇴장
K2	2016	안양	25	8	0	1	74	9	0
	2017	안양	5	4	0	0	12	0	0
	합계		30	12	0	1	86	9	0
프로통산			30	12	0	1	86	9	0

최영훈(崔榮勳) 이리고 1981.03.18

대회	연도	소속	출전	교체	득점	도움	파울	경고	퇴장
BC	2000	전북	2	2	0	0	0	0	0
	2001	전북	5	5	0	0	2	0	0
	2002	전북	6	7	0	0	7	1	0
	2003	전북	23	23	1	1	22	1	0
	2004	전북	21	15	1	0	16	1	0
	2005	전북	2	2	0	0	1	1	0
	2006	전북	21	13	0	3	36	2	0
	2007	인천	5	5	0	0	3	0	0
	2008	인천	3	2	0	0	6	0	0
	합계		88	74	2	4	93	6	0
프로통산			88	74	2	4	93	6	0

최영희(崔營喜) 아주대 1969.02.26

대회	연도	소속	출전	교체	득점	도움	파울	경고	퇴장
BC	1992	대우	17	13	1	0	7	1	0
	1993	대우	11	11	0	0	4	1	0
	1994	대우	14	1	2	0	18	0	0
	1995	대우	10	9	0	0	6	1	0
	1996	부산	12	7	0	0	5	0	0
	1997	전남	9	7	0	0	17	2	0
	1998	전남	3	2	0	0	6	0	0
	합계		76	50	3	0	63	5	0
프로통산			76	50	3	0	63	5	0

최오백(崔午百) 조선대 1992.03.10

대회	연도	소속	출전	교체	득점	도움	파울	경고	퇴장
K1	2019	성남	14	10	0	0	9	1	0
	합계		14	10	0	0	9	1	0
K2	2015	서울E	7	7	0	1	4	0	0
	2016	서울E	18	14	2	4	15	4	0
	2017	서울E	15	4	5	2	12	5	0
	2018	서울E	35	7	4	3	28	4	0
	합계		75	32	11	10	59	13	0
프로통산			89	42	11	10	68	14	0

최왕길(崔王吉) 한라대 1987.01.08

대회	연도	소속	출전	교체	득점	도움	파울	경고	퇴장
	2011	대전	1	1	0	0	0	0	0
	합계		1	1	0	0	0	0	0
프로통산			1	1	0	0	0	0	0

최요셉(崔 요셉 / ← 최진호) 관동대(가톨릭관동대) 1989.09.22

대회	연도	소속	출전	교체	득점	도움	파울	경고	퇴장
BC	2011	부산	12	10	1	0	6	1	0
	2012	부산	7	7	1	0	2	0	0
	합계		19	17	2	0	8	1	0
K1	2013	강원	22	16	6	1	11	3	0
	2017	상주	2	2	0	0	0	0	0
	2018	상주	7	8	0	0	2	0	0
	2018	강원	1	1	0	0	0	0	0
	합계		32	27	6	1	13	3	0
K2	2014	강원	33	13	13	9	23	1	0
	2015	강원	26	19	1	0	15	3	0
	2016	강원	20	19	6	0	12	2	0
	2019	아산	8	8	1	1	1	0	0
	합계		87	59	21	10	51	6	0
승	2013	강원	2	1	0	1	5	0	0
	2016	강원	0	0	0	0	0	0	0
	2017	상주	0	0	0	0	0	0	0
	합계		2	1	0	1	5	0	0
프로통산			140	104	29	12	77	10	0

최용길(崔溶吉) 연세대 1965.03.15

대회	연도	소속	출전	교체	득점	도움	파울	경고	퇴장
BC	1986	한일은	12	9	1	0	9	0	0
	합계		12	9	1	0	9	0	0
프로통산			12	9	1	0	9	0	0

최용수(崔龍洙) 연세대 1973.09.10

대회	연도	소속	출전	교체	득점	도움	파울	경고	퇴장
BC	1994	LG	35	10	10	7	31	2	0
	1995	LG	28	1	11	2	38	5	0
	1996	안양LG	22	7	5	3	21	2	0
	1999	안양LG	27	5	14	4	48	2	0
	2000	안양LG	34	10	14	10	62	6	0
	2006	서울	2	2	0	0	2	0	0
	합계		148	35	54	26	202	17	0
프로통산			148	35	54	26	202	17	0

최용우(崔容瑀) 인제대 1988.10.14

대회	연도	소속	출전	교체	득점	도움	파울	경고	퇴장
K1	2019	포항	8	9	0	0	7	0	0
	합계		8	9	0	0	7	0	0
프로통산			8	9	0	0	7	0	0

최우재(崔佑在) 중앙대 1990.03.27

대회	연도	소속	출전	교체	득점	도움	파울	경고	퇴장
K1	2013	강원	16	4	0	0	25	6	0
	합계		16	4	0	0	25	6	0
K2	2014	강원	15	8	1	0	15	4	0
	2015	강원	8	3	0	0	5	0	0
	2016	강원	5	2	0	0	5	1	0
	2019	안양	2	1	0	0	2	0	0
	합계		30	14	1	0	27	5	0
승	2013	강원	1	0	0	0	3	0	0
	합계		1	0	0	0	3	0	0
프로통산			47	18	1	0	55	11	0

최원권(崔源權) 동북고 1981.11.08

대회	연도	소속	출전	교체	득점	도움	파울	경고	퇴장
BC	2000	안양LG	4	3	0	0	1	0	0
	2001	안양LG	22	21	0	1	23	0	0
	2002	안양LG	20	10	0	2	27	3	0
	2003	안양LG	25	15	2	1	38	3	0
	2004	서울	19	8	1	2	41	3	0
	2005	서울	11	7	0	0	19	2	0
	2006	서울	14	4	0	3	19	3	0
	2007	서울	33	4	0	2	60	3	0
	2008	서울	20	9	0	3	38	4	0
	2009	광주상	26	2	5	5	27	6	0
	2010	광주상	24	8	3	0	29	6	0
	2011	제주	15	9	0	0	21	1	0
	2012	제주	27	11	0	0	31	7	0
	합계		260	111	11	19	374	41	0
K1	2013	제주	2	2	0	0	3	1	0

	2013	대구	12	2	0	0	16	2	0
	합계		14	4	0	0	19	3	0
K2	2014	대구	15	1	1	0	16	4	0
	2015	대구	2	0	0	0	1	0	0
	합계		17	1	1	0	17	4	0
프로통산			291	116	12	19	410	48	0

최원우(崔原友) 포철공고 1988.10.13

대회	연도	소속	출전	교체	득점	도움	파울	경고	퇴장
BC	2007	경남	1	1	0	0	1	0	0
	2008	광주상	2	2	0	0	1	0	0
	2010	경남	1	1	0	0	1	0	0
	합계		4	4	0	0	3	0	0
프로통산			4	4	0	0	3	0	0

최원욱(崔源旭) 숭실대 1990.04.27

대회	연도	소속	출전	교체	득점	도움	파울	경고	퇴장
BC	2011	서울	0	0	0	0	0	0	0
	합계		0	0	0	0	0	0	0
K2	2013	경찰	1	1	0	0	4	0	0
	합계		1	1	0	0	4	0	0
프로통산			1	1	0	0	4	0	0

최원철(崔源哲) 용인대 1995.05.26

대회	연도	소속	출전	교체	득점	도움	파울	경고	퇴장
K2	2017	수원FC	9	5	1	1	6	2	0
	2018	수원FC	12	7	0	0	8	1	0
	합계		21	12	1	1	14	3	0
프로통산			21	12	1	1	14	3	0

최월규(崔月奎) 아주대 1973.06.28

대회	연도	소속	출전	교체	득점	도움	파울	경고	퇴장
BC	1996	부산	22	20	2	0	12	0	0
	1997	부산	3	3	0	0	3	0	0
	2000	부천SK	3	3	0	0	0	0	0
	합계		28	26	2	0	15	0	0
프로통산			28	26	2	0	15	0	0

최유상(崔楡尙) 관동대(가톨릭관동대) 1989.08.25

대회	연도	소속	출전	교체	득점	도움	파울	경고	퇴장
K2	2015	서울E	4	3	2	0	3	0	0
	2016	충주	30	13	3	1	53	4	0
	합계		34	16	5	1	56	4	0
프로통산			34	16	5	1	56	4	0

최윤겸(崔允謙) 인천대학원 1962.04.21

대회	연도	소속	출전	교체	득점	도움	파울	경고	퇴장
BC	1986	유공	10	1	0	0	18	1	0
	1987	유공	27	7	1	0	40	4	0
	1988	유공	11	1	0	1	11	1	0
	1989	유공	30	6	1	0	45	3	0
	1990	유공	21	2	0	0	41	2	0
	1991	유공	37	12	1	0	63	3	0
	1992	유공	26	10	2	0	45	3	0
	합계		162	39	5	1	263	17	0
프로통산			162	39	5	1	263	17	0

최윤열(崔潤烈) 경희대 1974.04.17

대회	연도	소속	출전	교체	득점	도움	파울	경고	퇴장
BC	1997	전남	29	6	0	1	72	6	0
	1998	전남	31	3	0	0	105	8	0
	1999	전남	21	5	1	0	46	3	0
	2000	전남	0	0	0	0	0	0	0
	2000	안양LG	7	3	0	0	13	1	0
	2001	안양LG	22	2	0	0	58	6	1
	2002	안양LG	27	7	0	0	48	0	0
	2003	포항	34	6	2	0	51	5	0
	2004	대전	13	0	0	0	27	2	0
	2005	대전	26	1	1	0	56	7	0
	2006	대전	20	2	1	0	42	3	0
	2007	대전	20	2	0	0	37	4	0
	합계		250	37	5	1	555	45	1
프로통산			250	37	5	1	555	45	1

최윤호(崔允浩) 아주대 1974.09.15

대회	연도	소속	출전	교체	득점	도움	파울	경고	퇴장
BC	1997	부산	10	10	0	0	8	0	0
	합계		10	10	0	0	8	0	0
프로통산			10	10	0	0	8	0	0

최은성(崔殷誠) 인천대 1971.04.05

대회	연도	소속	출전	교체	실점	도움	파울	경고	퇴장
BC	1997	대전	35	2	46	0	0	0	0
	1998	대전	33	1	55	0	1	2	0
	1999	대전	32	0	55	0	1	0	1
	2000	대전	33	0	46	0	2	1	1
	2001	대전	33	0	42	0	0	0	0
	2002	대전	25	0	35	0	0	1	0
	2003	대전	37	1	39	0	1	2	0
	2004	대전	32	0	30	0	1	1	0
	2005	대전	33	1	26	0	2	1	0
	2006	대전	39	0	41	0	3	1	0
	2007	대전	32	1	36	0	0	1	0
	2008	대전	31	1	39	0	0	0	0
	2009	대전	28	0	35	0	0	2	0
	2010	대전	13	0	25	1	0	1	0
	2011	대전	28	1	53	0	0	0	0
	2012	전북	34	1	36	0	1	4	0
	합계		498	9	639	1	12	17	2
K1	2013	전북	31	1	32	0	0	0	0
	2014	전북	3	1	3	0	0	0	0
	합계		34	2	35	0	0	0	0
프로통산			532	11	674	1	12	17	2

최익진(崔益震) 아주대 1997.05.03

대회	연도	소속	출전	교체	득점	도움	파울	경고	퇴장
K2	2019	전남	6	4	0	0	13	2	0
	합계		6	4	0	0	13	2	0
프로통산			6	4	0	0	13	2	0

최익형(崔益馨) 고려대 1973.08.05

대회	연도	소속	출전	교체	득점	도움	파울	경고	퇴장
BC	1999	전남	0	0	0	0	0	0	0
	합계		0	0	0	0	0	0	0
프로통산			0	0	0	0	0	0	0

최인석(崔仁碩) 경일대 1979.08.07

대회	연도	소속	출전	교체	득점	도움	파울	경고	퇴장
BC	2002	울산	4	3	0	0	4	1	0
	합계		4	3	0	0	4	1	0
프로통산			4	3	0	0	4	1	0

최인영(崔仁榮) 서울시립대 1962.03.05

대회	연도	소속	출전	교체	실점	도움	파울	경고	퇴장
BC	1983	국민	2	0	4	0	0	0	0
	1984	현대	22	0	26	0	0	0	1
	1985	현대	4	1	3	0	0	0	0
	1986	현대	17	0	14	0	0	1	0
	1987	현대	13	1	20	0	0	1	0
	1988	현대	4	0	7	0	1	0	0
	1989	현대	27	1	32	0	0	1	0
	1990	현대	10	0	11	0	1	1	0
	1991	현대	30	1	17	0	2	0	0
	1992	현대	28	2	26	0	1	3	0
	1993	현대	12	2	8	0	0	0	0
	1994	현대	6	0	6	0	0	0	0
	1995	현대	1	1	0	0	0	0	0
	1996	울산	0	0	0	0	0	0	0
	합계		176	9	174	0	5	7	1
프로통산			176	9	174	0	5	7	1

최인창(崔仁暢) 한양대 1990.04.11

대회	연도	소속	출전	교체	득점	도움	파울	경고	퇴장
K2	2013	부천	10	9	1	0	7	2	0
	2014	부천	31	20	4	2	70	5	0
	합계		41	29	5	2	77	7	0
프로통산			41	29	5	2	77	7	0

최인후(崔仁厚) 동북고 1995.05.04

대회	연도	소속	출전	교체	득점	도움	파울	경고	퇴장
K2	2014	강원	0	0	0	0	0	0	0
	2015	경남	7	7	0	0	0	0	0
	합계		7	7	0	0	0	0	0
프로통산			7	7	0	0	0	0	0

최재수(崔在洙) 연세대 1983.05.02

대회	연도	소속	출전	교체	득점	도움	파울	경고	퇴장
BC	2004	서울	7	7	0	0	5	0	0
	2005	서울	17	6	1	1	29	6	0
	2006	서울	11	3	0	0	15	4	0
	2007	서울	1	0	0	0	1	0	0
	2008	광주상	26	14	0	4	33	3	0
	2009	광주상	18	9	3	3	21	2	0
	2010	울산	28	17	0	6	36	7	0
	2011	울산	40	6	1	11	44	8	0
	2012	울산	11	6	1	1	13	0	0
	2012	수원	19	12	1	1	19	5	0
	합계		178	80	7	27	216	35	0
K1	2013	수원	26	7	0	0	34	7	0
	2014	수원	10	2	0	0	8	1	1
	2015	수원	5	2	0	1	8	1	0
	2015	포항	11	3	2	0	15	5	0
	2016	전북	12	6	0	1	16	3	0
	2018	경남	25	11	0	4	13	3	0
	2019	경남	15	8	1	1	6	3	0
	합계		104	39	3	7	100	23	1
K2	2017	경남	20	10	1	3	16	5	1
	합계		20	10	1	3	16	5	1
프로통산			302	129	11	37	332	63	2

최재영(崔宰榮) 홍익대 1983.07.14

대회	연도	소속	출전	교체	득점	도움	파울	경고	퇴장
BC	2005	광주상	2	2	0	0	1	0	0
	2009	성남일	2	1	0	0	5	0	0
	합계		4	3	0	0	6	0	0
프로통산			4	3	0	0	6	0	0

최재영(崔在榮) 홍익대 1983.09.22

대회	연도	소속	출전	교체	득점	도움	파울	경고	퇴장
BC	2006	제주	9	8	0	1	12	1	0
	2007	제주	1	1	0	0	2	1	0
	합계		10	9	0	1	14	2	0
프로통산			10	9	0	1	14	2	0

최재은(崔宰銀) 광운대 1988.06.08

대회	연도	소속	출전	교체	득점	도움	파울	경고	퇴장
BC	2010	인천	2	2	0	0	4	0	0
	합계		2	2	0	0	4	0	0
프로통산			2	2	0	0	4	0	0

최재혁(崔宰赫) 통진종고 1964.09.17

대회	연도	소속	출전	교체	득점	도움	파울	경고	퇴장
BC	1984	현대	8	5	2	0	7	0	0
	1985	현대	15	9	0	3	15	1	0
	1986	현대	10	6	0	1	5	0	0
	합계		33	20	2	4	27	1	0
프로통산			33	20	2	4	27	1	0

최재현(崔在現) 광운대 1994.04.20

대회	연도	소속	출전	교체	득점	도움	파울	경고	퇴장
K1	2017	전남	23	17	3	2	37	5	0
	2018	전남	25	17	5	2	22	4	1
	합계		48	34	8	4	59	9	1
K2	2019	전남	19	13	3	0	22	2	0
	합계		19	13	3	0	22	2	0
프로통산			67	47	11	4	81	11	1

최재훈(崔宰熏) 중앙대 1995.11.20

대회	연도	소속	출전	교체	득점	도움	파울	경고	퇴장
K2	2017	안양	32	8	2	2	51	6	0
	2018	안양	27	11	2	2	39	6	0
	2019	안양	17	15	0	1	8	0	0
	합계		76	34	4	5	98	12	0

대회	연도	소속	출전	교체	득점	도움	파울	경고	퇴장
프로통산			76	34	4	5	98	12	0

최정민(崔禎珉) 중앙대 1977.10.07

대회	연도	소속	출전	교체	득점	도움	파울	경고	퇴장
BC	2000	부천SK	3	2	0	0	2	1	0
	2001	부천SK	17	3	1	0	26	1	0
	2002	부천SK	12	4	0	0	21	2	0
	2003	부천SK	20	3	0	0	32	3	0
	합계		52	12	1	0	81	7	0
프로통산			52	12	1	0	81	7	0

최정한(崔正漢) 연세대 1989.06.03

대회	연도	소속	출전	교체	득점	도움	파울	경고	퇴장
K1	2014	서울	7	7	1	1	8	1	0
	2015	서울	0	0	0	0	0	0	0
	합계		7	7	1	1	8	1	0
K2	2016	대구	26	24	1	2	9	0	0
	합계		26	24	1	2	9	0	0
프로통산			33	31	2	3	17	1	0

최정호(崔貞鎬) 한양대 1978.04.06

대회	연도	소속	출전	교체	득점	도움	파울	경고	퇴장
BC	2001	전남	0	0	0	0	0	0	0
	합계		0	0	0	0	0	0	0
프로통산			0	0	0	0	0	0	0

최정훈(崔晶勛) 매탄고 1999.03.09

대회	연도	소속	출전	교체	득점	도움	파울	경고	퇴장
K1	2019	수원	1	1	0	0	0	0	0
	합계		1	1	0	0	0	0	0
프로통산			1	1	0	0	0	0	0

최종덕(崔鍾德) 고려대 1954.06.24

대회	연도	소속	출전	교체	득점	도움	파울	경고	퇴장
BC	1983	할렐	16	2	1	1	7	0	0
	1984	할렐	25	1	3	0	18	1	1
	1985	럭금	17	3	1	0	11	1	0
	합계		58	6	5	1	36	2	1
프로통산			58	6	5	1	36	2	1

최종범(崔鍾範) 영남대 1978.03.27

대회	연도	소속	출전	교체	득점	도움	파울	경고	퇴장
BC	2001	포항	4	4	0	0	2	0	1
	2002	포항	17	14	0	0	16	0	0
	2003	포항	30	12	1	1	45	3	0
	2004	포항	10	6	0	1	9	2	0
	2005	광주상	30	7	2	2	47	3	0
	2006	광주상	11	8	0	1	9	0	0
	2008	포항	0	0	0	0	0	0	0
	2009	대구	4	4	0	0	2	0	0
	합계		106	55	3	5	130	8	1
프로통산			106	55	3	5	130	8	1

최종학(崔種學) 서울대 1962.05.10

대회	연도	소속	출전	교체	득점	도움	파울	경고	퇴장
BC	1984	현대	3	2	0	0	2	0	0
	1985	현대	1	0	0	0	2	0	0
	합계		4	2	0	0	4	0	0
프로통산			4	2	0	0	4	0	0

최종혁(崔鍾赫) 호남대 1984.09.03

대회	연도	소속	출전	교체	득점	도움	파울	경고	퇴장
BC	2007	대구	17	11	0	2	27	5	0
	2008	대구	16	13	0	0	10	1	0
	2009	대구	18	8	0	0	20	6	0
	합계		51	32	0	2	57	12	0
프로통산			51	32	0	2	57	12	0

최종호(崔鍾鎬) 고려대 1968.04.07

대회	연도	소속	출전	교체	득점	도움	파울	경고	퇴장
BC	1991	LG	1	1	0	0	0	0	0
	1992	LG	1	1	0	0	1	0	0
	합계		2	2	0	0	1	0	0
프로통산			2	2	0	0	1	0	0

최종환(崔鍾桓) 부경대 1987.08.12

대회	연도	소속	출전	교체	득점	도움	파울	경고	퇴장
BC	2011	서울	8	5	1	0	14	1	0
	2012	인천	13	11	1	0	20	1	0
	합계		21	16	2	0	34	2	0
K1	2013	인천	21	0	0	2	43	2	0
	2014	인천	30	11	3	1	38	1	1
	2016	상주	11	5	0	0	8	3	0
	2016	인천	5	2	0	0	2	0	0
	2017	인천	29	2	3	3	36	5	1
	2018	인천	15	6	0	1	23	2	0
	합계		111	26	6	7	150	13	2
K2	2015	상주	14	8	0	0	12	3	0
	2019	서울E	19	1	1	1	32	3	0
	합계		33	9	1	1	44	6	0
프로통산			165	51	9	8	228	21	2

최준기(崔俊基) 연세대 1994.04.13

대회	연도	소속	출전	교체	득점	도움	파울	경고	퇴장
K1	2019	성남	1	1	0	0	1	0	0
	합계		1	1	0	0	1	0	0
K2	2018	성남	21	2	0	0	24	5	0
	2019	전남	4	1	0	0	1	0	0
	합계		25	3	0	0	25	5	0
프로통산			26	4	0	0	26	5	0

최준혁(崔峻赫) 단국대 1994.09.05

대회	연도	소속	출전	교체	득점	도움	파울	경고	퇴장
K2	2018	광주	13	4	1	1	13	3	0
	2019	광주	31	7	0	1	41	6	0
	합계		44	11	1	2	54	9	0
프로통산			44	11	1	2	54	9	0

최지훈(崔智薰) 경기대 1984.09.20

대회	연도	소속	출전	교체	득점	도움	파울	경고	퇴장
BC	2007	인천	7	5	0	0	5	1	0
	합계		7	5	0	0	5	1	0
프로통산			7	5	0	0	5	1	0

최진규(崔軫圭) 동국대 1969.05.11

대회	연도	소속	출전	교체	득점	도움	파울	경고	퇴장
BC	1995	전북	33	1	1	4	18	4	0
	1996	전북	36	2	1	0	23	3	0
	1997	전북	24	13	0	2	38	3	0
	1998	전북	17	5	0	2	13	1	0
	1999	전북	3	1	0	0	3	2	0
	합계		113	22	2	8	95	13	0
프로통산			113	22	2	8	95	13	0

최진백(崔鎭百) 숭실대 1994.05.27

대회	연도	소속	출전	교체	실점	도움	파울	경고	퇴장
K1	2017	강원	0	0	0	0	0	0	0
	합계		0	0	0	0	0	0	0
프로통산			0	0	0	0	0	0	0

최진수(崔津樹) 현대고 1990.06.17

대회	연도	소속	출전	교체	득점	도움	파울	경고	퇴장
BC	2010	울산	7	6	1	0	3	0	0
	2011	울산	1	1	0	0	0	0	0
	2012	울산	4	4	0	0	0	0	0
	합계		12	11	1	0	3	0	0
K2	2013	안양	31	14	6	8	47	10	0
	2014	안양	31	6	5	8	55	11	0
	2015	안양	34	16	1	7	39	6	0
	2016	안산무	12	10	3	0	7	0	0
	2017	아산	3	3	0	1	0	1	0
	합계		111	49	15	24	148	28	0
프로통산			123	60	16	24	151	28	0

최진욱(崔珍煜) 관동대(가톨릭관동대) 1981.08.17

대회	연도	소속	출전	교체	득점	도움	파울	경고	퇴장
BC	2004	울산	0	0	0	0	0	0	0
	합계		0	0	0	0	0	0	0
프로통산			0	0	0	0	0	0	0

최진철(崔眞喆) 숭실대 1971.03.26

대회	연도	소속	출전	교체	득점	도움	파울	경고	퇴장
BC	1996	전북	29	5	1	1	70	6	0
	1997	전북	21	1	2	0	67	6	0
	1998	전북	27	8	8	2	53	5	0
	1999	전북	35	16	9	6	56	3	0
	2000	전북	32	1	3	0	57	7	0
	2001	전북	25	5	0	0	44	6	0
	2002	전북	24	3	0	1	39	5	0
	2003	전북	33	2	1	1	85	7	0
	2004	전북	21	0	2	0	45	11	0
	2005	전북	30	2	1	0	58	9	0
	2006	전북	20	3	1	0	36	5	0
	2007	전북	15	2	0	0	22	5	1
	합계		312	48	28	11	632	75	1
프로통산			312	48	28	11	632	75	1

최진한(崔震瀚) 명지대 1961.06.22

대회	연도	소속	출전	교체	득점	도움	파울	경고	퇴장
BC	1985	럭금	5	3	0	0	5	0	0
	1986	럭금	23	8	4	3	45	3	0
	1987	럭금	29	10	2	1	38	5	0
	1988	럭금	23	7	4	1	26	1	0
	1989	럭금	38	15	5	4	65	3	0
	1990	럭금	27	5	6	5	37	0	0
	1991	LG	6	5	0	1	5	1	0
	1991	유공	18	8	12	0	17	2	0
	1992	유공	17	11	2	1	25	1	0
	합계		186	72	35	16	263	16	0
프로통산			186	72	35	16	263	16	0

최창수(崔昌壽) 영남대 1955.11.20

대회	연도	소속	출전	교체	득점	도움	파울	경고	퇴장
BC	1983	포철	10	5	1	0	3	0	0
	1984	포철	6	4	0	0	2	1	0
	합계		16	9	1	0	5	1	0
프로통산			16	9	1	0	5	1	0

최창용(崔昌鎔) 연세대 1985.09.17

대회	연도	소속	출전	교체	득점	도움	파울	경고	퇴장
BC	2008	수원	3	2	0	0	3	1	0
	합계		3	2	0	0	3	1	0
프로통산			3	2	0	0	3	1	0

최창환(崔昌煥) 광운대 1962.08.09

대회	연도	소속	출전	교체	득점	도움	파울	경고	퇴장
BC	1985	현대	3	3	0	0	3	0	0
	합계		3	3	0	0	3	0	0
프로통산			3	3	0	0	3	0	0

최철순(崔喆淳) 충북대 1987.02.08

대회	연도	소속	출전	교체	득점	도움	파울	경고	퇴장
BC	2006	전북	23	2	0	1	39	4	1
	2007	전북	19	5	0	1	36	4	0
	2008	전북	36	1	0	1	63	7	0
	2009	전북	27	5	0	1	51	6	0
	2010	전북	21	0	0	0	49	7	0
	2011	전북	23	2	1	1	39	8	0
	2012	전북	12	2	0	0	13	1	0
	2012	상주	10	0	1	0	17	2	0
	합계		171	17	2	5	307	39	1
K1	2014	상주	4	0	0	0	1	1	0
	2014	전북	30	1	0	2	39	5	0
	2015	전북	29	1	0	0	40	5	0
	2016	전북	30	1	1	4	58	10	0
	2017	전북	35	0	0	4	42	8	0
	2018	전북	28	0	0	0	41	5	0
	2019	전북	18	4	0	0	22	6	0
	합계		174	7	1	10	243	40	0
K2	2013	상주	29	3	0	2	37	6	0
	합계		29	3	0	2	37	6	0
승	2013	상주	2	0	0	0	3	0	0
	합계		2	0	0	0	3	0	0
프로통산			376	27	3	17	590	85	1

최철우(崔喆宇) 고려대 1977.11.30

대회	연도	소속	출전	교체	득점	도움	파울	경고	퇴장
BC	2000	울산	12	7	5	0	15	2	0
	2001	울산	8	8	0	0	13	0	0
	2002	포항	27	21	4	1	29	0	0
	2003	포항	21	16	4	1	31	0	0
	2004	부천SK	5	5	0	1	2	0	0
	2005	부천SK	25	15	6	0	37	1	0
	2006	제주	24	13	4	1	28	3	0
	2007	전북	12	7	1	0	14	1	0
	2008	부산	9	7	0	0	12	2	0
	합계		143	99	24	4	181	9	0
프로통산			143	99	24	4	181	9	0

최철원(崔喆原) 광주대 1994.07.23

대회	연도	소속	출전	교체	실점	도움	파울	경고	퇴장
K2	2016	부천	2	1	0	0	0	0	0
	2017	부천	3	1	3	0	0	0	0
	2018	부천	30	0	39	0	0	0	0
	2019	부천	35	0	49	0	0	1	0
	합계		70	2	91	0	0	1	0
프로통산			70	2	91	0	0	1	0

최철주(崔澈柱) 광양농고 1961.05.26

대회	연도	소속	출전	교체	득점	도움	파울	경고	퇴장
BC	1984	현대	1	1	0	0	0	0	0
	1985	현대	2	0	2	0	0	0	0
	합계		3	1	2	0	0	0	0
프로통산			3	1	2	0	0	0	0

최철희(崔哲熙) 동아대 1961.10.03

대회	연도	소속	출전	교체	득점	도움	파울	경고	퇴장
BC	1984	국민은	18	15	1	0	12	0	0
	합계		18	15	1	0	12	0	0
프로통산			18	15	1	0	12	0	0

최청일(崔青一) 연세대 1968.04.25

대회	연도	소속	출전	교체	득점	도움	파울	경고	퇴장
BC	1989	일화	13	11	1	1	15	0	0
	1990	일화	17	15	2	1	15	0	0
	1991	일화	7	8	0	0	2	0	0
	1991	현대	1	1	0	0	3	0	0
	1992	현대	6	6	0	1	9	0	0
	1993	현대	13	8	0	1	15	2	0
	1994	현대	3	2	0	1	2	1	0
	1996	전남	6	6	0	0	9	3	1
	합계		66	57	3	5	70	6	1
프로통산			66	57	3	5	70	6	1

최치원(崔致遠) 연세대 1993.06.11

대회	연도	소속	출전	교체	득점	도움	파울	경고	퇴장
K1	2015	전북	1	1	0	0	1	0	0
	2019	강원	8	6	1	0	7	3	0
	합계		9	7	1	0	8	3	0
K2	2015	서울E	8	8	1	1	11	1	0
	2016	서울E	0	0	0	0	0	0	0
	2017	서울E	17	10	6	1	29	1	0
	2018	서울E	19	12	3	1	25	3	0
	합계		44	30	10	3	65	5	0
프로통산			53	37	11	3	73	8	0

최태섭(崔台燮) 성균관대 1962.01.12

대회	연도	소속	출전	교체	득점	도움	파울	경고	퇴장
BC	1985	한일은	1	1	0	0	0	0	0
	합계		1	1	0	0	0	0	0
프로통산			1	1	0	0	0	0	0

최태성(崔泰成) 신한고 1977.06.16

대회	연도	소속	출전	교체	득점	도움	파울	경고	퇴장
BC	1997	부산	2	2	0	0	2	0	0
	1998	부산	7	6	0	0	3	0	0
	2002	부산	0	0	0	0	0	0	0
	합계		9	8	0	0	5	0	0
프로통산			9	8	0	0	5	0	0

최태욱(崔兌旭) 부평고 1981.03.13

대회	연도	소속	출전	교체	득점	도움	파울	경고	퇴장
BC	2000	안양LG	16	16	1	3	9	0	0
	2001	안양LG	31	9	0	3	21	3	0
	2002	안양LG	22	13	2	1	6	0	0
	2003	안양LG	36	17	3	5	16	2	0
	2004	인천	23	11	5	3	29	1	0
	2006	포항	25	19	2	2	17	0	0
	2007	포항	19	11	1	1	5	0	0
	2008	전북	26	20	4	3	24	1	0
	2009	전북	32	16	9	12	30	1	0
	2010	전북	15	9	2	6	15	0	0
	2010	서울	16	10	6	2	19	0	0
	2011	서울	13	13	0	3	10	0	0
	2012	서울	28	29	2	7	11	0	0
	합계		302	193	37	51	212	8	0
K1	2013	서울	10	11	0	0	0	0	0
	2014	울산	1	1	0	0	0	0	0
	합계		11	12	0	0	0	0	0
프로통산			313	205	37	51	212	8	0

최태진(崔泰鎭) 고려대 1961.05.14

대회	연도	소속	출전	교체	득점	도움	파울	경고	퇴장
BC	1985	대우	21	1	1	2	37	1	0
	1986	대우	26	5	4	2	32	1	1
	1987	대우	6	5	0	0	6	0	0
	1988	대우	22	4	5	1	29	2	0
	1989	럭금	34	2	3	0	37	3	0
	1990	럭금	29	1	4	2	31	2	0
	1991	LG	26	5	1	1	24	2	0
	1992	LG	17	10	0	0	14	0	0
	합계		181	33	18	8	210	11	1
프로통산			181	33	18	8	210	11	1

최필수(崔弼守) 성균관대 1991.06.20

대회	연도	소속	출전	교체	실점	도움	파울	경고	퇴장
K1	2017	상주	10	0	18	0	0	0	0
	2018	상주	9	0	10	0	0	1	0
	합계		19	0	28	0	0	1	0
K2	2014	안양	2	0	2	0	0	0	0
	2015	안양	34	0	44	0	0	1	0
	2016	안양	13	1	18	0	1	2	0
	2018	안양	0	0	64	0	0	0	0
	2019	안양	3	0	7	0	0	0	0
	2019	부산	17	0	16	0	0	1	0
	합계		69	1	87	0	1	4	0
승	2017	상주	0	0	0	0	0	0	0
	2019	부산	2	0	0	0	0	1	0
	합계		2	0	0	0	0	1	0
프로통산			90	1	115	0	1	6	0

최한솔(崔한솔) 영남대 1997.03.16

대회	연도	소속	출전	교체	득점	도움	파울	경고	퇴장
K2	2018	서울E	12	9	1	0	12	5	0
	2019	서울E	13	4	1	0	17	4	0
	합계		25	13	2	0	29	9	0
프로통산			25	13	2	0	29	9	0

최한욱(崔漢旭) 선문대 1981.03.02

대회	연도	소속	출전	교체	득점	도움	파울	경고	퇴장
BC	2004	대구	5	3	0	1	9	0	0
	2005	대구	1	1	0	0	1	0	0
	합계		6	4	0	1	10	0	0
프로통산			6	4	0	1	10	0	0

최현(崔炫) 중앙대 1978.11.07

대회	연도	소속	출전	교체	실점	도움	파울	경고	퇴장
BC	2002	부천SK	26	0	40	0	1	1	0
	2003	부천SK	13	1	24	0	0	1	0
	2004	부천SK	0	0	0	0	0	0	0
	2005	부천SK	0	0	0	0	0	0	0
	2006	제주	7	2	7	0	0	0	0
	2007	제주	16	1	19	0	0	4	0
	2008	경남	0	0	0	0	0	0	0
	2008	부산	4	0	3	0	0	0	0
	2009	부산	33	2	46	0	0	5	0
	2010	부산	1	0	1	0	0	0	0
	2011	대전	5	0	13	0	0	0	0
	2012	대전	8	1	12	0	0	1	0
	합계		113	7	165	0	1	12	0
프로통산			113	7	165	0	1	12	0

최현연(崔玹蓮) 울산대 1984.04.16

대회	연도	소속	출전	교체	득점	도움	파울	경고	퇴장
BC	2006	제주	17	14	0	3	21	4	0
	2007	제주	20	11	3	0	19	1	0
	2008	제주	26	17	2	1	22	0	0
	2009	제주	17	10	1	4	31	3	0
	2010	포항	5	5	0	0	5	0	0
	2012	경남	26	20	1	1	29	3	0
	합계		111	77	7	9	127	11	0
K1	2013	경남	17	9	0	1	19	5	0
	2014	경남	1	0	0	0	1	0	0
	합계		18	9	0	1	20	5	0
프로통산			129	86	7	10	147	16	0

최현태(崔玹態) 동아대 1987.09.15

대회	연도	소속	출전	교체	득점	도움	파울	경고	퇴장
BC	2010	서울	22	16	0	0	21	3	0
	2011	서울	28	10	1	0	26	4	0
	2012	서울	27	11	0	1	36	4	0
	합계		77	37	1	1	83	11	0
K1	2013	서울	14	10	0	1	11	1	0
	2014	서울	17	14	0	0	16	1	0
	2016	상주	6	6	0	0	5	1	0
	2016	서울	0	0	0	0	0	0	0
	2019	제주	5	4	0	0	10	1	0
	합계		42	34	0	1	42	4	0
K2	2015	상주	26	17	2	1	23	1	0
	합계		26	17	2	1	23	1	0
프로통산			145	88	3	3	148	16	0

최형준(崔亨俊) 경희대 1980.06.04

대회	연도	소속	출전	교체	득점	도움	파울	경고	퇴장
BC	2003	부천SK	14	2	0	0	23	1	2
	2004	부천SK	1	0	0	0	1	1	0
	2005	대전	4	3	0	0	10	1	0
	합계		19	5	0	0	34	3	2
프로통산			19	5	0	0	34	3	2

최호정(崔晧程) 관동대(가톨릭관동대) 1989.12.08

대회	연도	소속	출전	교체	득점	도움	파울	경고	퇴장
BC	2010	대구	17	2	0	0	27	6	0
	2011	대구	8	7	0	0	5	1	0
	2012	대구	31	4	4	0	47	5	0
	합계		56	13	4	0	79	12	0
K1	2013	대구	25	2	1	3	22	6	0
	2014	상주	27	7	0	1	36	3	0
	2016	성남	10	4	0	0	9	1	0
	합계		62	13	1	4	67	10	0
K2	2015	상주	18	0	0	1	13	1	0
	2015	대구	5	1	1	0	5	0	0
	2017	서울E	33	1	2	0	29	6	0
	2018	안양	25	2	0	1	24	5	1
	2019	안양	35	0	0	1	22	4	2
	합계		116	4	3	3	93	16	3
승	2016	성남	1	0	0	0	2	0	0
	합계		1	0	0	0	2	0	0
프로통산			235	30	8	7	241	38	3

최호주(崔浩周) 단국대 1992.03.10

대회	연도	소속	출전	교체	득점	도움	파울	경고	퇴장
K1	2015	포항	0	0	0	0	0	0	0
	2016	포항	13	13	0	1	4	0	0

대회	연도	소속	출전	교체	득점	도움	파울	경고	퇴장
	합계		13	13	0	1	4	0	0
K2	2018	안산	24	8	7	1	19	1	0
	2019	안산	13	12	1	1	7	0	0
	2019	광주	3	3	0	0	0	0	0
	합계		40	23	8	2	26	1	0
프로통산			53	36	8	3	30	1	0

최홍식(崔洪植) 강릉상고 1959.09.06

대회	연도	소속	출전	교체	득점	도움	파울	경고	퇴장
BC	1984	유공	10	8	1	1	7	0	0
	1985	할렐	15	8	0	1	3	0	0
	합계		25	16	1	2	10	0	0
프로통산			25	16	1	2	10	0	0

최효진(崔孝鎭) 아주대 1983.08.18

대회	연도	소속	출전	교체	득점	도움	파울	경고	퇴장
BC	2005	인천	34	7	1	2	65	4	0
	2006	인천	36	6	4	1	59	5	0
	2007	포항	26	10	3	1	44	5	0
	2008	포항	26	3	2	3	42	4	0
	2009	포항	27	2	2	2	59	7	0
	2010	서울	34	1	3	4	58	9	0
	2011	상주	30	9	2	2	34	3	0
	2012	상주	23	2	0	1	33	5	0
	2012	서울	6	5	0	0	10	0	0
	합계		242	45	17	16	404	42	0
K1	2013	서울	24	20	0	2	14	3	0
	2014	서울	13	3	0	1	15	2	0
	2015	전남	27	3	2	0	33	5	0
	2016	전남	31	1	2	4	41	9	0
	2017	전남	22	2	1	3	21	2	0
	2018	전남	12	1	0	0	13	1	0
	합계		129	30	5	10	137	22	0
K2	2019	전남	28	2	1	3	32	2	0
	합계		28	2	1	3	32	2	0
프로통산			399	77	23	29	573	66	0

최훈(崔勳) 건국대 1977.10.22

대회	연도	소속	출전	교체	득점	도움	파울	경고	퇴장
BC	1999	전남	1	1	0	0	0	0	0
	합계		1	1	0	0	0	0	0
프로통산			1	1	0	0	0	0	0

추민열(秋旻悅) 경기경영고 1999.01.10

대회	연도	소속	출전	교체	득점	도움	파울	경고	퇴장
K2	2018	부천	5	3	0	0	4	0	0
	합계		5	3	0	0	4	0	0
프로통산			5	3	0	0	4	0	0

추성호(秋性昊) 동아대 1987.08.26

대회	연도	소속	출전	교체	득점	도움	파울	경고	퇴장
BC	2010	부산	4	2	1	0	6	0	0
	2011	부산	11	4	1	0	6	4	0
	합계		15	6	2	0	12	4	0
프로통산			15	6	2	0	12	4	0

추운기(秋云基) 한양대 1978.04.03

대회	연도	소속	출전	교체	득점	도움	파울	경고	퇴장
BC	2001	전북	22	19	1	3	10	1	0
	2002	전북	32	25	3	1	19	0	0
	2003	전북	31	30	2	4	24	2	0
	2004	전북	10	10	1	0	8	0	0
	2005	전북	13	13	0	1	8	0	0
	2006	전북	6	5	0	0	3	1	0
	2007	제주	5	4	0	0	6	2	1
	합계		119	106	7	9	78	6	1
프로통산			119	106	7	9	78	6	1

추정현(鄒正賢) 명지대 1988.01.28

대회	연도	소속	출전	교체	득점	도움	파울	경고	퇴장
BC	2009	강원	2	2	0	0	1	0	0
	합계		2	2	0	0	1	0	0
프로통산			2	2	0	0	1	0	0

추정호(秋正浩) 중앙대 1997.12.09

대회	연도	소속	출전	교체	득점	도움	파울	경고	퇴장
K2	2019	전남	10	10	0	1	4	0	0
	합계		10	10	0	1	4	0	0
프로통산			10	10	0	1	4	0	0

추종호(秋種浩) 건국대 1960.01.22

대회	연도	소속	출전	교체	득점	도움	파울	경고	퇴장
BC	1984	현대	26	2	3	0	18	0	0
	1985	현대	10	6	0	1	3	2	0
	1986	유공	14	5	3	2	13	1	0
	1987	유공	7	6	0	0	3	0	0
	합계		57	19	6	3	37	3	0
프로통산			57	19	6	3	37	3	0

추평강(秋平康) 동국대 1990.04.22

대회	연도	소속	출전	교체	득점	도움	파울	경고	퇴장
K1	2013	수원	14	14	0	0	7	1	0
	합계		14	14	0	0	7	1	0
프로통산			14	14	0	0	7	1	0

츠바사(Nishi Tsubasa, 西翼) 일본 1990.04.08

대회	연도	소속	출전	교체	득점	도움	파울	경고	퇴장
K1	2018	대구	9	9	0	0	10	1	0
	2019	대구	13	8	1	1	17	2	0
	합계		22	17	1	1	27	3	0
프로통산			22	17	1	1	27	3	0

치솜(Chisom Charles Egbuchunam) 나이지리아 1992.02.22

대회	연도	소속	출전	교체	득점	도움	파울	경고	퇴장
K2	2019	수원FC	33	15	18	1	52	3	0
	합계		33	15	18	1	52	3	0
프로통산			33	15	18	1	52	3	0

치치(Mion Varella Costa) 브라질 1982.06.17

대회	연도	소속	출전	교체	득점	도움	파울	경고	퇴장
BC	2009	대전	11	5	1	0	23	0	0
	합계		11	5	1	0	23	0	0
프로통산			11	5	1	0	23	0	0

치프리안(Ciprian Vasilache) 루마니아 1983.09.14

대회	연도	소속	출전	교체	득점	도움	파울	경고	퇴장
K2	2014	강원	13	11	0	1	17	2	0
	2014	충주	13	10	0	0	18	3	0
	합계		26	21	0	1	35	5	0
프로통산			26	21	0	1	35	5	0

카르모나(Carmona da Silva Neto Pedro) 브라질 1988.04.15

대회	연도	소속	출전	교체	득점	도움	파울	경고	퇴장
K2	2017	수원FC	9	7	1	1	3	1	0
	합계		9	7	1	1	3	1	0
프로통산			9	7	1	1	3	1	0

카를로스(Carlos Eduardo Costro da Silva) 브라질 1982.04.23

대회	연도	소속	출전	교체	득점	도움	파울	경고	퇴장
BC	2003	전북	13	13	3	0	7	1	0
	합계		13	13	3	0	7	1	0
프로통산			13	13	3	0	7	1	0

카사(Filip Kasalica) 몬테네그로 1988.12.17

대회	연도	소속	출전	교체	득점	도움	파울	경고	퇴장
K1	2014	울산	12	8	0	2	23	5	0
	2015	울산	2	2	0	0	3	1	0
	합계		14	10	0	2	26	6	0
프로통산			14	10	0	2	26	6	0

카송고(Jean-Kasongo Banza) 콩고민주공화국 1974.06.26

대회	연도	소속	출전	교체	득점	도움	파울	경고	퇴장
BC	1997	전남	4	5	0	0	7	3	0
	1997	천안일	1	1	0	0	2	1	0
	합계		5	6	0	0	9	4	0
프로통산			5	6	0	0	9	4	0

카스텔렌(Romeo Erwin Marius Castelen) 네덜란드 1983.05.03

대회	연도	소속	출전	교체	득점	도움	파울	경고	퇴장
K1	2016	수원	5	5	0	0	2	1	0
	합계		5	5	0	0	2	1	0
프로통산			5	5	0	0	2	1	0

카시오(Cassio Vargas Barbosa) 브라질 1983.11.25

대회	연도	소속	출전	교체	득점	도움	파울	경고	퇴장
K2	2013	광주	2	2	0	0	7	1	0
	합계		2	2	0	0	7	1	0
프로통산			2	2	0	0	7	1	0

카이오(Kaio Felipe Goncalves) 브라질 1987.07.06

대회	연도	소속	출전	교체	득점	도움	파울	경고	퇴장
K1	2014	전북	32	27	9	1	42	6	0
	2015	수원	21	13	4	0	14	3	0
	합계		53	40	13	1	56	9	0
프로통산			53	40	13	1	56	9	0

카이온(Desouzaferreira Herlisoncaion) 브라질 1990.10.05

대회	연도	소속	출전	교체	득점	도움	파울	경고	퇴장
K1	2018	대구	5	1	0	0	16	1	0
	합계		5	1	0	0	16	1	0
BC	2009	강원	9	7	1	2	14	1	0
	합계		9	7	1	2	14	1	0
프로통산			14	8	1	2	30	2	0

카자란 폴란드 1961.10.28

대회	연도	소속	출전	교체	득점	도움	파울	경고	퇴장
BC	1992	유공	2	2	0	0	3	0	0
	합계		2	2	0	0	3	0	0
프로통산			2	2	0	0	3	0	0

카파제(Timur Tajhirovich Kapadze) 우즈베키스탄 1981.09.05

대회	연도	소속	출전	교체	득점	도움	파울	경고	퇴장
BC	2011	인천	30	10	5	3	53	4	0
	합계		30	10	5	3	53	4	0
프로통산			30	10	5	3	53	4	0

칼라일 미첼(Carlyle Mitchell) 트리니다드토바고 1987.08.08

대회	연도	소속	출전	교체	득점	도움	파울	경고	퇴장
K2	2015	서울E	29	3	4	0	32	8	0
	2016	서울E	28	4	3	0	31	11	0
	합계		57	7	7	0	63	19	0
프로통산			57	7	7	0	63	19	0

* 실점: 2015년 1 / 통산 1

칼레(Zeljko Kalajdzić) 세르비아 1978.05.11

대회	연도	소속	출전	교체	득점	도움	파울	경고	퇴장
BC	2007	인천	12	4	0	0	31	4	0
	합계		12	4	0	0	31	4	0
프로통산			12	4	0	0	31	4	0

칼레드(Khaled Shafiei) 이란 1987.03.29

대회	연도	소속	출전	교체	득점	도움	파울	경고	퇴장
K1	2017	서울	2	2	0	0	1	0	0
	합계		2	2	0	0	1	0	0
프로통산			2	2	0	0	1	0	0

칼렝가(N'Dayi Kalenga) 콩고민주공화국 1978.09.29

대회	연도	소속	출전	교체	득점	도움	파울	경고	퇴장
BC	1999	천안일	7	8	0	1	13	0	0
	합계		7	8	0	1	13	0	0
프로통산			7	8	0	1	13	0	0

캄포스(Jeaustin Campos) 코스타리카 1971.06.30

대회	연도	소속	출전	교체	득점	도움	파울	경고	퇴장
BC	1995	LG	12	7	2	4	7	2	0
	1996	안양LG	7	6	0	1	10	2	0
	합계		19	13	2	5	17	4	0
프로통산			19	13	2	5	17	4	0

케빈(Kevin Julienne Henricus Oris) 벨기에 1984.12.06

대회	연도	소속	출전	교체	득점	도움	파울	경고	퇴장
BC	2012	대전	37	15	16	4	128	11	0
	합계		37	15	16	4	128	11	0
K1	2013	전북	31	17	14	5	59	4	0
	2015	인천	35	15	6	4	75	8	0
	2016	인천	33	7	9	10	73	9	0
	합계		99	39	29	19	207	21	0
프로통산			136	54	45	23	335	32	0

케빈(Kevin Hatchi) 프랑스 1981.08.06

대회	연도	소속	출전	교체	득점	도움	파울	경고	퇴장
BC	2009	서울	11	6	0	2	24	2	1
	합계		11	6	0	2	24	2	1
프로통산			11	6	0	2	24	2	1

케힌데(Kehinde Olanrewaju Muhammed) 나이지리아 1994.05.07

대회	연도	소속	출전	교체	득점	도움	파울	경고	퇴장
K1	2019	인천	14	11	1	0	8	1	0
	합계		14	11	1	0	8	1	0
프로통산			14	11	1	0	8	1	0

코난(Goran Petreski) 마케도니아 1972.05.23

대회	연도	소속	출전	교체	득점	도움	파울	경고	퇴장
BC	2001	포항	33	21	10	2	48	2	0
	2002	포항	31	12	12	4	50	4	0
	2003	포항	40	29	10	3	54	4	1
	2004	포항	37	24	6	3	35	2	0
	합계		141	86	38	12	187	12	1
프로통산			141	86	38	12	187	12	1

코네(Seku Conneh) 라이베리아 1995.11.10

대회	연도	소속	출전	교체	득점	도움	파울	경고	퇴장
K2	2018	안산	26	22	2	0	53	3	0
	합계		26	22	2	0	53	3	0
프로통산			26	22	2	0	53	3	0

코놀(Serguei Konovalov) 우크라이나 1972.03.01

대회	연도	소속	출전	교체	득점	도움	파울	경고	퇴장
BC	1996	포항	13	11	0	1	15	0	0
	1997	포항	26	10	12	1	44	3	0
	1998	포항	13	8	2	1	22	0	0
	합계		52	29	14	3	81	3	0
프로통산			52	29	14	3	81	3	0

코니(Robert Richard Cornthwaite) 오스트레일리아 1985.10.24

대회	연도	소속	출전	교체	득점	도움	파울	경고	퇴장
BC	2011	전남	21	0	3	2	28	7	2
	2012	전남	31	6	3	1	47	10	0
	합계		52	6	6	3	75	17	2
K1	2013	전남	22	17	1	0	11	3	1
	2014	전남	21	13	2	1	10	2	0
	합계		43	30	3	1	21	5	1
프로통산			95	36	9	4	96	22	3

코로만(Ognjen Koroman) 세르비아 1978.09.19

대회	연도	소속	출전	교체	득점	도움	파울	경고	퇴장
BC	2009	인천	12	3	3	2	11	3	0
	2010	인천	15	9	1	1	15	2	0
	합계		27	12	4	3	26	5	0
프로통산			27	12	4	3	26	5	0

코마젝(Komazec Nikola) 세르비아 1987.11.15

대회	연도	소속	출전	교체	득점	도움	파울	경고	퇴장
K1	2014	부산	1	1	0	0	0	0	0
	합계		1	1	0	0	0	0	0
프로통산			1	1	0	0	0	0	0

코바(Kovacec Ivan) 크로아티아 1988.06.27

대회	연도	소속	출전	교체	득점	도움	파울	경고	퇴장
K1	2015	울산	17	7	6	6	7	1	0
	2016	울산	36	20	7	9	18	2	0
	2017	울산	7	5	0	2	2	0	0
	2017	서울	7	6	0	3	5	0	0
	2018	서울	5	5	0	0	2	0	0
	합계		72	43	13	20	34	3	0
프로통산			72	43	13	20	34	3	0

콜리(Coly Papa Oumar) 세네갈 1975.05.20

대회	연도	소속	출전	교체	득점	도움	파울	경고	퇴장
BC	2001	대전	18	5	0	0	35	6	1
	2002	대전	29	3	1	0	53	7	0
	2003	대전	20	16	0	0	17	3	0
	합계		67	24	1	0	105	16	1
프로통산			67	24	1	0	105	16	1

콩푸엉(Nguyen Cong Phuong) 베트남 1995.01.21

대회	연도	소속	출전	교체	득점	도움	파울	경고	퇴장
K1	2019	인천	8	6	0	0	7	1	0
	합계		8	6	0	0	7	1	0
프로통산			8	6	0	0	7	1	0

쿠니모토(Kunimoto Takahiro, 邦本宜裕) 일본 1997.10.08

대회	연도	소속	출전	교체	득점	도움	파울	경고	퇴장
K1	2018	경남	35	16	5	2	41	7	0
	2019	경남	26	8	2	2	28	2	0
	합계		61	24	7	4	69	9	0
승	2019	경남	2	0	0	0	4	1	0
	합계		2	0	0	0	4	1	0
프로통산			63	24	7	4	73	10	0

쿠벡(Frantisek Koubek) 체코 1969.11.06

대회	연도	소속	출전	교체	득점	도움	파울	경고	퇴장
BC	2000	안양LG	13	9	6	0	9	0	0
	2001	안양LG	20	19	3	0	11	0	0
	합계		33	28	9	0	20	0	0
프로통산			33	28	9	0	20	0	0

쿠비(Kwabena Appiah-Cubi) 오스트레일리아 1992.05.19

대회	연도	소속	출전	교체	득점	도움	파울	경고	퇴장
K1	2018	인천	25	23	1	2	35	3	0
	합계		25	23	1	2	35	3	0
프로통산			25	23	1	2	35	3	0

쿠아쿠(Aubin Kouakou) 코트디부아르 1991.06.01

대회	연도	소속	출전	교체	득점	도움	파울	경고	퇴장
K2	2016	충주	17	3	2	0	36	6	0
	2017	안양	25	8	0	0	59	11	0
	합계		42	11	2	0	95	17	0
프로통산			42	11	2	0	95	17	0

쿠키(Silvio Luis Borba de Silva) 브라질 1971.04.30

대회	연도	소속	출전	교체	득점	도움	파울	경고	퇴장
BC	2002	전북	2	2	0	0	0	0	0
	합계		2	2	0	0	0	0	0
프로통산			2	2	0	0	0	0	0

쿠키(Andrew Roy Cook) 영국(잉글랜드) 1974.01.20

대회	연도	소속	출전	교체	득점	도움	파울	경고	퇴장
BC	2003	부산	22	2	13	0	88	6	0
	2004	부산	27	3	8	0	68	10	2
	합계		49	5	21	0	156	16	2
프로통산			49	5	21	0	156	16	2

쿠티뉴(Douglas Coutinho Gomes de Souza) 브라질 1994.02.08

대회	연도	소속	출전	교체	득점	도움	파울	경고	퇴장
K2	2019	서울E	18	6	8	1	7	2	0
	합계		18	6	8	1	7	2	0
프로통산			18	6	8	1	7	2	0

쿤티치(Zoran Kuntić) 유고슬라비아 1967.03.23

대회	연도	소속	출전	교체	득점	도움	파울	경고	퇴장
BC	1993	포철	7	5	1	1	11	0	0
	합계		7	5	1	1	11	0	0
프로통산			7	5	1	1	11	0	0

크리스(Cristiano Espindola Avalos Passos) 브라질 1977.12.27

대회	연도	소속	출전	교체	득점	도움	파울	경고	퇴장
BC	2004	수원	1	1	0	0	2	1	0
	합계		1	1	0	0	2	1	0
프로통산			1	1	0	0	2	1	0

크리스찬(Cristian Costin Danalache) 루마니아 1982.07.15

대회	연도	소속	출전	교체	득점	도움	파울	경고	퇴장
K2	2016	경남	38	4	19	6	52	4	0
	2017	대전	25	7	9	3	41	3	1
	합계		63	11	28	9	93	7	1
프로통산			63	11	28	9	93	7	1

크리스토밤(Cristovam Roberto Ribeiro da Silva) 브라질 1990.07.25

대회	연도	소속	출전	교체	득점	도움	파울	경고	퇴장
K1	2018	수원	4	1	0	1	7	1	0
	합계		4	1	0	1	7	1	0
K2	2018	부천	9	4	2	0	17	1	0
	합계		9	4	2	0	17	1	0
프로통산			13	5	2	1	24	2	0

크리즈만(Sandi Krizman) 크로아티아 1989.08.17

대회	연도	소속	출전	교체	득점	도움	파울	경고	퇴장
K1	2014	전남	8	7	0	0	8	1	0
	합계		8	7	0	0	8	1	0
프로통산			8	7	0	0	8	1	0

클라우디(Ngon A Djam Claude Parfait) 카메룬 1980.01.24

대회	연도	소속	출전	교체	득점	도움	파울	경고	퇴장
BC	1999	천안일	4	4	0	0	7	0	0
	합계		4	4	0	0	7	0	0
프로통산			4	4	0	0	7	0	0

키요모토(Kiyomoto Takumi, 清本拓己) 일본 1993.06.07

대회	연도	소속	출전	교체	득점	도움	파울	경고	퇴장
K1	2019	강원	0	0	0	0	0	0	0
	합계		0	0	0	0	0	0	0
프로통산			0	0	0	0	0	0	0

키쭈(Aurelian Ionut Chitu) 루마니아 1991.03.25

대회	연도	소속	출전	교체	득점	도움	파울	경고	퇴장
K2	2018	대전	32	4	12	4	67	3	0
	2019	대전	25	7	6	0	41	4	0
	합계		57	11	18	4	108	7	0
프로통산			57	11	18	4	108	7	0

타가트(Taggart Adam) 오스트레일리아 1993.06.02

대회	연도	소속	출전	교체	득점	도움	파울	경고	퇴장
K1	2019	수원	33	16	20	1	62	2	0
	합계		33	16	20	1	62	2	0
프로통산			33	16	20	1	62	2	0

타라바이(Edison Luis dos Santos) 브라질 1985.12.09

대회	연도	소속	출전	교체	득점	도움	파울	경고	퇴장
K2	2015	서울E	35	18	18	3	75	7	0
	2016	서울E	38	17	12	3	51	6	0
	합계		73	35	30	6	126	13	0
프로통산			73	35	30	6	126	13	0

타이슨(Fabian Caballero) 스페인 1978.01.31

대회	연도	소속	출전	교체	득점	도움	파울	경고	퇴장
BC	2007	대전	6	6	0	0	9	0	0
	합계		6	6	0	0	9	0	0
프로통산			6	6	0	0	9	0	0

타쿠마(Abe Takuma, 阿部拓馬) 일본 1987.12.05

대회	연도	소속	출전	교체	득점	도움	파울	경고	퇴장
K1	2017	울산	12	10	1	1	14	2	0
	합계		12	10	1	1	14	2	0
프로통산			12	10	1	1	14	2	0

탁우선(卓佑宣) 선문대 1995.09.28

대회	연도	소속	출전	교체	득점	도움	파울	경고	퇴장
K2	2018	서울E	6	6	0	0	8	0	0
	합계		6	6	0	0	8	0	0
프로통산			6	6	0	0	8	0	0

탁준석(卓俊錫) 고려대 1978.03.24

대회	연도	소속	출전	교체	득점	도움	파울	경고	퇴장
BC	2001	대전	27	26	3	4	25	3	0
	2002	대전	14	14	1	0	13	0	0
	2003	대전	2	2	0	0	0	0	0
	합계		43	42	4	4	38	3	0
프로통산			43	42	4	4	38	3	0

태현찬(太現贊) 중앙대 1990.09.14

대회	연도	소속	출전	교체	득점	도움	파울	경고	퇴장
BC	2012	경남	2	2	0	0	0	0	0
	합계		2	2	0	0	0	0	0
프로통산			2	2	0	0	0	0	0

테드(Tadeusz Swiatek) 폴란드 1961.11.08

대회	연도	소속	출전	교체	득점	도움	파울	경고	퇴장
BC	1989	유공	18	7	1	0	16	2	0
	1990	유공	20	3	1	3	19	0	0
	1991	유공	34	5	5	3	34	3	0
	합계		72	15	7	6	69	5	0
프로통산			72	15	7	6	69	5	0

테하(Alex Barboza de Azevedo Terra) 브라질 1982.09.02

대회	연도	소속	출전	교체	득점	도움	파울	경고	퇴장
BC	2012	대전	21	14	4	1	21	1	0
	합계		21	14	4	1	21	1	0
프로통산			21	14	4	1	21	1	0

토니(Antonio Franja) 크로아티아 1978.06.08

대회	연도	소속	출전	교체	득점	도움	파울	경고	퇴장
BC	2007	전북	11	11	3	1	15	3	0
	2008	전북	3	2	0	1	1	0	0
	합계		14	13	3	2	16	3	0
프로통산			14	13	3	2	16	3	0

토다(Toda Kazuyuki, 戸田和幸) 일본 1977.12.30

대회	연도	소속	출전	교체	득점	도움	파울	경고	퇴장
BC	2009	경남	7	5	0	0	4	2	0
	합계		7	5	0	0	4	2	0
프로통산			7	5	0	0	4	2	0

토마스(Tomas Janda) 체코 1973.06.27

대회	연도	소속	출전	교체	득점	도움	파울	경고	퇴장
BC	2001	안양LG	1	1	0	0	0	0	0
	합계		1	1	0	0	0	0	0
프로통산			1	1	0	0	0	0	0

토모키(Wada Tomoki, 和田倫季 / ← 와다) 일본 1994.10.30

대회	연도	소속	출전	교체	득점	도움	파울	경고	퇴장
K1	2015	인천	3	3	1	0	0	0	0
	2016	광주	5	4	0	0	1	0	0
	2017	광주	2	1	0	0	2	0	0
	합계		10	8	1	0	3	0	0
K2	2017	서울E	2	2	0	0	1	0	0
	합계		2	2	0	0	1	0	0
프로통산			12	10	1	0	4	0	0

토미(Tomislav Mrcela) 오스트레일리아 1990.10.01

대회	연도	소속	출전	교체	득점	도움	파울	경고	퇴장
K1	2016	전남	21	1	0	2	13	1	0
	2017	전남	28	7	3	1	16	6	2
	2018	전남	2	1	0	1	0	0	0
	합계		51	9	3	4	29	7	2
프로통산			51	9	3	4	29	7	2

토미(Tommy Mosquera Lozono) 콜롬비아 1976.09.27

대회	연도	소속	출전	교체	득점	도움	파울	경고	퇴장
BC	2003	부산	11	6	4	1	41	1	0
	합계		11	6	4	1	41	1	0
프로통산			11	6	4	1	41	1	0

토미치(Djordje Tomić) 세르비아 몬테네그로 1972.11.11

대회	연도	소속	출전	교체	득점	도움	파울	경고	퇴장
BC	2004	인천	9	9	0	1	11	1	0
	합계		9	9	0	1	11	1	0
프로통산			9	9	0	1	11	1	0

토요다(Toyoda Yohei, 豊田陽平) 일본 1985.04.11

대회	연도	소속	출전	교체	득점	도움	파울	경고	퇴장
K1	2018	울산	9	8	2	1	10	2	0
	합계		9	8	2	1	10	2	0
프로통산			9	8	2	1	10	2	0

토체프(Slavchev Toshev) 불가리아 1960.06.13

대회	연도	소속	출전	교체	실점	도움	파울	경고	퇴장
BC	1993	유공	9	1	5	0	1	0	0
	합계		9	1	5	0	1	0	0
프로통산			9	1	5	0	1	0	0

투무(Tomou Bertin Bayard) 카메룬 1978.08.08

대회	연도	소속	출전	교체	득점	도움	파울	경고	퇴장
BC	1997	포항	4	1	4	0	11	1	0
	합계		4	1	4	0	11	1	0
프로통산			4	1	4	0	11	1	0

티아고(Tiago Alves Sales de Lima) 브라질 1993.01.12

대회	연도	소속	출전	교체	득점	도움	파울	경고	퇴장
K1	2015	포항	25	24	4	3	12	6	0
	2016	성남	19	8	13	5	16	0	0
	2018	전북	18	13	2	3	13	2	0
	2019	전북	2	2	0	0	0	1	0
	합계		64	47	19	11	41	9	0
프로통산			64	47	19	11	41	9	0

티아고(Tiago Jorge Honorio) 브라질 1977.12.04

대회	연도	소속	출전	교체	득점	도움	파울	경고	퇴장
BC	2009	수원	15	9	4	0	47	3	0
	합계		15	9	4	0	47	3	0
프로통산			15	9	4	0	47	3	0

티아고(Thiago Jefferson da Silva) 브라질 1985.05.27

대회	연도	소속	출전	교체	득점	도움	파울	경고	퇴장
K1	2013	전북	14	13	1	2	4	0	0
	합계		14	13	1	2	4	0	0
프로통산			14	13	1	2	4	0	0

파그너(Jose Fagner Silva da Luz) 브라질 1988.05.25

대회	연도	소속	출전	교체	득점	도움	파울	경고	퇴장
BC	2011	부산	11	2	6	0	28	6	0
	2012	부산	25	23	2	1	35	7	0
	합계		36	25	8	1	63	13	0
K1	2013	부산	31	26	8	1	23	5	1
	2014	부산	34	19	10	3	23	3	1
	합계		65	45	18	4	46	8	2
프로통산			101	70	26	5	109	21	2

파다예프(Bakhodir Pardaev) 우즈베키스탄 1987.04.26

대회	연도	소속	출전	교체	득점	도움	파울	경고	퇴장
K2	2017	부천	5	5	1	0	1	0	0
	합계		5	5	1	0	1	0	0
프로통산			5	5	1	0	1	0	0

파브리시오(Fabricio da Silva Cabral) 브라질 1981.09.16

대회	연도	소속	출전	교체	득점	도움	파울	경고	퇴장
BC	2005	성남일	3	3	1	0	4	0	0
	합계		3	3	1	0	4	0	0
프로통산			3	3	1	0	4	0	0

파브리시오(Fabricio Eduardo Souza) 브라질 1980.01.04

대회	연도	소속	출전	교체	득점	도움	파울	경고	퇴장
BC	2009	성남일	15	14	0	1	20	1	0
	2010	성남일	11	8	5	2	18	6	0
	합계		26	22	5	3	38	7	0
프로통산			26	22	5	3	38	7	0

파비아노(Fabiano Ferreira Gadelha) 브라질 1979.01.09

대회	연도	소속	출전	교체	득점	도움	파울	경고	퇴장
BC	2008	포항	0	0	0	0	0	0	0
	합계		0	0	0	0	0	0	0
프로통산			0	0	0	0	0	0	0

파비안(Fabijan Komljenović) 크로아티아 1968.01.16

대회	연도	소속	출전	교체	득점	도움	파울	경고	퇴장
BC	2000	포항	7	7	0	0	9	0	0
	합계		7	7	0	0	9	0	0
프로통산			7	7	0	0	9	0	0

파비오(Jose Fabio Santos de Oliveira) 브라질 1987.06.13

대회	연도	소속	출전	교체	득점	도움	파울	경고	퇴장
K1	2013	대구	2	2	0	0	6	1	0
	합계		2	2	0	0	6	1	0
프로통산			2	2	0	0	6	1	0

파비오(Neves Florentino Fabio) 브라질 1986.10.04

대회	연도	소속	출전	교체	득점	도움	파울	경고	퇴장
K1	2015	광주	37	30	2	1	31	2	0
	2016	광주	14	12	1	1	17	1	0
	합계		51	42	3	2	48	3	0
K2	2014	광주	26	20	10	2	30	1	0
	합계		26	20	10	2	30	1	0
승	2014	광주	2	2	0	0	1	0	0
	합계		2	2	0	0	1	0	0
프로통산			79	64	13	4	79	4	0

파비오(Fabio Rogerio Correa Lopes) 브라질 1985.05.24

대회	연도	소속	출전	교체	득점	도움	파울	경고	퇴장
BC	2010	대전	13	10	5	1	33	1	0
	합계		13	10	5	1	33	1	0
프로통산			13	10	5	1	33	1	0

파비오(Fabio Junior dos Santos) 브라질 1982.10.06

대회	연도	소속	출전	교체	득점	도움	파울	경고	퇴장
BC	2005	전남	9	9	0	1	8	0	0
	합계		9	9	0	1	8	0	0
프로통산			9	9	0	1	8	0	0

파비오(Fabio Pereira da Silva) 브라질 1982.03.21

대회	연도	소속	출전	교체	득점	도움	파울	경고	퇴장
BC	2005	전남	7	3	0	0	16	3	0
	합계		7	3	0	0	16	3	0
프로통산			7	3	0	0	16	3	0

파비오(Joao Paulo di Fabio) 브라질 1979.02.10

대회	연도	소속	출전	교체	득점	도움	파울	경고	퇴장
BC	2008	부산	15	0	0	1	25	3	0
	2009	부산	10	2	0	1	14	1	0
	합계		25	2	0	2	39	4	0
프로통산			25	2	0	2	39	4	0

파비오(Fabio Luis Santos de Almeida) 브라질 1983.08.02

대회	연도	소속	출전	교체	득점	도움	파울	경고	퇴장
BC	2009	울산	5	5	1	1	6	0	0
	합계		5	5	1	1	6	0	0
프로통산			5	5	1	1	6	0	0

파우벨(Fauver Frank Mendes Braga) 브라질 1994.09.14

대회	연도	소속	출전	교체	득점	도움	파울	경고	퇴장
K2	2015	경남	6	6	0	0	3	0	0
	2019	안산	21	20	1	0	14	0	0
	합계		27	26	1	0	17	0	0
프로통산			27	26	1	0	17	0	0

파울로(Paulo Sergio Luiz de Souza) 브라질 1989.06.11

대회	연도	소속	출전	교체	득점	도움	파울	경고	퇴장
K2	2016	대구	33	18	17	4	46	7	0
	2017	성남	7	5	0	0	8	1	0
	합계		40	23	17	4	54	8	0
프로통산			40	23	17	4	54	8	0

파울로(Paulo Cesar da Silva) 브라질 1976.01.02

대회	연도	소속	출전	교체	득점	도움	파울	경고	퇴장
BC	2002	성남일	4	3	0	1	16	2	0
	합계		4	3	0	1	16	2	0
프로통산			4	3	0	1	16	2	0

파울링뇨(Marcos Paulo Paulini) 브라질 1977.03.04

대회	연도	소속	출전	교체	득점	도움	파울	경고	퇴장
BC	2001	울산	28	20	13	2	37	1	0
	2002	울산	35	28	8	5	43	2	0
	합계		63	48	21	7	80	3	0
프로통산			63	48	21	7	80	3	0

파울링요(Beraldo Santos Paulo Luiz) 브라질 1988.06.14

대회	연도	소속	출전	교체	득점	도움	파울	경고	퇴장
K1	2018	경남	23	16	2	1	13	2	0
	합계		23	16	2	1	13	2	0
프로통산			23	16	2	1	13	2	0

파체코(Edgar Ivan Pacheco Rodriguez) 멕시코 1990.01.22

대회	연도	소속	출전	교체	득점	도움	파울	경고	퇴장
K2	2016	강원	1	1	0	0	1	1	0
	합계		1	1	0	0	1	1	0
프로통산			1	1	0	0	1	1	0

파탈루(Erik Endel Paartalu) 오스트레일리아 1986.05.03

대회	연도	소속	출전	교체	득점	도움	파울	경고	퇴장
K1	2016	전북	2	2	0	0	2	1	0
	합계		2	2	0	0	2	1	0
프로통산			2	2	0	0	2	1	0

팔라시오스(Manuel Emilio Palacios Murillo) 콜롬비아 1993.02.13

대회	연도	소속	출전	교체	득점	도움	파울	경고	퇴장
K2	2019	안양	34	8	11	6	43	5	0
	합계		34	8	11	6	43	5	0
프로통산			34	8	11	6	43	5	0

팔로세비치(Aleksandar Palocević) 세르비아 1993.08.22

대회	연도	소속	출전	교체	득점	도움	파울	경고	퇴장
K1	2019	포항	16	14	5	4	9	0	0
	합계		16	14	5	4	9	0	0
프로통산			16	14	5	4	9	0	0

패트릭(Partrik Camilo Cornelio da Silva) 브라질 1990.07.19

대회	연도	소속	출전	교체	득점	도움	파울	경고	퇴장
K1	2013	강원	11	8	1	1	16	2	0
	합계		11	8	1	1	16	2	0
프로통산			11	8	1	1	16	2	0

패트릭(Patrick Villars) 가나 1984.05.21

대회	연도	소속	출전	교체	득점	도움	파울	경고	퇴장
BC	2003	부천SK	11	3	0	0	23	4	0
	합계		11	3	0	0	23	4	0
프로통산			11	3	0	0	23	4	0

펑샤오팅(Feng Xiaoting, 冯潇霆) 중국 1985.10.22

대회	연도	소속	출전	교체	득점	도움	파울	경고	퇴장
BC	2009	대구	20	2	0	0	12	3	0
	2010	전북	12	0	0	0	10	1	0
	합계		32	2	0	0	22	4	0
프로통산			32	2	0	0	22	4	0

페드로(Pedro Bispo Moreira Junior) 브라질 1987.01.29

대회	연도	소속	출전	교체	득점	도움	파울	경고	퇴장
K1	2013	제주	29	13	17	0	56	3	0
	합계		29	13	17	0	56	3	0
프로통산			29	13	17	0	56	3	0

페드로(Pedro Henrique Cortes Oliveira Gois) 동티모르 1992.0

대회	연도	소속	출전	교체	득점	도움	파울	경고	퇴장
K2	2017	대전	0	0	0	0	0	0	0
	합계		0	0	0	0	0	0	0
프로통산			0	0	0	0	0	0	0

페드로(Pedro Henrique de Santana Almeida) 브라질 1991.03.25

대회	연도	소속	출전	교체	득점	도움	파울	경고	퇴장
K2	2018	대전	4	3	1	0	9	1	0
	합계		4	3	1	0	9	1	0
프로통산			4	3	1	0	9	1	0

페라소(Walter Osvaldo Perazzo Otero) 아르헨티나 1962.08.02

대회	연도	소속	출전	교체	득점	도움	파울	경고	퇴장
BC	1994	대우	2	2	0	0	1	0	0
	합계		2	2	0	0	1	0	0
프로통산			2	2	0	0	1	0	0

페레이라(Josiesley Perreira Rosa) 브라질 1979.02.21

대회	연도	소속	출전	교체	득점	도움	파울	경고	퇴장
BC	2008	울산	10	12	0	2	21	3	0
	합계		10	12	0	2	21	3	0
프로통산			10	12	0	2	21	3	0

페르난데스(Rodrigo Fernandes) 브라질 1978.03.03

대회	연도	소속	출전	교체	득점	도움	파울	경고	퇴장
BC	2003	전북	29	25	3	4	15	0	0
	합계		29	25	3	4	15	0	0
프로통산			29	25	3	4	15	0	0

페르난도(Luis Fernando Acuna Egidio) 브라질 1977.11.25

대회	연도	소속	출전	교체	득점	도움	파울	경고	퇴장
BC	2007	부산	9	8	0	1	18	1	0
	합계		9	8	0	1	18	1	0
프로통산			9	8	0	1	18	1	0

페르난도(Luiz Fernando Pereira da Silva) 브라질 1985.11.25

대회	연도	소속	출전	교체	득점	도움	파울	경고	퇴장
BC	2007	대전	15	15	1	1	42	2	0
	합계		15	15	1	1	42	2	0
프로통산			15	15	1	1	42	2	0

페블레스(Febles Arguelles Daniel Ricardo) 베네수엘라 1991.02.08

대회	연도	소속	출전	교체	득점	도움	파울	경고	퇴장
K2	2018	서울E	5	2	0	1	8	0	0
	합계		5	2	0	1	8	0	0
프로통산			5	2	0	1	8	0	0

페시치(Aleksandar Pešić) 세르비아 1992.05.21

대회	연도	소속	출전	교체	득점	도움	파울	경고	퇴장
K1	2019	서울	25	13	10	1	27	1	0
	합계		25	13	10	1	27	1	0
프로통산			25	13	10	1	27	1	0

페체신(Feczesin Robert) 헝가리 1986.02.22

대회	연도	소속	출전	교체	득점	도움	파울	경고	퇴장
K1	2017	전남	32	19	10	4	56	3	0
	합계		32	19	10	4	56	3	0
프로통산			32	19	10	4	56	3	0

페트라토스(Petratos Dimitrios) 오스트레일리아 1992.11.10

대회	연도	소속	출전	교체	득점	도움	파울	경고	퇴장
K1	2017	울산	4	4	0	1	5	0	0
	합계		4	4	0	1	5	0	0
프로통산			4	4	0	1	5	0	0

페트로(Sasa Petrović) 유고슬라비아 1966.12.31

대회	연도	소속	출전	교체	실점	도움	파울	경고	퇴장
BC	1996	전남	24	0	33	0	2	3	0
	1997	전남	8	0	9	0	0	0	0
	합계		32	0	42	0	2	3	0
프로통산			32	0	42	0	2	3	0

펠리베(Martins Dorta Felipe) 오스트리아 1996.06.17

대회	연도	소속	출전	교체	득점	도움	파울	경고	퇴장
K2	2019	안산	5	5	0	0	2	0	0
	합계		5	5	0	0	2	0	0
프로통산			5	5	0	0	2	0	0

펠리페(Felipe de Sousa Silva) 브라질 1992.04.03

대회	연도	소속	출전	교체	득점	도움	파울	경고	퇴장
K2	2018	광주	15	4	7	2	33	6	0
	2019	광주	27	7	19	3	77	4	2
	합계		42	11	26	5	110	10	2
프로통산			42	11	26	5	110	10	2

펠리피(Felipe Barreto Adao) 브라질 1985.11.26

대회	연도	소속	출전	교체	득점	도움	파울	경고	퇴장
K2	2014	안양	23	20	3	0	34	3	0
	합계		23	20	3	0	34	3	0
프로통산			23	20	3	0	34	3	0

펠리피(Felipe Azevedo dos Santos) 브라질 1987.01.10

대회	연도	소속	출전	교체	득점	도움	파울	경고	퇴장
BC	2010	부산	9	8	3	0	15	1	0
	2011	부산	5	5	0	1	6	0	0
	합계		14	13	3	1	21	1	0
프로통산			14	13	3	1	21	1	0

펠릭스(Felix Nzeina) 카메룬 1980.12.11

대회	연도	소속	출전	교체	득점	도움	파울	경고	퇴장
BC	2005	부산	24	22	2	1	50	4	0
	합계		24	22	2	1	50	4	0
프로통산			24	22	2	1	50	4	0

포섹(Peter Fousek) 체코 1972.08.11

대회	연도	소속	출전	교체	득점	도움	파울	경고	퇴장
BC	2001	전남	2	2	0	0	3	0	0
	합계		2	2	0	0	3	0	0
프로통산			2	2	0	0	3	0	0

포포비치(Lazar Popović) 세르비아 1983.01.10

대회	연도	소속	출전	교체	득점	도움	파울	경고	퇴장
BC	2009	대구	13	9	2	0	21	3	0
	합계		13	9	2	0	21	3	0
프로통산			13	9	2	0	21	3	0

포프(Willan Popp) 브라질 1994.04.13

대회	연도	소속	출전	교체	득점	도움	파울	경고	퇴장
K2	2016	부산	38	22	18	4	63	6	0
	2018	부천	30	10	10	2	48	3	0
	합계		68	32	28	6	111	9	0
프로통산			68	32	28	6	111	9	0

푸마갈리(Jose Fernando Fumagalli) 브라질 1977.10.05

대회	연도	소속	출전	교체	득점	도움	파울	경고	퇴장
BC	2004	서울	17	13	2	0	22	2	0
	합계		17	13	2	0	22	2	0
프로통산			17	13	2	0	22	2	0

프라니치(Ivan Frankie Franjić) 오스트레일리아 1987.09.10

대회	연도	소속	출전	교체	득점	도움	파울	경고	퇴장

K1	2017	대구	2	2	0	0	1	1	0
	합계		2	2	0	0	1	1	0
프로통산			2	2	0	0	1	1	0

프랑코(Pedro Filipe Antunes Matias Silva Franco) 포르투갈 1974.04.18

대회	연도	소속	출전	교체	득점	도움	파울	경고	퇴장
BC	2005	서울	19	2	2	0	29	4	0
	합계		19	2	2	0	29	4	0
프로통산			19	2	2	0	29	4	0

프랑크(Frank Lieberam) 독일 1962.12.17

대회	연도	소속	출전	교체	득점	도움	파울	경고	퇴장
BC	1992	현대	19	2	1	1	12	4	1
	합계		19	2	1	1	12	4	1
프로통산			19	2	1	1	12	4	1

프론티니(Carbs Esteban Frontini) 브라질 1981.08.19

대회	연도	소속	출전	교체	득점	도움	파울	경고	퇴장
BC	2006	포항	29	26	8	4	65	7	0
	2007	포항	9	7	0	0	12	1	0
	합계		38	33	8	4	77	8	0
프로통산			38	33	8	4	77	8	0

플라마(Flamarion Petriv de Abreu) 브라질 1976.10.16

대회	연도	소속	출전	교체	득점	도움	파울	경고	퇴장
BC	2004	대전	17	2	0	0	37	3	0
	합계		17	2	0	0	37	3	0
프로통산			17	2	0	0	37	3	0

플라비오(Flavio) 브라질 1959.01.01

대회	연도	소속	출전	교체	득점	도움	파울	경고	퇴장
BC	1985	포철	1	1	0	0	1	0	0
	합계		1	1	0	0	1	0	0
프로통산			1	1	0	0	1	0	0

플라타(Anderson Daniel Plata Guillen) 콜롬비아 1990.11.08

대회	연도	소속	출전	교체	득점	도움	파울	경고	퇴장
K1	2013	대전	21	7	1	1	56	4	0
	합계		21	7	1	1	56	4	0
프로통산			21	7	1	1	56	4	0

피델(Fidel Rocha dos Santos) 브라질 1993.07.06

대회	연도	소속	출전	교체	득점	도움	파울	경고	퇴장
K2	2018	안산	7	6	0	1	4	0	0
	합계		7	6	0	1	4	0	0
프로통산			7	6	0	1	4	0	0

피아퐁(Piyapong Pue-On) 태국 1959.11.14

대회	연도	소속	출전	교체	득점	도움	파울	경고	퇴장
BC	1984	럭금	5	1	4	0	0	0	0
	1985	럭금	21	4	12	6	10	1	0
	1986	럭금	17	4	2	0	7	0	1
	합계		43	9	18	6	17	1	1
프로통산			43	9	18	6	17	1	1

피투(Miguel Sebastian Garcia) 아르헨티나 1984.01.27

대회	연도	소속	출전	교체	득점	도움	파울	경고	퇴장
K1	2016	성남	33	20	3	7	18	3	0
	합계		33	20	3	7	18	3	0
승	2016	성남	1	1	0	0	0	0	0
	합계		1	1	0	0	0	0	0
프로통산			34	21	3	7	18	3	0

필립(Hlohovsky Fililp) 슬로바키아 1988.06.13

대회	연도	소속	출전	교체	득점	도움	파울	경고	퇴장
K2	2017	성남	16	10	4	0	25	3	0
	2018	대전	3	3	0	0	4	0	0
	합계		19	13	4	0	29	3	0
프로통산			19	13	4	0	29	3	0

필립(Filip Filipov) 불가리아 1971.01.31

대회	연도	소속	출전	교체	득점	도움	파울	경고	퇴장
BC	1992	유공	6	0	0	0	13	1	0
	1993	유공	7	3	0	0	7	0	0
	1998	부천SK	26	12	0	0	52	7	0
	1999	부천SK	11	5	0	0	7	4	0
	합계		50	20	0	0	79	12	0
프로통산			50	20	0	0	79	12	0

핑구(Erison Carlos dos Santos Silva) 브라질 1980.05.22

대회	연도	소속	출전	교체	득점	도움	파울	경고	퇴장
BC	2008	부산	24	13	0	0	19	1	0
	합계		24	13	0	0	19	1	0
프로통산			24	13	0	0	19	1	0

핑팡(Rodrigo Pimpao Vianna) 브라질 1987.10.23

대회	연도	소속	출전	교체	득점	도움	파울	경고	퇴장
K1	2013	수원	1	1	0	0	1	0	0
	합계		1	1	0	0	1	0	0
프로통산			1	1	0	0	1	0	0

하강진(河康鎭) 숭실대 1989.01.30

대회	연도	소속	출전	교체	실점	도움	파울	경고	퇴장
BC	2010	수원	14	0	18	0	1	1	0
	2011	성남일	30	0	43	0	0	2	0
	2012	성남일	23	0	35	0	0	0	0
	합계		67	0	96	0	1	3	0
K1	2013	경남	7	0	14	0	0	0	0
	합계		7	0	14	0	0	0	0
K2	2014	부천	13	0	18	0	0	1	0
	2016	경남	8	0	15	0	1	1	0
	합계		21	0	33	0	1	2	0
프로통산			95	0	143	0	2	5	0

하광운(河光云) 단국대 1972.03.21

대회	연도	소속	출전	교체	득점	도움	파울	경고	퇴장
BC	1995	전남	0	0	0	0	0	0	0
	합계		0	0	0	0	0	0	0
프로통산			0	0	0	0	0	0	0

하금진(河今鎭) 홍익대 1974.08.16

대회	연도	소속	출전	교체	득점	도움	파울	경고	퇴장
BC	1997	대전	26	3	1	0	52	5	0
	1998	대전	13	5	0	0	23	1	0
	합계		39	8	1	0	75	6	0
프로통산			39	8	1	0	75	6	0

하기윤(河基允) 금호고 1982.03.10

대회	연도	소속	출전	교체	득점	도움	파울	경고	퇴장
BC	2002	전남	0	0	0	0	0	0	0
	2003	광주상	0	0	0	0	0	0	0
	합계		0	0	0	0	0	0	0
프로통산			0	0	0	0	0	0	0

하대성(河大成) 부평고 1985.03.02

대회	연도	소속	출전	교체	득점	도움	파울	경고	퇴장
BC	2004	울산	2	2	0	0	1	0	0
	2005	울산	0	0	0	0	0	0	0
	2006	대구	18	15	0	0	33	5	0
	2007	대구	25	10	2	2	52	3	0
	2008	대구	31	12	5	2	44	3	0
	2009	전북	30	22	2	2	45	7	1
	2010	서울	33	8	8	3	58	10	0
	2011	서울	18	9	6	2	29	2	0
	2012	서울	39	8	5	7	51	8	0
	합계		196	86	28	18	313	38	1
K1	2013	서울	29	4	3	2	50	6	0
	2017	서울	7	5	1	0	8	1	0
	2018	서울	8	5	0	0	16	2	0
	2019	서울	2	3	0	0	1	0	0
	합계		46	17	4	2	75	9	0
승	2018	서울	2	1	0	1	4	0	0
	합계		2	1	0	1	4	0	0
프로통산			244	104	32	21	392	47	1

하리(Castilo Vallejo Harry German) 콜롬비아 1974.05.14

대회	연도	소속	출전	교체	득점	도움	파울	경고	퇴장
BC	2000	수원	5	4	1	0	7	0	1
	2000	부산	10	8	1	2	5	1	0
	2001	부산	34	3	5	5	52	6	1
	2002	부산	23	3	5	5	32	3	1
	2003	부산	27	11	4	2	51	5	0
	2004	성남일	8	6	0	0	10	0	0
	2006	경남	28	18	1	4	54	4	0
	합계		135	53	17	18	211	19	3
프로통산			135	53	17	18	211	19	3

하리스(Haris Harba) 보스니아 헤르체고비나 1988.07.14

대회	연도	소속	출전	교체	득점	도움	파울	경고	퇴장
K2	2017	부천	2	2	0	0	2	0	0
	합계		2	2	0	0	2	0	0
프로통산			2	2	0	0	2	0	0

하마드(Hamad Jiloan Mohamed) 스웨덴 1990.11.06

대회	연도	소속	출전	교체	득점	도움	파울	경고	퇴장
K1	2019	인천	11	7	1	2	8	1	0
	합계		11	7	1	2	8	1	0
프로통산			11	7	1	2	8	1	0

하마조치(Rafael Ramazotti de Quadros) 브라질 1988.08.09

대회	연도	소속	출전	교체	득점	도움	파울	경고	퇴장
K2	2019	대전	10	5	3	1	15	3	0
	합계		10	5	3	1	15	3	0
프로통산			10	5	3	1	15	3	0

하명훈(河明勳) 명지대 1971.05.18

대회	연도	소속	출전	교체	득점	도움	파울	경고	퇴장
BC	1994	LG	1	1	0	1	1	0	0
	1995	LG	5	5	0	0	1	0	0
	합계		6	6	0	1	2	0	0
프로통산			6	6	0	1	2	0	0

하밀(Brendan Hamill) 오스트레일리아 1992.09.18

대회	연도	소속	출전	교체	득점	도움	파울	경고	퇴장
BC	2012	성남일	8	8	1	0	9	2	0
	합계		8	8	1	0	9	2	0
프로통산			8	8	1	0	9	2	0

하상수(河相秀) 아주대 1973.07.25

대회	연도	소속	출전	교체	득점	도움	파울	경고	퇴장
BC	1996	부산	6	3	0	1	7	0	0
	합계		6	3	0	1	7	0	0
프로통산			6	3	0	1	7	0	0

하석주(河錫舟) 아주대 1968.02.20

대회	연도	소속	출전	교체	득점	도움	파울	경고	퇴장
BC	1990	대우	24	12	4	3	36	0	0
	1991	대우	34	10	7	5	36	1	0
	1992	대우	29	6	5	2	40	3	0
	1993	대우	11	3	0	0	14	3	0
	1994	대우	16	3	4	2	17	1	0
	1995	대우	34	2	7	3	40	4	0
	1996	부산	26	5	11	2	46	3	0
	1997	부산	13	6	4	3	7	0	0
	2001	포항	31	0	3	2	46	6	0
	2002	포항	34	3	0	3	60	4	0
	2003	포항	6	6	0	0	5	0	0
	합계		258	56	45	25	347	25	0
프로통산			258	56	45	25	347	25	0

하성룡(河成龍) 금호고 1982.02.03

대회	연도	소속	출전	교체	득점	도움	파울	경고	퇴장
BC	2002	전남	3	3	0	0	2	0	0
	2003	전남	2	2	0	0	2	0	0
	합계		5	5	0	0	4	0	0
프로통산			5	5	0	0	4	0	0

하성민(河成敏) 부평고 1987.06.13

대회	연도	소속	출전	교체	득점	도움	파울	경고	퇴장

대회	연도	소속	출전	교체	득점	도움	파울	경고	퇴장
BC	2008	전북	10	6	0	1	19	1	0
	2009	전북	0	0	0	0	0	0	0
	2010	부산	1	1	0	0	1	0	0
	2011	전북	1	0	0	0	2	1	0
	2012	상주	26	7	0	2	47	9	0
	합계		38	14	0	3	69	11	0
K1	2013	전북	1	1	0	0	2	0	0
	2014	울산	17	5	0	1	35	5	0
	2015	울산	28	9	0	0	39	8	0
	2016	울산	24	15	2	0	34	5	1
	2018	경남	24	14	0	0	24	3	0
	2019	경남	21	12	0	0	36	4	0
	합계		115	56	2	1	170	25	1
K2	2013	상주	13	6	0	2	22	2	0
	합계		13	6	0	2	22	2	0
승	2019	경남	0	0	0	0	0	0	0
	합계		0	0	0	0	0	0	0
프로통산			166	76	2	6	261	38	1

하성용(河誠容) 광운대 1976.10.05

대회	연도	소속	출전	교체	득점	도움	파울	경고	퇴장
BC	2000	울산	20	2	1	0	37	2	0
	2001	울산	3	0	0	0	1	0	0
	2002	울산	9	4	0	0	14	0	0
	2003	울산	5	5	0	0	5	0	0
	합계		37	11	1	0	57	2	0
프로통산			37	11	1	0	57	2	0

하성준(河成俊) 중대부고 1963.08.15

대회	연도	소속	출전	교체	득점	도움	파울	경고	퇴장
BC	1989	일화	28	14	1	2	35	3	0
	1990	일화	17	6	1	0	19	0	0
	1991	일화	38	6	1	2	61	2	0
	1992	일화	38	3	1	2	63	3	0
	1993	일화	25	7	1	0	22	3	0
	1994	일화	31	2	1	1	31	2	0
	1995	일화	29	5	1	1	39	4	0
	1996	천안일	27	5	0	0	24	2	0
	합계		233	48	7	8	294	19	0
프로통산			233	48	7	8	294	19	0

하승운(河勝云) 연세대 1998.05.04

대회	연도	소속	출전	교체	득점	도움	파울	경고	퇴장
K1	2019	포항	15	15	0	1	12	1	0
	합계		15	15	0	1	12	1	0
프로통산			15	15	0	1	12	1	0

하용우(河龍雨) 경희대 1977.04.30

대회	연도	소속	출전	교체	득점	도움	파울	경고	퇴장
BC	2000	포항	10	7	0	0	10	2	0
	합계		10	7	0	0	10	2	0
프로통산			10	7	0	0	10	2	0

하은철(河恩哲) 성균관대 1975.06.23

대회	연도	소속	출전	교체	득점	도움	파울	경고	퇴장
BC	1998	전북	21	16	7	2	28	3	0
	1999	전북	32	31	10	0	23	0	0
	2000	울산	23	12	5	1	29	0	0
	2001	울산	3	3	0	0	1	0	0
	2001	전북	2	2	0	0	0	0	0
	2003	전북	0	0	0	0	0	0	0
	2003	대구	12	12	3	0	10	0	0
	2004	대구	7	6	1	0	8	0	0
	합계		100	82	26	3	99	3	0
프로통산			100	82	26	3	99	3	0

하인호(河仁鎬) 인천대 1989.10.10

대회	연도	소속	출전	교체	득점	도움	파울	경고	퇴장
K2	2015	고양	26	3	1	1	45	4	0
	2016	안산무	3	1	0	0	3	1	0
	2017	아산	1	1	0	0	1	0	0
	합계		30	5	1	1	49	5	0
	2012	경남	0	0	0	0	0	0	0
	합계		0	0	0	0	0	0	0
프로통산			30	5	1	1	49	5	0

하재훈(河在勳) 조선대 1965.08.15

대회	연도	소속	출전	교체	득점	도움	파울	경고	퇴장
BC	1987	유공	20	3	0	1	18	2	0
	1988	유공	15	1	0	3	27	1	0
	1989	유공	11	3	0	0	11	0	0
	1990	유공	18	10	3	4	22	2	0
	1991	유공	25	18	1	1	15	1	0
	1992	유공	21	13	0	1	37	3	0
	1993	유공	23	19	1	1	13	3	0
	1994	유공	6	4	0	0	3	0	0
	합계		139	71	5	11	146	12	0
프로통산			139	71	5	11	146	12	0

하재훈(河在勳) 동국대 1984.10.03

대회	연도	소속	출전	교체	득점	도움	파울	경고	퇴장
BC	2009	강원	18	1	0	1	8	2	0
	2010	강원	11	2	0	1	6	0	0
	합계		29	3	0	2	14	2	0
프로통산			29	3	0	2	14	2	0

하정헌(河廷憲) 우석대 1987.10.14

대회	연도	소속	출전	교체	득점	도움	파울	경고	퇴장
BC	2010	강원	17	12	2	1	27	2	0
	2011	강원	5	5	1	0	6	1	0
	합계		22	17	3	1	33	3	0
K2	2013	수원FC	16	16	4	0	32	7	0
	2014	수원FC	14	14	2	0	13	3	0
	2015	안산경	13	9	2	0	23	5	0
	2016	안산무	6	7	0	1	10	3	0
	합계		49	46	8	1	78	18	0
프로통산			71	63	11	2	111	21	0

하준호(河晙鎬) 충북대 1998.07.18

대회	연도	소속	출전	교체	득점	도움	파울	경고	퇴장
K2	2019	안산	0	0	0	0	0	0	0
	합계		0	0	0	0	0	0	0
프로통산			0	0	0	0	0	0	0

하찡요(Luciano Ferreira Gabriel) 브라질 1979.10.18

대회	연도	소속	출전	교체	득점	도움	파울	경고	퇴장
BC	2005	대전	22	22	2	4	41	1	1
	합계		22	22	2	4	41	1	1
프로통산			22	22	2	4	41	1	1

하창래(河昌來) 중앙대 1994.10.16

대회	연도	소속	출전	교체	득점	도움	파울	경고	퇴장
K1	2017	인천	20	0	1	0	28	8	0
	2018	포항	28	5	1	0	32	5	0
	2019	포항	31	0	1	0	40	11	0
	합계		79	5	3	0	100	24	0
프로통산			79	5	3	0	100	24	0

하칭요(Francisco Ferreira Jurani) 브라질 1996.10.01

대회	연도	소속	출전	교체	득점	도움	파울	경고	퇴장
K2	2019	광주	8	6	2	0	11	0	0
	합계		8	6	2	0	11	0	0
프로통산			8	6	2	0	11	0	0

하태균(河太均) 단국대 1987.11.02

대회	연도	소속	출전	교체	득점	도움	파울	경고	퇴장
BC	2007	수원	18	13	5	1	33	1	0
	2008	수원	6	6	0	0	9	4	0
	2009	수원	12	11	2	1	21	1	0
	2010	수원	15	13	2	0	23	1	0
	2011	수원	19	18	3	1	19	3	1
	2012	수원	31	29	6	0	25	0	0
	합계		101	90	18	3	130	10	1
K1	2014	상주	11	6	4	0	18	1	0
	2014	수원	3	3	0	0	3	1	0
	2018	전남	8	6	0	0	6	1	0
	합계		22	15	4	0	27	3	0
K2	2013	상주	19	14	8	4	33	2	0
	합계		19	14	8	4	33	2	0
승	2013	상주	1	1	0	0	0	0	0
	합계		1	0	0	0	0	0	0
프로통산			143	120	30	7	190	15	1

하파엘(Rafael Costa dos Santos) 브라질 1987.08.23

대회	연도	소속	출전	교체	득점	도움	파울	경고	퇴장
K1	2014	서울	9	9	0	0	9	3	0
	합계		9	9	0	0	9	3	0
프로통산			9	9	0	0	9	3	0

하파엘(Raphael Assis Martins Xavier) 브라질 1992.03.28

대회	연도	소속	출전	교체	득점	도움	파울	경고	퇴장
K2	2014	충주	2	1	0	0	0	0	0
	합계		2	1	0	0	0	0	0
프로통산			2	1	0	0	0	0	0

하파엘(Rogerio da Silva Rafael) 브라질 1995.11.30

대회	연도	소속	출전	교체	득점	도움	파울	경고	퇴장
K2	2016	충주	17	15	5	2	13	2	0
	합계		17	15	5	2	13	2	0
프로통산			17	15	5	2	13	2	0

하피냐(Rafael dos Santos de Oliveira) 브라질 1987.06.30

대회	연도	소속	출전	교체	득점	도움	파울	경고	퇴장
BC	2012	울산	17	13	6	2	23	2	0
	합계		17	13	6	2	23	2	0
K1	2013	울산	24	8	11	4	45	3	0
	2014	울산	12	8	1	1	20	0	0
	합계		36	16	12	5	65	3	0
프로통산			53	29	18	7	88	5	0

하피냐(Lima Pereira Rafael) 브라질 1993.04.01

대회	연도	소속	출전	교체	득점	도움	파울	경고	퇴장
K1	2015	대전	7	8	0	0	3	0	0
	합계		7	8	0	0	3	0	0
프로통산			7	8	0	0	3	0	0

한건용(韓健鏞) 동의대 1991.06.28

대회	연도	소속	출전	교체	득점	도움	파울	경고	퇴장
K2	2017	안산	24	13	3	2	23	3	0
	2018	안산	4	3	0	0	1	0	0
	합계		28	16	3	2	24	3	0
프로통산			28	16	3	2	24	3	0

한경인(韓京仁) 명지대 1987.05.28

대회	연도	소속	출전	교체	득점	도움	파울	경고	퇴장
BC	2011	경남	23	19	2	0	13	0	0
	2012	대전	12	11	1	0	5	1	0
	합계		35	30	3	0	18	1	0
K1	2013	대전	6	6	2	0	7	1	0
	2014	상주	9	8	0	0	4	2	0
	합계		15	14	2	0	11	3	0
K2	2015	상주	1	1	0	0	0	0	0
	합계		1	1	0	0	0	0	0
프로통산			51	45	5	0	29	4	0

한교원(韓敎元) 조선이공대 1990.06.15

대회	연도	소속	출전	교체	득점	도움	파울	경고	퇴장
BC	2011	인천	29	22	3	2	40	2	0
	2012	인천	28	10	6	2	52	4	0
	합계		57	32	9	4	92	6	0
K1	2013	인천	36	14	6	2	64	8	0
	2014	전북	32	20	11	3	44	1	0
	2015	전북	26	16	1	4	15	3	1
	2016	전북	19	8	4	0	24	5	0
	2017	전북	12	8	1	1	18	1	0
	2018	전북	23	13	7	6	19	3	0
	2019	전북	14	12	0	2	2	0	0
	합계		162	91	30	18	186	21	1

프로통산			219	123	39	22	278	27	1

한국영(韓國榮) 숭실대 1990.04.19

대회	연도	소속	출전	교체	득점	도움	파울	경고	퇴장
K1	2017	강원	18	4	2	0	23	6	0
	2019	강원	38	0	1	4	45	3	0
	합계		56	4	3	4	68	9	0
프로통산			56	4	3	4	68	9	0

한그루(韓 그루) 단국대 1988.04.29

대회	연도	소속	출전	교체	득점	도움	파울	경고	퇴장
BC	2011	성남일	4	4	0	0	1	1	0
	2012	대전	9	8	0	0	11	1	0
	합계		13	12	0	0	12	2	0
K1	2013	대전	5	5	0	0	4	0	0
	합계		5	5	0	0	4	0	0
프로통산			18	17	0	0	16	2	0

한길동(韓吉童) 서울대 1963.01.15

대회	연도	소속	출전	교체	득점	도움	파울	경고	퇴장
BC	1986	럭금	20	6	0	0	16	1	0
	1987	럭금	16	5	0	3	12	0	0
	합계		36	11	0	3	28	1	0
프로통산			36	11	0	3	28	1	0

한덕희(韓德熙) 아주대 1987.02.20

대회	연도	소속	출전	교체	득점	도움	파울	경고	퇴장
BC	2011	대전	16	6	1	2	26	3	0
	2012	대전	14	12	0	0	22	4	0
	합계		30	18	1	2	48	7	0
K1	2013	대전	20	14	0	1	31	2	0
	2015	대전	4	2	0	0	6	1	0
	합계		24	16	0	1	37	3	0
K2	2014	안산경	8	7	0	0	5	2	0
	2015	안산경	23	10	0	0	36	4	0
	합계		31	17	0	0	41	6	0
프로통산			85	51	1	3	126	16	0

한동원(韓東元) 남수원중 1986.04.06

대회	연도	소속	출전	교체	득점	도움	파울	경고	퇴장
BC	2002	안양LG	1	1	0	0	0	0	0
	2003	안양LG	4	4	0	0	3	1	0
	2004	서울	4	3	0	0	2	0	0
	2005	서울	3	3	0	0	0	0	0
	2006	서울	21	13	5	1	20	2	0
	2007	성남일	15	15	1	0	7	0	0
	2008	성남일	26	23	6	1	27	2	0
	2009	성남일	26	24	7	1	14	2	0
	2011	대구	14	13	0	0	8	1	0
	2012	강원	7	7	1	0	3	0	0
	합계		121	106	20	3	84	8	0
K1	2013	강원	8	8	0	0	4	0	0
	합계		8	8	0	0	4	0	0
K2	2013	안양	2	2	0	0	0	0	0
	합계		2	2	0	0	0	0	0
프로통산			131	116	20	3	88	8	0

한동진(韓動鎭) 상지대 1979.08.25

대회	연도	소속	출전	교체	실점	도움	파울	경고	퇴장
BC	2002	부천SK	9	0	0	0	0	2	0
	2003	부천SK	31	1	3	0	3	1	0
	2004	부천SK	0	0	18	0	0	0	0
	2005	광주상	3	0	8	0	0	0	0
	2006	광주상	15	1	13	0	0	0	0
	2007	제주	6	0	11	0	1	0	0
	2008	제주	12	3	5	0	0	0	0
	2009	제주	14	1	0	0	0	1	0
	2010	제주	1	0	37	0	0	0	0
	2011	제주	1	1	155	0	0	0	0
	2012	제주	30	0	0	0	2	1	1
	합계		122	7	0	0	6	5	1
K1	2013	제주	0	0	15	0	0	0	0
	합계		0	0	45	0	0	0	0
프로통산			122	7	155	0	6	5	1

한문배(韓文培) 한양대 1954.03.22

대회	연도	소속	출전	교체	득점	도움	파울	경고	퇴장
BC	1984	럭금	27	4	6	2	25	2	0
	1985	럭금	21	3	0	2	19	1	0
	1986	럭금	27	5	1	0	37	3	0
	합계		75	12	7	4	81	6	0
프로통산			75	12	7	4	81	6	0

한병용(韓炳容) 건국대 1983.11.27

대회	연도	소속	출전	교체	득점	도움	파울	경고	퇴장
BC	2006	수원	12	7	0	0	15	1	0
	2007	수원	2	2	0	0	1	0	0
	합계		14	9	0	0	16	1	0
프로통산			14	9	0	0	16	1	0

한봉현(韓鳳顯) 학성고 1981.12.04

대회	연도	소속	출전	교체	득점	도움	파울	경고	퇴장
BC	2000	울산	0	0	0	0	0	0	0
	2001	울산	2	2	0	0	0	0	0
	2003	광주상	1	1	0	0	2	0	0
	합계		3	3	0	0	2	0	0
프로통산			3	3	0	0	2	0	0

한빛(韓빛) 건국대 1992.03.17

대회	연도	소속	출전	교체	득점	도움	파울	경고	퇴장
K2	2014	고양	16	15	1	0	16	2	0
	합계		16	15	1	0	16	2	0
프로통산			16	15	1	0	16	2	0

한상건(韓相健) 영등포공고 1975.01.22

대회	연도	소속	출전	교체	득점	도움	파울	경고	퇴장
BC	1994	포철	1	1	0	0	0	0	0
	합계		1	1	0	0	0	0	0
프로통산			1	1	0	0	0	0	0

한상구(韓相九) 충남대 1976.08.15

대회	연도	소속	출전	교체	득점	도움	파울	경고	퇴장
BC	1999	안양LG	11	8	0	0	14	2	0
	2000	안양LG	29	4	0	0	30	2	0
	2001	안양LG	4	2	0	0	3	2	0
	2003	광주상	40	8	3	3	31	4	0
	2004	서울	13	8	0	1	17	2	0
	합계		97	30	3	4	95	12	0
프로통산			97	30	3	4	95	12	0

한상민(韓相旻) 천안농고 1985.03.10

대회	연도	소속	출전	교체	득점	도움	파울	경고	퇴장
BC	2009	울산	9	9	0	0	6	1	0
	합계		9	9	0	0	6	1	0
프로통산			9	9	0	0	6	1	0

한상수(韓尙樹) 충북대 1977.02.27

대회	연도	소속	출전	교체	실점	도움	파울	경고	퇴장
BC	1999	부산	6	4	4	0	0	0	0
	2000	부산	3	3	0	0	0	0	0
	합계		9	7	4	0	0	0	0
프로통산			9	7	4	0	0	0	0

한상열(韓相烈) 고려대 1972.09.24

대회	연도	소속	출전	교체	득점	도움	파울	경고	퇴장
BC	1997	수원	23	17	3	1	22	0	1
	1998	수원	6	6	0	0	7	2	0
	1999	수원	0	0	0	0	0	0	0
	합계		29	23	3	1	29	2	1
프로통산			29	23	3	1	29	2	1

한상운(韓相云) 단국대 1986.05.03

대회	연도	소속	출전	교체	득점	도움	파울	경고	퇴장
BC	2009	부산	31	23	3	5	32	4	0
	2010	부산	31	12	7	5	33	1	0
	2011	부산	32	14	9	8	34	2	0
	2012	성남일	16	11	1	1	12	1	0
	합계		110	60	20	19	111	8	0
K1	2013	울산	34	21	8	8	36	3	0
	2014	울산	12	5	2	2	7	0	0
	2014	상주	17	5	0	4	14	3	0
	2016	울산	22	14	1	4	20	3	0
	2017	울산	18	14	1	1	12	0	0
	합계		103	59	12	19	89	9	0
K2	2015	상주	29	19	7	6	21	3	0
	2018	수원FC	11	8	0	0	4	0	0
	2019	부산	5	4	0	0	5	0	0
	합계		45	31	7	6	30	3	0
프로통산			258	150	39	44	230	20	0

한상진(韓相振) 세종대 1995.08.01

대회	연도	소속	출전	교체	득점	도움	파울	경고	퇴장
K2	2016	부천	0	0	0	0	0	0	0
	2017	부천	0	0	0	0	0	0	0
	합계		0	0	0	0	0	0	0
프로통산			0	0	0	0	0	0	0

한상학(韓尙學) 숭실대 1990.07.16

대회	연도	소속	출전	교체	득점	도움	파울	경고	퇴장
K2	2014	충주	6	5	1	0	10	2	0
	합계		6	5	1	0	10	2	0
프로통산			6	5	1	0	10	2	0

한상혁(韓祥赫) 배재대 1991.11.19

대회	연도	소속	출전	교체	득점	도움	파울	경고	퇴장
K1	2015	대전	0	0	0	0	0	0	0
	합계		0	0	0	0	0	0	0
K2	2014	대전	0	0	0	0	0	0	0
	합계		0	0	0	0	0	0	0
프로통산			0	0	0	0	0	0	0

한상현(韓相晛) 성균관대 1991.08.25

대회	연도	소속	출전	교체	득점	도움	파울	경고	퇴장
K1	2015	성남	0	0	0	0	0	0	0
	합계		0	0	0	0	0	0	0
K2	2014	부천	1	1	0	0	0	0	0
	합계		1	1	0	0	0	0	0
프로통산			1	1	0	0	0	0	0

한석종(韓石種) 숭실대 1992.07.19

대회	연도	소속	출전	교체	득점	도움	파울	경고	퇴장
K1	2017	인천	32	1	3	1	46	5	1
	2018	인천	31	9	1	1	34	2	0
	2019	상주	14	5	0	0	19	1	0
	합계		77	15	4	2	99	8	1
K2	2014	강원	21	10	0	1	25	2	0
	2015	강원	25	12	4	1	34	7	0
	2016	강원	36	10	1	3	40	10	0
	합계		82	32	5	5	99	19	0
승	2016	강원	2	1	1	0	4	0	0
	합계		2	1	1	0	4	0	0
프로통산			161	48	10	7	202	27	1

한석희(韓碩熙) 호남대 1996.05.16

대회	연도	소속	출전	교체	득점	도움	파울	경고	퇴장
K1	2019	수원	11	11	4	0	9	1	0
	합계		11	11	4	0	9	1	0
프로통산			11	11	4	0	9	1	0

한설(韓雪) 동의대 1983.07.15

대회	연도	소속	출전	교체	득점	도움	파울	경고	퇴장
BC	2006	부산	7	7	0	0	6	1	0
	2008	광주상	1	1	0	0	0	0	0
	합계		8	8	0	0	6	1	0
프로통산			8	8	0	0	6	1	0

한성규(韓成圭) 광운대 1993.01.27

대회	연도	소속	출전	교체	득점	도움	파울	경고	퇴장
K1	2015	수원	0	0	0	0	0	0	0
	합계		0	0	0	0	0	0	0
K2	2016	부천	2	2	0	0	0	0	0
	합계		2	2	0	0	0	0	0
프로통산			2	2	0	0	0	0	0

한승규(韓承規) 연세대 1996.09.28

대회	연도	소속	출전	교체	득점	도움	파울	경고	퇴장

대회	연도	소속	출전	교체	득점	도움	파울	경고	퇴장
K1	2017	울산	9	8	1	1	9	0	0
	2018	울산	31	28	5	7	24	4	0
	2019	전북	19	16	2	0	13	3	0
	합계		59	52	8	8	46	7	0
프로통산			59	52	8	8	46	7	0

한승엽(韓承燁) 경기대 1990.11.04

대회	연도	소속	출전	교체	득점	도움	파울	경고	퇴장
K1	2013	대구	26	22	3	1	43	4	0
	합계		26	22	3	1	43	4	0
K2	2014	대구	8	8	0	0	13	0	0
	2017	대전	3	2	0	0	3	0	0
	합계		11	10	0	0	16	0	0
프로통산			37	32	3	1	59	4	0

한승욱(韓承旭) 아주대 1995.08.24

대회	연도	소속	출전	교체	득점	도움	파울	경고	퇴장
K1	2018	전남	3	1	0	0	4	0	0
	합계		3	1	0	0	4	0	0
K2	2019	전남	8	8	1	0	4	1	0
	합계		8	8	1	0	4	1	0
프로통산			11	9	1	0	8	1	0

한연수(韓練洙) 동국대 1966.11.17

대회	연도	소속	출전	교체	득점	도움	파울	경고	퇴장
BC	1989	일화	6	4	0	0	7	1	0
	합계		6	4	0	0	7	1	0
프로통산			6	4	0	0	7	1	0

한연철(韓煉哲) 고려대 1972.03.30

대회	연도	소속	출전	교체	득점	도움	파울	경고	퇴장
BC	1997	울산	2	2	0	0	3	0	0
	합계		2	2	0	0	3	0	0
프로통산			2	2	0	0	3	0	0

한영구(韓英九) 호남대 1987.11.16

대회	연도	소속	출전	교체	득점	도움	파울	경고	퇴장
K2	2013	고양	11	5	0	0	6	0	0
	합계		11	5	0	0	6	0	0
프로통산			11	5	0	0	6	0	0

한영국(韓榮國) 국민대 1964.11.26

대회	연도	소속	출전	교체	득점	도움	파울	경고	퇴장
BC	1993	현대	6	0	0	0	4	0	0
	1994	현대	8	1	0	0	6	2	0
	합계		14	1	0	0	10	2	0
프로통산			14	1	0	0	10	2	0

한영수(韓英洙) 전북대 1960.08.14

대회	연도	소속	출전	교체	득점	도움	파울	경고	퇴장
BC	1985	유공	19	3	4	1	19	0	0
	1986	유공	10	6	0	0	4	0	0
	1987	유공	3	3	1	0	1	0	0
	합계		32	12	5	1	24	0	0
프로통산			32	12	5	1	24	0	0

한용수(韓龍洙) 한양대 1990.05.05

대회	연도	소속	출전	교체	득점	도움	파울	경고	퇴장
BC	2012	제주	23	6	0	1	33	4	0
	합계		23	6	0	1	33	4	0
K1	2018	강원	12	0	0	0	10	1	0
	2019	강원	2	1	0	0	4	0	0
	합계		14	1	0	0	14	1	0
프로통산			37	7	0	1	47	5	0

한유성(韓侑成) 경희대 1991.06.09

대회	연도	소속	출전	교체	실점	도움	파울	경고	퇴장
K1	2014	전남	0	0	0	0	0	0	0
	2015	전남	1	0	0	0	0	1	0
	2016	전남	3	1	6	0	0	0	0
	합계		4	1	6	0	0	1	0
프로통산			4	1	6	0	0	1	0

한의권(韓義權) 관동대 1994.06.30

대회	연도	소속	출전	교체	득점	도움	파울	경고	퇴장
K1	2014	경남	11	11	0	1	11	0	0
	2015	대전	18	6	3	1	41	4	0
	2018	수원	22	17	1	1	23	2	0
	2019	수원	29	19	3	1	40	3	0
	합계		80	53	7	4	115	9	0
K2	2015	경남	10	6	0	1	13	3	0
	2016	대전	6	4	0	0	8	1	0
	2017	아산	19	13	7	0	35	4	0
	2018	아산	16	11	7	1	25	5	0
	합계		51	34	14	2	81	13	0
승	2014	경남	2	2	0	0	0	0	0
	합계		2	2	0	0	0	0	0
프로통산			133	89	21	6	196	22	0

한의혁(韓義赫) 열린사이버대 1995.01.23

대회	연도	소속	출전	교체	득점	도움	파울	경고	퇴장
K2	2017	안양	11	10	0	1	9	1	0
	합계		11	10	0	1	9	1	0
프로통산			11	10	0	1	9	1	0

한일구(韓壹九) 고려대 1987.02.18

대회	연도	소속	출전	교체	실점	도움	파울	경고	퇴장
BC	2010	서울	0	0	0	0	0	0	0
	2011	서울	2	0	4	0	1	0	0
	2012	서울	0	0	0	0	0	0	0
	합계		2	0	4	0	1	0	0
K1	2013	서울	0	0	0	0	0	0	0
	2014	서울	0	0	0	0	0	0	0
	합계		0	0	0	0	0	0	0
프로통산			2	0	4	0	1	0	0

한재만(韓載滿) 동국대 1989.03.20

대회	연도	소속	출전	교체	득점	도움	파울	경고	퇴장
BC	2010	제주	7	6	0	1	2	0	0
	2011	제주	1	1	0	0	0	0	0
	합계		8	7	0	1	2	0	0
프로통산			8	7	0	1	2	0	0

한재식(韓在植) 명지대 1968.03.17

대회	연도	소속	출전	교체	득점	도움	파울	경고	퇴장
BC	1990	포철	1	1	0	0	0	0	0
	합계		1	1	0	0	0	0	0
프로통산			1	1	0	0	0	0	0

한재웅(韓載雄) 부평고 1984.09.28

대회	연도	소속	출전	교체	득점	도움	파울	경고	퇴장
BC	2003	부산	1	1	0	0	0	0	0
	2004	부산	4	4	0	0	4	0	0
	2005	부산	13	11	2	0	8	1	0
	2007	부산	1	1	0	0	3	0	1
	2008	부산	2	2	0	0	1	0	0
	2008	대전	13	13	1	1	20	3	0
	2009	대전	19	15	3	1	22	2	0
	2010	대전	23	8	3	1	36	5	0
	2011	대전	24	12	3	1	33	6	0
	2012	전남	24	12	0	1	27	4	0
	합계		124	79	12	5	154	21	1
K1	2013	인천	3	3	0	0	0	0	0
	2014	울산	7	7	0	1	4	0	0
	2017	대구	0	0	0	0	0	0	0
	합계		10	10	0	1	4	0	0
K2	2016	대구	15	13	0	0	12	2	0
	합계		15	13	0	0	12	2	0
프로통산			149	102	12	6	170	23	1

한정국(韓鄭國) 한양대 1971.07.19

대회	연도	소속	출전	교체	득점	도움	파울	경고	퇴장
BC	1994	일화	25	15	1	1	34	4	0
	1995	일화	11	9	2	0	9	1	0
	1996	천안일	34	21	1	3	31	3	0
	1999	천안일	6	5	0	1	7	1	0
	1999	전남	14	13	2	1	15	1	0
	2000	전남	4	4	0	0	2	0	0
	2001	대전	15	13	1	3	24	2	0
	2002	대전	26	19	0	2	38	2	0
	2003	대전	28	17	3	1	55	2	1
	2004	대전	19	16	2	1	20	1	0
	합계		182	132	12	13	235	17	1
프로통산			182	132	12	13	235	17	1

한정화(韓廷和) 안양공고 1982.10.31

대회	연도	소속	출전	교체	득점	도움	파울	경고	퇴장
BC	2001	안양LG	11	11	0	0	5	1	0
	2002	안양LG	7	9	1	0	3	1	0
	2003	안양LG	2	2	0	0	0	0	0
	2004	광주상	1	1	0	0	0	0	0
	2005	광주상	1	1	0	0	0	0	0
	2007	부산	29	23	4	2	22	1	0
	2008	부산	26	14	2	1	36	1	0
	2009	대구	20	17	0	2	14	0	0
	합계		97	78	7	5	80	4	0
프로통산			97	78	7	5	80	4	0

한제광(韓濟光) 울산대 1985.03.18

대회	연도	소속	출전	교체	득점	도움	파울	경고	퇴장
BC	2006	전북	2	1	0	0	3	0	0
	합계		2	1	0	0	3	0	0
프로통산			2	1	0	0	3	0	0

한종성(韓鐘聲) 성균관대 1977.01.30

대회	연도	소속	출전	교체	득점	도움	파울	경고	퇴장
BC	2002	전북	14	2	0	0	22	2	0
	2003	전북	24	10	0	2	45	4	0
	2004	전북	8	5	0	0	12	0	0
	2005	전남	6	5	0	0	7	1	0
	합계		52	22	0	2	86	7	0
프로통산			52	22	0	2	86	7	0

한종우(韓宗佑) 상지대 1986.03.17

대회	연도	소속	출전	교체	득점	도움	파울	경고	퇴장
K2	2013	부천	27	6	2	0	29	10	0
	2014	부천	6	3	0	0	9	0	0
	합계		33	9	2	0	38	10	0
프로통산			33	9	2	0	38	10	0

한주영(韓周伶) 고려대 1976.06.10

대회	연도	소속	출전	교체	득점	도움	파울	경고	퇴장
BC	2000	전북	1	1	0	0	0	0	0
	합계		1	1	0	0	0	0	0
프로통산			1	1	0	0	0	0	0

한준규(韓俊奎) 개성고 1996.02.10

대회	연도	소속	출전	교체	득점	도움	파울	경고	퇴장
K2	2018	부산	0	0	0	0	0	0	0
	합계		0	0	0	0	0	0	0
프로통산			0	0	0	0	0	0	0

한지륜(韓地淪) 한남대 1996.08.22

대회	연도	소속	출전	교체	득점	도움	파울	경고	퇴장
K2	2018	서울E	1	1	0	0	0	0	0
	2019	서울E	7	5	0	0	12	1	0
	합계		8	6	0	0	12	1	0
프로통산			8	6	0	0	12	1	0

한지원(韓知員) 건국대 1994.04.09

대회	연도	소속	출전	교체	득점	도움	파울	경고	퇴장
K1	2016	전남	5	4	0	0	2	1	0
	2017	전남	3	3	0	0	1	0	0
	합계		8	7	0	0	3	1	0
K2	2018	안산	13	9	0	1	22	4	0
	합계		13	9	0	1	22	4	0
프로통산			21	16	0	1	25	5	0

한지호(韓志皓) 홍익대 1988.12.15

대회	연도	소속	출전	교체	득점	도움	파울	경고	퇴장
BC	2010	부산	9	9	0	0	6	1	0
	2011	부산	32	26	4	4	30	4	0
	2012	부산	44	20	6	3	47	2	0
	합계		85	55	10	7	83	7	0
K1	2013	부산	28	17	5	1	23	1	0
	2014	부산	22	14	0	0	24	3	0

대회	연도	소속	출전	교체	득점	도움	파울	경고	퇴장
	2015	부산	20	16	2	0	14	1	0
	합계		70	47	7	1	61	5	0
K2	2016	안산	38	12	10	6	52	4	0
	2017	아산	20	14	1	3	14	2	0
	2017	부산	5	2	1	1	8	2	0
	2018	부산	30	24	4	2	25	1	0
	2019	부산	32	26	4	3	28	3	0
	합계		125	78	20	15	127	12	0
승	2015	부산	1	1	0	0	1	0	0
	2017	부산	2	2	0	0	2	0	0
	2018	부산	2	1	0	1	1	0	0
	2019	부산	1	1	0	0	0	0	0
	합계		6	5	0	1	4	0	0
프로통산			286	185	37	24	275	24	0

한찬희(韓贊熙) 광양제철고 1997.03.17

대회	연도	소속	출전	교체	득점	도움	파울	경고	퇴장
K1	2016	전남	23	18	1	1	9	2	0
	2017	전남	29	19	3	2	23	2	1
	2018	전남	31	9	2	6	44	6	1
	합계		83	46	6	9	76	10	2
K2	2019	전남	30	10	3	2	44	10	0
	합계		30	10	3	2	44	10	0
프로통산			113	56	9	11	120	20	2

한창우(韓昌佑) 중앙대 1996.07.28

대회	연도	소속	출전	교체	득점	도움	파울	경고	퇴장
K1	2018	전남	4	4	0	0	1	0	0
	합계		4	4	0	0	1	0	0
K2	2019	전남	3	3	0	0	1	1	0
	합계		3	3	0	0	1	1	0
프로통산			7	7	0	0	2	1	0

한창우(韓昌祐) 동아대 1965.10.25

대회	연도	소속	출전	교체	득점	도움	파울	경고	퇴장
BC	1988	대우	9	1	0	0	4	0	0
	합계		9	1	0	0	4	0	0
프로통산			9	1	0	0	4	0	0

한창우(韓昌祐) 광운대 1966.12.05

대회	연도	소속	출전	교체	득점	도움	파울	경고	퇴장
BC	1989	현대	5	5	0	0	6	2	0
	1991	현대	24	18	2	0	28	2	0
	1992	현대	19	17	0	0	27	1	0
	합계		48	40	2	0	61	5	0
프로통산			48	40	2	0	61	5	0

한태유(韓泰酉) 명지대 1981.03.31

대회	연도	소속	출전	교체	득점	도움	파울	경고	퇴장
BC	2004	서울	25	4	0	0	49	4	0
	2005	서울	22	11	3	1	52	9	0
	2006	서울	28	23	0	2	42	5	0
	2007	광주상	30	8	1	0	55	5	0
	2008	광주상	23	5	1	0	56	8	0
	2008	서울	2	2	0	0	2	0	0
	2009	서울	10	3	0	1	23	3	0
	2010	서울	8	7	0	0	10	5	0
	2011	서울	3	1	0	0	2	0	0
	2012	서울	26	15	0	0	21	3	0
	합계		177	79	5	4	312	42	0
K1	2013	서울	15	12	0	0	7	2	0
	2014	서울	0	0	0	0	0	0	0
	합계		15	12	0	0	7	2	0
프로통산			192	91	5	4	319	44	0

한태진(韓台鎭) 1961.04.08

대회	연도	소속	출전	교체	**실점**	도움	파울	경고	퇴장
BC	1983	포철	1	0	4	0	0	0	0
	합계		1	0	4	0	0	0	0
프로통산			1	0	4	0	0	0	0

한홍규(韓洪奎) 성균관대 1990.07.26

대회	연도	소속	출전	교체	득점	도움	파울	경고	퇴장
K2	2013	충주	29	7	5	3	63	5	0
	2014	충주	32	30	7	1	45	5	0
	2015	안산	12	6	1	0	18	4	0
	2016	안산	9	10	0	0	9	2	0
	합계		82	53	13	4	135	16	0
프로통산			82	53	13	4	135	16	0

한효혁(韓孝赫) 동신대 1989.12.12

대회	연도	소속	출전	교체	득점	도움	파울	경고	퇴장
K2	2013	광주	2	2	0	0	1	0	0
	합계		2	2	0	0	1	0	0
프로통산			2	2	0	0	1	0	0

한희훈(韓熙訓) 상지대 1990.08.10

대회	연도	소속	출전	교체	득점	도움	파울	경고	퇴장
K1	2017	대구	36	2	1	0	31	4	0
	2018	대구	29	7	1	0	24	3	0
	2019	대구	22	22	0	0	14	5	0
	합계		87	31	2	0	69	12	0
K2	2016	부천	40	0	3	0	21	4	0
	합계		40	0	3	0	21	4	0
프로통산			127	31	5	0	90	16	0

함민석(咸珉奭) 아주대 1985.08.03

대회	연도	소속	출전	교체	득점	도움	파울	경고	퇴장
BC	2008	인천	0	0	0	0	0	0	0
	2012	강원	0	0	0	0	0	0	0
	합계		0	0	0	0	0	0	0
프로통산			0	0	0	0	0	0	0

함상헌(咸相憲) 서울시립대 1971.03.20

대회	연도	소속	출전	교체	득점	도움	파울	경고	퇴장
BC	1994	대우	9	8	2	0	12	2	0
	1995	포항	1	1	0	0	1	0	0
	1995	LG	18	16	2	0	16	5	0
	1996	안양LG	17	15	2	1	15	3	0
	1997	안양LG	26	15	2	2	44	8	0
	1998	안양LG	2	3	0	0	2	0	0
	합계		73	58	8	3	90	18	0
프로통산			73	58	8	3	90	18	0

함석민(咸錫敏) 숭실대 1994.02.14

대회	연도	소속	출전	교체	**실점**	도움	파울	경고	퇴장
K1	2017	수원	0	0	0	0	0	0	0
	2018	강원	4	0	8	0	0	0	0
	2019	강원	3	1	4	0	0	0	0
	합계		7	1	12	0	0	0	0
K2	2016	강원	25	0	21	0	0	3	0
	합계		25	0	21	0	0	3	0
승	2016	강원	2	0	1	0	0	0	0
	합계		2	0	1	0	0	0	0
프로통산			34	1	34	0	0	3	0

함준영(咸儁渶) 원광대 1986.03.15

대회	연도	소속	출전	교체	득점	도움	파울	경고	퇴장
BC	2009	인천	0	0	0	0	0	0	0
	합계		0	0	0	0	0	0	0
프로통산			0	0	0	0	0	0	0

함현기(咸鉉起) 고려대 1963.04.26

대회	연도	소속	출전	교체	득점	도움	파울	경고	퇴장
BC	1986	현대	35	3	17	2	34	1	0
	1987	현대	29	10	1	2	26	0	0
	1988	현대	23	5	10	5	28	1	0
	1989	현대	13	4	0	0	21	0	0
	1990	현대	28	8	3	3	27	1	0
	1991	현대	5	5	0	0	2	0	0
	1991	LG	10	8	0	0	1	0	0
	1992	LG	18	14	0	1	12	0	0
	합계		161	57	31	13	151	3	0
프로통산			161	57	31	13	151	3	0

허건(許建) 관동대 1988.01.03

대회	연도	소속	출전	교체	득점	도움	파울	경고	퇴장
K2	2013	부천	18	10	5	2	25	3	0
	합계		18	10	5	2	25	3	0
프로통산			18	10	5	2	25	3	0

허기수(許起洙) 명지대 1965.01.05

대회	연도	소속	출전	교체	득점	도움	파울	경고	퇴장
BC	1989	현대	20	8	1	0	23	1	0
	1990	현대	19	5	1	0	22	2	0
	1991	현대	2	1	0	0	1	0	0
	1992	현대	9	7	1	1	7	1	0
	합계		50	21	3	1	53	4	0
프로통산			50	21	3	1	53	4	0

허기태(許起泰) 고려대 1967.07.13

대회	연도	소속	출전	교체	득점	도움	파울	경고	퇴장
BC	1990	유공	7	1	0	0	12	1	0
	1991	유공	34	2	1	0	39	2	0
	1992	유공	37	5	2	0	52	2	0
	1993	유공	33	1	2	1	31	3	0
	1994	유공	34	0	2	2	26	4	0
	1995	유공	34	3	3	0	21	2	0
	1996	부천유	31	3	0	0	34	1	0
	1997	부천SK	22	3	0	0	44	6	0
	1998	수원	11	3	0	0	10	0	0
	1999	수원	3	2	0	0	4	2	0
	합계		246	23	10	3	273	23	0
프로통산			246	23	10	3	273	23	0

허범산(許範山) 우석대 1989.09.14

대회	연도	소속	출전	교체	득점	도움	파울	경고	퇴장
BC	2012	대전	8	6	1	0	11	2	0
	합계		8	6	1	0	11	2	0
K1	2013	대전	29	15	0	5	53	6	0
	2014	제주	1	1	0	0	1	0	0
	2015	제주	16	11	0	1	23	6	0
	합계		46	27	0	6	77	12	0
K2	2016	강원	37	31	3	1	63	13	0
	2017	부산	13	3	1	4	22	4	0
	2017	아산	4	1	0	0	5	2	0
	2018	아산	8	8	1	0	6	2	0
	2019	서울E	29	6	0	3	46	7	0
	합계		91	49	5	8	142	28	0
승	2016	강원	2	2	0	1	4	1	0
	합계		2	2	0	1	4	1	0
프로통산			147	84	6	15	234	43	0

허영석(許榮碩) 마산공고 1993.04.29

대회	연도	소속	출전	교체	득점	도움	파울	경고	퇴장
BC	2012	경남	2	2	0	0	0	0	0
	합계		2	2	0	0	0	0	0
K2	2015	경남	3	2	0	0	4	0	0
	합계		3	2	0	0	4	0	0
프로통산			5	4	0	0	4	0	0

허영철(許榮哲) 한남대 1992.09.07

대회	연도	소속	출전	교체	득점	도움	파울	경고	퇴장
K1	2015	대전	2	1	0	0	0	0	0
	합계		2	1	0	0	0	0	0
프로통산			2	1	0	0	0	0	0

허용준(許榕埈) 고려대 1993.01.08

대회	연도	소속	출전	교체	득점	도움	파울	경고	퇴장
K1	2016	전남	28	22	4	3	18	4	0
	2017	전남	35	29	3	3	32	8	0
	2018	전남	23	18	9	2	11	2	0
	2019	인천	10	6	0	0	8	0	0
	2019	포항	15	15	1	0	7	1	0
	합계		111	90	17	8	76	15	0
프로통산			111	90	17	8	76	15	0

허인무(許寅戊) 명지대 1978.04.14

대회	연도	소속	출전	교체	득점	도움	파울	경고	퇴장
BC	2001	포항	0	0	0	0	0	0	0
	합계		0	0	0	0	0	0	0
프로통산			0	0	0	0	0	0	0

허재녕(許財寧) 아주대 1992.05.14

대회	연도	소속	출전	교체	득점	도움	파울	경고	퇴장
K1	2015	광주	3	3	0	0	5	1	0
	합계		3	3	0	0	5	1	0
프로통산			3	3	0	0	5	1	0

허재원(許宰源) 광운대 1984.07.01

대회	연도	소속	출전	교체	득점	도움	파울	경고	퇴장
BC	2006	수원	1	1	0	0	0	0	0
	2008	광주상	7	6	0	0	3	1	0
	2009	수원	6	3	0	0	8	1	0
	2010	수원	2	1	1	0	1	1	0
	2011	광주	29	7	1	1	45	8	0
	2012	제주	36	2	2	2	57	5	0
	합계		81	20	4	3	114	16	0
K1	2013	제주	23	4	1	0	24	2	0
	2018	전남	15	3	0	0	9	3	0
	합계		38	7	1	0	33	5	0
K2	2014	대구	33	2	3	2	31	8	0
	2015	대구	27	2	2	1	15	2	0
	합계		60	4	5	3	46	10	0
프로통산			179	31	10	6	193	31	0

허재원(許宰源) 탐라대 1992.04.04

대회	연도	소속	출전	교체	득점	도움	파울	경고	퇴장
K2	2016	고양	25	9	0	0	25	2	0
	합계		25	9	0	0	25	2	0
프로통산			25	9	0	0	25	2	0

허정무(許丁茂) 연세대 1955.01.13

대회	연도	소속	출전	교체	득점	도움	파울	경고	퇴장
BC	1984	현대	23	3	3	2	37	3	0
	1985	현대	5	0	1	0	7	0	0
	1986	현대	11	2	1	3	15	1	0
	합계		39	5	5	5	59	4	0
프로통산			39	5	5	5	59	4	0

허제정(許齊廷) 건국대 1977.06.02

대회	연도	소속	출전	교체	득점	도움	파울	경고	퇴장
BC	2000	포항	11	6	0	2	6	1	0
	2001	포항	27	18	1	1	18	2	0
	2002	포항	10	10	2	2	6	1	0
	합계		48	34	3	5	30	4	0
프로통산			48	34	3	5	30	4	0

허준호(許俊好) 호남대 1994.08.18

대회	연도	소속	출전	교체	득점	도움	파울	경고	퇴장
K1	2017	전북	1	1	0	0	0	0	0
	합계		1	1	0	0	0	0	0
프로통산			1	1	0	0	0	0	0

허청산(許青山) 명지대 1986.12.26

대회	연도	소속	출전	교체	득점	도움	파울	경고	퇴장
BC	2011	수원	0	0	0	0	0	0	0
	합계		0	0	0	0	0	0	0
프로통산			0	0	0	0	0	0	0

허태식(許泰植) 동래고 1961.01.06

대회	연도	소속	출전	교체	득점	도움	파울	경고	퇴장
BC	1985	포철	3	3	0	0	0	0	0
	1986	포철	22	5	1	2	18	1	0
	1987	포철	1	1	0	0	0	0	0
	1991	포철	1	1	0	0	0	0	0
	합계		27	10	1	2	18	1	0
프로통산			27	10	1	2	18	1	0

허화무(許華武) 중앙대 1970.04.05

대회	연도	소속	출전	교체	득점	도움	파울	경고	퇴장
BC	1996	안양LG	1	1	0	0	1	0	0
	합계		1	1	0	0	1	0	0
프로통산			1	1	0	0	1	0	0

허훈구(許訓求) 선문대 1983.06.25

대회	연도	소속	출전	교체	득점	도움	파울	경고	퇴장
BC	2006	전북	6	3	0	0	9	1	0
	2007	전북	1	0	0	0	1	0	0
	합계		7	3	0	0	10	1	0
프로통산			7	3	0	0	10	1	0

헙슨(Robson Souza dos Santos) 브라질 1982.08.19

대회	연도	소속	출전	교체	득점	도움	파울	경고	퇴장
BC	2006	대전	6	6	1	0	3	0	0
	합계		6	6	1	0	3	0	0
프로통산			6	6	1	0	3	0	0

헤나또(Renato Netson Benatti) 브라질 1981.10.17

대회	연도	소속	출전	교체	득점	도움	파울	경고	퇴장
BC	2008	전남	13	2	1	0	11	0	0
	합계		13	2	1	0	11	0	0
프로통산			13	2	1	0	11	0	0

헤나우도(Renaldo Lopes da Cruz) 브라질 1970.03.19

대회	연도	소속	출전	교체	득점	도움	파울	경고	퇴장
BC	2004	서울	11	6	1	1	23	2	0
	합계		11	6	1	1	23	2	0
프로통산			11	6	1	1	23	2	0

헤나토(Renato) 브라질 1976.06.15

대회	연도	소속	출전	교체	득점	도움	파울	경고	퇴장
BC	2001	부산	0	0	0	0	0	0	0
	합계		0	0	0	0	0	0	0
프로통산			0	0	0	0	0	0	0

헤나토(Renato Medeiros de Almeida) 브라질 1982.02.04

대회	연도	소속	출전	교체	득점	도움	파울	경고	퇴장
BC	2010	강원	4	4	0	0	4	0	0
	합계		4	4	0	0	4	0	0
프로통산			4	4	0	0	4	0	0

헤난(Faria Silveira Henan) 브라질 1987.04.03

대회	연도	소속	출전	교체	득점	도움	파울	경고	퇴장
BC	2012	전남	11	6	1	1	8	3	0
	합계		11	6	1	1	8	3	0
K1	2016	제주	4	4	0	0	4	0	0
	합계		4	4	0	0	4	0	0
K2	2015	강원	22	10	8	3	15	1	0
	합계		22	10	8	3	15	1	0
프로통산			37	20	9	4	27	4	0

헤이날도(Reinaldo da Cruz Olvira) 브라질 1979.03.14

대회	연도	소속	출전	교체	득점	도움	파울	경고	퇴장
BC	2010	수원	4	4	0	0	3	0	0
	합계		4	4	0	0	3	0	0
프로통산			4	4	0	0	3	0	0

헤이날도(Reinaldo de Souza) 브라질 1980.06.08

대회	연도	소속	출전	교체	득점	도움	파울	경고	퇴장
BC	2005	울산	8	9	0	0	12	0	0
	합계		8	9	0	0	12	0	0
프로통산			8	9	0	0	12	0	0

헤이날도(Reinaldo Elias da Costa) 브라질 1984.06.13

대회	연도	소속	출전	교체	득점	도움	파울	경고	퇴장
BC	2008	부산	10	9	0	1	18	1	0
	합계		10	9	0	1	18	1	0
프로통산			10	9	0	1	18	1	0

헤이네르(Reiner Ferreira Correa Gomes) 브라질 1985.11.17

대회	연도	소속	출전	교체	득점	도움	파울	경고	퇴장
K1	2014	수원	17	2	0	0	19	0	0
	합계		17	2	0	0	19	0	0
프로통산			17	2	0	0	19	0	0

헤지스(Regis Ferjandes Silva) 브라질 1976.09.22

대회	연도	소속	출전	교체	득점	도움	파울	경고	퇴장
BC	2006	대전	11	11	0	0	11	1	0
	합계		11	11	0	0	11	1	0
프로통산			11	11	0	0	11	1	0

헨릭(Henrik Jorgensen) 덴마크 1966.02.12

대회	연도	소속	출전	교체	**실점**	도움	파울	경고	퇴장
BC	1996	수원	5	0	7	0	0	0	0
	합계		5	0	7	0	0	0	0
프로통산			5	0	7	0	0	0	0

현광우(玄光宇) 선문대 1988.02.05

대회	연도	소속	출전	교체	득점	도움	파울	경고	퇴장
BC	2011	제주	0	0	0	0	0	0	0
	합계		0	0	0	0	0	0	0
프로통산			0	0	0	0	0	0	0

현기호(玄基鎬) 연세대 1960.05.12

대회	연도	소속	출전	교체	득점	도움	파울	경고	퇴장
BC	1983	대우	7	3	1	3	7	0	0
	1984	대우	18	5	1	3	18	1	0
	1985	대우	18	3	2	0	27	0	0
	1986	대우	15	8	1	0	15	0	0
	1987	대우	2	2	0	0	1	0	0
	합계		60	21	5	6	68	1	0
프로통산			60	21	5	6	68	1	0

현영민(玄泳民) 건국대 1979.12.25

대회	연도	소속	출전	교체	득점	도움	파울	경고	퇴장
BC	2002	울산	15	3	1	4	34	4	0
	2003	울산	32	3	1	2	59	8	1
	2004	울산	27	2	1	1	42	6	0
	2005	울산	38	1	0	4	66	4	0
	2007	울산	35	1	0	4	58	6	1
	2008	울산	30	3	0	6	62	5	0
	2009	울산	30	3	1	10	42	7	0
	2010	서울	33	6	1	5	49	7	0
	2011	서울	27	5	1	4	34	4	0
	2012	서울	18	6	1	0	27	2	1
	합계		285	33	7	40	473	53	3
K1	2013	서울	1	0	0	0	2	1	0
	2013	성남일	30	1	1	4	42	7	0
	2014	전남	32	3	1	7	46	10	0
	2015	전남	29	1	0	2	28	6	0
	2016	전남	29	10	0	1	41	4	0
	2017	전남	31	8	0	1	39	4	0
	합계		152	23	2	15	198	32	0
프로통산			437	56	9	55	671	85	3

호나우도(Ronaldo Marques Sereno) 브라질 1962.03.14

대회	연도	소속	출전	교체	득점	도움	파울	경고	퇴장
BC	1994	현대	26	10	6	5	47	5	0
	합계		26	10	6	5	47	5	0
프로통산			26	10	6	5	47	5	0

호니(Roniere Jose da Silva Filho) 브라질 1986.04.23

대회	연도	소속	출전	교체	득점	도움	파울	경고	퇴장
K2	2014	고양	21	20	2	1	7	0	0
	합계		21	20	2	1	7	0	0
프로통산			21	20	2	1	7	0	0

호니(Ronieli Gomes dos santos) 브라질 1991.04.25

대회	연도	소속	출전	교체	득점	도움	파울	경고	퇴장
BC	2011	경남	10	7	1	0	19	3	0
	2012	경남	6	6	0	0	6	1	0
	합계		16	13	1	0	25	4	0
프로통산			16	13	1	0	25	4	0

호드리고(Rodrigo Leandro da Costa) 브라질 1985.09.17

대회	연도	소속	출전	교체	득점	도움	파울	경고	퇴장
K1	2013	부산	18	17	2	2	29	1	0
	합계		18	17	2	2	29	1	0
프로통산			18	17	2	2	29	1	0

호드리고(Rodrigo Sousa Silva) 동티모르 1987.11.24

대회	연도	소속	출전	교체	득점	도움	파울	경고	퇴장
K1	2017	대구	1	1	0	0	4	0	0

대회	연도	소속	출전	교체	득점	도움	파울	경고	퇴장
	합계		1	1	0	0	4	0	0
프로통산			1	1	0	0	4	0	0

호드리고(Domongos dos Santos Rodrigo) 브라질 1987.01.25

대회	연도	소속	출전	교체	득점	도움	파울	경고	퇴장
K2	2014	부천	31	6	11	2	77	2	0
	2015	부천	36	12	11	4	64	9	0
	2017	부천	14	14	2	1	16	2	0
	합계		81	32	24	7	157	13	0
프로통산			81	32	24	7	157	13	0

호드리고(Jose Luiz Rodrigo Carbone) 브라질 1974.03.17

대회	연도	소속	출전	교체	득점	도움	파울	경고	퇴장
BC	1999	전남	8	7	1	2	6	0	0
	합계		8	7	1	2	6	0	0
프로통산			8	7	1	2	6	0	0

호드리고(Rodrigo Marcos Marques Da Silva) 브라질 1977.08.02

대회	연도	소속	출전	교체	득점	도움	파울	경고	퇴장
BC	2003	대전	17	11	0	0	26	3	0
	2004	대전	7	6	0	0	11	0	0
	합계		24	17	0	0	37	3	0
프로통산			24	17	0	0	37	3	0

호드리고(Rodrigo Batista da Cruz) 브라질 1983.02.02

대회	연도	소속	출전	교체	득점	도움	파울	경고	퇴장
K1	2013	제주	3	3	0	0	2	1	0
	합계		3	3	0	0	2	1	0
프로통산			3	3	0	0	2	1	0

호마(Paulo Marcel Pereira Merabet) 브라질 1979.02.28

대회	연도	소속	출전	교체	득점	도움	파울	경고	퇴장
BC	2004	전북	23	18	7	2	37	7	0
	합계		23	18	7	2	37	7	0
프로통산			23	18	7	2	37	7	0

호마링요(Jefferson Jose Lopes Andrade) 브라질 1989.11.14

대회	연도	소속	출전	교체	득점	도움	파울	경고	퇴장
K2	2014	광주	10	6	1	0	22	1	0
	합계		10	6	1	0	22	1	0
프로통산			10	6	1	0	22	1	0

호물로(Romulo Jose Pacheco da Silva) 브라질 1995.10.27

대회	연도	소속	출전	교체	득점	도움	파울	경고	퇴장
K2	2017	부산	21	11	1	7	27	5	0
	2018	부산	36	4	10	9	36	3	0
	2019	부산	32	4	14	2	34	3	0
	합계		89	19	25	18	97	11	0
승	2017	부산	2	0	1	0	5	1	0
	2018	부산	2	0	1	1	1	1	0
	2019	부산	2	0	1	0	2	0	0
	합계		6	0	3	1	8	2	0
프로통산			95	19	28	19	105	13	0

호물로(Romulo Marques Macedo) 브라질 1980.04.03

대회	연도	소속	출전	교체	득점	도움	파울	경고	퇴장
BC	2008	제주	27	10	10	2	67	7	1
	2009	부산	28	22	6	1	56	3	0
	2010	부산	3	3	1	0	2	0	0
	합계		58	35	17	3	125	10	1
프로통산			58	35	17	3	125	10	1

호베르또(Roberto Cesar Zardim Rodrigues) 브라질 1985.12.19

대회	연도	소속	출전	교체	득점	도움	파울	경고	퇴장
K1	2013	울산	18	15	1	4	16	1	0
	합계		18	15	1	4	16	1	0
프로통산			18	15	1	4	16	1	0

호벨손(Roberson de Arruda Alves) 브라질 1989.04.02

대회	연도	소속	출전	교체	득점	도움	파울	경고	퇴장
K1	2018	제주	6	6	1	0	5	0	0
	합계		6	6	1	0	5	0	0
프로통산			6	6	1	0	5	0	0

호벨치(Robert de Pinho de Souza) 브라질 1981.02.27

대회	연도	소속	출전	교체	득점	도움	파울	경고	퇴장
BC	2012	제주	13	11	3	0	19	0	0
	합계		13	11	3	0	19	0	0
프로통산			13	11	3	0	19	0	0

호사(Samuel Rosa Goncalves) 브라질 1991.02.25

대회	연도	소속	출전	교체	득점	도움	파울	경고	퇴장
K1	2019	전북	11	9	4	1	16	0	0
	합계		11	9	4	1	16	0	0
프로통산			11	9	4	1	16	0	0

호샤 브라질 1961.08.30

대회	연도	소속	출전	교체	득점	도움	파울	경고	퇴장
BC	1985	포철	16	9	5	5	8	0	0
	1986	포철	24	10	7	2	11	1	0
	합계		40	19	12	7	19	1	0
프로통산			40	19	12	7	19	1	0

호성호(扈成鎬) 중앙대 1962.11.04

대회	연도	소속	출전	교체	실점	도움	파울	경고	퇴장
BC	1986	현대	16	0	9	0	0	0	0
	1987	현대	18	1	20	0	2	1	0
	1988	현대	3	0	6	0	0	0	0
	1989	현대	1	0	4	0	0	0	0
	합계		38	1	39	0	2	1	0
프로통산			38	1	39	0	2	1	0

호세(Jose Roberto Alves) 브라질 1954.10.20

대회	연도	소속	출전	교체	득점	도움	파울	경고	퇴장
BC	1983	포철	5	5	0	0	1	0	0
	합계		5	5	0	0	1	0	0
프로통산			5	5	0	0	1	0	0

호세(Alex Jose de Paula) 브라질 1981.09.13

대회	연도	소속	출전	교체	득점	도움	파울	경고	퇴장
BC	2003	포항	9	8	1	0	13	1	0
	합계		9	8	1	0	13	1	0
프로통산			9	8	1	0	13	1	0

호세(Jose Luis Villanueva Ahumada) 칠레 1981.11.05

대회	연도	소속	출전	교체	득점	도움	파울	경고	퇴장
BC	2007	울산	5	4	1	0	13	0	0
	합계		5	4	1	0	13	0	0
프로통산			5	4	1	0	13	0	0

호제리오(Rogerio Prateat) 브라질 1973.03.09

대회	연도	소속	출전	교체	득점	도움	파울	경고	퇴장
BC	1999	전북	29	0	2	0	97	13	1
	2000	전북	34	0	0	0	82	9	0
	2001	전북	30	2	2	0	98	8	2
	2002	전북	31	1	0	0	83	9	0
	2003	대구	34	1	2	0	87	9	1
	합계		158	4	6	0	447	48	4
프로통산			158	4	6	0	447	48	4

호제리오(Rogrio dos Santos Conceiao) 브라질 1984.09.20

대회	연도	소속	출전	교체	득점	도움	파울	경고	퇴장
BC	2009	경남	10	0	0	0	22	5	0
	합계		10	0	0	0	22	5	0
프로통산			10	0	0	0	22	5	0

홍광철(洪光喆) 한성대 1974.10.09

대회	연도	소속	출전	교체	득점	도움	파울	경고	퇴장
BC	1997	대전	21	7	0	2	26	4	0
	1998	대전	13	6	0	0	11	0	0
	2001	대전	13	8	0	1	14	2	0
	2002	대전	12	5	0	0	14	4	1
	2003	대전	6	1	0	0	9	1	0
	합계		65	27	0	3	74	11	1
프로통산			65	27	0	3	74	11	1

홍길동(洪吉東) 청주대 1997.05.29

대회	연도	소속	출전	교체	득점	도움	파울	경고	퇴장
K2	2018	안양	0	0	0	0	0	0	0
	합계		0	0	0	0	0	0	0
프로통산			0	0	0	0	0	0	0

홍도표(洪到杓) 영남대 1973.07.24

대회	연도	소속	출전	교체	득점	도움	파울	경고	퇴장
BC	1996	포항	1	1	0	0	0	0	0
	1997	포항	16	16	4	0	14	2	0
	1998	천안일	7	1	0	0	17	2	0
	1999	천안일	32	12	1	5	64	5	0
	2000	성남일	13	4	0	1	23	3	0
	2001	성남일	18	10	0	1	39	2	0
	2002	성남일	8	9	0	0	5	1	0
	2003	성남일	2	1	0	0	4	0	0
	2004	성남일	2	2	0	0	3	1	0
	합계		99	56	5	7	169	16	0
프로통산			99	56	5	7	169	16	0

홍동현(洪東賢) 숭실대 1991.10.30

대회	연도	소속	출전	교체	득점	도움	파울	경고	퇴장
K1	2014	부산	17	14	0	1	20	6	0
	2015	부산	5	5	1	0	6	1	0
	합계		22	19	1	1	26	7	0
K2	2016	부산	29	13	5	2	43	4	0
	2017	부산	1	2	0	0	0	0	0
	2017	안산	9	7	0	0	10	2	0
	2018	안산	20	18	2	1	16	1	0
	합계		59	40	7	3	69	7	0
승	2015	부산	1	0	0	0	3	2	0
	합계		1	0	0	0	3	2	0
프로통산			82	59	8	4	98	16	0

홍명보(洪明甫) 고려대 1969.02.12

대회	연도	소속	출전	교체	득점	도움	파울	경고	퇴장
BC	1992	포철	37	7	1	0	34	3	0
	1993	포철	12	1	1	0	8	1	0
	1994	포철	17	2	4	2	10	3	0
	1995	포항	31	1	1	2	19	4	0
	1996	포항	34	13	7	3	37	3	0
	1997	포항	6	3	0	0	9	1	0
	2002	포항	19	2	0	1	19	6	1
	합계		156	29	14	8	136	21	1
프로통산			156	29	14	8	136	21	1

홍상준(洪尙儁) 건국대 1990.05.10

대회	연도	소속	출전	교체	실점	도움	파울	경고	퇴장
BC	2012	대전	0	0	0	0	0	0	0
	합계		0	0	0	0	0	0	0
K1	2013	대전	16	0	30	0	1	0	0
	합계		16	0	30	0	1	0	0
K2	2014	강원	0	0	0	0	0	0	0
	2015	강원	2	0	2	0	0	0	0
	2016	충주	8	0	10	0	1	1	0
	합계		10	0	12	0	1	1	0
프로통산			26	0	42	0	2	1	0

홍석민(洪錫敏) 영남대 1961.01.06

대회	연도	소속	출전	교체	득점	도움	파울	경고	퇴장
BC	1984	포철	9	7	2	0	4	1	0
	1985	상무	18	11	6	2	18	0	0
	합계		27	18	8	2	22	1	0
프로통산			27	18	8	2	22	1	0

홍성요(洪性耀) 건국대 1979.05.26

대회	연도	소속	출전	교체	득점	도움	파울	경고	퇴장
BC	2004	전남	9	5	1	0	22	3	0
	2005	광주상	15	4	0	0	23	3	0

	2006	광주상	8	7	0	0	16	1	0
	2007	전남	13	6	0	0	30	8	0
	2008	부산	20	6	0	0	42	12	0
	2009	부산	15	2	0	0	37	9	1
	2010	부산	21	5	2	0	38	6	0
	2011	부산	7	3	0	0	5	1	1
	합계		108	38	3	0	213	43	2
프로통산			108	38	3	0	213	43	2

홍성호(洪性號) 연세대 1954.12.20

대회	연도	소속	출전	교체	득점	도움	파울	경고	퇴장
BC	1983	할렐	16	2	0	0	11	1	0
	1984	할렐	14	3	0	0	8	0	0
	1985	할렐	10	2	0	0	15	1	0
	합계		40	7	0	0	34	2	0
프로통산			40	7	0	0	34	2	0

홍성희(弘性希) 한국국제대 1990.02.18

대회	연도	소속	출전	교체	득점	도움	파울	경고	퇴장
K2	2018	광주	0	0	0	0	0	0	0
	합계		0	0	0	0	0	0	0
프로통산			0	0	0	0	0	0	0

홍순학(洪淳學) 연세대 1980.09.19

대회	연도	소속	출전	교체	득점	도움	파울	경고	퇴장
BC	2003	대구	14	9	1	1	15	2	0
	2004	대구	27	15	0	7	47	6	1
	2005	대구	23	7	2	4	27	1	0
	2007	수원	18	9	0	1	27	2	0
	2008	수원	17	4	2	0	31	5	0
	2009	수원	14	7	0	1	11	3	0
	2010	수원	12	8	0	0	7	1	0
	2011	수원	12	2	0	1	23	4	0
	2012	수원	14	4	0	0	12	4	0
	합계		151	65	5	15	200	28	1
K1	2013	수원	15	5	0	2	25	4	0
	2014	수원	0	0	0	0	0	0	0
	합계		15	5	0	2	25	4	0
K2	2015	고양	12	11	0	1	13	2	0
	합계		12	11	0	1	13	2	0
프로통산			178	81	5	18	238	34	1

홍승현(洪承鉉) 동북고 1996.12.28

대회	연도	소속	출전	교체	득점	도움	파울	경고	퇴장
K1	2017	대구	22	8	0	1	12	0	1
	2018	대구	4	4	0	0	2	1	0
	합계		26	12	0	1	14	1	1
K2	2016	대구	0	0	0	0	0	0	0
	2018	안양	5	5	0	0	2	0	0
	합계		5	5	0	0	2	0	0
프로통산			31	17	0	1	16	1	1

홍연기(洪淵麒) 단국대 1975.09.25

대회	연도	소속	출전	교체	득점	도움	파울	경고	퇴장
BC	1998	부산	1	1	0	0	4	0	0
	합계		1	1	0	0	4	0	0
프로통산			1	1	0	0	4	0	0

홍정남(洪正男) 제주상고 1988.05.21

대회	연도	소속	출전	교체	실점	도움	파울	경고	퇴장
BC	2007	전북	0	0	0	0	0	0	0
	2008	전북	6	0	9	0	0	0	0
	2009	전북	0	0	0	0	0	0	0
	2010	전북	2	2	3	0	0	0	0
	2011	전북	0	0	0	0	0	0	0
	2012	전북	0	0	0	0	0	0	0
	합계		8	2	12	0	0	0	0
K1	2014	상주	14	0	20	0	1	1	0
	2015	전북	2	0	4	0	0	0	0
	2016	전북	0	0	0	0	0	0	0
	2017	전북	30	0	30	0	0	1	0
	2018	전북	1	0	0	0	0	0	0
	2019	전북	0	0	0	0	0	0	0
	합계		47	0	54	0	1	2	0
K2	2013	상주	2	0	3	0	0	0	0
	합계		2	0	3	0	0	0	0
승	2013	상주	0	0	0	0	0	0	0
	합계		0	0	0	0	0	0	0
프로통산			57	2	69	0	1	2	0

홍정운(洪定紜) 명지대 1994.11.29

대회	연도	소속	출전	교체	득점	도움	파울	경고	퇴장
K1	2017	대구	6	5	0	0	7	3	0
	2018	대구	35	1	5	2	30	4	0
	2019	대구	16	2	0	0	11	3	0
	합계		57	8	5	2	48	10	0
K2	2016	대구	20	7	0	0	21	1	0
	합계		20	7	0	0	21	1	0
프로통산			77	15	5	2	69	11	0

홍정호(洪正好) 조선대 1989.08.12

대회	연도	소속	출전	교체	득점	도움	파울	경고	퇴장
BC	2010	제주	21	2	1	1	15	3	0
	2011	제주	16	0	0	1	19	1	1
	2012	제주	9	1	0	0	6	3	0
	합계		46	3	1	2	40	7	1
K1	2013	제주	11	5	1	0	8	3	1
	2018	전북	25	5	1	0	32	6	0
	2019	전북	30	4	2	0	32	3	0
	합계		66	14	4	0	72	12	1
프로통산			112	17	5	2	112	19	2

홍종경(洪腫境) 울산대 1973.05.11

대회	연도	소속	출전	교체	득점	도움	파울	경고	퇴장
BC	1996	천안일	4	2	0	0	12	1	0
	1997	천안일	8	5	0	1	16	0	1
	1998	천안일	17	4	0	3	28	2	0
	1999	천안일	0	0	0	0	0	0	0
	합계		29	11	0	4	56	3	1
프로통산			29	11	0	4	56	3	1

홍종원(洪鍾元) 청주상고 1956.08.04

대회	연도	소속	출전	교체	득점	도움	파울	경고	퇴장
BC	1984	럭금	2	2	0	1	0	0	0
	합계		2	2	0	1	0	0	0
프로통산			2	2	0	1	0	0	0

홍주빈(洪周彬) 동의대 1989.06.07

대회	연도	소속	출전	교체	득점	도움	파울	경고	퇴장
BC	2012	전북	0	0	0	0	0	0	0
	합계		0	0	0	0	0	0	0
K2	2013	충주	3	3	1	0	5	0	0
	합계		3	3	1	0	5	0	0
프로통산			3	3	1	0	5	0	0

홍주영(洪柱榮) 고려대 1963.01.25

대회	연도	소속	출전	교체	득점	도움	파울	경고	퇴장
BC	1986	현대	3	1	0	0	2	0	0
	합계		3	1	0	0	2	0	0
프로통산			3	1	0	0	2	0	0

홍주완(洪周完) 순천고 1979.06.07

대회	연도	소속	출전	교체	득점	도움	파울	경고	퇴장
BC	2004	부천SK	2	2	0	0	0	0	0
	합계		2	2	0	0	0	0	0
프로통산			2	2	0	0	0	0	0

홍준기(洪俊基) 장훈고 1997.05.11

대회	연도	소속	출전	교체	득점	도움	파울	경고	퇴장
K2	2016	충주	1	1	0	0	2	0	0
	합계		1	1	0	0	2	0	0
프로통산			1	1	0	0	2	0	0

홍준형(←홍복표) 광운대 1979.10.28

대회	연도	소속	출전	교체	득점	도움	파울	경고	퇴장
BC	2003	광주상	4	4	0	0	5	0	0
	합계		4	4	0	0	5	0	0
프로통산			4	4	0	0	5	0	0

홍준호(洪俊豪) 전주대 1993.10.11

대회	연도	소속	출전	교체	득점	도움	파울	경고	퇴장
K1	2016	광주	22	7	1	0	28	5	0
	2017	광주	29	21	0	1	29	5	0
	2018	울산	2	2	0	0	3	1	0
	합계		53	30	1	1	60	11	0
K2	2018	광주	1	1	0	0	0	0	0
	2019	광주	16	7	0	0	8	3	0
	합계		17	8	0	0	8	3	0
프로통산			70	38	1	1	68	14	0

홍지윤(洪智潤) 제주국제대 1997.03.27

대회	연도	소속	출전	교체	득점	도움	파울	경고	퇴장
K1	2018	강원	0	0	0	0	0	0	0
	합계		0	0	0	0	0	0	0
프로통산			0	0	0	0	0	0	0

홍진기(洪眞基) 홍익대 1990.10.20

대회	연도	소속	출전	교체	득점	도움	파울	경고	퇴장
BC	2012	전남	20	6	1	2	25	4	0
	합계		20	6	1	2	25	4	0
K1	2013	전남	30	5	2	2	34	6	0
	2014	전남	12	5	0	1	18	2	0
	2015	전남	6	2	0	0	5	1	0
	2016	전남	9	6	0	0	5	0	0
	합계		57	18	2	3	62	9	0
K2	2017	부산	6	1	2	0	3	1	0
	2018	부산	10	3	0	0	16	3	0
	합계		16	4	2	0	19	4	0
승	2017	부산	2	0	0	0	5	0	0
	합계		2	0	0	0	5	0	0
프로통산			95	28	5	5	111	17	0

홍진섭(洪鎭燮) 대구대 1985.10.14

대회	연도	소속	출전	교체	득점	도움	파울	경고	퇴장
BC	2008	전북	20	15	2	1	31	2	0
	2009	성남일	9	8	0	0	18	2	0
	2011	성남일	17	16	2	1	23	3	0
	합계		46	39	4	2	72	7	0
프로통산			46	39	4	2	72	7	0

홍진호(洪進浩) 경상대 1971.11.01

대회	연도	소속	출전	교체	득점	도움	파울	경고	퇴장
BC	1994	LG	10	6	0	0	16	4	0
	1995	LG	0	0	0	0	0	0	0
	합계		10	6	0	0	16	4	0
프로통산			10	6	0	0	16	4	0

홍철(洪喆) 단국대 1990.09.17

대회	연도	소속	출전	교체	득점	도움	파울	경고	퇴장
BC	2010	성남일	22	7	2	0	30	2	0
	2011	성남일	24	4	4	2	29	4	1
	2012	성남일	30	13	2	2	43	6	1
	합계		76	24	8	4	102	12	2
K1	2013	수원	34	11	2	10	42	4	0
	2014	수원	29	4	0	0	37	7	0
	2015	수원	30	6	0	3	30	1	0
	2016	수원	12	5	0	3	10	0	0
	2017	상주	27	4	1	5	26	1	0
	2018	상주	22	3	1	5	14	1	0
	2018	수원	8	2	0	3	7	0	0
	2019	수원	30	4	1	4	29	3	0
	합계		192	39	5	33	195	17	0
승	2017	상주	2	0	0	0	3	1	0
	합계		2	0	0	0	3	1	0
프로통산			270	63	13	37	300	30	2

홍태곤(洪兌坤) 홍익대 1992.05.05

대회	연도	소속	출전	교체	득점	도움	파울	경고	퇴장
K2	2014	광주	5	5	0	0	1	1	0
	합계		5	5	0	0	1	1	0
프로통산			5	5	0	0	1	1	0

황교충(黃敎忠) 한양대 1985.04.09

대회	연도	소속	출전	교체	실점	도움	파울	경고	퇴장

대회	연도	소속	출전	교체	득점	도움	파울	경고	퇴장
BC	2010	포항	4	0	4	0	0	0	0
	2011	포항	1	1	2	0	0	0	0
	2012	포항	0	0	0	0	0	0	0
	합계		5	1	6	0	0	0	0
K1	2013	포항	0	0	0	0	0	0	0
	합계		0	0	0	0	0	0	0
K2	2014	강원	21	1	23	0	2	3	0
	2015	강원	14	0	25	0	1	4	0
	합계		35	1	48	0	3	7	0
프로통산			40	2	54	0	3	7	0

황규룡(黃奎龍) 광운대 1971.03.12

대회	연도	소속	출전	교체	득점	도움	파울	경고	퇴장
BC	1992	대우	22	7	0	0	20	2	0
	1993	대우	30	4	1	0	40	1	0
	1994	대우	8	0	0	1	7	1	0
	1995	대우	3	2	0	0	1	0	0
	1997	안양LG	12	3	0	1	13	0	0
	합계		75	16	1	2	81	4	0
프로통산			75	16	1	2	81	4	0

황규범(黃圭範) 경희고 1989.08.30

대회	연도	소속	출전	교체	득점	도움	파울	경고	퇴장
K2	2013	고양	7	3	0	0	7	2	1
	2014	고양	26	7	0	0	60	8	0
	2015	고양	29	8	0	2	46	7	0
	합계		62	18	0	2	113	17	1
프로통산			62	18	0	2	113	17	1

황규환(黃圭煥) 동북고 1986.06.18

대회	연도	소속	출전	교체	득점	도움	파울	경고	퇴장
BC	2005	수원	13	10	0	2	25	3	0
	2006	수원	4	3	0	0	4	0	0
	2007	대전	4	4	0	0	5	0	0
	합계		21	17	0	2	34	3	0
프로통산			21	17	0	2	34	3	0

황금성(黃金星) 초당대 1984.04.26

대회	연도	소속	출전	교체	득점	도움	파울	경고	퇴장
BC	2006	대구	2	1	0	0	2	1	0
	합계		2	1	0	0	2	1	0
프로통산			2	1	0	0	2	1	0

황기욱(黃基旭) 연세대 1996.06.10

대회	연도	소속	출전	교체	득점	도움	파울	경고	퇴장
K1	2017	서울	7	4	0	0	5	0	0
	2018	서울	19	7	0	0	33	4	0
	2019	서울	1	1	0	0	0	0	0
	합계		27	12	0	0	38	4	0
프로통산			27	12	0	0	38	4	0

황도연(黃渡然) 광양제철고 1991.02.27

대회	연도	소속	출전	교체	득점	도움	파울	경고	퇴장
BC	2010	전남	7	2	0	0	9	1	0
	2011	전남	10	5	1	1	10	1	0
	2012	대전	10	4	0	0	9	3	0
	합계		27	11	1	1	28	5	0
K1	2013	전남	3	0	0	0	2	0	0
	2013	제주	18	4	0	0	25	0	0
	2014	제주	12	6	0	0	13	3	0
	2016	제주	0	0	0	0	0	0	0
	2018	제주	0	0	0	0	0	0	0
	합계		33	10	0	0	40	3	0
K2	2015	서울E	34	2	1	0	19	1	0
	2016	안산	0	0	0	0	0	0	0
	2017	아산	22	2	1	0	25	4	0
	2018	수원FC	16	2	0	0	11	0	0
	2019	대전	5	1	0	0	2	0	0
	합계		77	7	2	0	57	5	0
프로통산			137	28	3	1	125	13	0

황득하(黃得夏) 안동대 1965.06.08

대회	연도	소속	출전	교체	득점	도움	파울	경고	퇴장
BC	1996	전북	7	7	0	0	4	0	0
	1997	전북	4	5	0	0	0	0	0
	합계		11	12	0	0	4	0	0
프로통산			11	12	0	0	4	0	0

황무규(黃舞奎) 경기대 1982.08.19

대회	연도	소속	출전	교체	득점	도움	파울	경고	퇴장
BC	2005	수원	3	3	0	0	4	0	0
	합계		3	3	0	0	4	0	0
프로통산			3	3	0	0	4	0	0

황병권(黃柄權) 보인고 2000.05.22

대회	연도	소속	출전	교체	득점	도움	파울	경고	퇴장
K2	2019	수원FC	21	21	1	0	16	2	0
	합계		21	21	1	0	16	2	0
프로통산			21	21	1	0	16	2	0

황병근(黃秉根) 국제사이버대 1994.06.14

대회	연도	소속	출전	교체	실점	도움	파울	경고	퇴장
K1	2016	전북	3	0	3	0	0	0	0
	2017	전북	8	0	5	0	0	0	0
	2018	전북	7	0	13	0	0	0	0
	2019	상주	2	0	3	0	0	0	0
	합계		20	0	24	0	0	0	0
프로통산			20	0	24	0	0	0	0

황병주(黃炳柱) 숭실대 1984.03.05

대회	연도	소속	출전	교체	득점	도움	파울	경고	퇴장
BC	2007	대전	1	1	0	0	6	0	0
	2008	대전	11	6	1	0	17	6	0
	합계		12	7	1	0	23	6	0
프로통산			12	7	1	0	23	6	0

황보관(皇甫官) 서울대 1965.03.01

대회	연도	소속	출전	교체	득점	도움	파울	경고	퇴장
BC	1988	유공	23	2	7	5	31	3	0
	1989	유공	8	2	2	1	7	0	0
	1990	유공	7	4	0	0	5	0	0
	1991	유공	22	7	3	2	28	2	0
	1992	유공	35	10	6	4	45	2	0
	1993	유공	18	2	2	3	32	1	0
	1994	유공	28	7	15	7	32	2	2
	1995	유공	30	6	9	5	36	2	0
	합계		171	40	44	27	216	12	2
프로통산			171	40	44	27	216	12	2

황보원(Huang Bowen, 黃博文) 중국 1987.07.13

대회	연도	소속	출전	교체	득점	도움	파울	경고	퇴장
BC	2011	전북	20	5	2	1	37	5	0
	2012	전북	9	4	1	2	6	1	0
	합계		29	9	3	3	43	6	0
프로통산			29	9	3	3	43	6	0

황부철(黃富喆) 아주대 1971.01.20

대회	연도	소속	출전	교체	득점	도움	파울	경고	퇴장
BC	1996	부산	3	2	0	0	5	1	0
	합계		3	2	0	0	5	1	0
프로통산			3	2	0	0	5	1	0

황상필(黃相弼) 동국대 1981.02.01

대회	연도	소속	출전	교체	득점	도움	파울	경고	퇴장
BC	2003	광주상	2	2	0	0	3	0	0
	합계		2	2	0	0	3	0	0
프로통산			2	2	0	0	3	0	0

황석근(黃石根) 고려대 1960.09.03

대회	연도	소속	출전	교체	득점	도움	파울	경고	퇴장
BC	1983	유공	2	2	0	0	0	0	0
	1984	한일은	24	2	5	1	17	0	0
	1985	한일은	14	3	2	1	15	0	0
	1986	한일은	18	6	1	4	12	0	0
	합계		58	13	8	6	44	0	0
프로통산			58	13	8	6	44	0	0

황선일(黃善一) 건국대 1984.07.29

대회	연도	소속	출전	교체	득점	도움	파울	경고	퇴장
BC	2006	울산	1	1	0	0	0	0	0
	2008	울산	5	4	0	0	5	1	0
	합계		6	5	0	0	5	1	0
프로통산			6	5	0	0	5	1	0

황선필(黃善弼) 중앙대 1981.07.14

대회	연도	소속	출전	교체	득점	도움	파울	경고	퇴장
BC	2004	대구	20	2	0	0	38	2	0
	2005	대구	11	2	0	1	22	5	0
	2006	대구	24	7	0	0	39	3	0
	2007	대구	13	5	2	0	13	0	0
	2008	대구	31	11	1	0	26	3	0
	2009	광주상	8	4	0	0	11	2	0
	2010	광주상	13	5	0	0	10	4	0
	2011	전남	1	0	0	0	0	0	0
	2012	부산	1	1	0	0	0	0	0
	합계		122	37	3	1	159	19	0
프로통산			122	37	3	1	159	19	0

황선홍(黃鮮洪) 건국대 1968.07.14

대회	연도	소속	출전	교체	득점	도움	파울	경고	퇴장
BC	1993	포철	1	1	0	0	1	0	0
	1994	포철	14	7	5	3	24	2	0
	1995	포항	26	6	11	6	58	4	0
	1996	포항	18	2	13	5	30	4	0
	1997	포항	1	1	0	1	2	0	0
	1998	포항	3	1	2	1	14	0	0
	2000	수원	1	0	0	0	3	0	0
	합계		64	18	31	16	132	10	0
프로통산			64	18	31	16	132	10	0

황성민(黃聖珉) 한남대 1991.06.23

대회	연도	소속	출전	교체	실점	도움	파울	경고	퇴장
K1	2019	제주	4	0	6	0	0	0	0
	합계		4	0	6	0	0	0	0
K2	2013	충주	19	0	30	0	1	0	0
	2014	충주	21	0	32	0	1	1	0
	2015	충주	33	0	57	0	0	2	0
	2017	안산	30	0	46	0	1	0	0
	2018	안산	20	2	22	0	0	1	0
	합계		123	2	187	0	3	4	0
프로통산			127	2	193	0	3	4	0

황세하(黃世夏) 건국대 1975.06.26

대회	연도	소속	출전	교체	실점	도움	파울	경고	퇴장
BC	1998	대전	3	1	7	0	1	1	0
	1999	대전	0	0	0	0	0	0	0
	합계		3	1	7	0	1	1	0
프로통산			3	1	7	0	1	1	0

황수남(黃秀南) 관동대 1993.02.22

대회	연도	소속	출전	교체	득점	도움	파울	경고	퇴장
K2	2015	충주	5	2	0	0	2	0	0
	2016	충주	19	4	0	0	21	2	0
	합계		24	6	0	0	23	2	0
프로통산			24	6	0	0	23	2	0

황순민(黃順旻) 일본 가미무라고 1990.09.14

대회	연도	소속	출전	교체	득점	도움	파울	경고	퇴장
BC	2012	대구	11	11	0	0	8	1	0
	합계		11	11	0	0	8	1	0
K1	2013	대구	30	23	6	1	23	3	0
	2016	상주	5	5	0	0	3	0	0
	2017	상주	11	6	1	0	11	1	0
	2017	대구	8	5	0	1	10	2	0
	2018	대구	36	22	1	3	31	3	0
	2019	대구	36	16	3	3	20	1	0
	합계		126	77	11	8	98	10	0
K2	2014	대구	33	14	5	5	32	3	0
	2015	대구	10	10	0	1	4	0	0
	합계		43	24	5	6	36	3	0
프로통산			180	112	16	14	142	14	0

황승주(黃勝周) 한양중 1972.05.09

대회	연도	소속	출전	교체	득점	도움	파울	경고	퇴장
BC	1995	현대	1	1	0	0	1	0	0

대회	연도	소속	출전	교체	득점	도움	파울	경고	퇴장
	1996	울산	13	6	1	0	19	1	0
	1997	울산	20	12	1	0	29	3	0
	1998	울산	38	9	1	7	62	7	0
	1999	울산	36	4	0	3	58	4	0
	2000	울산	34	5	0	4	59	4	0
	2001	울산	34	3	0	1	43	3	0
	2002	전북	6	5	0	0	7	0	0
	합계		182	45	3	15	278	22	0
프로통산			182	45	3	15	278	22	0

황승희(黃勝會) 경북산업대(경일대) 1970.06.18

대회	연도	소속	출전	교체	득점	도움	파울	경고	퇴장
BC	1993	대우	1	0	0	0	0	0	0
	합계		1	0	0	0	0	0	0
프로통산			1	0	0	0	0	0	0

황신영(黃信永) 동북고 1994.04.04

대회	연도	소속	출전	교체	득점	도움	파울	경고	퇴장
K2	2015	부천	16	17	1	0	6	0	0
	2016	부천	8	8	0	0	3	1	0
	합계		24	25	1	0	9	1	0
프로통산			24	25	1	0	9	1	0

황연석(黃淵奭) 대구대 1973.10.17

대회	연도	소속	출전	교체	득점	도움	파울	경고	퇴장
BC	1995	일화	30	19	9	3	48	3	0
	1996	천안일	28	22	4	4	26	3	0
	1997	천안일	34	14	6	5	55	1	0
	1998	천안일	23	10	4	0	40	2	0
	1999	천안일	29	8	8	4	77	2	0
	2000	성남일	31	26	5	1	42	2	0
	2001	성남일	28	26	6	2	46	3	0
	2002	성남일	30	31	8	3	26	1	0
	2003	성남일	37	33	5	6	49	1	0
	2004	인천	12	12	2	0	13	0	0
	2005	인천	18	18	1	0	10	0	0
	2006	대구	28	23	6	3	37	2	0
	2007	대구	20	18	0	1	18	0	0
	합계		348	260	64	32	487	20	0
프로통산			348	260	64	32	487	20	0

황영우(黃永瑀) 동아대 1964.02.20

대회	연도	소속	출전	교체	득점	도움	파울	경고	퇴장
BC	1987	포철	20	17	4	0	15	0	0
	1988	포철	18	19	2	2	10	0	0
	1989	포철	19	14	0	1	26	0	0
	1990	포철	11	11	2	0	11	0	0
	1991	LG	26	21	5	2	23	0	0
	1992	LG	10	9	1	2	10	0	0
	1993	LG	7	8	1	0	6	1	0
	합계		111	99	15	7	101	1	0
프로통산			111	99	15	7	101	1	0

황의조(黃義助) 연세대 1992.08.28

대회	연도	소속	출전	교체	득점	도움	파울	경고	퇴장
K1	2013	성남일	22	14	2	1	24	3	0
	2014	성남	28	20	4	0	23	1	0
	2015	성남	34	4	15	3	42	4	0
	2016	성남	37	6	9	3	36	1	0
	합계		121	44	30	7	125	9	0
K2	2017	성남	18	1	5	1	11	1	0
	합계		18	1	5	1	11	1	0
승	2016	성남	1	0	0	0	1	0	0
	합계		1	0	0	0	1	0	0
프로통산			140	45	35	8	137	10	0

황인범(黃仁範) 충남기계공고 1996.09.20

대회	연도	소속	출전	교체	득점	도움	파울	경고	퇴장
K1	2015	대전	14	7	4	1	16	2	0
	합계		14	7	4	1	16	2	0
K2	2016	대전	35	7	5	5	31	4	0
	2017	대전	32	7	4	4	26	4	0
	2018	아산	18	10	1	2	22	2	0
	2018	대전	7	2	2	1	9	2	0
	합계		92	26	12	12	88	12	0
프로통산			106	33	16	13	104	14	0

황인성(黃仁星) 동아대 1970.04.05

대회	연도	소속	출전	교체	득점	도움	파울	경고	퇴장
BC	1995	전남	28	19	4	1	23	3	0
	1996	전남	1	1	0	0	0	0	0
	1997	전남	9	10	0	1	2	0	0
	1998	부천SK	7	8	1	0	4	1	0
	합계		45	38	5	2	29	4	0
프로통산			45	38	5	2	29	4	0

황인수(黃仁洙) 대구대 1977.11.20

대회	연도	소속	출전	교체	득점	도움	파울	경고	퇴장
BC	2000	성남일	13	8	2	2	11	0	0
	2001	성남일	6	6	0	0	3	0	0
	2001	수원	3	3	0	0	6	0	0
	합계		22	17	2	2	20	0	0
프로통산			22	17	2	2	20	0	0

황인재(黃仁具) 남부대 1994.04.22

대회	연도	소속	출전	교체	실점	도움	파울	경고	퇴장
K1	2016	광주	1	1	0	0	0	0	0
	합계		1	1	0	0	0	0	0
K2	2017	안산	6	0	8	1	0	0	0
	2018	성남	1	0	4	0	0	0	0
	2019	안산	18	0	17	0	1	0	0
	합계		25	0	29	1	1	0	0
프로통산			26	1	29	1	1	0	0

황인혁(黃仁赫) 동국대 1995.05.06

대회	연도	소속	출전	교체	득점	도움	파울	경고	퇴장
K1	2017	광주	1	0	0	0	2	0	0
	합계		1	0	0	0	2	0	0
프로통산			1	0	0	0	2	0	0

황인호(黃仁浩) 대구대 1990.03.26

대회	연도	소속	출전	교체	득점	도움	파울	경고	퇴장
K1	2013	제주	2	2	0	0	1	0	0
	합계		2	2	0	0	1	0	0
프로통산			2	2	0	0	1	0	0

황일수(黃一秀) 동아대 1987.08.08

대회	연도	소속	출전	교체	득점	도움	파울	경고	퇴장
BC	2010	대구	30	19	4	5	23	0	0
	2011	대구	32	29	4	3	26	5	0
	2012	대구	40	26	6	8	42	3	0
	합계		102	74	14	16	91	8	0
K1	2013	대구	32	16	8	4	46	7	0
	2014	제주	31	13	7	3	23	1	0
	2016	상주	21	15	2	4	14	1	0
	2017	제주	13	12	2	1	5	1	0
	2018	울산	31	18	4	4	21	0	0
	2019	울산	24	20	3	2	11	0	0
	합계		152	94	26	18	120	10	0
K2	2015	상주	19	18	2	4	7	0	0
	합계		19	18	2	4	7	0	0
프로통산			273	186	42	38	218	18	0

황재만(黃在萬) 고려대 1953.01.24

대회	연도	소속	출전	교체	득점	도움	파울	경고	퇴장
BC	1984	할렐	1	1	0	0	0	0	0
	합계		1	1	0	0	0	0	0
프로통산			1	1	0	0	0	0	0

황재원(黃載元) 아주대 1981.04.13

대회	연도	소속	출전	교체	득점	도움	파울	경고	퇴장
BC	2004	포항	14	7	2	0	10	1	0
	2006	포항	12	1	2	0	28	5	0
	2007	포항	32	1	2	1	42	4	0
	2008	포항	21	0	1	0	27	4	0
	2009	포항	23	4	1	1	57	7	0
	2010	포항	9	1	0	0	23	5	0
	2010	수원	9	1	2	0	11	2	0
	2011	수원	9	1	0	0	10	2	0
	2012	성남일	9	2	1	0	18	4	0
	합계		138	18	11	2	226	34	0
K1	2013	성남일	0	0	0	0	0	0	0
	2017	대구	9	8	0	0	6	1	0
	합계		9	8	0	0	6	1	0
K2	2015	충주	23	9	2	0	18	8	0
	2016	대구	27	6	2	1	17	5	0
	2018	대전	3	3	0	0	0	0	0
	합계		53	18	4	1	35	13	0
프로통산			200	44	15	3	267	48	0

황재필(黃載弼) 연세대 1973.09.09

대회	연도	소속	출전	교체	득점	도움	파울	경고	퇴장
BC	1996	전남	2	2	0	0	2	0	0
	합계		2	2	0	0	2	0	0
프로통산			2	2	0	0	2	0	0

황재훈(黃在君 / ← 황병인) 진주고 1990.11.25

대회	연도	소속	출전	교체	득점	도움	파울	경고	퇴장
BC	2011	상주	4	0	0	0	5	0	0
	2012	상주	1	1	0	0	0	0	0
	2012	경남	1	1	0	0	0	0	0
	합계		6	2	0	0	5	0	0
K1	2016	수원FC	22	3	1	0	26	6	0
	합계		22	3	1	0	26	6	0
K2	2014	충주	5	5	0	0	4	0	0
	2015	수원FC	13	3	0	0	18	2	0
	2017	수원FC	24	4	2	1	17	6	0
	2018	대전	20	1	1	0	19	2	0
	2019	대전	29	6	0	1	22	2	0
	합계		91	19	3	2	80	12	0
승	2015	수원FC	2	0	0	0	2	0	0
	합계		2	0	0	0	2	0	0
프로통산			121	24	4	2	113	18	0

황정만(黃晸萬) 숭실대 1978.01.05

대회	연도	소속	출전	교체	득점	도움	파울	경고	퇴장
BC	2000	수원	0	0	0	0	0	0	0
	합계		0	0	0	0	0	0	0
프로통산			0	0	0	0	0	0	0

황정연(黃正然) 고려대 1953.03.13

대회	연도	소속	출전	교체	득점	도움	파울	경고	퇴장
BC	1983	할렐	13	1	0	1	17	1	0
	1984	할렐	25	0	0	2	33	2	0
	1985	할렐	21	0	0	0	25	1	0
	합계		59	1	0	3	75	4	0
프로통산			59	1	0	3	75	4	0

황준호(黃浚鎬) 개성고 1998.05.04

대회	연도	소속	출전	교체	득점	도움	파울	경고	퇴장
K2	2019	부산	15	8	0	0	5	2	0
	합계		15	8	0	0	5	2	0
프로통산			15	8	0	0	5	2	0

황지수(黃智秀) 호남대 1981.03.27

대회	연도	소속	출전	교체	득점	도움	파울	경고	퇴장
BC	2004	포항	26	2	1	1	48	2	0
	2005	포항	31	2	1	0	65	2	0
	2006	포항	34	3	0	2	88	8	0
	2007	포항	31	5	1	0	78	5	0
	2008	포항	25	2	0	1	43	3	0
	2009	포항	18	3	0	0	39	2	0
	2012	포항	29	12	0	1	47	2	0
	합계		194	29	3	5	408	24	0
K1	2013	포항	29	3	1	2	67	8	0
	2014	포항	21	8	1	1	31	7	0
	2015	포항	30	19	0	4	48	2	0
	2016	포항	26	17	1	0	32	3	0
	2017	포항	20	19	0	0	14	2	0
	합계		126	66	3	7	192	22	0
프로통산			320	95	6	12	600	46	0

황지웅(黃明圭 / ← 황명규) 동국대 1989.04.30

대회	연도	소속	출전	교체	득점	도움	파울	경고	퇴장
BC	2012	대전	20	14	0	0	18	2	0
	합계		20	14	0	0	18	2	0
K1	2013	대전	8	4	3	0	8	2	0
	2015	대전	21	16	0	3	24	0	0
	합계		29	20	3	3	32	2	0
K2	2014	대전	28	24	1	4	13	0	0
	2016	안산	21	17	2	0	14	1	0
	2017	아산	2	2	0	0	1	0	0
	2017	대전	4	4	0	0	1	0	0
	합계		55	47	3	4	29	1	0
프로통산			104	81	6	7	79	5	0

황지윤(黃智允) 아주대 1983.05.28

대회	연도	소속	출전	교체	득점	도움	파울	경고	퇴장
BC	2005	부천SK	0	0	0	0	0	0	0
	2006	제주	8	3	0	0	6	1	0
	2007	제주	30	7	2	0	32	5	0
	2008	대구	31	2	2	0	29	3	0
	2009	대전	28	1	1	0	33	8	0
	2010	대전	23	4	1	0	30	7	0
	2011	상주	1	1	0	0	0	0	0
	합계		121	18	6	0	130	24	0
프로통산			121	18	6	0	130	24	0

황지준(黃智俊) 광주대 1990.02.23

대회	연도	소속	출전	교체	득점	도움	파울	경고	퇴장
BC	2010	포항	1	1	0	0	0	0	0
	2011	대전	14	3	1	1	15	2	1
	2011	부산	11	1	0	0	13	2	0
	2012	부산	0	0	0	0	0	0	0
	합계		26	5	1	1	28	4	1
K2	2013	광주	1	1	0	0	0	0	0
	합계		1	1	0	0	0	0	0
프로통산			1	1	0	0	0	0	0

황진기(黃眞基) 건국대 1986.03.10

대회	연도	소속	출전	교체	득점	도움	파울	경고	퇴장
K1	2013	부산	5	3	0	0	5	1	0
	2014	부산	5	3	0	0	7	3	0
	합계		10	6	0	0	12	4	0
프로통산			36	11	1	1	40	8	1

황진산(黃鎭山) 현대고 1989.02.25

대회	연도	소속	출전	교체	득점	도움	파울	경고	퇴장
BC	2008	울산	0	0	0	0	0	0	0
	2009	대전	4	2	0	0	7	0	0
	2010	대전	18	16	0	2	15	4	0
	2011	대전	31	18	2	2	31	2	0
	2012	대전	9	9	0	0	11	0	0
	합계		62	45	2	4	64	6	0
K1	2013	대전	18	10	1	4	20	2	0
	합계		18	10	1	4	20	2	0
K2	2014	대전	21	17	1	2	11	2	0
	2018	부천	13	13	0	0	12	1	0
	합계		34	30	1	2	23	3	0
프로통산			114	85	4	10	107	11	0

황진성(黃辰成) 전주대 교육대학원 1984.05.05

대회	연도	소속	출전	교체	득점	도움	파울	경고	퇴장
BC	2003	포항	19	16	1	5	19	1	0
	2004	포항	24	20	3	2	17	0	0
	2005	포항	30	24	2	2	30	3	0
	2006	포항	23	16	4	5	47	1	0
	2007	포항	23	17	2	4	37	2	0
	2008	포항	24	22	2	4	35	1	0
	2009	포항	18	13	4	7	26	4	0
	2010	포항	25	16	5	5	35	2	0
	2011	포항	30	21	6	9	58	5	0
	2012	포항	41	11	12	8	63	6	0
	합계		257	176	41	51	367	25	0
K1	2013	포항	22	13	6	7	34	1	0
	2016	성남	10	9	1	2	9	0	0
	2017	강원	31	7	3	5	45	3	0
	2018	강원	16	14	2	2	18	1	0
	합계		79	43	12	16	106	5	0
승	2016	성남	2	1	1	0	6	1	0
	합계		2	1	1	0	6	1	0
프로통산			338	220	54	67	479	31	0

황철민(黃哲民) 동의대 1978.11.20

대회	연도	소속	출전	교체	득점	도움	파울	경고	퇴장
BC	2002	부산	23	15	2	2	26	3	0
	2003	부산	16	9	0	2	12	0	0
	2004	부산	2	2	0	0	0	0	0
	합계		41	26	2	4	38	3	0
프로통산			41	26	2	4	38	3	0

황태현(黃泰顯) 중앙대 1999.01.29

대회	연도	소속	출전	교체	득점	도움	파울	경고	퇴장
K2	2018	안산	2	1	0	1	3	0	0
	2019	안산	18	5	0	3	14	1	0
	합계		20	6	0	4	17	1	0
프로통산			20	6	0	4	17	1	0

황현수(黃賢秀) 오산고 1995.07.22

대회	연도	소속	출전	교체	득점	도움	파울	경고	퇴장
K1	2014	서울	0	0	0	0	0	0	0
	2015	서울	0	0	0	0	0	0	0
	2016	서울	0	0	0	0	0	0	0
	2017	서울	26	2	3	0	34	6	1
	2018	서울	14	1	0	0	7	1	0
	2019	서울	36	1	5	3	29	2	0
	합계		76	4	8	3	70	9	1
프로통산			76	4	8	3	70	9	1

황호령(黃虎領) 동국대 1984.10.15

대회	연도	소속	출전	교체	득점	도움	파울	경고	퇴장
BC	2007	제주	3	1	0	0	4	1	0
	2009	제주	1	1	0	0	0	0	0
	합계		4	2	0	0	4	1	0
프로통산			4	2	0	0	4	1	0

황훈희(黃勳熙) 성균관대 1987.04.06

대회	연도	소속	출전	교체	득점	도움	파울	경고	퇴장
BC	2011	대전	3	3	0	0	1	0	0
	합계		3	3	0	0	1	0	0
K2	2014	충주	4	3	0	0	2	0	0
	합계		4	3	0	0	2	0	0
프로통산			7	6	0	0	3	0	0

황희훈(黃熙訓) 건국대 1979.09.20

대회	연도	소속	출전	교체	득점	도움	파울	경고	퇴장
K2	2013	고양	0	0	0	0	0	0	0
	합계		0	0	0	0	0	0	0
프로통산			0	0	0	0	0	0	0

후고(Hugo Hector Smaldone) 아르헨티나 1968.01.24

대회	연도	소속	출전	교체	득점	도움	파울	경고	퇴장
BC	1993	대우	3	2	0	0	9	0	0
	합계		3	2	0	0	9	0	0
프로통산			3	2	0	0	9	0	0

후치카(Branko Hucika) 크로아티아 1977.07.10

대회	연도	소속	출전	교체	득점	도움	파울	경고	퇴장
BC	2000	울산	1	1	0	0	1	0	0
	합계		1	1	0	0	1	0	0
프로통산			1	1	0	0	1	0	0

훼이종(Jefferson Marques da Conceicao) 브라질 1978.08.21

대회	연도	소속	출전	교체	득점	도움	파울	경고	퇴장
BC	2004	대구	29	13	11	2	81	4	0
	2005	성남일	5	4	1	0	13	1	0
	합계		34	17	12	2	94	5	0
프로통산			34	17	12	2	94	5	0

히우두(Rildo de Andrade Felicissimo) 브라질 1989.03.20

대회	연도	소속	출전	교체	득점	도움	파울	경고	퇴장
K1	2019	대구	11	11	0	0	6	2	0
	합계		11	11	0	0	6	2	0
프로통산			11	11	0	0	6	2	0

히카도(Ricardo Weslei Campelo) 브라질 1983.11.19

대회	연도	소속	출전	교체	득점	도움	파울	경고	퇴장
BC	2009	제주	26	21	6	1	43	5	0
	합계		26	21	6	1	43	5	0
프로통산			26	21	6	1	43	5	0

히카르도(Bueno da Silva Ricardo) 브라질 1987.08.15

대회	연도	소속	출전	교체	득점	도움	파울	경고	퇴장
K1	2015	성남	16	15	2	1	9	1	0
	합계		16	15	2	1	9	1	0
프로통산			16	15	2	1	9	1	0

히카르도(Ricardo da Silva Costa) 브라질 1965.03.24

대회	연도	소속	출전	교체	득점	도움	파울	경고	퇴장
BC	1994	포철	11	3	0	0	12	1	0
	합계		11	3	0	0	12	1	0
프로통산			11	3	0	0	12	1	0

히카르도(Ricardo Campos da Costa) 브라질 1976.06.08

대회	연도	소속	출전	교체	득점	도움	파울	경고	퇴장
BC	2000	안양LG	14	11	2	1	22	3	0
	2001	안양LG	33	4	8	2	63	6	0
	2002	안양LG	33	5	1	3	46	3	1
	2003	안양LG	36	6	6	4	50	4	1
	2004	서울	31	22	1	1	61	6	0
	2005	성남일	28	16	1	1	52	4	0
	2006	성남일	23	10	0	2	44	3	0
	2006	부산	10	7	0	1	12	2	0
	합계		208	81	19	15	350	31	2
프로통산			208	81	19	15	350	31	2

히칼도(Ricardo Nuno Queiros Nascimento) 포르투갈 1974.04.19

대회	연도	소속	출전	교체	득점	도움	파울	경고	퇴장
BC	2005	서울	28	11	4	14	34	7	0
	2006	서울	30	18	3	6	38	9	0
	2007	서울	13	4	1	3	20	7	0
	합계		71	33	8	23	92	23	0
프로통산			71	33	8	23	92	23	0

히칼딩요(Alves Pereira Ricardo) 브라질 1988.08.08

대회	연도	소속	출전	교체	득점	도움	파울	경고	퇴장
K1	2015	대전	7	6	0	1	13	0	0
	합계		7	6	0	1	13	0	0
프로통산			7	6	0	1	13	0	0

히칼딩요(Oliveira Jose Ricardo Santos) 브라질 1984.05.19

대회	연도	소속	출전	교체	득점	도움	파울	경고	퇴장
BC	2007	제주	12	8	3	2	15	0	0
	2008	제주	5	5	0	1	3	2	0
	합계		17	13	3	3	18	2	0
프로통산			17	13	3	3	18	2	0

힝키(Paulo Roberto Rink) 독일 1973.02.21

대회	연도	소속	출전	교체	득점	도움	파울	경고	퇴장
BC	2004	전북	16	11	2	2	45	2	0
	합계		16	11	2	2	45	2	0
프로통산			16	11	2	2	45	2	0

Section 7

2019년 경기기록부

제1조 (목적)_ 본 대회요강은 (사)한국프로축구연맹(이하 '연맹')이 K LEAGUE 1 (이하 'K리그1') 대회 및 경기 운영에 관한 사항을 규정함을 목적으로 한다.

제2조 (용어의 정의)_ 본 대회요강에서 '대회'라 함은 정규 라운드(1~33R)와 파이널 라운드(34~38R)를 모두 말하며, '클럽'이라 함은 연맹의 회원단체인 축구단을, '팀'이라 함은 해당 클럽의 팀을, '홈 클럽'이라 함은 홈경기를 개최하는 클럽을 지칭한다.

제3조 (명칭)_ 본 대회명은 하나원큐 K리그1 2019로 한다.

제4조 (주최, 주관)_ 본 대회는 연맹이 주최(대회를 총괄하여 책임지는 자)하고, 홈 클럽이 주관(주최자의 위임을 받아 대회를 운영하는 자)한다. 홈 클럽의 주관권은 제3자에게 양도할 수 없다.

제5조 (참가 클럽)_ 본 대회 참가 클럽(팀)은 총 12팀(전북 현대, 경남FC, 울산 현대, 포항 스틸러스, 제주 유나이티드, 수원 삼성, 대구FC, 강원FC, 인천 유나이티드, 상주 상무, FC서울, 성남FC)이다.

제6조 (일정)_ 1. 본 대회는 2019.03.01(금)~2019.12.01(일)에 개최하며, 경기일정(대진)은 미리 정한 경기일정표에 의한다.

구분		일정	방식	Round	팀수	경기수	장소
정규 라운드		3.01(목)~ 10.06(일)	3Round robin	33R	12팀	198경기 (팀당 33)	홈 클럽 경기장
파이널 라운드	그룹A	10.19(토)~ 12.01(일)	1Round robin	5R	상위 6팀	15경기 (팀당 5)	
	그룹B				하위 6팀	15경기 (팀당 5)	
계						228경기 (팀당 38경기)	

※ AFC 챔피언스리그 참가팀(클래식)의 결승 진출 여부에 따라 경기일정 변경 가능성 있음.

2. 파이널 라운드(34~38R) 경기일정은 홈경기 수 불일치를 최소화하고 대진의 공정성을 확보하기 위해 정규라운드(1~33R) 홈경기 수 및 대진을 고려하여 최대한 보완되도록 생성하며, 파이널 라운드 홈 3경기 배정 우선순위는 다음과 같다.
   1) 정규 라운드 홈경기를 적게 개최한 클럽(정규 라운드 홈 16경기)
   2) 정규 라운드 성적 상위 클럽

제7조(대회방식)_

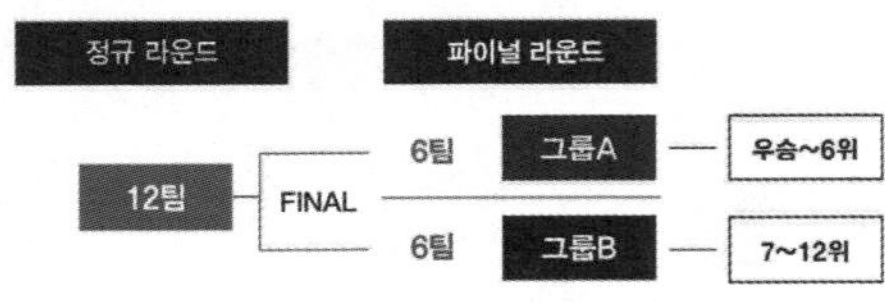

1. 12팀이 3Round robin(33라운드) 방식으로 정규 라운드 진행한다. 정규 라운드 순위 결정은 제28조를 따른다.
2. 정규 라운드(1~33R) 성적에 따라 6팀씩 2개 그룹(1~6위가 그룹A, 7~12위가 그룹B)으로 분리하고 1Round robin(각 5라운드)으로 파이널 라운드를 진행한다.
3. 최종 순위 결정은 제28조에 의한다.

제8조 (참가자격)_ 본 대회를 참가하기 위해 클럽은 'K리그 클럽 라이선싱 규정'을 준수해야 하며, 그에 따라 라이선스를 부여받아야 한다.

제9조 (경기장)_ 1. 모든 클럽은 최상의 상태에서 홈경기를 실시할 수 있도록 경기장을 유지 · 관리할 책임이 있다.
2. 본 대회는 원칙적으로 축구전용경기장에서 개최되어야 한다.
3. 경기장은 법령이 정하는 시설 안전 기준을 충족하여야 한다.
4. 홈 클럽은 경기장을 방문하는 관람객을 위해 관중상해보험에 가입해야 하며, 보험증권을 시즌 개막 7일 전까지 연맹에 제출하여야 한다. 홈 클럽이 연고지역 외, 기타 경기장에서 K리그 경기를 개최하고자 할 경우에는 연맹에 경기개최 승인 요청 시 보험증권을 첨부하여 제출하여야 한다.
5. 각 클럽은 경기장 시설(물)에 대해 연맹의 승인을 득하여야 한다.
6. 경기장은 연맹의 경기장 시설 기준을 준수하여야 하며, 다음 각 호의 조건을 충족하여야 한다.
   1) 그라운드는 천연잔디구장으로 길이 105m, 너비 68m를 권고한다.
   2) 공식경기의 잔디 길이는 2~2.5cm로 유지되어야 하며, 전체에 걸쳐 동일한 길이여야 한다.
   3) 그라운드 외측 주변에는 원칙적으로 축구전용경기장의 경우는 5m 이상, 육상경기겸용경기장의 경우 1.5m 이상의 잔디 부분이 확보되어야 한다.
   4) 골포스트 및 바는 흰색의 둥근 모양(직경12cm)의 철제 관으로 제작되고, 원칙적으로 고정식이어야 한다. 또한 볼의 반발력에 영향을 줄 수 있는 비철제 보강재 사용을 금한다.
   5) 골네트는 원칙적으로 흰색(연맹의 승인을 득한 경우는 제외)이어야 하며, 골네트는 골대 후방에 폴을 세워 안전한 방법으로 부착하여야 한다. 폴은 골대와 구별되는 어두운 색상이어야 한다.
   6) 코너 깃발은 연맹이 지정한 것을 사용하여야 한다.
   7) 각종 라인은 국제축구연맹(이하 'FIFA') 또는 아시아축구연맹(이하 'AFC')이 정한 규격에 따라야 하며, 라인 폭은 12cm로 선명하고 명료하게 그려야 한다(원칙적으로 페인트 방식으로 한다).
7. 필드(그라운드 및 그 주변 부분)에는 경기 운영에 영향을 주거나 선수에게 위험의 우려가 있는 것을 방치 또는 설치해서는 안 된다.
8. 공식경기에서 그라운드에 살수(撒水)를 하는 경우 다음 각 호에 따라 실시한다.
   1) 살수는 경기 킥오프 전 및 하트타임에 실시하며, 경기장에 걸쳐 균등하게 해야 한다.
   2) 경기감독관은 경기 시간 및 날씨, 그라운드 상태, 당일 경기장 행사 등을 고려하여 살수 횟수와 시간을 정하고 이를 홈 클럽 및 원정 클럽 관계자들에게 사전 통보한다.
   3) 홈 클럽은 경기감독관이 정한 횟수와 시간에 따라 살수를 실시해야 하며, 이를 위반할 경우 상벌규정 유형별 징계기준 제5조 바.항에 의거 해당 클럽에 제재를 부과할 수 있다.
9. 경기장 관중석은 좌석수 10,000석 이상을 충족하여야 한다. 이에 미달할 경우, 연맹의 사전 승인을 득하여야 한다.
10. 홈 클럽은 상대 클럽(이하 원정 클럽)을 응원하는 관중을 위해 경기개최 일주일 전까지 원정 클럽이 요청한 적정 수의 좌석을 원정팀과 협의하여 결정한다. 또한, 원정 클럽 관중을 위한 전용출입문, 화장실, 매점 시설 등을 독립적으로 사용할 수 있도록 마련하여야 한다.
11. 경기장은 다음 항목의 부대시설을 갖추도록 권고한다.
   1) 운영 본부실 2) 양 팀 선수대기실(냉 · 난방 및 냉 · 온수 가능)
   3) 심판대기실(냉 · 난방 및 냉 · 온수 가능)
   4) 실내 워밍업 지역 5) 경기감독관석 및 심판감독관석
   6) 경기기록석 7) 의무실
   8) 도핑검사실(냉 · 난방 및 냉 · 온수 가능)
   9) 통제실, 경찰 대기실, 소방 대기실
   10) 실내 기자회견장 11) 기자실 및 사진기자실
   12) 중계방송사룸(TV중계 스태프용) 13) VIP룸
   14) 기자석(메인스탠드 중앙부로 경기장 전체가 관람 가능하고 지붕이 설치되어 있는 한편, 전원 및 노트북 등이 설치 가능한 테이블이 준비되어 있을 것)
   15) 장내방송 시스템 및 장내방송실
   16) TV중계 및 라디오 중계용 방송 부스
   17) 동영상 표출이 가능한 대형 전광판
   18) 출전선수명단 게시판 19) 태극기, 대회기, 연맹기
   20) 입장권 판매소 21) 종합 안내소
   22) 관중을 위한 응급실 23) 화장실
   24) 식음료 및 축구 관련 상품 판매소
   25) TV카메라 설치 공간 26) TV중계차 주차장 공간

27) 케이블 시설 공간 28) 전송용기자재 등 설치 공간
29) 믹스드 존(Mixed Zone) 30) 경기감독관 대기실
31) 기타 연맹이 정하는 시설, 장비

제10조 (조명장치)_ 1. 경기장에는 그라운드 평균 1,200lux 이상 조도를 가진 조명 장치를 설치하여 조명의 밝음을 균일하게 유지하여야 한다. 또한 정전에 대비하여 1,000lux 이상의 조도를 갖춘 비상조명 장치를 구비하여야 한다.

2. 홈 클럽은 경기장 조명 장치의 이상 유・무를 사전에 확인하여 장애를 미연에 방지하는 한편, 고장 시 신속하게 수리할 수 있도록 모든 조치와 최선의 노력을 다하여야 한다.

제11조 (벤치)_ 1. 팀 벤치는 원칙적으로 다음의 요건을 충족하여야 한다.

1) FIFA가 정한 규격의 기술지역(테크니컬에어리어) 내에 설치하여야 한다.
2) 벤치 터치라인으로부터 5m 이상 떨어지는 한편 그 끝이 하프라인으로부터 8m 떨어지는 위치에 설치하여야 한다.
3) 투명한 재질의 지붕을 갖추고 있어야 하며, 최소 20인 이상 앉을 수 있는 좌석이 준비되어야 한다(다만, 관중의 시야를 방해해서는 안 된다).

2. 홈 팀 벤치는 본부석에서 그라운드를 향해 좌측에 설치하여야 한다. 단, 사전 승인 시 우측에 홈 팀 벤치의 설치가 가능하다.

3. 홈, 원정 팀 벤치에는 팀명을 표기한 안내물을 부착하여야 한다.

4. 제4의 심판(대기심판) 벤치를 준비하여야 하며, 다음의 요건을 충족하여야 한다.

1) 벤치 터치라인으로부터 5m 이상 떨어지는 그라운드 중앙에 설치하여야 한다. 단, 방송사의 요청 시에는 카메라 위치에 방해가 되지 않는 위치에 설치하여야 한다.
2) 투명한 재질의 지붕을 갖추고 있어야 한다(다만, 관중의 시야를 방해해서는 안 된다).
3) 대기심판 벤치 내에는 최소 3인 이상 앉을 수 있는 좌석과 테이블이 준비되어야 한다.

제12조 (의료시설)_ 홈 클럽은 선수단, 관계자, 관중 등을 위해 경기개시 90분 전부터 경기종료 후 모든 관중 및 관계자가 퇴장할 때까지 의료진(의사, 간호사, 1급 응급구조사)과 특수구급차를 반드시 대기시켜야 한다. 이를 위반할 경우, 본 대회요강 제39조 5항에 의한다.

제13조 (경기장에서의 고지)_ 1. 홈 클럽은 경기장에서 다음의 각 항목 사항을 전광판 및 장내 아나운서(멘트)를 통해 고지하여야 한다.

1) 공식 대회명칭(반드시 지정된 방식 및 형태에 맞게 전광판 노출)
2) 선수, 심판 및 경기감독관, 심판평가관 소개 3) 대회방식 및 경기방식
4) K리그 선수 입장곡(K리그 앤섬 'Here is the Glory' BGM)
5) 선수 및 심판 교체 6) 득점자 및 득점시간(득점 직후에)
7) 추가시간(전・후반 전광판 고지 및 장내아나운서 멘트 동시 실시)
8) 다른 공식경기의 중간 결과 및 최종 결과
9) 유료관중 수(후반전 15~30분 발표)
10) 경기 중, 경기정보 전광판 표출(양팀 출전선수명단, 경고, 퇴장, 득점)
11) 지진 등 비상상황 발생 시 대피방안
12) VAR 리뷰를 진행할 경우, VAR 영상판독 문구 전광판 표출
13) 상기 1~12호 이외 연맹이 지정하는 사항

2. 홈 클럽은 경기 전・후 및 하프타임에 다음의 각 항목 사항을 실시하는 것이 가능하다.

1) 다음 경기예정 및 안내 2) 연맹의 사전 승인을 얻은 광고 선전
3) 음악방송 4) 팀 또는 선수에 관한 정보 안내
5) 상기 1~4호 이외 연맹의 승인을 얻은 사항

제14조 (홈 경기장에서의 경기개최)_ 각 클럽은 홈경기의 과반 이상을 홈 경기장에서 실시하여야 한다. 다만, 이사회의 승인을 얻은 경우는 제외된다.

제15조 (경기장 점검)_ 1. 홈 클럽이 기타 경기장에서 경기를 개최하고자 할 경우 해당 경기개최 30일 전까지 연맹에 시설 점검을 요청하여 경기장 실사를 받아야 하며, 이때 제출하여야 하는 서류는 다음과 같다.

1) 경기장 시설 현황 2) 홈경기 안전계획서

2. 연맹의 보완 지시가 있을 경우 이에 대한 이행 결과를 경기개최 15일 전까지 서면 보고하여야 한다.

3. 연맹은 서면보고접수 후 재점검을 통해 문제점 보완이 미흡하다고 판단될 경우 경기 개최를 불허한다. 이 경우 홈 클럽은 연고지역 내에서 '법령', 'K리그 경기장 시설기준'에 부합하는 타 경기장(대체구장)을 선정하여 상기 1항, 2항의 절차에 따라 연맹의 승인을 받아야 한다.

4. 홈 클럽이 원하는 경기장에서 경기개최가 불가능하다고 판단될 경우, 본 대회요강 제18조 2항에 따른다(연맹 경기규정 30조 2항).

5. 상기 4항을 이행하지 않는 클럽은 본 대회요강 제20조 1항에 따른다(연맹 경기규정 32조 1항).

제16조 (악천후의 경우 대비조치)_ 1. 홈 클럽은 강설 또는 강우 등 악천후의 경우에도 홈경기가 개최 될 수 있도록 최선의 노력을 해야 한다.

2. 악천후로 인하여 경기개최가 불가능하다고 판단될 경우, 경기감독관은 경기개최 3시간 전까지 경기 개최 중지를 결정하여야 한다.

제17조 (경기중지 결정)_ 1. 경기 전 또는 경기 중 중대한 불상사 등으로 경기를 계속하기 어려운 사태가 발생하였을 경우, 주심은 경기 감독관에게 경기 중지를 요청할 수 있으며, 경기감독관은 동 요청에 의거하여 홈 클럽 및 원정 클럽 관계자의 의견을 참고한 후 경기 중지를 결정할 수 있다.

2. 제1항의 경우 또는 관중의 난동 등으로 경기장의 질서 유지가 어려운 경우, 경기감독관은 주심의 경기중지 요청이 없더라도 경기 중지를 결정할 수 있다.

3. 경기 개최 3시간 전부터 경기 종료 시까지 경기 개최 지역에 미세먼지, 초미세먼지, 황사 등에 관한 경보가 발령되었거나 경보 발령 기준농도를 초과하는 상태인 경우, 경기감독관은 경기의 취소 또는 연기를 결정할 수 있다.

4. 경기감독관은 경기중지 결정을 내린 후, 지체 없이 그 사유를 연맹에 보고하여야 한다.

제18조 (재경기)_ 1. 공식경기가 악천후, 천재지변 등 불가항력에 의하여 경기개최 불능 또는 중지(중단)되었을 경우, 재경기는 원칙적으로 익일 동일 경기장에서 개최한다. 단 연기된 경기가 불가피한 사유로 다시 연기될 경우, 개최일시 및 장소는 해당팀과 협의 후 연맹이 정하여 추후 공시한다.

2. 경기장 준비부족, 시설미비 등 점검미비에 따른 홈 클럽의 귀책사유로 인하여 경기 개최 불능 또는 중지(중단)되었을 경우, 원정 클럽이 24시간 이내 홈경기로 개최할지 여부에 대해 연맹에 서면으로 제출한다. 원정클럽이 홈경기로 개최하지 않을 경우, 상대 클럽(기존 홈 클럽)의 홈경기로 개최된다.

3. 재경기 방식에 대해서는 다음의 각 호에 의한다.

1) 이전 경기에서 양 클럽의 득실차가 없을 때는 90분간 재경기를 실시한다.
2) 이전 경기에서 양 클럽의 득실차가 있을 때는 중지 시점에서부터 잔여 시간만의 재경기를 실시한다.

4. 재경기 시, 상기 1호의 경우 이전 경기에서 발생된 경고, 퇴장 기록만이 인정되며 선수교체는 팀당 최대 3명까지 가능하다. 상기 2호의 경우 이전 경기에서 발생된 모든 기록이 인정되며 선수교체는 이전 경기를 포함하여 3명까지 할 수 있다.

5. 재경기 시, 이전 경기에서 발생된 경고 및 퇴장은 유효하며, 경고 및 퇴장에 대한 처벌(징계)은 경기순서대로 연계 적용한다.

제19조 (귀책사유가 있는 클럽의 비용 보상)_ 1. 홈 클럽의 귀책사유에 의해 공식경기가 개최불능 또는 중지(중단)되었을 경우, 홈 클럽은 원정 클럽에 교통비 및 숙식비를 보상하여야 한다.

2. 원정 클럽의 귀책사유에 의해 공식경기가 개최불능 또는 중지(중단)되었을 경우, 원정 클럽은 홈 클럽에 발생한 경기준비 비용 및 입장권 환불 수수료, 교통비 및 숙식비를 보상하여야 한다.

3. 상기 1항, 2항과 관련하여 천재지변 등 불가항력에 의한 경우는 제외한다.

제20조 (패배로 간주되는 경우)_ 1. 공식경기 개최거부 또는 속행 거부 등(경기장 질서문란, 관중의 난동 포함) 어느 한 클럽의 귀책사유로 인하여 공식경기가 개최불능 또는 중지(중단)되었을 경우, 그 귀책사유가 있는 클럽이 0 : 3 패배한 것으로 간주한다.

2. 공식경기에 무자격선수가 출장한 것이 경기 중 또는 경기 후 발각되어 경기종료 후 48시간 이내에 상대 클럽으로부터 이의가 제기된 경우, 무자격선수가 출장한 클럽이 0 : 3 패배한 것으로 간주한다. 다만, 경기 중 무자격선수가 출장한 것이 발각되었을 경우, 해당 선수를 퇴장시키고 경기는 속행한다.

3. 상기 1항, 2항에 따라 어느 한 클럽의 0 : 3 패배를 결정한 경우에도 양 클럽 선수의 개인기록(출장, 경고, 퇴장, 득점, 도움 등)은 그대로 인정한다.
4. 상기 2항의 무자격 선수는 K리그 미등록 선수, 경고누적 또는 퇴장으로 인하여 출전이 정지된 선수, 상벌 위원회 징계, 외국인 출전제한 규정을 위반한 선수 등 그 시점에서 경기출전 자격이 없는 모든 선수를 의미 한다.

제21조 (대회 중 잔여경기 포기)_ 대회 중 잔여 경기를 포기하는 경우, 다음의 각 항에 의한다.
1. 대회 전체 경기수의 3분의 2 이상을 수행하였을 경우, 지난 경기 결과를 그대로 인정하고, 잔여 경기는 포기한 클럽이 0 : 3 패배한 것으로 간주한다.
2. 대회 전체 경기수의 3분의 2 이상을 수행하지 못했을 경우, 포기한 클럽과의 경기 결과를 모두 무효 처리한다.

제22조 (경기결과 보고)_ 모든 공식경기의 경기결과 보고는 경기감독관 보고서, 심판 보고서, 경기기록지에 의한다.

제23조 (경기규칙)_ 본 대회의 경기는 FIFA 및 KFA의 경기규칙에 따라 실시되며, 특별한 사항이 발생 시에는 연맹이 결정한다.

제24조 (Video Assistant Referee 시행)_ 1. 본 대회는 2016년 3월 IFAB(국제축구평의회)에서 승인된 'Video Assistant Referee'(이하 'VAR')를 2017년 7월 1일부터 시행한다.
2. VAR는 주심 등 심판진을 지원하고 경기 결과를 바꿀 수 있는 명백한 오심을 변경해 공정한 판정을 증대하기 위해 시행하며 본 대회에서는 아래의 4가지 상황에 대해서만 VAR를 적용한다.
  1) 득점 상황　　2) PK(Penalty Kick) 상황
  3) 퇴장 상황　　4) 징계조치 오류
3. VAR의 시행과 관련하여 선수, 코칭스태프, 구단 임직원의 준수사항은 다음과 같다.
  1) 'TV' 신호(Signal)을 그리는 동작을 취하거나 구두로 VAR 확인을 요청할 수 없다. 이를 위반할 시,다음과 같은 제재가 내려진다.
    ① 선수 - 경고　　② 코칭스태프 및 구단 임직원 - 퇴장
  2) 주심 판독 지역(Referee Review Area, 이하 'RRA')에는 오직 주심과 영상관리보조자(Review Assistant, 이하 RA), 심판진만이 진입할 수 있다. 이를 위반할 시 다음과 같은 제재가 내려진다.
    ① 선수 - 경고　　② 코칭스태프 및 구단 임직원 - 퇴장
4. VAR의 시행과 관련하여 홈 구단의 준수사항은 다음과 같다.
  1) 홈 클럽은 VAR가 공식심판진임을 인지하고 VAR차량에 심판실과 동일한 안전계획을 수립해 안전관리를 제공해야 하며, 안전관리 미흡 등 홈 클럽의 귀책사유로 인한 차량 및 장비의 파손 등이 발생하는 경우 이에 따른 손해를 연맹에 배상하여야 한다.
  2) 홈 클럽은 RRA에 심판진과 RA 외 다른 누구도 진입할 수 없도록 관리해야 하며, 관련 안전사고 예방의 의무와 책임이 있다.
  3) 홈 클럽은 VAR 상황 발생 시 판독 중임을 뜻하는 이미지를 판독 종료 시점까지 전광판에 노출해야 하며, 관련 장면 영상을 전광판을 통해 리플레이 할 수 없다.
  4) 홈 클럽이 상기 제1호부터 제3호에서 정한 준수사항을 위반하는 경우, 연맹 상벌 규정 유형별 징계 기준 11조에 따른 징계를 받을 수 있다.
5. VAR는 다음과 같은 이유로 경기가 무효화되지 않는다.
  1) VAR 장비가 작동하지 않은 경우
  2) VAR 판정에 오심이 발생하는 경우
  3) VAR 판독을 진행하지 않겠다고 결정을 내린 경우(안전문제, 신변위협 등)
  4) VAR 판독이 불가능한 경우(영상 앵글의 문제점, 노이즈현상 등)
6. 이 외 사항에 대해서는 IFAB(국제축구평의회)와 FIFA(국제축구연맹)이 정한 바에 따른다.

제25조 (전자장비 사용)_ 1. 선수들의 부상 예방 및 안전과 실시간 전력분석 정보를 활용하기 위해 무선헤드셋과 전자장비(스마트폰, 태블릿PC, 노트북)를 사용할 수 있다.
2. 벤치에서는 무선헤드셋 1대와 스마트폰, 태블릿PC, 노트북 중 1대를 사용할 수 있다.
3. 전자장비 사용 승인은 개막일 전까지 연맹에 장비 사용에 대한 승인을 받아야 한다. 단, 시즌 중 사용 승인 신청을 할 경우 경기 3일 전까지 연맹에 사용 승인을 받아야 한다.
4. 허가되지 않은 전자 장비를 사용하거나, 전자/통신 장비를 이용한 판정항의 시 기술지역에서 퇴장된다.

제26조 (경기시간 준수)_ 1. 본 대회는 90분(전・후반 각 45분) 경기를 실시한다.
2. 모든 클럽은 미리 정해진 경기시작시간(킥오프 타임)과 경기 중 휴식시간(하프타임)을 반드시 준수하여야 한다. 하프타임 휴식은 15분을 초과할 수 없으며, 양 팀 출전선수는 후반전 출전을 위해 후반전 개시 3분 전(하프타임 12분)까지 심판진과 함께 대기 장소에 집결하여야 한다.
3. 경기시작시간과 하프타임 시간을 준수하지 않아 경기가 지연될 경우, 귀책사유가 있는 해당 클럽에 제재금(100만 원 이상)을 부과할 수 있다. 동일 클럽이 위반 행위를 반복할 경우, 직전에 부과한 제재금의 2배를 부과할 수 있다. 단, 1회 부과할 수 있는 최대 제재금은 400만 원 이내로 한다.
4. 경기에 참가하는 팀(코칭스태프, 팀 스태프 포함)은 경기시작 100분 전에 경기장에 도착하여야 한다.
  1) 어느 한 팀이 경기시작 40분 전까지 경기장에 도착하지 못할 경우, 해당 팀은 경기감독관에게 그 사유와 도착예정 시간을 통보하여야 하며, 경기감독관은 경기시간 변경 유무를 심판 및 양 팀 대표자와 협의를 통해 결정한 후, 연맹으로 통보한다.
  2) 경기시간이 변경될 경우, 홈 클럽은 전광판 및 아나운서 멘트를 통해 변경된 경기시간과 변경사유에 대해 고지해야 한다.
  3) 어느 한 팀이 경기시작 시각까지 경기장에 도착하지 않는 경우, 상대팀은 45분간 대기할 의무가 있다. 45분간 대기했음에도 불구하고 상대팀이 도착하지 않을 경우, 경기감독관은 16조 1항에 의한다.
  4) 경기중지에 따라 발생되는 모든 비용에 대한 배상, 책임은 귀책사유가 있는 클럽에 있으며 18조에 따른다.
  5) 홈/원정팀은 경기개최지로의 이동정보를 사전에 숙지할 책임이 있으며, 상황에 따른 추가 이동시간이 필요한지 확인해야 한다. 만일, 팀의 도착 지연으로 킥오프가 지연될 경우, 연맹은 귀책사유가 있는 클럽에 재제를 부과할 수 있다.

제27조 (승점)_ 본 대회의 승점은 승자 3점, 무승부 1점, 패자 0점을 부여한다.

제28조 (순위결정)_ 1. 정규 라운드(1~36R) 순위는 승점 → 다득점 → 득실차 → 다승 → 승자승 → 벌점 → 추첨 순으로 결정한다.
2. 최종순위 결정방식은 다음과 같다.
  1) 정규라운드(1~33R) 성적을 적용하여, 6팀씩 2개 그룹(그룹A, 그룹B)로 분할한다.
  2) 분할 후 그룹A, 그룹B는 별도 운영되며, 정규 라운드 성적을 포함하여 그룹A에 속한 팀이 우승~6위, 그룹B에 속한 팀이 7~12위로 결정한다. (승점 → 다득점 → 득실차 → 다승 → 승자승 → 벌점 → 추첨 순)
  3) 그룹B 팀의 승점이 그룹A 팀보다 높더라도 최종 순위는 7~12위 내에서 결정된다.
3. 벌점에 대한 기준은 다음과 같다.
  1) 경고 및 퇴장 관련 벌점　　① 경고 : 1점　　② 경고 2회 퇴장 : 2점
    ③ 직접 퇴장 : 3점　　④ 경고 1회 후 퇴장 : 4점
  2) 상벌위원회 징계 관련 벌점
    ① 제재금 100만 원당 : 3점　② 출장정지 1경기당 : 3점
  3) 코칭스태프 및 팀 스태프 퇴장, 클럽(임직원 포함)에 부과된 징계는 팀 벌점에 포함한다.
  4) 사후징계 및 감면 결과는 팀 벌점에 포함한다.
4. 개인기록 순위결정
  1) 개인기록순위 결정은 본 대회 정규라운드(1~36R) 성적으로 결정한다.
  2) 득점(Goal) 개인기록순위 결정의 우선 순서는 다음과 같다.
    ① 최다득점선수　② 출전경기가 적은 선수　③ 출전시간이 적은 선수
  3) 도움(Assist) 개인기록순위 결정의 우선 순서는 다음과 같다.
    ① 최다도움선수　② 출전경기가 적은 선수　③ 출전시간이 적은 선수

제29조 (시상)_ 1. 본 대회의 단체상 및 개인상 시상내역은 다음과 같다.

구분		시상내역	비고
단체상	우승	상금 500,000,000원 + 트로피 + 메달	
	준우승	상금 200,000,000원 + 상패	
	페어플레이	상금 10,000,000원 + 상패	
개인상	최다득점선수	상금 5,000,000원 + 상패	대회 개인기록
	최다도움선수	상금 3,000,000원 + 상패	대회 개인기록

2. 페어플레이 평점은 다음과 같다.
   1) 페어플레이 평점은 각 클럽이 본 대회에서 받은 총벌점을 해당 팀 경기수로 나눈 것으로 평점이 낮은 팀이 페어플레이상을 수상한다.
   2) 벌점에 대한 기준은 상기 제28조 3항에 따른다.
   3) 만일 페어플레이 평점이 2개 팀 이상 동일할 경우, 성적 상위팀이 수상한다.
3. 우승 트로피 보관 및 각종 메달 수여는 다음과 같다.
   1) 우승 클럽(팀)에 본 대회 우승 트로피가 수여되며, 우승 트로피를 1년 동안 보관할 수 있다. 수여된 우승 트로피가 연맹에 반납되기 전까지 우승 트로피의 관리(보관, 훼손, 분실 등)에 대한 모든 책임은 해당 클럽(팀)에 있다.
   2) 전년도 우승 클럽(팀)은 우승 트로피를 정규 라운드(33R) 종료 후 연맹에 반납하여야 한다.
   3) 연맹은 아래와 같이 메달을 수여한다.
      ① 우승: 35개의 우승메달　　② 기타 기념메달

제30조 (출전자격)_ 1. K리그 선수규정 4조에 의거하여 선수 등록을 완료한 선수만이 공식경기에 출전할 자격을 갖는다.

2. K리그 선수규정 5조에 의거하여 연맹에 등록을 완료한 코칭스태프 및 팀 스태프 중 출전선수명단에 등재된 자만이 공식경기 중, 벤치에 착석할 수 있으며, 경기 중 기술지역에서의 선수지도행위는 1명만이 할 수 있다(통역 1명 대동 가능).
3. 제재 중인 지도자(코칭스태프, 팀 스태프 포함)는 다음 항목을 준수하여야 한다.
   1) 출전정지제재 중이거나 경기 중 퇴장 조치된 지도자는 공식경기에서 관중석, 선수대기실을 제외한 지역에 대해 출입이 제한되며, 그라운드에서 사전 훈련 및 경기 중 어떠한 지도(지시) 행위도 불가하다.
   2) 징계 중인 지도자(원정팀 포함)가 경기를 관전하고자 할 경우, 홈 클럽은 본부석 쪽에 좌석을 제공하여야 하며, 해당 지도자의 안전을 위한 조치를 취해야 한다.
   3) 상기 제1호를 위반할 경우, 연맹 상벌규정 제12조 제2항에 해당하는 제재를 부과할 수 있다.
4. 준프로 계약을 체결한 선수의 공식경기 출전은 선수규정 부칙 및 '준프로 계약 시행 세칙'을 따른다.

제31조 (출전선수명단 제출의무)_ 1. 공식경기에 참가하는 홈 클럽과 원정 클럽은 경기개시 90분 전까지 경기감독관에게 출전선수명단을 제출하여 승인을 받아야 하며, 출전선수 스타팅 포메이션(Starting Formation)을 별지로 함께 제출하여야 한다.

2. 출전선수명단에는 출전 선수, 코칭스태프 및 팀 스태프 명단, 유니폼 색상이 포함되어야 하며, 제출된 인원만이 해당 공식경기 출전과 팀 벤치 착석 및 기술지역 출입, 선수 지도를 할 수 있다. 단, 출전선수명단에 등재할 수 있는 코칭스태프 및 팀 스태프의 수는 11명까지로 하며, 스카우트, 전력분석관, 장비담당자는 벤치에 착석할 수 없다.
3. 출전선수명단 승인 후에는 선수명단 변경을 할 수 없다. 다만, 경기 개시 전에 선발 출전선수 중 부상 등의 불가피한 사유로 경기출전이 불가능한 선수가 발생한 경우에 그 선발 선수를 후보 선수와 교체할 수 있다.
4. 본 대회의 출전선수명단은 18명을 원칙으로 하며, 다음의 사항을 반드시 준수하여야 한다.
   1) 골키퍼(GK)는 반드시 국내 선수이어야 하며, 후보 골키퍼(GK)는 반드시 1명이 포함되어야 한다.
   2) 외국인선수의 경우, 출전선수명단에 3명까지 등록할 수 있으며 3명까지 경기 출전이 가능하다. 단, AFC 가맹국 국적의 외국인선수는 1명에 한하여 추가 등록과 출전이 가능하다.
   3) 22세 이하(1997.01.01.이후 출생자) 국내선수는 출전선수명단에 최소 2명 이상 포함(등록)되어야 한다. 만일 22세 이하 국내선수가 출전선수명단에 포함되어 있지 않을 경우, 해당 인원만큼 출전선수명단에서 제외한다(즉, 22세 이하 국내선수가 1명 포함될 경우 출전선수명단은 17명으로 하며, 전혀 포함되지 않을 경우, 출전선수명단은 16명으로 한다).
   4) 출전선수명단에 포함된 22세 이하 선수 1명은 반드시 의무선발출전을 해야 한다. 만일 22세 이하 선수가 의무선발출전을 하지 않을 경우, 선수교체 가능인원은 2명으로 제한한다(32조 2항 참조).
   5) 단, 군팀은 위 3항·4항에 적용받지 않으며, 군팀과 경기 시 그 상대팀도 위 3항·4항에 한시적으로 적용받지 않는다.
   6) 클럽에 등록된 22세 이하 국내선수 1명 이상이 KFA 각급 대표팀 선수로 소집(소집일 ~ 해산일)될 경우, 해당 클럽에 한해 소집 기간 동안 개최되는 경기에 의무선발출전 규정(상기 4호)을 적용하지 않으며, 차출된 선수의 수(인원) 만큼 엔트리 등록 규정도 적용하지 않는다.

U22선수 각급대표 소집	출전선수 명단(엔트리)		U22선수 의무선발 출전	선수교체 가능인원	비고
	U22선수 포함 인원	등록가능 인원			
0명	0명	16명	0명	2명	
	1명	17명	1명	3명	U22 선수 의무 선발 출전을 하지 않을 경우, 선수교체 가능인원 2명으로 제한
	2명 이상	18명	1명	3명	
1명	0명	17명	0명	3명	
	1명 이상	18명	0명	3명	
2명 이상	0명	18명	0명	3명	

5. 순연 경기 및 재경기(90분 재경기에 한함)의 출전선수명단은 다시 제출하여야 한다.

제32조 (선수교체)_ 1. 본 대회의 선수 교체는 경기감독관이 승인한 출전선수명단에 의해 후보선수명단 내에서만 가능하다.

2. 선수 교체는 90분 경기에서 3명까지 가능하다. 단, 본 대회요강 제31조 4항-4)호에의 의거, 22세 이하 국내선수가 선발출전하지 않을 경우, 해당 클럽은 2명까지 선수 교체가 가능하다. 이를 위반할 경우 제 20조 2항~4항에 따른다.
3. 출전선수명단 승인(경기감독관 서명) 후, 선발출전선수 11명 중 경기출전이 불가한 선수가 발생할 경우, 전반전 킥오프 전까지 경기감독관의 승인하에 출전선수명단의 교체 대상선수 7명에 한하여 교체할 수 있으며, 교체된 선수는 후보선수명단으로 포함되나 해당 경기에 출전할 수 없다.
   1) 상기 3항의 경우 선수교체 인원으로 적용되지 않으며, 3명의 선수교체 가능 인원 수 는 유효하다.
   2) 선발출전선수 11명 중 22세 이하 (1997.01.01 이후 출생자) 의무선발출전 선수가 출전이 불가하여 후보 선수명단 내의 22세 이하 선수와 교체될 경우 선수교체 가능인원은 3명으로 유지된다. 단, 22세 이하가 아닌 선수와 교체될 경우 제31조 4항 4)호에 의하여 선수교체 가능인원은 2명으로 제한한다.
   3) 출전선수명단 내 교체 대상선수 7명 중 경기출전이 불가한 선수가 발생하더라도 해당 선수는 명단 외 선수와 교체할 수 없다.

제33조 (출전정지)_ 1. 본 대회에서 경고누적에 의한 출전정지 및 퇴장(경고 2회 퇴장, 직접 퇴장, 경고 1회 후 직접 퇴장)에 의한 출전정지는 본 대회(챌린지 플레이오프 포함) 종료까지 연계 적용한다.

2. 경고누적에 의한 출전정지는 경고누적 3회 때마다 다음 1경기가 출전정지 된다.
3. 1경기 경고 2회 퇴장에 의한 출전정지는 다음 1경기가 출전 정지되며, 제재금은 오십만 원(500,000원)이 부과된다. 이 경고는 누적에 산입되지 않는다.
4. 직접 퇴장에 의한 출전정지는 다음 2경기가 출전 정지되며, 제재금은 칠십만 원(700,000원)이 부과된다.
5. 경고 1회 후 직접 퇴장에 의한 출전정지는 다음 2경기가 출전 정지되며, 제재금은 일백만 원(1,000,000원)이 부과된다. 경고 1회는 유효하며, 누적에 산입된다.

6. 제재금은 출전 가능경기 1일 전까지 반드시 해당자 명의로 납부하여야 한다. 이를 위반할 경우, 경기 출전이 불가하다. 출전 가능경기가 남아 있지 않을 경우, 본 대회 종료 15일 이내에 납부하여야 한다.

7. 상벌위원회 징계로 인한 출전정지는 시즌 및 대회에 관계없이 연계 적용한다.

8. 경고, 퇴장, 상벌위원회 징계 등에 따라 출전이 정지된 선수, 코칭스태프, 팀 스태프의 출전으로 인한 모든 책임은 해당 클럽에 있다.

제34조 (유니폼)_ 1. 본 대회는 K리그 마케팅 규정상의 팀 색상 및 유니폼 규정에 따라 반드시 연맹이 승인하고 지정한 유니폼을 착용해야 한다.

2. 선수 번호(배번은 1번~99번으로 한정하며, 배번 1번은 GK에 한함)는 출전선수명단에 기재된 선수 번호와 일치하여야 하며, 배번의 식별이 가능하도록 명확하게 표시되어 있어야 한다.

3. 팀의 주장은 주장인 것을 명확하게 표시하는 완장(Armband)을 착용하여야 한다.

4. 공식경기에 참가하는 모든 클럽은 제1유니폼과 제2유니폼을 필히 지참함을 원칙으로 하며, 경기 전 연맹(경기감독관) 및 상대 클럽과 유니폼 착용 색상과 관련하여 사전 조율하여야 한다. 이를 따르지 않을 경우, 연맹(경기감독관)이 최종 결정한다. 위반한 클럽에 제재금 500만 원을 부과할 수 있다.

5. 동절기 방한용 내피 상의 또는 하의(타이즈)를 착용하고자 할 때는 유니폼(상·하의) 색상과 동일한 색상을 착용하여야 한다. 이를 위반할 경우 공식경기출전이 불가하다.

6. 스타킹과 발목밴드(테이핑)는 동일 색상(계열)이어야 한다. 이를 위반할 경우 심판은 시정을 명할 수 있고, 이에 불응할 경우 경기출전을 금지시킬 수 있다.

제35조 (사용구)_ 본 대회의 공식 사용구는 '아디다스 커넥스트19(Conext19)'로 한다.

제36조 (인터뷰 실시)_ 1. 경기시작 60~50분 전(양 팀 감독 인터뷰 진행 전) 경기감독관실에서 실시한다.

2. 참석자는 해당 경기의 경기감독관, 심판평가관, 주심, 양 팀 감독, 홈경기 운영자(필요 시)로 한다. 홈경기 담당자는 당일 홈경기 관련 특이사항이 있는 경우에만 참석한다.

3. 주요내용은 아래와 같다.

1) 경기와 관련한 리그의 주요방침

2) 판정 가이드라인 등 심판판정에 관한 사항

3) 기타 해당경기 특이사항 공유

제36조 (인터뷰 실시)_ 1. 홈 클럽은 공동취재구역인 믹스드 존(Mixed Zone)과 공식기자회견장을 반드시 마련하고, 양 클럽 홍보담당자는 경기 전 인터뷰, 경기 후 플래시인터뷰, 공식기자회견, 믹스드 존 인터뷰가 원활히 이뤄질 수 있도록 협조하여야 한다.

2. 양 클럽 선수단은 경기장에 도착하여 라커룸으로 이동시 믹스드 존에서 미디어(취재기자에 한함)의 인터뷰에 응하여야 한다.

3. 양 클럽 선수단은 경기개시 90분~70분 전까지 홈 클럽이 지정한 장소(라커 앞, 경기장 출입 통로, 그라운드 주변, 믹스드 존 등)에서 인터뷰에 응하여야 하며, 양 클럽 홍보담당자는 미디어(취재기자에 한함)가 요청하는 선수가 인터뷰에 응할 수 있도록 협조한다.

4. 양 클럽 감독은 경기개시 60분~20분 전까지 미디어(취재기자에 한함)와 약식 인터뷰를 실시하여야 한다.

5. 홈 클럽은 경기종료 직후 중계방송사가 요청하는 감독 또는 선수에 대해 그라운드에서 플래시 인터뷰를 우선 실시하여야 하며, 양 클럽 홍보담당자는 인터뷰 대상자를 경기 종료 전 확인하여 경기종료 직후 인계한다.

6. 홈 클럽은 경기종료 후 15분 이내에 홈 클럽 홍보담당자의 진행 하에 양 클럽 감독과 미디어가 요청하는 선수가 순차적으로 참석하는 공식기자회견을 개최하여야 하며, 양 클럽 홍보담당자는 감독 및 미디어 요청선수가 공식기자회견에 참석할 수 있도록 협조한다.

7. 공식기자회견은 원정 - 홈 클럽 순으로 진행하며, 선수의 순서는 양 클럽 홍보담당자가 협의하여 정한다.

8. 미디어 부재로 공식기자회견을 개최하지 않은 경우, 홈 클럽 홍보담당자는 양 클럽 감독의 코멘트를 경기 종료 1시간 이내에 각 언론사에 배포한다.

9. 제재 중인 지도자(코칭스태프 및 팀 스태프 포함)도 경기 전·후 인터뷰와 공식기자회견 등에 참석해야 한다.

10. 양 클럽 선수단은 공식기자회견이 종료된 이후에 선수단 라커룸을 출발하여 믹스트 존 인터뷰에 응하여야 한다(홈팀 필수/ 원정팀 권고).

11. 모든 기자회견은 연맹이 지정한 인터뷰 배경막(백드롭)을 배경으로 실시하여야 한다.

12. 인터뷰를 실시하지 않거나 공식기자회견에 참석하지 않을 경우, 해당 클럽과 선수, 감독에게 제재금(50만 원 이상)을 부과할 수 있다.

13. 인터뷰에서는 경기의 판정이나 심판과 관련하여 일체의 부정적인 언급이나 표현을 할 수 없으며, 위반 시 다음의 각 호에 의한다.

1) 각 클럽 소속 선수, 코칭스태프, 팀 스태프, 임직원 등 모든 관계자에게 적용되며, 위반할 시 상벌규정 유형별 징계기준 제2조 가, 항 혹은 나, 항을 적용하여 제재를 부과한다.

2) 공식 인터뷰뿐만 아니라 대중에게 공개될 수 있는 어떠한 경로를 통한 언급이나 표현에도 적용된다.

14. 그 밖의 사항은 '2019 K리그 미디어 가이드라인'을 준수하여야 한다.

15. 2019 K리그 미디어가이드라인을 준수하지 않을 경우, 해당시즌 팀 미디어 운영에 제한을 받을 수 있다.

제38조 (중계방송협조)_ 1. 본 대회의 경기 중계방송시 카메라나 중계석 위치 확보, 방송 인터뷰를 위해 모든 클럽은 중계 방송사와 연맹의 요청에 최대한 협조한다.

2. 사전에 지정된 경기시간은 방송사의 요청에 따라 변경될 수 있다.

3. 홈 클럽은 중계방송사를 위한 별도의 공간을 경기시작 4시간 전부터 종료 후, 1시간까지 반드시 마련해야 한다.

제39조 (경기장 안전과 질서유지)_ 1. 홈 클럽은 경기개시 2시간 전부터 경기종료 후 모든 관중 및 관계자가 퇴장할 때까지 선수, 팀 스태프, 심판을 비롯한 전 관계자와 관중의 안전 및 질서 유지에 대한 의무와 책임이 있다.

2. 홈 클럽은 상기 1항의 의무 실시를 위해 최선의 노력을 다해야 하며, 경기장 안전 및 질서를 어지럽히는 관중에 대해 그 입장을 제한하고 강제 퇴장시키는 등의 적정한 조치를 취할 수 있다.

3. 연맹, 클럽, 선수, 코칭스태프 및 팀 스태프, 관계자를 비방하는 사안이나, 경기진행 및 안전에 지장을 줄 수 있는 모든 사안에 대해 관련 클럽은 즉각 이를 시정 조치하여야 한다.

4. 경기감독관은 상기 3항에 해당하는 사안을 경기 중 또는 경기 전·후에 발견하였을 경우 관련 클럽에 시정 조치를 요구할 수 있으며, 관련 클럽은 경기감독관의 지시에 따라야 한다.

5. 상기, 3·4항의 사안이 시정 조치되지 않을 경우, 상벌규정 유형별 징계기준 제5조 마.항 및 바.항에 의거, 해당 클럽에 제재를 부과할 수 있다.

6. 관중의 소요, 난동으로 인해 경기 진행에 문제가 발생하거나, 선수, 심판, 코칭스태프 및 팀 스태프, 미디어를 비롯한 관중의 안전과 경기장 질서 유지에 문제가 발생할 경우에는 관련 클럽이 사유를 불문하고 그에 대한 일체의 책임을 부담한다.

제40조 (홈경기 관리책임자, 홈경기 안전책임자 선정 및 경기장 안전요강)_ 모든 클럽은 경기장 안전 및 원활한 진행을 위해 홈경기 관리책임자 및 홈경기 안전책임자를 선정하여 연맹에 보고하여야 하며, 아래의 경기장 안전요강을 숙지하여 실행하고 관중에게 사전 공지 또는 고지하여야 한다. 또한 홈경기 관리책임자 및 홈경기 안전책임자는 경기감독관의 업무 및 지시 사항에 대해 최대한 협조하여야 한다.

1. 반입금지물: 경기장에 입장하려는 사람 또는 입장한 사람은 홈경기 관리책임자 및 홈경기 안전책임자가 특별히 필요 사항에 의해 허락했을 경우를 제외하고 다음의 각 호에 명시된 것을 가지고 입장할 수 없다.

1) 경기장 관리자에 의해 반입을 금지하고 있는 것

2) 정치적, 사상적, 종교적인 주의 또는 주장 또는 관념을 표시하거나 또는 연상시키고 혹은 대회의 운영에 지장을 미칠 우려가 있는 게시판, 간판, 현수막, 플래카드, 문서, 도면, 인쇄물 등

3) 연맹의 승인을 득하지 않은 특정의 회사 또는 영리기업의 광고를 목적으로

하여 특정의 회사명, 제품명 등을 표시한 것(특정 회사, 제품 등을 연상시키는 것 포함)

4) 그 외 경기운영 또는 진행을 방해하여 타인에게 불편을 주거나 또는 위험하게 하거나 혹은 그러한 우려가 있거나 또는 운영담당 · 보안담당, 경비종사원이 위험성을 인정하는 것

2. 금지행위: 경기장에 입장하려는 사람 또는 입장한 사람은 홈경기 관리책임자 및 홈경기 안전책임자가 특별히 필요 사항에 의해 허락했을 경우를 제외하고는 다음의 각 호에 명시되는 행위를 해서는 안 된다.

1) 경기장 관리자에 의해 금지되고 있는 행위

2) 정당한 입장권 또는 통행증을 소지하지 않고 입장하는 것

3) 항의 집회, 데모 등 대회의 원활한 운영을 저해할 우려가 있는 행위

4) 알코올, 약물 그 외 물질을 소유 및 복용한 상태로 경기장에 입장하는 행위 또는 경기장에 이러한 물질을 방치해 두어 이것들의 영향에 의해 경기운영 또는 타인의 행위 등을 저해하는 행위(알코올 등의 영향에 의해 정상적인 행위를 할 수 없는 우려가 있는 상태일 경우 입장 불가)

5) 해당 경기장(시설) 및 관련 장소에서 권유, 연설, 집회, 포교 등의 행위

6) 정해진 장소 외에서 차량을 운전하거나 주차하는 것

7) 상행위, 기부금 모집, 광고물의 게시 등의 행위

8) 정해진 장소 외에 쓰레기 및 오물을 폐기하는 것

9) 연맹의 승인 없이 영리목적으로 경기장면, 식전행사, 관객 등을 사진 또는 비디오로 촬영하는 것

10) 연맹의 승인 없이 대회의 음성, 영상의 전부 또는 일부를 인터넷 및 미디어를 통해 전달하는 것

11) 경기운영 또는 진행을 방해하여 타인에게 폐를 끼치거나 또는 위험을 미치거나 혹은 그러한 우려가 있으면서 경비종사원이 위험성을 인정한 행위

3. 경기장 관련: 경기장에 입장하려는 사람 또는 입장한 사람은 다음의 각 호에 명시하는 사항을 준수하여야 한다.

1) 입장권, 신분증, 통행증 등의 제시가 요구되었을 때는 이것을 제시해야 함

2) 안전 확보를 위해 수화물, 소지품 등의 검사가 요구되었을 때는 이것에 따라야 함

3) 사건 · 사고가 발생하거나 또는 발생 우려가 예상되는 경우, 경비 종사원 또는 치안 당국의 지시, 안내, 유도 등에 따라 행동할 것

4. 입장거부 또는 퇴장명령

1) 홈경기 관리책임자 및 홈경기 안전책임자는 상기 3-1호, 2호, 3호의 경기장 안전요강을 위반한 사람의 입장을 거부하여 경기장으로부터의 퇴장을 명할 수 있으며, 상기 3항에 의거하여 반입금지물 몰수 등 필요한 조치를 취할 수 있다.

2) 홈경기 관리책임자 및 홈경기 안전책임자는 상기 4-1호에 해당하는 사람 중에서 특히 고의, 상습으로 확인된 사람에 대해서는 이후 개최되는 연맹 주최의 공식경기에 입장을 거부할 수 있다.

3) 홈경기 관리책임자 및 홈경기 안전책임자에 의해 입장이 거부되거나 경기장에서 퇴장을 받았던 사람은 입장권 구입 대금의 환불을 요구할 수 없다.

5. 권한의 위임: 홈경기 관리책임자는 특정 시설에 대해 그 권한을 타인에게 위임할 수 있다.

6. 안전 가이드라인 준수: 모든 클럽은 연맹이 정한 'K리그 안전가이드라인'을 준수하여야 한다.

제41조 (기타 유의사항)_ 각 클럽은 아래의 사항을 숙지하고 준수하여야 한다.

1. 모든 취재 및 방송중계 활동을 위한 미디어 관련 입장자는 2019 K리그 미디어 가이드라인에 따라 입장하여야 하며 이를 준수하여야 한다.
2. 경기에 참가하는 선수단(코칭스태프, 팀 스태프 포함)은 경기시작 100분 전에 경기장에 도착하여야 한다.
3. 오픈경기 및 축구클리닉 등 경기 진행에 영향을 미치는 행사는 본 경기 개최 1시간(60분)전까지 반드시 종료되어야 하며, 연맹에 사전 승인을 받아야 한다.
4. 선수는 신체보호를 위해 반드시 정강이 보호대를 착용하고 경기에 임해야 한다.
5. 경기 중 클럽의 임원, 코칭스태프, 팀 스태프, 선수는 경기장 내에서 흡연을 할 수 없으며, 이를 위반할 경우 퇴장 조치한다.
6. 시상식에는 연맹이 지정한 클럽(팀)과 수상 후보자가 반드시 참석하여야 한다.
7. 체육진흥투표권(스포츠토토 등) 발매 이상 징후 대응경보 발생 시, 경기시작 90분 전 대응 미팅에 관계자(경기감독관, 매치코디네이터, 양 클럽 관계자 및 감독) 등이 참석하여야 한다.
8. 팀 벤치에서 무선통신기(휴대전화 포함) 시스템의 사용은 원칙적으로 불가하다.
9. 경기 중, 교체대상 선수의 워밍업은 연맹이 사전에 지정한 장소에서 실시해야 한다.
10. 경기감독관은 하절기(6~8월) 기간 중, 쿨링 브레이크 제도(워터 타임)의 실시 여부를 결정할 수 있다. 감독관은 경기시작 20분 전, 기온을 측정해 32도(섭씨) 이상일 경우, 심판진과 협의해 실시할 수 있다.
11. 심판 판정에 대한 제소는 불가하다.
12. 전자 퍼포먼스/트래킹 시스템(EPTS)을 사용하는 경우, 사전 승인을 득하여야 한다.

제42조 (부칙)_ 본 대회요강에 명시되지 않은 사항은 K리그 규정, FIFA 규정, K리그 이사회 결정을 준용한다.

• 3월 01일 • 14:00 • 맑음 • 전주 월드컵 • 20,637명
• 주심_ 이동준 • 부심_ 이정민·양재용 • 대기심_ 최현재 • 경기감독관_ 나승화

전북 1 | 1 전반 1 / 0 후반 0 | **대구 1**

퇴장	경고	파울	ST(유)	교체	선수명	배번	위치	위치	배번	선수명	교체	ST(유)	파울	경고	퇴장
0	0	0	0		송범근	31	GK	GK	21	조현우		0	0	0	0
0	0	2	2		김진수	22	DF	DF	3	김우석		0	1	0	0
0	0	3	0		김민혁	92	DF	DF	5	홍정운		0	1	0	0
0	0	1	0		홍정호	26	DF	DF	66	박병현		0	1	1	0
0	0	1	1(1)		최철순	25	DF	MF	20	황순민	6	0	0	0	0
0	0	1	0		신형민	4	MF	MF	29	류재문		1	1	1	0
0	0	4	1(1)		손준호	28	MF	MF	44	츠바사	18	0	2	0	0
0	0	2	2(1)	42	임선영	5	MF	MF	17	김준엽		0	2	0	0
0	1	3	5(3)		로페즈	10	MF	FW	11	세징야		3(2)	1	0	0
0	0	0	1(1)	27	한교원	7	MF	FW	14	김대원	7	1	0	0	0
0	0	1	2	20	김신욱	9	FW	FW	9	에드가		2(2)	4	0	0
0	0	0	0		홍정남	88			25	이준희		0	0	0	0
0	0	0	0		윤지혁	23			4	정태욱		0	0	0	0
0	0	0	0		박원재	19			6	한희훈	후39	0	1	0	0
0	0	0	0		최영준	16	대기	대기	38	장성원		0	0	0	0
0	0	0	0	후23	한승규	42			18	정승원	후18	1	0	0	0
0	0	0	0	후30	문선민	27			30	김진혁		0	0	0	0
0	0	0	0	후17	이동국	20			7	다리오	후31	0	0	0	0
0	1	18	14(7)			0			0			8(4)	14	2	0

● 전반 28분 임선영 PA 정면 L-ST-G (득점: 임선영) 오른쪽

● 전반 22분 세징야 MFR FK ↷ 에드가 PA 정면내 H-ST-G (득점: 에드가/ 도움: 세징야) 오른쪽

• 3월 01일 • 16:00 • 맑음 • 창원 축구센터 • 6,018명
• 주심_ 김용우 • 부심_ 윤광열·방기열 • 대기심_ 성덕효 • 경기감독관_ 김용세

경남 2 | 0 전반 0 / 2 후반 1 | **1 성남**

퇴장	경고	파울	ST(유)	교체	선수명	배번	위치	위치	배번	선수명	교체	ST(유)	파울	경고	퇴장
0	0	0	0		이범수	25	GK	GK	1	김동준		0	0	0	0
0	0	0	0		박광일	2	DF	DF	11	서보민		0	0	0	0
0	0	1	0		최재수	6	DF	DF	5	안영규		0	1	0	0
0	1	0	1		송주훈	90	DF	DF	20	연제운		0	1	0	0
0	0	0	0		이광선	23	DF	DF	16	최오백		1	1	0	0
0	0	1	1(1)		쿠니모토	22	MF	MF	15	문지환		1	2	0	0
0	0	0	0	80	김준범	13	MF	MF	6	김정현		0	3	1	0
0	0	0	3		네게바	77	MF	MF	14	김동현	13	0	0	0	0
0	0	1	2	9	배기종	7	MF	FW	19	마티아스	7	2(1)	5	0	0
0	0	1	3(2)		김승준	10	FW	FW	18	이현일	9	1	2	0	0
0	1	1	1(1)	18	김효기	20	FW	FW	10	문상윤		1	2	0	0
0	0	0	0		손정현	31			21	김근배		0	0	0	0
0	0	0	0		곽태휘	5			40	임승겸		0	0	0	0
0	0	0	0		이승엽	39			24	박태준		0	0	0	0
0	0	0	0		이영재	32	대기	대기	13	김민혁	후5	2(1)	0	0	0
0	0	0	1(1)	후0	머치	80			8	주현우		0	0	0	0
0	0	0	0	후30	박기동	18			7	에델	후16	0	2	0	0
0	0	1	2	후16	룩	9			9	공민현	후27	1(1)	0	0	0
0	2	6	14(5)			0			0			9(3)	19	1	0

● 후반 15분 최재수 PAL 내 → 김승준 GAL R-ST-G (득점: 김승준/ 도움: 최재수) 왼쪽

● 후반 29분 김승준 PAR 내 ~ 쿠니모토 GAL 내 L-ST-G (득점: 쿠니모토/ 도움: 김승준) 왼쪽

● 후반 38분 공민현 GAR ~ 김민혁 GA 정면 R-ST-G (득점: 김민혁/ 도움: 공민현) 왼쪽

• 3월 01일 • 16:00 • 맑음 • 울산 문수 • 13,262명
• 주심_ 김성호 • 부심_ 박상준·구은석 • 대기심_ 최대우 • 경기감독관_ 김형남

울산 2 | 1 전반 0 / 1 후반 1 | **1 수원**

퇴장	경고	파울	ST(유)	교체	선수명	배번	위치	위치	배번	선수명	교체	ST(유)	파울	경고	퇴장
0	0	0	0		오승훈	21	GK	GK	1	김다솔		0	0	0	0
0	1	2	0		박주호	33	DF	DF	33	홍철		0	0	0	0
0	0	1	0		불투이스	38	DF	DF	3	양상민		0	0	0	0
0	0	2	0		윤영선	20	DF	DF	66	김태환		0	2	1	0
0	1	2	0		김태환	23	DF	DF	90	구대영	14	0	1	1	0
0	0	2	1(1)	6	박용우	19	MF	MF	11	임상협	12	0	0	0	0
0	1	3	0		김보경	14	MF	MF	13	박형진		1	2	0	0
0	0	0	2(2)	22	믹스	42	MF	MF	6	송진규	18	0	1	0	0
0	1	1	1		신진호	10	MF	MF	7	바그닝요		1	3	1	0
0	1	2	1(1)	7	이동경	15	MF	FW	26	염기훈		2(2)	0	0	0
0	0	1	4(4)		주니오	9	FW	FW	10	데얀		3(2)	2	0	0
0	0	0	0		조수혁	1			19	노동건		0	0	0	0
0	0	0	0		강민수	4			5	조성진		0	0	0	0
0	0	0	1(1)	후31	정동호	22			39	민상기		0	0	0	0
0	0	0	0	후49	정재용	6	대기	대기	12	박대원	후42	0	0	0	0
0	0	0	0		박하빈	24			8	사리치		0	0	0	0
0	0	2	3(2)	전35	김인성	7			14	전세진	후12	1(1)	0	0	0
0	0	0	0		김수안	29			18	타가트	후0	1(1)	1	0	0
0	5	18	13(11)			0			0			9(6)	12	3	0

● 전반 12분 주니오 PK-R-G (득점: 주니오) 오른쪽

● 후반 9분 주니오 PAR 내 ~ 김인성 GAL 내 R-ST-G (득점: 김인성/ 도움: 주니오) 왼쪽

● 후반 17분 데얀 PA 정면내 H~ 타가트 GA 정면 R-ST-G (득점: 타가트/ 도움: 데얀) 오른쪽

• 3월 02일 • 14:00 • 맑음 • 인천 전용 • 18,541명
• 주심_ 김대용 • 부심_ 김계용·김지욱 • 대기심_ 최현재 • 경기감독관_ 차상해

인천 1 | 0 전반 1 / 1 후반 0 | **1 제주**

퇴장	경고	파울	ST(유)	교체	선수명	배번	위치	위치	배번	선수명	교체	ST(유)	파울	경고	퇴장
0	0	0	0		정산	1	GK	GK	18	이창근		0	0	0	0
0	0	1	0		김진야	13	DF	DF	6	박진포		1	1	1	0
0	0	1	0		부노자	20	DF	DF	5	권한진		0	0	0	0
0	0	0	0	14	김정호	44	DF	DF	15	알렉스		1	1	0	0
0	1	1	1(1)		김동민	47	DF	DF	33	강윤성		0	2	1	0
0	0	2	1(1)		임은수	39	MF	MF	7	권순형	16	1	2	0	0
0	0	2	2(1)	29	허용준	19	MF	MF	14	이창민		4(3)	0	0	0
0	0	0	1(1)		박세직	17	MF	MF	23	아길라르	19	2(2)	1	0	0
0	0	0	0		하마드	10	MF	MF	11	김호남		1	1	0	0
0	0	3	0	11	남준재	7	MF	MF	17	이은범	10	1(1)	0	0	0
0	0	2	3(2)		무고사	9	FW	FW	9	찌아구		1(1)	2	0	0
0	0	0	0		이태희	21			1	황성민		0	0	0	0
0	0	1	0	후37	양준아	14			36	김동우		0	0	0	0
0	0	0	0		곽해성	26			4	김승우		0	0	0	0
0	0	0	0		이정빈	8	대기	대기	19	임찬울	후27	0	0	1	0
0	0	0	0	후41	문창진	11			16	이동수	후42	0	0	0	0
0	0	0	0		콩푸엉	23			21	김성주		0	0	0	0
0	0	0	0	후26	김보섭	29			10	마그노	후4	3(2)	0	0	0
0	1	13	8(6)			0			0			15(9)	10	3	0

● 후반 15분 무고사 PK-R-G(득점: 무고사) 왼쪽

● 전반 35분 아길라르 MF 정면 ~ 이창민 MFR R-ST-G (득점: 이창민/ 도움: 아길라르) 왼쪽

• 3월 02일 • 16:00 • 흐림 • 상주 시민 • 5,372명
• 주심_ 박병진 • 부심_ 노수용·김성일 • 대기심_ 신용준 • 경기감독관_ 최상국

상주 2   0 전반 0 / 2 후반 0   **0 강원**

퇴장	경고	파울	ST(유)	교체	선수명	배번	위치	위치	배번	선수명	교체	ST(유)	파울	경고	퇴장
0	0	0	0		윤보상	21	GK	GK	1	김호준		0	0	0	0
0	1	1	3(1)		김영빈	2	DF	DF	22	정승용		1	4	0	0
0	0	0	2(2)		김민우	7	DF	DF	99	김오규		1	2	1	0
0	0	3	0	16	송시우	9	FW	DF	20	한용수	77	0	3	0	0
0	0	1	0		권완규	12	DF	DF	17	신광훈		0	0	0	0
0	0	1	1(1)		안진범	13	MF	MF	13	한국영		1(1)	2	0	0
0	0	2	4(3)		윤빛가람	14	MF	MF	14	오범석		0	2	0	0
0	0	1	1	19	신창무	18	FW	MF	29	이현식	10	0	1	0	0
0	1	3	0	20	김경재	23	MF	MF	7	정석화		0	0	0	0
0	0	2	1		이규성	24	MF	FW	9	정조국	4	2(2)	0	0	0
0	0	2	0		이태희	32	DF	FW	55	제리치		0	1	0	0
0	0	0	0		권태안	1	대기	대기	16	함석민		0	0	0	0
0	0	0	0		장은규	4			4	발렌티노스	후9	0	0	0	0
0	0	0	0		이상협	8			19	박창준		0	0	0	0
0	0	0	0	후44	송수영	16			23	강지훈		0	0	0	0
0	0	1	2(1)	후21	박용지	19			8	이재권		0	0	0	0
0	0	0	0	후45	백동규	20			10	빌비야	후25	0	0	0	0
0	0	0	0		이민기	30			77	김지현	후37	0	0	0	0
0	2	17	14(8)			0			0			5(3)	15	1	0

● 후반 9분 윤빛가람 PA 정면 R-ST-G (득점: 윤빛가람) 오른쪽
● 후반 29분 송시우 GAR ↷ 박용지 GAL H-ST-G (득점: 박용지/ 도움: 송시우) 오른쪽

• 3월 03일 • 14:00 • 맑음 • 서울 월드컵 • 15,525명
• 주심_ 김우성 • 부심_ 곽승순·강동호 • 대기심_ 정동식 • 경기감독관_ 김진의

서울 2   2 전반 0 / 0 후반 0   **0 포항**

퇴장	경고	파울	ST(유)	교체	선수명	배번	위치	위치	배번	선수명	교체	ST(유)	파울	경고	퇴장
0	0	0	0		유상훈	1	GK	GK	31	강현무		0	0	0	0
0	1	5	4(2)		황현수	2	DF	DF	2	심상민		0	0	0	0
0	0	4	1		김원균	40	DF	DF	4	전민광		0	0	0	0
0	0	1	1(1)		이웅희	3	DF	DF	24	배슬기		0	0	0	0
0	0	1	1		고광민	27	MF	DF	13	김용환		0	0	0	0
0	0	1	3(2)		윤종규	23	MF	MF	16	유준수		0	0	0	0
0	0	0	1(1)		정현철	24	MF	MF	7	이석현	22	0	1	0	0
0	0	2	6(1)		알리바예프	9	MF	MF	12	김승대		0	1	0	0
0	0	2	1	8	고요한	13	MF	FW	77	완델손		1	3	0	0
0	0	1	2	33	박주영	10	FW	FW	8	이진현	14	0	0	0	0
0	0	2	1(1)	18	박동진	50	FW	FW	10	데이비드	17	1	1	0	0
0	0	0	0		양한빈	21	대기	대기	1	류원우		0	0	0	0
0	0	0	0		김원식	15			5	하창래		0	0	0	0
0	0	0	0		김한길	14			19	이상기		0	0	0	0
0	0	0	0		하대성	16			57	이수빈		0	0	0	0
0	0	0	1(1)	후40	정원진	8			17	하승운	후9	0	2	0	0
0	1	0	0	후21	조영욱	18			14	김지민	후40	0	0	0	0
0	0	1	0	후46	이인규	33			22	김도형	후27	0	0	0	0
0	2	20	22(9)			0			0			2	8	0	0

● 전반 10분 황현수 GA 정면내 H-ST-G (득점: 황현수) 오른쪽
● 전반 28분 알리바예프 AK 정면 ~ 황현수 PAR 내 R-ST-G (득점: 황현수/ 도움: 알리바예프) 오른쪽

• 3월 09일 • 14:00 • 맑음 • DGB대구은행파크 • 12,172명
• 주심_ 김희곤 • 부심_ 윤광열·방기열 • 대기심_ 신용준 • 경기감독관_ 신홍기

대구 2   0 전반 0 / 2 후반 0   **0 제주**

퇴장	경고	파울	ST(유)	교체	선수명	배번	위치	위치	배번	선수명	교체	ST(유)	파울	경고	퇴장
0	1	0	0		조현우	21	GK	GK	18	이창근		0	0	0	0
0	0	1	0		김우석	3	DF	DF	6	박진포	17	0	0	0	0
0	0	0	1		홍정운	5	DF	DF	5	권한진		1(1)	1	0	0
0	0	3	1		박병현	66	DF	DF	15	알렉스		0	0	0	0
0	0	0	1	38	황순민	20	MF	DF	33	강윤성		0	1	0	0
0	0	1	1	6	츠바사	44	MF	MF	7	권순형		0	1	0	0
0	0	0	0	29	정승원	18	MF	MF	14	이창민		3(2)	0	0	0
0	0	1	0		김준엽	17	MF	MF	23	아길라르		1(1)	4	1	0
0	1	4	6(2)		세징야	11	FW	MF	21	김성주	19	3(2)	0	0	0
0	0	0	4(1)		김대원	14	FW	MF	10	마그노		0	1	0	0
0	0	0	5(2)		에드가	9	FW	FW	9	찌아구	11	1	0	0	0
0	0	0	0		이준희	25	대기	대기	1	황성민		0	0	0	0
0	0	0	0		정태욱	4			36	김동우		0	0	0	0
0	0	0	0	후43	한희훈	6			4	김승우		0	0	0	0
0	0	0	0	후33	장성원	38			19	임찬울	후36	0	0	0	0
0	0	0	0	후22	류재문	29			16	이동수		0	0	0	0
0	0	0	0		김진혁	30			11	김호남	후14	1(1)	1	0	0
0	0	0	0		다리오	7			17	이은범	전44	0	0	0	0
0	2	10	19(5)			0			0			10(7)	9	1	0

● 후반 31분 에드가 AK 정면 R-ST-G (득점: 에드가) 오른쪽
● 후반 39분 세징야 C.KL ~ 김대원 GAL R-ST-G (득점: 김대원/ 도움: 세징야) 오른쪽

• 3월 09일 • 14:00 • 맑음 • 인천 전용 • 8,108명
• 주심_ 이동준 • 부심_ 박상준·양재용 • 대기심_ 김동인 • 경기감독관_ 김호영

인천 2   2 전반 0 / 0 후반 1   **1 경남**

퇴장	경고	파울	ST(유)	교체	선수명	배번	위치	위치	배번	선수명	교체	ST(유)	파울	경고	퇴장
0	0	0	0		정산	1	GK	GK	25	이범수		0	0	0	0
0	1	1	1(1)		김진야	13	DF	DF	2	박광일		1(1)	0	0	0
0	0	1	0		부노자	20	DF	DF	16	이광진		0	3	0	0
0	1	1	0		김정호	44	DF	DF	90	송주훈		0	0	0	0
0	0	2	1(1)		김동민	47	DF	DF	15	우주성		1	3	0	0
0	1	4	1(1)		임은수	39	MF	MF	22	쿠니모토		1(1)	3	1	0
0	0	2	0	14	허용준	19	MF	MF	13	김준범	80	0	2	0	0
0	0	1	1	23	박세직	17	MF	MF	77	네게바	18	2(1)	0	0	0
0	0	0	2(1)		하마드	10	MF	MF	7	배기종		0	2	0	0
0	0	0	1(1)	29	남준재	7	MF	FW	9	룩		1(1)	0	0	0
0	0	1	3(1)		무고사	9	FW	FW	20	김효기	10	0	0	0	0
0	0	0	0		이태희	21	대기	대기	31	손정현		0	0	0	0
0	0	0	0		이재성	15			5	곽태휘		0	0	0	0
0	0	0	0		곽해성	26			88	김종진		0	0	0	0
0	0	0	0	후36	양준아	14			32	이영재		0	0	0	0
0	0	0	0		이정빈	8			80	머치	후0	2	4	1	0
0	0	0	0	후50	콩푸엉	23			18	박기동	후28	1(1)	0	0	0
0	0	1	1(1)	후6	김보섭	29			10	김승준	후0	1(1)	1	0	0
0	3	14	11(7)			0			0			10(6)	18	2	0

● 전반 19분 무고사 자기 측 센터서클 ↷ 남준재 AK 내 R-ST-G (득점: 남준재/ 도움: 무고사) 오른쪽
● 전반 26분 하마드 GAR EL → 무고사 GAR 내 R-ST-G (득점: 무고사/ 도움: 하마드) 오른쪽
● 후반 33분 박기동 GAR 내 R-ST-G (득점: 박기동) 오른쪽

• 3월 09일 • 16:00 • 맑음 • 수원 월드컵 • 19,164명
• 주심_ 고형진 • 부심_ 노수용·김성일 • 대기심_ 김영수 • 경기감독관_ 차상해

수원 0   0 전반 3 / 0 후반 1   **4 전북**

퇴장	경고	파울	ST(유)	교체	선수명	배번	위치	위치	배번	선수명	교체	ST(유)	파울	경고	퇴장
0	0	0	0		김다솔	1	GK	GK	31	송범근		0	0	0	0
0	0	4	0		홍철	33	DF	DF	35	명준재		0	2	0	0
0	0	0	0	18	김민호	20	DF	DF	26	홍정호		1	1	0	0
0	0	1	0		고명석	4	DF	DF	92	김민혁		0	0	0	0
0	0	2	0		김태환	66	DF	DF	22	김진수		0	1	0	0
0	0	0	1		고승범	77	MF	MF	7	한교원	27	1	0	0	0
0	1	1	1	9	임상협	11	MF	MF	16	최영준		1	2	0	0
0	1	2	2(1)		전세진	14	MF	MF	28	손준호	42	1	6	1	0
0	0	0	0	7	유주안	28	MF	MF	10	로페즈		3(3)	5	0	0
0	0	1	0		염기훈	26	MF	MF	14	이승기	4	2(1)	0	0	0
0	0	0	1		데얀	10	FW	FW	9	김신욱		1(1)	0	0	0
0	0	0	0		노동건	19	대기	대기	88	홍정남		0	0	0	0
0	0	0	0		박대원	12			23	윤지혁		0	0	0	0
0	0	0	0		구자룡	15			13	이주용		0	0	0	0
0	0	0	0		조성진	5			4	신형민	후16	1	1	0	0
0	0	3	1(1)	후0	바그닝요	7			42	한승규	후29	0	0	0	0
0	0	2	1	후13	한의권	9			27	문선민	후0	2(2)	0	0	0
0	0	2	2(1)	전25	타가트	18			20	이동국		0	0	0	0
0	2	18	9(3)			0			0			13(7)	18	1	0

●전반 2분 김신욱 HLL H→ 로페즈 PAL 내 R-ST-G (득점: 로페즈/ 도움: 김신욱) 오른쪽
●전반 12분 한교원 MFR ↷ 김신욱 GA 정면 R-ST-G (득점: 김신욱/ 도움: 한교원) 가운데
●전반 21분 한교원 MFR ~ 로페즈 AK 정면 R-ST-G (득점: 로페즈/ 도움: 한교원) 오른쪽
●후반 21분 로페즈 PAR ↷ 문선민 PAL 내 R-ST-G (득점: 문선민/ 도움: 로페즈) 왼쪽

• 3월 10일 • 14:00 • 비 • 포항 스틸야드 • 13,464명
• 주심_ 정동식 • 부심_ 김계용·구은석 • 대기심_ 신용준 • 경기감독관_ 최상국

포항 1   1 전반 1 / 0 후반 1   **2 상주**

퇴장	경고	파울	ST(유)	교체	선수명	배번	위치	위치	배번	선수명	교체	ST(유)	파울	경고	퇴장
0	0	0	0		강현무	31	GK	GK	21	윤보상		0	0	0	0
0	0	0	0	11	심상민	2	DF	DF	2	김영빈		0	1	1	0
0	0	1	0		배슬기	24	DF	DF	7	김민우		0	2	0	0
0	1	2	0		하창래	5	DF	FW	9	송시우	20	5(3)	2	0	0
0	0	1	0		김용환	13	DF	DF	12	권완규		0	1	0	0
0	0	1	0		유준수	16	MF	MF	13	안진범		0	1	0	0
0	0	2	0	17	이진현	8	MF	MF	14	윤빛가람		3(1)	1	0	0
0	0	0	0		김승대	12	MF	FW	18	신창무	19	0	0	0	0
0	0	1	2(1)		완델손	77	FW	MF	23	김경재		0	1	1	0
0	0	0	1		김도형	22	FW	MF	24	이규성		0	0	0	0
0	0	0	1(1)	7	데이비드	10	FW	DF	32	이태희		0	0	0	0
0	0	0	0		류원우	1	대기	대기	1	권태안		0	0	0	0
0	0	0	0		전민광	4			4	장은규		0	0	0	0
0	0	0	0		이상기	19			8	이상협		0	0	0	0
0	0	0	0		이수빈	57			16	송수영	후32	0	1	0	0
0	0	0	0	후0	이석현	7			19	박용지	후10/16	1	0	0	0
0	0	0	0	후15	하승운	17			20	백동규	후36	0	1	0	0
0	0	0	1	후22	이광혁	11			30	이민기		0	0	0	0
0	1	8	5(2)			0			0			9(4)	11	2	0

●전반 5분 데이비드 PK-R-G(득점: 데이비드) 왼쪽
●전반 14분 윤빛가람 AK 정면 ~ 송시우 PK 좌측지점 L-ST-G (득점: 송시우/ 도움: 윤빛가람) 왼쪽
●후반 9분 안진범 PAR ↷ 송시우 GAR 내 H-ST-G (득점: 송시우/ 도움: 안진범) 오른쪽

• 3월 10일 • 14:00 • 흐림 • 춘천 송암 • 2,834명
• 주심_ 김용우 • 부심_ 곽승순·강동호 • 대기심_ 조지음 • 경기감독관_ 나승화

강원 0   0 전반 0 / 0 후반 0   **0 울산**

퇴장	경고	파울	ST(유)	교체	선수명	배번	위치	위치	배번	선수명	교체	ST(유)	파울	경고	퇴장
0	0	0	0	16	김호준	1	GK	GK	21	오승훈		0	0	0	0
0	0	1	1	9	강지훈	23	DF	DF	33	박주호		0	1	0	0
0	0	0	0		김오규	99	DF	DF	38	불투이스		0	2	0	0
0	0	1	1		한용수	20	DF	DF	20	윤영선		0	1	1	0
0	0	0	2		신광훈	17	DF	DF	23	김태환		1(1)	1	0	0
0	0	0	1		한국영	13	MF	MF	6	정재용		1	2	1	0
0	1	1	1(1)		오범석	14	MF	MF	14	김보경		3(3)	1	0	0
0	0	0	1		조지훈	6	MF	MF	15	이동경	7	3(1)	2	0	0
0	0	0	2(1)		정석화	7	FW	MF	10	신진호	19	0	3	0	0
0	0	0	1(1)		김현욱	11	FW	MF	22	정동호	24	2(2)	1	0	0
0	0	2	4	19	김지현	77	FW	FW	9	주니오		2(2)	3	0	0
0	0	0	0	후0	함석민	16	대기	대기	1	조수혁		0	0	0	0
0	0	0	0		이재익	5			4	강민수		0	0	0	0
0	0	0	0		정승용	22			27	김창수		0	0	0	0
0	0	0	0	후37	박창준	19			19	박용우	후24	0	1	0	0
0	0	0	0		이재권	8			24	박하빈	후37	0	0	0	0
0	0	0	0		빌비야	10			7	김인성	후0	1(1)	0	0	0
0	0	0	1	후30	정조국	9			29	김수안		0	0	0	0
0	1	5	15(3)			0			0			13(10)	18	2	0

• 3월 10일 • 16:00 • 흐림 • 성남 종합 • 11,238명
• 주심_ 송민석 • 부심_ 이정민·김지욱 • 대기심_ 최현재 • 경기감독관_ 김형남

성남 0   0 전반 1 / 0 후반 0   **1 서울**

퇴장	경고	파울	ST(유)	교체	선수명	배번	위치	위치	배번	선수명	교체	ST(유)	파울	경고	퇴장
0	0	0	0		김동준	1	GK	GK	1	유상훈		0	0	0	0
0	0	3	0		안영규	5	DF	DF	2	황현수		1(1)	1	0	0
0	0	0	0		연제운	20	DF	DF	40	김원균		0	1	0	0
0	0	1	0	26	최준기	3	DF	DF	3	이웅희		0	0	0	0
0	0	0	5(1)		서보민	11	MF	MF	27	고광민		0	0	0	0
0	0	3	0		김정현	6	MF	MF	23	윤종규		1(1)	0	0	0
0	0	1	0	17	김동현	14	MF	MF	24	정현철		0	1	0	0
0	0	1	1	19	최오백	16	MF	MF	9	알리바예프	16	1	1	0	0
0	1	2	3(2)		에델	7	FW	MF	13	고요한		1(1)	6	0	0
0	0	3	2(1)		공민현	9	FW	FW	10	박주영	72	1	3	1	0
0	0	2	2(1)		김민혁	13	FW	FW	50	박동진	18	0	1	1	0
0	0	0	0		김근배	21	대기	대기	21	양한빈		0	0	0	0
0	0	0	0		문지환	15			15	김원식		0	0	0	0
0	1	1	0	후36	임채민	26			14	김한길		0	0	0	0
0	0	0	0		박태준	24			16	하대성	후46	0	0	0	0
0	0	0	0		주현우	8			18	조영욱	후18	0	2	0	0
0	0	2	0	후9	조성준	17			33	이인규		0	0	0	0
0	0	0	0	후30	마티아스	19			72	페시치	후32	0	1	0	0
0	2	19	13(5)			0			0			5(3)	17	2	0

●전반 46분 박동진 PAL 내 ~ 고요한 GAR R-ST-G (득점: 고요한/ 도움: 박동진) 오른쪽

• 3월 16일 • 14:00 • 맑음 • 상주 시민 • 3,428명
• 주심_ 김성호 • 부심_ 곽승순·방기열 • 대기심_ 최현재 • 경기감독관_ 김형남

상주 2 0 전반 0 / 2 후반 0 **0 인천**

퇴장	경고	파울	ST(유)	교체	선수명	배번	위치	위치	배번	선수명	교체	ST(유)	파울	경고	퇴장
0	0	0	0		윤보상	21	GK	GK	1	정산		0	0	0	0
0	0	1	0		김영빈	2	DF	DF	13	김진야		1(1)	2	0	0
0	0	1	1(1)		김민우	7	DF	DF	20	부노자		0	1	0	0
0	1	5	2	16	송시우	9	FW	DF	44	김정호		0	1	0	0
0	1	4	0		권완규	12	DF	DF	47	김동민		1(1)	1	0	0
0	0	0	1	20	안진범	13	MF	MF	39	임은수		1	3	1	0
0	0	3	3(2)		윤빛가람	14	MF	MF	19	허용준		3(3)	1	0	0
0	0	3	1	19	신창무	18	FW	MF	17	박세직	23	2(1)	1	0	0
0	0	0	0		김경재	23	MF	MF	10	하마드	29	4(1)	1	0	0
0	0	2	0		이규성	24	MF	MF	7	남준재	8	0	1	0	0
0	0	0	2		이태희	32	DF	FW	9	무고사		2(1)	2	0	0
0	0	0	0		권태안	1			21	이태희		0	0	0	0
0	0	0	0		장은규	4			15	이재성		0	0	0	0
0	0	0	0		이상협	8			26	곽해성		0	0	0	0
0	0	1	0	후41	송수영	16	대기	대기	14	양준아		0	0	0	0
0	0	1	1(1)	후0	박용지	19			8	이정빈	후20	1	0	0	0
0	0	0	0	후47	백동규	20			23	콩푸엉	후20	0	0	0	0
0	0	0	0		이민기	30			29	김보섭	후33	1	0	0	0
0	2	21	11(4)			0			0			16(8)	14	1	0

● 후반 7분 김민우 PAL ~ 박용지 GA 정면 L-ST-G (득점: 박용지/ 도움: 김민우) 왼쪽
● 후반 37분 김영빈 GAL → 김민우 GAR 내 R-ST-G (득점: 김민우/ 도움: 김영빈) 오른쪽

• 3월 16일 • 16:00 • 흐림 • 서울 월드컵 • 13,789명
• 주심_ 정동식 • 부심_ 박상준·구은석 • 대기심_ 성덕효 • 경기감독관_ 신홍기

서울 0 0 전반 0 / 0 후반 0 **0 제주**

퇴장	경고	파울	ST(유)	교체	선수명	배번	위치	위치	배번	선수명	교체	ST(유)	파울	경고	퇴장
0	0	0	0		유상훈	1	GK	GK	18	이창근		0	0	0	0
0	0	1	0		황현수	2	DF	DF	15	알렉스		0	1	1	0
0	0	1	0		김원균	40	DF	DF	4	김승우		0	0	1	0
0	0	2	1(1)		이웅희	3	DF	DF	36	김동우		0	1	0	0
0	0	0	0		고광민	27	MF	MF	21	김성주	33	0	0	0	0
0	0	0	2(2)		윤종규	23	MF	MF	14	이창민	16	2(1)	0	0	0
0	0	1	1(1)		정현철	24	MF	MF	7	권순형		1	2	0	0
0	0	3	3		알리바예프	9	MF	MF	11	김호남		2	1	0	0
0	0	1	2(1)		고요한	13	MF	MF	23	아길라르		2	0	0	0
0	0	2	2	18	박주영	10	FW	FW	9	찌아구	19	2(1)	1	0	0
0	0	2	0	72	박동진	50	FW	FW	10	마그노		1(1)	5	0	0
0	0	0	0		양한빈	21			1	황성민		0	0	0	0
0	0	0	0		김원식	15			5	권한진		0	0	0	0
0	0	0	0		신재원	7			13	이규혁		0	0	0	0
0	0	0	0		김한길	14	대기	대기	33	강윤성	후16	0	0	0	0
0	0	0	0		하대성	16			16	이동수	후41	0	1	0	0
0	0	0	0	후13	페시치	72			19	임찬울	후26	0	0	0	0
0	0	0	1	후30	조영욱	18			17	이은범		0	0	0	0
0	0	13	12(5)			0			0			10(3)	12	2	0

• 3월 16일 • 16:00 • 흐림 • 성남 종합 • 9,336명
• 주심_ 김희곤 • 부심_ 윤광열·강동호 • 대기심_ 김덕철 • 경기감독관_ 김호영

성남 2 1 전반 1 / 1 후반 0 **1 수원**

퇴장	경고	파울	ST(유)	교체	선수명	배번	위치	위치	배번	선수명	교체	ST(유)	파울	경고	퇴장
0	0	0	0		김동준	1	GK	GK	1	김다솔		0	0	0	0
0	0	1	0		안영규	5	DF	DF	33	홍철		1	0	0	0
0	0	1	0		임채민	26	DF	DF	39	민상기		0	1	1	0
0	0	0	1(1)		연제운	20	DF	DF	15	구자룡		0	2	0	0
0	0	0	1	11	주현우	8	MF	DF	90	구대영		0	2	1	0
0	0	1	1		김정현	6	MF	MF	13	박형진		0	1	1	0
0	0	1	1		김민혁	13	MF	MF	5	조성진		1	0	0	0
0	0	2	1		최오백	16	MF	MF	26	염기훈	9	1(1)	1	0	0
0	0	2	3(3)		에델	7	FW	MF	17	김종우	7	0	1	0	0
0	1	4	1(1)	23	공민현	9	FW	MF	14	전세진		1	0	0	0
0	0	1	1(1)	17	이재원	32	FW	FW	10	데얀	18	1(1)	0	0	0
0	0	0	0		전종혁	31			29	박지민		0	0	0	0
0	0	0	0		임승겸	40			4	고명석		0	0	0	0
0	0	0	0		김기열	25			12	박대원		0	0	0	0
0	0	0	1(1)	전32	조성준	17	대기	대기	30	신세계		0	0	0	0
0	0	1	1	후31	서보민	11			7	바그닝요	후0	1(1)	0	0	0
0	1	2	0	후20	박관우	23			9	한의권	후23	0	2	1	0
0	0	0	0		김현성	22			18	타가트	후0	2(1)	1	0	0
0	2	16	12(7)			0			0			8(4)	11	4	0

● 전반 36분 에델 PK-R-G (득점: 에델) 왼쪽
● 후반 46분 서보민 MFL ~ 조성준 MFR R-ST-G (득점: 조성준/ 도움: 서보민) 왼쪽
● 전반 27분 염기훈 PK-L-G (득점: 염기훈) 가운데

• 3월 17일 • 14:00 • 맑음 • 전주 월드컵 • 12,995명
• 주심_ 김우성 • 부심_ 김계용·김지욱 • 대기심_ 최대우 • 경기감독관_ 김용세

전북 0 0 전반 0 / 0 후반 1 **1 강원**

퇴장	경고	파울	ST(유)	교체	선수명	배번	위치	위치	배번	선수명	교체	ST(유)	파울	경고	퇴장
0	0	0	0		송범근	31	GK	GK	1	김호준		0	0	0	0
0	0	0	0		최철순	25	DF	DF	23	강지훈	19	1	1	0	0
0	0	0	0		홍정호	26	DF	DF	4	발렌티노스		0	0	0	0
0	0	1	0		최보경	6	DF	DF	3	이호인		0	0	0	0
0	2	2	2(1)		김진수	22	DF	DF	17	신광훈		0	1	1	0
0	0	1	0	28	최영준	16	MF	MF	13	한국영		0	0	0	0
0	1	1	0	27	한승규	42	MF	MF	14	오범석		1(1)	1	0	0
0	0	0	2	20	티아고	11	MF	MF	6	조지훈		2	2	0	0
0	0	1	3(1)		임선영	5	MF	FW	7	정석화		2(1)	1	0	0
0	0	4	1(1)		로페즈	10	MF	FW	11	김현욱		3(1)	1	0	0
0	0	1	3(2)		김신욱	9	FW	FW	10	빌비야	77	0	1	0	0
0	0	0	0		이재형	41			16	함석민		0	0	0	0
0	0	0	0		김민혁	92			5	이재익		0	0	0	0
0	0	0	0		박원재	19			20	한용수		0	0	0	0
0	0	0	0		신형민	4	대기	대기	19	박창준	후28	0	1	1	0
0	0	1	0	후29	손준호	28			8	이재권		0	0	0	0
0	0	0	0	후17	문선민	27			77	김지현	후0	5(4)	1	0	0
0	0	1	0	후24	이동국	20			55	제리치		0	0	0	0
0	3	13	11(5)			0			0			14(7)	10	2	0

● 후반 17분 한국영 GAR ~ 김지현 GA 정면 R-ST-G (득점: 김지현/ 도움: 한국영) 오른쪽

• 3월 17일 • 14:00 • 맑음 • DGB대구은행파크 • 11,289명
• 주심_ 박병진 • 부심_ 노수용·양재용 • 대기심_ 최현재 • 경기감독관_ 김진의

대구 1 | 0 전반 0 / 1 후반 1 | **1 울산**

퇴장	경고	파울	ST(유)	교체	선수명	배번	위치	위치	배번	선수명	교체	ST(유)	파울	경고	퇴장
0	0	0	0		조 현 우	21	GK	GK	21	오 승 훈		0	0	0	0
0	0	1	0		김 우 석	3	DF	DF	13	이 명 재		1	0	0	0
0	0	0	1(1)		홍 정 운	5	DF	DF	38	불투이스		0	4	0	0
0	0	0	0		박 병 현	66	DF	DF	20	윤 영 선		0	4	1	0
0	0	0	0	38	황 순 민	20	MF	DF	23	김 태 환		0	1	0	0
0	1	2	0		츠 바 사	44	MF	MF	19	박 용 우		0	4	0	0
0	0	0	0		정 승 원	18	MF	MF	42	믹 스	27	1	0	0	0
0	0	0	0		김 준 엽	17	MF	MF	10	신 진 호		0	1	0	0
0	0	0	8(3)		세 징 야	11	FW	MF	15	이 동 경	7	1(1)	3	0	0
0	0	1	1		김 대 원	14	FW	MF	14	김 보 경		2(1)	1	0	0
0	0	2	2(1)	7	김 진 혁	30	FW	FW	9	주 니 오		1	2	0	0
0	0	0	0		이 준 희	25			31	문 정 인		0	0	0	0
0	0	0	0		정 태 욱	4			4	강 민 수		0	0	0	0
0	0	0	0		한 희 훈	6			27	김 창 수	후42	0	0	0	0
0	0	2	0	후0/36	장 성 원	38	대기	대기	33	박 주 호		0	0	0	0
0	0	0	0		류 재 문	29			6	정 재 용		0	0	0	0
0	0	0	0	후30	박 한 빈	36			22	정 동 호		0	0	0	0
0	0	2	0	후17	다 리 오	7			7	김 인 성	전39	0	1	0	0
0	1	10	12(5)			0			0			6(2)	21	1	0

● 후반 34분 츠바사 AK 정면 ↷ 세징야 GAL 내 H-ST-G (득점: 세징야/ 도움: 츠바사) 왼쪽

● 후반 19분 김보경 PA 정면내 L-ST-G (득점: 김보경) 왼쪽

• 3월 17일 • 16:00 • 맑음 • 포항 스틸야드 • 11,450명
• 주심_ 김대용 • 부심_ 이정민·김성일 • 대기심_ 신용준 • 경기감독관_ 나승화

포항 4 | 1 전반 0 / 3 후반 1 | **1 경남**

퇴장	경고	파울	ST(유)	교체	선수명	배번	위치	위치	배번	선수명	교체	ST(유)	파울	경고	퇴장
0	0	0	0		강 현 무	31	GK	GK	25	이 범 수		0	0	0	0
0	0	0	3(2)		완 델 손	77	DF	DF	5	곽 태 휘		0	3	0	0
0	0	0	0		전 민 광	4	DF	DF	16	이 광 진		0	0	0	0
0	1	2	0		하 창 래	5	DF	DF	90	송 주 훈		0	2	0	0
0	0	2	0		이 상 기	19	DF	DF	15	우 주 성		0	0	0	0
0	0	1	1(1)	57	유 준 수	16	MF	MF	22	쿠니모토		1	1	0	0
0	0	0	1		이 석 현	7	MF	MF	50	김 종 필	20	0	4	1	0
0	0	1	1(1)		김 승 대	12	MF	MF	77	네 게 바		1	1	0	0
0	0	3	4(3)	24	이 광 혁	11	FW	MF	80	머 치		3(1)	2	0	0
0	0	0	0	14	하 승 운	17	FW	FW	9	룩		1	2	0	0
0	0	1	1(1)		데이비드	10	FW	FW	10	김 승 준		1	0	0	0
0	0	0	0		류 원 우	1			31	손 정 현		0	0	0	0
0	0	0	0	후42	배 슬 기	24			12	이 재 명		0	0	0	0
0	0	0	0		우 찬 양	20			39	이 승 엽		0	0	0	0
0	0	0	0		김 용 환	13	대기	대기	13	김 준 범		0	0	0	0
0	1	1	0	후21	이 수 빈	57			7	배 기 종		0	0	0	0
0	0	0	0		이 진 현	8			18	박 기 동	후30	0	0	0	0
0	0	1	1(1)	후19	김 지 민	14			20	김 효 기	후0/18	1	1	1	0
0	2	12	12(9)			0			0			8(1)	16	2	0

● 전반 7분 이광혁 PK 지점 R-ST-G (득점: 이광혁) 오른쪽
● 후반 7분 데이비드 MF 정면 ~ 김승대 PAR 내 R-ST-G (득점: 김승대/ 도움: 데이비드) 오른쪽
● 후반 23분 완델손 PAL → 데이비드 PK 지점 R-ST-G (득점: 데이비드/ 도움: 완델손) 오른쪽
● 후반 29분 김승대 PAL ~ 김지민 PAL 내 L-ST-G (득점: 김지민/ 도움: 김승대) 오른쪽

● 후반 38분 전민광 GA 정면내 자책골 (득점: 전민광)

• 3월 29일 • 19:30 • 맑음 • 울산 문수 • 6,052명
• 주심_ 김동진 • 부심_ 이정민·김성일 • 대기심_ 신용준 • 경기감독관_ 차상해

울산 2 | 1 전반 1 / 1 후반 0 | **1 제주**

퇴장	경고	파울	ST(유)	교체	선수명	배번	위치	위치	배번	선수명	교체	ST(유)	파울	경고	퇴장
0	0	0	0		오 승 훈	21	GK	GK	18	이 창 근		0	0	0	0
0	0	1	1		박 주 호	33	DF	DF	15	알 렉 스		0	2	0	0
0	0	3	0		불투이스	38	DF	DF	4	김 승 우	30	0	0	0	0
0	0	1	0		윤 영 선	20	DF	DF	36	김 동 우		0	1	1	0
0	0	0	1(1)		김 창 수	27	DF	MF	33	강 윤 성	21	1	0	0	0
0	0	3	0		신 진 호	10	MF	MF	7	권 순 형	9	1	0	0	0
0	0	0	1(1)	19	믹 스	42	MF	MF	11	김 호 남		1(1)	2	0	0
0	1	0	1(1)		김 보 경	14	MF	MF	14	이 창 민		4(4)	0	0	0
0	0	2	0	7	박 정 인	99	MF	MF	16	이 동 수		0	2	0	0
0	0	2	0		김 태 환	23	MF	FW	24	윤 일 록		2(1)	0	0	0
0	0	1	2(2)	18	주 니 오	9	FW	FW	10	마 그 노		0	1	0	0
0	0	0	0		조 수 혁	1			1	황 성 민		0	0	0	0
0	0	0	0		강 민 수	4			5	권 한 진		0	0	0	0
0	0	0	0		이 명 재	13			21	김 성 주	후32	0	0	0	0
0	0	0	0	후26	박 용 우	19	대기	대기	42	이 동 희		0	0	0	0
0	0	0	0		이 동 경	15			19	임 찬 울		0	0	0	0
0	0	1	1(1)	전35	김 인 성	7			30	김 현	후40	0	1	0	0
0	0	1	0	후34	주 민 규	18			9	찌 아 구	후16	2(1)	0	0	0
0	1	15	7(6)			0			0			11(7)	9	1	0

● 전반 25분 김보경 MFR ~ 주니오 PAL 내 L-ST-G (득점: 주니오/ 도움: 김보경) 오른쪽
● 후반 8분 박주호 GAR ~ 김보경 GA 정면 L-ST-G (득점: 김보경/ 도움: 박주호) 왼쪽

● 전반 27분 김호남 PAR EL ↷ 이창민 PK 좌측지점 H-ST-G (득점: 이창민/ 도움: 김호남) 왼쪽

• 3월 30일 • 14:00 • 흐림 • 전주 월드컵 • 10,442명
• 주심_ 김성호 • 부심_ 노수용·구은석 • 대기심_ 채상협 • 경기감독관_ 김호영

전북 2 | 0 전반 0 / 2 후반 0 | **0 포항**

퇴장	경고	파울	ST(유)	교체	선수명	배번	위치	위치	배번	선수명	교체	ST(유)	파울	경고	퇴장
0	0	0	0		송 범 근	31	GK	GK	1	류 원 우		0	0	0	0
0	0	1	3		이 주 용	13	DF	DF	77	완 델 손		1(1)	1	0	0
0	0	0	0		최 보 경	6	DF	DF	4	전 민 광		1	0	0	0
0	1	3	1		홍 정 호	26	DF	DF	5	하 창 래		0	0	1	0
0	1	4	0		최 철 순	25	DF	DF	19	이 상 기		1	2	0	0
0	0	3	0		신 형 민	4	MF	MF	16	유 준 수		0	1	1	0
0	0	0	8(2)		로 페 즈	10	MF	MF	7	이 석 현	6	0	0	0	0
0	0	0	0	5	이 승 기	14	MF	MF	12	김 승 대		0	1	1	0
0	1	7	5(3)		손 준 호	28	MF	FW	11	이 광 혁	8	2(2)	1	0	0
0	0	0	3(1)	81	한 교 원	7	MF	FW	17	하 승 운	22	0	0	0	0
0	0	0	2(1)	20	김 신 욱	9	FW	FW	10	데이비드		1(1)	4	0	0
0	0	0	0		이 재 형	41			21	이 준		0	0	0	0
0	0	0	0		김 민 혁	92			55	블 라 단		0	0	0	0
0	0	0	0		최 영 준	16			24	배 슬 기		0	0	0	0
0	0	1	2(1)	후11	임 선 영	5	대기	대기	13	김 용 환		0	0	0	0
0	0	0	0		문 선 민	27			6	정 재 용	후33	0	0	0	0
0	0	1	0	후35	이 근 호	81			22	김 도 형	후11	0	0	0	0
0	0	0	1	후31	이 동 국	20			8	이 진 현	후28	0	1	0	0
0	3	20	25(8)			0			0			6(4)	11	3	0

● 후반 18분 이주용 GAL ~ 김신욱 GAR 내 R-ST-G (득점: 김신욱/ 도움: 이주용) 가운데
● 후반 32분 임선영 GA 정면내 L-ST-G (득점: 임선영) 오른쪽

• 3월 30일 • 14:00 • 흐림 • 서울 월드컵 • 11,667명
• 주심_ 김용우 • 부심_ 윤광열·양재용 • 대기심_ 최현재 • 경기감독관_ 김용세

서울 2 1 전반 0 / 1 후반 0 **0 상주**

퇴장	경고	파울	ST(유)	교체	선수명	배번	위치	위치	배번	선수명	교체	ST(유)	파울	경고	퇴장
0	0	0	0		유 상 훈	1	GK	GK	21	윤 보 상		0	0	0	0
0	0	1	0		황 현 수	2	DF	DF	2	김 영 빈		0	0	0	0
0	1	1	0		김 원 균	40	DF	DF	7	김 민 우		7(1)	2	0	0
0	0	2	0		이 웅 희	3	DF	FW	9	송 시 우	16	2	1	0	0
0	0	0	0	14	고 광 민	27	MF	DF	12	권 완 규		0	0	0	0
0	0	0	2		윤 종 규	23	MF	MF	13	안 진 범		0	0	0	0
0	0	1	1(1)		정 현 철	24	MF	MF	14	윤빛가람		2(1)	0	0	0
0	0	0	0	16	알리바예프	9	MF	FW	18	신 창 무	19	2(2)	2	0	0
0	1	2	1		고 요 한	13	MF	MF	23	김 경 재		0	0	0	0
0	0	0	1(1)		박 주 영	10	FW	MF	24	이 규 성		1	3	0	0
0	0	2	2		페 시 치	72	FW	DF	32	이 태 희		0	1	0	0
0	0	0	0		양 한 빈	21			1	권 태 안		0	0	0	0
0	0	0	0		김 원 식	15			8	이 상 협		0	0	0	0
0	0	0	0	후46	김 한 길	14			11	김 경 중		0	0	0	0
0	0	0	2(1)	후29	정 원 진	8	대기	대기	16	송 수 영	후44	0	0	0	0
0	0	1	0	후20/8	하 대 성	16			19	박 용 지	후9	3(2)	0	0	0
0	0	0	0		박 동 진	50			20	백 동 규		0	0	0	0
0	0	0	0		윤 주 태	19			30	이 민 기		0	0	0	0
0	2	10	9(3)			0			0			17(6)	9	0	0

● 전반 42분 김경재 자기 측GAR 내 자책골 (득점: 김경재)
● 후반 35분 정원진 PA 정면내 R-ST-G (득점: 정원진) 왼쪽

• 3월 30일 • 16:00 • 맑음 • 창원 축구센터 • 6,173명
• 주심_ 김우성 • 부심_ 곽승순·강동호 • 대기심_ 김대용 • 경기감독관_ 최상국

경남 2 0 전반 1 / 2 후반 0 **1 대구**

퇴장	경고	파울	ST(유)	교체	선수명	배번	위치	위치	배번	선수명	교체	ST(유)	파울	경고	퇴장
0	0	0	0		손 정 현	31	GK	GK	21	조 현 우		0	0	0	0
0	0	1	1(1)		곽 태 휘	5	DF	DF	3	김 우 석		0	4	1	0
0	0	0	0		이 광 진	16	DF	DF	5	홍 정 운		0	2	0	0
0	0	0	0		송 주 훈	90	DF	DF	66	박 병 현		0	3	0	0
0	1	0	0		최 재 수	6	DF	MF	20	황 순 민	38	0	1	0	0
0	0	2	1		쿠니모토	22	MF	MF	44	츠 바 사	77	0	1	0	0
0	0	2	0	80	김 준 범	13	MF	MF	18	정 승 원		0	2	0	0
0	0	0	0	7	네 게 바	77	MF	MF	17	김 준 엽		0	1	1	0
0	0	2	1		고 경 민	19	MF	FW	11	세 징 야		6(4)	1	1	0
0	0	0	0	20	룩	9	FW	FW	14	김 대 원		0	0	0	0
0	0	0	0		김 승 준	10	FW	FW	30	김 진 혁	29	0	2	0	0
0	0	0	0		이 범 수	25			25	이 준 희		0	0	0	0
0	0	0	0		우 주 성	15			4	정 태 욱		0	0	0	0
0	0	0	0		이 승 엽	39			6	한 희 훈		0	0	0	0
0	0	0	0	후0	머 치	80	대기	대기	38	장 성 원	후29	0	1	0	0
0	0	0	0		이 영 재	32			29	류 재 문	후14	0	1	0	0
0	1	0	2(2)	후4	배 기 종	7			36	박 한 빈		0	0	0	0
0	0	1	3(1)	전45	김 효 기	20			77	전 현 철	후36	0	0	0	0
0	2	8	8(4)			0			0			6(4)	19	3	0

● 후반 30분 쿠니모토 PAL FK ↷ 배기종 GAR 내 R-ST-G (득점: 배기종/ 도움: 쿠니모토) 오른쪽
● 후반 47분 김효기 AK 정면 ~ 배기종 PAR 내 R-ST-G (득점: 배기종/ 도움: 김효기) 가운데
● 전반 16분 세징야 MF 정면 FK R-ST-G (득점: 세징야) 왼쪽

• 3월 31일 • 14:00 • 흐리고 비 • 춘천 송암 • 2,674명
• 주심_ 이동준 • 부심_ 박상준·방기열 • 대기심_ 정동식 • 경기감독관_ 김진의

강원 2 0 전반 0 / 2 후반 1 **1 성남**

퇴장	경고	파울	ST(유)	교체	선수명	배번	위치	위치	배번	선수명	교체	ST(유)	파울	경고	퇴장
0	0	0	0		김 호 준	1	GK	GK	1	김 동 준		0	0	0	0
0	0	0	1		강 지 훈	23	DF	DF	5	안 영 규		0	0	0	0
0	0	1	0		발렌티노스	4	DF	DF	26	임 채 민		1	0	0	0
0	0	0	0		이 호 인	3	DF	DF	20	연 제 운		0	1	0	0
0	0	2	3(1)		신 광 훈	17	DF	MF	8	주 현 우		0	0	0	0
0	0	0	0		한 국 영	13	MF	MF	25	김 기 열	6	0	0	0	0
0	0	2	1(1)		오 범 석	14	MF	MF	13	김 민 혁		1	2	1	0
0	0	1	0	8	조 지 훈	6	MF	MF	16	최 오 백	33	0	2	1	0
0	0	2	1(1)		정 석 화	7	FW	FW	7	에 델		2(2)	1	0	0
0	0	0	2(1)	22	김 현 욱	11	FW	FW	23	박 관 우	22	1	1	0	0
0	0	1	2(1)	77	제 리 치	55	FW	FW	17	조 성 준		3(2)	0	0	0
0	0	0	0		함 석 민	16			31	전 종 혁		0	0	0	0
0	0	0	0		이 재 익	5			40	임 승 겸		0	0	0	0
0	0	0	0	후49	정 승 용	22			6	김 정 현	후4	0	2	0	0
0	0	0	0		박 창 준	19	대기	대기	33	최 병 찬	후22	0	0	0	0
0	0	0	0	후29	이 재 권	8			36	김 소 웅		0	0	0	0
0	0	1	0	후32	김 지 현	77			22	김 현 성	후29	1(1)	3	0	0
0	0	0	0		정 조 국	9			9	공 민 현		0	0	0	0
0	0	10	10(5)			0			0			9(5)	12	2	0

● 후반 17분 정석화 GAL EL ~ 김현욱 GA 정면 L-ST-G (득점: 김현욱/ 도움: 정석화) 왼쪽
● 후반 43분 정석화 PA 정면내 ~ 신광훈 AK 정면 L-ST-G (득점: 신광훈/ 도움: 정석화) 오른쪽
● 후반 38분 김민혁 PK 지점 ~ 김현성 GA 정면 L-ST-G (득점: 김현성/ 도움: 김민혁) 가운데

• 3월 31일 • 16:00 • 맑음 • 수원 월드컵 • 12,250명
• 주심_ 송민석 • 부심_ 김계용·김지욱 • 대기심_ 김영수 • 경기감독관_ 신홍기

수원 3 1 전반 1 / 2 후반 0 **1 인천**

퇴장	경고	파울	ST(유)	교체	선수명	배번	위치	위치	배번	선수명	교체	ST(유)	파울	경고	퇴장
0	0	0	0		노 동 건	19	GK	GK	1	정 산		0	0	0	0
0	0	2	0	13	홍 철	33	DF	DF	13	김 진 야		1(1)	1	0	0
0	0	0	1(1)		조 성 진	5	DF	DF	20	부 노 자		0	1	0	0
0	0	0	0		구 자 룡	15	DF	DF	44	김 정 호		1(1)	0	0	0
0	0	2	1(1)		신 세 계	30	DF	DF	47	김 동 민		1(1)	1	1	0
0	1	5	1(1)	6	김 종 우	17	MF	MF	14	양 준 아	8	1(1)	3	0	0
0	0	1	0		최 성 근	25	MF	MF	19	허 용 준		3	0	0	0
0	0	0	3(3)		염 기 훈	26	MF	MF	17	박 세 직		0	1	0	0
0	0	1	2	10	한 의 권	9	MF	MF	10	하 마 드	23	2(1)	2	0	0
0	0	0	5(4)		전 세 진	14	MF	MF	29	김 보 섭	7	1	1	0	0
0	0	3	5(5)		타 가 트	18	FW	FW	9	무 고 사		1	1	0	0
0	0	0	0		김 다 솔	1			21	이 태 희		0	0	0	0
0	0	0	0		민 상 기	39			4	김 근 환		0	0	0	0
0	0	0	0	후38	박 형 진	13			26	곽 해 성		0	0	0	0
0	0	1	0	후31	송 진 규	6	대기	대기	24	이 우 혁		0	0	0	0
0	0	0	0		임 상 협	11			8	이 정 빈	후37	0	0	0	0
0	0	0	0		한 석 희	27			23	콩 푸 엉	후24	1(1)	3	1	0
0	0	1	0	후16	데 얀	10			7	남 준 재	후24	0	1	0	0
0	1	16	18(15)			0			0			12(6)	15	2	0

● 전반 14분 염기훈 PK-L-G (득점: 염기훈) 왼쪽
● 후반 17분 염기훈 PAL ↷ 타가트 GAL R-ST-G (득점: 타가트/ 도움: 염기훈) 왼쪽
● 후반 48분 신세계 PAR 내 EL ↷ 타가트 GA 정면 H-ST-G (득점: 타가트/ 도움: 신세계) 왼쪽
● 전반 20분 하마드 C,KL ↷ 김정호 GAR H-ST-G (득점: 김정호/ 도움: 하마드) 왼쪽

• 4월 02일 • 19:30 • 맑음 • 창원 축구센터 • 2,507명
• 주심_ 정동식 • 부심_ 이정민·김지욱 • 대기심_ 최현재 • 경기감독관_ 김호영

경남 3 　 0 전반 2 / 3 후반 1 　 **3 전북**

퇴장	경고	파울	ST(유)	교체	선수명	배번	위치	위치	배번	선수명	교체	ST(유)	파울	경고	퇴장
0	1	0	0		손정현	31	GK	GK	31	송범근		0	0	0	0
0	0	1	0		곽태휘	5	DF	DF	25	최철순		0	2	1	0
0	0	1	0		이광진	16	DF	DF	26	홍정호		0	1	0	0
0	0	1	1		송주훈	90	DF	DF	6	최보경		0	0	0	0
0	0	0	0	6	안성남	8	DF	DF	22	김진수		0	0	0	0
0	0	0	1		쿠니모토	22	MF	MF	4	신형민		0	1	1	0
0	0	0	0	80	김준범	13	MF	MF	28	손준호		2(2)	3	0	0
0	0	0	3(3)		김승준	10	MF	MF	10	로페즈		2(1)	1	0	0
0	0	2	0		고경민	19	MF	MF	5	임선영	16	0	0	0	0
0	0	1	2(2)		김효기	20	FW	MF	7	한교원	27	0	0	0	0
0	0	1	0	7	조재철	14	FW	FW	20	이동국	81	4(2)	0	0	0
0	0	0	0		이범수	25			41	이재형		0	0	0	0
0	0	0	0		우주성	15			92	김민혁		0	0	0	0
0	0	0	0	후0	최재수	6			16	최영준	후15	0	1	0	0
0	0	0	2(1)	후0	머치	80	대기	대기	14	이승기		0	0	0	0
0	0	0	0		이승엽	39			27	문선민	후26	1	0	0	0
0	0	0	1(1)	후12	배기종	7			81	이근호	후34	0	0	0	0
0	0	0	0		박기동	18			9	김신욱		0	0	0	0
0	1	7	10(7)			0			0			9(5)	9	2	0

●후반 35분 김승준 PAR 내 R-ST-G (득점: 김승준) 왼쪽
●후반 40분 배기종 PAR 내 ~ 머치 GAL 내 L-ST-G (득점: 머치/ 도움: 배기종) 오른쪽
●후반 47분 고경민 PAL 내 ↷ 배기종 GAR 내 L-ST-G (득점: 배기종/ 도움: 고경민) 왼쪽

●전반 19분 곽태휘 GA 정면내 자책골 (득점: 곽태휘)
●전반 35분 이동국 PK-R-G(득점: 이동국) 왼쪽
●후반 6분 임선영 PAL TL ↷ 손준호 GAL H-ST-G (득점: 손준호/ 도움: 임선영) 오른쪽

• 4월 02일 • 19:30 • 맑음 • 울산 문수 • 3,843명
• 주심_ 김희곤 • 부심_ 노수용·구은석 • 대기심_ 성덕효 • 경기감독관_ 김용세

울산 2 　 1 전반 0 / 1 후반 1 　 **1 서울**

퇴장	경고	파울	ST(유)	교체	선수명	배번	위치	위치	배번	선수명	교체	ST(유)	파울	경고	퇴장
0	0	0	0		조수혁	1	GK	GK	1	유상훈		0	0	0	0
0	0	1	2(1)		이명재	13	DF	DF	2	황현수		1	0	0	0
0	0	1	0		불투이스	38	DF	DF	40	김원균		0	1	0	0
0	1	1	0		윤영선	20	DF	DF	3	이웅희	10	0	0	0	0
0	0	1	0		김창수	27	DF	MF	14	김한길	27	0	1	0	0
0	0	0	0		신진호	10	MF	MF	23	윤종규		0	1	0	0
0	0	0	1(1)	19	믹스	42	MF	MF	24	정현철		1(1)	2	0	0
0	0	0	0		김보경	14	MF	MF	9	알리바예프		1(1)	1	0	0
0	0	1	0	23	박정인	99	MF	MF	13	고요한		1(1)	1	1	0
0	0	0	2		김인성	7	MF	FW	50	박동진	72	0	1	0	0
0	0	3	4(2)	18	주니오	9	FW	FW	19	윤주태		5(3)	0	0	0
0	0	0	0		문정인	31			21	양한빈		0	0	0	0
0	0	0	0		강민수	4			15	김원식		0	0	0	0
0	0	0	0		박주호	33			27	고광민	후0	0	1	0	0
0	0	0	0	후26	박용우	19	대기	대기	8	정원진		0	0	0	0
0	0	0	0		이동경	15			18	조영욱		0	0	0	0
0	0	1	0	후17	김태환	23			10	박주영	후21	1(1)	0	0	0
0	0	0	1(1)	후35	주민규	18			72	페시치	후0	1	3	1	0
0	1	9	10(5)			0			0			11(7)	12	2	0

●전반 14분 김인성 GAR ~ 믹스 PAR 내 R-ST-G (득점: 믹스/ 도움: 김인성) 왼쪽
●후반 27분 신진호 PAL ↷ 주니오 GAR 내 H-ST-G (득점: 주니오/ 도움: 신진호) 오른쪽

●후반 46분 고광민 PAL 내 ~ 박주영 GAL 내 R-ST-G (득점: 박주영/ 도움: 고광민) 왼쪽

• 4월 03일 • 19:30 • 맑음 • 포항 스틸야드 • 5,355명
• 주심_ 고형진 • 부심_ 윤광열·강동호 • 대기심_ 서동진 • 경기감독관_ 차상해

포항 1 　 1 전반 0 / 0 후반 0 　 **0 강원**

퇴장	경고	파울	ST(유)	교체	선수명	배번	위치	위치	배번	선수명	교체	ST(유)	파울	경고	퇴장
0	0	0	0		류원우	1	GK	GK	1	김호준		0	0	0	0
0	0	3	0		완델손	77	DF	DF	23	강지훈	37	0	0	0	0
0	1	1	0		블라단	55	DF	DF	4	발렌티노스		0	0	0	0
0	0	1	0		전민광	4	DF	DF	3	이호인		0	0	0	0
0	0	1	0		이상기	19	DF	DF	17	신광훈		0	2	0	0
0	0	1	1(1)		정재용	6	MF	MF	13	한국영		0	2	0	0
0	0	2	0		김용환	13	MF	MF	14	오범석		0	3	0	0
0	0	1	3(2)		김승대	12	MF	MF	8	이재권		0	2	0	0
0	0	0	3(3)	17	송민규	29	FW	FW	7	정석화		3(3)	1	0	0
0	0	0	2(2)	11	김도형	22	FW	FW	11	김현욱	9	1(1)	0	0	0
0	0	4	3(1)	24	데이비드	10	FW	FW	55	제리치	77	0	2	0	0
0	0	0	0		이준	21			16	함석민		0	0	0	0
0	0	0	0		심상민	2			5	이재익		0	0	0	0
0	0	0	0	후41	배슬기	24			37	윤석영	후22	0	1	0	0
0	0	0	0		유준수	16	대기	대기	29	이현식		0	0	0	0
0	0	0	0		이석현	7			6	조지훈		0	0	0	0
0	0	1	0	후36	하승운	17			77	김지현	후14	1(1)	0	0	0
0	0	2	0	후14	이광혁	11			9	정조국	후28	2	1	0	0
0	1	17	12(9)			0			0			7(5)	14	0	0

●전반 37분 정재용 AK 내 ~ 송민규 GAR R-ST-G (득점: 송민규/ 도움: 정재용) 왼쪽

• 4월 03일 • 19:30 • 맑음 • 수원 월드컵 • 3,489명
• 주심_ 김대용 • 부심_ 곽승순·김성일 • 대기심_ 김덕철 • 경기감독관_ 나승화

수원 0 　 0 전반 0 / 0 후반 0 　 **0 상주**

퇴장	경고	파울	ST(유)	교체	선수명	배번	위치	위치	배번	선수명	교체	ST(유)	파울	경고	퇴장
0	0	0	0		노동건	19	GK	GK	21	윤보상		0	0	0	0
0	0	1	0		조성진	5	DF	DF	2	김영빈		1	2	0	1
0	1	1	0	14	민상기	39	DF	DF	7	김민우		0	1	0	0
0	0	1	0		구자룡	15	DF	FW	9	송시우	5	0	4	0	0
0	0	2	0		홍철	33	MF	MF	13	안진범	18	0	3	1	0
0	0	2	1(1)		김종우	17	MF	MF	14	윤빛가람		0	3	0	0
0	0	6	0		최성근	25	MF	FW	19	박용지		0	2	0	0
0	0	2	0		신세계	30	MF	DF	20	백동규		1	1	1	0
0	0	0	1	10	한의권	9	FW	MF	23	김경재		0	0	0	0
0	0	0	0	26	바그닝요	7	FW	MF	24	이규성		0	1	0	0
0	0	3	4(2)		타가트	18	FW	DF	32	이태희		1(1)	2	1	0
0	0	0	0		김다솔	1			1	권태안		0	0	0	0
0	0	0	0		구대영	90			5	마상훈	후30	0	0	0	0
0	0	0	0		박형진	13			8	이상협		0	0	0	0
0	0	0	0		송진규	6	대기	대기	16	송수영		0	0	0	0
0	0	0	0	후39	전세진	14			18	신창무	후2	0	1	0	0
0	0	1	1(1)	후0	염기훈	26			22	배신영		0	0	0	0
0	0	0	1(1)	후18	데얀	10			30	이민기		0	0	0	0
0	1	19	8(5)			0			0			3(1)	20	3	1

• 4월 03일 • 19:30 • 맑음 • 인천 전용 • 5,367명
• 주심_ 김용우 • 부심_ 박상준·방기열 • 대기심_ 정회수 • 경기감독관_ 김진의

인천 0   0 전반 2 / 0 후반 1   **3 대구**

퇴장	경고	파울	ST(유)	교체	선수명	배번	위치	위치	배번	선수명	교체	ST(유)	파울	경고	퇴장
0	0	0	0		이 태 희	21	GK	GK	21	조 현 우		0	0	0	0
0	0	0	0	4	김 대 경	36	DF	DF	3	김 우 석		0	0	0	0
0	1	4	0		부 노 자	20	DF	DF	5	홍 정 운		1	1	1	0
0	0	0	1		김 정 호	44	DF	DF	66	박 병 현		0	1	0	0
0	1	0	1		김 동 민	47	DF	MF	20	황 순 민		2	0	0	0
0	0	0	0		양 준 아	14	MF	MF	44	츠 바 사	36	0	0	0	0
0	0	1	0		허 용 준	19	MF	MF	18	정 승 원		2	1	0	0
0	0	1	0		박 세 직	17	MF	MF	17	김 준 엽		0	1	0	0
0	0	1	0	10	김 보 섭	29	MF	FW	11	세 징 야	4	9(5)	1	0	0
0	0	0	0		콩 푸 엉	23	FW	FW	14	김 대 원	6	1	0	0	0
0	0	3	1(1)	33	무 고 사	9	FW	FW	30	김 진 혁		2(2)	3	0	0
0	0	0	0		김 동 헌	31			1	최 영 은		0	0	0	0
0	0	0	1	후37	김 근 환	4			4	정 태 욱	후47	0	0	0	0
0	0	0	0		곽 해 성	26			6	한 희 훈	후40	0	0	0	0
0	0	0	0		이 우 혁	24	대기	대기	16	강 윤 구		0	0	0	0
0	0	0	0		이 정 빈	8			36	박 한 빈	후28	0	1	0	0
0	0	2	2(2)	후0	하 마 드	10			7	다 리 오		0	0	0	0
0	0	0	0	후25	이 준 석	33			77	전 현 철		0	0	0	0
0	2	12	6(3)			0			0			17(7)	9	1	0

● 전반 29분 세징야 AKL ~ 김진혁 AK 내 R-ST-G (득점: 김진혁/ 도움: 세징야) 오른쪽
● 전반 45분 황순민 PAL → 김진혁 GAL R-ST-G (득점: 김진혁/ 도움: 황순민) 가운데
● 후반 43분 김진혁 MF 정면 ~ 세징야 GAR R-ST-G (득점: 세징야/ 도움: 김진혁) 왼쪽

• 4월 03일 • 19:30 • 맑음 • 성남 종합 • 5,118명
• 주심_ 박병진 • 부심_ 김계용·양재용 • 대기심_ 김도연 • 경기감독관_ 최상국

성남 1   0 전반 1 / 1 후반 0   **1 제주**

퇴장	경고	파울	ST(유)	교체	선수명	배번	위치	위치	배번	선수명	교체	ST(유)	파울	경고	퇴장
0	0	0	0		김 동 준	1	GK	GK	18	이 창 근		0	0	0	0
0	0	0	0		안 영 규	5	DF	DF	4	김 승 우	15	0	0	0	0
0	1	1	2(1)		임 채 민	26	DF	DF	5	권 한 진		0	3	0	0
0	0	1	0		연 제 운	20	DF	DF	36	김 동 우	19	0	1	0	0
0	0	0	0		주 현 우	8	MF	MF	21	김 성 주		3(1)	0	0	0
0	0	0	1	17	박 태 준	24	MF	MF	14	이 창 민		0	0	0	0
0	0	4	2		김 정 현	6	MF	MF	7	권 순 형		2	1	0	0
0	1	4	1(1)		김 민 혁	13	MF	MF	11	김 호 남		2	2	0	0
0	0	0	0	16	최 병 찬	33	MF	MF	23	아길라르		4(2)	2	0	0
0	0	3	1(1)		공 민 현	9	FW	FW	24	윤 일 록		1	5	0	0
0	0	4	5(1)	7	마티아스	19	FW	FW	9	찌 아 구	10	2(1)	2	0	0
0	0	0	0		전 종 혁	31			1	황 성 민		0	0	0	0
0	0	0	0		임 승 겸	40			15	알 렉 스	후0	0	0	0	0
0	0	0	0		김 동 현	14			33	강 윤 성		0	0	0	0
0	0	1	1	전22	최 오 백	16	대기	대기	16	이 동 수		0	0	0	0
0	0	0	0	후40	에 델	7			19	임 찬 울	후41	0	1	0	0
0	0	0	1(1)	전35	조 성 준	17			30	김 현		0	0	0	0
0	0	0	0		김 현 성	22			10	마 그 노	후17	0	0	0	0
0	2	18	14(5)			0			0			14(4)	17	0	0

● 후반 14분 김민혁 MF 정면 ~ 마티아스 GAL R-ST-G (득점: 마티아스/ 도움: 김민혁) 가운데
● 전반 30분 아길라르 PAL 내 ~ 찌아구 GAL L-ST-G (득점: 찌아구/ 도움: 아길라르) 왼쪽

• 4월 06일 • 14:00 • 맑음 • DGB대구은행파크 • 11,600명
• 주심_ 김대용 • 부심_ 이정민·구은석 • 대기심_ 정동식 • 경기감독관_ 김호영

대구 1   0 전반 1 / 1 후반 0   **1 성남**

퇴장	경고	파울	ST(유)	교체	선수명	배번	위치	위치	배번	선수명	교체	ST(유)	파울	경고	퇴장
0	0	0	0		조 현 우	21	GK	GK	31	전 종 혁		0	0	0	0
0	1	3	0		김 우 석	3	DF	DF	5	안 영 규		0	3	1	0
0	1	1	0		홍 정 운	5	DF	DF	26	임 채 민		0	0	1	0
0	0	1	0		박 병 현	66	DF	DF	20	연 제 운		0	0	0	0
0	0	1	0		황 순 민	20	MF	MF	8	주 현 우		1	0	0	0
0	0	3	0		츠 바 사	44	MF	MF	6	김 정 현		1(1)	1	0	0
0	0	2	0	36	정 승 원	18	MF	MF	14	김 동 현	19	0	0	0	0
0	0	1	0		김 준 엽	17	MF	MF	13	김 민 혁		0	2	0	0
0	0	2	3(1)		세 징 야	11	FW	MF	16	최 오 백		0	0	0	0
0	0	0	2(1)	7	김 대 원	14	FW	FW	7	에 델	9	2(1)	2	0	0
0	1	2	3(1)		김 진 혁	30	FW	FW	22	김 현 성	17	1	2	1	0
0	0	0	0		최 영 은	1			21	김 근 배		0	0	0	0
0	0	0	0		정 태 욱	4			40	임 승 겸		0	0	0	0
0	0	0	0		한 희 훈	6			28	이 건		0	0	0	0
0	0	0	0		강 윤 구	16	대기	대기	17	조 성 준	후11	0	1	0	0
0	0	1	0	후2	박 한 빈	36			9	공 민 현	후35	0	0	0	0
0	0	0	3(1)	후16	다 리 오	7			19	마티아스	후22	1	1	0	0
0	0	0	0		전 현 철	77			36	김 소 웅		0	0	0	0
0	3	17	11(4)			0			0			6(2)	12	3	0

● 후반 18분 세징야 GAL ↷ 김진혁 GA 정면 H-ST-G (득점: 김진혁/ 도움: 세징야) 오른쪽
● 전반 39분 김현성 PAL ~ 에델 PAL 내 L-ST-G (득점: 에델/ 도움: 김현성) 오른쪽

• 4월 06일 • 14:00 • 흐림 • 서울 월드컵 • 12,392명
• 주심_ 고형진 • 부심_ 박상준·방기열 • 대기심_ 성덕효 • 경기감독관_ 신홍기

서울 2   1 전반 0 / 1 후반 1   **1 경남**

퇴장	경고	파울	ST(유)	교체	선수명	배번	위치	위치	배번	선수명	교체	ST(유)	파울	경고	퇴장
0	0	0	0		유 상 훈	1	GK	GK	25	이 범 수		0	0	0	0
0	0	1	0		황 현 수	2	DF	DF	8	안 성 남		1	0	0	0
0	0	3	0		김 원 균	40	DF	DF	17	여 성 해		0	2	0	0
0	0	2	1		이 웅 희	3	DF	DF	12	이 재 명	6	0	0	0	0
0	1	2	0		고 광 민	27	MF	DF	15	우 주 성		0	1	0	0
0	1	1	0	8	신 재 원	7	MF	MF	32	이 영 재		4(2)	1	0	0
0	0	0	0		정 현 철	24	MF	MF	50	김 종 필		3(2)	2	0	0
0	1	0	0	15	알리바예프	9	MF	MF	39	이 승 엽	22	1	1	0	0
0	0	2	0		고 요 한	13	MF	MF	4	하 성 민		1	4	0	0
0	0	1	1	18	박 주 영	10	FW	FW	14	조 재 철		0	2	0	0
0	0	2	5(5)		페 시 치	72	FW	FW	18	박 기 동	80	1	0	0	0
0	0	0	0		양 한 빈	21			31	손 정 현		0	0	0	0
0	0	0	0	후45	김 원 식	15			53	배 승 진		0	0	0	0
0	0	0	0		김 한 길	14			6	최 재 수	후17	0	0	0	0
0	0	0	1	후17	정 원 진	8	대기	대기	13	김 준 범		0	0	0	0
0	0	0	1(1)	후33	조 영 욱	18			22	쿠니모토	후17	0	1	1	0
0	0	0	0		박 동 진	50			80	머 치	후17	1	1	0	0
0	0	0	0		이 인 규	33			11	도 동 현		0	0	0	0
0	3	14	9(6)			0			0			12(4)	15	1	0

● 전반 42분 박주영 MFR FK ↷ 페시치 PA 정면내 H-ST-G (득점: 페시치/ 도움: 박주영) 오른쪽
● 후반 39분 조영욱 GAR 내 R-ST-G (득점: 조영욱) 오른쪽
● 후반 47분 이영재 MFR ↷ 김종필 GA 정면 H-ST-G (득점: 김종필/ 도움: 이영재) 오른쪽

• 4월 06일 • 16:00 • 흐림 • 전주 월드컵 • 12,795명
• 주심_ 이동준 • 부심_ 김계용·김성일 • 대기심_ 조지음 • 경기감독관_ 김용세

전북 2 1 전반 0 / 1 후반 0 **0 인천**

퇴장	경고	파울	ST(유)	교체	선수명	배번	위치	위치	배번	선수명	교체	ST(유)	파울	경고	퇴장
0	1	0	0		송범근	31	GK	GK	21	이태희		0	0	0	0
0	1	6	0		이주용	13	DF	DF	13	김진야		0	1	0	0
0	0	1	0		홍정호	26	DF	DF	20	부노자		1(1)	1	0	0
0	1	1	0		김민혁	92	DF	DF	44	김정호		0	0	0	0
0	0	2	0		명준재	35	DF	DF	26	곽해성		0	0	0	0
0	0	1	0		신형민	4	MF	MF	39	임은수		2	1	0	0
0	0	1	1	10	이비니	17	MF	MF	23	콩푸엉	17	1(1)	1	0	0
0	0	3	0		한승규	42	MF	MF	10	하마드	40	2	1	0	0
0	0	0	2(2)		이승기	14	MF	MF	29	김보섭		2	1	0	0
0	0	1	4(3)	8	문선민	27	MF	MF	8	이정빈		1(1)	1	0	0
0	1	2	2(1)		김신욱	9	FW	FW	19	허용준	28	1	1	0	0
0	0	0	0		홍정남	88			31	김동헌		0	0	0	0
0	0	0	0		박원재	19			4	김근환		0	0	0	0
0	0	0	0		윤지혁	23			40	최범경	후34	0	0	0	0
0	1	1	0	후35	정 혁	8	대기	대기	24	이우혁		0	0	0	0
0	0	0	1(1)	후8/32	로페즈	10			14	양준아		0	0	0	0
0	0	0	0		티아고	11			17	박세직	후30	1	0	0	0
0	0	0	0	후37	아드리아노	32			28	정훈성	후8	0	1	0	0
0	5	19	10(7)			0			0			11(3)	9	0	0

● 전반 16분 문선민 GA 정면 R-ST-G (득점: 문선민) 오른쪽
● 후반 3분 이승기 GAR ~ 김신욱 GA 정면내 R-ST-G (득점: 김신욱/ 도움: 이승기) 오른쪽

• 4월 06일 • 16:00 • 맑음 • 상주 시민 • 6,278명
• 주심_ 송민석 • 부심_ 윤광열·김지욱 • 대기심_ 최현재 • 경기감독관_ 나승화

상주 0 0 전반 0 / 0 후반 1 **1 울산**

퇴장	경고	파울	ST(유)	교체	선수명	배번	위치	위치	배번	선수명	교체	ST(유)	파울	경고	퇴장
0	0	0	0		윤보상	21	GK	GK	1	조수혁		0	0	0	0
0	0	0	0		마상훈	5	DF	DF	33	박주호		0	0	0	0
0	0	0	0		김민우	7	DF	DF	38	불투이스		0	0	0	0
0	0	1	0	19	이상협	8	MF	DF	4	강민수		0	2	1	0
0	0	0	0	16	송시우	9	FW	DF	22	정동호	17	1	1	0	0
0	0	0	2(1)		윤빛가람	14	MF	MF	19	박용우		0	1	0	0
0	0	0	1(1)	13	신창무	18	FW	MF	42	믹 스	10	1	0	0	0
0	1	4	0		백동규	20	DF	MF	7	김인성		0	3	0	0
0	0	1	0		김경재	23	MF	MF	14	김보경		0	2	0	0
0	0	0	0		이규성	24	MF	MF	23	김태환		0	3	0	0
0	0	0	0		이태희	32	DF	FW	18	주민규	9	2(1)	1	0	0
0	0	0	0		권태안	1			21	오승훈		0	0	0	0
0	0	0	0		안세희	3			29	김수안		0	0	0	0
0	0	0	0	후26	안진범	13			13	이명재		0	0	0	0
0	0	0	1(1)	후17	송수영	16	대기	대기	10	신진호	후22	0	0	0	0
0	0	2	0	후10	박용지	19			17	김성준	후42	0	0	0	0
0	0	0	0		이민기	30			39	박재민		0	0	0	0
0	0	0	0		조수철	33			9	주니오	후22	0	0	0	0
0	1	8	4(3)			0			0			4(1)	13	1	0

● 후반 2분 김보경 MF 정면 ~ 주민규 GA 정면 R-ST-G (득점: 주민규/ 도움: 김보경) 왼쪽

• 4월 07일 • 14:00 • 맑음 • 포항 스틸야드 • 7,370명
• 주심_ 김우성 • 부심_ 곽승순·박균용 • 대기심_ 김동인 • 경기감독관_ 차상해

포항 1 0 전반 1 / 1 후반 0 **1 제주**

퇴장	경고	파울	ST(유)	교체	선수명	배번	위치	위치	배번	선수명	교체	ST(유)	파울	경고	퇴장
0	0	0	0		류원우	1	GK	GK	18	이창근		0	0	0	0
0	0	0	2		완델손	77	DF	DF	6	박진포		0	3	0	0
0	1	0	1		블라단	55	DF	DF	15	알렉스		0	0	0	0
0	0	0	0		하창래	5	DF	DF	5	권한진		1(1)	1	0	0
0	1	2	0		이상기	19	DF	DF	33	강윤성		1	1	0	0
0	0	3	0		정재용	6	MF	MF	7	권순형	9	2	1	0	0
0	0	0	1	16	김용환	13	MF	MF	24	윤일록		1(1)	1	0	0
0	0	0	0		김승대	12	MF	MF	14	이창민		2(1)	1	0	0
0	1	1	0	22	송민규	29	FW	MF	23	아길라르	30	2(2)	3	0	0
0	0	1	2(1)		이광혁	11	FW	MF	11	김호남		1	2	1	0
0	0	1	0	7	데이비드	10	FW	FW	10	마그노	16	1(1)	0	0	0
0	0	0	0		강현무	31			1	황성민		0	0	0	0
0	0	0	0		전민광	4			4	김승우		0	0	0	0
0	0	0	0		배슬기	24			21	김성주		0	0	0	0
0	0	0	0	후36	유준수	16	대기	대기	16	이동수	후5	0	0	0	0
0	0	0	1(1)	후0	이석현	7			19	임찬울		0	0	0	0
0	0	0	0		하승운	17			30	김 현	후28	0	3	1	0
0	0	1	0	후23	김도형	22			9	찌아구	후17	2	1	0	0
0	3	9	7(2)			0			0			13(6)	17	2	0

● 후반 9분 김승대 AKL ~ 이석현 AK 내 R-ST-G (득점: 이석현/ 도움: 김승대) 왼쪽
● 전반 19분 아길라르 GAL 내 EL L-ST-G (득점: 아길라르) 오른쪽

• 4월 07일 • 14:00 • 맑음 • 춘천 송암 • 3,154명
• 주심_ 박병진 • 부심_ 노수용·양재용 • 대기심_ 최대우 • 경기감독관_ 김형남

강원 0 0 전반 0 / 0 후반 2 **2 수원**

퇴장	경고	파울	ST(유)	교체	선수명	배번	위치	위치	배번	선수명	교체	ST(유)	파울	경고	퇴장
0	0	0	0		김호준	1	GK	GK	19	노동건		0	0	0	0
0	0	1	2	29	강지훈	23	DF	DF	33	홍 철		2	2	0	0
0	0	3	0		발렌티노스	4	DF	DF	5	조성진		0	0	0	0
0	0	0	0		이호인	3	DF	DF	15	구자룡		0	1	0	0
0	0	1	1(1)	37	신광훈	17	DF	DF	30	신세계		1	0	0	0
0	0	0	0		한국영	13	MF	MF	17	김종우	10	0	1	0	0
0	0	2	0		오범석	14	MF	MF	25	최성근		0	2	0	0
0	0	0	5(1)		조지훈	6	MF	MF	26	염기훈		2(1)	1	0	0
0	0	1	2		정석화	7	FW	MF	9	한의권	39	1(1)	2	1	0
0	0	0	1	9	김현욱	11	FW	MF	14	전세진		0	0	0	0
0	1	3	1		김지현	77	FW	FW	18	타가트	27	1	1	0	0
0	0	0	0		함석민	16			1	김다솔		0	0	0	0
0	0	0	0		이재익	5			39	민상기	후5	1	0	1	0
0	0	1	0	후38	윤석영	37			13	박형진		0	0	0	0
0	0	0	0		김오규	99	대기	대기	6	송진규		0	0	0	0
0	0	0	1(1)	후27	이현식	29			11	임상협		0	0	0	0
0	0	0	0		이재권	8			27	한석희	후34	1(1)	0	0	0
0	0	0	0	후18	정조국	9			10	데 얀	후16	2(1)	0	0	0
0	1	12	13(3)			0			0			11(4)	10	2	0

● 후반 21분 타가트 PAR ~ 데얀 GAR R-ST-G (득점: 데얀/ 도움: 타가트) 왼쪽
● 후반 46분 염기훈 PAR FK L-ST-G (득점: 염기훈) 왼쪽

• 4월 13일 • 14:00 • 맑음 • 제주 종합 • 6,034명
• 주심_ 김동진 • 부심_ 이정민·지승민 • 대기심_ 김동인 • 경기감독관_ 김진의

제주 0 0 전반 1 / 0 후반 0 **1 전북**

퇴장	경고	파울	ST(유)	교체	선수명	배번	위치	위치	배번	선수명	교체	ST(유)	파울	경고	퇴장
0	0	0	0		이창근	18	GK	GK	31	송범근		0	0	0	0
0	1	4	0		박진포	6	DF	DF	13	이주용		0	4	0	0
0	0	0	0		알렉스	15	DF	DF	26	홍정호		0	0	0	0
0	0	0	0		권한진	5	DF	DF	92	김민혁		0	2	0	0
0	0	1	0	19	강윤성	33	DF	DF	35	명준재		0	0	0	0
0	0	2	2(1)		권순형	7	MF	MF	4	신형민		0	1	1	0
0	0	1	2(1)	9	윤일록	24	MF	MF	27	문선민	10	2(1)	3	0	0
0	0	0	3(2)		이창민	14	MF	MF	14	이승기	8	0	1	0	0
0	0	1	0		아길라르	23	MF	MF	28	손준호	5	1(1)	2	0	0
0	0	0	0	21	김호남	11	MF	MF	7	한교원		3(2)	1	0	0
0	0	2	2(1)		마그노	10	FW	FW	9	김신욱		2(2)	2	0	0
0	0	0	0		황성민	1			41	이재형		0	0	0	0
0	0	0	0		김동우	36			25	최철순		0	0	0	0
0	0	0	0		이규혁	13			8	정 혁	후32	0	1	0	0
0	0	1	0	후29	김성주	21	대기	대기	5	임선영	후0	1	1	0	0
0	0	0	0		이동수	16			10	로페즈	후17	0	2	0	0
0	0	0	1	후6	임찬울	19			42	한승규		0	0	0	0
0	0	0	0	후20	찌아구	9			32	아드리아노		0	0	0	0
0	1	12	10(5)			0			0			9(6)	20	1	0

● 전반 43분 손준호 C,KL ↷ 김신욱 GAL 내 H-ST-G (득점: 김신욱/ 도움: 손준호) 가운데

• 4월 13일 • 16:00 • 맑음 • 창원 축구센터 • 2,128명
• 주심_ 김희곤 • 부심_ 김계용·구은석 • 대기심_ 김덕철 • 경기감독관_ 신홍기

경남 1 0 전반 0 / 1 후반 1 **1 상주**

퇴장	경고	파울	ST(유)	교체	선수명	배번	위치	위치	배번	선수명	교체	ST(유)	파울	경고	퇴장
0	0	0	0		이범수	25	GK	GK	1	권태안		0	0	1	0
0	0	0	0		우주성	15	DF	FW	9	송시우	20	2	1	0	0
0	1	1	0		이광진	16	DF	DF	12	권완규		0	0	0	0
0	0	0	0		최재수	6	DF	MF	13	안진범		0	3	0	0
0	0	1	0		김종필	50	DF	MF	14	윤빛가람		3(1)	0	0	0
0	0	1	2		쿠니모토	22	MF	MF	18	신창무	10	1(1)	0	0	0
1	1	3	2		머 치	80	MF	FW	19	박용지	16	1(1)	3	0	0
0	0	2	0	23	하성민	4	MF	DF	23	김경재		0	1	1	0
0	0	0	0	18	고경민	19	MF	MF	24	이규성		2	0	0	0
0	0	0	0	77	김효기	20	FW	DF	30	이민기		2	0	0	0
0	0	2	3(1)		김승준	10	FW	DF	32	이태희		0	2	1	0
0	0	0	0		손정현	31			21	윤보상		0	0	0	0
0	0	0	0		송주훈	90			8	이상협		0	0	0	0
0	0	0	0		이재명	12			10	심동운	후32	1	0	0	0
0	0	2	1(1)	후23	이광선	23	대기	대기	15	고태원		0	0	0	0
0	0	1	2	후0	네게바	77			16	송수영	후32	1(1)	0	0	0
0	0	0	0		조재철	14			20	백동규	전41	0	1	0	0
0	0	1	0	후33	박기동	18			25	박대한		0	0	0	0
1	2	14	10(2)			0			0			13(4)	11	3	0

● 후반 28분 김승준 GA 정면 R-ST-G (득점: 김승준) 왼쪽

● 후반 22분 신창무 PK-L-G (득점: 신창무) 오른쪽

• 4월 13일 • 16:00 • 맑음 • 성남 종합 • 5,142명
• 주심_ 최현재 • 부심_ 박상준·김지욱 • 대기심_ 고형진 • 경기감독관_ 김호영

성남 2 1 전반 0 / 1 후반 0 **0 포항**

퇴장	경고	파울	ST(유)	교체	선수명	배번	위치	위치	배번	선수명	교체	ST(유)	파울	경고	퇴장
0	0	0	0		김동준	1	GK	GK	1	류원우		0	0	0	0
0	0	0	0	15	안영규	5	DF	DF	77	완델손		2	0	0	0
0	0	0	0		연제운	20	DF	DF	4	전민광		0	1	0	0
0	0	1	0		임승겸	40	DF	DF	5	하창래		0	1	0	0
0	0	0	0		주현우	8	MF	DF	19	이상기		0	1	0	0
0	0	0	5(2)		김정현	6	MF	MF	6	정재용		2(1)	0	0	0
0	0	1	2(1)		김민혁	13	MF	MF	13	김용환		0	2	1	0
0	0	2	1		조성준	17	MF	MF	12	김승대		1(1)	0	0	0
0	0	2	0		서보민	11	MF	FW	11	이광혁	14	0	0	0	0
0	1	3	1	9	마티아스	19	FW	FW	8	이진현		0	2	0	0
0	0	2	1	4	김소웅	36	FW	FW	10	데이비드	7	0	3	1	0
0	0	0	0		전종혁	31			31	강현무		0	0	0	0
0	0	2	0	후29	이창용	4			24	배슬기		0	0	0	0
0	0	0	0	후40	문지환	15			55	블라단		0	0	0	0
0	0	0	0		이재원	32	대기	대기	16	유준수		0	0	0	0
0	0	0	1	후22	공민현	9			7	이석현	후0	2	1	0	0
0	0	0	0		이현일	18			14	김지민	후29	0	1	0	0
0	0	0	0		김현성	22			17	하승운		0	0	0	0
0	1	13	11(3)			0			0			7(2)	12	2	0

● 전반 23분 김소웅 PAL 내 ~ 김민혁 AKL R-ST-G (득점: 김민혁/ 도움: 김소웅) 오른쪽
● 후반 31분 김정현 PK-R-G(득점: 김정현) 왼쪽

• 4월 14일 • 14:00 • 흐림 • 수원 월드컵 • 7,405명
• 주심_ 이동준 • 부심_ 방기열·박균용 • 대기심_ 최현재 • 경기감독관_ 최상국

수원 0 0 전반 0 / 0 후반 0 **0 대구**

퇴장	경고	파울	ST(유)	교체	선수명	배번	위치	위치	배번	선수명	교체	ST(유)	파울	경고	퇴장
0	0	0	0		노동건	19	GK	GK	21	조현우		0	0	0	0
0	0	0	0		양상민	3	DF	DF	3	김우석		0	0	0	0
0	0	3	0		조성진	5	DF	DF	5	홍정운		0	0	0	0
0	0	3	0		구자룡	15	DF	DF	6	한희훈	66	0	1	0	0
0	0	1	0		홍 철	33	MF	MF	16	강윤구		0	2	0	0
0	1	4	0		최성근	25	MF	MF	44	츠바사		1(1)	1	0	0
0	0	0	1(1)	9	전세진	14	MF	MF	18	정승원	20	2(1)	2	0	0
0	0	1	0		신세계	30	MF	MF	17	김준엽		1(1)	0	0	0
0	0	0	2(1)	27	염기훈	26	FW	FW	11	세징야		9(3)	1	0	0
0	0	2	3(1)		타가트	18	FW	FW	14	김대원	30	4(2)	0	0	0
0	0	0	1(1)	8	데 얀	10	FW	FW	9	에드가		7(4)	2	0	0
0	0	0	0		김다솔	1			25	이준희		0	0	0	0
0	0	0	0		박형진	13			66	박병현	후28	0	0	0	0
0	0	0	0	후0	사리치	8			38	장성원		0	0	0	0
0	0	0	0		송진규	6	대기	대기	20	황순민	후34	3(2)	1	0	0
0	0	0	0		김종우	17			29	류재문		0	0	0	0
0	0	1	1	후23	한석희	27			77	전현철		0	0	0	0
0	0	0	1	후11	한의권	9			30	김진혁	후41	0	0	0	0
0	1	15	9(4)			0			0			27(14)	10	0	0

• 4월 14일 • 16:00 • 흐림 • 춘천 송암 • 1,732명
• 주심_ 김용우 • 부심_ 윤광열·김성일 • 대기심_ 김도연 • 경기감독관_ 양정환

강원 1 0 전반 1 / 1 후반 1 **2 서울**

퇴장	경고	파울	ST(유)	교체	선수명	배번	위치	위치	배번	선수명	교체	ST(유)	파울	경고	퇴장
0	0	0	0		김호준	1	GK	GK	1	유상훈		0	0	0	0
0	0	1	0		정승용	22	DF	DF	2	황현수		0	1	0	0
0	0	1	2(1)		이재익	5	DF	DF	40	김원균		0	2	0	0
0	0	1	0		이호인	3	DF	DF	3	이웅희		0	0	0	0
0	0	2	1(1)		신광훈	17	DF	MF	27	고광민		0	1	1	0
0	0	2	3(1)		한국영	13	MF	MF	23	윤종규		0	2	0	0
0	0	1	0		오범석	14	MF	MF	24	정현철		0	0	0	0
0	0	1	1	55	조지훈	6	MF	MF	8	정원진	10	0	1	1	0
0	0	0	0	29	정석화	7	FW	MF	13	고요한		0	0	0	0
0	0	0	3		김현욱	11	FW	FW	18	조영욱	5	0	2	0	0
0	0	0	3(2)	9	김지현	77	FW	FW	72	페시치	50	3(3)	1	0	0
0	0	0	0		이광연	31			21	양한빈		0	0	0	0
0	0	0	0		김오규	99			15	김원식		0	0	0	0
0	0	0	0		강지훈	23			14	김한길		0	0	0	0
0	1	1	0	후35	이현식	29	대기	대기	5	오스마르	후47	0	0	0	0
0	0	0	0		이재권	8			10	박주영	후18	1	3	0	0
0	0	0	0	후27	제리치	55			50	박동진	후38	0	1	0	0
0	0	0	0	후32	정조국	9			33	이인규		0	0	0	0
0	1	10	13(5)			0			0			4(3)	14	2	0

● 후반 4분 신광훈 PAR ↷ 김지현 GA 정면 H-ST-G (득점: 김지현/ 도움: 신광훈) 왼쪽

● 전반 23분 조영욱 PA 정면 H ↷ 페시치 GAL L-ST-G (득점: 페시치/ 도움: 조영욱) 오른쪽
● 후반 13분 페시치 PK-R-G(득점: 페시치) 왼쪽

• 4월 14일 • 16:00 • 맑음 • 인천 전용 • 6,145명
• 주심_ 정동식 • 부심_ 노수용·양재용 • 대기심_ 김동진 • 경기감독관_ 김성기

인천 0 0 전반 1 / 0 후반 2 **3 울산**

퇴장	경고	파울	ST(유)	교체	선수명	배번	위치	위치	배번	선수명	교체	ST(유)	파울	경고	퇴장
0	0	0	0		정산	1	GK	GK	21	오승훈		0	0	0	0
0	0	1	2(1)		김진야	13	DF	DF	22	정동호		0	0	1	0
0	0	0	1		부노자	20	DF	DF	38	불투이스		1(1)	0	0	0
0	0	1	0		김정호	44	DF	DF	20	윤영선		0	0	1	0
0	0	0	0	18	곽해성	26	DF	DF	27	김창수		0	1	0	0
0	0	1	0	17	양준아	14	MF	MF	10	신진호		1	3	0	1
0	2	2	1(1)		남준재	7	MF	MF	42	믹스	19	1	1	0	0
0	1	1	4(1)		하마드	10	MF	MF	33	박주호		1	3	0	0
0	0	1	1		허용준	19	MF	MF	15	이동경	23	1(1)	0	0	0
0	0	0	0	23	이정빈	8	MF	MF	7	김인성		3(2)	2	0	0
0	0	0	4(1)		김보섭	29	FW	FW	9	주니오	18	2(1)	0	0	0
0	0	0	0		이태희	21			31	문정인		0	0	0	0
0	0	0	0		이우혁	24			4	강민수		0	0	0	0
0	0	0	0		최범경	40			13	이명재		0	0	0	0
0	0	0	0	후40	박세직	17	대기	대기	19	박용우	후20	0	0	0	0
0	0	0	0	후26	김승용	18			14	김보경		0	0	0	0
0	0	2	0	후7	콩푸엉	23			23	김태환	후11	1(1)	0	0	0
0	0	0	0		정훈성	28			18	주민규	후32	1(1)	0	0	0
0	3	9	13(4)			0			0			12(7)	10	2	1

● 전반 16분 믹스 MF 정면 ~ 주니오 PA 정면 L-ST-G (득점: 주니오/ 도움: 믹스) 오른쪽
● 후반 37분 김태환 PAR 내 → 김인성 GAL R-ST-G (득점: 김인성/ 도움: 김태환) 가운데
● 후반 47분 김태환 MF 정면 ~ 김인성 PAL 내 R-ST-G (득점: 김인성/ 도움: 김태환) 왼쪽

• 4월 20일 • 14:00 • 맑음 • DGB대구은행파크 • 9,882명
• 주심_ 박병진 • 부심_ 이정민·강동호 • 대기심_ 정회수 • 경기감독관_ 최상국

대구 3 3 전반 0 / 0 후반 0 **0 포항**

퇴장	경고	파울	ST(유)	교체	선수명	배번	위치	위치	배번	선수명	교체	ST(유)	파울	경고	퇴장
0	0	0	0		조현우	21	GK	GK	31	강현무		0	0	0	0
0	0	1	0		김우석	3	DF	DF	77	완델손		1	2	0	0
0	0	1	0	6	홍정운	5	DF	DF	55	블라단		1	3	1	0
0	0	1	0		정태욱	4	DF	DF	5	하창래		0	1	0	0
0	0	0	3(2)		황순민	20	MF	DF	13	김용환		1	1	0	0
0	0	2	1(1)	26	츠바사	44	MF	MF	6	정재용		1(1)	0	0	0
0	0	2	0		류재문	29	MF	MF	57	이수빈	7	0	1	0	0
0	0	2	0		장성원	38	MF	MF	12	김승대		0	0	0	0
0	0	0	4(2)		세징야	11	FW	FW	22	김도형	9	1	0	0	0
0	0	0	2(2)	16	김대원	14	FW	FW	11	이광혁	8	0	2	1	0
0	0	1	4(2)		김진혁	30	FW	FW	10	데이비드		0	1	0	1
0	0	0	0		이준희	25			1	류원우		0	0	0	0
0	0	0	0		박병현	66			24	배슬기		0	0	0	0
0	0	1	0	후32	한희훈	6			19	이상기		0	0	0	0
0	0	0	0	후25	강윤구	16	대기	대기	16	유준수		0	0	0	0
0	0	0	0		김준엽	17			7	이석현	후41	0	0	0	0
0	0	2	0	후9	고재현	26			8	이진현	후17	2(1)	0	0	0
0	0	0	0		임재혁	15			9	최용우	후17	1	0	0	0
0	0	13	14(9)			0			0			8(2)	11	2	1

● 전반 7분 황순민 PA 정면 L-ST-G (득점: 황순민) 오른쪽
● 전반 11분 김진혁 GA 정면 R-ST-G (득점: 김진혁) 오른쪽
● 전반 31분 김대원 PA 정면내 ~ 츠바사 PA 정면내 R-ST-G (득점: 츠바사/ 도움: 김대원) 오른쪽

• 4월 20일 • 16:00 • 맑음 • 상주 시민 • 1,838명
• 주심_ 최현재 • 부심_ 양재용·박균용 • 대기심_ 성덕효 • 경기감독관_ 김용세

상주 0 0 전반 2 / 0 후반 1 **3 전북**

퇴장	경고	파울	ST(유)	교체	선수명	배번	위치	위치	배번	선수명	교체	ST(유)	파울	경고	퇴장
0	0	0	0		윤보상	21	GK	GK	31	송범근		0	0	0	0
0	0	0	0		김영빈	2	DF	DF	35	명준재	25	0	3	1	0
0	0	1	0		김민우	7	DF	DF	26	홍정호		0	1	0	0
0	0	2	0		권완규	12	DF	DF	92	김민혁		0	3	0	0
0	0	1	1	37	안진범	13	MF	DF	22	김진수		0	2	0	0
0	1	0	1(1)		윤빛가람	14	MF	MF	4	신형민		0	1	0	0
0	0	0	2(1)	10	신창무	18	FW	MF	7	한교원	14	0	0	0	0
0	0	1	0	9	박용지	19	FW	MF	28	손준호		1	3	2	0
0	0	0	1		이규성	24	MF	MF	5	임선영		2(2)	2	0	0
0	0	0	1		한석종	26	MF	MF	10	로페즈		2(1)	2	0	0
0	0	0	0		이태희	32	DF	FW	20	이동국	9	3(2)	0	0	0
0	0	0	0		권태안	1			88	홍정남		0	0	0	0
0	0	0	0		마상훈	5			25	최철순	후48	0	0	0	0
0	0	0	0		이상협	8			8	정혁		0	0	0	0
0	0	0	1(1)	후14	송시우	9	대기	대기	13	이주용		0	0	0	0
0	0	2	0	후14	심동운	10			27	문선민		0	0	0	0
0	0	0	0		백동규	20			14	이승기	후43	0	0	0	0
0	0	1	0	후23	강상우	37			9	김신욱	후28	0	0	0	0
0	1	8	7(3)			0			0			8(5)	17	3	0

● 전반 24분 손준호 PA 정면 ~ 임선영 PA 정면 L-ST-G (득점: 임선영/ 도움: 손준호) 오른쪽
● 전반 39분 로페즈 PAL ↷ 이동국 GA 정면 H-ST-G (득점: 이동국/ 도움: 로페즈) 왼쪽
● 후반 14분 임선영 GA 정면 ~ 로페즈 GA 정면 R-ST-G (득점: 로페즈/ 도움: 임선영) 오른쪽

• 4월 20일 • 16:00 • 맑음 • 창원 축구센터 • 3,011명
• 주심_ 송민석 • 부심_ 곽승순·장종필 • 대기심_ 장순택 • 경기감독관_ 나승화

경남 3 | 1 전반 1 / 2 후반 2 | **3 수원**

퇴장	경고	파울	ST(유)	교체	선수명	배번	위치	위치	배번	선수명	교체	ST(유)	파울	경고	퇴장
0	0	0	0		손정현	31	GK	GK	1	김다솔		0	0	0	0
0	0	2	0		우주성	15	DF	DF	13	박형진		0	2	0	0
0	0	1	0		이광진	16	DF	DF	3	양상민		0	3	1	0
0	1	1	1		최재수	6	DF	DF	15	구자룡		0	0	0	0
0	0	1	1(1)		김종필	50	DF	MF	33	홍철		1(1)	0	0	0
0	0	1	1(1)		쿠니모토	22	MF	MF	8	사리치		3(1)	3	0	0
0	0	1	1	77	김준범	13	MF	MF	17	김종우	25	0	1	0	0
0	0	2	0		하성민	4	MF	MF	30	신세계		1(1)	1	0	0
0	1	1	0	7	고경민	19	MF	FW	26	염기훈		1(1)	1	0	0
0	0	0	1	23	김효기	20	FW	FW	18	타가트	9	4(1)	1	0	0
0	0	1	1(1)		김승준	10	FW	FW	14	전세진	10	1(1)	1	1	0
0	0	0	0		이범수	25			19	노동건		0	0	0	0
0	1	6	0	후0	이광선	23			12	박대원		0	0	0	0
0	0	0	0		안성남	8			90	구대영		0	0	0	0
0	0	0	0		이승엽	39	대기	대기	6	송진규		0	0	0	0
0	0	1	2	후0	네게바	77			25	최성근	후0	0	0	0	0
0	0	0	1(1)	후27	배기종	7			10	데얀	후0	2(1)	0	0	0
0	0	0	0		조재철	14			9	한의권	후42	0	1	0	0
0	3	18	9(4)			0			0			13(7)	14	2	0

● 전반 39분 쿠니모토 PK-L-G (득점: 쿠니모토) 오른쪽
● 후반 4분 쿠니모토 C,KL ↷ 김종필 GAR 내 H-ST-G (득점: 김종필/ 도움: 쿠니모토) 오른쪽
● 후반 45분 배기종 GAR L-ST-G (득점: 배기종) 왼쪽

● 전반 9분 신세계 PAR 내 R-ST-G (득점: 신세계) 왼쪽
● 후반 14분 사리치 MF 정면 ~ 타가트 PAR 내 R-ST-G (득점: 타가트/ 도움: 사리치) 왼쪽
● 후반 42분 사리치 MFR → 홍철 PAL 내 R-ST-G (득점: 홍철/ 도움: 사리치) 오른쪽

• 4월 20일 • 18:00 • 맑음 • 울산 문수 • 12,215명
• 주심_ 김우성 • 부심_ 지승민·방기열 • 대기심_ 김도연 • 경기감독관_ 허기태

울산 0 | 0 전반 1 / 0 후반 0 | **1 성남**

퇴장	경고	파울	ST(유)	교체	선수명	배번	위치	위치	배번	선수명	교체	ST(유)	파울	경고	퇴장
0	0	0	0		오승훈	21	GK	GK	1	김동준		0	0	1	0
0	0	1	4(3)		이명재	13	DF	DF	20	연제운	40	0	1	0	0
0	0	1	2(2)		불투이스	38	DF	DF	26	임채민		0	0	0	0
0	0	1	0		윤영선	20	DF	DF	5	안영규		1	3	0	0
0	0	0	0	22	김창수	27	DF	MF	8	주현우		0	1	0	0
0	1	1	1		박주호	33	MF	MF	6	김정현		0	4	1	0
0	0	1	0	18	믹스	42	MF	MF	13	김민혁		0	1	0	0
0	0	1	4(2)		김보경	14	MF	MF	11	서보민		1	0	0	0
0	0	0	2(1)	23	이동경	15	MF	MF	17	조성준		0	1	0	0
0	0	1	1(1)		김인성	7	MF	FW	32	이재원	19	3(3)	2	0	0
0	1	3	4(2)		주니오	9	FW	FW	9	공민현	4	2(1)	1	1	0
0	0	0	0		문정인	31			31	전종혁		0	0	0	0
0	0	0	0		김수안	29			4	이창용	후15	0	0	0	0
0	0	0	0	후33	정동호	22			40	임승겸	후43	0	0	0	0
0	0	0	0		박용우	19	대기	대기	14	김동현		0	0	0	0
0	0	0	0		김성준	17			16	최오백		0	0	0	0
0	0	0	0	후0	김태환	23			19	마티아스	후9	1(1)	1	0	0
0	0	0	1(1)	후11	주민규	18			22	김현성		0	0	0	0
0	2	10	19(12)			0			0			8(5)	15	3	0

● 전반 30분 김정현 PA 정면 ~ 공민현 PAL 내 R-ST-G (득점: 공민현/ 도움: 김정현) 오른쪽

• 4월 21일 • 14:00 • 맑음 • 제주 종합 • 3,862명
• 주심_ 정동식 • 부심_ 노수용·구은석 • 대기심_ 정회수 • 경기감독관_ 차상해

제주 2 | 1 전반 2 / 1 후반 2 | **4 강원**

퇴장	경고	파울	ST(유)	교체	선수명	배번	위치	위치	배번	선수명	교체	ST(유)	파울	경고	퇴장
0	0	0	0		이창근	18	GK	GK	1	김호준		0	0	0	0
0	0	1	0		박진포	6	DF	DF	22	정승용	37	2(2)	1	1	0
0	0	2	0		알렉스	15	DF	DF	5	이재익		0	0	0	0
0	1	3	0		권한진	5	DF	DF	3	이호인		0	0	0	0
0	0	2	0	21	강윤성	33	DF	DF	17	신광훈		0	1	0	0
0	0	0	0	9	권순형	7	MF	MF	13	한국영		0	2	1	0
0	0	1	5(4)		윤일록	24	MF	MF	14	오범석	23	0	0	0	0
0	1	3	5(2)		이창민	14	MF	MF	8	이재권		0	0	0	1
0	0	4	1(1)		아길라르	23	MF	FW	29	이현식		1(1)	3	0	0
0	0	1	2(1)	16	김호남	11	MF	FW	11	김현욱		2(1)	0	0	0
0	0	1	5(2)		마그노	10	FW	FW	55	제리치	77	1(1)	0	0	0
0	0	0	0		황성민	1			16	함석민		0	0	0	0
0	0	0	0		김승우	4			4	발렌티노스		0	0	0	0
0	0	0	0		이은범	17			23	강지훈	전6	1(1)	0	0	0
0	0	0	1	후23	김성주	21	대기	대기	37	윤석영	후45	0	0	0	0
0	0	2	0	후0	이동수	16			6	조지훈		0	0	0	0
0	0	0	0		최현태	8			77	김지현	전36	3(1)	2	0	0
0	0	0	4(2)	전36	찌아구	9			24	서명원		0	0	0	0
0	2	20	23(12)			0			0			10(7)	9	2	1

● 전반 36분 마그노 PK 지점 L-ST-G (득점: 마그노) 가운데
● 후반 13분 박진포 PAR ↷ 마그노 GA 정면 H-ST-G (득점: 마그노/ 도움: 박진포) 왼쪽

● 전반 24분 강지훈 PK 우측지점 L-ST-G (득점: 강지훈) 가운데
● 전반 41분 이호인 MFR ~ 김현욱 AKL L-ST-G (득점: 김현욱/ 도움: 이호인) 오른쪽
● 후반 12분 김지현 AKL R-ST-G (득점: 김지현) 가운데
● 후반 19분 이현식 PK 우측지점 L-ST-G (득점: 이현식) 오른쪽

• 4월 21일 • 16:00 • 맑음 • 서울 월드컵 • 17,336명
• 주심_ 조지음 • 부심_ 김계용·김지욱 • 대기심_ 송민석 • 경기감독관_ 김형남

서울 0 | 0 전반 0 / 0 후반 0 | **0 인천**

퇴장	경고	파울	ST(유)	교체	선수명	배번	위치	위치	배번	선수명	교체	ST(유)	파울	경고	퇴장
0	0	0	0		양한빈	21	GK	GK	1	정산		0	0	0	0
0	0	1	0		황현수	2	DF	DF	47	김동민		0	3	0	0
0	0	3	0		김원식	15	DF	DF	20	부노자		1(1)	1	0	0
0	0	4	3		오스마르	5	DF	DF	44	김정호		0	0	0	0
0	0	0	0		고광민	27	MF	DF	26	곽해성		0	0	0	0
0	0	2	0		고요한	13	MF	MF	17	박세직		1(1)	1	0	0
0	0	1	0	50	정현철	24	MF	MF	39	임은수		1	0	0	0
0	0	1	1		알리바예프	9	MF	MF	10	하마드	40	0	0	0	0
0	0	0	1	33	조영욱	18	MF	MF	33	이준석	32	2	2	0	0
0	0	2	3	8	박주영	10	FW	FW	28	정훈성		2(1)	3	0	0
0	0	0	3		페시치	72	FW	MF	29	김보섭	11	4(1)	1	0	0
0	0	0	0		유상훈	1			21	이태희		0	0	0	0
0	0	0	0		김원균	40			14	양준아		0	0	0	0
0	0	0	0		김한길	14			32	정동윤	후38	0	0	0	0
0	0	0	0		윤종규	23	대기	대기	40	최범경	후0	1	0	0	0
0	0	0	1	후19	정원진	8			18	김승용		0	0	0	0
0	0	0	0	후32	박동진	50			11	문창진	후41	0	0	0	0
0	0	0	0	후43	이인규	33			23	콩푸엉		0	0	0	0
0	0	14	12			0			0			12(4)	11	0	0

• 4월 26일 • 19:30 • 비 • 포항 스틸야드 • 3,212명
• 주심_ 정동식 • 부심_ 노수용·방기열 • 대기심_ 오현진 • 경기감독관_ 김진의

포항 1 0 전반 0 / 1 후반 0 **0 수원**

퇴장	경고	파울	ST(유)	교체	선수명	배번	위치	위치	배번	선수명	교체	ST(유)	파울	경고	퇴장
0	0	0	0		류원우	1	GK	GK	19	노동건		0	0	0	0
0	0	1	0		이상기	19	DF	DF	33	홍 철		0	0	0	0
0	0	0	0		전민광	4	DF	DF	5	조성진	3	1	0	0	0
0	1	3	0		하창래	5	DF	DF	15	구자룡		0	2	1	0
0	0	3	1		김용환	13	DF	DF	30	신세계		0	0	0	0
0	0	1	1		정재용	6	MF	MF	8	사리치		0	4	1	0
0	0	2	1(1)		이수빈	57	MF	MF	25	최성근		0	3	0	0
0	0	0	1	17	완델손	77	MF	MF	26	염기훈		1	1	0	0
0	0	0	2(1)	14	이석현	7	MF	MF	14	전세진	7	0	0	0	0
0	0	1	3(2)	24	이진현	8	MF	MF	18	타가트	37	2	3	0	0
0	0	2	2(2)		김승대	12	FW	FW	10	데 얀		1(1)	3	0	0
0	0	0	0		이 준	21			1	김다솔		0	0	0	0
0	0	0	0	후45	배슬기	24			3	양상민	후0	0	0	0	0
0	0	0	0		심상민	2			13	박형진		0	0	0	0
0	0	0	0		유준수	16	대기	대기	17	김종우		0	0	0	0
0	0	1	0	후33	김지민	14			7	바그닝요	후0	2(2)	0	0	0
0	0	0	0	후16	하승운	17			37	오현규	후33	1	0	0	0
0	0	0	0		최용우	9			9	한의권		0	0	0	0
0	1	14	11(6)			0			0			8(3)	16	2	0

● 후반 39분 하승운 PAR ↷ 김승대 PAL 내 R-ST-G (득점: 김승대/ 도움: 하승운) 오른쪽

• 4월 27일 • 14:00 • 맑음 • 제주 종합 • 2,380명
• 주심_ 고형진 • 부심_ 윤광열·송봉근 • 대기심_ 성덕효 • 경기감독관_ 김호영

제주 2 0 전반 0 / 2 후반 3 **3 상주**

퇴장	경고	파울	ST(유)	교체	선수명	배번	위치	위치	배번	선수명	교체	ST(유)	파울	경고	퇴장
0	0	0	0		이창근	18	GK	GK	21	윤보상		0	0	0	0
0	1	1	2		이동희	42	DF	DF	2	김영빈		0	1	1	0
0	0	2	0		알렉스	15	DF	DF	7	김민우		0	2	0	0
0	0	0	0		김동우	36	DF	FW	9	송시우	18	2(1)	0	0	0
0	0	2	0		김호남	11	MF	DF	12	권완규		0	1	0	0
0	0	0	0	23	권순형	7	MF	MF	13	안진범		0	4	0	0
0	0	4	1		이동수	16	MF	MF	14	윤빛가람		2(1)	0	0	0
0	0	1	2		김성주	21	MF	FW	19	박용지		2(2)	0	0	0
0	0	0	1(1)	9	이창민	14	FW	MF	23	김경재		0	1	1	0
0	0	0	3(2)		윤일록	24	FW	MF	24	이규성		0	0	0	0
0	0	3	1(1)		마그노	10	FW	DF	32	이태희		0	1	1	0
0	0	0	0		황성민	1			1	권태안		0	0	0	0
0	0	0	0		김승우	4			5	마상훈		0	0	0	0
0	0	0	0		김원일	37			8	이상협		0	0	0	0
0	0	0	0		이은범	17	대기	대기	10	심동운		0	0	0	0
0	0	0	2	후15	아길라르	23			18	신창무	후33	0	0	0	0
0	0	0	0		최현태	8			20	백동규		0	0	0	0
0	0	2	0	후15	찌아구	9			30	이민기		0	0	0	0
0	1	15	12(4)			0			0			6(4)	10	3	0

● 후반 29분 아길라르 C,KR ↷ 윤일록 GAR 내 H-ST-G (득점: 윤일록/ 도움: 아길라르) 오른쪽

● 후반 40분 마그노 PK-R-G(득점: 마그노) 왼쪽

● 후반 3분 송시우 MF 정면 ~ 박용지 PK 좌측 지점 R-ST-G (득점: 박용지/ 도움: 송시우) 왼쪽

● 후반 11분 이동희 GAL 자책골 (득점: 이동희)

● 후반 46분 윤빛가람 AK 정면 FK R-ST-G (득점: 윤빛가람) 왼쪽

• 4월 27일 • 16:00 • 맑음 • 춘천 송암 • 3,068명
• 주심_ 김희곤 • 부심_ 김계용·양재용 • 대기심_ 최현재 • 경기감독관_ 김성기

강원 0 0 전반 0 / 0 후반 2 **2 대구**

퇴장	경고	파울	ST(유)	교체	선수명	배번	위치	위치	배번	선수명	교체	ST(유)	파울	경고	퇴장
0	0	0	0		김호준	1	GK	GK	21	조현우		0	0	0	0
0	0	0	0	22	윤석영	37	DF	DF	3	김우석		1(1)	1	1	0
0	0	1	0		발렌티노스	4	DF	DF	5	홍정운		0	0	0	0
0	0	4	0		이호인	3	DF	DF	4	정태욱		2	3	0	0
0	1	2	1	24	강지훈	23	MF	MF	16	강윤구		0	2	0	0
0	0	3	1		한국영	13	MF	MF	44	츠바사		1(1)	3	0	0
0	0	0	0		신광훈	17	DF	MF	18	정승원	17	2(1)	2	0	0
0	0	0	1(1)	77	조지훈	6	MF	MF	38	장성원		1	0	0	0
0	0	3	1		이현식	29	FW	MF	20	황순민	6	1	2	0	0
0	0	0	0		김현욱	11	MF	FW	14	김대원		4(3)	0	0	0
0	0	3	3(1)		제리치	55	FW	FW	9	에드가	8	7(2)	3	0	0
0	0	0	0		함석민	16			1	최영은		0	0	0	0
0	0	0	0		김오규	99			66	박병현		0	0	0	0
0	0	0	0		이재익	5			6	한희훈	후36	0	0	1	0
0	0	0	2(1)	후14	정승용	22	대기	대기	29	류재문		0	0	0	0
0	0	0	0	후28	서명원	24			17	김준엽	후37	0	0	0	0
0	0	0	3(2)	후0	김지현	77			8	정선호	후47	0	0	0	0
0	0	0	0		정조국	9			32	정치인		0	0	0	0
0	1	16	12(5)			0			0			19(8)	16	2	0

● 후반 4분 정승원 GA 정면 L-ST-G (득점: 정승원) 왼쪽

● 후반 11분 에드가 GAL 내 L-ST-G (득점: 에드가) 왼쪽

• 4월 27일 • 18:00 • 흐림 • 인천 전용 • 5,012명
• 주심_ 박병진 • 부심_ 곽승순·박균용 • 대기심_ 김도연 • 경기감독관_ 허기태

인천 0 0 전반 0 / 0 후반 0 **0 성남**

퇴장	경고	파울	ST(유)	교체	선수명	배번	위치	위치	배번	선수명	교체	ST(유)	파울	경고	퇴장
0	0	0	0		정 산	1	GK	GK	1	김동준		0	0	0	0
0	0	1	0		김동민	47	DF	DF	5	안영규		1(1)	0	0	0
0	0	2	1		부노자	20	DF	DF	26	임채민		0	3	0	0
0	0	1	0		김정호	44	DF	DF	20	연제운		1	2	0	0
0	0	1	0	18	김진야	13	DF	MF	11	서보민		2(1)	0	0	0
0	0	1	1(1)		박세직	17	MF	MF	4	이창용		0	1	0	0
0	0	0	1(1)		임은수	39	MF	MF	6	김정현	9	0	0	0	0
0	1	2	1(1)	11	이정빈	8	MF	MF	17	조성준		0	1	0	0
0	0	0	0	33	정훈성	28	MF	MF	8	주현우		1(1)	3	0	0
0	0	1	0		정동윤	32	MF	FW	22	김현성	18	1	1	0	0
0	0	5	1(1)		김보섭	29	FW	FW	32	이재원	10	0	1	1	0
0	0	0	0		이태희	21			31	전종혁		0	0	0	0
0	0	0	0		양준아	14			40	임승겸		0	0	0	0
0	0	0	0		곽해성	26			10	문상윤	후9	0	1	0	0
0	0	0	0		최범경	40	대기	대기	14	김동현		0	0	0	0
0	0	0	1(1)	후38	김승용	18			16	최오백		0	0	0	0
0	0	0	1(1)	후21	문창진	11			18	이현일	후37	1(1)	1	1	0
0	0	0	1	후27	이준석	33			9	공민현	전19	1	4	0	0
0	1	14	8(6)			0			0			8(4)	18	2	0

• 4월 28일 • 14:00 • 맑음 • 전주 월드컵 • 15,127명
• 주심_ 김우성 • 부심_ 박상준·구은석 • 대기심_ 채상협 • 경기감독관_ 김형남

전북 2 1 전반 0 / 1 후반 1 **1 서울**

퇴장	경고	파울	ST(유)	교체	선수명	배번	위치	위치	배번	선수명	교체	ST(유)	파울	경고	퇴장
0	0	0	0		송범근	31	GK	GK	21	양한빈		0	0	0	0
0	1	1	0		이용	2	DF	DF	2	황현수		0	1	0	0
0	0	1	0		홍정호	26	DF	DF	40	김원균		0	1	0	0
0	1	2	0		김민혁	92	DF	DF	3	이웅희	50	0	1	1	0
0	0	0	1(1)		김진수	22	DF	MF	27	고광민		0	0	0	0
0	0	1	1(1)		신형민	4	MF	MF	23	윤종규	18	0	0	0	0
0	0	2	0	42	문선민	27	MF	MF	5	오스마르		0	3	0	0
0	0	0	2(2)		이승기	14	MF	MF	9	알리바예프		0	1	2	0
0	0	0	2	34	임선영	5	MF	MF	13	고요한		1(1)	1	0	0
0	0	2	4(3)		로페즈	10	MF	FW	10	박주영		1	1	0	0
0	0	2	2	9	이동국	20	FW	FW	72	페시치	24	3(2)	0	0	0
0	0	0	0		이재형	41			1	유상훈		0	0	0	0
0	0	0	0		이주용	13			15	김원식		0	0	0	0
0	0	0	0		최철순	25			14	김한길		0	0	0	0
0	0	0	0		정혁	8	대기	대기	24	정현철	후46	0	0	0	0
0	0	0	1	후48	장윤호	34			18	조영욱	후0	0	0	0	0
0	1	0	1(1)	후22	한승규	42			50	박동진	후34	1(1)	0	0	0
0	0	1	0	후19	김신욱	9			33	이인규		0	0	0	0
0	3	12	14(8)			0			0			6(4)	9	3	0

● 전반 44분 문선민 PA 정면내 ~ 이승기 PK 우측지점 R-ST-G (득점: 이승기/ 도움: 문선민) 오른쪽
● 후반 51분 김신욱 GAL H → 한승규 GAL 내 L-ST-G (득점: 한승규/ 도움: 김신욱) 왼쪽
● 후반 43분 박동진 MF 정면 H ↷ 페시치 GA 정면 R-ST-G (득점: 페시치/ 도움: 박동진) 왼쪽

• 4월 28일 • 16:00 • 맑음 • 울산 문수 • 18,434명
• 주심_ 김동진 • 부심_ 이정민·김지욱 • 대기심_ 최현재 • 경기감독관_ 양정환

울산 2 1 전반 0 / 1 후반 0 **0 경남**

퇴장	경고	파울	ST(유)	교체	선수명	배번	위치	위치	배번	선수명	교체	ST(유)	파울	경고	퇴장
0	1	0	0		오승훈	21	GK	GK	25	이범수		0	0	0	0
0	0	1	0		이명재	13	DF	DF	23	이광선		1	1	1	0
0	1	4	0		김수안	29	DF	DF	53	배승진		1	0	0	0
0	1	1	0		윤영선	20	DF	DF	50	김종필		1(1)	1	0	0
0	0	3	0		정동호	22	DF	DF	15	우주성		0	1	0	0
0	0	1	1		박용우	19	MF	MF	22	쿠니모토	32	2(2)	0	0	0
0	0	2	0	33	믹스	42	MF	MF	19	고경민	7	1	3	1	0
0	0	1	0		김보경	14	MF	MF	13	김준범		1(1)	0	0	0
0	0	3	0	7	박정인	99	MF	MF	4	하성민		0	1	0	0
0	0	3	0		김태환	23	MF	FW	10	김승준		1	1	0	0
0	0	1	4(4)	11	주니오	9	FW	FW	20	김효기		2(2)	2	0	0
0	0	0	0		문정인	31			31	손정현		0	0	0	0
0	0	0	0		강민수	4			8	안성남		0	0	0	0
0	0	0	0	후43	박주호	33			5	곽태휘	후20	0	1	0	0
0	0	0	0		김성준	17	대기	대기	39	이승엽		0	0	0	0
0	0	2	2(2)	전37	김인성	7			32	이영재	전22/5	0	1	0	0
0	0	0	0	후46	이근호	11			7	배기종	후10	1(1)	0	0	0
0	0	0	0		주민규	18			14	조재철		0	0	0	0
0	3	22	7(6)			0			0			11(7)	12	2	0

● 전반 39분 김태환 PK 좌측지점 ~ 주니오 GA 정면 R-ST-G (득점: 주니오/ 도움: 김태환) 왼쪽
● 후반 35분 김태환 PAR ↷ 김인성 GAL H-ST-G (득점: 김인성/ 도움: 김태환) 오른쪽

• 5월 03일 • 19:30 • 맑음 • DGB대구은행파크 • 9,120명
• 주심_ 이동준 • 부심_ 박상준·방기열 • 대기심_ 조지음 • 경기감독관_ 차상해

대구 1 0 전반 0 / 1 후반 0 **0 상주**

퇴장	경고	파울	ST(유)	교체	선수명	배번	위치	위치	배번	선수명	교체	ST(유)	파울	경고	퇴장
0	0	0	0		조현우	21	GK	GK	21	윤보상		0	0	0	0
0	0	2	0		박병현	66	DF	DF	5	마상훈		1	1	0	0
0	0	2	0		홍정운	5	DF	DF	7	김민우		1	1	0	0
0	0	4	0		정태욱	4	DF	FW	9	송시우		0	1	0	0
0	0	2	0	17	강윤구	16	MF	DF	12	권완규		1	1	1	0
0	0	0	1		황순민	20	MF	MF	13	안진범	26	2(2)	2	0	0
0	0	0	1	6	츠바사	44	MF	MF	14	윤빛가람		2	0	0	0
0	0	1	0		장성원	38	MF	FW	19	박용지	18	1	2	0	0
0	0	4	1(1)		정승원	18	FW	DF	20	백동규	30	0	3	0	0
0	0	2	1	32	김대원	14	FW	MF	23	김경재		0	1	0	0
0	1	2	2		에드가	9	FW	MF	24	이규성		1	0	0	0
0	0	0	0		최영은	1			1	권태안		0	0	0	0
0	0	0	0	후41	한희훈	6			10	심동운		0	0	0	0
0	0	2	0	후15	김준엽	17			18	신창무	후42	0	0	0	0
0	0	0	0		류재문	29	대기	대기	26	한석종	후25	0	0	0	0
0	0	0	0		정선호	8			28	김대중		0	0	0	0
0	0	0	0		임재혁	15			30	이민기	후22	0	0	0	0
0	0	1	0	후31	정치인	32			36	류승우		0	0	0	0
0	1	22	6(1)			0			0			9(2)	12	1	0

● 후반 38분 에드가 AK 정면 H ↷ 정승원 GAR R-ST-G (득점: 정승원/ 도움: 에드가) 가운데

• 5월 04일 • 14:00 • 맑음 • 포항 스틸야드 • 12,939명
• 주심_ 고형진 • 부심_ 윤광열·구은석 • 대기심_ 김덕철 • 경기감독관_ 최상국

포항 2 1 전반 1 / 1 후반 0 **1 울산**

퇴장	경고	파울	ST(유)	교체	선수명	배번	위치	위치	배번	선수명	교체	ST(유)	파울	경고	퇴장
0	0	0	0		류원우	1	GK	GK	21	오승훈		0	0	0	0
0	0	1	1		이상기	19	DF	DF	13	이명재		0	2	0	0
0	0	0	0		전민광	4	DF	DF	20	윤영선		1(1)	1	1	0
0	0	3	0		하창래	5	DF	DF	29	김수안		0	0	0	0
0	0	0	0		김용환	13	DF	DF	22	정동호		0	0	0	0
0	0	1	1	16	정재용	6	MF	MF	10	신진호	18	1(1)	1	0	0
0	0	3	0		이수빈	57	MF	MF	42	믹스	17	0	0	0	0
0	0	1	1(1)	9	완델손	77	MF	MF	14	김보경		1(1)	3	0	0
0	0	1	0	17	이석현	7	MF	MF	15	이동경	7	2(1)	1	0	0
0	0	2	1(1)		이진현	8	MF	MF	23	김태환		0	0	0	0
0	0	1	2(1)		김승대	12	FW	FW	9	주니오		2	0	0	0
0	0	0	0		강현무	31			31	문정인		0	0	0	0
0	0	0	0		배슬기	24			19	박용우		0	0	0	0
0	0	0	0		심상민	2			33	박주호		0	0	0	0
0	0	1	0	후31	유준수	16	대기	대기	17	김성준	후21	0	0	0	0
0	0	0	0	후8	하승운	17			7	김인성	후0	0	0	0	0
0	0	0	0		김도형	22			11	이근호		0	0	0	0
0	0	0	2	후23	최용우	9			18	주민규	후26	0	0	0	0
0	0	14	8(3)			0			0			7(4)	8	1	0

● 전반 35분 김승대 PAL 내 ~ 이진현 PA 정면내 L-ST-G (득점: 이진현/ 도움: 김승대) 왼쪽
● 후반 16분 김승대 GA 정면 L-ST-G (득점: 김승대) 가운데
● 전반 31분 김보경 PAR 내 EL ↷ 신진호 PA 정면내 R-ST-G (득점: 신진호/ 도움: 김보경) 오른쪽

• 5월 04일 • 14:00 • 맑음 • 제주 종합 • 2,467명
• 주심_ 김용우 • 부심_ 곽승순·박균용 • 대기심_ 오현진 • 경기감독관_ 신홍기

제주 2 0 전반 0 / 2 후반 0 **0 경남**

퇴장	경고	파울	ST(유)	교체	선수명	배번	위치	위치	배번	선수명	교체	ST(유)	파울	경고	퇴장
0	0	0	0		이 창 근	18	GK	GK	25	이 범 수		0	0	0	0
0	0	1	2(1)		강 윤 성	33	DF	DF	23	이 광 선		1	0	0	0
0	0	0	0	4	알 렉 스	15	DF	DF	53	배 승 진		1	3	0	0
0	0	2	0		김 동 우	36	DF	DF	50	김 종 필		1	1	0	0
0	1	1	0		김 호 남	11	DF	DF	8	안 성 남		0	0	0	0
0	0	2	0		이 동 희	42	MF	MF	14	조 재 철		3	1	0	0
0	0	0	0		이 동 수	16	MF	MF	19	고 경 민	17	2(1)	1	0	0
0	0	1	0	14	이 은 범	17	MF	MF	13	김 준 범	90	0	1	0	0
0	0	3	4(2)		아길라르	23	MF	MF	77	네 게 바	6	1	0	0	0
0	0	1	1		윤 일 록	24	MF	FW	10	김 승 준		2(1)	2	1	0
0	0	2	2(1)	9	마 그 노	10	FW	FW	20	김 효 기		2(1)	2	0	0
0	0	0	0		황 성 민	1			31	손 정 현		0	0	0	0
0	0	0	0	전18	김 승 우	4			90	송 주 훈	후21	2(1)	1	0	0
0	0	1	2(1)	후16	이 창 민	14			17	여 성 해	후13	0	1	0	0
0	0	0	0		권 순 형	7	대기	대기	6	최 재 수	후13	1(1)	0	0	0
0	0	0	0		김 성 주	21			16	이 광 진		0	0	0	0
0	0	0	0		최 현 태	8			88	김 종 진		0	0	0	0
0	0	0	1(1)	후37	찌 아 구	9			32	이 영 재		0	0	0	0
0	1	14	12(6)			0			0			16(5)	13	1	0

● 후반 19분 강윤성 GAL ↷ 마그노 GAR 내
H-ST-G (득점: 마그노/ 도움: 강윤성) 오른쪽
● 후반 48분 윤일록 GAR ~ 찌아구 GAL
R-ST-G (득점: 찌아구/ 도움: 윤일록) 가운데

• 5월 04일 • 16:00 • 맑음 • 성남 종합 • 9,365명
• 주심_ 김희곤 • 부심_ 이정민·김지욱 • 대기심_ 서동진 • 경기감독관_ 김용세

성남 0 0 전반 0 / 0 후반 0 **0 전북**

퇴장	경고	파울	ST(유)	교체	선수명	배번	위치	위치	배번	선수명	교체	ST(유)	파울	경고	퇴장
0	0	0	0		김 동 준	1	GK	GK	31	송 범 근		0	0	0	0
0	0	0	0		연 제 운	20	DF	DF	2	이 용		0	1	1	0
0	0	0	0		임 채 민	26	DF	DF	26	홍 정 호		0	1	0	0
0	0	0	0		이 창 용	4	DF	DF	92	김 민 혁		0	1	1	0
0	0	0	1(1)		서 보 민	11	MF	DF	13	이 주 용		0	0	0	0
0	1	3	2		임 승 겸	40	MF	MF	28	손 준 호		0	0	0	0
0	0	0	3	19	최 오 백	16	MF	MF	10	로 페 즈	42	4(1)	2	0	0
0	0	0	0		주 현 우	8	MF	MF	14	이 승 기		1	0	0	0
0	0	0	0	6	이 재 원	32	FW	MF	34	장 윤 호	20	2(2)	1	0	0
0	0	1	1		조 성 준	17	FW	MF	27	문 선 민	17	2	1	0	0
0	0	1	0	23	공 민 현	9	FW	FW	9	김 신 욱		2(1)	1	0	0
0	0	0	0		김 근 배	21			41	이 재 형		0	0	0	0
0	0	0	0		안 영 규	5			25	최 철 순		0	0	0	0
0	0	1	0	전31	김 정 현	6			8	정 혁		0	0	0	0
0	0	0	0		전 현 근	35	대기	대기	4	신 형 민		0	0	0	0
0	0	0	0	후19	마티아스	19			42	한 승 규	후38	0	0	0	0
0	0	0	0		김 현 성	22			17	이 비 니	후23	0	0	0	0
0	0	0	0	후32	박 관 우	23			20	이 동 국	후32	2	0	0	0
0	1	6	7(1)			0			0			13(4)	8	2	0

• 5월 05일 • 16:00 • 맑음 • 수원 월드컵 • 24,019명
• 주심_ 김동진 • 부심_ 김계용·양재용 • 대기심_ 최현재 • 경기감독관_ 김형남

수원 1 0 전반 0 / 1 후반 1 **1 서울**

퇴장	경고	파울	ST(유)	교체	선수명	배번	위치	위치	배번	선수명	교체	ST(유)	파울	경고	퇴장
0	0	1	0		노 동 건	19	GK	GK	1	유 상 훈		0	0	0	0
0	0	4	0		박 형 진	13	DF	DF	2	황 현 수		1	1	0	0
0	1	2	0		양 상 민	3	DF	DF	40	김 원 균		0	1	0	0
0	0	1	0		구 자 룡	15	DF	DF	3	이 웅 희	24	2(1)	0	0	0
0	1	0	0		홍 철	33	MF	MF	27	고 광 민		2	2	0	0
0	0	4	1		사 리 치	8	MF	MF	23	윤 종 규		0	1	0	0
0	0	3	0	90	최 성 근	25	MF	MF	5	오스마르		1	2	0	0
0	0	3	0		신 세 계	30	MF	MF	13	고 요 한		3(1)	3	1	0
0	0	1	3(1)		염 기 훈	26	FW	MF	18	조 영 욱		1(1)	1	0	0
0	0	1	1	10	오 현 규	37	FW	FW	10	박 주 영		4(4)	0	0	0
0	0	3	3	17	타 가 트	18	FW	FW	50	박 동 진	19	1	1	0	0
0	0	0	0		김 다 솔	1			21	양 한 빈		0	0	0	0
0	0	0	0		박 대 원	12			15	김 원 식		0	0	0	0
0	0	0	0	후36	구 대 영	90			14	김 한 길		0	0	0	0
0	0	1	2	후15	김 종 우	17	대기	대기	8	정 원 진		0	0	0	0
0	0	0	0		바그닝요	7			24	정 현 철	후35	0	0	0	0
0	0	0	3(2)	전39	데 얀	10			19	윤 주 태	후23	2	0	0	0
0	0	0	0		한 의 권	9			33	이 인 규		0	0	0	0
0	2	24	13(3)			0			0			17(7)	12	1	0

● 후반 11분 사리치 AKL ~ 데얀 AK 내
R-ST-G (득점: 데얀/ 도움: 사리치) 왼쪽
● 후반 53분 박주영 PK-R-G(득점: 박주영) 왼쪽

• 5월 05일 • 16:00 • 맑음 • 춘천 송암 • 2,613명
• 주심_ 김우성 • 부심_ 노수용·송봉근 • 대기심_ 성덕효 • 경기감독관_ 나승화

강원 1 1 전반 0 / 0 후반 0 **0 인천**

퇴장	경고	파울	ST(유)	교체	선수명	배번	위치	위치	배번	선수명	교체	ST(유)	파울	경고	퇴장
0	0	0	0		김 호 준	1	GK	GK	1	정 산		0	0	0	0
0	1	1	3(2)		김 오 규	99	DF	DF	47	김 동 민		2(2)	1	0	0
0	0	0	1(1)		이 재 익	5	DF	DF	20	부 노 자		2	0	0	0
0	0	1	0		이 호 인	3	DF	DF	44	김 정 호		0	1	0	0
0	0	1	1(1)		신 광 훈	17	MF	DF	13	김 진 야		1(1)	1	0	0
0	0	0	1		한 국 영	13	MF	MF	17	박 세 직		0	2	0	0
0	1	1	0		정 승 용	22	MF	MF	39	임 은 수		1	2	0	0
0	0	2	1	6	이 현 식	29	MF	MF	11	문 창 진	40	1	0	0	0
0	1	2	1	11	서 명 원	24	FW	FW	28	정 훈 성	7	0	0	0	0
0	0	2	1		김 지 현	77	MF	FW	32	정 동 윤		2	2	0	0
0	0	0	1	23	정 조 국	9	FW	FW	29	김 보 섭	9	4(3)	1	0	0
0	0	0	0		함 석 민	16			31	김 동 헌		0	0	0	0
0	0	0	0		발렌티노스	4			14	양 준 아		0	0	0	0
0	0	0	0		윤 석 영	37			26	곽 해 성		0	0	0	0
0	0	0	0	후36	강 지 훈	23	대기	대기	40	최 범 경	후28	1(1)	0	0	0
0	0	0	0	후42	조 지 훈	6			18	김 승 용		0	0	0	0
0	0	0	2	후0	김 현 욱	11			7	남 준 재	후0	1(1)	1	0	0
0	0	0	0		제 리 치	55			9	무 고 사	후17	1	0	0	0
0	3	10	12(4)			0			0			16(8)	11	0	0

● 전반 33분 김지현 GAL ~ 신광훈 GAR 내
R-ST-G (득점: 신광훈/ 도움: 김지현) 오른쪽

• 5월 10일 • 19:00 • 맑음 • 상주 시민 • 1,217명
• 주심_ 김용우 • 부심_ 곽승순·박균용 • 대기심_ 채상협 • 경기감독관_ 신홍기

상주 1 0 전반 0 / 1 후반 0 **0 성남**

퇴장	경고	파울	ST(유)	교체	선수명	배번	위치	위치	배번	선수명	교체	ST(유)	파울	경고	퇴장
0	1	0	0		윤보상	21	GK	GK	1	김동준		0	0	0	0
0	0	0	0	5	김영빈	2	DF	DF	20	연제운		0	2	0	0
0	0	0	1		김민우	7	DF	DF	26	임채민		0	3	0	0
0	0	0	0	10	송시우	9	FW	DF	4	이창용		0	3	1	0
0	0	1	0		권완규	12	DF	MF	11	서보민		2	0	0	0
0	0	2	1(1)	26	안진범	13	MF	MF	40	임승겸		1(1)	2	0	0
0	0	0	1		윤빛가람	14	MF	MF	6	김정현	7	0	1	0	0
0	0	0	1(1)		박용지	19	FW	MF	8	주현우		1	0	0	0
0	0	0	0		김경재	23	MF	FW	10	문상윤	9	1	0	0	0
0	0	1	1		이규성	24	MF	FW	17	조성준		1	1	2	0
0	0	0	0		이태희	32	DF	FW	22	김현성	19	0	2	0	0
0	0	0	0		권태안	1			21	김근배		0	0	0	0
0	0	1	0	후43	마상훈	5			5	안영규		0	0	0	0
0	0	1	2(2)	후9	심동운	10			16	최오백		0	0	0	0
0	0	0	0		백동규	20	대기	대기	27	김연왕		0	0	0	0
0	1	2	0	후12	한석종	26			7	에델	후9	1(1)	0	0	0
0	0	0	0		진성욱	29			9	공민현	후0	1	0	0	0
0	0	0	0		강상우	37			19	마티아스	후32	0	0	0	0
0	2	8	7(4)			0			0			8(2)	14	3	0

● 후반 5분 이태희 자기 측 MFR ~ 박용지 PA 정면 L-ST-G (득점: 박용지/ 도움: 이태희) 오른쪽

• 5월 11일 • 17:00 • 맑음 • 인천 전용 • 7,050명
• 주심_ 김희곤 • 부심_ 김계용·방기열 • 대기심_ 김영수 • 경기감독관_ 양정환

인천 0 0 전반 0 / 0 후반 1 **1 포항**

퇴장	경고	파울	ST(유)	교체	선수명	배번	위치	위치	배번	선수명	교체	ST(유)	파울	경고	퇴장
0	0	0	0		정산	1	GK	GK	1	류원우		0	0	0	0
0	0	0	0		김진야	13	DF	DF	19	이상기		0	2	2	0
1	0	1	1(1)		부노자	20	DF	DF	4	전민광		0	1	0	0
0	0	0	1		김정호	44	DF	DF	5	하창래		1	1	1	0
0	0	1	0		정동윤	32	DF	DF	13	김용환		1(1)	0	0	0
0	0	0	0	8	박세직	17	MF	MF	6	정재용		0	0	0	0
0	0	0	2		임은수	39	MF	MF	57	이수빈	24	1(1)	7	0	0
0	0	0	0	40	문창진	11	MF	MF	77	완델손		3(1)	1	1	0
0	0	3	1(1)	33	남준재	7	MF	MF	8	이진현	22	2	0	0	0
0	0	1	1(1)		콩푸엉	23	MF	FW	12	김승대		3(3)	1	0	0
0	0	0	4(1)		무고사	9	FW	FW	9	최용우	17	2(1)	2	0	0
0	0	0	0		이태희	21			31	강현무		0	0	0	0
0	0	0	0		양준아	14			24	배슬기	후51	0	0	0	0
0	0	0	0		김동민	47			20	우찬양		0	0	0	0
0	0	0	1(1)	후22	최범경	40	대기	대기	16	유준수		0	0	0	0
0	0	1	2	후38	이정빈	8			7	이석현		0	0	0	0
0	0	0	0	후27	이준석	33			22	김도형	후43	1(1)	0	0	0
0	0	0	0		하마드	10			17	하승운	후11	0	0	0	0
1	0	7	13(5)			0			0			14(8)	15	4	0

● 후반 46분 김용환 GAL L-ST-G (득점: 김용환) 왼쪽

• 5월 11일 • 19:00 • 맑음 • 서울 월드컵 • 23,394명
• 주심_ 박병진 • 부심_ 이정민·구은석 • 대기심_ 신용준 • 경기감독관_ 김진의

서울 2 1 전반 1 / 1 후반 0 **1 대구**

퇴장	경고	파울	ST(유)	교체	선수명	배번	위치	위치	배번	선수명	교체	ST(유)	파울	경고	퇴장
0	0	0	0		유상훈	1	GK	GK	21	조현우		0	0	0	0
0	0	2	1(1)		황현수	2	DF	DF	3	김우석		1(1)	0	0	0
0	0	0	0	15	김원균	40	DF	DF	5	홍정운		0	2	0	0
0	0	0	0		이웅희	3	DF	DF	4	정태욱		1	4	1	0
0	0	0	0		고광민	27	MF	MF	16	강윤구	11	0	1	0	0
0	0	2	0		윤종규	23	MF	MF	20	황순민		2(1)	1	0	0
0	0	2	2		정현철	24	MF	MF	44	츠바사		3(2)	2	1	0
0	0	2	1		오스마르	5	MF	MF	38	장성원	17	0	0	0	0
0	0	0	3(3)		알리바예프	9	MF	FW	18	정승원	6	1(1)	0	0	0
0	0	2	2(2)	50	박주영	10	FW	FW	14	김대원		3(1)	2	1	0
0	0	3	2(1)	19	페시치	72	FW	FW	9	에드가		5(2)	3	1	0
0	0	0	0		양한빈	21			1	최영은		0	0	0	0
0	0	1	1	후5	김원식	15			6	한희훈	후37	0	0	0	0
0	0	0	0		김한길	14			66	박병현		0	0	0	0
0	0	0	0		정원진	8	대기	대기	29	류재문		0	0	0	0
0	0	0	0	후50	윤주태	19			8	정선호		0	0	0	0
0	0	0	0	후48	박동진	50			17	김준엽	후32	0	1	0	0
0	0	0	0		이인규	33			11	세징야	후0	2(1)	1	0	0
0	0	14	12(7)			0			0			18(9)	17	4	0

● 전반 14분 박주영 MFR FK ↷ 황현수 GA 정면 H-ST-G (득점: 황현수/ 도움: 박주영) 왼쪽
● 후반 38분 박주영 PAL FK R-ST-G (득점: 박주영) 오른쪽

● 전반 12분 김우석 GAL 내 R-ST-G (득점: 김우석) 가운데

• 5월 12일 • 17:00 • 맑음 • 창원 축구센터 • 3,421명
• 주심_ 고형진 • 부심_ 박상준·김성일 • 대기심_ 최현재 • 경기감독관_ 허기태

경남 0 0 전반 0 / 0 후반 2 **2 강원**

퇴장	경고	파울	ST(유)	교체	선수명	배번	위치	위치	배번	선수명	교체	ST(유)	파울	경고	퇴장
0	0	0	0		손정현	31	GK	GK	1	김호준		0	0	0	0
1	0	1	0		우주성	15	DF	DF	99	김오규		1	1	0	0
0	0	1	0	2	안성남	8	DF	DF	4	발렌티노스		1(1)	0	0	0
0	0	0	0		이광선	23	DF	DF	3	이호인	37	0	1	1	0
0	0	0	0		배승진	53	DF	MF	17	신광훈		0	0	0	0
0	0	1	0		김종필	50	MF	MF	13	한국영		2(1)	3	0	0
0	0	0	1(1)	18	김종진	88	MF	MF	22	정승용		1(1)	0	0	0
0	0	3	0		하성민	4	MF	MF	8	이재권		0	3	0	0
0	1	4	2(2)		네게바	77	MF	MF	11	김현욱		3(2)	0	0	0
0	0	1	0	32	김효기	20	FW	FW	77	김지현	29	1	0	0	0
0	0	3	3(2)		김승준	10	FW	FW	9	정조국	55	3(1)	2	0	0
0	0	0	0		이범수	25			16	함석민		0	0	0	0
0	0	0	0		여성해	17			23	강지훈		0	0	0	0
0	0	0	0	후23	박광일	2			37	윤석영	후24	0	0	0	0
0	0	0	0		이승엽	39	대기	대기	29	이현식	후0	0	1	0	0
0	0	0	0	후41	이영재	32			6	조지훈		0	0	0	0
0	0	0	0		고경민	19			24	서명원		0	0	0	0
0	0	0	0	후17	박기동	18			55	제리치	후15	2(2)	0	0	0
1	1	14	6(5)			0			0			14(8)	11	1	0

● 후반 19분 이현식 PAL 내 EL ~ 제리치 GAL 내 L-ST-G (득점: 제리치/ 도움: 이현식) 왼쪽
● 후반 34분 윤석영 MFR ↷ 제리치 GAL H-ST-G (득점: 제리치/ 도움: 윤석영) 왼쪽

• 5월 12일 • 14:00 • 맑음 • 제주 종합 • 3,668명
• 주심_ 이동준 • 부심_ 윤광열·김지욱 • 대기심_ 최일우 • 경기감독관_ 김용세

제주 1 | 1 전반 1 / 0 후반 2 | **3 수원**

퇴장	경고	파울	ST(유)	교체	선수명	배번	위치	위치	배번	선수명	교체	ST(유)	파울	경고	퇴장
0	0	0	0		이창근	18	GK	GK	1	김다솔		0	0	0	0
0	1	1	0		알렉스	15	DF	DF	13	박형진		0	4	0	0
0	0	0	0	14	김승우	4	DF	DF	3	양상민		0	0	0	0
0	0	0	0		김동우	36	DF	DF	15	구자룡		2(1)	1	0	0
0	0	1	3(1)		김호남	11	MF	MF	90	구대영	12	0	1	0	0
0	0	3	1(1)		이동수	16	MF	MF	8	사리치		1	2	1	0
0	0	2	3(1)		권순형	7	MF	MF	25	최성근		0	2	0	0
0	0	0	0	21	이은범	17	MF	MF	30	신세계		1	1	1	0
0	0	0	3(1)		윤일록	24	FW	FW	26	염기훈	17	1	0	0	0
0	0	0	1	9	아길라르	23	MF	FW	18	타가트		1(1)	3	0	0
0	0	0	0		마그노	10	FW	FW	10	데얀	9	2(1)	4	0	0
0	0	0	0		박한근	41			19	노동건		0	0	0	0
0	0	0	0		김원일	37			12	박대원	후26	0	0	0	0
0	0	0	0		강윤성	33			4	고명석		0	0	0	0
0	0	0	0	후15	김성주	21	대기	대기	17	김종우	후20	1	4	0	0
0	0	0	0		최현태	8			37	오현규		0	0	0	0
0	0	0	3	후32	이창민	14			27	한석희		0	0	0	0
0	0	1	3(2)	후15	찌아구	9			9	한의권	후33	1	0	0	0
0	1	8	17(6)			0			0			10(3)	22	2	0

● 전반 22분 마그노 PAR 내 ~ 권순형 AK 정면 R-ST-G (득점: 권순형/ 도움: 마그노) 오른쪽
● 전반 38분 데얀 PA 정면내 R-ST-G (득점: 데얀) 왼쪽
● 후반 3분 염기훈 PAL FK ↷ 구자룡 GAR H-ST-G (득점: 구자룡/ 도움: 염기훈) 오른쪽
● 후반 6분 사리치 PAL ~ 타가트 GAR 내 R-ST-G (득점: 타가트/ 도움: 사리치) 오른쪽

• 5월 12일 • 19:00 • 맑음 • 울산 문수 • 11,021명
• 주심_ 정동식 • 부심_ 노수용·양재용 • 대기심_ 최광호 • 경기감독관_ 김성기

울산 2 | 0 전반 0 / 2 후반 1 | **1 전북**

퇴장	경고	파울	ST(유)	교체	선수명	배번	위치	위치	배번	선수명	교체	ST(유)	파울	경고	퇴장
0	0	0	0		오승훈	21	GK	GK	31	송범근		0	0	0	0
0	0	0	1(1)		박주호	33	DF	DF	2	이용		0	1	0	0
0	1	1	0		강민수	4	DF	DF	26	홍정호		0	0	0	0
0	0	2	0		김수안	29	DF	DF	13	이주용		0	0	0	0
0	1	4	0		김태환	23	DF	DF	22	김진수		2(1)	3	1	0
0	0	1	1	10	믹스	42	MF	MF	4	신형민		1(1)	2	0	0
0	1	1	0		박용우	19	MF	MF	27	문선민	14	0	0	0	0
0	0	0	1(1)		김인성	7	MF	MF	28	손준호		0	4	0	0
0	1	1	2(2)		김보경	14	MF	MF	5	임선영	17	1	0	0	0
0	0	2	0	11	이동경	15	MF	MF	10	로페즈		3(3)	1	1	0
0	0	1	4(3)	17	주니오	9	FW	FW	20	이동국	9	3(3)	2	1	0
0	0	0	0		문정인	31			41	이재형		0	0	0	0
0	0	0	0		김민덕	3			25	최철순		0	0	0	0
0	0	0	0		정동호	22			8	정혁		0	0	0	0
0	0	0	0	후49	김성준	17	대기	대기	42	한승규		0	0	0	0
0	0	1	0	후21	신진호	10			14	이승기	후18	1(1)	1	0	0
0	0	1	0	후0	이근호	11			17	이비니	후30	0	0	0	0
0	0	0	0		주민규	18			9	김신욱	후18	2(2)	0	0	0
0	4	15	9(7)			0			0			13(11)	14	3	0

● 후반 16분 김보경 MFL ~ 김인성 PA 정면내 R-ST-G (득점: 김인성/ 도움: 김보경) 오른쪽
● 후반 46분 김보경 PK-L-G (득점: 김보경) 왼쪽
● 후반 47분 김진수 PAL ↷ 이승기 GAR H-ST-G (득점: 이승기/ 도움: 김진수) 가운데

• 5월 18일 • 17:00 • 흐림 • 수원 월드컵 • 12,084명
• 주심_ 김용우 • 부심_ 이정민·강동호 • 대기심_ 최일우 • 경기감독관_ 허기태

수원 1 | 1 전반 1 / 0 후반 2 | **3 울산**

퇴장	경고	파울	ST(유)	교체	선수명	배번	위치	위치	배번	선수명	교체	ST(유)	파울	경고	퇴장
0	0	0	0		김다솔	1	GK	GK	21	오승훈		0	0	1	0
0	0	0	0	37	박형진	13	DF	DF	33	박주호		0	1	0	0
0	0	2	0		양상민	3	DF	DF	4	강민수		1	0	0	0
0	0	3	0		구자룡	15	DF	DF	29	김수안		1(1)	1	0	0
0	0	0	1(1)		홍철	33	MF	DF	23	김태환		0	4	1	0
0	0	2	1(1)		사리치	8	MF	MF	42	믹스	8	0	1	0	0
0	0	3	0	27	최성근	25	MF	MF	19	박용우		0	2	0	0
0	1	2	2		신세계	30	MF	MF	7	김인성		1	3	0	0
0	0	0	3(2)		염기훈	26	MF	MF	10	신진호		1	3	1	0
0	0	2	0	7	한의권	9	FW	MF	15	이동경	11	3(3)	1	1	0
0	0	1	2		데얀	10	FW	FW	9	주니오	13	3(2)	1	0	0
0	0	0	0		노동건	19			31	문정인		0	0	0	0
0	0	0	0		박대원	12			3	김민덕		0	0	0	0
0	0	0	0		김태환	66			22	정동호		0	0	0	0
0	0	0	0		이상민	24	대기	대기	13	이명재	후40	0	0	0	0
0	0	0	1(1)	후19	오현규	37			8	황일수	후33	0	0	0	0
0	1	2	1	후34	한석희	27			11	이근호	후10	0	0	0	0
0	0	1	1	후0	바그닝요	7			18	주민규		0	0	0	0
0	2	18	12(5)			0			0			10(6)	17	4	0

● 전반 47분 염기훈 PK-L-G (득점: 염기훈) 가운데
● 전반 29분 주니오 GAL ~ 이동경 GA 정면 L-ST-G (득점: 이동경/ 도움: 주니오) 오른쪽
● 후반 9분 바그닝요 GA 정면내 자책골 (득점: 바그닝요)
● 후반 44분 이명재 C,KR ↷ 김수안 GA 정면 H-ST-G (득점: 김수안/ 도움: 이명재) 가운데

• 5월 18일 • 19:00 • 흐림 • 전주 월드컵 • 13,526명
• 주심_ 박병진 • 부심_ 김계용·박균용 • 대기심_ 김덕철 • 경기감독관_ 차상해

전북 3 | 2 전반 1 / 1 후반 0 | **1 제주**

퇴장	경고	파울	ST(유)	교체	선수명	배번	위치	위치	배번	선수명	교체	ST(유)	파울	경고	퇴장
0	0	0	0		송범근	31	GK	GK	18	이창근		0	0	0	0
0	0	0	1(1)		이용	2	DF	DF	15	알렉스		0	0	0	0
0	0	1	0		최철순	25	DF	DF	37	김원일	10	0	2	0	0
0	0	2	1(1)		김민혁	92	DF	DF	36	김동우		0	1	0	0
0	0	3	1(1)		김진수	22	DF	FW	11	김호남		0	7	1	0
0	0	2	0		신형민	4	MF	MF	6	박진포		1(1)	4	0	0
0	0	1	0	20	정혁	8	MF	MF	7	권순형		1	0	0	0
0	0	3	1		손준호	28	MF	MF	16	이동수	24	0	1	0	0
0	1	2	3(2)	16	이승기	14	MF	FW	21	김성주	23	0	1	0	0
0	0	4	4(2)		로페즈	10	MF	MF	14	이창민		4(2)	0	0	0
0	0	0	4(4)	17	김신욱	9	FW	FW	9	찌아구		3(2)	0	0	0
0	0	0	0		이재형	41			1	황성민		0	0	0	0
0	0	0	0		윤지혁	23			4	김승우		0	0	0	0
0	0	0	0		이주용	13			24	윤일록	후27	1(1)	0	0	0
0	0	0	0	후38	최영준	16	대기	대기	23	아길라르	후8	0	0	0	0
0	0	0	0		문선민	27			42	이동희		0	0	0	0
0	0	2	0	후29	이비니	17			33	강윤성		0	0	0	0
0	0	2	2	후16	이동국	20			10	마그노	후0	0	2	0	0
0	1	22	17(11)			0			0			10(6)	18	1	0

● 전반 4분 로페즈 AKR ~ 이승기 GAR R-ST-G (득점: 이승기/ 도움: 로페즈) 오른쪽
● 전반 35분 이용 MFR ↷ 김민혁 GA 정면 H-ST-G (득점: 김민혁/ 도움: 이용) 오른쪽
● 후반 10분 김진수 PAL TL ↷ 김신욱 GAR H-ST-G (득점: 김신욱/ 도움: 김진수) 왼쪽
● 전반 32분 이창민 PAL 내 ~ 찌아구 GA 정면 내 R-ST-G (득점: 찌아구/ 도움: 이창민) 오른쪽

• 5월 19일 • 15:00 • 비 • 양산 종합 • 3,355명
• 주심_ 이동준 • 부심_ 노수용·송봉근 • 대기심_ 신용준 • 경기감독관_ 김형남

경남 1 (1 전반 1 / 0 후반 1) **2 포항**

퇴장	경고	파울	ST(유)	교체	선수명	배번	위치	위치	배번	선수명	교체	ST(유)	파울	경고	퇴장
0	0	0	0		손 정 현	31	GK	GK	1	류 원 우		0	0	0	0
0	0	0	0		송 주 훈	90	DF	DF	2	심 상 민		0	0	0	0
0	0	1	0		안 성 남	8	DF	DF	4	전 민 광		0	0	0	0
0	1	3	0		이 광 선	23	DF	DF	5	하 창 래		0	2	0	0
0	0	0	1	16	박 광 일	2	DF	DF	13	김 용 환		0	2	0	0
0	0	0	0	32	김 준 범	13	MF	MF	6	정 재 용		1(1)	1	0	0
0	0	0	1	4	쿠니모토	22	MF	MF	57	이 수 빈		1(1)	0	0	0
0	0	1	1		고 경 민	19	MF	MF	77	완 델 손		4(2)	1	0	0
0	0	1	2(1)		네 게 바	77	MF	MF	8	이 진 현	10	0	1	0	0
0	0	2	0		김 효 기	20	FW	FW	12	김 승 대		0	0	0	0
0	0	1	3(1)		김 승 준	10	FW	FW	9	최 용 우	17	2	3	0	0
0	0	0	0		이 범 수	25			31	강 현 무		0	0	0	0
0	0	0	0		여 성 해	17			24	배 슬 기	후42	0	0	0	0
0	0	1	0	후0	이 광 진	16			16	유 준 수		0	0	0	0
0	0	0	0	후27	하 성 민	4	대기	대기	7	이 석 현		0	0	0	0
0	0	0	0		김 종 진	88			17	하 승 운	후8	0	4	0	0
0	0	0	0	후16	이 영 재	32			22	김 도 형		0	0	0	0
0	0	0	0		배 기 종	7			10	데이비드	후13/24	0	0	0	0
0	1	10	8(2)			0			0			8(4)	14	0	0

● 전반 36분 김승준 GA 정면 R-ST-G (득점: 김승준) 왼쪽

● 전반 25분 이진현 PAL 내 ↷ 완델손 GA 정면 H-ST-G (득점: 완델손/ 도움: 이진현) 오른쪽
● 후반 32분 김승대 PAL ~ 완델손 GAL L-ST-G (득점: 완델손/ 도움: 김승대) 오른쪽

• 5월 19일 • 17:00 • 비 • 성남 종합 • 2,526명
• 주심_ 조지음 • 부심_ 방기열·구은석 • 대기심_ 박병진 • 경기감독관_ 나승화

성남 1 (1 전반 1 / 0 후반 1) **2 강원**

퇴장	경고	파울	ST(유)	교체	선수명	배번	위치	위치	배번	선수명	교체	ST(유)	파울	경고	퇴장
0	0	0	0		김 동 준	1	GK	GK	1	김 호 준		0	0	0	0
0	0	1	0		연 제 운	20	DF	DF	99	김 오 규		0	1	1	0
0	1	1	0		임 채 민	26	DF	DF	4	발렌티노스		1	0	0	0
0	0	1	0		안 영 규	5	DF	DF	17	신 광 훈		0	1	1	0
0	0	0	2		서 보 민	11	MF	MF	23	강 지 훈	37	1(1)	1	0	0
0	1	3	1(1)		김 정 현	6	MF	MF	13	한 국 영		1(1)	3	0	0
0	0	3	1(1)	4	주 현 우	8	MF	MF	22	정 승 용		1	0	0	0
0	1	3	1(1)		최 병 찬	33	MF	MF	8	이 재 권	11	0	0	0	0
0	0	1	1		최 오 백	16	MF	MF	29	이 현 식		1(1)	1	0	0
0	0	1	0	9	마티아스	19	FW	FW	55	제 리 치		4(3)	1	0	0
0	0	1	1	22	에 델	7	FW	FW	9	정 조 국	77	3(3)	0	0	0
0	0	0	0		김 근 배	21			16	함 석 민		0	0	0	0
0	0	0	0	후31	이 창 용	4			37	윤 석 영	후30	0	0	0	0
0	0	0	0		임 승 겸	40			11	김 현 욱	전19	2(2)	0	0	0
0	0	0	0		이 재 원	32	대기	대기	18	조 재 완		0	0	0	0
0	0	1	0	후13	공 민 현	9			6	조 지 훈		0	0	0	0
0	1	1	0	후38	김 현 성	22			24	서 명 원		0	0	0	0
0	0	0	0		박 관 우	23			77	김 지 현	후15	1(1)	1	0	0
0	4	17	7(3)			0			0			15(12)	9	2	0

● 전반 12분 서보민 PAL TL ↷ 최병찬 GAR 내 H-ST-G (득점: 최병찬/ 도움: 서보민) 오른쪽

● 전반 15분 신광훈 MFR ↷ 제리치 GAL R-ST-G (득점: 제리치/ 도움: 신광훈) 오른쪽
● 후반 50분 신광훈 GAR ~ 김지현 GAL 내 R-ST-G (득점: 김지현/ 도움: 신광훈) 왼쪽

• 5월 19일 • 14:00 • 흐림 • DGB대구은행파크 • 9,156명
• 주심_ 정동식 • 부심_ 곽승순·양재용 • 대기심_ 김영수 • 경기감독관_ 김성기

대구 2 (1 전반 0 / 1 후반 1) **1 인천**

퇴장	경고	파울	ST(유)	교체	선수명	배번	위치	위치	배번	선수명	교체	ST(유)	파울	경고	퇴장
0	0	0	0		조 현 우	21	GK	GK	1	정 산		0	0	0	0
0	0	4	0		박 병 현	66	DF	DF	13	김 진 야		2	1	0	0
0	0	0	0		홍 정 운	5	DF	DF	14	양 준 아		1	0	0	0
0	0	2	0		정 태 욱	4	DF	DF	44	김 정 호		0	1	0	0
0	0	1	1(1)		황 순 민	20	MF	DF	32	정 동 윤		0	0	0	0
0	0	2	0	44	정 선 호	8	MF	MF	17	박 세 직	40	1(1)	1	0	0
0	0	1	2(2)		정 승 원	18	MF	MF	39	임 은 수		2(1)	0	0	0
0	0	1	0	38	김 우 석	3	MF	MF	11	문 창 진	10	1(1)	1	0	0
0	0	3	5(2)		세 징 야	11	FW	MF	7	남 준 재		1	1	0	0
0	0	0	3(3)		김 대 원	14	FW	MF	33	이 준 석	23	1	2	0	0
0	0	1	2(1)	9	정 치 인	32	FW	FW	9	무 고 사		4	0	0	0
0	0	0	0		이 준 희	25			21	이 태 희		0	0	0	0
0	0	0	0		한 희 훈	6			47	김 동 민		0	0	0	0
0	0	0	0		강 윤 구	16			10	하 마 드	후33	0	0	0	0
0	0	0	0	후29	장 성 원	38	대기	대기	24	이 우 혁		0	0	0	0
0	0	0	0		박 한 빈	36			40	최 범 경	후25	0	0	0	0
0	0	0	0	후15	츠 바 사	44			23	콩 푸 엉	후28	0	0	0	0
0	0	0	1(1)	후6	에 드 가	9			28	정 훈 성		0	0	0	0
0	0	15	14(10)			0			0			13(3)	7	0	0

● 전반 8분 정치인 PA 정면내 ~ 세징야 AK 정면 L-ST-G (득점: 세징야/ 도움: 정치인) 왼쪽
● 후반 30분 황순민 MFL ~ 에드가 GAR 내 R-ST-G (득점: 에드가/ 도움: 황순민) 왼쪽

● 후반 12분 김진야 PAL EL → 문창진 GAL L-ST-G (득점: 문창진/ 도움: 김진야) 오른쪽

• 5월 19일 • 19:00 • 흐리고 비 • 상주 시민 • 1,638명
• 주심_ 최현재 • 부심_ 김지욱·김성일 • 대기심_ 서동진 • 경기감독관_ 양정환

상주 1 (1 전반 2 / 0 후반 1) **3 서울**

퇴장	경고	파울	ST(유)	교체	선수명	배번	위치	위치	배번	선수명	교체	ST(유)	파울	경고	퇴장
0	0	0	0		윤 보 상	21	GK	GK	1	유 상 훈		0	0	0	0
0	1	3	0		김 영 빈	2	DF	DF	2	황 현 수		1	1	0	0
0	0	0	0		김 민 우	7	DF	DF	15	김 원 식		0	1	0	0
0	0	1	1	10	송 시 우	9	FW	DF	3	이 웅 희	24	0	4	0	0
0	0	0	0		권 완 규	12	DF	MF	27	고 광 민		1	0	0	0
0	0	1	0	26	안 진 범	13	MF	MF	23	윤 종 규		0	0	0	0
0	0	0	2		윤빛가람	14	MF	MF	5	오스마르		0	1	1	0
0	0	1	2(1)	29	박 용 지	19	FW	MF	9	알리바예프	33	3(1)	1	0	0
0	0	0	0		김 경 재	23	MF	MF	13	고 요 한		0	2	0	0
0	0	1	2		이 규 성	24	MF	FW	10	박 주 영	50	0	1	0	0
0	0	0	1		이 태 희	32	DF	FW	72	페 시 치		5(3)	0	0	0
0	0	0	0		권 태 안	1			21	양 한 빈		0	0	0	0
0	0	0	0		마 상 훈	5			40	김 원 균		0	0	0	0
0	0	0	1(1)	후18	심 동 운	10			14	김 한 길		0	0	0	0
0	0	0	0		신 창 무	18	대기	대기	24	정 현 철	후42	0	1	0	0
0	0	0	1(1)	후5	한 석 종	26			19	윤 주 태		0	0	0	0
0	0	0	0	후27	진 성 욱	29			50	박 동 진	후39	0	0	0	0
0	0	0	0		강 상 우	37			33	이 인 규	후46	0	0	0	0
0	1	7	10(3)			0			0			10(4)	12	1	0

● 전반 23분 이태희 GAR ↷ 박용지 GAL H-ST-G (득점: 박용지/ 도움: 이태희) 왼쪽

● 전반 18분 고광민 MFL ↷ 페시치 GA 정면 H-ST-G (득점: 페시치/ 도움: 고광민) 왼쪽
● 전반 41분 알리바예프 PA 정면내 L-ST-G (득점: 알리바예프) 오른쪽
● 후반 22분 황현수 HLL ↷ 페시치 PAL 내 L-ST-G (득점: 페시치/ 도움: 황현수) 오른쪽

• 5월 24일 • 20:00 • 맑음 • 인천 전용 • 5,144명
• 주심_ 이동준 • 부심_ 윤광열·박균용 • 대기심_ 신용준 • 경기감독관_ 최상국

인천 1 　1 전반 1　0 후반 1　**2 상주**

퇴장	경고	파울	ST(유)	교체	선수명	배번	위치	위치	배번	선수명	교체	ST(유)	파울	경고	퇴장
0	0	0	0	21	정산	1	GK	GK	21	윤보상		0	0	0	0
0	0	0	0		김진야	13	DF	DF	2	김영빈		0	2	0	0
0	0	1	0		양준아	14	DF	DF	7	김민우	5	2(1)	2	1	0
0	1	1	2		김정호	44	DF	FW	9	송시우	18	1(1)	1	0	0
0	0	1	0		정동윤	32	DF	DF	12	권완규		0	0	0	0
0	0	0	0	8	박세직	17	MF	MF	14	윤빛가람		3(3)	0	0	0
0	0	0	0		임은수	39	MF	FW	19	박용지	10	2(2)	1	1	0
0	0	1	2(1)		문창진	11	MF	MF	23	김경재		0	1	0	0
0	0	3	0		남준재	7	MF	MF	24	이규성		1(1)	2	1	0
0	0	1	1(1)		하마드	10	MF	MF	26	한석종		0	1	0	0
0	0	0	1(1)	33	무고사	9	FW	DF	32	이태희		1(1)	0	0	0
0	0	0	0	전29	이태희	21			1	권태안		0	0	0	0
0	0	0	0		김동민	47			5	마상훈	후46	0	0	0	0
0	0	0	0		이우혁	24			10	심동운	후16	1(1)	1	0	0
0	0	0	0		정훈성	28	대기	대기	18	신창무	후0	1(1)	0	0	0
0	0	2	1(1)	후14	이정빈	8			29	진성욱		0	0	0	0
0	0	0	0		콩푸엉	23			36	류승우		0	0	0	0
0	0	0	0	후8	이준석	33			37	강상우		0	0	0	0
0	1	10	7(4)			0			0			12(11)	11	3	0

● 전반 8분 무고사 PA 정면내 R-ST-G (득점: 무고사) 오른쪽

● 전반 37분 이태희 GAR 내 ~ 박용지 GA 정면 R-ST-G (득점: 박용지/ 도움: 이태희) 가운데
● 후반 9분 박용지 PA 정면 ~ 이태희 GAR R-ST-G (득점: 이태희/ 도움: 박용지) 오른쪽

• 5월 25일 • 17:00 • 맑음 • 포항 스틸야드 • 14,376명
• 주심_ 조지음 • 부심_ 곽승순·방기열 • 대기심_ 채상협 • 경기감독관_ 김성기

포항 0 　0 전반 0　0 후반 0　**0 서울**

퇴장	경고	파울	ST(유)	교체	선수명	배번	위치	위치	배번	선수명	교체	ST(유)	파울	경고	퇴장
0	0	0	0		류원우	1	GK	GK	1	유상훈		0	0	0	0
0	0	2	0		이상기	19	DF	DF	2	황현수		0	0	0	0
0	0	3	0		전민광	4	DF	DF	40	김원균	24	0	1	0	0
0	0	1	0		하창래	5	DF	DF	15	김원식		0	0	0	0
0	0	0	0		김용환	13	DF	MF	27	고광민		1(1)	0	0	0
0	0	1	1		정재용	6	MF	MF	23	윤종규		0	2	0	0
0	0	1	1		이수빈	57	MF	MF	5	오스마르		2	1	0	0
0	0	2	1(1)		완델손	77	MF	MF	9	알리바예프		2(1)	3	0	0
0	0	0	0	9	하승운	17	MF	MF	13	고요한		1(1)	0	0	0
0	0	0	2(1)	22	이진현	8	MF	FW	10	박주영	19	1	0	0	0
0	0	0	1(1)		김승대	12	FW	FW	72	페시치		1	0	0	0
0	0	0	0		강현무	31			21	양한빈		0	0	0	0
0	0	0	0		배슬기	24			20	박준영		0	0	0	0
0	0	0	0		심상민	2			14	김한길		0	0	0	0
0	0	0	0		유준수	16	대기	대기	24	정현철	전32	0	0	0	0
0	0	0	0	후43	송민규	29			19	윤주태	후36	2	1	0	0
0	0	0	0	후27	김도형	22			50	박동진		0	0	0	0
0	0	0	2	후9/29	최용우	9			33	이인규		0	0	0	0
0	0	10	8(3)			0			0			10(3)	8	0	0

• 5월 25일 • 19:00 • 맑음 • 춘천 송암 • 1,857명
• 주심_ 정동식 • 부심_ 노수용·김성일 • 대기심_ 최현재 • 경기감독관_ 김호영

강원 0 　0 전반 0　0 후반 1　**1 제주**

퇴장	경고	파울	ST(유)	교체	선수명	배번	위치	위치	배번	선수명	교체	ST(유)	파울	경고	퇴장
0	0	0	0		김호준	1	GK	GK	18	이창근		0	0	0	0
0	0	1	0		이호인	3	DF	DF	3	정우재		1	2	0	0
0	0	0	0		발렌티노스	4	DF	DF	15	알렉스	37	0	1	1	0
0	0	0	2		정승용	22	DF	DF	36	김동우		1(1)	3	0	0
0	0	0	1(1)		윤석영	37	DF	DF	6	박진포		0	4	1	0
0	0	1	1(1)		한국영	13	MF	MF	14	이창민	42	2	1	0	0
0	1	2	0		신광훈	17	MF	MF	7	권순형		0	0	0	0
0	0	3	0	11	조지훈	6	MF	MF	19	임찬울	33	2(1)	0	0	0
0	1	1	1		이현식	29	FW	FW	10	마그노		2	1	0	0
0	0	1	4(1)		제리치	55	FW	MF	24	윤일록		3	2	0	0
0	0	1	2	9	김지현	77	FW	FW	9	찌아구		3(2)	1	0	0
0	0	0	0		함석민	16			41	박한근		0	0	0	0
0	0	0	0		강지훈	23			37	김원일	후0	0	0	0	0
0	0	0	2	후0	김현욱	11			33	강윤성	후38	0	0	0	0
0	0	0	0		조재완	18	대기	대기	23	아길라르		0	0	0	0
0	0	0	0		키요모토	15			42	이동희	후15	0	0	0	0
0	0	0	0		서명원	24			21	김성주		0	0	0	0
0	0	0	1(1)	후42	정조국	9			16	이동수		0	0	0	0
0	2	10	14(4)			0			0			14(4)	15	2	0

● 후반 9분 임찬울 MF 정면 ~ 찌아구 GAL R-ST-G (득점: 찌아구/ 도움: 임찬울) 오른쪽

• 5월 25일 • 19:00 • 맑음 • 성남 종합 • 5,723명
• 주심_ 박병진 • 부심_ 김계용·양재용 • 대기심_ 신용준 • 경기감독관_ 신홍기

성남 1 　1 전반 1　0 후반 3　**4 울산**

퇴장	경고	파울	ST(유)	교체	선수명	배번	위치	위치	배번	선수명	교체	ST(유)	파울	경고	퇴장
0	0	0	0		김동준	1	GK	GK	21	오승훈		0	0	0	0
0	0	0	1(1)		연제운	20	DF	DF	33	박주호		0	0	0	0
0	0	2	2(1)		임채민	26	DF	DF	4	강민수		0	0	0	0
0	0	0	1		이창용	4	DF	DF	29	김수안		0	2	0	0
0	0	0	2(1)		서보민	11	MF	DF	22	정동호		0	1	0	0
0	0	1	1		조성준	17	MF	MF	42	믹스	10	2(1)	0	0	0
0	0	1	0	14	임승겸	40	MF	MF	19	박용우		1	2	0	0
0	0	1	0		최병찬	33	MF	MF	7	김인성	8	0	1	0	0
0	0	0	2(1)	16	주현우	8	MF	MF	14	김보경		1(1)	3	1	0
0	0	2	4(3)		에델	7	FW	MF	15	이동경	11	1(1)	1	0	0
0	0	3	1	19	공민현	9	FW	FW	9	주니오		5(2)	3	0	0
0	0	0	0		전종혁	31			31	문정인		0	0	0	0
0	0	0	0		안영규	5			3	김민덕		0	0	0	0
0	0	0	0	후36	김동현	14			13	이명재		0	0	0	0
0	0	0	0	후29	최오백	16	대기	대기	10	신진호	후41	0	0	0	0
0	0	0	1(1)	후36	마티아스	19			8	황일수	후34	2(2)	0	0	0
0	0	0	0		박관우	23			11	이근호	후0	1(1)	1	0	0
0	0	0	0		이재원	32			18	주민규		0	0	0	0
0	0	10	15(8)			0			0			13(8)	14	1	0

● 전반 3분 주현우 AK 정면 FK R-ST-G (득점: 주현우) 왼쪽

● 전반 22분 주니오 AK 정면 FK R-ST-G (득점: 주니오) 왼쪽
● 후반 8분 이근호 GAL 내 R-ST-G (득점: 이근호) 왼쪽
● 후반 37분 주니오 자기 측 HLL ~ 믹스 GAR R-ST-G (득점: 믹스/ 도움: 주니오) 오른쪽
● 후반 47분 김보경 GA 정면 R-ST-G (득점: 김보경) 왼쪽

• 5월 26일 • 17:00 • 맑음 • DGB대구은행파크 • 11,709명
• 주심_ 고형진 • 부심_ 박상준·김지욱 • 대기심_ 최광호 • 경기감독관_ 양정환

대구 0 (0 전반 0 / 0 후반 0) **0 수원**

퇴장	경고	파울	ST(유)	교체	선수명	배번	위치	위치	배번	선수명	교체	ST(유)	파울	경고	퇴장
0	0	0	0		조현우	21	GK	GK	19	노동건		0	0	0	0
0	0	0	0	38	한희훈	6	DF	DF	4	고명석		1	2	0	0
0	1	0	1		홍정운	5	DF	DF	3	양상민		0	3	0	0
0	0	3	0		정태욱	4	DF	DF	15	구자룡		0	0	0	0
0	0	2	0		강윤구	16	MF	MF	33	홍철		1(1)	2	0	0
0	0	0	0	36	츠바사	44	MF	MF	8	사리치		2	0	0	0
0	0	4	0		정승원	18	MF	MF	25	최성근		0	3	1	0
0	0	2	0		김우석	3	MF	MF	30	신세계		1	1	1	0
0	0	3	2(2)		세징야	11	FW	FW	26	염기훈		0	0	0	0
0	0	0	2(1)	8	김대원	14	FW	FW	7	바그닝요	9	1(1)	1	0	0
0	1	5	3		에드가	9	FW	FW	10	데얀	37	1	0	0	0
0	0	0	0		최영은	1	대기	대기	1	김다솔		0	0	0	0
0	0	0	0		박병현	66			12	박대원		0	0	0	0
0	0	0	0	후27	장성원	38			13	박형진		0	0	0	0
0	0	0	0		류재문	29			77	고승범		0	0	0	0
0	0	1	1	후34	박한빈	36			24	이상민		0	0	0	0
0	0	1	0	후30	정선호	8			37	오현규	후20	1	0	1	0
0	0	0	0		임재혁	15			9	한의권	전29	2	0	0	0
0	2	21	9(3)			0			0			10(2)	12	3	0

• 5월 26일 • 19:00 • 흐림 • 전주 월드컵 • 13,990명
• 주심_ 김우성 • 부심_ 이정민·구은석 • 대기심_ 서동진 • 경기감독관_ 김진의

전북 4 (1 전반 0 / 3 후반 1) **1 경남**

퇴장	경고	파울	ST(유)	교체	선수명	배번	위치	위치	배번	선수명	교체	ST(유)	파울	경고	퇴장
0	1	1	0		송범근	31	GK	GK	31	손정현		0	0	0	0
0	1	1	0		이용	2	DF	DF	16	이광진	10	0	1	0	0
0	0	0	0		홍정호	26	DF	DF	5	곽태휘		1	1	0	0
0	0	0	1		김민혁	92	DF	DF	8	안성남		0	0	0	0
0	0	1	1(1)	13	김진수	22	DF	DF	17	여성해		1	0	0	0
0	1	2	0		신형민	4	MF	DF	90	송주훈		1	0	0	0
0	0	1	1		손준호	28	MF	FW	32	이영재		1(1)	0	0	0
0	0	1	1	20	임선영	5	MF	MF	22	쿠니모토	4	0	1	0	0
0	0	1	1(1)		이승기	14	MF	FW	77	네게바		0	0	0	0
0	1	2	2		로페즈	10	MF	MF	13	김준범		0	1	0	0
0	0	1	8(5)	17	김신욱	9	FW	FW	9	룩		1(1)	1	0	0
0	0	0	0		이재형	41	대기	대기	25	이범수		0	0	0	0
0	0	0	0		최철순	25			12	이재명		0	0	0	0
0	0	0	0	후36	이주용	13			4	하성민	전24/7	0	2	1	0
0	0	0	0		정혁	8			88	김종진		0	0	0	0
0	0	0	0		문선민	27			7	배기종	후22	0	0	0	0
0	0	0	1(1)	후40	이비니	17			19	고경민		0	0	0	0
0	0	1	1	후30	이동국	20			10	김승준	후0	2(2)	0	0	0
0	4	12	17(8)			0			0			7(4)	7	1	0

●전반 41분 이승기 GAL 내 → 김신욱 GAR 내 EL H-ST-G (득점: 김신욱/ 도움: 이승기) 오른쪽
●후반 12분 이용 PAR ~ 김신욱 GAR R-ST-G (득점: 김신욱/ 도움: 이용) 오른쪽
●후반 15분 김진수 AKL L-ST-G (득점: 김진수) 오른쪽
●후반 46분 이동국 MF 정면 ~ 이비니 GAL R-ST-G (득점: 이비니/ 도움: 이동국) 오른쪽
●후반 49분 룩 PAL ~ 김승준 GA 정면 R-ST-G (득점: 김승준/ 도움: 룩) 오른쪽

• 5월 28일 • 19:30 • 맑음 • 서울 월드컵 • 11,291명
• 주심_ 이동준 • 부심_ 이정민·김성일 • 대기심_ 신용준 • 경기감독관_ 나승화

서울 3 (0 전반 0 / 3 후반 1) **1 성남**

퇴장	경고	파울	ST(유)	교체	선수명	배번	위치	위치	배번	선수명	교체	ST(유)	파울	경고	퇴장
0	0	0	0		유상훈	1	GK	GK	21	김근배		0	0	0	0
0	0	1	1(1)		황현수	2	DF	DF	20	연제운		1	0	0	0
0	0	0	1		김원식	15	DF	DF	26	임채민		3	0	0	0
0	0	0	3(2)		오스마르	5	DF	DF	5	안영규		1	1	0	0
0	0	1	1	14	고광민	27	MF	MF	11	서보민	16	1	1	0	0
0	0	3	0		윤종규	23	MF	MF	6	김정현		2	1	0	0
0	1	2	1		정현철	24	MF	MF	40	임승겸	9	0	0	0	0
0	0	5	0		알리바예프	9	MF	MF	33	최병찬		0	2	1	0
0	0	1	0	33	고요한	13	MF	MF	8	주현우		1(1)	0	0	0
0	0	2	1(1)	10	박동진	50	FW	FW	7	에델		2	2	0	0
0	0	3	3(2)		페시치	72	FW	FW	23	박관우	19	2(1)	0	0	0
0	0	0	0		양한빈	21	대기	대기	31	전종혁		0	0	0	0
0	0	0	0		박준영	20			4	이창용		0	0	0	0
0	0	0	0	후39	김한길	14			14	김동현		0	0	0	0
0	0	0	0		황기욱	28			16	최오백	후15	0	0	0	0
0	0	0	0		윤주태	19			17	조성준		0	0	0	0
0	0	0	0	후24	박주영	10			19	마티아스	후21	2(2)	0	0	0
0	0	1	0	후44	이인규	33			9	공민현	후15	1	0	0	0
0	1	19	11(6)			0			0			16(4)	7	1	0

●후반 3분 고요한 MF 정면 ~ 박동진 PAL 내 R-ST-G (득점: 박동진/ 도움: 고요한) 왼쪽
●후반 10분 황현수 GAR H → 오스마르 GA 정면내 몸 맞고 골 (득점: 오스마르/ 도움: 황현수) 오른쪽
●후반 26분 알리바예프 MF 정면 ~ 페시치 GAL L-ST-G (득점: 페시치/ 도움: 알리바예프) 왼쪽
●후반 47분 주현우 GAL EL ~ 마티아스 GAL 내 L-ST-G (득점: 마티아스/ 도움: 주현우) 왼쪽

• 5월 28일 • 19:30 • 맑음 • 제주 월드컵 • 2,653명
• 주심_ 김용우 • 부심_ 박상준·김지욱 • 대기심_ 김덕철 • 경기감독관_ 최상국

제주 1 (0 전반 0 / 1 후반 2) **2 인천**

퇴장	경고	파울	ST(유)	교체	선수명	배번	위치	위치	배번	선수명	교체	ST(유)	파울	경고	퇴장
0	0	0	0		이창근	18	GK	GK	1	정산		0	0	1	0
0	0	0	0	33	정우재	3	DF	DF	13	김진야		0	1	0	0
0	0	2	1(1)		김원일	37	DF	DF	20	부노자	32	0	0	0	0
0	0	0	1		김동우	36	DF	DF	44	김정호		1	0	0	0
0	0	1	0		김호남	11	DF	DF	47	김동민		2(1)	0	0	0
0	0	2	1		권순형	7	MF	MF	24	이우혁		1(1)	1	1	0
0	0	4	1	19	아길라르	23	FW	MF	39	임은수		0	0	0	0
0	1	3	1	42	최현태	8	MF	MF	11	문창진	40	3	1	0	0
0	0	1	2(1)		마그노	10	MF	MF	28	정훈성	7	1	0	0	0
0	0	0	1		윤일록	24	FW	MF	33	이준석		0	0	0	0
0	0	1	4		찌아구	9	FW	FW	27	지언학		2(1)	2	0	0
0	0	0	0		황성민	1	대기	대기	21	이태희		0	0	0	0
0	0	0	0		김승우	4			32	정동윤	후19	0	1	0	0
0	0	1	0	전37	강윤성	33			17	박세직		0	0	0	0
0	0	0	0		김성주	21			40	최범경	후33	0	0	0	0
0	0	1	1(1)	후24	이동희	42			10	하마드		0	0	0	0
0	0	2	0	후13	임찬울	19			7	남준재	후25	0	1	0	0
0	0	0	0		이은범	17			29	김보섭		0	0	0	0
0	1	18	13(3)			0			0			10(3)	7	2	0

●후반 10분 김원일 GAR 내 R-ST-G (득점: 김원일) 오른쪽
●후반 6분 지언학 GAR 내 R-ST-G (득점: 지언학) 오른쪽
●후반 37분 이우혁 PK-R-G(득점: 이우혁) 왼쪽

• 5월 29일 • 19:00 • 맑음 • 춘천 송암 • 1,816명
• 주심_ 최현재 • 부심_ 양재용·박균용 • 대기심_ 김영수 • 경기감독관_ 허기태

강원 2 2 전반 1 / 0 후반 2 **3 전북**

퇴장	경고	파울	ST(유)	교체	선수명	배번	위치	위치	배번	선수명	교체	ST(유)	파울	경고	퇴장
0	0	0	0		함석민	16	GK	GK	31	송범근		0	0	0	0
0	0	1	1(1)		이호인	3	DF	DF	25	최철순		0	2	0	0
0	0	1	1(1)		발렌티노스	4	DF	DF	26	홍정호		1	0	1	0
0	0	2	1(1)		김오규	99	DF	DF	92	김민혁		0	0	0	0
0	0	0	1		윤석영	37	DF	DF	13	이주용		0	2	1	0
0	0	3	1(1)		한국영	13	MF	MF	28	손준호		3(2)	3	1	0
0	0	1	1(1)		정승용	22	FW	MF	8	정 혁	14	1	3	1	0
0	1	6	1(1)		이현식	29	MF	MF	5	임선영		1	4	0	0
0	0	1	1		김현욱	11	MF	MF	17	이비니	9	0	1	0	0
0	0	2	1(1)	55	조재완	18	FW	MF	27	문선민	42	7(6)	1	0	0
0	1	1	0	24	김지현	77	FW	FW	20	이동국		3(2)	1	0	0
0	0	0	0		이승규	21			41	이재형		0	0	0	0
0	0	0	0		강지훈	23			22	김진수		0	0	0	0
0	0	0	0		조지훈	6			35	명준재		0	0	0	0
0	0	0	0		지의수	33	대기	대기	42	한승규	후46	0	0	0	0
0	0	0	0	후35	제리치	55			16	최영준		0	0	0	0
0	0	1	0	후16	서명원	24			14	이승기	후6	1	1	0	0
0	0	0	0		정조국	9			9	김신욱	후6	1	0	0	0
0	2	19	9(7)			0			0			18(10)	18	4	0

● 전반 43분 발렌티노스 GA 정면 L-ST-G (득점: 발렌티노스) 가운데
● 전반 48분 정승용 PAR FK ↷ 김오규 GA 정면 H-ST-G (득점: 김오규/ 도움: 정승용) 왼쪽
● 전반 5분 문선민 GA 정면내 R-ST-G (득점: 문선민) 오른쪽
● 후반 27분 이주용 MFL ↷ 손준호 GAR 내 R-ST-G (득점: 손준호/ 도움: 이주용) 왼쪽
● 후반 32분 이승기 HLR ↷ 문선민 PA 정면내 R-ST-G (득점: 문선민/ 도움: 이승기) 오른쪽

• 5월 29일 • 19:00 • 맑음 • 상주 시민 • 1,207명
• 주심_ 고형진 • 부심_ 곽승순·방기열 • 대기심_ 김도연 • 경기감독관_ 차상해

상주 1 1 전반 1 / 0 후반 0 **1 경남**

퇴장	경고	파울	ST(유)	교체	선수명	배번	위치	위치	배번	선수명	교체	ST(유)	파울	경고	퇴장
0	0	0	0	1	윤보상	21	GK	GK	31	손정현		0	1	0	0
0	0	1	0		김영빈	2	DF	DF	15	우주성	16	0	1	0	0
0	0	1	1		김민우	7	DF	DF	23	이광선		0	1	0	0
0	0	0	1	10	송시우	9	FW	DF	8	안성남		0	1	1	0
0	0	2	0		권완규	12	DF	DF	17	여성해		0	1	0	0
0	0	2	2(1)		윤빛가람	14	MF	MF	19	고경민	7	0	0	0	0
0	0	1	1		박용지	19	FW	MF	32	이영재		2(1)	1	1	0
0	1	0	0		김경재	23	MF	MF	4	하성민		0	2	1	0
0	0	0	1		이규성	24	MF	MF	77	네게바		1(1)	1	0	0
0	0	3	1	18	한석종	26	MF	FW	10	김승준		2(1)	0	1	0
0	0	1	0		이태희	32	DF	FW	9	룩	50	1(1)	1	0	0
0	0	0	0	전25	권태안	1			25	이범수		0	0	0	0
0	0	0	0		마상훈	5			12	이재명		0	0	0	0
0	0	0	1(1)	후10	심동운	10			90	송주훈		0	0	0	0
0	0	0	0	후23	신창무	18	대기	대기	16	이광진	후0	0	1	0	0
0	0	0	0		김대중	28			50	김종필	후33	0	2	0	0
0	0	0	0		이민기	30			13	김준범		0	0	0	0
0	0	0	0		류승우	36			7	배기종	후13	1(1)	0	0	0
0	1	11	8(2)			0			0			7(5)	13	4	0

● 전반 19분 윤빛가람 PK-R-G(득점: 윤빛가람) 왼쪽
● 전반 38분 김승준 GAL ~ 이영재 PAL L-ST-G (득점: 이영재/ 도움: 김승준) 왼쪽

• 5월 29일 • 19:30 • 맑음 • 울산 문수 • 8,921명
• 주심_ 김우성 • 부심_ 윤광열·송봉근 • 대기심_ 서동진 • 경기감독관_ 김호영

울산 0 0 전반 0 / 0 후반 0 **0 대구**

퇴장	경고	파울	ST(유)	교체	선수명	배번	위치	위치	배번	선수명	교체	ST(유)	파울	경고	퇴장
0	0	0	0		오승훈	21	GK	GK	21	조현우		0	0	0	0
0	0	1	1(1)		이명재	13	DF	DF	66	박병현		0	1	0	0
0	1	2	0		강민수	4	DF	DF	3	김우석		0	0	0	0
0	2	4	2(1)		김수안	29	DF	DF	4	정태욱		0	0	0	0
0	1	1	0		김태환	23	DF	MF	16	강윤구		2	2	0	0
0	0	0	1(1)	18	믹 스	42	MF	MF	20	황순민	8	2(1)	0	0	0
0	0	1	1		박용우	19	MF	MF	6	한희훈	36	3(1)	1	0	0
0	0	1	1(1)	7	황일수	8	MF	MF	38	장성원		0	0	0	0
0	0	1	2(2)	11	이동경	15	MF	FW	18	정승원	77	1	0	0	0
0	0	1	0		김보경	14	MF	FW	14	김대원		4(2)	1	0	0
0	0	2	3(2)		주니오	9	FW	FW	11	세징야		5(3)	1	0	0
0	0	0	0		문정인	31			1	최영은		0	0	0	0
0	0	0	0		박주호	33			33	김태한		0	0	0	0
0	0	0	0		정동호	22			29	류재문		0	0	0	0
0	0	0	0		신진호	10	대기	대기	8	정선호	후29	0	0	0	0
0	0	0	0	후12	김인성	7			36	박한빈	후43	1(1)	0	0	0
0	0	2	1	후0	이근호	11			77	전현철	후46	0	0	0	0
0	0	0	0	후31	주민규	18			15	임재혁		0	0	0	0
0	4	16	12(8)			0			0			18(8)	6	0	0

• 5월 29일 • 19:30 • 맑음 • 수원 월드컵 • 5,047명
• 주심_ 정동식 • 부심_ 노수용·구은석 • 대기심_ 오현진 • 경기감독관_ 김용세

수원 3 1 전반 0 / 2 후반 0 **0 포항**

퇴장	경고	파울	ST(유)	교체	선수명	배번	위치	위치	배번	선수명	교체	ST(유)	파울	경고	퇴장
0	0	0	0		노동건	19	GK	GK	1	류원우		0	0	0	0
0	0	1	0		고명석	4	DF	DF	19	이상기	2	0	2	0	0
0	0	0	0	37	양상민	3	DF	DF	4	전민광		0	0	0	0
0	0	0	0		구자룡	15	DF	DF	5	하창래		0	1	0	0
0	0	2	0		홍 철	33	MF	DF	13	김용환		0	0	0	0
0	1	2	2(2)		사리치	8	MF	MF	6	정재용		1	2	0	0
0	0	1	1(1)		최성근	25	MF	MF	57	이수빈		1(1)	1	0	0
0	0	2	0	13	박대원	12	MF	MF	77	완델손		3(2)	3	0	0
0	0	1	3(2)		염기훈	26	MF	MF	17	하승운	29	1	2	0	0
0	0	1	2(1)	27	한의권	9	FW	FW	12	김승대		0	1	1	0
0	1	1	4(4)		데 얀	10	FW	FW	9	최용우	8	0	2	0	0
0	0	0	0		김다솔	1			31	강현무		0	0	0	0
0	0	0	0		구대영	90			24	배슬기		0	0	0	0
0	0	3	0	후0	박형진	13			2	심상민	후36	0	0	0	0
0	0	0	0		이상민	24	대기	대기	16	유준수		0	0	0	0
0	0	1	0	후37	오현규	37			8	이진현	전36	1	3	0	0
0	0	1	0	후31	한석희	27			22	김도형		0	0	0	0
0	0	0	0		유주안	28			29	송민규	후13	0	0	0	0
0	2	16	12(10)			0			0			7(3)	17	1	0

● 전반 13분 홍철 PAL EL ~ 한의권 GA 정면 L-ST-G (득점: 한의권/ 도움: 홍철) 오른쪽
● 후반 7분 사리치 PA 정면내 R-ST-G (득점: 사리치) 왼쪽
● 후반 34분 홍철 PAL FK ↷ 최성근 GAL H-ST-G (득점: 최성근/ 도움: 홍철) 오른쪽

• 6월 01일 • 16:00 • 맑음 • 제주 월드컵 • 3,513명
• 주심_ 고형진 • 부심_ 곽승순·김성일 • 대기심_ 정회수 • 경기감독관_ 김성기

제주 1 0 전반 2 / 1 후반 1 **3 울산**

퇴장	경고	파울	ST(유)	교체	선수명	배번	위치	위치	배번	선수명	교체	ST(유)	파울	경고	퇴장
0	0	0	0		이창근	18	GK	GK	21	오승훈		0	0	0	0
0	0	0	0	23	강윤성	33	DF	DF	22	정동호		1(1)	0	0	0
0	0	0	0		김원일	37	DF	DF	13	이명재		0	0	0	0
0	0	0	0	15	김동우	36	DF	DF	3	김민덕		0	0	0	0
0	0	3	0		박진포	6	DF	DF	23	김태환		0	1	0	0
0	0	1	3(1)		권순형	7	MF	MF	19	박용우		0	0	0	0
0	0	2	1		최현태	8	MF	MF	7	김인성		3(2)	1	0	0
0	0	3	2(1)		김호남	11	MF	MF	10	신진호	14	0	5	0	0
0	0	0	1	24	임찬울	19	FW	MF	42	믹 스		1(1)	0	0	0
0	0	1	3		이은범	17	FW	MF	15	이동경	11	4(4)	0	0	0
0	0	0	2		마그노	10	FW	FW	18	주민규	8	1(1)	2	0	0
0	0	0	0		황성민	1	대기	대기	31	문정인		0	0	0	0
0	0	0	0		김승우	4			35	김태현		0	0	0	0
0	0	0	0	후23	알렉스	15			27	김창수		0	0	0	0
0	0	0	1(1)	후6	아길라르	23			14	김보경	후36	1(1)	0	1	0
0	0	0	0	후0	윤일록	24			8	황일수	후21	1	1	0	0
0	0	0	0		이동희	42			11	이근호	후6	0	1	0	0
0	0	0	0		이동수	16			9	주니오		0	0	0	0
0	0	10	13(3)			0			0			12(10)	11	1	0

● 후반 44분 이은범 PA 정면내 ~ 아길라르 AKL L-ST-G (득점: 아길라르/ 도움: 이은범) 오른쪽

● 전반 23분 이동경 MFR ~ 믹스 PK 지점 R-ST-G (득점: 믹스/ 도움: 이동경) 가운데
● 전반 40분 주민규 PAR 내 ~ 이동경 PK 좌측 지점 L-ST-G (득점: 이동경/ 도움: 주민규) 왼쪽
● 후반 45분 김태환 PAR 내 EL ~ 김보경 GAR L-ST-G (득점: 김보경/ 도움: 김태환) 오른쪽

• 6월 01일 • 19:00 • 맑음 • 성남 종합 • 4,829명
• 주심_ 김우성 • 부심_ 윤광열·강동호 • 대기심_ 김덕철 • 경기감독관_ 양정환

성남 0 0 전반 0 / 0 후반 0 **0 인천**

퇴장	경고	파울	ST(유)	교체	선수명	배번	위치	위치	배번	선수명	교체	ST(유)	파울	경고	퇴장
0	0	0	0		김동준	1	GK	GK	1	정 산		0	0	0	0
0	0	2	0		연제운	20	DF	DF	13	김진야		0	1	0	0
0	0	3	1		임채민	26	DF	DF	47	김동민		0	1	0	0
0	0	1	0	4	안영규	5	DF	DF	44	김정호		0	1	0	0
0	0	0	3(2)		서보민	11	MF	DF	32	정동윤		0	2	2	0
0	0	2	1		김정현	6	MF	MF	24	이우혁		0	1	0	0
0	0	1	2		조성준	17	MF	MF	39	임은수		0	2	0	0
0	0	1	1(1)		최병찬	33	MF	MF	27	지언학	14	1(1)	0	0	0
0	0	1	1(1)		주현우	8	MF	MF	28	정훈성	7	1	1	0	0
0	0	0	0	9	에 델	7	FW	MF	33	이준석		0	1	0	0
0	0	1	1(1)	22	마티아스	19	FW	FW	9	무고사	19	3(1)	1	0	0
0	0	0	0		전종혁	31	대기	대기	21	이태희		0	0	0	0
0	0	0	0	후9	이창용	4			14	양준아	후13	0	0	0	0
0	0	0	0		문지환	15			17	박세직		0	0	0	0
0	0	0	0		최오백	16			40	최범경		0	0	0	0
0	0	0	0		이재원	32			10	하마드		0	0	0	0
0	0	0	0	후42	공민현	9			7	남준재	후41	0	0	0	0
0	0	1	2(1)	후18	김현성	22			19	허용준	후27	0	0	0	0
0	0	13	12(6)			0			0			5(2)	11	2	0

• 6월 02일 • 17:00 • 맑음 • 전주 월드컵 • 13,109명
• 주심_ 박병진 • 부심_ 김계용·구은석 • 대기심_ 김덕철 • 경기감독관_ 허기태

전북 2 0 전반 0 / 2 후반 0 **0 상주**

퇴장	경고	파울	ST(유)	교체	선수명	배번	위치	위치	배번	선수명	교체	ST(유)	파울	경고	퇴장
0	0	0	0		송범근	31	GK	GK	1	권태안		0	0	0	0
0	0	1	0		이 용	2	DF	DF	2	김영빈		0	2	0	0
0	0	0	0		홍정호	26	DF	DF	5	마상훈	19	0	1	0	0
0	0	0	0		김민혁	92	DF	DF	12	권완규		1(1)	0	0	0
1	0	2	0		김진수	22	DF	MF	13	안진범	7	0	1	0	0
0	0	1	2(1)		신형민	4	MF	MF	14	윤빛가람		0	1	1	0
0	0	0	1		이승기	14	MF	MF	23	김경재		0	0	0	0
0	0	3	0	25	임선영	5	MF	MF	24	이규성		0	1	0	0
0	0	5	1(1)		로페즈	10	MF	FW	26	한석종	36	1	0	0	0
0	0	2	4(1)		문선민	27	MF	FW	29	진성욱		3(1)	0	0	0
0	0	1	3(3)	20	김신욱	9	FW	DF	32	이태희		0	0	0	0
0	0	0	0		홍정남	88	대기	대기	31	황병근		0	0	0	0
0	0	1	0	후6	최철순	25			7	김민우	전26	2(2)	0	0	0
0	0	0	0		정 혁	8			9	송시우		0	0	0	0
0	0	0	0		최영준	16			11	김경중		0	0	0	0
0	0	0	0		한승규	42			19	박용지	후0	2	0	0	0
0	0	0	0		이비니	17			28	김대중		0	0	0	0
0	0	0	2(2)	후35	이동국	20			36	류승우	후22	2	0	0	0
1	0	16	13(8)			0			0			11(4)	6	1	0

● 후반 10분 김신욱 PA 정면내 H ↷ 문선민 AK 내 R-ST-G (득점: 문선민/ 도움: 김신욱) 왼쪽
● 후반 47분 문선민 PAL 내 EL ↷ 이동국 GA 정면내 H-ST-G (득점: 이동국/ 도움: 문선민) 가운데

• 6월 02일 • 17:00 • 맑음 • 창원 축구센터 • 3,030명
• 주심_ 정동식 • 부심_ 노수용·김지욱 • 대기심_ 서동진 • 경기감독관_ 김진의

경남 1 0 전반 0 / 1 후반 2 **2 서울**

퇴장	경고	파울	ST(유)	교체	선수명	배번	위치	위치	배번	선수명	교체	ST(유)	파울	경고	퇴장
0	0	0	0		이범수	25	GK	GK	1	유상훈		0	0	0	0
0	0	1	0		김종필	50	DF	DF	2	황현수		0	0	0	0
0	0	0	1(1)		이광진	16	DF	DF	15	김원식		0	3	0	0
0	0	0	0		안성남	8	DF	DF	5	오스마르		1(1)	1	0	0
0	1	1	2		여성해	17	DF	MF	27	고광민		1	0	0	0
0	0	0	0	7	김종진	88	MF	MF	23	윤종규		1	0	0	0
0	0	0	4(2)		이영재	32	MF	MF	24	정현철	14	1	1	0	0
0	0	2	0		하성민	4	MF	MF	9	알리바예프	19	1	0	0	0
0	0	1	3(1)	18	고경민	19	MF	MF	13	고요한		0	1	0	0
0	0	0	0		김승준	10	FW	FW	10	박주영		2(1)	0	0	0
0	1	1	0		이광선	23	FW	FW	72	페시치		3(1)	1	0	0
0	0	0	0		강신우	1	대기	대기	21	양한빈		0	0	0	0
0	0	0	0		이재명	12			20	박준영		0	0	0	0
0	0	0	0		송주훈	90			14	김한길	후39	0	0	0	0
0	0	0	1	후8	배기종	7			7	신재원		0	0	0	0
0	0	0	0		김준범	13			28	황기욱		0	0	0	0
0	0	0	0		도동현	11			19	윤주태	전34/50	0	3	1	0
0	0	1	0	후25	박기동	18			50	박동진	후18	0	0	0	0
0	2	7	11(4)			0			0			10(3)	10	1	0

● 후반 44분 김승준 GAR ~ 이영재 GA 정면내 L-ST-G (득점: 이영재/ 도움: 김승준) 가운데

● 후반 41분 김한길 PAL ↷ 박주영 GA 정면내 H-ST-G (득점: 박주영/ 도움: 김한길) 오른쪽
● 후반 46분 박주영 PAR 내 ~ 오스마르 GAR L-ST-G (득점: 오스마르/ 도움: 박주영) 오른쪽

• 6월 02일 • 19:00 • 맑음 • 포항 스틸야드 • 9,070명
• 주심_ 이동준 • 부심_ 이정민·양재용 • 대기심_ 최현재 • 경기감독관_ 김형남

포항 0 — 0 전반 0 / 0 후반 2 — **2 대구**

퇴장	경고	파울	ST(유)	교체	선수명	배번	위치	위치	배번	선수명	교체	ST(유)	파울	경고	퇴장
0	0	0	0		강현무	31	GK	GK	21	조현우		0	0	0	0
0	0	0	1		심상민	2	DF	DF	3	김우석	20	0	0	0	0
0	0	1	0		전민광	4	DF	DF	5	홍정운		1	1	0	0
0	0	2	1		하창래	5	DF	DF	4	정태욱		0	1	0	0
0	0	1	0		김용환	13	DF	MF	16	강윤구		0	0	0	0
0	0	0	1		정재용	6	MF	MF	6	한희훈	66	1	1	1	0
0	0	0	1		이수빈	57	MF	MF	18	정승원		0	0	0	0
0	0	1	3		완델손	77	MF	MF	38	장성원		0	2	1	0
0	0	0	0	29	이석현	7	MF	FW	11	세징야		2(2)	0	0	0
0	0	0	1	9	이진현	8	MF	FW	14	김대원	36	1(1)	0	0	0
0	0	0	2(2)		김승대	12	FW	FW	9	에드가		4(2)	0	0	0
0	0	0	0		류원우	1			25	이준희		0	0	0	0
0	0	0	0		배슬기	24			66	박병현	후15	0	1	1	0
0	0	0	0		이상기	19			20	황순민	후5	1	1	0	0
0	0	0	0		유준수	16	대기	대기	8	정선호		0	0	0	0
0	0	0	0	후0	송민규	29			36	박한빈	후34	0	1	0	0
0	0	0	0		김지민	14			29	류재문		0	0	0	0
0	0	0	0	후39	최용우	9			77	전현철		0	0	0	0
0	0	5	10(2)			0			0			10(5)	8	3	0

● 후반 37분 에드가 GA 정면 R-ST-G (득점: 에드가) 가운데
● 후반 40분 장성원 PAR 내 EL ↷ 에드가 GAL 내 H-ST-G (득점: 에드가/ 도움: 장성원) 왼쪽

• 6월 02일 • 19:00 • 맑음 • 수원 월드컵 • 6,885명
• 주심_ 김용우 • 부심_ 박상준·방기열 • 대기심_ 최일우 • 경기감독관_ 신홍기

수원 1 — 0 전반 1 / 1 후반 0 — **1 강원**

퇴장	경고	파울	ST(유)	교체	선수명	배번	위치	위치	배번	선수명	교체	ST(유)	파울	경고	퇴장
0	0	0	0		노동건	19	GK	GK	16	함석민		0	0	0	0
0	0	0	0		고명석	4	DF	DF	17	신광훈		0	1	0	0
0	0	1	1		양상민	3	DF	DF	4	발렌티노스		1	0	0	0
0	0	0	0	37	구자룡	15	DF	DF	99	김오규		0	0	0	0
0	0	1	0		홍철	33	MF	DF	37	윤석영		1(1)	0	0	0
0	0	0	3		염기훈	26	MF	MF	13	한국영		0	4	0	0
0	0	3	1(1)		최성근	25	MF	MF	11	김현욱		2(1)	2	0	0
0	0	1	0		신세계	30	MF	MF	6	조지훈	77	2	0	0	0
0	0	0	2(2)		한의권	9	MF	FW	22	정승용	23	1	0	0	0
0	0	1	1(1)	28	타가트	18	FW	FW	18	조재완		3(1)	2	0	0
0	0	1	3(1)		데얀	10	FW	FW	55	제리치	9	5(3)	3	0	0
0	0	0	0		김다솔	1			21	이승규		0	0	0	0
0	0	0	0		구대영	90			23	강지훈	후37	0	1	0	0
0	0	0	0		박형진	13			3	이호인		0	0	0	0
0	0	0	0		고승범	77	대기	대기	32	정민우		0	0	0	0
0	0	0	1(1)	후31	오현규	37			77	김지현	후12	0	1	0	0
0	0	1	1	후0	유주안	28			24	서명원		0	0	0	0
0	0	0	0		바그닝요	7			9	정조국	후41	0	0	0	0
0	0	9	13(6)			0			0			15(6)	14	0	0

● 후반 23분 홍철 PAL ~ 한의권 PK 지점 L-ST-G (득점: 한의권/ 도움: 홍철) 오른쪽
● 전반 6분 제리치 GA 정면내 H-ST-G (득점: 제리치) 가운데

• 6월 15일 • 19:00 • 흐림 • 울산 문수 • 13,121명
• 주심_ 조지음 • 부심_ 김계용·장종필 • 대기심_ 김덕철 • 경기감독관_ 김성기

울산 1 — 1 전반 0 / 0 후반 0 — **0 포항**

퇴장	경고	파울	ST(유)	교체	선수명	배번	위치	위치	배번	선수명	교체	ST(유)	파울	경고	퇴장
0	0	0	0		오승훈	21	GK	GK	1	류원우		0	0	0	0
0	1	3	0	38	정동호	22	DF	DF	2	심상민		0	0	0	0
0	0	1	0		이명재	13	DF	DF	4	전민광		0	0	0	0
0	0	1	1(1)		강민수	4	DF	DF	5	하창래		0	0	0	0
0	0	2	0		김태환	23	DF	DF	13	김용환		0	1	0	0
0	0	2	0		박용우	19	MF	MF	6	정재용		2(2)	0	0	0
0	0	3	2(2)	8	김인성	7	MF	MF	57	이수빈		3(3)	1	0	0
0	0	1	0		믹스	42	MF	MF	77	완델손	9	2(1)	2	0	0
0	0	2	2(1)		김보경	14	MF	MF	7	이석현	29	0	1	0	0
0	0	2	3(2)	11	이동경	15	MF	MF	8	이진현	22	0	1	0	0
0	0	2	4(3)		주니오	9	FW	FW	12	김승대		1	0	0	0
0	0	0	0		문정인	31			31	강현무		0	0	0	0
0	0	0	0	후41	불투이스	38			24	배슬기		0	0	0	0
0	0	0	0		박주호	33			19	이상기		0	0	0	0
0	0	0	0		김성준	17	대기	대기	27	이승모		0	0	0	0
0	0	0	0	후25	황일수	8			29	송민규	전41	2(2)	0	0	0
0	0	0	1	후10	이근호	11			22	김도형	후9	1(1)	0	0	0
0	0	0	0		주민규	18			9	최용우	후38	0	0	0	0
0	1	19	13(9)			0			0			11(9)	6	0	0

● 전반 24분 이동경 C,KR ↷ 강민수 GAR H-ST-G (득점: 강민수/ 도움: 이동경) 왼쪽

• 6월 15일 • 19:00 • 맑음 • 인천 전용 • 12,017명
• 주심_ 이동준 • 부심_ 노수용·김성일 • 대기심_ 안재훈 • 경기감독관_ 나승화

인천 0 — 0 전반 0 / 0 후반 1 — **1 전북**

퇴장	경고	파울	ST(유)	교체	선수명	배번	위치	위치	배번	선수명	교체	ST(유)	파울	경고	퇴장
0	0	0	0		이태희	21	GK	GK	31	송범근		0	0	0	0
0	0	2	0		김진야	13	DF	DF	25	최철순		1	0	0	0
0	1	5	1(1)	19	김동민	47	DF	DF	92	김민혁		0	1	0	0
0	0	1	0		김정호	44	DF	DF	26	홍정호		2(1)	0	0	0
0	0	1	0		양준아	14	DF	DF	13	이주용		1	2	0	0
0	0	1	1		이우혁	24	MF	MF	4	신형민		0	1	1	0
0	1	4	1		임은수	39	MF	MF	42	한승규	17	0	0	0	0
0	1	2	1	9	최범경	40	MF	MF	28	손준호		4(3)	3	0	0
0	0	2	1		정훈성	28	MF	MF	5	임선영	20	0	3	0	0
0	0	1	0	7	이준석	33	MF	MF	27	문선민		4(2)	1	0	0
0	0	1	1(1)		지언학	27	FW	FW	9	김신욱	16	7(6)	1	0	0
0	0	0	0		정산	1			41	이재형		0	0	0	0
0	0	0	0		이재성	15			2	이용		0	0	0	0
0	0	0	0		곽해성	26			8	정혁		0	0	0	0
0	0	0	0		박세직	17	대기	대기	16	최영준	후47	0	1	0	0
0	0	0	1	후26	허용준	19			17	이비니	후12	0	0	0	0
0	0	0	0	후38	남준재	7			11	티아고		0	0	0	0
0	0	0	0	후26	무고사	9			20	이동국	후24	2(1)	0	0	0
0	3	20	7(2)			0			0			21(13)	13	1	0

● 후반 34분 이비니 MFL ↷ 김신욱 GAR H-ST-G (득점: 김신욱/ 도움: 이비니) 오른쪽

• 6월 15일 • 19:00 • 맑음 • 성남 종합 • 2,619명
• 주심_ 김용우 • 부심_ 이정민 · 방기열 • 대기심_ 최현재 • 경기감독관_ 김용세

성남 1 　0 전반 0 / 1 후반 1　 **1 경남**

퇴장	경고	파울	ST(유)	교체	선수명	배번	위치	위치	배번	선수명	교체	ST(유)	파울	경고	퇴장
1	0	1	0		김 동 준	1	GK	GK	25	이 범 수		0	0	0	0
0	0	0	1		연 제 운	20	DF	DF	23	이 광 선		0	1	0	0
0	0	0	1		임 채 민	26	DF	DF	53	배 승 진		1	1	0	0
0	0	0	0		안 영 규	5	DF	DF	8	안 성 남		0	1	0	0
0	0	1	4(3)		서 보 민	11	MF	DF	17	여 성 해		0	1	0	0
0	0	2	0		문 지 환	15	MF	MF	13	김 준 범	7	0	0	0	0
0	1	0	1(1)	17	최 병 찬	33	MF	MF	32	이 영 재		4(3)	1	0	0
0	0	1	1		주 현 우	8	MF	MF	4	하 성 민	50	0	4	0	0
0	0	0	5(3)		에 델	7	FW	MF	19	고 경 민	90	1	3	0	0
0	0	1	1(1)	31	공 민 현	9	FW	FW	10	김 승 준		0	1	0	0
0	0	2	2(1)		김 현 성	22	FW	FW	9	룩		3(3)	2	0	0
0	0	0	0	전29	전 종 혁	31			1	강 신 우		0	0	0	0
0	0	0	0		이 창 용	4			50	김 종 필	후0	0	1	1	0
0	0	0	0		김 정 현	6			90	송 주 훈	후38	0	0	0	0
0	0	0	0		문 상 윤	10	대기	대기	24	김 현 중		0	0	0	0
0	0	0	1(1)	후4	조 성 준	17			88	김 종 진		0	0	0	0
0	0	0	0		마티아스	19			11	도 동 현		0	0	0	0
0	0	0	0		김 소 웅	36			7	배 기 종	후0	2	1	1	0
1	1	8	17(10)			0			0			11(6)	17	2	0

● 후반 49분 에델 PK-R-G(득점: 에델) 왼쪽

● 후반 4분 배승진 MFL TL ↷ 룩 GAL R-ST-G (득점: 룩/ 도움: 배승진) 왼쪽

• 6월 15일 • 19:30 • 흐리고 비 • DGB대구은행파크 • 8,247명
• 주심_ 정동식 • 부심_ 윤광열 · 구은석 • 대기심_ 김정호 • 경기감독관_ 허기태

대구 2 　1 전반 2 / 1 후반 0　 **2 강원**

퇴장	경고	파울	ST(유)	교체	선수명	배번	위치	위치	배번	선수명	교체	ST(유)	파울	경고	퇴장
0	0	0	0		조 현 우	21	GK	GK	1	김 호 준		0	0	0	0
0	0	1	0		김 우 석	3	DF	DF	17	신 광 훈		0	2	0	0
0	0	0	0		홍 정 운	5	DF	DF	4	발렌티노스		1	1	0	0
0	0	2	1(1)		정 태 욱	4	DF	DF	99	김 오 규		0	1	1	0
0	0	1	0	36	강 윤 구	16	MF	DF	37	윤 석 영		0	0	0	0
0	0	1	2		황 순 민	20	MF	MF	13	한 국 영		0	0	0	0
0	0	1	1		정 승 원	18	MF	MF	11	김 현 욱	14	0	1	0	0
0	0	0	0	17	장 성 원	38	MF	MF	29	이 현 식		1(1)	2	1	0
0	0	0	7(3)		세 징 야	11	FW	FW	22	정 승 용		0	2	1	0
0	0	1	5(3)		김 대 원	14	FW	FW	18	조 재 완	23	1(1)	2	0	0
0	0	2	2(1)	29	에 드 가	9	FW	FW	55	제 리 치	77	0	2	0	0
0	0	0	0		이 준 희	25			16	함 석 민		0	0	0	0
0	0	0	0		박 병 현	66			23	강 지 훈	후33	0	1	0	0
0	0	0	0		한 희 훈	6			3	이 호 인		0	0	0	0
0	0	0	0	후0	김 준 엽	17	대기	대기	14	오 범 석	후51	0	0	0	0
0	0	1	0	후41	박 한 빈	36			6	조 지 훈		0	0	0	0
0	1	1	1(1)	후21	류 재 문	29			77	김 지 현	후18	1	0	0	0
0	0	0	0		전 현 철	77			9	정 조 국		0	0	0	0
0	1	11	19(9)			0			0			4(2)	14	3	0

● 전반 14분 세징야 MF 정면 ~ 김대원 AKR R-ST-G (득점: 김대원/ 도움: 세징야) 왼쪽

● 후반 54분 김준엽 PAR 내 ~ 류재문 PK 지점 L-ST-G (득점: 류재문/ 도움: 김준엽) 왼쪽

● 전반 1분 김우석 GA 정면 자책골 (득점: 김우석) 왼쪽

● 전반 43분 김오규 자기 측 HL 정면 ↷ 조재완 GA 정면 R-ST-G (득점: 조재완/ 도움: 김오규) 왼쪽

• 6월 16일 • 19:00 • 맑음 • 상주 시민 • 1,272명
• 주심_ 최현재 • 부심_ 박상준 · 김지욱 • 대기심_ 정동식 • 경기감독관_ 양정환

상주 4 　4 전반 1 / 0 후반 1　 **2 제주**

퇴장	경고	파울	ST(유)	교체	선수명	배번	위치	위치	배번	선수명	교체	ST(유)	파울	경고	퇴장
0	0	0	0		권 태 안	1	GK	GK	18	이 창 근		0	0	0	0
0	0	0	1(1)		김 영 빈	2	DF	DF	15	알 렉 스		0	2	0	0
0	1	2	2(1)		김 민 우	7	DF	DF	37	김 원 일	4	0	1	0	0
0	0	1	0	18	송 시 우	9	FW	DF	36	김 동 우		0	1	0	0
0	0	0	0		권 완 규	12	DF	MF	11	김 호 남		2(1)	0	0	0
0	0	0	2(1)		윤빛가람	14	MF	MF	7	권 순 형		1	3	0	0
0	0	0	3(1)	10	박 용 지	19	FW	MF	14	이 창 민		5(1)	0	0	0
0	0	1	0		김 경 재	23	MF	FW	24	윤 일 록		1	2	0	0
0	1	1	0		이 규 성	24	MF	MF	17	이 은 범	21	0	1	1	0
0	0	3	0		한 석 종	26	MF	FW	10	마 그 노		3(1)	0	0	0
0	0	0	0		이 태 희	32	DF	FW	9	찌 아 구	8	1	0	0	0
0	0	0	0		황 병 근	31			1	황 성 민		0	0	0	0
0	0	0	0		마 상 훈	5			4	김 승 우	후7	0	0	0	0
0	0	1	0	후40	심 동 운	10			19	임 찬 울		0	0	0	0
0	0	0	0	후29	신 창 무	18	대기	대기	42	이 동 희		0	0	0	0
0	0	0	0		배 신 영	22			16	이 동 수		0	0	0	0
0	0	0	0		이 민 기	30			8	최 현 태	후21	0	1	0	0
0	0	0	0		조 수 철	33			21	김 성 주	후0	0	1	0	0
0	2	9	8(4)			0			0			13(3)	12	1	0

● 전반 8분 김민우 PAR ↷ 김영빈 GAL H-ST-G (득점: 김영빈/ 도움: 김민우) 가운데

● 전반 22분 송시우 HLR → 김민우 GAL L-ST-G (득점: 김민우/ 도움: 송시우) 오른쪽

● 전반 31분 이태희 PAR ~ 윤빛가람 PAL R-ST-G (득점: 윤빛가람/ 도움: 이태희) 오른쪽

● 전반 35분 박용지 PK-R-G(득점: 박용지) 왼쪽

● 전반 38분 마그노 PK-R-G(득점: 마그노) 오른쪽

● 후반 26분 이창민 GA 정면 R-ST-G (득점: 이창민) 왼쪽

• 6월 16일 • 19:00 • 맑음 • 서울 월드컵 • 32,057명
• 주심_ 고형진 • 부심_ 곽승순 · 양재용 • 대기심_ 김용우 • 경기감독관_ 최상국

서울 4 　1 전반 1 / 3 후반 1　 **2 수원**

퇴장	경고	파울	ST(유)	교체	선수명	배번	위치	위치	배번	선수명	교체	ST(유)	파울	경고	퇴장
0	0	0	0		유 상 훈	1	GK	GK	19	노 동 건		0	0	0	0
0	0	0	0		황 현 수	2	DF	DF	4	고 명 석		0	2	0	0
0	0	0	0		김 원 식	15	DF	DF	3	양 상 민		0	0	0	0
0	0	1	2(2)		오스마르	5	DF	DF	15	구 자 룡		1(1)	0	0	0
0	0	3	1(1)	14	고 광 민	27	MF	MF	33	홍 철		0	0	0	0
0	0	0	1		윤 종 규	23	MF	MF	25	최 성 근	18	0	3	1	0
0	0	0	2(2)		정 현 철	24	MF	MF	30	신 세 계		1	3	1	0
0	0	1	1		알리바예프	9	MF	MF	8	사 리 치		1(1)	0	0	0
0	0	1	2		고 요 한	13	MF	MF	26	염 기 훈		1	0	0	0
0	1	1	0		박 주 영	10	FW	FW	9	한 의 권		2(1)	0	0	0
0	0	2	2(2)	50	페 시 치	72	FW	FW	10	데 얀	13	3(2)	2	0	0
0	0	0	0		양 한 빈	21			1	김 다 솔		0	0	0	0
0	0	0	0		박 준 영	20			5	조 성 진		0	0	0	0
0	0	0	0	후44	김 한 길	14			13	박 형 진	후23	1(1)	2	0	0
0	0	0	0		정 원 진	8	대기	대기	77	고 승 범		0	0	0	0
0	0	0	0		황 기 욱	28			27	한 석 희		0	0	0	0
0	0	0	0		윤 주 태	19			28	유 주 안		0	0	0	0
0	0	0	0	후47	박 동 진	50			18	타 가 트	후0	4(2)	1	0	0
0	1	9	11(7)			0			0			14(8)	13	2	0

● 전반 10분 오스마르 AKR FK L-ST-G (득점: 오스마르) 왼쪽

● 후반 16분 고요한 AK 정면 ~ 페시치 GAR L-ST-G (득점: 페시치/ 도움: 고요한) 가운데

● 후반 34분 박주영 AK 정면 H ↷ 오스마르 PAR 내 R-ST-G (득점: 오스마르/ 도움: 박주영) 왼쪽

● 후반 36분 알리바예프 HLR ~ 페시치 GAR R-ST-G (득점: 페시치/ 도움: 알리바예프) 가운데

● 전반 15분 사리치 PAL ~ 한의권 GA 정면 R-ST-G (득점: 한의권/ 도움: 사리치) 오른쪽

● 후반 46분 사리치 MFL ↷ 타가트 GA 정면 H-ST-G (득점: 타가트/ 도움: 사리치) 오른쪽

• 6월 21일 • 19:30 • 맑음 • 제주 월드컵 • 3,639명
• 주심_ 이동준 • 부심_ 김계용·김성일 • 대기심_ 최일우 • 경기감독관_ 김진의

제주 1 　 0 전반 0 / 1 후반 2 　 **2 성남**

퇴장	경고	파울	ST(유)	교체	선수명	배번	위치	위치	배번	선수명	교체	ST(유)	파울	경고	퇴장
0	0	0	0		이창근	18	GK	GK	31	전종혁		0	0	0	0
0	0	0	0		알렉스	15	DF	DF	20	연제운		0	1	0	0
0	0	0	0	11	김승우	4	DF	DF	26	임채민		1(1)	0	0	0
0	0	0	0		김동우	36	DF	DF	4	이창용		0	1	0	0
0	0	0	0		박진포	6	MF	MF	11	서보민		1	0	0	0
0	0	4	0	28	최현태	8	MF	MF	15	문지환		0	3	1	0
0	0	0	0		이동희	42	MF	MF	32	이재원	17	1	2	0	0
0	1	2	0	33	김성주	21	MF	MF	8	주현우		1(1)	1	0	0
0	0	6	1(1)		윤일록	24	FW	FW	7	에델	10	4(1)	2	0	0
0	0	1	1(1)		마그노	10	FW	FW	9	공민현	6	1	4	0	0
0	0	1	1(1)		이창민	14	MF	FW	22	김현성		3(2)	1	0	0
0	0	0	0		황성민	1			21	김근배		0	0	0	0
0	0	0	0		김원일	37			5	안영규		0	0	0	0
0	0	2	1	후39	강윤성	33			6	김정현	후39	0	0	0	0
0	0	0	2	후0	김호남	11	대기	대기	10	문상윤	후45	0	2	0	0
0	0	0	0		이동수	16			17	조성준	전33	1	0	0	0
0	0	0	0		권순형	7			19	마티아스		0	0	0	0
0	0	0	1(1)	후23	서진수	28			36	김소웅		0	0	0	0
0	1	16	7(4)			0			0			13(5)	17	1	0

● 후반 29분 김성주 PAL TL ~ 이창민 AKL R-ST-G (득점: 이창민/ 도움: 김성주) 오른쪽

● 후반 15분 서보민 MFR TL ~ 에델 MFR R-ST-G (득점: 에델/ 도움: 서보민) 오른쪽

● 후반 35분 조성준 MFR ↷ 김현성 PAL 내 L-ST-G (득점: 김현성/ 도움: 조성준) 왼쪽

• 6월 22일 • 19:00 • 흐림 • 진주 종합 • 7,182명
• 주심_ 고형진 • 부심_ 곽승순·김지욱 • 대기심_ 김동진 • 경기감독관_ 김호영

경남 1 　 0 전반 1 / 1 후반 0 　 **1 인천**

퇴장	경고	파울	ST(유)	교체	선수명	배번	위치	위치	배번	선수명	교체	ST(유)	파울	경고	퇴장
0	0	0	0		이범수	25	GK	GK	1	정산		0	0	0	0
0	0	0	0	53	최재수	6	DF	DF	47	김동민		0	0	0	0
0	0	0	0		이광선	23	DF	DF	14	양준아		0	1	0	0
0	0	0	0		안성남	8	DF	DF	44	김정호		0	2	0	0
0	0	1	0		여성해	17	DF	DF	32	정동윤		0	1	0	0
0	0	0	0	7	김종진	88	MF	MF	24	이우혁	8	0	0	0	0
0	0	2	0		조재철	14	MF	MF	40	최범경		0	2	0	0
0	0	2	1		김종필	50	MF	MF	33	이준석		0	3	0	0
0	0	2	1	19	이영재	32	MF	MF	10	하마드	19	1(1)	0	0	0
0	1	1	0		김승준	10	FW	MF	7	남준재		1(1)	4	1	0
0	0	2	2(2)		룩	9	FW	FW	9	무고사	27	2(1)	0	0	0
0	0	0	0		손정현	31			21	이태희		0	0	0	0
0	0	1	1	후9	배승진	53			15	이재성		0	0	0	0
0	0	0	0		송주훈	90			8	이정빈	전18	1	1	0	0
0	0	0	0		우주성	15	대기	대기	19	허용준	후19	1	0	0	0
0	0	0	0		김준범	13			27	지언학	후31	0	0	0	0
0	0	0	0	후39	고경민	19			28	정훈성		0	0	0	0
0	0	1	1(1)	후0	배기종	7			29	김보섭		0	0	0	0
0	1	12	6(3)			0			0			6(3)	14	1	0

● 후반 4분 조재철 MFR ↷ 룩 GAL H-ST-G (득점: 룩/ 도움: 조재철) 왼쪽

● 전반 11분 무고사 GAR 내 ~ 하마드 PK 지점 R-ST-G (득점: 하마드/ 도움: 무고사) 오른쪽

• 7월 24일 • 19:30 • 흐림 울산 종합 • 4,031명
• 주심_ 김용우 • 부심_ 이정민·노수용 • 대기심_ 김우성 • 경기감독관_ 나승화

울산 2 　 1 전반 0 / 1 후반 2 　 **2 상주**

퇴장	경고	파울	ST(유)	교체	선수명	배번	위치	위치	배번	선수명	교체	ST(유)	파울	경고	퇴장
0	0	0	0		오승훈	21	GK	GK	21	윤보상		0	0	0	0
0	0	0	2(2)		정동호	22	DF	DF	2	김영빈		0	1	0	0
0	0	1	0		이명재	13	DF	FW	9	송시우	10	1(1)	0	0	0
0	1	1	0		강민수	4	DF	DF	11	김경중	5	1(1)	0	0	0
0	1	2	0		김태환	23	DF	DF	12	권완규		0	2	1	0
0	0	0	2(2)	19	믹스	42	MF	MF	14	윤빛가람		2(2)	0	0	0
0	0	0	0		박주호	33	MF	FW	19	박용지		3(2)	1	0	0
0	0	0	1	20	김인성	7	MF	MF	23	김경재	20	0	0	0	0
0	0	3	1	8	주민규	18	MF	MF	24	이규성		0	0	0	0
0	0	2	3(3)		김보경	14	MF	MF	26	한석종		0	1	0	0
0	0	2	5(5)		주니오	9	FW	DF	32	이태희		2	1	0	0
0	0	0	0		문정인	31			1	권태안		0	0	0	0
0	0	0	0	후28	윤영선	20			5	마상훈	후31	0	0	0	0
0	0	0	0		김수안	29			8	이상협		0	0	0	0
0	0	0	0		김창수	27	대기	대기	10	심동운	후5	2(1)	0	0	0
0	0	1	0	후37	박용우	19			16	송수영		0	0	0	0
0	0	0	0	후15	황일수	8			20	백동규	후14	0	0	0	0
0	0	0	0		이근호	11			30	이민기		0	0	0	0
0	2	12	14(12)			0			0			11(7)	6	1	0

● 전반 40분 주니오 PK-R-G(득점: 주니오) 오른쪽

● 후반 32분 믹스 PA 정면내 L-ST-G (득점: 믹스) 왼쪽

● 후반 10분 이태희 PAR ↷ 박용지 GAR R-ST-G (득점: 박용지/ 도움: 이태희) 오른쪽

● 후반 49분 윤빛가람 PK-R-G(득점: 윤빛가람) 왼쪽

• 6월 22일 • 19:30 • 맑음 • DGB대구은행파크 • 12,068명
• 주심_ 김우성 • 부심_ 이정민·노수용 • 대기심_ 최현재 • 경기감독관_ 차상해

대구 1 　 0 전반 2 / 1 후반 0 　 **2 서울**

퇴장	경고	파울	ST(유)	교체	선수명	배번	위치	위치	배번	선수명	교체	ST(유)	파울	경고	퇴장
0	0	0	0		조현우	21	GK	GK	1	유상훈		0	0	0	0
0	1	2	0		김우석	3	DF	DF	2	황현수		1	0	0	0
0	0	0	2	66	홍정운	5	DF	DF	15	김원식		0	3	0	0
0	0	0	3(2)		정태욱	4	DF	DF	5	오스마르		0	1	0	0
0	0	0	2(1)		황순민	20	MF	MF	27	고광민		0	0	0	0
0	0	0	3(2)		류재문	29	MF	MF	23	윤종규		1(1)	1	0	0
0	0	1	0	36	한희훈	6	MF	MF	24	정현철	3	1(1)	1	1	0
0	0	2	1	38	김준엽	17	MF	MF	9	알리바예프		1(1)	0	0	0
0	0	2	2(1)		정승원	18	FW	MF	13	고요한		0	5	1	0
0	0	0	4(3)		김대원	14	FW	FW	10	박주영		2	0	0	0
0	0	1	7(4)		세징야	11	FW	FW	50	박동진	18	0	1	0	0
0	0	0	0		이준희	25			21	양한빈		0	0	0	0
0	0	0	0	후36	박병현	66			3	이웅희	후25	0	0	0	0
0	1	1	0	후29	장성원	38			6	김주성		0	0	0	0
0	0	0	0		강윤구	16	대기	대기	14	김한길		0	0	0	0
0	0	0	0	후28	박한빈	36			8	정원진		0	0	0	0
0	0	0	0		오후성	37			19	윤주태		0	0	0	0
0	0	0	0		고재현	26			18	조영욱	후20	1(1)	0	1	0
0	2	9	24(13)			0			0			7(4)	12	3	0

● 후반 7분 세징야 GAR ~ 황순민 GAL 내 L-ST-G (득점: 황순민/ 도움: 세징야) 왼쪽

● 전반 34분 고요한 MFL ~ 알리바예프 PA 정면 R-ST-G (득점: 알리바예프/ 도움: 고요한) 가운데

● 전반 40분 오스마르 GA 정면내 → 정현철 GAR 내 EL R-ST-G (득점: 정현철/ 도움: 오스마르) 오른쪽

• 6월 23일 • 19:00 • 맑음 • 전주 월드컵 • 15,595명
• 주심_ 정동식 • 부심_ 윤광열·구은석 • 대기심_ 조지음 • 경기감독관_ 김형남

전북 1 　 1 전반 0 / 0 후반 1 　 **1 수원**

퇴장	경고	파울	ST(유)	교체	선수명	배번	위치	위치	배번	선수명	교체	ST(유)	파울	경고	퇴장
0	0	0	0		송범근	31	GK	GK	19	노동건		0	0	1	0
0	0	1	0		명준재	35	DF	DF	4	고명석		0	1	1	0
0	0	0	0		최철순	25	DF	DF	3	양상민	5	0	2	1	0
0	0	0	0	26	김민혁	92	DF	DF	15	구자룡		0	2	1	0
0	1	3	0		이주용	13	DF	MF	33	홍철		1	1	0	0
0	0	2	0		최영준	16	MF	MF	8	사리치		0	3	0	0
0	0	3	1(1)		정혁	8	MF	MF	30	신세계		1	2	0	0
0	1	1	2(1)	9	한승규	42	MF	MF	13	박형진		1	4	0	0
0	1	0	1	10	티아고	11	MF	FW	9	한의권	7	0	1	0	0
0	0	1	0		이비니	17	MF	FW	28	유주안	17	0	1	0	0
0	0	1	4(2)		이동국	20	FW	FW	18	타가트		5(2)	2	0	0
0	0	0	0		홍정남	88	대기	대기	1	김다솔		0	0	0	0
0	0	0	0		박원재	19			5	조성진	후28	0	1	1	0
0	0	2	0	후0	홍정호	26			66	김태환		0	0	0	0
0	0	0	0		신형민	4			12	박대원		0	0	0	0
0	0	2	2(1)	후0	로페즈	10			17	김종우	후11	1	0	0	0
0	0	0	0		이시헌	15			70	주현호		0	0	0	0
0	0	2	2	후30	김신욱	9			7	바그닝요	후0	1(1)	0	0	0
0	3	18	12(5)			0			0			10(3)	20	5	0

● 전반 1분 이동국 AKL H-ST-G (득점: 이동국) 가운데
● 후반 26분 바그닝요 MF 정면 ~ 타가트 GAL R-ST-G (득점: 타가트/ 도움: 바그닝요) 왼쪽

• 6월 23일 • 19:00 • 맑음 • 춘천 송암 • 2,571명
• 주심_ 박병진 • 부심_ 박상준·양재용 • 대기심_ 김대용 • 경기감독관_ 신홍기

강원 5 　 0 전반 2 / 5 후반 2 　 **4 포항**

퇴장	경고	파울	ST(유)	교체	선수명	배번	위치	위치	배번	선수명	교체	ST(유)	파울	경고	퇴장
0	0	0	0		이광연	31	GK	GK	1	류원우		0	0	0	0
0	0	3	0		윤석영	37	DF	DF	19	이상기		0	1	0	0
0	1	1	2(2)		발렌티노스	4	DF	DF	4	전민광		1	0	0	0
0	0	0	0	19	이호인	3	DF	DF	5	하창래		0	2	0	0
0	0	1	0		김오규	99	DF	DF	13	김용환		0	0	0	0
0	0	1	1		한국영	13	MF	MF	6	정재용		0	4	0	0
0	0	0	2(1)		김현욱	11	MF	MF	57	이수빈	27	1(1)	4	1	0
0	0	1	1	77	이현식	29	MF	MF	77	완델손		3(3)	3	0	0
0	0	4	4(3)		조재완	18	FW	MF	7	이석현	24	2(1)	1	0	0
0	0	0	0		신광훈	17	FW	MF	29	송민규	8	2(2)	0	0	0
0	0	2	2	9	제리치	55	FW	FW	12	김승대		1(1)	0	0	0
0	0	0	0		김호준	1	대기	대기	31	강현무		0	0	0	0
0	0	0	2	후0	박창준	19			24	배슬기	후42	0	0	0	0
0	0	0	0		이재익	5			2	심상민		0	0	0	0
0	0	0	0		강지훈	23			27	이승모	후4	2(2)	3	0	0
0	0	0	0		조지훈	6			8	이진현	후36	1	0	0	0
0	0	0	2(1)	후29	김지현	77			22	김도형		0	0	0	0
0	0	0	4(2)	후13	정조국	9			9	최용우		0	0	0	0
0	1	13	20(9)			0			0			13(10)	18	1	0

● 후반 26분 정조국 MFL ~ 조재완 PAL 내 R-ST-G (득점: 조재완/ 도움: 정조국) 왼쪽
● 후반 33분 발렌티노스 GA 정면내 L-ST-G (득점: 발렌티노스) 오른쪽
● 후반 46분 김현욱 MFR ↷ 조재완 GA 정면 H-ST-G (득점: 조재완/ 도움: 김현욱) 왼쪽
● 후반 48분 발렌티노스 PA 정면내 H ↷ 조재완 GAL L-ST-G (득점: 조재완/ 도움: 발렌티노스) 왼쪽
● 후반 50분 조재완 PAL ↷ 정조국 GAR 내 H-ST-G (득점: 정조국/ 도움: 조재완) 오른쪽
● 전반 18분 송민규 HL 정면 ~ 완델손 AKR L-ST-G (득점: 완델손/ 도움: 송민규) 오른쪽
● 전반 38분 완델손 MFR FK L-ST-G (득점: 완델손) 왼쪽
● 후반 9분 정재용 GAR ~ 이석현 GA 정면 R-ST-G (득점: 이석현/ 도움: 정재용) 왼쪽
● 후반 11분 김승대 AK 정면 ~ 완델손 PAR 내 L-ST-G (득점: 완델손/ 도움: 김승대) 왼쪽

• 6월 28일 • 19:30 • 흐림 성남 종합 • 2,708명
• 주심_ 김우성 • 부심_ 곽승순·구은석 • 대기심_ 성덕효 • 경기감독관_ 차상해

성남 1 　 1 전반 0 / 0 후반 0 　 **0 상주**

퇴장	경고	파울	ST(유)	교체	선수명	배번	위치	위치	배번	선수명	교체	ST(유)	파울	경고	퇴장
0	0	0	0		전종혁	31	GK	GK	1	권태안		0	0	0	0
0	1	1	0		안영규	5	DF	DF	2	김영빈		2(1)	3	0	0
0	0	0	0		연제운	20	DF	DF	7	김민우	5	0	0	0	0
0	0	3	0		이창용	4	DF	FW	9	송시우	37	1	2	0	0
0	0	1	0		서보민	11	MF	DF	12	권완규		1	0	0	0
0	1	3	0		문지환	15	MF	MF	14	윤빛가람		2	1	0	0
0	0	0	1	10	최병찬	33	MF	FW	19	박용지		1(1)	2	0	0
0	0	1	1(1)		주현우	8	MF	MF	23	김경재	10	0	1	0	0
0	0	1	0	6	김소웅	36	FW	MF	24	이규성		1	0	0	0
0	0	1	1(1)	18	김현성	22	FW	MF	26	한석종		0	0	0	0
0	0	1	2(2)		공민현	9	FW	DF	32	이태희		0	1	0	0
0	0	0	0		김근배	21	대기	대기	31	황병근		0	0	0	0
0	0	0	0		임승겸	40			5	마상훈	후34	0	0	0	0
0	0	0	0	후20	김정현	6			8	이상협		0	0	0	0
0	0	0	1	후32	문상윤	10			10	심동운	후26	0	0	0	0
0	0	0	0		박태준	24			18	신창무		0	0	0	0
0	1	4	0	후4	이현일	18			22	배신영		0	0	0	0
0	0	0	0		마티아스	19			37	강상우	후20	0	0	0	0
0	3	16	6(4)			0			0			8(2)	10	0	0

● 전반 14분 주현우 GAR ~ 김현성 GAL L-ST-G (득점: 김현성/ 도움: 주현우) 왼쪽

• 6월 29일 • 19:00 • 흐림 • 제주 월드컵 • 2,437명
• 주심_ 김용우 • 부심_ 박상준·양재용 • 대기심_ 서동진 • 경기감독관_ 허기태

제주 1 　 0 전반 0 / 1 후반 1 　 **1 대구**

퇴장	경고	파울	ST(유)	교체	선수명	배번	위치	위치	배번	선수명	교체	ST(유)	파울	경고	퇴장
0	0	0	0		황성민	1	GK	GK	21	조현우		0	0	0	0
0	0	0	1		김성주	21	DF	DF	3	김우석		0	0	0	0
0	0	1	0		알렉스	15	DF	DF	6	한희훈	37	1	0	1	0
0	0	1	1		김동우	36	DF	DF	66	박병현		0	0	0	0
0	0	1	2		박진포	6	DF	MF	16	강윤구	26	0	2	0	0
0	0	1	1(1)		이창민	14	MF	MF	20	황순민		2	2	0	0
0	1	2	1		이동희	42	MF	MF	29	류재문	36	0	0	1	0
0	0	0	2(2)	11	윤일록	24	MF	MF	17	김준엽		0	2	0	0
0	0	0	1(1)		임찬울	19	MF	FW	18	정승원		2	0	0	0
0	0	1	3(2)	38	마그노	10	FW	FW	14	김대원		1	0	0	0
0	0	2	1	16	서진수	28	FW	FW	11	세징야		4(3)	0	0	0
0	0	0	0		이창근	18	대기	대기	1	최영은		0	0	0	0
0	0	0	0		이규혁	13			33	김태한		0	0	0	0
0	0	0	0		김승우	4			38	장성원		0	0	0	0
0	0	0	0		권순형	7			36	박한빈	후13	0	2	0	0
0	0	1	0	후26	김호남	11			26	고재현	후9	0	2	0	0
0	0	0	1	후19	이동수	16			37	오후성	후26	1	0	0	0
0	0	0	0	후33	이근호	38			77	전현철		0	0	0	0
0	1	10	14(6)			0			0			11(3)	10	2	0

● 후반 8분 윤일록 PK 좌측지점 L-ST-G (득점: 윤일록) 왼쪽
● 후반 48분 오후성 PAL ↷ 세징야 PK 우측지점 R-ST-G (득점: 세징야/ 도움: 오후성) 왼쪽

• 6월 29일 • 19:00 • 흐림 • 수원 월드컵 • 7,118명
• 주심_ 이동준 • 부심_ 이정민·강동호 • 대기심_ 최광호 • 경기감독관_ 양정환

수원 0 | 0 전반 0 / 0 후반 0 | **0 경남**

퇴장	경고	파울	ST(유)	교체	선수명	배번	위치	위치	배번	선수명	교체	ST(유)	파울	경고	퇴장
0	0	0	0		노동건	19	GK	GK	25	이범수		0	0	0	0
0	0	0	0		고명석	4	DF	DF	15	우주성		1	0	0	0
0	0	1	0	27	민상기	39	DF	DF	23	이광선		1	2	0	0
0	0	2	0		구자룡	15	DF	DF	8	안성남		0	0	0	0
0	0	3	0		홍 철	33	MF	DF	17	여성해		0	1	1	0
0	0	1	1	17	사리치	8	MF	MF	19	고경민	7	1	1	0	0
0	0	5	1		최성근	25	MF	MF	14	조재철		0	2	0	0
0	0	1	0		박형진	13	MF	MF	13	김준범		0	2	0	0
0	0	1	0	26	유주안	28	FW	MF	32	이영재	6	2	1	0	0
0	0	3	0		바그닝요	7	FW	FW	20	김효기	80	0	1	0	0
0	0	2	5(1)		타가트	18	FW	FW	9	룩		1(1)	1	0	0
0	0	0	0		김다솔	1			31	손정현		0	0	0	0
0	0	0	0		구대영	90			53	배승진		0	0	0	0
0	0	0	0		박대원	12			6	최재수	후33	0	0	0	0
0	0	1	1	후17	김종우	17	대기	대기	80	머 치	후12	1	1	0	0
0	0	1	1(1)	후22	한석희	27			50	김종필		0	0	0	0
0	1	1	1	전33	염기훈	26			88	김종진		0	0	0	0
0	0	0	0		오현규	37			7	배기종	후0	0	0	0	0
0	1	22	10(2)			0			0			7(1)	12	1	0

• 6월 30일 • 19:00 • 맑음 • 포항 스틸야드 • 8,544명
• 주심_ 김동진 • 부심_ 노수용·김지욱 • 대기심_ 최현재 • 경기감독관_ 김용세

포항 1 | 0 전반 0 / 1 후반 1 | **1 전북**

퇴장	경고	파울	ST(유)	교체	선수명	배번	위치	위치	배번	선수명	교체	ST(유)	파울	경고	퇴장
0	1	0	0		강현무	31	GK	GK	31	송범근		0	0	0	0
0	0	1	0		심상민	2	DF	DF	25	최철순		0	3	1	0
0	0	0	2(1)	19	배슬기	24	DF	DF	26	홍정호		0	1	0	0
0	2	2	0		하창래	5	DF	DF	92	김민혁		1	0	0	0
0	0	4	1(1)		김용환	13	DF	DF	22	김진수		1	1	0	0
0	0	0	0	3	정재용	6	MF	MF	4	신형민		0	2	0	0
0	0	0	0		이수빈	57	MF	MF	8	정 혁	27	0	1	0	0
0	0	3	2(1)		완델손	77	MF	MF	5	임선영		2(2)	3	0	0
0	0	2	0	27	이석현	7	MF	MF	17	이비니		2(1)	0	0	0
0	0	2	1		송민규	29	MF	MF	10	로페즈	28	0	3	1	0
0	0	0	1(1)		김승대	12	FW	FW	20	이동국	2	2(1)	0	0	0
0	0	0	0		류원우	1			41	이재형		0	0	0	0
0	0	0	0	전34	김광석	3			19	박원재		0	0	0	0
0	0	0	0	후26	이상기	19			16	최영준		0	0	0	0
0	0	1	0	후36	이승모	27	대기	대기	2	이 용	후37	0	0	0	0
0	0	0	0		이진현	8			28	손준호	후12	0	1	0	0
0	0	0	0		이광혁	11			27	문선민	후0	0	0	0	0
0	0	0	0		일류첸코	10			29	이성윤		0	0	0	0
0	3	15	7(4)			0			0			8(4)	15	2	0

●후반 28분 김승대 PAL ~ 완델손 GAL L-ST-G (득점: 완델손/ 도움: 김승대) 가운데

●후반 25분 김진수 PAL ↷ 임선영 GA 정면 H-ST-G (득점: 임선영/ 도움: 김진수) 왼쪽

• 6월 30일 • 19:00 • 흐림 • 인천 전용 • 9,061명
• 주심_ 조지음 • 부심_ 김계용·김성일 • 대기심_ 김영수 • 경기감독관_ 김형남

인천 1 | 1 전반 0 / 0 후반 2 | **2 강원**

퇴장	경고	파울	ST(유)	교체	선수명	배번	위치	위치	배번	선수명	교체	ST(유)	파울	경고	퇴장
0	0	0	0		정 산	1	GK	GK	1	김호준		0	0	0	0
0	0	2	0		김진야	13	DF	DF	22	정승용		0	1	0	0
0	0	2	2(2)		이재성	15	DF	DF	4	발렌티노스		1	0	0	0
0	0	3	0		김정호	44	DF	DF	17	신광훈		0	2	0	0
0	0	1	1	32	김동민	47	DF	DF	99	김오규		0	3	1	0
0	0	3	0		박세직	17	MF	MF	13	한국영		1(1)	2	0	0
0	0	0	0	29	최범경	40	MF	MF	11	김현욱	77	0	1	0	0
0	0	1	0		지언학	27	MF	MF	29	이현식		1(1)	2	1	0
0	0	3	0		이준석	33	MF	FW	18	조재완		4(1)	0	0	0
0	0	1	1(1)	35	정훈성	28	MF	FW	23	강지훈	37	1	1	0	0
0	0	1	3(2)		무고사	9	FW	FW	9	정조국	14	5(5)	0	0	0
0	0	0	0		이태희	21			31	이광연		0	0	0	0
0	0	0	0		양준아	14			37	윤석영	후25	0	1	1	0
0	0	1	0	후45	정동윤	32			5	이재익		0	0	0	0
0	0	0	0		남준재	7	대기	대기	14	오범석	후38	0	0	0	0
0	0	0	0		하마드	10			6	조지훈		0	0	0	0
0	0	1	0	후37	주종대	35			77	김지현	후0	0	1	0	0
0	0	0	0	후42	김보섭	29			55	제리치		0	0	0	0
0	0	19	7(5)			0			0			13(8)	14	3	0

●전반 7분 지언학 MF 정면 ~ 무고사 PAL 내 R-ST-G (득점: 무고사/ 도움: 지언학) 오른쪽

●후반 9분 정조국 PK-R-G(득점: 정조국) 오른쪽

●후반 20분 한국영 HL 정면 ~ 정조국 GAL L-ST-G (득점: 정조국/ 도움: 한국영) 오른쪽

• 6월 30일 • 19:00 • 흐림 • 서울 월드컵 • 17,814명
• 주심_ 정동식 • 부심_ 윤광열·방기열 • 대기심_ 신용준 • 경기감독관_ 김성기

서울 2 | 2 전반 1 / 0 후반 1 | **2 울산**

퇴장	경고	파울	ST(유)	교체	선수명	배번	위치	위치	배번	선수명	교체	ST(유)	파울	경고	퇴장
0	0	0	0		유상훈	1	GK	GK	21	오승훈		0	0	0	0
0	0	0	0		황현수	2	DF	DF	13	이명재		1	1	0	0
0	0	1	1(1)		김원식	15	DF	DF	38	불투이스		1	1	0	0
0	0	0	0		오스마르	5	DF	DF	20	윤영선		0	0	0	0
0	0	0	1	14	고광민	27	MF	DF	23	김태환		1(1)	1	1	0
0	0	0	0		윤종규	23	MF	MF	42	믹 스	19	0	1	1	0
0	0	0	1		정현철	24	MF	MF	10	신진호	17	1	1	0	0
0	0	1	3(1)	18	알리바예프	9	MF	MF	8	황일수		4(4)	0	0	0
0	0	0	1(1)		고요한	13	MF	MF	14	김보경		2(1)	0	0	0
0	0	2	3(1)		박주영	10	FW	MF	15	이동경	9	1(1)	0	0	0
0	0	1	2(2)	72	박동진	50	FW	FW	18	주민규		3(2)	0	0	0
0	0	0	0		양한빈	21			31	문정인		0	0	0	0
0	0	0	0		이웅희	3			4	강민수		0	0	0	0
0	0	0	0	후48	김한길	14			33	박주호		0	0	0	0
0	0	0	0		정원진	8	대기	대기	19	박용우	후8	1(1)	0	0	0
0	0	0	0		윤주태	19			17	김성준	후39	0	0	0	0
0	0	0	0	후41	조영욱	18			7	김인성		0	0	0	0
0	0	1	1(1)	후24	페시치	72			9	주니오	후17	2	0	0	0
0	0	6	13(7)			0			0			17(10)	5	2	0

●전반 40분 윤종규 MFR → 알리바예프 AKR L-ST-G (득점: 알리바예프/ 도움: 윤종규) 왼쪽

●전반 43분 박주영 PAR ↷ 박동진 GA 정면 H-ST-G (득점: 박동진/ 도움: 박주영) 오른쪽

●전반 8분 김태환 PAR R-ST-G (득점: 김태환) 왼쪽

●후반 52분 불투이스 GAL H ↷ 김보경 GA 정면내 H-ST-G (득점: 김보경/ 도움: 불투이스) 가운데

• 7월 06일 • 19:00 • 맑음 • 울산 종합 • 8,027명
• 주심_ 김용우 • 부심_ 박상준·양재용 • 대기심_ 최일우 • 경기감독관_ 김진의

울산 1 0 전반 0 / 1 후반 0 **0 인천**

퇴장	경고	파울	ST(유)	교체	선수명	배번	위치	위치	배번	선수명	교체	ST(유)	파울	경고	퇴장
0	0	0	0		오승훈	21	GK	GK	21	이태희		0	0	0	0
0	0	1	0		박주호	33	DF	DF	32	정동윤		0	2	0	0
0	1	0	0		불투이스	38	DF	DF	14	양준아		0	0	0	0
0	0	1	1		강민수	4	DF	DF	15	이재성		0	1	1	0
0	0	1	3		정동호	22	DF	DF	26	곽해성		1	0	0	0
0	0	0	1(1)	19	믹스	42	MF	DF	35	주종대	11	1	1	1	0
0	0	3	1		신진호	10	MF	MF	23	명준재	27	2(2)	5	1	0
0	0	0	2(2)		황일수	8	MF	MF	22	김강국		1	2	0	0
0	0	2	0		김보경	14	MF	MF	25	이제호	38	0	1	0	0
0	0	2	2(1)	9	이동경	15	MF	MF	28	정훈성		4(3)	1	0	0
0	0	0	1(1)	7	주민규	18	FW	FW	29	김보섭		3	2	0	0
0	0	0	0		문정인	31			31	김동헌		0	0	0	0
0	0	0	0		윤영선	20			4	김근환		0	0	0	0
0	0	0	0		이명재	13			6	김태호		0	0	0	0
0	0	0	0	후28	박용우	19	대기	대기	38	김채운	후35	0	0	0	0
0	0	0	0		김성준	17			11	문창진	후26	0	0	0	0
0	0	0	0	후20	김인성	7			19	허용준		0	0	0	0
0	0	3	7(6)	전29	주니오	9			27	지언학	후18	0	0	0	0
0	1	13	18(11)			0			0			12(5)	15	3	0

● 후반 40분 주니오 PAL 내 L-ST-G (득점: 주니오) 오른쪽

• 7월 06일 • 19:00 • 맑음 • 상주 시민 • 1,580명
• 주심_ 고형진 • 부심_ 윤광열·방기열 • 대기심_ 조지음 • 경기감독관_ 김호영

상주 1 1 전반 0 / 0 후반 1 **1 포항**

퇴장	경고	파울	ST(유)	교체	선수명	배번	위치	위치	배번	선수명	교체	ST(유)	파울	경고	퇴장
0	0	0	0		권태안	1	GK	GK	31	강현무		0	0	0	0
0	0	0	0	44	김영빈	2	DF	DF	2	심상민		0	2	0	0
0	0	1	2	18	송시우	9	FW	DF	24	배슬기		2(1)	0	0	0
0	0	0	1(1)		권완규	12	DF	DF	3	김광석		0	2	1	0
0	0	1	1		윤빛가람	14	MF	DF	13	김용환		0	1	0	0
0	0	2	0		박용지	19	FW	MF	6	정재용		0	2	0	0
0	0	0	0		김경재	23	MF	MF	57	이수빈		2	3	0	0
0	0	0	0	27	이규성	24	MF	MF	29	송민규	11	0	1	0	0
0	0	4	0		한석종	26	MF	MF	7	이석현	10	0	0	0	0
0	0	1	0		이민기	30	DF	MF	77	완델손	26	1	0	0	0
0	0	0	0		이태희	32	DF	FW	12	김승대		0	0	0	0
0	0	0	0		황병근	31			1	류원우		0	0	0	0
0	0	0	0		심동운	10			15	민경현		0	0	0	0
0	0	0	0	후35	신창무	18			19	이상기		0	0	0	0
0	0	0	0	후11	김민혁	27	대기	대기	27	이승모		0	0	0	0
0	0	0	0		진성욱	29			26	팔로세비치	후37	0	1	0	0
0	0	0	0		장호익	35			11	이광혁	후4	0	0	0	0
0	0	0	0	후16	김진혁	44			10	일류첸코	후4	2(1)	0	0	0
0	0	9	4(1)			0			0			7(2)	12	1	0

● 전반 2분 윤빛가람 PAL FK ↷ 권완규 GAL 내 H-ST-G (득점: 권완규/ 도움: 윤빛가람) 가운데

● 후반 45분 팔로세비치 MFL FK ↷ 배슬기 GAR 내 H-ST-G (득점: 배슬기/ 도움: 팔로세비치) 왼쪽

• 7월 06일 • 19:00 • 맑음 • 서울 월드컵 • 16,669명
• 주심_ 이동준 • 부심_ 노수용·장종필 • 대기심_ 신용준 • 경기감독관_ 신홍기

서울 2 1 전반 1 / 1 후반 1 **2 강원**

퇴장	경고	파울	ST(유)	교체	선수명	배번	위치	위치	배번	선수명	교체	ST(유)	파울	경고	퇴장
0	0	0	0		유상훈	1	GK	GK	1	김호준		0	0	0	0
0	0	2	1		황현수	2	DF	DF	22	정승용	37	3(2)	1	0	0
0	1	2	0	18	김원식	15	DF	DF	4	발렌티노스		0	0	0	0
0	0	1	0		이웅희	3	DF	DF	17	신광훈		0	3	1	0
0	0	1	1		고광민	27	MF	DF	99	김오규		0	1	0	0
0	0	2	0		윤종규	23	MF	MF	13	한국영		1(1)	2	0	0
0	0	1	0		오스마르	5	MF	MF	29	이현식		1	3	0	0
0	0	1	0		알리바예프	9	MF	MF	77	김지현		2(2)	0	0	0
0	0	2	1	24	고요한	13	MF	FW	18	조재완	11	3(1)	0	0	0
0	0	1	0		박주영	10	FW	FW	23	강지훈		0	2	0	0
0	0	0	2(1)	14	박동진	50	FW	FW	9	정조국	55	3	3	0	0
0	0	0	0		양한빈	21			31	이광연		0	0	0	0
0	0	0	0		김주성	6			3	이호인		0	0	0	0
0	0	0	0	후25	김한길	14			37	윤석영	후23	0	0	0	0
0	0	0	0		정원진	8	대기	대기	6	조지훈		0	0	0	0
0	0	0	0	후36	정현철	24			14	오범석		0	0	0	0
0	0	0	0		윤주태	19			55	제리치	후38	0	0	0	0
0	0	0	1(1)	후15	조영욱	18			11	김현욱	후43	0	0	0	0
0	1	13	6(2)			0			0			13(6)	15	1	0

● 전반 27분 박동진 PAL 내 L-ST-G (득점: 박동진) 왼쪽
● 후반 27분 알리바예프 PAR 내 ~ 조영욱 GAR R-ST-G (득점: 조영욱/ 도움: 알리바예프) 오른쪽

● 전반 47분 신광훈 PAR ~ 김지현 GA 정면 R-ST-G (득점: 김지현/ 도움: 신광훈) 오른쪽
● 후반 12분 김지현 GAR R-ST-G (득점: 김지현) 오른쪽

• 7월 06일 • 19:30 • 맑음 • DGB대구은행파크 • 9,820명
• 주심_ 김대용 • 부심_ 김계용·김지욱 • 대기심_ 송민석 • 경기감독관_ 양정환

대구 1 0 전반 0 / 1 후반 1 **1 경남**

퇴장	경고	파울	ST(유)	교체	선수명	배번	위치	위치	배번	선수명	교체	ST(유)	파울	경고	퇴장
0	0	0	0		조현우	21	GK	GK	25	이범수		0	0	0	0
0	0	0	0		박병현	66	DF	DF	15	우주성		2(1)	1	0	0
0	0	0	0		김우석	3	DF	DF	5	곽태휘		0	0	0	0
0	0	1	0		김태한	33	DF	DF	17	여성해		0	1	0	0
0	0	1	1	14	강윤구	16	MF	MF	6	최재수		1(1)	1	1	0
0	0	0	2(1)	38	황순민	20	MF	MF	19	고경민		0	1	1	0
0	0	2	0		박한빈	36	MF	MF	14	조재철		1	2	0	0
0	0	0	0		김준엽	17	MF	MF	13	김준범	8	1(1)	0	0	0
0	0	3	1		정승원	18	FW	MF	32	이영재	7	2(1)	0	0	0
0	0	2	2(2)	37	정치인	32	FW	FW	20	김효기		0	5	0	0
0	0	5	8(6)		세징야	11	FW	FW	10	김승준	23	0	0	0	0
0	0	0	0		최영은	1			31	손정현		0	0	0	0
0	0	0	0		고태규	2			8	안성남	후49	0	0	0	0
0	0	0	0	후44	장성원	38			23	이광선	후9	0	2	0	0
0	0	0	0		정선호	8	대기	대기	4	하성민		0	0	0	0
0	0	0	0		고재현	26			50	김종필		0	0	0	0
0	0	0	0	후15	오후성	37			88	김종진		0	0	0	0
1	0	2	1(1)	전39	김대원	14			7	배기종	후9	3(1)	1	0	0
1	0	16	15(10)			0			0			10(5)	14	2	0

● 후반 2분 박병현 자기 측 MFR ↷ 세징야 MFR R-ST-G (득점: 세징야/ 도움: 박병현) 가운데

● 후반 23분 고경민 AK 내 ~ 최재수 GAL R-ST-G (득점: 최재수/ 도움: 고경민) 왼쪽

• 7월 07일 • 19:00 • 비 • 전주 월드컵 • 12,952명
• 주심_ 최현재 • 부심_ 이정민·김성일 • 대기심_ 고형진 • 경기감독관_ 김성기

전북 3 2 전반 1 / 1 후반 0 **1 성남**

퇴장	경고	파울	ST(유)	교체	선수명	배번	위치	위치	배번	선수명	교체	ST(유)	파울	경고	퇴장
0	0	0	0		송 범 근	31	GK	GK	1	김 동 준		0	0	0	0
0	0	1	0		이 용	2	DF	DF	5	안 영 규		0	0	0	0
0	0	2	0		홍 정 호	26	DF	DF	20	연 제 운		0	0	0	0
0	0	1	0		김 민 혁	92	DF	DF	4	이 창 용		0	3	0	0
0	1	2	0		이 주 용	13	DF	MF	11	서 보 민		2	1	1	0
0	0	2	0		신 형 민	4	MF	MF	15	문 지 환		0	0	0	0
0	0	3	2(1)		손 준 호	28	MF	FW	33	최 병 찬		0	2	0	0
0	0	0	2(1)	8	임 선 영	5	MF	MF	24	박 태 준	9	1	3	0	0
0	1	3	0		문 선 민	27	MF	MF	8	주 현 우	10	0	1	0	0
0	1	4	1	17	로 페 즈	10	MF	FW	7	에 델		1(1)	2	0	0
0	0	2	2(1)	20	김 신 욱	9	FW	FW	18	이 현 일	19	0	1	1	0
0	0	0	0		이 재 형	41			31	전 종 혁		0	0	0	0
0	0	0	0		권 경 원	21			40	임 승 겸		0	0	0	0
0	0	0	0		김 진 수	22			6	김 정 현		0	0	0	0
0	0	0	0	후46	정 혁	8	대기	대기	10	문 상 윤	후37	0	0	0	0
0	0	0	0	후47	이 비 니	17			9	공 민 현	후13	0	1	0	0
0	0	0	0		한 승 규	42			19	마티아스	전37	0	1	0	0
0	0	0	1(1)	후34	이 동 국	20			36	김 소 웅		0	0	0	0
0	3	20	8(4)			0			0			4(1)	15	2	0

● 전반 16분 이주용 MFL TL ↷ 김신욱 GA 정면 H-ST-G (득점: 김신욱/ 도움: 이주용) 왼쪽
● 전반 34분 문선민 AKL ~ 손준호 PAR 내 R-ST-G (득점: 손준호/ 도움: 문선민) 왼쪽
● 후반 38분 로페즈 MFL ~ 이동국 AKR R-ST-G (득점: 이동국/ 도움: 로페즈) 오른쪽

● 전반 23분 에델 PAL R-ST-G (득점: 에델) 오른쪽

• 7월 07일 • 19:00 • 흐림 • 수원 월드컵 • 6,568명
• 주심_ 박병진 • 부심_ 곽승순·구은석 • 대기심_ 김동진 • 경기감독관_ 최상국

수원 2 2 전반 0 / 0 후반 0 **0 제주**

퇴장	경고	파울	ST(유)	교체	선수명	배번	위치	위치	배번	선수명	교체	ST(유)	파울	경고	퇴장
0	0	0	0		노 동 건	19	GK	GK	18	이 창 근		0	0	0	0
0	1	2	0		고 명 석	4	DF	DF	21	김 성 주	38	0	1	0	0
0	0	0	0		민 상 기	39	DF	DF	15	알 렉 스		0	0	0	0
0	0	4	0		구 자 룡	15	DF	DF	4	김 승 우		0	0	0	0
0	0	0	1	17	홍 철	33	MF	DF	6	박 진 포		0	4	0	0
0	0	0	2(1)		박 형 진	13	MF	MF	14	이 창 민		2(1)	1	0	0
0	0	2	1(1)		최 성 근	25	MF	MF	42	이 동 희		0	2	0	0
0	0	0	0		구 대 영	90	MF	MF	23	아길라르		3(1)	2	0	0
0	0	3	1	30	송 진 규	6	MF	MF	24	윤 일 록		2(1)	3	0	0
0	0	3	3(1)		한 의 권	9	FW	FW	19	임 찬 울	3	0	1	0	0
0	0	4	2(1)	7	타 가 트	18	FW	FW	10	마 그 노	29	1(1)	3	0	0
0	0	0	0		김 다 솔	1			1	황 성 민		0	0	0	0
0	0	0	0		양 상 민	3			36	김 동 우		0	0	0	0
0	0	0	0		박 대 원	12			3	정 우 재	후0	1(1)	0	0	0
0	0	1	1(1)	후28	김 종 우	17	대기	대기	7	권 순 형		0	0	0	0
0	0	1	0	후17	신 세 계	30			29	이 동 률	후32	0	0	0	0
0	0	0	0		한 석 희	27			28	서 진 수		0	0	0	0
0	0	0	1	후12	바그닝요	7			38	이 근 호	후0	2(1)	0	0	0
0	1	20	12(5)			0			0			11(6)	17	0	0

● 전반 8분 타가트 GA 정면 R-ST-G (득점: 타가트) 가운데
● 전반 42분 홍철 C.KR ↷ 최성근 GA 정면내 H-ST-G (득점: 최성근/ 도움: 홍철) 왼쪽

• 7월 09일 • 19:00 • 맑음 • 춘천 송암 • 2,198명
• 주심_ 김동진 • 부심_ 박상준·양재용 • 대기심_ 최현재 • 경기감독관_ 양정환

강원 4 2 전반 0 / 2 후반 0 **0 상주**

퇴장	경고	파울	ST(유)	교체	선수명	배번	위치	위치	배번	선수명	교체	ST(유)	파울	경고	퇴장
0	1	0	0		김 호 준	1	GK	GK	1	권 태 안		0	0	0	0
0	0	1	0		정 승 용	22	DF	DF	12	권 완 규		1	1	1	0
0	0	2	0		윤 석 영	37	DF	FW	19	박 용 지	18	2(1)	1	0	0
0	0	2	0		신 광 훈	17	DF	MF	23	김 경 재	14	0	1	0	0
0	0	1	0		김 오 규	99	DF	MF	24	이 규 성		2(1)	0	0	0
0	0	2	0		한 국 영	13	MF	MF	26	한 석 종		1	2	0	0
0	0	1	3(3)		이 현 식	29	MF	MF	27	김 민 혁		2	1	0	0
0	0	4	0	19	오 범 석	14	MF	FW	29	진 성 욱	11	3(2)	1	0	0
0	1	1	1(1)	23	조 재 완	18	FW	DF	30	이 민 기		0	0	0	0
0	1	3	2(1)		김 지 현	77	FW	DF	32	이 태 희		0	0	0	0
0	0	0	3(2)	11	정 조 국	9	FW	DF	44	김 진 혁		3(1)	2	0	0
0	0	0	0		이 광 연	31			21	윤 보 상		0	0	0	0
0	0	0	0	후42	박 창 준	19			5	마 상 훈		0	0	0	0
0	0	0	0		발렌티노스	4			11	김 경 중	후20	0	1	1	0
0	0	0	0		조 지 훈	6	대기	대기	14	윤빛가람	후0	3(1)	0	0	0
0	0	0	0	후38	강 지 훈	23			18	신 창 무	후33	0	0	0	0
0	0	0	0		제 리 치	55			22	배 신 영		0	0	0	0
0	0	0	0	후31	김 현 욱	11			43	배 재 우		0	0	0	0
0	3	17	9(7)			0			0			17(6)	10	2	0

● 전반 6분 정승용 MF 정면 FK ↷ 김지현 GA 정면 H-ST-G (득점: 김지현/ 도움: 정승용) 오른쪽
● 전반 45분 정승용 MFL ↷ 정조국 GAL L-ST-G (득점: 정조국/ 도움: 정승용) 오른쪽
● 후반 28분 정승용 GAL EL ~ 조재완 GAL L-ST-G (득점: 조재완/ 도움: 정승용) 왼쪽
● 후반 34분 이현식 GAL R-ST-G (득점: 이현식) 가운데

• 7월 09일 • 19:30 • 흐림 창원 축구센터 • 3,056명
• 주심_ 고형진 • 부심_ 윤광열·김성일 • 대기심_ 서동진 • 경기감독관_ 김성기

경남 1 0 전반 1 / 1 후반 2 **3 울산**

퇴장	경고	파울	ST(유)	교체	선수명	배번	위치	위치	배번	선수명	교체	ST(유)	파울	경고	퇴장
0	0	0	0		이 범 수	25	GK	GK	21	오 승 훈		0	0	0	0
0	0	0	0		우 주 성	15	DF	DF	13	이 명 재		1	0	0	0
0	0	0	0		곽 태 휘	5	DF	DF	38	불투이스	20	1	1	0	0
0	0	1	0		여 성 해	17	DF	DF	4	강 민 수		0	1	0	0
0	0	2	0	9	배 승 진	53	MF	DF	22	정 동 호		0	2	0	0
0	0	1	0		안 성 남	8	MF	MF	42	믹 스	18	1(1)	0	0	0
0	0	2	2		조 재 철	14	MF	MF	19	박 용 우		0	1	0	0
0	0	3	2		하 성 민	4	MF	MF	14	김 보 경		0	1	0	0
0	0	0	0	23	김 종 진	88	FW	MF	98	이 상 헌	8	2(1)	1	0	0
0	0	1	2(1)		김 효 기	20	FW	MF	7	김 인 성		2(1)	0	0	0
0	0	0	3(1)	7	김 승 준	10	FW	FW	9	주 니 오		7(3)	1	0	0
0	0	0	0		손 정 현	31			31	문 정 인		0	0	0	0
0	0	0	0		이 광 진	16			20	윤 영 선	후5	0	0	0	0
0	0	0	1	후0	이 광 선	23			33	박 주 호		0	0	0	0
0	0	0	0		정 성 준	29	대기	대기	27	김 창 수		0	0	0	0
0	0	0	0		김 종 필	50			17	김 성 준		0	0	0	0
0	0	0	0	후33	배 기 종	7			8	황 일 수	후6	0	0	0	0
0	0	1	1	후0	룩	9			18	주 민 규	후34	1(1)	0	0	0
0	0	11	11(2)			0			0			15(7)	8	0	0

● 후반 27분 룩 PAL 내 EL ↷ 김효기 PK 좌측지점 R-ST-G (득점: 김효기/ 도움: 룩) 오른쪽

● 전반 14분 김보경 GAR ~ 이상헌 GA 정면 R-ST-G (득점: 이상헌/ 도움: 김보경) 왼쪽
● 후반 44분 주민규 PA 정면내 L-ST-G (득점: 주민규) 오른쪽
● 후반 50분 주민규 HL 정면 ~ 주니오 PA 정면내 R-ST-G (득점: 주니오/ 도움: 주민규) 오른쪽

• 7월 10일 • 19:30 • 비 • 포항 스틸야드 • 2,724명
• 주심_ 김대용 • 부심_ 노수용·구은석 • 대기심_ 신용준 • 경기감독관_ 허기태

포항 1 　 0 전반 0 / 1 후반 0 　 **0 성남**

퇴장	경고	파울	ST(유)	교체	선수명	배번	위치	위치	배번	선수명	교체	ST(유)	파울	경고	퇴장
0	0	0	0		강현무	31	GK	GK	31	전종혁		0	0	0	0
0	0	1	0		심상민	2	DF	DF	5	안영규		0	4	0	0
0	0	0	0		김광석	3	DF	DF	20	연제운		0	1	0	0
0	0	0	0		하창래	5	DF	DF	4	이창용		0	1	0	0
0	0	0	1		김용환	13	DF	MF	11	서보민	40	0	0	0	0
0	0	1	2(1)		정재용	6	MF	MF	15	문지환		1	3	0	0
0	0	1	0		이수빈	57	MF	MF	36	김소웅	19	1	0	0	0
0	0	0	1	26	송민규	29	MF	MF	8	주현우		1	0	0	0
0	1	2	0	11	하승운	17	MF	FW	7	에델		2(2)	1	0	0
0	0	0	3(2)		완델손	77	MF	FW	9	공민현		0	3	1	0
0	0	0	2(1)	7	일류첸코	10	FW	FW	23	박관우	33	0	0	0	0
0	0	0	0		류원우	1	대기	대기	21	김근배		0	0	0	0
0	0	0	0		배슬기	24	대기	대기	40	임승겸	전29	0	2	1	0
0	0	0	0		이상기	19	대기	대기	6	김정현		0	0	0	0
0	0	1	1(1)	후0	팔로세비치	26	대기	대기	10	문상윤		0	0	0	0
0	0	1	0	후14	이광혁	11	대기	대기	24	박태준		0	0	0	0
0	0	0	0		이진현	8	대기	대기	19	마티아스	후37	0	0	0	0
0	0	1	0	후40	이석현	7	대기	대기	33	최병찬	후0	0	1	0	0
0	1	8	10(5)			0			0			5(2)	16	2	0

● 후반 22분 김용환 PAR ↷ 일류첸코 GA 정면 H-ST-G (득점: 일류첸코/ 도움: 김용환) 가운데

• 7월 10일 • 19:30 • 비 • DGB대구은행파크 • 9,947명
• 주심_ 박병진 • 부심_ 곽승순·강동호 • 대기심_ 최광호 • 경기감독관_ 차상해

대구 1 　 0 전반 2 / 1 후반 2 　 **4 전북**

퇴장	경고	파울	ST(유)	교체	선수명	배번	위치	위치	배번	선수명	교체	ST(유)	파울	경고	퇴장
0	2	2	0		최영은	1	GK	GK	31	송범근		0	0	0	0
0	0	0	0		김우석	3	DF	DF	22	김진수		2	2	1	0
0	0	2	1(1)	21	한희훈	6	DF	DF	21	권경원		0	1	1	0
0	0	2	0		박병현	66	DF	DF	92	김민혁		0	3	1	0
0	0	0	0	7	강윤구	16	MF	DF	25	최철순		0	2	0	0
0	1	1	0		류재문	29	MF	MF	4	신형민	16	0	3	1	0
0	0	4	0		박한빈	36	MF	MF	10	로페즈		4(2)	1	0	0
0	0	1	0		김준엽	17	MF	MF	5	임선영	28	0	0	0	0
0	0	0	3(1)		황순민	20	FW	MF	8	정혁		1(1)	3	1	0
0	0	1	4(3)		세징야	11	FW	MF	27	문선민	42	4(4)	3	0	0
0	0	2	0	37	정치인	32	FW	FW	20	이동국		1(1)	2	0	0
0	0	0	0	후21	조현우	21	대기	대기	41	이재형		0	0	0	0
0	0	0	0		김태한	33	대기	대기	26	홍정호		0	0	0	0
0	0	0	0		장성원	38	대기	대기	2	이용		0	0	0	0
0	0	0	0		정선호	8	대기	대기	16	최영준	후20	0	1	0	0
0	0	0	0		고재현	26	대기	대기	28	손준호	후8	2(1)	0	0	0
0	0	0	0	후27	오후성	37	대기	대기	17	이비니		0	0	0	0
0	0	2	0	후0	히우두	7	대기	대기	42	한승규	후42	0	0	0	0
0	3	17	8(5)			0			0			14(9)	21	5	0

● 후반 7분 세징야 PK-R-G(득점: 세징야) 왼쪽

● 전반 1분 이동국 GAR H → 문선민 GA 정면 H-ST-G (득점: 문선민/ 도움: 이동국) 오른쪽
● 전반 3분 로페즈 GAR ~ 정혁 GA 정면 R-ST-G (득점: 정혁/ 도움: 로페즈) 가운데
● 후반 8분 HL 정면 문선민 GA 정면내 H-ST-G (득점: 문선민) 가운데
● 후반 30분 문선민 GAR 내 R-ST-G (득점: 문선민) 가운데

• 7월 10일 • 19:30 • 흐리고 비 • 제주 월드컵 • 1,858명
• 주심_ 김우성 • 부심_ 이정민·방기열 • 대기심_ 송민석 • 경기감독관_ 나승화

제주 4 　 3 전반 1 / 1 후반 1 　 **2 서울**

퇴장	경고	파울	ST(유)	교체	선수명	배번	위치	위치	배번	선수명	교체	ST(유)	파울	경고	퇴장
0	0	0	0		황성민	1	GK	GK	1	유상훈		0	0	0	0
0	0	0	0		정우재	3	DF	DF	5	오스마르		2(1)	2	0	0
0	0	0	0		알렉스	15	DF	DF	15	김원식	19	0	2	1	0
0	0	0	0		김동우	36	DF	DF	2	황현수		0	0	0	0
0	1	3	0		박진포	6	DF	MF	14	김한길		0	2	0	0
0	0	0	0	16	권순형	7	MF	MF	27	고광민		1	0	0	0
0	0	0	3(1)		이창민	14	MF	MF	24	정현철		0	3	2	0
0	0	0	4(1)	10	서진수	28	MF	MF	9	알리바예프		3(1)	1	0	0
0	0	1	4(3)		윤일록	24	FW	MF	13	고요한		6(3)	2	0	0
0	0	2	3(3)		이근호	38	FW	FW	18	조영욱	3	1(1)	0	0	0
0	1	2	1(1)	17	남준재	11	FW	FW	50	박동진	10	1	0	0	0
0	0	0	0		이창근	18	대기	대기	21	양한빈		0	0	0	0
0	0	0	0		조용형	20	대기	대기	3	이웅희	후28	0	1	0	0
0	0	0	0	후0	이은범	17	대기	대기	6	김주성		0	0	0	0
0	0	0	0	후22	이동수	16	대기	대기	23	윤종규		0	0	0	0
0	0	0	0		아길라르	23	대기	대기	8	정원진		0	0	0	0
0	0	0	1	후39	마그노	10	대기	대기	19	윤주태	후8	2(1)	0	0	0
0	0	0	0		이동률	29	대기	대기	10	박주영	후0	3(1)	0	0	0
0	2	8	16(9)			0			0			19(8)	13	3	0

● 전반 7분 윤일록 GAL 내 R-ST-G (득점: 윤일록) 왼쪽
● 전반 8분 서진수 PAL ~ 윤일록 PAL 내 R-ST-G (득점: 윤일록/ 도움: 서진수) 오른쪽
● 전반 36분 서진수 AKR ~ 남준재 GAR R-ST-G (득점: 남준재/ 도움: 서진수) 왼쪽
● 후반 34분 서진수 MFL ~ 윤일록 AK 정면 R-ST-G (득점: 윤일록/ 도움: 서진수) 왼쪽

● 전반 43분 김한길 PAL 내 EL → 고요한 GAR L-ST-G (득점: 고요한/ 도움: 김한길) 오른쪽
● 후반 46분 윤주태 PAL 내 ~ 고요한 GA 정면 L-ST-G (득점: 고요한/ 도움: 윤주태) 왼쪽

• 7월 10일 • 19:30 • 비 • 인천 전용 • 5,985명
• 주심_ 조지음 • 부심_ 김계용·김지욱 • 대기심_ 김용우 • 경기감독관_ 김용세

인천 2 　 1 전반 2 / 1 후반 1 　 **3 수원**

퇴장	경고	파울	ST(유)	교체	선수명	배번	위치	위치	배번	선수명	교체	ST(유)	파울	경고	퇴장
0	0	0	1		정산	1	GK	GK	19	노동건		0	0	1	0
0	0	0	0		김진야	13	DF	DF	13	박형진		0	1	0	0
0	0	1	1(1)		양준아	14	DF	DF	39	민상기		0	1	0	0
0	0	2	1(1)		이재성	15	DF	DF	15	구자룡		0	2	2	0
0	0	2	0	32	김동민	47	DF	MF	90	구대영	33	1(1)	1	0	0
0	1	2	0		명준재	23	DF	MF	8	사리치	26	0	2	0	0
0	0	0	0	33	문창진	11	MF	MF	25	최성근		1(1)	2	0	0
0	0	0	0	27	박세직	17	MF	MF	30	신세계		1	1	0	0
0	0	1	2		최범경	40	MF	MF	6	송진규	3	1	2	0	0
0	0	2	4(3)		정훈성	28	MF	FW	9	한의권		4(1)	2	0	0
0	0	2	3(1)		무고사	9	FW	FW	18	타가트		3(3)	3	1	0
0	0	0	0		이태희	21	대기	대기	1	김다솔		0	0	0	0
0	0	0	0		김정호	44	대기	대기	3	양상민	후25	0	0	0	0
0	0	0	0	후35	정동윤	32	대기	대기	12	박대원		0	0	0	0
0	0	0	0		김강국	22	대기	대기	33	홍철	전45	0	1	0	0
0	0	1	0	전31	지언학	27	대기	대기	26	염기훈	후15	0	0	0	0
0	0	0	0		김보섭	29	대기	대기	27	한석희		0	0	0	0
0	0	1	1(1)	후23	이준석	33	대기	대기	7	바그닝요		0	0	0	0
0	1	14	13(7)			0			0			11(6)	18	4	0

● 전반 30분 문창진 MFR ~ 정훈성 PAR 내 L-ST-G (득점: 정훈성/ 도움: 문창진) 왼쪽
● 후반 24분 이재성 GAL 내 R-ST-G (득점: 이재성) 왼쪽

● 전반 5분 구대영 GAL ~ 타가트 GAL 내 L-ST-G (득점: 타가트/ 도움: 구대영) 오른쪽
● 전반 19분 사리치 AKL ~ 구대영 GAL R-ST-G (득점: 구대영/ 도움: 사리치) 오른쪽
● 후반 40초 타가트 AKL R-ST-G (득점: 타가트) 오른쪽

• 7월 12일 • 19:00 • 흐림 • 춘천 송암 • 2,067명
• 주심_ 김용우 • 부심_ 이정민·방기열 • 대기심_ 서동진 • 경기감독관_ 최상국

강원 2   0 전반 1 / 2 후반 0   **1 경남**

퇴장	경고	파울	ST(유)	교체	선수명	배번	위치	위치	배번	선수명	교체	ST(유)	파울	경고	퇴장
0	0	0	0		김호준	1	GK	GK	25	이범수		0	0	1	0
0	0	1	0		정승용	22	DF	DF	15	우주성		0	1	1	0
0	0	0	1		윤석영	37	DF	DF	5	곽태휘		1(1)	1	0	0
0	0	1	1		신광훈	17	DF	DF	23	이광선		0	0	0	0
0	0	0	0		김오규	99	DF	MF	6	최재수		0	0	0	0
0	0	0	1		한국영	13	MF	MF	8	안성남		1	2	0	0
0	0	3	0		이현식	29	MF	MF	14	조재철		0	0	0	0
0	0	0	0	19	오범석	14	MF	MF	4	하성민		0	3	0	0
0	0	1	4(2)		조재완	18	FW	FW	88	김종진	7	1(1)	2	0	0
0	0	0	0	11	강지훈	23	FW	FW	20	김효기	10	0	0	0	0
0	0	0	2(2)	4	정조국	9	FW	FW	9	룩	19	1	2	0	0
0	0	0	0		이광연	31	대기	대기	31	손정현		0	0	0	0
0	0	1	1(1)	후21	박창준	19			16	이광진		0	0	0	0
0	0	0	0	후44	발렌티노스	4			19	고경민	후39	0	0	0	0
0	0	0	0		이호인	3			29	정성준		0	0	0	0
0	0	0	0		조지훈	6			50	김종필		0	0	0	0
0	0	0	0		서명원	24			7	배기종	후12	1(1)	1	0	0
0	0	0	1(1)	후0	김현욱	11			10	김승준	후25	1	0	0	0
0	0	7	11(6)			0			0			6(3)	12	2	0

● 후반 29분 박창준 PAR ~ 조재완 PA 정면내 R-ST-G (득점: 조재완/ 도움: 박창준) 오른쪽
● 후반 33분 정승용 PAL → 박창준 GA 정면내 R-ST-G (득점: 박창준/ 도움: 정승용) 가운데

● 전반 32분 김효기 PA 정면 ~ 김종진 PAL 내 R-ST-G (득점: 김종진/ 도움: 김효기) 오른쪽

• 7월 13일 • 19:00 • 흐림 • 제주 월드컵 • 3,400명
• 주심_ 최현재 • 부심_ 곽승순·김지욱 • 대기심_ 이동준 • 경기감독관_ 신홍기

제주 1   1 전반 1 / 0 후반 0   **1 포항**

퇴장	경고	파울	ST(유)	교체	선수명	배번	위치	위치	배번	선수명	교체	ST(유)	파울	경고	퇴장
0	0	0	0		황성민	1	GK	GK	31	강현무		0	0	0	0
0	0	3	0		정우재	3	DF	DF	19	이상기	17	0	1	0	0
0	0	1	0		알렉스	15	DF	DF	3	김광석		0	1	0	0
0	1	1	0		김동우	36	DF	DF	5	하창래		0	2	1	0
0	0	0	0		박진포	6	DF	DF	13	김용환		0	1	0	0
0	0	0	2		이창민	14	MF	MF	7	이석현	26	1	1	0	0
0	0	0	2(1)		권순형	7	MF	MF	57	이수빈		1	1	0	0
0	0	6	2(1)		윤일록	24	MF	MF	11	이광혁	16	2(2)	0	0	0
0	0	2	2	29	남준재	11	MF	MF	77	완델손		2(1)	0	0	0
0	0	1	2	23	서진수	28	FW	FW	12	김승대		1	0	0	0
0	0	0	0	10	이근호	38	FW	FW	10	일류첸코		2(1)	2	1	0
0	0	0	0		이창근	18	대기	대기	1	류원우		0	0	0	0
0	0	0	0		강윤성	33			24	배슬기		0	0	0	0
0	0	0	0		김원일	37			2	심상민		0	0	0	0
0	0	0	0		이동수	16			26	팔로세비치	후7	2(1)	0	0	0
0	0	0	0	후22	아길라르	23			17	하승운	후41	0	0	0	0
0	0	0	0	후41	이동률	29			16	허용준	후14	0	2	0	0
0	0	0	1(1)	후7	마그노	10			6	정재용		0	0	0	0
0	1	14	11(3)			0			0			11(5)	11	2	0

● 전반 23분 박진포 PAR ~ 윤일록 AKR R-ST-G (득점: 윤일록/ 도움: 박진포) 왼쪽

● 전반 41분 김승대 GAR ~ 일류첸코 GA 정면 내 R-ST-G (득점: 일류첸코/ 도움: 김승대) 가운데

• 7월 13일 • 19:00 • 맑음 • 인천 전용 • 12,109명
• 주심_ 김희곤 • 부심_ 윤광열·송봉근 • 대기심_ 김동진 • 경기감독관_ 김호영

인천 0   0 전반 1 / 0 후반 1   **2 서울**

퇴장	경고	파울	ST(유)	교체	선수명	배번	위치	위치	배번	선수명	교체	ST(유)	파울	경고	퇴장
0	0	0	0		정산	1	GK	GK	21	양한빈		0	0	0	0
0	0	0	0	13	김동민	47	DF	DF	6	김주성	2	0	0	0	0
0	0	1	0		김정호	44	DF	DF	15	김원식		0	0	0	0
0	0	0	0		이재성	15	DF	DF	3	이웅희	28	0	3	1	0
0	0	1	1(1)		정동윤	32	DF	MF	27	고광민		1(1)	1	0	0
0	0	1	0		김강국	22	MF	MF	23	윤종규		1	0	0	0
0	0	1	0	40	이제호	25	MF	MF	5	오스마르		0	1	0	0
0	0	0	1		김호남	37	MF	MF	9	알리바예프		1(1)	1	0	0
0	0	0	4(2)	27	문창진	11	MF	MF	13	고요한		1	1	0	0
0	0	3	0		정훈성	28	MF	FW	10	박주영		1(1)	1	0	0
0	0	1	3		무고사	9	FW	FW	50	박동진	18	1	2	0	0
0	0	0	0		이태희	21	대기	대기	1	유상훈		0	0	0	0
0	0	0	1	후15	김진야	13			2	황현수	후28	0	0	0	0
0	0	0	0		양준아	14			14	김한길		0	0	0	0
0	0	0	0		곽해성	26			28	황기욱	후39	0	0	0	0
0	0	0	0	후28	지언학	27			8	정원진		0	0	0	0
0	0	0	0	후12	최범경	40			19	윤주태		0	0	0	0
0	0	0	0		김보섭	29			18	조영욱	후17	1	0	0	0
0	0	8	10(3)			0			0			7(3)	10	1	0

● 전반 45분 박동진 PK 좌측지점 ~ 고광민 PK 지점 R-ST-G (득점: 고광민/ 도움: 박동진) 왼쪽
● 후반 37분 오스마르 자기 측 HL 정면 ~ 박주영 PA 정면 R-ST-G (득점: 박주영/ 도움: 오스마르) 오른쪽

• 7월 14일 • 19:00 • 맑음 • 전주 월드컵 • 17,728명
• 주심_ 김우성 • 부심_ 김계용·구은석 • 대기심_ 최일우 • 경기감독관_ 허기태

전북 1   1 전반 1 / 0 후반 0   **1 울산**

퇴장	경고	파울	ST(유)	교체	선수명	배번	위치	위치	배번	선수명	교체	ST(유)	파울	경고	퇴장
0	0	0	0		송범근	31	GK	GK	21	오승훈		0	0	0	0
0	0	0	0		이용	2	DF	DF	33	박주호		0	2	1	0
0	0	2	0	92	홍정호	26	DF	DF	4	강민수		0	0	0	0
0	1	2	0		권경원	21	DF	DF	20	윤영선		0	0	0	0
0	0	3	1		이주용	13	DF	DF	23	김태환		0	2	1	0
0	1	2	0		신형민	4	MF	MF	42	믹스	8	1(1)	1	0	0
0	0	3	1		손준호	28	MF	MF	19	박용우		1	0	0	0
0	0	0	2(1)	22	한승규	42	MF	MF	7	김인성		1	3	0	0
0	1	2	4(3)		문선민	27	MF	MF	98	이상헌	11	0	1	0	0
0	0	2	5(4)		로페즈	10	MF	MF	14	김보경		1(1)	0	0	0
0	0	0	3(1)	17	이동국	20	FW	FW	18	주민규	9	3(3)	2	0	0
0	0	0	0		홍정남	88	대기	대기	31	문정인		0	0	0	0
0	0	0	1(1)	후47	김진수	22			29	김수안		0	0	0	0
0	0	0	0	후39	김민혁	92			22	정동호		0	0	0	0
0	0	0	0		최철순	25			10	신진호		0	0	0	0
0	0	0	0		최영준	16			8	황일수	후35	0	0	0	0
0	0	2	0	후17	이비니	17			11	이근호	후7	0	0	0	0
0	0	0	0		이성윤	29			9	주니오	후16	3(1)	1	1	0
0	3	18	17(10)			0			0			10(6)	12	3	0

● 전반 9분 이동국 PK-R-G(득점: 이동국) 오른쪽

● 전반 33분 김보경 C.KR ↷ 주민규 GA 정면 내 H-ST-G (득점: 주민규/ 도움: 김보경) 오른쪽

• 7월 14일 • 19:00 • 비 • 상주 시민 • 1,216명
• 주심_ 김대용 • 부심_ 노수용·김성일 • 대기심_ 최광호 • 경기감독관_ 김형남

상주 0   0 전반 1 / 0 후반 1   **2 수원**

퇴장	경고	파울	ST(유)	교체	선수명	배번	위치	위치	배번	선수명	교체	ST(유)	파울	경고	퇴장
0	0	0	0		윤보상	21	GK	GK	19	노동건		0	0	0	0
0	0	1	0		마상훈	5	DF	DF	13	박형진		0	1	1	0
0	0	1	0		차영환	6	DF	DF	39	민상기		0	0	0	0
0	0	1	6(2)		윤빛가람	14	MF	DF	4	고명석		0	0	0	0
0	1	3	1(1)	11	신창무	18	FW	MF	33	홍철		0	0	0	0
0	0	0	1	10	박용지	19	FW	MF	90	구대영	23	0	0	1	0
0	0	0	0		김경재	23	MF	MF	25	최성근		0	4	1	0
0	0	1	0		이규성	24	MF	MF	30	신세계		0	2	0	0
0	0	3	1		이민기	30	DF	MF	17	김종우	10	1(1)	1	1	0
0	0	1	1		이태희	32	DF	FW	27	한석희	7	2(1)	2	0	0
0	0	2	0	16	조수철	33	MF	FW	18	타가트		4(3)	1	0	0
0	0	0	0		권태안	1			1	김다솔		0	0	0	0
0	0	0	1	후0	심동운	10			3	양상민		0	0	0	0
0	0	0	1	후30	김경중	11			66	김태환		0	0	0	0
0	0	1	2(1)	후13	송수영	16	대기	대기	23	박준형	후30	0	0	0	0
0	0	0	0		백동규	20			6	송진규		0	0	0	0
0	0	0	0		한석종	26			10	데얀	후22	0	2	0	0
0	0	0	0		박세진	42			7	바그닝요	후0	2(2)	1	0	0
0	1	14	14(4)			0			0			9(7)	14	4	0

● 전반 8분 한석희 GAL 내 R-ST-G (득점: 한석희) 왼쪽
● 후반 23분 타가트 GAL L-ST-G (득점: 타가트) 가운데

• 7월 14일 • 19:00 • 맑음 • 탄천 종합 • 8,198명
• 주심_ 고형진 • 부심_ 박상준·양재용 • 대기심_ 조지음 • 경기감독관_ 김진의

성남 0   0 전반 0 / 0 후반 1   **1 대구**

퇴장	경고	파울	ST(유)	교체	선수명	배번	위치	위치	배번	선수명	교체	ST(유)	파울	경고	퇴장
0	0	0	0		전종혁	31	GK	GK	21	조현우		0	0	0	0
0	1	3	0		안영규	5	DF	DF	3	김우석		0	1	0	0
0	0	1	0		연제운	20	DF	DF	33	김태한		0	0	0	0
0	1	5	1		이창용	4	DF	DF	66	박병현		0	2	1	0
0	0	0	1(1)		주현우	8	MF	MF	20	황순민		2(1)	2	0	0
0	0	2	0	15	김정현	6	MF	MF	8	정선호	17	0	1	0	0
0	0	1	3(2)	33	이재원	32	MF	MF	6	한희훈	29	1(1)	4	1	0
0	0	1	0		문상윤	10	MF	MF	36	박한빈		0	1	0	0
0	0	0	1		임승겸	40	MF	MF	38	장성원		0	1	0	0
0	0	1	3		에델	7	FW	FW	7	히우두	32	2(1)	0	0	0
0	0	2	2(1)	22	이현일	18	FW	FW	11	세징야		2(1)	0	0	0
0	0	0	0		김근배	21			25	이준희		0	0	0	0
0	0	1	0	후12	문지환	15			2	고태규		0	0	0	0
0	0	0	0		최오백	16			17	김준엽	후0	0	0	0	0
0	0	0	0		박태준	24	대기	대기	29	류재문	후38	0	1	0	0
0	0	0	1	후18	최병찬	33			26	고재현		0	0	0	0
0	0	0	0		마티아스	19			37	오후성		0	0	0	0
0	0	0	1(1)	후28	김현성	22			32	정치인	후32	0	0	0	0
0	2	17	13(5)			0			0			7(4)	13	2	0

● 후반 2분 황순민 PAL → 세징야 GAR L-ST-G (득점: 세징야/ 도움: 황순민) 왼쪽

• 7월 20일 • 19:00 • 비 • 창원 축구센터 • 1,034명
• 주심_ 김대용 • 부심_ 노수용·구은석 • 대기심_ 정회수 • 경기감독관_ 나승화

경남 2   1 전반 2 / 1 후반 0   **2 제주**

퇴장	경고	파울	ST(유)	교체	선수명	배번	위치	위치	배번	선수명	교체	ST(유)	파울	경고	퇴장
0	0	0	0		이범수	25	GK	GK	18	이창근		0	0	1	0
0	0	0	2		우주성	15	DF	DF	3	정우재		0	0	0	0
0	0	0	0	50	여성해	17	DF	DF	15	알렉스		0	1	0	0
0	0	0	0		안성남	8	DF	DF	36	김동우		0	0	0	0
0	0	2	0		최재수	6	DF	DF	6	박진포		0	3	0	0
0	0	0	1(1)		김준범	13	MF	MF	14	이창민		4(1)	2	0	0
0	0	2	1		조재철	14	MF	MF	7	권순형		0	1	0	0
0	0	5	1(1)	4	룩	9	MF	MF	24	윤일록		5(3)	1	0	0
0	0	2	0	7	고경민	19	MF	MF	11	남준재	29	0	2	0	0
0	0	3	1(1)		김효기	20	FW	FW	28	서진수	16	1	0	0	0
0	0	1	2(1)		제리치	55	FW	FW	10	마그노	23	2(1)	1	0	0
0	0	0	0		손정현	31			1	황성민		0	0	0	0
0	0	0	0		이광진	16			2	김대호		0	0	0	0
0	0	0	0	후33	하성민	4			37	김원일		0	0	0	0
0	0	0	0		김종진	88	대기	대기	16	이동수	후24	1	0	0	0
1	0	1	1(1)	후0	김종필	50			23	아길라르	후39	0	1	0	0
0	0	1	0	후0	배기종	7			29	이동률	후47	0	1	0	0
0	0	0	0		김승준	10			21	김성주		0	0	0	0
1	0	17	9(5)			0			0			13(5)	13	1	0

● 전반 1분 김준범 MFR ↷ 제리치 GAL H-ST-G (득점: 제리치/ 도움: 김준범) 오른쪽
● 후반 23분 김준범 PAL 내 ~ 룩 PK 지점 R-ST-G (득점: 룩/ 도움: 김준범) 가운데
● 전반 19분 남준재 PAR 내 EL ~ 마그노 GA 정면내 L-ST-G (득점: 마그노/ 도움: 남준재) 가운데
● 전반 43분 윤일록 GA 정면 L-ST-G (득점: 윤일록) 가운데

• 7월 21일 • 19:00 • 맑음 • 울산 종합 • 6,879명
• 주심_ 박병진 • 부심_ 곽승순·김성일 • 대기심_ 김덕철 • 경기감독관_ 김용세

울산 2   0 전반 1 / 2 후반 0   **1 강원**

퇴장	경고	파울	ST(유)	교체	선수명	배번	위치	위치	배번	선수명	교체	ST(유)	파울	경고	퇴장
0	0	0	0		오승훈	21	GK	GK	31	이광연		0	0	0	0
0	0	0	0		이명재	13	DF	DF	14	오범석	34	0	2	0	0
0	0	0	0		강민수	4	DF	DF	37	윤석영		0	0	0	0
0	0	0	0		윤영선	20	DF	DF	17	신광훈		0	0	0	0
0	0	0	0		김창수	27	DF	DF	99	김오규		1	0	0	0
0	0	0	1(1)	11	믹스	42	MF	MF	13	한국영		2(1)	0	0	0
0	0	4	0		박용우	19	MF	MF	29	이현식		0	3	0	0
0	0	1	1(1)		황일수	8	MF	MF	77	김지현		6(4)	0	0	0
0	1	3	0	14	신진호	10	MF	FW	18	조재완		3	1	0	0
0	0	0	0	7	이상헌	98	MF	FW	19	박창준	23	0	4	0	0
0	0	2	2(2)		주민규	18	FW	FW	9	정조국	15	2(2)	0	0	0
0	0	0	0		문정인	31			21	이승규		0	0	0	0
0	0	0	0		김수안	29			23	강지훈	후34	0	0	0	0
0	0	0	0		정동호	22			4	발렌티노스		0	0	0	0
0	0	2	3(2)	후0	김보경	14	대기	대기	6	조지훈		0	0	0	0
0	1	0	2(1)	전36	김인성	7			34	이영재	후36	1(1)	0	0	0
0	0	0	0	후39	이근호	11			15	최치원	후11	0	1	1	0
0	0	0	0		주니오	9			11	김현욱		0	0	0	0
0	2	12	9(7)			0			0			15(8)	11	1	0

● 후반 20분 황일수 PAL 내 ~ 믹스 GA 정면 R-ST-G (득점: 믹스/ 도움: 황일수) 가운데
● 후반 32분 믹스 PAR 내 ~ 김보경 PA 정면내 L-ST-G (득점: 김보경/ 도움: 믹스) 왼쪽
● 전반 16분 이현식 PAL 내 EL ↷ 김지현 PK 좌측지점 H-ST-G (득점: 김지현/ 도움: 이현식) 왼쪽

• 7월 20일 • 19:00 • 비 • 포항 스틸야드 • 2,486명
• 주심_ 김우성 • 부심_ 김계용·양재용 • 대기심_ 송민석 • 경기감독관_ 양정환

포항 1 0 전반 0 / 1 후반 2 **2 인천**

퇴장	경고	파울	ST(유)	교체	선수명	배번	위치	위치	배번	선수명	교체	ST(유)	파울	경고	퇴장
0	0	0	0		강현무	31	GK	GK	1	정산		0	0	0	0
0	0	0	0		심상민	2	DF	DF	13	김진야		0	1	0	0
0	0	2	0		김광석	3	DF	DF	44	김정호		0	2	0	0
0	0	0	0		배슬기	24	DF	DF	15	이재성		1	4	1	0
0	0	2	0		김용환	13	DF	DF	26	곽해성		0	1	0	0
0	0	1	0		정재용	6	MF	MF	22	김강국		0	2	0	0
0	0	1	1		이수빈	57	MF	MF	25	이제호		1(1)	2	1	0
0	0	0	1(1)	29	허용준	16	MF	MF	23	명준재	29	1(1)	1	0	0
0	0	0	1	11	하승운	17	MF	MF	11	문창진	27	1(1)	0	0	0
0	0	1	2		완델손	77	MF	MF	37	김호남	28	0	0	0	0
0	0	2	1(1)		일류첸코	10	FW	FW	9	무고사		4(4)	1	0	0
0	0	0	0		류원우	1	대기	대기	21	이태희		0	0	0	0
0	0	0	0		전민광	4			14	양준아		0	0	0	0
0	0	0	0		이상기	19			32	정동윤		0	0	0	0
0	0	2	0	후0	이광혁	11			40	최범경		0	0	0	0
0	0	0	0		이석현	7			27	지언학	후25	0	1	0	0
0	0	0	0		이진현	8			28	정훈성	후13	0	0	0	0
0	0	0	4(2)	후10	송민규	29			29	김보섭	후20	1	0	0	0
0	0	11	10(4)			0			0			9(7)	15	2	0

● 후반 7분 완델손 MFR ~ 일류첸코 PAR 내 L-ST-G (득점: 일류첸코/ 도움: 완델손) 왼쪽

● 후반 1분 곽해성 PAR ↷ 무고사 GAL H-ST-G (득점: 무고사/ 도움: 곽해성) 오른쪽
● 후반 47분 곽해성 C,KR ↷ 이제호 GAR 내 H-ST-G (득점: 이제호/ 도움: 곽해성) 왼쪽

• 7월 20일 • 19:00 • 흐리고 비 • 서울 월드컵 • 28,518명
• 주심_ 조지음 • 부심_ 박상준·김지욱 • 대기심_ 김영수 • 경기감독관_ 허기태

서울 2 1 전반 1 / 1 후반 3 **4 전북**

퇴장	경고	파울	ST(유)	교체	선수명	배번	위치	위치	배번	선수명	교체	ST(유)	파울	경고	퇴장
0	0	0	0	1	양한빈	21	GK	GK	31	송범근		0	0	0	0
0	0	1	0		황현수	2	DF	DF	2	이용		0	3	0	0
0	0	0	0	19	김원식	15	DF	DF	26	홍정호		3(3)	0	0	0
0	0	0	0		이웅희	3	DF	DF	92	김민혁		0	0	0	0
0	0	1	0		고광민	27	MF	DF	22	김진수		2(1)	1	0	0
0	0	1	0		윤종규	23	MF	MF	28	손준호		2	6	1	0
0	1	0	0		오스마르	5	MF	MF	8	정혁	42	0	1	0	0
0	0	3	0		알리바예프	9	MF	MF	27	문선민		1(1)	0	0	0
0	0	1	1(1)		고요한	13	MF	MF	5	임선영	9	2	0	0	0
0	0	1	3(1)		박주영	10	FW	MF	10	로페즈		3(1)	1	0	0
0	0	1	4(2)	18	박동진	50	FW	FW	20	이동국	21	1(1)	0	0	0
0	0	0	0	후34	유상훈	1	대기	대기	41	이재형		0	0	0	0
0	0	0	0		김주성	6			21	권경원	후24	0	0	0	0
0	0	0	0		김한길	14			25	최철순		0	0	0	0
0	0	0	0		정현철	24			42	한승규	후24	0	2	0	0
0	0	0	0		정원진	8			16	최영준		0	0	0	0
0	0	0	0	후35	윤주태	19			17	이비니		0	0	0	0
0	0	0	0	후28	조영욱	18			9	김승대	후0	1(1)	0	0	0
0	1	9	8(4)			0			0			15(8)	14	1	0

● 전반 43분 알리바예프 PAR → 박동진 GA 정면내 R-ST-G (득점: 박동진/ 도움: 알리바예프) 가운데
● 후반 15분 윤종규 MFR ~ 박동진 GAR R-ST-G (득점: 박동진/ 도움: 윤종규) 왼쪽

● 전반 28분 김진수 PA 정면 → 홍정호 GA 정면 L-ST-G (득점: 홍정호/ 도움: 김진수) 오른쪽
● 후반 13분 정혁 PAL ↷ 홍정호 GA 정면 H-ST-G (득점: 홍정호/ 도움: 정혁) 가운데
● 후반 31분 로페즈 MF 정면 ~ 김승대 PA 정면 내 R-ST-G (득점: 김승대/ 도움: 로페즈) 오른쪽
● 후반 38분 문선민 GAL EL ~ 로페즈 GA 정면 L-ST-G (득점: 로페즈/ 도움: 문선민) 오른쪽

• 7월 21일 • 19:00 • 흐림 • 수원 월드컵 • 7,032명
• 주심_ 김용우 • 부심_ 이정민·장종필 • 대기심_ 최현재 • 경기감독관_ 차상해

수원 1 0 전반 1 / 1 후반 1 **2 성남**

퇴장	경고	파울	ST(유)	교체	선수명	배번	위치	위치	배번	선수명	교체	ST(유)	파울	경고	퇴장
0	0	0	0		노동건	19	GK	GK	1	김동준		0	0	0	0
0	0	0	0		고명석	4	DF	DF	20	연제운		1	1	0	0
1	0	1	0		민상기	39	DF	DF	26	임채민		2(1)	0	0	0
0	0	0	0		구자룡	15	DF	DF	40	임승겸		0	2	0	0
0	0	0	2		홍철	33	MF	MF	11	서보민		1	0	0	0
0	0	0	2	10	박형진	13	MF	MF	15	문지환		1	0	0	0
0	0	1	0		최성근	25	MF	MF	32	이재원	33	0	2	0	0
0	0	2	2(1)		신세계	30	MF	MF	9	공민현		2(1)	4	1	0
0	1	1	0	7	송진규	6	MF	MF	2	박원재	16	0	2	0	0
0	0	0	3(1)	27	한의권	9	FW	FW	7	에델		1	4	0	0
0	0	2	3(1)		타가트	18	FW	FW	22	김현성	6	2	1	0	0
0	0	0	0		김다솔	1	대기	대기	31	전종혁		0	0	0	0
0	0	0	0		양상민	3			6	김정현	후42	0	0	0	0
0	0	0	0		박대원	12			10	문상윤		0	0	0	0
0	0	0	0		김태환	66			14	김동현		0	0	0	0
0	0	0	0	후43	한석희	27			16	최오백	후37	0	0	0	0
0	0	0	1(1)	후42	데얀	10			19	마티아스		0	0	0	0
0	1	1	3(2)	후12	바그닝요	7			33	최병찬	후16	0	1	1	0
1	2	8	16(6)			0			0			10(2)	17	2	0

● 후반 28분 한의권 GAL ~ 타가트 GA 정면 R-ST-G (득점: 타가트/ 도움: 한의권) 가운데

● 전반 45분 서보민 C,KL ↷ 임채민 GA 정면 H-ST-G (득점: 임채민/ 도움: 서보민) 왼쪽
● 후반 39분 최병찬 GAR ~ 공민현 GA 정면 R-ST-G (득점: 공민현/ 도움: 최병찬) 왼쪽

• 7월 21일 • 19:00 • 맑음 • 상주 시민 • 3,323명
• 주심_ 이동준 • 부심_ 윤광열·지승민 • 대기심_ 최일우 • 경기감독관_ 김성기

상주 2 1 전반 0 / 1 후반 0 **0 대구**

퇴장	경고	파울	ST(유)	교체	선수명	배번	위치	위치	배번	선수명	교체	ST(유)	파울	경고	퇴장
0	0	0	0		윤보상	21	GK	GK	21	조현우		0	0	0	0
0	0	1	2		김영빈	2	DF	DF	3	김우석		0	2	0	0
0	0	3	2(1)	10	송시우	9	FW	DF	33	김태한		0	3	1	0
0	1	1	0	20	김경중	11	DF	DF	6	한희훈	4	2	2	1	0
0	0	4	0		권완규	12	DF	MF	17	김준엽		0	0	0	0
0	0	0	5(3)		윤빛가람	14	MF	MF	20	황순민		1(1)	1	0	0
0	0	3	4(3)	16	박용지	19	FW	MF	36	박한빈	29	0	3	0	0
0	0	0	0		김경재	23	MF	MF	38	장성원	16	0	0	0	0
0	0	0	1		이규성	24	MF	FW	11	세징야		7(2)	1	0	0
0	0	1	2		한석종	26	MF	FW	14	김대원		2	0	0	0
0	0	2	1(1)		이태희	32	DF	FW	7	히우두		0	0	1	0
0	0	0	0		권태안	1	대기	대기	25	이준희		0	0	0	0
0	0	0	0		마상훈	5			4	정태욱	후30	0	0	0	0
0	0	0	0		이상협	8			16	강윤구	후0	0	0	0	0
0	0	1	0	후24	심동운	10			29	류재문	후15	0	1	0	0
0	0	0	0	후46	송수영	16			8	정선호		0	0	0	0
0	0	2	1	후12	백동규	20			37	오후성		0	0	0	0
0	0	0	0		이민기	30			26	고재현		0	0	0	0
0	1	18	18(8)			0			0			12(3)	13	3	0

● 전반 22분 윤빛가람 PK-R-G(득점: 윤빛가람) 오른쪽
● 후반 3분 박용지 PAR → 이태희 GAL 내 R-ST-G (득점: 이태희/ 도움: 박용지) 왼쪽

• 7월 30일 • 19:30 • 맑음 • 울산 종합 • 7,215명
• 주심_ 고형진 • 부심_ 윤광열·방기열 • 대기심_ 오현진 • 경기감독관_ 최상국

울산 3   0 전반 0 / 3 후반 1   **1 서울**

퇴장	경고	파울	ST(유)	교체	선수명	배번	위치	위치	배번	선수명	교체	ST(유)	파울	경고	퇴장
0	0	0	0		김승규	81	GK	GK	21	양한빈		0	0	0	0
0	0	0	0		이명재	13	DF	DF	6	김주성		1(1)	1	0	0
0	0	2	0		강민수	4	DF	DF	15	김원식	24	1(1)	0	0	0
0	0	0	0		윤영선	20	DF	DF	3	이웅희		0	1	0	0
0	0	0	0		김창수	27	DF	MF	27	고광민		1(1)	0	0	0
0	0	1	1	19	믹스	42	MF	MF	23	윤종규		0	0	0	0
0	0	0	0		신진호	10	MF	MF	5	오스마르		0	0	0	0
0	0	1	2(2)	11	황일수	8	MF	MF	9	알리바예프	8	2	0	0	0
0	0	0	4(2)		김보경	14	MF	MF	13	고요한		1	0	0	0
0	0	0	4(2)	18	이동경	15	MF	FW	10	박주영		1	1	0	0
0	0	5	0		주니오	9	FW	FW	50	박동진	19	2(1)	2	1	0
0	0	0	0		문정인	31			1	유상훈		0	0	0	0
0	0	0	0		박주호	33			2	황현수		0	0	0	0
0	0	0	0		김태환	23			14	김한길		0	0	0	0
0	0	0	0	후8	박용우	19	대기	대기	24	정현철	후28	0	0	0	0
0	0	0	0	후35	이근호	11			8	정원진	후32	1(1)	0	0	0
0	0	0	0		김인성	7			19	윤주태	후21	0	1	0	0
0	0	1	0	후0	주민규	18			18	조영욱		0	0	0	0
0	0	10	11(6)			0			0			10(5)	6	1	0

● 후반 11분 주니오 AKR ~ 김보경 PK 좌측지점 L-ST-G (득점: 김보경/ 도움: 주니오) 오른쪽
● 후반 14분 황일수 PAL EL ↷ 김보경 PAR 내 H-ST-G (득점: 김보경/ 도움: 황일수) 왼쪽
● 후반 25분 김승규 자기 측PA 정면내 ↷ 황일수 PK 좌측지점 L-ST-G (득점: 황일수/ 도움: 김승규) 왼쪽

● 후반 40분 고요한 MFL ~ 정원진 AK 정면 R-ST-G (득점: 정원진/ 도움: 고요한) 왼쪽

• 7월 30일 • 19:30 • 맑음 • DGB대구은행파크 • 10,307명
• 주심_ 김희곤 • 부심_ 김계용·구은석 • 대기심_ 성덕효 • 경기감독관_ 양정환

대구 0   0 전반 1 / 0 후반 1   **2 수원**

퇴장	경고	파울	ST(유)	교체	선수명	배번	위치	위치	배번	선수명	교체	ST(유)	파울	경고	퇴장
0	0	0	0		조현우	21	GK	GK	19	노동건		0	0	0	0
0	0	2	0		박병현	66	DF	DF	4	고명석		0	2	0	0
0	1	1	2		김우석	3	DF	DF	3	양상민		0	0	0	0
0	0	1	1	37	정태욱	4	DF	DF	15	구자룡		0	0	0	0
0	0	0	3(1)		황순민	20	MF	MF	33	홍철		0	0	0	0
0	0	0	1		정승원	18	MF	MF	25	최성근		0	2	1	0
0	0	0	5(2)		김대원	14	MF	MF	90	구대영	77	0	5	1	0
0	1	2	0		고재현	26	MF	MF	30	신세계		0	0	0	0
0	0	0	3(1)		세징야	11	FW	MF	7	바그닝요	8	4(2)	1	0	0
0	0	0	3(1)	29	히우두	7	FW	FW	37	오현규	9	0	1	1	0
0	0	3	3(1)	32	박기동	22	FW	FW	18	타가트		2(2)	3	1	0
0	0	0	0		이준희	25			1	김다솔		0	0	0	0
0	0	0	0		한희훈	6			13	박형진		0	0	0	0
0	0	0	0		김준엽	17			77	고승범	후41	0	0	0	0
0	0	1	1(1)	후22	류재문	29	대기	대기	44	윤서호		0	0	0	0
0	0	0	0		박한빈	36			8	안토니스	후15	0	1	0	0
0	0	0	0	후38	오후성	37			10	데얀		0	0	0	0
0	0	0	2(2)	후28	정치인	32			9	한의권	전23	2(1)	2	0	0
0	2	10	24(9)			0			0			8(5)	17	4	0

● 전반 42분 신세계 AK 내 ~ 바그닝요 GA 정면 R-ST-G (득점: 바그닝요/ 도움: 신세계) 오른쪽
● 후반 29분 안토니스 MFL TL ↷ 타가트 GAR R-ST-G (득점: 타가트/ 도움: 안토니스) 왼쪽

• 7월 30일 • 19:30 • 흐림 인천 전용 • 4,879명
• 주심_ 최현재 • 부심_ 박상준·박균용 • 대기심_ 김덕철 • 경기감독관_ 김호영

인천 1   0 전반 1 / 1 후반 0   **1 경남**

퇴장	경고	파울	ST(유)	교체	선수명	배번	위치	위치	배번	선수명	교체	ST(유)	파울	경고	퇴장
0	0	0	0		정산	1	GK	GK	25	이범수		0	0	0	0
0	0	0	0		김진야	13	DF	DF	15	우주성		0	0	0	0
0	0	3	0		김정호	44	DF	DF	5	곽태휘		0	1	0	0
0	0	1	0		이재성	15	DF	DF	23	이광선		0	4	1	0
0	0	0	1	3	곽해성	26	DF	MF	19	고경민	7	1	0	0	0
0	0	1	2(1)	28	명준재	23	MF	MF	8	안성남		0	1	0	0
0	1	3	0		장윤호	34	MF	MF	14	조재철		1(1)	0	0	0
0	0	0	1		마하지	5	MF	MF	13	김준범	4	2(2)	2	0	0
0	0	0	2(1)	11	김호남	37	MF	FW	10	김승준	6	0	0	0	0
0	0	0	5(1)		무고사	9	FW	FW	20	김효기		1	1	0	0
0	0	2	2		케힌데	10	FW	FW	55	제리치		8(4)	2	0	0
0	0	0	0		이태희	21			31	손정현		0	0	0	0
0	0	0	0	후39	이지훈	3			53	배승진		0	0	0	0
0	0	0	0		김근환	4			6	최재수	후11	0	0	0	0
0	0	0	0	후32	문창진	11	대기	대기	11	도동현		0	0	0	0
0	0	0	0		이제호	25			4	하성민	후24	0	0	0	0
0	1	3	0	후28	정훈성	28			7	배기종	후6	1(1)	1	0	0
0	0	0	0		지언학	27			88	김종진		0	0	0	0
0	2	13	13(3)			0			0			14(8)	12	1	0

● 후반 1분 곽해성 PAR → 김호남 GAR R-ST-G (득점: 김호남/ 도움: 곽해성) 오른쪽

● 전반 30분 김효기 PAR 내 ~ 제리치 PA 정면 내 R-ST-G (득점: 제리치/ 도움: 김효기) 왼쪽

• 7월 30일 • 19:30 • 맑음 • 탄천 종합 • 3,638명
• 주심_ 박병진 • 부심_ 곽승순·김성일 • 대기심_ 최일우 • 경기감독관_ 김성기

성남 1   0 전반 0 / 1 후반 0   **0 상주**

퇴장	경고	파울	ST(유)	교체	선수명	배번	위치	위치	배번	선수명	교체	ST(유)	파울	경고	퇴장
0	0	0	0		김동준	1	GK	GK	21	윤보상		0	0	0	0
0	0	2	0		연제운	20	DF	DF	2	김영빈		1	0	0	0
0	0	0	0		임채민	26	DF	FW	9	송시우	10	0	2	0	0
0	0	2	0	40	이창용	4	DF	DF	11	김경중	5	0	1	0	0
0	0	3	2(1)		서보민	11	MF	DF	12	권완규		0	1	0	0
0	0	1	0		문지환	15	MF	MF	14	윤빛가람		1(1)	0	0	0
0	1	2	0	33	이재원	32	MF	FW	19	박용지		1	0	0	0
0	0	0	1		공민현	9	MF	MF	23	김경재	20	0	0	0	0
0	0	0	1(1)		박원재	2	MF	MF	24	이규성		0	1	0	0
0	0	2	1(1)	16	에델	7	FW	MF	26	한석종		0	2	0	0
0	0	3	0		김현성	22	FW	DF	32	이태희		0	1	0	0
0	0	0	0		전종혁	31			1	권태안		0	0	0	0
0	0	0	0		안영규	5			5	마상훈	후35	0	0	0	0
0	0	0	0	후34	임승겸	40			8	이상협		0	0	0	0
0	0	0	0		김정현	6	대기	대기	10	심동운	후8	0	0	0	0
0	0	0	0	후32	최오백	16			16	송수영		0	0	0	0
0	0	0	0		마티아스	19			20	백동규	후23	0	0	0	0
0	0	0	0	후0	최병찬	33			30	이민기		0	0	0	0
0	1	15	5(3)			0			0			3(1)	8	0	0

● 후반 44분 최병찬 GAL ~ 박원재 PAR 내 R-ST-G (득점: 박원재/ 도움: 최병찬) 오른쪽

• 7월 31일 • 19:00 • 맑음 • 전주 월드컵 • 10,044명
• 주심_ 이동준 • 부심_ 이정민·양재용 • 대기심_ 김대용 • 경기감독관_ 김진의

전북 2 1 전반 1 / 1 후반 1 **2 제주**

퇴장	경고	파울	ST(유)	교체	선수명	배번	위치	위치	배번	선수명	교체	ST(유)	파울	경고	퇴장
0	0	0	0		송범근	31	GK	GK	32	오승훈		0	0	0	0
0	0	3	1		이 용	2	DF	DF	3	정우재		0	1	1	0
0	0	2	1(1)		홍정호	26	DF	DF	15	알렉스	37	0	0	0	0
0	0	1	0		권경원	21	DF	DF	40	최규백		0	1	1	0
0	0	2	0		김진수	22	DF	DF	6	박진포	33	0	0	0	0
0	0	1	0	7	신형민	4	MF	MF	14	이창민		0	0	0	0
0	1	1	4(2)		손준호	28	MF	MF	7	권순형		1(1)	3	0	0
0	0	1	0	91	임선영	5	MF	MF	24	윤일록		5(3)	3	0	0
0	0	1	4(2)		문선민	27	MF	MF	11	남준재		1(1)	0	0	0
0	0	1	5(2)		로페즈	10	MF	FW	28	서진수	9	0	1	0	0
0	0	0	2	9	이동국	20	FW	FW	10	마그노		2	1	1	0
0	0	0	0		홍정남	88			1	황성민		0	0	0	0
0	0	0	0		최철순	25			37	김원일	전34	0	2	1	0
0	0	0	0		한승규	42			33	강윤성	전19	0	2	0	0
0	0	0	0		이성윤	29	대기	대기	8	최현태		0	0	0	0
0	0	0	2(1)	후38	한교원	7			23	아길라르		0	0	0	0
0	0	0	1	후0	김승대	9			22	임상협		0	0	0	0
0	0	0	0	후10	호 사	91			9	오사구오나	후14	2	0	0	0
0	1	13	20(8)			0			0			11(5)	14	4	0

● 전반 26분 마그노 GA 정면내 자책골 (득점: 마그노) 오른쪽
● 후반 7분 문선민 PAR 내 ~ 손준호 PK 우측지점 R-ST-G (득점: 손준호/ 도움: 문선민) 왼쪽
● 전반 38분 마그노 AKL ~ 윤일록 PA 정면내 R-ST-G (득점: 윤일록/ 도움: 마그노) 오른쪽
● 후반 27분 남준재 PK 우측지점 R-ST-G (득점: 남준재) 가운데

• 7월 31일 • 20:00 • 흐림 • 춘천 송암 • 2,012명
• 주심_ 조지음 • 부심_ 노수용·김지욱 • 대기심_ 정회수 • 경기감독관_ 신홍기

강원 2 0 전반 0 / 2 후반 1 **1 포항**

퇴장	경고	파울	ST(유)	교체	선수명	배번	위치	위치	배번	선수명	교체	ST(유)	파울	경고	퇴장
0	1	0	0		김호준	1	GK	GK	31	강현무		0	0	0	0
0	1	2	0	14	나카자토	44	DF	DF	2	심상민		2	0	0	0
0	0	0	1		윤석영	37	DF	DF	3	김광석		1	0	0	0
0	0	2	1(1)		신광훈	17	DF	DF	5	하창래		0	0	0	0
0	0	0	0		김오규	99	DF	DF	13	김용환		0	4	0	0
0	0	3	1		한국영	13	MF	MF	6	정재용	14	0	2	0	0
0	0	1	0		이현식	29	MF	MF	57	이수빈		1(1)	5	0	0
0	0	0	2(2)		이영재	34	MF	MF	11	이광혁	16	2(1)	1	0	0
0	0	1	2(1)		조재완	18	FW	MF	8	이진현	29	1	2	0	0
0	0	1	0	15	강지훈	23	FW	MF	77	완델손		4(2)	3	0	0
0	0	0	3(1)	11	정조국	9	FW	FW	10	일류첸코		4(2)	2	0	0
0	0	0	0		이광연	31			1	류원우		0	0	0	0
0	0	0	0		박창준	19			24	배슬기		0	0	0	0
0	0	0	0		발렌티노스	4			19	이상기		0	0	0	0
0	0	0	0		조지훈	6	대기	대기	14	최영준	후32	0	1	0	0
0	0	0	0	후43	오범석	14			16	허용준	후39	1	0	0	0
0	0	0	0	후14	최치원	15			17	하승운		0	0	0	0
0	0	0	0	후29	김현욱	11			29	송민규	후12	1	0	0	0
0	2	10	10(5)			0			0			17(6)	20	0	0

● 후반 13분 한국영 PAL TL ~ 이영재 GAL L-ST-G (득점: 이영재/ 도움: 한국영) 왼쪽
● 후반 16분 조재완 AK 정면 R-ST-G (득점: 조재완) 오른쪽
● 후반 36분 완델손 PAR 내 L-ST-G (득점: 완델손) 왼쪽

• 8월 02일 • 20:00 • 맑음 • 서울 월드컵 • 16,777명
• 주심_ 김우성 • 부심_ 곽승순·김성일 • 대기심_ 송민석 • 경기감독관_ 양정환

서울 2 1 전반 0 / 1 후반 1 **1 대구**

퇴장	경고	파울	ST(유)	교체	선수명	배번	위치	위치	배번	선수명	교체	ST(유)	파울	경고	퇴장
0	0	0	0		유상훈	1	GK	GK	21	조현우		0	0	0	0
0	1	1	0		김주성	6	DF	DF	66	박병현		0	3	1	0
0	0	2	0		정현철	24	DF	DF	3	김우석		0	2	2	0
0	0	0	2(1)		황현수	2	DF	DF	4	정태욱		1(1)	0	0	0
1	0	2	0		고광민	27	MF	MF	20	황순민		1	0	0	0
0	0	1	1		고요한	13	MF	MF	18	정승원	7	0	0	0	0
0	0	1	0		오스마르	5	MF	MF	6	한희훈	36	0	0	0	0
0	0	0	0	23	정원진	8	MF	MF	17	김준엽	38	0	1	0	0
0	0	4	4(2)		알리바예프	9	MF	FW	11	세징야		8(4)	0	0	0
0	0	0	2(2)	14	박주영	10	FW	FW	14	김대원		4(1)	2	0	0
0	0	0	0	50	조영욱	18	FW	FW	22	박기동		0	1	0	0
0	0	0	0		양한빈	21			1	최영은		0	0	0	0
0	0	0	0		이웅희	3			33	김태한		0	0	0	0
0	0	0	0		김원식	15			38	장성원	후33	0	0	0	0
0	0	0	0	후29	김한길	14	대기	대기	29	류재문		0	0	0	0
0	0	0	0	후39	윤종규	23			36	박한빈	후29	3(2)	0	0	0
0	0	0	0		황기욱	28			37	오후성		0	0	0	0
0	0	1	2(2)	전11	박동진	50			7	히우두	후0	1	0	0	0
1	1	12	11(7)			0			0			18(8)	9	3	0

● 전반 2분 정원진 PAR ~ 박주영 PA 정면내 R-ST-G (득점: 박주영/ 도움: 정원진) 오른쪽
● 후반 14분 고요한 PAR 내 ↷ 박동진 GAL 내 H-ST-G (득점: 박동진/ 도움: 고요한) 왼쪽
● 후반 33분 박기동 GAR EL ~ 세징야 PAR 내 R-ST-G (득점: 세징야/ 도움: 박기동) 왼쪽

• 8월 03일 • 19:30 • 맑음 • 제주 월드컵 • 6,078명
• 주심_ 김희곤 • 부심_ 김계용·박균용 • 대기심_ 장순택 • 경기감독관_ 김성기

제주 0 0 전반 1 / 0 후반 4 **5 울산**

퇴장	경고	파울	ST(유)	교체	선수명	배번	위치	위치	배번	선수명	교체	ST(유)	파울	경고	퇴장
0	0	0	0		오승훈	32	GK	GK	81	김승규		0	0	0	0
0	0	1	1		정우재	3	DF	DF	33	박주호		0	1	0	0
0	1	1	0		김대호	2	DF	DF	4	강민수		1(1)	0	0	0
0	0	1	0		최규백	40	DF	DF	20	윤영선		0	1	1	0
0	0	0	0		강윤성	33	DF	DF	27	김창수		0	1	0	0
0	0	0	5		이창민	14	MF	MF	19	박용우	29	1	2	0	0
0	0	0	0	16	최현태	8	MF	MF	10	신진호		1	3	0	0
0	0	1	6(3)		윤일록	24	MF	MF	7	김인성		2(2)	3	0	0
0	0	0	0	10	임상협	22	MF	MF	14	김보경	11	2(1)	1	0	0
0	0	0	1(1)	11	아길라르	23	FW	MF	15	이동경	9	4(1)	1	0	0
0	1	2	5		오사구오나	9	FW	FW	18	주민규		2(2)	3	0	0
0	0	0	0		이창근	18			31	문정인		0	0	0	0
0	0	0	0		김원일	37			29	김수안	후44	0	0	0	0
0	0	0	0		김승우	4			23	김태환		0	0	0	0
0	0	1	0	후27	이동수	16	대기	대기	42	믹 스		0	0	0	0
0	0	0	0		이동희	42			11	이근호	후24	0	0	0	0
0	0	0	0	후16	남준재	11			8	황일수		0	0	0	0
0	0	0	1	후6	마그노	10			9	주니오	후12	1(1)	1	0	0
0	2	7	19(4)			0			0			14(8)	17	1	0

● 전반 5분 주민규 PAR 내 EL ~ 김인성 GAL 내 EL L-ST-G (득점: 김인성/ 도움: 주민규) 왼쪽
● 후반 5분 강민수 GAL 내 L-ST-G (득점: 강민수) 왼쪽
● 후반 14분 신진호 C,KR ↷ 김보경 PK 좌측지점 R-ST-G (득점: 김보경/ 도움: 신진호) 오른쪽
● 후반 17분 김인성 PAR 내 ~ 주민규 PK 우측지점 L-ST-G (득점: 주민규/ 도움: 김인성) 왼쪽
● 후반 32분 이근호 AK 정면 ~ 주니오 PK 지점 R-ST-G (득점: 주니오/ 도움: 이근호) 왼쪽

• 8월 03일 • 20:00 • 맑음 • 상주 시민 • 1,921명
• 주심_ 김용우 • 부심_ 노수용·김지욱 • 대기심_ 정회수 • 경기감독관_ 허기태

상주 2 | 0 전반 0 / 2 후반 1 | **1 경남**

퇴장	경고	파울	ST(유)	교체	선수명	배번	위치	위치	배번	선수명	교체	ST(유)	파울	경고	퇴장
0	0	0	0		윤보상	21	GK	GK	25	이범수		0	0	0	0
0	0	1	0		김영빈	2	DF	DF	15	우주성		0	0	0	0
0	0	0	0	27	이상협	8	MF	DF	5	곽태휘		0	3	0	0
0	0	2	1	10	송시우	9	FW	DF	23	이광선		0	2	1	0
0	0	0	1	37	김경중	11	DF	MF	6	최재수	2	1	0	0	0
0	1	2	0		권완규	12	DF	MF	8	안성남		0	0	0	0
0	0	0	4(3)		윤빛가람	14	MF	MF	14	조재철	22	1	1	0	0
0	0	2	1		박용지	19	FW	MF	13	김준범		0	0	0	0
0	0	1	0		백동규	20	MF	FW	10	김승준		4(1)	0	0	0
0	0	0	0		이규성	24	MF	FW	7	배기종	18	0	0	0	0
0	0	2	0		이태희	32	DF	FW	55	제리치		1	1	0	0
0	0	0	0		권태안	1	대기	대기	31	손정현		0	0	0	0
0	0	0	0		마상훈	5	대기	대기	2	박광일	후20	0	0	0	0
0	1	1	3(1)	후11	심동운	10	대기	대기	19	고경민		0	0	0	0
0	0	0	0		송수영	16	대기	대기	22	쿠니모토	후14	1	0	0	0
0	0	0	0		고태원	15	대기	대기	4	하성민		0	0	0	0
0	0	1	0	후7	김민혁	27	대기	대기	18	오스만	후27	1	0	0	0
0	0	0	2(1)	후37	강상우	37	대기	대기	20	김효기		0	0	0	0
0	2	12	12(5)			0			0			9(1)	7	1	0

● 후반 26분 윤빛가람 PK-R-G(득점: 윤빛가람) 왼쪽
● 후반 48분 윤빛가람 MFL ~ 강상우 PAL TL R-ST-G (득점: 강상우/ 도움: 윤빛가람) 오른쪽
● 후반 31분 박광일 자기 측MFR TL ↷ 김승준 GAR R-ST-G (득점: 김승준/ 도움: 박광일) 가운데

• 8월 04일 • 20:00 • 흐림 • 수원 월드컵 • 7,475명
• 주심_ 이동준 • 부심_ 양재용·방기열 • 대기심_ 김동진 • 경기감독관_ 김용세

수원 0 | 0 전반 1 / 0 후반 1 | **2 포항**

퇴장	경고	파울	ST(유)	교체	선수명	배번	위치	위치	배번	선수명	교체	ST(유)	파울	경고	퇴장
0	0	0	0		노동건	19	GK	GK	1	류원우		0	0	0	0
0	0	0	0		고명석	4	DF	DF	2	심상민		0	1	0	0
0	0	1	0	10	양상민	3	DF	DF	3	김광석		0	2	1	0
0	0	0	0		구자룡	15	DF	DF	4	전민광		0	1	0	0
0	0	1	0		홍철	33	MF	DF	13	김용환	19	1	2	1	0
0	0	2	1(1)		최성근	25	MF	MF	14	최영준		0	3	0	0
0	0	1	0		구대영	90	MF	MF	57	이수빈		1(1)	5	0	0
0	0	1	0	77	신세계	30	MF	MF	29	송민규	11	1(1)	3	0	0
0	0	0	1(1)	7	송진규	6	MF	MF	8	이진현		0	1	0	0
0	0	3	2(2)		한의권	9	FW	MF	77	완델손		5(4)	3	0	0
0	0	4	2(2)		타가트	18	FW	FW	10	일류첸코	16	3(2)	1	0	0
0	0	0	0		김다솔	1	대기	대기	31	강현무		0	0	0	0
0	0	0	0		박형진	13	대기	대기	24	배슬기		0	0	0	0
0	0	1	2(2)	후27	고승범	77	대기	대기	19	이상기	후42	0	0	0	0
0	0	0	0		최정훈	88	대기	대기	6	정재용		0	0	0	0
0	0	0	0		한석희	27	대기	대기	16	허용준	후22	1	1	1	0
0	1	2	1	후0	데얀	10	대기	대기	17	하승운		0	0	0	0
0	0	0	1	전37	바그닝요	7	대기	대기	11	이광혁	후7	1	1	1	0
0	1	16	10(8)			0			0			13(8)	24	4	0

● 전반 46분 완델손 PAL ~ 이수빈 MF 정면 R-ST-G (득점: 이수빈/ 도움: 완델손) 왼쪽
● 후반 12분 이수빈 자기 측 MF 정면 ↷ 완델손 PK 좌측지점 L-ST-G (득점: 완델손/ 도움: 이수빈) 오른쪽

• 8월 04일 • 20:00 • 흐림 • 춘천 송암 • 4,471명
• 주심_ 정동식 • 부심_ 박상준·구은석 • 대기심_ 최일우 • 경기감독관_ 김형남

강원 3 | 1 전반 1 / 2 후반 2 | **3 전북**

퇴장	경고	파울	ST(유)	교체	선수명	배번	위치	위치	배번	선수명	교체	ST(유)	파울	경고	퇴장
0	0	0	0		김호준	1	GK	GK	31	송범근		0	0	0	0
0	0	0	0	19	나카자토	44	DF	DF	25	최철순		0	3	1	0
0	1	2	0		윤석영	37	DF	DF	26	홍정호		0	2	1	0
0	1	2	0		신광훈	17	DF	DF	92	김민혁		0	1	0	0
0	0	2	0		김오규	99	DF	DF	13	이주용		0	0	0	0
0	0	0	1(1)		한국영	13	MF	MF	4	신형민	42	0	1	0	0
0	0	1	0		이현식	29	MF	MF	28	손준호		0	3	1	0
0	0	0	2(1)		이영재	34	MF	MF	5	임선영		2(1)	2	0	0
0	0	1	2(1)		조재완	18	FW	MF	27	문선민	6	1(1)	1	0	0
0	1	1	1(1)	14	강지훈	23	FW	MF	10	로페즈	91	2(1)	0	0	0
0	0	0	3(1)	77	정조국	9	FW	FW	9	김승대		2(2)	0	0	0
0	0	0	0		이광연	31	대기	대기	51	김정훈		0	0	0	0
0	0	0	1	후33	박창준	19	대기	대기	6	최보경	후29	0	1	0	0
0	0	0	0		발렌티노스	4	대기	대기	2	이용		0	0	0	0
0	0	0	0		조지훈	6	대기	대기	8	정혁		0	0	0	0
0	0	0	0	후17	오범석	14	대기	대기	42	한승규	후14	1	1	0	0
0	0	0	0	후21	김지현	77	대기	대기	17	이비니		0	0	0	0
0	0	0	0		김현욱	11	대기	대기	91	호사	후14	2(2)	3	0	0
0	3	9	10(5)			0			0			10(7)	18	3	0

● 전반 48분 이영재 GAR EL ~ 정조국 GA 정면 R-ST-G (득점: 정조국/ 도움: 이영재) 왼쪽
● 후반 45분 조재완 GA 정면 R-ST-G (득점: 조재완) 오른쪽
● 후반 55분 이영재 PK-L-G (득점: 이영재) 왼쪽
● 전반 3분 문선민 GAR → 임선영 GA 정면 R-ST-G (득점: 임선영/ 도움: 문선민) 오른쪽
● 후반 26분 호사 PK-R-G(득점: 호사) 오른쪽
● 후반 37분 호사 PAL R-ST-G (득점: 호사) 왼쪽

• 8월 04일 • 20:00 • 흐림 • 인천 전용 • 5,294명
• 주심_ 김대용 • 부심_ 윤광열·지승민 • 대기심_ 조지음 • 경기감독관_ 차상해

인천 0 | 0 전반 0 / 0 후반 1 | **1 성남**

퇴장	경고	파울	ST(유)	교체	선수명	배번	위치	위치	배번	선수명	교체	ST(유)	파울	경고	퇴장
0	0	0	0		정산	1	GK	GK	1	김동준		0	0	0	0
0	0	1	1(1)		김진야	13	DF	DF	20	연제운		1	1	0	0
0	0	0	0		여성해	36	DF	DF	26	임채민		1	1	1	0
0	0	0	0		이재성	15	DF	DF	40	임승겸		0	0	0	0
0	0	0	1	3	곽해성	26	DF	MF	11	서보민		1(1)	0	0	0
0	0	0	0	28	김호남	37	MF	MF	15	문지환		0	0	0	0
0	0	0	1		장윤호	34	MF	MF	9	공민현		0	4	0	0
0	0	1	1		마하지	5	MF	MF	33	최병찬	16	4(3)	2	0	0
0	0	1	3(3)	23	문창진	11	MF	MF	2	박원재		1(1)	2	0	0
0	0	0	3(1)		케힌데	10	FW	FW	36	김소웅	7	1(1)	0	0	0
0	0	0	8(6)		무고사	9	FW	FW	22	김현성	5	2(1)	2	0	0
0	0	0	0		이태희	21	대기	대기	31	전종혁		0	0	0	0
0	0	1	0	후14	이지훈	3	대기	대기	5	안영규	후43	0	0	0	0
0	0	0	0		김정호	44	대기	대기	13	이은범		0	0	0	0
0	0	0	0		이제호	25	대기	대기	14	김동현		0	0	0	0
0	0	0	0		서재민	19	대기	대기	16	최오백	후31	0	0	0	0
0	0	0	2(1)	후18	명준재	23	대기	대기	19	마티아스		0	0	0	0
0	0	0	0	후24	정훈성	28	대기	대기	7	에델	전43	2(1)	3	0	0
0	0	4	20(12)			0			0			13(8)	15	1	0

● 후반 15분 에델 PAL ~ 서보민 PAL 내 L-ST-G (득점: 서보민/ 도움: 에델) 오른쪽

• 8월 10일 • 19:30 • 맑음 • 창원 축구센터 • 3,683명
• 주심_ 김우성 • 부심_ 박상준·송봉근 • 대기심_ 김영수 • 경기감독관_ 허기태

경남 2 | 0 전반 0 / 2 후반 0 | **0 성남**

퇴장	경고	파울	ST(유)	교체	선수명	배번	위치	위치	배번	선수명	교체	ST(유)	파울	경고	퇴장
0	0	0	0		이 범 수	25	GK	GK	1	김 동 준	31	0	0	0	0
0	0	1	1		우 주 성	15	DF	DF	20	연 제 운		1	0	0	0
0	0	0	1(1)		곽 태 휘	5	DF	DF	26	임 채 민		1	0	0	0
0	0	1	0		김 종 필	50	DF	DF	5	안 영 규		0	0	0	0
0	0	1	0	16	오 스 만	18	MF	MF	11	서 보 민		1	1	0	0
0	0	1	0		김 준 범	13	MF	MF	15	문 지 환		1(1)	3	1	0
0	0	0	1(1)		쿠니모토	22	MF	MF	9	공 민 현		1(1)	2	0	0
0	0	0	0		박 광 일	2	MF	MF	32	이 재 원	33	0	2	1	0
0	0	1	0	7	김 승 준	10	FW	MF	2	박 원 재	16	0	0	0	0
0	0	3	2(2)	9	김 효 기	20	FW	FW	13	이 은 범		0	0	0	0
0	0	1	1		제 리 치	55	FW	FW	22	김 현 성		0	2	0	0
0	0	0	0		손 정 현	31			31	전 종 혁	후0	0	0	0	0
0	1	0	0	후31	이 광 진	16			40	임 승 겸		0	0	0	0
0	0	0	0		하 성 민	4			10	문 상 윤		0	0	0	0
0	0	0	0		김 종 진	88	대기	대기	14	김 동 현		0	0	0	0
0	0	0	0		고 경 민	19			16	최 오 백	후23	0	1	0	0
0	0	0	1	후16	배 기 종	7			18	이 현 일		0	0	0	0
0	0	1	0	후38	룩	9			33	최 병 찬	후6	0	0	0	0
0	1	10	7(4)			0			0			5(2)	11	2	0

● 후반 6분 김효기 PAL 내 L-ST-G (득점: 김효기) 오른쪽
● 후반 22분 김준범 자기 측 MFR ↷ 김효기 PAL 내 L-ST-G (득점: 김효기/ 도움: 김준범) 가운데

• 8월 10일 • 19:30 • 흐림 제주 월드컵 • 3,577명
• 주심_ 조지음 • 부심_ 양재용·구은석 • 대기심_ 오현진 • 경기감독관_ 최상국

제주 1 | 1 전반 2 / 0 후반 2 | **4 상주**

퇴장	경고	파울	ST(유)	교체	선수명	배번	위치	위치	배번	선수명	교체	ST(유)	파울	경고	퇴장
0	0	0	0		오 승 훈	32	GK	GK	21	윤 보 상		0	0	0	0
0	0	0	0		정 우 재	3	DF	DF	2	김 영 빈		0	1	0	0
0	0	1	1		김 동 우	36	DF	MF	8	이 상 협	27	0	0	0	0
0	0	2	1		최 규 백	40	DF	FW	10	심 동 운		2(2)	0	0	0
0	1	2	0		박 진 포	6	DF	DF	12	권 완 규		0	2	0	0
0	0	2	0		이 동 희	42	MF	MF	14	윤빛가람		2(1)	0	0	0
0	0	0	0	10	권 순 형	7	MF	FW	19	박 용 지	16	1(1)	2	0	0
0	1	2	2(2)		윤 일 록	24	MF	MF	20	백 동 규		0	0	0	0
0	0	4	0	22	남 준 재	11	MF	MF	24	이 규 성	7	0	3	1	0
0	0	0	0	23	서 진 수	28	FW	DF	32	이 태 희		0	2	0	0
0	0	0	8(4)		오사구오나	9	FW	DF	37	강 상 우		2(2)	1	0	0
0	0	0	0		황 성 민	1			1	권 태 안		0	0	0	0
0	0	0	0		김 원 일	37			5	마 상 훈		0	0	0	0
0	0	0	0		김 대 호	2			7	김 민 우	후30	1(1)	0	0	0
0	0	0	0		이 동 수	16	대기	대기	11	김 경 중		0	0	0	0
0	0	0	2	후10	아길라르	23			16	송 수 영	후34	1(1)	0	0	0
0	0	0	1	후24	임 상 협	22			23	김 경 재		0	0	0	0
0	0	0	1	후10	마 그 노	10			27	김 민 혁	전24	1	2	1	0
0	2	13	16(6)			0			0			10(8)	13	2	0

● 전반 17분 오사구오나 GA 정면내 R-ST-G (득점: 오사구오나) 왼쪽
● 전반 31분 강상우 GAR R-ST-G (득점: 강상우) 오른쪽
● 전반 43분 강상우 PK-R-G(득점: 강상우) 가운데
● 후반 20분 이규성 GAR ~ 심동운 GA 정면 R-ST-G (득점: 심동운/ 도움: 이규성) 왼쪽
● 후반 31분 박용지 PAR 내 → 심동운 PAL 내 L-ST-G (득점: 심동운/ 도움: 박용지) 오른쪽

• 8월 10일 • 20:00 • 맑음 • 수원 월드컵 • 8,804명
• 주심_ 고형진 • 부심_ 김계용·김성일 • 대기심_ 서동진 • 경기감독관_ 김호영

수원 0 | 0 전반 0 / 0 후반 1 | **1 인천**

퇴장	경고	파울	ST(유)	교체	선수명	배번	위치	위치	배번	선수명	교체	ST(유)	파울	경고	퇴장
0	0	0	0		노 동 건	19	GK	GK	1	정 산		0	0	1	0
0	2	6	0		양 상 민	3	DF	DF	36	여 성 해		0	3	1	0
0	0	0	0		민 상 기	39	DF	DF	5	마 하 지		0	1	0	0
0	0	1	1		구 자 룡	15	DF	DF	15	이 재 성		1	0	0	0
0	0	0	2(1)	7	박 형 진	13	MF	MF	13	김 진 야	3	0	0	0	0
0	0	4	1		최 성 근	25	MF	MF	23	명 준 재	28	1	0	0	0
0	0	2	2(1)	6	김 종 우	17	MF	MF	34	장 윤 호		0	0	0	0
0	0	2	0		구 대 영	90	MF	MF	37	김 호 남	11	1(1)	1	0	0
0	0	1	1(1)		한 의 권	9	FW	MF	26	곽 해 성		0	1	0	0
0	0	1	1(1)	10	유 주 안	28	MF	FW	10	케 힌 데		5(1)	0	0	0
0	0	0	3(2)		타 가 트	18	FW	FW	9	무 고 사		2(2)	2	0	0
0	0	0	0		김 다 솔	1			21	이 태 희		0	0	0	0
0	0	0	0		고 명 석	4			3	이 지 훈	전35	0	2	1	0
0	0	0	0		신 세 계	30			44	김 정 호		0	0	0	0
0	0	1	0	후42	송 진 규	6	대기	대기	11	문 창 진	후31	0	0	0	0
0	0	0	0		고 승 범	77			25	이 제 호		0	0	0	0
0	0	0	1	후0	데 얀	10			19	서 재 민		0	0	0	0
0	0	0	2(1)	후10	바그닝요	7			28	정 훈 성	후38	1(1)	0	0	0
0	2	18	14(7)			0			0			11(5)	10	3	0

● 후반 6분 김호남 GAR R-ST-G (득점: 김호남) 왼쪽

• 8월 11일 • 19:30 • 맑음 • 울산 종합 • 12,039명
• 주심_ 김대용 • 부심_ 노수용·김지욱 • 대기심_ 신용준 • 경기감독관_ 신홍기

울산 1 | 1 전반 0 / 0 후반 1 | **1 대구**

퇴장	경고	파울	ST(유)	교체	선수명	배번	위치	위치	배번	선수명	교체	ST(유)	파울	경고	퇴장
0	0	0	0		김 승 규	81	GK	GK	21	조 현 우		0	0	0	0
0	0	0	0		이 명 재	13	DF	DF	66	박 병 현		0	3	0	0
0	0	0	0		강 민 수	4	DF	DF	6	한 희 훈	29	0	0	0	0
0	0	2	1(1)		윤 영 선	20	DF	DF	4	정 태 욱		0	1	0	0
0	0	3	0		김 태 환	23	DF	MF	16	강 윤 구		0	0	0	0
0	0	1	1		박 용 우	19	MF	MF	20	황 순 민		1(1)	0	0	0
0	1	0	1(1)	9	신 진 호	10	MF	MF	36	박 한 빈	7	1	0	0	0
0	0	0	3(2)	8	김 인 성	7	MF	MF	38	장 성 원	17	0	1	1	0
0	0	0	2(1)		김 보 경	14	MF	FW	11	세 징 야		5(3)	0	0	0
0	1	1	3(1)	11	이 동 경	15	MF	FW	14	김 대 원		1	0	0	0
0	0	0	6(4)		주 민 규	18	FW	FW	9	에 드 가		3(2)	1	0	0
0	0	0	0		문 정 인	31			25	이 준 희		0	0	0	0
0	0	0	0		박 주 호	33			2	고 태 규		0	0	0	0
0	0	0	0		김 창 수	27			33	김 태 한		0	0	0	0
0	0	0	0		믹 스	42	대기	대기	17	김 준 엽	후28	0	0	0	0
0	0	0	1	후12	이 근 호	11			29	류 재 문	후38	0	0	0	0
0	0	0	0	후33	황 일 수	8			7	히 우 두	후0	1(1)	2	0	0
0	0	1	0	후41	주 니 오	9			22	박 기 동		0	0	0	0
0	2	8	18(10)			0			0			12(7)	8	1	0

● 전반 22분 조현우 자기 측 GAR 내 자책골 (득점: 조현우)
● 후반 38분 세징야 PA 정면 ↷ 에드가 PK 우측지점 기타 R-ST-G (득점: 에드가/ 도움: 세징야) 왼쪽

• 8월 11일 • 20:00 • 맑음 • 포항 스틸야드 • 10,190명
• 주심_ 박병진 • 부심_ 곽승순·박균용 • 대기심_ 최광호 • 경기감독관_ 김진의

포항 1 0 전반 0 / 1 후반 2 **2 전북**

퇴장	경고	파울	ST(유)	교체	선수명	배번	위치	위치	배번	선수명	교체	ST(유)	파울	경고	퇴장
0	0	0	0		류원우	1	GK	GK	31	송범근		0	0	0	0
0	0	0	0		심상민	2	DF	DF	22	김진수		3(1)	1	0	0
0	0	2	0		김광석	3	DF	DF	21	권경원		0	1	0	0
0	0	0	1(1)		전민광	4	DF	DF	6	최보경		0	1	0	0
0	0	1	0	13	이상기	19	DF	DF	2	이용		0	1	1	0
0	0	1	1(1)		정재용	6	MF	MF	4	신형민		0	2	1	0
0	0	4	1(1)		이수빈	57	MF	MF	27	문선민	10	1(1)	0	0	0
0	0	0	2(1)	11	송민규	29	MF	MF	42	한승규		2(2)	0	0	0
0	0	3	1(1)	16	이진현	8	MF	MF	5	임선영		1	0	0	0
0	0	1	2(1)		완델손	77	MF	MF	9	김승대	20	0	2	0	0
0	0	1	2(1)		일류첸코	10	FW	FW	91	호사	7	1	2	0	0
0	0	0	0		강현무	31	대기	대기	51	김정훈		0	0	0	0
0	0	0	0		배슬기	24			25	최철순		0	0	0	0
0	0	1	0	후35	김용환	13			92	김민혁		0	0	0	0
0	0	0	0		이승모	27			8	정혁		0	0	0	0
0	0	0	0	후28	허용준	16			7	한교원	후49	0	0	0	0
0	0	0	0	후16	이광혁	11			10	로페즈	전36	3(2)	2	0	0
0	0	0	0		김도형	22			20	이동국	후17	1(1)	2	1	0
0	0	14	10(7)			0			0			12(7)	14	3	0

● 후반 43분 일류첸코 MFL ~ 완델손 GAL L-ST-G (득점: 완델손/ 도움: 일류첸코) 왼쪽

● 후반 25분 로페즈 PK 좌측지점 R-ST-G (득점: 로페즈) 오른쪽

● 후반 31분 임선영 PAR ~ 한승규 GA 정면 R-ST-G (득점: 한승규/ 도움: 임선영) 오른쪽

• 8월 11일 • 20:00 • 흐리고 비 • 서울 월드컵 • 13,858명
• 주심_ 김동진 • 부심_ 윤광열·방기열 • 대기심_ 김용우 • 경기감독관_ 나승화

서울 0 0 전반 0 / 0 후반 0 **0 강원**

퇴장	경고	파울	ST(유)	교체	선수명	배번	위치	위치	배번	선수명	교체	ST(유)	파울	경고	퇴장
0	0	0	0		유상훈	1	GK	GK	1	김호준		0	0	0	0
0	0	0	0		김주성	6	DF	DF	44	나카자토	22	0	2	1	0
0	0	1	1		정현철	24	DF	DF	37	윤석영		0	0	0	0
0	0	1	0		황현수	2	DF	DF	17	신광훈		0	0	0	0
0	1	1	0		고요한	13	MF	DF	99	김오규		0	0	0	0
0	0	1	0		윤종규	23	MF	MF	13	한국영		0	1	0	0
0	0	1	1(1)		오스마르	5	MF	MF	29	이현식		1	2	0	0
0	0	4	0	14	정원진	8	MF	MF	77	김지현	11	2(1)	0	0	0
0	0	1	2		알리바예프	9	MF	FW	18	조재완		0	1	0	0
0	0	0	3		박주영	10	FW	FW	23	강지훈	19	1	1	0	0
0	0	2	1	72	박동진	50	FW	FW	9	정조국		2	0	0	0
0	0	0	0		양한빈	21	대기	대기	31	이광연		0	0	0	0
0	0	0	0		이웅희	3			19	박창준	후38	0	1	0	0
0	0	0	0		김원식	15			22	정승용	후20	0	1	0	0
0	0	1	0	후33	김한길	14			6	조지훈		0	0	0	0
0	0	0	0		황기욱	28			14	오범석		0	0	0	0
0	0	0	0		윤주태	19			15	최치원		0	0	0	0
0	0	0	0	후29	페시치	72			11	김현욱	후31	0	1	0	0
0	1	13	8(1)			0			0			6(1)	10	1	0

• 8월 16일 • 19:00 • 맑음 • 전주 월드컵 • 18,101명
• 주심_ 김우성 • 부심_ 윤광열·구은석 • 대기심_ 김동진 • 경기감독관_ 양정환

전북 3 0 전반 0 / 3 후반 0 **0 울산**

퇴장	경고	파울	ST(유)	교체	선수명	배번	위치	위치	배번	선수명	교체	ST(유)	파울	경고	퇴장
0	0	0	0		송범근	31	GK	GK	81	김승규		0	0	0	0
0	0	2	1(1)		이용	2	DF	DF	33	박주호		1	1	0	0
0	0	2	0		홍정호	26	DF	DF	4	강민수		0	1	1	0
0	0	0	0		최보경	6	DF	DF	20	윤영선		0	1	0	0
0	0	1	2(1)		김진수	22	DF	DF	23	김태환		0	2	1	0
0	0	6	3(2)	14	손준호	28	MF	MF	19	박용우		0	1	0	0
0	0	2	5(3)		로페즈	10	MF	MF	42	믹스	10	1	1	0	0
0	0	1	3	9	한승규	42	MF	MF	8	황일수	9	1	1	0	0
0	1	1	0		신형민	4	MF	MF	99	박정인	7	3(2)	0	0	0
0	0	1	3(2)		문선민	27	MF	MF	14	김보경		1	1	0	0
0	0	2	1(1)	20	호사	91	FW	FW	18	주민규		1	0	0	0
0	0	0	0		김정훈	51	대기	대기	31	문정인		0	0	0	0
0	0	0	0		최철순	25			13	이명재		0	0	0	0
0	0	0	0		권경원	21			27	김창수		0	0	0	0
0	0	0	0	후41	이승기	14			10	신진호	후24	0	1	0	0
0	0	0	0		한교원	7			11	이근호		0	0	0	0
0	0	0	0	후22	김승대	9			7	김인성	전34	0	1	0	0
0	0	1	2(1)	후35	이동국	20			9	주니오	후10	1(1)	0	0	0
0	1	19	20(11)			0			0			9(3)	11	2	0

● 후반 4분 윤영선 GAL 내 자책골 (득점: 윤영선) 오른쪽

● 후반 6분 문선민 GAR ~ 로페즈 PA 정면내 R-ST-G (득점: 로페즈/ 도움: 문선민) 왼쪽

● 후반 18분 이용 PAR 내 ~ 로페즈 PA 정면내 R-ST-G (득점: 로페즈/ 도움: 이용) 왼쪽

• 8월 17일 • 19:00 • 맑음 • 춘천 송암 • 5,823명
• 주심_ 조지음 • 부심_ 박상준·김지욱 • 대기심_ 송민석 • 경기감독관_ 나승화

강원 1 0 전반 1 / 1 후반 2 **3 수원**

퇴장	경고	파울	ST(유)	교체	선수명	배번	위치	위치	배번	선수명	교체	ST(유)	파울	경고	퇴장
0	0	0	0		김호준	1	GK	GK	19	노동건		0	0	1	0
0	0	2	0	22	나카자토	44	DF	DF	5	조성진	4	0	1	0	0
0	0	1	0		윤석영	37	DF	DF	39	민상기		0	2	0	0
0	0	1	0		신광훈	17	DF	DF	15	구자룡		0	1	0	0
0	1	1	2(1)		김오규	99	DF	MF	13	박형진		0	1	0	0
0	0	0	4(1)		한국영	13	MF	MF	25	최성근	77	0	4	0	0
0	0	1	1(1)		이현식	29	MF	MF	17	김종우		1(1)	2	0	0
0	0	1	0	77	김현욱	11	MF	MF	90	구대영		2(1)	2	0	0
0	0	0	4(2)		조재완	18	FW	FW	9	한의권		1	3	0	0
0	0	1	2	19	강지훈	23	FW	FW	28	유주안	14	1	1	0	0
0	0	0	2(1)		정조국	9	FW	FW	18	타가트		5(4)	1	0	0
0	0	0	0		이광연	31	대기	대기	1	김다솔		0	0	0	0
0	0	0	0	후39	박창준	19			4	고명석	후16	0	1	0	0
0	0	0	0	후29	정승용	22			77	고승범	후39	0	0	0	0
0	0	0	0		조지훈	6			66	김태환		0	0	0	0
0	0	0	0		오범석	14			14	전세진	후21	0	0	0	0
0	0	0	0		최치원	15			27	한석희		0	0	0	0
0	0	0	0	후0	김지현	77			10	데얀		0	0	0	0
0	1	8	15(6)			0			0			10(6)	19	1	0

● 후반 14분 민상기 자기 측 GA 정면 R자책골 (득점: 민상기) 가운데

● 전반 13분 김종우 C.KR ↷ 타가트 GA 정면 H-ST-G (득점: 타가트/ 도움: 김종우) 오른쪽

● 후반 11분 유주안 PAR → 타가트 AKR R-ST-G (득점: 타가트/ 도움: 유주안) 왼쪽

● 후반 49분 전세진 GAL EL ~ 타가트 GA 정면 R-ST-G (득점: 타가트/ 도움: 전세진) 오른쪽

• 8월 17일 • 19:00 • 맑음 • 탄천 종합 • 9,464명
• 주심_ 김용우 • 부심_ 양재용·박균용 • 대기심_ 최현재 • 경기감독관_ 허기태

성남 1 0 전반 0 / 1 후반 0 **0 서울**

퇴장	경고	파울	ST(유)	교체	선수명	배번	위치	위치	배번	선수명	교체	ST(유)	파울	경고	퇴장
0	0	0	0		김동준	1	GK	GK	1	유상훈		0	0	0	0
0	0	0	0		연제운	20	DF	DF	6	김주성		0	0	0	0
0	0	1	0		임채민	26	DF	DF	24	정현철		1	0	0	0
0	0	0	0		임승겸	40	DF	DF	2	황현수		1	1	0	0
0	0	0	1(1)		서보민	11	MF	MF	14	김한길		0	3	1	0
0	0	2	1	4	김동현	14	MF	MF	13	고요한		0	5	1	0
0	0	2	2(1)		박태준	24	MF	MF	5	오스마르		3(1)	0	0	0
0	0	0	0	2	주현우	8	MF	MF	9	알리바예프		0	1	0	0
0	0	1	4(2)		공민현	9	FW	MF	8	정원진	23	0	0	0	0
0	0	0	3(2)		문상윤	10	FW	FW	72	페시치		1(1)	2	0	0
0	0	3	2	5	김현성	22	FW	FW	50	박동진	19	3(1)	1	0	0
0	0	0	0		김근배	21			21	양한빈		0	0	0	0
0	0	1	0	후13	박원재	2			3	이웅희		0	0	0	0
0	0	0	0	후43	이창용	4			15	김원식		0	0	0	0
0	0	0	0	후37	안영규	5	대기	대기	23	윤종규	후0	0	1	0	0
0	0	0	0		최병찬	33			28	황기욱		0	0	0	0
0	0	0	0		이은범	13			33	이인규		0	0	0	0
0	0	0	0		이현일	18			19	윤주태	후19	2(1)	1	0	0
0	0	10	13(6)			0			0			11(4)	15	2	0

• 8월 17일 • 19:30 • 맑음 • DGB대구은행파크 • 9,590명
• 주심_ 고형진 • 부심_ 곽승순·김성일 • 대기심_ 김영수 • 경기감독관_ 김성기

대구 1 1 전반 0 / 0 후반 0 **0 경남**

퇴장	경고	파울	ST(유)	교체	선수명	배번	위치	위치	배번	선수명	교체	ST(유)	파울	경고	퇴장
0	0	0	0		조현우	21	GK	GK	31	손정현		0	0	0	0
0	0	0	1(1)		정태욱	4	DF	DF	23	이광선		0	1	0	0
0	0	1	0		김우석	3	DF	DF	5	곽태휘		0	1	0	0
0	0	1	1(1)		박병현	66	DF	DF	50	김종필		0	1	0	0
0	1	2	1(1)		김동진	92	MF	MF	18	오스만		0	2	0	0
0	0	4	0		김선민	88	MF	MF	13	김준범		0	1	0	0
0	1	1	0	6	황순민	20	MF	MF	22	쿠니모토		2(1)	2	0	0
0	0	0	0	29	정승원	18	MF	MF	15	우주성	2	0	1	1	0
0	0	1	5(2)		세징야	11	FW	FW	9	룩	7	0	1	0	0
0	0	0	2(1)	7	김대원	14	FW	FW	20	김효기	10	2	3	0	0
0	0	1	2(1)		에드가	9	FW	FW	55	제리치		3(3)	2	1	0
0	0	0	0		이준희	25			25	이범수		0	0	0	0
0	0	0	0	후28	한희훈	6			16	이광진		0	0	0	0
0	0	0	0		강윤구	16			2	박광일	후28	0	0	0	0
0	0	0	0	후40	류재문	29	대기	대기	88	김종진		0	0	0	0
0	0	0	0		박한빈	36			14	조재철		0	0	0	0
0	0	0	0		오후성	37			7	배기종	후17	0	0	0	0
0	0	0	0	후15	히우두	7			10	김승준	후40	0	0	0	0
0	2	11	12(7)			0			0			7(4)	15	2	0

● 전반 2분 세징야 PAL 내 ↷ 정태욱 GA 정면 H-ST-G (득점: 정태욱/ 도움: 세징야) 오른쪽

• 8월 18일 • 19:00 • 맑음 • 인천 전용 • 7,609명
• 주심_ 김동진 • 부심_ 노수용·방기열 • 대기심_ 성덕효 • 경기감독관_ 김용세

인천 0 0 전반 0 / 0 후반 0 **0 제주**

퇴장	경고	파울	ST(유)	교체	선수명	배번	위치	위치	배번	선수명	교체	ST(유)	파울	경고	퇴장
0	0	0	0		정산	1	GK	GK	32	오승훈		0	0	0	0
0	0	1	1(1)		김진야	13	DF	DF	3	정우재		1	1	0	0
0	0	1	2		김정호	44	DF	DF	36	김동우		0	0	0	0
0	0	0	0		이재성	15	DF	DF	40	최규백		0	1	0	0
0	0	0	1		곽해성	26	DF	DF	6	박진포		0	5	0	0
0	0	1	0	7	명준재	23	MF	MF	14	이창민		5(2)	1	0	0
0	0	1	2		장윤호	34	MF	MF	7	권순형	42	1	1	0	0
0	0	1	0		마하지	5	MF	MF	33	강윤성		2(1)	2	0	0
0	0	1	1(1)	19	김호남	37	MF	FW	24	윤일록		4(3)	6	0	0
0	0	3	4(1)	11	케힌데	10	FW	MF	11	남준재	17	0	2	0	0
0	1	3	4(2)		무고사	9	FW	FW	38	이근호	9	0	0	0	0
0	0	0	0		이태희	21			1	황성민		0	0	0	0
0	0	0	0		이지훈	3			37	김원일		0	0	0	0
0	0	0	0		김근환	4			17	안현범	후9	1(1)	1	0	0
0	0	1	2(1)	후17	김도혁	7	대기	대기	42	이동희	후41	1	0	0	0
0	0	0	0	후30	문창진	11			28	서진수		0	0	0	0
0	0	0	0	후35	서재민	19			9	오사구오나	후15	0	1	1	0
0	0	0	0		정훈성	28			10	마그노		0	0	0	0
0	1	13	17(6)			0			0			15(7)	21	1	0

• 8월 18일 • 20:00 • 맑음 • 상주 시민 • 1,822명
• 주심_ 김희곤 • 부심_ 김계용·지승민 • 대기심_ 서동진 • 경기감독관_ 김형남

상주 2 1 전반 0 / 1 후반 1 **1 포항**

퇴장	경고	파울	ST(유)	교체	선수명	배번	위치	위치	배번	선수명	교체	ST(유)	파울	경고	퇴장
0	0	0	0		윤보상	21	GK	GK	1	류원우		0	0	0	0
0	0	0	0		김영빈	2	DF	DF	2	심상민		0	0	0	0
0	0	2	0	11	김민우	7	MF	DF	4	전민광		0	1	1	0
0	0	1	1		심동운	10	FW	DF	5	하창래		0	2	0	0
0	0	0	1(1)		권완규	12	DF	DF	13	김용환		1(1)	1	0	0
0	1	1	2(2)		윤빛가람	14	MF	MF	14	최영준		0	4	0	0
0	1	0	2(2)		박용지	19	FW	MF	57	이수빈	26	1	2	1	0
0	0	0	0		백동규	20	MF	MF	29	송민규	16	2(1)	0	0	0
0	0	1	0		이태희	32	DF	MF	8	이진현	11	0	1	0	0
0	0	2	2	5	류승우	36	MF	MF	77	완델손		4(1)	1	0	0
0	0	0	0	16	강상우	37	DF	FW	10	일류첸코		6(4)	1	0	0
0	0	0	0		권태안	1			31	강현무		0	0	0	0
0	0	0	0	후30	마상훈	5			24	배슬기		0	0	0	0
0	0	0	0		이상협	8			19	이상기		0	0	0	0
0	0	0	0	후38	김경중	11	대기	대기	6	정재용		0	0	0	0
0	0	0	0	후47	송수영	16			26	팔로세비치	후39	0	0	0	0
0	0	0	0		배신영	22			11	이광혁	후0	0	0	0	0
0	0	0	0		김경재	23			16	허용준	후32	1(1)	1	0	0
0	2	7	8(5)			0			0			15(8)	14	2	0

● 전반 8분 윤빛가람 GA 정면 R-ST-G (득점: 윤빛가람) 오른쪽

● 후반 23분 윤빛가람 자기 측 MF 정면 ~ 박용지 GAL L-ST-G (득점: 박용지/ 도움: 윤빛가람) 왼쪽

● 후반 17분 일류첸코 AK 내 ~ 김용환 PAR R-ST-G (득점: 김용환/ 도움: 일류첸코) 오른쪽

• 8월 23일 • 19:30 • 맑음 • 창원 축구센터 • 4,111명

• 주심_ 김대용 • 부심_ 이정민·방기열 • 대기심_ 신용준 • 경기감독관_ 김진의

경남 2 　 2 전반 0 / 0 후반 0 　 **0 수원**

퇴장	경고	파울	ST(유)	교체	선수명	배번	위치	위치	배번	선수명	교체	ST(유)	파울	경고	퇴장
0	0	0	0		손 정 현	31	GK	GK	1	김 다 솔		0	0	0	0
0	0	0	0		이 광 선	23	DF	DF	5	조 성 진	14	0	1	0	0
0	0	0	1		우 주 성	15	DF	DF	39	민 상 기		1(1)	1	0	0
0	0	3	0		김 종 필	50	DF	DF	15	구 자 룡		0	0	0	0
0	1	3	1		오 스 만	18	MF	MF	33	홍 철		1	0	0	0
0	0	0	0		김 준 범	13	MF	MF	25	최 성 근		1	5	0	0
0	1	2	0	22	하 성 민	4	MF	MF	17	김 종 우		4(2)	1	0	0
0	0	1	1		이 광 진	16	MF	MF	90	구 대 영		1	0	0	0
0	0	1	0	7	룩	9	FW	FW	9	한 의 권		2	1	0	0
0	0	0	1(1)		김 승 준	10	FW	FW	28	유 주 안	7	0	0	0	0
0	1	4	4(3)	20	제 리 치	55	FW	FW	18	타 가 트	27	5(2)	0	0	0
0	0	0	0		이 범 수	25			29	박 지 민		0	0	0	0
0	0	0	0		박 태 홍	28			3	양 상 민		0	0	0	0
0	0	0	0		박 광 일	2			13	박 형 진		0	0	0	0
0	0	0	0		김 종 진	88	대기	대기	77	고 승 범		0	0	0	0
0	0	1	4(3)	후0	쿠니모토	22			14	전 세 진	후0	3(2)	1	1	0
0	0	0	0	후35	배 기 종	7			27	한 석 희	후40	0	0	0	0
0	0	0	0	후25	김 효 기	20			7	바그닝요	후6	2	1	0	0
0	3	15	12(7)			0			0			20(7)	11	1	0

● 전반 27분 김승준 PA 정면 ~ 제리치 PAR 내 L-ST-G (득점: 제리치/ 도움: 김승준) 왼쪽

● 전반 44분 이광진 MFR ↷ 제리치 PK 지점 H-ST-G (득점: 제리치/ 도움: 이광진) 오른쪽

• 8월 24일 • 19:00 • 맑음 • 전주 월드컵 • 16,576명

• 주심_ 고형진 • 부심_ 노수용·김성일 • 대기심_ 성덕효 • 경기감독관_ 최상국

전북 1 　 0 전반 0 / 1 후반 1 　 **1 성남**

퇴장	경고	파울	ST(유)	교체	선수명	배번	위치	위치	배번	선수명	교체	ST(유)	파울	경고	퇴장
0	0	0	0		송 범 근	31	GK	GK	1	김 동 준		0	0	0	0
0	0	0	1(1)		이 용	2	DF	DF	20	연 제 운		0	0	0	0
0	0	2	1	20	홍 정 호	26	DF	DF	26	임 채 민		1(1)	2	0	0
0	0	1	0		최 보 경	6	DF	DF	40	임 승 겸		0	0	1	0
0	0	1	0		김 진 수	22	DF	MF	13	이 은 범	11	1	0	0	0
0	0	0	1	14	신 형 민	4	MF	MF	15	문 지 환		0	1	0	0
0	0	0	3(2)		손 준 호	28	MF	MF	24	박 태 준		2(1)	2	1	0
0	0	2	3(1)		한 승 규	42	MF	FW	33	최 병 찬	5	2(1)	1	0	0
0	0	1	4(3)		로 페 즈	10	MF	MF	8	주 현 우	4	0	0	0	0
0	0	1	2(1)		문 선 민	27	MF	FW	9	공 민 현		1	3	0	0
0	0	1	0	91	김 승 대	9	FW	FW	22	김 현 성		0	3	0	0
0	0	0	0		김 정 훈	51			21	김 근 배		0	0	0	0
0	0	0	0		최 철 순	25			4	이 창 용	전39	0	1	0	0
0	0	0	0		권 경 원	21			5	안 영 규	후38	0	0	0	0
0	0	1	2(1)	후13	이 승 기	14	대기	대기	10	문 상 윤		0	0	0	0
0	0	0	0		한 교 원	7			11	서 보 민	후5	0	0	0	0
0	0	2	3(2)	후13	호 사	91			14	김 동 현		0	0	0	0
0	0	0	0	후25	이 동 국	20			23	박 관 우		0	0	0	0
0	0	12	20(11)			0			0			7(3)	13	2	0

● 후반 43분 문선민 MFL ↷ 호사 GAR L-ST-G (득점: 호사/ 도움: 문선민) 오른쪽

● 후반 12분 임채민 PK-R-G(득점: 임채민) 오른쪽

• 8월 24일 • 19:00 • 맑음 • 울산 종합 • 7,507명

• 주심_ 최현재 • 부심_ 곽승순·박균용 • 대기심_ 김동진 • 경기감독관_ 김호영

울산 5 　 2 전반 1 / 3 후반 0 　 **1 상주**

퇴장	경고	파울	ST(유)	교체	선수명	배번	위치	위치	배번	선수명	교체	ST(유)	파울	경고	퇴장
0	0	0	0		김 승 규	81	GK	GK	21	윤 보 상		0	0	0	0
0	1	3	0		박 주 호	33	DF	DF	2	김 영 빈		1	1	0	0
0	1	1	3(2)		강 민 수	4	DF	MF	7	김 민 우	36	0	1	0	0
0	0	2	1		윤 영 선	20	DF	FW	10	심 동 운	11	1(1)	0	0	0
0	0	2	0		김 태 환	23	DF	DF	12	권 완 규		0	1	1	0
0	0	2	0		박 용 우	19	MF	FW	19	박 용 지		3(2)	0	0	0
0	0	1	0		신 진 호	10	MF	MF	20	백 동 규		2(1)	1	0	0
0	0	1	2(2)	8	김 인 성	7	MF	MF	24	이 규 성		0	1	0	0
0	0	2	0	18	이 근 호	11	MF	MF	27	김 민 혁		1(1)	1	0	0
0	0	2	1(1)	15	김 보 경	14	MF	DF	32	이 태 희		0	1	0	0
0	0	0	8(6)		주 니 오	9	FW	DF	37	강 상 우	16	0	1	1	0
0	0	0	0		조 수 혁	1			1	권 태 안		0	0	0	0
0	0	0	0		김 수 안	29			5	마 상 훈		0	0	0	0
0	0	0	0		정 동 호	22			11	김 경 중	후26	0	0	0	0
0	0	0	0		믹 스	42	대기	대기	16	송 수 영	후23	2(2)	0	0	0
0	0	0	0	후34	이 동 경	15			22	배 신 영		0	0	0	0
0	0	0	2(2)	후24	황 일 수	8			23	김 경 재		0	0	0	0
0	0	0	0	후38	주 민 규	18			36	류 승 우	후16	1(1)	1	0	0
0	2	16	17(13)			0			0			11(8)	9	2	0

● 전반 21분 신진호 C.KR ↷ 강민수 PK 좌측지점 H-ST-G (득점: 강민수/ 도움: 신진호) 왼쪽

● 전반 26분 김보경 PAL 내 L-ST-G (득점: 김보경) 왼쪽

● 후반 12분 이근호 PAL 내 ↷ 김인성 GAR 내 R-ST-G (득점: 김인성/ 도움: 이근호) 오른쪽

● 후반 26분 이근호 MFR ~ 황일수 PK 지점 R-ST-G (득점: 황일수/ 도움: 이근호) 왼쪽

● 후반 29분 황일수 GAL R-ST-G (득점: 황일수) 왼쪽

● 전반 41분 심동운 PA 정면내 ~ 김민혁 GAL L-ST-G (득점: 김민혁/ 도움: 심동운) 오른쪽

• 8월 24일 • 19:30 • 흐림 DGB대구은행파크 • 10,534명

• 주심_ 김용우 • 부심_ 김계용·양재용 • 대기심_ 김덕철 • 경기감독관_ 나승화

대구 3 　 3 전반 0 / 0 후반 1 　 **1 강원**

퇴장	경고	파울	ST(유)	교체	선수명	배번	위치	위치	배번	선수명	교체	ST(유)	파울	경고	퇴장
0	1	0	0		조 현 우	21	GK	GK	1	김 호 준		0	0	0	0
0	0	1	0	6	김 우 석	3	DF	DF	22	정 승 용		0	1	0	0
0	0	0	0		정 태 욱	4	DF	DF	37	윤 석 영		0	2	1	0
0	0	0	0		박 병 현	66	DF	DF	17	신 광 훈		1	2	0	0
1	0	2	0		김 동 진	92	MF	DF	14	오 범 석		0	4	1	0
0	1	2	0		김 선 민	88	MF	MF	13	한 국 영		4(2)	1	0	0
0	0	1	1(1)		황 순 민	20	MF	MF	6	조 지 훈	77	3(2)	0	0	0
0	0	3	0		정 승 원	18	MF	MF	34	이 영 재	29	2(1)	0	0	0
0	0	0	3(3)	7	세 징 야	11	FW	FW	18	조 재 완		3(3)	1	0	0
0	0	1	3(1)		김 대 원	14	FW	FW	23	강 지 훈	19	0	0	0	0
0	0	3	0	29	에 드 가	9	FW	FW	9	정 조 국		3(2)	0	0	0
0	0	0	0		이 준 희	25			16	함 석 민		0	0	0	0
0	0	0	0	후35	한 희 훈	6			19	박 창 준	후30	0	0	0	0
0	0	0	0		김 준 엽	17			44	나카자토		0	0	0	0
0	0	0	0	후46	류 재 문	29	대기	대기	20	한 용 수		0	0	0	0
0	0	0	0		오 후 성	37			29	이 현 식	후30	2(2)	0	0	0
0	0	0	0		박 기 동	22			33	지 의 수		0	0	0	0
0	0	0	0	후40	히 우 두	7			77	김 지 현	후0	5(2)	0	0	0
1	2	13	7(5)			0			0			23(14)	11	2	0

● 전반 9분 에드가 AK 정면 ~ 세징야 PK 좌측지점 R-ST-G (득점: 세징야/ 도움: 에드가) 왼쪽

● 전반 16분 세징야 AKL ~ 김대원 PAL 내 R-ST-G (득점: 김대원/ 도움: 세징야) 오른쪽

● 전반 27분 에드가 자기 측 HL 정면 → 세징야 PA 정면내 R-ST-G (득점: 세징야/ 도움: 에드가) 왼쪽

● 후반 33분 이현식 GA 정면내 R-ST-G (득점: 이현식) 왼쪽

• 8월 25일 • 19:00 • 맑음 • 포항 스틸야드 • 6,833명
• 주심_ 정동식 • 부심_ 윤광열 · 김지욱 • 대기심_ 조지음 • 경기감독관_ 신홍기

포항 5 | 2 전반 1 / 3 후반 2 | **3 인천**

퇴장	경고	파울	ST(유)	교체	선수명	배번	위치	위치	배번	선수명	교체	ST(유)	파울	경고	퇴장
0	0	0	0		강현무	31	GK	GK	1	정산		0	0	0	0
0	0	1	0		심상민	2	DF	DF	13	김진야		0	0	0	0
0	0	0	0		김광석	3	DF	DF	36	여성해		0	0	0	0
0	0	0	1(1)		하창래	5	DF	DF	15	이재성		1(1)	0	0	0
0	0	0	0		김용환	13	DF	DF	26	곽해성		0	1	0	0
0	0	2	1		정재용	6	MF	MF	28	정훈성	23	0	0	0	0
0	1	2	0		최영준	14	MF	MF	7	김도혁		2	4	1	0
0	0	1	3(3)	11	송민규	29	MF	MF	34	장윤호		0	1	0	0
0	0	1	0	26	이진현	8	MF	MF	37	김호남	3	1(1)	0	0	0
0	0	0	5(4)		완델손	77	MF	FW	10	케힌데	11	1(1)	0	0	0
0	2	4	1(1)		일류첸코	10	FW	FW	9	무고사		2(2)	0	0	0
0	0	0	0		이준	21			21	이태희		0	0	0	0
0	0	0	0		배슬기	24			3	이지훈	후37	0	0	0	0
0	0	0	0		이상기	19			44	김정호		0	0	0	0
0	0	0	2(1)	후18	이광혁	11	대기	대기	11	문창진	후16	0	0	0	0
0	0	0	0		허용준	16			22	김강국		0	0	0	0
0	0	0	0		이승모	27			19	서재민		0	0	0	0
0	0	0	0	후23	팔로세비치	26			23	명준재	후16	1	2	1	0
0	3	11	13(10)			0			0			8(5)	8	2	0

● 전반 10분 완델손 PAR 내 EL ~ 일류첸코 GAR R-ST-G (득점: 일류첸코/ 도움: 완델손) 왼쪽
● 전반 30분 최영준 AK 정면 ~ 완델손 PAR 내 L-ST-G (득점: 완델손/ 도움: 최영준) 왼쪽
● 후반 8분 완델손 C,KL ↷ 하창래 GA 정면 H-ST-G (득점: 하창래/ 도움: 완델손) 오른쪽
● 후반 36분 팔로세비치 자기 측 MFL ↷ 완델손 GAL EL L-ST-G (득점: 완델손/ 도움: 팔로세비치) 왼쪽
● 후반 46분 심상민 자기 측MFL TL ↷ 완델손 GA 정면 L-ST-G (득점: 완델손/ 도움: 심상민) 가운데
● 전반 39분 김호남 GAL 내 L-ST-G (득점: 김호남) 왼쪽
● 후반 15분 무고사 GAR 내 R-ST-G (득점: 무고사) 왼쪽
● 후반 18분 명준재 PA 정면 ~ 무고사 AK 정면 R-ST-G (득점: 무고사/ 도움: 명준재) 오른쪽

• 8월 25일 • 19:00 • 흐림 • 제주 월드컵 • 4,762명
• 주심_ 이동준 • 부심_ 박상준 · 구은석 • 대기심_ 서동진 • 경기감독관_ 김형남

제주 1 | 0 전반 1 / 1 후반 0 | **1 서울**

퇴장	경고	파울	ST(유)	교체	선수명	배번	위치	위치	배번	선수명	교체	ST(유)	파울	경고	퇴장
0	0	0	0		오승훈	32	GK	GK	1	유상훈		0	0	0	0
0	0	0	1		정우재	3	DF	DF	2	황현수		0	2	0	0
0	0	2	0		김동우	36	DF	DF	24	정현철		0	2	0	0
0	0	0	0		최규백	40	DF	DF	3	이웅희	20	1	2	0	0
0	0	2	0		박진포	6	DF	MF	27	고광민		0	0	0	0
0	0	2	3(3)		이창민	14	MF	MF	23	윤종규		0	2	1	0
0	0	1	0		강윤성	33	MF	MF	5	오스마르		1	0	0	0
0	0	2	2(1)		윤일록	24	MF	MF	8	정원진	15	1	1	0	0
0	0	0	0	17	남준재	11	MF	MF	9	알리바예프		2(1)	1	1	0
0	0	0	1(1)	23	마그노	10	FW	FW	72	페시치		2(1)	3	0	0
0	0	0	0	9	이근호	38	FW	FW	19	윤주태	50	3(1)	2	0	0
0	0	0	0		이창근	18			21	양한빈		0	0	0	0
0	0	0	0		김승우	4			4	김남춘		0	0	0	0
0	0	0	1	후8	안현범	17			15	김원식	후34	0	0	0	0
0	0	0	0		권순형	7	대기	대기	20	박준영	후43	0	0	0	0
0	0	0	2(1)	후29	아길라르	23			7	신재원		0	0	0	0
0	0	0	0		임상협	22			50	박동진	후34	1	0	0	0
0	0	4	2(1)	후8	오사구오나	9			33	이인규		0	0	0	0
0	0	13	12(7)			0			0			11(3)	15	2	0

● 후반 47분 아길라르 AKR FK L-ST-G (득점: 아길라르) 왼쪽
● 전반 31분 정원진 C,KL ↷ 윤주태 GAL H-ST-G (득점: 윤주태/ 도움: 정원진) 오른쪽

• 8월 30일 • 20:00 • 맑음 • 수원 월드컵 • 6,515명
• 주심_ 박병진 • 부심_ 노수용 · 양재용 • 대기심_ 정동식 • 경기감독관_ 허기태

수원 1 | 0 전반 0 / 1 후반 0 | **0 제주**

퇴장	경고	파울	ST(유)	교체	선수명	배번	위치	위치	배번	선수명	교체	ST(유)	파울	경고	퇴장
0	0	0	0		노동건	19	GK	GK	32	오승훈		0	0	0	0
0	0	0	0		박형진	13	DF	DF	40	최규백		1	0	0	0
0	0	0	1	5	민상기	39	DF	DF	20	조용형		0	0	0	0
0	0	2	0		구자룡	15	DF	DF	37	김원일	7	0	3	0	0
0	1	1	0		홍철	33	MF	MF	6	박진포		0	4	0	0
0	0	1	0		최성근	25	MF	MF	17	안현범		0	1	0	0
0	0	4	1(1)		김종우	17	MF	MF	33	강윤성	38	0	1	0	0
0	0	4	1(1)		구대영	90	MF	MF	14	이창민		1	0	0	0
0	0	3	1	30	바그닝요	7	FW	FW	24	윤일록		2(1)	2	0	0
0	0	1	0	8	유주안	28	FW	FW	10	마그노	23	1	1	0	0
0	0	1	4(3)		한의권	9	FW	FW	9	오사구오나		4	4	1	0
0	0	0	0		박지민	29			1	황성민		0	0	0	0
0	0	0	0		양상민	3			4	김승우		0	0	0	0
0	0	1	0	후28	조성진	5			2	김대호		0	0	0	0
0	0	0	0		고승범	77	대기	대기	7	권순형	후19	1(1)	0	0	0
0	0	0	2(1)	후12	안토니스	8			11	남준재		0	0	0	0
0	0	0	0	후24	신세계	30			23	아길라르	후30	1(1)	1	0	0
0	0	0	0		한석희	27			38	이근호	후24	0	1	0	0
0	1	18	10(6)			0			0			11(3)	18	1	0

● 후반 15분 구대영 GA 정면내 H-ST-G (득점: 구대영) 왼쪽

• 8월 31일 • 19:00 • 맑음 • 포항 스틸야드 • 7,241명
• 주심_ 김대용 • 부심_ 곽승순 · 방기열 • 대기심_ 성덕효 • 경기감독관_ 김성기

포항 1 | 1 전반 0 / 0 후반 0 | **0 성남**

퇴장	경고	파울	ST(유)	교체	선수명	배번	위치	위치	배번	선수명	교체	ST(유)	파울	경고	퇴장
0	0	0	0		강현무	31	GK	GK	1	김동준		0	0	0	0
0	0	0	0		심상민	2	DF	DF	20	연제운		0	1	0	0
0	0	1	0		김광석	3	DF	DF	26	임채민	5	0	0	0	0
0	0	1	0		하창래	5	DF	DF	4	이창용		0	0	0	0
0	0	1	0		김용환	13	DF	MF	13	이은범	11	0	3	1	0
0	0	0	0		정재용	6	MF	MF	14	김동현		0	2	1	0
0	0	2	0		최영준	14	MF	MF	24	박태준		2	3	0	0
0	0	0	2(2)	11	송민규	29	MF	MF	2	박원재		1(1)	0	0	0
0	0	0	0	26	이진현	8	MF	FW	9	공민현		0	0	0	0
0	0	0	3(1)		완델손	77	MF	FW	10	문상윤	33	2(2)	0	0	0
0	0	1	2(1)	17	허용준	16	FW	FW	22	김현성		0	1	0	0
0	0	0	0		류원우	1			21	김근배		0	0	0	0
0	0	0	0		배슬기	24			5	안영규	전41	0	0	0	0
0	0	0	0		이상기	19			11	서보민	전36	1	1	0	0
0	0	0	0		이수빈	57	대기	대기	15	문지환		0	0	0	0
0	0	1	0	후30	하승운	17			33	최병찬	후32	0	0	0	0
0	1	1	2(2)	후22	이광혁	11			18	이현일		0	0	0	0
0	0	0	0	후9	팔로세비치	26			19	마티아스		0	0	0	0
0	1	8	9(6)			0			0			6(3)	11	2	0

● 전반 2분 이진현 PA 정면 ~ 송민규 PA 정면 내 R-ST-G (득점: 송민규/ 도움: 이진현) 가운데

• 9월 01일 • 19:00 • 맑음 • 춘천 송암 • 3,010명
• 주심_ 김우성 • 부심_ 윤광열·김지욱 • 대기심_ 정회수 • 경기감독관_ 김용세

강원 2 0 전반 0 / 2 후반 0 **0 경남**

퇴장	경고	파울	ST(유)	교체	선수명	배번	위치	위치	배번	선수명	교체	ST(유)	파울	경고	퇴장
0	0	0	0		김호준	1	GK	GK	31	손정현		0	0	0	0
0	0	0	0		나카자토	44	DF	DF	23	이광선		0	3	2	0
0	0	2	1		발렌티노스	4	DF	DF	15	우주성		0	2	1	0
0	0	1	0		신광훈	17	DF	DF	50	김종필	28	0	2	1	0
0	1	0	0		김오규	99	DF	MF	18	오스만		1	0	0	0
0	0	0	3(2)		한국영	13	MF	MF	13	김준범		0	2	0	0
0	0	1	2(1)		이현식	29	MF	MF	22	쿠니모토	7	0	1	0	0
0	0	1	4(2)	8	이영재	34	MF	MF	16	이광진		0	1	0	0
0	0	0	0		조재완	18	FW	FW	20	김효기	9	0	0	0	0
0	1	1	0	22	강지훈	23	FW	FW	10	김승준		0	0	0	0
0	0	0	1(1)	77	정조국	9	FW	FW	55	제리치		3(1)	1	0	0
0	0	0	0		이광연	31			25	이범수		0	0	0	0
0	0	0	0		이호인	3			28	박태홍	후38	0	1	1	0
0	0	0	2	후23	정승용	22			2	박광일		0	0	0	0
0	0	0	0		오범석	14	대기	대기	88	김종진		0	0	0	0
0	0	1	0	후33	이재권	8			14	조재철		0	0	0	0
0	0	0	0		김현욱	11			7	배기종	후38	0	0	0	0
0	0	1	2(1)	후14	김지현	77			9	룩	후11	1	1	0	0
0	2	8	15(7)			0			0			5(1)	14	5	0

● 후반 32분 이영재 PK-L-G (득점: 이영재) 왼쪽
● 후반 45분 조재완 자기 측C.KL ~ 한국영 PA 정면 R-ST-G (득점: 한국영/ 도움: 조재완) 왼쪽

• 9월 01일 • 19:00 • 흐림 • 인천 전용 • 7,370명
• 주심_ 고형진 • 부심_ 김계용·김성일 • 대기심_ 성덕효 • 경기감독관_ 김형남

인천 3 0 전반 1 / 3 후반 2 **3 울산**

퇴장	경고	파울	ST(유)	교체	선수명	배번	위치	위치	배번	선수명	교체	ST(유)	파울	경고	퇴장
0	0	0	0		정산	1	GK	GK	81	김승규		0	0	0	0
0	0	0	0	10	김진야	13	DF	DF	33	박주호	13	0	1	0	0
0	0	0	0		여성해	36	DF	DF	29	김수안		1(1)	0	0	0
0	1	1	1(1)		이재성	15	DF	DF	20	윤영선		0	0	0	0
0	0	1	0		곽해성	26	DF	DF	23	김태환		0	0	0	0
0	0	1	0	47	명준재	23	MF	MF	19	박용우		1	4	0	0
0	0	1	2		김도혁	7	MF	MF	10	신진호		1	3	0	0
0	0	0	1(1)		장윤호	34	MF	MF	7	김인성		2(2)	2	0	0
0	0	2	1		김호남	37	MF	MF	14	김보경		2(1)	1	0	0
0	1	0	7(5)		무고사	9	FW	MF	15	이동경	11	3(1)	1	1	0
0	0	1	0	44	지언학	27	FW	FW	9	주니오	18	4(3)	0	0	0
0	0	0	0		이태희	21			31	문정인		0	0	0	0
0	0	0	0	후48	김정호	44			3	김민덕		0	0	0	0
0	0	0	0	후25	김동민	47			13	이명재	후29	0	0	0	0
0	0	0	0		문창진	11	대기	대기	42	믹스		0	0	0	0
0	0	0	0		이제호	25			11	이근호	후0	1(1)	0	0	0
0	0	0	0	후38	케힌데	10			8	황일수		0	0	0	0
0	0	0	0		서재민	19			18	주민규	후26	1	0	0	0
0	2	7	12(7)			0			0			16(9)	12	1	0

● 후반 21분 지언학 PAR 내 ~ 무고사 GA 정면 R-ST-G (득점: 무고사/ 도움: 지언학) 오른쪽
● 후반 42분 김도혁 C.KR ↷ 무고사 PAR 내 H-ST-G (득점: 무고사/ 도움: 김도혁) 오른쪽
● 후반 47분 여성해 AK 내 ~ 무고사 PAR 내 R-ST-G (득점: 무고사/ 도움: 여성해) 오른쪽
● 전반 40분 김인성 PAR EL ↷ 주니오 GAR 내 H-ST-G (득점: 주니오/ 도움: 김인성) 가운데
● 후반 8분 주니오 GAR 내 R-ST-G (득점: 주니오) 오른쪽
● 후반 44분 신진호 MFR ↷ 이근호 GA 정면 H-ST-G (득점: 이근호/ 도움: 신진호) 오른쪽

• 9월 01일 • 19:00 • 맑음 • 상주 시민 • 2,968명
• 주심_ 조지음 • 부심_ 박상준·구은석 • 대기심_ 김영수 • 경기감독관_ 양정환

상주 1 1 전반 0 / 0 후반 1 **1 대구**

퇴장	경고	파울	ST(유)	교체	선수명	배번	위치	위치	배번	선수명	교체	ST(유)	파울	경고	퇴장
0	0	0	0		권태안	1	GK	GK	21	조현우		0	0	0	0
0	0	1	1(1)	20	김영빈	2	DF	DF	3	김우석	37	0	1	1	0
0	1	2	1		마상훈	5	DF	DF	4	정태욱		1	3	0	0
0	0	2	0		김민우	7	DF	DF	66	박병현		0	0	0	0
0	0	0	1(1)		심동운	10	FW	MF	92	김동진	7	1(1)	0	0	0
0	0	1	0	36	안진범	13	MF	MF	88	김선민		0	1	0	0
0	0	3	2		윤빛가람	14	MF	MF	20	황순민		1(1)	0	0	0
0	0	1	2(2)		박용지	19	FW	MF	18	정승원		0	3	0	0
0	0	0	0		김경재	23	MF	FW	11	세징야		4	0	0	0
0	0	0	0		이규성	24	MF	FW	14	김대원		1	0	0	0
0	0	2	0		이태희	32	DF	FW	9	에드가		2(1)	0	0	0
0	0	0	0		황병근	31			25	이준희		0	0	0	0
0	0	0	0		김경중	11			6	한희훈		0	0	0	0
0	1	0	0	후28	백동규	20			16	강윤구		0	0	0	0
0	0	0	0		배신영	22	대기	대기	29	류재문		0	0	0	0
0	0	1	0	후20	류승우	36			37	오후성	후35	0	0	0	0
0	0	0	0		강상우	37			38	장성원		0	0	0	0
0	0	0	0		이찬동	38			7	히우두	후0	2(1)	0	0	0
0	2	13	7(4)			0			0			12(4)	8	1	0

● 전반 6분 이규성 MF 정면 ~ 박용지 GAL L-ST-G (득점: 박용지/ 도움: 이규성) 가운데
● 후반 42분 에드가 PK-R-G(득점: 에드가) 가운데

• 9월 01일 • 19:00 • 맑음 • 서울 월드컵 • 25,333명
• 주심_ 김동진 • 부심_ 이정민·박균용 • 대기심_ 최일우 • 경기감독관_ 차상해

서울 0 0 전반 2 / 0 후반 0 **2 전북**

퇴장	경고	파울	ST(유)	교체	선수명	배번	위치	위치	배번	선수명	교체	ST(유)	파울	경고	퇴장
0	0	0	0		유상훈	1	GK	GK	31	송범근		0	0	0	0
0	0	0	0		김주성	6	DF	MF	2	이용		0	3	0	0
0	1	0	0		정현철	24	DF	DF	92	김민혁		0	0	0	0
0	1	3	0		황현수	2	DF	DF	6	최보경		0	1	0	0
0	0	0	0		고광민	27	MF	DF	21	권경원	25	0	4	0	0
0	0	0	2(2)	8	윤종규	23	MF	MF	22	김진수		1(1)	3	0	0
0	0	0	0		오스마르	5	MF	MF	28	손준호		2(1)	2	1	0
0	0	4	0		고요한	13	MF	MF	14	이승기		1	1	0	0
0	0	1	0		알리바예프	9	MF	FW	10	로페즈		6(5)	1	0	0
0	0	1	0	19	페시치	72	FW	FW	27	문선민	7	3(1)	3	0	0
0	0	0	1	18	박동진	50	FW	FW	91	호사	20	2(2)	1	0	0
0	0	0	0		양한빈	21			51	김정훈		0	0	0	0
0	0	0	0		김남춘	4			25	최철순	후32	0	0	0	0
0	0	0	0		김원석	15			4	신형민		0	0	0	0
0	0	0	0		신재원	7	대기	대기	42	한승규		0	0	0	0
0	1	2	3(3)	후0	정원진	8			7	한교원	후29	1	0	0	0
0	1	0	0	후0	조영욱	18			9	김승대		0	0	0	0
0	0	0	0	후42	윤주태	19			20	이동국	후35	0	1	0	0
0	4	11	6(5)			0			0			16(10)	20	1	0

● 전반 8분 권경원 MFL TL ↷ 호사 GA 정면 H-ST-G (득점: 호사/ 도움: 권경원) 왼쪽
● 전반 22분 문선민 PAR 내 ~ 로페즈 PK 좌측 지점 R-ST-G (득점: 로페즈/ 도움: 문선민) 왼쪽

- 9월 14일 • 17:00 • 맑음 • 창원 축구센터 • 3,660명
- 주심_ 이동준 • 부심_ 이정민·강동호 • 대기심_ 최일우 • 경기감독관_ 신홍기

경남 3 (2 전반 2 / 1 후반 1) **3 울산**

퇴장	경고	파울	ST(유)	교체	선수명	배번	위치	위치	배번	선수명	교체	ST(유)	파울	경고	퇴장
0	0	0	0		손정현	31	GK	GK	81	김승규		0	0	1	0
0	0	1	1		곽태휘	5	DF	DF	13	이명재		0	0	0	0
0	1	2	0	7	배승진	53	DF	DF	4	강민수		0	4	0	0
0	0	2	1		하성민	4	DF	DF	20	윤영선		0	0	0	0
0	0	1	1(1)		오스만	18	MF	DF	22	정동호		0	1	0	0
0	1	2	1(1)		김준범	13	MF	MF	19	박용우		0	1	0	0
0	0	0	1	10	김효기	20	MF	MF	42	믹스	29	2	1	0	0
0	1	2	0		이광진	16	MF	MF	7	김인성		4(1)	3	1	0
0	0	1	1(1)		쿠니모토	22	DF	MF	11	이근호	18	1	2	0	0
0	0	0	2	11	룩	9	FW	MF	15	이동경	14	3(1)	2	0	0
0	0	1	4(2)		제리치	55	FW	FW	9	주니오		5(2)	0	0	0
0	0	0	0		이범수	25			31	문정인		0	0	0	0
0	0	0	0	후37	도동현	11			29	김수안	후48	1(1)	0	0	0
0	0	0	0		김현중	24			23	김태환		0	0	0	0
0	0	0	0		고경민	19	대기	대기	10	신진호		0	0	0	0
0	0	0	1(1)	후29	배기종	7			8	황일수		0	0	0	0
0	0	0	0		정성준	29			14	김보경	후12	0	1	0	0
0	0	1	1	후0	김승준	10			18	주민규	후33	0	0	0	0
0	3	13	14(6)			0			0			16(5)	15	2	0

- ●전반 8분 이광진 PAR ~ 제리치 PK 지점 R-ST-G (득점: 제리치/ 도움: 이광진) 오른쪽
- ●전반 16분 룩 PK 좌측지점 ~ 오스만 GAL L-ST-G (득점: 오스만/ 도움: 룩) 오른쪽
- ●후반 46분 제리치 PK-R-G(득점: 제리치) 오른쪽
- ●전반 14분 이근호 PAR 내 ~ 주니오 GAR R-ST-G (득점: 주니오/ 도움: 이근호) 오른쪽
- ●전반 27분 이동경 PAL 내 L-ST-G (득점: 이동경) 오른쪽
- ●후반 16분 이명재 PAL 내 ↷ 주니오 GAR H-ST-G (득점: 주니오/ 도움: 이명재) 오른쪽

- 9월 14일 • 19:00 • 흐림 • 전주 월드컵 • 15,745명
- 주심_ 정동식 • 부심_ 곽승순·장종필 • 대기심_ 성덕효 • 경기감독관_ 김성기

전북 2 (1 전반 0 / 1 후반 1) **1 상주**

퇴장	경고	파울	ST(유)	교체	선수명	배번	위치	위치	배번	선수명	교체	ST(유)	파울	경고	퇴장
0	0	0	0		송범근	31	GK	GK	21	윤보상		0	0	0	0
0	0	1	0		최철순	25	MF	MF	3	안세희		0	1	0	0
0	0	2	0		홍정호	26	DF	DF	11	김경중		0	0	0	0
0	0	0	0	7	최보경	6	DF	DF	15	고태원		0	0	0	0
0	1	1	1(1)		김민혁	92	DF	FW	34	김건희		2(2)	1	0	0
0	0	1	0	20	이주용	13	MF	FW	36	류승우	29	2	1	0	0
0	0	2	2		손준호	28	MF	MF	38	이찬동	22	0	1	0	0
0	0	1	1(1)		이승기	14	MF	MF	40	김선우		0	0	0	0
0	0	3	0	42	문선민	27	FW	MF	42	박세진	28	1	1	0	0
0	0	1	5(3)		로페즈	10	FW	DF	43	배재우		0	1	0	0
0	0	1	1		호사	91	FW	DF	44	김진혁		1(1)	1	0	0
0	0	0	0		홍정남	88			31	황병근		0	0	0	0
0	0	0	0		신형민	4			17	이호석		0	0	0	0
0	0	0	0		임선영	5			22	배신영	후33	1	1	0	0
0	0	0	0	후34	한승규	42	대기	대기	25	박대한		0	0	0	0
0	0	0	0	후27	한교원	7			28	김대중	후39	0	1	0	0
0	0	0	0		김승대	9			29	진성욱	후41	0	0	0	0
0	0	0	1(1)	후27	이동국	20			39	송승민		0	0	0	0
0	1	13	11(6)			0			0			7(3)	9	0	0

- ●전반 41분 이승기 AK 정면 ~ 로페즈 GA 정면 R-ST-G (득점: 로페즈/ 도움: 이승기) 왼쪽
- ●후반 37분 이동국 PAL R-ST-G (득점: 이동국) 오른쪽
- ●후반 24분 김선우 MF 정면 ~ 김건희 AKL L-ST-G (득점: 김건희/ 도움: 김선우) 오른쪽

- 9월 14일 • 19:00 • 흐림 • DGB대구은행파크 • 12,030명
- 주심_ 박병진 • 부심_ 노수용·양재용 • 대기심_ 최광호 • 경기감독관_ 최상국

대구 0 (0 전반 0 / 0 후반 0) **0 포항**

퇴장	경고	파울	ST(유)	교체	선수명	배번	위치	위치	배번	선수명	교체	ST(유)	파울	경고	퇴장
0	0	0	0		조현우	21	GK	GK	31	강현무		0	0	0	0
0	0	1	0	16	김동진	92	DF	DF	2	심상민		0	2	0	0
0	0	0	0		정태욱	4	DF	DF	3	김광석		0	0	0	0
0	0	2	0		박병현	66	DF	DF	5	하창래		0	4	0	0
0	0	3	0		황순민	20	MF	DF	13	김용환		0	2	0	0
0	0	3	0		김선민	88	MF	MF	6	정재용		1	2	1	0
0	0	0	1	37	김대원	14	MF	MF	14	최영준		1	1	0	0
0	0	3	0		정승원	18	MF	MF	29	송민규		1(1)	1	0	0
0	0	2	5(2)		세징야	11	FW	MF	26	팔로세비치	57	1	2	0	0
0	0	1	0	22	히우두	7	FW	MF	77	완델손		2(1)	2	0	0
0	0	3	3(2)		에드가	9	FW	FW	10	일류첸코	16	0	1	1	0
0	0	0	0		이준희	25			1	류원우		0	0	0	0
0	0	0	0		한희훈	6			24	배슬기		0	0	0	0
0	0	0	0	후27	강윤구	16			19	이상기		0	0	0	0
0	0	0	0		장성원	38	대기	대기	57	이수빈	후46	0	0	0	0
0	0	0	0		류재문	29			8	이진현		0	0	0	0
0	0	0	0	후39	오후성	37			22	김도형		0	0	0	0
0	1	1	0	후35	박기동	22			16	허용준	후16	1	0	0	0
0	1	19	9(4)			0			0			7(2)	17	2	0

- 9월 15일 • 17:00 • 맑음 • 춘천 송암 • 2,905명
- 주심_ 김희곤 • 부심_ 김계용·구은석 • 대기심_ 안재훈 • 경기감독관_ 나승화

강원 2 (2 전반 0 / 0 후반 0) **0 제주**

퇴장	경고	파울	ST(유)	교체	선수명	배번	위치	위치	배번	선수명	교체	ST(유)	파울	경고	퇴장
0	0	0	0		김호준	1	GK	GK	32	오승훈		0	0	0	0
0	0	1	0		나카자토	44	DF	DF	40	최규백	23	0	1	0	0
0	0	0	0		발렌티노스	4	DF	DF	20	조용형		0	2	0	0
0	0	0	0		신광훈	17	DF	DF	36	김동우		1	0	0	0
0	0	0	0		김오규	99	DF	MF	6	박진포		0	2	0	0
0	0	0	0		한국영	13	MF	MF	17	안현범		1	0	0	0
0	1	2	2(1)	14	이현식	29	MF	MF	33	강윤성		0	2	1	0
0	0	4	1		이영재	34	MF	MF	7	권순형		0	2	0	0
0	0	2	2(1)		조재완	18	FW	MF	24	윤일록		3(3)	0	0	0
0	0	3	2	37	정승용	22	FW	FW	10	마그노	38	3(1)	0	0	0
0	0	1	4(3)		김지현	77	FW	FW	11	남준재	21	1(1)	1	0	0
0	0	0	0		이광연	31			1	황성민		0	0	0	0
0	0	0	0	후35	윤석영	37			4	김승우		0	0	0	0
0	0	1	0	후28	오범석	14			16	이동수		0	0	0	0
0	0	0	0		이재권	8	대기	대기	19	임찬울		0	0	0	0
0	0	0	0		김현욱	11			21	김성주	후0	0	1	0	0
0	0	0	0		정조국	9			23	아길라르	전39	4(1)	1	0	0
0	0	0	0		정민우	32			38	이근호	후24	0	2	0	0
0	1	14	11(5)			0			0			13(6)	14	1	0

- ●전반 19분 이영재 MFL ↷ 김지현 GAR R-ST-G (득점: 김지현/ 도움: 이영재) 왼쪽
- ●전반 36분 이영재 PAL ~ 김지현 GAL L-ST-G (득점: 김지현/ 도움: 이영재) 왼쪽

• 9월 15일 • 17:00 • 맑음 • 서울 월드컵 • 13,904명
• 주심_ 김용우 • 부심_ 방기열·김지욱 • 대기심_ 최광호 • 경기감독관_ 김호영

서울 3 0 전반 1 / 3 후반 0 **1 인천**

퇴장	경고	파울	ST(유)	교체	선수명	배번	위치	위치	배번	선수명	교체	ST(유)	파울	경고	퇴장
0	1	0	0		유상훈	1	GK	GK	1	정산		0	0	0	0
0	1	2	0		오스마르	5	DF	DF	13	김진야		0	0	0	0
0	0	1	0		김원식	15	DF	DF	36	여성해		0	0	0	0
0	0	0	0		황현수	2	DF	DF	44	김정호		0	2	0	0
0	0	2	0		고광민	27	MF	DF	47	김동민		0	1	0	0
0	0	1	2(1)		고요한	13	MF	MF	5	마하지	24	0	2	0	0
0	1	1	2(1)		주세종	66	MF	MF	34	장윤호		0	3	1	0
0	0	1	1(1)	6	이명주	79	MF	MF	7	김도혁	10	1	2	0	0
0	0	0	3(2)	8	알리바예프	9	MF	MF	27	지언학		0	0	0	0
0	0	0	1(1)		페시치	72	FW	MF	37	김호남	3	2(2)	0	0	0
0	0	0	4(4)		박주영	10	FW	FW	9	무고사		4(4)	1	0	0
0	0	0	0		양한빈	21			31	김동헌		0	0	0	0
0	0	0	0		김남춘	4			3	이지훈	후29	0	0	0	0
0	0	0	0	후46	김주성	6			20	부노자		0	0	0	0
0	0	0	0		신재원	7	대기	대기	11	문창진		0	0	0	0
0	0	0	0		김한길	14			23	명준재		0	0	0	0
0	0	0	1(1)	후36	정원진	8			24	이우혁	후24	0	1	0	0
0	0	0	0		박동진	50			10	케힌데	후32	1	0	0	0
0	3	8	14(11)			0			0			8(6)	12	1	0

● 후반 13분 박주영 GAL ~ 주세종 AK 내 L-ST-G (득점: 주세종/ 도움: 박주영) 오른쪽
● 후반 23분 박주영 PK-R-G(득점: 박주영) 오른쪽
● 후반 45분 박주영 GAL ~ 정원진 PAL 내 R-ST-G (득점: 정원진/ 도움: 박주영) 오른쪽
● 전반 25분 무고사 MF 정면 ~ 김호남 PA 정면내 R-ST-G (득점: 김호남/ 도움: 무고사) 오른쪽

• 9월 15일 • 19:00 • 맑음 • 탄천 종합 • 6,297명
• 주심_ 김동진 • 부심_ 박상준·김성일 • 대기심_ 김덕철 • 경기감독관_ 김진의

성남 0 0 전반 0 / 0 후반 0 **0 수원**

퇴장	경고	파울	ST(유)	교체	선수명	배번	위치	위치	배번	선수명	교체	ST(유)	파울	경고	퇴장
0	0	0	0		김동준	1	GK	GK	19	노동건		0	0	0	0
0	0	1	0	40	안영규	5	DF	DF	13	박형진		0	2	0	0
0	0	0	0		연제운	20	DF	DF	39	민상기		0	1	0	0
0	0	2	0		이창용	4	DF	DF	15	구자룡		0	1	0	0
0	0	0	1		서보민	11	MF	MF	33	홍철		2(2)	2	1	0
0	1	3	1(1)		문지환	15	MF	MF	25	최성근		1	5	0	0
0	1	2	2(1)		박태준	24	MF	MF	17	김종우		1	0	0	0
0	0	1	0	2	주현우	8	MF	MF	30	신세계		0	1	0	0
0	0	3	1		공민현	9	FW	MF	14	전세진	8	0	0	0	0
0	0	0	5(4)	22	마티아스	19	FW	FW	9	한의권	26	1	3	0	0
0	1	3	2(1)		최병찬	33	FW	FW	18	타가트	10	1	3	0	0
0	0	0	0		전종혁	31			29	박지민		0	0	0	0
0	0	0	1(1)	후6	박원재	2			3	양상민		0	0	0	0
0	0	1	0	후10	임승겸	40			8	안토니스	후0	2(1)	0	0	0
0	0	0	0		문상윤	10	대기	대기	77	고승범		0	0	0	0
0	0	0	0		김동현	14			7	바그닝요		0	0	0	0
0	0	0	0		이현일	18			26	염기훈	후14	1(1)	0	0	0
0	0	0	0	후21	김현성	22			10	데얀	후24	0	1	0	0
0	3	16	13(8)			0			0			9(4)	19	1	0

• 9월 21일 • 17:00 • 비 • 포항 스틸야드 • 6,036명
• 주심_ 고형진 • 부심_ 이정민·구은석 • 대기심_ 서동진 • 경기감독관_ 김호영

포항 2 0 전반 0 / 2 후반 1 **1 서울**

퇴장	경고	파울	ST(유)	교체	선수명	배번	위치	위치	배번	선수명	교체	ST(유)	파울	경고	퇴장
0	0	0	0		강현무	31	GK	GK	1	유상훈		0	0	0	0
0	0	1	1		심상민	2	DF	DF	2	황현수		0	0	0	0
0	0	0	0		김광석	3	DF	DF	24	정현철		0	2	0	0
0	1	1	1		하창래	5	DF	DF	3	이웅희		0	2	0	0
0	0	1	0		김용환	13	DF	MF	27	고광민		1	1	1	0
0	0	0	0		정재용	6	MF	MF	13	고요한		0	0	0	0
0	0	1	0	57	최영준	14	MF	MF	66	주세종		0	3	0	0
0	0	0	1	11	송민규	29	MF	MF	79	이명주		1	1	0	0
0	0	0	3(1)		팔로세비치	26	MF	MF	9	알리바예프	8	1(1)	1	0	0
0	0	1	3(1)		완델손	77	MF	FW	72	페시치	50	0	1	0	0
0	0	0	2	16	일류첸코	10	FW	FW	10	박주영		1(1)	0	0	0
0	0	0	0		류원우	1			21	양한빈		0	0	0	0
0	0	0	0		배슬기	24			6	김주성		0	0	0	0
0	0	0	0		이상기	19			15	김원식		0	0	0	0
0	0	1	0	후0	이수빈	57	대기	대기	7	신재원		0	0	0	0
0	0	0	0		심동운	7			14	김한길		0	0	0	0
0	0	0	0	후43	허용준	16			8	정원진	후42	0	0	0	0
0	0	1	1(1)	후15	이광혁	11			50	박동진	후26	1	0	0	0
0	1	7	12(3)			0			0			5(2)	11	1	0

● 후반 36분 팔로세비치 PK-L-G (득점: 팔로세비치) 왼쪽
● 후반 42분 이광혁 PAR ~ 완델손 GA 정면 R-ST-G (득점: 완델손/ 도움: 이광혁) 가운데
● 후반 38분 황현수 PAL EL ↷ 박주영 GA 정면 H-ST-G (득점: 박주영/ 도움: 황현수) 오른쪽

• 9월 21일 • 17:00 • 비 • 제주 월드컵 • 955명
• 주심_ 정동식 • 부심_ 윤광열·방기열 • 대기심_ 성덕효 • 경기감독관_ 김용세

제주 3 1 전반 0 / 2 후반 0 **0 성남**

퇴장	경고	파울	ST(유)	교체	선수명	배번	위치	위치	배번	선수명	교체	ST(유)	파울	경고	퇴장
0	0	0	0		오승훈	32	GK	GK	1	김동준		0	0	0	0
0	1	2	0		김지운	30	DF	DF	40	임승겸		0	2	1	0
0	1	2	0	40	백동규	31	DF	DF	20	연제운		0	0	0	0
0	0	1	0		김동우	36	DF	DF	4	이창용		1	1	0	0
0	0	1	1(1)		안현범	17	DF	MF	11	서보민		1	0	0	0
0	0	1	1		윤빛가람	35	MF	MF	15	문지환		0	0	0	0
0	0	0	2		이창민	14	MF	MF	24	박태준		1(1)	1	0	0
0	0	0	3		김성주	21	MF	MF	39	이태희		0	0	0	0
0	0	2	1(1)		윤일록	24	MF	FW	9	공민현	19	0	1	0	0
0	0	1	0	10	서진수	28	FW	FW	22	김현성	18	0	1	0	0
0	0	0	2(1)	7	이근호	38	FW	FW	33	최병찬	10	1	4	0	0
0	0	0	0		이창근	18			31	전종혁		0	0	0	0
0	0	0	0	후31	최규백	40			5	안영규		0	0	0	0
0	0	0	0		강윤성	33			8	주현우		0	0	0	0
0	0	0	0	후40	권순형	7	대기	대기	10	문상윤	후13	1	3	0	0
0	0	0	0		아길라르	23			14	김동현		0	0	0	0
0	0	0	0		오사구오나	9			18	이현일	후34	2	0	0	0
0	0	0	1(1)	후19	마그노	10			19	마티아스	후15	3(1)	0	0	0
0	2	10	11(4)			0			0			10(2)	13	1	0

● 전반 42분 김동준 GAL 내 자책골 (득점: 김동준)
● 후반 24분 마그노 PK-R-G(득점: 마그노) 왼쪽
● 후반 37분 이근호 AKR R-ST-G (득점: 이근호) 오른쪽

• 9월 21일 • 19:00 • 흐림 • 수원 월드컵 • 5,066명
• 주심_ 김희곤 • 부심_ 노수용·김지욱 • 대기심_ 김영수 • 경기감독관_ 신홍기

수원 1 | 1 전반 0 / 0 후반 1 | 1 상주

퇴장	경고	파울	ST(유)	교체	선수명	배번	위치	위치	배번	선수명	교체	ST(유)	파울	경고	퇴장
0	0	0	0		노동건	19	GK	GK	21	윤보상		0	0	0	0
0	1	0	3(2)		양상민	3	DF	DF	11	김경중	37	0	0	0	0
0	0	1	1		민상기	39	DF	DF	12	권완규		0	1	0	0
0	0	0	0		고명석	4	DF	FW	19	박용지	42	0	2	0	0
0	0	0	0	26	박형진	13	MF	DF	23	김경재		0	0	0	0
0	0	2	1		최성근	25	MF	MF	24	이규성		1	0	0	0
0	0	2	3(1)	14	김종우	17	MF	MF	27	김민혁		0	2	0	0
0	0	0	0		신세계	30	MF	FW	34	김건희		2(1)	2	0	0
0	0	2	1(1)		김민우	11	MF	MF	38	이찬동		0	1	0	0
0	1	3	4(2)		한의권	9	FW	MF	40	김선우	36	0	0	0	0
0	0	2	1	8	타가트	18	FW	DF	43	배재우		1	1	0	0
0	0	0	0		양형모	21			31	황병근		0	0	0	0
0	0	0	0		고승범	77			15	고태원		0	0	0	0
0	0	0	3(1)	후5	안토니스	8			29	진성욱		0	0	0	0
0	0	0	0	후34	전세진	14	대기	대기	36	류승우	전39	1(1)	2	0	0
0	0	0	0		바그닝요	7			37	강상우	후44	0	0	0	0
0	0	0	1	후0	염기훈	26			42	박세진	후14	0	0	0	0
0	0	0	0		데얀	10			44	김진혁		0	0	0	0
0	2	12	18(7)			0			0			5(2)	11	0	0

● 전반 36분 김민우 GAL 내 R-ST-G (득점: 김민우) 왼쪽

● 후반 6분 김건희 PAR 내 R-ST-G (득점: 김건희) 왼쪽

• 10월 02일 • 19:30 • 비 • 울산 종합 • 1,568명
• 주심_ 고형진 • 부심_ 이정민·노수용 • 대기심_ 김동진 • 경기감독관_ 김형남

울산 2 | 0 전반 0 / 2 후반 0 | 0 강원

퇴장	경고	파울	ST(유)	교체	선수명	배번	위치	위치	배번	선수명	교체	ST(유)	파울	경고	퇴장
0	0	0	0		김승규	81	GK	GK	31	이광연		0	0	0	0
0	1	1	0		데이비슨	91	DF	DF	22	정승용		0	1	0	0
0	0	1	0		이명재	13	DF	DF	37	윤석영		0	1	0	0
0	0	0	0		강민수	4	DF	DF	17	신광훈	19	0	0	0	0
0	0	2	1		김태환	23	DF	DF	99	김오규		0	0	0	0
0	0	0	0	14	신진호	10	MF	MF	14	오범석		0	0	0	0
0	0	0	1(1)		박용우	19	MF	MF	13	한국영		4(2)	0	0	0
0	0	1	1		황일수	8	MF	MF	6	조지훈		3(2)	1	0	0
0	0	1	0	38	이근호	11	MF	FW	15	최치원		3(2)	2	0	0
0	0	0	1(1)	7	이동경	15	MF	FW	29	이현식		2(1)	0	0	0
0	0	2	2(2)		주니오	9	FW	FW	11	김현욱	9	1(1)	1	0	0
0	0	0	0		문정인	31			1	김호준		0	0	0	0
0	0	0	1	후22	불투이스	38			4	발렌티노스		0	0	0	0
0	0	0	0		김수안	29			23	강지훈		0	0	0	0
0	0	0	0		믹스	42	대기	대기	20	한용수		0	0	0	0
0	1	1	2(2)	후0	김인성	7			44	나카자토		0	0	0	0
0	0	1	0	전6	김보경	14			19	박창준	후33	0	0	0	0
0	0	0	0		주민규	18			9	정조국	후19	1(1)	0	0	0
0	2	10	9(6)			0			0			14(9)	6	0	0

● 후반 3분 김보경 PA 정면 ~ 주니오 PK 우측지점 R-ST-G (득점: 주니오/ 도움: 김보경) 오른쪽

● 후반 34분 주니오 PAR 내 ~ 김인성 GAL R-ST-G (득점: 김인성/ 도움: 주니오) 왼쪽

• 9월 22일 • 17:00 • 흐리고 비 • 인천 전용 • 6,623명
• 주심_ 최현재 • 부심_ 박상준·강동호 • 대기심_ 김희곤 • 경기감독관_ 최상국

인천 1 | 0 전반 0 / 1 후반 1 | 1 대구

퇴장	경고	파울	ST(유)	교체	선수명	배번	위치	위치	배번	선수명	교체	ST(유)	파울	경고	퇴장
0	0	1	0		정산	1	GK	GK	21	조현우		0	0	0	0
0	0	3	0		김동민	47	DF	DF	3	김우석		0	1	0	0
0	0	0	1(1)		여성해	36	DF	DF	4	정태욱		1(1)	3	1	0
0	0	1	0		이재성	15	DF	DF	66	박병현		1	0	0	0
0	0	2	0		정동윤	32	DF	MF	92	김동진		2	3	0	0
0	1	4	0		마하지	5	MF	MF	88	김선민		0	0	0	0
0	0	0	0		장윤호	34	MF	MF	20	황순민	22	1	0	0	0
0	0	1	0	23	서재민	19	MF	MF	18	정승원		0	0	0	0
0	0	0	0	10	지언학	27	MF	FW	11	세징야		3	1	0	0
0	0	2	0	13	김호남	37	MF	FW	14	김대원	7	0	2	1	0
0	0	0	2(1)		무고사	9	FW	FW	9	에드가		5(2)	4	0	0
0	0	0	0		이태희	21			1	최영은		0	0	0	0
0	0	0	0	후41	김진야	13			6	한희훈		0	0	0	0
0	0	0	0		김정호	44			17	김준엽		0	0	0	0
0	0	0	0		김도혁	7	대기	대기	94	신창무	후42	0	0	0	0
0	1	1	1(1)	후18	명준재	23			29	류재문		0	0	0	0
0	0	0	0		이우혁	24			7	히우두	후15/94	0	1	1	0
0	0	1	2	후34	케힌데	10			22	박기동	후47	0	0	0	0
0	2	16	6(3)			0			0			13(3)	15	3	0

● 후반 43분 명준재 AK 내 R-ST-G (득점: 명준재) 왼쪽

● 후반 31분 에드가 PK-R-G(득점: 에드가) 가운데

• 10월 03일 • 16:00 • 맑음 • 창원 축구센터 • 3,042명
• 주심_ 조지음 • 부심_ 윤광열·박상준 • 대기심_ 오현진 • 경기감독관_ 차상해

경남 1 | 0 전반 0 / 1 후반 1 | 1 전북

퇴장	경고	파울	ST(유)	교체	선수명	배번	위치	위치	배번	선수명	교체	ST(유)	파울	경고	퇴장
0	0	0	0		이범수	25	GK	GK	31	송범근		0	0	0	0
0	0	1	1(1)		이광선	23	DF	DF	22	김진수		1	0	0	0
0	0	1	0		우주성	15	DF	DF	21	권경원		1(1)	3	1	0
0	0	2	1		김종필	50	DF	DF	26	홍정호		0	2	0	0
0	0	0	1		이광진	16	MF	DF	2	이용		0	2	0	0
0	0	5	1(1)		김준범	13	MF	MF	10	로페즈		2	1	0	0
0	0	1	0	4	조재철	14	MF	MF	42	한승규	9	1(1)	2	0	0
0	0	1	0		이재명	12	MF	MF	14	이승기		1	0	0	0
0	1	1	0	22	도동현	11	FW	MF	28	손준호		3(1)	0	0	0
0	0	5	1(1)		김효기	20	FW	MF	27	문선민	7	1(1)	0	0	0
0	1	1	0	55	배기종	7	FW	FW	91	호사	20	2(1)	2	0	0
0	0	0	0		손정현	31			41	이재형		0	0	0	0
0	0	0	0		곽태휘	5			92	김민혁		0	0	0	0
0	0	0	0		안성남	8			5	임선영		0	0	0	0
0	0	0	0	후37	하성민	4	대기	대기	7	한교원	후27	1	0	0	0
0	0	0	0	후17	쿠니모토	22			11	고무열		0	0	0	0
0	0	0	0		김종진	88			9	김승대	후13	0	1	0	0
0	0	0	1	후17	제리치	55			20	이동국	후13	1(1)	1	0	0
0	2	18	6(3)			0			0			14(6)	14	1	0

• 9월 24일 • 19:30 • 맑음 • 포항 스틸야드 • 5,058명
• 주심_ 조지음 • 부심_ 박상준·김지욱 • 대기심_ 김동진 • 경기감독관_ 허기태

포항 2 0 전반 0 / 2 후반 1 **1 제주**

퇴장	경고	파울	ST(유)	교체	선수명	배번	위치	위치	배번	선수명	교체	ST(유)	파울	경고	퇴장
0	1	0	0		강 현 무	31	GK	GK	32	오 승 훈		0	0	0	0
0	0	1	0		심 상 민	2	DF	DF	30	김 지 운		0	2	0	0
0	0	0	0		김 광 석	3	DF	DF	31	백 동 규		0	0	0	0
0	0	2	1(1)		하 창 래	5	DF	DF	36	김 동 우		0	1	0	0
0	0	1	0		김 용 환	13	DF	DF	17	안 현 범		1	0	0	0
0	1	2	0		최 영 준	14	MF	MF	35	윤빛가람		1(1)	0	0	0
0	1	2	1		이 수 빈	57	MF	MF	14	이 창 민		1	1	0	0
0	0	3	0	11	송 민 규	29	MF	MF	21	김 성 주	9	1(1)	0	0	0
0	0	2	3(1)		심 동 운	7	MF	MF	24	윤 일 록		3(3)	2	0	0
0	0	0	2(1)	26	완 델 손	77	MF	FW	28	서 진 수	10	0	1	0	0
0	0	1	1(1)	10	허 용 준	16	FW	FW	38	이 근 호	7	1	2	0	0
0	0	0	0		류 원 우	1			18	이 창 근		0	0	0	0
0	0	0	0		배 슬 기	24			40	최 규 백		0	0	0	0
0	0	0	0		이 상 기	19			33	강 윤 성		0	0	0	0
0	0	0	0		정 재 용	6	대기	대기	7	권 순 형	후21	0	0	0	0
0	0	0	1	후36	팔로세비치	26			11	남 준 재		0	0	0	0
0	0	0	0	후21	이 광 혁	11			9	오사구오나	후4	2	0	0	0
0	0	0	2(2)	후7	일류첸코	10			10	마 그 노	전29	0	0	0	0
0	3	14	11(6)			0			0			10(5)	9	0	0

● 후반 10분 완델손 PAL EL ↷ 일류첸코 GA 정면 H-ST-G (득점: 일류첸코/ 도움: 완델손) 왼쪽
● 후반 45분 팔로세비치 PA 정면 ~ 일류첸코 PAR 내 R-ST-G (득점: 일류첸코/ 도움: 팔로세비치) 오른쪽

● 후반 49분 윤일록 PK-R-G(득점: 윤일록) 가운데

• 9월 25일 • 19:00 • 흐림 • 전주 월드컵 • 11,238명
• 주심_ 이동준 • 부심_ 김계용·김성일 • 대기심_ 서동진 • 경기감독관_ 김성기

전북 0 0 전반 1 / 0 후반 1 **2 대구**

퇴장	경고	파울	ST(유)	교체	선수명	배번	위치	위치	배번	선수명	교체	ST(유)	파울	경고	퇴장
0	0	0	0		송 범 근	31	GK	GK	21	조 현 우		0	0	0	0
0	0	2	0		이 용	2	MF	DF	3	김 우 석		0	2	0	0
0	0	3	0		홍 정 호	26	DF	DF	4	정 태 욱		0	0	0	0
0	0	0	0	20	최 보 경	6	DF	DF	66	박 병 현		0	3	0	0
0	0	2	1		권 경 원	21	DF	MF	92	김 동 진		2(1)	2	0	0
0	0	2	0	9	김 진 수	22	MF	MF	88	김 선 민		0	1	0	0
0	0	1	3(1)		손 준 호	28	MF	MF	29	류 재 문		0	3	0	0
0	0	1	0		이 승 기	14	MF	MF	18	정 승 원		0	3	0	0
0	0	0	4(3)	7	문 선 민	27	FW	FW	14	김 대 원	6	4(1)	1	0	0
0	0	1	4		로 페 즈	10	FW	FW	94	신 창 무	11	0	2	1	0
0	0	0	4(4)		호 사	91	FW	FW	22	박 기 동	9	1(1)	0	0	0
0	0	0	0		이 재 형	41			1	최 영 은		0	0	0	0
0	0	0	0		최 철 순	25			6	한 희 훈	후42	0	0	0	0
0	0	0	0		신 형 민	4			17	김 준 엽		0	0	0	0
0	0	0	0		한 승 규	42	대기	대기	16	강 윤 구		0	0	0	0
0	0	0	0	후12	한 교 원	7			20	황 순 민		0	0	0	0
0	0	0	0	후35	김 승 대	9			11	세 징 야	후10	2(1)	1	0	0
0	0	1	5(2)	후0	이 동 국	20			9	에 드 가	전37	1(1)	2	0	0
0	0	13	21(10)			0			0			10(5)	20	1	0

● 전반 42분 에드가 PK-R-G(득점: 에드가) 오른쪽
● 후반 47분 에드가 PAR ~ 세징야 GAL L-ST-G (득점: 세징야/ 도움: 에드가) 오른쪽

• 9월 25일 • 19:00 • 맑음 • 상주 시민 • 3,128명
• 주심_ 고형진 • 부심_ 윤광열·양재용 • 대기심_ 성덕효 • 경기감독관_ 나승화

상주 2 0 전반 3 / 2 후반 0 **3 인천**

퇴장	경고	파울	ST(유)	교체	선수명	배번	위치	위치	배번	선수명	교체	ST(유)	파울	경고	퇴장
0	0	0	0		윤 보 상	21	GK	GK	21	이 태 희		0	0	0	0
0	0	1	0	15	안 세 희	3	DF	DF	47	김 동 민		0	3	1	0
0	0	1	2(1)		권 완 규	12	DF	DF	36	여 성 해		0	0	0	0
0	0	0	0		이 규 성	24	MF	DF	15	이 재 성		0	0	0	0
0	0	1	1		김 민 혁	27	MF	DF	32	정 동 윤		0	2	1	0
0	0	3	1(1)	19	진 성 욱	29	FW	MF	7	김 도 혁	10	0	2	0	0
0	0	2	2(2)		김 건 희	34	FW	MF	24	이 우 혁		1(1)	0	0	0
0	0	2	1		류 승 우	36	MF	MF	23	명 준 재		2(2)	3	1	0
0	0	0	1(1)		강 상 우	37	DF	MF	27	지 언 학	5	0	4	0	0
0	1	1	0		이 찬 동	38	MF	MF	37	김 호 남		0	2	0	0
0	0	0	0	42	배 재 우	43	DF	FW	9	무 고 사	44	2(2)	1	0	0
0	0	0	0		황 병 근	31			1	정 산		0	0	0	0
0	0	0	0		마 상 훈	5			13	김 진 야		0	0	0	0
0	0	0	0		안 진 범	13			26	곽 해 성		0	0	0	0
0	0	0	0	후0	고 태 원	15	대기	대기	44	김 정 호	후41	0	0	0	0
0	0	0	0	후38	박 용 지	19			5	마 하 지	후0	0	0	0	0
0	0	0	0		이 민 기	30			34	장 윤 호		0	0	0	0
0	0	0	0	후7	박 세 진	42			10	케 힌 데	후25	2(2)	0	0	0
0	1	11	8(5)			0			0			7(7)	17	3	0

● 후반 2분 배재우 GAR ~ 김건희 GAR L-ST-G (득점: 김건희/ 도움: 배재우) 왼쪽
● 후반 19분 김건희 PK-R-G(득점: 김건희) 오른쪽

● 전반 5분 무고사 PK-R-G(득점: 무고사) 왼쪽
● 전반 9분 정동윤 PAR TL ~ 무고사 PA 정면 L-ST-G (득점: 무고사/ 도움: 정동윤) 왼쪽
● 전반 11분 이우혁 GAL R-ST-G (득점: 이우혁) 오른쪽

• 9월 25일 • 19:30 • 흐림 수원 월드컵 • 4,583명
• 주심_ 김용우 • 부심_ 곽승순·지승민 • 대기심_ 송민석 • 경기감독관_ 김진의

수원 0 0 전반 0 / 0 후반 2 **2 울산**

퇴장	경고	파울	ST(유)	교체	선수명	배번	위치	위치	배번	선수명	교체	ST(유)	파울	경고	퇴장
0	0	0	0		노 동 건	19	GK	GK	81	김 승 규		0	0	0	0
0	0	0	0		양 상 민	3	DF	DF	13	이 명 재		0	3	0	0
0	0	0	0		민 상 기	39	DF	DF	4	강 민 수		0	0	0	0
0	0	0	0		고 명 석	4	DF	DF	20	윤 영 선		1(1)	3	0	0
0	0	1	1(1)		홍 철	33	MF	DF	23	김 태 환		0	1	0	0
0	0	2	1(1)		최 성 근	25	MF	MF	10	신 진 호		0	3	1	0
0	0	0	1(1)		안토니스	8	MF	MF	42	믹 스	8	0	0	0	0
0	1	1	1(1)	17	신 세 계	30	MF	MF	7	김 인 성	11	1(1)	0	0	0
0	0	0	2(1)	14	염 기 훈	26	FW	MF	14	김 보 경		1(1)	0	0	0
0	0	3	5(3)		김 민 우	11	FW	MF	15	이 동 경	19	0	0	0	0
0	0	0	1(1)	18	오 현 규	37	FW	FW	9	주 니 오		2(2)	0	0	0
0	0	0	0		양 형 모	21			31	문 정 인		0	0	0	0
0	0	0	0		구 자 룡	15			29	김 수 안		0	0	0	0
0	0	0	0		박 형 진	13			33	박 주 호		0	0	0	0
0	0	0	2(2)	후25	전 세 진	14	대기	대기	19	박 용 우	후0	0	0	0	0
0	0	2	0	후10	김 종 우	17			8	황 일 수	후21	2(2)	0	0	0
0	0	0	0		한 석 희	27			11	이 근 호	후33	0	2	0	0
0	0	0	0	후10	타 가 트	18			18	주 민 규		0	0	0	0
0	1	9	14(11)			0			0			7(7)	12	1	0

● 후반 4분 김태환 PAR TL ↷ 김인성 GA 정면 R-ST-G (득점: 김인성/ 도움: 김태환) 오른쪽
● 후반 45분 이근호 GAR EL → 주니오 GA 정면 R-ST-G (득점: 주니오/ 도움: 이근호) 왼쪽

• 9월 25일 • 19:30 • 흐림 서울 월드컵 • 7,719명
• 주심_ 김우성 • 부심_ 노수용·방기열 • 대기심_ 김종혁 • 경기감독관_ 김용세

서울 1   1 전반 0 / 0 후반 1   **1 경남**

퇴장	경고	파울	ST(유)	교체	선수명	배번	위치	위치	배번	선수명	교체	ST(유)	파울	경고	퇴장
0	0	0	0		양한빈	21	GK	GK	25	이범수		0	0	0	0
0	0	0	0		오스마르	5	DF	DF	23	이광선		0	0	0	0
0	0	2	0		정현철	24	DF	DF	15	우주성		0	1	0	0
0	0	1	1(1)		황현수	2	DF	DF	4	하성민	5	0	0	0	0
0	0	2	1		김한길	14	MF	MF	18	오스만	10	0	1	0	0
0	0	3	0		고요한	13	MF	MF	2	박광일		0	0	0	0
0	0	2	2		주세종	66	MF	MF	19	고경민	7	0	0	0	0
0	0	1	3(3)	8	이명주	79	MF	MF	13	김준범		1	0	0	0
0	0	2	5(1)		알리바예프	9	MF	MF	22	쿠니모토		0	0	0	0
0	0	0	3(2)	50	페시치	72	FW	FW	9	룩		0	4	0	0
0	0	1	3(1)		박주영	10	FW	FW	55	제리치		3(2)	0	0	0
0	0	0	0		유상훈	1			31	손정현		0	0	0	0
0	0	0	0		김원식	15			5	곽태휘	후27	0	0	0	0
0	0	0	0		김주성	6			24	김현중		0	0	0	0
0	0	0	0		신재원	7	대기	대기	11	도동현		0	0	0	0
0	0	0	0	후46	정원진	8			7	배기종	후14	1(1)	1	0	0
0	0	0	0	후39	박동진	50			88	김종진		0	0	0	0
0	0	0	0		윤주태	19			10	김승준	전32	1(1)	0	0	0
0	0	14	18(8)			0			0			6(4)	7	0	0

● 전반 17분 페시치 PAL ↷ 황현수 GA 정면 H-ST-G (득점: 황현수/ 도움: 페시치) 왼쪽

● 후반 33분 제리치 MFR H~ 배기종 GAR L-ST-G (득점: 배기종/ 도움: 제리치) 왼쪽

• 9월 25일 • 19:30 • 맑음 • 탄천 종합 • 2,421명
• 주심_ 박병진 • 부심_ 이정민·구은석 • 대기심_ 최일우 • 경기감독관_ 양정환

성남 1   1 전반 0 / 0 후반 0   **0 강원**

퇴장	경고	파울	ST(유)	교체	선수명	배번	위치	위치	배번	선수명	교체	ST(유)	파울	경고	퇴장
0	0	0	0		김동준	1	GK	GK	1	김호준		0	0	0	0
0	0	3	0		안영규	5	DF	DF	44	나카자토	19	0	1	0	0
0	0	0	0		연제운	20	DF	DF	4	발렌티노스		0	1	0	0
0	0	1	1(1)		이창용	4	DF	DF	17	신광훈		0	3	1	0
0	0	0	1(1)	2	서보민	11	MF	DF	99	김오규		0	2	0	0
0	0	2	2(1)		문지환	15	MF	MF	13	한국영		2(1)	0	1	0
0	0	1	2(1)	13	주현우	8	MF	MF	15	최치원		2(1)	2	1	0
0	0	4	0		이태희	39	MF	MF	34	이영재		1(1)	0	0	0
0	1	2	1(1)	33	공민현	9	FW	FW	18	조재완	11	0	0	0	0
0	0	1	1		마티아스	19	FW	FW	23	강지훈		0	1	0	0
0	1	2	0		이재원	32	FW	FW	9	정조국	22	0	0	0	0
0	0	0	0		김근배	21			31	이광연		0	0	0	0
0	0	0	0		임승겸	40			37	윤석영		0	0	0	0
0	0	0	0	후0	박원재	2			19	박창준	후24	0	2	1	0
0	0	1	0	후36	이은범	13	대기	대기	22	정승용	후18	0	2	1	0
0	0	0	0		김동현	14			14	오범석		0	0	0	0
0	0	0	0		박태준	24			6	조지훈		0	0	0	0
0	0	0	1	후27	최병찬	33			11	김현욱	전12	1	2	0	0
0	2	17	9(5)			0			0			6(3)	16	5	0

● 전반 35분 이창용 GA 정면내 L-ST-G (득점: 이창용) 왼쪽

• 9월 28일 • 14:00 • 흐림 • 울산 종합 • 5,082명
• 주심_ 김희곤 • 부심_ 윤광열·박균용 • 대기심_ 성덕효 • 경기감독관_ 신홍기

울산 1   0 전반 0 / 1 후반 0   **0 성남**

퇴장	경고	파울	ST(유)	교체	선수명	배번	위치	위치	배번	선수명	교체	ST(유)	파울	경고	퇴장
0	0	0	0		김승규	81	GK	GK	1	김동준		0	0	0	0
0	0	1	1(1)		박주호	33	DF	DF	5	안영규		1	1	0	0
0	0	0	0		강민수	4	DF	DF	20	연제운		1(1)	0	0	0
0	0	0	0		윤영선	20	DF	DF	4	이창용		1(1)	0	0	0
0	0	3	0		김태환	23	DF	MF	13	이은범		0	1	1	0
0	0	1	1(1)		박용우	19	MF	MF	15	문지환		1	1	0	0
0	1	4	1(1)	10	믹스	42	MF	MF	8	주현우		5(2)	1	0	0
0	1	1	1(1)	9	이근호	11	MF	MF	39	이태희		0	1	0	0
0	0	1	1(1)		김보경	14	MF	FW	9	공민현	33	1(1)	0	0	0
0	0	1	0	8	이동경	15	MF	FW	19	마티아스		3(2)	0	0	0
0	0	2	0		주민규	18	FW	FW	32	이재원	24	1	0	0	0
0	0	0	0		문정인	31			21	김근배		0	0	0	0
0	0	0	0		불투이스	38			40	임승겸		0	0	0	0
0	0	0	0		데이비슨	91			2	박원재		0	0	0	0
0	0	0	0	후43	신진호	10	대기	대기	24	박태준	후8/23	3(2)	0	0	0
0	0	0	0	후0	황일수	8			25	김기열		0	0	0	0
0	0	0	0		김인성	7			33	최병찬	후27	2(2)	0	0	0
0	0	0	1(1)	후11	주니오	9			23	박관우	후40	0	0	0	0
0	2	14	6(6)			0			0			19(11)	5	1	0

● 후반 18분 주민규 PA 정면 ~ 김보경 PK 지점 L-ST-G (득점: 김보경/ 도움: 주민규) 오른쪽

• 9월 28일 • 14:00 • 흐림 • DGB대구은행파크 • 11,295명
• 주심_ 김대용 • 부심_ 이정민·양재용 • 대기심_ 최광호 • 경기감독관_ 김호영

대구 2   0 전반 1 / 2 후반 1   **2 제주**

퇴장	경고	파울	ST(유)	교체	선수명	배번	위치	위치	배번	선수명	교체	ST(유)	파울	경고	퇴장
0	0	0	0		조현우	21	GK	GK	32	오승훈		0	0	0	0
0	0	0	1(1)		박병현	66	DF	DF	30	김지운		0	1	2	0
0	0	1	3(2)		정태욱	4	DF	DF	31	백동규		0	1	0	0
0	0	0	1(1)		김우석	3	DF	DF	36	김동우		0	0	0	0
0	0	0	0		김동진	92	MF	DF	17	안현범		1(1)	0	0	0
0	0	3	0	29	김선민	88	MF	MF	35	윤빛가람		0	0	0	0
0	0	0	1	94	황순민	20	MF	MF	33	강윤성		0	4	1	0
0	0	0	1(1)		정승원	18	MF	MF	14	이창민		0	2	0	0
0	0	1	5(1)		세징야	11	FW	MF	24	윤일록	7	1(1)	1	0	0
0	0	1	0	22	김대원	14	FW	MF	11	남준재	19	0	2	0	0
0	1	3	4		에드가	9	FW	FW	9	오사구오나	10	1	4	0	0
0	0	0	0		최영은	1			18	이창근		0	0	0	0
0	0	0	0		한희훈	6			40	최규백		0	0	0	0
0	0	0	0		김준엽	17			19	임찬울	후17	0	1	0	0
0	0	0	0		강윤구	16	대기	대기	7	권순형	후28	0	0	0	0
0	0	0	0	후40	류재문	29			23	아길라르		0	0	0	0
0	0	0	2(1)	후13	신창무	94			28	서진수		0	0	0	0
0	0	0	1(1)	후23	박기동	22			10	마그노	후37	0	0	0	0
0	1	9	19(8)			0			0			3(2)	16	3	0

● 후반 33분 정승원 AK 정면 R-ST-G (득점: 정승원) 왼쪽

● 후반 46분 김우석 PAR TL ↷ 박기동 PA 정면내 R-ST-G (득점: 박기동/ 도움: 김우석) 가운데

● 전반 44분 윤일록 PK-R-G(득점: 윤일록) 가운데

● 후반 29분 윤빛가람 MFR ~ 안현범 PAR L-ST-G (득점: 안현범/ 도움: 윤빛가람) 왼쪽

• 9월 28일 • 16:00 • 맑음 • 전주 월드컵 • 15,838명
• 주심_ 김우성 • 부심_ 노수용·김지욱 • 대기심_ 김종혁 • 경기감독관_ 차상해

전북 2 1 전반 0 / 1 후반 0 **0 수원**

퇴장	경고	파울	ST(유)	교체	선수명	배번	위치	위치	배번	선수명	교체	ST(유)	파울	경고	퇴장
0	0	0	0		송범근	31	GK	GK	21	양형모		0	0	0	0
0	1	2	0		박원재	19	DF	DF	39	민상기		1	1	0	0
0	0	0	0		최보경	6	DF	DF	4	고명석		0	0	0	0
0	0	1	0		김민혁	92	DF	DF	15	구자룡		0	0	0	0
0	2	1	0		최철순	25	DF	MF	13	박형진		0	1	0	0
0	0	2	0	10	신형민	4	MF	MF	17	김종우	90	0	1	0	0
0	0	1	2	91	고무열	11	MF	MF	14	전세진		0	2	0	0
0	0	1	2(1)		이승기	14	MF	MF	77	고승범		0	4	0	0
0	1	3	1		손준호	28	MF	FW	9	한의권	27	2	1	0	0
0	0	1	2(1)		한교원	7	MF	FW	7	바그닝요		0	0	0	1
0	0	0	0	27	김승대	9	FW	FW	37	오현규	11	3(3)	2	0	0
0	0	0	0		이재형	41			29	박지민		0	0	0	0
0	0	0	0		권경원	21			12	박대원		0	0	0	0
0	0	0	0		이주용	13			90	구대영	후11	0	1	0	0
0	0	0	0		임선영	5	대기	대기	16	이종성		0	0	0	0
0	0	1	0	후11	로페즈	10			11	김민우	후0	0	1	0	0
0	0	0	1(1)	후36	문선민	27			27	한석희	후0	1	1	0	0
0	0	1	0	후25	호사	91			18	타가트		0	0	0	0
0	4	14	8(3)			0			0			7(3)	15	0	1

● 전반 10분 김승대 GAL EL ~ 이승기 GAL L-ST-G (득점: 이승기/ 도움: 김승대) 가운데
● 후반 45분 호사 PAR ↷ 문선민 GAL H-ST-G (득점: 문선민/ 도움: 호사) 왼쪽

• 9월 29일 • 14:00 • 맑음 • 춘천 송암 • 3,326명
• 주심_ 조지음 • 부심_ 박상준·방기열 • 대기심_ 서동진 • 경기감독관_ 양정환

강원 2 2 전반 0 / 0 후반 2 **2 인천**

퇴장	경고	파울	ST(유)	교체	선수명	배번	위치	위치	배번	선수명	교체	ST(유)	파울	경고	퇴장
0	0	0	0		김호준	1	GK	GK	1	정산		0	0	0	0
0	0	0	0		나카자토	44	DF	DF	47	김동민		0	0	0	0
0	0	2	0		발렌티노스	4	DF	DF	36	여성해		1	0	0	0
0	0	0	1(1)		오범석	14	DF	DF	15	이재성		0	1	0	0
0	0	1	0		김오규	99	DF	DF	32	정동윤		2(1)	0	0	0
0	0	1	1		한국영	13	MF	MF	5	마하지	7	1(1)	3	1	0
0	0	5	0		이현식	29	MF	MF	34	장윤호		0	4	1	0
0	0	0	2(2)	11	이영재	34	MF	MF	13	김진야	10	2(1)	2	0	0
0	0	1	2(2)	22	최치원	15	FW	MF	27	지언학		1	0	0	0
0	0	0	2(1)		강지훈	23	FW	MF	37	김호남	3	0	0	0	0
0	0	0	1(1)	6	정조국	9	FW	FW	9	무고사		7(4)	0	0	0
0	0	0	0		이광연	31			31	김동헌		0	0	0	0
0	0	0	0		윤석영	37			3	이지훈	후35	0	0	0	0
0	0	0	0	후29	정승용	22			26	곽해성		0	0	0	0
0	0	0	0		한용수	20	대기	대기	44	김정호		0	0	0	0
0	0	1	1(1)	후37	조지훈	6			7	김도혁	후44	0	0	0	0
0	0	0	0		박창준	19			24	이우혁		0	0	0	0
0	0	0	0	후0	김현욱	11			10	케힌데	후12	0	0	0	0
0	0	11	10(8)			0			0			14(7)	10	2	0

● 전반 22분 강지훈 PA 정면내 R-ST-G (득점: 강지훈) 오른쪽
● 전반 41분 정조국 MF 정면 ~ 이영재 GAR 내 R-ST-G (득점: 이영재/ 도움: 정조국) 오른쪽
● 후반 29분 마하지 GAL 내 H-ST-G (득점: 마하지) 왼쪽
● 후반 41분 정동윤 GAR → 무고사 PA 정면내 R-ST-G (득점: 무고사/ 도움: 정동윤) 오른쪽

• 9월 29일 • 16:00 • 맑음 • 창원 축구센터 • 3,831명
• 주심_ 정동식 • 부심_ 곽승순·김성일 • 대기심_ 송민석 • 경기감독관_ 김형남

경남 0 0 전반 1 / 0 후반 0 **1 포항**

퇴장	경고	파울	ST(유)	교체	선수명	배번	위치	위치	배번	선수명	교체	ST(유)	파울	경고	퇴장
0	0	0	0		이범수	25	GK	GK	31	강현무		0	0	0	0
0	0	0	0		이광선	23	DF	DF	2	심상민		0	1	0	0
0	0	1	0		우주성	15	DF	DF	3	김광석		0	0	0	0
0	0	1	0	6	하성민	4	DF	DF	5	하창래		1	0	0	0
0	1	1	1		이광진	16	DF	DF	13	김용환		1(1)	0	0	0
0	0	0	1		김준범	13	MF	MF	14	최영준		1(1)	0	0	0
0	0	4	0	7	김종진	88	MF	MF	6	정재용		0	0	0	0
0	0	0	1	5	룩	9	MF	MF	29	송민규	11	0	1	0	0
0	0	0	1		쿠니모토	22	MF	MF	26	팔로세비치	7	1	1	0	0
0	0	4	2		김효기	20	FW	MF	77	완델손	57	3(2)	0	0	0
0	0	2	0		제리치	55	FW	FW	10	일류첸코		2(1)	6	1	0
0	0	0	0		손정현	31			1	류원우		0	0	0	0
0	0	0	0	후30	곽태휘	5			24	배슬기		0	0	0	0
0	0	1	0	후0	최재수	6			19	이상기		0	0	0	0
0	0	0	0		김현중	24	대기	대기	57	이수빈	후41	0	0	0	0
0	0	1	0	후0	배기종	7			7	심동운	후12	2(2)	0	0	0
0	0	0	0		고경민	19			11	이광혁	후18	1	1	0	0
0	0	0	0		도동현	11			16	허용준		0	0	0	0
0	1	15	6			0			0			12(7)	10	1	0

● 전반 30분 완델손 MFR ~ 일류첸코 AK 정면 R-ST-G (득점: 일류첸코/ 도움: 완델손) 오른쪽

• 9월 29일 • 15:00 • 맑음 • 서울 월드컵 • 12,759명
• 주심_ 김동진 • 부심_ 김계용·구은석 • 대기심_ 최일우 • 경기감독관_ 최상국

서울 1 0 전반 1 / 1 후반 1 **2 상주**

퇴장	경고	파울	ST(유)	교체	선수명	배번	위치	위치	배번	선수명	교체	ST(유)	파울	경고	퇴장
0	0	0	0		양한빈	21	GK	GK	31	황병근		0	0	0	0
0	0	1	2		오스마르	5	DF	DF	11	김경중	42	0	2	0	0
0	1	1	0		정현철	24	DF	DF	12	권완규		0	0	1	0
0	0	0	2(2)		황현수	2	DF	FW	19	박용지	9	1(1)	1	0	0
0	0	0	1(1)	7	고광민	27	MF	MF	23	김경재		0	2	0	0
0	1	2	1		고요한	13	MF	MF	24	이규성		0	1	0	0
0	0	0	0		주세종	66	MF	MF	27	김민혁		0	2	0	0
0	0	0	0	8	이명주	79	MF	DF	30	이민기	37	0	2	0	0
0	0	3	1(1)		알리바예프	9	MF	FW	34	김건희		1	1	0	0
0	0	0	3(1)		페시치	72	FW	MF	36	류승우		3(1)	4	0	0
0	0	1	2(2)	19	박주영	10	FW	DF	44	김진혁		0	3	1	0
0	0	0	0		유상훈	1			21	윤보상		0	0	0	0
0	0	0	0		이웅희	3			9	송시우	후34	2(1)	1	0	0
0	0	0	0		김원식	15			13	안진범		0	0	0	0
0	0	0	0	후38	신재원	7	대기	대기	15	고태원		0	0	0	0
0	0	0	0	후19	정원진	8			37	강상우	후30	0	1	0	0
0	0	0	0		박동진	50			38	이찬동		0	0	0	0
0	0	0	0	후34	윤주태	19			42	박세진	후30	0	0	0	0
0	2	8	12(7)			0			0			7(3)	20	2	0

● 후반 31초 오스마르 MFL ↷ 페시치 PK 좌측지점 H-ST-G (득점: 페시치/ 도움: 오스마르) 왼쪽
● 전반 22분 김건희 HLL ~ 류승우 PK 우측지점 R-ST-G (득점: 류승우/ 도움: 김건희) 가운데
● 후반 41분 류승우 HLL ↷ 송시우 PK 좌측지점 R-ST-G (득점: 송시우/ 도움: 류승우) 왼쪽

• 10월 06일 • 14:00 • 맑음 • 포항 스틸야드 • 14,769명
• 주심_ 김우성 • 부심_ 윤광열·방기열 • 대기심_ 정회수 • 경기감독관_ 김성기

포항 2 | 0 전반 0 / 2 후반 1 | **1 울산**

퇴장	경고	파울	ST(유)	교체	선수명	배번	위치	위치	배번	선수명	교체	ST(유)	파울	경고	퇴장
0	0	0	0		강현무	31	GK	GK	81	김승규		0	0	0	0
0	0	0	0		심상민	2	DF	DF	33	박주호	18	0	2	0	0
0	1	1	0		김광석	3	DF	DF	38	불투이스		0	1	0	0
0	0	1	1		하창래	5	DF	DF	20	윤영선		0	2	1	0
0	0	1	0		김용환	13	DF	DF	27	김창수		0	2	1	0
0	0	0	0		정재용	6	MF	MF	42	믹스	91	0	1	0	0
0	0	1	0	26	최영준	14	MF	MF	19	박용우		1	2	0	0
0	0	0	4(2)		심동운	7	MF	MF	14	김보경		0	1	0	0
0	0	2	0	16	이수빈	57	MF	MF	99	박정인	8	2(1)	1	0	0
0	0	2	2(1)		완델손	77	MF	MF	23	김태환		2(2)	2	0	0
0	0	1	1	11	송민규	29	FW	FW	9	주니오		3(2)	1	0	0
0	0	0	0		류원우	1			31	문정인		0	0	0	0
0	0	0	0		배슬기	24			4	강민수		0	0	0	0
0	0	0	0		이상기	19			29	김수안		0	0	0	0
0	0	1	1(1)	후34	팔로세비치	26	대기	대기	91	데이비슨	후34	0	0	0	0
0	0	0	1(1)	후16	이광혁	11			22	정동호		0	0	0	0
0	0	0	0		하승운	17			8	황일수	후22	2	0	0	0
0	0	0	5(3)	후9	허용준	16			18	주민규	후42	0	1	0	0
0	1	10	15(8)			0			0			10(5)	16	2	0

● 후반 41분 팔로세비치 PK-L-G (득점: 팔로세비치) 왼쪽
● 후반 47분 팔로세비치 PA 정면 ~ 이광혁 AK 정면 L-ST-G (득점: 이광혁/ 도움: 팔로세비치) 왼쪽

● 후반 5분 김태환 PK 우측지점 R-ST-G (득점: 김태환) 오른쪽

• 10월 06일 • 14:00 • 맑음 • 제주 월드컵 • 5,046명
• 주심_ 고형진 • 부심_ 노수용·김지욱 • 대기심_ 안재훈 • 경기감독관_ 양정환

제주 1 | 0 전반 0 / 1 후반 2 | **2 경남**

퇴장	경고	파울	ST(유)	교체	선수명	배번	위치	위치	배번	선수명	교체	ST(유)	파울	경고	퇴장
0	0	0	0		오승훈	32	GK	GK	25	이범수		0	0	1	0
0	0	1	2(1)		김성주	21	DF	DF	23	이광선		1(1)	2	0	0
0	0	3	1(1)		백동규	31	DF	DF	15	우주성		1(1)	0	0	0
0	0	0	3(1)		김동우	36	DF	DF	50	김종필		0	2	0	0
0	0	1	0		안현범	17	DF	MF	16	이광진		0	1	0	0
0	0	0	1		윤빛가람	35	MF	MF	13	김준범		1(1)	0	0	0
0	0	1	5		이창민	14	MF	MF	14	조재철	5	2(1)	1	0	0
0	0	0	3(1)	23	서진수	28	MF	MF	12	이재명		0	1	0	0
0	0	1	1	9	윤일록	24	MF	FW	11	도동현	20	0	2	0	0
0	1	2	2(2)		남준재	11	MF	FW	22	쿠니모토		4(3)	4	0	0
0	0	0	1(1)	10	이근호	38	FW	FW	55	제리치	19	3	1	0	0
0	0	0	0		이창근	18			31	손정현		0	0	0	0
0	0	0	0		김승우	4			5	곽태휘	후51	0	0	0	0
0	0	0	0		박진포	6			8	안성남		0	0	0	0
0	0	0	0		권순형	7	대기	대기	4	하성민		0	0	0	0
0	0	1	4(2)	전36	아길라르	23			19	고경민	후47	0	0	0	0
0	0	1	2	후23	오사구오나	9			88	김종진		0	0	0	0
0	0	0	0	후23	마그노	10			20	김효기	후18	0	0	0	0
0	1	11	25(9)			0			0			12(7)	14	1	0

● 후반 44분 남준재 PAL 내 R-ST-G (득점: 남준재) 오른쪽

● 후반 3분 조재철 PA 정면내 R-ST-G (득점: 조재철) 오른쪽
● 후반 22분 우주성 PK 우측지점 L-ST-G (득점: 우주성) 왼쪽

• 10월 06일 • 14:00 • 맑음 • 수원 월드컵 • 16,241명
• 주심_ 김대용 • 부심_ 이정민·박균용 • 대기심_ 최현재 • 경기감독관_ 김형남

수원 1 | 0 전반 1 / 1 후반 1 | **2 서울**

퇴장	경고	파울	ST(유)	교체	선수명	배번	위치	위치	배번	선수명	교체	ST(유)	파울	경고	퇴장
0	0	0	0		노동건	19	GK	GK	1	유상훈		0	0	0	0
0	0	1	0	26	양상민	3	DF	DF	5	오스마르		1(1)	1	0	0
0	0	2	1		민상기	39	DF	DF	15	김원식		0	1	0	0
0	0	0	1(1)		고명석	4	DF	DF	3	이웅희		0	2	1	0
0	0	0	0		홍철	33	MF	MF	27	고광민		0	2	0	0
0	1	2	0		최성근	25	MF	MF	13	고요한	23	1(1)	3	1	0
0	0	1	0	16	안토니스	8	MF	MF	66	주세종		0	2	0	0
0	0	0	0		구대영	90	MF	MF	79	이명주		2(1)	6	0	0
0	0	1	0	9	전세진	14	FW	MF	9	알리바예프		1(1)	1	0	0
0	0	2	1(1)		김민우	11	FW	FW	50	박동진	19	0	0	1	0
0	0	3	2(1)		타가트	18	FW	FW	10	박주영		1(1)	3	0	0
0	0	0	0		박지민	29			21	양한빈		0	0	0	0
0	0	0	0		구자룡	15			4	김남춘		0	0	0	0
0	0	0	0		신세계	30			6	김주성		0	0	0	0
0	0	2	1	후0	이종성	16	대기	대기	14	김한길		0	0	0	0
0	0	0	0		고승범	77			23	윤종규	후45	0	0	0	0
0	0	0	2(2)	후0	염기훈	26			8	정원진		0	0	0	0
0	0	2	0	후20	한의권	9			19	윤주태	후30	0	0	0	0
0	1	16	8(5)			0			0			6(5)	21	3	0

● 후반 14분 염기훈 MF 정면 FK L-ST-G (득점: 염기훈) 오른쪽

● 전반 16분 박주영 PK-R-G(득점: 박주영) 오른쪽
● 후반 9분 고요한 MFR ↷ 이명주 GA 정면 H-ST-G (득점: 이명주/ 도움: 고요한) 왼쪽

• 10월 06일 • 14:00 • 맑음 • 인천 전용 • 12,684명
• 주심_ 박병진 • 부심_ 곽승순·김성일 • 대기심_ 최일우 • 경기감독관_ 나승화

인천 0 | 0 전반 0 / 0 후반 0 | **0 전북**

퇴장	경고	파울	ST(유)	교체	선수명	배번	위치	위치	배번	선수명	교체	ST(유)	파울	경고	퇴장
0	0	0	0		이태희	21	GK	GK	31	송범근		0	0	0	0
0	1	5	1		김동민	47	DF	DF	22	김진수		2(1)	1	0	0
0	0	2	1(1)		여성해	36	DF	DF	6	최보경		0	1	1	0
0	0	0	0		이재성	15	DF	DF	92	김민혁		0	1	0	0
0	0	5	0		정동윤	32	DF	DF	25	최철순		0	1	0	0
0	0	1	1(1)		마하지	5	MF	MF	4	신형민		2(1)	4	0	0
0	0	0	0	7	이우혁	24	MF	MF	8	정혁		3(1)	2	0	0
0	0	1	0	3	김호남	37	MF	MF	5	임선영	91	0	0	0	0
0	0	2	1(1)		지언학	27	MF	MF	27	문선민	14	1	1	0	0
0	0	2	0	10	김진야	13	MF	MF	11	고무열		1	2	0	0
0	0	2	5(2)		무고사	9	FW	FW	20	이동국	10	5(3)	2	0	0
0	0	0	0		정산	1			41	이재형		0	0	0	0
0	0	0	0	후41	이지훈	3			13	이주용		0	0	0	0
0	0	0	0		곽해성	26			28	손준호		0	0	0	0
0	0	0	0		김정호	44	대기	대기	10	로페즈	후25	1(1)	0	0	0
0	0	0	1	후17	김도혁	7			17	이비니		0	0	0	0
0	0	0	0		서재민	19			14	이승기	후40	0	0	0	0
0	1	2	1	후23	케힌데	10			91	호사	후12	1(1)	2	0	0
0	2	22	11(5)			0			0			16(8)	17	1	0

• 10월 06일 • 14:00 • 흐림 • 상주 시민 • 1,857명
• 주심_ 정동식 • 부심_ 박상준·양재용 • 대기심_ 김덕철 • 경기감독관_ 김진의

상주 2 (0 전반 1 / 2 후반 0) **1 강원**

퇴장	경고	파울	ST(유)	교체	선수명	배번	위치	위치	배번	선수명	교체	ST(유)	파울	경고	퇴장
0	0	0	0		윤보상	21	GK	GK	1	김호준		0	0	0	0
0	0	2	0		권완규	12	DF	DF	44	나카자토		1	2	1	0
0	0	1	0		김경재	23	MF	DF	4	발렌티노스		1(1)	2	0	0
0	0	1	1		이규성	24	MF	DF	17	신광훈		0	3	0	0
0	0	0	2		김민혁	27	MF	DF	99	김오규		0	0	0	0
0	0	2	0		이민기	30	DF	MF	14	오범석	37	0	2	1	0
0	0	1	3(2)		김건희	34	FW	MF	13	한국영		2	0	0	0
0	0	2	2(1)	13	류승우	36	FW	MF	6	조지훈	22	1(1)	1	0	0
0	0	2	0		강상우	37	DF	FW	15	최치원	9	0	0	0	0
0	0	2	0	19	박세진	42	MF	FW	29	이현식		1	2	0	0
0	0	1	2(1)		김진혁	44	DF	FW	34	이영재		3(1)	0	0	0
0	0	0	0		황병근	31			31	이광연		0	0	0	0
0	0	0	0		마상훈	5			37	윤석영	후40	0	0	0	0
0	0	0	1	후43	송시우	9			22	정승용	후11	0	0	0	0
0	0	0	0		김경중	11	대기	대기	20	한용수		0	0	0	0
0	0	0	0	후11	안진범	13			23	강지훈		0	0	0	0
0	0	2	2(1)	후0/9	박용지	19			11	김현욱		0	0	0	0
0	0	0	0		이찬동	38			9	정조국	전37	1	1	0	0
0	0	16	13(5)			0			0			10(3)	13	2	0

● 후반 22분 박용지 GAL 내 R-ST-G (득점: 박용지) 왼쪽
● 후반 49분 송시우 PAL ↷ 김진혁 GAR L-ST-G (득점: 김진혁/ 도움: 송시우) 오른쪽
● 전반 34분 한국영 PA 정면내 ~ 이영재 PAL 내 R-ST-G (득점: 이영재/ 도움: 한국영) 오른쪽

• 10월 06일 • 14:00 • 맑음 • 탄천 종합 • 6,906명
• 주심_ 조지음 • 부심_ 김계용·구은석 • 대기심_ 성덕효 • 경기감독관_ 허기태

성남 1 (0 전반 0 / 1 후반 2) **2 대구**

퇴장	경고	파울	ST(유)	교체	선수명	배번	위치	위치	배번	선수명	교체	ST(유)	파울	경고	퇴장
0	0	0	0		김동준	1	GK	GK	21	조현우		0	0	0	0
0	0	2	1		안영규	5	DF	DF	3	김우석		0	1	0	0
0	0	0	1		연제운	20	DF	DF	4	정태욱		0	0	0	0
0	0	1	0		이창용	4	DF	DF	66	박병현	20	0	2	1	0
0	0	0	1(1)		서보민	11	MF	MF	92	김동진		1	1	0	0
0	0	1	1		문지환	15	MF	MF	88	김선민		0	5	0	0
0	0	0	0	26	박태준	24	MF	MF	29	류재문	94	1	0	0	0
0	0	1	0		이태희	39	MF	MF	18	정승원		2	1	0	0
0	0	2	0		주현우	8	FW	FW	11	세징야		4(3)	0	0	0
0	0	2	0	7	마티아스	19	FW	FW	22	박기동	14	0	0	0	0
0	0	0	0	9	최병찬	33	FW	FW	9	에드가		5(2)	3	0	0
0	0	0	0		전종혁	31			25	이준희		0	0	0	0
0	0	0	0		박원재	2			6	한희훈		0	0	0	0
0	0	1	2	후24	임채민	26			17	김준엽		0	0	0	0
0	0	0	0		김동현	14	대기	대기	16	강윤구		0	0	0	0
0	0	0	1	후21	에델	7			20	황순민	후9	1(1)	0	0	0
0	0	2	0	전32	공민현	9			94	신창무	후38	1(1)	0	0	0
0	0	0	0		박관우	23			14	김대원	후23	0	0	0	0
0	0	12	7(1)			0			0			15(7)	13	1	0

● 후반 6분 서보민 PK-R-G(득점: 서보민) 가운데
● 후반 8분 정승원 MFR ↷ 에드가 PA 정면내 H-ST-G (득점: 에드가/ 도움: 정승원) 왼쪽
● 후반 47분 신창무 GAR 내 R-ST-G (득점: 신창무) 오른쪽

• 10월 19일 • 14:00 • 맑음 • 수원 월드컵 • 3,353명
• 주심_ 김동진 • 부심_ 곽승순·방기열 • 대기심_ 김대용 • 경기감독관_ 차상해

수원 2 (1 전반 1 / 1 후반 0) **1 경남**

퇴장	경고	파울	ST(유)	교체	선수명	배번	위치	위치	배번	선수명	교체	ST(유)	파울	경고	퇴장
0	0	0	0		노동건	19	GK	GK	31	손정현		0	0	0	0
0	0	0	1		양상민	3	DF	DF	23	이광선		0	0	0	0
0	0	0	0		민상기	39	DF	DF	15	우주성		1	0	0	0
0	0	0	1		구자룡	15	DF	DF	50	김종필		0	0	0	0
0	0	0	0	8	박형진	13	MF	MF	16	이광진		1	1	0	0
0	1	3	1(1)		이종성	16	MF	MF	13	김준범		0	2	0	0
0	0	1	0		고승범	77	MF	MF	14	조재철	9	0	0	1	0
0	0	2	0		구대영	90	MF	MF	12	이재명		0	1	0	0
0	0	1	1(1)	26	전세진	14	FW	FW	7	배기종	20	0	0	0	0
0	0	1	4(1)	9	타가트	18	FW	FW	22	쿠니모토		2	1	0	0
0	0	1	3(1)		김민우	11	FW	FW	55	제리치		2(1)	5	0	0
0	0	0	0		김다솔	1			25	이범수		0	0	0	0
0	0	0	0		고명석	4			5	곽태휘		0	0	0	0
0	0	0	0		신세계	30			11	도동현		0	0	0	0
0	0	0	3(1)	전35	안토니스	8	대기	대기	4	하성민		0	0	0	0
0	0	1	1(1)	후0	염기훈	26			9	룩	후12	0	0	0	0
0	0	2	0	후14	한의권	9			29	정성준		0	0	0	0
0	0	0	0		오현규	37			20	김효기	후12	0	0	0	0
0	1	12	15(6)			0			0			6(1)	10	1	0

● 전반 43분 타가트 PK-R-G(득점: 타가트) 왼쪽
● 후반 27분 염기훈 GAL L-ST-G (득점: 염기훈) 오른쪽
● 전반 25분 제리치 PK-R-G(득점: 제리치) 오른쪽

• 10월 19일 • 16:00 • 맑음 • 탄천 종합 • 4,301명
• 주심_ 김용우 • 부심_ 노수용·박균용 • 대기심_ 성덕효 • 경기감독관_ 신홍기

성남 0 (0 전반 0 / 0 후반 1) **1 인천**

퇴장	경고	파울	ST(유)	교체	선수명	배번	위치	위치	배번	선수명	교체	ST(유)	파울	경고	퇴장
0	0	0	0		김동준	1	GK	GK	21	이태희		0	0	0	0
0	0	0	0		연제운	20	DF	DF	32	정동윤		0	2	0	0
0	1	2	1		임채민	26	DF	DF	36	여성해		0	0	0	0
0	0	0	0	5	이창용	4	DF	DF	15	이재성		0	1	0	0
0	0	0	1(1)		서보민	11	MF	DF	26	곽해성		0	2	0	0
0	1	1	1		문지환	15	MF	MF	34	장윤호		0	4	1	0
0	0	1	4(2)		주현우	8	MF	MF	5	마하지		0	1	1	0
0	1	1	3(3)		이태희	39	MF	MF	37	김호남	20	1	1	0	0
0	0	0	3(3)	9	에델	7	FW	MF	27	지언학		0	3	0	0
0	0	0	4(1)	22	마티아스	19	FW	MF	13	김진야	23	0	2	0	0
0	0	3	2(1)		이재원	32	FW	FW	9	무고사	11	2(1)	0	0	0
0	0	0	0		김근배	21			31	김동헌		0	0	0	0
0	0	0	0		박원재	2			3	이지훈		0	0	0	0
0	0	0	0	후0	안영규	5			20	부노자	후44	0	0	0	0
0	0	0	0		김동현	14	대기	대기	7	김도혁		0	0	0	0
0	0	0	2(2)	후28	공민현	9			11	문창진	후43	0	1	0	0
0	0	0	0	후34	김현성	22			23	명준재	후12	0	1	0	0
0	0	0	0		박관우	23			18	김승용		0	0	0	0
0	3	8	21(13)			0			0			3(1)	18	2	0

● 후반 28분 무고사 AKL FK R-ST-G (득점: 무고사) 왼쪽

• 10월 19일 • 18:00 • 맑음 • 상주 시민 • 1,161명
• 주심_ 김우성 • 부심_ 이정민·구은석 • 대기심_ 정회수 • 경기감독관_ 김호영

상주 2 | 1 전반 1 / 1 후반 0 | **1 제주**

퇴장	경고	파울	ST(유)	교체	선수명	배번	위치	위치	배번	선수명	교체	ST(유)	파울	경고	퇴장
0	0	0	0		윤 보 상	21	GK	GK	18	이 창 근		0	0	0	0
0	0	1	1(1)		권 완 규	12	DF	DF	30	김 지 운		0	1	1	0
0	1	2	1	22	안 진 범	13	MF	DF	31	백 동 규		0	2	1	0
0	0	0	4(2)		박 용 지	19	MF	DF	36	김 동 우		1(1)	0	0	0
0	0	0	0		김 경 재	23	DF	DF	17	안 현 범		3(1)	1	0	0
0	0	0	1		이 규 성	24	MF	MF	35	윤빛가람		1	1	0	0
0	0	0	1(1)	39	김 민 혁	27	MF	MF	14	이 창 민		1	1	0	0
0	0	1	1		이 민 기	30	MF	MF	23	아길라르	9	2	3	0	0
0	0	2	4(3)		김 건 희	34	FW	MF	24	윤 일 록	15	1	1	1	0
0	0	0	1		강 상 우	37	MF	MF	21	김 성 주		2(2)	1	0	0
0	0	2	1(1)		김 진 혁	44	DF	FW	38	이 근 호	10	1	0	0	0
0	0	0	0		황 병 근	31			1	황 성 민		0	0	0	0
0	0	0	0		마 상 훈	5			15	알 렉 스	후41	1(1)	1	0	0
0	0	0	0		송 시 우	9			42	이 동 희		0	0	0	0
0	0	0	0		김 경 중	11	대기	대기	33	강 윤 성		0	0	0	0
0	0	0	0	후48	배 신 영	22			22	임 상 협		0	0	0	0
0	0	0	0	후16	송 승 민	39			9	오사구오나	후23	0	2	0	0
0	0	0	0		박 세 진	42			10	마 그 노	후13	1	1	0	0
0	1	8	15(8)			0			0			14(5)	15	3	0

● 전반 30분 박용지 GAL L-ST-G (득점: 박용지) 왼쪽
● 후반 39분 이민기 PAR ↷ 김건희 GA 정면 H-ST-G (득점: 김건희/ 도움: 이민기) 오른쪽

● 전반 28분 이근호 MFR ~ 안현범 PA 정면 L-ST-G (득점: 안현범/ 도움: 이근호) 왼쪽

• 10월 20일 • 14:00 • 맑음 • 춘천 송암 • 2,745명
• 주심_ 이동준 • 부심_ 윤광열·김성일 • 대기심_ 김종혁 • 경기감독관_ 나승화

강원 3 | 0 전반 1 / 3 후반 1 | **2 서울**

퇴장	경고	파울	ST(유)	교체	선수명	배번	위치	위치	배번	선수명	교체	ST(유)	파울	경고	퇴장
0	0	0	0		이 광 연	31	GK	GK	1	유 상 훈		0	0	0	0
0	1	2	1(1)		정 승 용	22	DF	DF	5	오스마르		0	2	0	0
0	0	1	0		발렌티노스	4	DF	DF	15	김 원 식		0	1	0	0
0	0	1	0	17	이 호 인	3	DF	DF	2	황 현 수		0	0	0	0
0	0	0	1		김 오 규	99	DF	MF	27	고 광 민		0	1	0	0
0	0	0	3(2)		이 현 식	29	MF	MF	13	고 요 한		1(1)	0	0	0
0	0	0	1		한 국 영	13	MF	MF	66	주 세 종		1	4	2	0
0	0	0	4(1)		이 영 재	34	MF	MF	79	이 명 주		2(1)	0	0	0
0	0	2	0		김 현 욱	11	FW	MF	9	알리바예프		0	3	1	0
0	0	3	1(1)	37	강 지 훈	23	FW	FW	33	이 인 규	19	2(1)	1	0	0
0	1	1	2(1)	9	빌 비 야	10	FW	FW	10	박 주 영		2(1)	0	0	0
0	0	0	0		김 호 준	1			21	양 한 빈		0	0	0	0
0	0	0	0	후48	윤 석 영	37			4	김 남 춘		0	0	0	0
0	0	2	1	후0	신 광 훈	17			24	정 현 철		0	0	0	0
0	0	0	0		조 지 훈	6	대기	대기	14	김 한 길		0	0	0	0
0	0	0	0		지 의 수	33			23	윤 종 규		0	0	0	0
0	0	0	0		정 지 용	35			8	정 원 진		0	0	0	0
0	0	0	0	후19	정 조 국	9			19	윤 주 태	후20	0	1	0	0
0	2	12	14(6)			0			0			8(4)	13	3	0

● 후반 6분 이영재 PAR EL FK ↷ 이현식 GA 정면 H-ST-G (득점: 이현식/ 도움: 이영재) 왼쪽
● 후반 41분 이영재 PAR FK L-ST-G (득점: 이영재) 오른쪽
● 후반 46분 정승용 PAL ↷ 이현식 GAR L-ST-G (득점: 이현식/ 도움: 정승용) 왼쪽

● 전반 20분 오스마르 PAL ↷ 이인규 GAR R-ST-G (득점: 이인규/ 도움: 오스마르) 오른쪽
● 후반 37분 이명주 PAR ↷ 박주영 GAL H-ST-G (득점: 박주영/ 도움: 이명주) 오른쪽

• 10월 20일 • 16:00 • 맑음 • 전주 월드컵 • 10,078명
• 주심_ 김희곤 • 부심_ 김계용·박상준 • 대기심_ 조지음 • 경기감독관_ 최상국

전북 3 | 1 전반 0 / 2 후반 0 | **0 포항**

퇴장	경고	파울	ST(유)	교체	선수명	배번	위치	위치	배번	선수명	교체	ST(유)	파울	경고	퇴장
0	0	0	0		송 범 근	31	GK	GK	31	강 현 무		0	0	0	0
0	0	0	0		김 진 수	22	DF	DF	2	심 상 민		0	0	0	0
0	0	1	2(1)		권 경 원	21	DF	DF	24	배 슬 기		0	0	0	0
0	0	0	0		홍 정 호	26	DF	DF	5	하 창 래		1(1)	0	1	0
0	0	0	0	13	최 철 순	25	DF	DF	13	김 용 환		0	2	0	0
0	0	1	0		신 형 민	4	MF	MF	6	정 재 용		2(1)	1	0	0
0	0	2	3(3)	11	로 페 즈	10	MF	MF	57	이 수 빈		1	4	0	0
0	0	0	1(1)		이 승 기	14	MF	MF	7	심 동 운	16	1(1)	1	0	0
0	1	5	2(1)		손 준 호	28	MF	MF	26	팔로세비치	29	0	1	0	0
0	0	4	4(3)	20	문 선 민	27	MF	MF	77	완 델 손	11	0	1	0	0
0	0	3	1(1)		김 승 대	9	FW	FW	10	일류첸코		4(1)	3	0	0
0	0	0	0		이 재 형	41			1	류 원 우		0	0	0	0
0	0	0	0		김 민 혁	92			4	전 민 광		0	0	0	0
0	0	1	1(1)	전29	이 주 용	13			19	이 상 기		0	0	0	0
0	0	0	0		임 선 영	5	대기	대기	11	이 광 혁	후9	1(1)	1	0	0
0	0	0	0		한 승 규	42			22	김 도 형		0	0	0	0
0	0	0	1(1)	후24	고 무 열	11			29	송 민 규	후9	0	1	0	0
0	0	0	0	후38	이 동 국	20			16	허 용 준	후30	1(1)	0	0	0
0	1	17	15(12)			0			0			11(6)	15	1	0

● 전반 12분 문선민 AK 정면 ~ 로페즈 GAL R-ST-G (득점: 로페즈/ 도움: 문선민) 오른쪽
● 후반 3분 문선민 PK 좌측지점 R-ST-G (득점: 문선민) 왼쪽
● 후반 23분 권경원 GAR L-ST-G (득점: 권경원) 오른쪽

• 10월 20일 • 18:00 • 맑음 • DGB대구은행파크 • 11,022명
• 주심_ 박병진 • 부심_ 양재용·김지욱 • 대기심_ 최일우 • 경기감독관_ 김진의

대구 1 | 0 전반 1 / 1 후반 1 | **2 울산**

퇴장	경고	파울	ST(유)	교체	선수명	배번	위치	위치	배번	선수명	교체	ST(유)	파울	경고	퇴장
0	0	0	0		조 현 우	21	GK	GK	81	김 승 규		0	0	0	0
0	1	1	0		김 우 석	3	DF	DF	13	이 명 재		0	2	0	0
0	0	0	1	20	정 태 욱	4	DF	DF	38	불투이스		1(1)	1	0	0
0	0	5	0		박 병 현	66	DF	DF	4	강 민 수		0	2	0	0
0	1	3	2(1)		김 동 진	92	MF	DF	23	김 태 환		0	0	0	0
0	0	2	0		김 선 민	88	MF	MF	19	박 용 우		0	1	0	0
0	0	0	2(1)	94	류 재 문	29	MF	MF	7	김 인 성		1	1	0	0
0	0	1	0		정 승 원	18	MF	MF	42	믹 스	33	1(1)	0	0	0
0	1	2	5(2)		세 징 야	11	FW	MF	14	김 보 경		0	3	1	0
0	0	1	3(1)	22	김 대 원	14	FW	MF	15	이 동 경	8	0	2	0	0
0	0	1	5(2)		에 드 가	9	FW	FW	9	주 니 오	18	1(1)	2	0	0
0	0	0	0		최 영 은	1			1	조 수 혁		0	0	0	0
0	0	0	0		한 희 훈	6			20	윤 영 선		0	0	0	0
0	0	0	0		김 준 엽	17			22	정 동 호		0	0	0	0
0	0	0	0		정 선 호	8	대기	대기	33	박 주 호	후39	0	1	1	0
0	0	0	0	후0	황 순 민	20			99	박 정 인		0	0	0	0
0	0	0	0	후34	신 창 무	94			8	황 일 수	후0	1	2	0	0
0	0	0	0	후38	박 기 동	22			18	주 민 규	후33	1(1)	2	0	0
0	3	16	18(7)			0			0			6(4)	19	2	0

● 후반 3분 류재문 자기 측 센터서클 ~ 세징야 AK 내 R-ST-G (득점: 세징야/ 도움: 류재문) 왼쪽

● 전반 22분 믹스 GAL R-ST-G (득점: 믹스) 오른쪽
● 후반 35분 김보경 PAR EL → 주민규 GA 정면 R-ST-G (득점: 주민규/ 도움: 김보경) 왼쪽

• 10월 26일 • 14:00 • 맑음 • 포항 스틸야드 • 8,365명
• 주심_ 김용우 • 부심_ 노수용·구은석 • 대기심_ 성덕효 • 경기감독관_ 김용세

포항 0　　0 전반 0 / 0 후반 0　　**0 대구**

퇴장	경고	파울	ST(유)	교체	선수명	배번	위치	위치	배번	선수명	교체	ST(유)	파울	경고	퇴장
0	0	0	0		강현무	31	GK	GK	21	조현우		0	0	0	0
0	1	1	1		심상민	2	DF	DF	3	김우석		0	1	0	0
0	0	0	0		김광석	3	DF	DF	4	정태욱		1	2	0	0
0	0	1	0		하창래	5	DF	DF	66	박병현		0	2	0	0
1	0	3	0		이상기	19	DF	MF	92	김동진		0	1	0	0
0	0	0	0		정재용	6	MF	MF	88	김선민		0	3	1	0
0	0	1	0		최영준	14	MF	MF	29	류재문	20	0	1	0	0
0	0	0	1	7	송민규	29	MF	MF	18	정승원		1	2	0	0
0	0	0	0	11	팔로세비치	26	MF	FW	94	신창무	14	0	3	1	0
0	0	2	2(1)		완델손	77	MF	FW	9	에드가		1(1)	1	0	0
0	0	0	0	13	일류첸코	10	FW	FW	22	박기동	37	0	1	0	0
0	0	0	0		이준	21			25	이준희		0	0	0	0
0	0	0	0		전민광	4			6	한희훈		0	0	0	0
0	0	0	0	후0	김용환	13			17	김준엽		0	0	0	0
0	0	0	0		이수빈	57	대기	대기	20	황순민	후0	0	1	0	0
0	0	0	3(1)	후0	이광혁	11			8	정선호		0	0	0	0
0	0	2	0	후35	심동운	7			37	오후성	후33	1	0	0	0
0	0	0	0		허용준	16			14	김대원	후0	2(1)	0	0	0
1	1	10	7(2)			0			0			6(2)	18	2	0

• 10월 26일 • 16:00 • 맑음 • 전주 월드컵 • 12,142명
• 주심_ 김우성 • 부심_ 곽승순·박균용 • 대기심_ 최광호 • 경기감독관_ 김성기

전북 1　　0 전반 1 / 1 후반 0　　**1 서울**

퇴장	경고	파울	ST(유)	교체	선수명	배번	위치	위치	배번	선수명	교체	ST(유)	파울	경고	퇴장
0	0	0	0		송범근	31	GK	GK	1	유상훈		0	0	0	0
0	0	0	0	11	이주용	13	DF	DF	6	김주성		0	1	0	0
0	0	0	2(1)		홍정호	26	DF	DF	4	김남춘		0	2	0	0
0	1	2	0		권경원	21	DF	DF	2	황현수		1(1)	1	0	0
0	0	0	2		김진수	22	DF	MF	27	고광민		0	2	1	0
0	0	1	1		신형민	4	MF	MF	23	윤종규		1	0	0	0
0	0	0	2(1)		로페즈	10	MF	MF	5	오스마르		1	1	0	0
0	0	0	0		이승기	14	MF	MF	79	이명주		0	1	0	0
0	0	1	1(1)	20	임선영	5	MF	MF	13	고요한	24	1(1)	1	1	0
0	0	2	1		문선민	27	MF	FW	10	박주영	33	0	1	0	0
0	0	0	0	42	김승대	9	FW	FW	50	박동진	18	1(1)	2	0	0
0	0	0	0		이재형	41			21	양한빈		0	0	0	0
0	0	0	0		김민혁	92			3	이웅희		0	0	0	0
0	0	0	0		박원재	19			24	정현철	후42	1(1)	0	0	0
0	0	0	0		정혁	8	대기	대기	14	김한길		0	0	0	0
0	0	0	2	후10	고무열	11			8	정원진		0	0	0	0
0	0	0	0	후29	한승규	42			18	조영욱	후13	0	0	0	0
0	0	1	4(2)	후0	이동국	20			33	이인규	후47	0	0	0	0
0	1	7	15(5)			0			0			6(4)	12	2	0

● 후반 39분 이동국 PK 좌측지점 L-ST-G (득점: 이동국) 가운데

● 전반 19분 오스마르 GA 정면 ~ 황현수 GAR 내 R-ST-G (득점: 황현수/ 도움: 오스마르) 오른쪽

• 10월 26일 • 18:00 • 맑음 • 울산 종합 • 10,519명
• 주심_ 김대용 • 부심_ 이정민·방기열 • 대기심_ 송민석 • 경기감독관_ 허기태

울산 2　　2 전반 1 / 0 후반 0　　**1 강원**

퇴장	경고	파울	ST(유)	교체	선수명	배번	위치	위치	배번	선수명	교체	ST(유)	파울	경고	퇴장
0	0	0	0		김승규	81	GK	GK	31	이광연		0	0	0	0
0	0	0	1(1)		이명재	13	DF	DF	22	정승용		1(1)	2	1	0
0	0	0	0		불투이스	38	DF	DF	4	발렌티노스		1	0	0	0
0	1	1	0		강민수	4	DF	DF	3	이호인		0	1	0	0
0	0	1	0		김태환	23	DF	DF	17	신광훈		0	2	0	0
0	0	1	0	33	믹스	42	MF	MF	29	이현식	9	1	0	0	0
0	0	0	0		박용우	19	MF	MF	13	한국영		1	0	0	0
0	0	2	1		김인성	7	MF	MF	34	이영재	6	0	0	0	0
0	0	3	0	91	주민규	18	MF	FW	11	김현욱	24	0	0	0	0
0	0	0	1(1)	8	이동경	15	MF	FW	23	강지훈		1(1)	1	0	0
0	1	2	3(3)		주니오	9	FW	FW	10	빌비야		3(3)	1	0	0
0	0	0	0		조수혁	1			1	김호준		0	0	0	0
0	0	0	0		윤영선	20			19	박창준		0	0	0	0
0	0	0	0		정동호	22			6	조지훈	전40	1(1)	0	0	0
0	0	0	0	후24	박주호	33	대기	대기	24	서명원	후26	0	0	0	0
0	0	0	0	후37	데이비슨	91			33	지의수		0	0	0	0
0	0	0	0		박정인	99			35	정지용		0	0	0	0
0	0	2	1(1)	후0	황일수	8			9	정조국	후37	0	0	0	0
0	2	12	7(6)			0			0			9(6)	7	1	0

● 전반 2분 주민규 MF 정면 ~ 주니오 PA 정면 내 R-ST-G (득점: 주니오/ 도움: 주민규) 왼쪽

● 전반 10분 김태환 PAR ↷ 주니오 GA 정면 H-ST-G (득점: 주니오/ 도움: 김태환) 왼쪽

● 전반 45분 빌비야 PK-L-G (득점: 빌비야) 오른쪽

• 10월 27일 • 14:00 • 맑음 • 상주 시민 • 1,263명
• 주심_ 박병진 • 부심_ 김계용·강동호 • 대기심_ 최현재 • 경기감독관_ 나승화

상주 0　　0 전반 0 / 0 후반 1　　**1 성남**

퇴장	경고	파울	ST(유)	교체	선수명	배번	위치	위치	배번	선수명	교체	ST(유)	파울	경고	퇴장
0	0	0	0		윤보상	21	GK	GK	31	전종혁		0	0	0	0
1	0	4	1		권완규	12	DF	DF	5	안영규		0	1	0	0
0	0	0	0	36	안진범	13	MF	DF	20	연제운		0	1	0	0
0	0	1	1		박용지	19	FW	DF	40	임승겸		0	1	1	0
0	0	1	0		김경재	23	DF	MF	11	서보민		1(1)	1	0	0
0	0	1	0	5	이규성	24	MF	MF	14	김동현		1	1	0	0
0	0	0	0		김민혁	27	MF	MF	32	이재원		1	1	0	0
0	0	1	1		이민기	30	MF	MF	39	이태희		0	4	0	0
0	0	0	1		김건희	34	FW	FW	8	주현우	36	1	0	0	0
0	0	0	1(1)		강상우	37	MF	FW	10	문상윤	2	3(3)	2	0	0
0	0	1	1		김진혁	44	DF	FW	22	김현성	23	3(1)	0	0	0
0	0	0	0		황병근	31			41	문광석		0	0	0	0
0	0	0	0	후35	마상훈	5			2	박원재	후46	0	0	0	0
0	0	0	0		송시우	9			25	김기열		0	0	0	0
0	0	0	0		김경중	11	대기	대기	33	최병찬		0	0	0	0
0	0	0	0		배신영	22			23	박관우	후34	0	0	0	0
0	0	0	1	후14	류승우	36			30	전성수		0	0	0	0
0	0	0	0		송승민	39			36	김소웅	후44	0	0	0	0
1	0	9	7(1)			0			0			10(5)	12	1	0

● 후반 35분 주현우 C.KL ~ 서보민 PAL R-ST-G (득점: 서보민/ 도움: 주현우) 가운데

• 10월 27일 • 15:00 • 맑음 • 창원 축구센터 • 4,041명
• 주심_ 김희곤 • 부심_ 박상준·지승민 • 대기심_ 이동준 • 경기감독관_ 양정환

경남 2 1 전반 1 / 1 후반 1 **2 제주**

퇴장	경고	파울	ST(유)	교체	선수명	배번	위치	위치	배번	선수명	교체	ST(유)	파울	경고	퇴장
0	0	0	0		손정현	31	GK	GK	1	황성민		0	0	0	0
0	0	2	0		이광선	23	DF	DF	30	김지운		1(1)	1	0	0
0	1	0	0		우주성	15	DF	DF	37	김원일		0	3	0	0
0	0	0	0	20	김종필	50	DF	DF	31	백동규		0	2	1	0
0	0	2	1		이광진	16	MF	DF	17	안현범		1	1	1	0
0	0	1	1		김준범	13	MF	MF	35	윤빛가람		4(2)	2	0	0
0	0	3	2(1)		쿠니모토	22	MF	MF	33	강윤성		0	1	0	0
0	1	2	0		이재명	12	MF	FW	23	아길라르	36	2(1)	5	0	0
0	1	2	0	7	고경민	19	FW	FW	22	임상협	29	1(1)	2	0	0
0	0	1	2	14	룩	9	FW	MF	11	남준재	9	0	0	0	0
0	0	1	1(1)		제리치	55	FW	MF	24	윤일록		0	2	0	0
0	0	0	0		이범수	25			18	이창근		0	0	0	0
0	0	0	0		최재수	6			36	김동우	후28	0	0	0	0
0	0	0	0	후14	배기종	7			7	권순형		0	0	0	0
0	0	1	0	후14	조재철	14	대기	대기	14	이창민		0	0	0	0
0	0	0	0		도동현	11			29	이동률	후19	0	1	0	0
0	0	0	0		김종진	88			21	김성주		0	0	0	0
0	0	0	0	후36	김효기	20			9	오사구오나	후39	0	0	0	0
0	3	15	7(2)			0			0			9(5)	20	2	0

● 전반 34분 고경민 PAR 내 EL ↷ 제리치 GA 정면 H-ST-G (득점: 제리치/ 도움: 고경민) 가운데
● 후반 33분 김원일 자기 측 GAR 자책골 (득점: 김원일) 오른쪽

● 전반 27분 윤빛가람 AK 정면 FK R-ST-G (득점: 윤빛가람) 왼쪽
● 후반 22분 윤일록 GA 정면 ~ 아길라르 GAR L-ST-G (득점: 아길라르/ 도움: 윤일록) 왼쪽

• 10월 27일 • 16:00 • 맑음 • 인천 전용 • 11,132명
• 주심_ 정동식 • 부심_ 양재용·김지욱 • 대기심_ 김영수 • 경기감독관_ 김호영

인천 1 0 전반 1 / 1 후반 0 **1 수원**

퇴장	경고	파울	ST(유)	교체	선수명	배번	위치	위치	배번	선수명	교체	ST(유)	파울	경고	퇴장
0	0	0	0		이태희	21	GK	GK	19	노동건		0	0	0	0
0	0	1	0		김동민	47	DF	DF	3	양상민	16	0	0	0	0
0	0	0	1		여성해	36	DF	DF	39	민상기		0	2	0	0
0	0	1	0		이재성	15	DF	DF	15	구자룡		0	2	1	0
0	1	3	0		정동윤	32	DF	MF	33	홍철		1	2	0	0
0	0	0	0	7	장윤호	34	MF	MF	25	최성근	77	0	3	1	0
0	0	1	1		이우혁	24	MF	MF	8	안토니스		1	1	0	0
0	0	2	2		김호남	37	MF	MF	90	구대영		0	3	0	0
0	1	3	0	11	지언학	27	MF	FW	14	전세진	26	0	0	0	0
0	0	2	0	23	김진야	13	MF	FW	11	김민우		3	1	0	0
0	0	0	8		무고사	9	FW	FW	18	타가트		4(3)	2	0	0
0	0	0	0		김동헌	31			29	박지민		0	0	0	0
0	0	0	0		부노자	20			4	고명석		0	0	0	0
0	0	0	0		곽해성	26			77	고승범	후14	1	1	0	0
0	0	0	0	후17	김도혁	7	대기	대기	16	이종성	전19	0	0	0	0
0	0	0	0	후41	문창진	11			17	김종우		0	0	0	0
0	0	2	1(1)	후8	명준재	23			26	염기훈	후0	1(1)	0	0	0
0	0	0	0		김승용	18			27	한석희		0	0	0	0
0	2	15	13(1)			0			0			11(4)	17	2	0

● 후반 47분 명준재 GAL 내 R-ST-G (득점: 명준재) 가운데

● 전반 22분 전세진 PAR 내 → 타가트 GA 정면 내 R-ST-G (득점: 타가트/ 도움: 전세진) 가운데

• 11월 02일 • 14:00 • 흐림 • 수원 월드컵 • 4,876명
• 주심_ 이동준 • 부심_ 박상준·박균용 • 대기심_ 안재훈 • 경기감독관_ 최상국

수원 0 0 전반 0 / 0 후반 0 **0 성남**

퇴장	경고	파울	ST(유)	교체	선수명	배번	위치	위치	배번	선수명	교체	ST(유)	파울	경고	퇴장
0	0	0	0		노동건	19	GK	GK	31	전종혁		0	0	0	0
0	0	0	1		박형진	13	DF	DF	20	연제운		0	2	0	0
0	0	0	0		이종성	16	DF	DF	26	임채민		0	2	0	0
0	0	0	1(1)		고명석	4	DF	DF	39	이태희		1	2	0	0
0	0	1	1	25	홍철	33	MF	MF	13	이은범		0	1	1	0
0	0	1	2		김종우	17	MF	MF	15	문지환	25	0	0	0	0
0	0	2	2(1)		안토니스	8	MF	MF	32	이재원		1	0	0	0
0	0	1	2(1)		고승범	77	MF	MF	2	박원재	27	0	1	0	0
0	0	2	2(1)		전세진	14	FW	FW	8	주현우		2(1)	1	0	0
0	0	0	4(1)	9	바그닝요	7	FW	FW	10	문상윤	40	0	1	0	0
0	0	0	0	18	염기훈	26	FW	FW	22	김현성		3(2)	6	0	0
0	0	0	0		박지민	29			21	김근배		0	0	0	0
0	0	0	0		민상기	39			40	임승겸	후11	0	0	0	0
0	0	0	0		구대영	90			25	김기열	후0	1(1)	0	0	0
0	0	0	0	후18	최성근	25	대기	대기	27	김연왕	후39	0	0	0	0
0	0	0	0		김민우	11			23	박관우		0	0	0	0
0	0	1	1	후11	한의권	9			33	최병찬		0	0	0	0
0	0	0	3(2)	후0	타가트	18			36	김소웅		0	0	0	0
0	0	8	19(7)			0			0			8(4)	16	1	0

• 11월 02일 • 16:00 • 맑음 • 제주 월드컵 • 4,392명
• 주심_ 박병진 • 부심_ 윤광열·김성일 • 대기심_ 김영수 • 경기감독관_ 김진의

제주 2 0 전반 0 / 2 후반 0 **0 인천**

퇴장	경고	파울	ST(유)	교체	선수명	배번	위치	위치	배번	선수명	교체	ST(유)	파울	경고	퇴장
0	0	0	0		이창근	18	GK	GK	21	이태희		0	0	0	0
0	1	1	0		김지운	30	DF	DF	47	김동민		0	2	1	0
0	0	2	0		김원일	37	DF	DF	36	여성해		1(1)	3	0	0
0	1	3	0		조용형	20	DF	DF	15	이재성		1	1	1	0
0	0	1	2		안현범	17	DF	DF	32	정동윤		0	1	0	0
0	0	1	3(1)	5	윤빛가람	35	MF	MF	34	장윤호		0	2	0	0
0	0	2	1		강윤성	33	MF	MF	5	마하지	7	0	2	0	0
0	0	1	7(3)	29	이창민	14	FW	MF	37	김호남	10	0	1	0	0
0	0	1	0		아길라르	23	MF	MF	27	지언학		2(1)	1	0	0
0	0	0	1	10	남준재	11	MF	MF	13	김진야	23	0	0	0	0
0	0	2	3(2)		윤일록	24	FW	FW	9	무고사		3(2)	1	0	0
0	0	0	0		박한근	41			31	김동헌		0	0	0	0
0	0	0	0	후48	권한진	5			20	부노자		0	0	0	0
0	0	0	0		권순형	7			26	곽해성		0	0	0	0
0	0	0	0		김성주	21	대기	대기	7	김도혁	후16	0	0	0	0
0	0	0	0	후44	이동률	29			11	문창진		0	0	0	0
0	0	0	0		이근호	38			23	명준재	후6	2(1)	1	1	0
0	0	1	2(1)	전23	마그노	10			10	케힌데	후33	2(2)	0	0	0
0	2	15	19(7)			0			0			11(7)	15	3	0

● 후반 16분 조용형 GAL ↷ 마그노 GAR R-ST-G (득점: 마그노/ 도움: 조용형) 오른쪽
● 후반 34분 아길라르 AK 정면 ~ 이창민 GAL L-ST-G (득점: 이창민/ 도움: 아길라르) 왼쪽

• 11월 02일 • 18:00 • 맑음 • 창원 축구센터 • 3,111명
• 주심_ 김대용 • 부심_ 노수용·방기열 • 대기심_ 성덕효 • 경기감독관_ 김호영

경남 0   0 전반 1 / 0 후반 0   **1 상주**

퇴장	경고	파울	ST(유)	교체	선수명	배번	위치	위치	배번	선수명	교체	ST(유)	파울	경고	퇴장
0	0	0	0		이 범 수	25	GK	GK	21	윤 보 상		0	0	0	0
0	0	1	0		이 광 선	23	DF	DF	5	마 상 훈		0	3	0	0
0	0	0	1(1)	50	우 주 성	15	DF	MF	19	박 용 지		2(1)	0	0	0
0	0	1	0		하 성 민	4	DF	DF	23	김 경 재		0	1	0	0
0	0	0	0		이 광 진	16	MF	MF	24	이 규 성	28	0	0	0	0
0	0	1	1		김 준 범	13	MF	MF	27	김 민 혁		0	1	0	0
0	0	2	2(2)		쿠니모토	22	MF	MF	30	이 민 기	42	0	1	0	0
0	1	0	0		이 재 명	12	MF	FW	34	김 건 희		3(2)	0	0	0
0	0	1	0	14	고 경 민	19	FW	MF	36	류 승 우		3	1	0	0
0	0	0	1(1)	7	룩	9	FW	MF	37	강 상 우		1	1	0	0
0	0	1	3(1)		제 리 치	55	FW	DF	44	김 진 혁		0	2	0	0
0	0	0	0		손 정 현	31			31	황 병 근		0	0	0	0
0	0	0	0		최 재 수	6			9	송 시 우		0	0	0	0
0	0	2	1	전18	김 종 필	50			11	김 경 중	후26	0	0	0	0
0	0	1	0	후16	조 재 철	14	대기	대기	13	안 진 범		0	0	0	0
0	1	0	2	후16	배 기 종	7			22	배 신 영		0	0	0	0
0	0	0	0		도 동 현	11			28	김 대 중	후35	0	0	0	0
0	0	0	0		김 효 기	20			42	박 세 진	후0/11	0	0	0	0
0	2	10	11(5)			0			0			9(3)	10	0	0

● 전반 37분 김민혁 MFL ~ 김건희 GAL L-ST-G (득점: 김건희/ 도움: 김민혁) 가운데

• 11월 03일 • 14:00 • 맑음 • 포항 스틸야드 • 11,652명
• 주심_ 김우성 • 부심_ 곽승순·양재용 • 대기심_ 정동식 • 경기감독관_ 나승화

포항 2   0 전반 1 / 2 후반 1   **2 강원**

퇴장	경고	파울	ST(유)	교체	선수명	배번	위치	위치	배번	선수명	교체	ST(유)	파울	경고	퇴장
0	0	0	0		강 현 무	31	GK	GK	31	이 광 연		0	0	1	0
0	0	1	0		심 상 민	2	DF	DF	37	윤 석 영		0	2	0	0
0	0	0	0		김 광 석	3	DF	DF	4	발렌티노스		0	0	0	0
0	0	0	0		하 창 래	5	DF	DF	99	김 오 규		0	1	0	0
0	0	1	0		박 재 우	35	DF	DF	17	신 광 훈		0	1	0	0
0	1	2	0		이 수 빈	57	MF	MF	29	이 현 식		1(1)	1	0	0
0	0	0	0		최 영 준	14	MF	MF	13	한 국 영		1(1)	2	0	0
0	0	3	2(1)	26	송 민 규	29	MF	MF	6	조 지 훈	9	1(1)	4	0	0
0	0	0	2(1)		심 동 운	7	MF	FW	11	김 현 욱	19	1	0	0	0
0	0	3	3(1)		완 델 손	77	MF	FW	23	강 지 훈		0	3	1	0
0	0	1	2(1)	10	허 용 준	16	FW	FW	10	빌 비 아	44	2(1)	2	0	0
0	0	0	0		이 준	21			1	김 호 준		0	0	0	0
0	0	0	0		전 민 광	4			19	박 창 준	후47	0	0	0	0
0	0	0	0		김 용 환	13			44	나카자토	후38	0	0	0	0
0	0	1	1	후14	팔로세비치	26	대기	대기	3	이 호 인		0	0	0	0
0	0	0	0		김 도 형	22			32	정 민 우		0	0	0	0
0	0	0	0		정 재 용	6			35	정 지 용		0	0	0	0
0	0	2	2(1)	후21	일류첸코	10			9	정 조 국	후13	2(2)	1	0	0
0	1	14	12(5)			0			0			8(6)	17	2	0

● 후반 23분 완델손 MFR FK ↷ 일류첸코 GA 정면 H-ST-G (득점: 일류첸코/ 도움: 완델손) 왼쪽
● 후반 46분 완델손 PAL TL ↷ 심동운 PAR 내 R-ST-G (득점: 심동운/ 도움: 완델손) 왼쪽
● 전반 41분 빌비아 GAL ~ 이현식 GA 정면내 L-ST-G (득점: 이현식/ 도움: 빌비아) 가운데
● 후반 15분 김현욱 C.KR ↷ 빌비아 GAR 내 H-ST-G (득점: 빌비아/ 도움: 김현욱) 왼쪽

• 11월 03일 • 15:00 • 맑음 • 서울 월드컵 • 17,812명
• 주심_ 김용우 • 부심_ 김계용·구은석 • 대기심_ 최광호 • 경기감독관_ 신홍기

서울 0   0 전반 0 / 0 후반 1   **1 울산**

퇴장	경고	파울	ST(유)	교체	선수명	배번	위치	위치	배번	선수명	교체	ST(유)	파울	경고	퇴장
0	0	0	0		유 상 훈	1	GK	GK	81	김 승 규		0	0	1	0
0	0	1	1		오스마르	5	DF	DF	13	이 명 재		0	1	0	0
0	0	0	0		김 남 춘	4	DF	DF	38	불투이스		1(1)	0	0	0
0	0	0	0		황 현 수	2	DF	DF	20	윤 영 선		0	0	0	0
0	0	1	2		고 광 민	27	MF	DF	23	김 태 환		0	1	0	0
0	0	0	0		윤 종 규	23	MF	MF	42	믹 스	33	0	1	0	0
0	0	2	1(1)	6	주 세 종	66	MF	MF	19	박 용 우		0	0	0	0
0	1	1	3(3)	8	이 명 주	79	MF	MF	7	김 인 성		0	2	0	0
0	0	1	3(1)		알리바예프	9	MF	MF	98	이 상 헌	8	2(1)	3	0	0
0	0	0	4(1)		박 주 영	10	FW	MF	14	김 보 경		2(1)	0	0	0
0	0	0	1(1)	50	조 영 욱	18	FW	FW	18	주 민 규	4	1(1)	0	0	0
0	0	0	0		양 한 빈	21			1	조 수 혁		0	0	0	0
0	0	1	0	후39	김 주 성	6			4	강 민 수	후41	0	0	0	0
0	0	0	0		정 현 철	24			22	정 동 호		0	0	0	0
0	0	0	0		김 한 길	14	대기	대기	33	박 주 호	후34	0	0	0	0
0	0	1	0	후36	정 원 진	8			91	데이비슨		0	0	0	0
0	0	0	0	후14	박 동 진	50			99	박 정 인		0	0	0	0
0	0	0	0		이 인 규	33			8	황 일 수	후15	1	0	0	0
0	1	8	15(7)			0			0			7(4)	8	1	0

● 후반 36분 김보경 PAR FK L-ST-G (득점: 김보경) 오른쪽

• 11월 03일 • 18:00 • 맑음 • DGB대구은행파크 • 12,117명
• 주심_ 김종혁 • 부심_ 이정민·김지욱 • 대기심_ 서동진 • 경기감독관_ 차상해

대구 0   0 전반 1 / 0 후반 1   **2 전북**

퇴장	경고	파울	ST(유)	교체	선수명	배번	위치	위치	배번	선수명	교체	ST(유)	파울	경고	퇴장
0	0	0	0		조 현 우	21	GK	GK	31	송 범 근		0	0	0	0
0	0	1	0		김 우 석	3	DF	DF	2	이 용		0	1	0	0
0	0	0	1(1)		정 태 욱	4	DF	DF	26	홍 정 호	92	0	0	0	0
0	1	2	0	37	박 병 현	66	DF	DF	21	권 경 원		0	1	0	0
0	0	2	0		김 동 진	92	MF	DF	22	김 진 수		1	1	0	0
0	1	2	0		김 선 민	88	MF	MF	4	신 형 민		0	2	0	0
0	0	1	0		정 승 원	18	MF	MF	8	정 혁		0	3	0	0
0	0	1	0		김 준 엽	17	MF	MF	28	손 준 호		1	1	0	0
0	0	0	5(2)		세 징 야	11	FW	MF	27	문 선 민	14	2(1)	0	1	0
0	0	0	2(2)	20	김 대 원	14	FW	MF	10	로 페 즈		2(1)	0	0	0
0	0	0	0	9	박 기 동	22	FW	FW	20	이 동 국	17	3(2)	0	0	0
0	0	0	0		최 영 은	1			41	이 재 형		0	0	0	0
0	0	0	0		한 희 훈	6			92	김 민 혁	후0	0	0	0	0
0	0	0	0		장 성 원	38			5	임 선 영		0	0	0	0
0	0	0	0	후8	황 순 민	20	대기	대기	14	이 승 기	후32	0	1	0	0
0	0	0	0		류 재 문	29			11	고 무 열		0	0	0	0
0	0	0	0	후27	오 후 성	37			17	이 비 니	후44	0	0	0	0
0	0	1	1(1)	후0	에 드 가	9			9	김 승 대		0	0	0	0
0	2	10	9(6)			0			0			9(4)	10	1	0

● 전반 10분 손준호 GA 정면 ~ 이동국 PAR 내 R-ST-G (득점: 이동국/ 도움: 손준호) 왼쪽
● 후반 1분 정혁 HL 정면 ~ 로페즈 AKR R-ST-G (득점: 로페즈/ 도움: 정혁) 왼쪽

• 11월 23일 • 14:00 • 맑음 • 서울 월드컵 • 15,548명
• 주심_ 이동준 • 부심_ 노수용·김성일 • 대기심_ 김종혁 • 경기감독관_ 허기태

서울 0 　 0 전반 1 / 0 후반 2 　 **3 포항**

퇴장	경고	파울	ST(유)	교체	선수명	배번	위치	위치	배번	선수명	교체	ST(유)	파울	경고	퇴장
0	0	0	0		유상훈	1	GK	GK	31	강현무		0	0	0	0
0	0	2	1(1)		오스마르	5	DF	DF	2	심상민		0	0	0	0
0	0	1	0	50	김남춘	4	DF	DF	3	김광석		0	0	0	0
0	0	0	0		황현수	2	DF	DF	5	하창래		0	3	1	0
0	0	0	0		고광민	27	MF	DF	35	박재우	13	0	1	0	0
0	0	0	0		고요한	13	MF	MF	6	정재용		1	0	0	0
0	0	1	0		주세종	66	MF	MF	14	최영준		1	1	0	0
0	1	2	2(1)		이명주	79	MF	MF	29	송민규	7	2	0	0	0
0	0	0	2(1)		알리바예프	9	MF	MF	26	팔로세비치	16	2(2)	0	0	0
0	0	1	3(2)		박주영	10	FW	MF	77	완델손		2(2)	1	1	0
0	0	1	1(1)		페시치	72	FW	FW	10	일류첸코		1	2	0	0
0	0	0	0		양한빈	21			1	류원우		0	0	0	0
0	0	0	0		김원식	15			4	전민광		0	0	0	0
0	0	0	0		김주성	6			13	김용환	후28	0	1	0	0
0	0	0	0		김한길	14	대기	대기	57	이수빈		0	0	0	0
0	0	0	0		윤종규	23			8	이진현		0	0	0	0
0	0	0	0		정원진	8			7	심동운	후32	0	1	0	0
0	1	0	0	후26	박동진	50			16	허용준	후46	0	0	0	0
0	2	8	9(6)			0			0			9(4)	10	2	0

● 전반 42분 팔로세비치 PK-L-G (득점: 팔로세비치) 오른쪽
● 후반 15분 송민규 MFL ~ 팔로세비치 GAL L-ST-G (득점: 팔로세비치/ 도움: 송민규) 가운데
● 후반 18분 송민규 PAL 내 ~ 완델손 GA 정면 내 R-ST-G (득점: 완델손/ 도움: 송민규) 가운데

• 11월 23일 • 14:00 • 맑음 • 춘천 송암 • 3,455명
• 주심_ 김희곤 • 부심_ 김계용·구은석 • 대기심_ 김영수 • 경기감독관_ 김성기

강원 2 　 0 전반 1 / 2 후반 3 　 **4 대구**

퇴장	경고	파울	ST(유)	교체	선수명	배번	위치	위치	배번	선수명	교체	ST(유)	파울	경고	퇴장
0	0	0	0		이광연	31	GK	GK	21	조현우		0	0	0	0
0	0	0	0	3	윤석영	37	DF	DF	92	김동진		0	2	0	0
0	0	3	0		정승용	22	DF	DF	4	정태욱	94	0	2	1	0
0	1	3	1		김오규	99	DF	DF	3	김우석		0	1	0	0
0	0	0	0	9	신광훈	17	DF	MF	20	황순민		1(1)	0	0	0
0	1	1	3		이현식	29	MF	MF	29	류재문		0	0	0	0
0	0	3	1		한국영	13	MF	MF	18	정승원		0	0	0	0
0	0	0	4		이영재	34	MF	MF	17	김준엽		0	1	0	0
0	0	0	0	15	김현욱	11	FW	FW	11	세징야		8(3)	1	1	0
0	0	3	1(1)		강지훈	23	FW	FW	14	김대원	6	4(3)	1	0	0
0	0	1	3(1)		빌비아	10	FW	FW	9	에드가	22	3	4	0	0
0	0	0	0		김호준	1			25	이준희		0	0	0	0
0	0	1	1(1)	후13	이호인	3			6	한희훈	후32	0	0	0	0
0	0	0	0		나카자토	44			38	장성원		0	0	0	0
0	0	0	0		조지훈	6	대기	대기	36	박한빈		0	0	0	0
0	0	1	2(1)	후0	최치원	15			94	신창무	후35	0	0	0	0
0	0	0	0		정지용	35			37	오후성		0	0	0	0
0	0	0	0	후17	정조국	9			22	박기동	후46	0	0	0	0
0	2	16	16(4)			0			0			16(7)	12	2	0

● 후반 21분 정조국 GAR → 최치원 GA 정면내 L-ST-G (득점: 최치원/ 도움: 정조국) 왼쪽
● 후반 34분 이영재 PAL EL FK ↷ 이호인 GA 정면 H-ST-G (득점: 이호인/ 도움: 이영재) 가운데

● 전반 46분 정승원 PAR 내 ~ 김대원 GA 정면 L-ST-G (득점: 김대원/ 도움: 정승원) 오른쪽
● 후반 7분 김대원 MFR ~ 세징야 AKR R-ST-G (득점: 세징야/ 도움: 김대원) 왼쪽
● 후반 10분 세징야 PA 정면 ~ 황순민 PA 정면 L-ST-G (득점: 황순민/ 도움: 세징야) 왼쪽
● 후반 47분 김우석 MF 정면 ~ 세징야 HL 정면 R-ST-G (득점: 세징야/ 도움: 김우석) 왼쪽

• 11월 23일 • 15:00 • 맑음 • 울산 종합 • 19,011명
• 주심_ 고형진 • 부심_ 윤광열·양재용 • 대기심_ 서동진 • 경기감독관_ 차상해

울산 1 　 0 전반 0 / 1 후반 1 　 **1 전북**

퇴장	경고	파울	ST(유)	교체	선수명	배번	위치	위치	배번	선수명	교체	ST(유)	파울	경고	퇴장
0	0	0	0		김승규	81	GK	GK	31	송범근		0	0	0	0
0	0	1	0		이명재	13	DF	DF	22	김진수		2(2)	2	0	0
0	0	0	2(2)		불투이스	38	DF	DF	21	권경원		0	1	1	0
0	0	0	0		윤영선	20	DF	DF	92	김민혁		0	1	0	0
0	1	4	0		김태환	23	DF	DF	2	이용		0	0	0	0
0	1	3	0	18	믹스	42	MF	MF	4	신형민	5	1	3	1	0
0	1	0	0		박용우	19	MF	MF	28	손준호		2(1)	3	0	0
0	0	0	0		김보경	14	MF	MF	8	정혁	17	0	2	0	0
0	0	1	0	8	이상헌	98	MF	MF	10	로페즈		2(2)	2	0	0
0	0	1	1(1)		김인성	7	MF	MF	14	이승기	11	0	1	0	0
0	0	2	2(1)		주니오	9	FW	FW	20	이동국		4(3)	0	0	0
0	0	0	0		조수혁	1			41	이재형		0	0	0	0
0	0	0	0		강민수	4			13	이주용		0	0	0	0
0	0	0	0		데이비슨	91			6	최보경		0	0	0	0
0	0	0	0		박주호	33	대기	대기	5	임선영	후43	0	0	0	0
0	0	0	0		이동경	15			17	이비니	후31	0	0	0	0
0	0	1	1(1)	후7	황일수	8			11	고무열	후36	0	0	0	0
0	0	0	1	후23	주민규	18			9	김승대		0	0	0	0
0	3	13	7(5)			0			0			11(8)	15	2	0

● 후반 26분 이명재 PAR ↷ 불투이스 GA 정면 H-ST-G (득점: 불투이스/ 도움: 이명재) 오른쪽

● 후반 4분 로페즈 AK 정면 ↷ 김진수 AKL L-ST-G (득점: 김진수/ 도움: 로페즈) 왼쪽

• 11월 24일 • 14:00 • 흐림 • 탄천 종합 • 2,484명
• 주심_ 김우성 • 부심_ 곽승순·김지욱 • 대기심_ 최현재 • 경기감독관_ 김형남

성남 1 　 1 전반 1 / 0 후반 1 　 **2 경남**

퇴장	경고	파울	ST(유)	교체	선수명	배번	위치	위치	배번	선수명	교체	ST(유)	파울	경고	퇴장
0	0	0	0		전종혁	31	GK	GK	25	이범수		0	0	0	0
0	2	2	0		이은범	13	DF	DF	23	이광선		0	2	0	0
0	0	1	0		연제운	20	DF	DF	50	김종필		0	1	0	0
0	0	0	0		이창용	4	DF	DF	12	이재명	8	0	1	0	0
0	0	1	1(1)		이태희	39	DF	DF	16	이광진	7	0	0	0	0
0	0	5	0		이재원	32	MF	MF	13	김준범		0	0	0	0
0	1	3	1		김기열	25	MF	MF	22	쿠니모토		3(1)	1	0	0
0	0	1	2(1)	10	최병찬	33	MF	MF	14	조재철		1(1)	0	0	0
0	0	0	3(1)		서보민	11	FW	MF	20	김효기		1(1)	2	0	0
0	0	0	0	23	마티아스	19	FW	FW	19	고경민		0	0	0	0
0	0	0	1(1)	22	주현우	8	FW	FW	55	제리치	10	3(3)	1	0	0
0	0	0	0		김동준	1			31	손정현		0	0	0	0
0	0	0	0		임승겸	40			5	곽태휘		0	0	0	0
0	0	0	0		박원재	2			8	안성남	후0	0	0	0	0
0	0	0	0		문지환	15	대기	대기	4	하성민		0	0	0	0
0	0	1	1	후33	문상윤	10			7	배기종	후12	1(1)	1	0	0
0	0	1	0	후20	김현성	22			10	김승준	후35	0	1	0	0
0	0	0	1(1)	전24	박관우	23			88	김종진		0	0	0	0
0	3	15	10(5)			0			0			9(7)	10	0	0

● 전반 40분 주현우 PAR EL → 서보민 PK 지점 R-ST-G (득점: 서보민/ 도움: 주현우) 가운데

● 전반 4분 고경민 GAL 내 ~ 김효기 GAR L-ST-G (득점: 김효기/ 도움: 고경민) 오른쪽
● 후반 29분 제리치 PK-R-G(득점: 제리치) 오른쪽

• 11월 24일 • 14:00 • 비 • 인천 전용 • 11,463명
• 주심_ 김용우 • 부심_ 박상준·박균용 • 대기심_ 최광호 • 경기감독관_ 양정환

인천 2 — 0 전반 0 / 2 후반 0 — **0 상주**

퇴장	경고	파울	ST(유)	교체	선수명	배번	위치	위치	배번	선수명	교체	ST(유)	파울	경고	퇴장
0	0	0	0		이태희	21	GK	GK	31	황병근		0	0	0	0
0	0	1	0		곽해성	26	DF	DF	3	안세희		0	2	1	0
0	0	1	0		부노자	20	DF	DF	15	고태원		0	5	0	0
0	0	1	0		이재성	15	DF	FW	29	진성욱		1(1)	4	0	0
0	0	0	0		정동윤	32	DF	MF	36	류승우		1(1)	2	0	0
0	0	0	1		김도혁	7	MF	MF	38	이찬동		2(1)	1	0	0
0	0	0	1	34	마하지	5	MF	MF	39	송승민	34	2	2	0	0
0	0	0	2(2)	10	명준재	23	MF	MF	40	김선우	27	0	1	0	0
0	0	1	2(1)		지언학	27	MF	MF	42	박세진	37	0	1	1	0
0	0	0	1	11	김호남	37	MF	MF	43	배재우		1	2	0	0
0	0	2	3		무고사	9	FW	DF	44	김진혁		1(1)	1	0	0
0	0	0	0		김동헌	31	대기	대기	21	윤보상		0	0	0	0
0	0	0	0		김진야	13			5	마상훈		0	0	0	0
0	0	0	0		김정호	44			11	김경중		0	0	0	0
0	0	0	3(1)	후21	문창진	11			24	이규성		0	0	0	0
0	0	0	0		정훈성	28			27	김민혁	후34	0	0	0	0
0	0	0	0	후27	장윤호	34			34	김건희	후42	1	0	0	0
0	0	0	1(1)	후31	케힌데	10			37	강상우	후37	0	0	0	0
0	0	6	14(5)			0			0			9(4)	21	2	0

● 후반 30분 무고사 PAL 내 ~ 문창진 PA 정면 내 L-ST-G (득점: 문창진/ 도움: 무고사) 왼쪽
● 후반 43분 곽해성 MFL ↷ 케힌데 AK 내 R-ST-G (득점: 케힌데/ 도움: 곽해성) 왼쪽

• 11월 24일 • 16:00 • 맑음 • 제주 월드컵 • 6,020명
• 주심_ 김대용 • 부심_ 이정민·방기열 • 대기심_ 성덕효 • 경기감독관_ 김용세

제주 2 — 2 전반 1 / 0 후반 3 — **4 수원**

퇴장	경고	파울	ST(유)	교체	선수명	배번	위치	위치	배번	선수명	교체	ST(유)	파울	경고	퇴장
0	0	0	0		이창근	18	GK	GK	19	노동건		0	0	0	0
0	0	0	0		박진포	6	DF	DF	4	고명석	27	0	1	0	0
0	0	3	0	5	백동규	31	DF	DF	39	민상기		0	1	0	0
0	1	2	0		조용형	20	DF	DF	15	구자룡		0	0	0	0
0	0	0	1(1)		안현범	17	DF	MF	90	구대영		0	1	0	0
0	0	1	1(1)		윤빛가람	35	MF	MF	17	김종우	26	0	0	1	0
0	0	0	0		강윤성	33	MF	MF	16	이종성		1	1	1	0
0	0	2	1(1)	38	아길라르	23	MF	MF	77	고승범		0	4	1	0
1	1	1	2(1)		이창민	14	MF	MF	8	안토니스		4(2)	2	1	0
0	0	2	0	10	남준재	11	MF	FW	37	오현규	98	1	1	0	0
0	1	1	3(2)		윤일록	24	FW	FW	18	타가트		9(4)	2	0	0
0	0	0	0		황성민	1	대기	대기	21	양형모		0	0	0	0
0	0	0	0	후38	권한진	5			12	박대원		0	0	0	0
0	0	0	0		권순형	7			66	김태환		0	0	0	0
0	0	0	0		김성주	21			6	송진규		0	0	0	0
0	0	0	0		서진수	28			98	박상혁	후30	2(1)	0	0	0
0	1	1	0	후37	이근호	38			27	한석희	후0	4(3)	1	0	0
0	0	2	0	후6	마그노	10			26	염기훈	후14	1	0	0	0
1	4	15	8(6)			0			0			22(10)	14	4	0

● 전반 8분 아길라르 MF 정면 ~ 윤일록 PA 정면내 R-ST-G (득점: 윤일록/ 도움: 아길라르) 왼쪽
● 전반 33분 윤일록 AK 정면 ↷ 안현범 PK 우측지점 R-ST-G (득점: 안현범/ 도움: 윤일록) 오른쪽
● 전반 15분 타가트 PK-R-G(득점: 타가트) 왼쪽
● 후반 25분 한석희 PA 정면내 R-ST-G (득점: 한석희) 오른쪽
● 후반 30분 안토니스 GAR ↷ 타가트 GAL 내 L-ST-G (득점: 타가트/ 도움: 안토니스) 왼쪽
● 후반 35분 염기훈 PAR ~ 한석희 GAR R-ST-G (득점: 한석희/ 도움: 염기훈) 왼쪽

• 11월 30일 • 15:00 • 맑음 • 상주 시민 • 2,213명
• 주심_ 최현재 • 부심_ 양재용·김홍규 • 대기심_ 송민석 • 경기감독관_ 최상국

상주 4 — 2 전반 1 / 2 후반 0 — **1 수원**

퇴장	경고	파울	ST(유)	교체	선수명	배번	위치	위치	배번	선수명	교체	ST(유)	파울	경고	퇴장
0	0	0	0		윤보상	21	GK	GK	29	박지민		0	0	0	0
0	0	0	0		마상훈	5	DF	DF	12	박대원		0	2	0	0
0	0	0	4(2)	19	김경중	11	FW	DF	66	김태환		0	2	0	0
0	0	0	1		권완규	12	DF	DF	23	박준형		0	2	1	0
0	0	0	1		안진범	13	MF	MF	77	고승범		3(2)	2	1	0
0	0	1	1	27	배신영	22	MF	MF	24	이상민		0	5	2	0
0	0	1	0		김경재	23	DF	MF	8	안토니스		3(1)	1	0	0
0	0	1	1(1)		이규성	24	MF	MF	88	최정훈	47	0	0	0	0
0	0	0	0	30	박대한	25	MF	FW	27	한석희	37	3(2)	0	0	0
0	0	1	7(4)		김건희	34	FW	FW	98	박상혁	14	2(1)	0	0	0
0	0	0	2(1)		강상우	37	MF	FW	18	타가트		3(2)	2	0	0
0	0	0	0		황병근	31	대기	대기	21	양형모		0	0	0	0
0	0	0	0		안세희	3			96	김상준		0	0	0	0
0	0	0	0		송시우	9			47	신상휘	후0	0	1	0	0
0	0	0	0		고태원	15			6	송진규		0	0	0	0
0	0	0	2(1)	후30	박용지	19			28	유주안		0	0	0	0
0	1	1	0	후0	김민혁	27			14	전세진	후26	1	0	0	0
0	0	0	0	후0	이민기	30			37	오현규	후29	0	0	0	0
0	1	5	19(9)			0			0			15(8)	17	4	0

● 전반 13분 배신영 PAL → 김경중 GAL 내 R-ST-G (득점: 김경중/ 도움: 배신영) 왼쪽
● 전반 44분 안진범 PAR ~ 김건희 GAL L-ST-G (득점: 김건희/ 도움: 안진범) 왼쪽
● 후반 14분 김경중 GAL L-ST-G (득점: 김경중) 왼쪽
● 후반 36분 이규성 PAR ~ 김건희 GAR R-ST-G (득점: 김건희/ 도움: 이규성) 가운데
● 전반 3분 안토니스 MF 정면 ~ 한석희 PAR 내 R-ST-G (득점: 한석희/ 도움: 안토니스) 왼쪽

• 11월 30일 • 15:00 • 맑음 • 탄천 종합 • 3,637명
• 주심_ 최일우 • 부심_ 구은석·김성일 • 대기심_ 성덕효 • 경기감독관_ 김용세

성남 3 — 2 전반 0 / 1 후반 1 — **1 제주**

퇴장	경고	파울	ST(유)	교체	선수명	배번	위치	위치	배번	선수명	교체	ST(유)	파울	경고	퇴장
0	0	0	0		김근배	21	GK	GK	18	이창근		0	0	0	0
0	0	1	0		안영규	5	DF	DF	6	박진포	33	0	0	0	0
0	0	1	1		연제운	20	DF	DF	31	백동규		0	0	0	0
0	0	2	1(1)		이창용	4	DF	DF	20	조용형		0	4	1	0
0	0	1	0	11	박원재	2	MF	DF	17	안현범		2(2)	1	0	0
0	1	2	3(2)		이재원	32	MF	MF	35	윤빛가람	7	1	0	0	0
0	0	4	0		문지환	15	MF	MF	42	이동희		0	1	0	1
0	0	6	1		이태희	39	MF	MF	16	이동수		2	4	0	0
0	1	2	1(1)	8	공민현	9	FW	MF	22	임상협		0	1	0	0
0	0	0	2(1)	33	문상윤	10	FW	MF	21	김성주	10	2	0	0	0
0	0	0	3(2)		이현일	18	FW	FW	28	서진수		1	1	0	0
0	0	0	0		김동준	1	대기	대기	1	황성민		0	0	0	0
0	0	0	0		임승겸	40			5	권한진		0	0	0	0
0	0	1	0	후25	주현우	8			7	권순형	후9	0	1	1	0
0	0	0	0	후44	서보민	11			33	강윤성	후30	0	0	0	0
0	0	0	0		김기열	25			11	남준재		0	0	0	0
0	0	0	0	후33	최병찬	33			9	오사구오나		0	0	0	0
0	0	0	0		박관우	23			10	마그노	후9	0	0	0	0
0	2	20	12(7)			0			0			8(2)	13	2	1

● 전반 30분 안영규 AK 정면 H ↷ 이창용 GAR R-ST-G (득점: 이창용/ 도움: 안영규) 가운데
● 전반 43분 공민현 PA 정면 ~ 이재원 GAL R-ST-G (득점: 이재원/ 도움: 공민현) 왼쪽
● 후반 42분 이재원 GA 정면 L-ST-G (득점: 이재원) 오른쪽
● 후반 22분 서진수 MF 정면 ~ 안현범 GA 정면 R-ST-G (득점: 안현범/ 도움: 서진수) 왼쪽

• 11월 30일 • 15:00 • 맑음 • 창원 축구센터 • 7,252명
• 주심_ 이동준 • 부심_ 노수용·김계용 • 대기심_ 정동식 • 경기감독관_ 신홍기

경남 0 — 0 전반 0 / 0 후반 0 — **0 인천**

퇴장	경고	파울	ST(유)	교체	선수명	배번	위치	위치	배번	선수명	교체	ST(유)	파울	경고	퇴장
0	0	0	0		이범수	25	GK	GK	21	이태희		0	0	1	0
0	0	1	1		이광선	23	DF	DF	26	곽해성		0	2	0	0
0	0	0	1		김종필	50	DF	DF	20	부노자		0	2	0	0
0	0	3	1		이재명	12	DF	DF	15	이재성		0	2	0	0
0	0	0	0		안성남	8	DF	DF	32	정동윤		0	1	1	0
0	1	2	1		조재철	14	MF	MF	7	김도혁	34	1	1	0	0
0	0	1	4(2)		쿠니모토	22	MF	MF	5	마하지		0	2	1	0
0	0	0	1	55	김종진	88	MF	MF	13	김진야	23	1	0	0	0
0	0	0	2(1)	7	고경민	19	MF	MF	27	지언학		0	0	0	0
0	0	0	2	4	김승준	10	FW	MF	37	김호남	10	0	1	1	0
0	0	2	2		김효기	20	FW	FW	9	무고사		2(1)	1	0	0
0	0	0	0		손정현	31			31	김동헌		0	0	0	0
0	0	0	0		곽태휘	5			44	김정호		0	0	0	0
0	0	0	0		박광일	2			47	김동민		0	0	0	0
0	1	2	0	후25	하성민	4	대기	대기	11	문창진		0	0	0	0
0	0	0	0	후16	배기종	7			23	명준재	전41	0	0	0	0
0	0	0	0		정성준	29			34	장윤호	후43	1(1)	0	0	0
0	0	0	0	전36	제리치	55			10	케힌데	후18	0	0	0	0
0	2	11	15(3)			0			0			5(2)	12	4	0

• 12월 01일 • 15:00 • 비 • 울산 종합 • 15,401명
• 주심_ 김희곤 • 부심_ 이정민·김지욱 • 대기심_ 김동진 • 경기감독관_ 허기태

울산 1 — 1 전반 1 / 0 후반 3 — **4 포항**

퇴장	경고	파울	ST(유)	교체	선수명	배번	위치	위치	배번	선수명	교체	ST(유)	파울	경고	퇴장
0	0	0	0		김승규	81	GK	GK	31	강현무		0	0	1	0
0	0	2	0		이명재	13	DF	DF	2	심상민		0	1	1	0
0	0	3	0		불투이스	38	DF	DF	3	김광석		0	0	0	0
0	1	1	0		윤영선	20	DF	DF	4	전민광		1(1)	0	0	0
0	0	1	0		정동호	22	DF	DF	13	김용환		0	1	0	0
0	0	0	1(1)	18	박주호	33	MF	MF	6	정재용	57	2(1)	0	0	0
0	0	1	1		박용우	19	MF	MF	14	최영준		0	0	0	0
0	0	0	1(1)	17	김인성	7	MF	MF	29	송민규	7	1(1)	2	0	0
0	0	0	1	8	박정인	99	MF	MF	26	팔로세비치		5(3)	1	0	0
0	0	2	0		김보경	14	MF	MF	77	완델손		2(2)	1	0	0
0	0	2	6(5)		주니오	9	FW	FW	10	일류첸코	16	2(2)	3	0	0
0	0	0	0		문정인	31			1	류원우		0	0	0	0
0	0	0	0		강민수	4			30	이도현		0	0	0	0
0	0	0	0		김창수	27			35	박재우		0	0	0	0
0	0	0	0	후29	김성준	17	대기	대기	57	이수빈	후32	1(1)	0	0	0
0	0	0	0		이근호	11			8	이진현		0	0	0	0
0	0	0	3(3)	전42	황일수	8			7	심동운	후16	1(1)	0	0	0
0	0	0	0	후13	주민규	18			16	허용준	후41	1(1)	0	0	0
0	1	12	13(10)			0			0			16(13)	9	2	0

● 전반 36분 김보경 HL 정면 ~ 주니오 PAR R-ST-G (득점: 주니오/ 도움: 김보경) 가운데

● 전반 26분 완델손 GAR L-ST-G (득점: 완델손) 오른쪽
● 후반 10분 일류첸코 GAL 내 L-ST-G (득점: 일류첸코) 오른쪽
● 후반 42분 허용준 PAL R-ST-G (득점: 허용준) 가운데
● 후반 52분 팔로세비치 PK-L-G (득점: 팔로세비치) 가운데

• 12월 01일 • 15:00 • 비 • 전주 월드컵 • 10,080명
• 주심_ 김대용 • 부심_ 박상준·박균용 • 대기심_ 김종혁 • 경기감독관_ 김진의

전북 1 — 1 전반 0 / 0 후반 0 — **0 강원**

퇴장	경고	파울	ST(유)	교체	선수명	배번	위치	위치	배번	선수명	교체	ST(유)	파울	경고	퇴장
0	0	0	0		송범근	31	GK	GK	31	이광연		0	0	0	0
0	1	0	0		이 용	2	DF	DF	37	윤석영		0	0	0	0
0	0	0	1		김민혁	92	DF	DF	44	나카자토	22	0	1	0	0
0	1	2	0		권경원	21	DF	DF	99	김오규		0	1	0	0
0	1	1	0		김진수	22	DF	DF	3	이호인	23	0	1	0	0
0	1	3	0		정 혁	8	MF	MF	29	이현식		1	0	0	0
0	0	2	0	6	이승기	14	MF	MF	13	한국영		1(1)	2	1	0
0	0	2	2(2)		손준호	28	MF	MF	34	이영재		2(1)	1	0	0
0	0	2	1	7	문선민	27	MF	FW	15	최치원	11	1	0	1	0
0	0	3	1		로페즈	10	MF	FW	17	신광훈		0	3	1	0
0	0	1	2	11	이동국	20	FW	FW	9	정조국		0	0	0	0
0	0	0	0		홍정남	88			1	김호준		0	0	0	0
0	0	0	0		이주용	13			19	박창준		0	0	0	0
0	0	0	0	후49	최보경	6			22	정승용	후15	0	0	0	0
0	0	0	0	후39	한교원	7	대기	대기	6	조지훈		0	0	0	0
0	0	0	0		이성윤	29			11	김현욱	후22	1(1)	0	0	0
0	0	0	0		이비니	17			35	정지용		0	0	0	0
0	0	1	1	후27	고무열	11			23	강지훈	후8	0	1	0	0
0	4	17	8(2)			0			0			6(3)	10	3	0

● 전반 39분 이승기 PAL FK ↷ 손준호 GAL H-ST-G (득점: 손준호/ 도움: 이승기) 오른쪽

• 12월 01일 • 15:00 • 비 • DGB대구은행파크 • 12,037명
• 주심_ 박병진 • 부심_ 윤광열·곽승순 • 대기심_ 김영수 • 경기감독관_ 김형남

대구 0 — 0 전반 0 / 0 후반 0 — **0 서울**

퇴장	경고	파울	ST(유)	교체	선수명	배번	위치	위치	배번	선수명	교체	ST(유)	파울	경고	퇴장
0	0	0	0		조현우	21	GK	GK	1	유상훈		0	0	0	0
0	0	3	0		김동진	92	DF	DF	6	김주성		0	0	0	0
0	0	0	0		김우석	3	DF	DF	4	김남춘		0	4	0	0
0	1	2	0		박병현	66	DF	DF	2	황현수		0	0	0	0
0	0	0	0		황순민	20	MF	MF	27	고광민		0	1	0	0
0	0	2	0	94	류재문	29	MF	MF	23	윤종규	13	1	0	0	0
0	0	0	0		정승원	18	MF	MF	5	오스마르		1	0	0	0
0	0	2	0	88	김준엽	17	MF	MF	79	이명주		1	6	1	0
0	0	1	2(1)		세징야	11	FW	MF	9	알리바예프		2	4	0	0
0	0	1	0	22	김대원	14	FW	FW	10	박주영	72	2	4	0	0
0	0	4	2(2)		에드가	9	FW	FW	50	박동진	66	1	2	0	0
0	0	0	0		최영은	1			21	양한빈		0	0	0	0
0	0	0	0		한희훈	6			15	김원식		0	0	0	0
0	0	0	0		장성원	38			3	이웅희		0	0	0	0
0	0	0	0		박한빈	36	대기	대기	14	김한길		0	0	0	0
0	0	2	0	후7	김선민	88			13	고요한	후13	0	1	0	0
0	0	1	0	후36	신창무	94			66	주세종	후34	0	0	0	0
0	0	0	0	후21	박기동	22			72	페시치	후42	0	0	0	0
0	1	18	4(3)			0			0			8	22	1	0

제1조 (목적)_ 본 대회요강은 (사)한국프로축구연맹(이하 '연맹')이 K LEAGUE 2 (이하 'K리그2') 대회 및 경기 운영에 관한 사항을 규정함을 목적으로 한다.

제2조 (용어의 정의)_ 본 대회요강에서 '대회'라 함은 정규 라운드(36R) 및 K리그2 준플레이오프, K리그2 플레이오프를 말하며, '클럽'이라 함은 연맹의 회원단체인 축구단을, '팀'이라 함은 해당 클럽의 팀을, '홈 클럽'이라 함은 홈경기를 개최하는 클럽을 지칭한다.

제3조 (명칭)_ 본 대회명은 '하나원큐 K리그2 2019'로 한다.

제4조 (주최, 주관)_ 본 대회는 연맹이 주최(대회를 총괄하여 책임지는 자)하고, 홈 클럽이 주관(주최자의 위임을 받아 대회를 운영하는 자)한다. 홈 클럽의 주관권은 제3자에게 양도할 수 없다.

제5조 (참가 클럽)_ 본 대회 참가 클럽(팀)은 총 10팀(아산무궁화FC, 전남 드래곤즈, 부산 아이파크, 대전 시티즌, 광주FC, FC안양, 수원FC, 부천FC, 안산 그리너스FC, 서울이랜드FC)이다.

제6조 (일정)_ 본 대회는 2019.03.02(토)~2019.11.30(토) 개최하며, 경기일정(대진)은 미리 정한 경기일정표에 의한다.

구분		일정	방식	Round	팀수	경기수	장소
정규 라운드		03.03(토)~ 11.09(토)	4Round robin	36R	10팀	180경기 (팀당 36)	홈 클럽 경기장
플레이오프	준PO, PO	11.23(토) 또는 27(수), 11.30(토)	토너먼트	2R	3팀(최종순위 2~4위)	2경기	
계						182경기 (팀당 36~38경기)	

※ AFC 챔피언스리그 참가팀(클래식)의 결승 진출 여부에 따라 경기일정 변경 가능성 있음.

제7조(대회방식)_

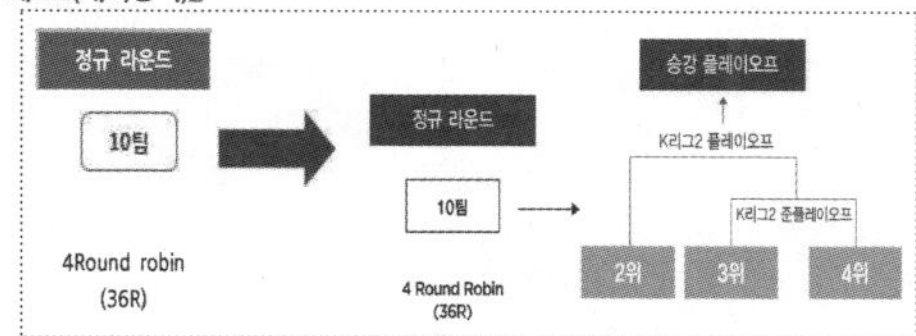

구분	대진	경기방식	경기장	다음 라운드 진출
K리그2 준PO	정규라운드 3위 vs 4위	90분 단판경기	3위팀 홈	승리팀 (무승부 시 3위팀)
K리그2 PO	정규라운드 2위 vs 챌린지 준PO 통과팀	90분 단판경기	2위팀 홈	승리팀 (무승부 시 2위팀)

1. 10팀이 4Round robin(36라운드) 방식으로 정규 라운드 진행한다.
2. 정규 라운드(1~36R) 성적을 기준으로 1위팀은 K리그1 자동승격, 2위부터 4위까지는 K리그2 플레이오프를 실시하여 승자가 K리그1 11위팀과 경기를 치른다. 정규 라운드 순위 결정은 제28조에 의한다.
3. K리그2 플레이오프 방식(준PO, PO)은 정규라운드 3위와 4위가 준PO(단판경기)를 실시하고 90분 경기 무승부 시 정규리그 3위팀이 플레이오프에 진출한다. 플레이오프에 진출한 팀은 정규 라운드 2위와 PO(단판경기)를 실시하고, 90분 경기 무승부 시 정규리그 2위팀이 승강 플레이오프에 진출한다.
4. K리그2 플레이오프(준PO, PO) 홈경기 개최는 정규 라운드 상위팀의 홈경기장에서 개최한다.
5. 최종 순위 결정은 제28조에 의한다.

제8조 (참가자격)_ 1. 본 대회를 참가하기 위해 클럽은 'K리그 클럽 라이선싱 규정'을 준수해야 하며, 그에 따라 라이선스를 부여받아야 한다.

제9조 (경기장)_ 1. 모든 클럽은 최상의 상태에서 홈경기를 실시할 수 있도록 경기장을 유지·관리할 책임이 있다.
2. 본 대회는 원칙적으로 축구전용경기장에서 개최되어야 한다.
3. 경기장은 법령이 정하는 시설 안전 기준을 충족하여야 한다.
4. 홈 클럽은 경기장을 방문하는 관람객을 위해 관중상해보험에 가입해야 하며, 보험증권을 시즌 개막 7일 전까지 연맹에 제출하여야 한다. 홈 클럽이 연고지역 외, 기타 경기장에서 K리그 경기를 개최하고자 할 경우에는 연맹에 경기개최 승인 요청 시 보험증권을 첨부하여 제출하여야 한다.
5. 각 클럽은 경기장 시설(물)에 대해 연맹의 승인을 득하여야 한다.
6. 경기장은 연맹의 경기장 시설 기준을 준수하여야 하며, 다음 각 호의 조건을 충족하여야 한다.
   1) 그라운드는 천연잔디구장으로 길이 105m, 너비 68m를 권고한다.
   2) 공식경기의 잔디 길이는 2~2.5cm로 유지되어야 하며, 전체에 걸쳐 동일한 길이여야 한다.
   3) 그라운드 외측 주변에는 원칙적으로 축구전용경기장의 경우는 5m 이상, 육상경기겸용경기장의 경우 1.5m 이상의 잔디 부분이 확보되어야 한다.
   4) 골포스트 및 바는 흰색의 둥근 모양(직경12cm)의 철제 관으로 제작되고, 원칙적으로 고정식이어야 한다. 또한 볼의 반발력에 영향을 줄 수 있는 비철제 보강재 사용을 금한다.
   5) 골네트는 원칙적으로 흰색(연맹의 승인을 득한 경우는 제외)이어야 하며, 골네트는 골대 후방에 폴을 세워 안전한 방법으로 부착하여야 한다. 폴은 골대와 구별되는 어두운 색상이어야 한다.
   6) 코너 깃발은 연맹이 지정한 것을 사용하여야 한다.
   7) 각종 라인은 국제축구연맹(이하 'FIFA') 또는 아시아축구연맹(이하 'AFC')이 정한 규격에 따라야 하며, 라인 폭은 12cm로 선명하고 명료하게 그려야 한다(원칙적으로 페인트 방식으로 한다).
7. 필드(그라운드 및 그 주변 부분)에는 경기 운영에 영향을 주거나 선수에게 위험의 우려가 있는 것을 방치 또는 설치해서는 안 된다.
8. 공식경기에서 그라운드에 살수(撒水)를 하는 경우 다음 각 호에 따라 실시한다.
   1) 살수는 경기 킥오프 전 및 하프타임에 실시하며, 경기장에 걸쳐 균등하게 해야 한다.
   2) 경기감독관은 경기 시간 및 날씨, 그라운드 상태, 당일 경기장 행사 등을 고려하여 살수 횟수와 시간을 정하고 이를 홈 클럽 및 원정 클럽 관계자들에게 사전 통보한다.
   3) 홈 클럽은 경기감독관이 정한 횟수와 시간에 따라 살수를 실시해야 하며, 이를 위반할 경우 상벌규정 유형별 징계기준 제5조 바.항에 의거 해당 클럽에 제재를 부과할 수 있다.
9. 경기장 관중석은 좌석수 5,000석 이상을 충족하여야 한다. 이에 미달할 경우, 연맹의 사전 승인을 득하여야 한다.
10. 홈 클럽은 상대 클럽(이하 원정 클럽)을 응원하는 관중을 위해 경기개최 일주일 전까지 원정 클럽이 요청한 적정 수의 좌석을 원정팀과 협의하여 결정한다. 또한, 원정 클럽 관중을 위한 전용출입문, 화장실, 매점 시설 등을 독립적으로 사용할 수 있도록 마련하여야 한다.
11. 경기장은 다음 항목의 부대시설을 갖추도록 권고한다.
   1) 운영 본부실 2) 양 팀 선수대기실(냉·난방 및 냉·온수 가능)
   3) 심판대기실(냉·난방 및 냉·온수 가능)
   4) 실내 워밍업 지역 5) 경기감독관석 및 심판감독관석
   6) 경기기록석 7) 의무실
   8) 도핑검사실(냉·난방 및 냉·온수 가능)
   9) 통제실, 경찰 대기실, 소방 대기실
   10) 실내 기자회견장 11) 기자실 및 사진기자실
   12) 중계방송사룸(TV중계스태프룸) 13) VIP룸
   14) 기자석(메인스탠드 중앙부로 경기장 전체가 관람 가능하고 지붕이 설치되어 있는 한편, 전원 및 노트북 등이 설치 가능한 테이블이 준비되어 있을 것)
   15) 장내방송 시스템 및 장내방송실
   16) TV중계 및 라디오 중계용 방송 부스
   17) 동영상 표출이 가능한 대형 전광판
   18) 출전선수명단 게시판 19) 태극기, 대회기, 연맹기

20) 입장권 판매소　　21) 종합 안내소
22) 관중을 위한 응급실　　23) 화장실
24) 식음료 및 축구 관련 상품 판매소
25) TV카메라 설치 공간　　26) TV중계차 주차장 공간
27) 케이블 시설 공간　　28) 전송용기자재 등 설치 공간
29) 믹스드 존(Mixed Zone)　　30) 경기감독관 대기실
31) 기타 연맹이 정하는 시설, 장비

제10조 (조명장치)_ 1. 경기장에는 그라운드 평균 1,200lux 이상 조도를 가진 조명 장치를 설치하여 조명의 밝음을 균일하게 유지하여야 한다. 또한 정전에 대비하여 1,000lux 이상의 조도를 갖춘 비상조명 장치를 구비하여야 한다.
2. 홈 클럽은 경기장 조명 장치의 이상 유・무를 사전에 확인하여 장애를 미연에 방지하는 한편, 고장 시 신속하게 수리할 수 있도록 모든 조치와 최선의 노력을 다하여야 한다.

제11조 (벤치)_ 1. 팀 벤치는 원칙적으로 다음의 요건을 충족하여야 한다.
1) FIFA가 정한 규격의 기술지역(테크니컬에어리어) 내에 설치하여야 한다.
2) 벤치 터치라인으로부터 5m 이상 떨어지는 한편 그 끝이 하프라인으로부터 8m 떨어지는 위치에 설치하여야 한다.
3) 투명한 재질의 지붕을 갖추고 있어야 하며, 최소 20인 이상 앉을 수 있는 좌석이 준비되어야 한다(다만, 관중의 시야를 방해해서는 안 된다).
2. 홈 팀 벤치는 본부석에서 그라운드를 향해 좌측에 설치하여야 한다. 단, 사전 승인 시 우측에 홈팀 벤치의 설치가 가능하다.
3. 홈, 원정 팀 벤치에는 팀명을 표기한 안내물을 부착하여야 한다.
4. 제4의 심판(대기심판) 벤치를 준비하여야 하며, 다음의 요건을 충족하여야 한다.
1) 벤치 터치라인으로부터 5m 이상 떨어지는 그라운드 중앙에 설치하여야 한다. 단, 방송사의 요청 시에는 카메라 위치에 방해가 되지 않는 위치에 설치하여야 한다.
2) 투명한 재질의 지붕을 갖추고 있어야 한다(다만, 관중의 시야를 방해해서는 안 된다).
3) 대기심판 벤치 내에는 최소 3인 이상 앉을 수 있는 좌석과 테이블이 준비되어야 한다.

제12조 (의료시설)_ 홈 클럽은 선수단, 관계자, 관중 등을 위해 경기개시 90분 전부터 경기종료 후 모든 관중 및 관계자가 퇴장할 때까지 의료진(의사, 간호사, 1급 응급구조사)과 특수구급차를 반드시 대기시켜야 한다. 이를 위반할 경우, 본 대회요강 제39조 5항에 의한다.

제13조 (경기장에서의 고지)_ 1. 홈 클럽은 경기장에서 다음의 각 항목 사항을 전광판 및 장내 아나운서(멘트)를 통해 고지하여야 한다.
1) 공식 대회명칭(반드시 지정된 방식 및 형태에 맞게 전광판 노출)
2) 선수, 심판 및 경기감독관, 심판평가관 소개　　3) 대회방식 및 경기방식
4) K리그 선수 입장곡(K리그 앤섬 'Here is the Glory' BGM)
5) 선수 및 심판 교체　　6) 득점자 및 득점시간(득점 직후에)
7) 추가시간(전・후반 전광판 고지 및 장내아나운서 멘트 동시 실시)
8) 다른 공식경기의 중간 결과 및 최종 결과
9) 유료관중 수(후반전 15~30분 발표)
10) 경기 중, 경기정보 전광판 표출(양팀 출전선수명단, 경고, 퇴장, 득점)
11) 지진 등 비상상황 발생 시 대피방안
12) VAR 리뷰를 진행할 경우, VAR 영상판독 문구 전광판 표출
13) 상기 1~4호 이외 연맹이 지정하는 사항
2. 홈 클럽은 경기 전・후 및 하프타임에 다음의 각 항목 사항을 실시하는 것이 가능하다.
1) 다음 경기예정 및 안내　　2) 연맹의 사전 승인을 얻은 광고 선전
3) 음악방송　　4) 팀 또는 선수에 관한 정보 안내
5) 상기 1~4호 이외 연맹의 승인을 얻은 사항

제14조 (홈 경기장에서의 경기개최)_ 각 클럽은 홈경기의 과반 이상을 홈 경기장에서 실시하여야 한다. 다만, 이사회의 승인을 얻은 경우는 제외된다.

제15조 (경기장 점검)_ 1. 홈 클럽이 기타 경기장에서 경기를 개최하고자 할 경우 해당 경기개최 30일 전까지 연맹에 시설 점검을 요청하여 경기장 실사를 받아야 하며, 이때 제출하여야 하는 서류는 다음과 같다.
1) 경기장 시설 현황　　2) 홈경기 안전계획서
2. 연맹의 보완 지시가 있을 경우 이에 대한 이행 결과를 경기개최 15일 전까지 서면 보고하여야 한다.
3. 연맹은 서면보고접수 후 재점검을 통해 문제점 보완이 미흡하다고 판단될 경우 경기 개최를 불허한다. 이 경우 홈 클럽은 연고지역 내에서 '법령', 'K리그 경기장 시설기준'에 부합하는 타 경기장(대체구장)을 선정하여 상기 1항, 2항의 절차에 따라 연맹의 승인을 받아야 한다.
4. 홈 클럽이 원하는 경기장에서 경기개최가 불가능하다고 판단될 경우, 본 대회요강 제18조 2항에 따른다(연맹 경기규정 30조 2항).
5. 상기 3항을 이행하지 않는 클럽은 본 대회요강 제20조 1항에 따른다(연맹 경기규정 32조 1항).

제16조 (악천후의 경우 대비조치)_ 1. 홈 클럽은 강설 또는 강우 등 악천후의 경우에도 홈경기가 개최 될 수 있도록 최선의 노력을 해야 한다.
2. 악천후로 인하여 경기개최가 불가능하다고 판단될 경우, 경기감독관은 경기개최 3시간 전까지 경기 개최 중지를 결정하여야 한다.

제17조 (경기중지 결정)_ 1. 경기 전 또는 경기 중 중대한 불상사 등으로 경기를 계속하기 어려운 사태가 발생하였을 경우, 주심은 경기 감독관에게 경기 중지를 요청할 수 있으며, 경기감독관은 동 요청에 의거하여 홈 클럽 및 원정 클럽 관계자의 의견을 참고한 후 경기 중지를 결정할 수 있다.
2. 상기 1항의 경우 또는 관중의 난동 등으로 경기장의 질서 유지가 어려운 경우, 경기감독관은 주심의 경기중지 요청이 없더라도 경기 중지를 결정할 수 있다.
3. 경기 개최 3시간 전부터 경기 종료 시까지 경기 개최 지역에 미세먼지, 초미세먼지, 황사 등에 관한 경보가 발령되었거나 경보 발령 기준농도를 초과하는 상태인 경우, 경기감독관은 경기의 취소 또는 연기를 결정할 수 있다
4. 경기감독관은 경기중지 결정을 내린 후, 지체 없이 그 사유를 연맹에 보고하여야 한다.

제18조 (재경기)_ 1. 공식경기가 악천후, 천재지변 등 불가항력에 의하여 경기개최 불능 또는 중지(중단)되었을 경우, 재경기는 원칙적으로 익일 동일 경기장에서 개최한다. 단 연기된 경기가 불가피한 사유로 다시 연기될 경우, 개최일시 및 장소는 해당팀과 협의 후 연맹이 정하여 추후 공시한다.
2. 경기장 준비부족, 시설미비 등 점검미비에 따른 홈 클럽의 귀책사유로 인하여 경기 개최 불능 또는 중지(중단)되었을 경우, 원정 클럽이 24시간 이내 홈경기로 개최할지 여부에 대해 연맹에 서면으로 제출한다. 원정클럽이 홈경기로 개최하지 않을 경우, 상대 클럽(기존 홈 클럽)의 홈경기로 개최된다.
3. 재경기 방식에 대해서는 다음의 각 호에 의한다.
1) 이전 경기에서 양 클럽의 득실차가 없을 때는 90분간 재경기를 실시한다.
2) 이전 경기에서 양 클럽의 득실차가 있을 때는 중지 시점에서부터 잔여 시간만의 재경기를 실시한다.
4. 재경기 시, 상기 1호의 경우 이전 경기에서 발생된 경고, 퇴장 기록만이 인정되며 선수교체는 팀당 최대 3명까지 가능하다. 상기 2호의 경우 이전 경기에서 발생된 모든 기록이 인정되며 선수교체는 이전 경기를 포함하여 3명까지 할 수 있다.
5. 재경기 시, 이전 경기에서 발생된 경고 및 퇴장은 유효하며, 경고 및 퇴장에 대한 처벌(징계)은 경기순서대로 연계 적용한다.

제19조 (귀책사유가 있는 클럽의 비용 보상)_ 1. 홈 클럽의 귀책사유에 의해 공식경기가 개최불능 또는 중지(중단)되었을 경우, 홈 클럽은 원정 클럽에 교통비 및 숙식비를 보상하여야 한다.
2. 원정 클럽의 귀책사유에 의해 공식경기가 개최불능 또는 중지(중단)되었을 경우, 원정 클럽은 홈 클럽에 발생한 경기준비 비용 및 입장권 환불 수수료, 교통비 및 숙식비를 보상하여야 한다.
3. 상기 1항, 2항과 관련하여 천재지변 등 불가항력에 의한 경우는 제외한다.

제20조 (패배로 간주되는 경우)_ 1. 공식경기 개최거부 또는 속행 거부 등(경기장 질서문란, 관중의 난동 포함) 어느 한 클럽의 귀책사유로 인하여 공식경기가 개최불능 또는 중지(중단)되었을 경우, 그 귀책사유가 있는 클럽이 0 : 3 패배한 것으로 간주한다.

2. 공식경기에 무자격선수가 출장한 것이 경기 중 또는 경기 후 발각되어 경기종료 후 48시간 이내에 상대 클럽으로부터 이의가 제기된 경우, 무자격선수가 출장한 클럽이 0 : 3 패배한 것으로 간주한다. 다만, 경기 중 무자격선수가 출장한 것이 발각되었을 경우, 해당 선수를 퇴장시키고 경기는 속행한다.
3. 상기 1항, 2항에 따라 어느 한 클럽의 0 : 3 패배를 결정한 경우에도 양 클럽 선수의 개인기록(출장, 경고, 퇴장, 득점, 도움 등)은 그대로 인정한다.
4. 상기 2항의 무자격 선수는 K리그 미등록 선수, 경고누적 또는 퇴장으로 인하여 출전이 정지된 선수, 상벌 위원회 징계, 외국인 출전제한 규정을 위반한 선수 등 그 시점에서 경기출전 자격이 없는 모든 선수를 의미 한다.

제21조 (대회 중 잔여경기 포기)_ 대회 중 잔여 경기를 포기하는 경우, 다음의 각 항에 의한다.

1. 대회 전체 경기수의 3분의 2 이상을 수행하였을 경우, 지난 경기 결과를 그대로 인정하고, 잔여 경기는 포기한 클럽이 0 : 3 패배한 것으로 간주한다.
2. 대회 전체 경기수의 3분의 2 이상을 수행하지 못했을 경우, 포기한 클럽과의 경기 결과를 모두 무효 처리한다.

제22조 (경기결과 보고)_ 모든 공식경기의 경기결과 보고는 경기감독관 보고서, 심판 보고서, 경기기록지에 의한다.

제23조 (경기규칙)_ 본 대회의 경기는 FIFA 및 KFA의 경기규칙에 따라 실시되며, 특별한 사항이 발생 시에는 연맹이 결정한다.

제24조 (Video Assistant Referee 시행)_ 1. 본 대회는 2016년 3월 IFAB(국제축구평의회)에서 승인된 'Video Assistant Referee'(이하 'VAR')를 2019년 3월 3일부터 시행한다.

2. VAR는 주심 등 심판진을 지원하고 경기 결과를 바꿀 수 있는 명백한 오심을 변경해 공정한 판정을 증대하기 위해 시행하며 본 대회에서는 아래의 4가지 상황에 대해서만 VAR를 적용한다.
   1) 득점 상황 2) PK(Penalty Kick) 상황
   3) 퇴장 상황 4) 징계조치 오류
3. VAR의 시행과 관련하여 선수, 코칭스태프, 구단 임직원의 준수사항은 다음과 같다.
   1) 'TV' 신호(Signal)을 그리는 동작을 취하거나 구두로 VAR 확인을 요청할 수 없다. 이를 위반할 시 다음과 같은 제재가 내려진다.
      ① 선수 - 경고 ② 코칭스태프 및 구단 임직원 - 퇴장
   2) 주심판독지역(Referee Review Area, 이하 'RRA')에는 오직 주심과 영상관리보조자(Review Assistant, 이하 'RA'), 심판진만이 진입할 수 있다. 이를 위반할 시 다음과 같은 제재가 내려진다.
      ① 선수 - 경고 ② 코칭스태프 및 구단 임직원 - 퇴장
4. VAR의 시행과 관련하여 홈 구단의 준수사항은 다음과 같다.
   1) 홈 클럽은 VAR가 공식심판진임을 인지하고 VAR차량에 심판실과 동일한 안전계획을 수립해 안전관리를 제공해야 하며, 안전관리 미흡 등 홈 클럽의 귀책사유로 인한 차량 및 장비의 파손 등이 발생하는 경우 이에 따른 손해를 연맹에 배상하여야 한다.
   2) 홈 클럽은 RRA에 심판진과 RA 외 다른 누구도 진입할 수 없도록 관리해야 하며, 관련 안전사고 예방의 의무와 책임이 있다.
   3) 홈 클럽은 VAR 상황 발생 시 판독 중임을 뜻하는 이미지를 판독 종료 시점까지 전광판에 노출해야 하며, 관련 장면 영상을 전광판을 통해 리플레이 할 수 없다.
   4) 홈 클럽이 상기 제1호부터 제3호에서 정한 준수사항을 위반하는 경우, 연맹 상벌 규정 유형별 징계 기준 11조에 따른 징계를 받을 수 있다.
5. VAR은 다음과 같은 이유로 경기가 무효화되지 않는다.
   1) VAR 장비가 작동하지 않은 경우
   2) VAR 판정에 오심이 발생하는 경우
   3) VAR 판독을 진행하지 않겠다고 결정을 내린 경우(안전문제, 신변위협 등)
   4) VAR 판독이 불가능한 경우(영상 앵글의 문제점, 노이즈 현상 등)
6. 이 외 사항에 대해서는 IFAB(국제축구평의회)와 FIFA(국제축구연맹)이 정한 바에 따른다.

제25조 (전자장비 사용)_ 1. 선수들의 부상 예방 및 안전과 실시간 전력분석 정보를 활용하기 위해 무선헤드셋과 전자장비(스마트폰, 태블릿PC, 노트북)을 사용할 수 있다.

2. 벤치에서는 무선헤드셋 1대와 스마트폰, 태블릿PC, 노트북PC 중 1대를 사용할 수 있다.
3. 전자장비 사용 승인은 개막일 전까지 연맹에 장비 사용에 대한 승인을 받아야 한다. 단, 시즌 중 사용 승인 신청을 할 경우 경기 3일 전까지 연맹에 사용 승인을 받아야 한다.
4. 허가되지 않은 전자 장비를 사용하거나, 전자/통신장비를 이용한 판정항의 기술지역에서 퇴장된다.

제26조 (경기시간 준수)_ 1. 본 대회는 90분(전 · 후반 각 45분) 경기를 실시한다.

2. 모든 클럽은 미리 정해진 경기시작시간(킥오프 타임)과 경기 중 휴식시간(하프타임)을 반드시 준수하여야 한다. 하프타임 휴식은 15분을 초과할 수 없으며, 양 팀 출전선수는 후반전 출전을 위해 후반전 개시 3분 전(하프타임 12분)까지 심판진과 함께 대기 장소에 집결하여야 한다.
3. 경기시작시간과 하프타임 시간을 준수하지 않아 경기가 지연될 경우, 귀책사유가 있는 해당 클럽에 제재금(100만 원 이상)을 부과할 수 있다. 동일 클럽이 위반 행위를 반복할 경우, 직전에 부과한 제재금의 2배를 부과할 수 있다. 단, 1회 부과할 수 있는 최대 제재금은 400만 원 이내로 한다.
4. 경기에 참가하는 팀(코칭스태프, 팀 스태프 포함)은 경기시작 100분전에 경기장에 도착하여야 한다.
   1) 어느 한 팀이 경기시작 40분전까지 경기장에 도착하지 못할 경우, 해당 팀은 경기감독관에게 그 사유와 도착예정 시간을 통보하여야 하며, 경기감독관은 경기시간 변경 유무를 심판 및 양 팀 대표자와 협의를 통해 결정한 후, 연맹으로 통보한다.
   2) 경기시간이 변경될 경우, 홈 클럽은 전광판 및 아나운서 멘트를 통해 변경된 경기시간과 변경사유에 대해 고지해야 한다.
   3) 어느 한 팀이 경기시작 시각까지 경기장에 도착하지 않는 경우, 상대팀은 45분간 대기할 의무가 있다. 45분간 대기했음에도 불구하고 상대팀이 도착하지 않을 경우, 경기감독관은 17조 1항에 의한다.
   4) 경기중지에 따라 발생되는 모든 비용에 대한 배상, 책임은 귀책사유가 있는 클럽에 있으며 19조에 따른다.
   5) 홈/원정팀은 경기개최지로의 이동정보를 사전에 숙지할 책임이 있으며, 상황에 따른 추가 이동시간이 필요한지 확인해야 한다. 만일, 팀의 도착 지연으로 킥오프가 지연될 경우, 연맹은 귀책사유가 있는 클럽에 재제를 부과할 수 있다.

제27조 (승점)_ 본 대회의 승점은 승자 3점, 무승부 1점, 패자 0점을 부여한다.

제28조 (순위결정)_ 1. 정규 라운드(1~36R) 순위는 승점 → 다득점 → 득실차 → 다승 → 승자승 → 벌점 → 추첨 순으로 결정한다.

2. 최종순위 결정방식은 다음과 같다.
   1) 최종순위는 정규라운드(1~36R) 성적에 따라 결정한다. 단, 정규라운드 2위~4위팀은 K리그2 플레이오프 결과에 따라 최종순위를 결정한다.
   2) K리그2 플레이오프 승리(승강 플레이오프 진출) 팀을 2위로 한다.
   3) K리그2 플레이오프에서 패한(승강 플레이오프 진출 실패) 팀을 3위로 한다.
   4) K리그2 준플레이오프에서 패한(챌린지 플레이오프 진출 실패) 팀을 4위로 한다.
3. 벌점에 대한 기준은 다음과 같다.
   1) 경고 및 퇴장 관련 벌점 ① 경고: 1점 ② 경고 2회 퇴장: 2점
      ③ 직접 퇴장 : 3점 ④ 경고 1회 후 퇴장: 4점
   2) 상벌위원회 징계 관련 벌점
      ① 제재금 100만 원당: 3점 ② 출장정지 1경기당 : 3점
   3) 코칭스태프 및 팀 스태프 퇴장, 클럽(임직원 포함)에 부과된 징계는 팀 벌점에 포함한다.
   4) 사후징계 및 감면 결과는 팀 벌점에 포함한다.
4. 개인기록 순위결정
   1) 개인기록순위 결정은 본 대회 정규라운드(1~36R) 성적으로 결정한다.
   2) 득점(Goal) 개인기록순위 결정의 우선 순서는 다음과 같다.

① 최다득점선수 ② 출전경기가 적은 선수 ③ 출전시간이 적은 선수

3) 도움(Assist) 개인기록순위 결정의 우선 순서는 다음과 같다.

① 최다도움선수 ② 출전경기가 적은 선수 ③ 출전시간이 적은 선수

제29조 (시상)_ 1. 본 대회의 단체상 및 개인상 시상내역은 다음과 같다.

구분		시상내역	비고
단체상	우승	상금 100,000,000원 + 트로피	
개인상	최다득점선수	상금 3,000,000원 + 상패	대회 개인기록
	최다도움선수	상금 1,500,000원 + 상패	대회 개인기록

제30조 (출전자격)_ 1. K리그 선수규정 4조에 의거하여 선수 등록을 완료한 선수만이 공식경기에 출전할 자격을 갖는다.

2. K리그 선수규정 5조에 의거하여 연맹에 등록을 완료한 코칭스태프 및 팀 스태프 중 출전선수명단에 등재된 자만이 공식경기 중 벤치에 착석할 수 있으며, 경기 중 기술지역에서의 선수지도행위는 1명만이 할 수 있다(통역 1명 대동 가능).

3. 제재 중인 지도자(코칭스태프, 팀 스태프 포함)는 다음 항목을 준수하여야 한다.

1) 출전정지제재 중이거나 경기 중 퇴장 조치된 지도자는 공식경기에서 관중석, 선수대기실을 제외한 지역에 대해 출입이 제한되며, 그라운드에서 사전 훈련 및 경기 중 어떠한 지도(지시) 행위도 불가하다.

2) 징계 중인 지도자(원정팀 포함)가 경기를 관전하고자 할 경우, 홈 클럽은 본부석 쪽에 좌석을 제공하여야 하며, 해당 지도자의 안전을 위한 조치를 취해야 한다.

3) 상기 제1호를 위반할 경우, 연맹 상벌규정 제12조 제2항에 해당하는 제재를 부과할 수 있다.

4. 준프로 계약을 체결한 선수의 공식경기 출전은 선수규정 부칙 및 '준프로 계약 시행 세칙'을 따른다.

제31조 (출전선수명단 제출의무)_ 1. 공식경기에 참가하는 홈 클럽과 원정 클럽은 경기개시 90분 전까지 경기감독관에게 출전선수명단을 제출하여 승인을 받아야 하며, 출전선수 스타팅 포메이션(Starting Formation)을 별지로 함께 제출하여야 한다.

2. 출전선수명단에는 출전 선수, 코칭스태프 및 팀 스태프 명단, 유니폼 색상이 포함되어야 하며, 제출된 인원만이 해당 공식경기 출전과 팀 벤치 착석 및 기술지역 출입, 선수 지도를 할 수 있다. 단, 출전선수명단에 등재할 수 있는 코칭스태프 및 팀 스태프의 수는 11명까지로 하며 스카우트, 전력분석관, 장비담당자는 벤치에 착석할 수 없다.

3. 출전선수명단 승인 후에는 선수명단 변경을 할 수 없다. 다만, 경기 개시 전에 선발 출전선수 중 부상 등의 불가피한 사유로 경기출전이 불가능한 선수가 발생한 경우에 그 선발 선수를 후보 선수와 교체할 수 있다.

4. 본 대회의 출전선수명단은 18명을 원칙으로 하며, 다음 사항을 반드시 준수하여야 한다.

1) 골키퍼(GK)는 반드시 국내 선수이어야 하며, 후보 골키퍼(GK)는 반드시 1명이 포함되어야 한다.

2) 외국인선수의 경우, 출전선수명단에 3명까지 등록할 수 있으며 3명까지 경기 출전이 가능하다. 단, AFC 가맹국 국적의 외국인선수는 1명에 한하여 추가 등록과 출전이 가능하다.

3) 22세 이하(1997.01.01 이후 출생자) 국내선수는 출전선수명단에 최소 2명 이상 포함(등록)되어야 한다. 만일 22세 이하 국내선수가 출전선수명단에 포함되어 있지 않을 경우, 해당 인원만큼 출전선수명단에서 제외한다(즉, 22세 이하 국내선수가 1명 포함될 경우 출전선수명단은 17명으로 하며, 전혀 포함되지 않을 경우 출전선수명단은 16명으로 한다).

4) 출전선수명단에 포함된 22세 이하 선수 1명은 반드시 의무선발출전을 해야 한다. 만일 22세 이하 선수가 의무선발출전을 하지 않을 경우, 선수교체 가능인원은 2명으로 제한한다(32조 2항 참조).

5) 클럽에 등록된 22세 이하 국내선수 1명 이상이 KFA 각급 대표팀 선수로 소집(소집일 ~ 해산일)될 경우, 해당 클럽에 한해 소집 기간 동안 개최되는 경기에 의무선발출전 규정(상기 4호)을 적용하지 않으며, 차출된 선수의 수(인원) 만큼 엔트리 등록 규정도 적용하지 않는다.

U22선수 각급대표 소집	출전선수 명단(엔트리)		U22선수 의무선발 출전	선수교체 가능인원	비고
	U22선수 포함 인원	등록가능 인원			
0명	0명	16명	0명	2명	
	1명	17명	1명	3명	U22선수 의무 선발출전을 하지 않을 경우, 선수교체 가능인원 2명으로 제한
	2명 이상	18명	1명	3명	
1명	0명	17명	0명	3명	
	1명 이상	18명	0명	3명	
2명 이상	0명	18명	0명	3명	

5. 순연 경기 및 재경기(90분 재경기에 한함)의 출전선수명단은 다시 제출하여야 한다.

제32조 (선수교체)_ 1. 본 대회의 선수 교체는 경기감독관이 승인한 출전선수명단에 의해 후보선수명단 내에서만 가능하다.

2. 선수 교체는 90분 경기에서 3명까지 가능하다. 단, 본 대회요강 제31조 4항-4)호에의 의거, 22세 이하 국내선수가 선발출전하지 않을 경우, 해당 클럽은 2명까지 선수 교체가 가능하다. 이를 위반할 경우 제 20조 2항~4항에 따른다.

3. 출전선수명단 승인(경기감독관 서명) 후, 선발출전선수 11명 중 경기출전이 불가한 선수가 발생할 경우, 전반전 킥오프 전까지 경기감독관의 승인하에 출전선수명단의 교체 대상선수 7명에 한하여 교체할 수 있으며, 교체된 선수는 후보선수명단으로 포함되나 해당 경기에 출전할 수 없다.

1) 상기 3항의 경우 선수교체 인원으로 적용되지 않으며, 3명의 선수교체 가능 인원 수는 유효하다.

2) 선발출전선수 11명 중 22세 이하 (1997.01.01. 이후 출생자) 의무선발출전 선수가 출전이 불가하여 후보 선수명단 내의 22세 이하 선수와 교체될 경우 선수교체 가능인원은 3명으로 유지된다. 단, 22세 이하가 아닌 선수와 교체될 경우 제31조 4항 4)호에 의하여 선수교체 가능인원은 2명으로 제한한다.

3) 출전선수명단 내 교체 대상선수 7명 중 경기출전이 불가한 선수가 발생하더라도 해당 선수는 명단 외 선수와 교체할 수 없다.

제33조 (출전정지)_ 1. 본 대회에서 경고누적에 의한 출전정지 및 퇴장(경고 2회 퇴장, 직접 퇴장, 경고 1회 후 직접 퇴장)에 의한 출전정지는 본 대회(K리그2 플레이오프 포함) 종료까지 연계 적용한다.

2. 경고누적에 의한 출전정지는 경고누적 3회 때 마다 다음 1경기가 출전정지된다.

3. 1경기 경고 2회 퇴장에 의한 출전정지는 다음 1경기가 출전 정지되며, 제재금은 오십만 원(500,000원)이 부과된다. 이 경고는 누적에 산입되지 않는다.

4. 직접 퇴장에 의한 출전정지는 다음 2경기가 출전 정지되며, 제재금은 칠십만 원(700,000원)이 부과 된다.

5. 경고 1회 후 직접 퇴장에 의한 출전정지는 다음 2경기가 출전 정지되며, 제재금은 일백만 원(1,000,000원)이 부과된다. 경고 1회는 유효하며, 누적에 산입된다.

6. 제재금은 출전 가능경기 1일 전까지 반드시 해당자 명의로 납부하여야 한다. 이를 위반할 경우, 경기 출전이 불가하다. 출전 가능경기가 남아있지 않을 경우, 본 대회 종료 15일 이내에 납부하여야 한다.

7. 상벌위원회 징계로 인한 출전정지는 시즌 및 대회에 관계없이 연계 적용한다.

8. 경고, 퇴장, 상벌위원회 징계 등에 따라 출전이 정지된 선수, 코칭스태프, 팀 스태프의 출전으로 인한 모든 책임은 해당 클럽에 있다.

제34조 (유니폼)_ 1. 본 대회는 K리그 마케팅 규정상의 팀 색상 및 유니폼 규정에 따라 반드시 연맹이 승인하고 지정한 유니폼을 착용해야 한다.

2. 선수 번호(배번은 1번~99번으로 한정하며, 배번 1번은 GK에 한함)는 출전선수명단에 기재된 선수 번호와 일치하여야 하며, 배번의 식별이 가능하도록 명확하게 표시되어 있어야 한다.

3. 팀의 주장은 주장인 것을 명확하게 표시하는 완장(Armband)을 착용하여야 한다.

4. 공식경기에 참가하는 모든 클럽은 제1유니폼과 제2유니폼을 필히 지참함을 원칙으로 하며, 경기 전 연맹(경기감독관) 및 상대 클럽과 유니폼 착용 색상과

관련하여 사전 조율하여야 한다. 이를 따르지 않을 경우, 연맹(경기감독관)이 최종 결정한다. 위반한 클럽에 제재금 500만 원을 부과할 수 있다.

5. 동절기 방한용 내피 상의 또는 하의(타이즈)를 착용하고자 할 때는 유니폼(상・하의) 색상과 동일한 색상을 착용하여야 한다. 이를 위반할 경우 공식경기출전이 불가하다.

6. 스타킹과 발목밴드(테이핑)는 동일 색상(계열)이어야 한다. 이를 위반할 경우 심판은 시정을 명할 수 있고, 이에 불응할 경우 경기출전을 금지시킬 수 있다.

제35조 (사용구)_ 본 대회의 공식 사용구는 '아디다스 커넥스트19(Conext19)'로 한다.

제36조 (경기관계자 미팅)_ 1. 경기 시작 60~50분 전(양 팀 감독 인터뷰 진행 전) 경기감독관실에서 실시한다.

2. 참석자는 해당 경기의 경기감독관, 심판평가관, 주심, 양 팀 감독, 홈경기 운영자(필요 시)로 한다. 홈경기 담당자는 당일 홈경기 관련 특이사항이 있는 경우에만 참석한다.

3. 주요내용은 아래와 같다.

1) 경기와 관련한 리그의 주요방침

2) 판정 가이드라인 등 심판판정에 관한 사항

3) 기타 해당경기 특이사항 공유

제37조 (인터뷰 실시)_ 1. 홈 클럽은 공동취재구역인 믹스드 존(Mixed Zone)과 공식기자회견장을 반드시 마련하고, 양 클럽 홍보담당자는 경기 전 인터뷰, 경기 후 플래시인터뷰, 공식기자회견, 믹스드 존 인터뷰가 원활히 이뤄질 수 있도록 협조하여야 한다.

2. 양 클럽 선수단은 경기장에 도착하여 라커룸으로 이동 시 믹스드 존에서 미디어(취재기자에 한함)의 인터뷰에 응하여야 한다.

3. 양 클럽 선수단은 경기개시 90분~70분 전까지 홈 클럽이 지정한 장소(라커 앞, 경기장 출입 통로, 그라운드 주변, 믹스드 존 등)에서 인터뷰에 응하여야 하며, 양 클럽 홍보담당자는 미디어(취재기자에 한함)가 요청하는 선수가 인터뷰에 응할 수 있도록 협조한다.

4. 양 클럽 감독은 경기개시 60분~20분 전까지 미디어(취재기자에 한함)와 약식 인터뷰를 실시하여야 한다.

5. 홈 클럽은 경기종료 직후 중계방송사가 요청하는 감독 또는 선수에 대해 그라운드에서 플래시 인터뷰를 우선 실시하여야 하며, 양 클럽 홍보담당자는 인터뷰 대상자를 경기 종료 전 확인하여 경기종료 직후 인계한다.

6. 홈 클럽은 경기종료 후 15분 이내에 홈 클럽 홍보담당자의 진행 하에 양 클럽 감독과 미디어가 요청하는 선수가 순차적으로 참석하는 공식기자회견을 개최하여야 하며, 양 클럽 홍보담당자는 감독 및 미디어 요청선수가 공식기자회견에 참석할 수 있도록 협조한다.

7. 공식기자회견은 원정 - 홈 클럽 순으로 진행하며, 선수의 순서는 양 클럽 홍보담당자가 협의하여 정한다.

8. 미디어 부재로 공식기자회견을 개최하지 않은 경우, 홈 클럽 홍보담당자는 양 클럽 감독의 코멘트를 경기 종료 1시간 이내에 각 언론사에 배포한다.

9. 제재 중인 지도자(코칭스태프 및 팀 스태프 포함)도 경기 전・후 인터뷰와 공식기자회견 등에 참석해야 한다.

10. 양 클럽 선수단은 공식기자회견이 종료된 이후에 선수단 라커룸을 출발하여 믹스트 존 인터뷰에 응하여야 한다(홈팀 필수/ 원정팀 권고).

11. 모든 기자회견은 연맹이 지정한 인터뷰 배경막(백드롭)을 배경으로 실시하여야 한다.

12. 인터뷰를 실시하지 않거나 공식기자회견에 참석하지 않을 경우, 해당 클럽과 선수, 감독에게 제재금(50만 원 이상)을 부과할 수 있다.

13. 인터뷰에서는 경기의 판정이나 심판과 관련하여 일체의 부정적인 언급이나 표현을 할 수 없으며, 위반 시 다음 각 호에 의한다.

1) 각 클럽 소속 선수, 코칭스태프, 팀 스태프, 임직원 등 모든 관계자에게 적용되며, 위반할 시 상벌규정 유형별 징계기준 제2조 가, 항 혹은 나, 항을 적용하여 제재를 부과한다.

2) 공식 인터뷰뿐만 아니라 대중에게 공개될 수 있는 어떠한 경로를 통한 언급이나 표현에도 적용된다.

14. 그 밖의 사항은 '2019 K리그 미디어 가이드라인'을 준수하여야 한다.

15. 2019 K리그 미디어가이드라인을 준수하지 않을 경우, 해당시즌 팀 미디어 운영에 제한을 받을 수 있다.

제38조 (중계방송협조)_ 1. 본 대회의 경기 중계방송 시 카메라나 중계석 위치 확보, 방송 인터뷰를 위해 모든 클럽은 중계 방송사와 연맹의 요청에 최대한 협조한다.

2. 사전에 지정된 경기시간은 방송사의 요청에 따라 변경될 수 있다.

3. 홈 클럽은 중계방송사를 위한 별도의 공간을 경기시작 4시간 전부터 종료 후 1시간까지 반드시 마련해야 한다.

제39조 (경기장 안전과 질서유지)_ 1. 홈 클럽은 경기개시 2시간 전부터 경기종료 후 모든 관중 및 관계자가 퇴장할 때까지 선수, 팀 스태프, 심판을 비롯한 전 관계자와 관중의 안전 및 질서 유지에 대한 의무와 책임이 있다.

2. 홈 클럽은 상기 1항의 의무 실시를 위해 최선의 노력을 다해야 하며, 경기장 안전 및 질서를 어지럽히는 관중에 대해 그 입장을 제한하고 강제 퇴장시키는 등의 적정한 조치를 취할 수 있다.

3. 연맹, 클럽, 선수, 코칭스태프 및 팀 스태프, 관계자를 비방하는 사안이나, 경기진행 및 안전에 지장을 줄 수 있는 모든 사안에 대해 관련 클럽은 즉각 이를 시정 조치하여야 한다.

4. 경기감독관은 상기 3항에 해당하는 사안을 경기 중 또는 경기 전・후에 발견하였을 경우 관련 클럽에 시정 조치를 요구할 수 있으며, 관련 클럽은 경기감독관의 지시에 따라야 한다.

5. 상기, 3・4항의 사안이 시정 조치되지 않을 경우, 상벌규정 유형별 징계기준 제5조 마,항 및 바,항에 의거, 해당 클럽에 제재를 부과할 수 있다.

6. 관중의 소요, 난동으로 인해 경기 진행에 문제가 발생하거나, 선수, 심판, 코칭스태프 및 팀 스태프, 미디어를 비롯한 관중의 안전과 경기장 질서 유지에 문제가 발생할 경우에는 관련 클럽이 사유를 불문하고 그에 대한 일체의 책임을 부담한다.

제40조 (홈경기 관리책임자, 홈경기 안전책임자 선정 및 경기장 안전요강)_ 모든 클럽은 경기장 안전 및 원활한 진행을 위해 홈경기 관리책임자 및 홈경기 안전책임자를 선정하여 연맹에 보고하여야 하며, 아래의 경기장 안전요강을 숙지하여 실행하고 관중에게 사전 공지 또는 고지하여야 한다. 또한 홈경기 관리책임자 및 홈경기 안전책임자는 경기감독관의 업무 및 지시 사항에 대해 최대한 협조하여야 한다.

1. 반입금지물: 경기장에 입장하려는 사람 또는 입장한 사람은 홈경기 관리책임자 및 홈경기 안전책임자가 특별히 필요 사항에 의해 허락했을 경우를 제외하고 다음의 각 호에 명시된 것을 가지고 입장할 수 없다.

1) 경기장 관리자에 의해 반입을 금지하고 있는 것

2) 정치적, 사상적, 종교적인 주의 또는 주장 또는 관념을 표시하거나 또는 연상시키고 혹은 대회의 운영에 지장을 미칠 우려가 있는 게시판, 간판, 현수막, 플래카드, 문서, 도면, 인쇄물 등

3) 연맹의 승인을 득하지 않은 특정의 회사 또는 영리기업의 광고를 목적으로 하여 특정의 회사명, 제품명 등을 표시한 것(특정 회사, 제품 등을 연상시키는 것 포함)

4) 그 외 경기운영 또는 진행을 방해하여 타인에게 불편을 주거나 또는 위험하게 하거나 혹은 그러한 우려가 있거나 또는 운영담당・보안담당, 경비종사원이 위험성을 인정하는 것

2. 금지행위: 경기장에 입장하려는 사람 또는 입장한 사람은 홈경기 관리책임자 및 홈경기 안전책임자가 특별히 필요 사항에 의해 허락했을 경우를 제외하고는 다음의 각 호에 명시되는 행위를 해서는 안 된다.

1) 경기장 관리자에 의해 금지되고 있는 행위

2) 정당한 입장권 또는 통행증을 소지하지 않고 입장하는 것

3) 항의 집회, 데모 등 대회의 원활한 운영을 저해할 우려가 있는 행위

4) 알코올, 약물 그 외 물질을 소유 및 복용한 상태로 경기장에 입장하는 행위 또는 경기장에 이러한 물질을 방치해 두어 이것들의 영향에 의해 경기운영 또는 타인의 행위 등을 저해하는 행위(알코올 등의 영향에 의해 정상적인 행위를 할 수 없는 우려가 있는 상태일 경우 입장 불가)

5) 해당 경기장(시설) 및 관련 장소에서 권유, 연설, 집회, 포교 등의 행위
6) 정해진 장소 외에서 차량을 운전하거나 주차하는 것
7) 상행위, 기부금 모집, 광고물의 게시 등의 행위
8) 정해진 장소 외에 쓰레기 및 오물을 폐기하는 것
9) 연맹의 승인 없이 영리목적으로 경기장면, 식전행사, 관객 등을 사진 또는 비디오로 촬영하는 것
10) 연맹의 승인 없이 대회의 음성, 영상의 전부 또는 일부를 인터넷 및 미디어를 통해 전달하는 것
11) 경기운영 또는 진행을 방해하여 타인에게 폐를 끼치거나 또는 위험을 미치거나 혹은 그러한 우려가 있으면서 경비종사원이 위험성을 인정한 행위

3. 경기장 관련: 경기장에 입장하려는 사람 또는 입장한 사람은 다음의 각 호에 명시하는 사항을 준수하여야 한다.
1) 입장권, 신분증, 통행증 등의 제시가 요구되었을 때는 이것을 제시해야 함
2) 안전 확보를 위해 수화물, 소지품 등의 검사가 요구되었을 때는 이것에 따라야 함
3) 사건・사고가 발생하거나 또는 발생 우려가 예상되는 경우, 경비 종사원 또는 치안 당국의 지시, 안내, 유도 등에 따라 행동할 것

4. 입장거부 또는 퇴장명령
1) 홈경기 관리책임자 및 홈경기 안전책임자는 상기 3-1호, 2호, 3호의 경기장 안전요강을 위반한 사람의 입장을 거부하여 경기장으로부터의 퇴장을 명할 수 있으며, 상기 3항에 의거하여 반입금지물 몰수 등 필요한 조치를 취할 수 있다.
2) 홈경기 관리책임자 및 홈경기 안전책임자는 상기 4-1호에 해당하는 사람 중에서 특히 고의, 상습으로 확인된 사람에 대해서는 이후 개최되는 연맹 주최의 공식경기에 입장을 거부할 수 있다.
3) 홈경기 관리책임자 및 홈경기 안전책임자에 의해 입장이 거부되거나 경기장에서 퇴장을 받았던 사람은 입장권 구입 대금의 환불을 요구할 수 없다.

5. 권한의 위임: 홈경기 관리책임자는 특정 시설에 대해 그 권한을 타인에게 위임할 수 있다.

6. 안전 가이드라인 준수: 모든 클럽은 연맹이 정한 'K리그 안전가이드라인'을 준수하여야 한다.

제41조 (기타 유의사항)_ 각 클럽은 아래의 사항을 숙지하고 준수하여야 한다.

1. 모든 취재 및 방송중계 활동을 위한 미디어 관련 입장자는 2019 K리그 미디어 가이드라인에 따라 입장하여야 하며 이를 준수하여야 한다.
2. 경기에 참가하는 선수단(코칭스태프, 팀 스태프 포함)은 경기시작 100분 전에 경기장에 도착하여야 한다.
3. 오픈경기 및 축구클리닉 등 경기 진행에 영향을 미치는 행사는 본 경기 개최 1시간(60분) 전까지 반드시 종료되어야 하며, 연맹에 사전 승인을 받아야 한다.
4. 선수는 신체보호를 위해 반드시 정강이 보호대를 착용하고 경기에 임해야 한다.
5. 경기 중 클럽의 임원, 코칭스태프, 팀 스태프, 선수는 경기장 내에서 흡연을 할 수 없으며, 이를 위반할 경우 퇴장 조치한다.
6. 시상식에는 연맹이 지정한 클럽(팀)과 수상 후보자가 반드시 참석하여야 한다.
7. 체육진흥투표권(스포츠토토 등) 발매 이상 징후 대응경보 발생 시, 경기시작 90분 전 대응 미팅에 관계자(경기감독관, 매치코디네이터, 양 클럽 관계자 및 감독) 등이 참석하여야 한다.
8. 팀 벤치에서 무선통신기(휴대전화 포함) 시스템의 사용은 원칙적으로 불가하다.
9. 경기 중, 교체대상 선수의 워밍업은 연맹이 사전에 지정한 장소에서 실시해야 한다.
10. 경기감독관은 하절기(6~8월) 기간 중, 쿨링 브레이크 제도(워터 타임)의 실시 여부를 결정할 수 있다. 감독관은 경기시작 20분 전 기온을 측정해 32도(섭씨) 이상일 경우, 심판진과 협의해 실시할 수 있다.
11. 심판 판정에 대한 제소는 불가하다.
12. 전자 퍼포먼스/트래킹 시스템(EPTS)을 사용하는 경우, 사전 승인을 득하여야 한다.

제42조 (부칙)_ 본 대회요강에 명시되지 않은 사항은 K리그 규정, FIFA 규정, K리그 이사회 결정에 의거하여 시행한다.

• 3월 02일 • 13:00 • 맑음 • 광양 전용 • 48명
• 주심_ 김동진 • 부심_ 지승민·설귀선 • 대기심_ 김덕철 • 경기감독관_ 김진의

전남 0 0 전반 1 / 0 후반 2 **3 아산**

퇴장	경고	파울	ST(유)	교체	선수명	배번	위치	위치	배번	선수명	교체	ST(유)	파울	경고	퇴장
0	0	0	0		이호승	21	GK	GK	1	양형모		0	0	0	0
0	0	2	1		김민준	13	DF	DF	15	김주원		0	2	0	0
0	0	0	0	17	곽광선	20	DF	DF	22	김동진		0	1	0	0
0	2	1	0		김진성	15	DF	DF	33	이한샘		0	1	0	0
0	0	2	0		신진하	37	DF	MF	7	김도혁		1	0	0	0
0	0	1	1		유고비치	8	MF	DF	11	안현범		1	3	0	0
0	0	2	1		김영욱	14	MF	MF	17	주세종		0	1	0	0
0	0	1	3		최재현	22	MF	MF	29	이명주	6	0	4	1	0
0	0	0	2	25	정희웅	33	FW	FW	9	오세훈		2(2)	0	0	0
0	0	1	2		브루노누네스	9	FW	FW	10	고무열	70	1(1)	1	0	0
0	0	1	1	18	정재희	27	FW	FW	37	김레오	77	0	1	0	0
0	0	0	0		박준혁	1			13	최봉진		0	0	0	0
0	0	0	0		최효진	2			27	김지운		0	0	0	0
0	0	1	0	전21	이지남	17			6	조범석	후42	0	0	0	0
0	0	0	0		김건웅	4	대기	대기	8	김선민		0	0	0	0
0	0	0	0		김민혁	24			21	임창균		0	0	0	0
0	0	0	0	후18	한승욱	25			70	최요셉	후42	0	0	0	0
0	0	0	0	후28	김경민	18			77	박민서	후14	2(2)	0	0	0
0	2	12	11			0			0			7(5)	14	1	0

● 전반 17분 주세종 C.KL ↷ 고무열 GAL 내 H-ST-G (득점: 고무열/ 도움: 주세종) 왼쪽
● 후반 24분 오세훈 PAL ~ 박민서 GAL R-ST-G (득점: 박민서/ 도움: 오세훈) 가운데
● 후반 37분 오세훈 AK 정면 L-ST-G (득점: 오세훈) 왼쪽

• 3월 02일 • 15:00 • 흐림 • 부산 구덕 • 6,072명
• 주심_ 김영수 • 부심_ 박균용·장종필 • 대기심_ 최일우 • 경기감독관_ 신홍기

부산 1 1 전반 2 / 0 후반 2 **4 안양**

퇴장	경고	파울	ST(유)	교체	선수명	배번	위치	위치	배번	선수명	교체	ST(유)	파울	경고	퇴장
0	0	0	0		구상민	1	GK	GK	1	양동원		0	0	0	0
0	0	2	2		구현준	27	DF	MF	19	채광훈		0	0	0	0
0	1	4	2		노행석	5	DF	DF	6	류언재		1	0	0	0
0	0	1	1		김명준	15	DF	DF	3	최호정		0	0	0	0
0	0	0	2		김문환	33	DF	DF	20	이상용		0	1	0	0
0	1	0	0	11	박종우	8	MF	MF	2	이선걸	13	0	0	0	0
0	0	0	1		김진규	23	MF	MF	8	최재훈	77	0	1	0	0
0	1	0	8(2)		호물로	10	MF	MF	26	구본상	16	0	1	0	0
0	1	2	1	30	권용현	32	FW	FW	10	알렉스		3(2)	1	0	0
0	0	0	5(2)		한지호	22	FW	FW	9	조규성		2	3	0	0
0	0	0	1(1)	9	이정협	18	FW	FW	11	팔라시오스		3(1)	0	0	0
0	0	0	0		김형근	31			29	정민기		0	0	0	0
0	0	0	0		황준호	45			16	주현재	후33	0	0	0	0
0	0	0	0		권진영	14			13	김상원	후0	0	0	0	0
0	0	0	0		이후권	21	대기	대기	15	김형진		0	0	0	0
0	0	0	4	후12	디에고	30			28	맹성웅		0	0	0	0
0	0	0	0	후37	이동준	11			7	은성수		0	0	0	0
0	0	1	3(1)	후12	최승인	9			77	김원민	후17	0	1	0	0
0	4	10	30(6)			0			0			9(3)	8	0	0

● 전반 42분 김진규 PK 우측지점 ~ 한지호 PK 좌측지점 R-ST-G (득점: 한지호/ 도움: 김진규) 오른쪽

● 전반 3분 류언재 AKL H ↷ 팔라시오스 GA 정면 R-ST-G (득점: 팔라시오스/ 도움: 류언재) 왼쪽
● 전반 18분 조규성 GAL ~ 알렉스 PK 지점 L-ST-G (득점: 알렉스/ 도움: 조규성) 오른쪽
● 후반 6분 김문환 PA 정면내 자책골 (득점: 김문환)
● 후반 28분 알렉스 PK-L-G (득점: 알렉스) 오른쪽

• 3월 02일 • 15:00 • 맑음 • 부천 종합 • 2,256명
• 주심_ 최광호 • 부심_ 강도준·성주경 • 대기심_ 장순택 • 경기감독관_ 김호영

부천 1 0 전반 0 / 1 후반 0 **0 수원FC**

퇴장	경고	파울	ST(유)	교체	선수명	배번	위치	위치	배번	선수명	교체	ST(유)	파울	경고	퇴장
0	0	0	0		최철원	21	GK	GK	1	박형순		0	0	0	0
0	0	3	0		임동혁	5	DF	DF	2	박요한		0	1	0	0
0	0	0	0		이인규	14	DF	DF	3	김영찬		1(1)	1	0	0
0	0	0	0		국태정	23	DF	DF	4	윤준성		1(1)	2	0	0
0	0	0	0		감한솔	32	DF	DF	14	이학민		0	1	0	0
0	0	1	0		닐손주니어	6	MF	MF	8	이종원		3	4	1	0
0	0	1	1	33	문기한	7	MF	MF	10	백성동		2(1)	1	0	0
0	0	0	2		김영남	8	MF	MF	21	황병권	23	0	1	0	0
0	0	2	6(3)	10	말론	9	FW	FW	26	벨라스케즈	13	2	1	0	0
0	0	1	6(2)		김륜도	18	MF	FW	11	치솜	55	5(3)	1	0	0
0	0	1	1	22	조건규	29	MF	FW	15	아니에르		5(3)	2	0	0
0	0	0	0		이주현	31			37	전수현		0	0	0	0
0	0	0	0		권승리	16			30	김주엽		0	0	0	0
0	0	0	0	후45	박요한	33			33	채선일		0	0	0	0
0	0	0	0		장현수	17	대기	대기	55	장준영	후42	0	0	0	0
0	0	1	0	후0	안태현	22			13	장성재	후22	1	0	0	0
0	0	0	0		송홍민	30			70	조블론		0	0	0	0
0	0	1	2(1)	후16	마라낭	10			23	김동찬	후0	0	0	0	0
0	0	11	18(6)			0			0			20(9)	15	1	0

● 후반 5분 김륜도 GAL 내 R-ST-G (득점: 김륜도) 왼쪽

• 3월 03일 • 13:00 • 맑음 • 안산 와스타디움 • 5,176명
• 주심_ 설태환 • 부심_ 이정민·안광진 • 대기심_ 정회수 • 경기감독관_ 김형남

안산 1 1 전반 2 / 0 후반 0 **2 대전**

퇴장	경고	파울	ST(유)	교체	선수명	배번	위치	위치	배번	선수명	교체	ST(유)	파울	경고	퇴장
0	0	0	0		이희성	21	GK	GK	1	박주원		0	0	0	0
0	0	0	0		이인재	4	DF	DF	22	윤신영		1	2	1	0
0	0	1	1		박준희	5	DF	DF	44	이지솔		0	4	0	0
0	1	1	0		김진래	17	DF	DF	3	황재훈	2	0	1	0	0
0	0	1	2(2)		김연수	23	DF	DF	66	박수일		0	1	0	0
0	0	1	1	11	곽성욱	6	MF	MF	20	안상현		0	0	0	0
0	1	2	2(2)		장혁진	7	MF	MF	10	윤용호		2(1)	1	0	0
0	0	1	2(2)		파우벨	10	MF	MF	13	신학영	42	3(2)	1	0	0
0	0	5	0		김대열	27	MF	FW	7	산자르	11	0	0	0	0
0	0	0	1	8	마사	51	MF	FW	9	박인혁		1(1)	4	0	0
1	0	4	3(2)		빈치씽코	9	FW	FW	27	키쭈		3(3)	4	1	0
0	0	0	0		황인재	1			23	김진영		0	0	0	0
0	0	2	0	후0	박진섭	8			34	황도연		0	0	0	0
0	0	0	0	후31	최호주	11			2	김예성	후45	0	0	0	0
0	0	0	0		이창훈	18	대기	대기	42	이정문	후45	0	0	0	0
0	0	0	0		이준희	22			8	박수창		0	0	0	0
0	0	0	0		김민성	30			11	김승섭	후19	0	2	0	0
0	0	0	0		심재민	40			30	가도에프		0	0	0	0
1	2	18	12(8)			0			0			10(7)	20	2	0

● 전반 14분 빈치씽코 GAL 내 EL L-ST-G (득점: 빈치씽코) 왼쪽

● 전반 5분 박수일 PAL ↷ 키쭈 GAL H-ST-G (득점: 키쭈/ 도움: 박수일) 오른쪽
● 전반 32분 윤용호 GAL L-ST-G (득점: 윤용호) 왼쪽

• 3월 03일 • 15:00 • 맑음 • 잠실 올림픽 • 3,644명
• 주심_ 조지음 • 부심_ 송봉근·김홍규 • 대기심_ 김도연 • 경기감독관_ 김용세

서울E 0 | 0 전반 2 / 0 후반 0 | **2 광주**

퇴장	경고	파울	ST(유)	교체	선수명	배번	위치	위치	배번	선수명	교체	ST(유)	파울	경고	퇴장
0	0	0	0		김영광	1	GK	GK	21	이진형		0	0	0	0
0	1	2	0		박성우	3	DF	DF	12	이시영		1(1)	1	0	0
0	0	0	0		이병욱	20	DF	DF	20	이한도		0	1	1	0
0	0	1	0		변준범	4	DF	DF	55	김진환		0	4	0	0
0	0	0	0	2	권기표	23	DF	DF	8	이으뜸		1(1)	1	0	0
0	0	0	0	19	마스다	6	MF	MF	5	최준혁	14	0	1	0	0
0	0	1	1		이현성	7	MF	MF	6	박정수		1(1)	3	0	0
0	0	1	1		허범산	8	MF	MF	7	여름		3(2)	0	0	0
1	0	3	2(2)		두아르테	10	MF	FW	16	이희균	33	2	1	0	0
0	0	0	0	30	원기종	18	FW	FW	11	김정환	17	2	1	0	0
0	0	2	1(1)		김경준	17	FW	FW	9	펠리페		2(2)	2	0	0
0	0	0	0		강정묵	25	대기	대기	1	윤평국		0	0	0	0
0	0	0	0		이경렬	15			2	정준연		0	0	0	0
0	1	2	0	후27	서경주	2			14	여봉훈	후20	1(1)	1	0	0
0	0	0	0	후0	최한솔	19			15	홍준호		0	0	0	0
0	0	0	0		유정완	13			17	엄원상	전39	2	0	0	0
0	0	0	0		전석훈	11			18	조주영		0	0	0	0
0	0	0	1	후0	알렉스	30			33	김준형	후39	0	0	0	0
1	2	12	6(3)			0			0			15(8)	16	1	0

● 전반 4분 펠리페 GAR L-ST-G (득점: 펠리페) 왼쪽
● 전반 9분 펠리페 MFL → 여름 PAL 내 L-ST-G (득점: 여름/ 도움: 펠리페) 오른쪽

• 3월 09일 • 13:00 • 맑음 • 수원 종합 • 4,383명
• 주심_ 최대우 • 부심_ 송봉근·이상민 • 대기심_ 김덕철 • 경기감독관_ 나승화

수원FC 1 | 1 전반 0 / 0 후반 2 | **2 부산**

퇴장	경고	파울	ST(유)	교체	선수명	배번	위치	위치	배번	선수명	교체	ST(유)	파울	경고	퇴장
0	0	0	0		박형순	1	GK	GK	31	김형근		0	0	0	0
0	2	4	0		김영찬	3	DF	DF	27	구현준		0	1	1	0
0	0	1	0		윤준성	4	DF	DF	38	수신야르		0	1	1	0
0	0	4	0		이학민	14	DF	DF	15	김명준		0	0	0	0
0	0	3	1(1)		장준영	55	DF	DF	33	김문환		2	1	0	0
0	0	0	0		김종국	6	MF	MF	8	박종우	32	2	2	0	0
0	0	1	1(1)	70	이종원	8	MF	MF	23	김진규		0	0	0	0
0	0	2	1(1)	20	황병권	21	MF	MF	10	호물로		2(1)	1	0	0
0	0	1	3(3)		백성동	10	FW	FW	11	이동준	45	3(3)	0	0	0
0	0	1	3(1)		치솜	11	FW	FW	22	한지호		0	2	1	0
0	0	3	0	23	아니에르	15	FW	FW	9	최승인	30	0	0	0	0
0	0	0	0		전수현	37	대기	대기	1	구상민		0	0	0	0
0	0	0	0	후11	조유민	20			45	황준호	후41	0	0	0	0
0	0	0	0		김주엽	30			44	박경민		0	0	0	0
0	0	0	0		안은산	17			21	이후권		0	0	0	0
0	0	0	0		우예찬	25			20	한상운		0	0	0	0
0	0	0	1(1)	후29	조블론	70			32	권용현	후0	1(1)	1	0	0
0	0	0	1	후21	김동찬	23			30	디에고	후0	2	0	0	0
0	2	20	11(8)			0			0			12(5)	9	3	0

● 전반 21분 백성동 PAL R-ST-G (득점: 백성동) 오른쪽
● 후반 50초 이동준 PAR 내 ~ 권용현 GA 정면 R-ST-G (득점: 권용현/ 도움: 이동준) 왼쪽
● 후반 7분 이동준 GAL R-ST-G (득점: 이동준) 오른쪽

• 3월 09일 • 15:00 • 맑음 • 잠실 올림픽 • 2,710명
• 주심_ 최현재 • 부심_ 강도준·설귀선 • 대기심_ 최일우 • 경기감독관_ 최상국

서울E 1 | 1 전반 0 / 0 후반 1 | **1 안산**

퇴장	경고	파울	ST(유)	교체	선수명	배번	위치	위치	배번	선수명	교체	ST(유)	파울	경고	퇴장
0	1	1	0		김영광	1	GK	GK	21	이희성		0	0	0	0
0	0	1	0		허범산	8	DF	DF	4	이인재		0	1	0	0
0	0	2	0		이경렬	15	DF	DF	5	박준희		0	0	0	0
0	0	1	0		안지호	5	DF	DF	22	이준희		0	1	0	0
0	0	2	0	3	권기표	23	DF	DF	23	김연수		1(1)	0	0	0
0	0	2	0		마스다	6	MF	MF	6	곽성욱		2	2	0	0
0	1	2	0	14	이현성	7	MF	MF	7	장혁진		1(1)	6	0	0
0	0	1	1	11	유정완	13	MF	MF	8	박진섭	16	2(1)	1	0	0
0	0	1	1(1)		윤상호	22	MF	FW	10	파우벨		4(3)	0	0	0
0	0	0	0		김경준	17	FW	FW	18	이창훈	51	0	0	0	0
0	0	3	1(1)		알렉스	30	FW	FW	40	심재민	11	1	0	0	0
0	0	0	0		강정묵	25	대기	대기	1	황인재		0	0	0	0
0	0	0	0		변준범	4			11	최호주	후0	2(2)	0	0	0
0	0	0	0		서경주	2			16	최명희	후31	0	0	0	0
0	0	0	0	후25	박성우	3			17	김진래		0	0	0	0
0	0	0	0	후34	김민균	14			20	유청인		0	0	0	0
0	0	0	0	후22	전석훈	11			51	마사	후0	3(2)	1	0	0
0	0	0	0		고준영	32			55	윤선호		0	0	0	0
0	2	16	3(2)			0			0			16(10)	12	0	0

● 전반 14분 이경렬 GAL → 알렉스 GA 정면 내 R-ST-G (득점: 알렉스/ 도움: 이경렬) 오른쪽
● 후반 50분 마사 MFR ↷ 최호주 GA 정면 R-ST-G (득점: 최호주/ 도움: 마사) 왼쪽

• 3월 10일 • 13:00 • 비 • 광주 월드컵 • 5,294명
• 주심_ 채상협 • 부심_ 박균용·성주경 • 대기심_ 장순택 • 경기감독관_ 김용세

광주 4 | 2 전반 0 / 2 후반 0 | **0 아산**

퇴장	경고	파울	ST(유)	교체	선수명	배번	위치	위치	배번	선수명	교체	ST(유)	파울	경고	퇴장
0	0	0	0		이진형	21	GK	GK	1	양형모		0	0	0	0
0	0	1	0		이시영	12	DF	DF	15	김주원		0	0	0	0
0	0	1	0		이한도	20	DF	DF	22	김동진		0	3	0	0
0	0	0	1(1)		김진환	55	DF	DF	33	이한샘		0	0	0	0
0	0	1	1(1)		이으뜸	8	DF	MF	7	김도혁	6	1	1	0	0
0	1	1	1		최준혁	5	MF	DF	27	김지운	5	0	0	0	0
0	0	0	1		박정수	6	MF	MF	17	주세종		0	0	0	1
0	0	2	0		여름	7	MF	MF	29	이명주		0	2	0	0
0	0	1	0	33	이희균	16	FW	FW	9	오세훈		4(2)	2	0	0
0	0	4	4(4)	18	펠리페	9	FW	FW	10	고무열		6(3)	2	0	0
0	0	0	1(1)	14	엄원상	17	FW	FW	25	김민우	77	0	0	0	0
0	0	0	0		윤평국	1	대기	대기	13	최봉진		0	0	0	0
0	0	0	0		정준연	2			5	장순혁	후22	0	0	0	0
0	0	0	0		아슐마토프	3			6	조범석	후16	0	0	0	0
0	0	0	0		두현석	13			8	김선민		0	0	0	0
0	0	1	0	후24	여봉훈	14			21	임창균		0	0	0	0
0	0	1	1	후37	조주영	18			77	박민서	전38	1(1)	1	0	0
0	1	13	10(7)			0			0			12(6)	11	0	1

● 전반 5분 펠리페 GAR 내 H-ST-G (득점: 펠리페) 가운데
● 전반 29분 이희균 PAL 내 ~ 펠리페 GAR 내 R-ST-G (득점: 펠리페/ 도움: 이희균) 왼쪽
● 후반 10분 펠리페 PK 좌측지점 L-ST-G (득점: 펠리페) 왼쪽
● 후반 23분 여름 PAR ↷ 김진환 GA 정면 H-ST-G (득점: 김진환/ 도움: 여름) 오른쪽

• 3월 10일 • 15:00 • 비 • 광양 전용 • 1,006명
• 주심_ 서동진 • 부심_ 장종필·김홍규 • 대기심_ 최일우 • 경기감독관_ 차상해

전남 1 　 0 전반 3 / 1 후반 0 　 **3 대전**

퇴장	경고	파울	ST(유)	교체	선수명	배번	위치	위치	배번	선수명	교체	ST(유)	파울	경고	퇴장
0	0	0	0		이호승	21	GK	GK	1	박주원		0	0	0	0
0	0	1	2		최효진	2	DF	DF	22	윤신영		0	0	0	0
0	1	1	0		안병건	26	DF	DF	44	이지솔		2(2)	1	0	0
0	0	1	1(1)	17	안 셀	5	DF	DF	3	황재훈		0	0	0	0
0	1	4	2(1)		이유현	11	DF	DF	66	박수일		0	0	0	0
0	0	0	0		유고비치	8	MF	MF	20	안상현		0	1	0	0
0	0	1	1	18	한찬희	16	MF	MF	10	윤용호	8	2	0	0	0
0	0	3	0		최재현	22	MF	MF	13	신학영	77	0	0	0	0
0	0	1	0		정희웅	33	FW	FW	7	산자르		1(1)	2	0	0
0	0	0	1(1)		브루노누네스	9	FW	FW	9	박인혁		6(4)	6	0	0
0	0	1	0	4	김영욱	14	FW	FW	11	김승섭	19	0	0	0	0
0	0	0	0		박준혁	1	대기	대기	23	김진영		0	0	0	0
0	0	0	0		김민준	13			5	윤경보		0	0	0	0
0	0	3	0	전26	이지남	17			2	김예성		0	0	0	0
0	0	1	1	후0	김건웅	4			77	서우민	후30	0	1	0	0
0	0	0	0		한승욱	25			8	박수창	후16	0	0	0	0
0	0	0	0		정재희	27			19	김세윤	후21	0	1	0	0
0	1	2	0	후0	김경민	18			30	가도에프		0	0	0	0
0	3	19	8(3)			0			0			11(7)	12	0	0

● 후반 46분 정희웅 MFL ~ 브루노 GAL L-ST-G (득점: 브루노/ 도움: 정희웅) 왼쪽

● 전반 21분 이지솔 GA 정면내 R-ST-G (득점: 이지솔) 왼쪽
● 전반 32분 신학영 MFR ~ 박인혁 GAR R-ST-G (득점: 박인혁/ 도움: 신학영) 왼쪽
● 전반 39분 박인혁 GAL L-ST-G (득점: 박인혁) 오른쪽

• 3월 10일 • 15:00 • 흐림 • 부천 종합 • 1,541명
• 주심_ 성덕효 • 부심_ 지승민·안광진 • 대기심_ 정회수 • 경기감독관_ 김진의

부천 1 　 1 전반 0 / 0 후반 0 　 **0 안양**

퇴장	경고	파울	ST(유)	교체	선수명	배번	위치	위치	배번	선수명	교체	ST(유)	파울	경고	퇴장
0	0	0	0		최철원	21	GK	GK	1	양동원		0	0	0	0
0	0	0	1(1)		임동혁	5	DF	MF	19	채광훈		1	0	0	0
0	0	0	0		이인규	14	DF	DF	6	류언재		0	0	0	0
0	1	0	0		국태정	23	DF	DF	3	최호정		0	0	0	0
0	0	0	0	17	박요한	33	DF	DF	20	이상용		0	0	0	0
0	0	0	0		닐손주니어	6	MF	MF	2	이선걸	77	0	0	0	0
0	0	0	4(1)		문기한	7	MF	MF	13	김상원	5	0	1	1	0
0	0	1	3(2)		김영남	8	MF	MF	26	구본상	7	0	0	0	0
0	0	0	2	32	안태현	22	MF	FW	10	알렉스		4(2)	1	1	0
0	1	2	1		김륜도	18	MF	FW	9	조규성		0	3	1	0
0	0	1	2(1)	10	조건규	29	FW	FW	11	팔라시오스		1(1)	1	0	0
0	0	0	0		이주현	31	대기	대기	29	정민기		0	0	0	0
0	0	0	0		권승리	16			16	주현재		0	0	0	0
0	0	0	1	후39	감한솔	32			5	유종현	후39	0	1	0	0
0	0	0	1	후30	장현수	17			15	김형진		0	0	0	0
0	0	0	0		송홍민	30			28	맹성웅		0	0	0	0
0	0	0	0		말 론	9			7	은성수	후9	1	0	0	0
0	0	1	2(2)	전44	마라냥	10			77	김원민	후0	1(1)	0	0	0
0	2	5	17(7)			0			0			8(4)	7	3	0

● 전반 40분 국태정 C.KR ↷ 임동혁 GA 정면내 H-ST-G (득점: 임동혁/ 도움: 국태정) 오른쪽

• 3월 16일 • 13:00 • 맑음 • 아산 이순신 • 4,504명
• 주심_ 김영수 • 부심_ 송봉근·이상민 • 대기심_ 김도연 • 경기감독관_ 차상해

아산 3 　 2 전반 1 / 1 후반 1 　 **2 부천**

퇴장	경고	파울	ST(유)	교체	선수명	배번	위치	위치	배번	선수명	교체	ST(유)	파울	경고	퇴장
0	0	0	0		양형모	1	GK	GK	21	최철원		0	0	0	0
0	1	3	0		김주원	15	DF	DF	5	임동혁		0	0	0	0
0	0	0	0		김동진	22	DF	DF	14	이인규		0	2	0	0
0	1	2	1(1)		이한샘	33	DF	MF	23	국태정		1	1	0	0
0	0	1	1	8	김도혁	7	MF	MF	32	감한솔		1	1	0	0
0	0	3	0		안현범	11	DF	DF	6	닐손주니어		1	1	0	0
0	0	0	3(1)	25	임창균	21	MF	MF	7	문기한		3(1)	4	1	0
0	0	1	0		이명주	29	MF	MF	8	김영남	33	0	1	0	0
0	0	1	3(2)		오세훈	9	FW	FW	9	말 론		1	2	0	0
0	0	2	3(3)		고무열	10	FW	FW	18	김륜도	10	1(1)	0	0	0
0	0	1	4(1)	18	박민서	77	FW	MF	44	이광재	22	0	0	0	0
0	0	0	0		최봉진	13	대기	대기	1	이영창		0	0	0	0
0	0	0	0		장순혁	5			16	권승리		0	0	0	0
0	0	0	0		박재우	28			33	박요한	전20	2(1)	1	0	0
0	0	0	0		조범석	6			17	장현수		0	0	0	0
0	0	1	0	후44	김선민	8			22	안태현	전41	2(1)	1	0	0
0	0	0	0	후41	남희철	18			30	송홍민		0	0	0	0
0	0	1	0	후29	김민우	25			10	마라냥	후15	2(1)	0	0	0
0	2	16	15(8)			0			0			14(5)	14	1	0

● 전반 13분 고무열 PK-R-G(득점: 고무열) 왼쪽
● 전반 37분 박민서 PA 정면 ~ 고무열 GAR R-ST-G (득점: 고무열/ 도움: 박민서) 오른쪽
● 후반 17분 고무열 PK-R-G(득점: 고무열) 오른쪽

● 전반 46분 임동혁 PA 정면내 ~ 박요한 GAL R-ST-G (득점: 박요한/ 도움: 임동혁) 왼쪽
● 후반 47분 문기한 MFL FK ↷ 안태현 GA 정면내 H-ST-G (득점: 안태현/ 도움: 문기한) 왼쪽

• 3월 16일 • 15:00 • 맑음 • 수원 종합 • 2,249명
• 주심_ 김동인 • 부심_ 장종필·설귀선 • 대기심_ 정회수 • 경기감독관_ 최상국

수원FC 2 　 1 전반 0 / 1 후반 1 　 **1 안산**

퇴장	경고	파울	ST(유)	교체	선수명	배번	위치	위치	배번	선수명	교체	ST(유)	파울	경고	퇴장
0	0	0	0		박형순	1	GK	GK	21	이희성		0	0	0	0
0	1	3	0		윤준성	4	DF	DF	4	이인재		0	0	0	0
0	1	4	0		이학민	14	MF	DF	17	김진래		0	2	1	0
0	0	1	2(2)	70	조유민	20	DF	DF	22	이준희	11	2(1)	1	0	0
0	0	1	0	22	김주엽	30	DF	DF	23	김연수		1(1)	0	0	0
0	0	0	1(1)		장준영	55	DF	MF	5	박준희		3(2)	0	0	0
0	0	1	0		김종국	6	MF	MF	8	박진섭		4	0	0	0
0	0	1	1(1)	27	이종원	8	MF	MF	27	김대열	6	1	0	0	0
0	0	1	3(1)		백성동	10	MF	FW	7	장혁진		5(2)	1	1	0
0	0	3	3(1)		치 솜	11	MF	FW	10	파우벨	40	3(3)	0	0	0
0	0	3	2(2)		아니에르	15	FW	FW	51	마 사		2	0	0	0
0	0	0	0		임지훈	42	대기	대기	1	황인재		0	0	0	0
0	0	1	0	후0	김대호	22			6	곽성욱	후0	1(1)	0	0	0
0	0	0	1(1)	후0	이 용	27			11	최호주	후14	0	0	0	0
0	0	0	0		벨라스케즈	26			16	최명희		0	0	0	0
0	0	0	0	후45	조블론	70			18	이창훈		0	0	0	0
0	0	0	0		안병준	9			40	심재민	후29	0	1	0	0
0	0	0	0		김동찬	23			55	윤선호		0	0	0	0
0	2	19	13(9)			0			0			22(10)	5	2	0

● 전반 9분 장준영 GA 정면내 R-ST-G (득점: 장준영) 왼쪽
● 후반 11분 아니에르 PAL 내 ~ 이용 GA 정면 L-ST-G (득점: 이용/ 도움: 아니에르) 오른쪽

● 후반 32분 박준희 PAR ↷ 장혁진 GAR H-ST-G (득점: 장혁진/ 도움: 박준희) 오른쪽

• 3월 17일 • 13:00 • 맑음 • 대전 월드컵 • 4,370명
• 주심_ 최광호 • 부심_ 박균용·성주경 • 대기심_ 김덕철 • 경기감독관_ 신홍기

대전 0   0 전반 0 / 0 후반 0   **0 서울E**

퇴장	경고	파울	ST(유)	교체	선수명	배번	위치	위치	배번	선수명	교체	ST(유)	파울	경고	퇴장
0	0	0	0		박주원	1	GK	GK	1	김영광		0	0	0	0
0	0	0	0		윤신영	22	DF	DF	8	허범산		0	1	0	0
0	0	2	0		이지솔	44	DF	DF	15	이경렬		0	1	1	0
0	0	0	0		황재훈	3	DF	DF	5	안지호		1	0	0	0
0	0	3	0		박수일	66	DF	DF	23	권기표		0	1	0	0
0	0	1	0		안상현	20	MF	MF	6	마스다		0	3	1	0
0	0	0	2(1)	8	윤용호	10	MF	MF	7	이현성		0	2	0	0
0	0	2	3		신학영	13	MF	MF	14	김민균	28	4(3)	0	0	0
0	0	0	5(2)		산자르	7	FW	MF	22	윤상호		1	1	0	0
0	0	1	0	33	박인혁	9	FW	FW	17	김경준	18	3(1)	1	0	0
0	1	1	3	30	김승섭	11	FW	FW	30	알렉스	32	0	0	0	0
0	0	0	0		김진영	23			25	강정묵		0	0	0	0
0	0	0	0		윤경보	5			4	변준범		0	0	0	0
0	0	0	0		김예성	2			28	이민규	후49	0	0	0	0
0	0	0	0		서우민	77	대기	대기	3	박성우		0	0	0	0
0	0	1	0	후31	박수창	8			16	한지륜		0	0	0	0
0	0	1	2(1)	후14	유해성	33			18	원기종	후0	2(1)	1	0	0
0	0	0	0	후11	가도에프	30			32	고준영	후25	0	0	0	0
0	1	12	15(4)			0			0			11(5)	11	2	0

• 3월 17일 • 15:00 • 맑음 • 광양 전용 • 1,632명
• 주심_ 조지음 • 부심_ 강도준·이영운 • 대기심_ 장순택 • 경기감독관_ 김형남

전남 1   1 전반 0 / 0 후반 0   **0 안양**

퇴장	경고	파울	ST(유)	교체	선수명	배번	위치	위치	배번	선수명	교체	ST(유)	파울	경고	퇴장
0	0	0	0		이호승	21	GK	GK	1	양동원		0	0	0	0
0	0	5	0		최효진	2	DF	MF	19	채광훈		0	0	0	0
0	1	2	1		안병건	26	DF	DF	6	류언재		0	0	0	0
0	0	0	0		가솔현	3	DF	DF	3	최호정		0	0	0	0
0	0	1	0		이슬찬	7	DF	DF	20	이상용		0	0	0	0
0	1	1	3(2)		김건웅	4	MF	MF	13	김상원	16	0	0	0	0
0	1	1	1(1)		유고비치	8	MF	MF	77	김원민		2	2	0	0
0	1	2	0		최익진	19	MF	MF	26	구본상	7	1(1)	5	1	0
0	0	2	1(1)	25	최재현	22	FW	FW	10	알렉스		1(1)	4	0	0
0	0	2	1(1)	18	브루노누네스	9	FW	FW	9	조규성		2(1)	3	0	0
0	0	0	2	24	정재희	27	FW	FW	11	팔라시오스		3(1)	4	0	0
0	0	0	0		박대한	31			29	정민기		0	0	0	0
0	0	0	0		신찬우	12			16	주현재	후11	0	0	0	0
0	0	0	0		김진성	15			15	김형진		0	0	0	0
0	0	0	0	후30	김민혁	24	대기	대기	27	김덕중		0	0	0	0
0	0	1	0	후30	김경민	18			28	맹성웅		0	0	0	0
0	0	0	0		정희웅	33			7	은성수	후7	0	0	0	0
0	1	0	0	후38	한승욱	25			40	미콜라		0	0	0	0
0	5	17	9(5)			0			0			9(4)	18	1	0

● 전반 45분 최재현 GAL 내 L-ST-G (득점: 최재현) 왼쪽

• 3월 17일 • 15:00 • 맑음 • 광주 월드컵 • 2,610명
• 주심_ 김동진 • 부심_ 지승민·안광진 • 대기심_ 최일우 • 경기감독관_ 차상해

광주 1   0 전반 0 / 1 후반 1   **1 부산**

퇴장	경고	파울	ST(유)	교체	선수명	배번	위치	위치	배번	선수명	교체	ST(유)	파울	경고	퇴장
0	0	0	0		이진형	21	GK	GK	31	김형근		0	0	0	0
0	0	0	0		이시영	12	DF	DF	27	구현준		0	2	0	0
0	0	0	0		이한도	20	DF	DF	38	수신야르		1(1)	1	1	0
0	0	0	1		김진환	55	DF	DF	15	김명준		0	1	0	0
0	0	2	0		이으뜸	8	DF	DF	33	김문환		0	2	0	0
0	1	3	0	14	최준혁	5	MF	MF	8	박종우		0	0	0	0
0	0	3	0		박정수	6	MF	MF	23	김진규		1(1)	0	0	0
0	0	2	2(1)		여름	7	MF	MF	10	호물로		1(1)	0	0	0
0	0	0	1	18	이희균	16	FW	FW	11	이동준		3(2)	2	0	0
0	0	6	3(3)		펠리페	9	FW	FW	22	한지호	30	3(1)	0	0	0
0	0	1	0	33	엄원상	17	FW	FW	9	최승인	32	1	0	0	0
0	0	0	0		윤평국	1			1	구상민		0	0	0	0
0	0	0	0		정준연	2			45	황준호		0	0	0	0
0	0	0	0		아슐마토프	3			17	이종민		0	0	0	0
0	0	0	0		두현석	13	대기	대기	6	서용덕		0	0	0	0
0	0	0	1(1)	후9	여봉훈	14			21	이후권		0	0	0	0
0	0	1	0	후38	조주영	18			32	권용현	후0	0	1	0	0
0	0	2	0	후0	김준형	33			30	디에고	후26	1(1)	0	0	0
0	1	20	8(5)			0			0			11(7)	9	1	0

● 후반 16분 이시영 MFR TL ↷ 펠리페 GAL 내 L-ST-G (득점: 펠리페/ 도움: 이시영) 가운데

● 후반 3분 호물로 PK-L-G (득점: 호물로) 왼쪽

• 3월 30일 • 13:00 • 맑음 • 부산 구덕 • 3,012명
• 주심_ 조지음 • 부심_ 장종필·설귀선 • 대기심_ 김덕철 • 경기감독관_ 양정환

부산 3   0 전반 1 / 3 후반 2   **3 부천**

퇴장	경고	파울	ST(유)	교체	선수명	배번	위치	위치	배번	선수명	교체	ST(유)	파울	경고	퇴장
0	0	0	0		김형근	31	GK	GK	21	최철원		0	0	0	0
0	0	0	0	7	구현준	27	DF	DF	5	임동혁		0	2	0	0
0	0	2	0		수신야르	38	DF	DF	14	이인규		0	1	0	0
0	0	1	1		황준호	45	DF	DF	23	국태정		1	1	0	0
0	0	0	0	32	김문환	33	DF	DF	33	박요한		1(1)	1	0	0
0	0	1	0		박종우	8	MF	MF	6	닐손주니어		1(1)	1	0	0
0	0	0	6(4)		호물로	10	MF	MF	7	문기한		0	1	1	0
0	0	0	1		김진규	23	MF	MF	22	안태현		2(1)	1	0	0
0	0	1	3(1)		한지호	22	FW	MF	30	송홍민		2(1)	1	0	0
0	0	2	1	21	이동준	11	FW	FW	10	마라냥	32	1(1)	1	0	0
0	0	1	3		노보트니	86	FW	FW	18	김륜도	3	2(1)	1	1	0
0	0	0	0		구상민	1			31	이주현		0	0	0	0
0	0	0	0		김명준	15			3	김재우	후28	1	0	0	0
0	0	0	0	후27	김치우	7			4	박건		0	0	0	0
0	0	1	0	후43	이후권	21	대기	대기	32	감한솔	후42	0	0	0	0
0	0	0	0		디에고	30			13	이정찬		0	0	0	0
0	0	0	0	전9	권용현	32			9	말론		0	0	0	0
0	0	0	0		최승인	9			20	김찬희		0	0	0	0
0	0	9	15(5)			0			0			11(6)	11	2	0

● 후반 8분 호물로 PK-L-G (득점: 호물로) 오른쪽

● 후반 17분 호물로 PK-L-G (득점: 호물로) 왼쪽

● 후반 41분 호물로 PK-L-G (득점: 호물로) 오른쪽

● 전반 1분 김륜도 MFR TL ~ 안태현 GAR R-ST-G (득점: 안태현/ 도움: 김륜도) 오른쪽

● 후반 14분 마라냥 PAL ~ 송홍민 PA 정면 R-ST-G (득점: 송홍민/ 도움: 마라냥) 오른쪽

● 후반 45분 닐손주니어 AK 내 R-ST-G (득점: 닐손주니어) 오른쪽

• 3월 30일 • 15:00 • 맑음 • 광양 전용 • 2,813명
• 주심_ 김동인 • 부심_ 송봉근·이상민 • 대기심_ 정회수 • 경기감독관_ 나승화

전남 1 1 전반 1 / 0 후반 1 **2 광주**

퇴장	경고	파울	ST(유)	교체	선수명	배번	위치	위치	배번	선수명	교체	ST(유)	파울	경고	퇴장
0	0	0	0		이호승	21	GK	GK	21	이진형		0	0	0	0
0	1	1	1		최효진	2	DF	DF	12	이시영		0	1	0	0
0	1	2	0		안병건	26	DF	DF	20	이한도		0	1	0	0
0	0	1	0		가솔현	3	DF	DF	55	김진환		1	0	0	0
0	0	0	1		이슬찬	7	DF	DF	8	이으뜸		1	2	1	0
0	0	0	2		김건웅	4	MF	MF	5	최준혁		1(1)	1	0	0
0	1	3	1	16	최익진	19	MF	MF	6	박정수		2	1	0	0
0	1	0	1	24	유고비치	8	MF	MF	7	여름	14	0	2	0	0
0	0	0	3(1)		최재현	22	FW	FW	11	김정환	94	0	4	1	0
0	0	2	0	29	브루노누네스	9	FW	FW	16	이희균	17	3(2)	1	1	0
0	0	2	1		정재희	27	FW	FW	9	펠리페		5(2)	4	0	0
0	0	0	0		박대한	31			1	윤평국		0	0	0	0
0	0	0	0		이유현	11			3	아슐마토프		0	0	0	0
0	0	0	0		김진성	15			14	여봉훈	후26	0	0	0	0
0	0	0	0	후29	김민혁	24	대기	대기	17	엄원상	후44	0	0	0	0
0	0	1	3	후29	한찬희	16			18	조주영		0	0	0	0
0	0	0	0		김영욱	14			33	김준형		0	0	0	0
0	1	1	1	후22	한창우	29			94	윌리안	후12	0	1	0	0
0	5	13	14(1)			0			0			13(5)	18	3	0

● 전반 34분 정재희 PAR ~ 최재현 GAL 내 L-ST-G (득점: 최재현/ 도움: 정재희) 왼쪽

● 전반 21분 여름 AK 정면 ~ 펠리페 GAL L-ST-G (득점: 펠리페/ 도움: 여름) 왼쪽

● 후반 15분 펠리페 GAL 내 H-ST-G (득점: 펠리페) 왼쪽

• 3월 30일 • 17:00 • 흐림 • 아산 이순신 • 1,361명
• 주심_ 최대우 • 부심_ 지승민·이영운 • 대기심_ 최일우 • 경기감독관_ 김성기

아산 3 1 전반 0 / 2 후반 1 **1 서울E**

퇴장	경고	파울	ST(유)	교체	선수명	배번	위치	위치	배번	선수명	교체	ST(유)	파울	경고	퇴장
0	0	0	0		양형모	1	GK	GK	1	김영광		0	0	0	0
0	0	0	0		김주원	15	DF	DF	8	허범산		0	3	0	0
0	1	2	1		김동진	22	DF	DF	15	이경렬		0	0	0	0
0	0	1	0		이한샘	33	DF	DF	5	안지호	55	0	0	0	0
0	0	2	1(1)	6	김도혁	7	MF	DF	23	권기표		0	1	0	0
0	0	2	0		안현범	11	DF	MF	6	마스다		0	0	0	0
0	0	1	0	23	임창균	21	MF	MF	7	이현성	10	1(1)	2	1	0
0	0	1	0		이명주	29	MF	MF	14	김민균		2	0	0	0
0	0	1	2(2)	18	오세훈	9	FW	MF	22	윤상호		0	1	1	0
0	0	1	2(1)		고무열	10	FW	FW	17	김경준	50	0	1	0	0
0	0	2	5(2)		박민서	77	FW	FW	30	알렉스		2(2)	1	0	0
0	0	0	0		최봉진	13			25	강정묵		0	0	0	0
0	0	0	0		박재우	28			55	김동철	전26	0	2	1	0
0	0	0	0	후40	조범석	6			2	서경주		0	0	0	0
0	0	0	0		김선민	8	대기	대기	28	이민규		0	0	0	0
0	0	0	1(1)	후18	김민석	23			16	한지륜		0	0	0	0
0	0	1	1	후31	남희철	18			10	두아르테	후26	0	0	0	0
0	0	0	0		김레오	37			50	쿠티뉴	후0	2(2)	2	1	0
0	1	14	13(7)			0			0			7(5)	13	4	0

● 전반 39분 오세훈 PK-L-G (득점: 오세훈) 오른쪽

● 후반 21분 고무열 PK-R-G(득점: 고무열) 왼쪽

● 후반 37분 안현범 PAR 내 EL ~ 박민서 PAL 내 R-ST-G (득점: 박민서/ 도움: 안현범) 오른쪽

● 후반 24분 알렉스 PK-R-G(득점: 알렉스) 왼쪽

• 3월 31일 • 13:00 • 흐림 • 대전 월드컵 • 2,121명
• 주심_ 성덕효 • 부심_ 강도준·안광진 • 대기심_ 김도연 • 경기감독관_ 허기태

대전 0 0 전반 0 / 0 후반 2 **2 수원FC**

퇴장	경고	파울	ST(유)	교체	선수명	배번	위치	위치	배번	선수명	교체	ST(유)	파울	경고	퇴장
0	0	0	0		박주원	1	GK	GK	1	박형순		0	0	0	0
0	0	0	1		윤신영	22	DF	DF	4	윤준성		0	2	0	0
0	0	1	1		이지솔	44	DF	MF	14	이학민		1(1)	1	0	0
0	0	0	1	2	황재훈	3	DF	DF	20	조유민		0	2	0	0
0	0	0	2(1)		박수일	66	DF	MF	22	김대호	33	0	2	1	0
0	1	4	1		안상현	20	MF	DF	55	장준영		0	2	0	0
0	1	1	1(1)		윤용호	10	MF	MF	10	백성동		1	0	0	0
0	1	2	0		신학영	13	MF	MF	21	황병권	7	0	1	0	0
0	0	1	2(1)	27	산자르	7	FW	MF	70	조블론		0	3	0	0
0	1	0	3(1)		박인혁	9	FW	FW	9	안병준		1(1)	2	0	0
0	0	1	2(1)	30	김승섭	11	FW	FW	79	이재안	11	1(1)	0	0	0
0	0	0	0		김진영	23			42	임지훈		0	0	0	0
0	0	0	0		윤경보	5			3	김영찬		0	0	0	0
0	0	0	0	후36	김예성	2			33	채선일	후34	0	0	0	0
0	0	0	0		이정문	42	대기	대기	13	장성재		0	0	0	0
0	0	0	0		박수창	8			26	벨라스케즈		0	0	0	0
0	0	0	0	후0	키쭈	27			7	김병오	후0	1(1)	1	0	0
0	0	0	1	후24	가도에프	30			11	치솜	후16	5(1)	1	0	0
0	4	10	15(5)			0			0			10(5)	17	1	0

● 후반 37분 안병준 PK 좌측지점 R-ST-G (득점: 안병준) 오른쪽

● 후반 44분 조블론 MFR ↷ 치솜 PAR 내 R-ST-G (득점: 치솜/ 도움: 조블론) 왼쪽

• 3월 31일 • 15:00 • 맑음 • 안산 와스타디움 • 2,862명
• 주심_ 서동진 • 부심_ 성주경·김홍규 • 대기심_ 오현진 • 경기감독관_ 김형남

안산 1 1 전반 0 / 0 후반 1 **1 안양**

퇴장	경고	파울	ST(유)	교체	선수명	배번	위치	위치	배번	선수명	교체	ST(유)	파울	경고	퇴장
0	0	0	0		이희성	21	GK	GK	1	양동원		0	0	0	0
0	0	1	1(1)		이인재	4	DF	MF	19	채광훈		1	3	0	0
0	0	0	1(1)		이창훈	18	DF	DF	15	김형진	6	0	0	1	0
0	0	1	1(1)		김연수	23	DF	DF	3	최호정		0	1	0	0
0	0	0	1		박준희	5	MF	DF	20	이상용		0	4	1	0
0	0	1	1(1)		곽성욱	6	MF	MF	13	김상원		3(2)	3	1	0
0	1	1	0		장혁진	7	MF	FW	77	김원민	40	2	1	0	0
0	0	2	2(1)		박진섭	8	MF	MF	26	구본상	28	0	0	0	0
0	0	1	1		김진래	17	MF	MF	10	알렉스		3	1	0	0
0	0	1	2(2)	51	빈치씽코	9	FW	FW	9	조규성		1(1)	5	0	0
0	0	1	1(1)	88	최호주	11	FW	FW	11	팔라시오스		3(2)	2	0	0
0	0	0	0		하준호	31			29	정민기		0	0	0	0
0	0	0	0		유지민	12			16	주현재		0	0	0	0
0	0	0	0		최명희	16			2	이선걸		0	0	0	0
0	0	0	0		김대열	27	대기	대기	6	류언재	후0	0	1	0	0
0	0	0	0	후39	마사	51			28	맹성웅	후33	0	0	0	0
0	0	0	0		윤선호	55			7	은성수		0	0	0	0
0	0	0	1	후25	펠리삐	88			40	미콜라	후0	2(2)	0	0	0
0	1	9	12(8)			0			0			15(7)	21	3	0

● 전반 36분 장혁진 C.KL ↷ 김연수 GAL 내 H-ST-G (득점: 김연수/ 도움: 장혁진) 오른쪽

● 후반 25분 김상원 GAL → 미콜라 GA 정면 L-ST-G (득점: 미콜라/ 도움: 김상원) 왼쪽

• 4월 06일 • 13:00 • 맑음 • 천안 종합 • 2,887명
• 주심_ 김영수 • 부심_ 송봉근·이양우 • 대기심_ 장순택 • 경기감독관_ 최상국

서울E 1 1 전반 1 / 0 후반 0 **1 수원FC**

퇴장	경고	파울	ST(유)	교체	선수명	배번	위치	위치	배번	선수명	교체	ST(유)	파울	경고	퇴장
0	0	0	0		김영광	1	GK	GK	1	박형순		0	0	0	0
0	0	0	0		서경주	2	DF	DF	4	윤준성		0	0	0	0
0	0	1	0		이병욱	20	DF	MF	14	이학민		0	2	0	0
0	0	0	0		이경렬	15	DF	DF	20	조유민		0	0	0	0
0	0	2	2(2)	7	권기표	23	DF	MF	30	김주엽	33	0	0	0	0
0	0	2	0		변준범	4	MF	DF	55	장준영		1(1)	2	0	0
0	0	1	0		허범산	8	MF	MF	10	백성동		3(1)	2	0	0
0	0	5	0		한지륜	16	MF	MF	26	벨라스케즈	11	3(2)	1	0	0
0	0	1	3(1)	14	두아르테	10	MF	MF	70	조블론		1	1	1	0
0	0	0	5(2)		쿠티뉴	50	MF	FW	9	안병준	7	4(1)	2	0	0
0	0	0	2(1)	32	알렉스	30	FW	FW	79	이재안		2(1)	2	0	0
0	0	0	0		강정묵	25			42	임지훈		0	0	0	0
0	0	0	0		마스다	6			33	채선일	전19	1	1	0	0
0	0	1	0	후25	이현성	7			13	장성재		0	0	0	0
0	0	0	0		윤상호	22	대기	대기	25	우예찬		0	0	0	0
0	0	0	0	후25	김민균	14			7	김병오	후42	0	0	0	0
0	0	0	0		김경준	17			11	치솜	후24	3(2)	0	0	0
0	0	0	1(1)	후38	고준영	32			15	아니에르		0	0	0	0
0	0	13	13(7)			0			0			18(8)	13	1	0

● 전반 4분 쿠티뉴 GA 정면 R-ST-G (득점: 쿠티뉴) 가운데

● 전반 1분 이재안 GAR → 백성동 PA 정면내 R-ST-G (득점: 백성동/ 도움: 이재안) 왼쪽

• 4월 06일 • 15:00 • 흐림 • 안산 와스타디움 • 1,248명
• 주심_ 최광호 • 부심_ 강도준·안광진 • 대기심_ 김덕철 • 경기감독관_ 허기태

안산 1 0 전반 0 / 1 후반 0 **0 아산**

퇴장	경고	파울	ST(유)	교체	선수명	배번	위치	위치	배번	선수명	교체	ST(유)	파울	경고	퇴장
0	0	0	0		이희성	21	GK	GK	1	양형모		0	0	0	0
0	0	0	0		이인재	4	DF	DF	15	김주원		0	1	0	0
0	1	2	1		박준희	5	DF	DF	22	김동진		0	1	0	0
0	0	3	1		김진래	17	DF	DF	33	이한샘		0	2	1	0
0	0	0	0		김연수	23	DF	MF	7	김도혁		2(2)	0	0	0
0	0	2	1		곽성욱	6	MF	DF	11	안현범		3(1)	0	0	0
0	0	0	1		박진섭	8	MF	MF	17	주세종	21	0	1	0	0
0	0	0	1(1)	16	최호주	11	MF	MF	29	이명주		0	0	0	0
0	1	2	1		김대열	27	MF	FW	9	오세훈	18	1	3	0	0
0	0	0	3(2)	19	마사	51	MF	FW	10	고무열		0	3	0	0
0	1	4	3(1)	18	빈치씽코	9	FW	FW	77	박민서	37	2(1)	2	0	0
0	0	0	0		하준호	31			13	최봉진		0	0	0	0
0	0	0	0		유지민	12			28	박재우		0	0	0	0
0	0	0	0	후47	최명희	16			6	조범석		0	0	0	0
0	0	0	0	후36	이창훈	18	대기	대기	8	김선민		0	0	0	0
0	0	0	0	후27	방찬준	19			21	임창균	후12	0	1	0	0
0	0	0	0		김종석	26			18	남희철	후31	1	0	0	0
0	0	0	0		김진욱	36			37	김레오	후12	1(1)	1	0	0
0	3	13	12(4)			0			0			10(5)	15	1	0

● 후반 25초 곽성욱 MFL ↷ 빈치씽코 GA 정면 H-ST-G (득점: 빈치씽코/ 도움: 곽성욱) 오른쪽

• 4월 07일 • 13:00 • 맑음 • 부천 종합 • 2,407명
• 주심_ 최현재 • 부심_ 지승민·김홍규 • 대기심_ 정회수 • 경기감독관_ 양정환

부천 1 1 전반 1 / 0 후반 0 **1 전남**

퇴장	경고	파울	ST(유)	교체	선수명	배번	위치	위치	배번	선수명	교체	ST(유)	파울	경고	퇴장
0	0	0	0		최철원	21	GK	GK	1	박준혁		0	0	0	0
0	0	2	1(1)	9	김재우	3	FW	DF	15	김진성	24	0	1	0	0
0	0	2	1		임동혁	5	DF	MF	4	김건웅		0	0	0	0
0	0	0	1		이인규	14	DF	DF	3	가솔현		0	1	0	0
0	0	1	0		국태정	23	DF	DF	2	최효진		0	1	0	0
0	0	2	0	4	감한솔	32	DF	FW	14	김영욱		1(1)	2	1	0
0	0	0	0		닐손주니어	6	MF	DF	7	이슬찬		1	2	0	0
0	0	2	2(2)		문기한	7	MF	MF	16	한찬희		1	2	0	0
0	0	0	2(1)		안태현	22	MF	MF	19	최익진	25	1	1	0	0
0	0	0	1(1)		송홍민	30	MF	FW	22	최재현	18	1	0	0	0
0	0	1	1(1)		마라냥	10	MF	FW	27	정재희		1	0	0	0
0	0	0	0		이주현	31			21	이호승		0	0	0	0
0	0	1	0	후7	박건	4			5	안셀		0	0	0	0
0	0	0	0		박요한	33			11	이유현		0	0	0	0
0	0	0	0		장백규	11	대기	대기	6	김선우		0	0	0	0
0	0	1	1	전24/18	말론	9			24	김민혁	전33	0	4	2	0
0	0	0	0	후21	김륜도	18			18	김경민	후35	0	0	0	0
0	0	0	0		김찬희	20			25	한승욱	후31	0	0	0	0
0	0	12	10(6)			0			0			6(1)	14	3	0

● 전반 15분 송홍민 MF 정면 R-ST-G (득점: 송홍민) 오른쪽

● 전반 21분 김영욱 PK-R-G(득점: 김영욱) 왼쪽

• 4월 07일 • 15:00 • 비 • 부산 구덕 • 2,396명
• 주심_ 최일우 • 부심_ 강동호·성주경 • 대기심_ 오현진 • 경기감독관_ 김진의

부산 2 0 전반 0 / 2 후반 1 **1 대전**

퇴장	경고	파울	ST(유)	교체	선수명	배번	위치	위치	배번	선수명	교체	ST(유)	파울	경고	퇴장
0	0	0	0		구상민	1	GK	GK	1	박주원		0	0	0	0
0	0	1	0		구현준	27	DF	DF	22	윤신영		0	0	0	0
0	0	3	1(1)		수신야르	38	DF	DF	44	이지솔		0	3	0	0
0	0	3	0		김명준	15	DF	DF	3	황재훈		1	2	0	0
0	0	0	0		이상준	26	DF	DF	66	박수일		1(1)	1	0	0
0	0	0	0		박종우	8	MF	MF	20	안상현		1	1	0	0
0	0	2	5(2)		호물로	10	MF	MF	11	김승섭	34	1(1)	0	0	0
0	0	2	0	23	이후권	21	MF	MF	13	신학영	14	2	3	1	0
0	0	1	1(1)		권용현	32	FW	MF	7	산자르	10	0	1	0	0
0	0	2	3(3)	18	이동준	11	FW	FW	9	박인혁		0	4	0	0
0	0	2	1	30	노보트니	86	FW	FW	27	키쭈		2(1)	2	0	0
0	0	0	0		김형근	31			23	김진영		0	0	0	0
0	0	0	0		황준호	45			34	황도연	후21	0	0	0	0
0	0	0	0		이종민	17			2	김예성		0	0	0	0
0	0	1	0	후19	김진규	23	대기	대기	14	윤성한	후42	0	0	0	0
0	0	0	4(2)	후15	디에고	30			10	윤용호	후10	0	0	0	0
0	0	0	0		한지호	22			19	김세윤		0	0	0	0
0	0	0	0	후41	이정협	18			8	박수창		0	0	0	0
0	0	17	15(9)			0			0			8(3)	17	1	0

● 후반 26분 디에고 AK 정면 ~ 이동준 GAR R-ST-G (득점: 이동준/ 도움: 디에고) 가운데

● 후반 46분 권용현 HL 정면 ~ 디에고 PK 좌측지점 R-ST-G (득점: 디에고/ 도움: 권용현) 왼쪽

● 후반 14분 박수일 PAL → 키쭈 GAL R-ST-G (득점: 키쭈/ 도움: 박수일) 오른쪽

• 4월 07일 • 15:00 • 비 • 광주 월드컵 • 903명
• 주심_ 신용준 • 부심_ 장종필·설귀선 • 대기심_ 김도연 • 경기감독관_ 김성기

광주 2 1 전반 1 / 1 후반 1 **2 안양**

퇴장	경고	파울	ST(유)	교체	선수명	배번	위치	위치	배번	선수명	교체	ST(유)	파울	경고	퇴장
0	0	0	0	1	이진형	21	GK	GK	21	최필수		0	0	0	0
0	0	1	0		이시영	12	DF	MF	19	채광훈		0	1	0	0
0	0	1	0		김진환	55	DF	DF	6	류언재		0	0	0	0
0	0	1	0		이한도	20	DF	DF	3	최호정		0	3	0	0
0	0	1	1(1)		이으뜸	8	DF	DF	20	이상용		0	2	1	0
0	0	1	1(1)		박정수	6	MF	MF	13	김상원		0	1	0	0
0	0	1	1	14	김준형	33	MF	MF	28	맹성웅	26	0	4	0	0
0	0	1	0		여름	7	MF	MF	10	알렉스		2	1	0	0
0	0	4	2(1)		임민혁	10	MF	MF	16	주현재	77	0	1	0	0
0	0	0	0	11	두현석	13	MF	FW	40	미콜라	14	0	1	0	0
0	0	3	3(1)		펠리페	9	FW	FW	11	팔라시오스		3(2)	3	1	0
0	0	0	0	전28	윤평국	1			1	양동원		0	0	0	0
0	0	0	0		아슐마토프	3			15	김형진		0	0	0	0
0	0	0	0		최준혁	5			2	이선걸		0	0	0	0
0	0	0	0	후31	김정환	11	대기	대기	7	은성수		0	0	0	0
0	0	1	0	후26	여봉훈	14			26	구본상	후28	0	0	0	0
0	0	0	0		조주영	18			77	김원민	후10	0	0	0	0
0	0	0	0		윌리안	94			14	김신철	후38	0	0	0	0
0	0	15	8(4)			0			0			5(2)	17	2	0

● 전반 45분 이으뜸 MFR FK ↷ 박정수 GA 정면 H-ST-G (득점: 박정수/ 도움: 이으뜸) 왼쪽
● 후반 7분 이시영 PAR ↷ 펠리페 PK 지점 H-ST-G (득점: 펠리페/ 도움: 이시영) 오른쪽

● 전반 31분 김진환 GA 정면내 자책골 (득점: 김진환) 가운데
● 후반 37분 김상원 GAL → 팔라시오스 GA 정면내 L-ST-G (득점: 팔라시오스/ 도움: 김상원) 왼쪽

• 4월 13일 • 13:00 • 맑음 • 아산 이순신 • 1,403명
• 주심_ 성덕효 • 부심_ 설귀선·이병주 • 대기심_ 오현진 • 경기감독관_ 김용세

아산 2 1 전반 3 / 1 후반 2 **5 부산**

퇴장	경고	파울	ST(유)	교체	선수명	배번	위치	위치	배번	선수명	교체	ST(유)	파울	경고	퇴장
0	0	1	0		양형모	1	GK	GK	31	김형근		0	0	0	0
1	0	1	0		김주원	15	DF	DF	27	구현준		0	0	0	0
0	0	2	1		김동진	22	DF	DF	38	수신야르		0	2	0	0
0	2	3	0		이한샘	33	DF	DF	15	김명준		0	0	0	0
0	0	1	1		안현범	11	DF	DF	33	김문환		0	1	0	0
0	0	0	1(1)		주세종	17	MF	MF	8	박종우		1(1)	1	0	0
0	0	0	0	6	임창균	21	MF	MF	10	호물로		5(5)	1	0	0
0	1	2	3(1)		이명주	29	MF	MF	23	김진규		1(1)	2	0	0
0	0	0	2(1)	37	고무열	10	FW	FW	22	한지호	30	0	0	0	0
0	1	1	1(1)	28	남희철	18	FW	FW	11	이동준	86	0	0	0	0
0	0	1	1(1)		박민서	77	FW	FW	18	이정협	32	3(3)	2	0	0
0	0	0	0		최봉진	13			1	구상민		0	0	0	0
0	0	0	1	전38	박재우	28			45	황준호		0	0	0	0
0	0	0	0	전39	조범석	6			26	이상준		0	0	0	0
0	0	0	0		김도혁	7	대기	대기	21	이후권		0	0	0	0
0	0	0	0		양태렬	14			30	디에고	후9	4(3)	0	0	0
0	0	0	0		오세훈	9			32	권용현	전34	3(2)	0	0	0
0	0	2	0	후22	김레오	37			86	노보트니	후24	0	1	1	0
1	4	14	11(5)			0			0			17(15)	10	1	0

● 전반 13분 박민서 AKR ~ 고무열 GAL R-ST-G (득점: 고무열/ 도움: 박민서) 왼쪽
● 후반 47분 주세종 AK 정면 ~ 이명주 GA 정면 R-ST-G (득점: 이명주/ 도움: 주세종) 왼쪽

● 전반 3분 김문환 PAR ~ 이정협 GAR L-ST-G (득점: 이정협/ 도움: 김문환) 왼쪽
● 전반 10분 이정협 GA 정면 L-ST-G (득점: 이정협) 오른쪽
● 전반 37분 호물로 PK-L-G (득점: 호물로) 왼쪽
● 후반 16분 권용현 PA 정면내 L-ST-G (득점: 권용현) 오른쪽
● 후반 19분 박종우 PAL TL ~ 디에고 AKL R-ST-G (득점: 디에고/ 도움: 박종우) 오른쪽

• 4월 13일 • 15:00 • 맑음 • 수원 종합 • 3,515명
• 주심_ 서동진 • 부심_ 성주경·이영운 • 대기심_ 최일우 • 경기감독관_ 나승화

수원FC 1 0 전반 0 / 1 후반 1 **1 전남**

퇴장	경고	파울	ST(유)	교체	선수명	배번	위치	위치	배번	선수명	교체	ST(유)	파울	경고	퇴장
0	0	0	0		박형순	1	GK	GK	1	박준혁		0	0	0	0
0	0	0	0		윤준성	4	DF	DF	5	안셀		1	1	0	0
0	0	4	1		이학민	14	MF	MF	4	김건웅		1	2	0	0
0	0	2	0		조유민	20	DF	DF	3	가솔현		0	0	0	0
0	0	0	0		채선일	33	MF	DF	2	최효진		1(1)	4	0	0
0	1	0	0		장준영	55	DF	FW	14	김영욱		1(1)	4	0	0
0	0	1	0		백성동	10	MF	DF	27	정재희		0	1	1	0
0	0	1	2(1)		장성재	13	MF	MF	19	최익진		0	4	0	0
0	0	1	0	26	황병권	21	MF	MF	16	한찬희	25	0	2	1	0
0	0	0	3(3)		안병준	9	FW	FW	9	브루노누네스	37	0	3	0	0
0	0	1	3(2)	7	치솜	11	FW	FW	22	최재현		1(1)	1	0	0
0	0	0	0		임지훈	42			21	이호승		0	0	0	0
0	0	0	0		안은산	17			17	이지남		0	0	0	0
0	0	0	0		우예찬	25			11	이유현	후36	0	0	0	0
0	0	1	2(2)	후0	벨라스케즈	26	대기	대기	37	신진하	후27/11	0	0	0	0
0	0	1	1(1)	후8	김병오	7			6	김선우		0	0	0	0
0	0	0	0		아니에르	15			25	한승욱	후27	0	1	0	0
0	0	0	0		이재안	79			29	한창우		0	0	0	0
0	1	12	12(9)			0			0			5(3)	23	2	0

● 후반 16분 안병준 AKL FK R-ST-G (득점: 안병준) 오른쪽

● 후반 2분 브루노 PAR 내 ~ 최효진 PA 정면내 R-ST-G (득점: 최효진/ 도움: 브루노) 왼쪽

• 4월 13일 • 15:00 • 맑음 • 부천 종합 • 1,731명
• 주심_ 채상협 • 부심_ 송봉근·이상민 • 대기심_ 장순택 • 경기감독관_ 허기태

부천 1 1 전반 0 / 0 후반 2 **2 안산**

퇴장	경고	파울	ST(유)	교체	선수명	배번	위치	위치	배번	선수명	교체	ST(유)	파울	경고	퇴장
0	0	0	0		최철원	21	GK	GK	21	이희성		0	0	0	0
0	0	2	2(1)	18	김재우	3	FW	DF	4	이인재		1(1)	1	0	0
0	0	0	0		임동혁	5	DF	DF	18	이창훈		1	0	0	0
0	0	1	0		이인규	14	DF	DF	23	김연수		0	1	0	0
0	0	1	1		국태정	23	DF	MF	2	황태현	19	2(1)	0	0	0
0	0	0	0		박요한	33	DF	MF	7	장혁진		0	1	0	0
0	0	0	1(1)		닐손주니어	6	MF	MF	8	박진섭		1	1	0	0
0	0	2	0		문기한	7	MF	MF	16	최명희		1	0	0	0
0	0	2	0		김영남	8	MF	MF	22	이준희	17	0	0	0	0
0	0	1	1		안태현	22	MF	FW	9	빈치씽코		3(2)	3	0	1
0	0	4	2(1)	20	마라냥	10	MF	FW	10	파우벨	11	2	0	0	0
0	0	0	0		이주현	31			1	황인재		0	0	0	0
0	0	0	0		박건	4			5	박준희		0	0	0	0
0	0	0	0		감한솔	32			11	최호주	후14	0	0	0	0
0	0	0	0		송홍민	30	대기	대기	12	유지민		0	0	0	0
0	0	0	0		말론	9			17	김진래	후27	0	0	0	0
0	0	0	0	후11	김륜도	18			19	방찬준	후14	1(1)	0	0	0
0	0	0	1(1)	후38	김찬희	20			27	김대열		0	0	0	0
0	0	13	8(4)			0			0			12(5)	7	0	1

● 전반 38분 문기한 MF 정면 ~ 김재우 GAR R-ST-G (득점: 김재우/ 도움: 문기한) 오른쪽

● 후반 39분 이인재 GAL 내 EL R-ST-G (득점: 이인재) 가운데
● 후반 48분 장혁진 AKR ~ 방찬준 PA 정면내 L-ST-G (득점: 방찬준/ 도움: 장혁진) 왼쪽

• 4월 14일 • 13:00 • 비 • 천안 종합 • 1,316명
• 주심_ 정회수 • 부심_ 강동호·안광진 • 대기심_ 성덕효 • 경기감독관_ 차상해

서울E 4 1 전반 1 / 3 후반 0 **1 안양**

퇴장	경고	파울	ST(유)	교체	선수명	배번	위치	위치	배번	선수명	교체	ST(유)	파울	경고	퇴장
0	0	0	0		김 영 광	1	GK	GK	21	최 필 수		0	0	0	0
0	0	3	2(1)		서 경 주	2	DF	MF	19	채 광 훈		1	0	0	0
0	0	0	0		이 병 욱	20	DF	DF	6	류 언 재		0	0	0	0
0	0	0	1		이 경 렬	15	DF	DF	3	최 호 정		0	0	0	0
0	0	2	0		권 기 표	23	DF	DF	20	이 상 용	15	0	2	1	0
0	0	0	0		변 준 범	4	MF	MF	13	김 상 원		2(2)	4	0	0
0	0	1	0		허 범 산	8	MF	MF	28	맹 성 웅	26	1	1	1	0
0	0	2	0	7	한 지 륜	16	MF	MF	10	알 렉 스		1	3	0	0
0	0	0	2(1)	32	김 민 균	14	MF	MF	16	주 현 재	77	4(1)	1	0	0
0	0	0	3(2)		쿠 티 뉴	50	FW	FW	40	미 콜 라		5(2)	0	0	0
0	0	1	2(1)	18	김 경 준	17	MF	FW	11	팔라시오스		5(5)	1	0	0
0	0	0	0		강 정 묵	25			1	양 동 원		0	0	0	0
0	0	0	0		마 스 다	6			15	김 형 진	후10	0	1	1	0
0	0	0	0	후36	이 현 성	7			2	이 선 걸		0	0	0	0
0	0	0	0		윤 상 호	22	대기	대기	7	은 성 수		0	0	0	0
0	0	1	0	후30	원 기 종	18			26	구 본 상	후30	0	0	0	0
0	0	0	0		알 렉 스	30			77	김 원 민	후16	0	0	0	0
0	0	1	0	후43	고 준 영	32			14	김 신 철		0	0	0	0
0	0	11	10(5)			0			0			19(10)	13	3	0

● 전반 38분 서경주 GAL L-ST-G (득점: 서경주) 오른쪽
● 후반 22분 허범산 PAL 내 ↷ 쿠티뉴 GA 정면 H-ST-G (득점: 쿠티뉴/ 도움: 허범산) 오른쪽
● 후반 29분 김경준 AKL ~ 김민균 GAL R-ST-G (득점: 김민균/ 도움: 김경준) 오른쪽
● 후반 34분 김민균 MF 정면 ~ 쿠티뉴 GAR R-ST-G (득점: 쿠티뉴/ 도움: 김민균) 왼쪽

● 전반 24분 김상원 GAL R-ST-G (득점: 김상원) 오른쪽

• 4월 14일 • 15:00 • 흐림 • 광주 월드컵 • 932명
• 주심_ 조지음 • 부심_ 강도준·김홍규 • 대기심_ 서동진 • 경기감독관_ 김형남

광주 0 0 전반 0 / 0 후반 0 **0 대전**

퇴장	경고	파울	ST(유)	교체	선수명	배번	위치	위치	배번	선수명	교체	ST(유)	파울	경고	퇴장
0	0	0	0		윤 평 국	1	GK	GK	1	박 주 원		0	0	0	0
0	0	0	0		여 봉 훈	14	DF	DF	22	윤 신 영		0	1	0	0
0	0	0	1		아슐마토프	3	DF	DF	44	이 지 솔		0	2	1	0
0	0	0	0		이 한 도	20	DF	DF	3	황 재 훈		0	0	0	0
0	0	1	1(1)		이 으 뜸	8	DF	DF	66	박 수 일		0	2	0	0
0	1	2	0		최 준 혁	5	MF	MF	20	안 상 현		0	2	0	0
0	0	2	1(1)	33	박 정 수	6	MF	MF	11	김 승 섭	19	2(1)	2	0	0
0	0	0	1	18	여 름	7	MF	MF	13	신 학 영	42	0	0	0	0
0	0	2	0	13	김 정 환	11	FW	MF	10	윤 용 호	8	1	1	0	0
0	0	2	4(4)		윌 리 안	94	FW	FW	9	박 인 혁		0	4	0	0
0	1	2	3		펠 리 페	9	FW	FW	27	키 쭈		1	5	0	0
0	0	0	0		김 태 곤	31			23	김 진 영		0	0	0	0
0	0	0	0		정 준 연	2			5	윤 경 보		0	0	0	0
0	0	1	0	후29	두 현 석	13			2	김 예 성		0	0	0	0
0	0	0	0		엄 원 상	17	대기	대기	42	이 정 문	후28	0	1	1	0
0	0	0	0	후46	조 주 영	18			8	박 수 창	후28	0	1	0	0
0	0	0	0	후37	김 준 형	33			19	김 세 윤	후41	0	0	0	0
0	0	0	0		김 진 환	55			30	가도에프		0	0	0	0
0	2	12	11(6)			0			0			4(1)	21	2	0

• 4월 20일 • 15:00 • 맑음 • 아산 이순신 • 1,548명
• 주심_ 최일우 • 부심_ 김홍규·이영운 • 대기심_ 안재훈 • 경기감독관_ 김진의

아산 0 0 전반 0 / 0 후반 2 **2 안양**

퇴장	경고	파울	ST(유)	교체	선수명	배번	위치	위치	배번	선수명	교체	ST(유)	파울	경고	퇴장
0	0	0	0		최 봉 진	13	GK	GK	1	양 동 원		0	0	0	0
0	1	1	1	5	김 동 진	22	DF	MF	19	채 광 훈		1(1)	0	0	0
0	0	1	0		박 재 우	28	DF	DF	6	류 언 재		0	1	0	0
0	0	0	0		조 범 석	6	DF	DF	3	최 호 정		0	1	0	0
0	0	2	0		김 도 혁	7	MF	DF	15	김 형 진		0	1	0	0
0	0	0	0		안 현 범	11	DF	MF	13	김 상 원		1	0	0	0
0	0	0	2		주 세 종	17	MF	MF	28	맹 성 웅	5	0	3	0	0
0	0	0	1	77	임 창 균	21	FW	MF	26	구 본 상	77	0	1	0	0
0	0	1	0		이 명 주	29	MF	FW	10	알 렉 스		3(2)	3	1	0
0	0	2	2(2)		오 세 훈	9	FW	FW	40	미 콜 라	9	1	2	0	0
0	0	1	4(2)	37	고 무 열	10	FW	FW	11	팔라시오스		2(1)	1	0	0
0	0	0	0		양 형 모	1			29	정 민 기		0	0	0	0
0	0	0	0	후29	장 순 혁	5			5	유 종 현	후37	0	0	0	0
0	0	0	0		김 선 민	8			2	이 선 걸		0	0	0	0
0	0	0	0		양 태 렬	14	대기	대기	7	은 성 수		0	0	0	0
0	0	0	0		남 희 철	18			16	주 현 재		0	0	0	0
0	0	0	0	후38	김 레 오	37			77	김 원 민	후25	0	2	0	0
0	0	0	0	후20	박 민 서	77			9	조 규 성	후0	2(1)	2	0	0
0	1	8	10(4)			0			0			10(5)	17	1	0

● 후반 42분 김상원 GAL ~ 조규성 GA 정면 L-ST-G (득점: 조규성/ 도움: 김상원) 가운데
● 후반 49분 김상원 PAL 내 EL ↷ 알렉스 GA 정면내 H-ST-G (득점: 알렉스/ 도움: 김상원) 오른쪽

• 4월 20일 • 17:00 • 맑음 • 광주 월드컵 • 2,689명
• 주심_ 김덕철 • 부심_ 설귀선·이상민 • 대기심_ 김정호 • 경기감독관_ 김호영

광주 2 2 전반 0 / 0 후반 1 **1 수원FC**

퇴장	경고	파울	ST(유)	교체	선수명	배번	위치	위치	배번	선수명	교체	ST(유)	파울	경고	퇴장
0	0	0	0		윤 평 국	1	GK	GK	1	박 형 순		0	0	0	0
0	1	2	1		여 봉 훈	14	DF	DF	4	윤 준 성		0	2	1	0
0	0	1	1(1)		아슐마토프	3	DF	MF	14	이 학 민		0	2	0	0
0	0	0	0		이 한 도	20	DF	DF	20	조 유 민		0	1	1	0
0	0	0	0		이 으 뜸	8	DF	DF	55	장 준 영	17	1	2	0	0
0	1	3	0		박 정 수	6	MF	MF	10	백 성 동		1	0	0	0
0	0	0	1		김 준 형	33	MF	MF	13	장 성 재		0	1	0	0
0	0	1	0	55	여 름	7	MF	MF	32	이 승 현		2	1	0	0
0	0	0	0	16	김 정 환	11	FW	FW	9	안 병 준	11	0	1	1	0
0	0	5	2	22	윌 리 안	94	FW	FW	40	김 창 헌	7	0	0	0	0
0	0	3	4(1)		펠 리 페	9	FW	MF	79	이 재 안		3(1)	0	0	0
0	0	0	0		김 태 곤	31			42	임 지 훈		0	0	0	0
0	0	0	0		정 준 연	2			17	안 은 산	후37	0	0	0	0
0	0	1	0	후16	이 희 균	16			25	우 예 찬		0	0	0	0
0	0	0	0		정 현 우	19	대기	대기	26	벨라스케즈		0	0	0	0
0	0	0	0	후29	김 주 공	22			7	김 병 오	전21	0	2	0	0
0	0	0	0		손 민 우	23			11	치 솜	후0	1(1)	0	0	0
0	0	0	0	후47	김 진 환	55			16	모 재 현		0	0	0	0
0	2	16	9(2)			0			0			8(2)	12	3	0

● 전반 12분 여름 PAL EL FK ↷ 아슐마토프 GAR 내 H-ST-G (득점: 아슐마토프/ 도움: 여름) 왼쪽
● 전반 43분 펠리페 PK-L-G (득점: 펠리페) 오른쪽

● 후반 25분 치솜 GA 정면 L-ST-G (득점: 치솜) 왼쪽

• 4월 21일 • 15:00 • 맑음 • 부산 구덕 • 4,064명
• 주심_ 김도연 • 부심_ 강도준 · 이양우 • 대기심_ 장순택 • 경기감독관_ 양정환

부산 3 | 0 전반 0 / 3 후반 0 | **0 안산**

퇴장	경고	파울	ST(유)	교체	선수명	배번	위치	위치	배번	선수명	교체	ST(유)	파울	경고	퇴장
0	0	0	0		김형근	31	GK	GK	21	이희성		0	0	0	0
0	0	1	0		김치우	7	DF	DF	4	이인재		0	2	0	0
0	0	2	0		수신야르	38	DF	DF	5	박준희		2	0	0	0
0	0	2	0		김명준	15	DF	DF	17	김진래		1	1	0	0
0	0	0	0		김문환	33	DF	DF	23	김연수		0	1	0	0
0	0	3	0	21	박종우	8	MF	MF	6	곽성욱		1	1	0	0
0	0	2	1(1)		호물로	10	MF	MF	7	장혁진		0	1	0	0
0	0	1	0	45	김진규	23	MF	MF	8	박진섭		1	5	0	0
0	0	2	0	32	디에고	30	FW	MF	10	파우벨	11	0	1	0	0
0	0	1	2(1)		이동준	11	FW	MF	27	김대열	12	0	1	0	0
0	0	2	1(1)		이정협	18	FW	FW	51	마사	19	1(1)	2	0	0
0	0	0	0		구상민	1			1	황인재		0	0	0	0
0	0	0	0	후20	황준호	45			11	최호주	후14	0	0	0	0
0	0	0	0		구현준	27			12	유지민	후27	0	1	0	0
0	1	1	0	후31	이후권	21	대기	대기	16	최명희		0	0	0	0
0	0	0	0		한지호	22			18	이창훈		0	0	0	0
0	0	1	0	후11	권용현	32			19	방찬준	후10	1	0	0	0
0	0	0	0		노보트니	86			36	김진욱		0	0	0	0
0	1	18	4(3)			0			0			7(1)	16	0	0

● 후반 5분 김치우 자기 측 MFL ↷ 이정협 PAL 내 L-ST-G (득점: 이정협/ 도움: 김치우) 오른쪽
● 후반 15분 호물로 PA 정면 L-ST-G (득점: 호물로) 왼쪽
● 후반 45분 권용현 GAL ~ 이동준 GAR L-ST-G (득점: 이동준/ 도움: 권용현) 왼쪽

• 4월 22일 • 19:00 • 맑음 • 광양 전용 • 1,359명
• 주심_ 성덕효 • 부심_ 송봉근 · 이병주 • 대기심_ 김정호 • 경기감독관_ 김성기

전남 1 | 1 전반 0 / 0 후반 1 | **1 서울E**

퇴장	경고	파울	ST(유)	교체	선수명	배번	위치	위치	배번	선수명	교체	ST(유)	파울	경고	퇴장
0	1	0	0		박준혁	1	GK	GK	1	김영광		0	0	0	0
0	0	0	0		안셀	5	DF	DF	2	서경주		1	0	0	0
0	0	1	0		곽광선	20	MF	DF	20	이병욱	6	0	1	0	0
0	0	3	0		가솔현	3	DF	DF	15	이경렬		0	2	1	0
0	0	0	0		최효진	2	DF	DF	23	권기표		1	0	0	0
0	0	1	0		김건웅	4	MF	MF	4	변준범		0	1	1	0
0	0	0	1		정재희	27	DF	MF	8	허범산		0	1	0	0
0	0	2	2	24	최익진	19	MF	MF	16	한지륜	30	1	0	0	0
0	0	0	1(1)	13	김영욱	14	FW	MF	14	김민균		0	2	1	0
0	0	0	2		브루노누네스	9	FW	MF	17	김경준	11	1	0	0	0
0	0	1	0	16	최재현	22	FW	FW	50	쿠티뉴		1	0	0	0
0	0	0	0		이호승	21			41	서동현		0	0	0	0
0	0	0	0		이유현	11			6	마스다	후32	0	0	0	0
0	0	0	0		이지남	17			3	박성우		0	0	0	0
0	0	1	1	후17	김민준	13	대기	대기	22	윤상호		0	0	0	0
0	0	0	0	후26	김민혁	24			7	이현성		0	0	0	0
0	1	1	3(1)	후0	한찬희	16			30	알렉스	후22	1(1)	0	0	0
0	0	0	0		김경민	18			11	전석훈	후17	0	0	0	0
0	2	10	10(2)			0			0			6(1)	7	3	0

● 전반 3분 최효진 PAL ↷ 김영욱 GA 정면내 L-ST-G (득점: 김영욱/ 도움: 최효진) 가운데
● 후반 47분 쿠티뉴 PAR TL ↷ 알렉스 GAL 내 H-ST-G (득점: 알렉스/ 도움: 쿠티뉴) 왼쪽

• 4월 22일 • 19:00 • 맑음 • 대전 월드컵 • 655명
• 주심_ 김동인 • 부심_ 성주경 · 안광진 • 대기심_ 오현진 • 경기감독관_ 신홍기

대전 1 | 0 전반 0 / 1 후반 0 | **0 부천**

퇴장	경고	파울	ST(유)	교체	선수명	배번	위치	위치	배번	선수명	교체	ST(유)	파울	경고	퇴장
0	0	0	0		박주원	1	GK	GK	21	최철원		0	0	0	0
0	0	0	0		윤신영	22	DF	DF	5	임동혁		0	0	0	0
0	0	1	1(1)		이지솔	44	DF	DF	14	이인규		2(1)	0	0	0
0	1	1	0		황재훈	3	DF	DF	23	국태정		1	1	0	0
0	0	0	0		박수일	66	DF	MF	6	닐손주니어		1(1)	1	0	0
0	0	2	2(1)		안상현	20	MF	MF	8	김영남		1	0	0	0
0	0	0	1(1)	30	산자르	7	MF	DF	22	안태현		0	2	0	0
0	0	0	1(1)	42	신학영	13	MF	MF	30	송홍민		2(2)	1	0	0
0	0	1	1(1)	8	윤용호	10	MF	MF	18	김륜도	10	0	3	0	0
0	0	1	3		박인혁	9	FW	FW	19	정택훈	9	2	0	0	0
0	0	2	3(2)		키쭈	27	FW	MF	29	조건규	11	0	2	1	0
0	0	0	0		김진영	23			31	이주현		0	0	0	0
0	0	0	0		윤경보	5			4	박건		0	0	0	0
0	0	0	0		김예성	2			32	감한솔		0	0	0	0
0	0	0	0	후37	이정문	42	대기	대기	7	문기한		0	0	0	0
0	1	1	0	후26	박수창	8			11	장백규	후26	1	0	0	0
0	0	0	0		유해성	33			9	말론	후0	1(1)	5	0	0
0	0	0	0	후13	가도에프	30			10	마라냥	후8	1(1)	2	0	0
0	2	9	12(7)			0			0			12(6)	17	1	0

● 후반 32분 가도에프 MFL ↷ 키쭈 GAR H-ST-G (득점: 키쭈/ 도움: 가도에프) 오른쪽

• 4월 27일 • 15:00 • 맑음 • 광양 전용 • 2,286명
• 주심_ 채상협 • 부심_ 강동호 · 안광진 • 대기심_ 김덕철 • 경기감독관_ 신홍기

전남 1 | 0 전반 0 / 1 후반 0 | **0 부산**

퇴장	경고	파울	ST(유)	교체	선수명	배번	위치	위치	배번	선수명	교체	ST(유)	파울	경고	퇴장
0	0	0	0		박준혁	1	GK	GK	31	김형근		0	0	0	0
0	0	1	0		곽광선	20	DF	DF	7	김치우		0	2	1	0
0	0	2	1		이지남	17	DF	DF	38	수신야르		0	2	0	0
0	0	0	0		가솔현	3	DF	DF	15	김명준		0	1	0	0
0	0	0	0	11	김민혁	24	MF	DF	33	김문환		0	3	1	0
0	0	6	1(1)		김건웅	4	MF	MF	8	박종우		0	2	0	0
0	0	3	1(1)		최효진	2	MF	MF	23	김진규	30	0	0	0	0
0	0	0	2		한찬희	16	MF	MF	10	호물로		2(2)	0	0	0
0	0	1	1		김민준	13	FW	FW	22	한지호	32	1	0	0	0
0	0	2	0	18	브루노누네스	9	FW	FW	11	이동준	86	3(1)	3	0	0
0	0	1	1	8	최익진	19	FW	FW	18	이정협		3(2)	1	0	0
0	0	0	0		박대한	31			25	김정호		0	0	0	0
0	0	1	0	후0	이유현	11			45	황준호		0	0	0	0
0	0	0	0		신찬우	12			27	구현준		0	0	0	0
0	0	0	0		한승욱	25	대기	대기	21	이후권		0	0	0	0
0	0	0	0	후14	유고비치	8			30	디에고	후20	0	0	0	0
0	0	0	0	후43	김경민	18			32	권용현	후0	1	1	0	0
0	0	0	0		정재희	27			86	노보트니	후39	0	2	0	0
0	0	17	7(2)			0			0			10(5)	17	2	0

● 후반 33분 한찬희 C.KL ↷ 김건웅 GA 정면 내 H-ST-G (득점: 김건웅/ 도움: 한찬희) 왼쪽

• 4월 27일 • 15:00 • 맑음 • 천안 종합 • 3,215명
• 주심_ 최일우 • 부심_ 설귀선·이영운 • 대기심_ 장순택 • 경기감독관_ 차상해

서울E 1 　0 전반 1 / 1 후반 1　 **2 부천**

퇴장	경고	파울	ST(유)	교체	선수명	배번	위치	위치	배번	선수명	교체	ST(유)	파울	경고	퇴장
0	0	0	0		김 영 광	1	GK	GK	21	최 철 원		0	0	0	0
0	0	0	1(1)		서 경 주	2	DF	DF	5	임 동 혁		0	0	0	0
0	0	0	0	20	변 준 범	4	DF	DF	14	이 인 규		0	0	0	0
0	1	0	0		이 경 렬	15	DF	MF	23	국 태 정		0	1	0	0
0	0	0	0		권 기 표	23	DF	MF	32	감 한 솔		0	2	0	0
0	0	0	0		마 스 다	6	MF	DF	6	닐손주니어		1	1	0	0
0	0	0	0	30	허 범 산	8	MF	MF	7	문 기 한		5(3)	1	1	0
0	0	0	0	13	윤 상 호	22	MF	MF	8	김 영 남	30	0	0	0	0
0	0	0	1		김 민 균	14	MF	MF	22	안 태 현		2(1)	1	0	0
0	0	0	0		이 현 성	7	MF	FW	9	말 론	20	6(3)	3	0	0
0	0	0	2		쿠 티 뉴	50	FW	FW	18	김 륜 도		4(2)	1	0	0
0	0	0	0		강 정 묵	25	대기	대기	31	이 주 현		0	0	0	0
0	0	1	0	후13	이 병 욱	20	대기	대기	13	이 정 찬		0	0	0	0
0	0	0	0		박 성 우	3	대기	대기	17	장 현 수		0	0	0	0
0	0	0	0		김 경 준	17	대기	대기	30	송 홍 민	전13	0	0	0	0
0	0	0	1(1)	후10	유 정 완	13	대기	대기	19	정 택 훈		0	0	0	0
0	0	1	0	후0	알 렉 스	30	대기	대기	20	김 찬 희	후37	1(1)	1	0	0
0	0	0	0		고 준 영	32	대기	대기	44	이 광 재		0	0	0	0
0	1	2	5(2)			0			0			19(10)	11	1	0

●후반 41분 김민균 AKR ~ 유정완 AK 정면 R-ST-G (득점: 유정완/ 도움: 김민균) 오른쪽

●전반 31분 안태현 PAR 내 ~ 김륜도 PA 정면 내 R-ST-G (득점: 김륜도/ 도움: 안태현) 왼쪽
●후반 34분 문기한 MFR ~ 김륜도 PAR 내 R-ST-G (득점: 김륜도/ 도움: 문기한) 왼쪽

• 4월 27일 • 17:00 • 흐림 • 안산 와스타디움 • 1,018명
• 주심_ 정회수 • 부심_ 지승민·김홍규 • 대기심_ 최대우 • 경기감독관_ 나승화

안산 0 　0 전반 0 / 0 후반 0　 **0 광주**

퇴장	경고	파울	ST(유)	교체	선수명	배번	위치	위치	배번	선수명	교체	ST(유)	파울	경고	퇴장
0	0	0	0		황 인 재	1	GK	GK	1	윤 평 국		0	0	0	0
0	0	1	2(1)		이 인 재	4	DF	DF	14	여 봉 훈		1(1)	0	0	0
0	0	0	0		최 명 희	16	DF	DF	20	이 한 도		0	1	0	0
0	0	0	1		김 진 래	17	DF	DF	3	아슐마토프		1	1	1	0
0	1	1	0		김 연 수	23	DF	DF	8	이 으 뜸		1(1)	1	0	0
0	0	2	0	10	곽 성 욱	6	MF	MF	5	최 준 혁		0	3	0	0
0	0	4	0		박 진 섭	8	MF	MF	6	박 정 수	33	0	1	0	0
0	0	2	1(1)		김 대 열	27	MF	MF	7	여 름		1	0	0	0
0	0	1	2	18	장 혁 진	7	FW	FW	16	이 희 균	18	3	1	0	0
0	0	1	2(2)		최 호 주	11	FW	FW	94	윌 리 안	11	1	3	1	0
0	1	2	0	51	방 찬 준	19	FW	FW	9	펠 리 페		2(1)	3	0	1
0	0	0	0		하 준 호	31	대기	대기	31	김 태 곤		0	0	0	0
0	0	0	1	후28	파 우 벨	10	대기	대기	2	정 준 연		0	0	0	0
0	0	0	0	후43	이 창 훈	18	대기	대기	11	김 정 환	후19	0	0	0	0
0	0	0	0		유 청 인	20	대기	대기	13	두 현 석		0	0	0	0
0	0	0	0		이 준 희	22	대기	대기	18	조 주 영	후42	0	0	0	0
0	0	0	0		김 종 석	26	대기	대기	33	김 준 형	후36	0	2	0	0
0	0	2	0	후24	마 사	51	대기	대기	55	김 진 환		0	0	0	0
0	2	16	9(4)			0			0			10(3)	16	2	1

• 4월 28일 • 15:00 • 맑음 • 아산 이순신 • 1,587명
• 주심_ 김영수 • 부심_ 장종필·성주경 • 대기심_ 장순택 • 경기감독관_ 최상국

아산 1 　0 전반 0 / 1 후반 2　 **2 수원FC**

퇴장	경고	파울	ST(유)	교체	선수명	배번	위치	위치	배번	선수명	교체	ST(유)	파울	경고	퇴장
0	0	0	0		양 형 모	1	GK	GK	1	박 형 순		0	0	0	0
0	0	2	0		김 동 진	22	DF	MF	2	박 요 한		0	0	1	0
0	0	0	0		박 재 우	28	FW	DF	3	김 영 찬		0	1	0	0
0	0	0	0		이 한 샘	33	DF	DF	4	윤 준 성		0	1	1	0
0	0	0	0	23	조 범 석	6	DF	MF	14	이 학 민		2(1)	3	0	0
0	0	1	2(1)		김 도 혁	7	MF	DF	20	조 유 민		0	2	0	0
0	0	0	0	21	안 현 범	11	DF	MF	10	백 성 동		1	3	1	0
0	0	2	3		주 세 종	17	MF	MF	13	장 성 재		2(1)	1	0	0
0	0	2	0		이 명 주	29	MF	MF	26	벨라스케즈	11	1(1)	1	0	0
0	1	0	2(2)		고 무 열	10	FW	FW	15	아니에르	79	1(1)	1	1	0
0	0	2	2(1)	9	박 민 서	77	FW	FW	18	강 민 재	7	0	0	0	0
0	0	0	0		최 봉 진	13	대기	대기	31	최 문 수		0	0	0	0
0	0	0	0		김 기 영	3	대기	대기	55	장 준 영		0	0	0	0
0	0	0	0		김 선 민	8	대기	대기	17	안 은 산		0	0	0	0
0	0	0	3	전30	임 창 균	21	대기	대기	7	김 병 오	후0	2(2)	0	0	0
0	0	0	1(1)	후21	김 민 석	23	대기	대기	9	안 병 준		0	0	0	0
0	0	2	2(2)	후12	오 세 훈	9	대기	대기	11	치 솜	후28	1	1	0	0
0	0	0	0		남 희 철	18	대기	대기	79	이 재 안	후18	0	0	0	0
0	1	11	15(7)			0			0			10(6)	14	4	0

●후반 16분 김도혁 MFL FK ↷ 오세훈 GAR 내 R-ST-G (득점: 오세훈/ 도움: 김도혁) 오른쪽

●후반 5분 아니에르 PAR 내 EL H ↷ 장성재 GAL R-ST-G (득점: 장성재/ 도움: 아니에르) 오른쪽
●후반 38분 김병오 GAR L-ST-G (득점: 김병오) 오른쪽

• 4월 28일 • 17:00 • 흐림 • 대전 월드컵 • 1,024명
• 주심_ 최대우 • 부심_ 강도준·이상민 • 대기심_ 김덕철 • 경기감독관_ 김용세

대전 0 　0 전반 1 / 0 후반 1　 **2 안양**

퇴장	경고	파울	ST(유)	교체	선수명	배번	위치	위치	배번	선수명	교체	ST(유)	파울	경고	퇴장
0	0	0	0		김 진 영	23	GK	GK	1	양 동 원		0	0	0	0
0	0	2	0		윤 신 영	22	DF	MF	19	채 광 훈		2(1)	0	0	0
0	1	2	0		이 지 솔	44	DF	DF	6	류 언 재		0	1	0	0
0	0	1	1(1)		황 재 훈	3	DF	DF	3	최 호 정		0	0	0	0
0	0	0	1(1)		박 수 일	66	DF	DF	15	김 형 진		1	0	0	0
0	0	0	1(1)		안 상 현	20	MF	MF	13	김 상 원		2(1)	1	0	0
0	0	0	1(1)	30	산 자 르	7	MF	MF	28	맹 성 웅	5	0	2	0	0
0	0	1	0	42	신 학 영	13	MF	MF	26	구 본 상	77	1	3	0	0
0	0	2	1(1)	8	윤 용 호	10	MF	FW	10	알 렉 스		3(3)	2	0	0
0	0	1	4(2)		박 인 혁	9	MF	FW	40	미 콜 라	11	1(1)	1	0	0
0	0	2	2(1)		키 쭈	27	FW	FW	9	조 규 성		1	2	0	0
0	0	0	0		문 용 휘	25	대기	대기	29	정 민 기		0	0	0	0
0	0	0	0		윤 경 보	5	대기	대기	5	유 종 현	후25	0	0	0	0
0	0	0	0		김 예 성	2	대기	대기	2	이 선 걸		0	0	0	0
0	0	0	0	후20	이 정 문	42	대기	대기	7	은 성 수		0	0	0	0
0	0	1	3(2)	후6	박 수 창	8	대기	대기	16	주 현 재		0	0	0	0
0	0	0	0		유 해 성	33	대기	대기	77	김 원 민	후19	1(1)	0	1	0
0	0	0	3(1)	후6	가도에프	30	대기	대기	11	팔라시오스	후9	2(2)	1	0	0
0	1	12	17(11)			0			0			14(9)	13	1	0

●전반 25분 조규성 GAR ~ 미콜라 GA 정면 R-ST-G (득점: 미콜라/ 도움: 조규성) 오른쪽
●후반 11분 알렉스 GAL L-ST-G (득점: 알렉스) 왼쪽

• 5월 01일 • 19:00 • 맑음 • 대전 월드컵 • 909명
• 주심_ 김도연 • 부심_ 설귀선·김홍규 • 대기심_ 최일우 • 경기감독관_ 김성기

대전 0 | 0 전반 1 / 0 후반 0 | **1 아산**

퇴장	경고	파울	ST(유)	교체	선수명	배번	위치	위치	배번	선수명	교체	ST(유)	파울	경고	퇴장
0	0	0	0		김진영	23	GK	GK	13	최봉진		0	0	0	0
0	0	0	0		윤신영	22	DF	DF	22	김동진		0	2	0	0
0	0	0	1		윤경보	5	DF	DF	28	박재우	70	0	3	0	0
0	0	1	1		김예성	2	DF	DF	33	이한샘		0	0	0	0
0	1	0	0		박수일	66	DF	DF	6	조범석		0	0	0	0
0	0	2	0		안상현	20	MF	MF	7	김도혁		1	3	1	0
0	0	3	3(1)	10	이정문	42	MF	MF	17	주세종		1(1)	3	1	0
0	1	3	1		신학영	13	MF	FW	21	임창균	27	0	3	0	0
0	0	1	0	7	김승섭	11	FW	MF	29	이명주		0	0	0	0
0	0	3	2	9	가도에프	30	FW	FW	9	오세훈	18	2	4	0	0
0	0	0	1(1)		키쭈	27	FW	FW	10	고무열		1(1)	1	0	0
0	0	0	0		문용휘	25			1	양형모		0	0	0	0
0	0	0	0		이지솔	44			15	김주원		0	0	0	0
0	0	0	0		전상훈	12			27	김지운	후12	1	1	0	0
0	0	1	0	후7	윤용호	10	대기	대기	8	김선민		0	0	0	0
0	0	0	0		박수창	8			23	김민석		0	0	0	0
0	0	0	2(1)	후7	박인혁	9			70	최요셉	후27	0	1	0	0
0	0	2	0	후25	산자르	7			18	남희철	후37	0	1	0	0
0	2	16	11(3)			0			0			6(2)	22	2	0

● 전반 9분 오세훈 MFR ~ 고무열 AK 정면 R-ST-G (득점: 고무열/ 도움: 오세훈) 왼쪽

• 5월 01일 • 19:00 • 맑음 • 수원 종합 • 1,477명
• 주심_ 성덕효 • 부심_ 안광진·이양우 • 대기심_ 안재훈 • 경기감독관_ 신홍기

수원FC 1 | 0 전반 0 / 1 후반 2 | **2 안양**

퇴장	경고	파울	ST(유)	교체	선수명	배번	위치	위치	배번	선수명	교체	ST(유)	파울	경고	퇴장
0	0	0	0		박형순	1	GK	GK	1	양동원		0	0	0	0
0	0	1	0		김영찬	3	DF	MF	19	채광훈		0	0	0	0
0	2	2	0		이학민	14	MF	DF	6	류언재		2	3	1	0
0	0	0	0		조유민	20	DF	DF	3	최호정		0	0	0	0
0	0	0	0		장준영	55	DF	DF	15	김형진		0	0	0	0
0	0	1	2(1)		장성재	13	MF	MF	2	이선걸		1(1)	1	0	0
0	0	4	0		안은산	17	MF	MF	28	맹성웅	5	1(1)	2	0	0
0	0	3	6(4)		안병준	9	FW	MF	7	은성수	26	0	0	0	0
0	0	4	2(2)	10	모재현	16	MF	FW	10	알렉스		1	0	0	0
0	0	0	2	7	강민재	18	FW	FW	40	미콜라	9	1	2	0	0
0	0	0	0	11	이재안	79	MF	FW	11	팔라시오스		1(1)	1	1	0
0	0	0	0		최문수	31			29	정민기		0	0	0	0
0	0	0	0		박요한	2			5	유종현	후28	0	1	0	0
0	0	0	0	후16	백성동	10			13	김상원		0	0	0	0
0	0	0	0		우예찬	25	대기	대기	26	구본상	후0	0	3	0	0
0	0	0	0		벨라스케즈	26			16	주현재		0	0	0	0
0	1	1	2	후0	김병오	7			77	김원민		0	0	0	0
0	0	2	0	후25	치솜	11			9	조규성	후0	3(2)	1	0	0
0	3	18	14(7)			0			0			10(5)	14	2	0

● 후반 35분 치솜 PAR EL ↷ 안병준 GA 정면 H-ST-G (득점: 안병준/ 도움: 치솜) 오른쪽

● 후반 7분 이선걸 PAL ↷ 조규성 GAR 내 H-ST-G (득점: 조규성/ 도움: 이선걸) 오른쪽

● 후반 12분 알렉스 PA 정면내 ~ 조규성 GAR R-ST-G (득점: 조규성/ 도움: 알렉스) 왼쪽

• 5월 01일 • 19:30 • 맑음 • 부천 종합 • 947명
• 주심_ 서동진 • 부심_ 성주경·이병주 • 대기심_ 김정호 • 경기감독관_ 양정환

부천 0 | 0 전반 0 / 0 후반 1 | **1 광주**

퇴장	경고	파울	ST(유)	교체	선수명	배번	위치	위치	배번	선수명	교체	ST(유)	파울	경고	퇴장
0	0	0	0		최철원	21	GK	GK	1	윤평국		0	0	0	0
0	0	0	1		임동혁	5	DF	DF	2	정준연		0	0	0	0
0	0	1	0		이인규	14	DF	DF	20	이한도		2	1	0	0
1	0	2	0		국태정	23	DF	DF	3	아슐마토프		0	2	0	0
0	0	0	1		감한솔	32	DF	DF	8	이으뜸		1	1	0	0
0	0	1	2(2)		닐손주니어	6	MF	MF	6	박정수		1(1)	3	0	0
0	0	1	1(1)	17	이정찬	13	MF	MF	33	김준형		5(1)	5	1	0
0	1	2	0		안태현	22	MF	MF	7	여름		2(1)	1	1	0
0	0	0	0		송홍민	30	MF	FW	16	이희균	22	0	2	1	0
0	1	5	3(1)	20	말론	9	FW	FW	94	윌리안	13	0	0	0	0
0	0	3	2(1)		김륜도	18	MF	FW	18	조주영		3(1)	0	0	0
0	0	0	0		이주현	31			31	김태곤		0	0	0	0
0	0	0	0		박건	4			5	최준혁	후39	0	0	0	0
0	0	0	0		장백규	11			11	김정환		0	0	0	0
0	1	0	0	전44	장현수	17	대기	대기	12	이시영		0	0	0	0
0	0	0	0		정택훈	19			13	두현석	후0/5	5(2)	0	0	0
0	0	0	0	후36	김찬희	20			22	김주공	후15	2(1)	0	0	0
0	0	0	0		이광재	44			55	김진환		0	0	0	0
1	3	15	10(5)			0			0			21(7)	15	3	0

● 후반 45분 여름 GAR R-ST-G (득점: 여름) 오른쪽

• 5월 01일 • 19:30 • 맑음 • 안산 와스타디움 • 1,232명
• 주심_ 최현재 • 부심_ 강도준·이영운 • 대기심_ 장순택 • 경기감독관_ 김호영

안산 3 | 0 전반 0 / 3 후반 0 | **0 전남**

퇴장	경고	파울	ST(유)	교체	선수명	배번	위치	위치	배번	선수명	교체	ST(유)	파울	경고	퇴장
0	0	0	0		황인재	1	GK	GK	1	박준혁		0	0	0	0
0	0	0	0		이인재	4	DF	DF	20	곽광선		0	1	0	0
0	0	0	0		이창훈	18	DF	DF	17	이지남		1	3	0	0
0	0	1	0		김연수	23	DF	DF	3	가솔현		0	5	1	0
0	0	0	3(2)		장혁진	7	MF	MF	2	최효진		0	2	0	0
0	0	1	1		박진섭	8	MF	MF	4	김건웅		0	1	1	0
0	0	0	1(1)		최명희	16	MF	MF	11	이유현	27	1	2	0	0
0	1	1	1(1)	17	이준희	22	MF	MF	16	한찬희		0	2	0	0
0	0	0	1	27	김진욱	36	MF	FW	13	김민준	8	0	1	0	0
0	1	5	4(3)		빈치씽코	9	FW	FW	22	최재현	18	0	1	0	0
0	0	1	3(2)	11	펠리삐	88	FW	FW	9	브루노누네스		1	2	1	0
0	0	0	0		이희성	21			31	박대한		0	0	0	0
0	0	0	1(1)	후33	최호주	11			12	신찬우		0	0	0	0
0	0	0	0	후45	김진래	17			24	김민혁		0	0	0	0
0	0	0	0		유청인	20	대기	대기	8	유고비치	후22	0	0	0	0
0	0	0	0	후12	김대열	27			25	한승욱		0	0	0	0
0	0	0	0		마사	51			27	정재희	후22	0	0	0	0
0	0	0	0		윤선호	55			18	김경민	후30	1	1	0	0
0	2	9	15(10)			0			0			4	21	3	0

● 후반 16분 빈치씽코 PK-L-G (득점: 빈치씽코) 왼쪽

● 후반 40분 최호주 MFL ~ 빈치씽코 MF 정면 L-ST-G (득점: 빈치씽코/ 도움: 최호주) 오른쪽 거리 48.0m

● 후반 46분 장혁진 PA 정면내 L-ST-G (득점: 장혁진) 가운데

• 5월 01일 • 20:00 • 흐림 • 부산 구덕 • 2,275명
• 주심_ 조지음 • 부심_ 지승민·이상민 • 대기심_ 정회수 • 경기감독관_ 허기태

부산 4 2 전반 0 / 2 후반 1 **1 서울E**

퇴장	경고	파울	ST(유)	교체	선수명	배번	위치	위치	배번	선수명	교체	ST(유)	파울	경고	퇴장
0	0	0	0		김형근	31	GK	GK	1	김영광		0	0	0	0
0	0	1	1		김치우	7	DF	DF	2	서경주		0	0	0	0
0	0	1	0		수신야르	38	DF	DF	20	이병욱		0	0	0	0
0	0	3	1(1)		김명준	15	DF	DF	55	김동철		1	2	0	0
0	1	2	0		김문환	33	DF	DF	28	이민규		0	3	0	0
0	0	1	1		박종우	8	MF	MF	6	마스다	17	0	1	1	0
0	0	2	1		호물로	10	MF	MF	22	윤상호	13	0	1	0	0
0	0	1	3(2)	45	한지호	22	MF	MF	3	박성우		0	1	0	0
0	0	0	1(1)	30	이동준	11	MF	FW	7	이현성		0	3	0	0
0	0	3	3(1)		노보트니	86	FW	FW	11	전석훈	10	1(1)	0	0	0
0	0	1	0	23	이정협	18	FW	FW	50	쿠티뉴		2(1)	0	0	0
0	0	0	0		구상민	1			25	강정묵		0	0	0	0
0	0	0	0	후28	황준호	45			65	김호준		0	0	0	0
0	0	0	0		구현준	27			77	김태현		0	0	0	0
0	0	0	0		이후권	21	대기	대기	13	유정완	후29	0	0	0	0
0	0	1	2	후11	김진규	23			17	김경준	전43	1	1	0	0
0	0	0	0		권용현	32			10	두아르테	후0	0	0	0	0
0	0	1	0	후38	디에고	30			30	알렉스		0	0	0	0
0	1	17	13(5)			0			0			5(2)	12	1	0

● 전반 16분 김명준 GAL 내 H → 한지호 GA 정면 내 H-ST-G (득점: 한지호/ 도움: 김명준) 왼쪽
● 전반 24분 이동준 GAR 내 ~ 한지호 PK 좌측지점 R-ST-G (득점: 한지호/ 도움: 이동준) 왼쪽
● 후반 26분 김명준 GA 정면 R-ST-G (득점: 김명준) 왼쪽
● 후반 36분 박종우 C.KL ↷ 노보트니 GA 정면내 H-ST-G (득점: 노보트니/ 도움: 박종우) 가운데
● 후반 23분 김영광 GAR 내 ↷ 쿠티뉴 PK 좌측지점 L-ST-G (득점: 쿠티뉴/ 도움: 김영광) 왼쪽

• 5월 04일 • 15:00 • 맑음 • 광주 월드컵 • 5,096명
• 주심_ 최일우 • 부심_ 지승민·이상민 • 대기심_ 안재훈 • 경기감독관_ 김진의

광주 2 1 전반 0 / 1 후반 0 **0 전남**

퇴장	경고	파울	ST(유)	교체	선수명	배번	위치	위치	배번	선수명	교체	ST(유)	파울	경고	퇴장
0	0	0	0		윤평국	1	GK	GK	1	박준혁		0	0	0	0
0	0	1	0		정준연	2	DF	DF	17	이지남		0	4	0	0
0	0	1	0		아슐마토프	3	DF	MF	4	김건웅	13	0	1	0	0
1	0	1	0		이한도	20	DF	DF	5	안셀		0	1	0	0
0	0	0	1(1)		이으뜸	8	DF	DF	2	최효진		1	0	0	0
0	0	1	0		박정수	6	MF	MF	14	김영욱	8	1	1	0	0
0	0	0	1(1)	5	김준형	33	MF	MF	16	한찬희		1(1)	1	0	0
0	0	0	0		여름	7	MF	DF	11	이유현		1(1)	0	0	0
0	0	1	0	14	김정환	11	FW	FW	22	최재현	29	3	0	0	0
0	0	0	0	77	이희균	16	FW	FW	9	브루노누네스		5(4)	5	0	0
0	0	2	2		김주공	22	FW	FW	27	정재희		3	1	0	0
0	0	0	0		김태곤	31			31	박대한		0	0	0	0
0	0	0	1	후0	최준혁	5			3	가솔현		0	0	0	0
0	0	0	0		임민혁	10			24	김민혁		0	0	0	0
0	0	0	0	후42	여봉훈	14	대기	대기	8	유고비치	후10	0	2	1	0
0	0	0	0		조주영	18			13	김민준	후21	1	1	0	0
0	0	0	0		김진환	55			28	조윤형		0	0	0	0
0	0	0	1(1)	후0	정영총	77			29	한창우	후31	1(1)	0	0	0
1	0	7	6(3)			0			0			17(7)	17	1	0

● 전반 10분 이으뜸 AKL FK L-ST-G (득점: 이으뜸) 오른쪽
● 후반 42분 정영총 PK-R-G(득점: 정영총) 가운데

• 5월 04일 • 15:00 • 맑음 • 아산 이순신 • 2,644명
• 주심_ 최대우 • 부심_ 강동호·이양우 • 대기심_ 장순택 • 경기감독관_ 김호영

아산 1 0 전반 0 / 1 후반 1 **1 안산**

퇴장	경고	파울	ST(유)	교체	선수명	배번	위치	위치	배번	선수명	교체	ST(유)	파울	경고	퇴장
0	0	0	0		최봉진	13	GK	GK	1	황인재		0	0	0	0
0	0	2	0	37	김동진	22	DF	DF	4	이인재		0	1	0	0
0	0	1	0		박재우	28	DF	DF	18	이창훈		0	1	1	0
0	0	2	1(1)		이한샘	33	DF	DF	23	김연수		0	4	0	0
0	0	1	0		조범석	6	DF	MF	5	박준희	19	0	2	0	0
0	0	1	1		김도혁	7	MF	MF	7	장혁진		2(1)	1	0	0
0	1	2	2(2)		주세종	17	MF	MF	8	박진섭		2(2)	0	0	0
0	0	1	1	77	임창균	21	MF	MF	17	김진래		0	1	0	0
0	0	0	0	15	이명주	29	MF	MF	27	김대열	16	0	1	1	0
0	0	1	1(1)		오세훈	9	FW	FW	9	빈치씽코		1	1	1	0
0	0	1	3(1)		고무열	10	FW	FW	51	마사	10	1(1)	0	0	0
0	0	0	0		양형모	1			21	이희성		0	0	0	0
0	0	0	0	전12	김주원	15			10	파우벨	전34	3(2)	1	0	0
0	0	0	0		김지운	27			11	최호주		0	0	0	0
0	0	0	0		김선민	8	대기	대기	16	최명희	후23	1(1)	0	0	0
0	0	0	0		최요셉	70			19	방찬준	후34	0	0	0	0
0	0	1	0	후28	김레오	37			36	김진욱		0	0	0	0
0	0	1	0	후11	박민서	77			55	윤선호		0	0	0	0
0	1	14	9(5)			0			0			10(7)	13	3	0

● 후반 38분 황인재 GA 정면내 자책골 (득점: 황인재)
● 후반 28분 빈치씽코 PAR 내 ~ 파우벨 AKR L-ST-G (득점: 파우벨/ 도움: 빈치씽코) 왼쪽

• 5월 05일 • 15:00 • 맑음 • 부천 종합 • 2,077명
• 주심_ 김영수 • 부심_ 장종필·설귀선 • 대기심_ 김도연 • 경기감독관_ 김성기

부천 2 0 전반 1 / 2 후반 1 **2 안양**

퇴장	경고	파울	ST(유)	교체	선수명	배번	위치	위치	배번	선수명	교체	ST(유)	파울	경고	퇴장
0	0	0	0		최철원	21	GK	GK	1	양동원		0	0	0	0
0	0	0	0		박건	4	DF	MF	19	채광훈		2(1)	1	0	0
0	0	1	1		임동혁	5	DF	DF	6	류언재		0	0	0	0
0	0	2	0		이인규	14	DF	DF	3	최호정		0	1	0	0
0	0	1	0		감한솔	32	MF	DF	15	김형진		0	0	0	0
0	0	0	1(1)		닐손주니어	6	MF	MF	13	김상원		0	0	0	0
0	0	1	3(2)		문기한	7	MF	MF	28	맹성웅	5	0	1	0	0
0	0	0	1	19	안태현	22	MF	MF	26	구본상	10	2	1	0	0
0	1	3	2	17	송홍민	30	MF	FW	77	김원민		3	0	0	0
0	0	0	1(1)		김륜도	18	FW	FW	40	미콜라	11	1(1)	1	1	0
0	0	2	1	9	이광재	44	FW	FW	9	조규성		5(3)	3	0	0
0	0	0	0		이주현	31			29	정민기		0	0	0	0
0	0	0	0		장백규	11			5	유종현	후22	0	1	1	0
0	0	0	0	후26	장현수	17			2	이선걸		0	0	0	0
0	0	0	0		박요한	33	대기	대기	4	최승호		0	0	0	0
0	0	0	3	후0	말론	9			16	주현재		0	0	0	0
0	0	1	0	후34	정택훈	19			10	알렉스	후0	1	0	0	0
0	0	0	0		김찬희	20			11	팔라시오스	후12	1	1	0	0
0	1	11	13(4)			0			0			15(5)	10	2	0

● 후반 44분 김륜도 GAL 내 R-ST-G (득점: 김륜도) 왼쪽
● 후반 49분 문기한 PAR 내 R-ST-G (득점: 문기한) 왼쪽
● 전반 12분 미콜라 PA 정면내 R-ST-G (득점: 미콜라) 왼쪽
● 후반 38분 알렉스 MFL ~ 조규성 GAL L-ST-G (득점: 조규성/ 도움: 알렉스) 왼쪽

• 5월 05일 • 15:00 • 맑음 • 대전 월드컵 • 3,908명
• 주심_ 정회수 • 부심_ 성주경·이영운 • 대기심_ 김정호 • 경기감독관_ 양정환

대전 0 0 전반 3 / 0 후반 2 **5 부산**

퇴장	경고	파울	ST(유)	교체	선수명	배번	위치	위치	배번	선수명	교체	ST(유)	파울	경고	퇴장
0	0	0	0		김진영	23	GK	GK	31	김형근		0	0	1	0
1	0	4	3(2)		이지솔	44	DF	DF	7	김치우		1	1	1	0
0	0	1	0		윤경보	5	DF	DF	38	수신야르		0	2	1	0
0	0	0	0		김예성	2	DF	DF	15	김명준	45	1	1	1	0
0	0	1	2(1)		박수일	66	DF	DF	33	김문환		0	0	0	0
0	0	2	0	14	윤용호	10	MF	MF	8	박종우		1	4	0	0
0	0	0	0	7	이정문	42	MF	MF	10	호물로		5(1)	2	0	0
0	0	5	1(1)		박수창	8	MF	MF	22	한지호	32	1	0	0	0
0	0	1	0		박인혁	9	FW	MF	11	이동준		1(1)	2	0	0
0	0	1	2	33	가도에프	30	FW	FW	86	노보트니		2(2)	4	0	0
0	0	2	2(1)		키쭈	27	FW	FW	18	이정협	30	3(2)	1	0	0
0	0	0	0		박주원	1	대기	대기	1	구상민		0	0	0	0
0	0	0	0		윤신영	22			45	황준호	후0	1	0	0	0
0	0	0	0		황재훈	3			27	구현준		0	0	0	0
0	1	0	0	후17	윤성한	14			21	이후권		0	0	0	0
0	0	0	0		김승섭	11			23	김진규		0	0	0	0
0	0	0	1(1)	후14	유해성	33			32	권용현	후11	0	1	0	0
0	0	0	1	전41	산자르	7			30	디에고	후32	0	1	0	0
1	1	17	12(6)			0			0			16(6)	19	4	0

● 전반 15분 박종우 GAL EL H → 노보트니 GAL 내 L-ST-G (득점: 노보트니/ 도움: 박종우) 왼쪽
● 전반 25분 김치우 PAL → 노보트니 GA 정면 R-ST-G (득점: 노보트니/ 도움: 김치우) 가운데
● 전반 31분 김문환 PAR ~ 이정협 GAR R-ST-G (득점: 이정협/ 도움: 김문환) 왼쪽
● 후반 10분 한지호 PAL EL ~ 이정협 PAL 내 L-ST-G (득점: 이정협/ 도움: 한지호) 오른쪽
● 후반 46분 권용현 HL 정면 ~ 이동준 PAR 내 R-ST-G (득점: 이동준/ 도움: 권용현) 왼쪽

• 5월 05일 • 17:00 • 맑음 • 수원 종합 • 3,205명
• 주심_ 채상협 • 부심_ 강도준·김홍규 • 대기심_ 안재훈 • 경기감독관_ 허기태

수원FC 3 1 전반 1 / 2 후반 0 **1 서울E**

퇴장	경고	파울	ST(유)	교체	선수명	배번	위치	위치	배번	선수명	교체	ST(유)	파울	경고	퇴장
0	0	0	0		박형순	1	GK	GK	1	김영광		0	0	0	0
0	0	1	0		박요한	2	DF	DF	20	이병욱	18	0	1	0	0
0	0	0	0		윤준성	4	DF	DF	55	김동철		0	1	0	0
0	0	0	1		조유민	20	DF	DF	15	이경렬		0	0	0	0
0	0	0	0		장준영	55	DF	DF	77	김태현		0	1	1	0
0	0	1	1		백성동	10	MF	MF	8	허범산	7	1(1)	0	1	0
0	0	2	0		장성재	13	MF	MF	16	한지륜	3	0	0	0	0
0	0	1	0	79	벨라스케즈	26	MF	MF	23	권기표		0	3	0	0
0	0	1	4		안병준	9	FW	MF	10	두아르테		3(3)	0	0	0
0	0	3	5(3)		치솜	11	MF	MF	50	쿠티뉴		1(1)	2	0	0
0	0	4	2(1)	7	아니에르	15	MF	FW	30	알렉스		4(2)	1	0	0
0	0	0	0		전수현	37	대기	대기	25	강정묵		0	0	0	0
0	0	0	0		김영찬	3			65	김호준		0	0	0	0
0	0	0	0		이용	27			3	박성우	후25	0	1	0	0
0	0	0	0		김주엽	30			7	이현성	후13	0	0	0	0
0	0	0	1	후14	김병오	7			22	윤상호		0	0	0	0
0	0	0	0		엄승민	67			32	고준영		0	0	0	0
0	0	1	0	후30	이재안	79			18	원기종	후13	0	0	0	0
0	0	14	14(4)			0			0			9(7)	10	2	0

● 전반 46분 장준영 GAL H → 아니에르 GAR 내 R-ST-G (득점: 아니에르/ 도움: 장준영) 오른쪽
● 후반 4분 아니에르 PAR EL ~ 치솜 GAR R-ST-G (득점: 치솜/ 도움: 아니에르) 왼쪽
● 후반 11분 박요한 PAR ~ 치솜 GAR R-ST-G (득점: 치솜/ 도움: 박요한) 오른쪽
● 전반 24분 두아르테 AK 정면 ~ 알렉스 GAR R-ST-G (득점: 알렉스/ 도움: 두아르테) 왼쪽

• 5월 11일 • 17:00 • 맑음 • 천안 종합 • 2,298명
• 주심_ 최현재 • 부심_ 지승민·이병주 • 대기심_ 김덕철 • 경기감독관_ 나승화

서울E 1 0 전반 1 / 1 후반 0 **1 대전**

퇴장	경고	파울	ST(유)	교체	선수명	배번	위치	위치	배번	선수명	교체	ST(유)	파울	경고	퇴장
0	0	0	0		김영광	1	GK	GK	1	박주원		0	0	0	0
0	0	1	0		김태현	77	DF	DF	22	윤신영		0	1	0	0
0	1	3	0		김동철	55	DF	DF	5	윤경보		0	0	1	0
0	0	0	0		이경렬	15	DF	DF	2	김예성		1(1)	0	1	0
0	0	3	1		서경주	2	MF	DF	3	황재훈		0	2	0	0
0	1	3	1(1)		이현성	7	MF	MF	66	박수일		2	0	0	0
0	0	4	0	22	박성우	3	MF	MF	13	신학영	8	0	1	1	0
0	0	1	1(1)	18	김민균	14	MF	MF	10	윤용호		4(1)	2	0	0
0	0	0	0	23	두아르테	10	FW	FW	11	김승섭	20	0	0	0	0
0	0	0	2(2)		쿠티뉴	50	FW	FW	7	산자르		2(2)	1	1	0
0	0	1	5(2)		알렉스	30	FW	FW	27	키쭈	9	1(1)	1	0	0
0	0	0	0		강정묵	25	대기	대기	23	김진영		0	0	0	0
0	0	0	0		김호준	65			34	황도연		0	0	0	0
0	0	0	1(1)	후0	권기표	23			12	전상훈		0	0	0	0
0	0	0	0		한지륜	16			20	안상현	후29	0	0	0	0
0	0	0	0	후25	윤상호	22			8	박수창	후0	1	3	1	0
0	0	0	0		김경준	17			9	박인혁	전16	0	5	0	0
0	0	2	0	후33	원기종	18			30	가도에프		0	0	0	0
0	2	18	11(7)			0			0			11(5)	16	5	0

● 후반 37분 쿠티뉴 GAR R-ST-G (득점: 쿠티뉴) 오른쪽
● 전반 11분 황재훈 HLR ↷ 키쭈 GAR L-ST-G (득점: 키쭈/ 도움: 황재훈) 가운데

• 5월 11일 • 19:00 • 맑음 • 광양 전용 • 3,070명
• 주심_ 서동진 • 부심_ 강동호·설귀선 • 대기심_ 김정호 • 경기감독관_ 김호영

전남 1 1 전반 1 / 0 후반 1 **2 수원FC**

퇴장	경고	파울	ST(유)	교체	선수명	배번	위치	위치	배번	선수명	교체	ST(유)	파울	경고	퇴장
0	0	0	0		박준혁	1	GK	GK	1	박형순		0	0	0	0
0	0	1	0	13	곽광선	20	DF	DF	2	박요한		0	0	0	0
0	0	1	1(1)		이지남	17	DF	DF	4	윤준성	3	0	0	0	0
0	0	0	0		안셀	5	DF	DF	20	조유민		0	1	0	0
0	0	1	0		최효진	2	MF	DF	55	장준영		0	0	0	0
0	0	3	3(2)		한찬희	16	MF	MF	10	백성동		1	2	0	0
0	0	0	3		김건웅	4	MF	MF	13	장성재		1(1)	0	0	0
0	0	0	1		이유현	11	DF	MF	26	벨라스케즈	7	0	1	0	0
0	0	1	1(1)	33	한승욱	25	FW	FW	9	안병준		4(1)	0	0	0
0	0	0	0	10	브루노누네스	9	FW	MF	11	치솜		3(2)	2	0	0
0	0	2	3		정재희	27	FW	MF	15	아니에르		2(1)	4	0	0
0	0	0	0		박대한	31	대기	대기	42	임지훈		0	0	0	0
0	0	0	0		가솔현	3			3	김영찬	후34	0	1	0	0
0	0	0	0		김민혁	24			14	이학민		0	0	0	0
0	1	1	1	후13	김민준	13			27	이용		0	0	0	0
0	0	0	0	후21	정희웅	33			7	김병오	후14	0	2	0	0
0	0	0	0		김경민	18			67	엄승민		0	0	0	0
0	1	2	3(2)	전26	마쎄도	10			79	이재안		0	0	0	0
0	2	12	16(6)			0			0			11(5)	13	0	0

● 전반 1분 정재희 PAR EL → 한승욱 GAR 내 L-ST-G (득점: 한승욱/ 도움: 정재희) 가운데
● 전반 22분 백성동 PAR EL ~ 치솜 GA 정면 R-ST-G (득점: 치솜/ 도움: 백성동) 가운데
● 후반 16분 김병오 PAL EL ↷ 아니에르 GAR 내 H-ST-G (득점: 아니에르/ 도움: 김병오) 오른쪽

• 5월 12일 • 17:00 • 맑음 • 부산 구덕 • 6,127명
• 주심_ 김영수 • 부심_ 강도준·안광진 • 대기심_ 장순택 • 경기감독관_ 최상국

부산 1 | 0 전반 0 / 1 후반 1 | **1 광주**

퇴장	경고	파울	ST(유)	교체	선수명	배번	위치	위치	배번	선수명	교체	ST(유)	파울	경고	퇴장
0	0	0	0		김형근	31	GK	GK	1	윤평국		0	0	0	0
0	0	0	0		김치우	7	DF	DF	2	정준연		0	1	0	0
0	0	1	1		황준호	45	DF	DF	55	김진환		0	1	0	0
0	0	0	0		김명준	15	DF	DF	3	아슐마토프		1	1	0	0
0	1	3	1		김문환	33	DF	DF	8	이으뜸		0	1	0	0
0	0	6	1		박종우	8	MF	MF	5	최준혁		0	1	0	0
0	1	3	4(1)		호물로	10	MF	MF	6	박정수		1	1	0	0
0	1	4	0	35	한지호	22	MF	MF	7	여름	22	0	3	1	0
0	0	2	1(1)	23	이동준	11	MF	FW	16	이희균	94	2	1	1	0
0	0	0	0	32	노보트니	86	FW	FW	11	김정환	15	0	1	0	0
0	1	0	1(1)		이정협	18	FW	FW	9	펠리페		3(2)	3	0	0
0	0	0	0		구상민	1			31	김태곤		0	0	0	0
0	0	1	0	후38	박호영	35			10	임민혁		0	0	0	0
0	0	0	0		구현준	27			14	여봉훈		0	0	0	0
0	0	0	0		이후권	21	대기	대기	15	홍준호	후37	0	0	0	0
0	0	0	1(1)	후25	김진규	23			22	김주공	후19	1(1)	1	0	0
0	0	2	2(1)	후15	권용현	32			77	정영총		0	0	0	0
0	0	0	0		디에고	30			94	윌리안	후26	1	0	0	0
0	4	22	12(5)			0			0			9(3)	15	2	0

● 후반 22분 호물로 MF 정면 ~ 이동준 PAR 내 R-ST-G (득점: 이동준/ 도움: 호물로) 왼쪽

● 후반 46분 펠리페 PK-L-G (득점: 펠리페) 왼쪽

• 5월 12일 • 17:00 • 맑음 • 안양 종합 • 11,098명
• 주심_ 조지음 • 부심_ 김홍규·이영운 • 대기심_ 안재훈 • 경기감독관_ 김형남

안양 0 | 0 전반 0 / 0 후반 0 | **0 안산**

퇴장	경고	파울	ST(유)	교체	선수명	배번	위치	위치	배번	선수명	교체	ST(유)	파울	경고	퇴장
0	0	0	0		양동원	1	GK	GK	21	이희성		0	0	0	0
0	0	2	3(1)		채광훈	19	MF	DF	4	이인재		0	0	0	0
0	0	2	1		류언재	6	DF	DF	18	이창훈		0	0	0	0
0	0	1	0		최호정	3	DF	DF	23	김연수		0	1	0	0
0	0	0	0		김형진	15	DF	MF	5	박준희		0	0	0	0
0	0	1	0		김상원	13	MF	MF	7	장혁진		1	0	0	0
0	0	0	0	8	맹성웅	28	MF	MF	8	박진섭	16	1	1	0	0
0	0	6	0	77	구본상	26	MF	MF	17	김진래		1	3	0	0
0	0	0	3(1)		알렉스	10	FW	MF	27	김대열		0	2	1	0
0	0	1	2(1)		팔라시오스	11	FW	FW	10	파우벨	19	3(2)	1	0	0
0	0	2	0		조규성	9	FW	FW	88	펠리삐	11	2(1)	1	0	0
0	0	0	0		최필수	21			1	황인재		0	0	0	0
0	0	0	0		유종현	5			11	최호주	후0	1(1)	2	0	0
0	0	0	0		이선걸	2			16	최명희	후39	1	0	0	0
0	0	1	1	후0	최재훈	8	대기	대기	19	방찬준	후0	1(1)	0	0	0
0	0	0	0		주현재	16			20	유청인		0	0	0	0
0	0	0	0	후34	김원민	77			26	김종석		0	0	0	0
0	0	0	0		미콜라	40			55	윤선호		0	0	0	0
0	0	16	10(3)			0			0			11(5)	11	1	0

• 5월 12일 • 19:00 • 흐림 • 부천 종합 • 1,773명
• 주심_ 성덕효 • 부심_ 성주경·이상민 • 대기심_ 정회수 • 경기감독관_ 차상해

부천 0 | 0 전반 0 / 0 후반 0 | **0 아산**

퇴장	경고	파울	ST(유)	교체	선수명	배번	위치	위치	배번	선수명	교체	ST(유)	파울	경고	퇴장
0	0	0	0		이영창	1	GK	GK	13	최봉진		0	0	0	0
0	0	1	0		박건	4	DF	DF	5	장순혁	37	0	2	0	0
0	0	0	0		임동혁	5	DF	DF	19	민준영	28	0	0	0	0
0	0	0	0		이인규	14	DF	DF	33	이한샘		1(1)	1	0	0
0	0	0	0		감한솔	32	MF	MF	6	조범석		0	0	0	0
0	2	3	0		닐손주니어	6	MF	MF	7	김도혁		1	0	0	0
0	0	0	3(2)	30	문기한	7	MF	DF	11	안현범	22	0	0	0	0
0	0	1	0		안태현	22	MF	MF	17	주세종		3	0	0	0
0	0	2	2	20	말론	9	FW	MF	23	김민석		1(1)	3	1	0
0	0	3	0		김륜도	18	FW	FW	10	고무열		4	1	0	0
0	0	0	0	19	이광재	44	MF	MF	25	김민우		1	1	0	0
0	0	0	0		이주현	31			1	양형모		0	0	0	0
0	0	0	0		장백규	11			22	김동진	후17	0	1	0	0
0	0	0	0		장현수	17			28	박재우	후10	0	1	0	0
0	0	0	0	후37	송홍민	30	대기	대기	14	양태렬		0	0	0	0
0	0	0	0		박요한	33			21	임창균		0	0	0	0
0	0	0	1	전30	정택훈	19			37	김레오	후19	1(1)	1	0	0
0	0	0	3(1)	후0	김찬희	20			77	박민서		0	0	0	0
0	2	10	9(3)			0			0			12(3)	11	1	0

• 5월 18일 • 17:00 • 흐리고 비 • 대전 월드컵 • 1,357명
• 주심_ 최광호 • 부심_ 강도준·이상민 • 대기심_ 안재훈 • 경기감독관_ 김호영

대전 1 | 1 전반 0 / 0 후반 2 | **2 전남**

퇴장	경고	파울	ST(유)	교체	선수명	배번	위치	위치	배번	선수명	교체	ST(유)	파울	경고	퇴장
0	0	0	0		박주원	1	GK	GK	1	박준혁		0	0	0	0
0	0	1	0		윤신영	22	DF	DF	2	최효진		0	4	0	0
0	0	1	0		윤경보	5	DF	DF	17	이지남		0	1	0	0
0	0	1	0		김예성	2	DF	DF	20	곽광선		1(1)	0	0	0
0	0	1	0		황재훈	3	DF	DF	11	이유현		1	2	1	0
0	0	1	3(3)		박수일	66	MF	MF	13	김민준		0	2	1	0
0	1	1	2(1)		안상현	20	MF	MF	4	김건웅	33	2(1)	0	0	0
0	0	1	1(1)	30	유해성	33	MF	MF	16	한찬희		3(1)	0	0	0
0	0	0	1(1)	10	김승섭	11	MF	FW	27	정재희		2	1	0	0
0	0	0	2	7	박수창	8	FW	FW	18	김경민	10	3(1)	1	0	0
0	1	3	3(2)		박인혁	9	FW	FW	25	한승욱	14	3(1)	1	0	0
0	0	0	0		김진영	23			21	이호승		0	0	0	0
0	0	0	0		황도연	34			24	김민혁		0	0	0	0
0	0	0	0		전상훈	12			14	김영욱	후18	1(1)	1	1	0
0	0	0	0	후19	윤용호	10	대기	대기	33	정희웅	후28	0	0	0	0
0	0	0	0	후34	산자르	7			10	마쎄도	후11	0	1	0	0
0	0	0	0		서우민	77			29	한창우		0	0	0	0
0	0	2	2(1)	후29	가도에프	30			5	안셀		0	0	0	0
0	2	12	14(9)			0			0			16(6)	14	3	0

● 전반 44분 김승섭 MFL ↷ 유해성 GAR R-ST-G (득점: 유해성/ 도움: 김승섭) 왼쪽

● 후반 20분 김영욱 GA 정면내 L-ST-G (득점: 김영욱) 왼쪽

● 후반 42분 정재희 GAR EL ~ 한찬희 GAR R-ST-G (득점: 한찬희/ 도움: 정재희) 왼쪽

• 5월 18일 • 19:00 • 비 • 안산 와스타디움 • 1,550명
• 주심_ 정회수 • 부심_ 성주경·이병주 • 대기심_ 장순택 • 경기감독관_ 김용세

안산 2 | 2 전반 2 / 0 후반 1 | **3 수원FC**

퇴장	경고	파울	ST(유)	교체	선수명	배번	위치	위치	배번	선수명	교체	ST(유)	파울	경고	퇴장
0	0	0	0		이희성	21	GK	GK	1	박형순		0	0	0	0
0	0	1	2(1)		이인재	4	DF	DF	2	박요한		0	1	0	0
0	0	0	1(1)	11	이창훈	18	DF	DF	3	김영찬		0	0	0	0
0	0	1	0		김연수	23	DF	DF	20	조유민		1(1)	1	0	0
0	0	1	0		박준희	5	MF	DF	55	장준영		0	2	1	0
0	0	4	1		박진섭	8	MF	MF	10	백성동		1(1)	0	0	0
0	0	0	0		최명희	16	MF	MF	13	장성재		2(2)	1	0	0
0	1	2	0		이준희	22	MF	MF	21	황병권	23	1(1)	1	0	0
0	0	1	2(2)		장혁진	7	FW	MF	26	벨라스케즈	14	1(1)	2	0	0
0	0	2	3	19	빈치씽코	9	FW	FW	9	안병준		5(3)	2	1	0
0	0	0	2(1)	10	펠리삐	88	FW	MF	11	치솜	27	0	3	0	0
0	0	0	0		황인재	1			37	전수현		0	0	0	0
0	0	1	0	후1	파우벨	10			14	이학민	후0	1(1)	0	0	0
0	0	0	1	후19	최호주	11			27	이용	후48	0	0	0	0
0	0	0	0		김진래	17	대기	대기	17	안은산		0	0	0	0
0	0	0	0	후46	방찬준	19			23	김동찬	후0	0	1	1	0
0	0	0	0		유청인	20			67	엄승민		0	0	0	0
0	0	0	0		윤선호	55			79	이재안		0	0	0	0
0	1	13	12(5)			0			0			12(10)	14	3	0

● 전반 31분 이인재 GAR 내 EL H-ST-G (득점: 이인재) 오른쪽
● 전반 45분 장혁진 PAR 내 ↷ 이창훈 GA 정면 R-ST-G (득점: 이창훈/ 도움: 장혁진) 가운데

● 전반 24분 백성동 MFR TL FK ↷ 조유민 PA 정면내 R-ST-G (득점: 조유민/ 도움: 백성동) 왼쪽
● 전반 44분 장준영 MFL ↷ 황병권 GAR H-ST-G (득점: 황병권/ 도움: 장준영) 왼쪽
● 후반 46분 안병준 PK-R-G(득점: 안병준) 왼쪽

• 5월 19일 • 17:00 • 비 • 안양 종합 • 835명
• 주심_ 채상협 • 부심_ 설귀선·안광진 • 대기심_ 김정호 • 경기감독관_ 김진의

안양 0 | 0 전반 0 / 0 후반 1 | **1 아산**

퇴장	경고	파울	ST(유)	교체	선수명	배번	위치	위치	배번	선수명	교체	ST(유)	파울	경고	퇴장
0	0	0	0		양동원	1	GK	GK	13	최봉진		0	0	1	0
0	1	2	1(1)		채광훈	19	MF	DF	5	장순혁		0	2	0	0
0	0	0	1		류언재	6	DF	DF	22	김동진		0	2	0	0
0	0	0	0		최호정	3	DF	DF	28	박재우	27	0	0	0	0
0	1	2	0		김형진	15	DF	DF	33	이한샘		2(1)	1	0	0
0	0	2	2		김상원	13	MF	MF	6	조범석		0	0	0	0
0	1	2	0	2	맹성웅	28	MF	MF	7	김도혁		0	0	0	0
0	0	0	1		구본상	26	MF	MF	17	주세종		0	0	0	0
0	0	2	3(1)		조규성	9	FW	MF	10	고무열		3(1)	2	0	0
0	0	1	0	77	팔라시오스	11	FW	FW	25	김민우	21	4(3)	2	0	0
0	0	2	1	5	미콜라	40	FW	FW	77	박민서	37	3(2)	0	0	0
0	0	0	0		최필수	21			24	이기현		0	0	0	0
0	1	2	1	후26	유종현	5			16	전효석		0	0	0	0
0	0	1	0	후17	이선걸	2			27	김지운	후45	0	0	0	0
0	0	0	0		최재훈	8	대기	대기	14	양태렬		0	0	0	0
0	0	0	0		주현재	16			21	임창균	후26	0	0	0	0
0	0	0	0	후35	김원민	77			23	김민석		0	0	0	0
0	0	0	0		김덕중	27			37	김레오	후10	0	1	0	0
0	4	16	10(2)			0			0			12(7)	10	1	0

● 후반 26분 주세종 MFR FK ↷ 이한샘 GA 정면 H-ST-G (득점: 이한샘/ 도움: 주세종) 오른쪽

• 5월 20일 • 19:30 • 맑음 • 광주 월드컵 • 2,028명
• 주심_ 서동진 • 부심_ 장종필·김홍규 • 대기심_ 김도연 • 경기감독관_ 최상국

광주 3 | 2 전반 0 / 1 후반 1 | **1 서울E**

퇴장	경고	파울	ST(유)	교체	선수명	배번	위치	위치	배번	선수명	교체	ST(유)	파울	경고	퇴장
0	0	0	0		윤평국	1	GK	GK	1	김영광		0	0	0	0
0	1	2	0		정준연	2	DF	DF	77	김태현		0	1	0	0
0	0	1	0		아슐마토프	3	DF	DF	55	김동철		0	2	0	0
0	0	0	0		김진환	55	DF	DF	4	변준범		0	0	0	0
0	1	1	2(1)		이으뜸	8	DF	MF	2	서경주		1(1)	2	0	0
0	0	1	1		최준혁	5	MF	MF	8	허범산		0	4	0	0
0	0	0	0		박정수	6	MF	MF	14	김민균		3(2)	2	1	0
0	0	1	2(1)		여름	7	MF	MF	3	박성우	32	0	2	1	0
0	1	5	3(1)	77	윌리안	94	FW	FW	10	두아르테	23	1	1	0	0
0	0	1	1(1)	13	김정환	11	FW	FW	50	쿠티뉴		4(3)	0	0	0
0	0	1	2(1)	18	김주공	22	FW	FW	30	알렉스	17	1	2	0	0
0	0	0	0		김태곤	31			25	강정묵		0	0	0	0
0	0	0	0		임민혁	10			15	이경렬		0	0	0	0
0	0	0	0		이시영	12			21	윤성열		0	0	0	0
0	0	0	0	후46	두현석	13	대기	대기	6	마스다		0	0	0	0
0	0	0	0		홍준호	15			23	권기표	후11	1	1	0	0
0	0	1	0	후32	조주영	18			17	김경준	후18	0	1	0	0
0	0	0	0	후27	정영총	77			32	고준영	후39	0	1	0	0
0	3	14	11(5)			0			0			11(6)	19	2	0

● 전반 29분 이으뜸 PAL ~ 김정환 PK 지점 L-ST-G (득점: 김정환/ 도움: 이으뜸) 왼쪽
● 전반 39분 이으뜸 PAL EL ~ 윌리안 GAL R-ST-G (득점: 윌리안/ 도움: 이으뜸) 오른쪽
● 후반 34분 여름 AK 내 FK R-ST-G (득점: 여름) 오른쪽

● 후반 29분 김경준 AKL ~ 쿠티뉴 PK 지점 L-ST-G (득점: 쿠티뉴/ 도움: 김경준) 오른쪽

• 5월 20일 • 19:30 • 맑음 • 부천 종합 • 1,563명
• 주심_ 신용준 • 부심_ 지승민·이영운 • 대기심_ 오현진 • 경기감독관_ 신홍기

부천 1 | 0 전반 1 / 1 후반 2 | **3 부산**

퇴장	경고	파울	ST(유)	교체	선수명	배번	위치	위치	배번	선수명	교체	ST(유)	파울	경고	퇴장
0	0	0	0		이영창	1	GK	GK	31	김형근		0	0	0	0
0	0	4	0		박건	4	MF	DF	7	김치우		1	0	0	0
0	0	1	2		임동혁	5	DF	DF	38	수신야르		1	2	1	0
0	0	0	1(1)		이인규	14	DF	DF	15	김명준		1	1	0	0
0	0	0	2(2)		국태정	23	DF	DF	3	박준강	17	1(1)	2	1	0
0	1	1	0		감한솔	32	DF	MF	8	박종우		0	4	0	0
0	0	0	2(1)		닐손주니어	6	MF	MF	10	호물로		2(2)	0	0	0
0	0	3	1(1)	30	문기한	7	MF	MF	32	권용현	23	0	1	0	0
0	0	1	2(1)		안태현	22	MF	MF	11	이동준		1	0	0	0
0	0	1	0	20	말론	9	FW	MF	30	디에고	22	4(2)	0	0	0
0	0	1	0		김륜도	18	MF	FW	18	이정협		2(2)	0	0	0
0	0	0	0		이주현	31			1	구상민		0	0	0	0
0	0	0	0		김재우	3			45	황준호		0	0	0	0
0	0	0	0		장백규	11			17	이종민	후40	0	0	0	0
0	0	0	0		장현수	17	대기	대기	21	이후권		0	0	0	0
0	1	1	0	후16	송홍민	30			23	김진규	후36	1(1)	0	0	0
0	0	1	2(2)	전42	김찬희	20			22	한지호	후21	2(1)	0	0	0
0	0	0	0		이광재	44			86	노보트니		0	0	0	0
0	2	14	12(8)			0			0			16(9)	10	2	0

● 후반 20분 국태정 C.KR ↷ 김찬희 GAR 내 H-ST-G (득점: 김찬희/ 도움: 국태정) 왼쪽

● 전반 38분 김치우 PAL TL ↷ 이정협 GAR H-ST-G (득점: 이정협/ 도움: 김치우) 왼쪽
● 후반 12분 박준강 GAR 내 EL ~ 이정협 GAR R-ST-G (득점: 이정협/ 도움: 박준강) 가운데
● 후반 39분 박준강 PAR ~ 김진규 PA 정면내 R-ST-G (득점: 김진규/ 도움: 박준강) 왼쪽

• 5월 25일 • 17:00 • 맑음 • 수원 종합 • 3,065명
• 주심_ 김영수 • 부심_ 지승민·설귀선 • 대기심_ 김정호 • 경기감독관_ 김용세

수원FC 2 | 1 전반 0 / 1 후반 0 | **0 대전**

퇴장	경고	파울	ST(유)	교체	선수명	배번	위치	위치	배번	선수명	교체	ST(유)	파울	경고	퇴장
0	0	0	0		박형순	1	GK	GK	1	박주원		0	0	0	0
0	1	0	0		박요한	2	DF	DF	22	윤신영		0	1	0	0
0	0	0	0		김영찬	3	DF	DF	5	윤경보		0	1	0	0
0	0	2	1		조유민	20	DF	DF	12	전상훈		0	1	1	0
0	0	2	0		장준영	55	DF	DF	3	황재훈		1(1)	0	0	0
0	0	0	1(1)		백성동	10	MF	MF	66	박수일		2	1	0	0
0	0	1	0		장성재	13	MF	MF	20	안상현		0	4	1	0
0	0	2	0	26	황병권	21	MF	MF	8	박수창	15	2(2)	2	0	0
0	0	4	3(3)	67	안병준	9	FW	FW	30	가도에프	39	1	1	0	0
0	0	4	5(1)		치솜	11	MF	FW	38	강한빛	2	2	1	0	0
0	0	1	2(1)	7	이재안	79	MF	FW	9	박인혁		2	1	0	0
0	0	0	0		전수현	37			23	김진영		0	0	0	0
0	0	0	0		윤준성	4			24	권영호		0	0	0	0
0	0	0	0		이용	27			17	장주영		0	0	0	0
0	0	0	1	후8	벨라스케즈	26	대기	대기	39	이호빈	후7	0	0	0	0
0	0	0	0	후25	김병오	7			2	김예성	후33	0	1	0	0
0	0	0	0		김동찬	23			15	조귀범	후23	2(1)	0	0	0
0	0	0	0	후44	엄승민	67			99	안주형		0	0	0	0
0	1	16	13(6)			0			0			12(4)	14	2	0

● 전반 27분 안병준 PAR 내 R-ST-G (득점: 안병준) 오른쪽
● 후반 35분 백성동 PAR → 치솜 PK 우측지점 R-ST-G (득점: 치솜/ 도움: 백성동) 왼쪽

• 5월 25일 • 19:00 • 맑음 • 안양 종합 • 3,013명
• 주심_ 김덕철 • 부심_ 강도준·이영운 • 대기심_ 장순택 • 경기감독관_ 나승화

안양 2 | 1 전반 1 / 1 후반 0 | **1 서울E**

퇴장	경고	파울	ST(유)	교체	선수명	배번	위치	위치	배번	선수명	교체	ST(유)	파울	경고	퇴장
0	0	0	0		양동원	1	GK	GK	1	김영광		0	0	0	0
0	0	1	0		주현재	16	MF	DF	77	김태현		1	2	0	0
0	0	0	0		류언재	6	DF	DF	55	김동철		0	1	0	0
0	0	0	0		최호정	3	DF	DF	15	이경렬		0	0	0	0
0	1	2	0	5	이선걸	2	MF	DF	21	윤성열		0	0	0	0
0	0	0	4(2)		김상원	13	DF	MF	6	마스다	20	0	1	0	0
0	0	0	1	77	맹성웅	28	MF	MF	22	윤상호	17	0	1	0	0
0	1	4	1		구본상	26	MF	MF	8	허범산		1	4	0	0
0	0	1	0		최재훈	8	MF	FW	14	김민균		1(1)	1	0	0
0	1	1	3(2)		팔라시오스	11	FW	FW	23	권기표	10	3(2)	1	0	0
0	0	1	1(1)	9	미콜라	40	FW	FW	30	알렉스		2	2	0	0
0	0	0	0		최필수	21			25	강정묵		0	0	0	0
0	0	0	1(1)	전38	유종현	5			20	이병욱	후46	0	0	0	0
0	0	0	0		이상용	20			2	서경주		0	0	0	0
0	0	0	0		유연승	24	대기	대기	7	이현성		0	0	0	0
0	0	0	0		은성수	7			3	박성우		0	0	0	0
0	0	0	0	후36	김원민	77			17	김경준	후35	0	1	0	0
0	0	1	1(1)	후16	조규성	9			10	두아르테	후19	1	1	0	0
0	3	11	12(7)			0			0			9(3)	15	0	0

● 전반 47분 김영광 GAL 내 EL 자책골 (득점: 김영광) 왼쪽
● 후반 43분 조규성 PK-R-G(득점: 조규성) 가운데
● 전반 29분 김민균 AK 정면 ~ 권기표 PK 좌측지점 R-ST-G (득점: 권기표/ 도움: 김민균) 오른쪽

• 5월 26일 • 15:00 • 맑음 • 아산 이순신 • 2,006명
• 주심_ 오현진 • 부심_ 송봉근·이병주 • 대기심_ 안재훈 • 경기감독관_ 김형남

아산 0 | 0 전반 0 / 0 후반 0 | **0 광주**

퇴장	경고	파울	ST(유)	교체	선수명	배번	위치	위치	배번	선수명	교체	ST(유)	파울	경고	퇴장
0	0	0	0		최봉진	13	GK	GK	1	윤평국		0	0	0	0
0	0	2	0		장순혁	5	DF	DF	2	정준연		0	0	0	0
0	0	3	0		김동진	22	DF	DF	55	김진환		0	0	0	0
0	0	2	0		김지운	27	DF	DF	3	아슐마토프		1	1	1	0
0	0	1	1		이한샘	33	DF	DF	8	이으뜸		1	2	0	0
0	0	1	0		조범석	6	MF	MF	5	최준혁		3	1	0	0
0	0	1	2(1)		김도혁	7	MF	MF	6	박정수		2	0	0	0
0	0	3	0		주세종	17	MF	MF	7	여름		0	3	0	0
0	0	0	2(1)		고무열	10	FW	FW	94	윌리안		2(1)	0	0	0
0	0	1	1	21	김민우	25	FW	FW	11	김정환	15	1(1)	0	0	0
0	0	2	1(1)	37	박민서	77	FW	FW	22	김주공	77	0	2	0	0
0	0	0	0		양형모	1			31	김태곤		0	0	0	0
0	0	0	0		전효석	16			10	임민혁		0	0	0	0
0	0	0	0		박성우	26			12	이시영		0	0	0	0
0	0	0	0		양태렬	14	대기	대기	13	두현석		0	0	0	0
0	0	1	0	후19	임창균	21			15	홍준호	후42	0	0	0	0
0	0	0	0		김민석	23			20	이한도		0	0	0	0
0	2	4	2	후11	김레오	37			77	정영총	후20	1	0	0	0
0	2	21	9(3)			0			0			11(2)	9	1	0

• 5월 27일 • 19:30 • 흐림 안산 와스타디움 • 619명
• 주심_ 최일우 • 부심_ 강동호·장종필 • 대기심_ 최현재 • 경기감독관_ 허기태

안산 0 | 0 전반 0 / 0 후반 1 | **1 부천**

퇴장	경고	파울	ST(유)	교체	선수명	배번	위치	위치	배번	선수명	교체	ST(유)	파울	경고	퇴장
0	0	0	0		이희성	21	GK	GK	21	최철원		0	0	0	0
0	0	0	1(1)		이인재	4	DF	MF	4	박건		0	0	0	0
0	0	0	0	10	이창훈	18	DF	DF	5	임동혁		0	3	0	0
0	0	0	0		김연수	23	DF	DF	14	이인규	3	2	3	0	0
0	0	0	1(1)		박준희	5	MF	DF	32	감한솔		0	2	0	0
0	0	0	1(1)		장혁진	7	MF	MF	6	닐손주니어		1	2	0	0
0	0	3	2		박진섭	8	MF	MF	11	장백규		3(2)	2	1	0
0	1	1	1		김진래	17	MF	DF	22	안태현		0	1	0	0
1	0	1	0		김대열	27	MF	MF	30	송홍민		2	1	0	0
0	0	1	5(3)		빈치씽코	9	FW	FW	18	김륜도	10	1	1	0	0
0	0	2	2(1)	16	마사	51	FW	MF	44	이광재	17	2	2	1	0
0	0	0	0		황인재	1			1	이영창		0	0	0	0
0	0	0	0	전37/88	파우벨	10			3	김재우	후43	0	0	0	0
0	0	0	0		유지민	12			23	국태정		0	0	0	0
0	0	0	0	후12	최명희	16	대기	대기	17	장현수	후25	1(1)	0	0	0
0	0	0	0		방찬준	19			24	김지호		0	0	0	0
0	0	0	0		윤선호	55			9	말론		0	0	0	0
0	0	0	0	후34	펠리삐	88			10	마라냥	후34	0	1	0	0
1	1	8	13(7)			0			0			12(3)	18	2	0

● 후반 3분 이인재 자기 측 GAL L자책골 (득점: 이인재) 왼쪽

• 5월 27일 • 20:00 • 비 • 부산 구덕 • 2,124명
• 주심_ 김도연 • 부심_ 성주경·안광진 • 대기심_ 정회수 • 경기감독관_ 차상해

부산 1   1 전반 0 / 0 후반 0   **0 전남**

퇴장	경고	파울	ST(유)	교체	선수명	배번	위치	위치	배번	선수명	교체	ST(유)	파울	경고	퇴장
0	0	0	0		김형근	31	GK	GK	1	박준혁		0	0	0	0
0	0	0	1		김치우	7	DF	DF	2	최효진		0	0	1	0
0	1	2	1		수신야르	38	DF	DF	17	이지남		0	3	1	0
0	0	1	1		김명준	15	DF	DF	20	곽광선		0	2	1	0
0	0	1	0		김문환	33	DF	DF	11	이유현		0	1	0	0
0	0	0	0		박종우	8	MF	MF	13	김민준		4(1)	1	0	0
0	0	2	3(1)		호물로	10	MF	MF	14	김영욱	9	2(2)	1	0	0
0	0	0	0	45	한지호	22	MF	MF	16	한찬희		2	1	0	0
0	0	2	1(1)	32	이동준	11	MF	FW	25	한승욱	4	0	0	0	0
0	0	0	2(2)	30	김진규	23	MF	FW	18	김경민		1(1)	0	0	0
0	0	3	2(1)		이정협	18	FW	FW	27	정재희	33	0	2	0	0
0	0	0	0		구상민	1			31	박대한		0	0	0	0
0	0	0	0	후18	황준호	45			3	가솔현		0	0	0	0
0	0	0	0		박준강	3			7	이슬찬		0	0	0	0
0	0	0	0		서용덕	6	대기	대기	24	김민혁		0	0	0	0
0	0	1	2(1)	후29	권용현	32			4	김건웅	후0	2	1	0	0
0	0	0	1	후24	디에고	30			33	정희웅	후32	1	0	0	0
0	0	0	0		노보트니	86			9	브루노누네스	후22	0	0	1	0
0	1	12	14(6)			0			0			12(4)	12	4	0

● 전반 8분 이동준 PAR EL ~ 김진규 PAR 내 R-ST-G (득점: 김진규/ 도움: 이동준) 가운데

• 6월 01일 • 17:00 • 맑음 • 광양 전용 • 2,489명
• 주심_ 채상협 • 부심_ 지승민·김홍규 • 대기심_ 김정호 • 경기감독관_ 김용세

전남 1   0 전반 2 / 1 후반 1   **3 안산**

퇴장	경고	파울	ST(유)	교체	선수명	배번	위치	위치	배번	선수명	교체	ST(유)	파울	경고	퇴장
0	0	0	0		박준혁	1	GK	GK	1	황인재		0	0	0	0
0	0	1	1		최효진	2	DF	DF	4	이인재		0	0	0	0
0	0	1	1(1)		이지남	17	DF	DF	23	김연수		0	0	0	0
0	0	1	0		곽광선	20	DF	DF	55	윤선호		0	2	0	0
0	0	0	1		이유현	11	DF	MF	5	박준희		0	1	0	0
0	0	1	1	9	김민준	13	MF	MF	7	장혁진	11	1	0	0	0
0	0	2	2(1)		김건웅	4	MF	MF	8	박진섭		1(1)	3	0	0
0	0	1	3(1)		한찬희	16	MF	MF	16	최명희		0	1	1	0
0	0	1	1(1)	33	한승욱	25	FW	MF	36	김진욱	26	1(1)	1	0	0
0	0	0	1(1)	28	김경민	18	FW	FW	9	빈치씽코		4(3)	1	0	0
0	0	0	2(2)		정재희	27	FW	FW	10	파우벨	12	2(1)	1	0	0
0	0	0	0		박대한	31			21	이희성		0	0	0	0
0	0	0	0		가솔현	3			11	최호주	후45	0	0	0	0
0	0	0	0		이슬찬	7			12	유지민	후23	1(1)	0	0	0
0	0	0	0		김영욱	14	대기	대기	19	방찬준		0	0	0	0
0	0	1	1	후0	정희웅	33			22	이준희		0	0	0	0
0	0	1	1	후15	조윤형	28			24	장준수		0	0	0	0
0	0	0	5(2)	후0	브루노누네스	9			26	김종석	후29	0	0	0	0
0	0	10	20(9)			0			0			10(7)	10	1	0

● 후반 44분 정재희 C,KL ↷ 이지남 GAL 내 H-ST-G (득점: 이지남/ 도움: 정재희) 가운데

● 전반 21분 김경민 GAL 내 자책골 (득점: 김경민)
● 전반 47분 박진섭 GA 정면 R-ST-G (득점: 박진섭) 왼쪽
● 후반 5분 박준희 MF 정면 ~ 김진욱 PA 정면 내 R-ST-G (득점: 김진욱/ 도움: 박준희) 왼쪽

• 6월 01일 • 19:00 • 맑음 • 부산 구덕 • 5,186명
• 주심_ 최광호 • 부심_ 송봉근·이상민 • 대기심_ 장순택 • 경기감독관_ 김호영

부산 2   1 전반 1 / 1 후반 1   **2 수원FC**

퇴장	경고	파울	ST(유)	교체	선수명	배번	위치	위치	배번	선수명	교체	ST(유)	파울	경고	퇴장
0	0	0	0		김형근	31	GK	GK	1	박형순		0	0	0	0
0	0	0	0		김치우	7	DF	DF	2	박요한		0	2	0	0
0	0	3	1		수신야르	38	DF	DF	3	김영찬		0	0	0	0
0	1	3	0		김명준	15	DF	DF	4	윤준성		0	2	1	0
0	0	0	1		김문환	33	DF	DF	55	장준영		0	2	1	0
0	1	2	3		박종우	8	MF	MF	10	백성동		1	1	0	0
0	0	0	4(3)		호물로	10	MF	MF	13	장성재		1(1)	1	0	0
0	0	1	2(1)	30	한지호	22	MF	MF	21	황병권	32	0	0	0	0
0	0	1	0		이동준	11	MF	MF	7	김병오		1	4	0	0
0	0	0	1(1)	23	노보트니	86	FW	FW	9	안병준	79	2(1)	1	0	0
0	0	0	1		이정협	18	FW	MF	11	치솜	23	6(3)	2	0	0
0	0	0	0		구상민	1			37	전수현		0	0	0	0
0	0	0	0		황준호	45			27	이용		0	0	0	0
0	0	0	0		박준강	3			17	안은산		0	0	0	0
0	0	0	0	후0	김진규	23	대기	대기	32	이승현	후9	0	0	0	0
0	0	0	0	후36	권용현	32			23	김동찬	후48	0	0	0	0
0	0	0	0	후30/32	디에고	30			67	엄승민		0	0	0	0
0	0	0	0		정성민	19			79	이재안	후47	0	0	0	0
0	2	10	13(5)			0			0			11(5)	15	2	0

● 전반 11분 한지호 PAL 내 H → 노보트니 PA 정면내 R-ST-G (득점: 노보트니/ 도움: 한지호) 오른쪽
● 후반 6분 김치우 PAL 내 → 호물로 GA 정면 내 L-ST-G (득점: 호물로/ 도움: 김치우) 가운데

● 전반 21분 치솜 PK-R-G(득점: 치솜) 오른쪽
● 후반 31분 치솜 PK-R-G(득점: 치솜) 오른쪽

• 6월 01일 • 19:00 • 맑음 • 부천 종합 • 2,185명
• 주심_ 서동진 • 부심_ 강도준·이영운 • 대기심_ 안재훈 • 경기감독관_ 나승화

부천 1   1 전반 1 / 0 후반 0   **1 대전**

퇴장	경고	파울	ST(유)	교체	선수명	배번	위치	위치	배번	선수명	교체	ST(유)	파울	경고	퇴장
0	0	0	0		최철원	21	GK	GK	1	박주원		0	0	0	0
0	0	1	0		박건	4	MF	DF	22	윤신영		0	1	0	0
0	0	0	2		임동혁	5	DF	DF	5	윤경보		0	3	0	0
0	0	0	0		이인규	14	DF	DF	2	김예성		0	1	0	0
0	0	1	1(1)		감한솔	32	DF	DF	3	황재훈		0	0	0	0
0	0	2	1(1)		닐손주니어	6	MF	MF	66	박수일		0	2	0	0
0	0	2	2(1)	9	장백규	11	MF	MF	39	이호빈		2(2)	0	0	0
0	0	1	0		안태현	22	DF	MF	14	윤성한	8	2	2	0	0
0	0	3	2(1)		송홍민	30	MF	FW	11	김승섭	33	0	0	0	0
0	0	0	4(1)	17	김륜도	18	FW	FW	38	강한빛	99	2(2)	3	1	0
0	0	2	2	10	이광재	44	MF	FW	9	박인혁		3(2)	1	1	0
0	0	0	0		이영창	1			23	김진영		0	0	0	0
0	0	0	0		김재우	3			24	권영호		0	0	0	0
0	0	0	0		국태정	23			17	장주영		0	0	0	0
0	0	0	1	후39	장현수	17	대기	대기	8	박수창	후17	1	3	1	0
0	0	0	0		김지호	24			42	이정문		0	0	0	0
0	0	0	3(2)	후12	말론	9			33	유해성	후27	0	0	0	0
0	0	2	2(1)	후26	마라냥	10			99	안주형	후33	0	0	1	0
0	0	14	20(8)			0			0			10(6)	16	4	0

● 전반 41분 장백규 PAR FK ↷ 김륜도 PK 우측지점 H-ST-G (득점: 김륜도/ 도움: 장백규) 왼쪽

● 전반 1분 김승섭 PAL ↷ 박인혁 GA 정면 H-ST-G (득점: 박인혁/ 도움: 김승섭) 오른쪽

• 6월 02일 • 17:00 • 맑음 • 천안 종합 • 4,752명
• 주심_ 신용준 • 부심_ 장종필·안광진 • 대기심_ 김정호 • 경기감독관_ 최상국

서울E 0   0 전반 1 / 0 후반 1   **2 아산**

퇴장	경고	파울	ST(유)	교체	선수명	배번	위치	위치	배번	선수명	교체	ST(유)	파울	경고	퇴장
0	0	0	0		김 영 광	1	GK	GK	13	최 봉 진		0	0	0	0
0	0	0	0		윤 성 열	21	DF	DF	5	장 순 혁		0	0	0	0
0	0	1	0		김 동 철	55	DF	MF	22	김 동 진		0	0	0	0
0	0	2	2		이 경 렬	15	DF	MF	27	김 지 운		0	2	0	0
0	1	3	1		서 경 주	2	DF	DF	33	이 한 샘		0	1	0	0
0	0	1	2		김 민 균	14	MF	DF	6	조 범 석		0	1	0	0
0	0	2	0	22	마 스 다	6	MF	MF	7	김 도 혁		0	0	0	0
0	1	3	1(1)		허 범 산	8	MF	MF	17	주 세 종		1(1)	0	0	0
0	1	0	0	7	권 기 표	23	FW	MF	29	이 명 주	30	2(2)	2	0	0
0	0	3	2(1)	18	알 렉 스	30	FW	FW	10	고 무 열		2	0	0	0
0	0	1	0		두아르테	10	FW	FW	25	김 민 우	77	0	1	0	0
0	0	0	0		강 정 묵	25			1	양 형 모		0	0	0	0
0	0	0	0		이 병 욱	20			16	전 효 석		0	0	0	0
0	0	0	0		박 성 우	3			26	박 성 우		0	0	0	0
0	0	0	2(2)	후22	이 현 성	7	대기	대기	14	양 태 렬		0	0	0	0
0	0	0	0	후30	윤 상 호	22			23	김 민 석	후35	1	1	0	0
0	0	0	2(1)	후12	원 기 종	18			30	송 환 영	후44	1(1)	0	0	0
0	0	0	0		유 정 완	13			77	박 민 서	후0/23	1(1)	0	0	0
0	3	16	12(5)			0			0			8(5)	8	0	0

● 전반 38분 고무열 PAL 내 EL ~ 이명주 GAL L-ST-G (득점: 이명주/ 도움: 고무열) 오른쪽
● 후반 46분 고무열 GAL ~ 송환영 GAR L-ST-G (득점: 송환영/ 도움: 고무열) 가운데

• 6월 02일 • 19:00 • 맑음 • 안양 종합 • 2,854명
• 주심_ 최대우 • 부심_ 성주경·설귀선 • 대기심_ 안재훈 • 경기감독관_ 차상해

안양 0   0 전반 0 / 0 후반 1   **1 광주**

퇴장	경고	파울	ST(유)	교체	선수명	배번	위치	위치	배번	선수명	교체	ST(유)	파울	경고	퇴장
0	0	0	0		최 필 수	21	GK	GK	1	윤 평 국		0	0	0	0
0	0	0	0	24	주 현 재	16	MF	DF	2	정 준 연		0	2	0	0
0	0	1	1		류 언 재	6	DF	DF	20	이 한 도		0	2	0	0
0	0	0	0		최 호 정	3	DF	DF	3	아슐마토프		0	0	0	0
0	1	3	0		유 종 현	5	DF	DF	8	이 으 뜸		1(1)	1	0	0
0	0	1	3(1)		김 상 원	13	MF	MF	5	최 준 혁		0	0	0	0
0	1	2	1		맹 성 웅	28	MF	MF	6	박 정 수		1	3	1	0
0	1	5	1(1)		구 본 상	26	MF	MF	7	여 름	10	1	0	0	0
0	0	1	0		최 재 훈	8	FW	FW	94	윌 리 안	13	2(1)	3	0	0
0	0	2	5		조 규 성	9	FW	FW	11	김 정 환		0	0	0	0
0	0	0	4(1)	77	미 콜 라	40	FW	FW	9	펠 리 페	18	2(1)	2	0	0
0	0	0	0		양 동 원	1			31	김 태 곤		0	0	0	0
0	0	0	0		김 형 진	15			10	임 민 혁	후37	0	0	0	0
0	0	0	0		이 선 걸	2			12	이 시 영		0	0	0	0
0	0	0	0	후39	유 연 승	24	대기	대기	13	두 현 석	후4	1(1)	0	0	0
0	0	0	0		최 승 호	4			15	홍 준 호		0	0	0	0
0	0	0	0		은 성 수	7			18	조 주 영	후42	0	1	0	0
0	0	0	1	후12	김 원 민	77			77	정 영 총		0	0	0	0
0	3	15	16(3)			0			0			8(4)	14	1	0

● 후반 18분 이으뜸 MFR FK L-ST-G (득점: 이으뜸) 왼쪽

• 6월 15일 • 19:00 • 맑음 • 대전 월드컵 • 1,376명
• 주심_ 김동진 • 부심_ 성주경·이병주 • 대기심_ 송민석 • 경기감독관_ 김형남

대전 1   1 전반 0 / 0 후반 3   **3 안산**

퇴장	경고	파울	ST(유)	교체	선수명	배번	위치	위치	배번	선수명	교체	ST(유)	파울	경고	퇴장
0	0	0	0		박 주 원	1	GK	GK	1	황 인 재		0	0	0	0
0	1	2	0		조 귀 범	15	DF	DF	4	이 인 재		1	0	0	0
0	1	1	1		윤 경 보	5	DF	DF	16	최 명 희		0	0	0	0
0	0	2	3		박 수 일	66	DF	DF	22	이 준 희		0	2	1	0
0	0	0	1		황 재 훈	3	DF	DF	23	김 연 수		0	2	0	0
0	0	1	0		안 상 현	20	MF	MF	5	박 준 희		1	2	0	0
0	0	1	1(1)	42	이 호 빈	39	MF	MF	7	장 혁 진		1(1)	0	1	0
0	0	1	0	14	김 민 성	29	MF	MF	8	박 진 섭		1(1)	1	0	0
0	0	0	0		김 승 섭	11	FW	MF	36	김 진 욱	19	1(1)	0	0	0
0	0	0	0	2	강 한 빛	38	FW	MF	51	마 사	10	1	0	0	0
0	0	7	0		키 쭈	27	FW	FW	9	빈치씽코		5(2)	1	0	0
0	0	0	0		김 진 영	23			21	이 희 성		0	0	0	0
0	0	0	0	후17	김 예 성	2			10	파 우 벨	후9	1(1)	1	0	0
0	0	0	0		장 주 영	17			12	유 지 민		0	0	0	0
0	0	0	0		가도에프	30	대기	대기	17	김 진 래		0	0	0	0
0	1	1	0	후0	이 정 문	42			19	방 찬 준	후20	2(2)	2	0	0
0	0	1	1	후32	윤 성 한	14			20	유 청 인		0	0	0	0
0	0	0	0		서 우 민	77			26	김 종 석		0	0	0	0
0	3	17	7(1)			0			0			14(8)	11	2	0

● 전반 8분 김승섭 GAL EL ~ 이호빈 GAL L-ST-G (득점: 이호빈/ 도움: 김승섭) 오른쪽
● 후반 25분 방찬준 PAL 내 ~ 빈치씽코 GA 정면 L-ST-G (득점: 빈치씽코/ 도움: 방찬준) 오른쪽
● 후반 45분 장혁진 PK-R-G(득점: 장혁진) 가운데
● 후반 49분 장혁진 PA 정면내 ~ 방찬준 PAL 내 L-ST-G (득점: 방찬준/ 도움: 장혁진) 오른쪽

• 6월 15일 • 19:00 • 맑음 • 수원 종합 • 2,185명
• 주심_ 최일우 • 부심_ 지승민·설귀선 • 대기심_ 김대용 • 경기감독관_ 김호영

수원FC 2   1 전반 0 / 1 후반 0   **0 아산**

퇴장	경고	파울	ST(유)	교체	선수명	배번	위치	위치	배번	선수명	교체	ST(유)	파울	경고	퇴장
0	0	0	0		박 형 순	1	GK	GK	13	최 봉 진		0	0	0	0
0	0	0	1		박 요 한	2	DF	DF	5	장 순 혁		1(1)	1	0	0
0	0	2	1		윤 준 성	4	DF	DF	22	김 동 진		1	1	0	0
0	0	2	0		조 유 민	20	DF	DF	27	김 지 운		0	0	0	0
0	1	1	0		이 용	27	DF	DF	33	이 한 샘		0	2	0	0
0	0	2	1(1)		백 성 동	10	MF	MF	6	조 범 석		0	0	0	0
0	0	2	0		장 성 재	13	MF	FW	7	김 도 혁	25	1(1)	0	0	0
0	0	1	3	70	황 병 권	21	MF	MF	17	주 세 종		0	0	0	0
0	0	0	4(1)		김 병 오	7	MF	MF	29	이 명 주		3(2)	0	0	0
0	1	2	3(2)	79	안 병 준	9	FW	FW	10	고 무 열		3(3)	3	1	0
0	0	4	1(1)	15	치 솜	11	MF	FW	70	최 요 셉	37	2(1)	0	0	0
0	0	0	0		임 지 훈	42			1	양 형 모		0	0	0	0
0	0	0	0		김 영 찬	3			16	전 효 석		0	0	0	0
0	0	0	0		이 승 현	32			21	임 창 균		0	0	0	0
0	1	2	0	후18	조 블 론	70	대기	대기	23	김 민 석		0	0	0	0
0	0	0	0	후43	아니에르	15			30	송 환 영		0	0	0	0
0	0	0	0		김 동 찬	23			25	김 민 우	후43	0	0	0	0
0	0	0	0	후45	이 재 안	79			37	김 레 오	후14	2(1)	0	0	0
0	3	18	14(5)			0			0			13(9)	7	1	0

● 전반 43분 김병오 PAR ↷ 안병준 GA 정면 H-ST-G (득점: 안병준/ 도움: 김병오) 왼쪽
● 후반 42분 조블론 PAR 내 ~ 안병준 GA 정면 내 R-ST-G (득점: 안병준/ 도움: 조블론) 가운데

• 6월 16일 • 19:00 • 맑음 • 광주 월드컵 • 4,697명
• 주심_ 정회수 • 부심_ 송봉근 · 안광진 • 대기심_ 이동준 • 경기감독관_ 김진의

광주 4 | 0 전반 0 / 4 후반 1 | **1 부천**

퇴장	경고	파울	ST(유)	교체	선수명	배번	위치	위치	배번	선수명	교체	ST(유)	파울	경고	퇴장
0	0	0	0		윤평국	1	GK	GK	21	최철원		0	0	0	0
0	0	2	1		박선주	27	DF	DF	4	박건		0	0	0	0
0	0	1	0		아슐마토프	3	DF	DF	5	임동혁		1(1)	0	0	0
0	0	2	0		이한도	20	DF	FW	14	이인규	9	1	0	0	0
0	0	1	1(1)		이으뜸	8	DF	DF	23	국태정	17	0	1	0	0
0	0	1	2(1)		최준혁	5	MF	DF	32	감한솔		0	1	0	0
0	0	1	1(1)		박정수	6	MF	MF	6	닐손주니어		0	2	0	0
0	0	1	0		여름	7	MF	MF	22	안태현		3(1)	1	1	0
0	0	1	1(1)	94	두현석	13	FW	MF	24	김지호	19	2	0	0	0
0	0	1	3(1)	10	김정환	11	FW	MF	30	송홍민		2	4	0	0
0	0	2	4(4)	18	펠리페	9	FW	FW	18	김륜도		0	1	0	0
0	0	0	0		김태곤	31	대기	대기	31	이주현		0	0	0	0
0	0	0	0	후43	임민혁	10			16	권승리		0	0	0	0
0	0	0	0		여봉훈	14			11	장백규		0	0	0	0
0	0	0	0		홍준호	15			17	장현수	후34	0	0	0	0
0	0	0	0	후44	조주영	18			9	말론	후5	2(1)	0	0	0
0	0	0	0		김진환	55			19	정택훈	후12	0	0	0	0
0	0	1	1(1)	후20	윌리안	94			44	이광재		0	0	0	0
0	0	14	14(10)			0			0			11(3)	10	1	0

● 후반 10분 이으뜸 AKR FK L-ST-G (득점: 이으뜸) 왼쪽
● 후반 13분 펠리페 GAL 내 R-ST-G (득점: 펠리페) 가운데
● 후반 27분 펠리페 GAR L-ST-G (득점: 펠리페) 왼쪽
● 후반 40분 윌리안 GA 정면 R-ST-G (득점: 윌리안) 오른쪽

● 후반 33분 말론 PK-R-G(득점: 말론) 오른쪽

• 6월 17일 • 19:00 • 맑음 • 천안 종합 • 3,057명
• 주심_ 김대용 • 부심_ 강도준 · 이양우 • 대기심_ 정회수 • 경기감독관_ 신홍기

서울E 0 | 0 전반 1 / 0 후반 0 | **1 전남**

퇴장	경고	파울	ST(유)	교체	선수명	배번	위치	위치	배번	선수명	교체	ST(유)	파울	경고	퇴장
0	0	0	0		김영광	1	GK	GK	1	박준혁		0	0	0	0
0	0	0	2(1)		서경주	2	DF	DF	2	최효진		0	0	0	0
0	0	1	0		김동철	55	DF	DF	17	이지남		1(1)	1	0	0
0	0	0	0		변준범	4	DF	DF	20	곽광선		1(1)	1	0	0
0	0	0	1	23	김태현	77	DF	DF	7	이슬찬		0	0	0	0
0	0	2	2(2)		김민균	14	MF	MF	14	김영욱		0	3	1	0
0	0	1	2(1)		마스다	6	MF	MF	16	한찬희		1	3	1	0
0	0	2	2(1)		허범산	8	MF	MF	4	김건웅	3	1	0	0	0
0	0	3	3(1)		두아르테	10	FW	MF	11	이유현		0	3	0	0
0	0	0	0	50	원기종	18	FW	FW	18	김경민	13	1(1)	1	0	0
0	0	0	0	30	이현성	7	FW	FW	9	브루노누네스	27	2(1)	2	0	0
0	0	0	0		강정묵	25	대기	대기	21	이호승		0	0	0	0
0	0	0	0		이경렬	15			3	가솔현	후38	0	2	0	0
0	0	0	0		박성우	3			29	한창우		0	0	0	0
0	0	0	0	후18	권기표	23			13	김민준	후0	2(1)	2	0	0
0	0	0	0		유정완	13			27	정재희	후25	1(1)	0	0	0
0	0	0	0	후0	쿠티뉴	50			25	한승욱		0	0	0	0
0	0	0	1(1)	후32	알렉스	30			33	정희웅		0	0	0	0
0	0	9	13(7)			0			0			10(6)	18	2	0

● 전반 30분 최효진 PAL → 브루노 누네스 GA 정면 L-ST-G (득점: 브루노 누네스/ 도움: 최효진) 왼쪽

• 6월 17일 • 19:30 • 맑음 • 안양 종합 • 2,073명
• 주심_ 송민석 • 부심_ 강동호 · 이영운 • 대기심_ 최일우 • 경기감독관_ 차상해

안양 1 | 0 전반 0 / 1 후반 3 | **3 부산**

퇴장	경고	파울	ST(유)	교체	선수명	배번	위치	위치	배번	선수명	교체	ST(유)	파울	경고	퇴장
0	0	0	0		양동원	1	GK	GK	31	김형근		0	0	0	0
0	0	2	0		주현재	16	MF	DF	7	김치우		1	0	0	0
0	0	1	2(2)		류언재	6	DF	DF	38	수신야르		0	1	1	0
0	0	0	0		최호정	3	DF	DF	15	김명준		0	1	0	0
0	0	0	0		이상용	20	DF	DF	33	김문환		2(1)	2	0	0
0	0	1	2		이선걸	2	MF	MF	8	박종우		0	1	1	0
0	0	1	0	77	김형진	15	MF	MF	21	이후권	23	0	4	1	0
0	0	1	0	10	최재훈	8	MF	MF	32	권용현	86	1	1	0	0
0	1	3	2(1)		김상원	13	FW	MF	11	이동준		1	0	0	0
0	0	2	5(4)		팔라시오스	11	FW	MF	20	한상운	22	0	0	0	0
0	0	0	0	9	미콜라	40	FW	FW	18	이정협		3(3)	2	0	0
0	0	0	0		정민기	29	대기	대기	1	구상민		0	0	0	0
0	0	0	0		유연승	24			45	황준호		0	0	0	0
0	0	0	0		은성수	7			3	박준강		0	0	0	0
0	0	0	0		김신철	14			6	서용덕		0	0	0	0
0	0	0	0	후11	알렉스	10			23	김진규	후0	3(2)	0	0	0
0	0	0	3(2)	후23	김원민	77			22	한지호	후13	2	0	0	0
0	0	0	3	전33	조규성	9			86	노보트니	후29	1(1)	0	0	0
0	1	11	17(9)			0			0			14(7)	12	3	0

● 후반 49분 조규성 PAR 내 ↷ 팔라시오스 GA 정면 H-ST-G (득점: 팔라시오스/ 도움: 조규성) 오른쪽

● 후반 33분 이정협 PK-R-G(득점: 이정협) 가운데
● 후반 39분 이정협 MFR ~ 노보트니 AK 내 L-ST-G (득점: 노보트니/ 도움: 이정협) 오른쪽
● 후반 47분 이동준 PAR 내 ~ 이정협 PA 정면 L-ST-G (득점: 이정협/ 도움: 이동준) 왼쪽

• 6월 22일 • 19:00 • 맑음 • 아산 이순신 • 5,016명
• 주심_ 최광호 • 부심_ 안광진 · 이상민 • 대기심_ 정회수 • 경기감독관_ 양정환

아산 1 | 1 전반 0 / 0 후반 0 | **0 대전**

퇴장	경고	파울	ST(유)	교체	선수명	배번	위치	위치	배번	선수명	교체	ST(유)	파울	경고	퇴장
0	0	0	0		최봉진	13	GK	GK	1	박주원		0	0	0	0
0	0	2	0		장순혁	5	DF	DF	17	장주영		0	0	0	0
0	0	1	0		김동진	22	DF	DF	5	윤경보	33	0	1	0	0
0	1	2	1		김지운	27	MF	DF	42	이정문		0	2	0	0
0	0	0	1		조범석	6	DF	MF	2	김예성	3	0	0	0	0
0	0	0	2(1)		김도혁	7	MF	MF	20	안상현	8	0	1	1	0
0	0	3	1(1)		주세종	17	MF	MF	66	박수일		1(1)	2	0	0
0	0	1	0	9	김민석	23	MF	MF	29	김민성		1	2	0	0
0	1	3	0		이명주	29	MF	FW	11	김승섭		1	1	0	0
0	0	3	1(1)	26	고무열	10	FW	FW	9	박인혁		3(1)	4	0	0
0	0	0	2(1)	30	김레오	37	FW	FW	27	키쭈		2(1)	1	0	0
0	0	0	0		양형모	1	대기	대기	23	김진영		0	0	0	0
0	0	0	0		전효석	16			3	황재훈	후33	0	0	0	0
0	0	0	0	후43	박성우	26			34	황도연		0	0	0	0
0	0	0	0		임창균	21			8	박수창	후16	0	1	0	0
0	0	0	1	후28	송환영	30			77	서우민		0	0	0	0
0	0	3	1	후10	오세훈	9			14	윤성한		0	0	0	0
0	0	0	0		최요셉	70			33	유해성	후40	0	0	0	0
0	2	18	10(4)			0			0			8(3)	15	1	0

● 전반 38분 주세종 MF 정면 ↷ 김레오 GAL R-ST-G (득점: 김레오/ 도움: 주세종) 오른쪽

• 6월 22일 • 19:00 • 맑음 • 안산 와스타디움 • 3,760명
• 주심_ 김덕철 • 부심_ 송봉근·이양우 • 대기심_ 송민석 • 경기감독관_ 최상국

안산 0 　 0 전반 0 / 0 후반 0 　 **0 부산**

퇴장	경고	파울	ST(유)	교체	선수명	배번	위치	위치	배번	선수명	교체	ST(유)	파울	경고	퇴장
0	0	0	0		황인재	1	GK	GK	31	김형근		0	0	0	0
0	0	0	0		이인재	4	DF	DF	7	김치우		1	2	0	0
0	0	0	0		최명희	16	DF	DF	45	황준호		0	0	0	0
0	0	1	0		김진래	17	DF	DF	15	김명준		1	1	1	0
0	0	1	0		김연수	23	DF	DF	33	김문환		0	4	1	0
0	0	3	0		박준희	5	MF	MF	21	이후권	86	0	2	0	0
0	0	0	2(2)		장혁진	7	MF	MF	23	김진규	20	0	0	0	0
0	0	1	3(1)		박진섭	8	MF	MF	10	호물로		1(1)	1	0	0
0	0	1	0	27	파우벨	10	MF	FW	11	이동준		3(2)	1	0	0
0	0	0	1(1)	19	김진욱	36	MF	FW	22	한지호		1(1)	1	0	0
0	1	4	5(3)		빈치씽코	9	FW	FW	18	이정협	32	1	0	1	0
0	0	0	0		이희성	21			25	김정호		0	0	0	0
0	0	0	0		유지민	12			2	정호정		0	0	0	0
0	0	0	1(1)	후12	방찬준	19			3	박준강		0	0	0	0
0	0	0	0		유청인	20	대기	대기	6	서용덕		0	0	0	0
0	0	0	0		장준수	24			20	한상운	후0	0	1	0	0
0	0	0	0	후29	김대열	27			32	권용현	후0	0	0	0	0
0	0	0	0		마사	51			86	노보트니	후35	0	1	1	0
0	1	11	12(8)			0			0			8(4)	14	4	0

• 6월 23일 • 19:00 • 비 • 안양 종합 • 2,018명
• 주심_ 서동진 • 부심_ 지승민·설귀선 • 대기심_ 안재훈 • 경기감독관_ 허기태

안양 2 　 1 전반 0 / 1 후반 1 　 **1 전남**

퇴장	경고	파울	ST(유)	교체	선수명	배번	위치	위치	배번	선수명	교체	ST(유)	파울	경고	퇴장
0	0	0	0		양동원	1	GK	GK	1	박준혁		0	0	0	0
0	0	1	1	8	유연승	24	MF	DF	2	최효진		1	0	0	0
0	1	2	0		류언재	6	DF	DF	17	이지남		0	3	0	0
0	1	2	0		최호정	3	DF	DF	20	곽광선		0	1	0	0
0	0	1	1		김형진	15	DF	DF	7	이슬찬		0	1	1	0
0	1	2	0		이선걸	2	MF	MF	3	가솔현		2	4	1	0
0	0	0	1	77	맹성웅	28	MF	MF	4	김건웅		2(1)	0	0	0
0	1	1	1(1)	5	구본상	26	MF	MF	33	정희웅		4(1)	3	1	0
0	0	0	4(3)		알렉스	10	FW	MF	13	김민준	11	2(1)	2	0	0
0	0	2	2(1)		팔라시오스	11	FW	FW	18	김경민	29	4(4)	1	0	0
0	0	2	2		조규성	9	FW	FW	9	브루노누네스	22	3	4	0	0
0	0	0	0		정민기	29			21	이호승		0	0	0	0
0	1	1	0	후9	유종현	5			11	이유현	후30	1(1)	1	1	0
0	0	0	0		이상용	20			26	안병건		0	0	0	0
0	0	0	0	후0	최재훈	8	대기	대기	25	한승욱		0	0	0	0
0	0	0	0		김신철	14			22	최재현	후28	0	0	0	0
0	0	1	0	후29	김원민	77			29	한창우	후35	0	0	0	0
0	0	0	0		미콜라	40			27	정재희		0	0	0	0
0	5	15	12(5)			0			0			19(8)	20	4	0

● 전반 28분 팔라시오스 PA 정면내 L-ST-G (득점: 팔라시오스) 오른쪽
● 후반 40분 알렉스 PK-L-G (득점: 알렉스) 왼쪽
● 후반 36분 이유현 PAR 내 L-ST-G (득점: 이유현) 오른쪽

• 6월 24일 • 19:00 • 맑음 • 수원 종합 • 1,622명
• 주심_ 오현진 • 부심_ 강도준·장종필 • 대기심_ 김정호 • 경기감독관_ 김성기

수원FC 0 　 0 전반 0 / 0 후반 2 　 **2 광주**

퇴장	경고	파울	ST(유)	교체	선수명	배번	위치	위치	배번	선수명	교체	ST(유)	파울	경고	퇴장
0	0	0	0		박형순	1	GK	GK	1	윤평국		0	0	0	0
0	0	2	0		박요한	2	DF	DF	27	박선주		0	0	0	0
0	1	2	0		김영찬	3	DF	DF	20	이한도		0	0	0	0
0	0	3	2		조유민	20	DF	DF	3	아슐마토프	15	0	0	0	0
0	0	2	0		장준영	55	DF	DF	8	이으뜸		1(1)	0	0	0
0	0	1	0		백성동	10	MF	MF	5	최준혁		0	0	0	0
0	1	4	1(1)		장성재	13	MF	MF	6	박정수		0	0	0	0
0	0	0	0	15	황병권	21	MF	MF	7	여름		1(1)	0	0	0
0	0	3	3(1)		김병오	7	MF	FW	13	두현석	17	1(1)	2	0	0
0	0	4	6(2)	4	치솜	11	MF	FW	11	김정환	94	4(2)	1	0	0
0	0	1	2(2)	23	이재안	79	FW	FW	9	펠리페		3(2)	2	0	0
0	0	0	0		임지훈	42			21	이진형		0	0	0	0
0	0	0	0	후49	윤준성	4			10	임민혁		0	0	0	0
0	0	0	0		이용	27			14	여봉훈		0	0	0	0
0	0	0	0		이승현	32	대기	대기	15	홍준호	후42	0	0	0	0
0	0	0	0		조블론	70			17	엄원상	후30	0	0	0	0
0	0	1	0	후0	아니에르	15			18	조주영		0	0	0	0
0	0	0	1	후23	김동찬	23			94	윌리안	후3	1(1)	0	0	0
0	2	23	15(6)			0			0			11(8)	5	0	0

● 후반 19분 박형순 자기 측 GAL 내 EL 자책골 (득점: 박형순) 오른쪽
● 후반 50분 펠리페 GA 정면 L-ST-G (득점: 펠리페) 오른쪽

• 6월 24일 • 19:30 • 맑음 • 부천 종합 • 1,372명
• 주심_ 김영수 • 부심_ 강동호·성주경 • 대기심_ 송민석 • 경기감독관_ 김용세

부천 3 　 1 전반 0 / 2 후반 2 　 **2 서울E**

퇴장	경고	파울	ST(유)	교체	선수명	배번	위치	위치	배번	선수명	교체	ST(유)	파울	경고	퇴장
0	0	0	0		최철원	21	GK	GK	1	김영광		0	0	0	0
0	0	0	0		박건	4	DF	DF	2	서경주		1	3	0	0
0	0	0	1(1)	16	임동혁	5	DF	DF	15	이경렬		0	1	1	0
0	0	1	0	17	이인규	14	MF	DF	55	김동철		1(1)	0	0	0
0	0	1	1(1)		감한솔	32	DF	DF	3	박성우		1(1)	2	1	0
0	0	1	0		닐손주니어	6	MF	MF	8	허범산		4(3)	0	1	0
0	0	4	0		안태현	22	DF	MF	7	이현성		3(3)	0	0	0
0	0	2	0		김지호	24	MF	MF	14	김민균		4(3)	1	0	0
0	0	0	0		송홍민	30	MF	FW	10	두아르테	4	0	1	0	0
0	0	1	2(1)	20	말론	9	FW	MF	23	권기표	30	1(1)	0	0	0
0	0	0	1(1)		김륜도	18	MF	FW	18	원기종	32	2(1)	1	1	0
0	0	0	0		이주현	31			25	강정묵		0	0	0	0
0	0	0	0	후37	권승리	16			4	변준범	전40	1	0	0	0
0	0	0	0		국태정	23			33	이재훈		0	0	0	0
0	0	1	0	후23	장현수	17	대기	대기	6	마스다		0	0	0	0
0	0	0	0		정택훈	19			13	유정완		0	0	0	0
0	0	0	0	후47	김찬희	20			32	고준영	후27	0	0	0	0
0	0	0	0		조건규	29			30	알렉스	후0	1(1)	0	0	0
0	0	11	5(4)			0			0			19(14)	9	4	0

● 전반 25분 박건 GAL → 임동혁 GAL 내 R-ST-G (득점: 임동혁/ 도움: 박건) 왼쪽
● 후반 5분 말론 PAR 내 R-ST-G (득점: 말론) 오른쪽
● 후반 15분 김륜도 PAR ↷ 감한솔 PK 좌측지점 R-ST-G (득점: 감한솔/ 도움: 김륜도) 오른쪽
● 후반 40분 허범산 PAL ↷ 박성우 GAR 내 H-ST-G (득점: 박성우/ 도움: 허범산) 오른쪽
● 후반 46분 이현성 GAL ~ 알렉스 PAL 내 R-ST-G (득점: 알렉스/ 도움: 이현성) 왼쪽

• 6월 29일 • 19:00 • 흐리고 비 • 대전 월드컵 • 894명
• 주심_ 채상협 • 부심_ 지승민 · 설귀선 • 대기심_ 김덕철 • 경기감독관_ 최상국

대전 0   0 전반 1 / 0 후반 0   **1 광주**

퇴장	경고	파울	ST(유)	교체	선수명	배번	위치	위치	배번	선수명	교체	ST(유)	파울	경고	퇴장
0	0	0	0		박주원	1	GK	GK	1	윤평국		0	0	0	0
0	0	1	0		장주영	17	DF	DF	27	박선주		1	3	0	0
0	1	1	0	42	윤신영	22	DF	DF	4	김태윤		0	1	0	0
0	0	1	0		이지솔	44	DF	DF	3	아슐마토프		0	2	1	0
0	0	0	1(1)		황재훈	3	MF	DF	8	이으뜸		0	1	0	0
0	0	5	3		안상현	20	MF	MF	5	최준혁		0	2	0	0
0	0	0	1(1)		박수일	66	MF	MF	6	박정수		3(1)	4	0	0
0	0	0	0	8	김민성	29	MF	MF	7	여름		0	1	0	0
0	0	0	2	19	김승섭	11	FW	FW	13	두현석	15	1	1	0	0
0	1	2	3(2)		박인혁	9	FW	FW	11	김정환	17	0	1	0	0
0	1	4	0		키쭈	27	FW	FW	9	펠리페	18	3(2)	3	0	0
0	0	0	0		김진영	23			21	이진형		0	0	0	0
0	0	0	0		김예성	2			10	임민혁		0	0	0	0
0	0	0	0		윤경보	5			14	여봉훈		0	0	0	0
0	0	0	0	후8	박수창	8	대기	대기	15	홍준호	후46	0	0	0	0
0	0	0	0	후29	이정문	42			17	엄원상	후19	0	0	0	0
0	1	1	1(1)	후14	김세윤	19			18	조주영	후34	0	0	0	0
0	0	0	0		강한빛	38			94	윌리안		0	0	0	0
0	4	15	11(5)			0			0			8(3)	19	1	0

● 전반 14분 김정환 MFR ~ 펠리페 AK 정면 L-ST-G (득점: 펠리페/ 도움: 김정환) 왼쪽

• 6월 29일 • 19:00 • 맑음 • 안산 와스타디움 • 1,454명
• 주심_ 송민석 • 부심_ 장종필 · 이영운 • 대기심_ 안재훈 • 경기감독관_ 김호영

안산 1   1 전반 0 / 0 후반 0   **0 서울E**

퇴장	경고	파울	ST(유)	교체	선수명	배번	위치	위치	배번	선수명	교체	ST(유)	파울	경고	퇴장
0	0	0	0		황인재	1	GK	GK	1	김영광		0	0	0	0
0	0	2	0		황태현	2	DF	DF	33	이재훈		0	2	1	0
0	0	0	1(1)		이인재	4	DF	DF	20	이병욱		0	2	0	0
0	0	1	0		최명희	16	DF	DF	4	변준범		0	2	0	0
0	0	0	0		김연수	23	DF	DF	61	최종환		0	2	0	0
0	0	0	0		박준희	5	MF	MF	6	마스다		0	4	1	0
0	0	0	1		장혁진	7	MF	MF	13	유정완	17	0	1	1	0
0	1	2	1(1)		박진섭	8	MF	MF	14	김민균		2(1)	0	0	0
0	0	3	1(1)	10	김진욱	36	MF	FW	50	쿠티뉴		1(1)	0	0	0
0	0	4	2	19	마사	51	MF	FW	23	권기표	2	0	1	0	0
0	1	3	4(3)		빈치씽코	9	FW	FW	30	알렉스	18	0	2	0	0
0	0	0	0		이희성	21			25	강정묵		0	0	0	0
0	0	0	2(1)	후10	파우벨	10			55	김동철		0	0	0	0
0	0	0	0		김진래	17			2	서경주	후13	1(1)	0	0	0
0	0	0	0	후20	방찬준	19	대기	대기	29	김민서		0	0	0	0
0	0	0	0		유청인	20			7	이현성		0	0	0	0
0	0	0	0		김대열	27			17	김경준	후24	1(1)	0	0	0
0	0	0	0		최성민	42			18	원기종	후41	0	0	0	0
0	2	15	12(7)			0			0			5(4)	16	3	0

● 전반 7분 이병욱 자기 측 GAR 내 H자책골 (득점: 이병욱) 오른쪽

• 6월 30일 • 19:00 • 맑음 • 광양 전용 • 2,775명
• 주심_ 최일우 • 부심_ 강도준 · 안광진 • 대기심_ 오현진 • 경기감독관_ 김진의

전남 1   1 전반 0 / 0 후반 0   **0 부천**

퇴장	경고	파울	ST(유)	교체	선수명	배번	위치	위치	배번	선수명	교체	ST(유)	파울	경고	퇴장
0	0	0	0		박준혁	1	GK	GK	21	최철원		0	0	0	0
0	0	1	2		최효진	2	DF	DF	3	김재우		0	0	0	0
0	0	1	0		곽광선	20	DF	DF	4	박건		0	1	0	0
0	0	0	0	17	안셀	5	DF	DF	32	감한솔		1(1)	3	1	0
0	0	0	0		이슬찬	7	DF	DF	42	김한빈		0	2	1	0
0	0	2	0		가솔현	3	MF	MF	6	닐손주니어		2	0	0	0
0	0	2	0		김건웅	4	MF	MF	22	안태현		2(1)	1	0	0
0	1	3	1(1)		김영욱	14	MF	MF	24	김지호	13	0	1	0	0
0	0	4	1		정희웅	33	MF	MF	30	송홍민		0	3	0	0
0	0	0	1	22	한찬희	16	FW	FW	9	말론	20	1	2	0	0
0	0	2	1(1)	13	브루노누네스	9	FW	MF	18	김륜도	19	0	0	0	0
0	0	0	0		이호승	21			31	이주현		0	0	0	0
0	0	0	1(1)	후0	이지남	17			14	이인규		0	0	0	0
0	0	0	0	후32	김민준	13			16	권승리		0	0	0	0
0	0	0	0		정재희	27	대기	대기	13	이정찬	후5	1	0	0	0
0	0	0	0		추정호	23			17	장현수		0	0	0	0
0	0	1	0	후23	최재현	22			19	정택훈	후33	1	0	0	0
0	0	0	0		김경민	18			20	김찬희	후14	2(1)	1	0	0
0	1	16	7(3)			0			0			10(3)	14	2	0

● 전반 25분 가솔현 PAL ↷ 김영욱 GAR 내 R-ST-G (득점: 김영욱/ 도움: 가솔현) 오른쪽

• 6월 30일 • 19:00 • 흐리고 비 • 안양 종합 • 2,308명
• 주심_ 정회수 • 부심_ 송봉근 · 김홍규 • 대기심_ 김정호 • 경기감독관_ 신홍기

안양 2   0 전반 0 / 2 후반 0   **0 수원FC**

퇴장	경고	파울	ST(유)	교체	선수명	배번	위치	위치	배번	선수명	교체	ST(유)	파울	경고	퇴장
0	0	0	0		양동원	1	GK	GK	1	박형순		0	0	0	0
0	0	0	1	30	유연승	24	MF	DF	2	박요한		1(1)	1	0	0
0	0	0	0	5	류언재	6	DF	DF	3	김영찬		0	2	2	0
0	0	0	0		최호정	3	DF	DF	4	윤준성		0	1	1	0
0	0	0	1(1)		김형진	15	DF	DF	55	장준영		0	2	0	0
0	1	2	2(1)		김상원	13	MF	MF	6	김종국	27	1(1)	4	0	0
0	0	3	1		맹성웅	28	MF	MF	10	백성동		3(2)	0	0	0
0	0	2	3(1)		구본상	26	MF	MF	21	황병권	13	0	1	0	0
0	0	0	3(2)	88	알렉스	10	FW	MF	7	김병오		5(2)	2	0	0
0	0	0	6(6)		팔라시오스	11	FW	FW	9	안병준	32	3(1)	0	0	0
0	0	0	7(3)		조규성	9	FW	MF	11	치솜		4(3)	0	0	0
0	0	0	0		정민기	29			42	임지훈		0	0	0	0
0	0	3	0	전39	유종현	5			27	이용	후26	0	1	0	0
0	0	0	0		이선걸	2			13	장성재	후0	0	1	0	0
0	0	1	0	후24	안성빈	30	대기	대기	32	이승현	후35	0	0	0	0
0	0	0	0	후30	이정빈	88			70	조블론		0	0	0	0
0	0	0	0		김원민	77			15	아니에르		0	0	0	0
0	0	0	0		미콜라	40			23	김동찬		0	0	0	0
0	1	11	24(14)			0			0			17(10)	15	3	0

● 후반 9분 알렉스 PK-L-G (득점: 알렉스) 가운데
● 후반 34분 이정빈 MFR ~ 조규성 PAR 내 L-ST-G (득점: 조규성/ 도움: 이정빈) 왼쪽

• 6월 30일 • 20:00 • 맑음 • 부산 구덕 • 3,519명
• 주심_ 김대용 • 부심_ 성주경·이병주 • 대기심_ 장순택 • 경기감독관_ 나승화

부산 2 | 1 전반 1 / 1 후반 3 | **4 아산**

퇴장	경고	파울	ST(유)	교체	선수명	배번	위치	위치	배번	선수명	교체	ST(유)	파울	경고	퇴장
0	0	0	0		김형근	31	GK	GK	13	최봉진		0	0	0	0
0	1	1	1		김치우	7	DF	DF	5	장순혁		0	0	0	0
0	1	1	0		수신야르	38	DF	MF	22	김동진	21	0	3	0	0
0	0	0	1		황준호	45	DF	DF	6	조범석		0	0	0	0
0	0	2	0	14	박준강	3	DF	MF	7	김도혁		4(2)	3	0	0
0	1	3	2(2)		박종우	8	MF	MF	11	안현범		3(2)	3	1	0
0	0	0	1	6	호물로	10	MF	DF	14	양태렬	27	3(2)	2	1	0
0	1	2	2(1)	32	한지호	22	MF	MF	17	주세종		3(2)	1	0	0
0	0	1	0		이동준	11	MF	FW	9	오세훈		3(2)	0	0	0
0	0	2	3(1)		노보트니	86	FW	FW	10	고무열		0	2	0	0
0	0	2	4(4)		이정협	18	FW	MF	37	김레오	30	1(1)	1	0	0
0	0	0	0		최필수	1			1	양형모		0	0	0	0
0	0	0	0		정호정	2			16	전효석		0	0	0	0
0	0	0	0		이종민	17			27	김지운	후47	0	0	0	0
0	0	1	0	후39	권진영	14	대기	대기	21	임창균	후43	0	0	0	0
0	0	0	0	후32	서용덕	6			23	김민석		0	0	0	0
0	0	2	0	후0	권용현	32			30	송환영	후32	0	0	0	0
0	0	0	0		최승인	9			70	최요셉		0	0	0	0
0	4	17	14(8)			0			0			17(11)	15	2	0

● 전반 1분 이동준 GAR 내 EL ~ 노보트니 PK 좌측지점 R-ST-G (득점: 노보트니/ 도움: 이동준) 왼쪽
● 후반 18분 이정협 PK 지점 L-ST-G (득점: 이정협) 오른쪽

● 전반 28분 주세종 PK-R-G(득점: 주세종) 오른쪽
● 후반 6분 양태렬 PK 우측지점 L-ST-G (득점: 양태렬) 왼쪽
● 후반 12분 김레오 GAL L-ST-G (득점: 김레오) 왼쪽
● 후반 25분 고무열 AKL ~ 양태렬 GAL L-ST-G (득점: 양태렬/ 도움: 고무열) 왼쪽

• 7월 06일 • 19:00 • 맑음 • 광주 월드컵 • 4,357명
• 주심_ 김희곤 • 부심_ 강도준·김홍규 • 대기심_ 김정호 • 경기감독관_ 나승화

광주 1 | 1 전반 0 / 0 후반 0 | **0 안산**

퇴장	경고	파울	ST(유)	교체	선수명	배번	위치	위치	배번	선수명	교체	ST(유)	파울	경고	퇴장
0	0	0	0		윤평국	1	GK	GK	1	황인재		0	0	0	0
0	1	2	0		박선주	27	DF	DF	4	이인재		0	1	0	0
0	0	0	0		홍준호	15	DF	DF	16	최명희		0	2	0	0
0	0	0	0		이한도	20	DF	DF	17	김진래		0	1	1	0
0	0	1	0	2	이으뜸	8	DF	DF	23	김연수		0	0	0	0
0	0	1	1		최준혁	5	MF	MF	5	박준희		0	1	0	0
0	0	2	2(1)	10	여봉훈	14	MF	MF	6	곽성욱	12	1	1	0	0
0	0	0	0		여름	7	MF	MF	7	장혁진	19	0	0	0	0
0	0	0	1(1)		윌리안	94	FW	MF	8	박진섭		2(1)	1	0	0
0	1	1	1	13	김정환	11	FW	MF	10	파우벨	11	2(1)	1	0	0
0	0	4	1		펠리페	9	FW	FW	9	빈치씽코		0	2	0	0
0	0	0	0		이진형	21			21	이희성		0	0	0	0
0	0	0	0	후20	정준연	2			2	황태현		0	0	0	0
0	0	0	0	후37	임민혁	10			11	최호주	후12	1(1)	3	0	0
0	0	0	0	후23	두현석	13	대기	대기	12	유지민	후20	1	1	0	0
0	0	0	0		엄원상	17			19	방찬준	후30	0	0	0	0
0	0	0	0		김주공	22			27	김대열		0	0	0	0
0	0	0	0		임진우	29			42	최성민		0	0	0	0
0	2	11	6(2)			0			0			7(3)	14	1	0

● 전반 44분 펠리페 AKL ~ 여봉훈 GAR L-ST-G (득점: 여봉훈/ 도움: 펠리페) 오른쪽

• 7월 06일 • 19:00 • 맑음 • 부산 구덕 • 3,682명
• 주심_ 서동진 • 부심_ 송봉근·이상민 • 대기심_ 김덕철 • 경기감독관_ 허기태

부산 3 | 2 전반 1 / 1 후반 0 | **1 서울E**

퇴장	경고	파울	ST(유)	교체	선수명	배번	위치	위치	배번	선수명	교체	ST(유)	파울	경고	퇴장
0	0	0	0		최필수	1	GK	GK	1	김영광		0	0	0	0
0	0	2	0		박준강	3	DF	DF	33	이재훈		0	3	0	0
0	1	1	1		수신야르	38	DF	DF	55	김동철	30	0	1	0	0
0	0	0	1(1)		김명준	15	DF	DF	15	이경렬		0	3	1	0
0	0	0	1		김문환	33	DF	DF	61	최종환		0	1	0	0
0	0	2	0		박종우	8	MF	MF	7	이현성		2(2)	2	1	0
0	0	2	3(1)	2	호물로	10	MF	MF	8	허범산		1(1)	0	0	0
0	0	3	0		서용덕	6	MF	MF	4	변준범		0	0	0	0
0	0	2	2(1)		이동준	11	FW	MF	23	권기표	14	0	1	0	0
0	0	1	3(1)	14	권용현	32	FW	FW	17	김경준	32	1	1	0	0
0	1	2	2(2)	86	이정협	18	FW	FW	50	쿠티뉴		1(1)	1	0	0
0	0	0	0		김정호	25			25	강정묵		0	0	0	0
0	0	0	0	후45	정호정	2			3	박성우		0	0	0	0
0	0	0	0		박경민	44			16	한지륜		0	0	0	0
0	0	0	0		황준호	45	대기	대기	32	고준영	후25	0	0	0	0
0	0	0	0		한상운	20			14	김민균	후0	1	0	0	0
0	0	0	0	후38	권진영	14			30	알렉스	후14	0	3	1	0
0	0	1	0	후30	노보트니	86			18	원기종		0	0	0	0
0	2	16	13(6)			0			0			6(4)	16	3	0

● 전반 11분 박종우 MFL FK ⌒ 김명준 GA 정면 H-ST-G (득점: 김명준/ 도움: 박종우) 왼쪽
● 전반 38분 이정협 PK-R-G(득점: 이정협) 왼쪽
● 후반 9분 호물로 MFR FK ⌒ 이동준 GA 정면 내 H-ST-G (득점: 이동준/ 도움: 호물로) 오른쪽

● 전반 3분 쿠티뉴 PK-R-G(득점: 쿠티뉴) 오른쪽

• 7월 07일 • 19:00 • 맑음 • 아산 이순신 • 5,080명
• 주심_ 성덕효 • 부심_ 지승민·설귀선 • 대기심_ 장순택 • 경기감독관_ 김형남

아산 1 | 1 전반 1 / 0 후반 0 | **1 전남**

퇴장	경고	파울	ST(유)	교체	선수명	배번	위치	위치	배번	선수명	교체	ST(유)	파울	경고	퇴장
0	0	0	0		최봉진	13	GK	GK	1	박준혁		0	0	0	0
0	0	0	0		장순혁	5	DF	DF	2	최효진		1(1)	1	0	0
0	0	2	1	27	김동진	22	DF	DF	20	곽광선		0	0	0	0
0	0	0	0		조범석	6	DF	DF	5	안셀		0	1	0	1
0	0	1	2(1)		김도혁	7	MF	DF	7	이슬찬		0	1	0	0
0	0	1	4		안현범	11	MF	MF	3	가솔현		0	2	0	0
0	0	0	3(3)		주세종	17	MF	MF	4	김건웅	17	0	1	0	0
0	0	0	1(1)		이명주	29	MF	MF	11	이유현		1	2	2	0
0	0	1	1	18	오세훈	9	FW	MF	33	정희웅	6	1(1)	2	1	0
0	0	0	2(2)		고무열	10	MF	FW	14	김영욱	22	0	0	0	0
0	0	0	4(3)	16	김레오	37	FW	FW	9	브루노누네스		1(1)	4	0	0
0	0	0	0		이기현	24			21	이호승		0	0	0	0
0	0	0	0	후50	전효석	16			17	이지남	후0	0	0	0	0
0	0	1	0	후38	김지운	27			8	윤용호		0	0	0	0
0	0	0	0		양태렬	14	대기	대기	6	이후권	후17	1	0	0	0
0	0	0	0		김민석	23			22	최재현	후29	0	1	0	0
0	0	0	0		송환영	30			18	김경민		0	0	0	0
0	1	0	2	후29	남희철	18			27	정재희		0	0	0	0
0	1	6	20(10)			0			0			5(3)	15	3	1

● 전반 27분 안현범 PAR 내 ~ 고무열 GA 정면 L-ST-G (득점: 고무열/ 도움: 안현범) 오른쪽

● 전반 19분 브루노 누네스 AKL L-ST-G (득점: 브루노 누네스) 오른쪽

• 7월 08일 • 19:00 • 맑음 • 수원 종합 • 1,594명
• 주심_ 최광호 • 부심_ 성주경 · 이양우 • 대기심_ 정회수 • 경기감독관_ 차상해

수원FC 0 0 전반 2 / 0 후반 1 **3 부천**

퇴장	경고	파울	ST(유)	교체	선수명	배번	위치	위치	배번	선수명	교체	ST(유)	파울	경고	퇴장
0	0	0	0		박형순	1	GK	GK	21	최철원		0	0	0	0
0	0	0	2		박요한	2	DF	DF	3	김재우		0	1	0	0
0	0	1	0		우찬양	19	DF	MF	4	박 건		1	1	0	0
0	1	2	2(2)		조유민	20	DF	DF	5	임동혁		1(1)	2	1	0
0	0	2	0	55	이 용	27	DF	DF	32	감한솔		0	0	0	0
0	0	0	0	13	김종국	6	MF	DF	42	김한빈		0	1	0	0
0	0	0	1(1)		백성동	10	MF	MF	6	닐손주니어		2(1)	0	0	0
0	0	2	0		조블론	70	MF	MF	13	이정찬		1(1)	1	0	0
0	0	2	2(1)		안병준	9	FW	MF	22	안태현	77	3(2)	1	0	0
0	0	1	1		안은산	17	MF	FW	9	말 론	20	2(2)	2	0	0
0	0	0	1(1)	7	이재안	79	MF	MF	18	김륜도	29	3(2)	2	0	0
0	0	0	0		임지훈	42			1	이영창		0	0	0	0
0	0	0	0	전16	장준영	55			16	권승리		0	0	0	0
0	0	0	0		이종원	8			17	장현수		0	0	0	0
0	0	0	0	후24	장성재	13	대기	대기	77	이시헌	후34	0	0	0	0
0	0	0	0		이승현	32			30	송홍민		0	0	0	0
0	0	0	0	후12	김병오	7			20	김찬희	후26	0	1	0	0
0	0	0	0		김동찬	23			29	조건규	후43	1(1)	0	0	0
0	1	10	9(5)			0			0			14(10)	12	1	0

- 전반 11분 김한빈 C,KL ↷ 닐손주니어 GAL H-ST-G (득점: 닐손주니어/ 도움: 김한빈) 왼쪽
- 전반 18분 말론 PAR ↷ 김륜도 GAL H-ST-G (득점: 김륜도/ 도움: 말론) 오른쪽
- 후반 6분 김재우 PK 좌측지점 ~ 임동혁 GA 정면 R-ST-G (득점: 임동혁/ 도움: 김재우) 가운데

• 7월 08일 • 19:30 • 맑음 • 안양 종합 • 2,217명
• 주심_ 신용준 • 부심_ 강동호 · 안광진 • 대기심_ 안재훈 • 경기감독관_ 김용세

안양 2 1 전반 0 / 1 후반 1 **1 대전**

퇴장	경고	파울	ST(유)	교체	선수명	배번	위치	위치	배번	선수명	교체	ST(유)	파울	경고	퇴장
0	0	0	0		양동원	1	GK	GK	1	박주원		0	0	0	0
0	0	1	0	30	유연승	24	MF	DF	34	황도연		0	0	0	0
0	1	1	0		유종현	5	DF	DF	22	윤신영	38	0	0	0	0
0	0	1	0		최호정	3	DF	DF	44	이지솔		0	0	0	0
0	0	0	0		김형진	15	DF	MF	66	박수일		2(1)	0	0	0
0	0	1	0		김상원	13	MF	MF	42	이정문	17	0	1	0	0
0	0	0	0	77	맹성웅	28	MF	MF	20	안상현		1(1)	3	0	0
0	0	5	0		구본상	26	MF	MF	3	황재훈		2	0	0	0
0	0	1	0	88	알렉스	10	FW	FW	11	김승섭		0	0	0	0
0	0	0	4(2)		팔라시오스	11	FW	FW	9	박인혁		1	4	0	0
0	0	1	3(2)		조규성	9	FW	FW	27	키 쭈	33	0	2	1	0
0	0	0	0		정민기	29			23	김진영		0	0	0	0
0	0	0	0		이상용	20			5	윤경보		0	0	0	0
0	0	0	0		이선걸	2			17	장주영	후0	1	0	0	0
0	1	0	0	후0	안성빈	30	대기	대기	38	강한빛	후39	0	0	0	0
0	0	2	0	후32	이정빈	88			8	박수창		0	0	0	0
0	0	2	0	전42	김원민	77			19	김세윤		0	0	0	0
0	0	0	0		미콜라	40			33	유해성	후15	1(1)	1	0	0
0	2	15	7(4)			0			0			8(3)	11	1	0

- 전반 23분 최호정 HL 정면 ↷ 조규성 GAR R-ST-G (득점: 조규성/ 도움: 최호정) 왼쪽
- 후반 12분 김상원 PAL ↷ 조규성 GA 정면 H-ST-G (득점: 조규성/ 도움: 김상원) 오른쪽
- 후반 45분 안상현 PK-R-G(득점: 안상현) 왼쪽

• 7월 13일 • 19:00 • 맑음 • 안양 종합 • 3,008명
• 주심_ 김도연 • 부심_ 장종필 · 김홍규 • 대기심_ 김정호 • 경기감독관_ 김성기

안양 4 1 전반 0 / 3 후반 1 **1 아산**

퇴장	경고	파울	ST(유)	교체	선수명	배번	위치	위치	배번	선수명	교체	ST(유)	파울	경고	퇴장
0	1	0	0		정민기	29	GK	GK	13	최봉진		0	0	0	0
0	0	1	1(1)	24	안성빈	30	MF	DF	5	장순혁	16	0	1	0	0
0	0	0	1		유종현	5	DF	DF	22	김동진	27	0	1	1	0
0	0	0	0		최호정	3	DF	DF	6	조범석		0	0	0	0
0	0	0	0		김형진	15	DF	MF	7	김도혁		1(1)	1	0	0
0	0	0	2(2)		김상원	13	MF	DF	11	안현범		1	0	0	0
0	0	2	0	8	구본상	26	MF	MF	17	주세종		4(3)	0	0	0
0	1	2	0	88	김원민	77	MF	MF	29	이명주		2(1)	2	2	0
0	0	1	1		알렉스	10	FW	FW	9	오세훈	97	0	1	0	0
0	1	2	5(3)		팔라시오스	11	FW	FW	10	고무열		6(3)	0	0	0
0	0	1	7(4)		조규성	9	FW	FW	37	김레오		4(3)	1	0	0
0	0	0	0		김태훈	31			24	이기현		0	0	0	0
0	0	0	0		이상용	20			16	전효석	후26	0	0	0	0
0	0	0	0		최우재	52			27	김지운	후22	0	0	0	0
0	0	0	0	후30	유연승	24	대기	대기	14	양태렬		0	0	0	0
0	0	0	0		이선걸	2			23	김민석		0	0	0	0
0	0	0	0	후18	최재훈	8			30	송환영		0	0	0	0
0	0	2	1	후11	이정빈	88			97	이재건	후15	1	0	0	0
0	3	11	18(10)			0			0			19(11)	7	3	0

- 전반 5분 팔라시오스 PAR ↷ 김상원 GAL H-ST-G (득점: 김상원/ 도움: 팔라시오스) 왼쪽
- 후반 16분 팔라시오스 PAR ↷ 김상원 GA 정면 내 H-ST-G (득점: 김상원/ 도움: 팔라시오스) 가운데
- 후반 20분 알렉스 GAL H → 조규성 GA 정면 R-ST-G (득점: 조규성/ 도움: 알렉스) 오른쪽
- 후반 36분 최재훈 MF 정면 H → 팔라시오스 PAL 내 R-ST-G (득점: 팔라시오스/ 도움: 최재훈) 왼쪽
- 후반 10분 주세종 PA 정면 FK R-ST-G (득점: 주세종) 오른쪽

• 7월 13일 • 19:00 • 맑음 • 수원 종합 • 3,424명
• 주심_ 최일우 • 부심_ 지승민 · 안광진 • 대기심_ 안재훈 • 경기감독관_ 나승화

수원FC 0 0 전반 0 / 0 후반 1 **1 부산**

퇴장	경고	파울	ST(유)	교체	선수명	배번	위치	위치	배번	선수명	교체	ST(유)	파울	경고	퇴장
0	0	0	0		박형순	1	GK	GK	1	최필수		0	0	0	0
0	1	3	0		김영찬	3	DF	DF	7	김치우		0	0	0	0
0	0	0	1		우찬양	19	DF	DF	38	수신야르		2(1)	1	0	0
0	0	1	1(1)		조유민	20	DF	DF	15	김명준		1	3	1	0
0	0	3	0		장준영	55	DF	DF	33	김문환		1	1	0	0
0	0	1	3(2)		백성동	10	MF	MF	8	박종우		2(2)	2	0	0
0	1	4	1(1)		장성재	13	MF	MF	10	호물로		5(4)	0	0	0
0	0	5	2(2)		김병오	7	MF	MF	6	서용덕	45	2(2)	2	0	0
0	0	1	0		안병준	9	FW	FW	11	이동준		0	0	0	0
0	0	2	0	8	아니에르	15	MF	FW	32	권용현	22	1(1)	1	0	0
0	0	1	1	21	김동찬	23	MF	FW	86	노보트니	23	1	0	0	0
0	0	0	0		전수현	37			25	김정호		0	0	0	0
0	0	0	0		김종국	6			2	정호정		0	0	0	0
0	0	0	0	후30	이종원	8			3	박준강		0	0	0	0
0	0	0	0	후30	황병권	21	대기	대기	45	황준호	후41	0	0	0	0
0	0	0	0		우예찬	25			23	김진규	후50	0	0	0	0
0	0	0	0		이승현	32			22	한지호	후25	1(1)	0	0	0
0	0	0	0		조블론	70			30	디에고		0	0	0	0
0	2	21	9(6)			0			0			16(11)	10	1	0

- 후반 16분 호물로 PAR FK L-ST-G (득점: 호물로) 오른쪽

• 7월 14일 • 19:00 • 흐림 • 광양 전용 • 2,013명
• 주심_ 송민석 • 부심_ 강도준·이영운 • 대기심_ 서동진 • 경기감독관_ 양정환

전남 2 | 2 전반 0 / 0 후반 0 | **0 대전**

퇴장	경고	파울	ST(유)	교체	선수명	배번	위치	위치	배번	선수명	교체	ST(유)	파울	경고	퇴장
0	0	0	0		박 준 혁	1	GK	GK	23	김 진 영		0	0	0	0
0	0	1	0		최 효 진	2	MF	DF	34	황 도 연		0	0	0	0
0	0	0	0		곽 광 선	20	DF	DF	22	윤 신 영		0	0	0	0
0	0	1	0		이 지 남	17	DF	DF	44	이 지 솔		0	2	0	0
0	0	2	1		이 슬 찬	7	MF	DF	66	박 수 일		1	0	0	0
0	0	2	0		가 솔 현	3	DF	MF	17	장 주 영		0	1	0	0
0	0	2	1(1)		김 건 웅	4	MF	MF	20	안 상 현	3	0	1	0	0
0	0	0	3(1)	14	한 찬 희	16	MF	MF	38	강 한 빛	42	0	1	0	0
0	0	2	1	8	정 희 웅	33	MF	MF	11	김 승 섭		2	1	0	0
0	0	2	1(1)		브루노누네스	9	FW	FW	9	박 인 혁		2(1)	4	1	0
0	0	6	2(1)	95	최 재 현	22	FW	MF	19	김 세 윤	33	2(1)	0	0	0
0	0	0	0		이 호 승	21			1	박 주 원		0	0	0	0
0	0	0	0		안 병 건	26			5	윤 경 보		0	0	0	0
0	0	1	0	후27	김 영 욱	14			3	황 재 훈	후10	0	1	0	0
0	0	0	0	후36	윤 용 호	8	대기	대기	42	이 정 문	후0	2	0	0	0
0	0	0	0		추 정 호	23			8	박 수 창		0	0	0	0
0	0	0	0		정 재 희	27			29	김 민 성		0	0	0	0
0	0	2	0	후23	바 이 오	95			33	유 해 성	후36	1	0	0	0
0	0	21	9(4)			0			0			10(2)	11	1	0

● 전반 7분 브루노 누네스 PAR 내 EL ~ 한찬희 GAR R-ST-G (득점: 한찬희/ 도움: 브루노 누네스) 왼쪽
● 전반 28분 김건웅 자기 측 MF 정면 ↷ 최재현 AKL L-ST-G (득점: 최재현/ 도움: 김건웅) 왼쪽

• 7월 14일 • 19:00 • 맑음 • 부천 종합 • 2,107명
• 주심_ 김덕철 • 부심_ 강동호·설귀선 • 대기심_ 장순택 • 경기감독관_ 차상해

부천 1 | 1 전반 1 / 0 후반 1 | **2 안산**

퇴장	경고	파울	ST(유)	교체	선수명	배번	위치	위치	배번	선수명	교체	ST(유)	파울	경고	퇴장
0	0	0	0		최 철 원	21	GK	GK	21	이 희 성		0	0	0	0
0	0	3	1		김 재 우	3	DF	DF	4	이 인 재		0	0	0	0
0	0	0	0		박 건	4	MF	DF	23	김 연 수		0	1	0	0
0	0	2	1		임 동 혁	5	DF	DF	42	최 성 민		0	1	0	0
0	0	0	0		감 한 솔	32	DF	MF	5	박 준 희	6	2	2	0	0
0	0	0	1(1)		김 한 빈	42	DF	MF	8	박 진 섭		3(3)	1	0	0
0	0	0	0		닐손주니어	6	MF	MF	16	최 명 희		0	2	0	0
0	0	4	1	30	이 정 찬	13	MF	MF	22	이 준 희		0	1	1	0
0	0	0	0	77	안 태 현	22	MF	FW	7	장 혁 진		0	1	1	0
0	0	0	5(3)		말 론	9	FW	FW	12	유 지 민	19	0	2	0	0
0	0	0	0	20	김 륜 도	18	MF	FW	36	김 진 욱	9	1(1)	0	0	0
0	0	0	0		이 영 창	1			1	황 인 재		0	0	0	0
0	0	0	0		권 승 리	16			6	곽 성 욱	후31	0	1	0	0
0	0	0	0		장 현 수	17			9	빈치씽코	전42	3(2)	0	0	0
0	0	0	0	후32	이 시 헌	77	대기	대기	17	김 진 래		0	0	0	0
0	0	0	0	후38	송 홍 민	30			19	방 찬 준	후18	1	0	0	0
0	0	1	0	후13	김 찬 희	20			27	김 대 열		0	0	0	0
0	0	0	0		조 건 규	29			40	심 재 민		0	0	0	0
0	0	10	9(4)			0			0			10(6)	12	2	0

● 전반 10분 감한솔 PAR ↷ 말론 GA 정면 H-ST-G (득점: 말론/ 도움: 감한솔) 왼쪽
● 전반 43분 박진섭 GA 정면내 H-ST-G (득점: 박진섭) 가운데
● 후반 42분 김연수 GA 정면 H → 박진섭 GAL 내 H-ST-G (득점: 박진섭/ 도움: 김연수) 왼쪽

• 7월 14일 • 19:00 • 맑음 • 천안 종합 • 3,630명
• 주심_ 정회수 • 부심_ 성주경·이병주 • 대기심_ 김도연 • 경기감독관_ 김용세

서울E 0 | 0 전반 1 / 0 후반 1 | **2 광주**

퇴장	경고	파울	ST(유)	교체	선수명	배번	위치	위치	배번	선수명	교체	ST(유)	파울	경고	퇴장
0	0	0	0		김 영 광	1	GK	GK	1	윤 평 국		0	0	0	0
0	0	1	0		이 경 렬	15	DF	DF	14	여 봉 훈		2(1)	0	0	0
0	0	1	0	17	최 한 솔	19	DF	DF	20	이 한 도		0	2	1	0
0	0	0	0		변 준 범	4	DF	DF	3	아슐마토프		2(1)	0	0	0
0	0	3	0		이 재 훈	33	MF	DF	27	박 선 주		2	0	0	0
0	0	2	2		허 범 산	8	MF	MF	5	최 준 혁		0	1	0	0
0	0	1	4(1)		김 민 균	14	MF	MF	10	임 민 혁	32	2	1	0	0
0	0	3	1		최 종 환	61	MF	MF	7	여 름		1	0	0	0
0	0	1	3(2)		쿠 티 뉴	50	FW	FW	13	두 현 석	11	2(1)	0	0	0
0	0	1	1	18	알 렉 스	30	FW	FW	94	윌 리 안		3(3)	1	1	0
0	0	0	0	7	두아르테	10	FW	FW	9	펠 리 페	22	4(1)	2	0	0
0	0	0	0		강 정 묵	25			21	이 진 형		0	0	0	0
0	0	0	0		박 성 우	3			2	정 준 연		0	0	0	0
0	0	0	0		이 태 호	24			11	김 정 환	후11	4(1)	0	0	0
0	0	0	0		고 준 영	32	대기	대기	15	홍 준 호		0	0	0	0
0	1	1	0	후26	이 현 성	7			17	엄 원 상		0	0	0	0
0	0	0	0	후32	김 경 준	17			22	김 주 공	후46	0	0	0	0
0	0	0	1(1)	후23	원 기 종	18			32	하 칭 요	후24	0	0	0	0
0	1	14	12(4)			0			0			22(8)	7	2	0

● 전반 23분 윌리안 PA 정면내 R-ST-G (득점: 윌리안) 오른쪽
● 후반 15분 윌리안 GAL ~ 김정환 GA 정면내 L-ST-G (득점: 김정환/ 도움: 윌리안) 왼쪽

• 7월 20일 • 19:00 • 흐림 • 안양 종합 • 4,057명
• 주심_ 서동진 • 부심_ 박균용·이양우 • 대기심_ 오현진 • 경기감독관_ 김호영

안양 7 | 3 전반 1 / 4 후반 0 | **1 광주**

퇴장	경고	파울	ST(유)	교체	선수명	배번	위치	위치	배번	선수명	교체	ST(유)	파울	경고	퇴장
0	0	0	0		정 민 기	29	GK	GK	1	윤 평 국		0	0	0	0
0	0	3	2(2)		안 성 빈	30	MF	DF	14	여 봉 훈		0	1	0	0
0	0	1	0		유 종 현	5	DF	DF	20	이 한 도		0	0	0	0
0	0	0	0		최 호 정	3	DF	DF	3	아슐마토프		0	2	1	0
0	0	3	0		김 형 진	15	DF	DF	8	이 으 뜸		0	0	0	0
0	0	0	1(1)	2	김 상 원	13	MF	MF	5	최 준 혁	27	1(1)	1	0	0
0	1	2	1(1)	77	구 본 상	26	MF	MF	6	박 정 수		0	4	0	0
0	0	1	2(2)	8	이 정 빈	88	MF	MF	7	여 름		0	1	0	0
0	0	0	1(1)		알 렉 스	10	FW	FW	13	두 현 석	15	2(2)	0	0	0
0	0	2	7(5)		팔라시오스	11	FW	FW	11	김 정 환	17	0	2	0	0
0	0	1	5(2)		조 규 성	9	FW	FW	9	펠 리 페		2	2	1	0
0	0	0	0		양 동 원	1			21	이 진 형		0	0	0	0
0	0	0	0		이 상 용	20			15	홍 준 호	후36	0	0	0	0
0	0	0	0		최 우 재	52			17	엄 원 상	후19	1	1	0	0
0	0	0	0		유 연 승	24	대기	대기	22	김 주 공		0	0	0	0
0	0	0	0	후37	이 선 걸	2			27	박 선 주	후7	0	1	0	0
0	0	0	0	후22	최 재 훈	8			32	하 칭 요		0	0	0	0
0	0	0	2(2)	후33	김 원 민	77			33	김 준 형		0	0	0	0
0	1	13	21(16)			0			0			6(3)	15	2	0

● 전반 11분 팔라시오스 PAR ↷ 김상원 PK 좌측지점 R-ST-G (득점: 김상원/ 도움: 팔라시오스) 왼쪽
● 전반 17분 이정빈 AK 내 R-ST-G (득점: 이정빈) 왼쪽
● 전반 35분 안성빈 PAR 내 ~ 구본상 PAR 내 R-ST-G (득점: 구본상/ 도움: 안성빈) 왼쪽
● 후반 27분 김상원 PAL ↷ 조규성 GA 정면내 H-ST-G (득점: 조규성/ 도움: 김상원) 가운데
● 후반 36분 팔라시오스 GA 정면 L-ST-G (득점: 팔라시오스) 가운데
● 후반 41분 알렉스 PA 정면내 L-ST-G (득점: 알렉스) 오른쪽
● 후반 43분 팔라시오스 PAL 내 R-ST-G (득점: 팔라시오스) 왼쪽
● 전반 32분 여봉훈 MFR ↷ 두현석 GAL H-ST-G (득점: 두현석/ 도움: 여봉훈) 왼쪽

• 7월 20일 • 20:00 • 비 • 부산 구덕 • 1,386명
• 주심_ 신용준 • 부심_ 성주경·이영운 • 대기심_ 안재훈 • 경기감독관_ 김진의

부산 2 　 0 전반 1 / 2 후반 1 　 **2 부천**

퇴장	경고	파울	ST(유)	교체	선수명	배번	위치	위치	배번	선수명	교체	ST(유)	파울	경고	퇴장
0	0	0	0		최 필 수	1	GK	GK	21	최 철 원		0	0	0	0
0	0	1	1(1)	3	김 치 우	7	DF	DF	3	김 재 우		0	0	0	0
0	0	2	1		수신야르	38	DF	MF	4	박 건		1	1	0	0
0	0	0	0		김 명 준	15	DF	DF	5	임 동 혁		0	0	0	0
0	0	0	2		김 문 환	33	DF	MF	32	감 한 솔		0	3	2	0
0	0	1	1(1)		박 종 우	8	MF	MF	42	김 한 빈		2(1)	0	0	0
0	0	1	5(2)		호 물 로	10	MF	DF	6	닐손주니어		1(1)	0	0	0
0	0	1	0	86	서 용 덕	6	MF	MF	13	이 정 찬	7	0	1	0	0
0	0	1	4(2)		이 동 준	11	FW	MF	22	안 태 현	17	1	1	0	0
0	0	0	2	30	한 지 호	22	FW	FW	9	말 론		3(2)	1	1	0
0	0	0	3		이 정 협	18	FW	FW	20	김 찬 희	18	0	2	0	0
0	0	0	0		김 형 근	31			31	이 주 현		0	0	0	0
0	0	0	1	후20	박 준 강	3			16	권 승 리		0	0	0	0
0	0	0	0		황 준 호	45			7	문 기 한	전34	0	2	0	0
0	0	0	0		김 진 규	23	대기	대기	17	장 현 수	후31	2	1	0	0
0	1	1	1(1)	후37	디 에 고	30			30	송 홍 민		0	0	0	0
0	0	0	0		권 용 현	32			77	이 시 헌		0	0	0	0
0	0	0	1(1)	후0	노보트니	86			18	김 륜 도	후9	0	0	0	0
0	1	8	22(8)			0			0			10(4)	12	3	0

● 후반 7분 이정협 MFR ~ 노보트니 PA 정면 R-ST-G (득점: 노보트니/ 도움: 이정협) 왼쪽
● 후반 9분 노보트니 PAR 내 ~ 호물로 AKR L-ST-G (득점: 호물로/ 도움: 노보트니) 왼쪽
● 전반 39분 닐손주니어 PK-R-G(득점: 닐손주니어) 왼쪽
● 후반 47분 김명준 GA 정면내 자책골 (득점: 김명준) 오른쪽

• 7월 21일 • 19:00 • 흐림 • 아산 이순신 • 3,185명
• 주심_ 오현진 • 부심_ 강도준·안광진 • 대기심_ 김정호 • 경기감독관_ 최상국

아산 3 　 2 전반 0 / 1 후반 2 　 **2 서울E**

퇴장	경고	파울	ST(유)	교체	선수명	배번	위치	위치	배번	선수명	교체	ST(유)	파울	경고	퇴장
0	0	0	0		최 봉 진	13	GK	GK	25	강 정 묵		0	0	0	0
0	0	0	0		장 순 혁	5	DF	DF	21	윤 성 열		0	0	0	0
0	0	0	1(1)		김 주 원	15	DF	DF	15	이 경 렬		0	1	1	0
0	0	1	0		김 지 운	27	DF	DF	24	이 태 호		0	1	0	0
0	0	0	0		조 범 석	6	DF	DF	61	최 종 환		0	2	1	0
0	0	0	1		김 도 혁	7	MF	MF	7	이 현 성	8	0	1	1	0
0	0	2	0	14	김 선 민	8	MF	MF	19	최 한 솔		1	2	0	0
0	0	1	2(1)		주 세 종	17	MF	MF	50	쿠 티 뉴	17	0	0	0	0
0	0	1	0	37	임 창 균	21	FW	MF	14	김 민 균		5(3)	0	0	0
0	0	2	2(1)	20	오 세 훈	9	FW	MF	10	두아르테		4(3)	0	0	0
0	0	2	5(5)		고 무 열	10	FW	FW	18	원 기 종	30	1	1	0	0
0	0	0	0		양 형 모	1			41	서 동 현		0	0	0	0
0	0	0	0		김 기 영	3			3	박 성 우		0	0	0	0
0	0	0	0		전 효 석	16			4	변 준 범		0	0	0	0
0	0	0	1(1)	후27	양 태 렬	14	대기	대기	8	허 범 산	후0	1	0	0	0
0	0	0	0		송 환 영	30			13	유 정 완		0	0	0	0
0	0	0	1	후19	김 도 엽	20			17	김 경 준	후0	1(1)	0	0	0
0	0	0	1	후14	김 레 오	37			30	알 렉 스	후25	2(2)	0	0	0
0	0	9	14(9)			0			0			15(9)	8	3	0

● 전반 9분 고무열 PK-R-G(득점: 고무열) 왼쪽
● 전반 44분 오세훈 PAR ↷ 고무열 GAR R-ST-G (득점: 고무열/ 도움: 오세훈) 오른쪽
● 후반 20분 고무열 PA 정면내 R-ST-G (득점: 고무열) 오른쪽
● 후반 31분 김민균 MFR ↷ 알렉스 GA 정면 R-ST-G (득점: 알렉스/ 도움: 김민균) 왼쪽
● 후반 40분 김민균 PK-R-G(득점: 김민균) 왼쪽

• 7월 21일 • 19:00 • 흐림 • 대전 월드컵 • 1,477명
• 주심_ 김영수 • 부심_ 강동호·설귀선 • 대기심_ 안재훈 • 경기감독관_ 김형남

대전 2 　 1 전반 1 / 1 후반 3 　 **4 수원FC**

퇴장	경고	파울	ST(유)	교체	선수명	배번	위치	위치	배번	선수명	교체	ST(유)	파울	경고	퇴장
0	0	0	0		박 주 원	1	GK	GK	1	박 형 순		0	0	0	0
0	0	1	0		이 인 규	30	DF	DF	3	김 영 찬		0	1	0	0
0	0	0	0	5	윤 신 영	22	DF	DF	19	우 찬 양		0	1	0	0
0	1	5	0		이 지 솔	44	DF	DF	20	조 유 민		2(2)	0	1	0
0	0	1	3(1)		박 수 일	66	DF	DF	55	장 준 영		1	1	0	0
0	0	0	0		박 민 규	12	DF	MF	8	이 종 원	6	0	1	0	0
0	0	0	1		박 수 창	8	MF	MF	10	백 성 동		3(2)	0	0	0
0	0	3	0	19	신 학 영	13	MF	MF	13	장 성 재		3	0	0	0
0	0	0	4(2)		김 승 섭	11	MF	FW	9	안 병 준		6(4)	2	0	0
0	0	0	1	45	박 인 혁	9	MF	FW	23	김 동 찬	7	1	0	0	0
0	0	2	1(1)		키 쭈	27	FW	FW	79	이 재 안	11	0	0	0	0
0	0	0	0		김 진 영	23			37	전 수 현		0	0	0	0
0	0	0	0	후0	윤 경 보	5			6	김 종 국	후43	0	0	0	0
0	0	0	0		안 상 현	20			21	황 병 권		0	0	0	0
0	0	0	0		이 정 문	42	대기	대기	25	우 예 찬		0	0	0	0
0	0	0	0	후31	김 세 윤	19			7	김 병 오	후12	0	0	0	0
0	0	0	0		강 한 빛	38			11	치 솜	후0	1	0	0	0
0	0	2	2	후0	김 찬	45			15	아니에르		0	0	0	0
0	1	14	12(4)			0			0			17(8)	6	1	0

● 전반 4분 키쭈 PK-L-G (득점: 키쭈) 오른쪽
● 후반 31분 박수일 MFL FK R-ST-G (득점: 박수일) 오른쪽
● 전반 14분 백성동 PAL 내 R-ST-G (득점: 백성동) 오른쪽
● 후반 11분 백성동 C.KL ↷ 조유민 GAL 내 H-ST-G (득점: 조유민/ 도움: 백성동) 왼쪽
● 후반 44분 백성동 C.KR ↷ 안병준 GAL H-ST-G (득점: 안병준/ 도움: 백성동) 오른쪽
● 후반 48분 백성동 PAR FK R-ST-G (득점: 백성동) 오른쪽

• 7월 21일 • 19:00 • 흐림 • 안산 와스타디움 • 3,006명
• 주심_ 최광호 • 부심_ 송봉근·이상민 • 대기심_ 장순택 • 경기감독관_ 신홍기

안산 1 　 0 전반 0 / 1 후반 0 　 **0 전남**

퇴장	경고	파울	ST(유)	교체	선수명	배번	위치	위치	배번	선수명	교체	ST(유)	파울	경고	퇴장
0	0	0	0		이 희 성	21	GK	GK	1	박 준 혁		0	0	0	0
0	1	1	0		이 인 재	4	DF	DF	2	최 효 진		0	0	0	0
0	0	1	0		김 연 수	23	DF	DF	17	이 지 남		0	0	0	0
0	0	1	0		최 성 민	42	DF	DF	20	곽 광 선		0	0	0	0
0	0	0	2(2)		황 태 현	2	MF	DF	7	이 슬 찬		1	0	0	0
0	0	2	0	19	박 준 희	5	MF	MF	3	가 솔 현		0	4	1	0
0	0	0	0	27	장 혁 진	7	MF	MF	4	김 건 웅	95	0	4	0	0
0	0	2	4(2)		박 진 섭	8	MF	MF	11	이 유 현	14	0	1	0	0
0	0	0	1(1)		최 명 희	16	MF	FW	16	한 찬 희		0	1	0	0
0	0	0	0		빈치씽코	9	FW	FW	22	최 재 현		0	0	0	0
0	0	1	0	36	파 우 벨	10	FW	FW	33	정 희 웅	18	1	1	0	0
0	0	0	0		황 인 재	1			21	이 호 승		0	0	0	0
0	0	0	0		곽 성 욱	6			26	안 병 건		0	0	0	0
0	0	0	0		유 지 민	12			13	김 민 준		0	0	0	0
0	0	0	0		김 진 래	17	대기	대기	14	김 영 욱	전19	1(1)	1	0	0
0	0	0	1(1)	후38	방 찬 준	19			8	윤 용 호		0	0	0	0
0	0	0	0	후49	김 대 열	27			95	바 이 오	후29	3	1	1	0
0	0	0	1(1)	후11	김 진 욱	36			18	김 경 민	후12	0	1	0	0
0	1	8	9(7)			0			0			6(1)	14	2	0

● 후반 48분 김진욱 PK 우측지점 ~ 방찬준 GAL L-ST-G (득점: 방찬준/ 도움: 김진욱) 왼쪽

• 7월 27일 • 20:00 • 흐리고 비 • 대전 월드컵 • 1,054명
• 주심_ 김덕철 • 부심_ 지승민 · 이병주 • 대기심_ 장순택 • 경기감독관_ 김진의

대전 0 　 0 전반 0 / 0 후반 1 　 **1 아산**

퇴장	경고	파울	ST(유)	교체	선수명	배번	위치	위치	배번	선수명	교체	ST(유)	파울	경고	퇴장
0	0	0	0		박 주 원	1	GK	GK	13	최 봉 진		0	0	1	0
0	0	0	1		이 인 규	30	DF	DF	5	장 순 혁		0	1	0	0
0	0	3	0		윤 경 보	5	DF	DF	15	김 주 원	89	0	0	0	0
0	0	0	1(1)	27	이 정 문	42	DF	DF	6	조 범 석		0	0	0	0
0	0	2	1		박 수 일	66	MF	MF	7	김 도 혁		1	0	0	0
0	0	1	1(1)		박 민 규	12	MF	MF	8	김 선 민		0	4	0	0
0	0	1	0	20	장 주 영	17	MF	DF	11	안 현 범		1(1)	3	0	0
0	1	5	1		신 학 영	13	MF	MF	17	주 세 종		2(1)	0	1	0
0	0	0	0	7	김 승 섭	11	MF	MF	29	이 명 주	20	0	2	0	0
0	0	0	2(2)		박 인 혁	9	FW	FW	9	오 세 훈		2(1)	3	0	0
0	1	0	5(3)		김 찬	45	FW	FW	10	고 무 열		3(2)	0	0	0
0	0	0	0		김 진 영	23			1	양 형 모		0	0	0	0
0	0	0	0		윤 신 영	22			22	김 동 진		0	0	0	0
0	0	0	0		황 재 훈	3			27	김 지 운		0	0	0	0
0	0	1	0	후34	안 상 현	20	대기	대기	89	박 세 직	후21	0	1	0	0
0	0	0	0		김 세 윤	19			20	김 도 엽	후38	0	0	0	0
0	0	0	1(1)	후29	안토니오	7			25	김 민 우		0	0	0	0
0	0	0	0	후34	키 쭈	27			37	김 레 오		0	0	0	0
0	2	13	13(8)			0			0			9(5)	14	2	0

●후반 9분 이명주 MFR ↷ 고무열 GAL R-ST-G (득점: 고무열/ 도움: 이명주) 왼쪽

• 7월 27일 • 20:00 • 흐림 • 광주 월드컵 • 3,292명
• 주심_ 송민석 • 부심_ 송봉근 · 장종필 • 대기심_ 김대용 • 경기감독관_ 김성기

광주 2 　 0 전반 0 / 2 후반 0 　 **0 수원FC**

퇴장	경고	파울	ST(유)	교체	선수명	배번	위치	위치	배번	선수명	교체	ST(유)	파울	경고	퇴장
0	0	0	0		윤 평 국	1	GK	GK	1	박 형 순		0	0	0	0
0	0	0	0		박 선 주	27	DF	DF	3	김 영 찬		0	0	0	0
0	0	0	0		이 한 도	20	DF	DF	19	우 찬 양		0	1	0	0
0	0	0	0		아슐마토프	3	DF	DF	55	장 준 영		0	2	0	0
0	0	0	0		이 으 뜸	8	DF	DF	6	김 종 국		0	0	0	0
0	0	1	1		최 준 혁	5	MF	MF	8	이 종 원	7	1	1	0	0
0	0	3	0		박 정 수	6	MF	FW	10	백 성 동		1	2	0	0
0	0	1	0	7	임 민 혁	10	MF	MF	13	장 성 재		1	2	0	0
0	0	5	1(1)	72	윌 리 안	94	FW	MF	25	우 예 찬	16	0	0	0	0
0	0	0	2(1)	17	이 희 균	16	FW	FW	9	안 병 준		1(1)	2	0	0
0	0	0	2(1)		펠 리 페	9	FW	FW	11	치 솜	15	1	2	0	0
0	0	0	0		이 진 형	21			37	전 수 현		0	0	0	0
0	0	0	0	후31	여 름	7			2	박 요 한		0	0	0	0
0	0	0	0		여 봉 훈	14			21	황 병 권		0	0	0	0
0	0	0	0		홍 준 호	15	대기	대기	70	조 블 론		0	0	0	0
0	0	0	0	후47	엄 원 상	17			7	김 병 오	후0	0	2	0	0
0	0	0	0		하 칭 요	32			15	아니에르	후36	1(1)	0	0	0
0	0	0	0	후37	최 호 주	72			16	김 지 민	후24	0	0	0	0
0	0	10	6(3)			0			0			6(2)	14	0	0

●후반 3분 아슐마토프 자기 측 MFL ↷ 윌리안 GAL R-ST-G (득점: 윌리안/ 도움: 아슐마토프) 오른쪽
●후반 45분 펠리페 PAR 내 L-ST-G (득점: 펠리페) 오른쪽

• 7월 27일 • 20:00 • 맑음 • 안산 와스타디움 • 2,454명
• 주심_ 정회수 • 부심_ 강동호 · 설귀선 • 대기심_ 안재훈 • 경기감독관_ 신홍기

안산 2 　 1 전반 0 / 1 후반 0 　 **0 부산**

퇴장	경고	파울	ST(유)	교체	선수명	배번	위치	위치	배번	선수명	교체	ST(유)	파울	경고	퇴장
0	0	1	0		황 인 재	1	GK	GK	1	최 필 수		0	0	0	0
0	0	0	0		이 인 재	4	DF	DF	7	김 치 우		0	0	0	0
0	0	1	0		김 연 수	23	DF	DF	38	수신야르		0	1	0	0
0	0	4	0		최 성 민	42	DF	DF	45	황 준 호		0	2	2	0
0	0	4	0		황 태 현	2	MF	DF	33	김 문 환		1(1)	5	2	0
0	0	4	2		박 준 희	5	MF	MF	8	박 종 우		1(1)	0	0	0
0	0	3	0		박 진 섭	8	MF	MF	10	호 물 로		2(1)	2	0	0
0	1	1	2		최 명 희	16	MF	MF	23	김 진 규	3	0	0	0	0
0	0	2	0	6	김 대 열	27	MF	FW	11	이 동 준		1	0	0	0
0	0	2	5(5)		빈치씽코	9	FW	FW	32	권 용 현	22	0	0	0	0
0	1	2	1(1)	11	장 혁 진	7	FW	FW	18	이 정 협	86	0	0	0	0
0	0	0	0		이 희 성	21			31	김 형 근		0	0	0	0
0	0	0	1	후14	곽 성 욱	6			3	박 준 강	후36	0	0	0	0
0	0	0	0		파 우 벨	10			15	김 명 준		0	0	0	0
0	1	1	2(1)	후34	진 창 수	11	대기	대기	6	서 용 덕		0	0	0	0
0	0	0	0		김 진 래	17			22	한 지 호	후17	1(1)	0	0	0
0	0	0	0		방 찬 준	19			30	디 에 고		0	0	0	0
0	0	0	0		김 진 욱	36			86	노보트니	후16	1	0	0	0
0	3	25	13(7)			0			0			7(4)	10	4	0

●전반 15분 빈치씽코 PK-L-G (득점: 빈치씽코) 오른쪽
●후반 48분 황태현 PAR ~ 진창수 PA 정면내 R-ST-G (득점: 진창수/ 도움: 황태현) 오른쪽

• 7월 28일 • 20:00 • 맑음 • 광양 전용 • 2,486명
• 주심_ 최일우 • 부심_ 성주경 · 김홍규 • 대기심_ 최현재 • 경기감독관_ 허기태

전남 0 　 0 전반 1 / 0 후반 0 　 **1 서울E**

퇴장	경고	파울	ST(유)	교체	선수명	배번	위치	위치	배번	선수명	교체	ST(유)	파울	경고	퇴장
0	0	0	0		박 준 혁	1	GK	GK	1	김 영 광		0	0	0	0
0	0	2	0	8	최 효 진	2	DF	DF	4	변 준 범	3	0	1	0	0
0	0	1	0	23	이 지 남	17	DF	DF	19	최 한 솔		0	0	0	0
0	0	0	0		곽 광 선	20	DF	DF	24	이 태 호		0	2	0	0
0	0	0	0	27	이 슬 찬	7	DF	MF	61	최 종 환	21	0	0	0	0
0	0	1	1		김 건 웅	4	MF	MF	8	허 범 산		0	1	1	0
0	1	3	3		김 영 욱	14	MF	MF	14	김 민 균		1	0	0	0
0	1	3	1		한 찬 희	16	MF	MF	33	이 재 훈		0	1	0	0
0	1	2	2(1)		바 이 오	95	FW	FW	17	김 경 준		2	1	1	0
0	1	3	1		최 재 현	22	FW	FW	18	원 기 종	30	2(2)	1	0	0
0	0	1	0		정 희 웅	33	FW	FW	10	두아르테		0	3	0	0
0	0	0	0		이 호 승	21			25	강 정 묵		0	0	0	0
0	0	0	0		안 셀	5			3	박 성 우	후19	0	0	0	0
0	0	0	0		김 민 준	13			21	윤 성 열	후0	0	0	0	0
0	0	0	0	후0	정 재 희	27	대기	대기	13	유 정 완		0	0	0	0
0	0	0	2	후24	윤 용 호	8			11	전 석 훈		0	0	0	0
0	0	0	0		조 윤 형	28			50	쿠 티 뉴		0	0	0	0
0	0	1	1	후0	추 정 호	23			30	알 렉 스	후26	0	0	0	0
0	4	17	11(1)			0			0			5(2)	10	2	0

●전반 30분 원기종 GAR 내 R-ST-G (득점: 원기종) 오른쪽

• 7월 28일 • 20:00 • 흐리고 비 • 안양 종합 • 4,147명
• 주심_ 채상협 • 부심_ 강도준·안광진 • 대기심_ 최광호 • 경기감독관_ 양정환

안양 2 1 전반 0 / 1 후반 2 **2 부천**

퇴장	경고	파울	ST(유)	교체	선수명	배번	위치	위치	배번	선수명	교체	ST(유)	파울	경고	퇴장
0	0	0	0		양 동 원	1	GK	GK	21	최 철 원		0	0	0	0
0	0	2	1	24	안 성 빈	30	MF	DF	3	김 재 우		0	2	0	0
0	0	0	1(1)		유 종 현	5	DF	MF	4	박 건		2(1)	2	0	0
0	0	1	0		최 호 정	3	DF	DF	5	임 동 혁		1	0	0	0
0	0	0	0		김 형 진	15	DF	MF	42	김 한 빈		0	2	0	0
0	0	0	1		김 상 원	13	MF	DF	6	닐손주니어		1(1)	0	0	0
0	0	3	1(1)	77	이 정 빈	88	MF	MF	7	문 기 한	19	0	3	1	0
0	1	1	0	8	구 본 상	26	MF	MF	22	안 태 현		1	2	1	0
0	0	1	2(1)		알 렉 스	10	FW	MF	77	이 시 헌	30	2(2)	1	0	0
0	0	0	0		팔라시오스	11	FW	FW	9	말 론	17	3(2)	1	1	0
0	0	2	4(3)		조 규 성	9	FW	FW	18	김 륜 도		0	0	0	0
0	0	0	0		김 태 훈	31			31	이 주 현		0	0	0	0
0	0	0	0		이 상 용	20			16	권 승 리		0	0	0	0
0	0	0	0		이 선 걸	2			23	국 태 정		0	0	0	0
0	0	0	0		최 우 재	52	대기	대기	17	장 현 수	후27	0	0	0	0
0	0	0	1	후28	유 연 승	24			30	송 홍 민	후0	0	2	0	0
0	0	0	0	후22	최 재 훈	8			19	정 택 훈	후5	1(1)	1	0	0
0	0	0	1(1)	후32	김 원 민	77			20	김 찬 희		0	0	0	0
0	1	10	12(7)			0			0			11(7)	16	3	0

● 전반 46분 알렉스 PK-L-G (득점: 알렉스) 오른쪽
● 후반 47분 유종현 PA 정면내 가슴패스 김원민 PA 정면내 R-ST-G (득점: 김원민/ 도움: 유종현) 오른쪽
● 후반 30분 정택훈 PAL 내 L-ST-G (득점: 정택훈) 왼쪽
● 후반 36분 닐손주니어 PK-R-G(득점: 닐손주니어) 왼쪽

• 8월 03일 • 20:00 • 흐림 • 광양 전용 • 1,679명
• 주심_ 김영수 • 부심_ 강동호·설귀선 • 대기심_ 김덕철 • 경기감독관_ 김호영

전남 1 0 전반 1 / 1 후반 0 **1 광주**

퇴장	경고	파울	ST(유)	교체	선수명	배번	위치	위치	배번	선수명	교체	ST(유)	파울	경고	퇴장
0	0	0	0		박 준 혁	1	GK	GK	1	윤 평 국		0	0	0	0
0	0	4	1		김 민 준	13	DF	DF	27	박 선 주		0	1	0	0
0	0	1	0		곽 광 선	20	DF	DF	20	이 한 도		1(1)	0	0	0
0	0	0	0		최 준 기	40	DF	DF	3	아슐마토프		0	0	0	0
0	0	1	1	4	이 슬 찬	7	DF	DF	8	이 으 뜸		1(1)	0	0	0
0	1	1	0		가 솔 현	3	DF	MF	5	최 준 혁		0	2	1	0
0	0	2	1(1)		한 찬 희	16	MF	MF	6	박 정 수	72	0	2	1	0
0	0	1	0	18	김 영 욱	14	MF	MF	10	임 민 혁	7	0	0	0	0
0	0	1	0	8	최 재 현	22	DF	MF	94	윌 리 안		2(1)	3	1	0
0	1	3	2		바 이 오	95	FW	FW	16	이 희 균	17	3(2)	2	0	0
0	0	0	3(1)		정 재 희	27	MF	FW	9	펠 리 페		0	4	0	0
0	0	0	0		이 호 승	21			21	이 진 형		0	0	0	0
0	0	1	0	후31	김 건 웅	4			7	여 름	후0	0	0	0	0
0	0	0	0		안 셀	5			14	여 봉 훈		0	0	0	0
0	0	0	0	후9	윤 용 호	8	대기	대기	15	홍 준 호		0	0	0	0
0	0	0	0		정 희 웅	33			17	엄 원 상	후35	0	0	0	0
0	0	0	0		조 윤 형	28			32	하 칭 요		0	0	0	0
0	0	0	1(1)	후36	김 경 민	18			72	최 호 주	후43	0	0	0	0
0	2	15	9(3)			0			0			7(5)	14	3	0

● 후반 10분 김영욱 PK 지점 → 정재희 GAR 내 L-ST-G (득점: 정재희/ 도움: 김영욱) 오른쪽
● 전반 47분 이한도 GAR 내 R-ST-G (득점: 이한도) 가운데

• 8월 03일 • 20:00 • 흐림 • 안산 와스타디움 • 4,050명
• 주심_ 김도연 • 부심_ 이영운·김홍규 • 대기심_ 서동진 • 경기감독관_ 최상국

안산 0 0 전반 2 / 0 후반 0 **2 대전**

퇴장	경고	파울	ST(유)	교체	선수명	배번	위치	위치	배번	선수명	교체	ST(유)	파울	경고	퇴장
0	0	0	0		이 희 성	21	GK	GK	1	박 주 원		0	0	0	0
0	1	2	1		이 인 재	4	DF	DF	30	이 인 규		0	2	0	0
0	1	3	1(1)		김 연 수	23	DF	DF	44	이 지 솔		0	2	1	0
0	1	3	2		최 성 민	42	DF	DF	42	이 정 문		0	0	0	0
0	0	1	1		황 태 현	2	MF	MF	66	박 수 일		2	0	0	0
0	0	1	1	6	박 준 희	5	MF	MF	12	박 민 규		0	1	0	0
0	0	1	3(2)		박 진 섭	8	MF	MF	8	박 수 창	11	1	3	0	0
0	0	0	1		최 명 희	16	MF	MF	20	안 상 현		0	2	1	0
0	0	0	0	10	김 진 욱	36	MF	MF	27	키 쭈		2(2)	2	1	0
0	0	1	0		빈치씽코	9	FW	FW	9	박 인 혁	45	0	1	0	0
0	0	0	1(1)	11	방 찬 준	19	FW	FW	7	안토니오	22	2(2)	1	0	0
0	0	0	0		황 인 재	1			23	김 진 영		0	0	0	0
0	0	2	0	후34	곽 성 욱	6			22	윤 신 영	후43	0	0	0	0
0	0	1	1	후7	파 우 벨	10			3	황 재 훈		0	0	0	0
0	0	0	1(1)	후7	진 창 수	11	대기	대기	13	신 학 영		0	0	0	0
0	0	0	0		김 진 래	17			11	김 승 섭	후33	1	0	0	0
0	0	0	0		이 창 훈	18			45	김 찬	후31	0	1	0	0
0	0	0	0		김 대 열	27			10	하마조치		0	0	0	0
0	3	15	13(5)			0			0			8(4)	15	3	0

● 전반 18분 안토니오 PAR 내 ~ 키쭈 GAL 내 L-ST-G (득점: 키쭈/ 도움: 안토니오) 왼쪽
● 전반 38분 안토니오 PA 정면내 R-ST-G (득점: 안토니오) 가운데

• 8월 04일 • 20:00 • 맑음 • 아산 이순신 • 3,180명
• 주심_ 최광호 • 부심_ 강도준·안광진 • 대기심_ 채상협 • 경기감독관_ 나승화

아산 0 0 전반 1 / 0 후반 0 **1 부산**

퇴장	경고	파울	ST(유)	교체	선수명	배번	위치	위치	배번	선수명	교체	ST(유)	파울	경고	퇴장
0	0	0	0		최 봉 진	13	GK	GK	1	최 필 수		0	0	0	0
0	1	2	0	22	장 순 혁	5	DF	DF	2	정 호 정		0	0	0	0
0	0	2	1		김 주 원	15	DF	DF	38	수신야르		1(1)	2	0	0
0	0	0	0		조 범 석	6	DF	DF	15	김 명 준		1(1)	2	0	0
0	0	3	2		김 도 혁	7	MF	MF	14	권 진 영	44	0	1	0	0
0	0	5	0		김 선 민	8	MF	MF	17	이 종 민	23	0	0	0	0
0	0	0	4(2)		안 현 범	11	DF	MF	8	박 종 우	35	1(1)	1	1	0
0	0	2	0		이 명 주	29	MF	MF	10	호 물 로		3	2	0	0
0	0	1	1	37	박 세 직	89	FW	MF	22	한 지 호		0	3	0	0
0	1	1	1		고 무 열	10	FW	FW	11	이 동 준		2	1	0	0
0	0	2	1	9	이 재 건	97	FW	FW	86	노보트니		1(1)	3	1	0
0	0	0	0		양 형 모	1			31	김 형 근		0	0	0	0
0	0	0	1	후31	김 동 진	22			35	박 호 영	후33	0	1	0	0
0	0	0	0		김 지 운	27			44	박 경 민	후20	0	0	0	0
0	0	0	0		임 창 균	21	대기	대기	23	김 진 규	후27	1	0	0	0
0	0	0	1(1)	후11	오 세 훈	9			32	권 용 현		0	0	0	0
0	0	0	0		김 도 엽	20			9	최 승 인		0	0	0	0
0	0	0	1	후22	김 레 오	37			30	디 에 고		0	0	0	0
0	2	18	13(3)			0			0			10(4)	16	2	0

● 전반 40분 한지호 PAR 내 ↷ 노보트니 GA 정면 H-ST-G (득점: 노보트니/ 도움: 한지호) 오른쪽

• 8월 04일 • 20:00 • 맑음 • 수원 종합 • 2,619명
• 주심_ 신용준 • 부심_ 성주경 · 이상민 • 대기심_ 최현재 • 경기감독관_ 신홍기

수원FC 1   0 전반 0 / 1 후반 1   **1 안양**

퇴장	경고	파울	ST(유)	교체	선수명	배번	위치	위치	배번	선수명	교체	ST(유)	파울	경고	퇴장
0	0	0	0		박형순	1	GK	GK	1	양동원		0	0	0	0
0	0	0	1		박요한	2	MF	MF	30	안성빈	24	0	0	0	0
0	0	0	0		김영찬	3	DF	DF	5	유종현		0	0	0	0
0	1	3	0		윤준성	4	DF	DF	3	최호정		0	1	0	0
0	0	2	2(1)		우찬양	19	MF	DF	15	김형진		1	0	0	0
0	0	2	2		조유민	20	DF	MF	13	김상원		1(1)	1	1	0
0	0	0	1	13	김종국	6	MF	MF	88	이정빈		5(1)	1	0	0
0	0	2	1	16	이종원	8	MF	MF	8	최재훈	77	0	0	0	0
0	0	0	3(2)		백성동	10	FW	FW	10	알렉스		2	0	0	0
0	0	2	3	23	치솜	11	FW	FW	11	팔라시오스	14	1	0	0	0
0	2	1	0		아니에르	15	FW	FW	9	조규성		1	3	0	0
0	0	0	0		전수현	37			31	김태훈		0	0	0	0
0	0	0	0	후27	장성재	13			20	이상용		0	0	0	0
0	0	0	0		황병권	21			2	이선걸		0	0	0	0
0	0	0	0		우예찬	25	대기	대기	52	최우재		0	0	0	0
0	0	0	0		조블론	70			24	유연승	후46	0	0	0	0
0	0	0	0	후39	김지민	16			77	김원민	후21	2(1)	0	0	0
0	0	0	0	후42	김동찬	23			14	김신철	후32	0	0	0	0
0	3	12	13(3)			0			0			13(3)	6	1	0

● 후반 46분 백성동 PK-R-G(득점: 백성동) 오른쪽

● 후반 36분 알렉스 MF 정면 ~ 김원민 MFR R-ST-G (득점: 김원민/ 도움: 알렉스) 왼쪽

• 8월 04일 • 20:00 • 흐림 • 잠실 올림픽 • 2,332명
• 주심_ 서동진 • 부심_ 송봉근 · 장종필 • 대기심_ 안재훈 • 경기감독관_ 김진의

서울E 1   0 전반 0 / 1 후반 0   **0 부천**

퇴장	경고	파울	ST(유)	교체	선수명	배번	위치	위치	배번	선수명	교체	ST(유)	파울	경고	퇴장
0	0	0	0		김영광	1	GK	GK	21	최철원		0	0	0	0
0	0	0	0		변준범	4	DF	DF	3	김재우		0	3	0	0
0	0	2	0		최한솔	19	DF	MF	4	박건		1(1)	1	1	0
0	1	0	0		이태호	24	DF	DF	5	임동혁		1(1)	0	0	0
0	0	1	0		최종환	61	MF	DF	32	감한솔		1(1)	0	0	0
0	0	0	1	13	허범산	8	MF	DF	42	김한빈		0	0	0	0
0	0	0	1(1)	7	김민균	14	MF	MF	6	닐손주니어		2	1	0	0
0	0	2	0		이재훈	33	MF	MF	7	문기한	77	2(2)	1	0	0
0	0	2	3(3)		김경준	17	FW	MF	17	장현수	19	2(1)	2	0	0
0	0	1	2	30	원기종	18	FW	MF	30	송홍민		1	0	0	0
0	0	1	2(2)		두아르테	10	FW	FW	20	김찬희	18	2(1)	0	0	0
0	0	0	0		강정묵	25			1	이영창		0	0	0	0
0	0	0	0		이경렬	15			16	권승리		0	0	0	0
0	0	0	0		윤성열	21			23	국태정		0	0	0	0
0	0	0	0		전석훈	11	대기	대기	24	김지호		0	0	0	0
0	0	0	0	후43	유정완	13			77	이시헌	후23	0	0	0	0
0	0	0	0	후35	이현성	7			19	정택훈	후17	0	0	0	0
0	0	0	2	후23	알렉스	30			18	김륜도	후0	0	2	0	0
0	1	9	11(6)			0			0			12(7)	10	1	0

● 후반 8분 두아르테 PAR 내 L-ST-G (득점: 두아르테) 왼쪽

• 8월 11일 • 20:00 • 맑음 • 부산 구덕 • 4,067명
• 주심_ 최현재 • 부심_ 장종필 · 설귀선 • 대기심_ 성덕효 • 경기감독관_ 김형남

부산 2   0 전반 0 / 2 후반 0   **0 대전**

퇴장	경고	파울	ST(유)	교체	선수명	배번	위치	위치	배번	선수명	교체	ST(유)	파울	경고	퇴장
0	0	0	0		최필수	1	GK	GK	1	박주원		0	0	0	0
0	0	0	0	35	정호정	2	DF	DF	30	이인규		0	0	0	0
0	0	0	1		수신야르	38	DF	DF	44	이지솔		0	1	0	0
0	0	1	0		김명준	15	DF	DF	42	이정문		1	3	1	0
0	0	1	0		김문환	33	MF	MF	66	박수일		0	3	0	0
0	0	1	0	17	박준강	3	MF	MF	12	박민규		1	2	1	0
0	0	2	2(1)		박종우	8	MF	MF	8	박수창	45	0	1	0	0
0	0	1	3(2)		호물로	10	MF	MF	20	안상현		0	4	0	0
0	0	2	2(1)	23	한지호	22	MF	FW	27	키쭈		0	0	0	0
0	0	1	1(1)		이동준	11	FW	FW	9	박인혁	11	2	2	0	0
0	0	1	2(1)		이정협	18	FW	FW	7	안토니오	10	0	1	1	0
0	0	0	0		김형근	31			23	김진영		0	0	0	0
0	0	0	0	후39	박호영	35			22	윤신영		0	0	0	0
0	0	0	0	후45	이종민	17			3	황재훈		0	0	0	0
0	0	0	2(2)	후36	김진규	23	대기	대기	5	윤경보		0	0	0	0
0	0	0	0		디에고	30			11	김승섭	후21	0	0	0	0
0	0	0	0		권용현	32			45	김찬	후21	0	0	0	0
0	0	0	0		최승인	9			10	하마조치	후30	0	1	0	0
0	0	10	13(8)			0			0			4	18	3	0

● 후반 12분 박종우 AKL FK R-ST-G (득점: 박종우) 오른쪽

● 후반 15분 이정협 GA 정면내 H → 이동준 GA 정면내 L-ST-G (득점: 이동준/ 도움: 이정협) 가운데

• 8월 10일 • 20:00 • 맑음 • 부천 종합 • 2,256명
• 주심_ 최일우 • 부심_ 강도준 · 안광진 • 대기심_ 장순택 • 경기감독관_ 차상해

부천 1   1 전반 1 / 0 후반 0   **1 광주**

퇴장	경고	파울	ST(유)	교체	선수명	배번	위치	위치	배번	선수명	교체	ST(유)	파울	경고	퇴장
0	0	0	0		최철원	21	GK	GK	1	윤평국		0	0	0	0
0	1	1	0		김재우	3	DF	DF	14	여봉훈		1	4	1	0
0	0	4	0		박건	4	MF	DF	20	이한도		0	1	0	0
0	0	1	1		임동혁	5	DF	DF	3	아슐마토프		0	1	1	0
0	0	1	0		김한빈	42	MF	DF	27	박선주		0	2	1	0
0	0	0	1		닐손주니어	6	DF	MF	5	최준혁		2(1)	0	0	0
0	0	2	1(1)	32	문기한	7	MF	MF	7	여름		1	1	0	0
0	0	2	1(1)	20	장현수	17	MF	MF	13	두현석	72	2(2)	0	0	0
0	0	4	1(1)		안태현	22	MF	FW	94	윌리안	16	2(1)	1	1	0
0	0	2	1	19	송홍민	30	MF	FW	17	엄원상	32	0	0	0	0
0	1	1	5(5)		말론	9	FW	FW	9	펠리페		3(2)	2	0	0
0	0	0	0		이주현	31			21	이진형		0	0	0	0
0	0	0	0		윤지혁	14			8	이으뜸		0	0	0	0
0	0	0	0	후29	감한솔	32			10	임민혁		0	0	0	0
0	0	0	0		이시헌	77	대기	대기	15	홍준호		0	0	0	0
0	0	0	0		김륜도	18			16	이희균	후42	0	1	0	0
0	0	1	0	후35	정택훈	19			32	하칭요	후29	1	0	0	0
0	0	0	1	후26	김찬희	20			72	최호주	후20	0	0	0	0
0	2	19	12(8)			0			0			12(6)	13	4	0

● 전반 29분 문기한 MFL ~ 말론 PAL R-ST-G (득점: 말론/ 도움: 문기한) 오른쪽

● 전반 20분 두현석 C,KR ↷ 펠리페 GAR H-ST-G (득점: 펠리페/ 도움: 두현석) 가운데

• 8월 11일 • 20:00 • 흐리고 비 • 안양 종합 • 3,727명
• 주심_ 정회수 • 부심_ 지승민·이병주 • 대기심_ 김정호 • 경기감독관_ 김용세

안양 4 3 전반 0 / 1 후반 2 **2 전남**

퇴장	경고	파울	ST(유)	교체	선수명	배번	위치	위치	배번	선수명	교체	ST(유)	파울	경고	퇴장
0	0	0	0		양동원	1	GK	GK	1	박준혁		0	0	0	0
0	0	1	0	19	안성빈	30	MF	MF	2	최효진		0	0	0	0
0	1	0	0		유종현	5	DF	DF	20	곽광선		0	3	0	0
0	0	0	0		최호정	3	DF	DF	40	최준기		0	0	0	0
0	0	0	1		김형진	15	DF	MF	7	이슬찬		1	1	0	0
0	0	1	1(1)		김상원	13	MF	DF	3	가솔현	4	0	0	0	0
0	0	1	0	8	이정빈	88	MF	FW	14	김영욱		3(2)	1	1	0
0	0	2	0	77	구본상	26	MF	MF	16	한찬희		2(2)	3	1	0
0	0	0	4(1)		알렉스	10	FW	FW	22	최재현	18	1(1)	0	0	0
0	0	0	3(2)		팔라시오스	11	FW	MF	8	윤용호	33	0	3	1	0
1	1	3	2(2)		조규성	9	FW	FW	27	정재희		4(3)	0	0	0
0	0	0	0		김태훈	31			21	이호승		0	0	0	0
0	0	0	0		최우재	52			5	안셀		0	0	0	0
0	0	0	0		이선걸	2			13	김민준		0	0	0	0
0	0	0	1(1)	후13	채광훈	19	대기	대기	4	김건웅	후0	1(1)	0	0	0
0	0	0	0	후37	최재훈	8			33	정희웅	후27	0	1	0	0
0	1	2	0	후18	김원민	77			28	조윤형		0	0	0	0
0	0	0	0		모재현	50			18	김경민	후0	3(2)	2	0	0
1	3	10	12(7)			0			0			15(11)	14	3	0

● 전반 20분 김상원 PAR FK L-ST-G (득점: 김상원) 오른쪽
● 전반 37분 알렉스 PA 정면 ~ 팔라시오스 GAL L-ST-G (득점: 팔라시오스/ 도움: 알렉스) 가운데
● 전반 44분 알렉스 PAR 내 L-ST-G (득점: 알렉스) 왼쪽
● 후반 24분 이정빈 PAL 내 ~ 채광훈 GAR R-ST-G (득점: 채광훈/ 도움: 이정빈) 왼쪽
● 후반 21분 한찬희 PAL ~ 김건웅 MFL R-ST-G (득점: 김건웅/ 도움: 한찬희) 오른쪽
● 후반 44분 김영욱 PK-R-G(득점: 김영욱) 오른쪽

• 8월 12일 • 20:00 • 흐림 • 안산 와스타디움 • 2,043명
• 주심_ 송민석 • 부심_ 성주경·이양우 • 대기심_ 안재훈 • 경기감독관_ 양정환

안산 1 0 전반 0 / 1 후반 2 **2 아산**

퇴장	경고	파울	ST(유)	교체	선수명	배번	위치	위치	배번	선수명	교체	ST(유)	파울	경고	퇴장
0	0	0	0		황인재	1	GK	GK	24	이기현		0	0	0	0
0	0	1	1		이인재	4	DF	DF	3	김기영	17	0	0	0	0
0	1	2	0		김연수	23	DF	DF	5	장순혁		0	1	1	0
0	1	2	0		최성민	42	DF	DF	16	전효석		0	1	0	0
0	0	1	0	10	황태현	2	MF	DF	32	정원영		0	1	0	0
0	0	0	1	9	박준희	5	MF	MF	14	양태렬		1(1)	2	0	0
0	0	1	0		곽성욱	6	MF	MF	30	송환영		0	5	0	0
0	0	0	4(2)		박진섭	8	MF	MF	89	박세직		0	0	0	0
0	0	0	1		최명희	16	MF	FW	9	오세훈		3(1)	3	0	0
0	0	0	0		장혁진	7	FW	MF	37	김레오	29	1(1)	0	0	0
0	0	4	2(1)	18	진창수	11	FW	FW	97	이재건	18	1	1	0	0
0	0	0	0		이희성	21			31	김영익		0	0	0	0
0	0	1	3(2)	후9	빈치씽코	9			12	주원석		0	0	0	0
0	0	1	1	후13	파우벨	10			17	주세종	후12	1	2	0	0
0	0	0	1(1)	후29	이창훈	18	대기	대기	23	김민석		0	0	0	0
0	0	0	0		방찬준	19			29	이명주	후12	0	1	0	0
0	0	0	0		김대열	27			18	남희철	후35	0	0	0	0
0	0	0	0		김진욱	36			77	박민서		0	0	0	0
0	2	13	14(6)			0			0			7(3)	17	1	0

● 후반 32분 박진섭 GAL 내 L-ST-G (득점: 박진섭) 가운데
● 후반 4분 황인재 GA 정면내 자책골 (득점: 황인재) 왼쪽
● 후반 22분 주세종 C,KR ↷ 오세훈 GAR 내 H-ST-G (득점: 오세훈/ 도움: 주세종) 가운데

• 8월 12일 • 19:00 • 흐림 • 잠실 올림픽 • 1,609명
• 주심_ 채상협 • 부심_ 강동호·김홍규 • 대기심_ 김덕철 • 경기감독관_ 김성기

서울E 2 1 전반 1 / 1 후반 0 **1 수원FC**

퇴장	경고	파울	ST(유)	교체	선수명	배번	위치	위치	배번	선수명	교체	ST(유)	파울	경고	퇴장
0	0	0	0		김영광	1	GK	GK	1	박형순		0	0	0	0
0	0	0	1		변준범	4	DF	DF	2	박요한		0	1	0	0
0	0	1	0		최한솔	19	DF	DF	3	김영찬		0	0	1	0
0	0	0	2(1)		이태호	24	DF	DF	19	우찬양		0	1	0	0
0	0	2	0		윤성열	21	MF	DF	20	조유민		1	3	0	0
0	0	3	1		허범산	8	MF	MF	6	김종국		1(1)	2	0	0
0	0	1	2(1)		김민균	14	MF	MF	8	이종원	79	3(1)	4	0	0
0	0	3	0		최종환	61	MF	FW	10	백성동		1(1)	1	0	0
0	0	1	2(1)	11	김경준	17	FW	MF	21	황병권	14	2(1)	0	0	0
0	0	2	2(1)	7	원기종	18	FW	FW	11	치솜		7(2)	2	0	0
0	0	0	1	30	두아르테	10	FW	FW	16	김지민	23	0	1	0	0
0	0	0	0		강정묵	25			37	전수현		0	0	0	0
0	0	0	0		김동철	55			14	이학민	후10	1	2	0	0
0	0	0	0		박성우	3			13	장성재		0	0	0	0
0	0	0	0	후16	전석훈	11	대기	대기	25	우예찬		0	0	0	0
0	0	0	0		유정완	13			70	조블론		0	0	0	0
0	0	0	0	후30	이현성	7			23	김동찬	후23	0	0	0	0
0	0	0	2(2)	후37	알렉스	30			79	이재안	후44	0	0	0	0
0	0	13	13(6)			0			0			16(6)	17	1	0

● 전반 18분 원기종 PAL ~ 김민균 GAL R-ST-G (득점: 김민균/ 도움: 원기종) 왼쪽
● 후반 42분 김민균 C,KL ↷ 이태호 GAL H-ST-G (득점: 이태호/ 도움: 김민균) 오른쪽
● 전반 12분 치솜 GAR R-ST-G (득점: 치솜) 왼쪽

• 8월 17일 • 19:00 • 맑음 • 광주 월드컵 • 5,192명
• 주심_ 서동진 • 부심_ 강동호·이상민 • 대기심_ 정회수 • 경기감독관_ 신홍기

광주 1 0 전반 0 / 1 후반 1 **1 부산**

퇴장	경고	파울	ST(유)	교체	선수명	배번	위치	위치	배번	선수명	교체	ST(유)	파울	경고	퇴장
0	0	0	0		윤평국	1	GK	GK	1	최필수		0	0	0	0
0	0	3	0		박선주	27	DF	DF	2	정호정	32	1	0	0	0
0	1	2	0		이한도	20	DF	DF	38	수신야르		1(1)	1	1	0
0	0	1	0		아슐마토프	3	DF	DF	15	김명준		0	0	0	0
0	0	0	1(1)		이으뜸	8	DF	MF	3	박준강		0	2	1	0
0	0	1	3(1)		최준혁	5	MF	MF	33	김문환		0	0	0	0
0	1	2	0		여봉훈	14	MF	MF	8	박종우		0	3	0	0
0	1	4	0	15	임민혁	10	MF	MF	10	호물로		2(2)	1	0	0
0	0	0	0	22	두현석	13	FW	MF	22	한지호	35	1	2	0	0
0	0	2	0	7	이희균	16	FW	FW	11	이동준		1	3	0	0
0	0	7	0		펠리페	9	FW	FW	18	이정협		2(1)	2	0	0
0	0	0	0		이진형	21			31	김형근		0	0	0	0
0	0	0	0		정준연	2			35	박호영	후38	0	0	0	0
0	0	0	0		박정수	6			17	이종민		0	0	0	0
0	0	1	0	후16	여름	7	대기	대기	23	김진규		0	0	0	0
0	0	0	0	후34	홍준호	15			32	권용현	후0	0	4	0	0
0	0	0	0	후19	김주공	22			30	디에고		0	0	0	0
0	0	0	0		하칭요	32			86	노보트니		0	0	0	0
0	3	23	4(2)			0			0			8(4)	18	2	0

● 후반 42분 이으뜸 AKR FK L-ST-G (득점: 이으뜸) 오른쪽
● 후반 13분 권용현 PAR ~ 호물로 AKR L-ST-G (득점: 호물로/ 도움: 권용현) 왼쪽

• 8월 17일 • 19:00 • 맑음 • 수원 종합 • 2,343명
• 주심_ 오현진 • 부심_ 강도준·안광진 • 대기심_ 장순택 • 경기감독관_ 김진의

수원FC 2 　 1 전반 2 / 1 후반 1 　 **3 안산**

퇴장	경고	파울	ST(유)	교체	선수명	배번	위치	위치	배번	선수명	교체	ST(유)	파울	경고	퇴장
0	0	0	0		전 수 현	37	GK	GK	1	황 인 재		0	0	0	0
0	0	1	0		박 요 한	2	MF	DF	4	이 인 재		0	1	0	0
0	0	4	1(1)		윤 준 성	4	DF	DF	18	이 창 훈		0	0	0	0
0	0	1	0		우 찬 양	19	MF	DF	42	최 성 민		0	0	0	0
0	0	4	2		조 유 민	20	DF	MF	5	박 준 희		0	0	0	0
0	0	0	3(1)		김 종 국	6	MF	MF	7	장 혁 진		0	0	0	0
0	0	1	2(1)		백 성 동	10	MF	MF	8	박 진 섭		3(1)	2	0	0
0	0	1	0	13	우 예 찬	25	DF	MF	16	최 명 희		0	0	0	0
0	0	1	0	15	임 창 균	94	FW	MF	17	김 진 래	2	0	2	1	0
0	0	0	4(2)		치 솜	11	FW	FW	9	빈치씽코	10	5(3)	1	0	0
0	0	0	1	16	이 재 안	79	FW	FW	51	마 사	11	4(2)	2	0	0
0	0	0	0		박 형 순	1			21	이 희 성		0	0	0	0
0	0	0	0		이 학 민	14			2	황 태 현	후33	0	0	0	0
0	0	0	0		김 주 엽	30			10	파 우 벨	후46	0	0	0	0
0	0	0	0	후21	장 성 재	13	대기	대기	11	진 창 수	후13	1(1)	2	0	0
0	0	0	0		조 블 론	70			19	방 찬 준		0	0	0	0
0	0	0	1(1)	후31	아니에르	15			27	김 대 열		0	0	0	0
0	1	1	1	후0	김 지 민	16			36	김 진 욱		0	0	0	0
0	1	14	15(6)			0			0			13(7)	10	1	0

● 전반 42분 이재안 PA 정면내 ~ 치솜 PA 정면내 L-ST-G (득점: 치솜/ 도움: 이재안) 왼쪽
● 후반 12분 임창균 MFR ↷ 치솜 GAR R-ST-G (득점: 치솜/ 도움: 임창균) 오른쪽
● 전반 11분 장혁진 MFR FK ↷ 빈치씽코 GAL 내 L-ST-G (득점: 빈치씽코/ 도움: 장혁진) 오른쪽
● 전반 21분 장혁진 PAL ~ 마사 AKL R-ST-G (득점: 마사/ 도움: 장혁진) 왼쪽
● 후반 21분 장혁진 C,KR ↷ 박진섭 GA 정면 H-ST-G (득점: 박진섭/ 도움: 장혁진) 오른쪽

• 8월 18일 • 19:00 • 맑음 • 잠실 올림픽 • 2,846명
• 주심_ 김도연 • 부심_ 장종필·설귀선 • 대기심_ 안재훈 • 경기감독관_ 나승화

서울E 2 　 1 전반 0 / 1 후반 0 　 **0 안양**

퇴장	경고	파울	ST(유)	교체	선수명	배번	위치	위치	배번	선수명	교체	ST(유)	파울	경고	퇴장
0	0	0	0		김 영 광	1	GK	GK	1	양 동 원		0	1	0	0
0	0	1	0		변 준 범	4	DF	MF	30	안 성 빈	19	0	0	0	0
0	1	2	0	7	최 한 솔	19	DF	DF	52	최 우 재		0	2	0	0
0	1	2	0	5	이 태 호	24	DF	DF	3	최 호 정		0	2	0	1
0	0	0	0		윤 성 열	21	MF	DF	15	김 형 진		1	3	1	0
0	0	3	0		허 범 산	8	MF	MF	2	이 선 걸	13	0	0	0	0
0	0	1	4(1)		김 민 균	14	MF	MF	88	이 정 빈		0	0	0	0
0	0	3	0		최 종 환	61	MF	MF	26	구 본 상	20	0	3	0	0
0	0	1	2(1)	50	김 경 준	17	FW	FW	10	알 렉 스		1(1)	1	0	0
0	0	1	1(1)		원 기 종	18	FW	FW	11	팔라시오스		1	1	0	0
0	1	1	1(1)		두아르테	10	FW	FW	50	모 재 현		1	0	1	0
0	0	0	0		강 정 묵	25			31	김 태 훈		0	0	0	0
0	0	0	0	후27	안 지 호	5			20	이 상 용	후8	0	0	0	0
0	0	0	0		박 성 우	3			13	김 상 원	전46	0	0	0	0
0	0	0	0		전 석 훈	11	대기	대기	19	채 광 훈	후17	1(1)	0	0	0
0	1	3	1	후6	이 현 성	7			8	최 재 훈		0	0	0	0
0	0	0	3	후32	쿠 티 뉴	50			14	김 신 철		0	0	0	0
0	0	0	0		알 렉 스	30			7	은 성 수		0	0	0	0
0	4	18	12(4)			0			0			5(2)	13	2	1

● 전반 21분 두아르테 PK-L-G (득점: 두아르테) 오른쪽
● 후반 5분 김경준 PK-R-G(득점: 김경준) 오른쪽

• 8월 19일 • 19:00 • 맑음 • 광양 전용 • 2,867명
• 주심_ 신용준 • 부심_ 송봉근·이영운 • 대기심_ 최일우 • 경기감독관_ 최상국

전남 2 　 1 전반 0 / 1 후반 0 　 **0 아산**

퇴장	경고	파울	ST(유)	교체	선수명	배번	위치	위치	배번	선수명	교체	ST(유)	파울	경고	퇴장
0	0	0	0		박 준 혁	1	GK	GK	24	이 기 현		0	0	0	0
0	1	4	0		김 민 준	13	MF	DF	5	장 순 혁		0	0	0	0
0	0	1	0		곽 광 선	20	DF	DF	16	전 효 석	14	0	2	0	0
0	1	1	0		김 주 원	66	DF	DF	19	민 준 영		0	0	0	0
0	0	0	1		최 효 진	2	MF	DF	32	정 원 영		1	0	0	0
0	0	0	0	3	최 준 기	40	DF	MF	17	주 세 종		2(1)	0	0	0
0	1	4	0		한 찬 희	16	MF	MF	29	이 명 주		0	1	0	0
0	0	2	0		김 건 웅	4	MF	MF	30	송 환 영	70	0	0	0	0
0	0	0	2(1)	23	정 재 희	27	FW	MF	89	박 세 직		1	2	0	0
0	0	3	2(1)		바 이 오	95	FW	FW	9	오 세 훈		1	0	0	0
0	0	2	0	22	김 경 민	18	FW	FW	20	김 도 엽	97	1	0	0	0
0	0	0	0		이 호 승	21			31	김 영 익		0	0	0	0
0	0	0	0		이 슬 찬	7			3	김 기 영		0	0	0	0
0	0	0	0	후37	가 솔 현	3			26	박 성 우		0	0	0	0
0	0	0	0	후11	최 재 현	22	대기	대기	14	양 태 렬	후8	0	0	0	0
0	0	0	1(1)	후42	추 정 호	23			18	남 희 철		0	0	0	0
0	0	0	0		조 윤 형	28			70	최 요 셉	후33	0	0	0	0
0	0	0	0		윤 용 호	8			97	이 재 건	후15	1(1)	0	0	0
0	3	17	6(3)			0			0			7(2)	5	0	0

● 전반 32분 김경민 GAL ~ 바이오 PAL R-ST-G (득점: 바이오/ 도움: 김경민) 오른쪽
● 후반 39분 정재희 GAR R-ST-G (득점: 정재희) 왼쪽

• 8월 19일 • 19:00 • 맑음 • 대전 월드컵 • 911명
• 주심_ 김덕철 • 부심_ 성주경·김홍규 • 대기심_ 송민석 • 경기감독관_ 김호영

대전 1 　 1 전반 0 / 0 후반 2 　 **2 부천**

퇴장	경고	파울	ST(유)	교체	선수명	배번	위치	위치	배번	선수명	교체	ST(유)	파울	경고	퇴장
0	0	0	0		박 주 원	1	GK	GK	21	최 철 원		0	0	0	0
0	0	3	1		이 인 규	30	DF	DF	3	김 재 우		0	0	0	0
0	0	2	1	45	이 지 솔	44	DF	MF	4	박 건	30	0	0	0	0
0	0	0	0	4	윤 신 영	22	DF	DF	5	임 동 혁		1(1)	0	0	0
0	0	0	0	11	박 수 일	66	MF	DF	42	김 한 빈	32	0	0	0	0
0	0	1	0		박 민 규	12	MF	MF	6	닐손주니어		0	2	0	0
0	0	5	1		박 수 창	8	MF	MF	7	문 기 한	18	1(1)	0	0	0
0	1	1	0		안 상 현	20	MF	MF	10	조 범 석		0	2	0	0
0	0	1	4(3)		키 쭈	27	FW	MF	17	장 현 수		4(3)	2	1	0
0	1	1	5(2)		하마조치	10	FW	DF	22	안 태 현		1(1)	1	0	0
0	0	5	0		안토니오	7	FW	FW	9	말 론		3(2)	2	0	0
0	0	0	0		김 진 영	23			31	이 주 현		0	0	0	0
0	0	0	0		황 재 훈	3			14	윤 지 혁		0	0	0	0
0	0	0	1(1)	후40	김 태 현	4			32	감 한 솔	전14	1(1)	0	1	0
0	0	0	0		윤 경 보	5	대기	대기	30	송 홍 민	후40	0	1	0	0
0	0	0	1(1)	후36	김 승 섭	11			77	이 시 헌		0	0	0	0
0	0	1	0	후42	김 찬	45			18	김 륜 도	후0	2(1)	1	0	0
0	0	0	0		박 인 혁	9			19	정 택 훈		0	0	0	0
0	2	20	14(7)			0			0			13(10)	11	2	0

● 전반 41분 안상현 PAL 내 ~ 하마조치 PA 정면내 R-ST-G (득점: 하마조치/ 도움: 안상현) 왼쪽
● 후반 2분 말론 GAR L-ST-G (득점: 말론) 오른쪽
● 후반 18분 김재우 자기 측 HLL ↷ 말론 PAL 내 L-ST-G (득점: 말론/ 도움: 김재우) 왼쪽

- 8월 24일 • 19:00 • 맑음 • 부천 종합 • 3,987명
- 주심_ 김영수 • 부심_ 강동호·장종필 • 대기심_ 안재훈 • 경기감독관_ 김성기

부천 0 | 0 전반 0 / 0 후반 3 | **3 전남**

퇴장	경고	파울	ST(유)	교체	선수명	배번	위치	위치	배번	선수명	교체	ST(유)	파울	경고	퇴장
0	0	0	0		최철원	21	GK	GK	1	박준혁		0	0	1	0
0	0	0	1		김재우	3	DF	MF	7	이슬찬		0	1	1	0
0	0	1	1(1)		박건	4	MF	DF	20	곽광선		1	1	0	0
0	0	2	3(2)		임동혁	5	DF	DF	66	김주원	15	0	1	0	0
0	1	1	5(4)		닐손주니어	6	DF	MF	2	최효진		0	0	0	0
0	0	1	0	77	문기한	7	MF	DF	40	최준기		1	1	0	0
0	0	0	2(1)		조범석	10	MF	MF	4	김건웅		1	1	0	0
0	0	1	2(1)		장현수	17	MF	MF	14	김영욱	3	0	1	0	0
0	0	0	0		안태현	22	MF	FW	18	김경민	8	0	1	0	0
0	0	2	2(2)	19	말론	9	FW	FW	95	바이오		3(3)	4	1	0
0	0	1	1(1)		김륜도	18	FW	FW	27	정재희		4(4)	0	0	0
0	0	0	0		이영창	1			21	이호승		0	0	0	0
0	0	0	0		윤지혁	14			3	가솔현	후21	0	0	0	0
0	0	0	0		국태정	23			15	김진성	후42	0	0	0	0
0	0	0	0		송홍민	30	대기	대기	22	최재현		0	0	0	0
0	0	2	2	후9	이시헌	77			8	윤용호	후14	3(1)	0	0	0
0	0	0	0	후29	정택훈	19			23	추정호		0	0	0	0
0	0	0	0		이광재	44			28	조윤형		0	0	0	0
0	1	11	19(12)			0			0			13(8)	11	3	0

- ●후반 6분 이슬찬 자기 측 HLL → 정재희 GAL R-ST-G (득점: 정재희/ 도움: 이슬찬) 왼쪽
- ●후반 43분 정재희 AK 정면 ~ 바이오 AKL R-ST-G (득점: 바이오/ 도움: 정재희) 오른쪽
- ●후반 48분 윤용호 GAL L-ST-G (득점: 윤용호) 오른쪽

- 8월 24일 • 19:00 • 맑음 • 잠실 올림픽 • 3,169명
- 주심_ 정회수 • 부심_ 성주경·김홍규 • 대기심_ 최광호 • 경기감독관_ 허기태

서울E 1 | 1 전반 1 / 0 후반 2 | **3 안산**

퇴장	경고	파울	ST(유)	교체	선수명	배번	위치	위치	배번	선수명	교체	ST(유)	파울	경고	퇴장
0	0	0	0		김영광	1	GK	GK	1	황인재		0	0	0	0
0	0	2	0		변준범	4	DF	DF	4	이인재		0	0	0	0
0	1	1	1		최한솔	19	DF	DF	23	김연수		1(1)	2	0	0
0	0	3	0		이태호	24	DF	DF	42	최성민		0	1	1	0
0	0	0	0		윤성열	21	MF	MF	2	황태현		1(1)	0	0	0
0	0	0	1(1)	7	허범산	8	MF	MF	5	박준희		0	1	0	0
0	0	1	1		김민균	14	MF	MF	7	장혁진	18	1(1)	3	0	0
0	0	1	1		최종환	61	MF	MF	8	박진섭		4(3)	2	0	0
0	0	1	1	5	김경준	17	FW	MF	16	최명희		0	1	0	0
0	0	0	0	30	원기종	18	FW	FW	9	빈치씽코	19	3(2)	4	0	0
0	0	1	4(2)		두아르테	10	FW	FW	51	마사	6	4(3)	1	0	0
0	0	0	0		강정묵	25			21	이희성		0	0	0	0
0	0	0	0	후17	안지호	5			6	곽성욱	후21	1(1)	1	0	0
0	0	0	0		박성우	3			10	파우벨		0	0	0	0
0	0	0	0		전석훈	11	대기	대기	17	김진래		0	0	0	0
0	1	2	0	후0	이현성	7			18	이창훈	후45	0	0	0	0
0	0	0	0		쿠티뉴	50			19	방찬준	후42	1(1)	1	0	0
0	0	1	1(1)	후26	알렉스	30			36	김진욱		0	0	0	0
0	2	13	10(4)			0			0			16(13)	17	1	0

- ●전반 24분 두아르테 AK 내 L-ST-G (득점: 두아르테) 오른쪽

- ●전반 3분 황태현 PAR ↷ 빈치씽코 GAL 내 H-ST-G (득점: 빈치씽코/ 도움: 황태현) 왼쪽
- ●후반 1분 장혁진 PK-R-G(득점: 장혁진) 왼쪽
- ●후반 43분 방찬준 GAL ~ 곽성욱 PK 지점 R-ST-G (득점: 곽성욱/ 도움: 방찬준) 오른쪽

- 8월 25일 • 20:00 • 맑음 • 부산 구덕 • 4,269명
- 주심_ 송민석 • 부심_ 송봉근·안광진 • 대기심_ 장순택 • 경기감독관_ 김용세

부산 1 | 0 전반 1 / 1 후반 0 | **1 안양**

퇴장	경고	파울	ST(유)	교체	선수명	배번	위치	위치	배번	선수명	교체	ST(유)	파울	경고	퇴장
0	0	0	0		최필수	1	GK	GK	1	양동원		0	0	1	0
0	0	1	0		김치우	7	DF	MF	19	채광훈		2(1)	1	0	0
0	1	0	1		김명준	15	DF	DF	5	유종현		1(1)	2	0	0
0	1	2	2(1)	45	유수철	28	DF	DF	15	김형진		0	1	0	0
0	0	1	0		박준강	3	DF	DF	20	이상용		0	0	0	0
0	0	1	2(1)		박종우	8	MF	MF	13	김상원		0	2	0	0
0	0	1	2		김진규	23	MF	MF	26	구본상		0	2	1	0
0	0	1	0	86	한상운	20	MF	MF	28	맹성웅	77	0	2	0	0
0	0	0	5(1)		이동준	11	FW	FW	10	알렉스		5(3)	1	0	0
0	0	0	2(1)	32	한지호	22	FW	FW	88	이정빈		5(4)	2	0	0
0	1	3	2		이정협	18	FW	FW	50	모재현	30	3(2)	1	0	0
0	0	0	0		김형근	31			31	김태훈		0	0	0	0
0	0	0	0	후41	황준호	45			6	류언재		0	0	0	0
0	0	0	0		이종민	17			2	이선걸		0	0	0	0
0	0	0	0		권혁규	42	대기	대기	30	안성빈	후26	0	1	0	0
0	0	0	0		디에고	30			77	김원민	후15	1	0	0	0
0	0	0	1	후0	권용현	32			8	최재훈	후32	0	0	0	0
0	0	0	2(1)	후16	노보트니	86			14	김신철		0	0	0	0
0	3	10	19(5)			0			0			17(11)	15	2	0

- ●후반 21분 박종우 C.KL ↷ 노보트니 GA 정면 내 H-ST-G (득점: 노보트니/ 도움: 박종우) 오른쪽

- ●전반 33분 알렉스 PA 정면내 L-ST-G (득점: 알렉스) 가운데

- 8월 26일 • 19:30 • 흐림 광주 월드컵 • 2,792명
- 주심_ 채상협 • 부심_ 강도준·이양우 • 대기심_ 오현진 • 경기감독관_ 최상국

광주 0 | 0 전반 0 / 0 후반 0 | **0 대전**

퇴장	경고	파울	ST(유)	교체	선수명	배번	위치	위치	배번	선수명	교체	ST(유)	파울	경고	퇴장
0	0	0	0		윤평국	1	GK	GK	1	박주원		0	0	0	0
0	0	1	0		박선주	27	DF	DF	30	이인규	5	0	1	1	0
0	1	1	0		홍준호	15	DF	DF	44	이지솔		0	1	0	0
0	0	0	1(1)		아슐마토프	3	DF	DF	42	이정문		2	1	0	0
0	0	1	1		이으뜸	8	DF	MF	3	황재훈		0	4	0	0
0	0	2	0		최준혁	5	MF	MF	12	박민규		1	2	0	0
0	0	6	0	33	박정수	6	MF	MF	8	박수창	19	2	0	0	0
0	0	2	1		임민혁	10	MF	MF	4	김태현		0	3	0	0
0	0	1	1	22	두현석	13	FW	FW	27	키쭈		0	1	0	0
0	0	1	0	17	이희균	16	FW	FW	11	김승섭		1(1)	1	1	0
0	0	2	1(1)		펠리페	9	FW	FW	9	박인혁	7	1	2	0	0
0	0	0	0		최봉진	41			23	김진영		0	0	0	0
0	0	0	0		정준연	2			66	박수일		0	0	0	0
0	0	0	0		여름	7			26	김지훈		0	0	0	0
0	0	1	0	후3	엄원상	17	대기	대기	5	윤경보	후10	0	1	0	0
0	0	1	1(1)	후37	김주공	22			19	김세윤	후41	0	1	0	0
0	0	1	0	후22	김준형	33			7	안토니오	후19	0	1	0	0
0	0	0	0		김진환	55			10	하마조치		0	0	0	0
0	1	20	6(3)			0			0			7(1)	19	2	0

• 8월 26일 • 20:00 • 맑음 • 아산 이순신 • 4,077명
• 주심_ 최일우 • 부심_ 지승민·설귀선 • 대기심_ 김정호 • 경기감독관_ 차상해

아산 1   1 전반 1 / 0 후반 0   **1 수원FC**

퇴장	경고	파울	ST(유)	교체	선수명	배번	위치	위치	배번	선수명	교체	ST(유)	파울	경고	퇴장
0	0	0	0		이기현	24	GK	GK	37	전수현		0	0	0	0
0	0	0	0		정다훤	2	DF	DF	2	박요한		0	0	0	0
0	0	2	0		김기영	3	MF	DF	4	윤준성		1(1)	1	0	0
0	0	1	0	26	장순혁	5	DF	DF	14	이학민		1	2	0	0
0	0	2	1(1)		정원영	32	DF	DF	20	조유민		1	2	0	0
0	0	2	2(1)		양태렬	14	MF	MF	10	백성동		2	2	0	0
0	0	1	2(2)		박세직	89	MF	MF	13	장성재		0	3	0	0
0	0	1	3(1)		오세훈	9	FW	FW	21	황병권	16	0	0	0	0
0	0	0	1(1)		김도엽	20	MF	MF	94	임창균	70	4(1)	1	1	0
0	0	1	1	37	박민서	77	FW	FW	11	치솜		5(4)	5	1	0
0	0	0	2	23	이재건	97	MF	FW	15	아니에르		3(2)	2	0	0
0	0	0	0		김영익	31			1	박형순		0	0	0	0
0	0	0	0	후31	박성우	26			3	김영찬		0	0	0	0
0	0	0	0		주원석	12			30	김주엽		0	0	0	0
0	0	2	1(1)	후18	김민석	23	대기	대기	55	장준영		0	0	0	0
0	0	0	0		송환영	30			6	김종국		0	0	0	0
0	0	0	0		남희철	18			70	조블론	후33	0	0	0	0
0	0	0	1	후35	김레오	37			16	김지민	후0	4(1)	1	0	0
0	0	12	14(7)			0			0			21(9)	19	2	0

● 전반 33분 양태렬 C.KL R-ST-G (득점: 양태렬) 오른쪽

● 전반 14분 임창균 MF 정면 ~ 치솜 GA 정면 R-ST-G (득점: 치솜/ 도움: 임창균) 오른쪽

• 8월 31일 • 19:00 • 맑음 • 안양 종합 • 5,005명
• 주심_ 최광호 • 부심_ 강동호·설귀선 • 대기심_ 김영수 • 경기감독관_ 양정환

안양 0   0 전반 0 / 0 후반 0   **0 대전**

퇴장	경고	파울	ST(유)	교체	선수명	배번	위치	위치	배번	선수명	교체	ST(유)	파울	경고	퇴장
0	0	0	0		양동원	1	GK	GK	1	박주원		0	0	0	0
0	0	0	1(1)		채광훈	19	MF	DF	30	이인규		1	2	0	0
0	0	1	0		유종현	5	DF	DF	44	이지솔		0	1	1	0
0	0	2	0		김형진	15	DF	DF	42	이정문		0	2	1	0
0	0	1	0	6	이상용	20	DF	MF	3	황재훈		0	1	0	0
0	0	1	0		김상원	13	MF	MF	12	박민규		0	2	0	0
0	0	1	3		구본상	26	MF	MF	8	박수창	20	2(1)	4	0	0
0	1	1	1(1)	30	이정빈	88	MF	MF	4	김태현		1	1	1	0
0	0	0	2(1)		알렉스	10	FW	FW	27	키쭈		0	2	0	0
0	0	3	1(1)	28	모재현	50	FW	FW	11	김승섭	38	0	0	0	0
0	0	2	2(1)		조규성	9	FW	FW	7	안토니오	9	3(2)	1	0	0
0	0	0	0		정민기	29			23	김진영		0	0	0	0
0	0	0	1	후31	류언재	6			66	박수일		0	0	0	0
0	0	0	0		이선걸	2			26	김지훈		0	0	0	0
0	0	0	0	후42	안성빈	30	대기	대기	20	안상현	후47	0	0	0	0
0	0	0	0	후26	맹성웅	28			38	강한빛	후35	0	0	0	0
0	0	0	0		최재훈	8			9	박인혁	후41	2(2)	0	0	0
0	0	0	0		주현재	16			10	하마조치		0	0	0	0
0	1	12	11(5)			0			0			9(5)	16	3	0

• 8월 31일 • 19:00 • 맑음 • 잠실 올림픽 • 4,407명
• 주심_ 신용준 • 부심_ 강도준·장종필 • 대기심_ 최일우 • 경기감독관_ 김호영

서울E 3   1 전반 3 / 2 후반 0   **3 부산**

퇴장	경고	파울	ST(유)	교체	선수명	배번	위치	위치	배번	선수명	교체	ST(유)	파울	경고	퇴장
0	0	0	0	25	김영광	1	GK	GK	1	최필수		0	0	0	0
0	0	2	0		안지호	5	DF	DF	3	박준강		0	1	0	0
0	1	4	2(1)		최한솔	19	DF	DF	15	김명준		1(1)	1	1	0
0	0	0	0		이태호	24	DF	DF	45	황준호		0	0	0	0
0	0	2	0		최종환	61	MF	DF	7	김치우		2(1)	0	0	0
0	0	2	0	13	한지륜	16	MF	MF	23	김진규	18	1	1	0	0
0	0	1	2(1)		김민균	14	MF	MF	8	박종우		2	2	0	0
0	0	1	1		김태현	77	MF	MF	32	권용현	22	0	1	0	0
0	0	1	2(1)		두아르테	10	FW	MF	30	디에고	6	2(1)	0	0	0
0	0	2	1	11	알렉스	30	FW	MF	11	이동준		1	2	0	0
0	0	0	3(2)		쿠티뉴	50	FW	FW	86	노보트니		8(5)	0	0	0
0	0	0	0	전19	강정묵	25			31	김형근		0	0	0	0
0	0	0	0		변준범	4			28	유수철		0	0	0	0
0	0	0	0		윤성열	21			17	이종민		0	0	0	0
0	0	0	0		이현성	7	대기	대기	6	서용덕	후22	0	2	0	0
0	0	0	0		김경준	17			20	한상운		0	0	0	0
0	0	1	1	후8	유정완	13			22	한지호	후22	3(1)	0	0	0
0	0	1	0	후18	전석훈	11			18	이정협	후38	0	0	0	0
0	1	17	12(5)			0			0			20(9)	10	1	0

● 전반 37분 두아르테 MFR ~ 김민균 AK 정면 L-ST-G (득점: 김민균/ 도움: 두아르테) 오른쪽

● 후반 9분 김민균 MFR ~ 최한솔 AKL L-ST-G (득점: 최한솔/ 도움: 김민균) 왼쪽

● 후반 33분 김태현 PAL ↷ 쿠티뉴 GA 정면내 H-ST-G (득점: 쿠티뉴/ 도움: 김태현) 오른쪽

● 전반 13분 노보트니 GAL 내 L-ST-G (득점: 노보트니) 가운데

● 전반 30분 노보트니 GAR 내 R-ST-G (득점: 노보트니) 왼쪽

● 전반 34분 이동준 PAR ↷ 노보트니 GAR 내 H-ST-G (득점: 노보트니/ 도움: 이동준) 왼쪽

• 9월 01일 • 19:00 • 맑음 • 아산 이순신 • 5,131명
• 주심_ 오현진 • 부심_ 성주경·안광진 • 대기심_ 장순택 • 경기감독관_ 신홍기

아산 2   1 전반 0 / 1 후반 3   **3 부천**

퇴장	경고	파울	ST(유)	교체	선수명	배번	위치	위치	배번	선수명	교체	ST(유)	파울	경고	퇴장
0	0	0	0		이기현	24	GK	GK	21	최철원		0	0	0	0
0	0	0	1(1)		정다훤	2	MF	DF	3	김재우		1	1	0	0
0	0	0	0		장순혁	5	DF	MF	4	박건		0	3	1	0
0	0	1	0		박성우	26	DF	DF	5	임동혁		0	3	0	0
0	0	0	0		정원영	32	DF	DF	32	감한솔		1(1)	2	1	0
0	0	1	2(1)		양태렬	14	MF	MF	6	닐손주니어		1(1)	0	0	0
0	0	2	1		박세직	89	MF	MF	10	조범석	14	0	0	0	0
0	0	4	3(2)		오세훈	9	FW	MF	17	장현수	44	6(4)	0	0	0
0	0	1	0	16	김도엽	20	FW	DF	22	안태현		2(1)	1	0	0
0	0	0	2(2)	37	박민서	77	FW	MF	77	이시헌	9	2(1)	0	0	0
0	0	1	1	23	이재건	97	MF	FW	18	김륜도		1(1)	0	0	0
0	0	0	0		김영익	31			31	이주현		0	0	0	0
0	0	0	0	후36	전효석	16			14	윤지혁	후49	0	0	0	0
0	0	0	0		주원석	12			23	국태정		0	0	0	0
0	0	0	0	후9	김민석	23	대기	대기	7	문기한		0	0	0	0
0	0	0	0		송환영	30			30	송홍민		0	0	0	0
0	0	0	0		남희철	18			9	말론	후0	3(2)	2	0	0
0	0	1	0	후23	김레오	37			44	이광재	후26	1	2	1	0
0	0	11	10(6)			0			0			18(11)	14	3	0

● 전반 23분 김도엽 AKL ~ 박민서 AKL R-ST-G (득점: 박민서/ 도움: 김도엽) 왼쪽

● 후반 40분 오세훈 PK-L-G (득점: 오세훈) 오른쪽

● 후반 7분 말론 PAR EL ~ 장현수 GAR R-ST-G (득점: 장현수/ 도움: 말론) 가운데

● 후반 30분 김륜도 MFR H → 말론 GA 정면 L-ST-G (득점: 말론/ 도움: 김륜도) 왼쪽

● 후반 45분 김재우 GA 정면 H → 닐손주니어 GA 정면내 R-ST-G (득점: 닐손주니어/ 도움: 김재우) 가운데

• 9월 01일 • 19:00 • 맑음 • 수원 종합 • 2,117명
• 주심_ 서동진 • 부심_ 송봉근·김홍규 • 대기심_ 최현재 • 경기감독관_ 김진의

수원FC 2 0 전반 1 / 2 후반 1 **2 전남**

퇴장	경고	파울	ST(유)	교체	선수명	배번	위치	위치	배번	선수명	교체	ST(유)	파울	경고	퇴장
0	0	0	0		전수현	37	GK	GK	1	박준혁		0	0	0	0
0	0	1	1		박요한	2	DF	DF	7	이슬찬		0	0	0	0
0	0	1	0		윤준성	4	DF	DF	20	곽광선		0	0	0	0
0	0	2	0	16	이학민	14	FW	DF	66	김주원		0	0	0	0
0	0	1	0		조유민	20	DF	DF	2	최효진		0	1	0	0
0	0	1	1	55	김주엽	30	DF	MF	4	김건웅		0	1	0	0
0	0	0	2		백성동	10	MF	MF	14	김영욱		1	1	0	0
0	0	2	2(1)		장성재	13	MF	MF	16	한찬희	6	2	0	0	0
0	0	2	2	6	임창균	94	MF	FW	18	김경민	9	1	0	0	0
0	1	1	4		치솜	11	FW	FW	95	바이오		2(1)	3	0	0
0	0	4	3(1)		아니에르	15	FW	MF	27	정재희	23	0	1	0	0
0	0	0	0		박형순	1			21	이호승		0	0	0	0
0	0	0	0		김영찬	3			22	최재현		0	0	0	0
0	0	0	0	후29	장준영	55			15	김진성		0	0	0	0
0	0	2	0	후0	김종국	6	대기	대기	6	이후권	후0	1	1	0	0
0	0	0	0		조블론	70			40	최준기		0	0	0	0
0	0	1	1(1)	후0	김지민	16			23	추정호	후29	0	0	0	0
0	0	0	0		엄승민	67			9	브루노 누네스	후22	2(2)	1	0	0
0	1	18	16(3)			0			0			9(3)	9	0	0

● 후반 2분 곽광선 자기 측 GAL L자책골 (득점: 곽광선) 오른쪽
● 후반 20분 김지민 GA 정면내 R-ST-G (득점: 김지민) 가운데
● 전반 21분 정재희 GAR 내 EL ↷ 바이오 GAL 내 H-ST-G (득점: 바이오/ 도움: 정재희) 왼쪽
● 후반 48분 추정호 GA 정면 ~ 브루노 누네스 GA 정면 R-ST-G (득점: 브루노 누네스/ 도움: 추정호) 오른쪽

• 9월 01일 • 19:00 • 맑음 • 안산 와스타디움 • 7,143명
• 주심_ 김덕철 • 부심_ 지승민·이병주 • 대기심_ 안재훈 • 경기감독관_ 나승화

안산 2 0 전반 1 / 2 후반 0 **1 광주**

퇴장	경고	파울	ST(유)	교체	선수명	배번	위치	위치	배번	선수명	교체	ST(유)	파울	경고	퇴장
0	0	0	0		황인재	1	GK	GK	1	윤평국		0	0	0	0
0	0	0	1		이인재	4	DF	DF	27	박선주		1(1)	2	0	0
0	0	0	0		이창훈	18	DF	DF	15	홍준호		0	1	0	0
0	0	0	0		김연수	23	DF	DF	3	아슐마토프		0	1	0	0
0	0	1	1(1)		황태현	2	MF	DF	8	이으뜸		1	0	1	0
0	0	0	0	51	박준희	5	MF	MF	6	박정수	10	0	3	0	0
0	0	1	3(2)	19	장혁진	7	MF	MF	14	여봉훈		1	2	0	0
0	0	2	1		박진섭	8	MF	MF	33	김준형	5	0	3	0	0
0	0	1	0		최명희	16	MF	MF	94	윌리안	13	0	2	0	0
0	1	5	1(1)		빈치씽코	9	FW	MF	17	엄원상		2(1)	0	0	0
0	0	2	0	6	김진욱	36	FW	FW	9	펠리페		0	4	1	1
0	0	0	0		하준호	31			21	이진형		0	0	0	0
0	0	4	2(2)	전35	곽성욱	6			2	정준연		0	0	0	0
0	0	0	0		김진래	17			5	최준혁	후17	0	1	1	0
0	0	0	0	후42	방찬준	19	대기	대기	10	임민혁	후30	0	0	0	0
0	0	0	0		김대열	27			13	두현석	후40	0	0	0	0
0	0	1	4(2)	후22	마사	51			22	김주공		0	0	0	0
0	0	0	0		윤선호	55			55	김진환		0	0	0	0
0	1	17	13(8)			0			0			5(2)	19	3	1

● 후반 27분 마사 PK-R-G(득점: 마사) 가운데
● 후반 48분 마사 PAL 내 R-ST-G (득점: 마사) 가운데
● 전반 26분 엄원상 GA 정면내 R-ST-G (득점: 엄원상) 가운데

• 9월 14일 • 17:00 • 맑음 • 광양 전용 • 2,789명
• 주심_ 정회수 • 부심_ 지승민·이병주 • 대기심_ 송민석 • 경기감독관_ 양정환

전남 3 3 전반 2 / 0 후반 1 **3 부산**

퇴장	경고	파울	ST(유)	교체	선수명	배번	위치	위치	배번	선수명	교체	ST(유)	파울	경고	퇴장
0	0	0	0		박준혁	1	GK	GK	31	김형근		0	0	0	0
0	1	1	1	11	최재현	22	FW	DF	7	김치우		1	0	0	0
0	1	3	0		곽광선	20	DF	DF	38	수신야르		0	1	0	0
0	0	0	0		김주원	66	DF	DF	45	황준호		0	1	0	0
0	0	0	0		최효진	2	DF	DF	17	이종민		0	0	0	0
0	0	0	0	5	이후권	6	MF	MF	8	박종우		1	2	1	0
0	0	1	1		김영욱	14	MF	MF	42	권혁규	22	1(1)	1	0	0
0	0	0	4(2)		한찬희	16	MF	MF	23	김진규		2(2)	1	0	0
0	0	0	3(1)	23	김경민	18	FW	FW	30	디에고	18	1(1)	1	0	0
0	0	2	1(1)		바이오	95	FW	FW	11	이동준	32	0	2	0	0
0	0	0	0		정재희	27	DF	FW	86	노보트니		1	2	0	0
0	0	0	0		이호승	21			1	최필수		0	0	0	0
0	0	0	0	후39	안셀	5			35	박호영		0	0	0	0
0	1	1	0	후0	이유현	11			26	이상준		0	0	0	0
0	0	0	0		최준기	40	대기	대기	6	서용덕		0	0	0	0
0	0	0	0		윤용호	8			32	권용현	후21	1(1)	0	0	0
0	0	0	0		브루노 누네스	9			22	한지호	후35	0	0	0	0
0	0	1	1	후19	추정호	23			18	이정협	후0	0	0	0	0
0	3	9	11(4)			0			0			8(5)	11	1	0

● 전반 5분 정재희 PAR ~ 한찬희 PAR 내 R-ST-G (득점: 한찬희/ 도움: 정재희) 오른쪽
● 전반 12분 김경민 GAL L-ST-G (득점: 김경민) 왼쪽
● 전반 23분 김영욱 C,KR ↷ 바이오 GA 정면 내 H-ST-G (득점: 바이오/ 도움: 김영욱) 가운데
● 전반 6분 이동준 PAR EL ~ 김진규 PK 우측 지점 R-ST-G (득점: 김진규/ 도움: 이동준) 오른쪽
● 전반 18분 디에고 PK-R-G(득점: 디에고) 가운데
● 후반 45분 김진규 R-ST-G (득점: 김진규) 가운데

• 9월 14일 • 19:00 • 흐림 • 대전 월드컵 • 1,213명
• 주심_ 김영수 • 부심_ 성주경·이영운 • 대기심_ 장순택 • 경기감독관_ 차상해

대전 1 0 전반 0 / 1 후반 0 **0 서울E**

퇴장	경고	파울	ST(유)	교체	선수명	배번	위치	위치	배번	선수명	교체	ST(유)	파울	경고	퇴장
0	0	0	0		박주원	1	GK	GK	1	김영광		0	0	0	0
0	0	0	2		이인규	30	DF	DF	77	김태현		1(1)	1	0	0
0	0	1	2		이지솔	44	DF	DF	5	안지호		0	1	0	1
0	0	0	0		김태현	4	DF	DF	24	이태호		0	3	0	0
0	1	1	2		황재훈	3	MF	MF	61	최종환		0	1	0	0
0	0	0	1		박민규	12	MF	MF	16	한지륜		0	1	1	0
0	0	2	0	10	박수창	8	MF	MF	14	김민균		1	1	1	0
0	0	1	1	19	박수일	66	MF	MF	11	전석훈	17	1(1)	2	0	0
0	0	0	4(1)		김승섭	11	MF	FW	10	두아르테		0	3	0	0
0	0	0	0	7	이정문	42	FW	FW	50	쿠티뉴	18	1	1	1	0
0	0	2	5		박인혁	9	FW	FW	13	유정완	4	0	1	0	0
0	0	0	0		김진영	23			25	강정묵		0	0	0	0
0	0	0	0		윤경보	5			4	변준범	후12	0	0	0	0
0	0	0	0	후32	김세윤	19			21	윤성열		0	0	0	0
0	0	0	0		안상현	20	대기	대기	22	윤상호		0	0	0	0
0	0	0	0		김찬	45			17	김경준	후14	0	0	0	0
0	0	0	2(1)	후26	안토니오	7			18	원기종	후38	1	0	0	0
0	0	2	0	후18	하마조치	10			32	고준영		0	0	0	0
0	1	9	19(2)			0			0			5(2)	15	3	1

● 후반 36분 김승섭 PK-R-G(득점: 김승섭) 오른쪽

• 9월 15일 • 17:00 • 맑음 • 부천 종합 • 2,879명
• 주심_ 성덕효 • 부심_ 설귀선 · 이양우 • 대기심_ 정회수 • 경기감독관_ 김용세

부천 1 | 0 전반 1 / 1 후반 0 | **1 수원FC**

퇴장	경고	파울	ST(유)	교체	선수명	배번	위치	위치	배번	선수명	교체	ST(유)	파울	경고	퇴장
0	0	0	0		최 철 원	21	GK	GK	37	전 수 현		0	0	0	0
0	0	0	0		김 재 우	3	DF	DF	2	박 요 한	55	0	1	0	0
0	0	1	1		박 건	4	MF	FW	14	이 학 민		0	2	0	0
0	0	1	1(1)		임 동 혁	5	DF	DF	20	조 유 민		0	1	0	0
0	0	0	0		감 한 솔	32	MF	DF	26	이 한 샘		0	2	0	0
0	0	0	0		닐손주니어	6	DF	DF	30	김 주 엽	16	0	0	1	0
0	0	1	0	19	조 범 석	10	MF	MF	8	이 종 원	70	1	1	0	0
0	0	0	2(1)	9	장 현 수	17	FW	MF	10	백 성 동		2(1)	1	0	0
0	0	0	2(1)		안 태 현	22	MF	MF	13	장 성 재		1(1)	0	0	0
0	0	1	1(1)	7	이 시 헌	77	MF	FW	7	김 병 오		5(3)	0	0	0
0	0	2	2		김 륜 도	18	FW	FW	11	치 솜		2(1)	0	0	0
0	0	0	0		이 영 창	1			1	박 형 순		0	0	0	0
0	0	0	0		윤 지 혁	14			4	윤 준 성		0	0	0	0
0	0	0	0		김 한 빈	42			55	장 준 영	후47	0	0	0	0
0	0	0	0	후16	문 기 한	7	대기	대기	21	황 병 권		0	0	0	0
0	0	0	0		송 홍 민	30			70	조 블 론	후16	0	1	0	0
0	0	0	3(2)	전30	말 론	9			15	아니에르		0	0	0	0
0	1	1	0	후27	정 택 훈	19			16	김 지 민	후0	0	2	1	0
0	1	7	12(6)			0			0			11(6)	11	2	0

● 후반 31분 말론 PK-R-G(득점: 말론) 오른쪽

● 전반 16분 이학민 PAR ↷ 백성동 GAL 내 EL H-ST-G (득점: 백성동/ 도움: 이학민) 가운데

• 9월 15일 • 19:00 • 맑음 • 광주 월드컵 • 1,812명
• 주심_ 송민석 • 부심_ 강도준 · 김홍규 • 대기심_ 장순택 • 경기감독관_ 허기태

광주 3 | 1 전반 0 / 2 후반 1 | **1 아산**

퇴장	경고	파울	ST(유)	교체	선수명	배번	위치	위치	배번	선수명	교체	ST(유)	파울	경고	퇴장
0	0	0	0		윤 평 국	1	GK	GK	24	이 기 현		0	0	0	0
0	0	0	1		홍 준 호	15	DF	DF	5	장 순 혁		1(1)	0	0	0
0	0	0	0		이 한 도	20	DF	MF	16	전 효 석		0	0	0	0
0	1	1	3		아슐마토프	3	DF	DF	19	민 준 영	88	0	4	1	0
0	0	3	0		이 시 영	12	MF	DF	26	박 성 우		0	4	1	0
0	0	0	0		최 준 혁	5	MF	DF	32	정 원 영		0	1	0	0
0	0	1	0		여 봉 훈	14	MF	MF	14	양 태 렬		0	1	0	0
0	0	0	1	7	김 준 형	33	FW	FW	23	김 민 석	97	0	1	1	0
0	0	1	1(1)	10	하 칭 요	32	FW	MF	89	박 세 직		0	4	0	0
0	0	1	1(1)	13	김 주 공	22	FW	FW	9	오 세 훈		2(2)	1	0	0
0	0	4	2(1)		윌 리 안	94	FW	FW	37	김 레 오	20	0	2	0	0
0	0	0	0		최 봉 진	41			90	제 종 현		0	0	0	0
0	0	0	0		박 정 수	6			12	주 원 석		0	0	0	0
0	0	0	0	후13	여 름	7			30	송 환 영		0	0	0	0
0	0	1	1(1)	후13	임 민 혁	10	대기	대기	88	김 경 우	후37	0	1	0	0
0	0	0	0	후46	두 현 석	13			20	김 도 엽	후0	0	1	0	0
0	0	0	0		김 진 환	55			25	김 민 우		0	0	0	0
0	0	0	0		최 호 주	72			97	이 재 건	후19	0	0	0	0
0	1	12	10(4)			0			0			3(3)	20	3	0

● 전반 41분 윌리안 GAL ~ 하칭요 GAL L-ST-G (득점: 하칭요/ 도움: 윌리안) 왼쪽

● 후반 31분 윌리안 PK-R-G(득점: 윌리안) 왼쪽

● 후반 42분 임민혁 AK 정면 R-ST-G (득점: 임민혁) 오른쪽

● 후반 6분 박성우 PAR TL ↷ 오세훈 GA 정면 H-ST-G (득점: 오세훈/ 도움: 박성우) 오른쪽

• 9월 15일 • 19:00 • 맑음 • 안산 와스타디움 • 2,437명
• 주심_ 최일우 • 부심_ 안광진 · 이상민 • 대기심_ 김정호 • 경기감독관_ 김형남

안산 1 | 0 전반 3 / 1 후반 0 | **3 안양**

퇴장	경고	파울	ST(유)	교체	선수명	배번	위치	위치	배번	선수명	교체	ST(유)	파울	경고	퇴장
0	0	0	0		황 인 재	1	GK	GK	1	양 동 원		0	0	0	0
0	0	1	2(1)		이 인 재	4	DF	MF	19	채 광 훈	16	0	0	0	0
0	0	0	0		최 명 희	16	DF	DF	15	김 형 진		0	2	1	0
0	0	1	0	36	김 진 래	17	DF	DF	3	최 호 정		0	0	0	0
0	0	2	1		김 연 수	23	DF	DF	5	유 종 현		0	2	0	0
0	0	1	0		최 성 민	42	DF	MF	13	김 상 원		1(1)	2	1	0
0	0	1	0	18	곽 성 욱	6	MF	MF	26	구 본 상	28	0	5	1	0
0	0	2	4(1)		장 혁 진	7	MF	MF	88	이 정 빈		3(1)	2	0	0
0	0	3	1		박 진 섭	8	MF	FW	10	알 렉 스		1(1)	2	0	0
0	0	0	0		김 대 열	27	MF	FW	50	모 재 현	11	0	0	0	0
0	0	0	1(1)	19	마 사	51	FW	FW	9	조 규 성		4(2)	3	0	0
0	0	0	0		이 희 성	21			29	정 민 기		0	0	0	0
0	0	0	0		박 준 희	5			6	류 언 재		0	0	0	0
0	0	0	0		이 민 규	13			16	주 현 재	후19	0	2	0	0
0	0	0	0	후14	이 창 훈	18	대기	대기	24	유 연 승		0	0	0	0
0	0	0	3(2)	후0	방 찬 준	19			28	맹 성 웅	후37	0	1	0	0
0	0	0	0		이 준 희	22			8	최 재 훈		0	0	0	0
0	0	0	0	후34	김 진 욱	36			11	팔라시오스	후10	4(4)	1	0	0
0	0	11	12(5)			0			0			13(9)	22	3	0

● 후반 16분 방찬준 GAL L-ST-G (득점: 방찬준) 가운데

● 전반 30분 김상원 C.KR ↷ 조규성 GAR H-ST-G (득점: 조규성/ 도움: 김상원) 왼쪽

● 전반 34분 조규성 GAR 내 R-ST-G (득점: 조규성) 오른쪽

● 전반 43분 모재현 PAR ~ 알렉스 PA 정면내 L-ST-G (득점: 알렉스/ 도움: 모재현) 오른쪽

• 9월 17일 • 19:00 • 맑음 • 대전 월드컵 • 2,718명
• 주심_ 오현진 • 부심_ 강도준 · 안광진 • 대기심_ 이동준 • 경기감독관_ 나승화

대전 0 | 0 전반 0 / 0 후반 0 | **0 부산**

퇴장	경고	파울	ST(유)	교체	선수명	배번	위치	위치	배번	선수명	교체	ST(유)	파울	경고	퇴장
0	0	0	0		박 주 원	1	GK	GK	1	최 필 수		0	0	0	0
0	0	0	0		이 인 규	30	DF	DF	3	박 준 강		0	2	0	0
0	1	1	1		이 지 솔	44	DF	DF	38	수신야르		0	1	0	0
0	0	1	0		김 태 현	4	DF	DF	15	김 명 준		0	0	0	0
0	0	2	0	20	황 재 훈	3	MF	DF	33	김 문 환		1	0	1	0
0	1	3	1		박 민 규	12	MF	MF	20	한 상 운		1	2	0	0
0	0	2	2(1)		박 수 창	8	MF	MF	6	서 용 덕	10	1	1	0	0
0	0	1	2(1)		박 수 일	66	MF	MF	23	김 진 규		1	1	0	0
0	0	0	0		김 승 섭	11	MF	FW	22	한 지 호	18	3	1	0	0
0	0	3	0	7	이 정 문	42	FW	FW	32	권 용 현	11	1	2	0	0
0	0	2	0	10	박 인 혁	9	FW	FW	86	노보트니		1(1)	1	0	0
0	0	0	0		김 진 영	23			31	김 형 근		0	0	0	0
0	0	0	0		윤 경 보	5			45	황 준 호		0	0	0	0
0	0	0	0		김 세 윤	19			7	김 치 우		0	0	0	0
0	1	1	1(1)	후33	안 상 현	20	대기	대기	10	호 물 로	후19	1	0	0	0
0	0	0	0		김 찬	45			42	권 혁 규		0	0	0	0
0	0	0	0	후23	안토니오	7			11	이 동 준	후0	1	3	1	0
0	0	1	0	후43	하마조치	10			18	이 정 협	후26	0	0	0	0
0	3	17	7(3)			0			0			11(1)	14	2	0

Section 7 2019 경기기록부

• 9월 17일 • 19:00 • 맑음 • 천안 종합 • 2,693명
• 주심_ 최광호 • 부심_ 강동호·이상민 • 대기심_ 김동진 • 경기감독관_ 김성기

서울E 2 (1 전반 0 / 1 후반 2) **2 전남**

퇴장	경고	파울	ST(유)	교체	선수명	배번	위치	위치	배번	선수명	교체	ST(유)	파울	경고	퇴장
0	0	0	0		김영광	1	GK	GK	1	박준혁		0	0	0	0
0	1	2	1(1)	16	김동철	55	DF	DF	2	최효진		1	3	0	0
0	0	1	0		변준범	4	DF	DF	20	곽광선		0	1	0	0
0	0	2	1		이태호	24	DF	DF	66	김주원		0	0	0	0
0	0	1	0	77	박성우	3	MF	DF	11	이유현		0	3	0	0
0	0	2	1(1)		윤상호	22	MF	MF	6	이후권		0	2	0	0
0	1	2	0		유정완	13	MF	MF	14	김영욱	4	1	2	0	0
0	0	1	2(1)		최종환	61	MF	MF	16	한찬희		1	0	0	0
0	0	0	2(2)		두아르테	10	FW	FW	18	김경민	9	0	1	0	0
0	0	1	1		원기종	18	FW	FW	95	바이오		1	3	0	0
0	0	2	2(1)	50	고준영	32	FW	FW	23	추정호	27	0	1	0	0
0	0	0	0		강정묵	25			21	이호승		0	0	0	0
0	0	0	0	후40	김태현	77			3	가솔현		0	0	0	0
0	0	0	0		윤성열	21			7	이슬찬		0	0	0	0
0	0	2	0	후12	한지륜	16	대기	대기	40	최준기		0	0	0	0
0	0	0	0		김경준	17			4	김건웅	후38	0	0	1	0
0	0	0	0		전석훈	11			27	정재희	후0	2(1)	0	0	0
0	0	0	1	후12	쿠티뉴	50			9	브루노누네스	전31	1(1)	1	0	0
0	2	16	11(6)			0			0			7(2)	17	1	0

- 전반 4분 윤상호 MF 정면 ~ 두아르테 GAR L-ST-G (득점: 두아르테/ 도움: 윤상호) 왼쪽
- 후반 48분 원기종 GAL ↷ 최종환 GA 정면 L-ST-G (득점: 최종환/ 도움: 원기종) 왼쪽
- 후반 2분 이유현 GAR → 브루노 누네스 GA 정면 R-ST-G (득점: 브루노 누네스/ 도움: 이유현) 오른쪽
- 후반 13분 정재희 GAR R-ST-G (득점: 정재희) 왼쪽

• 9월 18일 • 19:30 • 맑음 • 광주 월드컵 • 1,145명
• 주심_ 서동진 • 부심_ 지승민·이영운 • 대기심_ 최일우 • 경기감독관_ 김진의

광주 1 (0 전반 0 / 1 후반 0) **0 부천**

퇴장	경고	파울	ST(유)	교체	선수명	배번	위치	위치	배번	선수명	교체	ST(유)	파울	경고	퇴장
0	0	0	0		윤평국	1	GK	GK	21	최철원		0	0	0	0
0	1	0	0		홍준호	15	DF	DF	3	김재우		0	2	0	0
0	0	1	0		이한도	20	DF	MF	4	박건	7	0	1	0	0
0	0	4	0		최준혁	5	DF	DF	5	임동혁		0	0	0	0
0	0	0	0		이시영	12	MF	MF	32	감한솔		0	1	0	0
0	1	1	0		박정수	6	MF	DF	6	닐손주니어		1	0	0	0
0	0	3	2(1)	8	윌리안	94	MF	MF	10	조범석		0	0	0	0
0	0	1	1	10	두현석	13	FW	MF	22	안태현		1	0	0	0
0	1	2	0		여봉훈	14	FW	MF	77	이시헌	17	0	1	0	0
0	0	0	3(3)		김주공	22	FW	FW	9	말론		2(1)	5	1	0
0	0	0	1(1)	33	하칭요	32	FW	FW	19	정택훈	18	1	2	0	0
0	0	0	0		이진형	21			1	이영창		0	0	0	0
0	0	0	1	후15	이으뜸	8			42	김한빈		0	0	0	0
0	0	0	1(1)	후4	임민혁	10			7	문기한	후29	0	0	0	0
0	0	0	0		엄원상	17	대기	대기	17	장현수	후11	1	2	0	0
0	0	0	0	후38	김준형	33			30	송홍민		0	0	0	0
0	0	0	0		김진환	55			18	김륜도	후4	0	2	0	0
0	0	0	0		최호주	72			44	이광재		0	0	0	0
0	3	12	9(6)			0			0			6(1)	16	1	0

- 후반 8분 하칭요 PAR 내 R-ST-G (득점: 하칭요) 오른쪽

• 9월 18일 • 19:30 • 맑음 • 안양 종합 • 2,717명
• 주심_ 김덕철 • 부심_ 성주경·김홍규 • 대기심_ 신용준 • 경기감독관_ 양정환

안양 0 (0 전반 0 / 0 후반 2) **2 수원FC**

퇴장	경고	파울	ST(유)	교체	선수명	배번	위치	위치	배번	선수명	교체	ST(유)	파울	경고	퇴장
0	0	0	0		양동원	1	GK	GK	37	전수현		0	0	0	0
0	0	0	1		채광훈	19	MF	DF	2	박요한		1	0	0	0
0	0	0	0		김형진	15	DF	FW	14	이학민		1	0	0	0
0	1	0	0		최호정	3	DF	DF	20	조유민		0	3	0	0
0	0	0	0		유종현	5	DF	DF	26	이한샘	4	0	0	0	0
0	1	1	0		안성빈	30	MF	DF	30	김주엽		0	0	0	0
0	0	1	1	8	구본상	26	MF	MF	10	백성동		4(4)	0	0	0
0	0	3	0	10	맹성웅	28	MF	MF	13	장성재		1	1	0	0
0	1	0	5(1)		이정빈	88	FW	MF	94	임창균	21	1(1)	2	0	0
0	0	1	2		팔라시오스	11	FW	FW	7	김병오		4(2)	3	0	0
0	0	2	1		조규성	9	FW	FW	11	치솜	16	3(2)	2	0	0
0	0	0	0		정민기	29			1	박형순		0	0	0	0
0	0	0	0		류언재	6			4	윤준성	후5	0	1	0	0
0	0	0	0		주현재	16			33	채선일		0	0	0	0
0	0	0	0		유연승	24	대기	대기	77	조상범		0	0	0	0
0	0	0	2(1)	후0	알렉스	10			21	황병권	후35	0	1	1	0
0	0	0	0	후14	최재훈	8			15	아니에르		0	0	0	0
0	0	0	0		김신철	14			16	김지민	후46	0	0	0	0
0	3	8	12(2)			0			0			15(9)	13	1	0

- 후반 1분 치솜 PA 정면내 R-ST-G (득점: 치솜) 가운데
- 후반 15분 백성동 PK-R-G(득점: 백성동) 왼쪽

• 9월 18일 • 20:00 • 맑음 • 아산 이순신 • 1,772명
• 주심_ 김종혁 • 부심_ 설귀선·이양우 • 대기심_ 정회수 • 경기감독관_ 허기태

아산 1 (0 전반 0 / 1 후반 1) **1 안산**

퇴장	경고	파울	ST(유)	교체	선수명	배번	위치	위치	배번	선수명	교체	ST(유)	파울	경고	퇴장
0	0	0	0		이기현	24	GK	GK	21	이희성		0	0	0	0
0	0	2	0		정다훤	2	DF	DF	4	이인재		0	1	0	0
0	0	1	0		장순혁	5	DF	DF	23	김연수		2(1)	1	0	0
0	0	2	0		전효석	16	DF	DF	42	최성민		0	0	0	0
0	0	0	0		민준영	19	MF	MF	2	황태현		1	0	0	0
0	0	3	1(1)		양태렬	14	MF	MF	5	박준희		0	3	0	0
0	0	0	2(1)		박세직	89	MF	MF	7	장혁진	6	0	1	0	0
0	0	2	1(1)		오세훈	9	FW	MF	8	박진섭		3(2)	0	0	0
0	0	0	1	97	김도엽	20	FW	MF	16	최명희		0	3	0	0
0	0	0	1	23	최요셉	70	MF	FW	9	빈치씽코		2(1)	2	0	0
0	0	1	1	18	박민서	77	FW	FW	10	파우벨	51	2(1)	1	0	0
0	0	0	0		제종현	90			1	황인재		0	0	0	0
0	0	0	0		박성우	26			6	곽성욱	후3	0	1	0	0
0	0	0	0		정원영	32			18	이창훈		0	0	0	0
0	0	0	0		주원석	12	대기	대기	19	방찬준		0	0	0	0
0	0	0	1(1)	후18	김민석	23			22	이준희		0	0	0	0
0	1	1	1(1)	후25	남희철	18			36	김진욱		0	0	0	0
0	0	0	1(1)	후35	이재건	97			51	마사	후13	1(1)	1	0	0
0	1	12	10(6)			0			0			11(6)	14	0	0

- 후반 45분 남희철 GA 정면내 H-ST-G (득점: 남희철) 왼쪽
- 후반 42분 박준희 MF 정면 ~ 마사 GA 정면 R-ST-G (득점: 마사/ 도움: 박준희) 왼쪽

• 9월 21일 • 19:00 • 흐림 • 수원 종합 • 1,512명
• 주심_ 송민석 • 부심_ 설귀선 · 이상민 • 대기심_ 안재훈 • 경기감독관_ 양정환

수원FC 2 (1 전반 1 / 1 후반 1) **2 대전**

퇴장	경고	파울	ST(유)	교체	선수명	배번	위치	위치	배번	선수명	교체	ST(유)	파울	경고	퇴장
0	0	0	0		전수현	37	GK	GK	1	박주원		0	0	0	0
0	0	1	0		이학민	14	FW	DF	30	이인규		0	0	0	0
0	0	2	0		조유민	20	DF	DF	4	김태현		0	1	0	0
0	0	1	0		이한샘	26	DF	DF	12	박민규		1	0	0	0
0	0	1	0	16	김주엽	30	DF	DF	66	박수일		4(1)	1	0	0
0	0	0	1	21	채선일	33	DF	MF	3	황재훈		0	1	0	0
0	0	1	3(2)		백성동	10	MF	MF	8	박수창		1	0	0	0
0	0	0	3		장성재	13	MF	MF	20	안상현		2(1)	6	1	0
0	0	2	2(1)	15	임창균	94	MF	FW	11	김승섭		2(2)	0	0	0
0	2	1	2(2)		김병오	7	FW	FW	42	이정문	5	5(4)	0	0	0
0	0	2	5(2)		치솜	11	FW	FW	9	박인혁	7	3	2	0	0
0	0	0	0		박형순	1			23	김진영		0	0	0	0
0	0	0	0		김영찬	3			5	윤경보	후39	0	0	0	0
0	0	0	0		윤준성	4			19	김세윤		0	0	0	0
0	0	0	0		조상범	77	대기	대기	14	윤성한		0	0	0	0
0	0	0	0	후37	황병권	21			45	김찬		0	0	0	0
0	0	1	1	후23	아니에르	15			7	안토니오	후14	1	0	0	0
0	0	0	0	후17	김지민	16			10	하마조치		0	0	0	0
0	2	12	17(7)			0			0			19(8)	11	1	0

● 전반 24분 이학민 PAR 내 ~ 김병오 GAL 내 L-ST-G (득점: 김병오/ 도움: 이학민) 왼쪽
● 후반 42분 아니에르 MF 정면 → 치솜 PAR 내 R-ST-G (득점: 치솜/ 도움: 아니에르) 왼쪽
● 전반 33분 박수창 AK 정면 → 안상현 AK 내 R-ST-G (득점: 안상현/ 도움: 박수창) 왼쪽
● 후반 15분 이정문 GAL 내 R-ST-G (득점: 이정문) 왼쪽

• 9월 22일 • 17:00 • 비 • 안양 종합 • 1,951명
• 주심_ 정회수 • 부심_ 강도준 · 이병주 • 대기심_ 오현진 • 경기감독관_ 허기태

안양 5 (2 전반 0 / 3 후반 2) **2 서울E**

퇴장	경고	파울	ST(유)	교체	선수명	배번	위치	위치	배번	선수명	교체	ST(유)	파울	경고	퇴장
0	0	0	0		양동원	1	GK	GK	1	김영광		0	0	0	0
0	0	0	1(1)		채광훈	19	MF	DF	61	최종환		1(1)	2	0	0
0	0	0	0		류언재	6	DF	DF	4	변준범		0	1	1	0
0	1	1	0		최호정	3	DF	DF	24	이태호		0	0	0	0
0	0	1	0		유종현	5	DF	DF	3	박성우		0	2	0	0
0	0	1	1(1)	16	김상원	13	MF	MF	10	두아르테		4(4)	1	0	0
0	0	3	1	8	구본상	26	MF	MF	22	윤상호		1	1	0	0
0	0	1	4(3)		이정빈	88	MF	MF	8	허범산		3(1)	3	1	0
0	0	1	5(3)		모재현	50	FW	MF	32	고준영	17	1	1	0	0
0	0	2	5(4)		팔라시오스	11	FW	FW	18	원기종	20	2(1)	1	0	0
0	0	1	2(2)	14	조규성	9	FW	FW	14	김민균	11	3	0	0	0
0	0	0	0		정민기	29			25	강정묵		0	0	0	0
0	0	0	0		최우재	52			77	김태현		0	0	0	0
0	0	0	0	후31	주현재	16			20	이병욱	후14	0	1	0	1
0	0	0	0		안성빈	30	대기	대기	16	한지륜		0	0	0	0
0	0	0	0		맹성웅	28			17	김경준	후0	4(3)	1	0	0
0	0	1	0	후29	최재훈	8			11	전석훈	후30	0	0	0	0
0	1	1	0	후36	김신철	14			13	유정완		0	0	0	0
0	2	13	19(14)			0			0			19(10)	14	2	1

● 전반 8분 팔라시오스 PAR ↷ 모재현 GAL L-ST-G (득점: 모재현/ 도움: 팔라시오스) 오른쪽
● 전반 15분 조규성 PK-R-G(득점: 조규성) 오른쪽
● 후반 5분 팔라시오스 MF 정면 ~ 이정빈 GA 정면 R-ST-G (득점: 이정빈/ 도움: 팔라시오스) 오른쪽
● 후반 11분 조규성 자기 측 HL 정면 H ↷ 모재현 GAR R-ST-G (득점: 모재현/ 도움: 조규성) 왼쪽
● 후반 30분 팔라시오스 PA 정면 L-ST-G (득점: 팔라시오스) 왼쪽
● 후반 35분 허범산 PAL ~ 두아르테 GA 정면 L-ST-G (득점: 두아르테/ 도움: 허범산) 왼쪽
● 후반 47분 전석훈 GAR EL ~ 김경준 GA 정면 R-ST-G (득점: 김경준/ 도움: 전석훈) 왼쪽

• 9월 22일 • 19:00 • 흐리고 비 • 안산 와스타디움 • 1,596명
• 주심_ 신용준 • 부심_ 안광진 · 김홍규 • 대기심_ 김덕철 • 경기감독관_ 김성기

안산 1 (1 전반 1 / 0 후반 1) **2 부천**

퇴장	경고	파울	ST(유)	교체	선수명	배번	위치	위치	배번	선수명	교체	ST(유)	파울	경고	퇴장
0	0	0	0		이희성	21	GK	GK	21	최철원		0	0	0	0
0	0	0	0		이인재	4	DF	DF	3	김재우		0	1	0	0
0	1	1	0		김연수	23	DF	DF	5	임동혁		0	1	0	0
0	1	1	0		이창훈	18	DF	MF	32	감한솔		1	0	0	0
0	0	0	0		황태현	2	MF	MF	42	김한빈		2(1)	1	0	0
0	1	4	1(1)		박준희	5	MF	DF	6	닐손주니어		1(1)	0	0	0
0	0	2	1(1)	19	곽성욱	6	MF	MF	10	조범석		0	1	0	0
0	0	0	1	51	박진섭	8	MF	FW	17	장현수	7	2(2)	1	0	0
0	0	0	1(1)	17	최명희	16	MF	FW	22	안태현		1(1)	1	0	0
0	0	2	0		빈치씽코	9	FW	MF	90	조수철		2(1)	1	0	0
0	0	1	0		장혁진	7	FW	FW	9	말론	18	6(2)	3	1	0
0	0	0	0		황인재	1			1	이영창		0	0	0	0
0	0	0	0		파우벨	10			16	권승리		0	0	0	0
0	0	0	0	후23	김진래	17			7	문기한	후30	0	0	0	0
0	0	0	0	후43	방찬준	19	대기	대기	30	송홍민		0	0	0	0
0	0	0	0		김대열	27			18	김륜도	후50	0	0	0	0
0	0	0	0		최성민	42			19	정택훈		0	0	0	0
0	0	0	0	후28	마사	51			44	이광재		0	0	0	0
0	3	11	4(3)			0			0			15(8)	10	1	0

● 전반 15분 황태현 AK 내 ~ 박준희 PK 우측 지점 R-ST-G (득점: 박준희/ 도움: 황태현) 왼쪽
● 전반 20분 김한솔 PAR ↷ 김한빈 GAL L-ST-G (득점: 김한빈/ 도움: 김한솔) 오른쪽
● 후반 49분 닐손주니어 PK-R-G(득점: 닐손주니어) 오른쪽

• 9월 23일 • 20:00 • 맑음 • 아산 이순신 • 2,014명
• 주심_ 김영수 • 부심_ 성주경 · 이영운 • 대기심_ 김정호 • 경기감독관_ 김진의

아산 1 (0 전반 0 / 1 후반 0) **0 전남**

퇴장	경고	파울	ST(유)	교체	선수명	배번	위치	위치	배번	선수명	교체	ST(유)	파울	경고	퇴장
0	0	0	0		이기현	24	GK	GK	1	박준혁		0	0	0	0
0	1	1	0		정다훤	2	DF	DF	7	이슬찬	23	0	2	0	0
0	0	1	1		장순혁	5	DF	DF	66	김주원		0	2	0	0
0	0	0	0		전효석	16	DF	DF	5	안셀		0	1	1	0
0	0	2	0		민준영	19	MF	DF	11	이유현		0	3	0	0
0	0	1	1		양태렬	14	MF	MF	6	이후권		0	1	0	0
0	0	0	0		박세직	89	MF	MF	16	한찬희		3	1	1	0
0	0	2	1		오세훈	9	FW	MF	14	김영욱	28	1(1)	1	0	0
0	0	0	1(1)	70	김도엽	20	FW	FW	9	브루노누네스		2(2)	5	0	0
0	0	0	1	26	박민서	77	FW	FW	95	바이오		2(1)	1	0	0
0	1	5	1	23	이재건	97	MF	MF	27	정재희	3	0	6	0	0
0	0	0	0		제종현	90			21	이호승		0	0	0	0
0	0	0	0	후39	박성우	26			15	김진성		0	0	0	0
0	0	0	0		정원영	32			3	가솔현	후37	0	0	0	0
0	0	1	1	후14	김민석	23	대기	대기	13	김민준		0	0	0	0
0	0	0	0		송환영	30			28	조윤형	후18	0	1	1	0
0	0	0	0		김경우	88			18	김경민		0	0	0	0
0	0	0	1(1)	후28	최요셉	70			23	추정호	후35	0	1	0	0
0	2	13	8(2)			0			0			8(4)	25	3	0

● 후반 31분 박민서 AKL ~ 최요셉 PAR 내 R-ST-G (득점: 최요셉/ 도움: 박민서) 오른쪽

• 9월 23일 • 20:00 • 흐리고 비 • 부산 구덕 • 4,209명
• 주심_ 최일우 • 부심_ 이정민·이양우 • 대기심_ 김동진 • 경기감독관_ 나승화

부산 3 | 2 전반 0 / 1 후반 2 | **2 광주**

퇴장	경고	파울	ST(유)	교체	선수명	배번	위치	위치	배번	선수명	교체	ST(유)	파울	경고	퇴장
0	0	0	0		최필수	1	GK	GK	1	윤평국		0	0	0	0
0	0	2	0		박준강	3	DF	DF	15	홍준호		0	1	0	0
0	0	1	0		김명준	15	DF	DF	20	이한도	8	0	3	1	0
0	0	1	1(1)		수신야르	38	DF	DF	3	아슐마토프		1	0	0	0
0	1	1	0		김치우	7	DF	MF	12	이시영		0	0	0	0
0	0	2	0		박종우	8	MF	MF	5	최준혁		0	2	0	0
0	1	2	1		김진규	23	MF	MF	94	윌리안		3(3)	4	1	0
0	0	4	3(1)		호물로	10	MF	FW	10	임민혁	33	0	1	0	0
0	0	2	1(1)	22	권용현	32	FW	FW	14	여봉훈		0	4	1	0
0	0	1	4(2)	33	이동준	11	FW	FW	32	하칭요	17	1	2	0	0
0	1	4	1	86	이정협	18	FW	FW	22	김주공		2(1)	1	0	0
0	0	0	0		김정호	25			41	최봉진		0	0	0	0
0	0	0	0		박호영	35			6	박정수		0	0	0	0
0	0	0	0	후42	김문환	33			8	이으뜸	후0	0	0	0	0
0	0	0	0		한상운	20	대기	대기	17	엄원상	후5	1	1	0	0
0	0	0	0	후18	한지호	22			33	김준형	후28	0	0	0	0
0	0	0	0		디에고	30			55	김진환		0	0	0	0
0	0	1	0	후44	노보트니	86			72	최호주		0	0	0	0
0	3	21	11(5)			0			0			8(4)	19	3	0

● 전반 18분 호물로 AK 정면 FK L-ST-G (득점: 호물로) 왼쪽
● 전반 24분 박종우 MFL FK ↷ 이동준 GA 정면 H-ST-G (득점: 이동준/ 도움: 박종우) 왼쪽
● 후반 22분 이동준 GAR 내 L-ST-G (득점: 이동준) 오른쪽
● 후반 9분 최준혁 PA 정면내 ~ 김주공 GA 정면 R-ST-G (득점: 김주공/ 도움: 최준혁) 가운데
● 후반 18분 김주공 PAR ~ 윌리안 PK 지점 R-ST-G (득점: 윌리안/ 도움: 김주공) 오른쪽

• 9월 28일 • 17:00 • 맑음 • 수원 종합 • 2,064명
• 주심_ 서동진 • 부심_ 강동호·김홍규 • 대기심_ 김덕철 • 경기감독관_ 허기태

수원FC 2 | 1 전반 0 / 1 후반 2 | **2 아산**

퇴장	경고	파울	ST(유)	교체	선수명	배번	위치	위치	배번	선수명	교체	ST(유)	파울	경고	퇴장
0	0	0	0		전수현	37	GK	GK	24	이기현		0	0	0	0
0	1	3	1		이학민	14	FW	DF	2	정다훤		0	3	1	0
0	0	1	0		조유민	20	DF	DF	5	장순혁		0	1	0	0
0	0	0	1		이한샘	26	DF	DF	16	전효석		1(1)	0	0	0
0	0	1	1	16	김주엽	30	DF	MF	19	민준영		0	0	0	0
0	0	2	0	27	채선일	33	DF	MF	14	양태렬	70	0	1	0	0
0	1	2	1		백성동	10	MF	MF	89	박세직		1(1)	2	0	0
0	0	1	3		장성재	13	MF	FW	9	오세훈	18	1	2	0	0
0	0	0	0	21	임창균	94	MF	MF	20	김도엽		2(1)	0	0	0
0	0	0	3(3)		치솜	11	FW	FW	77	박민서		2(2)	0	0	0
0	0	4	1(1)		아니에르	15	FW	MF	97	이재건	23	3(1)	0	0	0
0	0	0	0		박형순	1			90	제종현		0	0	0	0
0	0	0	0		김영찬	3			26	박성우		0	0	0	0
0	0	0	0		윤준성	4			44	정성현		0	0	0	0
0	0	0	0	후31	이용	27	대기	대기	12	주원석		0	0	0	0
0	0	1	0	후22	황병권	21			23	김민석	후9	2(1)	1	0	0
0	0	0	0		조블론	70			18	남희철	후29	2(2)	0	0	0
0	1	1	0	후14	김지민	16			70	최요셉	후21	0	0	0	0
0	3	16	11(4)			0			0			14(9)	10	1	0

● 전반 12분 치솜 PK-R-G(득점: 치솜) 오른쪽
● 후반 5분 백성동 PAR 내 → 치솜 GA 정면내 L-ST-G (득점: 치솜/ 도움: 백성동) 오른쪽
● 후반 1분 이기현 자기 측PA 정면내 ↷ 박민서 AK 내 R-ST-G (득점: 박민서/ 도움: 이기현) 오른쪽
● 후반 28분 최요셉 PAR 내 EL ~ 박민서 AK 내 R-ST-G (득점: 박민서/ 도움: 최요셉) 오른쪽

• 9월 28일 • 17:00 • 맑음 • 광주 월드컵 • 1,338명
• 주심_ 채상협 • 부심_ 성주경·설귀선 • 대기심_ 김정호 • 경기감독관_ 김용세

광주 3 | 2 전반 0 / 1 후반 1 | **1 서울E**

퇴장	경고	파울	ST(유)	교체	선수명	배번	위치	위치	배번	선수명	교체	ST(유)	파울	경고	퇴장
0	0	0	0		이진형	21	GK	GK	1	김영광		0	0	0	0
0	0	1	2(2)		홍준호	15	DF	DF	5	안지호		0	2	0	0
0	0	1	2(1)		아슐마토프	3	DF	DF	19	최한솔		0	0	0	0
0	0	1	0		최준혁	5	MF	DF	24	이태호		0	1	0	0
0	0	3	2(1)		여봉훈	14	MF	MF	61	최종환		0	3	0	0
0	0	1	1(1)		이시영	12	MF	MF	8	허범산		1(1)	3	0	0
0	1	1	1	33	임민혁	10	MF	MF	14	김민균		0	2	0	0
0	0	1	1(1)	6	두현석	13	MF	MF	21	윤성열		1	1	0	0
0	0	1	1(1)		이으뜸	8	MF	FW	10	두아르테	22	3(2)	1	0	0
0	0	1	5(3)		김주공	22	FW	FW	18	원기종	13	5(1)	0	0	0
0	1	1	3(2)	17	펠리페	9	FW	FW	17	김경준	11	0	0	0	0
0	0	0	0		윤평국	1			25	강정묵		0	0	0	0
0	0	0	0	후45	박정수	6			77	김태현		0	0	0	0
0	0	0	0	후20	엄원상	17			4	변준범		0	0	0	0
0	0	0	0		이한도	20	대기	대기	55	김동철		0	0	0	0
0	0	0	0		하칭요	32			22	윤상호	후25	0	0	0	0
0	0	1	0	후7	김준형	33			11	전석훈	후25	0	0	0	0
0	0	0	0		최호주	72			13	유정완	후32	0	0	0	0
0	2	13	18(12)			0			0			10(4)	13	0	0

● 전반 9분 이으뜸 MF 정면 FK L-ST-G (득점: 이으뜸) 오른쪽
● 전반 18분 두현석 PK 좌측지점 L-ST-G (득점: 두현석) 가운데
● 후반 16분 두현석 C,KL ↷ 펠리페 GAL H-ST-G (득점: 펠리페/ 도움: 두현석) 왼쪽
● 후반 5분 최종환 MFL TL ↷ 원기종 PK 지점 R-ST-G (득점: 원기종/ 도움: 최종환) 오른쪽

• 9월 28일 • 19:00 • 맑음 • 대전 월드컵 • 3,830명
• 주심_ 최일우 • 부심_ 강도준·장종필 • 대기심_ 안재훈 • 경기감독관_ 김진의

대전 0 | 0 전반 0 / 0 후반 0 | **0 안산**

퇴장	경고	파울	ST(유)	교체	선수명	배번	위치	위치	배번	선수명	교체	ST(유)	파울	경고	퇴장
0	0	0	0		박주원	1	GK	GK	1	황인재		0	0	0	0
0	0	0	0	10	이인규	30	DF	DF	4	이인재		0	1	0	0
0	0	1	0		김태현	4	DF	DF	23	김연수		0	1	0	0
0	0	0	1		박민규	12	DF	DF	42	최성민		2	1	0	0
0	0	0	0		이지솔	44	DF	MF	2	황태현		1	2	0	0
0	0	1	0		황재훈	3	MF	MF	5	박준희		0	1	0	0
0	0	2	2(1)		박수창	8	MF	MF	7	장혁진	6	2(1)	0	0	0
0	1	2	0	66	안상현	20	MF	MF	8	박진섭		0	1	0	0
0	0	0	2		김승섭	11	FW	MF	17	김진래		1	1	0	0
0	0	1	2(1)		이정문	42	FW	FW	9	빈치씽코	18	4(3)	3	1	0
0	0	3	2(1)	27	박인혁	9	FW	FW	51	마사	19	1	3	0	0
0	0	0	0		김진영	23			21	이희성		0	0	0	0
0	0	0	0		윤경보	5			6	곽성욱	후39	0	0	0	0
0	0	0	0		김세윤	19			10	파우벨		0	0	0	0
0	0	0	0	후6	박수일	66	대기	대기	18	이창훈	후47	0	0	0	0
0	0	1	1	후16	키쭈	27			19	방찬준	후19	0	2	0	0
0	0	0	0		안토니오	7			27	김대열		0	0	0	0
0	0	1	0	후39	하마조치	10			36	김진욱		0	0	0	0
0	1	12	10(3)			0			0			11(4)	16	1	0

• 9월 29일 • 17:00 • 맑음 • 부천 종합 • 3,882명
• 주심_ 최광호 • 부심_ 송봉근·이병주 • 대기심_ 오현진 • 경기감독관_ 김성기

부천 0 　 0 전반 1 / 0 후반 1 　 **2 부산**

퇴장	경고	파울	ST(유)	교체	선수명	배번	위치	위치	배번	선수명	교체	ST(유)	파울	경고	퇴장
0	0	0	0		최 철 원	21	GK	GK	1	최 필 수		0	0	0	0
0	0	1	0		김 재 우	3	DF	DF	7	김 치 우		0	0	0	0
0	0	1	1(1)		임 동 혁	5	DF	DF	38	수신야르		0	1	0	0
0	0	1	1		감 한 솔	32	MF	DF	15	김 명 준		0	1	1	0
0	0	0	2(1)		김 한 빈	42	MF	DF	33	김 문 환		0	1	0	0
0	0	0	0		닐손주니어	6	DF	MF	8	박 종 우		2(1)	0	0	0
0	0	2	0		조 범 석	10	MF	MF	10	호 물 로	35	2(1)	0	0	0
0	0	1	1(1)	77	장 현 수	17	FW	MF	23	김 진 규		1	0	0	0
0	0	0	1	19	안 태 현	22	MF	FW	32	권 용 현	22	2(1)	3	0	0
0	0	1	1(1)	7	조 수 철	90	MF	FW	11	이 동 준		2(1)	0	0	0
0	0	1	1(1)		김 륜 도	18	FW	FW	18	이 정 협	86	2(1)	1	0	0
0	0	0	0		이 영 창	1			25	김 정 호		0	0	0	0
0	0	0	0		권 승 리	16			35	박 호 영	후43	0	0	0	0
0	0	0	0	후32	문 기 한	7			3	박 준 강		0	0	0	0
0	0	0	0		송 홍 민	30	대기	대기	20	한 상 운		0	0	0	0
0	0	2	1(1)	후8	이 시 헌	77			22	한 지 호	후20	2(1)	1	0	0
0	0	0	2	후20	정 택 훈	19			30	디 에 고		0	0	0	0
0	0	0	0		이 광 재	44			86	노보트니	후41	0	0	0	0
0	0	10	11(6)			0			0			13(6)	8	1	0

● 전반 2분 김진규 PAR ~ 박종우 AKR R-ST-G (득점: 박종우/ 도움: 김진규) 오른쪽
● 후반 41분 이정협 GAL R-ST-G (득점: 이정협) 가운데

• 9월 29일 • 19:00 • 맑음 • 광양 전용 • 3,591명
• 주심_ 김종혁 • 부심_ 지승민·안광진 • 대기심_ 장순택 • 경기감독관_ 나승화

전남 2 　 1 전반 0 / 1 후반 0 　 **0 안양**

퇴장	경고	파울	ST(유)	교체	선수명	배번	위치	위치	배번	선수명	교체	ST(유)	파울	경고	퇴장
0	0	0	0		박 준 혁	1	GK	GK	29	정 민 기		0	0	0	0
0	0	2	0		곽 광 선	20	DF	MF	19	채 광 훈		2	0	0	0
0	0	1	0		안 셀	5	DF	DF	6	류 언 재		1(1)	2	0	0
0	0	1	0		김 주 원	66	DF	DF	15	김 형 진		0	2	0	0
0	0	0	0		이 슬 찬	7	MF	DF	5	유 종 현		0	4	0	0
0	1	2	2(1)	4	한 찬 희	16	MF	MF	13	김 상 원	30	1(1)	0	0	0
0	0	1	0		이 유 현	11	MF	MF	88	이 정 빈	28	4(1)	0	0	0
0	0	2	0		김 영 욱	14	MF	MF	26	구 본 상		1(1)	0	0	0
0	0	0	0	6	브루노누네스	9	FW	FW	10	알 렉 스	50	1(1)	0	0	0
0	1	2	3(1)		바 이 오	95	FW	FW	11	팔라시오스		1	2	0	0
0	0	0	1	18	정 재 희	27	FW	FW	9	조 규 성		3	1	0	0
0	0	0	0		이 호 승	21			31	김 태 훈		0	0	0	0
0	0	0	0		김 진 성	15			52	최 우 재		0	0	0	0
0	0	0	0		최 효 진	2			30	안 성 빈	후42	0	0	0	0
0	0	0	0	후33	김 건 웅	4	대기	대기	16	주 현 재		0	0	0	0
0	1	3	0	후8	이 후 권	6			8	최 재 훈		0	0	0	0
0	0	0	0		조 윤 형	28			28	맹 성 웅	후31	0	0	0	0
0	0	0	3(2)	후23	김 경 민	18			50	모 재 현	후16	1	0	0	0
0	3	14	9(4)			0			0			15(5)	11	0	0

● 전반 38초 정재희 PAR ↷ 바이오 GAL H-ST-G (득점: 바이오/ 도움: 정재희) 왼쪽
● 후반 29분 김경민 PAR 내 L-ST-G (득점: 김경민) 왼쪽

• 10월 01일 • 19:30 • 비 • 광주 월드컵 • 5,011명
• 주심_ 송민석 • 부심_ 김홍규·안광진 • 대기심_ 김도연 • 경기감독관_ 양정환

광주 2 　 2 전반 1 / 0 후반 0 　 **1 안산**

퇴장	경고	파울	ST(유)	교체	선수명	배번	위치	위치	배번	선수명	교체	ST(유)	파울	경고	퇴장
0	0	0	0		이 진 형	21	GK	GK	1	황 인 재		0	0	0	0
0	1	4	0		이 시 영	12	DF	DF	4	이 인 재		0	2	0	0
0	0	0	1(1)		이 한 도	20	DF	DF	23	김 연 수		0	0	0	0
0	0	0	1	15	아슐마토프	3	DF	DF	42	최 성 민		0	3	0	0
0	0	1	1		이 으 뜸	8	DF	MF	2	황 태 현		1(1)	0	0	0
0	0	3	2(2)		임 민 혁	10	MF	MF	5	박 준 희	6	0	1	0	0
0	1	1	0		여 봉 훈	14	MF	MF	7	장 혁 진		0	1	0	0
0	1	2	1(1)	6	최 준 혁	5	MF	MF	8	박 진 섭		2	1	0	0
0	0	2	2(1)		윌 리 안	94	MF	MF	17	김 진 래		1	1	0	0
0	0	0	0	13	김 주 공	22	FW	FW	9	빈치씽코	18	2(2)	1	1	0
0	0	2	1(1)		펠 리 페	9	FW	FW	51	마 사	19	3(2)	2	0	0
0	0	0	0		윤 평 국	1			21	이 희 성		0	0	0	0
0	0	0	1	후28	박 정 수	6			6	곽 성 욱	후8	0	2	0	0
0	0	1	0	후31	두 현 석	13			10	파 우 벨		0	0	0	0
0	0	0	0	후17	홍 준 호	15	대기	대기	16	최 명 희		0	0	0	0
0	0	0	0		엄 원 상	17			18	이 창 훈	후25	0	1	0	0
0	0	0	0		하 칭 요	32			19	방 찬 준	후33	0	0	0	0
0	0	0	0		김 준 형	33			27	김 대 열		0	0	0	0
0	3	16	10(6)			0			0			9(5)	15	1	0

● 전반 3분 김주공 PAR EL ↷ 윌리안 GAL L-ST-G (득점: 윌리안/ 도움: 김주공) 왼쪽
● 전반 31분 임민혁 PA 정면 FK R-ST-G (득점: 임민혁) 왼쪽
● 전반 4분 빈치씽코 GAL 내 → 마사 GA 정면 내 R-ST-G (득점: 마사/ 도움: 빈치씽코) 가운데

• 10월 01일 • 19:00 • 흐림 • 천안 종합 • 4,033명
• 주심_ 최광호 • 부심_ 지승민·이병주 • 대기심_ 오현진 • 경기감독관_ 신홍기

서울E 1 　 1 전반 1 / 0 후반 0 　 **1 아산**

퇴장	경고	파울	ST(유)	교체	선수명	배번	위치	위치	배번	선수명	교체	ST(유)	파울	경고	퇴장
0	0	0	0		김 영 광	1	GK	GK	24	이 기 현		0	0	0	0
0	0	4	0		김 태 현	77	DF	DF	2	정 다 훤		0	3	0	0
0	0	1	0		안 지 호	5	DF	DF	5	장 순 혁		0	2	0	0
0	0	2	0		변 준 범	4	DF	DF	16	전 효 석		0	0	0	0
0	0	3	1		최 종 환	61	DF	MF	19	민 준 영		1(1)	1	0	0
0	0	1	1	24	최 한 솔	19	MF	MF	14	양 태 렬		1	1	1	0
0	1	1	2		허 범 산	8	MF	MF	89	박 세 직		1(1)	2	0	0
0	0	2	2(2)		김 민 균	14	MF	FW	18	남 희 철	9	2	0	0	0
0	0	1	3(2)		두아르테	10	FW	FW	20	김 도 엽	88	5(2)	2	0	0
0	0	2	1(1)	17	전 석 훈	11	FW	FW	77	박 민 서		2(2)	0	0	0
0	0	1	0	18	윤 상 호	22	FW	MF	97	이 재 건	23	0	1	0	0
0	0	0	0		강 정 묵	25			90	제 종 현		0	0	0	0
0	1	2	0	후22	이 태 호	24			12	주 원 석		0	0	0	0
0	0	0	0		김 동 철	55			23	김 민 석	후17	0	0	0	0
0	0	0	0		윤 성 열	21	대기	대기	30	송 환 영		0	0	0	0
0	0	0	0		이 현 성	7			88	김 경 우	후31	0	2	1	0
0	0	1	1(1)	후10	원 기 종	18			9	오 세 훈	후17	0	1	0	0
0	0	0	1(1)	후28	김 경 준	17			70	최 요 셉		0	0	0	0
0	2	21	12(7)			0			0			12(6)	15	2	0

● 전반 16분 두아르테 MF 정면 ~ 전석훈 PK 우측지점 R-ST-G (득점: 전석훈/ 도움: 두아르테) 왼쪽
● 전반 9분 이재건 AK 정면 ~ 민준영 AKL L-ST-G (득점: 민준영/ 도움: 이재건) 왼쪽

- 10월 02일 • 19:00 • 비 • 광양 전용 • 242명
- 주심_ 최일우 • 부심_ 강도준·이양우 • 대기심_ 김정호 • 경기감독관_ 김성기

전남 3 — 2 전반 0 / 1 후반 2 — **2 수원FC**

퇴장	경고	파울	ST(유)	교체	선수명	배번	위치	위치	배번	선수명	교체	ST(유)	파울	경고	퇴장
0	0	0	0		박준혁	1	GK	GK	37	전수현		0	0	0	0
0	0	0	0		곽광선	20	DF	DF	2	박요한		0	1	0	0
0	0	1	0		안셀	5	DF	FW	14	이학민		2(1)	4	0	0
0	0	1	0		김주원	66	DF	DF	20	조유민		0	2	1	0
0	0	1	0		이슬찬	7	MF	DF	26	이한샘		1	3	1	0
0	0	2	1	4	한찬희	16	MF	DF	30	김주엽	27	0	0	0	0
0	0	1	2(2)		이유현	11	MF	MF	10	백성동		0	0	0	0
0	1	6	0		김영욱	14	MF	MF	13	장성재	4	1	1	0	0
0	1	2	2(1)		브루노 누네스	9	FW	MF	94	임창균	3	3(1)	0	0	0
0	1	4	3(3)	28	바이오	95	FW	FW	11	치솜		4(2)	0	0	0
0	1	0	1	18	정재희	27	FW	FW	15	아니에르		4(1)	6	0	0
0	0	0	0		이호승	21			1	박형순		0	0	0	0
0	0	0	0		김진성	15			3	김영찬	후0	0	2	0	0
0	0	0	0		최효진	2			4	윤준성	후34	0	0	0	0
0	0	0	1(1)	후5	김건웅	4	대기	대기	27	이용	후0	0	1	0	0
0	0	0	0		윤용호	8			17	안은산		0	0	0	0
0	0	0	0	후24	조윤형	28			21	황병권		0	0	0	0
0	0	0	0	후14	김경민	18			70	조블론		0	0	0	0
0	4	18	10(7)			0			0			15(5)	20	2	0

- 전반 9분 브루노 누네스 PAR TL ↷ 바이오 GAL R-ST-G (득점: 바이오/ 도움: 브루노 누네스) 왼쪽
- 전반 47분 브루노 누네스 PK-R-G(득점: 브루노 누네스) 오른쪽
- 후반 3분 바이오 PA 정면 R-ST-G (득점: 바이오) 오른쪽
- 후반 41분 치솜 PK-R-G(득점: 치솜) 오른쪽
- 후반 45분 치솜 PK-R-G(득점: 치솜) 오른쪽

- 10월 02일 • 19:30 • 비 • 안양 종합 • 1,223명
- 주심_ 김덕철 • 부심_ 성주경·이상민 • 대기심_ 안재훈 • 경기감독관_ 김호영

안양 2 — 2 전반 0 / 0 후반 2 — **2 부산**

퇴장	경고	파울	ST(유)	교체	선수명	배번	위치	위치	배번	선수명	교체	ST(유)	파울	경고	퇴장
0	0	0	0		양동원	1	GK	GK	1	최필수		0	0	0	0
0	0	2	1(1)		채광훈	19	MF	DF	33	김문환		0	0	0	0
0	0	1	0		김형진	15	DF	DF	38	수신아르		0	1	0	0
0	0	1	1(1)		최호정	3	DF	DF	15	김명준		1(1)	0	0	0
0	0	1	0		유종현	5	DF	DF	3	박준강	7	1(1)	4	0	0
0	0	0	0		김상원	13	MF	MF	8	박종우		1(1)	1	0	0
0	1	1	0	8	구본상	26	MF	MF	10	호물로		3(1)	1	0	0
0	0	2	1	28	이정빈	88	MF	MF	23	김진규	18	0	2	0	0
0	0	0	3(3)		알렉스	10	FW	FW	32	권용현	30	0	1	0	0
0	0	2	2(2)		팔라시오스	11	FW	FW	11	이동준		3(3)	1	0	0
0	1	1	1(1)	50	조규성	9	FW	FW	86	노보트니		1(1)	3	1	0
0	0	0	0		정민기	29			25	김정호		0	0	0	0
0	0	0	0		류언재	6			35	박호영		0	0	0	0
0	0	0	0		안성빈	30			7	김치우	후30	0	0	0	0
0	0	0	0		김원민	77	대기	대기	42	권혁규		0	0	0	0
0	0	1	0	후31	맹성웅	28			22	한지호		0	0	0	0
0	0	1	0	후19	최재훈	8			30	디에고	후0	4(4)	0	0	0
0	0	2	0	후16	모재현	50			18	이정협	후25	1	0	0	0
0	2	15	9(8)			0			0			15(12)	14	1	0

- 전반 38분 채광훈 MF 정면 FK R-ST-G (득점: 채광훈) 왼쪽
- 전반 43분 팔라시오스 GA 정면 L-ST-G (득점: 팔라시오스) 왼쪽
- 후반 15분 이동준 GA 정면 R-ST-G (득점: 이동준) 가운데
- 후반 43분 이정협 PA 정면내 ~ 디에고 PA 정면내 R-ST-G (득점: 디에고/ 도움: 이정협) 오른쪽

- 10월 02일 • 19:30 • 비 • 부천 종합 • 771명
- 주심_ 김종혁 • 부심_ 설귀선·이영운 • 대기심_ 장순택 • 경기감독관_ 최상국

부천 1 — 1 전반 2 / 0 후반 1 — **3 대전**

퇴장	경고	파울	ST(유)	교체	선수명	배번	위치	위치	배번	선수명	교체	ST(유)	파울	경고	퇴장
0	0	0	0		최철원	21	GK	GK	1	박주원		0	0	0	0
0	0	1	0		박건	4	DF	DF	42	이정문		0	0	0	0
0	0	2	0		임동혁	5	DF	DF	44	이지솔		0	1	0	0
0	0	1	0		감한솔	32	MF	DF	12	박민규		2	1	0	0
0	0	1	0	77	김한빈	42	MF	DF	66	박수일		0	0	0	0
0	0	0	1(1)		닐손주니어	6	DF	MF	3	황재훈	8	0	0	0	0
0	1	1	2(1)		조범석	10	MF	MF	19	김세윤		0	0	0	0
0	0	2	1		안태현	22	MF	MF	4	김태현		0	2	1	0
0	1	2	3(3)		조수철	90	MF	FW	11	김승섭	9	0	0	0	0
0	0	0	0	3	김륜도	18	FW	FW	7	안토니오		4(4)	1	0	0
0	0	3	1	17	이광재	44	FW	FW	10	하마조치	27	2(2)	2	1	0
0	0	0	0		이영창	1			23	김진영		0	0	0	0
0	0	0	0	후27	김재우	3			17	장주영		0	0	0	0
0	0	0	0		국태정	23			14	윤성한		0	0	0	0
0	0	0	0		박요한	33	대기	대기	8	박수창	후23	2(2)	0	0	0
0	0	0	0	후0	장현수	17			27	키쭈	후17	0	0	0	0
0	0	0	0		송홍민	30			9	박인혁	후37	1(1)	0	0	0
0	0	0	2	후8	이시헌	77			45	김찬		0	0	0	0
0	2	13	10(5)			0			0			11(9)	7	2	0

- 전반 7분 닐손주니어 PK-R-G(득점: 닐손주니어) 왼쪽
- 전반 45분 안토니오 PK-R-G(득점: 안토니오) 왼쪽
- 전반 48분 박수일 PAL ↷ 하마조치 PK 지점 H-ST-G (득점: 하마조치/ 도움: 박수일) 왼쪽
- 후반 44분 안토니오 AK 내 R-ST-G (득점: 안토니오) 왼쪽

- 10월 05일 • 15:00 • 맑음 • 부산 구덕 • 7,724명
- 주심_ 이동준 • 부심_ 지승민·설귀선 • 대기심_ 정회수 • 경기감독관_ 김호영

부산 2 — 2 전반 0 / 0 후반 0 — **0 수원FC**

퇴장	경고	파울	ST(유)	교체	선수명	배번	위치	위치	배번	선수명	교체	ST(유)	파울	경고	퇴장
0	1	0	0		최필수	1	GK	GK	1	박형순		0	0	0	0
0	0	0	1		김치우	7	DF	MF	2	박요한		1	2	1	0
1	0	0	0		수신아르	38	DF	DF	3	김영찬		0	1	0	0
0	0	2	0		김명준	15	DF	DF	4	윤준성	16	0	1	0	0
0	0	0	0		김문환	33	DF	MF	14	이학민		0	2	1	0
0	0	0	0		박종우	8	MF	DF	20	조유민		0	5	1	0
0	0	0	3(1)		호물로	10	MF	FW	10	백성동		2	2	0	0
0	0	0	1		김진규	23	MF	MF	13	장성재		0	2	0	0
0	0	4	2(1)	32	한지호	22	MF	MF	21	황병권	94	1	0	0	0
0	0	1	3(1)	45	이동준	11	MF	FW	7	김병오	15	1(1)	2	0	0
0	1	1	1(1)	86	이정협	18	FW	FW	11	치솜		3(2)	2	0	0
0	0	0	0		김정호	25			37	전수현		0	0	0	0
0	0	0	0	후46	황준호	45			27	이용		0	0	0	0
0	0	0	0		박준강	3			30	김주엽		0	0	0	0
0	0	0	0		한상운	20	대기	대기	70	조블론		0	0	0	0
0	0	0	1(1)	후27	권용현	32			94	임창균	전35	4(1)	1	0	0
0	0	0	0		디에고	30			15	아니에르	후28	0	1	0	0
0	1	0	1	후20	노보트니	86			16	김지민	후0	0	3	0	0
1	3	8	13(5)			0			0			12(4)	24	3	0

- 전반 9분 김진규 GAR EL → 이정협 GA 정면 R-ST-G (득점: 이정협/ 도움: 김진규) 가운데
- 전반 48분 호물로 PK-L-G (득점: 호물로) 오른쪽

- 10월 05일 • 15:00 • 흐림 • 안산 와스타디움 • 4,076명
- 주심_ 서동진 • 부심_ 강동호·강도준 • 대기심_ 장순택 • 경기감독관_ 신홍기

안산 2 1 전반 0 / 1 후반 0 **0 서울E**

퇴장	경고	파울	ST(유)	교체	선수명	배번	위치	위치	배번	선수명	교체	ST(유)	파울	경고	퇴장
0	0	0	0		이희성	21	GK	GK	25	강정묵		0	0	0	0
0	0	0	0		이인재	4	DF	DF	77	김태현		1	2	0	0
0	0	2	0		김연수	23	DF	DF	4	변준범		0	0	0	0
0	1	4	0		최성민	42	DF	DF	5	안지호		0	1	0	0
0	0	0	0		황태현	2	MF	DF	61	최종환		0	1	1	0
0	0	0	1		박준희	5	MF	MF	55	김동철		2	5	0	0
0	0	0	1		장혁진	7	MF	MF	13	유정완		1	1	0	0
0	0	3	2(1)		이준희	22	MF	MF	22	윤상호	14	0	2	1	0
0	0	0	2(1)	16	김대열	27	MF	FW	17	김경준	10	0	0	0	0
0	1	2	3(2)	8	빈치씽코	9	FW	FW	18	원기종		2	0	0	0
0	0	1	1	51	파우벨	10	FW	FW	11	전석훈	20	0	0	0	0
0	0	0	0		황인재	1	대기	대기	41	서동현		0	0	0	0
0	0	0	0		곽성욱	6			20	이병욱	후26	0	0	0	0
0	0	0	0	후44	박진섭	8			21	윤성열		0	0	0	0
0	0	0	0	후42	최명희	16			7	이현성		0	0	0	0
0	0	0	0		이창훈	18			6	마스다		0	0	0	0
0	0	0	0		김진욱	36			14	김민균	후0	1	0	0	0
0	1	1	0	후10	마사	51			10	두아르테	후0	0	0	0	0
0	3	13	10(4)			0			0			7	12	2	0

- 전반 45분 장혁진 C,KR ↷ 빈치씽코 GA 정면 H-ST-G (득점: 빈치씽코/ 도움: 장혁진) 왼쪽
- 후반 13분 이준희 PAL ↷ 김대열 PK 지점 H-ST-G (득점: 김대열/ 도움: 이준희) 오른쪽

- 10월 06일 • 17:00 • 흐림 • 아산 이순신 • 2,820명
- 주심_ 김용우 • 부심_ 송봉근·성주경 • 대기심_ 김정호 • 경기감독관_ 김용세

아산 0 0 전반 0 / 0 후반 1 **1 광주**

퇴장	경고	파울	ST(유)	교체	선수명	배번	위치	위치	배번	선수명	교체	ST(유)	파울	경고	퇴장
0	0	0	0		제종현	90	GK	GK	21	이진형		0	0	0	0
0	0	0	2(1)		장순혁	5	DF	DF	12	이시영		1(1)	4	1	0
0	0	0	0		전효석	16	DF	DF	20	이한도		1(1)	1	0	0
0	1	2	1		민준영	19	DF	DF	15	홍준호		2	2	1	0
0	0	2	0		박성우	26	FW	DF	25	김영빈		0	0	0	0
0	0	1	0		양태렬	14	DF	MF	33	김준형	13	2	1	0	0
0	0	2	2		박세직	89	MF	MF	6	박정수		0	1	0	0
0	0	2	0		오세훈	9	FW	MF	32	하칭요	7	2(1)	2	0	0
0	0	1	2	23	김도엽	20	MF	MF	94	윌리안	55	1(1)	1	0	0
0	0	2	1	18	박민서	77	FW	FW	22	김주공		0	1	1	0
0	0	0	3	70	이재건	97	MF	FW	9	펠리페		3(1)	4	0	0
0	0	0	0		김영익	31	대기	대기	1	윤평국		0	0	0	0
0	0	0	0		정원영	32			7	여름	후38	0	0	0	0
0	0	0	1(1)	후12	김민석	23			17	엄원상		0	0	0	0
0	0	0	0		송환영	30			13	두현석	후14	0	0	0	0
0	0	0	0		김경우	88			23	손민우		0	0	0	0
0	0	0	2	후39	남희철	18			55	김진환	후48	0	0	0	0
0	0	0	0	후20	최요셉	70			72	최호주		0	0	0	0
0	1	12	14(2)			0			0			12(5)	17	3	0

- 후반 18분 윌리안 PAL 내 R-ST-G (득점: 윌리안) 오른쪽

- 10월 05일 • 17:00 • 흐림 • 대전 월드컵 • 2,035명
- 주심_ 성덕효 • 부심_ 김홍규·이상민 • 대기심_ 오현진 • 경기감독관_ 최상국

대전 1 1 전반 1 / 0 후반 1 **2 전남**

퇴장	경고	파울	ST(유)	교체	선수명	배번	위치	위치	배번	선수명	교체	ST(유)	파울	경고	퇴장
0	0	0	0		박주원	1	GK	GK	1	박준혁		0	0	0	0
0	0	1	0		이정문	42	DF	DF	2	최효진		0	0	0	0
0	0	0	0	30	이지솔	44	DF	DF	20	곽광선		0	4	0	0
0	0	1	1(1)		박민규	12	DF	DF	66	김주원		0	1	0	0
0	0	1	2		박수일	66	DF	DF	11	이유현		0	2	0	0
0	0	1	0		황재훈	3	MF	FW	18	김경민	28	0	1	0	0
0	0	0	1		박수창	8	MF	MF	6	이후권	3	0	3	0	0
0	0	3	0		안상현	20	MF	MF	16	한찬희		4(2)	3	1	0
0	0	0	1(1)		키쭈	27	FW	FW	27	정재희		3(1)	1	0	0
0	0	1	1	11	안토니오	7	FW	MF	14	김영욱		2(1)	0	0	0
0	0	2	1(1)		하마조치	10	FW	FW	23	추정호	4	0	0	0	0
0	0	0	0		김진영	23	대기	대기	21	이호승		0	0	0	0
0	0	0	0	전14/9	이인규	30			5	안셀		0	0	0	0
0	0	0	0		김지훈	26			3	가솔현	후41	0	0	0	0
0	0	0	0		안동민	40			7	이슬찬		0	0	0	0
0	0	0	0		김세윤	19			4	김건웅	후28	0	1	0	0
0	0	0	0	후31	박인혁	9			28	조윤형	후13	0	0	0	0
0	0	1	0	후9	김승섭	11			33	정희웅		0	0	0	0
0	0	11	7(3)			0			0			9(4)	16	1	0

- 전반 18분 안토니오 AKL ~ 하마조치 GAL L-ST-G (득점: 하마조치/ 도움: 안토니오) 오른쪽
- 전반 33분 정재희 R-ST-G (득점: 정재희) 오른쪽
- 후반 35분 김영욱 PK-R-G(득점: 김영욱) 왼쪽

- 10월 05일 • 17:00 • 흐림 • 안양 종합 • 4,616명
- 주심_ 채상협 • 부심_ 장종필·안광진 • 대기심_ 김정호 • 경기감독관_ 차상해

안양 1 0 전반 2 / 1 후반 0 **2 부천**

퇴장	경고	파울	ST(유)	교체	선수명	배번	위치	위치	배번	선수명	교체	ST(유)	파울	경고	퇴장
0	0	0	0		양동원	1	GK	GK	21	최철원		0	0	0	0
0	0	2	1		안성빈	30	MF	DF	3	김재우		0	3	1	0
0	0	1	0	6	김형진	15	DF	DF	4	박건	5	0	1	1	0
0	0	0	0		최호정	3	DF	MF	23	국태정	42	1	0	0	0
0	0	1	1(1)		유종현	5	DF	MF	32	감한솔		0	0	0	0
0	0	0	1		채광훈	19	MF	DF	6	닐손주니어		1(1)	1	0	0
0	0	0	1	77	맹성웅	28	MF	MF	10	조범석		0	0	0	0
0	0	3	4		이정빈	88	MF	FW	17	장현수		2(2)	2	0	0
0	0	1	0		알렉스	10	FW	FW	22	안태현		4(2)	2	0	0
0	0	1	2(1)		팔라시오스	11	FW	MF	90	조수철	33	4	2	1	0
0	0	0	0	8	모재현	50	FW	FW	18	김륜도		1(1)	3	1	0
0	0	0	0		김태훈	31	대기	대기	1	이영창		0	0	0	0
0	0	2	1	전32	류언재	6			5	임동혁	후24	0	0	0	0
0	0	0	0		유연승	24			33	박요한	후13	0	3	0	0
0	0	0	0		주현재	16			42	김한빈	후21	0	2	0	0
0	0	0	1(1)	후0	김원민	77			7	문기한		0	0	0	0
0	0	1	0	후29	최재훈	8			30	송홍민		0	0	0	0
0	0	0	0		김신철	14			29	조건규		0	0	0	0
0	0	12	12(3)			0			0			13(6)	19	4	0

- 후반 6분 채광훈 PAL ~ 김원민 MFL R-ST-G (득점: 김원민/ 도움: 채광훈) 오른쪽
- 전반 14분 김륜도 AKR H ↷ 닐손주니어 PAL 내 R-ST-G (득점: 닐손주니어/ 도움: 김륜도) 오른쪽
- 전반 46분 김륜도 PAL H → 안태현 AKL R-ST-G (득점: 안태현/ 도움: 김륜도) 오른쪽

• 10월 19일 • 13:00 • 맑음 • 광주 월드컵 • 2,073명
• 주심_ 최일우 • 부심_ 강동호·김홍규 • 대기심_ 안재훈 • 경기감독관_ 허기태

광주 4 3 전반 0 / 1 후반 0 **0 안양**

퇴장	경고	파울	ST(유)	교체	선수명	배번	위치	위치	배번	선수명	교체	ST(유)	파울	경고	퇴장
0	0	0	0		이 진 형	21	GK	GK	1	양 동 원		0	0	0	0
0	0	0	0	8	이 시 영	12	DF	MF	24	유 연 승	13	1	0	0	0
0	0	3	0	25	이 한 도	20	DF	DF	5	유 종 현		0	2	1	0
0	0	1	1		아슐마토프	3	DF	DF	3	최 호 정		0	0	0	0
0	1	2	0		정 준 연	2	DF	DF	15	김 형 진		0	2	0	0
0	0	0	1	10	두 현 석	13	MF	MF	19	채 광 훈		0	1	1	0
0	1	10	1		여 봉 훈	14	MF	MF	26	구 본 상	28	0	1	0	0
0	0	2	0		최 준 혁	5	MF	MF	88	이 정 빈		2(2)	1	0	0
0	0	1	1		윌 리 안	94	MF	FW	10	알 렉 스		2(2)	2	0	0
0	0	0	3(2)		김 주 공	22	FW	FW	9	조 규 성		1(1)	0	0	0
0	0	2	4(4)		펠 리 페	9	FW	FW	50	모 재 현	11	0	2	0	0
0	0	0	0		윤 평 국	1			29	정 민 기		0	0	0	0
0	0	0	0		박 정 수	6			6	류 언 재		0	0	0	0
0	0	0	0		여 름	7			13	김 상 원	후11	0	0	0	0
0	0	0	0	후40	이 으 뜸	8	대기	대기	8	최 재 훈		0	0	0	0
0	0	1	0	후4	임 민 혁	10			77	김 원 민		0	0	0	0
0	0	0	0		김 정 환	11			28	맹 성 웅	후21	0	0	0	0
0	0	0	0	후25	김 영 빈	25			11	팔라시오스	후0	0	0	0	0
0	2	22	11(6)			0			0			6(5)	11	2	0

● 전반 1분 두현석 C.KR ⌒ 펠리페 GAR H-ST-G (득점: 펠리페/ 도움: 두현석) 오른쪽
● 전반 11분 두현석 PAL ⌒ 펠리페 GAR H-ST-G (득점: 펠리페/ 도움: 두현석) 가운데
● 전반 25분 김주공 PA 정면내 R-ST-G (득점: 김주공) 오른쪽
● 후반 25분 펠리페 MFL ~ 김주공 GAR R-ST-G (득점: 김주공/ 도움: 펠리페) 왼쪽

• 10월 19일 • 15:00 • 맑음 • 광양 전용 • 3,222명
• 주심_ 송민석 • 부심_ 강도준·성주경 • 대기심_ 김정호 • 경기감독관_ 김용세

전남 0 0 전반 1 / 0 후반 0 **1 부천**

퇴장	경고	파울	ST(유)	교체	선수명	배번	위치	위치	배번	선수명	교체	ST(유)	파울	경고	퇴장
0	0	0	0		박 준 혁	1	GK	GK	21	최 철 원		0	0	0	0
0	0	1	0		이 슬 찬	7	DF	DF	3	김 재 우		0	3	0	0
0	1	5	0		김 주 원	66	DF	DF	5	임 동 혁		1(1)	4	0	0
0	0	1	0		안 셀	5	DF	MF	23	국 태 정		0	3	0	0
0	0	1	0	28	이 유 현	11	DF	MF	32	감 한 솔		0	0	0	0
0	0	0	0		김 건 웅	4	MF	MF	33	박 요 한		0	1	2	0
0	0	0	1	23	이 후 권	6	MF	DF	6	닐손주니어		1(1)	0	0	0
0	0	0	0	18	김 영 욱	14	MF	FW	17	장 현 수	77	3(1)	2	0	0
0	0	1	1		브루노누네스	9	FW	FW	22	안 태 현	30	1	4	0	0
0	0	2	3(1)		바 이 오	95	FW	MF	90	조 수 철		0	0	0	0
0	0	0	2		정 재 희	27	MF	FW	9	말 론	29	5(3)	1	0	0
0	0	0	0		이 호 승	21			1	이 영 창		0	0	0	0
0	0	0	0		김 민 준	13			16	권 승 리		0	0	0	0
0	0	0	0		곽 광 선	20			7	문 기 한		0	0	0	0
0	0	0	0		가 솔 현	3	대기	대기	10	조 범 석		0	0	0	0
0	0	0	0	후20	조 윤 형	28			30	송 홍 민	후49	0	0	0	0
0	0	0	0	후34	추 정 호	23			77	이 시 헌	후40	1	0	0	0
0	0	0	0	후8	김 경 민	18			29	조 건 규	후31	0	0	0	0
0	1	11	7(1)			0			0			12(6)	18	2	0

● 전반 43분 닐손주니어 AKL FK R-ST-G (득점: 닐손주니어) 가운데

• 10월 19일 • 17:00 • 맑음 • 아산 이순신 • 6,040명
• 주심_ 김영수 • 부심_ 지승민·설귀선 • 대기심_ 김덕철 • 경기감독관_ 양정환

아산 0 0 전반 0 / 0 후반 1 **1 대전**

퇴장	경고	파울	ST(유)	교체	선수명	배번	위치	위치	배번	선수명	교체	ST(유)	파울	경고	퇴장
0	0	0	0		제 종 현	90	GK	GK	23	김 진 영		0	0	0	0
0	0	2	2		정 다 훤	2	DF	DF	42	이 정 문	22	0	0	0	0
0	0	1	1(1)		장 순 혁	5	DF	DF	4	김 태 현		0	1	0	0
0	0	1	0		전 효 석	16	DF	DF	12	박 민 규		1(1)	1	1	0
0	0	2	1(1)		양 태 렬	14	MF	DF	66	박 수 일		1(1)	1	0	0
0	0	1	0		송 환 영	30	MF	MF	3	황 재 훈		1	0	0	0
0	0	0	0		박 세 직	89	MF	MF	27	키 쭈		0	0	0	0
0	1	3	2(1)		오 세 훈	9	FW	MF	20	안 상 현		0	3	0	0
0	0	2	2	32	김 레 오	37	FW	FW	9	박 인 혁	40	4(2)	1	0	0
0	0	1	1	18	박 민 서	77	FW	FW	7	안토니오		1(1)	2	0	0
0	0	0	3(2)	23	이 재 건	97	MF	FW	10	하마조치		1	2	1	0
0	0	0	0		김 영 익	31			1	박 주 원		0	0	0	0
0	0	0	0		박 성 우	26			22	윤 신 영	전36	0	3	1	0
0	0	0	0	후39	정 원 영	32			17	장 주 영		0	0	0	0
0	0	0	0		주 원 석	12	대기	대기	40	안 동 민	후46	0	0	0	0
0	0	2	0	후23	김 민 석	23			8	박 수 창		0	0	0	0
0	1	1	0	후23	남 희 철	18			19	김 세 윤		0	0	0	0
0	0	0	0		김 도 엽	20			45	김 찬		0	0	0	0
0	2	16	12(5)			0			0			9(5)	14	3	0

● 후반 7분 안토니오 AKL R-ST-G (득점: 안토니오) 오른쪽

• 10월 20일 • 13:00 • 맑음 • 부산 구덕 • 3,865명
• 주심_ 최광호 • 부심_ 송봉근·이영운 • 대기심_ 김대용 • 경기감독관_ 김성기

부산 0 0 전반 1 / 0 후반 1 **2 안산**

퇴장	경고	파울	ST(유)	교체	선수명	배번	위치	위치	배번	선수명	교체	ST(유)	파울	경고	퇴장
0	0	0	0		최 필 수	1	GK	GK	1	황 인 재		0	0	0	0
0	1	2	0	42	박 준 강	3	DF	DF	4	이 인 재		0	3	0	0
0	0	0	0		차 영 환	5	DF	DF	23	김 연 수		1	1	0	0
0	1	2	0		김 명 준	15	DF	DF	42	최 성 민		0	4	0	0
0	0	0	1		김 문 환	33	DF	MF	2	황 태 현		0	0	0	0
1	0	1	0		박 종 우	8	MF	MF	7	장 혁 진	18	1(1)	1	0	0
0	0	1	4(1)		호 물 로	10	MF	MF	8	박 진 섭		1	2	1	0
0	0	1	1		김 진 규	23	MF	MF	16	최 명 희		0	0	0	0
0	0	0	1	30	한 지 호	22	MF	MF	22	이 준 희		0	0	0	0
0	0	1	2(1)		이 동 준	11	MF	FW	11	진 창 수	6	0	1	0	0
0	0	0	0	32	노보트니	86	FW	FW	51	마 사	5	1(1)	0	0	0
0	0	0	0		김 정 호	25			21	이 희 성		0	0	0	0
0	0	0	0		박 호 영	35			5	박 준 희	후24	0	0	0	0
0	0	0	0		이 상 준	26			6	곽 성 욱	후16	0	1	0	0
0	1	1	1	후31	권 혁 규	42	대기	대기	18	이 창 훈	후46	0	0	0	0
0	0	0	0		한 상 운	20			19	방 찬 준		0	0	0	0
0	0	0	0	후37	권 용 현	32			27	김 대 열		0	0	0	0
0	0	1	5(3)	전33	디 에 고	30			36	김 진 욱		0	0	0	0
1	3	10	15(5)			0			0			4(2)	13	1	0

● 전반 18분 최명희 PAL ~ 장혁진 GAR R-ST-G (득점: 장혁진/ 도움: 최명희) 오른쪽
● 후반 4분 마사 GAL R-ST-G (득점: 마사) 오른쪽

• 10월 20일 • 15:00 • 맑음 • 수원 종합 • 2,919명
• 주심_ 최현재 • 부심_ 장종필·안광진 • 대기심_ 송민석 • 경기감독관_ 김형남

수원FC 1 — 1 전반 0 / 0 후반 1 — **1 서울E**

퇴장	경고	파울	ST(유)	교체	선수명	배번	위치	위치	배번	선수명	교체	ST(유)	파울	경고	퇴장
0	0	0	0		박형순	1	GK	GK	1	김영광		0	0	0	0
0	1	3	0		조유민	20	DF	DF	5	안지호		0	0	0	0
0	0	2	0		이한샘	26	DF	DF	4	변준범		0	3	1	0
0	0	0	0		장준영	55	DF	DF	24	이태호		0	2	0	0
0	0	1	0		김종국	6	DF	MF	61	최종환		1(1)	1	1	0
0	0	1	4(1)		백성동	10	MF	MF	14	김민균		3(3)	2	0	0
0	0	2	1		장성재	13	MF	MF	8	허범산		0	4	0	0
0	0	2	0	16	황병권	21	MF	MF	77	김태현	2	0	2	0	0
0	0	1	0	17	김병오	7	FW	FW	10	두아르테	30	4(3)	2	1	0
0	1	2	4(3)		치솜	11	FW	FW	18	원기종		1	1	0	0
0	0	6	5(2)	22	아니에르	15	FW	FW	11	전석훈	23	0	1	0	0
0	0	0	0		임지훈	42			41	서동현		0	0	0	0
0	0	0	0		김영찬	3			2	서경주	후15	0	1	0	0
0	0	0	0		이용	27			6	마스다		0	0	0	0
0	0	0	1(1)	후17	안은산	17	대기	대기	23	권기표	후0	2(2)	2	0	0
0	0	0	0		임창균	94			22	윤상호		0	0	0	0
0	0	0	0	후12	김지민	16			17	김경준		0	0	0	0
0	0	0	0	후43	송수영	22			30	알렉스	후32	2(1)	1	0	0
0	2	20	15(7)			0			0			13(10)	22	3	0

● 전반 34분 장준영 PAL TL → 아니에르 GAL L-ST-G (득점: 아니에르/ 도움: 장준영) 오른쪽

● 후반 1분 김태현 MF 정면 ~ 두아르테 PK 우측지점 L-ST-G (득점: 두아르테/ 도움: 김태현) 왼쪽

• 10월 26일 • 13:00 • 맑음 • 안양 종합 • 8,690명
• 주심_ 조지음 • 부심_ 장종필·이양우 • 대기심_ 김동진 • 경기감독관_ 김진의

안양 3 — 0 전반 0 / 3 후반 2 — **2 안산**

퇴장	경고	파울	ST(유)	교체	선수명	배번	위치	위치	배번	선수명	교체	ST(유)	파울	경고	퇴장
0	0	0	0		양동원	1	GK	GK	21	이희성		0	0	0	0
0	0	1	2(1)		채광훈	19	MF	DF	4	이인재		1	0	0	0
0	0	1	1(1)		김형진	15	DF	DF	42	최성민	5	0	3	1	0
0	0	0	1		최호정	3	DF	DF	18	이창훈		0	0	0	0
0	1	2	1(1)		류언재	6	DF	MF	2	황태현		0	2	0	0
0	0	0	1	2	김상원	13	MF	MF	7	장혁진	6	1	1	0	0
0	0	3	2(1)	8	구본상	26	MF	MF	8	박진섭		0	3	0	0
0	0	1	2(1)	77	이정빈	88	MF	MF	16	최명희		1(1)	0	0	0
0	0	1	3(2)		알렉스	10	FW	MF	22	이준희		0	1	0	0
0	0	1	2(1)		팔라시오스	11	FW	FW	9	빈치씽코		1	4	0	0
0	0	1	4(2)		조규성	9	FW	FW	51	마사	11	2(2)	0	0	0
0	0	0	0		정민기	29			1	황인재		0	0	0	0
0	0	0	0		이상용	20			5	박준희	후45	0	0	0	0
0	0	0	1(1)	후39	이선걸	2			6	곽성욱	후41	0	0	0	0
0	0	0	0	후23	최재훈	8	대기	대기	11	진창수	후36	0	1	0	0
0	0	1	0	후44	김원민	77			17	김진래		0	0	0	0
0	0	0	0		맹성웅	28			19	방찬준		0	0	0	0
0	0	0	0		모재현	50			27	김대열		0	0	0	0
0	1	12	20(11)			0			0			6(3)	15	1	0

● 후반 7분 구본상 HLL ~ 이정빈 PA 정면 R-ST-G (득점: 이정빈/ 도움: 구본상) 오른쪽

● 후반 37분 알렉스 PK-L-G (득점: 알렉스) 오른쪽

● 후반 48분 이선걸 PAL 내 R-ST-G (득점: 이선걸) 왼쪽

● 후반 4분 빈치씽코 PAL 내 ~ 마사 PAL 내 R-ST-G (득점: 마사/ 도움: 빈치씽코) 오른쪽

● 후반 22분 박진섭 GAR H → 마사 GA 정면 H-ST-G (득점: 마사/ 도움: 박진섭) 왼쪽

• 10월 27일 • 15:00 • 맑음 • 부산 구덕 • 3,568명
• 주심_ 서동진 • 부심_ 안광진·이병주 • 대기심_ 김덕철 • 경기감독관_ 차상해

부산 0 — 0 전반 0 / 0 후반 0 — **0 전남**

퇴장	경고	파울	ST(유)	교체	선수명	배번	위치	위치	배번	선수명	교체	ST(유)	파울	경고	퇴장
0	0	0	0		최필수	1	GK	GK	1	박준혁		0	0	0	0
0	0	0	1		정호정	2	DF	DF	20	곽광선		1(1)	2	0	0
0	0	0	1		박호영	35	DF	MF	4	김건웅		1(1)	0	0	0
0	1	3	0		김명준	15	DF	DF	5	안셀		0	3	0	0
0	0	3	0	6	박경민	44	MF	DF	7	이슬찬		0	1	1	0
0	0	0	1		이상준	26	MF	MF	16	한찬희		1	2	0	0
0	0	1	1		호물로	10	MF	DF	11	이유현		0	2	0	0
0	0	1	0		김진규	23	MF	MF	6	이후권	28	0	1	0	0
0	0	1	5(1)	32	디에고	30	FW	FW	18	김경민	14	0	1	0	0
0	0	2	2(1)		이동준	11	FW	FW	27	정재희		0	2	0	0
0	0	2	1	86	이정협	18	FW	FW	9	브루노누네스	95	2(1)	1	0	0
0	0	0	0		김정호	25			21	이호승		0	0	0	0
0	0	0	0		황준호	45			17	이지남		0	0	0	0
0	0	0	0		차영환	5			3	가솔현		0	0	0	0
0	0	1	0	후38	서용덕	6	대기	대기	14	김영욱	후0	1	1	0	0
0	0	1	0	후27	권용현	32			28	조윤형	후26	0	0	0	0
0	0	0	0		한지호	22			23	추정호		0	0	0	0
0	0	1	1	후34	노보트니	86			95	바이오	후0	2(1)	1	1	0
0	1	16	13(2)			0			0			8(4)	17	2	0

• 10월 26일 • 15:00 • 맑음 • 천안 종합 • 3,542명
• 주심_ 정회수 • 부심_ 성주경·이영운 • 대기심_ 안재훈 • 경기감독관_ 최상국

서울E 2 — 0 전반 1 / 2 후반 1 — **2 대전**

퇴장	경고	파울	ST(유)	교체	선수명	배번	위치	위치	배번	선수명	교체	ST(유)	파울	경고	퇴장
0	0	0	0		김영광	1	GK	GK	23	김진영		0	0	0	0
0	0	3	0		서경주	2	DF	DF	5	윤경보		0	1	0	0
0	0	0	0		안지호	5	DF	DF	4	김태현		0	0	0	0
0	1	3	0		이태호	24	DF	DF	34	황도연		0	1	0	0
0	0	0	1(1)		윤성열	21	DF	MF	17	장주영	40	1	2	0	0
0	1	2	2		허범산	8	MF	MF	3	황재훈		0	0	0	0
0	1	2	2(2)	30	권기표	23	MF	MF	11	김승섭		1	0	0	0
0	0	2	2	13	김민균	14	MF	MF	20	안상현		0	4	2	0
0	0	1	1(1)	17	윤상호	22	MF	FW	9	박인혁	8	1	2	0	0
0	0	1	0		두아르테	10	MF	FW	7	안토니오		4(3)	0	0	0
0	0	0	1(1)		원기종	18	FW	FW	27	키쭈	14	0	0	0	0
0	0	0	0		서동현	41			1	박주원		0	0	0	0
0	0	0	0		김태현	77			26	김지훈		0	0	0	0
0	0	0	0		김호준	65			14	윤성한	후40	0	0	0	0
0	0	0	0		마스다	6	대기	대기	40	안동민	후15	0	3	0	0
0	0	0	0	후33	유정완	13			8	박수창	후8	0	0	0	0
0	0	0	0	후45	김경준	17			19	김세윤		0	0	0	0
0	0	0	1(1)	후13	알렉스	30			45	김찬		0	0	0	0
0	3	14	10(6)			0			0			7(3)	13	2	0

● 후반 6분 두아르테 C.KR ↷ 원기종 GAR H-ST-G (득점: 원기종/ 도움: 두아르테) 왼쪽

● 후반 12분 윤성열 PAR ↷ 권기표 GAR H-ST-G (득점: 권기표/ 도움: 윤성열) 오른쪽

● 전반 46분 안토니오 PA 정면내 L-ST-G (득점: 안토니오) 왼쪽

● 후반 19분 김승섭 AKL ↷ 안토니오 GA 정면 R-ST-G (득점: 안토니오/ 도움: 김승섭) 가운데

• 10월 27일 • 13:00 • 맑음 • 수원 종합 • 2,883명
• 주심_ 채상협 • 부심_ 설귀선·이상민 • 대기심_ 김정호 • 경기감독관_ 김형남

수원FC 0 (0 전반 1 / 0 후반 2) **3 광주**

퇴장	경고	파울	ST(유)	교체	선수명	배번	위치	위치	배번	선수명	교체	ST(유)	파울	경고	퇴장
0	0	0	0		박 형 순	1	GK	GK	41	최 봉 진		0	0	1	0
0	0	0	0	94	박 요 한	2	DF	DF	2	정 준 연		0	3	1	0
0	0	0	0		김 영 찬	3	DF	DF	55	김 진 환		1	1	0	0
0	1	4	0		이 학 민	14	FW	DF	25	김 영 빈		0	0	0	0
0	0	1	0		이 한 샘	26	DF	DF	27	박 선 주		0	0	0	0
0	1	1	0		장 준 영	55	DF	MF	17	엄 원 상		2(1)	1	0	0
0	0	1	1		이 종 원	8	MF	MF	10	임 민 혁		1	3	0	0
0	0	3	2		백 성 동	10	MF	MF	32	하 칭 요		2	0	0	0
0	0	3	1(1)	9	장 성 재	13	MF	MF	94	윌 리 안	16	1	3	0	0
0	0	0	2(1)		김 병 오	7	FW	FW	7	여 름		1(1)	1	0	0
0	0	0	0	22	황 병 권	21	FW	FW	9	펠 리 페	11	0	2	0	0
0	0	0	0		임 지 훈	42			31	김 태 곤		0	0	0	0
0	0	0	0		윤 준 성	4			8	이 으 뜸		0	0	0	0
0	0	0	0		김 종 국	6			11	김 정 환	전14/19	4(4)	1	0	0
0	0	0	0	후0	임 창 균	94	대기	대기	15	홍 준 호		0	0	0	0
0	0	0	0	후15	안 병 준	9			16	이 희 균	후5	1(1)	2	1	0
0	0	0	0		아니에르	15			19	정 현 우	후30	3(3)	0	0	0
0	0	2	1(1)	후0	송 수 영	22			23	손 민 우		0	0	0	0
0	2	15	7(3)			0			0			16(10)	17	3	0

● 전반 46분 박선주 PAL 내 ~ 김정환 GA 정면 내 R-ST-G (득점: 김정환/ 도움: 박선주) 가운데
● 후반 3분 엄원상 GAR R-ST-G (득점: 엄원상) 왼쪽
● 후반 12분 이희균 PAR 내 ↷ 김정환 GA 정면 R-ST-G (득점: 김정환/ 도움: 이희균) 가운데

• 10월 27일 • 15:00 • 맑음 • 부천 종합 • 3,358명
• 주심_ 최일우 • 부심_ 구은석·김홍규 • 대기심_ 안재훈 • 경기감독관_ 신홍기

부천 3 (1 전반 0 / 2 후반 0) **0 아산**

퇴장	경고	파울	ST(유)	교체	선수명	배번	위치	위치	배번	선수명	교체	ST(유)	파울	경고	퇴장
0	1	0	0		최 철 원	21	GK	GK	90	제 종 현		0	0	0	0
0	0	2	0		김 재 우	3	DF	DF	2	정 다 훤		0	1	1	0
0	0	1	0	13	박 건	4	DF	DF	5	장 순 혁		0	1	0	0
0	1	4	1(1)		국 태 정	23	MF	DF	16	전 효 석		0	1	0	0
0	0	3	1(1)		감 한 솔	32	MF	MF	14	양 태 렬	23	0	1	0	0
0	0	0	0		닐손주니어	6	DF	MF	30	송 환 영		0	0	0	0
0	0	0	0		조 범 석	10	MF	MF	89	박 세 직		2	1	0	0
0	0	2	2(1)		안 태 현	22	FW	FW	9	오 세 훈		2(1)	4	0	0
0	0	3	1(1)		조 수 철	90	MF	MF	20	김 도 엽	18	1	0	0	0
0	0	2	1(1)	7	말 론	9	FW	FW	37	김 레 오	97	0	1	0	0
0	0	0	1(1)	17	김 륜 도	18	FW	FW	77	박 민 서		4(3)	1	0	0
0	0	0	0		이 영 창	1			24	이 기 현		0	0	0	0
0	0	0	0		권 승 리	16			26	박 성 우		0	0	0	0
0	0	0	0		김 한 빈	42			32	정 원 영		0	0	0	0
0	0	0	0	후39	문 기 한	7	대기	대기	12	주 원 석		0	0	0	0
0	0	2	0	후28	이 정 찬	13			23	김 민 석	전31	1(1)	3	0	0
0	0	3	2(1)	후8	장 현 수	17			18	남 희 철	후20	1	1	0	0
0	0	0	0		송 홍 민	30			97	이 재 건	후0	1(1)	0	0	0
0	2	22	9(7)			0			0			12(6)	15	1	0

● 전반 5분 조수철 PAL 내 L-ST-G (득점: 조수철) 오른쪽
● 후반 7분 국태정 MF 정면 FK L-ST-G (득점: 국태정) 오른쪽
● 후반 18분 말론 MF 정면 ~ 감한솔 PAR 내 R-ST-G (득점: 감한솔/ 도움: 말론) 왼쪽

• 11월 02일 • 13:00 • 흐림 • 부천 종합 • 2,854명
• 주심_ 조지음 • 부심_ 장종필·안광진 • 대기심_ 김정호 • 경기감독관_ 허기태

부천 3 (0 전반 1 / 3 후반 1) **2 서울E**

퇴장	경고	파울	ST(유)	교체	선수명	배번	위치	위치	배번	선수명	교체	ST(유)	파울	경고	퇴장
0	0	0	0		최 철 원	21	GK	GK	1	김 영 광		0	0	0	0
0	0	1	0		김 재 우	3	DF	DF	5	안 지 호		0	1	0	0
0	0	0	0		박 건	4	DF	DF	19	최 한 솔		0	0	0	0
0	0	0	1		국 태 정	23	MF	DF	24	이 태 호		0	1	0	0
0	0	0	0		감 한 솔	32	MF	MF	2	서 경 주		1	6	1	0
0	0	0	0		닐손주니어	6	DF	MF	8	허 범 산		0	1	0	0
0	0	0	4(2)		조 범 석	10	MF	MF	14	김 민 균		2(1)	1	0	0
0	0	0	2	18	장 현 수	17	FW	MF	61	최 종 환		0	0	0	0
0	0	0	2(1)	13	안 태 현	22	FW	FW	11	전 석 훈	22	0	0	0	0
0	1	3	2(1)		조 수 철	90	MF	FW	18	원 기 종	17	0	0	0	0
0	0	0	7(5)		말 론	9	FW	FW	23	권 기 표	10	2(2)	0	0	0
0	0	0	0		이 영 창	1			41	서 동 현		0	0	0	0
0	0	0	0		권 승 리	16			21	윤 성 열		0	0	0	0
0	0	0	0		박 요 한	33			4	변 준 범		0	0	0	0
0	0	0	0		문 기 한	7	대기	대기	22	윤 상 호	후15	1(1)	0	0	0
0	0	0	1(1)	후36	이 정 찬	13			13	유 정 완		0	0	0	0
0	0	0	0		이 시 헌	77			17	김 경 준	후35	1(1)	0	0	0
0	0	0	0	후0	김 륜 도	18			10	두아르테	후0	1(1)	0	0	0
0	1	4	19(10)			0			0			8(6)	10	1	0

● 후반 10분 안태현 MFL ↷ 조수철 GA 정면 L-ST-G (득점: 조수철/ 도움: 안태현) 오른쪽
● 후반 23분 감한솔 PAR TL ↷ 말론 PA 정면내 R-ST-G (득점: 말론/ 도움: 감한솔) 왼쪽
● 후반 48분 말론 PK-R-G(득점: 말론) 오른쪽

● 전반 44분 원기종 PA 정면 H ↷ 권기표 PA 정면내 L-ST-G (득점: 권기표/ 도움: 원기종) 왼쪽
● 후반 37분 두아르테 PA 정면내 ~ 김경준 PAR 내 R-ST-G (득점: 김경준/ 도움: 두아르테) 왼쪽

• 11월 02일 • 15:00 • 흐림 • 대전 월드컵 • 4,026명
• 주심_ 김동진 • 부심_ 강동호·설귀선 • 대기심_ 김도연 • 경기감독관_ 김성기

대전 1 (0 전반 1 / 1 후반 0) **1 안양**

퇴장	경고	파울	ST(유)	교체	선수명	배번	위치	위치	배번	선수명	교체	ST(유)	파울	경고	퇴장
0	0	0	0		김 진 영	23	GK	GK	1	양 동 원		0	0	0	0
0	0	2	0		윤 경 보	5	DF	MF	19	채 광 훈		0	1	0	0
0	1	3	0		김 태 현	4	DF	DF	5	유 종 현	52	0	3	1	0
0	0	0	0		윤 신 영	22	DF	DF	3	최 호 정		0	1	0	1
0	0	1	0		박 민 규	12	MF	DF	15	김 형 진		0	2	0	0
0	0	1	0		황 재 훈	3	MF	MF	13	김 상 원		1	1	0	0
0	0	2	1(1)	40	김 승 섭	11	MF	MF	26	구 본 상	77	1	0	0	0
0	0	1	0	45	박 수 창	8	MF	MF	28	맹 성 웅		1	1	0	0
0	0	1	1		안토니오	7	MF	FW	88	이 정 빈		1(1)	2	0	0
0	1	1	0	19	박 인 혁	9	FW	FW	50	모 재 현	20	2(1)	0	0	0
0	0	1	2		하마조치	10	FW	FW	9	조 규 성		1(1)	3	0	0
0	0	0	0		박 주 원	1			29	정 민 기		0	0	0	0
0	0	0	0		김 지 훈	26			2	이 선 걸		0	0	0	0
0	0	0	0		윤 성 한	14			20	이 상 용	후29	0	0	1	0
0	0	0	0	후37	안 동 민	40	대기	대기	52	최 우 재	후11	0	0	0	0
0	0	0	0		신 학 영	13			77	김 원 민	후16	0	1	0	0
0	1	3	2	전20	김 세 윤	19			8	최 재 훈		0	0	0	0
0	0	1	1	후33	김 찬	45			16	주 현 재		0	0	0	0
0	3	17	7(1)			0			0			7(3)	15	2	1

● 후반 37분 안토니오 MFL → 김승섭 AKR L-ST-G (득점: 김승섭/ 도움: 안토니오) 왼쪽

● 전반 5분 김상원 MFL TL ↷ 모재현 PAL 내 R-ST-G (득점: 모재현/ 도움: 김상원) 왼쪽

• 11월 03일 • 13:00 • 맑음 • 부산 구덕 • 3,455명
• 주심_ 송민석 • 부심_ 강도준·성주경 • 대기심_ 정회수 • 경기감독관_ 김형남

부산 3 — 1 전반 2 / 2 후반 0 — **2 아산**

퇴장	경고	파울	ST(유)	교체	선수명	배번	위치	위치	배번	선수명	교체	ST(유)	파울	경고	퇴장
0	1	1	0		김 정 호	25	GK	GK	24	이 기 현		0	1	0	0
0	1	1	0		정 호 정	2	DF	DF	3	김 기 영		0	2	1	0
0	1	2	1	18	박 호 영	35	DF	DF	5	장 순 혁		0	0	0	0
0	0	4	0		수신야르	38	DF	MF	16	전 효 석		0	1	0	0
0	0	2	0		박 경 민	44	MF	DF	26	박 성 우		0	2	0	0
0	0	0	1(1)		이 상 준	26	MF	DF	32	정 원 영		1	1	0	0
0	1	1	2(1)		호 물 로	10	MF	MF	14	양 태 렬	88	0	2	0	0
0	0	1	3(1)		김 진 규	23	MF	MF	89	박 세 직		2(2)	1	0	0
0	0	0	2(2)	5	디 에 고	30	FW	FW	9	오 세 훈		2(2)	2	0	0
0	0	1	1	11	한 지 호	22	FW	FW	77	박 민 서	37	1	1	0	0
0	0	3	4(3)		노보트니	86	FW	FW	97	이 재 건	20	0	0	0	0
0	0	0	0		최 필 수	1			90	제 종 현		0	0	0	0
0	0	0	0		박 준 강	3			19	민 준 영		0	0	0	0
0	0	0	0	후46	차 영 환	5			12	주 원 석		0	0	0	0
0	0	0	0		서 용 덕	6	대기	대기	88	김 경 우	후41	0	1	0	0
0	0	0	0		권 용 현	32			18	남 희 철		0	0	0	0
0	0	0	2(1)	후0	이 동 준	11			20	김 도 엽	후27	0	1	1	0
0	0	0	2(2)	후12	이 정 협	18			37	김 레 오	후36	0	1	0	0
0	4	16	18(11)			0			0			6(4)	16	2	0

● 전반 5분 이상준 GAR R-ST-G (득점: 이상준) 오른쪽
● 후반 23분 이동준 GAR 내 EL R-ST-G (득점: 이동준) 오른쪽
● 후반 35분 이상준 MFR TL 드로잉 ↷ 호물로 MFR L-ST-G (득점: 호물로/ 도움: 이상준) 왼쪽

● 전반 18분 이재건 PAR ↷ 박세직 PA 정면내 L-ST-G (득점: 박세직/ 도움: 이재건) 왼쪽
● 전반 41분 오세훈 PK-L-G (득점: 오세훈) 가운데

• 11월 03일 • 15:00 • 맑음 • 광주 월드컵 • 5,408명
• 주심_ 최현재 • 부심_ 송봉근·이양우 • 대기심_ 장순택 • 경기감독관_ 김용세

광주 1 — 1 전반 1 / 0 후반 1 — **2 전남**

퇴장	경고	파울	ST(유)	교체	선수명	배번	위치	위치	배번	선수명	교체	ST(유)	파울	경고	퇴장
0	0	0	0		윤 평 국	1	GK	GK	1	박 준 혁		0	0	1	0
0	0	1	0		이 시 영	12	DF	DF	20	곽 광 선	4	1	0	0	0
0	0	0	1		김 태 윤	4	DF	DF	66	김 주 원		0	2	0	0
0	1	1	1		아슐마토프	3	DF	DF	5	안 셀		0	0	0	0
0	0	0	1(1)		이 으 뜸	8	DF	MF	6	이 후 권		1	1	0	0
0	0	3	1(1)		최 준 혁	5	MF	MF	16	한 찬 희		0	2	1	0
0	0	2	0	11	여 봉 훈	14	MF	MF	28	조 윤 형	13	1	1	0	0
0	0	4	0		임 민 혁	10	MF	MF	14	김 영 욱		0	3	0	0
0	0	2	2(1)	6	윌 리 안	94	FW	FW	27	정 재 희		0	0	0	0
0	0	1	2(1)	7	두 현 석	13	FW	FW	23	추 정 호	18	1	0	0	0
0	0	1	1		김 주 공	22	FW	FW	95	바 이 오		4(3)	2	0	0
0	0	0	0		이 진 형	21			21	이 호 승		0	0	0	0
0	0	1	0	후38	박 정 수	6			3	가 솔 현		0	0	0	0
0	0	0	1	후13	여 름	7			4	김 건 웅	후0	1(1)	0	0	0
0	0	0	0	후32	김 정 환	11	대기	대기	13	김 민 준	후18	1	0	0	0
0	0	0	0		홍 준 호	15			9	브루노누네스		0	0	0	0
0	0	0	0		엄 원 상	17			29	한 창 우		0	0	0	0
0	0	0	0		손 민 우	23			18	김 경 민	후12	0	0	0	0
0	1	16	10(4)			0			0			10(4)	11	2	0

● 전반 33분 이시영 PAR 내 ~ 두현석 GAR R-ST-G (득점: 두현석/ 도움: 이시영) 오른쪽

● 전반 7분 정재희 PAR EL → 바이오 GAL R-ST-G (득점: 바이오/ 도움: 정재희) 오른쪽
● 후반 10분 김영욱 C.KR ↷ 김건웅 GAR 내 L-ST-G (득점: 김건웅/ 도움: 김영욱) 오른쪽

• 11월 03일 • 15:00 • 맑음 • 안산 와스타디움 • 7,714명
• 주심_ 최일우 • 부심_ 지승민·김홍규 • 대기심_ 김덕철 • 경기감독관_ 양정환

안산 1 — 0 전반 0 / 1 후반 2 — **2 수원FC**

퇴장	경고	파울	ST(유)	교체	선수명	배번	위치	위치	배번	선수명	교체	ST(유)	파울	경고	퇴장
0	0	0	0		황 인 재	1	GK	GK	1	박 형 순		0	0	0	0
0	0	2	0		이 인 재	4	DF	MF	2	박 요 한		0	1	0	0
0	0	1	0		이 창 훈	18	DF	DF	3	김 영 찬		1	2	0	0
0	0	2	0	17	최 성 민	42	DF	MF	14	이 학 민	15	0	2	0	0
0	1	1	1	19	황 태 현	2	MF	DF	20	조 유 민		0	3	1	0
0	0	2	0		박 준 희	5	MF	DF	55	장 준 영		1(1)	2	0	0
0	0	1	1(1)	11	장 혁 진	7	MF	MF	10	백 성 동		1(1)	3	1	0
0	0	2	1(1)		박 진 섭	8	MF	MF	13	장 성 재	94	1(1)	0	0	0
0	0	1	0		최 명 희	16	MF	MF	21	황 병 권	22	0	2	1	0
0	2	4	1(1)		빈치씽코	9	FW	FW	7	김 병 오		2	3	0	0
0	0	2	4(2)		마 사	51	FW	FW	11	치 솜		6(4)	0	0	0
0	0	0	0		이 희 성	21			42	임 지 훈		0	0	0	0
0	0	0	0		곽 성 욱	6			27	이 용		0	0	0	0
0	0	0	0	후44	진 창 수	11			6	김 종 국		0	0	0	0
0	0	1	0	후12	김 진 래	17	대기	대기	8	이 종 원		0	0	0	0
0	0	0	0	후50	방 찬 준	19			94	임 창 균	후29	1(1)	2	1	0
0	0	0	0		이 준 희	22			15	아니에르	후37	1(1)	1	0	0
0	0	0	0		김 대 열	27			22	송 수 영	후0	0	1	0	0
0	3	19	8(5)			0			0			14(9)	22	4	0

● 후반 48분 마사 PA 정면내 R-ST-G (득점: 마사) 오른쪽

● 후반 47분 아니에르 GAL R-ST-G (득점: 아니에르) 오른쪽
● 후반 49분 백성동 PAR FK ↷ 장준영 GAL H-ST-G (득점: 장준영/ 도움: 백성동) 오른쪽

• 11월 09일 • 15:00 • 맑음 • 광양 전용 • 4,882명
• 주심_ 김용우 • 부심_ 구은석·이영운 • 대기심_ 안재훈 • 경기감독관_ 김호영

전남 2 — 0 전반 0 / 2 후반 1 — **1 안산**

퇴장	경고	파울	ST(유)	교체	선수명	배번	위치	위치	배번	선수명	교체	파울	ST(유	파울	경고
0	0	0	0		이 호 승	21	GK	GK	21	이 희 성		0	0	0	0
0	0	2	1		이 슬 찬	7	DF	DF	4	이 인 재		1	1(	1	0
0	1	3	0		김 주 원	66	DF	DF	16	최 명 희		1	0	1	0
0	0	0	0		안 셀	5	DF	DF	18	이 창 훈		0	2(	0	0
0	0	1	1	2	이 유 현	11	DF	MF	2	황 태 현	6	0	1	0	0
0	0	1	1	9	한 찬 희	16	MF	MF	5	박 준 희		1	1	1	0
0	1	1	1(1)		김 건 웅	4	MF	MF	7	장 혁 진		1	0	1	0
0	0	0	0		김 영 욱	14	MF	MF	22	이 준 희		0	0	0	0
0	0	0	1	18	추 정 호	23	FW	MF	27	김 대 열	8	0	0	0	0
0	0	2	8(5)		바 이 오	95	FW	FW	11	진 창 수	19	1	0	1	0
0	0	1	1(1)		정 재 희	27	FW	FW	51	마 사		0	4(	0	0
0	0	0	0		박 대 한	31			1	황 인 재		0	0	0	0
0	0	0	1	후0	최 효 진	2			6	곽 성 욱	후29	0	0	0	0
0	0	0	0		가 솔 현	3			8	박 진 섭	후10	2	0	2	1
0	0	0	0		이 후 권	6	대기	대기	17	김 진 래		0	0	0	0
0	0	0	0		조 윤 형	28			19	방 찬 준	후10	1	1	1	0
0	0	0	0	후20	김 경 민	18			36	김 진 욱		0	0	0	0
0	1	0	1(1)	후38	브루노누네스	9			55	윤 선 호		0	0	0	0
0	3	11	16(8)			0			0			8	10(6)	8	1

● 후반 18분 최효진 PAR TL ↷ 바이오 GA 정면 H-ST-G (득점: 바이오/ 도움: 최효진) 오른쪽
● 후반 39분 정재희 PAL 내 EL ~ 바이오 GA 정면 L-ST-G (득점: 바이오/ 도움: 정재희) 왼쪽

● 후반 51분 장혁진 PA 정면내 ~ 이창훈 GA 정면 R-ST-G (득점: 이창훈/ 도움: 장혁진) 가운데

• 11월 09일 • 15:00 • 맑음 • 아산 이순신 • 3,126명
• 주심_ 최광호 • 부심_ 노수용·안광진 • 대기심_ 김정호 • 경기감독관_ 허기태

아산 1 1 전반 4 / 0 후반 0 **4 안양**

퇴장	경고	파울	ST(유)	교체	선수명	배번	위치	위치	배번	선수명	교체	ST(유)	파울	경고	퇴장
0	0	0	0		이 기 현	24	GK	GK	1	양 동 원		0	0	0	0
0	0	2	0		정 다 훤	2	DF	MF	19	채 광 훈		0	1	0	0
0	1	2	1		장 순 혁	5	DF	DF	5	유 종 현	6	0	1	0	0
0	0	1	1		전 효 석	16	DF	DF	3	최 호 정		0	1	1	0
0	0	0	0	28	박 성 우	26	MF	DF	15	김 형 진		0	1	0	0
0	0	0	3(2)		김 민 석	23	MF	MF	13	김 상 원		1(1)	0	0	0
0	0	0	1	12	김 경 우	88	MF	MF	88	이 정 빈	26	2(1)	1	0	0
0	0	1	2(1)		박 세 직	89	MF	MF	28	맹 성 웅		1	0	0	0
0	0	3	0		오 세 훈	9	FW	FW	11	팔라시오스	77	2(1)	1	0	0
0	0	1	1(1)	32	박 민 서	77	FW	FW	10	알 렉 스		2(1)	0	0	0
0	1	1	2(1)		이 재 건	97	MF	FW	9	조 규 성		6(2)	3	0	0
0	0	0	0		제 종 현	90			29	정 민 기		0	0	0	0
0	0	4	0	후10	박 재 우	28			2	이 선 걸		0	0	0	0
0	0	0	0	후32	정 원 영	32			6	류 언 재	후0	0	1	0	0
0	0	1	0	전34	주 원 석	12	대기	대기	26	구 본 상	후0	0	2	0	0
0	0	0	0		양 태 렬	14			77	김 원 민	후31	0	2	0	0
0	0	0	0		송 환 영	30			8	최 재 훈		0	0	0	0
0	0	0	0		김 도 엽	20			50	모 재 현		0	0	0	0
0	2	16	11(5)			0			0			14(6)	14	1	0

● 전반 42분 김민석 PAL 내 R-ST-G (득점: 김민석) 오른쪽

● 전반 25초 알렉스 AK 내 L-ST-G (득점: 알렉스) 오른쪽
● 전반 13분 채광훈 MFR TL ~ 조규성 PAR 내 L-ST-G (득점: 조규성/ 도움: 채광훈) 왼쪽
● 전반 28분 채광훈 PAR 내 ~ 이정빈 GA 정면 L-ST-G (득점: 이정빈/ 도움: 채광훈) 왼쪽
● 전반 30분 팔라시오스 PAR 내 ⌒ 김상원 GA 정면내 H-ST-G (득점: 김상원/ 도움: 팔라시오스) 오른쪽

• 11월 09일 • 15:00 • 맑음 • 대전 월드컵 • 1,711명
• 주심_ 김영수 • 부심_ 강도준·김홍규 • 대기심_ 김덕철 • 경기감독관_ 나승화

대전 3 0 전반 0 / 3 후반 1 **1 광주**

퇴장	경고	파울	ST(유)	교체	선수명	배번	위치	위치	배번	선수명	교체	ST(유)	파울	경고	퇴장
0	0	0	0		박 주 원	1	GK	GK	41	최 봉 진		0	0	0	0
0	0	1	0		윤 경 보	5	DF	DF	2	정 준 연		0	2	0	0
0	0	1	0		황 도 연	34	DF	DF	55	김 진 환		0	1	0	0
0	0	1	0	40	윤 신 영	22	DF	DF	15	홍 준 호		0	2	0	0
0	0	0	1(1)		박 수 일	66	MF	DF	27	박 선 주		0	1	0	0
0	0	1	1		황 재 훈	3	MF	MF	14	여 봉 훈		0	4	0	0
0	0	3	0	45	안 상 현	20	MF	MF	32	하 칭 요		2	6	0	0
0	0	0	0	14	김 지 훈	26	MF	MF	16	이 희 균	19	4(2)	0	0	0
0	0	1	0		안토니오	7	FW	MF	17	엄 원 상		1	0	0	0
0	0	2	3(1)		김 승 섭	11	FW	MF	23	손 민 우	7	3(2)	1	0	0
0	0	2	1		하마조치	10	FW	FW	18	조 주 영	13	2(1)	0	0	0
0	0	0	0		김 진 영	23			31	김 태 곤		0	0	0	0
0	0	0	0		장 주 영	17			4	김 태 윤		0	0	0	0
0	0	0	1(1)	후37	윤 성 한	14			7	여 름	후26	0	0	0	0
0	0	0	0	후22	안 동 민	40	대기	대기	11	김 정 환		0	0	0	0
0	0	0	0		신 학 영	13			13	두 현 석	후37	1(1)	0	0	0
0	0	0	0		김 세 윤	19			19	정 현 우	후22	2(2)	0	0	0
0	0	2	4(1)	후0	김 찬	45			22	김 주 공		0	0	0	0
0	0	14	11(4)			0			0			15(8)	17	0	0

● 후반 26분 하마조치 PAR 내 H ⌒ 김승섭 PK 지점 L-ST-G (득점: 김승섭/ 도움: 하마조치) 오른쪽
● 후반 38분 안동민 MFL FK ⌒ 김찬 GAR H-ST-G (득점: 김찬/ 도움: 안동민) 왼쪽
● 후반 49분 윤성한 PK-R-G(득점: 윤성한) 오른쪽

● 후반 15분 조주영 PK-R-G(득점: 조주영) 왼쪽

• 11월 09일 • 15:00 • 맑음 • 수원 종합 • 2,498명
• 주심_ 김종혁 • 부심_ 윤광열·성주경 • 대기심_ 성덕효 • 경기감독관_ 양정환

수원FC 1 0 전반 1 / 1 후반 1 **2 부천**

퇴장	경고	파울	ST(유)	교체	선수명	배번	위치	위치	배번	선수명	교체	ST(유)	파울	경고	퇴장
0	0	0	0		박 형 순	1	GK	GK	21	최 철 원		0	0	0	0
0	0	2	2(2)		박 요 한	2	MF	DF	3	김 재 우		0	1	0	0
0	0	0	2(1)		김 영 찬	3	DF	DF	4	박 건		1(1)	0	0	0
0	0	4	0		이 학 민	14	MF	MF	23	국 태 정		1(1)	0	0	0
0	0	3	0		조 유 민	20	DF	MF	32	감 한 솔		0	1	0	0
0	1	1	1(1)		장 준 영	55	DF	MF	33	박 요 한	30	3	0	0	0
0	0	0	0	22	김 종 국	6	MF	DF	6	닐손주니어		3(2)	0	0	0
0	0	1	2(1)		장 성 재	13	MF	MF	10	조 범 석		0	2	0	0
0	0	0	0	94	황 병 권	21	MF	FW	22	안 태 현		3(1)	0	0	0
0	0	1	2(2)	15	김 병 오	7	FW	FW	9	말 론	13	0	0	0	0
0	0	0	7(4)		치 솜	11	FW	FW	18	김 륜 도	17	1	2	0	0
0	0	0	0		전 수 현	37			1	이 영 창		0	0	0	0
0	0	0	0		이 용	27			16	권 승 리		0	0	0	0
0	0	0	0		김 주 엽	30			13	이 정 찬	후15	0	0	0	0
0	0	0	0		이 종 원	8	대기	대기	17	장 현 수	후7	1	0	0	0
0	0	1	2(1)	후6	임 창 균	94			30	송 홍 민	후42	0	0	0	0
0	0	0	0	후0	아니에르	15			77	이 시 헌		0	0	0	0
0	0	0	1(1)	후29	송 수 영	22			44	이 광 재		0	0	0	0
0	1	13	19(13)			0			0			13(5)	6	0	0

● 후반 9분 김영찬 PA 정면내 H ⌒ 장준영 GAR R-ST-G (득점: 장준영/ 도움: 김영찬) 왼쪽

● 전반 37분 국태정 C.KR ⌒ 박건 GA 정면 H-ST-G (득점: 박건/ 도움: 국태정) 왼쪽
● 후반 27분 닐손주니어 PK-R-G(득점: 닐손주니어) 왼쪽

• 11월 23일 • 15:00 • 흐림 • 안양 종합 • 6,017명
• 주심_ 박병진 • 부심_ 송봉근·김홍규 • 대기심_ 송민석 • 경기감독관_ 신홍기

안양 1 1 전반 0 / 0 후반 1 **1 부천**

퇴장	경고	파울	ST(유)	교체	선수명	배번	위치	위치	배번	선수명	교체	ST(유)	파울	경고	퇴장
0	0	0	0		양 동 원	1	GK	GK	21	최 철 원		0	0	0	0
0	0	1	1(1)		채 광 훈	19	MF	DF	3	김 재 우		0	0	0	0
0	0	0	1(1)		김 형 진	15	DF	DF	4	박 건		0	3	0	0
0	0	2	0		최 호 정	3	DF	MF	23	국 태 정		3(2)	1	0	0
0	1	1	0		유 종 현	5	DF	MF	32	감 한 솔		1(1)	3	0	0
0	0	0	1(1)	2	김 상 원	13	MF	MF	33	박 요 한	13	0	1	0	0
0	1	2	1	28	구 본 상	26	MF	DF	6	닐손주니어		1(1)	1	0	0
0	0	4	3(3)		이 정 빈	88	MF	MF	10	조 범 석		1	0	0	0
0	0	2	4(2)		알 렉 스	10	FW	FW	17	장 현 수		0	2	0	0
0	1	4	4(3)		팔라시오스	11	FW	FW	22	안 태 현		2(1)	3	0	0
0	0	2	1	50	조 규 성	9	FW	FW	18	김 륜 도	9	1(1)	1	0	0
0	0	0	0		정 민 기	29			1	이 영 창		0	0	0	0
0	0	0	0		류 언 재	6			14	윤 지 혁		0	0	0	0
0	0	0	0	후38	이 선 걸	2			16	권 승 리		0	0	0	0
0	0	0	0		최 재 훈	8	대기	대기	13	이 정 찬	전26	3(2)	4	0	0
0	0	0	0		김 원 민	77			30	송 홍 민		0	0	0	0
0	0	0	0	후43	맹 성 웅	28			77	이 시 헌		0	0	0	0
0	0	1	1(1)	후22	모 재 현	50			9	말 론	전45	3(1)	1	0	0
0	3	19	17(12)			0			0			15(9)	20	0	0

● 전반 10분 팔라시오스 GA 정면 R-ST-G (득점: 팔라시오스) 왼쪽

● 후반 32분 감한솔 PAR ⌒ 안태현 GA 정면 R-ST-G (득점: 안태현/ 도움: 감한솔) 왼쪽

• 11월 09일 • 15:00 • 맑음 • 잠실 올림픽 • 3,874명
• 주심_ 최현재 • 부심_ 지승민·이상민 • 대기심_ 장순택 • 경기감독관_ 김진의

서울E 3 | 2 전반 1 / 1 후반 4 | **5 부산**

퇴장	경고	파울	ST(유)	교체	선수명	배번	위치	위치	배번	선수명	교체	ST(유)	파울	경고	퇴장
0	0	0	0		김영광	1	GK	GK	25	김정호		0	0	0	0
0	0	0	1		안지호	5	DF	DF	26	이상준		0	3	0	0
0	1	3	1(1)		최한솔	19	DF	DF	2	정호정	23	1	0	0	0
0	0	1	0		변준범	4	DF	DF	15	김명준		0	0	0	0
0	0	1	0		윤성열	21	MF	DF	44	박경민		0	3	0	0
0	0	1	0	8	마스다	6	MF	MF	8	박종우		0	2	0	0
0	0	2	2(1)		김민균	14	MF	MF	20	한상운	11	0	1	0	0
0	0	2	0		최종환	61	MF	MF	6	서용덕		0	2	0	0
0	0	0	1	11	권기표	23	FW	FW	22	한지호		3(3)	1	0	0
0	0	1	4(1)		원기종	18	FW	FW	30	디에고	19	3(3)	1	0	0
0	0	1	4(3)	9	김경준	17	FW	FW	18	이정협		5(2)	1	0	0
0	0	0	0		서동현	41			1	최필수		0	0	0	0
0	0	0	0		김태현	77			35	박호영		0	0	0	0
0	0	0	0		윤상호	22			3	박준강		0	0	0	0
0	0	1	0	후11	허범산	8	대기	대기	23	김진규	후0	0	1	0	0
0	0	0	0		김민서	29			32	권용현		0	0	0	0
0	1	1	2(1)	후11	전석훈	11			11	이동준	후0	3(2)	0	0	0
0	0	0	2	후30	김동섭	9			19	정성민	후36	0	0	0	0
0	2	14	17(7)			0			0			15(10)	15	0	0

● 전반 19분 김경준 GAR R-ST-G (득점: 김경준) 왼쪽
● 전반 43분 권기표 PAL TL 백패스 ~ 원기종 GAL R-ST-G (득점: 원기종/ 도움: 권기표) 오른쪽
● 후반 46분 김민균 GAL 내 L-ST-G (득점: 김민균) 오른쪽

● 전반 38분 서용덕 GAR EL ↷ 디에고 GAR 내 H-ST-G (득점: 디에고/ 도움: 서용덕) 오른쪽
● 후반 3분 박종우 MFL FK ↷ 이동준 GA 정면 H-ST-G (득점: 이동준/ 도움: 박종우) 왼쪽
● 후반 8분 디에고 AK 내 R-ST-G (득점: 디에고) 오른쪽
● 후반 24분 이동준 PAR 내 R-ST-G (득점: 이동준) 왼쪽
● 후반 34분 한지호 PK-R-G(득점: 한지호) 가운데

• 11월 30일 • 14:00 • 맑음 • 부산 구덕 • 8,570명
• 주심_ 김용우 • 부심_ 지승민·성주경 • 대기심_ 최광호 • 경기감독관_ 김호영

부산 1 | 0 전반 0 / 1 후반 0 | **0 안양**

퇴장	경고	파울	ST(유)	교체	선수명	배번	위치	위치	배번	선수명	교체	ST(유)	파울	경고	퇴장
0	0	0	0		최필수	1	GK	GK	1	양동원		0	0	0	0
0	1	1	0		김치우	7	DF	MF	19	채광훈		1	2	1	0
0	0	0	0		김명준	15	DF	DF	15	김형진		1	1	0	0
0	1	4	1		수신야르	38	DF	DF	3	최호정		0	2	0	0
0	0	2	0	3	김문환	33	DF	DF	20	이상용		1(1)	1	0	0
0	0	3	1(1)		박종우	8	MF	MF	13	김상원		0	3	2	0
0	0	1	2(1)		호물로	10	MF	MF	88	이정빈		4(1)	3	0	0
0	0	2	3(1)	6	김진규	23	MF	MF	26	구본상	28	0	3	0	0
0	1	2	1	22	디에고	30	MF	FW	10	알렉스	50	1	0	0	0
0	0	0	2(1)		이동준	11	MF	FW	11	팔라시오스	77	1	1	0	0
0	0	0	0		이정협	18	FW	FW	9	조규성		1	1	0	0
0	0	0	0		김정호	25			29	정민기		0	0	0	0
0	0	0	0		황준호	45			6	류언재		0	0	0	0
0	0	0	0	후38	박준강	3			2	이선걸		0	0	0	0
0	0	1	1(1)	후32	서용덕	6	대기	대기	30	안성빈		0	0	0	0
0	0	1	0	후31	한지호	22			28	맹성웅	후23	0	0	0	0
0	0	0	0		권용현	32			77	김원민	후35	0	0	0	0
0	0	0	0		노보트니	86			50	모재현	후41	0	0	0	0
0	3	17	11(5)			0			0			10(2)	17	3	0

● 후반 15분 호물로 MFR L-ST-G (득점: 호물로) 왼쪽

하나원큐 K리그 2019 승강 플레이오프 대회요강

제1조 (목적)_ 본 대회요강은 K LEAGUE 1 11위 클럽(이하: 'K리그1 클럽')과 K LEAGUE 2 플레이오프 승자 클럽(이하: K리그2 클럽) 간의 승강 플레이오프 대회 및 경기 운영에 관한 사항을 규정한다.

제2조 (용어의 정의)_ 본 대회요강에서 '클럽'이라 함은 연맹의 회원단체인 축구단을, '홈 클럽'이라 함은 홈경기를 개최하는 클럽을 지칭한다.

제3조 (명칭)_ 본 대회명은 '하나원큐 K리그 2019 승강 플레이오프'로 한다.

제4조 (주최, 주관)_ 본 대회는 연맹이 주최(대회를 총괄하여 책임지는 자)하고, 홈 클럽이 주관(주최자의 위임을 받아 대회를 운영하는 자)한다. 홈 클럽의 주관권은 제3자에게 양도할 수 없다.

제5조 (승강 플레이오프)_ K리그1 클럽과 K리그2 클럽은 승강 플레이오프를 실시하여 그 승자가 2020년 K리그1 리그에 참가하고 패자는 2020년 K리그2 리그에 참가한다.

제6조 (일정)_ 본 대회는 2019.12.5(목), 12.8(일) 양일간 개최하며, 경기일정(대진)은 아래의 경기일정표에 의한다.

구분		경기일	경기시간	대진	장소
승강 플레이오프	1차전	12.5(목)	19:00	K리그2 플레이오프 승자 클럽 11위	K리그2 플레이오프 승자 홈 경기장
	2차전	12.8(일)	14:00	K리그1 11위 vs K리그2 플레이오프 승자 클럽	K리그1 11위 홈 경기장

※ 본 대회 경기일정은 조정될 수 있으며, 경기시간은 추후 확정하여 팀 통보.

제7조 (경기 개시 시간)_ 경기 시간은 사전에 연맹이 지정한 경기시간에 의한다.

제8조 (대회방식)_ 1. 본 대회 방식은 클래식 클럽과 챌린지 클럽 간 Home & Away 방식에 의해 2경기가 실시되며, 1차전 홈 경기는 챌린지 클럽 홈에서 개최한다.
2. 승강 플레이오프는 1차전, 2차전 각 90분(전/후반45분) 경기를 개최한다.
3. 1, 2차전이 종료된 시점에서 승리수가 많은 팀을 승자로 한다.
4. 1, 2차전이 종료된 시점에서 승리수가 같은 경우에는 다음 순서에 의해 승자를 결정한다.
   1) 1, 2차전 90분 경기 합산 득실차
   2) 합산 득실차가 동일한 경우, 원정다득점 우선원칙 적용
   3) 합산 득실차와 원정경기 득점 수 가 동일할 경우, 연장전(전/후반15분) 개최(연장전은 원정 다득점 우선 원칙 미적용)
   4) 연장전 무승부 시, 승부차기로 승리팀 최종 결정(PK방식 각 클럽 5명씩 승패가 결정되지 않을 경우, 6명 이후는 1명씩 승패가 결정 날 때까지)

제9조 (경기장)_ 1. 모든 클럽은 최상의 상태에서 홈경기를 실시할 수 있도록 경기장을 유지·관리할 책임이 있다.
2. 본 대회는 원칙적으로 축구전용경기장에서 개최되어야 한다.
3. 경기장은 법령이 정하는 시설 안전 기준을 충족하여야 한다.
4. 홈 클럽은 경기장을 방문하는 관람객을 위해 관중상해보험에 가입해야 하며, 보험증권을 연맹에 경기 개최 전에 제출하여야 한다. 홈 클럽이 연고지역 외 기타 경기장에서 K리그 경기를 개최하고자 할 경우에는 연맹에 경기개최 승인 요청 시 보험증권을 첨부하여 제출하여야 한다.
5. 각 클럽은 경기장 시설(물)에 대해 연맹의 승인을 득하여야 한다.

6. 경기장은 연맹의 경기장 시설 기준을 준수하여야 하며, 다음 각 호의 조건을 충족하여야 한다.
   1) 그라운드는 천연잔디구장으로 길이 105m, 너비 68m를 권고한다.
   2) 공식경기의 잔디 길이는 2~2.5cm로 유지되어야 하며, 전체에 걸쳐 동일한 길이여야 한다.
   3) 그라운드 외측 주변에는 원칙적으로 축구전용경기장의 경우는 5m 이상, 육상경기겸용경기장의 경우 1.5m 이상의 잔디 부분이 확보되어야 한다.
   4) 골포스트 및 바는 흰색의 둥근 모양(직경12cm)의 철제 관으로 제작되고, 원칙적으로 고정식이어야 한 다. 또한 볼의 반발력에 영향을 줄 수 있는 비철제 보강재 사용을 금한다.
   5) 골네트는 원칙적으로 흰색(연맹의 승인을 득한 경우는 제외)이어야 하며, 골네트는 골대 후방에 폴을 세워 안전한 방법으로 부착하여야 한다. 폴은 골대와 구별되는 어두운 색상이어야 한다.
   6) 코너 깃발은 연맹이 지정한 것을 사용하여야 한다.
   7) 각종 라인은 국제축구연맹(이하 'FIFA') 또는 아시아축구연맹(이하 'AFC')이 정한 규격에 따라야 하며, 라인 폭은 12cm로 선명하고 명료하게 그려야 한다.(원칙적으로 페인트 방식으로 한다.)
7. 필드(그라운드 및 그 주변 부분)에는 경기 운영에 영향을 주거나 선수에게 위험의 우려가 있는 것을 방치 또는 설치해서는 안 된다.
8. 공식경기에서 그라운드에 살수(撒水)를 하는 경우, 다음 각 호에 따라 실시한다.
   1) 살수는 경기 킥오프 전 및 하프타임에 실시하며, 경기장에 걸쳐 균등하게 해야 한다.
   2) 경기감독관은 경기 시간 및 날씨, 그라운드 상태, 당일 경기장 행사 등을 고려하여 살수 횟수와 시간을 정하고 이를 홈 클럽 및 원정 클럽 관계자들에게 사전 통보한다.
   3) 홈 클럽은 경기감독관이 정한 횟수와 시간에 따라 살수를 실시해야 하며, 이를 위반할 경우 상벌규정 유형별 징계기준 제5조 바.항에 의거 해당 클럽에 제재를 부과할 수 있다.
9. 경기장 관중석은 K리그1 클럽의 경우 좌석수 10,000석 이상, K리그2 클럽의 경우 좌석수 5,000명 이상을 충족하여야 한다. 이에 미달할 경우 연맹의 사전 승인을 득하여야 한다.
10. 홈 클럽은 원정 클럽을 응원하는 관중을 위해 대진 확정일로부터 경기 개최 3일 전까지 원정 클럽이 요청한 적정 수의 좌석을 원정팀과 협의하여 결정한다. 또한, 원정 클럽 관중을 위한 전용출입문, 화장실, 매점 시설 등을 독립적으로 사용할 수 있도록 마련하여야 한다.
11. 경기장은 다음 항목의 부대시설을 갖추도록 권고한다.
   1) 운영 본부실 2) 양 팀 선수대기실(냉 · 난방 및 냉 · 온수 가능)
   3) 심판대기실(냉 · 난방 및 냉 · 온수 가능)
   4) 실내 워밍업 지역 5) 경기감독관석 및 심판감독관석
   6) 경기기록석 7) 의무실
   8) 도핑검사실(냉 · 난방 및 냉 · 온수 가능)
   9) 통제실, 경찰 대기실, 소방 대기실 10) 실내 기자회견장
   11) 기자실 및 사진기자실 12) 중계방송사룸(TV중계스태프용)
   13) VIP룸
   14) 기자석(메인스탠드 중앙부로 경기장 전체가 관람 가능하고 지붕이 설치되어 있는 한편, 전원 및 노트북 등이 설치 가능한 테이블이 준비되어 있을 것)
   15) 장내방송 시스템 및 장내방송실
   16) TV중계 및 라디오 중계용 방송 부스
   17) 동영상 표출이 가능한 대형 전광판
   18) 출전선수명단 게시판 19) 태극기, 대회기, 연맹기
   20) 입장권 판매소 21) 종합 안내소
   22) 관중을 위한 응급실 23) 화장실
   24) 식음료 및 축구 관련 상품 판매소 25) TV카메라 설치 공간
   26) TV중계차 주차장 공간 27) 케이블 시설 공간
   28) 전송용기자재 등 설치 공간 29) 믹스드 존(Mixed Zone)
   30) 경기감독관 대기실 31) 기타 연맹이 정하는 시설, 장비

제10조 (조명장치)_ 1. 경기장에는 그라운드 어떠한 장소에도 평균 1,200lux 이상 조도를 가진 조명 장치를 설치하여 조명의 밝음을 균일하게 유지하여야 한다. 또한 정전에 대비하여 1,000lux 이상의 조도를 갖춘 비상조명 장치를 구비하여야 한다.
2. 홈 클럽은 경기장 조명 장치의 이상 유 · 무를 사전에 확인하여 장애를 미연에 방지하는 한편, 고장 시 신속하게 수리할 수 있도록 모든 조치와 최선의 노력을 다하여야 한다.

제11조 (벤치)_ 1. 팀 벤치는 원칙적으로 다음 요건을 충족하여야 한다.
   1) FIFA가 정한 규격의 기술지역(테크니컬에어리어) 내에 설치하여야 한다.
   2) 벤치 터치라인으로부터 5m 이상 떨어지는 한편 그 끝이 하프라인으로부터 8m 떨어지는 위치에 설치하여야 한다.
   3) 투명한 재질의 지붕을 갖추고 있어야 하며, 최소 20인 이상 앉을 수 있는 좌석이 준비되어야 한다. (다만, 관중의 시야를 방해해서는 안 된다)
2. 홈 팀 벤치는 본부석에서 그라운드를 향해 좌측에 설치하여야 한다. 단 사전 승인 시 우측에 홈 팀 벤치의 설치가 가능하다.
3. 홈, 원정 팀 벤치에는 팀명을 표기한 안내물을 부착하여야 한다.
4. 제4의 심판(대기심판) 벤치를 준비하여야 하며, 다음의 요건을 충족하여야 한다.
   1) 벤치 터치라인으로부터 5m 이상 떨어지는 그라운드 중앙에 설치하여야 한다. 단, 방송사의 요청 시에는 카메라 위치에 방해가 되지 않는 위치에 설치하여야 한다.
   2) 투명한 재질의 지붕을 갖추고 있어야 한다.(다만, 관중의 시야를 방해해서는 안 된다.)
   3) 대기심판 벤치 내에는 최소 3인 이상 앉을 수 있는 좌석과 테이블이 준비되어야 한다.

제12조 (의료시설)_ 홈 클럽은 선수단, 관계자, 관중 등을 위해 경기개시 90분 전부터 경기종료 후 모든 관중 및 관계자가 퇴장할 때까지 의료진(의사, 간호사, 1급 응급구조사)과 특수구급차를 반드시 대기시켜야 한다. 이를 위반할 경우, 본 대회요강 제34조 5항에 의한다.

제13조 (경기장에서의 고지)_ 1. 홈 클럽은 경기장에서 다음의 각 항목 사항을 전광판 및 장내 아나운서(멘트)를 통해 고지하여야 한다.
   1) 공식 대회명칭(반드시 지정된 방식 및 형태에 맞게 전광판 노출)
   2) 선수, 심판 및 경기감독관, 심판평가관 소개
   3) 대회방식 및 경기방식
   4) K리그 선수 입장곡(K리그 앤섬 'Here is the Glory' BGM)
   5) 선수 및 심판 교체
   6) 득점자 및 득점시간(득점 직후에)
   7) 추가시간(전 · 후반 전광판 고지 및 장내아나운서 멘트 동시 실시)
   8) 유료관중 수(후반전 15~30분 발표)
   9) 경기 중, 경기정보 전광판 표출(양 팀 출전선수명단, 경고, 퇴장, 득점)
   10) 지진 등 비상상황 발생 시 대피방안
   11) VAR 리뷰를 진행할 경우, VAR 영상 판독 문구 전광판 표출
   12) 상기 항 이외 연맹이 지정하는 사항
2. 홈 클럽은 경기 전 · 후 및 하프타임에 다음의 각 항목 사항을 실시하는 것이 가능하다.
   1) 다음 경기예정 및 안내 2) 연맹의 사전 승인을 얻은 광고 선전
   3) 음악방송 4) 팀 또는 선수에 관한 정보 안내
   5) 상기 1~4호 이외 연맹의 승인을 얻은 사항

제14조 (경기장 점검)_ 1. 클럽이 기타 경기장에서 경기를 개최하고자 할 경우 해당 경기개최 14일 전까지 연맹에 시설 점검을 요청하여 경기장 실사를 받아야 하며, 이때 제출하여야 하는 서류는 다음과 같다.
   1) 경기장 시설 현황 2) 홈경기 안전계획서
2. 연맹의 보완 지시가 있을 경우 이에 대한 이행 결과를 경기개최 7일 전까지 서면 보고하여야 한다.
3. 연맹은 서면보고접수 후 재점검을 통해 문제점 보완이 미흡하다고 판단될 경우 경기 개최를 불허한다. 이 경우 홈 클럽은 연고지역 내에서 '법령', 'K리그

경기장 시설기준'에 부합하는 타 경기장(대체구장)을 선정하여 상기 1항, 2항의 절차에 따라 연맹의 승인을 받아야 한다.

4. 홈 클럽이 원하는 경기장에서 경기개최가 불가능하다고 판단될 경우, 본 대회 요강 제17조 2항에 따른다. (연맹 경기규정 30조 2항)

5. 상기 3항을 이행하지 않는 클럽은 본 대회요강 제19조 1항에 따른다.(연맹 경기규정 32조 1항)

제15조 (악천후의 경우 대비조치)_ 1. 홈 클럽은 강설 또는 강우 등 악천후의 경우에도 홈경기가 개최될 수 있도록 최선의 노력을 다하여야 한다.

2. 악천후로 인하여 경기개최가 불가능하다고 판단될 경우, 경기감독관은 경기개최 3시간 전까지 경기개최 중지를 결정하여야 한다.

제16조 (경기중지 결정)_ 1. 경기 전 또는 경기 중 중대한 불상사 등으로 경기를 계속하기 어려운 사태가 발생하였을 경우, 주심은 경기 감독관에게 경기 중지를 요청할 수 있으며, 경기감독관은 동 요청에 의거하여 홈 클럽 및 원정 클럽 관계자의 의견을 참고한 후 경기 중지를 결정할 수 있다.

2. 상기 1항의 경우 또는 관중의 난동 등으로 경기장의 질서 유지가 어려운 경우, 경기감독관은 주심의 경기중지 요청이 없더라도 경기 중지를 결정할 수 있다.

3. 경기 개최 3시간 전부터 경기 종료 시까지 경기 개최 지역에 미세먼지, 초미세먼지, 황사 등에 관한 경보가 발령되었거나 경보 발령 기준농도를 초과하는 상태인 경우, 경기감독관은 경기의 취소 또는 연기를 결정할 수 있다.

4. 경기감독관은 경기중지 결정을 내린 후, 지체 없이 그 사유를 연맹에 보고하여야 한다.

제17조 (재경기)_ 1. 공식경기가 악천후, 천재지변 등 불가항력에 의하여 경기개최 불능 또는 중지(중단)되었을 경우, 재경기는 원칙적으로 익일 동일 경기장에서 개최한다. 단, 연기된 경기가 불가피한 사유로 다시 연기될 경우 개최일시 및 장소는 해당팀과 협의 후, 연맹이 정하여 추후 공시한다.

2. 경기장 준비부족, 시설미비 등 점검 미비에 따른 홈 클럽의 귀책사유로 인하여 경기개최 불능 또는 중지 (중단)되었을 경우, 원정 클럽이 24시간 이내 홈경기로 개최할지 여부에 대해 연맹에 서면으로 제출한다. 원정클럽이 홈경기로 개최하지 않을 경우, 상대 클럽(기존 홈 클럽)의 홈경기로 개최된다.

3. 재경기 방식에 대해서는 다음 각 호에 의한다.

1) 이전 경기에서 양 클럽의 득실차가 없을 때는 90분간 재경기를 실시한다.

2) 이전 경기에서 양 클럽의 득실차가 있을 때는 중지 시점에서부터 잔여 시간만의 재경기를 실시한다.

4. 재경기 시, 앞 항 1호의 경우 이전 경기에서 발생된 경고, 퇴장 기록만이 인정되며 선수교체는 팀당 최대 3명까지 가능하다. 앞 항 2호의 경우 이전 경기에서 발생된 모든 기록이 인정되며 선수교체는 이전 경기를 포함하여 3명까지 할 수 있다.

5. 재경기 시, 이전 경기에서 발생된 경고 및 퇴장은 유효하며, 경고 및 퇴장에 대한 처벌(징계)은 경기순서 대로 연계 적용한다.

제18조 (귀책사유가 있는 클럽의 비용 보상)_ 1. 홈 클럽의 귀책사유에 의해 공식경기가 개최불능 또는 중지(중단)되었을 경우, 홈 클럽은 원정 클럽에 교통비 및 숙식비를 보상하여야 한다.

2. 원정 클럽의 귀책사유에 의해 공식경기가 개최불능 또는 중지(중단)되었을 경우, 원정 클럽은 홈 클럽에 발생한 경기준비 비용 및 입장권 환불 수수료, 교통비 및 숙식비를 보상하여야 한다.

3. 상기 1항, 2항과 관련하여 천재지변 등 불가항력에 의한 경우는 제외한다.

제19조 (패배로 간주되는 경우)_ 1. 공식경기 개최거부 또는 속행 거부 등(경기장 질서문란, 관중의 난동 포함) 어느 한 클럽의 귀책사유로 인하여 공식경기가 개최불능 또는 중지(중단)되었을 경우, 그 귀책사유가 있는 클럽이 0 : 3 패배한 것으로 간주한다.

2. 공식경기에 무자격선수가 출장한 것이 경기 중 또는 경기 후 발각되어 경기종료 후 48시간 이내에 상대 클럽으로부터 이의가 제기된 경우, 무자격선수가 출장한 클럽이 0 : 3 패배한 것으로 간주한다. 다만, 경기 중 무자격선수가 출장한 것이 발각되었을 경우, 해당 선수를 퇴장시키고 경기는 속행한다.

3. 상기 1항, 2항에 따라 어느 한 클럽의 0 : 3 패배를 결정한 경우에도 양 클럽 선수의 개인기록(출장, 경고, 퇴장, 득점, 도움 등)은 그대로 인정한다.

4. 상기 2항의 무자격 선수는 K리그 미등록 선수, 경고누적 또는 퇴장으로 인하여 출전이 정지된 선수, 상벌 위원회 징계, 외국인 출전제한 규정을 위반한 선수 등 그 시점에서 경기출전 자격이 없는 모든 선수를 의미한다.

제20조 (경기결과 보고)_ 모든 공식경기의 경기결과 보고는 경기감독관 보고서, 심판 보고서, 경기기록지에 의한다.

제21조 (경기규칙)_ 본 대회의 경기는 FIFA 및 KFA의 경기규칙에 따라 실시되며, 특별한 사항이 발생 시에는 연맹이 결정한다.

제22조 (Video Assistant Referee 시행)_ 1. 본 대회는 2016년 3월 IFAB(국제축구평의회)에서 승인된 'Video Assistant Referee'(이하 'VAR')를 시행한다.

2. VAR는 주심 등 심판진을 지원하고 경기 결과를 바꿀 수 있는 명백한 오심을 변경해 공정한 판정을 증대하기 위해 시행하며 본 대회에서는 아래의 4가지 상황에 대해서만 VAR를 적용한다.

1) 득점 상황 2) PK(Penalty Kick) 상황

3) 퇴장 상황 4) 징계조치 오류

3. VAR의 시행과 관련하여 선수, 코칭스태프, 구단 임직원의 준수사항은 다음과 같다.

1) 'TV' 신호(Signal)를 그리는 동작을 취하거나 구두로 VAR 확인을 요청할 수 없다. 이를 위반할 시, 다음과 같은 제재가 내려진다.

① 선수 - 경고 ② 코칭스태프 및 구단 임직원 - 퇴장

2) RRA(Referee Review Area, 비디오 판독 구역, 이하 'RRA')에는 오직 주심과 RA(Review Assistant), 심판진만이 진입할 수 있다. 이를 위반할 시 다음과 같은 제재가 내려진다.

① 선수 - 경고 ② 코칭스태프 및 구단 임직원 - 퇴장

4. VAR의 시행과 관련하여 홈 클럽의 준수사항은 다음과 같다.

1) 홈 클럽은 VAR가 공식심판진임을 인지하고 VAR 차량에 심판실과 동일한 안전계획을 수립해 안전관리를 제공해야 하며, 안전관리 미흡 등 홈 클럽의 귀책사유로 인한 차량 및 장비의 파손 등이 발생하는 경우 이에 따른 손해를 연맹에 배상하여야 한다.

2) 홈 클럽은 RRA에 심판진과 RA 외 다른 누구도 진입할 수 없도록 관리해야 하며, 관련 안전사고 예방의 의무와 책임이 있다.

3) 홈 클럽은 VAR 상황 발생 시 판독 중임을 뜻하는 이미지를 판독 종료 시점까지 전광판에 노출해야 하며, 관련 장면 영상을 전광판을 통해 리플레이 할 수 없다.

4) 홈 클럽이 상기 제1호부터 제3호에서 정한 준수사항을 위반하는 경우, 연맹 상벌 규정 유형별 징계 기준 11조에 따른 징계를 받을 수 있다.

5. VAR는 다음과 같은 이유로 경기가 무효화 되지 않는다.

1) VAR 장비가 작동하지 않은 경우

2) VAR 판정에 오심이 발생하는 경우

3) VAR 판독을 진행하지 않겠다고 결정을 내린 경우(안전문제, 신변위협 등)

4) VAR 판독이 불가능한 경우(영상 앵글의 문제점, 노이즈현상 등)

6. 이 외 사항에 대해서는 IFAB(국제축구평의회)와 FIFA(국제축구연맹)이 정한 바에 따른다.

제23조 (전자장비 사용)_ 1. 선수들의 부상 예방 및 안전과 실시간 전력분석 정보를 활용하기 위해 무선헤드셋과 전자장비(스마트폰, 태블릿PC, 노트북)을 사용할 수 있다.

2. 벤치에서는 무선헤드셋 1대와 스마트폰, 태블릿PC, 노트북 중 1대를 사용할 수 있다.

3. 전자장비 사용 승인은 경기 3일 전까지 연맹에 사용 승인을 받아야 한다.

4. 허가되지 않은 전자 장비를 사용하거나, 전자/통신 장비를 이용한 판정항의 시 기술지역에서 퇴장된다.

제24조 (경기시간 준수)_ 1. 본 대회는 90분(전 · 후반 각 45분) 경기를 실시한다.

2. 모든 클럽은 미리 정해진 경기시작시간(킥오프 타임)과 경기 중 휴식시간(하프타임)을 반드시 준수하여야 한다. 하프타임 휴식은 15분을 초과할 수 없으며, 양 팀 출전선수는 후반전 출전을 위해 후반전 개시 3분 전(하프타임 12분)까지 심판진과 함께 대기 장소에 집결하여야 한다.

3. 경기시작시간과 하프타임 시간을 준수하지 않아 경기가 지연될 경우, 귀책사

유가 있는 해당 클럽에 제재금 (100만 원 이상)을 부과할 수 있다. 동일 클럽이 위반 행위를 반복할 경우, 직전에 부과한 제재금의 2배를 부과할 수 있다. 단, 1회 부과할 수 있는 최대 제재금은 400만 원 이내로 한다.

4. 경기에 참가하는 팀(코칭스태프, 팀 스태프 포함)은 경기시작 100분 전에 경기장에 도착하여야 한다.
   1) 어느 한 팀이 경기시작 40분 전까지 경기장에 도착하지 못할 경우, 해당 팀은 경기감독관에게 그 사유와 도착예정 시간을 통보하여야 하며, 경기감독관은 경기시간 변경 유무를 심판 및 양 팀 대표자와 협의를 통해 결정한 후, 연맹으로 통보한다.
   2) 경기시간이 변경될 경우, 홈 클럽은 전광판 및 아나운서 멘트를 통해 변경된 경기시간과 변경사유에 대해 고지해야 한다.
   3) 어느 한 팀이 경기시작 시각까지 경기장에 도착하지 않는 경우, 상대팀은 45분간 대기할 의무가 있다. 45분간 대기했음에도 불구하고 상대팀이 도착하지 않을 경우, 경기감독관은 16조 1항에 의한다.
   4) 경기중지에 따라 발생되는 모든 비용에 대한 배상, 책임은 귀책사유가 있는 클럽에 있으며 18조에 따른다.
   5) 홈/원정팀은 경기개최지로의 이동정보를 사전에 숙지할 책임이 있으며, 상황에 따른 추가 이동시간이 필요한지 확인해야 한다. 만일, 팀의 도착 지연으로 킥오프가 지연될 경우, 연맹은 귀책사유가 있는 클럽에 재제를 부과할 수 있다.

제25조 (출전자격)_ 1. K리그 선수규정 4조에 의거하여 선수 등록을 완료한 선수만이 공식경기에 출전할 자격을 갖는다.

2. K리그 선수규정 5조에 의거하여 연맹에 등록을 완료한 코칭스태프 및 팀 스태프 중 출전선수명단에 등재된 자만이 공식경기 중 벤치에 착석할 수 있으며, 경기 중 기술지역에서의 선수지도행위는 1명만이 할 수 있다.(통역 1명 대동 가능)
3. 제재 중인 지도자(코칭스태프, 팀 스태프 포함)는 다음 항목을 준수하여야 한다.
   1) 출전정지제재 중이거나 경기 중 퇴장 조치된 지도자는 공식경기에서 관중석, 선수대기실을 제외한 지역에 대해 출입이 제한되며, 그라운드에서 사전 훈련 및 경기 중 어떠한 지도(지시) 행위도 불가하다.
   2) 징계 중인 지도자(원정팀 포함)가 경기를 관전하고자 할 경우, 홈 클럽은 본부석 쪽에 좌석을 제공하여야 하며, 해당 지도자의 안전을 위한 조치를 취해야 한다.
   3) 상기 제1호를 위반할 경우, 연맹 상벌규정 제12조 제2항에 해당하는 제재를 부과할 수 있다.
4. 준프로 계약을 체결한 선수의 공식경기 출전은 선수규정 부칙 및 '준프로 계약 시행 세칙'을 따른다.

제26조 (출전선수명단 제출의무)_ 1. 공식경기에 참가하는 홈 클럽과 원정 클럽은 경기 개시 90분 전까지 경기감독관에게 출전선수명단을 제출하여 승인을 받아야 하며, 출전선수 스타팅 포메이션(Starting Formation)을 별지로 함께 제출하여야 한다.

2. 출전선수명단에는 출전 선수, 코칭스태프 및 팀 스태프 명단, 유니폼 색상이 포함되어야 하며, 제출된 인원만이 해당 공식경기 출전과 팀 벤치 착석 및 기술지역 출입, 선수 지도를 할 수 있다. 단, 출전선수명단 에 등재할 수 있는 코칭스태프 및 팀 스태프의 수는 11명까지로 하며 스카우트, 전력분석관, 장비담당자는 벤치에 착석할 수 없다.
3. 출전선수명단 승인 후에는 선수명단 변경을 할 수 없다. 다만, 경기 개시 전에 선발 출전선수 중 부상 등의 불가피한 사유로 경기출전이 불가능한 선수가 발생한 경우에 그 선발 선수를 후보 선수와 교체할 수 있다.
4. 본 대회의 출전선수명단은 18명을 원칙으로 하며, 다음 사항을 반드시 준수하여야 한다.
   1) 골키퍼(GK)는 반드시 국내 선수이어야 하며, 후보 골키퍼(GK)는 반드시 1명이 포함되어야 한다.
   2) 외국인선수의 경우, 출전선수명단에 3명까지 등록할 수 있으며 3명까지 경기 출장이 가능하다. 단, AFC 가맹국 국적의 외국인선수는 1명에 한하여 추가 등록과 출전이 가능하다.
   3) 22세 이하(1997.01.01.이후 출생자) 국내선수는 출전선수 명단에 최소 2명 이상 포함(등록)되어야 한다. 만일, 22세 이하 국내선수가 출전선수 명단에 포함되어 있지 않을 경우, 해당 인원만큼 출전선수 명단에서 제외한다. (22세 이하 국내선수 1명 포함될 경우 출전선수 명단은 17명이며, 전혀 포함되지 않을 경우 출전선수 명단은 16명으로 한다.)
   4) 출전선수 명단에 포함된 22세 이하 선수 1명은 의무선발출전을 해야 한다. 만일, 22세 이하 선수가 의무선발출전을 하지 않을 경우, 선수교체 가능 인원은 2명으로 제한한다.
5. 순연 경기 및 재경기(90분 재경기에 한함)의 출전선수명단은 다시 제출하여야 한다.

제27조 (선수교체)_ 1. 본 대회의 선수 교체는 경기감독관이 승인한 출전선수명단에 의해 후보선수명단 내에서만 가능하다.

2. 선수 교체는 90분 경기에서 3명까지 가능하다. 연장전은 최대 1명을 교체할 수 있으며, 연장전을 포함하여 최대 4명까지 교체할 수 있다. 단, 본 대회요강 제26조 4항 4)호에 의거, 22세 이하 국내선수가 선발출전하지 않을 경우, 해당 클럽은 2명까지 선수교체가 가능하다. 이를 위반할 경우, 제19조 2항~4항에 따른다.
3. 승부차기는 선수 교체가 허용되지 않는다. 단, 연장전에 허용된 최대수(2명)의 교체를 다하지 못한 팀이 승부차기를 행할 때, 골키퍼(GK)가 부상을 이유로 임무를 계속할 수 없다면 교체할 수 있다.
4. 출전선수명단 승인(경기감독관 서명) 후, 선발출전선수 11명 중 경기출전이 불가한 선수가 발생할 경우, 전반전 킥오프 전까지 경기감독관의 승인하에 출전선수명단의 교체 대상선수 7명에 한하여 교체할 수 있으며, 교체된 선수는 후보선수명단으로 포함되나 해당 경기에 출전할 수 없다.
   1) 상기 4항의 경우 선수교체 인원으로 적용되지 않으며, 3명의 선수교체 가능 인원 수는 유효하다.
   2) 출전선수명단 내 교체 대상선수 7명 중 경기출전이 불가한 선수가 발생하더라도 해당 선수는 명단 외 선수와 교체할 수 없다.

제28조 (출전정지)_ 1. K리그1 및 K리그2에서 받은 경고, 퇴장에 의한 출전정지는 연계 적용하지 않는다.

2. 승강 플레이오프 1차전에서 받은 퇴장(경고 2회 퇴장 포함)은 다음 경기(승강 PO 2차전)에 출전정지가 적용된다.
3. 1경기 경고 2회 퇴장에 의한 출전정지는 다음 경기(승강PO 2차전) 출전 정지되며, 제재금은 일백만 원(1,000,000원)이 부과된다.
4. 직접 퇴장에 의한 출전정지는 다음 경기(승강PO 2차전)에 적용되며, 제재금은 일백이십만 원(1,200,000원)이 부과된다.
5. 경고 1회 후 직접 퇴장에 의한 출전정지는 다음 경기(승강PO 2차전)에 적용되며, 제재금은 일백오십만 원(1,500,000원)이 부과된다.
6. 제재금은 본 대회 종료 15일 이내에 납부하여야 한다.
7. 상벌위원회 징계로 인한 출전정지 징계는 시즌 및 대회에 관계없이 연계 적용한다.
8. 경고, 퇴장, 상벌위원회 징계 등에 따라 출전이 정지된 선수, 코칭스태프, 팀 스태프의 출전으로 인한 모든 책임은 해당 클럽에 있다.

제29조 (유니폼)_ 1. 본 대회는 반드시 연맹이 승인한 유니폼을 착용해야 한다.

2. 선수 번호(배번은 1번~99번으로 한정하며, 배번 1번은 GK에 한함)는 출전선수명단에 기재된 선수 번호와 일치하여야 하며, 배번의 식별이 가능하도록 명확하게 표시되어 있어야 한다.
3. 팀의 주장은 주장인 것을 명확하게 표시하는 완장(Armband)을 착용하여야 한다.
4. 공식경기에 참가하는 모든 클럽은 제1유니폼과 제2유니폼을 필히 지참함을 원칙으로 하며, 경기 전 연맹 및 상대 클럽과 유니폼 착용 색상과 관련하여 사전 조율하여야 한다. 이를 따르지 않을 경우, 위반한 클럽에 제재금 500만 원을 부과할 수 있다.
5. 동절기 방한용 내피 상의 또는 하의(타이즈)를 착용하고자 할 때는 유니폼(상·하의) 색상과 동일한 색상을 착용하여야 한다. 이를 위반할 경우 공식경기 출전이 불가하다.

6. 스타킹과 발목밴드(테이핑)는 동일 색상(계열)이어야 한다. 이를 위반할 경우, 심판의 지시에 따라 반드시 수정해야 한다. 수정되지 않을 경우, 경기 출전을 제한할 수 있다.

제30조 (사용구)_ 본 대회의 공식 사용구는 '아디다스 커넥스트19(Conext19)'로 한다.

제31조 (경기관계자 미팅)_ 1. 경기시작 60~50분 전(양 팀 감독 인터뷰 진행 전) 경기감독관실에서 실시한다.

2. 참석자는 해당 경기의 경기감독관, 심판평가관, 주심, 양 팀 감독, 홈경기 운영자(필요 시)로 한다. 홈경기 담당자는 당일 홈경기 관련 특이사항이 있는 경우에만 참석한다.

3. 주요내용은 아래와 같다.
   1) 경기 관련 주요방침
   2) 판정 가이드라인 등 심판판정에 관한 사항
   3) 기타 해당경기 특이사항 공유

제32조 (인터뷰 실시)_ 1. 홈 클럽은 공동취재구역인 믹스드 존(Mixed Zone)과 공식기자회견장을 반드시 마련하고, 양 클럽 홍보담당자는 경기 전 인터뷰, 경기 후 플래시인터뷰, 공식기자회견, 믹스드 존 인터뷰가 원활히 이뤄질 수 있도록 협조하여야 한다.

2. 양 클럽 선수단은 경기장에 도착하여 라커룸으로 이동 시 믹스드 존에서 미디어(취재기자에 한함)의 인터뷰에 응하여야 한다.

3. 양 클럽 선수단은 경기개시 90분~70분 전까지 홈 클럽이 지정한 장소(라커 앞, 경기장 출입 통로, 그라운드 주변, 믹스드 존 등)에서 인터뷰에 응하여야 하며, 양 클럽 홍보담당자는 미디어(취재기자에 한함)가 요청하는 선수가 인터뷰에 응할 수 있도록 협조한다.

4. 양 클럽 감독은 경기개시 60분~20분 전까지 미디어(취재기자에 한함)와 약식 인터뷰를 실시하여야 한다.

5. 홈 클럽은 경기종료 직후 중계방송사가 요청하는 감독 또는 선수에 대해 그라운드에서 플래시 인터뷰를 우선 실시하여야 하며, 양 클럽 홍보담당자는 인터뷰 대상자를 경기 종료 전 확인하여 경기종료 직후 인계한다.

6. 홈 클럽은 경기종료 후 15분 이내에 홈 클럽 홍보담당자의 진행 하에 양 클럽 감독과 미디어가 요청하는 선수가 순차적으로 참석하는 공식기자회견을 개최하여야 하며, 양 클럽 홍보담당자는 감독 및 미디어 요청선수가 공식기자회견에 참석할 수 있도록 협조한다.

7. 공식기자회견은 원정 - 홈 클럽 순으로 진행하며, 선수의 순서는 양 클럽 홍보담당자가 협의하여 정한다.

8. 미디어 부재로 공식기자회견을 개최하지 않은 경우, 홈 클럽 홍보담당자는 양 클럽 감독의 코멘트를 경기 종료 1시간 이내에 각 언론사에 배포한다.

9. 제재 중인 지도자(코칭스태프 및 팀 스태프 포함)도 경기 전·후 인터뷰와 공식기자회견 등에 참석해야 한다.

10. 양 클럽 선수단은 공식기자회견이 종료된 이후에 선수단 라커룸을 출발하여 믹스트 존 인터뷰에 응하여야 한다.(홈팀 필수 / 원정팀 권고)

11. 모든 기자회견은 연맹이 지정한 인터뷰 배경막(백드롭)을 배경으로 실시하여야 한다.

12. 인터뷰를 실시하지 않거나 공식기자회견에 참석하지 않을 경우, 해당 클럽과 선수, 감독에게 제재금(50만 원 이상)을 부과할 수 있다.

13. 인터뷰에서는 경기의 판정이나 심판과 관련하여 일체의 부정적인 언급이나 표현을 할 수 없으며, 위반 시 다음 각 호에 의한다.
   1) 각 클럽 소속 선수, 코칭스태프, 팀 스태프, 임직원 등 모든 관계자에게 적용되며, 위반할 시 상벌규정 유형별 징계기준 제2조 가, 항 혹은 나, 항을 적용하여 제재를 부과한다.
   2) 공식 인터뷰뿐만 아니라 대중에게 공개될 수 있는 어떠한 경로를 통한 언급이나 표현에도 적용된다.

14. 그 밖의 사항은 '2019 K리그 미디어 가이드라인'을 따른다.

15. 2019 K리그 미디어가이드라인을 준수하지 않을 경우, 해당시즌 팀 미디어 운영에 제한을 받을 수 있다.

제33조 (중계방송협조)_ 1. 본 대회의 경기 중계방송 시 카메라나 중계석 위치 확보, 방송 인터뷰를 위해 모든 클럽은 중계 방송사와 연맹의 요청에 최대한 협조한다.

2. 사전에 지정된 경기시간은 방송사의 요청에 따라 변경될 수 있다.

3. 홈 클럽은 중계방송사를 위한 별도의 공간을 경기시작 4시간 전부터 종료 후 1시간까지 반드시 마련해야 한다.

제34조 (경기장 안전과 질서유지)_ 1. 홈 클럽은 경기개시 2시간 전부터 경기종료 후 모든 관중 및 관계자가 퇴장할 때까지 선수, 팀 스태프, 심판을 비롯한 전 관계자와 관중의 안전 및 질서 유지에 대한 의무와 책임이 있다.

2. 홈 클럽은 상기 1항의 의무 실시를 위해 최선의 노력을 다해야 하며, 경기장 안전 및 질서를 어지럽히는 관중에 대해 그 입장을 제한하고 강제 퇴장시키는 등의 적정한 조치를 취할 수 있다.

3. 연맹, 클럽, 선수, 코칭스태프 및 팀 스태프, 관계자를 비방하는 사안이나, 경기진행 및 안전에 지장을 줄 수 있는 모든 사안에 대해서 관련 클럽은 즉각 이를 시정 조치하여야 한다.

4. 경기감독관은 상기 3항에 해당하는 사안을 경기 중 또는 경기전후에 발견하였을 경우, 관련 클럽에 시정 조치를 요구할 수 있으며, 관련 클럽은 경기감독관의 지시에 따라야 한다.

5. 상기, 3,4항의 사안이 시정 조치되지 않을 경우, 상벌규정 유형별 징계기준 제5조 마.항 및 바.항에 의거, 해당 클럽에 제재를 부과할 수 있다.

6. 관중의 소요, 난동으로 인해 경기 진행에 문제가 발생하거나, 선수, 심판, 코칭스태프 및 팀 스태프, 미디어를 비롯한 관중의 안전과 경기장 질서 유지에 문제가 발생할 경우에는 관련 클럽이 사유를 불문하고 그에 대한 일체의 책임을 부담한다.

제35조 (홈경기 관리책임자, 홈경기 안전책임자 선정 및 경기장 안전요강)_ 모든 클럽은 경기장 안전 및 원활한 진행을 위해 홈경기 관리책임자 및 홈경기 안전책임자를 선정하여 연맹에 보고하여야 하며, 아래의 경기장 안전요강을 숙지하여 실행하고 관중에게 사전 공지 또는 고지하여야 한다. 또한 홈경기 관리책임자 및 홈경기 안전책임자는 경기감독관의 업무 및 지시 사항에 대해 최대한 협조하여야 한다.

1. 반입금지물: 경기장에 입장하려는 사람 또는 입장한 사람은 홈경기 관리책임자 및 홈경기 안전책임자가 특별히 필요 사항에 의해 허락했을 경우를 제외하고 다음의 각 호에 명시된 것을 가지고 입장할 수 없다.
   1) 경기장 관리자에 의해 반입을 금지하고 있는 것
   2) 정치적, 사상적, 종교적인 주의 또는 주장 또는 관념을 표시하거나 또는 연상시키고 혹은 대회의 운영 에 지장을 미칠 우려가 있는 게시판, 간판, 현수막, 플래카드, 문서, 도면, 인쇄물 등
   3) 연맹의 승인을 득하지 않은 특정의 회사 또는 영리기업의 광고를 목적으로 하여 특정의 회사명, 제품 명 등을 표시한 것(특정 회사, 제품 등을 연상시키는 것 포함)
   4) 그 외 경기운영 또는 진행을 방해하여 타인에게 불편을 주거나 또는 위험하게 하거나 혹은 그러한 우 려가 있거나 또는 운영담당 · 보안담당, 경비종사원이 위험성을 인정하는 것

2. 금지행위: 경기장에 입장하려는 사람 또는 입장한 사람은 홈경기 관리책임자 및 홈경기 안전책임자가 특별히 필요 사항에 의해 허락했을 경우를 제외하고는 다음의 각 호에 명시되는 행위를 해서는 안 된다.
   1) 경기장 관리자에 의해 금지되고 있는 행위
   2) 정당한 입장권 또는 통행증을 소지하지 않고 입장하는 것
   3) 항의 집회, 데모 등 대회의 원활한 운영을 저해할 우려가 있는 행위
   4) 알코올, 약물 그 외 물질을 소유 및 복용한 상태로 경기장에 입장하는 행위 또는 경기장에 이러한 물 질을 방치해 두어 이것들의 영향에 의해 경기운영 또는 타인의 행위 등을 저해하는 행위(알코올 등의 영향에 의해 정상적인 행위를 할 수 없는 우려가 있는 상태일 경우 입장 불가)
   5) 해당 경기장(시설) 및 관련 장소에서 권유, 연설, 집회, 포교 등의 행위
   6) 정해진 장소 외에서 차량을 운전하거나 주차하는 것
   7) 상행위, 기부금 모집, 광고물의 게시 등의 행위
   8) 정해진 장소 외에 쓰레기 및 오물을 폐기하는 것

9) 연맹의 승인 없이 영리목적으로 경기장면, 식전행사, 관객 등을 사진 또는 비디오로 촬영하는 것

10) 연맹의 승인 없이 대회의 음성, 영상의 전부 또는 일부를 인터넷 및 미디어를 통해 전달하는 것

11) 경기운영 또는 진행을 방해하여 타인에게 폐를 끼치거나 또는 위험을 미치거나 혹은 그러한 우려가 있으면서 경비종사원이 위험성을 인정한 행위

3. 경기장 관련: 경기장에 입장하려는 사람 또는 입장한 사람은 다음의 각 호에 명시하는 사항에 준수하여야 한다.

1) 입장권, 신분증, 통행증 등의 제시가 요구되었을 때는 이것을 제시해야 함

2) 안전 확보를 위해 수화물, 소지품 등의 검사가 요구되었을 때는 이것에 따라야 함

3) 사건 · 사고가 발생하거나 또는 발생 우려가 예상되는 경우, 경비 종사원 또는 치안 당국의 지시, 안내, 유도 등에 따라 행동할 것

4. 입장거부 또는 퇴장명령

1) 홈경기 관리책임자 및 홈경기 안전책임자는 상기 1항, 2항, 3항의 경기장 안전요강을 위반한 사람의 입장을 거부하여 경기장으로부터의 퇴장을 명할 수 있으며, 상기 1항에 의거하여 반입금지물 몰수 등 필요한 조치를 취할 수 있다.

2) 홈경기 관리책임자 및 홈경기 안전책임자는 전항에 해당하는 사람 중에서 특히 고의, 상습으로 확인된 사람에 대해서는 이후 개최되는 연맹 주최의 공식경기에 입장을 거부할 수 있다.

3) 홈경기 관리책임자 및 홈경기 안전책임자에 의해 입장이 거부되거나 경기장에서 퇴장을 받았던 사람은 입장권 구입 대금의 환불을 요구할 수 없다.

5. 권한의 위임: 홈경기 관리책임자는 특정 시설에 대해 그 권한을 타인에게 위임할 수 있다.

6. 안전 가이드라인 준수: 모든 클럽은 연맹이 정한 'K리그 안전가이드라인'을 준수하여야 한다.

제36조 (기타 유의사항)_ 각 클럽은 아래의 사항을 숙지하고 준수하여야 한다.

1. 모든 취재 및 방송중계 활동을 위한 미디어 관련 입장자는 2019 미디어 가이드라인을 준수하여야 한다.
2. 경기에 참가하는 선수단(코칭스태프, 팀 스태프 포함)은 경기시작 100분 전에 경기장에 도착하여야 한다.
3. 오픈경기는 본 경기 개최 1시간(60분) 전까지 반드시 종료되어야 하며, 연맹에 사전 승인을 받아야 한다.
4. 선수는 신체보호를 위해 반드시 정강이 보호대를 착용하고 경기에 임해야 한다.
5. 경기 중 클럽의 임원, 코칭스태프, 팀 스태프, 선수는 경기장 내에서 흡연을 할 수 없으며, 이를 위반할 경우 퇴장 조치한다.
6. 체육진흥투표권(스포츠토토 등) 발매 이상 징후 대응경보 발생 시, 경기시작 90분 전 대응 미팅에 관계자(경기감독관, 양 클럽 관계자 및 감독) 등이 참석하여야 한다.
7. 팀 벤치에서 무선통신기(휴대전화 포함) 시스템의 사용은 원칙적으로 불가하다.
8. 경기 중, 교체대상 선수의 워밍업은 연맹이 사전에 지정한 장소에서 실시해야 한다.
9. 심판 판정에 대한 제소는 불가하다.
10. 전자 퍼포먼스/트래킹 시스템(EPTS)을 사용하는 경우, 사전 승인을 득하여야 한다.

제37조 (부칙)_ 본 대회요강에 명시되지 않은 사항은 K리그 규정, FIFA 규정, K리그 이사회 결정에 의거하여 시행한다.

하나원큐 K리그 2019 승강 플레이오프 경기기록부

• 12월 05일 • 19:00 • 맑음 • 부산 구덕 • 8,249명
• 주심_ 김대용 • 부심_ 윤광열·구은석 • 대기심_ 김영수 • 경기감독관_ 차상해

부산 0 0 전반 0 / 0 후반 0 **0 경남**

퇴장	경고	파울	ST(유)	교체	선수명	배번	위치	위치	배번	선수명	교체	ST(유)	파울	경고	퇴장
0	0	0	0		최필수	1	GK	GK	25	이범수		0	0	0	0
0	1	5	0		김치우	7	DF	DF	23	이광선		1(1)	0	0	0
0	0	2	1		김명준	15	DF	DF	50	김종필		0	4	1	0
0	0	1	0		수신야르	38	DF	DF	12	이재명		0	2	0	0
0	0	0	1		김문환	33	DF	DF	16	이광진		0	1	0	0
0	0	1	1(1)		호물로	10	MF	MF	13	김준범		1	5	1	0
0	0	2	1	6	김진규	23	MF	MF	22	쿠니모토		1	2	1	0
0	0	1	0	32	디에고	30	MF	MF	10	김승준	7	0	1	0	0
0	0	2	0		이동준	11	MF	MF	19	고경민	11	0	1	0	0
0	0	1	2	19	노보트니	86	FW	FW	14	조재철		0	1	0	0
0	0	0	4(3)		이정협	18	FW	FW	55	제리치		0	2	0	0
0	0	0	0		김정호	25	대기	대기	31	손정현		0	0	0	0
0	0	0	0		박호영	35			5	곽태휘		0	0	0	0
0	0	0	0		박준강	3			8	안성남		0	0	0	0
0	0	0	0	후33	서용덕	6			4	하성민		0	0	0	0
0	0	0	0		한지호	22			7	배기종	후16	1	1	0	0
0	0	0	1	후15	권용현	32			88	김종진		0	0	0	0
0	0	0	0	후44	정성민	19			11	도동현	후26	0	1	0	0
0	1	15	11(4)			0			0			4(1)	21	3	0

• 12월 08일 • 14:00 • 맑음 • 창원 축구센터 • 5,397명
• 주심_ 고형진 • 부심_ 곽승순·김지욱 • 대기심_ 최광호 • 경기감독관_ 나승화

경남 0 0 전반 0 / 0 후반 2 **2 부산**

퇴장	경고	파울	ST(유)	교체	선수명	배번	위치	위치	배번	선수명	교체	ST(유)	파울	경고	퇴장
0	0	0	0		이범수	25	GK	GK	1	최필수		0	0	1	0
0	0	3	0		이광선	23	DF	DF	7	김치우	3	0	0	0	0
0	0	0	1(1)		김종필	50	DF	DF	15	김명준		0	2	0	0
0	1	3	0	8	이재명	12	DF	DF	38	수신야르		1(1)	1	0	0
0	0	2	0		이광진	16	MF	DF	33	김문환		0	0	0	0
0	0	1	0		김준범	13	MF	MF	10	호물로		5(1)	1	0	0
0	0	2	0		쿠니모토	22	MF	MF	23	김진규		1	2	0	0
0	1	2	0		조재철	14	MF	MF	22	한지호	30	1	0	0	0
0	0	0	1	5	고경민	19	MF	MF	11	이동준	35	2(1)	1	0	0
0	0	2	1	7	김효기	20	FW	FW	86	노보트니		2(2)	0	1	0
0	0	2	1		제리치	55	FW	FW	18	이정협		2	0	0	0
0	0	0	0		손정현	31	대기	대기	25	김정호		0	0	0	0
0	0	0	0	후33	곽태휘	5			35	박호영	후38	0	0	0	0
0	0	0	0	후37	안성남	8			3	박준강	후0	0	0	0	0
0	0	0	0		박광일	2			6	서용덕		0	0	0	0
0	0	0	0		하성민	4			30	디에고	전39	0	0	0	0
0	0	0	0		김종진	88			32	권용현		0	0	0	0
0	0	0	0	후23	배기종	7			19	정성민		0	0	0	0
0	2	17	4(1)			0			0			14(5)	7	2	0

●후반 32분 호물로 PK-L-G (득점: 호물로) 오른쪽

●후반 49분 디에고 PAR ↷ 노보트니 GAR H-ST-G (득점: 노보트니/ 도움: 디에고) 오른쪽

Section 7
2019 경기기록부

제1조 (목적)_ 본 대회요강은 (사)한국프로축구연맹(이하 '연맹')이 'R리그 2019' 대회 및 경기 운영에 관한 사항을 규정함을 목적으로 한다.

제2조 (용어의 정의)_ 본 대회요강에서 '대회'라 함은 정규 라운드(1~21R)를 말하며, '클럽'이라 함은 연맹의 회원단체인 축구단을, '팀'이라 함은 해당 클럽의 팀을, '홈 클럽'이라 함은 홈경기를 개최하는 클럽을 지칭한다.

제3조 (명칭)_ 본 대회명은 'R리그 2019'라 한다.

제4조 (주최, 주관)_ 본 대회는 연맹이 주최(대회를 총괄하여 책임지는 자)하고, 홈 클럽이 주관(주최자의 위임을 받아 대회를 운영하는 자)한다. 홈 클럽의 주관권은 제3자에게 양도할 수 없다.

제5조 (참가 클럽)_ 본 대회 참가 클럽(팀)은 총 16팀(강원, 경남, 대구, 서울, 성남, 수원, 울산, 인천, 전북, 제주, 포항, 대전, 부산, 부천, 수원FC, 안산)이다.

제6조 (대회방식)_ 1. 정규라운드는 중부리그(9팀) 2Round Robin(18라운드), 남부리그(7팀) 3Round Robin(21라운드) 방식으로 대회를 치른다.

2. 각 조 정규 라운드 성적을 기준으로 최종순위를 정한다.
3. 최종 순위 결정은 본 대회요강 제24조에 의한다.

제7조 (일정)_ 1. 본 대회는 2019.03.19(화)~2019.11.21(화) 개최하며, 경기일정(대진)은 미리 정한 경기일정표에 의한다.

팀수	참가팀	일정	방식	라운드	경기수	장소
중부 9팀	강원, 서울, 성남, 수원, 인천, 제주, 부천, 수원FC, 안산	03.19(화) ~11.19(화)	2Round Robin	18R	72경기(팀당16경기)	홈 클럽 경기장
남부 7팀	경남, 대구, 울산, 전북, 포항, 대전, 부산		3Round Robin	21R	63경기(팀당 18경기)	
					총 135경기	

2. 경기개최 시간은 홈팀이 희망하는 시간을 우선적으로 고려하나, 혹서기(5월 말~8월)는 19:00 이후 개최(야간경기 불가 시 17:00 이후)를 원칙으로 한다.

제8조 (일정의 변경)_ 경기일정표에 지정된 경기일시 또는 장소의 변경은 아래와 같은 절차에 의한다.

1. 홈 클럽은 원정 클럽의 동의하에 경기일정을 변경할 수 있다.
2. 홈 클럽은 변경사유가 명기된 공문과 원정팀의 동의서를 첨부하여 해당 경기 7일 전까지 연맹에 제출해야 한다.
3. 연맹은 신청을 접수한 후, 이를 심의하여 지체 없이 변경 승인 여부를 양 클럽에 통보하여야 한다.
4. 연맹은 모든 경기일정 변경에 대한 최종적인 결정권을 가진다.

제9조 (경기규칙)_ 본 대회의 경기는 국제축구연맹(FIFA)의 경기규칙에 따라 실시되며, 특별한 사항이 발생 시에는 연맹이 결정한다.

제10조 (경기장)_ 1. 모든 클럽은 최상의 상태에서 홈경기를 실시할 수 있도록 경기장을 유지·관리할 책임이 있다.

2. 본 대회는 원칙적으로 천연잔디구장에서 개최되어야 하나 연맹의 사전 승인 시 인조잔디구장에서 개최도 가능하다. 단, 인조잔디구장 개최승인 요청은 경기 14일 전까지 완료하여야 한다.
3. 홈 클럽은 경기시작 최소 60분 전부터 경기종료 시까지 경기장을 전용할 수 있도록 해야 한다.
4. 경기 시설 기준은 다음 각 호의 조건을 충족하여야 한다.
   1) 그라운드는 천연잔디구장으로 길이 105m, 너비 68m)를 권고한다.
   2) 공식경기의 잔디 길이는 2~2.5cm로 유지되어야 하며, 전체에 걸쳐 동일한 길이여야 한다.
   3) 그라운드 외측 주변에는 원칙적으로 축구전용경기장의 경우는 5m 이상, 육상경기겸용 경기장의 경우 1.5m 이상의 잔디 부분이 확보되어야 한다.
   4) 골포스트 및 바는 흰색의 둥근 모양(직경12cm)의 철제 관으로 제작되고, 원칙적으로 고정식이어야 한다. 또한 볼의 반발력에 영향을 줄 수 있는 비철제 보강재 사용을 금한다.
   5) 골네트는 원칙적으로 흰색(연맹의 승인을 득한 경우는 제외)이어야 하며, 골네트는 골대 후방에 폴을 세워 안전한 방법으로 부착하여야 한다. 폴은 골대와 구별되는 어두운 색상이어야 한다.
   6) 코너 깃발은 연맹이 지정한 것을 사용하여야 한다.
   7) 각종 라인은 국제축구연맹(이하 'FIFA') 또는 아시아축구연맹(이하 'AFC')이 정한 규격에 따라야 하며, 라인 폭은 12cm로 선명하고 명료하게 그려야 한다(원칙적으로 페인트 방식으로 한다).
5. 필드(그라운드 및 그 주변 부분)에는 경기 운영에 영향을 주거나 선수에게 위험의 우려가 있는 것을 방치 또는 설치해서는 안 된다.
6. 필드 내에는 어떠한 로고나 문구가 있어서는 안 되며, 이는 골대, 골네트, 코너기에도 해당된다.
7. 경기시작 전, 경기감독관 및 심판에 의해 문제가 확인될 경우(그라운드 마킹, 헤진 그물, 관개시설 노출 등) 홈 클럽은 이를 즉시 개선해야 할 책임을 진다.
8. 공식경기에서 그라운드에 살수(撒水)를 하는 경우 다음 각 호에 따라 실시한다.
   1) 살수는 경기 킥오프 전 및 하프타임에 실시하며, 경기장에 걸쳐 균등하게 해야 한다.
   2) 경기감독관은 경기 시간 및 날씨, 그라운드 상태, 당일 경기장 행사 등을 고려하여 살수 횟수와 시간을 정하고 이를 홈 클럽 및 원정 클럽 관계자들에게 사전 통보한다.
   3) 홈 클럽은 경기감독관이 정한 횟수와 시간에 따라 살수를 실시해야 하며, 이를 위반할 경우 상벌규정유형별 징계기준 제5조 바.항에 의거 해당 클럽에 제재를 부과할 수 있다.
9. 양 팀은 경기감독관이 사전에 지정한 위치에서 경기 중 교체대기선수의 워밍업을 실시해야 한다.
10. 경기장은 다음 항목의 부대시설 및 물품을 갖추도록 권고한다.
    1) 운영 본부실(복사 · 팩스 사용 가능)
    2) 양 팀 선수대기실(냉 · 난방 및 냉 · 온수 가능)
    3) 심판대기실(냉 · 난방 및 냉 · 온수 가능)
    4) 경기감독관석 5) 의료진석
    6) 화장실 7) 전광판 (또는 스코어보드)
    8) 양팀 버스, 심판진 및 관계자 차량, 미디어용 주차공간
    9) 기타 홈경기 진행에 필요한 물품 (볼펌프, 선수교체판, 스트레처 2개, 보조요원 및 지원인력 조끼 등)
11. 야간경기 개최를 위해서는 그라운드 평균 750lux 이상 조도를 가진 조명 장치가 설치되어야 한다.

제11조 (벤치)_ 1. 팀 벤치는 원칙적으로 다음의 요건을 충족하여야 한다.

   1) FIFA가 정한 규격의 기술지역(테크니컬에어리어) 내에 설치하여야 한다.
   2) 벤치는 터치라인으로부터 5m 이상 떨어지는 한편 그 끝이 하프라인으로부터 8m 떨어지는 위치에 설치하여야 한다.
   3) 최소 16명 이상 앉을 수 있는 좌석이 준비되어야 한다.
   4) 날씨로부터 양 팀 선수단을 보호할 수 있도록 지붕으로 덮여 있어야 한다.
   5) 홈 클럽은 양 팀의 벤치가 동일하게 준비 및 설치될 수 있도록 해야 한다.
2. 홈 팀 벤치는 본부석에서 그라운드를 향해 좌측에 설치하여야 한다. 단 사전 승인 시 우측에 홈팀 벤치의 설치가 가능하다.
3. 홈, 원정 팀 벤치에는 팀명을 표기한 안내물을 부착하여야 한다.
4. 제4의 심판(대기심판) 벤치를 준비하여야 하며, 다음 요건을 충족하여야 한다.
   1) 벤치 터치라인으로부터 5m 이상 떨어지는 그라운드 중앙에 설치하여야 한다.
   2) 최소 2인 이상 앉을 수 있는 좌석과 테이블이 준비되어야 한다.
   3) 날씨로부터 관계자를 보호할 수 있도록 지붕으로 덮여 있어야 한다.
   4) 홈 클럽은 경기 중 심판이 사용할 수 있도록 선수교체판을 제공해야 한다.

제12조 (의료)_ 1. 홈 클럽은 선수단, 관계자, 관중 등을 위해 경기개시 60분 전부터 경기종료 후 모든 팀, 관중 및 관계자가 퇴장할 때까지 구급차 1대와 의료진 2명(의료진 중 1명은 반드시 의사 또는 1급 응급구조사) 이상을 반드시 대기시켜야 한다. 이를 위반할 경우, 본 대회요강 제33조 4항에 의한다.

2. 양 팀 벤치에는 의사 또는 연맹이 인정하는 자격을 갖춘 선수트레이너(AT) 1

명 이상이 벤치에 착석해야 하며, 자동제세동기를 소지해야 한다.

3. 홈 클럽은 스트레처 2개와 스트레처 요원 최소 4명 이상을 준비해야 한다.

4. 홈 클럽은 응급상황 발생 시 신속한 조치가 이루어질 수 있도록 사전 절차 및 계획을 마련하고, 경기 전 의료진과의 연락수단을 포함해 이를 점검해야 한다.

제13조 (홈경기 운영책임자)_ 홈 클럽은 경기장 내 행사, 그라운드 및 벤치의 관리와 홈경기 운영 전반에 대한 책임을 갖는 홈경기 운영책임자를 지정해야 한다. 해당 직책 인원의 책임은 다음을 포함한다.

1. 골대, 골네트, 코너기, 시합구, 벤치, 대기심석 등을 포함한 그라운드 장비와 라인마킹에 대한 올바른 설치
2. 경기 전·중·후 경기감독관 및 심판진의 요청사항 또는 필요한 도움 제공
3. 홈경기 세부 시간계획 수립 및 준수 협조
4. 볼보이, 스트레처 요원 교육 및 관리 책임
5. 만일 경기 전·중·후 별도의 행사가 있을 경우, 연맹에 이를 사전 승인받아야 한다.

제14조 (경기장에서의 고지)_ 1. 홈 클럽은 경기장에서 전광판 또는 스코어보드 등을 통해 아래 항목을 고지하여야 한다.

1) 팀명　　2) 경기 스코어

2. 홈 클럽은 경기장 또는 주변에서 긴급상황 발생 시, 이를 신속히 안내할 수 있어야 한다.

제15조 (악천후의 경우 대비조치)_ 1. 홈 클럽은 강설 또는 강우 등 악천후의 경우에도 홈경기를 개최할 수가 있도록 최선의 노력을 해야 한다.

2. 악천후로 인하여 경기개최가 불가능하다고 판단될 경우, 경기감독관은 경기개최 2시간 전까지 경기개최 중지를 결정하여야 한다.

제16조 (경기중지 결정)_ 1. 경기 전 또는 경기 중 중대한 불상사 등으로 경기를 계속하기 어려운 사태가 발생하였을 경우, 주심은 경기 감독관에게 경기 중지를 요청할 수 있으며, 경기감독관은 동 요청에 의거하여 홈 클럽 및 원정 클럽 관계자의 의견을 참고한 후 경기 중지를 결정할 수 있다.

2. 상기 1항의 경우 또는 관중 난동 등으로 경기장 질서 유지가 어려운 경우, 경기감독관은 주심의 경기 중지 요청이 없더라도 경기 중지를 결정할 수 있다.

3. 경기감독관은 경기중지 결정을 내린 후, 지체 없이 그 사유를 연맹에 보고하여야 한다.

제17조 (재경기)_ 1. 공식경기가 악천후, 천재지변 등 불가항력에 의하여 경기개최 불능 또는 중지(중단)되었을 경우, 재경기는 원칙적으로 익일 동일 경기장에서 개최한다. 단, 연기된 경기가 불가피한 사유로 다시 연기될 경우 개최일시 및 장소는 해당 팀과 협의 후, 연맹이 정하여 추후 공시한다.

2. 경기장 준비부족, 시설미비 등 점검미비에 따른 홈 클럽의 귀책사유로 인하여 경기 개최 불능 또는 중지(중단)되었을 경우, 원정 클럽이 24시간 이내 홈경기로 개최할지 여부에 대해 연맹에 서면으로 제출한다. 원정 클럽이 홈경기로 개최하지 않을 경우, 상대 클럽(기존 홈 클럽)의 홈경기로 개최된다.

3. 재경기 방식에 대해서는 다음 각 호에 의한다.

1) 이전 경기에서 양 클럽의 득실차가 없을 때는 90분간 재경기를 실시하며, 출전선수명단은 다시 제출한다.

2) 이전 경기에서 양 클럽의 득실차가 있을 때는 중지 시점에서부터 잔여 시간만의 재경기를 실시하며, 출전선수명단 변경은 불가하다.

4. 재경기 시, 상기 3항 1)호의 경우 이전 경기에서 발생된 경고, 퇴장 기록만이 인정되며 선수교체는 팀당 최대 3명까지 가능하다. 상기 2호의 경우 이전 경기에서 발생된 모든 기록이 인정되며 선수교체는 이전 경기를 포함하여 3명까지 할 수 있다.

5. 재경기 시, 이전 경기에서 발생된 경고 및 퇴장은 유효하며, 경고 및 퇴장에 대한 처벌(징계)은 경기 순서대로 연계 적용한다.

제18조 (귀책사유가 있는 클럽의 비용 보상)_ 1. 홈 클럽의 귀책사유에 의해 공식경기가 개최불능 또는 중지(중단)되었을 경우, 홈 클럽은 원정 클럽에 교통비 및 숙식비를 보상하여야 한다.

2. 원정 클럽의 귀책사유에 의해 공식경기가 개최불능 또는 중지(중단)되었을 경우, 원정 클럽은 홈 클럽에 발생한 경기준비 비용, 교통비 및 숙식비를 보상하여야 한다.

3. 상기 1항, 2항과 관련하여 천재지변 등 불가항력에 의한 경우는 제외한다.

제19조 (패배로 간주되는 경우)_ 1. 공식경기 개최거부 또는 속행 거부 등(경기장 질서문란, 관중의 난동 포함) 어느 한 클럽의 귀책사유로 인하여 공식경기가 개최불능 또는 중지(중단)되었을 경우, 그 귀책사유가 있는 클럽이 0 : 3 패배한 것으로 간주한다.

2. 경기 중 무자격선수가 출장한 것이 발각되었을 경우, 해당 선수를 퇴장시키고 경기를 속행한다. 만일 공식경기에 무자격선수가 출장한 것이 경기 후 발각되어 경기종료 후 48시간 이내에 상대 클럽으로부터 이의가 제기된 경우, 무자격선수가 출장한 클럽이 0 : 3 패배한 것으로 간주한다.

3. 상기 1항, 2항에 따라 어느 한 클럽의 0 : 3 패배를 결정한 경우에도 양 클럽 선수의 개인기록(출장, 경고, 퇴장, 득점, 도움 등)은 그대로 인정한다.

4. 상기 2항의 무자격 선수는 본 대회요강 제26조 1항, 2항에 적용되지 않는 선수, 제27조 3항 위반 선수, 경고누적 또는 퇴장으로 인하여 출전이 정지된 선수, 상벌위원회 징계, 외국인 출전제한 규정을 위반한 선수 등 그 시점에서 경기출전 자격이 없는 모든 선수를 의미한다.

제20조 (대회참가 포기)_ 1. 대회일정이 공시된 이후, 참가 클럽은 대회 불참 또는 경기 출전을 포기할 수 없다.

2. 대회일정이 공시된 이후, 대회참가를 포기하기 위해서는 참가 클럽은 이에 대한 소명자료를 연맹에 제출한 후 이사회의 승인을 받아야 한다.

3. 상기 제2항을 위반할 경우, 연맹 상벌규정 제12조에 해당하는 제재를 부과할 수 있다.

4. 참가 클럽이 대회 중 잔여 경기를 포기하는 경우, 다음 각 항에 의한다.

1) 대회 전체 경기수의 3분의 2 이상을 수행하지 못했을 경우, 포기한 클럽과의 경기 결과를 모두 무효 처리한다.

2) 대회 전체 경기 수의 3분의 2 이상을 수행하였을 경우, 지난 경기 결과를 그대로 인정하고, 잔여 경기는 포기한 클럽이 0 : 3 패배한 것으로 간주한다.

제21조 (경기결과 보고)_ 모든 공식경기의 경기결과 보고는 경기감독관 보고서, 심판 보고서에 의한다.

제22조 (경기시간 준수)_ 1. 본 대회는 90분(전·후반 각 45분) 경기를 실시한다.

2. 각 팀은 미리 정해진 경기시작시간(킥오프 타임)과 경기 중 휴식시간(하프타임)을 반드시 준수하여야 한다. 하프타임 휴식은 15분을 초과할 수 없다.

제23조 (승점)_ 본 대회의 승점은 승자 3점, 무승부 1점, 패자 0점을 부여한다.

제24조 (순위결정)_ 1. 조별리그 순위는 승점 → 다득점 → 득실차 → 다승 → 승자승 → 벌점 → 추첨 순으로 결정한다.

2. 벌점에 대한 기준은 다음과 같다.

1) 경고 및 퇴장 관련 벌점: ① 경고: 1점 ② 경고 2회 퇴장: 2점 ③ 직접 퇴장: 3점 ④ 경고 1회 후 퇴장: 4점

2) 상벌위원회 징계 관련 벌점
① 제재금 100만 원당: 3점 ② 출전정지 1경기당: 3점

3) 코칭스태프 및 팀 스태프 퇴장, 클럽(임직원 포함)에 부과된 징계는 팀 벌점에 포함한다.

3. 개인기록 순위결정

1) 개인기록순위 결정은 조별리그 성적으로 결정한다.

2) 득점(Goal) 개인기록순위 결정의 우선 순서는 다음과 같다.
① 최다득점선수 ② 출전경기가 적은 선수 ③ 출전시간이 적은 선수

3) 도움(Assist) 개인기록순위 결정의 우선 순서는 다음과 같다.
① 최다도움선수 ② 출전경기가 적은 선수 ③ 출전시간이 적은 선수

제25조 (시상)_ 1. 본 대회 결과에 대한 별도의 시상은 진행하지 않는다.

제26조 (출전자격)_ 1. 연맹 규정 제2장 선수규정에 의거하여 선수 등록을 완료한 선수만이 공식경기에 출전할 자격을 갖는다. 단, 아래 조건에 해당되는 선수는 예외로 출전자격을 인정한다.

1) 연맹 '유소년 클럽 시스템 운영 세칙' 제2조(유소년 클럽 구성)에 해당하는 산하 유소년 클럽 등록 선수 또는,

2) 연맹 '유소년 클럽 시스템 운영 세칙' 제5조(우선지명)를 적용받는 선수 또는,

3) 대한축구협회 등록된 23세 이하(1995.01.01 이후 출생자) 선수 중 참가팀

등록 요청 후 연맹이 승인한 테스트 선수

4) 상기 1)호, 2)호에 해당하는 선수는 연맹에 사전 등록을 완료해야 하며, 우선지명 선수는 등록 시 現 소속팀의 참가동의서(대학 소속 시, 총장 직인 포함 서류)를 첨부해야 한다.

2. 각 팀은 테스트 선수를 경기에 출전시키기 위해서는 연맹에 해당 경기 3일 전까지 등록을 완료해야 한다.

1) 테스트 선수 등록에 필요한 서류는 구단 공문(선수명, 생년월일, 포지션, 배번, 현 소속팀 또는 최종소속팀, 출전경기 등 명기), 선수의 現 소속팀 참가동의서(대학 소속 시, 총장 직인 포함 서류)를 제출해야 한다.

2) 각 팀은 매 경기 최대 5명의 테스트 선수를 등록 및 출전시킬 수 있다.

3) 대한축구협회에 등록되어 있지 않거나 외국인선수는 테스트 선수로 등록이 불가하다.

4) 각 팀은 테스트 선수의 대회참가에 따른 공상치료에 대한 책임을 가진다.

5) 경기 당일 테스트 선수는 신분증을 지참해야 하며, 경기감독관 확인 후 경기 출전이 가능하다.

3. 연맹 '선수규정 5조'에 의거하여 연맹에 등록을 완료한 코칭스태프 및 팀 스태프 중 출전선수명단에 등재된 자만이 공식경기 중, 벤치에 착석할 수 있으며, 경기 중 기술지역에서의 선수지도행위는 1명만이 할 수 있다(통역 1명 대동 가능).

4. 연맹에 등록을 완료한 코칭스태프(피지컬코치 제외) 중 최소 1명은 출전선수명단에 포함되어야 한다.

5. 제재 중인 지도자(코칭스태프, 팀스태프 포함)는 다음 항목을 준수하여야 한다.

1) 출전정지 제재 중이거나 경기 중 퇴장 조치된 지도자는 공식경기에서 관중석, 선수대기실을 제외한 지역에 대해 출입이 제한되며, 그라운드에서 사전 훈련 및 경기 중 어떠한 지도(지시) 행위도 불가하다.

2) 징계 중인 지도자(원정팀 포함)가 경기를 관전하고자 할 경우, 경기 중 팀과 의사소통이 가능한 곳에 앉아서는 안 된다. 해당 지도자는 별도의 격리된 공간이나 경기감독관에 의해 사전에 지정된 좌석에 착석해야 한다.

3) 본 항 1호를 위반한 코칭스태프는 상벌규정에 의거하여 징계한다.

제27조 (출전선수명단 제출의무)_ 1. 공식경기에 참가하는 홈팀과 원정팀은 경기개시 90분 전까지 경기감독관에게 출전선수명단을 제출하여 승인을 받아야 한다.

1) 양 팀은 출전선수명단을 최소 3장 이상 출력하여 경기감독관에게 제출해야 하며, 경기감독관은 승인 후 심판진과 상대팀에 이를 전달한다.

2. 출전선수명단에는 출전 선수, 코칭스태프 및 팀 스태프 명단, 유니폼 색상이 포함되어야 하며, 제출된 인원만이 해당 공식경기 출전과 팀 벤치 착석 및 기술지역 출입, 선수 지도를 할 수 있다. 단, 출전선수명단에 등재할 수 있는 코칭스태프 및 팀 스태프의 수는 최대 8명(주치의, 통역 제외)까지로 한다.

3. 본 대회의 출전선수명단은 18명을 원칙으로 하며, 다음 사항을 반드시 준수하여야 한다.

1) 23세 이하(1996.01.01 이후 출생자) 국내선수 출전을 원칙으로 한다.

2) 골키퍼(GK)는 상기1)호 연령제한 기준에 적용되지 않는다.

3) 상기 1)호에 적용되지 않는 필드 선수는 경기당 최대 5명까지 명단에 포함할 수 있다.

4) 해당클럽 우선지명 선수와 유스 선수는 출전이 가능하다. 단, 유스 선수는 경기 중 최대 4명까지 동시 출전이 가능하다.

5) 골키퍼(GK)는 반드시 국내 선수이어야 하며, 후보 골키퍼(GK)는 반드시 1명이 포함되어야 한다.

6) 외국인선수의 경우, 출전선수명단에 3명까지 등록할 수 있으며 3명까지 경기 출전이 가능하다. 단, AFC 가맹국 국적의 외국인선수는 1명에 한하여 추가 등록과 출전이 가능하다.

구분		출전인원	비고
K리그 등록선수	23세 이하 국내선수	무제한	GK 연령제한 미적용
	23세 초과 국내선수, 외국인선수	최대 5명 (필드)	
해당클럽 유스 또는 우선지명 선수		무제한	유스 선수 최대 4명 동시 출전 가능
테스트선수	KFA 등록 23세 이하 국내선수	최대 5명	

제28조 (선수교체)_ 1. 본 대회의 선수 교체는 경기감독관이 승인한 출전선수명단에 의해 교체대기선수 명단 내에서만 가능하다.

2. 교체 선수의 수는 교체대기선수 명단에 등록된 최대 7명까지 가능하며, 교체 절차 및 인원은 아래와 같다.

1) 전·후반전 각 45분의 경기 시간 중(하프타임 제외) 최대 3명을 교체할 수 있다.

2) 하프타임 휴식 중, 후반전 시작 전까지 최대 4명을 교체할 수 있다.

3. 출전선수명단 승인(경기감독관 서명) 후, 선발출전선수 11명 중 경기출전이 불가한 선수가 발생할 경우, 전반전 킥오프 전까지 경기감독관의 승인하에 교체대기선수 7명에 한하여 교체할 수 있으며, 교체된 선수는 해당 경기에 출전할 수 없다. 단, 골키퍼는 예외로 한다.

제29조 (출전정지)_

1. 본 대회에서 경고누적에 의한 출전정지 및 퇴장에 의한 출전정지는 본 대회 종료까지 연계 적용한다.

2. 경고누적에 의한 출전정지는 경고누적 3회 때마다 다음 1경기가 출전 정지된다.

3. 1경기 경고 2회 퇴장에 의한 출전정지는 다음 1경기가 출전 정지된다. 이 경고는 누적에 산입되지 않는다.

4. 직접 퇴장에 의한 출전정지는 다음 2경기가 출전 정지된다.

5. 경고 1회 후 직접 퇴장에 의한 출전정지는 다음 2경기가 출전 정지된다. 경고 1회는 유효하며, 누적에 산입된다.

6. 본 대회의 출전정지 선수는 워밍업, 경기출전 및 벤치착석이 불가하다.

7. 본 대회에서 받은 경고, 퇴장 및 출전정지는 다음 R리그 경기에서만 적용되며, K리그와 상호 연계되지 않는다.

8. 상벌위원회 징계로 인한 출전정지는 별도의 통지가 없을 경우 시즌 및 대회에 관계없이 연계 적용한다.

9. 경고, 퇴장, 상벌위원회 징계 등에 따라 출전이 정지된 선수, 코칭스태프, 팀 스태프의 출전으로 인한 모든 책임은 해당 클럽에 있다.

제30조 (유니폼)_ 1. 본 대회는 K리그 마케팅 규정상의 팀 색상 및 유니폼 규정에 따라 반드시 연맹이 승인하고 지정한 유니폼을 착용해야 한다.

2. 선수 번호(배번은 1번~99번으로 한정하며, 배번 1번은 GK에 한함)는 출전선수명단에 기재되어 있는 선수 배번과 일치하여야 하며, 배번의 식별이 가능하도록 명확하게 표시되어 있어야 한다.

3. 팀의 주장은 주장인 것을 명확하게 표시하는 완장(Armband)을 착용하여야 한다.

4. 공식경기에 참가하는 모든 클럽은 제1유니폼과 제2유니폼을 필히 지참함을 원칙으로 하며, 경기 전 연맹 (경기감독관) 및 상대 클럽과 유니폼 착용 색상과 관련하여 사전 조율하여야 한다. 조율이 되지 않을 경 우, 연맹(경기감독관)이 최종 결정한다. 이를 따르지 않을 경우, 위반한 클럽에 제재금 500만 원을 부과할 수 있다.

① 홈팀은 제1유니폼을 착용할 우선권을 가진다.

② 원정팀은 홈팀의 유니폼 색상과 겹치지 않을 경우, 제1유니폼을 착용할 수 있다.

③ 원정팀은 제1유니폼의 색상이 홈팀과 겹칠 경우, 제2유니폼을 착용해야 한다.

④ 홈팀의 제1유니폼 색상과 원정팀의 제1, 2유니폼 색상이 모두 겹칠 경우, 양 팀은 제1, 2유니폼을 혼합해서 착용해야 한다.

5. 동절기 방한용 내피 상의 또는 하의(타이즈)를 착용하고자 할 때는 유니폼(상·하의) 색상과 동일한 색상을 착용하여야 한다. 이를 위반할 경우 공식경기출전이 불가하다.

6. 스타킹과 발목밴드(테이핑)는 동일 색상(계열)이어야 한다. 이를 위반할 경우

심판은 시정을 명할 수 있고, 이에 불응할 경우 경기출전을 금지시킬 수 있다.

제31조 (사용구)_ 1. 본 대회의 공식 사용구는 '아디다스 커넥스트 19(CONEXT 19)'로 한다.

2. 홈 클럽은 매 경기 3개 이상의 공식 사용구를 준비하고, 경기 전 심판으로부터 검사를 받아야 한다.
3. 홈 클럽은 12세 이상의 볼키즈를 최소 6명 이상 준비시켜야 하며, 볼키즈의 위치는 양 골대 뒤편 각 1명과 양 터치라인에 각 2명씩 위치하는 것을 기본으로 한다.

제32조 (미디어)_ 1. 홈 클럽은 필요 시 미디어의 경기장 출입에 협조하고, 적절한 좌석 및 주차공간을 제공할 책임이 있다.

2. 홈 클럽은 미디어 요청사항에 대해 중립적이고 공정하게 대응할 수 있는 담당자를 대기시켜야 한다.
3. 경기관련 기사뿐만 아니라 지도자 및 선수 인터뷰, 영상촬영은 승인된 언론사 및 개인에 한해 허용된다.
4. 각 팀은 경기 진행에 지장이 없는 범위 내에서 미디어의 취재활동에 최대한 협조해야 한다.

제33조 (경기장 안전과 질서유지)_ 1. 홈 클럽은 경기개시 120분 전부터 경기종료 후 모든 관중 및 관계자가 퇴장할 때까지 선수, 팀 스태프, 심판을 비롯한 전 관계자와 관중의 안전 및 질서 유지에 대한 의무와 책임이 있다.

2. 홈 클럽은 매 경기 응급(비상)상황 발생 시 대응절차 및 인원 대피 계획을 사전에 수립해야 하며, 요청 시 연맹에 제출해야 한다.
3. 홈 클럽은 상기 1항의 의무 실시를 위해 최선의 노력을 다해야 하며, 경기장 안전 및 질서를 어지럽히는 관중에 대해 그 입장을 제한하고 강제 퇴장시키는 등의 적정한 조치를 취할 수 있다.
4. 연맹, 홈 또는 원정 클럽, 선수, 코칭스태프 및 팀 스태프, 관계자를 비방하는 사안이나, 경기진행 및 안전 에 지장을 줄 수 있는 모든 사안에 대해서는 경기감독관의 지시에 의해 관련 클럽은 즉각 이를 시정 조치하여야 한다. 만일 경기감독관의 지시에도 불구하고 시정 조치되지 않을 경우 상벌규정 유형별 징계기준 제5조 마, 항에 의거, 해당 클럽에 제재를 부과할 수 있다.
5. 관중의 소요, 난동으로 인해 경기 진행에 문제가 발생하거나 선수, 심판, 코칭스태프 및 팀 스태프를 비롯한 관중의 안전과 경기장 질서 유지에 문제가 발생할 경우에는 관련 클럽이 사유를 불문하고 그에 대한 일체의 책임을 부담한다.
6. 홈 클럽은 사전 승인을 받았거나 적절한 자격을 갖춘 인원을 제외한 인원의 그라운드 및 주변 출입을 통제해야 한다.

제34조 (전자장비 사용)_ 1. 선수들의 부상 예방 및 안전과 실시간 전력분석 정보를 활용하기 위해 무선헤드셋과 전자장비(스마트폰, 태블릿PC,노트북)를 사용할 수 있다.

2. 벤치에서는 무선헤드셋 1대와 스마트폰, 태블릿 PC, 노트북 중 1대를 사용할 수 있다.
3. 전자장비 사용 승인은 개막일 전까지 연맹에 장비 사용에 대한 승인을 받아야 한다. 단, 시즌 중 사용 승인 신청을 할 경우 경기 3일 전까지 연맹에 사용 승인을 받아야 한다.
4. 허가되지 않은 전자 장비를 사용하거나, 전자/통신 장비를 이용한 판정항의 시 기술지역에서 퇴장된다.

제34조 (기타 유의사항)_ 각 클럽은 아래의 사항을 숙지하고 준수하여야 한다.

1. 경기에 참가하는 팀(코칭스태프, 팀 스태프 포함)은 경기시작 100분 전에 경기장에 도착하여야 한다.
   1) 원정팀은 경기개최지로의 이동정보를 사전에 숙지할 책임이 있으며, 상황에 따른 추가 이동시간이 필요한지 확인해야 한다.
   2) 만일 팀의 도착 지연으로 킥오프가 지연될 경우, 연맹은 귀책사유가 있는 클럽에 재제를 부과할 수 있다.
2. 경기 중 클럽의 임원, 코칭스태프, 팀 스태프, 선수는 경기장 내에서 흡연을 할 수 없으며, 이를 위반할 경우 퇴장 조치한다.
3. 팀 벤치에서 무선통신기(휴대전화 포함) 시스템의 사용은 원칙적으로 불가하다.
4. 경기감독관은 하절기(6~8월) 기간 중, 쿨링 브레이크 제도(워터 타임)의 실시 여부를 결정할 수 있다. 감독관은 경기시작 20분 전, 기온을 측정해 32도(섭씨) 이상일 경우, 심판진과 협의해 실시할 수 있다.
5. 심판 판정에 대한 제소는 불가하다.
6. 전자 퍼포먼스.트래킹 시스템(EPTS)을 사용하는 경우, 사전 승인을 득하여야 한다

제35조 (부칙)_ 본 대회요강에 명시되지 않은 사항은 K리그 규정, FIFA 규정, K리그 이사회 결정에 의거하여 시행한다.

R리그 2019 경기일정표 및 결과

경기일자	경기시간	홈팀	경기결과	원정팀	경기장소
03.19(화)	15:00	대구	1:3	경남	대구S보조
03.21(목)	14:00	전북	3:2	부산	전주W보조
03.21(목)	13:00	부천	1:3	수원	부천종합보조
03.21(목)	15:00	안산	0:1	제주	안산와
03.21(목)	15:00	수원FC	1:2	인천	수원W보조
03.21(목)	15:00	강원	3:1	성남	인제공설
03.22(금)	15:00	울산	3:0	포항	강동구장
03.26(화)	15:00	강원	2:3	서울	인제공설
03.26(화)	13:00	부천	0:1	성남	부천종합보조
03.26(화)	15:00	수원	1:1	수원FC	수원W보조
03.26(화)	15:00	울산	2:1	전북	강동구장
03.26(화)	15:00	부산	0:3	대구	부산클럽
04.09(화)	15:00	포항	2:2	대전	송라클럽
04.09(화)	15:00	대구	3:2	전북	대구S보조
04.09(화)	17:00	제주	4:0	강원	제주클럽
04.09(화)	15:00	수원	5:0	성남	수원W보조
04.11(목)	15:00	수원FC	5:1	안산	수원W보조
04.11(목)	15:00	서울	2:1	부천	챔피언스
04.11(목)	15:00	경남	4:1	부산	부산클럽
04.23(화)	15:00	경남	4:2	울산	진주종합 보조
04.23(화)	15:00	대전	2:0	부산	대전W보조
04.23(화)	15:00	포항	3:3	대구	송라클럽
04.23(화)	15:00	제주	2:0	성남	제주클럽
04.23(화)	15:00	안산	1:3	부천	안산와보조
04.25(목)	15:00	강원	0:4	수원	인제공설
04.25(목)	15:00	인천	0:0	서울	승기구장
05.07(화)	15:00	부산	0:1	포항	부산클럽
05.09(목)	15:00	울산	2:3	대전	강동구장
05.09(목)	15:00	전북	2:0	경남	전주W보조
05.09(목)	14:00	부천	3:0	제주	부천종합보조
05.09(목)	15:00	서울	3:3	수원	챔피언스
05.09(목)	15:00	강원	0:7	인천	철원공설
05.21(화)	15:00	제주	2:0	서울	제주클럽
05.21(화)	15:00	안산	2:1	성남	호수공원
05.21(화)	16:00	수원	1:1	인천	수원W보조
05.21(화)	15:00	경남	0:0	포항	진주종합 보조

경기일자	경기시간	홈팀	경기결과	원정팀	경기장소
05.23(목)	15:00	전북	2 : 7	대전	전주W보조
05.23(목)	15:00	수원FC	3 : 2	부천	수원W보조
05.24(금)	15:00	대구	2 : 0	울산	대구S보조
06.04(화)	17:00	대전	2 : 2	대구	대전W보조
06.11(화)	17:00	부천	2 : 4	강원	부천종합보조
06.11(화)	17:00	인천	1 : 0	안산	인천아시아드보
06.12(수)	17:00	부산	3 : 2	울산	부산클럽
06.18(화)	17:00	대구	1 : 0	포항	대구S보조
06.18(화)	17:00	부산	3 : 4	전북	부산클럽
06.18(화)	17:00	강원	2 : 2	안산	홍천종합
06.18(화)	16:00	수원	4 : 2	제주	수원W보조
06.20(목)	17:00	부천	2 : 1	인천	부천종합보조
06.20(목)	16:00	서울	4 : 0	수원FC	챔피언스
06.25(화)	16:00	제주	7 : 1	수원FC	제주클럽
06.25(화)	17:00	서울	0 : 0	안산	챔피언스
06.25(화)	17:00	인천	2 : 1	성남	인천아시아드보
06.27(목)	17:00	대전	1 : 0	경남	대전W보조
07.04(목)	17:00	포항	1 : 1	전북	송라클럽
07.04(목)	17:00	울산	4 : 3	경남	강동구장
07.09(화)	17:00	수원FC	1 : 1	성남	성남종합
07.16(화)	17:00	안산	0 : 1	수원	안산와보조
07.16(화)	17:00	대구	7 : 4	부산	대구S보조
07.18(목)	17:00	전북	3 : 2	울산	전주W보조
07.18(목)	17:00	경남	2 : 1	대전	진주종합 보조
07.18(목)	17:00	성남	0 : 1	서울	성남종합
07.18(목)	17:00	수원FC	4 : 2	강원	수원W보조
07.18(목)	17:00	인천	0 : 3	제주	승기구장
07.23(화)	17:00	부천	0 : 1	수원FC	부천종합보조
07.23(화)	16:00	제주	4 : 1	안산	제주클럽
07.23(화)	17:00	포항	2 : 1	부산	송라클럽
07.23(화)	17:00	대전	5 : 2	울산	대전W보조
07.25(목)	17:00	성남	2 : 2	수원	성남종합
07.25(목)	17:00	서울	2 : 0	강원	챔피언스
08.01(목)	17:00	경남	5 : 0	전북	창원보조
08.06(화)	17:00	대전	3 : 0	전북	대전W보조
08.06(화)	17:00	포항	2 : 0	경남	송라클럽
08.08(목)	17:00	울산	0 : 4	대구	강동구장
08.13(화)	17:00	대전	1 : 3	포항	대전W보조
08.13(화)	17:00	안산	0 : 3	서울	안산와보조
08.15(목)	17:00	울산	5 : 1	부산	강동구장
08.15(목)	17:00	경남	3 : 1	대구	진주종합 보조
08.20(화)	17:00	대구	0 : 0	대전	대구강변
08.20(화)	17:00	부산	2 : 3	경남	진주종합 보조
08.20(화)	17:00	전북	1 : 2	포항	전주W보조
08.20(화)	17:00	강원	2 : 1	수원FC	홍천종합
09.05(목)	15:00	강원	3 : 2	부천	홍천종합
09.06(금)	15:00	포항	2 : 0	울산	송라클럽
09.10(화)	15:00	대전	0 : 2	전북	대전W보조
09.10(화)	15:00	울산	4 : 5	대구	강동구장
09.10(화)	17:00	수원FC	1 : 6	수원	수원W보조

경기일자	경기시간	홈팀	경기결과	원정팀	경기장소
09.10(화)	15:00	인천	2 : 1	부천	인천아시아드보
09.10(화)	15:00	안산	1 : 0	강원	안산와보조
09.10(화)	15:00	서울	2 : 1	제주	챔피언스
09.17(화)	15:00	인천	2 : 0	강원	인천아시아드보
09.19(목)	15:00	전북	1 : 3	대구	전주W보조
09.24(화)	15:00	부산	1 : 2	대전	부산클럽
09.24(화)	15:00	성남	2 : 1	수원FC	수원W보조
09.26(목)	15:00	경남	0 : 1	포항	창원보조
10.04(금)	15:00	전북	1 : 1	울산	전주W보조
10.08(화)	15:00	제주	3 : 1	인천	제주클럽
10.08(화)	15:00	수원	1 : 2	안산	수원W보조
10.10(목)	14:00	부천	1 : 1	안산	부천종합보조
10.10(목)	17:00	수원FC	0 : 6	서울	수원W보조
10.10(목)	15:00	부산	2 : 3	포항	부산클럽
10.15(화)	15:00	대전	2 : 2	울산	대전W보조
10.15(화)	15:00	포항	1 : 0	대구	송라클럽
10.15(화)	15:00	인천	3 : 4	수원FC	인천아시아드보
10.15(화)	16:00	수원	3 : 1	부천	수원W보조
10.17(목)	17:00	강원	1 : 2	제주	양양종합
10.17(목)	15:00	성남	0 : 1	안산	성남종합
10.17(목)	15:00	경남	0 : 0	부산	창원보조
10.22(화)	15:00	대구	1 : 2	경남	대구S보조
10.22(화)	15:00	울산	5 : 2	부산	미포구장
10.22(화)	15:00	안산	1 : 3	인천	안산와보조
10.22(화)	15:00	수원	1 : 1	서울	수원W보조
10.24(목)	15:00	성남	5 : 1	강원	성남종합
10.24(목)	15:00	포항	3 : 1	울산	송라클럽
10.29(화)	15:00	포항	2 : 0	대전	송라클럽
10.29(화)	15:00	부산	3 : 1	전북	부산클럽
10.29(화)	15:00	안산	0 : 4	수원FC	안산와보조
10.29(화)	15:00	서울	2 : 0	인천	챔피언스
10.29(화)	15:00	제주	0 : 2	수원	제주클럽
10.30(수)	15:00	울산	2 : 1	경남	문수W보조
10.31(목)	15:00	성남	1 : 3	부천	성남종합
11.04(월)	14:00	전북	0 : 3	포항	전북클럽
11.05(화)	15:00	경남	1 : 2	대전	창원보조
11.05(화)	15:00	대구	6 : 0	부산	대구S보조
11.05(화)	15:00	수원	2 : 3	강원	수원W보조
11.05(화)	14:00	부천	0 : 4	서울	부천종합보조
11.07(목)	15:00	성남	2 : 4	인천	성남종합
11.07(목)	15:00	수원FC	1 : 1	제주	수원W보조
11.12(화)	15:00	대전	4 : 3	대구	대전W보조
11.14(목)	14:00	전북	0 : 3	경남	전주W보조
11.14(목)	15:00	성남	2 : 1	제주	성남종합
11.15(금)	15:00	인천	2 : 1	수원	승기구장
11.19(화)	15:00	제주	6 : 1	부천	제주클럽
11.19(화)	15:00	서울	1 : 4	성남	챔피언스
11.19(화)	15:00	대구	5 : 0	전북	대구S보조
11.19(화)	15:00	부산	2 : 3	대전	부산클럽

R리그 2019 팀 순위_ 중부

순위	팀명	경기수	승점	승	무	패	득점	실점	득실차
1	서울	16	34	10	4	2	34	14	20
2	제주	16	31	10	1	5	39	19	20
3	수원	16	29	8	5	3	40	20	20
4	인천	16	29	9	2	5	31	22	9
5	수원FC	16	21	6	3	7	29	40	-11
6	성남	16	17	5	2	9	23	30	-7
7	강원	16	16	5	1	10	23	44	-21
8	안산	16	15	4	3	9	13	30	-17
9	부천	16	13	4	1	11	23	36	-13

R리그 2019 팀 순위_ 남부

순위	팀명	경기수	승점	승	무	패	득점	실점	득실차
1	포항	18	40	12	4	2	31	16	15
2	대전	18	34	10	4	4	40	28	12
3	대구	18	33	10	3	5	50	29	21
4	경남	18	29	9	2	7	34	23	11
5	울산	18	20	6	2	10	39	45	-6
6	전북	18	17	5	2	11	24	48	-24
7	부산	18	7	2	1	15	27	56	-29

R리그 2019 득점 순위

순위	선수명	팀명	득점	경기수	교체수	경기당 득점
1	전현철	대구	13	11	7	1.18
2	안은산	수원FC	13	12	3	1.08
3	박하빈	울산	10	14	5	0.71
4	임찬울	제주	9	8	0	1.13
5	박정인	울산	9	12	6	0.75
6	이건철	서울	9	13	8	0.69
7	손석용	대구	6	11	9	0.55
8	유주안	수원	6	13	9	0.46
9	엄승민	수원FC	6	15	5	0.40
10	서명원	강원	5	7	5	0.71
11	서우민	대전	5	11	7	0.45
12	김강국	인천	5	11	2	0.45
13	정치인	대구	5	12	10	0.42
14	이승모	포항	5	12	5	0.42
15	서진수	제주	5	13	4	0.38
16	주종대	인천	5	14	5	0.36
17	이성윤	전북	5	14	5	0.36
18	김 찬	대전	5	16	10	0.31
19	정성준	경남	5	17	9	0.29

R리그 2019 도움 순위

순위	선수명	팀명	도움	경기수	교체수	경기당 도움
1	박태준	성남	7	8	1	0.88
2	전현철	대구	7	11	7	0.64
3	도동현	경남	7	12	1	0.58
4	최범경	인천	4	8	1	0.50
5	이동률	제주	4	9	2	0.44
6	장백규	부천	4	10	6	0.40
7	유주안	수원	4	13	9	0.31
8	서진수	제주	4	13	4	0.31
9	정훈성	인천	3	5	3	0.60
10	박민규	서울	3	6	2	0.50
11	한상운	부산	3	6	0	0.50
12	신학영	대전	3	7	3	0.43
13	고승범	수원	3	8	3	0.38
14	김동찬	수원FC	3	10	4	0.30
15	서우민	대전	3	11	7	0.27
16	김강국	인천	3	11	2	0.27
17	윤승원	서울	3	12	10	0.25
18	송준호	대구	3	12	8	0.25
19	손호준	울산	3	12	8	0.25
20	박정인	울산	3	12	6	0.25
21	전성수	성남	3	14	9	0.21
22	이승재	서울	3	14	8	0.21
23	이성윤	전북	3	14	5	0.21
24	이지승	울산	3	15	9	0.20
25	박재민	울산	3	15	1	0.20

제1조 (대회명)_ 본 대회는 '2019 아디다스 K리그 주니어 U18'이라 한다.

제2조 (주최, 주관, 후원)_ 본 대회는 사단법인 대한축구협회(이하 '협회')와 사단법인 한국프로축구연맹(이하 '연맹')이 공동 주최하며, 주관은 해당 팀 프로구단(이하 '구단')이며, 아디다스 코리아에서 후원한다.

제3조 (대회조직위원회 구성)_ 본 대회의 원활한 운영을 위해 주최 측은 대회운영본부(이하 '운영본부')를 별도로 구성한다.

제4조 (대회기간, 일자, 장소, 대회방식)_ 1. 대회기간: 3월 9일 ~ 10월 26일

2. 대회일자: 토요일 개최를 원칙으로 한다. 또한, 대회의 공정성을 위하여 1, 2라운드(전/후기) 각 마지막 라운드의 모든 경기는 반드시 동일한(지정된) 일자와 시간에 실시해야 한다.
3. 대회장소: FIFA 경기규칙에 준하는 경기장으로 구단 연고지역 내에서 개최하는 것을 원칙으로 한다. 주최 측이 승인한 천연 잔디 구장 개최를 원칙으로 하되, 사전 운영본부의 승인을 득할 경우 인조 잔디구장의 개최도 가능하다.
4. 경우에 따라 일정 및 장소는 변경될 수 있으며, 팀 사정으로 인한 일정 변경 시 양 구단의 합의 후 반드시 경기 3일 전(경기시간 기준 '-72시간')까지 운영본부의 승인을 얻어야 한다. 또한 해당 지역의 미세먼지 경보 시, 경기 일정 연기를 적극 권장하며 해당 운영본부가 결정한다.

1) 환경부 기준(2018. 3.27)

등급	미세먼지(PM10)	초미세먼지(PM2.5)	운영지침
나쁨	81~150	36~75	당일 경기시간 조정 또는 경기일 연기 권장
매우 나쁨	150 이상	76 이상	당일 경기일 연기 권장

2) 환경부 안전기준(2시간 연속 기준)

등급	미세먼지(PM10)	초미세먼지(PM2.5)	운영지침
주의보	150 ㎍/㎥ 지속	75 ㎍/㎥ 지속	경기일 연기 적극 권장
경보	300 ㎍/㎥ 지속	150 ㎍/㎥ 지속	경기일 연기 (의무사항)

5. 대회방식: 조별 1, 2라운드(전/후기리그) 2Round robin [총 220경기]
6. 본 대회의 참가팀 및 1라운드(전기) 조편성은 아래와 같다.

참가팀수	참가팀명 (학교/클럽명)
22개팀	**1라운드(전기) A조**: 총 11팀 강원(강릉제일고), 부천(부천FC1995 U-18), 서울(오산고), 서울이랜드(서울이랜드FC U18), 성남(풍생고), 수원(매탄고), 수원FC(수원FC U-18), 안산(안산그리너스U18), 안양(안양공고), 인천(인천대건고), 제주(제주유나이티드 U-18) **1라운드(전기) B조**: 총 11팀 경남(진주고), 광주(금호고), 대구(현풍고), 대전(충남기계공고), 부산(개성고), 상주(용운고), 아산(아산무궁화프로축구단U18), 울산(현대고), 전남(광양제철고), 전북(전주영생고), 포항(포항제철고)

7. 2라운드(후기) 참가팀은 1라운드(전기) 참가팀과 동일하며, 조편성은 1라운드(전기) 결과에 따라 아래와 같이 편성한다.
   1) A조(가칭) 11팀: 1라운드(전기) A조 1~5위, B조 1~5위, A/B조 6위팀 중 우선순위 높은 1팀
   2) B조(가칭) 11팀: 1라운드(전기) A조 7~11위, B조 7~11위, A/B조 6위팀 중 우선순위 낮은 1팀
   ※ 각 조 6위팀의 우선순위는 '승점 - 페어플레이 점수 - 추첨' 순으로 결정한다.
   ※ 페어플레이 점수 부여 방식은 협회 초중고 축구리그 운영규정에 따른다.

제5조 (참가팀, 선수, 지도자의 자격)_ 1. 본 대회의 참가자격은 2019년도 협회에 등록을 필한 U18 클럽팀(고교팀 포함)과 선수, 임원, 지도자에 한한다. 단, 지도자의 경우 협회가 발급한 지도자 자격증 2급(AFC B급[감독], AFC C급[코치]) 이상을 취득한 자에 한해 참가가 가능하다. 팀은 감독에 해당하는 급의 자격증 소지자 1명 이상을 반드시 등록하여야 한다.

변경 후(2019년)		변경 전
감독	코치	
AFC B급 이상	AFC C급 이상	AFC B급 이상

2. 징계 중인 지도자 및 임원은 리그 참가 신청이 가능하나, 경기 중 벤치 착석과 선수 지도(지도자의 경우)는 징계 해제 이후부터 할 수 있다.
3. 지도자와 임원은 시기에 상관없이 등록을 신청할 수 있으나 협회 등록 및 변경 등록 승인을 받은 후 지도할 수 있다.
4. 지도자 및 임원은 중복으로 참가신청 할 수 없다.(팀 단장의 중복 신청만 허용한다)

제6조 (선수의 등록 및 리그 참가신청)_ 1. 선수의 참가신청은 정기 등록 기간(매년 1월부터 3월 중)과 추가 등록 기간(매월 초 3일간 / 협회 근무일 기준)에 등록을 필한 자에 한하여 가능하다.

2. 참가팀은 출전선수 명단 제출(60분 전)까지 18명 이상 참가신청하여야 한다. 단, 첫 경기 2일 전까지 18명 이상을 참가신청하지 못한 팀은 해당 경기는 몰수패 처리하며 공정소위원회에 회부하며, 두 번째 경기 2일 전까지도 18명 이상을 참가신청하지 못한 팀은 리그에서 실격 처리하며 공정소위원회에 회부한다.
3. 두 번째 경기부터 선수의 리그 경기 출전은 리그 참가신청한 날로부터 가능하다.
4. 참가신청은 등록된 선수에 한하여 시기에 상관없이 할 수 있다.
5. 리그 참가 신청 시 유니폼 번호는 1번부터 99번까지 가능하며 중복되지 않아야 한다. 선수는 리그 첫 경기 이후 유니폼 번호를 변경할 수 없다. 단, 선수의 이적이나 탈퇴로 인해 유니폼 번호가 결번될 경우, 추가로 리그 참가 신청을 하는 선수는 비어 있는 번호를 사용할 수 있다. 왕중왕전까지 연계 적용한다.
6. 분쟁 조정(협회 선수위원회 결정) 등의 사유로 등록을 요청한 경우 신청일을 기준(등록기간 내)으로 등록 및 참가신청이 가능하다.

제7조 (선수 활동의 개시)_ 1. 이적 선수는 동일 시도 내의 팀으로 이적할 경우에는 최종 출전일을 기준으로 3개월 이후, 타 시도의 팀으로 이적할 경우에는 최종 출전일을 기준으로 6개월을 경과해야 경기 출전이 가능하다. 단, 타 시도 이적 후 출전 제한 기간 내에 동일시도의 팀으로 다시 이적할 경우에는 최종 출전일을 기준으로 6개월을 경과해야 한다. '이적 출전 제한'에 적용되는 기준은 아래와 같다.(협회 등록규정 발췌)

   1) 선수가 최종 출전한 경기일을 기준으로 출전 제한기간을 계산한다.
   2) 최초 등록 후 경기출전 없이 이적할 경우, 최초 등록일을 기준으로 출전 제한기간을 계산한다.

2. 유급 선수로 등록한 자는 유급 연도에 최종출전한 경기일로부터 만1년동안 출전이 제한된다. 연령 초과 선수는 경기당일 출전선수 명단(18명 이내)에 최대 팀당 2명까지만 표기 및 출전할 수 있다.
3. 해체된 팀의 선수는 참가 신청한 날로부터 경기에 출전할 수 있다. 해체된 팀의 선수가 다른 팀으로 이적할 경우, 시기에 상관없이 등록 승인을 받은 후 리그 참가 신청한 날로부터 경기에 출전할 수 있다.
4. 해외의 학교 또는 팀으로 그 소속을 옮긴 선수가 귀국하여 원래의 국내 소속팀으로 복귀할 경우, 등록 기간 내 국제이적 신청 및 이적 절차를 거쳐 등록 승인을 받은 후 리그 참가 신청이 가능하며, 참가 신청한 날로부터 경기에 출전할 수 있다.
5. 외국인 선수는 대한축구협회 등록규정에 의거하여 선수등록 후 리그 참가 신청이 가능하다.
6. 신규 등록(최초 등록) 선수는 리그 참가 신청한 날로부터 경기에 출전할 수 있다.
7. 위 1항에서 6항까지의 규정은 본 대회에만 해당되며, 방학 중 전국 대회를 포함한 다른 대회의 이적 선수 출전 규정은 해당 대회의 규정에 따른다.

제8조 (경기규칙)_ 본 대회는 FIFA(국제축구연맹 이하 'FIFA') 경기규칙에 준하여 실시하며, 명문화되지 않은 사항은 운영본부가 결정한다.

제9조 (경기시간)_ 1. 본 대회의 경기 시간은 전·후반 각 45분으로 하고, 필요시

전·후반 각 15분의 연장전을 실시하며, 하프타임 휴식 시간은 '10분 전·후'로 하되 15분을 초과하지 않으며, 원활한 경기진행을 위해 운영본부의 통제에 따라야 한다.

제10조 (공식 사용구)_ 본 대회의 공식 사용구는 5호 볼을 사용하며, 협회가 지정한다.

제11조 (순위결정 및 왕중왕전 진출)_ 1. 본 대회 승점은 승 3점, 무 1점, 패 0점으로 한다.

2. 본 대회 순위결정은 리그 최종성적을 기준으로 승점을 우선으로 하되 승점이 같은 경우 골득실차 - 다득점 - 승자승(승점 → 골 득실차 순으로 비교) - 페어플레이 점수 - 추첨' 순으로 정한다. 단, 3개팀 이상 다득점까지 동률일 경우 승자승을 적용하지 않고 '페어플레이 점수 - 추첨' 순으로 순위를 결정한다.

※ 페어플레이 점수 부여 방식은 대한축구협회 초중고 축구리그 운영규정에 따른다.

3. 1라운드(전기리그), 2라운드(후기리그) 각각 승점을 부여한다. (1라운드(전기) 승점이 2라운드(후기)에 연계되지 않음)
4. 2라운드(후기리그) 순위는 통합 순위(1~22위)를 부여한다.
5. 왕중왕전 진출은 후기리그 A조팀이 진출하며, 왕중왕전 진출팀수, 개최유무 및 방식 등은 협회가 협회 통합 온라인 시스템(joinkfa.com) 등을 통해 별도 공지한다.

제12조 (선수의 출전 및 교체)_ 1. 본 대회의 경기에 참가하는 팀은 경기 당일 리그 참가신청서를 대한축구협회 통합 온라인시스템(joinkfa.com)으로 접속하여 출력 후, 경기 개시 60분 전까지 출전 선수 18명(선발 출전 11명과 교체 대상 7명)의 명단과 KFA 등록증을 해당 리그운영경기감독관에게 제출해야 함을 원칙으로 한다.

1) 선발 출전선수 11명은 KFA 등록증을 소지하고 장비 검사를 받아야 한다.
2) 경기 중 교체 선수는 본인의 KFA 등록증을 직접 감독관 또는 대기심판에게 제출하여 교체 승인을 받은 후 교체하여야 한다.
3) KFA 등록증을 제출하지 않은 선수는 해당 경기에 출전할 수 없다.

2. 선수교체는 팀당 7명 이내로 하되, 경기 개시 전에 제출된 교체 대상 선수(7명)에 한한다.
3. 팀이 출전선수 명단을 제출한 후 선수를 교체하고자 할 경우,

1) 기제출된 출전선수 11명과 교체 대상 선수 7명간에만 허용하며, 경기 개시 전까지 리그운영감독관 승인하에 교체할 수 있다.
2) 경기 개시 전 선발 또는 기존 출전선수와 교체선수가 바뀐 것을 주심에게 알리지 않았을 경우 다음과 같이 조치하며, 보고된 사항은 공정소위원회에 회부한다 〈FIFA 경기규칙서 규칙 3.선수 내 5.위반과 처벌.〉

경기 전
- o 주심은 교체 선수가 계속 경기하는 것을 허락한다.
- o 해당 교체 선수에게 어떠한 징계도 내리지 않는다.
- o 선수는 교체선수가 될 수 있다.
- o 교체 허용수는 감소하지 않는다.
- o 주심은 이에 대해 해당 기관에 보고한다.

하프타임 또는 연장전(교체 허용 수가 남아 있는 경우에 한함)
- o 주심은 교체 선수가 계속 경기하는 것을 허락한다.
- o 해당 교체 선수에게 어떠한 징계도 내리지 않는다.
- o 선수는 교체선수가 될 수 없다.
- o 교체 허용수는 감소한다.
- o 주심은 이에 대해 해당 기관에 보고한다.

4. 다음과 같은 조건의 선수가 경기에 출전하였을 경우에는 즉시 퇴장조치한 후 (교체 불가) 경기는 계속 진행하며, 해당 팀의 지도자에 대해서는 공정소위원회에 회부한다. 단, 왕중왕전에서는 몰수패 처리한다.

1) 이적 후 출전 제한 기간 미경과 선수
2) 징계기간 미경과 선수
3) 유급선수의 경우 유급 직전연도 리그 출전일이 미경과한 선수

5. 참가신청서에 기재된 선수 중 출전 선수명단(선발출전 선수, 교체 선수)에 포함되지 않는 선수가 출전한 경우, 해당 선수는 기존 출전 선수와 즉시 재교체하여 경기를 진행하며 교체 허용 수는 감소하지 않는다. 경기 종료 후 위의 사항이 발견되었을경우 경기 결과는 그대로 인정하며, 해당 팀은 공정소위원회에 회부된다.
6. 동일일자에 2경기 이상 개최되는 U18, U15 고/저학년 리그 경기의 선수 출전 기준은 다음과 같다.

1) 선수가 첫 번째 경기에 90분(혹은 전/후반전 연속) 출전한 경우, 다음 경기에 출전이 불가하다.
2) '가'의 첫 번째 경기에서 전반전 혹은 후반전에만 출전한 선수는 다음 경기에 전반전 혹은 후반전에만 출전이 가능하다.
3) GK는 부상, 대표팀 소집, 준프로 계약 체결(프로팀 소집), 기타 등의 사유가 인정되는 경우에 한해 다음 경기 출전(90분, 전/후반전 연속 출전)이 가능하다. 이 경우, 출전선수명단 제출 시 해당 사유를 명기하여 경기감독관에게 제출해야 한다.

제13조 (벤치 착석 대상)_ 1. 경기 중 벤치에 앉을 수 있는 사람은 리그 참가신청서에 기재된 지도자 및 선수, 임원(축구부장, 트레이너, 의무, 행정 등)에 한 한다.

2. 임원의 경우 벤치 착석은 가능하나 지도는 불가하다.
3. 지도자, 임원은 반드시 자격증 또는 KFA 등록증을 패용하고 팀 벤치에 착석하여야 한다.
4. 징계 중인 지도자, 임원, 선수는 징계 해제 이후부터 벤치에 착석할 수 있다.
5. 경기 중 팀 벤치에서의 전자 통신기기를 사용한 의사소통은 불가하다.
6. 벤치 착석 인원 중 KFA 등록증 또는 자격증을 패용한 지도자에 한하여 지도행위가 가능하며, 비정상적인 지도행위(임원의 지도행위, 관중석에서의 지도행위 등)는 리그운영감독관 판단하에 경기장에서 퇴장 조치할 수 있다. 또한 해당 팀은 공정소위원회에 회부한다.
7. 팀 임원의 경우 선수의 복지와 안전, 전술적/코칭의 목적과 직접적으로 관련이 되어 있을 경우에 한하여 소형, 이동식, 손에 휴대할 수 있는 장비(즉 마이크, 헤드폰, 이어폰, 핸드폰/스마트폰, 스마트워치, 태블릿PC, 노트북)은 사용할 수 있다. 허가되지 않은 전자 장비를 사용하거나 또는 전자/통신 장비를 사용한 결과를 이용하여 부적절한 행동을 보인다면 기술지역에서 퇴장 당한다.

제14조 (경기 운영)_ 1. 홈 팀은 다음과 같은 경기 시설, 물품, 인력을 준비해야 할 의무가 있다.

1) 시설: 경기장 라인, 코너깃대 및 코너깃발, 팀 벤치, 본부석/심판석(의자, 책상, 텐트), 스코어보드(팀명, 점수판), 의료인석 대기석, 선수/심판대기실, 골대/골망, 화장실, 팀 연습장(워밍업 공간), 주차시설 등
2) 물품: 시합구, 볼펌프, 들것, 교체판, 스태프 조끼, 리그 현수막, 벤치팀명 부착물, 구급차, 구급 물품(의료백), 각종 대기실 부착물 등
3) 인력: 경기운영 보조요원, 안전/시설담당, 의료진, 볼보이, 들것요원 등
4) 기타: 각종 서류(경기보고서, 운영감독관 보고서, 사고/상황보고서, 심판보고서, 출전선수 명단, 선수 교체표, 리그 참가신청서) 지정 병원

2. 홈 팀은 경기 중 또는 경기 전, 후에 선수, 코칭스태프, 심판을 비롯한 전 관계자와 관중의 안전 및 질서 유지에 대한 의무와 책임이 있다.

제15조 (응급치료비 보조)_ 1. 경기 중 발생한 부상선수에 대한 치료비는 팀 명의의 공문으로 운영본부를 경유하여 중앙조직위원회로 신청한다.

2. 최초 부상일로부터 반드시 20일 이내 신청하여야 하며, 기한 내 신청하지 않은 팀 또는 단체는 지원 대상에서 제외된다.
3. 경기 당일 발생한 응급치료비에 한하여 200,000원까지만 지원한다.
4. 제출서류: 1) 해당 팀 소속 구단 공문 1부

2) 해당선수가 출전한 경기의 경기보고서 사본 1부

※ 경기보고서에 있는 부상선수 발생 보고서에 기재된 선수에 한하여 치료비 지급

3) 진료영수증 원본
4) 해당선수 계좌사본(선수 본인 계좌 이외의 계좌일 경우 지원 불가)
5) 해당선수 주민등록등본

제16조 (재경기 실시)_ 1. 불가항력적인 사유(필드상황, 날씨, 정전에 의한 조명 문제 등)로 인해 경기 중단 또는 진행이 불가능하게 된 경기를 「순연경기」라

하고, 순연된 경기의 개최를 '재경기'라 한다.

2. 재경기는 중앙 조직위원회 또는 운영본부가 결정하는 일시, 장소에서 실시한다.
3. 득점차가 있을 때는 중단 시점에서부터 잔여 시간만의 재경기를 갖는다.
   1) 출전선수 및 교체대상 선수의 명단은 순연경기 중단 시점과 동일하여야 한다.
   2) 선수교체는 순연경기를 포함하여 팀당 7명 이내로 한다.
   3) 순연경기에서 발생된 모든 기록(득점, 도움, 경고, 퇴장 등)은 유효하다.
4. 득점차가 없을 때는 전·후반 경기를 새로 시작한다.
   1) 출전선수 및 교체대상 선수의 명단은 순연경기와 동일하지 않아도 된다.
   2) 선수교체는 순연경기와 관계없이 팀당 7명 이내로 한다.
   3) 경기 기록은 순연경기에서 발생된 경고, 퇴장 기록만 인정한다.
5. 경고(2회 누적 포함), 퇴장, 징계 등 출전정지 대상자는 경기번호의 변동에 관계없이 가장 가까운 일정의 경기 순서대로 연계 적용한다.
6. 심판은 교체 배정할 수 있다.

제17조 (경고)_ 1. 경기 중 경고 2회로 퇴장당한 선수는 다음 1경기(경기 번호의 변동에 관계없이 가장 가까운 일정의 경기)에 출전하지 못한다.

2. 경기 중 1회 경고를 받은 선수가 경고 없이 바로 퇴장을 당할 경우, 다음 1경기(경기 번호의 변동에 관계없이 가장 가까운 일정의 경기)에 출전하지 못하며, 당초에 받은 경고는 그대로 누적된다.
3. 경고를 1회 받은 선수가 다른 경기에서 경고 2회로 퇴장당했을 경우, 퇴장 당시 받은 경고 2회는 경고 누적 횟수에서 제외된다. 당초에 받은 경고는 그대로 누적된다.
4. 서로 다른 경기에서 각 1회씩 2회 누적하여 경고를 받은 선수는 다음 1경기(경기 번호의 변동에 관계없이 가장 가까운 일정의 경기)에 출전할 수 없다.
5. 본 대회에서 받은 경고(누적 경고 포함)는 플레이오프전 및 왕중왕전에 연계되지 않는다. 단, 플레이오프전에 받은 경고 또한 왕중왕전에 연계되지 않는다.
6. 선수가 본 리그 기간 중 이적하더라도 이미 받은 경고는 새로 이적한 팀에서 연계 적용된다.
7. 1라운드(전기리그)에서 받은 경고는 2라운드(후기리그)에 연계적용하지 않는다.
8. 경고 누적으로 인한 출전정지 대상 경기가 몰수 또는 실격 처리된 경우, 출전정지 이행으로 간주한다.

제18조 (퇴장)_ 1. 경기 도중 퇴장 당한 선수, 지도자, 임원은 다음 1경기(경기 번호의 변동에 관계없이 가장 가까운 일정의 경기)에 출전하지 못한다.

2. 퇴장 사유의 경중에 따라 공정소위원회 및 중앙 조직위원회는 잔여 경기의 출전금지 횟수를 결정할 수 있다.
3. 본 대회 최종 경기에서 당한 퇴장은 왕중왕전에 연계 적용된다.
4. 경기 도중 선수들을 터치라인 근처로 불러 모아 경기를 중단시키는 지도자 또는 임원은 즉시 퇴장 조치하고, 리그공정위원회에 회부한다.
5. 주심의 허락 없이 경기장에 무단 입장하거나, 시설 및 기물 파괴, 폭력 조장 및 선동, 오물투척 등 질서 위반행위를 한 지도자와 임원은 즉시 퇴장 조치하고 리그공정위원회에 회부한다.
6. 경기 도중 퇴장당한 선수가 본 리그 기간 중 이적하더라도 본 리그에서는 퇴장의 효력이 그대로 연계 적용된다.
7. 1라운드(전기리그)에서 받은 퇴장은 2라운드(후기리그)에 연계적용하지 않는다.
8. 퇴장으로 인한 출전정지 대상 경기가 몰수 또는 실격 처리된 경우, 출전정지 이행으로 간주한다.

제19조 (몰수)_ 1. 몰수라 함은 경기 결과에 관계없이 해당 경기에 대한 팀의 자격 상실을 말한다.

2. 다음 경우에 해당하는 팀은 몰수 처리한다.
   1) 팀이 일정표상의 경기 개시 시각 15분 전까지 경기장에 도착하지 않을 경우. 단, 천재지변 등 불가피한 사유는 제외한다.
   2) 등록은 하였으나 리그 참가신청서 명단에 없는 선수가 출전했을 경우
   3) 경기 당일 첫 번째 경기를 갖는 팀의 경우 일정표 상에 명시된 경기 시간 15분 전까지 KFA 등록증 소지자가 7명 미만일 경우 해당경기 몰수 처리 한다.
   4) 경기 도중 심판 판정 또는 기타 사유로 팀이 경기를 지연하거나 집단으로 경기장을 이탈한 뒤 감독관 등으로부터 경기 재개 통보를 받은 후 3분 이내에 경기에 임하지 않을 경우
   5) 위 '4)'의 경기 지연 또는 경기장 이탈 행위를 한 팀이 3분 이내에 경기에 임했으나 경기 재개 후 재차 경기를 지연하거나 집단으로 경기장을 이탈한 뒤, 감독관 등으로부터 경기 재개 통보를 받은 후 주어진 3분 중에서 잔여 시간 내에 경기를 재개하지 않을 경우
   6) 등록하지 않은 선수가 경기에 출전한 경우
   7) 다른 선수의 KFA 등록증을 제출 후 경기에 참가시킨 경우
   8) 그 외의 경기 출전 자격 위반 행위나 경기 포기 행위를 할 경우
3. 해당 경기 몰수 팀에 대해서는 패 처리하며, 상대팀에게는 스코어 3 : 0 승리로 처리한다. 또한 본 대회에서는 승점 3점을 준다. 단, 세골차 이상으로 승리했거나 이기고 있었을 경우에는 해당 스코어를 그대로 인정한다.
4. 몰수 처리 경기라 하더라도 득점, 경고, 퇴장 등 양 팀 선수 개인의 경기 기록 및 실적은 인정한다. 단, 몰수팀의 출전 자격이 없는 선수가 경기출전 시 해당 선수의 기록 및 실적은 인정하지 않는다.

제20조 (실격)_ 1. 실격이라 함은 본 대회 모든 경기에 대한 팀의 자격 상실을 말한다.

2. 다음 경우에 해당하는 팀은 실격으로 처리한다.
   1) 참가 신청 후 본 대회 전체 일정에 대한 불참 의사를 밝힌 경우
   2) 본 대회의 잔여 경기를 더 이상 치를 수 없는 상황이 발생한 경우
   3) 본 대회에서 2회 몰수된 경우
3. 대회 전체경기 수의 1/2 이상을 수행하지 않았을 때, 실격된 경우에는 실격팀과의 잔여 경기를 허용하지 않으며 대회에서 얻은 승점 및 스코어를 모두 무효 처리한다. 단, 대회 전체경기수의 1/2 후에 실격팀이 발생한 경우에는 이전 경기결과를 인정하고, 잔여경기는 3:0으로 처리한다.
4. 실격 팀과의 경기라 하더라도 득점, 경고, 퇴장 등 양 팀 선수 개인의 경기 기록 및 실적은 인정한다. 단, 실격팀의 출전 자격이 없는 선수가 경기출전 시 해당 선수의 기록 및 실적은 인정하지 않는다.

제 21조 (징계 회부 사항)_ 경기와 관련하여 아래 사항에 대해서는 공정소위원회에 회부하여 징계를 심의한다.

1. 징계기간 미경과 선수가 출전하였을 경우
2. 징계 중인 지도자가 팀 벤치 또는 공개된 장소에서 지도 행위를 했을 경우
3. 경기 중 지도자 또는 임원이 벤치 이외의 장소에서 팀을 지도했을 경우
4. 경기 중 앰프를 사용한 응원을 했을 경우
5. 몰수 또는 실격 행위를 했을 경우
6. 등록 또는 리그 참가 신청과 관련한 문제로 인해 징계 심의가 필요한 경우
7. 근거 없이 경기 진행에 지장을 주는 항의를 하였다고 판단될 경우
8. 기타 대회 중 발생한 경기장 질서문란 행위 및 경기 중 또는 경기 후에라도 심각한 반칙행위나 불법 행위가 적발되어 징계 심의가 필요하다고 인정되는 경우
9. 유급선수가 유급 직전 년도에 최종 출전한 경기일이 경과하지 않은 상태에서 출전하였을 경우
10. 경기중 폭언, 폭설(욕설), 인격모독, 성희롱 행위를 한 지도자, 임원, 선수의 경우
11. 이적 후 출전 정지 기간 미경과 선수가 출전하였을 경우
12. 3명 이상의 연령초과선수를 출전 시킨 경우(조기입학으로 인하여 유급한 자는 제외)
13. KFA 등록증을 패용하지 않은 지도자, 선수, 임원이 팀 벤치에 착석하거나 지도행위를 할 수 없는 사람이 지도행위를 한 경우

제22조 (시상)_ 본 대회의 시상 내역은 다음과 같으며, 1,2라운드(전/후기리그) 조별 각각 시상한다.

1. 단체상 : 우승, 준우승, 3위, 페어플레이팀상

※ 우승, 준우승 : 트로피, 상장 수여 / 3위, 페어플레이팀상 : 상장 수여

※ 그린카드상은 KFA 기준에 따라 KFA 시상식을 통해 별도 시상

2. 개인상 : 최우수선수상, 득점상, 수비상, GK상, 최우수지도자상(감독, 코치)

3. 득점상의 경우 다득점 선수 - 출전경기수가 적은선수 - 출전시간이 적은 선수 순으로 한다.
4. 득점상의 경우 3명 이상일 때는 시상을 취소한다.
5. 대회 중 퇴장조치 이상의 징계를 받은 선수 및 지도자는 경중에 따라 시상에서 제외될 수 있다.
6. 본 대회 및 왕중왕전에서 몰수 이상(승점 감점 포함)의 팀 징계를 받을 경우 모든 시상 및 포상에 대한 지급 대상에서 제외하고 환수조치한다.
7. 특별한 사유가 발생할 경우 시상 내역이 변경될 수 있으며, 시상에 관련한 사항은 운영본부 결정에 의한다.

제23조 (도핑)_ 1. 도핑방지규정은 선수의 건강보호와 공정한 경기운영을 위함이며, 협회에 등록된 선수 및 임원은 한국도핑방지위원회[www.kada-ad.or.kr]의 규정을 숙지하고 준수할 의무가 있다.
2. 본 대회 기간 중 한국도핑방지위원회(이하 'KADA')에서 불특정 지목되어진 선수는 KADA에서 시행하는 도핑검사 절차를 반드시 준수해야 한다.
3. 본 대회 전 또는 기간 중 치료를 위해 금지약물을 복용할 경우, KADA의 지침에 따라 해당 선수는 치료 목적 사용면책(이하 'TUE') 신청서를 작성/제출해야 한다.
4. 협회 등록 소속 선수 및 관계자 (감독, 코치, 트레이너, 팀의무, 기타임원 등 모든 관계자)는 항상 도핑을 방지할 의무가 있으며, 본 규정에 따라 KADA의 도핑검사 절차에 어떠한 방식으로도 관여할 수 없다.
5. 도핑검사 후 금지물질이 검출 된 경우 KADA의 제재 조치를 따라야 한다.

제24조 (기타)_ 1. 경기에 참가하는 팀은 경기 당일 유니폼 2벌(스타킹 포함)을 필히 지참해야 한다. 경기에 참가하는 두 팀의 유니폼(스타킹 포함) 색상이 동일할 때는 원정팀이 보조 유니폼(스타킹 포함)을 착용한다. 이도 동일하거나 색상 구분이 명확하지 않을 경우에는 홈팀이 보조 유니폼을 착용한다. (이외의 상황은 리그운영감독관 및 심판진의 결정에 따른다.)
2. 경기에 출전하는 선수의 상하 유니폼 번호는 반드시 리그 참가신청서에 기재된 것과 동일해야 한다. 동일하지 않을 경우 해당 선수는 참가 신청서에 기재된 번호가 새겨진 유니폼으로 갈아입고 출전해야 한다. 이를 위반하는 선수는 해당 경기에 출전할 수 없다. 단, 유니폼의 번호 표기는 유니폼 색상과 명확히 판별될 수 있게 해야 한다.
3. 경기에 출전하는 모든 선수들(선발선수 11명 외 교체선수 포함)은 KFA 등록증을 지참하여 경기 출전 전 리그운영감독관에게 확인 및 제출해야 한다. KFA 등록증을 지참하지 않았을 시, 해당 선수는 경기에 출전하지 못한다. 교체 선수는 본인의 KFA 등록증을 지참 후 리그운영감독관에게 직접 제출하여 교체 승인 후 교체되어야 한다.
4. 출전선수는 신체 보호를 위해 반드시 정강이 보호대(Shin Guard)를 착용하고 경기에 임해야 한다.
5. 기능성 의류를 입고 출전할 때는, 상·하 유니폼과 각각 동일한 색상을 입어야 한다.
6. 경기에 출전하는 팀의 주장 선수는 완장을 차고 경기에 출전하여야 한다.
7. 스타킹 위에 테이핑 또는 비슷한 재질의 색상은 스타킹의 주 색상과 같아야 한다.
8. 경기에 참가하는 팀은 팀과 무관한 국내외 다른 팀의 엠블럼이나 명칭을 사용할 수 없으며, 다른 선수의 이름이 부착된 유니폼을 착용해서는 안 된다.
9. 대회에 참가하는 모든 선수는 참가팀에서 반드시 심장, 호흡기관 등 신체 건강에 이상이 없는지 점검한 후 선수를 출전시켜야 하며, 이로 인한 사고가 발생할 경우 팀이 책임을 져야 한다.
10. 참가팀은 선수 부상을 비롯한 각종 사고에 대비하기 위해 보험에 가입하여야하며, 기타 안전대책을 강구하여 반드시 시행해야 한다.
11. 경기와 관련한 제소는 육하원칙에 의해 팀 대표자 명의로 공문을 작성하여 경기 종료 후 48시간 이내에 하여야 하며, 경기 중 제소는 허용하지 않으며, 심판 판정에 대한 제소는 대상에서 제외한다.
12. 리그에 참가하는 팀은 반드시 리그운영규정을 확인하고 숙지해야 할 의무가 있다. 또한 경고, 퇴장, 공정(소)위원회 징계 등에 따라 출전이 정지된 선수, 지도자, 임원의 출전으로 인한 모든 책임 및 미확인(숙지)에 따른 불이익은 해당팀이 감수하여야 한다.
13. 리그에 참가하는 팀은 반드시 대한축구협회 통합 온라인 시스템(joinkfa.com)을 통하여 리그 참가에 관한 일체의 정보(공문서, 안내문,공지사항 등)를 확인할 의무가 있으며, 미확인(숙지)에 따른 불이익은 참가팀이 감수하여야 한다.
14. 대회운영은 협회 국내대회승인 및 운영규정에 의거하여 실시한다.
15. 본 대회는 협회 및 운영본부로부터 기승인된 EPTS 시스템을 운영하며, 세부사항은 FIFA 경기규칙서(규칙 4.선수의 장비 내 4.기타 장비)에 따른다.

제25조 (마케팅 권리)_ 1. 본 대회 마케팅과 관련된 모든 권리는 운영본부에 있으며, 미 승인된 마케팅의 활동은 금지한다.
2. 참가팀은 운영본부의 상업적 권리 사용에 대해 적극 협조하여야 한다.

제26조 (부칙)_ 1. 본 대회규정에 명시되지 않은 사항은 운영본부의 결정 및 전국 초중고 축구리그 운영 규정에 의한다.
2. 대회 중 징계사항은 대회운영본부의 확인 후, 초중고 리그 공정위원회의 결정에 의한다.

2019 아디다스 K리그 주니어 U18 경기일정표 및 결과

2019 아디다스 K리그 주니어 U18 1라운드 A조

경기일자	경기시간	홈팀	경기결과	원정팀	경기장소
03.09(토)	14:00	인천	1:1	강원	송도LNG
03.09(토)	14:00	서울E	2:5	제주	하남종합
03.09(토)	15:00	부천	2:5	수원FC	부천체육관
03.16(토)	14:00	제주	1:1	서울	걸매B구장
03.16(토)	16:00	강원	4:0	서울E	강릉제일고
03.20(수)	16:00	안양	0:1	수원	석수체육공원
03.20(수)	17:00	안산	1:3	부천	안산유소년스포츠타운 1구장
03.23(토)	14:00	부천	0:1	성남	부천체육관
03.23(토)	14:00	강원	2:2	제주	강릉제일고
03.23(토)	16:00	수원FC	2:1	안양	영흥체육공원
03.27(수)	17:00	수원	2:0	안산	수원W 인조2
03.30(토)	14:00	성남	2:0	서울E	풍생고등학교
03.30(토)	14:00	서울	2:5	수원	GS챔피언스파크

경기일자	경기시간	홈팀	경기결과	원정팀	경기장소
03.30(토)	14:00	인천	3:2	안양	송도LNG
03.30(토)	15:00	부천	1:2	강원	부천체육관
03.30(토)	13:00	제주	1:5	수원FC	걸매B구장
04.05(금)	14:00	수원	4:1	제주	수원월드컵인조1구장[인조]
04.06(토)	14:00	서울	4:0	서울E	GS챔피언스파크[인조]
04.06(토)	14:00	수원FC	0:2	인천	영흥체육공원
04.06(토)	14:00	안양	0:1	부천	석수체육공원
04.13(토)	14:00	안양	1:0	성남	석수체육공원
04.13(토)	11:00	안산	1:3	서울	안산유소년스포츠타운 1구장
04.13(토)	16:30	인천	3:2	서울E	송도LNG
04.13(토)	14:00	수원FC	2:2	강원	영흥체육공원
04.13(토)	13:30	부천	3:1	제주	부천체육관
04.17(수)	17:00	안양	0:1	안산	석수체육공원

경기일자	경기시간	홈팀	경기결과	원정팀	경기장소
04.20(토)	11 : 00	안산	0 : 6	성남	안산유소년스포츠타운 1구장
04.20(토)	14 : 00	서울	2 : 0	안양	오산중학교
04.20(토)	14 : 00	인천	2 : 0	부천	승기구장
04.20(토)	14 : 00	강원	1 : 3	수원	강릉제일고
04.20(토)	14 : 00	서울E	0 : 1	수원FC	하남종합[인조]
04.23(화)	15 : 00	서울	2 : 3	강원	GS챔피언스파크[인조]
04.27(토)	14 : 00	성남	3 : 1	강원	풍생고등학교
04.27(토)	16 : 00	수원FC	0 : 1	서울	영흥체육공원
04.27(토)	14 : 00	수원	1 : 1	인천	수원W 인조1[인조]
04.27(토)	14 : 00	제주	1 : 0	안산	걸매B구장
04.27(토)	14 : 00	서울E	2 : 1	안양	하남종합[인조]
05.01(수)	14 : 00	서울	1 : 0	인천	오산중학교
05.04(토)	14 : 00	성남	3 : 2	수원	풍생고등학교
05.07(화)	14 : 00	성남	1 : 3	수원FC	탄천변B구장
05.11(토)	14 : 00	강원	3 : 0	안산	강릉제일고
05.11(토)	14 : 00	성남	3 : 2	인천	풍생고등학교
05.11(토)	14 : 00	부천	2 : 1	서울	부천체육관
05.11(토)	11 : 00	수원	3 : 1	서울E	수원W 인조1[인조]
05.11(토)	14 : 00	안양	1 : 0	제주	석수체육공원
05.18(토)	14 : 00	제주	2 : 1	성남	걸매B구장
05.18(토)	16 : 30	인천	1 : 0	안산	송도LNG
05.18(토)	14 : 00	수원FC	2 : 1	수원	영흥체육공원
05.18(토)	14 : 00	서울E	1 : 0	부천	하남종합[인조]
05.22(수)	15 : 00	안산	2 : 2	수원FC	안산유소년스포츠타운 1구장
05.25(토)	16 : 00	서울	4 : 0	성남	오산고[인조]
05.25(토)	16 : 00	제주	0 : 3	인천	걸매B구장
05.25(토)	16 : 00	수원	2 : 1	부천	수원W 인조1[인조]
05.25(토)	16 : 00	강원	0 : 0	안양	강릉제일고
05.25(토)	16 : 00	안산	1 : 0	서울E	안산유소년스포츠타운 1구장

2019 아디다스 K리그 주니어 U18 1라운드 B조

경기일자	경기시간	홈팀	경기결과	원정팀	경기장
03.09(토)	14 : 00	전북	0 : 0	상주	금산중
03.09(토)	14 : 00	포항	1 : 0	전남	포철고 인조잔디구장
03.09(토)	13 : 00	아산	0 : 5	경남	선장축구장 2구장
03.09(토)	14 : 00	울산	4 : 0	대구	서부구장
03.09(토)	14 : 00	광주	1 : 0	부산	금호고
03.16(토)	14 : 00	전남	0 : 3	전북	송죽구장
03.16(토)	14 : 00	포항	4 : 2	대전	포철고 인조잔디구장
03.16(토)	14 : 00	상주	3 : 3	경남	상주국민체육센터
03.16(토)	14 : 00	광주	1 : 1	울산	금호고
03.16(토)	14 : 00	부산	2 : 1	아산	개성고
03.23(토)	15 : 00	전북	0 : 0	광주	금산중
03.23(토)	14 : 00	울산	0 : 2	포항	서부구장
03.23(토)	14 : 00	경남	0 : 4	전남	진주모덕
03.23(토)	13 : 00	아산	0 : 0	대전	선장축구장 2구장

경기일자	경기시간	홈팀	경기결과	원정팀	경기장
03.30(토)	14 : 00	부산	2 : 3	포항	개성고
03.30(토)	14 : 00	전남	2 : 0	상주	송죽구장
03.30(토)	14 : 00	울산	4 : 0	경남	서부구장
03.30(토)	14 : 00	대전	1 : 3	광주	충남기계공고
03.30(토)	13 : 00	아산	1 : 2	대구	선장축구장 2구장
04.06(토)	14 : 00	대구	0 : 1	전북	현풍고
04.06(토)	14 : 00	전남	0 : 0	대전	송죽구장
04.06(토)	14 : 00	경남	1 : 2	부산	진주모덕
04.06(토)	14 : 00	상주	0 : 3	울산	상주국민체육센터
04.06(토)	14 : 00	광주	4 : 1	아산	금호고
04.13(토)	15 : 00	전북	5 : 3	아산	금산중
04.13(토)	14 : 00	부산	1 : 2	전남	개성고
04.13(토)	14 : 00	대전	1 : 0	경남	충남기계공고
04.13(토)	14 : 00	대구	1 : 0	광주	현풍고
04.20(토)	14 : 00	전북	3 : 1	부산	금산중
04.20(토)	14 : 00	광주	0 : 1	포항	금호고
04.20(토)	13 : 00	아산	1 : 2	전남	선장축구장 2구장
04.20(토)	14 : 00	상주	1 : 1	대구	상주국민체육센터
04.27(토)	14 : 00	포항	1 : 3	전북	포철고 인조잔디구장
04.27(토)	14 : 00	경남	0 : 6	광주	산청생초체육공원[인조]
04.27(토)	14 : 00	울산	2 : 0	아산	서부구장
04.27(토)	14 : 00	대구	2 : 0	대전	현풍고
04.27(토)	14 : 00	부산	3 : 0	상주	개성고
05.04(토)	14 : 00	대구	0 : 2	부산	현풍고
05.04(토)	14 : 00	포항	4 : 0	상주	포철고 인조잔디구장
05.07(화)	14 : 00	대전	1 : 1	울산	충남기계공고
05.11(토)	14 : 00	대전	1 : 4	전북	충남기계공고
05.11(토)	14 : 00	포항	4 : 2	경남	포철고 인조잔디구장
05.11(토)	14 : 00	전남	0 : 1	대구	송죽구장
05.11(토)	14 : 00	울산	1 : 1	부산	서부구장
05.11(토)	14 : 00	상주	2 : 2	아산	상주중동강변축구장[인조]
05.17(금)	14 : 00	전북	1 : 1	울산	금산중
05.18(토)	13 : 00	아산	0 : 3	포항	선장축구장 2구장
05.18(토)	14 : 00	광주	3 : 4	전남	금호고
05.18(토)	14 : 00	경남	0 : 4	대구	산청생초체육공원[인조]
05.18(토)	14 : 00	대전	2 : 1	상주	충남기계공고
05.25(토)	16 : 00	경남	3 : 0	전북	진주모덕
05.25(토)	16 : 00	대구	0 : 2	포항	현풍고
05.25(토)	16 : 00	전남	1 : 1	울산	송죽구장
05.25(토)	16 : 00	부산	0 : 1	대전	개성고
05.25(토)	16 : 00	상주	0 : 1	광주	상주국민체육센터

2019 아디다스 K리그 주니어 U18 2라운드

경기일자	경기시간	홈팀	경기결과	원정팀	경기장
06.15(토)	16 : 00	전남	1 : 3	포항	송죽구장
06.22(토)	16 : 00	전북	2 : 1	수원	금산중

경기일자	경기시간	홈팀	경기결과	원정팀	경기장
06.22(토)	16:00	광주	2:0	성남	금호고
06.22(토)	16:00	인천	2:1	서울	송도LNG A구장
06.22(토)	16:00	경남	0:2	아산	진주종합보조구장
06.22(토)	16:00	상주	3:1	대전	상주국민체육센터
06.22(토)	17:00	부천	0:1	안양	부천체육관
06.28(금)	16:00	대전	1:1	안양	충남기계공고
06.29(토)	16:00	성남	0:1	전북	풍생고등학교
06.29(토)	16:30	인천	0:0	수원	송도LNG A구장
06.29(토)	16:00	수원FC	1:1	울산	영흥체육공원
06.29(토)	16:00	광주	3:2	대구	금호고
06.29(토)	16:00	부산	2:0	안산	개성고
06.29(토)	16:00	강원	1:0	아산	강릉제일고
06.29(토)	16:00	제주	1:1	서울E	걸매B구장
06.29(토)	17:00	부천	1:0	상주	부천체육관
07.05(금)	16:00	울산	2:0	인천	서부구장
07.05(금)	16:00	강원	0:1	대전	강릉제일고
07.06(토)	16:00	성남	1:1	서울	황송인조잔디구장[인조]
07.06(토)	17:00	대구	1:4	전남	현풍고
07.06(토)	17:00	수원	0:1	수원FC	수원월드컵인조1구장
07.06(토)	15:00	서울E	1:5	경남	하남종합
07.06(토)	16:00	안양	0:0	부산	석수체육공원
07.06(토)	16:00	안산	2:1	제주	안산유소년스포츠타운 1구장
07.06(토)	16:00	아산	0:4	부천	선장축구장 2구장
07.12(금)	17:00	전북	1:1	대구	금산중
07.12(금)	16:00	인천	3:0	성남	승기구장
07.12(금)	16:00	대전	3:1	부산	충남기계공고
07.12(금)	17:00	제주	1:0	강원	제주클럽하우스A
07.13(토)	16:00	전남	1:2	광주	송죽구장
07.13(토)	16:00	서울	1:2	수원FC	GS챔피언스파크
07.13(토)	18:30	수원	1:4	울산	영흥체육공원
07.13(토)	16:00	경남	1:0	상주	진주모덕
07.13(토)	16:00	안양	0:1	아산	석수체육공원
07.13(토)	17:00	부천	2:5	안산	부천체육관
07.20(토)	16:00	서울E	1:2	강원	하남종합
07.20(토)	16:00	서울	2:5	포항	오산고[인조]
07.27(토)	17:00	대구	1:3	수원FC	현풍고
07.27(토)	16:00	포항	1:1	광주	포철고 인조잔디구장
08.30(금)	16:00	전남	1:1	서울	송죽구장
08.30(금)	16:00	부산	2:1	부천	기장월드컵빌리지[인조]
08.31(토)	18:00	수원FC	1:0	전북	영흥체육공원
08.31(토)	16:00	성남	2:1	포항	풍생고등학교
08.31(토)	16:00	광주	3:0	수원	금호고
08.31(토)	15:00	경남	2:1	제주	진주모덕
08.31(토)	16:00	안산	4:4	강원	안산유소년스포츠타운 1구장
08.31(토)	16:00	상주	3:1	안양	상주국민체육센터
08.31(토)	16:00	아산	1:1	서울E	선장축구장 2구장

경기일자	경기시간	홈팀	경기결과	원정팀	경기장
09.06(금)	15:00	전북	2:1	인천	전북현대클럽하우스[인조]
09.06(금)	16:00	서울	1:3	광주	GS챔피언스파크[인조]
09.06(금)	16:00	안산	0:1	대전	안산유소년스포츠타운 1구장
09.06(금)	14:00	서울E	1:2	상주	하남보조A[인조]
09.07(토)	18:00	수원FC	1:2	포항	영흥체육공원
09.07(토)	15:00	울산	2:1	전남	서부구장
09.07(토)	10:30	강원	2:3	부산	강릉제일고
09.07(토)	14:00	제주	1:2	아산	제주클럽하우스[천연]
09.11(수)	16:30	대구	0:3	울산	현풍고
09.20(금)	15:00	부산	1:1	서울E	기장월드컵빌리지[인조]
09.21(토)	14:00	광주	2:0	전북	금호고
09.21(토)	14:00	전남	2:0	성남	광양축구전용구장
09.21(토)	15:00	포항	2:2	울산	포철고 인조잔디구장
09.21(토)	15:00	인천	1:0	수원FC	송도LNG A구장
09.21(토)	16:00	대구	0:1	수원	현풍고
09.21(토)	14:00	경남	1:0	대전	진주모덕
09.21(토)	14:00	안양	0:4	강원	석수체육공원
09.21(토)	14:00	제주	4:5	부천	걸매B구장
09.21(토)	16:00	상주	3:2	안산	상주국민체육센터
09.27(금)	16:00	전북	1:0	전남	금산중
09.27(금)	16:00	울산	1:0	서울	서부구장
09.27(금)	16:00	부산	1:3	경남	기장월드컵빌리지[인조]
09.28(토)	17:00	수원	1:2	성남	수원월드컵인조1구장
09.28(토)	15:00	포항	2:1	대구	포철고 인조잔디구장
09.28(토)	14:00	광주	2:1	인천	금호고
09.28(토)	14:00	대전	1:1	제주	충남기계공고
09.28(토)	12:00	부천	4:2	서울E	북부수자원생태공원
09.28(토)	14:00	아산	3:1	상주	선장축구장 2구장
09.28(토)	11:00	안산	1:2	안양	안산유소년스포츠타운 1구장
10.03(목)	14:00	서울E	1:3	안산	하남종합[인조]
10.05(토)	12:00	부천	0:1	경남	북부수자원생태공원
10.11(금)	14:00	전북	3:0	포항	금산중
10.11(금)	14:00	제주	1:3	안양	걸매B구장
10.12(토)	14:00	전남	0:2	수원FC	송죽구장
10.12(토)	14:00	수원	2:0	서울	삼성전자 화성캠퍼스 나노스타디움[인조]
10.12(토)	14:00	대구	2:0	인천	현풍고
10.12(토)	15:00	울산	2:1	광주	서부구장
10.12(토)	10:00	경남	4:2	강원	진주모덕
10.12(토)	14:00	대전	1:4	아산	충남기계공고
10.12(토)	14:00	상주	0:1	부산	상주중동강변축구장 3구장[천연]
10.16(수)	15:00	부산	3:1	제주	양산디자인공원 축구장[인조]
10.18(금)	15:30	서울	4:1	전북	오산중학교
10.18(금)	15:00	성남	0:3	울산	탄천변B구장[인조]
10.18(금)	15:00	포항	2:0	수원	포철고 인조잔디구장
10.19(토)	15:00	인천	2:1	전남	송도LNG A구장
10.19(토)	16:00	수원FC	1:2	광주	영흥체육공원

10.19(토)	14:00	안양	1:0	경남	석수체육공원
10.19(토)	13:30	서울E	2:2	대전	남양주종합C구장
10.19(토)	14:00	강원	2:2	부천	강릉제일고
10.19(토)	14:00	상주	5:1	제주	상주국민체육센터
10.19(토)	14:00	아산	1:4	안산	선장축구장 2구장
10.22(화)	14:00	성남	0:0	대구	탄천변B구장[인조]
10.26(토)	16:00	울산	1:0	전북	서부구장
10.26(토)	16:00	수원FC	0:2	성남	영흥체육공원
10.26(토)	16:00	포항	0:1	인천	포철고 인조잔디구장
10.26(토)	16:00	수원	2:0	전남	수원삼성클럽하우스[천연]
10.26(토)	16:00	서울	4:0	대구	오산중학교
10.26(토)	14:00	안산	2:0	경남	안산유소년스포츠타운 1구장
10.26(토)	14:00	대전	3:0	부천	충남기계공고
10.26(토)	14:00	아산	3:4	부산	선장축구장 2구장
10.26(토)	14:00	강원	0:2	상주	강릉제일고
10.26(토)	14:00	안양	3:1	서울E	석수체육공원

2019 아디다스 K리그 주니어 U18 팀 순위

2019 아디다스 K리그 주니어 U18 1라운드 A조

순위	팀명	경기수	승점	승	무	패	득점	실점	득실차
1	수원	10	22	7	1	2	24	12	12
2	수원FC	10	20	6	2	2	22	13	9
3	인천	10	20	6	2	2	18	10	8
4	서울	10	19	6	1	3	21	12	9
5	성남	10	18	6	0	4	20	15	5
6	강원	10	16	4	4	2	19	14	5
7	부천	10	12	4	0	6	13	16	-3
8	제주	10	11	3	2	5	14	22	-8
9	안양	10	7	2	1	7	6	12	-6
10	안산	10	7	2	1	7	6	21	-15
11	서울E	10	6	2	0	8	8	24	-16

2019 아디다스 K리그 주니어 U18 1라운드 B조

순위	팀명	경기수	승점	승	무	패	득점	실점	득실차
1	포항	10	27	9	0	1	25	9	16
2	전북	10	21	6	3	1	20	10	10
3	울산	10	17	4	5	1	18	7	11
4	광주	10	17	5	2	3	19	9	10
5	전남	10	17	5	2	3	15	11	4
6	대구	10	16	5	1	4	11	11	0
7	부산	10	13	4	1	5	14	13	1
8	대전	10	12	3	3	4	9	15	-6
9	경남	10	7	2	1	7	14	28	-14
10	상주	10	4	0	4	6	7	21	-14
11	아산	10	2	0	2	8	9	27	-18

2019 아디다스 K리그 주니어 U18 2라운드

순위	팀명	경기수	승점	승	무	패	득점	실점	득실차
1	울산	10	26	8	2	0	21	6	15
2	광주	10	25	8	1	1	21	9	12
3	포항	10	17	5	2	3	18	14	4
4	수원FC	10	16	5	1	4	12	10	2
5	인천	10	16	5	1	4	11	10	1
6	전북	10	16	5	1	4	11	11	0
7	성남	10	11	3	2	5	7	14	-7
8	수원	10	10	3	1	6	8	14	-6
9	서울	10	8	2	2	6	15	18	-3
10	전남	10	7	2	1	7	11	16	-5
11	대구	10	5	1	2	7	8	21	-13
12	경남	10	21	7	0	3	17	10	7
13	부산	10	20	6	2	2	18	14	4
14	상주	10	18	6	0	4	19	12	7
15	안양	10	17	5	2	3	12	12	0
16	안산	10	16	5	1	4	23	17	6
17	아산	10	16	5	1	4	17	17	0
18	대전	10	15	4	3	3	14	13	1
19	부천	10	13	4	1	5	19	20	-1
20	강원	10	11	3	2	5	17	18	-1
21	제주	10	5	1	2	7	13	24	-11
22	서울E	10	4	0	4	6	12	24	-12

E조	경기	승	무	패	득	실	득실	승점
shandong luneng taishan(CHN)	6	3	2	1	10	8	2	11
Kashima Antlers(JPN)	6	3	1	2	9	8	1	10
경남FC(KOR)	6	2	2	2	9	8	1	8
Johor Darul Ta'zim FC(MYS)	6	1	1	4	4	8	-4	4

F조	경기	승	무	패	득	실	득실	승점
Sanfrecce Hiroshima(JPN)	6	5	0	1	9	4	5	15
Guangzhou Evergrande(CHN)	6	3	1	2	9	5	4	10
대구FC(KOR)	6	3	0	3	10	6	4	9
Melbourne Victory(AUS)	6	0	1	5	4	17	-13	1

G조	경기	승	무	패	득	실	득실	승점
전북 현대 모터스(KOR)	6	4	1	1	7	3	4	13
Urawa Red Diamonds(JPN)	6	3	1	2	9	4	5	10
Beijing Sinobo Guoan FC(CHN)	6	2	1	3	6	8	-2	7
Buriram United(THA)	6	1	1	4	3	10	-7	4

H조	경기	승	무	패	득	실	득실	승점
울산 현대(KOR)	6	3	2	1	5	7	-2	11
Shanghai SIPG FC(CHN)	6	2	3	1	13	8	5	9
Kawasaki Frontale(JPN)	6	2	2	2	9	6	3	8
Sydney FC(AUS)	6	0	3	3	5	11	-6	3

E조

일자	시간	홈팀	스코어	원정팀
03.05	19:00	Kashima Antlers(JPN)	2 : 1	Johor Darul Ta'zim FC(MYS)
03.05	19:30	경남 FC(KOR)	2 : 2	shandong luneng taishan(CHN)
03.12	16:30	shandong luneng taishan(CHN)	2 : 2	Kashima Antlers(JPN)
03. 02	21:45	Johor Darul Ta'zim FC(MYS)	1 : 1	경남 FC(KOR)
04.09	18:30	경남 FC(KOR)	2 : 3	Kashima Antlers(JPN)
04.09	20:30	shandong luneng taishan(CHN)	2 : 1	Johor Darul Ta'zim FC(MYS)
04.24	19:00	Kashima Antlers(JPN)	0 : 1	경남 FC(KOR)
04.24	21:45	Johor Darul Ta'zim FC(MYS)	0 : 1	shandong luneng taishan(CHN)
05.08	20:30	shandong luneng taishan(CHN)	2 : 1	경남 FC(KOR)
05.08	21:45	Johor Darul Ta'zim FC(MYS)	1 : 0	Kashima Antlers(JPN)
05.22	19:00	경남 FC(KOR)	2 : 0	Johor Darul Ta'zim FC(MYS)
05.22	19:00	Kashima Antlers(JPN)	2 : 1	shandong luneng taishan(CHN)

F조

일자	시간	홈팀	스코어	원정팀
03.05	17:30	Melbourne Victory(AUS)	1 : 3	대구 FC(KOR)
03.05	21:00	Guangzhou Evergrande(CHN)	2 : 0	Sanfrecce Hiroshima(JPN)
03..12	19:00	Sanfrecce Hiroshima(JPN)	2 : 1	Melbourne Victory(AUS)
03.12	19:30	대구 FC(KOR)	3 : 1	Guangzhou Evergrande(CHN)
04.10	19:00	Sanfrecce Hiroshima(JPN)	2 : 0	대구 FC(KOR)
04.10	21:00	Guangzhou Evergrande(CHN)	4 : 0	Melbourne Victory(AUS)
04.23	18:30	Melbourne Victory(AUS)	1 : 1	Guangzhou Evergrande(CHN)
04.23	20:00	대구 FC(KOR)	0 : 1	Sanfrecce Hiroshima(JPN)
05.08	19:00	Sanfrecce Hiroshima(JPN)	1 : 0	Guangzhou Evergrande(CHN)
05.08	19:00	대구 FC(KOR)	4 : 0	Melbourne Victory(AUS)
05.22	19:00	Guangzhou Evergrande(CHN)	1 : 0	대구 FC(KOR)
05.22	19:00	Melbourne Victory(AUS)	1 : 3	Sanfrecce Hiroshima(JPN)

G조

일자	시간	홈팀	스코어	원정팀
03.06	19:00	전북 현대(KOR)	3 : 1	Beijing Sinobo Guoan FC(CHN)
03.06	19:30	Urawa Red Diamonds(JPN)	3 : 0	Buriram United(THA)
03.13	20:00	Buriram United(THA)	1 : 0	전북 현대(KOR)
03.13	21:00	Beijing Sinobo Guoan FC(CHN)	0 : 0	Urawa Red Diamonds(JPN)
04.09	19:30	Urawa Red Diamonds(JPN)	0 : 1	전북 현대(KOR)
04.09	20:00	Buriram United(THA)	1 : 3	Beijing Sinobo Guoan FC(CHN)

04.24	19:00	전북 현대(KOR)	2 : 1	Urawa Red Diamonds(JPN)
04.24	21:00	Beijing Sinobo Guoan FC(CHN)	2 : 0	Buriram United(THA)
05.07	20:00	Buriram United(THA)	1 : 2	Urawa Red Diamonds(JPN)
05.07	21:00	Beijing Sinobo Guoan FC(CHN)	0 : 1	전북 현대(KOR)
05.21	19:00	전북 현대(KOR)	0 : 0	Buriram United(THA)
05.21	19:00	Urawa Red Diamonds(JPN)	3 : 0	Beijing Sinobo Guoan FC(CHN)

H조

일자	시간	홈팀	스코어	원정팀
03.06	18:00	Sydney FC(AUS)	0 : 0	울산 현대(KOR)
03.06	20:30	Shanghai SIPG FC(CHN)	1 : 0	Kawasaki Frontale(JPN)
03.13	19:00	울산 현대(KOR)	1 : 0	Shanghai SIPG FC(CHN)
03.13	19:00	Kawasaki Frontale(JPN)	1 : 0	Sydney FC(AUS)
04.10	18:30	Sydney FC(AUS)	3 : 3	Shanghai SIPG FC(CHN)
04.10	20:00	울산 현대(KOR)	1 : 0	Kawasaki Frontale(JPN)
04.23	19:00	Kawasaki Frontale(JPN)	2 : 2	울산 현대(KOR)
04.23	20:30	Shanghai SIPG FC(CHN)	2 : 2	Sydney FC(AUS)
05.07	19:00	울산 현대(KOR)	1 : 0	Sydney FC(AUS)
05.07	19:00	Kawasaki Frontale(JPN)	2 : 2	Shanghai SIPG FC(CHN)
05.21	19:00	Shanghai SIPG FC(CHN)	5 : 0	울산 현대(KOR)
05.21	19:00	Sydney FC(AUS)	0 : 4	Kawasaki Frontale(JPN)

16강

일자	시간	홈팀	스코어	원정팀
06.19	19:30	Urawa Red Diamonds(JPN)	1 : 2	울산 현대(KOR)
06.19	20:00	Shanghai SIPG FC(CHN)	1 : 1	전북 현대(KOR)
06.26	19:00	전북 현대(KOR)	1 : 1 (3 승부차기 5)	Shanghai SIPG FC(CHN)
06.26	20:00	울산 현대(KOR)	0 : 3	Urawa Red Diamonds(JPN)

Section 8

시 존 별 기 타 기 록

역대 시즌별 팀 순위

연도	구분	대회명		1위	2위	3위	4위	5위	6위	7위
1983	정규리그	83 수퍼리그		**할렐루야** 6승 8무 2패	**대우** 6승 7무 3패	**유공** 5승 7무 4패	**포항제철** 6승 4무 6패	**국민행** 3승 2무 11패		
1984	정규리그	84 축구대제전 수퍼리그	전기	**유공** 9승 2무 3패	**대우** 9승 2무 3패	**현대** 6승 6무 2패	**할렐루야** 5승 4무 5패	**럭키금성** 5승 3무 6패	**포항제철** 3승 5무 6패	**한일은행** 3승 4무 7패
			후기	**대우** 8승 4무 2패	**현대** 7승 4무 3패	**포항제철** 7승 2무 5패	**할렐루야** 5승 5무 4패	**유공** 4승 7무 3패	**한일은행** 2승 7무 5패	**럭키금성** 3승 3무 8패
			챔피언결정전	**대우** 1승 1무	**유공** 1무 1패					
1985	정규리그	85 축구대제전 수퍼리그		**럭키금성** 10승 7무 4패	**포항제철** 9승 7무 5패	**대우** 9승 7무 5패	**현대** 10승 4무 7패	**유공** 7승 5무 9패	**상무** 6승 7무 8패	**한일은행** 3승 10무 8패
1986	정규리그	86 축구대제전	춘계	**포항제철** 3승 6무 1패	**럭키금성** 3승 5무 2패	**유공** 4승 2무 4패	**대우** 4승 2무 4패	**한일은행** 3승 3무 4패	**현대** 2승 4무 4패	
			추계	**럭키금성** 7승 2무 1패	**현대** 5승 4무 1패	**대우** 6승 4패	**유공** 3승 3무 4패	**포항제철** 2승 2무 6패	**한일은행** 1승 1무 8패	
			챔피언결정전	**포항제철** 1승 1무	**럭키금성** 1무 1패					
	리그컵	86 프로축구 선수권대회		**현대** 10승 3무 3패	**대우** 7승 2무 7패	**유공** 4승 7무 5패	**포항제철** 6승 1무 9패	**럭키금성** 4승 5무 7패		
1987	정규리그	87 한국프로축구대회		**대우** 16승 14무 2패	**포항제철** 16승 8무 8패	**유공** 9승 9무 14패	**현대** 7승 12무 13패	**럭키금성** 7승 7무 18패		
1988	정규리그	88 한국프로축구대회		**포항제철** 9승 9무 6패	**현대** 10승 5무 9패	**유공** 8승 8무 8패	**럭키금성** 6승 11무 7패	**대우** 8승 5무 11패		
1989	정규리그	89 한국프로축구대회		**유공** 17승 15무 8패	**럭키금성** 15승 17무 8패	**대우** 14승 14무 12패	**포항제철** 13승 14무 13패	**일화** 6승 21무 13패	**현대** 7승 15무 18패	
1990	정규리그	90 한국프로축구대회		**럭키금성** 14승 11무 5패	**대우** 12승 11무 7패	**포항제철** 9승 10무 11패	**유공** 8승 12무 10패	**현대** 6승 14무 10패	**일화** 7승 10무 13패	
1991	정규리그	91 한국프로축구대회		**대우** 17승 18무 5패	**현대** 13승 16무 11패	**포항제철** 12승 15무 13패	**유공** 10승 17무 13패	**일화** 13승 11무 16패	**LG** 9승 15무 16패	
1992	정규리그	92 한국프로축구대회		**포항제철** 13승 9무 8패	**일화** 10승 14무 6패	**현대** 13승 6무 11패	**LG** 8승 13무 9패	**대우** 7승 14무 9패	**유공** 7승 8무 15패	
	리그컵	92 아디다스컵		**일화** 7승 3패	**LG** 5승 5패	**포항제철** 5승 5패	**유공** 6승 4패	**현대** 4승 6패	**대우** 3승 7패	
1993	정규리그	93 한국프로축구대회		**일화** 13승 11무 6패	**LG** 10승 11무 9패	**현대** 10승 10무 10패	**포항제철** 8승 14무 8패	**유공** 7승 13무 10패	**대우** 5승 15무 10패	
	리그컵	93 아디다스컵		**포항제철** 4승 1패	**현대** 4승 1패	**대우** 3승 2패	**LG** 2승 3패	**일화** 2승 3패	**유공** 5패	
1994	정규리그	94 하이트배 코리안리그		**일화** 15승 9무 6패	**유공** 14승 9무 7패	**포항제철** 13승 11무 6패	**현대** 11승 13무 6패	**LG** 12승 7무 11패	**대우** 7승 6무 17패	**전북버팔로** 3승 5무 22패
	리그컵	94 아디다스컵		**유공** 3승 2무 1패	**LG** 3승 2무 1패	**대우** 2승 3무 1패	**일화** 2승 2무 2패	**현대** 1승 3무 2패	**전북버팔로** 2승 4패	**포항제철** 1승 2무 3패
1995	정규리그	95 하이트배 코리안리그	전기	**일화** 10승 3무 1패	**현대** 7승 5무 2패	**포항** 7승 5무 2패	**대우** 5승 3무 6패	**유공** 4승 4무 6패	**전남** 4승 2무 8패	**전북** 4승 10패
			후기	**포항** 8승 5무 1패	**유공** 5승 5무 4패	**현대** 4승 7무 3패	**전북** 5승 4무 5패	**전남** 4승 5무 5패	**LG** 3승 6무 5패	**일화** 3승 6무 5패
			참피온	**일화** 1승 2무	**포항** 2무 1패					
	리그컵	95 아디다스컵		**현대** 5승 2무	**일화** 3승 4무	**대우** 2승 3무 2패	**전북** 2승 2무 3패	**유공** 2승 2무 3패	**LG** 1승 3무 3패	**포항** 1승 3무 3패
1996	정규리그	96 라피도컵 프로축구대회	전기	**울산** 11승 3무 2패	**포항** 10승 5무 1패	**수원** 9승 3무 4패	**부천SK** 5승 5무 6패	**전북** 5승 4무 7패	**전남** 5승 3무 8패	**부산** 4승 3무 9패
			후기	**수원** 9승 6무 1패	**부천SK** 8승 4무 4패	**포항** 7승 5무 4패	**부산** 5승 6무 5패	**천안** 6승 3무 7패	**전남** 4승 6무 6패	**전북** 5승 3무 8패
			참피온	**울산** 1승 1패	**수원** 1승 1패					
	리그컵	96 아디다스컵		**부천SK** 5승 2무 1패	**포항** 3승 3무 2패	**부산** 3승 3무 2패	**울산** 3승 2무 3패	**천안** 3승 2무 3패	**수원** 3승 2무 3패	**전북** 2승 3무 3패
1997	정규리그	97 라피도컵 프로축구대회		**부산** 11승 4무 3패	**전남** 10승 6무 2패	**울산** 8승 6무 4패	**포항** 8승 6무 4패	**수원** 7승 7무 4패	**전북** 6승 8무 4패	**대전** 3승 7무 8패
	리그컵	97 아디다스컵		**부산** 4승 4무 1패	**전남** 3승 5무 1패	**울산** 3승 5무 1패	**천안** 3승 5무 1패	**부천SK** 3승 4무 2패	**수원** 2승 5무 2패	**포항** 2승 4무 3패
		97 프로스펙스컵	A조	**포항** 4승 4무	**전남** 4승 4무	**안양LG** 2승 4무 2패	**울산** 2승 2무 4패	**전북** 2무 6패		
			B조	**부산** 5승 2무 1패	**수원** 5승 1무 2패	**부천SK** 3승 3무 2패	**천안** 3승 1무 4패	**대전** 1무 7패		
			4강전	**부산** 2승 1무	**포항** 1승 1무 1패	**전남** 1패	**수원** 1패			

8위	9위	10위	11위	12위	13위	14위	15위	16위
국민은행 1승 4무 9패								
국민은행 2승 4무 8패								
할렐루야 3승 7무 11패								
LG 2승 4무 8패								
대우 4승 2무 8패								
전남 1승 3무 3패								
안양LG 4승 3무 9패	**천안** 2승 5무 9패							
안양LG 4승 5무 7패	**울산** 5승 11패							
안양LG 2승 3무 3패	**전남** 1승 2무 5패							
천안 2승 7무 9패	**안양LG** 1승 8무 9패	**부천SK** 2승 5무 11패						
대전 1승 4무 4패	**전북** 1승 4무 4패	**안양LG** 6무 3패						

연도	구분	대회명		1위	2위	3위	4위	5위	6위	7위
1998	정규리그	98 현대컵 K-리그	일반	**수원** 12승 6패	**울산** 11승 7패	**포항** 10승 8패	**전남** 9승 9패	**부산** 10승 8패	**전북** 9승 9패	**부천SK** 9승 9패
			PO	**수원** 1승 1무	**울산** 1승 1무 2패	**포항** 2승 1패	**전남** 1패			
	리그컵	98 필립모리스 코리아컵		**부산** 8승 1패	**부천SK** 6승 3패	**안양LG** 5승 4패	**수원** 5승 4패	**천안** 5승 4패	**대전** 3승 6패	**전북** 3승 6패
		98 아디다스 코리아컵	A조	**울산** 5승 3패	**안양LG** 4승 4패	**수원** 6승 2패	**대전** 3승 5패	**부산** 2승 6패		
			B조	**부천SK** 6승 2패	**포항** 4승 4패	**전남** 3승 5패	**전북** 4승 4패	**천안** 3승 5패		
			4강전	**울산** 2승 1무	**부천SK** 1승 1무 1패	**포항** 1패	**안양LG** 1패			
1999	정규리그	99 바이코리아컵 K-리그	일반	**수원** 21승 6패	**부천SK** 18승 9패	**전남** 17승 10패	**부산** 14승 13패	**포항** 12승 15패	**울산** 12승 15패	**전북** 12승 15패
			PO	**수원** 2승	**부산** 3승 2패	**부천SK** 2패	**전남** 1패			
	리그컵	99 아디다스컵		**수원** 3승	**안양LG** 3승 1패	**전남** 1승 1패	**포항** 2승 1패	**울산** 1패	**천안** 1패 [공동6위]	**대전** 1패 [공동6위]
		99 대한화재컵	A조	**수원** 5승 3패	**부산** 5승 3패	**부천SK** 4승 4패	**대전** 3승 5패	**포항** 3승 5패		
			B조	**울산** 5승 3패	**천안** 5승 3패	**전북** 4승 4패	**안양LG** 4승 4패	**전남** 2승 6패		
			4강전	**수원** 2승 1무	**부산** 1승 1무 1패	**천안** 1무[공동3위]	**울산** 1무[공동3위]			
2000	정규리그	2000 삼성 디지털 K-리그	일반	**안양LG** 19승 8패	**성남일화** 18승 9패	**전북** 15승 12패	**부천SK** 16승 11패	**수원** 14승 13패	**부산** 11승 16패	**전남** 12승 15패
			PO	**안양LG** 2승	**부천SK** 2승 3패	**성남일화** 1승 1패	**전북** 1패			
	리그컵	2000 아디다스컵		**수원** 3승	**성남일화** 2승 1패	**전남** 1승 1패	**안양LG** 1승 1패	**대전** 1패	**울산** 1승 1패	**부산** 1승 1패
		2000 대한화재컵	A조	**부천SK** 6승 2패	**포항** 4승 4패	**전북** 3승 5패	**수원** 4승 4패	**안양LG** 3승 5패		
			B조	**전남** 6승 2패	**성남일화** 4승 4패	**울산** 5승 3패	**부산** 3승 5패	**대전** 2승 6패		
			4강전	**부천SK** 2승	**전남** 1승 1패	**포항** 1패	**성남일화** 1패			
2001	정규리그	2001 포스코 K-리그		**성남일화** 11승 12무 4패	**안양LG** 11승 10무 6패	**수원** 12승 5무 10패	**부산** 10승 11무 6패	**포항** 10승 8무 9패	**울산** 10승 6무 11패	**부천SK** 7승 14무 6패
	리그컵	아디다스컵 2001	A조	**수원** 5승 3패	**성남일화** 5승 3패	**포항** 4승 4패	**안양LG** 3승 5패	**전남** 3승 5패		
			B조	**부산** 6승 2패	**전북** 5승 3패	**대전** 4승 4패	**울산** 3승 5패	**부천SK** 2승 6패		
			4강전	**수원** 2승 1무	**부산** 1승 1무 1패	**성남일화** 1무	**전북** 1패			
2002	정규리그	2002 삼성 파브 K-리그		**성남일화** 14승 7무 6패	**울산** 13승 8무 6패	**수원** 12승 9무 6패	**안양LG** 11승 7무 9패	**전남** 9승 10무 8패	**포항** 9승 9무 9패	**전북** 8승 11무 8패
	리그컵	아디다스컵 2002	A조	**수원** 4승 4패	**성남일화** 5승 3패	**부천SK** 4승 4패	**전북** 4승 4패	**포항** 3승 5패		
			B조	**안양LG** 7승 1패	**울산** 5승 3패	**전남** 3승 5패	**대전** 3승 5패	**부산** 2승 6패		
			4강전	**성남일화** 2승 1무	**울산** 1승 1무 1패	**수원** 1패	**안양LG** 1패			
2003	정규리그	삼성 하우젠 K-리그 2003		**성남일화** 27승 10무 7패	**울산** 20승 13무 11패	**수원** 19승 15무 10패	**전남** 17승 20무 7패	**전북** 18승 15무 11패	**대전** 18승 11무 15패	**포항** 17승 13무 14패
2004	정규리그	삼성 하우젠 K-리그 2004	전기	**포항** 6승 5무 1패	**전북** 5승 5무 2패	**울산** 5승 5무 2패	**수원** 5승 3무 4패	**서울** 3승 7무 2패	**전남** 3승 6무 3패	**광주상무** 3승 6무 3패
			후기	**수원** 7승 2무 3패	**전남** 6승 4무 2패	**울산** 6승 3무 3패	**인천** 4승 5무 3패	**서울** 4승 5무 3패	**부산** 4승 4무 4패	**대구** 4승 4무 4패
			PO	**수원** 2승 1무	**포항** 1승 1무 1패	**울산** 1패	**전남** 1패			
	리그컵	삼성 하우젠컵 2004		**성남일화** 6승 4무 2패	**대전** 5승 5무 2패	**수원** 4승 7무 1패	**전북** 5승 4무 3패	**울산** 4승 5무 3패	**전남** 5승 1무 6패	**포항** 4승 3무 5패
2005	정규리그	삼성 하우젠 K-리그 2005	전기	**부산** 7승 4무 1패	**인천** 7승 3무 2패	**울산** 7승 1무 4패	**포항** 6승 3무 3패	**서울** 5승 4무 3패	**성남일화** 4승 4무 4패	**부천SK** 4승 4무 4패
			후기	**성남일화** 8승 3무 1패	**부천SK** 8승 2무 2패	**울산** 6승 3무 3패	**대구** 6승 3무 3패	**인천** 6승 3무 3패	**포항** 5승 4무 3패	**대전** 4승 4무 4패
			PO	**울산** 2승 1패	**인천** 2승 1패	**성남일화** 1패	**부산** 1패			
	리그컵	삼성 하우젠컵 2005		**수원** 7승 4무 1패	**울산** 6승 5무 1패	**포항** 4승 8무	**부천SK** 5승 3무 4패	**서울** 5승 2무 5패	**인천** 4승 3무 5패	**대구** 4승 3무 5패

8위	9위	10위	11위	12위	13위	14위	15위	16위
	대전 6승 12패	**천안** 5승 13패						
울산 3승 6패	**포항** 4승 5패	**전남** 3승 6패						
대전 9승 18패	**안양LG** 10승 17패	**천안** 10승 17패						
부천SK 1패	**전북** 1패	**부산** 1패						
대전 10승 17패	**포항** 12승 15패	**울산** 8승 19패						
포항 1패	**부천SK** 1패[공동9위]	**전북** 1패[공동9위]						
전남 6승 10무 11패	**전북** 5승 10무 12패	**대전** 5승 10무 12패						
부천SK 8승 8무 11패	**부산** 6승 8무 13패	**대전** 1승 11무 15패						
안양LG 14승 14무 16패	**부산** 13승 10무 21패	**광주상무** 13승 7무 24패	**대구** 7승 16무 21패	**부천SK** 3승 12무 29패				
성남일화 4승 3무 5패	**부산** 2승 8무 2패	**대구** 3승 3무 6패	**대전** 2승 6무 4패	**부천SK** 1승 8무 3패	**인천** 2승 3무 7패			
광주상무 3승 5무 4패	**성남일화** 3승 5무 4패	**부천SK** 3승 5무 4패	**대전** 4승 2무 6패	**전북** 3승 3무 6패	**포항** 2승 3무 7패			
대구 2승 9무 1패	**인천** 3승 6무 3패	**광주상무** 4승 2무 6패	**부천SK** 2승 6무 4패	**서울** 2승 4무 6패	**부산** 2승 4무 6패			
대전 2승 8무 2패	**수원** 3승 5무 4패	**전남** 3승 5무 4패	**전북** 2승 3무 7패	**대구** 2승 3무 7패	**광주상무** 1승 3무 8패			
수원 3승 5무 4패	**서울** 3승 4무 5패	**전남** 4승 1무 7패	**광주상무** 3승 2무 7패	**전북** 2승 3무 7패	**부산** 3무 9패			
성남일화 3승 5무 4패	**전남** 3승 5무 4패	**대전** 3승 4무 5패	**광주상무** 3승 3무 6패	**전북** 2승 5무 5패	**부산** 2승 4무 6패			

연도	구분	대회명		1위	2위	3위	4위	5위	6위	7위
2006	정규리그	삼성 하우젠 K-리그 2006	전기	**성남일화** 10승 2무 1패	**포항** 6승 4무 3패	**대전** 4승 7무 2패	**서울** 3승 7무 3패	**전남** 2승 10무 1패	**부산** 4승 4무 5패	**전북** 3승 7무 3패
			후기	**수원** 8승 3무 2패	**포항** 7승 4무 2패	**서울** 6승 5무 2패	**대구** 6승 3무 4패	**울산** 5승 5무 3패	**인천** 5승 4무 4패	**전남** 5승 3무 5패
			PO	**성남일화** 3승	**수원** 1승 2패	**포항** 1패	**서울** 1패			
	리그컵	삼성 하우젠컵 2006		**서울** 8승 3무 2패	**성남일화** 6승 4무 3패	**경남** 7승 1무 5패	**대전** 5승 6무 2패	**울산** 6승 3무 4패	**전북** 6승 2무 5패	**전남** 6승 2무 5패
2007	정규리그	삼성 하우젠 K-리그 2007	일반	**성남일화** 16승 7무 3패	**수원** 15승 6무 5패	**울산** 12승 9무 5패	**경남** 13승 5무 8패	**포항** 11승 6무 9패	**대전** 10승 7무 9패	**서울** 8승 13무 5패
			PO	**포항** 5승	**성남일화** 2패	**수원** 1패	**울산** 1승 1패	**경남** 1패	**대전** 1패	
	리그컵	삼성 하우젠컵 2007	A조	**울산** 5승 4무 1패	**인천** 6승 1무 3패	**대구** 4승 1무 5패	**전북** 3승 3무 4패	**포항** 2승 5무 3패	**제주** 2승 2무 6패	
			B조	**서울** 6승 3무 1패	**수원** 5승 2무 3패	**광주상무** 3승 3무 4패	**부산** 2승 5무 3패	**대전** 2승 5무 3패	**경남** 1승 4무 5패	
			PO	**울산** 2승	**서울** 1승 1패	**수원** 1승 1패	**인천** 1승 1패	**전남** 1패	**성남일화** 1패	
2008	정규리그	삼성 하우젠 K-리그 2008	일반	**수원** 17승 3무 6패	**서울** 15승 9무 2패	**성남일화** 15승 6무 5패	**울산** 14승 7무 5패	**포항** 13승 5무 8패	**전북** 11승 4무 11패	**인천** 9승 9무 8패
			PO	**수원** 1승 1무	**서울** 1승 1무 1패	**울산** 2승 1패	**전북** 1승 1패	**성남일화** 1패	**포항** 1패	
	리그컵	삼성 하우젠컵 2008	A조	**수원** 6승 3무 1패	**부산** 5승 1무 4패	**서울** 4승 2무 4패	**경남** 3승 4무 3패	**제주** 2승 3무 5패	**인천** 2승 3무 5패	
			B조	**전북** 5승 4무 1패	**성남일화** 6승 1무 3패	**울산** 4승 4무 2패	**대전** 4승 2무 4패	**대구** 3승 2무 5패	**광주상무** 3무 7패	
			PO	**수원** 2승	**전남** 2승 1패	**포항** 1승 1패	**전북** 1패	**성남일화** 1패	**부산** 1패	
2009	정규리그	2009 K-리그	일반	**전북** 17승 6무 5패	**포항** 14승 11무 3패	**서울** 16승 5무 7패	**성남일화** 13승 6무 9패	**인천** 11승 10무 7패	**전남** 11승 9무 8패	**경남** 10승 10무 8패
			챔피언십	**전북** 1승 1무	**성남일화** 3승 1무 1패	**포항** 1패	**전남** 1승 1패	**서울** 1패	**인천** 1패	
	리그컵	피스컵 코리아 2009	A조	**성남일화** 3승 2무	**인천** 2승 2무 1패	**대구** 2승 1무 2패	**전남** 2승 1무 2패	**대전** 2승 3패	**강원** 1승 4패	
			B조	**제주** 3승 1무	**부산** 2승 2무	**전북** 1승 1무 2패	**경남** 1승 1무 2패	**광주상무** 1무 3패		
			PO	**포항** 4승 1무 1패	**부산** 3승 1무 2패	**울산** 2승 2패[공동3위]	**서울** 2승 1무 1패[공동3위]	**성남일화** 1승 1패[공동5위]	**인천** 1무 1패[공동5위]	**제주** 2패[공동5위]
2010	정규리그	쏘나타 K리그 2010	일반	**서울** 20승 2무 6패	**제주** 17승 8무 3패	**전북** 15승 6무 7패	**울산** 15승 5무 8패	**성남일화** 13승 9무 6패	**경남** 13승 9무 6패	**수원** 12승5무11패
			챔피언십	**서울** 1승 1무	**제주** 1승 1무 1패	**전북** 2승 1패	**성남일화** 1승 1패	**울산** 1패	**경남** 1패	
	리그컵	포스코컵 2010	A조	**전북** 3승 1무	**경남** 3승 1패	**수원** 2승 2패	**전남** 1승 1무 2패	**강원** 4패		
			B조	**서울** 2승 2무	**제주** 2승 1무 1패	**울산** 1승 2무 1패	**성남일화** 3무 1패	**광주상무** 2무 2패		
			C조	**부산** 3승 1패	**대구** 2승 2패	**포항** 1승 2무 1패	**인천** 1승 1무 2패	**대전** 1승 1무 2패		
			본선토너먼트	**서울** 3승	**전북** 2승 1패	**경남** 1승 1패[공동3위]	**수원** 1승 1패[공동3위]	**부산** 1패 [공동5위]	**대구** 1패 [공동5위]	**제주** 1패 [공동5위]
2011	정규리그	현대오일뱅크 K리그 2011	일반	**전북** 18승 9무 3패	**포항** 17승 8무 5패	**서울** 16승 7무 7패	**수원** 17승 4무 9패	**부산** 13승 7무 10패	**울산** 13승 7무 10패	**전남** 11승 10무 9패
			챔피언십	**전북** 2승	**울산** 2승 2패	**포항** 1패	**수원** 1승 1패	**서울** 1패	**부산** 1패	
	리그컵	러시앤캐시컵 2011	A조	**포항** 4승 1패	**경남** 3승 1무 1패	**성남일화** 2승 2무 1패	**인천** 1승 2무 2패	**대구** 1승 2무 2패	**대전** 1무 4패	
			B조	**부산** 4승 1패	**울산** 4승 1패	**전남** 3승 1무 1패	**강원** 1승 1무 3패	**상주** 1승 무 4패	**광주** 1승 4패	
			본선토너먼트	**울산** 3승	**부산** 2승	**경남** 1승 1패 [공동3위]	**수원** 1패 [공동3위]	**제주** 1패 [공동5위]	**포항** 1패 [공동5위]	**서울** 1패 [공동5위]
2012	정규리그	현대오일뱅크 K리그 2012	일반	**서울** 19승 7무 4패	**전북** 17승 8무 5패	**수원** 15승 8무 7패	**울산** 15승 8무 7패	**포항** 15승 5무 10패	**부산** 12승 10무 8패	**제주** 11승 10무 9패
			그룹A	**서울** 10승 2무 2패	**포항** 8승 3무 3패	**전북** 5승 5무 4패	**제주** 5승 5무 4패	**수원** 5승 5무 4패	**울산** 3승 6무 5패	**경남** 2승 4무 8패
			그룹B							
			최종	**서울** 29승 9무 6패	**전북** 22승 13무 9패	**포항** 23승 8무 13패	**수원** 20승 13무 11패	**울산** 18승 14무 12패	**제주** 16승 15무 13패	**부산** 13승 14무 17패

8위	9위	10위	11위	12위	13위	14위	15위	16위
수원 3승 7무 3패	**울산** 3승 6무 4패	**인천** 2승 8무 3패	**대구** 2승 7무 4패	**광주상무** 2승 7무 4패	**경남** 3승 4무 6패	**제주** 1승 6무 6패		
부산 5승 3무 5패	**성남일화** 4승 5무 4패	**제주** 4승 4무 5패	**경남** 4승 1무 8패	**대전** 3승 3무 7패	**전북** 2승 4무 7패	**광주상무** 3승 1무 9패		
제주 6승 2무 5패	**포항** 6승 1무 6패	**부산** 4승 2무 7패	**광주상무** 4승 2무 7패	**수원** 2승 6무 5패	**대구** 2승 6무 5패	**인천** 1승 4무 8패		
전북 9승 9무 8패	**인천** 8승 9무 9패	**전남** 7승 9무 10패	**제주** 8승 6무 12패	**대구** 6승 6무 14패	**부산** 4승 8무 14패	**광주상무** 2승 6무 18패		
경남 10승 5무 11패	**전남** 8승 5무 13패	**제주** 7승 7무 12패	**대구** 8승 2무 16패	**부산** 5승 7무 14패	**대전** 3승 12무 11패	**광주상무** 3승 7무 16패		
울산 9승 9무 10패	**대전** 8승 9무 11패	**수원** 8승 8무 12패	**광주상무** 9승 3무 16패	**부산** 7승 8무 13패	**강원** 7승 7무 14패	**제주** 7승 7무 14패	**대구** 5승 8무 15패	
수원 2패[공동5위]								
부산 8승9무11패	**포항** 8승9무11패	**전남** 8승8무12패	**인천** 8승7무13패	**강원** 8승6무14패	**대전** 5승7무16패	**광주상무** 3승10무15패	**대구** 5승4무19패	
울산 1패 [공동5위]								
경남 12승 6무 12패	**제주** 10승 10무 10패	**성남일화** 9승 8무 13패	**광주** 9승 8무 13패	**대구** 8승 9무 13패	**인천** 6승 14무 10패	**상주** 7승 8무 15패	**대전** 6승 9무 15패	**강원** 3승 6무 21패
전북 1패 [공동5위]								
경남 12승 4무 14패	**인천** 10승 10무 10패	**대구** 10승 9무 11패	**성남일화** 10승 7무 13패	**전남** 7승 8무 15패	**대전** 7승 7무 16패	**광주** 6승 9무 15패	**상주** 7승 6무 17패	**강원** 7승 4무 19패
부산 1승 4무 9패								
	인천 7승 6무 1패	**강원** 7승 3무 4패	**전남** 6승 6무 2패	**대구** 6승 4무 4패	**대전** 6승 4무 4패	**광주** 4승 6무 4패	**성남일화** 4승 3무 7패	**상주** 14패
경남 14승 8무 22패	**인천** 17승 16무 11패	**대구** 16승 13무 15패	**전남** 13승 14무 17패	**성남일화** 14승 10무 20패	**대전** 13승 11무 20패	**강원** 14승 7무 23패	**광주** 10승 15무 19패	**상주** 7승 6무 31패

연도	구분	대회명		1위	2위	3위	4위	5위	6위	7위
2013	K리그1/정규리그	현대오일뱅크 K리그 클래식 2013	일반	**포항** 14승 7무 5패	**울산** 14승 6무 6패	**전북** 14승 6무 6패	**서울** 13승 7무 6패	**수원** 12승 5무 9패	**인천** 11승 8무 7패	**부산** 11승 8무 7패
			그룹A	**포항** 7승 4무 1패	**울산** 8승 1무 3패	**서울** 4승 4무 4패	**전북** 4승 3무 5패	**수원** 3승 3무 6패	**부산** 3승 3무 6패	**인천** 1승 6무 5패
			그룹B							
			최종	**포항** 21승 11무 6패	**울산** 22승 7무 9패	**전북** 18승 9무 11패	**서울** 17승 11무 10패	**수원** 15승 8무 15패	**부산** 14승 10무 14패	**인천** 12승 14무 12패
	K리그2 정규리그	현대오일뱅크 K리그 챌린지 2013		**상주** 23승 8무 4패	**경찰** 20승 4무 11패	**광주** 16승 5무 14패	**수원FC** 13승 8무 14패	**안양** 12승 9무 14패	**고양** 10승 11무 14패	**부천** 8승 9무 18패
	승강 PO	현대오일뱅크 K리그 승강 플레이오프 2013		**상주** 1승 1패	**강원** 1승 1패					
2014	K리그1/정규리그	현대오일뱅크 K리그 클래식 2014	일반	**전북** 20승 8무 5패	**수원** 16승 10무 7패	**포항** 16승 7무 10패	**서울** 13승 11무 9패	**제주** 13승 11무 9패	**울산** 13승 8무 12패	**전남** 13승 6무 14패
			그룹A	**전북** 4승 1무 0패	**수원** 3승 0무 1패	**서울** 2승 2무 1패	**제주** 1승 1무 3패	**포항** 0승 3무 2패	**울산** 0승 3무 2패	
			그룹B							**부산** 3승 1무 1패
			최종	**전북** 24승 9무 5패	**수원** 19승 10무 9패	**서울** 15승 13무 10패	**포항** 16승 10무 12패	**제주** 14승 12무 12패	**울산** 14승 9무 15패	**전남** 13승 11무 14패
	K리그2/정규리그	현대오일뱅크 K리그 챌린지 2014	일반	**대전** 20승 10무 6패	**안산경찰청** 16승 11무 9패	**강원** 16승 6무 14패	**광주** 13승 12무 11패	**안양** 15승 6무 15패	**수원FC** 12승 12무 12패	**대구** 13승 8무 15패
			PO		**광주** 2승	**안산경찰청** 1패	**강원** 1패			
			최종	**대전** 20승 10무 6패	**광주** 15승 12무 11패	**안산경찰청** 16승 11무 10패	**강원** 16승 6무 15패	**안양** 15승 6무 15패	**수원FC** 12승 12무 12패	**대구** 13승 8무 15패
	승강 PO	현대오일뱅크 K리그 승강 플레이오프 2014		**광주** 1승 1무	**경남** 1무 1패					
2015	K리그1/정규리그	현대오일뱅크 K리그 클래식 2015	일반	**전북** 21승 5무 7패	**수원** 17승 9무 7패	**포항** 15승 11무 7패	**성남** 14승 12무 7패	**서울** 15승 9무 9패	**제주** 13승 7무 13패	**인천** 12승 9무 12패
			그룹A	**포항** 3승 1무 1패	**서울** 2승 2무 1패	**수원** 2승 1무 2패	**성남** 1승 3무 1패	**전북** 1승 2무 2패	**제주** 1승 1무 3패	
			그룹B							**울산** 4승 1무 0패
			최종	**전북** 22승 7무 9패	**수원** 19승 10무 9패	**포항** 18승 12무 8패	**서울** 17승 11무 10패	**성남** 15승 15무 8패	**제주** 14승 8무 16패	**울산** 13승 14무 11패
	K리그2/정규리그	현대오일뱅크 K리그 챌린지 2015	일반	**상주** 20승 7무 13패	**대구** 18승 13무 9패	**수원FC** 18승 11무 11패	**서울E** 16승 13무 11패	**부천** 15승 10무 15패	**안양** 13승 15무 12패	**강원** 13승 12무 15패
			PO		**수원FC** 1승 1무 0패	**대구** 0승 0무 1패	**서울E** 0승 1무 1패			
			최종	**상주** 20승 7무 13패	**수원FC** 19승 12무 11패	**대구** 18승 13무 10패	**서울E** 16승 14무 11패	**부천** 15승 10무 15패	**안양** 13승 15무 12패	**강원** 13승 12무 15패
	승강 PO	현대오일뱅크 K리그 승강 플레이오프 2015		**수원FC** 2승 0무 0패	**부산** 0승 0무 2패					
2016	K리그1/정규리그	현대오일뱅크 K리그 클래식 2016	일반	**전북** 18승 15무 0패	**서울** 17승 6무 10패	**제주** 14승 7무 12패	**울산** 13승 9무 11패	**전남** 11승 10무 12패	**상주** 12승 6무 15패	**성남** 11승 8무 14패
			그룹A	**서울** 4승 1무 0패	**제주** 3승 1무 1패	**전북** 2승 1무 2패	**울산** 1승 3무 1패	**전남** 1승 1무 3패	**상주** 0승 1무 4패	
			그룹B							**수원** 3승 2무 0패
			최종	**서울** 21승 7무 10패	**전북** 20승 16무 2패	**제주** 17승 8무 13패	**울산** 14승 12무 12패	**전남** 12승 11무 15패	**상주** 12승 7무 19패	**수원** 10승 18무 10패
	K리그2/정규리그	현대오일뱅크 K리그 챌린지 2016	일반	**안산무궁화** 21승 7무 12패	**대구** 19승 13무 8패	**부천** 19승 10무 11패	**강원** 19승 9무 12패	**부산** 19승 7무 14패	**서울E** 17승 13무 10패	**대전** 15승 10무 15패
			PO			**강원** 2승	**부천** 1패	**부산** 1패		
			최종	**안산무궁화** 21승 7무 12패	**대구** 19승 13무 8패	**강원** 21승 9무 12패	**부천** 19승 10무 12패	**부산** 19승 7무 15패	**서울E** 17승 13무 10패	**대전** 15승 10무 15패
	승강 PO	현대오일뱅크 K리그 승강 플레이오프 2016		**강원** 2무	**성남** 2무					

8위	9위	10위	11위	12위	13위	14위	15위	16위
성남 11승 7무 8패	**제주** 10승 9무 7패	**전남** 6승 11무 9패	**경남** 4승 10무 12패	**대구** 4승 8무 14패	**강원** 2승 9무 15패	**대전** 2승 8무 16패		
강원 6승 3무 3패	**성남** 6승 2무 4패	**제주** 6승 1무 5패	**대전** 5승 3무 4패	**경남** 4승 3무 5패	**대구** 2승 6무 4패	**전남** 3승 2무 7패		
성남 17승 9무 12패	**제주** 16승 10무 12패	**전남** 9승 13무 16패	**경남** 8승 13무 17패	**강원** 8승 12무 18패	**대구** 6승 14무 18패	**대전** 7승 11무 20패		
충주 7승 8무 20패								
인천 8승 6무 14패	**부산** 7승 12무 14패	**성남** 7승 10무 16패	**경남** 6승 13무 14패	**상주** 6승 11무 16패				
성남 2승 3무 0패	**전남** 1승 3무 1패	**상주** 1승 2ㅜ 2패	**경남** 1승 2무 2패	**인천** 0승 3무 2패				
부산 10승 13무 15	**성남** 9승 13무 16패	**인천** 8승 16무 14패	**경남** 7승 15무 16패	**상주** 7승 13무 18패				
고양 11승 14무 11패	**충주** 6승 16무 14패	**부천** 6승 9무 21패						
고양 11승 14무 11패	**충주** 6승 16무 14패	**부천** 6승 9무 21패						
인천 13승 12무 13패	**전남** 12승 13무 13패	**광주** 10승 12무 16패	**부산** 5승 11무 22패	**대전** 4승 7무 27패				
광주 2승 1무 2패	**전남** 2승 1무 2패	**인천** 1승 3무 1패	**대전** 2승 0무 3패	**부산** 0승 2무 3패				
인천 13승 12무 13패	**전남** 12승 13무 13패	**광주** 10승 12무 16패	**부산** 5승 11무 22패	**대전** 4승 7무 27패				
고양 13승 10무 17패	**경남** 10승 13무 17패	**안산경찰청** 9승 15무 16패	**충주** 10승 11무 19패					
고양 13승 10무 17패	**경남** 10승 13무 17패	**안산경찰청** 9승 15무 16패	**충주** 10승 11무 19패					
포항 11승 8무 14패	**광주** 10승 11무 12패	**수원** 7승 16무 10패	**인천** 8승 11무 14패	**수원FC** 8승 9무 16패				
인천 3승 1무 1패	**수원FC** 2승 0무 3패	**광주** 1승 3무 1패	**포항** 1승 2무 2패	**성남** 0승 2무 3패				
광주 11승 14무 13패	**포항** 12승 10무 16패	**인천** 11승 12무 15패	**성남** 11승 10무 17패	**수원FC** 10승 9무 19패				
경남 18승 6무 16패	**안양** 11승 13무 16패	**충주** 7승 8무 25패	**고양** 2승 10무 28패					
경남 18승 6무 16패	**안양** 11승 13무 16패	**충주** 7승 8무 25패	**고양** 2승 10무 28패					

연도	구분	대회명		1위	2위	3위	4위	5위	6위	7위
2017	K리그1/정규리그	KEB하나은행 K리그 클래식 2017	일반	**전북** 19승 8무 6패	**제주** 17승 8무 8패	**울산** 16승 11무 6패	**수원** 14승 11무 8패	**서울** 14승 11무 8패	**강원** 12승 10무 11패	**포항** 11승 7무 15패
			그룹A	**수원** 3승 2무 0패	**전북** 3승 1무 1패	**서울** 2승 2무 1패	**제주** 2승 1무 2패	**강원** 1승 0무 4패	**울산** 1승 0무 4패	
			그룹B							**포항** 4승 0무 1패
			최종	**전북** 22승 9무 7패	**제주** 19승 9무 10패	**수원** 17승 13무 8패	**울산** 17승 11무 10패	**서울** 16승 13무 9패	**강원** 13승 10무 15패	**포항** 15승 7무 16패
	K리그2/정규리그	KEB하나은행 K리그 챌린지 2017	일반	**경남** 24승 7무 5패	**부산** 19승 11무 6패	**아산** 15승 9무 12패	**성남** 13승 14무 9패	**부천** 15승 7무 14패	**수원FC** 11승 12무 13패	**안양** 10승 9무 17패
			PO		**부산** 1승 0패	**아산** 1승 1패	**성남** 1패			
			최종	**경남** 24승 7무 5패	**부산** 20승 11무 6패	**아산** 16승 9무 13패	**성남** 13승 14무 10패	**부천** 15승 7무 14패	**수원FC** 11승 12무 13패	**안양** 10승 9무 17패
	승강PO	KEB하나은행 K리그 승강 플레이오프 2017		**상주** 1승 1패	**부산** 1승 1패					
				2차전 후 승부차기로 상주 잔류						
2018	K리그1/정규리그	KEB하나은행 K리그1 2018	일반	**전북** 24승 5무 4패	**경남** 16승 10무 7패	**울산** 15승 11무 7패	**수원** 13승 10무 10패	**포항** 13승 8무 12패	**제주** 11승 11무 11패	**강원** 10승 9무 14패
			그룹A	**제주** 3승 1무 1패	**전북** 2승 3무	**울산** 2승 1무 2패	**포항** 2승 1무 2패	**경남** 2승 1무 2패	**수원** 1무 4패	
			그룹B							**인천** 4승 1패
			최종	**전북** 26승 8무 4패	**경남** 18승 11무 9패	**울산** 17승 12무 9패	**포항** 15승 9무 14패	**제주** 14승 12무 12패	**수원** 13승 11무 14패	**대구** 14승 8무 16패
	K리그2/정규리그	KEB하나은행 K리그2 2018	일반	**아산** 21승 9무 6패	**성남** 18승 11무 7패	**부산** 14승 14무 8패	**대전** 15승 8무 13패	**광주** 11승 15무 10패	**안양** 12승 8무 16패	**수원FC** 13승 3무 20패
			PO			**부산** 1승	**대전** 1승 1패	**광주** 1패		
			최종	**아산** 21승 9무 6패	**성남** 18승 11무 7패	**부산** 15승 14무 8패	**대전** 16승 8무 14패	**광주** 11승 15무 11패	**안양** 12승 8무 16패	**수원FC** 13승 3무 20패
	승강PO	KEB하나은행 K리그 승강 플레이오프 2018		**서울** 1승 1무	**부산** 1무 1패					
2019	K리그1/정규리그	하나원큐 K리그1 2019	일반	**울산** 20승 9무 4패	**전북** 19승 11무 3패	**서울** 15승 9무 9패	**대구** 12승 14무 7패	**포항** 14승 6무 13패	**강원** 13승 7무 13패	**상주** 13승 7무 13패
			파이널A	**전북** 3승 2무	**울산** 3승 1무 1패	**포항** 2승 2무 1패	**대구** 1승 2무 2패	**강원** 1승 1무 3패	**서울** 2무 3패	
			파이널B							**상주** 3승 2패
			최종	**전북** 22승 13무 3패	**울산** 23승 10무 5패	**서울** 15승 11무 12패	**포항** 16승 8무 14패	**대구** 13승 16무 9패	**강원** 14승 8무 16패	**상주** 16승 7무 15패
	K리그2/정규리그	하나원큐 K리그2 2019	일반	**광주** 21승 10무 5패	**부산** 18승 13무 5패	**안양** 15승 10무 11패	**부천** 14승 9무 13패	**안산** 14승 8무 14패	**전남** 13승 9무 14패	**아산** 12승 8무 16패
			PO		**부산** 1승	**안양** 1무 1패	**부천** 1무			
			최종	**광주** 21승 10무 5패	**부산** 19승 13무 5패	**안양** 15승 11무 12패	**부천** 14승 10무 13패	**안산** 14승 8무 14패	**전남** 13승 9무 14패	**아산** 12승 8무 16패
	승강PO	하나원큐 K리그 2019 승강 플레이오프		**부산** 1승 1무	**경남** 1무 1패					

8위	9위	10위	11위	12위	13위	14위	15위	16위
대구 8승 12무 13패	**전남** 8승 9무 16패	**상주** 8승 9무 16패	**인천** 6승 15무 12패	**광주** 4승 11무 18패				
대구 3승 2무 0패	**광주** 2승 1무 2패	**인천** 1승 3무 1패	**상주** 0승 2무 3패	**전남** 0승 2무 3패				
대구 11승 14무 13패	**인천** 7승 18무 13패	**전남** 8승 11무 19패	**상주** 8승 11무 19패	**광주** 6승 12무 20패				
서울E 7승 14무 15패	**안산** 7승 12무 17패	**대전** 6승 11무 19패						
서울E 7승 14무 15패	**안산** 7승 12무 17패	**대전** 6승 11무 19패						
대구 11승 6무 16패	**서울** 8승 11무 14패	**상주** 8승 9무 16패	**전남** 8승 8무 17패	**인천** 6승 12무 15패				
대구 3승 2무	**강원** 2승 1무 2패	**상주** 2승 1무 2패	**서울** 1승 2무 2패	**전남** 5패				
부천 10승 6무 19패	**안산** 10승 9무 17패	**서울E** 10승 7무 19패						
수원 10승 10무 13패	**성남** 10승 8무 15패	**경남** 5승 13무 15패	**인천** 5승 11무 17패	**제주** 4승 11무 18패				
수원 2승 2무 1패	**인천** 2승 2무 1패	**성남** 2승 1무 2패	**경남** 1승 2무 2패	**제주** 1승 1무 3패				
수원 12승 12무 14패	**성남** 12승 9무 17패	**인천** 7승 13무 18패	**경남** 6승 15무 17패	**제주** 5승 12무 21패				
수원FC 11승 10무 15패	**대전** 8승 11무 17패	**서울E** 5승 10무 21패						
수원FC 11승 10무 15패	**대전** 8승 11무 17패	**서울E** 5승 10무 21패						

역대 대회방식 변천사

연도	정규리그			리그컵	
	대회명	방식	경기수(참가팀)	대회명(방식)	경기수(참가팀)
1983	83 수퍼리그	단일리그	40경기 (5팀)	-	-
1984	84 축구대제전 수퍼리그	전후기리그, 챔피언결정전	114경기 (8팀)	-	-
1985	85 축구대제전 수퍼리그	단일리그	84경기 (8팀)	-	-
1986	86 축구대제전	춘계리그, 추계리그, 챔피언결정전	62경기 (6팀)	86 프로축구선수권대회	40경기 (5팀)
1987	87 한국프로축구대회	단일리그	80경기 (5팀)	-	-
1988	88 한국프로축구대회	단일리그	60경기 (5팀)	-	-
1989	89 한국프로축구대회	단일리그	120경기 (6팀)	-	-
1990	90 한국프로축구대회	단일리그	90경기 (6팀)	-	-
1991	91 한국프로축구대회	단일리그	120경기 (6팀)	-	-
1992	92 한국프로축구대회	단일리그	92경기 (6팀)	92 아디다스컵(신설)	30경기 (6팀)
1993	93 한국프로축구대회	단일리그	90경기 (6팀)	93 아디다스컵	15경기 (6팀)
1994	94 하이트배 코리안리그	단일리그	105경기 (7팀)	94 아디다스컵	21경기 (7팀)
1995	95 하이트배 코리안리그	전후기리그, 챔피언결정전	115경기 (8팀)	95 아디다스컵	28경기 (8팀)
1996	96 라피도컵 프로축구대회	전후기리그, 챔피언결정전	146경기 (9팀)	96 아디다스컵	36경기 (9팀)
1997	97 라피도컵 프로축구대회	단일리그	90경기(10팀)	97 아디다스컵	45경기(10팀)
				97 프로스펙스컵(조별리그)	44경기(10팀)
1998	98 현대컵 K-리그	단일리그, 4강결승 (준플레이오프, 플레이오프, 챔피언결정전 등 5경기)	95경기(10팀)	98 필립모리스코리아컵	45경기(10팀)
				98 아디다스코리아컵(조별리그)	44경기(10팀)
1999	99 바이코리아컵 K-리그	단일리그, 4강결승 (준플레이오프, 플레이오프, 챔피언결정전 등 5경기)	140경기(10팀)	99 대한화재컵(조별리그)	44경기(10팀)
				99 아디다스컵(토너먼트)	9경기(10팀)
2000	2000 삼성 디지털 K-리그	단일리그, 4강결승 (준플레이오프, 플레이오프, 챔피언결정전 등 5경기)	140경기(10팀)	2000 대한화재컵(조별리그)	43경기(10팀)
				2000 아디다스컵(토너먼트)	9경기(10팀)
2001	2001 포스코 K-리그	단일리그(3라운드)	135경기(10팀)	아디다스컵 2001(조별리그)	44경기(10팀)
2002	2002 삼성 파브 K-리그	단일리그(3라운드)	135경기(10팀)	아디다스컵 2002(조별리그)	44경기(10팀)
2003	삼성 하우젠 K-리그 2003	단일리그(4라운드)	264경기(12팀)	-	-
2004	삼성 하우젠 K-리그 2004	전후기리그, 4강결승(전기우승 - 통합차상위전, 후기우승 - 통합최상위전, 챔피언결정전)	160경기(13팀)	삼성 하우젠컵 2004	78경기(13팀)
2005	삼성 하우젠 K-리그 2005	전후기리그, 4강결승(전기우승 - 통합차상위전, 후기우승 - 통합최상위전, 챔피언결정전)	160경기(13팀)	삼성 하우젠컵 2005	78경기(13팀)
2006	삼성 하우젠 K-리그 2006	전후기리그, 4강결승(전기우승 - 통합차상위전, 후기우승 - 통합최상위전, 챔피언결정전)	186경기(14팀)	삼성 하우젠컵 2006	91경기(14팀)
2007	삼성 하우젠 K-리그 2007	6강플레이오프, 준플레이오프, 플레이오프, 챔피언결정전	188경기(14팀)	삼성 하우젠컵 2007(조별리그)	65경기(14팀)
2008	삼성 하우젠 K-리그 2008	6강플레이오프, 준플레이오프, 플레이오프, 챔피언결정전	188경기(14팀)	삼성 하우젠컵 2008(조별리그)	65경기(14팀)
2009	2009 K-리그	6강플레이오프, 준플레이오프, 플레이오프, 챔피언결정전	216경기(15팀)	피스컵 코리아2009(조별리그)	39경기(15팀)
2010	쏘나타 K리그 2010	6강플레이오프, 준플레이오프, 플레이오프, 챔피언결정전	216경기(15팀)	포스코컵 2010(조별리그)	37경기(15팀)
2011	현대오일뱅크 K리그 2011	6강플레이오프, 준플레이오프, 플레이오프, 챔피언결정전	246경기(16팀)	러시앤캐시컵 2011(조별리그)	37경기(16팀)
2012	현대오일뱅크 K리그 2012	단일리그 / 상하위 스플릿리그(그룹A, 그룹B)	352경기(16팀)	-	-
2013	현대오일뱅크 K리그 클래식 2013	1부리그 단일리그 / 상하위 스플릿리그(그룹A, 그룹B)	266경기(14팀)	-	-
	현대오일뱅크 K리그 챌린지 2013	2부리그 단일리그	140경기 (8팀)		
	현대오일뱅크 K리그 승강 플레이오프 2013	승강 플레이오프	2경기 (2팀)		

Section 8 시즌별 기타 기록

연도	정규리그			리그컵	
	대회명	방식	경기수(참가팀)	대회명(방식)	경기수(참가팀)
2014	현대오일뱅크 K리그 클래식 2014	1부리그 단일리그 / 상하위 스플릿리그(그룹A, 그룹B)	228경기(12팀)	-	-
	현대오일뱅크 K리그 챌린지 2014	2부리그 단일리그	182경기(10팀)	-	-
	현대오일뱅크 K리그 승강 플레이오프 2014	승강 플레이오프	2경기 (2팀)		
2015	현대오일뱅크 K리그 클래식 2015	1부리그 단일리그 / 상하위 스플릿리그(그룹A, 그룹B)	228경기(12팀)	-	-
	현대오일뱅크 K리그 챌린지 2015	2부리그 단일리그	222경기(11팀)		
	현대오일뱅크 K리그 승강 플레이오프 2015	승강 플레이오프	2경기 (2팀)		
2016*	현대오일뱅크 K리그 클래식 2016	1부리그 단일리그 / 상하위 스플릿리그(그룹A, 그룹B)	228경기(12팀)	-	-
	현대오일뱅크 K리그 챌린지 2016	2부리그 단일리그	222경기(11팀)		
	현대오일뱅크 K리그 승강 플레이오프 2016	승강 플레이오프	2경기 (2팀)		
2017*	KEB하나은행 K리그 클래식 2017	1부리그 단일리그 / 상하위 스플릿리그(그룹A, 그룹B)	228경기(12팀)	-	-
	KEB하나은행 K리그 챌린지 2017	2부리그 단일리그	182경기(10팀)		
	KEB하나은행 K리그 승강 플레이오프 2017	승강 플레이오프	2경기 (2팀)		
2018*	KEB하나은행 K리그1 2018	1부리그 단일리그 / 상하위 스플릿리그(그룹A, 그룹B)	228경기(12팀)	-	-
	KEB하나은행 K리그2 2018	2부리그 단일리그	182경기(10팀)		
	KEB하나은행 K리그 승강 플레이오프 2018	승강 플레이오프	2경기 (2팀)		
2019*	하나원큐 K리그1 2019	1부리그 단일리그 / 상하위 파이널리그(그룹A, 그룹B)	228경기(12팀)	-	-
	하나원큐 K리그2 2019	2부리그 단일리그	182경기(10팀)		
	하나원큐 K리그 2019 승강 플레이오프	승강 플레이오프	2경기 (2팀)		

* 순위 결정 방식: 승점 - 다득점 - 득실차 - 다승 - 승자승 - 벌점 - 추천 순(2016년부터)

역대 신인선수선발 제도 변천사

연도	방식
1983~1987	자유선발
1988~2001	드래프트
2002~2005	자유선발
2006~2012	드래프트
2013~2015	드래프트 +자유선발
2016~	자유선발

역대 외국인 선수 보유 및 출전한도 변천사

연도	등록인원	출전인원	비고
1983~1993	2	2	
1994	3	2	출전인원은 2명으로 하되 대표선수 차출에 비례하여 3명 이상 차출 시 3명 출전가능
1995	3	3	
1996~2000	5	3	1996년부터 외국인 GK 출전제한(1996년 전 경기 출전, 1997년 2/3 출전, 1998년 1/3 출전 가능), 1999년부터 외국인 GK 영입 금지
2001~2002	7	3	월드컵 지원으로 인한 대표선수 차출로 한시적 운영
2003~2004	5	3	
2005	4	3	
2006~2008	3	3	
2009~	3+1	3+1	아시아 쿼터(1명) 시행

역대 승점제도 변천사

연도	대회	승점현황
1983	수퍼리그	90분승 2점, 무승부 1점
1984	축구대제전 수퍼리그	90분승 3점, 득점무승부 2점, 무득점무승부 1점
1985	축구대제전 수퍼리그	90분승 2점, 무승부 1점
1986	축구대제전	
	프로축구선수권대회	
1987	한국프로축구대회	
1988	한국프로축구대회	
1989	한국프로축구대회	
1990	한국프로축구대회	
1991	한국프로축구대회	
1992	한국프로축구대회	
	아디다스컵	90분승 3점, 무승부 시 승부차기 (승 1.5점, 패 1점), 연장전 없음
1993	한국프로축구대회	90분승 4점, 무승부 시 승부차기 (승 2점, 패 1점), 연장전 없음
	아디다스컵	90분승 2점, 무승부 시 승부차기 승 2점
1994	하이트배 코리안리그	90분승 3점, 무승부 1점
	아디다스컵	
1995	하이트배 코리안리그	
	아디다스컵	
1996	라피도컵 프로축구대회	
	아디다스컵	
1997	라피도컵 프로축구대회	
	아디다스컵	
	프로스펙스컵(조별리그)	
1998	현대컵 K-리그	90분승 3점, 연장승 2점, 승부차기 승 1점
	필립모리스코리아컵	
	아디다스코리아컵(조별리그)	
1999	바이코리아컵 K-리그	
	대한화재컵(조별리그)	
	아디다스컵(토너먼트)	
2000	삼성 디지털 K-리그	90분승 3점, 연장승 2점, 승부차기 승 1점
	대한화재컵(조별리그)	
	아디다스컵(토너먼트)	

연도	대회	승점현황
2001	포스코 K-리그	90분승 3점, 무승부 1점 90분승 3점, 연장승 2점, 승부차기 승 1점
	아디다스컵(조별리그)	
2002	삼성 파브 K-리그	
	아디다스컵(조별리그)	
2003	삼성 하우젠 K-리그	90분승 3점, 무승부 1점
2004	삼성 하우젠 K-리그	
	삼성 하우젠컵	
2005	삼성 하우젠 K-리그	
	삼성 하우젠컵	
2006	삼성 하우젠 K-리그	
	삼성 하우젠컵	
2007	삼성 하우젠 K-리그	
	삼성 하우젠컵(조별리그)	
2008	삼성 하우젠 K-리그	
	삼성 하우젠컵(조별리그)	
2009	K-리그	
	피스컵 코리아(조별리그)	
2010	쏘나타 K리그	
	포스코컵(조별리그)	
2011	현대오일뱅크 K리그	
	러시앤캐시컵(조별리그)	
2012	현대오일뱅크 K리그	
2013	현대오일뱅크 K리그 클래식	
	현대오일뱅크 K리그 챌린지	
2014	현대오일뱅크 K리그 클래식	
	현대오일뱅크 K리그 챌린지	
2015	현대오일뱅크 K리그 클래식	
	현대오일뱅크 K리그 챌린지	
2016	현대오일뱅크 K리그 클래식	
	현대오일뱅크 K리그 챌린지	
2017	KEB하나은행 K리그 클래식	
	KEB하나은행 K리그 챌린지	
2018	KEB하나은행 K리그1	
	KEB하나은행 K리그2	
2019	하나원큐 K리그1	
	하나원큐 K리그2	

역대 관중 기록 _ K리그 BC(1983~2012년)

연도	경기수(경기일)	총관중수	평균 관중수	우승팀	비고
1983	40 (20)	419,478	20,974	할렐루야	
1984	114 (58)	536,801	9,255	대우	챔피언결정전 포함
1985	84 (42)	226,486	5,393	럭키금성	
1986	102 (53)	179,752	3,392	포항제철	챔피언결정전 포함
1987	78	341,330	4,376	대우	총 80경기 중 부산 기권승 2경기 제외
1988	60	360,650	6,011	포항제철	
1989	120	778,000	6,483	유공	
1990	90	527,850	5,865	럭키금성	
1991	121	1,480,127	12,232	대우	올스타전 포함

1992	123	1,353,573	11,005	포항제철	챔피언결정전, 올스타전 포함
1993	105	851,190	8,107	일화	
1994	126	893,217	7,089	일화	
1995	144	1,516,514	10,531	일화	챔피언결정전, 올스타전 포함
1996	182	1,911,347	10,502	울산 현대	챔피언결정전 포함
1997	180	1,218,836	6,771	부산 대우	올스타전포함
1998	185	2,179,288	11,780	수원 삼성	플레이오프, 올스타전 포함
1999	195(191)	2,752,953	14,413	수원 삼성	수퍼컵, 올스타전, 플레이오프 포함
2000	194(190)	1,909,839	10,052	안양 LG	수퍼컵, 올스타전, 플레이오프 포함
2001	181	2,306,861	12,745	성남 일화	수퍼컵, 올스타전 포함
2002	181	2,651,901	14,651	성남 일화	수퍼컵, 올스타전 포함
2003	265	2,448,868	9,241	성남 일화	올스타전 포함
2004	240	2,429,422	10,123	수원 삼성	수퍼컵, 올스타전 포함
2005	240	2,873,351	11,972	울산 현대	수퍼컵, 올스타전 포함
2006	279	2,455,484	8,801	성남 일화	수퍼컵, 올스타전 포함
2007	254	2,746,749	10,814	포항 스틸러스	
2008	253	2,945,400	11,642	수원 삼성	
2009	256	2,811,561	10,983	전북 현대	올스타전 포함
2010	254	2,735,904	10,771	FC서울	올스타전 포함
2011	283	3,030,586	10,709	전북 현대	
2012	352(338)	2,419,143	7,157	FC서울	올스타전 포함, 인천 무관중 경기 제외, 상주 기권경기 제외
합계		51,292,461			

- 1999, 2000 아디다스컵 5경기 기준 - 1일 2경기 또는 3경기 시 1경기로 평균처리 - 2012년부터 실관중 집계

역대 관중 기록 _ K리그1

연도	경기수	총관중수	평균 관중수	우승팀
2013	266	2,036,413	7,656	포항 스틸러스
2014	228	1,808,220	7,931	전북 현대
2015	228	1,760,243	7,720	전북 현대
2016	228	1,794,855	7,872	FC서울
2017	228	1,482,483	6,502	전북 현대
2018	228	1,241,320	5,444	전북 현대
2019	228	1,827,061	8,013	전북 현대
합계		11,950,595		

- 2018년부터 유료관중 집계

역대 관중 기록 _ K리그2

연도	경기수	총관중수	평균 관중수	우승팀
2013	140	235,846	1,685	상주 상무
2014	182	221,799	1,219	대전 시티즌
2015	222	356,474	1,606	상주 상무
2016	222	335,384	1,511	안산 무궁화
2017	182	426,645	2,344	경남 FC
2018	182	310,627	1,707	아산 무궁화
2019	182	536,217	2,946	광주FC
합계		2,422,992		

- 2018년부터 유료관중 집계

역대 관중 기록 _ K리그 승강 플레이오프

연도	경기수	총관중수	평균 관중수	잔류/승격 팀	비고
2013	2	10,550	5,275	상주 상무	클래식 13위팀 vs 챌린지 1위팀
2014	2	4,636	2,318	광주FC	클래식 11위팀 vs 챌린지 2~4위 플레이오프 진출팀
2015	2	8,482	4,241	수원FC	
2016	2	9,587	4,794	강원 FC	클래식 11위팀 vs 챌린지 3~5위 플레이오프 진출팀
2017	2	4,036	2,018	상주 상무	클래식 11위팀 vs 챌린지 2~4위 플레이오프 진출팀
2018	2	18,681	9,341	FC서울	K리그1 11위팀 vs K리그2 3~5위 플레이오프 진출팀
2019	2	13,646	6,823	부산 아이파크	
합계		69,618			

- 2018년부터 유료관중 집계

역대 시즌별 개인상 수상자

구분	감독상	MVP	득점상	도움상	감투상	모범상	베스트 11				심판상	우수 GK상	수비상	신인 선수상	특별상
							GK	DF	MF	FW					
1983	함흥철 (할렐)	박성화 (할렐)	박윤기 (유공)	박창선 (할렐)	이강조 (유공)	이춘석 (대우)	조병득 (할렐)	박성화(할렐) 김철수(포철) 장외룡(대우) 이강조(유공)	조광래(대우) 박창선(할렐)	박윤기(유공) 이길용(포철) 이춘석(대우) 김용세(유공)		조병득 (할렐)			* **인기상**: 조광래(대우) * **응원상**: 국민은행
1984	장운수 (대우)	박창선 (대우)	백종철 (현대)	렌스베르겐 (현대)	정용환 (대우)	조영증 (럭금)	오연교 (유공)	정용환(대우) 박경훈(포철) 박성화(할렐) 정종수(유공)	박창선(대우) 허정무(현대) 조영증(럭금)	최순호(포철) 이태호(대우) 백종철(현대)	나윤식	오연교 (유공)			
1985	박세학 (럭금)	한문배 (럭금)	피아퐁 (럭금)	피아퐁 (럭금)	김용세 (유공)	최강희 (현대)	김현태 (럭금)	장외룡(대우) 한문배(럭금) 최강희(현대) 김철수(포철)	박상인(할렐) 이흥실(포철) 박항서(럭금)	김용세(유공) 피아퐁(럭금) 강득수(럭금)	최길수	김현태 (럭금)		이흥실 (포철)	
1986	최은택 (포철)	이흥실 (포철) 최강희 (현대)	정해원 (대우) 함현기 (현대)	강득수 (럭금) 전영수 (현대)	민진홍 (유공)	박성화 (포철)	김현태 (럭금)	조영증(럭금) 김평석(현대) 최강희(현대) 박노봉(대우)	조민국(럭금) 이흥실(포철) 윤성효(한일)	김용세(유공) 정해원(대우) 함현기(현대)	심건택	김현태 (럭금) 호성호 (현대)		함현기 (현대)	정해원(대우)
1987	이차만 (대우)	정해원 (대우)	최상국 (포철)	최상국 (포철)	최기봉 (유공)	박노봉 (대우)	김풍주 (대우)	최기봉(유공) 정용환(대우) 박경훈(포철) 구상범(럭금)	김삼수(현대) 노수진(유공) 이흥실(포철)	최상국(포철) 정해원(대우) 김주성(대우)	박경인	조병득 (포철)		김주성 (대우)	
1988	이회택 (포철)	박경훈 (포철)	이기근 (포철)	김종부 (포철)	최진한 (럭금) 손형선 (대우)	최강희 (현대)	오연교 (현대)	최강희(현대) 최태진(대우) 손형선(대우) 강태식(포철)	최진한(럭금) 김상호(포철) 황보관(유공)	이기근(포철) 함현기(현대) 신동철(유공)	이도하	오연교 (현대)		황보관 (유공)	
1989	김정남 (유공)	노수진 (유공)	조긍연 (포철)	이흥실 (포철)	조긍연 (포철)	강재순 (현대)	차상광 (럭금)	임종헌(일화) 조윤환(유공) 최윤겸(유공) 이영익(럭금)	이흥실(포철) 조덕제(대우) 강재순(현대)	윤상철(럭금) 조긍연(포철) 노수진(유공)		차상광 (럭금)		고정운 (일화)	
1990	고재욱 (럭금)	최진한 (럭금)	윤상철 (럭금)	최대식 (럭금)	최태진 (럭금)	이태호 (대우)	유대순 (유공)	최영준(럭금) 이재희(대우) 최태진(럭금) 임종헌(일화)	최진한(럭금) 이흥실(포철) 최대식(럭금)	윤상철(럭금) 이태호(대우) 송주석(현대)	길기철	유대순 (유공)		송주석 (현대)	
1991	비츠케이 (대우)	정용환 (대우)	이기근 (포철)	김준현 (유공)	최진한 (유공)	정용환 (대우)	김풍주 (대우)	정용환(대우) 박현용(대우) 테 드 (유공)	김현석(현대) 이영진(LG) 김주성(대우) 최강희(현대) 이상윤(일화)	이기근(포철) 고정운(일화)	이상용		박현용 (대우)	조우석 (일화)	
1992	이회택 (포철)	홍명보 (포철)	임근재 (LG)	신동철 (유공)	박창현 (포철)	이태호 (대우)	사리체 프(일화)	홍명보(포철) 이종화(일화) 박정배(LG)	신홍기(현대) 김현석(현대) 신태용(일화) 박태하(포철) 신동철(유공)	박창현(포철) 임근재(LG)	노병일		사리체프 (일화)	신태용 (일화)	
1993	박종환 (일화)	이상윤 (일화)	차상해 (포철)	윤상철 (LG)	윤상철 (LG)	최영일 (현대)	사리체 프(일화)	최영일(현대) 이종화(일화) 유동관(포철)	김판근(대우) 신태용(일화) 김동해 (LG) 이상윤(일화) 김봉길(유공)	차상해(포철) 윤상철(LG)	김광택		이종화 (일화)	정광석 (대우)	
1994	박종환 (일화)	고정운 (일화)	윤상철 (LG)	고정운 (일화)	이광종 (유공)	정종수 (현대)	사리체 프(일화)	안익수(일화) 유상철(현대) 홍명보(포철) 허기태(유공)	신태용(일화) 고정운(일화) 황보관(유공)	윤상철 (LG) 라 데 (포철) 김경래(버팔)	박해용		사리체프 (일화)	최용수 (LG)	
1995	박종환 (일화)	신태용 (일화)	노상래 (전남)	아미르 (대우)			사리체 프(일화)	최영일(현대) 홍명보(포항) 허기태(유공)	신태용(일화) 고정운(일화) 김현석(현대) 김판근(LG) 아미르(대우)	황선홍(포항) 노상래(전남)	김진옥			노상래 (전남)	

구분	감독상	MVP	득점상	도움상	베스트 11				최우수 주심상	최우수부 심상	신인 선수상	특별상
					GK	DF	MF	FW				
1996	고재욱 (울산)	김현석 (울산)	신태용 (천안)	라데 (포항)	김병지 (울산)	윤성효(수원) 김주성(부산) 허기태(부천SK)	신태용(천안) 바데아(수원) 홍명보(포항) 하석주(부산) 김현석(울산)	라데(포항) 세르게이 (부천SK)	김용대	김회성	박건하 (수원)	
1997	이차만 (부산)	김주성 (부산)	김현석 (울산)	데니스 (수원)	신범철 (부산)	김주성(부산) 마시엘(전남) 안익수(포항)	김현석(울산) 신진원(대전) 김인완(전남) 이진행(수원) 정재권(부산)	마니치(부산) 스카첸코(전남)	이재성	곽경만	신진원 (대전)	
1998	김호 (수원)	고종수 (수원)	유상철 (울산)	정정수 (울산)	김병지 (울산)	안익수(포항) 마시엘(전남) 이임생(부천SK)	고종수(수원) 유상철(울산) 백승철(포항) 안정환(부산) 정정수(울산)	샤샤(수원) 김현석(울산)	한병화	김회성	이동국 (포항)	김병지(울산/ GK 필드골)
1999	김호 (수원)	안정환 (부산)	샤샤 (수원)	변재섭 (전북)	이운재 (수원)	신홍기(수원) 김주성(부산) 마시엘(전남) 강철(부천SK)	서정원(수원) 고종수(수원) 데니스(수원) 고정운(포항)	안정환(부산) 샤샤(수원)	한병화	김용대	이성재 (부천SK)	이용발(부천SK)
2000	조광래 (안양LG)	최용수 (안양LG)	김도훈 (전북)	안드레 (안양LG)	신의손 (안양LG)	강철(부천SK) 이임생(부천SK) 김현수(성남일) 마시엘(전남)	안드레(안양LG) 신태용(성남) 전경준(부천SK) 데니스(수원)	최용수(안양LG) 김도훈(전북)	이상용	곽경만	양현정 (전북)	이용발(부천SK) 조성환(부천SK)
2001	차경복 (성남)	신태용 (성남)	산드로 (수원)	우르모브 (부산)	신의손 (안양LG)	우르모브(부산) 김현수(성남일) 김용희(성남일) 이영표(안양LG)	신태용(성남일) 서정원(수원) 송종국(부산) 남기일(부천SK)	우성용(부산) 산드로(수원)	김진옥	김계수	송종국 (부산)	신의손(안양LG) 이용발(부천SK)
2002	차경복 (성남일)	김대의 (성남일)	에드밀손(전북)	이천수 (울산)	이운재 (수원)	김현수(성남일) 김태영(전남) 최진철(전북) 홍명보(포항)	신태용(성남일) 이천수(울산) 안드레(안양LG) 서정원(수원)	김대의(성남일) 유상철(울산)	권종철	원창호	이천수 (울산)	김기동(부천SK) 이용발(전북)
2003	차경복 (성남일)	김도훈 (성남일)	김도훈 (성남일)	에드밀손 (전북)	서동명 (울산)	최진철(전북) 김태영(전남) 김현수(성남일) 산토스(포항)	이관우(대전) 이성남(성남일) 신태용(성남일) 김남일(전남)	김도훈(성남일) 마그노(전북)	권종철	김선진	정조국 (안양LG)	
2004	차범근 (수원)	나드손 (수원)	모따 (전남)	홍순학 (대구)	이운재 (수원)	산토스(포항) 유경렬(울산) 무사(수원) 곽희주(수원)	김동진(서울) 따바레즈(포항) 김두현(수원) 김대의(수원)	나드손(수원) 모따(전남)	이상용	원창호	문민귀 (포항)	김병지(포항) 조준호(부천SK) 신태용(성남일/최다 경기 출전)
2005	장외룡 (인천)	이천수 (울산)	마차도 (울산)	히칼도 (서울)	김병지 (포항)	조용형(부천SK) 김영철(성남일) 임중용(인천) 유경렬(울산)	이천수(울산) 김두현(성남일) 이호(울산) 조원희(수원)	박주영(서울) 마차도(울산)	이영철	원창호	박주영 (서울)	조준호(부천SK) 김병지(포항)
2006	김학범 (성남일)	김두현 (성남일)	우성용 (성남일)	슈바 (대전)	박호진 (수원)	마토(수원) 김영철(성남일) 장학영(성남일) 최진철(전북)	김두현(성남일) 이관우(수원) 백지훈(수원) 뽀뽀(부산)	우성용(성남일) 김은중(서울)	이영철	안상기	염기훈 (전북)	김병지(서울) 최은성(대전) 이정래(경남)
2007	파리아스 (포항)	따바레즈 (포항)	까보레 (경남)	따바레즈 (포항)	김병지 (서울)	마 토 (수원) 황재원(포항) 장학영(성남일) 아 디 (서울)	따바레즈(포항) 이관우(수원) 김기동(포항) 김두현(성남일)	까보레(경남) 이근호(대구)	이상용	강창구	하태균 (수원)	김병지(서울) 김영철(성남일) 김용대(성남일) 장학영(성남일) 염동균(전남)
2008	차범근 (수원)	이운재 (수원)	두 두 (성남일)	브라질리 아(울산)	이운재 (수원)	아 디 (서울) 마 토 (수원) 박동혁(울산) 최효진(포항)	기성용(서울) 이청용(서울) 조원희(수원) 김형범(전북)	에두(수원) 이근호(대구)	고금복	손재선	이승렬 (서울)	백민철(대구)
2009	최강희 (전북)	이동국 (전북)	이동국 (전북)	루이스 (전북)	신화용 (포항)	김형일(포항) 황재원(포항) 최효진(포항) 김상식(전북)	최태욱(전북) 기성용(서울) 에닝요(전북) 김정우(성남일)	이동국(전북) 데닐손(포항)	최광보	원창호	김영후 (강원)	김영광(울산) 김병지(경남/통산 500경기 출전) *판타스틱플레이어상: 이동국(전북)

구분		감독상	MVP	득점상	도움상	베스트 11				최우수 주심상	최우수 부심상	신인선수상	특별상	판타스틱 플레이어상
						GK	DF	MF	FW					
2010		박경훈 (제주)	김은중 (제주)	유병수 (인천)	구자철 (제주)	김용대 (서울)	최효진(서울) 아 디 (서울) 사샤(성남일) 홍정호(제주)	구자철(제주) 에닝요(전북) 몰리나(성남일) 윤빛가람(경남)	김은중(제주) 데얀(서울)	최명용	정해상	윤빛가람 (경남)	김용대(서울) 김병지(경남) 백민철(대구)	구자철(제주)
2011		최강희 (전북)	이동국 (전북)	데 얀 (서울)	이동국 (전북)	김영광 (울산)	박원재(전북) 곽태휘(울산) 조성환(전북) 최철순(전북)	염기훈(수원) 윤빛가람(경남) 하대성(서울) 에닝요(전북)	이동국(전북) 데 얀 (서울)	최광보	김정식	이승기(광주)		이동국 (전북)
2012		최용수 (서울)	데 얀 (서울)	데 얀 (서울)	몰리나 (서울)	김용대 (서울)	아 디 (서울) 곽태휘(울산) 정인환(인천) 김창수(부산)	몰리나(서울) 황진성(포항) 하대성(서울) 이근호(울산)	데 얀 (서울) 이동국(전북)	최명용	김용수	이명주(포항)	김병지(경남/통산 600경기 출전) 김용대(서울)	데얀 (서울)
2013	K리그1	황선홍 (포항)	김신욱 (울산)	데 얀 (서울)	몰리나 (서울)	김승규 (울산)	아 디 (서울) 김치곤(울산) 김원일(포항) 이 용 (울산)	고무열(포항) 이명주(포항) 하대성(서울) 레오나르도(전북)	데얀(서울) 김신욱(울산)	유선호	손재선	영플레이어상 고무열(포항)	권정혁(인천)	김신욱 (울산)
	K리그2	박항서 (상주)	이근호 (상주)	이근호 (상주)	염기훈 (경찰/수원)*	김호준 (상주/제주)*	최철순(상주) 김형일(상주/포항)* 이재성(상주) 오범석(경찰)	염기훈(경찰/수원)* 이호(상주) 최진수(안양) 김영후(경찰/강원)*	이근호(상주) 알렉스(고양)					
2014	K리그1	최강희 (전북)	이동국 (전북)	산토스 (수원)	이승기 (전북)	권순태 (전북)	홍 철 (수원) 김주영(서울) 윌킨슨(전북) 차두리(서울)	임상협(부산) 고명진(서울) 이승기(전북) 한교원(전북)	이동국(전북) 산토스(수원)	최명용	노태식	김승대(포항)	김병지(전남)	이동국 (전북)
	K리그2	조진호 (대전)	아드리아노(대전)	아드리아노(대전)	최진호 (강원)	박주원 (대전)	이재권(안산경) 허재원(대구) 윤원일(대전) 임창우(대전)	김호남(광주) 이용래(안산경) 최진수(안양) 최진호(강원)	아드리아노 (대전) 알렉스(강원)					
2015	K리그1	최강희 (전북)	이동국 (전북)	김신욱 (울산)	염기훈 (수원)	권순태 (전북)	홍 철 (수원) 요니치(인천) 김기희(전북) 차두리(서울)	염기훈(수원) 이재성(전북) 권창훈(수원) 송진형(제주)	이동국(전북) 아드리아노 (서울)			이재성(전북)	신화용(포항) 오스마르(서울)	이동국 (전북)
	K리그2	조덕제 (수원FC)	조나탄 (대구)	조나탄 (대구)	김재성 (서울E)	조현우 (대구)	박진포(상주) 신형민(안산경) 강민수(상주) 이용(상주)	고경민(안양) 이승기(상주) 조원희(서울E) 김재성(서울E)	조나탄(대구) 주민규(서울E)					
2016	K리그1	황선홍 (서울)	정조국 (광주)	정조국 (광주)	염기훈 (수원)	권순태 (전북)	고광민(서울) 오스마르(서울) 요니치(인천) 정운(제주)	로페즈(전북) 레오나르도(전북) 이재성(전북) 권창훈(수원)	정조국(광주) 아드리아노 (서울)			안현범(제주)		레오나르도(전북)
	K리그2	손현준 (대구)	김동찬 (대전)	김동찬 (대전)	이호석 (경남)	조현우 (대구)	정승용(강원) 황재원(대구) 이한샘(강원) 정우재(대구)	세징야(대구) 이현승(안산무) 황인범(대전) 바그닝요(부천)	김동찬(대전) 포 프 (부산)				김한빈(충주)	
2017	K리그1	최강희 (전북)	이재성 ⑰(전북)	조나탄 (수원)	손준호 (포항)	조현우 (대구)	김진수(전북) 김민재(전북) 오반석(제주) 최철순(전북)	염기훈(수원) 이재성⑰(전북) 이창민 (제주) 이승기(전북)	이근호(강원) 조나탄(수원)	김종혁	이정민	김민재(전북)	이동국(전북/통산 200골 달성) 김영광(서울E)	조나탄 (수원)
	K리그2	김종부 (경남)	말컹 (경남)	말컹 (경남)	장혁진 (안산)	이범수 (경남)	최재수(경남) 박지수(경남) 이반(경남) 우주성(경남)	정원진(경남) 문기한(부천) 황인범(대전) 배기종(경남)	말컹(경남) 이정협(부산)					

* 시즌 중 전역.

구분		감독상	MVP	득점상	도움상	베스트 11				최우수 주심상	최우수 부심상	영플레이어상	특별상	아디다스 탱고 어워드
						GK	DF	MF	FW					
2018	K리그1	최강희 (전북)	말컹 (경남)	말컹 (경남)	세징야 (대구)	조현우 (대구)	홍철(수원) 리차드(울산) 김민재(전북) 이용(전북)	네게바(경남) 최영준(경남) 아길라르(인천) 로페즈(전북)	말컹(경남) 주니오(울산)	김대용	감계용	한승규(울산)	강현무(포항) 김승대(포항)	강현무(포항)
	K리그2	박동혁 (아산)	나상호 (광주)	나상호 (광주)	호물로 (부산)	김영광 (서울E)	김문환(부산) 이한샘(아산) 윤영선(성남) 서보민(성남)	황인범(대전) 호물로(부산) 이명주(아산) 안현범(아산)	나상호(광주) 키쭈(대전)				김영광 (서울E)	
2019	K리그1	모라이스(전북)	김보경 (울산)	타가트 (수원)	문선민 (전북)	조현우 (대구)	김태환(울산) 홍정호(전북) 홍철(수원) 이용(전북)	김보경(울산) 문선민(전북) 세징야(대구) 완델손(포항)	주니오(울산) 타가트(수원)	이동준	윤광열	김지현(강원)	송범근(전북) 한국영(강원)	김대원(대구)
	K리그2	박진섭 (광주)	이동준 (부산)	펠리페 (광주)	정재희 (전남)	윤평국 (광주)	김문환(부산) 닐손주니어(부천) 아슐마토프(광주) 이으뜸(광주)	김상원(안양) 알렉스(안양) 이동준(부산) 호물로(부산)	조규성(안양) 치솜(수원FC)					

* 특별상 수상 내역: 별도표기 없는 수상자는 모두 전 경기 전 시간 출전자

K LEAGUE ANNUAL REPORT 2020
2020 K리그 연감 : 1983~2019

엮은이 | (사) 한국프로축구연맹
펴낸이 | 김종수
펴낸곳 | 한울엠플러스(주)

초판 1쇄 인쇄 | 2020년 2월 20일
초판 1쇄 발행 | 2020년 2월 26일

주소 | 10881 경기도 파주시 광인사길 153 한울시소빌딩 3층
전화 | 031-955-0655
팩스 | 031-955-0656
홈페이지 | www.hanulmplus.kr
등록번호 | 제406-2015-000143호

Printed in Korea.
ISBN 978-89-460-6874-2 03690
* 책값은 겉표지에 표시되어 있습니다.